A LEXICON O

Or list'ning to the tide, with closed sight,
Be that blind bard, who on the Chian strand
By those deep sounds possessed with inward light
Beheld the ILIAD and the ODYSSEE
Rise to the swelling of the voiceful sea.

A LEXICON

OF THE HOMERIC DIALECT

Expanded Edition

Richard John Cunliffe

With a New Preface by James H. Dee

UNIVERSITY OF OKLAHOMA PRESS : NORMAN

ISBN 978-0-8061-4308-8

First published by Blackie and Son Limited, London, Glasgow, and Bombay, 1924. New edition published 1963 by the University of Oklahoma Press, Norman, Publishing Division of the University. Paperback edition published 1977. Expanded edition published 2012. Manufactured in the U.S.A.

2 3 4 5 6 7 8 9 10

Preface
to the Expanded Edition

The publication in a single-volume format of the two Homeric dictionaries created by Richard John Cunliffe, LL.D. (ob. Mar. 1931), *A Lexicon of the Homeric Dialect* and *Homeric Proper and Place Names* (hereafter, *LHD* and *HPPN*), should not need any lengthy explanation. Both works have been admired and respected for their thoroughness, lucid arrangement, and remarkable precision, so their unification seems a logical and obvious if long overdue development. For example, A. Shewan, writing in *The Classical Review* (38 [1924] 208), said of Cunliffe's handling of meanings and uses in the *LHD*, "the work appears to be extremely well done." The same reviewer greeted the *HPPN* in the same journal (45 [1931] 243) as "a useful supplement to an excellent lexicon, . . . which seven years' use has proved to be a marvel of typographical accuracy." Shewan said he had "not noted any slip" in the *Lexicon* and offers only two corrections to the *HPPN* (at Perseus and Phoinikes); the additional items presented below, the *only* errors I have noted after more than a decade of frequent and close consultation, will not much damage that verdict, and they support Cunliffe's quiet but confident statement (*LHD*, viii), "The references have all been checked by me in proof with the text, and I hope that little inaccuracy will be found." When one considers that the *LHD* and the *HPPN* comprise 469 double-column pages with at least 100 references per page, the magnitude of Cunliffe's effort becomes clear. Now Homerists everywhere will be able to benefit from the full range of his extraordinary labors.

James H. Dee
Austin, Texas
November 2011

Corrigenda to the *Lexicon of the Homeric Dialect*

Preface, p. v, T. H. Allen should be T. W. Allen.

P. 15, s.v. ἀκαλαρρείτης, the colon should be an = sign.

P. 157, s.v. ἐρικυδής, the line καὶ Τιτυὸν εἶδον Γαίης ἐρικυδέος υἱόν (λ 576) is quoted simply as Γαίης υἱόν, creating an ambiguity which apparently led to the assignment of ἐρικυδής to Tityus in the *HPPN*.

P. 178, s.v. ᾔδεε, the ῀ is missing from the second form.

P. 282, s.v. νύμφη, κ 543 (= ε 230) is placed with passages referring to Calypso when Circe is the actual referent (as the book-letter suggests), which in turn causes νύμφη to be omitted from the list of Circe's epithets in the *HPPN*.

Corrigenda to *Homeric Proper and Place Names*

P. 470, Ἰμβασίδης should be Ἰμβρασίδης.

P. 472, s.v. Κλεῖτος[1], the epithet in parentheses should be ἀγλαός, not ἀγαυός, which occurs in the following line with Πανθοΐδης (Ο 445f.).

P. 479, s.v. Ὀδυσσεύς, the patronymic Λαερτιάδης is omitted.

P. 482, s.v. Περσεύς, ἐριδείκετος should be ἀριδείκετος.

P. 490, Φαῖνοψ has an erroneous acute accent in all three entries.

P. 491, s.v. Φοίνικες, the word "prec." should be "foll."

Conversion Tables
for Greek Letter—Book Number Equivalencies

Note: This system has been in widespread use among Homeric scholars since the late eighteenth century but is less familiar at present.

Iliad		*Odyssey*		Book	*Iliad*	*Odyssey*
A	1	α	1	1	A	α
B	2	β	2	2	B	β
Γ	3	γ	3	3	Γ	γ
Δ	4	δ	4	4	Δ	δ
E	5	ε	5	5	E	ε
Z	6	ζ	6	6	Z	ζ
H	7	η	7	7	H	η
Θ	8	θ	8	8	Θ	θ
I	9	ι	9	9	I	ι
K	10	κ	10	10	K	κ
Λ	11	λ	11	11	Λ	λ
M	12	μ	12	12	M	μ
N	13	ν	13	13	N	ν
Ξ	14	ξ	14	14	Ξ	ξ
O	15	ο	15	15	O	ο
Π	16	π	16	16	Π	π
P	17	ρ	17	17	P	ρ
Σ	18	σ	18	18	Σ	σ
T	19	τ	19	19	T	τ
Υ	20	υ	20	20	Υ	υ
Φ	21	φ	21	21	Φ	φ
X	22	χ	22	22	X	χ
Ψ	23	ψ	23	23	Ψ	ψ
Ω	24	ω	24	24	Ω	ω

PREFACE

THIS work may claim some indulgence as the first English attempt of the kind, all the Homeric Lexicons hitherto in use in this country having been of foreign, for the most part of German, origin. It is not based on any previous Lexicon, but is the result of an independent, and, I hope, a thorough survey of the language of the two epics. I have set myself to consider together all the occurrences of all the words, and thence to deduce and classify the senses to the best of my ability, keeping as far as possible a mind open and free from preconception.

It may be useful to state here the general lines and scope of the work :—

(1) The text used is that in the Oxford Series of Classical Texts, in which the *Iliad* is edited by D. B. Monro and Mr. T. H. Allen, and the *Odyssey* by Mr. Allen. In compiling I used the first edition of the texts, that current at the time when the compilation was begun; but in reading the proofs I have used the editions current at the time when the printing was begun, *i.e.* the third of the *Iliad* and the second of the *Odyssey*. In these a number of small changes have been made. The principal variants occurring in other texts have been noted, in order that the Lexicon may be used with these texts; but the testimony of the manuscripts is remarkably uniform, and the number of important variants is not great.

(2) Proper and place names, adjectives therefrom, and patronymics have not as a rule been treated. Full *Indices Nominum* are appended to the text used.

(3) The brief etymological notes enclosed in square brackets are for the most part directed to exhibiting the interconnexion of the words and to stating cognates, chiefly in Latin and English. In the cases of the compound verbs the force of the prefixes has been indicated

by reference by number to these prefixes as classified in the list printed at the end of the book. So far as I know the prefixes have not been so treated before, although the reader is clearly entitled to know how the compiler takes them. When the prefix retains a prepositional force this is indicated by printing the corresponding English preposition in italics, the case taken being stated. The principal suffixes are referred to by number in a similar way.

(4) All parts of the verbs which are formed with any irregularity are recorded, with references to the passages in which they occur. These irregular parts, or as many of them as are required for guidance, are entered again in their alphabetical places, and are there parsed and referred to their leading verbs. An obelus (†) prefixed to a verb indicates that only the parts which are actually cited occur. In the cases of verbs not so marked, parts regularly formed occur in addition to any which are cited.

(5) In the cases of the simple verbs there is given after the citation of parts a note of all the compounds of these verbs which occur. These compounds should be referred to, as additional parts and further illustrative senses will frequently be found under them. In the few cases where compounds occur but not the simple verb references are made from the compounds to each other.

(6) In the explanations I have been solicitous to give rather exact than poetical equivalents. When the exact sense has been ascertained the reader will be able to clothe it in more poetical language for himself. I have been particularly anxious to avoid the abomination of "Wardour Street" English.

(7) The books of the epics are referred to in the usual way by the twenty-four letters of the Greek alphabet, the capital letters being used for the books of the *Iliad*, and the small for those of the *Odyssey*. The references are always to be taken as exhaustive unless the contrary is indicated by the addition of "etc." It would, of course, have been possible to make the references exhaustive in all cases; but this would have greatly increased the size (and cost) of the book, and would not after all have been of much, if indeed it would have been of any, service. It is hoped that the reader will have the satisfaction of knowing that he has before him all the occurrences of a word or use in every case where this can be thought to be of importance. It is to be noted that in this matter of reference the epics are regarded separately. Thus reference in the form K 192 : β 363, γ 254, δ 78, τ 492,

ψ 26, etc., indicates that the word or use in question occurs once *only* in the *Iliad*, and five times *and more* in the *Odyssey*.

(8) It was found to be impossible to exhibit intelligibly in the articles the very numerous constructions under εἰ (3) (4) (5), αἴ (2), and ἤν (1) (2), and the various corresponding forms of relative and conditional relative sentences. These have accordingly been brought together in a Table printed after the List of Prefixes, etc., reference being made to the Table by number from the body of the book. It may be noted that the references in the articles εἰ, αἴ, and ἤν and in the Table are exhaustive throughout.

The commentaries of Dr. Leaf and Monro on the *Iliad*, and of Merry and Riddell on *Odyssey* I–XII, and Monro on *Odyssey* XIII–XXIV have been consulted. Of these Dr. Leaf's commentary is the fullest and has been the most helpful, and I desire to make special acknowledgements to it. My debt to Monro's *Homeric Grammar* will be obvious.

For the old *cruces* such as ἤϊος, ἠλίβατος, μέροπες, νηγάτεος, χλούνης, and the rest, I have no fresh suggestions to make; and in the cases of such words, where the context gives no guidance, I have thought it best simply to say that the meaning is unknown. There are, of course, conjectures in abundance, but these cannot be discussed in a Lexicon where space is a serious consideration. It is to be borne in mind that the Homeric language had evidently a long history when the poet received it, and that it is quite possible that he took over some of the words from his predecessors without attaching any very definite meaning to them. Similar considerations apply to words denoting arms, pieces of armour, parts of chariots, dress, utensils, and the like. The poet had, of course, no personal knowledge of the times in which he placed his scenes, and was necessarily dependent for knowledge on authorities of some kind, good or bad, of which we know nothing. It may well be that he would have found as much difficulty as we find in explaining the exact nature of, say, the μίτρη or the θόλος, or in distinguishing between, say, a ἕλιξ and a κάλυξ, or a πεῖρινς and an ὑπερτερίη.

My friend Mr. J. B. Douglas has very kindly gone over the work in proof, and has made many valuable suggestions. I owe and tender very grateful thanks to Mr. F. E. Webb, the printers' scholarly proofreader, for the great care which he has bestowed on the proofs and for suggestions which he has made, and bear willing testimony to his accuracy and his untiring assiduity in a laborious task. I must, however, accept myself the ultimate responsibility for any literals that may be found. The references have all been checked by me in proof with the text, and I hope that little inaccuracy will be found.

I do not doubt that the work is open to criticism in detail. It could hardly, indeed, be otherwise in the case of a single-handed attempt to deal afresh with a vocabulary so copious and so complicated as that of the epics. I can truly say, however, that I have spared no pains, and have consciously shirked no difficulty, in the effort to make a useful book.

I did not undertake the very considerable labour which the compilation has entailed merely to help examination candidates or to assist in reading the epics as documents or as fields for philological study, although I trust that the Lexicon will be helpful for these purposes. My main hope has been, by making the reading of Homer easier, to bring to him readers who will read the epics as what above all things they are—as poems, as works of imagination. For such reading, translations being useless, an accurate and familiar knowledge of the Homeric language is the first essential. This knowledge is not to be acquired without hard, and possibly repulsive, work with grammar and dictionary; but though the way be long, the reward is sure. Let a man once acquire the power to read Homer as he reads Spenser or Milton, and he will have a possession which he would change for no other, an unfailing source of solace and of the purest pleasure. Homer is like Shakespeare in this, that he cannot be exhausted, that the more he is read the more there is found, and that while the effects are more and more felt, the means by which they are got remain more and more mysterious. The epics must be read as wholes, and not, as is too much the way, in books here and there. It will come to be realized more and more with each reading that under the smooth and apparently art-less surface there lie depths of supreme and conscious art. The man who has realized this has gone far to solve for himself the Homeric problem.

R. J. C.

ABBREVIATIONS

absol., absolute, absolutely
acc., accusative
act., active
adj., adjective
adv., adverb
advbl., adverbial
aor., aorist
app., apparently
art, article
cf., compare
comp., comparative
contr., contracted
dat., dative
encl., enclitic
Eng., English
fem., feminine
fig., figurative(ly)
fr., from
fut., future
gen., general(ly)
genit., genitive
imp., imperative
impers., impersonal(ly)
impf., imperfect
indic., indicative
infin., infinitive
int., interjection
intrans., intransitive
irreg., irregular(ly)
L., Latin
lit., literally
masc., masculine

mid., middle
neg., negative
neut., neuter
nom., nominative
opt., optative
orig., original(ly)
pa., past
pass., passive
perh., perhaps
pf., perfect
pl., plural
plupf., pluperfect
poss., possibly
ppl., participial
pple., participle
prec., the preceding word, etc.
prep., preposition
prob., probably
pron., pronoun
redup., reduplicated
sb., substantive
sc., *scilicet*
sim., similar(ly)
sing., singular
subj., subjunctive
superl., superlative
trans., transitive
vb., verb
vbl., verbal
v.l., various reading
voc., vocative
=, equivalent to

An asterisk (*) prefixed to a form indicates that the form is not actually recorded, but is assumed to have existed. For the obelus (†) see the Preface, p. vi.

A HOMERIC LEXICON

ᾰ̓. Ah! With voc. of δειλός. See δειλός (3) (a), (b).

ἀάατος [perh., with ἀ- for ἀν-¹, ἀάΓατος, fr. ἀΓάω. See ἀάζω]. Thus, not liable to ἄτη, that cannot be taken in vain, unimpeachable, decisive: ἀάατον Στυγὸς ὕδωρ Ξ 271 : ἄεθλον ἀάατον φ 91, ἄεθλος ἀάατος χ 5.

ἀᾱγής, -ές (ἀΓαγής) [ἀ-¹ + (Γ)αγ-, ἄγνυμι]. Unbroken, unbreakable : ῥόπαλον λ 575.

†*ἀάζω (ἀΓάζω) [ἀΓάτη, ἄτη]. 2 sing. aor. ἄᾱσας (ἀΓασας) Θ 237. 3 ἄᾱσε φ 296, 297. 3 pl. ἄᾱσαν κ 68. Contr. 3 sing. ἄσε λ 61. Mid. Aor. ἀᾱσάμην I 116, 119, T 137. 3 sing. ἀάσατο I 537. ἀάσατο Λ 340. Contr. ἄσατο Τ 95. Pass. Aor. ἀάσθην Τ 136. 3 sing. ἀάσθη Π 113 : δ 503, 509. Pple. ἀᾱσθείς φ 301. From ἀ(Γ)άω 3 sing. pres. mid. ἀᾶται Τ 91, 129. (1) To smite with blindness of the mind, infatuate, make reckless Θ 237 : κ 68, λ 61, φ 296, 297.—So in mid. : "Ατη ("Ατην) ἥ πάντας ἀᾶται Τ 91, 129.—(2) In mid., to be so smitten, be made infatuated or reckless : ἀασάμην I 116, 119, T 137. Cf. I 537, Λ 340, Τ 95.—So in pass. : μέγ' ἀάσθη Π 685. Cf. Τ 113, 136 : δ 503, 509, φ 301.

ἄᾰπτος, -ον [app., with ἀ- for ἀν-¹, fr. ἄπτω]. Thus, not to be touched, irresistible : χεῖρες (χεῖρας) A 567, Θ 450, Λ 169, N 49, Υ 503, etc. : λ 502, χ 70, 248.

ἄᾱσε, ἀάσθη, 3 sing. aor. act. and pass. ἀάζω.

ἀάσχετος [an unexplained form]. = ἄσχετος. Not to be restrained, ungovernable : μένος E 892.—Of grief, uncontrollable : πένθος Ω 708.

ἀᾶται, 3 sing. pres. mid. ἀάω. See ἀάζω.

ἄᾱτος [ἀ-¹ + (σ)άω]. Except in X 218 in contr. form ἄτος. Insatiate of, indefatigable in. With genit. : πολέμοιο E 388. Cf. E 863, Z 203, Λ 430, N 746, X 218 : ν 293.

ἀβακέω [ἀ-¹ + βακ-, βάζω. 'To be speechless ']. Hence, to be ignorant, fail in recognition δ 249.

ἀβλής, -ῆτος [ἀ-¹ + βλη-, βάλλω]. Not (yet) shot, new : ἰόν Δ 117.

ἄβλητος [as prec.]. Unstruck (by a missile) Δ 540.

ἀβληχρός, -ή, -όν. App., feeble, weak, gentle : χεῖρα E 337, τείχεα Θ 178 : θάνατος λ 135, ψ 282.

ἄβρομος [ἀ-² + βρόμος]. With united noise N 41.

†ἀβροτάζω [ἀμβροτ-, ἤμβροτον. See ἁμαρτάνω]. 1 pl. aor. subj. ἀβροτάξομεν. With genit., to miss, fail of meeting : ἀλλήλοιιν K 65.

ἀβρότη. App. = ἀμβροσίη, fem. of ἀμβρόσιος : νύξ Ξ 78.

ἀγάασθε, 2 pl. ἄγαμαι.

ἄγαγον, aor. ἄγω.

ἀγαθός, -ή, -όν. (1) Well-born, noble Ξ 113, Φ 109 : δ 611, σ 276, φ 335.—Absol.: τοῖς ἀγαθοῖσιν ο 324, οὐκ ἀγαθοῖσιν σ 383 (v.l. οὐτιδανοῖσιν).— (2) Warlike, soldierly, stout, skilful in fight A 131, Δ 181, Z 478, N 314, etc.—Absol.: ἀγαθοῖσι μάχεσθαι N 238. Cf. Φ 280 (twice), etc.—(3) Passing into (4) : ἀ. πάϊς Ἀλκινόοιο θ 130, 143.—(4) Good, worthy, serviceable, skilled : ἰητῆρε B 732. Cf. Γ 179, 237, N 666, Ψ 770 : πὺξ ἀγαθόν λ 300.—For βοήν ἀ. see βοή (2).—(5) In moral sense, good, of right feeling : ἀ. καὶ ἐχέφρων I 341.—Of the mind, showing discretion, good judgment or discernment, well-balanced : φρεσὶ κέχρητ' ἀγαθῇσιν γ 266. Cf. ξ 421, π 398, ω 194.—Sim. φρεσὶ μαίνεται οὐκ ἀγαθῇσιν Θ 360.—(6) Of things or abstractions, good of their kind, good, excellent, fine, helpful, in place, or the like : βουλάς B 273, ὄψιν (his fair . . .) Ω 632. Cf. I 627, Λ 793 = O 404, Ψ 810 : βίον (pleasant) ο 491. Cf. ι 27, ν 246, ο 405, 507, ρ 347, 352, ω 249, 286.—(7) Absol. in neut. ἀγαθόν. (a) A good or desirable thing B 204.—With infin.: ἀ. νυκτὶ πιθέσθαι H 282 = 293. Cf. Ω 130, 425 : γ 196.—(b) What is good, good : ἀ. τελέσειεν β 34. Cf. δ 237, 392, θ 63.—So εἰπεῖν εἰς ἀ. for (for the general good) I 102, πείσεται εἰς ἀ. (for his own good) Λ 789.—(8) Absol. in neut. pl. ἀγαθά. (a) In sense (7) (b) χ 209.— So εἰς ἀ. φρονέων Ψ 305. Cf. Ω 173 : α 43.—(b) What is morally right : ἀ. φρονέοντα Z 162.— (c) Good things to eat ξ 441.

ἀγαίομαι = ἄγαμαι (5) : κακὰ ἔργα υ 16.

ἀγακλεής, -ές [ἀγα- + κλέος]. Genit. ἀγακλῆος (for ἀγακλέεος) Π 738, Ψ 529. Very famous, glorious, splendid, worthy Π 738, Ρ 716, Φ 379 Ψ 529.

ἀγακλειτός, -ή, -όν [ἀγα- + κλειτός]. = prec.

Β564, Μ101, Π463, Σ45, Φ530 : γ59, η202, ρ370, 468, σ351, φ275.

ἀγακλυτός [ἀγα- + κλυτός]. = prec. Ζ436 : γ388, 428, η3, 46, θ502, ξ237, φ295, ω103.

ἀγάλλομαι. (ἐπ-.) To exult Μ114, Ρ473, Σ132.—To exult in, take delight in. With dat. : πτερύγεσσιν Β462, πώλοισιν Τ222. Cf. ε176, ζ272.

ἄγαλμα, -ατος, τό [ἀγάλλομαι]. (1) An ornament, a glory or delight Δ144 : δ602, σ300, τ257.—(2) Of things offered to the gods : πόλλ᾽ ἀγάλματ᾽ ἀνῆψεν γ274. Cf. γ438, θ509, μ347.

†**ἄγαμαι.** 1 sing. pres. ἄγαμαι ζ168, ψ175. 2 pl. ἀγάασθε ε119. ἄγασθε ε129. Infin. ἀγάασθαι π203. 2 pl. impf. ἠγάασθε ε122. Fut. infin. ἀγάσεσθαι θ565, ν173. ἀγάσσεσθαι δ181. 3 sing. aor. ἠγάσσατο Γ181. ἀγάσσατο Ρ71 : δ658. 1 pl. ἀγασσάμεθα Γ224 : κ249. 3 ἀγάσαντο σ71, ψ211. 2 sing. subj. ἀγάσσεαι α389. 2 pl. ἀγάσησθε Ξ111. Pple. ἀγασσάμενος, -ου Η41, 404, Θ29, Ι51, 431, 694, 711, Ψ639 : β67, ψ64. (1) To wonder, marvel : οἵ κ᾽ ἀγασσάμενοι οἷον ἐπόρσειαν Η41 (admiring his chivalry ; or perh. in sense (3), grudging him honour) : ἀγάσσατο θυμός δ658. Cf. π203, σ71.—(2) To wonder or marvel at Γ181, 224, Η404, Θ29, Ι51, 431, 694, 711 : ζ168, κ249.—(3) To be jealous, bear a grudge Ξ111, Ψ639.—With dat. of person : οἱ Ρ71 : ε122, ἡμῖν θ565, ν173.—With complementary infin. : θεαῖς ἀγάασθε παρ᾽ ἀνδράσιν εὐνάζεσθαι ε119. Cf. ε129, ψ211.—With acc. : τά δ181.—(4) To be offended or hurt ψ175.—(5) To be indignant or offended at : κακὰ ἔργα β67. Cf. ψ64.—With dat. of person : εἴ πέρ μοι ἀγάσσεαι α389.

ἄγαμος [ἀ-¹ + γάμος]. Unmarried Γ40.

ἀγάννιφος [ἀγα- + νίφω]. Very snowy, snow-clad. Epithet of Olympus Α420, Σ186.

ἀγανός, -ή, -όν. (1) Gentle, mild, affectionate : ἐπέεσσιν Β164, 180, 189, Ω772 : ἀ. καὶ ἤπιος β230 = ε8, μύθοις ο53.—(2) Soothing, effecting propitiation, winning acceptance : δώροισιν Ι113, εὐχωλῇσιν 499 : ν357.—(3) Of the shafts of Apollo and Artemis, bringing painless death Ω759 : γ280 = ο411, ε124 = λ173 = 199.

ἀγανοφροσύνη, -ης, ἡ [ἀγανόφρων]. Gentleness of disposition, mildness Ω772 : λ203.

ἀγανόφρων [ἀγανός + φρήν]. Of gentle disposition, mild : ἀνήρ Τ467.

ἀγαπάζω [ἀγαπάω]. (ἀμφ-.) (1) = ἀγαπάω (1) π17.—In mid. : οὐδ᾽ ἀγαπαζόμενοι φιλέουσιν η33. Cf. ρ35 = χ499, φ288.—(2) To play the host to : ἀθάνατον θεόν Ω464.

ἀγαπάω. (1) To welcome, greet, caress ψ214. —(2) To be contented : οὐκ ἀγαπᾷς δ.. ; φ289.

ἀγαπήνωρ, -ορος [ἀγαπάω + ἀνήρ]. Showing kindliness to fellow-men, courteous. Epithet of heroes Θ114, Ν756, Ο392, Ψ113 = 124 : η170.

ἀγαπητός [ἀγαπάω]. Beloved, darling Ζ401 : β365, δ727, 817, ε18.

ἀγάρροος [ἀγα- + (σ)ρο-, ῥέω]. Strongly flowing. Epithet of the Hellespont Β845, Μ30.

ἄγασθε, 2 pl. pres. ἄγαμαι.

ἀγάσσατο, 3 sing. aor. ἄγαμαι.

ἀγάστονος, -ον [ἀγα- + στον-, στένω]. Much groaning, roaring. Epithet of Amphitrite μ97.

ἀγαυός, -ή [γαϝ-, γαίω]. Of persons, an epithet of general commendation, noble, illustrious, or the like : κήρυκες Γ268. Cf. Ε277, Η386, Λ1, Ρ284, Τ281, Ω251, etc. : μνηστῆρες β209. Cf. β308, ζ55, λ213, ν272, etc.—In superl. : ἀγαυότατον ζωόντων ο229.

ἀγγελίη, -ης, ἡ [ἄγγελος]. A message, news, tidings : ἀλεγεινῇ Β787, ἐμὴν ἀγγελίην (about me) Τ337. Cf. Η416, Ο174, etc. : πατρός (about your father) α408. Cf. α414, β30, ξ374, ω48, etc. —In cognate acc. : ἀγγελίην ἐπὶ Τυδῆ στεῖλαν (dispatched him on a message ; ἐπί advbl. (ἐπί (I) (4))) Δ384, ἀγγελίην ἐλθόντα (having come on a message) Λ140.—In genit. denoting scope of action : σεῦ ἕνεκ᾽ ἀγγελίης (on a message concerning thee) Γ206, ἀγγελίης τευ (on a message concerning someone) Ν252, ἀγγελίης οἴχνεσκεν (used to go with messages) Ο640. (In the last five passages the word is also taken as a masc. ἀγγελίης = ἄγγελος.)

ἀγγέλλω [ἄγγελος]. 3 pl. fut. ἀγγελέουσι Ι617. Ppl. ἀγγελέων, -οντος Ρ701 : δ24, 528, 679. Fem. ἀγγελέουσα, -ης Θ398, Λ185, Τ120, Ω77, etc. : σ186, χ434, 496. 3 sing. aor. ἤγγειλε Χ439 : ψ22. 3 pl. subj. ἀγγείλωσι π459. Opt. ἀγγείλαιμι ξ120. 3 sing. ἀγγείλειε ζ50, ο458. Imp. ἀγγειλον Ω145. Pple. ἀγγείλας Κ448 : π150. Infin. ἀγγεῖλαι Ο159. (ἀπ-, ἐξ-, ἐπ-.) (1) To bear a message or order, make an announcement or communication Θ398, 409, Ι617, Λ185, Τ120, Ω77 = 159 : π150.—With dat. : ποιμένι λαῶν δ24, 528. Cf. δ679, ζ50, ο458, σ186 = χ434 = 496.—With dat. and complementary infin. : Πριάμῳ λύσασθαι Ω145 : κείνοις οἰκόνδε νέεσθαι π350.—Without dat. : λέξασθαι Θ517.—Sim. with dat. and ὅττι Χ439.—(2) To announce, communicate Κ448, Ο159, Ρ701 : ψ22.—To give news of ξ120, 123.—To herald ν94.

ἄγγελος, -ου, ὁ, ἡ. A messenger or envoy Α334, Β786, Ε804, Κ286, Λ652, Χ438, etc. : ε29, θ270, ο458, ω405, etc.—With dat. and complementary infin. : ἄμμι θωρήσσεσθαι Λ715. Cf. Σ167, Ω194.—Sim. with dat. and δ μ374.—Of birds of augury Ω292, 296, 310 : ο526.

ἄγγος, τό. A vessel or receptacle β289.—For milk Β471 = Π643 : ι222, 248.—For wine π13.

ἄγε, ἄγετε [imp. sing. and pl. of ἄγω used interjectionally]. Come ! (1) ἄγε. (a) With imp. sing. or ϝ᾽ Γ192, Ι673 = Κ544 : γ475, ο347, ψ261.—So ἄγε δή (cf. δή (1) (a) (β)) Θ139, Ω407 : γ349, τ16.—ἀλλ᾽ ἄγε (cf. ἀλλά (3)) Α210, Β331, Δ100, Ε174, Ζ340, etc. : α169, β212, γ17, δ587, ε162, etc.—ἀλλ᾽ ἄγε δή Φ221, Ψ313, Ω137, etc. : η162, θ492, κ333, μ298.—εἰ δ(ή) ἄγε (cf. εἰ (1)) Α302, Χ376, Ι167, Η667, etc. : α271, δ713, θ832, μ112, χ391, ψ35.—Elliptically : δεῦρ᾽ ἄγε θ145, 205, μ184.—δεῦτ᾽ ἄγε θ11.—ἀλλ᾽ ἄγε δεῦρο Λ314, Ρ179 : ι517, λ561, χ233.—

εἰ δ(ή) ἄγε δεῦρο P 685, Ψ 581.—(b) With 1 sing. subj., come, I will . . . : ἀλλ' ἄγ' ἐξείπω Ι 60. Cf. ν 296, etc.—ἀλλ' ἄγε δή ν 215.—εἰ δ(ή) ἄγε ι 37, ω 336.—(c) With 1 pl , come, let us . . . : ἄγε νῆ' ἐρύσσομεν Α 141. Cf. Η 299, Ξ 314, Χ 391.— ἀλλ' ἄγε Υ 257, etc.: δ 776, θ 34, 389, κ 44, ν 13, 296, ξ 393, π 348, ρ 190.—ἀλλ' ἄγε δή Α 62, Γ 441, Δ 418, Ε 249, Λ 348, Ψ 537, Ω 356, etc. : ρ 274.— Elliptically : ἀλλ' ἄγε δεῦρο θεοὺς ἐπιδώμεθα Χ 254.—(d) With fut. : ἀλλ' ἄγε πειρήσομαι ƺ 126. Cf. ν 344, 397.—ἀλλ' ἄγε δή Υ 351, Φ 60 : κ 286, ν 215.—εἰ δ(ή) ἄγε Α 524, Ψ 579 : φ 217.—(e) Introducing a question : ἀλλ' ἄγε Η 36 : τ 24.— (2) ἄγετε. (a) Absol. : ἀλλ' ἄγετε Β 72=83 : φ 73 =106.—(b) With imp. pl. : ἀλλ' ἄγετε Η 193, etc. : δ 294, κ 460=μ 23, φ 134, χ 252.—With sing. : ἀλλ' ἄγετ' ἐπαρξάσθω φ 263.—(c) With 1 pl. subj. μ 213.—ἀλλ' ἄγετε Β 139=Ι 26=704=Μ 75 =Ξ 74=370=Ο 294=Σ 297, Ε 469, Ι 165, Ρ 634, etc. : α 76, κ 176, μ 343, ν 179, π 376, ω 430.—εἰ δ(ή) ἄγετε Χ 381.—Elliptically: δεῦτ' ἄγετε δώομεν Η 350.—(d) With 1 sing. : ἀλλ' ἄγετ' ἐνείκω χ 139.

ἀγείρω. Aor. ἤγειρα Ρ 222 : β 41. ἄγειρα ξ 285. 3 sing. ἤγειρε β 28. ἄγειρε Λ 716. 3 pl. ἄγειραν γ 140. Subj. ἀγείρω Π 129. 1 pl. ἀγείρομεν Α 142 : π 349. Pple. ἀγείρας Β 664, Γ 47, Ι 338, 544 : τ 197. Mid. 3 pl. aor. ἀγέροντο Β 94, Σ 245 : θ 321, λ 36, υ 277. Pl. pple. ἀγρόμενοι, -ων Γ 209, Η 134, 332, Ι 74, Κ 180, Υ 166 : θ 17, 58, 172, ξ 25, π 3. Fem. -αι υ 123. Dat. -ησι β 481. Infin. ἀγέρεσθαι β 385. Pass. 3 sing aor. ἀγέρθη Δ 152, Χ 475 : ε 458, ω 349. 3 pl. ἤγερθεν Α 57, Ω 790 : β 9, θ 24, ω 421. ἄγερθεν Ψ 287. 3 pl. plupf. ἀγηγέρατο Δ 211, Υ 13 : λ 388, ω 21. (ἀμφ-, ἐπ-, ἐσ-, συν-.) (1) To bring or gather together, cause to assemble Α 142, Β 438, Γ 47, Ι 544, Ρ 222, etc. : β 41, γ 140, π 349.—Absol. β 28.—(2) In mid. and pass., to come or gather together, assemble : ἐπεὶ ἤγερθεν Α 57. Cf. Β 52, Γ 209, Δ 211, Σ 245, Ψ 287, etc. : ἠγείροντο μάλ' ὦκα β 8. Cf. β 385, δ 686, λ 632, ξ 25 (the herd of swine), υ 123 (v.l. ἀγρόμεναι fr. ἐγείρω; cf. ἐγείρω (4)), etc.—(3) In reference to things, to get together, collect : πολλά ξ 285. Cf. γ 301, τ 197.—In mid. : ἀγειρόμενοι κατὰ δῆμον ν 14.—To get by begging ρ 362.—In reference to something immaterial : θυμὸς ἀγέρθη (his spirit was rallied) Δ 152, Χ 475 : ε 458, ω 349.

ἀγελαῖος, -η [ἀγέλη]. Belonging to a or to the herd. Of oxen Λ 729, Ψ 846 : κ 410, ρ 181= υ 251, χ 299.

ἀγελείη [ἄγω + λείη = λῆϊς]. That drives or carries off the spoil. Epithet of Athene Δ 128, Ε 765, Ζ 269 = 279, Ο 213 : ν 359, π 207.

ἀγέλη, -ης, ἡ. Locative ἀγέληφι Β 480, Π 487. A herd. Of oxen : βοῦς ἀγέληφι (in the herd) Β 480. Cf. Λ 678, 696, Ο 323, Π 487, Ρ 62, Σ 528, 573 : μ 129, 299, ξ 100.—Of horses Τ 281.

ἀγεληδόν [ἀγέλη]. In a herd Π 160.

ἄγεν, 3 pl. aor. pass. ἄγνυμι.

ἀγέραστος [ἀ-¹ + γέρας]. Meedless Α 119.

ἀγέρθη, 3 sing. aor. pass. ἀγείρω.

ἀγέροντο, 3 pl. aor. mid. ἀγείρω.

ἀγέρωχος. An epithet of commendation of peoples and persons of uncertain meaning Β 654, Γ 36, Ε 623, Η 343, Κ 430, Π 708, Φ 584 : λ 286.

ἄγετε. See ἄγε.

ἄγη¹, ἡ [ἄγαμαι]. Wonder, amazement, confusion : ἄγη μ' ἔχει Φ 221 : γ 227, π 243.

ἄγη², 3 sing. aor. pass. ἄγνυμι.

ἀγηγέρατο, 3 pl. plupf. pass. ἀγείρω.

ἀγηνορίη, -ης, ἡ [ἀγήνωρ]. (1) Courage, spirit Μ 46, Χ 457.—(2) The quality in excess or with arrogance. In pl. Ι 700.

ἀγήνωρ, -ορος [ἀγα- + ἀνήρ]. (1) Manly, bold, courageous Ι 398, Κ 299, Ω 42, etc. : β 103, λ 562, etc.—App. ironically (of Thersites) Β 276.—(2) Conveying at any rate a shade of blame (indicating the exhibition of the quality in excess or with arrogance) Ι 699, Φ 443 : α 106, 144, υ 160, etc.

ἀγήρως [contr. fr. ἀγήραος, fr. ἀ-¹ + γῆρας]. Nom. dual ἀγήρω Μ 323, Ρ 444. Acc. pl. ἀγήρως η 94. Not subject to old age Θ 539, Μ 323, Ρ 444 : ε 136 = η 257 = ψ 336, ε 218, η 94.—Of the aegis Β 447.

ἀγητός [ἄγαμαι]. To be wondered at, admirable : εἶδος ἀγητοί (i.e. in that only) Ε 787 = Θ 228, εἶδος ἀγητόν Χ 370. Cf. Ω 376 : ξ 177.

ἀγῑνέω [lengthened fr. ἄγω]. 3 pl. pa. iterative ἀγίνεσκον ρ 294. (κατ-.) (1) In reference to domestic animals, to drive, lead, bring ξ 105, υ 213, χ 198.—To a hunting dog, to take with one ρ 294.—(2) To persons, to lead, conduct Σ 493.—(3) To things, to fetch, bring, carry Ω 784.

ἀγκάζομαι [ἀγκάς]. To take up in the arms Ρ 722.

ἀγκαλίς, ἡ [ἄγκος]. Dat. pl. ἀγκαλίδεσσι. The bent arm Σ 555, Χ 503.

ἀγκάς [ἄγκος]. Into, in, or with the arms Ε 371, Ξ 346, 353, Ψ 711, Ω 227 : η 252.

ἄγκιστρον, τό [ἄγκος]. A fish-hook (app. at any rate sometimes) of metal ; cf. Π 408) δ 369 = μ 332.

ἀγκλίνας, contr. aor. pple. ἀνακλίνω.

ἀγκοίνη, ἡ = ἀγκαλίς Ξ 213 : λ 261, 268.

ἄγκος, τό. A bend ; hence, a glen or valley Σ 321, Υ 490, Χ 190 : δ 337 = ρ 128.

†ἀγκρεμάννῡμι [ἀγ-, ἀνα- (2)]. Aor. pple. fem. ἀγκρεμάσᾱσα. To hang up on. With dat. : χιτῶνα πασσάλῳ α 440.

ἀγκυλομήτης [ἀγκύλος + μῆτις]. Of crooked counsel, wily. Epithet of Cronos Β 205, 319, Δ 59, 75, Ι 37, Μ 450, Π 431, Σ 293 : φ 415.

ἀγκύλος [ἄγκος]. Curved. Epithet of τόξα Ε 209, Ζ 322 : φ 264.—Of ἅρμα (referring to the curved form of the front) Ζ 39.

ἀγκυλότοξος [ἀγκύλος + τόξον]. Armed with curved bows, bearing bows. Epithet of the Paeonians Β 848, Κ 428.

ἀγκυλοχείλης [ἀγκύλος + χεῖλος]. With curved lips ; hence, with hooked beak Π 428 := χ 302, τ 538.

ἀγκών, -ῶνος, ὁ [ἄγκος]. (1) The bend of the arm, the elbow Ε 582, Κ 80, Λ 252, Υ 479, Ψ 395 : ξ 485, 494.—(2) An angle (of a wall): ἀγκῶνος τείχεος Π 702.

†ἀγλαΐζομαι [ἀγλαός]. Fut. infin. ἀγλαϊεῖσθαι. (ἐπ-.) To glory or take delight in something Κ 331.

ἀγλαΐη, -ης, ἡ [ἀγλαός]. Instrumental ἀγλαΐη-φι Ζ 510, Ο 267. (1) Splendour, beauty, glory Ζ 510 = Ο 267 : ρ 310, σ 180, τ 82.—(2) A source of honour or distinction : κῦδός τε καὶ ἀ. ο 78 (the two words hardly to be distinguished).—(3) In pl., personal adornments, bravery ρ 244.

ἀγλαόκαρπος, -ον [ἀγλαός + καρπός[1]]. Bearing goodly fruit : μηλέαι η 115 = λ 589.

ἀγλαός. An epithet of commendation of somewhat indefinite meaning. (1) Of things or abstractions, splendid, fine, goodly, bright or the like : ἄποινα Α 23, ὕδωρ Β 307. Cf. Α 213, Β 506, Η 203, Τ 385, Ψ 262, etc. : ἱστόν β 109, ἔργα ν 289. Cf. γ 429, δ 589, ζ 291, etc.—(2) Of persons, goodly, fine or the like Β 736, 871, Λ 385 (see κέρας (4)), etc. : γ 190, λ 249, etc.

ἀγνοιέω [ἀγνώς]. 3 sing. aor. ἠγνοίησε Α 537, Β 807, Ν 28 : ε 78. Fem. pple. ἀγνοιήσασα υ 15. 3 sing. pa. iterative ἀγνώσασκε (contr. fr. ἀγνοήσασκε fr. ἀγνοέω) ψ 95.—(1) To fail to know or recognize Β 807, Ν 28 : ε 78, υ 15, ψ 95 (continually showed that she did not recognize him), ω 218.—(2) With dependent clause, to fail to perceive something as to (a person): οὐδέ μιν ἠγνοίησεν ὅτι . . . Α 537.

ἀγνός, -ή. (1) Of goddesses, holy, pure ε 123, λ 386, σ 202, υ 71.—(2) Dedicated to a god, hallowed : ἑορτή φ 259.

†ἄγνῡμι (Ϝάγνῡμι). 3 dual pres. ἄγνυτον Μ 148. Fut. ἄξω Θ 403. Infin. ἄξειν Θ 417. 3 sing. aor. ἔαξε Η 270, Λ 175, Ρ 63 : ε 316, 385, τ 539. ἦξε Ψ 392. 3 pl. ἔαξαν γ 298. 2 sing. subj. ἄξῃς Ψ 341. 3 ἄξῃ Ε 161. Imp. ἄξον Ζ 306. Nom. dual masc. pple. ἄξαντε Ζ 40, Π 371. Infin. ἆξαι Φ 178, Ψ 467. Pass. Genit. pl. fem. pres. pple. ἀγνυμενάων Π 769 : κ 123. 3 sing. aor. ἐάγη Ν 162, Ρ 607 : κ 560, λ 65. ἄγη Γ 367, Π 801. 3 pl. ἄγεν Δ 214. 3 sing. pf. subj. in pass. sense ἐάγῃ Λ 559. (κατ-, περι-, συν-.) (1) To break, shiver, smash, shatter : αγη ξίφος Γ 367, ἄξον ἔγχος Διομήδεος Ζ 306, etc.: πρὸ κύματ' ἔαξεν ε 385 (broke their force, beat them down), αὐχήν ἐάγη κ 560, etc.—(2) To wreck (a ship) γ 298.

ἀγνώς, -ῶτος [as ἄγνωστος]. Unknown ε 79.

ἀγνώσασκε, 3 sing. pa. iterative. See ἀγνοιέω.

ἄγνωστος [ἀ-[1] + γνω-, γιγνώσκω]. (1) Unknown β 175.—(2) Not to be known, unrecognizable ν 191, 397.

†ἀγξηραίνω [ἀγ-, ἀνα- (6)]. 3 sing. aor. subj. ἀγξηράνῃ. To dry up : ἀλωήν Φ 345.

ἄγονος [ἀ-[1] + γόνος]. App., unborn Γ 40.

ἀγοράομαι [ἀγορή]. 2 pl. ἀγοράασθε Β 337. 2 pl. impf. ἠγοράασθε Θ 230. 3 ἠγορόωντο Δ 1. (1) To sit in assembly, hold debate Β 337,

Δ 1.—(2) To speak or discourse in an assembly or company Α 73, 253, etc. : β 24, δ 773, etc.— (3) To utter in an assembly : εὐχωλάς Θ 230.

ἀγορεύω [as prec.]. (ἐξ-.) (1) To hold (an assembly): ἀγορὰς ἀγόρευον Β 788.—(2) To speak or discourse in an assembly or company Α 109, Β 250, Η 361, Μ 213, etc. : α 382, β 15, 36, θ 171, etc.—(3) To utter or say in an assembly or company : ταῦτα Η 357. Cf. Η 359, Χ 377, etc. : β 184, 210, θ 505, etc.—(4) To speak or tell of, make known, expound, in an assembly or company : θεοπροπίας Α 385 : δήμιόν τι β 32, 44.— (5) In gen., to speak, say Β 10, Ε 218, 832, Ο 53, Ρ 35, etc. : α 214, δ 76, 157, θ 570, κ 34, etc.—To counsel, advise Ε 252.—(6) To utter, say : ἔπεα Γ 155. Cf. Ε 274, Μ 173, Σ 95, etc. : α 307, δ 189, ε 183, λ 83, σ 15, etc.—(7) To speak or tell of, declare, make known, relate, recount : ταῦτα πάντα Α 365. Cf. Ι 369, Μ 176, Σ 142, Φ 99 : α 174, 179, γ 254, δ 836 (tell his fate), λ 381, etc.—To propose Χ 261.

ἀγορή, -ῆς, ἡ [ἀγείρω]. (1) A general assembly (cf. βουλή (1)) Β 95, 808, Δ 400, Θ 2, Ι 33, Ο 283, Σ 106, Τ 34, etc. : α 90, β 26, 257, γ 127, 137, δ 818, ι 112, etc.—In pl., of a single assembly : ἀγορὰς ἀγόρευον Β 788.—(2) In pl., speaking in the assembly : ἔσχ' ἀγοράων Β 275.—(3) The place of assembly (app. used also as a place of judgment (cf. ἀγορῆθεν) and no doubt for other public purposes) Α 490, Β 93, Η 382, 414, Ι 13, Λ 139, 807, Π 387, Σ 245, 274, 497, Τ 45, 88, 173, 249 : β 10, 37, 150, ζ 266, θ 12, 109, 503, κ 114, π 361, 377, ρ 52, υ 146, 362, ω 420.—In pl., app. of a single place : ἔμπληντ' ἀγοραί θ 16. Cf. η 44.

ἀγορῆθεν [ἀγορή + -θεν (1)]. From the place of assembly Β 264.—From the place of judgment μ 439.

ἀγορήνδε [acc. of ἀγορή + -δε (1)]. To the place of assembly Α 54, Β 51, 207, Υ 4, 16 : α 372, β 7, θ 5, ρ 72.

ἀγορητής, -οῦ, ὁ [ἀγορή]. An orator or speaker Α 248, Β 246, Γ 150, Δ 293, Η 126, Τ 82 : υ 274.

ἀγορητύς, ἡ [ἀγορή]. Oratory, eloquence θ 168.

ἀγός, -οῦ, ὁ [ἄγω]. A leader, commander, chief Γ 231, Δ 265, Ε 217, Μ 61, Ν 304, Ψ 160, etc.

ἀγοστός, -οῦ, ὁ. The palm of the hand ; or perh., one's ' grasp ' Λ 425, Ν 508 = Ρ 315, Ν 520 = Ξ 452.

ἄγραυλος, -ον [ἄγρός + αὐλή]. Dwelling in the fields : βοός Κ 155, Ρ 521, Ψ 684, 780, Ω 81, ποιμένες Σ 162 : πόριες κ 410, βοός μ 253, χ 403.

†ἀγρέω. To take. Only in imp. ἄγρει followed by an imp. Come ! : ἀ. ἔπορσον Ε 765, ἀ. καταχεῦαι Η 459. Cf. Λ 512, Ξ 271 : φ 176.—So in pl. : ἀγρεῖτε κορήσατε υ 149.

ἄγρη, -ης, ἡ. (1) The chase, sport. Of birds of prey chasing smaller birds χ 306.—(2) The game μ 330.

ἄγριος, -η, -ον and -ος, -ον [ἄγρός]. (1) Of

animals, wild, untamed Γ24, Δ106, Θ338, I539, O271: ι119, ξ50.—Applied to flies T30.—Absol. in neut. pl. ἄγρια, wild creatures E52.—(2) Of men, fierce, savage, raging Z97 =278, Θ96, Φ314.—Of Scylla μ119.—(3) Not conforming to the traditional order of society, uncivilized, barbarous, savage α199, β19, ζ120=ι175=ν201, η206, θ575, ι215, 494.—(4) In gen., fierce, raging, ungoverned: χόλος Δ23, πτόλεμος P737. Cf. Θ460, I629, P398, T88, X313: θ304.—(5) Absol. in neut. pl. ἄγρια, fierceness: ἄ. οἶδεν (has fierceness in his heart) (see εἴδω (III)(12)) Ω41.

ἀγριόφωνος [ἄγριος + φωνή]. Harsh of speech θ294.

ἀγρόθεν [ἀγρός + -θεν (1)]. From the field or country: κατιόντ' ἄ. ν268, ἄ. ἐρχομένην ο428.

ἀγροιώτης, -ου [ἀγρός. Cf. ἀγρότης]. Of the country, rustic: ἀνέρες Λ549=O272, λαοί Λ676: βουκόλοι λ293.—Absol., a rustic or boor: νήπιοι ἀγροιῶται φ85.

ἀγρόμενοι, pl. aor. pplc. mid. ἀγείρω.

ἀγρόνδε [acc. of ἀγρός + -δε (1)]. To the field or country ο370, 379, φ370.

ἀγρονόμος, -ον [ἀγρός + νέμω]. Haunting the fields or country: νύμφαι ζ106.

ἀγρός, -οῦ, ὁ. (1) In pl., fields, lands: πίονες ἀγροί Ψ832. Cf. δ757, ζ259, θ560, ξ263= ρ432, ο504, π150, ρ18, 171.—(2) In sing., a farm: ἐπ' ἀγροῦ α190. Cf. λ188 (at the farm), π27, 330, 383, ρ182, ψ139, 359, ω205, 212.—So in pl.: ἀγρῶν (at the farm) δ640.—(3) In sing., the country: ἀγρῷ (in the country) E137: ἐπ' ἀγροῦ ((drawn up on the shore) in the country) α185=ω308. Cf. δ517, ε489, σ358, χ47, ω150.

ἀγρότερος, -η, -ον [in form comp. fr. ἀγρός. 'Of the country' (as opposed to the town)]. (1) Of animals, wild, untamed B852, Λ293, M146, Φ486: ζ133, λ611, ρ295. — (2) Epithet of Artemis, roaming the fields, the huntress Φ471.

ἀγρότης, ὁ [ἀγρός]. A hunter π218.

ἀγρώσσω [ἀγρέω]. To catch, take ε53.

ἄγρωστις, ἡ. Some kind of clover or grass ζ90.

ἄγυια, ἡ. Acc. ἄγυιαν. Dat. ἀγυιῇ. Nom. pl. ἀγυιαί. Acc. ἀγυιάς. A street E642, Z391, Τ254: β388=γ487=497=λ12=ο185=296= 471, ο441.

ἄγυρις, ἡ [said to be the Aeolic form of ἀγορή]. A gathering-place Π661 (where the corpses lay heaped), Ω141 (cf. ἀγών (3)): γ31.

ἀγυρτάζω [ἀγείρω]. To collect, get together τ284.

ἀγχέμαχος [ἄγχι + μάχομαι]. Fighting at close quarters or hand to hand N5, Π248, 272, P165.

ἄγχι. (1) To within or at a short distance, near, nigh, close by: ἔστηκεν E185, παρίστατο 570. Cf. Z405, H188, O442, Π114, P338, Ψ304, 520, etc.: σχὼν κεφαλήν α157=δ70= ρ592, ἄ. [ἐστὶ] θύρετρα χ136. Cf. γ449, ε101,

ζ56, θ218, ι345, π338, υ190, etc.—With genit.: Ἕκτορος Θ117, θαλάσσης I43. Cf. K161, Λ666, Ξ75, 460, O362, 434, P10, 300, Ω126: αὐτῆς β417, ἐμεῦ δ370. Cf. ζ291, η112, θ95=534, ι182, κ400=455, λ191, μ306, τ438, φ433, χ130. —With dat.: τοι Λ362=Υ449, οἱ Υ283, σφισίν Ψ447.—(2) App., soon, shortly τ301.

ἀγχίαλος, -ον [ἄγχι + ἅλς[1]]. By the sea B640, 697.

ἀγχιβαθής [ἄγχι + βαθύς]. Of the sea, deep close in shore ε413.

ἀγχίθεος [ἄγχι + θεός]. In close intercourse with the gods: Φαίηκες ε35=τ279. (Cf. ἐγγύθεν (2)(b).)

ἀγχιμαχητής [ἄγχι + μαχητής] = ἀγχέμαχος B604, Θ173 = Λ286 = N150 = O425 = 486 = P184.

ἀγχίμολος [ἄγχι + μολ-, βλώσκω. 'Coming near']. (1) Absol. ἐξ ἀγχιμόλοιο, from close at hand: ἰδών Ω352.—(2) In neut. sing. ἀγχίμολον as adv. (a) To within a short distance, near, nigh, close by ξ410, ρ260, χ205=ω502, ω19, 386.—With dat.: ἄ.οἱ ἦλθεν Δ529. Cf. Π820, Ω 283: θ300, ο57, 95, υ173, ω99, 439.—(b) Closely following: ἐδύσετό δώματα ρ336.

ἀγχίνοος [ἄγχι + νόος]. Applying the mind closely, sagacious: ἀγχίνοος καὶ ἐχέφρων ν332.

ἀγχιστῖνοι, -αι [perh. formed fr. *ἀγχίστις, abstract noun fr. ἄγχι. Cf. προμνηστῖνοι]. Close together, one on another, in a heap or in heaps: κέχυνται E141, ἔπιπτον P361: χ118, ω181, 449.

ἄγχιστος [superl. fr. ἄγχι]. (1) In neut. ἄγχιστον as adv., nearest. With dat.: ἄ. αὐτῷ ε280.—(2) So in pl. ἄγχιστα (a) Most nearly Υ18 (see δαίω[1] (2)).—(b) With regard to resemblance, most closely, very closely. With dat.: Νέστορι ἄ. ἐῴκει B58. Cf. Ξ474: ζ152, ν80.

ἀγχόθι [ἀγχοῦ + -θι]. Near, close to. With genit.: δειρῆς Ξ412, στήθεος Ψ762: ἐλαίης ν103= 347.

ἀγχοῦ [ἄγχι]. =ἄγχι (1) B172, Δ203, etc.: δ25, ε159, ρ526, τ271, etc.—With genit.: πυλάων Ω709: Κυκλώπων ζ5.

ἄγχω. (ἀπ-.) To choke, throttle Γ371.

ἄγω. Fut. ἄξω, -εις A139, Γ401, Δ239, Θ166, I429, 692, Ω154, 183: β326, κ268, π272, ρ22, 250. Acc. sing. masc. pple. ἄξοντα Θ368: λ623. Infin. ἀξέμεναι ψ221. ἀξέμεν Ψ 668. ἄξειν Π832, Τ298: ν212. Aor. ἤγαγον, -ες Δ179, E731, Z426, Λ480, 663, Ω547, etc.: α172, γ383, δ258, η9, 248, ι495, λ509, 625, ν323, ρ171, 376, etc. ἄγαγον, -ες A346, Λ112, T118, Ω447, 577, etc.: ξ404, π227. Subj. ἀγάγωμι Ω717. ἀγάγω B231. 3 sing. -ῃσι Ω 155. -ῃ ο311. 1 pl. -ωμεν Υ300. 3 sing. opt. ἀγάγοι ρ243, φ201. Imp. ἄγαγε Ω337. Pple. ἀγαγών, -οῦσα Δ407, Θ490: δ175, 407, ο428, ψ295. Acc. sing. masc. pple. ἄξοντα Θ368: λ623. Aor. imp. pl. ἄξετε Γ105, Ω778: ξ414. Infin. ἀξέμεναι Ψ50. ἀξέμεν Ψ111, Ω663. Mid. Fut. ἄξομαι I367: δ601, φ214. Infin. ἄξεσθαι φ316, 322. Aor. ἠγαγόμην δ82, ξ211. 3 sing. -ετο H390, Π190, X116, 471: ο238. 3 sing.

subj. ἀγάγηται ζ159. Infin. ἀγαγέσθαι Σ 87. 3
pl. aor. ἄξοντο (v.l. ἄξαντο) Θ 545. Imp. pl.
ἄξεσθε (v.l. ἄξασθε) Θ 505. (ἀν-, ἀπ-, δι-, εἰσ-,
εἰσαν-, ἐξ-, ἐπ-, κατ-, προσ-, συν-, ὑπ-, ὑπεξ-.)
(I) In act. (1) To drive, lead, bring (an animal)
Θ 368, Λ 480, Ν 572, Ρ 134, Ψ 596, 613, 654:
γ 439, δ 622, λ 623, 625, ξ 27, 414, ρ 171, 213=
ν 174, ρ 600, υ 186, etc.—To take as a prize:
ἵππον Ψ 577, ἡμίονον 662, 668. — To put (under
the yoke) Ε 731, Κ 293, Ψ 294, 300: γ 383, 476,
ο 47.—(2) In reference to persons, to cause to
come or go, lead, conduct, take, bring, fetch
Α 346, 440, Γ 105, Δ 541, Ζ 291, Η 310, Ι 89, etc.:
β 326, γ 270, δ 262, ι 98, ν 134, etc.—In reference
to corpses Η 418, Χ 392, etc.: ω 419.—Of an
impersonal agency: τίπτε δέ σε χρειὼ δεῦρ' ἤγαγεν;
δ 312.—Of fate, to lead on Β 834, Ε 614, etc.
—In reference to leading astray Κ 391.—(3)
To lead as a chief Β 557, 580, 631, Δ 179, Μ
330, Π 96, etc. : γ 189, ζ 7, κ 551, ξ 469, ω 427.—
To take (companions) with one δ 434.—(4) To
carry off (a horse) as spoil Π 153.—To carry off
(persons) captive: υἱόν Β 231. Cf. Δ 239, Ζ 426,
Θ 166, Ι 594, Λ 112, Φ 36, etc.: γυναῖκας ξ 264, etc.
—Sim. with φέρω (φέρω referring to things, ἄγω to
men and cattle) Ε 484.—In reference to the rape
of Helen Ω 764.—To taking her back ψ 221.
—To taking back her and the spoils Η 351,
Χ 117.—Ἰο carrying off Briseïs Α 184, 323,
338, 391, Τ 273, etc.—To seizing and taking
away (a γέρας) Α 139.—(5) Of a chariot, horses,
etc., to bear, carry, bring Ε 839, Λ 598 : ζ 37.
—Of ships Ω 396 : η 9, ω 299.—(6) In reference to
things, to fetch, bring, carry, take Α 99, Η 335,
Λ 632, Ω 531, Ψ 50, Ω 367, etc.: α 184, γ 312,
ν 216, ξ 296, ο 159, etc.—To bring in, import:
οἶνον Η 467, Ι 72, μέθυ Η 471.—To carry off as
spoil Α 367.—In reference to levying compensa-
tion χ 57.—(7) To bring on, cause: πῆμα Ω
547 : τερπωλήν σ 37.—In reference to atmospheric
phenomena: νέφος ἄγει λαίλαπα Δ 278. Cf. Ψ188.
—To bring on (a period of time): ἦμαρ σ 137,
'Ηὼ ψ 246.—(8) In various uses. In reference
to conducting water in a channel Φ 262.—To
direct the course of (a battle) Λ 721.—To cause
(a ship) to take a certain direction ι 495.—To
bring (to the birth) Τ 118.—Of hunters, to
draw (a cordon) δ 792. — To bring back (in-
telligence) δ 258.—To keep in memory ε 311.
—(9) In pres. pple. with a finite vb., to take and
. . . (cf. αἱρέω (I) (10), εἶμι (1) (c), (6) (b), ἔρχομαι
(1), (4), κίον (2), λαμβάνω (7), φέρω (6), (10)): ἀνὰ
δ' εἷσεν ἄγων Α 311, στῆσεν ἄγων Β 558. Cf. Δ 392,
etc.: α 130, γ 416, δ 525, 634, ο 542, etc.—(10)
For imp. sing. and pl. ἄγε, ἄγετε, used inter-
jectionally see these words.—(II) In mid. (often
hardly to be distinguished from the act.). (1) In
reference to cattle, to drive, bring Θ 505, 545.—
(2) To carry or take, take with one: χρυσόν Ι 367.
Cf. Π 223 : εἵματα ζ 58. Cf. δ 82, 601, κ 35, 40.—
In reference to corpses Ρ 163, Ω 139.—(3) To
carry off captive or as spoil Β 659, Ζ 455, Η 390,

Χ 116, Ψ 829.—In reference to Helen and the
spoils Γ 72 = 93.—To the spoils Η 363.—To taking
her back Δ 19.—To take as a prize Ψ 263.—(4) To
take to oneself as a wife, marry. (a) With οἴκαδε
or the like : οἴκαδ' ἄγεσθαι Γ 404, ἠγάγετο πρὸς
δώματα Π 190. Cf. Ι 146, etc. : ζ 159, φ 316.—
(b) Without such a word Σ 87, Χ 471 : ξ 211,
φ 322.—(5) To get (a wife for another). (a) As
in (4) (a) : κασιγνήτῳ γυναῖκα ἠγάγετο πρὸς δώματα
ο 238. — (b) As in (4) (b) : ἄξομαι ἀμφοτέροις
ἀλόχους φ 214. Cf. δ 10.—(6) In reference
to conducting a bride to her new home ζ 28.—(7)
In reference to speech, to cause to pass, utter :
μῦθον ὃν οὔ κεν ἀνὴρ διὰ στόμ' ἄγοιτο Ξ 91.

ἀγών, -ῶνος, ὁ. (1) An assembly. (a) θεῖον
ἀγῶνα (the assemblage of the gods supposed to
meet together to receive their worshippers)
Η 298, Σ 376.—(b) An assembly brought together
to view contests Ψ 258, Ω 1.—(c) App., the
body of competitors : παντὸς ἀγῶνος ὑπέρβαλεν
Ψ 847.—(2) A place for contests : τάδ' ἄεθλα κεῖτ'
ἐν ἀγῶνι Ψ 273. Cf. Ψ 451, 495, 507, 617, 696,
etc. : εὔρυναν ἀγῶνα θ 260. Cf. θ 200, 238, 259,
380, ω 86.—(3) In reference to the Greek ships
drawn up on the beach : νεῶν (νηῶν) ἐν ἀγῶνι (in
the gathering-place of the ships, i.e. the camp)
Ο 428 = Π 500, Π 239, Τ 42.—So μετ' ἀγῶνα νεῶν
Υ 33.

ἀδαημονίη [ἀδαήμων]. Ignorance, want of
experience or skill. With complementary infin.:
ἀμφιπολεύειν ὄρχατον ω 244.

ἀδαήμων, -ονος [ἀ-¹ + δαήμων]. Ignorant of,
not experienced or versed in. With genit.: μάχης
Ε 634, Ν 811 ; κακῶν μ 208, πληγέων ρ 283.

ἀδάκρυτος [ἀ-¹ + δακρύω]. Not shedding tears,
tearless Α 415 : δ 186, ω 61.

ἀδάμαστος [ἀ-¹ + δαμασ-, δαμάζω]. Inflexible.
Of Hades : ἀμείλιχος ἠδ' ἀδάμαστος Ι 158.

ἄδε, 3 sing. aor. ἀνδάνω.

ἀδεής (ἀδϜεής) [ἀ-¹ + δ(Ϝ)έος]. Also ἀδειής Η 117.
(1) Fearless, without fear Η 117.—(2) Bold, too
bold : κύον ἀδεές Θ 423, Φ 481 : τ 91.

ἀδελφεός, -οῦ, ὁ. Genit. ἀδελφειοῦ (for ἀδελφεόο)
Ε 21, Ζ 61, Η 120, Ν 788. A brother, one's
brother Β 409, Η 2, Θ 318, Ν 695, Ο 187, etc. :
δ 91, 199, 225, 512.

ἀδευκής [ἀ-¹. Cf. ἐνδυκέως]. Harsh, untoward,
unkind : ὀλέθρῳ δ 489, φῆμιν ζ 273, πότμον κ 245.

ἀδέψητος, -ον [ἀ-¹ + δέψω]. Of a hide, un-
dressed υ 142.

ἀδέω, also written ἀδέω [prob. ἀ(σϜ)αδέω, to be
displeased, fr. ἀ-¹ + (σϜ)αδ-, ἀνδάνω]. To have
too much of something. In pf. pple. ἀδηκότες,
sated ; hence, worn-out : καμάτῳ Κ 312 = 399.
Cf. Κ 98, 471 ; μ 281.—Sim. μὴ δείπνῳ ἀδήσειεν
(lest he should be disgusted with . . .) α 134.

ἄδην, also written ἅδην (ἄ) [cf. ἄω]. To the full,
to satiety Ε 203.—So ἄ. ἐλῶωσι πολέμοιο (will
drive him to satiety in the matter of war, give
him his fill of war) Ν 315. Cf. Τ 423 : ε 290.

ἀδήριτος [ἀ-¹ + δηρίομαι]. Free from strife :
πόνος (i.e. unfought) Ρ 42.

ἀδινός, -ή, -όν. App. orig. expressing quick incessant motion. Hence (1) Of bees, flying in swarms B 87.—Sim. of flies B 469.—Of sheep, thick-thronging a 92 = δ 320.—Of the heart, beating, throbbing Π 481 : τ 516.—Of weeping, thick-coming, vehement Σ 316, X 430, Ψ 17, Ω 747.—Of the Sirens, trilling their song ψ 326.—(2) In neut. ἀδινόν, as adv., of the expression of grief, with thick-coming bursts, vehemently : στοναχῆσαι Σ 124 : γοόωσα δ 721.— Of the incessant lowing of calves κ 413.—So in pl. ἀδινά : στεναχίζων Ψ 225. Cf. Ω 123, 510 : η 274, ω 317.—So also in neut. comp. ἀδινώτερον : κλαῖον ἀ. ἥ τ᾽ οἰωνοί π 216.
ἀδινῶς [adv. fr. prec.]. Of sighing, with thick-coming repetitions : ἀνενείκατο Τ 314.
ἀδμής, -ῆτος [ἀ-¹ + δμη-, δαμάζω]. (1) Not broken in : ἡμιόνοι δ 637.—(2) Unwedded ζ 109, 228.
ἄδμητος, -η [as prec.]. Not broken in : βοῦν Κ 293. Cf. Ψ 266, 655 : γ 383.
ἄδοι, 3 sing. aor. opt. ἀνδάνω.
ἄδος, τό [cf. ἄδην]. Weariness Λ 88.
ἄδυτον, -ου, τό [ἀ-¹ + δύω. ' Not to be entered ']. An innermost sanctuary Ε 448, 512.
ἀεθλεύω, also ἀθλεύω Ω 734 [ἄεθλος]. (1) To engage in a contest for a prize or as a trial of strength or skill Δ 389, Ψ 274, 737.—(2) To toil Ω 734.
ἀέθλιον, -ου, τό [ἄεθλον]. (1) = ἄεθλον Ι 124, 127, 266, 269, Χ 160, Ψ 537, 736, 748, 823.— (2) A contest as a trial of strength or skill θ 108, φ 117.—(3) In pl., the material for a contest : τόξον θέμεν σίδηρόν τε, ἀέθλια φ 4. Cf. φ 62, ω 169.
ἄεθλον, -ου, τό. A prize for a victor in a contest Λ 700, X 163, Ψ 259, 262, 273, 314, 413, 441, 511, 544, 551, 615, 620, 631, 640, 653, 700, 740, 773, 785, 849, 892, 897 : φ 73 = 106, ω 85, 89, 91.
ἄεθλος, -ου, ὁ, also ἄθλος θ 160. (1) A contest for a prize or as a trial of strength or skill Π 590 : δ 659, θ 22, 133, 160, 197, τ 576, φ 135, χ 5, etc. —A verbal contest λ 548.—(2) In pl., a series of contests as a part of funeral rites : ἑταῖρον ἀέθλοισι κτερέϊξε Ψ 646.—In sing., one of the contests Ψ 707, 753 = 831.—(3) (a) In pl., fights, struggles : ἀέθλους Τρώων καὶ Ἀχαιῶν Γ 126.—Feats δ 241.—Trials of endurance, hardships γ 262, δ 170.—Trials, troubles a 18, ψ 248, 350.—(b) A trial or trouble ψ 261.—A task imposed Θ 363, Τ 133 : λ 622, 624.—(4) The material for a contest : καταθήσω ἄεθλον, τοὺς πελέκεας τ 572. Cf. φ 91.
ἀεθλοφόρος, also ἀθλοφόρος Ι 124, 266, Λ 699 [ἄεθλον + -φορος, φέρω]. Carrying off prizes : ἵππους Ι 124 = 266. Cf. Λ 699, Χ 22, 162.
ἀεί [cf. αἰεί, αἰέν] = αἰεί Μ 211, Ψ 648 : ο 379.
ἀείδω. Fut. pple. in mid. form ἀεισόμενος χ 352. 3 sing. aor. ἄεισε φ 411. Imp. ἄεισον θ 492. Infin. ἀεῖσαι ξ 464. (παρ-.) (1) To sing : Μουσάων, αἱ ἄειδον Α 604. Cf. Β 598, Ι 191 : ἀοιδὸς ἀείδεν

α 325. Cf. a 154, 155, θ 45, 87, 90, 266, κ 221, 254, ξ 464, ρ 262, 358, 385, 520, χ 331, 346, 352.— With cognate acc.: παιήονα Α 473, Χ 391. Cf. Σ 570 : ρ 519.—Of the nightingale τ 519.—Of a bow-string φ 411.—(2) To sing of, tell of in song : μῆνιν Α 1. Cf. Ι 189 : a 326, 339, 350, θ 73, 83 = 367 = 521, θ 489, 492, 538.—With infin. : πόλιν κεραϊζέμεν θ 516.—With clause : ὡς . . . θ 514.
ἀεικείη, -ης, ἡ [ἀεικής]. (1) Something causing marring or disfigurement Ω 19.—(2) In pl., un seemly conduct ν 308.
ἀεικέλιος, -η, -ον, and -ος, -ον [ἀεικής]. (1) Of mean personal appearance ζ 242, ν 402.—Shabby, worn : πήρης ρ 357, χιτῶνα ω 228. — Mean, wretched : κοίτῃ τ 341, δίφρον υ 259.—(2) Hard, grievous : ἀλαωτύν ι 503, ἄλγος ξ 32.—(3) Causing disfigurement : πληγῆσιν δ 244.—(4) Cowardly, spiritless Ξ 84.
ἀεικελίως [adv. fr. prec.]. (1) In unseemly wise π 109 = υ 319.—(2) So as to impair one's vigour θ 231.
ἀεικής, -ές (ἀϜεικής) [ἀ-¹ + (Ϝ)εἴκω¹]. Dat. pl. ἀεικέσσι Β 264. (1) Unseemly, not right or fitting Λ 142, Χ 395 = Ψ 24 : γ 265, δ 694, λ 429, ο 236, π 107 = υ 317, ψ 222.—Absol.: ἀεικέα μερμηρίζων δ 533. Cf. ν 394, χ 432.—In neut. in impers. construction : οὔ τοι ἀεικές [ἐστιν] Ι 70.—So with infin. : οὔ οἱ ἀεικὲς ἀνασσέμεν Τ 124. Cf. Ο 496.—(2) Inadequate in amount or value Μ 435, Ω 594.—(3) Shabby, worn : πήρην ν 437, ρ 197 = σ 108.—Absol. : ἀεικέα ἔσσο (ἔσσαι) π 199, ω 250.—(4) Of one's fate, hard, grievous Δ 396 : β 250, δ 339 = ρ 130, δ 340 = ρ 131, τ 550, χ 317 = 416.—(5) Baneful, baleful Α 97, 341, 398, 456, Ι 495, Ξ 13, Π 32.—Horrid, horrifying : στόνον Κ 483, Φ 20 : χ 308, ω 184.—(6) Involving disgrace or degradation : πληγῇσιν Β 264, ἔργον Τ 133, Ω 733.—(7) Of the mind, not giving right guidance υ 366.—(8) In neut. ἀεικές as adv., in unseemly wise ρ 216.
ἀεικίζω [ἀεικής]. Fut. ἀεικιῶ Χ 256. 3 pl. aor. subj. ἀεικίσσωσι Π 545, Τ 26. 1 pl. aor. opt. mid. ἀεικισσαίμεθα Π 559. Infin. ἀεικίσσασθαι Χ 404. Aor. infin. pass. ἀεικισθήμεναι σ 222. (καταικίζω.) (1) To treat in unseemly wise σ 222.—(2) To work despite upon, mutilate (a corpse) Π 545, 559, Χ 256, 404, Ω 22, 54.— Of flies marring (a corpse) Τ 26.
ἀείρω. Contr. acc. pl. masc. pple. αἴροντας Ρ 724. 3 sing. aor. ἤειρε Κ 499. Τ 386, Ψ 730, 882. 3 pl. ἤειραν Ω 590. ἄειραν Υ 373, Ψ 362, Ω 266 : γ 312, ν 117, 120, φ 18. 3 sing. opt. ἀείραι Η 130. Pple. ἀείρας, -αντος Η 268, Κ 30, Μ 383, Ξ 429, Σ 615, Ω 589, etc. : a 141, β 425, γ 11, ι 240, ρ 237, ω 165, etc. Acc. pl. fem. ἀειράσας Ω 583. Infin. ἀεῖραι θ 424. Mid. Contr. 2 sing. aor. ἤραο ω 33. 3 ἤρατο Τ 373, Ξ 510, Σ 165 = a 240, δ 107, ξ 370. 1 pl. ἠράμεθα Χ 393. Pple. ἀειράμενος Ψ 856. Fem. ἀειραμένη Ζ 293 : ο 106. Pass. 3 sing. aor. ἀέρθη τ 540. 3 pl. ἄερθεν Θ 74. Pple. ἀερθείς θ 375, μ 432. Contr. ἀρθείς Ν 63 : ε 393. 3 sing. plupf. ἄωρτο (written

also ἄορτο) Γ 272, Τ 253. (ἀν-, ἀπ-, ἐξ-, ἐπ-, παρ-, συν-.) (I) In act. (1) To lift, heave, raise up: στεφάνην Κ 30, δέπας Λ 637. Cf. Κ 465, 505, Τ 380, 386, Τ 325, Ψ 730, Ω 589, 590: ὑψόσε ι 240 = 340, ἀμφουδίς ρ 237.—(2) To take, lift, or pick up : λᾶαν Η 268. Cf. Μ 383, 453, Ξ 411, 429, Ρ 718 : λᾶαν ι 537, σῖτον ρ 335, ἄρτους σ 120.—So with ἀνά : ἂν δ' ἄρα πελέκεας ἄειρεν Ψ 882. Cf. Χ 399.—(3) To raise for action: ἔγχος Θ 424. Cf. Τ 373, Ψ 362: ι 332.—To raise (the hands) in supplication Η 130 : λ 423.—(4) To raise (a mast) to an erect position β 425 = ο 290.—To brail up (a sail) γ 11. —(5) With σύν, to harness (horses) together (cf. συναείρω) Κ 499 (in this sense perh. a different word).—(6) To carry, bear, take, bring, fetch Ζ 264, Π 678, Ρ 588, 724, Σ 615, Ω 266, 583 : α 141 = δ 57, ν 117, 120, π 285, φ 18, ω 165. —Of ships, to carry (as cargo) γ 312.—(II) In mid. (1) Much like (I) (2), to take up, pick up : πέπλων ἕν' ἀειραμένη Ζ 293. Cf. Ψ 856 : ο 106.—(2) To win, carry off Ξ 510.—To achieve (feats) : ὅσ' ἤρατο δ 107.—To win (glory or fame) Γ 373 = Σ 165, Χ 393 : α 240 = ξ 370, ω 33.—(III) In pass. (1) To be lifted or raised up, to rise, mount : πρὸς οὐρανὸν ἀερθεν Θ 74, ἰρηξ ἀπὸ πέτρης ἀρθείς (mounting and poising himself) Ν 63 : ὑπὸ κύματος ἀρθείς ε 393. Cf. θ 375, μ 432, τ 540.— Of dust, to rise in a cloud Β 151, Ψ 366.—(2) Of horses, to bound : ὑψόσ' ἀειρέσθην (ἀειρόμενοι) Ψ 501 : ν 83.—Of a river, to rise in a wave Φ 307.—Sim. of the water : κῦμα ποταμοῖο ἵστατ' ἀειρόμενον Φ 327.—Of the stern of a ship, to rise to the sea ν 84.—(3) To be taken up and carried off: ἑταίρων ἀειρομένων μ 249. Cf. μ 255.—(4) To be suspended, hang : μάχαιραν, ἥ πὰρ ξίφεος κουλεὸν ἄωρτο Γ 272 = Τ 253.

ἀεκαζόμενος, -η. A ppl. form = ἀέκων (1) : ἀεκαζομένην μνῶνται τ 133. Cf. Ζ 458 : ν 277, σ 135.

ἀεκήλιος [app. = ἀεικέλιος]. Baneful, baleful Σ 77.

ἀέκητι [ἀέκων]. With genit. (1) Against the will of, without the good will of : θεῶν ἀ. Μ 8. Cf. Ο 720 : γ 28, δ 504, 665, ε 177, ζ 240, 287, μ 290, ρ 43, ω 444.—Joined with ἀντία : ἀντί' ἀθανάτων ἀ. θεῶν α 79.—(2) Doing violence to the will of, doing despite to : ἀ. σέθεν γ 213, π 94, σεῦ ἀ. ο 19.—In spite of the resistance of : Ἀργείων ἀ. Λ 667.

ἀέκων, -ουσα (ἀϜέκων) [ἀ.-1 + (Ϝ)εκών]. (1) Acting against one's will, unwilling, yielding to force, compulsion or necessity : ἀέκοντος ἐμεῖο Α 301, ἀέκοντε βάτην 327. Cf. Α 348, 430, Δ 43, Ε 164, 366, 768, Η 197, Θ 45, Κ 530, Λ 281, 519, 557, 716, Ν 367, Ξ 105, Ο 186, Π 204, 369, Ρ 112, 666, Σ 240, Τ 273, Φ 59, Χ 400 : ἐρυκανόωσ' ἀέκοντα α 199. Cf. α 403, β 130, γ 484 = 494 = ο 192, δ 463, 646, η 315, ι 405, κ 266, 489, ο 200, τ 374, ν 343, φ 348.—(2) Not having one's desire, desiring something different : Τρωσὶν ἀέκουσιν ἔδυ φάος Θ 487.—(3) Acting without intention : εἰ κινήσῃ ἀ. Π 264.

ἀέλλη, -ης, ἡ (ἀϜέλλη) [ἀ.-2 + Ϝελ-, (Ϝ)είλω]. (1) A whirling or stormy wind Β 293, Λ 297, Μ 40, Ν 795, Τ 377 : γ 283, 320, ε 292, 304, θ 409, ξ 383, τ 189.—(2) A whirl or cloud of dust Ν 334, Π 374.

ἀελλής [app. = ἀολλής]. Crowded ; hence, dense: κονίσαλος Γ 13.

ἀελλόπος [ἀέλλη + πούς]. Storm-footed, swift as the winds. Epithet of Iris Θ 409 = Ω 77 = 159.

ἀελπής [as next]. Not hoped for : γαῖαν ε 408.

ἀελπτέω (ἀϜελπτέω) [ἀ.-1 + (Ϝ)έλπω]. To despair: ἀελπτέοντες σόον εἶναι (pple. of the impf. : they had been in despair of his safety) Η 310.

ἀενάων, -οντος [ἀεί + νάω]. Ever-flowing ν 109.

ἀέξω [ἀϜέξω. Cf. the later αὔξω]. (1) To increase, enlarge, strengthen : μένος Ζ 261. Cf. Μ 214, Ρ 226.—(2) To rear up to man's estate ν 360.—(3) To cherish or foster (grief) Ρ 139 : λ 195, ρ 489, ω 231.—(4) To cause to prosper, bless (a farm) ξ 65, ο 372.—(5) To cause to be brought forth or produced: [οἶνον] ι 111 = 358.—(6) In pass. (a) Of spirit, to grow, wax : ἀέξεται θυμός β 315.—Of wrath, to increase in violence Σ 110. —Of a wave, to swell up, rise : οὔ ποτ' ἀέξετο κῦμα κ 93.—(b) To grow up to man's estate : νέον ἀέξετο χ 426.—(c) Of a farm, to prosper ξ 66. —(d) Of the day, to grow towards noon : ἀέξετο ἦμαρ θ 66 = Λ 84 := ι 56.

ἀεργίη, -ης, ἡ [ἀεργός]. Idleness, laziness ω 251.

ἀεργός (ἀϜεργός) [ἀ.-1 + (Ϝ)έργον]. Not working or exerting oneself, idle, lazy Ι 320 : τ 27.

ἀέρθη, 3 sing. aor. pass. ἀείρω.

ἀερσίπους, -ποδος [ἀερ-, ἀείρω + -σι- + πούς]. Lifting the feet, high-stepping. Epithet of horses : Γ 327, Ψ 475.—Applied to ἵπποι in sense 'chariot' (see ἵππος (3)) Σ 532.

ἄεσα, aor. ἰαύω.

ἀεσιφροσύνη, -ης, ἡ [ἀεσίφρων]. Thoughtlessness. In pl. : ἐπόμην ἀεσιφροσύνησιν (in (childish) thoughtlessness) ο 470.

ἀεσίφρων, -ονος [perh. fr. weak stem ἀϜε- of ἄ(Ϝ)ημι + -σι- + φρήν. Cf. ἄημι (3)]. Thus, subject to gusts of passion φ 302.—Blown about in mind ; hence, weakened in will, volatile, flighty Τ 183, Ψ 603.

ἀζαλέος, -η, -ον [ἄζω]. Dried up, dry : βῶν Η 239, δρῦς Λ 494, οὔρεος Τ 491 : ὕλης ι 234.

ἄζη, ἡ [ἄζω]. App., dry dirt or mould χ 184.

ἀζηχής, -ές [prob. for ἀδια(σ)εχής, fr. ἀ.-1 + δια- (6) + (σ)εχ-, ἔχω. Thus neg. of διεχής, separate, and = συνεχής]. (1) Incessant, continuous Ο 25, Ρ 741.—(2) In neut. ἀζηκές as adv., incessantly, continuously Δ 435, Ο 658 : σ 3.

ἄζομαι. Imp. ἄζευ ρ 401. To reverence, stand in awe of, respect Α 21, Ε 434, 830 : ι 200, ρ 401 (τό γε, to that point).—With infin., to shrink from doing something : λείβειν οἶνον Ζ 267 : ξείνους ἐσθέμεναι ι 478.—With μή clause : μὴ Νυκτὶ ἀποθύμια ἔρδοι Ξ 261.

ἄζω. (καταζαίνω.) To dry up, parch Δ 487.

ἀηδών, ἡ [ἀείδω]. The nightingale τ 518.

ἀηθέσσω [ἀ-¹+ἦθος, custom]. To be unused to. With genit. : νεκρῶν K 493.

†ἄημι (ἄϝημι) [cf. ἄϝω², ἰαύω]. 2 dual ἄητον I 5. Pple. ἀείς, -έντος E 526 : ε 478, τ 440. Infin. ἀήμεναι Ψ 214 : γ 176. ἀῆναι γ 183, κ 25. 3 sing. impf. ἄη μ 325, ξ 458. Pres. pple. pass. ἀήμενος ζ 131. 3 sing. impf. ἄητο Φ 386. (δι-.) (1) Of the winds, to blow E 526, I 5 : γ 176, 183, ε 478, κ 25, μ 325, ξ 458, τ 440.—(2) To blow upon (something) : πόντον ἵκανον ἀήμεναι (so as to blow upon it) Ψ 214.—(3) In pass., to be blown upon : ὑόμενος καὶ ἀήμενος ζ 131.—Fig. : θυμὸς ἄητο (was blown about (by gusts of passion)) Φ 386.

ἀήρ, ἠέρος, ἡ. (1) Mist, cloud : ἐκάλυψε ἠέρι Γ 381 = Υ 444, δι' ἠέρος αἰθέρ' ἵκανεν (the hill-mist) Ξ 288. Cf. E 776, Θ 50, Λ 752, Ξ 282, Π 790, P 269, 368, 376, 644, 645, 649, Φ 6, 549, 597 : ἠέρα χεῦεν η 15. Cf. η 140, 143, θ 562, ι 144, λ 15, ν 189, 352.—(2) A body of mist, a cloud : ἠέρι ἔγχος ἐκέκλιτο E 356, οἵη ἐκ νεφέων ἐρεβεννὴ φαίνεται ἀ. (app., a dark streamer of cloud detaching itself from the main body) 864, ἠέρα τύψεν Υ 446.

ἀήσυλος [prob. for ἀϝίσυλος, fr. ἀ-¹+(ϝ)ῖσος]. (Cf. αἴσυλος.) Unjust, unseemly, evil E 876.

ἀήτης, -ου, ὁ [ἄημι]. A blast or blowing (of wind) Ξ 254, O 626 (v.l. ἀήτη, fem.) : δ 567, ι 139.

ἄητος [perh. fr. ἄημι]. Thus, vehement, violent, fierce : θάρσος Φ 395.

ἀθάνατος, -η, -ον [ἀ-¹+θάνατος]. (1) Undying, immortal A 520, B 741, Γ 158, E 342, Θ 539, etc. : α 67, γ 346, δ 385, ε 136, μ 302, etc.—Of parts of the gods : κρατός A 530. Cf. N 19, Ξ 177, Π 704.—Of horses Π 154, P 444, 476, Ψ 277.—(2) Absol. in pl., the immortals, the gods. (a) Masc. (not necessarily excluding the female divinities) A 265, B 14, E 186, Θ 456, T 22, etc. : α 31, γ 47, δ 378, η 5, ξ 421, etc.—(b) Fem. : ὑμῖν ἀθανάτῃσιν H 32. Cf. Σ 86 : ε 213, ζ 16, ω 47, 55.—(3) Absol. in masc. sing., one of the gods : ὥς τέ μοι ἀ. ἰνδάλλεται γ 246. Cf. ε 73, ζ 309.—(4) Of a thing, of or pertaining to a god : δόμοι δ 79.—Of the aegis, everlasting, indestructible B 447.

ἄθαπτος [ἀ-¹+θάπτω]. Not honoured with funeral rites : νέκυς X 386 : σῶμα λ 54, Ἑλπήνορα 72.

ἀθεεί [ἀ-¹+θεός]. Without the good will of the gods : οὐκ ἀθεεί ἴκει σ 353.

ἀθεμίστιος [ἀ-¹+θέμις]. (1) Regardless of right σ 141.—(2) Absol. in neut. pl. ἀθεμίστια, what is wrong : ἀ. ᾔδη (had no regard for right in his heart, was given over to lawlessness (see εἴδω (III) (12)) : ι 189. Cf. ι 428, υ 287.

ἀθέμιστος [as prec.]. (1) = prec. (1) ι 106, ρ 363. —(2) Unworthy to share in the benefits of law : ἀφρήτωρ ἀ. ἀνέστιος I 63.

ἀθερίζω. To slight, be indifferent to, think little of A 261 : θ 212.—Absol. ψ 174.

ἀθέσφατος, -ον [app. ἀ-¹+θέσφατος]. Thus, not suited to the utterance of a (beneficent) god ; hence, portentous, terrible, terrifying : ὄμβρον Γ 4, K 6 : ὤρινε θάλασσαν ἀθέσφατον (so that it became . . .) η 273.—Of winter nights, endless λ 373, o 392.—Unlimited in amount: σῖτος ν 244.—

In number ν 211.—Excessive in amount : οἶνος λ 61.

ἀθηρηλοιγός, ὁ [ἀθήρ, ear of corn + λοιγός. 'Consumer of ears of corn']. App., a shovel by which grain to be winnowed was thrown against the wind (= πτύον) λ 128 = ψ 275.

ἀθλεύω. See ἀεθλεύω.

ἀθλέω [ἄθλος. See ἄεθλος]. To toil H 453, O 30.

ἀθλητήρ, -ῆρος, ὁ [ἀθλέω]. An athlete θ 164.

ἄθλος, ἀθλοφόρος. See ἄεθλος, ἀεθλοφόρος.

ἀθρέω. (ἐσ-.) (1) To look, gaze K 11.—(2) To see, note, notice, observe. With complementary pple. : βλήμενον M 391. Cf. Ξ 334.—Absol. μ 232, τ 478.

ἀθρόοι, -αι, -α [app. ἀ-¹+θρόος]. (1) In a body, in a mass, all together : ἴομεν B 439, ἔμειναν O 657. Cf. Ξ 38, Σ 497, T 236, Ψ 200 : α 27, β 392, γ 34, δ 405, ι 544, π 361, τ 540, χ 76, ψ 50, ω 420, 464, 468.—(2) In one sum : ἀθρόα πάντ' ἀποτείσεις X 271. Cf. α 43.—(3) Collected together for use or convenience : ἀθρόα πάντα τετύχθω β 356. Cf. β 411, ν 122.

ἄθυμος [ἀ-¹+θυμός]. Spiritless κ 463.

ἄθυρμα, -ατος, τό [ἀθύρω]. A plaything O 363 : σ 323.—In pl., gewgaws o 416.

ἀθύρω. To play, sport O 364.

αἶ [cf. εἰ]. (1) αἲ γάρ with opt. expressing a wish = εἰ (2) (b) : αἲ γὰρ μή τις φύγοι Π 97. Cf. Δ 288, K 536, Σ 272, 464, X 346, 454 : αἲ γὰρ δύναμιν περιθεῖεν γ 205. Cf. δ 341, ζ 244, θ 339, ι 523, ο 156, 536, ρ 132, 163, 251, σ 235, τ 22, 309, υ 169, 236, φ 200, 402.—Of the present : αἲ γὰρ ἡβώμι H 132. Cf. B 371, Δ 189 : δ 697, π 99, φ 372.—See also αἴθε (1).—With infin. : αἲ γὰρ παῖδ' ἐμὴν ἐχέμεν η 311. Cf. ω 376.—(2) With fut. indic. and κεν, subj. and κεν, and opt. and κεν in the protasis of conditional sentences = εἰ (5). For the examples and constructions see Table at end (III).—(3) In final clauses, if haply, in the hope that. With subj. and κεν = εἰ (9) (b) (β) : σπεύδειν αἴ κ' ὄφελος γενώμεθα N 236. Cf. A 66 (reading βούλητ' (the indic. cannot be explained)), 207, 408, 420, B 72, 83, Z 94, 275, 277, 281, 309, H 243, Θ 282, I 172, K 55, Λ 797, 799, M 275, N 743, Π 41, 725, P 121, Σ 143, 199, 213, 457, Φ 293, Ψ 82, Ω 116, 301, 357 : α 279, 379, β 144, γ 92, δ 34, 322, μ 215, ν 182, ο 312, ρ 51, 60, χ 7, 252.—(4) In object clauses, whether. (a) With subj. and κεν = εἰ (10) (b) (β) : πειρήσομαι αἴ κε τύχωμι (and see whether . . .) Σ 601, εἰπέμεναι ἔπος αἴ κ' ἐθέλωσιν (i.e. ask if they will agree) H 375, πειρήσεται αἴ κε θέησιν (to see whether . . .) Σ 601. Cf. H 394, Λ 791, P 652, 692, T 71, Υ 436 : εἰπέ μοι, αἴ κε γνώω (that I may see whether . . .) ξ 118. Cf. β 186, ω 217. —(b) With opt. and κεν = εἰ (10) (c) (β) : εἰπεῖν αἴ κέ περ ὕμμι φίλον γένοιτο (and see whether . . .) H 387.

αἶα, -ης, ἡ [= γαῖα]. (1) The earth : ὕδωρ ἐπικίδναται αἶαν B 850. Cf. Γ 243, Θ 1, I 506, Ψ 742, Ω 695 : κατέχει αἶα λ 301. Cf. ω 509.—

(2) (a) A particular land or country: Θρηκῶν αἶαν N 4: 'Αχαιΐδος αἴης ν 249.—(b) One's native land: ὁππότ' ἂν ἦς ἱμείρεται αἴης a 41.—So πατρίς αἶα. Always in genit. πατρίδος αἴης B 162=178, Δ 172, Λ 817, O 740, Π 539: a 75, 203, δ 262, 521, κ 236, 472, σ 145, τ 301, ψ 353, ω 290.—(3) The surface of the earth, the earth, the ground: ὅσον τ' ὄργυι' ὑπὲρ αἴης Ψ 327.

αἰγανέη, -ης, ἡ [app. fr. αἰγ-, αἴξ. 'Goat-spear.' Used against goats in ι 156]. A hunting-spear, a spear Π 589, B 774 : = δ 626 = ρ 168, ι 156.

αἴγειος, -η, -ον [αἰγ-, αἴξ]. Of a goat or goats: ἀσκῷ (of goatskin) Γ 247, τυρόν (of goats' milk) Λ 639 : ἀσκῷ ζ 78, κυνέην ω 231.

αἴγειρος, -ου, ἡ. The poplar Δ 482 : ε 64, 239, ζ 292, η 106, ι 141, κ 510, ρ 208.

αἴγεος = αἴγειος : ἀσκόν ι 196.

αἰγιαλός, -οῦ, ὁ. A beach or shore of the sea : ὡς ὅτε κῦμα θαλάσσης αἰγιαλῷ μεγάλῳ βρέμεται B 210. Cf. Δ 422, Ξ 34 : χ 385.

αἰγίβοτος, -ον [αἰγ-, αἴξ + βόσκω]. Browsed on by goats. Of Ithaca δ 606, ν 246.

αἰγιλίψ, -ιπος [sense unknown. Traditionally explained as fr. αἰγ-, αἴξ + λιπ-, λείπω, 'so steep as to be deserted (even) by goats']. Of a rock : πέτρης Ι 15 = Π 4, N 63.

αἰγίοχος [αἰγίς + ὀχ-, ἔχω]. Aegis-bearing. Epithet of Zeus A 202, B 157, Γ 426, etc. : γ 42, δ 752, ε 103, etc.

αἰγίς, -ίδος, ἡ [perh. the orig. idea was that of a storm-cloud, whence the sense 'hurricane-wind.' Cf. ἐπαιγίζω]. The terror-striking shield of Zeus Δ 167, P 593.—Wielded by Athene B 447, E 738, Φ 400 : χ 297.—By Apollo O 229, 308, 318, 361.—Lent by Athene to Achilles Σ 204.—Used to cover Hector's corpse Ω 20.

αἴγλη, -ης, ἡ. (1) The light of the sun or moon δ 45 = η 84.—(2) Radiance, brightness ζ 45. —The gleam of polished metal B 458, T 362.

αἰγλήεις, -εντος [αἴγλη]. Radiant, bright. Epithet of Olympus A 532, N 243 : υ 103.

αἰγυπιός, -οῦ, ὁ. App. a general name for eagles and vultures. (The αἰ. preys on live birds (P 460 : χ 302), but is not represented as preying on carrion. Cf. γύψ.) H 59, N 531, Π 428, P 460 : π 217, χ 302.

αἰδέομαι [αἰδώς]. Imp. αἰδεῖο Ω 503 : ι 269. Fut. αἰδέσσομαι ξ 388. 3 sing. αἰδέσεται X 124, Ω 208. 3 sing. aor. αἰδέσατο φ 28. 3 sing. subj. αἰδέσεται Ι 508. αἰδέσσεται X 419. Imp. αἰδέσσαι Ι 640. 3 pl. aor. αἰδεσθεν H 93. Imp. pl. αἰδέσθητε β 65. Pple. αἰδεσθείς Δ 402, P 95. From αἰδ- 3 sing. aor. αἴδετο Φ 468 : ζ 66, 329, θ 86. Imp. αἰδεο Φ 74, X 82 : χ 312, 344. Pple. αἰδόμενος, -η A 331, E 531, K 237, O 563 : γ 96, δ 326, π 75, τ 527. (1) To hold in reverence or honour, pay due respect to, stand in awe of, regard, fear : ἱερὰ A 23 = 377, βασιλῆα A 331. Cf. Δ 402, Ι 508, 640, Φ 74, X 82, 124, 419, Ω 208, 503 : πατροκασιγνητον ζ 329. Cf. ι 269, ξ 388, π 75 = τ 527, ρ 188, φ 28, χ 312 = 344.— Absol. K 237.—(2) To be restrained by rever-

ence, dread or respect from doing something. With infin. : συλεύειν 'Αχιλῆα Ω 435. Cf. Φ 468 : ξ 146, ν 343.—(3) To be moved by regard for the feelings of, spare γ 96 = δ 326.—(4) To be moved by respect for the opinion of, fear what . . . may think or say : ἀλλήλους E 530 = O 562. Cf. Z 442 = X 105 : β 65, θ 86.—Absol. E 531, O 563, P 95.—(5) To be ashamed, think shame, not to like, to do something. With infin. : ἀνήνασθαι H 93. Cf. Ω 90 : ζ 66, 221.—Absol. σ 184.—To be shamefaced ρ 578.

ἀΐδηλος, -ον [ἀ-¹ + (F)ιδ-, εἴδω. 'Making unseen']. Destroying, working destruction or harm, baneful B 455, E 880, 897, Ι 436, Λ 155 : θ 309, π 29, χ 165, ψ 303.

ἀϊδήλως [adv. fr. prec.]. In destructive wise, ruthlessly : κτείνεις Φ 220.

αἰδοῖος, -η, -ον [αἰδώς]. (1) Worthy to be held in reverence or honour, having a special claim to one's regard : ἐκυρός Γ 172, βασιλῆος Δ 402. Cf. B 514, Z 250, K 114, Λ 649, Ξ 210, Σ 386 = 425, Σ 394, Φ 75, 460, 479, X 451 : παρακοίτι γ 381, ἱκέτησιν η 165 = 181. Cf. a 139 = δ 55 = η 175 = κ 371 = ο 138 = ρ 94 = 259, γ 451, ε 88, 447, θ 22, 420, 544, ι 271, κ 11, ξ 234, ρ 152 = τ 165 = 262 = 336 = 583, σ 314, τ 191, 254, 316.—Absol. in pl., those who have a special claim to one's regard : αἰδοίοισιν ἔδωκα ο 373.—In comp. : αἰδοιότερος πᾶσιν λ 360.—(2) In neut. pl., the private parts : αἰδοίων τε μεσηγὺ καὶ ὀμφαλοῦ N 568.—(3) Shamefaced, bashful, shy : ἀλήτης ρ 578.

αἰδοίως [adv. fr. prec.]. With due respect and regard : ἀπόπεμπον τ 243.

αἰδόμενος, aor. pple. See αἰδέομαι.

"Αϊδόσδε [-δε (1)]. To (the house or realm) of Hades H 330, Π 856 = X 362, Υ 294, Ψ 137 : γ 410 = ζ 11, κ 560, λ 65, 475.

ἀϊδρείη, -ης, ἡ [ἄϊδρις]. (1) Ignorance. In pl. : ἀϊδρείησι νόοιο λ 272.—(2) Lack of experience, heedlessness μ 41.—In pl. κ 231 = 257.

ἄϊδρις [ἄFιδρις] [ἀ-¹ + (F)ιδ-, εἴδω]. Ignorant, unintelligent Γ 219.—Ignorant of. With genit. κ 282.

αἰδώς, -οῦς, ἡ. (1) Reverence, respect, regard : αἰδοῖ εἴκων K 238. Cf. Ω 111 : θ 480, ξ 505.—(2) Sensitiveness to the opinion of others, fear of what others may think or say, shame : ἐν φρεσὶ θέσθ' αἰδῶ N 122. Cf. O 129, 561 = 661, O 657, Ω 44 : υ 171.—As exclam. (= ἐν φρεσὶ θέσθ' αἰδῶ) : αἰ.,'Αργεῖοι E 787 = Θ 228. Cf. N 95, O 502, Π 422. —(3) Something to be ashamed of P 336 : γ 24. —The private parts : τά τ' αἰδῶ ἀμφικαλύπτει B 262. Cf. X 75.—(4) Modesty θ 172.—Sense of propriety, delicacy θ 324.—Shamefacedness, bashfulness γ 14, ρ 347, 352.

αἰεί [cf. ἀεί, αἰέν]. Always, ever, for ever, continually, constantly, without omission or intermission : πυραὶ καίοντο A 52, νεικεῖ με 520. Cf. A 561, B 46, 88, Γ 408, etc. : θέλγει a 56, κῆρ μοι τείρεὶ 341. Cf. δ 353, ε 10, η 201, ι 513, etc.

αἰειγενέτης, -ου [αἰεί + γεν-, γίγνομαι]. Having being for ever, immortal. Epithet of the gods

B 400, Γ296, Z 527, H 53, Ξ 244, 333, Π 93, Υ 104 : β 432, ξ 446, ψ 81, ω 373.

αἰέν [cf. αἰεί, ἀεί]=αἰεί A 290, Γ 272, E 605, Z 208, Θ 361, I 451, etc. : α 68, β 22, δ 108, ζ 156, κ 464, ξ 21, etc.

αἰετός, -οῦ, ὁ. An eagle Θ 247 = Ω 315, M 201 = 219, N 822, O 690, P 674, Φ 252, X 308 : β 146, ο 161, τ 538, 543, υ 243, ω 538.—Joined with ὄρνις τ 548.

αἰζήϊος = αἰζηός : ἀνήρ P 520 : μ 83.

ἀΐζηλος [phonetically = ἀΐδηλος]. In pass. sense, removed from sight, invisible : δράκοντ' ἀΐζηλον θῆκεν B 318 (v.l. ἀρίζηλον).

αἰζηός. In full bodily strength, lusty, vigorous Π 716, Ψ 432.—Absol. in pl., such men, young men : διοτρεφέων αἰζηῶν B 660. Cf. Γ 26, Δ 280, E 92, Θ 298, K 259, Λ 414, Ξ 4, O 66, 315, P 282, Σ 581, Υ 167, Φ 146, 301 : μ 440.

αἴητος [sense unknown]. Of Hephaestus Σ 410.

αἰθαλόεις, -όεσσα, -όεν. (1) Blackened by smoke (failing to escape by the smoke-hole) B 415 : χ 239.—(2) Of ashes, blackened by fire, dark Σ 23 = ω 316.

αἴθε [cf. εἴθε]. Expressing a wish. (1) With opt.: αἰ. θεοῖσι φίλος γένοιτο X 41. Cf. Δ 178 : αἰ. τελευτήσειεν η 331. Cf. ξ 440 = ο 341, ρ 494, σ 202, υ 61.—Of the present : αἰ. τόσον σέο φέρτερος εἴην (would that I were . . .) Π 722.—(2) With ὤφελλον, ὤφελον, ὄφελον. See ὀφέλλω¹ (4).

αἰθήρ, -έρος, ἡ. (1) The upper air, in which the clouds float and the meteorological phenomena take place : ἐν αἰθέρι καὶ νεφέλῃσιν O 20. Cf. Θ 556, 558 = Π 300, Λ 54, O 686, Π 365, Σ 207, 214, Υ 379 : οὖρον ἐπαιγίζοντα δι' αἰθέρος ο 293. Cf. τ 540.—Regarded as the home and realm of Zeus : αἰθέρι ναίων B 412. Cf. Δ 166, N 837, Ξ 258, O 192, 610 : ο 523.—As the way to or from heaven : αἴγλη δι' αἰθέρος οὐρανὸν ἶκεν B 458. Cf. P 425, T 351 : ἐξ αἰθέρος ἔμπεσε πόντῳ ε 50 (on the way from Olympus).—(2) Clear air as opposed to mist (ἀήρ) : ἐλάτη δι' ἠέρος αἰθέρ' ἵκανεν Ξ 288, πολέμιζον ὑπ' αἰθέρι P 371 (cf. 368).

αἴθουσα, -ης, ἡ. (1) A portico or covered colonnade running round the αὐλή Z 243, Υ 11 (in the palace of Zeus), Ω 238 : θ 57, υ 176, 189, φ 390, χ 449. — Used as a sleeping-place for visitors : δέμνι' ὑπ' αἰθούσῃ θέμεναι Ω 644 (for Priam and the herald in the dwelling of Achilles) : = δ 297 (for Telemachus and Peisistratus in the house of Menelaus) = η 336 (for Odysseus in the palace of Alcinous), ἐν λεχέεσσι ὑπ' αἰθούσῃ γ 399 (of Telemachus in the house of Nestor) = η 345 (of Odysseus in the palace of Alcinous).—(2) A portico across the gateway of the αὐλή : ὑπ' αἰθούσῃ αὐλῆς I 472. Cf. Ω 323 : γ 493 = ο 146 = 191.—αἰθούσης θύρας, the gate of the αὐλή σ 102 (named thus from the portico across it).

αἴθοψ, -οπος [αἴθω + ὀπ-. See ὁράω]. Epithet of οἶνος, bright, sparkling A 462, Δ 259, E 341, Z 266, Λ 775, Ξ 5, Π 226, 230, Ψ 237, 250 = Ω 791,

Ω 641 : β 57 = ρ 536, γ 459, η 295, ι 360, μ 19, ν 8, ξ 447, ο 500, π 14, τ 197, ω 364.—Of χαλκός, bright, flashing, gleaming Δ 495 = E 562 = 681 = P 3 = 87 = 592 = Τ 111, N 305, Σ 522, Υ 117 : φ 434.—Of καπνός, fire-lit (i.e. reflecting the light of the flame below) κ 152.

αἴθρη, -ης, ἡ [αἰθήρ]. Clear sky P 646 : ζ 44, μ 75.

αἰθρηγενέτης [αἴθρη + γεν-, γίγνομαι]. Born in the upper air : Βορέης ε 296.

αἰθρηγενής = prec. : Βορέαο O 171, Τ 358.

αἶθρος, ὁ. App., exposure to cold air ξ 318.

αἴθυια, -ης, ἡ. Some kind of diving sea-bird : αἰθυίῃ εἰκυῖα ε 337, 353.

αἴθω. To set on fire, kindle. In pple. pass., burning, blazing : πυρὸς αἰθομένοιο Z 182. Cf. Θ 563, K 246, Λ 596 = N 673 = Σ 1, Λ 775, N 320, Ξ 396, Π 81, 293, Φ 523, X 135, 150 : αἰθομένας δαΐδας α 428. Cf. α 434, η 101, λ 220, μ 362, σ 343, τ 39, υ 25.

αἴθων, -ωνος [αἴθω]. (1) Epithet of metals and of objects made of metal, bright, shining, gleaming : σιδήρῳ Δ 485, H 473, Τ 372, λέβητας I 123 = 265 = Τ 244, τρίποδας Ω 233 : σίδηρον α 184.—(2) Epithet of the lion, tawny K 24 = 178, Λ 548, Σ 161.—So of oxen Π 488 : σ 372.—Of the eagle O 690.—(3) Of horses, app., sorrel or brown B 839 = M 97.

ἀϊκή, -ῆς, ἡ [ἀϊκ-, ἀΐσσω]. Flight, rush : τόξων O 709.

ἀϊκῶς [adv., with weak stem, of ἀεικής]. In unseemly wise : σὲ κύνες ἑλκήσουσ' ἀ. X 336.

αἷμα, -ατος, τό. (1) Blood : ἔρρεεν αἷμα Δ 140, μεθ' αἵματι (i.e. the bloody corpses) O 118. Cf. A 303, E 100, K 298, X 70, Ψ 697, etc. : πεφυρμένον αἵματι ι 397. Cf. λ 96, 420, ν 395, ο 97, χ 19, etc.—(2) Race, stock : [τούτου] αἵματος εὔχομαι εἶναι Z 211 = Υ 241. Cf. δ 611, π 300.—Blood relations collectively : οἵ ἅϊστοι μεθ' αἷμα θ 583.—In genit., by blood : οἵ θ' αἵματος ἐξ ἐμεῦ εἰσίν Τ 105, οἵ σῆς ἐξ αἵματός εἰσι γενέθλης 111.

αἱμασιή, -ῆς, ἡ. A wall, app. of stones without mortar : αἱμασιὰς λέγων (λέξοντες) (i.e. the materials for them) σ 359, ω 224.

αἱματόεις, -όεσσα, -όεν [αἱματ-, αἷμα]. (1) (a) Covered or mingled with blood, blood-stained, bloody E 82, N 393 = Π 486, N 617, 640, Π 841, P 298, 542, X 369 : χ 405.—(b) As epithet of βρότος H 425, Ξ 7, Σ 345, Ψ 41.—(c) Fig. : ἤματα I 326, πολέμοιο 650, πολέμου Τ 313.—(2) Of the colour of blood Ξ 5.

αἱμοφόρυκτος [αἷμα + φορυκ-, φορύσσω]. Bedabbled with blood, exuding blood : κρέα υ 348.

αἱμύλιος. Wheedling : λόγοισιν α 56.

αἴμων, -ονος. App., wily or skilled (in something). With genit. : θήρης E 49.

αἰναρέτης [αἰνός + ἀρετή]. Voc. αἰναρέτη (v.l. αἰναρέτα). Cursed in one's valour Π 31.

αἰνέω [αἶνος]. (1) To praise, commend K 249, Ψ 552, Ω 30.—(2) Absol., to approve, assent, concur : ἐπὶ δ' ᾔνεον ἄλλοι Γ 461. Cf. Θ 9 : μ 294 = 352, π 380 (i.e. will resent), 403, σ 64.

αἰνίζομαι [as prec.]. To compliment N 374 : θ 487.

αἰνόθεν [αἰνός]. Strengthening αἰνῶς by reduplication H 97. (The form has not been explained. Cf. οἰόθεν οἶος, μέγας μεγαλωστί.)

αἰνόμορος, -ον [αἰνός + μόρος]. Doomed to an evil fate X 481 : ι 53, ω 169.

αἰνοπαθής [αἰνός + παθ-, πάσχω]. Suffering dire ills σ 201.

αἶνος, -ου, ὁ. (1) Praise, commendation, compliment Ψ 795 : φ 110.—(2) A discourse or tale Ψ 652 : ξ 508.

αἰνός, -ή, -όν. (1) Dread, dire, terrible, grim Γ 20, Δ 15, E 886, P 565, Σ 465, etc. : κ 219, λ 516, μ 257, τ 568, χ 229, ω 475.—In comp. : οὐκ αἰνότερον ἄλλο γυναικός λ 427.—In superl. : στείνει ἐν αἰνοτάτῳ Θ 476. Cf. Ξ 389 : δ 441, θ 519, μ 275.—Absol. in neut. pl.: αἰνὰ παθοῦσα X 431.— In neut. pl. as adv., miserably, calamitously : τεκοῦσα A 414. Cf. π 255.—(2) Of persons. In superl., most dread : αἰνότατε Κρονίδη A 552= Δ 25 = Θ 462 = Ξ 330 = Π 440 = Σ 361. — Beyond endurance, unbearable Θ 423.—(3) Of feelings, etc., extreme, sore, overwhelming : ἄχος Δ 169. Cf. H 215, Θ 449, K 312, X 94, etc. : κάματος ε 457. Cf. o 342, π 87, σ 274.—In neut. pl. αἰνά as adv., grievously, bitterly : ὀλοφυρόμεναι χ 447. — In neut. superl. αἰνότατον as adv., very grievously or sorely : περιδείδια N 52.

αἴνυμαι. (ἀπο-, ἐξ-, συν-.) (1) To take hold of χ 500.—Of a feeling: πόθος μ' αἴνυται ξ 144.— (2) To take for one's use, take into one's hands : ὀϊστόν O 459 : τυρῶν (partitive genit.) ι 225, 232. Cf. ι 249, φ 53.—(3) To take away, remove, deprive of Δ 531, Λ 374, 580, N 550, Φ 490.—(4) To take, select, pick out : σύντρεις ι 429.

αἰνῶς [adv. fr. αἰνός]. (1) To such a degree as to cause apprehension χ 136.—(2) In reference to feelings, etc., in an extreme degree, strongly, sorely, deeply, heartily : δείδοικα A 555. Cf. E 352, Z 441, Θ 397, I 244, K 38, 93, 538, N 165, 481, Σ 261, T 23, Υ 29, X 454, Ω 358 : φιλέεσκεν α 264. Cf. β 327, δ 441, 597, ζ 168, ι 353, σ 80, τ 324, ω 353.—Sim. λώβη τάδε γ' ἔσσεται αἰ. (will be a sore . . .) H 97, αἰ. με μένος ἀνωγεν Ω 198.— (3) In reference to resemblance, strangely, strikingly : αἰ. θεῆς ἔοικεν Γ 158. Cf. K 547 : α 208. —(4) As a gen. intensive, in a high degree, of a surety : μοχλὸς διεφαίνετο ι 379, τάδε εἵματ' ἔχω κακά ρ 24.

αἴξ, αἰγός, ὁ, ἡ. A goat: ταύρων ἠδ' αἰγῶν A 41, ἰξάλου αἰγὸς ἀγρίου (i.e. of goat's horn) Δ 105. Cf. B 474, Γ 24, I 207, K 486, N 198, etc. : β 56, ι 118, ξ 101, ρ 213, 247, σ 44, etc.

αἴξας, aor. pple. ἀΐσσω.

αἰόλλω [αἰόλος]. To shift rapidly to and fro υ 27.

αἰολοθώρηξ [αἰόλος + θώρηξ]. With glancing θώρηξ Δ 489, Π 173.

αἰολομίτρης [αἰόλος + μίτρη]. With glancing μίτρη E 707.

αἰολόπωλος [αἰόλος + πῶλος]. Having nimble horses Γ 185.

αἰόλος, -η, -ον. (1) Glancing, gleaming, flashing E 295, H 222, Π 107.—(2) The notion of glancing light passing into that of rapid movement. (Cf. ἀργός (2).) Of wasps : σφῆκες μέσον αἰόλοι (flexible about the middle) M 167.—Of a serpent and worms, wriggling M 208 (or this might come under (1), ' glistening '), X 509.—Of the gadfly, darting χ 300.—Of the rapid motion of a horse's feet : πόδας αἰόλος ἵππος T 404.

αἰπεινός, -ή, -όν [αἰπύς]. (1) Steep, sheer : Μυκάλης κάρηνα B 869. Cf. Τ 58 : ζ 123.— Rocky, rugged : Καλυδῶνι N 217, Ξ 116.—(2) Of cities, set on a steep B 573, Z 35, I 419=686, N 773, O 215, 257, 558, P 328.

αἰπήεις, -εσσα [as prec.]. = prec. (2) Φ 87.

αἰπόλιον, τό [αἰπόλος]. A herd of goats B 474, Λ 679 : ξ 101, 103, ρ 213=υ 174, φ 266.

αἰπόλος, -ου, ὁ [app. for αἰγιπόλος, fr. αἴγ-, αἴξ + -πολος, conn. with πολεύω]. A goatherd B 474, Δ 275 : ρ 247=χ 135, ρ 369, υ 173, φ 175, 265, χ 142, 161, 182.

αἰπός, -ή, -όν [cf. next]. (1) Falling steeply down, flowing fast Θ 369, Φ 9.—(2) Of cities, set on a steep N 625 : γ 130=ν 316, λ 533.

αἰπύς, -εῖα, -ύ. (1) Steep, sheer : ὄρος B 603. Cf. B 811, 829, E 367, 868, Λ 711, O 84 : αἰπεῖα εἰς ἅλα πέτρη (running sheer down into the sea) γ 293. Cf. γ 287, δ 514, τ 431.—Applied to walls Z 327, Λ 181 : ξ 472.—Of a noose, hung from on high λ 278.—(2) Of cities, set on a steep B 538, I 668, O 71 : γ 485, κ 81, o 193.— (3) Fig., difficult, hard. In impers. construction: αἰπύ οἱ ἐσσεῖται N 317.—Of ὄλεθρος (thought of as a precipice or gulf), sheer, utter Z 57, K 371, Λ 174, 441, M 345, 358, N 773, Ξ 99, ζ07 = Π 283, Π 859, P 155, 244, Σ 129 : α 11, 37, ε 305, ι 286, 303, μ 287, 446, ρ 47, χ 28, 43, 67.—Sim. of φόνος P 365 : δ 843, π 379.—Of the toil and moil of war, hard, daunting Λ 601, Π 651.—Of wrath, towering O 223.

αἱρέω, 3 sing. fut. αἱρήσει Φ 555, Ω 206. 2 pl. αἱρήσομεν B 141, 329, I 28. Infin. αἱρησέμεν P 488, Σ 260. Aor. αἱρήσω B 37, N 42. Aor. εἷλον, -ες Γ 35, Δ 406, E 47, Θ 77, K 561, Φ 77, X 17, etc. : θ 330, ι 416, τ 155, φ 299, ω 377, etc. ἕλον, -ες Δ 197, Δ 457, E 127, Z 35, H 8, I 271, Λ 738, Π 351, P 276, etc. : α 121, β 81, γ 37, θ 106, ο 496, χ 187, etc. Subj. ἕλω, -ῃς B 228, 332, Δ 239, 416, H 71, 81, Π 128, 725. 3 sing. ἕλῃσι Ψ 345 : μ 96, ρ 323, τ 515. ἕλῃ H 77, Λ 315, etc. : φ 294. Opt. ἕλοιμι, -οις B 12, 29, 66, I 304, K 206, 345, Λ 509, O 71, etc. : δ 463, 596, τ 511. Imp. ἕλε Ξ 272. 3 sing. ἑλέτω υ 52. Pple. ἑλών, -οῦσα Α 139, 501, Γ 316, Θ 13, etc. : α 318, δ 750, θ 436, ι 165, etc. Infin. ἑλεῖν O 558, X 142 : λ 205, 206, 210, 426. ἑλέειν E 118, Θ 319, O 720. Pa. iterative ἕλεσκον ξ 220. 3 sing. ἕλεσκε Ω 752 : θ 88. Mid. Nom. pl. pres. pple. αἱρεύμενοι Π 353. Fut. αἱρήσομαι β 357. 2 sing. αἱρήσεαι K 235. Aor. ἑλόμην E 210, Θ 108, T 60. 2 sing. εἵλεο P 206. 3 εἵλετο B 46, Γ 294, Z 472, I 344, etc. : α 99, ε 47, ζ 140, κ 363, etc. ἕλετο Δ 116, I 368, Λ 32, M 102, etc. :

δ 746, ε 121, μ 246, ξ 530. 1 pl. εἰλόμεθα ι 157, λ 21. ἑλόμεσθα Λ 730. 3 εἵλοντο Η 380, Σ 314: ζ 97. ἕλοντο Β 399, Η 122, Θ 53, Π 663, etc. : δ 786, ζ 91, θ 372, ι 86, etc. Subj. ἕλωμαι Α 137, Ρ 17, etc. 3 sing. ἕληται Μ 150, Π 650, etc. : μ 123. 3 pl. ἕλωνται Π 82, 545. Opt. ἑλοίμην, -οιο Β 127, Γ 66, Ε 317, Π 655, etc. : ξ 297, 405, π 149, 297, ρ 236, υ 62, χ 462, ω 334. 3 pl. ἑλοίατο ν 117. Imp. ἕλευ Ν 294. 3 sing. ἑλέσθω Ι 139, 391: σ 47. 2 pl. ἕλεσθε Ε 529, Η 370, Σ 298. Infin. ἑλέσθαι Ε 852, Ι 578, Ν 268, etc. : θ 68, ι 334, λ 584, etc. (ἀν-, ἀποπρο-, ἀφ-, ἐξ-, ἐξαφ-, καθ-, μεθ-, συν-.) (I) In act. (1) To take, take hold of, grasp, seize: ἡνία Θ 319, γαῖαν Λ 425. Cf. Ε 75, 353, Λ 749, Ξ 137, Φ 242, Ω 227, etc. : χεῖρα α 121. Cf. η 252, λ 205, χ 269, etc.—With genit. of a part grasped : κόμης Πηλείωνα (by the . . .) Α 197. Cf. Α 323, Η 108, Τ 126, Φ 71, etc.: χειρὸς 'Οδυσῆα η 168. Cf. μ 33, ρ 263, etc.—Sim. ἕλκε δουρὸς ἑλών Π 406.—With quasi-partitive genit. : μέσσου δουρὸς ἑλών Γ 78 = Η 56.—(2) Of feelings, bodily or mental states, or the like, to take hold of, come to or upon, seize, affect : μή σε λήθη αἱρείτω Β 34, χόλος μιν ᾕρει Δ 23. Cf. Γ 446, Δ 421, Ε 136, 862, Ν 581, Π 805, etc.: οἶκτος β 81, θάμβος γ 372. Cf. δ 596, θ 304, λ 43, φ 122, χ 500, etc.—Of the darkness of death Ε 47, Ν 672 = Π 607. —Of sleep Κ 193, Χ 502, Ω 5 : ι 373, τ 511, υ 52.— (3) To take, capture, seize upon : ἑλὼν ἔχει γέρας Α 356, εἴ σ' αἱρήσει (get you in his power) Ω 206. Cf. Σ 38, Κ 206, 345, Λ 315, Ρ 488, Φ 77, etc. : ἐπαΐξανθ' ἑλέτην χ 187. Cf. δ 463, μ 96, π 369. —To come upon, catch : με τ 155.—To catch up, overtake Ψ 345 : θ 330.—To take (a town) : πόλιν Τρώων Β 12. Cf. Β 37, 141, Δ 406, Ι 129, Π 153, etc.: ι 165, ω 377.—To take as prey : πέλειαν Χ 142.—Of Scylla μ 310.—(4) To kill, slay: ἄνδρα κορυστὴν Δ 457. Cf. Ε 37, Ι 304, Κ 561, Λ 92, Ο 328, Τ 382, Φ 327, Χ 253, etc. : ξ 220, π 383.— (5) To take away, remove: ἔγχος ἀπὸ χειρὸς Ο 126. Cf. Β 154, Ε 127, etc. : θ 88, τ 61, φ 56, etc.—(6) To take for use or for some purpose, take into the hands : σῖτον Ι 216, σάκος Ξ 9. Cf. Ι 656, Κ 335, Ο 474, Σ 416, Ψ 839, Ω 93, etc. : τρίαιναν δ 506, ἐπὶ πήχει ἑλών (taking it and placing it on the . . .) φ 419. Cf. α 318, δ 750, θ 89, κ 145, ρ 343, τ 386, etc.—(7) To draw (a person to one-self) : τὴν προτὶ οἷ εἷλεν Φ 508. Cf. ω 348.— (8) In various uses. (a) To take as one's due : λέβητα Ψ 613, βοῦν 779. — (b) To win (fame) Ρ 321.—(c) To take (wine) φ 294.—(d) Of a con-dition of life, to come upon (one) : δούλιον ἦμαρ ρ 323.—(e) In reference to change of a person's colour : ὦχρός μιν εἷλε παρειάς Γ 35.—(f) To take up (a lay) : ἔνθεν ἑλὼν [ἀοιδὴν] ὥς . . . (from the point where . . .) θ 500. —(9) With adverbs. (a) With διά, to separate, tear apart : διὰ δ' ἕλε κύκλους Τ 280.—(b) With ἐκ, to choose, select : ἐκ δ' ἕλον Χρυσηΐδα Α 369.—(c) With κατά, to lower: κὰδ δ' ἕλον ἱστίον ο 496.—To close (the eyes of the dead) λ 426.—(10) In aor. pple. with a finite vb., to take and . . . (cf. ἄγω (I) (9)) : γέρας ἄξω ἑλών

Α 139, ἑλὼν ῥίψω Θ 13. Cf. Γ 72, 316, Ζ 302, Σ 23, Τ 143, Ω 795, etc. : ξύλα δαῖον ἑλοῦσαι θ 436, δὸς ἑλών ρ 400. Cf. δ 66, θ 84, ι 382, etc.— (II) In mid. (1) To seize upon to one's own use, take away, appropriate : ἕλωμαί κε γέρας Α 137. Cf. Ι 336, Σ 445, etc.—With acc. of person de-prived : τήν [μ'] ἐκ χειρῶν ἔλεθ' ὡς εἴ τινα μετ-ανάστην Π 58.—(2) To take, capture: [Βρισηΐδα] Τ 60.—With acc. of person deprived : οὓς ἀπ' Αἰνείαν ἑλόμην Θ 108.—To take as prey : βοῶν ἐκ πῖαρ ἑλέσθαι Λ 550 = Ρ 659, [ἄρνας] αἱρεύμενοι Π 353.—Of Scylla μ 123, 246.—To carry off : 'Ωρίωνα ε 121.—(3) To take away, remove : ἀπὸ κρατὸς κόρυθ' εἵλετο Ζ 472. Cf. Η 122, Κ 458, Π 663, etc. : μ 199, χ 271, etc.—In reference to life, strength, feelings, etc. : ἀπὸ μένος εἵλετο χαλκός Γ 294. Cf. Ε 317, Ι 377, Λ 381, Ρ 17, etc.: ἐκ δέος εἵλετο γυίων ζ 140. Cf. κ 363, ξ 405, etc. —Sim. in reference to one's home-coming : μὴ ἀπὸ νόστον ἕλωνται Π 82.—(4) To take for use or for some purpose, take into the hands : εἵλετο σκῆπτρον Β 46, ἐκ δ' ἕλετ ἰόν Δ 116. Cf. Γ 338, Ζ 494, Λ 32, Ν 611, Ρ 593, Ω 343, etc.: εἵλετ' ἔγχος (ῥάβδον) (πέδιλα) α 99, ε 47, π 154. Cf. β 357, ζ 91, θ 372, ι 157, etc.—To take or carry with one: τόξον οὔ ποθ' ᾑρεῖτο φ 40.—(5) In reference to meals, to take, partake of : δεῖπνον ἕλοντο Β 399, δόρπον ἕλεσθε Η 370, etc. : δόρπια ἕλοντο δ 786, δεῖπνον εἵλοντο ζ 97, πύματον ἑλοίατο δαῖτα υ 117, etc. — In reference to drink : πιέειν οὐκ εἶχεν ἑλέσθαι λ 584.—(6) To get, obtain : ἐκὼν οὐκ ἄν τις ἕλοιτο Γ 66, οὔ πως ἅμα πάντα δυνήσεαι ἑλέσθαι Ν 729, πεῖραρ ἑλέσθαι Σ 501. — (7) To choose, select : εἴ κ' ἄνδρα ἕκαστοι ἑλοίμεθα Β 127, γυναῖκας ἐείκοσιν ἑλέσθαι Ι 139. Cf. Λ 697, Μ 102, Π 282, etc. : τοὺς ἄν κε καὶ ἠθελον ἑλέσθαι ι 334. Cf. π 149, σ 47, etc.—(8) In various uses. (a) To receive, get (gifts) ω 334.—(A price) ξ 297.—(A bride-price) μυρί' ἕλοιτο ο 367.—(b) To take the benefit of, take, accept : ὕπνου δῶρον ἕλοντο Η 482, Ι 713 : π 481, τ 427.—(c) To agree to take, accept: ἀναίνετο ἑλέσθαι (refused to accept the blood-price) Σ 500.—(d) To take or exact (an oath) : εἴ κε Τρώεσσιν ὅρκον ἕλωμαι Χ 119. Cf. δ 746.— (e) To take (heart) : ἄλκιμον ἦτορ ἕλεσθε Ε 529.

αἱρεύμενοι contr. acc. pl. masc. pple. αἱρέω.

αἶσα, -ης, ἡ. Orig. sense 'measure.' (1) αἴσῃ, in the measure of, at the value of : ἐν καρὸς αἴσῃ Ι 378.—(2) (Due) measure. (a) κατ' αἶσαν, duly, fitly, properly Γ 59 = Ζ 333, Κ 445, Ρ 716.—(b) ὑπὲρ αἶσαν, unduly, unfitly, im-properly Γ 59 = Ζ 333.—Beyond measure ; hence, preponderatingly : φέρτεροι ἦσαν Π 780.—(3) A share or portion : ληΐδος αἶσαν Σ 327. Cf. ε 40 = ν 138.—(4) One's portion or lot in life, one's fate or destiny : αἶσά τοι μίνυνθά περ (thy lot in life is but for a little time) Α 416, κακῇ σ' αἴσῃ τέκον (with an evil fate before thee) 418, κακῇ αἴσῃ τόξ' ἑλόμην (in an evil hour) Ε 209, ὀμῇ πεπρωμένον αἴσῃ (having his fate fixed with a like portion before him, appointed to a like portion) Ο 209, πεπρωμένον αἴσῃ (with a fate, i.e.

death, before him, appointed to death) Π 441 =
Χ 179, οὔ τοι αἶσα πόλιν πέρθαι Π 707, ἰῆ γιγνόμεθ'
αἴσῃ (under a like fate) Χ 477, εἴ μοι αἶσα τεθνάμεναι
Ω 224, ἐν θανάτοιο αἴσῃ (a lot consisting in death,
i.e. death) Ω 428, 750: κακῇ αἴσῃ οἴχετο (in an
evil hour) τ 259. Cf. ε 113, 206, 288, θ 511,
ν 306, ξ 359, ο 276, ψ 315.—Sim. ἔτι ἐλπίδος αἶσα
((there is) yet a portion for hope, room for hope)
π 101, τ 84.—(5) Fate that comes upon or over-
takes one, evil fate, doom, death : αἴσῃ ἐν ἀργαλέῃ
φθίσει Χ 61. Cf. ι 52, λ 61.—(6) Fate or destiny
as decreed by a god : ὑπὲρ Διὸς αἶσαν Ρ 321.—
So αἶσα alone, the decrees of fate (cf. μοῖρα (7)) :
ὑπὲρ αἶσαν Ζ 487.—This and (2) ((due) measure
or estimation, (fitting) place in a scale of honour)
app. blended : τετιμῆσθαι Διὸς αἴσῃ Ι 608.—(7)
Fate personified Τ 127 : η 197.

ἀΐσθω [cf. ἄημι, ἀΐω²]. To breathe or gasp
out : θυμὸν Π 468, Τ 403.

αἴσιμος, -η, -ον [αἶσα]. (1) In (due) measure :
ἀμείνω αἴσιμα πάντα η 310, ο 71, τίσειν αἴσιμα πάντα
(all that is fitting) θ 348, ἔργα (inspired by justice)
ξ 84, ταῦτ' αἴσιμα εἶπας (just, right) χ 46, φρένας
αἰσίμη (well balanced in . . .) ψ 14.—(2) Absol.
in neut. pl. αἴσιμα, what is just or right : αἰ. παρειπὼν
Ζ 62, Η 121.—So (see εἴδω (III) (12)) ὅτ' ἄγγελος
αἰ. εἰδῇ (can say the right thing) Ο 207 : αἰ. εἰδώς
(having justice in his heart, just) β 231 = ε 9,
αἰ. ᾔδη ξ 433.—(3) In neut. pl. as adv., in due
measure φ 294.—(4) Decreed by fate, fatal :
αἴσιμον ἦμαρ. See ἦμαρ (4) (a).—In neut. sing.
αἴσιμον in impers. construction, (it is) fated or
destined : μὴ ἡμῖν αἰ. εἴη φθίσθαι Ι 245. Cf.
Ο 274, Φ 291, 495 : ο 239.

αἴσιος [αἶσα]. Showing moderation, gentle,
courteous ; or perh., of good omen (cf. ἐναίσιμος
(2)) : ὁδοιπόρον Ω 376.

ἀΐσσω. 3 sing. aor. ἤϊξε Δ 78, Λ 118, Ν 65,
Τ 277, Φ 247, 254, Ψ 868 : ο 164. 3 pl. ἤϊξαν Ε 657 :
β 154, ο 183. 3 sing. subj. ἀΐξῃ Ο 80, 580. 3 pl.
ἀΐξωσι Ρ 726. Pple. ἀΐξας, -ᾱσα Β 167, Ε 81, Ζ 232,
Λ 423, Μ 145, etc. : α 102, κ 117, τ 451, χ 90, 98,
ω 488. 3 sing. pa. iterative ἀΐξασκε Ψ 369. Aor.
infin. mid. ἀΐξασθαι Χ 195. 3 sing. aor. pass. ἠΐχθη
Γ 368. 3 dual ἀϊχθήτην Ω 97. 3 pl. ἠΐχθησαν
Π 404. Infin. ἀϊχθῆναι Ε 854. (ἀν-, ἀπ-, ἐπ-, μετ-,
παρ-, προσ-, ὑπ-.) In all moods, to rush, fly, dart,
of persons, animals, or things. (1) (a) In act.:
βῆ ἀΐξασα Β 167, ἄκοντες Λ 553. Cf. Δ 78, Ε 81,
657, Ζ 232, Λ 118, Ρ 579, Ω 320, etc. : αἰετώ φ 154,
λικριφὶς τ 451. Cf. α 102, κ 117, χ 90, etc.—(b)
In mid. : ἀμφὶ δέ τ' ἀΐσσονται Λ 417, πυλάων ἀντίον
ἀΐξασθαι Χ 195.—(c) In pass. : ἔγχος ἠΐχθη Γ 368,
ἐτώσιον ἀϊχθῆναι Ε 854, ἐς οὐρανὸν ἀϊχθήτην Ω 97.
—(2) In various shades of meaning. (a) In act.,
to rise to speak Σ 506 (the notion of quickness
not here to be pressed).—Of disembodied spirits,
to flit about κ 495.—Of the mind, to be pro-
jected in thought Ο 80.—Of chariots, to be
tossed (into the air) Ψ 369.—Of light, to stream
Σ 212.—Of smoke, to rise into the air κ 99.—(b)
In mid., of a horse's mane, to stream Ζ 510 = Ο 267.

—(c) In pass., of reins, to slip (from the hands)
Π 404.

ἄϊστος [ἀ-¹ + ἰστ-, εἴδω. 'Unseen']. (1) Gone,
vanished α 235, 242.—(2) Sent to destruction
Ξ 258.

ἀϊστόω [ἄϊστος]. To cause to vanish or dis-
appear υ 79.—In pass., to vanish, disappear κ 259.

αἴσυλος [prob. contr. fr. ἀ(F)ίσυλος, ἀήσυλος].
Absol. in neut. pl. αἴσυλα, what is unjust,
unseemly, or evil : αἰ. ῥέζων Ε 403. Cf. Τ 202 =
433, Φ 214 : β 232 = ε 10.

αἰσυμνητήρ, -ῆρος, ὁ [app. αἶσα + μνη-, μνάομαι.
'One who is mindful of justice']. A prince Ω 347.

αἰσυμνήτης, -ου, ὁ [as prec.]. In pl., stewards
of games θ 258.

αἴσχιστος [superl. fr. αἰσχ-ρός]. The most ill-
favoured or ugly : ἀνήρ Β 216.

αἰσχίων, -ιον [comp. as prec.]. Shameful (as
contrasted with seemly) Φ 437.

αἶσχος, τό. (1) Shame, disgrace λ 433.—A
cause or occasion of shame or disgrace σ 225.—
In pl., shameful deeds : αἴσχεα πόλλ' ὁρόων α 229.
—(2) Insult : αἴσχεος οὐκ ἐπιδευεῖς Ν 622.—In pl.,
insults, reproaches Γ 242, Ζ 351, 524 : τ 373.

αἰσχρός [αἶσχος]. (1) Absol. in neut. αἰσχρόν,
a shame, a disgrace Β 119, 298.—(2) Of words,
insulting, reproachful Γ 38 = Ζ 325, Ν 768, Ω 238.

αἰσχρῶς [adv. fr. prec.]. With insult or re-
proach : ἐνένιπεν Ψ 473 : σ 321.

αἰσχύνω [αἶσχος]. 2 sing. aor. ᾔσχῡνας Ψ 571.
3 -ε Σ 24, 27 : θ 269. Pf. pple. pass. ᾐσχῡμ-
μένος Σ 180. (κατ-.) (1) To disfigure, mar,
spoil the beauty of Σ 24, 27.—To mar, mutilate
Σ 180, Χ 75, Ω 418.—To defile (the marriage-bed)
θ 269.—(2) To bring shame upon, act unworthily
of : γένος πατέρων Ζ 209.—To put to shame, dis-
credit : ἐμὴν ἀρετήν Ψ 571.—To throw blame
upon β 86.—(3) In pass., to feel shame, hesitate :
δείσας αἰσχυνόμενός τε η 305. Cf. σ 12.—To feel
shame at the prospect of, hesitate to incur :
αἰσχυνόμενοι φάτιν ἀνδρῶν φ 323.

αἰτέω. (ἐπ-.) To ask for, request : ἵππους Ε 358.
Cf. Ν 365, Ω 292 : κ 17, υ 74.—With acc. of the person
from whom something is asked : ᾔτεέ με δεύτερον
ι 354, αἰτήσων φῶτα ἕκαστον (to ask alms from . . .)
ρ 365.—With infin., to ask to . . . : σῆμα ἰδέσθαι
Ζ 176.—With acc. and infin. : ᾐτέομεν θεὸν φῆναι
τέρας γ 173.—With double acc. of person and
thing : ᾔτεέ μιν δόρυ Χ 295. Cf. β 387, ω 85, 337.
—Absol., to ask alms σ 49.

†αἰτιάομαι [αἴτιος]. 3 pl. αἰτιόωνται α 32. 2 sing.
opt. αἰτιόῳο υ 135. 3 αἰτιόῳτο Λ 654. Infin.
αἰτιάασθαι Κ 120, Ν 775. 2 pl. impf. ᾐτιάασθε
Π 202. 3 ᾐτιόωντο Λ 78. To blame Κ 120, Λ 78,
654, Ν 775, Π 202 : α 32, υ 135.

αἰτίζω [αἰτέω]. (ἀπ-.) (1) To ask for, collect :
κειμήλια τ 273.—Absol., to make a request δ 651.
—(2) To ask as alms : ἀκόλους ρ 222, σῖτον 558.—
To ask alms from ρ 346 = 351, 502, υ 179.—
Absol., to ask alms ρ 228, υ 182.

αἴτιος, -η. Blameworthy, to blame : οὔ τί μοι
αἴτιοί εἰσιν Α 153. Cf. Γ 164, Ν 111, 222, Ο 137,

T 86, 410, Φ 275, 370 : οὐκ ἀοιδοὶ αἴτιοι, ἀλλὰ Ζεὺς αἴτιος a 348. Cf. β 87, θ 311, λ 559, χ 155.—With genit. : αἰ. πάντων (for everything) χ 48.

ἄϊχθήτην, 3 dual aor. pass. ἀίσσω.

†αἰχμάζω [αἰχμή]. 3 pl. fut. αἰχμάσσουσι. To throw (the spear) : αἰχμὰς αἰχμάσσουσιν Δ 324.

αἰχμή, -ῆς, ἡ. (1) The point of a spear : ἀνεγνάμφθη οἱ αἰ. Γ 348. Cf. Δ 461, E 293, 658, Λ 237, Π 115, P 600, Υ 416, etc.—(2) A spear : αἰχμὰς αἰχμάσσουσιν Δ 324, εὐήκεος X 319. Cf. M 45, N 504 = Π 614, N 562, Ξ 423.—(3) Spearmanship, the spear : αἰχμῆς ἐῢ εἰδώς O 525.

αἰχμητής, -οῦ, ὁ [αἰχμάζω]. Also αἰχμητὰ E197 (prob. orig. a voc. turned into a nom.). (1) A spearman as opposed to warriors otherwise armed : Ἄβαντες ἕποντο, αἰχμηταὶ B 543.—(2) In gen., a warrior A 152, B 846, Γ 179, Δ 87, Z 97 = 278, Θ 33 = 464, 472, M 419, P 588, 740 : λ 559, ω 81.— (3) With implied notion of stoutness or skill : αἰχμητὴν ἔθεσαν θεοί A 290. Cf. Γ 49, E 197, 602 = Π 493 = X 269, E 706, H 281, Λ 739, M 128, N 171 : χεῖρας αἰχμητὴν ἔμεναι καὶ ἐπίφρονα βουλήν (in strength of hands and wise counsel) π 242. Cf. β 19.

αἶψα. Straightway, forthwith, at once, quickly, soon : αἰ. μάλ᾿ ἐλθέ Δ 70. Cf. A 303, B 664, E 242, Z 370, Θ 127, M 369, P 116, etc. : αἰ. δεῖπνον ἕλοντο ι 86. Cf. a 392, β 292, δ 283, ο 193, π 359, etc.

αἰψηρός, -ή [αἶψα]. Quick : ἀγορήν (quick to disperse) T 276 : = β 257, αἰψηρὸς κόρος γόοιο (soon comes on one) δ 103.

ἀΐω¹. 3 sing. impf. ἄϊε K 532, Φ 388. ἄϊε Λ 463. 3 pl. ἄϊον Σ 222. (1) To perceive, feel. With genit. : πληγῆς Λ 532.—(2) To perceive, see : οὐκ ἄϊεις ὅτι . . .; σ 11.—(3) (a) To hear : ἄϊε Ζεὺς Φ 388. Cf. Ψ 430 : κ 118, ω 415.—(b) With acc. of what is heard : κτύπον K 532. Cf. O 130, Σ 222. —(c) With genit. : φθογγῆς Π 508. Cf. K 189, O 378, Ψ 199 : βοῆς ι 401. Cf. ξ 266 = ρ 435, ω 48. —(d) With genit. of person heard : ἰάχοντος Λ 463.—(4) To have seen or heard, have learned, know (cf. ἀκούω (5)) : οὐκ ἄϊεις ὡς . . .; K 160. Cf. O 248 : α 298.

†ἀΐω² [cf. ἄημι]. Impf. ἄϊον. To breathe out O 252.

αἰών, -ῶνος, ὁ. Fem. X 58. (1) One's lifetime, one's life : μινυνθάδιος αἰ. ἔπλετο Δ 478 = P 302. Cf. I 415 : ε 152.—(2) Life, the state of being in life : ἀπ᾿ αἰῶνος ὤλεο Ω 725.—(3) The animating principle, the vital spirit, the soul, the life, life, one's life (cf. θυμός (I) (1) (b)) : λίποι μ᾿ αἰ. E 685. Cf. Π 453, T 27, X 58 : αἰῶνος εὖνιν ι 523. Cf. ε 160, η 224, σ 204.

ἀκάκητα [sense unknown. Traditionally explained as fr. ἀ-¹ + κακός, 'the guileless,' or fr. ἀκέομαι, ' the healer ']. (Prob. orig. a voc. turned into a nom.) Epithet of Hermes Π 185 : ω 10.

ἀκαλαρρείτης [ἀκαλά, neut. pl. of ἀκαλός, cited in sense ' peaceful,' 'still ' (cf. ἀκήν) + (σ)ρέω]. Silently or gently flowing. Epithet of Ocean H 422 : τ 434.

ἀκάμας, -αντος [ἀ-¹ + καμ-, κάμνω]. Tireless.

Of a river, ever-flowing, always full : Π 176.— Of a boar, untiring, steady in fight Π 823.—Of the sun, regular in his course Σ 239, 484.

ἀκάματος [as prec.]. Tireless. Epithet of fire, steadily or fiercely blazing E 4, O 598, 731, Π 122, Σ 225, Φ 13, 341, Ψ 52 : ν 123, φ 181.

ἄκανθα, -ης, ἡ. In pl., thistle-down ε 328.

†ἀκαχέω [redup. fr. ἀχέω]. 3 sing. aor. ἀκάχησε Ψ 223. Pf. pass. ἀκάχημαι θ 314, τ 95. 3 sing. ἀκάχηται ψ 360. 3 pl. ἀκηχέδαται P 637. 3 pl. plupf. ἀκαχήατο M 179. Pple. ἀκαχήμενος, -ου E 24, Λ 702, T 312, Ω 550 : ι 62, 105, 565, κ 77, 133, 313, ν 286, ο 481, υ 84. Fem. ἀκηχεμένη E 364. Pl. ἀκηχέμεναι Σ 29. Infin. ἀκάχησθαι T 335 : δ 806. (1) To cause grief to, grieve : ἀκάχησε τοκῆας Ψ 223.—(2) In pass., to be grieved, troubled, or borne down, to grieve or sorrow : ὡς μὴ ἀκαχήμενος εἴη E 24, θεοὶ ἀκάχατο M 179. Cf. E 364, P 637, Σ 29, T 312, 335 : ὀρόων ἀκάχημαι θ 314. Cf. δ 806, ι 62 = 105 = 565 = κ 77 = 133, κ 313, ν 286, ο 481, τ 95, υ 84, ψ 360.—With genit. of what is grieved for : ἀκαχήμενον ἵππων Λ 702. Cf. Ω 550.

ἀκαχίζω [cf. prec.]. Imp. pass. ἀκαχίζευ λ 486 (1) To cause grief to, grieve, trouble, vex π 432. —(2) In pass., to be grieved or troubled, grieve, sorrow : μὴ λίην ἀκαχίζεο Z 486. Cf. λ 486.

ἀκαχμένος [a ppl. form fr. *ἀκή = ἀκωκή]. (1) Furnished with a sharp point : δούρατα M 444. Cf. P 412, Φ 72.—With dat. expressing the material : ὀξέϊ χαλκῷ K 135 = Ξ 12 = O 482 : a 99 = o 551 = ν 127.—(2) Furnished with a sharp (double) edge : πέλεκυν (φάσγανον) ἀμφοτέρωθεν ἀκαχμένον ε 235, χ 80.

ἀκάχοντο, 3 pl. aor. mid. ἀχέω.

ἀκέομαι [ἄκος]. Also (Π 29 : ξ 383) ἀκείομαι (ἀκέσομαι, fr. ἀκεσ-, ἄκος). 3 sing. aor. ἠκέσατο E 402, 901. Imp. ἄκεσσαι Π 523. Pl. ἀκέσασθε κ 69. (ἐξ-.) (1) To heal, cure (a) A person E 402, 448, 901.—(b) A wound Π 29, 523.—(2) To quench (thirst) X 2.—(3) To make good a blunder : ἀλλ᾿ ἀκέσασθε κ 69.—Sim. ἀλλ᾿ ἀκεώμεθα N 115 (app., let us heal the breach between Achilles and Agamemnon).—(4) To repair (a ship) ξ 383.

ἀκερσεκόμης [ἀ-¹ + κερσ-, κείρω + κόμη]. With unshorn hair. Epithet of Phoebus Υ 39.

ἄκεσμα, -ατος, τό [ἀκεσ-, ἀκέομαι]. A means of cure, a remedy : ἀκέσματ᾿ ὀδυνάων O 394.

ἀκεστός, -ή [ἀκεσ-, ἀκέομαι]. That can be healed : ἀκεσταὶ φρένες ἐσθλῶν N 115 (app., are open to propitiation).

ἀκέων, -ουσα [a ppl. form conn. with ἀκήν]. (1) In silence, without speech : βῆ ἀ. A 34. Cf. A 512, 565, 569, K 85 : ι 427, κ 52, λ 142, ξ 110, ρ 465 = 491 = υ 184, υ 385.—Indeclinable : ἀκέων δαίνυσθε φ 89.—Undistracted by speech of others : δαίνυσθαι ἀκέοντε ξ 195. Cf. β 311.—(2) Silent (indeclinable) : Ἀθηναίη δαίνυεν ἦν Δ 22 = Θ 459.

ἀκήδεστος [ἀκηδεσ-, ἀκηδής]. Without funeral rites : ἐξαπολοίατ᾿ ἀκήδεστοι Z 60.

ἀκηδέστως [adv. fr. prec.]. Ruthlessly X 465, Ω 417.

ακηδέω 16 ακούω

†ἀκηδέω [ἀκηδής]. 2 sing. impf. ἀκήδεις Ψ 70.
3 sing. aor. ἀκήδεσε Ξ 427. To take no care for.
With genit. : εὐ Ξ 427, μευ Ψ 70.
ἀκηδής, -ές [ἀ-¹+κῆδος]. (1) Paying no funeral
rites Φ 123.—(2) Not honoured with such rites
Ω 554 : ω 187.—(3) Careless, neglectful ρ 319.—
(4) Neglected ζ 26, τ 18, υ 130.—(5) Vexed by
no cares Ω 526.
ἀκήλητος [ἀ-¹+κηλέω, to bewitch. Cf. κηλη-
θμός]. Proof against sorcery : νόος κ 329.
ἀκήν [adv. fr. acc. of *ἀκή, silence]. (1) In
silence, without speech : ἴσαν Δ 429.—(2) Silent :
ἔσαν β 82, δ 285, ἔμεναι φ 239 = 385.—With σιωπῇ :
ἀ. ἐγένοντο σιωπῇ Γ 95 = Η 92 = 398 = Θ 28 = Ι 29 =
430 = 693 = Κ 218 = 313 = Ψ 676 : = θ 234 = λ 333 =
ν 1 = π 393 = υ 320, η 154.
ἀκηράσιος [= next]. Of wine, pure, unmixed
ι 205 (app. by confusion with ἀκρητος).
ἀκήρατος [app. = next]. (1) Unharmed, intact
Ο 498 : ρ 532.—(2) Pure, undefiled : ὕδωρ Ω 303
(cf. prec.).
ἀκήριος¹ [ἀ-¹+κῆρ]. Unharmed μ 98, ψ 328.
ἀκήριος² [ἀ-¹+κῆρ]. (1) Lifeless : βέλος ἀκήριον
τίθησιν Λ 392. Cf. Φ 466.—(2) Spiritless : δέος
Ε 812, 817, Ν 224, ἤμενοι ἀκήριοι Η 100.
ἀκηχέδαται, 3 pl. pf. pass. ἀκαχέω.
ἀκηχεμένη, fem. pf. pple. pass. ἀκαχέω.
ἀκιδνός. In comp. ἀκιδνότερος, -η, app., of less
account, less to be regarded ε 217, θ 169, σ 130.
ἄκικυς [ἀ-¹+κῖκυς]. Without strength, feeble :
ὀλίγος (κακὸς) καὶ ἀ. ι 515, φ 131.
ἀκίχητος [ἀ-¹+κιχάνω]. Not to be reached.
Absol. in neut. pl. ἀκίχητα, the unattainable Ρ 75.
ἄκλαυτος [ἀ-¹+κλαυ-, κλαίω]. (1) Unwept: νέκυς
Χ 386. Cf. λ 54, 72.—(2) Not weeping δ 494.
ἀκλεής [ἀ-¹+κλέος]. Acc. ἀκλέα (for ἀκλεέα)
δ 728. Nom. pl. ἀκλεέες Μ 318.—(1) Without
fame, inglorious Μ 318.—In neut. ἀκλεές as adv.
=ἀκλειῶς (1) : ἤμενοι Η 100.—(2) (So as to be) the
subject of no tidings : παῖδ' ἀνηρείψαντο θύελλαι
ἀκλέα δ 728.
ἀκλειῶς [adv. fr. prec. Doubtless for ἀκλεεῶς].
(1) In inglorious wise : μὴ ἀ. ἀπολοίμην Χ 304.—
(2) So that no tidings come : ἀ. μιν ἅρπυιαι
ἀνηρείψαντο α 241 = ξ 371.
ἄκληρος [ἀ-¹+κλῆρος]. Having no (consider-
able) portion of land : ἀνδρὶ λ 490.
ἀκμή, -ῆς, ἡ. An edge : ξυροῦ Κ 173.
ἄκμηνος. Fasting Τ 207, 346.—Not partaking
of (food or drink). With genit. : σίτοιο Τ 163,
πόσιος καὶ ἐδητύος 320.
ἀκμηνός [ἀκμή in sense 'highest point']. In
its prime, flourishing : θάμνος ἐλαίης ψ 191.
ἀκμής, -ῆτος [ἀ-¹+κ(α)μ-, κάμνω]. (1) Not tired,
fresh Λ 802 = Π 44.—(2) Tireless Ο 697.
ἀκμόθετον, -ου, τό [ἄκμων + θε-, τίθημι]. An
anvil-block Σ 410, 476 : θ 274.
ἄκμων, -ονος, ὁ. An anvil Ο 19, Σ 476 : γ 434,
θ 274.
ἄκνηστις, ἡ [prob. conn. with ἄκανθα in sense
'spine,' 'prickle']. The backbone or spine
κ 161.

ἀκοίτης, -ου, ὁ [ἀ-²+κοῖτος]. A husband, one's
husband Ο 91 : ε 120, φ 88.
ἄκοιτις, ἡ [as prec.]. Acc. pl. ἀκοίτις κ 7. A
wife, one's wife Γ 138, 447, Ζ 350, 374, Ι 397, 399,
450, Ξ 268, 353, Σ 87, Ω 537 : α 39, γ 268, η 66,
κ 7, λ 266, 452, ν 42, σ 144, φ 316, 325, ω 193, 459.
ἄκολος, -ου. A scrap or morsel ρ 222.
ἀκομιστίη, -ης, ἡ [ἀ-¹+κομίζω]. Lack of tend-
ance or care : ἄλη τ' ἀκομιστίη τε φ 284.
ἀκοντίζω [ἄκων]. 3 sing. aor. ἀκόντισε Δ 496,
Ε 533, Θ 118, Ν 183, Ρ 304, etc. 3 pl. ἠκόντισαν
Π 336. ἀκόντισαν χ 255, 265, 272, 282. Imp.
pl. ἀκοντίσατε χ 252. Genit. sing. masc. pple.
ἀκοντίσαντος Δ 498, Ο 575. Infin. ἀκοντίσαι
Ν 559, 585, Π 359. ἀκοντίσαι χ 263. (ἀν-.) (1)
To throw the spear : ἀνδρὸς ἀκοντίσαντος Δ 498
= Ο 575. Cf. Π 336, 359 : οἱ ἐξ ἀκοντίσατε χ 252.
Cf. χ 255, 263.—With genit. of the person aimed
at : Ἕκτορος ἀκόντισεν Θ 118. Cf. Ν 502, 559,
Ρ 608.—With dat. of the weapon : δουρὶ Ε 533.
Cf. Δ 496, Ε 611 = Ρ 347, Λ 577, Ν 403, 585, Ο 573,
Π 284, Ρ 574 : θ 229.—With genit. and dat. Δ 490,
Ν 183, 516, Ξ 402, 461, Ο 429, Ρ 304, 525.—(2)
To throw (a spear) : αἰχμάς Μ 44, Ξ 422 : δοῦρα
χ 265, 272, 282.
ἀκοντιστής, -οῦ, ὁ [ἀκοντίζω]. A (skilful) spear-
man : υἱές ἀκοντισταὶ Ἀμισωδάρου Π 328. Cf. σ 262.
ἀκοντιστύς, ἡ [as prec.]. A contest of throwing
the spear : οὐδ' ἔτ' ἀκοντιστὺν ἐσδύσεαι Ψ 622.
ἀκόρητος [ἀ-¹+κόρος]. Insatiable in, never
having his or her fill of. With genit. : μόθου
Η 117. Cf. Μ 335, Ν 621, 639, Ξ 479, Υ 2.
ἄκος, τό. A cure or remedy Ι 250 : χ 481.
ἄκοσμος [ἀ-¹+κόσμος]. Disorderly, marked by
turbulence : ἔπεα Β 213.
ἀκοστέω [ἀκοστή, cited as 'barley']. To have
barley for food, be corn-fed : ἀκοστήσας ἐπὶ φάτνῃ
Ζ 506 = Ο 263.
ἀκουάζομαι [ἀκούω]. To listen to, give ear to.
With genit. : ἀοιδοῦ ι 7, ν 9.—To hear of. With
double genit. of person from whom one hears of
a thing and of the thing : δαιτὸς ἐμεῖο Δ 343.
ἀκουή, -ῆς, ἡ [ἀκούω]. (1) A sound Π 634.—
(2) News, tidings β 308, δ 701 = ε 19, ξ 179, ρ 43.
ἄκουρος [ἀ-¹+κοῦρος]. Without male offspring
η 64.
ἀκούω. Dat. pl. masc. pres. pple. ἀκούοντεσσι
α 352. 2 sing. fut. in mid. form ἀκούσεαι Ο 96.
3 pl. ἀκούσονται Ο 199. Aor. ἤκουσα -ας Α 381,
Π 531, Χ 447 : λ 421, μ 265, 389, ρ 492, τ 89, χ 354,
361. ἄκουσα, -ας Α 396, Β 16, 194, Ι 566, Η 53,
Κ 276, Ρ 256, Φ 98, Ω 223, etc. : β 412, 423, γ 94,
δ 281, θ 95, μ 202, ο 92, φ 210, ψ 326, etc. Subj.
ἀκούσω, -ης Ξ 90, Ρ 245, Φ 475, 575 : α 94, 282,
β 216, γ 83, λ 561, μ 41, π 32, φ 237, etc. 3 sing.
opt. ἀκούσαι Η 129, Τ 81. 3 pl. ἀκούσειαν Β 98,
282. Imp. ἄκουσον Ζ 334, Ι 262 : ζ 325, μ 37, ο 318,
τ 535, etc. 3 sing. ἀκουσάτω π 301. Pple. ἀκούσας,
-αντος Γ 76, Δ 198, Θ 319, Κ 184, Ρ 694, etc. : δ 114,
θ 491, κ 556, ο 98. Infin. ἀκοῦσαι β 375, δ 553,
μ 187, ρ 115, etc. (ἐπ-, ἐσ-, ὑπ-.) (1) To hear :
τέρπετ' ἀκούων Α 474. Cf. Δ 198, Λ 603, Ο 129,

16

P 245, Σ 35, etc. : ἐθέλω ἀκοῦσαι δ 553. Cf. λ 380, μ 48, ο 98, ψ 135, etc.—With dependent clause : ὡς ἐβόησας δ 281.—(2) In various constructions. (a) (α) With acc. of what is heard : μῦθον B 16. Cf. A 547, B 486, Δ 435, Z 524, K 354, Φ 575, etc. : δοῦπον ε 401. Cf. α 282, λ 421, μ 265, ψ 40, etc. —(β) With this acc. and genit. of person from whom one hears : σεῦ τὸν μῦθον T 185, σεῦ κακὸν ἔπος Ω 767 : ἄλλων μῦθον β 314. Cf. γ 94 = δ 324. —With this acc. and prep. : ἐκ δεσποίνης ἔπος ο 374.—(b) (α) With acc. of what is heard about : κακὰ ἔργα I 595. Cf. O 96, Σ 53 : πατρὸς βίοτον α 287. Cf. β 218, θ 578, π 380, τ 535.—(β) With this acc. and genit. of person from whom one hears : τόδε πατρὸς θ 564, ταῦτα Καλυψοῦς μ 389, [ταῦθ'] Ἑρμείαο 390.—(γ) With this acc. and acc. pple. expressing what is heard about a person : τοὺς εἰ πτώσσοντας ἀκούσαι H 129.—(δ) With infin. so expressing : τείρεσθαι Τρῶας Z 386.— (ε) With prep. : 'Οδυσῆος περὶ νόστου τ 270.— (c) With genit. of what is heard : κωκυτοῦ X 447. Cf. μ 265, φ 237 = 383, φ 290, 292.—(d) With genit. of person heard : ὁμοκλητῆρος M 273. Cf. II 211, Ψ 452, Ω 223 : ξ 493, τ 89, χ 361.—So in reference to a beast : θηρὸς K 184.—(e) (α) With genit. and pple. in agreement, to hear a person doing or suffering something : ὀτρύνοντος Ἕκτορος O 506. Cf. A 396, Φ 475 : τοῦ βλημένου ρ 492. Cf. ι 497, κ 221, φ 210.—(β) With pple. alone : στεναχόντος θ 95 = 534.—So in reference to a bird : κλάγξαντος K 276.—(f) With genit. of person from whom one hears about something : ἄλλου θ 491.—(g) (α) With genit. of person heard about in pple. in agreement expressing what is heard : σέθεν ζώοντος Ω 490. Cf. λ 458, π 301.— (β) With adj. : 'Οδυσῆος ζωοῦ ρ 525.—(γ) With double genit. of person from whom one hears and of person heard abóut and adj. in genit. joined with pple. : 'Οδυσῆος ζωοῦ οὐδὲ θανόντος τευ ἀκοῦσαι ρ 115.—(δ) With genit. of person heard about omitted : τεθνηῶτος α 289. Cf. β 220, 375, δ 728, 748.—(ε) With this genit. alone : πατρὸς δ 114.—(3) To listen, hearken, give ear : θεοὶ πάντες ἄκουον Θ 4. Cf. M 442, P 408, T 81 : ἦαρ' ἀκούοντες α 326. Cf. α 352, 353, μ 37, ο 393.—(4) To listen to, give ear to. (a) With acc. of what is listened to : ἄλλων μῦθον B 200. Cf. Θ 492 : θ 429, υ 389.—(b) With genit. of person : βασιλήων B 98. Cf. Z 334, I 262, T 79, 256 : ἀοιδοῦ α 370. Cf. η 11, ι 3, ο 318 = ω 265, π 259, ρ 520, σ 129.— (c) (α) With genit. of person, to listen to in sense of yielding or obeying : εἰπόντος Z 281. Cf. O 199 : β 423, τ 419, χ 354.—Sim., in mid., οὔ πώ σφιν ἀκούετο λαὸς ἀϋτῆς (had not attended or responded to it) Δ 331.—(β) So in reference to hearing and answering prayer : εὐξαμένου A 381. Cf. Π 531 : ζ 325 (twice).—(d) With dat. of person, to listen to favourably : ἀνέρι κηδομένῳ Π 515. Cf. al with εὐξαμένοιο in Π 531 cited above.—(5) To have heard, have learned, know (cf. ἀΐω¹ (4), πεύθομαι (3)): τὰ μέλλετ' ἀκούέμεν Ξ 125.—With infin. : καὶ σὲ ἀκούομεν ὄλβιον εἶναι (infin. of the impf.)

Ω 543.—With acc. of person heard about and dependent clause : 'Ατρεΐδην ἀκούετε ὡς . . . γ 193.—With genit. of person from whom one has heard about something δ 94.—With this genit. and clause : οὐδὲ πατρῶν ἀκούεθ' οἷος . . . δ 688.—With elliptical construction β 118.— Absol. : εἴ που ἀκούεις ο 4C3.
ἀκράαντος [ἀ-¹ + κραιαίνω]. (1) Not accomplished, not carried out : ἔργον B 138.—(2) Not to be fulfilled : ἔπεα τ 565.—In neut. ἀκράαντον as adv., without hope of fulfilment, to no purpose β 202.
ἀκρᾱής [ἄκρος + ἄημι]. (Cf. ὑπεραής.) Acc. sing. ἀκρᾱῆ β 421. Of wind, blowing at height ; or perh., blowing with the right velocity or from the right quarter β 421, ξ 253, 299.
ἄκρη, -ης, ἡ [fem. of ἄκρος as sb.]. (1) The highest point of a city θ 508.—(2) κατ' ἄκρης, down from the top. Of a breaking wave, with full force ε 313.—Fig., utterly, to total destruction : ὤλετο N 772. Cf. O 557, X 411, Ω 728.— (3) A cape or headland Δ 425, Ξ 36 : ι 285.
ἄκρητος, -ον [ἀ-¹ + κρη-, κεράννυμι]. Unmixed : οἴνῳ ω 73. Cf. β 341, ι 297.—So σπονδαὶ ἄκρητοι (ratified by libations of unmixed wine) B 341 = Δ 159.
ἀκρίς, -ίδος, ἡ. A locust Φ 12.
ἄκρις, -ιος, ἡ [ἄκρος]. A hill-top : ἠνεμοέσσας ι 400, π 365, δι' ἄκριας κ 281, ξ 2.
ἀκριτόμῡθος [ἄκριτος + μῦθος]. (1) Indiscriminate or reckless in speech B 246.—(2) Hard to be discerned or interpreted ὄνειροι τ 560.
ἄκριτος [ἀ-¹ + κρίνω]. (1) Indiscriminate, endless : μῦθοι B 796.—Endless, never-ending : ἄχεα Γ 412, Ω 91.—Endless, never brought to reconciliation : νείκεα Ξ 205 = 304.—Absol. in neut. pl. : ἄκριτα πόλλ' ἀγόρευον θ 505 (app., held much and indiscriminate or inconsistent debate).—(2) In neut. sing. ἄκριτον as adv. (a) Indiscriminately : ἐξαγαγόντες ἀ. ἐκ πεδίου (see ἐξάγω (2)) H 337, 436.—(b) Endlessly, continually : πενθήμεναι σ 174, τ 120.
ἀκριτόφυλλος [ἄκριτος + φύλλον]. With confused or massed foliage : ὄρος B 868 (i.e. the separate trees are indistinguishable).
†ἀκροκελαινιάω [ἄκρος + κελαινός]. In pres. pple. ἀκροκελαινιόων, of a river, with black or dark surface Φ 249.
ἀκρόκομος [ἄκρος + κόμη]. Wearing the hair in a topknot (the hair round this being app. cut short or shaved off). Epithet of the Thracians Δ 533.
ἄκρον, -ου, τό [neut. of ἄκρος as sb.]. (1) The summit or crest of a hill λ 597.—(2) A cape or headland. Of Sunium γ 278.—(3) An end or extremity : ἐπ' ἄκρῳ δῆσε ζυγόν E 729. Cf. ι 328, 382.—(4) The extreme surface : [νύσσης] Ψ 339.
ἀκρόπολις, ἡ [ἄκρος + πόλις]. The highest part of a city, the citadel. Of Troy θ 494, 504.
ἀκρόπολος [ἄκρος. Cf. οἰόπολος]. Topmost, the topmost part of : ὄρεσσιν E 523 : τ 205.

ἀκροπόρος [ἄκρος + πείρω]. With a piercing or sharp point. Epithet of spits : ὀβελούς γ 463.

ἄκρος, -η, -ον. Extreme, at the furthest point. (1) Topmost, the topmost part of : πόλει Z 88 (the citadel), πρώονες Θ 557 = Π 299. Cf. E 460, Z 257, 297, 317, 512, H 345, Θ 83, I 241, Λ 351, M 282, N 523, 615, Ξ 292, 352, O 152, X 383 : σκοπέλοισιν μ 239.—(2) Outermost, the extremity of : πόδας Π 640. Cf. P 264 (see ἠϊών (2)), 309, 599, Υ 227 : οἰήϊον ι 483 = 540.—The edge of : χείλει M 51.—Growing on the extremity : τρίχες οὐραῖαι Ψ 519.—At the end of a row : νῆες O 653. —The base or root of : χεῖρα E 336 (cf. 458).—(3) The surface of : ὕδωρ Π 162 : ῥινόν χ 278.—App. in neut. ἄκρον as adv., on the surface : ἀ. ἐπὶ ῥηγμῖνος θέεσκον Υ 229 (v.l. ἀ. ἔπι, taking ἀ. as sb., the surface; see ἄκρον (4)).—(4) In superl. ἀκρότατος, -η, -ον (in μ 11 of two terminations), much like the positive. (a) Topmost, the topmost part of : κορυφῇ A 499 = E 754 = Θ 3. Cf. B 793, Z 470, N 12, Ξ 157, 228, 285, O 536, Υ 52, X 172 : τύμβῳ μ 15.—Absol. : ἐπ' ἀκροτάτῃ (at the top) Δ 484.—(b) The extremity of : ὄξῳ B 312.—Sim. ἀκρότατον παρ' οὐδόν χ 127 (app., to one side of (and passing at right angles) one of the extremities of the threshold).—Predicatively : ὄθ' ἀκρότατος πρόεχ' ἀκτή (where the beach ran furthest out) μ 11.—(c) The surface of : χρόα Δ 139, χαλκόν H 246.

ἀκτή[1], -ῆς, ἡ. Corn or meal : ἀλφίτου Λ 631, Δημήτερος N 322, Φ 76 : ἀλφίτου β 355, ξ 429.

ἀκτή[2], -ῆς, ἡ. (1) A beach or shore of the sea : ἀκτὴν εἰσανέβαινον Σ 68. Cf. M 284, Υ 50, Ψ 125, Ω 97 : ἐπ' ἀκτῆς καθήμενος ε 82. Cf. ε 151, κ 140, 509, ν 234, ο 36, ω 378.—(2) A projecting part of the shore: ἀκτῇ ἐφ' ὑψηλῇ B 395 : ἀκταὶ προβλῆτες ε 405. Cf. ε 425, κ 89, μ 11, ν 98, ω 82.

ἀκτήμων [ἀ.[-1] + κτῆμα]. Not possessed of, lacking. With genit. : χρυσοῖο I 126 = 268.

ἀκτίς, ἡ. Dat. pl. ἀκτῖσι ε 479, τ 441. ἀκτίνεσσι K 547 : λ 16. A ray or beam: ἠελίοιο K 547. Cf. ε 479, λ 16, τ 441.

ἄκυλος, -ου. Prob., the fruit of the ilex. Given to swine κ 242.

ἀκωκή, -ῆς, ἡ. A point : ἔγχεος E 16. Cf. E 67, K 373, Λ 253, N 251, Π 323, 478, P 295, Υ 260, Φ 60, Ψ 821, P 49 = X 327 : = χ 16, τ 453.

ἄκων, -οντος, ὁ. (1) A dart or javelin Δ 137, K 335, Λ 364 = Υ 451, Λ 675, Σ 490, O 646, 709, Π 361, Υ 413, 455, 486, Φ 590 : ξ 225, 531, φ 340.—Used for guarding cattle or sheep Λ 552 = P 661, M 306 : ν 225.—(2) In generalized sense, the dart : ἐπιστάμενος ἄκοντι O 282.

ἄλαδε [acc. of ἅλς[1] + -δε (1)]. To or into the sea : νῆα προέρυσσεν A 308. Cf. B 165 = 181, E 598, I 358, 683, M 19, Ξ 97, 100, 106: νῆ' εἴρυσεν β 389.—With εἰς : ποταμῶν, οἵ τ' εἰς ἀ. προρέουσιν κ 351.

ἀλάλημαι, pf. ἀλάομαι.

ἀλαλητός, -οῦ, ὁ [imitative]. A shouting B 149 : ω 463.—A shouting in distress : ἀλαλητῷ φεύγοντες Σ 149. Cf. Φ 10.—A shouting in war,

the war-shout: ἀ. ἀνὰ στρατὸν ὀρώρει Δ 436. Cf. M 138, Ξ 393, Π 78.

Ἀλαλκομενηΐς [app. fr. ἄλαλκον]. Thus, the guardian or protectress. Epithet of Athene Δ 8, E 908.

ἄλαλκον, aor. [cf. ἀλκή, ἀλέξω]. (ἀπ-.) (1) To ward or keep off I 605, Φ 548, Ψ 185: δ 167. —With dat. of person protected : κύνας οἱ P 153. Cf. T 30, Φ 138 = 250 : γ 237, ν 319.—With genit. : Τρώων λοιγόν Φ 539.—With dat. and genit. of part : κρατός τοι κακόν ἦμαρ κ 288.—(2) With dat., to succour, defend, protect : οἱ X 196.

ἀλαλύκτημαι [pf. pass. fr. *ἀλυκτέω, conn. with ἀλύω]. To be distraught or sore distressed K 94.

ἀλάομαι [ἄλη]. 3 pl. ἀλόωνται γ 73, ι 254. Imp. ἀλόω ε 377. Aor. ἀλήθην ξ 120. 2 sing. ἀλήθης ξ 362. Pple. ἀληθείς ξ 380, π 205. Pf. ἀλάλημαι Ψ 74 : λ 167. 2 sing. ἀλάλησαι ο 10. 3 ἀλάληται ν 340. 2 pl. ἀλάλησθε γ 72, ι 253. Imp. ἀλάλησο γ 313. Pple. ἀλαλήμενος ν 333, ξ 122, ρ 245, φ 327. Infin. ἀλάλησθαι β 370, μ 284, ο 276, υ 206. (ἐπ-.) To wander, rove : κὰπ πεδίον ἀλᾶτο Z 201. Cf. B 667, Θ 482, K 141, Ψ 74: μαψιδίως γ 72. Cf. β 333, 370, γ 73, δ 91, ε 336, etc.

ἀλαός. Blind : μάντιος ἀλαοῦ (for ἀλαόο) κ 493, μ 267.—Absol., a blind man θ 195.

ἀλαοσκοπιή, -ῆς, ἡ [ἀλαός + σκοπιή]. 'Blind watch']. A negligent or careless watch or lookout: οὐδ' ἀλαοσκοπιὴν εἶχεν K 515, N 10, Ξ 135 : θ 285.

ἀλαόω [ἀλαός]. (ἐξ-.) To blind : ὀφθαλμοῦ (of his (my) eye) α 69, ι 516.

ἀλαπαδνός, -ή, -όν [ἀλαπάζω]. (1) Weak, feeble, ineffective : στίχες ἀ 330, ἀθένεσ E 783 = H 257, Θ 463 : σ 373.—Comp. ἀλαπαδνότερος Δ 305.—(2) Having little power or influence B 675.

ἀλαπάζω. 2 sing. fut. ἀλαπάξεις B 367. Aor. ἀλάπαξα I 328, Λ 750. 3 sing. -ε ρ 424, τ 80. Infin. ἀλαπάξαι I 136, 278. (ἐξ-.) (1) To deprive of vigour, take the strength from : Ἀχαιούς M 67.—To ruin : Ζεὺς ἀλάπαξεν (brought all this to nought) ρ 424 = τ 80.—To make havoc in (opposed ranks) E 166, Λ 503.—(2) To slay Λ 750. —(3) To destroy or sack (a city) B 367, I 136 = 278, 328, Ω 245.

ἀλαστέω [ἄλαστος]. (ἐπ-.) To find things intolerable : ἠλάστεον θεοί (raged (impotently)) O 21.—So in aor. pple. ἀλαστήσας, giving way to such a feeling, breaking out in protest M 163.

ἄλαστος [prob. ἀ-[1] + λαθ-, λανθάνω]. Thus (1) Unforgettable, that never leaves one : πένθος Ω 105 : α 342, ω 423, ἄχος δ 108. — In neut. ἄλαστον as adv., of mourning, without power of forgetting, unceasingly : ὀδύρομαι ξ 174.—(2) Applied to a person (app. by transference of the epithet from acts to the agent), doer of deeds not to be forgotten, wretch : Ἕκτορ, ἄλαστε X 261.

ἀλαωτύς, ἡ [ἀλαόω]. A blinding ι 503.

ἀλγέω [ἄλγος]. To suffer (bodily) pain or discomfort B 269, Θ 85, M 206 : μ 27.

ἄλγιον [neut. comp. fr. ἄλγος]. So much the worse, all the harder : ἀ. τῷ ἔσσεται Σ 306. Cf.

Σ 278 : ρ 14, τ 322.—Without construction δ 292, π 147.

ἄλγιστος, -η, -ον [superl. formed as prec.]. Most difficult or hard : ἀλγίστη δαμάσασθαι Ψ 655.

ἄλγος, τό. (1) Pain, distress : ά. ἱκάνει θυμόν Γ 97. Cf. Z 450, 462, Σ 395, X 53, 54 : ὅπως μοι ά. ἀλάλκοις ν 319. Cf. β 41, 193, ο 345, τ 471.— (2) Definitely distinguished as bodily pain or suffering E 394 : ξ 32.—(3) In pl., distresses, woes, cares, hardships : 'Αχαιοῖς ἄλγε' ἔθηκεν Α 2. Cf. B 667, I 321, N 346, Σ 224, Ω 568, etc. : πάθεν ἄλγεα α 4, ἄλγεσι θυμὸν ἐρέχθων ε 83 (*i.e.* expressions of grief). Cf. β 343, γ 220, θ 182, ν 339, etc.

†**ἀλδαίνω** [cf. next]. 3 sing. aor. ἤλδανε. To cause to wax or fill out : μέλεα σ 70 = ω 368.

ἀλδήσκω [cf. prec.]. To grow, increase Ψ 599.

ἀλέασθαι, aor. infin. ἀλέομαι.

ἀλεγεινός, -ή, -όν [ἄλγος]. (1) Causing pain or grief, painful, grievous, hard B 787, Δ 99, E 658, I 546, Λ 398, N 569, O 16, Σ 17, 248 = Τ 46 = Υ 43, Ψ 653, 701 : γ 206, θ 126, κ 73, μ 26, 226.— (2) Causing or apt to cause injury or harm : πνοιῇ Βορέω Ξ 395. Cf. P 749, Ω 8 : = θ 183 = ν 91 = 264, σ 224.—(3) Fatal, baneful : ἀγηνορίης X 457.—(4) Difficult, troublesome : δαμήμεναι K 402, P 76. —Troublesome, irksome : νηπίῃ I 491.— (5) App., bringing repentance in its wake: μαχλοσύνην Ω 30.

ἀλεγίζω [cf. ἀλέγω]. With neg., not to care for, trouble oneself about, have regard for. With genit.: σέθεν οὐκ ἀλεγίζω Α 180. Cf. Α 160, Θ 477, Λ 80, M 238.—Absol. O 106.

ἀλεγύνω [cf. ἀλέγω]. To take one's part in, partake of (a meal): δαῖτας α374. Cf. β 139, θ 38, λ 186, ν 23.

ἀλέγω. (1) To care, be concerned : οὐκ ἀλέγω Λ 389 : ρ 390.—(2) To be careful of one's duties, show due regard for another or others : ὅτις οὐκ ἀλέγει π 307. Cf. τ 154.—(3) To show concern for, busy oneself with, the right : Λιταὶ ἀλέγουσιν I 504.—(4) To attend to, busy oneself about : νηῶν ὅπλα ζ 268.—(5) With neg., not to care for or concern oneself about, regard or heed : θεῶν ὅπιν οὐκ ἀλέγοντες Π 388.—With genit.: σκυζομένης σευ Θ 483. Cf. ι 115, 275, υ 214.

ἀλεείνω [cf. ἀλέομαι]. (1) To escape, evade, avoid, keep out of the way, reach or influence of, avoid incurring (something coming upon or threatening one) : κῆρα Γ 32 = Λ 585 = N 566 = 596 = 648 = Ξ 408, Π 817. Cf. Λ 794, N 669, Π 36, 213 = Ψ 713, P 374 : χόλον γυναικός α 433. Cf. ε 326, ζ 273, ν 148, τ 373, ω 229.—(2) To elude the notice of π 477.—Absol., to evade questioning δ 251.—(3) To shun, avoid, keep clear of or away from : πάτον ἀνθρώπων Z 202. Cf. Λ 542, Ψ 422.—(4) With infin., to shrink from *doing*, hesitate *to do* : κτεῖναι Z 167, ἀλεξέμεναι N 356.

ἀλέη¹, ἡ [ἀλέομαι]. A means of escape X 301.

ἀλέη², ἡ. Warmth (of the sun) ρ 23.

ἀλείατα, τά [ἀλέω]. Wheaten flour υ 108.

ἀλείς, aor. pple. pass. εἴλω.

ἄλεισον, τό. A drinking-cup (= δέπας) Λ 774, Ω 429 : γ 50, 53, δ 591, θ 430, ο 85, 469, χ 9.

ἀλείτης, -ου, ὁ [ἀλιτεῖν, aor. infin. ἀλιταίνω]. An offender : τείσεσθαι ἀλείτην Γ 28. Cf. υ 121.

ἀλειφαρ, -ατος, τό [ἀλείφω]. Unguent, oil Σ 351, Ψ 170 : γ 408 (app. here some kind of polish or varnish), ω 45, 67, 73.

†**ἀλείφω.** Aor. ἄλειψα μ 177, 200. 3 sing. ἤλειψε τ 505. ἄλειψε ζ 227. 3 pl. ἤλειψαν Σ 350. Infin. ἀλεῖψαι Ω 582 : μ 47. 3 sing. aor. mid. ἀλείψατο Ξ 171. Nom. dual masc. pple. ἀλειψαμένω K 577. Nom. fem. ἀλειψαμένη Ξ 175. (προσ-.) (1) To oil, anoint with oil Σ 350, Ω 582 : ζ 227, τ 505.—(2) To stop (the ears) with wax : ἐπ' οὔατ' ἀλεῖψαι (ἄλειψα) μ 47, 177.—To put (wax) in the ears μ 200.—(3) In mid., to anoint oneself : ἀλείψατο λίπ' ἐλαίῳ Ξ 171. Cf. K 577, Ξ 175.

ἄλεν, 3 pl. aor. pass. εἴλω.

ἀλέν, neut. aor. pple. pass. εἴλω.

ἀλεξάνεμος, -ον [ἀλέξω + ἄνεμος]. Protecting from the wind : χλαῖναν ξ 529.

ἀλεξητήρ, -ῆρος, ὁ [ἀλέξω]. One who wards off or stems : ἀλεξητῆρα μάχης Υ 396.

ἀλεξίκακος, -ον [ἀλέξω + κακόν. See κακός (11)]. Tending to avert evil : μῆτις K 20.

ἀλέξω [cf. ἀλαλκον]. 2 sing. fut. ἀλεξήσεις I 251. Acc. sing. masc. pple. ἀλεξήσοντα Z 109. Infin. ἀλεξήσειν Υ 315, Φ 374. 3 sing. aor. opt. ἀλεξήσειε γ 346. Aor. infin. mid. ἀλεξασθαι N 475, O 565, Π 562 : σ 62. (ἀπ-, ἐπ-.) (1) To ward or keep off, avert γ 346.—With dat. of person or thing protected : Δαναοῖσι κακὸν ἦμαρ I 251. Cf. I 347, 674, P 365, Υ 315 = Φ 374.—(2) With dat., to succour, defend, protect : ἀλλήλοισιν Γ 9. Cf. E 779, Z 109.—Absol., to afford succour, defence, or protection A 590, Λ 469, N 356.—(3) In mid., to ward or keep off from oneself, defend oneself against, encounter : ἀλέξασθαι κύνας N 475 : τοῦτον ἀλέξασθαι σ 62.—Absol., to defend oneself, offer resistance Λ 348 = X 231, O 565 = Π 562 : ι 57.

†**ἀλέομαι** [cf. ἀλεείνω]. 3 pl. impf. ἀλέοντο Σ 586. 3 sing. aor. ἠλεύατο N 184, 404, 503, Π 610, P 305, 526, X 274. ἀλεύατο Γ 360, H 254, Λ 360, Ξ 462 : ρ 67, υ 300, 305. 3 pl. ἀλεύαντο χ 260. 3 sing. subj. ἀλέηται δ 396. ἀλεύεται ξ 400, ω 29. 1 pl. ἀλεώμεθα E 34, Z 226. 3 sing. opt. ἀλέαιτο Υ 147 : υ 368. Imp. ἄλευαι X 285. 2 pl. ἀλέασθε θ 774. Pple. ἀλευάμενος, -ου E 28, 444, O 223, Π 711, Υ 281 : ι 277, μ 157. Iufin. ἀλέασθαι N 436, 513, Υ 302, Ψ 340, 605 : ι 274, 411, π 447. ἀλεύασθαι μ 159, 269, 274. (ὑπ-, ὑπεξ-.) (1) To escape, evade, avoid, keep out of the way, reach, or influence of (something coming upon or threatening one) : ἔγχεα Z 226. Cf. Γ 360, E 34, O 223, Υ 147, 281, etc. : νοῦσον ι 411. Cf. ι 274, 277, μ 157, π 447, υ 305, 368, χ 260, ω 29.— (2) Absol., to escape Υ 302.—To avoid a missile υ 300.—To flee, take to flight, take oneself off, save oneself E 28 (as it seemed to the onlookers), N 436, 513 : δ 396.—To keep out of harm's way Σ 586.—(3) To shun, avoid, keep clear of or away

from, refrain from: μύθους ὑπερφιάλους δ774, Σειρήνων φθόγγον καὶ λειμῶνα μ159, νῆσον 269= 274, ὅμιλον ρ67.—(4) With infin., to shrink from doing, hesitate to do: ἠπεροπεύειν Ψ605 : ξ400. —To take care not to do: λίθου ἐπαυρεῖν Ψ340.

ἄλεται, 3 sing. aor. subj. ἄλλομαι.

ἀλετρεύω [ἀλέω]. To grind: καρπόν η104.

ἀλετρίς, ἡ [ἀλέω]. A female slave employed in grinding υ105.

ἀλεύατο, 3 sing. aor. ἀλέομαι.

†ἀλέω. 3 pl. aor. ἄλεσσαν. To grind: πυρὸν υ109.

ἀλεωρή, -ῆς, ἡ [ἀλέομαι]. (1) Shrinking from the foe Ω216.—(2) A means of defence: δηΐων ἀνδρῶν (against . . .) M57, O533.

ἄλη, -ης, ἡ. (Incessant) wandering κ464, ο342, 345, φ284.

ἀληθείη, -ης, ἡ [ἀληθής]. The truth Ψ361, Ω 407 : η297, λ507, π226=χ420, ρ108, 122, φ212.

ἀλήθην, aor. ἀλάομαι.

ἀληθής, -ές [ἀ-[1]+λήθω]. (1) App., not forgetting, careful, anxious: χερνῆτις M433.—(2) Absol. in neut. pl. ἀληθέα, the truth Z382: γ254=π61, ν254, ξ125, ρ15, σ342.—(3) In neut. sing. ἀληθές as adv., truly γ247.

ἀλήϊος [ἀ-[1]+ληΐς]. Without share of booty; hence, not rich in possessions I125=267.

ἀλήμεναι, ἀλῆναι, aor. infin. pass. εἴλω.

ἀλήμων, -ονος, ὁ [ἄλη]. A vagrant ρ376, τ74.

ἄληται, 3 sing. aor. subj. ἄλλομαι.

ἀλητεύω [ἀλήτης]. (1) To wander, rove μ330, ξ126, π101, σ114.—(2) To go to and fro: κατὰ δῶμα ρ501. Cf. χ291.

ἀλήτης, -ου, ὁ [ἄλη]. A wanderer, vagrant ξ124, ρ420=τ76, ρ483, 576, 578, σ18, 25, 333= 393, υ377, φ400.

†ἄλθομαι. 3 sing. aor. ἄλθετο. (ἀπ-.) To become whole or sound: ἄλθετο χεῖρα Ε417.

ἀλιαής [ἅλς[1]+ἄημι]. Blowing over the sea δ361.

ἀλίαστος, -ον [ἀ-[1]+λιάζομαι]. (1) Unabating, unceasing B797, M471=Π296, Ξ57, Υ31, Ω760. —(2) In neut., ἀλίαστον as adv., without ceasing Ω549.

ἀλίγκιος. Like, resembling. With dat.: ἀστέρι καλῷ Χ401 : ἀθανάτοισιν θ174.

ἁλιεύς, -ῆος, ὁ [ἅλιος[1]]. (1) A seaman ω419.— With ἐρέτης π349.—(2) A fisher μ251, χ384.

ἁλιμυρήεις, -εντος [ἅλς[1]+μύρω]. Seaward flowing Φ190.—Of a river at its meeting with the sea ε460.

ἅλιος[1], -η, -ον [ἅλς[1]]. Of the sea Α538=556, Σ86, 139, 141, Υ107, Ω84, 562 : γ38, δ349= ρ140, δ365, 384, 401, 438, 542, ν96, 345, ω47, 55, 58.—Absol. in fem. pl., sea-goddesses Σ432.

ἅλιος[2], -η, -ον. (1) Ineffective, effecting nothing, useless, idle, vain, fruitless: πόνον Δ26. Cf. Δ158, 179, 498=O575, E18, 715, Λ376, 380, Ξ455, Π480, Σ324, Ω92, 224 : ὁδός β273, 318.— Of a person, inefficient: σκοπός Κ324.—(2) In neut. ἅλιον as adv., in vain, without result Ν410, 505=Π615.

ἁλιοτρεφής [ἅλιος[1]+τρέφω]. Sea-bred δ442.

ἁλιόω [ἅλιος[2]]. (1) To make of no effect, frustrate : Διὸς νόον ε104=138.—(2) To use to no effect: βέλος (did not hurl it in vain) Π737.

ἁλίπλοος [ἅλς[1]+πλέω]. Floating on the sea, in the state of flotsam : τείχεα M26.

ἁλιπόρφυρος [ἅλς[1]+(app.) πορφύρα, the Phoenician shell-fish called the murex, the dye got therefrom]. Thus, dyed in sea-purple : ἠλάκατα ζ53, 306, φάρεα ν108.

ἅλις (Fάλις) [ἀλ-, (F)εἴλω]. (1) In a throng, in swarms : μέλισσαι ἅ. πεποτήαται B90. Cf. Γ384, X473.—(2) In abundance, in plenty, in great numbers : ἅ. οἱ ἦσαν ἄρουραι Ξ122. Cf. I137, 279, P54, Φ236, 319, 344, 352, X340 : χαλκὸν ἅ. δόντες ε38=ψ341. Cf. β339, η295, ν136= π231, ο77=94, π389 (with notion of excess), ρ298, 376, ω486.—(3) With copula to be supplied, (it is) enough : ἦ οὐχ ἅ. ὅττι . . .; Ε349, Ψ670. Cf. I376, P450 : β312.

†ἁλίσκομαι [cf. εἴλω]. 3 sing. aor. ἥλω χ230. Subj. ἁλώω Λ405 : σ265. 3 sing. ἁλώῃ I592, Ξ81 : ξ183, ο300. 1 sing. opt. ἀλοίην Χ253. 3 ἁλοίη P506. Masc. dual pple. ἁλόντε Ε487. Fem. sing. ἀλοῦσα Β374, Δ291, Ν816. Infin. ἁλώμεναι Φ495. ἁλῶναι M172, Φ281 : ε312, ω34. (1) To be taken, captured, seized : βέλτερον ὃς προφύγῃ ἠὲ ἁλώῃ Ξ81. Cf. Ε487, Λ405, Φ495. —With θανάτῳ, to meet one's death Φ281':=ε312, ω34.—Of towns, to be taken B374=Δ291= Ν816, I592 : χ230.—(2) To be slain : ἠὲ κατακτάμεν ἠὲ ἁλῶναι M172. Cf. P506, X253 : ξ183, ο300, σ265.

†ἀλιταίνω. 3 sing. aor. ἤλιτε I375. Nonthematic pres. pple. mid. ἀλιτήμενος δ807. 3 pl. aor. ἀλίτοντο ε108. Subj. ἀλίτωμαι Ω570. 3 sing. ἀλίτηται Τ265, Ω586. Infin. ἀλιτέσθαι δ378. (1) In both voices, to sin or trespass against, fail in duty to : ἤλιτέ με I375. Cf. Τ265 : ἀθανάτους ἀλιτέσθαι δ378. Cf. ε108.—(2) In mid., to transgress, infringe : Διὸς ἐφετμάς Ω570, 586.— (3) In pres. pple. mid. ἀλιτήμενος in adjectival sense, sinning, sinful : θεοῖς (in the eyes of the gods) δ807.

ἀλιτήμων [ἀλιταίνω]. Sinful Ω157=186.

ἀλιτρός [as prec.]. (1)=prec. : δαίμοσιν (in the eyes of the gods) Ψ595.—Playfully ε182.—(2) Not showing due regard, showing ill-will Θ361.

ἄλκαρ, τό [ἀλκή]. A means of defence, a safeguard. With dat. of person defended : Τρώεσσιν Ε644.—With genit. : Ἀχαιῶν Λ823.

ἀλκή, -ῆς, ἡ [cf. ἀλαλκεῖν]. Dat. ἀλκί (fr. *ἄλξ) Ε299, Ν471, P61, etc. : ζ130. (1) Defence, help : οὔτε κλέος οὔτ' ἀ. Ε532=O564, οὐδέ τις ἀ. γίγνετο (γίγνεται) Φ528 : χ305, οὐδέ τίς ἐστ' ἀ. μ120.—(2) Prowess in defence or offence, mettle, courage, spirit : σὺ εἰκελος ἀλκήν Δ253. Cf. Γ45, Ε299, Η164, I706, Π157, Τ36, etc. : ἀλκὶ πεποιθώς ζ130. Cf. ι214, 514, ρ315, χ226, 237, ψ128, ω509.—Personified E740.—(3) Showing of fight, resistance: οὐκ ἀπολήγει ἀλκῆς Φ578.— Prowess displayed in action, deeds of prowess, fighting: εἰδότε ἀλκῆς Λ710, ἔπαυσεν ἀλκῆς Ο250. Cf. N 116, 197, Ο 490 (from Zeus), Τ 256, etc. : οὐ δεδαηκότες ἀλκήν β 61. Cf. δ 527.—(4) The upper hand, victory : ἀπείρητος οὐδ' ἀδήριτος ἦ τ' ἀλκῆς ἦ τε φόβοιο (whether in the matter of . . . or . . ., whether the result be . . . or . . .) P 42.

ἄλκιμος [ἀλκή]. (1) Stout, courageous Ε 529, Ζ 437, Λ 483, Μ 349, Π 689, Ρ 429, Φ 586, etc. : α 302=γ 200, κ 553, χ 138, 232.—With complementary infin. : ἀ. μάχεσθαι Ο 570.—(2) Οἱ weapons, stout, strong: ἔγχος Γ 338. Cf. Κ 135 =Ξ 12=Ο 482, Λ 43, Π 139 : α 99=ο 551=ν 127, ρ 4, φ 34, χ 25, 125.

ἀλκτήρ, -ῆρος, ὁ [ἀλκ-, ἄλαλκον]. (1) A protector: ἀρῆς (against . . .) Ξ 485. Cf. Σ 100, 213. —(2) A means of protection : κυνῶν ξ 531, φ 340.

ἀλκυών, -όνος. The halcyon or kingfisher Ι 563.

ἀλλά [ἄλλος]. (1) Adversative particle, but A 24, 25, 94, 116, 125, etc. : α 6, 16, 22, 42, 48, etc.—Elliptically: ἀλλ' οὐ γάρ σ' ἐθέλω . . . (but I say no more, for . . .) Η 242 : ἀλλ' οὐ γάρ τις πρῆξις ἐγίγνετο (but they soon gave over, for . . .) κ 202=568, ἀλλ' οὐ γάρ οἱ ἔτ' ἦν ἰς ἔμπεδος (but it was of no avail, for . . .) λ 393. Cf. τ 591.— (2) Introducing an apodosis, yet, nevertheless: εἰ περ γάρ . . . ἀλλ' οὐ πείσονται Θ 154. Cf. Α 82, Μ 349, Π 38, Ω 771, etc. : εἰ . . . ἀλλ' ἤδη παῖς τοῖος τ 86, etc.—Introducing a statement : ἀλλά μάλ' ὤφελλες (why . . .) δ 472.—(3) With imp. (or infin. as imp.) in command, challenge, entreaty, remonstrance, persuasion, encouragement, indignation, etc., nay but, come now ! ἴθι Α 32, πίθεσθε 259. Cf. Α 393, 508, 565, Β 163, 360, etc. : μέν' αὖθι β 369, ὧδ' ἔρδειν ζ 258. Cf. γ 323, 380, δ 28, 35, 379, etc.—Sim. with subj. : ἴομεν Ζ 526, etc. : φραζώμεσθα β 167, φθεγγώμεθα κ 228, etc.—With opt. : ἐπιτρέψειας ἕκαστα δμώων ἥ τις . . . ο 24. —With fut. : ἐρέω μ 156.—With ἄνα. See ἄνα¹.— For ἀλλ' ἄγε (ἄγετε) see ἄγε.

ἀλλέγω [ἀλ-, ἀνα-(1) + λέγω²]. Aor. infin. ἀλλέξαι Φ 321. To pick up, gather up: ὀστέα Φ 321, Ψ 253.

ἄλλῃ [dat. fem. of ἄλλος as adv.]. (1) (a) Elsewhere Ν 49 : γ 251, χ 140.—(b) ἄλλος ἄ., one in one quarter, one in another θ 516.—(2) (a) Elsewhither, in another direction Α 120, Ε 187, Ο 464, Φ 557 : β 127=σ 288, ρ 478.—(b) In a direction other than the right: ἀ. ἀποκλίναντα (wresting the meaning) τ 556.—(c) ἄλλυδις ἄ., some or part in this direction, some or part in another ε 369, ι 458, λ 385.—(3) (a) Otherwise : εἰ βούλεται ἄ. Ο 51.—(b) ἄλλυδις ἄ. : τρέπεται χρὼς ἄλλυδις ἄ. (now to one hue, now to another) Ν 279.

ἀλληκτος [ἀ-¹ + ληκ-, λήγω]. (1) Unceasing, never still : ἀη Νότος μ 325.—Unceasing, implacable : θυμῶν Ι 636.—(2) In neut. ἄλληκτον as adv , without intermission or pause : πολεμίζειν Β 452=Λ 12=Ξ 152.

ἀλλήλων [redup. fr. ἄλλος]. One another, each other : ἀλλήλοισι κέλευον Β 151. Cf. Γ 9, 15, 115, 155, Δ 449, 472, 536, etc. : ξεῖνοι ἀλλήλων α 187. Cf. α 209, β 149, δ 620, ε 79, ζ 211, ι 55, etc.

ἀλλόγνωτος [ἄλλος + γνω-, γιγνώσκω]. App., known to be other ; hence, strange, foreign : δήμῳ β 366.

ἀλλοδαπός, -ή, -όν [ἄλλος. Second element doubtful]. (1) Foreign, alien Τ 324, Ω 382 : θ 211, ι 36, ξ 231, ρ 485, υ 220, ψ 219.—(2) Absol., a foreigner or alien Γ 48, Π 550 : γ 74=ι 255.

ἀλλοειδής, -ές [ἄλλος + εἶδος]. Of another, i.e. of strange, appearance: ἀλλοειδέα φαινέσκετο πάντα ν 194 (ἀ. to be scanned in three long syllables ; v.l. ἀλλοειδέ' ἐφαίνετο).

ἄλλοθεν [ἄλλος + -θεν (1)]. (1) (a) From another place or source, from elsewhere : ἵνα μή ποθεν ἀ. αὔῃ ε 490, καλεῖ ἀ. ρ 382.—(b) ἀ. ἄλλος, some or one from one side or quarter, some or one from another Β 75, Ι 311, 671, Ν 551 : ι 401, 493= κ 442, κ 119, λ 42, σ 231, ω 415.—Sim. νείκεον ἀ. ἄλλον, one beginning with one man, one with another μ 392.—(2) From another or strange land, from abroad : εἰλήλουθεν γ 318. Cf. ζ 283, η 33, 52, π 26, ρ 112, υ 360.

ἄλλοθι [ἄλλος + -θι]. (1) In another place, elsewhere δ 684, π 44, σ 401.—On his part, he too : κλαῖεν φ 83.—(2) (a) In another or strange land, abroad : ἐπὴν ἀ. δληται ξ 130.—ἀ. γαίης, elsewhere in the world, somewhere abroad β 131.—(b) App., with genit., elsewhere away from (one's home): ἀ. πάτρης (i.e. in some strange land) ρ 318.

ἀλλόθροος [ἄλλος + θρόος]. Speaking a strange tongue, foreign, alien α 183, γ 302, ξ 43, ο 453.

ἀλλοῖος [ἄλλος]. Of another sort or kind : ἔργῳ Δ 258 : ἀ. φάνης π 181, ἄνδρα τ 265.

†ἄλλομαι [σαλ-. Cf. L. salio]. 2 sing. aor. ἄλσο Π 754. 3 ἆλτο Α 532, Γ 29, Δ 125, Ε 111, Ν 611, Τ 62, Ω 469, etc. : φ 388, χ 2, 80. 3 sing. subj. ἄληται Φ 536. ἄλεται Λ 192, 207. (ἀνεφ-, ἐκκατεφ-, ἐξ-, ἐσ-, ἐφ-, καθ-, κατεφ-, μεθ-, ὑπερ-.) To leap, spring, bound : εἰς ἆλα Α 532, χαμᾶζε Γ 29=Ε 494=Ζ 103=Μ 81=Ν 749, Δ419=Π 426, Ε 111, Λ 211, Π 733, 755, Ω 469. Cf. Λ 192, 207, Μ 390, 611, Π 754, Σ 616, Τ 62, 353, Φ174, 536, Ω 572 : ὑπέρβαζε φ 388. Cf. χ 2, 80.—Of an inanimate object : ἆλτ' ὀϊστός Δ 125.

ἀλλοπρόσαλλος [ἄλλος + πρός + ἄλλος]. One thing to one person, another to another, doublefaced Ε 831, 889.

ἄλλος, -η, -ο. Crasis with τά gives τἆλλα Α 465, Β 428 : γ 462, μ 365. (I) (1) Absol. in sing. (a) Another or additional person or thing : ἄλλο τοι ἐρέω Α 297, οἴσομεν ἄλλον Ρ 104. Cf. Κ 146, Λ 663, Ξ 262, etc. : λ 454, μ 65, etc.—In apposition : ἄλλο τό γε οἶδα π 470.—(b) (a) Another or different person or thing, another, someone or something else : ἐγὼ μὲν ἄλλος Ἀχαιῶν Β 231, πείθεό τ' ἄλλῳ 360. Cf. Β 271, Ι 101, Λ 410, Ν 229, Τ 181 (in the case of another matter, i.e. for the future), Ω 46, etc. : ἄλλος εἰπεσκε νέων β 331, μεῖζον ἄλλο φράζονται δ 698. Cf. γ 94, δ 29, θ 202, λ 176, ν 205, ρ 404, etc.—With τις : ὡς ὀφελέν τις ἀνδρῶν ἄλλος ἔχειν Δ 316. Cf. Ν 272, Ξ 90, etc. : ἄλλο τί τοι μελέτω υ 208. Cf. ξ 461, σ 334, υ 297, etc.—Predicatively: ἄλλο τι τόδε μήδεαι (it is

some other thing that you are planning) ε 173.—
With τίς : τίς τοι ἄλλος ὁμοῖος ; Ρ 475. Cf. Ρ 586.
—With the article, the other : ἡ ἄλλη σῖτον ἔφερεν
ν 69.—With οὗτος and τις : ἄλλος τις οὗτος ἀνέστη
ν 380.—(β) With the notion of difference obscured,
someone. With τις : μή ποτέ τις εἴπῃσι κακώτερος
ἄλλος Χ 106 : φ 324.—(γ) ἄλλο adverbially, app., in
another matter Ξ 249.—(τὸ) ἄλλο τόσον, for the
rest to a certain extent, i.e. so far Χ 322, Ψ 454.
—(c) In negative or conditional contexts (a) Any
other or additional person or thing. With τις :
οὐδέ τις ἄλλος ᾔδεεν Σ 403. Cf. Ψ 592.—(β) An-
other, any other or different person or thing, any
one or anything else : οὐκ ἐθέλεσκες ἄμ' ἄλλῳ ἰέναι
Ι 486, εἴ με κελεύεις οἴκοθεν ἀλλ' ἐπιδοῦναι Ψ 558.
Cf. Ξ 244, Π 141, Ψ 274, etc. : οὐδέ κεν ἡμέας ἄλλο
διέκρινεν (anything but death) δ 179, etc.—With
τις : οὔτε σοί οὔτε τῳ ἄλλῳ Α 299, εἴ τευ ἐξ
ἄλλου γένευ Ε 897. Cf. Β 80, Ε 827, Ι 104, Μ 248,
Π 225, etc. : εἴ τίς μ' ἄλλη ἤγγειλεν ψ 21. Cf.
ζ 68, η 67, ι 520, κ 32, etc.—Interrog. : τί σευ ἄλλος
ὀνήσεται ; Π 31. Cf. δ 649.—With τις : πῶς κέν τίς
σ' ἄλλος ἵκοιτο ; ι 351.—(γ) With the notion of
difference obscured, any one, anything : οὐ σέο
κύντερον ἄλλο Θ 483, οὐ δύναμαι γλυκερώτερον ἄλλο
ἰδέσθαι ι 28. Cf. λ 427, ο 343, 533, υ 392.—With
τις : οὔ τις σεῖο ὀλοώτερος ἄλλος Γ 365. Cf. Ο 569,
Τ 321, Ψ 439, 580 : οὔ τι κύντερον ἄλλο η 216. Cf.
θ 32, 138, υ 201, 376.—(d) Every other, every one,
any one, all : ὄφρα στυγέῃ ἄλλος Α 186, ἄλλον κε
σεῦ ἀπαλεξήσαιμι Ω 370, etc. : ὡς ἀπόλοιτο καὶ ἄλλος
ὅτις . . . α 47, ἄλλῃ νεμεσῷ ἥ τις . . . ζ 286, etc.
—With τις : ἵνα τις στυγέῃσιν ἄλλος Θ 515.—
(2) In sing. with sb., etc. (a) (α) Another or ad-
ditional : ἄλλον ὄϊστόν Θ 300. Cf. Δ 334, Θ 309,
Ο 458, Χ 293, Ω 551 : ἄλλην ὁδόν κ 490, 563. Cf.
ο 449.—With τις : εἴ τίς μοι ἀνήρ ἅμ' ἕποιτο καὶ
ἄλλος Κ 222. Cf. κ 380, ο 27.—(β) Other, addi-
tional : μείζων κ' ἄλλος χόλος ἐτύχθη (i.e. matters
would have gone further) Ο 121.—(γ) Besides, in
addition : δόλον ἄλλον ὕφαινεν Ζ 187. Cf. Ι 365 :
τέρας ἄλλο φανήτω υ 101. Cf. β 93, ω 128.—
With τις : σῆμ' ἄλλο τι δείξω (εἴπω) φ 217, ψ 73.
—(b) (a) Another or different, some other :
πρόμον ἄλλον Η 116. Cf. Γ 226, Η 358 = Μ 232,
Ι 423, Ξ 84, Ψ 460 : ῥάκος ἄλλο (other than his
own raiment) ν 434, ξ 342. Cf. γ 243, κ 392, λ 127,
ο 518, π 9, χ 6, ψ 186, 274.—With τις : μή τις
Τρῶας ἐγείρῃσιν θεὸς ἄλλος Κ 511 : δήμιόν τι ἄλλο
β 32, 44. Cf. ν 325.—(β) With a collective sb.,
the other, the rest of the . . . : λαὸν Λ 189, etc. :
δήμῳ β 239. — (c) In negative or conditional
contexts (a) Any other or additional : υἱὸν οὐ
τέκετ' ἄλλον Ε 154. Cf. Τ 233.—With τις : μηδέ
τις ἄλλος ἴτω ἀνήρ Ω 148 = 177. Cf. Ω 505 : ε 179
= κ 344, ε 187, κ 300, σ 48.—Interrogatively : ἠέ
τιν' ἄλλον ἀμύντορα μερμηρίξω π 261.—(β) Any
other or different person or thing : οὐ θεὸς ἄλλος ἀνώγ
ρ Ξ 163. Cf. Ζ 411, Κ 330, Ψ 606 : ἄλλος κ' ἀνήρ ἵετο . . .
ν 333. Cf. ε 104 = 138, λ 623, etc.—With τις :
οὐδέ τις ἄλλος ἀνήρ ἀνέτλη κ 327. Cf. φ 70, etc.—
(γ) With the notion of difference obscured,

merely marking a contrast. With τις : μή τί
τοι ἄλλο κακὸν μελέτω ἔργον . . . ἀλλ' ἐσθιέμεν
β 303.—Any : οὐκ ἂν ἐρίσσειε βροτὸς ἄλλος Γ 223.
Cf. Β 248 : ο 69, 321. — With τις ψ 126. — (d)
Every : ὄφρ' ἄλλος πτωχὸς ἀλεύεται ἠπεροπεύειν
ξ 400.—(II) (1) Absol. in pl. (a) Other or ad-
ditional persons or things : εἴ ποθεν ἄλλα γένοιτο
Ι 380. Cf. Η 364, Χ 350, etc. : τρεῖς οἱ ἄλλοι ἔσαν
β 21. Cf. β 166, ρ 422, χ 62, etc.—(b) Other or
different persons or things, others : πάρ' ἔμοιγε
καὶ ἄλλοι Α 174, ἄλλων μῦθον ἄκουε Β 200. Cf.
Α 287, Γ 168, Δ 292, Ε 786, Ψ 193, etc. : ἄλλα
μεμήλει α 151. Cf. β 314, δ 166, η 119, ι 188, λ 381,
ξ 226, etc.—With the article : τὰ ἄλλα ἀγγελός
ἔσσι (in other matters) ε 29, τὰ ἄλλα μετάλλα
τ 115. Cf. ο 540, ρ 273, ψ 209.—(c) The other
or different persons or things, the others : ἄτερ
ἥμενον ἄλλων Α 498, πρόσθ' ἄλλων Δ 304. Cf.
Β 211, Γ 102, Ε 877, Μ 245, 285, etc. : ἄλλοι πάντες
οἶκοι ἔσαν α 11. Cf. β 209, γ 33, 58, θ 93, ι 172,
etc.—With the article : τῶν ἄλλων οὔ τις ὁρᾶτο
Α 198. Cf. Α 465, Γ 73, Δ 429, Ζ 41, Θ 211, etc. :
οἱ ἄλλοι ἀθρόοι ἦσαν α 26. Cf. γ 427, φ 204, ι 61,
331, κ 132, etc.—(d) All others, all men or
things, all : ἔξοχον ἄλλων Ζ 194. Cf. Γ 42, Δ 375,
Ζ 208, Η 112, Ν 631, etc. : περὶ ἄλλων φασὶ
γενέσθαι δ 201. Cf. ε 118, θ 102, ψ 110, etc.—
In genit. pl. after superl., as compared with all
others : νείατος ἄλλων Ζ 295. Cf. Α 505, Κ 434,
Ψ 532 : ὀϊζυρώτατον ἄλλων ε 105. Cf. ο 108.—(e)
Men : δίκας ἠδὲ φρόνιν ἄλλων γ 244.—(2) In pl.
with sb., etc. (a) (α) Other or additional : πολλοὶ
ἄλλοι φῶτες ὄλοντο α 355. Cf. α 394, γ 113, ξ 200,
χ 28, etc.—(β) Besides, in addition : ἢ οὐχ ἅλις
ἧμιν ἀλη/μονές εἰσι καὶ ἄλλοι ; ρ 376. Cf. β 65.—
(b) Other or different : ἄλλα δίδου γέρα Ι 334. Cf.
Ρ 328, Ψ 459, 700, etc. : ἄλλα κήδεα α 244. Cf.
α 374, θ 558, μ 22, etc.—(c) The other or different :
Ἀτρεῖδαι τε καὶ ἄλλοι Ἀχαιοί (ye other . . .) Α 17,
ἄλλοι θεοί Β 1. Cf. Α 22, Γ 68, Ε 524, 709, Ζ 426,
etc. : ἄλλους θεράποντας δ 37. Cf. α 210, θ 379,
ι 543, κ 320, λ 563, etc.—With the article : τοῖς
ἄλλοισι θεοῖς Α 597. Cf. Β 674, Λ 75, 406, Ξ 189,
Π 763, Σ 103, Τ 83, etc. : τῶν ἄλλων ἀνέμων ε 383.
Cf. ζ 176, ι 100, κ 250, λ 541, π 133, etc.—(d) All
the other : Ἀχαιῶν ἔξοχον ἄλλων Ρ 358. Cf.
δ 171.—All other, all : ἄλλων νόον ἐσθλῶν Ι 514,
etc. : εἴ τι γυναικῶν ἀλλάων περίειμι τ 326, etc.—
(III) Of other kind or sort : οὐκ ἔα πόνος ἄλλος
Ε 517 (i.e. it was no time for curiosity), ὄρνεον
ἄλλο Ν 64. Cf. Ν 622, Φ 22 : ἄλλῳ αὐτὸν φωτὶ
ἤϊσκεν δ 247. Cf. λ 54.—(IV) Contextually (1)
A stranger : ἄλοχοι ἄλλοισι δαμεῖεν Γ 301. Cf.
Ζ 456, Ι 594, Χ 489, Ω 481 : ἐλ ἑωρ ἀλλοισιν ν 208.
Cf. ν 419, ξ 417, ο 228, υ 213, etc.—In apposition :
ἄλλος τις πτωχὸς ἐλθών φ 327.—A foe : ἀδελφεὸν
ἄλλος ἔπεφνεν δ 91.—(2) In contrast with some-
thing following, an ordinary man : ἄλλος μογέων
ἀποκινήσασκεν Λ 636.—(3) Something not accord-
ing to custom. Predicatively : ἄλλο τι τόδε περι-
μηχανόωνται η 200.—(4) Something other than
the true : οὐκ ἂν ἄλλα παρὲξ εἴποιμι δ 348 = ρ 139.

—(5) Other than the right, the wrong: ἄλλην ὁδόν, ἄλλα κέλευθα ι 261, ἐς ἄλλην γαῖαν ν 211.— (V) Implying in terms the inclusion in a class of a person or thing not in fact included in it : αὐτὸς κάθησο καὶ ἄλλους ἵδρυε λαούς B 191. Cf. E 485, 621, Λ 189, etc. : 'Οδυσσεὺς ἠδὲ καὶ ἄλλοι Φαίηκες θ 368. Cf. α 128, ε 489, ζ 84, λ 470, ο 407, etc.— (VI)(1) Correlative with ἕτερος. See ἕτερος (3)(c). —(2) Followed by ἀλλά Φ 275, Ω 697 : γ 377, θ 311, φ 70, ψ 226.—By ἤ K 404, etc.—By εἰ μή P 475, Σ 192 : μ 325, ρ 383.—(3) Repeated : ἄλλος . . . ἄλλος . . . (ἄλλος . . .), one (some) . . . another (the other, others) . . . H 473, Θ 429, N 730, etc. : γ 26, δ 692, θ 169, etc.—Sim. : ἄλλος ἄλλῳ ἔρεξε θεῶν B 400. Cf. M 175, etc. : ξ 228, σ 301, etc.— For ἄλλος ἄλλῃ, ἄλλοθεν ἄλλος, ἄλλοτε ἄλλος, ἄλλυδις ἄλλος, see these words.—With πολλά Λ 572, etc.

ἄλλοσε [ἄλλος + -σε]. Elsewhither, elsewhere ψ 184, 204.

ἄλλοτε [ἄλλος + ὅτε]. (1) At another time, at other times K 120, N 776, T 200, Υ 53, X 171, Ω 511.—(2) Repeated : ἄ. . . . ἄ. . . ., at one time . . . at another . . ., now . . . now . . . E 595, Σ 159, 472, Φ 464, Ψ 368, Ω 530 : δ 102, ε 331, λ 303, π 209, ψ 94.—Thrice (followed by πότε) Ω 10.— Sim. ὁτὲ . . . ἄ. . . . Λ 65, Σ 602, Υ 50.—ἄ. . . . ὁτὲ . . . Λ 566.—(3) With ἄλλος : ἄ. ἐπ' ἄλλον (now on to one, now on to another) O 684 : ἄ. ἄλλῳ (now to one, now to another) δ 236.— (4) At another time, on a former occasion : ἄ. με ῥίψεν A 590. Cf. Υ 90, 187.

ἀλλότριος, -η, -ον [ἄλλος]. (1) Of or belonging to others, not one's own Υ 298 : α 160, ι 535, λ 115, σ 280, τ 119, υ 171, 221, ω 301.—As if not one's own : γναθμοῖσι γελώων ἀλλοτρίοισιν υ 347 (not expressing their real feelings).—Absol. in neut. pl., things of others, what is not one's own : ἀλλοτρίων χαρίσασθαι ρ 452. Cf. ρ 456, σ 18.— (2) Foreign, alien E 214 : = π 102, ξ 86, σ 219.

ἄλλοφος, -ον [ἄ.-¹ + λόφος]. Having no crest : κυνέην K 258.

ἀλλοφρονέων, -οντος [a first element poss. conn. with ἠλεός + φρονέω]. Dazed, ' silly ' Ψ 698.— Troubled or dashed in spirit κ 374.

ἄλλυδις [ἄλλος]. Elsewhither, in another direction. (1) ἄ. ἄλλος, some or part in this direction, some or part in another Λ 486, 745, M 461, P 729, Φ 503 : ε 71, ζ 138, ξ 25, 35.—(2) ἄ. ἄλλῃ. See ἄλλῃ (2) (c), (3) (b).

ἀλλύω. See ἀναλύω.

ἄλλως [ἄλλος]. (1) Otherwise, differently, so as to bring about a different result Ξ 53.—In other circumstances ο 513.—Reversing a previous decision : μετεβούλευσαν ε 286.—(2) In some other form : εἰ ἄ. δοίης δωτίνην ι 267.—For some other reason : ἐψιάασθαι φ 429.—In novel fashion : ἐψιάασθαι φ 429.—(3) καὶ ἄ., as it is, at the best of times, without that : ἀγήνωρ ἐστὶ καὶ ἄ. I 699. Cf. Υ 99 : φ 87. —(4) Otherwise (connoting improvement) : πάρος οὐκ ἔσσεται ἄ. E 218.—In other and better wise, better, more effectually : σαωσέμεν T 401. Cf. Λ 391 : οὔ κεν ἄ. θεὸς τεύξειεν θ 176. Cf. υ 211,

ω 107.—(5) Otherwise than with due regard to truth, idly, at random : ἄ. ψεύδονται ξ 124.—(6) With other result than that hoped for, in vain, fruitlessly : ἄ. ἠρήσατο Ψ 144.

ἅλμα, -ατος, τό [ἄλλομαι]. Jumping, leaping θ 128.—In pl. : περιγιγνόμεθ' ἅλμασιν θ 103.

ἅλμη, -ης, ἡ [ἅλς²]. (1) Sea-water, brine ε 53, 322.—(2) Dried sea-spray ζ 137, 219, 225, ψ 237.

ἁλμυρός [ἅλμη]. Salt, briny : ὕδωρ δ 511, ε 100, ι 227, 470, μ 236, 240, 431, ο 294.

ἀλογέω [ἀ.-¹ + λογ-, λέγω²]. To pay no heed or regard O 162, 178.

ἀλόθεν. See ἅλς¹.

ἀλοιάω. (ἀπ-.) To beat : γαῖαν I 568.

ἀλοίην, aor. opt. ἀλίσκομαι.

ἀλοιφή, -ῆς, ἡ [ἀλείφω]. (1) Unguent, oil ζ 220, σ 179.—Tallow applied to a bow φ 179.—(2) Oil or grease used for dressing a hide P 390, 392. —(3) Hog's lard or grease : συὸς ῥάχιν τεθαλυῖαν ἀλοιφῇ I 208. Cf. I 467, Ψ 32 : θ 476, ν 410.

ἀλόντε, masc. dual aor. pple. ἀλίσκομαι.

ἀλοσύδνη, -ης [sense unknown. Traditionally explained as 'daughter of the sea' (ἅλς¹)]. Of Thetis Υ 207.—Of Amphitrite δ 404.

ἀλοῦσα, fem. aor. pple. ἀλίσκομαι.

ἄλοχος, -ου, ἡ [ἀ.-² + λοχ-, λέχος]. A wife, one's wife A 114, B 136, E 480, Z 95, I 336, etc. : α 36, γ 264, δ 92, ε 210, θ 243, λ 117, μ 452, etc.

ἀλόωνται, 3 pl. pres. ἀλόω, imp. ἀλάομαι.

ἅλς¹, ἁλός, ἡ [σαλ-. Cf. L. sal]. As genit. ἁλόθεν Φ 335. The sea A 141, 316, 350, 358, B 626, etc. : α 162, γ 73, δ 580, 844, ν 235, etc.

ἅλς², ἁλός, ὁ [cf. prec.]. Salt I 214.—In pl. : ἄλεσσι μεμιγμένον εἶδαρ λ 123 = ψ 270.—(2) A piece of salt ρ 455. Dat. pl. ἄλεσσι λ 123, ψ 270. (1) Salt I 214.—In pl. : ἄλεσσι μεμιγμένον εἶδαρ λ 123 = ψ 270.—(2) A piece of salt ρ 455.

ἅλσο, 2 sing. aor. ἅλλομαι.

ἅλσος, τό. (1) A grove Υ 8 : κ 350, ρ 208.— (2) A sacred grove : 'Ογχηστόν, Ποσιδήϊον ἄ. (i.e. O. with its grove) B 506 : 'Αθήνης ζ 291. Cf. ζ 321, ι 200, κ 509, υ 278.

ἅλτο, 3 sing. aor. ἅλλομαι.

ἀλύξει, 3 sing. fut. ἀλύσκω.

ἀλυσκάζω [ἀλύσκω]. (1) To escape, avoid : ὕβριν ρ 581.—(2) Absol., to play the shirker E 253, Z 443.

ἀλυσκάνω [ἀλύσκω] = prec. (1) : κῆρα χ 330.

ἀλύσκω. 3 sing. fut. ἀλύξει ρ 547, τ 558. Infin. ἀλύξειν K 371. Aor. ἤλυξα μ 335. 3 sing. ἤλυξε Λ 476. ἀλύξε ψ 302. 3 sing. ἄλυξε ψ 297. ἀλύξαν ψ 328. 2 sing. subj. ἀλύξῃς λ 113, μ 140. 3 -ῃ K 348 : χ 66. 1 pl. opt. ἀλύξαιμεν κ 269. Pple. ἀλύξας M 113, N 395, O 287 : β 352, ε 387, θ 353. Infin. ἀλύξαι κ 269. Aor. 565, X 201 : δ 416, ε 345, μ 216, χ 460. (ὑπ-.) (1) To escape, evade, avoid (impending danger): ὄλεθρον K 371. Cf. Λ 476, M 113, N 395, O 287, Φ 565 : κῆρας β 352 = ε 387. Cf. γ 297, κ 269, μ 216, ρ 547 = τ 558, χ 66, 363, 382, ψ 328, 332.—(2) To get away from, effect one's escape or release from (something in which one is involved) : χρέος καὶ δεσμόν (getting out of the debt and freeing himself from the bonds) θ 353.—To get free from the company of : ἑταίρους μ 335.—(3) Absol., to effect one's escape, escape, save oneself Θ 243, Κ 348, Χ 201 : δ 416, ε 345, λ 113 = μ 140, χ 460.

ἀλύσσω = ἀλύω : ἀλύσσοντες (maddened) Χ 70.

ἄλυτος, -ον [ἀ-¹ + λύω]. Not to be loosed : πέδας Ν 37, πεῖραρ 360 : δεσμούς θ 275.

ἀλύω (ῡ ι 398). (1) To be beside oneself from pain or grief : ἀλύουσ' ἀπεβήσετο Ε 352. Cf. Ω 12. —From exultation σ 333 = 393.—(2) To manifest distraction by gestures : χερσὶν ἀλύων ι 398.

†**ἀλφάνω**. Αοr. ἦλφον Φ 79. 3 sing. opt. ἄλφοι ο 453, ρ 250, υ 383. To bring in, yield (a price) (always of a human chattel) : ἑκατόμβοιον Φ 79. Cf. ο 453, ρ 250, υ 383.

ἀλφεσίβοιος, -η [ἀλφε-, ἀλφάνω + -σι- + βοῦς]. Bringing (her parents many) oxen (as bride-price) Σ 593.

ἀλφηστής, -οῦ [ἀλφ-, ἀλφάνω]. Epithet of men, gain-getting, having to labour for their bread α 349, ζ 8, ν 261.

ἄλφιτον, -ου, τό. Barley (i.e. the prepared corn) : ἀλφίτου ἀκτήν (barley-meal) Λ 631. Cf. β 355, ξ 429.—In pl. : ἄλφιτα λευκά Λ 640. Cf. Σ 560 : β 290, 354, 380, κ 234, 520, λ 28, ξ 77, τ 197, υ 108, 119.

ἄλφοι, 3 sing. aor. opt. ἀλφάνω.

ἀλωή, -ῆς, ἡ. (1) A threshing-floor Ε 499, Ν 588, Τ 496.—(2) A piece of levelled or prepared ground, a garden, orchard, vineyard Ε 90, Ι 534, 540, Σ 57 = 438, Φ 36, 77, 346 ; ζ 293.—Distinguished as an orchard ω 221, 224, 226, 336.— As a vineyard Σ 561, 566 (in both cases referring to a representation in metal) : α 193, η 122, λ 193.

ἀλώμεναι, ἀλῶναι, aor. infin. ἀλίσκομαι.

ἀλώω, aor. subj. ἀλίσκομαι.

ἅμα [σα-. Cf. ἁ-², ἅπαξ, ἅπας, ἁπλοῖς, L. simul]. (I) Adv. (1) With, along with, a person or persons, in his or their company : ἁ. ἕποντο Α 424, φέρει ἁ. παῖδα Ζ 389. . Cf. Γ 447, Δ 274, Ι 170, Κ 194, Λ 344, etc. : κήρυχ' ἁ. ὀπάσσαι ι 90. Cf. β 287, 413, ζ 319, θ 109, ν 68, etc.—(2) All or both together, in a body, without exception : πάντες ἁ. Α 495, ταῦθ' ἁ. χρὴ σπεύδειν (with united effort) Ν 235. Cf. Α 533, Ζ 59, Θ 8, Ο 718, Σ 50, etc. : ἁ. πλέομεν γ 276. Cf. θ 121, κ 259, λ 232, μ 110, ν 82, etc.—In reference to things, all at once, without exception : ἁ. πάνθ' ἐλέσθαι Ν 729. Cf. Δ 320.—(3) At the same time : σκεψάμενος ἐς νῆ' ἁ. καὶ μεθ' ἑταίρους μ 247. Cf. κ 123, σ 356.— Together, at the same moment : ἁ. ἄμφω σύν ῥ' ἔπεσον Η 255. Cf. Ν 613, Τ 242, etc. : ὁμαρτήσαντες ἁ. ἄμφω φ 188.—In reference to something done while others are doing other things : τῇ ἁ. 'Α. κλισίην ἔθηκεν, 'Α. δὲ . . . Φ. δὲ . . . δ 123. —(4) At the same time, besides, too, also : ἁ. δ' ἀλλ' ἀποδάσσεσθαι Χ 117. Cf. Ω 304 : τ 376.— ἁ. . . . καί . . ., both . . . and . . . : ἁ. πρόσσω καὶ ὀπίσσω Α 343. Cf. Β 707, Ν 299, etc.: γ 111, τ 471, etc.—So ἁ. . . . τε . . . καὶ . . . ω 249.— ἁ. τε . . . τε Ν 669.—ἁ. τε . . . δὲ . . . Ι 519.— Other combinations in Α 417, Β 281, Δ 450, Ν 85, Ω 773, etc. : ξ 403.—(II) Prep. with dat. (freq. following the case). (1) With, along with, in

company with : ἁ. ἡγεμόνεσσιν Γ 1. Cf. Α 158, 226, 251, Β 249, 524, etc. : τῷ ἁ. πομπὸν ἕπεσθαι δ 162. Cf. α 98, 331, 428, β 11, γ 359, etc.— (2) At the same time with, at the time of : ἁ. ἠελίῳ καταδύντι Α 592. Cf. Η 331, Ι 618, Λ 685, Σ 136, Ω 600, etc.: ἁ. ἠοῖ δ 407. Cf. ζ 31, μ 24, ξ 266, π 2, ψ 362, etc.

ἄμαθος [cf. ψάμαθος]. Loose or sandy soil Ε 587.

ἀμαθύνω [ἄμαθος]. To level with the dust, destroy : πόλιν Ι 593.

ἀμαιμάκετος, -η, -ον [perh. redup. fr. μακ-, μακρός]. Thus, of very great size or height : Χίμαιραν Ζ 179, Π 329 : ἱστὸν νηὸς ξ 311.

ἀμαλδύνω. Αοr. pple. ἀμαλδύνας Μ 32. Infin. ἀμαλδῦναι Μ 18. To destroy, level Η 463, Μ 18, 32.

ἀμαλλοδετήρ, -ῆρος [ἄμαλλα, sheaf + δέω]. A binder of sheaves Σ 553, 554.

ἀμαλός, -ή. Of young animals, tender, feeble : ἄρνα Χ 310 : σκυλάκεσσιν υ 14.

ἄμαξα, ἡ. (1) A four-wheeled cart, a waggon (app. = ἀπήνη ; cf. ζ 69 with 72) Η 426, Μ 448, Ω 150 = 179, 189, 263, 266, 711, 782 : ζ 37, 72, 260, ι 241, κ 103.—(2) = ἄρκτος (2) Σ 487 : = ε 273.

ἀμαξιτός [ἄμαξα]. A road Χ 146.

ἀμάρη, -ης, ἡ. An irrigation trench Φ 259.

†**ἁμαρτάνω**. 3 sing. impf. ἡμάρτανε Κ 372, Ω 68 : λ 511. Fut. infin. in mid. form ἁμαρτήσεσθαι ι 512. 3 sing. aor. ἅμαρτε Δ 491, Θ 311, Λ 233, Ν 518, 605, Ο 430, Ρ 609, Ψ 865 : ζ 116. 3 sing. subj. ἁμάρτῃ Ι 501 : ν 214. Pple. ἁμαρτών Χ 505, Ψ 857. Infin. ἁμαρτεῖν φ 155. Αοr. ἤμβροτον φ 425, χ 154. 2 sing. -es Ε 287, Χ 279. 3 -ε η 292, φ 421. 3 pl. -ον Π 336. (ἀφ-.) (1) To discharge a missile vainly, miss one's aim : ἤμβροτες οὐδ' ἔτυχες Ε 287. Cf. Θ 311, Λ 233 = Ν 605, Ν 518, Χ 279.—(2) To fail to hit, miss. With genit. : φωτός Κ 372. Cf. Δ 491, Ο 430, Π 336, Ρ 609, Ψ 857, 865 : σκοποῦ φ 425. Cf. φ 421.—Sim., to miss (a person) in throwing something to be caught ζ 116.—(3) To lose, be deprived of. With genit. : ὀπωπῆς ι 512. —Sim., to lose (a person) by death Χ 505.—(4) To fall short, be lacking or deficient in. With genit. : δώρων (failed to give in due measure) Ω 68 : νοήματος ἐσθλοῦ (failed in the matter of) η 292, μύθων (failed in finding the right) λ 511. —(5) To commit wrong, sin : ὅτε κέν τις ἁμάρτῃ Ι 501. Cf. ν 214, φ 155.—To neglect one's duty : τόδε γ' ἤμβροτον (in this) χ 154.

ἁμαρτῇ [ἅμα + ἁρ-, ἁραρίσκω]. (1) Both or all together : δούρατ' ἤϊξαν Ε 656, ῥήσσοντες Σ 571.— (2) At the same moment, simultaneously Φ 162 : χ 81.

ἁμαρτοεπής [ἁμαρτάνω + ἔπος. Cf.ἀφαμαρτοεπής]. Stumbling in speech. In voc. ἁμαρτοεπές Ν 824.

ἁματροχιή,-ῆς, ἡ [ἅμα + τροχ-,τρέχω]. A coming of wheels together, a coming of chariots abreast of each other Ψ 422.

ἀμαυρός. Dim, faint, shadowy δ 824, 835.

ἀμαχητί [ἀ-¹ + μάχη]. Without a fight Φ 437.

ἀμάω¹. (ἀπ-, δι-.) (1) To reap, act as reaper Σ 551.—(2) To reap (a crop) ι 135.—To cut (reeds)

Ω451.—(3) To slice off: ἀπ' οὔατ' ἀμήσαντες φ301.

ἀμάω² [perh. conn. with ἅμα]. (ἐπ-, κατ-.) To collect, bring together. In mid. : ἐν ταλάροισιν ἀμησάμενος ι247.

ἀμβαίη, contr. 3 sing. aor. opt. ἀναβαίνω.

ἀμβαλλώμεθα, contr. 1 pl. subj. mid. ἀναβάλλω.

ἀμβατός, -όν [ἀμ-,ἀνα- (1)+βα-,βαίνω]. Capable of being scaled : πόλις Z434 : οὐρανός λ316.

ἀμβλήδην [ἀμβλη-, ἀμβάλλω=ἀναβάλλω]. Lifting up the voice X476. (Cf. ἀνεβάλλετ' ἀείδειν under ἀναβάλλω (2).)

ἀμβολάδην [ἀμβολ-, ἀμβάλλω. See prec.]. Spirting up : λέβης ζεῖ ἀ. Φ364.

ἀμβροσίη, -ης, ἡ [fem. of next as sb. 'Fragrance']. (1) The food of the gods ε93, 199, ι359, μ63.—Introduced into Achilles T347, 353.—Eaten by divine horses E777.—(2) Used as a perfume δ445.—By Here as a cleansing (and doubtless perfuming) cosmetic Ξ170.—Applied by divine agency as a preservative or for purification to the corpse of Sarpedon Π670, 680.—Introduced by divine agency into the corpse of Patroclus T38.

ἀμβρόσιος, -η, -ον. Sweet-smelling, fragrant: χαῖται A529, νύκτα B57 (prob. referring to the fragrance of a still warm night), ὕπνος B19 (prob. a transference of epithet from νύξ). Cf. E338, 369, Θ434, K41, 142, N35, Ξ172, 177, 178, Σ268, Φ507, Ψ187 (here no doubt with a reference to preservative properties of the divine food; cf. ἀμβροσίη (2)), Ω341, 363 := α97 = ε45, δ429 = 574, η283, ι404, ο8, σ193.

ἄμβροτος¹, -ον. = prec. : εἵματα Π670, 680: η260, 265, λ330, ἐλαίῳ θ365, νύξ λ330.

ἄμβροτος² [ἀ-¹+(μ)βροτός]. (1) Immortal Τ358, X9, Ω460: ω445.—Of horses Π381=867.—(2) Of or belonging to a god, divine E339, 870: ε347.—(3) Befitting a god P194, 202: κ222.—(4) App., conferring divine qualities: δῶρα σ191.

ἀμέγαρτος, -ον [ἀ-¹+μεγαίρω]. Not to be envied or desired. (1) Of a person in depreciation, miserable, wretched ρ219, φ362.—(2) Dread, dire B420 : λ400=407.

ἀμείβοντες, οἱ [pres. pple. pl. of next]. The rafters, sloping to each other in pairs, of a pitched roof Ψ712 (the wrestlers, with shoulders together but standing wide apart with their feet, being compared with a pair).

ἀμείβω. 3 sing. aor. mid. ἠμείψατο Ψ542. ἀμείψατο Δ403. 3 sing. subj. ἀμείψεται I409: κ328. Pple. ἀμειψάμενος ω285. Infin. ἀμείψασθαι Ψ489 : β83, δ286, π91. (ἀπ-, ἐπ-, παρ-.) (1) To change : ἔντεα P192.—To exchange (with another). With genit. of what is taken in exchange: τεύχεα πρὸς Διομήδεα χρύσεα χαλκείων Z235.—Sim., to exchange (the support of) one thing for (that of) another : γόνυ γουνός Λ547.—(2) To cause persons to exchange : τεύχεα Ξ381.—(3) In mid. (a) To requite : εὖ σε δώροισιν ἀμειψάμενος (making a good return to you in gifts) ω285.—(b) To take turns with one another : ἀμειβόμενοι φυλακὰς ἔχον I471.—So ἀμειβόμεναι

ὀπὶ καλῇ (taking up the strain from each other) Α604 : ω60.—ἀμειβόμενοι κατὰ οἴκους (each in turn giving the feast in his house) α375 =β140. —ταρφέ' ἀμειβομένω (with frequent change (from side to side)) θ379.—(c) To pass from one position or place to another: ἄλλοτ' ἐπ' ἄλλον [ἵππον] ἀμείβεται O684.—(d) To pass from, leave, quit: ἕρκος ὀδόντων I409.—(e) To enter : ἕρκος ὀδόντων κ328.—(f) To answer, reply to A121, 172, 292, 413, etc. : α44, β83, γ102, δ286, etc.—(g) To speak in answer, make answer N823, Ψ489, 492, Ω200, 424 : γ148, δ382, 484, ζ67, etc.—In pres. pple. ἀμειβόμενος, -η, making answer, in answer Γ437, H356, Ξ270, etc. : β84, δ234, 375, etc.

ἀμείλικτος, -ον [ἀ-¹+μειλίσσω]. (Indicating) inflexible (resolve): ὄπα Λ137, Φ98.

ἀμείλιχος [as prec.]. Inflexible, implacable, relentless : Ἀΐδης I158, ἦτορ 572, ἄνακτος Ω734.

ἀμείνων, -ονος. Neut. ἄμεινον. Acc. sing. masc. and fem. ἀμείνω Γ11, Δ400, I423. Neut. pl. ἀμείνω η310, ο71. Used as comp. of ἀγαθός or ἐσθλός. (1) More warlike, soldierly, or skilful in fight B239, Δ405, E173, 411, Z479, H111, 114, O641, Π709, Φ107, X158, 333 : σ334.—So βίην ἀ. Α404, O139.—βίη ἀ. Λ787.—(2) Better, more worthy, serviceable or skilful: ἀγορῇ Δ400. Cf. Z350, Σ106, Ψ315, 479, 605 (your betters): β180, η51, χ156.—In reference to personal appearance ω374.—Of horses K556.—(3) Of things or abstractions, better of their kind, better, more excellent, helpful or in place : ὁμίχλην νυκτὸς ἀμείνω Γ11. Cf. Α116, H358=M232, I104, 256, 423, M412, Ξ107, O509 : ἀμείνω αἴσιμα πάντα η310, ο71. Cf. α376=β141, ε364, ξ466, χ374.—Impers. with infin. : πείθεσθαι ἄμεινον [ἐστιν] Α274. Cf. Λ469 : χ104.—Sim. : ὣς γὰρ ἄμεινον Α217.—(4) Good rather than ill : οὔ οἱ τό γ' ἄμεινον Ω52.

ἀμείψατο, 3 sing. aor. mid. ἀμείβω.

ἀμέλγω. (ἐν-.) To milk ι238, 244=341,308.—In pass. with the milk in acc.: ἀμελγόμεναι γάλα Δ434.

ἀμελέω [ἀ-¹+μέλω]. With genit. (and always with neg.) (1) To disregard the claims of, fail to aid : οὐκ ἀμέλησε κασιγνήτοιο Θ330. Cf. N419.—In sinister sense of holding back from attempting to despoil P9.—(2) To disregard, fail to carry out : ἐφημοσύνης P697.

ἄμεναι, pres. infin. ἄω.

ἀμενηνός [ἀ-¹. App. obscurely conn. with μένος]. Weak, powerless E887.—Of ghosts, fleeting, feeble κ521, 536, λ29, 49.—Of dreams, fleeting, transient τ562.

ἀμενηνόω [ἀμενηνός]. To deprive of efficiency or effect : αἰχμὴν N562.

ἀμέρδω. 3 sing. aor. ἄμερσε θ64. Infin. ἀμέρσαι Π53. 2 sing. aor. subj. pass. ἀμερθῇς X58. (1) To deprive of or debar from. With genit. : αἰῶνος X58. Cf. θ64, φ290.—(2) To despoil, rob Π53. —(3) To blind (the eyes) N340.—(4) To deprive of lustre, tarnish τ18.

ἀμέτρητος [ἀ-¹+μετρέω]. Immeasurable, endless : πένθος τ512, πόνος ψ249.

ἀμετροεπής [ἀ-¹ + μέτρον + ἔπος]. Unmeasured in words. Of Thersites B 212.

ἀμητήρ, -ῆρος, ὁ [ἀμάω¹]. A reaper Λ 67.

ἄμητος, ὁ [as prec.]. A harvest T 223.

ἀμηχανίη, -ης, ἡ [ἀμήχανος]. Helplessness ι 295.

ἀμήχανος, -ον [ἀ-¹ + μηχανή = μῆχος]. (1) Without resources, helpless τ 363.—(2) Unmanageable, difficult to deal with : ἀ. παραρρητοῖσι πιθέσθαι (in that you will not listen to persuasion) N 726. —Of Here O 14.—Of Achilles Π 29.—Of Agamemnon T 273.—Playfully of Nestor K 167.— Against which no contrivance avails Θ 130 = Λ 310. —Impracticable, not to be attempted Ξ 262.— Difficult to deal with or expound : ὄνειροι τ 560.

ἀμιτροχίτωνες [ἀ-¹ + μίτρη + χιτών]. Wearing no μίτρη with the χιτών, not wearing the μίτρη Π 419.

ἀμιχθαλόεις, -εσσα [prob. = ὁμιχθαλόεις fr. ὀμίχλη]. Thus, misty, steaming. Of Lemnos Ω 753. (Lemnos is not volcanic. The reference may be to some jet of natural gas which has now disappeared.)

ἀμμείξας, ἀμμίξας, contr. aor. pple. ἀναμίσγω.

ἄμμες. We (= ἡμεῖς) Φ 432 : ι 303, 321, χ 55. Dat. ἄμμι Α 384, Β 137, Δ 197, etc. : α 123, β 334, δ 770, etc. Acc. ἄμμε Α 59, Η 292, K 346, etc. : ι 404, κ 209, μ 221, χ 73.

ἀμμορίη, -ης, ἡ [ἄμμορος]. App., what (of good) fate does not bestow, ill fortune υ 76.

ἄμμορος, -ον [ἀ-¹ + μόρος]. (1) Denied the just dues of mankind, ill-fated Ζ 408, Ω 773. — (2) Having no share in, not entering. With genit. : λοετρῶν ʼΩκεανοῖο Σ 489 := ε 275.

ἀμνίον, τό [app. conn. with αἷμα]. A vessel for collecting the blood of a sacrificial victim γ 444.

ἀμογητί [ἀ-¹ + μογέω]. With ease Λ 637.

ἀμόθεν [ἀμός = τις + -θεν (1)]. From any point (of a narrative) : τῶν ἀ. εἰπέ α 10.

ἀμοιβάς [ἀμείβω]. Of a garment, kept for a change (= ἐπημοιβός (1)) : χλαῖνα ξ 521.

ἀμοιβή, -ῆς, ἡ [ἀμείβω]. (1) A return or requital : ἄξιον ἔσται ἀμοιβῆς (will bring a (full) return) α 318, ἑκατόμβης (for . . .) γ 58.— (2) Compensation : βοῶν (for the loss of . . .) μ 382.

ἀμοιβηδίς [ἀμοιβή]. In turns Σ 506 : σ 310.

ἀμοιβοί, οἱ [ἀμοιβή]. A relieving force : ἦλθον ἀμοιβοί (as a . . .) N 793.

ἀμολγός. Sense unknown. (ἐν) νυκτὸς ἀμολγῷ, gen. rendered, in the depth or gloom of night Λ 173, O 324, X 28, 317 : δ 841. (But Sirius, referred to in X 27 as shining ὀπώρης, is not then seen in the depth of night ; and ἀστὴρ ἕσπερος in X 317 also causes difficulty.)

ἀμός, -ή, -όν. Our (= ἡμέτερος) Z 414, Θ 178, K 448, N 96, Π 830 : λ 166 = 481. (But the sense 'my' (cf. ἡμέτερος (2)) is always admissible, and in Z 414, and perh. in Θ 178, is preferable.)

ἄμοτος. In neut. ἄμοτον as adv., insatiably, continually, incessantly, without pause or inter-

mission Δ 440, E 518, N 40, 80, T 300, X 36, Ψ 567 : ζ 83, ρ 520.

†ἀμπείρω [ἀμ-, ἀνα- (6)]. Nom. pl. masc. aor. pple. ἀμπείραντες. To transfix, spit B 426.

ἀμπελόεις, -εσσα [ἄμπελος]. Rich in vines. Epithet of places B 561, Γ 184, I 152 = 294.

ἄμπελος, -ου, ἡ. A vine ι 110, 133, ω 246.

ἀμπεπαλών, contr. aor. pple. ἀναπάλλω.

ἀμπερές [ἀμπείρω]. Passing through. With διά (cf. διαμπερές) : διὰ δ᾽ ἀ. ἰὸς κατέπηκτο Λ 377. Cf. P 309 : φ 422.

ἀμπέχω [ἀμπ-, ἀμφι- (3)]. To cover ζ 225.

ἀμπηδάω [ἀμ-, ἀνα- (1)]. To leap up, start up : ἐκ λόχου ἀμπήδησεν Λ 379.

ἀμπνεῦσαι, contr. aor. infin. ἀναπνέω.

ἄμπνυε, contr. aor. imp. ἀναπνέω.

ἀμπνύ(ν)θη, ἄμπνῦτο. See ἐμπνύνθην.

ἄμπυξ, -υκος. A diadem of metal worn over the forehead X 469.

ἄμυδις [ἅμα]. (1) Together, all together, in or into a body or mass : θυνόντων ἀ. K 524. Cf. I 6, K 300, M 385, N 336, 343, Υ 114, 158, 374, Ψ 217 : δ 659, μ 413.—(2) Together, at the same time : ἀ. βρόντησε καὶ ἔμβαλε κεραυνόν μ 415 = ξ 305. Cf. ε 467.

ἀμύμων, -ονος. (1) An epithet of persons of general commendation, noble, illustrious, goodly, or the like : μάντις Α 92, Αἰθιοπῆας 423. Cf. B 674, E 247, Z 155, Λ 835, Υ 236, etc. : Αἰγίσθοιο (app. as a merely conventional epithet) α 29, ʼΟδυσῆος β 225. Cf. δ 187, η 29, θ 117, τ 332, φ 325. —Of women : ἄκοιτιν Z 374. Cf. δ 4, η 303, ν 42, ο 15, etc.—Of a nymph Ξ 444.—Of a horse Π 152. —(2) Sim. of things or abstractions, indicating excellence or perfection : πομπῇ Z 171, ἔργα I 128, τόξῳ O 463. Cf. I 270, K 19, N 637, Π 119, T 245, Ψ 263 : οἶκος α 232, μῆτις ι 414. Cf. κ 50, μ 261, ξ 508, π 237, χ 442 = 459, ψ 145, ω 80, 278. — (3) Absol. in neut. pl. : ὃς ἂν ἀμύμονα εἰδῇ (is of noble heart) (see εἴδω (III) (12)) τ 332.

ἀμύντωρ, -ορος, ὁ [ἀμύνω]. A defender or helper Ξ 449, O 540, 610 : β 326, π 256, 261.

ἀμύνω. 3 sing. impf. ἄμῡνε N 678, Ξ 71, O 731. 3 sing. aor. ἤμῡνε I 599, N 783. ἄμῡνε Δ 129, E 662, M 402, P 615. 3 sing. opt. ἀμῦναι M 334, O 736. Imp. ἄμῡνον A 456, O 375 : χ 208. Infin. ἀμῦναι A 67, I 576, Π 75, Ω 489, etc. : β 59, φ 538. Aor. opt. mid. ἀμυναίμην β 62, μ 114. (ἀπ-, ἐπ-, προσ-.) (1) To ward off, keep off, avert : λοιγόν E 603, 662, Σ 450, Υ 98, Ω 489. N 783, I 599, N 783, O 375, P 615 : φρὴν β 59 = ρ 538, χ 208, μνηστῆρας ω 380.—To defend oneself against, fight with : δήϊον ἄνδρα X 84.—With dat. of person or thing protected : ἡμῖν λοιγὸν Α 67. Cf. A 341, 398, 456, Δ 129, I 435, 495, Λ 277, 588, M 334, N 426, Δ 736, Π 32, 512, 835, P 511, Σ 129, Υ 124 : ἀστεῖ νηλεὲς ἦμαρ θ 525.—With genit. : ἄρηας παιδὸς M 402. Cf. Δ 11, O 731, Π 75, 80.—(2) To defend, protect, succour, fight for, come to the rescue of. With dat. : ὤρεσσιν E 486, σοῖσιν ἔτῃσιν Z 262. Cf. I 518, 602, Λ 674, N 464, 481, Ξ 71, 362, 369, O 73, 255, 492 (supplying αὐτοῖς), 688, Π 265, Ρ 273, 563, 703, Φ 215, 231, 414 : 'Αργείοισιν λ 500, 518. Cf. π 257, φ 195, 197, χ 214.—With genit. : οὖ παιδός Π 522. Cf. Ν 109.—(3) Absol. to play the defender, fight, show fight : ἐξελθεῖν καὶ ἀμῦναι Ι 576. Cf. Ν 312, 678, 814, Ρ 182 : οὐ τοῖοι ἀμυνέμεν β 60.—(4) In mid. (a) To ward or keep off from oneself : ἀμύνετο νηλεὲς ἦμαρ Λ 484, Ν 514. Cf. Ρ 510.— Sim. ἄνδρας θηρητῆρας ἀμύνονται περὶ τέκνων Μ 170. —To defend oneself against, fight with : Σκύλλην μ 114.—(b) To defend, protect, fight for. With genit. : Καλυδῶνος Ι 531. Cf. Μ 155, 179, Π 561. —With ablative : ναῦφιν Ν 700.—(c) Absol., to play the defender, fight : περὶ νηῶν Μ 142. Cf. Μ 227, 243, Ο 496, Π 556, 622, Σ 173, Ω 500 : ἦός μοι ἀμύνεσθαι πάρ' ὀϊστοί χ 106. Cf. β 62, χ 116.

ἀμύσσω. 2 sing. fut. ἀμύξεις Α 243. (κατ-.) To tear, lacerate : χερσὶ στήθεα Τ 284.—Fig. : θυμόν Α 243.

ἀμφαγαπάζω [ἀμφ-, ἀμφι- (3)]. (1) To welcome (with suppressed notion of embracing) ξ 381.— (2) To show love to, treat with affection. In mid. Π 192.

†ἀμφαγείρω [ἀμφ-, ἀμφι- (3)]. 3 pl. aor. mid. ἀμφαγέροντο. In mid., to come together or gather round. With acc. : θεαί μιν ἀμφαγέροντο Σ 37.

ἀμφαδά [ἀμφαίνω = ἀναφαίνω]. Openly, without concealment : μὴ ἀ. ἔργα γένοιτο (disclosure should take place) τ 391.

ἀμφάδιος [as prec.]. (1) Open, public : γάμον ζ 288.—(2) Adv. of acc. fem. form ἀμφαδίην = prec. Η 196, Ν 356 : ε 120.

ἀμφαδόν [as prec.]. Openly, without concealment or subterfuge : βαλέειν Η 243, ἀγορευέμεν Ι 370 : ἠὲ δόλῳ ἦ ἀ. α 296, λ 120, ἦ ἀ. ἦε κρυφηδόν ξ 330 = τ 299.

ἀμφαραβέω [ἀμφ-, ἀμφι- (3)]. To rattle or ring about one : τεύχε' ἀμφαραβῆσεν Φ 408.

ἀμφασίη, ἡ [ἀμ- (= ἀ-¹) + φα-, φημί]. Speechlessness : ἀ. μιν λάβεν Ρ 695 : = δ 704.

†ἀμφαφάω [ἀμφ-, ἀμφι- (3)]. Pres. pple. ἀμφαφόων θ 196. Acc. pl. ἀμφαφόωντας τ 586. Fem. ἀμφαφόωσα δ 277. 3 pl. impf. mid. ἀμφαφόωντο ο 462. Infin. ἀμφαφάασθαι Χ 373 : θ 215, τ 475. (1) To put the hands round, handle. In mid. : [ὄρμον] ἀμφαφόωντο ο 462. Cf. τ 475.—So μαλακώτερος ἀμφαφάασθαι (easier to deal with) Χ 373.—To handle and use : τόξον τ 586.—In mid. θ 215.—(2) To put the hands on in passing round : κοῖλον λόχον (the wooden horse) δ 277.—(3) Absol., to feel about with the hands θ 196.

ἀμφέθετο, 3 sing. aor. mid. ἀμφιτίθημι.
ἀμφεκάλυψε, 3 sing. aor. ἀμφικαλύπτω.
ἀμφέξεσα, aor. ἀμφιξέω.
ἀμφεπε, 3 sing. impf. See ἀμφιέπω.
†ἀμφέρχομαι [ἀμφ-, ἀμφι- (3)]. 3 sing. aor. ἀμφήλυθε. To come round, be diffused round. With acc. : ἀϋτή με ζ 122, ἀϋτμή με μ 369.
ἀμφέσταν, 3 pl. aor. ἀμφίστημι.
ἀμφέχανε, 3 sing. aor. ἀμφιχαίνω.
ἀμφεχύθη, ἀμφέχυτο, 3 sing. aor. pass. ἀμφιχέω.

ἀμφήκης. Neut. ἄμφηκες. [ἀμφ-, ἀμφι- (2) + ἀκή, point, edge.] Two-edged Κ 256, Φ 118 : π 80, φ 341.
ἀμφήλυθε, 3 sing. aor. ἀμφέρχομαι.
ἀμφηρεφής [ἀμφ-, ἀμφι- (1) + ἐρέφω]. Covering on both sides : φαρέτρην (i.e. enclosing (the arrows)) Α 45.
ἀμφήριστος [ἀμφ-, ἀμφι- (1) + ἐρίζω]. Disputed on both sides. In neut. qualifying a vague notion 'the state of things'; hence, a dead heat : ἀμφήριστόν κ' ἔθηκεν Ψ 382, 527.
ἀμφί. (I) (a) On both sides : ἀ. ὀβελοῖσιν ἔπειραν (so that the spits appeared on both sides) Α 465 = Β 428. Cf. Ι 210 : ξύλα τ' ἀ. καὶ οἰσέμεν ὕδωρ (i.e. to be set on either side of the altar) γ 429. Cf. γ 462 = μ 365 = ξ 430, ξ 75.— (b) In reference to the two sides of the body : ἀ. ὄσσε νὺξ ἐκάλυψεν (both eyes) Ε 310 = Λ 356. Cf. Ζ 117, Κ 535, etc. : δρεψαμένω ἀ. δειράς β 153. Cf. ι 389.—Sim. in reference to the φρένες (see μέλας (1)) : μένεος φρένες ἀ. μέλαιναι πίμπλαντο Α 103 : = δ 661. Cf. Ρ 83, 499, 573.—From side to side : ἀ. μοι χεὶρ ὀδύνησιν ἐλήλαται Π 517.—(2) Round, about, round about : ἔστασαν Δ 330. Cf. Δ 328, Ε 194, Η 449, Λ 417, Ξ 420, etc. : χλαίνας βάλον δ 50. Cf. γ 32, δ 253, ε 72, η 14, ι 22, etc.— Joined with περὶ Φ 10, Ψ 191.—Fig. : ἀ. μάλα φράζεσθε (look at the matter all round, consider well) Σ 254.—(3) About or concerning something : τάδ' ἀ. πονησόμεθα Ψ 159. Cf. Η 316, Λ 776 : τὸν δέρον ἀ. θ' ἕπον θ 61, τ 421.—(II) Prep. (sometimes without anastrophe) following the case). (1) With dat. (a) On each side of : ἀ. κῦμα στείρῃ ἴαχεν Α 481, ἀ. ὤμοισιν βάλετο ξίφος (i.e. the belt rested on both shoulders) Β 45, θώρηκας ῥήξειν ἀ. στήθεσσιν (i.e. the two γύαλα) 544, ἀ. ὀχέεσσι βάλε κύκλα Ε 722, ἀ. σφοῖς ὀχέεσσι (app., sprawling over them) Σ 231, ἀ. πυρὶ στῆσαι τρίποδα (astraddle over it) 344, etc. : ἀ. ἐνὶ δούρατι βαῖνεν (bestriding it) ε 371, ἀ. πυρὶ χαλκὸν λήνατε θ 426, etc.—So with locative : ἱδρώσει τελαμὼν ἀ. στήθεσφιν Β 388.—In reference to a shield protecting on both sides (cf. ἀμφίβροτος) : δήουν ἀ. στήθεσσι βοείας Ε 452. Cf. Κ 149 (across the shoulders), Λ 527, Π 108, Ρ 132, etc.—For βαίνειν ἀ. τινι see βαίνω (I) (6) (a), and cf. ἀμφιβαίνω (4).—Joined with περὶ λ 609.— (b) Round, about, round about : Τυφωέϊ Β 782, εἰδώλῳ Ε 451. Cf. Ι 654, Ν 496, Ξ 447, Ο 608, etc. : πόλει ζ 9, γούνασιν η 142. Cf. δ 245, κ 262, λ 423, ξ 23, etc.—So with locative : ἀ. κυνέην κεφαλῆφιν ἔθηκεν Κ 257. Cf. Κ 261 : π 145.— In reference to something transfixing : ἀ. σιδήρῳ Ψ 30. Cf. μ 395.—With notion of protection : ἀ. βόεσσιν Ο 587. Cf. Ρ 369.—(c) About, concerning, for, touching, in the matter of : Ἑλένῃ Γ 70. Cf. Γ 254, Η 408, Λ 672, Ν 382, Π 647, etc. : τεύχεσιν ἀ. 'Αχιλῆος λ 546. Cf. α 48, δ 151, ξ 338, ρ 555, χ 227, etc.—(2) With acc. (a) On each side of : ἀ. ἅλα (i.e. round the bay) Α 409, ἀ. Αἴαντε (with them, under their leadership) Ζ 436, τὴν ἑτέρην πόλιν ἀ. Σ 509. Cf. Β 417, Γ 231, Ε 314, Ν 335, Π 290, Ρ 290, Χ 473, etc. :

'Ιαρδάνου ἀ. ῥέεθρα γ 292. Cf. γ 163, θ 502, λ 419, ρ 65, χ 281, ω 37, etc.—Joined with περί Β 305, Ρ 760.—οἱ ἀ. τινα, a person and those with him, a group of which the person named is the chief: οἱ δ᾽ ἀ. ᾿Ατρεΐωνα ἠγερέθοντο Ψ 233.—With several persons named Γ 146. — Sim. : οὓς ἑτάρους στέλλοντ᾽ ἀ. Πελάγοντα ᾿Αλάστορά τε . . . Δ 295 (where P. etc. are included in ἑτάρους).— (c) About, concerning: ἀ. ἕκαστα τ 46.—(3) With genit., about, concerning : μάχεσθον πίδακος ἀ. Π 825. Cf. θ 267.

ἀμφίαλος, -ον [ἀμφι- (3) + ἅλς[1]]. Sea-girt. Epithet of Ithaca α 386, 395, 401, β 293, φ 252.

†ἀμφιάχω [ἀμφι-, ἀμφι- (3) + (F)ι(F)άχω]. Acc. fem. pf. pple. without redup. ἀμφιαχυῖαν (ἀμφι-Fακυῖαν). Of a bird, to cry (flying) about : τὴν λάβεν ἀμφιαχυῖαν Β 316.

†ἀμφιβαίνω [ἀμφι- (1) (3)]. 2 sing. pf. ἀμφιβέβηκας Α 37, 451. 3 -ε Ζ 355, Π 66 : θ 541, μ 74. 3 sing. subj. ἀμφιβεβήκῃ δ 400. 3 sing. plupf. ἀμφιβεβήκει Θ 68, Π 777 : ι 198. (1) To be round, cover completely, a double (organ) (cf. ἀμφί (I) (1) (b)). With acc. : πόνος (ἄχος) φρένας ἀμφιβέβηκεν Ζ 355 : θ 541.—(2) To come round, surround. With dat. : Τρώων νέφος νηυσίν Π 66. —(3) To be round, envelop, cover up. With acc. μ 74.—(4) To have the feet on each side of, bestride (cf. βαίνω (I) (6) (a)). With acc. Fig. : ἥλιος μέσον οὐρανόν (thought of as standing with both feet in the midst of heaven) Θ 68, Π 777 : δ 400.—Hence to protect (a place) as a tutelary power Α 37 = 451 : ι 198.

†ἀμφιβάλλω [ἀμφι- (1) (3)]. Aor. pple. ἀμφιβαλών, -όντος Ρ 742, Ψ 97 : ρ 344, ψ 192. Fut. mid. ἀμφιβαλεῦμαι χ 103. Aor. infin. ἀμφιβαλέσθαι ζ 178. (1) To put round something : [χεῖρας] ρ 344.—To throw the arms round. With acc. : ἀλλήλους Ψ 97.—To put building materials round. With dat. : θάμνῳ ψ 192.—(2) Fig., to throw or put (strength) on both sides of something, apply (strength) vigorously : μένος ἀμφιβαλόντες Ρ 742. —(3) In mid., to throw (a garment) round oneself ζ 178.—To put on a piece of armour χ 103.

ἀμφίβασις, ἡ [ἀμφιβαίνω]. Defence of a fallen body (cf. ἀμφιβαίνω (4)): Τρώων (by the ...) Ε 623.

ἀμφιβέβηκε, 3 sing. pf. ἀμφιβαίνω.

ἀμφίβροτος, -η, -ον [ἀμφι- (1) + βροτός]. Protecting on both sides (as well as in front). Epithet of shields Β 389, Λ 32, Μ 402, Υ 281.

ἀμφιγυήεις [prob. ἀμφι- (2) + γυ-, to bend, as in γύαλον, γυρός]. Thus, having a crooked limb on each side. Epithet or a name of Hephaestus Α 607, Ξ 239, Σ 383, 393 = 462, 587, 590, 614 : θ 300, 349, 357.

ἀμφίγυος [prob. as prec.]. Thus, of spears, (having a head) curved on each side, i.e. leaf-shaped ; or perh., bending to either side, elastic Ν 147 = Ο 278 = P.731, Ξ 26 = Π 637, Ο 386, 712 : π 474, ω 527.

†ἀμφιδαίω [ἀμφι- (3) + δαίω[1]]. 3 sing. pf. ἀμφιδέδηε. To burn or blaze all round. With acc. Fig. : ἀϋτὴ ἄστυ ἀμφιδέδηε Ζ 329.

ἀμφίδασυς, -εια [ἀμφι- (3) + δασύς]. Covered with hair: αἰγίδα Ο 309.

ἀμφιδέδηε, 3 sing. pf. ἀμφιδαίω.

†ἀμφιδινέω [ἀμφι- (3)]. 3 sing. p.f. pass. ἀμφιδεδίνηται. (Cf. δινωτός.) To set round in circles, i.e. in strips running round : ᾧ πέρι χεῦμα κασσιτέροιο ἀμφιδεδίνηται Ψ 562 (the strips on the front plate being app. continued on the back plate and carried round to the front again): κολεὸν ἐλέφαντος ἀμφιδεδίνηται (is surrounded by (a succession of) ivory rings) θ 405.

ἀμφιδρυφής [ἀμφι- (1) + δρυφ-, δρύπτω]. Having both cheeks torn in mourning : ἄλοχος Β 700.

ἀμφίδρυφος, -ον [as prec.]. Both torn in mourning : παρειαί Λ 393.

ἀμφίδυμος [ἀμφι- (2) + -δυμος as in δίδυμος]. Twofold, double : λιμένες δ 847.

ἀμφιέλισσα, -ης [ἀμφι- (1) + (F)ελίσσω]. Epithet of ships, wheeling both ways ; hence, easily directed, handy Β 165 = 181, Ι 683, Ν 174 = Ο 549, Ρ 612, Σ 260 : γ 162, ζ 264, η 9, 252, ι 64, κ 91, 156 = μ 368, ξ 258 = ρ 427, ο 283, φ 390.

†ἀμφιέννῦμι[ἀμφι-(3)+(F)έννυμι]. Fut. ἀμφιέσω ε 167. Aor. opt. ἀμφιέσαιμι σ 361. Fem. pple. ἀμφιέσασα ε 264, ο 369. 3 pl. aor. mid. ἀμφιέσαντο ψ 142. Imp. pl. ἀμφιέσασθε ψ 131. (1) To put (garments) on a person ε 167, 264, ο 369, σ 361.— (2) In mid., to put (garments) on oneself ψ 131, 142.

ἀμφιέπω [ἀμφι- (3) (4) + (σ)έπω[1]]. With elision of the ι (on the loss of the σ) 3 sing. impf. ἀμφεπε Π 124, Σ 348 : θ 437. 3 pl. -ον Σ 559, Ψ 167, Ω 622. (1) To handle, attend to, do what is needful to: ἵππους Τ 392. Cf. Ε 667, Σ 559, Ψ 167, Ω 622.—(2) To marshal, draw up in order Β 525. —(3) To manage, conduct : τάφον Ω 804.—(4) In sinister sense, to employ oneself about for evil, work for the destruction of : [Τρῶας] γ 118.— (5) Of fire, to bring itself to bear upon, lap round : πρύμνην Π 124. Cf. Σ 348 := θ 437.

ἀμφιζάνω [ἀμφ-, ἀμφι- (3)]. To settle about, be deposited upon. With dat. Of ashes: χιτῶνι Σ 25.

ἀμφιθαλής [ἀμφι- (2) + θάλλω]. Absol., one who has both parents alive Χ 496.

ἀμφίθετος, -ον [ἀμφι- (2) + θε-, τίθημι]. Two-handled : φιάλην Ψ 270, φιάλη 616.

ἀμφιθέω [ἀμφι- (3)]. To run about or round. With acc. : [πόριες] ἀμφιθέουσι μητέρας κ 413.

ἀμφικαλύπτω [ἀμφι- (1) (3)]. Fut. ἀμφικαλύψω Ξ 343. Infin. -ειν θ 569, ν 177. 3 sing. aor. ἀμφεκάλυψε Γ 442, Ε 68, Θ 331, Π 350, etc. : δ 180, 618, ο 118. 3 sing. subj. ἀμφικαλύψῃ θ 511, ν 183, ν 86. Pple. ἀμφικαλύψας ε 493, ξ 349, ψ 17. Infin. ἀμφικαλύψαι ν 152, 158. (1) To cover both of one's . . . (cf. ἀμφί (I) (1) (b)). Of sleep: βλέφαρ᾽ ἀμφικαλύψας ε 493. Cf. ν 86, ψ 17.—To cover completely a double (organ) (cf. ἀμφί (I) (1) (b)): ἔρως φρένας ἀμφεκάλυψεν Γ 442, Ξ 294.— (2) To cover up all round, enfold, conceal, contain Β 262, Ψ 91.—Of a city, to receive within its walls θ 511.—Of a house, to receive as a guest δ 618 = ο 118.—Fig. of death or fate E 68, M 116, Π 350, Υ 417 : δ 180.—(3) To put *round*, cover or protect with. With dat. of what is covered or protected : σάκος οἱ Θ 331 = N 420. Cf. Ξ 343: ξ 349.—Sim., to put *round* (something) so as to isolate (it) : δρος πόλει θ 569, ν 152, 158, 177, 183.

†ἀμφικεάζω [ἀμφι- (3)]. Aor. pple. ἀμφικεάσσας. To split off *all round* (something). With acc. : τὸ μέλαν δρυὸς ἀμφικεάσσας (splitting off (the outside wood) all round the dark heart) ξ 12.

ἀμφίκομος [ἀμφι- (3) + κόμη]. With foliage all round, thick-leafed : θάμνῳ P 677.

ἀμφικύπελλος [ἀμφι- (2) + (perh.) *κυπέλη, handle, conn. with κώπη]. Two-handled: δέπας Α 584, Ζ 220, I 656, Ψ 219, 656, 663, 667, 699 : γ 63, θ 89, ν 57, ο 102, 120, χ 86, δέπα υ 153.

ἀμφιλαχαίνω [ἀμφι- (3) + λαχαίνω, to dig]. To dig *round about*. With acc. : φυτόν ω 242.

ἀμφιλύκη [ἀμφι- (1) (giving the notion of hesitation between two sides, hence of doubtfulness) + *λύκη = L. *lux*]. ά. νύξ, the (morning) twilight Η 433.

†ἀμφιμαίομαι [ἀμφι- (3)]. Aor. imp. pl. ἀμφιμάσασθε. To carry the hands all round or over (the surface of), wipe all round or over : τραπέζας υ 152.

ἀμφιμάχομαι [ἀμφι- (3) (4)]. (1) With acc., in local sense, to fight *round* or *about*: Ἴλιον Ζ 461. Cf. I 412, Π 73, Σ 208.—(2) With genit., to fight *for the possession of*: τείχεος Ο 391. Cf. Π 496 = 533, Σ 20.

ἀμφιμέλαιναι. See μέλας (1).

†ἀμφιμυκάομαι [ἀμφι- (3)]. 3 sing. pf. ἀμφιμέμυκε. To resound or echo all round κ 227.

ἀμφινέμω [ἀμφι- (3)]. In mid., to have one's lot, dwell, *round* or *about*. With acc. With place-names Β 521, 574, 585, 634, 649, 655, 835, 853, Σ 186 : τ 132.

†ἀμφιξέω [ἀμφι-(3)]. Aor. ἀμφέξεσα. To smooth all round : κορμόν ψ 196.

ἀμφιπέλω [ἀμφι- (3)]. Of sound, to come *round* (hearers). With dat. In mid. : ἀοιδὴ ἀκουόντεσσιν α 352.

ἀμφιπένομαι [ἀμφι-(4)]. To busy oneself about, attend to N 656, Τ 278.—To attend upon ο 467. —To treat surgically Δ 220, Π 28 : τ 455.—In sinister sense : Ἀστεροπαῖον ἐγχέλυες ἀμφεπένοντο (made a meal of him) Φ 203. Cf. Ψ 184.

ἀμφιπεριστρέφω [ἀμφι- (3) + περι- (1)]. To put *round*. With dat. Fig., in pass., to be put *round* as a crown, adorn : οὔ οἱ χάρις ἀμφιπεριστρέφεται ἐπέεσσιν θ 175.

ἀμφιπεριστρωφάω [ἀμφι- (3) + περι-]. To turn about in all directions : ἵππους Θ 348.

†ἀμφιπίπτω [ἀμφι- (3)]. Aor. pple. fem. ἀμφιπεσοῦσα. To fall (with the arms) *round*, embrace. With acc. : πόσιν θ 523.

ἀμφιπολεύω [ἀμφίπολος]. To busy oneself about, take care of, tend : ἐμὸν βίον σ 254 = τ 127, ὄρχατον ω 244, 257.—In sinister sense : ἔδοσαν ἐρινύσιν ἀμφιπολεύειν (i.e. handed them over to their tender mercies) υ 78.

ἀμφίπολος, -ου, ἡ [ἀμφι- (4) + -πολος, conn. with πολεύω]. A handmaid, a female attendant or servant, hardly to be distinguished from δμωή. (The words are sometimes used indifferently ; cf. ζ 52 with 307, and 84 with 99. But in χ 483, 484 ἀμφίπολοι seem to be personal attendants and δμωαί the other servants.) Γ 143, 422, Ζ 286, 324, 372, 399, 491, 499, Σ 417 (i.e. representations), Χ 442, 461, Ω 304 : α 136, ζ 18, η 232, σ 198, τ 90, ψ 227, etc.—Of Circe's servants κ 348, 368, μ 18.—With γυνή. See γυνή (3).—With word indicating the servant's country of origin : Σικελή ω 366.—Her office : ταμίην Ω 302 : π 152.

ἀμφιπονέομαι [ἀμφι- (4)]. To busy oneself about, attend to : τάφον ν 307.—To do the offices of a 'second' to : Εὐρύαλον Ψ 681.

ἀμφιποτάομαι [ἀμφι- (3)]. To fly round and round Β 315.

ἀμφίρυτος, -η [ἀμφι- (3) + ῥυ-, ῥέω]. Flowed round (by the sea), sea-girt α 50, 198, λ 325, μ 283.

ἀμφίς [ἀμφί]. (I) Adv. (1) On both sides : ᾧ ῥόπαλ' ἄ. ἐάγη (i.e. across his back) Λ 559, δούρασιν ἄ. [βάλεν] (with spears from both hands, with both spears at once) Φ 162.—(2) Apart, asunder : ἄ. φράζονται (have different views) Β 13 = 30 = 67, ἔχουσα ἄ. (one in each scale) Μ 434, τόξου αἶκὰς ἄ. μένον (at a safe distance) Ο 709, ἄ. ἀρωγοί (partisans, some of one, some of the other) Σ 502, ἄ. ἀριζήλω (standing out from the others) 519, ἄ. ἀλλ' ἀποδάσσεσθαι (in addition) Χ 117, ἄ. ὁδοῦ Ψ 393 (see ὁδός (1)). Cf. Ν 345, 706 : ζυγὸν ἄ. ἔχοντες (supporting it at either end) γ 486 = ο 184, τιμὴν ἄ. ἄγοντες (in addition) χ 57. Cf. α 54.—(3) Absent: ἄ. ἐόντα ω 218.—Sim. of separation from a person τ 221.—(4) Between : ὀλίγη ἦν ἄ. ἄρουρα (between the heaps or rows) Γ 115.—(5) Round, about : τάφος ἄ. ἐοὖσα (surrounding) Η 342, Τάρταρος ἄ. [ἐστιν] θ 481. Cf. I 464, Ξ 123, Ψ 330, Ω 488 : θ 340, 476.—(II) Prep. (1) With genit. (a) Apart from, at a distance from : Διός Θ 444. Cf. ξ 352, π 267.—(b) About, concerning : ἄρματος ἄ. ἰδών (seeing to it) Β 384.—(2) With dat., round, about : ἄξονι Ε 723.—(3) With acc. (a) On each side of : δύο δ' ἄ. ἔκαστον [δίφρον] (one on each side of each) Λ 748.—(b) Round, about : ἕκαστον Λ 634. Cf. Ξ 274, Ο 225 : ζ 266, η 4, ι 399.

†ἀμφίστημι [ἀμφ-, ἀμφι- (3)]. 3 pl. aor. ἀμφέσταν Σ 233, Ψ 695. 3 sing. impf. mid. ἀμφίστατο Ω 712. 3 pl. -αντο Ψ 233. In aor. and mid., to stand round about Σ 233, Ψ 695, Ω 712.—To stand *round* or *about*. With acc. : ἄστυ Λ 733.

†ἀμφιστρατάομαι [ἀμφι- (3)]. 3 pl. impf. ἀμφεστρατόωντο. To be established *round*, besiege. With acc. : Θρυόεσσαν Λ 713.

ἀμφιστρεφής [app. ἀμφι- (3) + στρέφω]. Thus, twisted about : κεφαλαὶ τρεῖς δράκοντος ἀμφιστρεφέες Λ 40 (i.e. two twisted about the third).

†ἀμφιτίθημι [ἀμφι- (1) (3)]. 3 sing. aor. mid. ἀμφέθετο φ 431. Aor. fem. pple. pass. ἀμφιτεθεῖσα Κ 271. (1) To put round or about something Κ 271.—(2) In mid., to put on, arm oneself with : ξίφος φ431 (i.e. the belt rested on both shoulders).

ἀμφιτρομέω [ἀμφι- (4)]. To tremble *for*. With genit. : τοῦ δ 820.

ἀμφίφαλος, -ον [ἀμφι- (2)+φάλος]. With two φάλοι : κυνέην E 743=Λ 41.

ἀμφιφορεύς, -ῆος, ὁ [ἀμφι- (2)+φορ-, φέρω]. A two-handled jar Ψ 92, 170 : β 290, 349, 379, ι 164, 204, ν 105 (of natural formations in a cave), ω 74.

†ἀμφιχαίνω [ἀμφι- (3)]. 3 sing. aor. ἀμφέχανε. To gape *round*. With acc. : ἐμὲ κήρ (gaped for me) Ψ 79.

ἀμφιχέω [ἀμφι- (3)]. 3 sing. aor. pass. ἀμφέχυτο Β 41. ἀμφεχύθη δ 716. Pple. ἀμφιχυθείς Ξ 253, Ψ 63 : π 214. Infin. ἀμφιχυθῆναι Ψ 764. (1) To pour or shed round or about. Of dust : πάρος κόνιν ἀμφιχυθῆναι (had settled down again) Ψ 764. —(2) Fig., in pass., of sound, to come *round*. With acc. : ἀμφέχυτό μιν ὀμφή Β 41.—Of sleep, to be shed round one, come upon one Ξ 253, Ψ 63. —Of grief, to come *upon*. With acc. : τὴν ἄχος ἀμφεχύθη δ 716.—So of a bodily action, to embrace (a person) : ἀμφιχυθεὶς πατέρα π 214. Cf. χ 498.

ἀμφίχυτος [ἀμφιχέω]. Poured round or about ; hence of heaped-up earth : τεῖχος Τ 145.

ἀμφότερος, -η, -ον [ἄμφω]. (1) Both. (a) Of two persons, etc. In dual or (more freq.) in pl. (α) Absol. : ἐξαίνυτο θυμὸν ἀμφοτέρω E 156. Cf. Γ 208, Δ 38, Ε 261, H 3, etc. : ἀμφοτέρους ἱέρευσεν ξ 74. Cf. γ 37, λ 212, σ 17, φ 214, etc.—(β) With sb. or pron.: ἀμφοτέρω σφῶϊ H 280, ἐπ' ἀμφοτέρους πόδας (one after the other) N 281. Cf. Δ 521, E 163, Θ 115, M 382, etc. : ἀμφοτέρῃσιν χερσίν δ 116. Cf. γ 136, δ 282, ε 414, μ 239, etc.—With sb. to be supplied : ἀμφοτέρῃσι [χερσίν], with both hands E 416 : κ 264, λ 594, ρ 356, σ 28.—(b) In pl. of two groups of persons. (α) Absol. : ἀμφοτέρων βέλεα Θ 67. Cf. Γ 416, Δ 16, Ζ 120, N 303, etc. : φιλότητα μετ' ἀμφοτέροισιν ω 476. Cf. κ 204, ω 546. —(β) With pron. : τοὺς ἀμφοτέρους Τ 54.—(2) In neut. ἀμφότερον as adv., both. Followed by . . . τε . . . τε Γ 179, Δ 145.—By . . . τε καὶ . . . Δ 60=Σ 365, N 166.—By . . . τε . . . δὲ . . . H 418.—By καὶ ξ 505.—By . . . τε καὶ . . . καὶ . . . ο 78.

ἀμφοτέρωθεν [ἀμφότερος + -θεν (1)]. (1) From both sides : ὥρτ' ἀϋτὴ ἀ. O 313. Cf. M 431.—Of plaiting strands of a rope, across and across κ 167. —(2) On both sides, on either side : πλῆμναι εἰσιν ἀ. E 726. Cf. M 55, Π 563, P 440, Τ 170, Ψ 628 : χ 404.—On both edges : ἀ. κεκαχμένον ε 235, χ 80.—At both ends : ἄψας ἀ. φ 408.—Of stating alternatives : ἐρέω ἀ. μ 58.—(3) In both directions : φόως γένετ' ἀ. O 669.—With περί, app., in both directions so as to meet : περὶ ἕρκος ἐλήλαται ἀ. η 113. Cf. κ 88.

ἀμφοτέρωσε [ἀμφότερος + -σε]. In both directions: γεγωνέμεν ἀ. Θ 223=Λ 6, ἀ. λίθοι πωτῶντο M 287.

ἀμφουδίς [prob. ἀμφι- (3)+an unknown element +advbl. -δις]. App., by the middle : ἀ. ἀείρας ρ 237.

†ἀμφράζομαι [ἀμ-, ἀνα- (6)]. 3 sing. aor. opt. ἀμφράσσαιτο. To remark, notice : οὐλήν τ 391.

ἄμφω. Only in nom. and acc. of same form. Both. Constructed with dual or pl. (1) Of two persons, etc. (a) Absol. : ἀ. φιλέουσα Α 196. Cf. A 259, B 767, Γ 148, E 153, etc. : ἀ. ἱέσθην γ 344. Cf. θ 316, κ 138, μ 424, ν 296, ο 366, σ 65, 372.—(b) With sb. or pron. : ἀ. χεῖρε Δ 523. Cf. E 258, Ζ 19, H 255, Λ 782, etc. : τοὺς ἀ. λ 301. Cf. ε 453, θ 135, π 15, σ 89, etc.—(2) Of two groups of persons : ἀριθμηθήμεναι ἀ. B 124.

ἄμφωτος [ἀμφ-, ἀμφι- (2)+ὠτ-, οὖς]. Having two ears (for handles) : ἄλεισον χ 10.

ἀμώμητος [ἀ-¹+μωμάομαι]. Not to be blamed ; hence, unerring (in counsel) : Πουλυδάμαντος M 109.

ἄν¹. Conditional or limiting particle. (Cf. κεν.) For the uses with subj., opt. and fut., aor. and impf. indic. in protasis and apodosis see (6). (1) With subj. : τάχ' ἂν θυμὸν ὀλέσσῃ A 205. Cf. Σ 192, X 505 : ἐγὼ δὲ ξεῖνος ἔω ι 17. Cf. δ 240, λ 328, 517, μ 81.—In X 50 (ἀπολυσόμεθα) : δ 240, λ 328, 517 (μυθήσομαι), ζ 221 (λοέσσομαι) may be aor. subj. or fut. indic.—(2) With opt. in potential or fut. sense : τῶν οὐκ ἂν τι φέροις A 301. Cf. B 250 (conveying an order), Γ 52 (will you not . . . ?), 66, E 32, 362, Ζ 141, I 77, K 204, N 741, Ξ 58, X 108, Ω 437, etc. : πῶς ἂν Ὀδυσῆος λαθοίμην; α 65. Cf. γ 232, δ 78, ζ 57, 300, κ 573, υ 135 (do not . . .), χ 325, etc.—(3) In potential sense in reference to the past in suppositions contrary to fact. (a) With impf. or aor. indic. : ἦ τ' ἂν κέρδιον ἦεν E 201=X 103, οὐκ ἂν θυμὸν ὥρινεν T 271. Cf. Θ 455, N 676, Π 638 : οὐκ ἂν τόσσ' ἀγόρευες (would not have . . .) β 184. Cf. ι 211, 228, 334.— (b) With pres. or aor. opt. : ἦ ἂν ὕστατα λωβήσαιο A 232=B 242. Cf. A 271, Δ 223, E 85 N 127 : οὐκ ἂν ὀχλίσσειαν ι 241.—(4) With infin. in indirect discourse : καὶ δ' ἂν τοῖς ἄλλοισιν ἔφη παραμυθήσασθαι I 684.—(5) Joined with κεν. See κεν (5).—(6) For uses in protasis with εἰ and in the corresponding relative sentences see Table at end (II) (B) (a) (3) subj., (D) (7) subj., (23) opt., (III) (B) (a) (3) subj., (D) (11) fut., (34) (35) (36) (37) (38) (43) (44) subj., (49) (65) opt.—For uses in apodosis see (II) (C) (a) (2) aor. indic., (b) subj., (D) (17) (22) opt., (III) (C) (a) (3) aor. or impf. indic., (6) opt., (c) (2) opt., (D) (6) opt., (23) fut., (30) opt., (52) subj., (57) (63) opt. — For ὅτ' ἄν (not in protasis) see ὅτε (1) (a) (γ), (b) (a) (δ) (ε), (4). —For ὄφρ' ἄν (not in protasis) see ὄφρα (1) (b) (c), (5) (a) (b).—For ὡς ἄν (not in protasis) see ὡς (7) (a), (b) (β), (8) (a) (γ), (b) (γ).

ἄν². See next.

ἀνά. Also in form ἄν and in assimilated form ἄμ. (I) Adv. (1) Up, upwards, in an upward direction, on to something : ἂν Χρυσηΐδα βήσομεν (put her on board) A 143, ἀνὰ δ' ἔστη B 100, ἂν δ' ἔβη (mounted) Γ 261, ἀν' ἔντεα λέγοντες (gathering them up) Λ 755. Cf. A 310, Γ 268, E 798, P 541, Φ 361, X 77, etc. : ἂν δ' αὐτοὶ βάντες (going on board) β 419=δ 579. Cf. ζ 253, θ 3, ι 468 (see νεύω (3)), ν 56, ρ 262 (see βάλλω (II) (4)), etc.— (2) Back, reversal of action : ἀνά τ' ἔδραμ' ὀπίσσω

E 599, ἀνὰ δὲ σχέο H 110 (see ἔχω (IV)(1)(b)):
ἀνὰ πρυμνήσια λῦσαι ι 178 = 562 = λ 637 = μ 145 =
ο 548. —(3) Indicating extension or diffusion : ἀν'
ἱστία πέτασσαν A 480, μέλανες ἀνὰ βότρυες ἦσαν
Σ 562 : ἀνὰ κρητῆρα κέρασσεν γ 390. Cf. δ 41,
783 = θ 54, κ 506, ω 343.—(II) Prep. (1) With
dat., on, upon : ἀνὰ σκήπτρῳ A 15 = 374. Cf.
Ξ 352, Ο 152: ἀμ πέτρῃσιν ε 156. Cf. λ 128 = ψ 275,
ω 8.—In pregnant sense : ἅρματ' ἀμ βωμοῖσι τίθει
Θ 441. Cf. Σ 177. —(2) With acc. (a) On to, on,
upon : θῆκεν ἀνὰ μυρίκην K 466. Cf. Σ 278 : ἂν
δὲ βήσετο δίφρον γ 481. Cf. γ 492 = ο 145 = 190,
χ 176, 193, 239.—(b) Through, throughout, along,
over, among. in, on : ἀνὰ στρατόν A 10, ἀμ πεδίον
E 87. Cf. A 53, Δ 251, E 74, I 383, K 339, N 308,
II 349, X 452 (in . . .), etc. : ἂν στόμα ε 456, ἀν'
ὀρσοθύρην χ 132. Cf. β 430, η 72, κ 251, σ 246,
χ 18, ω 318, etc.—In reference to the mouth as
the organ of speech : βασιλῆας ἀνὰ στόμ' ἔχων
(having them passing through the mouth, i.e.
talking freely of them) B 250.—In reference to
immaterial things : ἀνὰ θυμόν (in his mind) B 36,
ἀν' ἰθύν Φ 303 (see ἰθύς² (2)), etc. Cf. β 116,
δ 638, θ 377 (see ἰθύς² (1)), etc.—In reference to
night as a space of darkness : ἀνὰ νύκτα Ξ 80.—
Indicating diffusion : ἀνὰ εἴκοσι μέτρα ι 209.—In
reference to position : ἀνὰ πρόθυρον τετραμμένος
(i.e. with his feet pointing outwards through the
doorway) T 212.—(3) With genit., on to, upon :
ἂν δὲ νηὸς βαῖνεν (went on board) β 416. Cf. ι 177,
ο 284.

ἄνα¹ [ἀνά with anastrophe]. Up! get up!
rouse yourself! to work ! ἀλλ' ἄνα Z 331, I 247,
Σ 178 : σ 13.

ἄνα², voc. ἄναξ.

ἀναβαίνω [ἀνα- (1) (2) (5)]. (A) Contr. 1 pl.
subj. ἀμβαίνωμεν ο 219. Contr. infin. ἀμβαίνειν
ι 178, λ 530, etc. 3 sing. aor. ἀνέβη A 497. 3 sing
subj. ἀναβῇ β 358. 3 sing. opt. ἀναβαίη χ 132.
Contr. ἀμβαίη μ 77. Pple. ἀναβάς, -άντος A 312,
611, Ξ 287, Π 184, etc. : γ 157, ε 470, ξ 353, ο 474,
etc. Fem. ἀναβᾶσα α 362, ρ 49, χ 428, etc. Infin.
ἀναβήμεναι α 210. 3 sing. aor. mid. ἀνεβήσετο
ψ 1. (B) Aor. pple. pl. mid. ἀναβησάμενοι ο 475.
(I) Intrans. in all forms except (B). (1) To
go up, ascend, mount : ἐς λέχος A 611. Cf.
Ξ 287, Π 184, 657, X 399 : εἰς ὑπερῷα α 362 = τ 602
= φ 356, β 358, δ 751 = ρ 49 = ψ 364, δ 760, ψ 1.
Cf. χ 483, ε 470, ξ 353.—Absol. μ 77.—In reference
to leaving a room : ἀν' ὀρσοθύρην χ 132, ἀνέβαινεν
ἐς θαλάμους (left the μέγαρον and took his way
to . . .) τ 142.—Of a voyage from Ithaca to Troy
α 210.—(2) To go up to, ascend to. With acc. :
οὐρανόν A 497. Cf. σ 302, τ 600, χ 428.—(3) To
go on board a ship, embark : ἀναβάντες ἐπέπλεον
ὑγρὰ κέλευθα A 312: ἀναβάντες ἐλαύνομεν γ 157.
Cf. δ 473, 842. ι 178 = 562 = λ 637 = μ 145 = ο 548,
μ 293, 401, ν 285, ξ 252, ο 209, 219, 474.—(4) Of
reputation, to be spread abroad among. With
acc. : φάτις ἀνθρώπους ἀναβαίνει ζ 29.—(II) Trans.
in form (B), to cause to go on board a ship or
embark : νὼ ἀναβησάμενοι ο 475.

ἀναβάλλω [ἀνα- (1) (3)]. Contr. 1 pl. subj. mid.
ἀμβαλλώμεθα B 436. (1) To put off, delay :
ἄεθλον τ 584.—In mid. : ἔργον B 436.—(2) In mid.,
to strike up, begin (to sing) (cf. βάλλω (II) (4)
and ἀμβλήδην) : ἀνεβάλλετ' ἀείδειν α 155, θ 266.

ἀναβέβροχε, 3 sing. pf. ἀναβρέχω.

ἀναβησάμενοι, aor. pple. pl. mid. ἀναβαίνω.

ἀνάβλησις, ἡ [ἀναβάλλω]. (1) Delay : λύσιος
νεκροῖο (in . . .) Ω 655.—(2) Respite : κακοῦ
(from . . .) B 380.

†ἀναβράχω [ἀνα- (6)]. 3 sing. aor. ἀνέβραχε.
To clash or rattle loudly : τεύχεα T 13.—Of a
door, to creak or grate loudly φ 48.

†ἀναβρέχω [ἀνα- (6) + βρέχω, to wet]. 3 sing. pf.
ἀναβέβροχε. To wet or moisten abundantly
P 54.

†ἀναβρόχω [ἀνα- (6) + βρόχω, to swallow]. 3 sing.
aor. opt. ἀναβρόξειε μ 240. Neut. aor. pple. pass.
ἀναβροχέν λ 586. (κατα-.) To swallow down,
swallow λ 586, μ 240.

†ἀναγιγνώσκω [ἀνα- (4) (6)]. Aor. ἀνέγνων δ 250.
3 sing. ἀνέγνω N 734 : α 216, φ 205. 3 sing. opt.
ἀναγνοίη λ 144. Genit. sing. masc. pple. ἀναγνόντος
ω 346. Dat. sing. fem. ἀναγνούσῃ τ 250, ψ 206.
(1) To know again, recognize δ 250, λ 144, τ 250 =
ψ 206, ω 346.—(2) To know well, know certainly :
[νόον ἐσθλόν] N 734 (i.e. best knows its value ;
cf. ζ 185). Cf. α 216, φ 205.

ἀναγκαίη, -ης, ἡ. Instrumental ἀναγκαίηφι
Τ 143. = ἀνάγκη Z 85 : τ 73.—In dat. ἀναγκαίῃ,
of necessity Δ 300.—In instrumental, by the
application of force or strength : δαμέντας Τ 143.

ἀναγκαῖος, -η, -ον [ἀνάγκη]. (1) Compelled,
acting under compulsion : πολεμισταί ω 499.—
Sim. of slaves ω 210.—(2) Imposing compulsion :
ἦμαρ ἀναγκαῖον (see ἦμαρ (4) (b)) Π 836, μύθῳ
ρ 399 = υ 344.—χρειοῖ ἀναγκαίῃ, by compelling
necessity, under the compulsion of necessity Θ 57.

ἀνάγκη, -ης, ἡ. (1) Necessity, compulsion :
ἐπικείσετ' ἀ. Z 458. Cf. E 633, K 418, Υ 251,
Ω 667 : κ 273.—ὑπ' ἀνάγκης, under compulsion
β 110 = ω 146, τ 156.—(2) In dat. ἀνάγκῃ. (a) By
or under compulsion or constraint : ἀ. οὔ μιν ἄξω
I 429. Cf. I 692, Ο 199 : ὃς ἤειδεν ἀ. α 154. Cf.
δ 557, ε 154, η 217, ι 98, ξ 27, etc.—(b) Under
compulsion of circumstances, of necessity, per-
force : φεύγοντας Λ 150. Cf. M 178, Ξ 128, Ο 133,
etc. : ἄγρην ἐφέπεσκον μ 330. Cf. ν 307, ο 311.

†ἀναγνάμπτω [ἀνα- (3)]. 3 pl. aor. ἀνέγναμψαν
ξ 348. 3 sing. aor. pass. ἀνεγνάμφθη Γ 348,
Η 259, P 44. (1) To bend back : ἀνεγνάμφθη αἰχμή
Γ 348 = Η 259 = P 44.—(2) To unloose ξ 348.

ἀναγνοίη, 3 sing. aor. opt. ἀναγιγνώσκω.

ἀνάγω [ἀν-, ἀνα- (1)]. 1 pl. fut. ἀνάξομεν
σ 115. Aor. ἀνήγαγον Ο 29. 3 sing. -ε Z 292,
I 338 : γ 272, δ 534. (1) To cause to go or take
inland ξ 272 = ρ 441.—(2) Of bringing to Troy
Γ 48, Z 292, I 338, N 627.—To Argos Ο 29.—Of
taking from Ithaca to the mainland σ 115.—
(3) Of bringing gifts to temples Θ 203.—(4) Of
conducting to a house : ὅνδε δόμονδε γ 272.—
Without complementary words δ 534.—(5) To

bring up to the mark in a contest σ 89.—(6) In mid., to put to sea, sail A 478 : τ 202.

ἀναδέδρομε, 3 sing. pf. ἀνατρέχω.

†ἀναδέρκομαι [ἀνα- (1)]. 3 sing. aor. ἀνέδρακε. To look up Ξ 436.

ἀναδέσμη, -ης, ἡ [ἀνα- (6) + δεσ-, δέω]. A woman's head-dress, app. in the form of a plaited band Χ 469.

†ἀναδέχομαι [ἀνα- (6)]. 3 sing. aor. ἀνεδέξατο Ε 619. 1 pl. aor. ἀνεδέγμεθα ρ 563. (1) To receive, catch : σάκος πολλὰ [δούρατα] Ε 619.— (2) To receive as one's portion ρ 563.

†ἀναδύω [ἀνα- (1) (3)]. 3 sing. aor. ἀνέδῦ Α 359 : ε 322. 3 sing. opt. ἀναδύη (for ἀναδυίη) ι 377. Infin. ἀναδῦναι Η 217. Contr. 3 sing. mid. ἀνδύεται Ν 225. 3 sing. aor. ἀνεδύσετο Α 496 : ε 337. (1) To rise up or emerge from out of. With genit. : ἁλός Α 359. Cf. ε 337.—So with acc. : κῦμα Α 496.—Absol., to come to the surface ε 322.— (2) To go back, retire Η 217.—To withdraw from : πόλεμον Ν 225. —Absol., to draw back, flinch ι 377.

ἀνάεδνος, ἡ [app. for ἀνέϜεδνος fr. ἀν-¹ + ἔϜεδνα. See ἔδνα, ἔεδνα]. Without bride-price Ι 146, 288, Ν 366.

ἀναείρω [ἀν-, ἀνα- (1)]. 3 sing. aor. ἀνάειρε Ψ 614, 725, 729, 778. 3 sing. aor. ἀναείραι θ 298. (1) To lift up, raise θ 298.—Of a wrestler hoisting his adversary Ψ 724, 725, 729.—(2) To take up, pick up Ψ 614, 778.

ἀναθηλέω [ἀνά- (4)]. To sprout afresh Α 236.

ἀνάθημα, -ατος, τό [ἀνατίθημι]. An accompaniment or accessory : δαιτός α 152, φ 430.

ἀναθήσει, 3 sing. fut. ἀνατίθημι.

ἀναθρώσκω [ἀνα- (1)]. To leap or bound up. Of a stone : ἀναθρώσκων πέτεται Ν 140.

ἀναιδείη, -ης, ἡ [ἀναιδής]. (1) Shamelessness, effrontery Α 149, Ι 372.—(2) Immodesty, unchastity χ 424.

ἀναιδής [ἀν-¹ + αἰδώς]. (1) Careless of the good opinion of others, lost to all sense of decency, shameless, reckless α 254, ν 376, ρ 449, υ 29, 39, 386, ψ 37.—Absol. Α 158.—(2) Of a stone or rock, reckless, careless of what mischief or trouble may ensue Δ 521. Cf. Ν 139 (as if the rock lent itself to the discharge of the stone): λ 598.—Of Κυδοιμός figured as a symbol : ἀναιδέα δηϊοτῆτος (app., shamelessly insatiate of . . .) Ε 593.

ἀναίμων, -ονος [ἀν-¹ + αἷμα]. Bloodless Ε 342.

ἀναιμωτί [as prec.]. Without bloodshed Ρ 363, 497 : σ 149, ω 532.

ἀναίνομαι. 3 sing. aor. ἀνήνατο Ψ 204 : κ 18. 3 sing. subj. ἀνήνηται Ι 510. Infin. ἀνήνασθαι Η 93 : δ 651, ξ 239, σ 287. (ἀπ-.) (1) To refuse : δόσιν (i.e. to give it) δ 651, σ 287.—To refuse to do something. With infin. : λοιγὸν ἀμῦναι Σ 450. Cf. Σ 500, Ψ 204.—Absol. Η 93, Ι 510, 585, Λ 647 : κ 18, ξ 239.—(2) To reject, spurn Ι 679.—So in reference to a course proposed : ἔργον ἀεικές γ 265. —To refuse to have to do with (a person) θ 212. —(3) To refuse to entertain an idea ; hence, to

deny : ἀασάμην, οὐδ' ἀναίνομαι Ι 116.—To refuse to entertain expectation ξ 149.

ἀναΐξας, aor. pple. ἀναΐσσω.

†ἀναιρέω [ἀν-, ἀνα- (1)]. Aor. pple. ἀνελών, -όντος Α 301, Ψ 551, 736 : γ 453, σ 16. Mid. Fut. infin. ἀναιρήσεσθαι φ 261, χ 9. 3 sing. aor. ἀνείλετο Ν 296. 3 pl. ἀνέλοντο Α 449, Β 410 : υ 66.— 3 sing. subj. ἀνέληται Π 10. Opt. ἀνελοίμην σ 357. 2 sing. ἀνέλοιο τ 22. Infin. ἀνελέσθαι Π 8, Ψ 823 : φ 117. (1) To take or pick up Ψ 551 : σ 16.—(2) To take up into the hands or arms. In mid. : οὐλοχύτας ἀνέλοντο Α 449, Β 410. Cf. Π 8, 10.—(3) To take up and, or in order to, carry off or appropriate : τῶν οὐκ ἄν τι φέροις ἀνελών Α 301.—In mid. : [πελέκεας] φ 261.—To take up and carry off (prizes) Ψ 736.—In mid. Ψ 823.—To seize and carry off. In mid. : ὅτε κούρας ἀνέλοντο υ 66.—(4) To lift up or raise : ἀπὸ χθονός (i.e. the victim's head) γ 453.—In mid.: ἄλεισον ἀναιρήσεσθαι χ 9.—(5) In mid., to take for one's use : ἀνείλετ' ἔγχος Ν 296.—To take into service σ 357.—To take upon oneself, undertake : πατρὸς ἀέθλια φ 117.—To take into one's mind : ἐπιφροσύνας τ 22.

ἀναΐσσω [ἀν-, ἀνα- (1)]. 3 pl. aor. ἀνήϊξαν Ο 86, Ψ 203 : σ 40, ω 463. 3 sing. opt. ἀναΐξειε Γ 216. 3 pl. -ειαν Δ 114. Pple. ἀναΐξας, -αντος Α 584, Ο 6, Ψ 733, etc. : α 410, θ 186, φ 300, etc. Fem. ἀναΐξᾱσα χ 240. (1) To start, spring or dart up, rise quickly or suddenly : πάντες ἀνήϊξαν Ο 86, Ψ 203. Cf. Α 584, Δ 114, Η 106, Ο 6, Ψ 733, Ω 621 : ἀναΐξας οἴχεται α 410. Cf. θ 186, 361, ι 288, ν 197, σ 40, τ 31, φ 119, 300, χ 240, ω 50, 463.—(2) To rush or spring on to. With acc. : ἅρμα Ω 440.—(3) Of springs, to gush forth Χ 148. —(4) To rise to speak Γ 216 (the notion of quickness not here to be pressed).

ἀναίτιος [ἀν-¹ + αἴτιος]. Not blameworthy, blameless Υ 297 : υ 135, χ 356.—Absol. Λ 654, Ν 775.

†ἀνακαίω [ἀνα- (6)]. To light, kindle : πῦρ η 13, ι 251, 308, κ 358, υ 123, φ 181.

†ἀνακηκίω [ἀνα- (1)]. To gush up, ooze forth : αἷμα Η 262, ἱδρώς Ν 705, Ψ 507.

†ἀνακλίνω [ἀνα- (3)]. Aor. pple. ἀνακλίνας σ 103. Contr. ἀγκλίνας Δ 113 : χ 156. Infin. ἀνακλῖναι Ε 751, Θ 395 : λ 525. Aor. pple. pass. ἀνακλινθείς ι 371. Pl. ἀνακλινθέντες ν 78. Fem. ἀνακλινθεῖσα δ 794, σ 189. (1) To push back, open (a door) χ 156.—To remove (something covering) : νέφος Ε 751 = Θ 395.—App. (perh. in imitation of these lines), to suspend or delay the action of (an ambush) : ἀνακλῖναι λόχον λ 525.—(2) To cause to lean (against something) : ποτὶ ἑρκίον αὐλῆς σ 103.—To place or rest in a specified position Δ 113.—(3) In aor. pple. pass., leaning or bending back ι 371.—Reclining δ 794 = σ 189.—Of rowers swinging back to their work ν 78.

ἀνακοντίζω [ἀν-, ἀνα- (1)]. To spirt up Ε 113.

ἀνακόπτω [ἀνα- (3)] To thrust back φ 47.

†ἀνακράζω [ἀνα- (6) + κράζω in sim. sense]. Aor. ἀνέκραγον. To lift up one's voice, speak ξ 467.

ἀνακτόριος, -η, -ον [ἀνακτ-, ἄναξ]. Of a king or chief ο 397.

ἀνακυμβαλιάζω [app. ἀνα- (6) + *κυμβαλιάζω in sim. sense fr. κύμβαλον, cymbal]. Thus, of chariots, to rattle (in upsetting) Π 379.

ἀναλκείη, -ης, ἡ [ἄναλκις]. Lack of spirit, cowardice. In pl. Z 74 = P 320, P 337.

ἄναλκις, -ιδος, ὁ, ἡ [ἀν-¹ + ἀλκή]. Acc. masc. ἄναλκιν γ 375. Incapable of offering defence or resistance, spiritless, cowardly B 201, E 331, 349, Θ 153, Λ 390, N 104, Π 355, Φ 555, etc. : γ 310, 375, δ 334 = ρ 125, ι 475.—As epithet of φύζα O 62.

ἄναλτος, -ον [prob. for ἄναλδτος fr. ἀν-¹ + ἀλδ-, ἀλδαίνω, ἀλδήσκω]. Thus, not to be filled out, insatiable, greedy : γαστέρα ρ 228, σ 364.—Absol. σ 114.

ἀναλύω, ἀλλύω [ἀνα- (6), ἀλ-, ἀνα- (6)]. Pa. iterative ἀλλύεσκον τ 150. 3 sing. -ε β 105, ω 140. (1) To loose, set free: ἐκ δεσμῶν (from . . .) μ 200.—(2) To undo, take down (a web) β 105 = ω 140, β 109 = ω 145, τ 150.

ἀναμαιμάω [ἀνα- (5)]. Of fire, to rage through. With acc. : βαθέ' ἄγκεα Υ 490.

†ἀναμάσσω [ἀνα- (6) + μάσσω, to handle, conn. with μαίομαι]. 2 sing. fut. ἀναμάξεις. To wipe away the stain of (a crime) τ 92.

†ἀναμένω [ἀνά- (6)]. Aor. ἀνέμεινα. To wait for, await : 'Ηῶ τ 342.

ἀναμετρέω [ἀνα- (4)]. To measure one's way again, retrace one's way. With acc. of terminus ad quem : Χάρυβδιν μ 428.

†ἀναμιμνήσκω [ἀνα- (6)]. 2 sing. aor. ἀνέμνησας. To remind (a person of a thing). With double acc. γ 211.

ἀναμίμνω [ἀνα- (6)]. To wait for, await : ἀλλήλους Λ 171.—Absol., to stand one's ground Π 363.

ἀναμίσγω [ἀνα- (5)]. Contr. aor. pple. ἀμμείξας, ἀμμίξας Ω 529. (1) To mix up ingredients Ω 529.—(2) To mix up or mingle : σίτῳ φάρμακα (with . . .) κ 235.

ἀναμορμύρω [ἀνα- (6)]. 3 sing. pa. iterative ἀναμορμύρεσκε. To seethe or boil up μ 238.

ἀνανεύω [ἀνα- (1)]. (1) To throw up the chin in token of refusal (cf. κατανεύω) Z 311 (app. the statue is supposed to move its head).—(2) With infin. of what is refused : σόον ἀπονέεσθαι Π 252.—With acc. ἕτερον Π 250.—(3) To make the motion in prohibition X 205 : φ 129.

ἄναντα [app. a nonce-word formed fr. ἀνά by adding a termination fr. ἔναντα, ἐσάντα]. Uphill Ψ 116.

ἄναξ, -ακτος, ὁ (Fάναξ). Voc. (besides ἄναξ) ἄνα Γ 351, Π 233 : ρ 354. Dat. pl. ἀνάκτεσι ο 557. (1) A king (the main notion being app. that of a protecting chief rather than that of a ruler ; cf. the name 'Αστυάναξ Z 403, and the reason for it there given. But βουληφόρος ἀ. occurs M 414). (a) ἀ. ἀνδρῶν (app. much like ποιμὴν λαῶν) applied to Agamemnon, gen. as a title, but sometimes as a descriptive term A 7, 172, 442, 506, B 402, 434, etc. : θ 77, λ 397 = ω 121.

(D 228)

—Sim. : πολλῶν λαῶν ἀ. I 98.—So ἀ. alone B 284, 360, I 33.—ἀ. ἀνδρῶν applied also to Anchises E 268.—To Aeneas E 311.—To Augeas Λ 701.—To Euphetes O 532.—To Eumelus Ψ 288.—Sim. πολέεσσ' ἄνδρεσσιν ἄνακτα of Ortilochus E 546.—And applied by Idomeneus to himself N 452.—(b) ἀ. applied to Priam B 373, Δ 18, Z 451, etc. : γ 107.—To Idomeneus B 405, K 112, O 301 : τ 181.—To Philoctetes B 725.—To Diomedes Δ 420, E 794.—To Proetus Z 166.—To Achilles I 164, 276 = T 177, Ψ 35, 173, Ω 449, 452.—To Peleus I 480.—To Asius M 139.—To Sarpedon M 413, 414, Π 464.—To Helenus N 582, 758, 770, 781.—To Nestor Ψ 302 : γ 388.—To Menelaus Ψ 588.—To Teucrus Ψ 859.—To Odysseus γ 163, ν 194, etc.—To Teiresias λ 144, 151.—To Aias λ 561.—To Minos λ 570.—To minor heroes and personages B 566 = Ψ 678, B 624, 672, 679, 693, H 8, 137, Λ 322, Ξ 489, O 639 : π 395 = σ 413, σ 299, τ 523, ω 305.—Applied to kings or chiefs generally : ἅρματα ἀνάκτων B 777 : ἀνάκτων παῖδες ν 223.—To the leader of a ship's company λ 71.—With a local word : Πύλοιο B 77. Cf. Z 173.—Sim. Τρώεσσιν Υ 230.—Joined with βασιλεύς ν 194.—(c) ἀ. applied to gods. To Apollo A 36, 75, 390, etc. : θ 323, 334, 339.—To Zeus A 502, 529, B 102, Γ 351, H 194, 200, Π 233, Σ 118 : ρ 354.—To Hermes B 104.—To Sleep Ξ 233.—To Poseidon O 8, 57, 158, Υ 67, 404 : γ 43, 54, ι 412, 526, λ 130, ν 185, ψ 277.—To Hephaestus O 214, Σ 137 : θ 270.—To Hades Υ 61.—To a river ε 445, 450.—To the sun μ 176.—To the gods generally μ 290.—(2) A lord, master, owner : οὐδ' ἡγνοίησαν ἄνακτα N 28, τί δόμεν Πηλῆϊ ἄνακτι (to P. as your master) P 443. Cf. K 559, N 38, O 453, Π 371, 507, Σ 417, 421, Ψ 417 = 446, 517, Ω 734 : οἴκοιο ἀ. α 397, οὔτε ἀ. οὔτε ποιμήν δ 87. Cf. ι 440, κ 216, ξ 8, 139, 170, ρ 186, 320, etc.

ἀνάξει, 3 sing. fut. ἀνάσσω.

ἀνάξομεν, 1 pl. fut. ἀνάγω.

†ἀναοίγω [ἀνα- (6) + οἴγω = οἴγνυμι]. 3 sing. impf. ἀνέῳγε Π 221, Ω 228. Cont. ἀνῷγε Ξ 168. 3 pl. pa. iterative ἀναοίγεσκον Ω 455. 3 sing. aor. ἀνέῳξε κ 389. (1) To open (a door) ε 389.—(2) To draw back (a bar in order to open a door) κληῖδα Ξ 168, Ω 455.—(3) To remove (a cover) Π 221, Ω 228.

ἀναπάλλω [ἀνα- (1)]. Contr. aor. pple. ἀμπεπαλών Γ 355, E 280, H 244, Λ 349, P 516, Υ 438, X 273, 289 : ω 519, 522. 3 sing. aor. pass. ἀνέπαλτο Θ 85, Ψ 694. (1) To poise and sway (a spear before throwing) Γ 355 = E 280 = H 244 = Λ 349 = P 516 = X 273 = 289, Υ 438 : ω 519 = 522.—(2) In pass., to leap or spring up : ἀναπάλλεται ἰχθύς Ψ 692. Cf. Θ 85, Ψ 694.

ἀναπαύω [ἀνα- (6)]. To cause to cease : ἔργων ἀνθρώπους ἀνέπαυσεν (from . . .) P 550.

†ἀναπετάννυμι [ἀνα- (6)]. Acc. fem. pf. pple. pass. ἀναπεπταμένας. To open wide (a gate) M 122.

†ἀναπίμπλημι [ἀνα- (6)]. Fut. infin. ἀναπλήσειν ε 302. 2 sing. aor. subj. ἀναπλήσῃς Δ 170. Pple.

3

ἀναπλήσας, -αντος Θ 34, 354, 465, Λ 263, Ο 132.
Infin. ἀναπλῆσαι ε 207. To fulfil (one's destiny),
have full measure of (misery etc.) : πότμον Δ 170,
Λ 263. Cf. Θ 34=354=465, Ο 132 : κήδεα ε 207.
Cf. ε 302.

ἀναπλέω [ἀνα- (1) (5)]. Fut. infin. in mid.
form ἀναπλεύσεσθαι Λ 22. (1) To sail upwards.
Of a voyage from Greece to Troy Λ 22.—(2) To
sail through, traverse. With acc. : στεινωπόν
μ 234.

ἀνάπνευσις, ἡ [ἀναπνέω]. A breathing-space,
a respite : ὀλίγη δέ τ' ἀ. πολέμοιο (a little (space of
time) serves as a respite from . . .) Λ 801=
Π 43 =Σ 201 (ὀλίγη assimilated in gender to the
predicate ; cf. Ν 237 under ἀρετή (1)).

ἀναπνέω [ἀνα- (4)]. 3 pl. aor. ἀνέπνευσαν Λ 382,
Π 302. 3 pl. subj. ἀναπνεύσωσι Λ 800, Ο 235,
Π 42, Σ 200, Φ 534. 3 sing. opt. ἀναπνεύσειε
Τ 227. Contr. infin. ἀμπνεῦσαι Π 111. Contr.
aor. imp. ἄμπνυε Χ 222. To breathe again, re-
cover breath, draw breath, find a breathing-space
or respite Λ 327, 800=Π 42=Σ 200, Π 111, 302,
Φ 534, Χ 222. — With genit. : κακότητος (from
. . .) Λ 382. Cf. Ο 235, Τ 227.

ἀνάποινος [ἀν-[1]+ἄποινα]. In neut. ἀνάποινον
as adv., without ransom Α 99.

†ἀναπρήθω [ἀνα- (1)]. Aor. pple. ἀναπρήσας.
To cause (tears) to well up Ι 433 : β 81.

ἀνάπτω [ἀν-, ἀνα- (1) (6)]. 3 sing. aor. ἀνῆψε
γ 274. Infin. ἀνάψαι β 86, ι 137. Pf. imp. pass.
ἀνῆφθω μ 51, 162. (1) To fasten up (as an offer-
ing in a temple) γ 274.—(2) To tie, make fast
(a rope) : πρυμνήσια ι 137. Cf. μ 51=162, 179.—
(3) To fasten (blame) upon a person β 86.

ἀνάπυστος [ἀνα- (6) + πυσ-, πεύθομαι]. Dis-
covered, revealed. Absol. in neut. pl. : ἀνάπυστα
θεοὶ θέσαν (caused discovery to be made) λ 274.

ἀναροιβδέω. See ἀναρροιβδέω.

†ἀναρπάζω [ἀν-, ἀνα-(1)]. 3 sing. aor. ἀνήρπασε
Ι 564. 3 pl. ἀνήρπαξαν ο 427. Pple. ἀναρπάξας
Π 437. Fem. -ᾶσα δ 515, ε 419, υ 63, ψ 316. Pl.
-ᾶσαι θ 409. (1) To snatch up and carry off Ι 564,
Π 437.—Of winds δ 515, ε 419, θ 409, υ 63, ψ 316.
—(2) To carry off as a slave ο 427.

†ἀναρρήγνυμι [ἀνα- (6)]. 3 sing. aor. opt.
ἀναρρήξειε Τ 63. Pple. ἀναρρήξας Η 461. Nom.
dual masc. -αντε Σ 582. (1) To split, cause to
open : γαῖαν Τ 63.—To tear open, rend : βοείην
Σ 582.—(2) To tear down, demolish Η 461.

ἀναρρίπτω [ἀνα-(1)]. 3 pl. aor. ἀνέρριψαν κ 130.
From ἀναρριπτέω 3 pl. impf. ἀνερρίπτουν ν 78. To
throw up (the sea with the oar): ἅλα πηδῷ η 328,
ν 78.—Absol., to row vigorously κ 130.

ἀναρροιβδέω, also ἀναροιβδέω, μ 105. [ἀνα-(6)].
To swallow down, swallow μ 104, 105, 236, 431.

ἀνάρσιος [ἀν-[1]+ἀρ-, ἀραρίσκω. ' Not fitted,
ill-fitted, ill-assorted ']. Unfriendly, hostile
Ω 365: κ 459, λ 401, 408, ω 111.—Absol. : δυσμενέες
καὶ ἀνάρσιοι ξ 85.

ἄναρχος [ἀν-[1]+ἀρχός]. Leaderless Β 703=726.

†ἀνασεύω [ἀνα-(1)]. 3 sing. aor. mid. ἀνέσσυτο.
In mid., to spirt up : αἷμα Λ 458.

†ἀνασπάω [ἀνα-(3)]. 3 sing. aor. mid. ἀνεσπά-
σατο. To draw forth again : ἔγχος Ν 574.

ἄνασσα, -ης, ἡ (Fάνασσα) [fem. of ἄναξ]. Queen,
protectress. Applied to Demeter Ξ 326.—In
voc. addressed to Athene γ 380.—To Nausicaa
ζ 149, 175.

ἀνάσσω (Fάνάσσω) [ἄναξ]. 3 sing. fut. ἀνάξει
Τ 104, 122, Υ 307. Infin. -ειν Τ 109, Υ 180. Aor.
infin. mid. -ασθαι γ 245 (in mid. only here). (1)
To protect, be patron of. With genit. : Τενέδοιο
Α 38=452.—(2) To be king, chief or ruler : μετὰ
τριτάτοισιν Α 252. Cf. Δ 61=Σ 366, Π 172, Ψ 471 :
η 23, 62, τ 110.—In mid. : τρὶς ἀνάξασθαι γένε'
ἀνδρῶν (app., during three generations) γ 245.—
With local words : ἐν Βουδείῳ Π 572. Cf.
λ 276, 284, ω 26.—(3) To be king or chief of
or ruler over. (a) With genit. : Ἀργείων Κ 33.
Cf. λ 276.—With local words: Ἰλίου Ζ 478. Cf.
γ 304, δ 602, ρ 443.—(b) With dat. : Μυρμιδόνεσσιν
Α 180. Cf. Α 231, Β 643, Ζ 397, Ξ 85, 94, Τ 104,
Ω 202, etc. : α 181, 419, β 234=ε 12, δ 9, η 11,
ι 552=ν 25, κ 110, λ 349, 491, ο 240, ν 112, ω 26,
378.—With local words: πολλῇσιν νήσοισιν Β 108.
—(4) In pass., to be ruled by, be under the
sway of. With dat. : ἀνάσσονται ἐμοὶ αὐτῷ δ 177.
—(5) To be lord or master of, possess, enjoy.
(a) With genit. : τιμῆς Υ 180 : ω 30.—(b) With
dat. : κτήμασιν οἶσιν α 117. Cf. α 402, δ 93.

ἀνασταδόν [ἀνα- (1) +στα-, ἵστημι]. Standing
up : δειδέχατ' ἀ. Ι 671, ἴδεσθ' ἀ. Ψ 469.

ἀναστάς, aor. pple. ἀνίστημι (Β).

ἀναστεναχίζω [ἀνα- (6)]. To groan aloud Κ 9.

ἀναστενάχω [ἀνα- (6)]. To groan aloud over,
lament, bewail Ψ 211.—In mid. Σ 315, 355.

ἀναστήσας, aor. pple. ἀνίστημι (Α).

ἀναστρέφω [ἀνα- (5) (6)]. Contr. 3 pl. aor. opt.
ἀναστρέψειαν Ψ 436. (1) To upset : δίφρους Ψ 436.
—(2) In mid., to go about over, find oneself in.
With acc. : ἄλλην τινὰ γαῖαν ἀναστρέφομαι ν 326.

ἀναστρωφάω [ἀνα- (6)]. To keep turning about :
τόξον ἐνώμα ἀναστρωφῶν φ 394.

ἀνασχέμεν, ἀνασχεῖν, aor. infin. ἀνέχω.

†ἀνατέλλω [ἀνα- (1)]. 3 sing. aor. ἀνέτειλε. To
cause to spring up or be produced : ἀμβροσίην
Ε 777.

†ἀνατίθημι [ἀνα- (1)]. 3 sing. fut. ἀναθήσει.
To lay (reproach) upon. With dat. : ἐλεγχείην
μοι Χ 100.

†*ἀνατλάω [ἀνα- (6)]. 2 sing. aor. ἀνέτλης ξ 47.
3 -η κ 327. 1 pl. -ημεν γ 104. To endure, suffer
γ 104, ξ 47.—To withstand the operation of κ 327.

ἀνατρέπω [ἀνα- (3)]. 3 sing. aor. mid. ἀνετρά-
πετο. In mid., to fall supine Ζ 64, Ξ 447.

†ἀνατρέχω [ἀνα- (1) (3)]. 3 sing. aor. ἀνέδραμε
Λ 354, Π 813, Ρ 297, Σ 56, 437. 3 sing. pf. -ον Ψ 717.
3 sing. pf. ἀναδέδρομε ε 412, κ 4. (1) To spirt up
Ρ 297.—(2) To run up, shoot up (like a quickly
growing plant) Σ 56=437.—Of weals, to start up
Ψ 717.—(3) To run, stretch, extend up : πέτρη
ε 412, κ 4.—(4) To run back, retire Λ 354, Π 813.

ἄναυδος [ἀν-[1] + αὐδή]. Speechless ε 456.—
Absol. : ἴσος ἀναύδῳ (like a dumb man) κ 378.

ἀναφαίνω [ἀνα- (6)]. Aor. infin. ἀναφῆναι δ 254. (1) To reveal, make known A 87.—To betray, denounce δ 254.—To display : ἐπεσβολίας δ 159. —To make a display of: ἀρετήν Υ 411.—(2) To afford light σ 310.—(3) In pass., to appear, be seen : οἷος ἀναφαίνεται ἀστήρ Λ 62. Cf. κ 29.— Of destruction, to be manifested, come upon one Λ 174, P 244.

ἀναφανδά [ἀναφαν-, ἀναφαίνω]. Openly, without concealment : ἀ. φιλεῦντας γ 221. Cf. γ 222, λ 455.

ἀναφανδόν [as prec.]=prec. : ἀ. ὄπυιεν (as her avowed husband) Π 178.

†ἀναφέρω [ἀνα- (1)]. Aor. ἀνένεικα λ 625. 3 sing. aor. mid. ἀνενείκατο Τ 314. (1) To bring or fetch up λ 625.—(2) In mid., to fetch a sigh Τ 314.

ἀναχάζομαι [ἀνα- (6)]. Aor. pple. ἀναχασσάμενος, -η Η 264, Ν 740, Φ 403 : η 280, λ 97. To draw back, retire E 443, 600, 822, Η 264, Λ 461, Ν 740, Ο 728, Π 710, 819, P 47, 108, 129, Φ 403 : η 280, λ 97.

ἀναχωρέω [ἀνα- (3)]. (1) To go back, return K 210=411, Ν 457.—(2) To withdraw, retire ρ 453, 461.—To draw back from danger Γ 35.— Of hounds retreating from a boar P 729.—To draw back or retire in fight Δ 305, E 107, Λ 189, 440, P 30, Υ 196, 335 : χ 270.

ἀνάψαι, aor. infin. ἀνάπτω.

ἀναψύχω [ἀνα- (6)]. 3 pl. aor. pass. ἀνέψυχθεν K 575. To cool, refresh δ 568.—Fig. : ἐπεὶ ἀνέψυχθεν ἦτορ K 575. Cf. Ν 84.—To cool or soothe (a wound) E 795.

†ἀνδάνω ((σ)ϝανδάνω) [σϝαδ-. Cf. ἡδύς, L. suavis]. 3 sing. ἁνδάνει β 114. 3 sing. impf. ἐήνδανε (ἐϝάνδανε) Ω 25 : γ 143. ἥνδανε (ϝάνδανε) A 24, 378, Ο 674, Σ 510 : ε 153, θ 506, κ 373, ξ 337, 525, π 398, ρ 173. ἅνδανε γ 150. 3 sing. aor. εὔαδε (ἐϝάδε) Ξ 340, P 647 : π 28. ἅδε (ϝάδε) M 80, Ν 748 : ω 465. 3 sing. opt. ἅδοι ζ 245, υ 327. Infin. ἀδεῖν Γ 173. Acc. sing. masc. pf. pple. ἐᾱδότα (ϝεϝαδότα) I 173 : σ 422. (ἀφ-, ἐπι-.) (1) To please, be pleasing or acceptable, find favour or acceptance ε 153, ρ 173.—With dat. : Ἕκτορι M 80=Ν 748. Cf. Γ 173, Ξ 340, Σ 510 : β 114, γ 150, θ 506, ξ 337, 525, π 398, υ 327, ω 465. —(2) Impers. With dat. : ἐπεὶ τοι εὔαδεν οὕτως P 647. Cf. A 24=378, Ω 25 : γ 143, κ 373.— With dat. and infin. : Αἴαντι ἑστάμεν Ο 674. Cf. ζ 245.—So ὥς τοι εὔαδε, . . . ἐσορᾶν . . . π 28.— (3) In pf. pple., pleasing, agreeable I 173 :=σ 422.

ἄνδιχα [ἀν-, ἀνα- (6) + δίχα]. (1) In two, asunder : κεάσθη Π 412=Υ 387, Π 578.—(2) In halves, equally : δάσασθαι Σ 511, X 120.

ἀνδράγρια, τά [ἀνδρ-, ἀνήρ + ἄγρη. Cf. βοάγρια]. Spoils of a man, i.e. of a fallen foe Ξ 509.

ἀνδρακάς [ἀνδρ-, ἀνήρ]. Each man, each ν 14.

ἀνδράποδον. Dat. pl. -πόδεσσι. A slave H 475.

ἀνδραχθής [ἀνδρ-, ἀνήρ + ἄχθος]. That is a load for a man, as heavy as a man can carry κ 121.

ἀνδρειφόντης [prob. rather ἀδριφόντης, fr. ἀδρ-, ἀνδρ-, ἀνήρ + φον-, φένω. Cf. ἀνδροτής]. Slayer of men. Epithet of Enyalius B 651, H 166= Θ 264=P 259.

ἀνδρόκμητος [ἀνδρ-, ἀνήρ + κμη-, κάμνω]. Made by the hands of man, the work of men's hands Λ 371.

ἀνδροκτασίη, -ης, ἡ [ἀνδρ-, ἀνήρ + κτα-, κτείνω]. (1) Slaughter of men, slaughter in battle. In pl.: παύσασαι ἀνδροκτασιάων E 909. Cf. H 237, Ω 548: λ 612.—In concrete sense : ὕπαγ' ἐξ ἀνδροκτασίης Λ 164.—(2) Homicide Ψ 86.

ἀνδρόμεος [ἀνδρ-, ἀνήρ]. Of man, human Λ 538 (the throng of men), P 571, Υ 100, Φ 70 : ι 297 (of man's flesh), 347, 374, χ 19.

ἀνδροτής, -ῆτος, ἡ [prob. rather ἀδροτής, fr. ἀδρ-, ἀνδρ-, ἀνήρ. Cf. ἀνδρειφόντης]. (1) Manhood Π 857=X 363.—(2) Manliness Ω 6.

ἀνδροφάγος [ἀνδρ-, ἀνήρ + φάγον]. Man-eating κ 200.

ἀνδροφόνος, -ον [ἀνδρ-, ἀνήρ + φον-, φένω]. (1) Slayer of men. Epithet of Hector A 242, Z 498, I 351, Π 77, 840, P 428, 616, 638, Σ 149, Ω 509, 724.—Of Ares Δ 441.—Of Lycurgus Z 134.— (2) Manslaying, fatal : χεῖρας Σ 317 =Ψ 18, Ω 479.— Of a poisonous application, deadly α 261.

ἀνδύεται, contr. 3 sing. pres. mid. ἀναδύω.

ἀνέβη, 3 sing. aor. ἀναβαίνω.

ἀνεβήσετο, 3 sing. aor. mid. ἀναβαίνω.

ἀνεγείρω [ἀν-, ἀνα- (6)]. Aor. ἀνέγειρα κ 172. 3 sing. -ε K 138, 157 : ψ 22. Infin. ἀνεγεῖραι δ 730. To wake up, cause to rise, rouse K 138, 157 : δ 730, κ 172, ψ 16, 22.

ἀνέγναμψαν, 3 pl. aor. ἀναγνάμπτω.

ἀνέγνων, aor. ἀναγιγνώσκω.

ἀνεδέγμεθα, 1 pl. aor. ἀναδέχομαι.

ἀνέδεκτο, 3 sing. aor. mid. ἀναδέχομαι.

ἀνέδρακε, 3 sing. aor. ἀναδέρκομαι.

ἀνέδραμε, 3 sing. aor. ἀνατρέχω.

ἀνέδῡ, 3 sing. aor. ἀναδύω.

ἀνεδύσετο, 3 sing. aor. mid. ἀναδύω.

ἀνεέργω [ἀν-, ἀνα- (6)]. To keep back, restrain : φάλαγγας P 77 =Η 55, μάχην Τρώων P 752.

†ἀνέζομαι [ἀν-, ἀνα- (1) (4)]. 3 sing. fut. ἀνέσει σ 265. Aor. opt. ἀνέσαιμι Ξ 209. Pl. pple. ἀνέσαντες Ν 657. In the forms cited (1) To set or place upon something: ἐς δίφρον Ν 657.—Sim.: εἰς εὐνήν Ξ 209.—(2) To restore to one's place σ 265.

ἀνέηκε, 3 sing. aor. ἀνίημι.

ἀνέῃ, 3 sing. aor. opt. ἀνίημι.

ἀνείετο, 3 sing. aor. mid. ἀναιρέω.

†ἄνειμι [ἀν-, ἀνα- (1) (3) + εἶμι]. 3 sing..ἄνεισι X 492, 499. Pple. ἀνιών, -όντος X 480, Θ 538, Ξ 28, Σ 136, X 135 : α 24, 259, ε 282, κ 332, μ 429, ψ 362. Fem. ἀνιοῦσα Τ 290. Acc. ἀνιοῦσαν θ 568, ν 150, 176. Impf. ἀνήϊον κ 146, 274. 3 pl. ἀνήϊον κ 146. (1) To go up κ 146.—Of the sun, to rise : ἠελίου ἀνιόντος Θ 538. Cf. Σ 136, X 135 : Αἰθίοπες ἀνιόντος Ὑπερίονος (dwelling in the east) α 24. Cf. μ 429, ψ 362.—(2) To go up inland κ 274, 446.—(3) To go up (to a person) as a suppliant : ἐς πατρὸς ἑταίρους X 492.—(4) To go or come back, return : ἐκ πολέμου Z 480. Cf. Ξ 28, Τ 290, X 499 : α 259, ε 282, θ 568 =ν 150 =176, κ 332.

ἀνείμων, -ονος [ἀν-¹ + εἷμα]. Without (store of) raiment. Absol. : ἀνείμονος ἠὲ πενιχροῦ γ 348.

ἀνείρομαι [ἀν-, ἀνα- (6)]. (1) To ask, inquire, make inquiry Φ 508 : η 21, ψ 99.—(2) To inquire about : τήνδε γαῖαν ν 238.—(3) To question (a person) : σε δ 420. Cf. δ 461, 631.—(4) With double acc. : ὅ μ' ἀνείρεαι Γ 177 : =η 243=ο 402, τ 171. Cf. α 231=ο 390.

ἀνέκραγον, aor. ἀνακράζω.

ἀνεκτός, -όν [vbl. adj. fr. ἀνέχω]. Bearable, endurable, to be endured Α 573, Κ 118, Λ 610 : υ 83.—Absol. in neut. pl. : οὐκέτ' ἀνεκτὰ πέλονται (my case is now unendurable) υ 223.

ἀνεκτῶς [adv. fr. prec.]. In such wise as may be endured : μαίνεται οὐκέτ' ἀ. Θ 355. Cf. ι 350.

ἀνελθών, aor. pple. ἀνέρχομαι.

ἀνέλκω [ἀν-, ἀνα- (1) (3)]. (1) To draw up Μ 434.—(2) To draw back (i.e. away from one) : τόξον πῆχυν Λ 375, Ν 583.—To draw back (a spear in order to recover it).—In mid. χ 97.—To bend a bow φ 128, 150.

ἀνέλοντο, 3 pl. aor. mid. ἀναιρέω.

ἀνέμεινα, aor. ἀναμένω.

ἀνέμνησας, 2 sing. aor. ἀναμιμνήσκω.

ἄνεμος, -ου, ὁ. (1) A wind : ἐλθὼν ἀ. Ρ 57. Cf. Ε 865 : ε 109, 368, μ 313.—With pl. : οἱ δ' ἄνεμοι ἔβαν (they, the winds mentioned) Ψ 229 : τῶν ἄλλων ἀνέμων ε 383.—(2) The wind : ἀ. πρῆσεν ἱστίον Α 481. Cf. Ε 499, Ζ 147, 346, Λ 156, 308, Μ 133, 157, 207, 253, Ξ 398, Ο 383, 626, Ρ 739, Υ 492, Ψ 367, Ω 342 : δεῦρ' ἀ. πέλασσεν ε 111=134. Cf. α 98, β 427, γ 300, ε 391, ι 285, λ 592, ν 276, etc.—(3) Joined with Βορέης Ο 26 : ι 67, ξ 253, 299, τ 200.—With Ζέφυρος Π 150.—(4) In pl. (a) Winds : δύο Ι 4. Cf. Ν 795, Ξ 254, Ψ 194 : ι 82, λ 400=407, μ 286, 425, ξ 313, ω 110.—(b) The winds : κνίσην ἄνεμοι φέρον Θ 549. Cf. Β 397, Ε 501, 525, Θ 481, Κ 437, Μ 281, Ν 334, Ξ 17, Ο 620, Π 213=Ψ 713, Ρ 56, Ψ 199, 317 : πνοιὰς ἀνέμων δ 839. Cf. γ 289, ε 293, 305, 317, 330, 343, 478, ζ 43, η 272, ι 260, κ 20, 21, 47, μ 326, ν 99, τ 440.

ἀνεμοσκεπής [ἄνεμος + σκέπας]. Protecting from the wind : χλαινάων Π 224.

ἀνεμοτρεφής, -ές [ἄνεμος + τρέφω]. Of a wave, fed (i.e. raised) by the wind Ο 625.—Of a spear, (made of wood) toughened by (the buffeting of) the wind Λ 256.

ἀνεμώλιος [app. fr. ἄνεμος]. Thus (1) Like the idle blowing of the wind, idle, vain : ταῦτ' ἀνεμώλια βάζεις (what you say is idle) Δ 355.—Absol. : ἀνεμώλια βάζεις δ 837 = λ 464.—(2) Useless, idle : τόξα Ε 216. Cf. Φ 474. — Useless, effecting nothing Υ 123.

ἀνένεικα, aor. ἀναφέρω.

ἀνέντες, aor. pple. pl. ἀνίημι.

ἀνέξομαι, fut. mid. ἀνέχω.

ἀνέπαλτο, 3 sing. aor. pass. ἀναπάλλω.

ἀνέπαλτο, 3 sing. aor. ἀνεφάλλομαι.

ἀνέπνευσαν, 3 pl. aor. ἀναπνέω.

ἀνέρριπτουν, 3 pl. impf. See ἀναρρίπτω.

ἀνέρριψαν, 3 pl. aor. ἀναρρίπτω.

ἀνέρχομαι [ἀν-, ἀνα- (1) (3)]. 3 sing. aor. ἀνήλυθε ζ 167. Pple. ἀνελθών κ 97, 148, 194, τ 190. (1) To go up κ 97 =148, 194.—To go up (to a city) : ἄστυδε τ 190.—Of a plant, to shoot up ζ 163, 167.—(2) To come back, return Δ 392, Ζ 187 : α 317.

ἀνερωτάω [ἀν-, ἀνα- (6) + ἐρωτάω = εἰρωτάω]. To question (a person) : ἀνηρώτων μιν δ 251.

ἀνέσαν, 3 pl. aor. ἀνίημι.

ἀνέσει, 3 sing. fut. ἀνέξομαι.

ἀνεσπάσατο, 3 sing. aor. mid. ἀνασπάω.

ἀνέσσυτο, 3 sing. aor. mid. ἀνασεύω.

ἀνέστη, 3 sing. aor. ἀνίστημι (Β).

ἀνέστησε, 3 sing. aor. ἀνίστημι (Α).

ἀνέστιος [ἀν-¹ + ἑστίη = ἱστίη]. Unworthy to have a home : ἀφρήτωρ ἀθέμιστος ἀ. Ι 63.

ἀνέσχε, 3 sing. aor. ἀνέχω.

ἀνέσχεθε, 3 sing. aor. ἀνέχω.

ἀνέτειλε, 3 sing. aor. ἀνατέλλω.

ἀνέτλη, 3 sing. aor. ἀνατλάω.

ἀνετράπετο, 3 sing. aor. mid. ἀνατρέπω.

ἄνευ. With genit. (1) Away from, aloof from : δηΐων Ν 556.—(2) Lacking : κέντροιο Ψ 387. Cf. ω 247.—Without need of : δεσμοῖο ν 100.—(3) Without the help of : ἔθεν Ρ 407.—Without the good will or permission of : ἐμέθεν Ο 213. Cf. β 372, ο 531.

ἄνευθε(ν) [ἄνευ]. (1) Adv. (a) Far away : ἀ. ἐών Β 27 = 64 = Ω 174. Cf. Δ 277, Χ 300, Ψ 452, 474.—(b) Away, removed : πολλὸν ἀ. Ψ 378. Cf. δ 356, τ 575.—(c) Apart, aside, aloof : ἀ. ἔθηκεν Χ 368. Cf. Ψ 241, Ω 208 : ι 26, λ 82.—(2) Prep. with genit. (a) Far from : πατρός Φ 78.—(b) Away from : νῶϊν Χ 88.—(c) Apart or aloof from : ἄλλων Χ 39. Cf. κ 554.—(d) Without, free from : πόνου η 192.—(e) Without the help of : ἐμεῖο Π 89. Cf. π 239.—Without the good will or permission of : θεοῦ Ε 185.—(f) App., in the background as regards, ready to take the place of : τοῖο ἀ. λελείμμην Χ 333.

†ἀνεφάλλομαι [ἀν-, ἀνα- (1), ἐφ-, ἐπι- (11)]. 3 sing. aor. ἀνεπᾶλτο. To spring up against a person Υ 424.

ἀνέφελος, -ον [ἀ-¹ + νεφέλη]. Cloudless ζ 45.

ἀνέχω [ἀν-, ἀνα- (1) (3)]. 3 sing. aor. ἀνέσχε Ρ 310, Υ 278, Χ 80 : χ 297. 3 pl. —ον Γ 318, Ζ 301, Η 177 : σ 89. Pple. ἀνασχών Α 450, Γ 275, Ε 174, etc. : δ 115, 154, ν 355, ρ 239, υ 97. Infin. ἀνασχέμεν Ω 301. ἀνασχεῖν Ζ 257. 3 sing. aor. ἀνέσχεθε Η 412, Κ 461. 1 pl. -ομεν ι 294. Contr. infin. ἀνσχεθέειν ε 320. Mid. Fut. ἀνέξομαι Ε 895 : τ 27. Contr. infin. ἀνσχήσεσθαι Ε 104, 285. 3 sing. aor. ἀνέσχετο Ε 655, Σ 430, Φ 67, 161 : ψ 302. Contr. 2 sing. ἀνσχεο Ω 518. Opt. ἀνασχοίμην λ 375. Imp. ἀνάσχεο Α 586, Ε 382, Κ 321. Contr. ἄνσχεο Ψ 587, Ω 549. Pple. ἀνασχόμενος, -ου Γ 362, Λ 594, Μ 138, etc. : ξ 425, σ 95, 100, τ 448. Infin. ἀνασχέσθαι Δ 511 : ν 307. (I) In act. (1) To hold up, lift up : σκῆπτρον (to the gods in testimony) Η 412, ὑψόσε (as an offering) Κ 461. Cf. Ξ 499, Υ 278, Χ 80 : χεῖρας σ 89. Cf. δ 115 =154, χ 297.—To lift up (the hands) in prayer Α 450, Γ 275, 318=Η 177, Ε 174, Ζ 257, 301, Σ 75, Τ 254,

ἀνεψιός   37   **ἀνθίστημι**

Ω 301 : ι 294, ν 355, ρ 239, υ 97.—(2) To maintain, uphold : εὐδικίας τ 111.—(3) To restrain, check : ἵππους Ψ 426.—(4) To project, appear : αἰχμὴ παρ’ ὦμον P 310.—To come to the surface, emerge ε 320.—(II) In mid. (1) To hold up, lift up : σκῆπτρον ἀνάσχεο (in testimony) K 321. Cf. M 138: σ 100.—To raise (a spear) for action E 655, Λ 594, O 298, P 234, Φ 67, 161 : τ 448.—(2) To lift the hand Γ 362, X 34 : ξ 425.—Of boxers, to square up Ψ 660, 686 : σ 95.—(3) To endure, have laid upon one, suffer : κήδεα Σ 430. Cf. Ω 518 : ν 307, ψ 302. —(4) To endure, stand, withstand the action of : χαλκόν Δ 511. Cf. E 104, O 470.— (5) To endure, submit to : δουλοσύνην χ 423.—To suffer the presence or company of, bear with : ξείνους η 32. Cf. ρ 13.—(6) To endure, suffer, permit. With acc. in complementary ppl. clause: οὔ σ’ ἀνέξομαι ἄλγε’ ἔχοντα E 895. Cf. τ 27.— (7) To endure, hold up, hold out : δηρόν E 285. Cf. λ 375.—With complementary ppl. clause : καί κ’ εἰς ἐνιαυτὸν παρὰ σοί γ’ ἀνεχοίμην ἥμενος δ 595.—(8) To accept what happens, submit with patience: ἀνάσχεο Α 586. Cf. E 382, Ω 549.—With complementary pple. : εἰσορόων ἀνέχεσθαι π 277. —To restrain oneself, be placated : ἄνσχεο Ψ 587.

ἀνεψιός, -οῦ, ὁ.   A cousin I 464, K 519, O 422, 554, Π 573.

ἀνέψυχθεν, 3 pl. aor. pass. ἀναψύχω.

ἄνεω, **ἄνεω** [the former app a nom. pl. masc. fr. an adj. ἄνεως. The latter (only in ψ 93 of a woman) app. to be taken as an adv.]. Silent : ἐγένεσθε B 323. Cf. Γ 84, I 30 = 695 : ἦσθε β 240. Cf. η 144, κ 71, ψ 93.

ἀνέῳξε, 3 sing. aor. ἀναοίγω.

ἀνήγαγον, aor. ἀνάγω.

ἀνήῃ, 3 sing. aor. subj. ἀνίημι.

ἀνήϊξαν, 3 pl. aor. ἀναΐσσω.

ἀνήϊον, impf. ἄνειμι.

ἀνῆκε, 3 sing. aor. ἀνίημι.

ἀνήκεστος [ἀν-¹ + ἀκεσ-, ἀκέομαι]. Not to be cured or soothed E 394.—Not to be appeased O 217.

ἀνηκουστέω [ἀν-¹ + ἀκούω].   To fail to hearken to, disobey. With genit. : πατρὸς O 236 = Π 676.

ἀνήλυθε, 3 sing. aor. ἀνέρχομαι.

ἀνήμελκτος, -ον [ἀν-¹ + ἀμέλγω].   Not milked ι 439.

ἀνήνατο, 3 sing. aor. ἀναίνομαι.

†**ἀνήνοθε** [3 sing., in the first passage of a plupf. (with secondary person-ending), in the second of a pf., fr. ἀνεθ- = ἀνθ-, ἄνθος. (Cf. ἐνήνοθε)]. (ἐπ-.) To come to the surface, come forth : αἷμ’ ἀ. Λ 266.—To rise up, spread upwards : κνίση ἀ. ρ 270.

ἀνήνυστος [ἀν-¹ + ἀνυσ-, ἀνύω].   Not accomplished or brought to an end : ἔργῳ π 111.

ἀνήνωρ, -ορος [ἀν-¹ + ἀνήρ]. Deprived of virility; or perh. merely, unmanly κ 301, 341.

ἀνήρ (ἄ), ἀνδρός, ὁ. Genit. ἀνέρος Γ 61, E 649, etc. : α 161, 218, etc. Dat. ἀνέρι Π 516, 716, etc. : α 292, β 223, etc. Acc. ἀνέρα N 131, Π 215, etc. Voc. ἄνερ Ω 725. Nom. dual ἀνέρε M 421, 447, etc. Acc. ἄνέρε Λ 328. Nom. pl. ἀνέρες B 1,

604, etc. : α 176, γ 471, etc. Dat. ἄνδρεσσι E 546, 874, etc. : α 358, κ 120, etc. Acc. ἀνέρας A 262, B 554, etc. : λ 630, ν 261, etc. (1) (a) A man in gen. : ἄναξ ἀνδρῶν A 7, περὶ ἀνδρῶν (beyond all men) Φ 215. Cf. B 198, Γ 429, E 37, I 197, etc. : ἄνδρα μοι ἔννεπε α 1, ἄνδρες ἂψ ἐγένοντο κ 395. Cf. β 91, δ 363, θ 223, ι 494, etc.—(b) Mankind, man : ὀϊζυρώτερον ἀνδρός P 446.—(c) Quasi-pronominal = ‘ one,’ ‘ anyone ’ : ὅσσον ἀ. ἴδεν E 770. Cf. Δ 539, T 183, Υ 97, etc. : νεμεσσήσαιτό κεν ἀ. α 228. Cf. γ 231, θ 139, ο 400, etc.—(d) With a qualifying sb. : ἀ. βουληφόρος (a councillor) A 144, αἰπόλοι ἄνδρες (goatherds) B 474. Cf. Γ 170, Δ 187, Z 315, I 524, etc. : ἀοιδὸς ἀ. γ 267. Cf. θ 584, ι 126, ξ 102, ο 427, etc.—(e) With a proper name (cf. φώς (2)) : ἀνέρος Λαομέδοντος E 649. Cf. Λ 92: η 22.—(f) With ethnic words : Σίντιες ἄνδρες (the Sintians) A 594. Cf. Γ 6, E 779, K 487, etc. : Φοῖνιξ ἀ. (a Phoenician) ξ 288. Cf. γ 31, ζ 3, ξ 263, etc.—(2) Specifically. (a) A man as distinguished from a woman : πόλεμος ἀνδρεσσι μελήσει Z 492. Cf. H 139, I 134, Ω 707, etc. : α 358, δ 142, η 74, etc.—(b) A husband Γ 140, Ξ 504, T 295, etc. : α 292, ζ 181, η 68, etc.—(c) A man as distinguished from a god : Διὸς ἄγγελοι ἠδὲ καὶ ἀνδρῶν A 334. Cf. A 544, E 128, N 632, etc. : ’Αθήνη ἀνδρὶ ἐϊκυῖα θ 194. Cf. α 28, ν 112, τ 265, etc.—Sim. ἡμιθέων ἀνδρῶν M 22.—With words indicative of mortality: βροτός E 361, Σ 85, etc. : δ 397, ε 129, etc.—θνητός K 403, Π 441, etc. : κ 306, π 196.—καταθνητός K 441.—(d) A man as distinguished from a youth: ἤδη ἀ. [ἐστιν] τ 160. Cf. Λ 449.—(e) With words indicative of youthfulness, a youth : νέου ἀνδρός Ψ 589. Cf. Γ 108 : β 188, γ 24, ξ 524, φ 310, etc.— (f) A man in the full sense of the term : ἀνέρες ἔστε (quit you like men) E 529, Z 112, Θ 174, O 561, etc.

ἀνηρεψαντο, 3 pl. aor. mid. [No doubt for ἀνηρέψαντο, fr. ἀν-, ἀνα- (1) + ἀρεπ- = ἁρπ-, ἁρπάζω. Cf. ἄρπη, Ἅρπυια.] Thus, to snatch up : Γανυμήδεα ἀ. θεοὶ Υ 234. Cf. α 241 = ξ 371, δ 727, υ 77.

ἀνήροτος, -ον [ἀν-¹ + ἀρόω]. (1) Unploughed, untilled ι 123.—(2) Not growing as the result of tillage ι 109.

ἀνήραξαν, 3 pl. aor. ἀναρράσσω.

ἀνήρπασε, 3 sing. aor. ἀναρπάζω.

ἀνήσει, 3 sing. fut. ἀνίημι.

ἀνήφθω, pf. imp. pass. ἀνάπτω.

ἀνῆψε, 3 sing. aor. ἀνάπτω.

ἀνθεμόεις, -εντος [ἄνθος]. (1) Flowery : λειμῶνι B 467. Cf. B 695: μ 159.—(2) Adorned with flower-like ornaments Ψ 885 : γ 440, ω 275.

ἀνθερεών, -ῶνος, ὁ [ἀνθέω. ‘ The part on which the beard grows ’]. The chin A 501, Γ 372, E 293, N 388.

ἀνθέριξ, -ικος. App., the stalk of corn : ἐπ’ ἀνθερίκων καρπὸν θέον (the ears of the corn) Υ 227.

ἀνθέω [ἄνθος]. Of hair on the face, to sprout, grow : πρὶν ἰούλους ἀνθῆσαι λ 320.

ἄνθινος [ἄνθος]. The product of flowers, consisting of fruit : εἶδαρ ι 84.

†**ἀνθίστημι** [ἀνθ-, ἀντι- (2).] 3 sing. aor. ἀντέστη Υ 70, 72. 3 pl. impf. mid. ἀνθίσταντο Π 305. In

aor. and mid., to face in fight. With dat. : Ἥρῃ Τ 70, Λητοῖ 72.—Absol., to make a stand Π 305.
ἄνθος, τό. (1) A flower B 89, 468, I 542 : ζ 231 =ψ 158, ι 51, 449.—(2) The characteristic flower of a plant : φάρμακον γάλακτι εἴκελον ά. (having a milk-white flower) κ 304.—(3) In collective sense, flowers, blossom : βρύει ἄνθεϊ λευκῷ P 56. Cf. η 126.—(4) Fig. : ἔχει ἥβης ά. (is in the flower of his youth) N 484.
ἀνθρακιή, -ῆς, ἡ. Hot embers I 213.
ἄνθρωπος, -ου, ὁ. (1) (a) A human being, a man (seldom in sing. and never of a particular man): ἐσσομένοισι μετ᾽ ἀνθρώποισιν Γ 287, μυῶν ἀνθρώπου Π 315. Cf. Z 14, I 134, K 213, N 733, etc. : πολλῶν ἀνθρώπων ἄστεα α 3, ὃς ἀνθρώπους ἐκέκαστο (all men) τ 395. Cf. α 183, γ 48, ζ 259, η 23, etc.—For μέροπες ἄνθρωποι see μέροπες.—(b) Mankind, man : οὐδὲν ἀκιδνότερον ἀνθρώπου σ 130.—(c) Quasi-pronominal= 'one,' 'anyone ' : ὅ κε στυγέῃσιν ἰδὼν ά. ἔχοντά [σε] ν 400.—(d) With a qualifying sb. : ά. ὁδίτης Π 263. Cf. Ω 202 : η 32, ν 123.—(2) Specifically, a man as distinguished from a god : οὔτε θεῶν οὔτ᾽ ἀνθρώπων Α 548. Cf. B 669, E 442, Z 180, Θ 27, etc. : νέμεσις ἐξ ἀνθρώπων ἔσσεται β 136. Cf. ν 110, ξ 179, υ 112, χ 346, etc.—With words indicative of mortality : θνητός Α 339, Ξ 199, etc. : α 219, ε 32, etc.—κατα-θνητός Z 123 : γ 114, ι 502, etc.
ἀνιάζω [ἀνίη]. (1) To molest, annoy τ 323.— To weary, tire Ψ 721.—(2) To be overcome by distress or pain Φ 270 : χ 87.—To weary, become tired δ 460.—To become impatient δ 598.—To be oppressed, feel hampered (by the possession of something) : κτεάτεσσιν Σ 300.
ἀνιάω [ἀνίη]. (1) To trouble, vex β 115.— (2) To make oneself a nuisance τ 66, υ 178.— (3) In pass., to become disgusted or disheartened: ἀνιηθέντα νέεσθαι B 291.—To become disgusted or wearied : ὀρυμαγδῷ α 133.—To become wearied or impatient γ 117.—To be wearied or annoyed : οὔ τις ἀνιᾶται παρεόντι (by your being here) ο 335.
ἀνίδρωτί [ἀν-.¹+ ἱδρώς]. Without sweat, i.e. without conflict : οὔ κεν ά. γε τελέσθη Ο 228.
ἀνίη, -ης, ἡ. (1) Trouble, inconvenience η 192. —(2) A source of danger μ 223.—A bad thing for one ο 394, υ 52.—A kill-joy : δαιτὸς ἀνίην ρ 446.
†ἀνίημι [ἀν-, ἀνα- (1) (3) + ἵημι¹]. 3 sing. ἀνίησι δ 568, μ 105. 2 sing. opt. ἀνιείης β 185. Fem. pple. ἀνιεῖσα E 422. 3 sing. fut. ἀνήσει B 276. 3 sing. aor. ἀνέηκε E 882. 2 sing. ἀνῆκας Φ 396. 3 -ε B 71, E 405, Z 256, H 25, etc. : η 289, θ 73, ξ 465, ρ 425, σ 199, τ 551, ω 440. 3 pl. aor. ἄνεσαν Φ 537. 3 sing. subj. ἀνήῃ B 34. 3 sing. opt. ἀνείη X 346. Pl. pple. ἀνέντες E 761. From ἀνίεω 2 sing. ἀνιεῖς E 880. 3 sing. impf. ἀνίει Ο 24. ἀνίει θ 359. Fem. pres. pple. mid. ἀνιεμένη X 80. Acc. masc. pl. ἀνιεμένους β 300. (1) To send up, cause to ascend: καπνόν Φ 523.—To cause to flow up : [ὕδωρ] μ 105.—(2) To stir up, set on, urge, incite, impel : σοὶ ἔπι τοῦτον E 405. Cf. E 761, H 25, K 389, Π 691, P 705, Φ 395, 545 : β 185.—With infin. : νεικείειν βασιλῆας B 276.

Cf. E 422, 882, Z 256, H 152, M 307, Ξ 362, Φ 396, X 252, 346 : ἀειδέμεναι θ 73. Cf. ξ 465, ρ 425.—Absol. E 880, Τ 118.—To cause (a wind) to blow δ 568.—(3) To loose (a bond) θ 359.— To loose the fastenings of: πύλας Φ 537.—To relax hold upon, leave in peace : θυμὸν ὀδύνη O 24.— Of sleep, to leave, depart from B 34, 71 : η 289, σ 199, τ 551, ω 440.—(4) In mid., to loose, allow to fall away (a part of one's dress) : κόλπον X 80. —App. by development of this sense, to take off the skin of, flay : αἶγας β 300.
ἀνιηρός [ἀνίη]. Troublesome, tiresome : πτωχόν ρ 220. Cf. ρ 377.—In comp. in impers. construction : αὐτῷ οἱ ἀνιηρέστερον ἔσται (the worse for him) β 190.
ἀνιπτόπους, -ποδος [ά.-¹ + νιπ-, νίζω + πούς]. With unwashen feet : ὑποφῆται Π 235.
ἄνιπτος, -ον [ά.-¹ + νιπ-, νίζω]. Unwashen Z 266.
†ἀνίστημι [ἀν-, ἀνα- (1)]. (A) 3 sing. impf. ἀνίστη Ω 515, 689. 3 pl. fut. ἀναστήσουσι H 116. Contr. 2 sing. ἀναστήσεις Ω 551. 3 -ει Ο 64. Contr. pple. ἀνστήσων K 32. 3 sing. aor. ἀνέστησε Ω 756. 3 sing. opt. ἀναστήσειε Α 191. Contr. imp. ἄνστησον K 176. Pple. ἀναστήσας K 179 : ζ 7, η 163, 170, ξ 319. Contr. fem. ἀναστήσασα Σ 358. (B) 3 sing. aor. ἀνέστη Α 68, 101, B 76, H 354, 365, I 195, Ο 287, Σ 305, 410, Ψ 635, Ω 597 : β 224, ε 195, μ 439, σ 157, υ 380, φ 139, 166, 243, 392, ψ 164. 3 pl. ἀνέσταν Α 533, H 161, Ψ 886 : θ 258, κ 215. Contr. 3 dual ἀνστήτην Α 305. 3 sing. subj. ἀναστῇ σ 334. Pple. ἀναστάς, -αντος Α 387, T 77, 175, Ψ 542, Ω 11 : δ 343, 776, π 378, ρ 134, σ 47. Contr. ἀναστάς, -άντος B 398, T 269, Ψ 848 : δ 674, μ 170, 195, ο 58, 96, π 358, 407, ρ 177. Fem. ἀναστᾶσα Ξ 336 : τ 357. Contr. infin. ἀνστήμεναι K 55. **Mid.** 3 sing. impf. ἀνίστατο H 94, 123, Ψ 491, 566, 677, 709, 734 : υ 124, φ 144. Pple. ἀνιστάμενος, -ου Α 58, I 52, T 55 : γ 341. 3 pl. fut. ἀναστήσονται Φ 56. Contr. infin. ἀναστήσεσθαι B 694. (I) In impf. act. and the other forms (A) (1) To cause to rise or stand up : γέροντ᾽ ἀνίστη Ω 515. Cf. η 163, 170, ξ 319.—To break up (an assembly) Α 191.—To cause (a people) to migrate ζ 7.—(2) To rouse from sleep K 32, 176, 179, Ω 689.—(3) To raise from the dead Ω 551, 756.—(4) To cause to take action, rouse to action Ο 64, Σ 358.—To put forward (a champion) H 116. —(II) In mid. and the other forms (B) (1) To rise or stand up : Πάτροκλος ἀνέστη I 195. Cf. Σ 410, Ω 597 : ε 157 = φ 139 = 166 = ψ 164, φ 243 = 392.—To rise up in token of respect Α 533.—Of a beast, to stand on its hind legs κ 215.—(2) To rise up with a view to action : ἀναστάντες ἔφερον Ψ 848. Cf. γ 341, δ 674 = π 407, δ 776, θ 258, μ 170, 195, π 358, ρ 177, σ 47, τ 357. —(3) To rise to speak : ἀνιστάμενος μετέφη A 58 = T 55. Cf. A 68 = 101 = B 76 = H 354 = 365, A 387, H 94, 123, I 52, T 77, 175, 269, Ψ 491, 542, 566, 734 : ἀνέστη μαντεύεσθαι υ 380. Cf. β 224, π 378. —(4) To rise at the close of an assembly A 305, B 398.—At the close of judicial business μ 439. —(5) To rise from bed or from sleep K 55, Ξ 336,

ἀνίσχω 39 **ἀντιάω**

Ω 11 : ο 58, 96, ν 124.—(6) To rise from the dead Φ 56.—As if from the dead Ο 287.—(7) To rouse oneself to action Β 694, Σ 305.—To stand up to take part in a contest Ψ 709, 886 : δ 343=ρ 134, φ 144.—To stand up as a volunteer champion Η 161.—(8) To stand up (to another) in a fight, etc. Ψ 635, 677 : σ 334.

ἀνίσχω [ἀν-¹, ἀνα- (1)]. To lift up (the hands) in prayer : χεῖρας ἀνίσχοντες Θ 347 = Ο 369.

ἀνιχνεύω [ἀν-, ἀνα- (6)+ἰχνεύω, to trace, fr. ἴχνος]. To trace or hunt out Χ 192.

ἀνιών, pres. pple. ἄνειμι.

ἀννέομαι [ἀν-, ἀνα- (1)]. Of the sun, to rise κ 192.

ἀνοήμων [ἀ-¹+νοήμων]. Lacking understanding β 270, 278, ρ 273.

ἀνόλεθρος [ἀν-¹+ὄλεθρος]. Unscathed Ν 761.

ἄνοος, -ον [ἀ-¹+νόος]. Senseless, foolish Φ 441.

ἀνοπαῖα [app. neut. pl. as adv. of an adj. ἀνοπαῖος fr. ἄνω²; or poss. of such an adj. fr. ἀν-¹ +ὀπ-. See ὁράω]. Thus, upwards, or unseen α 320. (Others write ἀνόπαια, explained as a kind of eagle.)

ἀνορούω [ἀν-, ἀνα- (1)]. (1) To rise or start up, spring up : ταφὼν ἀνόρουσεν Ι 193. Cf. Α 248, Κ 162, 519, Λ 273 = 399, 777, Ρ 130, Τ 396, Φ 246, Ψ 101 : γ 149, δ 839, κ 557, ξ 518, π 12, χ 23. —(2) Of the sun, to rise γ 1.

ἀνόστιμος [ἀ-¹+νόστιμος]. Cut off from return home : κεῖνον ἀνόστιμον ἔθηκεν δ 182.

ἄνοστος [ἀ-¹+νόστος]. =prec. ω 528.

ἀνουσος [ἀ-¹+νοῦσος]. Afflicted by no disease : ἀσκηθέες καὶ ἄνουσοι ξ 255.

ἀνούτατος [ἀν-¹+οὐτάω]. Not wounded (by thrust) : ἄβλητος καὶ ἀνούτατος Δ 540.

ἀνουτητί [as prec.]. Without inflicting a wound : οὐδέ οἵ τις ἀνουτητὶ παρέστη Χ 371.

ἀνστάς, contr. aor. pple. ἀνίστημι (Β).

ἀνστήσει, contr. 3 sing. fut. ἀνίστημι (Α).

ἀνστήτην, contr. 3 dual aor. ἀνίστημι (Β).

ἀνστρέψειαν, contr. 3 pl. aor. opt. ἀναστρέφω.

ἀνσχεθέειν, contr. aor. infin. ἀνέχω.

ἄνσχεο, contr. 2 sing. and imp. aor. mid. ἀνέχω.

ἀνσχετός [ἀν(α)σχε-, ἀνέχω]. To be endured, sufferable : ἀνσχετὰ ἔργα β 63.

ἀνσχήσεσθαι, contr. fut. infin. mid. ἀνέχω.

ἄντα [ἀντί]. (I) Adv. (1) Face to face : μάχεσθαι Τ 163, ἀνασχομένω Ψ 686, θεοῖσιν ἄ. ἐῴκει (when set face to face, when brought into comparison) Ω 630.—Facing a person : στῇ ζ 141. —(2) Straight in front of one : ἰδὼν Ν 184=404= 503 = Π 610 = Ρ 305 = 526, Χ 274. Cf. φ 48, 421, χ 266, ω 181.—(II) Prep. with genit. (freq. following the case). (1) Over against, opposite : Ἠλίδος ἄ. Β 626.—In the presence of : ἄ. σέθεν δ 160.—(2) In hostile sense, against : Διὸς ἄ. Θ 424, 428. Cf. Θ 233,. Ο 415, Π 621, Υ 75, 76, 355, 365, Φ 477 : χ 232.—Facing : μευ Ρ 29. Cf. Ρ 167, Τ 69, 73, 89.—(3) A (fitting) match for Φ 331.—(4) In front of, before : ἄ. παρειάων α 334 =π 416=σ 210=φ 65. Cf. δ 115=154.

ἀντάξιος [ἀντ-, ἀντι- (4) (practically as inten-

sive)+ἄξιος]. (1) Worth, the equal or equivalent of. With genit. : πολλῶν ἄ. ἄλλων Λ 514. — (2) Forming a suitable equivalent Α 136.—Absol. in neut. ἀντάξιον, an equivalent Ι 401.

ἀντάω [ἄντα]. From ἀντέω 3 pl. impf. ἤντεον Η 423. (συν-.) (1) To meet, encounter. With dat. : οἱ Ζ 399. Cf. Η 423.—To meet a person so as to have knowledge of him Δ 375 : =δ 201.— (2) With genit., to encounter, come upon : ἔνδον ἐόντων π 254.—To light or come upon : δαίτης γ 44, ὁπωπῆς 97 = δ 327, ρ 44.—To get one's will in the matter of : μάχης Η 158.—(3) With genit., to encounter in fight : τοῦδ' ἀνέρος Π 423.

ἀντέστη, 3 sing. aor. ἀνθίστημι.

ἄντην [adv. fr. acc. of *ἄντη, conn. with ἀντίος]. (1) Face to face : ἐσέδρακον ἄ. Ω 223. Cf. Ο 247, Ω 464 : ε 77, θ 213.—When set face to face, when brought into comparison : θεῷ ἐναλίγκιος ἄ. β 5= δ 310. Cf. χ 240, ω 371.—(2) To one's face : ὁμοιωθήμεναι ἄ. Α 187. Cf. Κ 158 : γ 120, θ 158.— (3) Facing the foe, man to man : ἄ. ἵστασθε Λ 590. Cf. Μ 152, Σ 307, Χ 109.—(4) Straight in front of one : ἄ. εἰσιδέειν Τ 15.—(5) Before the eyes of a company : ἄ. οὐκ ἂν λοέσσομαι ζ 221.— (6) Into one's view or presence Θ 399.

ἄντηστις, ἡ [app. abstract sb. fr. ἀντί]. Thus κατ' ἄντηστιν, opposite : θεμέλιῳ δίφρον (i.e. opposite the door of the μέγαρον) υ 387.

ἀντί [orig. sense over against, opposite]. Prep. with genit. (sometimes (without anastrophe) following the case). (1) Instead of, in the place of : Ἕκτορος ἀντί Ω 254. Cf. υ 307.—For, in exchange for : τρεῖς ἑνὸς ἀντί Ν 447. Cf. Ξ 471.— (2) As good as, the equivalent of : πολλῶν λαῶν Ι 116.—Entitled to the rights of : ἱκέταο Φ 75. Cf. θ 546.—No better than : γυναικός Θ 163.—(3) In return for : τῶνδ' ἀντί Ψ 650. Cf. χ 290.

ἀντιάνειρα, αἱ [ἀντι- (4)+ἀνήρ]. A match for men. Epithet of the Amazons Γ 189, Ζ 186.

†**ἀντιάω** [ἀντίος]. 3 pl. ἀντιόωσι Ζ 127, Φ 151. Acc. sing. fem. pple. ἀντιόωσαν Α 31. 3 pl. imp. ἀντιοώντων Ψ 643. Infin. ἀντιᾶν Ν 215. Fut. ἀντιόω Μ 368, Ν 752. Pple. ἀντιόων, -ωντος Υ 125 : α 25. Fem. ἀντιόωσα Φ 431 : γ 436, ω 56. 2 sing. fut. ἀντιάσεις χ 28. 2 dual aor. subj. ἀντιάσητον Μ 356. 2 sing. ἀντιάσειας Η 231. 3 sing. ἀντιάσειε Ν 290 : μ 88, ν 292, φ 402. 1 pl. ἀντιάσαιμεν Η 231. Pple. ἀντιάσας, -αντος Α 67, Κ 551, Ο 297 : ζ 193, η 293, ν 312, ξ 511, ρ 442. 2 pl. impf. mid. ἀντιάασθε Ω 62. (ὑπ-.) (1) To meet or encounter someone : θεὸν ἀντιόωσαντα Κ 551 : ἱκέτην ἀντιάσαντι (who has met one who can help him) ζ 193=ξ 511. Cf. η 293, μ 88, ν 292, 312, ρ 442.—(2) To encounter in fight. With genit. : σέθεν Η 231.— With dat. : ἐμῷ μένει Ζ 127 = Φ 151, Φ 431 : ἐκείνῳ σ 147.—Absol. Ο 297.—(3) Of a missile, to reach, strike. With genit. : στέρνων Ν 290.—(4) To find, get. With genit. : ὀνήσιος φ 402.—(5) To join, come to. With genit. : παιδὸς τεθνηότος ω 56.—(6) With genit., to take part in : πόνοιο Μ 356. Cf. Μ 368=Ν 752, Ν 215, Υ 125, Ψ 643 : ἀέθλων χ 28.—In mid. : ἀντιάασθε γάμου Ω 62.—

Of a god, to take part in (a sacrifice) : ἑκατόμβης
α 25, ἱρῶν γ 436.—To accept of (a sacrifice) Α 67.
—With acc., to come to share : ἐμὸν λέχος Α 31.
ἀντίβιος, -η, -ον [ἀντι- (2) + βίη]. (1) Of words,
wrangling, jangling Α 304, Β 378 : σ 415 = ν 323.
—(2) In neut. ἀντίβιον as adv., face to face, man
to man : ἀ. μαχέσασθαι Γ 20 = Η 40 = 51. Cf.
Γ 435, Λ 386.—(3) Adv. of acc. fem. form ἀντιβίην.
(a) Face to face, man to man Ε 220.—With dat. :
῞Εκτορι Φ 226.—(b) To one's face : ἐριζέμεναι βασιλῆϊ
ἀ. Α 278.
ἀντιβολέω [ἀντι- (1) (2) + βολ-, βάλλω]. (1) To
meet or encounter someone : θεὸς ἀντιβολήσας
Κ 546. Cf. Ω 375 : ζ 275, η 16.—With dat. : οἱ
Λ 809, Ν 210, 246 : η 19, μοι κ 277, ν 229.—(2) To
encounter in fight. With dat. : τούτῳ Η 114.
Cf. Π 847 : χ 360.—Absol. Λ 365 = Τ 452, Μ 465,
Π 790.—(3) To come to, fall to the lot of. With
genit. : γάμος ἐμέθεν σ 272.—(4) To find, get.
With genit. : ἐπητύος φ 306.—(5) To take part
in. With genit. : μάχης Δ 342 = Μ 316 : τάφου
δ 547.—With dat. : τάφῳ ω 87.—To be present
at, witness. With dat. : φόνῳ ἀνδρῶν λ 416.
ἀντίθεος, -η [ἀντι- (4) + θεός]. Like the gods.
A vague general epithet of commendation Δ 88,
Ε 663, Ι 623, Λ 140, Ξ 322, Ψ 360, etc. : α 21,
δ 571, ζ 241, λ 117, ξ 18 (here merely conventional),
ο 90, etc.
ἀντίθυρον, τό [ἀντι- (1) + θύρη]. A space opposite
a door : στῇ κατ' ἀντίθυρον κλισίης π 159 (app.,
from 165, in a spot opposite the door of the κλισίη
and outside the gate of the αὐλή).
ἀντικρύ (ῠ Ε 130, 819) [ἀντί]. (1) Face to
face : μάχεσθαι Ε 130, 819.—(2) Straight on, right
on : δι' ὤμου Δ 481. Cf. Γ 359 = Η 253, Ε 67, 74,
100, 189, Λ 253, Ν 595, 652, Π 346, Ρ 49 = Χ 327,
Τ 416, Ψ 876 : κ 162, τ 453, χ 16.—(3) Right over :
τάφρον ὑπέρθορον Π 380.—(4) (Aiming) straight in
front Π 285.—(5) With genit., straight against :
῞Εκτορος ἀ. Θ 301 = 310.—(6) Vehemently : μεμαώς
Ν 137.—Right out, without circumlocution Η 362.
—(7) Utterly, completely : ἀπάραξε Π 116. Cf.
Ψ 673, 867.
ἀντίος, -η, -ον [ἀντί]. (1) Opposite, facing : ἔσταν
Α 535.—In hostile sense Λ 94, 216, Ν 146, Τ 373,
Φ 144 : τ 445.—With genit. : ἐμεῖο Ρ 31 = Τ 197.
—(2) Straight towards an object : ἀΐξας Ο 694 :
χ 90.—Straight before one : ἀθρῆσαι τ 478.—
(3) To meet persons approaching : ἐξέθορεν Φ 539.
—(4) In order to meet, join, encounter or inter-
cept a person : ἦλθεν Ζ 54, Ρ 257.—With genit. :
᾽Αγαμέμνονος ἀ. ἐλθών Β 185. Cf. Λ 594, Χ 113 :
ἀ. ἦλθεν ἄνακτος π 14.—With dat. : τῇ δ' ἀ. ὄρνυτο
Η 20.—In hostile sense : ἀ. ἐλθών Τ 352.—With
genit. : ὅς τις τοῦ γ' ἀ. ἔλθοι Ε 301 = Ρ 8. Cf. Η 98,
Τ 371, Φ 150.—With dat. : ἀ. οἱ ἦλθεν Ο 584. Cf.
Τ 422.—In order to clasp or seize. With genit. :
ἀ. ἤλυθε γούνων Τ 463.—(5) In neut. sing. ἀντίον
as adv. (a) Opposite, facing : ἷζεν ζ 79, ρ 96,
κατέθηκεν 334.—With genit. : ᾽Οδυσσῆος Ι 218 :
ε 198, π 53. Cf. ρ 257, ψ 165.—In hostile sense
Μ 44.—With genit. : ἀλλήλων Ε 569.—Face to

face : ἵν' ἐνίσπῃ ρ 529.—(b) Against, in con-
tradiction. With genit. : ὅς τις σέθεν ἀ. εἴπῃ
Α 230.—(c) With straight aim Λ 553 = Ρ 662.—
Straight before one : ἴδεν π 160.—(d) Aiming for,
seeking to reach. With genit. : πυλάων Χ 195.
—In hostile sense, in order to meet or encounter
someone : ἐλθέμεναι Ρ 67, ἐλθών Τ 70.—With
genit. : ἀ. εἴμ' αὐτῶν Ε 256. Cf. Η 160, Λ 219,
231, Ρ 69, Τ 175.—(e) In reply : ἀ. ηὔδα Γ 203,
Δ 265, Ε 217, etc. : α 213, 399, β 242, etc.—
Simply in reference to addressing a person :
ἔπος μιν ἀ. ηὔδα Ε 170. Cf. Θ 200, Ω 333 : ε 28.
—(6) In neut. pl. ἀντία as adv. With genit.
(a) Opposite to, facing : ᾽Αλεξάνδροιο Γ 425.—
In hostile sense : Πηλείωνος Τ 88 = 333, ἐμεῖο
Φ 481, σεῖο Χ 253.—In the presence of : δεσποίνης
ο 377.—(b) In hostile sense, in order to meet
or encounter : ἀ. Πηλείωνος Τ 80. Cf. Τ 113, 118.
—(c) Against the will of. Joined with ἀέκητι.
See ἀέκητι (1).
ἀντιόω, fut. ἀντιάω.
ἀντιόωσι, 3 pl. pres. ἀντιάω.
ἀντιπέραιος [ἀντι- (1) + πέρην]. Lying opposite
and beyond. Absol. : τὰ ἀντιπέραια (the opposite
coast) Β 635.
ἀντίσχω [ἀντ-, ἀντι- (2)]. To hold up as protec-
tion against. In mid. With genit. : ἀντίσχεσθε
τραπέζας ἰῶν χ 74.
ἀντιτορέω [ἀντι- (3)]. To pierce : χροός Ε 337
(the genit. app. partitive).—To break into (a
house) : δόμον Κ 267.
ἄντιτος [ἀν-, ἀνα- (3) + τι-, τίνω]. Consisting
in paying back or requital : ἄντιτα ἔργα (works
of vengeance, revenge) Ω 213 (for v.l. see τιτός) :
ρ 51 = 60.
ἀντιφερίζω [ἀντιφέρω]. To set oneself against,
rival. With dat. : σοί Φ 357, ὅτι μοι μένος ἀντι-
φερίζεις (in the matter of might) 488.
ἀντιφέρω [ἀντι- (2)]. In mid. (1) To set oneself
against, rival, a person : ἀργαλέος [ἐστὶν] ἀντι-
φέρεσθαι (hard to set oneself against) Α 589,
χαλεπὴ [εἰμι] μένος ἀντιφέρεσθαι (to rival in the
matter of might) Φ 482.—(2) To offer (successful)
resistance, hold one's own Ε 701 : π 238.
ἄντλος, -ου, ὁ. The lower part of the interior
of a ship, the hold μ 411, ο 479.
ἀντολή, -ῆς, ἡ [= ἀνατολή fr. ἀνατέλλω]. A
rising : ἀντολαὶ ῾Ηελίοιο (the pl. app. referring
to the different places of rising at different
seasons) μ 4.
†ἄντομαι [ἀντί]. 3 sing. aor. ἤντετο Δ 133,
Π 788, Τ 415, Χ 203. Fem. pple. ἀντομένη Θ 412,
Λ 237. Pl. ἀντόμεναι Β 595. Infin. ἄντεσθαι
Ο 698. (συν-.) (1) To meet, encounter. With
dat. : ἀλλήλοισιν Ο 698. Cf. Π 788, Χ 203.—Absol.
Β 595, Θ 412.—Of a weapon. With dat. : ἀργύρῳ
Λ 237.—(2) Of the front and back plates of the
θώρηξ, to meet and overlap Δ 133 = Τ 415.
ἄντρον, -ου, τό. A cave or cavern ι 216, 218,
235, 236, 298, 312, 407, ν 103 = 347, 363, υ21, ω 6.
ἄντυξ, -υγος, ἡ. (1) The breastwork or rail
surrounding a chariot in front and at the sides :

ὑπὲρ ἄντυγος Π 406. Cf. E 262, 322.—In pl. of a single rail Λ 535 = Υ 500, Φ 38. Cf. δοιαὶ ἄντυγες Ε 728 (prob. referring only to a single rail called δοιαί as terminating behind in a handle on each side).—(2) The rim of a shield : ἀ. ἢ πυμάτη θέεν ἀσπίδος Ζ 118. Cf. Ξ 412, Ο 645, Σ 479, 608, Υ 275.

ἄνυμι [cf. ἀνύω]. To effect, accomplish : θοῶς ἤνυτο ἔργον ε 243.

ἄνυσις [ἀνύω]. Accomplishment, effect, result : αὐτῶν (app., on their part) Β 347. Cf. δ 544.

ἀνύω [cf. next]. 3 sing. aor. ἤνυσε δ 357, ω 71. 3 sing. opt. ἀνύσειε ο 294. Fut. infin. pass. ἀνύσσεσθαι π 373. (ἀπ-, δι-, ἐξ-.) (1) To effect, accomplish : ἀνύσσεσθαι τάδε ἔργα π 373. —To effect one's purpose Δ 56.—(2) To consume : ἐπεί σε φλὸξ ἤνυσεν ω 71.—(3) To pass over, traverse : θαλάσσης ὕδωρ ο 294.—To perform a voyage δ 357.

ἄνω¹ (ἄ Σ 473). (κατ-.) To accomplish : ὅπως ἔργον ἄνοιτο Σ 473 : ἦνον ὁδόν (pursued their way, made (good) speed) γ 496.—In pass. of a period of time, to pass away, waste : νύξ ἄνεται Κ 251.

ἄνω² [ἀνά]. (1) Upwards : λᾶαν ἄ. ὤθεσκεν λ 596.—(2) Out to sea : ὅσσον Λέσβος ἀ. ἐντὸς ἐέργει Ω 544.

ἀνώγε, contr. 3 sing. impf. ἀναοίγω.

ἀνώγω. Fut. ἀνώξω π 404. 1 pl. aor. subj. ἀνώξομεν Ο 295. Infin. ἀνῶξαι κ 531. Pf. (with pres. sense) ἄνωγα Κ 120, Ξ 105, Ψ 245 : α 269, γ 317, π 312, ρ 279, υ 43, etc. 2 sing. ἄνωγας Ζ 382, Ξ 262, Ω 670 : μ 284, ο 346, ρ 398. 3 ἄνωγε (to be distinguished fr. 3 sing. impf.) Ζ 444, Ι 680, Ξ 195, Σ 426, Ω 90 : ε 89, ρ 582, σ 409, τ 374. Imp. ἄνωχθι Κ 67, Λ 204, Ο 160, etc. : α 274, β 113, ρ 508, etc. 3 sing. ἀνώχθω Λ 189. 2 pl. ἄνωχθε χ 437. Plupf. (with impf. sense) ἠνώγεα ι 44, κ 263, ρ 55. 3 sing. ἠνώγει(ν) Ζ 170, Η 386, Κ 394, Μ 355, Ω 190 : γ 174, ε 99, 112, μ 160, ξ 336. ἀνώγει(ν) (to be distinguished fr. ἀνώγει, 3 sing. pres.) Β 280, Δ 301, Ε 509, 899, etc. : β 385, γ 141, δ 531, θ 449, etc. From ἀνωγέω 3 pl. impf. ἠνώγεον Η 394. (1) Of persons, to command, order, bid, give orders or injunctions. (a) With acc. and infin. : λαοὺς ἀπολυμαίνεσθαι Α 313. Cf. I 219, Λ 15, etc. : ἐμὲ δεῦρ' ἐλθέμεν ε 99. Cf. α 274, ι 331, etc.—With neg., to forbid : οὔ τινα χάζεσθαι ἀνώγει Ρ 357.—(b) With acc. alone, Κ 130, etc. : ε 139, τ 374, etc.—(c) With this acc. and acc. of what is enjoined : τίπτε με κεῖνος ἄνωγεν ; Ω 90.— (d) With dat. and infin. : ἑτάροισι κατακῆαι κ 531. Cf. π 339, υ 139.—(e) With infin. alone : δεῖξαι Ζ 170. Cf. Ζ 382, Η 386, Ψ 158, etc. : γ 174, δ 531, μ 284, ξ 336.—(f) Absl. I 690, Ο 725, etc. : ξ 471, σ 7, ν 282.—(2) Passing into milder sense, to bid, exhort, charge, desire, urge, recommend, counsel. (a) With acc. and infin. : δαίνυσθαί μιν Ε 805. Cf. I 578, 680, Κ 120, Ο 180 : σὲ φράζεσθαι α 269. Cf. β 195, ε 357, ζ 216, ι 44, μ 160, etc.—With neg., to counsel or express desire against a course : οὔ τί μ' ἀνώγει θωρήσσεσθαι μ 227. Cf. υ 364.—(b) With acc. alone π 404.— (c) With infin. alone: ἐγρήγορθαι Κ 67. Cf. Λ 139,

646 = 778, Μ 355, Π 8, Χ 351 : ἑδριάασθαι γ 35. Cf. γ 317, η 221, μ 158, π 278, 405, ρ 398, ψ 267. —With neg. as above : τύμβον οὐ μάλα πολλὸν πονέεσθαι Ψ 245.—(d) Absol. Ω 670. —(3) In sim. constructions with senses as under (2) of mental faculties and impersonal agencies : θυμός Δ 263, Ζ 439, Η 74, Θ 189, 322, I 101, 703, Ξ 195 = Σ 426, Ο 43, Σ 176, Τ 102, Υ 77, 179, Χ 142, μένος καὶ θυμός Ω 198 : ἦτορ α 316, θυμός ε 89, θ 70, λ 206, ξ 246, π 141, 466, σ 409, φ 194, οἶνος ξ 463, κραδίη καὶ θυμός ο 395, ἀχρημοσύνη ρ 502.—With neg. as under (2) : οὐδέ με θυμὸς ἄνωγεν Ζ 444. Cf. Σ 90.

†ἀνωθέω [ἀν-, ἀνα- (1)]. Pl. aor. pple. ἀνώσαντες. To shove off, put to sea ο 553.

ἀνώϊστί [ἀνώϊστος]. At unawares : ἔπεφνεν δ 92.

ἀνώϊστος [ἀν-¹ + ὀϊσ-, ὀΐω]. Not looked for, un-expected : κακόν Φ 39.

ἀνώνυμος [ἀν-¹ + ὄνυμα, Aeolic form of ὄνομα]. Nameless, having no name : οὔ τις ἀ. ἐστιν θ 552.

ἀνώσαντες, pl. aor. pple. ἀνωθέω.

ἄνωχθι, pf. imp. ἀνώγω.

ἀξίνη, -ης, ἡ. An axe (referred to only as in warlike use) Ν 612, Ο 711 (see under πέλεκυς).

ἄξιος. (1) Worth, the equal or equivalent of. With genit. : οὐδ' ἑνὸς Θ 234, πολέος οἱ ἄξιος ἔσται (he will find it a thing of price) Ψ 562. Cf. Ο 719, Ψ 885 : ἄξιον ἔσται ἀμοιβῆς (will bring a (full) return) α 318. Cf. θ 405.—(2) Forming a suitable equivalent, suitable, sufficient, calculated to satisfy : ἄποινα Ζ 46 = Λ 131. Cf. I 261 : ο 388 = 429.—With infin. : Πρωθοήνορος ἀντὶ πεφάσθαι Ξ 472.—(3) Absol. in neut. ἄξιον. (a) An equi-valent or recompense : ἦ τι εἴσκομεν ἀ. εἶναι τρεῖς ἑνὸς ἀντὶ πεφάσθαι ; Ν 446.—(b) A suitable return : ἄξιόν κ' ἀλφοῖ υ 383.

ἄξυλος, -ον [prob. ἀ-² + ξύλον]. Thus, thickly timbered : ὕλη Λ 155.

ἄξω¹, fut. ἄγνυμι.

ἄξω², fut. ἄγω.

ἄξων, -ονος, ὁ. An axle Ε 723, 838, Λ 534, Ν 30, Π 378, Υ 499.

ἀοιδή, -ῆς, ἡ [ἀείδω]. (1) A song or lay α 328, 340, 351, θ 499, μ 44, 183, 198, ω 197.—A dirge or lament : στονόεσσαν Ω 721.—(2) A subject of song : ἐσσομένοισι ἀοιδήν γ 204. Cf. θ 580, ω 200. —(3) Singing : παῦσαν ἀοιδῆς Β 595 : κίθαρις καὶ ἀ. α 159. Cf. α 421 = σ 304, θ 429, ρ 605.—(4) The art of song : Μοῦσαι ἀοιδὴν ἀφέλοντο Β 599. Cf. Ν 731 : θ 44, 64, 253, 498, φ 406.

ἀοιδιάω [ἀοιδή]. To sing ε 61, κ 227.

ἀοιδός, -οῦ, ὁ [ἀείδω]. A minstrel or bard Σ 604 : α 325, θ 43, ν 9, ρ 385, χ 376, etc.—A singer of a dirge : ἀοιδοὺς θρήνων ἐξάρχους Ω 720.

ἀολλής, -ές (ἀϜολλής) [ἀ-² + Ϝελ-, (Ϝ)ειλω]. Only in pl. (1) In a body, all together : ὑπέμειναν ἀολλέες Ε 498. Cf. I 89, Μ 78, Ν 136, Ο 494, Π 601, Τ 190, Ψ 12, etc. : ἠγερέθοντο γ 412, λ 228. Cf. γ 427, δ 448, κ 259, υ 40, χ 446, ψ 38.—(2) Of in-animate objects, in a body or mass, all together : πάντα φέρωμεν ἀολλέα θ 394.—Cf. γ 165, κ 132, ξ 432.

†ἀολλίζω [ἀολλής]. 3 pl. aor. ἀόλλισσαν Z 287. Fem. pple. ἀολλίσσᾶσα Z 270. 3 pl. aor. pass. ἀολλίσθησαν T 54. Infin. ἀολλισθήμεναι O 588. (1) To gather together, cause to assemble: γεραιάς Z 270, 287.—(2) In pass., to come together, assemble: ἐπεὶ πάντες ἀολλίσθησαν T 54. Cf. O 588.

ἄορ, -ορος, τό. Dat. ἄορι (ᾰ). Acc. pl. in masc. form ἄορας ρ 222. A sword K 484, 489, Λ 240, 265=541, Ξ 385, Π 115, 473, Τ 290, 378, 462, Φ 21, 173, 179, 208: θ 403, κ 321, 333, 439=λ 231, λ 24, ρ 222, τ 241.

ἀορτήρ, -ῆρος, ὁ [ἀορτ-, ἀείρω]. Dat. pl. ἀορτήρεσσι Λ 31. (1) A strap to support a sword, a sword-baldrick : χρυσέοισιν (app. in pl. as referring to the two ends attached to the sheath) Λ 31.— Joined with, and app. less specific than, τελαμών: περὶ στήθεσσιν ἀ. ἦν τελαμών λ 609.—(2) The shoulder-strap of a wallet ν 438=ρ 198=σ 109.

ἄορτο, 3 sing. plupf. pass. ἀείρω.

ἀοσσητήρ, -ῆρος, ὁ [perh. for ἀ-σοκ-jη-τηρ fr. ἀ-.² + σεq-, (σ)ἔπω²]. (1) A helper, aider O 254, 735 : δ 165, ψ 119.—(2) An avenger X 333.

ἄουτος [app. for ἄνουτος=ἀνούτατος]. Unwounded Σ 536.

ἀπαγγέλλω [ἀπ-, ἀπο- (7)]. 3 sing. pa. iterative ἀπαγγέλλεσκε P 409 : σ 7. 3 sing. aor. opt. ἀπαγγείλειε P 640 : π 153. Pple. ἀπαγγείλας π 133. Infin. ἀπαγγεῖλαι I 626 : ι 95, ο 210. To bear a message, make a report or announcement ι 95, σ 7.—With dat. : Πηλεΐδη P 640. Cf. ο 210, π 133, 153, 459.—With dat. and acc., to announce or report (something) to: μῦθον Δαναοῖσιν I 626. Cf. P 409.

ἀπάγχω [ἀπ-, ἀπο- (7)]. To throttle τ 230.

ἀπάγω [ἀπ-, ἀπο- (1) (4)]. Fut. infin. ἀπάξειν Σ 326 : ο 436. 3 sing. aor. ἀπήγαγε O 706 : δ 289, π 170. 3 pl. -ον ν 211. (1) To drive or lead off : βόας σ 278.—To lead, conduct or bring away δ 289, ν 211.—(2) To bring or conduct back O 706, Σ 326 : ο 436, π 370.

ἀπαείρω [ἀπ-, ἀπο- (1)]. In pass., to take oneself off from. With genit. : πόλιος Φ 563.

ἀπαίνυμαι. See ἀποαίνυμαι.

ἀπαΐσσω [ἀπ-, ἀπο- (1)]. Aor. pple. ἀπαΐξας Φ 234. (1) To spring or dart from. With genit.: κρημνοῦ Φ 234.—(2) Of limbs, to dart out from. In mid. With genit. : χεῖρες ὤμων ἀπαΐσσονται Ψ 628 (v.l. ἐπαΐσσονται).

ἀπαιτίζω [ἀπ-, ἀπο- (7)]. To ask for, demand : χρήματα β 78.

ἀπάλαλκον, aor. [ἀπ-, ἀπο- (2)]. To ward or keep off : μνηστῆρας δ 766.—To ward or keep off from. With genit. : σῆς κύνας κεφαλῆς X 348.

ἀπάλαμνος [ἀ-¹ + παλάμη]. Handless, shiftless, without resource : ἀνήρ E 597.

†ἀπαλέξω [ἀπ-, ἀπο- (2)]. Fut. infin. ἀπαλεξήσειν ρ 364. Aor. opt. ἀπαλεξήσαιμι Ω 371. (1) To ward or keep off from. With genit. : ἄλλον σεῦ Ω 371.—(2) To keep (a person) protected from. With genit. : κακότητός τινα ρ 364.

†ἀπάλθομαι [ἀπ-, ἀπο- (7)]. 2 and 3 dual fut. ἀπαλθήσεσθον. To be healed or cured : ἕλκεα (of the wounds) Θ 405=419.

ἀπαλοιάω [ἀπ-, ἀπο- (7)]. To crush, break, sever : τένοντε καὶ ὀστέα Δ 522.

ἀπαλός, -ή, -όν. (1) Soft, tender, delicate : δειρήν Γ 371. Cf. N 202, P 49=X 327, Σ 123, 177, T 285 : χεῖρας φ 151. Cf. χ 16.—Epithet of the life or vital principle : ἦτορ Λ 115.—Of the feet, stepping delicately T 92.—(2) In neut. ἀπαλόν as adv. : ἀ. γελάσαι (app., on small provocation, idly) ξ 465.

ἀπαλοτρεφής [ἀπαλός + τρέφω]. So fed as to be ἀπαλός, well-fed, plump : σιάλοιο Φ 363.

ἀπαμάω [ἀπ-, ἀπο- (3) + ἀμάω¹]. To cut, cut through, sever : λαιμόν Σ 34 (for v.l. see ἀποτμήγω).

ἀπαμείβω [ἀπ-, ἀπο- (7)]. In mid., to answer, reply to Τ 199 : η 298 = 308 = λ 347 = 362 = ν 3, θ 140=400, θ 158, ρ 445, τ 405, ω 327.—In pres. pple. ἀπαμειβόμενος, making answer, in reply A 84, E 814, Λ 316, etc. : α 63, η 207, ι 409, ρ 405, etc.

ἀπαμύνω [ἀπ-, ἀπο- (2)]. 3 sing. aor. ἀπήμῦνε I 597. 1 pl. aor. mid. ἀπαμύναίμεσθα O 738. Infin. ἀπαμύνασθαι Ω 369 : π 72, φ 133. (1) To ward off, keep off. With dat. of person protected : Αἰτωλοῖσι κακὸν ἦμαρ I 597.—(2) In mid. (a) To ward or keep off from oneself : ἀνδρ᾽ ἀπαμύνασθαι Ω 369 | = π 72=φ 133.—(b) Absol., to defend oneself O 738 : λ 579.

†ἀπαναίνομαι [ἀπ-, ἀπο- (7)]. 3 pl. aor. ἀπηνήναντο H 185. Infin. ἀπανήνασθαι κ 297. (1) To refuse, reject : θεοῦ εὐνήν κ 297.—(2) To disown : [κλῆρον] H 185.

ἀπάνευθε(ν) [ἀπ-, ἀπο- (7) + ἄνευθε(ν)]. (1) Adv. (a) To far away, far away : φεῦγον I 478, ἀ. νεῶν ἐχέοντο T 356 (i.e. they issued from the ships and took up a position well in front of them).—From far away : ἴδεν P 198.—(Visible) from a great distance : τοῦ (i.e. proceeding from him) ἀ. σέλας γένετο T 374.—(b) Apart, aside, aloof : κιὼν A 35. Cf. B 812, Δ 227, K 425, 434, Λ 341, Σ 558, Ω 473 : α 190, β 260, ζ 204, 223, 236, ι 189, ψ 86.—Apart, separately : Τειρεσίῃ δίϊ ἱερεύσομεν κ 524 = λ 32.— (2) Prep. with genit. (a) Far from : φίλων T 378. Cf. β 164, ι 36.—(b) Away from, to a distance from : μάχης Λ 283.—(c) Apart or aloof from, at a distance from : νεῶν A 48, O 348, P 403. Cf. B 391, Λ 81, Ξ 30, 189, P 192, 426, Σ 412, 523, Τ 41, Ψ 77, 83, 141, 194, Ω 211 : η 284, ρ 447.— Apart from, detaching oneself from : θεῶν Θ 10. —Apart from, without consulting : θεῶν A 549.

ἀπανήνασθαι, aor. infin. ἀπαναίνομαι.

ἀπάντη [ἄπας]. In all directions : φέρων ἀπ᾽ ὅμιλον ἀ. H 183, 186 : χέε δέσμαθ᾽ ἀ. θ 278.

†ἀπανύω [ἀπ-, ἀπο- (7)]. 3 pl. aor. ἀπήνυσαν. To perform a voyage : οἴκαδε η 326.

ἄπαξ [(σ)α- as in ἅμα]. (1) Once : θνήσκουσιν μ 22.—(2) Once for all : ἀπὸ θυμὸν ὀλέσσαι μ 350.

ἀπάξειν, fut. infin. ἀπάγω.

†ἀπαράσσω [ἀπ-, ἀπο- (1)]. 3 sing. aor. ἀπήραξε Ξ 497. ἀπάραξε Π 116. To smite off Ξ 497, Π 116.

†ἀπαρέσκω [ἀπ-, ἀπο- (7)]. Aor. infin. mid.

ἀπαρέσσασθαι. In mid., to appease : ἄνδρα
T 183.

ἀπάρχω [ἀπ-, ἀπο- (1)]. In mid. as a word of
ritual, to cut off (hairs of the victim) as the first-
fruits of the sacrifice (cf. ἄρχω (1) (b)) : ἀπαρχό-
μενος κεφαλῆς τρίχας ξ 422.—Absol. γ 446.

ἅπᾱς, -ᾱσα, -αν [(σ)α- as in ἅμα+πᾶς]. Genit.
ἅπαντος, -άσης, -αντος. Genit. pl. fem. ἀπᾱσέων
θ 284. Strengthened form of, but hardly to be
distinguished from, πᾶς. (1) In sing. (a) All
the, the whole, the whole of the : ἠϊόνος Ξ 35.
Cf. O 506, Τ 156, Φ 244, 451, etc.: οἶκον β 48. Cf.
η 129, ι 6, λ 442, ν 72, etc.—Predicatively: ἐγκέφαλος
ἅπας πεπάλακτο (were all spattered) Λ 98, κάρη
ἅπαν ἐν κονίῃσι κεῖτο (i.e. was wholly defiled with
dust) X 402, etc. Cf. δ 616, etc.—(b) All, the
whole of : διέχευάν μιν ἅπαντα H 316, Ἴλιος X 410.
Cf. τ 421.—A whole : ἐνιαυτόν ξ 196, ο 455.—
All needful : σῖτον π 83.—All possible, perfect :
φιλότητος ο 158.—(2) In pl. (a) All the: φάλαγγας
Ζ 83. Cf. Θ 17, I 159, 591, Λ 847, Ξ 79, 273, 278,
Φ 260, 266, Ω 98, 237 : θεοί α 19. Cf. ι 432, ξ 19, ο 17,
ρ 244, σ 6, φ 260, χ 446.—(b) All : βροτῶν N 374.
Cf. Γ 78, Ξ 332, P 583 : κακῶν δ 221. Cf. ζ 207,
θ 284, 487, ν 157, 297, ξ 57, ρ 12, τ 372, ω 78.—
(c) Absol., the whole number of specified or indi-
cated persons or things: ἀντίοι ἔσταν ἅπαντες A 535.
Cf. B 14, H 153, M 344, Π 291, X 241, etc. : τελευ-
τηθῆναι ἅπαντα β 171. Cf. β 239, γ 34, ε 262,
ν 281, ρ 70 (all they had in their minds), etc.

ἄπαστος, -ον [ἀ-¹+πασ-, πατέομαι]. Not par-
taking of food or drink T 346.—With genit. :
ἐδητύος ἀ. ζ 250. Cf. δ 788.

ἀπατάω [ἀπάτη]. (ἐξ-.) (1) To speak untruth-
fully δ 348=ρ 139.—(2) To trick, cheat, beguile,
deal unfairly with I 344, 375, O 33, T 97.

ἀπάτερθε(ν) [ἀπ-, ἀπο- (7)+ἄτερθε, ἄτερ. Cf.
ἄνευθε, ἄνευ]. (1) Adv., apart from others or
from another : θωρήσσοντο B 587, φθέγξατο Σ 217.
—(2) Prep. with genit., separated from, at a
distance from : ὁμίλου E 445.

ἀπάτη, -ης, ἡ. (1) An act of beguiling, a trick
B 114=I 21.—A piece of unfair dealing Δ 168.—
(2) In pl., wiles, trickery : ἵν' ἀπαλλάξῃς ἀπατάων
O 31. Cf. ν 294.

ἀπατήλιος [ἀπατάω]. Cheating, beguiling.
Absol. in neut. pl. : ἀπατήλια βάζει (tells lying
tales) ξ 127, 157, ἀπατήλια εἰδώς (having deceit in
his heart) 288 (see εἴδω (III) (12)).

ἀπατηλός [as prec.]. =prec.: οὐκ ἐμὸν ἀπατηλόν
(nothing that comes from me bears deceit) A 526.

ἀπατιμάω [ἀπ-, ἀπο- (7)]. To lay dishonour
upon : Πηλείωνα N 113.

†ἀπαυράω. Impf. ἀπηύρων I 131, T 89, Ψ 560,
808 : ν 132. 2 sing. ἀπηύρᾱς Θ 237. 3 -ᾱ Z 17,
I 273, K 495, Λ 115, 334, O 462, Π 828, P 125, 236,
Τ 290, Φ 179, 201, Ψ 291, 800, Ω 50 : γ 192, δ 646,
λ 203, σ 273. 3 pl. ἀπηύρων A 430. 3 pl. fut.
ἀπουρήσουσι (v.l. ἀπουρίσσουσι ; see ἀπουρίζω) X 489.
Aor. pple. ἀπούρᾱς A 356, 507, B 240, Z 455, I 107,
Λ 432, Π 831, Τ 193, Φ 296 : ν 270. [For the impf.
ἀπηύρων, -ας, -α should prob. be read aor. ἀπέϝρᾱν,

-ᾱς, -ᾱ (from ἀπο- (1)+Ϝρα-, Ϝερ- as in ἀπό-(Ϝ)ερσα)
with 3 pl. ἀπέϝρασαν (metrically=ἀπηύρων), pple.
ἀποϜράς and fut. ἀποϜρήσουσι.] (1) To take away :
γυναῖκα A 430, θυμόν Φ 179. Cf. A 356=507=
B 240, Z 455, I 107, 131, 273, Φ 201, Ω 50.—(2) To
take away from (a person), deprive (him) of.
With genit. of person : Ἀχιλλῆος γέρας T 89. Cf.
σ 273.—With dat. : πολέσσι θυμόν P 236. Cf.
Φ 296, X 489 : γ 192, ν 132.—With double acc. :
κῦδός μιν Θ 237. Cf. Z 17, K 495, Λ 115, 334, 432,
O 462, Π 828, 831, P 125, Τ 193, 290, Ψ 291, 560,
800, 808 : νηά σε δ 646. Cf. λ 203, ν 270.

ἀπαφίσκω. 3 sing. aor. ἤπαφε ξ 488. 3 sing.
aor. opt. mid. ἀπάφοιτο ψ 216. (ἐξ-, παρ-.) To
trick, cheat, beguile λ 217.—In mid. ψ 216.—
With complementary infin. : οἰοχίτων' ἔμεναι ξ 488.

ἀπέβη, 3 sing. aor. ἀποβαίνω.

ἀπεβήσετο, 3 sing. aor. mid. ἀποβαίνω.

ἀπεδέξατο, 3 sing. aor. ἀποδέχομαι.

ἀπέδρυφθεν, 3 pl. aor. pass. ἀποδρύπτω.

ἀπέδῦσε, 3 sing. aor. ἀποδύω.

ἀπέδωκε, 3 sing. aor. ἀποδίδωμι.

ἀπέειπον. See ἀποείπον.

ἀπέεργε, 3 sing. impf. ἀποέργω.

ἀπέην, 3 sing. impf. ἄπειμι¹.

ἀπέῃσι, 3 sing. subj. ἄπειμι¹.

ἀπέθηκε, 3 sing. aor. ἀποτίθημι.

ἀπειλέω [ἀπειλή]. 3 dual non-thematic impf.
ἀπειλήτην λ 313. (ἐπ-.) To declare aloud. Hence
(1) To vow, promise. With fut. infin. : ῥέξειν
Ψ 863, 872.—(2) To boast, vaunt Θ 150.—With
pres. infin. : βητάρμονας εἶναι ἀρίστους θ 383.—
With fut. infin. : διελεύσεσθαι N 143. Cf. λ 313.—
(3) To threaten, menace. With dat. : ἀπειλήσω
τοι A 181. Cf. B 665.—With cognate acc. : μῦθον
A 388.—With dat. and this acc. N 220, Π 201.—
With pres. infin. : ἐλκέμεν I 682.—With fut.
infin. : ἀφαιρήσεσθαι A 161. Cf. Θ 415, O 179,
Φ 453.—To threaten (an injury) : ἀπειλήσω τό γε
O 212.—Absol. in aor. pple. ἀπειλήσας, with a
threatening word or gesture : προσηύδα H 225.
Cf. Τ 161, Φ 161, 452, Ψ 184 : φ 368.—With dat.
ν 272.

ἀπειλή, -ῆς, ἡ. In pl. (1) Boasts, vaunts I 244,
Ξ 479.—With fut. infin. : πολεμίξειν Τ 83.—
(2) Threats, menaces N 219, Π 200 : ν 126.

ἀπειλητήρ, -ῆρος, ὁ [ἀπειλέω]. A boaster H 96.

†ἄπειμι¹ [ἀπ-, ἀπο- (2)+εἰμί]. 3 sing. subj.
ἀπέῃσι τ 169. Pple. ἀπεών, -όντος Z 362, Θ 522 :
ν 189, ξ 330, τ 299. 3 sing. impf. ἀπέην K 351,
Τ 7. Contr. ἀπῆν ε 400, ι 473, μ 181. 1 pl. ἀπῆμεν
ι 491. 3 ἀπέσαν K 357. Fut. ἀπέσσομαι ο 515.
3 sing ἀπέσσεται β 285, θ 150. ἀπεσσεῖται τ 302.
3 pl. ἀπέσσονται υ 155. Infin. ἀπέσσεσθαι P 278 :
σ 146. (1) To be away, absent or distant : ἐμεῖο
ἀπεόντος Z 362. Cf. Θ 522, K 351, 357, Τ 7 : ὅτε
τόσσον ἀπῆν ὅσσον . . . ε 400=ι 473=μ 181. Cf.
ι 491, ν 189, ξ 330=τ 299 (in these three lines
pple. of the impf.), ο 515.—With genit. : τοῦ
(from it) P 278. Cf. σ 146, τ 169, 302, υ 155.—
(2) To be unaccomplished or not brought about :
ὁδὸς οὐκέτι δηρὸν ἀπέσσεται β 285, θ 150.

†ἄπειμι² [ἀπ-, ἀπο- (1) (4)+εἶμι]. Pres. ἄπειμι ρ 593. Pple. ἀπιών, -όντος Κ 289, Μ 392, Ν 72, 516, 567, 650, Ξ 409, 461: ι 413. Imp. ἄπιθι ρ 478. (1) To go away, depart: Γλαύκου ἀπιόντος Μ 392. Cf. Ν 72, 516, 567, 650, Ξ 409, 461: ἄπιθ' ἄλλῃ ρ 478. Cf. ι 413.—(2) With fut. sense: ἄπειμι σύας φυλάξων ρ 593.—(3) To go back, return Κ 289.

ἀπειρέσιος, -η, -ον [ἀ-¹+πεῖραρ]. (1) Boundless, endless: γαῖαν Υ 58: ὀϊζύν λ 621.—(2) Numberless, countless ι 118, τ 174.

ἀπείρητος [ἀ-¹+πειράω]. (1) Without making an attempt Μ 304.—(2) Not put to the issue: πόνος Ρ 41.—(3) Unskilled: οὐκ ἀ. μαντεύομαι β 170.

ἀπείριτος [as ἀπειρέσιος]. Boundless κ 195.

ἀπείρων, -ονος [as prec.]. (1) Boundless Α 350, Η 446, Ω 342, 545: α 98=ε 46, δ 510, ο 79, ρ 386, 418, τ 107.—Of sleep, from which it might seem that one would never awake η 286.—(2) App., without an end by which to be unloosed, inextricable: δεσμοί θ 340.—(3) Numberless, countless: δῆμος Ω 776.

ἀπεκείρατο, 3 sing. aor. mid. ἀποκείρω.

†ἀπεκλανθάνω [ἀπ-, ἀπο- (7)+ἐκ- (1)]. Redup. pl. aor. imp. mid. ἀπεκλελάθεσθε. In mid., to put out of one's mind. With genit.: θάμβευς ω 394.

ἀπέκοψα, aor. ἀποκόπτω.

ἀπεκρέμασε, 3 sing. aor. ἀποκρεμάννυμι.

ἀπέκρυψε, 3 sing. aor. ἀποκρύπτω.

ἀπέκταμεν, 1 pl. aor. ἀποκτείνω.

ἀπέκταμεν, 3 sing. aor. ἀποκτείνω.

ἀπέκτατο, 3 sing. aor. mid. ἀποκτείνω.

ἀπέκτεινε, 3 sing. aor. ἀποκτείνω.

ἀπέλεθρος, -ον [ἀ-¹+πέλεθρον]. (1) Unmeasured, i.e. very great: ἵνα Ε 245, Η 269: =ι 538.— (2) In neut., ἀπέλεθρον as adv., to a very great distance: ἀνέδραμεν Λ 354.

ἀπελήλυθα, pf. ἀπέρχομαι.

†ἀπεμέω [ἀπ-, ἀπο- (1)]. 3 sing. aor. ἀπέμεσσε. To vomit forth, throw up: αἷμα Ξ 437.

ἀπεμνήσαντο, 3 pl. aor. mid. ἀπομιμνήσκω.

ἀπενάσσατο, 3 sing. aor. mid. ἀποναίω.

ἀπένεικαν, 3 pl. aor. ἀποφέρω.

ἀπέπεμψα, aor. ἀποπέμπω.

ἀπεπλάγχθη, 3 sing. aor. pass. ἀποπλάζω.

ἀπέπλω, 3 sing. aor. ἀποπλείω.

ἀπερείσιος [metathesis of ἀπειρέσιος]. Not to be reckoned, of very great amount or value: ἄποινα Α 13=372, Ζ 49=Λ 134, Ζ 427, Ι 120= Τ 138, Κ 380, Ω 276, 502, 579, ἕδνα Π 178 : τ 529.

ἀπερρίγασι, 3 pl. pf. ἀπορριγέω.

ἀπερύκω [ἀπ-, ἀπο- (2)]. To keep off or away Δ 542, Ρ 562: ι 119, σ 105.

ἀπέρχομαι [ἀπ-, ἀπο- (1)]. 3 sing. aor. ἀπῆλθε Ρ 703. Pf. ἀπελήλυθα Ω 766. 3 sing. -ε τ 223, ω 310. (1) To go away, depart Ρ 703.—(2) To depart from. With genit.: ἐμῆς πάτρης Ω 766 : τ 223=ω 310, οἴκου β 136.

ἀπερωεύς, ὁ [ἀπερωέω, in causal sense. Cf. ἐρωέω¹ (4)]. A thwarter: ἐμῶν μενέων Θ 361.

ἀπερωέω [ἀπ-, ἀπο- (1)+ἐρωέω¹]. To hold back

from, fail to take one's part in. With genit. : πολέμου Π 723.

ἀπέσαν, 3 pl. impf. ἄπειμι¹.

ἀπεσκέδασε, 3 sing. aor. ἀποσκεδάννυμι.

ἀπέσσομαι, fut. ἄπειμι¹.

ἀπέσσυτο, 3 sing. aor. mid. ἀποσεύω.

ἀπέστη, 3 sing. aor. ἀφίστημι (Β).

ἀπέστιχον, aor. ἀποστείχω.

ἀπεστυφέλιξε, 3 sing. aor. ἀποστυφελίζω.

ἀπέτῑσε, ἀπέτεισε, 3 sing. aor. ἀποτίνω.

ἀπέτραπε, 3 sing. aor. ἀποτρέπω.

ἀπευθής [ἀ-¹+πεύθομαι]. (1) Without acquiring knowledge, uninformed : ἦλθον ἀ. γ 184.— (2) Unknown, hidden in mystery : ὄλεθρον γ 88.

ἀπέφθιθεν, 3 pl. aor. pass. ἀποφθίω.

ἀπέφθιτο, 3 sing. aor. pass. ἀποφθίω.

ἀπεχθαίρω [ἀπ-, ἀπο- (7)]. Aor. subj. ἀπεχθήρω Γ 415. (1) To hate, detest Γ 415.—(2) To make hateful δ 105.

ἀπεχθάνομαι [ἀπ-, ἀπο- (7)]. 3 sing. aor. ἀπήχθετο Γ 454, Ζ 140, 200, Ι 300, Ω 27. 2 sing. subj. ἀπέχθηαι Ι 614. 3 -ηται κ 74. 3 pl. -ωνται Δ 53. Pple. ἀπεχθόμενος, -ου κ 75, π 114, σ 165. Infin. ἀπεχθέσθαι Φ 83. (1) To become hateful, incur hatred or enmity β 202, σ 165.—To become hateful to, incur the hatred, disfavour, dislike or enmity of. With dat. : πᾶσιν Γ 454. Cf. Δ 53, Ζ 140, 200, Ι 300, 614, Φ 83, Ω 27 : κ 74, 75.— (2) To come into a state of enmity : δῆμος ἀπεχθόμενος π 114.

ἀπέχω [ἀπ-, ἀπο- (1) (2)]. Fut. ἀφέξω ν 263. 3 sing. fut. ἀποσχήσει τ 572. 3 sing. aor. subj. ἀπόσχῃ Ζ 96, 277. Mid. Fut. ἀφέξομαι τ 489. 2 sing. -εαι Μ 248. 1 pl. -όμεθα Θ 35, 466. 3 pl. aor. subj. ἀπόσχωνται Λ 799, Ξ 78, Π 41, Σ 199. Infin. ἀποσχέσθαι ι 211. (1) To keep or ward off from. With genit. : Τυδέος υἱὸν Ἰλίου Ζ 96, 277. —With dat. : ἀεικείην χροΐ Ω 19. Cf. ν 263.— To steer (a ship) so as to keep her away from a region specified : ἑκὰς νήσων ο 33.—(2) To cause to depart from. With genit. : οἴκου με τ 572.— (3) In mid. (a) To refrain from, hold back from. With genit. : πολέμου Θ 35. Cf. Ω 466, Λ 799, Ξ 78, Π 41, Σ 199.—(b) To keep one's hands off, do no harm to. With genit. : βοῶν μ 321, 328, σεῦ τ 489.—(c) To hold back from through disinclination, fail to take one's part in. With genit. : δηϊοτῆτος Μ 248.—(d) To abstain from intercourse with. With genit. : ἀλλήλων Ξ 206= 305.—(e) Absol., to refrain from partaking of something ι 211.

ἀπεών, pple. ἄπειμι¹.

ἀπέωσε, 3 sing. aor. ἀπωθέω.

ἀπήγαγε, 3 sing. aor. ἀπάγω.

ἀπηλεγέως [ἀπ-, ἀπο- (6)+ἀλέγω]. Without respect of persons, without regard for consequences Ι 309 : α 373.

ἀπῆλθε, 3 sing. aor. ἀπέρχομαι.

ἀπήμαντος [ἀ-¹+πημαν-, πημαίνω]. =ἀπήμων (1) τ 282.

ἀπήμβροτε, 3 sing. aor. ἀφαμαρτάνω.

ἀπῆμεν, 1 pl. impf. ἄπειμι¹.

ἀπήμων, -ονος [ἀ-¹+πῆμα]. (1) Unharmed, unhurt, safe A 415, N 744, 761 : δ 487, ε 40=ν 138, κ 551, ν 39, ο 436, σ 260.—(2) Doing no harm ; hence (a) Convoying safely : πομποί θ 566=ν 174. —(b) Propitious, favourable : οὖρον ε 268=η 266. Cf. μ 167.— Profitable : μῦθος M 80 = N 748. — Bringing safety : νόστος ἀπήμων δ 519.—(c) Of sleep, gentle Ξ 164.

ἀπῆν, 3 sing. impf. ἄπειμι¹.

ἀπήνη, -ης, ἡ. A four-wheeled cart, a waggon (app. =ἄμαξα) Ω 275, 324, 447, 578, 590, 718 : ζ 57, 69, 73, 75, 78, 88, 90, 252, η 5.

ἀπηνήναντο, 3 sing. aor. ἀπαναίνομαι.

ἀπηνής, -ές [ἀπ-, ἀπο- (1)+ἦν-, face. Cf. πρηνής, ὑπηνήτης. ' With averted face ']. (1) Untoward, harsh, unbending : βασιλῆος A 340. Cf. O 94, Π 35, Ψ 484, 611 : σ 381, τ 329, ψ 97, 230.—Absol. in neut. pl. : ὅς ἀπηνέα εἰδῇ (is untoward or harsh in heart) τ 329 (see εἴδω (III) (12)).—(2) Of a reply, unyielding, not conciliatory O 202.

ἀπήραξε, 3 sing. aor. ἀπαράσσω.

ἀπηύρα, 3 sing. impf. ἀπαυράω.

ἀπήχθετο, 3 sing. aor. ἀπεχθάνομαι.

ἀπήωρος [ἀπ-, ἀπο- (2)+ἠωρ-, ἀείρω]. Raised far, high in air : ὄζοι μ 435.

ἀπιθέω [ἀ-¹+πιθ-, πείθω]. (1) To refuse compliance with, disobey, disregard. With dat. : οὐδ' ἀπίθησε μύθῳ A 220.—(2) To refuse compliance with an order or injunction of. With dat. : Ἀγαμέμνονι Γ 120. Cf. Δ 198 = M 351, Z 102, K 129, Ω 300 : ψ 369.—(3) Absol., to refuse obedience or compliance B 166 = E 719 = H 43, B 441 = Ψ 895, Δ 68 = Π 458, E 767 = Θ 381 = Ξ 277 = O 78, Θ 112 = Λ 516, Θ 319, Λ 195 = O 168, M 329, 364, P 246 = 656, P 491, Ω 120, 339 : = ε 43, ο 98, χ 492.

ἀπιθι, imp. ἄπειμι².

ἀπινύσσω [ἀ-¹+πινυ-, πινυτός]. (1) To lack understanding, be foolish ε 342, ζ 258.—(2) To be dazed or stupefied O 10.

ἄπιος, -η [app. fr. ἀπό]. Thus, distant, far off : ἐξ ἀπίης γαίης A 270, Γ 49 : η 25, π 18.

ἀπιστέω [ἄπιστος]. To disbelieve : τό ν 339.

ἄπιστος [ἀ-¹+πιστός]. (1) Not to be trusted, faithless Γ 106, Ω 63, 207.—(2) Not believing, incredulous ξ 150, 391, ψ 72.

ἀπίσχω [ἀπ-, ἀπο- (2)]. To hold at a distance : ἄπισχε φάσγανον λ 95.

ἀπιών, pple. ἄπειμι².

ἀπλοΐς, -ΐδος [(σ)α- as in ἅμα. For the second element cf. δι-πλόος]. Worn single : χλαίνας Ω 230 : = ω 276.

ἄπνευστος [ἀ-¹+πνευ-, πνέω]. Without breath, breathless ε 456.

ἀπό. (Commonly with anastrophe when immediately following the vb. or case-form.) (I) Adv. (1) From or away from something, away, off : ἀπὸ χλαῖναν βάλεν B 183, νίζοντες ἄπο βρότον H 425. Cf. B 261, E 308, M 83, Ξ 7, Φ 51, etc. : β 133, γ 392, κ 163, μ 199, τ 61, etc.—In reference to severing or cutting, away, off, through : ἀπὸ στομάχους τάμεν Γ 292. Cf. E 81, Λ 146, Π 587, Ψ 867, etc. : ἀπὸ πείσματ' ἔκοψα κ 127. Cf. δ 507,

φ 300, χ 475, etc.—(2) Away, at a distance : ἀπὸ λοιγὸν ἀμῦναι A 67. Cf. Π 7ί, Ω 156, etc.: ἀπὸ κεῖνος ἔρυκεν ξ 283.—(3) Restoration, back : ἀπὸ πατρὶ δόμεναι κούρην A 98. Cf. Ω 76, etc.—(4) Requital, making up or giving compensation for something : πρίν γ' ἀπὸ πᾶσαν ἐμοὶ δόμεναι λώβην I 387. Cf. β 78.—(5) Intensive, in some cases not appreciably affecting the sense : ἀπὸ κε θυμὸν ὄλεσσεν Θ 90. Cf. K 186, M 52, 459, P 609, X 505, etc. : ἀπὸ κε ῥινοὺς δρύφθη ε 426. Cf. β 49, μ 2, ν 340, τ 81, ψ 331, etc.—(II) Prep. with genit. (1) From. (a) Indicating motion or transference : ἆλτ' ἀπ' Ὀλύμπου A 532, ἀχλὺν ἀπ' ὀφθαλμῶν ἕλον E 127. Cf. A 591, B 91, H 25, N 640, P 383, etc. : α 75, γ 307, ε 323, θ 88, ξ 129, etc.—So with ablative : στήθεσφιν Λ 374. Cf. Θ 300, K 347, N 585, Π 246. etc. : ἰκριόφιν μ 414. Cf. η 169, ξ 134, etc.—So also with forms in -θεν (1) : Τροίηθεν Ω 492 : ι 38. οὐρανόθεν Θ 365 : λ 18, μ 381. ὅθεν δ 358.—In reference to severing or cutting : ἀπ' αὐχένος ὦμον ἔρραθεν E 147. Cf. N 202, etc.—(b) Indicating a point from which action takes place : ὡς φάτ' ἀπὸ πτόλιος Δ 514, εἰσείδεν ἀπὸ ῥίου Ξ 154 (cf. under ἐκ (II) (8)). Cf. Δ 275, 306, Π 386, Υ 5, Ω 605, etc. : ἀφ' ἵππων μάρνασθαι ι 49. Cf. δ 524, κ 121, υ 103, etc.—So with a form in -θεν (1) : οὐρανόθεν Φ 199.—In reference to a starting-point : ἀπὸ νύσσης Ψ 758 : θ 121.—(c) In reference to a vessel, source or stock from which something is taken or drawn : νέκταρ ἀπὸ κρητῆρος ἀφύσσων A 598. Cf. K 578, Π 160, 226 : λαχὼν ἀπὸ ληΐδος αἶσαν ε 40=ν 138.—Sim. : ἐξ ἀφ' ἑκάστης νηός (out of . . .) ι 60.—In reference to birth : ἀπ' ἀλσέων κ 350. Cf. τ 163.—To that from which something proceeds or is derived : τοῖον πῦρ δαῖεν ἀπὸ κρατός E 7. Cf. M 431, Π 635, Σ 420, etc. : Χαρίτων ἄπο κάλλος ἔχουσαι ζ 18. Cf. ζ 12, μ 187, etc.—With abl. Λ 44.—To a motive or condition of action : ἀπὸ σπουδῆς H 359 = M 233 (see σπουδή (1)).—(d) In reference to that to which something is fastened : ἁψαμένη βρόχον ἀπὸ μελάθρου λ 278.—(2) (a) In reference to position, away from, far from, at a distance from, apart from : ἀπὸ πατρίδος αἴης B 162. Cf. E 322, I 437, N 696, O 33 (apart from . . .), P 301, Σ 272, Υ 261, etc. : φίλων ἄπο α 49. Cf. α 203, γ 313, ζ 40, ι 192 (apart from . . .), λ 503, ο 10, etc.—(b) In reference to warding or keeping off from : ἀπὸ χροὸς ὄλεθρον N 440. Cf. Δ 130, O 534 : β 59=ρ 538.—(c) In reference to lack or want : χηρὸν ἀπὸ χροὸς εἰσιν ἀλοιφή ζ 220.—(d) To concealment or secrecy : κεκρυμμέν' ἀπ' ἄλλων ψ 110.—(e) Fig. : ἀπὸ θυμοῦ (out of favour) A 562 (cf. ἀποθύμιος), ἀπὸ δόξης (see δόξα) K 324 : λ 344, ἀπὸ σκοποῦ (see σκοπός (4)) λ 344.—(3) In temporal sense, immediately after : ἀπὸ δείπνου θωρήσσοντο Θ 54.

ἀποαίνυμαι, ἀπαίνυμαι [ἀπο- (1)]. (1) To take away from (a person), deprive (him) of. With genit. : τεύχε' Ἀπίσάονος A 582. Cf. N 262 : ρ 322. —(2) To take off or away : τεύχεα P 85.—To withdraw, take away : κῦδος O 595 : νόστον μ 419 =ξ 309.

ἀποαίρεο, imp. mid. ἀφαιρέω.

ἀποβαίνω [ἀπο- (1)]. Fut. in mid. form ἀποβήσομαι E 227, P 480. 3 sing. aor. ἀπέβη E 133, Z 116, 369, Θ 425, Λ 210, M 370, P 188, 673, Σ 202, Ω 188, 468, 694 : α 319, γ 371, δ 657, 715, ε 148, ζ 41, 47, η 78, κ 307, ο 43, 454, χ 495. 3 dual ἀπεβήτην Φ 298. 3 pl. ἀπέβησαν Λ 619. Masc. pl. pple. ἀποβάντες Γ 265, Θ 492 : ν 281, ξ 346. Infin. ἀποβῆναι ε 357. 3 sing. aor. mid. ἀπεβήσετο A 428, B 35, E 352, Ψ 212 : σ 197. (1) To go away, depart A 428, B 35, E 133, 352, Z 116 = 369 = P 188, Θ 425 = Λ 210 = Σ 202 = Ω 188, M 370, P 673, Φ 298, Ψ 212, Ω 468, 694 : α 319 = ζ 41, γ 371 = η 78, δ 657, 715, ε 148, ζ 47, κ 307, ο 43, 454, σ 197, χ 495.—(2) To alight (from a chariot) : ἐξ ἵππων Γ 265, Θ 492, Ω 459.—To alight from (a chariot). With genit. : ἵππων E 227 = P 480.— Absol. Λ 619.—(3) To land or disembark from (a ship). With genit. : νηός ν 281.—So to throw oneself from, quit (a raft) ε 357.—Absol., to land ξ 346.

ἀπόβλητος [ἀπο- (1) + βλη-, βάλλω]. To be thrown away or despised : ἔπος B 361, θεῶν δῶρα Γ 65.

ἀποβλύζω [ἀπο- (1) + βλύζω, which recurs only in late Greek in sense 'to gush forth']. To send or spirt out : οἴνου ἀποβλύζων (partitive genit.) I 491.

†ἀποβρίζω [ἀπο- (7)]. Masc. pl. aor. pple. ἀποβρίξαντες. To fall asleep ι 151 = μ 7.

ἀπογυιόω [ἀπο- (7)]. To lame, cripple ; fig., to deprive (of vigour) : μή μ' ἀπογυιώσῃς μένεος Z 265.

ἀπογυμνόω [ἀπο- (7)]. To take the clothes off, strip : μή σ' ἀπογυμνωθέντα κακὸν θήῃ (when stripped) κ 301.

†ἀποδατέομαι [ἀπο- (7)]. Fut. ἀποδάσσομαι P 231, Ω 595. Infin. ἀποδάσσεσθαι X 118. (1) To divide (with a person). With dat. : Ἀχαιοῖς ἄλλα X 118. Cf. Ω 595.—(2) To give as a portion : ἥμισυ ἐνάρων P 231.

ἀποδειροτομέω [ἀπο- (7)]. To cut the throat of : Τρώων τέκνα Σ 336, Ψ 22 : μῆλα λ 35.

†ἀποδέχομαι [ἀπο- (7)]. 3 sing. aor. ἀπεδέξατο. To accept : ἄποινα A 95.

†ἀποδιδράσκω [ἀπο- (7) + διδράσκω in sim. sense]. Aor. pple. ἀποδράς. To effect one's escape π 65, ρ 516.

†ἀποδίδωμι [ἀπο- (4) (5)]. Fut. ἀποδώσω H 84, 362. 1 pl. -ομεν χ 58. 3 sing. aor. ἀπέδωκε Δ 478, E 651, P 302. 3 sing. aor. subj. ἀποδῷσι θ 318. 2 pl. opt. ἀποδοῖτε χ 61. Infin. ἀποδοῦναι A 134, Γ 285, Σ 499. (1) To give or pay back, restore A 134, Γ 285, H 84, 362 : θ 318.— (2) To give or pay as due or in requital : θρέπτρα Δ 478 = P 302, πάντα (i.e. as blood-price) Σ 499. Cf. χ 58, 61.—To hand over in terms of a bargain E 651.

ἀποδίεμαι [ἀπο- (1)]. To chase away E 763.

ἀποδοῖτε, 2 pl. aor. opt. ἀποδίδωμι.

ἀποδοῦναι, aor. infin. ἀποδίδωμι.

ἀποδοχμόω [ἀπο- (7) + δοχμόω, fr. δοχμός]. To turn (something) sideways, cause (it) to droop : ἀποδοχμώσας αὐχένα ι 372.

ἀποδράς, aor. pple. ἀποδιδράσκω.

†ἀποδρύπτω [ἀπο- (7)]. 3 pl. aor. subj. ἀποδρύψωσι ρ 480. 3 sing. aor. opt. ἀποδρύφοι Ψ 187, Ω 21. 3 pl. aor. pass. ἀπέδρυφθεν ε 435. To tear or lacerate the skin of (a person) Ψ 187, Ω 21 : ρ 480.—In pass., of the skin, to be torn ε 435.

ἀποδύω, ἀποδύνω [ἀπο- (1)]. 3 sing. aor. ἀπέδῦσε Δ 532, Σ 83. Aor. pple. ἀποδύς ε 343. (1) In sigmatic aor., to strip off : τεύχεα Δ 532, Σ 83.—(2) In impf. and non-sigmatic aor., to divest oneself of ε 343, χ 364.

ἀποδῶσι, 3 pl. aor. subj. ἀποδίδωμι.

ἀποδώσω, fut. ἀποδίδωμι.

ἀποείκω [ἀπο- (1) + εἴκω²]. To withdraw from, quit. With genit. : θεῶν ἀπόεικε κελεύθου Γ 406 (v.l. ἀπόειπε κελεύθους).

ἀποείπον, ἀπέειπον, aor. [ἀπο- (1) (7)]. Pple. ἀποειπών T 35. (1) To make refusal, refuse : ὑπόσχεο ἢ ἀπόειπε A 515, κρατερῶς I 431 (or perh. this should come under (3)). Cf. I 510, 675.— (2) To renounce : θεῶν ἀπόειπε κελεύθους Γ 406 (v.l. ἀπόεικε κελεύθου), μῆνιν T 35, 75.—(3) To speak out, declare freely : μῦθον I 309 : α 373.— Absol. to speak one's mind freely α 91.—(4) To announce publicly, state : ἀγγελίην H 416. Cf. Ψ 361.—To deliver (a message) π 340 (the prefix here app. giving the notion 'at full length').

ἀποέργω [ἀπο- (1) (2) + ἔργω¹]. 3 sing. aor. ἀπόεργαθε Φ 599 : φ 221. (1) To exclude from. With genit. : αἰθούσης Ω 238.—(2) To hold apart Θ 325.—To keep apart from. With genit. : Πηλείωνα λαοῦ Φ 599.—(3) To remove (a covering) from. With genit. : ῥάκεα οὐλῆς φ 221.—(4) To break the course of, shelter from : κῦμα χ 296.

ἀπόερσα, aor. (ἀπόϜερσα) [ἀπο- (1). For the second element cf. ἀπαυράω and L. verro). 3 sing. subj. ἀπόέρσῃ Φ 283. 3 sing. opt. ἀπόέρσειε Φ 329. To sweep or carry away Z 348, Φ 283, 329.

†ἀποθαυμάζω [ἀπο- (7)]. 3 sing. aor. ἀπεθαύμασε. To marvel much at : ὄνειρον ζ 49.

ἀποθείομαι, aor. subj. mid. ἀποτίθημι.

ἀποθέσθαι, aor. mid. ἀποτίθημι.

ἀπόθεστος [prob. fr. ἀπο- (6) + θεσ-, θέσσασθαι, to pray for. Thus 'not prayed for,' 'not desired']. Hence, cast aside, neglected ρ 296.

ἀποθνήσκω [ἀπο- (7)]. Genit. sing. masc. pf. pple. ἀποτεθνηῶτος X 432. 3 pl. plupf. ἀποτέθνασαν μ 393. To die λ 424, φ 33.—In pf., to be dead X 432 : μ 393.

ἀποθρώσκω [ἀπο- (1)]. With genit., to leap from : νηός B 702, Π 748.—Of smoke, to rise up from : ἧς γαίης α 58.

ἀποθύμιος [ἀπο- (2) + θυμός. 'Away from the heart.' Cf. ἀπό (II) (2) (e)]. Hence, unpleasing. Absol. in neut. pl. : μὴ Νυκτὶ ἀποθύμια ἔρδοι (do her a disfavour, offend her) Ξ 261.

†ἀποικίζω [ἀπ-, ἀπο-(1) + οἰκίζω fr. οἶκος]. 3 sing. aor. ἀπῴκισε. To send away from home μ 135.

ἄποινα, τά [app. ἀ-² (not appreciably affecting the sense) + ποινή]. A ransom. (1) As the price of freedom A 13, B 230, Z 49, K 380, Λ 106 (genit. of price), etc.—(2) As the price of life Z 46 =

Λ 131, Φ 99.—(3) Paid to recover a corpse X 349, Ω 137, 139, 276, 502, 555, 579, 594.—(4) Applied to gifts offered to effect a reconciliation I 120 = T 138.

ἀποίσετον, 3 dual fut. ἀποφέρω.

ἀποίχομαι [ἀπ-, ἀπο- (1)]. (1) To be gone or absent : πατρὸς ἀποιχομένοιο α 135, γ 77, τ 19, δηρὸν ἀποίχεται (has been long away) δ 109. Cf. α 253, ξ 8, 450, ρ 296, φ 70, 395.—(2) With genit., to hold aloof *from*, forsake : ἀνδρὸς ἑῆος T 342.—To hold aloof *from*, shrink *from* : πολέμοιο Λ 408.

ἀποκαίνυμαι [ἀπο- (7)]. To excel (another or others). With dat. of that in which one excels : παλαιμοσύνῃ πάντας θ 127. Cf. θ 219.

†ἀποκείρω [ἀπο- (1)]. 3 sing. aor. mid. ἀπεκείρατο. In mid., to cut off from oneself : χαίτην Ψ 141.

ἀποκηδέω [ἀπο- (6) + κῆδος]. To be careless, fail to do one's best : αἴ κ' ἀποκηδήσαντε φερώμεθα χεῖρον ἄεθλον Ψ 413 (the dual referring to the horses only, but the speaker being included in the subjects of the verb).

ἀποκινέω [ἀπο- (1)]. 3 sing. pa. iterative ἀποκινήσασκε Λ 636. With genit. (1) To lift *from* : [δέπας] τραπέζης Λ 636.—(2) To force away *from* : θυράων με χ 107.

†ἀποκλίνω [ἀπο- (1)]. Acc. sing. masc. aor. pple. ἀποκλίναντα. To bend aside : ἄλλῃ τ 556 (see ἄλλῃ (2) (b)).

†ἀποκόπτω [ἀπο- (1) (3)]. Fut. infin. ἀποκόψειν I 241. Aor. ἀπέκοψα ι 325, ψ 195. 3 sing. -ε Λ 261, Π 474 : γ 449. (1) To cut off, strike off : κάρη Λ 261. Cf. I 241 : ι 325, ψ 195.—(2) To cut through, sever : τένοντας γ 449.—To cut loose : παρήορον Π 474.

ἀποκοσμέω [ἀπο- (1)]. To clear away : ἔντεα δαιτός η 232.

†ἀποκρεμάννυμι [ἀπο- (1)]. 3 sing. aor. ἀπεκρέμασε. To let hang down : αὐχένα Ψ 879.

†ἀποκρίνω [ἀπο- (7)]. Dual aor. pple. pass. ἀποκρινθέντε. To separate : ἀποκρινθέντε ἐναντίω ὁρμηθήτην (separating themselves from the throng) E 12.

†ἀποκρύπτω [ἀπο- (1)]. 3 sing. aor. ἀπέκρυψε Λ 718. Infin. ἀποκρύψαι Σ 465 : ρ 286. To hide away, conceal Λ 718, Σ 465.—To hide away, make a secret of ρ 286.

ἀποκτείνω [ἀπο- (7)]. 3 sing. aor. ἀπέκτεινε I 543. Subj. ἀποκτείνω χ 167. Infin. ἀποκτείναι ε 18. 3 sing. aor. ἀπέκτανε Z 414, O 440, X 423. 3 pl. -ον ξ 271, ρ 440. 3 sing. subj. ἀποκτάνῃ μ 301. 1 pl. aor. ἀπέκταμεν ψ 121. Infin. ἀποκτάμεναι Τ 165. ἀποκτάμεν E 675. **Mid.** 3 sing. aor. (in pass. sense) ἀπέκτατο O 437, P 472. Pple. (in sense of pf. pass.) ἀποκτάμενος, -ου Δ 494, N 660, Ψ 775. To kill, slay : πατέρ' ἁμόν Z 414. Cf. Δ 494, E 675, Θ 342 = Λ 178, I 543, N 660, O 437, 440, P 472, Τ 165, X 423, Ψ 775 : παῖδα ε 18. Cf. μ 301, ξ 271 = ρ 440, π 432 (go about to slay), χ 167, ψ 121.—Absol. Λ 154.

ἀπολάμπω [ἀπο- (1)]. To shine forth, gleam

T 381, Z 295 : = ο 108.—In mid. Ξ 183 : = σ 298.— Impers. with genit. : αἰχμῆς ἀπέλαμπεν (a gleam came *from* . . .) X 319.

ἀπολείβω [ἀπο- (1)]. In pass., to run down *from*, trickle *off*. With genit. : ὀθονέων ἀπολείβεται ἔλαιον η 107.

ἀπολείπω [ἀπο- (7)]. (1) To forsake, abandon : κοῖλον δόμον M 169.—(2) To leave a remnant, not to consume all : ἤσθιε, οὐδ' ἀπέλειπεν ι 292. —(3) To fail, be lacking : καρπός η 117.

†ἀπολέπω [ἀπο- (1)]. Fut. infin. ἀπολεψέμεν. To slice off : οὔατα Φ 455.

ἀπολέσκετο, 3 sing. pa. iterative mid. ἀπόλλυμι.
ἀπόλεσσαν, 3 pl. aor. ἀπόλλυμι.
ἀπολήγω [ἀπο- (7)]. 2 sing. fut. ἀπολλήξεις τ 166. 2 sing. aor. subj. ἀπολλήξῃς O 31. 3 pl. -ωσι ν 151. 3 pl. opt. -ειαν μ 224. (1) To cease, give over, desist, stop N 230, Υ 99.—To fail, die out Z 149.—(2) To cease or desist *from*. With genit. : μάχης H 263, Λ 255. Cf. O 31, Φ 577, Ω 475 : μ 224, ν 151.—To cease or desist. With complementary pple. : δηϊόων P 565. Cf. τ 166.

ἀπολιχμάομαι [ἀπο- (1) + λιχμάομαι conn. with λείχω, to lick]. To lick off. With double acc. : ὠτειλὴν αἷμ' ἀπολιχμήσονται Φ 123.

ἀπολλήξεις, 2 sing. fut. ἀπολήγω.
ἀπόλλυμι [ἀπ-, ἀπο- (7)]. (**A**) Aor. ἀπώλεσα Σ 82 : β 46, δ 95, 724, 814. 3 sing. -ε E 648, 758, Σ 460, Ω 44, 260 : α 354, ι 265. 3 pl. -αν Ψ 280. ἀπόλεσσαν Δ 268. (**B**) 3 sing. pf. ἀπόλωλε O 129 : α 166, δ 62, 511, ξ 137, τ 85. **Mid.** 3 sing. pa. iterative ἀπολέσκετο λ 586. 2 sing. aor. ἀπώλεο λ 556. 3 -ετο Z 223 : α 413, γ 87, ρ 253. 1 pl. -όμεθα ι 303, κ 27, λ 438, ω 186. 3 ἀπόλοντο B 162, 178 : γ 185, δ 497, λ 384. 3 sing. subj. ἀπόληται β 333. 3 pl. -ωνται Φ 459. Opt. ἀπολοίμην X 304 : ρ 426. 3 sing. -οιτο E 311, 388, Z 170, Ξ 142, Σ 107 : α 47. 3 pl. -οίατο ι 554. 3 sing. imp. ἀπολέσθω P 227. Infin. ἀπολέσθαι A 117, Γ 40, H 390, Θ 246, etc. : γ 234, ε 347, θ 511, 563. (**I**) In aor. act. (1) (**a**) To destroy, kill, slay A 268, E 758, Ω 260.—(**b**) To destroy, lay waste (a city) E 648. —(2) (**a**) To lose, be deprived of : Πάτροκλον Σ 82. Cf. Ψ 280 : νόστιμον ἦμαρ α 354. Cf. β 46, δ 724 = 814.—(**b**) To incur the loss of under one's leadership, lose, throw away : λαοὺς πολλούς ι 265. —To lose to the foe : θώρηκα Σ 460.—(**c**) To incur the laying waste of : οἶκον δ 95.—(**d**) To lose sense of, put out of one's heart : ἔλεον Ω 44.—(**II**) In pf. act. and in mid. and pass. (1) To be destroyed, perish, die : πολλοὶ ἀπόλοντο B 162 = 178. Cf. A 117, Γ 40, E 311, 388, Z 170, 223, H 27, 390, Θ 246, M 70 = N 227 = Ξ 70, M 246, Ξ 142, O 502, 511, P 227, Φ 459, X 304, 474, Ψ 81 : οὐ γένος ἀπόλωλεν δ 62. Cf. α 47, β 333, γ 185, 234, δ 497, 511, ε 347, θ 511, 563, ι 554, λ 384, 438, 556, ξ 137, τ 85, ω 186.—With cognate acc. : ἀπόλωλε κακὸν οἶτον ι 166. Cf. γ 87, ι 303.—To be undone κ 27, ρ 426.—(2) Of inanimate objects, to be destroyed : ἀπολέσθαι νῆας I 230. Cf. ι 554. —Of water, to vanish away, elude one λ 586.— (3) Of mental faculties, to perish, disappear :

νόος ἀπόλωλε καὶ αἰδώς Ο 129.—So of abstractions :
ὡς ἔρις ἀπόλοιτο Σ 107. Cf. a 413, ρ 253.—(4) Of
fruit, to perish (untimely) : οὔ ποτε καρπὸς
ἀπόλλυται η 117.
ἀπόλοντο, 3 pl. aor. mid. ἀπόλλυμι.
ἀπολούω [ἀπο- (1)]. In mid., to wash away
from one's . . . With genit. : ὄφρ' ἄλμην ὤμοιῖν
ἀπολούσομαι ϛ 219.
ἀπολῡμαίνομαι [ἀπο- (1) + λυμαίνομαι fr. λῦμα].
To cleanse oneself from pollution A 313, 314.
ἀπολῡμαντήρ, -ῆρος, ὁ [ἀπο- (7) + λυμαίνομαι, to
maltreat, fr. λύμη, outrage]. δαιτῶν ἀ., a spoiler
of feasts, a kill-joy ρ 220, 377.
ἀπολύω [ἀπο- (1) (4)]. (1) To loose or untie
from. With genit. : ἱμάντα κορώνης φ 46.—In
mid., to undo (something) from one's person :
[κρήδεμνον] ε 349.—(2) (a) To set free (a captive)
on payment of ransom A 95, Z 427, K 449.—To
restore (a corpse) Ω 115, 136.—(b) In mid., to
effect the ransoming of : [Λυκάονα καὶ Πολύδωρον]
χαλκοῦ (genit. of price) X 50.
ἀπόλωλε, 3 sing. pf. ἀπόλλυμι.
ἀπομηνίω [ἀπο- (7)]. To be very wroth, take
deadly offence : ἀπομηνίσας Ἀγαμέμνονι (against
. . .) B 772 = Η 230. Cf. I 426, Τ 62 : π 378.
†ἀπομιμνήσκω [ἀπο- (5)]. 3 pl. mid. ἀπεμνή-
σαντο. To remember a favour Ω 428.
ἀπόμνυμι, ἀπομνύω [ἀπ-, ἀπο- (6)]. Aor.
ἀπώμοσα κ 381. To swear a negative oath, swear
not to do something κ 345, μ 303.—With cognate
acc. : ὅρκω β 377, κ 381.
ἀπομόργνῡμι [ἀπ-, ἀπο- (1)]. 3 sing. aor. mid.
ἀπομόρξατο B 269 : ρ 304, σ 200. Nom. dual
masc. pple. ἀπομορξαμένω Ψ 739. (1) To wipe
off or away. With double acc. : τελαμῶνα αἶμα
E 798.—(2) In mid., to wipe away from one's
face or person : δάκρυ B 269. Cf. Ψ 739 : ρ 304.
—(3) To wipe, cleanse Σ 414.—In mid. σ 200.
ἀπομῡθέομαι [ἀπο- (1)]. To speak in dissuasion,
attempt to dissuade a person I 109.
ἀπόναιο, 2 sing. aor. opt. mid. ἀπονίνημι.
†ἀποναίω [ἀπο- (1) + ναίω¹]. 3 pl. aor. subj.
ἀπονάσσωσι II 86. 3 sing. aor. mid. ἀπενάσσατο
B 629 : ο 254. (1) To cause to leave one's
residence ; hence, to send back : κούρην II 86.—
(2) In mid., to leave one's home, go to . . . in
order to settle there : Δουλίχιόνδε B 629. Cf.
ο 254.
ἀπονέομαι [ἀπο- (1) (4)]. (Always ending a line
and with ἀπ-.) (1) To go or come back or home,
return (the infin. often as fut. ; cf. νέομαι (3)) :
Ἴλιον ἐκπέρσαντ' ἀπονέεσθαι B 113 = 288 = E 716 =
I 20, προτὶ Ἴλιον ἀπονέοντο Γ 313. Cf. M 73,
Ξ 46, Ο 295, 305, II 252, P 415, Τ 212, Φ 561,
Ω 330 : β 195, ε 27, ι 451, π 467, σ 260.—(2) To
go away, depart : προτὶ ἄστυ ο 308 (of course in
sense (1) to the speaker himself).
ἀπονήσεται, 3 sing. fut. mid. ἀπονίνημι.
ἀπόνητο, 3 sing. aor. mid. ἀπονίνημι.
ἀπονίζω [ἀπο- (1) (7)]. Aor. imp. pl. ἀπονίψατε
τ 317. Masc. pl. pple. ἀπονίψαντες ω 189. Fem.
pple. mid. ἀπονιψαμένη σ 172. Masc. pl. -οι χ478.

Pres. infin. mid. in form ἀπονίπτεσθαι σ 179.
(1) To wash off or away ω 189.—(2) To wash (a
person) τ 317.—Absol. ψ 75.—(3) In mid. (a)
To wash off or away from a part of one's person.
With double acc. : ἱδρῶ κνήμας K 572.—(b) To
wash (one's person or a part thereof) : χρῶτ'
ἀπονιψαμένη σ 172. Cf. σ 179, χ 478.
†ἀπονίνημι [ἀπ-, ἀπο- (7)]. 3 sing. fut. mid.
ἀπονήσεται Λ 763. 3 sing. aor. ἀπόνητο P 25 :
λ 324, π 120, ρ 293. 2 sing. opt. ἀπόναιο Ω 556.
Pple. ἀπονήμενος ω 30. In mid., to enjoy, have
the enjoyment of. With genit. : τῆς ἀρετῆς
Λ 763. Cf. P 25, Ω 556 : ω 30.—With the object
to be supplied from the context λ 324, π 120,
ρ 293.
ἀπονίπτεσθαι, pres. infin. mid. See ἀπονίζω.
ἀπονίψατε, aor. imp. pl. ἀπονίζω.
ἀπονοστέω [ἀπο- (7)]. To go or come back,
return : ἄψ A 60, Θ 499 = M 115, P 406 : ν 6,
ω 471.
ἀπονόσφι(ν) [ἀπο- (1) (2) + νόσφι(ν)]. (I) Adv.
(1) Away, far away : ἀ. ἐόντων Ο 548.—Away,
absent σ 268.—(2) Apart : ἣν ἀ. κατίσχεαι B 233.
—(3) Away, off : ἔβη Λ 555 = P 664.—In refer-
ence to direction, away, aloof : τραπέσθαι ε 350,
κ 528.—(II) Prep. with genit. (1) Far from :
φίλων ε 113.—(2) Apart from, at a distance from :
ἐμεῦ ἀ. ἐόντα (keeping away from me) A 541. Cf.
μ 33.—(3) Away from, to a distance from : ἑτάρων
ἀ. καλέσσας ο 529.
ἀποξύνω [ἀπ-, ἀπο- (7) + ὀξύνω, to sharpen, fr.
ὀξύς]. Aor. infin. ἀποξῦναι ι 326. (1) To make
sharp, bring to a point : [ῥόπαλον] ι 326.—(2) To
bring (oars (i.e. the blades thereof)) to the proper
degree of thinness : ἐρετμά ϛ 269.
ἀποξύω [ἀπο- (1)]. To scrape off. Fig. : γῆρας
ἀποξύσας I 446.
†ἀποπαπταίνω [ἀπο- (1)]. 3 pl. fut. ἀποπαπτα-
νέουσι. To look about away from something (i.e.
away from the fight), look out for a chance of
escape Ξ 101.
ἀποπαύω [ἀπο- (7)]. (1) (a) To stop (a person)
in his course Σ 267.—To stop the operation of,
curb : μένος Φ 340.—To delay : τόκον Τ 119.—
(b) To cause to cease (from something). With
genit. : πολέμου Λ 323.—With infin. : ἀληστεύειν
σ 114.—(c) To restrain from doing something.
With infin. : ὁρμηθῆναι μ 126.—(2) In mid., to
desist, give over E 288, Φ 372. —With genit. :
πολέμου A 422. Cf. Θ 473, Π 721 : a 340.
ἀποπέμπω [ἀπο- (1)]. Fut. ἀποπέμψω ε 161,
τ 412. Contr. 3 sing. ἀππέμψει ο 83. Aor.
ἀπέπεμψα ψ 23. 3 sing. -ε ξ 334, τ 291, ω 285.
Subj. ἀποπέμψω ρ 76. 3 sing. -η ο 53. Imp.
ἀπόπεμψον β 113. (1) To send away, dismiss
Φ 452 : β 113, ο 83, υ 133, ψ 23.—To send away
or dismiss from. With genit. : δόμων κ 76.—
(2) To dispatch on an errand K 72.—(3) To send
for use : σὺν τὸν ἄριστον ϛ 108.—To send to the
proper quarter : δῶρα ρ 76.—(4) To dispatch on
one's way, speed, arrange for or preside over the
departure of ε 112, 146, 161, κ 65, 73, λ 339,

ξ 334 = τ 291, ο 53, 65, τ 243, 316, 412, ω 285, 312.

ἀποπέσῃσι, 3 sing. aor. subj. ἀποπίπτω.

†**ἀποπέτομαι** [ἀπο- (1)]. Aor. pple. ἀποπτάμενος B 71. Fem. -η λ 222. To fly away B 71 : λ 222.

ἀποπίπτω [ἀπο- (1)]. 3 sing. aor. subj. ἀποπέσῃσι ω 7. To fall or drop off : ἔερσαι Ξ 351.—To fall or drop off *from*. With genit. : ὄρμαθοῦ ω 7.

†**ἀποπλάζω** [ἀπο- (1)]. 2 sing. aor. pass. ἀπεπλάγχθης θ 573, ο 382. 3 -η Χ 291. Pple. ἀποπλαγχθείς, -έντος N 592 : ι 259, μ 285. Fem. -εῖσα N 578. In pass. (1) To be driven from one's course : Τροίηθεν (*i.e.* in the course of the voyage from Troy) ι 259.—(2) To wander or rove under stress of circumstances θ 573.—(3) With genit., to be carried away *from* : πατρίδος ο 382. —App. of voluntarily steering a course *away from* : νήσου μ 285.—(4) Of a missile, to glance off (from something) N 592.—To glance off *from*. With genit. : σάκεος Χ 291.—(5) Of something struck, to be struck off N 578.

ἀποπλείω [ἀπο- (1)]. 3 sing. aor. ἀπέπλω ξ 339. (1) To sail away or off I 418 = 685 : θ 501, π 331. —(2) To sail away *from*. With genit. : γαίης ξ 339.

†**ἀποπλύνω** [ἀπο- (1)]. 3 sing. pa. iterative ἀποπλύνεσκε. Of the sea, to wash away from itself, wash up : λάϊγγας ζ 95.

ἀποπνείω [ἀπο- (1)]. To breathe forth : θυμόν Δ 524, N 654, πυρὸς μένος Ζ 182 : ὀδμήν δ 406.

ἀποπρό [ἀπό + πρό]. (1) Adv., to a distance : πολλὸν ἀ. φέρων Π 669, 679.—(2) Prep. with genit., at a distance from : τυτθὸν ἀ. νεῶν H 334.

†**ἀποπροαιρέω** [ἀπο- (1) + προ- (2) + αἱρέω]. Aor. pple. ἀποπροελών. To select or pick out : σίτου (partitive genit., 'a portion of the . . .') ρ 457.

ἀποπροέηκε, 3 sing. aor. ἀποπροίημι.

ἀποπροελών, aor. pple. ἀποπροαιρέω.

ἀπόπροθεν [ἀπό + πρό + -θεν (2)]. (1) Far away : νῆσός τις ἀ. κεῖται η 244. Cf. ρ 408.—(2) At a distance : μένειν K 209 = 410. Cf. P 66, 501 : ζ 18. —(3) Apart from others, aloof : ποιμαίνεσκεν ι 188.

ἀπόπροθι [ἀπό + πρό + -θι]. (1) Far away : ἀ. δώματα ναίεις δ 811. Cf. Ψ 832 : ε 80, ι 18, 35.— (2) At a distance δ 757 (app., lying at a distance from the town).

†**ἀποπροίημι** [ἀπο- (1) + προ- (1) + ίημι¹]. 3 sing. aor. ἀποπροέηκε ξ 26, χ 327. From ἀποπροίέω 3 sing. impf. ἀ. οπροίει χ 82. (1) To shoot forth, discharge (a missile) χ 82.—(2) To send from oneself, let fall from one's grasp : ξίφος χαμᾶζε χ 327. --(3) To dispatch on a mission ξ 26.

†**ἀποπροτάμνω** [ἀπο- (1) + προ- (2)]. Aor. pple. ἀποπροταμών. To cut off a selected portion of something : νώτου (partitive genit., 'a portion of the . . .') θ 475.

ἀποπτάμενος, aor. pple. ἀποπέτομαι.

ἀποπτύω [ἀπο- (1)]. To spit forth or out : ὄνθον Ψ 781.—Of a wave : ἁλὸς ἄχνην Δ 426.

ἀπόρθητος, -ον [ἀ-.¹ + πορθέω]. Not sacked M 11.

ἀπόρνυμι [ἀπ-.¹]. In mid., to set forth : ἀπορνύμενον Λυκίηθεν E 105.

ω 228)

ἀποπέσῃσι, 3 sing. aor. subj. ἀποπίπτω.

ἀπορούω [ἀπ-, ἀπο- (1)]. To spring or dart away E 20, 297, 836, Λ 145, P 483, Φ 251 : χ 95.

ἀπορραίω [ἀπο- (1)]. To take away : ἦτορ π 428.—With double acc. : κτήματά σε α 404.

†**ἀπορρήγνυμι** [ἀπο- (1) (3)]. Aor. pple. ἀπορρήξας. (1) To break off ι 481.—(2) To break asunder : δεσμόν Z 507 = O 264.

†**ἀπορρίγέω** [ἀπο- (1)]. 3 pl. pf. ἀπερρίγασι. To shrink from *doing something*. With infin. β 52.

†**ἀπορρίπτω** [ἀπο- (1)]. Acc. sing. masc. aor. pple. ἀπορρίψαντα I 517. Infin. ἀπορρίψαι II 282. To cast away. Fig. : μῆνιν I 517, μηνιθμόν II 282.

ἀπορρώξ, -ῶγος [ἀπορρήγνυμι]. (1) Broken off, abrupt, sheer : ἀκταί ν 98.—(2) As subst., a piece broken off. Hence (a) A specimen, something as good as (another thing specified) : ἀμβροσίης ἐστὶν ἀ. ι 359.—(b) A branch stream or tributary B 755 : κ 514.

†**ἀποσεύω** [ἀπο- (1) (4)]. 3 sing. aor. mid. ἀπέσσυτο Z 390, O 572. 1 pl. ἀπεσσύμεθα ι 236, 396. Acc. sing. masc. pf. pple. ἀπεσσύμενον Δ 527. In mid. (1) To speed away : ἀπεσσύμενον βάλεν Δ 527. Cf. O 572.—To speed away *from*. With genit. : δώματος Z 390.—(2) To start back, retire hastily ι 236, 396.

†**ἀποσκεδάννυμι** [ἀπο- (7)]. 3 sing. aor. ἀπεσκέδασε. To cause to disperse, dismiss T 309 : λ 385.

ἀποσκίδναμαι [ἀπο- (7)]. To disperse, go each his own way : οὐκ εἶα ἀποσκίδνασθαι Ψ 4.

ἀποσκυδμαίνω [ἀπο- (7)]. To be angry or wroth with. With dat. : θεοῖσιν Ω 65.

ἀποσπένδω [ἀπο- (7)]. To make libation : εὖχετ' ἀποσπένδων γ 394. Cf. ξ 331, τ 288.

ἀποσταδά [ἀπο- (2) + στα-, ἵστημι]. Standing aloof : ἦ ἀ. λίσσοιτο ζ 143. Cf. ζ 146.

ἀποσταδόν [as prec.] = prec. : μάρνασθαι O 556.

ἀποστείχω [ἀπο- (1) (4)]. Aor. ἀπέστιχον μ 333. 3 sing. ε μ 143. Imp. ἀπόστιχε Α 522. (1) To go away or off μ 143, 333.—(2) To go back, return Α 522 : λ 132 = ψ 279.

ἀποστήσωνται, 3 pl. aor. subj. mid. ἀφίστημι.

ἀποστίλβω [ἀπο- (7)]. To shine or glisten : ἀλείφατος (with . . .) γ 408.

ἀπόστιχε, aor. imp. ἀποστείχω.

†**ἀποστρέφω** [ἀπο- (1) (4)]. 3 sing. pa. iterative ἀποστρέψασκε Χ 197 : λ 597. Acc. pl. masc. fut. pple. ἀποστρέψοντας K 355. 3 sing. aor. subj. ἀποστρέψῃσι O 62. Dual pple. ἀποστρέψαντε χ 173, 190. Pl. -αντες γ 162. (1) To turn back, cause to return K 355.—To turn back from a course desired to be taken Χ 197.—To cause to roll back : λᾶαν λ 597.—(2) To cause to turn from the fight, put flight into the hearts of O 62.—(3) To reverse the course of (a ship), turn (her) back γ 162.— (4) To draw back (the feet and hands) in order to bind feet and hands together behind the back χ 173, 190.

†**ἀποστυφελίζω** [ἀπο- (1) (4)]. 3 sing. aor. ἀπεστυφέλιξε Π 703. 3 pl. -αν Σ 158. To smite so as to drive back Π 703.—So as to drive away *from*. With genit. : νεκροῦ Σ 158.

†**ἀποσφάλλω** [ἀπο- (1)]. 3 pl. aor. subj. ἀπο-

4

σφήλωσι γ 320. 3 sing. opt. ἀποσφήλειε Ε 567.
(1) To balk of the fruits of. With genit.: πόνοιο
Ε 567.—(2) To drive from one's course γ 320.
ἀπόσχῃ, 3 sing. aor. subj. ἀπέχω.
ἀποσχήσει, 3 sing. fut. ἀπέχω.
ἀποτάμνω [ἀπο- (1) (3)]. (1) To cut off. In mid.
Χ 347.—(2) To cut through, sever: παρηορίας Θ 87.
ἀποτέθνασαν, 3 pl. plupf. ἀποθνήσκω.
ἀποτεθνηῶτος, genit. sing. masc. pf. pple.
ἀποθνήσκω.
ἀποτείσεις, 2 sing. fut. ἀποτίνω.
ἀποτηλοῦ [ἀπο- (7) + τηλοῦ]. Far away from.
With genit.: γαίης Κυκλώπων ι 117.
†ἀποτίθημι [ἀπο- (1)]. 3 sing. aor. ἀπέθηκε
Π 254. Aor. subj. mid. ἀποθείομαι Σ 409. Infin.
ἀποθέσθαι Γ 89, Ε 492. (1) To put away in the
appropriate place Π 254.—In mid. Σ 409.—(2) In
mid. (a) To lay aside and place somewhere Γ 89.
—(b) To put away from oneself, avoid incurring:
ἐνιπήν Ε 492.
ἀποτίνυμαι [ἀπο- (7)]. (1) To exact (vengeance):
πολέων ποινήν (for . . .) Π 398.—(2) To punish:
τῶν μ' ἀποτινύμενοι (on account of . . .) β 73.
ἀποτίνω [ἀπο- (4) (5)]. (The fut. and aor.
written both -τῖ- (-τῑ-) and -τει- (-τεῖ-).) 2 sing.
fut. ἀποτίσεις Χ 271. 1 pl. -ομεν Α 128. Infin.
-έμεν Φ 399. 3 sing. aor. ἀπέτισε α 43, γ 195.
3 pl. -αν Δ 161. 3 sing. subj. ἀποτίσῃ Ι 512, Σ 93:
χ 168. Pple. ἀποτίσας Ι 634. Infin. ἀποτῖσαι
ν 193, χ 64. Mid. Fut. ἀποτίσομαι ν 386. 2 sing.
-εαι λ 118. 3 -εται α 268, ε 24, ρ 540, ω 480. 3 sing.
aor. ἀπετίσατο ψ 312. 2 sing. subj. ἀποτίσεαι π 255.
3 -εται γ 216. (1) To pay back β 132.—(2) To
make requital Α 128.—(3) To make requital or
return for: κομιδήν Θ 186. Cf. χ 235.—(4) To
pay the penalty: ἵνα γνώῃς ἀποτίνων Ψ 487. Cf.
Δ 161, Ι 512: γ 195.—(5) To pay (a penalty) Γ 286,
459, Ι 634.—(6) To pay the penalty for: Πατρό-
κλοιο ἕλωρα Σ 93. Cf. Φ 399, Χ 271: α 43, ν 193=
χ 64, χ 168.—(7) In mid. (a) To exact the penalty
α 268.—(b) To exact (a penalty): ποινήν ἑτάρων
(for their death) ψ 312.—(c) To exact the penalty
for: βίας γ 216, λ 118, π 255, ρ 540.—(d) To
exact a penalty from, chastise, punish ε 24=
ω 480, ν 386.
ἀποτίσεις, 2 sing. fut. ἀποτίνω.
ἀποτμήγω [ἀπο- (1) (3)]. 3 sing. aor. opt.
ἀποτμήξειε (v.l. ἀπαμήσειε) Σ 34. Pple. ἀποτμήξας,
-αντος Κ 364, Λ 468, Χ 456: κ 440. (1) To cut
off κ 440.—To cut off, isolate Λ 468.—To cut
off from, keep away from. With genit.: πόλιος
Χ 456. Cf. Κ 364.—(3) To cut, cut through,
sever: λαιμόν Σ 34.—(4) To cut up, cut into
channels: κλιτύς Π 390.
ἄποτμος [ἀ-¹ + πότμος. 'Bereft of a (good) lot '].
Hence, unlucky, ill-starred Ω 388.—Absol. : ἀ.
τις υ 140.—Superl. : ἀποτμότατα α 219.
ἀποτρέπω [ἀπο- (1) (4)]. 2 sing. fut. ἀποτρέψεις
Μ 249, Τ 256. 3 sing. aor. ἀπέτραπε Λ 758, Ο 276.
3 sing. aor. mid. ἀπετράπετο Κ 200, Μ 329. (1) To
cause to turn away Ο 276, Τ 109, Φ 339.—To
cause to turn away from, divert from. With

genit. : ἀλκῆς Τ 256.—To dissuade from. With
genit.: πολέμοιο Μ 249.—(2) To cause to turn
back or return Λ 758.—(3) In mid. (a) To turn
away, pay no heed : οὐκ ἀπετράπετο Μ 329.—
(b) To turn back, with pple. indicating some-
thing from which one desists : ἀπετράπετ' ὀλλὺς
Ἀργείους Κ 200.
†ἀποτρίβω [ἀπο- (7)]. 3 pl. fut. ἀποτρίψουσι.
To wear out : πολλὰ σφέλα (i.e., app., will break
them) ρ 232.
ἀπότροπος [ἀποτρέπω]. Living apart as if in
banishment : παρ' ὕεσσιν ἀ. ξ 372.
ἀποτρωπάω [ἀπο- (1)]. (1) To cause to turn
away Τ 119.—To dissuade from a course proposed
π 405.—(2) In mid., with genit., to turn away
from, avoid : λεόντων Σ 585.—To turn away from,
delay undertaking : τόξου τανυστύος φ 112.
ἀπούρας, aor. pple. ἀπαυράω.
ἀπουρήσουσι, 3 pl. fut. ἀπαυράω.
†ἀπουρίζω [ἀπ-, ἀπο- (7) + οὐρίζω, to bound, fr.
οὖρον]. 3 pl. fut. ἀπουρίσσουσι (v.l. ἀπουρήσουσι ;
see ἀπαυράω). To fix the landmarks of, mark off:
ἀρούρας Χ 489 (the subject ἄλλοι giving an idea of
injustice).
†ἀποφέρω [ἀπο- (1) (4)]. 3 dual fut. ἀποίσετον
Ε 257. Infin. ἀποίσειν Κ 337. 2 sing. aor. ἀπένει-
κας Ξ 255, Ο 28. 3 pl. -αν π 326, 360. (1) To
carry away π 326 = 360.—(2) To cause to be
carried away or to go : Κόωνδέ μιν Ξ 255 = Ο 28.—
(3) To bring back Ε 257.—To bring back (word) :
μῦθον Κ 337.
ἀπόφημι [ἀπο- (7) + φημί]. Imp. pl. mid. ἀπό-
φασθε Ι 422, 649. (1) To speak out, declare
one's mind plainly Η 362.—(2) To deliver (a
message) plainly. In mid. Ι 422, 649.
ἀποφθινύθω [ἀπο- (7)]. To waste away, perish
Ε 643, Π 540 (taking θυμόν as acc. of respect).
†ἀποφθίω [ἀπο- (7)]. 3 pl. aor. pass. ἀπέφθιθεν
ε 110, 133, η 251. 3 sing. aor. ἀπέφθιτο θ 581,
ο 268, 358. Opt. ἀποφθίμην κ 51. Imp. ἀποφθίσθω
Θ 429. Pple. ἀποφθίμενος, -ου Γ 322, Σ 89, 499,
Τ 322, 337 : ο 357, ω 88. In pass., to perish, die
Γ 322, Θ 429, Σ 89, 499, Τ 322, 337 : ε 110=133
=η 251, θ 581, κ 51, ο 268, 357, 358, ω 88.
ἀποφώλιος, -ον [app. ἀπ-, ἀπο- (6) + ὀφολ-,
ὄφελος. Thus, 'useless']. Hence (1) Not fitted
for action ξ 212.—Producing no result, ineffectual
λ 249.—(2) Of a man in regard to mental powers,
not likely to secure good results, not sagacious
θ 177.—Absol. in neut. pl.: οὐκ ἀποφώλια εἰδώς
(sagacious in mind) ε 182.
ἀποχάζω [ἀπο- (1)]. In mid., to retire from.
With genit. : βόθρου λ 95.
ἀποψύχω [in (1) ἀπο- (6), in (2) ἀπο- (7) (with,
in (b), admixture of ἀπο- (1)) + ψύχω in sense
'to dry ']. Aor. pple. pass. ἀποψυχθείς Φ 561.
(1) To lack breath, faint ω 348.—(2) To dry. In
pass. (a) To get or become dry : ἱδρῶ ἀποψυχθείς
(acc. of respect) Φ 561. Cf. Χ 2.—(b) Sim., to get
(the sweat) dried off (one's garments). With
genit. : χιτώνων Λ 621.
ἀππέμψει, contr. 3 sing. fut. ἀποπέμπω.

ἄπρηκτος, -ον [ἀ-¹+πρηκ-, πρήσσω]. (1) Not accomplishing one's object Ξ 221.—(2) Leading or conducing to no result, fruitless : πόλεμον Β 121. Cf. Β 376 : β 79.—(3) Against which nothing can be done : ἀνίην μ 223.

ἀπριάτην [adv. fr. acc. fem. of *ἀπρίατος fr. ἀ-¹+*πρίαμαι]. Without price or payment Α 99 : ξ 317.

ἀπροτίμαστος, -ον [ἀ-¹+προτι- (=προσ- (3))+μασ-, μαίομαι]. Untouched, undefiled Τ 263.

ἄπτερος [ἀ-¹+πτερόν. ' Wingless ']. Hence, that does not take to itself wings : τῇ δ' ἀ. ἔπλετο μῦθος (she heard in silence) ρ 57 = τ 29 = φ 386 = χ 398.

ἀπτήν, -ῆνος [ἀ-¹+πτη-, πέτομαι]. Unfledged : ἀπτῆσι νεοσσοῖσιν Ι 323.

ἀπτοεπής [prob. (F)ι-(F)άπτω as in προϊάπτω+ ἔπος]. Thus, thrower about of words, reckless in speech : Ἥρη ἀπτοεπές Θ 209.

ἀπτόλεμος [ἀ-¹]. Unwarlike Β 201, Ι 35, 41.

ἅπτω. Aor. pple. ἅψας φ 408. 3 sing. fut. mid. ἅψεται τ 344. Infin. ἅψεσθαι ι 379. 3 sing. aor. ἥψατο Α 512, Ε 799, Ο 76, 704. ἅψατο Ψ 666. 3 dual ἁψάσθην Κ 377. Pple. ἁψάμενος, -ου Κ 455, Ψ 584, Ω 357, 508 : ι 386. Fem. -η λ 278, τ 473. Infin. ἅψασθαι Φ 65 : ζ 169, τ 348, χ 339. (ἀν-, ἐξ-, ἐφ-, καθ-, προτι-.) (1) To fasten φ 408.—In mid. λ 278.—(2) In mid. (a) To fasten oneself to ; hence, to lay hold of, seize, clasp, touch. With genit. : ἥψατο γούνων Α 512. Cf. Β 152, 171, 358, Ε 799, Θ 339, Κ 377, 455, Ο 76, 704, Π 9, 577, Τ 468, Φ 65, Ψ 584, 666, Ω 357, 508, 712 : σίτου δ 60. Cf. β 423, ζ 169, κ 379, ο 288, τ 28, 344, 348, 473, χ 339.—Without construction : κίνει ἀπτόμενος ἣν πατρίδα δ 522. Cf. ι 386. —(b) Of missile weapons (as if personified), to seize their object, work mischief : βέλε' ἥπτετο Θ 67 = Λ 85 = Ο 319 = Π 778. Cf. Ρ 631.—(c) To catch fire ι 379.

ἀπύργωτος, -ον [ἀ-¹+πυργόω]. Not fortified λ 264.

ἄπυρος [ἀ-¹+πῦρ]. Not yet put on the fire, new : τρίποδας Ι 122=264, λέβητα Ψ 267, 885.

ἀπύρωτος, -ον [ἀ-¹+πυρόω, to expose to fire, fr. πῦρ]. =prec. : φιάλην Ψ 270.

ἄπυστος, -ον [ἀ-¹+πυσ-, πεύθομαι]. (1) Without knowledge δ 675, ε 127.—(2) Of whom no tidings come α 242.

†ἀπωθέω [ἀπ-, ἀπο- (1) (4)]. Fut. ἀπώσω ο 280. 3 sing. -ει Α 97. Infin. -έμεν Ν 367. 3 sing. aor. ἀπέωσε ι 81. ἀπῶσε Ρ 649, Ω 446. 3 pl. ἀπῶσαν Φ 537. 1 pl. subj. ἀπώσομεν Θ 96 : χ 76. Infin. ἀπῶσαι β 130. aor. ἀπώσατο Ω 508 : ν 276. 2 sing. subj. ἀπώσεαι ο 270. 3 -εται Θ 533. Pple. ἀπωσάμενος, -ον Μ 276, Π 301, Σ 13. Infin. ἀπώσασθαι Θ 206, Ο 407, 503, Π 251 : ι 305. (1) To drive or thrust back. In mid. : Τρῶας ἀπώσασθαι Θ 206. Cf. Θ 533, Ο 407.—To drive away, expel : ἐκ Τροίης Ν 367.—In mid. α 270.—To thrust back, ward or keep off. In mid. : νεῖκος Μ 276. Cf. Σ 13.—In reference to driving away or dispersing immaterial or impalpable things : λοιγόν Α 97,

ὀμίχλην Ρ 649.—(2) With genit., to drive away from : γέροντος ἄγριον ἄνδρα Θ 96. Cf. χ 76.—To expel from : δόμων β 130.—To thrust away or debar from : νηός ο 280.—To thrust aside from. In mid.: θυράων λίθον ι 305.—To ward or keep off from. In mid.: κακὰ νηῶν Ο 503. Cf. Π 251, 301. —(3) In mid., to push away from oneself Ω 508. —(4) To drive out of one's course ι 81.—In mid. ν 276.—(5) To thrust back, unfasten : ὀχῆας Φ 537, Ω 446.

ἀπῴκισε, 3 sing. aor. ἀποικίζω.

ἀπώλεσα, aor. ἀπόλλυμι.

ἀπώλετο, 3 sing. aor. mid. ἀπόλλυμι.

ἀπώμοσα, aor. ἀπόμνυμι.

ἀπώσω, fut. ἀπωθέω.

ἄρ. See next.

ἄρα, ἄρ. Also in lighter (and enclitic) form ῥα. (1) Expressing consequence or sequence (a) ἄρα (ἄρ) : ἔκλαγξαν δ' ἄρ' ὀϊστοί Α 46, διὰ μὲν ἄρ ζωστῆρος ἐλήλατο Δ 135. Cf. Α 68, 148, 292, 308, 465, etc. : οἱ δ' ἄρα πάντες θαύμαζον α 381. Cf. α 106, 319, 335, 428, β 2, etc.—(b) ῥα : καί ῥα καθέξετο Α 360. Cf. Α 569, Β 1, 48, 211, etc. : βῆ ῥ' ἴμεν α 441. Cf. α 127, 333, β 148, 321, etc.— (2) Expressing explanation, indicating a reason or cause (gen. ἄρα, but sometimes ῥα) : πάντες ἄρ' οἵ γ' ἔθελον πολεμίζειν Η 169, νήπιος, οὐδ' ἄρ' ἔμελλε . . . Μ 113. Cf. Θ 163, 558, Κ 46, Ν 191, Π 203, Ψ 670, etc. : φῆ ῥ' ἀέκητι θεῶν φυγέειν δ 504, ὣς ἄρα πυκνοὶ ἔφυν ε 480. Cf. η 301, θ 58, ο 468, τ 442, etc.—So ἐπεὶ ἄρα Ε 686, Ι 316, etc. : α 231, ψ 258, etc.—ἐπεί ῥα Λ 498, Π 206, etc. : α 263, etc.—οὕνεκ' ἄρα Η 140, etc. : θ 480, etc. —τοὔνεκ' ἄρα Α 96 : ν 194.—γάρ ῥα Α 113, 236, Λ 74, Ρ 403, etc. : γ 143, δ 366, ε 321, etc.— (3) Amplifying, adding a circumstance. (a) ἄρα : οὐδ' ἄρ' ἔμελλε . . . Κ 336, ὣς ἄρα . . . Μ 135. Cf. Β 482, Ζ 323, Ι 666, Λ 65, Ξ 18, Υ 269, etc. : πὰρ δ' ἄρ' ἔην καὶ ἀοιδὸς ἀνήρ γ 267. Cf. κ 26, ξ 421, ο 374, σ 293, ψ 29, etc.—(b) ῥα : τόν ῥ' ἔβαλεν Δ 459, etc. : καί ῥ' οὐχ ὑλάοντο π 162, etc. —(4) Summing up or resuming. ἄρα : οὗτοι ἄρ' ἡγεμόνες ἦσαν Β 760, τοὺς ἄρ' ὅ γ' ἔλεν Λ 304, etc. —Sim. in enumerations Β 546, 584, 615, etc.— (5) Calling attention to something : ἀλλ' ἄρα καὶ τὸν ἀπάτησεν Τ 96, 'Αχιλεὺς δ' ἄρ' ἐπιρρήσσεσκε καὶ οἶος Ω 456.—(6) In relative sentences, sometimes giving a certain emphasis ('mark you !' 'note this !' or the like), sometimes not appreciably affecting the sense. (a) ἄρα : ἐπεὶ ἄρα Ζ 426, ἣν ἄρα μοι γέρας ἔξελον Π 56. Cf. Θ 177, Μ 295, Ξ 444, Ψ 125, etc. : οἷσιν ἄρα Ζεὺς . . . π 422. Cf. τ 546, etc.—(b) ῥα : ᾧ ῥ' οὔ τε λέεσθαι ἔμελλον Β 36, ὅτε δή ῥα . . . Π 386. Cf. Δ 430, Β 21, Γ 61, Ε 70, Λ 499, etc. : τόν ῥ' ἔκταν' 'Ορέστης α 30. Cf. α 126, β 9, δ 460, η 71, π 50, etc.—Sim. in a clause introduced by δ 76, ὅττι, οὕνεκα or ὡς. (a) ῥα : ὡς εἴδονθ' ὅ τ' ἄρα . . . Θ 251 : μυθήσομαι ὡς ἄρα . . . θ 498, ἐκφάσθαι οὕνεκ' ἄρα . . . ν 309.—(b) ῥα : οὐδέ τι ᾔδη ὅττι ῥα . . . Ν 675, γνῶ ἔργα θεῶν, ὅ ῥα . . . Π 120, etc. : ὅττι ῥά οἱ τέρας. ἧκεν φ 415, γνωτὸν ἦν ὅ ῥα

... ω 182, etc.—(7) In the first of two related clauses. (a) ἄρα: εἴτ' ἄρα ... εἴτε ... A 65, οὔτ' ἄρα ... οὔτε ... 93. Cf. A 115, E 333, M 53, O 72, Φ 62, Ψ 632, etc. : οἱ μὲν ἄρα ... οἱ δὲ ... a 110. Cf. δ 566, λ 535, ν 207, ξ 166, ψ 174, etc.—(b) ῥα: τοῦ μέν ῥ' ἀφάμαρτεν, ὁ δέ ... Θ 119, εἰ δή ῥ' ἐθέλεις ... ἔστι ... Ξ 337. Cf. Δ 15, Θ 487, Λ 442, O 53, etc. : οἱ μέν ῥ' εὔχοντο ... ὁ δὲ ... ν 185. Cf. δ 632, ζ 120, φ 398, etc. —In the second. (a) ἄρα: ὁ μὲν ... ὁ δ' ἄρα ... B 621, οὐδὲ ... ἀλλ' ἄρα ... Z 418, οὔτε ... οὔτ' ἄρα ... Υ 8, etc.: ἄλλοι μὲν ... τὸν δ' ἄρα ... ε 111, οὔ πω ... ἀλλ' ἔτ' ἄρα ... χ 237, etc.— (β) ῥα Λ 419, Σ 163: υ 16.—In both ἄρα: οὔτ' ἄρ νῦν ... οὔτ' ἄρ' ὀπίσσω Z 352. Cf. E 89, Υ 205, Ω 337.—In the second of three θ 168.—In the third λ 124.—(8) In questions, direct or indirect. (a) ἄρα: ἦ ἄρα δή τις ... ; Σ 429. Cf. T 56, etc. : φράσαι ἦ τις ἄρ' ἐστί ... ἦ ... χ 158. Cf. σ 357, etc.—(b) ῥα: ἦ ῥά νύ μοί τι πίθοιο; Ξ 190. Cf. H 446, etc. : ἦ ῥά κ' ἄμ' ἡμῖν ἔποιο; ο 431. Cf. π 462, etc.—So τ' ἄρα (τε ἄρα) and τ' ἄρ (τε ἄρ) (written also ταρ(enclitic)) A 8, B 761, Γ 226, Λ 656, M 409, N 307, Σ 6, 188, etc. : a 346, ν 417, ψ 264, etc.

ἀραβέω [ἄραβος]. (ἀμφ-.)   To rattle, ring : τεύχεα Δ 504 = E 42 = 540 = N 187 = P 50 = 311, E 58, 294 = Θ 260 : ω 525.

ἄραβος, ὁ.   A chattering (of the teeth) K 375.

ἀραιός, -ή, -όν (has app. lost an initial consonant).   App., slender, slight, narrow : χεῖρα E 425, γλώσσησιν Π 161, κνῆμαι Σ 411 = Υ 37 : εἴσοδος κ 90.

ἀράξω, fut. ἀράσσω.

ἀράομαι [ἀρή[1]]. 2 sing. aor. subj. ἀρήσῃ N 818. Non-thematic pres. infin. in act. form ἀρήμεναι χ 322. (κατ-.)   (1) To pray. With dat. : μητρὶ ἠρήσατο A 351. Cf. A 35, Z 115, I 172, P 568, etc. : δ 761, ζ 323, μ 337, ν 355.—Absol. Γ 318, E 114, etc. : γ 62, 64, η 1.—With complementary infin. : φανήμεναι Ἠῶ I 240. Cf. Δ 143, N 286, Ψ 209 : a 164, 366 = σ 213, δ 827, τ 533, χ 322.—With dat. and infin. N 818 : ρ 176.—With dependent clause : ἧος ἵκοιο γῆρας τ 367.—(2) To invoke : ἐρινῦς β 135.—(3) To vow. With infin.: κόμην σοι κερέειν ψ 144.—Absol. Ψ 149.

†ἀραρίσκω. (A) *Trans.* 3 sing. impf. ἀράρισκε ξ 23. 3 sing. aor. ἄρσε φ 45. Imp. ἄρσον β 289, 353. Pple. ἄρσας, -αντος A 136 : a 280. 3 sing. aor. ἤραρε Δ 110, Ψ 712 : ε 95, ξ 111. 3 pl. ἄραρον M 105. 3 sing. subj. ἀράρῃ Π 212. Pple. ἀραρών, -όντος ε 252, π 169. 3 pl. aor. pass. ἄρθεν Π 211. (B) *Intrans.* 3 sing. aor. ἤραρε δ 777. 3 pl. ἄραρον Π 214. 3 sing. pf. subj. ἀρήρῃ ε 361. Pple. ἀρηρώς, -ότος Δ 134, 213, Λ 31, N 800, O 530, 618, Ω 269 : β 342, η 45, κ 553. Fem. ἀραρυῖα, -ης Γ 331, E 744, M 134, O 737, etc. : β 344, ζ 70, 267, σ 294, 378, φ 236, 382, χ 102, 128, 155, 258, 275, ψ 42, 194. 3 sing. plupf. ἠρήρει M 56. ἀρήρει Γ 338, K 265, Π 139 : ρ 4. Aor. pple. mid. ἄρμενος, -ου Σ 600 : ε 234, 254. (ἐν-, ἐπ-, προσ-.) (I) *Trans.* (1) To fit together : κέρα Δ 110, ἀμείβοντας Ψ 712.—To fit (each other) together :

ἀλλήλους βόεσσιν (with their shields, *i.e.* stood side by side with shields touching) M 105.—To fit into place : ἐν σταθμοὺς ἄρσεν φ 45.—(2) To put together, construct : τοῖχον Π 212.—(3) To fit, supply or provide (with something) : ἴκρια σταμίνεσσιν ε 252. Cf. a 280, ε 95 = ξ 111.—(4) To make fitting or suitable : γέρας A 136.—To make so as to fit : πέδιλα ξ 23.—(5) To put up for carriage (in something) : ἀγγεσιν ἅπαντα β 289.—To make tight for carriage (with something) : ἀμφιφορῆας πώμασιν β 353.—(6) To contrive, scheme to bring about : θάνατον π 169.—(7) In pass., to be formed into close array : στίχες ἄρθεν Π 211.— (II) *Intrans.* (1) To be fitted : μέσσῃ δ' ἐνὶ πῖλος ἀρήρει K 265.—To be fitted (on to something) : σανίδες ἐπὶ πύλῃσιν ἀραρυῖαι Σ 275. Cf. ε 254.— (2) To be put together or constructed : πύλας εὖ ἀραρυίας H 339, 438. Cf. I 475, M 454, Φ 535 : β 344, φ 236 = 382, χ 128, 155, 258 = 275, ψ 42, 194.—(3) To be a product of art, to be the result of applied skill : ζωστῆρι ἀρηρότι Δ 134. Cf. Δ 213, T 396.—(4) To be fitted, supplied, or provided (with something) : κνημῖδας ἐπισφυρίοις ἀραρυίας Γ 331 = Λ 18 = Π 132 = T 370, Σ 459. Cf. E 744 (ornamented with representations), Λ 31, M 56, 134, N 407, Ξ 181, O 530, 737, Ω 269, 318 : ἀπήνην ὑπερτερίῃ ἀραρυίαν ζ 70. Cf. ζ 267 (prob., surrounded by a wall of the stones), η 45, σ 294.— (5) To be fitted closely or exactly, to be exactly adjusted (to something) : ἔγχος παλάμηφιν ἀρήρει Γ 338, κόρυθα κροτάφοις ἀραρυῖαν N 188. Cf. Π 139, Σ 600, 611 : πέλεκυν ἄρμενον ἐν παλάμῃσιν ε 234. Cf. ρ 4, σ 378, χ 102.—(6) To be pleasing : μῦθον ὃ ἤραρεν ἡμῖν δ 777.—(7) To be closely ranged together : πυργηδὸν ἀρηρότες O 618. Cf. N 800, Π 214 : πίθοι ποτὶ τοῖχον ἀρηρότες β 342.—(8) To remain in position ε 361.—(9) To be well-balanced (in mind) : φρεσὶν ἀρηρὼς κ 553.

ἀράσσω. Fut. ἀράξω Ψ 673. 3 sing. aor. ἄραξε M 384, N 577, Π 324 : ι 498, μ 412, 422. 3 sing. aor. pass. ἀράχθη ε 426. (ἀπ-.) (1) To strike so as to break, shiver or smash : τρυφάλειαν N 577. Cf. M 384, Π 324, Ψ 673 : σύν κ' ὀστέ' ἀράχθη (would have had his bones smashed) ε 426. Cf. ι 498, μ 412, 422.—(2) To put together or construct by hammering : σχεδίην ε 248.

ἀράχνιον, τό [ἀράχνης, a spider].   A spider's web : εὐνὴ ἀράχνι' ἔχουσα π 35. Cf. θ 280.

ἀργαλέος, -η, -ον.   (1) Hard to endure, painful, grievous, burdensome, toilsome Δ 471, K 521, Λ 278, 812, N 85, 667, 669, Ξ 87, 105, O 10, Π 109, 528, P 385, 544, 667, T 214, Φ 386, X 61 : β 199, δ 393, 483, λ 101, 293, μ 161, ο 232, 444, ω 531.— (2) Grievous or disastrous in results, baleful : χόλου K 107, χόλος Σ 119.—In comp. : ἀργαλεώτερος χόλος O 121. Cf. δ 698.—Ill-omened, presaging disaster : ἔπος φ 169.—Baneful, destructive, working disaster : Ἔριδα Λ 4.—Of Scylla μ 119.—Of winds, blowing with violence N 795, Ξ 254 : λ 400 = 407, ω 110.—Difficult to traverse : λαῖτμα θαλάσσης ε 175.—Hard to force : στόμα λαύρης χ 137.—Of a wave, dashing or breaking with violence ε 367.—

Hard to manage : βόας λ 291.—(3) In neut. ἀργαλέον, with or without copula, it is hard or difficult. With infin. : ῥῦσθαι Ο 140. Cf. Τ 368, Φ 498 : η 241.—With dat. and infin. : ἀ. μοί ἐστι θέσθαι κέλευθον Μ 410. Cf. Ρ 252, Τ 356, Ψ 791 : ν 312.—With acc. and infin. : ἀ. με ταῦτ᾽ ἀγορεῦσαι Μ 176. Cf. π 88, τ 221.—App. rather in sense 'oppressive,' 'unfair.' With infin. : ἀ. ἀνδράσι καὶ πλεόνεσσι μαχήσασθαι (i.e. to have to fight with them) β 244.—Sim. with acc. and infin. : ἀ. ἕνα προικὸς χαρίσασθαι (hard, too much) ν 15.— (4) In personal construction. With infin. : ἀργαλέος Ὀλύμπιος ἀντιφέρεσθαι (is hard to set oneself against) Α 589. Cf. Μ 63 : δ 397.

ἀργεϊφόντης, ἀργειφόντης [poss. ἀργός + φαίνω]. Thus, swift appearing, the swift appearer. Epithet or a name of Hermes Β 103, Π 181, Φ 497, Ω 24, 109, 153, 182, 339, 345, 378 = 389 = 410 = 432, 445 : α 38, 84, ε 43, 49, 75, 94, 145, 148, η 137, θ 338, κ 302, 331, ω 99.

ἀργεννός, -ή, -όν [ἀργός]. White : ὀθόνῃσιν Γ 141, οἰῶν 198, Σ 529, 588, ὄιεσσιν Ζ 424 : ρ 472.

ἀργεστής, -αο [ἀργός]. App., bringing white clouds : Νότοιο Λ 306, Φ 334.

ἀργής, -ῆτος. Also -έτος Λ 818, Φ 127 [ἀργός]. (1) White : ἐανῷ Γ 419. Cf. Λ 818, Φ 127.— (2) Bright, glancing, vivid : κεραυνόν Θ 133. Cf. ε 128, 131, η 249, μ 387.

ἀργικέραυνος [ἀργός + κεραυνός]. (Wielder, the wielder) of the bright thunderbolt. Epithet or a name of Zeus Τ 121, Τ 16, Χ 178.

ἀργινόεις, -εντος [ἀργός]. White. Epithet of cities (app. from white cliffs) Β 647, 656.

ἀργιόδους, -όδοντος [ἀργός + ὀδούς]. Having white teeth or tusks : κύνας Λ 292. Cf. Ι 539, Κ 264, Ψ 32 : ὗας θ 60. Cf. θ 476, λ 413, ξ 416, 423, 438, 532.

ἀργίπους, -ποδος [ἀργός + πούς]. Swift-footed : κύνας Ω 211.

ἄργμα, -ατος [ἄρχω]. In pl., firstling pieces, portions of food offered to the gods before a meal ξ 446.

ἀργός, -ή, -όν. (1) White, bright. Of oxen, app., glistening, sleek Ψ 30.—So of a goose ο 161.— (2) The notion of brightness or gleam passing into that of rapid movement (cf. αἰόλος (2)). Of dogs, swift Α 50, Σ 283 : ρ 62 = ν 145.—Sim. : κύνες πόδας ἀργοί (swift-footed) Σ 578 : β 11.

ἀργύρεος, -η, -ον [ἄργυρος]. (1) Of silver, silver Α 49, 219, Γ 331 = Λ 18 = Π 132 = Τ 370, Ε 729, Ι 187, Λ 31, Σ 413, 563, 598, Ψ 741, Ω 605 : α 137 = δ 53 = η 173 = κ 369 = ο 136 = ρ 92, α 442, δ 125, 128, 132, 615 = ο 115, η 89, 90, 91, θ 404, κ 24 (made of strands of silver wire), 355, 357, ο 104, 123.—(2) Studded or ornamented with silver : τελαμών Λ 38. Cf. Ε 727, Σ 480.

ἀργυροδίνης [ἄργυρος + δίνη]. Silver-eddying, clear. Of the Peneus Β 753 (here app. merely conventionally, as the Peneus is (and presumably always has been) a turbid river).—Of the Xanthus (Scamander) Φ 8, 130.

ἀργυρόηλος [ἄργυρος + ἧλος]. Studded with silver nails : ξίφος (i.e. having the handle thus

ornamented) Β 45 = Γ 334 = Π 135 = Τ 372, Γ 361 = Ν 610, Η 303, θρόνου Σ 389. Cf. Ξ 405, Ψ 807 : η 162, θ 65, 406, 416, κ 261, 314 = 366, λ 97, χ 341.

ἀργυρόπεζα [ἄργυρος + πέζα]. Silver-footed. Epithet of Thetis Α 538 = 556, Ι 410, Π 222, 574, Σ 127 = Τ 28, Σ 146, 369, 381, Ω 89, 120 : ω 92.

ἄργυρος, -ου, ὁ [ἀργός. 'The white metal']. Silver Β 857, Ε 726, Κ 438, Λ 237, Ρ 52, Σ 475 : δ 73, ζ 232 = ψ 159, κ 35, 45, τ 56, ψ 200.

ἀργυρότοξος [ἄργυρος + τόξον]. (Lord, the lord) of the silver bow. Epithet or a name of Apollo Α 37 = 451, Β 766, Ε 449, 517, 760, Η 58, Κ 515, Φ 229, Ω 56, 758 : η 64, ο 410, ρ 251.

ἀργύφεος [ἀργός]. (1) White : φᾶρος ε 230 = κ 543.—(2) Bright : σπέος Σ 50.

ἄργυφος [ἀργός]. White : δῖν Ω 621 : μῆλα κ 85.

ἀρδμός [ἄρδω]. A watering-place (lit. [ἄρδω, to water (cattle)]. A watering-place Σ 521 : ν 247.

ἀρειή, -ῆς, ἡ [app. fr. ἀρή²]. Reviling, threats Ρ 431, Τ 109, Φ 339.

ἀρείων, -ονος. Neut. ἄρειον [ἀρε-ίων, comp. fr. ἀρε-, cf. ἀρετή. Cf. ἄριστος]. Acc. sing. masc. ἀρείω Κ 237 : γ 250. Nom. pl. masc. ἀρείους Π 557 : β 277, ι 48. Dat. pl. masc. ἀρείοσι Α 260. (1) Better, worthier, more warlike Α 260, Β 707, Κ 237, Π 557, Φ 410, Ψ 588 : β 277, γ 250, ι 48, τ 184, υ 133.—(2) Stronger : τεῖχος Δ 407 (i.e. stronger than our fathers found), Ο 736 (i.e. stronger than this).—(3) In better condition : χρώς Τ 33.—(4) Better, the better course : τόδ᾽ ἀμφοτέροισιν Τ 56.—Absol. in neut., anything better or more excellent : οὗ τοῦ γ᾽ ἀ. [ἐστιν] ζ 182.—(5) App., good rather than the reverse : γῆρας ψ 286.—(6) In neut. as adv., better : φράσεται καὶ ἀ. (more clearly) ψ 114.

ἄρεκτος [ἀ-.¹ + ῥεκ-, ῥέζω]. Undone, still to do : ἔτι μέγα ἔργον ἄρεκτον Τ 150.

ἀρέσθαι, aor. infin. ἄρνυμαι.

†**ἀρέσκω**. Aor. infin. ἀρέσαι Ι 120, Τ 138. Fut. mid. ἀρέσσομαι Φ 402, Ψ 526. 3 aor. imp. ἀρεσάσθω Τ 179 . ἀρεσσάσθω θ 396. Pple. ἀρεσσάμενος, -ον Ι 112 : θ 415, χ 55. (ἀπ-.) (1) To make atonement, effect reconciliation Ι 120 = Τ 138.—(2) In mid. (a) To conciliate, make matters up with Ι 112, Τ 179 : θ 396, 402.— Absol. θ 415.—(b) To make atonement for, make up for : ταῦτα Δ 362, τά Ζ 526.—To make up to a person for a loss by levying a contribution χ 55.

ἀρετάω [ἀρετή]. To thrive, prosper : οὐκ ἀρετᾷ κακὰ ἔργα θ 329, ἀρετῶσι λαοί τ 114.

ἀρετή, -ῆς, ἡ. (1) Manliness, valour, prowess : ἣν ἀρετὴν διαείσεται Θ 535, συμφερτὴ ἀ. πέλει Ν 237 (brought together it becomes prowess, i.e. union makes prowess (συμφερτή assimilated in gender to ἀ. the predicate ; cf. Λ 801 under ἀνάπνευσις)). Cf. Λ 90, 763, Ν 275, 277, Ξ 118, Τ 242, Χ 268 : μ 211, ω 515.—In pl., manly or warlike qualities : ἀμείνων παντοίας ἀρετάς (in all . . .) Ο 642.—(2) Of horses, excellence in the race Ψ 276, 374.—(3) Good, creditable, serviceable qualities or character : ἠγαγόμην γυναῖκα εἵνεκ' ἐμῆς ἀρετῆς ξ 212. Cf. β 206, δ 629 = φ 187, ρ 322, σ 205, χ 244, ω 193, 197.—Sim. in pl.: παντοίης ἀρετῆσι κεκασμένον δ 725 = 815.—Reputation for such qualities or character: ἐϋκλείη τ' ἀ. τε ξ 402.—(4) Skill in manly exercises or pursuits Ψ 571 : θ 237, 239, 244.—So ποδῶν ἀρετήν (speed) Υ 411.—(5) Majesty, dignity, rank Ι 498, Ψ 578. —(6) Good, welfare, prosperity : θεοὶ ἀρετὴν ὀπάσειαν ν 45. Cf. σ 133, 251, τ 124.

ἄρετο, 3 sing. aor. ἄρνυμαι.

ἀρή[1], -ῆς, ἡ. (1) A prayer Ο 378, 598, Ψ 199 : δ 767, ρ 496.—(2) An imprecation Ι 566.

ἀρή[2], -ῆς, ἡ. Genit. ἄρεω Σ 213. Bane, harm : ὅς τις ἀρὴν ἀμύναι Μ 334, ἀρῆς ἀλκτῆρα Ξ 485 (here one who saves the family from the disgrace of a kinsman slain without reparation exacted). Cf. Π 512, Σ 100, 213, Ω 489 : β 59 = ρ 538, χ 208.

ἀρήγω. Fut. infin. ἀρηξέμεν Ν 9, Ξ 265. -ειν Α 77, Ε 833. Aor. infin. ἀρῆξαι Α 408. (ἐπ-.) To help, aid, succour. With dat.: μοι Α 77. Cf. Α 408, 521, Ε 507, 833, Θ 11, Λ 242, Μ 68, Ν 9, Ξ 192, 265, 391, Ο 42, 493, Π 701, Ρ 630, Υ 25.— With a form in -φιν : φρήτρηφιν Β 363.

ἀρηγών, -όνος [ἀρήγω]. A helper, aider Δ 7, Ε 511.

ἀρηΐθοος ["Αρηϊ, dat. of "Αρης + θοός]. Swift in the fight : αἰζηῶν Θ 298, Ο 315, Υ 167.

ἀρηϊκτάμενος ["Αρηϊ (see prec.) + κτάμενος (see κτείνω)]. Slain in battle : νέῳ Χ 72.

ἀρήϊος. (1) Inspired by Ares, warlike, martial Β 698, Γ 339, Δ 114, Λ 501, Μ 102, etc. : γ 109, 167, ψ 220.—(2) Used in war, warlike : τεύχεα Ζ 340. Cf. Κ 407, Ξ 381 : π 284, τ 4, ψ 368, ω 219.

ἀρηΐφατος ["Αρηϊ, dat. of "Αρης + φα-, φένω]. Slain in battle : φῶτας Τ 31, Ω 415 : ἄνδρες λ 41.

ἀρηΐφιλος ["Αρηϊ (see prec.) + φίλος]. Dear to, favoured by Ares Β 778, Γ 21, Δ 150, etc. : ο 169.

ἀρήμεναι, non-thematic pres. infin. ἀράομαι.

ἀρημένος [a pf. pple. pass. app. formed direct fr. ἀρή [2] (the a being retained against analogy). Cf. δεδουπότος, κεκοπώς, πεφυζότες]. Worn out, impaired, broken down Σ 435 : ζ 2, λ 136 = ψ 283, σ 53, 81.—App., hurt, harmed ι 403.

ἀρήξειν, fut. infin. ἀρήγω.

ἀρήρει, 3 sing. plupf. ἀραρίσκω.

ἀρηρομένη, dat. fem. pf. pple. pass. ἀρόω.

ἀρηρώς, pf. pple. ἀραρίσκω.

"Αρης [use of the proper name]. Genit. "Αρηος. Dat. "Αρηϊ, "Αρη. Acc. "Αρηα. (1) War, battle Β 381, 385, Γ 132, Ι 532, Ν 630, Τ 142, Φ 112, etc. : π 269, υ 50.—(2) Applied to wounds inflicted in war : ἔνθα μάλιστα γίγνετ' 'Α. ἀλεγεινός Ν 569.

ἄρηται, 3 sing. aor. subj. ἄρνυμαι.

ἀρητήρ, -ῆρος, ὁ [ἀράομαι]. A priest Α 11, 94, Ε 78.

ἀρητός [ἀράομαι]. App., prayed against ; hence, accursed : γόον Ρ 37 = Ω 741 (v.l. ἄρρητον).

ἀρθείς, contr. aor. pple. pass. ἀείρω.

ἄρθεν, 3 pl. aor. pass. ἀραρίσκω.

ἀρθμέω [ἀρθμός, friendship, alliance]. To form friendship or alliance Η 302.

ἄρθμιος [as prec.]. Joined in friendship or alliance : ἡμῖν (with us) π 427.

ἀρίγνωτος, -ον, and -η, -ον [ἀρι- + γνωτός]. (1) Easy to be known or recognized Ν 72, Ο 490 : δ 207, ζ 108, 300, ρ 265.—(2) Notorious, infamous ρ 375.

ἀριδείκετος [ἀρι- + δείκνυμι]. Distinguished, renowned λ 540.—Conspicuous, exalted : ἀνδρῶν (among . . .) Λ 248. Cf. Ξ 320 : θ 382 = 401 = ι 2 = λ 355 = 378 = ν 38.

ἀρίζηλος, -η, -ον [ἀρι- + *ζῆλος, phonetically = δῆλος]. (1) Very bright, conspicuous Ν 244, Χ 27. —Standing out clearly or distinctly in representation Σ 519.—Very plain, an evident sign : δράκοντ' ἀρίζηλον θῆκεν Β 318 (v.l. ἀΐζηλον).— (2) Of sound, very clear or distinct Σ 219, 221.

ἀρίζηλως [adv. fr. prec.]. Clearly, plainly : ἀ. εἰρημένα μ 453.

ἀριθμέω [ἀριθμός]. (1) To number, count, reckon up Β 124 : δ 411, ν 215, 218, π 235.—(2) To number off : δίχα πάντας ἑταίρους κ 204.

ἀριθμός, -οῦ, ὁ. Number, the number : λέκτο δ' ἀριθμόν δ 451. Cf. π 246.—In concrete sense : μετ' ἀνδρῶν ἀριθμῷ λ 449.

ἀριπρεπής, -ές [ἀρι- + πρέπω]. (1) Very bright, conspicuous : ἄστρα Θ 556. Cf. Ο 309 : ι 22.— Standing out clearly, easy to be distinguished Ψ 453.—Bright, ornamented : χηλόν θ 424.—(2) Striking, distinguished : εἶδος θ 176.—Of persons, distinguished, conspicuous, renowned : Τρώεσσιν (among the . . .) Ζ 477. Cf. Ι 441 : θ 390.

ἀριστερός. Locative ἀριστερόφιν Ν 309. (1) That is on the left side, the left . . . : ὦμον Ε 16, Π 106, 478. Cf. Ε 660, Λ 321.—The left hand . . . : ἵππος Ψ 338.—(2) ἐπ' ἀριστερά. (a) To the left : νωμῆσαι βῶν Η 238, ἐπ' ἐπ' ἀ. [ἴωσιν] (from right to left of a spectator, i.e. in the unlucky direction) Μ 240.—To the left of. With genit. : νηῶν Μ 118. Cf. Ν 326, Ψ 336.—(b) On the left : θωρήσσοντο Β 526, λαὸν ἐέργων Μ 201 = 219 (the bird having its left to the line and passing along from the line's right to its left) : Ψυρίην ἔχοντες γ 171.—Sim.: ἐπ' ἀ. χειρός ε 277.—On the left of. With genit. : μάχης Ε 355, Λ 498, Ν 765, Ρ 116 = 682, νηῶν Ν 675.—With locative : ἐπ' ἀριστερόφιν [παντὸς στρατοῦ] Ν 309.—(3) Of a bird of omen, passing as in Μ 240 above, boding ill ν 242.

ἀριστεύς, -ῆος [ἄριστος]. (1) Pre-eminent, leading, of the first rank Β 404. Cf. Γ 44, Ο 489, Ρ 203, Τ 193 : ξ 218, φ 333, ω 460.—(2) Absol. in pl., the most conspicuous or distinguished, the leaders, the leading men Α 227, Ε 206, Η 73, 159, 184, 227, 327, 385 = Ψ 236, Ι 334, 396, 421, Κ 1, 117, Ο 303, Ρ 245 : ζ 34, λ 227, ο 28, φ 153, 170, ω 86.

ἀριστεύω [ἀριστεύς]. 3 sing. pa. iterative ἀριστεύεσκε Ζ 460, Λ 627, 746, Π 292, 551, Ρ 351. (1) To be best, excel, take the lead Ζ 208 = Λ 784, Λ 409 : δ 652.—With complementary infin. : μάχεσθαι Ζ 460, Λ 746, Π 292, 551, Ρ 351.—(2) To excel (others in something). With genit. and dat.: βουλῇ ἀπάντων Λ 627.—(3) To perform feats, do deeds of valour H 90, Λ 506, O 460.

ἄριστον, τό [prob. ἀϜερ-ιστον. Cf. ἠ(Ϝ)έριος. 'The early meal']. The first meal of the day Ω 124 : π 2.

ἄριστος, -η, -ον [superl. fr. ἀρ-, ἀρετή. Cf. ἀρείων]. Crasis with ὁ gives ὥριστος Λ 288, N 154, 433, Π 521, P 689, T 413, Ψ 536, Ω 384 : ρ 416. (1) The most warlike or soldierly B 577, 817, Z 188, Θ 229 : δ 530, λ 500.—Absol. ω 507.—(2) The best, the best fitted to take the lead in war or peace, pre-eminent : ἀ. Ἀχαιῶν A 91. Cf. B 768, E 541, H 50, Λ 328 (in their local community), Σ 230, Ω 255, etc. : β 51, γ 108, δ 629=φ 187, ζ 257, o 521, π 251, χ 29, 244, ψ 121, ω 38, 108.— Absol. (in pl., pre-eminent or leading men, chiefs) : ἄριστον Ἀχαιῶν A 244, πάντας ἀρίστους Γ 19. Cf. Γ 250, Δ 260, E 103, N 836, etc. : α 211, 245 = π 122 = τ 130, δ 272, 278, θ 78, 91, 108, 127, 512, λ 524, ρ 416, ω 429.—(3) The strongest or most powerful : κάρτεῖ τε σθένεῖ τε ἀ. O 108. Cf. M 447, Ψ 891 : γ 370.—(4) The highest in rank, dignity or power. Absol. : θεῶν ὥριστος N 154. Cf. Ξ 213, Σ 364, T 258, 413, Υ 122, Ψ 43 : ν 142, τ 303.—(5) In reference to mental powers, excelling all T 95.—Excelling in person or accomplishments : κούρας I 638. — In reference to one's person, best, excelling : εἶδος ἀρίστη (in . . .) B 715. Cf. Γ 39 = N 769, Γ 124, Z 252, N 365, 378, P 142 : η 57, θ 116, λ 469 = ω 17.—(6) Likely to prove the most suitable husband, the best match λ 179, π 76, σ 289, υ 335, etc.—(7) The most suitable for some purpose : φῶτας δ 778, χῶρος ε 442, η 281. Cf. δ 409, θ 36, ι 195, o 25.—Absol. δ 666.—(8) The most skilful, versed or efficient : τέκτονες Z 314, βουλῇ (in . . . .) I 54. Cf. I 575, N 313, X 254, Ψ 357, 536, 659 = 802, Ψ 669 : νηυσίν (in the management of . . .) θ 247. Cf. δ 211, θ 250, 383, ν 297, o 253, π 419.—Absol. Λ 69, Z 76, H 221, Ψ 483, Ω 261.—With complementary infin. : μάχεσθαί τε φρονέειν τε Z 78. Cf. η 327, θ 123.—(9) Of things or abstractions, the best of their kind, the most excellent, useful or helpful : βουλή B 5 = K 17 = Ξ 161, H 325 = I 94. Cf. B 274, I 74, M 243, 344 = 357, Ξ 371, O 616, P 634, 712 : νηῦς α 280, β 294, π 348. Cf. η 327, θ 424, ι 318 = 424 = λ 230, ψ 124, ω 52.— (10) Of animals, the best, the finest, swiftest, etc. B 763, K 306, P 62 : κ 522 = λ 30, ξ 106, σ 371, ν 163, ω 215.—Absol. E 266 : ι 432, μ 343, 353, 398, ξ 19, 108, 414.—(11) In neut. ἄριστον as adv., best, the best : δοκέει μοι εἶναι ἀ. ε 360.—So in neut. pl. ἄριστα : ὥς μοι δοκεῖ εἶναι ἀ. I 103 = 314 = N 735, M 215 : ψ 130. Cf. ν 154.—(12) In neut. pl., the best results or consequences : ὅπως ἀ. γένηται Γ 110. Cf. γ 129, ι 420, ν 365, ψ 117. —The most seemly or decent things Z 56.

ἀρισφαλής [ἀρι- + σφάλλω. 'Causing much stumbling']. Rough, uneven : οὐδόν ρ 196.

ἀριφραδής, -ές [ἀρι- + φραδ-, φράζομαι]. (1) Easy to be distinguished, clear, manifest : σῆμα

Ψ 326 : = λ 126, φ 217, ψ 73, 273, ω 329, σήματα ψ 225.—(2) Easy to be separated or picked out from others : ὀστέα Ψ 240.

ἀρκέω. 3 sing. fut. ἀρκέσει Φ 131 : π 261. 3 sing. aor. ἤρκεσε Z 16, N 371, 397, O 529, 534, Υ 289 : δ 292. (ἐπ-.) (1) To ward off, keep off O 534.—With dat. of person protected : ὀλεθρόν ol Z 16. Cf. Υ 289 : δ 292.—Sim. : ἀπὸ χροὸς ol ὄλεθρον N 440.—(2) With dat., to defend, protect : θώρηξ ol O 529. Cf. Φ 131.—Without case N 371, 397.—(3) To suffice : ἤ κεν νῶϊν Ἀθήνη ἀρκέσει π 261.

ἄρκιος [ἀρκέω in sense (3)]. (1) Sufficient, ample ; or perh., on which one may rely, certain, sure : μισθός K 304 : σ 358.—(2) In neut. ἄρκιον with infin., expressing certainty that something must happen : ἀ. ἠ ἀπολέσθαι ἠὲ . . . (it must now be settled whether we are to . . . or to . . .) O 502.—So οὔ ol ἀ. ἐσσεῖται φυγέειν (he will not be able to rely on escaping, i.e. he certainly will not escape) B 393.

ἄρκτος, -ου, ἡ. (1) A bear λ 611.—(2) The constellation the Great Bear (= ἅμαξα (2)) Σ 487 : = ε 273.

ἅρμα, -ατος, τό. (1) A chariot, whether used in war, for racing or for travel (hardly to be distinguished from δίφρος) B 384, E 231, Λ 528, Σ 244, Φ 38, Ψ 304, etc. : δ 8.—(2) In pl. of a single chariot : ἑσταότ' ἐν ἅρμασιν Δ 366. Cf. Δ 226, Θ 115, 441, K 322, N 537, Ψ 286, Ω 14, etc. : γ 476, 478, ι 49 = ο 145 = 190, δ 42, ο 47, ρ 117.

ἁρματοπηγός [ἁρματ-, ἅρμα + πήγνυμι]. That makes chariots. With ἀνήρ, a chariot-maker Δ 485.

ἁρματροχιή, ἡ [ἅρμα + τροχ-, τρέχω]. The mark or furrow left by a chariot-wheel Ψ 505.

ἄρμενος, aor. pple. mid. ἀραρίσκω.

ἁρμόζω [ἀρ-, ἀραρίσκω]. 3 sing. aor. ἥρμοσε Γ 333, P 210 : φ 247. (ἐφ-.) (1) To fit or adjust (to something) : [δούρατ'] ἀλλήλοισιν φ 247.—(2) To put together, construct. In mid. : σχεδίην ε 162.—(3) To fit well, be well adapted (to something). With dat. : θώρηξ αὐτῷ Γ 333. Cf. P 210.

ἁρμονίη, -ης, ἡ [ἀρ-, ἀραρίσκω]. (1) In pl. applied to the means of fastening together the logs forming the σχεδίη of Odysseus : γόμφοισι σχεδίην καὶ ἁρμονίῃσιν ἄρασσεν ε 248 (prob. (cf. πολύδεσμος) flexible bands or cords (not pressing the sense of ἄρασσεν)). Cf. ε 361.—(2) A covenant or agreement X 255.

ἄρνα, τόν, τήν (Ϝάρνα) [no nom. sing. occurs. Acc. of *Ϝρήν. Cf. πολύρρην]. (1) A lamb : ἀρνῶν πρωτογόνων Δ 102 = 120 = Ψ 864 = 873, ἄρνεσσιν ἢ ἐρίφοισιν Π 352, ἀρν' ἀμήσειν X 310. Cf. Δ 435, Ω 262 : ἄρνες κεραοὶ τελέθουσιν ο 85. Cf. ι 220, 226, ρ 242, τ 398.—(2) A sheep, a ram or ewe : ἀρνῶν αἰγῶν τε A 66. Cf. Γ 103, 117, 119, 246, 273, 292, 310, Δ 158, Θ 131, X 263.

ἀρνειός, -οῦ, ὁ [ἄρνα]. A full-grown ram B 550, Γ 197 : α 25, ι 239, 432, 444, 463, 550, λ 131 = ψ 278.—Joined with ὄϊς κ 527, 572.

ἀρνέομαι. (1) To refuse, decline : γάμον α 249

αρνευτήρ

56

αρχός

=π126, ω126.—To refuse to accede to: τεὸν
ἔπος Ξ212 := θ358.—Absol., to refuse, decline to
accede Ξ191, Τ304, Ψ42 : θ43.—(2) To refuse
to give, withhold : τόξον φ345.
ἀρνευτήρ, -ῆρος, ὁ. A diver Π742, Μ385 :
=μ413.
ἄρνυμαι. Aor. ἀρόμην Ψ592. 3 sing. -ετο
Ι188, Λ625. 3 pl. -οντο Ι124, 266, 269. 2
sing. subj. ἄρηαι Π84. 3 sing. -ηται Μ435,
Ξ130, 365. 2 pl. -ησθε Λ290. Opt. ἀροίμην
Σ121. 2 sing. -οιο Δ95, Ι303. 3 sing. -οιτο Ε3,
Κ307, Τ247, Χ207 : ν422. 1 pl. -οίμεθα Ε273.
Infin. ἀρέσθαι Η203, Μ407, Π88, Ρ16, 287, 419,
Σ294, Τ502, Φ297, 543, 596 : α390, χ253.
(1) To win, achieve, gain, receive, get : τιμήν
Α159, ἀέθλια Ι124=266, 269, οὐχ ἱερήϊον οὐδὲ
βοείην (were to gain, were contending for) Χ160.
Cf. Δ95, Ε3, 273, 553, Ζ446, Η203, Ι188, 303,
Κ307, Λ290, 625, Μ407, 435, Ξ365, Π84, 88,
Ρ16, 287, 419, Σ121, 294, Τ502, Φ297, 543,
596, Χ207, Ψ592 : α5, 390, ν422, χ253.—To
get (a wound) Ξ130.—(2) To be fitted to receive
the weight of : [ὀνείδεα] ἄχθος (as lading) Τ247.
ἄρξει, 3 sing. fut. ἄρχω.
ἀρόμην, aor. ἄρνυμαι.
ἄροσις, ἡ [ἀρόω]. Arable land Ι580 : ι134.
ἀροτήρ, -ῆρος, ὁ [ἀρόω]. A ploughman Σ542,
Ψ835.
ἄροτος, -ου, ὁ [ἀρόω]. A cornfield ι122.
ἄροτρον, -ου, τό[ἀρόω]. A plough Κ353, Ν703:
ν32, σ374.
ἄρουρα, -ης, ἡ [ἀρόω]. (1) Arable land Ζ195,
Μ314, Τ185.—(2) A field : πυρῶν Λ68. Cf. Λ558,
Μ422, Ν707, Ξ122, Σ541, 544, Φ405, Χ489,
Ψ599 : ἐδάσσατ' ἀρούρας ζ10.—(3) Ground, space :
ὀλίγη ἦν ἀμφὶς ἁ. Γ115.—(4) In pl., the fields,
the land : ὅτε χιὼν ἐπάλυνεν ἀρούρας Κ7. Cf.
Η421 := τ433.—(5) The earth, the soil : καρπὸν
ἀρούρης Γ246, Ζ142, Φ465. Cf. Β548, Δ174,
Θ486, Ι141=283, Σ104, Φ232 : γ3=μ386, δ229,
ε463, η332, ι357, λ309, ν354, τ593, υ379.—
(6) The land as opposed to the sea Τ226.—
(7) A particular country : πατρὶς ἁ. α407, κ29,
υ193. Cf. β328, ψ311.
†ἀρόω. 3 pl. ἀρόωσι ι108. Dat. fem. pf. pple.
pass. ἀρηρομένη Σ548. (1) To plough (a field)
Σ548.—(2) To use the plough, plough ι108.
ἁρπάζω. Fut. pple. ἁρπάξων Χ310. 3 sing.
aor. ἥρπασε Ν528, Χ276 : ο250. ἥρπαξε Μ305 :
ο174. 3 sing. subj. ἁρπάσῃ Ρ62, Σ319. Pple.
ἁρπάξας, -αντος Γ444, Μ445, Ν199, Π814 : ε416.
Fem. -άσα κ48. (ἀν-, ἀφ-, δι-, ἐξ-.) To snatch
up or away Γ444, Ε556, Μ305, 445, Ν199, 528,
Π814, Ρ62, Σ319, Χ276, 310 : ε416, κ48,
ο174, 250.
ἁρπακτήρ, -ῆρος, ὁ [ἁρπακ-, ἁρπάζω]. One who
snatches, a seizer or robber Ω262.
ἁρπαλέος[ἁρπάζω]. Greedy : κερδέων θ164(with
transference of epithet from gainer to gains).
ἁρπαλέως[adv. fr. prec.]. Voraciously, heartily :
πῖνε καὶ ἦσθεν ζ250. Cf. ξ110.
ἁρπάξων, fut. pple. ἁρπάζω.

ἁρπάσῃ, 3 sing. aor. subj. ἁρπάζω.
ἅρπη, -ης, ἡ [ἁρπάζω]. Prob. for ἀρέπη. Cf.
ἀνηρείψαντο and next]. An unknown bird of
prey Τ350.
"Ἅρπυια [prob. for Ἀρέπυια. Cf. prec.]. A per-
sonification of the storm-gust : Ἀ. Ποδάργη Π150
(here represented as a semi-divine being in the
form of a mare). Cf. α241=ξ371, ν77.
ἄρρηκτος, -ον [ἀ-¹+ῥηκ-, ῥήγνυμι]. (1) Not to
be broken, broken through or severed Ν37, 360,
Ξ56=68, Ο20 : θ275, κ4.—(2) Not to be broken
into : πόλις Φ447.—(3) Not to be dispersed :
νεφέλην Τ150.—(4) Of the voice, tireless (cf.
ἀτειρής (2), χαλκεόφωνος) Β490.
ἄρρητος [ἀ-¹+ῥη-, εἴρω²]. (1) Unspoken : ἔπος
ξ466 —(2) Unspeakable : γόον Ρ37=Ω741 (v.l.
ἀρητόν).
ἄρσε, 3 sing. aor. ἀραρίσκω.
ἄρσην, -ενος. Male Η315, Φ7, Μ451, Τ495,
Ψ377 : ι425, 438, ν81, τ420.—Absol. ι238, ξ16.
ἀρτεμής. Dat. pl. ἀρτεμέεσσι ν43. Safe and
sound : ζωόν τε καὶ ἀρτεμέα Ε515=Η308 :
φίλοισίν ν43.
ἀρτιεπής[ἄρτιος+ἔπος]. Glib of tongue Χ281.
ἄρτιος [ἀρ-, ἀραρίσκω]. Fitted, exact, suitable.
Absol. in neut. pl. : ἄρτια βάζειν, to speak
suitably Ξ92 := θ240.—ά. οἱ ἤδη, his character
suited him, was to his taste (see εἴδω (III) (12))
Ε326 : τ248.
ἀρτίπος [ἄρτιος+πούς]. Sound of foot θ310.—
Swift of foot Ι505.
ἀρτίφρων [ἄρτιος+φρήν]. Well balanced in
mind, sensible ω261.
ἄρτος, -ου, ὁ. A wheaten cake ρ343, σ120.
†ἀρτύνω [ἀρ-, ἀραρίσκω]. 3 pl. fut. ἀρτύνέουσι
α277, β196. Aor. pple. ἀρτύνας, -αντος Μ43, 86,
Ν152 : ξ469, ω153. 3 pl. aor. mid. ἠρτύναντο
δ782, θ53. 3 sing. aor. pass. ἀρτύνθη Λ216.
(1) To make ready, prepare : ἔεδνα α277=β196.
—(2) To set in order, array : σφέας αὐτούς Μ43,
86, Ν152. Cf. Λ216, Ο303.—To get together,
muster : λόχον ξ469.—(3) To put in position.
In mid. : ἐρετμά δ782=θ53.—(4) To plan, con-
trive : θάνατον ω153.—To devise, invent, frame :
ψεύδεα λ366.—To put into words, put forward.
In mid. : ἀρτύνετο βουλήν Β55=Κ302.
ἀρτύω [as prec.]. (ἐπ-.) (1) To fashion, form
Σ379.—(2) To make ready, prepare : γάμον δ771.
—(3) To plan, contrive : δόλον Λ439. Cf. γ152,
π448, υ242.
ἀρχέκακος, -ον [ἄρχω+κακός]. Giving rise to
mischief Ε63.
ἀρχεύω [ἀρχός]. To lead, command. With
dat. : Ἀργείοισιν Β345, Τρώεσσιν Ε200.
ἀρχή, -ῆς, ἡ [ἄρχω]. (1) A beginning, a first
phase : πήματος θ81.—(2) A beginning, origin,
first cause : κακοῦ Λ604. Cf. Χ116 : φ4, ω169.—
ἐξ ἀρχῆς, from of old α188, β254, λ438, ρ69.—
(3) Something to serve as a basis or foundation :
ξεινοσύνης φ35.—(4) An unprovoked aggression
Γ100.
ἀρχός, -οῦ, ὁ [ἄρχω]. A leader, commander,

chief A 144, 311, B 234, Δ 205, E 39, N 196, etc. :
δ 496, 629 = φ 187, δ 653, θ 162, 391, κ 204.

ἄρχω. 3 sing. fut. ἄρξει δ 667. Aor. ἄρξα ξ 230.
3 pl. subj. -ωσι Δ 67, 72. 3 sing. opt. -ειε γ 106.
3 pl. -ειαν Δ 335. Genit. pl. masc. pple. ἀρξάντων
Φ 437. Fut. mid. ἄρξομαι I 97. 3 sing. aor.
ἄρξατο ψ 310. Pple. ἀρξάμενος, -ου T 254 : φ 142.
(ἀπ-, ἐξ-, ἐπ-, κατ-, ὑπ-.) **(1)** In act. and mid.
(a) To make a beginning or start, give a lead,
set an example. With complementary infin. :
ἀγορεύειν (began speech, opened debate) A 571,
H 347, Σ 249, νέεσθαι (lead the way) B 84, δηλή-
σασθαι (take the initiative in . . ., be the first
to . . .) Δ 67 = 72, ὑφαίνειν μῆτιν H 324 = I 93,
ἵμεν N 329 : ἀγορεύειν β 15, π 345 = σ 349 = υ 359,
χ 461, νέκυας φορέειν χ 437.—So ἄρξει καὶ προτέρω
κακὸν ἔμμεναι (will get the start of us and do us
yet further mischief) δ 667.—With pple. : χαλε-
παίνων B 378.—Sim. with genit. : μύθων (cf.
ἀγορεύειν above) B 433, E 420, H 445, etc. : α 28,
γ 68, ε 202, etc. πολέμοιο Δ 335, Τ 154. μάχης
H 232, Τ 138. μύθοιο Λ 781. φόβοιο (set the
example of flight) P 597. γόοιο Ω 723. μολπῆς (led
the dance) ζ 101.—To make preparations for, get
ready : θεοῖσι δαιτός O 95.—With cognate acc. : ὅττι
κεν ἄρχῃ I 102.—Absol. : ἀρχέτω H 286, σέο ἄρξομαι
(with thee) I 97. Cf. I 69, Φ 437, 439, Ψ 12 : τοῦ
χώρου (from the place) φ 142, ἄρξατο ὡς . . . (by
telling how . . .) ψ 310. Cf. θ 90, 499, ψ 199.—
(b) As a word of ritual, to cut off (hairs of the
victim) as the first-fruits of the sacrifice (cf.
ἀπάρχω, κατάρχω) : κάπρου ἀπὸ τρίχας ἀρξάμενος
T 254.—Sim. : ἀρχόμενος μελέων (cutting off pieces
from the limbs as first-fruits) ξ 428.—**(2)** In act.
(a) To be the leader, commander, or chief of.
With genit. : Βοιωτῶν B 494. Cf. B 517, M 93,
Π 173, etc. : κ 205, ν 266.—With dat. : οἷσί περ
ἄρχει B 805. Cf. ξ 230.—Absol., to be ruler, hold
sway ζ 12.—(b) To lead the way, act as leader,
take the lead A 495, Γ 420, 447, E 592, I 657,
Λ 472 = O 559 = Π 632, N 136 = O 306 = P 262,
N 690, 784, Ξ 134, 384, Π 65, 552, P 107, Σ 516,
T 248, Φ 391 : β 416, γ 12, 106, ε 237 (local genit.),
ξ 471, ψ 370, ω 9, 501.—With cognate acc. : αὐτὴν
ὁδὸν θ 107.

ἀρωγή, -ῆς, ἡ [ἀρήγω]. Help, aid, succour :
Ζηνός Δ 408, τί μοι ἀρωγῆς; (quasi-partitive genit.;
'what have I to do with . . . ?') Φ 360, ἐπ' ἀρωγῇ
(showing partisanship) Ψ 574.

ἀρωγός, -οῦ, ὁ, ἡ [as prec.]. A helper, aider
Δ 235, Θ 205, Σ 502 (partisans), Φ 371, 428 : σ 232.

ἄσαι, aor. infin. ἄω.

ἄσαμεν, contr. 1 pl. aor. ἰαύω.

ἀσάμινθος, -ου, ἡ. A bath K 576 : = δ 48, γ 468,
δ 128, θ 450, 456, κ 361, ρ 87, 90, ψ 163, ω 370.

ἄσασθαι, aor. infin. mid. ἄω.

ἄσατο, contr. 3 sing. aor. mid. ἀάζω.

ἄσβεστος, -ον and -η, -ον [ἀ-¹ + σβέννυμι]. **(1)**
Inextinguishable, unquenchable : γέλως A 599,
φλόξ Π 123. Cf. Λ 50, 500, 530, N 169 = 540, Π 267,
P 89, X 96 : θ 326, υ 346.—**(2)** Not to be forgotten :
κλέος δ 584, η 333.

ἄσε, contr. 3 sing. aor. ἀάζω.

ἄσειν, fut. infin. ἄω.

ἀσήμαντος [ἀ-¹ + σημαν-, σημαίνω]. Without a
leader ; hence, without a shepherd : μήλοισιν
K 485.

ἄσθμα, -ατος, τό [cf. ἄημι]. Difficulty in breath-
ing, panting : ἀργαλέῳ Ο 10, II 109, ἄ. παύετο
Ο 241.

ἀσθμαίνω [ἄσθμα]. To gasp for breath, pant
E 585, K 376, 496, N 399, II 826, Φ 182.

ἀσινής [ἀ-¹ + σίνομαι]. Unharmed λ 110 = μ 137.

ἄσις, ἡ. App. = χέραδος Φ 321.

ἄσιτος, -ον [ἀ-¹ + σῖτος]. Not partaking of food
δ 788.

ἀσκελέως [adv. fr. next]. Unrelentingly T 68.

ἀσκελής, -ές [app. ἀ-²+σκέλλω]. Thus 'dried
up,' and so **(1)** ' withered,' **(2)** 'rigid' (like dried
wood)]. Hence **(1)** Worn-out, wearied κ 463.—
(2) In neut. ἀσκελές as adv., unrelentingly : κεχό-
λωται α 68.—Unceasingly : μηκέτ' ἄ. κλαῖε δ 543.

ἀσκέω. 3 sing. impf. ἤσκειν (for ἤσκεεν) Γ 388.
(ἐπ-.) **(1)** To work on, work up, prepare or
fashion with art : εἴρια Γ 388. Cf. Δ 110, K 438,
Ξ 179, 240, Σ 592, Ψ 743 : ἐρμῖνα ψ 198. Cf. γ 438.
—**(2)** App., to smooth, adjust : χιτῶνα α 439.

ἀσκηθής [app. ἀ-¹. Second element unknown].
Unhurt, unharmed K 212, Π 247 : ε 26 = 144, 168,
ι 79, λ 535, ξ 255.

ἀσκητός [ἀσκέω]. Prepared or fashioned with
art : νήματος δ 134, λέχει ψ 189.

ἄσκοπος [ἀ-¹ + σκοπός. 'Not aiming ']. Acting
on impulse without consideration Ω 157 = 186.

ἀσκός, -οῦ, ὁ. (1) A leathern bag κ 19, 45, 47.
—**(2)** A wine-skin Γ 247 : ε 265, ζ 78, ι 196, 212.

ἄσμενος, aor. pple. ἥδομαι.

ἀσπάζομαι. To welcome, greet : δεξιῇ K 542 :
χερσίν γ 35, τ 415, 'Οδυσῆα χ 498.

ἀσπαίρω. (1) To gasp or pant in the death-
struggle Γ 293, K 521, M 203, N 571, 573 : θ 526,
μ 254, 255, τ 229.—**(2)** Of convulsive movements
of the limbs : πόδεσσιν τ 231, χ 473.—Of the
heart, to throb N 443.

ἄσπαρτος, -ον [ἀ-¹+σπαρ-, σπείρω, to sow].
(1) Having no seed sown in it, unsown : νῆσος
ι 123.—**(2)** Not growing from (sown) seed ι 109.

ἀσπάσιος, -ον and -η, -ον [ἀσπάζομαι]. **(1)** Wel-
comed, welcome, giving gladness : ἄ. γένετ' ἐλθών
K 35. Cf. Θ 488 : ε 394, 397, ι 466, λ 431, ψ 233.
—**(2)** Glad, well pleased : ἦλθον προτὶ ἄστυ Φ 607.
Cf. ψ 238, 296.

ἀσπασίως [adv. fr. prec.]. **(1)** Welcome, giving
gladness ν 33.—**(2)** Gladly H 118, Λ 327, Σ 232,
270, T 72 : δ 523, θ 450, κ 131, ν 333, ξ 502.

ἀσπαστός, -όν [ἀσπάζομαι]. **(1)** = ἀσπάσιος (1) : ἄ.
κε φανείη ψ 60. Cf. ψ 239.—In neut. in impersonal
construction : ἀσπαστόν κ' ἐμοὶ γένοιτο τ 569. Cf.
η 343, θ 295.—**(2)** In neut. ἀσπαστόν as adv. =
ἀσπασίως (1) : ὡς 'Οδυσῆ' ἄ. ἐείσατο γαῖα ε 398.
Cf. ν 35.

ἄσπερμος, -ον [ἀ-¹ + σπέρμα]. Without issue
Τ 303.

ἀσπερχής, -ές [app. for ἀνσπερχής, fr. ἀν- (= ἀνα-

(6)) + σπέρχω. Thus 'hastening,' 'pressing on']. In neut. ἀσπερχές as adv., without intermission or pause Δ 32, Π 61, Σ 556, X 10, 188 : α 20.

ἄσπετος, -ον [ἀ-¹ + σ(ε)π-. See ἐννέπω]. (1) Unspeakable ; hence, boundless or immense in extent, amount, number, volume, etc.: ὕλην B 455, κῦδος Γ 373 = Σ 165. Cf. Θ 558 = Π 300, K 523, Λ 245, N 139, Π 157, Σ 218, 403, T 61, Ψ 127, Ω 738, 784 : ὕδωρ ε 101, δῶρα ν 135, ν 342. Cf. ι 162 = 557 = κ 184 = 468 = 477 = μ 30, ν 395, ξ 96, 297, 412, χ 269, 407.—Absol. ν 424.—(2) In neut. ἄσπετον as adv., to a great (and unjustifiable) extent : τρεῖτε P 332.—(3) In neut. pl. as adv. strengthening πολλά Λ 704 : δ 75.

ἀσπιδιώτης [ἀσπιδ-, ἀσπίς]. Shield-bearing, warlike : ἀνέρας B 554, Π 167.

ἀσπίς, -ίδος, ἡ. A shield B 382, Γ 347, Δ 448, E 437, N 131, etc. : α 256, τ 32, χ 25.

ἀσπιστής [ἀσπίζω fr. prec.]. Shield-bearing, warlike Δ 90 = 201, 221 = Λ 412, E 577, Θ 155, 214, N 680, Π 490, 541, 593.

ἀσπουδί [ἀ-¹ + σπουδή]. Without a struggle : μὴ ἀ. νεῶν ἐπιβαῖεν Θ 512. Cf. O 476, X 304.

ἄσσα = τινά, acc. pl. neut. of τις : ὁπποῖ' ἄσσα εἵματα ἔστο τ 218 (see τις (3) (b)).

ἄσσα = ἅ τινα, acc. pl. neut. of ὅς τις. (1) = ὅς τις (1) : ἄσσ' ἔλαχον I 367. Cf. Τ 127 : ἄσσ' ἂν μηδοίμην ε 188. Cf. η 197, λ 74. — = ὅς τις (4) K 208 = 409.—(2) With subj. or opt. in relative conditional sentences. See Table at end (III) (B) (a) (1), (D) (56).

ἆσσον [comp. of ἄγχι]. (1) Near (rather than far off), to within a short distance : φέρον ι 380, πάντ' ἐφόρει ν 368.—Near to, close to. With g nit. : ἐμεῖο (into my presence) Ω 74 : ἔθεν τ 481. —(2) With εἶμι, etc., to approach, draw near : ἀ. ἴτε A 335. Cf. Z 143 = Τ 429, I 508, Ψ 8, 667 : ι 300, τ 392.—To approach, draw near to. With genit.: Ζηνὸς οὐκ ἂν ἀ. ἱκοίμην Ξ 247. Cf. X 4 : κ 537 = λ 50 = 89, 148, ρ 303, ω 221.—So of something inanimate, to be brought near to : λοετρὰ καρήατος ἀ. ἱκέσθαι Ψ 44.—With dat. : ἀ. μοι στῆθι Ψ 97. —In hostile sense, to attack, make an attack : μίμν' ἀ. ἰόντα X 92. Cf. A 567, O 105.

ἀσσοτέρω [double comp. of ἄγχι. Cf. prec.]. = prec. (1) ρ 572.—With genit. : πυρός τ 506.

ἀσταχυς = στάχυς B 148.

ἀστεμφέως [adv. fr. next]. So as to prevent movement, fast, firmly : ἐχέμεν δ 419. Cf. δ 459.

ἀστεμφής, -ές [ἀ-¹ + στεμφ- as in ἀπεμφυλον, squeezed olives. ' Not to be squeezed ']. Fixed, immovable, not moving Γ 219.—Fig. : βουλήν B 344.

ἀστερόεις, -εντος [ἀστήρ]. (1) Starry. Epithet of οὐρανός Δ 44, E 769 = Θ 46, Z 108, O 371, T 128, 130 : ι 527, λ 17, μ 380, υ 113.—(2) App., adorned with star-like ornaments (or perh., shining with star-like radiance) : θώρηκα Π 134, δόμον Σ 370.

ἀστεροπή, -ῆς, ἡ [= στεροπή]. Lightning, the lightning flash Λ 184, N 242, Ξ 386.

ἀστεροπητής [ἀστεροπή]. The lightener. Epithet of Zeus A 580, 609, H 443, M 275.

ἀστήρ, -έρος, ὁ [cf. ἄστρον]. (1) A star E 5, Z 295, 401, Λ 62, T 381, X 26, 28, 317, 318 : ν 93, o 108.—(2) A falling star, a fire-ball or meteorite Δ 75.

ἀστός, -οῦ, ὁ [ἄστυ]. A (fellow-)citizen : ἀστοῖσιν ἀρήγων Λ 242 : μή μιν πρὶν γνοῖεν ἀστοί ν 192.

ἀστράγαλος, -ου, ὁ. (1) One of the vertebrae of the neck Ξ 560 = λ 65.—(2) In pl., a game played with the prepared bones, prob. similar to 'knuckle-bones' Ψ 88.

ἀστράπτω [cf. ἀστεροπή]. To send forth lightning, lighten. Of Zeus B 353, I 237, K 5, P 595.

ἄστρον, -ου, τό [cf. ἀστήρ]. A star. Always in pl. Θ 555, 559, K 252 : μ 312, ξ 483.

ἄστυ, -εος, τό (Fάστυ). A town or city (used as = πόλις (1) Φ 607 : ζ 177-8, θ 524-5, ξ 472-3 ; but in P 144 app. the inhabited part of the city as opposed to the citadel ; see πόλις (2)) B 332, Γ 116, Z 256, H 32, etc. : α 3, γ 107, δ 9, η 40, etc. —With name of a particular town in genit. : ἀ. Ζελείης Δ 103 = 121. Cf. Ξ 281, Φ 128 : σ 1, χ 223.

ἀστυβοώτης [ἄστυ + βοάω]. That makes his voice be heard through the city : κήρυκα Ω 701.

ἄστυδε [ἄστυ + -δε (1)]. To or towards the town or city Σ 255, Ω 778 : ζ 296, κ 104, ο 503, π 331, ρ 5, τ 190.

ἀσύφηλος. App., degrading, vilifying Ω 767. —Absol. in neut., such a deed : ὥς μ' ἀσύφηλον ἔρεξεν I 647.

ἀσφαλέως [adv. fr. next]. (1) Straight on, without deviation : ὀλοίτροχος ἀ. θέει N 141. Cf. ν 86.—Without hesitation, surely on to the point : ἀγορεύει θ 171.—(2) ἀ. μένειν, to remain or stand firm or motionless P 436 : ρ 235.—Sim. ἔχει ἀ. (keeps his direction steadily) Ψ 325.

ἀσφαλής, -ές [ἀ-¹ + σφάλλω]. (1) Fixed, immovable : θεῶν ἕδος ζ 42.—(2) In neut. ἀσφαλές as adv., without stumbling or falling O 683.

ἀσφάραγος, -ου, ὁ (cf. λαυκανίη, φάρυξ). The wind-pipe : οὐδ' ἀπ' ἀσφάραγον τάμεν X 328.

ἀσφοδελός. Teeming with ἀσφόδελος or king's-spear : λειμῶνα λ 539, 573, ω 13.

†ἀσχαλάω. 3 sing. ἀσχαλάᾳ B 293 : τ 159. 3 pl. ἀσχαλόωσι Ω 403 : α 304. Pple. ἀσχαλόων τ 534. Acc. masc. ἀσχαλόωντα X 412. Infin. ἀσχαλάαν B 297. To be impatient or unable to contain oneself, chafe B 293, 297, X 412, Ω 403 : α 304.—With genit. of that which causes the feeling : κτήσιος (i.e. the waste of it) τ 534. Cf. τ 159.

ἀσχάλλω [= prec.]. To be vexed or grieved. With complementary pple. : θωὴν τίνων β 193.

ἄσχετος [ἀ-¹ + σ(ε)χ-, ἔχω]. Not to be restrained, ungovernable : μένος ἄσχετε (in . . .) β 85 = ρ 406, β 303. Cf. γ 104, υ 19.—Of grief, uncontrollable Π 549.

ἀτάλαντος [ἀ-² + τάλαντον]. (1) Equal to, a match for. With dat. : ἀ. Ἄρηϊ B 627. Cf. B 169, 407, 636, 651, E 576, H 47 = Λ 200, H 166 = Θ 264 = P 259, Θ 215, K 137, N 295 = 328, 500, 528, O 302, Π 784, P 72, 536.—With a form in -φιν : θεόφιν H 366, Ξ 318, P 477 : γ 110, 409.—

(2) Like, resembling. With dat.: νυκτί M 463. Cf. N 795.

ἀταλάφρων, -ονος [ἀταλά, neut. pl. of ἀταλός+ φρήν]. Of a child, with the mind just budding Z 400.

ἀτάλλω [cf. next]. To gambol N 27.

ἀταλός, -ή [cf. prec.]. App., in an early stage of life, tender: πώλοισιν Υ 222: παρθενικαί λ 39.— Absol. in neut. pl., what is natural to such a stage of life: ἀταλὰ φρονέοντες (in childish glee) Σ 567.

ἀτάρ. See αὐτάρ.

ἀταρβής [ἀ-¹+τάρβος]. Fearless N 299.

ἀτάρβητος [ἀ-¹+ταρβέω]. Not to be diverted from one's course: νόος Γ 63.

ἀταρπιτός, -οῦ, ἡ [metathesis of ἀτραπιτός]. = next Σ 565: ρ 234.

ἀταρπός, -οῦ, ἡ [metathesis of ἀτραπός. See ἀτραπιτός]. A pathway or path(cf. prec.) P 743:ξ 1.

ἀταρτηρός. App., baneful, baleful, or the like: ἐπέεσσιν Α 223: Μέντορ ἀταρτηρέ β 243.

ἀτασθαλίη, -ης, ἡ [ἀτάσθαλος]. Always in pl. (1) Recklessness, criminal folly: σφετέρῃσιν ἀτασθαλίῃσιν ὄλοντο Δ 409. Cf. Χ 104 : α 7, 34, κ 437, μ 300, χ 317=416, ψ 67, ω 458.—(2) Such characteristics displayed in deeds : ἀτασθαλίαι οἱ ἐχθραὶ ἔσαν φ 146.

ἀτασθάλλω [ἀτάσθαλος]. To act recklessly or without regard to consequences σ 57, τ 88.

ἀτάσθαλος, -ον. (1) Reckless, careless of consequences, ungoverned Χ 418: η 60, θ 166, ω 282.— (2) Of character, deeds, etc., displaying such characteristics : μένος Ν 634. Cf. π 86, χ 314, ω 352.—(3) In neut. ἀτάσθαλον, a deed displaying such characteristics : οὔ ποτ' ἀ. ἄνδρα ἐώργει δ 693.—In neut. pl. ἀτάσθαλα, such deeds : ἀ. μηχανόωντο Λ 695. Cf. γ 207, π 93, ρ 588, σ 139, 143, υ 170, 370, χ 47.

ἀτειρής [ἀ-¹+τείρω]. (1) Not to be worn away, hard : χαλκός Ε 292. Cf. Η 247, Ξ 25, Σ 474, Τ 233, Υ 108 : ν 368.—Fig., of the heart Γ 60.— (2) Not liable to fatigue Ο 697.—Of the voice (cf. ἄρρηκτος (4)) Ν 45, Ρ 555, Χ 227.—Sim. of character : μένος ἀιὲν ἀ.(sturdy, unwearying) λ 270.

ἀτέλεστος, -ον [ἀ-¹+τελεσ-, τελέω]. (1) Not accomplished or performed : τὰ ἔσσεται οὐκ ἀτέλεστα Δ 168. Cf. β 273, θ 571, σ 345.—(2) To no end, resulting in nothing: πόνον Δ 26, 57.—(3) In neut. ἀτέλεστον as adv., endlessly, continually π 111.

ἀτελεύτητος [ἀ-¹+τελευτάω]. = prec. (1): οὐκ ἐμὸν ἀτελεύτητον (my word never fails) Α 527. Cf. Δ 175.

ἀτελής [ἀ-¹+τέλος]. = prec. ρ 546.

ἀτέμβω. (1) To wrong, treat improperly or with injustice : θυμὸν Ἀχαιῶν (plays or trifles with . . .) β 90. Cf. υ 294, φ 312.—(2) With genit., to debar from (one's due) : ἴσης Λ 705 : ι 42 =549.—To deprive of : ἀτέμβονται νεότητος (have been robbed (by age) of their youthful vigour) Ψ 445.—ἀτεμβόμενος σιδήρου, app., lacking Ψ 834.

ἄτερ. Prep. with genit. (1) Aloof or apart from : ἀ. ἄλλων Α 498. Cf. Ε 753.—(2) Without : ἀ. πολέμου (not on a warlike errand) Δ 376, ἀ.

λαῶν Ε 473, ἀ. Ζηνός (without his goodwill) Ο 292. Cf. Ι 604, Φ 50, Ψ 441 : ἀ. σπείρου β 102, τ 147= ω 137. Cf. η 325, φ 409.

ἀτέραμνος [ἀ-¹. Second element uncertain]. Hard, stubborn : κῆρ ψ 167.

ἀτερπής [ἀ-¹+τέρπω]. (1) Joyless : χῶρον λ 94.— (2) Causing pain or distress, painful, dangerous, gruesome : λιμός Τ 354 : χώρῳ η 279, δαῖτα κ 124.

ἄτερπος, -ον [as prec.]. = prec. (2): ὀΐζύος Ζ 285.

ἀτέω (ἀFατέω) [ἀFάτη, ἄτη]. To act rashly or recklessly Υ 332.

ἄτη, -ης, ἡ (ἀFάτη). (1) Stupor : ἀ. φρένας εἷλεν Λ 805.—(2) Blindness of the mind sent by the gods, a divine perversion or deception of the mind leading to evil-doing or mischance : Ζεύς μ' ἄτη ἐνέδησεν Β 111=Ι 18, ὡς ὅτ' ἂν ἄνδρ' ἄ. λάβῃ Ω 480 (the time of this clause and of κατακτείνας in 481 the same ; the homicide has been done under impulse of the ἄτη). Cf. Α 412=Π 274, Ζ 356, Θ 237, Τ 88, Ω 28 : ἄτην μετέστενον δ 261. Cf. ο 233, φ 302, ψ 223.—In pl. Ι 115, Τ 270.— Personified Ι 504, 505, 512, Τ 91, 126, 129, 136.— (3) Such blindness or deception of human origin. In pl. Κ 391.—(4) Hurt, harm : εἴς μ' ἄτην κοιμήσατε (to my hurt) μ 372.

ἀτίζω [ἀ-¹+*τίζω=τίω]. To pay no heed Υ 166.

ἀτιμάζω [ἀτιμάω]. 3 sing. pa. iterative ἀτιμάζεσκε Ι 450. (1) =ἀτιμάω Α 11 : ζ 283, θ 309, λ 496, ν 141, ξ 164, 506, π 317=τ 498, σ 144, υ 167, φ 332, 427, χ 418, ψ 116, ω 459.—(2) To dishonour by conjugal unfaithfulness : ἄκοιτιν Ι 450.

ἀτιμάω [ἀ-¹+τιμή]. (ἀπ-.) To treat with dishonour or no regard, hold in contempt, show no respect or regard for, slight : Α 94, 356=507= Β 240, Ζ 522, Θ 163, Ι 62, 111, Ξ 127 : ξ 57, π 274, 307, υ 133, φ 99, ψ 28.

ἀτίμητος [ἀτιμάω]. Despised ; or perh., to whose life no blood-money is attached, whom anyone may slay with impunity : μετανάστην Ι 648=Π 59.

ἀτιμίη, -ης, ἡ [ἀ-¹+τιμή]. Dishonour: ἀτιμίῃσιν ἰάλλειν (to fling at, assail, with acts of dishonour) ν 142.

ἄτιμος [ἀ-¹+τιμή]. (1) Held in no respect, regard or esteem Α 171.—In comp. : ἀτιμότερόν με θήσεις Π 90.—In superl. : ἀτιμοτάτη θεός Α 516. —(2) In neut. ἄτιμον as adv., without making recompense π 431.

ἀτιτάλλω. Aor. ἀτίτηλα Ω 60. (1) To bring up or rear (a child) Ξ 202=303, Π 191, Ω 60 : λ 250, ο 450, σ 323, τ 354.—(2) In reference to animals, to rear. Of horses Ε 271, Ω 280.—Of swine ξ 41.—Of a goose ο 174.

ἄτιτος, -ον [ἀ-¹+τίω]. (1) Unavenged : οὐκ ἄτιτος κεῖτ' Ἄσιος Ν 414.—(2) Unpaid : ἵνα μὴ ποινὴ ἄτιτος ἔῃ Ξ 484.

ἄτλητος [ἀ-¹+τλη-, τλάω]. Unbearable : πένθεϊ Ι 3. Cf. Τ 367.

ἆτος. See ἄατος.

ἀτραπιτός, -οῦ, ἡ [ἀτραπος (prob. fr. ἀ-²+τραπέω) +ἰτ-, εἶμι. Thus ' a way worn by continual treading ']. A pathway or path (cf. ἀταρπός) ν 195.

ἀτρεκέως [adv. fr. next]. Exactly : κατάλεξον Κ 384 = 405 = Ω 380 = 656. Cf. B 10, Κ 413, 427, Ο 53 : α 169, 179, 214, ρ 154, ω 123, 303, etc.

ἀτρεκής. In neut. ἀτρεκές as adv. (1) = prec. : οὐ δεκὰς ἄ. (not just ten) π 245.—(2) Surely, certainly Ε 208.

ἀτρέμας. Before a consonant ἀτρέμα Ο 318. [ἀ-¹ + τρέμω.] Without motion, still Β 200, Ε 524, Ν 280, 438, 557, Ξ 352, Ο 318 : ν 92, τ 212.

ἄτριπτος, -ον [ἀ-¹ + τριπ-, τρίβω]. Not hardened (by work) : χεῖρας φ 151.

ἄτρομος [ἀ-¹ + τρόμος]. Steady, dauntless : μένος Ε 126, Ρ 157, θυμός Π 163.

ἀτρύγετος, -ον [ἀ-¹ + τρυγάω]. That yields no fruit, barren : ἁλός Α 316, 327, Ω 752, θαλάσσης Ξ 204, πόντον Ο 27, αἰθέρος Ρ 425 : ἁλός α 72, ε 52, ζ 226, θ 49, κ 179, πόντον β 370, ε 84 = 158, ε 140, η 79, ν 419, ρ 289.

Ἀτρυτώνη [traditionally fr. ἀ-¹ + τρυ-, τρύχω]. Thus, the unwearied one. Name of Athene Β 157 = Ε 714 = Φ 420, Ε 115, Κ 284 : δ 762 = ζ 324.

ἄττα [a widely spread word for 'father,' doubtless derived from childish speech]. Used in addressing an elder Ι 607, Ρ 561 : π 31, 57, 130, ρ 6, 599, φ 369.

ἀτύζομαι. Aor. pple. ἀτυχθείς Ζ 468. (1) To be terrified or distraught, to be panic-stricken, flee scared : ἀτυζόμενοι φοβέοντο Ζ 41, ἀτυζομένηγ ἀπολέσθαι (distraught to the point of death) Χ 474. Cf. Ζ 38, Θ 183, Ο 90, Σ 7, Φ 4, 554 : λ 606, ψ 42.—(2) To be scared or put out by : πατρὸς ὄψιν ἀτυχθείς Ζ 468.

αὖ. (1) Again, once more : ἔφυγες θάνατον Λ 362, νῦν αὖ μ' ἄνωγας . . . (to risk myself again) Ξ 262. Cf. Π 477, Φ 82, etc. : νῦν αὖ δεῦρ' ἱκόμην (have come again to your aid) ν 303. Cf. μ 116, ν 88, etc.—(2) In impatient or remonstrative questions, again, now, this time : τίς δὴ αὖ τοι συμφράσσατο βουλάς; Α 540. Cf. Η 24 : ψ 264. —(3) In return or requital : τοῖσιν αὖ θάνατος ἔσσεται Δ 270. Cf. Κ 292, Φ 399 : γ 382, φ 363.— (4) In one's turn : ἔνθ' αὖ νείκεσσεν Ε 471. Cf. Λ 145, etc. : Νέστωρ αὖ τότ' ἐφίζεν γ 411. Cf. θ 129, etc.—(5) In reply : τὸν αὖ ἀντίον ηὔδα Ε 647. Cf. Ν 254, etc. : α 213, ο 485, etc.—(6) Adversative : ἀρχοὺς αὖ ἐρέω Β 493. Cf. Λ 367, etc. : ξ 174, etc.—On the other hand, again : ὃν δ' αὖ δήμου ἄνδρα ἴδοι Β 198. Cf. Γ 200, 332, Δ 17, Λ 109, Ρ 312, etc. : χωρὶς δ' αὖ . . . δ 130. Cf. β 48, γ 425, δ 211, ε 221, etc.—(7) Particle of transition or continuation : ἔνθ' αὖ ἔλεν ἄνδρα Π 603. Cf. Β 618, Ι 700, Μ 182, Ο 138, etc. : αἰδὼς δ' αὖ . . . γ 24. Cf. δ 727, ε 18, ι 349, λ 6, etc.—App. introducing a narrative Τ 215.

†αὐαίνω [αὖος]. Neut. aor. pple. pass. αὐανθέν. To dry : ὄφρα φοροίη [ῥόπαλον] αὐανθέν (when dried) ι 321.

αὐγάζομαι [αὐγή, the sense 'light' passing into that of 'sight']. To see, discern Ψ 458.

αὐγή, -ῆς, ἡ. A bright light. (1) Of fire Β 456, Ι 206, Σ 211, 610, Χ 134 : ζ 305, ψ 89.— (2) Of lightning. In pl. Ν 244.—So ἵκετο Διὸς

αὐγάς (the home of lightning) Ν 837.—(3) Of the gleam from polished armour : αὐγὴ χαλκείη Ν 341.—(4) Of the sun Ρ 371, Χ 134 : ζ 98, μ 176. —In pl. of his rays Θ 480, Π 188 : β 181, λ 498, 619, ο 349.—So of rays from a star Χ 27.

αὐδάω [αὐδή]. 3 sing. pa. iterative αὐδήσασκε Ε 786, Ρ 420. (ἐξ-, μετ-, παρ-, προσ-.) (1) To speak : ηὔδα μάντις Α 92, οὐδ' ἔκλυον αὐδήσαντος (by word of mouth) Κ 47. Cf. Π 76, Ρ 420 : γ 337, δ 505, ι 497.—Of shouting Ε 786.—(2) To say, speak, utter : ἔπος Ζ 54, Κ 377, Λ 379, Μ 163, etc., αὐδα ὅ τι φρονέεις Ξ 195 = Σ 426 := ε 89, ἔπος ν 199.—(3) To address (a person) : τὸν (etc.) ἀντίον ηὔδα Γ 203, Δ 265, Ε 217, Λ 822, etc. : α 213, β 242, δ 155, ε 28, etc.—(4) With double construction of (2) and (3) : ἔπος μιν ἀντίον ηὔδα Ε 170.

αὐδή, -ῆς, ἡ. (1) Voice, speech : Ἕκτορος αὐδήν Ν 757, θεῷ ἐναλίγκιος αὐδήν (in . . .) Τ 250. Cf. Α 249, Ο 270, Τ 418 : τοῦ τερπόμεθ' αὐδῇ δ 160. Cf. α 371 = ι 4, β 268 = 401 = χ 206 = ω 503 = 548, β 297, δ 831, κ 311, 481.—(2) The faculty of speech : ἔχοντ' ἐν στήθεσσιν αὐδήν Δ 430. Cf. Σ 419.—(3) A rumour or report : θεοῦ αὐδήν (sent abroad by a god) ξ 89.—(4) Applied to sound produced by twitching a stretched bowstring φ 411.

αὐδήεις, -εσσα [αὐδή]. (1) Having the power of speech : αὐδήεντα ἔθηκεν Τ 407.—(2) Using the speech of mortals (as opposed to that of the gods) : θεὸς αὐδήεσσα κ 136 = λ 8 = μ 150, μ 449.— (3) As a general epithet of human (as opposed to divine) beings ε 334, ζ 125.

αὐερύω (ἀϝερύω) [ἀϝ-, ἀνα- (1) (3) + ϝερύω, ἐρύω¹]. 3 pl. aor. αὐέρυσαν Α 459, Β 422. (1) To pull up, pull out of the ground : στήλας Μ 261.—(2) To draw back. (a) To draw one's bow Θ 325.—(b) Of drawing back the head of a sacrificial victim Α 459 = Β 422.

αὖθι [contr. fr. αὐτόθι]. (1) On the spot, there : αὖ. μένων Α 492, ἑζόμενος δὲ κατ' αὖ. (κατά adv. with the pple.) Ν 653, κατ' αὖ. λίπον Ρ 535. Cf. Β 328, Κ 62, Λ 48, Ν 37, Χ 137, etc. : αὖ. παρ' Ἀτρείδῃ γ 156. Cf. θ 416, θ 275, κ 567, ρ 357, etc. —So παρ' αὖ. = παρ' αὐτόθι (see αὐτόθι (1)) Ψ 163.— (2) On the spot, here : μηκέτ' αὖ. λεγώμεθα Β 435. Cf. Γ 291, Ζ 84, Ι 412, Ν 233, etc. : μέν' αὖ. β 369. Cf. η 314, μ 24, ν 44, υ 220, etc.—(3) On the spot, at once : αὖ. λύθη ψυχή Ε 296. Cf. Ζ 281, Λ 141, Π 331, Ρ 298, etc. : σ 91, etc.

αὐίαχος (ἀϝίϝαχος) [ἀ-² + ϝιϝαχ-, ἰάχω]. With united shout : ἄβρομοι αὐίαχοι Ν 41.

αὔλειος, -η [αὐλή]. Of the αὐλή : οὐδοῦ (the threshold of the gateway leading into the αὐλή) α 104, θύρησιν (= αἰθούσης θύρησιν ; see under αἴθουσα (2)) σ 239, ψ 49.

αὐλή, -ῆς, ἡ. (1) (a) An enclosure or steading for sheep, goats, swine, etc. Δ 433, Ε 142, Κ 183 : ι 184, 239, 338, 462, ξ 5, 13, ο 555, π 165.— (b) The enclosing wall or fence thought of rather than the space enclosed : αὐλῆς ὑπεράλμενον Ε 138. —(2) A courtyard in front of or surrounding a house : ὑπ' αἰθούσῃ αὐλῆς Ι 472, ἕρκιον αὐλῆς 476.

Cf. Z 247, 316, Λ 774, Ω 161, 452, 640 : ὅθι οἱ θάλαμος αὐλῆς δέδμητο (in the αὐλή) α 425, δόμοι καὶ αὐ. ζ 303. Cf. β 300, δ 678, η 112, 130, κ 10, ο 162, π 343, ρ 266, σ 101, 102, 237, υ 355, φ 191, 240, 389, χ 137, 376, 442=459, 449, 474, 494.— (3) App. loosely as = δῶμα (3) (b) δ 74.

αὐλίζομαι [αὖλις]. Of cattle, etc., to be driven back to the steading, come home μ 265, ξ 412.

αὖλις, ἡ [cf. αὐλή]. (1) A bird's roosting-place χ 470.—(2) A bivouac : αὖλιν ἔθεντο Ι 232.

αὐλός, -οῦ, ὁ. (1) A wind-instrument resembling a flute or clarionet : αὐλῶν συρίγγων τ' ἐνοπήν (app. (to avoid asyndeton) to be rendered 'flute-pipes,' taking αὐλῶν συρίγγων as virtually a compound word) Κ 13, αὐλοὶ φόρμιγγές τε Σ 495. —(2) Applied (app. from resemblance to a tube) to a jet or column of blood χ 18.—(3) A hollow or socket in a spear-head to receive the end of the shaft Ρ 297.—(4) A tube or sheath to receive a pin of a περόνη τ 227 (= the κληῖδες of σ 294 : see κληῖς (5)).

αὐλῶπις, -ιδος [αὐλός + ὦπα]. App., with tubes for the eyes, i.e. having a vizor furnished with eye-holes Ε 182, Λ 353, Ν 530, ΙΙ 795.

αὖος, -η, -ον [αὖω¹]. (1) Dry, dried up Ψ 327 : ε 240 (sapless), σ 309.—Made of well-dried hide Μ 137, Ρ 493.—(2) In neut. αὖον as adv., with a dry, i.e. a harsh or grating sound (cf. καρφαλέος (2)) : κόρυθες αὖον ἀΰτευν Μ 160. Cf. Ν 441.

ἄϋπνος, -ον [ἀ-¹ + ὕπνος]. (1) Sleepless, not able to sleep ι 404.—(2) Doing without sleep κ 84, τ 591.—(3) Sleepless, in which one does not sleep : νύκτας Ι 325 : τ 340.

αὔρη, ἡ. A breeze : αὐ. ψυχρὴ πνέει ε 469.

αὔριον [conn. with ἠ(F)έριος]. (1) To-morrow : ὄφρα μοι ἔπηται αὐ. Ι 429. Cf. Θ 535, Ι 357, 692, Σ 269 : α 272, σ 23.—(2) As quasi-sb. : ἠελίου ἀνιόντος ἐς αὔριον Θ 538. Cf η 318, λ 351.

ἄϋσε, 3 sing. aor. αὔω².

αὐσταλέος [αὖω¹]. Dry ; hence, squalid, dirty τ 327.

αὐτάγρετος [αὐτός + ἀγρέω]. Chosen by oneself, at one's choice ; or perh., taken of itself, to be had for the taking π 148.

αὐτάρ, ἀτάρ. (1) Adversative particle, but. (a) αὐτάρ Α 118, 333, 488, Β 224, etc. : α 57, 200, 303, 397, etc.—(b) ἀτάρ Α 166, Δ 29, Ε 29, Ζ 125, Λ 614, etc. : β 122, γ 298, δ 32, ρ 307, etc.—(2) Particle of transition or continuation. (a) αὐτάρ : οὐρῆας μὲν πρῶτον ἐπῴχετο, αὐ. ἔπειτα . . . Α 51. Cf. Α 282, Β 103, 105, 107, etc. : α 9, 123, ζ 132, θ 38, etc.—(b) ἀτάρ : μάψ, ἀ. οὐ κατὰ κόσμον (yea) Β 214. Cf. Α 506, Β 313, Γ 268, Δ 484, etc. : α 181, 419, β 240, γ 138, etc.— (3) ἀτάρ introducing a statement or injunction : Ἕκτορ, ἀ. σὺ πόλινδε μετέρχεο Ζ 86. Cf. Ζ 429, Χ 331: δ 236.—αὐτάρ introd. an apodosis Γ 290, Χ 390.

αὖτε. (1) In the reverse direction, back : ὅτ' ἂν αὐ. νεώμεθα Η 335. Cf. Δ 384, Θ 159, etc.— (2) Of resumption of a state or condition, again. With ἐξαῦτις : αὐ. ἐξαῦτις ἀνέστη Ο 287.—(3) Again, once more : ἀγορῇ νικᾷς Β 370, ὅτε δὴ αὐ. Ἕκτωρ

Ἀργείους ὀλέκεσκεν (i.e. in this second instance) Τ 134. Cf. Β 221 (as usual), Γ 191, Θ 373, Ι 702, Ξ 454 (meaning that his aim is always good), Φ 421, etc. : αὐ. δύω μάρψας ι 311. Cf. ε 356, χ 165, 281, etc.—(4) In impatient or remonstrative questions, again, now, this time : τίπτ' αὐ. εἰλήλουθας ; Α 202. Cf. Β 225, Η 448, Ξ 364, Τ 16, Φ 394 : ζ 119 =ν 200, κ 281, λ 93, υ 33.—(5) In one's turn : ὁ αὐ. δῶκ' Ἀτρέϊ Β 105. Cf. Α 404, Ε 541, Κ 283, Ν 414, Ψ 278, etc. : ἔνθ' αὐ. Εὐρυδάμαντα βάλεν (i.e. his turn had come) χ 283. Cf. θ 127.— (6) In reply : τὸν αὐ. προσέειπεν Α 206. Cf. Γ 58, 203, Δ 265, Ζ 144, etc. : α 178, 221, 383, 399, etc.— (7) Adversative : νῦν μὲν . . . ὕστερον αὐ. μαχήσονται Α 30. Cf. Γ 67, etc. : νῦν αὐ. πανύστατος ι 452, etc.—On the other hand, again : Τρώων αὐ. ἀγορὴ γένετο Η 345. Cf. Ε 279, Η 248, Θ 55, Λ 56, etc. : ἄλλοτε δ' αὐ. παύομαι δ 102. Cf. α 111, ε 29 (for your part), μ 282 (as we cannot do here), π 463, etc.—(8) Particle of transition or continuation : Ἕκτωρ δ' αὐ. χάρη Γ 76. Cf. Α 237, Β 407, Ζ 73, Θ 26, etc. : ἡμῖν δ' αὐ. ἐπεπείθετο θυμός β 103. Cf. β 335, 386, ι 256, λ 21, etc. —(9) Hereafter, in the future, yet : εἴ ποτε δὴ αὐ. χρειὼ ἐμεῖο γένηται Α 340. Cf. Α 578, Ε 232, Ι 135, Ο 16, Ψ 605, etc. : ἡμεῖς δ' αὐ. τισόμεθα ν 14. Cf. θ 444, σ 48.

ἀϋτέω [ἀϋτή]. 3 pl. impf. ἀΰτευν Μ 160. (1) To shout, cry, call Υ 50, Φ 582.—Of the sound of struck armour Μ 160.—(2) To shout or call to : πάντας ἀρίστους Δ 258.

ἀϋτή, -ῆς, ἡ [αὖω²]. (1) A shout or cry Β 153, Λ 466 : ζ 122, ξ 265 = ρ 434.—Shouting : εἴ ποτ' ἀϋτῆς σχοίατο Β 97.—(2) The battle-shout : μήστωρες ἀϋτῆς Δ 328, Ν 93 = 479, ΙΙ 759. Cf. Δ 331, Ι 547, Μ 338, 377, Ξ 60, Ο 312, 718, Υ 374.— (3) Battle : δηΐων ἐν ἀϋτῇ Ρ 167. Cf. Α 492, Ε 732, Ζ 328, Λ 802 = ΙΙ 44, Ν 621, Ξ 37, 96, ΙΙ 63 : Τρώων ὑπεξέφυγον ἀϋτήν λ 383.

αὐτῆμαρ [αὐτός + ἦμαρ]. (1) On the same day, on that day Σ 454 : γ 311.—(2) For that day Α 81.

αὐτίκα. Forthwith, straightway, at once : αὐ. ἆλτο χαμᾶζε Γ 29. Cf. Α 118, 199, 539, Β 322, etc. : αὐ. μνηστῆρας ἐπῴχετο α 324. Cf. β 367, 379, γ 54, 448, etc.

αὖτις. (1) In the reverse direction, backwards, back, back again : ἴτην Α 347, ἐλεύσεται 425. Cf. Α 522, Β 208, Γ 36, Δ 19, etc. : ὑποστρέψας θ 301, κλίνθετο λᾶας ἀ. 508. Cf. α 317, γ 164, δ 473, 408, ι 496, etc.—With πάλιν. See πάλιν (1).—(2) Back to a former state or condition, again : αὐ. ἐμπνύνθη Ε 697. Cf. Δ 222, Η 462, Ι 368, Μ 31, Ο 60, etc. : αὐ. ἄρ' ἔζετο ρ 602. Cf. δ 549, κ 461, etc.—With ἄψ. See ἄψ (2).—(3) Again, once more : ἰόντα Α 27. Cf. Α 513, Η 170, Κ 463 (as on former occasions), Σ 153, Χ 449 (giving changed orders), etc. : αὐ. οἱ πόρον οἶνον ι 360. Cf. γ 161, ι 354, μ 453, ο 439, τ 65, etc.—(4) Adversative : ὅς σ' αὐ. κτείναιμι (in spite of that) ξ 405.—(5) Particle of transition : αὐ. δ' ἐκ κολεοῖο ἐρυσσάμενος ξίφος (and then . . .) Μ 190. Cf. σ 60.—(6) At another time, on some future occasion, another day : μεταφρασόμεσθα καὶ αὐ. A 140. Cf. Γ 440.

άϋτμή, -ῆς, ἡ [ἀϋ-τ-μή. ἀF-, ἄ(F)ημι]. (1) Breath I 609, K 89.—(2) Of the wind from bellows Σ 471. —Of the blowing of the winds λ 400 = 407.— Of the 'breath' of fire Φ 366 : ι 389, π 290 = τ 9, τ 20 (in these three passages referring to smoke).— Of fragrance or odour: κνίσης αὐ. μ 369. Cf.Ξ174.

άϋτμήν, -ένος, ὁ [cf. prec.]. (1) Breath Ψ 765. —(2) Of the blowing of the winds γ 289.

αὐτοδίδακτος [αὐτός + διδακ-, διδάσκω]. Self-taught χ 347.

αὐτόδιος [αὐτός + ὁδός (with Aeolic smooth breathing). 'On or by the same way ']. In neut. αὐτόδιον as adv., straightway : αὐ. μιν λούσασθαι ἀνώγει θ 449.

αὐτοέτης [αὐτός + ἔτος]. In neut. αὐτόετες as adv., within the same year, in a year's space γ 322.

αὐτόθεν [αὐτός + -θεν (1)]. (1) From the place in which one is. With complementary words : αὐ. ἐξ ἕδρης Τ 77. Cf. ν 56, φ 420.—(2) On the spot, at once Τ 120.

αὐτόθι [αὐτός + -θι]. (1) On the spot, there : αὐ. ὀλέσθαι Γ 428, λιπέτην (λεῖπε) κατ' αὐ. (κατά adv. with the vb.) K 273, Φ 201. Cf. E 847, Ξ 119, Π 294, 848, Τ 403, Τ 340, Φ 496, Ω 673, 707 : αὐ. μεῖνεν δ 508, κατ' αὐ. λιπόντε (see above) φ 90. Cf. δ 302, ι 29, 496, κ 132, λ 187, μ 161, ξ 285, 525, ο 327, ρ 254, ω 464.—So παρ' αὐ. (app. by confusion with αὐτόφι, locative of αὐτός) : κτενέειν παρ' αὐ. πάντας ἀρίστους N 42. Cf. Τ 140, Ψ 147, 640.— (2) Here: αὐ. λέξεο I 617. Cf. K 443, T 189 : ζ 245, λ 356, ξ 67.

αὐτοκασιγνήτη, -ης, ἡ [αὐτός + κασιγνήτη]. A sister of the whole blood κ 137.

αὐτοκασίγνητος, -ου, ὁ [αὐτός + κασίγνητος]. A brother of the whole blood B 706, Γ 238, Λ 427, N 534, Ξ 156, Π 718.

αὐτόματος, -η, -ον [αὐτός. Second element obscure]. (1) Without being asked, of one's own accord : ἦλθεν B 408.—(2) Self-acting, self-moving, self-impelled : αὐτόμαται πύλαι μύκον E 749 = Θ 393. Cf. Σ 376.

αὐτονυχί [αὐτός + νυχ-, νύξ]. This very night Θ 197.

αὐτός, -ή, [-ό]. Locative αὐτόφι M 302. This form as ablative Λ 44. As genit. T 255. Crasis with ὁ gives ωὑτός E 396. (1) Anaphoric pronoun in emphatic use. (a) Myself, thyself, himself, etc.: αὐτοὺς ἑλώρια τεῦχε κύνεσσιν (the body being regarded as the real man) A 4, ὄφρ' ὄρκια τάμνῃ αὐ. Γ 106, ἄστυ καὶ αὐτούς (the city and the men in it) Ω 499. Cf. A 133, 270, 420, 437, 487, 577, etc. : αὐτὴν ἐς θρόνον εἶσεν α 130, ἐθάμβεον αὐτὸν ρ 367 (referring especially to his bodily presence or figure). Cf. α 108, 117, 393, β 40, 53, 64, etc.— (b) Joined with the personal pronouns in emphatic use: ἔμ' αὐτόν A 271, ἐγὼν αὐ. H 101, σὺ αὐ. Ξ 145. Cf. A 338, E 459, Z 272, I 521, etc. : α 33, 251, β 190, θ 396, ν 190, etc.—With sb. : αὐτὰς πύλας M 469, etc. : θεοὶ αὐτοί α 384, etc.—With

proper and place names : αὐτὴν Χρυσηΐδα A 143. Cf. B 827, E 51, etc. : αὐτῆς Ἰθάκης ξ 98. Cf. α 207, η 70, etc.—(c) With personal pronouns in reflexive sense : πυργηδὸν σφέας αὐτοὺς ἀρτύναντες M 43, εὖ ἐντύνασαν ἓ αὐτήν Ξ 162. Cf. Γ 51, E 64, Θ 529, K 307, Π 47, etc. : δ 244, θ 211, ι 421, etc.—(d) In genit. strengthening possessive pronouns : πατρὸς κλέος ἠδ' ἐμὸν αὐτοῦ Z 446, τὰ σ[ὰ] αὐτῆς ἔργα 490, νωΐτερον λέχος αὐτῶν O 39, etc. : αὐτῶν σφετέρῃσιν ἀτασθαλίῃσιν α 7, ἐοὶ αὐτοῦ θῆτες δ 643, etc.—(2) By oneself, alone : ὄφρα καὶ αὐ. λέξομαι ψ 171.—Left to one's own devices : αὐ. περ ἐὼν προμάχοισιν ἐμίχθη Θ 99.—By oneself, without aid or guidance : αὐ. πλάγξομαι ο 311. Cf. α 53.—By its own virtue : αὐ. ἐφέλκεται ἄνδρα σίδηρος π 294 = τ 13.—Without compeer : ὄφρα βασιλεύοι αὐ. χ 53.—At one's own will, by one's own authority : αὐ. ἀπούρας A 356, etc.—Of one's own accord, without bidding : αὐτὼ λαὸν ἀνώγετον . . . Δ 287. Cf. P 254, etc.—(3) Without change, the same : αὐτὰ κέλευθα M 225. Cf. Ψ 480 : θ 107, φ 366, etc. —With the article : ωὑτὸς ἀνήρ E 396. Cf. Z 391 : ἐκ τοκήων τῶν αὐτῶν η 55. Cf. π 334, etc.—So with ὅδε : τοῦδ' αὐτοῦ λυκάβαντος ξ 161 = τ 306.— The very . . . : ἄκρον ὑπὸ λόφον αὐτόν N 615. Cf. κ 158.—(4) Idiomatically with sb. in comitative dat. or instrumental, with or without σύν, just as it is (was), . . . and all : αὐτῇ κεν γαίῃ ἐρύσαιμι Θ 24, αὐτοῖσιν ὄχεσφιν Θ 290, Λ 699, αὐτῇ σὺν φόρμιγγι I 194. Cf. I 542, Ξ 498, Τ 482, Ψ 8 : αὐτῷ φάρει ἀναΐξας θ 186. Cf. ν 118, ξ 77, υ 219, φ 54.—(5) As reflexive pronoun: ἄνευ ἔθεν οὐδὲ σὺν αὐτῷ P 407. Cf. I 342, Τ 55 : κλέος αὐτῇ ποιεῖται β 125. Cf. δ 247.—(6) In unemphatic use as anaphoric pronoun of the 3rd person (never in nom. or at the beginning of a clause), he, she, it, etc. : βούλομαι αὐτὴν οἴκοι ἔχειν A 112, μάλα τ' ἔκλυον αὐτοῦ 218. Cf. A 47, 360, Γ 25, 436, E 42, 170, etc. : κήρυκες αὐτοῖσι οἶνον ἔμισγον α 109, ἀπὸ δ' ἔσχισεν αὐτὴν δ 507. Cf. α 143, β 128, 154, γ 22, 249, δ 110, 522, 634, etc.

αὐτοσταδίης [αὐτός + στα-, ἵστημι]. ἐν αὐτοσταδίῃ [ὑσμίνῃ], in stand-up fighting N 325.

αὐτοσχεδά = αὐτοσχεδόν. From close at hand Π 319.

αὐτοσχέδιος [αὐτοσχεδόν]. (1) αὐτοσχεδίῃ [ὑσμίνῃ], in close combat O 510.—(2) Adv. of acc. fem. form αὐτοσχεδίην = next M 192, P 294 : λ 536.

αὐτοσχεδόν [αὐτός + σχεδόν]. From close at hand, at close quarters : αὐ. κ' οὐτάζοντο H 273. Cf. N 496, 526, O 386, 708, 746, P 530 : χ 293.

αὐτοῦ [αὐτός]. (1) In the same place, where one is or finds oneself : αὐ. ἐμίμνον O 656. Cf. I 634, Σ 488, etc. : ἔσχετ' αὐ. νηῦς μ 204. Cf. ε 274, λ 152, etc.—(2) On that spot, there : τὸν δὲ λίπ' αὐ. A 428. Cf. Δ 292, E 886, Z 192, Θ 207, etc. : αὐ. ἰχθυάᾳ μ 95. Cf. γ 397, δ 639, ε 68, ι 194, etc. —(3) Here : αὐ. ἐνὶ Τροίῃ B 237. Cf. B 332, E 262, N 751, Σ 330, etc. : αὐ. τῷδ' ἐνὶ δήμῳ β 317. Cf. γ 427, ε 362, κ 266, λ 332, etc.—(4) On the spot, at once : αὐ. οἱ θάνατον μητίσομαι O 349. Cf.Π 649,

P 416, Φ 114, etc. : αὐ. κε πότμον ἐπίσποι β 250. Cf. δ 703, ι 303, σ 212, etc.

αὐτοχόωνος [app. for αὐτόχωνος = αὐτοχόανος, fr. αὐτός + χόανος]. Of a mass of iron, just as it came from the smelting furnace, i.e. in the condition of pig-iron : σόλον Ψ 826.

αὔτως [adv. fr. αὐτός with changed accent]. (1) Without change, as before, as ever : ἔργον αὐ. ἀκράαντόν [ἐστιν] Β 138. Cf. ν 336.—(2) Just as one or it is (was) : αὐ. ἧσθαι δευόμενον Α 133, ὅσσ' ἔρρεξεν αὐ. (without extraneous aid) Κ 50, κτενέει με αὐ. (without effort) Χ 125, λευκὸν ἔτ' αὐ. (fresh from the maker's hand) Ψ 268, δίδωμί τοι τόδ' ἄεθλον αὐ. (without a contest) 621. Cf. Ε 255, Π 117, Σ 198, 338, Ω 413 : οἴχεται αὐ. (trusting to his own resources) δ 665, αὐ. ἐκείμεθα ν 281, οὐδέ τις ἡμέας αὐ. ἀππέμψει (empty-handed) ο 83, ἦ αὐ. κεῖται ἀκηδής; (without attention) ν 130. Cf. μ 284. —καὶ αὐ., even as it is, without that : καὶ αὐ. νεικεῖ Α 520.—Strengthening ὥς Γ 339, Η 430, Ι 195, Κ 25 : γ 64, ζ 166, ι 31, υ 238, φ 203, 225, χ 114, ω 409.—(3) Quite, just : ἄφρονα αὐ. Γ 220. Cf. Ζ 240, Η 100, Χ 484, Ω 726.—(4) Just, merely, only, doing no more : αὐ. ἐνδίεσαν κύνας Σ 584. Cf. Ξ 18 : φαγέμεν αὐ. (has not so much as barely eaten) π 143. Cf. ζ 143, ξ 151, ρ 309.—(5) To no end or purpose, idly, uselessly, vainly : αὐ. ἐριδαίνομεν Β 342, κακὸν ἤμυνε καὶ αὐ. Ι 599. Cf. Ν 104, 810, Ο 128, 513, Ρ 633, Φ 474, Ψ 74 : αὐ. ἄχθος ἀρούρης (a useless cumberer of the ground) υ 379. Cf. π 313.—Just for that, idly : εὔχεαι Λ 388. Cf. Ρ 450.—Idly, without justification : αὐ. σε κλέος ἐσθλὸν ἔχει Ρ 143. Cf. Υ 348.—Idly, thoughtlessly, lightly : σῖτον ἔδουσα μὰψ αὐ. π 111.

αὐχένιος [αὐχήν]. Of the neck γ 450.

αὐχήν, -ένος, ὁ. The neck Ε 147, Λ 146, Ο 451, Π 339, Ρ 49, Σ 415, etc. : θ 136, ι 372, κ 559, λ 64, σ 96, τ 539, χ 16, 328.

αὐχμέω [fr. αὐχμός, drought, fr. αὔω[1]]. To be squalid or dirty ω 250.

αὔω[1], **αὔω**. To get fire, get a light : ἵνα μή ποθεν ἄλλοθεν αὔη (αὔῃ) ε 490.

αὔω[2] [ἀϝ-, ἀ(ϝ)ημι]. 3 sing[2] aor. ἤϋσε Ε 784, Θ 227, Λ 10, Μ 439, etc. : ω 530. ἄϋσε Γ 81, Ε 101, Θ 160, Ν 409, etc. 3 pl. ἄϋσαν ζ 117. Pple. ἀΰσας, -αντος (ῡ) Β 334, Δ 508, Ζ 66, Λ 285, etc. Infin. ἀΰσαι ι 65. (1) To shout, cry, call : ἀϋσάντων ὑπ' Ἀχαιῶν Β 334, ἤϋσεν "Ηρη Ε 784. Cf. Ζ 110, Θ 227, Λ 10, Ξ 147, Σ 217, Φ 307, etc. : ζ 117, ω 530.—Of the sound of struck armour : ἀσπὶς ἄϋσεν Ν 409. Cf. Ν 441.—(2) To shout or call to : αϋεν ἑταίρους Λ 461, Ν 477. Cf. ι 65.

ἀφαιρέω [ἀφ-, ἀπο- (1)]. 3 sing. aor. ἀφεῖλε ζ 455. Pple. ἀφελών ι 313. Imp. mid. with hyphaeresis and uncontracted prefix ἀποαίρεο (for ἀποαιρέεο) Α 275. Infin. with uncontracted prefix ἀποαιρεῖσθαι Α 230. Fut. infin. ἀφαιρήσεσθαι Α 161, Ψ 544. 2 sing. aor. ἀφείλεο Χ 18. 3 -ετο Π 689, Ρ 177 : α 9, τ 369. 2 pl. ἀφέλεσθε Α 299. 3 -οντο Β 600. Subj. ἀφέλωμαι Χ 257. 1 pl. -ώμεθα χ 219. 1 pl. opt. -οίμεθα Π 560. Infin. ἀφελέσθαι Ε 622, Ν 511, Π 54. (1) To take away

or remove : θυρεόν ι 313, σῖτον ξ 455.—(2) In mid. (a) To take away or remove, effect deprivation of : γέρας ἀφαιρήσεσθαι Α 161. Cf. ΙΙ 54, Ψ 544 : μ 64.—With immaterial object : ἀοιδὴν Β 600.— Cf. ΙΙ 689 = Ρ 177, Χ 257 : α 9, τ 369.—(b) To take away or remove from. With genit. : τεύχε' ὤμοιιν ἀφελέσθαι Ε 622 = Ν 511. Cf. ΙΙ 560 : χ 219. —(c) With double acc. of what is taken away and of the person deprived of it : ὡς ἔμ' ἀφαιρεῖται Χρυσηΐδα Α 182. Cf. Α 275, Χ 18.—With the personal acc. to be supplied : δῶρ' ἀποαιρεῖσθαι [κεῖνον] ὅς τις . . . Α 230.—With this acc. alone : ἐπεί μ' ἀφέλεσθέ γε δόντες Α 299.

ἄφαλος, -ον [ἀ-[1] + φάλος]. Having no φάλος Κ 258.

†**ἀφαμαρτάνω** [ἀφ-, ἀπο- (7)]. 3 sing. aor. ἀφάμαρτε Θ 119, 302, Λ 350, Ν 160, Ξ 403, Π 322, Φ 171, 591, Χ 290. 3 sing. aor. ἀπήμβροτε Ο 521, Π 466, 477. Dat. sing. fem. pple. ἀφαμαρτούσῃ Ζ 411. (1) To discharge a missile vainly, miss one's aim : οὐδ' ἀφάμαρτε Λ 350, Ν 160, Ξ 403, Π 322, Φ 591, Χ 290, ἀπήμβροτε δουρί Π 477.— (2) To fail to hit, miss. With genit. : τοῦ Θ 119, 302, Ο 521, Φ 171, αὐτοῦ Π 466.—(3) To lose, be deprived of. With genit. : σεῦ Ζ 411.

ἀφανδάνω [ἀφ-, ἀπο- (6)]. To displease, be displeasing to. With dat. : ὑμῖν ὅδε μῦθος π 387.

ἄφαντος, -ον [ἀ-[1] + φαν-, φαίνω]. Caused to disappear, made away with Ζ 60, Υ 303.

ἄφαρ. (1) Quickly, speedily, soon, at once, forthwith : ἕζετο Α 349, ἵπποισι τάθη δρόμος (i.e. directly they had turned) Ψ 375. Cf. Α 594, Β 453 = Λ 13, Κ 537, Μ 221, Ρ 392, 750, Τ 405, Χ 270, Ω 446 : οἴχεται α 410. Cf. β 95 = ω 130, γ 456, δ 85, ε 482, ζ 49, θ 270, ι 328, κ 122, λ 274, ρ 305, τ 140, φ 307.—(2) Without hesitation : μένοισιν Λ 418.—(3) Of a surety, truly : ἄ. κε δοῦναι βουλοίμην Ψ 593. Cf. Ν 814, Ρ 417 : ἄ. σφι τόδε λώϊόν ἐστιν β 169.—(4) In vague intensifying sense : ἔφθη δεξάμενος . . . ὦμον ἄ. (right into the . . .) ΙΙ 323, ἄ. κλονέοντο πεφυζότες (in wild confusion) Φ 528.

†**ἀφαρπάζω** [ἀφ-, ἀπο- (1)]. Aor. infin. ἀφαρπάξαι. To snatch from. With genit. : κόρυθα κρατός Ν 189.

ἀφάρτερος [app. comp. from, and with sense due to the notion of speed implicit in, ἄφαρ]. Swifter Ψ 311.

ἀφαυρός. (1) Powerless, feeble : παιδός Η 235. —In comp. : σέο ἀφαυρότερος Η 457.—In superl. : ἀφαυρότατος Ἀχαιῶν Ο 11. Cf. υ 110.—(2) Of a missile, ineffective. In comp. : ἵνα μή οἱ ἀφαυρότερον βέλος εἴη Μ 458 (μὴ ἀ. = the more effective, being comp. in dependent form of οὐκ ἀφαυρός, which by litotes = effective).

†**ἀφάω**. Acc. sing. masc. pres. pple. ἀφόωντα. To handle, turn over : ἀσπίδα Ζ 322.

ἀφῇ, 3 sing. aor. subj. ἀφίημι.

ἀφήκε, 3 sing. aor. ἀφίημι.

ἀφείη, 3 sing. aor. opt. ἀφίημι.

ἀφεῖλε, 3 sing. aor. ἀφαιρέω.
ἀφέλοντο, 3 pl. aor. mid. ἀφαιρέω.
ἀφελών, aor. pple. ἀφαιρέω.
ἄφενος, τό. Riches, wealth A 171, Ψ 299 : ξ 99.
ἀφέξω, fut. ἀπέχω.
ἀφεσταίη, 3 sing. pf. opt. ἀφίστημι (B).
ἀφεσταότες, pl. pf. pple. ἀφίστημι (B).
ἀφεστᾶσι, 3 pl. pf. ἀφίστημι (B).
ἀφεστήκει, 3 sing. plupf. ἀφίστημι (B).
ἀφέτην, 3 dual aor. ἀφίημι.
ἀφήῃ, 3 sing. aor. subj. ἀφίημι.
ἀφῆκε, 3 sing. aor. ἀφίημι.
ἄφημαι [ἀφ-, ἀπο- (2)]. To sit apart O 106.
ἀφήσω, fut. ἀφίημι.
ἀφήτωρ, -ορος [ἀφ-, ἀπο- (1)+ἡ-, ἵημι¹. 'The sender forth']. The Archer. Name of Apollo I 404.

ἄφθιτος, -ον [ἀ-¹+φθίω]. Not liable to decay, imperishable B 46, 186, E 724, N 22, Ξ 238, Σ 370.—Never failing : ἄμπελοι ι 133.—Of immaterial things : κλέος (everlasting) I 413, μήδεα (that cannot come to nought) Ω 88.

†ἀφίημι [ἀφ-, ἀπο- (1)+ἵημι¹]. Fem. pl. pres. pple. ἀφιεῖσαι η 126. Fut. ἀφήσω B 263. 3 sing. aor. ἀφέηκε M 221, Φ 115, Ψ 841. ἀφῆκε Θ 133, K 372, N 410, Φ 590, Ψ 432. 3 dual aor. ἀφέτην Λ 642. 3 sing. subj. ἀφήῃ P 631. ἀφέῃ Π 590. 3 sing. opt. ἀφείη Γ 317, Υ 464. From ἀφιέω 3 sing. impf. ἀφίει A 25, 379, Λ 702, N 444, Π 613, P 529 : ω 539. **Mid.** 3 sing. impf. ἀφίετο ψ 240. (1) To throw, hurl, launch (a missile) : ἔγχος Γ 317. Cf. Θ 133, K 372, Π 590, P 631, Ψ 432 : ω 539.—Absol., to make one's throw Ψ 841.— With genit. of the throwing limb : ἄκοντα χειρός ἀφῆκεν Φ 590. Cf. N 410.—(2) To send from oneself, let fall: ἔγχος Φ 115. Cf. M 221.—(3) To send forth, cause to cease : μένος [ἔγχεος] N 444 = Π 613 = P 529.—(4) To get rid of, slake (thirst) : δίψαν Λ 642.—(5) To shed (blossom) η 126.—(6) In mid., to loose (a part of oneself) from. With genit. : δειρῆς οὐκ ἀφίετο πήχεε ψ 240.—(7) To send away, dismiss (a person) A 25 = 379, B 263, Λ 702.—To let go, set free : ζωόν Υ 464.

ἀφικάνω [ἀφ-, ἀπο- (7)]. To be in the condition of having come to, arrived at, reached, to find oneself at, be at, a specified place : τίπτε δεῦρ' ἀφικάνεις ; Ξ 43.—With prep. : πρὸς τεῖχος Z 388. —With acc. : ῥοὰς ποταμῶν ι 450. Cf. ξ 159 = ρ 156 = τ 304 = υ 231, ψ 318.

†ἀφικνέομαι [ἀφ-, ἀπο- (7)]. 2 sing. fut. ἀφίξεαι μ 39, 127. 3 -εται Σ 270. 2 sing. aor. ἀφίκεο α 171, ξ 188, ο 489. 3 -ετο N 645, Σ 395 : α 332, ε 55, κ 502, ο 228, π 414, σ 208, υ 55, φ 25, 42, 63, ψ 338. 1 pl. -όμεθα γ 278, ι 181, 216, 543, κ 1, 135, λ 22. 3 ἀφίκοντο N 329, X 208, Ω 329, 448 : ξ 344, ρ 205. Subj. ἀφίκωμαι Ω 431 : ψ 269. 2 sing. -ηαι Θ 482, Λ 208 : λ 122, ο 36. 3 -ηται Λ 193, Π 63. 1 pl. -ώμεθα π 382. 3 -ωνται P 454. Opt. ἀφικοίμην υ 81. 2 sing. -οιο ο 128. 2 pl. -οίμεθα κ 420, μ 345. Imp. pl. ἀφίκεσθε θ 202. Infin. ἀφικέσθαι K 281 : δ 255. Pf. infin. ἀφῖχθαι ζ 297. (1) To come to an indicated place : ὁπποίης ἐπὶ νηὸς ἀφίκεο (came here) α 171 = ξ 188.—(2) To go, proceed, take one's way. With preps.: ἐς Ὄλυμπον υ 55, γαῖαν ὕπο υ 81.—With acc. of the place : ἄλλων δῆμον ο 228 (fled to . . .), π 382 (be forced to flee to . . .).—(3) To present oneself before, come into the presence of : μνηστῆρας α 332 = σ 208 = φ 63, π 414. Cf. φ 25.—(4) (a) With notion of attainment prominent, to come to, arrive at, reach, find oneself at, be at, a specified place : οὐδ' ἦν ἔνθ' ἀφίκηαι Θ 482.—(b) With preps. (a) εἰς, ἐς : ἐς κλισίην Ω 431 : εἰς ἄντρον ι 216. Cf. δ 255, κ 1, 135, 420, 502, λ 22, μ 127, 345, ψ 338.—(β) ἐπί : νῆας K 281. Cf. X 208 : ρ 205.—(γ) κατά : στρατόν N 329.—(δ) ποτί : δώματα ζ 297.—(c) With acc. : νῆας Λ 193, 208, P 454. Cf. Λ 618, N 645, Σ 270, Ω 329, 448 : Σούνιον γ 278. Cf. ε 55, ι 181, 543, λ 122, μ 39, ξ 344, ο 36, 128, 489, φ 42, ψ 269. —Of sound : ὁπότ' ἂν νῆας ἐμὰς ἀφίκηται ἀϋτή Π 63.—Of reaching a mark in a contest θ 202.— (5) Of a feeling, to come upon, seize, affect : ὅτε μ' ἄλγος ἀφίκετο Σ 395.

†ἀφίστημι [ἀφ-, ἀπο- (1)(4)(5)]. (A) 3 pl. aor. subj. mid. ἀποστήσωνται N 745. (B) 3 sing. aor. ἀπέστη Γ 33. 2 pl. pf. ἀφέστατε Δ 340. 3 ἀφεστᾶσι N 738, Ξ 132. 3 sing. plupf. ἀφεστήκει λ 544. 3 pl. ἀφέστασαν O 672, 675, Φ 391. 3 sing. opt. ἀφεσταίη ψ 101, 169. Pl. pple. ἀφεστάότες P 375. 3 sing. pres. mid. ἀφίσταται Ψ 517. (I) In form (A) To get weighed out to oneself ; hence, to exact payment of : χρεῖος N 745 (i.e. take their revenge for what they suffered).—(II) In pres. mid. and the other forms (B) (1) To shrink back (in alarm) Γ 33.—(2) To keep oneself separated (by a specified distance) from. With genit. : ὅσσον τροχοῦ ἵππος ἀφίσταται Ψ 517.—(3) In pf. and plupf. (a) To stand apart or aloof : νόσφιν ἀφεστήκει λ 544.—(b) To stand idle instead of fighting : τίπτε ἀφέστατε ; Δ 340. Cf. N 738, Ξ 132, O 672, 675, Φ 391.—(c) To keep apart or aloof from each other : πολλὸν ἀφεστάότες P 375.— keep aloof from. With genit. : ἀνδρός ψ 101 = 169.

ἄφλαστον, τό. A tall ornamental projection in which the stern of a ship ran up (app. = κόρυμβον) O 717.

ἀφλοισμός, ὁ [said to = ἀφρός]. Foam O 607.

ἀφνειός [ἄφενος]. Rich, wealthy B 570, 825, E 9, Z 47, I 483, N 664, P 576, Ω 318, 398, 482 : α 232, 393, λ 414, ξ 116, 200, ο 227, 426, 433, ρ 420 = τ 76, ρ 423 = τ 79, σ 127.—Absol. σ 276. —In superl. ἀφνειότατος Υ 220.—With genit. : βιότοιο (in . . .) E 544, Z 14, Ξ 122.—So in comp.: ἐλαφρότεροι πόδας εἶναι ἢ ἀφνειότεροι χρυσοῖο (light of foot rather than rich in . . .) α 165.

ἀφοπλίζομαι [ἀφ-, ἀπο- (6)]. To put off (one's armour) : ἔντεα Ψ 26.

ἀφορμάω [ἀφ-, ἀπο- (1)]. In pass. (1) To set forth, depart : ἀφορμηθέντος ἀκοῦσαι β 375, δ 748. —(2) To sally forth from. With ablative : ναῦφιν B 794.

ἀφόωντα, acc. sing. masc. pres. pple. ἀφάω.

ἀφραδέω [ἀφραδής]. To act senselessly, foolishly or thoughtlessly I 32 : η 294.

άφραδέως [adv. fr. next]. Senselessly, foolishly, recklessly Γ 436, M 62, Ψ 320, 426.

άφραδής [ά-¹ + φραδ-, φράζομαι]. (1) Senseless, foolish, reckless : μνηστήρων β 282.—(2) Senseless, lacking the perceptive powers proper to the living : νεκροί λ 476.

άφραδίη, -ης, ἡ [άφραδής]. Senselessness, folly, recklessness, thoughtlessness, heedlessness : πολέμοιο (in war) B 368.—In pl. in sim. sense : παρέδραμεν άφραδίῃσιν K 350. Cf. E 649, K 122, Π 354 : αὐτῶν ἀπωλόμεθ' ἀφραδίῃσιν κ 27. Cf. ι 361, ξ 481, ρ 233, τ 523, χ 288.

άφραίνω [άφρων]. (1) To act senselessly, foolishly or recklessly B 258, H 109.—(2) To be out of one's mind, be beside oneself υ 360.

άφρέω [άφρός]. To be covered with foam Λ 282.

άφρήτωρ [ά-¹ + φρήτρη]. Unworthy to be a member of a clan : ά. ἀθέμιστος ἀνέστιος I 63.

'Αφροδίτη [use of the proper name]. Sexual love : εἰς ὅ κ' ἐκλελάθωντ' 'Αφροδίτης χ 444.

άφρονέω [άφρων]. To act senselessly or foolishly : Ζηνὶ μενεαίνομεν ἀφρονέοντες O 104.

άφρός, -οῦ, ὁ. Foam E 599, Σ 403, Φ 325.—Foam formed in a lion's mouth Τ 168.

άφροσύνη, -ης, ἡ [άφρων]. Senselessness, folly, recklessness H 110.—In pl. in sim. sense π 278, ω 457.

άφρων, -ονος [ά-¹ + φρήν]. Senseless, foolish Δ 104, E 875, Λ 389, Π 842, Ω 157=186 : ζ 187, θ 209, ρ 586, υ 227, φ 102, 105, ψ 12.—Absol. Γ 220, E 761.

άφυλλος, -ον [ά-¹ + φύλλον]. Leafless, stripped of leaves : σχίζῃσιν B 425.

άφύξειν, fut. infin. άφύσσω.

άφυσγετός, ὁ. App., drift-wood ; or perh., mud Λ 495.

άφύσσω. Fut. infin. άφύξειν Α 171. 3 sing. aor. ήφυσε N 508, P 315. άφύσσε Ξ 517 : β 379. 1 pl. ήφύσαμεν ι 165. Imp. άφυσσον β 349. Pple. άφύσσαι ι 204. Aor. mid. ήφυσάμην π 286. 3 sing. άφύσσατο Π 230. 1 pl. -άμεθα ι 85, κ 56. Masc. pl. pple. άφυσσάμενοι δ 359. (δι-, έξαφύω, έπ-.) (1) To draw (water). In mid. δ 359, ι 85=κ 56.—(2) To draw off (wine etc.) : νέκταρ άπὸ κρητῆρος Α 598. Cf. β 349, 379, ι 9, 165, 204.—In mid. : ἐκ κρητῆρος ἀφυσσόμενοι δεπάεσσιν (in cups) Γ 295. Cf. K 579, Π 230, Ψ 220.—In pass. : πολλὸς ἠφύσσετο οἶνος ψ 305.—(3) To get together, heap up (wealth) Α 171.—In mid., to bring or gather together (about one) : ἀμφὶ φύλλα ἠφυσάμην η 286. —(4) Of a weapon, to let out (the entrails) like water : διὰ δ' ἔντερα χαλκὸς ἤφυσεν N 508=P 315. Cf. Ξ 517.

άχάριστος [ά-¹ + χαρίζομαι]. Ungracious, unpleasing. Of speech θ 236.—Unpleasant, unpleasing. In comp. ἀχαρίστερος (ά-χαρίτ-τερος) υ 392.

άχερδος. Some kind of prickly shrub ξ 10.

άχερωΐς, ἡ [conn. in popular etymology with the river Acheron, from which Heracles was said to have brought the tree]. A tree, said to be the white poplar N 389=Π 482.

άχεύω [άχος]. To be grieved or troubled, grieve, sorrow. Only in pres. pple. : θυμὸν ἀχεύων (in his heart) E 869, Σ 461, Ψ 566. Cf. I 612, Ω 128 : β 23, δ 100, λ 88, φ 318.—With genit. of person grieved for : ἄνακτος ξ 40. Cf. π 139.

άχέω [άχος]. 3 sing. aor. ήκαχε Π 822 : ο 357, π 427. 3 pl. aor. mid. ἀκάχοντο π 342. Opt. ἀκαχοίμην α 236. 3 sing. -οιτο Θ 207, N 344. 1 pl. -οίμεθα Π 16. (1) In aor. act., to cause to grieve, grieve, trouble Π 822 : ο 357.—To molest, harry : Θεσπρωτούς π 427.—(2) In pres. pple. act. and aor. mid., to be grieved or troubled, be in grief or trouble, grieve, sorrow : κῆρ ἀχέων (in his heart) E 399. Cf. B 724, Θ 207, N 344 : μνηστῆρες ἀκάχοντο π 342. Cf. λ 195, ο 361.—With genit. of what is grieved for : Βρισηΐδος B 694. Cf. I 567, Π 16, Σ 446.—With dat. : θανόντι α 236.

άχθομαι [άχθος]. (1) Of a ship, to be laden, have her cargo on board ο 457.—(2) To be weighed down, be in pain or grief : ὀδύνῃσιν E 354, ἕλκος (app. acc. of part affected, 'in the wound') 361, κῆρ (in his heart) Λ 274=400.—With pple. in acc. expressing the cause of grief : ήχθετο ['Αργείους] δαμναμένους N 352.

άχθος, τό. (1) A weight, burden, load : ά. ἀρούρης (cumbering the earth) Σ 104. Cf. M 452 : υ 379.—A weight or load carried : ά. ὕλης ι 233. —(2) The lading or cargo of a ship Τ 247 : γ 312.

άχλύς, -ύος, ἡ. A mist : ἀχλύν οἱ κατέχευεν η 41. Cf. υ 357.—In reference to blinding or to the mist of death : κατ' ὀφθαλμῶν κέχυτ' ά. E 696, ἀπ' ὀφθαλμῶν νέφος ἀχλύος ὦσεν (the cloud of mist) O 668. Cf. E 127, Π 344, Τ 321, 341, 421 : χ 88.

άχλύω [άχλύς]. To become shrouded in darkness : ήχλυσε πόντος μ 406=ξ 304.

άχνη, -ης, ἡ. (1) Foam, froth Δ 426, Λ 307, O 626 : ε 403, μ 238.—(2) In pl., chaff : καρπόν τε καὶ ἄχνας E 501. Cf. E 499.

άχνυμαι [άχος]. To be grieved or troubled, be in grief or trouble, grieve, sorrow : ἀνέστη ἀχνύμενος A 103, ἀχνύμενοι κῆρ (in their hearts) H 428. Cf. A 241, 588, B 270, H 431, M 178, N 419, 658, Ξ 38, O 133, Σ 62=443, Σ 112=T 65, Σ 320, T 8, 57, X 424, Ψ 137, 165, 284, 443, Ω 523, 526, 584, 773 : δ 104, 549, 553, 661, η 297, θ 478, κ 67, 174, 570, λ 5, 388, 466, 542, μ 12, 153=270, 250, ξ 170, π 147, φ 115, 250, χ 188, ω 21, 420.—With genit. of person grieved for : ἑταίρου Θ 125 =317. Cf. N 403, O 651, P 459 : λ 558, ξ 376.— With acc. expressing the cause of grief : τὸ δ' ἐμὸν κῆρ ἄχνυται, ὅτε . . . Z 524.

άχολος [ά-¹ + χόλος]. Allaying wrath δ 221.

άχομαι [άχος]. To be in trouble σ 256=τ 129.

άχος, -εος, τό. (1) Pain of the mind, grief, sorrow, trouble, distress : Πηλείωνι ά. γένετο A 188, σέθεν (for thee) Δ 169. Cf. B 171, Ζ 336, Θ 124, K 145, N 581, etc. : δ 108, 716, θ 541, ο 358, σ 274, etc.—In pl., sorrows, troubles : ἄχε' ἄκριτα Γ 412, Ω 91. Cf. Z 413 : τ 167.—(2) A subject of grief : ά. μοί ἐστιν Π 55. Cf. E 759, I 249 : χ 345.—

A subject or cause of resentment : ἕνεκ' ἀλλοτρίων ἀχέων (in a quarrel not his own) Υ 298.

ἀχρεῖος [ἀ-¹+χρείη, use, advantage. Cf. χρεῖος]. Serving no good purpose. In neut. ἀχρεῖον as adv. : ἀ. ἰδών (looking (about him) like one dazed, with helpless look) B 269 : ἀ. ἐγέλασσεν (a forced laugh (to cover embarrassment in announcing her intention)) σ 163.

ἀχρημοσύνη, ἡ [ἀ-¹+χρῆμα]. Lack of means ρ 502.

ἄχρι(s). (1) Adv., utterly, completely : τένοντε ἀ. ἀπηλοίησεν Δ 522, ἀπ' ὀστέον ἀ. ἄραξεν Π 324, γράψεν οἱ ὀστέον ἀ. (app. implying that though the wound was a superficial one (a portion of) the bone was destroyed) P 599.—(2) Prep. with genit., until, up to : κνέφαος σ 370.

ἀχυρμιή, -ῆς, ἡ. A heap of chaff E 502.

ἄψ. (1) In the reverse direction, backwards, back, back again : ἀπονοστήσειν A 60, ἐς κουλεὸν ὦσε ξίφος 220. Cf. Γ 32, 35, Δ 392, Z 467, K 211, etc. : ἐς πόντον ἐδύσετο ε 352. Cf. α 276, γ 307, δ 261, ι 314, λ 18, ρ 461, etc.—In reference to the direction in which one looks, backwards : ὁρόων Γ 325.—Of a period of time completing its cycle : ἀ. περιτελλομένου ἔτεος λ 295 = ξ 294.—(2) Back to a former state or condition, again : ἀπέλυσεν Z 427, ἐνὶ χώρῃ ἕζετο Ψ 349. Cf. Π 54, 58, 86, X 277, etc. : ἄνδρες ἐγένοντο κ 395. Cf. π 175, σ 152.—With αὖτις Θ 335, O 364 : σ 157 = φ 139 = 166 = ψ 164.—In reference to making atonement or effecting reconciliation : ἀρέσαι I 120 = T 138. —(3) Again, once more : ἐπόρουσεν Γ 379. Cf. E 505, P 543, Φ 33 : ὥσασκεν λ 599. Cf. θ 90, 92.

ἄψατο, 3 sing. aor. mid. ἅπτω.

ἀψίς, -ῖδος, ἡ [ἅπτω]. A mesh of a net E 487.

ἀψόρροος [ἄψ + (σ)ρέω]. Of Ocean, flowing back on himself as encircling the earth Σ 399 : υ 65.

ἄψορρος [ἄψ + (perh.) ἐρσ-, L. erro. Cf. παλίνορσος]. (1) Going back, returning : ἄψορροι ἀπονέοντο Γ 313, Ω 330. Cf. Φ 456.—(2) In neut. ἄψορρον as adv. (a) Back, back again : ἀ. θυμὸς ἀγέρθη Δ 152, ἀ. ἔβη προτὶ Ἴλιον H 413. Cf. M 74, Π 376, Φ 382 : κ 558 = λ 63.—(b) In reply ι 282, 501.

ἄψος, -εος, τό [ἅπτω]. A joint δ 794 = σ 189.

†ἄω [ἀ-, ἀ-, (σ)α-. Cf. ἄδην, ἄδην and L. satis]. Infin. ἄμεναι Φ 70. Fut. infin. ἄσειν Λ 818. 3 sing. aor. subj. ἄσῃ Σ 281. Opt. ἄσαιμι I 489. Infin. ἆσαι E 289, Λ 574, O 317, Υ 78, Φ 168, X 267, Ψ 157, Ω 211. 2 pl. fut. mid. ἄσεσθε Ω 717. Aor. infin. ἄσασθαι T 307. Also a 1 pl. subj. ἕωμεν (disyllable) T 402, formed by metathesis of quantity fr. ἤομεν fr. ἥ- = (σ)α-. (1) To sate, satiate : κύνας Λ 818, Ω 211.—To sate with, give a fill of. With genit. : αἵματος E 289 = Υ 78 = X 267. Cf. I 489, Σ 281.—In mid. T 307.—(2) To sate oneself with, take or have one's fill of. With genit. : χροός (of spears personified) Λ 574 = O 317, Φ 70, 168, πολέμοιο T 402, γόοιο Ψ 157. —In mid. : κλαυθμοῖο Ω 717.

ἄωρος [perh. fr. αἰωρέω = ἀείρω]. Thus, pendulous : πόδες μ 89 (of Scylla).

ἄωρτο, 3 sing. plupf. pass. ἀείρω.

ἀωτέω. To sleep, slumber K 159 : κ 548.

ἄωτος. (1) The wool on an animal : [ἀρνειοῦ] ι 434.—(2) Things made of wool. (a) A blanket : κεκαλυμμένος οἰὸς ἀώτῳ α 443.—App. in generalized sense : λίνοιο ἄωτον (a bed-covering of linen) I 661. —(b) οἰὸς ἀ. in sense 'sling' N 599.—Collectively, slings N 716.

βάδην [βα-, βαίνω]. Step by step : ἀπιόντος N 516.

βάζω. 3 sing. pf. pass. βέβακται θ 408. (1) To speak γ 127, λ 511, σ 168.—(2) To say, speak, utter : ταῦτα Δ 355, ἄρτια Ξ 92 : ἔπος εἴ τι βεβάκται δεινόν θ 408. Cf. δ 32, 206, 837 = λ 464, θ 240, ξ 127, 157, ρ 461, σ 332 = 392.—(3) With double acc. of thing said and person addressed : ταῦτά μ' ἐβάζετε Π 207. Cf. I 58.

βάθιστος, superl. βαθύς.

βαθυδινήεις, -εντος [βαθύς + δίνη]. Deep-eddying : Ξάνθου Φ 15, Σκάμανδρον 603.

βαθυδίνης, -ου [as prec.]. = prec.: ποταμός Υ 73, Φ 143, 212, 228, 329 : Ὠκεανῷ κ 511.

βαθύζωνος, -ον [βαθύς + ζώνη]. Deep-girded, so girt that the upper part of the robe falls down in a deep fold (κόλπος) over the girdle. Epithet of women I 594 : γ 154.

βαθύκολπος, -ον [βαθύς + κόλπος]. Whose robe falls down in a deep fold over the girdle (cf. prec.). Epithet of women Σ 122, 339, Ω 155.

βαθύλειμος, -ον [βαθύς + λειμών]. Having meadows with deep rich grass : Ἄνθειαν I 151 = 293.

βαθυλήϊος [βαθύς + λήϊον]. With a deep rich crop : τέμενος Σ 550 (v.l. βασιληϊον).

βαθύνω [βαθύς]. To lower the surface of Ψ 421.

βαθυρρείτης [βαθύς + (σ)ρέω]. With deep, steady flow Φ 195.

βαθύρροος [as prec.]. = prec. H 422, Ξ 311, Φ 8 : λ 13, τ 434.

βαθύς, -εῖα, -ύ. Fem. -έη E 142, O 606, Π 766, Φ 213. (1) Deep: ἅλα A 532. Cf. H 341, 440, Θ 336, 481, N 32, O 356, etc.: ζ 116, μ 214.—Epithet of φρήν T 125.—In superl. βάθιστον Θ 14.—Where we should rather say 'high' : αὐλῆς (high-walled) E 142 : ι 239, 338.—Sim., app., of a storm, reaching from earth to heaven Λ 306.—(2) Deep, extending far inwards : ἠϊόνος B 92.—Deeply indenting the land : κόλπον B 560.—(3) Growing thickly, affording thick covert : ὕλης E 555. Cf. Λ 415, O 606, Π 766, Υ 491, Φ 573 : ρ 316.— (4) Lying thick : τέφρην Ψ 251.—Forming a thick deposit : ἀμάθοιο E 587.—(5) With deep soil : νειοῖο K 353, Σ 547.—(6) Forming a deep, rich crop : λήϊον B 147, Λ 560 : ι 134.—(7) Thick, obstructing vision : ἠέρα Υ 446. Cf. Φ 7 : ι 144.

βαθύσχοινος [βαθύς + σχοῖνος]. With banks thickly set with rushes : Ἀσωπόν Δ 383.

βαίνω. (A) 3 sing. fut. in mid. form βήσεται B 339. Aor. ἔβην Ω 766 : ι 177. βῆν ι 196, κ 60, 169, 407, μ 367. 2 sing. ἔβης I 107. 3 ἔβη

A 311, 424, B 47, 187, Γ 261, etc. : α 427, β 18, 27, 173, δ 701, etc. βῆ A 34, 44, 439, B 16, etc. : α 102, 119, 441, β 5, 10, etc. 3 dual ἐβήτην Z 40. βήτην Θ 115, M 330, Ξ 281, 285, etc. : θ 49, ρ 200, χ 202, 378. βάτην A 327, E 778, I 182, 192, etc. : ω 361. 1 pl. ἔβημεν ξ 241. βῆμεν γ 131, ι 85, 150, κ 56, etc. 3 ἔβησαν Θ 343, Λ 460, M 16, N 332, etc. : ε 107, ω 301. βῆσαν ν 158, φ 188. ἔβαν A 391, 606, B 302, Γ 113, H 429, etc. : α 211, 424, γ 11, 162, 396, etc. βάν Δ 209, Κ 150, 273, 297, M 106, etc. : δ 779, θ 56, 109, ο 109, 295, etc. Subj. βήω Z 113. 3 pl. βῶσι ξ 86. Opt. βαίην Ω 246. Pple. βάς, βάντος E 239, Z 65, Κ 576, Σ 532 : β 419, δ 48, 680, ε 56, θ 296, 314, 450, 456, etc. Infin. βήμεναι P 504 : θ 518, ξ 327, τ 296. βῆναι N 459, Ξ 24. 2 sing. pf. βέβηκας Ο 90. 3 βέβηκε Π 69, Ψ 481. 3 pl. βεβάασι B 134. 3 sing. plupf. ἐβεβήκει Z 513, Λ 296, 446, N 156, etc. βεβήκει A 221, Z 313, 495, Π 751, 856, etc. : α 360, γ 410, ζ 11, θ 361, κ 388, etc. 3 pl. βέβασαν P 286. Pple. βεβαώς Ξ 477. Acc. sing. masc. βεβαῶτα ε 130. Fem. βεβῶσα υ 14. Infin. βεβάμεν P 359, 510. 3 sing. aor. mid. ἐβήσετο Ξ 229 : η 135, ν 63, 75, ο 284. βήσετο Γ 262, 312, E 745, Θ 389 : γ 481. **(B)** 3 sing. aor. βῆσε A 310, E 164, Π 810. 1 pl. ἐβήσαμεν λ 4. βήσαμεν Λ 756. 3 βῆσαν A 438. 1 pl. subj. βήσομεν A 144. (ἀμφι-, ἀνα-, ἀπο-, δια-, εἰσ-, εἰσανα-, ἐκ-, ἐκδια-, ἐμ-, ἐξανα-, ἐξαπο-, ἐπεμ-, ἐπι-, ἔσκατα-, κατα-, μετα-, παρα-, περι-, προ-, προσ-, ὑπερ-, ὑπερκατα-.)—**(I)** *Intrans.* in all forms except those under (B). **(1)** To go, go one's way, take one's way : παρὰ θῖνα θαλάσσης A 34. Cf. A 44, 311, 424, B 16, 47, Δ 443, 495, etc. : οἰκόνδε α 424. Cf. α 102, 119, 427, β 18, 406, γ 131, ι 196, etc.—Of something inanimate : ἰκμὰς ἔβη (i.e. finds its way inwards, making way for the unguent) P 392.—**(2)** Of immaterial things, to go, pass. εὐχωλαὶ Θ 229. Cf. B 339.—So of time : ἐννέα βεβάασιν ἐνιαυτοί (have passed) B 134.— **(3)** **(a)** In pf. of the state or condition of going : ἔχων εὔληρα βέβηκε (is going, i.e. is driving the chariot) Ψ 481 : περὶ τρόπιος βεβαῶτα (bestriding it and being carried along with it) ε 130.—**(b)** In plupf. of being in the act or attitude of going : Οὔλυμπόνδε βεβήκει (was in motion to go, i.e. started or set out to go, took her way) A 221. Cf. Z 313, 495, Λ 446, Π 751, 856 = X 362, Π 864, P 706, X 21, Ψ 391 : α 360 = φ 354, θ 361, ν 164, ο 464, ρ 26, 61, σ 185 = τ 503 = χ 433, τ 47 = υ 144, ψ 292.—But in strict plupf. sense : Ἄϊδόσδε βεβήκει γ 410 = ζ 11.—Without complementary words, strode along Σ 513, Λ 296, N 156, Τ 161.—**(4)** To start or set out to go, run, etc. : βῆ θέειν B 183, βῆ ἰέναι Δ 199. Cf. E 167, Z 296, N 27, Τ 32, Ψ 229, etc. : α 441, β 298, δ 779, ξ 87, 501, etc.—**(5)** To move oneself into a specified position, get on to, into, out of, something : ἐς ἅρματα E 239, ἐς ἀσαμίνθους K 576. Cf. E 364, 745, Z 65, P 504, Σ 532, Ψ 132, etc. : ἐξ ἀσαμίνθου γ 468. Cf. γ 481, 492, δ 48, μ 229, φ 51, etc.—So with acc. : βήσετο δίφρον

(mounted it) Γ 262=312.—Without the acc. : ὄπιθεν βῆ 'Αχιλλεύς (mounted after him) Τ 397. —Of going (on board a ship) : ἐπὶ νηὸς ἔβαινεν N 665. Cf. β 416, θ 501, ι 177, λ 534, ο 284, 547. —Of disembarking (from a ship) : ἐκ νηὸς βῆ A 439. Cf. γ 12, ν 116.—Sim. : ἐπ' ἠπείρου βῆμεν ι 85 = κ 56.—**(6)** With adverbs and prepositions. **(a)** With ἀμφί as prep., to bestride : ἀμφ' ἑνὶ δούρατι βαίνων ε 371.—So, to bestride and protect (a fallen friend) (cf. ἀμφιβαίνω (4), περιβαίνω) : ἀμφ' αὐτῷ βαῖνεν E 299. Cf. Ξ 477, P 4, 359, 510.—Sim. with περί : περὶ Πατρόκλῳ βαῖνεν P 6. Cf. P 4, 137 : υ 14.—Of bestriding the body of a foe with a view to dragging it off : Τρῶες περὶ Πατρόκλῳ βέβασαν P 286. (For the time indicated in these cases by the pf. and plupf. cf. (3).)—**(b)** With ἀνά. **(a)** To mount a chariot, etc. : ἀν' ἔβη Πρίαμος Γ 261. Cf. Γ 311, P 541 : ζ 253.—Sim. with παρά, to mount a chariot (and stand) beside another : πὰρ Μαχάων βαινέτω (βαῖνεν) Λ 513, 518.—Also with παρά as prep. : πὰρ δέ οἱ Ἶρις ἔβαινεν E 365.—**(β)** To go on board a ship : ἀν' αὐτοὶ βάντες (βαίνομεν) β 419 = δ 579, λ 5. Cf. ν 75.—**(c)** With ἐκ. **(a)** To dismount from a chariot : ἐκ δ' ἔβαν αὐτοί Γ 113.—**(β)** To disembark from a ship : ἐξ αὐτοί βαίνον A 437. Cf. γ 11, δ 785, ι 150 = 547 = μ 6, ο 499.—**(d)** With μετά of crossing an indicated line : μετὰ δ' ἄστρα βεβήκει (had crossed the meridian) μ 312, ξ 483.—**(e)** For περί, παρά see (a) (b).—**(7)** To come : τίππτε βέβηκας ; (hast thou come) Ο 90, πόλις ἐπὶ πᾶσα βέβηκε (has come to encounter us) Π 69.—**(II)** *Trans.* in forms (B). To cause to take a specified position : ἀν Χρυσηίδα βήσομεν (let us put her on board) A 144, ἐς ἑκατόμβην βῆσεν (put it on board) 310, ἐξ ἑκατόμβην βῆσαν (landed it) 438, τοὺς ἐξ ἵππων βῆσεν (thrust or knocked off) E 164, βήσαμεν ἵππους (brought to a stand, stopped) Λ 756, φῶτας βῆσεν ἀφ' ἵππων Π 810 : ἐν τὰ μῆλα ἐβήσαμεν (put them on board) λ 4.

βάλανος, ἡ. The fruit of the φηγός κ 242, ν 409.
βάλλω. Fut. βαλέω Θ 403. βαλῶ P 451. 3 sing. βαλέει κ 290. Dat. sing. masc. pple. βαλέοντι λ 608. Aor. ἔβαλον (βάλον), -ες A 245, 436, B 692, Γ 368, E 188, 574, 588, Θ 156, etc. : α 364, δ 41, 50, 344, κ 172, ν 267, ρ 89, 483, etc. Subj. βάλω P 17, 40. 2 sing. -ῃσθα μ 221. 3 -ῃσι Φ 104, 576. -ῃ Υ 168, 378, Ψ 855 : β 330, ε 415, ρ 279. 1 pl. -ωμεν λ 16. Opt. βάλοιμι β 330 : θ 216. 2 sing. -οισθα Ο 571. 3 -οι Λ 389 : δ 223, ρ 251, 494, υ 65, 80. Pple. βαλών, -όντος E 145, H 270, Λ 454, P 457, X 207, Ψ 572, etc. : δ 245, ε 128, θ 501, ι 470, λ 170, ρ 567, χ 92, etc. Neut. βαλόν η 279. Fem. βαλοῦσα, -ης Ψ 462 : ζ 100, υ 62. Infin. βαλέειν B 414, H 242, Κ 368, N 629, etc. : δ 198, ε 349, θ 508, ι 137, ξ 399, χ 174. βαλεῖν N 387, Ξ 424. 3 sing. plupf. (in intensive impf. or aor. sense) βεβλήκει(ν) Δ 108, 492, E 66, 73, 394, 661, M 401, Ξ 412, P 606 : χ 258, 275, 286. 3 sing. opt. -οι Ο 270. **Mid.** Imp. βάλλευ μ 218. Aor. βαλόμην κ 262. 3 sing. βάλετο B 45, Γ 334, E 738, Λ 29, Π 135, Τ 372 : ε 231, κ 544, ξ 528, ο 61.

βαμβαίνω   68   βάπτω

3 pl. ἐβάλοντο Μ 377, Ο 566, Ψ 352 : ξ 209. 3 sing. subj. βάληται λ 428. **Pass.** 3 sing. aor. ἔβλητο Λ 410, 675, Μ 306, Π 753. βλῆτο Δ 518, Π 570, Ρ 598. 3 sing. subj. βλήεται ρ 472. 2 sing. opt. βλεῖο Ν 288. Pple. βλήμενος, -ου Δ 211, Θ 514, Λ 191, 206, Μ 391, Ο 495, 580, Ρ 726, Φ 594 : ρ 490, 493, χ 18. Infin. βλῆσθαι Δ 115 : χ 253. 2 sing. pf. βέβληαι Ε 284, Λ 380, Ν 251. 3 βέβληται Ε 103, Λ 660, 662, Π 25, 27. 3 pl. βεβλήαται Λ 657 : λ 194. 3 sing. plupf. βέβλητο μ 423. 3 pl. βεβλήατο Ξ 28 : η 97. Pple. βεβλημένος, -ου Λ 475, 592, 659, Μ 2, Ν 764, Ξ 63, etc. : λ 535, τ 69. (ἀμφι-, ἀνα-, ἐκ-, ἐμ-, ἐπι-, κατα-, παρα-, παρακατα-, περι-, προ-, προσ-, συμ-, ὑπερ-, ὑπο-.) **(I)** To throw. **(1)** To throw or cast in gen. : ποτὶ σκῆπτρον βάλε γαίη Α 245. Cf. Β 183, Φ 51, Χ 468, etc. : ε 349, θ 508, τ 63, υ 65, etc.—Of winds, to beat upon so as to throw (together) : πυρῆς ἄμυδις φλόγ' ἔβαλλον Ψ 217.—**(2)** To throw or let fly (a missile) : χαλκόν Ε 317 = 346 : βέλος ι 495. Cf. ι 482, 539, υ 62.—Absol. : μὴ βάλλετε Γ 82. Cf. Α 52, Θ 282, Ν 718, 721, Π 104 : ι 158, λ 608.—In mid. with reciprocal force : βαλλομένων (as they threw at one another) Μ 289.—With the missile in dat. : λάεσσιν Γ 80. Cf. Μ 155 : κ 122.—**(3)** To hurl or throw (a person down) : κατὰ Μύνητ' ἔβαλεν Β 692. Cf. Ε 588, Θ 156 : χ 188.—To throw in wrestling Ψ 727 : δ 344 = ρ 135.—To hurl from something : ἐκ δίφρου Θ 403, 417. Cf. Λ 109.—To thrust back from something : ἀπ' αὐτάων δηΐους Μ 264.—To thrust or cause to go into a place : ἐς θάλαμον χ 174.—**(4)** In reference to things, to throw down, destroy: κατὰ βαλέειν μέλαθρον Β 414. Cf. Ι 541.—To send flying, cause to fall : τῆλε κάρη βάλεν Υ 482.—To knock off from something : ἀπὸ κρατὸς κυνέην Π 793.—Out of something : ἐκ χειρῶν μάστιγα Ψ 384.—To thrust or cause to strike against something : πρὸς ἀλλήλας ἔβαλον ὄζους Π 768.—**(5)** To thrust or urge (one's horses in front or in advance) : τοὺς σοὺς [ἵππους] πρόσθε βαλών Ψ 572.—Absol. Ψ 639.—Intrans. of horses, to thrust themselves forward, rush Ψ 462.—**(6)** To put (a ship to sea) : νῆας ἐς πόντον βάλλουσιν δ 359.—**(7)** Of the action of the sea, to beat, drive : ποτὶ πέτρῃ κῦμα ε 415. Cf. η 279, ι 284, μ 71.—**(8)** To cause to be somewhere or in some position, to throw, put, place, set : σύν ῥ' ἔβαλον ῥινούς Δ 447, βαλέτην ἐν χεροῖν ἑταίρων Ε 574. Cf. Β 376, Ε 722, Ν 36, Τ 394, etc. : θρόνοις ἔνι ῥήγεα κ 352. Cf. δ 455, η 97, ι 470, λ 194, μ 221, etc.—In mid. : ἐν (ἐπὶ) κλήρους ἐβάλοντο Ψ 352 : ξ 209.—In mid., to put oneself in act to do something : σὺν δ' ἐβάλοντο μάχεσθαι Μ 377.—**(9)** In reference to immaterial things, to send, set, inspire : ἐν στήθεσσι μένος βάλεν Ε 513, σὺν δ' ἔβαλον πόλεμον (joined battle) Μ 181. Cf. Δ 16, Ρ 451, Φ 547 : ἐν φύζαν ἑτάροισιν ξ 269 = ρ 438.—Without expressed object : ὡς ἐνὶ θυμῷ ἀθάνατοι βάλλουσιν α 201 = ο 173.—**(10)** To let fall : ποτὶ γαίῃ χεῖρας λ 424.—To let fall or shed (tears) : δάκρυ χαμάδις βάλεν δ 114. Cf. δ 198, 223, ρ 490.—Of shedding sleep : ὕπνον ἐπὶ βλεφάροισιν α 364 = π 451 = τ 604 = φ 358.—To let hang down :

ἑτέρωσε κάρη Θ 306, Ψ 697.—To lay on (the lash): ἐφ' ἵπποιιν μάστιν ο 182.—**(11)** To turn (the eyes): ἑτέρωσ' ὄμματα π 179.—**(12)** Of a river, to carry down with it and discharge (into the sea) : ἀφυσγετὸν εἰς ἅλα Λ 495.—Absol., to discharge its waters, empty itself : εἰς ἅλα βάλλων Λ 722.—**(13)** Of throwing or putting clothes, armour, etc., on a person, enduing him with them : ἀμφί μιν φᾶρος Ω 588. Cf. Σ 204 : γ 467, δ 50, 440, ν 434, etc.—So of putting on oneself : σπεῖρ' ἀμφ' ὤμοισι βαλών δ 245.—In mid. : περὶ βάλλετο φᾶρος Β 43, ἀμφ' ὤμοισι βάλετο ξίφος 45 = Γ 334 = Π 135 = Τ 372, Λ 29. Cf. Ε 738, Κ 333 : περὶ ζώνην βάλετ' ἰξυῖ ε 231 = κ 544. Cf. κ 262, ξ 528, ο 61, ρ 197 = σ 108.—**(14)** In mid., to lay (to heart) : ἐνὶ φρεσὶ βάλλεο σῇσιν Α 297 = Δ 39 = Ε 259 = Ι 611 = Π 444 = 851 = Φ 94. Cf. Ο 566 : λ 454 = π 281 = 299 = ρ 548 = τ 236 = 495 = 570, μ 218.—To cherish (in the heart) : ἐν θυμῷ βάλλονται ἐμοὶ χόλον Ξ 50.—To think of or consider as to (in one's mind) : εἰ νόστον μετὰ φρεσὶ βάλλεαι Ι 435.—Sim. : ὣς ἐνὶ θυμῷ βάλλεαι (as thou (fondly) fanciest) Υ 196 : ἤ τις τοιαῦτα μετὰ φρεσὶν ἔργα βάληται (conceives, contrives) λ 428.—**(II)** To strike. **(1)** (a) To strike or wound (a person, etc.) with a missile, and in pass., to be so struck or wounded : υἱὸν Πριάμοιο Δ 499, βεβλημένοι οὐτάμενοί τε Λ 659. Cf. Θ 81, Μ 391, Ο 249, etc. : ἀργήτι κεραυνῷ ε 128, ὁππότ' ἀνὴρ βλήεται ρ 472. Cf. λ 535, ν 267, ρ 279, χ 283, etc.—(b) With the part of the body struck as object: αὐχένα μέσσον Ε 657. Cf. Ν 594, Π 807, Φ 591, etc. : δεξιὸν ὦμον ρ 462. Cf. ρ 504, χ 82.—With the part of the armour struck as object: Αἴαντος σάκος Η 245. Cf. Ν 258, Φ 164, etc.—In pass. : πῆληξ βαλλομένη καναχὴν ἔχε, βάλλετο δ' αἰεί Π 105.—(c) With double acc. of the person and the part of the body struck : στῆθός μιν Δ 480. Cf. Ν 506, Ο 341, Π 399, Φ 166, etc. : σ 396, υ 306, χ 277.—With acc. of the person and of the part of the armour struck ; τὸν τελαμῶνα Μ 401, Ἕκτορα θώρηκα Ρ 606. Cf. Ε 98, etc.—(d) In pass. with acc. of the part struck : βλῆτο κνήμην Δ 518. Cf. Ε 284, Ρ 598.—(e) With double acc. of the person and of the wound : ἕλκος τό μιν βάλε Πάνδαρος Ε 795. Cf. Π 511.—(f) Without object, but with words indicating where the blow falls : βάλεν Ἀτρεΐδαο κατ' ἀσπίδα Γ 347. Cf. Γ 356, Ε 305, etc.—(g) With the missile as subject Ε 17 = Π 479.—**(2)** Of striking inanimate objects : βάλε μέσσας [σανίδας] Μ 457. Cf. Ι 574, Φ 171, Ψ 866, etc. : νῆα κεραυνῷ μ 388, ψ 330, ἐπίτονος βέβλητο (was snapped) μ 423. Cf. υ 302, χ 258 = 275.—**(3)** Of such objects striking : ἄντυγας (ἡνίοχον) ῥαθάμιγγες Λ 536 = Υ 501, Ψ 502.—Of the sun: ἀκτῖσιν ἔβαλλεν ε 479, τ 441.—Of sound : κτύπος οὔατα βάλλει Κ 535.—**(4)** In mid. with ἀνά, to strike up, begin (to sing) (cf. ἀναβάλλω (2)): ἀνά σφισι βάλλετ' ἀείδειν ρ 262.

βαμβαίνω. An imitative formation, to stammer; or perh. redup. fr. βαίνω, to stagger Κ 375.

βάν, 3 pl. aor. βαίνω.

βάπτω. To plunge (into water) : πέλεκυν ι 392.

βαρβαρόφωνος [βάρβαρος, foreign + φωνή]. App. referring to harshness of speech = ἀγριόφωνος B 867.

βάρδιστος [metathesis of βράδιστος, superl. of βραδύς]. Slowest. Of horses Ψ 310, 530.

†βαρέω [βαρύς]. Pf. pple. βεβαρηώς, -ότος. In this pple., weighed down, overcome γ 139, τ 122.

βαρύθω [βαρύς]. To be weighed down: βαρύθει μοι ὦμος (has lost its power) Π 519.

βαρύνω [βαρύς]. Aor. pple. pass. βαρυνθείς Τ 480. Acc. neut. βαρυνθέν Θ 308. To weigh down, oppress: γυῖα βαρύνεται Τ 165. Cf. E 664, Θ 308, Λ 480 : ε 321.—Sim. : δόναξ ἐβάρυνε μηρόν (app., made it painful to move) Λ 584.

βαρύς, -εῖα, -ύ [cf. βριθύς]. (1) Heavy. Of the hand or arm, heavy, powerful A 89, 219, E 81, Λ 235 = P 48, N 410, Φ 590, Ψ 687 : σ 56.—(2) Heavy to bear, grievous, dire : ἄτη B 111 = I 18. Cf. E 417, K 71, Τ 55 : ο 233.—Giving misery, stern, dire, grim : κῆρας Φ 548. Cf. η 197.—(3) Of a voice, deep (as proceeding from a giant's throat) ι 257.—(4) In neut. βαρύ as adv., of groaning, heavily, deeply A 364 = Σ 78, Δ 153, I 16, Π 20, Σ 70, 323, Ψ 60 : θ 95 = 534.—So in neut. pl. βαρέα Θ 334, N 423, 538 = Ξ 432 : δ 516 = ψ 317, ε 420, κ 76.

βάς, aor. pple. βαίνω.

βασίλεια, -ης, ἡ [βασιλεύς]. (1) The wife of a βασιλεύς. Of Penelope δ 697, 770, π 332, 337, ρ 370 = 468 = σ 351 = φ 275, ρ 513, 583, σ 314, ψ 149.—Of Arete η 241, λ 345, ν 59.—(2) The daughter of a βασιλεύς. Of Nausicaa ζ 115.—(3) β. γυναικῶν, the peerless one among women λ 258.

βασιλεύς, -ῆος, ὁ. One in authority, a king, chief, noble. (1) Of men (never of gods), sometimes as a title, sometimes as a descriptive term. Of Agamemnon A 9, 231, 340, 410, Γ 179, Δ 402, H 180, A 23, 46, 136, 262, 283, T 256.—Of Achilles A 331, Π 211.—Of Nestor B 54.—Of Paris Δ 96.—Of Priam E 464, Ω 680, 803.—Of Proetus Z 163.—Of Rhesus K 435, 494.—Of Sarpedon Π 660.—Of Menelaus δ 44, 621.—Of Alcinous η 46, 55, 141, θ 157, 257, 469, ν 62.—Of Odysseus π 335, ν 194.—Of Antinous and Eurymachus σ 64.—Of Antinous ω 179.—Of minor heroes and personages Δ 338, N 643, Τ 219, Ψ 631, 849 : δ 618 = ο 118, ξ 316, 336, σ 85 = 116 = φ 308, τ 287.—Joined with ἄναξ υ 194.—(2) In various contexts : κρείσσων β. ὅτε χώσεται ἀνδρὶ χέρηϊ A 80, διοτρεφέων βασιλήων 176, ὅν τινα βασιλῆα κιχείη B 188, εἷς β. [ἔστω] 205. Cf. B 86, 98, 196, 214, 247, 250, 277, 445, etc.: μή σέ γε βασιλῆα Κρονίων ποιήσειεν α 386, δίκη βασιλήων δ 691. Cf. α 394, β 231 = ε 9, γ 480, δ 63, ζ 54, η 49, θ 41, 390, κ 110, ν 205, ξ 278, ρ 416, τ 109, υ 196, 222, ω 88, 253.

βασιλεύτατος [superl. fr. βασιλεύς]. Most royal, supreme in rank I 69.

βασιλεύτερος [comp. fr. βασιλεύς]. More royal, higher in rank I 160, 392, K 239 : ο 533.

βασιλεύω [βασιλεύς]. (ἐμ-.) (1) To rule, hold sway, be king, chief or ruler B 203, I 616 : α 392, β 47, τ 179, χ 52, ω 483.—(2) To be king or chief

of or ruler over. (a) With genit. : 'Αχαιῶν α 401.—(b) With dat. : Γιγάντεσσιν η 59. Cf. B 206 (v.l. βουλεύῃσι).—(3) Of a woman, to enjoy rank as the wife of a βασιλεύς Z 425.—With local genit. : Πύλου λ 285.

βασιλήϊος [βασιλεύς]. Of a king or chief: τέμενος Σ 550 (v.l. βαθυλήϊον).—Royal, princely π 401.

βασιληΐς, -ίδος, ἡ [as prec.]. Royal, princely Z 193.

βάσκω [in form iterative fr. βα-, βαίνω]. (ἐπι-, παρα-.) In imp. with ἴθι, 'come ! go' B 8, Θ 399, Λ 186, O 158, Ω 144, 336.

βαστάζω. (1) To raise. Of pushing uphill λ 594.—(2) To take into the hands, handle : τόξον φ 405.

βάτην, 3 dual aor. βαίνω.

βάτος, -ου. In pl., the prickles of some kind of prickly shrub or plant : βάτων ἕνεκα ω 230.

βεβάᾱσι, 3 pl. pf. βαίνω.

βέβακται, 3 sing. pf. pass. βάζω.

βεβάμεν, pf. infin. βαίνω.

βεβαρηότα, acc. sing. masc. pf. pple. βαρέω.

βέβασαν, 3 pl. plupf. βαίνω.

βεβαώς, pf. pple. βαίνω.

βέβηκε, 3 sing. pf. βαίνω.

βεβίηκε, 3 sing. pf. βιάω.

βεβλαμμένον, acc. sing. masc. pf. pple. pass. βλάπτω.

βέβληαι, 2 sing. pf. pass. βάλλω.

βεβλήαται, 3 pl. pf. pass. βάλλω.

βεβλήκει(ν), 3 sing. plupf. βάλλω.

βέβληται, 3 sing. pf. pass. βάλλω.

βεβολήατο, 3 pl. plupf. pass. βολέω.

βέβριθε, 3 sing. pf. βρίθω.

βέβρυχε, 3 sing. pf. βρυχάομαι.

βεβρώθοις, 2 sing. pf. opt. βιβρώσκω.

βεβρωκώς, pf. pple. βιβρώσκω.

βεβρώσεται, 3 sing. fut. pf. pass. βιβρώσκω.

βεβυσμένον, acc. sing. masc. pf. pple. pass. βύω.

βεβῶσα, fem. pf. pple. βαίνω.

βέη. See next.

βείομαι, βέομαι [prob. for βίομαι, subj. fr. βι(F)-, βίος]. 2 sing. βέῃ Π 852, Ω 131 (app. for βέεαι (βέε')). To live : οὔ τι Διὸς βέομαι φρεσίν O 194 (φ. app. comitative dat., 'in company with . . . ,' 'in accordance with . . .'; thus, will not live and move and have my being in his mind), οὐ δηρὸν βέῃ Π 852, Ω 131, τί νυ βείομαι ; (what have I now to live for ?) X 431.

βέλεμνον, -ου, τό [as next]. A spear or dart : πικρά X 206.— Of arrows O 484, 489.

βέλος, -εος, τό [βάλλω]. Dat. pl. βελέεσσι E 622, Λ 576, 589, N 511, etc. : γ 124, λ 173, 199, ο 411. βελέσσι A 42, N 555, Ω 759. βελέεσι Λ 657 : π 277. A missile. (1) A spear or dart, but in pl. not necessarily excluding arrows or stones : οὐχ ἅλιον β. ἧκεν Δ 498, βελέων ἐρωήν 542. Cf. E 18, 316, 622, Θ 67, 159, etc. : π 277.—ἐκ βελέων, out of range of missiles : ὕπαγεν Λ 163. Cf. Π 122, 668, 678, 781, Σ 152.—So ὑπὲκ βελέων Δ 465, Σ 232.—Motion not implied : ἐκ βελέων (keeping out of their range) Ξ 130.—(2) An arrow Α 42,

51, 382, Δ 99, Ε 104, Ο 444, etc.: γ 280 = ο 411, ε 124 = λ 173 = 199, φ 138 = 165, φ 148, χ 83, ω 180.—(3) A stone Μ 159, 458, Ξ 439, Π 737.—Of the rock thrown by the Cyclops ι 495.—(4) Of the θρῆνυς thrown by Antinous ρ 464.—Of the ox's foot thrown by Ktesippus υ 305.—(5) Applied to a weapon in gen. Ν 289.—(6) Metaphorically of the wound inflicted by a missile: ὥς τις β. πέσσῃ Θ 513.—Of the pains of childbirth Λ 269.

βέλτερος [comp. fr. βολ-, βόλομαι]. Better. In neut. βέλτερον with or without copula, it is (would be) better: β. ὃς προφύγῃ κακόν Ξ 81 ([κείνῳ] ὅς = εἴ τις).—With complementary infin.: β. ἀπ-ολέσθαι Ο 511. Cf. Ο 197, Σ 302, Φ 485, Χ 129.—With dat. and infin.: πτωχῷ β. ἐστι δαῖτα πτωχεύειν ρ 18.—With εἰ: β., εἰ καὐτὴ πόσιν εὗρεν ἄλλοθεν ζ 282.

βένθος, τό. (1) The depth or gulf (of the sea): κατὰ β. ἁλός Σ 38, 49.—In pl. in sim. sense: ἐν βένθεσσιν ἁλός Α 358 = Σ 36. Cf. Ν 21, 32.—(2) In pl., the deeps or deep recesses (of the sea): θαλάσσης πάσης βένθεα οἶδεν α 53, δ 386.—The recesses or coverts (of a wood): βαθείης βένθεσιν ὕλης ρ 316.

βένθοσδε [acc. of prec. + -δε (1)]. To the deep part (of the sea), to the deep (sea): νῆα ἁλὸς β. ἔρυσσαν δ 780, θ 51.

βέομαι. See βείομαι.

βέρεθρον, -ου, τό. A gulf or deep recess: βάθι-στον ὑπὸ χθονὸς β. Θ 14.—Of Scylla's cave μ 94.

βῆ, 3 sing. aor. βαίνω.

βηλός, -οῦ, ὁ. A threshold: ῥῖψεν (ῥίπτασκον) ἀπὸ βηλοῦ (i.e. of Olympus) Α 591, Ο 23. Cf. Ψ 202. (There is a tradition that in the first two passages it is a distinct word = οὐρανός.)

βήμεν, 1 pl. aor. βαίνω.

βήμεναι, βῆναι, aor. infin. βαίνω.

βῆν, 1 sing. aor. βαίνω.

βῆσαν¹, 3 pl. intrans. aor. βαίνω.

βῆσαν², 3 pl. trans. aor. βαίνω.

βήσεται, 3 sing. fut. in mid. form βαίνω.

βήσετο, 3 sing. aor. mid. βαίνω.

βῆσσα, -ης, ἡ. A glen or dell Γ 34, Λ 87, Ξ 397, Π 634, 766, Ρ 283, Σ 588, Χ 190 : κ 210, 252, 275, τ 435.

βητάρμων, -ονος, ὁ [app. βη-, βαίνω + ἀρμ-, ἁρμόζω. 'One who goes in measure']. A dancer θ 250, 383.

βήτην, 3 dual aor. βαίνω.

βήω, aor. subj. βαίνω.

βιάζω [βίη]. (1) To bring one's might to bear upon, bear hard upon, press, use violence against. In mid.: βιάζεταί σε Χ 229. Cf. ι 410.—In pass., to be pressed or driven: βελέεσσιν Λ 576. Cf. Λ 589, Ο 727 = Π 102.—(2) To push one's ad-vantage against, constrain: βιάζετέ με μοῦνον ἐόντα μ 297.

βίαιος [βίη]. Forceful, violent: ἔργα β 236.

βιαίως [adv. fr. prec.]. Forcefully, by force, with violence: γυναιξὶ παρευνάζεσθε β. χ 37. Cf. β 237.

βιάω [βίη]. 3 sing. pf. βεβίηκε Κ 145, 172,

Π 22. 3 pl. pres. mid. βιόωνται λ 503. 3 pl. impf. βιόωντο ψ 9. 3 pl. opt. βιῴατο Λ 467. (1) To use violence to, lay constraint upon. In mid.: οἳ κεῖνον βιόωνται λ 503. Cf. ψ 9.—Of some-thing immaterial: τοῖον ἄχος βεβίηκεν Ἀχαιούς Κ 145 = Π 22. Cf. Κ 172.—(2) To prove too strong for, force, overcome. In mid.: ὄνος ἐβιήσατο παῖδας Λ 558. Cf. Λ 467, Π 823.—(3) To force to act against one's will. In mid.: οὔ τίς μ' ἀέκοντα βιήσεται φ 348.—To compel in a certain direction, throw upon something: ἐκβαινοντά κέ με βιήσατο κῦμ' ἐπὶ χέρσου η 278.—(4) To push one's ad-vantage against, get the better of. In mid.: ψεύδεσσι βιησάμενος Ψ 576.—(5) To rob (of one's due). In mid. with double acc.: νῶϊ βιήσατο μισθόν Φ 451.

βιβάσθω [βιβάω]. To stride, stride along: μακρὰ βιβάσθων Ν 809, Ο 676, Π 534.

βιβάω [redup. fr. βα-, βαίνω]. (προ-.) = prec.: μακρὰ βιβῶντα Γ 22. Cf. Ν 371, Ο 307, 686: λ 539. (In all cases with βιβάντα, etc., from next as v.l.)

βίβημι [as prec.]. (προ-.) = prec.: μακρὰ βιβάντα (βιβάς) Γ 22, Ν 213, Ο 307, 686, ὕψι βιβάντα Ν 371: μακρὰ βιβᾶσα λ 539.—Of a ram ι 450. (For vv. ll. see prec.)

†βιβρώσκω. 2 sing. pf. opt. βεβρώθοις Δ 35. Pf. pple. βεβρωκὼς Χ 94 : χ 403. 3 sing. fut. pf. pass. βεβρώσεται β 203. To eat. (1) In pf. forms in intensive sense: εἰ βεβρώθοις Πρίαμον (eat up, devour) Δ 35.—Sim. of χρήματα β 203 (will be consumed).—(2) In strict pf. sense: βεβρωκὼς φάρμακα Χ 94.—So with partitive genit.: βεβρω-κὼς βοός χ 403.

βίη, -ης, ἡ. Instrumental βίηφι Π 826, Σ 341, Φ 501, Ψ 315 : α 403, ζ 6, ι 406, 408, 476, μ 210, 246, φ 371, 373. With vbs. of trusting Δ 325, Μ 135, 153, 256, Χ 107 : φ 315. This form as locative Ο 614. As genit. Φ 367. (1) Bodily strength, might, power; the exercise of this: βίην ἀμείνων (in might) Α 404, Ο 139, πεποίθασι βίηφιν (in their strength) Δ 325, οὔ τίς με βίῃ δῄηται Η 197, σῇ β. λέλυται Θ 103. Cf Γ 431, Η 288, Μ 135, 341, Ν 572, Ο 106, Ρ 569, Ψ 315, etc.: δόλῳ ἠὲ βίηφιν ι 406, βίης ἐπιδευέες φ 185. Cf. δ 415, ζ 6, ν 143, σ 4, υ 379, φ 128, etc.—In pl.: βίας Τρώων Ε 521. Cf. χ 219.—(2) National strength or power: Φαιήκων ζ 197.—(3) The act of putting strength into exercise, effort: μεθῆκε βίης Φ 177. Cf. δ 422, φ 126.—(4) Courage, spirit: οὐκ ἔστι β. φρεσίν Γ 45.—(5) β. τινός, periphrasis for a person (the might of . . . = the mighty . . .) (cf. ἴς (5), μένος (6), σθένος (2)): Πριάμοιο βίην Γ 105, β. Ἑλένοιο Ν 770. Cf. Ε 781, Ν 758, 781, Ο 614, Ρ 24, 187, Σ 117, Τ 307, Φ 367, Χ 323, Ψ 859 : κ 200.—Sim. with adj.: βίη Ἡρακληείη Β 658. Cf. Β 666, Δ 386, Ε 638, Λ 690, Ο 640, Τ 98 : λ 290, 296, 601.—(6) (a) Wrongful exercise of strength or power, violence: ὕβρις τε β. τε ο 329 = ρ 565. Cf. ψ 31.—In pl., acts of wrong or violence: βίας ἀποτίσεαι λ 118, π 255. Cf. γ 216, ν 310, π 189, ρ 540.—Of an inanimate agent, violent manifestations of force: βίας ἀνέμων (the βλαστς) Π 213 = Ψ 713.—(b) In dat. : βίῃ, by wrongful use of force, by force, forcibly : εἴ με β. καθέξει Ο 186. Cf. Π 387 : ο 231.—So βίηφι α 403, ι 476, μ 210.—With genit. : βίῃ ἀέκοντος (in spite of him unwilling) Α 430 : δ 646.—(7) Might, power, authority, influence I 498, Ψ 578.

βιός, -οῦ, ὁ. A bow Α 49, Δ 125, Κ 260, Λ 387, Ο 468, 472, Ω 605 : ζ 270, τ 577 = φ 75, φ 173, 233, 328, χ 2, 246, ω 170, 177.

βίος, -ου, ὁ [βιF-]. One's life, course of life, manner of living : ζώεις ἀγαθὸν βίον ο 491. Cf. σ 254 = τ 127.

βιοτή, ἡ [βίος]. = prec. δ 565.

βίοτος, -ου, ὁ [βίος]. (1) Life, existence, one's life : βιότοιο μεγήρας Ν 563. Cf. Δ 170 : ε 394, μ 328, ω 536.—(2) The period of one's life : βιότοιο τελευτή Η 104, Π 787.—(3) The fact of being alive : εἴ κεν πατρὸς βίοτον ἀκούσῃς α 287. Cf. β 218.—(4) The means of living, substance, goods, chattels : ἀφνειὸς βιότοιο Ε 544. Cf. Ζ 14, Ξ 122 : ἀλλότριον βίοτον ἔδουσιν α 160, σ 280. Cf. α 377, β 49, 123, 126, γ 301, δ 90, 686, etc.

†βιόω [βίος]. 3 sing. aor. imp. βιώτω Θ 429. Infin. βιῶναι Κ 174, Ο 511 : ξ 359. 2 sing. aor. mid. ἐβιώσαο θ 468. (1) To live, continue to exist : ἄλλος βιώτω Θ 429. Cf. Κ 174, Ο 511 : ξ 359.—(2) Trans. in aor. mid., to give life to, rescue from death : σύ μ' ἐβιώσαο θ 468.

βιόωνται, 3 pl. pres. mid. βιάω.

βιώατο, 3 pl. opt. mid. βιάω.

βιώναι, aor. infin. βιόω.

βιώτω, 3 sing. aor. imp. βιόω.

βλάβεν, 3 pl. aor. pass. βλάπτω.

βλάβω [= βλάπτω]. To cause to fail or break down : βλάβεται γούνατα Τ 166 : ν 34.—To cause (a speaker) to break down : βλάβεται λιγύς περ ἐὼν ἀγορητής Τ 82.

βλάπτω. 2 sing. aor. ἔβλαψας Χ 15. βλάψας Ψ 571. 3 ἔβλαψε Ψ 782. βλάψε Η 271, Ψ 774 : ξ 178. 3 pl. ἔβλαψαν ψ 14. 3 pl. aor. pass. ἐβλάφθησαν Ψ 387. Also ἔβλαβεν Ψ 461. βλάβεν Ψ 545. Pple. βλαφθείς, -έντος Ζ 39, Ι 512, Ο 484, 489, 647, Π 331. Acc. sing. masc. pf. pple. βεβλαμμένον Π 660. (1) To cause to fail or break down, make useless : γούνατα Η 271. Cf. Ο 484, 489.—To stop, cut short the course of : ἵπποι ἔβλαβεν Ψ 461. Cf. Ψ 545.—Sim. : βεβλαμμένον ἦτορ (app., brought to a stop in his life, slain) Π 660.—(2) To impede the course of : ἵππους Ψ 571.—To impede the motion of, entangle : βλαφθέντα κατὰ κλόνον Π 331.—To impede in action, be in the way of : ἑταίρων τίν' ἐλαυνόντων ν 22.—To entangle, catch : ἵππω ὄζῳ ἔνι βλαφθέντε Ζ 39. Cf. Ο 647.—To trip, cause to stumble Ψ 774.—To trip up (the feet of). With double acc. : ἔβλαψέ με πόδας Ψ 782.—(4) To put at a disadvantage : [ἵπποι] ἐβλάφθησαν ἄνευ κέντροιο θέοντας Ψ 387.—(5) To hinder from. With genit. : κελεύθου α 195.—(6) Of a divine agency. (a) To affect the mind of adversely, smite with mental blindness. Of Ἄτη Ι 507, 512, Τ 94.—With φρένας as object : εἰ τότε βλάπτε φρένας Ζεύς Ο 724.

—(b) To deprive of good sense, put out of one's right mind : θεοί σ' ἔβλαψαν ψ 14.—With φρένας as second acc.: τόν τις ἀθανάτων βλάψε φρένας ξ 178.—(c) To foil : ἔβλαψάς μ', ἐκάεργε Χ 15.—(7) Of wine, to drive out of one's right mind φ 294.

βλεῖο, 2 sing. aor. opt. pass. βάλλω.

βλεμεαίνω. Of unknown meaning. App., to exult, bear oneself proudly, or the like : σθένεϊ βλεμεαίνων Θ 337. Cf. Ι 237, Μ 42, Ρ 22, 135, Τ 36.

βλέφαρον, τό. Always in dual or pl. The eyelids : οὐχ ὕπνος ἐπὶ βλεφάροισιν ἐφίζανε Κ 26. Cf. Κ 187, Ξ 165, Ρ 438, Τ 17, Ω 637 : δάκρυ βάλεν ἐκ βλεφάροιϊν ρ 490. Cf. α 364, β 398, δ 114, ε 493, θ 522, ι 389, etc.

βλήεται, 3 sing. aor. subj. pass. βάλλω.

βλῆτο, 3 sing. aor. pass. βάλλω.

βλήτρον, τό [βλη-, βάλλω]. App., a clamp or clincher for fastening lengths together : ξυστὸν κολλητὸν βλήτροισιν Ο 678.

βληχή, ἡ. A bleating : οἰῶν μ 266.

βλοσυρός, -ή, -όν. App., shaggy Η 212, Ο 608.

βλοσυρῶπις [prec. + ὦπα]. App., grim-looking : Γοργώ Λ 36.

βλωθρός, -ή. App., tall, stately : πίτυς Ν 390 = Π 483 : ὄγχνην ω 234.

†βλώσκω [μβολ-]. 3 sing. aor. subj. μόλῃ Ω 781. Pple. μολών, -όντος Λ 173 : γ 44, ω 335. Fem. μολοῦσα, -ης Ζ 286, Ο 720. 3 sing. pf. μέμβλωκε ρ 190. (ἐκ-, κατα-, παρα-, προ-.) (1) To go : ποτὶ μέγαρα Ζ 286.—Of a period of time, to pass away ρ 190.—(2) To come : δεῦρο Ο 720. Cf. Λ 173 : γ 44, ω 335.—Of a period of time, to come ω Ω 781.

βοάγρια, τά [βο-, βοῦς + ἄγρη. 'Spoils of an ox.' Cf. ἀνδράγρια]. Shields of ox-hide Μ 22 : π 296.

βοάω [βοή]. 3 sing. βοάᾳ Ξ 394. 3 pl. βοόωσι Ρ 265. Pple. βοόων, -ωντος Β 97, 198, Ο 687, 732. Contr. βοῶν Β 224. Dat. sing. masc. aor. pple. βώσαντι Μ 337. (ἐπι-, προ-.) (1) To cry aloud, shout : κήρυκες βοόωντες ἐρήτυον Β 97. Cf. Β 198, 224, Θ 92, Ι 12, Λ 15, Μ 337, Ο 687 = 732, Ρ 89, 334, 607 (app. for joy on seeing Hector unharmed), Ψ 847 : στὰς ἐβόησα κ 311. Cf. δ 281, ε 400 = ι 473 = μ 181, ζ 294, θ 305, ι 403, ω 537.—(2) Of things, to roar, resound : θαλάσσης κῦμα Ξ 394, ἠιόνες Ρ 265.

βόειος, -η, -ον [βοῦς]. (1) Of an ox : δέρμα ξ 24.—(2) Made from ox-hide Δ 122 : ω 228.—(3) In fem. βοείη as sb. (a) A living ox's hide Σ 582.—An ox-hide lately stripped off χ 364.—An ox-hide in process of being dressed Ρ 389.—A dressed ox-hide Λ 843 : υ 96.—A piece of dressed ox-leather Μ 296.—(b) A shield of ox-hide Ε 452 = Μ 425, Χ 159.

βόεος, = prec. (1) Of an ox : ὄνθον Ψ 777.—(2) Made from ox-hide Χ 397, Ψ 324.—(3) In fem. βοέη as sb. (a) An (undressed) ox-hide ν 2, 142.—(b) A shield of ox-hide Ρ 492.

βοεύς, ὁ [βοῦς]. A strap of ox-leather (used for hoisting a sail) : ἕλκον ἱστία βοεῦσιν β 426 = ο 291.

βοή, -ῆς, ἡ. (1) A crying out, a shouting :

βοῆς ἀίοντες ι 401, ξ 266 = ρ 435.—A hue-and-cry, a din : διὰ ἄστεος κ 118. Cf. χ 77, 133.—(2) A shouting in battle : Λ 50, 500, 530, Ν 169 = 540, Ξ 4, Π 267.—βοὴν ἀγαθός, good at the battle-cry, marshalling or rallying his men with loud shout. Of Menelaus Β 408, 586, Γ 96, Δ 220, Ζ 37, etc. : γ 311, δ 307, 609, ο 14, 57, 67, 92, 97, ρ 120.—Of Diomedes Ρ 563, Ε 114, Ζ 12, Η 399, Θ 91, etc.— Of Hector Ν 123, Ο 671.—Of Aias Ο 249, Ρ 102. —Of Polites Ω 250.—(3) A loud expression of grief Ζ 465 : ω 48.—(4) The sound of musical instruments Σ 495.

βοηθόος [βοή + θέω]. Running to the battle-cry, coming swiftly to the fight Ν 477.—The epithet transferred from the warrior to his chariot Ρ 481.

βοηλασίη, -ης, ἡ [βοῦς + ἐλαύνω] A driving off of cattle : νεῖκος ἀμφὶ βοηλασίη Λ 672.

βοητύς, ἡ [βοάω]. Noise, disturbance α 369.

βόθρος, -ου, ὁ. (1) A hole or pit dug in the ground : βόθρον ὀρύξαι κ 517, ἀπεδειροτόμησα ἐς βόθρον (so that the blood ran into the pit) λ 36. Cf. λ 25, 42, 95.—(2) A hollow by a river used for washing clothes ζ 92.—(3) The trench in which a young tree is planted Ρ 58.

†βολέω [= βάλλω]. Pf. pple. pass. βεβολημένος Ι 9 : κ 247. 3 pl. plupf. βεβολήατο Ι 3. (ἀντι-.) Of grief, to smite : πένθεϊ βεβολήατο (were in the state of having been smitten, were tossed about or agitated) Ι 3. Cf. Ι 9 : κ 247.

βολή, -ῆς, ἡ [βάλλω]. (1) A blow with a missile ρ 283, ω 161.—(2) A turn or glance (of the eyes) δ 150.

βόλομαι [= βούλομαι]. (1) = βούλομαι (1) : ἑτέρως ἐβόλοντο α 234.—With infin. : αὐτὸν ζώειν π 387. —(2) = βούλομαι (4). With infin. and ἤ : Τρωσὶν δοῦναι ἠέ περ ἡμῖν Λ 319.

βομβέω [imitative] To make a resounding, clanging or clashing noise Ν 530, Π 118 : μ 204 (the oars knocked against each other in the wash of the sea as they hung by the τροποί), σ 397.—Of the whizzing flight of a quoit θ 190.

βοόων, pres. pple. βοάω.

βοόωσι, 3 pl. pres. βοάω.

Βορέης, ὁ. Genit. (besides Βορέαο) Βορέω Ξ 395, Ψ 692 : ξ 533. Βορέης as spondee Ι 5. So Βορέῃ Ψ 195. (1) The north wind Ε 524, 697, Ι 5, Ξ 395, Ο 171, Τ 358, Υ 223, Φ 346, Ψ 195, 208, 692 : ε 296, 328, 331, 385, ι 81, κ 507, ξ 475, 533. —Joined with ἄνεμος Ο 26 : ι 67, ξ 253, 299, τ 200.—(2) The north : πρὸς Βορέαο ν 110.

βόσις, ἡ [βόσκω]. Food : βόσιν ἰχθύσιν Τ 268.

βόσκω. 2 sing. fut. βοσκήσεις ρ 559. 3 pl. pa. iterative pass. βοσκέσκοντο ι 5. (1) To feed, tend (cattle, etc.) Ο 548 : ξ 102.—(2) To feed, nourish, support : γαῖα ἀνθρώπους λ 365. Cf. ι 124, μ 97, ξ 325 = τ 294.—To fill or stuff (one's belly) ρ 228, 559, σ 364.—(3) In pass., of cattle, etc., to feed, graze : ξύλοχον κάτα βοσκομενάων Ε 162. Cf. Π 151, Ρ 62, Υ 223 : δ 338 = ρ 129, λ 108, μ 128, 355, ξ 104, φ 49.—Of birds, to feed Ο 691.

βοτά, τά [βόσκω]. Grazing beasts, beasts of the herd : ἀρθμὸς πάντεσσι βοτοῖσιν Σ 521.

βοτάνη, -ης, ἡ [βόσκω]. (1) Food, fodder κ 411. —(2) A feeding-place : ὡς εἴ θ᾽ ἕσπετο μῆλα ἐκ βοτάνης Ν 493.

βοτήρ, -ῆρος, ὁ [βόσκω]. (Cf. βώτωρ.) A herdsman : ἀγροὺς ἐπιείσομαι ἠδὲ βοτῆρας ο 504.

βοτρυδόν [βότρυς]. In clusters Β 89.

βότρυς, -υος, ὁ. A bunch or cluster of grapes : μέλανες Σ 562.

βούβοτος, -ον [βοῦς + βόσκω]. Grazed by cattle. Of Ithaca ν 246.

βούβρωστις, ἡ [app. a compound of βοῦς]. Explained as the insect that attacks cattle, the gadfly. By others connected with βι-βρώσκω and explained as ravenous hunger (taking βου-in an intensive sense. Cf. βουγάϊος) Ω 532.

βουβών, -ῶνος, ὁ. The groin Δ 492.

βουγάϊος [app. a compound of βοῦς, perh. in intensive sense. The second element perh. γαϝ-, γαίω]. Thus, perh., braggart Ν 824 : σ 79.

βουκολέω [βουκόλος]. 2 sing. pa. iterative βουκολέεσκες Φ 448. (1) To feed or tend cattle : Ἀγχίσῃ βουκολέοντι Ε 313. Cf. Ξ 445 : κ 85.— (2) To feed, tend (cattle) : βοῦς Φ 448.—(3) In pass., of cattle, etc., to feed, graze Υ 221.

βουκόλος, -ου, ὁ [app. for βουπόλος fr. βοῦς + -πολος, conn. with πολέω. Cf. αἰπόλος]. A herds-man Ν 571, Ο 587, Ψ 845 : λ 293.—Of Philoetius υ 227, φ 83, 189, 193, χ 104, 435, 454 = ψ 297, ψ 367, ω 359, 363.

βουλευτής, ὁ [βουλεύω]. A member of the βουλή, a councillor Ζ 114.

βουλεύω [βουλή]. 1 pl. aor. subj. βουλεύσωμεν π 234. (μετα-.) (1) To deliberate, consider, take counsel with oneself, concert measures, contrive, plan : ἵνα σφίσι βουλεύῃσθα (in their interests) Ι 99. Cf. Β 206 (v.l. βασιλεύῃ) : μ 58, ξ 491.— With infin. : τὸν βούλευσα κατακτάμεν (οὐτάμεναι) (debated whether to . . .) Ι 458 : ι 299.—With dependent clause : ὅπως . . . (how, in what manner) ι 420, λ 229.—(2) In dual and pl., to take counsel together : ὣς βουλεύσαντε Α 531, εἰ ἐς μίαν βουλεύσομεν (take counsel to one purpose, lay our plans in common) Β 379. Cf. ν 439, π 234.—With infin. Β 347.—(3) With cognate acc. : ὃς κεν ἀρίστην βουλὴν βουλεύσῃ (devise the best counsel) Ι 75, βουλὰς βουλεύειν (to take counsel together, hold counsel, concert measures) Κ 327. Cf. Κ 147, 415, Ψ 78, Ω 652 : ζ 61.—(4) To turn over in one's mind, ponder : ὁδὸν α 444.—To meditate, purpose, propose to oneself : φύξιν Κ 311 = 398.—(5) To plan, contrive, scheme to bring about : ὄλεθρον Ξ 464. Cf. ε 179 = κ 344, ε 187 = κ 300.—To plan, contrive, devise, elaborate : ψεύδεα ξ 296. Cf. ε 23 = ω 479, ψ 217.—In mid. : ἀπάτην βουλεύσατο Β 114 = Ι 21.

βουλή, -ῆς, ἡ. (1) A select council of the most important chiefs (cf. ἀγορή (1)) Β 53, 194, 202, Κ 195, Μ 213 : γ 127.—(2) The deliberation or discussion in the council : ὅσοι οὐ βουλῆς ἐπάκουσαν Β 143.—(3) The place of council Β 84 : ζ 55.— (4) Counsel, concerting of measures, contriving, planning, scheming : οἴ περί ἐστε βουλήν Δαναῶν (in . . .) A 258. Cf. I 54, K 43, Λ 627, N 728, 741, II 630 : ἐπίφρονι γ 128. Cf. δ 267, μ 211, ν 298, 305, π 242, 374, 420, χ 230.—In pl. : ὅτι οἱ συμφράσσατο βουλάς A 537. Cf. A 540, B 340, I 374, O 71, Υ 154 : δ 462, 677 = π 412, λ 437, 510. —For βουλήν (βουλάς) βουλεύειν see βουλεύω (3).—(5) A conclusion, a resolve, a course to take : βουλήν, ἥ θεοῖσιν ἐφήνδανεν H 45. Cf. B 5 = K 17 = Ξ 161, P 469 : ι 318 = 424 = λ 230, ξ 337.— (6) What one has contrived or planned. In pl.: Θέτιδος ἐξήνυσε βουλάς Θ 370.—A plan or plot : οὐχ ἡμῖν συνθεύσεται ἥδε γε βουλή ν 245.—(7) Counsel given, advice, what one proposes or puts forward : πυκινήν B 55 = K 302. Cf. B 282, Δ 323, H 325 = I 94, Θ 36 = 467, M 109, Ξ 102, Σ 313, 510 : εἴ τινα βουλήν εἴποι λ 479. Cf. γ 150, θ 506, κ 46, μ 339, ω 52.—In pl.: βουλέων μεν ξύνιεν A 273. Cf. B 273.—(8) One's will, resolve, determination : Διὸς βουλή A 5. Cf. B 344, M 241, Υ 15, 20 : α 86, β 372, ε 30, λ 297, ν 127, ξ 328 = τ 297.—In pl. : Ζηνὸς βουλέων M 236. Cf. N 524, Φ 229 : θ 82, λ 276, π 402.—(9) One's mind, what one has in view or is doing β 281, λ 177.

βουληφόρος [prec. + -φορος, φέρω]. 'Contributing counsel']. (1) A (trusted) adviser, a leader in counsel E 180 = P 485, E 633, H 126, K 518, N 219, 255, 463, Υ 83.—(2) Specifically, a member of the βουλή, a leading chief K 414, Ω 651 : ν 12. —Joined with ἀνήρ A 144, B 24 = 61.—With ἄναξ M 414.—(3) As adj. : ἀγοραί βουληφόροι (in which counsel is exchanged) ι 112.

βούλομαι. (προ-.) (1) To have a preference for one of two things, to wish, be minded : ἄλλη O 51.—(2) To wish, desire (something) : Τρώεσσι βούλετο νίκην H 21, N 347, Π 121. Cf. Θ 204, Ψ 682. —With infin. : Τρώεσσι κῦδος ὀρέξαι Λ 79. Cf. M 174 = O 596 : δ 275, 353 (βούλοντο here app. an aor.), ο 21, 88.—(3) To be willing or ready. With infin. : ἀπὸ λοιγὸν ἀμῦναι A 67.—(4) To prefer : τό κε βουλοίμην Γ 41 : λ 358 = υ 316.—With infin. : αὐτήν οἴκοι ἔχειν A 112. Cf. Ω 39 : γ 143, ι 96, ρ 187, 228, σ 364.—With ἥ : ἡμῖν Ζεὺς βούλεται ἥ Δαναοῖσι νίκην P 331.—With infin. and ἥ : λαὸν σῶν ἔμμεναι ἥ ἀπολέσθαι A 117. Cf. Ψ 594 : γ 232, λ 489, μ 350, π 106, ρ 81, 404.—Absol. : βούλομαι (I prefer it so, I accept the alternative) Ω 226.

βουλυτόνδε [βοῦς + λύω + -δε (1). 'To the time for unyoking oxen']. To or towards early afternoon : Ἠέλιος μετενίσετο β. Π 779 : = ι 58. (The time specified is fixed for Π 779, and is admissible for ι 58. The reference seems to be to a custom of stopping ploughing at or soon after mid-day.)

βουπλήξ, -ῆγος, ὁ [βοῦς + πληγ-, πλήσσω]. An ox-whip or -goad ; or perh., a pole-axe : θεινόμεναι βουπλῆγι Z 135.

βοῦς, βοός, ὁ, ἡ [βοF-. Cf. L. bovis). Acc. βῶν H 238. Dat. pl. βόεσσι B 481, H 474, Λ 674, M 105, etc. : υ 219. βουσί E 161, Z 424, H 333, M 293, etc. : ζ 132, ο 386, ρ 472, υ 209, 221. Acc. βόας E 556, Θ 505, 545, M 137, etc. : λ 108, 289, μ 375, σ 278, etc. βοῦς A 154, Z 93, 174, 274, etc. :

α 8, 92, β 56, θ 60, etc. (1) A bull, ox, or cow. (a) Gender not determined : βοῦς ἱέρευσεν Z 174, ἀγέλην βοῶν Λ 696, ἱμάντας βοός (i.e. of the hide) Ψ 684. Cf. E 556, H 333, Θ 240, 505, I 466, Σ 528, etc.: νῶτα βοός δ 65. Cf. β 56, γ 421, ζ 132, λ 402, ν 32, ο 386, etc.—(b) Masculine : ἵφι κταμένοιο Γ 375, βόε ἴσον θυμὸν ἔχοντε N 703, ἐριμύκων Υ 497 (for the gender see 495). Cf. N 571, Σ 559, Ψ 775, etc. : α 108, σ 371.—Joined with ταῦρος B 480, P 389.—Qualified by ἄρσην H 314, Υ 495 : τ 420. —(c) Feminine : ἐμὰς βοῦς A 154, αὐτῆσι βόεσσιν H 474. Cf. Z 93, Θ 231, K 292, Λ 172, P 62, Σ 574, etc. : στεῖραν βοῦν κ 522, πολλαί μ 128. Cf. γ 382, κ 410, λ 108, μ 262, ν 221, etc.—Distinguished from ταῦρος B 481, II 488.—(2) A shield of ox-hide. In this sense fem. : τυκτῆσι βόεσσιν M 105. Cf. H 238, M 137, II 636.

βουφονέω [βοῦς + φον-, φένω]. To slay an ox or oxen for sacrifice H 466.

βοῶπις [βο-, βοῦς + ὦπα]. Ox-eyed, having large, soft eyes. Epithet of Here A 551 = Δ 50 = II 439 = Σ 360 = Υ 309, A 568, Θ 471, Ξ 159, 222, 263, O 34, 49, Σ 239, 357.—Of Clymene (one of Helen's handmaidens) Γ 144.—Of Phylomedousa H 10.—Of the sea-nymph Halie Σ 40.

Βοώτης, ὁ [ploughman, waggoner, fr. βοῦς]. The constellation the Waggoner, containing the star Arcturus ε 272.

βραδύς. Slow Θ 104 : θ 330.—Absol. : κιχάνει β. ὠκύν θ 329.—For superl. see βάρδιστος.

βραδυτής, -ῆτος, ἡ [βραδύς]. Slowness, want of speed : βραδυτῆτί τε νωχελίῃ τε Τ 411.

βράσσων [comp. fr. βραχ-ύς, short]. Shorter : νόος (of shorter reach) K 226.

βραχίων, -ονος, ὁ. The arm M 389, N 529, 532, Π 323, 510 : σ 69.

†βράχω. 3 sing. aor. ἔβραχε, βράχε. (ἀνα-.) Of armour, to rattle, clash, ring Δ 420, M 396, N 181, Ξ 420, II 566.—Of an axle, to creak, grate E 838. —So of a door φ 49.—Of a river, to resound under the splash of something falling into it Φ 9. —Of the earth, to give forth a sound, resound Φ 387.—Of persons, to roar, shriek E 859, 863, II 468.

βρέμω [cf. L. fremo]. (ἐμ-, ἐπι-.) Of the sea or the wind, to roar Δ 425.—In mid. Β 210, Ξ 399.

βρέφος, τό. Unborn offspring Ψ 266.

βρεχμός, ὁ. App., the head : ἔκπεσε ἐπὶ βρεχμόν τε καὶ ὤμους E 586.

βριαρός, -ή [βρι- as in βρίθω, δ-βριμος]. Stout, strong : κόρυθα Λ 375. Cf. Π 413, 579, Σ 611, Τ 381, Υ 162, Χ 112.

βρίζω. (ἀπο-.) To slumber, nod Δ 223.

βριήπυος [app. βρι- as in βριαρός + ἠπύω]. Thus, with powerful or loud voice. Epithet of Ares N 521.

βρῖθοσύνη, -ης, ἡ [βριθύς]. Weight, load : ἔβραχεν ἄξων βριθοσύνῃ E 839, πέσε λίθος εἴσω βριθοσύνῃ (by its weight) M 460.

βριθύς, -ύ [cf. βαρύς and next]. Heavy, weighty : ἔγχος E 746 = Θ 390, II 141 = Τ 388, Π 802 : α 100.

βρίθω [cf. prec.]. 3 pl. aor. ἔβρῖσαν M 346, 359, P 512. Pple. βρίσας, -αντος P 233 : ζ 159. 3 sing. pf. βέβρῖθε Π 384. 3 pl. -ᾶσι ο 334. 3 sing. plupf. βεβρίθει π 474. Fem. pple. βεβρῑθυῖα Φ 385. (ἐπι-.) (1) To be heavy, loaded or weighed down with something. With dat.: σταφυλῇσιν Σ 561. Cf. π 474, τ 112.—With genit.: τυρῶν ι 219. Cf. ο 334.—So in pass. With dat.: καρπῷ Θ 307.— To be oppressed: ὑπὸ λαίλαπι χθών Π 384.—(2) To bring one's weight to bear, bear hard : ἰθὺς Δαναῶν βρίσαντες ἔβησαν P 233. Cf. M 346 = 359, P 512.—Fig., to be grievous or distressing Φ 385. —(3) To prevail, achieve one's end: ἐέδνοισιν ζ 159.

βρομέω [βρόμος]. Of flies, to buzz Π 642.

βρόμος, ὁ [βρέμω]. The roaring (of fire) Ξ 396.

βροντάω [βροντή]. Of Zeus, to thunder Θ 133, Υ 56 : μ 415 = ξ 305, υ 103, 113.

βροντή, -ῆς, ἡ. Thunder N 796, Φ 199 : υ 121.

βρότεος, -ον [βροτός]. Mortal, human τ 545.

βροτόεις, -εντος [βροτός]. Gory, blood-stained : ἔναρα Z 480, Θ 534, K 528, 570, Ο 347, P 13, 540, X 245, ἀνδράγρια Ξ 509.

βροτολοιγός [βροτός + λοιγός]. Destroyer of men. Epithet of Ares E 31 = 455, 518, 846, 909, Θ 349, Λ 295, M 130, N 298, 802, Υ 46, Φ 421 : θ 115.

βρότος, -ου, ὁ. Shed blood, gore : αἱματόεντα H 425, Ξ 7, Σ 345, Ψ 41 : μέλανα ω 189.

βροτός, -οῦ, ὁ, ἡ [(μ)βροτός. Cf. ἀμβροτος²]. (1) Liable to death, mortal : ἀνήρ E 361. Cf. E 604, Σ 85, T 22 : δ 397, ε 129, 197, 218, μ 77.—(2) Absol., a mortal man, a man : θεὰ βροτῷ εὐνηθεῖσα B 821. Cf. A 272, Θ 428, I 159, Λ 2, N 244, etc. : βροτῶν θελκτήρια α 337. Cf. δ 197, ε 101, ζ 149, λ 287, μ 125, etc.—Qualified by θνητός γ 3 = μ 386, η 210, π 212.—For μέροπες βροτοί see μέροπες.

βροτόω [βροτός]. To make gory, stain with blood : βεβροτωμένα τεύχεα λ 41.

βρόχος, ὁ. A noose λ 278, χ 472.

†βρυχάομαι. 3 sing. pf. βέβρῦχε P 264 : ε 412. 3 sing. plupf. βεβρύχει μ 242. Pple. βεβρυχώς N 393, Π 486. To roar. Of a wounded hero N 393 = Π 486.—Of the sea P 264 : ε 412.—Of an echoing rock μ 242.

βρύω. To teem with. With dat.: ἄνθεϊ P 56.

βρώμη, -ης, ἡ [βι-βρώσκω]. (1) Food κ 379, 460 = μ 23, μ 302.—(2) The partaking of food : μνησόμεθα βρώμης κ 177.

βρῶσις, ἡ [as prec.]. = prec. (1) Τ 210 : α 191, ζ 209 = 246, 248, κ 176, μ 320, ν 72, ο 490.

βρωτύς, ἡ [as prec.]. (1) Food σ 407.—(2) The partaking of food : ἐς βρωτὺν ὀτρύνετον T 205.

βύβλινος [adj. fr. βύβλος, the Egyptian papyrus]. Made of the fibrous coat of the papyrus φ 391.

βυκτής. Prob., roaring, blustering κ 20.

βυσσοδομεύω [app. fr. βυσσός + δόμος, ' to construct in the interior of the house, away from public view ']. To plan or ponder secretly δ 676, θ 273, ι 316, ρ 66, 465 = 491 = υ 184.

βυσσός, -οῦ, ὁ. The depth of the sea Ω 80.

†βύω. Acc. sing. masc. pf. pple. pass. βεβυσμέ-

νον. To stuff full of. With genit. : τάλαρον νήματος δ 134.

βῶλος. A clod, the clods, of earth σ 374.

βωμός, -οῦ, ὁ [prob. fr. βα-, βαίνω, ' something to or on which one mounts ']. (1) An altar A 440, 448, B 305 (in pl., but app. of a single altar), 310, Δ 48 = Ω 69, Θ 48, 238, 249, Λ 808, Ψ 148 : γ 273, ζ 162, θ 363, ν 187, ρ 210, χ 334, 379.— (2) A stand on which the body of a chariot was placed after removal of the wheels. In pl. of a single stand : ἅρματ' ἀμ βωμοῖσι τίθει Θ 441 (app. assimilated to ἅρματα, which is pl. in form only). —(3) A pedestal η 100.

βῶν, acc. sing. βοῦς.

βώσαντι, dat. sing. masc. aor. pple. βοάω.

βῶσι, 3 pl. aor. subj. βαίνω.

βωστρέω [*βωστής = *βοηστής, agent-noun fr. βοάω]. To call to for aid : Κράταιϊ μ 124.

βωτιάνειρα, ἡ [βω-, βόσκω + -τι- + ἀνήρ]. Feeding men, rich in food : Φθίη A 155.

βώτωρ, -ορος, ὁ. = βοτήρ M 302 : ξ 102, ρ 200.

γαῖα, -ης, ἡ [cf. γῆ, αἶα]. (1) The earth : στεναχί-ζετο γ. B 95. Cf. B 699, 782, Z 19, 282, P 447, etc. : πείρατα γαίης δ 563. Cf. β 131, γ 16, δ 417, ζ 167, λ 239, etc.—Personified Γ 278 : λ 576.—(2) The earth as distinguished (a) From the heavens : μεσσηγὺς γαίης τε καὶ οὐρανοῦ E 769 = Θ 46. Cf. Θ 16, Ξ 174, Ο 193 : α 54, λ 18, μ 381.—Personified Ο 36 : = ε 184.—(b) From the sea or water : γαίης καὶ πόντοιο Θ 479. Cf. Θ 24, Ξ 204 : ἐφ' ὑγρὴν ἠδ' ἐπὶ γαῖαν α 98. Cf. ε 294, 359, λ 587, μ 282, ψ 238, etc.—(c) From both Σ 483 : μ 404 = ξ 302.—(3) The earth considered with reference to extent : πολλὴ γαῖα, many regions or countries Ο 81 : β 364, δ 268, ξ 380.—So πολλὴν ἐπ' ἀπείρονα γαῖαν (far and wide on the . . .) ο 79. Cf. τ 284. —(4) (a) A particular land or country : 'Αχαιΐδα γαῖαν A 254 = H 124. Cf. A 270, Γ 49, E 545, Ψ 206 : γαίῃ ἐν ἀλλοδαπῇ ι 36. Cf. α 407, ε 35, ζ 119, 177, θ 301, etc.—(b) One's native land : πάρος ἦν γαῖαν ἱκέσθαι α 21, ἐν σῇ γαῖαν γαίῃ ν 294. Cf. α 59, δ 523, θ 555, υ 99, etc.—So πατρὶς γ. : ἐς πατρίδα γαῖαν B 140. Cf. Γ 244, N 645, 696, Ο 505, etc. : α 290, γ 117, δ 823, θ 461, κ 49, etc. —Also γαῖῃ πατρωΐῃ ν 188, 251.—(5) The surface of the earth, the earth, the ground : ποτὶ σκῆπτρον βάλε γαίῃ A 245. Cf. Γ 114, Δ 112, Λ 161, N 200, Υ 420, Ψ 420, etc. : κατακλίνας ἐπὶ γαίῃ κ 165. Cf. β 80, θ 190, ι 289, λ 423, σ 92, etc.—(6) Earth as a material, earth, soil : χυτῇ με κατὰ γαῖα καλύπτοι Z 464. Cf. H 99, Ξ 114, Ψ 256 : ἀμφὶ γαῖαν ἔναξεν φ 122. Cf. γ 258.— Of a corpse : κωφὴν γαῖαν (the senseless clay) Ω 54.

γαιήϊος [γαῖα]. Of the Earth : υἱόν η 324.

γαιήοχος [γαιη-, γαῖα + ὀχ-, ἔχω]. Epithet or a name of Poseidon. Prob., earth-embracing, the earth-embracer (connecting Poseidon with the earth-encircling river Ocean) N 83, 125, Ο 174, 201, Υ 34 : α 68, γ 55, θ 322, 350, ι 528.—Joined with ἐννοσίγαιος I 183, N 43, 59, 677, Ξ 355, O 222, Ψ 584 : λ 241.

γαίω [γαϝ-. Cf. ἀγανός and L. *gaudeo*]. Only in phrase κύδεϊ γαίων, of a divinity, glorying in his splendour; or perh., brilliant or glorious with splendour A 405, E 906, Θ 51, Λ 81.

γάλα, γάλακτος, τό [cf. γλάγος]. Milk Δ 434, E 902 : δ 88, 89, ι 246, 297, κ 304.

γαλαθηνός [γάλα + θη-, θάομαι²]. Still sucking the mother's milk : νεβρούς δ 336 = ρ 127.

γαλήνη, -ης, ἡ. A calm. (1) Of the winds ε 391, μ 168.—(2) Of the sea : ἐλόωσι γαλήνην (through a calm sea) η 319. Cf. ε 452, κ 94.

γάλοως, ἡ. Dat. γαλόῳ Γ 122. Nom. pl. γαλόῳ X 473. A sister-in-law, a sister of one's husband Γ 122, Z 378, X 473, Ω 769.

γαμβρός, -οῦ, ὁ. (1) A son-in-law Z 177, 178, 249, I 142, 284, Λ 739, N 428, Ω 331 : γ 387, δ 569, η 313, θ 582 (but this might come under (2)), τ 406.—(2) A brother-in-law E 474, N 464, 466.

γαμέω [γάμος]. Fut. γαμέω I 388, 391. Infin. γαμέειν ο 522. 3 sing. aor. ἔγημε Ξ 121 : λ 179, ο 241, π 34, ψ 149. γῆμε N 433 : α 36, λ 274, 282. Pple γήμας, -αντος I 399, Λ 227. Infin. γῆμαι φ 72, 158. **Mid.** 3 sing. fut. γαμέσσεται I 394. 3 sing. aor. opt. γήμαιτο π 392, φ 162. Fem. pple. γημαμένη λ 273. Infin. γήμασθαι β 128, ο 17, σ 270, 289, τ 159, 531, υ 335, 342. (1) In act., of a man, to marry, wed : κούρην I 388, μιν 391, Ἀδρήστοιο θυγατρῶν (partitive genit., one of his daughters) Ξ 121. Cf. I 399, Λ 227, N 433 : ἄλοχον μνηστήν α 36 (here of another's wife), λ 179, 274, 282, ο 241, 522, π 34, φ 72, 158, ψ 149.—Absol. δ 208.—(2) In mid. (a) Of a woman, to give herself in marriage to, to wed. With dat. : Εὐρυμάχῳ ο 17. Cf. β 113, 128, λ 273, π 392 = φ 162, σ 270, 289, υ 335, 342.—Absol. α 275, τ 159, 531.—(b) App., to get (a wife for one's son): Πηλεύς μοι γυναῖκα γαμέσσεται I 394 (*v.l.* γε μάσσεται).

γάμος, -ου, ὁ. (1) A contracting of marriage, one's marriage : ὄφρα συνώμεθα ἀμφὶ γάμῳ N 382 : γάμον τεύξουσιν α 277 = β 196. Cf. α 249 = π 126, β 97 = τ 142 = ω 132, β 205, δ 7, ζ 27, 66, 288, ο 126, 524, ρ 476, σ 272, τ 137, 157, υ 341, φ 250, χ 50, ω 126.—(2) A marriage, a wedding, a wedding-feast : γάμοι εἰλαπίναι τε Σ 491. Cf. T 299, Ω 62 : δαινύντα γάμον δ 3. Cf. α 226, δ 770, λ 415, υ 307, ψ 135.—(3) Marriage, wedlock : ἱμερόεντα ἔργα γάμοιο E 429 : ἐκλελάθοιτο κε γάμοιο γ 224. Cf. υ 74.

γαμφηλαί, αἱ. The jaws of an animal. Of lions N 200, Π 489.—Of horses T 394.

γαμψῶνυξ, -υχος [γαμψ- = καμψ-, κάμπτω + ὄνυξ]. With hooked talons : αἰγυπιοί Π 428 : = χ 302, π 217.

†γανάω [cf. next]. Nom. pl. masc. pres. pple. γανόωντες N 265. Fem. γανόωσαι T 359 : η 128. Of polished metal, to shine, gleam N 265, T 359.—Of vegetation, to be brightly green : πρασιαί η 128.

γάνυμαι [cf. prec.]. 3 sing. fut. γανύσσεται Ξ 504. To rejoice, be glad N 493.—To rejoice or take delight in. With dat. Υ 405.—In reference to persons : ἀνδρὶ φίλῳ ἐλθόντι Ξ 504. Cf. μ 43.

γάρ [γ(ε) ἄρ]. (1) Introducing the ground or reason for something said. (a) The γάρ clause following, for, since, seeing that A 55, 56, 63, 78, 81, 86, etc. : α 7, 29, 40, 78, 114, 152, etc.— (b) The γάρ clause coming first, since, seeing that B 803, M 326, N 736, O 739, Ψ 156, etc. : α 301, 337, ε 29, κ 174, μ 154, etc.—(2) Introducing an explanation, reason, amplification, or analysis of something previously said (often with καί ; see καί (3)) A 9, 12, 80, 262, 295, 355, B 119, Δ 226, 301, Θ 148, K 352, M 322, etc. : α 33, 260, β 89, γ 89, 362, δ 86, ζ 164, ι 319, 432 (the clause here introduced parenthetically), λ 69, υ 42, φ 232, etc. —(3) Introducing as a kind of interjection a question or expression with something of an abrupt effect (sometimes translatable, why . . ., well . . .): πῶς γάρ τοι δώσουσι γέρας ; A 123, ἦ γάρ κεν δειλός καλεοίμην 293. Cf. K 61, O 201, Σ 182, etc. : πῶς γάρ με κέλεαι . . . ; κ 337, εἰ γάρ κεν σὺ μίμνοις ο 545. Cf. θ 159, κ 383, ξ 115, ο 509, π 222, etc.—For αἰ γάρ, εἰ γάρ in wishes see αἰ (1), εἰ (2) (b).—(4) Idiomatically following the relative ὅς : ὃ γάρ κ' ὄχ' ἄριστον εἴη (for that . . .) M 344 = 357, ὃ γάρ γέρας ἐστὶ θανόντων Ψ 9 : ὃς γάρ δεύτατος ἦλθεν α 286. Cf. ρ 172, ω 190.—So following ἵνα : ἵνα γάρ σφιν ἐπέφραδον ἠγερέθεσθαι (for there . . .) K 127.—And ὡς : ὡς γὰρ ἀνώγει (for so he bade) I 690, ὡς γὰρ ἔμοιγε (for so he was to me) Ω 68, etc. : ὡς γάρ οἱ μοῖρ' ἐστί . . . (for this is his destiny, to . . .) ε 41. Cf. θ 79, υ 282, etc. (In such cases the demonstrative ὥς (ὤς) is also read.)

γαστήρ, -έρος, ἡ. Genit. γαστρός ο 344. Dat. γαστρί E 539, 616, P 519. (1) The belly Δ 531, E 539 = P 519, E 616, N 372 = 398, N 506, Π 163 (of wolves), 465, P 313, T 225, Φ 180 : δ 369 = μ 332, ι 433 (of a ram).—In half-personified sense: κέλεται ἐ γ. ζ 133. Cf. η 216, ο 344, ρ 228, 286, 473, 559, σ 2, 53, 364, 380.—(2) The intestine of an animal stuffed with fat and blood and forming some kind of pudding or large sausage σ 44, 118, υ 25.— (3) The womb Z 58.

γάστρη, -ης, ἡ [= prec.]. The lower and rounded part of a vessel : τρίποδος Σ 348 : = θ 437.

γαυλός, -οῦ. Some kind of vessel for milk ι 223.

γε, enclitic. Calling attention to a word or fact or distinguishing it fron. others: εἴ κεν θάνατόν γε φύγοιμεν A 60, ἐπεὶ μ' ἀφέλεσθέ γε δόντες 299 (δόντες being here the word emphasized). Cf. A 81, 216, 286, 352, 393, 506, etc. : κεῖνός γε ἐοικότι κεῖται ὀλέθρῳ α 46, ὅτις τοιαῦτά γε ῥέζοι 47. Cf. α 10, 203, 222, 223, 229, 339, etc.—γ' οὖν, in any case : εἰ γ' οὖν ἕτερός γε φύγῃσιν (if indeed one does escape) E 258, μὴ ἐμέ γ' οὖν οὗτός γε λάβοι χόλος (far be it from me) Π 30.

γεγάᾱσι, 3 pl. pf. γίγνομαι.

γέγηθε, 3 sing. pf. γηθέω.

γέγονε, 3 sing. pf. γίγνομαι.

γέγωνα, *pf.* (with pres. sense). Infin. γεγωνέμεν Θ 223, Λ 6. 3 sing. plupf. (in impf. sense) ἐγεγώνει X 34, Ψ 425 : φ 368. From pres. γεγώνω 3 sing. impf. (ἐ)γέγωνε Ξ 469, Ω 703 : θ 305. From pres. γεγωνέω impf. (ἐ)γεγώνευν μ 370, ρ 161. 3 pl.

γεγώνευν ι 47. Infin. γεγωνεῖν Μ 337. **(1)** To make one's voice heard : οὔ πώς οἱ ἔην βώσαντι γεγωνεῖν Μ 337. Cf. Θ 223 = Λ 6 : ε 400 = ι 473 = μ 181, ζ 294.—αὕειν γεγωνώς, to shout making oneself heard, *i.e.* in a sustained and loud voice Θ 227 = Λ 275 = 586 = Ρ 247, Μ 439 = Ν 149.—**(2)** To shout (with implication that one makes oneself heard) : ἐγέγωνε Πουλυδάμαντι Ξ 469. Cf. Χ 34, Ψ 425, Ω 703 : θ 305, ι 47, μ 370, φ 368.—**(3)** To declare something aloud ρ 161.

γείνατο, 3 sing. trans. aor. γίγνομαι.

γεινόμεθα, 1 pl. aor. γίγνομαι.

γείτων, -ονος. A neighbour δ 16, ε 489, ι 48.

γελαστός [γελάω]. Tending to, conceived in a spirit of, mockery ; or perh., laughable : ἔργα θ 307.

†γελάω. 3 sing. aor. (ἐ)γέλασσε Ζ 471, Ο 101, Τ 362, Φ 389, 408 : ι 413, ρ 542, σ 163. 3 pl. γέλασαν Ψ 840. (ἐ)γέλασσαν Β 270, Ψ 784 : σ 320, υ 358, φ 376. Pple. γελάσας β 301. γελάσσας Λ 378, Φ 508. Fem. γελάσᾶσα Ζ 484. Infin. γελάσαι ξ 465. Also pres. γελόω φ 105. Pl. pple. γελόωντες σ 40, υ 374. γελώωντες σ 111, υ 390. (ἐκ-.) **(1)** To smile : δακρυόεν Ζ 484, χείλεσιν (*i.e.* with a forced smile) Ο 101. Cf. ρ 542, φ 105.—Of the earth, to be bright Τ 362.—Of the heart, to rejoice Φ 389 : ι 413 (here app. connoting inward derisive laughter. See (2) (b)).—**(2) (a)** To laugh Ζ 471, Λ 378, Φ 408, 508 : β 301, ξ 465, σ 40, 111, 163, 320, υ 390.—**(b)** To laugh (at a person) : ἐπ᾽ αὐτῷ Β 270, Ψ 784 : = υ 358 = φ 376, ἐπὶ ξείνοις υ 374.— With ἐπί advbl. Ψ 840.

γελοῖος [γελάω]. Laughable Β 215.

γελόω. See γελάω.

†γελωάω [γελάω]. 3 pl. impf. γελώων. = γελάω (2) (a) : γναθμοῖσιν ἀλλοτρίοισιν υ 347.

γέλως, ὁ [γελάω]. Dat. γέλῳ σ 100. Acc. γέλω σ 350, υ 8, 346. Laughter Α 599 : = θ 326, θ 343, 344, σ 100, 350, υ 8, 346.

γελώων, 3 pl. impf. γελωάω.

γελώωντες. See γελάω.

γενεή, -ῆς, ἡ [γεν-, γίγνομαι]. Instrumental γενεῆφι Ι 58, Ξ 112, Φ 439. **(1)** Race, stock, family = γένος (1), γενέθλη (1) : τίη γενεὴν ἐρεείνεις ; Ζ 145, Φ 153, πατρόθεν ἐκ γενεῆς ὀνομάζων (by his father's, that is, his family name) Κ 68, γενεῇ ὑπέρτεροι (in birth) Λ 786, γενεὴν Διὸς εἶναι (by race sprung from . . .) Φ 187. Cf. Ζ 151, 211 = Τ 241, Η 128, Κ 239, Ο 141, Τ 105, Υ 203, 214, Φ 157, Ψ 471 : γενεῇ πατρώϊον (by right of descent) a 387. Cf. σ 225.—Of horses, stock, breed Ε 265, 268.—**(2)** A race or generation = γένος (3) : φύλλων Ζ 146, ἀνδρῶν 149.—A race or family : οὔ τοι γενεὴν θεοὶ νώνυμνον θῆκαν a 222. Cf. π 117.—**(3)** A body of descendants, offspring : Δαρδάνου Υ 303. Cf. Υ 306, Φ 191 : δ 27.—**(3)** The body of persons born at about a certain time and conceived of as living for a certain period, a generation : δύο γενεαὶ ἀνθρώπων Α 250. Cf. Ψ 790 : ξ 325 = τ 294.—**(4)** App., family likeness or type : αὐτῷ γενεὴν ἐῴκει (in . . .) Ξ 474.— **(5)** In reference to the date of one's birth, age, one's years = γένος (7) : ὁπλότερος γενεῇ (in age)

B 707. Cf. Δ 60 = Σ 365, Ζ 24, Η 153, Ι 161, Ο 166, 182 : τ 184.—So with instrumental : γενεῆφι νεώτατος Ξ 112. Cf. Ι 58, Φ 439.—**(6)** One's birth-place = γένος (8) Υ 390 : a 407, o 175, υ 193.

γενέθλη, -ης, ἡ [as prec.]. **(1)** Race, stock = γενεή (1), γένος (1) : σῆς ἐκ γενέθλης Τ 111 : Παιηονὸς εἰσι γενέθλης (of the race of . . .) δ 232. Cf. ν 130. —**(2)** Of mares, a brood : τῶν ἐξ ἐγένοντο γ. Ε 270 (γ. being predicate).—**(3)** Source, origin = γένος(2) : ὅθεν ἀργύρου ἐστὶ γ. (whence comes . . .) Β 857.

γενειάς, -άδος, ἡ [γένειον]. In pl., the hair on the chin, the beard : γενειάδος ἀμφὶ γένειον π 176.

γενειάω [γενειάς]. To get a beard, *i.e.* attain manhood : παῖδα γενειήσαντα σ 176. Cf. σ 269.

γένειον, -ου, τό [γένυς]. The chin Θ 371, Κ 454, Χ 74, Ω 516 : λ 583, π 176, τ 473.

γενέσθαι, aor. infin. γίγνομαι.

γένεσις, ἡ [γεν-, γίγνομαι]. Source, origin : Ὠκεανόν, θεῶν γένεσιν Ξ 201 = 302. Cf. Ξ 246.

γενέσκετο, 3 sing. pa. iterative γίγνομαι.

γενετή, -ῆς, ἡ [γεν-, γίγνομαι]. One's birth : ἐκ γενετῆς Ω 535 (from his birth (onwards)) : σ 6 (to be his from his birth, *i.e.* on his birth).

γενναῖος [γεν-, γίγνομαι]. Suited to (noble) birth, seemly, honourable Ε 253.

γενόμην, aor. γίγνομαι.

γένος, τό [γεν-, γίγνομαι]. **(1)** Race, stock, family = γενεή (1), γενέθλη (1) : γ. ἦν ἐκ ποταμοῖο (was by race sprung from . . .) Ε 544. Cf. Ε 896, Ζ 209, Ξ 113, 126, Φ 186, Ψ 347 : δ 63, ξ 199, 204, ο 267, 533, π 62, 401, ρ 373, τ 116, 162, φ 335, ω 269, 508, 512.—One's descent : γ. μοι ἔνθεν ὅθεν σοί Δ 58. Cf. Ν 354.—**(2)** Source, origin = γενέθλη (3) : ὅθεν ἡμιόνων γ. Β 852 (whence come . . .).—**(3)** A race or generation = γενεή (2) : ἡμιθέων ἀνδρῶν Μ 23. Cf. δ 62, ρ 523, υ 212.— **(4)** App., a generation considered as a period : τρὶς ἀνάξασθαι γένε᾽ ἀνδρῶν (during three generations) γ 245.—**(5)** The members of one's family : μεθ᾽ αἷμά τε καὶ γ. αὐτῶν θ 583.—**(6)** Offspring, a child : δῖον γ. Ι 538, σὸν γένος Τ 124.—So of the Chimaera : θεῖον γ. (as being of divine origin) Ζ 180.—**(7)** In reference to the date of one's birth, age, one's years = γενεή (5) : γένει ὕστερος ἦεν (was the younger) Γ 215.—**(8)** One's birth-place = γενεή (6) ζ 35.

γέντο, 3 sing. aor. To seize or grasp : ἱμάσθλην Θ 43 = Ν 25. Cf. Ν 241, Σ 476, 477.

γένυς, ἡ. Dat. pl. γένυσσι Λ 416. Acc. pl. γένῦς λ 320. In pl., the jaws Λ 416, Ψ 688 : λ 320.

γεραιός, -ή [γέρων]. **(1)** Absol. in masc., an old man (always of a dignified person) : ἠρᾶθ᾽ ὁ γ. Α 35. Cf. Γ 191, 225, Κ 77, Λ 632, 645, Ξ 39, Ω 162, 252, 279, 302, 322 : γ 373.—In voc. as a term of respectful address Κ 164, 167, 558, Λ 648, 653, Ω 390, 433, 618.—Joined with ἄττα Ι 607, Ρ 561.—Without the notion of respect β 201, ξ 131, 185.—**(2)** Absol. in fem., an old woman (app. referring to those of the higher classes) : ξυνάγουσα γεραιάς Ζ 87. Cf. Ζ 270, 287, 296.— **(3)** In comp. γεραίτερος **(a)** Older : ὃς σεῖο γ.

εὔχομαι εἶναι Ι 60.—Absol. γ 24.—(b) Old rather than young, elderly : κῆρυξ Ω 149, 178. Cf. γ 362.
γεραίρω [γέρας]. To honour, show honour to : νώτοισι διηνεκέεσσιν Η 321 : ξ 437, ἀγαθοῖσιν 441.
γέρανος, -ου, ἡ. A crane Β 460 = Ο 692, Γ 3.
γεραρός [γέρας]. Of dignified bearing, majestic Γ 170.—In comp. γεραρώτερος Γ 211.
γέρας, τό. Acc. pl. with hyphaeresis γέρᾰ (for γέραα) Β 237, Ι 334 : δ 66. (1) A meed of honour, a special prize apart from the general division of spoils (represented as assigned sometimes to the king or a chief by the general consent (as in Α 118, 123, 135, 276, Π 56, Σ 444 : η 10), sometimes to chiefs by the king (as in Ι 334, 367). (But cf. Ι 130, 272, Λ 696, where the king is represented as choosing his prize)) Α 118, 120, 123, 133, 135, 138, 161, 163, 167, 185, 276, 356 = 507 = Β 240, Β 237, Ι 111, 334, 344, 367, Π 54, 56, Σ 444, Τ 89 : η 10, λ 534.—(2) Something given by way of showing honour to a person : νῶτα βοός, τά οἱ γέρα πάρθεσαν δ 66.—(3) An honour paid : τὸ γὰρ λάχομεν γ. ἡμεῖς Δ 49 = Ω 70. Cf. Π 457 = 675, Ψ 9 : δ 197, ω 190, 296.—(4) A privilege : γερόντων Δ 323, Ι 422.—(5) The dignity or honours of a king : οὔ τοι Πρίαμος γ. ἐν χερὶ θήσει Τ 182. Cf. λ 175, 184, ο 522.—App., any hereditary honour or privilege bestowed on a king or a chief by the people : γ. ὅ τι δῆμος ἔδωκεν η 150.—(6) A gratuity : λοετροχόῳ ν 297.
γερούσιος [γέρων]. Of an oath, taken by the elders or councillors (as representing the people) Χ 119.—Of wine, such as is served at assemblies of councillors Δ 259 : ν 8.
γέρων, -οντος, ὁ [cf. γῆρας]. Voc. γέρον Α 26, 286, Β 370, 796, etc. : β 40, 178, 192, γ 226, etc. Dat. pl. γέρουσι Δ 344, Ζ 113, Ι 70. (1) (a) An old man : ἔδεισεν ὁ γ. Α 33, ἠμὲν νέοι ἠδὲ γέροντες Β 789. Cf. Α 380, 538, Γ 109, 181, Θ 518, etc. : πείθεσθαι γέροντι β 227 (app. Laertes, as Mentor, described (225) as Ὀδυσῆος ἑταῖρος, was hardly a γ.). Cf. β 39, γ 390, δ 349, θ 570, λ 38, etc.— (b) In voc. in a tone of respect Α 286, Β 370, Δ 313, Θ 102, Ι 115, etc. : β 40, γ 226, 331, 357, ω 244.—Without such a tone Α 26 : β 178, 192, δ 465, 485, ξ 37, 45, 122, 166, 386, 508, σ 10, ω 394, 407.—(2) In apposition : παρὰ πατρὶ γέροντι Α 358. Cf. Β 793, Ε 149, Η 125, etc. : α 188, β 157, γ 436, etc.—(3) As a proper adj., old, stricken by age : γ. ἐὼν πολεμιστής Κ 549. Cf. σ 53, 81.—Of a thing, old, worn by use : σάκος χ 184.—(4) A member of the βουλή, an elder or councillor : βουλὴν γερόντων Β 53. Cf. Β 21, 404, Δ 323, 344, Ζ 113, Ι 70, 89, 422, 574, Ω 247, 282, Τ 303, 338 (here including Agamemnon,, the king) : γέροντας πλέονας καλέσαντες η 189. Cf. β 14, φ 21, ω 255.—(5) An elder acting as one of a body of judges Σ 503.
γεύομαι. With genit., to taste of, take a taste of. Fig. : δουρὸς ἀκωκῆς Φ 61. Cf. φ 98.—Also, fig., to make trial of, try one's fortune with : ἀλλήλων Τ 258 : Ἀχαιῶν ρ 413, χειρῶν ν 181.
γέφυρα, ἡ. (1) A dike or embankment to con-

fine a river : ποταμὸς ἐκέδασσε γεφύρας Ε 88. Cf. Ε 89.—(2) π(τ)ολέμοιο γέφυραι, app., ranks of men thought of as stemming the tide of war Δ 371, Θ 378, Λ 160, Υ 427.—In Θ 553 (ἐπὶ πτολέμοιο γεφύρας ἥατο) app., preserving (more or less) the stations in which they had fought.
γεφυρόω [γέφυρα]. (1) To dam (a river) Φ 245. —(2) To make (a way) by forming an embankment : γεφύρωσε κέλευθον Ο 357.
γῆ, γῆς, ἡ [cf. γαῖα]. (1) The earth = γαῖα (1) : ὄφρ' ἂν ἵκηται γῆν Ο 24, φυσίζοος Φ 63.—Personified Γ 104, Τ 259.—(2) The earth as distinguished from the sea, the land = γαῖα (2) (b) : ἢ ἁλὸς ἢ ἐπὶ γῆς μ 27. Cf. ψ 233.—(3) A particular land or country = γαῖα (4) : τίς γῆ ; ν 233.—One's native land : ἀμῆς γῆς λ 167, 482.—(4) The surface of the earth, the ground = γαῖα (5) : νέρθεν γῆς λ 302, ἢ πρὸς γῆν ἐλάσειε κάρη ρ 237.
γηθέω. 3 sing. pf. (in pres. sense) γέγηθε Θ 559 : ζ 106. 3 sing. plupf. (in impf. sense) γεγήθει Λ 683, Ν 494. (1) To rejoice, be glad Α 255, Ζ 212, Η 189, Θ 559, Λ 683, Ν 416, 494, Π 530, Ρ 567, Ω 424 : ζ 106, η 269, 329 = θ 199 = ν 250 = σ 281, θ 385, ν 353 = φ 414, υ 104, ω 382.—With complementary pple. : οὐδὲ τὼ ἰδὼν γήθησεν Δ 330. Cf. Δ 255, 283, 311, Η 214, Θ 278, Κ 190, Ν 344, Ξ 140, Ω 321 : ε 486 = ω 504, μ 88, ν 226, ο 165, χ 207.—With acc. of what is rejoiced at : νῶϊ προφανέντε Θ 378, τάδε Ι 77.—(2) To take pleasure or delight in doing something. With pple. : Ἀργείων ἐρέων γενεήν Η 127.
γηθοσύνη, -ης, ἡ [γηθέω]. Joy, delight : ἐγέλασσέ οἱ ἦτορ γηθοσύνη Φ 390.—Of the sea Ν 29.
γηθόσυνος, -η [as prec.]. Joyful, glad, rejoicing Δ 272 = 326, Η 122, Ν 82, Σ 557 : ε 269, λ 540.
γῆμε, 3 sing. aor. γαμέω.
γῆρας, -αος, τό [cf. γέρων]. Dat. γήραϊ Γ 150, Ε 153, Ψ 644, etc. : β 16, ο 357, ω 233. γήρᾳ λ 136, ψ 283. Old age Α 29, Γ 150, Δ 315, 321, Ε 153, Θ 103, Ι 446, Κ 79, Σ 434, 515, Τ 336, Χ 60, 420 (my years), Ψ 623, 644, Ω 487 : α 218, β 16, λ 136 = ψ 283, λ 196, 497, ν 59, ο 246, 348, 357, ψ 24, 212, ω 233, 249, 390.—The period of old age : ἐς γῆρας Ξ 86. Cf. θ 226, τ 368, ψ 286.
γηράσκω [γῆρας]. From γηράω 3 sing. impf. ἐγήρα Η 148, Ρ 197. γήρα ξ 67. Also nonthematic pres. pple. γηράς Ρ 197. (κατα-.) To grow old : ἤδη γηράσκοντα Β 663. Cf. Η 148, Ρ 197 (twice), 325, Ω 541 : δ 210, ξ 67, ο 409.—Of fruit, to mellow η 120.
γῆρυς, ἡ. Voice Δ 437.
γίγνομαι [redup. fr. γ(ε)ν-]. (Α) 3 sing. pa. iterative γενέσκετο λ 208. Aor. γενόμην Σ 102, Τ 219, Φ 440 : θ 311, ξ 141. 2 sing. γένευ Ε 897. 3 γένετο Α 49, Ζ 153, Ν 417, Ψ 526, etc. : β 26, δ 11, ω 292, etc. 3 dual γενέσθην Ε 548 : λ 255, 307, 312. 1 pl. γενόμεσθα Φ 89. With metrical lengthening of the first syllable γεινόμεθα Χ 477 (v.l. γιγνόμεθα). 2 ἐγένεσθε Β 323. 3 (ἐ)γένοντο Γ 84, Δ 382, Ε 63, Η 313, etc. : η 144, θ 234, σ 345, φ 24, etc. Subj. γένωμαι Θ 180, Π 39, Χ 358 : ε 473, λ 73, χ 167. 2 sing. -ηαι Θ 282, Λ 797 :

κ 486. 3 -ηται Α 341, Ζ 489, Τ 201, etc. : β 374,
θ 553, ρ 23, etc. 1 pl. -ώμεθα Κ 193, Ν 236, Ρ 636.
2 -ησθε Ε 488. 3 -ωνται Β 397, Τ 308. Opt.
γενοίμην Ρ 38 : ξ 338, π 103. 2 sing. -οιο ι 456,
ξ 440, ο 341, σ 79. 3 -οιτο Δ 17, Θ 26, Ν 233, etc. :
γ 129, θ 414, σ 161, etc. 1 pl. -οίμεθα Ν 485. 2
-οισθε Η 99. 3 -οίατο Β 340 : α 266, δ 346, ρ 137.
3 sing. imp. γενέσθω Θ 181 : ε 224, ρ 285, χ 491.
Pple. (with metrical lengthening of the first
syllable) γεινόμενος, -ου (vv. ll. γιγνόμενος, -ου)
Κ 71, Τ 128, Ψ 79, Ω 210 : δ 208, η 198. Infin.
γενέσθαι Γ 323, Η 199, Ρ 151, etc. : α 220, δ 173,
ο 480, etc. 3 sing. pf. γέγονε Τ 122. 3 pl.
γεγάασι Δ 325 : ε 35, ζ 62, ι 118, κ 5, ν 160, τ 279,
ω 84. 3 sing. plupf. γεγόνει Ν 355. Acc. sing.
masc. pple. γεγαῶτα Ι 456 : δ 112, 144, τ 400.
Acc. pl. γεγαῶτας Β 866. (For these pf. forms
cf. μέμαα, μέμονα under μάω.) (B) 2 sing. aor.
ἐγείναο Ε 880. 3 (ἐ)γείνατο Α 280, Δ 476, Ε 800,
Ν 777, Ο 526, Φ 85, etc. : α 223, δ 13, ζ 25, η 57,
61, λ 268, 299, ο 242, φ 172. 2 sing. subj. γείνεαι
υ 202. Infin. γείνασθαι Φ 160 : θ 312. (ἐγ-, ἐκ-,
ἐπι-, παρα-, περι-, προ-.) (I) In pres. and impf.
and forms (A), to come into being. (1) To be
born, take one's being: τράφεν ἠδ᾽ ἐγένοντο Α 251,
τῶν ἐξ ἐγένοντο Ε 270, πρότερος γενόμην (am the
elder) Τ 219, Φ 440. Cf. Ε 548, 897, Ζ 206, 489,
Κ 71, etc. : τοῦ μ᾽ ἔκ φασι γενέσθαι α 220, γαμέοντί
τε γεινομένῳ τε δ 208. Cf. γ 28, δ 723, η 198, θ 311,
κ 350, etc.—(2) In pf., to be in the condition of
having been born ; hence simply, to exist, live,
be: οἱ ὁπλότεροι γεγάασιν Δ 325 : ἐν αἰγές γεγάασιν
ι 118, οἱ νῦν γεγάασιν ω 84. Cf. ε 35 = τ 279, ζ 62,
κ 5, ν 160.—In more strict pf. sense: ἤδη ἀνήρ
γέγον᾽ ἐσθλός (has been born, is born) Τ 122.—
Sim. in plupf. : Ζεὺς πρότερος γεγόνει (had been
born earlier, was the elder) Ν 355.—In pple.,
born Ι 456 : δ 112, 144, τ 400.—So ὑπὸ Τμώλῳ
γεγαῶτας (born (and dwelling) there) Β 866.—
(3) To come into view or notice, be seen, heard,
etc. : κλαγγή Α 49, ὀδμή Ξ 415, σέλας Τ 374. Cf.
Δ 456, Κ 375, Λ 50, Ο 607, Χ 150, etc. : μ 87, 396,
χ 77, 133, ψ 137.—(4) Of natural phenomena,
natural products, etc., to come into being, rise,
grow, be : φύλλα καὶ ἄνθεα Β 468. Cf. Β 397 : ἐκ
νυκτῶν ἄνεμοι γίγνονται μ 287, ἐν οἴνοις γίγνεται
ν 245, χιὼν γένετο (fell) ξ 476. Cf. ι 51, μ 326,
ρ 23, χ 491.—(5) To come to or upon, fall to,
befall, be the lot of, affect (a person). With
dat. : Πηλεΐωνι ἄχος Α 188, αἰδώς οἱ Ω 45. Cf.
Γ 323, Δ 245, 289, Ι 125, Ξ 98, Τ 274, etc. : πάντα
οἱ γένοιτο ρ 355, μὴ νῶϊν ἔρις γένηται σ 13. Cf.
θ 414, λ 208, σ 122 = υ 199, σ 366, τ 569, φ 412.—
For ἐμέ χρεώ γίγνεται δ 634 see χρεώ (1) (a).—
Without case : ποιὴ οὔ τις ἐγίγνετο Ν 659. Cf.
Α 341, Ι 380, Φ 529 : χ 306.—(6) To be manifested
or shown, to be, come into play, take effect :
οὔ τις φειδὼ γίγνεται (there is no . . .) Η 410,
μνημοσύνη τις γενέσθω (let there be . . .) Θ 181.
Cf. Ο 359, Ψ 505 : εἰ γὰρ ἐπ᾽ ἀρήσιν τέλος γένοιτο
ρ 496. Cf. κ 202 = 568.—(7) To happen, occur,
come round, come to pass, take place : ἠώς Α 493,

τάδε ἔργα Ζ 348, ἀγορή Η 345. Cf. Γ 110, 176,
Θ 130, Ρ 686, Ω 436, etc. : νόστον γενέσθαι δ 173.
Cf. α 379, β 26, 374, γ 129, 228, δ 747, ε 299,
λ 537, μ 191, ω 455, 461, etc.—(8) To become,
come to be, prove to be so and so : ὁμηγερέες
Α 57, ἄνεῳ Β 323, ἐν πυρὶ βουλαὶ γενοίατο (be cast)
340, κλισίησιν ἐν Ἀτρεΐδαο γένοντο (reached the
. . .) Η 313. Cf. Β 453, Γ 71, Δ 17, 466, Θ 180,
Τ 497, Χ 421, etc. : λέων γένετο δ 456, ὄφρ᾽ ἔτι δύης
ἐπὶ πῆμα γενοίμην (be brought into . . .) ξ 338,
φόνος οἱ γένοντο φ 24. Cf. α 266, γ 271, η 154,
316, ο 446, π 175, etc.—(9) Passes from this last
sense into that, practically, of the copula, to be
so and so : οὔ πώ τις ὁμοῖος γένετ᾽ ἀνήρ (was) Β 553,
ὃν κάρτιστον Ἀχαιῶν φημὶ γενέσθαι (that he is)
Ζ 98, ζαχρηεῖς γίγνοντο (were wont to be) Ν 684,
ἀρίγνωτος Διὸς γίγνεται ἀλκή Ο 490. Cf. Δ 375,
Ζ 153, 210, Ν 569, Π 746, Τ 220, etc. : οὐ νηὸς
ἐπήβολος γίγνομαι β 320, τηλύγετος δ 11 (after ἐκ
δούλης in 12 supply γεγαώς). Cf. δ 201, 362,
ε 224, θ 586, ι 35, ρ 223, τ 344, χ 130, etc.—(II) In
forms (B), to give (a person) being. (1) Of the
father, to beget : παῖδα γείνατο Τυδεύς Ε 800. Cf.
Δ 400, Ε 880, Ο 526, Φ 160 : υἷε κραταιώ ο 242.
Cf. η 61, υ 202.—(2) Of the mother, to bear : θεά
σε γείνατο μήτηρ Α 280. Cf. Γ 238, Δ 476, Ε 896,
Ζ 24, 26, Ω 608, etc. : ἤ ῥ᾽ Ἡρακλῆα γείνατο λ 268.
Cf. α 223, δ 13, ζ 25, λ 299, φ 172.—(3) Of both
parents Η 10, Φ 142 : η 57, θ 312.

γιγνώσκω [redup. fr. γνω-]. 2 sing. fut. in
mid. form γνώσεαι Β 367, Κ 88 : π 310. γνώσῃ
Β 365. 3 -εται Θ 17, Σ 270. 1 pl. -όμεθα ψ 109.
2 -εσθε Ψ 497, Ω 242. Aor. ἔγνων Λ 526, Ν 72 :
ο 532, τ 475. 2 sing. ἔγνως Τ 20, Χ 10 : ν 299,
ρ 273. 3 ἔγνω Α 199, Ν 66, Π 530, Ρ 32, etc. :
α 3, ε 444, η 234, λ 91, etc. γνῶ Δ 357, Η 189,
Κ 358, Λ 439, Π 119, 658 : τ 468. 3 dual γνώτην
φ 36. 3 pl. ἔγνωσαν Κ 397. Subj. γνώω ξ 118,
ρ 549. 2 sing. γνώῃς Ψ 487. γνῷς χ 373. 3
γνώῃ Ω 688 : ρ 556. γνῷ Α 411, Π 273. 2 dual
γνῶτον φ 218. 1 pl. γνώομεν π 304. γνώμεν
Χ 382. 3 γνώωσι Δ 163, Ψ 610, 661, Ω 688.
γνῶσι Ζ 231. Opt. γνοίην Γ 235. 2 sing. γνοίης
Γ 53, Ε 85, Ξ 58 : ο 537, ρ 164, τ 310, υ 237, φ 202.
3 γνοίη Ρ 630 : ν 192, π 458, ρ 363. 3 pl. γνοῖεν
Σ 125. Imp. pl. γνῶτε Τ 84. Infin. γνώμεναι
Β 349, Ψ 266, 609 : α 411. γνῶναι β 159, ν 312,
ω 159. (ἀνα-, δια-, ἐπι-.) (1) (a) To perceive,
mark, remark, note, find, see, know : ἣν ἄτην
Α 411 = Π 273, Διὸς τάλαντα Π 658. Cf. Μ 272,
Π 119, 362, Τ 84.—(b) With acc. and comple-
mentary pple. : γιγνώσκω Ἄρηα κοιρανέοντα Ε 824.
Cf. Ξ 154, Ρ 84 : ο 532, ρ 549, 556.—With pple.
alone : ὅτε γιγνώσκε θεοῦ γόνον ἐόντα Ζ 191 :
γνῶναι τὸν ἐόντα (that it was he) ω 159.—With a
sim. pple. in genit. : ὡς γνῶ χωομένοιο Δ 357.—
With adj. : γνῶ ἄνδρας δηίους (that they were
. . .) Κ 358.—(c) With acc. and dependent
clause : γιγνώσκω σε, ὅτι . . . Ω 563. Cf. Ε 85.
—With clause only : γνώμεναι εἰ . . . Β 349.
Cf. Β 365, Γ 53, Ζ 231, Θ 17, Ξ 58, Σ 125, Φ 609,
etc. : γνοίης χ᾽ οἵη ἐμὴ δύναμίς [ἐστιν] υ 237. Cf.

γ 166, θ 299, ρ 269, 363, χ 373, etc.—(d) Absol. : ἵνα γνώωσι καὶ οἴδε Α 302. Cf. Α 333 = Θ 446, Ν 66, Χ 296, Ψ 487, Ω 242 : γιγνώσκω, φρονέω π 136 = ρ 193 = 281, ρ 273, τ 160.—(2) To gain knowledge of, get to know, learn : Τρώων νόον Χ 382. Cf. α 3, π 304.—To get to know, make the acquaintance of (a person) α 411.—So with genit. : ἀλλήλων φ 36.—To become aware of the presence of, discover (a person) Ω 688 (twice), 691. —To experience, find : φιλότητα ο 537 = ρ 164 = τ 310.—(3) (a) To have knowledge, know : ὅσσον ἔγωγε γιγνώσκω Ν 223.—With dependent clause : γιγνώσκων ὅ τ' ἄναλκις ἔην θεός Ε 331. Cf. Ε 433 : φ 209.—(b) In aor., to know : ἔγνως ἐμὴν βουλήν (knowest) Τ 20.—To know (a person) : αἴ κέ ποθι γνώω τοιοῦτον ἐόντα (in case I may find that I know him, seeing he was such a one, i.e. such as to be likely to be known) ξ 118.—(4) To distinguish, discern : ἠμὲν θεὸν ἠδὲ καὶ ἄνδρα Ε 128. Cf. Ν 72.—With acc. and dependent clause : ἵππους οἳ δεύτεροι οἵ τε πάροιθεν Ψ 497.—(5) To know (a person or thing) for what he or it is, know the nature of, know : εὖ σε γιγνώσκων Χ 356. Cf. Ρ 32 = Τ 198, Σ 270 : ἔγνω [ποταμὸν] (i.e. recognized him for a god) ε 444, καλάμην γιγνώσκειν (i.e. can judge from that what I was) ξ 215. Cf. β 159, π 310.—Sim. : θεὸν ἔγνω (knew that it was a god) α 420.—Absol., to recognize one's claim, hold it good Ψ 661.—(6) To know again, recognize, know : Ἀθηναίην Α 199. Cf. Γ 235, Ε 182, 815, Η 189, Κ 88, Λ 111, 526, 651, Ξ 475, Ο 241, Π 639, Ρ 334, Ω 698 : φᾶρος η 234. Cf. κ 397, λ 91, 153, 390, 471, 615, ν 188, 192, 299, 312, π 458, τ 392, 468, 475, φ 218, χ 501, ω 102.—Absol. Η 185, Ψ 453 : υ 94.—To find means of recognizing. With genit. : ἀλλήλων ψ 109.

γλάγος, τό [cf. γάλα]. Milk Β 471 = Π 643.

γλακτοφάγος [γαλακτοφάγος, fr. γαλακτ-, γάλα + φάγον]. Living on (mare's) milk Ν 6.

†γλαυκιάω [γλαυκός]. Pres. pple. γλαυκιόων. To have the eyes bright or glaring. Of a lion Τ 172.

γλαυκός, -ή. Bright, shining, gleaming (prob. without any notion of colour). Of the sea Π 34.

γλαυκῶπις, -ιδος [γλαυκός + ὦπα]. Acc. γλαυκώπιδα Θ 373. γλαυκῶπιν α 156. (The) bright-eyed (maid) (prob. without any notion of colour). Epithet or a name of Athene Α 206, Β 166, Ε 29, Ζ 88, Θ 373, etc. : α 44, 156, β 433, γ 13, 135, etc.

γλαφυρός, -ή, -όν [γλάφω = γλύφω. See γλυφίς, and cf. διαγλάφω]. Hollow, hollowed (for the most part as a conventional epithet). Of caves Σ 402, Ω 83 : α 15 = ι 30, α 73, β 20, δ 403, ε 68, 155, 194, 226, ι 114, 476, μ 210, ψ 335.—Of rocks, having a cavity or cavities Β 88 : ξ 533.—Of the lyre θ 257, ρ 262, χ 340, ψ 144.—Of a harbour (referring to the curved outline) μ 305.—Elsewhere epithet of ships Β 454, 516, Γ 119, Ε 327, Θ 180, etc. : γ 287, δ 356, 513, ι 99, κ 23, etc.

γλήνη, -ης, ἡ [app. 'something bright.' Cf.

next]. (1) The eye, the eyeball Ξ 494 : ι 390.—(2) A plaything, a doll or puppet : ἔρρε, κακὴ γλήνη Θ 164.

γλῆνος, τό [cf. prec.]. In pl. γλήνεα, trinkets Ω 192.

γλουτός, -οῦ, ὁ. One of the buttocks : δεξιόν Ε 66, Ν 651.—In pl., the buttocks, the rump Θ 340.

γλυκερός, -ή, -όν [cf. γλυκύς]. (1) Sweet or pleasant to the taste : σίτου Λ 89 : συκέαι η 116 = λ 590 (the tree for the fruit). Cf. δ 88, ξ 194, ν 69, ω 68.—Of water, sweet, fit for drinking μ 306.—(2) Generally, sweet, pleasant, giving delight or joy : ὕπνος Κ 4, μολπῆς Ν 637. Cf. Ω 3, 636 : δ 295, ε 472, π 23 = ρ 41, τ 511, χ 323, ψ 145, 255.—In comp. : ἧς γαίης γλυκερώτερον ἄλλο ι 28.

γλυκύθυμος [γλυκύς + θυμός]. Of gentle or kindly mind : ἀνήρ Τ 467.

γλυκύς, -ύ. Comp. γλυκίων, γλύκιον Α 249, Β 453, Λ 13, Σ 109 : ι 34. (1) Sweet or pleasant to the taste : νέκταρ Α 598.—(2) Generally, sweet, pleasant : ὕπνος Α 610, ἵμερον Γ 139. Cf. Β 71, Γ 446, Ξ 328, Ψ 232 : αἰών ε 152. Cf. β 395, η 289, θ 445, ι 333, κ 31 = ν 282, κ 548, μ 338, ο 7, σ 188, 199, τ 49, χ 500, ψ 342.—In comp. Α 249, Β 453 = Λ 13, Σ 109 : ι 34.

γλυφίς, -ίδος, ἡ [γλύφω, to cut out, carve. Cf. γλαφυρός]. App., the notch in an arrow to receive the string. In pl. (poss. referring to a double notch (i.e. two notches at right angles)) Δ 122 : φ 419.

γλῶσσα, -ης, ἡ. (1) The tongue Α 249, Β 489, Ε 74, 292, Π 161, Ρ 618, Υ 248.—Of the tongues of sacrificial victims γ 332, 341.—(2) A tongue or language Β 804 : τ 175.—Language, speech : γ. ἐμέμικτο Δ 438.

γλωχίς, -ῖνος [cf. ταυγλώχις]. App., a tongue forming one of the ends of the ζυγόδεσμον or yoke-fastening, the ζ. being wound round the pole criss-cross, keeping the portion with the tongue longer, and the tongue being tucked in under its portion after that portion had been wound over, and had so secured, the end of the other and shorter portion : ὑπὸ γλωχῖνα δ' ἔκαμψαν Ω 274 (ὑπὸ advbl.).

γναθμός, -οῦ, ὁ. The lower jaw Ν 671 = Π 606, Π 405, Ρ 617.—In pl., the jaws π 175, σ 29, υ 347.

γναμπτός, -ή, -όν [γνάμπτω]. (1) Bent, curved : ἕλικας Σ 401 : ἀγκίστροισιν δ 369 = μ 332.—(2) Fig., that can be bent or influenced : νόημα κ 41.—(3) As epithet of the limbs, flexible, lissom Λ 669, Ω 359 : λ 394, ν 398, 430, φ 283.—Sim. of jaws, moving freely in their sockets Λ 416.

†γνάμπτω [= κνάμπτω]. 3 sing. aor. γνάμψε. (ἀνα-, ἐπι-, περι-.) To bend : ἐν γόνυ γνάμψεν (app., crooked his knee round the other's leg) Ψ 731.

γνήσιος [γ(ε)ν-, γίγνομαι]. (Lawfully) begotten, born in wedlock, legitimate Λ 102 : ξ 202.

γνοίην, aor. opt. γιγνώσκω.

γνύξ [γ(ό)νυ]. On the knee or the knees : ἔριπεν Ε 68. Cf. Ε 309, 357, Θ 329, Λ 355, Υ 417.

γνῶ, 3 sing. aor. γιγνώσκω.
γνώῃ, γνῷ, 3 sing. aor. subj. γιγνώσκω.
γνώμεναι, γνῶναι, aor. infin. γιγνώσκω.
γνώριμος [γνω-, γιγνώσκω]. (Well-)known.
Absol., a friend or acquaintance π 9.
γνώσεται, 3 sing. fut. γιγνώσκω.
γνωτός, -ή, -όν [γνω-, γιγνώσκω]. (1) Easy to
be known, evident: γνωτόν [ἐστιν] ὡς . . . H 401
Cf. ω 182.—(2) As sb. (a) A kinsman or kins-
woman : γνωτοὺς λιποῦσα Γ 174, γνωτοί τε γνωταί
τε Ο 350. Cf. N 697=Ο 336.—(b) More specific-
ally, a brother (and the word may bear this sense
in the passages under (a)) Ξ 485, P 35, X 234.
γνώω, aor. subj. γιγνώσκω.
†γοάω [γόος]. 1 pl. opt. γοάοιμεν Ω 664.
γοάοιεν ω 190. Pple. γοόων, -ωντος κ 209, μ 234,
τ 119. Contr. pl. γοῶντες Σ 315, 355 : ι 467.
Fem. γοόωσα, -ης E 413, Z 373, Π 857, X 363, 476,
Ψ 106 : δ 721, 800, τ 210, 264, 513. Non-thematic
infin. γοήμεναι Ξ 502. 3 pl. impf. γόων κ 567.
3 sing. pa. iterative γοάασκε θ 92. 3 sing. fut.
in mid. form γοήσεται Φ 124, X 353. 3 pl. aor.
γόον (perh. formed fr. γόος) Z 500. (1) To weep,
wail, show signs of grief : μὴ γοόωσα οἰκῆας ἐγείρῃ
E 413. Cf. Z 373, Σ 315, 355, X 476, Ψ 106 :
ἐξόμενοι γόων κ 567. Cf. δ 721, 800, θ 92, ι 467,
κ 209, μ 234, τ 119, 210, 513.—(2) To weep for,
bewail, lament, mourn for the loss of : Ἕκτορα
Z 500, ὃν πότμον Π 857=X 363 : πόσιν τ 264.—
(3) To pay mourning rites to : αὐτόν Ω 664. Cf.
Ξ 502, Φ 124, X 353 : ω 190.

γόμφος, -ου, ὁ. A wooden peg, a treenail ε 248.
γονή, -ῆς, ἡ [γον-, γεν-, γίγνομαι]. (1) Offspring
Ω 539.—(2) Progeny, descendants : Ἀρκεισιάδαο
δ 755.
γόνος, -ου ὁ [as prec.] (1) One sprung or born.
(a) The offspring, a child : Διός E 635. Cf. Ω 59 :
β 274, δ 207, σ 218.—(b) A remoter descendant
Z 191, N 449.—(c) In both these senses: ὃν (i.e.
Λαέρταο) καὶ Ὀδυσσῆος δ 741.—(2) The race:
Ἀτρέος λ 436.—(3) Offspring I 493 : δ 12, μ 130.—
One's children or family : νεώτατος γόνοιο Υ 409.—
(4) One's parentage : ὃν γόνον ἐξαγόρευεν λ 234.
Cf. α 216, τ 166.
γόνυ, τό. Genit. γουνός (for γονϝ-ός) Λ 547 :
τ 450. γούνατος Φ 591. Nom. pl. γούνατα Δ 314,
I 610, T 166, Φ 114, etc.: δ 703, ε 297, ν 34, ψ 3,
etc. γοῦνα Z 511, Ξ 468, Φ 611, etc. : υ 352.
Genit. γούνων A 407, Z 45, Φ 65, X 338, etc. :
ζ 142, κ 264, χ 310, 339, etc. Dat. γούνασι E 370,
Z 92, P 514, X 500, etc. : α 267, η 142, π 443, φ 55,
etc. γούνεσσι I 488, P 451, 569. Acc. γούνατα
E 176, Λ 609, Φ 52, Ω 478, etc. : γ 92, ε 453, ξ 236,
ω 381, etc. γοῦνα Ξ 437, Υ 93, X 204 : ζ 147,
ι 266, σ 395. (1) The knee of men or animals :
ῥίμφα ἑ γοῦνα φέρει Z 511=Ο 268. Cf. H 118, K 358,
Λ 547, Ξ 437, 468, Ο 269, P 386, T 72, Υ 468,
Φ 302, 591, 611, X 24, 144, 452, Ψ 731 : ἔλασε
γουνὸς ὕπερ τ 450. Cf. ε 453, υ 352, ψ 3.—(2) In
pl., the knees regarded as the seat of strength,
as symbolizing the strength (cf. γυῖα (3)): βλάψε
οἱ γούνατα H 271. Cf. Δ 314, E 176=Π 425, I 610

=K 90, Λ 477, 578=N 412=P 349, N 360, 711,
O 291, P 451, 569, T 166, 354, Υ 93, Φ 52, 114,
270, 425, X 204, 335, 388, Ψ 444, Ω 498 : τῆς
λύτο γούνατα δ 703=ψ 205. Cf. ε 297=406=χ 147,
ν 34, ξ 69, 226, σ 133, 212, υ 118, χ 68, ω 345,
381.—(3) Of clasping the knees in supplication :
λαβὲ [μιν] γούνων (by the knees) A 407. Cf. A 500,
512, 557, Z 45, O 76, Υ 468, Φ 65, 68, 71, X 345,
Ω 357, 465, 478 : μητρὸς ποτὶ γούνασι χεῖρας βάλλειν
ζ 310. Cf. ζ 142, 147, 169, η 142, κ 264, 323, χ 310,
339, 342, 365.—So with a word of seizing to
be supplied : λισσέσκετο γούνων I 451. Cf. κ 481,
χ 337.—Sim. : περὶ γούνατ᾽ ἐμὰ στήσεσθαι λισσο-
μένους Λ 609. Cf. Σ 457, Υ 463 : σὰ γούναθ᾽ ἱκάνω
ε 449, η 147, Ἀμφινόμου πρὸς γοῦνα καθέζετο (as
putting himself under his protection) σ 395. Cf.
γ 92=δ 322, ι 266, ν 231.—Also λίσσομ᾽ ὑπὲρ
γούνων X 338.—Of kissing the knees in suppli-
cation : ἤ οἱ γούνατ᾽ ἔκυσσε Θ 371. Cf. ξ 279.—
(4) By extension, in pl., the knee(s) and thigh(s)
of a sitting person : ἐν γούνασι πῖπτε Διώνης (on
her knee) E 370, Ἀθηναίης ἐπὶ γούνασιν (on the
lap, i.e., app., of a seated statue) Z 92, 273, 303.
Cf. E 408, I 455, 488, Φ 506, X 500: ἐμὲ γούνασιν
οἷσιν ἐφεσσάμενος π 443. Cf. τ 401, φ 55.—ταῦτα
θεῶν ἐν γούνασι κεῖται, the issue lies with the gods
(perh. referring to the custom of placing gifts
on the lap of a statue (cf. Z 92, 273, 303 cited
above), the gifts being irrevocably dedicated,
and symbolizing complete submission to divine
governance) P 514=Υ 435 : =α 267=π 129, α 400.
γόον, 3 pl. aor. γοάω.
γόος, -ου, ὁ. (1) Weeping, wailing, lamentation,
mourning E 156, Z 499, P 37, Σ 51, Ψ 10, 14, etc. :
δ 102, 113, θ 540, π 144, τ 268, φ 228, etc.—In pl. :
ὀδύνας τε γόους τε α 242.—(2) Inclination to weep :
πᾶσιν ὑπέδυ γ. κ 398.—(3) Mourning rites, formal
mourning or lamentation : ἦρχε γόοιο Ω 723. Cf.
Ω 747, 761.
γοόων, γοόωσα, pres. pple. γοάω.
γουνάζομαι [γουν-, γόνυ. ᾽To clasp the knees,
clasp by the knees, in supplication.᾽ Cf. γόνυ (3)].
Fut. γουνάσομαι A 427. To supplicate, entreat.
Retaining the genitival construction of a vb. of
taking hold, and with the construction extended
to something appealed to : μή με γούνων γουνάζεο
μηδὲ τοκήων X 345.—With this latter construction
alone : τῶν ὀπιθέν σε γουνάζομαι λ 66.—With pre-
positional clauses indicating what is appealed to :
τῶν ὑπερ Ο 665. Cf. λ 66, ν 324.—With simple
acc. of the person entreated : γουνάσομαί μιν
A 427. Absol. Λ 130.
γούνατος, γουνός, genit. γόνυ.
γουνός [perh. fr. γονϝ-, γόνυ, in sense ᾽swell,᾽
᾽knoll,᾽ and, in reference to a vineyard, etc., the
part best catching the sun, and therefore the
most fruitful]. γουνῷ (γουνὸν) ἀλωῆς I 534, Σ 57=
438 : α 193, λ 193, ἐς γουνὸν Ἀθηναίων λ 323 (here
perh. the reference is to the citadel].
γουνοῦμαι=γουνάζομαι. To supplicate, entreat :
υἱόν I 583. Cf. Ο 660, Φ 74, X 240 : δ 433, ζ 149,
χ 312, 344.—App., to supplicate (and at the same

time to vow *to do something*): νεκύων κάρηνα ῥέξειν ... κ 521, λ 29.

γοῶντες, contr. nom. pl. masc. pres. pple. γοάω.

γραίη, -ης, ἡ. =γρηῦς: πυκιμηδέος α 438.

γραπτύς, ἡ [γραπ-, γράφω]. Acc. pl. γραπτῦς. A scratch: γραπτῦς ἀλεείνων ω 229.

†γράφω. 3 sing. aor. γράψε P 599. Pple. γράψας Z 169. (ἐπι-.) (1) To scratch, cut into, incise: ὀστέον P 599.—(2) To form by scratching or incision: θυμοφθόρα Z 169.

γρηῦς, γρηῦς, ἡ. Dat. γρηΐ Γ 386: α 191, σ 27, ψ 33. Voc. γρηΰ χ 395, 481. γρηῦ τ 383, χ 411. An old woman Γ 386: β 377, η 8, σ 185, τ 346, ψ 1, etc.—In apposition: γρηΐ ἀμφιπόλῳ α 191. Cf. σ 27, ω 211.

γύαλον, -ου, τό [cf. γυρός]. (ἐγγυαλίζω.) One of the two curved plates, front and back, of which the θώρηξ was formed. The front plate E 99, 189, N 507=P 314, N 587.—In pl. of the two plates O 530.

γυῖα, τά [γυ-, to bend. Cf. γύαλον, γυρός]. (1) A joint: γ. ποδῶν N 512.—(2) The limbs: γ. ἔθηκεν ἐλαφρά E 122=N 61=Ψ 772. Cf.T 385, X 448, Ψ 691.—(3) The limbs regarded as the seat of strength, as symbolizing the strength (cf. γόνυ (2)): λῦσε γ. Δ 469=Λ 260, Λ 240, Π 312= 400, 465, Φ 406. Cf. Δ 230, E 811, Z 27, H 6, 12, 16, N 85, 435, O 435, 581, Π 341, 805, P 524, Σ 31, T 165, 169, Ψ 63, 627, 726: ἐκ κάματον εἵλετο γυίων κ 363. Cf. α 192, θ 233, μ 279, σ 238, 242, 341.—As that upon which fear takes hold or which it affects: τρόμος ἔλλαβε γ. Γ 34, Θ 452, Ξ 506, Ω 170. Cf. H 215=Τ 44, K 95, 390: ζ140, λ 527, σ 88.—App. as the seat of yearning: ἦλθ' ἵμερος [γόοιο] ἀπὸ γυίων Ω 514.

γυιόω [γυιός, lame]. (ἀπο-.) To lame, cripple: γυιώσω σφωΐν ἵππους Θ 402. Cf. Θ 416.

γυμνός. (1) Without clothes, naked: σὲ εὐλαὶ ἔδονται γυμνόν X 510. Cf. ζ 136.—(2) Without armour, unarmed: κτενέει με γυμνὸν ἐόντα X 124. Cf. Π 815, P 122=693, 711, Σ 21, Φ 50.—(3) Of a bow, out of its case λ 607.—Of an arrow, out of the quiver φ 417.

γυμνόω [γυμνός]. (ἀπο-.) To make naked. In pass. (1) To become naked, strip oneself: αἰδέομαι γυμνοῦσθαι ζ 222. Cf. σ 74, 341. With genit.: γυμνώθη ῥακέων χ 1.—(2) To be left unprotected by armour or shield: οὖτα γυμνωθέντα Π 312=400. Cf.M 389, 428.—Of a wall, to be left bare of defence M 399.

γυναικεῖος, -η, -ον [γυναικ-, γυνή]. Of a woman: βουλάς λ 437.

γυναιμανής [γυναι-, γυνή + μαν-, μαίνομαι]. Mad for women Γ 39 = N 769.

γύναιος [γυνή]. Of a woman: δώρων (given to a woman) λ 521, ο 247.

γυνή, γυναικός, ἡ. Voc. γύναι (see (5) below). (1) A woman in gen. A 348, B 226, Γ 72, Δ 141, E 349, I 128, Λ 269, M 433, etc.: α 332, γ 154, η 57, λ 258, ν 288, ο 20, σ 248, τ 235, etc.—(2) The mistress of a house π 334, φ 86.—(3) In pl., the female servants in a house: τετυγμένα χερσὶ

γυναικῶν X 511. Cf. Σ 559: εἰς ὅ κ' εἴπω γυναικί δεῖπνον τετυκεῖν ο 76. Cf. β 108, π 304, ρ 75, σ 186, τ 16, χ 437, etc.—With ἀμφίπολος α 362, ζ 52, η 235, π 413, φ 8, etc.—With δμῳή X 323, I 477: η 103, ν 66, π 108=υ 318, ρ 505, τ 490, χ 37, etc.—In sing., one of the servants ο 417, 434, 439, τ 344, etc.—With words indicating the servant's country of origin: Φοίνισσα ο 417, Σικελή ω 211.—Her office: ταμίη Z 390: β 345, γ 479, ἀλετρίς υ 105.—(4) Specifically. (a) A woman as distinguished from a man: γυναικὸς ἀντὶ τέτυξο Θ 163. Cf. H 139, 236, I 134, O 683, etc.: οὔτ' ἄνδρ' οὔτε γυναῖκα δ 142, ζ 161. Cf. η 109, ν 308, ο 163, τ 408, etc.—(b) A wife: σὺν γυναιξί τε καὶ τεκέεσσιν Δ 162. Cf.Γ48, Z 160, Θ 57, I 394, P 36, etc.: ἀνὴρ ἠδὲ γ. ζ 184. Cf. α 13, 433, β 249, η 347, ξ 211, ρ 152, φ 72, etc.— (c) A concubine as opposed to a wife Ω 497.— (d) A woman as distinguished from a goddess: θεᾶς οὐδὲ γυναικὸς Ξ 315. Cf. Π 176, Ω 58: ἢ θεὸς ἠὲ γ. κ 228, 255.—With words indicative of mortality: θνητάων Τ 305: θνητήν λ 244.—(5) In voc. as a term of courteous or respectful address, 'lady' Γ 204, 438, Z 441, Ω 300: δ 148, ζ 168, θ 424, λ 248, etc.

γυρός [cf. γυῖα, γύαλον]. Bent, rounded τ 246.

γύψ, γύπος, ὁ. A vulture (except in λ 578 always preying on carrion. Cf. αἰγυπιός) Δ 237, Λ 162, Π 836, Σ 271, X 42: λ 578, χ 30.

γωρυτός, -οῦ, ὁ. A case for a bow φ 54.

δαείω, aor. subj. δάω.

δαήμεναι, δαῆναι, aor. infin. δάω.

δαήμων, -ονος [δάω]. Skilled, experienced O 411, Ψ 671.—With genit.: ἄθλων (in . . .) θ 159. Cf. θ 263, π 253.

δάηρ, -έρος, ὁ (δαϜήρ). Voc. δᾶερ (see below). Genit. pl. δαέρων as spondee Ω 762, 769. A brother-in-law Γ 180, Ξ 156, Ω 762, 769.—In voc. Z 344, 355.

δαήσεαι, 2 sing. fut. δάω.

δαήται, 3 sing. aor. subj. pass. δαίω¹.

δαί. Emphasizing particle used after interrogatives: τίς δ. ὅμιλος; α 225. Cf. K 408 (v.l. δ' αἱ.) ω 299.

δαιδάλεος, -η, -ον [δαίδαλον]. Curiously wrought or ornamented Δ 135, Z 418, Θ 195, I 187, N 331, 719, Π 222, P 448, Σ 379, 390, 612, T 380, X 314: α 131, κ 315=367, ρ 32.

δαιδάλλω [δαίδαλον]. To ornament curiously: σάκος Σ 479 : χρυσῷ τε καὶ ἀργύρῳ ψ 200.

δαίδαλον, -ου,τό. Something curiously wrought, an ornament τ 227.—In pl., things curiously wrought, pieces of cunning workmanship, ornaments: χάλκευον δαίδαλα πολλά Σ 400. Cf. E 60, Ξ 179, Σ 482, T 13, 19.

δαίζω [δαίω²]. Aor. infin. δαΐξαι B 416, Π 841. Pf. pple. pass. δεδαϊγμένος, -ου P 535, Σ 236, T 203, 211, 283, 292, 319, X 72: ν 320. (1) To rend, tear: Ἑκτόρεον χιτῶνα B 416. Cf. H 247, Π 841.— To tear (the hair) Σ 27.—(2) To rend the flesh of, wound, slay : δεδαϊγμένον ἦτορ (app., with the life killed in him) Ρ 535, δαΐζων χαλκῷ Ω 393. Cf. Λ 497, Σ 236, Τ 203, 211, 283, 292, 319, Φ 147, Χ 72.—Absol., to do execution Φ 33.—(3) To divide (meat) into portions ξ 434.—(4) Fig., in pass., to be in two minds, be in doubt : δαϊζόμενος ἦ . . . ἦε . . . Ξ 20.—Of the mind, etc., to be troubled or distressed : ἐδαΐζετο θυμός Ι 8 = Ο 629. Cf. ν 320.

δαϊκτάμενος [δαΐ, dat. of δάϊς + κτάμενος. See κτείνω]. Slain in battle : αἰζηῶν Φ 146, 301.

δαιμόνιος, -η [δαίμων]. Under superhuman influence, 'possessed,' whose actions are unaccountable or ill-omened. In voc. (1) In stern reproof Α 561, Ζ 326, Ι 40.—More gently Ζ 521.— (2) In more or less stern remonstrance Β 190, Γ 399, Δ 31 : σ 15, τ 71.—In tender or gentle remonstrance Ζ 407, 486 : κ 472, ψ 166, 174, 264.— (3) Conveying an implication of folly or senselessness Β 200, Ν 448, 810: δ 774, σ 406.—(4) App. indicating a degree of wonder, the person addressed showing himself superior to what his outward man would indicate : δαιμόνιε ξείνων ξ 443.— (5) App., with orig. sense lost sight of, merely in affectionate address Ω 194.

δαίμων, -ονος, ὁ, ἡ. (1) A superhuman power, with little notion of personality (sometimes difficult to distinguish from the next sense). (a) Represented as evil or maleficent : μάχης ἐπὶ μήδεα κείρει δ. ἡμετέρης Ο 468. Cf. Ι 600, Λ 480, Ο 418, Φ 93 : στυγερὸς οἱ ἔχραε δ. ε 396. Cf. δ 275, ε 421, ζ 172 (cf. θεοί 174), η 248, κ 64, λ 587, μ 169, 295, ξ 488, π 194, 370 (evil to the speaker), ρ 446, τ 201, ω 149.—(b) As beneficent : ἄλλα δ. ὑποθήσεται γ 27. Cf. ι 381, ρ 243 = φ 201 (cf. θεός τις φ 196), τ 10, 138.—(c) With neither notion prominent ξ 386. —(2) In generalized sense, superhuman power, heaven, fate, the gods (sometimes difficult to distinguish from the prec. sense): σὺν δαίμονι (if heaven so wills it) Λ 792, Ο 403, πρὸς δαίμονα φωτὶ μάχεσθαι (against the will of the gods) Ρ 98. Cf. Η 291, 377 = 396, Ρ 104 : δαίμονος αἶσα λ 61. Cf. β 134, π 64, σ 146, 256 = τ 129, τ 512, υ 87, ω 306.—δαίμονά τοι δώσω (I will deal thee fate, i.e. death) Θ 166.—(3) With more marked notion of personality : ἐπέσσυτο δαίμονι ἶσος Ε 438 = Π 705 = 786 = Υ 447. Cf. Ε 459 = 884, Υ 493, Φ 18, 227.—(4) (a) In pl. =θεοί in gen.: βεβήκει μετὰ δαίμονας ἄλλους Α 222. Cf. Ζ 115, Ψ 595.—(b) In sing. of a particular god: οὐδ' ἐπιορκήσω πρὸς δαίμονος (i.e. the god, or, as in the sequel, the gods, by whom he was to swear) Τ 188 : λίσσομ' ὑπὲρ θυέων καὶ δαίμονος (i.e. whatever god the sacrifice was being made to) ο 261.—More definitely : γίγνωσκον δ κακὰ μήδετο δ. γ 166 (the context app. showing that the reference is exclusively to Zeus).—(c) Of a definite goddess present in her own person : ἦρχε δ. (i.e. Aphrodite) Γ 420.

δαίνυμι [δαίω²]. Fut. infin. δαίσειν Τ 299. 2 sing. subj. mid. δαινύῃ θ 243. δαινύῃ τ 328. 3 sing. opt. δαινῦτο Ω 665. 3 pl. δαινύατο σ 248.

2 sing. impf. δαίνυο Ω 63. Nom. pl. masc. aor. pple. δαισάμενοι η 188, σ 408. (μετα-.) (1) (a) To give (a meal): δαίνυ δαῖτα γέρουσιν Ι 70.—(b) To give (a wedding-feast): δαινύντα γάμον δ 3.— Sim. δαίσειν γάμον (app., to bring it about) Τ 299.—(c) To give (a funeral-feast) Ψ 29 : γ 309. —(2) In mid. (a) (a) To take a meal (often with the notion of faring well or revelling): εἴ τις δαίνυται εὔφρων Ο 99. Cf. Α 468 = 602 = Β 431 = Η 320 = Ψ 56, Δ 386, Ε 805, Η 477, Ι 228 : δαινύμενοι τερπώμεθα α 369. Cf. α 228, β 247, 311, γ 471, η 188, 203, θ 243, κ 9, 61, 452, μ 398, ξ 195, 250, ο 398, π 479 = τ 425, ρ 332, σ 248, 408, τ 328, φ 89, 290, 319.—(β) Of a wedding-feast Ω 63 : δ 15, 238.—(γ) Of a funeral-feast Ω 665.—(δ) With cognate acc. As (a) : εἰλαπίνην δαίνυντο Ψ 201. Cf. γ 66 = υ 280, η 50, λ 186, ν 26.—As (γ) Ω 802. —(b) To partake of : ἑκατόμβας Ι 535 (i.e. of the god's share thereof) : κρέα τε καὶ μέθυ ι 162 = 557 = κ 184 = 468 = 477 = μ 30.

δαίς, δαιτός, ἡ [δαίω²]. (1) A meal (often with the notion of faring well or revelling): δαίνυ δαῖτα Ι 70, δαῖτα πένοντο Σ 558 (app. a meal for the King and his retainers, that for the ἔριθοι being mentioned below), πειθώμεθα δαιτί (i.e. to hunger) Ψ 48. Cf. Α 467, 468, 575, 579, Δ 259, 343, etc. : ὄφρ' ἂν δαῖτα πτωχεύῃ (i.e. beg his bread) ρ 11, δαιτῶν ἀπολυμαντῆρα 220. Cf. α 152, 374, β 322, γ 33, η 232, κ 124, etc.—Of the god's share of a sacrifice : Ζεὺς ἔβη κατὰ δαῖτα Α 424. Cf. Δ 48 = Ω 69 : τέρπετο δαιτὶ παρήμενος α 26 (of Poseidon). Cf. γ 336, 420, θ 76. —Of what a beast devours Ω 43.—(2) A wedding-feast σ 279.—(3) A funeral-feast Ω 802.

δάϊς, ἡ. Dat. δαΐ (for δάϊ-ι). War, battle: ἐν δαΐ λυγρῇ (λευγαλέῃ) Ν 286, Ξ 387, Ω 739.

δαΐς, -ΐδος, ἡ [δαίω¹]. A torch Σ 492 : α 428, 434, β 105 = ω 140, η 101, σ 310, 354, τ 48, 150, ψ 290.

δαίσειν, fut. infin. δαίνυμι.

δαίτη, -ης, ἡ = δαίς (1) Κ 217 : η 50.—Of a god's share of a sacrifice γ 44.

δαίτηθεν [δαίτη + -θεν¹]. From, leaving, a meal: δαίτηθεν ἰόντα κ 216.

δαιτρεύω [δαιτρός]. (1) To carve meat ξ 433, ο 323.—(2) To make an apportionment of spoil Λ 688, 705.

δαιτρόν, τό [δαίω²]. One's portion Δ 262.

δαιτρός, ὁ [δαίω²]. One who carves meat, a carver α 141 = δ 57, ρ 331.

δαιτροσύνη, -ης, ἡ [δαιτρός]. The art of carving meat. In pl. : θεράποντε δαήμονε δαιτροσυνάων π 253.

δαιτυμών, -όνος, ὁ [δαιτύς]. Dat. δαιτυμόνεσσι η 102, χ 12. A guest at or partaker of a meal or feast δ 621, η 102, 148, θ 66 = 473, ι 7, ο 467, ρ 605, χ 12 (in the last two passages of the self-invited guests, the suitors).

δαιτύς, -ύος, ἡ = δαίς (1) Χ 496.

δαΐφρων, -ονος [δάω + φρήν]. Skilled, whether in war or in the arts of peace. Epithet of heroes, etc. Β 23, Δ 252, Ζ 162, Ι 651, Λ 123, Ξ 459, etc. :

δαίω α 48, δ 687, ζ 256, θ 8, ο 519, φ 16, etc.—Absol. in voc. E 277.—Applied to Anticleia ο 356.

δαίω[1] [δαϝ-, δηϝ-, δαυ-]. 3 sing. pf. (in pres. sense) δέδηε N 736, P 253, Τ 18 : υ 353. 3 sing. plupf. (in impf. sense) δεδήει B 93, M 35, 466. 3 sing. aor. subj. pass. δάηται Τ 316, Φ 375. (ἀμφι-.) (1) To set on fire, kindle : ξύλα Σ 347 : θ 436.—To light (a fire) I 211 : η 7.—To cause (fire) to appear or blaze E 4, 7, Σ 206, 227.— (2) In pf. and plupf. and in pass., to burn or blaze : πῦρ δαίετο Φ 343. Cf. Θ 75, Σ 227, Τ 316 =Φ 375 : ε 61.—Of the eyes, to blaze M 466.— So of a lion's eyes ζ 132.—Fig. : Ὄσσα δεδήει (spread like wild-fire) B 93, νῦν ἄγχιστα μάχη δέδηε (app., now most nearly blazes up, i.e. is on the point of blazing up) Τ 18. Cf. M 35, N 736, P 253 : οἰμωγὴ δέδηε (is bursting forth) υ 353.

δαίω[2] [cf. δαίζω, δατέομαι]. 3 pl. pf. pass. δεδαίαται a 23. To divide or apportion. (1) In mid. : κρέα δαίετο ο 140. Cf. ρ 332.—(2) In pass. : Αἰθίοπας, τοὶ διχθὰ δεδαίαται (are divided) a 23, μήλων δαιομένων (in the division of the . . .) ι 551.—Fig., to be troubled or distressed : δαίεταί μοι ἦτορ α 48.

†δάκνω. 3 sing. aor. δάκε E 493. Infin. δακέειν P 572, Σ 585. To bite. Of dogs Σ 585.—Of a fly P 572.—Fig. : δάκε φρένας μῦθος E 493 (cf. θυμοδακής).

δάκρυ, τό [cf. δάκρυον]. (1) A tear : δεύοντο δάκρυσι κόλποι I 570. Cf. Ψ 16, Ω 162 : η 260, ρ 103=τ 596.—(κατὰ) δ. χέειν, to shed a tear, to weep A 357, 413, Γ 142, Z 405, I 14, etc. : β 24, δ 556, λ 5, μ 12, ξ 280, etc.—Sim. in various expressions : βαλέειν ἀπὸ δ. παρειῶν δ 198. Cf. δ 114, 223, ρ 490.—ἔκπεσέ οἱ δ. B 266 : π 16.—κατείβετο δ. Ω 794 : τί δ. κατείβετον ; φ 86.—δ. ἀπομόρξασθαι, to wipe away one's tears B 269 : ρ 304.—δ. ἔδευε παρειάς (his tears) θ 522.—(2) As the visible feature of weeping ; hence, in pl., tears, weeping : δάκρυσι θυμὸν ἐρέχθων ε 83=157.

δακρυόεις, -εντος. Fem. -εσσα. [δάκρυον.] (1) Shedding tears, weeping Z 455, Π 10, Σ 66, Φ 493, 496, 506, X 499 : κ 415.—In neut. δακρυόεν as adv. : γελάσασα (smiling through her tears) Z 484.—(2) Accompanied by tears : γόοιο δ 801, ρ 8, ω 323.—(3) Causing tears, bringing misery : πόλεμον E 737=Θ 388, P 512. Cf. Λ 601, N 765, Π 436.

δάκρυον, τό [cf. δάκρυ]. Dat. pl. δάκρύοισι σ 173. Instrumental δακρυόφι P 696, Ψ 397 : δ 705, κ 248, τ 472, υ 349. This form as ablative ε 152. (1) A tear : ὄσσε δακρυόφι πλῆσθεν (with tears) P 696=Ψ 397 : =δ 705=τ 472, οὐδέ ποτ' ὄσσε δακρυόφιν τέρσοντο (were free of tears) ε 152, δάκρυα κεῦθεν τ 212. Cf. κ 248=υ 349, σ 173.—δάκρυα χέειν, to shed tears, to weep H 426, Π 3, Σ 17, 235 : ω 46.—χύτο δάκρυα Ψ 385 : δάκρυα χέοντο δ 523.—Sim. in various expressions : δάκρυ' ἀναπρήσας I 433 : β 81.—(κατὰ) δάκρυον εἴβειν, to shed a tear, to weep Π 11, Τ 323, Ω 9 : δ 153, θ 531, λ 391, π 219, 332, ω 234, 280.—δάκρυα λείβειν

N 88, 658, Σ 32 : ε 84=158, θ 86, 93=532, π 214. —δάκρυ' ἔκβαλεν τ 362.—δάκρυον ἧκεν π 191, ψ 33. —δάκρυα πίπτει ξ 129.—δάκρυα ῥέεν P 437 : τ 204. —δάκρυ' ὀμόργνυσθαι (ὀμόρξασθαι) Σ 124 : θ 88, λ 527, 530.—(2) As the visible feature of weeping : τείσειαν Δαναοὶ ἐμὰ δάκρυα (my weeping, i.e. the cause thereof, my wrongs) A 42.

δακρυπλώω [δάκρυ+πλώω in sense 'to flow.' Cf. L. pluo]. To flow with tears, be maudlin τ 122.

δακρύω [δάκρυον]. 2 sing. pf. pass. δεδάκρῦσαι Π 7. 3 pl. δεδάκρυνται X 491 : υ 204, 353. (1) To shed tears, weep : δακρύσας ἕζετο (with a burst of tears) A 349. Cf. K 377, Τ 229 : δάκρυσα ἰδών λ 55=395, 87. Cf. a 336, ρ 33, 38, φ 82, ψ 207. —(2) In pf. pass., to be in tears : τίπτε δεδάκρυσαι; Π 7.—To be covered or filled with tears : δεδάκρυνται παρειαί X 491. Cf. υ 204, 353.

δᾱλός, -οῦ, ὁ. (1) A piece of ignited material for communicating fire, a fire-brand N 320, O 421 : ε 488.—(2) A brand snatched from the fire or from a brazier τ 69.

†δαμάζω. 3 sing. fut. δαμάᾳ X 271. δαμᾷ A 61. 3 pl. δαμόωσι Σ 368. Aor. ἐδάμασσα E 191. 2 sing. δάμασσας Φ 90. 3 ἐδάμασσε Z 159, N 434, Ξ 316, etc. : λ 171, χ 246, ω 109, etc. δάμασε Π 543, X 446 : ψ 310. δάμασσε E 106, I 118, Λ 98, etc. 3 pl. δάμασσαν Π 845 : ξ 367. Subj. δαμάσσω Π 438. 3 sing. δαμάσῃ ε 468, τ 488, 496, φ 213. δαμάσσῃ E 138 : ρ 24, σ 57. 1 pl. δαμάσσομεν X 176. Imp. δάμασσον I 496 : λ 562. δάμασσον Γ 352. Pple. δαμάσσας δ 244. Nom. pl. δαμάσαντες Σ 113, Τ 66 : ι 59. Mid. 3 sing. aor. (ἐ)δαμάσσατο E 278 : ι 516. 3 pl. δαμάσαντο K 210, 411. 3 sing. subj. δαμάσεται Λ 478, Φ 226. Opt. δαμασαίμην δ 637. 1 pl. δαμασαίμεσθα Π 561. 3 pl. δαμασαίατο π 105. Pple. δαμασσάμενος, -ου O 476 : ι 454. Infin. δαμάσασθαι X 379, Ψ 655. Pass. Aor. ἐδαμάσθην θ 231. 3 sing. δαμάσθη Τ 9. Pple. δαμασθείς Π 816, X 55. Aor. pass. δάμην Τ 94. 3 sing. (ἐ)δάμη B 860, 874, I 545, Φ 383 : α 237, γ 90, δ 499. 1 pl. ἐδάμημεν N 812. 3 δάμεν Θ 344, M 14, O 2, 103 : δ 495. Subj. δαμείω σ 54. 2 sing. δαμῇης Γ 436. 3 δαμῇη X 246. 2 pl. δαμήετε H 72. 3 sing. opt. Z 484.—(2) Accompanied by tears : γόοιο δ 801, δαμείη E 564, M 403 : δ 790, ρ 252. 3 pl. δαμεῖεν Γ 301. Pple. δαμείς, -έντος Τ 429, E 653, Z 74, Π 420, etc. : γ 410, ζ 11, ω 100. Infin. δαμήμεναι K 403, P 77, Τ 266, 312, Φ 291. δαμῆναι N 98, O 522, Π 434, Φ 578, etc. : γ 269, δ 397, σ 156. 3 sing. aor. mid. δαμήθητο λ 158. Acc. sing. masc. pple. δμηθέντα Δ 99, E 646. 1 pl. pf. δεδμήμεσθα E 878. Plupf. δεδμήμην λ 622. 3 sing. ἐδέδμητο γ 305, ε 454. 3 pl. δεδμήατο Γ 183. Pple. δεδμημένος, -ου K 2, Ξ 482, υ 87 : η 318, ν 119, ξ 318, ο 6, σ 237. (1) To break in, tame. In mid. : ἡμίονον, ἥ τ' ἀλγίστη δαμάσασθαι Ψ 655. Cf. δ 637. —To control (horses) K 403=P 77.—Fig. : Διὸς μάστιγι δαμέντες M 37. Cf. N 812.—(2) To bring into subjection : σοὶ δεδμήμεσθα E 878. Cf. λ 622. —Of political subjection Γ 183, Z 159 : γ 305. —To subject (to a man) in marriage : ἀνδρί με δάμασσεν Σ 432.—To subject (a woman to the discretion of a victor) : ἄλοχοι δ' ἄλλοισι δαμεῖεν Γ 301.—(3) Of feelings, sleep, etc., to overcome : ἔρος μ' ἐδάμασσεν Ξ 316. Cf. Κ 2=Ω 678, Ξ 353 : δεδμημένος ὕπνῳ η 318. Cf. ν 119, ο 6.—Of natural agencies, to have an overpowering effect upon, wear out, exhaust : ἀλὶ δέδμητο ε 454. Cf. θ 231, ξ 318.—(4) To curb or restrain (one's spirit) : δάμασον θυμὸν μέγαν Ι 496. Cf. Σ 113 = Τ 66 : λ 562.—In pass., to be appeased or placated : δμηθήτω Ι 158.—(5) To overpower, get the better of, master : ἐπεὶ Ξάνθοιο δάμη μένος Φ 383. Cf. Π 816 : δ 397.—In mid. : δαμασσάμενος οἴνῳ ι 454. Cf. ι 516.—To defeat, rout, put to flight : κλῖναν δαμάσαντες Ἀχαιούς ι 59. Cf. Ζ 74 = Ρ 320, Κ 310 = 397, Ν 98, Π 420, Ρ 337, Τ 143 : ψ 310.—In mid. Κ 210 = 411, Ο 476.—(6) To put an end to, destroy, kill, slay : εἰ πόλεμος δαμᾷ Ἀχαιούς Α 61, μὴ ὑπ' αὐτοῦ δουρὶ δαμήῃς (by him with his spear) Γ 436, σοὶ δαμῆναι (by thee) Ν 603. Cf. Β 860, Δ 479, Ε 106, Λ 98, Ξ 482, Τ 203, etc. : μοῖρ' ἐπέδησε δαμῆναι γ 269 (app. referring to Aegisthus as fate-bound to (ultimate) ruin ; or perh. to Clytaemnestra as yielding to passion (sense (3))), μή με στίβη δαμάσῃ ε 468. Cf. α 237, γ 90, 410, δ 495, λ 171, σ 54, etc.—In mid. Ε 278, Λ 478, Π 561, Φ 226, Χ 379 : π 105.—Of a shield, in pass., to be unable to resist a blow, be pierced Τ 266.—To do violence to, disfigure (oneself) : αὐτόν μιν πληγῇσι δαμάσσας δ 244.—(7) To subject to a foe, cause to be defeated Ι 118.—(8) To cause to be slain by a foe : ἐμῆς ὑπὸ χερσὶ δάμασσον [Ἀλέξανδρον] Γ 352. Cf. Ζ 368, Ν 434, Π 543, 845, Σ 119, Χ 446, etc. : τούσδε μοῖρ' ἐδάμασσεν χ 413. Cf. ξ 367, σ 57, τ 488 = φ 213, τ 496.

δάμαρ, -αρτος, ἡ [δαμ-, δαμάζω]. A wife Γ 122, Ξ 503 : δ 126, ν 290, ω 125.

δάμασε, δάμασσε, 3 sing. aor. δαμάζω.

δάμη, 3 sing. aor. pass. δαμάζω.

δάμνημι [cf. δαμάζω]. From δαμνάω 3 sing. δαμνᾷ λ 221. 3 sing. impf. (ἐ)δάμνα Ε 391, Ξ 439, Π 103, Φ 52, 270. 2 sing. pres. mid. δαμνᾷ Ξ 199. (ὑπο-.) (1) To control, keep in order : Ἥρην ἐπέεσσιν Ε 893.—(2) To overcome by troubling the senses. In mid. : φιλότητα καὶ ἵμερον, ᾧ τε σὺ πάντας δαμνᾷ Ξ 199.—(3) To have an overpowering effect upon, wear out, exhaust : δεσμὸς ἐ ἐδάμνα Ε 391. Cf. Ξ 439, Φ 52, 270.—In mid. ξ 488.—(4) To overpower, master Π 103.—(5) To defeat, rout, put to flight : Ἀχαιοὺς Τρωσὶν δαμναμένους (by the Trojans) Ν 16 = 353. Cf. Ε 746 = Θ 390 : = α 100.—(6) To kill, slay : Τρώεσσιν δάμνασθαι (by the Trojans) Θ 244 = Ο 376. Cf. Λ 309.— To destroy, consume : σάρκας πυρὸς μένος δαμνᾷ λ 221.—To pierce, rend (a shield) Φ 401.

δαμόωσι, 3 pl. fut. δαμάζω.

δανός [δαίω¹] Dried, dry : ξύλα ο 322.

δάος, τό [cf. δαΐς]. A torch : δ. μετὰ χερσὶν ἔχουσα ψ 294.—Collectively, torches : δ. μετὰ χερσὶν ἔχουσαι Ω 647 : = δ 300 = η 339 = χ 497.

δάπεδον, -ου, τό [δα- (app. referring to the work of levelling, stamping, etc.) + πέδον, the ground].

(1) A levelled and prepared surface : ἐν τυκτῷ δαπέδῳ δ 627 = ρ 169.—(2) A floor of a house Δ 2 : κ 227, λ 420, χ 188, 309 = ω 185, χ 455.—Of the under surface of the realm of Hades λ 577.

δάπτω. 3 sing. fut. δάψει Ν 831. 2 sing. aor. ἔδαψας Φ 398. 3 ἔδαψε Ε 858. (κατα-.) (1) To devour. Of wild beasts Λ 481, Π 159.—Fig. of fire Ψ 183.—(2) Of rending flesh Ε 858, Ν 831, Φ 398.

δαρδάπτω [lengthened fr. prec.]. To devour. Of wild beasts Λ 479.—Fig. : κτήματα δαρδάπτουσιν ξ 92 = π 315.

†δαρθάνω. 3 sing. aor. ἔδραθε. (κατα-, παρα-.) To sleep, go to sleep, take one's rest υ 143.

δάσασθαι, aor. infin. δατέομαι.

δασάσκετο, 3 sing. pa. iterative δατέομαι.

δάσκιος, -ον [δα- + σκιή]. Thickly shaded, with thick shades : ὕλη Ο 273 : ὕλην ε 470.

δασμός, ὁ [δασ-, δατέομαι]. A division or apportionment : ἤν ποτε δασμὸς ἵκηται Α 166.

δάσονται, 3 pl. fut. δατέομαι.

δασπλῆτις [prob. fr. δασ- (=δεσ-, house, as in δέσποινα) + πλη-, πελάζω. Cf. τειχεσιπλήτης]. Thus, that approaches houses (with hostile intent), smiter of houses : Ἐρινύς ο 234.

δάσσαντο, 3 pl. aor. δατέομαι.

δασύμαλλος [δασύς + μαλλός, a lock of wool]. With thick fleece : ἄρσενες ὄϊες ι 425.

δασύς, -εῖα, -ύ. Thick with hair, hairy ξ 51.— App., spread so as to lie thickly : ῥῶπας ξ 49.

δατέομαι [δα-, δαίω²]. 3 sing. impf. δατεῦντο Ψ 121 : α 112. 3 sing. pa. iterative δασδάσκετο Ι 333. 3 pl. fut. δάσονται Χ 354 : β 368. 3 sing. aor. ἐδάσσατο ζ 10. 1 pl. δασσάμεθα ι 42, 549. 3 ἐδάσαντο ξ 208. δάσσαντο Α 368 : τ 423. 3 pl. subj. δάσωνται ρ 80. 1 pl. opt. δασαίμεθα β 335. Pl. pple. δασσάμενοι γ 66, 316, ο 13, π 385, υ 280. Infin. δάσασθαι Σ 511, Χ 120, Ψ 21 : σ 87, χ 476. δάσσασθαι υ 216. 3 sing. pf. pass. δέδασται Α 125, Ο 189 : ο 412. (ἀπο-.) (1) To divide among themselves, make mutual apportionment of : χηρωσταὶ διὰ κτῆσιν δατέοντο Ε 158. Cf. Α 368, Ι 138 = 280 : τάδε δ' αὐτοὶ δάσονται β 368. Cf. β 335, γ 316 = ο 13, ι 42, 549, ξ 208, π 385, ρ 80, υ 216.—Fig. : μένος Ἄρησς δατέοντο (app., share between them, are alike filled with) Σ 264.—(2) To divide, apportion : διὰ παῦρα δασάσκετο Ι 333. Cf. Α 125, Ο 189, Σ 511, Χ 120 : γ 66 = υ 280, ζ 10, ο 412, τ 423.—To divide into portions : κρέα α 112.—(3) To divide among themselves as prey, to tear (and devour). Of dogs, etc. Χ 354, Ψ 21 : σ 87, χ 476.—(4) To cut in pieces Τ 394 —To cut up (the ground) Ψ 121.

δάφνη, -ης, ἡ. The laurel ι 183.

δαφοινεός [= next]. Red (with blood) Σ 538.

δαφοινός [δα- + φοινός]. Red or tawny : δράκων Β 308, δέρμα λέοντος Κ 23, θῶες Λ 474.

δάψει, 3 sing. fut. δάπτω.

*†δάω. 2 sing. fut. in mid. form δαήσεαι γ 187, τ 325. Aor. ἐδάην Γ 208 : δ 267. Subj. δαείω Κ 425, Π 423, Φ 61 : ι 280. 1 pl. δαῶμεν Β 299. Infin. δαήμεναι Ζ 150, Τ 213, Φ 487 : ν 335, ψ 262. δαῆναι δ 493. 2 sing. pf. δεδάηκας θ 146, 3

δεδάηκε θ 134. Pple. δεδαώς ρ 519. Pl. δεδαηκότες β 61. 3 sing. redup. aor. δέδαε ζ 233, θ 448, υ 72, ψ 160. From this tense is formed infin. mid. δεδάασθαι (for δεδαέσθαι) π 316. (προ-.) **(1)** To get to know, know, learn: ἀμφοτέρων φυήν Γ 208, πολέμοιο δαήμεναι (about war) Φ 487. Cf. Z 150 = Υ 213 : γ 187, δ 267, 493. With dependent clause: ἤ . . . ἤε . . . Β 299. Cf. Π 423, Φ 61 : πῶς ἐμεῦ δαήσεαι εἰ . . . ; (about me) τ 325.—Absol. : ὄφρα δαείω Κ 425 : ι 280. Cf. ν 335, ψ 262.—**(2)** To acquire practical knowledge of or skill in. In pf., to have such knowledge of or skill in : εἴ τιν' ἄεθλον δεδάηκεν θ 134. Cf. β 61, θ 146, ρ 519.— **(3)** In redup. aor., to teach (something): ἔργα δ' Ἀθηναίη δέδαεν υ 72.—With double acc. of person and thing : ὅν Ἥφαιστος δέδαεν τέχνην παντοίην ζ 233 = ψ 160. Cf. θ 448.—In mid., to have oneself taught ; hence, to get to know, acquire knowledge of : γυναῖκας δεδάασθαι, αἵ τε . . . καὶ αἵ . . . π 316.

δέ. **(1)** Adversative particle, but, yet, on the other hand, while Α 29, 83, 108, 137, 167, etc. : α 13, 19, 33, 75, 212, etc.—**(2)** Particle of continuation, often introducing a subordinate statement or a parenthesis : πολλὰς δὲ ψυχὰς Ἄϊδι προΐαψεν Α 3, νοῦσον ὦρσεν, ὀλέκοντο δὲ λαοὶ 10, Μύδωνα βάλεν—ὃ δ' ὑπέστρεφε ἵππους—χερμαδίῳ Ε 581. Cf. Α 19, 25, 33, 34, 35, etc. : α 3, 51, 53, 71, 93, etc.—**(3)** Giving a reason or explanation, for : πίθεσθ'· ἄμφω δὲ νεωτέρω ἐστὸν ἐμεῖο Α 259, ἐμέθεν ξύνες· Διὸς δέ τοι ἄγγελός εἰμι Β 26, μή τι ῥέξῃ κακὸν· θυμὸς δὲ μέγας ἐστὶ βασιλήων 196. Cf. Α 271, Γ 410, Δ 438, 478, Η 259, etc. : α 168, 433, β 36, 41, γ 48, etc.—**(4)** Introducing a principal clause after a relative, temporal or conditional protasis : οἱ δ' ἐπεὶ οὖν ἤγερθεν . . . τοῖσι δὲ μετέφη Α 58, εἰ δέ κε μὴ δώωσιν, ἐγὼ δέ κεν αὐτὸς ἕλωμαι 137, ὅν τινα βασιλῆα κιχείη, τὸν δ' ἀγανοῖς ἐπέεσσιν ἐρητύσασκεν Β 189. Cf. Β 322, Δ 262, Ε 261, 439, Η 314, Ι 167, etc. : ε 425, η 109, θ 25, κ 366, λ 148, π 274, etc.—Introducing without antecedent clause Β 802, Γ 229, etc. : δ 400, ε 428, etc.—**(5)** Introducing a question : τίς δὲ σύ ἐσσι ; Ζ 123, τίς δ' οἶδ' εἰ . . . ; Ο 403. Cf. Ζ 55, Κ 82, Λ 792, Ξ 264, Ο 244, etc. : β 332, 363, δ 312, 681, ζ 276, etc.—**(6)** Before an imp. or a subj. as imp. : σὺ δὲ παῦε τεὸν μένος Α 282. Cf. Β 344, etc. : τῶν δὲ βοῶν ἀπεχώμεθα μ 321. Cf. γ 247, ε 346, π 130, χ 312, etc.

δέατο, 3 sing. impf. To seem, appear ζ 242.

δέγμενος, pf. pple. δέχομαι.

δεδάασθαι, redup. aor. infin. mid. δάω.

δέδαε, 3 sing. redup. aor. δάω.

δεδάηκε, 3 sing. pf. δάω.

δεδαίαται, 3 pl. pf. pass. δαίω².

δεδαϊγμένος, pf. pple. pass. δαΐζω.

δεδάκρυνται, 3 pl. pf.- pass. δακρύω.

δέδασται, 3 sing. pf. pass. δατέομαι.

δεδαώς, pf. pple. δάω.

δεδεγμένος, pf. pple. δέχομαι.

δεδειπνήκει, 3 sing. plupf. δειπνέω.

δέδεξο, pf. imp. δέχομαι.

δεδέξομαι, fut. pf. δέχομαι.

δέδετο, 3 sing. plupf. pass. δέω.

δέδηε, 3 sing. pf. δαίω¹.

δεδίασι, 3 pl. pf. See δείδοικα.

δεδιδάχθαι, pf. infin. pass. διδάσκω.

δεδίσκομαι = δειδίσκομαι (1) ο 150.

δεδμημένος¹, pf. pple. pass. δαμάζω.

δεδμημένος², pf. pple. pass. δέμω.

δεδμήμεσθα, 1 pl. pf. pass. δαμάζω.

δεδμήμην, δέδμητο¹, δέδμητο, 1 and 3 sing. and 3 pl. plupf. pass. δαμάζω.

δέδμητο², 3 sing. plupf. pass δέμω.

δεδοκημένος, pf. pple. δέχομαι.

δέδορκε, 3 sing. pf. δέρκομαι.

δέδοται, 3 sing. pf. pass. δίδωμι.

δεδουπότος, genit. sing. masc. pf. pple. δουπέω.

δεδραγμένος, pf. pple. δράσσομαι.

δέδυκε, 3 sing. pf. δύω.

δέελος [app. for δήελος = δῆλος]. Thus, conspicuous, easy to be distinguished : σῆμα Κ 466.

δεῖ [prob. fr. δέω]. It is binding on (one), behoves (one). With acc. and infin. : τί δεῖ πολεμιζέμεναι Τρώεσσιν Ἀργείοις ; Ι 337.

δείδεκτο, 3 sing. plupf. mid. δείκνυμι.

δειδέχαται, 3 pl. pf. mid. δείκνυμι.

δειδήμων, -ονος [δείδοικα]. Fearful, timid Γ 56.

δείδια, pf. See δείδοικα.

δείδιε¹, 3 sing. pf. See δείδοικα.

δείδιε², 3 sing. plupf. See δείδοικα.

δείδιθι, pf. imp. See δείδοικα.

δείδιμεν, 1 pl. pf. See δείδοικα.

δειδίμεν, pf. infin. See δείδοικα.

δείδιξεσθαι, fut. infin. δειδίσσομαι.

δείδισαν, 3 pl. plupf. See δείδοικα.

δειδίσκομαι [app. redup. fr. δικ-, δείκνυμι. Cf. δεικανάομαι]. **(1)** To pledge in drinking = δείκνυμι (5) : δέπαϊ σ 121.—**(2)** To welcome, greet γ 41, υ 197.

δειδίσσομαι [redup. fr. δικ-, δείδοικα]. Fut. infin. δειδίξεσθαι Τ 201, 432. Aor. infin. δειδίξασθαι Σ 164. **(1)** To frighten, alarm, scare Δ 184, Μ 52, Ν 810 (try to . . .), Τ 201 = 432.—To scare (away from something) : Ἕκτορ' ἀπὸ νεκροῦ Σ 164.— **(2)** To use threats to, threaten Β 190, Ο 196.

†**δείδοικα** (δέδϜοικα), pf. with pres. sense. 1 sing. δείδοικα Α 555, Ι 244, Κ 538, Σ 261, Ω 435 : θ 230, ω 353. 2 -ας Μ 244. 3 -ε Φ 198. Also 1 sing. δείδια (δέδϜια) Ν 49, 481, Φ 536 : δ 820, ζ 168, ρ 188. 2 -ας σ 80. 3 -ε π 306. 1 pl. δείδιμεν Η 196, Ι 230 : β 199. 3 δεδίασι Ω 663. 1 sing. plupf. (with impf. sense) δείδιε (with secondary person-ending) Σ 34, Ω 358. 1 pl. ἐδείδιμεν Ε 790, Η 151, Ο 652. Imp. δείδιθι Ε 827, Ξ 342 : δ 825, σ 63. Pl. δείδιτε Τ 366. Pple. δειδιώς, -ότος Γ 242, Δ 431, Ζ 137, Μ 39, Ο 628, Τ 45, Φ 24, Ω 384 : ξ 60, σ 77. Infin. δειδίμεν ι 274, κ 381. Also δείδω (app. for δείδοα (δέδϜοα) Κ 39, Λ 470, Ν 745, Ξ 44, Τ 24, Υ 30, Χ 455 : ε 300, 419, 473, μ 122. 3 sing. fut. in mid. form δείσεται Τ 130. Infin. δείσεσθαι Ο 299. 2 sing. aor. ἔδεισας (ἔδϜεισας) Χ 19, Ω 364. 3 ἔδεισε Α 33, 568, Γ 418, Κ 240, Τ 61, Ψ 425, Ω 571, 689 : κ 448. δεῖσε Ε 623, Θ 138, Ν 163. 2 pl. ἐδείσατε Ν 624. 3 ἔδεισαν κ 219,

ν 184. δεῖσαν Η 93. 3 sing. subj. δείσῃ Ω 116. 2 pl. -ητε Ω 779. 3 sing. opt. δείσειε Η 456, Ω 672. Pple. δείσας, -αντος Γ 37, Ε 863, Θ 136, Φ 248, etc. : δ 792, ι 72, μ 203, σ 396, etc. Fem. δείσᾱσα π 331. (περιδείδια, ὑποδείδια.) (1) To be afraid, feel fear : ἔδεισεν ὁ γέρων Α 33=Ω 571. Cf. Α 568, Ε 233, Ζ 137, Η 151, Ι 230, Κ 240, etc. : μὴ δείδιθι δ 825. Cf. δ 792, η 305, ι 236, 396, κ 219, 381, μ 203, 224, ν 184, ξ 60, π 331, σ 77, φ 367, ω 534.—(2) With dependent clause. (a) In reference to the fut. with μή and subj. (or after secondary tenses opt.) : μὴ ἐρυσαίατο νεκρὸν Ε 298, μὴ τελέσῃ ἔπος Ξ 44. Cf. Κ 39, Λ 470, Ν 745, Σ 34, Τ 24, Υ 30, 62, Φ 536, Χ 455 : δ 820, ε 419, 473, θ 230, μ 122, φ 286, ω 353.—(b) In reference to the past with μή and indic. : μὴ πάντα νημερτέα εἶπεν ε 300.—In virtual reference to the past with μή and subj.: μή σε παρείπῃ (that she may prove to have . . ., i.e. that she has . . .) Α 555. Cf. Κ 538.—(c) With infin., to be afraid to do something, shrink from doing it : ὑποδέχθαι Η 93. Cf. Ο 299 : ζ 168.—(3) To be afraid of, fear, be in fear of, dread, to anticipate with fear, shrink from : αἴσχεα Γ 242, μήτε σύ γ᾽ Ἄρηα τό γε δείδιθι Ε 827 (τό γε, for that matter), Ζηνὸς μῆνιν Ν 624. Cf. Ε 790, Ζ 99, Μ 39, Ν 49, Σ 261, Χ 19, etc. : οὔ τινα β 199, ἐμὴν ἐνιπὴν κ 448. Cf. ι 72, 257, κ 130, μ 244, ρ 577, σ 63, 80, 396.—With complementary infin. : οὐ δείσαντες νέμεσιν ἔσεσθαι χ 39. Cf. Ξ 342 (τό γε as in Ε 827 above).—In double construction with acc. and μή with subj. : ταῦτα δείδοικα, μή οἱ ἀπειλὰς ἐκτελέσωσι θεοί, ἡμῖν δ᾽ αἴσιμον εἴη . . . Ι 244 (here also with opt. of remoter consequence). Cf. ρ 188.—(4) To stand in awe of, reverence, hold in awe or due respect: σημάντορας Δ 431. Cf. Ω 116, 435 : ι 274, ξ 389, π 306, χ 39.

δείδω. See δείδοικα.

δειελιάω [δείελος. 'To act as befits the evening']. Hence, app., to sup : ἔρχεο δειελιήσας ρ 599.

δείελος, ὁ [cf. δείλη]. (1) The setting sun, the evening : δ. ὀψὲ δύων Φ 232.—(2) As adj. : δείελον ἦμαρ ρ 606.

†δεικανάομαι [δείκνυμι]. 3 pl. imp. δεικανόωντο. (1) To pledge in drinking = δείκνυμι (5) Ο 86.— (2) To welcome, greet σ 111, ω 410.

†δείκνῡμι. Pres. pple. δεικνύς Ν 244. Fut. δείξω ζ 194, η 29, μ 25, ν 344, φ 217. 3 sing. aor. ἔδειξε κ 303, ξ 323, τ 293, ω 147. δεῖξε Ε 870, Η 184, Κ 476 : γ 174, ε 241. 2 sing. opt. δείξειας Τ 332. 3 -ειε ζ 144. Imp. δείξον ζ 178. Infin. δεῖξαι Γ 452, Σ 170. Mid. Pres. pple. δεικνύμενος Ι 196, Ψ 701 : δ 59. 3 pl. pf. (with pres. sense) δειδέχαται η 72. 3 sing. plupf. (with impf. sense) δείδεκτο Ι 224. 3 pl. δειδέχατο Δ 4, Ι 671, Χ 435. (ἐν-.) (1) To manifest, exhibit, display : σῆμα βροτοῖσιν Ν 244. Cf. γ 174.—(2) To show, bring forward or exhibit to be looked at : αἷμα καταρρέον Ε 870. Cf. Σ 170, Η 184, Τ 332 : ξ 323=τ 293, φ 217, ω 147.—In mid. Ψ 701.—(3) To show, point out : Ἀλέξανδρον Γ 452. Cf. Κ 476 : πόλιν ζ 144. Cf. ζ 178, 194, η 29, ν 344.—With de-

pendent clause : ὅθι δένδρεα πεφύκει ε 241.—(4) To point out in words, tell, explain κ 303, μ 25.— (5) In mid., to pledge in drinking (app. from a custom of pointing to the person whose health was to be drunk): δείδεκτ᾽ Ἀχιλῆα Ι 224. Cf. Δ 4, Ι 671.—(6) In mid., to welcome, greet : τὼ δεικνύμενος Ι 196. Cf. Χ 435 : δ 59, η 72.

δείλη, ἡ [cf. δείελος]. Evening Φ 111.

δείλομαι [δείλη]. Of the sun, to decline towards evening : δείλετ᾽ ἠέλιος η 289.

δειλός, -ή [δϜι-, δείδοικα]. (1) Cowardly, craven Α 293, Ν 278.—(2) Sorry, worthless : δειλαὶ δειλῶν ἐγγύαι (given by worthless fellows) θ 351.— (3) (a) Luckless, wretched, 'poor' (in a tone of compassion or self-pity) : δειλοῖσί σφι γόου κατάπαυμα Ρ 38. Cf. Ε 574, Ρ 670, Τ 287, Φ 464, Χ 31, 76, Ψ 65, 105, 221, 223, Ω 525 : ἐμοὶ δειλῷ κακὰ μήδετο ξ 243. Cf. ι 65, λ 19, μ 341, ο 408, υ 115.— In voc. : ἆ δειλέ Ρ 201, Ω 518 : λ 618, ξ 361.—ἆ δειλώ Ρ 443.—ἆ δειλοί Λ 816 : κ 431, ν 351.—Sim.: ὤ μοι ἐγὼ δειλή Σ 54. Cf. Χ 431 : ε 299.—(b) Tinged with hostility or contempt : ἆ δειλέ Λ 441, 452, Π 837 : σ 389, φ 288.—ἆ δειλώ φ 86.

δεῖμα, τό [δϜι-, δείδοικα]. Fear, terror Ε 682.

δείματο, 3 sing. aor. mid. δέμω.

Δεῖμος, ὁ [δεῖμα]. Fear personified Δ 440, Λ 37, Ο 119.

δεινός, -ή, -όν [δϜι-, δείδοικα]. (1) Causing, or such as to cause, fear, fearful, terrible, awe-inspiring, dread, dire Α 200, Β 321, Ε 739, Θ 135, Λ 418, etc. : γ 145, ε 52, λ 157, μ 94, χ 405, etc.— With complementary infin. : δεινὸν γένος βασιλήϊον ἐστι κτείνειν π 401.—Of noises, troubling the hearers, terrible, dreadful : καναχὴν Π 104. Cf. Α 49, Ψ 688.—Of something said, calculated to trouble the hearer, out of place, unseemly : ἔπος θ 409, φ 169.—(2) In neut. δεινόν as adv., so as to cause fear, fearfully, terribly, dreadfully : δ. δερκόμενοι Γ 342. Cf. Γ 337, Δ 420, Ζ 182, Θ 133, Λ 10, etc. : κῦμα δ. ἐπεσσύμενον ε 314. Cf. ε 403, λ 608, μ 85, 106, 236, χ 124, etc.—So in pl. δεινά Ε 439, Ο 13, Π 706 = Υ 448.—(3) Troubling with excessive wonder, marvellous, strange : θαῦμα Ν 100.—Exciting wonder, wonderful : πελώρου κ 168.—(4) To be regarded or treated with awe, reverence or respect : ὅρκου Β 755, θεός Δ 514. Cf. Γ 172, Ε 839, Ζ 380=385, Σ 394, Φ 25 : η 41, 246, 255, φ 22, κ 136=λ 8=μ 150, μ 322, 449, ξ 234.—In superl. δεινότατος Ο 38 : = ε 186.— (5) Of armour, with notion of great power of resistance, proof against blows, stout : σάκος Η 245, 266. Cf. Κ 254, 272, Υ 259.—(6) Feeling fear : ἀγορὴ δεινὴ τετρηχυῖα (in fear and disorder) Η 346.

δέξω, fut. δείκνυμι.

δείους, genit. δέος.

δειπνέω [δεῖπνον]. 3 sing. plupf. δεδειπνήκει ρ 359. To take δεῖπνον (1)(a) In sense (1)(a) Τ 304 : ι 312, ο 397.—(b) In sense (1)(b) ο 79.— (c) In sense (1)(f) δ 685, ρ 359, 506, υ 119.—(d) In sense (1)(g) ι 155.—(2) Of the meal taken by Hermes on arriving at Calypso's island ε 95.—Of that taken by the disguised Odysseus on arriving at Eumaeus's hut ξ 111.

δείπνηστος, ὁ [δεῖπνον]. The time for δεῖπνον : ὅτε δ. ἔην ρ 170 (here in sense (1) (f)).

†δειπνίζω [δεῖπνον]. Aor. pple. δειπνίσσας. To entertain at δεῖπνον : κατέπεφνε δειπνίσσας δ 535 = λ 411 (app. in sense (1) (f), but the time is not determined).

δεῖπνον, -ου, τό. (1) The principal meal of the day. (a) Taken before beginning the day's work, whether of fighting or of a peaceful occupation B 381 = T 275, B 399, Θ 53, T 171, 316, 346 : ι 311.—(b) Taken by travellers before setting out o 77 = 94.—(c) Taken in an interval of occupation Λ 86, Σ 560 : ζ 97.—(d) Taken after work Ψ 158.—(e) Taken on returning from a nocturnal expedition K 578.—(f) The regular principal meal, taken in the late morning or about mid-day α 124, 134, ρ 176, τ 321, 419, υ 390, ω 215, 360, 386, 394, 412.—(g) A meal taken on shore by a ship's company ι 86 = κ 57, κ 155, ο 500.—(h) A meal taken in the evening (γ 497) by travellers arriving at a house and finding a marriage-feast in progress δ 61 (the same meal called δόρπον 213 ; and cf. μεταδόρπιος 194).—(i) Of an ἔρανος on the day after a marriage-feast δ 624.—(2) Simply, a meal κ 116, ο 316.—(3) The material for a meal : αἶγας ρ 214 = υ 175.—(4) A feed for horses B 383.

δείραντας, acc. pl. masc. aor. pple. δέρω.

δειρή, -ῆς, ἡ. (1) The neck or throat Γ 371, 396, N 202, Ξ 412, Σ 177, T 285 : χ 472, ψ 208, 240.—Of the necks of Scylla μ 90.—Of an eagle's neck M 204 : β 153.—(2) The neck-opening of a θώρηξ Λ 26.

δειροτομέω [δειρή + τομ-, τάμνω]. (ἀπο-.) To cut the throat of, to slay thus ; or simply, to slay Φ 89, 555, Ψ 174 : χ 349.

δεῖσε, 3 sing. aor. See δείδοικα.

δείσεται, 3 sing. fut. See δείδοικα.

δέκα, indeclinable. Ten B 372, 489, 618, Δ 347, I 122 = 264, Λ 24, 33, T 247, Ψ 851, 882, Ω 232 : δ 129, ι 160, ω 340.—With another numeral : ἑπτὰ καὶ δ. ε 278, η 267, ω 63.

δεκάκις [δέκα]. (1) Ten times I 379.—(2) Ten times the normal, tenfold : ἄποινα X 349.

δεκάς, -άδος, ἡ [δέκα]. A body or company of ten : εἰ κ' ἐς δεκάδας διακοσμηθεῖμεν B 126. Cf. B 128 : π 245.

δέκατος, -η, -ον [δέκα]. (1) The tenth : Ἠώς Z 175, ἐς δεκάτους ἐνιαυτούς (app. for ἐς δέκα ἐνιαυτούς by confusion with ἐς δέκατον ἐνιαυτόν) Θ 404 = 418. Cf. B 329, I 474, M 15, Ω 785 : ε 107, η 253 = ξ 314, μ 447, ξ 241, 325 = τ 294, π 18, τ 192.—(2) δεκάτῃ (sc.), the tenth day : δεκάτῃ (on the tenth day) ι 83.—So τῇ δεκάτῃ A 54, Ω 612, 665 : κ 29.

δεκάχιλοι [δέκα + χίλιοι]. Ten thousand E 860 = Ξ 148.

δέκτης, ὁ [δεκ-, δέχομαι]. A beggar δ 248.

δέκτο, 3 sing. aor. δέχομαι.

δελφίς, -ῖνος, ὁ. A dolphin Φ 22 : μ 96.

δέμας, τό [δέμω]. (1) One's bodily frame or

build : οὐ δέμας οὐδὲ φυήν (the two words difficult to distinguish) A 115, μικρὸς δέμας E 801 (here app. 'stature '), δέμας εἴκυῖα θεῇσιν Θ 305. Cf. N 45, P 323, 555, Φ 285, X 227, Ω 376 : δέμας ἀθανάτοισιν ὁμοῖος γ 468. Cf. β 268 = 401 = χ 206 = ω 503 = 548, δ 796, ε 212, 213, η 210, θ 14, 116, 194, λ 469 = ω 17, ν 222, 288, ξ 177, π 157, 174, σ 251, τ 124, 381, υ 31, 194, ψ 163.—Of animals : συῶν δέμας κ 240. Cf. ρ 307, 313.—(2) In advbl. acc. with genit., in the build of, after the similitude of, like (as our 'like' has developed fr. orig. Teutonic *līko-, body, form) : πυρός Λ 596 = N 673 = Σ 1, P 366.

δέμνια, τά [δέμω]. A bedstead, a bed. (In Ω 644 two beds are referred to. See 648. So perh. also in δ 297, 301 ; but from ο 45 it would rather appear that Telemachus and Peisistratus were then sleeping together) : δέμνι' ὑπ' αἰθούσῃ θέμεναι Ω 644 := δ 297 = η 336, δέμνια κούρης ζ 20. Cf. δ 301, θ 277, 282, 296, 314, λ 189, τ 318, 599, υ 139.

δέμω [cf. δόμος]. Aor. ἔδειμα Φ 446. 3 sing. -ε I 349. 3 pl. -αν H 436, Ξ 32. 1 pl. subj. δείμομεν H 337. 3 sing. aor. mid. (ἐ)δείματο ζ 9, ξ 8. 3 sing. plupf. pass. (ἐ)δέδμητο N 683 : α 426, ι 185, ξ 6. Pl. pple. δεδμημένοι Z 245, 249. To construct, build, form : πύργους H 337. Cf. Z 245, 249, H 436, I 349, N 683, Ξ 32, Φ 446 ; ὅθι οἱ θάλαμος δέδμητο (was in the state of having been built, i.e.; simply, stood) α 426, θάλαμον ψ 192. Cf. ι 185, ξ 6.—In mid. ζ 9, ξ 8.

δενδίλλω.—App., to turn the eyes, give meaning looks : ἐς ἕκαστον I 180.

δένδρεον, -ου, τό. For dat. δενδρέῳ v. l. δένδρει fr. δένδρος Γ 152. A tree Γ 152, I 541, Λ 88, N 437, Φ 338 : δ 458, ε 238, 241, η 114, λ 588, ν 196, σ 359, τ 112, 520, ω 336.

δενδρήεις, -εσσα [δενδρέον]. Abounding in trees : νῆσος α 51, ἀλσεΐ ι 200.

δέξατο, 3 sing. aor. δέχομαι.

δεξιός, -ή, -όν. Locative δεξιόφιν N 308. (1) That is on the right side, the right . . . : ὦμον E 46 = Π 343, E 98, 189, Λ 507, Ξ 450, Π 289, 468, X 133 : ρ 462, 504, σ 95, τ 452. Cf. Δ 481, E 66, Λ 584, N 651.—The right-hand . . . : ἵππον Ψ 336.—(2) ἐπὶ δεξιά, to the right : νωμῆσαι βῶν H 238, εἴτ' ἐπὶ δ. ἴωσιν (from left to right of a spectator, i.e. in the lucky direction) M 239.—ἐπὶ δεξιόφιν, on the right of. With genit. : παντὸς στρατοῦ N 308.—(3) Of a bird of omen, passing as in M 239 above, boding well : δεξιὸν ἧκεν ἐρωδιὸν K 274. Cf. N 821, Ω 294 = 312, 320 : β 154, ο 160 = 525, 531, ο 164, ω 312.—(4) In fem. δεξιή (sc. χείρ), the right hand : δεξιῇ ἠσπάζοντο K 542.—A grasp or clasp of the right hand as the sign of a pledge B 341 = Δ 159.

δεξιτερός, -ή, -όν [in form comp. of prec. with changed accent]. Fem. instrumental δεξιτερῆφι τ 480. This form as locative Ω 284 : ο 148. (1) That is on the right side, the right . . . : κνήμην Δ 519. Cf. E 393, H 108, K 373, Λ 377, Ξ 137, Φ 167, Ω 284, 672 : α 121, ο 148, σ 258, 397, τ 480, υ 197, φ 410.—The right-hand part of, the part of on the right : γναθμὸν δεξιτερόν Π 405.—(2) In fem. δεξιτερή (sc. χείρ), the right hand : δεξιτερῇ ἑλοῦσα Α 501. Cf. Φ 490, Χ 320.

δέξο, aor. imp. δέχομαι.

δέξομαι, fut. δέχομαι.

δέος, τό (δϜέος) [δϜι-, δείδοικα]. Genit. δείους Κ 376, Ο 4. (1) Fear, terror, affright, apprehension Δ 421, Ε 812, 817, Η 479, Θ 77, Κ 376, Ν 224, Ξ 387, Ο 4, 658, Ρ 67, 625 : ζ140, λ 43, 633, μ 243, ξ 88, χ 42, ω 450, 533.—(2) Reason or cause for fear or apprehension : οὔ τοι ἔπι δ. Α 515.—With complementary infin. : σοὶ οὐ δ. ἔστ' ἀπολέσθαι Μ 246. Cf. ε 347, θ 563.

δέπας, τό. Dat. δέπαϊ Ψ 196, Ω 285 : γ 41, ο 149, σ 121, ν 261. δέπᾳ κ 316. Pl. δέπα (for δέπαα) ο 466, τ 62, υ 153. Genit. δεπάων Η 480. Dat. δεπάεσσι Α 471, Γ 295, Θ 162, etc. : γ 340, η 137, σ 418, etc. δέπασσι Ο 86. A drinking-cup : ἐπαρξάμενοι δεπάεσσιν (locative dat., into the . . .) Α 471 = Ι 176, ἀμφικύπελλον Α 584. Cf. Γ 295, Δ 3, 262, Η 480, Ι 203, etc. : γ 41, η 137, ι 10, σ 152, τ 62, etc.

δέρκομαι. 3 sing. pa. iterative δερκέσκετο ε 84, 158. Aor. ἔδρακον κ 197. 3 sing. pf. (in pres. sense) δέδορκε Χ 95. Pple. δεδορκώς τ 446. (ἀνα-, δια-, ἐσ-, κατα-, προσ-.) (1) To see, behold, look upon : Τρῶας Ν 86. Cf. Ξ 141.—(2) To have the power of sight as being alive : ἐμεῦ (ἐμέθεν) ἐπὶ χθονὶ δερκομένοιο π 439.—(3) To descry, make out : καπνὸν κ 197.—Absol. : ὀξύτατον δέρκεσθαι Ρ 675.—(4) To direct the sight, look : ἐπὶ πόντον ε 84 = 158.—(5) To look, glance : δεινὸν Γ 342, Λ 37, Ψ 815. Cf. Χ 95, Ψ 477.—Fig., with cognate acc. : πῦρ ὀφθαλμοῖσι δεδορκώς τ 446.

δέρμα, -ατος, τό [δέρω]. (1) A hide or skin stripped from a beast : συός Ι 548. Cf. δ 436, 440, χ 362.—(2) The prepared skin of a beast : λέοντος Κ 23, 177. Cf. ν 436, ξ 50, 519.—(3) A piece of leather : βόειον ξ 24.—Used as = ἄντυξ (2) Ζ 117.—A leathern bag : πυκινοῖσιν β 291.—(4) The human skin : ἔσχεθε δ' οἷον δέρμα (the strip of skin not severed) Π 341. Cf. ν 431.

δερμάτινος [δερματ-, δέρμα]. Leathern : τροποῖς δ 782 = θ 53.

δέρτρον, τό [δέρω]. The membrane enclosing the intestines : γῦπε δ. ἔσω δύνοντες λ 579.

δέρω. 3 pl. aor. ἔδειραν Α 459, Β 422 : μ 359. Acc. pl. masc. pple. δείραντας κ 533, λ 46. (ἐκ-.) To flay (a beast) Η 316, Ψ 167, Ω 622 : θ 61, κ 533 = λ 46, τ 421.—Absol. Α 459 = Β 422 : μ 359.

δεσμός, ὁ [δεσ-, δέω]. Pl. δέσματα α 204. Acc. δέσματα Χ 468 : θ 278. (1) Any means of securing a person, a bond, bonds : δῆσαν κρατερῷ ἐνὶ δεσμῷ Ε 386. Cf. Ε 391, Κ 443, Ο 19 : δεσμὸν ἀνέγναμψαν ξ 348. Cf. θ 317, 353, 359, 360, μ 160, ο 232, 444, χ 189, 200.—In pl. (app., except where the idea of number is involved, used indifferently with the sing.) : ὑπελύσαο δεσμῶν Α 401 : ἐνὶ πλεόνεσσι δεσμοῖσι διδέντων μ 54. Cf. α 204, θ 274, 278, 296, 336, 340, λ 293, μ 164, 196, 200.—(2) A halter for a horse Ζ 507 = Ο 264.—(3) A ship's

mooring-cable ν 100.—(4) A knot (in a cord put round a chest to secure the lid) θ 443, 447.—(5) A means of securing a gate : ἐπὶ δεσμὸν ἴηλαι [θύραις] φ 241 (app. not referring to a regular fastening. The gate is in fact secured with a ὅπλον νεός. See 390).—(6) A rivet Σ 379.—(7) In pl., articles of head-dress in gen. : δέσματα σιγαλόεντα Χ 468 (the particular articles being specified in the next line).

δέσποινα, -ης, ἡ [δεσ-, house + a second element conn. with πόσις[1]. Cf. δεσπότης, master, πότνια ; also δασπλῆτις]. The lady of a house, a mistress η 53, ξ 9 = 451, ξ 127, ο 374, 377, τ 83, ψ 2.—Joined with ἄλοχος γ 403.—With γυνή η 347.

δετή, -ῆς, ἡ [δέω]. A faggot Λ 554 = Ρ 663.

δευήσεαι, 2 sing. fut. δεύομαι. See δεύω[2].

δεῦρο. In form δεύρω Γ 240 (v.l. δεῦρο). Hither. (1) With vbs. of motion : ἤλυθον Α 153. Cf. Β 138, Γ 240, Ζ 426, Κ 406, Χ 12, Ψ 21, etc. : μολόντες γ 44. Cf. θ 424, ο 213, π 132, ρ 53, ω 299, etc.—With imp. : δ. ἴθι Γ 130. Cf. Γ 390, Η 75, Ν 235.—In pregnant sense : δ. παρέστης Ι' 405.—Elliptically with ἄγε : ἄγε δ., ὄφρα . . . Ρ 685. Cf. ι 517, λ 561.—(2) With other vbs. : κάλεσσον Δ 193, ὀρόωντες Ρ 637. Cf. Ω 106 : ρ 529.—(3) With imp. (with or without ἄγε), come ! ἄγε δ. παρ' ἔμ' ἵστασο Λ 314, Ρ 179. Cf. Ψ 581 : δ. ὄρσο χ 395. Cf. θ 145, 205, μ 184, χ 233.—(4) With 1 pl. subj. (with or without ἄγε), come ! let us . . . : δ. ἐς τοὺς φύλακας καταβήομεν Κ 97. Cf. Ρ 120, Χ 254, Ψ 485 : θ 292.

δεύτατος [superl. to δεύτερος]. Last, the last : ἦλθεν Τ 51 : α 286, τοῦτο δεύτατον εἶπεν ἔπος ψ 342.

δεῦτε = δεῦρο. Used in dual and pl. contexts. (1) = δεῦρο (1) elliptically : δ. καί μ' ἀμύνετε Ν 481. Cf. θ 307.—(2) = δεῦρο (3) : δ. δύω μοι ἕπεσθον Χ 450.—With ἄγε θ 11.—(3) = δεῦρο (4) (with or without ἄγετε) : δ. τομὲν Ξ 128. Cf. Η 350 : β 410, θ 133.

δεύτερος [prob. fr. δεύω[2]]. (1) Coming second in a contest : γνώσεσθ' ἵππους οἱ δεύτεροι οἵ τε πάροιθεν Ψ 498.—With ellipse of sb. : τῷ δευτέρῳ ἵππον ἔθηκεν Ψ 265. Cf. Ψ 750.—In neut. pl. δεύτερα, the prize for the second Ψ 538.—(2) Coming second in gaining estimation, taking a second place : ἵνα μὴ δ. ἔλθοι Κ 368. Cf. Χ 207.—(3) (except in Ρ 45, Φ 596 strengthened by αὖτε) (a) Second in doing something, following another in doing it : ἡρᾶτο Κ 283. Cf. Ψ 729, 841.—(b) In fighting, coming in with one's throw or stroke after an opponent : προῒει ἔγχος Ν 248, Υ 273. Cf. Ε 855, Η 268, Ρ 45, Φ 169, 596.—(4) With genit. : ἐμεῖο δεύτεροι (left behind or surviving me) Ψ 248.—(5) In neut. δεύτερον as adv. (a) In the second place. With αὖ : δ. αὖ θώρηκ' ἔδυνεν Γ 332 = Λ 19 = Π 133 = Τ 371. Cf. Ζ 184.—(b) A second time, again : ὁρμηθείς Π 402.—With αὖτε Γ 191.—With αὖτις Α 513 : γ 161, τ 65 (cf. σ 321), χ 69.—Sim. : ἤτεέ με δ. αὖτις (asked for a second supply) ι 354.—(c) Another time, for the future. With αὖτε : δ. αὖτ' ἀλέασθαι ἀμείνονας ἠπεροπεύειν Ψ 605.—Again, in the future : οὔ μ' ἔτι δ. ὧδε ἵξετ' ἄχος Ψ 46. Cf. σ 24.

—(d) So as to come in as in (3)(b): ὁρμηθείς
II 467. Cf. Γ 349.

δεύω¹. Pa. iterative δεύεσκον η 260. (κατα-.)
To wet, moisten B 471 = II 643, I 570, N 655 =
Φ 119, P 51, 361, Ψ 15 (twice), 220 : ε 53, ζ 44,
η 260, θ 522, ι 290.

δεύω² (δέϝω). 3 sing. aor. ἐδεύησε ι 483, 540.
Also in form δῆσε Σ 100. Except in these forms
as deponent **δεύομαι.** 2 sing. fut. δευήσεαι ζ 192,
ξ 510. Infin. -εσθαι N 786 : ψ 128. (ἐπιδεύομαι.)
(1) To lack, be without, want, not to have.
With genit. : ἡγεμόνος B 709. Cf. B 128, Δ 48 =
Ω 69, Ε 202, Θ 127, N 786, Σ 100 : ἐσθῆτος ζ 192,
ξ 510. Cf. η 73, θ 137, ψ 128.— Absol. : ἦσθαι
δευόμενον (with empty hands) A 134, μηδέ τι θυμῷ
δευέσθω (fail) Τ 122, δευόμενος (in his need)
X 492.—To be in the state of having (something)
fail one, be deprived of, lose. With genit. : θυμοῦ
Γ 294, Τ 472.—(2) To fall short of (a person).
With genit. : Ἀργείων Ψ 484. Cf. α 254, δ 264.—
To be unequal to, unfitted for. With genit. :
πολέμοιο N 310. Cf. P 142.—(3) To suffer want
or be stinted in the matter of. With genit. :
δαιτός A 468 = 602 = B 431 = H 320 = Ψ 56 : = π 479
= τ 425.—(4) To fail to do something. With
infin. : ἐδεύησεν οἰήϊον ἄκρον ἱκέσθαι ι 483 = 540.

δέχομαι. Fut. δέξομαι Σ 115, X 365. 3 sing.
-εται P 208, Σ 331. Fut. pf. δεδέξομαι Ε 238.
3 sing. aor. (ἐ)δέξατο A 446, B 186, Ε 158, Ζ 483,
I 633, etc. : α 121, ε 462, θ 483, λ 327, φ 82, etc.
Imp. δέξαι Ε 227, Ζ 46, Λ 131, P 480, Ω 137, 429,
555. Pple. δεξάμενος, -ου I 333, 336, Ξ 203, P 391,
Ψ 89 : θ 419, ν 72, ο 132, ρ 110. Fem. -η ξ 128,
τ 355. Infin. δέξασθαι A 112 : σ 287. 3 sing. aor.
δέκτο B 420, Ο 88 : ι 353. Imp. δέξο T 10. Infin.
δέχθαι A 23, 377. 3 pl. pf. δέχαται M 147. Imp.
δέδεξο Ε 228, Τ 377, X 340. Pple. δεδεγμένος,
-ου Δ 107, Θ 296, K 62, Λ 124, Ο 745, Ψ 273.
δέγμενος, -ου B 794, I 191, Σ 524 : υ 385. Also
pf. pple. δεδοκημένος Ο 730. Plupf. ἐδέγμην ι 513,
μ 230. (ἀνα-, ἀπο-, ἐκ-, παρα-, ποτι-, ὑπο-.) (1) To
receive or take something offered, given, handed
over, etc., to accept: ἄποινα A 20, παιδὸς κύπελλον
(from him) 596, σκῆπτρόν οἱ (from him) B 186,
χαλκὸν δέδεξο (app., be minded to accept) X 340.
Cf. A 446, Ε 227, Ζ 483, I 633, P 391, etc. : κρή-
δεμνόν ε 462, δῶρα (for custody) θ 419, χρυσὸν
ἀνδρός (as the price of the betrayal of . . .)
λ 327, ἔγχος οἱ (relieved him of . . .) ο 282=
π 40. Cf. α 121, θ 483, ι 353, ρ 356, τ 355, etc.—
Of a god, to accept (a sacrifice) B 420.—(2) To
receive (a child) for nurture Ξ 203.—To receive
and undertake the charge of (a person) Ψ 89.
—To receive, welcome Ε 158, Σ 238, 331.—To
receive hospitably, entertain ξ 128, ρ 110, τ 316.
—(3) To accept, resign oneself to : κῆρα Σ 115,
X 365.—To accept, put up with, make the best
of : μῦθον υ 271.—(4) In pf. and plupf. (a) To
expect, look for : χρυσὸν Ἀλεξάνδροιο (from . . .
Λ 124.—With acc. and infin. : φῶτα μέγαν ἐδέγμην
ἐλεύσεσθαι ι 513. Cf. μ 230.—(b) To wait. With
dependent clause : ὁππότ' ἀφορμηθεῖεν (watching

for the time when . . .) B 794, εἰς ὅ κεν ἔλθῃς
K 62. Cf. Σ 524 : υ 385.—To await. With de-
pendent clause: Αἰακίδην ὁπότε λήξειεν I 191.—Of
things : ἱππῆας ἄεθλα δεδεγμένα Ψ 273.—Absol. :
δεδεγμένος (on the watch) Δ 107.—(c) To await
the attack of, stand up to, be ready for : Ἀχιλλῆα
Τ 377. Cf. Ε 228, 238, M 147, Ο 745.—Absol.
Θ 296, Ο 730.—(5) App., to succeed, come next :
δέχεταί μοι κακὸν ἐκ κακοῦ T 290.

†δέψω. Aor. pple. δεψήσας. To work or
knead with the hands in order to soften : κηρόν
μ 48.

δέω. 3 sing. pa. iterative mid. δησάσκετο Ω 15.
3 sing. plupf. pass. δέδετο Ε 387, Ψ 866 : ο 232,
ω 229. 3 pl. δέδεντο K 475 : ι 443, κ 92. (ἐκ-,
ἐν-, ἐπι-, κατα-, συν-.) (1) To tie or secure in its
place, fasten : δῆσε ζυγόν Ε 730. Cf. Ω 190, 267 :
β 425 = ο 290.—In mid. θ 37.—(2) To tie into a
bundle, bind together. In mid. : δράγματα
δέοντο Σ 553.—(3) To tie or attach by a cord, a
strap, etc. : ἐκ δίφροιο ἔδησεν [Ἕκτορα] X 398,
ποδός (by the foot) Ψ 854. Cf. Ψ 866 : ι 443.—
In mid. Ω 15.—To tie round (with a fastening).
In mid. : [πόδα] δησάμενος τελαμῶνι P 290.—
(4) To moor (a ship) κ 92.—(5) To tie or secure
(a rope) : πρυμνήσια A 436. Cf. Ω 273 : κ 96,
ο 498.—In mid. Θ 26 : β 430.— (6) To tie or
secure (a person's feet, etc.) : πόδας καὶ χεῖρας
Φ 454. Cf. Φ 30 : χ 189.—(7) To bind or secure
(a person), put (him) in bonds : δῆσαν κρατερῷ
ἐνὶ δεσμῷ Ε 386. Cf. A 406, B 231, Ε 387, K 443 :
θ 352, ι 99, μ 50, 161, 178, 196, ο 232.—Fig. :
ἡμέτερον μένος Ξ 73 : κελεύθου με (hinders from
. . .) δ 380=469. Cf. ξ 61.—To halter or secure
(a horse or an ox) Θ 544, K 475, N 572.—(8) To
bind up (a wound) τ 457.—(9) In mid., to tie
on to one's person : ἐδήσατο πέδιλα Ω 340, B 44
= K 22 = 132 = Ξ 186 : = β 4 = δ 309 = υ 126, α 96,
ε 44, ο 550, π 155, ρ 2.—Sim. in pass. : περὶ κνήμῃσι
κνημῖδας δέδετο (had them bound about his legs)
ω 229.

δή. (1) Temporal particle. (a) (α) By or before
this (or that) time, by now, now, already, ere
this : ἐννέα δὴ βεβάασιν ἐνιαυτοὶ B 134. Cf. A 394,
503, B 117, Γ 150, Ε 383, Θ 297, etc. : ὃς δὴ γήραϊ
κυφὸς ἔην β 16. Cf. α 26, 161, γ 245, δ 373, η 152,
ν 10, etc.—(β) Indicating the arrival of a point of
time, arrival at a result : ἐξ οὗ δὴ διαστήτην (from
the time when the quarrel came to the point of
breaking out) A 6, εἰ δὴ ὁμοῦ πόλεμος τε δαμᾷ καὶ
λοιμός Ἀχαιούς (if it has come to this that . . .)
61, νημέρτεα μὲν δή μοι ὑπόσχεο (you must now
decide) 514. Cf. A 161, 574, Θ 34, I 202, 309,
434, T 9, Τ 115, etc. : ἦ μάλα δή με θέσφαθ' ἱκάνει
ν 172, ὅππως δὴ μνηστῆρσι χεῖρας ἐφήσει (in this
crisis of his fate) υ 29, αἳ γὰρ δὴ θεοὶ τισαίατο
λώβην (to such a pitch of insolence have they
come) 169. Cf. ξ 333, 379, τ 510, χ 395, ψ 43,
etc.—With ἄγε, ἄγετε. See ἄγε.—With ἄγρει
φ 176.—(b) Now, at this (or that) time : καὶ δὴ
τάχ' ἔμελλε . . . Ζ 52. Cf. A 388, B 436, I 245,
Λ 126, 441, P 261, etc. : ὃς δὴ σφι σχεδόν ἐστιν

β 284. Cf. δ 551, 770, ε 401, 409, κ 549, π 280, etc.—(c) Joined with, and emphasizing or defining, other temporal words : αἰεὶ δή M 323, δὴ αὖ Α 540, δὴ αὖτε Α 340, ἐπεὶ δή Δ 124, ἐπὴν δή Π 453, καί νυ δή Η 273, νῦν δή Β 284, ὁππότε δή Π 53, ὅτε δή Α 432, ὀψὲ δή Η 94, τάχα δή Ν 120, τῆμος δή μ 441, τότε δή Α 92, etc.—(2) As affirmative or emphasizing particle : μὴ δὴ οὕτως κλέπτε νόῳ Α 131. Cf. Α 286, 295, Β 158, 301, Ζ 476, Θ 491, Λ 314, Ν 260, Σ 364, etc. : εἰ δὴ ἐξ αὐτοῖο τόσος πάϊς εἰς Ὀδυσῆος α 207. Cf. α 253, 384, γ 352, 357, δ 819, ε 23, λ 348, ξ 282, etc.—Giving a touch of scorn, forsooth, to be sure : ὡς δὴ τοῦδ' ἕνεκά σφιν ἐκηβόλος ἄλγεα τεύχει Α 110. Cf. Γ 403, Θ 177, Ξ 88, etc. : φ 170.—Emphasizing superlatives : κάρτιστοι δὴ κεῖνοι τράφεν Α 266. Cf. Ζ 98, Η 155, Κ 436, Χ 76, etc. : οἴκτιστον δὴ κεῖνο ἴδον μ 258. Cf. θ 519, λ 309, etc.

†δήεις, 2 sing. δήομεν, 1 pl. δήετε, 2 pl. [Subjunctives with strong stem answering to δᾰ- in ἐδάην, etc. See δάω. The -εις of 2 sing. app. a trace of an older inflexion, -ω, -εις, -ει, answering to -ομεν, -ετε.] To find, to light or come upon : δούρατα δήεις (will find) Ν 260. Cf. ζ 291, η 49, ν 407.—Of immaterial things : ἐν πήματα οἴκῳ λ 115.—To find, get : ἄλλοθι ἕδρην π 44.—To find out by experience : τέκμωρ Ἰλίου Ι 418=685.—To attain to, bring about : ἄνυσιν δ 544.

δηθά [δήν]. For a long time, for long, long : μηκέτι δ. λεγώμεθα Β 435, ποταμῷ δ. ἱερεύετε ταύρους . . . καθίετε ἵππους (the vbs. to be taken as presents, 'have long been sacrificing . . .') Φ 131. Cf. Ε 104, 587, Κ 52, Ξ 110, Ο 512 : δ. πήματα πάσχει (has been suffering) α 49, δ θύρῃσιν ἐφεστάμεν 120. Cf. β 255, 404, γ 313, 336, δ 373, 466, η 152, θ 411, μ 351, π 313, χ 177.

δηθύνω [δηθά]. To tarry, delay, loiter A 27, Z 503, 519 : μ 121, ρ 278.

δήϊος¹, -ον (the first syllable scanned ◡) [conn. with δαίω¹. Perh. orig. δάϜιος. Cf. θεσπιδαής]. Epithet of fire, blazing, consuming Β 415, Ζ 331, Θ 181, Ι 347, 674, Λ 667, Π 127, 301, Σ 13.

δήϊος². (The first syllable scanned ◡ when followed by ◡–.) (1) Hostile, enemy : ἄνδρα Ζ 481. Cf. Ι 317=Ρ 148, Κ 358, Μ 57, Ο 533, Χ 84, Ω 684.—Epithet of πόλεμος, destructive, deadly Δ 281, Ε 117, Η 119=174, Ρ 189, Τ 73, Φ 422.—Of Ares Η 241.—(2) As sb., an enemy, a foe : δηΐοισι μάχεσθαι Δ 373. Cf. Β 544, Ζ 82, Ι 76, Κ 206, Λ 190=205, Μ 264, 276, Ν 395, 556, Ο 548, Π 591, Ρ 167, 272, 667, Σ 208, 220.

δηϊοτής, -ῆτος, ἡ [δήϊος²]. (1) Battle, warfare, strife, struggle Γ 20, Ε 348, Η 29, Μ 248, Ξ 129, Π 815, Υ 245, etc. : ζ 203, λ 516, μ 257, χ 229.—(2) In concrete sense, the fighters, the fighting throng : θέων ἀνὰ δηϊοτῆτα Ο 584, Ρ 257.

†δηϊόω [δήϊος²]. 3 pl. opt. δηϊόωεν δ 226. Pple. δηϊόων Ρ 566, Σ 195, Ψ 176. Pl. δηϊόωντες Λ 153. 3 pl. impf. pass. δηϊόωντο Ν 675. Contr. forms. Pres. pple. δηῶν Ρ 65. 3 pl. impf. δήουν Ε 452, Λ 71, Μ 425, Ο 708, Π 771. Fut. infin. δηώσειν Ι 243. 3 sing. aor. subj. δηώσῃ Π 650. 3 pl. -ωσι

Δ 416, Μ 227. Pple. δηώσας, -αντος Θ 534, Ξ 518, Π 158, Σ 83, Χ 218. Aor. pple. pass. δηωθείς, -έντος Δ 417 : ι 66. (1) To treat as a foe, to wound, kill, slay Θ 534, Λ 71=Π 771, Λ 153, Μ 227, Ο 708, Π 650, Ρ 566, Σ 83, 195, Χ 218, Ψ 176 : δ 226, ι 66.—To inflict slaughter upon (a hostile force) : Τρῶας Δ 416. Cf. Δ 417, Ι 243, Ν 675.—(2) To rend or tear : βοείας Ε 452= Μ 425. Cf. Ξ 518.—Of beasts tearing their prey Π 158, Ρ 65.

δηλέομαι. 3 sing. aor. subj. δηλήσηται Γ 107. (δια-.) (1) To do harm or mischief to, hurt, injure : μή πως ἀμφοτέρους δηλήσεαι Ψ 428.— Absol. θ 444, ν 124.—Of warlike action Δ 67=72 : κ 459, λ 401, 408, χ 368, ω 111.—Absol. Δ 236, 271. —Of a weapon : ῥινὸν δηλήσατο χαλκός χ 278.— Also, absol., to do harm, lead to mischief : σή κε βουλὴ δηλήσεται Ξ 102.—(2) To ravage, destroy : καρπόν Α 156.—(3) To violate (a treaty) Γ 107.

δήλημα, -ατος, τό [δηλέομαι]. Something that brings harm, a bane : δηλήματα νηῶν μ 286.

δηλήμων, -ονος [δηλέομαι]. Working mischief, baneful Ω 33.—As sb., a bane σ 85=116=φ 308.

δῆλος. Clear, plain, manifest ν 333.

δημιοεργός, ὁ [δήμιος + ἔργον]. One who works for the common weal, not for himself or for a private employer ρ 383, τ 135.

δήμιος, -ον [δῆμος]. (1) Belonging to the community, public : οἶκος υ 264.—(2) Relating to the public interests, public : πρῆξις γ 82.—Absol. : ἠέ τι δήμιον πιφαύσκεται; β 32. Cf. β 44, δ 314. —(3) Discharging public functions : αἰσυμνῆται θ 259.—(4) In neut. pl. δήμια as adv., at the public cost (cf. δημόθεν) : πίνουσιν Ρ 250.

δημοβόρος [δῆμος (1) + βορ-, βι-βρώσκω]. (κατα-δημοβορέω.) That devours the common stock : βασιλεύς Α 231.

δημογέρων, -οντος [δῆμος + γέρων]. = γέρων (4) Γ 149, Λ 372.

δημόθεν [δῆμος (1) + -θεν (1)]. From the common stock : δ. ἄλφιτα δῶκα τ 197.

δημός, -οῦ, ὁ. Fat Θ 240, 380=Ν 832, Λ 818, Φ 127, 204, Χ 501, Ψ 168, 243, 253, 750 : ι 464, ξ 428, ρ 241.

δῆμος, -ου, ὁ. (1) The common stock or store : ἐς δῆμον ἔδωκεν Λ 704.—(2) A district, country, land, realm : Ἐρεχθῆος Β 547. Cf. Β 828, Γ 201, Ε 710, Ζ 158, 225, Ι 634, Π 437, 455, 514, 673, 683, Τ 324, Υ 385, Ω 481 : Ἰθάκης α 103. Cf. α 237, β 317, γ 100, ζ 3, θ 555, ν 233, υ 210, φ 307, ω 12, etc.—(3) A community or people : παντὶ δήμῳ Γ 50, Ω 706, θεὸς ὣς τίετο δήμῳ (in the . . . among the . . .) Ε 78, Κ 33, Λ 58, Ν 218, Π 605. Cf. Ι 460, Λ 328, Μ 447, Ρ 577, Σ 295, 500, Υ 166 : κατὰ δῆμον β 101, δήμου ἡγήτορες ν 186. Cf. β 239, 291, δ 691, η 11, 150, ξ 205, 239, π 114, 425, etc. —(4) A body or force of men : ἐτεραλκέα δῆμον Ο 738. Cf. Ρ 330.—App., a multitude : ἐπὶ δ' ἔστενε δ. ἀπείρων Ω 776.—(5) The common people : δήμου ἄνδρα Β 198.—App., one of the common people : δῆμον ἐόντα Μ 213.

δήν (δFήν). For a long time, for long, long : ἀκέων δ. ἧστο A 512. Cf. A 416, E 412, Z 131, 139, Θ 126, I 30 = 695, N 573, II 736, P 695, Τ 426, Ψ 690 : δ. ἀπεών (having been long . . .) ν 189, ὀϊζὺν δ. ἔχομεν (have long been suffering . . .) ξ 416. Cf. α 281, β 36, δ 494, ε 127, ζ 33, υ 155, χ 473, etc.

δηναιός [δήν]. Long-lived E 407.

δήνεα, τά [app. fr. δάω]. (1) Arts, wiles : ὀλοφώϊα κ 289.—(2) What one has in one's mind, thoughts, counsels : ἤπια δήνεα οἶδεν Δ 361 (see ἤπιος (1)) : θεῶν ψ 82.

δήουν, 3 pl. contr. impf. δηϊόω.

†δηριάομαι [δῆρις]. 3 dual δηριάασθον M 421. 3 pl. imp. δηριαάσθων Φ 467. Infin. δηριάασθαι Π 96, P 734. 3 pl. impf. δηριόωντο θ 78. To strive, contend, struggle, in passages cited.

†δηρίομαι [as prec.]. 3 pl. aor. δηρίσαντο θ 76. 3 dual aor. δηρινθήτην Π 756. = prec.

δῆρις, ἡ. Strife, contention P 158 : ω 515.

δηρός [δήν]. (1) Of time, long Ξ 206 = 305.— Absol. : ἐπὶ δηρόν I 415.—(2) In neut. sing. δηρόν as adv., for a long time, for long, long : μένειν B 298. Cf. E 120, K 371, N 151, Π 852, Τ 64, etc.: ἐσκοπίαζον κ 260. Cf. α 203, β 285, ε 396, π 171, φ 112, etc.

δησάσκετο, 3 sing. pa. iterative mid. δέω.

δῆσε¹, 3 sing. aor. δέω.

δῆσε², 3 sing. aor. δεύω².

δηωθείς, contr. aor. pple. pass. δηϊόω.

δηῶν, contr. pres. pple. δηϊόω.

δηώσειν, contr. fut. infin. δηϊόω.

διά. (I) Adv. (1) Through : διὰ δ' ἔπτατ' ὀϊστός E 99 : διὰ τάφρον ὀρύξας (i.e. stretching in a line) φ 120.—Sim. κλέος διὰ ξεῖνοι φορέουσιν (through the lands they traverse) τ 333.—With ἀμπερές. See ἀμπερές.—(2) Severing, sundering, splitting, dividing : διὰ κτῆσιν δατέοντο E 158. Cf. B 655, I 333, P 522, Τ 280, etc. : διὰ ξύλα κεάσσαι ο 322. Cf. ι 157, 291, etc.—(3) Intensive : διὰ χρόα ἔδαψεν E 858. Cf. M 308, N 507, T 90, etc. : ἐπὴν σχεδίην διὰ κῦμα τινάξῃ ε 363.— (II) Prep. (sometimes, without anastrophe, following the case). (1) With genit. (a) Through, passing through, piercing : πέλεκυς, ὃς εἰσιν διὰ δουρός Γ 61. Cf. Γ 357, Δ 135, 481, E 113, etc. : κόρυθος διὰ ω 523. Cf. χ 16.—With a form in -φι: διὰ στήθεσφιν X 284, E 41 = 57 = Θ 259 = Λ 448 := χ 93.—In reference to pain : ὀδύνη διὰ χροὸς ἦλθεν Λ 398. — (b) Through, traversing or passing through (a space, a passage, a throng, or the like): αἰθέρος B 458, Σκαιῶν Γ 263, προμάχων Δ 495. Cf. E 250, 503, Z 226, H 340, I 478, etc.: Ὠκεανοῖο κ 508, νηός μ 206. Cf. κ 118, 391, λ 581, μ 335, etc.— With a form in -φι: δι' ὀρεσφιν K 185.—Of extension : σύες (ὕες) τανύοντο διὰ φλογός I 468 = Ψ 33. Cf. ι 298.—Among : ἔπρεπε καὶ διὰ πάντων M 104. —(2) With acc. (a) Through, passing through, piercing : ἔντεα Ψ 806. Cf. H 247, Τ 269.— (b) Through, traversing or passing through (a space, a passage, a throng, or the like) or among (objects) : δώματα A 600, ἔντεα K 298, στόμα 375.

Cf. Θ 343, Λ 118, M 62, P 283, Ψ 122, etc. : σφέας η 40, ἄκριας κ 281. Cf. β 154, ζ 50, ι 447, κ 150, etc.—In reference to night regarded as a space : νύκτα δι' ὀρφναίην K 83. Cf. B 57, Θ 510, Ω 363, 653, etc. : ι 143, 404, μ 284, etc.—During (the night) : διὰ νύκτα μάχεσθαι K 101. Cf. ο 8, τ 66. —Of extension : διὰ κρατερὰς ὑσμίνας B 40.—Cf. ι 400.—Among : πολέας διὰ κοιρανέοντα Δ 230.— (c) Through, by means of, by virtue of, by the help or working of : μαντοσύνην A 72, ἰότητα O 41. Cf. K 497, O 71 : βουλάς θ 82, 'Αθήνην 520. Cf. λ 276, 437, ν 121, τ 154, 523.—(d) On account of, because of : κάλλος λ 282, ἀτασθαλίας ψ 67.

διαβαίνω [δια- (3)]. Aor. pple. διαβάς M 458. Infin. διαβήμεναι δ 635. To pass over, cross. With acc. : τάφρον M 50.—Absol., to cross over : ἐς ᾽Ηλιδα δ 635.—εὖ διαβάς, with the legs set well apart M 458.

διαγιγνώσκω [δια- (7)]. Aor. infin. διαγνῶναι H 424. Cf. Ψ 240.—Absol. Ψ 470.

†διαγλάφω [δια- (10) + γλάφω = γλύφω, to cut out, carve. Cf. γλυφίς, γλαφυρός]. Fem. aor. pple. διαγλάψασα. To hollow out, form : εὐνὰς ἐν ψαμάθοισιν δ 438.

†διάγω [δι-, δια- (3)]. 3 pl. aor. διήγαγον. To convey across a strait : πορθμῆες υ 187.

†διαδέρκομαι [δια- (10)]. 3 sing. aor. opt. διαδράκοι. To catch sight of, see Ξ 344.

διαδηλέομαι [δια- (10)]. To do sore hurt to ξ 37.

διαδράκοι, 3 sing. aor. opt. διαδέρκομαι.

διαείδω [δια- (7)]. 3 sing. fut. in mid. form διαείσεται Θ 535. (1) To distinguish, discern. In pass. : ἀρετὴ διαείδεται ἀνδρῶν N 277.—(2) To learn the value of, know. With acc. and dependent clause : ἣν ἀρετήν, εἰ . . . (whether . . .) Θ 535.

διαείπον [δια- (9)]. Contr. imp. δίειπε K 425. (1) To go through in talk : μῦθοι ἔσονται διαειπέμεν ἀλλήλοισιν δ 215. — (2) To tell fully, declare. Absol. K 425.

†διάημι [δι-, δια- (1)]. 3 sing. impf. διάη. To blow through. With acc. : θάμνους ε 478, λόχμην τ 440.

διαθειόω [δια- (10) + θειόω = θεειόω]. To fumigate thoroughly with sulphur : μέγαρον χ 494.

†διαθρύπτω [δια- (5) + θρύπτω, to break]. Nom. sing. neut. aor. pple. pass. διατρυφέν. To break in pieces, shiver : ξίφος διατρυφὲν ἔκπεσε χειρός Γ 363.

διαίνω. 3 sing. aor. ἐδίηνε X 495. To wet, moisten N 30, Φ 202, X 495.

†διακείρω [δια- (10)]. Aor. infin. διακέρσαι. To thwart, frustrate : ἐμὸν ἔπος Θ 8.

†διακλάω [δια- (5)]. Aor. pple. διακλάσσας. To break in two : τόξα E 216.

διακοσμέω [δια- (6) (10)]. (1) To separate out and form into suitable bodies, marshal B 476.— To divide up and form (into bodies) : ἐς δεκάδας B 126.—(2) To put in due order. In mid. : ἐπεὶ μέγαρον διεκόσμησαν χ 457.

διακριδόν [διακρίνω]. Clearly, without doubt: δ. εἶναι ἄριστοι (ἄριστος) Μ 103, Ο 108.

†**διακρίνω** [δια- (6) (7)]. 3 sing. fut. διακρινέει Β 387. 3 sing. aor. διέκρῑνε δ 179. 3 pl. -αν Ρ 531. 3 sing. subj. διακρίνῃ Η 292, 378, 397. 3 pl. -ωσι Β 475. 3 sing. opt. διακρίνειε θ 195. **Pass.** Fut. infin. διακρινέεσθαι σ 149, ν 180. 3 pl. aor. διέκριθεν Β 815. 2 pl. subj. διακρινθῆτε ω 532. 2 pl. opt. διακρινθεῖτε Γ 102. Pple. διακρινθείς, -έντος Η 306, Τ 141, 212. Infin. διακρινθήμεναι Γ 98. Nom. pl. fem. pf. pple. διακεκριμέναι ι 220. (1) To separate out and form into suitable bodies, marshal Β 815.—To separate out, sort out: αἰπόλια αἰγῶν Β 475. Cf. ι 220.—(2) To separate, part: ἡμέας δ 179.—Of combatants Γ 98, 102, Η 292 = 378 = 397, Η 306, Ρ 531, Τ 141, 212: σ 149, ν 180, ω 532.—Sim.: μένος ἀνδρῶν Β 387.— (3) To distinguish, make out: τὸ σῆμα θ 195.

διάκτορος, -ου, ὁ [perh. fr. διακ-, lengthened fr. δι-α-, δι-, to run, as in δίεμαι]. Thus, the runner. Epithet or a name of Hermes Β 103, Φ 497, Ω 339, 378 = 389 = 410 = 432, 445 : α 84, ε 43, 75, 94, 145, θ 335, 338, μ 390, ο 319, ω 99.

†**διαλέγομαι** [δια- (9) +λέγομαι, λέγω²]. 3 sing. aor. διελέξατο. To go thr ugh, debate : ταῦτα Λ 407 = Ρ 97 = Φ 562 = Χ 122 = 385.

διάμάω [app. fr. δια- (5) + ἀμάω¹]. To cut through : διάμησε χιτῶνα Γ 359 = Η 253.

διαμετρέω [δια- (10)]. To measure off Γ 315.

διαμετρητός [διαμετρέω]. Measured off Γ 344.

διαμοιράομαι [δια- (10) +μοιράω, to divide, fr. μοῖρα]. To divide, apportion : ἔπταχα πάντα ξ 434.

διαμπερές [δι-, δια- (1) +ἀμπερές]. **(1)** Right through : βέλος ἐξέρυσε Ε 112 (i.e. in the direction of the arrow so as not to pull against the barbs), αἰχμὴ ἦλθεν 658. Cf. Ε 284, Ν 547.—With genit.: ἀσπίδος Μ 429. Cf. Τ 362.—Right through so as to make itself felt : οὐκ ὄμβρος περάασκεν ε 480, τ 442.—(2) Continuously, without break or interval : πέτρη τετύχηκεν κ 88. Cf. Π 640 : ε 256 — Continuously, all the way : θρόνοι ἐρηρέδατο η 96 —Right round : σταυροὺς ἔλασσεν ξ 11. Cf. Σ 563. —Right on : ἡγεμόνευε ρ 194. Cf. Κ 325.—All together, in a mass Μ 398.—Right through a company, in turn Η 171.—So as to meet, thoroughly : πόδας χεῖράς τε ἀποστρέψαντε χ 190.—(3) Of time, continuously, without intermission, break or interval Κ 89, 331, Ο 70, Π 499, Τ 272, Χ 264 : δ 209, θ 245, λ 558, ν 59 ο 196, ν 47, ψ 151.—In intensive sense: ἔγχος κέ σε κατέπαυσε δ. (for good) Π 618.

διάνδιχα [δι-, δια- (10) +ἄνδιχα]. **(1)** By halves Ι 37.—(2) With divided mind : μερμήριξεν (was in two minds) Α 189, Ν 455, (had half a min) Θ 167.

†**διανύω** [δι-, δια- (10)]. 3 sing. aor. διήνυσε. To make an end. With pple.: κακότητ᾽ ἀγορεύων ρ 517.

†**διαπέρθω** [δια- (10)]. 3 sing. aor. διέπερσε ι 265. 1 pl. -αμεν γ 130, λ 533, ν 316. 1 pl. subj. διαπέρσομεν Ι 46. Infin. διαπέρσαι Δ 53, 55. 1 pl. aor. διεπράθομεν Α 367. 3 pl. -ον θ 514. Infin. διαπραθέειν Η 32, Ι 532, Σ 511. 3 sing. aor. pass. διεπράθετο ο 384. To sack or ravage (a town)

Α 367, Δ 53, 55, Η 32, Ι 46, 532, Σ 511 : γ 130 = ν 316, θ 514, ι 265, λ 533, ο 384.

†**διαπέτομαι** [δια- (2)]. 3 sing. aor. διέπτατο. **(1)** To traverse a space by flight Ο 83, 172.— **(2)** To fly away through some opening α 320.

διαπλήσσω [δια- (5)]. Aor. infin. διαπλῆξαι θ 507. To split : δρῦς Ψ 120.—To split in pieces θ 507.

διαπορθέω [δια- (10)]. = διαπέρθω Β 691.

διαπραθέειν, aor. infin. διαπέρθω.

διαπρήσσω [δια- (10)]. Aor. opt. διαπρήξαιμι ξ 197. **(1)** To traverse a space, pass, advance, make one's way : πεδίοιο (local genit., ' along the . . .') Β 785 = Γ 14, Ψ 364.—To accomplish (a journey) Α 483 : = β 429, β 213.—(2) To pass or spend (time) Ι 326.—(3) To make an end. With pple. : λέγων ἐμὰ κήδεα ξ 197.

διαπρό [διά strengthened by πρό]. **(1)** Right through : ἤλυθ᾽ ἀκωκή Ε 66. Cf. Ε 538, Η 260, Μ 184, Ν 388, Τ 276, Φ 164, etc. : χ 295, ω 524.— With genit. : μίτρης Δ 138. Cf. Ε 281, Ξ 494.— **(2)** Through the whole extent : τάνυται Ρ 393.

διαπρύσιον [app. conn. with διαμπερές]. **(1)** Of shouting, piercingly Θ 227 = Λ 275 = 586 = Ρ 247, Μ 439 = Ν 149.—(2) Without a break : πεδίοιο τετυχηκώς (on the . . .) Ρ 748.

διαπτοιέω [δια- (10)]. To terrify, scare σ 340.

διαρπάζω [δι-, δια- (10)]. To make prey of Π 355.

διαρραίω [δια- (5)]. Fut. infin. pass. διαρραίσεσθαι Ω 355. To dash in pieces, destroy, make an end of, bring to nought Β 473, Ι 78, Λ 713, 733, Ρ 727, Ω 355 : α 251 = π 128, β 49, μ 290.

†**διαρρίπτω** [δια- (1)]. 3 sing. pa. iterative διαρρίπτασκε. To shoot (an arrow) through something τ 575.

†**διασεύω** [δια- (1) (2) (3)]. 3 sing. aor. mid. διέσσυτο. To speed or pass quickly through or across. With genit. : τάφροιο Κ 194 : μεγάροιο Χ 460 : δ 37.—Of a piercing weapon Ο 542.—With acc. : λαόν Β 450.—Absol., of a weapon Ε 661.

†**διασκεδάννυμι** [δια- (4)]. 3 sing. aor. διεσκέδασε ε 369, 370, η 275. 3 sing. opt. διασκεδάσειε ρ 244. To scatter, disperse ε 369, 370.—To break up into its component parts and disperse these : σχεδίην η 275.—To scatter to the winds, make an end of : ἀγλαΐας ρ 244.

διασκίδνημι. = prec. To scatter, disperse : νέφεα Ε 526.

διασκοπιάομαι [δια- (7) (10) + σκοπιάομαι fr. σκοπιή]. **(1)** To spy out Κ 388.—(2) To distinguish, discern Ρ 252.

διαστήτην, 3 dual aor. διίστημι.

†**διασχίζω** [δια- (5)]. 3 sing. aor. διέσχισε ι 71. 3 sing. aor. pass. διεσχίσθη Π 316. **(1)** To sever, rend : νεῦρα διεσχίσθη Π 316.—(2) To tear in pieces : ἱστία ι 71.

†**διατμήγω** [δια- (5) (6)]. Aor. pple. διατμήξας Φ 3 : γ 291, ε 409, μ 174. Aor. διέτμαγον η 276. 3 pl. aor. pass. διέτμαγεν Α 531, Η 302, Μ 461, Π 354 : ν 439. **(1)** To divide into two, sever Φ 3 (i.e. severing the fugitives into two bodies).—So of ships sailing together and severed into two bodies by a storm γ 291.—(2) To cleave (the sea), tra-

verse (it) ε 409, η 276.—(3) In pass., of two persons, to leave one another, part : ἐν φιλότητι διέτμαγεν H 302. Cf. A 531 : =ν 439.—(4) To cut in pieces μ 173.—In pass., of the boards of a gate coming apart M 461.—Of a scattered flock Π 354.

†διατρέχω [δια- (2)]. 3 pl. aor. διέδραμον γ 177. 3 sing. opt. διαδράμοι ε 100. To run over, traverse. With acc. : κέλευθα γ 177. Cf. ε 100.

†διατρέω [δια- (4)]. 3 pl. aor. διέτρεσαν. To flee in all directions: θῶες Λ 481, ἄλλυδις ἄλλος 486.

διατρίβω [δια- (10)]. (1) To rub down into small fragments, crumble Λ 847.—(2) To throw obstacles in the way of, put off, delay β 265, ν 341.—To thwart, oppose : τὸν ἐμὸν χόλον Δ 42.—(3) To put off (a person). With double acc. of the person and of what is delayed : Ἀχαιοὺς ὃν γάμον β 204.—(4) To put off time, loiter, delay T 150.—With genit., to hold back from, delay in undertaking : ὁδοῖο β 404.

διατρύγιος [δια- (8)+τρύγη. See τρυγάω]. Bearing fruit through the seasons, never failing ω 342.

διατρυφέν, nom. sing. neut. aor. pple. pass. διαθρύπτω.

διαφαίνω [δια-(1)(10)]. In pass. (1) To appear or be seen through. With genit. : ὅθι νεκύων διεφαίνετο χῶρος Θ 491 = K 199.—(2) To glow ι 379.

†διαφθείρω [δια- (10)]. 3 sing. fut. διαφθέρσει N 625. 2 sing. pf. διέφθορας O 128. (1) To destroy utterly : πόλιν N 625.—(2) In pf., to have lost one's wits, be beside oneself O 128.

†διαφράζω [δια- (9)]. 3 sing. aor. διεπέφραδε. To go through, say, tell Υ 340 : ρ 590.—Absol. Σ 9 : ζ 47.

διαφύσσω [δι-, δια- (8) (10)]. 3 sing. aor. διήφυσε τ 450. (1) To draw off (wine) in large quantities or constantly π 110.—(2) To lay open or rend (flesh) (as if to draw off the life) τ 450.

†διαχέω [δια- (5)]. 3 pl. aor. διέχευαν. To dismember or divide into joints (a sacrificial victim) H 316 : =τ 421, γ 456, ξ 427.

διδάσκω [redup. fr. δα-, δάω]. 3 sing. aor. (ἐ)δίδαξε Ε 51, Λ 832 : θ 481, 488. 1 pl. διδάξαμεν χ 422. 3 ἐδίδαξαν Ψ 307. Pf. infin. pass. δεδιδάχθαι Λ 831. (1) To teach, instruct (a person) Λ 832, Ψ 308 : θ 488.—(2) To teach, impart knowledge of (something) I 442, Ψ 307 : χ 422 (ἐργάζεσθαι complementary).—(3) With double acc. of person and thing : σφέας οἴμας θ 481.—With infin. of what is taught : βάλλειν ἄγρια πάντα Ε 51.—With acc. of person and this infin. : ὑψαγόρην σ' ἔμεναι α 384.—(4) In pass., to gain knowledge of, learn : φάρμακα δεδιδάχθαι (i.e. their properties) Λ 831.—With genit. : διδασκόμενος πολέμοιο (concerning war, i.e. the art of war) Π 811.

δίδημι [redup. fr. δε-, δέω]. = δέω (7) Λ 105 : μ 54.

διδυμάων [as next]. Only in dual and pl. Twin : διδυμάονε παῖδε Ε 548, Z 26.—(The) twins : Ἵπνῳ καὶ Θανάτῳ διδυμάοσιν Π 672=682.

δίδυμος [redup. fr. δύο]. (1) Two, two (to one) Ψ 641.—(2) Double ; αὐλοῖσιν τ 227.

†δίδωμι [redup. fr. δο-]. 1 sing. pres. δίδωμι Ψ 620 : ο 125, υ 342. 2 διδοῖς I 164. διδοῖσθα T 270. 3 δίδωσι I 261, Υ 299, Ω 528 : α 348, ρ 287, 474. διδοῖ I 519 : δ 237, ρ 350. 1 pl. δίδομεν B 228, Φ 297. 3 διδοῦσι B 255, T 265 : α 313, θ 167, ρ 450, σ 279. 2 pl. opt. διδοῖτε λ 357. 3 διδοῖεν σ 142. 2 sing. impf. ἐδίδους τ 367. 3 (ἐ)δίδου Ε 165, Z 192, Η 305, etc. : θ 63, 64, λ 289, σ 191, 323, χ 236. 1 pl. δίδομεν θ 545. 3 δίδοσαν δ 585, ξ 286, etc. Imp. δίδωθι γ 380. δίδου γ 58. Pple. διδούς, -όντος I 699 : α 390, λ 117, ν 378. Infin. διδόναι Ω 425. Pa. iterative δόσκον I 331 : ρ 420, τ 76. 3 sing. δόσκε Σ 546. 3 pl. δόσκον Ξ 382. Fut. δώσω Θ 166, Ξ 238, T 144, etc. : β 223, δ 589, π 80, etc. 2 sing. -εις τ 167. 3 -ει A 96, Θ 143, I 270, etc : β 135, ξ 444, ρ 11, etc. 3 pl. -ουσι A 123, 135, I 255, K 215, X 341 : δ 480, ψ 358. 1 pl. διδώσομεν ν 358. Infin. δωσέμεναι K 393, N 369 : δ 7. -έμεν K 323, X 117. -ειν Ε 654, Z 53, T 195, etc. : ω 342. διδώσειν ω 314. Aor. ἔδωκα ι 361, ο 373. δῶκα Δ 43 : δ 649, ν 273, τ 185, etc. 2 sing. ἔδωκας Ε 285, Φ 473, Ω 685 : χ 290, ω 337. δῶκας δ 647, θ 415, ω 340. 3 ἔδωκε Θ 216, O 719, Σ 456, etc. : α 67, η 150, ξ 63, etc. δῶκε A 347, Z 193, N 727, etc. : γ 40, ι 203, κ 19, etc. 3 pl. ἔδωκαν N 303, X 379, Ψ 745 : θ 440, ν 369. δῶκαν ζ 215. 1 pl. aor. ἔδομεν ω 65. δόμεν P 443. 3 ἔδοσαν T 291 : ν 135, ξ 216, ρ 148, etc. δόσαν A 162, Δ 320, Π 867, etc. : η 242, ι 93, ξ 39, etc. Subj. δῶ ι 356, υ 296. 2 sing. δῷς H 27. 3 δῴσι A 324, M 275. δώῃ Z 527, O 287, Π 88, etc. : μ 216, σ 87, φ 338, etc. δῷσι A 129 : α 379, β 144. 1 pl. δώομεν H 299, 351 : π 184. δῶμεν Ψ 537 : θ 389, ν 13. 3 δῶσι A 137, I 136, 278. δῶσι Γ 66. Opt. δοίην ψ 314, ο 449, σ 361. 2 sing. δοίης Η 625 : δ 600, ι 268, ρ 223, 455. 3 δοίη I 379, 385, P 127, 562, etc. : β 54, ζ 144, ι 229, etc. 1 pl. δοῖμεν N 378 : β 336, π 386. 3 δοῖεν A 18, T 264, Ψ 650, Ω 686 : ζ 180, η 148, θ 411, 413, ο 316, ω 402. Imp. δός A 338, Ε 359, Π 524, etc. : γ 46, ζ 178, ι 355, etc. 3 sing. δότω B 383, Λ 798, Ξ 377, Σ 301 : η 166. 2 pl. δότε Ζ 476 : β 212, ζ 209, φ 281, etc. Fem. pple. δοῦσα ο 369. Nom. pl. masc. δόντες A 299 : ε 38, ψ 341. Infin. δόμεναι A 98, Δ 380, I 120, etc. : α 317, ι 518, ρ 417, etc. δόμεν Δ 379, I 571, Σ 458, 508 : ρ 404. δοῦναι Λ 319, O 216, Ψ 593 : α 292, 316. 3 sing. aor. opt. pass. δοθείη β 78. 3 sing. pf. δέδοται Ε 428. (ἀπο-, ἐκ-, ἐπι-, περι-.) (1) To make another owner of, give, present : τόξον γε Τεύκρῳ B 827, δῶρα δίδωσι (offers) I 261. Cf. B 102, Ε 272, Z 219, H 299, etc. : τάλαρον ἔδωκεν δ 125, ἔδνα διδόντες (offering) λ 117. Cf. α 313, 316, β 336, etc.—In reference to something immaterial : τιμῆς ἥμισυ Z 193.—To assign (a share of spoil) A 162, B 228, I 334, etc.—To make over one's rights : ἑπτὰ πτολίεθρα I 149, 291.—(2) To give as a reward or prize : δύο χρυσοῖο τάλαντα Σ 508. Cf. K 305, Ψ 537, 551, 560, 616, 620, 807, etc.—(3) To offer (a sacrifice) : θεοῖς ἑκατόμβας H 450=M 6. Cf. α 67, π 184, τ 367.—Sim. δῶρα

θεοῖσιν Υ 299. Cf. Ω 425 : ν 358.—(4) To give (food or drink), put (food or drink) before a person : δέπας οἴνου Σ 546 : ξεινήϊα γ 490. Cf. ζ 209, η 166, ι 93, etc.—To see to the due providing of (a meal) : δεῖπνον ἑταίροισιν κ 155.—Of feeding horses Β 383.—Of an eagle feeding its young Μ 222.—(5) To pay (a price) α 431, ο 388=429, 449.—To pay (ransom) Φ 41, 42, Χ 341, Ψ 746, Ω 594, 685, 686.—To make over (as compensation) : ἵππους υἷος ποινήν Ε 266.—To pay as brideprice Λ 243, 244.—To give (μείλια) Ι 147, 289.—(6) To give in marriage : θυγατέρα ἥν Ζ 192= Λ 226. Cf. Ν 369, 378, Ξ 268, 275, Τ 291 : α 292, β 54, 223, δ 7, λ 289, ο 367.—(7) To give or confer (something immaterial) : μέγ' εὖχος Ε 285 : γέρας η 150. Cf. Ε 654=Λ 445, ΙΙ 625, Φ 473.—Sim. : δαίμονά τοι δώσω (will deal thee . . .) Θ 166 : γαστὴρ πολλὰ κακὰ δίδωσιν ρ 287, 474.—To give or utter (an oath) τ 302.—(8) To resign one's claims to : ἵππον Ψ 553, 592, 610.—(9) To give the use of, lend : φάσγανον Κ 255. Cf. Ε 359, 363, Κ 260, Λ 798, etc. : νῆα β 212=δ 669. Cf. γ 369, δ 647, 649, ε 234, 237, ζ 144, 178, etc.—To give the services of : ἐπικούρους Δ 379, 380 : β 212=δ 669.— To give as a servant or slave ρ 223, 442.—(10) To give, commit, hand over, for some purpose : σάκος χείρονι φωτί Ξ 377. Cf. Α 324, Β 205, Ι 331, Ο 455, Ρ 127, Φ 84, etc. : ἄλεισον γ 50. Cf. γ 40, 437, ε 351, κ 33, ξ 112, φ 233, etc.—Sim. : ὀδύνησί μιν (μ') ἔδωκεν Ε 397 : ρ 567, ἀχέεσσί με δώσεις τ 167.—With infin. expressing the purpose : δὸς σφωῖν [κούρην] ἄγειν Α 338. Cf. Ε 26, Ζ 53, Η 471, Λ 704, ΙΙ 40, etc. : δὸς τούτῳ δέπας σπεῖσαι γ 46. Cf. σ 87, υ 78.—To give (the hand) Ψ 75.◄—To commit (to the flames) ω 65.—(11) Of a divine power (a) To give, grant, bestow, as a boon or in answer to prayer : ναύτῃσιν οὖρον Η 4. Cf. Α 178, Γ 66, Δ 320, Ι 38, etc. : ἐπιφροσύνην ε 437. Cf. β 116, γ 58, δ 237, η 148, θ 44, etc.—(b) To send or afflict with (something evil) : ἄλγεα Α 96. Cf. Β 375, Ι 571, Τ 264, 270, Ω 241, etc. : ἄτην δ 262. Cf. β 135, δ 237, η 242, ξ 39, etc.—(c) With infin., to empower or permit to do something, grant a person's doing it or its being done : ἐκπέρσαι πόλιν Α 18, τὸν δῦναι δόμον Ἄϊδος Γ 322. Cf. Α 129, Ε 118, Ζ 307, Η 203, Ρ 646, etc. : παλίντιτα ἔργα γενέσθαι α 379, ἄλοχον ἰδέειν θ 411. Cf. γ 60, ζ 327, η 110, μ 216, χ 253, etc.— To appoint as one's lot : τολυπεύειν πολέμους Ξ 86.—(d) Absol. : διάνδιχα δῶκε Κρόνου πάϊς Ι 37. Cf. Χ 285, Ω 529 : Διός γε διδόντος α 390. Cf. α 348, η 35, τ 396.—(12) Absol., to accede to one's wishes : σοὶ δῶκα ἑκὼν ἀέκοντί γε θυμῷ Δ 43.—(13) To restore (cf. (14) (a) (b)) : κτήματα Η 364. Cf. Η 391, 393, Λ 125, Χ 117.—(14) Uses with adverbs. (a) With ἀπό, to restore (cf. (13)) : πρὶν γ' ἀπὸ πατρὶ δόμεναι κούρην Α 98.—To make up for, give compensation for : πρὶν γ' ἀπὸ πᾶσαν ἐμοὶ δόμεναι λώβην Ι 387. Cf. β 78.—(b) With πάλιν, to restore (cf. (13)) Α 116, Η 79=Χ 342, Χ 259.

διέδραμον, 3 pl. aor. διατρέχω.

διέεργω [δι-, δια- (6)]. To keep apart, separate Μ 424.

δίειπε, contr. imp. διαεῖπον.

διείπομεν, 1 pl. impf. διέπω.

διείρομαι [δι-, δια- (9)]. To ask about at length ; or simply, to ask about Α 550.—With double acc. (cf. εἴρομαι (4)) : ταῦτά με Ο 93 : δ 492, λ 463, ω 478.

διέκ [διά strengthened by ἐκ]. Right through ; or simply, through. With genit. : προθύρου Ο 124. Cf. κ 388, ρ 61, 460, σ 101, 185 ⟶ τ 503= χ 433, σ 386, τ 47= υ 144, φ 299.

διέκριθεν, 3 pl. aor. pass. διακρίνω.

†**διελαύνω** [δι-, δια- (1) (3)] 3 sing. aor. διήλασε. (1) To drive (horses, etc.) across something Μ 120 (across the ditch).—To drive them across. With genit. : τάφροιο Κ 564.—(2) To drive or thrust (a weapon) through. With genit. : λαπάρης ἔγχος ΙΙ 318.—To drive or thrust a weapon through. With genit. : ἀσπίδος Ν 161.

διελέξατο, 3 sing. aor. διαλέγομαι.

διελεύσεσθαι, fut. infin. διέρχομαι.

διελθέμεν, aor. infin. διέρχομαι.

δίεμαι [cf. δίον², διώκω]. Aor. sub. δίωμαι φ 370. 3 sing. δίηται Η 197, Ο 681, ΙΙ 246, Χ 189, 456. 3 pl. δίωνται Ρ 110. 3 sing. opt. δίοιτο ρ 317. (ἀπο-, ἐνδίημι.) (1) To chase, pursue Χ 189 : ρ 317—(2) To chase away, drive off or away : λῖν Ρ 110. Cf. Μ 276, Σ 162, Χ 456 : φ 370.—Sim. : ἀπὸ ναῦφι μάχην ΙΙ 246.—To cause to retire, put to flight Η 197.—(3) To send or chase away, dismiss : ξεῖνον ἀπὸ μεγάροιο ρ 398. Cf. υ 343.— (4) To drive (horses) Ο 681.—(5) As pass. (a) To be driven off or away Μ 304.—(b) Of horses, to be driven, race Ψ 475.

†**διέξειμι** [δι-, δια- (1) + ἐξ- (1) + εἶμι]. Infin. (in fut. sense) διεξίμεναι. To pass through and emerge from something : πύλας, τῇ ἔμελλε διεξίμεναι πεδίονδε Ζ 393.

διεξερέομαι [δι-, δια- (9), ἐξ- (9)]. To question closely about. With double acc. : ἐμὲ ταῦτα Κ 432.

διεξίμεναι, infin. διέξειμι.

διέπερσε, 3 sing. aor. διαπέρθω.

διεπέφραδε, 3 sing. aor. διαφράζω.

διέπραθον, 3 pl. aor. διαπέρθω.

διέπτατο, 3 sing. aor. διαπέτομαι.

διέπω [δι-, δια- (10) + ἕπω¹]. (1) To bring into order or under control : στρατόν Β 207. Cf. Ω 247.—(2) To carry on, manage Α 166.—To attend to, carry through : τὰ ἕκαστα μ 16.—To attend to, arrange, settle Λ 706.

†**διερέσσω** [δι-, δια- (2)]. Aor. διήρεσ(σ)α. To row or propel oneself in the water through a space μ 444 (through the strait), ξ 351 (through the water between the ship and the shore).

διερός. (1) App., living : βροτός ζ 201.— (2) App., nimble : ποδί ι 43.

διέρχομαι [δι-, δια- (1) (2)]. Fut. infin. διελεύσεσθαι Ν 144, Υ 263. 3 sing. aor. διῆλθε Ψ 876 : τ 453. 3 pl. opt. διέλθοιεν Κ 492. Infin. διελθέμεν Υ 100, Ω 716 : ζ 304. (1) Of a weapon, to pierce its way Τ 263, Ψ 876 : τ 453.—To pierce or pass *through*. With genit. : χροός Τ 100.—(2) To pass through or traverse a space : ὅπως ἵπποι ῥεῖα διέλθοιεν Κ 492. Cf. Ω 716.—To pass *through* or traverse. With genit. : μεγάροιο ζ 304.—With acc. : ἄστυ Ζ 392. Cf. Γ 198, Ν 144.

διεσκέδασε, 3 sing. aor. διασκεδάννυμι.
διέσσυτο, 3 sing. aor. mid. διασεύω.
διέσταμεν, 1 pl. pf. διίστημι.
διέστησαν, 3 pl. aor. διίστημι.
διέσχε, 3 sing. aor. διέχω.
διέσχισε, 3 sing. aor. διεσχίσθη, 3 sing. aor. pass. διασχίζω.
διέτμαγον, aor. διατμήγω.
διέτρεσαν, 3 pl. aor. διατρέω.
διέφθορας, 2 sing. pf. διαφθείρω.
διέχευαν, 3 pl. aor. διαχέω.
†διέχω [δι-, δια- (1)]. 3 sing. aor. διέσχε. To pass through, hold its way : [ὀϊστός] Ε 100. Cf. Λ 253, Τ 416.

δίζημαι [prob. a non-thematic redup. pres. = ζητέω]. 2 sing. δίζηαι λ 100. 1 pl. aor. subj. διζησόμεθα π 239. (1) To seek for, try to find (a person or a strayed animal): Πάνδαρον Δ 88. Cf. Ε 168, Κ 84, Ν 760 : ἵππους φ 22. Cf. ο 90.— To seek out, try to get the help of : ἄλλους π 239.—(2) To seek after, try to acquire or have : φάρμακον α 261. Cf. Ρ 221.—To strive after, seek to achieve : νόστον λ 100, ψ 253.—(3) To seek in marriage, woo π 391 = φ 161.

δίζυξ, -υγος [δι-, δισ- + ζυγόν]. Yoked, or meant to be yoked, in pairs : ἵπποι Ε 195, Κ 473.

δίζω [prob. thematic form answering to δίζημαι]. To be in doubt, hesitate : ἠὲ . . . ἤ . . . Π 713.

διήγαγον, 3 pl. aor. διάγω.

διηκόσιοι [δι-, δισ- + ἑκατόν]. Two hundred Ι 383.—Absol. Θ 233.

διήλασε, 3 sing. aor. διελαύνω.
διῆλθε, 3 sing. aor. διέρχομαι.

διηνεκέως [adv. fr. next]. Right through, at length : ἀγορεῦσαι η 241.—Fully, plainly, in detail δ 836, μ 56.

διηνεκής [δι-, δια- (8) + ἐνεκ-. See φέρω]. Carried straight through, straight : ὦλκα σ 375. —Without break or obstruction : ἀτραπιτοὶ ν 195. —Continuous : νώτοισιν (slices cut the whole length of the back) Η 321 : ξ 437 —Thrown out far, far-stretching : ῥίζῃσιν Μ 134.—Carried right round : ῥάψε ῥάβδοισι διηνεκέεσσιν περὶ κύκλον Μ 297.

διήνυσε, 3 sing. aor. διανύω.
διήρεσ(σ)α, aor. διερέσσω.
δίηται, 3 sing. aor. subj. δίεμαι.
διήφυσε, 3 sing. aor. διαφύσσω.

†δικνέομαι [δι-, δια- (9)]. Fut. δίξομαι Ι 61. 2 sing. aor. δίκεο Τ 186. To go through in speaking : πάντα Ι 61, Τ 186.

διιπετής [app. fr. Διί, dat. of Ζεύς + πε-, πίπτω]. Thus, falling in the sky, *i.e.* rain-fed ; or poss., falling by the power or ordinance of Zeus. Epithet of rivers Π 174, Ρ 263, Φ 268, 326 : δ 477, 581, η 284.

διίστημι [δι-, δια- (6)]. 3 dual aor. διαστήτην Α 6, Π 470. 3 pl. διέστησαν Ω 718. Nom. pl. masc. pple. διαστάντες Μ 86, Ρ 391. 1 pl. pf. διέσταμεν Φ 436. (1) In aor. and mid. (a) To stand apart or aside : διαστάντες (severing, parting, *i.e.* in order to form themselves into bodies) Μ 86, τὼ [ἵππω] διαστήτην (wheeled apart, *i.e.* with their hind quarters) Π 470, διαστάντες (taking their stand at (regular) intervals) Ρ 391, διέστησαν καὶ εἶξαν ἀπήνῃ (stood aside, parted this way and that) Ω 718.—(b) Of the sea, to part, be cleft Ν 29.—(c) To come into variance, quarrel Α 6.—(2) In pf., to have one's stand, stand, apart : τίη διέσταμεν ; (why do we not come to close quarters ?) Φ 436.

διίφιλος [Διί, dat. of Ζεύς + φίλος. Prob. better written thus than Διί φίλος. Cf. διιπετής, which is clearly a compound]. Dear to Zeus, favoured by Zeus Α 74, 86, Β 628, Ζ 318, Θ 493, 517, Ι 168, Κ 49, 527, Λ 419, 473, 611, Ν 674, Π 169, Σ 203, Χ 216, Ω 472.

δικάζω [δίκη]. Fut. δικάσω Ψ 579. 3 pl. aor. δίκασαν λ 547. Imp. pl. δικάσσατε Ψ 574. (1) To pronounce judgment, give a decision Σ 506, Ψ 574, 579 : λ 547.—(2) To form a decision, come to a resolve Α 542, Θ 431 (lay down the law for . . .).—(3) In mid., to seek a judgment or decision, plead one's cause λ 545, μ 440.

δίκαιος [δίκη]. (1) Conforming to the traditional order of society, observing the usages common to civilized men, civilized ζ 120 = ι 175 = ν 201, θ 575.—In superl. δικαιότατος Λ 832, Ν 6.— (2) Mindful of the usages of courtesy, well-bred γ 52.—(3) Acting with due regard to what is right, upright, honourable β 282, γ 133, ν 209.— In comp. δικαιότερος Τ 181.—(4) Absol. in neut. δίκαιον, something right or proper : ἐπὶ ῥηθέντι δικαίῳ (when the right word has been spoken) σ 414 = υ 322.—οὐ δ. with infin., (it is) not right or proper *to* : ἀτέμβειν υ 294, φ 312.

δικαίως [adv. fr. prec.]. In due or proper wise ξ 90.

δικασπόλος [δίκας, acc. pl. of δίκη + -πολος, conn. with πολεύω]. Busied about judgments, administering justice Α 238 : λ 186.

δίκη, -ης, ἡ. (1) Custom, usage, way : βασιλήων δ 691. Cf. σ 275, τ 43.—With notion of privilege : γερόντων ω 255.—Applied to a mode of existence or action imposed from without : δμώων ξ 59. Cf. λ 218.—Something that always happens in specified circumstances τ 168.—(2) Right, justice Π 388, Τ 180 : ξ 84.—In pl., rules of right, principles of justice : οὐ δίκας εἰδότα οὐδὲ θέμιστας (having no regard for justice or the usages of (civilized) men ; see εἴδω (III) (12)) ι 215. Cf. γ 244.—(3) A judgment or doom : ὃς Λυκίην εἴρυτο δίκῃσιν (by his (impartial) administration of justice) Π 542. Cf. Σ 508.—(4) A plea of right, a claim : δίκας εἴροντο (were asking questions about their . . . , seeking decisions in regard to them) λ 570. Cf. Ψ 542.

δικλίς, -ίδος [δι-, δισ- + κλίνω]. Of gates or

doors, double : πύλας δικλίδας M 455. Cf. β 345, ρ 268.

δίκτυον, -ου, τό. A fishing-net χ 386.

δινεύω [δίνη]. 3 sing. pa. iterative δινεύεσκε Ω 12. (1) To turn (one's team) this way and that Σ 543.—(2) To whirl oneself about, spin round. Of acrobats Σ 606 : = δ 19.—Of a bird, to circle or wheel in flight Ψ 875.—(3) To wander, rove, roam. Δ 541, Ω 12 : τ 67.

δινέω [as prec.]. (ἀμφι-, ἐπι-.) (1) To whirl round (before throwing) : σόλον Ψ 840.—To cause to revolve : μοχλόν ι 384, 388.—(2) To whirl oneself about, spin round. Of dancers Σ 494.— (3) In pass. (a) To go in a circle : πόλιν πέρι δινηθήτην X 165.—(b) To wander, rove, roam ι 153, π 63.—(c) Of the eyes, to be turned in various directions, wander P 680.

δίνη, -ης, ἡ. An eddy or whirlpool (in a river) Φ 11, 132, 213, 239, 246, 353 : ζ 116.

δινήεις, -εντος [δίνη]. Eddying, whirling. Epithet of rivers. Of the Lycian Xanthus B 877, E 479.—Of the Trojan Xanthus (Scamander) Θ 490, Ξ 434 = Φ 2 = Ω 693, Φ 125, 206, 332, X 148. —Of other rivers Υ 392 : ζ 89, λ 242.

δινωτός, -ή, -όν [δινόω fr. δῖνος = δίνη]. (Cf. ἀμφιδινέω.) (1) App., adorned with inlaid circles or spirals of a precious material Γ 391 : τ 56.— (2) App., ornamented with rings or round pieces of specified materials N 407.

διογενής [δι-ο-, fr. Δι- of oblique cases of Ζεύς + γεν-, γίγνομαι]. Sprung from Zeus. Epithet of heroes Α 337, 489, Β 173, Δ 489, Ι 106, Λ 810, Ψ 294, etc.—In Od. always of Odysseus β 352, ε 203, θ 3, κ 443, etc.

Διόθεν [Δι-ο- as in prec. + -θεν (1)]. (1) From, sent by, Zeus Ω 194, 561.—(2) By his power or will Ο 489.

διοϊστεύω [δι-, δια- (1) (2)]. (1) To shoot an arrow through. With genit. : πελέκεων τ 578 = φ 76. Cf. τ 587, φ 97 = 127, φ 114.—(2) To shoot an arrow over an indicated space μ 102.

δίοιτο, 3 sing. aor. opt. δίεμαι.

†**διόλλυμι** [δι-, δια- (10)]. 3 sing. pf. διόλωλε. To go to ruin : οἶκος ἐμὸς διόλωλε β 64.

δίον[1], aor. [δΕι-, δείδοικα]. To be afraid Ε 566, Ι 433, Λ 557.—With μή and opt. P 666 : χ 96.

δίον[2], aor. [Cf. δίεμαι.] To flee, run X 251.

διοπτεύω [δι-, δια- (10) + ὀπτεύω fr. ὀπ-. See ὁράω]. (ἐποπτεύω.) To act the spy K 451.

διοπτήρ, -ῆρος, ὁ [cf. prec.]. A spy K 562.

δῖος, δῖα, δῖον [Δι- of oblique cases of Zeus]. (1) Of Zeus : δῖον γένος Ι 538 (= Διὸς κούρη 536). —(2) **(a)** Bright, shining. Of the sea Α 141, Β 152, Ξ 76, etc. : γ 153, δ 577, ε 261, etc.—Of rivers (or perh. rather = διιπετής) B 522, M 21.—Of the dawn Ι 240, Λ 723, Σ 255, etc. : ι 151, λ 375, π 368, etc.—Of the αἰθήρ Π 365 : τ 540.—Of the earth Ξ 347, Ω 532.—**(b)** **(a)** Of goddesses, bright, resplendent, glorious Β 820, Γ 389, 413, Ε 370, K 290 (here, of Athene, perh. rather in sense (1) = Διὸς τέκος 284) : ε 263, 321, 372, μ 133, υ 68, 73.—Applied to Charybdis μ 104, 235.—**(β)** With

superl. sense : δῖα θεάων, bright, etc., among goddesses (partitive genit.), brightest, etc., of goddesses (cf. (3) (b) (β)) Ε 381, Ζ 305, Ξ 184, etc. : α 14, δ 382, κ 400, etc.—(3) An epithet of general commendation. **(a)** Of men, noble, illustrious, goodly, or the like Α 7, 145, Β 57, 221, Γ 329, Δ 319, Ε 211, Ζ 31, K 285, Ξ 3, P 705, Ω 618, etc. : α 196, 284, 298, γ 439, δ 655, λ 168, 522, ξ 3, φ 240, etc.—Sim. of peoples or bodies of men : Ἀχαιοί Ε 451. Cf. K 429, Λ 455, 504, Σ 241, Υ 354 : γ 116, τ 177, 199.—**(b)** **(a)** Of women, noble, queenly, or the like Ε 70, Ζ 160, P 40 : γ 266. — **(β)** With superl. sense : δῖα γυναικῶν, pearl of women (cf. (2) (b) (β)) B 714, Γ 171, 228, 423 : α 332, δ 305, υ 147, etc.—**(c)** Of horses, noble, well-bred, or the like Θ 185, Ψ 346 (here perh. rather in sense (1), 'divine' ; cf. 347).—**(d)** Of cities, etc., famed, rich, or the like B 615, 836, Λ 686, 698, Φ 43 : γ 326, δ 313, 702 = ε 20, ν 275, 440, ο 298, ρ 121, ω 431.

διοτρεφής [δι-ο- (cf. διογενής) + τρέφω]. Nourished or cherished by Zeus. Epithet of kings, chiefs, etc. Α 176, Β 660, Ε 463, Η 109, Λ 648, etc. : γ 480, δ 26, ε 378, η 49, χ 136, etc.—Absol. in voc. Ι 229, P 685, Φ 75, etc. : δ 391, κ 266, 419, ο 155, 199, ω 122.

δίπλαξ, -ακος [δι-, δισ-. For the second element cf. next]. (1) Double, applied in two layers : δημῷ Ψ 243. Cf. Ψ 253.—(2) As fem. sb., a χλαῖνα intended to be worn double Γ 126, X 441 : τ 241.

διπλόος [δι-, δισ-. For the second element cf. ἁ-πλοῖς and prec.]. Contr. acc. sing. fem. διπλῆν K 134 : τ 226. (1) Worn double : χλαῖναν K 134 : τ 226.—(2) Of the θώρηξ, consisting of two plates : ὅθι ζωστῆρος ὀχῆες σύνεχον καὶ δ. ἤντετο θώρηξ Δ 133 = Υ 415 (i.e. where the two plates met (and overlapped) at the sides. But there is great confusion in these passages. The belt would naturally be fastened in front, not at the side ; and in Υ the wound is behind).

δίπτυχος, -ον [δι-, δισ- + πτυχ-, πτύξ]. From δίπτυξ acc. sing. fem. δίπτυχα (cf. ὑπόβρυξ). (1) Worn double : δίπτυχον λώπην ν 224.—(2) In a double fold : δίπτυχα [κνίσην] ποιήσαντες (i.e. folding it with a double fold so as to enclose the sacrificial joints) Α 461 = B 424 : = γ 458 = μ 361.

δίς [δύο]. Twice : δὶς τόσσον ι 491.

δισθανής [δισ- + θαν-, θνήσκω]. Dying twice μ 22 (i.e. with a second death to face).

δισκέω [δίσκος]. To engage in a contest of throwing the δίσκος : ἀλλήλοισιν (with . . .) θ 188.

δίσκος, -ου, ὁ. A mass of stone for distance-throwing as a trial of strength or skill Ψ 431, B 774 : = δ 626 = ρ 168, θ 129, 186.

δισκούρα, τά Ψ 523 = δίσκου οὖρα. See οὖρον (3).

δίφάω. To seek for, search for Π 747.

δίφρος, -ου, ὁ [contr. fr. διφόρος fr. δι-, δισ- + -φορος, φέρω. 'Something that carries two,' i.e. (in war) the ἡνίοχος and the παραιβάτης]. (1) **(a)** A chariot, whether used in war, for racing, for travel or for conveyance in general (hardly to be distinguished from ἅρμα) Γ 262, 310, E 20, N 392, Ψ 335, 370, Ω 322, etc. : γ 324, 369, 481, 483, δ 590, ξ 280.—(b) The platform thereof, composed of straps plaited and strained tight E 727.—(2) A seat (the notion of 'two' app. lost) Γ 424, Z 354, Ω 578 : δ 717, ρ 330, τ 97, υ 259, etc.

δίχα [δι-, δίς]. (1) In two : δ. ἑταίρους ἠρίθμεον (into two bodies) κ 203, δ. σφισὶ πάντα δέδασται (between them) ο 412.—(2) In two ways : δ. σφισὶν ἥνδανε βουλή (they were divided in opinion) Σ 510 : γ 150, βάζομεν (in disagreement, at variance) γ 127.—So of favouring different sides, taking different parts : δ. θυμὸν ἔχοντες Υ 32. Cf. Φ 386.—Of doubt or hesitation : δ. μερμήριξεν (was in two minds) χ 333. Cf. π 73, τ 524.

διχθά [as prec.]. (1) = prec. (1) a 23 (into two tribes).—(2) = prec. (2). Of doubt, etc. Π 435.

διχθάδιος, -η, -ον [διχθά]. (1) Two (and different) : κῆρας I 411.—(2) In neut. pl. διχθάδια as adv. = δίχα (2). Of doubt, etc. Ξ 21.

δίψα, -ης, ἡ. Thirst Λ 642, T 166, Φ 541, X 2.

διψάω [δίψα]. To be athirst : διψάων (in his thirst) λ 584.

†διωθέω [δι-, δια- (5)]. 3 sing. aor. διῶσε. To tear asunder, rend : κρημνὸν [πτελέη] διῶσεν Φ 244.

διώκω [cf. δίεμαι]. 3 dual impf. διώκετον K 364. (1) To chase, pursue E 65, 672, Θ 339, K 359, 364, N 64, Π 598, P 463, Φ 3, 601, X 8, 157, 158, 168, 173, 199, 200, 230 : ο 278.—In mid. Φ 602.—Absol. : διωκέμεν ἠδὲ φέβεσθαι E 223 = Θ 107.—(2) To send away, chase away σ 409.—In mid. σ 8.—(3) To pursue, seek to win : ἀκίχητα P 75.—(4) To drive (a chariot) Θ 439.—Absol. Ψ 344, 424, 499, 547.—(5) Of a wind, to drive (a vessel) ε 332.—(6) Of rowers, to propel (a vessel). Absol. : ῥίμφα διώκοντες μ 182.—In pass., of a vessel, to be propelled by any agency, course along : ῥίμφα διωκομένη ν 162.

δίωμαι, aor. subj. δίεμαι.

διῶσε, 3 sing. aor. subj. διωθέω.

δμηθήτω, 3 sing. aor. imp. pass. δαμάζω.

δμῆσις, ἡ [δμη-, δαμάζω]. Control, handling P 476.

δμήτειρα, ἡ [as prec.]. The subduer (cf. πανδαμάτωρ) : Νὺξ δ. θεῶν καὶ ἀνδρῶν Ξ 259.

δμωή, -ῆς, ἡ [δμ-, δαμάζω]. A bondwoman, a female servant (cf. ἀμφίπολος) Z 375, 376, I 658, Σ 28, X 449, Ψ 550, Ω 582, 587, 643 : a 147, β 412, δ 49, ζ 307, ο 461, ρ 34, etc.—Of Calypso's servants ε 199.—With γυνή. See γυνή (3).

δμώς, -ωός, ὁ [as prec.]. Genit. pl. δμώων a 398, ι 206, ξ 59, ρ 402, etc. Dat. δμώεσσι ζ 71, λ 431, ο 379, ω 213, etc. δμωσί ρ 389. A bondman, a man-servant T 333 : = η 225, δ 644, ζ 69, λ 190, ρ 299, ω 210, etc.—With ἀνήρ ρ 305.

δνοπαλίζω. 2 sing. fut. δνοπαλίξεις ξ 512. App., to knock aside or about, or, to shake : ἀνὴρ ἄνδρ' ἐδνοπάλιζεν Δ 472.—Of clothes, app., metaphorically, to knock them about ; or perh., to flutter or flaunt them : τὰ σὰ ῥάκεα δνοπαλίξεις ξ 512.

δνοφερός, -ή, -όν [δνόφος, darkness]. (1) Dark,

devoid of light ν 269, ο 50.—(2) Dark in hue I 15 = Π 4.

δοάσσατο, 3 sing. aor. [app. conn. with δοκέω]. 3 sing. subj. δοάσσεται Ψ 339. To seem, appear. With infin. : ἄκρον ἱκέσθαι Ψ 339. — Impers. : κέρδιον εἶναι N 458 = Ξ 23 = Π 652 : = ο 204 = σ 93 = χ 338 = ω 239, ε 474 = ζ 145, κ 153.

δοθείη, 3 sing. aor. opt. pass. δίδωμι.

δοιή, -ῆς, ἡ [δοιός]. Doubt I 230.

δοίην, aor. opt. δίδωμι.

δοιός, -ή, -όν [δύο]. (1) Two Γ 236, Δ 7, E 206, 728 (see under ἄντυξ (1)), Λ 431, 634, M 455, 464, N 126, Π 326, Σ 605, T 310, X 148, Ψ 194, Ω 527, 608, 609, 648 : δ 18, 129, 526, ε 476, κ 84, π 253, 296, τ 562.—(2) In neut. pl. δοιά as adv., in two ways, in double wise : κακὸν ἔμπεσεν οἴκῳ β 46.

δοκεύω [δοκ-, δέχομαι]. To watch, keep an eye upon : μεταστρεφθέντα (for his turning away) N 545, Ὠρίωνα Σ 488 : = ε 274. Cf. Θ 340, Π 313, Ψ 325.

δοκέω. (1) To seem, appear. With infin. : ὃς δοκέει χαριέστατος εἶναι Z 90. Cf. Ψ 459, 470 : a 227, β 33, ε 342, ζ 258, θ 388, ρ 415, σ 18, 125, υ 93.—Impers. : ὥς μοι δοκεῖ εἶναι ἄριστα I 103 = 314 = N 735. Cf. Z 338, M 215 : a 376 = β 141, ε 360, ν 154, σ 354, ψ 130.—(2) To seem likely to . . . With fut. infin. : οὔ μοι δοκέει μύθοιο τελευτὴ κρανέεσθαι I 625.—(3) To seem or appear to oneself, think oneself. With infin. : δοκέεις τις μέγας ἔμμεναι σ 382.—(4) To think, suppose, fancy, imagine. With pres. infin. : δόκησε σφίσι θυμὸς ὣς ἔμεν ὡς εἰ . . . κ 415.—With fut. infin. : νικησέμεν H 192.

δοκός, ἡ [δοκ-, δέχομαι]. A beam supporting a roof τ 38, χ 176, 193.—A piece of timber intended to be used as such a beam P 744.

δόλιος, -η, -ον [δόλος]. (1) Characterized by or showing craft or guile δ 455, 529, ι 282.—(2) Craftily and skilfully arranged : κύκλον δ 792.

δολιχαυλος, -ον [δολιχός + αὐλός (3)]. With long αὐλός : αἰγανέας ι 156 (meaning simply 'long' ; the second element not to be pressed).

δολιχεγχής [δολιχός + ἔγχος] With long spears Φ 155.

δολιχήρετμος, -ον [δολιχός + ἐρετμόν]. With long oars. Epithet of the Phaeacians θ 191 = 369 = ν 166.—Of ships δ 499, τ 339, ψ 176.

δολιχός, -ή, -όν. (1) Long Δ 533, N 255, I 86, N 162, O 474, P 607 : γ 169, δ 393, 483, ρ 426, τ 448.—Of time : νύκτα δολιχὴν σχέθεν (so as to be . . .) ψ 243.—Of a disease, long drawn-out, protracted λ 172.—(2) In neut. pl. Of time, long K 52.

δολιχόσκιος [doubtfully explained as fr. δολιχός + σκιή, 'casting a long shadow,' 'long']. Epithet of spears : ἔγχος Γ 346, 355, E 15, Z 44, H 213, N 509, Π 801, Υ 262, Φ 139, Ψ 798, etc. : τ 438, χ 95, 97, ω 519, 522.

δολόεις, -εσσα [δόλος]. (1) Crafty, wily η 245, ι 32.—(2) Craftily or cunningly made θ 281.

δολομήτης, -ου [δόλος + μῆτις]. Crafty of counsel, wily. Absol. in voc. δολομῆτα A 540.

δολόμητις [as prec.]. = prec. a 300 = γ 198 = 308, γ 250, δ 525, λ 422.

δόλος, -ου, ὁ. (1) Bait for catching fish μ 252. —(2) Any cunningly made contrivance for ensnaring or bringing into one's power. Of the bonds forged by Hephaestus θ 276, 282, 317.—Of the Trojan horse θ 494.—(3) Any cunning or crafty contrivance, a trick or stratagem Γ 202, Δ 339, Z 187, Λ 430, O 14, Σ 526 : β 93, γ 119, 122, δ 437, 453, ε 356, ι 19, 422, κ 232, 258, 380, λ 439, ν 292, 293, τ 137, ω 128.—(4) Guile, craft, cunning, trickery : ἔπεφνε δόλῳ Η 142. Cf. Φ 599, 604, Ψ 585 : ἠὲ δόλῳ ἢ ἀμφαδόν α 296, λ120. Cf. β 106 = ω141, β368, ι 406, 408, τ 212.— (The) contrivance or plotting : ὑπ' Αἰγίσθοιο δόλῳ γ 235. Cf. δ 92.—Craftiness, cunning : δόλου οὐ λήθετο Ψ 725. Cf. ψ 321.

δολοφρονέω [δόλος + φρονέω]. To have guile in one's heart, plan trickery Γ 405, Ξ 197, 300 = 329 = Τ 106 : κ 339, σ 51 = φ 274.

δολοφροσύνη, -ης, ἡ [δολόφρων, fr. δόλος + φρήν]. Trickery, deceit Τ 112.—In pl. : δολοφροσύνης ἀπάτησεν Τ 97.

δόμεν[1], 1 pl. aor. δίδωμι.

δόμεν[2], δόμεναι, aor. infin. δίδωμι.

δόμονδε [acc. of δόμος + -δε (1)]. (1) To the house χ 479, ω 220.—(2) Home, to one's home Ω 717.—So ὅνδε δόμονδε Π 445 : α 83 = ξ 424 = ν 239 = φ 204, γ 272, ρ 527, υ 329.

δόμος, -ου, ὁ [δεμ-, δέμω. Cf. δῶμα, L. domus]. (1) A house or abode Β 513, 701, I 382, Κ 267, Σ 290, Ω 673, etc. : α 126, δ 43, ζ302, π 274, σ 8, υ 361, etc.—In pl. in the same sense : δόμοις ἔνι ποιητοῖσιν Ε 198. Cf. Ζ 370, Λ 132, Ξ 202, Ψ 84, etc. : α 380, γ 313, ζ 303, ο 465, etc.—(2) Of the house or realm of Hades : δόμον ''Αϊδος Γ 322. Cf. Η 131, Λ 263, Ξ 457, Υ 336, Ω 246 : ι 524, κ 512, λ 69, 150, 627, ψ 252, 322.—So in pl. : 'Αΐδαο δόμοισιν Χ 52, 482, Ψ 19 = 179, Ψ 103 : δ 834 = ω 264, κ 175, 491 = 564, ξ 208, ο 350, υ 208, ω 204. —(3) A temple : 'Ερεχθῆος η 81. Cf. Ζ 89.— (4) Of a nest of wasps or bees Μ 169.—Of a sheepfold Μ 301 = ζ 134.—(5) With a distinguishing word : χαλκήϊον σ 328 (see χαλκήϊος).— (6) Applied to particular parts of a house. (a) To Penelope's quarters α 330, φ 5.—(b) To the μέγαρον (sometimes difficult to say whether the word should be taken in this restricted sense) : δόμον κάτα δαινυμένοισιν ρ 332. Cf. β 322, η 144, χ 199, 291, 381, 440, 455.

δονακεύς [δόναξ]. A thicket of reeds. Σ 576.

δόναξ, -ακος, ὁ [δονέω]. (1) A reed Κ 467 : ξ 474. —(2) The shaft of an arrow : ἐκλάσθη δ. Λ 584.

δονέω. (1) To shake, cause to quiver Ρ 55.— (2) To drive about, put in commotion : βόας οἴστρος χ 300.—Of the wind driving clouds Μ 157.

δόντες, nom. pl. masc. aor. pple. δίδωμι.

δόξα, -ης, ἡ [δοξ-, δοκέω]. What one expects : ἀπὸ δόξης (away from, i.e. such or so as to fall short of or disappoint, expectation) Κ 324 : λ 344.

δορός, -οῦ, ὁ [δέρω]. A leathern bag β 354, 380.

δορπέω [δόρπον]. To take δόρπον Ψ 11 : η 215, θ 539, ο 302 (twice).

δόρπον, -ου, τό. The evening meal, taken after the day's work, whether of fighting or of a peaceful occupation Η 370, 380, 466, Θ 503, I 66, 88, Λ 730, Σ 245, 298, 314, Τ 208, Ψ 55, Ω 2, 444, 601 : β 20, δ 213 (see δεῖπνον (1) (h)), 429 = 574, 786, η 13, 166, θ 395, ι 291, 344, μ 283, 292, 307, 439, ν 31, 34, 280, ξ 347, 407, 408, π 453, σ 44, τ 402, υ 392, φ 428.

δόρυ, τό. Genit. δουρός (for δορϜός) Γ 61, Ρ 295, Ψ 529, etc. : τ 453. δούρατος Λ 357. Dat. δουρί Α 303, Ο 420, Χ 246, etc. : θ 229, π 441, χ 92, etc. δούρατι Ν 77 : ε 371. Nom. dual δοῦρε Κ 76 : σ 377. Acc. δοῦρε Γ 18, Μ 298, Φ 145, etc. : α 256, μ 228, π 295, χ 101, 125. Nom. pl. δοῦρα Β 135, Λ 571, Τ 361, etc. : μ 441. δούρατα Ε 656, Μ 36, Ν 264 : ε 361. Genit. δούρων Χ 243 : ρ 384. Dat. δούρεσσι Μ 303 : θ 528. δούρασι Φ 162. Acc. δοῦρα Ε 495, Ζ 3, Ω 450, etc. : ε 243, μ 443, χ 144, etc. δούρατα Ε 618, Ν 260, Ρ 234, etc. : ε 162, χ 110, 251, etc. (1) A shoot or stem of a tree ζ 167.—(2) A treetrunk, a piece of timber in the rough : δοῦρα κέρσαντες Ω 450. Cf. Γ 61 : ε 162, 243.—(3) A beam, plank, or log : δοῦρα νεῶν Β 135. Cf. Μ 36, Ο 410, Ρ 744 : τέκτονα δούρων ρ 384. Cf. ε 361, 370, 371, ι 384, 498, μ 441, 443.—Something made of beams or planks. Applied to the Trojan horse θ 507.—(4) The shaft of a spear : πῆλε κόλον δ. Π 117 (perh. δ. in 114 should be taken in the same sense).—(5) A spear Β 382, Δ 490, Θ 258, Ν 130, Ρ355, Φ145, etc. : α 256, θ 229, λ 532, ξ 277, π 295, χ 101, etc.—Used in hunting Φ 577 : κ 162, 164, τ 448, 453.—In guarding a sheepfold Μ 303. —Personified : εἰ καὶ ἐμὸν δ. μαίνεται Θ 111.— Fig. : δουρὶ δ' ἐμῷ κτεάτισσα Π 57. Cf. Π 708, Σ 341.

δός, aor. imp. δίδωμι.

δόσαν, 3 pl. aor. δίδωμι.

δόσις, ἡ [δο-, δίδωμι]. (1) A gift : δ. ὀλίγη τε φίλη τε (i.e. even a small gift is welcome) ζ 208. Cf. Κ 213 : ξ 58, σ 287.—(2) A giving for use, a loan δ 651.

δόσκον, pa. iterative δίδωμι.

δότε, aor. imp. pl. δίδωμι.

δοτήρ, -ῆρος, ὁ [δο-, δίδωμι]. One who gives out or distributes : ταμίαι, σίτοιο δοτῆρες Τ 44.

δότω, 3 sing. aor. imp. δίδωμι.

δούλειος [δοῦλος, a slave. Cf. next]. Of a slave : δούλειον ἐπιτρέπει (show like a slave's) ω 252.

δούλη, -ης, ἡ [cf. prec.]. A female slave : γένετ' ἐκ δούλης (i.e. a captive) δ 12. Cf. Γ 409.

δούλιος = δούλειος : δούλιον ἦμαρ. See ἦμαρ (4)(c).

δουλιχόδειρος [δο(υ)λιχός + δειρή]. Long-necked: κύκνων Β 460 = Ο 692.

δουλοσύνη, -ης, ἡ [as δούλειος]. Slavery χ 423.

δοῦναι, aor. infin. δίδωμι.

δουπέω (γδουπέω) [δοῦπος]. 3 pl. aor. ἐγδούπησαν Λ 45. Genit. sing. masc. pf. pple. δεδουπότος Ψ 679 (app. formed direct fr. δοῦπος. Cf. ἀρημένος, κεκοπώς, πεφυζότες.) (ἐν-.) (1) To give forth a sound : δούπησε πεσών (fell with a thud) Δ 504 =

E 42 = 540 = N 187 = P 50 = 311, E 617, Λ 449, N 373, 442, O 421, 524, 578, Π 325, 401, 599, 822, P 580, Υ 388 : χ 94, ω 525.—App., to thunder Λ 45.— (2) To fall in fight, be slain N 426.—App., simply, to die : δεδουπότος Οἰδιπόδαο Ψ 679.

δοῦπος, -ου, ὁ (γδοῦπος). Cf. ἐρίγδουπος). A sound or noise. Of the roaring of the sea ε 401, μ 202.—Of the roar of rushing and meeting waters Δ 455.—Of noise or din in battle : ἐς δοῦπον ἀκόντων (to where the sound is, *i.e.* to battle) Λ 364 = Υ 451, δοῦπον ἀκόντων (the whiz) Π 361, τεῖχος ὕπερ δ. ὀρώρει M 289. Cf. I 573, Π 635.— Of the sound of persons approaching or moving : ἐπερχομένων δ. Ψ 234. Cf. K 354 : κ 556, π 10.

δουράτεος [δουρατ-, δόρυ]. Made of beams or planks. Of the Trojan horse θ 493, 512.

δούρατος, genit. δόρυ.

δουρηνεκής [δουρ-, δόρυ + ἐνεκ-. See φέρω]. In neut. sing. δουρηνεκές as adv., as far as a spear 'carries,' a spear-throw : ἄπεσαν K 357.

δουρικλειτός [δουρί, dat. of δόρυ + κλειτός]. Famous with, *i.e.* for, the spear, renowned in fight. Epithet of Menelaus E 55, 578, K 230, Ψ 355 : ο 52, ρ 116, 147.—Of Diomedes Λ 333.

δουρικλυτός [as prec. + κλυτός]. = prec. Epithet of Idomeneus B 645, 650, E 45, N 210, 467, 476.— Of Tlepolemus B 657.—Of Meges E 72.—Of Diomedes K 109, Ψ 681.—Of Agastrophus Λ 368.— Of Odysseus Λ 396, 401, 661 = Π 26.—Of the Lesser Aias Ξ 446.—Of Automedon Π 472.—Of Meriones Π 619.—Of Achilles Φ 233.—Of Peiraeus ο 544, ρ 71.

δουρικτητός, -ή [as prec. + κτητός]. Won by the spear, a captive. Of Briseïs I 343.

δουροδόκη, -ης, ἡ [δουρ-, δόρυ + δοκ-, δέχομαι]. A rack or stand for holding spears α 128.

δουρός, genit. δόρυ.

δοῦσα, aor. pple. fem. δίδωμι.

δόχμιος. = next. In neut. pl. δόχμια as adv., across-hill : ἄναντα κάταντα πάραντά τε δ. τε Ψ 116 (hardly to be distinguished from πάραντα).

δοχμός (ἀποδοχμόω). Taking a slanting direction : ἀΐσσοντε (slantwise) M 148.

δράγμα, -ατος, τό [δραγ-, δράσσομαι]. An armful ; in reaping, the corn cut by a sweep of the sickle, a swath Λ 69, Σ 552.

δραγμεύω [as prec.] In reaping, to pick up the cut corn in armfuls Σ 555.

δραίνω [desiderative fr. δράω]. To be for doing, be minded to do : εἴ τι δραίνεις K 96.

δράκων, -οντος, ὁ [prob. fr. δρακ-, δέρκομαι]. (With fem. reference in Z 181.) A serpent or snake B 308, Γ 33, Z 181, Λ 26, 39, M 202 = 220, X 93 : δ 457.

δράμε, 3 sing. aor. τρέχω.

†δράσσομαι. Pf. pple. δεδραγμένος. To clutch at, grasp. With genit. : κόνιος δεδραγμένος N 393 = Π 486.

δρατός [metathesis of δαρτός, fr. δέρω]. Skinned, flayed : σώματα Ψ 169.

†δράω. Opt. δρώοιμι. (παρα-, ὑπο-.) To do, accomplish : ἄσσ' ἐθέλοιεν ο 317.

δρεπάνη, -ης, ἡ [δρέπω]. A sickle Σ 551.

δρέπανον, -ου, τό [as prec.]. = prec. σ 368.

δρέπω. To pluck, pick off. In mid. μ 357.

δρήστειρα, ἡ [fem. of next]. A female servant : αἱ δῶμα κάτα δρήστειραι ἔασιν τ 345. Cf. κ 349.

δρηστήρ, -ῆρος, ὁ [agent-noun fr. δράω]. A manservant π 248, σ 76, υ 160.

δρηστοσύνη, -ης, ἡ [δράω]. Domestic service, household work ο 321.

δρῖμύς, -εῖα, -ύ. Of the pains of childbirth, sharp, piercing Λ 270.—Of wrath, bitter, piercing Σ 322.—Of fighting, bitter, keenly contested O 696.—Applied to passion manifesting itself outwardly (and app. likened to smarting tears) ω 319.

δρίος [δρῦς. For δρF-ος]. A coppice ξ 353.

δρόμος, -ου, ὁ [δρομ-, δραμ-, τρέχω]. (1) Running Σ 281.—A running : δρόμον ἰσχανόωσαν (for the race) Ψ 300, ὡς μεμνέῳτο δρόμους 361 (app., the running of the various chariots. Not 'laps,' as the course seems to be only out and home. *V.l.* δρόμου, 'the running' simply), πύματον τέλεον δρόμον (the last part of the race, *i.e.* that from the turn home) 373, 768. Cf. Ψ 375, 526. 758 : θ 121.—(2) A race-course Ψ 321.—(3) A piece of ground suited to horses δ 605.

δρύϊνος [δρῦς]. Oaken, or perh., wooden φ 43.

δρυμά, τά [δρῦς]. (1) Thickets, coppices (prob. not nec. of oak) Λ 118 : κ 251.—(2) The pl. app. expressing vague mass or quantity rather than plurality : ἐείσατο καπνὸς διὰ δ. κ 150. Cf. κ 197.

δρύοχοι, οἱ [δρῦς + ὀχ-, ἔχω]. Stays or trestles supporting the keel of a ship under construction τ 574.

δρύπτω. (ἀπο-, περι-.) To tear away or strip off : ἀπό κε ῥινὸς δρύφθη (would have had his skin stripped off) ε 426. Cf. Π 324.—In mid. of reciprocal action β 153 (tearing each other's . . .).

δρῦς, δρυός, ἡ [cognate with Eng. *tree*, doubtless the orig. sense. Cf. δρίος, δρύϊνος, δρυμά, δρύοχοι, δρυτόμος]. Pl. δρύες Λ 494, Acc. δρῦς Λ 494, Ψ 118. (1) An oak Λ 494, M 132, N 389 = Π 482, Ξ 398, 414, Σ 558, Ψ 118 : μ 357, ξ 328 = τ 297.—(2) A felled oak or a piece thereof : ξύλον δρυός Ψ 328. Cf. ι 186, ξ 12, 425.—(3) In phrase οὐκ ἀπὸ δρυὸς οὐδ' ἀπὸ πέτρης X 126 : τ 163, an obscure proverbial expression. In X the sense seems to be 'giving utterance to thoughts from any source as they arise,' 'with unconsidered or idle words.' In τ the sense seems to be 'for you are sprung (from men) not from . . .'

δρυτόμος, -ον, ὁ [δρῦς + τομ-, τάμνω]. A wood-cutter Λ 86, Π 633, Ψ 315.

δρώοιμι, opt. δράω.

δῦ, 3 sing. aor. δύω.

†δύη, -ης [δύη]. 3 pl. δύωσσι. To afflict υ 195.

δύη, -ης, ἡ. Suffering, misery : δ. μ' ἔχει ξ 215, δύης πῆμα (sorrow of suffering, sorrow and suffering) 338. Cf. σ 53, 81.

δύῃ, 3 sing. aor. opt. δύω.

δύῃ, 3 sing. aor. subj. δύω.

δῦθι, aor. imp. δύω.

δύμεναι, δῦναι, aor. infin. δύω.

δύναμαι. 2 sing. subj. δύνηαι Ζ 229. Opt. δυναίμην Σ 464 : ι 523. 2 sing. δύναιο δ 388. 3 δύναιτο δ 644. Genit. sing. masc. pple. δυναμένοιο α 276, λ 414. Fut. δυνήσομαι Α 588. 2 sing. -εαι Α 241, 562, Ν 729. 3 -εται Τ 163 : α 78, β 191, κ 291, φ 403. 3 sing. aor. (ἐ)δυνήσατο Ε 621, Ν 510, 607, 647, Ξ 33, 423 : ρ 303. 1 pl. subj. δυνησόμεθα π 238. 3 sing. aor. (ἐ)δυνάσθη Ψ 465 : ε 319. (1) To be able, have the power, ability or strength, be in a position, *to do something.* With infin.: τεύχε' ὤμοιιν ἀφελέσθαι Ε 621. Cf. Α 241, Β 343, Γ 236, Ζ 101, Ν 634, etc.: ἐριδαινέμεν οἷος α 78. Cf. β 191, γ 89, δ 374, σ 230, φ 171, etc.—Of things : οὐδέ μοι αἷμα τερσῆναι δύναται (as if it was striving) Π 519. Cf. Ξ 33.—With ellipse of infin. : δύναται ἅπαντα δ 237. Cf. Ζ 229 : κ 306, ξ 445.—Absol. : εἰ δύνασαί γε Α 393. Cf. Τ 360 : μέγα δυναμένοιο (possessed of great power or influence) α 274, λ 414, δύναμαι γάρ δ 612, δύνασαι γάρ (thou well knowest how to do it) ε 25. Cf. δ 827, π 208.—(2) Of moral possibility : τελευτὴν ποιῆσαι (cannot make up her mind to . . .) α 250 = π 127, προλιπεῖν σε (have not the heart to . . .) ν 331.

δύναμις, ἡ [δύναμαι]. (1) Power, strength, might : ὅση δ. γε πάρεστιν Θ 294, Ν 786. Cf. Ν 787, Χ 20, Ψ 891 : β 62, γ 205, υ 237 = φ 202, ψ 128.—(2) Power to do something : ἀκέσασθε· δ. γὰρ ἐν ὑμῖν κ 69.

δυνάσθη, 3 sing. aor. δύναμαι.
δύνηαι, 2 sing. subj. δύναμαι.
δυνήσατο, 3 sing. aor. δύναμαι.
δύντα, acc. sing. masc. aor. pple. δύω.
δύνω. See δύω.

δύο, δύω, *indeclinable.* (The forms about equally common. Used with both dual and pl.) Two Α 16, 250, Β 731, Γ 18, Ε 159, Κ 253, etc. : α 256, δ 27, 496, ε 388, θ 312, κ 515, etc.—Absol. : δύω μοι ἔπεσθον Χ 450. Cf. Β 346, Κ 224, Τ 271, Ψ 174, etc. : β 22, ζ 63, ξ 74, etc.—With other numerals : δύω καὶ εἴκοσι Β 748 : ι 241, κ 208.— δύω καὶ πεντήκοντα θ 35, 48, π 247.

δυοκαίδεκα, *indeclinable* [= δυώδεκα, δώδεκα]. Twelve Β 557, Ζ 93 = 274, 308, Κ 560, Λ 228, Τ 225 : θ 59, ξ 13, σ 293, τ 578 = φ 76.—Absol. : δ. πάντες ἄριστοι π 251. Cf. ι 195.

δυόωσι, 3 pl. δυάω.

δυσαής [δυσ- (1) + ἄημι]. Genit. pl. δυσαήων ν 99. Of winds, blowing with violence, stormy, blustering Ε 865, Ψ 200 : ε 295, μ 289, ν 99.

δῦσαι, aor. infin. δύω.

δυσάμμορος, -ον [δυσ- (2) + ἄμμορος]. Dogged by persistent evil fate, most miserable Τ 315, Χ 428, 485, Ω 727.

δύσαντο, 3 pl. aor. mid. δύω.

δυσαριστοτόκεια[δυσ-(1) + ἄριστος + τοκ-, τίκτω]. That bare the noblest of sons to an evil fate Σ 54.

δύσετο, 3 sing. aor. mid. δύω.

δύσζηλος [δυσ-(2) + ζῆλος, jealousy]. Apt to put a bad construction on things, suspicious η 307.

δυσηλεγής [δυσ- (2) + ἀλεγ-, ἀλεγεινός]. Bringing much woe. Epithet of war Τ 154.—Of death χ 325.

δυσηχής [δυσ- (2) + ἄχος]. Bringing much woe. Epithet of war Β 686, Η 376 = 395, Λ 524, 590, Ν 535, Σ 307.—Of death Π 442 = Χ 180, Σ 464.

δυσθαλπής [δυσ- (1) + θάλπω]. Evil in the matter of heat, cold : χειμῶνος Ρ 549.

δύσκε, 3 sing. pa. iterative δύω.

δυσκέλαδος [δυσ- (1) + κέλαδος]. Ill-sounding, evil to the ears : φόβοιο Π 357.

δυσκηδής [δυσ- (2) + κῆδος]. Bringing pain or discomfort : νύκτα ε 466.

δυσκλεής [δυσ- (1) + κλέος]. Acc. δυσκλέα (for δυσκλεέα). With smirched fame Β 115 = Ι 22.

δυσμενέων, *pres. pple.* [δυσμενής]. Bearing ill-will, in enemy wise : εἰ δ. κάκ' ἔρεξεν β 72. Cf. β 73, υ 314.

δυσμενής [δυσ- (1) + μένος]. Dat. pl. δυσμενέεσσι Ε 488, Κ 193, Χ 403, etc. : γ 90, ξ 218, ρ 289, etc. δυσμενέσι Γ 51. (1) Bearing ill-will, hostile, enemy Ε 488, Ζ 453, Κ 40, 100, 221, 395, Ν 263, Ρ 158, Τ 168, 232, Ω 288, 365 : γ 90, δ 246, 319, ζ 200, θ 217, ξ 221, ο 387, χ 234. — (2) Absol. in pl., enemies, foes, the foe : μάχεσθαι δυσμενέεσσιν Π 521. Cf. Γ 51, Κ 193, Τ 62, Χ 403 : δυσμενέες καὶ ἀνάρσιοι (*i.e.* pirates) ξ 85. Cf. δ 822, ζ 184, ξ 218, π 121, 234, ρ 289.

δυσμήτηρ [δυσ- (1) + μήτηρ]. In voc. δύσμητερ, mother of an ill sort ψ 97.

δύσμορος [δυσ- (1) + μόρος]. Doomed to an evil fate, ill-starred, unlucky Χ 60, 481 : α 49, η 270, π 139, υ 194, ω 290, 311.

δύσομαι, fut. mid. δύω.

δυσομένου, genit. sing. masc. aor. pple. mid. δύω.

Δύσπαρις [δυσ- (1) + Πάρις]. In voc. Δύσπαρι, Paris, thou wretch Γ 39 = Ν 769.

δυσπέμφελος [δυσ-. Second element obscure]. Stormy : [πόντος] Π 748.

δυσπονής [δυσ- (2) + πόνος]. Distressing ε 493.

δύστηνος, -ον [δυσ-. Second element obscure]. Wretched, unhappy, miserable, unfortunate Ρ 445, Χ 477 : α 55, δ 182, ε 436, λ 76, ν 331, ρ 10, 483, 501, τ 354, ω 289.—Absol. : δυστήνων παῖδες Ζ 127 = Φ 151. Cf. Χ 59 : ζ 206, η 223, 248, κ 281, λ 80, 93, υ 224.

δυσχείμερος, -ον [δυσ- (2) + χεῖμα]. Vexed by bitter weather, inclement. Of Dodona Β 750, Π 234.

δύσω, fut. δύω.

δυσώνυμος, -ον [δυσ- (1) + ὄνυμα, Aeolic form of ὄνομα]. Of ill name, accursed Ζ 255, Μ 116 : τ 571.

†δυσωρέομαι [app. δυσ- (1) + ὤρη, care, concern]. 3 pl. aor. subj. δυσωρήσωνται (most MSS. -ονται, prob. the orig. form). To keep painful watch Κ 183.

δῦτε, 2 pl. aor. imp. δύω.

δύω, two. See δύο.

δύω, δύνω. 3 sing. pa. iterative δύσκε Θ 271. Fut. δύσω Β 261. 3 pl. sigmatic aor. ἔδυσαν ξ 341. Infin. δῦσαι Ε 435, Ν 182. 3 sing. aor. ἔδῦ Γ 36, Λ 63, Σ 241, Ψ 154, etc. : γ 329, ν 35, π 220, etc. δῦ Θ 85, Ρ 210, Σ 416, Φ 118. 3 dual ἐδύτην Ζ 19, Κ 254, 272. 2 pl. ἐδῦτε ω 106. 3 ἔδῦσαν Σ 145. ἔδυν Δ 222, Λ 263. Subj. δύω Ζ 340, Η 193, Ρ 186, Σ 192, Φ 559, Χ 99, 125. 2 sing. δύῃς Ι 604. 3 δύῃ Λ 194, 209, Ρ 455. 3 sing. opt. δύῃ (for δυίη) σ 348, υ 286. Imp. δῦθι Π 64. 3 sing. δύτω Ξ 377. Pl. δῦτε Σ 140. Acc. sing. masc. pple. δύντα Τ 308. Nom. dual δύντε χ 201. Infin. δύμεναι Ζ 185, 411, Ξ 63, Τ 313. δῦναι Β 413, Γ 322, Η 131, Κ 221, Λ 537, Υ 76 : ν 30. 3 sing. pf. δέδῦκε Ε 811, Ι 239 : μ 93. Mid. Fut. δύσομαι μ 383. 2 sing. -εαι Ι 231. 3 pl. -ονται Η 298. Infin. -εσθαι η 18. 3 pl. aor. δύσαντο Ψ 739. 3 pl. opt. δῦσαίατο Σ 376. 3 sing. aor. (ἐ)δύσετο Β 578, Γ 328, Η 465, Ο 120, Τ 368, Φ 515, etc. : β 388, δ 425, ε 352, ζ 321, ρ 336, ψ 366, etc. δύσεο Π 129, Τ 36 : ρ 276. Genit. sing. masc. pple. δυσομένου α 24. (ἀνα-, ἀπο-, ἐκ-, ἐνδύνω, ἐξανα-, ἐξαποδύνω, ἐσ-, κατα-, περι-, ὑπεξανα-, ὑπο-.) (I) In fut. and sigmatic aor. act., with adverbs indicating deprivation, to strip off (clothes, etc.) : εἰ μή ἀφ' εἵματα δύσω Β 261. Cf. Ε 435, Ν 182 : ξ 341.—Sim. in pres. subj., to put off (one's armour) : ἐπεί κ' ἀπὸ τεύχεα δύω Χ 125.—(II) In the tenses other than the fut. and sigmatic aor. act. (1) In act. and mid., to enter, go into, make one's way into : δῦναι δόμον Ἀΐδος Γ 322, Η 131, δύοντο τεῖχος Ο 345. Cf. Ζ 19, 411, Λ 263, Φ 515, Χ 99 : δέρτρον δύνοντες (thrusting their beaks into it) λ 579, ἐδύσετο δώματα ρ 336. Cf. η 18, 81, ν 366, ω 106.—To plunge into (the sea) : δῦνε πόντον Ο 219. Cf. Σ 140.—Of the apparent motion of a star : ἔδυ νέφεα Λ 63.—Absol., to take its inward way, pass : δύνει ἀλοιφή Ρ 392. Cf. Π 340, Φ 118.—(2) In act. and mid. with preps., to go, make one's way, place oneself (into or under something) : βέλος εἰς ἐγκέφαλον δῦ Θ 85. Cf. Ε 140, Θ 271, Φ 559 : οὓς ὑπ' Ὀδυσσεὺς δύσετο ε 482, μέσσῃ κατὰ σπείους δέδυκεν (stands waist-deep) μ 93. Cf. μ 383. —So of plunging into the sea : δύσεθ' ἁλὸς κατὰ κῦμα Ζ 136, ὑπὸ κῦμ' ἔδυσαν Σ 145 : ἐς πόντον ἐδύσετο ε 352. Cf. δ 425, 570 = λ 253.—(3) In act. and mid., to enter, mingle with (a throng or company, etc.) : δῦναι ὅμιλον Λ 537, Υ 76. Cf. Ζ 185, Η 298, Ι 604, Κ 221, Ξ 63, Π 729, Ρ 552, Σ 376, Τ 313, Υ 379 : δύσεο μνηστῆρας (go among them, mix with them) ρ 276.—Sim. with a prep. : καθ' ὅμιλον ἔδυ Γ 36.—(4) In act. and mid., to get into, put on (armour or clothes) : ἐδύσετο χαλκόν Β 578, Λ 16, ἔντε' ἔδυνεν Γ 339, δύσαντο χιτῶνας Ψ 739. Cf. Γ 328, 332 = Λ 19 = Π 133 = Τ 371, Ζ 340, Η 193, Θ 43 = Ν 25, Ι 596, Ν 241, Ξ 382, Ο 120, Π 64, 129, Ρ 186, 194, 202, Σ 192, 416, Τ 368 : χιτῶνα δῦνεν ο 61, δύεσθην τεύχεα χ 114. Cf. χ 113, ψ 366.—Of putting on the 'cap of Hades' Ε 845.—Sim. with preps. : κατὰ τεύχε' ἔδυν Δ 222. Cf. Κ 254, 272, Ψ 131 : ἐν τεύχεσσι δύοντο ω 496. Cf. χ 201, ω 498.—So ἐν ἀσπίδι δῦτω Ξ 377. —Fig. : δύσεο δ' ἀλκήν Τ 36. Cf. Ι 231.—(5) In act. and mid., of the sun, to enter Ocean, set : δύσετ' ἠέλιος Η 465, ἔδυ φάος Θ 487. Cf. Β 413,

Λ 194 = 209 = Ρ 455, Σ 241, Τ 308, Ψ 154 : Αἰθίοπες δυσομένου Ὑπερίονος (dwelling in the west) α 24. Cf. β 388 = γ 487 = 497 = λ 12 = ο 185 = 296 = 471, γ 329 = ε 225, ζ 321, θ 417, ν 30, 35, π 220 = φ 226. —So of a constellation : ὀψὲ δύοντα Βοώτην ε 272. —Sim. : δείελος ὀψὲ δύων Φ 232.—(6) In act., of feelings or physical or mental states, to come upon, befall : κάματος γυῖα δέδυκεν Ε 811, Μελέαγρον ἔδυ χόλος Ι 553. Cf. Ι 239, Λ 268, 272, Τ 16, 367, Χ 94 : ὄφρ' ἔτι μᾶλλον δύη ἄχος κραδίην σ 348 = υ 286.—Of a god, to inspire : δῦ μιν Ἄρης Ρ 210.

δυώδεκα, indeclinable [= δυοκαίδεκα, δώδεκα]. Twelve Β 637, Σ 230, Φ 27 : ι 159, 204, μ 89, τ 199.—Absol. : ὄφρα δ. ἔπεφνεν Κ 488.

δυωδεκάβοιος [δυώδεκα + βοῦς]. Of the value of twelve oxen : δυωδεκάβοιον τίον (at . . .) Ψ 703.

δυωδέκατος, -η [δυώδεκα. Cf. δωδέκατος]. (1) The twelfth : ἠώς Α 493 = Ω 31, Φ 81, Ω 413.—(2) δυωδεκάτη (sc. ἡμέρη), the twelfth day : δυωδεκάτῃ (on the twelfth day) Φ 46 : ἐνδεκάτη τε δυωδεκάτη τε β 374, δ 588.—So τῇ δυωδεκάτῃ Ω 667.

δυωκαιεικοσίμετρος [μέτρον]. Holding twenty-two measures : τρίποδα Ψ 264.

δυωκαιεικοσίπηχυς, -υ [πῆχυς in sense 'cubit']. Twenty-two cubits long : ξυστόν Ο 678.

δῶ, τό [app. = δῶμ = δώμα]. (1) A house or abode Α 426, Η 363, Ξ 173, Σ 385 = 424, Τ 355, Φ 438, 505 : α 176, 392, β 262, δ 139, 169, θ 28, 321, κ 111 = ο 424, λ 501, ν 4, ο 432, ω 115.—(2) Of the house or realm of Hades : Ἀΐδος δῶ Ψ 74 : λ 571.

δῶ, aor. subj. δίδωμι.

δώδεκα, indeclinable [= δυοκαίδεκα, δυώδεκα]. Twelve Ζ 248, Ι 123 = 265 = Τ 244, Ι 328, Δ 25, 692, Σ 336, Ψ 22, 175, 181, Ω 229, 230, 603 : δ 636 = φ 23, θ 390, κ 5, ν 182, ξ 100, τ 574, υ 107, χ 144, ω 276.—Absol. : δ. οὗτα Ο 746. Cf. β 353, χ 424.

δωδέκατος, -η [= δυωδέκατος]. (1) The twelfth : ἠώς Ω 781.—(2) δωδεκάτη (sc. ἡμέρη), the twelfth day : δωδεκάτη (on the twelfth day) Α 425 : πρίν δωδεκάτην γενέσθαι δ 747.

δώῃ, δώῃσι, 3 sing. aor. subj. δίδωμι.

δῶκα, aor. δίδωμι.

δῶμα, -ατος, τό [cf. δόμος]. (1) A house or abode : ὑψερεφὲς μέγα δ. Ε 213, θάλαμον καὶ δ. καὶ αὐλήν Ζ 316 (app. the house in gen., a particular part, the θ., being specially mentioned ; cf. χ 494). Cf. Α 18, Β 854, Ξ 121, Ο 143, Φ 44, etc. : πρὸς δ. (home) β 298, Ἀλκινόοιο δ. θ 13. Cf. γ 368, ε 208, π 276, υ 192, ψ 50, etc.—In pl. in the same sense : ἐν δώματα' ἐμοῖσιν Ζ 221. Cf. Α 222, Λ 77, Π 190, Ψ 89, etc. : α 116, γ 355, ρ 479, τ 194, etc. —(2) Of the house or realm of Hades : δ. Ἀίδαο Ο 251 : μ 21.—(3) Applied to particular parts of a house. (a) To Penelope's quarters. In pl. σ 314.—(b) To the μέγαρον (sometimes difficult to say whether the word should be taken in this restricted sense. In χ 494 μέγαρον and δ. are app. distinguished) : ββ διὰ δ. η 139. Cf. Δ 386, Ο 101 : α 228, β 247, δ 15, 44, 46, η 85, ρ 329, 501, 541, 566, σ 153, 341, υ 149, 178, φ 378, χ 23,

307, 360, ψ 146.—So in pl.: φαίνοντες κατὰ δώματα δαιτυμόνεσσιν η 102. Cf. A 600 : δ 72, ι 7, ρ 531, ν 159, φ 234, χ 22, ω 183.

δώομεν, δῶμεν, 1 pl. aor. subj. δίδωμι.

δωρέομαι [δῶρον]. To give K 557.

δωρητός [δωρέομαι]. Open to gifts, that may be appeased by gifts I 526.

δῶρον, -ου, τό [δω-, δίδωμι]. (1) A gift or present A 213, H 299, I 164, T 3, Ψ 745, etc. : α 311, δ 130, θ 397, ο 18, ρ 76, etc.—(2) Something given as a return or reward : δώρῳ ἔπι μεγάλῳ K 304. Cf. I 576, 598, Λ 124, Ξ 238, etc.: πόρε μοι δῶρα ι 201. Cf. β 186, λ 521, ο 247.—Of a share of spoil A 230.—Of ransom for a corpse X 341, Ω 76, 119 = 147 = 176 = 196, 447, 458.— (3) Something given or devoted to a god : δ. Ἀθήνῃ Z 293. Cf. A 390, Θ 203, T 299, Ω 68, 425 : ν 358, π 185.—(4) Of what is bestowed by the gods on mortals. Of one's lot or fortune : δώρων οἶα δίδωσι [Ζεύς] Ω 528. Cf. Ω 534 : σ 142.—Of personal qualities : δῶρ' Ἀφροδίτης Γ 54, 64. Cf. Γ 65 : σ 191.—Of sleep : ὕπνου δ. ἕλοντο H 482, I 713 : π 481, τ 427.—(5) Gifts more or less voluntary, 'benevolences' (cf. δωτίνη (2)): δώροισι κατατρύχω λαούς P 225.

δῶσι, 3 pl. aor. subj. δίδωμι.

δῷσι, 3 sing. aor. subj. δίδωμι.

δώσω, fut. δίδωμι.

δωτήρ, -ῆρος [δω-, δίδωμι]. A bestower θ 325.

δωτίνη, -ης, ἡ [as prec.]. (1) A gift or present ι 268.—(2) = δῶρον (5) I 155, 297.

δώτωρ = δωτήρ. In voc. δῶτορ θ 335.

δώωσι, 3 pl. aor. subj. δίδωμι.

ἔ, ἑ. See ἑέ.

ἔα, impf. εἰμί.

ἐάᾳς¹, 2 sing., **ἐάᾳ,** 3 sing. ἐάω.

ἐάᾳς², 2 sing. subj. ἐάω.

ἐάγη, 3 sing. aor. pass. ἄγνυμι.

ἐάγῃ, 3 sing. pf. subj. ἄγνυμι.

ἐαδότα, acc. sing. masc. pf. pple. ἁνδάνω.

ἐάλη, 3 sing. aor. pass. εἴλω.

ἐανός¹, -οῦ, ὁ (Fεσανός) [Fέσνυμι, ἔννυμι]. With ἐ- lengthened to εἰ- in the first arsis Π 9. A robe or garment Γ 385, 419, Ξ 178, Π 9, Φ 507.

ἐανός² [perh. fr. ἐάω]. Yielding, flexible, pliant : πέπλον E 734 = Θ 385. Cf. Σ 352, 613, Ψ 254.

ἔαξε, 3 sing. aor. ἄγνυμι.

ἔαρ, ἔαρος, τό (Fέαρ. Cf. L. ver). The spring : ἔαρος νέον ἱσταμένοιο τ 519. Cf. Z 148.

ἔασι, 3 pl. pres. εἰμί.

ἔασκε, 3 sing. pa. iterative ἐάω.

ἔαται, 3 pl. pres. ἧμαι.

ἐάφθη, 3 sing. aor. pass. [prob. fr. (F)ι-(F)άπτω. See προϊάπτω. For the aspirate cf. ἔηκε, ἔεστο, etc.]. Thus, to be hurled or thrust N 543, Ξ 419.

ἐάω. Also **ἐῶ** Θ 428, **εἰῶ** Δ 55. 2 sing. ἐάᾳς μ 282, τ 374. 3 ἐάᾳ Θ 414. 3 pl. εἰῶσι B 132, Λ 550, P 659. 2 sing. subj. ἐάᾳς λ 110, μ 137.

1 pl. εἰῶμεν φ 260. 3 εἰῶσι T 139. Opt. ἐῷμι π 85. 3 sing. ἐῷ υ 12. Infin. ἐάαν θ 509. Pa. iterative εἴασκον E 802. 2 sing. ἔασκες T 295. 3 εἴασκε Λ 125, T 408 : χ 427. ἔασκε B 832, Λ 330, Ω 17. 3 pl. fut. ἐάσουσι φ 233. 3 sing. aor. εἴασε K 299. (1) (a) To let (a person) be, leave (him) where he is : [κούρην] A 276.—(b) To let be, do no harm to : σε Ω 569, 684. Cf. Π 731 : δ 744. (Prob. Ω 557 should be added, omitting 558.)— With complementary adj. : εἴ κ' ἀσινέας ἐάᾳς λ 110 = μ 137.—Absol. Φ 221.—(c) To let alone, leave, do nothing further to E 148, Θ 317, Λ 148, 323, 426, T 456, Ω 17.—(d) To put aside, lay down : δόρυ κ 166.—To lay aside, depart from : χόλον I 260.—To give over, cease from : κλανθμόν δ 212.—(e) To leave, forgo the use of : ἵππους Δ 226.—(f) To abandon, cease to contend for : ἔναρα P 13.—(g) To let be, not to mind or trouble about : ἔναρα O 347 : δρκον ξ 171, μιν π 147.—To cease to think about, put out of one's thoughts : μνηστήρων βουλήν β 281. Cf. I 701 : ξ 183.— (h) To disregard, pass by, put aside : ἄλλους O 87.—To not give, withhold : τὸ μὲν δώσει, τὸ δ' ἐάσει ξ 444.—(2) With infin. (a) To leave so as to be in a specified or indicated state, let be in such and such a state : Περίφαντα κεῖσθαι E 847. Cf. E 684, Θ 125, O 472, Π 60, Σ 112 = T 65, T 8, Ω 523 : θ 509, φ 260.—(b) To leave to do or suffer something : Τρῶας καὶ Ἀχαιοὺς μάρνασθαι E 32, τοὺς πόνον ἐχέμεν N 2. Cf. B 236, 346, E 465, Θ 244 = O 376, O 522, Π 96, 451, T 311, Φ 556, X 398 : σ 222.—To leave to do something, wait for one's doing it : αὐτόν μιν πατρὸς μνησθῆναι δ 118.—To turn (animals) loose to feed : σιάλους νέμεσθαι υ 164.—(c) To leave or commit to be cared for : τὸν ξεῖνον Τηλεμάχῳ μελέμεν σ 420.— (d) To give up the idea of doing something : κλέψαι Ἕκτορα Ω 71.—(3) To suffer, let, allow, permit. With infin. : νῆας ἐλκέμεν B 165, εἴ περ οὐκ εἰῶ διαπέρσαι (seek to hinder) Δ 55, εἴσω δ' οὐ μιν θυμὸς ἐφορμηθῆναι ἐάσει (will not suffice for that) Σ 282. Cf. B 132, E 717, Θ 243, 399, Λ 437, X 416, etc. : δορπῆσαί η 215, ζώειν ρ 359. Cf. β 70, η 274, κ 443, 536, λ 453, μ 282, χ 427, etc.— Absol. : ἀλλά μ' ἐᾶσαι (let me have my will) Δ 42, οὐ γὰρ ἐάσω P 449, Σ 296. Cf. E 517 : η 41, κ 291, υ 273.—(4) With neg. and infin. (a) Not to suffer to do something, bid or tell not to do it : οὐδ' εἴα κλαίειν H 427. Cf. B 832 = Λ 330, E 256, 802, 819, Θ 414, Λ 718, Σ 189, T 95, T 408, X 206, Ψ 4, Ω 395 : οὐκ ἐάσουσιν δόμεναι φ 233. Cf. δ 805, ι 468, τ 25, ψ 77.—(b) Not to approve of doing something, give one's voice against doing it : οὐκ εἴασχ' Ἑλένην δόμεναι Λ 125. Cf. Θ 428.—(c) To be an obstacle or hindrance to the doing of something : παῖς ἐμὸς ἧος ἔην ἔτι νήπιος γήμασθ' οὔ μ' εἴα τ 531.

ἑάων, genit. pl. fem. [*ἐή, doubtfully connected with ἐΰς]. Good things, blessings Ω 528 : θ 325, 335.

ἔβαλε, 3 sing. aor. βάλλω.

ἔβαν, 3 pl. aor. βαίνω.

ἑβδόματος, -η [ἕβδομος + superl. suff.]. (1) The seventh H 248.—(2) ἑβδομάτη (*sc.* ἡμέρη), the seventh day : ἑβδομάτῃ (on the seventh day) κ 81, ξ 252.

ἕβδομος [ἑπτά]. The seventh T 117, Ω 399 : μ 399 = o 477.

ἐβεβήκει, 3 sing. plupf. βαίνω.

ἔβην, aor. βαίνω.

ἐβήσαμεν, 1 pl. trans. aor. βαίνω.

ἐβήσετο, 3 sing. aor. mid. βαίνω.

ἐβιώσαο, 2 sing. aor. mid. βιόω.

ἔβλαβεν, ἐβλάφθησαν, 3 pl. áor. pass. βλάπτω.

ἔβλητο, 3 sing. aor. pass. βάλλω.

ἔβρῖσαν, 3 pl. aor. βρίθω.

†ἐγγίγνομαι [ἐγ-, ἐν- (1)]. 3 pl. pf. ἐγγεγάᾱσι Δ 41, Z 493, P 145 ; ν 233. 3 pl. trans. aor. subj. ἐγγείνωνται T 26. (1) In pf., to exist, live, be *in.* With dat. : τοὶ Ἰλίῳ ἐγγεγάᾱσιν Z 493, P 145.— To exist, live, be, in a place : τίνες ἀνέρες ἐγγεγάᾱσιν ; ν 233. Cf. Δ 41.—(2) In trans. aor., to give being to, breed, in an indicated place : μὴ μυῖαι εὐλὰς ἐγγείνωνται Τ 26.

ἐγγυαλίζω [ἐγ-, ἐν- (2) + γυ- (as in γύαλον), the hollow of the hand]. To put into the hand ; hence (1) To hand over, pay : ἔεδνα θ 319.— (2) To put (a person) into one's hands to be cared for : [ξεῖνόν] τοι ἐγγυαλίξω π 66.—(3) Generally, to give, grant, commit, bestow : τιμήν Α 353. Cf. Β 436, I 98, Λ 192, 207, 753, Ο 491, 644, P 206, 613, Ψ 278 : ὅττι κε κέρδος ἐγγυαλίξῃ (put into our minds) ψ 140.

†ἐγγυάω [ἐγγύη]. Infin. mid. ἐγγυάασθαι. To accept (an undertaking) θ 351.

ἐγγύη [cf. ἐγγυαλίζω] The giving of a pledge, an undertaking θ 351.

ἐγγύθεν [ἐγγύς + -θεν (1) (2)]. (1) From close at hand : σάκος οὔτασεν Ν 647. Cf. Ν 562, Ο 529 : μ 354.—(2) (a) Near, at hand : ἐς δ' ἐνόησ' Αἴαντε ἐ. Μ 337. Cf. ι 423, μ 183.—(b) Dwelling near enough to admit of regular intercourse : οὔ τινες ἐ. εἰσὶν ζ 279.—With dat. : θεοῖσιν η 205 (cf. ἀγχίθεος).—(c) Following closely : ἐχ' ἐ. ἵππους Ψ 516. Cf. Χ 141, Ψ 763.—(d) Taking a course close to something, 'shaving' it : τέρμ' ὁρόων στρέφει ἐ. Ψ 323.—(3) Near, near to, close to. With genit. : Ἀρήνης Λ 723. — With dat. : αὐτῷ Σ 133. Cf. P 554, T 409, X 295 : ω 446.— (4) With ἐλθεῖν of drawing near or approaching : ἐ. ἐλθών Ε 72. Cf. Ε 275, Η 219 = Λ 485 = P 128, Λ 396, Ν 574, Ξ 446, Ω 360 : γ 36, θ 62 = 471, θ 261.—So ἐ. ἱσταμένη Κ 508. Cf. Ο 710, P 582. —With ἐλθεῖν and dat. : ἐ. οἱ ἦλθεν Σ 16, 381. Cf. Τ 330 : δ 630, ο 163, ρ 71.—So ἤντετό οἱ ἐ. X 204.

ἐγγύθι [ἐγγύς + -θι]. (1) Near, at hand : ὀρύξομεν ἐ. τάφρον Η 341. Cf. Π 71.—Of a period of time : ἐ. δ' ἠώς K 251.—(2) Near, near to, close to. With genit. : νηῶν Ι 73, Κ 561. Cf. Z 317 : η 29, ν 156, ο 358.—With dat. : μοι Χ 300.—(3) Like prec. (4) : ἐ. στάς (drawing near, approaching) α 120.

ἐγγύς. (1) Near, at hand : ἐ. ἐόντα Θ 318.

Cf. Ι 201, Κ 113, 221, Λ 340, 346, 464, Ξ 110, 417, P 484, Τ 425, Φ 533, Ψ 378 : β 165, ι 166, 181, κ 30, ξ 484, ρ 301, χ 163, 355, ω 495.—Near or close to each other : ἐ. νυκτός τε καὶ ἥματός εἰσι κέλευθοι κ 86.—(2) Near, near to, close to. With genit. : ἀλός Ι 153 = 295, Ο 619. Cf. I 232, Κ 274, Ν 247, Ο 650 : ν 268, ξ 518, ρ 205, φ 215.—With dat. : τοι Ω 365. Cf. X 453.—With prep. : ἐπ' αὐτάων ἐ. X 153.—(3) With ἰέναι of drawing near or approaching : ἐ.ἰών Δ 496 = E 611 = P 347, Λ 429, M 457.—So ἱστάμενοι ἐ. Σ 586.—So also of persons coming up to each other : ἐ. στήτην Γ 344.—With genit. : στῆ Ἕκτορος ἐ. Η 225.—With dat. : τῷ ἐ. ἰόντε Φ 285.

ἐγδούπησαν, 3 pl. aor. δουπέω.

ἐγέγωνε, 3 sing. impf. γεγώνω. See γέγωνα.

ἐγεγώνει, 3 sing. plupf. γέγωνα.

ἐγεγώνευν, impf. γεγωνέω. See γέγωνα.

ἐγείνατο, 3 sing. trans. aor. γίγνομαι.

ἐγείρω. Aor. ἤγειρα Ε 208. 2 sing. -ας Ν 778. 3 ἔγειρε Ε 496, 517, Ζ 105, Λ 213, Ο 567, 603, P 544, 552, Τ 31, Ψ 234 : ζ 48, ο 44, ω 164. 3 pl. ἤγειραν P 261. 3 sing. subj. ἐγείρῃσι Κ 511. -η Ε 413. 1 pl. -ομεν Β 440, Δ 352, Θ 531, Κ 108, 146, Σ 304, Τ 237. 3 pl. opt. ἐγείρειαν Κ 166. Infin. ἐγεῖραι Ε 510. 3 pl. pf. ἐγρηγόρθᾱσι (app. fr. the mid. forms ἐγρήγορθε, ἐγρήγορθαι cited below) Κ 419. Mid. 3 sing. aor. ἔγρετο Β 41, Η 434, Ο 4, Ω 789 : ζ 117, ν 187. 3 sing. opt. ἔγροιτο ζ 113. Imp. ἔγρεο Κ 159 : ο 46, ψ 5. Pple. ἐγρόμενος κ 50. Infin. ἔγρεσθαι ν 124. Imp. pl. pf. ἐγρήγορθε Η 371, Σ 299. Infin. ἐγρήγορθαι Κ 67. (ἀν-, ἐπ-.) (1) To rouse from sleep, waken : καὶ ὑπνώοντας ἐγείρει Ω 344 : = ε 48 = ω 4. Cf. E 413, K 108, 146, 166, 511, Ψ 234 : ζ 48, ο 44. —To keep awake : μελεδήματά [μιν] ἔγειρεν ο 8.— (2) To rouse, stimulate, stir to action : ἔγειρέ μιν λάας νόος Ο 242. Cf. Ε 208, 510, Ν 58, Ο 232, 567, 594, 603, P 552 : ω 164.—Absol. : ἔγειρε κατὰ στρατόν Ν 357.—(3) To stir up, bring about, cause to break forth (battle, strife, etc.) : ὀξὺν Ἄρηα Β 440, Δ 352 = Τ 237, Θ 531 = Σ 304. Cf. Ε 496 = Χ 105 = Λ 213, Ε 517, Ν 778, P 261, 544, Τ 31.—(4) In mid. (a) To rouse oneself from sleep, waken : ἔγρετο Ζεύς Ο 4. Cf. Β 41, Κ 159 : ἐγρόμενος μερμήριξα κ 50. Cf. ζ 113, 117, ν 124, 187, ο 46, ν 100, ψ 5.—(b) To rouse oneself to action, bestir oneself : ἔγρετο λαός Η 434, Ω 789 (perh. rather ἤγρετο fr. ἀγείρω ; cf. ἀγείρω (2)).— (c) In pf., to keep oneself awake, be on the alert : ἐγρήγορθε ἕκαστος Η 371 = Σ 299.—So in act. form ἐγρηγόρθᾱσι Κ 419.—App., merely = (a) : ἐγρήγορθαι ἄνωχθι Κ 67.

ἐγέλασσε, 3 sing. aor. γελάω.

ἐγένοντο, 3 pl. aor. γίγνομαι.

ἔγημε, 3 sing. aor. γαμέω.

ἐγήρα, 3 sing. impf. γηράω. See γηράσκω.

ἔγκατα, τά. Dat. pl. ἔγκασι Λ 438. The entrails Λ 176 = P 64, Λ 438, Σ 583 : ι 293, μ 363.

†ἐγκαταπήγνῡμι [ἐγ-, ἐν- (2), κατα- (1)]. Aor. ἐγκατέπηξα. To thrust down *into.* With dat. : ξίφος κουλεῷ λ 98.

†ἐγκατατίθημι [ἐγ-, ἐν- (2), κατα- (1)]. 3 sing. aor. mid. ἐγκάτθετο Ξ 223 : λ 614, ψ 223. Imp. ἐγκάτθεο Ξ 219. To lay down *in* ; to put *in*, place *within*. With dat. : τοῦτον ἱμάντα τεῷ κόλπῳ Ξ 219. Cf. Ξ 223.—Fig. : ὅς κεῖνον τελαμῶνα ἑῇ ἐγκάτθετο τέχνῃ λ 614 (put it into his invention, *i.e.* conceived the idea of it), τὴν ἄτην ἐῷ ἐγκάτθετο θυμῷ ψ 223 (took or admitted the illusion into her heart).

†ἔγκειμαι [ἐγ-, ἐν- (1)]. 2 sing. fut. ἐγκείσεαι. To lie (wrapped) *in*. With dat. : εἵμασιν Χ 513. ἐγκέκλιται, 3 sing. pf. pass. ἐγκλίνω.

†ἐγκεράννυμι [ἐγ-, ἐν- (1)]. Fem. aor. pple. ἐγκεράσασα. To mix or dilute in a vessel : οἶνον Θ 189.

ἐγκέφαλος, -ου, ὁ [ἐγ-, ἐν- (1) + κεφαλή]. The brain, the brains Γ 300, Θ 85, Λ 97, Μ 185, Π 347, Ρ 297, Υ 399 : ι 290, 458, ν 395.

†ἐγκλίνω [ἐγ-, ἐν- (3)]. 3 sing. pf. pass. ἐγκέκλιται. In pass., to rest *upon* ; fig., to be laid or imposed *upon*. With dat. : πόνος ὔμμι Ζ 78.

ἐγκονέω [app. ἐγ-, ἐν-. Second element obscure]. To show activity, make haste : στόρεσαν λέχε᾽ ἐγκονέουσαι Ω 648. Cf. η 340 = ψ 291.

ἐγκοσμέω [ἐγ-, ἐν- (1)]. To arrange or stow *in*. With dat. : τὰ τεύχεα νηΐ ο 218.

†ἐγκρύπτω [ἐγ-, ἐν- (1)]. 3 sing. aor. ἐνέκρυψε. To put away *in*. With dat. : δαλὸν σποδιῇ ε 488.

†ἐγκύρω [ἐγ-, ἐν- (2)]. 3 sing. aor. ἐνέκυρσε. To run *into*, encounter. With dat. : φάλαγξιν Ν 145.

ἔγνων, aor. γιγνώσκω.

ἔγρετο, 3 sing. aor. mid. ἐγείρω.

†ἐγρηγοράω [cf. the pf. forms under ἐγείρω and also ἐγρηγορτί]. Pres. pple. ἐγρηγορόων. To be in a state of wakefulness, be awake : κεῖτ᾽ ἐγρηγορόων υ 6.

ἐγρήγορθαι, infin. pf. mid. ἐγείρω.

ἐγρηγόρθασι, 3 pl. pf. ἐγείρω.

ἐγρηγορτί [cf. the pf. forms under ἐγείρω and also ἐγρηγοράω]. In a state of wakefulness, awake, on the alert : ἥατο Κ 182.

ἐγρήσσω [ἐγρ-, ἐγείρω]. To be in a state of wakefulness, be on the alert : πάννυχοι ἐγρήσσοντες Λ 551 = Ρ 660.—To lie awake υ 33, 53.

ἔγροιτο, 3 sing. aor. opt. mid. ἐγείρω.

ἐγχείη, -ης, ἡ [= ἔγχος]. (1) A spear Β 818, Γ 137, Ε 167, Η 261, Π 75, Φ 69, etc. : ι 55, λ 40. —(2) Spearmanship, the spear : κέκαστο πάντας ἐγχείῃ Ξ 125. Cf. Β 530.

ἐγχείῃ, 3 sing. subj. ἐγχέω.

ἔγχελυς, -υος. An eel Φ 203, 353.

ἐγχεσίμωρος [ἔγχεσι, dat. pl. of ἔγχος. Second element obscure. Cf. ἰόμωρος, ὑλακόμωρος]. App., eager or active with the spear Β 692, 840, Η 134 : γ 188.

ἐγχέσπαλος [ἔγχεσ-, ἔγχος + πάλλω]. Wielding, fighting with, the spear Β 131, Ξ 449, Ο 605.

†ἐγχέω [ἐγ-, ἐν- (2)]. 3 sing. subj. ἐγχείῃ ι 10, 3 sing. aor. mid. ἐνεχεύατο τ 387. To pour into a vessel. In mid. : ὕδωρ τ 387.—To pour *into*. With dat. : μέθυ δεπάεσσιν ι 10.

ἔγχος, -εος, τό [cf. ἐγχείη]. (1) A spear Β 389, Δ 282, Ζ 65, Λ 484, Ο 536, Σ 195, etc. : α 99, β 10, κ 145, ρ 62, φ 34, χ 271, etc.—(2) Spearmanship, the spear : ἔγχεϊ φέρτερος εἶναι Γ 431. Cf. Η 289, Π 809, 834, Σ 252, Τ 218, Φ 159.

ἐγχρίμπτω [ἐγ-, ἐν- (6)]. Aor. pple. ἐγχρίμψας Ψ 334. 3 sing. imp. aor. pass. ἐγχριμφθήτω Ψ 338. Pple. ἐγχριμφθείς Η 272 (v. l. ἐνιχριμφθείς (ἐνι-, ἐν-)), Ν 146. Fem. ἐγχριμφθεῖσα Ε 662. Acc. sing. masc. ἐνιχριμφθέντα Ρ 405. (1) To bring near to. With dat. : τέρματι ἐγχρίμψας ἅρμα ('shaving' it) Ψ 334.—(2) In pass., to come near to. With dat. : αἰχμὴ ὀστέῳ ἐγχριμφθεῖσα (grazing it) Ε 662, ἀσπίδι ἐγχριμφθείς (app., having it driven on him by the force of the blow) Η 272. Cf. Ρ 405.—So ἐν νύσσῃ ἵππος ἐγχριμφθήτω (let him 'shave' it) Ψ 338.—Absol. : νωλεμὲς ἐγχρίμπτοντο (fought at close quarters, pressed each other hard) Ρ 413. Cf. Ν 146.

ἐγώ(ν) [cf. L. ego, Eng. I]. Pron. of the 1st person sing., I Α 26, 29, 76, 111, 117, 137, etc. : α 65, 179, 200, 212, 214, 303, etc.—Strengthened by γε : ἐγώ γε, ἔγωγε Α 173, 282, 296, 298, etc. : α 215, 217, γ 182, 232, etc.

ἐδάην, aor. δάω.

ἐδαμάσθην, aor. pass. δαμάζω.

ἐδάμασσα, aor. δαμάζω.

ἐδάμη, 3 sing. aor. pass. δαμάζω.

ἐδανός [orig. and sense unknown. Connexion with ἡδύς doubtful. Also written (doubtfully) ἐδανός, eatable, fr. ἔδω]. Epithet of ἔλαιον Ξ 172.

ἐδάσσατο, 3 sing. ἐδάσαντο, 3 pl. aor. δατέομαι.

ἔδαφος, τό. The hull (of a ship) ε 249.

ἔδαψε, 3 sing. aor. δάπτω.

ἐδέγμην, plupf. δέχομαι.

ἐδέδμητο, 3 sing. plupf. pass. δέμω.

ἐδείδιμεν, 1 pl. ἐδείδισαν, 3 pl. plupf. See δείδοικα.

ἔδειμα, aor. δέμω.

ἔδειξε, 3 sing. aor. δείκνυμι.

ἔδειραν, 3 pl. aor. δέρω.

ἔδεισε, 3 sing. aor. See δείδοικα.

ἐδέξατο, 3 sing. aor. δέχομαι.

ἔδεσκε, 3 sing. pa. iterative ἔδω.

ἐδεύησε, 3 sing. aor. δεύω².

ἐδήδαται, ἐδήδεται. See ἔδω.

ἐδήδμπτο, 3 sing. pf. pass. ἔδω.

ἐδηδώς, pf. pple. ἔδω.

ἐδητύς, -ύος, ἡ [ἔδω]. Food, meat Λ 780, Τ 231, 320 : δ 788, ε 201, ζ 250, κ 384, ρ 603.—See also under ἵημι¹ (9).

ἐδίδαξε, 3 sing. aor. διδάσκω.

ἐδίδου, 3 sing. impf. δίδωμι.

ἐδίηνε, 3 sing. aor. διαίνω.

ἔδμεναι, infin. ἔδω.

ἕδνα, τά (Fέδνα) [prob. conn. with (σϝ)ανδάνω, and orig. σϝέδνα). Also, with prothetic ἐ, ἔεδνα (ἐϝεδνα). (1) A bride-price : πορὼν ἀπερείσια ἔδνα Π 178. Cf. Π 190, Χ 472 : ἐέδνοισι βρίσας ζ 159. Cf. θ 318, λ 117 = ν 378, λ 282, ο 18, π 391 = φ 161, τ 529.—(2) App., a dowry given by her parents to the bride α 277 = β 196.

ἕδος, τό [(σ)εδ-, ἕζομαι]. (1) One's seat : λιπὼν ἑ. I 194. Cf. Α 534, 581.—(2) The seat of a people, etc., an abode : Θήβης ἑ. (consisting in . . .) Δ 406, ἀθανάτων ἑ. Ε 360, Θ 456. Cf. Ε 367, 868, Ω 144, 544 : ζ 42, λ 263, ν 344.—(3) Sitting : οὐχ ἑ. ἐστίν (it is no time for sitting) Λ 648. Cf. Ψ 205.

ἕδοσαν, 3 pl. aor. δίδωμι.

ἕδραθε, 3 sing. aor. δαρθάνω.

ἕδρακον, aor. δέρκομαι.

ἕδραμε, 3 sing. aor. τρέχω.

ἕδρη, -ης, ἡ [as ἕδος]. (1) (a) A seat : ἄλλοθι δήομεν ἕδρην π 44. Cf. γ 429, θ 16.—(b) One's seat : αὐτόθεν ἐξ ἕδρης Τ 77. Cf. Β 99, 211 : ν 56, π 42.—(2) A seat of honour : τίον σε ἕδρῃ Θ 162. Cf. Μ 311.—(3) A company sitting together : ἐννέα ἕδραι ἔσαν γ 7, 31.

†**ἑδριάομαι** [(σ)εδ-, ἕζομαι]. 3 pl. impf. ἑδριόωντο Κ 198 : η 98, π 344. Infin. ἑδριάασθαι Λ 646, 778 : γ 35. (1) To sit down Κ 198 : γ 35, π 344.— With κατά Λ 646 = 778.—(2) To sit, be seated : ἔνθ' ἑδριόωντο πίνοντες η 98.

ἕδῦ, 3 sing. **ἕδυν**, 3 pl. aor. δύω.

ἑδυνάσθη, 3 sing. aor. δύναμαι.

ἑδυνήσατο, 3 sing. aor. δύναμαι.

ἕδῦσαν¹, 3 pl. sigmatic aor. δύω.

ἕδῦσαν², 3 pl. aor. δύω.

ἕδύσετο, 3 sing. aor. mid. δύω.

ἑδύτην, 3 dual. **ἕδῦτε**, 2 pl. aor. δύω.

ἕδω. Infin. ἔδμεναι Δ 345, Ε 203, Ν 36, Χ 347 : ι 476, κ 243, ξ 42, π 84, ρ 260, υ 214. 3 sing. pa. iterative ἔδεσκε Χ 501. Pf. pple. ἐδηδώς Ρ 542. Subj. mid. (in fut. sense) ἔδομαι ι 369. 2 sing. ἔδεαι Ω 129. 3 pl. ἔδονται Δ 237, Π 836, Σ 271, 283, Χ 509 : β 123, χ 30. 3 sing. pf. pass. ἐδήδοται χ 56 (written also ἐδήδεται (for which cf. δρώρεται under ὄρνυμι) and ἐδήδαται (3 pl.)). (κατα-.) (1) Of men and beasts, to eat (food) : κρέα Δ 345. Cf. Ε 341, Ζ 142, Κ 569, Μ 319, Ν 322, Φ 465, Χ 501 : οἷα σύες ἔδουσιν κ 243. Cf. γ 480, ε 197, θ 222, ι 89 = κ 101, ι 84, λ 123 = ψ 270, ξ 17, 81, π 110, ρ 533, τ 536.—Absol., to take food, eat : εἰωθότες ἔδμεναι ἄδην Ε 203. Cf. Ν 36 : πίνοντες καὶ ἔδοντες η 99. Cf. κ 243, 427, ξ 42, π 50, 84, ρ 260, υ 214.—(2) Fig., to eat (one's heart) : θυμὸν ἔδοντες ι 75 = κ 143. Cf. Ω 129 : κ 379.—(3) Of beasts, etc., to eat up, devour : χρόα γῦπες ἔδονται Δ 237, κακὰ κατὰ ταῦρον ἐδηδώς Ρ 542. Cf. Ο 636, Π 836, Σ 271, 283, Χ 42 : χ 30.—Of the cannibal Cyclops ι 297, 369, 476.—Of a man fiercely desiring vengeance : ὠμὰ κρέα ἔδμεναι Χ 347.—Of worms, to eat, gnaw : σὲ εὐλαὶ ἔδονται Χ 509 : μὴ κέρα ἶπες ἔδοιεν (should be found eating or to have eaten . . .) φ 395.—(4) To eat up, devour, consume, make away with : ἀλλότριον βίοτον α 160. Cf. α 250 = π 127, α 375 = β 140, β 123, ν 419, ξ 377, 417, π 389, 431, σ 280, φ 332, χ 56, ψ 9.

ἐδωδή, -ῆς, ἡ [ἔδω]. (1) Food, meat : κατατρύχω ἐδωδῇ λαούς (i.e. with requisitions for it) Ρ 225, κορεσσάμενος ἐδωδῆς Τ 167. Cf. δ 105, ε 95 = ξ 111,

ε 196, ζ 76, ξ 42, 193.—(2) Fodder for horses Θ 504. —(3) Eating : νέον ἀπέληγεν ἐδωδῆς Ω 475. Cf. γ 70.

ἕδωκα, aor. δίδωμι.

ἑέ (ἑέ). Acc. ἑέ Υ 171, Ω 134. ἓ Δ 497, Ξ 162, Ο 241, etc. : ρ 387, etc. ἑ (encl.) Α 236, 510, Β 11, 197, etc. : α 321, 434, δ 527, ζ 133, etc. Genit. εἷο Δ 400 : χ 19. ἕο Β 239, Ε 343, Ν 163, etc. : ε 459, η 217, θ 211, ι 398, etc. ἑό (encl.) Ο 165 : ξ 461. εὗ (encl.) Ι 377, Ξ 427, Ω 293, etc. ἕθεν Γ 128, Ε 56, Ζ 62, Μ 205, etc. : τ 481, ψ 304. ἑθέν (encl.) Α 114, Ι 419, 686, Ο 199, etc. Dat. ἑοῖ Ν 495 : δ 38. οἷ Ε 64, Θ 327, Ι 306, etc. : λ 433, ρ 330, χ 14, etc. οἱ (encl.) Α 72, 79, 104, 188, etc. : α 17, 37, 62, 88, etc. (1) In the encl. forms pron. of the 3rd person sing., him, her, it : μαντοσύνην, τήν οἱ πόρεν Α 72, περὶ γάρ ῥά ἑ χαλκὸς ἔλεψε φύλλα 236. Cf. Β 217, Γ 408, Δ 534, Ε 103, etc. : α 335, β 21, ζ 133, θ 405, etc.—(2) Reflexive in the accented forms : ἀμφὶ ἓ παπτήνας Δ 497. Cf. Β 239, Γ 128, Δ 400, Ε 56, 800, Θ 327, Ν 163, Ο 241, Ρ 407, Τ 385, etc. : κρήδεμνον ἀπὸ ἕο λῦσεν ε 459. Cf. η 217, ι 398, λ 433, χ 19, etc.

ἕεδνα. See ἕδνα.

ἑεδνόομαι [ἕεδνα]. To give in marriage β 53.

ἑεδνωτής, ὁ [ἕεδνα]. A match-maker, marriage-broker : οὐκ ἑεδνωταὶ κακοί εἱμεν Ν 382.

ἐεικοσάβοιος, -ον [ἐεικοσ-, ἐείκοσι + -α- (on analogy of numerals in -α) + βοῦς]. (1) Of the value of twenty oxen : τιμήν χ 57.—(2) In neut. pl. ἐεικοσάβοια, the value of twenty oxen : ἔδωκεν α 431.

ἐεικοστός, -όν [ἐείκοσι + ὀρ-, ἐρ-, ἐρέσσω]. Of twenty oars : νηός ι 322.

ἐείλεον, 3 pl. impf. εἰλέω. See εἴλω.

ἔειπας, 2 sing. aor. See εἶπον.

ἔειπον. See εἶπον.

ἐείσατο¹, 3 sing. aor. mid. εἴδω (Β).

ἐείσατο², 3 sing. aor. mid. ἵημι².

ἐέλδομαι, ἐέλδωρ. See ἐλδομαι, ἐλδωρ.

ἐελμένος, pf. pple. pass. εἴλω.

ἐέλπεται. See ἔλπω.

ἐέλσαι, aor. infin. εἴλω.

ἐέργαθε, 3 sing. aor. ἔργω¹.

ἐεργμέναι, nom. pl. fem. pf. pple. pass. ἔργω¹.

ἐεργνῦ, 3 sing. impf. ἔργνυμι.

ἔεργον. See ἔργω¹.

ἐέρση, ἐέρσηεις. See ἔρση, ἐρσήεις.

ἔερτο, 3 sing. plupf. pass. εἴρω¹.

ἐέρχατο, 3 pl. plupf. pass. ἔργω¹.

ἐέσσατο, 3 sing. aor. mid. ἕννυμι.

ἔεσσατο, 3 sing. aor. mid. ἕννυμι.

ἔεστο, 3 sing. plupf. mid. ἕννυμι.

ἐζευγμέναι, nom. pl. fem. pf. pple. pass. ζεύγνυμι.

ἔζευξα, 3 sing. aor. ζεύγνυμι.

ἕζομαι [σε-σδ-, redup. fr. σ(ε)δ-, the rough breathing representing the first σ. Cf. ἵζω, L. sedeo]. The pres. indic. only in 2 sing. ἕζεαι χ 378. The forms from ἑζόμην (with imp. ἕζευ Ω 522) may be regarded as aorists, with the infin. accented ἑζέσθαι. From the same root 3 sing. aor. act. εἷσε Α 311, Β 549, Γ 382, Ζ 189, Η 57, Ι 200, Ψ 359 : α 130, δ 531, ζ 8, η 169, θ 472, κ 233, 314, 366,

μ 34, ξ 49, o 286, σ 103, ν 210. 3 pl. εἶσαν Δ 392,
E 693, Ψ 698, Ω 578, 720 : γ 416, ζ 212. ἔσαν
T 393. Imp. εἶσον η 163. Pple. ἔσας ξ 280. Fem.
ἔσᾶσα κ 361. Also 3 sing. aor. in mid. form
ἐέσσατο ξ 295. (ἀν-, ἐφ-, καθ-, παρ-.) (I) In
pres. and in impf. (or aor. (see above)). (1) To
seat oneself, sit down, take one's seat: ἕζετ'
ἀπάνευθε νεῶν A 48. Cf. A 68, 246, 349, Γ 211,
Z 354, etc. : ἕζοντο κατὰ κλισμούς a 145. Cf. β 14,
δ 51, 136, μ 172, ρ 602, etc.—(2) To crouch down :
ἕζετο προΐδών X 275. Cf. ξ 31.—To sink to the
ground, collapse N 653, Ξ 495, Φ 115.—To sink
(to the ground): αἱ Ἀχαιῶν κῆρες ἐπὶ χθονὶ ἐζέσθην
Θ 74.—(3) To assume a sitting from a recumbent
position : ἕζετο δ' ὀρθωθείς B 42, Ψ 235. Cf. ζ 118.
—(II) In sigmatic aor. act. and mid. (1) To
cause to seat oneself, bid be seated : κὰδ δ'
εἷσεν Ἀχαιούς H 57. Cf. I 200, Ω 578 : ξεῖνον ἐπὶ
θρόνου εἷσον η 163. Cf. a 130, γ 416, η 169, θ 472,
κ 233, 314 = 366, μ 34, ξ 49, o 286.—(2) To cause
(a person) to be somewhere, place (him) there :
κὰδ δ' εἷσ' ἐν θαλάμῳ T 382. Cf. E 693, Ψ 698 :
ἐς ἀσάμινθον ἕσασα κ 361, ἐς Λιβύην μ' ἐπὶ νηὸς
ἐέσσατο (for a voyage to Libya) ξ 295. Cf. ζ 212,
ξ 280, σ 103.—(3) To lay or post (an ambush) :
λόχον Δ 392, Z 189 : δ 531.—(4) To post, detail
for a duty : σκοπὸν εἷσε Φοίνικα Ψ 359. Cf. Ω 720.
—So of putting in charge : ἐπὶ βουσὶν ν 210.—
(5) To place, establish, settle : κὰδ δ' ἐν Ἀθήνῃς
εἷσεν ['Ερεχθῆα] B 549.—So to settle (a people)
ζ 8.—(6) With ἀνά, to put on board a ship
A 311.—(7) To put in its place, settle : ἀμφὶ
λέπαδν' ἕσαν T 393.

ἔη, 3 sing. subj. εἰμί.
ἔηκε, 3 sing. aor. ἵημι[1].
ἔην, 3 sing. impf. εἰμί.
ἐήνδανε, 3 sing. impf. ἀνδάνω.
ἐῆος, genit. See εὖς.
ἔησθα, 2 sing. impf. εἰμί.
ἔῃσι, 3 sing. subj. εἰμί.
ἔθανε, 3 sing. aor. θνήσκω.
ἔθειραι, αί. (1) The mane of a horse Θ 42 =
N 24.—(2) Horse-hairs forming a crest on a
helmet : μιάνθησαν ἐ. αἵματι Π 795. Cf. T 382,
X 315.
ἐθείρω. App., to tend, till : ἀλωήν Φ 347.
ἐθελήσω, fut. ἐθέλω.
ἔθελξε, 3 sing. aor. θέλγω.
ἐθελοντήρ, -ῆρος, ὁ [ἐθέλω]. A volunteer β 292.
ἐθέλχθης, 2 sing. aor. pass. θέλγω.
ἐθέλω. 2 sing. pa. iterative ἐθέλεσκες I 486.
3 -ε I 353. 3 pl. -ον N 106. Fut. ἐθελήσω θ 223.
2 sing. -εις σ 362. 3 -ει Ο 215, Σ 262 : ρ 226.
3 dual -ετον θ 316. Aor. ἐθέλησα ν 341. 3 sing. -ε
Σ 396. 2 sing. pres. subj. in shorter form θέλῃσθα
A 554. (1) (a) To be minded, have a mind, desire,
wish, purpose, choose. With infin. : περὶ πάντων
ἔμμεναι ἄλλων A 287. Cf. B 247, Γ 404, E 441,
Z 150, Θ 10, etc. : τοῦτ' ἀρέσθαι α 390, οὐδ' ἤθελον
ἐξαπατῆσαι (did not mean to . . .) ν 277. Cf.
a 405, β 86, γ 243, δ 540, ε 205, etc.—Elliptically :
ἔρξον ὅπως ἐθέλεις Δ 37, αἴ κ' ἐθέλῃσθα T 147 (if

the infinitives be taken as depending on πάρα σοί
or as imperatives). Cf. A 554, I 146, Ξ 337,
Φ 484, etc. : εἰ δ' ἐθέλεις πεζός (prefer) γ 324,
ἔπιον ὅσον ἤθελε θυμός 342. Cf. β 54, δ 391, ξ 54,
ν 136, etc.—Absol. : οὐκ εἰῶσ' ἐθέλοντα (thwart
my desire) B 132, αἴ κ' ἐθέλῃσιν (if he will have
it so) Σ 306, οὐκ ἐθέλων (unintentionally) Ψ 88.
Cf. Z 165, K 556, Ξ 120, Σ 473, etc. : τὴν ἐθέλων
ἐθέλουσαν ἀνήγαγεν γ 272. Cf. a 349, γ 228, o 72,
ρ 424, χ 31, etc.—(b) To choose or desire (that a
person shall do something). With acc. and
infin. : ἔμ' ἧσθαι δευόμενον A 133. Cf. Γ 67.
—(2) (a) Without implication of desire, to be
minded, willing, prepared, disposed, inclined,
content. With infin. : ἄποινα δέξασθαι A 112,
ἑτάροισιν ἀμυνέμεν P 702. Cf. A 116, Γ 241, Z 281,
N 743, T 187, etc. : κείνου ὄλεθρον ἐνισπεῖν γ 92.
Cf. ι 95, κ 342, λ 105, o 435, ρ 321, etc.—Ellip-
tically : αἴ κ' ἐθέλῃσι, δώσει Θ 142. Cf. I 255,
Λ 782, T 142, Ω 335, etc. : αἴ κ' ἐθέλησ', ἰήσεται
ι 520. Cf. η 305, ρ 11, 19, 277, etc.—Absol. :
μεθιεῖς τε καὶ οὐκ ἐθέλεις Z 523. Cf. Δ 300, K 291
(ἐθέλουσα = πρόφρασσα 290), Τ 87, Ω 289, etc. :
οὐκ ἐθελούσῃ β 50. Cf. ε 99, η 315, o 449, ν 98, etc.
—(b) With acc. and infin. as under (1) (b) : εἴ μ'
ἐθέλεις τελέσαι τάφον Ω 660. Cf. π 318.—(3) With
οὔ, to decline, refuse. With infin. : εἰ ἂν τιμὴν
οὐκ ἐθέλωσι τίνειν Γ 289. Cf. O 492.—(4) To have
the heart, venture. With infin. : ἀντίον ἐλθέμεναι
P 66. Cf. I 353, N 106.—(5) Passes into the sense
to be able, have the power : οὐδ' ἔθελε [ποταμὸς]
προρέειν Φ 366.
ἔθεν, ἔθέν. See ἑέ.
ἔθετο, 3 sing. aor. mid. τίθημι.
ἐθηήσαντο, 3 pl. aor. θηέομαι.
ἔθηκα, aor. τίθημι.
ἔθλασε, 3 sing. aor. θλάω.
ἔθνος, τό (Fέθνος). (1) A body or band of men :
ἑτάρων εἰς ἔ. ἐχάζετο Γ 32 = Λ 585 = N 566 = 596 =
648 = Ξ 408, N 165, 533, Π 817. Cf. B 91 = 464,
H 115, Λ 595 = O 591 = P 114, Λ 724, M 330, N 495,
P 552, 581, 680.—So ἔθνεα νεκρῶν κ 526, λ 34,
632.—(2) A swarm (of bees) B 87.—(Of flies)
B 469.—A flight (of birds) B 459, O 691.—A herd
(of swine) ξ 73.
ἔθορε, 3 sing. aor. θρώσκω.
ἔθρεψε, 3 sing. aor. τρέφω.
ἔθω [conn. with ἦθος and orig. σFέθω. Cf. L.
suesco]. 3 sing. pf. εἴωθε E 766 : ρ 394. ἔωθε
Θ 408, 422. Pple. εἰωθώς, -ότος E 203, 231, Z 508,
O 265. (1) In pres. pple., after one's wont : οὓς
παῖδες ἐριδμαίνωσιν ἔθοντες Π 260.—Of a beast,
after the manner of its kind I 540.—(2) In pf.,
to be wont or accustomed. With infin. : εἰωθότες
ἐδμεναι ἄδην E 203. Cf. E 766, Z 508 = O 265,
Θ 408, 422 : ρ 394.—Adjectivally in pple., to
which one is accustomed : ἡνιόχῳ εἰωθότι E 231.
εἰ (cf. αἴ, ἤν). (1) Interjectionally with imp.,
come ! εἰ φευγόντων I 46, εἰ ἄκουσον 262.—For
εἰ δ' ἄγε (ἄγετε) see ἄγε.—(2) With opt. intro-
ducing a wish. (a) εἴ τις τούσδε καλέσειεν K 111.
Cf. O 571, Π 559, Ω 74 : εἰ βόες εἶεν σ 371. Cf.

ι 456, σ 376.—See also εἶθε.—(b) So εἰ γάρ: εἰ
γὰρ 'Αθήνη δοίη κάρτος Ρ 561. Cf. α 255, γ 218,
ρ 496, 513, σ 366.—Of the present: εἰ γὰρ εἴην
ἀθάνατος Θ 538. Cf. Ν 825.—(3) Citing a fact in
corroboration or as the ground of an appeal or
exhortation made or to be made, if it is certain
or true that . . ., as surely as . . . For the
examples see (I) of Table at end.—(4) Introduc-
ing in protasis one of two opposed clauses, even
if, even though, though, granted that (such
words as 'yet,' 'still,' 'nevertheless,' introduc-
ing or suppliable before the apodosis). For the
examples and constructions see (II) of Table.—
(5) Introducing the protasis of conditional sen-
tences, if, on condition that, supposing that (such
words as 'then,' 'consequently,' 'therefore,'
introducing or suppliable before the apodosis).
For the examples and constructions see (III) of
Table.—(6) With ὡς (or ὡς . . . τε) expressing
supposition for comparison. (a) With indic. :
ὡς εἴ θ' ἕσπετο μῆλα Ν 492.—(b) With subj. : ὡς
εἴ τε φιλήσῃ Ι 481.—(c) With opt. : ἴσαν ὡς εἴ τε
πυρὶ χθὼν νέμοιτο Β 780, οὐκ ἀλέγω, ὡς εἴ με γυνὴ
βάλοι Λ 389. Cf. Λ 467, Χ 410 : ι 314, κ 416, 420,
ρ 366.—(7) Sim. without expressed vb. : ὡς εἴ
τε θῶες Λ 474. Cf. Ε 374 = Φ 510, Ι 648 = Π 59,
Π 192, Τ 17, 366, Χ 150, Ψ 598, Ω 328 : η 36,
ξ 254, ρ 111, τ 39, 211.—(8) εἰ μή without ex-
pressed vb., unless it be (were), unless, except :
εἰ μὴ Πάτροκλος Ρ 477. Cf. Σ 193, Ψ 792 : μ 326,
ρ 383.—(9) In final clauses, if haply, in the hope
that. (a) With fut. : μενοίνεον εἰ τελέουσιν Μ 59.
—(b) With subj. (α) Pure : ἐλθεῖν εἴ πως ὕπνον
χεύῃ Ξ 163. Cf. δ 739, ε 471, μ 96.—(β) With
κεν : στήομεν, εἴ κεν ἐρύξομεν Ο 297. Cf. χ 76.—
(c) With opt. : ἐρήτυον, εἴ ποτ' αὔτῆς σχοίατο Β 97.
Cf. Γ 450, Κ 19, 206, Μ 122, Ξ 163, Ρ 104, Σ 322,
Τ 464, Χ 196, Ψ 40 : β 342, δ 317, ε 439, ζ 144,
ι 229, 267, 349, 418, λ 479, 628, μ 334, ο 316,
χ 91.—(10) In object clauses, whether. (a) With
indic. : φράσαι εἴ με σαώσεις Α 83, οὐκ οἶδ' εἰ θεός
ἐστιν Ε 183. Cf. Β 367, Ζ 367, Θ 111, Ξ 125,
Φ 266 : α 207, θ 133, κ 193, λ 371, 458, 494,
ν 328, ρ 510, τ 216, 325, ω 259. — εἴτε (εἴ τε)
. . . εἴτε (εἴ τε) . . . : εἴτ' εὐχωλῆς ἐπιμέμφεται
εἴθ' ἑκατόμβης Α 65. Cf. Β 349 : γ 90.—With fut.
and κεν : ἣ Ζεὺς οἶδεν, εἴ κε τελευτήσει ο 524.—
(b) With subj. (α) Pure : οὐκ οἶδ' εἰ κακορραφίης
ἐπαύρηαι Ο 16.—εἴτε . . . εἴτε . . . Μ 239.—
(β) With κεν : ἣν ἀρετὴν διαείσεται, εἴ κ' ἐμὸν
ἔγχος μείνῃ Θ 535. Cf. Θ 532, Ο 403, Π 860,
Χ 244 : β 332, γ 216.—(c) With opt. (α) Pure :
ἐπειρᾶτο εἴ πώς οἱ εἴξειαν (to see whether . . .)
Ν 807. Cf. Δ 88, Ε 168, Μ 333, Ν 760, Ρ 681,
Τ 385 : κακὰ βυσσοδομεύων, εἴ πως τισαίμην (con-
sidering how . . .) ι 317, μῦθόν κε φαίην, εἰ σφῶϊν
ἅδοι (i.e. to see if they will agree) υ 327. Cf.
α 115, β 351, ι 421, κ 147, μ 113, ν 415, ξ 460,
498, σ 375, υ 224, χ 381, ψ 91.—(β) With κεν :
τίς οἶδ' εἴ κέν οἱ θυμὸν ὀρίναις ; Λ 792. Cf. μ 113,
ξ 120.

εἰαμενή, -ῆς, ἡ. A piece of low or flat-lying

land : ἐν εἰαμενῇ ἕλεος (consisting of . . ., form-
ing . . .) Δ 483, Ο 631.

εἰανός. See ἑανός[1].

εἰαρινός, -ή, -όν (Ϝειαρινός) [(Ϝ)έαρ, with the ε
metrically lengthened]. Of the spring, spring
. . . : ἄνθεσιν Β 89. Cf. Β 471 = Π 643, Θ 307 :
σ 367 = χ 301.

εἴασκον, pa. iterative ἐάω.

εἴαται, 3 pl. pres. **εἴατο**[1], 3 pl. impf. ἧμαι.

εἴατο[2], 3 pl. plupf. mid. ἕννυμι.

εἴβω [= λείβω]. (κατ-.) To shed (a tear) Π 11,
Τ 323, Ω 9 : δ 153, θ 531, λ 391, π 219, 332,
ω 234, 280.

εἰδάλιμος, -η [εἶδος]. Fair to see, comely ω 279.

εἶδαρ, ·ατος, τό [ἐδ-Ϝαρ, fr. ἔδ-, ἔδω]. (1) Food,
meat ι 84, λ 123 = ψ 270.—In pl. of food of various
kinds : εἴδατα πόλλ' ἐπιθεῖσα α 140 = δ 56 = η 176 =
κ 372 = ο 139 = ρ 95.—Of food disposed on a table :
ἀπὸ δ' εἴδατα χεύεν ἔραξε χ 20, 85.—Of food used
as bait : ἰχθύσι δόλον κατὰ εἴδατα βάλλων μ 252.—
(2) Fodder for horses Ε 369, Ν 35.

εἰδήσεις, 2 sing. fut. εἴδω (C).

εἶδος (Ϝεῖδος) [εἴδω]. (One's general bodily)
appearance or form (when used without qualifica-
tion connoting comeliness) : εἰ. ἀρίστη Β 715, ἥ τε
κόμῃ τό τε εἰ. Γ 55. Cf. Β 58, Γ 39 = Ν 769, Γ 45,
124, 224, Ε 787 = Θ 228, Ζ 252, Κ 316, Ν 365, 378,
Ρ 142, 279, Φ 316, Χ 370, Ω 376 : εἰ. 'Αφροδίτης
δ 14. Cf. δ 264, ε 213, 217, ζ 16, 152, η 57, θ 116,
169, 174, 176, λ 337 = σ 249, λ 469 = ω 17, λ 550,
ξ 177, ρ 454, σ 4, 251, τ 124, ν 71, ω 253, 374.—
Of a dog ρ 308.

†εἴδω [Ϝιδ-. Cf. L. video]. (A) Aor. εἶδον (ἐϜιδον)
Τ 292 : κ 194, λ 281, 298, 576, ω 445. ἴδον (Ϝίδον)
Α 262, Γ 169, Λ 614, Ρ 328, Ψ 462, etc. : α 212,
δ 269, ζ 160, ν 318, ψ 40, etc. 2 sing. εἶδες λ 162.
ἴδες Υ 205, Χ 236 : λ 371. 3 εἶδε Δ 149, Ε 572,
Λ 112, Τ 16, Ψ 874, etc. : δ 524, ρ 81. ἴδε Δ 151,
Ι 195, Ν 495, Ω 702, etc. : α 3, ε 375, λ 615, φ 83,
etc. 3 dual ἰδέτην β 152 (v.l. ἱκέτην). 1 pl.
εἴδομεν ι 182. ἴδομεν μ 244. 3 εἶδον Ε 515, Η 308,
Φ 207 : κ 453. ἴδον Α 600, Κ 275, Μ 83, Π 660,
Ψ 202, etc. : β 155, κ 219, ξ 29, χ 22, ω 391, etc.
Subj. ἴδωμι Σ 63, Χ 450. ἴδω Ω 555 : κ 387, π 32.
2 sing. ἴδῃς Δ 205 : ο 76. 3 ἴδῃ Δ 98, 195, Ω 337.
1 pl. ἴδωμεν Κ 97 : φ 112, 336. 2 ἴδητε Π 179 :
κ 426. 3 ἴδωσι Τ 174. Opt. ἴδοιμι Ζ 284 : ι 229,
κ 147. 2 sing. ἴδοις Δ 223, Ζ 330 : σ 375, 379.
3 ἴδοι Β 198, Δ 232, Ω 583, etc. : ζ 113, ω 491.
3 pl. ἴδοιεν Μ 268 : ε 447. Imp. ἴδε Π 179 : θ 443,
χ 233. Pple. ἰδών, -οῦσα Α 148, 537, Γ 224, Ν 184,
Ο 12, Ω 320, etc. : γ 438, δ 43, ζ 199, η 224, ρ 215,
ω 90, etc. Infin. ἰδέειν Γ 236, Ε 475, Ρ 643, Ψ 463,
etc. : δ 475, ζ 314, λ 567, ρ 142, etc. ἰδεῖν Ω 453,
etc. : λ 143, etc. 3 sing. pa. iterative ἴδεσκε
Γ 217. Mid. Aor. ἰδόμην Κ 47 : ε 359, π 472, τ 185.
3 sing. ἴδετο Ω 22. 3 pl. εἴδοντο Τ 154, Θ 251, Π 278,
Ρ 724. ἴδοντο Α 374, Ω 484 : η 322, σ 320. Subj.
ἴδωμαι Α 262, Ζ 365, Φ 61, etc. : ζ 126, ν 215, ψ 83.
2 sing. ἴδηαι Γ 130, Ν 229, Σ 135, etc. : ζ 311,
σ 269, ψ 5. ἴδῃ Α 203, Γ 163, Ν 449, Ο 32 : λ 94.
ο 432. 3 ἴδηται Β 237, Ρ 93, Τ 151, etc. : δ 412.

ρ 9, φ 159, etc. 1 pl. ἰδώμεθα κ 44. 2 ἴδησθε Ο 147 : δ 414, 421, θ 307. 3 sing. opt. ἴδοιτο Γ 453, Μ 333, Ρ 681, etc. : θ 280, κ 574, λ 366. 3 pl. ἰδοίατο Σ 524 : α 163, λ 361. Imp. pl. ἴδεσθε Ψ 469. Infin. ἰδέσθαι Γ 194, Ζ 176, Ξ 286, Ο 600, Σ 83, etc. : γ 233, ζ 306, ρ 265, ω 369, etc.—(Β) 3 sing. pres. mid. εἴδεται Α 228, Θ 559, Ν 98, Ξ 472, Ω 197 : ι 11. Pple. εἰδόμενος, -η Β 280, Γ 122, Ε 462, Ν 69 : α 105, β 268, 401, γ 372, ζ 22, θ 8, χ 206, ω 503, 548. 2 sing. aor. ἐείσαο Ι 645. 3 ἐείσατο β 320, ε 398, 442, η 281, 343, θ 295, κ 149. εἴσατο Β 791, Ν 191 (reading χρώς. See below (II) (1)) Τ 81, Ω 319 : ε 281, 283, θ 283, ν 352, τ 283. 3 pl. εἴσαντο Μ 103. 3 sing. opt. εἴσαιτο Β 215. Pple. εἰσάμενος Ν 45, Π 716, Ρ 73, Φ 213, etc. : λ 241. With prothetic ἐ εἰσσάμενος Β 22, Π 720, Ρ 326, 585, Τ 82. Fem. εἰσαμένη Ε 785, Ρ 555. ἐεισαμένη Β 795, Γ 389 : ζ 24.—(C) Pf. οἶδα (Ϝοῖδα) Δ 163, Η 237, Π 50, Σ 192, Τ 219, Ω 105, etc. : γ 184, ζ 176, θ 215, ξ 365, ρ 307, υ 309, etc. 2 sing. οἶδας α 337. οἶσθα Α 85, Η 358, Ο 93, Ω 662, etc. : δ 465, ο 20, ρ 573, ψ 60, etc. 3 οἶδε Α 343, Δ 361, Η 236, Σ 185, etc. : α 53, δ 771, ν 405, υ 46, etc. 1 pl. ἴδμεν Α 124, Η 281, Κ 100, Ψ 890, etc. : δ 109, κ 190, μ 189, ψ 110, etc. 2 ἴστε Β 485, Ψ 276 : η 211, φ 110. 3 ἴσᾱσι Ζ 151, Σ 420, Τ 214 : β 211, Θ 379, 468, ν 239. ἴσασι Ι 36, Ψ 312 : β 283, θ 559, λ 122, ω 188, etc. Plupf. ᾔδεα (in form an aor., for ἐϜείδεσα) Θ 366, Ξ 71: δ 745, ν 340. 2 sing. ᾔδησθα τ 93. ἠείδης (for ἐϜείδεας) Χ 280. 3 ᾔδεε Β 409, Ρ 402, Σ 404, etc. : ψ 29. ᾔδη Α 70, Ε 64, Ν 355, Τ 466, etc. : β 16, γ 146, ξ 433, ψ 220, etc. ᾔείδη ι 206. 3 pl. ἴσαν Σ 405 : α 176, δ 772, ν 170, ψ 152. Subj. εἰδέω Α 515. εἰδῶ α 174, δ 645, ν 232, ξ 186, ω 258, 297, 403. ἰδέω Ξ 235 : π 236. 2 sing. εἰδῇς Α 185, Ζ 150, Τ 213, Φ 487 : β 111, η 317, λ 442. ἰδῇς Φ 420 : ι 348, χ 234. 3 εἰδῇ Ο 207, 412, Τ 122, Ψ 322 : θ 586, τ 329, 332. ἰδῇ Θ 406. 1 pl. εἴδομεν Α 363, Ν 327, Π 19, Χ 130, 244 : γ 18. 2 εἴδετε Θ 18, Σ 53 : ι 17. 3 εἰδῶσι β 112. 2 sing. opt. εἰδείη ε 206. 3 εἰδείη Μ 229, Π 73. Imp. ἴσθι β 356, λ 224. 3 sing. ἴστω Η 411, Ο 36, Τ 258, etc. : ε 184, ξ 158, π 302, etc. Pple. εἰδώς, -υῖα Α 385, Β 823, 345, Κ 250, Ο 527, Ρ 5, etc. : α 37, γ 277, μ 156, ω 51, etc. Fem. ἰδυῖα, -ης Α 365, 608, Ι 128, Σ 380, 482, Τ 12, etc. : α 428, η 92, ν 289, ο 418, ψ 182, ω 278, etc. Infin. ἴδμεναι Ν 273 : δ 200, 493, μ 154. ἴδμεν Λ 719 : θ 146, 213. 2 sing. fut. εἰδήσεις η 327. Infin. εἰδησέμεν ζ 257. εἰδήσειν Α 546. Fut. in mid. form εἴσομαι Θ 532, Ξ 8 (see (III) (1)): τ 501, χ 7 (see (III) (10)). 2 sing. εἴσεαι Η 226, Φ 292 : β 40, π 246, ω 506. 3 εἴσεται Α 548, Θ 111, Π 243. (δια-, εἰσαν-, εἰσ-, ἐκκατ-, ἐξ-, ἐπ-, περιοιδα, προ-.) (Ι) In forms (A) in act. and mid. (1) To discern with the eye, catch sight of, see, perceive, behold : τὼ ἰδών Λ 50. Cf. Β 198, Γ 236, Δ 255, Ζ 176, Ν 330, etc. : ὡς ξείνους ἴδον γ 34. Cf. α 113, δ 523, ε 41, ζ 113, ι 182, etc.—Absol. : οὐδ' ἠγνοίησεν ἰδοῦσα Α 537. Cf. Ε 770, Θ 397, Ρ 646, Ψ 469, etc. : ὅθεν κέ τις οὐδὲ ἴδοιτο (app., which dazzle the (mind's) eye, defy detection) λ 366. Cf. γ 373, ε 74, φ 122,

ψ 40, etc.—(2) To look at, inspect, examine : τόξον φ 405. Cf. ν 215.—To see to, look to : πῶμα θ 443.—So ἅρματος ἀμφὶς ἰδών Β 384.—Of a surgeon, to see (a patient) Δ 195, 205.—To examine (a wound) Δ 217.—(3) With ἐ(ι)σάντα, to look at face to face, look in the face : ἔγνω ἐσάντα ἰδών Ρ 334. Cf. ε 217, λ 143, ο 532, π 458, ρ 239.—(4) To witness, see, look on at : θέσκελα ἔργα Γ 130. Cf. Α 203, Ν 344, Ρ 179 : θ 307, χ 233. —(5) To go to see, see, visit (a person) : οἰκῆας ἀλοχόν τε Ζ 365. Cf. Σ 63 : δ 162.—To visit, inspect : μῆλα Δ 476. Cf. Κ 97 : δ 412, ο 505.— To see to, inspect : ἐπὶ ἔργα ἰδεῖν π 144.—(6) To see so as to gain knowledge or experience of : Φρύγας Γ 185. Cf. Α 262, etc. : πολλῶν ἀνθρώπων ἄστεα α 3. Cf. δ 269, ζ 160, etc.—Sim. : νόστιμον ἧμαρ γ 233 = ε 220 = θ 466, ζ 311.—So ἧς οὔ τι χάριν ἴδεν (had no joy of her) Λ 243.—(7) With pple. expressing something observed in connexion with a person or thing : μή σε ἴδωμαι θεινομένην Α 587. Cf. Α 600, Γ 154, Ε 572, Ο 279, etc. : α 163, γ 221, θ 286, λ 528, etc.—Sim. with adj. : ὡς ἴδε χῶρον ἐρήμον Κ 520. Cf. Ρ 652 : ω 371.—So οἷον δ 421.—With adj. and pple. : ζωόν τε καὶ ἀρτεμέα προσιόντα Ε 515 = Η 308.—(8) To see, find out, discover. With dependent clause : αἴ κεν . . . Δ 249. Cf. Ε 221 = Θ 105, Θ 251, 376, Τ 144, Φ 61, Χ 450 : ὄττι τάδ' ἐστίν κ 44. Cf. Χ 234, ω 491.— With acc. and clause : ἴδοις κέ με, εἰ . . . σ 375.— Absol. : ὄφρα ἴδωμεν φ 112, 336. Cf. ζ 126, φ 159.— To see or find out to one's cost. With clause : οἷος Ζηνὸς γόνος ἐνθάδ' ἱκάνω Ν 449. Cf. Β 237, Ο 31.— To see or know of something happening. With infin. : οὔ πω ἰόμην οὔ ἔκλυον ἀνδρ' ἕνα τοσσάδε μητίσασθαι Κ 47.—(9) To direct one's eyes, look, glance : ὑπόδρα Α 148, εἰς οὐρανόν Γ 364. Cf. Β 271, Ζ 404, Ρ 167, Ψ 143, etc. : β 152, θ 165, μ 244, π 477, ρ 304, etc.—Sim. : ἔμοιγε εἰς ἰδέσθαι Ι 373. Cf. Ο 147 : ψ 107.—(10) The aor. infin. used epexegetically : θαῦμα ἰδέσθαι Ε 725, νέκυν σαῶσαι ᾖ ἀλόχῳ ἰδέειν Ω 36. Cf. Γ 194, Κ 439, Σ 83, 212, 377 : ε 217, ζ 306, η 45, θ 20, 366, ι 143, ν 108, ρ 265, σ 195, τ 380, χ 405, ω 369, 374.—(II) In forms (B) (1) To be seen, appear, come into view : εἴδεται ἄστρα Θ 559, οὔ πῃ χρὼς εἴσατο Ν 191 (for the sense with v.l. χρόος see ἵημι² (5)). Cf. Ω 319 : τῇ οἱ (μοι) ἐείσατο χῶρος ἄριστος ε 442, η 281 (app. tinged with the notion of seeming, 'where there seemed to be . . .'). Cf. ε 281, 283, 398, κ 149, ν 352.—So εἴδεται ἧμαρ δαμῆναι Ν 98.—(2) To seem, appear. With infin. : τό τοι κῆρ εἴδεται εἶναι Α 228, γελοίϊον ἔμμεναι Β 215. Cf. Ι 645, Μ 103 : ι 11.—With adj. without infin. : οὔ μοι κακὸς εἴδεται Ξ 472. Cf. τ 283.—Impers. with infin. : τί τοι εἴδεται εἶναι; Ω 197. Cf. β 320. —With adj. without infin. : ἀσπαστὸν ἐείσατο κοιμηθῆναι η 343, θ 295.—(3) To make a show of doing something. With infin. : εἴσατ' ἴμεν ἐς Λῆμνον θ 283.—(4) To make oneself like. With dat. : τῷ ἐεισάμενος Β 22, εἴσατο φθογγὴν Πολίτῃ (in voice) 791. Cf. Β 795, Ε 785, Ν 45, Φ 213, etc. : ζ 24, λ 241.—(5) To be like, resemble. With dat. : εἰδομένη κήρυκι (in the likeness of . . .) B 280. Cf. Γ 122, E 462, N 69 : a 105, β 268 = 401 = χ 206 = ω 503 = 548, γ 372, ζ 22, θ 8.—(III) In forms (C) (1) To have cognizance of, be apprised of, know about : ὅς ἤδη τὰ ἐόντα A 70, θεοπρόπιον ὅ τι οἶσθα 85. Cf. B 38, 486, E 64, Z 150, N 355, etc. : οἶδε δίκας ἄλλων γ 244, εἰδότα πολλά (with my knowledge of the world) ι 281. Cf. β 16, δ 745, θ 559, μ 154, π 246, etc.—So εἰδὼς κῆρ' ὀλοήν (the doom before him) N 665, ἠείδης τὸν ἐμὸν μόρον (had knowledge that I was doomed) X 280 : οὐ εἰδότ' ὄλεθρον (not suspecting) δ 534. Cf. a 37, β 283.—With prep. : περὶ κείνου ρ 363.— To be (sufficiently) informed as to : τούτους δ 551. —Absol. : ἵνα εἴδομεν ἄμφω A 363, οἶσθα 365, τάχα εἴσομαι Ξ 8 (or the word may be referred to ἵημι² (4)). Cf. A 385, I 345, Σ 404, Ω 105, etc. : a 174, 216, δ 200, ρ 153, etc.—(2) To make the acquaintance of : Φαιήκων ὅσσοι ἄριστοι ζ 257. Cf. θ 213.—To be acquainted or familiar with : θαλάσσης βένθεα a 53, δ 386, ἴσαν ἡμέτερον δῶ a 176 (or the word may be referred to εἰμι (6) (a)). Cf. ζ 176, η 25, θ 560, ν 239.—Absol. : πρὶν εἰδότες ν 113.—To know the character of : ἑκάστην τ 501.— (3) To know so as to have skill in : μαντοσύνας B 832 = Λ 330, ἔργα Σ 420.—Cf. Γ 202, H 236, 237, I 128, 270, Λ 719, T 245, Ψ 263 : a 337, θ 134, 146, ν 289 = π 158, ο 418, ω 278.—To be acquainted with, know the use of : νέας λ 124 = ψ 271.—To know the properties of : φάρμακα Λ 741.—(4) To know of the existence of, know of : ξυνήϊα A 124. Cf. T 115 : ι 206, λ 122, ψ 269.—(5) To feel, be influenced by : νέμεσιν Z 351.—(6) To bear in mind : ταῦτα πάντα λ 224.—(7) In imp. in oaths and adjurations : ὅρκια Ζεὺς ἴστω H 411, ἴστω τόδε Γαῖα O 36. Cf. K 329, T 258 : ε 184, ξ 158 = ρ 155 = ν 230, τ 303.—(8) With genit., to know about : πένθεος Λ 657, ἄλλου δ' οὔ τευ οἶδα τεῦ . . . Σ 192 (I do not know as to anyone whether . . . (with abrupt change to the direct interrogative)) : κείνων γ 184 (or the genit. may be taken as depending on οἵ τε . . . οἵ τε . . .).—To have experience of or skill in : τόξων B 718, τόκοιο P 5. Cf. B 823, Δ 310, Z 438, Λ 710, O 412, Ψ 665, etc. : a 220, δ 818, ε 250.—With complementary infin. : τόξων εἰδότες μάχεσθαι B 720.—Absol. : φάρμακα εἰδὼς πάσσεν (skilfully) Δ 218.—The pf. pple. adjectivally : ἰδυίῃσι πραπίδεσσιν (knowing, skilful) Α 608, Σ 380, 482, Υ 12 : η 92.—(9) To know how to do something, to have skill or facility in doing it. With infin. : οὐδέ τι οἶδε νοῆσαι A 343, οἶδα γὰρ μῆσαι βῶν H 238. Cf. H 240, 241, 358 = M 232, O 632, 679, Υ 201 = 432, Ψ 309, 312 : θ 215. —(10) With pple. expressing something known : Πάτροκλον τεθνηότα P 402. Cf. η 211, ψ 29, ω 404. —With dependent clause : ὅσσον . . . A 515, εἰ . . . E 183. Cf. B 192, Δ 360, Θ 32, 532, K 100, Ξ 71, O 204, Υ 434, etc. : β 332, γ 18, δ 109, 712, 771, θ 28, π 424, ρ 78, etc.—With acc. and clause : ἤδεε γὰρ ἀδελφεὸν ὡς ἐπονεῖτο B 409 : σκοπὸν ἄλλον εἴσομαι, αἴ κε τύχωμι (whether . . .) χ 7 (or the word may be referred to ἵημι² (1)). Cf. δ 772 =

ν 170 = ψ 152, ξ 365, ρ 373.—So τό γε, ὁππστέρῳ . . . Γ 308. Cf. E 406, T 421, Υ 466 : τόδε, μὴ . . . ω 506. Cf. γ 146, ν 314, ξ 119, etc.—(11) To know to one's cost. With clause : ὅσσον φέρτερός εἰμι A 185. Cf. H 226, Θ 111, 406, Π 243, Φ 487.— (12) To have (in one's mind), be endowed with : ἔπεα φρεσὶ ἦσιν ἤδη B 213. Cf. λ 445.—So without φρεσίν : πεπνυμένα μήδεα εἰδώς H 278. Cf. Γ 202, Σ 363, Ψ 322, 709, Ω 88 : β 38, 88, 122, δ 696, 711, ε 182, ζ 12, θ 586, ν 296, τ 286, υ 46, χ 361, ω 442.—Of character, disposition or mood : ἄγρια. See ἄγριος (5).—ἀθεμίστια. See ἀθεμίστιος (2).—αἴσιμα. See αἴσιμος (2).—ἀμύμονα. See ἀμύμων (3).—ἀπατήλια. See ἀπατήλιος.—ἀπηνέα. See ἀπηνής (1).—ἄρτια. See ἄρτιος.—δίκας, θέμιστας. See δίκη (2).—ἤπια, ἤπια δήνεα. See ἤπιος (1). —θέμιστα. See θέμις (1).—κεδνά. See κεδνός (3).— λυγρά. See λυγρός (3).—ὀλοφώϊα. See ὀλοφώϊος.— φίλα, φίλα μήδεα. See φίλος (5) (c).—κεχαρισμένα. See χαρίζομαι (2) (b).—(13) ἴδμεναι χάριν, to owe thanks, feel indebted : ἰδέω τοι χάριν Ξ 235.

εἴδωλον, -ου, τό [εἴδω]. An unreal image, a phantom E 449, 451.—Appearing in a dream δ 796, 824, 835.—Of the shades of the dead Ψ 104 : λ 83, 213, 602.—So εἴδωλα καμόντων Ψ 72 : λ 476, ω 14.—Of the shades of slain men passing below ω 355.

εἶεν, 3 pl. opt. εἰμί.

εἴη, 3 sing. subj. εἰμί.

εἴη, 3 sing. opt. εἰμί.

εἴη, 3 sing. aor. opt. ἵημι¹.

εἶθαρ. (1) Right on, right through E 337, Υ 473.—(2) Straightway, forthwith Λ 579 = N 412 = P 349, M 353, P 119, 707, Ψ 256.

εἶθε (cf. αἴθε). Expressing a wish. With opt. : εἰ. ἀγαθὸν τελέσειεν β 33.—Of the present : εἰ. ὡς ἡβώοιμι H 157 = Λ 670, Ψ 629 : = ξ 468. Cf. Δ 313.

εἴκελος, -η, -ον (Ϝείκελος) [εἴκω¹. εἴσκω]. (1) Like, resembling. With dat. : σοὶ εἰ. ἀλκήν (in . . .) Δ 253, P 281. Cf. N 53, 330, 688, Ξ 386, P 88, Σ 154, etc. : κ 304, τ 384, υ 88, φ 411, χ 240.—(2) In neut. sing. εἴκελον as adv., in the manner of, like. With dat. : σκιῇ εἰ. ἔπτατο λ 207.

εἰκοσάκις [εἴκοσι]. Twenty times I 379.

εἴκοσι, indeclinable (Ϝείκοσι). Also, with prothetic ἐ, ἐείκοσι(ν) (ἐϝείκοσι). Twenty A 309, Z 217, I 123 = 265 = T 244, I 139, 281, Λ 25, 34, N 260, Π 810, 847, Σ 373, 470 : a 280, β 212 = δ 669, β 355, δ 360, 530, 778, ε 244, ι 209, μ 78, π 250, τ 536, υ 158.—With other numerals : δύω καὶ εἰ. B 748 : ι 241, κ 208. πίσυρες καὶ εἰ. π 249. ἑκατὸν καὶ εἰ. B 510.

εἰκοσινήριτος [app. εἴκοσιν + -ηριτος, conn. with ἀριθμός. 'Twenty-counted']. Twenty times the normal, twenty-fold : ἄποινα X 349.

εἰκοστός. Also, with prothetic ἐ, ἐεικοστός. The twentieth Ω 765 : β 175, ε 34, ζ 170, π 206 = τ 484 = φ 208 = ω 322, ρ 327, τ 222, ψ 102 = 170.

†εἴκω¹ (Ϝείκω) [Ϝικ-]. 3 sing. impf. εἶκε Σ 520. 3 sing. aor. opt. εἴξειε X 321. Pf. ἔοικα (Ϝέϝοικα) η 209, χ 348. 2 sing. -ας O 90 : a 208, θ 164,

σ 128, ω 253, etc. 3 -ε Α 119, Γ 170, Μ 212, Ψ 493, etc. : α 278, ζ 60, π 202, ν 194, etc. 3 dual εἴκτον (FέFικτον) δ 27. Pple. ἐοικώς, -ότος Α 47, Β 337, Γ 222, Μ 146, Φ 600, etc. : α 46, γ 124, 125, κ 390, σ 240, etc. εἴκώς (FεFικώς) Φ 254. Fem. pl. ἐοικυῖαι Σ 418. Sing. εἴκυῖα, -ης Γ 386, Ζ 389, Ι 399, Ψ 66, etc. : β 383, θ 194, ν 222, etc. 3 sing. plupf. ἐῴκει Β 58, Ξ 474, Σ 548, Ω 258, 630 : α 411, δ 654, ι 190, π 288, τ 7, ω 273, 446. 3 dual εἴκτην Α 104, Φ 285, Ψ 379 : δ 662. 3 pl. ἐοίκεσαν Ν 102. 3 sing. in mid. form ἤικτο δ 796, ν 288, π 157, υ 31. εἴκτο Ψ 107. (ἐπέοικε.) (I) To seem likely. Impers. : ὅθι σφίσιν εἶκε λοχῆσαι (where there was opportunity) Σ 520, ὅπη εἴξειε μάλιστα (where he might find an opening) Χ 321. —(II) Otherwise only in pf. and plupf. (with pres. and impf. sense). (1) To seem to be. With infin. : οὐδὲ ἐῴκει ἀνδρὸς θνητοῦ πάϊς ἔμμεναι Ω 258. —(2) To resemble, be like. With dat. : θεῆς ἔοικεν Γ 158. Cf. Α 47, Β 58, Ε 604, Ζ 389, Λ 613, Ν 102, Ξ 136, Ο 90, etc. : α 208, β 383, δ 27, ε 51, ζ 187, η 209, θ 164, κ 390, etc.—With fut. pple. : ἐπιβησομένοισιν εἴκτην (seemed about to . . .) Ψ 379. Cf. λ 608.—Adjectivally in pple. : μῦθοί γε ἐοικότες [εἰσίν] (your speech is like your father's) γ 124, ὧδε ἐοικότα μυθήσασθαι (speech so like your father's) 125. Cf. δ 141, τ 380.—(3) To be fit or worthy to do something. With infin. : ἔοικά τοι παραειδεῖν χ 348.—Adjectivally in pple., fitting, suitable : εἴκυῖαν ἄκοιτιν Ι 399 : ἐοικότα καταλέξω (suited to the occasion) δ 239. Cf. α 46.—(4) ἔοικε impers., it is fitting, right, seemly. (a) With dat. : ἔοικέ τοι Ι 70.—With dat. and infin. : τὰ οὔ τι καταθνητοῖσιν ἔοικεν ἀνδρεσσι φορέειν Κ 440. Cf. ζ 60.—(b) With acc. : ὥς σε ἔοικεν χ 196.— With acc. and infin. : οὐδὲ ἔοικε δῆμον ἐόντα παρὲξ ἀγορευέμεν Μ 212. Cf. Β 233, Ψ 649 : α 278 = β 197, γ 357, ε 212, η 159, θ 146, π 202.—(c) With infin. alone : δειδίσσεσθαί σε Β 190, ἤν τιν' ἔοικεν [ἀποτίνέμεν] Γ 286. Cf. Γ 459, Δ 286, Ξ 212, Τ 79, Φ 379, 436 : [κτερεῖξαι] α 291. Cf. β 223, γ 335, θ 358, ω 273.—(d) Absol. : ἐπεὶ οὐδὲ ἔοικε Α 119, Ψ 493 : φ 319, 322.

εἴκω² (Fείκω) [cf. L. vicis]. 3 sing. aor. εἶξε Ω 100. 3 pl. -αν Ω 718 : β 14. 3 sing. subj. εἴξη Ρ 230. 3 pl. -ωσι Μ 224. 3 sing. opt. εἴξειε Ν 321 : ξ 221, χ 91. 3 pl. -ειαν Ν 807. Imp. pl. εἴξατε Ω 716. Pple. εἴξας, -αντος Θ 164, Ι 110, 598, Ω 43 : ξ 262, ρ 431. Fem. -ᾶσα ε 126. Infin. εἶξαι Ψ 337. 3 sing. aor. iterative εἴξασκε ε 332. (ἀπο-, ὑπο-.) (1) In fighting, to retire, give way, give ground : εἰ εἴξωσιν Ἀχαιοί Μ 224. Cf. Ε 606, Θ 164, Μ 48, Ν 321, 807, Ρ 230 : ὅ τέ μοι εἴξειε πόδεσσιν ξ 221 (app., whoever fled before me with his feet ; or perh. in sense (4) with πόδεσσιν in sense (2) of πούς).—With genit., to shrink or withdraw from (battle) : πολέμου Ε 348. Cf. Δ 509.—(2) To retire or withdraw from, leave, quit. With genit. : προθύρου σ 10. Cf. χ 91.— (3) To make way or room for someone or something : εἶξε δ' Ἀθήνη Ω 100. Cf. β 14.—With dat. : οὐρεῦσιν Ω 716, ἀπήνῃ 718.—(4) To yield,

confess oneself second : τὸ ὃν μένος οὐδενὶ εἴκων (to none in . . .) Χ 459 : = λ 515.—Of something inanimate, to yield, give way : εἴκοι ὑπὸ βῶλος ἀρότρῳ (give the plough free passage) σ 374.— (5) To yield, give way, allow play to (a feeling, a defect of character, a personal quality, a circumstance). With dat. : σῷ θυμῷ Ι 110. Cf. Ι 598, Κ 122, 238, Ν 225, Ω 43 : πενίῃ ξ 157. Cf. ε 126, ν 143, ξ 262 = ρ 431, σ 139, χ 288.—(6) Trans., to yield, give : ἵππῳ ἡνία (give him the rein) Ψ 337. —To give up, surrender, hand over ε 332.

ἐλαπινάζω [εἰλαπίνη]. To feast, revel : τῷ κεν ἐπισχοίης πόδας εἰλαπινάζων Ξ 241. Cf. β 57 = ρ 536, ρ 410.

εἰλαπιναστής, ὁ [εἰλαπίνη]. A boon-companion Ρ 577.

εἰλαπίνη, -ης, ἡ. A feast or banquet, properly one given by a single host (cf. ἔρανος) : ἢ γάμῳ ἢ ἐράνῳ ἢ εἰλαπίνῃ λ 415. Cf. Κ 217, Σ 491, Ψ 201 : α 226.

εἶλαρ, τό. A means of defence or protection : νηῶν τε καὶ αὐτῶν (for . . .) Η 338, 437, Ξ 56 = 68 : κύματος (against . . .) ε 257.

ἐλάτινος, -η, -ον [ἐλάτη]. ἐλάτινος could not stand in the hexameter]. Of the fir : ὅζοισιν Ξ 289.—Of fir-wood : ἐπιβλής Ω 454. Cf. β 424 = ο 289, τ 38.

εἷλε, 3 sing. aor. αἱρέω.

Εἰλείθυια, -ης, ἡ [explained as fr. ἐλυθ- (see ἔρχομαι). 'The comer,' 'she who comes in the woman's hour of need' ; or, 'she who makes the child come forth ']. The goddess presiding over child-birth Π 187, Τ 103 : τ 188.—In pl. Λ 270, Τ 119.

εἵλετο, 3 sing. aor. mid. αἱρέω.

εἵλευ, 2 sing. aor. mid. αἱρέω.

εἰλεῦντο, 3 pl. impf. pass. εἰλέω. See εἴλω.

εἰλέω. See εἴλω.

εἰλήλουθα, pf. ἔρχομαι.

εἰλίπους, -ποδος [εἰλ-, εἰλύω + πούς. Thus, ' rolling the feet,' the feet being but slightly lifted, and each as set forward describing a segment of a circle. Contrast with ἀερσίπους]. Dat. pl. εἰλιπόδεσσι Ζ 424, Π 488. Shambling. Epithet of oxen Ζ 424, Ι 466 = Ψ 166, Ο 547, Π 488, Φ 448: α 92 = δ 320, θ 60, ι 46.

εἰλίσσετο, 3 sing. impf. mid. ἑλίσσω.

εἷλον, 3 pl. aor. αἱρέω.

εἴλυμα, τό [εἰλύω]. A wrapper ζ 179.

εἰλυφάζω [app. fr. εἰλύω]. To roll along : ἄνεμος φλόγα εἰλυφάζει Υ 492.

†εἰλυφάω [app. as prec.]. Pres. pple. εἰλυφόων. = prec. : εἰλυφόων ἄνεμος φέρει [πῦρ] Λ 156.

†εἰλύω [FελF-, Fελυ-. Cf. εἴλω]. Fut. εἰλύσω Φ 319. 3 sing. pf. pass. εἴλυται Μ 286. 3 pl. εἰλύαται υ 352. 3 sing. plupf. εἴλυτο Π 640 : ε 403. Pple. εἰλυμένος, -ον Ε 186, Ρ 492, Σ 522 : ζ 136, 479. Also 3 sing. aor. ἐλυσθη Ψ 393. Pple. ἐλυσθείς Ω 510 : ι 433. (1) In aor. pple. pass., bent upon oneself, crouching : προπάροιθε ποδῶν Ἀχιλῆος ἐλυσθείς Ω 510.—Curled up : ὑπὸ γαστέρ' [ἀρνειοῦ] ἐλυσθείς ι 433.—In Ψ 393 (ῥυμὸς

ἐπὶ γαῖαν ἐλύσθη) app., swung to the ground.—
(2) To wrap something round (something), wrap
up; hence, to cover up, cover: νεφέλῃ εἰλυμένος
E 186. Cf. M 286, Π 640, P 492, Σ 522, Φ 319;
εἴλυτο ἁλὸς ἄχνῃ ε 403. Cf. ξ 136, 479, ν 352.
εἴλω, εἰλέω (*Fεἴλω, Fειλέω*) [*Fελ-, FελF-*. Cf.
εἰλύω, ἐλίσσω, L. *volvo*. Conn. with ἅλις, ἁλίσκο-
μαι, ἀολλής]. 3 pl. impf. ἐείλεον Σ 447. Acc.
sing. masc. pres. pple. εἰλεῦντα λ 573. 3 pl. aor.
ἔλσαν Λ 413. Pple. ἔλσας ε 132, η 250. Infin.
ἔλσαι Α 409, Σ 294, Φ 225. With prothetic ἐ,
ἐέλσαι Φ 295. **Pass.** 3 pl. impf. εἰλεῦντο Φ 8.
3 sing. aor. ἐάλη Ν 408, Ῠ 168, 278. 3 pl. ἅλεν
Χ 12. Pple. ἀλείς, -έντος Π 403, Φ 534, 571, 607,
Χ 47, 308: ω 538. Neut. ἀλέν Ψ 420. Infin
ἀλήμεναι Ε 823, Σ 76, 286. ἀλῆναι Π 714. 1 pl.
pf. ἐέλμεθα (*FεFέλμεθα*) Ω 662. Pple. ἐελμένος
Ν 524. Pl. -οι Μ 38, Σ 287. (προτιειλέω.) (1) To
hem in, pen in, coop up (a body of foes): κατὰ
πρύμνας ἔλσαι 'Αχαιούς Α 409. Cf. Θ 215 (twice),
Μ 38, Σ 76, 294, 447, Φ 225, 295.—Sim. of the
Cyclops: εἴλει ἐνὶ σπῆϊ μ 210.—Of herding to-
gether the unfaithful handmaids χ 460.—In
reference to a single person: ἔλσαν ['Οδυσσῆα] ἐν
μέσσοισιν Λ 413.—To force in a crowd (into some-
thing): ἡμίσεες ἐς ποταμὸν εἰλεῦντο Φ 8.—Of a
hunter, to drive (the quarry) together λ 573.—
In reference to confined water: χειμέριον ἀλὲν
ὕδωρ Ψ 420.—(2) In pass. (a) To get together
into a body: ἔσσανται εἰλόμενοι (massing together
at bay) Ε 782. Cf. Ε 823.—To throng (into some-
thing): ἐς τεῖχος ἀλῆναι Π 714. Cf. Φ 534, Χ 12,
47.—Sim.: πόλις ἔμπλητο ἀλέντων Φ 607.—To be
cooped up in limits narrow for the number:
οἶσθα ὡς κατὰ ἄστυ ἐέλμεθα Ω 662. Cf. Ε 203,
Σ 286, 287.—(b) To get oneself into small com-
pass, crouch down: πᾶς ἐάλη Ν 408, ἐνὶ δίφρῳ
ἧστο ἀλείς (cowering) Π 403, 'Αχιλῆα ἀλεὶς μένεν
(crouching for a spring) Φ 571, οἴμησεν ἀλείς
(drawing himself together) Χ 308 : = ω 538. Cf.
Ῠ 168, 278.—(3) To impede or thwart the progress
of: ὅν περ ἄελλαι εἰλέωσιν Β 294.—To restrain
from freedom of movement, confine: Διὸς βουλῇσιν
ἐελμένος Ν 524.—Sim. of the wind making navi-
gation impossible τ 200.—App., to stop, hold
from motion, pin down: νῆα Ζεὺς ἔλσας ἐκέρασσεν
ε 132 = η 250.

εἶμα, -ατος, τό (*Fέσ-μα*) [ἕννυμι]. (1) A garment:
εἷμα δ' ἔχ' ἀμφ' ὤμοισιν Σ 538. Cf. ξ 501.—(2) In
pl., clothes, clothing, apparel: ἀλλ' ἀφ' εἵματα
δύσω Β 261. Cf. Γ 392, Ε 905, Π 670, 680, Σ 517,
Χ 154, 510, Ψ 67, Ω 162: εἵματα ἐσσάμενος β 3,
ὑφαντά ν 218. Cf. δ 750, ε 167, ζ 26, θ 249, etc.—
In apposition: φᾶρός τε χιτῶνά τε εἵματα ζ 214
(for raiment), η 234 (that he had on). Cf. κ 542 =
ξ 320, ξ 132, 154, 341, 396, 516, ο 338, 368, π 79
= ρ 509, φ 339, χ 487.
εἷμαι, pf. mid. ἕννυμι.
εἵμαρτο, 3 sing. plupf. pass. μείρομαι.
εἰμέν, 1 pl. pres. indic. εἰμί.
†**εἰμί** [ἐσ-μί. Cf. L. *sum*, Eng. *am*]. (The
whole of the pres. indic. except εἶς (εἶς), ἔασι may

be enclitic.) 1 sing. εἰμί Α 186, 516, Β 26, Δ 58,
etc. : β 286, 314, θ 214, ι 519, etc. 2 ἐσσί Α 176,
280, Γ 164, 172, etc.: α 175, 297, β 274, γ 123,
etc. εἶς (εἶς) Π 515, Ω 407. εἶς Π 538, Τ 217, etc.:
α 170, 207, δ 371, 611, etc. 3 ἐστι Ζ 267, 4.3,
Ι 250, Μ 65, etc.: β 130, 310, δ 193, 354, etc.
ἐστί Α 63, 107, 114, 169, etc.: α 50, 66, 70, 205,
etc. 2 dual ἐστόν Α 259, Ι 198, Λ 138, etc.:
δ 61. 1 pl. εἰμέν Ε 873, Η 231, Θ 234, Ι 640, etc.:
γ 80, η 205, 307, θ 246, etc. 2 ἐστέ Α 258, Β 301,
485, etc. : γ 71, δ 63, ε 118, etc. 3 εἰσί Α 153,
272, Β 201, 227, etc.: β 29, 51, 87, 254, etc.
ἔασι Β 125, 131, Η 73, 295, etc. : δ 79, ε 381, θ 162,
κ 349, etc. Subj. ἔω Α 119 : ι 18. 3 sing. ἔῃσι
Β 366 : λ 434, ο 422, ω 202. ἔῃ Κ 225, Μ 300,
etc. : τ 329, etc. ᾖσι Τ 202: θ 147, 163, etc. εἴη
(*v.l.* εἴη) Η 340, Ι 245. 3 pl. ἔωσι Ι 140, 282, Κ 306:
δ 165, ψ 119. ὦσι Ξ 274 : ω 491. Opt. εἴην, -ης
δ 205, ε 209, ζ 244, λ 360, etc. 2 pl. εἶτε φ 195.
3 εἶεν Β 372, etc. : ι 89, etc. 2 sing. ἔοις Ι 284.
3 ἔοι Ι 142, etc. : ρ 421, etc. 3 sing. imp. ἔστω
Α 144, Β 204, Η 34, etc. : α 370, β 230, 355, etc.
2 pl. ἔστε Γ 280, Ε 529, Ζ 112, etc. 3 ἔστων Α 338 :
α 273. Imp. in mid. form ἔσσο α 302, etc. Pple.
ἐών, -όντος, ἐοῦσα, -ης, ἐόν, -όντος Α 70, 131, 290,
352, 546, 587, Γ 159, Δ 426, etc. : α 22, 202, 263,
265, 431, 435, β 200, 241, etc. Also οὔσης τ 489.
ὄντας η 94. Infin. ἔμμεναι Α 117, 287, Β 129, 216,
etc. : α 33, 172, 215, 217, etc. ἔμεναι Γ 40, Ε 602,
Θ 193, etc. : α 385, ξ 489, etc. ἔμμεν Γ 364 :
ι 455, etc. ἔμεν Δ 299, Ι 35, etc. : ε 257, κ 416,
etc. εἶναι Α 91, 228, 564, Β 116, etc. : α 15, 164,
180, 187, etc. 1 sing. impf. ἦα Ε 808: β 313,
κ 156, λ 620, ξ 212, etc. ἔα Δ 321, Ε 887 : ξ 222,
352. ἔον Λ 762, Ψ 643. 2 ἦσθα Χ 435 : π 420,
ψ 175. ἦσθα Ε 898, Ν 228, etc. : δ 31, ν 314,
π 199, etc. 3 ἦεν Β 769, Γ 41, 211, 215, etc. :
α 18, 131, 233, β 47, etc. ἔην Β 217, 219, 529,
580, etc. : β 272, γ 180, 249, 267, etc. ἦν Β 77,
96, 220, 313, etc. : α 177, γ 401, ε 239, ζ 82, etc.
ἤην Λ 808 : π 283, φ 316, ω 343. 3 dual ἤστην
Ε 10. 1 pl. ἦμεν Λ 689, 692 : ω 171. 2 ἦτε Π 557.
3 ἦσαν Β 487, 641, 760, Γ 145, etc. : α 27, β 119,
ζ 6, 86, etc. ἔσαν Α 267, 321, Β 311, 618, etc. :
α 12, 126, β 21, 82, etc. Pa. iterative ἔσκον
Η 153. 3 sing. ἔσκε Γ 180, Ε 536, Ζ 19, 153, etc.:
β 59, 346, δ 270, ι 508, etc. Fut. ἔσσομαι, -εαι
Α 239, 573, Β 347, Δ 267, Ζ 353, Κ 453, etc. : α 40,
204, β 270, 273, ζ 33, λ 137, etc. 3 sing. ἐσσεῖται
Β 393, Ν 317. ἔσεαι, ἔσεται, ἔσται, etc.
Α 136, 211, 546, 563, Δ 305, etc. : α 312, 397,
β 61, γ 325, π 267, etc. 2 sing. ἔσῃ τ 254. Pple.
ἐσσόμενος, -η, -ον Α 70, Β 119, Γ 287, etc. : γ 204,
θ 580, λ 433, etc. Infin. ἔσσεσθαι Ζ 339, Λ 444,
Μ 324, etc. : ξ 176, π 311. ἔσεσθαι Ε 644, Ξ 56,
Φ 533, etc. : δ 108, ψ 257, ψ 165, etc. (ἀπ-, ἐν-,
μετ-, παρ-, περι-, συν-, ὑπ-.) (1) To be, exist:
ὅμαδος ἦν Β 96, ἡμῖν εἴναρὸς ἐστιν ἐνιαυτός (has
been completed, has passed) 295, οὐκ ἔσθ' ὅς . . .
(the man does not live who . . .) Χ 348. Cf.
Β 204, 641, 642, Η 340, Ι 249, etc. : θεοὺς αἰὲν

ἐόντας α 263. Cf. β 89, δ 195, ε 239, ζ 82, 210, etc. —Impers. : ἔσται ὅτ' ἂν . . . (the day will come when . . .) Θ 373.—Absol. in fut. pple. pl., the men to come, posterity : αἰσχρὸν καὶ ἐσσομένοισι πυθέσθαι Β 119, etc. : ἐλεγχείη καὶ ἐσσομένοισι πυθέσθαι φ 255, etc.—Sim. in·neut. pres. pple. pl., the present : τὰ ἐόντα Α 70 (τὰ ἐσσόμενα in the same line being 'the future,' and πρὸ ἐόντα 'the past' (pple. of the impf.)).—(2) Impers., to be possible : ἃς οὐκ ἔστι φυγεῖν Μ 327, οὐδ' ἄρα πως ἦν ἀσπερχὲς κεχολῶσθαι Π 60. Cf. Ζ 267, Η 239, Μ 65, Ν 114, Ξ 63, etc. : οὔ πως ἔστι δαίνυσθαι ἀκέοντα β 310, εἴ τί που ἔστιν (if it may be) δ 193. Cf. β 130, ε 103, ι 411, λ 158, ο 49, etc.— (3) As copula, to be: ἔχθιστός μοί ἐσσι Α 176, καὶ σὲ τὸ πρὶν ἀκούομεν ὄλβιον εἶναι Ω 543 (infin. of the impf.). Cf. Α 63, 107, 114, 153, 186, etc. : οἴκοι ἔσαν α 12. Cf. α 18, 27, 66, 70, 170, etc.— Impers.: ἐμοί κε κέρδιον εἴη . . . Ζ 410. Cf. Α 169, 211, 229, etc. : β 74, 190, ρ 191, etc.

†εἰμι [cf. L. i-, eo]. 1 sing. εἶμι Α 169, Γ 305, Ξ 200, Σ 143, Ω 92, etc. : β 214, 318, 359, κ 273, ρ 277, etc. 2 εἶσθα Κ 450 : τ 69. 3 εἶσι Β 87, Λ 415, Φ 573, Ψ 226, etc. : β 89, ζ 131, λ 149, τ 571, etc. 1 pl. ἴμεν Ρ 155 (or this may be taken as infin.) : β 127, κ 431, σ 288. 3 ἴασι Π 160. Subj. ἴω Π 245, Σ 188, Ω 313 : γ 22, ο 509, 511. ἴωμι Ι 414 (v.l. ἴκωμι). 2 sing. ἴῃς Ω 295. ἴῃσθα Κ 67. 3 ἴῃ θ 395, σ 194. ἴῃσι Ι 701. 1 pl. ἴομεν Ζ 526, Κ 126, Ξ 128, Ρ 340, etc. : β 404, ζ 259, ρ 190, ψ 254, etc. ἴομεν Β 440, Ι 625, Μ 328, Ξ 374, Φ 438 : ω 432. 3 ἴωσι Μ 239. 3 sing. opt. ἴοι Ξ 21. ἰείη Τ 209. Imp. ἴθι Α 32, Ζ 143, Θ 399, Ν 235, Ψ 466, etc. : γ 323, η 30, σ 171, χ 157. 3 sing. ἴτω Η 75, Μ 349, Ρ 254, Ψ 667, etc. : α 276, γ 421. Pl. ἴτε Α 335. Pple. ἰών, ἰοῦσα, ἰόν Α 138, Β 596, Γ 406, Δ 278, Κ 468, Μ 264, etc. : α 356, β 179, γ 276, δ 276, ι 88, ξ 322, etc. Infin. ἴμεναι Τ 32 : θ 303, ξ 532, π 341, φ 8, etc. ἴμμεναι Τ 365. ἴμεν Α 170, Ε 167, Μ 356, Ρ 155 (but see above), Σ 14, etc. : α 441, δ 713, ζ 255, κ 537, etc. ἰέναι Α 227, Β 94, Γ 119, Ι 487, etc. : β 364, δ 483, θ 12, ι 225, etc. Impf. ἤϊα δ 427, 433, 572, κ 309. 3 sing. ἤϊε Α 47, Η 213, Ν 602, Ω 596, etc. : ε 57, η 7, π 178, φ 391, etc. ἤει Κ 286, Ν 247 : θ 290. ἦε Μ 371 : σ 253, 257, τ 126, υ 89. ἴε Β 872, Γ 383 : η 82, π 41, ρ 30, ω 221, etc. 3 dual ἴτην Α 347 : ι 430, φ 244. 1 pl. ἤομεν κ 251, 570, λ 22. 3 ἤϊσαν Κ 197, Ν 305, Ρ 495 : τ 436, υ 7, ω 9, 13. ἴσαν Α 494, Γ 2, Μ 88, Τ 45, etc. : α 176, β 259, δ 300, ζ 223, etc. ἤϊον ψ 370, ω 501. 2 sing. fut. εἴσῃ π 313. (ἀν-, ἀπ-, διεξ-, εἰσ-, εἰσαν-, ἐξ-, ἐπ-, κατ-, μετ-, παρ-, προσ-, συν-.) (1) (a) To go, go one's way, take one's way, proceed : κλισίηνδε Α 185, νῆας ἔπι Γ 119, ἰὼν πολέος πεδίοιο (over . . .) Ε 597, οἴκαδ' ἴμεν Ρ 155 (taking ἴμεν as infin. with ἐπιπείσεται 154, and understanding an implied apodosis ('let him go'), or taking δέ 155 as indicating the apodosis. For the alternative see (10) (a)). Cf. Β 348, Ζ 490, Η 209, Ι 487, etc. : ἐπὶ βοῦν ἴτω γ 421, ἴσαν λείην ὁδόν (traversed) κ 103. Cf. α 356, β 127, ζ 102,

259, λ 22, etc.—Absol. Α 47, Β 94, Γ 2, etc. : γ 22, ε 57, π 313 (will go about), etc.—For βῆ ἰέναι etc. see βαίνω (4).—For βάσκ' ἴθι see βάσκω.— (b) With fut. pple. expressing purpose: 'Ελένην καλέουσ' ἴεν Γ 383. Cf. Κ 32, Λ 652, Μ 216, Ξ 200, etc. : δ 24, ζ 31, ξ 532, ρ 365, σ 428.—(c) In pple. with a finite vb., to go and . . . (cf. ἄγω (I) (9)) : αὐτός χ' ἕλωμαι ἰών Α 138. Cf. Γ 406, Ι 87, Π 729, Σ 62, etc. : οἴσετε θᾶσσον ἰοῦσαι υ 154. Cf. γ 469, θ 142, ι 88 = κ 100, ρ 70, φ 243 = 392, χ 103.—(2) Of the motion of a ship Α 482 := β 428.—Of birds Μ 239, Ρ 756, Χ 309.—Of bees Β 87.—Of wind Ν 796.—Of a storm-cloud Δ 278.—Of smoke Σ 207, Φ 522.—Of an axe Γ 61.—Of a heavenly body Χ 317 : κ 191, μ 380.—Of time passing : τάχα δ' εἶσι τέταρτον [ἔτος] (is fast passing away) β 89. —Of a rumour or report going abroad ψ 362. —Of food passing into the body Τ 209.—(3) To go, depart, set out : ἀλλ' ἴθι (begone) Α 32. Cf. Ζ 221, Ι 625, 701, Π 838 : ἰὼν ἐν νηυσίν β 226. Cf. β 367, 404, κ 549, λ 72, ξ 480, ο 89, 348, ρ 190, 194, σ 257, ω 311, 313.—(4) To adopt a course of action : τῇ ἴμεν ἧ κε σὺ ἡγεμονεύῃς Ο 46.—(5) To move oneself into a specified position, to get (on to something) : ἐπ' οὐδὸν Ζ 375 : ρ 466, σ 110, υ 128, φ 124 = 149, ω 178, 493.—Of going (on board a ship) : ἐπὶ νηὸς ἰόντι τ 238, 389, ψ 176.—(6) (a) To come : ὕστερον αὖτις ἰόντα Α 27, νέον κλισίηθεν ἰόντα Μ 336 (pple. of the impf., 'just come '). Cf. Β 596, Γ 130, Κ 356, Π 87, etc. : ἴσαν ἡμέτερον δῶ α 176 (or the word may be referred to εἶδον (III) (2)). Cf. γ 257, δ 670 (on the return voyage), ζ 179, ι 279 (when you arrived), ξ 153, ρ 600 (come back), ω 152 (returning), etc.—Of the appearance of a star Χ 27, Ψ 226.—(b) In pple. with a finite vb., to come and . . . (cf. (1) (c)): ὄψεσθ' Ἕκτορ' ἰόντες Ω 704. Cf. μ 184.— (7) Of hostile approach : ὑπὸ τεῖχος ἰόντας Μ 264. Cf. Δ 480, Κ 189, etc.—(8) Of the coming on of a period of time : ἤδε δὴ ἠὼς εἶσιν (is approaching) τ 571.—So of death Ρ 202.—(9) In imp. with imp., come, . . . : ἀλλ' ἴθι προκάλεσσαι Μενέλαον Γ 432. Cf. Κ 53, 175, Λ 611, Τ 347 : χ 157.—Sim. : ἀλλ' ἴθι καὶ σὸν ἑταῖρον κτερέϊξε Ψ 646. Cf. σ 171. —So with fut. : ἀλλ' ἴθι, ταῦτα δ' ἀρεσσόμεθα Δ 362. —Absol. : ἀλλ' ἴθι Ξ 267.—(10) In pres. with fut. sense. (a) To go : εἶμι Φθίηνδε Α 169 (I will . . .), οἴκαδ' ἴμεν Ρ 155 (we will . . .) (but see (1) (a)). Cf. Α 420, 426, Γ 305, 410, Ε 256, Η 98, Κ 55, 325, Λ 652, Μ 368 = Ν 752, Ρ 147, Σ 63, 114, 143, 280, 333, Τ 142, 362, 365, 371, Ψ 835, Ω 92, 224 : τάχ' εἴσθα θύραζε τ 69. Cf. β 214 = 359, β 318, γ 361, 367, κ 273, λ 149, ο 214, ρ 6, 277, ψ 362.—(b) To come : οὐδέ μιν οἴω νῦν ἰέναι Ρ 710.—With fut. pple. : ἡμέας εἶσι κυδοιμήσων Ο 136. Cf. Κ 450.

εἴν. See ἐν.

εἰνάετες [εἰνα- (prob. = ἐνϝα-, ἐννέα) + ἔτος]. For nine years Σ 400 : γ 118, ε 107, ξ 240, χ 228.

εἶναι, infin. εἰμί.

εἶναι, aor. infin. ἵημι[1].

εἰνάκις [εἰνα-. See εἰνάετες]. Nine times ξ 230.

εἰνάλιος, -η, -ον [εἰν-, ἐν- (1) + ἅλς¹]. Inhabiting the sea : κήτεϊ δ 443. Cf. ε 67, ο 479.

εἰνάνυχες [εἰνα- (see εἰνάετες) + νυχ-, νύξ]. App. an adv., for nine nights : εἰ. ἴαυον Ι 470 (or perh. nom. pl. in a personal construction).

εἰνατέρες, αἱ. The wives of one's husband's brothers Ζ 378, 383, Χ 473, Ω 769.

εἴνατος [prob. for ἐνϜατος fr. ἐννέα]. = ἔνατος. The ninth : ἐνιαυτός Β 295, εἰ. ἦλθεν (was the ninth to . . .) Θ 266.

εἵνεκα. See ἕνεκα.

εἰνί. See ἐν.

εἰνόδιος [εἰν-, ἐν- (1) + ὁδός]. (Having their nest) by the way-side : σφήκεσσιν Π 260.

εἰνοσίφυλλος [ἐνϜοσι- (ἐν- (3) + ϜοΘ-, ὠθέω) + φύλλον. Cf. ἐννοσίγαιος. 'Making its leaves to shake ']. Covered with trembling leafage : Νήριτον Β 632. Cf. Β 757 : ι 22, λ 316.

εἴξασκε, 3 sing. pa. iterative εἴκω².

εἶξε, 3 sing. aor. εἴκω².

εἴξειε, 3 sing. aor. opt. εἴκω¹ and εἴκω².

εἰο. See ἐέ.

εἰοικυῖαι, fem. pl. pf. pple. εἴκω¹.

εἶπον, ἔειπον, aor. (Ϝεῖπον, ἔϜειπον) [cf. (Ϝ)έπος]. 2 sing. subj. εἴπῃσθα Τ 250 : λ 224, χ 373. Imp. εἰπέ Α 85, Ζ 86, Λ 819, Ω 113, etc. : α 10, θ 555, ξ 118, ω 114, etc. Also 2 sing. indic. εἴπας Α 106, 108 : χ 46. ἔειπας (v.l. ἔειπες) Α 286, Ω 379, etc. Imp. pl. εἴπατε γ 427, φ 198. 3 sing. pa. iterative εἴπεσκε Β 271, Γ 297, Ρ 423, Χ 375, etc. : β 324, δ 772, θ 328, ψ 148, etc. (ἀπο-, δια-, ἐξ-, μετέειπον, παρ-, προσέειπον.) (1) To utter speech, speak, say : ὣς εἰπών Α 68, ἐπεὶ κατὰ μοῖραν ἔειπεν Ι 59. Cf. Α 230, Β 139, Ζ 75, Ο 185, Τ 82, etc. : α 96, β 251, δ 772, θ 166, χ 288, etc.—Followed by what is said directly reported Ε 600, Ζ 73, Η 46, Π 513, Τ 286, etc. : β 324, ε 298, θ 328, ι 171, etc.—(2) To utter, speak, say, tell : ὅττι κεν εἴπῃς Α 294, ποῖον ἔειπες Ν 824. Cf. Α 286, Β 59. Δ 22, Η 68, Ρ 716, etc. : κενὰ εὔγματα χ 249. Cf. γ 227, δ 204, ο 314, σ 422, etc.—To give (judgment): δίκην Σ 508.—(3) To tell, tell of or about, give information about, describe, explain : κακὸν τόσον ὅσσον ἐτύχθη Ρ 410. Cf. Ι 688, Κ 384, Ψ 350, etc. : γαῖαν τεὴν θ 555, τεὴν γένος τ 162. Cf. α 169, β 31, λ 177, ρ 106, ψ 273, etc.—With genit. : εἰπέ μοι πατρός λ 174. Cf. α 10.—Absol. : Ἀχιλῆϊ εἰπεῖν Ρ 692 : τίπτ' οὔ οἱ εἶπες ; ν 417. Cf. α 282, β 216, ο 158, χ 429, etc.—Followed by a direct question : εἰπέ μοι, τί . . . ; ω 474. Cf. λ 144.—(4) With infin. or clause in indirect discourse, to say, state, assert, tell. With infin. : νούσῳ ὑπ' ἀργαλέῃ φθίσθαι (that he would . . .) Ν 666. Cf. Σ 9, Ω 113.—With ὅτ(τ)ι, that Ρ 655 : π 131.—With ὡς, how χ 373.—With question : ὅ τι . . . Α 64, ἤ . . . ἤ . . Ι 673, ὅππως . . . Κ 544 : ὁππόθι . . . γ 89, ἠὲ (ἢ) . . . ἤ . . γ 214 = π 95, δ 28, λ 494, ὅς τις . . . δ 379 = 468, ὅττι . . . δ 391, ὅ τι . . . θ 577, ὅπ(π)ῃ . . . ι 279, 457, εἰ . . . λ 494, ν 328, ὅσσα . . . ν 306, ὁππόθεν . . . ξ 47, ὁπποῖα . . . τ 218, ὅπως . . . φ 198.—With acc. and dependent clause : εἰπὲ

τόνδε, ὅς τις ὅδ' ἐστίν Γ 192 : εἰπὲ νόστον, ὡς . . . δ 379 = 468. Cf. δ 389 = κ 539.—Sim. : τόδε εἰπέ, ἤ (ἠὲ) . . . ἤ . . . Λ 819, Ω 380, τόδε εἰπέ, ποσσῆμαρ . . . Ω 656 : τόδε εἰπέ, εἰ . . . α 206, λ 370, 457, ἤ (ἠὲ) . . . ἠὲ (ἤ) δ 486, ο 383, ὅππῃ . . . θ 572, ἤ . . . π 137, τάδε κ' εἴποι, ὡς . . . χ 350, ἕκαστα εἰπεῖν, ὡς . . . ω 237.—So περὶ μητρός, ἤ . . . ἤ . . . ο 347.—(5) To bid, direct, order, recommend. With dat. and infin. : Ποσειδάωνι τὰ ἃ πρὸς δώμαθ' ἱκέσθαι Ο 57. Cf. Ζ 114, Ξ 501 : δμῳῇσι δαῖτα πένεσθαι γ 427. Cf. α 37, δ 682, ο 76, φ 235, χ 262, 431.—Sim. : Νέστορι εἰπεῖν [χαίρειν] ο 152.—So μετὰ δμῳῇσιν ἔειπεν στῆσαι τρίποδα θ 433. Cf. π 151.—With dat. and clause : εἰπεῖν Ἀγαμέμνονι εἰ ἐποτρύνειε . . . ξ 497, εἰπὲ πατρὶ μή με δηλήσεται χ 367.—With dat. only : εἰπὲ μητέρι Ζ 86.—With acc. of what is enjoined : ἕκαστα γ 361.—(6) To speak of, allude to : Ἀγαμέμνονα Α 90.—To speak (well) of : ἵνα τίς σ' ἐῢ εἴπῃ α 302 = γ 200.—To call (so and so) : πολλοί μιν ἐσθλὸν ἔειπον τ 334. Cf. Θ 373.—With acc. of the person of whom something is said and what is said directly reported : εἴποι τις "πατρὸς . . . ἀμείνων" ἐκ πολέμου ἀνιόντα Ζ 479.—(7) To address (a person) : Ἕκτορα Μ 60 = 210, Ν 725, Ρ 334, Τ 375. Cf. Ρ 237 = 651.— With double acc. of person and of what is said : ἐξαίσιόν τι εἰπών τινα δ 690. Cf. χ 314, ψ 91. —With prep. and cognate acc. : τὸν πρὸς μῦθον ἔειπεν Ε 632. Cf. Β 59, 156, etc. : δ 803, ξ 492, π 460, etc.

εἶραι, αἱ [app. conn. with εἴρω²]. Thus, a speaking-place : εἰράων προπάροιθε Σ 531.

εἴργω. See ἔργω¹.

εἴρερος (σείρερος) [(σ)είρω¹]. Slavery θ 529.

εἰρεσίη, -ης, ἡ [ἐρέσσω]. Rowing κ 78, λ 640, μ 225.

εἰρήνη, -ης, ἡ. Peace Β 797, Ι 403 = Χ 156 : ω 486.

εἰρήσεται¹, 3 sing. fut. εἴρομαι.

εἰρήσεται², 3 sing. fut. pf. pass. εἴρω².

εἴρηται¹, 3 sing. subj. εἴρομαι.

εἴρηται², 3 sing. pf. pass. εἴρω².

εἴριον, -ου, τό. Also ἔριον δ 124. [Cf. εἶρος.] Wool Μ 434 : δ 124.—In pl. : ἤσκειν εἴρια καλά Γ 388. Cf. σ 316, χ 423.

εἰροκόμος, -ου, ἡ [εἰρ-, εἴριον + κομέω]. A wool-dresser Γ 387.

εἴρομαι. Fut. εἰρήσομαι η 237, τ 104, 509. 3 sing. -εται δ 61. From aor. ἠρόμην 1 pl. subj. ἐρώμεθα θ 133. 3 sing. opt. ἔροιτο α 135, γ 77. Infin. ἐρέσθαι α 405, γ 69, 243, ξ 378, ο 362, π 465. From ἐρέω pres. opt. ἐροίμι λ 229. 1 pl. -οιμεν δ 192. Pple. -οιμεν Η 128 : φ 31. In mid. form. Subj. ἐρέωμαι ρ 509. 3 pl. impf. ἐρέοντο Α 332, Θ 445, Ι 671 : κ 63, 109. Imp. ἔρειο (app. for ἐρέεο) Λ 611. Infin. ἐρέεσθαι ζ 298, ψ 106. From ἔρημι 1 pl. subj. ἐρείομεν Α 62. (ἀν-, δι-, διεξερέομαι, ἐξ-.) (1) To ask, inquire, make inquiry, ask questions : εἴρετο δεύτερον αὖτις Α 513. Cf. Ι 671 : κ 63, ξ 378, ο 263, 362, ψ 106, ω 114, 474.—With indirect question : ὁππόθεν εἰμέν γ 80. Cf. δ 423, ι 402, κ 109, ρ 120.—(2) To ask or inquire about : εἰρόμεναι παῖδας Ζ 239. Cf. Η 128, Κ 416, Ω 390 : δώματα πατρὸς ἐμοῦ ζ 298. Cf. ι 13, 503, λ 542, π 402, 465.—With indirect question : νόστον, ὡς . . . δ 423.—(3) To question (a person) : μάντιν τινά Α 62. Cf. Α 332, 553, Η 127, Θ 445, Ο 247 : α 135, 188, 284, γ 77, δ 192, ι 251, λ 229, τ 46, 95, υ 137. — With indirect question : Νέστορ' ἔρειο ὅν τινα . . . Λ 611. Cf. γ 69, δ 61, θ 133, ρ 368, 509.—So ἐθέλω σε περὶ ξείνοιο ἐρέσθαι, ὁππόθεν . . . α 405.—With cognate acc. : ἔπος ἄλλο ἐρέσθαι Νέστορα γ 243.—(4) With double acc. of person questioned and of what is inquired about : τό σε πρῶτον εἰρήσομαι η 237 = τ 104. Cf. θ 549, λ 570 (see under δίκη (4)), ρ 571, τ 509.— (5) To ask about, look for, seek : ἵππους φ 31.

εἰροπόκος [εἰρ-, εἴριον + πόκος]. Woolly-fleeced : ὀΐεσσιν Ε 137 : ὄϊων ι 443.

εἶρος, τό = εἴριον : ἰοδνεφές δ 135, ι 426.

εἰρύαται[1], 3 pl. pf. pass. ἐρύω[1].

εἰρῦαται[2], 3 pl. pf. mid. ἐρύω[2].

εἰρῦατο[1], 3 pl. plupf. pass. ἐρύω[1].

εἰρῦατο[2], 3 pl. plupf. mid. ἐρύω[2].

εἴρυντο[1], 3 pl. plupf. pass. ἐρύω[1].

εἴρυντο[2], 3 pl. plupf. mid. ἐρύω[2].

εἰρνόμεσθα, 1 pl. pres. mid. See ἐρύω[2].

εἰρυσάμην, aor. mid. ἐρύω[1].

εἰρύσατο, 3 sing. aor. mid. ἐρύω[1].

εἴρυσ(σ)ε, 3 sing. aor. ἐρύω[1].

εἰρύσσασθαι, aor. infin. mid. ἐρύω[2].

εἰρύσσατο, 3 sing. aor. mid. ἐρύω[1].

εἰρύσσονται, 3 pl. fut. mid. ἐρύω[2].

εἴρυτο[1], 3 sing. aor. mid. ἐρύω[1].

εἴρῦτο[2], 3 sing. plupf. mid. ἐρύω[2].

†εἴρω[1] (σείρω. Cf. σειρή, L. sero). 3 sing. plupf. pass. ἔερτο (σέσερτο) ο 460. Acc. sing. masc. pple. ἐερμένον σ 296. To connect together by a string : [ὅρμος] ἡλέκτροισιν ἔερτο (was strung with . . .) ο 460. Cf. σ 296.

†εἴρω[2] (Fείρω. Cf. L. verbum, Eng. word). In pres. only β 162, λ 137, ν 7. Fut. ἐρέω Α 76, Δ 39, Ζ 334, Ω 106, etc. : β 187, λ 126, ο 27, ψ 130, etc. 3 sing. ἐρέει Δ 176, 182, Ζ 462, Η 91, Ι 56 : γ 20, 328, π 378. 3 pl. ἐρέουσι Χ 108 : ζ 285, φ 329. Pple. ἐρέων, -οντος Α 652, Ξ 355, Ψ 226 : κ 245, ο 41, π 329, 334. Fem. ἐρέουσα Α 419, Β 49 : ψ 2, 16. Infin. ἐρέειν Γ 83 : δ 747. Pass. Dat. sing. neut. aor. pple. ῥηθέντι σ 414, υ 322. 3 sing. pf. εἴρηται (Fέίρηται) Δ 363. 3 sing. plupf. μύθον Κ 540 : π 11, 351. Pple. εἰρημένος, -ον Θ 524 : μ 453. 3 sing. fut. pf. εἰρήσεται Ψ 795. (ἐξ-.) (1) To utter speech, speak, say : ἔκ τοι ἐρέω Α 204. Cf. Δ 182, Ι 56, 103, Κ 534, etc. : δ 140, ζ 285, μ 38, τ 224, etc.—Followed by what is said directly reported Α 204, Β 257, Δ 176, Ι 314, etc. : β 187, ο 318, ρ 229, ψ 130, etc.—(2) To utter, speak, say, tell : ἄλλο Α 297, ἀγγελίην Ξ 355. Cf. Α 419, Γ 83, Δ 363, Ψ 795, etc. : ψεῦδος γ 20, οὔνομα ζ 194. Cf. β 162, μ 453, π 11, σ 414, etc.— (3) To tell, tell of or about, give information about, describe, explain : ἀρχοὺς νηῶν Β 493. Cf. Γ 177, Ψ 326 : ὀλοφώϊα γέροντος δ 410. Cf. η 243 = ο 402, κ 289, 292, λ 126, τ 171.—With ppl.

clause : δεσποίνῃ ἐρέουσα πόσιν ἔνδον ἐόντα ψ 2.— Absol. : τοιγὰρ ἐγὼν ἐρέω Α 76. Cf. Ζ 334, Ι 528 : μὴ πρὶν σοὶ ἐρέειν δ 747. Cf. μ 58, 156, π 259, 334, σ 129, 338, υ 48, 229, ω 481.—(4) With clause in indirect discourse, to say, state, assert, tell. With ὡς, that Ψ 787 : δ 376.—With οὔνεκα π 378.— With question : τοῦ εἵνεκα . . . Ω 106.—(5) Of the dawn or the morning-star, to herald or be the harbinger of (the daylight) : φόως ἐρέουσα Β 49. Cf. Ψ 226.

εἰρωτάω. (ἀνερωτάω.) (1) To ask, inquire. With question : εἰρώτα τίς εἴη ο 423.—(2) To question (a person) : εἰρωτᾷς με ε 97.—With double acc. of person questioned and of what is inquired about : ταῦθ' ἅ μ' εἰρωτᾷς δ 347 = ρ 138. Cf. ι 364.

εἰς, ἐς. (I) Adv. (1) To or towards something : ἐς ἄλοχον ἐκαλέσσατο (to him) Ω 193.—(2) Into something : ἐς δ' ἄγε χειρὸς ἑλών (brought him in) Λ 646 = 778. Cf. Α 142, 309, Ω 447, 458, 577 : ἐς δ' ἦλθον μνηστῆρες α 144. Cf. δ 36, π 349, φ 391, etc.—(3) Giving notion of a directing of the sight in a particular direction : θεοὶ ἐς πάντες ὁρῶντο Χ 166. Cf. Μ 335, Φ 527.—(II) Prep. (commonly accented when immediately following the case-form) (1) With acc. (a) To, towards : ἄγειν ἐς Χρύσην Α 100. Cf. Α 222, 366, 402, 423, 490, etc. : ἐς Σπάρτην α 93. Cf. α 85, 90, 172, 210, 276, etc.—With a form in -δε (1) : εἰς ἅλαδε κ 351.—In reference to giving or presenting : ἐς δῆμον ἔδωκεν Λ 704.—(b) Indicating arrival at, going as far as to, reaching, a point : ἐς Χρύσην ἵκανεν Α 431. Cf. Β 667, Δ 446, Θ 509, Ι 354, Ι 640, etc. : ἐς Τένεδον ἐλθόντες γ 159. Cf. γ 31, 488, δ 255, ε 115, ζ 119, etc.—Sim. : ἐς ὁρμὴν ἔγχεος ἐλθεῖν Ε 118.—Also ἐφάνη λὶς εἰς ὁδόν Ο 276, εἰς Πηλῆ' ἱκέτευσεν Ν 574 : κάτθεσαν εἰς Ἰθάκην (brought to . . . and set down there) π 230.—Of falling to one's lot : ἐς ἑκάστην [νῆ] ἐννέα λάγχανον αἶγες ι 159.—(c) Indicating direction or position : ἐς πῦρ ἔτρεψεν Σ 469. Cf. γ 293, κ 528, μ 81.—Of the direction in which one looks : ἰδὼν εἰς οὐρανὸν Γ 364. Cf. Β 271, Ζ 404, Κ 11, etc. : ε 439, θ 170, κ 37, μ 247, etc.—So εἰς ὦπα. See ὦπα.—Fig. of looking to, attending to : ἐς ἐμὰ ἔργ' ὁρόωσα τ 514.—Of looking to, regarding : ἐς γενεὴν ὁρόων Κ 239. Cf. σ 219.—(d) In reference to purpose or intent : ἐς πόλεμον θωρηχθῆναι (for the fray) Α 226, εἰ ἐς μίαν βουλεύσομεν Β 379 (see βουλεύω (2)). Cf. Ι 102, Ο 508, Τ 205, etc. : εἰς ὀρχηστὺν τρεψάμενοι α 421. Cf. ζ 65, μ 372, τ 429, etc.—Sim. : ἐς πόλεμον προφανέντε Ρ 487.—(e) Into : εἰς ἀλκὰ Α 141. Cf. Α 220, Β 152, Ε 857, Π 714, Ω 795, etc. : ἐς ἀσαμίνθους δ 48. Cf. γ 153, δ 220, ε 460, λ 523, χ 201, etc.—In reference to mingling with or joining persons : οὐδ' ἐς Ἀχαιοὺς μίσγετο Σ 215.—(f) In reference to division into sections : ἐς δεκάδας Β 126.—(g) On to, on : ἐς δίφρον ἄρνας θέτο Γ 310. Cf. Ε 239, Λ 192, Ξ 287, Φ 536, Ω 332, etc : α 130, γ 483, δ 51, θ 296, ξ 280, ο 131, etc.— (h) As much as Ψ 523.—(i) In reference to time. (a) Up to or until (a point or period of time) : ἐς ἠέλιον καταδύντα Α 601. Cf. Ε 465, Ξ 86, Τ 162,

etc. : ἐς δεκάτην γενεήν ξ 325. Cf. ι 161, λ 351, 375, etc.—For εἰς ὅ κε . . . see ὅς² (II) (9) (a).—
(β) Indicating the beginning of a period : ἠελίου ἀνιόντος ἐς αὔριον Θ 538.—(γ) To the end of, during, for (a period) : εἰς ἐνιαυτόν Τ 32, Φ 444 : ἐς περ ὀπίσσω σ 122. Cf. δ 526, 595, κ 467, λ 356, ο 230, etc.—(δ) In reference to appointing a time : καλεσσαμένῳ ἐς ἠέλιον καταδύντα (for sunset) γ 138, αὔριον ἐς η 318. Cf. η 317.—Against, in view of (a time) : ἐς γάμου ὥρην ο 126.—So εἰς ὅτε κε . . . β 99 = τ 144 = ω 134.—(ε) Indicating the antici-pated arrival of a point or period of time : εἰς ὥρας (in due season) ι 135, ἐλεύσεσθαι ἢ ἐς θέρος ἢ ἐς ὀπώρην (with the . . .) ξ 384. Cf. μ 126.—
(ζ) Within, during the course of (a space) : τρὶς εἰς ἐνιαυτόν δ 86. Cf. Θ 404 = 418 (see δέκατος (1)): ξ 196.—(2) With genit. (a) = (1) (a) : ἐς γαλόων Ζ 378, ἐς Ἄϊδος Ν 415, ἐς Πριάμοιο Ω 160, ἐς Ἀχιλλῆος 309, ἀνδρὸς ἐς ἀφνειοῦ 482, etc. : ἐς ἡμετέρου β 55 = ρ 534 (v.l. ἡμέτερον), ἐς πατρός β 195, εἰς Αἰγύπτοιο στῆσα νέας (brought them to . . .) δ 581, ἐς Ἀλκινόοιο θ 418, ἐς τὼ δμῶε ἵτην Ὀδυσῆος φ 244, etc.—(b) = (1) (b) : εἰς Ἄϊδος οὔ πώ τις ἀφίκετο κ 502. (These uses with genit. also explained by ellipse of δῶμα ; but δ 581 and (reading the genit.) β 55, ρ 534 cannot be thus explained.)

εἴς, εἰς, 2 sing. pres. indic. εἰμί.

εἷς, μία, ἕν [σεμ-s. Cf. L. simplex]. Genit. ἑνός, μιῆς, ἑνός. Fem. also ἴα, ἰῆς Δ 437, Ι 319, Λ 174, Ν 354, Π 173, Σ 251, Φ 569, Χ 477, Ω 496 : ξ 435. Dat. sing. neut. ἰῷ Ζ 422. (1) One, one only, a single . . . : κοίρανος Β 204. Cf. Β 205, 292, Η 336, 435, Θ 355, Κ 48, Λ 40, Μ 456, Ν 260, Ο 416, 511, Φ 569, Ω 540 : πόλιν δ 176. Cf. α 377 = β 142, ε 371, ι 209, ξ 94, φ 121, χ 138, ψ 118.—One and no other: εἷς οἶον Μ 243.—By oneself, left alone : μή με περιστήωσ' ἕνα πολλοί Ρ 95.—Absol. Β 346, Θ 234, Ν 447, Χ 425 : δ 105, 498, κ 116, μ 154, ν 15, ν 313.—Absol. in acc. fem. : ἐς μίαν βουλεύειν. See βουλεύω (2).—
(2) With the article (a) One as distinguished from others : ἡ μί' οὔ πω παύετο υ 110. Cf. Λ 174.—Sim. in an enumeration : τὰς δύο . . . τὴν δὲ μίαν . . . Υ 272. Cf. ξ 435.—(b) The first : τῆς ἰῆς στιχὸς ἦρχε . . . τῆς δ' ἑτέρης . . . Π 173.—(3) Strengthened by οἶος : ἕνα οἶον ἵει Δ 397. Cf. Σ 565 : μίαν οἵην παῖδα η 65. Cf. β 412, ξ 514, χ 130.—Strengthening οἶος : ταμίη τε μί' οἵη (she and none other) ι 207.—Strengthened by μοῦνος : ἀμφίπολος μία μούνη ψ 227.—(4) Not pressing the notion of unity or singleness, one, someone : εἷς τις ἀνὴρ βουληφόρος (one of the βουλή) Α 144.—Absol. : εἷς θεῶν (one of the gods) Ε 603, Υ 98. Cf. Ζ 293, Ξ 267, 275, 411 : ὁ μὲν . . . εἷς δὲ . . . εἷς δ' αὖ . . . (one . . . another . . . another . . .) γ 421, δώσει τι ἕν (something) ο 83. Cf. α 339, ο 106, χ 117.—(5) One, the same, one and the same: εἶν ἑνὶ δίφρῳ Ε 160, 609, Λ 103, 127. Cf. Δ 437, 446 = Θ 60, Ζ 422, Ι 319, Ν 354, 487, Ο 710, Π 219, Ρ 267, Σ 251, Χ 477, Ω 66, 396, 496: γ 128.—The same as. With dat. : τώ μοι μία γείνατο μήτηρ

(the same as in my case, the same as my own) Γ 238. Cf. Τ 293.

εἰσάγω, ἐσάγω [εἰσ- (1) (2), ἐσ-]. 3 sing. aor. εἰσ-ήγαγε γ 191. 3 pl. -ον Ω 719 : τ 420. Pple. εἰσ-αγαγών, -όντος Μ 18, Ω 620 : ξ 49. Fem. -οῦσα κ 233, 314, 366. (1) To bring or conduct in : Λαοδίκην ἐσάγουσα Ζ 252. Cf. κ 233, 314 = 366, ξ 49, 419, τ 420.—To bring in to one's aid : ποταμῶν μένος Μ 18.—(2) To bring or conduct into. With acc. : [παῖδα] Ἴλιον εἰσαγαγών Ω 620. Cf. Ω 719 : δ 43.—To bring or lead home to. With acc. : Κρήτην ἑταίρους γ 191.

εἴσαιτο, 3 sing aor. opt. mid. εἴδω (B).

εἰσάμενος, aor. pple. mid. εἴδω (B).

εἷσαν, 3 pl. aor. See ἕζομαι.

εἰσαναβαίνω [εἰσ- (1) + ἀνα- (1)]. 3 pl. aor. εἰσανέβησαν Ζ 74, Ρ 320. Fem. pple. εἰσαναβᾶσα Β 514, Ω 700 : π 449, ρ 101, τ 594. Pl. -ᾶσαι (v.l. ἐξαναβᾶσαι) Ω 97. Infin. εἰσαναβῆναι Ρ 337. To go up to or on to. With acc. : ὑπερώϊον Β 514, ὀμὸν λέχος Θ 291. Cf. Ζ 74 = Ρ 320, Ρ 337, Σ 68, Ω 97, 700 : π 449, ρ 101, τ 594.—Of a voyage to Troy : ὅτε Ἴλιον εἰσανέβαινον β 172, σ 252 = τ 125.

εἰσανάγω [εἰσ- (2) + ἀν-, ἀνα- (1)]. App., to carry off inland, or simply, to carry off, into (a condition) (cf. ἀνάγω (1)). With acc. : εἴρερον εἰσανάγουσιν θ 529.

†εἰσανεΐδω [εἰσ- (4) + ἀν-, ἀνα- (1)]. Aor. pple. εἰσανιδών. To look up to. With acc. : οὐρανόν Π 232, Ω 307.

†εἰσάνειμι [εἰσ- (1) + ἀν-, ἀνα- (1) + εἶμι]. Pple. εἰσανιών. To ascend or climb to. With acc. : οὐρανὸν Η 423.

εἰσανιδών, aor. pple. εἰσανεΐδω.

εἰσανιών, pres. pple. εἰσάνειμι.

εἰσάντα (only in ε 217), ἐσάντα [εἰσ- (4), ἐσ- + ἄντα]. In the face, face to face : ἰδών Ρ 334. Cf. ε 217, κ 453, λ 143, ο 532, π 458, ρ 239.

εἴσατο¹, 3 sing. aor. mid. εἴδω (B).

εἴσατο², 3 sing. aor. mid. ἵημι².

εἰσαφικάνω [εἰσ- (1) + ἀφ-, ἀπο- (7)]. To come to, arrive at, reach : Λῆμνον Ξ 230. Cf. χ 99, 112.

†εἰσαφικνέομαι [εἰσ- (1) + ἀφ-, ἀπο- (7)]. 2 sing. subj. εἰσαφίκηαι Τ 336. 3 -ηται μ 84, ν 188, υ 188. 3 sing. opt. εἰσαφίκοιτο μ 84, χ 415, ψ 66. Infin. εἰσαφικέσθαι Χ 17 : ν 404, ο 38. To come or go to, arrive at, reach : Ἴλιον Χ 17. Cf. Τ 336 : μ 40, ν 404 = ο 33, π 228 = ν 188, χ 415 = ψ 66.—Of reaching with an arrow μ 84.

εἰσβαίνω, ἐσβαίνω [εἰσ- (2) (3), ἐσ-]. 3 sing. aor. opt. ἐσβαίη Μ 59. Nom. pl. masc. pple. ἐσβάντες Κ 573. (1) To effect an entrance Μ 59.—(2) To plunge into something Κ 573.—(3) To go on board ship, embark : αἴψ' εἰσέβαινον ι 103 = 179 = 471 = 563 = λ 638 = μ 146 = ο 549, ο 221.

εἶσε, 3 sing. aor. See ἕζομαι.

εἴσεαι, 2 sing. fut. See εἴδω (C).

†εἰσεΐδω, ἐσΐδω [εἰσ- (4), ἐσ-]. Aor. ἐσεῖδον (ἐσF-) (v.l. εἰσεῖδον) λ 582, 593. ἔσιδον (v.l. εἴσιδον) λ 306. 3 sing. εἴσιδε Ξ 153, 158. εἴσιδε Ξ 13, Σ 235 : α 118, ε 392. ἔσιδε (v.l. εἴσιδε) ι 251, ν 197, χ 407, 408, ψ 324, ω 493. 3 dual

εἰσιδέτην φ 222. 1 pl. ἐσίδομεν (v.l. εἰσίδομεν) ι 148. 3 ἔσιδον (v.l. εἴσιδον) π 356. Fem. pple. ἐσιδοῦσα Χ 407. Infin. εἰσιδέειν Π 256, Τ 15: ζ 230. ἐσιδέειν (v.l. εἰσιδέειν) μ 446, ψ 157. 3 sing. pa. iterative ἐσίδεσκε ψ 94. 3 dual aor. mid. ἐσιδέσθην ω 101. (1) To look towards, look at ψ 94.—(2) To catch sight of, see, perceive, behold: Ζῆνα Ξ 158. Cf. Ξ 13, Χ 407: α 118, ε 392, ι 148, λ 306, 582, 593, ν 197, χ 407, 408, ψ 324.—Absol. : ἐπεὶ εἰσιδέτην φ 222. Cf. ι 251, μ 446, ω 101.—(3) To witness, see, look on at: φύλοπιν Π 256.—(4) With pple. expressing something observed in connexion with a person or thing: ἑταῖρον κείμενον ἐν φέρτρῳ Σ 235. Cf. π 356.—Sim. : τοὺς σχεδὸν ἔσιδεν ω 493.—(5) To direct one's eyes, look, glance: Ἥρη εἰσεῖδεν Ξ 153. Cf. Τ 15.—(6) The infin. used epexegetically : μείζονα εἰσιδέειν ζ 230 = ψ 157.

†εἴσειμι [εἰσ- (2) + εἶμι]. 1 sing. pres. εἴσειμι. In pres. with fut. sense. (1) To go in: μετ' ἀνέρας σ 184.—(2) To go into ; hence, to come within the range of. With acc. : Ἀχιλῆος ὀφθαλμούς Ω 463.

†εἰσελαύνω [εἰσ- (1) (2)]. Pres. pple. εἰσελάων κ 83. 3 pl. aor. εἰσέλασαν ν 113. Nom. pl. masc. pple. εἰσελάσαντες Ο 385. (1) To drive in: ἵππους Ο 385.—To drive a flock or herd in or home κ 83.—(2) To bring a ship to land ν 113.

εἰσελθών, aor. pple. εἰσέρχομαι.

εἰσέπτατο, 3 sing. aor. εἰσπέτομαι.

†εἰσερύω [εἰσ- (2) + ἐρύω[1]]. Nom. pl. masc. aor. pple. εἰσερύσαντες. To draw into. With acc. : νῆα σπέος εἰσερύσαντες μ 317.

εἰσέρχομαι, ἐσέρχομαι [εἰσ- (1) (2), ἐσ-]. Fut. ἐσελεύσομαι α 88, ρ 52. Aor. εἰσήλυθον Β 798, Γ 184. 3 sing. εἰσήλυθε δ 338, ρ 129. εἰσῆλθε Β 321, Δ 376, Ζ 318, Π 254 : δ 802, ρ 324, φ 242, ψ 88. 3 pl. εἰσῆλθον κ 112. 3 sing. subj. εἰσέλθῃσι Θ 522. Imp. εἴσελθε Ζ 354 : π 25. ἔσελθε ρ 275. Pl. ἐσέλθετε φ 230. Pple. εἰσελθών Ι 138, 280, Λ 560, Ω 465, 477. Fem. εἰσελθοῦσα Δ 34, Ξ 169. Infin. ἐσελθεῖν Μ 341. (1) To go or proceed to. With acc.: Ἰθάκην α 88. Cf. ρ 52.—(2) To go in, get in, enter : ἔνθ' εἰσῆλθε Ζ 318. Cf. Μ 341, Ξ 169, Ω 465, 477: ν 112, φ 230, ψ 88.—With prep. : ἐς θάλαμον δ 802.—(3) With acc. (a) To go or get into, enter: πόλιν Θ 522. Cf. Γ 184, Δ 376, Λ 560, Π 254 : δ 338 = ρ 129, κ 112, ρ 275, 324 = φ 242.—Fig. : πείνη οὔ ποτε δῆμον ἐσέρχεται ο 407. Cf. Ρ 157.—(b) To go within or behind : πύλας καὶ τείχεα Δ 34. — (c) To enter into, play a part in : μάχας Β 798.—(4) To come in, enter: εἴσελθε καὶ ἕζεο Ζ 354. Cf. π 25. —(5) With acc. (a) To come within or behind : τεῖχος Χ 56.—(b) To come in among, mingle with : θεῶν ἐκατόμβας Β 321.—(c) To come in or present oneself to take part in a proceeding : νῆα χρυσοῦ νηησάσθω (νηήσασθαι) εἰσελθών Ι 138, 280.

εἴσεται[1], 3 sing. fut. See εἴδω (C).

εἴσεται[2], 3 sing. fut. mid. ἵημι[2].

εἴσῃ, 2 sing. fut. εἶμι.

εἰσήγαγε, 3 sing. aor. εἰσάγω.

εἰσῆλθε, 3 sing. aor. εἰσέρχομαι.

εἰσήλυθον, aor. εἰσέρχομαι.

εἴσθα, 2 sing. εἶσι, 3 sing. εἶμι.

εἰσί, 3 pl. εἰμί.

εἴσιδον, aor. εἰσείδω.

εἰσίθμη, ἡ [εἰσ- (2) + ἰθ-, εἶμι]. An entrance ζ 264.

ἔϊσκω (ϜεϜίσκω) [app. for ϜεϜίσκω, fr. Ϝικ-, εἴκω[1]. Cf. ἴσκω, εἴκελος]. For εἴσκοντες, v.l. for ἴσκοντες, see ἴσκω (2). (1) To cause to take the likeness of, make like. With dat. : ἄλλῳ αὑτὸν φωτὶ ἤϊσκεν δ 247. Cf. ν 313.—(2) To liken to, deem like, compare with. With dat. : ἀρνειῷ μιν Γ 197. Cf. Ε 181, Ω 371 : Ἀρτέμιδί σε ζ 152. Cf. θ 159, π 187, υ 362.—(3) To think, fancy, suppose, conjecture : ὡς σὺ ἐΐσκεις δ 148.—With infin. : ἄντα σέθεν Ξάνθον ἠΐσκομεν εἶναι Φ 332. Cf. Ν 446 : ι 321 (infin. to be supplied), λ 363.

εἰονοέω [εἰσ- (4)]. To note, descry, see : πατέρα Ω 700 : Ὠρίωνα λ 572, βίην Ἡρακληείην 601.

εἴσοδος, ἡ [εἰσ- (2) + ὁδός]. An entrance κ 90.

†εἰσοιχνέω [εἰσ- (1)]. 3 pl. εἰσοιχνεῦσι ι 120. Acc. sing. fem. pple. εἰσοιχνεῦσαν ζ 157. With acc., to go to, land upon : νῆσον ι 120.—To approach in order to take part in : χορόν ζ 157.

εἴσομαι[1], fut. See εἴδω (C).

εἴσομαι[2], fut. mid. ἵημι[2].

εἶσον, aor. imp. See ἕζομαι.

εἰσοράω, ἐσοράω [εἰσ- (4), ἐσ-]. 3 pl. εἰσορόωσι Μ 312 : θ 173, ο 520, ν 166. 2 pl. opt. εἰσορόῳτε θ 341. Pple. εἰσορόων Ε 183, Θ 52, Κ 123, Λ 82, 601, Χ 321, Ω 632 : π 26, 277, φ 393. Dat. εἰσορόωντι Ψ 464 : ω 319. Acc. εἰσορόωντα Ο 456, Ρ 687 : γ 123, δ 75, ζ 161, θ 384, ξ 214. Pl. εἰσορόωντες Δ 4, Η 214, Ι 229, Ν 88, Ω 23 : η 71, ι 321, λ 363, υ 311. Dat. εἰσορόωντι θ 327. Acc. εἰσορόωντας Γ 342, Δ 79, Ω 482. Fem. εἰσορόωσα Λ 73 : τ 537. Dat. εἰσοροώσῃ ψ 239. Acc. εἰσορόωσαν δ 142. Pl. εἰσορόωσαι Δ 9, Ε 418. Imp. pl. mid. εἰσοράασθε Ψ 495. Infin. εἰσοράασθαι Ξ 345 : γ 246, ι 324, κ 396, ω 252. 3 pl. impf. εἰσορόωντο Ψ 448. From ὀπ- fut. in mid. form ἐσόψομαι Ε 212. 3 sing. ἐσόψεται Ω 206. (1) To look at or upon, see, view, behold : Τρώων πόλιν Δ 4. Cf. Ε 183, Η 214, Θ 52 = Λ 82, Ι 229, Λ 601, Ν 88, Ψ 448, 495, Ω 632 : πατέρα ω 319. Cf. θ 327, π 26, υ 311.—To set eyes upon, see : πατρίδ' ἐμήν Ε 212. Cf. Ω 206.—To look upon, be a spectator of the doings of : μνηστήρων ὅμιλον π 29, ψ 303. —To observe, survey : χρόα Χ 321.—To keep one's eyes upon, watch : Πληϊάδας ε 272.—(2) Absol., to see, behold : θάμβος ἔχεν εἰσορόωντας Γ 342. Cf. Δ 9, 79. Ε 418, Λ 73, Ξ 345, Ρ 687, Ω 23, 482 : γ 123, δ 75, 142, ζ 161, θ 384, ι 321, λ 363, ξ 214, π 277, τ 537, ψ 239.—To look on, be a spectator Θ 341.—To direct one's sight, look Ψ 464.—To look out, watch : σχεδὸν ἴσχειν εἰσορόωντα ἵππους ('keeping his eyes open') Ο 456. —(3) To look to for guidance or counsel Κ 123. —To look towards for aid Ν 478, 490.—To watch (a person) looking for a signal for action from him φ 393.—(4) To look up to, respect, regard :

θεοὺς ὥς M 312. Cf. η 71, θ 173, o 520, υ 166.—
(5) The infin. mid. used epexegetically: καλλίονες
εἰσοράασθαι κ 396. Cf. γ 246, ι 324, ω 252.

εἶσος. See ἶσος.

†**εἰσπέτομαι** [εἰσ- (2)]. 3 sing. aor. εἰσέπτατο.
To fly *into*. With acc. : κοίλην πέτρην Φ 494.

εἴσω, ἔσω [εἰς]. (1) Into the interior of some-
thing, inwards, in : δῦναι δόμον Ἄϊδος εἴσω Γ 322,
εἴσω ἀσπίδ' ἔαξεν (broke it in) Η 270, εἴσω ἐπι-
γράψαι χρόα (app., getting within his guard)
Ν 553. Cf. Δ 460, M 459, Π 340, Σ 282, etc. :
εἴπατ' εἴσω (go in and tell) γ 427, ἔσω κίε η 50.
Cf. δ 775, η 6, κ 91, λ 579, etc.—(2) In the interior,
within: εἴσω δόρπον ἐκόσμει η 13. Cf. σ 96, τ 4.—
(3) With acc. of something reached and entered :
Ἴλιον εἴσω Ρ 159. Cf. Λ 44, Ξ 457, Φ 125, Ω 155,
etc. : πέμψαι δόμον Ἄϊδος εἴσω ι 524. Cf. λ 150,
o 40, ψ 24, etc.—So with ellipse of δόμον (or perh.
on the analogy of εἰς Ἄϊδος (see εἰς (II) (2))) :
κατελθόντ' Ἄϊδος εἴσω Ζ 284. Cf. Ζ 422, X 425.—
In reference to a point reached, but not implying
entrance : νήεσσ' ἡγήσατο Ἴλιον εἴσω Α 71. Cf.
Σ 58, 439, etc. : τ 182, 193.—(4) With genit. as
in (3) : εἴσω δώματος ἦει θ 290. Cf. η 135.

εἰσωπός [εἰσ- (2) + ὦπα. ' Inside - looking '].
Hence, within or inside of the line of. With
genit. : νεῶν O 653.

εἶται, 3 sing. pf. mid. ἕννυμι.

εἶτε, 2 pl. opt. εἰμί.

εἶτε. See εἰ (10).

εἶχον, impf. ἔχω.

εἰῶ = ἐάω.

εἰωθώς, 3 sing. pf. **εἰωθώς,** pf. pple. ἔθω.

ἐκ, before a vowel **ἐξ** [cf. L. *ex*]. (I) Adv.
(1) Out, forth, from, away, off : ἐκ δ' εὐνὰς ἔβαλον
Α 436, ἐκ πάντα θεμείλια πέμπεν (*i.e.* the water
tore them from their seats) M 28, ἐκ δέ οἱ ἡνίοχος
πλῆγη φρένας (was struck out of, lost, his wits)
Ν 394. Cf. Α 469, Β 809, Γ 113, Δ 116, etc. : ἐκ
δ' ἔβαν αὐτοί γ 11, ἐκ τοσσῶνδ' ἀέκητι οἴχεται δ 665.
Cf. α 150, γ 406, 456, δ 301, etc.—In reference to
keeping out of harm's way : ἔκ τ' ἀλέοντο Σ 586.
—(2) Off : ἐκ δὲ καλυψάμενοι θηήσαντο κ 179 (see
καλύπτω (3)). Cf. ξ 341.—(3) In reference to
selection, out of specified things : ἐκ δ' ἕλον
Χρυσηΐδα Α 369. Cf. Λ 696.—(4) In reference to
hanging or attaching, or to being hung or
attached, from or to something : ἐκ δὲ πέλειαν
δῆσεν Ψ 853. Cf. Σ 480.—(5) Of speaking, etc.,
indicating absence of restraint, out, right out,
aloud : ἔκ τοι ἐρέω Α 204, ἐκ δὲ γέλασσεν Ζ 471.
Cf. Α 233, etc. : β 187, δ 278, 376, etc.—Sim. of
bright reflexion of light : ἔκ τ' ἔφανεν πᾶσαι
σκοπιαί Θ 557 = Π 299.—(6) Intensive, often not
appreciably affecting the sense : ἔκ τ' ὀνόμαζεν
Α 361, ἐκ καὶ ὀψὲ τελεῖ Δ 161. Cf. Γ 398, Ε 161,
Ι 375, M 234, etc. : β 302, γ 374, η 220, κ 63, etc.
—(II) Prep. with genit. (commonly accented
when immediately following the case - form).
(1) Out of, out from, away from, from : ἐκ Πύλου
Α 269, ἐκ δ' ἄγαγε κλισίης 346, μάχης ἔκ Ρ 207.
Cf. Α 194, 439, Β 88, 131, 146, etc. : α 259, 327,

β 147, 321, γ 12, etc.—With ablative : ἐκ παλά-
μηφιν Γ 367. Cf. Ξ 150, Ο 580 : β 2, γ 405, etc.—
With a form in -θεν (1) : ἐξ οὐρανόθεν Θ 21.—App.
with ellipse of δόμου : οὐ νίσομαι ἐξ Ἀΐδαο Ψ 76.
Cf. λ 625, 635, σ 299.—In reference to depriva-
tion: ἐκ γάρ εὖ φρένας εἵλετο Ι 377.—Cf. Σ 311.—To
returning Ζ 480, etc. : π 463, etc.—In reference to
immaterial things : ἔγρετ' ἐξ ὕπνου Β 41, ἐκ θυμοῦ
πεσέειν Ψ 595. Cf. Κ 107, Τ 350, etc. : δ 753, 839,
etc.—(2) At a distance from, away from : ἐκ
καπνοῦ κατέθηκα [τεύχεα] π 288 = τ 7. Cf. Ξ 130.
—(3) In reference to acquisition or selection,
out of, from : τὴν ἄρετ' ἐξ ἐνάρων Ι 188. Cf. Δ 96,
Ι 641, etc. : β 433, etc.—(4) In reference to
growth or development, out of, from : τοῦ κέρα ἐκ
κεφαλῆς πεφύκει Δ 109. Cf. Ξ 177.—With -θεν (1)
ε 477.—Sim. : ἐξ ἑτέρων ἕτερ' ἐστίν (*i.e.* one set of
buildings joins on to another) ρ 266.—(5) In
reference to birth, sprung from, from : γένος ἦν
ἐκ ποταμοῖο Ε 544. Cf. Ε 548, Ξ 472, Ο 187, Τ 105,
111, etc. : τοῦ μ' ἔκ φασι γενέσθαι α 220. Cf.
α 207, κ 139, 350, ξ 202 (by . . .), π 100, etc.—
With ablative: ἐκ θεόφιν γένος ἦεν Ψ 347.—(6) In
reference to a place of birth or origin : μελίην, τὴν
πόρε Πηλίου ἐκ κορυφῆς Π 144 = Τ 391. Cf. Φ 154:
ἐξ Ἰθάκης γένος εἰμί o 267. Cf. ξ 199, o 425, ω 418,
etc.—(7) In reference to source, origin, cause,
motive, in general, proceeding from, from : ὄναρ
ἐκ Διός ἐστιν α 63, ἐκ θυμοῦ φίλεον (from my heart)
Ι 343. Cf. Α 525, Ε 4, Η 111, Ξ 416, Τ 129, etc. :
ἐξ ἡμέων κάκ' ἔμμεναι α 33, ἐξ ὀλιγηπελίης ε 468,
ὅς τε θεῶν ἐξ ἀείδῃ (under their inspiration) ρ 518.
Cf. α 40, β 134, ι 512, μ 286, τ 93, etc.—With
ablative : ἐκ θεόφιν πολεμίζει Ρ 101.—Sim. : ἐκ
γενεῆς ὀνομάζων (by his family name) Κ 68.—In
reference to a source from which one draws : ἐκ
κεράμων αἶθ' ἔπινε ι 469. Cf. Φ 312, etc. : ξ 224, ι 9,
κ 361.—In reference to an agent : ἐφίληθεν ἐκ
Διός Β 669. Cf. η 70.—(8) In reference to a point
from which seeing, appearing, hearing, speaking,
etc., or action in gen. takes place, or which is
occupied by an agent : ἐξ ἄκρης πόλιος Διὶ χεῖρας
ἀνασχεῖν Ζ 257, στᾶσ' ἐξ Οὐλύμποιο Ξ 154 (indicat-
ing the quarter from which she appeared to an
observer ; cf. Φ 144 and under ἀπό (II) (1) (b)),
ἄστεος ἐκ σφετέρου (*i.e.* with the city as their
base) Σ 210, μετέειπεν ἐξ ἕδρης Τ 77. Cf. Θ 75,
Λ 62, 130, Τ 375, Τ 377, Φ 213, etc. : ἐκ Σολύμων
ὀρέων ἴδεν ε 283, ἔκ νευρῆφιν ἐκ δίφροιο φ 420. Cf.
ι 407, μ 83, ν 56, ξ 328, π 390, etc.—With ablative:
τηλεφανὴς ἐκ ποντόφιν ω 83. Cf. Ι 572.—With a
form in -θεν (1) : ἐξ ἀλόθεν Φ 335. Cf. Ρ 548.—
Sim. : δίφροιο δ' ἐκ ῥυμὸς πέλεν (stood out) Ε 729.—
(9) In reference to a point *from* which a begin-
ning is made : ἐκ κεφαλῆς ἐς πόδας Π 640. Cf.
Σ 353, X 397, Ψ 169 : η 87, 96, ψ 196, 199.—Sim.:
ἐκ ῥιζέων ἐριποῦσα Φ 243.—Also : ἐξ ἀγχιμόλοιο
Ω 352.—(10) In reference to suspending, hanging,
attaching, from, to : ἐξ ἄντυγος ἡνία τείνας Ε 262.
Cf. Κ 475, Λ 38, Σ 598, X 398, etc. : κ 96, μ 51,
τ 58, ω 8, etc.—With ablative : ἐκ πασσαλόφι
κρέμασεν θ 67 = 105.—With a form in -θεν (1)

Θ 19.—In reference to a person on whom something depends or hinges: τοῦ δ' ἐκ Φαιήκων ἔχεται κάρτος ζ 197. Cf. λ 346.—(11) In reference to succession: δέχεταί μοι κακὸν ἐκ κακοῦ (one evil after another) Τ 290.—(12) In temporal sense. (a) From, since: ἐκ νεότητος Ξ 86. Cf. Θ 296, Ι 106, Ο 69, Ω 31, 535 (see γενετή), etc.: ἐξ ἀρχῆς a 188. Cf. a 74, 212, β 254, ρ 69, σ 6 (see γενετή), etc.—For ἐξ οὗ see ὅς² (II) (9) (b).—(b) After, succeeding: καύματος ἐξ Ε 865.

ἐκάεργος (ϜεκάϜεργος) [ἐκάς + ἔργω²]. The farworker, the far-shooter. Epithet or a name of Apollo Α 147, 474, 479, Ε 439, Η 34, Ι 564, Ο 243, 253 = Φ 461, Π 94, Ρ 585, Φ 472, 478, 600, Χ 15, 220 : θ 323.

ἐκάη, 3 sing. aor. pass. καίω.

ἔκαθεν [ἐκάς + -θεν (1) (2)]. (1) From afar : ἐ. φαίνεται αὐγή (i.e., as we say, to a great distance) Β 456. Cf. Ν 179, Π 634.—(2) Far off : ἐ. ἄστυ φάτ' εἶναι ρ 25.

ἐκάθηρε, 3 sing. aor. καθαίρω.

ἐκαλέσσατο, 3 sing. aor. mid. καλέω.

ἐκάλυψε, 3 sing. aor. καλύπτω.

ἔκαμον, aor. κάμνω.

ἐκάπυσσε, 3 sing. aor. καπύω.

ἐκάς (Ϝεκάς). (1) Far, far off or away, at a great distance : στρωφᾶσθαι Τ 422. Cf. β 40, ε 358.—Comp. ἑκαστέρω η 321.—Superl. ἑκαστάτω Κ 113.—(2) Far, to a great distance : ἔπτατ' ὀϊστός Ν 592. Cf. μ 435.—(3) Far from. With genit. : ἐ. πόλιος Ε 791 = Ν 107. Cf. Ι 246, Ν 263, Ο 740, Τ 354 : νηῶν ἐ. ξ 496. Cf. γ 260, δ 99, ζ 8, ο 33, ρ 73, ω 37.—With prep. : ἐ. ἀπὸ τείχεος Σ 256.

ἑκάστοθι [ἕκαστος + -θι]. In each place, at each of the spots mentioned γ 8.

ἕκαστος, -η, -ον (Ϝέκαστος). (1) (a) Each : ἀνήρ Β 805. Cf. Β 164, 610, Η 424, Κ 68, Ν 230, Σ 375, etc. : β 91, 384, ι 60, 431, κ 173, μ 99, χ 31, etc.—(b) In pl., each of the, all of the : ταῦτα (τὰ) ἕκαστα (all these things, these various things) Α 550, Κ 432, Λ 706, Ψ 95, φυλακτῆρες ἕκαστοι (each detachment) Ι 66, λαοὶ ἐπὶ νῆας ἕκαστοι ἐσκίδναντο (each to his ship) Ω 1. Cf. λ 9, μ 16, 151, 165, ξ 362, ο 487.—(2) Absol. (a) In sing., each, each one, each person or thing : ἐ. ἡγεμόνων Δ 428, ὥς κ' ὀστέα παισὶν ἐ. οἴκαδ' ἄγῃ Η 334 (app. loosely expressed, and meaning that each dead man's bones were to be taken to his children). Cf. Α 607, Ε 470, Ι 203, Ξ 507, Ψ 256 : δίδωσι ἑκάστῳ a 349. Cf. β 392, δ 440, ι 65, 245, κ 392, etc.—(b) In pl., the whole number of specified or indicated persons or things. (a) In masc. and fem. : εἴ κ' ἄνδρα ἕκαστοι ἑλοίμεθα (each lot of ten) Β 127, ἐπεὶ κόσμηθεν ἕκαστοι (each tribe) Γ 1. Cf. Η 100, Ι 383, Ψ 55 : ἕκαστοι ἠφύσαμεν (each ship's company) ι 164, θάπτον ἕκαστοι (the relatives of each) ω 417. Cf. ι 220, ν 76.—(β) In neut. : διασκοπιᾶσθαι ἕκαστα (all that could be spied out) Κ 388, ἔκαστ' ἐπέτελλεν (gave full injunctions) Ψ 107. Cf. Τ 332 : ἵνα εἴπω ἕκαστα (give each his orders) γ 361, πόσιν ἐρέεινεν ἕκαστα (all that she had in her mind)

δ 137, τελέοιέν χ' ἕκαστα (all needful affairs) ι 127, ἐρέω ἕκαστα (all that you need to know) κ 292. Cf. δ 119, θ 259, μ 25, 130, ν 191, σ 228, φ 222, ω 261, etc.—(γ) With the article : τὰ ἕκαστα ἐξερέουσιν (all they have to ask about) ξ 375.—(3) (a) In sing. with pl. vb. : οἱ κακκείοντες ἔβαν ἕκαστος Α 606. Cf. Β 775, Ε 878, Η 175, Ι 88, Ξ 87, etc. : οὐδ' ὑμεῖς ἐνὶ φρεσὶ θέσθε ἑκάστη (none of you did so) δ 729, ἕκαστος ἐνείκατε θ 392. Cf. β 252, θ 324, κ 397, λ 542, χ 57, etc.—(b) In sing. in apposition with pl. sb., etc. : Τρῶας τρόμος ὑπήλυθε ἕκαστον Η 215 = Τ 44. Cf. Ε 195, Κ 473, Λ 11, Ξ 151, Ο 109 : πᾶσιν ἐπίστιόν ἐστιν ἑκάστῳ ζ 265.—Sim. : ὑμέτερον ἑκάστου θυμόν Ρ 226.

ἑκάτερθε(ν) (Ϝεκάτερθε) [Ϝεκ-, ἕκαστος]. (1) On either side : τρεῖς ἑ. Λ 27, ἑ. καθήατο (in two parties) Τ 153, τρὶς ἑ. ἔδησαν [ζυγόδεσμον] Ω 273 (i.e. with three turns each way round the ὀμφαλός) : ἀμφίπολος ἑ. παρέστη a 335 = σ 211 = φ 66, ἁψάμενοι ἑ. ι 386 (i.e. taking hold of the two ends of the strap, which made a turn round the shaft, and pulling the ends alternately). Cf. η 91, ι 430, λ 578, χ 181.—(2) On either side of. With genit. : ὁμίλου Γ 340 = Ψ 813 (i.e. each retired behind his friends). Cf. Ψ 329, Ω 319 : σταθμοῖϊν ἑ. (one by each σταθμός) ζ 19. Cf. ζ 263.

ἑκατηβελέτης (Ϝεκατηβελέτης) [ἑκατη- (see next) + βελ-, βάλλω]. = next. Epithet of Apollo Α 75.

ἑκατηβόλος (Ϝεκατηβόλος) [ἑκατη-, conn. with ἑκάς + βολ-, βάλλω. See ἑκηβόλος]. The far-shooter. Epithet or a name of Apollo Α 370, Ε 444 = Π 711, Ο 231, Ρ 333 : θ 339, υ 278.

ἑκατόγχειρος (Ϝεκατόγχειρος) [ἑκατόν + χείρ]. The hundred-handed. Of Briareus Α 402.

ἑκατόζυγος, -ον [ἑκατόν + ζυγόν]. With a hundred rowing-benches : νηῦς Τ 247.

ἑκατόμβη, -ης, ἡ [ἑκατόν + βοῦς. Lit., 'a sacrifice of a hundred oxen']. (1) A great or costly sacrifice Α 65, Β 306, Ζ 115, Η 450, Ι 535, etc. : α 25, γ 59, δ 352, ε 102, η 202, etc.—(2) The material for such a sacrifice : ἄγειν ἑκατόμβην ἐς Χρύσην Α 99. Cf. Α 142, 309, 431, 438, 447 : υ 276.

ἑκατόμβοιος [as prec.]. (1) Of the value of a hundred oxen Β 449.—(2) Absol. : ἄμειβεν ἑκατόμβοι' ἐννεαβοίων Ζ 236.—In neut. sing., the value of a hundred oxen : ἑκατόμβοιόν τοι ἦλφον Φ 79.

ἑκατόμπεδος, -ον [ἑκατόν + πεδ- (as in πεζός), πούς, in sense, a measure of length]. Measuring a hundred feet : πυρήν Ψ 164.

ἑκατόμπολις [ἑκατόν + πόλις]. Containing a hundred cities. Epithet of Crete Β 649.

ἑκατόμπυλος, -ον [ἑκατόν + πύλη]. The hundred-gated. Epithet of the Egyptian Thebes Ι 383.

ἑκατόν, indeclinable. A hundred Β 448, 576, Ε 744, Ι 85, Λ 214, Ξ 181.—Absol. : ἑ. τε διηκοσίων τε Θ 233.—With another numeral : ἑ. καὶ εἴκοσι Β 510, ἑ. καὶ πεντήκοντα Λ 680.

ἕκατος (Ϝεκ-) [a short or 'pet' form of ἑκατηβόλος]. = ἑκατηβόλος Α 385, Η 83, Τ 71, 295.

ἐκβαίνω [ἐκ- (1)]. (A) Aor. imp. pl. ἔκβητε θ 38. Pple. ἐκβάς υ 285. Pl. ἐκβάντες κ 103, 142. (B) Aor. pple. pl. ἐκβήσαντες ω 301. (I) Intrans.

in all forms except (B). **(1)** To come forth :
ἐκβαίνοντα πλῆξα κ 161.—To leave a specified
region: ἀπάνευθε ποταμοῖο ἐκβὰς κατέδραθον η 285.
—**(2)** To come forth *from*. With genit. : πέτρης
Δ 107.—**(3)** To come out of the sea on to dry
land ε 415, η 278.—**(4)** To leave a ship, land θ 38,
κ 103, 142.—**(II)** *Trans.* in form (B), to set on
shore ω 301.

ἐκβάλλω [ἐκ- (1)]. Aor. ἔκβαλον Σ 324 : ξ 277.
3 sing. -ε Ε 39, Ξ 419, Ο 468 : δ 503, ε 244, τ 278,
362. 3 pl. -ον ο 481. **(1)** To throw out Φ 237.—
To throw overboard ο 481.—Of the sea, to cast
up (on to the shore) τ 278.—To shed (tears)
τ 362. To utter : ἔπος Σ 324 : δ 503.—**(2)** To fell
(trees) (cf. ἐκτάμνω (4)) ε 244.—**(3)** To send forth,
let fall : δόρυ ἔκτοσε χειρός ξ 277.—**(4)** With genit.,
to strike *out of* (the hand): βιὸν ἔκβαλε χειρός
Ο 468. Cf. β 396.—To hurl or cause to fall *from* :
ἔκβαλε δίφρου Ε 39.—**(5)** To send forth, let fall
from (the hand). With genit. : χειρὸς ἔκβαλεν
ἔγχος Ξ 419.

ἔκβασις, ἡ [ἐκ- (1) + βα-, βαίνω]. A means of
escape from something : ἁλός ε 410.

†**ἐκβλώσκω** [ἐκ- (1)]. 3 sing. aor. ἔκμολε. To
come out : κλισίηθεν Λ 604.

ἐκγεγάμεν, pf. infin. ἐκγίγνομαι.

ἐκγεγαώτι, dat. sing. masc. ἐκγίγνομαι.

sing. fem. pf. pple. ἐκγίγνομαι.

†**ἐκγελάω** [ἐκ- (8)]. Aor. pple. ἐκγελάσας. To
laugh out, laugh aloud : ἡδύ π 354, σ 35.

†**ἐκγίγνομαι** [ἐκ- (2)]. 3 pl. aor. ἐξεγένοντο
Ε 637, Ξ 115, Υ 231, 305. Dat. sing. masc. pf.
pple. ἐκγεγαῶτι Φ 185. Nom. fem. ἐκγεγαυῖα
Γ 199, 418 : δ 184, 219, ζ 229, ψ 218. Infin.
ἐκγεγάμεν Ε 248, Υ 106, 209. 3 dual plupf. ἐκ-
γεγάτην κ 138. **(1)** To be born : Πορθεῖ τρεῖς
παῖδες ἐξεγένοντο (were born to . . .) Ξ 115.—
(2) With genit., to be born *of* : ἐκ Διὸς ἐξεγένοντο
Ε 637. Cf. Γ 199, 418, Υ 106, 231, 305, Φ 185 :
δ 184, 219, κ 138, ζ 229, ψ 218.—To be by birth
(the son) *of* : υἱὸς Ἀγχίσαο εὔχεται (εὔχομαι) ἐκ-
γεγάμεν Ε 248, Υ 209.

ἔκγονος [ἐκ- (2) + γον-, γεν-, γίγνομαι]. **(1)** The
offspring, a child (= γόνος (1) (a)) : Τυδέος Ε 813.
Cf. Υ 206 : γ 123, λ 236.—**(2)** A remoter descend-
ant (= γόνος (1) (b)) : Μελάμποδος ο 225 (he was
his great-grandson).

†**ἐκδέρω** [ἐκ- (3)]. Aor. pple. ἐκδείρας. To strip
off : δῶκέ μ' ἐκδείρας ἀσκὸν βοός κ 19 (*i.e.* a bag
made from the stripped off skin).

ἐκδέχομαι [ἐκ- (1)]. To receive from one, relieve
one of : οἵ οἱ σάκος ἐξεδέχοντο Ν 710.

ἐκδέω [ἐκ- (4)]. **(1)** To attach, bind on χ 174.
—**(2)** To attach so as to hang *from*, bind on to.
With genit. : δρῦς ἔκδεον ἡμιόνων Ψ 121.

ἔκδηλος [ἐκ- (9)]. Conspicuous, pre-eminent Ε 2.

†**ἐκδιαβαίνω** [ἐκ- (1) + δια- (3)]. Nom. pl. masc.
aor. pple. ἐκδιαβάντες. To go forth and *across* (a
space). With acc. : τάφρον Κ 198.

†**ἐκδίδωμι** [ἐκ- (1)]. Aor. imp. pl. ἔκδοτε. To
give up, surrender : Ἑλένην Γ 459.

ἐκδύω, ἐκδύνω [ἐκ- (1)]. 1 pl. aor. opt. ἐκδῦμεν

II 99. Pple. ἐκδύς ξ 460, χ 334. **(1)** To put off
(a garment) α 437, ξ 460.—So in mid., to put off
(one's armour) : τεύχε' ἐξεδύοντο Γ 114.—**(2)** To
go *out of*, quit. With genit. : μεγάροιο χ 334.—
To escape, avoid : ὄλεθρον II 99.

ἐκέασσε, 3 sing. aor. κεάζω.

ἐκέδασθεν, 3 pl. aor. pass. κεδάννυμι.

ἐκέδασσε, 3 sing. aor. κεδάννυμι.

ἐκεῖθι [cf. next and κεῖθι]. There ρ 10.

ἐκεῖνος, -η, -ο [cf. κεῖνος]. **(1)** That person or
thing, the person or thing referred to, he, she,
it (with backward reference) : οἶος ἐ. δεινὸς ἀνήρ
Λ 653. Cf. β 183, γ 113, ξ 163, 352, ο 330, 368,
π 151, σ 147, τ 322, ω 288, 312, 437.—**(2)** As
antecedent to a relative : ἐ. ὅς . . . Ι 63.—
(3) Contrasted with ὁ δ 819.—**(4)** With sb., that:
ἐν ἐκείνῳ δήμῳ γ 103.

ἐκέκαστο, 3 sing. plupf. καίνυμαι.

ἐκεκεύθει, 3 sing. plupf. κεύθω.

ἐκέκλετο, 3 sing. aor. κέλομαι.

ἐκέκλιτο, 3 sing. plupf. pass. κλίνω.

ἔκερσε, 3 sing. aor. κείρω.

ἔκηα, aor. καίω.

ἐκηβολίη, -ης, ἡ [ἐκηβόλος]. Skill in the use of
the bow. In pl. E 54.

ἐκηβόλος (Ϝεκηβόλος) [ἐκη-, ἑκάς + βολ-, βάλλω].
= ἑκατηβόλος Α 14 = 373, 21, 96, 110, 438, II 513,
Χ 302, Ψ 872.

ἔκηλος (Ϝέκηλος) [cf. ἑκών, εὔκηλος]. **(1)** At
ease, at one's ease, taking one's ease, untroubled,
undisturbed, without undue exertion : τέρπονται
Ε 759, ἐρρέτω (without hindrance on my part, for
all I care) Ι 376. Cf. Ζ 70, Θ 512, Λ 75, Ρ 340 :
β 311, λ 184, ν 423, ξ 91, 167, π 314, φ 289.—
(2) Implying forbearance from action, keeping
the peace, holding one's peace, restraining one-
self : δαίνυσθαι Ε 805. Cf. Ο 194 : μ 301, ρ 478,
φ 259 (giving over for the time being), 309.

ἕκητι (Ϝέκητι) [cf. ἑκών]. By the grace or aid
of. With genit. (always following the case) :
Ἑρμείαο ο 319. Cf. τ 86, υ 42.

ἐκθεῖσαι, nom. pl. fem. aor. pple. ἐκτίθημι.

†**ἐκθνῄσκω** [ἐκ- (9)]. 3 pl. aor. ἔκθανον. To die:
γέλῳ ἔκθανον σ 100 (app. nearly) killed them-
selves with laughter).

†**ἐκθρῴσκω** [ἐκ- (1)]. 3 sing. aor. ἐξέθορε Φ 539.
ἔκθορε II 427. **(1)** To leap or spring forth Φ 539.
—**(2)** To jump *out of*. With genit. : δίφρου
II 427.—So of the heart beating in agitation and
apparently striving to burst (out of the breast) :
κραδίη μοι ἔξω στηθέων ἐκθρῴσκει Κ 95.

ἔκιον. See κίον.

ἔκιχε, 3 sing. aor. κιχάνω.

ἐκίχεις, 2 sing. impf. See κιχάνω.

ἐκίχημεν, 1 pl. non-thematic impf. κιχάνω.

ἐκκαθαίρω [ἐκ- (9)]. To clear out, free from
obstructions (cf. κ. above) B 153.

ἐκκαιδεκάδωρος [ἐκ-, ἕξ + καί + δέκα + δῶρον, a
palm, four fingers' breadth, *i.e.* about three
inches]. Sixteen palms in length, *i.e.* about four
feet : κέρα Δ 109.

ἐκκαλέω [ἐκ- (1)]. Aor. pple. ἐκκαλέσας Ω 582.

Pl. ἐκκαλέσαντες κ 471. To call forth, summon Ω 582.—To call forth for conference : με κ 471.— Of Hermes summoning souls for their passage to the nether world. In mid. ω 1.

†ἐκκατείδω [ἐκ- (1) + κατ-, κατα- (1)]. Αοr. pple. ἐκκατιδών. To see or descry something *from* (a height). With genit. : Περγάμου Δ 508, Η 21.

†ἐκκατεφάλλομαι [ἐκ- (1) + κατ-, κατα- (1) + ἐφ-, ἐπι- (5)]. 3 sing. aor. ἐκκατεπᾶλτο. To leap forth *down from* for an indicated purpose : οὐρανοῦ Τ 351 (*v.l.* οὐρανοῦ ἐκ κατεπᾶλτο).

ἐκκατιδών, aor. pple. ἐκκατείδω.

†ἐκκλέπτω [ἐκ- (1)]. 3 sing. aor. ἐξέκλεψε. To rescue by stealth out of something : Ἄρηα Ε 390.

†ἐκκυλίνδω [ἐκ- (1)]. 3 sing. aor. pass. ἐξεκυλίσθη. In pass., to be rolled, roll (headlong) from a position : ἐκ δίφροιο Ζ 42 = Ψ 394.

ἔκλαγξαν, 3 pl. aor. κλάζω.

†ἐκλανθάνω [ἐκ- (9)]. 3 pl. redup. aor. ἐκλέλαθον Β 600. 3 sing. aor. mid. ἐκλάθετο κ 557. 3 pl. ἐξελάθοντο Π 602. 3 pl. redup. aor. subj. ἐκλελάθωνται χ 444. 3 sing. opt. ἐκλελάθοιτο γ 224. Infin. ἐκλελαθέσθαι Ζ 285. (1) To cause a person to forget, deprive him of a (faculty) : ἐκλέλαθον κιθαριστύν Β 600.—(2) In mid. (a) To forget, fail to remember *to do*. With infin. : καταβῆναι κ 557.—(b) With genit., to forget, fail to bethink oneself of : οὐδ' ἀλκῆς ἐξελάθοντο Π 602.—To forget, be freed from : δϊζύος Ζ 285.—To (die and) forget, cease to think of (in death) : γάμοιο γ 224. Cf. χ 444.

ἐκλάσθη, 3 sing. aor. pass. κλάω.

ἐκλέλαθον, 3 pl. redup. aor. ἐκλανθάνω.

ἔκλεο, 2 sing. impf. pass. κλέω. See κλείω.

ἔκλεψε, 3 sing. aor. κλέπτω.

ἔκλησις, ἡ [ἐκ- (9) + λη-, λήθω]. A forgetting : παίδων φόνοιο ω 485 (an amnesty in regard to . . .).

ἐκλήθη, ἐκλίνθη, 3 sing. aor. pass. κλίνω.

ἔκλυον. See κλύω.

ἐκλύσθη, 3 sing. aor. pass. κλύζω.

ἐκλύω [ἐκ- (1)]. 3 sing. aor. pass. ἐξελύθη Ε 293. (1) To set free or rescue *from*. In mid. With genit. : κακῶν σ' ἐκλύσομαι κ 286.—(2) αἰχμὴ ἐξελύθη Ε 293, app., was disengaged from the flesh.

ἔκμολε, 3 sing. aor. ἐκβλώσκω.

ἐκμυζάω [ἐκ- (1) + μυζάω, in late Greek, to suck]. To suck, or perh. rather, to press or squeeze out : αἷμ' ἐκμυζήσας Δ 218.

ἐκορέσθην, aor. pass. κορέννυμι.

ἐκορέσσατο, 3 sing. aor. mid. κορέννυμι.

ἔκοψα, aor. κόπτω.

ἔκπαγλος, -ον [perh. for ἔκ-πλαγ-λος, fr. ἐκ- (9) + πλαγ-, πλήσσω]. In some way striking or remarkable. (1) Of persons Φ 452 (extraordinarily violent or unreasonable, 589 (wonderful, great). —In superl. A 146 and Τ 389 (most wonderful (derisively)), Σ 170 (app., incredibly remiss).—(2) Of words, etc., violent, vehement : ἐπέεσσιν Ο 198 : θ 77, ἐνιπὴν κ 448.—Of a storm, unusually violent ξ 522.—(3) In neut. sing. ἔκπαγλον as adv., in striking wise, vehemently, loudly, excessively : ἐπεύξατο Ν 413, 445, Ξ 453, 478, ἀεικίω Χ 256.

Cf. ρ 216. — So in pl. ἔκπαγλα, exceedingly, strongly, deeply : φίλησα Γ 415. Cf. Ε 423.

ἐκπάγλως [adv. fr. prec.]. In striking wise, vehemently, exceedingly, strongly, deeply Α 268, Β 223, 357, Ι 238 : ε 340, λ 437, 560, ο 355.

ἐκπαιφάσσω [ἐκ- (5)]. To make oneself prominent, attract attention to oneself Ε 803.

†ἐκπάλλω [ἐκ- (1)]. 3 sing. aor. pass. ἔκπαλτο. In pass., app., to throb *forth from*. With genit. : μυελὸς σφονδυλίων ἔκπαλτο Τ 483.

†ἐκπατάσσω [ἐκ- (1)]. Pf. pple. pass. ἐκπεπαταγμένος. App., to afflict (in mind) : φρένας ἐκπεπαταγμένος ἐσσί (out of your wits, stirred to madness) σ 327.

ἐκπέμπω [ἐκ- (1)]. 3 pl. aor. ἔκπεμψαν π 3. 3 sing. subj. ἐκπέμψῃσι σ 336. 3 sing. opt. ἐκπέμψειε Ω 681. Aor. imp. pl. mid. ἐκπέμψασθε υ 361. (1) To send forth or away Ω 381 : π 3.— (2) With genit., to send forth *from*, cause to depart *from* : πολέμου Φ 598.—To turn *out of* : δώματος σ 336.—In mid. υ 361.—(3) To conduct or escort *from*. With genit. : νηῶν Ω 681.

ἐκπεπαταγμένος, pf. pple. pass. ἐκπατάσσω.

ἐκπέποται, 3 sing. pf. pass. ἐκπίνω.

†ἐκπεράω [ἐκ- (9) + περάω]. 3 sing. ἐκπερᾷ ι 323. 3 pl. ἐκπερόωσι η 35, θ 561. 3 sing. aor. ἐξεπέρησε Ν 652, Π 346 : κ 162. (1) To pass over, traverse : λαῖτμα η 35, θ 561, ι 323.—(2) Of an arrow or a spear, to make its way, pass Ν 652, Π 346 : κ 162.

†ἐκπέρθω [ἐκ- (1) (9)]. 3 sing. fut. ἐκπέρσει Σ 283, Φ 310. 3 pl. -ουσι Ε 489. Infin. -ειν Ρ 407. 2 sing. aor. subj. ἐκπέρσῃς Ν 380. 1 -ωσι Α 164. Pple. -as, -αντος Β 113, 288, Ε 716, Ι 20, Σ 327, Φ 433. Infin. ἐκπέρσαι Α 19, Β 133, Ο 216. 1 pl. aor. ἐξεπράθομεν Α 125. (1) To sack or plunder (a city) Α 19, 164, Β 113 = 288 = Ε 716 = Ι 20, Β 133, Ε 489, Ν 380, Ο 216, Ρ 407, Σ 283, 327, Φ 310, 433.—(2) To plunder or carry off *from*. With genit. : πολίων Α 125.

ἔκπεσε, 3 sing. aor. ἐκπίπτω.

ἐκπεφυυῖαι, nom. pl. fem. pf. pple. ἐκφύω.

†ἐκπίνω [ἐκ- (9)]. Αοr. ἔκπιον κ 318. 3 sing. -ε ι 353, 361. 3 pl. -ον κ 237. 3 sing. pf. pass. ἐκπέποται χ 56. (1) To take a draught, quaff a cup ι 353, 361, κ 237, 318.—(2) In pass., to be drunk up, be consumed : ὅσσα τοι ἐκπέποται χ 56. —(3) To drink off, drain. With genit. ἐκπίνω ι 353, 361. κ 237.

ἐκπίπτω [ἐκ- (1)]. 3 sing. aor. ἔκπεσε Β 266, Γ 363, Δ 493, Ε 585, Θ 329, Ν 399, Ο 421, 465, Χ 448 : ξ 31, 34, π 16, χ 17. 3 pl. -ον Λ 179. Infin. ἐκπεσέειν Ψ 467. (1) To fall out Φ 492, Ψ 467.—To fall out of one's hand : χαμαὶ οἱ ἔκπεσε κερκὶς Χ 448.—Of tears, to fall, be shed Β 266 : π 16.—(2) With genit., to fall *out of* or *from* : δίφρου Ε 585, Ν 399, ἵππων Λ 179.—To fall *out of* (one's hand or arms) : χειρός Γ 363, Δ 493, Θ 329, Ο 421, 465 : ξ 31, 34, χ 17.

†ἐκπλήσσω [ἐκ- (1)]. 3 pl. aor. pass. ἐκπλήγεν. In pass., to be driven out of one's wits, become panic-struck (cf. πλήσσω (2)) Σ 225.

ἐκποτέομαι [ἐκ- (1)]. Of snow-flakes, to fly forth, be shed abroad : νιφάδες ἐκποτέονται Τ 357.

ἐκπρεπής [ἐκ- (5)+πρέπω]. Pre-eminent B483.

†ἐκπροκαλέω [ἐκ- (1) + προ- (1)]. Aor. pple. fem. mid. ἐκπροκαλεσσαμένη. To summon and cause to come forward *out of*. In mid. With genit.: μεγάρων β 400.

†ἐκπρολείπω [ἐκ (1)+προ- (1)]. Nom. pl. masc. aor. pple. ἐκπρολιπόντες. To quit . . . and go forward, to issue from : λόχον θ 515.

†ἐκπτύω [ἐκ- (1)]. 3 sing. aor. ἐξέπτυσε. To spit *out of*. With genit.: στόματος ἄλμην ε 322.

ἐκρέμω, 2 sing. impf. pass. See κρεμάννυμι.

†ἐκρήγνῦμι [ἐκ- (9)]. 3 sing. aor. ἐξέρρηξε. To break, cause to snap asunder O 469.—To carry away, cause to give way : ὁδοῖο (partitive genit., a part of the . . .) Ψ 421.

ἔκρῖνε, 3 sing. aor. κρίνω.

†ἐκσαόω [ἐκ- (1)]. 3 sing. aor. ἐξεσάωσε. To save or preserve from impending danger Δ 12. —To save or preserve *from* the power of. With genit.: θαλάσσης δ 501.

†ἐκσεύω [ἐκ- (1)]. 3 sing. aor. mid. ἐξέσσυτο. In mid. (1) To speed forth ι 438.—(2) With genit., to speed forth *from* : πυλέων H 1.—Of sleep, to flee away *from*, forsake: βλεφάρων μοι ἐξέσσυτο ὕπνος μ 366.—To issue or gush forth *from* : φάρυγος οἶνος ι 373.

†ἐκσπάω [ἐκ- (1)]. 3 sing. aor. ἐξέσπασε Z 65. Nom. dual masc. aor. pple. mid. ἐκσπασσαμένω H 255. To draw out, recover (a spear) Z 65.— So in mid. : ἔγχεα (*i.e.* from the shields in which they were stuck) H 255.

†ἐκστρέφω [ἐκ- (1)]. 3 sing. aor. ἐξέστρεψε. To overturn (a plant) and uproot (it) *from*. With genit.: ἔρνος βόθρου P 58.

ἔκτα, 3 sing. aor. κτείνω.

ἐκτάδιος, -η, -ον [app. conn. with ἐκτανύω]. Thus, capable of being spread out, ample, flowing: χλαῖναν K 134.

ἔκταθεν, 3 pl. aor. pass. κτείνω.

ἔκταμε, 3 sing. aor. ἐκτάμνω.

ἔκταμεν, 1 pl. aor. κτείνω.

ἐκτάμνω [ἐκ (1)]. 3 sing. aor. ἐξέταμε Δ 486. ἔκταμε ι 320. 3 pl. ἐξέταμον A 460, B 423, N 391, Π 484: μ 360. Imp. ἔκταμε Λ 829. (1) To cut out (a sacrificial limb), sever (it) by the joint : μηρούς A 460 = B 423 : = μ 360.—Of a surgeon, to cut out, extract : ἰούς Λ 515.—To cut out or extract *from*. With genit. : μηροῦ ὀϊστόν Λ 829.—(2) To cut from a tree for one's use : ῥόπαλον ι 320.— (3) To cut pieces out of, make incision in: ὕλην M 149.—(4) To fell (trees) (cf. ἐκβάλλω (2)) Δ 486, N 391 = Π 484.—(5) To cut out, shape : νήϊον Γ 62.

ἔκταν, 3 pl. aor. κτείνω.

ἔκτανε, 3 sing. aor. κτείνω.

†ἐκτανύω [ἐκ- (9)]. 3 sing. aor. ἐξετάνυσσε P 58. Pple. ἐκτανύσας Λ 844, Ω 18. 3 sing. aor. pass. ἐξετανύσθη H 271. (1) To stretch out, cause to lie stretched out Λ 844, Ω 18.—(2) To stretch out, lay low P 58.—In pass., to be laid low : ὕπτιος ἐξετανύσθη H 271.

ἔκτεινε, 3 sing. aor. κτείνω.

†ἐκτελέω [ἐκ- (9)]. Also ἐκτελείω. 3 pl. pres.

ἐκτελέουσι λ 280. 1 pl. subj. ἐκτελέωμεν φ 135, 180, 268. 3 pl. impf. ἐξετέλειον I 493 : δ 7. Fut. ἐκτελέω Ψ 96. 3 sing. ἐκτελέει K 105. 3 pl. ἐκτελέουσι B 286. Infin. ἐκτελέειν κ 27. Aor. ἐξετέλεσσα τ 156. 3 sing. -ε Σ 79 : β 110, γ 99, δ 329, ω 146. 3 pl. -αν λ 317. Subj. ἐκτελέσω β 98, τ 143, ω 133. 3 pl. -ωσι I 245. 3 sing. opt. ἐκτελέσειε θ 22. Pple. ἐκτελέσας, -αντος γ 275, κ 41. 3 pl. impf. pass. ἐξετελεῦντο λ 294, ξ 293. Fut. infin. ἐκτελέεσθαι H 353, M 217. 3 sing. pf. ἐκτετέλεσται χ 5, ψ 54. (1) To bring to completion, carry through, carry out, bring about, accomplish, perform : ἔργον γ 99 = δ 329. Cf. H 353, Σ 79, Ψ 96 : γ 275, δ 7, θ 22, κ 41, λ 280, φ 135, 180 = 268, χ 5.—Absol. κ 27 (his aid was vain), λ 317 (would have succeeded).—In pass., to come to pass, happen. Impers. : ὧδ' ἐκτελέεσθαι ὀΐομαι (thus it will be) M 217.—(2) To accomplish, fulfil, carry out, bring to fruition or consummation (a promise, purpose, wish, boasts) : ὑπόσχεσιν B 286. Cf. I 245, K 105 : γ 99 = δ 329, ψ 54.—(3) To finish the making of, complete : φᾶρος β 98 = τ 143 = ω 133, β 110 = ω 146, τ 156.— (4) To bring into being, cause to be born : γόνον I 493.—(5) In pass., of periods of time, to be accomplished or completed : ὅτε μῆνές τε καὶ ἡμέραι ἐξετελεῦντο λ 294 = ξ 293.

ἐκτήσατο, 3 sing. aor. κτάομαι.

†ἐκτίθημι [ἐκ- (1)]. Nom. pl. fem. aor. pple. ἐκθεῖσαι. To place outside on a spot indicated : λέχος ψ 179.

ἔκτισαν, 3 pl. aor. κτίζω.

ἔκτοθεν [ἐκτός + -θεν (2)]. (Cf. ἔκτοσθε(ν).) (1) Outside, without : ἐ. αὐλῆς (outside in the αὐλή, taking αὐλῆς as local genit.) ι 239, 338. Cf. ν 100. —(2) Outside the circle of. With genit. : ἐ. ἄλλων μνηστήρων α 132.

ἔκτοθι [ἐκτός + -θι]. Outside of, beyond the line or shelter of. With genit. : νηῶν O 391, πυλάων X 439.

ἔκτος [ἐκ-, ἕξ]. The sixth B 407 : γ 415.

ἐκτός [ἐκ]. (1) Outside : ὡς ἴδε νεῦρόν τε καὶ ὄγκους ἐ. ἐόντας Δ 151 (*i.e.* they had not entered the wound), ἐ. λέξο Ω 650 (*i.e.* in the αἴθουσα). Cf. K 151 : ζ 72, ξ 11, 16, ψ 135.—(2) With genit. (a) Outside of : κλισίης Ξ 13. Cf. I 67, Υ 49, Φ 608, Ψ 451 : αὐλῆς ἐ. ἐών δ 678 (*i.e.* he overheard from outside the conference which was taking place in the αὐλή). Cf. φ 191, ψ 178.—(b) To outside of : καλέσσατο δώματος ἐ. O 143.—(c) Out of the region of danger from : καπνοῦ καὶ κύματος ἐ. μ 219.—(d) Apart from, at a distance from the line of : ὁδοῦ ν 123.—Aside or away from the line of : ὁδοῦ Ψ 424. Cf. ρ 234.

ἔκτοσε [ἐκτός + -σε]. Out of, from. With genit. : χειρός ξ 277.

ἔκτοσθε(ν) [ἐκτός + -θεν (1) (2)]. (Cf. ἔκτοθεν.) (1) (a) From without : τέρας φανήτω υ 101.— (b) From out of. With genit. : θαλάσσης χ 385. —(2) (a) Outside, without : ὀρύξομεν τάφρον H 341, ἕσσατο ῥινὸν λύκοιο (as an outer covering) K 334. Cf. H 440, K 263 : ἐ. πάγοι ὀξέες [εἰσίν] ε 411 (*i.e.*,

app., forming an outlying range). Cf. ρ 278.—
(b) Outside of. With genit. : τείχεος ἔ. I 552.
Cf. η 112, ψ 148.
ἔκτυπε, 3 sing. aor. κτυπέω.
ἑκυρή, -ῆς, ἡ (σFεκυρή). A mother-in-law
X 451, Ω 770.
ἑκυρός, -οῦ, ὁ (σFεκυρός). A father-in-law
Γ 172, Ω 770.
ἔκυσ(σ)ε, 3 sing. aor. κυνέω.
†ἐκφαίνω [ἐκ- (1)]. 3 sing. fut. ἐκφανεῖ Τ 104.
3 sing. aor. pass. ἐξεφαάνθη Δ 468, Ν 278 : μ 441.
3 pl. ἐξεφάανθεν Τ 17. 3 sing. aor. ἐξεφάνη Σ 248,
Τ 46, Τ 43 : κ 260. (1) To bring to light Τ 104
(to the birth).—(2) In pass. (a) To appear,
come forth κ 260.—To come forth from retirement
Σ 248 = Τ 46 = Τ 43.—To appear, come into view
from. With genit. : δοῦρα Χαρύβδιος ἐξεφαάνθη
μ 441.—(b) To be exposed to view, be visible
Δ 468.—To be seen in one's true colours, be
known for what one is Ν 278.—(c) To shine,
gleam : ὡς εἰ σέλας Τ 17.
ἐκφάσθαι, infin. mid. ἔκφημι.
ἐκφέρω [ἐκ- (1)]. 3 pl. fut. ἐξοίσουσι Ψ 675.
(1) To bear or carry forth or away Κ 505 : ο 470.
—To carry off (a prize) Ψ 785.—(2) To bear,
carry, bring, forth or away from. With genit. :
πολέμοιο Ε 234, 664, 669. Cf. Ψ 259 : θ 439.—(3) To
carry forth (a corpse) for funeral rites Ψ 675,
Ω 786.—(4) To bear from the field, carry out of
danger Π 368, 383 = 866.—(5) To bring round or
on (a point of time) : ὅτε μισθοῖο τέλος ὧραι ἐξέ-
φερον Φ 451.—(6) Intrans. for reflexive, to draw
away from competitors in a race, shoot ahead
(cf. ὑπεκφέρω (3)) Ψ 376, 377, 759.
†ἐκφεύγω [ἐκ- (1)]. 3 sing. aor. ἔκφυγε Ε 18,
Ι 355, Λ 376, 380, Ξ 407, Π 480, Χ 292 : δ 502,
512, ο 235. 1 pl. ἐκφύγομεν μ 212. 3 ἐξέφυγον
ψ 236. Infin. ἐκφυγέειν Φ 66 : ε 289, 414, τ 157,
231. (1) To escape, evade, avoid (impending
danger or trouble) : θάνατον Φ 66. Cf. I 355 :
δ 502, 512, ο 235, τ 157.—(2) To escape from, get
clear or free of (danger, etc., in which one is
involved) : μέγα πεῖραρ ὀϊζύος ε 289. Cf. ε 414.—
Absol. : ἔνθεν ἐκφύγομεν μ 212. Cf. τ 231.—To
escape from or out of. With genit. : ἁλός ψ 236.
—(3) Of a missile weapon, to fly from (the hand).
With genit. : βέλος ἔκφυγε χειρός Ε 18, Λ 376,
Ξ 407 = Χ 292, Π 480.—Absol. : οὐδ' ἅλιον βέλος
ἔκφυγεν Λ 380.
†ἔκφημι [ἐκ- (8)]. Infin. mid. ἐκφάσθαι. (1) To
announce or declare openly. With dependent
clause : οὔνεκα . . . ν 308.—(2) To utter : ἔπος
κ 246.
†ἐκφθίω [ἐκ- (1)]. 3 sing. plupf. pass. ἐξέφθιτο.
Of something stored in a place, to be consumed
or perish from or out of (the place). With
genit. : οὔ πω νηῶν ἐξέφθιτο οἶνος ι 163. Cf. μ 329.
ἐκφορέω [ἐκ- (1)]. (1) To bear or carry out
χ 451.—(2) In pass., to be borne or advance from.
With genit. : κόρυθες νηῶν ἐκφορέοντο Τ 360.
ἔκφυγε, 3 sing. aor. ἐκφεύγω.
†ἐκφύω [ἐκ- (2)]. Nom. pl. fem. pf. pple. ἐκπε-

φυνῖαι. To spring from. With genit. : κεφαλαί
τρεῖς ἑνὸς αὐχένος Λ 40.
ἐκχέω [ἐκ- (1) (4)]. 3 sing. aor. mid. ἐκχεύατο
χ 3, ω 178. 3 sing. aor. pass. ἐξέχυτο τ 470. ἔκχυτο
τ 504. Pple. ἐκχύμενος, -ου Φ 300 : θ 515. 3 pl.
plupf. ἐξεκέχυντο θ 279. (1) To pour out (liquid)
Γ 296.—Of solid objects. In mid. : δϊστούς χ 3,
ω 178.—(2) In pass., of a liquid, to pour out, be
spread : ὕδατος ἐκχυμένοιο Φ 300.—To be spilt :
ἐξέχυθ' ὕδωρ τ 470. Cf. τ 504.—Fig., to hang
suspended from. With ablative : [δέσματα] μελα-
θρόφιν ἐξεκέχυντο θ 279.—Of persons, to pour out,
stream forth Π 259 : θ 515.
ἑκών (Fεκών) [cf. ἕκηλος, ἕκητι]. (1) Willingly,
of free will, not under compulsion : ἑ. δῶκα
δ 649. Cf. δ 647, ε 100, χ 351.—(2) Yielding too
readily to one's feelings or fears or to circum-
stances, giving in too easily : ἑ. μεθιεῖς Ζ 523.
Cf. Ν 234 : γ 214 = π 95, δ 372, 377.—(3) On
purpose, of set purpose, intentionally, advisedly :
ἑ. ἡμάρτανεν Κ 372. Cf. Θ 81, Ψ 434, 585.—(4) As
a matter of choice, by one's own will : ἑ. οὐκ ἄν
τις ἔλοιτο [θεῶν δῶρα] Γ 66.—(5) Preceding ἀέκων
and serving to emphasize it by contrast : ἑ.
ἀέκοντί γε θυμῷ Δ 43. Cf. Η 197.—Sim. in β 133
ἑ. is used rather with reference to ἀέκουσαν in 130
than as in itself giving any distinct sense.
ἐλάαν, pres. and fut. infin. ἐλαύνω.
ἔλαβε, 3 sing. aor. λαμβάνω.
ἔλαθε, 3 sing. aor. λανθάνω.
ἐλαίη, -ης, ἡ. The olive-tree Ρ 53 : ε 477, η 116
= λ 590, ν 102, 122, 346, 372, ψ 190, 195, 204,
ω 246.
ἐλάϊνεος [ἐλαίη]. Of olive-wood ι 320, 394.
ἐλάϊνος. = prec. Ν 612 : ε 236, ι 378, 382.
ἔλαιον, -ου, τό [ἐλαίη]. Olive-oil Κ 577,
Ξ 171, Σ 350, 596, Ψ 186, 281, Ω 587 : β 339,
γ 466 = κ 364, δ 49 = ρ 88, δ 252, ζ 79, 96, 215,
219, η 107, θ 364, κ 450, τ 505, ψ 154, ω 366.
ἐλάασασθε, 3 sing. pa. iterative ἐλαύνω.
ἔλασ(σ)ε, 3 sing. aor. ἐλαύνω.
ἐλάσσων, -ον [comp. of ἐλαχ-ύς, small]. In
neut. ἔλασσον as adv., less : δουρηνεκὲς ἢ καὶ ἑ.
Κ 357.
ἐλαστρέω [ἐλασ-, ἐλαύνω]. To drive (one's
team) Σ 543.
ἐλάτη, -ης, ἡ. (1) The fir-tree Ε 560, Ξ 287 :
ε 239.—Fir-wood Ω 450.—(2) An oar Η 5 : μ 172.
ἐλατήρ, -ῆρος, ὁ [ἐλα-, ἐλαύνω]. One who drives,
a charioteer Δ 145, Λ 702, Ψ 369.
ἐλαύνω. Infin. ἐλάαν Ε 366, Θ 45, Ν 27, Χ 400,
Ψ 334 : γ 484, 494, ζ 82, μ 47, 109, 124, ο 50, 192.
3 pl. impf. ἔλων Ω 696 : δ 2. 3 sing. pa. iterative
ἐλάσασκε Β 199. 3 pl. fut. ἐλόωσι Ν 315 : η 319.
Infin. ἐλάαν Ρ 496 : ε 290. Aor. ἤλασα ι 153.
3 sing. ἤλασε Δ 279, Ι 349, Π 338, Ψ 514, etc. :
γ 449, ε 367, σ 95, χ 94, etc. ἔλασε Ε 80, Λ 109,
Π 293, Χ 326, Ψ 615, Ω 323 : ε 313, κ 390, ο 215,
τ 449, 465, ω 332. ἐλάσσε Δ 299, Ε 539, Π 309,
Τ 269, etc. : ζ 9, ξ 11, σ 96, χ 93, 295, 328. 3 pl.
ἤλασαν Α 154, Η 450, Μ 6, Ψ 13. ἔλασαν Τ 281 :
γ 493, ο 146, 191. ἔλασσαν Ω 349, 421. 3 sing.

subj. ἐλάσσῃ E 236. ἐλάσῃ γ 422, κ 293, ρ 279. 3 pl. ἐλάσωσι Π 388 : μ 55. 3 sing. opt. ἐλάσειε λ 290, ρ 237, χ 97, etc. Imp. ἔλασσον X 284. Pple. ἐλάσας, -αντος Z 529, Π 87, Φ 217 : μ 343, 353, 398, ν 164. ἐλάσσας Π 713, Ω 392. Infin. ἐλάσαι E 264, T 423 : σ 94. ἐλάσσαι N 607, 647. **Mid.** 1 pl. aor. ἠλασάμεσθα Λ 682. 2 sing. opt. ἐλάσαιο ν 51. 3 pl. ἐλασαίατο K 537. Pl. ἐλασσάμενος δ 637. **Pass.** 3 sing. pf. ἐλήλαται Π 518 : η 113. 3 sing. plupf. ἐλήλατο Δ 135, K 153, N 595. ἠλήλατο E 400. 3 pl. ἐληλέατο η 86 (vv.ll. ἐληλάδατο, ἐληλέδατο). (δι-, εἰσ-, ἐξ-, ἐπ-, παρ-, παρεξ-, συν-.) **(1)** To drive (cattle, etc.) Δ 279, T 281 : ι 237, 337, κ 390.—To drive in or fetch (them) for some purpose μ 343, 353, 398.—In mid. δ 637. —Absol.: ὄφρ' ἐλάσῃ ἐπιβουκόλος ἀνήρ γ 422.— **(2)** In reference to persons, to drive: κακοὺς ἐς μέσσον Δ 299. Cf. Ω 532.—To drive or chase, to drive or chase away: ἐκ Τροίης Ἀχαιούς Z 529. Cf. Π 87, 293, Φ 217, Ω 392.—To banish Σ 158.—For ἄδην ἐλάαν see ἄδην.—Fig.: οἳ ἐκ δίκην ἐλάσωσιν Π 388.—**(3)** To drive off (cattle, etc., as spoil) A 154 : ι 405, 465, λ 290, ο 235.—In mid. : ῥύσι' ἐλαυνόμενος Λ 674. Cf. Λ 682 : ν 51.—To drive off (captured horses) E 165, 236, 264, 327, 589, P 496.—In mid. K 537.—**(4)** To drive (horses, a chariot, a team of oxen, etc.) : ἅρματα καὶ ἵππω E 237. Cf. B 764, Λ 289, Ψ 334, Ω 325, etc. : ο 215. —Absol. : μάστιξεν ἐλάαν (to start the horses) E 366. Cf. Λ 274, N 27, Π 713, Ψ 356, etc. : εἰ βόες εἶεν ἐλαυνέμεν σ 371. Cf. γ 484, 493, δ 2, etc. —To drive up to the rescue : ἵππους P 614.—To ride (a horse) ε 371.—Fig., to carry on, keep going : κολῳὸν A 575.—**(5)** To propel (a ship) with oars, row (her) η 109, μ 109, 276, ν 155, 169, ο 503.—Absol. : ἀναβάντες ἐλαύνομεν γ 157, ἐλόωσι γαλήνην (through . . .) η 319. Cf. μ 47, 55, 124, ν 22.—**(6)** Of operations conducted in line, to drive or form (a ditch, a wall, etc.) : τάφρον H 450 = M 6, I 349, ὄγμον Λ 68. Cf. Σ 564 : τεῖχος ζ 9, σταυρούς (a line of . . .) ξ 11. Cf. η 86, 113. —**(7)** To drive or thrust (a weapon) : διαπρὸ χαλκὸν ἔλασσεν O 342. Cf. E 41, 539, Υ 259, Ω 421, etc. : χ 93, 295.—To drive (a weapon) into the ground K 153.—To drive or thrust (something into a specified position) : μοχλὸν ὑπὸ σποδοῦ ι 375.—In pass. of an arrow or a spear, to pass, take its way : διὰ ζωστῆρος ἐλήλατ' [ὀϊστός] Δ 135. Cf. E 400, N 595.—**(8)** To strike or wound (never with a missile) : Ὑψήνορα ὦμον (in the . . .) E 80, κόρυθος φάλον N 614. Cf. B 199, E 584, K 455, Λ 109, N 576, Ξ 497, O 352, Π 338, Υ 475, X 326 : πέτρην δ 507, δεξιὸν ὦμον σ 95. Cf. κ 293, ρ 279, σ 92, 96, χ 94, 97, 296, 328.—Absol. : Φ 425, X 284 : γ 449, ν 164, σ 91, 94.—To dash (against the ground) : πρὸς γῆν κάρη ρ 237.—Of a wave striking ε 313, 367.—Of a boar wounding with its tusk τ 449, 465.—With cognate acc. of the wound inflicted by it τ 393 = ψ 74, φ 219, ω 332.—With σύν, to dash (one's teeth) together σ 98.—To beat (the sea with oars) (cf. τύπτω (3)) H 6.—Fig., of pain, to pierce : χεῖρ ὀδύνῃσιν ἐλή-

λαται Π 518.—**(9)** To beat or hammer out (metal) H 223.—To form by beating or hammering out M 296, Υ 270.

ἐλαφηβόλος, ὁ [ἔλαφος + βολ-, βάλλω]. One who smites deer, a hunter Σ 319.

ἔλαφος, -ου, ὁ, ἡ. A deer, whether hart or hind A 225, Γ 24, Θ 248, Λ 113, 475, N 102, O 271, Π 158, 757, Φ 486, X 189 : δ 335 = ρ 126, ζ 104, 133, κ 158, 180, ν 436.

ἐλαφρός, -ή, -όν. **(1)** Light, of small weight : λᾶαν M 450.—**(2)** Moving easily, nimble : γυῖα E 122 = N 61 = Ψ 772, χεῖρες Ψ 628.—Active in movement, nimble : ἀνήρ Π 745.—Swift. In comp. ἐλαφρότερος α 164 (see ἀφνειός).—In superl. ἐλαφρότατος Ψ 749 : γ 370.—Of birds X 139 : ν 87.—Of the wind T 416.—**(3)** Light to bear, not burdensome. In comp. : ἐλαφρότερός κε πόλεμος γένοιτο X 287.

ἐλαφρῶς [adv. fr. prec.]. Buoyantly ε 240.

ἐλάχεια. See λάχεια.

ἔλαχον, aor. λαγχάνω.

ἔλδομαι (Fέλδομαι). Also, with prothetic ἐ, **ἐέλδομαι** (ἐFέλδομαι). **(1)** To wish, desire. With infin. : ἰδέσθαι σε δ 162. Cf. N 638 : ε 219, ο 66, σ 164, ν 35.—**(2)** To wish for, desire, covet : κτήματα E 481.—To long for, look eagerly forward to ψ 6.—To seek the accomplishment of, prosecute (business) α 409.—**(3)** With genit., to long for, sigh after : Πασιθέης Ξ 276 : σῆς ἀλόχου ε 210.—To be eager for : ἐλδόμεναι πεδίοιο (eager to reach the . . .) Ψ 122.—To lack : ἐδωῆς ξ 42.—**(4)** Absol. in pple., longing, desiring, eagerly expectant H 4, 7 : μ 438, φ 209, ω 400. —**(5)** As pass. : ἐελδέσθω τοι πόλεμος (let it be thy desire) Π 494.

ἔλδωρ, τό [ἔλδομαι]. Always, with prothetic ἐ, **ἐέλδωρ.** A wish or desire A 41, 455 = Π 238, A 504, Θ 242, O 74 : γ 418, ρ 242, φ 200, ψ 54.

ἔλε, 3 sing. aor. αἱρέω.

ἐλεαίρω. 3 pl. pa. iterative ἐλεαίρεσκον Ω 23. To pity, take pity upon, feel pity for, feel for B 27 = 64 = Ω 174, Z 407, K 176, Λ 665, Ω 19, 23 : γ 96 = δ 326, ξ 389, ψ 313.—With pple. expressing the plight of the pitied : Τρῶας ἀπολλυμένους H 27. Cf. I 302, N 15 : δ 828, τ 210.—With infin. : μισγέμεναι κακότητι (in regard to . . ., so as not to . . .) ν 202.—Absol. Z 431, Φ 147 : α 19, ε 450, ζ 175, κ 399, ρ 367.

ἐλέγμην, aor. mid. λέγω[2].

ἐλεγχείη, -ης, ἡ [ἔλεγχος]. **(1)** Disgrace, reproach, blame, shame X 100, Ψ 408 : ξ 38.— **(2)** An occasion or cause thereof : ἐ. σοὶ αὐτῷ ἔσσεται Ψ 342. Cf. φ 255.

ἐλεγχής [ἔλεγχος]. Deserving of reproach : Ἀργεῖοι ἐλεγχέες Δ 242. Cf. Ω 239.

ἐλέγχιστος [superl. fr. ἔλεγχος]. The most open of all men to reproach, the most deserving of blame or contempt B 285, Δ 171, P 26 : κ 72.

ἔλεγχος, τό [cf. next]. An occasion or cause of disgrace, reproach, blame, shame : ἐ. ἔσσεται εἴ κεν . . . Λ 314.—In pl. : ἡμῖν ἂν ἐλέγχεα ταῦτα γένοιτο φ329. Cf. φ333.—So of persons regarded as disgraces to their kind, 'things of shame': κάκ' ἐλέγχεα Β 235, Ε 787 = Θ 228. Cf. τὰ δ' ἐλέγχεα πάντα λέλειπται Ω 260.

ἐλέγχω [cf. prec.]. 2 sing. aor. subj. ἐλέγξῃς Ι 522. (1) To dishonour, bring to nought, make futile: μῦθον Ι 522.—(2) To bring shame on, do no credit to: σε φ 424.

ἐλέειν, aor. infin. αἱρέω.

ἐλεεινός [ἔλεος]. (1) That is a fitting object of pity, pitiable, piteous: νέκυν Ψ 110. Cf. Φ 273: δάκρυον (caused by feelings worthy of pity) θ 531, π 219. Cf. τ 253.—In comp. ἐλεεινότερος Ω 504.—In superl. ἐλεεινότατος θ 530.—(2) Moving or finding pity: φίλον ἐλθεῖν ἠδ' ἐλεεινόν Ω 309: ζ 327.—(3) In neut. pl. ἐλεεινά as adv., in piteous wise Β 314, Χ 37, 408.

ἐλεέω [ἔλεος]. To pity, take pity upon, feel pity for, feel for Ζ 94 = 275, 309, Θ 350, Ο 12, Π 431, Τ 465, Φ 74, Χ 59, 82, 123, 419, Ω 207, 332, 503: δ 364, ι 349, λ 55 = 395, λ 87, ξ 279, χ 312 = 344.—With pple. expressing the plight of the pitied: τὼ πεσόντε Ε 561, 610. Cf. Ο 44, Ρ 346, 352, 441, Τ 340: ε 336.—Absol. Ζ 484, Ι 172, Χ 494, Ω 301, 357: ν 182.

ἐλεήμων [ἐλεέω]. Pitiful, compassionate ε 191.

ἐλεητύς, ἡ [ἐλεέω]. Compunction in using, sparing: οὔ τις ἐ. ἀλλοτρίων χαρίσασθαι ρ 451. Cf. ξ 82.

ἐλεῖν, aor. infin. αἱρέω.

ἔλεκτο, 3 sing. aor. mid. λέγω¹.

ἐλέλειπτο, 3 sing. plupf. pass. λείπω.

†ἐλελίζω. 3 sing. aor. ἐλέλιξε Α 530, Θ 199. 3 sing. aor. pass. ἐλελίχθη Χ 448. 3 sing. plupf. ἐλέλικτο Ν 558. To shake, cause to tremble Α 530, Θ 199.—In pass., to shake, quiver, tremble: ἔγχος ἐλέλικτο Ν 558. Cf. Χ 448.—For ἐλέλιξε Ρ 278: ε 314; ἐλελιξάμενος Β 316; ἐλελίχθη μ 416, ξ 306; ἐλελίχθησαν Ε 497, Ζ 106, Λ 214, Ρ 343; ἐλέλιχθεν Ζ 109; ἐλελιχθέντες Λ 588; ἐλέλικτο Λ 39, see ἐλίσσω.

ἔλελυντο, 3 pl. plupf. pass. λύω.

ἔλεξα, aor. λέγω¹ and λέγω².

ἐλέξατο, 3 sing. aor. mid. λέγω¹.

ἐλεόθρεπτος [ἐλε(σ)-ο-, ἔλος + θρεπ-, τρέφω]. Marshbred, growing in marshy ground Β 776.

ἔλεος, -ου, ὁ. Pity, compassion Ω 44.

ἐλεός, -οῦ, ὁ. A charger, platter Ι 215: ξ 432.

ἐλέσθαι, aor. infin. mid. αἱρέω.

ἔλεσκον, pa. iterative αἱρέω.

ἔλετο, 3 sing. aor. mid. αἱρέω.

ἐλετός, -ή, -όν [ἐλε-. See αἱρέω]. That can be seized or grasped: ἀνδρὸς ψυχή Ι 409.

ἔλευ, aor. imp. mid. αἱρέω.

ἐλεύθερος. Free, not in bondage: ἐλεύθερον ἦμαρ (see ἦμαρ (4) (d)), κρητῆρα ἐλεύθερον (a bowl to celebrate deliverance) Ζ 528.

ἐλεύσομαι, fut. ἔρχομαι.

ἐλεφαίρομαι [poss. conn. with ὀλοφώϊος]. Aor. pple. ἐλεφηράμενος Ψ 388. To play a trick upon Ψ 388.—Absol., to deceive. Of dreams τ 565.

ἔλεφας, -αντος, ὁ. Ivory Ε 583: δ 73, θ 404,

σ 196, τ 56, 563, 564, φ 7, ψ 200.—A piece of ivory Δ 141.

ἐλέχθην, aor. pass. λέγω².

ἔλεψε, 3 sing. aor. λέπω.

ἕλῃ, 3 sing. aor. subj. αἱρέω.

ἐληλάδατο, 3 pl. plupf. pass. ἐλαύνω.

ἐλήλαται, 3 sing. pf. pass. ἐλαύνω.

ἐληλέατο, ἐληλέδατο, 3 pl. plupf. pass. ἐλαύνω.

ἐληλουθώς, pf. pple. ἔρχομαι.

ἕληται, 3 sing. aor. subj. mid. αἱρέω.

ἐλθέμεναι, ἐλθέμεν, ἐλθεῖν, aor. infin. ἔρχομαι.

ἐλιάσθη, 3 sing. aor. λιάζομαι.

Ἑλικώνιος. App., of Helike in Achaea, a seat of the worship of Poseidon Υ 404.

ἑλικῶπις, -ιδος, ἡ. = next: κούρην Α 98.

ἑλίκωψ, -ωπος, ὁ (Ϝελίκωψ) [prob. (Ϝ)ελικ-, ἐλίσσω + ὦπα. 'Throwing the eyes round']. Thus, quick-glancing (as indicating liveliness or vivacity of disposition). Epithet of the Achaeans Α 389, Γ 190, 234, Π 569 = Ρ 274, Ω 402.

ἕλιξ, -ικος, ἡ [ἑλικ-, ἐλίσσω]. An ornament of some kind in spiral form Σ 401.

ἕλιξ, -ικος [prob. as prec., 'with twisted or 'crumpled' horns.' Or poss. fr. (σ)ελ- as in σέλας, 'shining,' 'sleek']. Epithet of oxen Ι 466 = Ψ 166, Μ 293, Ο 633, Σ 524, Φ 448: α 92 = δ 320, ι 46, λ 289, μ 136, 355, χ 292, ω 66.

ἔλιπον, aor. λείπω.

ἐλίσσω (Ϝελίκ-σω) [cf. εἴλω]. Aor. pple. ἐλίξας Ψ 466. 3 sing. aor. subj. mid. ἐλίξεται Ρ 728. Pple. ἐλιξάμενος Μ 408, 467, Ν 204, Ρ 283. Genit. pl. masc. aor. pple. pass. ἐλιχθέντων Μ 74. To these should no doubt be added (cf. under ἐλελίζω) 3 sing. aor. ἐ(Ϝ)έλιξε (appearing in the MSS. as ἐλέλιξε) Ρ 278: ε 314; aor. pple. mid. (Ϝ)ελιξάμενος (ἐλελιξάμενος) Β 316; 3 sing. aor. pass. ἐ(Ϝ)ελίχθη (ἐλελίχθη) μ 416, ξ 306; 3 pl. ἐ(Ϝ)ελίχθησαν (ἐλελίχθησαν) Ε 497, Ζ 106, Λ 214, Ρ 343, ἐ(Ϝ)ελίχθεν (ἐλελίχθεν) Ζ 109; pple. pl. (Ϝ)ελιχθέντες (ἐλελιχθέντες) Λ 588; and 3 sing. plupf. (Ϝ)ε(Ϝ)έλικτο (ἐλέλικτο) Λ 39. (1) To form in a spiral shape, twine: ἐλέλικτο δράκων Λ 39.—(2) To impart a circular motion to, cause to whirl ε 314, μ 416 = ξ 306.—(3) To bring (troops) to face the foe, rally (them) Ρ 278.—In pass., of troops, to rally: οἱ δ' ἐλελίχθησαν Ε 497 = Ρ 106 = Λ 214 = Ρ 343. Cf. Ζ 109, Λ 588, Μ 74.—(4) Absol., to turn one's horses (round a mark): περὶ τέρμαθ' ἐλισσέμεν Ψ 309. Cf. Ψ 466.—In mid., to take the turn round a mark: ἐπὶ πολλὸν ἐλίσσεται (wheels wide) Ψ 320.—(5) In mid., to turn oneself, turn to bay Ρ 283, 728.—(6) In mid., to turn this way and that, go or betake oneself hither and thither: ἂν' ἐλελίχθη Μ 49 (v.l. ἐλίσσετο (λίσσομαι)). Cf. Μ 408, 467, Φ 11.—(7) In mid. in various senses. To busy oneself Σ 372.—Of a recumbent person, to turn (from side to side) υ 24, 28.—To swing one's body in preparation for a throw: ἧκε ἐλιξάμενος Ν 204 (or perh., whirling the thrown object in a circle).—To twist oneself about in an effort to free oneself Θ 340.—Of a snake, to coil itself Χ 95.—To do this for a spring

B 316.—Of the steam of sacrifice, to curl A 317.
—Of a thrown object, to spin Ψ 846.

ἑλκεσίπεπλος [ἑλκεσι-, ἕλκω + πέπλος]. Trailing the πέπλος, with long flowing πέπλος. Epithet of Trojan women Z 442 = X 105, H 297.

ἑλκεχίτων, -ωνος [ἑλκε-, ἕλκω + χιτών]. Trailing the χιτών, with long flowing χιτών : Ἰάονες N 685.

ἑλκέω [= ἕλκω]. (1) To drag away by force, carry off : ἑλκηθείσας θύγατρας X 62 (with at least a suggestion of ravishment).—(2) To pull at : νέκυν P 558, X 336.—(3) To lay violent hands upon : Λητὼ ἕλκησε λ 580 (cf. (1)).

ἑλκηθμός, ὁ [ἑλκέω]. A being dragged or carried away by force (cf. ἑλκέω (1)) Z 465.

ἕλκος, τό. A wound Δ 190, 217, E 361, 795, Θ 405 = 419, Λ 267, 812, 834, 848, Ξ 130, O 393, Π 29, 511, 517, 523, 528, T 49, 52, Ω 420.—Of the effect of a snake's bite B 723.

ἑλκυστάζω [frequentative fr. ἑλκυσ-, ἕλκω]. To expose to dragging or pulling about Ψ 187, Ω 21.

ἕλκω (Ϝέλκω). (ἀν-, ἐξ-, ἐφ-, παρ-, ὑφ-.) (1) To drag, haul or pull along or away : ἑλκομένας νυούς X 65 (with at least a suggestion of ravishment), ὥς θ' ἡμίονοι ἕλκωσι δοκόν P 743. Cf. Γ 370, Σ 581, T 404, 405, X 465, Ω 52, 417 : π 276, σ 10, 12, 101, φ 300.—Of dragging the body of a foe from the fight Δ 465, N 383, P 126, 289, Σ 156, 176.—Of so dragging the body of a friend Λ 258, 259.—Of Κήρ dragging off a body Σ 537.—In pass., to drag or trail along : κάρη ἕλκεσθαι ἔασεν X 398. Cf. E 665, X 401, 464, Ω 15.—(2) To draw, pull, pluck, in a specified direction : ἐκ ζωστῆρος δίστόν Δ 213. Cf. Λ 239, 398, 457, Π 406, 409, 504.—To pull at M 398, P 393. — (3) To draw down (a ship) in order to launch her B 152, 165 = 181, I 683, Ξ 76, 97, 100, 106 : γ 153.— (4) Of mules, to draw (a waggon) Ω 324.—Of horses, to draw (a charioteer) Ψ 518.—Of a charioteer, to draw (his chariot) Ψ 533.—(5) To draw (a plough) : νειοῖο ἄροτρον K 353 (genit. of space within which). Cf. ν 32.—(6) To draw (a bow) : ἕλκεν νευρὴν γλυφίδας τε φ 419. Cf. Δ 122. —In mid. : τόξον ἕλκετο Λ 583.—(7) To hoist (sails) β 426 = ο 291.—(8) To draw up and poise (a balance) Θ 72, X 212.—(9) To apply force to : νῶτα ἑλκόμενα Ψ 715.—(10) Fig., to bring on (a period of time) : φάος ἠελίοιο ἕλκον νύκτα Θ 486.— (11) In mid., to draw (one's sword) A 194, 210. —To pull out (one's hair) K 15, X 77.—To draw (down the skin of the brows) : [λέων] ἐπισκύνιον κάτω ἕλκεται P 136.—To draw in (a seat) τ 506.

ἕλλαβε, 3 sing. aor. λαμβάνω.

ἑλλεδανός, ὁ [(Ϝ)ελϜ-, (Ϝ)ελυ- as in εἰλύω]. A band for binding a corn-sheaf Σ 553.

ἑλλισάμην, aor. λίσσομαι.

ἑλλιτάνευσα, aor. λιτανεύω.

ἑλλός, ὁ. The young of the deer, a fawn τ 228.

ἕλον, aor. αἱρέω.

ἕλος, τό. A marsh-meadow Δ 483, O 631, Τ 221. —Marshy ground ξ 474.

ἑλόωσι, 3 pl. fut. ἐλαύνω.

ἐλπίς, -ίδος, ἡ (Ϝελπίς) [ἔλπω]. Hope π 101, τ 84.

ἔλπω (Ϝέλπω). Pf. ἔολπα, -ας (ϜέϜολπα) Τ 186, Φ 583, X 216 : β 275, γ 375, ε 379, θ 315, φ 317. 3 sing. plupf. ἐώλπει Τ 328 : υ 328, φ 96, ω 313. 3 sing. impf. mid. ἐέλπετο M 407, N 609 : ψ 345. With prothetic ἐ 3 sing. pres. mid. ἐέλπεται K 105, N 813. 1 sing. opt. ἐελποίμην Θ 196, P 488. (ἐπι-.) (I) In pres. act., to rouse hopes in, cause to hope : πάντας ἔλπει β 91 = ν 380.— (II) In pf. and plupf. and in mid. (1) In reference to the past or present, to suppose, think, fancy. With infin. : οὐδ' ἐμὲ νηΐδά γ' οὕτως ἔλπομαι γενέσθαι H 199. Cf. I 40, N 309, O 110, Π 281, P 404 : ἐπὴν ἡμέας ἔλπῃ ἀφίχθαι ζ 297. Cf. ι 419, ψ 345.—Absol. : αὐτὸς ὅ, ἔλπομ', ἐνὶ πρώτοισιν ὁμιλεῖ Σ 194.—(2) In reference to the fut., to expect, think it likely or probable. With fut. infin. : χαλεπῶς σ' ἔολπα τὸ ῥέξειν Τ 186. Cf. H 353, N 8, O 504, P 239, 404, 406, 603 : ὡς οὐκ ἂν ἔλποιο νεώτερον ἐρξέμεν η 293. Cf. β 275, γ 375, ε 379, θ 315, φ 314.—Absol. : οὐκ ἂν ἐμοί γε ἐλπομένῳ τὰ γένοιτο γ 228.—(3) To hope. With fut. infin. : ἔλποντο τεῖχος ῥήξειν M 261. Cf. Θ 196, I 371, N 41, 813, Ξ 67, 422, O 701, Π 609, P 234, 395, 488, 495, Σ 260, T 328, Υ 180, 201 = 432, Φ 583, 605, X 216, Ω 491 : υ 328, φ 96, ω 313. —With the infin. to be supplied : οὐ νοήματα ἐκτελέει δσ' ἐέλπεται K 105. Cf. γ 275.—With aor. infin. : ἐλπόμενοι παύσασθαι πολέμοιο Γ 112 (or this might come under (4)). Cf. M 407 : ὅθεν οὐκ ἔλποιτο ἐλθέμεν γ 319. Cf. φ 157.—(4) In reference to the past of something which it is hoped has taken place. With aor. infin. : ["Εκτορα] θανέειν O 288.—(5) In reference to the present of something which it is hoped is taking place. With pres. infin. : ἑταίρους ἰέναι K 355.—(6) To hope for : νίκην N 609, O 539. Cf. φ 317.—(7) To trust in. With dat. : Διΐ Θ 526.

ἐλπωρή, -ῆς, ἡ (Ϝελπωρή) [ἔλπω]. Hope. With fut. infin. : ὑπάλυξιν ἔσεσθαι ψ 287.—With aor. infin. : φίλους ἰδέειν ζ 314 = η 76. Cf. β 280.

ἔλσαν, 3 pl. aor. εἴλω.

ἐλύσθη, 3 sing. aor. pass. εἰλύω.

ἕλω, aor. subj. αἱρέω.

ἕλων, 3 pl. impf. εἰλύω.

ἑλών, aor. pple. αἱρέω.

ἕλωρ, τό [ἑλ-. See αἱρέω]. An object of prey or of spoiling : ἀνδράσι δυσμενέεσσιν ἑ. καὶ κύρμα E 488. Cf. E 684, P 151, 667 : οἰωνοῖσιν γ 271. Cf. ε 473, ν 208, ω 292.—In pl. : Πατρόκλοιο ἕλωρα ἀποτείσῃ Σ 93 (pay the penalty for the spoiling of . . .).

ἑλώρια, τά [as prec.]. Objects of prey A 4.

ἐμαράνθη, 3 sing. aor. pass. μαραίνω.

ἔμαρψε, 3 sing. aor. μάρπτω.

ἐμβαδόν [ἐμβα-, ἐμβαίνω]. By stepping, i.e. by land : ᾗ ἔξεσθαι πατρίδα γαῖαν O 505.

ἐμβαίνω [ἐμ-, ἐν- (2) (3)]. 3 sing. aor. ἔμβη δ 656. 3 sing. subj. ἐμβήῃ Π 94. Imp. dual ἔμβητον Ψ 403. Acc. sing. masc. pf. pple. ἐμβεβαῶτα E 199. Nom. fem. ἐμβεβαυῖα Ω 81. 3 pl. plupf. ἐμβέβασαν B 720. (1) With dat., to

step *upon*, put one's foot *upon* : ἐλάφῳ κ 164.—
To step *upon*, put the feet *upon* in passing over :
νεκροῖς Κ 493.—To go *on board of*, embark *upon*
(a ship) : νηΐ Πύλονδε (embarked for . . .) δ 656.
—Absol. : πολέες ἔμβαινον (app., sailed therein)
Β 619.—(2) To enter the fray, intervene Π 94.
—(3) App., to push on, make a spurt Ψ 403.—
(4) In pf. and plupf. of the state or condition of
having gone upon something : ἐρέται πεντήκοντα
ἐμβέβασαν (were on board, formed the comple-
ment) Β 720, ἵπποισιν καὶ ἅρμασιν ἐμβεβαῶτα
(mounted upon, driving) Ε 199.—So μολυβδαίνη
κατὰ βοὸς κέρας ἐμβεβαυῖα (mounted upon it) Ω 81.
ἐμβάλλω [ἐμ-, ἐν- (1) (2) (3)]. 3 sing. aor. ἔμ-
βαλε Γ 139, Λ 11, Ν 82, Φ 47, etc. : α 438, ζ 116,
σ 103, τ 10, etc. 3 pl. -ον Π 122, Σ 85, Τ 88. 3
sing. opt. ἐμβάλοι Ν 320, Ο 598. Imp. pl. ἐμβάλετε
ψ 179. Infin. ἐμβαλέειν Ω 645 : δ 298, η 337, ι 489,
κ 129. (1) To throw into something Η 188.—To
throw *into*. With dat. : πόντῳ με Ξ 258. Cf.
Ν 320, Ο 598, Π 122 : ε 431, ζ 116, μ 415 = ξ 305.—
(2) To throw upon something or someone : ῥήγεα
ἐμβαλέειν Ω 645 : = δ 298 = η 337. Cf. Μ 383 : ψ 179.
—To throw *upon*. With dat. : ἵππους πυρῇ Ψ 172.
Cf. Ψ 174.—(3) With dat., to put or place *in* :
ἱμάντα χερσίν Ξ 218. Cf. α 438, β 37, σ 103.—To
cause to be *in* or to fall *into* : βροτοῦ σ' ἀνέρος εὐνῇ
Σ 85, χερσίν μιν Ἀχιλλῆος Φ 47.—(4) In reference
to mental or physical states, to inspire, induce,
bring about, suggest *in*. With dat. : φόβον σφιν
Ρ 118. Cf. Γ 139, Δ 444, Κ 366, Λ 11, Ν 82,
Π 529, Τ 88 : ὀδύνας θυμῷ β 79. Cf. τ 485 = ψ 260.
—Sim. : τόδ' ἐνὶ φρεσίν τ 10.—Without case Φ 304.
—(5) App., to throw oneself *upon*, ply. With
dat. : ἐμβαλέειν κώπῃς ι 489 = κ 129.—(6) In mid.,
with dat., to take *into* (one's mind), flatter
oneself with the idea of : μὴ φύξιν ἐμβάλλεο θυμῷ
Κ 447.—To lay *to* (one's heart), bear in mind the
need for : μῆτιν ἐμβάλλεο θυμῷ Ψ 313.
ἐμβασιλεύω [ἐμ-, ἐν- (1)]. To rule or hold sway
in a place Β 572.—To rule or hold sway *in*. With
dat. : τῆσιν ἀμφοτέρῃσιν ο 413.
ἐμβέβασαν, 3 pl. plupf. ἐμβαίνω.
ἐμβεβαῶτα, acc. sing. masc. pf. pple. ἐμβαίνω.
ἔμβη, 3 sing. aor. ἐμβαίνω.
ἐμβρέμω [ἐμ-, ἐν- (1)]. In mid., of the wind, to
roar *in*. With dat. : ἱστίῳ Ο 627.
ἔμβρυον, τό [ἐμ-, ἐν- (1) + βρύω]. The young of
an animal ι 245 = 309 = 342.
ἐμέ [cf. L. *me*, Eng. *me*]. Acc. ἐμέ Α 133, 182,
454, etc. : α 212, 215, γ 60, etc. με (encl.) Α 32,
74, 83, etc. : α 220, 231, 315, etc. Genit. ἐμεῖο
Α 174, 301, 341, etc. : γ 347, δ 145, 170, etc.
ἐμέο Κ 124. ἐμεῦ Α 88, 453, etc. : α 313, δ 370,
etc. μευ (encl.) Α 37, 273, Γ 86, etc. : β 25, 161,
229, etc. ἐμέθεν Α 525, Β 26, etc. : δ 592, θ 241,
etc. Dat. ἐμοί Α 187, 523, 563, etc. : α 242, 359,
β 74, etc. μοι (encl.) Α 41, 77, 120, etc. : α 1,
48, 169, etc. Pron. of the 1st person sing., me :
ἐμοὶ γέρας ἑτοιμάσατε Α 118, νεωτέρῳ ἐμεῖο 259,
ἐμεῦ ἀπονόσφιν 541, καμέτην μοι ἵπποι Δ 27, μή με
κάθιζε Ζ 360, ἔμ' ἄμμορον 408, etc.—Strengthened

by γε : ἐμέ γε, ἔμεγε ͺ 315, etc. : ε 99, etc.—ἐμοί
γε, ἔμοιγε Α 174, 295, etc. : γ 227, δ 538, etc.
ἐμέθεν, ἐμεῖο. See ἐμέ.
ἔμεινα, aor. μένω.
ἔμειξαν, 3 pl. aor. μίσγω.
ἐμέμηκον, 3 pl. thematic plupf. μηκάομαι.
ἐμέμικτο, 3 sing. plupf. pass. μίσγω.
ἔμεναι, ἔμεν, infin. εἰμί.
ἐμέο, ἐμεῦ. See ἐμέ.
ἐμέω. (ἀπ-, ἐξ-.) To vomit, throw up Ο 11.
ἐμήσατο, 3 sing. aor. μήδομαι.
ἐμητίσαντο, 3 pl. aor. μητίομαι.
ἐμίγην, aor. pass. μίσγω.
ἔμικτο, 3 sing, aor. pass. μίσγω.
ἔμιξαν, 3 pl. aor. μίσγω.
ἐμίχθη, 3 sing. aor. pass. μίσγω.
ἔμμαθε, 3 sing. aor. μανθάνω.
ἐμμαπέως. Speedily, quickly Ε 836 : ξ 485.
ἐμμάω [ἐμ-, ἐν- (6)]. Only in pf. pple. ἐμ-
μεμαώς, -υῖα. (1) With eager haste, speed, alac-
rity, zeal : ἐμμεμαὼς ἐπόρουσεν Υ 284, 442. Cf.
Ε 142, 240, 330, 838, Ν 785, Ρ 735, 746, Χ 143 :
ψ 127.—(2) Adjectivally, of fiery disposition,
fierce Υ 468.
ἔμμεναι, ἔμμεν, infin. εἰμί.
ἐμμενής [ἐμ-, ἐν- (1) + μένω]. Only in neut.
ἐμμενές as adv., without intermission, continu-
ously, strengthening αἰεί : Κ 361, 364, Ν 517 :
ι 386, φ 69.
ἔμμορε, 3 sing. pf. μείρομαι.
ἔμμορος [ἐμ-, ἐν- (1) + μορ-, μείρομαι]. Having
a share of, endued with : τιμῆς θ 480.
ἔμνησας, 2 sing. aor. μιμνήσκω.
ἐμνώοντο, 3 pl. impf. μνάομαι.
ἐμοί. See ἐμέ.
ἐμός, -ή, -όν [ἐμέ]. My Α 31, 42, 154, 166, 183,
etc. : α 248, 251, 264, 417, β 96, etc.—With the
article : τὸν ἐμὸν χόλον Δ 42. Cf. Ζ 523, etc. :
β 97, λ 452, etc.—Absol. : οὐκ οὐδὲν παλινάγρετον
(nothing of mine) Α 526.—As predicative adj.,
mine : ἵππον δώσω ἐμὴν περ ἐοῦσαν Ψ 610 : εἰ ἐμός
ἔσσι π 300. Cf. Η 191.
ἐμπάζομαι. (1) To care about, regard, concern
oneself with, pay attention to. With genit. :
θεοπροπίης Π 50 : ξείνων τ 134. Cf. α 271, 305,
415, β 201, ρ 488, υ 275, 384.—(2) To receive (a
sacrifice). With genit. : ἱρῶν ι 553. (3) To hold
in due honour, respect : ἱκέτας π 422.
ἔμπαιος. App., expert in, possessed of : οὐδ'
ἔργων ἔμπαιον (-◡◡) οὐδὲ βίης υ 379, κακῶν φ 400.
ἐμπάσσω [ἐμ-, ἐν- (1)]. In weaving, to insert
representations of *in* a web : ἐνέπασσεν ἀέθλους
(sc. ἱστῷ) Γ 126.
ἔμπεδος [ἐμ-, ἐν- (3) + πεδ-, ποδ-, πούς. 'Firm
on the feet.' Cf. ἠπεδανός]. (1) Standing firmly
in place, not overthrown, intact : τεῖχος Μ 9, 12.—
(2) Maintained in place, steady : ἔμπεδον ἔχων
σάκος Π 107. Cf. Π 520.—In place, not displaced
Κ 94 : ψ 203.—(3) Safe, intact β 227, λ 178, τ 525.
—Not decayed, fresh : χρὼς Τ 33, 39.—Unim-
paired, retaining vigour : βίη Δ 314, Η 157 =
Λ 670, Ψ 629. Cf. Ε 254, Λ 813, Ν 512, Ψ 627 :

κ 240, 493, λ 393, ξ 468, 503, τ 493, φ 426, χ 226.
—Unimpaired in mind Υ 183.—Well-balanced :
φρένες Ζ 352 : σ 215.—(4) Maintained with cease-
less vigilance : φυλακή Θ 521.—(5) Secured, not
liable to confiscation : γέρα Ι 335.—(6) Assured,
certain, never failing : κομιδῆ θ 453.—Assured,
to be looked forward to with certainty : πομπήν
θ 30.—In unfailing succession τ 113.—(7) Afford-
ing sure testimony, unmistakable : σήματα τ 250
=ψ 206, ω 346.—(8) In neut. ἔμπεδον as adv.
(a) With firm stand : στηρίξαι μ 434.—Immov-
ably, steadily, fixedly P 434 : ρ 464.—Steadfastly,
unshrinkingly E 527 = Ο 622, Ο 406. — Without
stirring N 37 : = θ 275, λ 152, 628, μ 161.—(b) With-
out intermission or break, continuously M 281 :
η 259.—Continually : ἐπαΐξασκεν Σ 158.—With
steady course, without break or stop X 192.—
With steady or undeviating course N 141, Ψ 641,
642 : ν 86.—Adversatively, nevertheless, or un-
certainty : ἄλλοτ’ ἐπ’ ἄλλον ἀμείβεται Ο 683.

ἔμπεσε, 3 sing. aor. ἐμπίπτω.

ἐμπεφυάσι, 3 pl. pf. ἐμφύω.

ἔμπης. (1) In any case : νῦν δ’ ἔ. γὰρ κῆρες
ἐφεστᾶσιν (but as it is, since in any case . . .)
M 326, τλήσομαι ἔ. (on that I am resolved) T 308.
Cf. Ω 522 (in spite of our hearts).—(2) For certain,
for sure : οὔ τινα δείδιμεν ἔ. H 196 : β 199. Cf.
ο 214, ω 324.—Introducing a statement of some-
thing remarkable, of a surety τ 37.—Derisively,
‘really now’ σ 354.—Nay even : ἔ. δέ τοι ὅρκια
δώσω (I will not hesitate to . . .) τ 302.—(3) Ad-
versatively, nevertheless, notwithstanding, all
the same, still : πρῆξαι δ’ ἔ. οὔ τι δυνήσεαι Α 562.
Cf. E 191, Θ 33 = 464, Ξ 174 (though it was in the
palace of Zeus that it was stirred), P 632 : β 191,
γ 209, δ 100, ζ 190, λ 351, ξ 214, 481 (even with-
out the χλαῖνα), π 147, σ 12, υ 311, ψ 83.—
Strengthened by καί B 297, T 422 : ε 205.—(4) In
ppl. construction with περ, though, even though :
χατέουσί περ ἔ. (in need though they be) I 518,
ἐπικρατέουσί περ ἔ. (though as it is they are the
victors) Ξ 98. Cf. Ξ 1, Ο 399, P 229 : ο 361,
σ 165, τ 356.

†ἐμπίπλημι [ἐμ-, ἐν- (6) + πίπλημι = πίμπλημι].
Imp. ἐμπίπληθι Φ 311. Fut. infin. ἐμπλησέμεν
κ 523, λ 31. 3 sing. ἐνέπλησε Υ 471. 3 pl.
-αν ρ 503. 2 sing. subj. ἐνιπλήσῃς (ἐμ-, ἐν-) τ 117.
3 pl. -ωσι ψ 358. Imp. ἐμπλησον β 353. Pple.
ἐμπλήσας, -αντος θ 495, ι 209, 212, σ 45. 3 sing.
aor. mid. ἐμπλήσατο X 312 : ι 296. Pple. ἐμπλη-
σάμενος X 504. 3 pl. aor. pass. ἐνέπλησθεν Π 348.
Infin. ἐνιπλησθῆναι η 221, λ 452. 3 sing. aor.
ἔμπλητο Φ 607. 3 pl. ἔμπληντο θ 16. (1) To fill
(a receptacle or the like) by pouring or putting
something into it : ἓν δέπας ι 209. Cf. β 353,
ρ 503, ψ 358.—With a liquid as subject : αἷμα
κόλπον ἐνέπλησεν Υ 471.—With genit. of material :
ἐμπίπληθι ῥέεθρα ὕδατος Φ 311. Cf. θ 495, ι 212,
σ 45.—Sim. : πυρὴν ἐμπλησάμεν ἐσθλῶν (to heap
it with . . .) κ 523 = λ 31.—Fig. : μή μοι θυμὸν
ἐνιπλήσῃς ὀδυνάων τ 117.—(2) In mid., to fill
one’s . . . : ἐπεὶ ἐμπλήσατο νηδύν ι 296.—Fig.,

with genit. : μένεος ἐμπλήσατο θυμόν X 312. Cf.
X 504.—(3) In pass., to be filled, be full, be
stuffed : γαστὴρ ἐνιπλησθῆναι ἀνώγει η 221.—
With genit. : ἐνέπλησθεν αἵματος ὀφθαλμοί Π 348,
πόλις ἔμπλητο ἀλέντων Φ 607. Cf. θ 16.—Fig. : υἱος
ἐνιπλησθῆναι (to have my fill of looking upon
him) λ 452.

†ἐμπίπτω [ἐμ-, ἐν- (2) (3)]. 3 sing. aor. ἔμπεσε
Δ 108, 217, I 436, Ξ 207, 306, Ο 451, Π 113, 206,
P 625 : β 45, δ 508, ε 50, 318, μ 266, ο 375. 3 sing.
subj. ἐμπέσῃ Λ 155. Imp. ἔμπεσε Π 81. (1) To
fall into. With dat. : πέτρῃ (i.e. into a cleft)
Δ 108 : πόντῳ δ 508, ε 318.—Of an arrow, to fall
into, enter, strike. With dat. : αὐχένι Ο 451.—
Sim. : ὅθ’ ἔμπεσ’ ὀϊστός Δ 217.—Of fire, to be
flung into. With dat. : νηυσίν Π 113.—Of a
feeling, to enter into, come upon. With dat. :
χόλος θυμῷ I 436, Ξ 207 = 306, Π 206. Cf. P 625.
—To come into (the mind), recur to one. With
dat. : ἔπος θυμῷ μ 266.—(2) To fall on to. With
dat. : πόντῳ (lighted on it) ε 50.—(3) To attack,
make an attack Π 81.—Of fire, to fall upon.
With dat. : ὅτε πῦρ ἐμπέσῃ ὕλῃ Λ 155 —Sim. :
κακὸν οἴκῳ β 45, ο 375.

ἔμπλειος, -η, -ον [ἐμ-, ἐν- (6) + πλεῖος]. Also
ἐνίπλειος ξ 113, ρ 300, τ 580, φ 78. With genit.,
filled with, full of : οἴνου ξ 113. Cf. σ 119,
τ 580 = φ 78, υ 26, χ 3.—Infested with : κυνοραι-
στέων ρ 300.

ἐμπλήγδην [ἐμπλήσσω = ἐνιπλήσσω]. In strik-
ing wise, mightily : ἔ. ἑτέρόν γε τίει υ 132.

ἔμπλην [app. ἐμ-, ἐν- (6) + πλη-, πελάζω]. Near
or close to. With genit. : Βοιωτῶν ἔ. B 526.

ἐμπλήσας, aor. pple. ἐμπίπλημι.

ἔμπλητο, 3 sing. aor. pass. ἐμπίπλημι.

†ἐμπνέω [ἐμ-, ἐν- (2) (3)]. Dual pple. in form
ἐμπνείοντε P 502. 3 sing. aor. ἐνέπνευσε P 456 :
ι 381, τ 138. ἔμπνευσε K 482, Ο 262, Υ 110 :
ω 520. 3 sing. subj. ἐμπνεύσῃσι Ο 60. (1) To
breathe upon. With dat. : μεταφρένῳ P 502.—
(2) To breathe into one, inspire him with : μένος
Ο 60. Cf. ι 381, ω 520.—To breathe into. With
dat. : τῷ μένος K 482. Cf. Ο 262 = Υ 110, P 456.
—To put into (one’s mind), suggest. With dat.
and infin. : φάρός μοι ἐνέπνευσε φρεσὶν ὑφαίνειν τ 138.

†ἐμπνύνθη, 3 sing. aor. pass. E 697,
Ξ 436. Also ἔμπνῦτο Λ 359, X 475 : ε 458, ω 349.
[Prob. ἐμ-, ἐν- (6) + πνῦ-. See πέπνυμαι. In the
MSS. ἀμπνύ(ν)θη, ἄμπνυτο (ἀμ-, ἀνα- (4)).] To
come to after a faint : ἐμπνύνθη καὶ ἀνέδρακεν
ὀφθαλμοῖσιν Ξ 436. Cf. E 697, Λ 359, X 475 :
ε 458, ω 349.

ἐμποιέω [ἐμ-, ἐν- (1)]. To make or construct
(in something) : ἐν πύργοισι πύλας ἐνεποίεον H 438.

†ἐμπολάομαι. 3 pl. impf. ἐμπολόωντο. To get
by trafficking : βίοτον πολύν ο 456.

ἔμπορος, -ου, ὁ [ἐμ-, ἐν- (1) + πορ-, περάω¹]. One
who travels in a ship belonging to another, a
passenger β 319, ω 300.

†ἐμπρήθω, ἐνιπρήθω [ἐμ-, ἐνι-, ἐν- (6)]. 3 pl. impf.
ἐνέπρηθον I 589. 3 sing. fut. ἐνιπρήσει Θ 235.
Infin. ἐμπρήσειν I 242. ἐνιπρήσειν M 198, Ο 702.

3 sing. aor. ἐνέπρησε Θ 217, X 374. Subj. ἐνιπρήσω
Θ 182. 3 pl. -ωσι II 82. Infin. ἐνιπρῆσαι N 319,
Ξ 47, O 417, 507. To destroy by fire, burn:
πυρὶ νῆας Θ 182, νῆας πυρός (genit. of material)
I 242. Cf. Θ 217, 235, I 589, M 198, N 319, Ξ 47,
O 417, 507, 702, II 82, X 374.

ἐμπυριβήτης [ἐμ-, ἐν- (3)+πυρί, dat. of πῦρ+
βη-, βαίνω]. Made to go or stand upon the fire:
τρίποδα Ψ 702.

ἐμφορέω [ἐυ-, ἐν- (1)]. In pass., to be borne or
carried about in. With dat.: κύμασιν ἐμφορέοντο
μ 419 = ξ 309.

ἔμφυλος [ἐμ-, ἐν- (1)+φῦλον]. Of one's own
tribe: ἄνδρα o 273.

†**ἐμφύω** [ἐμ-, ἐν- (1)(3)]. 3 sing. aor. ἐνέφυσε
χ 348. 3 pl. pf. ἐμπεφύασι Θ 84. Fem. pple. ἐμ-
πεφυῖα Α 513. (1) In aor., to implant or inspire
knowledge of χ 348.—(2) In pf., to grow or be
upon. With dat. : ὅθι τρίχες κρανίῳ ἐμπεφύασιν
Θ 84.—To cling closely Α 513.

ἐν Α 14, 30, 83, etc. : α 4, 15, 50, etc. ἐνί Α 30,
297, Γ 240, etc. : α 27, 103, δ 272, etc. εἰνί Θ 199,
O 150 : ι 417, κ 310, μ 256. εἰν Β 783, E 160, 446,
etc. : α 162, β 256, γ 127, etc. [Cf. L. in, Eng. in.]
(I) Adv. (1) In something, therein, within,
there : ἐν σκόλοπας κατέπηξαν Η 441, ἐν ἄνδρες
ναίουσιν I 154. Cf. Α 311, T 16 (in him), Φ 569,
Ω 472, etc. : ἐν πίθοι ἔστασαν β 340. Cf. α 51,
ε 254, ζ 292, μ 85, etc.—(2) Into something, and,
in pregnant use, in something, therein : ἐν ἐρέτας
ἀγείρομεν Α 142, ἐν δ' ἔπεσον Φ 9. Cf. Α 309, Θ 70,
Σ 347, T 366, Ψ 177, etc. : γ 479, ω 498, etc.—In
hostile sense : ἐν πρῶτος ὄρουσεν (upon the foe)
Λ 91. Cf. O 624, etc.—(3) On; also in pregnant
use : ἐν λέπαδν' ἔβαλεν E 730. Cf. I 207, Ψ 170,
etc. : ἐν στρόφος ἦεν ἀορτήρ (attached to it) ν 438.
Cf. η 96, ξ 519, etc.—(4) Among others, in a com-
pany or assembly : ἐν αὐτὸς ἐδύσετο χαλκόν Β 578.
Cf. Π 551, Σ 535, etc. : η 291.—(II) Prep. with
dat. (ἐνί with anastrophe when immediately fol-
lowing the case-form). (1) In: ἐν χερσίν Α 14, ἐνὶ
οἴκῳ, ἐν Ἀργεΐ 30, νέεσσ' ἔνι Γ 240. Cf. Α 83, 358,
396, Β 194, Γ 69, E 160, etc. : α 15, 110, 162, 186,
255, 386, etc.—In reference to immaterial things :
ἐνὶ φρεσίν Α 333, ἐν. φιλότητι Β 232. Cf. Β 223,
Γ 20, E 117, Θ 476, P 647, etc. : δ 497, ζ 313, κ 465,
λ 603, ο 357, etc.—In (i.e. by means of) (the
hands of) : ὄφρ' ἀνδρῶν ἐν παλάμῃσι κατέκταθεν
E 558, etc. Cf. α 238, etc.—Sim. : ἐν ὀφθαλμοῖσιν
Α 587, Σ 135, etc. : θ 459, κ 385, etc.—ἐν ῥυτῆρσι
τάνυσθεν (in the governance of . . .) Π 475.—In
reference to mixing : ἐν τυρὸν οἴνῳ ἐκύκα κ 234.—
To that in which a characteristic is displayed :
γυρὸς ἐν ὤμοισιν τ 246.—To measure or degree : ἐν
καρὸς αἴσῃ I 378.—To that in reference to which
one ends speech : ἐν σοὶ λήξω I 97.—In the matter
of, in : τοῖσίν κεν ἐν ἀλγεσιν ἰσωσαίμην η 212. Cf.
ν 292.—With ellipse of δώματι : εἰν Ἀΐδαο Χ 389.
Cf. Ζ 47, etc. : η 132, κ 282, λ 211, etc.—(2) Into,
and, in pregnant use, in : ὅτε νηυσὶν ἐν ὠκυπό-
ροισιν ἔβαινον Β 351, θῆκε Περγάμῳ εἰν ἱερῇ E 446.
Cf. Α 433, Δ 134, 482, E 317, 574, etc. : α 381,

β 349, γ 40, 341, κ 290, etc.—In reference to the
mind : ἐνὶ φρεσὶ βάλλεο σῇσιν Α 297. Cf. I 459,
O 566, Φ 547, etc. : δ 729, μ 217, etc.—To close-
ness of approach or position : ἐν νύσσῃ ἐγχριμφθήτω
Ψ 338. Cf. Ψ 344.—In among : ἐν νήεσσι πεσόντες
Β 175. Cf. Λ 311, M 126, etc. : ξ 268, etc.—In
hostile sense : ἐν Τρώεσσι θόρεν (upon them) Υ 381.
Cf. Δ 325, N 742, O 635, etc. : ω 526.—Sim. of
fire Λ 155.—(3) On, upon : ἐν Ὀλύμπῳ Α 566,
θεῶν ἐν γούνασιν P 514. Cf. Δ 2, 455, Η 66, Ω 527,
etc. : α 108, δ 627, μ 237, ν 141, ω 332, etc.—
(4) On to, and, in pregnant use, on : ἐν στήθεσι
βάς Ζ 65, τρίποδ' ἵστασαν ἐν πυρὶ Σ 346. Cf. Θ 51,
O 150, Ψ 132, etc. : γ 38, δ 136, θ 274, etc.—
(5) Among : ἐν Δαναοῖσιν Α 109. Cf. Α 520, Β 483,
Γ 31, 209, etc. : β 46, η 62, ξ 176, σ 379, etc.—In
reference to inclusion in a number : ἐν τοῖσιν
E 395. Cf. δ 452, τ 178, χ 217.—(6) In reference
to time, in : ὥρη ἐν εἰαρινῇ Β 471. Cf. Λ 173, Σ 251,
etc. : μ 76, ρ 176, σ 367, etc.

ἔν, neut. εἷς.

ἕνα, acc. sing. masc. εἷς.

ἐναίρω [ἔναρα. 'To despoil']. 3 sing. aor.
mid. ἐνήρατο E 43, 59, Ζ 32, Ξ 515: ω 424. (κατ-.)
(1) To kill in fight Ζ 229, Θ 296, K 481, Λ 188=
203, N 338, 483, T 96, Φ 26, Ω 244.—In mid. E 43,
59, Ζ 32, Ξ 515, Π 92 : ω 424.—(2) To kill in the
chase : θῆρας Φ 485.—(3) In weakened sense, to
mar, impair. In mid. : μηκέτι χρόα ἐναίρεο τ 263.

ἐναίσιμος, -ον [ἐν- (6)+αἴσιμος]. (1) (a) Due,
fitting, proper : ἐδωκε Ω 425.—Of persons, right-
thinking, just Ζ 521 : κ 383, ρ 363.—Of the mind,
intent on the right, just Ω 40 : ε 190, σ 220.—Of
the result of mental effort, right, in accordance
with justice : τοῦτό γ' ἐναίσιμον οὐκ ἐνόησεν β 122
(this contrivance was not . . .), η 299 (in this
her judgment was at fault).—(b) Absol. in neut.
pl. ἐναίσιμα, what is right : ἐ. ἐργάζεσθαι ρ 321.
—(c) In neut. sing. ἐναίσιμον as adv., in due
season, at the appointed time : ἦλθον Ζ 519.—
(2) Bringing omens, charged with fate : ὄρνιθες
β 182.—Boding well : σήματα Β 353.—Absol. in
neut. pl., omens β 159.

ἐναλίγκιος [ἐν- (6)+ἀλίγκιος]. Like, resembling,
in the likeness of. With dat. : ὄρνιθι Ξ 290, θεῷ
αὐδήν (in . . .) T 250. Cf. E 5, N 242, P 583 :
ἀθανάτοις η 5, θεοῖς ἐναλίγκια μήδεα (like those of
the gods) ν 89. Cf. α 371=ι 4, β 5=δ 310, π 209,
273=ρ 202=ω 157, ρ 337, τ 267, ω 148, 371.—In
neut. in impers. construction : τῷ ἔην ἐναλίγκιον,
ὥς εἰ . . ., it was like the case or state of things
as [it would be] if . . ., it was as if . . . X 410.

ἐναμέλγω [ἐν- (2)]. To milk into. With dat. :
γαυλοί, τοῖς ἐνάμελγεν ι 223.

ἔναντα [ἐν- (6)+ἄντα]. Facing (in hostile
sense). With genit. : Ποσειδάωνος Υ 67.

ἐναντίβιος [ἐν- (6)+ἀντίβιος]. In neut. sing.
ἐναντίβιον as adv., face to face, man to man :
ἐ. μαχέσασθαι Θ 168, 255, X 223, ὅτε κέν τις ἐ.
θεὸς ἔλθῃ (in open hostility) Υ 130, στῆναι ἐ. (to
face the danger) Φ 266. Cf. K 451, O 179, P 490,
Φ 477 : ξ 270, ρ 439.—With genit. : Ἀχιλῆος Υ 85.

ἐναντίος, -η, -ον [ἐν- (6) + ἀντίος]. (1) Opposite, facing : ἔστησαν κ 391. Cf. Z 247.—With genit. : ἕζετ' Ὀδυσῆος ἐναντίη ψ 89.—With dat. : οἱ Ι 190, ἀλλήλοισιν (i.e. beginning at either end of the line and meeting in the middle) Λ 67. Cf. κ 89. —Face to face ζ 329.—In hostile sense, opposite, facing. With genit. : Ἀχαιῶν E 497 = Z 106 = Λ 214 = P 343.—(2) Meeting, in order to meet, join, encounter or intercept a person, etc. : ἐναντίη ἦλθε Z 394, O 88. Cf. ν 226.—With genit. : ἐ. ἤλυθεν ἵππων O 454.—With dat. : ἐναντίη οἱ ἤλυθεν Z 251.—Sim. : πόριες σκαίρουσιν ἐναντίαι (come frisking to meet their mothers) κ 412.—In hostile sense. With dat. : ἐναντίω οἱ ὁρμηθήτην E 12.—(3) In neut. sing. ἐναντίον as adv. (a) Opposite, facing. With genit. : σφοῦ πατρός A 534.—With dat. : ὑμῖν παράκειται ἐ. ἠὲ ...ἤ... (the choice is before you) χ 65.— Face to face : εἰς ὦπα ἰδέσθαι ἐ. ψ 107.—In hostile sense, face to face, man to man : μαχέσασθαι Γ 433, Τ 257. Cf. M 377, N 106, Τ 252.—Face to face, close at hand : ὦρτο Λ 129, Τ 164.—With genit., facing, opposing, against : ἄνακτος Ι 559. Cf. N 448, Τ 97.—So with dat. : Ἕκτορι O 304.— (b) In order to meet or join. With genit. : ἐ. ἤλυθον ἵππων ξ 278.—Sim. : τὸν ξεῖνον ἐ. κάλεσσον ρ 544.—In hostile sense. With genit. : θηρητῆρος Φ 574.

ἔναξε, 3 sing. aor. νάσσω.

ἔναρα, τά. (1) The armour and trappings of a fallen foe Z 68, 480, Θ 534, K 528, 570, N 268, O 347, P 13, 231, 540, X 245.—(2) Booty or spoil in general : φόρμιγγα ἄρετ' ἐξ ἐνάρων Ι 188.

†ἐναρίζω [ἐν- (2)]. Nom. sing. neut. pf. pple. ἐναρίζω. To be fitted into its place ε 236.

ἐναργής [ἐν- (6) + ἀργός]. (1) In visible presence : χαλεποὶ θεοὶ φαίνεσθαι ἐναργεῖς (in respect of their appearing . . ., when they appear . . .) Τ 131 : Ἀθήνην, ἥ μοι ἐ. ἦλθεν γ 420. Cf. η 201, π 161.—(2) Clear or plain to the mind's eye : ὄνειρον δ 841.

ἐναρηρός, nom. sing. neut. pf. pple. ἐναραρίσκω.

ἐναρίζω [ἔναρα]. Aor. ἐνάριξα P 187. 3 sing. ἐνάριξε X 323. (ἐξ-.) (1) To strip (a slain foe) of his armour and trappings E 844.—(2) With double acc. of the spoil and of the person despoiled : τοὺς ἐνάριζον ἀπ' ἔντεα M 195, O 343. Cf. P 187, X 323.—(3) To kill in fight E 155, Ι 530, Λ 337, Ξ 24, Π 731, P 413, Φ 224.—(4) To kill or slay in gen. A 191.

ἐναρίθμιος, -ον [ἐν- (1) + ἀριθμός] (1) Reckoned in the number, counted B 202.—(2) Making up the number, completing the tale μ 65.

ἔνατος, -η, -ον [ἐνάτεα]. = εἴνατος. The ninth : μήτηρ πλήθει ἦν B 313 = 327.

ἔναυλος, -ου, ὁ [app. ἐν- (1) + αὐλός. Cf. sense (3) thereof. 'A hollow in . . .']. (1) A torrent-bed, a gully II 71.—(2) A torrent Φ 283, 312.

†ἐνδείκνυμι [ἐν- (6)]. Fut. mid. ἐνδείξομαι. In mid., to open one's mind, declare oneself Τ 83.

ἔνδεκα, indeclinable [ἕν, neut. of εἷς + δέκα]. Eleven B 713, E 193, Ι 329, Φ 45 : ξ 103.

ἐνδεκάπηχυς, -υ [ἕνδεκα + πῆχυς, in sense 'cubit']. Eleven cubits long : ἔγχος Z 319 = Θ 494.

ἐνδέκατος, -η, -ον [ἕνδεκα]. (1) The eleventh Φ 156 : γ 391, τ 192.—(2) ἐνδεκάτη (sc. ἡμέρη), the eleventh day : ἐνδεκάτῃ (on the eleventh day) Ω 666 : ἐνδεκάτη τε δυωδεκάτη τε β 374, δ 588.

ἐνδέξιος [ἐν- (5) + δεξιός]. (1) App., on the right hand of a spectator (i.e. in the lucky quarter) : ἐνδέξια σήματα φαίνων Ι 236.—(2) In neut. pl. ἐνδέξια as adv., (passing round) from left to right (i.e. in the sun's, or the lucky, direction) : ἐ. οἰνοχόει A 597. Cf. H 184 : ρ 365.

ἐνδέω [ἐν- (1) (3)]. (1) To bend or tie on to something : νευρήν, ἣν ἐνέδησα O 469.—To secure or tie in something : ὑπέρας ἐν αὐτῇ (sc. ἐν νηί) ε 260.—(2) Fig., to entangle or involve in. With dat. : ἄτῃ με B 111 = Ι 18.

†ἐνδίημι [ἐν- (6) + δίημι, act. of δίεμαι]. 3 pl. impf. ἐνδίεσαν. To tar on, set on (dogs) Σ 584.

ἔνδινα, τά [ἔν]. App., the inward parts of the body Ψ 806.

ἔνδιος [ἐν- (1) + δῖος. 'In full light']. At mid-day : ἐ. ἦλθεν δ 450. Cf. Λ 726.

ἔνδοθεν [ἔνδον + -θεν (1) (2)]. (1) From within : ὑπακοῦσαι δ 283. Cf. υ 101.—(2) Within : Ζηνὸς τοιήδε ἐ. αὐλή θ 74.—With genit. : αὐλῆς Ζ 247, Ω 161.—(3) Within one, in one's breast : εἴ οἱ κραδίη σιδηρέη ἐ. ἦεν δ 293. Cf. δ 467.

ἔνδοθι [ἔνδον + -θι]. (1) Within Τ 271, Ψ 819 : δ 678.—With genit. : πύργων Σ 287.—(2) Within, in the house, in one's house, at home : τὴν ἐ. τέτμεν ἐοῦσαν ε 58. Cf. Z 498 : χ 220.—(3) Within one, in one's breast : ἐ. θυμὸν ἀμύξεις A 243. Cf. X 242 : β 315, θ 577, τ 377, ω 474.

ἔνδον [ἔν]. (1) Within : ἐγκέφαλος ἐ. πεπάλακτο Λ 98 = M 186 = Τ 400. Cf. M 142, Φ 362 : ἐ. τις ἀοιδιάει κ 226. Cf. φ 237 = 383 (in the μέγαρον), χ 179 (in the θάλαμος).—With genit. : Διὸς [δώματος] ἐ. Τ 13. Cf. Ψ 200.—(2) Within, in the house, in one's house, at home : οὐκ ἐ. τέτμεν ἄκοιτιν Ζ 374, διενή μιν θεὸς ἐ. [ἐστίν] Σ 394. Cf. K 378, Λ 767, 771, Τ 320, X 50 : ε 61, 81, ζ 51, η 166, ι 216, 232, κ 221, ξ 407, ο 77 = 94, π 254, τ 40, 321, υ 40, φ 178 = 183, ψ 38.—Sim., app. : Καβησόθεν ἐ. ἐόντα (who had come to the city from . . .) N 363. Cf. O 438.—(3) Returned from a journey or from travels : ἄλλοθεν ἐ. ἐόντα π 26. Cf. π 202, 301, 355, 462, τ 477, φ 207, ψ 2, 391, ω 1.—(4) Within one, in one's breast : κραδίη ὑλάκτει υ 13, 16. Cf. λ 337 = σ 249, ξ 178, ω 382.—(5) In the usual place, where one would expect to find a thing : ἐ., ὅτομαι, [τεύχεά ἐστιν] χ 140.

ἐνδουπέω [ἐν- (2)]. To make a splash or thud in falling into. With dat. : μέσσῳ ἐνδούπησα μ 443, ἄντλῳ ἐνδούπησε πεσοῦσα ο 479.

ἐνδυκέως [app. ἐν- (6). Cf. ἀδευκής]. (1) Kindly, in gentle wise, with care for one's well-being : ἔτραφέ με Ψ 90, ἱκέτεω πεφιδήσεται Ω 158 = 187. Cf. Ω 438 : η 256, κ 65, 450, ξ 62, 337, ο 305, 491, 543 = ρ 56, ρ 111, 113, τ 195 = ω 272, ω 212, 390.—(2) App., with kindly or grateful feelings : κρέ᾽ ἤσθιεν ξ 109.

ἐνδύνω [ἐν- (2)]. Fem. aor. pple. ἐνδῦσα Ε 736, Θ 387. To get into, put on (clothes) : χιτῶνα Β 42, Ε 736 = Θ 387, Κ 21, 131.

ἐνεγκέμεν, aor. infin. φέρω.

ἐνέηκε, 3 sing. aor. ἐνίημι.

ἐνέην, 3 sing. impf. ἔνειμι.

ἔνεικε, 3 sing. aor. φέρω.

ἐνεικέμεν, aor. infin. φέρω.

ἐνείκεσας, 2 sing. aor. νεικέω.

ἔνειμε, 3 sing. aor. νέμω.

ἔνειμεν, 1 pl. ἔνειμι.

†**ἔνειμι** [ἐν- (1) + εἰμί]. 3 sing. ἔνεστι Ω 240 : κ 45. 1 pl. ἔνειμεν Ε 477. 3 sing. opt. ἐνείη Β 490, Ρ 156. 3 sing. impf. ἐνῆεν Α 593. ἐνέην ι 164, τ 443. 3 pl. ἔνεσαν Ζ 244 : φ 12, 60. (1) To be or exist in a specified or indicated place, to be or exist in some person or thing : ὀλίγος ἔτι θυμὸς ἐνῆεν Α 593, οὐκ οἴκοι ἔνεστι γόος ; Ω 240. Cf. Ε 477, Ζ 244 : τ 443, φ 12, 60.—(2) To be or exist in. With dat. : εἰ Τρώεσσι μένος ἐνείη Ρ 156. Cf. Β 490 : κ 45.—(3) To be available in an indicated place : ἐνέην [οἶνος] ι 164.

ἐνεῖσα, aor. pple. fem. ἐνίημι.

ἕνεκα. Also **ἕνεκεν** ρ 288, 310. **εἵνεκα** Α 174, Β 138, Η 374, Σ 171, etc. : β 191, ϝ 156, λ 438, etc. With genit. (1) On account of, because of, for. (a) Of causes : ἕνεκ᾽ ἀρητῆρος Α 94, τοῦδ᾽ ἕνεκα 110, εἵνεκα κούρης 298, εἵνεκα ποινῆς (on the subject of . . .) Σ 498. Cf. Α 214, Γ 100 (twice), Ζ 525, Π 18, Τ 21, 298, etc. : εἵνεκα σεῖο ϝ 156, βάτων ἕνεκα (for protection from . . .) ω 230. Cf. β 191, λ 521, ο 233, π 31, ω 251, etc.—(b) Of objects : εἵνεκα κούρης (to fetch . . .) Α 336, σεῦ ἕνεκα Γ 206, ἕνεχ᾽ ἵππων Ε 640. Cf. Β 138, Γ 290, Ι 327, 560, Ρ 92, Σ 171, etc. : σῆς μητέρος εἵνεκα (in the course of their suit) γ 212, εἵνεκα πατρός (in quest of . . .) δ 672, εἵνεκα πομπῆς (seeking . . .) θ 33, εἵνεκα κούρης (as her bride-price) 319. Cf. ν 263, ξ 70, π 334, τ 413, φ 155, etc.—(2) For the sake of, to do pleasure or service to : ἕνεκα θνητῶν Α 574. Cf. Α 174, Θ 428, Κ 27, Π 539, Φ 380, 463, Χ 236, Ψ 608, Ω 501 : υῶν ἕνεκα (in care of them) ξ 416, ἕνεκα γαστρός (to satisfy it) ο 344. Cf. δ 170, θ 544, ρ 288, τ 377.

ἐνέκρυψε, 3 sing. aor. ἐγκρύπτω.

ἐνέκυρσε, 3 sing. aor. ἐγκύρω.

ἐνενήκοντα. See ἐννήκοντα.

ἐνένιπε, 3 sing. redup. aor. ἐνίπτω.

ἐνέπλησε, 3 sing. aor. ἐμπίπλημι.

ἐνέπνευσε, 3 sing. aor. ἐμπνέω.

ἐνέπρησε, 3 sing. aor. ἐμπρήθω.

ἐνέπω. See ἐνέπω.

ἐνερείδω [ἐν- (2)]. 3 pl. aor. ἐνέρεισαν. To press or thrust into. With dat. : μοχλὸν ὀφθαλμῷ ι 383.

ἔνερθε(ν) [ἔνερ-, ἐν + -θεν (2). App. on the analogy of ὕπερθε(ν)]. Also **νέρθε(ν)** Η 212, Λ 282, 535, Ν 78, Ξ 204, Π 347, Τ 57, 500, Χ 452 : λ 302, υ 352. (1) Beneath, below : νέρθε ποσσὶν ἤϊεν Η 212 (the feet being contrasted with the

face), θώρηκος ἔνερθε (app., below on the . . ., taking the genit. as partitive) Λ 234. Cf. Λ 282, 535 = Τ 500, Ν 75, 78, Π 347, Τ 57, Χ 452 : ι 385, ν 163, υ 352.—With genit. : ἀγκῶνος ἔνερθε Λ 252. Cf. Θ 16, Ξ 204 : λ 302.—(2) Adjectivally : οἱ ἔνερθε θεοί Ξ 274.

ἔνεροι, οἱ [ἐν + comp. suff. -ερο-]. Those beneath the earth, the dwellers below Ο 188, Τ 61.

ἐνέρτερος [ἐνερ-, ἐν + comp. suff. -τερο-. App. on the analogy of ὑπέρ-τερος]. (1) Lower than, beneath, below. With genit. : ἐ. Οὐρανιώνων Ε 898. —(2) That is beneath or below : θεοί Ο 225.

ἔνεσαν, 3 pl. impf. ἔνειμι.

ἐνέστακται, 3 sing. pf. pass. ἐνστάζω.

ἐνεστήρικτο, 3 sing. plupf. pass. ἐνστηρίζω.

ἔνεστι, 3 sing. ἔνειμι.

ἐνετή, -ῆς, ἡ [ἐνετός, verbal adj. of ἐνίημι. 'What is sent or thrust in']. A pin or brooch Ξ 180.

ἐνεύδω [ἐν- (1) (3)]. (1) To sleep in or upon something γ 350. — (2) To sleep in or upon. With dat. : χλαῖναν καὶ κώεα τοῖσιν ἐνεῦδεν υ 95.

ἐνεύναιος, -ον [ἐν- (1) (3) + εὐνή]. In or on the bed : αὐτοῦ ἐνεύναιον (sc. δέρμα) (his own bedcovering) ξ 51.—Absol., app., a sleeper : χήτει ἐνευναίων π 35.

ἐνεχεύατο, 3 sing. aor. mid. ἐγχέω.

ἐνηείη, -ης, ἡ [ἐνηής]. The quality of being ἐνηής : ἐνηείης τις Πατροκλῆος μνησάσθω Ρ 670.

ἐνῆεν, 3 sing. impf. ἔνειμι.

ἐνηής. App., gentle, amiable, kindly disposed or the like : ἑταῖρον Ρ 204, Φ 96, μέμνησαί μευ ἐνηέος (as being kindly disposed to you) Ψ 648. Cf. Ψ 252 : θ 200.

ἐνῆκε, 3 sing. aor. ἐνίημι.

ἔνημαι [ἐν- (1)]. To be seated in a specified place : ἵν᾽ ἐνήμεθα δ 272.

ἐνήνοθε ρ 270. A form difficult to explain Most MSS. read ἀνήνοθε (q.v.). (ἐπ-.)

ἐνήρατο, 3 sing. aor. mid. ἐναίρω.

ἐνήσει, 3 sing. fut. ἐνίημι.

ἔνθα [ἐν]. (1) There : ἐ. καθέζετο Α 536. Cf. Α 594, 611, Β 311, 724, Γ 426, Ε 368, etc. : α 26, 443, β 395, γ 32, 108, 279, etc.—(2) Thither, there : ἣν ἐ. ἀφίκηαι Θ 482. Cf. Ζ 318, Ν 23, Ξ 169, etc. : α 427, γ 297, δ 8, 407, etc.—ἐ. . . . ἐ., hither . . . thither, in this direction . . . in that Β 90, 397, 462, Ε 223, Κ 264 (in rows), Σ 543 (up and down the field), Ψ 164 (a hundred feet square), 320 (to right and left), etc. : β 213 (thither and back again), ε 327, η 86 (lengthwise and breadth-wise), κ 517 (a cubit square), ξ 11, τ 524, υ 24, etc.—(3) Where : ἐ. πάρος κοιμᾶτο Α 610. Cf. Γ 185, Ε 305, 480, Ζ 289, 348, 433, etc. : α 128, γ 295, 367, δ 635, ε 82, ϝ 346, etc.—(4) Whither : ἐς Τροίην, ἐ. περ ἔβαν α 210. —To where : βὰν δ᾽ ἴμεν ἐ. . . . Ν 789. Cf. Δ 247, Ω 733.—(5) (a) Then, at that time : ἄλλοι οἴκοι ἔσαν α 11. Cf. Δ 223, 345, etc. : α 18, etc.— (b) Then, after that, thereupon : ἐ. ἄλλοι ἐπευφήμησαν Α 22. Cf. Β 155, Θ 268, etc. : β 382, δ 259, ε 388, κ 538, etc.

ἐνθάδε [ἔνθα]. (1) Here : ἀπολέσθαι ἐ. ᾿Αχαιούς
Μ 70. Cf. Α 171, Β 203, 296, 343, Ε 172, etc. :
β 51, δ 178, 594, 599, 602, 655, etc. —(2) Hither :
ἥγομεν ἐ. πάντα Α 367. Cf. Β 287, Δ 179, Ε 129,
Ζ 256, Ν 449, etc. : α 173, ζ 179, θ 428, ι 514,
ν 12, 278, etc.

ἐνθέμεναι, aor. infin. ἐντίθημι.

ἔνθεν [ἐν]. (1) Thence : τὸν ἐ. ῥυσάμην Ο 29.
Cf. Η 472, Κ 179, Λ 725, Υ 191, etc. : β 329, ζ 7,
ι 62, μ 211, 447, etc.—In reference to seeing :
ἐ. ἐφαίνετ᾽ ῎Ιδη Ν 13. Cf. μ 230.—To birth : γένος
μοι ἐ. ὅθεν σοί Δ 58.—To taking up a lay from a
specified point : ἐ. ἑλὼν ὥς . . . (from the point
where . . .) θ 500. — (2) ἐ. . . . ἑτέρωθι . . .,
on one side . . . on the other . . . μ 235.—
(3) Whence : ἐ. ἀπῆλθεν Ρ 703. Cf. Ω 597 : δ 220,
ε 195, σ 157, etc.—(4) Then, thereupon : ἐ. ἂν
ἐπιφρασσαίμεθα βουλήν Ν 741.—Sim. : ἐ. πέτραι
ἐπηρεφέες (then come . . .) μ 59.

ἐνθένδε [ἔνθεν]. Hence : ἐ. χρυσὸν ἄξομαι Ι 365.
Cf. Θ 527 : λ 69.

ἔνθετο, 3 sing. aor. mid. ἐντίθημι.

ἐνθήσω, fut. ἐντίθημι.

†ἐνθρώσκω [ἐν- (2) (3)]. 3 sing. aor. ἔνθορε.
With dat. (1) To leap into : μέσσῳ Φ 233, πόντῳ
Ω 79.—(2) To leap in among : ὁμίλῳ Ο 623.—
(3) To leap against : λὰξ ἔνθορεν ἰσχίῳ (i.e.
kicked it) ρ 233.

ἐνθύμιος [ἐν- (1) + θυμός]. Taken to heart ν 421
(a subject of anxiety).

ἐνί. See ἐν.

ἔνι [for ἔν-εστι, ἔν-εισι]. There is (are) therein
(thereon). With or without dat. : φρένες οὐκ
ἔνι Ψ 104. Cf. Ξ 141, 216, Σ 53, Υ 248 : ᾧ ἔνι
λωτὸς δ 603, οὐ οἱ ἔνι τρίχες σ 355. Cf. δ 846,
ι 126, λ 367, φ 288.

ἐνιαύσιος [ἐνιαυτός]. A year old : σῦν π 454.

ἐνιαυτός, -οῦ, ὁ [prob. ᾿the time when the
heavens are again ἐνὶ αὐτῷ, in the same position,᾿
and thus properly rather an epoch than a period].
A year. (1) Considered as a point or unit of
time or as one of a series : ἐννέα βεβάασιν Β 134,
δεκάτῳ Μ 15 (at the tenth turn of the year, at
the end of the tenth year). Cf. Β 295, 551 : ὅτ᾽
ἐ. ἔην (when the turn of the year had come) κ 469.
Cf. α 16, β 175, γ 391, λ 248, π 18, ρ 327.—
(2) Considered as a space of time : ἐς δεκάτους
ἐνιαυτούς Θ 404 = 418 (see δέκατος (1)), πέντε ἐνιαυ-
τούς Ψ 833. Cf. Τ 32, Φ 444 : τλαίης (τλαίην)
ἂν ἐνιαυτόν (for a year) α 288, β 219. Cf. δ 86,
526, 595, κ 467, λ 356, ξ 196, 292, ο 230, 455.

ἐνιαύω [ἐν- (1) (4)]. (1) To pass the night in a
specified place : ἔνθ᾽ ἀνὴρ ἐνίαυεν ι 187.—(2) To
pass the night among. With dat. : ὕεσσιν ο 557.

ἐνιζάνω [ἐν-]. To sit down in. With dat. :
αἰθούσῃσιν ἐνίζανον Υ 11.

†ἐνίημι [ἐν- (1) (2) + ἵημι¹]. 3 sing. ἐνίησι μ 65.
Imp. pl. ἔντετε Μ 441. 2 sing. fut. ἐνήσεις Π 449.
3 -ει ο 198. 1 pl. -ομεν Ξ 131 : β 295, ψ 293.
2 sing. aor. ἐνῆκας Ι 700. 3 ἐνέηκε Κ 89 : δ 233.
ἐνῆκε Π 656, Ρ 570, Τ 37, Υ 80, Ψ 390. 1 pl.
ἐνήκαμεν μ 401. Aor. pple. fem. ἐνεῖσα ν 387.

(1) To put or throw into a vessel : [φάρμακον]
δ 233.—To send or throw into. With dat. : νηυσὶ
πῦρ Μ 441.—To send forward into the fight
Ξ 131.—To send (in order to make up a number) :
ἄλλην ἐνίησιν ἐναρίθμιον εἶναι μ 65.—(2) To launch
one᾿s ship into (the sea), put to (sea). With dat. :
ἐνήσομεν πόντῳ β 295. Cf. μ 293, 401.—(3) With
dat., to set (a person) upon, incline (him) to :
ἀγηνορίῃσιν Ι 700.—To involve in, bring within
the compass of : πόνοισιν Κ 89 : ὁμοφροσύνῃσιν
(will incline us to . . .) ο 198.—(4) To in-
spire : μένος Τ 37. Cf. Ρ 570 : ν 387.—To inspire
or cause in. With dat. : τοῖσιν κότον Π 449.
Cf. Π 656, Υ 80, Ψ 390.

†ἐνικλάω [ἐνι-, ἐν- (6). ᾿To break off᾿]. Infin.
ἐνικλᾶν. To thwart, frustrate Θ 408, 422.

ἐνιπή, -ῆς, ἡ [ἐνίπτω]. (1) Rebuke or reproach
as felt by the person rebuked or reproached :
ἀποθέσθαι ἐνιπήν Ε 492.—An instance of this, a
rebuke or reproach so considered : αἰδεσθεὶς βα-
σιλῆος ἐνιπήν Δ 402. Cf. Ξ 104 : κ 448.—(2) Abuse,
contumely υ 266.—(3) App., a threat : φεύγων
Ποσειδάωνος ἐνιπὰς ε 446.

ἐνίπλειος. See ἔμπλειος.

ἐνιπλήξωμεν, 1 pl. aor. subj. ἐνιπλήσσω.

ἐνιπλήσῃς, 2 sing. aor. subj. ἐμπίπλημι.

†ἐνιπλήσσω [ἐνι-, ἐν- (3). ᾿To stumble upon᾿].
1 pl. aor. subj. ἐνιπλήξωμεν Μ 72. 3 -ωσι χ 469.
Nom. pl. masc. pple. ἐνιπλήξαντες Ο 344. To
fall into, get into, get caught or entangled in.
With dat. : τάφρῳ Μ 72, Ο 344 : ἕρκεϊ χ 469.

ἐνιπρήσει, 3 sing. fut. ἐμπρήθω.

ἐνίπτω. 3 sing. aor. ἠνίπαπε Β 245, Γ 427,
Ε 650, Ρ 141 : υ 17, 303. 3 sing. redup. aor.
ἐνένιπε Ο 546, 552, Π 626, Ψ 473 : π 417, σ 78,
321, 326, τ 65, 90, φ 84, 167, 287, χ 212, ψ 96.
(1) To rebuke, reprove, upbraid, reproach, scold :
πόσιν Γ 427. Cf. Β 245, Γ 438, Ο 546, 552, Π 626,
Ρ 141, Ψ 473 : π 417, σ 78, τ 90, υ 17, 303, φ 84 =
167 = 287, χ 212, ψ 96.—(2) To abuse, revile :
Ε 650, Ω 768 : σ 321, 326, τ 65.

†ἐνισκίμπτω [ἐνι-, ἐν- (1) (3) + σκίμπτω = σκήπτω.
See σκήπτω]. Dual aor. ἐνισκίμψαντε
Ε 437. 3 sing. aor. pass. ἐνισκίμφθη Π 612,
Ρ 528. (1) To fix or stick in. With dat. : δόρυ
οὔδει ἐνισκίμφθη Π 612 = Ρ 528.—(2) To cause or
allow to rest upon. With dat. : οὔδει ἐνι-
σκίμψαντε καρήατα Ε 437.

ἔνισπε¹, 3 sing. aor. ἐννέπω.

ἔνισπε², ἐνίσπες, aor. imp. ἐννέπω.

ἐνισπήσω, fut. ἐννέπω.

ἐνίσσω [= ἐνίπτω]. (1) = ἐνίπτω (1) : θυγατέ-
ρεσσίν τε καὶ υἱάσι βέλτερον εἴη ἐνισσέμεν [αὐτούς]
(it is better for them that he should scold them,
i.e. it is better that he should scold them) Ο 198.
—(2) = ἐνίπτω (2) Χ 497, Ω 238 : ω 161, 163.

ἐνιχριμφθείς, aor. pple. pass. See ἐγχρίμπτω.

ἐνίψω, fut. ἐννέπω.

ἐννέα, indeclinable (ἐνϜέα) [cf. L. novem, Eng.
nine]. Nine Β 96, 134, 654. Ζ 174, Η 161, Π 785,
Σ 578, Ψ 173, Ω 252 : γ 7, 8, θ 258, ι 160, λ 577,
ξ 248, ω 60.

ἐννεάβοιος [ἐννέα + βοῦς]. Of the value of nine oxen. Absol. Z 236.

ἐννεακαίδεκα, indeclinable [ἐννέα + καί + δέκα]. Nineteen : [υἷες] Ω 496.

ἐννεάπηχυς, -υ [ἐννέα + πῆχυς in sense 'cubit ']. Nine cubits long or in extent : ζυγόδεσμον Ω 270 : ἐννεαπήχεες εὖρος (in . . .) λ 311.

ἐννεάχῑλοι [ἐννέα + χίλιοι]. Nine thousand E 860 = Ξ 148.

ἔννεον, 3 pl. impf. νέω[1].

ἐννεόργυιος [ἐννέα + ὄργυια]. Nine fathoms in extent : μῆκος ἐννεόργυιοι (in . . .) λ 312.

†ἐννέπω (ἐνσέπω) [ἐν- (6) + σ(ε)π-]. 3 sing. impf. ἔννεπε Θ 412. Imp. ἔννεπε Β 761 : α 1. Also ἐνέπω (Λ 643 : ρ 549, 556, 561, ψ 301, ω 414). Fut. ἐνισπήσω (ἐνι-, ἐν-) ε 98. ἐνίψω β 137. 3 sing. -ει Η 447 : λ 148. 2 sing. aor. ἔνισπες (ἐνι-) Ω 388. 3 -ε Β 80, Ζ 438. Subj. ἐνίσπω Λ 839 : ι 37. 3 sing. -ῃ γ 327, θ 101, 251, ρ 529. 2 sing. opt. ἐνίσποις δ 317. 3 -οι Ξ 107. Imp. ἔνισπε δ 642. ἐνίσπες Λ 186, Ξ 470 : γ 101, 247, δ 314, 331, λ 492, μ 112, ξ 185, χ 166, ψ 35. Imp. pl. ἔσπετε (prob. for ἔνσπετε) Β 484, Λ 218, Ξ 508, Π 112. Infin. ἐνισπεῖν γ 93, δ 323. (1) To say, tell, tell of or about, communicate, make known : τὸν ὄνειρον Β 80. Cf. Η 447, Θ 412, Λ 186, 839, Ξ 107, Ω 388 : κεῖνον ὄλεθρον γ 93 = δ 323. Cf. β 137, δ 314, 317, ε 98, ι 37, λ 492, μ 112, ξ 185, ρ 549, 556, 561, ω 414.—To tell about, tell the tale of (a person) α 1.— (2) With dependent clause, to say, tell : οἵ τινες . . . Β 484, ὅππως . . . Π 112. Cf. Β 761, Λ 218, Ξ 508 : θ 101, 251, χ 166, ψ 35.—(3) Absol. (a) To say, tell, speak : νημερτὲς ἐνίσπες Ξ 470. Cf. Ζ 438 : γ 101 = δ 331, γ 247, 327, δ 642, λ 148, ρ 529.—(b) To talk, hold converse : πρὸς ἀλλήλους Λ 643 : ψ 301 (exchanging tales).

ἐννεσίη, -ης, ἡ [ἐνίημι. For ἐνεσίη, which could not stand in the hexameter]. An inciting or prompting. In pl. : κείνης ἐννεσίῃσιν Ε 894.

ἐννέωρος [ἐννέα + ὥρη]. (1) Nine years old, at nine years old λ 311.—(2) App. (the number being taken as a round one) conveying the notion of full maturity, well matured, full-grown : ἀλείφατος Σ 351 : βοὸς κ 19, σιάλοισιν 390.—(3) In τ 179 (Μίνως ἐ. βασίλευε Διὸς ὀαριστής) the reference seems to be to an eight-yearly tenure of kingship. See Frazer, Golden Bough, 3rd ed., Part iii. p. 58 foll., esp. p. 70. On the analogy of διὰ τρίτης ἡμέρας, every second day, and similar expressions, ἐ. is to be translated ' by terms of eight years,' fresh kingly power being supposed to be imparted in converse with Zeus at the end of each term.

ἐννήκοντα, indeclinable [ἐννέα. For ἐννε-ήκοντα. Cf. τρι-ήκοντα]. Also ἐνενήκοντα Β 602 (a form difficult to explain). inctv Β 602 : τ 174.

ἐννῆμαρ [ἐννέα + ἦμαρ]. For ἐννέ-ημαρ]. For or during nine days Α 53, Ζ 174, Μ 25, Ω 107, 610, 664, 784 : η 253 = ξ 314, ι 82, κ 28, μ 447.

ἐννοσίγαιος (ἐνϜοσίγαιος) [ἐνϜοσι- (ἐν- (1) or (3) + Ϝοθ-), ὠθέω) + γαῖα. Cf. εἰνοσίφυλλος, ἐνοσι-

χθων]. Epithet or a name of Poseidon. Lord of earthquakes ; or perh., who is ever beating the earth with his waves Η 455, Θ 201, 440, Ι 362, Μ 27, Ξ 135, 510, Ο 173, 184, 218, Τ 20, 310, Φ 462 : ε 423, ζ 326, ι 518, λ 102, ν 140.—Joined with γαιήοχος Ι 183, Ν 43, 59, 677, Ξ 355, Ο 222, Ψ 584 : λ 241.

†ἕννῡμι (Ϝέσ-νυμι. Cf. L. vestis). Fut. ἕσσω ν 400, π 79, ρ 550, φ 339. 3 sing. -ει ο 338, ρ 557. Aor. ἕσσα δ 253. 3 sing. -ε Ε 905, Π 680, Σ 451 : η 265, κ 542, ν 436, ξ 320, π 457. 3 pl. -αν θ 366, ω 59. Imp. ἕσσον Π 670. Pple. ἕσσας ξ 396. Infin. ἕσσαι ξ 154. Mid. Pres. infin. ἕννυσθαι ζ 28, ξ 514, 522. 3 sing. impf. ἕννυτο ε 229, 230, κ 543. 3 sing. aor. ἑέσσατο (ἑϜέσσατο) Κ 23, 177 : ξ 529. ἕσατο Σ 178. ἕσσατο Η 207, Κ 334 : ζ 228. 3 pl. ἕσαντο Τ 150. ἕσσαντο Ξ 350, 383 : ω 467, 500. Pple. ἑσσάμενος, -ου Ξ 282, 372, Τ 233, Ψ 803 : β 3, δ 308, υ 125. Infin. ἕσασθαι Ω 646 : δ 299, η 338. Pf. εἷμαι (Ϝέσ-μαι) τ 72, ψ 115. 2 sing. ἕσσαι ω 250. 3 εἷται λ 191. 2 sing. plupf. ἕσσο Γ 57 : π 199. 3 ἕεστο Μ 464. ἕστο Ψ 67 : ρ 203, 338, τ 218, 237, χ 363, ω 158, 227. 3 dual ἕσθην Σ 517. 3 pl. εἵατο Σ 596. Pple. εἱμένος, -ου Δ 432, Ο 308, 389, Τ 381 : ο 331, τ 327. (ἀμφι-, ἐπι-, κατα-.) (I) In act. (1) To put (clothes) on a person, clothe him with (them) : εἵματα ἕσσε Ε 905. Cf. Π 670, 680 : δ 253, η 265, θ 366, ν 400, π 457, ω 59.—(2) To put (clothes) on (a person), clothe (him) with (them). With double acc. : ἀμφί με χλαῖναν ἕσσεν κ 542 = ξ 320. Cf. ν 436, ξ 154, 396, ο 338, π 79 = ρ 550 = φ 339, ρ 557.—So of induing with armour : Πάτροκλον περὶ τὰ ἃ τεύχεα ἕσσεν Σ 451.—(II) In mid. (1) In pres., impf. and aor. (a) To put (clothes) on oneself, put (them) on : ἀμφ' ἑαυὸν ἕσατο Σ 178. Cf. Κ 23, 177, 334 : χλαῖναν ἕννυτο ε 229. Cf. β 3 = δ 308 = υ 125, ε 230 = κ 543, ζ 28, 228, ξ 529.—In reference to a covering other than clothes : ἠέρα ἑσσάμενω Ξ 282. Cf. Ξ 350, Τ 150.—The infin. in complementary sense : οὐ πολλαὶ χλαῖναί [εἰσι] ἕννυσθαι (to cover oneself withal) ξ 514. Cf. Ω 646 : = δ 299 = η 338, ξ 522. —(b) To put on (one's armour) : περὶ χροὶ ἕσσατο τεύχεα Η 207. Cf. Ξ 383, Τ 233, Ψ 803 : ω 467 = 500.—So of assuming a shield : [ἀσπίδας] ἑσσάμενοι Ξ 372.—(2) In pf. and plupf., to be in the state of having put on (clothes, etc.) ; hence (a) To have on (clothes), be clad in (them), wear (them) : χιτῶνας εἵατο Σ 596. Cf. Σ 517, Ψ 67 : κακὰ εἵματα εἷται λ 191. Cf. ο 331, π 199, ρ 203 = ω 158, ρ 338, τ 72, 218, 237, 327, χ 363, ψ 115, ω 227, 250.— In reference to a covering other than clothes : εἱμένος νεφέλην Ο 308. — Fig. : λάϊνόν χ' ἕσσο χιτῶνα (would have been stoned) Γ 57, εἱμένος ἀλκήν Τ 381.—(b) To have on, wear (armour) : χαλκῷ, τὸν ἕεστο Μ 464. Cf. Δ 432.—Of a weapon, to be armed or pointed (with something) : ξυστὰ κατὰ στόμα εἱμένα χαλκῷ Ο 389.

ἐννύχιος, -η, -ον [ἐν- (1) + νυχ-, νύξ]. Doing something by night, by night, in the night-time : ἐ. προμολὼν Φ 37. Cf. Λ 683 : γ 178.

ἔννυχος, -ον [as prec.]. = prec. Λ 716.

ἐνοπή, -ῆς, ἡ [ἐνέπω]. (1) Voice or sound κ 147. —(2) Shouting : ἐνοπῇ ἴσαν Γ 2.—The shouting of fighters, the din of battle : μάχη ἑ. τε M 35, Τρώων ἐξ ἐνοπῆς (from the shouting throng) Π 782, P 714. Cf. Π 246.—(3) The sound of mourning, weeping, wailing : ἐνοπήν τε γόον τε Ω 160.— (4) The sound of musical instruments : αὐλῶν συρίγγων τ' ἐνοπήν K 13.

†ἐνόρνῡμι [ἐν- (1) (4)]. 2 sing. aor. ἐνῶρσας Ο 366. 3 -ε Z 499. Pple. ἐνόρσας O 62. 3 sing. aor. mid. ἐνῶρτο A 599 : θ 326. (1) To awaken or induce in a person an inclination for (something), to turn him to (something) : φύζαν Ο 62. —(2) To awaken or induce an inclination for (something) in a person, to turn him to (something). With dat. : τῆσι γόον ἐνῶρσεν Z 499. Cf. O 366.—(3) In mid., to be caused or brought about among, to break out among. With dat. : ἐνῶρτο γέλως θεοῖσιν A 599 := θ 326.

ἐνορούω [ἐν- (3)]. (1) To leap or spring upon the foe : τῇ ἐνόρουσεν Λ 149. Cf. Λ 747.—(2) To leap or spring upon. With dat. : Τρωσίν Π 783. Cf. K 486.

ἐνόρσας, aor. pple. ἐνόρνυμι.

ἔνορχος [ἐν- (1) + ὄρχις, testicle]. Not castrated, entire : μῆλα Ψ 147.

ἐνοσίχθων, -ονος [for ἐνϜοσίχθων, fr. ἐνϜοσι- as in ἐννοσίγαιος + χθών]. = ἐννοσίγαιος. Epithet or a name of Poseidon H 445 = Φ 287, Θ 208, Λ 751, N 10, 34, 65, 89, 215, 231, 554, Ξ 150, 384, O 41, 205, Τ 13, 63, 132, 291, 318, 330, 405, Φ 435 : α 74, γ 6, ε 282, 339, 366, 375, η 35, 56, 271, θ 354, ι 283, 525, λ 252, μ 107, ν 125, 146, 159, 162.

†ἐνοστάζω [ἐν- (2)]. 3 sing. pf. pass. ἐνέστακται. To drop into ; hence, to instil in. With dat. : εἴ τοι σοῦ πατρὸς ἐνέστακται μένος ἠΰ β 271.

†ἐνοστηρίζω [ἐν- (2)]. 3 sing. plupf. pass. ἐνεστήρικτο. To fix in, stick into. With dat. : γαίῃ ἐνεστήρικτο Φ 168.

ἐνοστρέφω [ἐν- (1)]. In mid., to turn or have movement in (a socket). With dat. : ἔνθα μηρὸς ἰσχίῳ ἐνστρέφεται E 306.

†ἐντανύω [ἐν- (6)]. 3 pl. pres. ἐντανύουσιν φ 326. Fut. infin. ἐντανύειν φ 97, 127. 3 sing. aor. ἐντάνυσε φ 150. Subj. ἐντανύσω φ 114. 2 sing. -ῃς φ 306. 3 -ῃ τ 577, φ 75, 315, 338. 3 sing. opt. ἐντανύσειε φ 286. Infin. ἐντανύσαι τ 587, φ 185, 247, ω 171. Aor. infin. mid. ἐντανύσασθαι φ 403. Fut. infin. pass. ἐντανύεσθαι φ 92. (1) To bend (a bow) into the position required for stringing it, to string (it) (cf. τανύω (2)) : οὐδὲ τόξον ἐντάνυσεν φ 150. Cf. τ 577 = φ 75, φ 92, 247, 286, 306, 315, 326, 338, 403.—Absol. φ 114, 185.— (2) To stretch (the string) so as to string a bow : νευρήν τ 587, φ 97 = 127, ω 171.

ἐνταῦθα [ἐν]. Thither, in that direction, to an indicated course of action : μή σε δαίμων ἑ. τρέψειεν I 601.

ἐνταυθοῖ [ἐν]. There Φ 122 : σ 105, υ 262.

ἔντεα, τά. Dat. pl. ἔντεσι E 220, Λ 731, Π 279, T 384, etc. (1) Armour, harness, warlike trappings or array (not of arms) (cf. τεύχεα) : ἔντε'

ἔδυνεν Γ 339. Cf. Z 418, K 34, M 195, N 640, P 162, etc. : τ 17, ψ 368.—(2) Appliances, furniture : δαιτὸς η 232.

†ἐντείνω [ἐν- (6)]. 3 sing. pf. pass. ἐντέταται E 728. 3 sing. plupf. ἐντέτατο K 263. To strain tight (with interplaited straps) : δίφρος ἱμᾶσιν ἐντέταται E 728. Cf. K 263.

ἔντερον, -ου, τό (ἐν. App. in form a comp.]. (1) An intestine ; a piece of gut made therefrom φ 408.—(2) In pl. ἔντερα, the bowels or intestines N 507 = P 314, Ξ 517, Υ 418, 420.

ἐντεσιεργός [ἔντεσι dat. of ἔντεα in sense 'a draught-beast's harness ' + ἔργω²]. Working in harness, draught- . . . : ἡμιόνους Ω 277.

ἐντέταται, 3 sing. pf. pass. ἐντείνω.

ἐντεῦθεν [ἐν]. Thence τ 568.

†ἐντίθημι [ἐν- (1) (3)]. Fut. ἐνθήσω ε 166. Aor. infin. ἐνθέμεναι Ω 646 : δ 299, η 338. 1 pl. impf. mid. ἐντιθέμεσθα γ 154. 2 sing. aor. ἔνθεο Z 326. 3 ἐνθετο α 361, λ 102, ν 342, φ 355. Imp. ἔνθεο Δ 410, I 639 : ω 248. Fem. pple. ἐνθεμένη Φ 124, X 353. (1) To put or place upon something : χλαίνας Ω 646 := δ 299 = η 338.—(2) To put or place upon. With dat. In mid. : ἐνθεμένη σε λεχέεσσιν Φ 124, X 353.—(3) To put on board a ship : σῖτον ἐνθήσω ε 166. — In mid. : κτήματ' ἐντιθέμεσθα γ 154.—(4) In mid. (a) To lay or store up in (one's heart). With dat. : χόλον ἔνθεο θυμῷ Z 326. Cf. λ 102, ν 342, ω 248.—(b) To lay to (heart). With dat. : μῦθον ἔνθετο θυμῷ α 361 = φ 355.—(c) To bring (one's heart) into a specified state : ἵλαον ἔνθεο θυμῷ I 639.—(d) To put or reckon in (a rank or category). With dat. : μὴ πατέρας ὁμοίῃ ἔνθεο τιμῇ Δ 410.

ἔντο, 3 pl. aor. mid. ἵημι¹.

ἐντός [ἐν]. (1) Within, inside : τρομέοντό οἱ φρένες ἑ. (in his breast) K 10, ἑ. ἔχον (enclosing, guarding) M 8, πλῆσθέν οἱ μέλε' ἑ. ἀλκῆς P 211 : ἑ. ἔχοντες (containing) β 341, μὴ ἑ. πυκάζοιεν σφέας αὐτούς (in the bottom of the ship) μ 225.—ἑ. ἐέργειν, to bound (so that what is bounded is) within the boundary (what is bounded being regarded from the outside) B 617, 845, I 404 (shuts in, holds), Σ 512 (contained), X 121 (contains), Ω 544 : η 88 (shut in, closed).—(2) With genit. : λιμένος ἑ. A 432. Cf. M 374, 380, X 85 : ἑ. μεγάροιο υ 258. Cf. κ 125, π 324, 352, ψ 190.

ἔντοσθε(ν) [ἐντός + -θεν (2)]. (1) Within, inside : μένουσιν X 237. Cf. K 262, M 296, 455 : μ 241, ν 100.—(2) With genit., within, inside, in : ἑ. πόλιος Σ 364, τείχεος ἑ. M 416. Cf. Δ 454 : α 126, 128, 380 = β 145, β 424 = ο 289, ι 235, 298, κ 92, ξ 13, 194, ρ 339, σ 238, φ 417, χ 171, 204.

ἐντρέπω [ἐν (5)]. In mid., to turn oneself towards something ; hence, to heed, have regard, care : οὐ σοί ἐντρέπεται ἦτορ α 60.—To pay heed to, have regard or care for. With genit. : ἀνεψιοῦ Ο 554.

ἐντρέχω [ἐν- (1)]. To move freely, have free play, in something T 385.

ἐντροπαλίζομαι [ἐν- (5) + τροπ-, τρέπω]. (μετατροπαλίζομαι.) To keep turning round towards

or to face a person or persons Z 496, Λ 547, P 109.
—App., to keep turning or twisting in another's
grasp Φ 492.

ἐντύνω [cf. ἐντύω]. Aor. imp. ἔντῦνον I 203.
Acc. sing. fem. pple. ἐντύνᾶσαν Ξ 162. 2 sing.
aor. subj. mid. ἐντύνεαι ζ 33. 1 pl. -ώμεθα ρ 175.
Fem. pple. ἐντῦναμένη μ 18. (ἐπ-.) (1) To make
ready, prepare : δέπας I 203.—(2) In mid., to
make ready (a meal) for oneself, prepare (a meal):
ἐντύνοντ' ἄριστον Ω 124. Cf. γ 33, ο 500, π 2, ρ 175,
182.—(3) To array or deck (oneself) : εὖ ἐντύνασαν
ἓ αὐτήν Ξ 162.—In mid., to array or deck oneself,
make oneself ready : ὄφρ' ἐντύνεαι ζ 33. Cf. μ 18.
—(4) To strike up (a song) μ 183.

ἐντυπάς [prob. ἐν (2) + τυπ-, τύπτω. 'Beating
oneself into']. Thus, closely, tightly : ἑ. ἐν χλαίνῃ
κεκαλυμμένος Ω 163.

ἐντύω [cf. ἐντύνω]. (ἐπ-.) To make ready, pre-
pare : εὐνήν ψ 289.—To get (horses) ready for
yoking E 720 = Θ 382.

Ἐνυάλιος [a name of Ares]. War or battle
personified Σ 309.—As epithet of Ares P 211.

ἐνύπνιος [ἐν- (1) + ὕπνος]. In neut. sing. ἐν-
ύπνιον as adv., in one's sleep B 56 : = ξ 495.

ἐνῶπα, ἔνωπα, τό [ἐν- (3) + ὦπα. 'The face
upon one']. The face in generalized sense : κατ'
ἐνῶπα ἰδὼν Δαναῶν (in the face of the . . .) O 320
(see κατά (II) (2) (e)).

ἐνωπαδίως [ἐνῶπα]. In the face : ἐσίδεσκεν ψ 94.

ἐνωπή = ἐνῶπα. In dat. sing. ἐνωπῇ, openly,
in the sight of all E 374 = Φ 510.

ἐνώπια, τά [ἐν- (1) + ὦπα. Cf. ὑπώπια, εἰσωπός,
ἐνῶπα]. The inner face of walls, inner walls.
Of the inner walls of a κλισίη N 261.—App. of
one of the wall-spaces on each side of the entrance
of the μέγαρον, facing the αὐλή δ 42.—Of a similar
space in front of the palace of Zeus Θ 435.—App.
of one of the wall-spaces on each side of the
entrance of the μέγαρον within χ 121.

ἐνῶρσε, 3 sing. aor. **ἔνωρτο**, 3 sing. aor. mid.
ἐνόρνυμι.

ἐξ. See ἐκ.

ἕξ, indeclinable (σϜέξ) [cf. L. sex, Eng. six]. Six
E 641, H 247, Ψ 741, Ω 399 : ι 60, μ 90, 110, 246,
π 248, ω 497.—Absol. : ἓξ ἐγένοντο E 270. Cf.
Ω 604 : κ 6, χ 252.

ἐξάγαγε, 3 sing. aor. ἐξάγω.

ἐξαγγέλλω [ἐξ- (1)]. 3 sing. aor. ἐξήγγειλε. To
bring forth word : Ἑρμέᾳ E 390.

ἐξαγορεύω [ἐξ (9)]. To declare, tell λ 234.

ἐξάγω [ἐξ- (1)]. 3 sing. aor. ἐξήγαγε E 35.
ἐξάγαγε Π 188 : υ 21. 2 sing. opt. ἐξαγάγοις
T 332. Nom. pl. masc. aor. pple. ἐξαγαγόντες
H 336, 435, N 379 : χ 441, 458. (1) To lead,
bring or conduct forth A 337, Φ 29 : θ 106.—Of
an immaterial agency : ὄφρα σε μῆτις ἐξάγαγ' ἐξ
ἄντροιο υ 21.—Of bringing to the birth Π 188.—
To bring or fetch : Σκυρόθεν T 332.—To lead,
bring or conduct out of or from. With genit. :
μάχης E 35. Cf. E 353, Λ 487, N 535 : ο 465, χ 441,
458, ψ 372.—To bring or fetch from. With
genit. : Ἄργεος N 379.—(2) To bring or fetch

(inanimate objects) : τύμβον ἐξαγαγόντες ἄκριτον
ἐκ πεδίου H 336, 435 (app., bringing (the materials
for) it without selection from . . .).

ἐξαείρω [ἐξ- (1)]. Contr. 3 sing. aor. mid.
ἐξήρατο. To win, get, gain, from. With genit.,
in reference to spoil : Τροίης ε 39 = ν 137.—To
gain (wages or hire) κ 84.

ἐξάετες [ἓξ + -α- (on the analogy of numerals in
-α) + ἔτος]. For six years : παραμίμνων γ 115.

ἐξαίνυμαι [ἐξ- (1)]. (1) To take out (and
deposit) : νηΐ ἐνὶ πρύμνῃ δῶρα ο 206.—(2) To take
away, deprive of : θυμόν E 848.—With double
acc. of what is taken and of the person deprived :
θυμὸν ἀμφοτέρω E 155. Cf. Υ 459.

ἐξαίρετος, -ον [ἐξαιρέω]. Picked out, chosen,
choice : γυναῖκες B 227.—Picked out or selected
from among (a community). With genit. : [κοῦροι]
Ἰθάκης ἐξαίρετοι δ 643.

†ἐξαιρέω [ἐξ- (1)]. 3 sing. aor. ἔξελε Ω 229 :
χ 110, 144. 3 pl. -ον Α 627, Π 56, Σ 444 :
η 10, ι 160. **Mid.** Impf. ἐξαιρεύμην ξ 232. Aor.
ἐξελόμην I 130, 331. 3 sing. ἐξείλετο B 690,
Θ 323, Ο 460, P 678 : λ 201, χ 388. ἐξέλετο
Z 234, I 272, K 267, Λ 704, P 470, T 137, Ω 754.
3 pl. ἐξείλοντο π 218. (1) To take out : ἔνθεν
πέπλους Ω 229. Cf. χ 110, 144.—(2) To pick out
from the spoil as guerdon to a chief : Ἐκαμήδην
Λ 627. Cf. Π 56, Σ 444 : η 10.—Sim. of a special
share of beasts slain in hunting ι 160.—(3) In
mid. (a) To take away, effect deprivation of :
τέκνα ἐξείλοντο π 218.—With immaterial object :
φρένας Z 234, P 470.—With double acc. Ο 460,
P 678.—To take away from. With genit. : φρένας
μευ ἐξέλετο T 137. Cf. Ω 754 : λ 201, χ 388.—To
steal K 267.—(b) To take out of for use. With
genit. : φαρέτρης δϊστόν Θ 323.—(c) To pick out or
select for oneself from the spoil : κειμήλια ἐξελόμην
I 331 (or perh. rather, took from the cities) :
ἄσπετα πολλά Λ 704. Cf. B 690, I 130, 272.—To
pick out or select for oneself from (the spoil).
With genit. : τῶν ἐξαιρεύμην μενοεικέα ξ 232.

ἐξαίσιος, -ον [ἐξ- (7) + αἴσιος]. (1) Going be-
yond measure, unreasonable : ἀρήν Ο 598.—Law-
less, violent ρ 577.—(2) Absol. in neut. ἐξαίσιον,
something contrary to right, something unfair
or arbitrary δ 690.

ἔξαιτος, -ον [perh. ἐξ- (1) + αἰτέω. 'Asked for
out of']. Choice, picked M 320 : β 307, ε 102,
τ 366.

ἐξαίφνης [app. ἐξ- (9). Cf. ἐξαπίνης]. On a
sudden, suddenly : πῦρ ὄρμενον ἑ. P 738, Φ 14.

ἐξακέομαι [ἐξ- (9)]. 2 sing. aor. opt. ἐξακέσαιο
Δ 36. 3 -αιτο γ 145. (1) To bring remedy or
cure I 507.—To appease (wrath) γ 145.—(2) To
moderate or depart from (one's wrath) Δ 36.

ἐξαλαόω [ἐξ- (9)]. (1) To blind λ 103 = ν 343.
—(2) To take the power of sight from (an eye)
ι 453, 504.

†ἐξαλαπάζω [ἐξ- (9)]. Fut. infin. ἐξαλαπάξειν
N 813. 3 sing. aor. ἐξαλάπαξε E 642. 3 pl. -αν
θ 495. 3 sing. subj. ἐξαλαπάξῃ Υ 30. Pple.
ἐξαλαπάξας Ξ 251 : δ 176. Infin. ἐξαλαπάξαι

A 129, Δ 33, 40, Θ 241, 288 : γ 85. (1) To destroy or sack (a city) A 129, Δ 33 = Θ 288, Δ 40, E 642, Θ 241, Ξ 251 : γ 85, θ 495.—(2) To deport the population from (a city) δ 176.—(3) To destroy : νῆας N 813, τεῖχος Υ 30.

†ἐξάλλομαι [ἐξ- (1)]. 3 sing. ἐξάλλεται E 142. Aor. pple. ἐξάλμενος Ο 571, P 342, Ψ 399. (1) To spring forth from the throng Ο 571.—(2) To spring forth from. With genit. : αὐλῆς E 142. Cf. P 342.—(3) To get oneself clear of (competitors in a race). With genit. : τῶν ἄλλων Ψ 399.

†ἐξαναβαίνω [ἐξ- (1) + ἀνα- (2)]. Fem. pl. aor. pple. ἐξαναβᾶσαι (v.l. εἰσαναβᾶσαι). To go up from something on to. With acc. : ἀκτήν Ω 97.

†ἐξαναδύω [ἐξ- (1) + ἀνα- (1)]. Aor. pple. ἐξαναδύς ε 438. Fem. pl. ἐξαναδῦσαι δ 405. To rise up or emerge from out of. With genit. : ἁλὸς δ 405, κύματος ε 438.

ἐξαναλύω [ἐξ- (1) + ἀνα- (6)]. To set free from or from the power of. With genit. : θανάτοιο Π 442 = Χ 180.

†ἐξαναφανδόν [ἐξ- (9) + ἀναφανδόν]. Openly, plainly, clearly : ἐρέω τοι ν 48.

†ἐξανίημι [ἐξ- (1) + ἀν-, ἀνα- (1) + ἵημι¹]. Fem. pple. pl. ἐξανιεῖσαι. To send up and forth, emit in an upward direction : φῦσαι ἀϋτμήν Σ 471.

†ἐξανύω [ἐξ- (9)]. Fut. ἐξανύω Λ 365, Υ 452. 3 sing. aor. ἐξήνυσε Θ 370. (1) To give accomplishment to, bring to pass : Θέτιδος βουλάς Θ 370.—(2) To make an end of, slay Λ 365 = Υ 452.

ἐξαπατάω [ἐξ- (9)]. To trick, cheat, beguile, deal unfairly with I 371, X 299.—Absol., to work deceit, induce a false belief ι 414.—To deal falsely ν 277.

†ἐξαπαφίσκω [ἐξ- (9)]. 3 sing. aor. ἐξήπαφε ξ 379. Subj. ἐξαπάφω ψ 79. 3 sing. aor. opt. mid. ἐξαπάφοιτο I 376, Ξ 160. To trick, cheat, beguile, deceive ξ 379, ψ 79. —In mid. Ξ 160. —Absol. In mid. I 376.

ἐξαπέβησαν, 3 pl. aor. ἐξαποβαίνω.

ἐξαπίνης [app. ἐξ- (9). Cf. αἰφάνης]. On a sudden, suddenly, unexpectedly : ἐλθόντ' ἐ. E 91. Cf. I 6, Ο 325, Π 598, P 57 : κ 557, μ 288, ξ 29, 38, φ 196, ω 160.

†ἐξαποβαίνω [ἐξ- (1) + ἀπο- (1)]. 3 pl. aor. ἐξαπέβησαν. To land or disembark from (a ship). With genit. : νηός μ 306.

ἐξαποδύνω [ἐξ- (3) + ἀπο- (1)]. To strip off ε 372.

†ἐξαπόλλυμι [ἐξ- (1) + ἀπ-, ἀπο- (7)]. 3 sing. pf. ἐξαπόλωλε Σ 290 : υ 357. 3 pl. aor. opt. mid. ἐξαπολοίατο Z 60. To perish out of, disappear from. With genit. : πάντες Ἰλίου Z 60. Cf. Σ 290 : υ 357.

ἐξαπονίζω [ἐξ- (1) + ἀπο- (7)]. To wash with water from (a vessel). With genit. : λέβητα, τοῦ πόδας ἐξαπένιξεν τ 387.

ἐξαποτίνω [ἐξ- (9) + ἀπο- (5)]. To pay the full price in respect of, suffer the consequences of Φ 412.

ἐξάπτω [ἐξ- (4)]. Aor. pple. ἐξάψας χ 466. (1) To fasten from (i.e. to) something indicated

X 397.—(2) To fasten from (i.e. to). With genit. : Ἑκτορα ἵππων Ω 51. Cf. χ 466.—(3) In mid., to fasten oneself to something ; hence, to lay hold Θ 20.

†ἐξαρπάζω [ἐξ- (1)]. 3 sing. aor. ἐξήρπαξε Γ 380, Υ 443, Φ 597. Fem. pple. ἐξαρπάξασα μ 100. (1) To snatch away Γ 380, Υ 443, Φ 597.—(2) To snatch out of. With genit. : νεός μ 100.

ἔξαρχος, -ον, ὁ [ἐξάρχω]. A leader : θρήνων Ω 721.

ἐξάρχω [ἐξ- (9)]. (1) To take the lead in, give a lead in, begin. With genit. : γόοιο Σ 51, 316 = Ψ 17, X 430, Ω 747, 761, μολπῆς Σ 606 := δ 19.—So in mid. μ 339.—(2) To take the lead in giving (counsel) : βουλὰς ἐξάρχων B 273.

†ἐξαυδάω [ἐξ- (8)]. To speak out : ἐξαύδα, μὴ κεῦθε A 363 = Π 19, Σ 74.

ἔξαυτις [ἐξ- (9) + αὖτις]. (1) In the reverse direction, back, back again : ἰών E 134, N 642.— In a direction contrary to one's proper direction, back : ἀναρπάξασα θύελλα ε 419. Cf. Π 654.— (2) Back to a former state or condition, again. With αὖτε : αὖτ' ἐ. ἀνέστη Ο 287.—(3) Again, once more : μαχέσασθαι Γ 433. Cf. A 223, N 531 : δ 213, 234, μ 122, π 193, τ 214, φ 206, ω 350.—Of repetition of action in a similar form : ἐ. μείζονα λᾶαν ἀείρας ι 537.

†ἐξαφαιρέω [ἐξ- (1) + ἀφ-, ἀπο- (1)]. 2 pl. aor. subj. mid. ἐξαφέλησθε. To take away from. In mid. With genit. : πασέων ψυχάς χ 444.

ἐξαφύω [ἐξ- (9) + ἀφύω = ἀφύσσω]. To draw off (wine) : οἶνον ἐξαφύοντες ε 95.

ἐξάψας, aor. pple. ἐξάπτω.

ἐξεγένοντο, 3 pl. aor. ἐκγίγνομαι.

ἔξεθορε, 3 sing. aor. ἐκθρώσκω.

†ἐξείδω [ἐξ- (1)]. 3 sing. aor. ἔξιδεν. To look forth, stare Υ 342.

ἐξείης [ἐξ-, ἔχω]. Also ἑξῆς δ 449, 580, ι 104, 180, 472, 564, μ 147. (1) In an indicated order, in a row or rows : ἵστανто Ψ 839 : ἀρηρότες β 342. Cf. α 145, δ 408, 580, ζ 94, ι 8, τ 574, χ 471, etc.— In a circle A 448.—In parallel lines ε 70.—In regular turns or convolutions : ἐξείης κατέδησα [ζυγόδεσμον] Ω 274.—(2) In sequence, one after another : εὐχεσθαι πάσας ἑξείης Z 241. Cf. Ο 137, X 240 : λ 134, μ 177, ρ 450, φ 141, ψ 281.

ἐξείλετο, 3 sing. aor. mid. ἐξαιρέω.

†ἔξειμι [ἐξ- (1) + εἰμι]. 1 sing. pres. ἔξειμι υ 367. 2 ἐξεῖσθα υ 179. Imp. pl. ἔξιτε β 139. Infin. ἐξιέναι Σ 448 : α 374. ἐξίμεναι λ 531 (v.l. ἐξέμεναι). (1) To go forth Σ 448 : λ 531.—(2) To go forth from. With genit. : μεγάροιο α 374, β 139.— (3) In pres. with fut. sense, to go forth υ 179, 367.

ἐξείνισσα, aor. ξεινίζω.

†ἐξεῖπον, aor. [ἐξ- (8)]. (1) To speak out, say one's say I 61.—(2) To make a disclosure, tell a thing Ω 654 : ο 443.

ἐξείρομαι [ἐξ- (9)]. From ἐξερέω 3 pl. ἐξερέουσι ξ 375. 3 sing. subj. ἐξερέῃσι δ 337, ρ 128. 2 sing. opt. ἐξερέοις γ 116. Fem. pple. ἐξερέουσα τ 166. Pl. masc. -οντες κ 249. In mid. form 3 sing. subj. ἐξερέηται α 416. 3 sing. opt. ἐξερέοιτο δ 119, η 17, ω 238. Infin. ἐξερέεσθαι γ 24, ν 411, τ 99.

(1) To ask, inquire, make inquiry. With indirect question : ὅτις εἴη η 17.—(2) To ask or inquire about : Διὸς βουλήν Υ 15. Cf. γ 116, ν 127, 411, ξ 375, τ 166.—(3) To question (a person) : Ζῆνα Ε 756. Cf. Ω 361 : γ 24, δ 119 = ω 238, κ 249, τ 99.—(4) With double acc. of person questioned and of what is inquired about : θεοπροπίης ἥν τινα θεοπρόπον ἐξερέηται α 416.—(5) To go through in questing, traverse : κνημούς δ 337 = ρ 128.

ἐξείρυσε, ἐξείρυσσαν, 3 sing. and pl. aor. ἐξερύω.

†**ἐξείρω** [ἐξ- (8) + εἴρω²]. Fut. ἐξερέω. (1) To speak out, speak, say Α 212 = Θ 401 = Ψ 672, Θ 286, 454, Μ 215, Ψ 410 : = π 440 = τ 487, φ 337. —(2) To give information asked for, tell ι 365.

ἔξεισθα, 2 sing. pres. ἔξειμι.

ἐξεκέχυντο, 3 pl. plupf. pass. ἐκχέω.

ἐξέκλεψε, 3 sing. aor. ἐκκλέπτω.

ἐξεκυλίσθη, 3 sing. aor. pass. ἐκκυλίνδω.

ἐξελάαν, fut. infin. ἐξελαύνω.

ἐξελάθοντο, 3 pl. aor. mid. ἐκλανθάνω.

†**ἐξελαύνω** [ἐξ- (1)]. In pres. only in pple. in form ἐξελάων κ 83. 3 sing. impf. ἐξήλαυνε Κ 499. Fut. infin. ἐξελάαν Θ 527 : λ 292. 3 sing. aor. ἐξήλασε ι 312. ἐξέλασε Ε 324, Λ 360, Ν 401. 3 pl. ἐξήλασσαν Λ 562. 3 pl. subj. ἐξελάσωσι π 381. Opt. ἐξελάσαιμι σ 29. 3 sing. -ειε Φ 360. Pple. ἐξελάσας, -αντος Ε 25 : ι 227. Infin. ἐξελάσαι Θ 255, Ο 417 : β 248. (1) To drive a flock or herd out to pasture κ 83.—To drive or scare (a domestic animal) off or away : [ὄνον] Λ 562.—To drive or conduct (such animals) out of. With genit. : ἄντρου μῆλα ι 312.—(2) In reference to persons, to drive or chase away, expel Θ 527.—To drive out of, expel from. With genit. : ἄστεος Φ 360. Cf. β 248.—To drive out or banish from. With genit. : γαίης ἡμετέρης π 381.—To drive or force from a position taken up Ο 417.—(3) To drive off (cattle) as spoil λ 292.—To drive (animals) as spoil from. With genit. : ἐρίφους σηκῶν ι 227.— To drive off (captured horses) Ε 25.—To drive off (such horses) from. With genit. : Τρώων Ε 324 = Ν 401. Cf. Κ 499.—(4) Absol., to drive one's chariot off Λ 360.—To drive one's chariot beyond the line of. With genit. : τάφρου Θ 255.— (5) To knock out of. With genit. : ὀδόντας κε γναθμῶν ἐξελάσαιμι σ 29.

ἔξελε, 3 sing. aor. ἐξαιρέω.

ἐξελθεῖν, aor. infin. ἐξέρχομαι.

ἐξέλκω [ἐξ- (1)]. (1) To draw out Δ 214.—(2) To draw or drag out of. With genit. : πουλύποδος θαλάμης ἐξελκομένοιο ε 432.—(3) To pull in a specified direction : πηνίον ἐξέλκουσα παρὲκ μίτον Ψ 762.

ἔξελον, 3 pl. aor. ἐξαιρέω.

ἐξελύθη, 3 sing. aor. pass. ἐκλύω.

ἐξέμεναι, ἐξέμεν, aor. infin. ἐξίημι.

†**ἐξεμέω** [ἐξ- (1) + ἐμέω]. 3 sing. aor. opt. ἐξ-εμέσειε. To disgorge, throw up. Of Charybdis : ἱστόν μ 437.—To vomit forth or throw up waters. Of the same μ 237.

ἐξεναρίζω [ἐξ- (9)]. 3 sing. fut. ἐξεναρίξει Υ 339. Pple. ἐξεναρίζων Λ 101. Aor. ἐξενάριξα Ω 521. 2 sing. -ας Π 692. 3 -ε Δ 488, Η 146, Ξ 513,

X 376, etc. 3 pl. -αν Ε 703. 2 sing. subj. ἐξ-εναρίξῃς Υ 181. Pple. ἐξεναρίξας Π 573 : λ 273. Infin. ἐξεναρίξαι χ 264. (1) To strip (a slain foe) of his armour and trappings : Περίφαντα Ε 842. Cf. Ζ 417, Λ 246, 368, Χ 376.—(2) To strip off (the armour and trappings) : τεύχεα Η 146, Ν 619 = Ρ 537 = Φ 183.—(3) To kill or slay in fight Δ 488, Ε 151, Ζ 20, Λ 101, Μ 187, etc. : χ 264.—(4) To kill or slay in gen. Π 573 : λ 273.

ἐξεπέρησε, 3 sing. aor. ἐκπεράω.

ἐξεπράθομεν, 1 pl. aor. ἐκπέρθω.

ἐξέπτυσε, 3 sing. aor. ἐκπτύω.

ἐξερεείνω [ἐξ- (9)]. (1) To ask, inquire, make inquiry Ι 672, Κ 543.—(2) To inquire about κ 14, μ 34, ρ 70, τ 116, 463. — (3) To question (a person) ψ 86.—In mid. Κ 81.—(4) To go through, traverse : πόρους ἁλός μ 259.

†**ἐξερείπω** [ἐξ- (1) (9)]. 3 sing. aor. subj. ἐξερίπῃ Ξ 414. Fem. pple. ἐξεριποῦσα Ρ 440, Τ 406. (1) To fall : ὅτ᾽ ἐξερίπῃ δρῦς Ξ 414. — (2) To stream down from. With genit. : χαίτῃ ζεύγλης ἐξεριπούσα Ρ 440, Τ 406.

ἐξερέω¹, fut. ἐξείρω.

ἐξερέω², ἐξερέομαι. See ἐξείρομαι.

ἐξερίπῃ, 3 sing. aor. subj. ἐξερείπω.

ἐξέρρηξε, 3 sing. aor. ἐκρήγνυμι.

†**ἐξερύω** [ἐξ- (1) + ἐρύω¹]. 3 sing. opt. ἐξερύοι Κ 505. 3 sing. aor. ἐξείρυσε Ψ 870. ἐξέρυσε Ε 112, Ν 532, Π 505, Υ 323 : ι 397. 3 pl. ἐξείρυσσαν Ν 194. Pple. ἐξερύσαν χ 386, 476. Pple. ἐξερύσας σ 87. Infin. ἐξερύσαι Ε 666. 3 sing. pa. iterative ἐξ-ερύσασκε Κ 490. (1) To draw or pull out Π 505. —To pull out or away in way of mutilation : μήδεα σ 87, χ 476.—(2) With genit., to draw or pull out of : βέλος ὤμου Ε 112. Cf. Ε 666, Ν 532, Υ 323 : ι 397.—To snatch out of : χειρὸς τόξον Ψ 870.—(3) To drag, haul or pull out or away : δίφρον ῥυμοῦ (by the pole) Κ 505 : ἰχθύας δικτύῳ χ 386. Cf. Κ 490.—To drag or haul out of the power of the enemy : νεκρούς Ν 194.

†**ἐξέρχομαι** [ἐξ- (1)]. Aor. ἐξῆλθον Ι 476. 3 sing. -ε υ 371. 1 pl. subj. ἐξέλθωμεν θ 100. Imp. ἔξελθε τ 68. Pple. ἐξελθών, -όντος Χ 417 : δ 740, ο 396, φ 90, 229, χ 375, ω 491. Fem. -οῦσα κ 230, 256, 312. Infin. ἐξελθέμεναι δ 283. ἐξελθεῖν Ι 576, Χ 237, 413. (1) To go or issue forth or out : νῦν ἐξέλθωμεν θ 100. Cf. δ 283, ο 396, τ 68, φ 90, ω 491.—(2) To go or issue forth from. With genit. : πυλάων Χ 413. Cf. Χ 417 : υ 371, χ 375. —(3) To come or issue forth or out : θύρας ῥήξας ἐξῆλθον Ι 476. Cf. Ι 576 : δ 740 (quitting his retirement), κ 230 = 256 = 312.—(4) To come or issue forth from. With genit. : τείχεος Χ 237 : μεγάροιο φ 229.

ἐξερωέω [ἐξ- (1) + ἐρωέω²]. To swerve from the course : αἱ δ᾽ ἐξηρώησαν Ψ 468.

ἐξεσάωσε, 3 sing. aor. ἐκσαόω.

ἐξεσίη, -ης, ἡ [ἐξίημι. ' A sending forth ']. An embassy or mission : ἐξεσίην ἐλθόντι (ἤλθεν) (on an . . .) Ω 235 : φ 20.

ἐξέσπασε, 3 sing. aor. ἐκσπάω.

ἐξέσσυτο, 3 sing. aor. mid. ἐκσεύω.

έξέστρεψε, 3 sing. aor. έκστρέφω.
έξέταμε, 3 sing. aor. έκτάμνω.
έξετανύσθη, 3 sing. aor. pass. έκτανύω.
έξετάνυσσε, 3 sing. aor. έκτανύω.
έξετέλειον, 3 pl. impf. See έκτελέω.
έξετέλεσσα, 1 sing. aor. έκτελέω.
έξετελεῦντο, 3 pl. impf. pass. έκτελέω.
έξέτης [έξ + έτος]. Six years old Ψ 266, 655.
έξέτι [έξ strengthened by έτι. Cf. έτι (7)]. Even from the time of. With genit. : έ. πατρῶν θ 245.
†έξευρίσκω [έξ- (9)]. 3 sing. aor. opt. έξεύροι. To find, discover : εἴ ποθεν έξεύροι [άνδρα] Σ 322.
έξεφαάνθη, έξεφάνη, 3 sing. aor. pass. έκφαίνω.
έξέφθιτο, 3 sing. plupf. pass. έκφθίω.
έξέφυγον, 3 pl. aor. έκφεύγω.
έξέχυτο, 3 sing. aor. pass. έκχέω.
έξήγαγε, 3 sing. aor. έξάγω.
έξήγγειλε, 3 sing. aor. έξαγγέλλω.
έξηγέομαι [έξ- (1)]. To lead forth to battle. With genit. : τῶν έξηγεῖσθω Β 806.
έξήκοντα, indeclinable [έξ]. Sixty Β 587, 610. —With another numeral : τριηκόσιοί τε καὶ έ. ξ 20.
έξήλασε, 3 sing. έξήλασσαν, 3 pl. aor. έξελαύνω.
έξήλατος, -ον [έξ- (6)]. Formed by hammering out : άσπίδα Μ 295.
έξῆλθον, aor. έξέρχομαι.
έξῆμαρ [έξ + ῆμαρ]. For or during six days : πλέομεν κ 80 = ο 476, δαίνυντο μ 397 = ξ 249.
έξημοιβός [έξ- (9) + άμείβω]. Serving for a change : εἵματ' έξημοιβά (changes of raiment) θ 249.
έξήνυσε, 3 sing. aor. έξανύω.
έξήπαφε, 3 sing. aor. έξαπαφίσκω.
έξηπράνθη, 3 sing. aor. έξηραίνω.
έξήρατο, 3 sing. aor. mid. έξαείρω.
έξήρπαξε, 3 sing. aor. έξαρπάζω.
έξῆς. See έξείης.
έξίδεν, 3 sing. aor. έξείδω.
έξιέναι, infin. έξειμι.
†έξίημι [έξ- (1) + ίημι¹]. Aor. infin. έξέμεναι λ 531 (v.l. έξίμεναι). έξέμεν Λ 141. To send forth, allow to go forth : àψ ές 'Αχαιούς Λ 141 : ἱππόθεν λ 531.
έξιθύνω [έξ- (9)]. To serve as a means of making straight : στάθμη δόρυ νήϊον έξιθύνει Ο 410.
†έξικνέομαι [έξ- (9)]. Aor. έξικόμην Ι 479 : ν 206, ν 223. 3 sing. έξίκετο Θ 439, Ω 481 : μ 166. To arrive at, reach : Φθίην Ι 479, άλλων δῆμον (i.e. flies to . . ., takes refuge in . . .) Ω 481. Cf. Θ 439 : νῆσον μ 166, άλλον βασιλήων (i.e. betaken myself to . . .) ν 206, ν 223.
έξίμεναι, infin. έξειμι.
έξίσχω [έξ- (1)]. To hold or keep outside : έξω έξίσχει κεφαλὰς βερέθρου μ 94.
έξιτε, imp. pl. έξειμι.
έξοίσουσι, 3 pl. fut. έκφέρω.
†έξοιχνέω [έξ- (1)]. 3 pl. έξοιχνεῦσι. To go forth : σὺν ἵπποισιν καὶ ὀχεσφιν Ι 384.
έξοίχομαι [έξ- (1)]. To have gone forth : ές 'Αθηναίης Ζ 379, 384.

†έξόλλυμι [έξ- (9)]. 3 sing. aor. opt. έξολέσειε. To destroy : τοὺς Ζεὺς έξολέσειεν ρ 597.
†έξονομαίνω [έξ- (9)]. 2 sing. aor. subj. έξονομήνῃς Γ 166. Infin. έξονομῆναι ζ 66. (1) To tell the name of : τόνδ' άνδρα Γ 166.—(2) To speak of, mention : γάμον ζ 66.
έξονομακλήδην [έξ- (9) + όνομα + κλη-, καλέω (cf. όνομακλήδην)]. By name μ 250.
έξόπιθε(ν) [έξ- (9) + όπιθε(ν)]. (1) Behind, behind one Π 611 = Ρ 527. — Behind, in rear : πεζοὺς στῆσεν Δ 298.—(2) With genit., behind : κεράων βοός Ρ 521.
έξοπίσω [έξ- (9) + όπίσω]. (1) Backwards, back Λ 461, Ν 436, Ρ 108, 357.—Falling or sinking down backwards : ἤριπε Χ 467. Cf. Ξ 438, Ψ 727.— (2) In after time, in time to come δ 35, ν 144.
έξορμάω [έξ- (1)]. Of a ship, to sheer off from her course : κεῖσ' έξορμήσασα μ 221.
έξοφέλλω [έξ- (9) + όφέλλω²]. To increase or add to (something offered) : έξώφελλεν έεδνα ο 18.
έξοχος, -ον [έξ- (5) + όχ-, έχω in intrans. sense. See έχω (II). 'Standing out']. (1) Distinguished beyond others in respect of scme quality, pre-eminent Β 188, Μ 269.—With genit. : έ. 'Αργείων κεφαλήν (standing above them by . . .) Γ 227, έ. αὐτῶν (among, beyond them) Ξ 118. Cf. Σ 56 = 437 : σ 205.—So with dat. : ἡρώεσσιν Β 483. — Of superior excellence, pre-eminently fine, good or splendid : δώματα ο 227.— With genit. as above : βοῦς έ. πάντων Β 480. Cf. Ζ 194, Τ 184.—So with dat. : αἶγας αἴ πᾶσιν έξοχοι αἰπολίοισιν φ 266.—(2) In neut. έξοχον as adv., beyond. With genit. : έτίομεν έ. άλλων Ι 631, προμάχεσθαι έ. άλλων (advancing beyond . . .) Ρ 358. Cf. Ι 641, Ν 499 : δ 171, ε 118, ζ 158, τ 247.—(3) In neut. pl. έξοχα, especially, in a high degree, greatly, by far : έξοχα μιν έφίλατο Ε 61, έ. άρίστας Ι 638. Cf. Τ 158 : δ 629 = φ 187, λ 432, ο 70, 71, χ 244.—Sim. : δόσαν έ. (as a special meed of honour) ι 551.—Beyond. With genit. : έμ' έ. πάντων ζήτει Ξ 257. Cf. Ω 113, 134 : θ 487, ω 78.
†έξυπανίστημι [έξ- (1) + ὑπ-, ὑπο- (1) + άν-, άνα- (1)]. 3 sing. aor. έξυπανέστη. To start up from under. With genit. : σμῶδιξ μεταφρένου Β 267.
έξω [έξ]. (1) In an outward direction, out : ἴσαν Ω 247. Cf. ξ 526, ψ 138.—With genit., out of, from : μεγάροιο χ 378. Cf. Κ 94, Λ 457. —(2) Outside : σχέθον νῆα κ 95. Cf. Ρ 265.— With genit., outside of : βερέθρου μ 94.
έω, έό, έοῖ. See έέ.
έο, έό, έοῖ. See έέ.
έοι, 3 sing. opt. εἰμί.
έοικα, pf. εἴκω¹.
έολπα, pf. έλπω.
έοργε, 3 sing. pf. έρδω.
έορτή, ή. A high-day or feast : έ. τοῖο θεοῖο (i.e. Apollo) φ 258. Cf. υ 156.
έος, -ή, -όν, ῆς, ῆ, ὄν [ἑέ]. Instrumental fem. ῆφι Χ 107 : φ 315. (1) His (a) έός Α 83, 496, 533, Β 662, Η 190, Ι 148, etc. : α 216, 218, β 195, δ 338, θ 524, λ 282, etc.—With the article : τοὺς

έοὺς ἵππους E 321.—Absol. with the article K 256, Ψ 295.—(b) ὅς A 72, 307, 333, 609, B 832, Γ 333, etc. : a 4, 5, 117, 240, 269, 330, etc.—Absol. Δ 428.—With the article : τὰ ἃ κῆλα M 280. Cf. O 58, etc. : ι 250, λ 515, etc.—Absol. with the article Θ 430, P 193.—(2) App. of the first person: οὔ τοι ἐγώ γε ἧς γαίης δύναμαι γλυκερώτερον ἄλλο ἰδέσθαι ι 28. Cf. ν 320.—Perh. also θάρσεϊ ᾧ H 153.

ἐπαγάλλομαι [ἐπ-, ἐπί- (4)]. To exult in, take delight in. With dat. : πολέμῳ Π 91.

†ἐπαγγέλλω [ἐπ-, ἐπι- (5)]. 3 sing. aor. subj. ἐπαγγείλῃσι. To tell about something, give information : εἴσω δ 775.

ἐπαγείρω [ἐπ-, ἐπι- (14)]. To go about collecting : λαοὺς οὐκ ἐπέοικε ταῦτ' ἐπαγείρειν A 126 (prob. with double acc. like ἀφαιρέω (2) (c)).

ἐπάγη, 3 sing. aor. pass. πήγνυμι.

†ἐπαγλαΐζομαι [ἐπ-, ἐπι- (4)]. Fut. infin. ἐπαγλαΐεῖσθαι. To exult in something Σ 133.

ἐπάγω [ἐπ-, ἐπι- (17)]. Aor. ἐπήγαγον ξ 392. (1) Of hunters and their dogs, to drive on the game : ὡς ἐπάγοντες ἐπῇσαν τ 445.—(2) To bring into an indicated state of mind, induce to believe something ξ 392.

†ἐπαείρω (ἐπ-, ἐπι- (4) (12)]. 3 pl. aor. ἐπάειραν H 426. Pple. ἐπαείρας I 214, K 80. (1) To raise: κεφαλήν K 80. — (2) To lift and place upon. With genit. : [νεκροὺς] ἀμαξάων H 426. Cf. I 214.

ἔπαθον, aor. πάσχω.

ἐπαιγίζω [ἐπ-, ἐπι- (17) + αἰγίς in sense 'hurricane-wind']. Of a wind, to rush onwards B 148 : ο 293.

ἐπαινέω [ἐπ-, ἐπι- (5)]. (1) To express approval to, to agree or concur with (a person). With dat. : οὔ τοι ἐπαινέομεν Δ 29 = Π 443 = X 181. Cf. Σ 312.—To express approval of : μῦθον ἐπαινήσαντες Ὀδυσσῆος B 335.—(2) Absol., to approve, assent, concur Δ 380, H 344 = I 710, Φ 290, Ψ 539, 540 : δ 673 = η 226 = θ 398 = ν 47, σ 66.

ἐπαινός, -ή [ἐπ-, ἐπι- (19) + αἰνός]. Dread, dire, terrible. Epithet of Persephoneia I 457, 569: κ 491 = 564, κ 534 = λ 47.

ἐπαΐσσω [ἐπ-, ἐπι- (11) (14)]. Aor. ἐπήϊξα κ 322. 3 pl. ἐπήϊξαν Ψ 817 : χ 271. Pple. ἐπαΐξας, -αντος B 146, K 345, N 546, P 293, etc. : χ 187. Infin. ἐπαΐξαι E 263, H 240, M 308, N 513 : κ 295. 3 sing. pa. iterative ἐπαΐξασκε P 462, Σ 159. Aor. infin. mid. ἐπαΐξασθαι Ψ 773. (1) To make a rush for. With genit. : Αἰνείαο ἵππων E 263, νεῶν N 687.—(2) To rush at (in hostile sense). With dat. : Ἕκτορι προτὶ Ἴλιον (till he drove him even to . . .) Ψ 64 : Κίρκη κ 295, 322, μοι ξ 281.—(3) With acc., to rush at (in hostile sense): νῶϊ E 235, τεῖχος M 308.—To rush through, charge : μόθον ἵππων H 240.—To make a rush for : Αἰνείαο ἵππους E 323.—In mid. : ἐπαΐξασθαι ἄεθλον Ψ 773.—(4) Absol., to rush upon or towards a foe : δουρὶ ἐπαΐσσων K 369 = Λ 361. Cf. Γ 369, E 98, 584, K 345, 348, M 191, N 546, P 293, 462, Σ 159, Ψ 817 : χ 187, 271.—

So ἐπαῖξαι μεθ' ἐὸν βέλος N 513.—Of a hawk swooping on its prey X 142.—Of a rushing wind B 146. — (5) Absol., of limbs, to have their movements, dart forth. In mid. : χεῖρες ὤμων ἐπαΐσσονται (from the . . .) Ψ 628 (v.l. ἀπαΐσσονται).

ἐπαιτέω [ἐπ-, ἐπι- (6)]. To ask for besides or in addition : εἴ κ' ἄλλο ἐπαιτήσειας Ψ 593.

ἐπαίτιος [ἐπ-, ἐπι- (19) + αἴτιος]. Blameworthy, to blame : οὔ τί μοι ὔμμες ἐπαίτιοι A 335.

ἐπακούω [ἐπ-, ἐπι- (5)]. (1) To hear : πάντα Γ 277. Cf. Υ 250 : λ 109 = μ 323.—With genit. : βουλῆς B 143.—(2) To hear about, learn : Διὸς βουλήν ξ 328 = τ 297.—With dependent clause : ὅττι μιν ἵκετο πένθος Σ 63.—(3) To listen to, hearken to, give ear to : ἔπος I 100. Cf. ρ 584, ω 262.—With genit. of the person to whose words one hearkens : ὄφρ' ἔπος ἐπακούσῃ ἐμέθεν τ 98.

ἐπακτήρ, -ῆρος, ὁ [ἐπακ-, ἐπάγω]. A hunter : ἄνδρες ἐπακτῆρες P 135. Cf. τ 435.

†ἐπαλάομαι [ἐπ-, ἐπι- (14)]. 3 sing. aor. subj. ἐπαληθῇ ο 401. Pple. ἐπαληθείς δ 81, 83, ο 176. To wander or rove over or among. With acc. : Κύπρον καὶ Αἰγυπτίους ὁ 83. Cf. δ 81, ο 176, 401.

ἐπαλαστέω [ἐπ-, ἐπι- (5)]. To find things intolerable : τὸν ἐπαλαστήσασα προσηύδα (breaking out) α 252.

†ἐπαλέξω [ἐπ-, ἐπι- (5)]. Fut. pple. ἐπαλεξήσων Λ 428. Acc. sing. fem. pple. ἐπαλεξήσουσαν Θ 365. To succour, aid, protect. With dat. : τῷ Θ 365, Λ 428.

†ἐπαλλάσσω [ἐπ-, ἐπι- (13) + ἀλλάσσω, to change]. Nom. pl. masc. aor. pple. ἐπαλλάξαντες. Fig., to pass and repass (a rope) over the two parties in a strife so as to knit them inseparably together N 359.

ἐπάλμενος, aor. pple. ἐφάλλομαι.

ἔπαλξις, ἡ [ἐπαλέξω]. Dat. pl. ἐπάλξεσι X 3. App., a breastwork of planks M 258, 263, 308, 375, 381, 397, 406, 424, 430, X 3.

ἔπαλτο, 3 sing. aor. ἐφάλλομαι.

ἐπαμάω [ἐπ-, ἐπι- (5) + ἀμάω²]. To collect, get together. In mid. : εὐνὴν ἐπαμήσατο ε 482.

ἐπαμείβω [ἐπ-, ἐπι- (5) (13)]. 1 pl. aor. subj. ἐπαμείψομεν Ζ 230. (1) To change (things) with another. With dat. : τεύχε' ἀλλήλοις Ζ 230.—(2) In mid., to pass or shift over. With acc. : νίκη ἐπαμείβεται ἄνδρας (goes now to one now to another) Ζ 339.

ἐπαμοιβαδίς [ἐπαμοιβα-, ἐπαμείβω. Cf. ἐπημοιβός]. Crossing, interlaced with. With dat. : ἀλλήλοισιν ε 481.

ἐπαμύντωρ, -ορος, ὁ [ἐπαμύνω]. A protector or helper : τῷ ἠλθ' ἔ. N 384. Cf. π 263.

ἐπαμύνω [ἐπ-, ἐπι- (5)]. Aor. subj. ἐπαμύνῃ Ζ 361, M 369. 1 pl. -ομεν N 465. Imp. ἐπάμυνον E 685, Σ 171. Infin. ἐπαμῦναι Σ 99. To defend, protect, succour, fight for, come to the rescue of. With dat. : ἑταίρῳ Σ 99. Cf. Z 361, Θ 414, M 369, N 465, Ξ 357, Σ 171.—Absol. E 685, Π 540, Φ 311, 333.

†ἐπανατίθημι [ἐπ-, ἐπι- (18) + ἀνα- (4)]. Aor.

infin. ἐπανθέμεναι. To close (a gate): σανίδας Φ 535.

ἐπανέστησαν, 3 pl. aor. ἐπανίστημι.

†ἐπανήνοθε [ἐπ-, ἐπι- (1)]. (Cf. ἐπενήνοθε.) In θ 365 3 sing. pf. Elsewhere 3 sing. plupf. (with secondary person-ending). (1) To be on the surface of something, show itself or be on something Β 219, Κ 134.—(2) To be on the surface of, cover. With acc. : οἷα θεοὺς ἐπανήνοθεν θ 365.

†ἐπανίστημι [ἐπ-, ἐπι- (4) + ἀν-, ἀνα- (1)]. 3 pl. aor. ἐπανέστησαν. To stand or rise up at one's bidding Β 85.

ἐπαοιδή, -ῆς, ἡ [ἐπ-, ἐπι- (5) + ἀοιδή]. An incantation or charm : ἐπαοιδῇ αἷμ' ἔσχεθον τ 457.

ἐπαπειλέω [ἐπ-, ἐπι- (5)]. To threaten, menace. With dat. : ἐπαπειλήσας Ἑλένῳ (with a threatening word or gesture directed to . . .) Ν 582.— With infin. : ὡς ἐπηπείλησεν, μὴ πρὶν ἀπονέεσθαι, πρὶν . . . Ξ 45.—To threaten with. With acc. of what is threatened and dat. of the person : ἔριδος, τὴν ἐπηπείλησ' Ἀχιλῆϊ Α 319.—So with cognate acc. : ἀπειλάων, τὰς Ὀδυσῆϊ ἐπηπείλησεν ν 127.

†ἐπαραρίσκω [ἐπ-, ἐπι- (3)]. 3 sing. aor. ἐπῆρσε Ξ 167, 339. 3 sing. plupf. ἐπαρήρει Μ 456. (1) To fit to, to (construct and) attach to. With dat. : θύρας σταθμοῖσιν Ξ 167 = 339.—(2) Intrans. in plupf., to be fitted on, be upon, something : μία κληῒς ἐπαρήρει Μ 456.

ἐπαρή, -ῆς, ἡ [ἐπ-, ἐπι- (5) + ἀρή¹]. An imprecation : θεοὶ ἐτέλειον ἐπαράς Ι 456.

ἐπαρήγω [ἐπ-, ἐπι- (5)] To help, aid, succour. With dat. : Ὀδυσῆϊ Ψ 783. Cf. Ω 39 : ν 391.

ἐπαρήρει, 3 sing. plupf. ἐπαραρίσκω.

†ἐπαρκέω [ἐπ-, ἐπι- (5)]. 3 sing. aor. ἐπήρκεσε. To ward off, afford protection against ρ 568.— With dat. of person protected : ὄλεθρόν οἱ Β 873.

ἐπάρουρος [ἐπ-, ἐπι- (1) + ἄρουρα]. Of a hired labourer, app. attached in some way to a particular piece of land or estate λ 489.

ἐπαρτής [ἐπ-, ἐπι- (5) + ἀρ-, ἀραρίσκω]. Equipped, ready θ 151, ξ 332 = τ 289.

ἐπαρτύω [ἐπ-, ἐπι- (3)]. To fit or fix on θ 447.

†ἐπάρχω [ἐπ-, ἐπι- (14)]. 3 sing. aor. imp. mid. ἐπαρξάσθω σ 418, φ 263. Pple. ἐπαρξάμενος, -ου Α 471, Ι 176 : γ 340, η 183, φ 272. In mid., as a word of ritual, to go round a company and pour a few drops taken from the κρητήρ (into the drinking-cups) to be poured out as a libation before the cups were filled for drinking : ἐπαρξάμενοι δεπάεσσιν (locatival dat.) Α 471 = Ι 176: = γ 340 = φ 272. Cf. η 183, σ 418, φ 263.

ἐπαρωγός, ὁ [ἐπ-, ἐπι- (5) + ἀρωγός]. A protector, helper, aider λ 498.

ἐπασκέω [ἐπ-, ἐπι- (19)]. To finish off or complete (with something) : ἐπήσκηται τοίχῳ ρ 266.

ἐπασσάμεθα, 1 pl. aor. πατέομαι.

ἐπασσύτερος, -η, -ον [in form a comp. Prob. fr. *ἐπασσύ(s) (for *ἐπανσσύς, fr. ἐπ-, ἐπι- (7) + ἀν-, ἀνα- (6) + συ-, σεύω). 'Pressing on after.' Cf. πανσυδίῃ]. Thus, following one another in quick succession : θνῇσκον ἐπασσύτεροι Α 383. Cf. Δ 423,

427, Θ 277 = Μ 194 = Π 418 : π 366 (relieving each other at short intervals).

ἔπαυλος, -ου, ὁ [ἐπ' αὐλῇ]. A fold for sheep, etc. ψ 358.

†ἐπαυρίσκω [ἐπ-, ἐπι- (5) + *αὐρίσκω]. 2 sing. aor. subj. ἐπαύρῃς σ 107 (v.l. ἐπαύρῃ ; see below). 3 ἐπαύρῃ Λ 391, Ν 649. Infin. ἐπαυρέμεν Σ 302 : ρ 81. ἐπαυρεῖν Λ 573, Ο 316, Ψ 340. Mid. 3 pl. pres. ἐπαυρίσκονται Ν 733. Fut. infin. ἐπαυρήσεσθαι Ζ 353. 2 sing. aor. subj. ἐπαύρηαι Ο 17. ἐπαύρῃ σ 107 (v.l. ἐπαύρῃς ; see above). 3 pl. ἐπαύρωνται Α 410. (1) To touch or graze : χρόα Λ 573 = Ο 316, Ν 649.—With genit.: λίθου Ψ 340.—Absol. Λ 391. —(2) With notion of deriving from contact, to bring on oneself, incur : μή τι κακὸν ἐπαύρῃς σ 107 (v.l. ἐπαύρῃ, mid.).—To have benefit or profit from. With genit. : τῶν ἐπαυρέμεν Σ 302.— Absol. : αὐτόν σε βούλομ' ἐπαυρέμεν ἤ τινα τῶνδε ρ 81.—In mid. With genit. : τοῦ ἐπαυρίσκονται Ν 733.—Ironically : ἵνα πάντες ἐπαύρωνται βασιλῆος (have cause to bless him) Α 410.—In mid., to reap the fruits of. With genit. : κακορραφίης Ο 17.—Absol. : ἐπαυρήσεσθαί μιν ὀΐω Ζ 353.

†ἐπαφύσσω [ἐπ-, ἐπι- (6)]. 3 sing. aor. ἐπήφυσε. To draw (water) from a vessel and add it to the contents of another vessel : θερμὸν [ὕδωρ] τ 388.

ἐπέβην, aor. ἐπιβαίνω.

ἐπέβησε, 3 sing. trans. aor. ἐπιβαίνω.

ἐπεβήσετο, 3 sing. aor. mid. ἐπιβαίνω.

ἐπέβρῖσαν, 3 pl. aor. ἐπιβρίθω.

ἐπεγείρω [ἐπ-, ἐπι- (19)] 3 sing. aor. mid. ἐπέγρετο Κ 124 : υ 57. Pple. ἐπεγρόμενος Ξ 256. (1) To rouse from sleep, waken χ 431.—(2) In mid., to rouse oneself from sleep, waken : ἄλοχος ἐπέγρετο υ 57. Cf. Κ 124, Ξ 256.

ἐπέγναμψε, 3 sing. aor. ἐπιγνάμπτω.

ἐπέγραψε, 3 sing. aor. ἐπιγράφω.

ἐπέγρετο, 3 sing. aor. mid. ἐπεγείρω.

†ἐπέδησε¹, 3 sing. aor. ἐπιδέω.

ἐπέδησε², 3 sing. aor. πεδάω.

ἐπέδραμε, 3 sing. aor. ἐπιτρέχω.

ἐπέδωκε, 3 sing. aor. ἐπιδίδωμι.

ἐπέην, 3 sing. impf. ἔπειμι¹.

ἐπέθηκα, 3 sing. aor. ἐπιτίθημι.

ἐπεί. (As spondee Χ 379, Ψ 2 : δ 13, θ 452, φ 25, ω 482.) (1) When, after that. (a) With indic. : οἱ δ' ἐπεὶ οὖν ἤγερθεν Α 57. Cf. Α 458, 467, 469, 484, Β 16, etc. : α 2, ρ 358, ρ 257, 407, etc.— From the time when : ἐπεὶ ἤγαγον Ω 547. Cf. δ 13, θ 452.—(b) (α) With subj. in relative sentences corresponding to sentences with εἰ (4). See Table at end (II) (B) (a) (2).—(β) With subj. or opt. in conditional relative sentences. For the examples and constructions see Table (III) (B) (a) (1) (2) (5), (b) (1), (D) (20) (23) (26) (27) (34) (56).—(2) Since, seeing that : ἐπεὶ πολὺ βούλομαι αὐτὴν οἴκοι ἔχειν Α 112. Cf. Α 114, 119, 132, Δ 307, Ι 304, etc. : α 37, 160, 176, 205, 223, etc. —Introducing a sentence without a regular apodosis Γ 59, Ν 68, etc. : γ 103, θ 236, etc.

ἐπείγω. App. 3 dual subj. (with irregular short vowel) ἐπείγετον Κ 361. (1) To oppress by weight, weigh down M 452.—To bear hard upon, press, oppress : ἐπειγομένοισιν ἵκοντο (in sore straits) M 374. Cf. Ψ 623.—(2) Of wind, to beat upon something, blow hard : ὁππότ' ἐπείγῃ ἴς ἀνέμου O 382.—So of wind and sea beating on (a ship) ψ 235.—Of a favourable wind, to speed (a ship) on her course μ 167, o 297.—(3) To press in pursuit, press hard upon : κεμάδα Κ 361.—(4) Of fire, to assail, attack : θάμνοι ἐπειγόμενοι πυρὸς ὁρμῇ Λ 157.—To play upon Φ 362.—(5) To propel (a ship) ν 115.—(6) To ply (oars) μ 205.—(7) To hurry on with, use all diligence in regard to : ὦνον ὁδαίων o 445.—(8) To constrain, compel : ἀναγκαίη ἐπείγει Ζ 85 : τ 73. Cf. λ 54.—To put constraint upon, debar from freedom of action : ἐπείγετο βελέεσσιν E 622 = N 511.—(9) In pass. (a) To make haste, hasten, hurry : ἐπειγέσθω Z 363.—With infin., to be eager to do something : μή τις ἐπειγέσθω οἰκόνδε νέεσθαι Β 354. Cf. ε 399.—To be eager for something to happen : δῦναι [ἥέλιον] ἐπειγόμενος ν 30.—With acc., to be set on, be eager for a decision in the matter of : ἐπειγόμενοι τὸν ἐμὸν γάμον (eager for it though you be) β 97 = τ 142 = ω 132.—Without construction : ἐπειγομένην περ (curbing her impatience) ρ 570.—(b) In pres. pple., in eager haste, hurrying, with all speed : τεῖχος ἐπειγομένη ἀφικάνει Z 388. Cf. Ξ 519, Ψ 119.—Of an impersonal agency : ὅτ' ὁπὸς γάλα ἐπειγόμενος συνέπηξεν E 902.—Of winds, blowing, blustering E 501. —In a hurry : μὴ ἐπειγόμενοι ἀποπέμπετε λ 339. —Of eager rivalry Ψ 437, 496.—With genit., eager for : Ἄρηος Τ 142, 189 : ὁδοῖο α 309, γ 284, o 49.

ἐπειδάν [ἐπεί + δή + ἄν]. When. With subj. in a conditional relative sentence. See Table at end (III) (B) (a) (3).

†**ἐπείδω** [ἐπ-, ἐπι- (11)]. Acc. sing. masc. aor. pple. ἐπιδόντα. To look upon, behold : κακὰ πολλὰ Χ 61.

†**ἔπειμι**[1] [ἐπ-, ἐπι- (1) (7) + εἰμί]. 3 sing. opt. ἐπείη Β 259. 3 sing. impf. ἐπῆεν Ε 127 : φ 7. ἐπέην Τ 276. 3 pl. ἔπεσαν β 344. 3 sing. fut. ἐπέσσεται δ 756. (1) To be fitted on or to something : κώπη ἐπῆεν φ 7. Cf. E 127, Τ 276 : β 344.—(2) To be upon. With dat. : κάρη ὤμοισιν Β 259.—(3) To be in existence so as to take up an inheritance : ἐπέσσεταί τις ὅς κεν ἔχῃσι δώματα δ 756.

†**ἔπειμι**[2] [ἐπ-, ἐπι- (11) (14) + εἶμι]. 1 sing. pres. ἔπειμι ψ 359. 3 ἔπεισι Α 29, Ν 482 : δ 411. Pple. ἐπιών, -όντος E 238, N 477, 482, 836, O 164, Σ 546 : π 42. 3 sing. impf. ἐπήϊε Ρ 741. 3 pl. ἐπήϊσαν λ 233. ἐπῆσαν τ 445. (1) To approach, draw near, come, come up : προμνηστῖναι ἐπήϊσαν λ 233. Cf. π 42, τ 445.—In hostile sense : τόνδ' ἐπιόντα δεδέξομαι ὀξέϊ δουρί E 238. Cf. N 477, 482, 836, O 164.—So, to come up to. With dat. : ὅς μοι ἔπεισιν Ν 482.—Of noise, to come to, assail the ears of. With dat. : τοῖς ὀρυμαγδὸς ἐπήϊεν Ρ 741. —(2) To go round a number of persons : δόσκεν ἀνὴρ ἐπιών Σ 546.—(3) In pres. with fut. sense.

With acc., to go to, visit : ἀγρὸν ἔπειμι ψ 359.— Of a state or condition, to come upon one : γῆράς μιν ἔπεισιν Α 29.—To go over, hold in review : φώκας ἔπεισιν δ 411.

ἔπειρε, 3 sing. aor. πείρω.

ἔπεισι, 3 sing. pres. ἔπειμι[2].

ἔπειτα [ἐπι- (19) + εἶτα, then]. (1) Then, thereupon, after that : πολλὰ δ' ἐ. ἠρᾶτο Α 35, ἔξετ' ἐ. 48. Cf. Α 121, 172, 312, 387, 440, etc. : α 44, 123, 144, 336, 363, etc.—(2) Then, at that time : ἠέλιος ἐ. νέον προσέβαλλεν ἀρούρας Η 421 : = τ 433. Cf. Λ 776 : α 106. —(3) Then, next, afterwards : κίκλησκ' ἐ. Αἴαντε Β 406. Cf. Ζ 260, Λ 176, Π 136, Σ 96, Ψ 755, etc. : ὄφρ' ἂν ἐ. παῖδες λίπωνται (after me) γ 354, αὐτὰρ ἐ. δώσω . . . δ 590, οὐδέ τις ἄλλος γίγνετ' ἐ. ἀνέμων (succeeding it) μ 326. Cf. γ 58, ι 203, o 261, etc.— (4) In a contemplated case, in that case, then : οὐκ ἄν σ' ἐ. κελοίμην . . . Ω 297. Cf. Α 547, Κ 243, Π 446, Χ 49, etc. : νήποινοί κεν ἐ. ὄλοισθε α 380, ᾗ καὶ ἐ. λευγαλέοι ἐσόμεσθα (if we make the attempt) β 60. Cf. π 301, τ 24, υ 209, ψ 287, etc. —Then, therefore, why then : οὐ σύ γ' ἐ. Τυδέος ἔκγονός ἐσσι E 812, εὔχεο σύ γ' ἐ. Κρονίωνι (since you are set on going) Ω 290. Cf. Η 360, Ι 444, etc. : η 200, ρ 185.—In virtue of something, therein : ἐ. δὲ πολλὸν ἀάσθη Τ 113.—Resuming and restating, then : ἐπόρουσε . . . τρὶς ἐ. ἐπόρουσεν E 436. Cf. Τ 445, etc. : γ 62, etc.—(5) Stating an alternative : φεύγωμεν, ἤ μιν ἐ. λιτανεύσομεν Ω 356. Cf. Ζ 350, Ν 743, Τ 120, etc. : υ 63.— Introducing a statement δ 354, ι 116, ν 106.— (6) Hereafter : ἐ. πεφήσεται Ο 140. Cf. Π 498, Τ 130, Φ 274, Ψ 246, 551 : ι 17, π 309, ω 432.— (7) In the end, in the result : τῇ καὶ ἐ. τελευτήσεσθαι ἐμέλλεν θ 510. Cf. θ 520, φ 24.—After all : ἔπρηξας καὶ ἐ. Σ 357. Cf. φ 131.

ἐπεκέκλετο, 3 sing. aor. ἐπικέλομαι.

ἐπέκελσε, 3 sing. aor. ἐπικέλλω.

ἐπέκειρε, 3 sing. aor. ἐπικείρω.

ἐπέκλυον. See ἐπικλυον.

ἐπέκλωσε, 3 sing. aor. ἐπικλώθω.

ἐπεκραίαινε, 3 sing. impf. See ἐπικραίνω.

ἐπελάμφθη, 3 sing. aor. ἐπιλάμπω.

ἐπέλασσα, aor. πελάζω.

†**ἐπελαύνω** [ἐπ-, ἐπι- (3)]. 3 sing. plupf. pass. ἐπελήλατο. To beat or hammer out (metal) upon or on to something : ἐπελήλατο χαλκός N 804, P 493.

ἐπελεύσεσθαι, fut. infin. ἐπέρχομαι.

ἐπελήλατο, 3 sing. plupf. pass. ἐπελαύνω.

ἐπελήλυθα, pf. ἐπέρχομαι.

ἐπέλησε, 3 sing. aor. ἐπιλήθω.

ἐπελθών, aor. pple. ἐπέρχομαι.

ἐπεμαίσσατο, 3 sing. aor. ἐπιμαίομαι.

†**ἐπεμβαίνω** [ἐπ-, ἐπι- (12) + ἐμ-, ἐν- (3)]. Pf. pple. ἐπεμβεβαώς. To go on to, mount ; in pf. to stand upon. With genit. : οὐδοῦ Ι 582.

ἐπεμαίνομαι, 3 sing. aor. ἐπιμαίνομαι.

ἐπέμυξαν, 3 pl. aor. ἐπιμύζω.

ἔπεμψε, 3 sing. aor. πέμπω.

ἐπένεικα, aor. ἐπιφέρω.

ἐπένειμε, 3 sing. aor. ἐπινέμω.

†ἐπενήνοθε Β 219, Κ 134 : θ 365 [ἐπ-, ἐπι- (1)]. See ἐνήνοθε, ἐπανήνοθε.

†ἐπεντανύω [ἐπ-, ἐπι- (5)+ἐν- (3)]. Aor. pple. ἐπεντανύσας. To draw tight (a rope) resting upon something χ 467.

†ἐπεντύνω [ἐπ-, ἐπι- (5)]. 3 pl. aor. subj. mid. ἐπεντύνονται. To get ready, prepare. In mid. : ἄεθλα ω 89.

ἐπεντύω [ἐπ-, ἐπι- (5)]. To get (horses) ready for yoking : ἐπέντυε ἵππους Θ 374.

ἐπέοικε, 3 sing. pf. [ἐπ-, ἐπι- (19)+ἔοικε. See εἴκω¹]. 3 sing. plupf. ἐπεῴκει ω 295. (1) To be fitting or suitable for. With dat. : ὅς τις οἷ ἐ. Ι 392.—(2) To beseem, look well in. With dat. : νέῳ πάντ᾽ ἐ. Χ 71.—(3) Impers., it is fitting, right, seemly. (a) With dat. and infin. : σφῶϊν ἐ. ἑστάμεν Δ 341.—(b) With acc. and infin. : ὃν τ᾽ ἐ. βουλὰς βουλεύειν Κ 146 : ὧν ἐ. ἱκέτην [μὴ δεύεσθαι] ζ 193=ξ 511. Cf. λ 186.—(c) With infin. alone : λαοὺς οὐκ ἐ. ταῦτ᾽ ἐπαγείρειν Α 126 (see ἐπαγείρω), ὅσσ᾽ ἐ. [ἀποδάσσασθαι] Ω 595.—(d) Absol. : ὡς ἐ. υ 293. Cf. ω 295, 481.

ἐπεπήγει, 3 sing. plupf. πήγνυμι.

ἐπέπιθμεν, 1 pl. plupf. πείθω.

ἐπέπληγον, 3 pl. thematic plupf. πλήσσω.

ἐπέπλως, 2 sing. aor. ἐπιπλέω.

ἐπεποίθει, 3 sing. plupf. πείθω.

ἐπεπόνθει, 3 sing. plupf. πάσχω.

ἐπέπταρε, 3 sing. aor. ἐπιπταίρω.

ἐπέπτατο, 3 sing. aor. ἐπιπέτομαι.

ἐπέπυστο, 3 sing. plupf. πεύθομαι.

ἐπέρασσα, aor. περάω².

†ἐπερείδω [ἐπ-, ἐπι- (18)]. 3 sing. aor. ἐπέρεισε. (1) To thrust or press (a weapon) home Ε 856.—(2) To put (one's strength) into an effort : ἐπέρεισεν ἲν᾽ ἀπέλεθρον Η 269 : = ι 538.

ἐπέρησα, aor. περάω¹.

ἐπέρριψαν, 3 pl. aor. ἐπιρρίπτω.

ἐπερρώσαντο, 3 pl. aor. ἐπιρρώομαι.

ἔπερσε, 3 sing. aor. πέρθω.

†ἐπερύω [ἐπ-, ἐπι- (18) + ἐρύω¹]. 3 sing. aor. ἐπέρυσσε. To pull to (a door) : θύρην α 441.

ἐπέρχομαι [ἐπ-, ἐπι- (11) (14)]. Fut. infin. ἐπελεύσεσθαι ι 214. Aor. ἐπῆλθον η 280. 3 sing. -ε Η 262, Μ 200, Ο 84, Σ 321 : ι 233, ξ 457, 475, ο 256. ἐπήλυθε Θ 488, Ι 474, Τ 91 : δ 793, κ 31, λ 200, ρ 170, etc. 3 pl. -ον β 107, λ 295, ξ 294, τ 152, ω 142. Subj. ἐπέλθω ξ 139. 3 sing. -ῃσι Ω 651. -η ε 472, κ 175. 3 pl. -ωσι ω 354. Pple. ἐπελθών Δ 334, Κ 40, Ο 630, Ω 418, etc. : α 188, ε 73, π 197, ψ 185, etc. Pl. -όντες τ 155. Pf. ἐπελήλυθα δ 268. (1) To approach, draw near, come, come up : τοῦ υἱὸς ἐπήλθετο ο 256. Cf. Α 535, Κ 40, Ψ 234, etc. : β 13=ρ 64, ε 73, ι 233, π 197, σ 199, τ 155, ψ 185.—To approach, come up to. With dat. : σφιν Μ 200.—In hostile sense : μίμνον ἐπερχόμενον Ἄσιον Μ 136. Cf. Ν 472, Ο 406, Τ 178, Χ 252.—Applied to a weapon Θ 536.—With dat. : βουσίν Τ 91.—So of a disease λ 200.—Of lions Κ 485, Ο 630. — To approach a person for a specified purpose : εἰ γέροντ᾽ εἴραι ἐπελθών α 188.

Cf. ρ 382.—(2) To come or present oneself : αὐτὸς ἐπελθών β 246, ω 506. Cf. ι 214.—(3) To come to a specified place : μή τις ἐνθάδ᾽ ἐπέλθῃσιν Ω 651. Cf. ω 354.—(4) To come to, arrive at, reach, a specified or indicated place : ἧος ἐπῆλθον ἐς ποταμόν η 280. Cf. ρ 170.—Of a weapon, to make its way to, reach, touch. With acc. : αὐχένα Η 262.—(5) To come to, visit. With acc. : ἀγρόν π 27.—(6) To come upon, light upon, find. With dat. : ὁμηγερέεσσι θεοῖσιν Ο 84.—Absol. : μή τις ἐπελθὼν δηλήσαιτο ν 124. Cf. ξ 317.—(7) Of sleep, to come upon (one). With dat. : κλαιόντεσσιν ἐπήλυθεν ὕπνος μ 311. Cf. ε 472.—With acc. : ἐπήλυθέ μιν ὕπνος δ 793. Cf. κ 31=ν 282.—(8) Of a period of time, to come on, come upon one : ἐπήλυθε νύξ Θ 488, Ι 474. Cf. κ 175, ξ 457, 475, ρ 606, χ 198. —To come round : ὅτ᾽ ἐπήλυθον ὧραι β 107=τ 152 = ω 142, λ 295=ξ 294.—(9) To go over, traverse. With acc. : ἄγκεα Σ 321. Cf. δ 268.—(10) To go, betake oneself : ὁππόσ᾽ ἐπέλθω ξ 139.

ἔπεσαν, 3 pl. impf. ἔπειμι¹.

ἐπεσβολίη, -ης, ἡ [ἐπεσβόλος]. A throwing in of one's word, a speaking uninvited. In pl. δ 159.

ἐπεσβόλος [ἔπεσ-, ἔπος + βολ-, βάλλω]. Throwing words about at random, scurrilous Β 275.

ἔπεσε, 3 sing. aor. πίπτω.

ἐπέσπον, aor. ἐφέπω¹.

ἐπέσσεται, 3 sing. fut. ἔπειμι¹.

ἐπέσσευε, 3 sing. aor. ἐπισσεύω.

ἐπέσσυται, 3 sing. pf. mid. ἐπισσεύω. .

ἐπέσσυτο, 3 sing. aor. mid. ἐπισσεύω.

ἐπεστέψαντο, 3 pl. aor. mid. ἐπιστέφω.

ἐπέστη, 3 sing. aor. ἐφίστημι.

ἐπέσχον, aor. ἐπέχω.

ἐπετείλας, 2 sing. aor. ἐπιτέλλω.

ἐπετήσιος [ἐπ-, ἐπι- (16) + ἔτος]. Coming on all through the year : καρπός η 118.

ἐπετράπομεν, 1 pl. aor. ἐπιτρέπω.

ἐπέτρεψε, 3 sing. aor. ἐπιτρέπω.

ἐπεύξατο, 3 sing. aor. ἐπεύχομαι.

ἐπευφημέω [ἐπ-, ἐπι- (4)]. To give one's voice in approval or assent Α 22=376.

ἐπεύχομαι [ἐπ-, ἐπι- (5)]. 2 sing. fut. ἐπεύξεαι Λ 431. 3 sing. aor. ἐπεύξατο Α 449, Ν 373, 413, 445, Ξ 453, 478, Τ 388, Χ 330 : υ 60, 238. Pple. -άμενος Γ 350, Ζ 475, Κ 368, Ρ 46 : ξ 436. Infin. -ασθαι κ 533, λ 46. (1) To utter words of exultation, triumph, vaunting, derision : ἐπεύχεται αὔτως Ρ 450. Cf. Ρ 35 : ψ 59.—With complementary infin. : ἐπευξάμενος βαλέειν Κ 368.—To utter such words over a smitten foe : ὅς μ᾽ ἔβαλε καὶ ἐπεύχεται Ε 119. Cf. Λ 449, Ν 373, 413, 445, Ξ 453, Τ 388, Φ 427, Χ 330 : χ 286.—To utter them over him. With dat. : τῷ ἐπεύξατο Ξ 478. Cf. Λ 431, Π 829, Φ 121, 409.—(2) To pray. With dat. : Διΐ Γ 350=Ρ 46, Ζ 475. Cf. κ 533=λ 46, υ 60. — With dat. and complementary infin. : πᾶσι θεοῖσι νοστῆσαι Ὀδυσῆα ξ 423, υ 238, φ 203.—Absol. : ξ 436.

ἐπέφνον, aor. φένω.

ἐπέφραδον, redup. aor. φράζω.

ἐπεφράσατο, 3 sing. aor. mid. ἐπιφράζω.

ἐπεφράσθης, 2 sing. aor. pass. ἐπιφράζω.
ἐπέχευε, 3 sing. aor. ἐπιχέω.
ἐπέχραον, 3 pl. aor. ἐπιχράω.
ἐπέχυντο, 3 pl. aor. pass. ἐπιχέω.
ἐπέχω [ἐπ-, ἐπι- (1) (5) (11) (15) (18)]. Aor.
ἐπέσχον Χ 83. 3 sing. ἐπέσχε Φ 244, 407, Χ 494,
Ψ 238, Ω 792: π 444. 2 sing. opt. ἐπισχοίης Ξ 241.
Pple. ἐπισχών I 489. 3 pl. plupf. pass. ἐπώχατο
Μ 340. (1) To hold, keep, rest upon. With dat. :
θρῆνυι πόδας Ξ 241: ρ 410.—(2) To extend over,
cover. With acc.: ἑπτὰ πέλεθρα Φ 407. Cf. Ψ 190,
238 = Ω 792.—(3) To hold out for acceptance,
offer, present: κοτύλην Χ 494. Cf. I 489: π 444.
—Of presenting the breast to a suckling Χ 83.—
(4) To set upon, assail, abuse. With dat. : μοι
τ 71.—(5) To restrain or dam (a stream) Φ 244.—
(6) To hold oneself from action, hold back, re-
frain : Ἀντίνοος ἔτ' ἐπεῖχε καὶ Εὐρύμαχος φ 186
(Eu. does not seem to make the attempt till 245,
and A. does not seem to make it at all).—(7) To
shut (a gate) : πᾶσαι [πύλαι] ἐπώχατο Μ 340 (v.l.
πάσας ἐπώχετο).
ἐπέῳκει, 3 sing. plupf. See ἐπέοικε.
ἐπήβολος [app. with ἐπη- (with metrical
lengthening) for ἐπι-, fr. ἐπιβάλλομαι. See
ἐπιβάλλω (2)]. Having, having the disposal of :
νηός β 319.
ἐπήγαγον, aor. ἐπάγω.
ἐπηγκενίδες, αἱ [app. ἐπ-, ἐπι- (1) + ἐνεγκέμεν.
See φέρω]. Dat. ἐπηγκενίδεσσι. The pieces fitted
upon the top of the ἴκρια of the σχεδίη of
Odysseus, and forming the upper surface thereof
ε 253.
ἐπήην, 3 sing. impf. ἔπειμι[1].
ἐπηετανός, -όν [prob. ἐπ-, ἐπι- (16) + ηε- = αἰεί
+ suff. -τανος. 'Lasting for ever']. (1) Never-
failing, always available : γάλα δ 89.—Unfailing,
constant, regularly afforded or given : κομιδή
θ 233, σῖτον σ 360.—Ever-flowing, always full :
πλυνοί ζ 86, ἀρθμοί ν 247.—(2) In neut. sing.
ἐπηετανόν as adv., in never-failing abundance :
ἐ. ἔχουσιν κ 427. Cf. η 99.—Ever, all the year
round : γανόωσαι η 128.
ἐπήϊε, 3 sing. impf. ἔπειμι[2].
ἐπήϊξα, aor. ἐπαΐσσω.
ἐπήϊσαν, 3 pl. impf. ἔπειμι[2].
ἐπήλθε, ἐπήλυθε, 3 sing. aor. ἐπέρχομαι.
ἐπημοιβός [ἐπαμείβω. Cf. ἐπαμοιβαδίς]. (1) Of
a garment, kept for a change (= ἀμοιβάς): χιτῶνες
ξ 513.—(2) Of ὀχῆες, app., crossing each other
(cf. ἐπαμοιβαδίς) Μ 456. (The κληῖς would secure
the ὀχῆες to the gate at their point of inter-
section, and so make of the whole a solid
structure without separate play in the parts.)
ἐπήν [ἐπεὶ ἄν]. When, after that. (1) With
subj. in a relative sentence corresponding to
sentences with εἰ (4). See Table at end (II) (B)
(a) (3).—(2) With subj. or opt. in conditional
relative sentences. For the examples and con-
structions see Table (III) (B) (a) (3), (D) (34) (35)
(36) (38) (49) (65).
ἐπήνησαν, 3 pl. aor. ἐπαινέω.

ἔπηξε, 3 sing. aor. πήγνυμι.
ἐπηπείλησε, 3 sing. aor. ἐπαπειλέω.
ἐπηπύω [ἐπ-, ἐπι- (5)]. To give one's voice in
approval or assent to. With dat. : ἀμφοτέροισιν
ἐπήπυον Σ 502.
ἐπήρατος, -ον [ἐπ-, ἐπι- (19) + ἔραμαι. 'Lovely'].
An epithet of general commendation, pleasing,
charming, delightful, fair, or the like : δαιτός
I 228 : εἵματα θ 366, ἄντρον ν 103 = 347.—As epi-
thet of places, fair, pleasant : πτολίεθρον Σ 512,
Χ 121. Cf. δ 606.
ἐπήρετμος, -ον [ἐπ-, ἐπι- (2) + ἐρετμόν]. (1) At
the oar : ἑταῖροι ἦατ' ἐπήρετμοι β 403.—(2) Epithet
of ships, fitted or furnished with oars δ 559 = ε 16
= ρ 145, ε 141, ξ 224.
ἐπηρεφής [ἐπ-, ἐπι- (5) + ἐρέφω]. Overhanging :
κρημνοί Μ 54.—Of cliffs, beetling κ 131, μ 59.
ἐπήρκεσε, 3 sing. aor. ἐπαρκέω.
ἐπήρσε, 3 sing. aor. ἐπαραρίσκω.
ἐπήσαν, 3 pl. impf. ἔπειμι[2].
ἐπήσκηται, 3 sing. pf. pass. ἐπασκέω.
ἐπητής. App., well-mannered, courteous :
οὔνεκ' ἐ. ἔσσι ν 332, ἐπητῇ ἀνδρί σ 128.
ἐπήτριμοι, -α. App., in succession, one after
another : πυρσοὶ φλεγέθουσιν ἐπήτριμοι Σ 211.
Cf. Σ 552, Τ 226.
ἐπητύς,, -ύος, ἡ [ἐπητής]. Courtesy, gentle
usage φ 306.
ἐπήφυσε, 3 sing. aor. ἐπαφύσσω.
ἐπί. (Commonly with anastrophe when im-
mediately following the vb. or case-form (and
see γ 161).) (I) Adv. (1) Position on or upon
something, thereon : ἐπὶ δ' ἀργύρεον ζυγὸν ἦεν
I 187. Cf. Η 223, Λ 630 (on the table) : α 291,
γ 9, δ 132, η 90, θ 475, etc.—(2) At a place,
thereat : ἐπὶ σκέπας ἦν ε 443 = η 282, ζ 210, μ 336.
—(3) Denoting an occasion or cause, there-
at, thereupon : ἐπὶ δὲ Τρῶες κελάδησαν Θ 542,
γέλασαν δ' ἐπὶ πάντες Ψ 840. Cf. Β 148, Λ 45,
Ν 822, Π 612, Ρ 723, etc. : ζ 117.—(4) Denot-
ing (sometimes vaguely) that action, effort or
the like takes place in a specified or indicated
direction or is directed to or against something
or to a specified or indicated object or end :
κρατερὸν δ' ἐπὶ μῦθον ἔτελλεν Α 25, εἴ ποτέ τοι ἐπὶ
νηὸν ἔρεψα (in thy honour) 39, ἦμος ἐπὶ κνέφας
ἦλθεν (came upon them) 475, ἐπὶ φρεσὶ κέκασται
(excels all) Υ 35. Cf. Α 408, 528, Γ 461, Δ 384,
I 539, Κ 99, Λ 235, etc. : ἀνέμων ἐπ' ἀϋτμένα χεῦεν
γ 289, ἐπὶ χερσὶ μάσασθαι λ 591. Cf. α 273, γ 152,
161, θ 245, ξ 195, ρ 241, σ 64, etc.—(5) Besides,
in addition, too : ἐπὶ μέγαν ὅρκον ὀμοῦμαι Α 233, ἐπὶ
ξύλα λέγεσθε Θ 507. Cf. Ε 705, Ο 662, Σ 529,
Φ 373, etc. : μ 399 = ο 477, υ 229.—(6) Following,
succession : πρὸ μέν τ' ἄλλ', αὐτὰρ ἐπ' ἄλλα Ν 799.
Cf. Ν 800.—(7) Accompaniment : ἐπὶ δ' ἕψονται
θεοὶ ἄλλοι Δ 63, ἐπὶ μείλια δώσω (δώσει) (with her)
I 147, 289. Cf. ι 297, μ 349.—(8) In answer or
response : ἐπὶ δὲ στενάχοντο Τ 301 = Χ 515 = Ω 746,
Τ 338, Χ 429, Ω 722. Cf. Ω 776.—(9) Being in
charge : ἐπὶ δ' ἀνὴρ ἐσθλὸς ὀρώρει Ψ 112. Cf.
γ 471, ξ 104.—(10) To, towards, at, on, upon :

ἦλθε δ' ἐπὶ ψυχή Ψ 65. Cf. Λ 480, Ψ 232, etc. : γέροντας ἐπὶ πλέονας καλέσαντες (to the council) η 189, οἷον ἐπ' ἦμαρ ἄγῃσιν σ 137. Cf. λ 84, 90, 632, μ 427, σ 1, etc.—In hostile sense : ἐπὶ δ' ὄρνυτο Ψ 689. Cf. Δ 221, Ε 618, Θ 158, etc. : φ 100.—(11) On to, on, upon, over something : ἐπ' ἄρα φάρμακα πάσσεν Δ 218, δέελον δ' ἐπὶ σῆμά τ' ἔθηκεν Κ 466. Cf. Α 462, Ζ 419, Λ 639, Ν 543, Ψ 256, etc. : γ 179, 459, θ 443, κ 520, μ 47, τ 58, etc.—(12) Thrusting or pushing home : ἐπὶ κληῖδ' ἐτάνυσσεν α 442. Cf. Ρ 48.—(II) Prep. (1) With dat. (a) On, upon : ἐπὶ χθονί Α 88, ἐπὶ πύργῳ Γ 153. Cf. Α 219, 462, Δ 248, 470 (over his body), Ε 42, etc. : α 211, γ 5, 273, 408, etc.— With locative : ἐπ' ἰκριόφιν γ 353, ν 74, ο 283. Cf. ε 59, λ 607.—In pregnant sense : ἐξ αὐτοὶ βαῖνον ἐπὶ ῥηγμῖνι θαλάσσης Α 437. Cf. Α 486, Ε 141 (against each other), Λ 5, Ν 359, Χ 97 (against), etc. : κατέθηκεν ἐπ' ἀπήνῃ ζ 75. Cf. α 364, δ 440, κ 375, μ 362, etc.—With locative : ἐπὶ στεφάνην κεφαλῆφι θήκατο Κ 30 : τ 389.—In reference to imposing, laying or conferring something upon a person : ἄλγε' ἐπ' ἀλλήλοισι τιθέντες Ε 384, ἐπ' αὐτῷ κῦδος ἔθηκεν Ψ 400. Cf. Ζ 357, etc. : λ 524, τ 592, etc.—Sim. : εἰ γὰρ ἐπ' ἀρῆσιν τέλος γένοιτο ρ 496.—To bestowing a name : ἐπὶ πᾶσι τίθενται θ 554.—To attaching to something : δησάμενοι ἐπὶ κληῖσιν ἐρετμά θ 37.—(b) At, by, beside : ἐπὶ νηυσίν Α 559, πηγῆς ἔπι Κηφισοῖο Β 523. Cf. Β 472 (over against), 788, Η 86, Μ 168, Χ 93 (app., in the hole), etc. : α 103, β 391, δ 40, ζ 52, ι 103, etc.—Sim., among, in the enjoyment of (wealth) Ι 482 : α 218.—In closer definition of something : οὔτασε χεῖρ' ἐπὶ καρπῷ Ε 458. Cf. Σ 594, etc. : ω 398, etc.—With locative in reference to position : ἐπὶ δεξιόφιν Ν 308. Cf. Ν 309.—(c) App., implying penetration, into, in : ἔγχος κατέπηξεν ἐπὶ χθονί Ζ 213. Cf. Ψ 876.—So in reference to the mind, into, in : τῷ ἐπὶ φρεσὶ θῆκεν Α 55, etc. Cf. ε 427, etc.—(d) For, with a view to : ᾧ ἔπι πολλὰ μόγησα Α 162. Cf. σ 44.—In consideration of : μισθῷ ἔπι ῥητῷ Φ 445. Cf. Κ 304.—In the case of, in the matter of, on the occasion of, in honour of, for : μητρὶ φίλῃ ἐπὶ ἦρα φέρων (to her) Α 572, ἀθ' οὕτως ἐπὶ πᾶσι χόλον τελέσειεν Δ 178. Cf. Δ 235, 258, Ι 492, Ξ 67, Ρ 400, Φ 585, Ω 82, etc. : τοιῷδ' ἐπ' ἀέθλῳ λ 548, ἐπὶ μηρία θέντες Ἀπόλλωνι φ 267. Cf. γ 164, π 19, σ 414, ω 91, etc.— Besides, in addition to : ἀλλ' ἐπὶ τῆισιν Ι 639, μή τις ἐφ' ἕλκεϊ ἕλκος ἄρηται (wound on wound) Ξ 130, τόσους ἐπὶ τοῖσι χιτῶνας Ω 231. Cf. γ 113, λ 287, χ 264, etc.—In comparison with : ἐπὶ γαστέρι κύντερον π 216.—(f) In reference to concomitance : ἀτελευτήτῳ ἐπὶ ἔργῳ (with your task unaccomplished) Δ 175, τῷδ' ἐπὶ θυμῷ (with this . . .) Ν 485, ἐπ' ἀρωγῇ Ψ 574 : ἀνηνύστῳ ἐπὶ ἔργῳ (with no end to the business) π 111. Cf. π 99, ρ 308, 454, ω 511.—At the hands of : ἐπὶ ἵστορι Σ 501.—(g) After, following : τῷ δ' ἐπὶ Τυδεΐδης ὦρτο Η 163. Cf. Θ 262, etc. : η 120, υ 162, etc.—(h) In charge or superintendence of, over : ἐπ' ὄεσσιν Ε 137, υἱὸν ἐπὶ κτεάτεσσι λιπέ-

σθαι 154. Cf. Ζ 424, etc. : σημαίνειν ἐπὶ δμῳῇσιν χ 427. Cf. ο 89, υ 209, φ 363, etc. — (i) To, towards, in the direction of : νηυσὶν ἔπι Ε 327, ἕλκ' ἐπὶ οἶ Λ 239. Cf. Β 6, Δ 251, Τ 53, etc. : ρ 330, χ 205, etc.—Sim. : Πατρόκλῳ δ γ' ἐπ' ὀφρύσι νεῦσεν Ι 620.—In reference to lighting or coming upon something : ἐπὶ σώματι κύρσας Γ 23. Cf. Ψ 821.—In hostile sense, against, upon : ἦκεν ἐπ' Ἀργείοισι βέλος Α 382, ἐπ' ἀλλήλοισι θορόντες Λ 70. Cf. Γ 15, Ε 124, Θ 327, Λ 294, etc. : β 316, κ 214, ν 60, χ 8, etc.—So ἐφ' ἵπποιιν μάστιγας ἄειραν Ψ 362. — Of laughing at or exulting over a person : ἐπ' αὐτῷ γέλασσαν Β 270, Ψ 784, τῷ δ' ἐπὶ μακρὸν ἄυσεν Ε 101, etc. : υ 358 = φ 376. Cf. υ 374, χ 412.—In reference to position, in the direction of, towards : ἐπὶ οἷ τετραμμένον Ν 542. —(j) In reference to time. (α) During, for the space of : ἐπ' ἤματι δακρύσαντας Τ 229. Cf. Θ 529. —(β) During, on : ὅς τις ἐπ' ἤματι τῷδε μεθίησι μάχεσθαι Ν 234. Cf. Τ 110 : ἐπ' ἤματι μῆλον ἀγινεῖ (each day, day by day) ξ 105.—(γ) In the space of : τοσσάδε μέρμερ' ἐπ' ἤματι μητίσασθαι (in a single day) Κ 48 : τρὶς ἐπ' ἤματι μ 105. Cf. β 284.—(2) With acc. (a) To, towards, in the direction of : ἐπὶ νῆας Α 12, τώ οἱ ὤμω ἐπὶ στῆθος συνοχωκότε Β 218, ἀταρπιτὸς ἦεν ἐπ' αὐτήν (leading to it) Σ 565. Cf. Α 306, 440, Β 808, Δ 78, etc. : α 149, 183, 274, β 260, etc.—So ἐπὶ δεξιά Η 238, etc.—In hostile sense Ε 590, Ν 101, etc. : ρ 295. —In quest of, for : ἐπὶ Νέστορα Κ 54. Cf. Β 18, etc. : γ 421, etc.—In reference to that to which one turns or proceeds : ἐπὶ ἔργα τράποντο Γ 422. Cf. Β 381, etc. : θ 395, ξ 455, ω 394, etc.—To directing the sight or mind : γεγωνέμεν ἐπ' Αἴαντος κλισίας Λ 7, ἐπὶ Θρηκῶν καθορώμενος αἶαν Ν 4, etc.—To seeing to something : ἐπὶ ἔργα ἰδεῖν π 144.—To being brought into sorrow ξ 338. —To the use, for : πᾶσαν ἐπ' ἰθύν Ζ 79 : δ 434.— (b) Indicating arrival at a point : ἐπὶ κλισίας ἱκέσθην Α 328. Cf. Β 17, etc. : κ 117, μ 430, etc. —In reference to time : οὐδ' ἐπὶ γῆρας ἵκετο Θ 226. —(c) In reference to adjusting to, bringing into conformity with, something : ἐπὶ ἶσα Μ 436 = Ο 413 : ἐπὶ στάθμην ε 245, ρ 341 = φ 44, φ 121, ψ 197.—To bringing into a specified formation : ὥς τίς σφιν ἐπὶ στίχας ἡγήσατο (into their ranks) Β 687. Cf. Γ 113.—To being in such a formation : θρέξασκον ἐπὶ στίχας Σ 602.—Sim. : ἐπὶ πτολέμοιο γεφύρας ἦατο Θ 553.—(d) On, upon. In reference to placing, setting, seating or sitting on or at something : ἕζετο θῖν' ἐφ' ἁλός Α 350, θῖν' ἐφ' ἁλὸς εἰρυμέναι Ν 682. Cf. Θ 442, etc. : εἷσαν ἐπὶ σκέπας Σ 212. Cf. Η 61, etc.—Sim. : ἐπ' ἀμφοτέρους πόδας ἵξει Ν 281, ἑζόμενος ἐπὶ γοῦνα (i.e. with his knees on the ground, 'sitting on his heels') Ξ 437.—In reference to attaching : ἔδησαν ἐπ' ὀμφαλῷ Σ 553.—To falling on a part of the body : ἐπὶ στόμα Ζ 43. Cf. Ε 586, etc.—To a part by which one is seized : ἑλὼν ἐπὶ μάστακα ψ 76.—(e) In reference to position, on, at : νηῶν ἐπ' ἀριστερά Ν 675. Cf. Β 526, Ε 355, etc. : γ 171, ε 277.—(f) On to, on : ἐπὶ πύργον ἰοῦσα Γ 154, ἀποβάντες ἐπὶ χθόνα Θ 492. Cf. Ζ 375, Μ 448, Ρ 504, Ψ 393, etc.: ρ 413, χ 2, etc.—(g) In reference to motion over or on something: πᾶσαν ἐπ' αἶαν Ι 506, ἐλάαν ἐπὶ κύματα Ν 27. Cf. Β 159, Ξ 254, Τ 378, Υ 227, Ψ 320, etc.: α 97, β 364, ε 175, ζ 138, etc.—In reference to directing the sight: ὁρόων ἐπὶ πόντον Α 350, etc. Cf. ε 84, etc.—(h) In reference to pouring liquid over or on something: ὕδωρ ἐπὶ χεῖρας ἔχευαν Γ 270, etc. Cf. α 146, etc.—And in gen. to diffusion, distribution, extent, existence, over or on a space or tract: Ἠὼς ἐκίδνατο πᾶσαν ἐπ' αἶαν Θ 1, κλέος κέ οἱ εἴη πάντας ἐπ' ἀνθρώπους (among them) Κ 213. Cf. Η 63, 446, Ρ 447, Ψ 226, 742, etc.: γ 3, δ 417, η 332, μ 386, ξ 403, ρ 386, etc.—To a surface on which a characteristic is displayed: ἐπὶ νῶτα δαφοινός Β 308.—Sim.: [ἵππους] σταφύλῃ ἐπὶ νῶτον ἐΐσας (as measured across their backs) Β 765.—(i) In reference to going among, over or round persons: οἰχόμενοι ἐπὶ πάντας Ξ 381. Cf. Υ 353: γ 252.—Sim.: πόλλ' ἐπὶ ἄστε' ἀλώμενος ο 492, τ 170. Cf. π 63.—In reference to division or distribution among persons: δασσάμενοι ἐφ' ἡμέας π 385.—(j) In reference to extent or distance: ὅσον τ' ἐπὶ λᾶαν ἵησιν Γ 12. Cf. Ο 358, Ρ 368, etc.: ε 251, λ 577 (covering), etc.—(k) In reference to a part of the body on which one lies: ἐπὶ πλευρὰς κατακείμενος Ω 10.—(l) In reference to time, for, during: μείνατ' ἐπὶ χρόνον Β 299. Cf. Ι 415, etc.: μ 407, etc.—Sim.: ἐπ' ἠῶ καὶ μέσον ἦμαρ (on through . . .) η 288.—(3) With genit. (a) On, upon: ἐπ' ὤμων Α 46, ἐπ' ἠϊόνος Ψ 61. Cf. Ε 550, Λ 38, Υ 229 (see ἄκρος (3)), Χ 225, etc.: α 162, 171, ε 33, 82, κ 170, etc.—In reference to leaning on a part of the body: ὀρθωθεὶς ἐπ' ἀγκῶνος Κ 80.—To the part of a thing on which it stands: ἔγχε' ἐπὶ σαυρωτῆρος ἐλήλατο (i.e. were driven in by the butt) Κ 153.—In pregnant sense: ἐπ' ἠπείροιο ἔρυσσαν Α 485. Cf. Γ 293, Σ 422, Ω 190, etc.: τίθει ἐπ' ἀπήνης ζ 252. Cf. η 162, ι 85, ο 547, etc.—(b) At, by, in: ἐπὶ Βουπρασίου Λ 756. Cf. Σ 557, Χ 153: μύλης ἔπι η 104. Cf. α 185, ε 489, ι 140, etc.—At anchor: ἐπ' εὐνάων Ξ 77.—(c) Towards, in the direction of: ἐπὶ νηῶν Ε 700. Cf. Γ 5, Λ 546, Φ 454, Ψ 374, etc.: γ 171, ε 238, etc.—Sim., app., to oneself, withdrawn into oneself: σιγῇ ἐφ' ὑμείων Η 195.—With a form in -φιν: ἐπ' αὐτόφιν ἥατο σιγῇ Τ 255.—(d) Along with, with: ὅσσα ἔοικεν ἐπὶ παιδὸς ἕπεσθαι α 278=β 197.—(e) In reference to time, in the time of, in the days of: ἐπ' εἰρήνης Β 797. Cf. Ε 637, etc.—So, app., ἐπὶ δώρων (in the time of gifts, not delaying and so missing the reward) Ι 602.

ἔπι [for ἔπι-εστι]. There is in a specified or indicated place, affecting or characterizing a specified or indicated person, or the like. With or without dat.: οὔ τοι ἔπι δέος Α 515, καλὸν εἶδος ἔπι Γ 45. Cf. Ε 178, etc.: ᾧ ἔπι κώπη θ 403. Cf. β 58, λ 367, ξ 92, etc.

†ἐπιάλλω [ἐπ-, ἐπι- (5)]. 3 sing. ἐπίηλε. To set on foot, instigate: τάδε ἔργα χ 49.

ἐπιάλμενος, aor. pple. ἐφάλλομαι.

ἐπιανδάνω [ἐπι- (5)]. 3 sing. impf. ἐφήνδανε Η 45. To please, be pleasing or acceptable. With dat.: βουλὴ θεοῖσιν Η 45. Cf. ν 16, π 406= ν 247, σ 50 = 290 = φ 143 = 269.—Impers.: ἐμοὶ ἐπιανδάνει οὕτως Η 407.

†ἐπιάχω [ἐπι- (5)]. 3 pl. impf. ἐπίαχον (or rather (cf. under ἰάχω) aor. ἐπίΓαχον, or with augment ἐπέΓαχον, ἐπεύαχον). To shout in approval or assent Η 403=Ι 50.—In answer or defiance Ε 860=Ξ 148, Ν 835.

ἐπίβαθρον [ἐπιβα-, ἐπιβαίνω]. A return made for a passage in a ship ο 449.

ἐπιβαίνω [ἐπι- (11) (12) (14)]. (A) Aor. ἐπέβην κ 347, λ 167, 482. 1 pl. -ημεν ι 83. 3 -ησαν χ 424. ἐπέβαν ψ 238. 2 dual subj. ἐπιβῆτον ψ 52. 1 pl. ἐπιβήομεν ζ 262, κ 334. Opt. ἐπιβαίην Ε 192: ε 177. 2 sing. -αίης Ξ 299. 3 -αίη Ε 666: μ 77. 3 pl. -αῖεν Θ 512. Pple. ἐπιβάς, -ᾶσα Δ 99, Ε 328, Ξ 226, Ο 387: ε 50, κ 480, ν 319. Infin. ἐπιβήμεναι Ι 133, 275, Τ 176: η 196, κ 340, 342, μ 282, ξ 229. ἐπιβῆναι ε 399, μ 434. 2 sing. fut. in mid. form ἐπιβήσεαι Θ 165. Dat. pl. masc. pple. ἐπιβησομένοισι Ψ 379. 3 sing. aor. ἐπεβήσετο (ἐπιβήσετο) Θ 44, Κ 513, 529, Λ 517, Ν 26, Ω 322: δ 521, ζ 78. Imp. ἐπιβήσεο Ε 221, Θ 105, Λ 512. Acc. sing. masc. pple. ἐπιβησόμενον Ε 46, Π 343.—(B) Fut. infin. ἐπιβησέμεν Θ 197. 3 sing. aor. ἐπέβησε Θ 129, Ι 546. 3 pl. -ησαν ψ 13. 2 pl. subj. ἐπιβήσετε ν 223. Imp. ἐπιβῆσον Θ 285. (I) Intrans. in all forms except those under (B). (1) With genit., to set foot upon, get upon: πύργων Θ 165. Cf. Μ 444.—Of horses Ψ 379.— Absol. Ο 387: μ 77, 434.—To embark upon (a ship or raft): νεῶν Θ 512: σχεδίης ε 177. Cf. δ 708, ι 101, ν 319.—Of landing from a ship upon: πατρίδος αἴης δ 521. Cf. η 196, ι 83, λ 167, 482, μ 282.—So of coming to shore out of the sea: ἠπείρου ε 399. Cf. ψ 238.—To mount (a chariot, etc.): ἵππων Ε 46. Cf. Ε 192, 221, Θ 44, Λ 512, Ω 322, etc.: ζ 78.—To mount (a horse): ἵππων ἐπεβήσετο (app. meaning one of them) Κ 513, 529.—To mount, place oneself upon (a bed): εὐνῆς Ι 133=275=Τ 176: κ 334, 340, 342, 347, 480.—Of a corpse, to take its place, be placed, upon (the pyre): πυρῆς Δ 99.—(2) To make one's way to, proceed to. With genit.: πόληος Π 396: ξ 229.—So to make one's way to and reach: πόλιος ζ 262.—(3) To set foot within; hence, fig., with genit., to have enjoyment of: εὐφροσύνης ψ 52.—To embark upon a course of, give oneself up to: ἀναιδείης χ 424.—(4) To traverse by flying over. With acc.: Πιερίην Ξ 226: ε 50.—(5) Absol., to go on one's own feet (as opposed to being carried) Ε 666.—(II) Trans. in forms (B). (1) With genit., to cause to embark upon (a ship): Ἀχαιοὺς νηῶν ἐπιβησέμεν Θ 197.—To set on shore from a ship upon: ἐμῆς πάτρης η 223.—To cause to mount (a chariot): ἵππων Θ 129.—To cause (a person) to take his place upon (the pyre) (i.e. slay him): πολλοὺς πυρῆς ἐπέβησεν Ι 546.—(2) Fig., with genit., to bring within the pale of, bring into the ἐπιβάλλω

enjoyment of: εὐκλείης Θ 285.—To bring *into a course of*, lead to adopt : σαοφροσύνης ψ 13.

ἐπιβάλλω [ἐπι- (11) (12)]. **(1)** To throw or cast upon something indicated Ψ 135.—To lay on (the lash): ἱμάσθλην ζ 320.—**(2)** In mid., to throw oneself *upon* in eagerness to possess. With genit. : ἐνάρων ἐπιβαλλόμενος Ζ 68.—**(3)** Of a ship, app., to head *towards*, stand for. With acc. : Φεὰς ἐπέβαλλεν ο 297.

ἐπιβάς, aor. pple. ἐπιβαίνω.

ἐπιβάσκω [ἐπι- (11)]. Like ἐπιβαίνω (II) (2). to bring *within the pale of*, involve *in*. With genit. : κακῶν υἷας Ἀχαιῶν Β 234.

ἐπιβήμεναι, ἐπιβῆναι, aor. infin. ἐπιβαίνω.

ἐπιβήομεν, 1 pl. aor. subj. ἐπιβαίνω.

ἐπιβήσεαι, 2 sing. fut. mid. ἐπιβαίνω.

ἐπιβήσεο, aor. imp. mid. ἐπιβαίνω.

ἐπίβησον, trans. aor. imp. ἐπιβαίνω.

ἐπιβήτωρ, -ορος, ὁ [ἐπιβη-, ἐπιβαίνω]. **(1)** One who mounts (a chariot), a (skilled) fighter from the chariot σ 263.—**(2)** Of an animal, 'the mounter,' the male or mate λ 131 = ψ 278.

ἐπιβλής, ὁ [ἐπι- (18) + βλη-, βάλλω]. App., a movable piece of wood to secure a gate, passing through a hole in one gate-post and fitting into a socket in the other Ω 453 (no doubt identical with the κληΐς of 455).

†**ἐπιβοάω** [ἐπι- (5)]. Fut. mid. ἐπιβώσομαι α 378, β 143. 1 pl. ἐπιβωσόμεθα (*v.l.* ἐπιβωσόμεθα) Κ 463. In mid., with acc., to call *to* for aid : θεούς α 378 = β 143.—App., to call *to* in thanksgiving : Ἀθήνην Κ 463.

ἐπιβουκόλος [ἐπι- (10) + βουκόλος. Pleonastically, 'the herdsman in charge of (the herd).' Cf. ἐπιβώτωρ, ἐπίουρος, ἐπιποιμήν, μετάγγελος]. A herdsman : βοῶν γ 422, υ 235 = φ 199, χ 268, 285, 292.

ἐπιβρέμω [ἐπι- (5)]. Of wind, to roar *upon* (and fan). With acc. : πῦρ Ρ 739.

†**ἐπιβρίθω** (ἐπι- (5)]. 3 pl. aor. ἐπέβρῖσαν Μ 414. 3 sing. subj. ἐπιβρίσῃ Ε 91, Η 343, Μ 286. 3 pl. opt. ἐπιβρίσειαν ω 344. **(1)** To bear or press heavily upon someone : μὴ ἐπιβρίσῃ πόλεμος Η 343. —To bring one's weight to bear upon the foe : μᾶλλον ἐπέβρισαν Μ 414.—**(2)** Of rain or snow, to fall destructively or in excessive abundance Ε 91, Μ 286. — To fall in suitable abundance ω 344.

ἐπιβώσομαι, fut. mid. ἐπιβοάω.

ἐπιβώτωρ, -ορος, ὁ [ἐπι- (10) + βώτωρ. Cf. ἐπιβουκόλος]. A shepherd or goatherd : μήλων ν 222.

ἐπιγίγνομαι [ἐπι- (7)]. To succeed, come on in due succession : ἀλλὰ φύλλα] ἔαρος ἐπιγίγνεται ὥρῃ Ζ 148. (*V.l.* ἔαρος ἐπιγίγνεται ὥρη.)

†**ἐπιγιγνώσκω** [ἐπι- (5)]. 3 sing. aor. subj. ἐπιγνώῃ ω 217. 3 pl. ἐπιγνώωσι σ 30. **(1)** To look upon, watch, see σ 30.—**(2)** To recognize ω 217.

ἐπιγνάμπτω [ἐπι- (11)]. 3 sing. aor. ἐπέγναμψε Β 14, 31, 68. Pple. ἐπιγνάμψας Φ 178. Fem. ἐπιγνάμψᾶσα Α 569. **(1)** To bend towards oneself: δόρυ Φ 178.—**(2)** Fig., to bend, influence : νόον Ι 514.—To bend to one's purpose, bring over to

ἐπιδινέω

one's views Β 14 = 31 = 68.—**(3)** To put restraint upon, restrain, repress : κῆρ Α 569.

ἐπιγνώῃ, 3 sing. aor. subj. ἐπιγιγνώσκω.

ἐπιγουνίς, -ίδος, ἡ [ἐπι- (1) + γουν-, γόνυ]. The great extensor muscle of the thigh ρ 225, σ 74.

ἐπιγράβδην [ἐπιγράφω]. Grazing, inflicting a superficial wound : βάλεν Φ 166.

†**ἐπιγράφω** [ἐπι- (5)]. 3 sing. aor. ἐπέγραψε Δ 139 : χ 280. Pple. ἐπιγράψας Η 187, Λ 388. Infin. ἐπιγράψαι Ν 553. **(1)** To graze, inflict a superficial wound upon : χρόα Δ 139. Cf. Λ 388, Ν 553 (here, app., simply, to touch or reach): χ 280.—**(2)** To scratch a mark upon: κλῆρον Η 187.

ἐπιδέδρομε, 3 sing. pf. ἐπιτρέχω.

ἐπιδέξιος, -ον [ἐπι- (11) + δεξιός]. In neut. pl. ἐπιδέξια as adv., (in sequence) from left to right, in the sun's direction (*i.e.* in the lucky order): ὄρνυσθ' ἐξείης ἐ. φ 141.—App., on the right hand (*i.e.* in the lucky quarter): ἀστράπτων Β 353.

ἐπιδευής, -ές [ἐπιδεύομαι]. Contr. pl. ἐπιδευεῖς Ι 225, Ν 622. **(1)** Needy, in want Ε 481.—**(2)** With genit., lacking, lacking in, being without, not having: κρειῶν Μ 299. Cf. Ν 622: δ 87.—Suffering want or being stinted in the matter of: δαιτὸς ἐΐσης Ι 225.—Falling short of: βίης Ὀδυσῆος φ 253.—Falling short in the matter of: βίης φ 185. —Absol., lacking the necessary strength ω 171.— **(3)** In neut. ἐπιδευές as abstract sb., lack : ἵνα μή τι δίκης ἐ. ἔχῃσθα Τ 180.

ἐπιδεύομαι [ἐπι- (19) + δεύομαι. See δεύω²]. With genit., to lack, find or feel the want of : σεῦ Σ 77 : τούτων ο 371.—To fall short of (a person): κείνων ἀνδρῶν Ε 636.—To be unequal to, unfitted for : μάχης Ψ 670, μάχης Ἀχαιῶν (against the . . .) Ω 385.—To stand in need of, seek to get, desire : χρυσοῦ Β 229.

ἐπιδέω [ἐπι- (5)]. To make fast, secure : ἐπέδησε θύρας φ 391.

ἐπιδημεύω [ἐπι- (2) + δῆμος in sense 'town.' Cf. πανδήμιος]. To dwell or remain in the city π 28.

ἐπιδήμιος [ἐπι- (2) + δῆμος]. **(1)** Among one's people, at one's home α 194, 233.—**(2)** Having a specified character in relation to one's own people as distinguished from strangers : ἐπιδήμιοι ἁρπακτῆρες (robbing your own folk (instead of your foes)) Ω 262.—**(3)** Of war, civil : πολέμου Ι 64.

†**ἐπιδίδωμι** [ἐπι- (5) (8)]. 3 sing. aor. ἐπέδωκε Ι 148, 290. Aor. infin. ἐπιδοῦναι Ψ 559. 1 pl. fut. mid. ἐπιδωσόμεθα (*v.l.* ἐπιβωσόμεθα) Κ 463. 1 pl. aor. subj. ἐπιδώμεθα Χ 254. **(1)** To give *with* (a daughter). With dat. : [μείλια] θυγατρὶ Ι 148 = 290.—**(2)** To give by way of making up to a person: ἄλλο Ψ 559.—**(3)** In mid., with reciprocal sense, of parties to an oath, to grant to each other the sanction of the gods as witnesses : θεοὺς ἐπιδώμεθα Χ 254.—App. with a vague notion of mutually calling upon a god : Ἀθήνην Κ 463.

ἐπιδινέω [ἐπι- (5) (11)]. **(1)** To whirl round (in preparation for a throw): λᾶαν ἦκ' ἐπιδινήσας Η 269 := ι 538. Cf. Γ 378, Τ 268.—**(2)** To turn over, ponder, consider. In mid.: τόδε θυμὸς πόλλ' ἐπιδινεῖται υ 218.—**(3)** In pass., of flying birds, to wheel towards each other: ἐπιδινηθέντε τιναξάσθην πτερά β 151.

ἐπιδιφριάς, -άδος, ἡ [ἐπι- (1) + δίφρος]. App. =ἄντυξ (1): ἵπποι ἐξ ἐπιδιφριάδος ἱμᾶσι δέδεντο Κ 475.

ἐπιδίφριος [as prec.]. (Put) on a chariot: εἰς ὅ κε δῶρα ἐπιδίφρια θήῃ (θείω) ο 51, 75.

ἐπιδόντα, acc. sing. masc. aor. pple. ἐπείδω.

ἐπιδοῦναι, aor. infin. ἐπιδίδωμι.

ἐπίδρομος [ἐπι- (11) + δρομ-, δραμ-. See τρέχω]. Capable of being taken by assault: τεῖχος Ζ 434.

ἐπιδώμεθα, 1 pl. aor. subj. mid. ἐπιδίδωμι.

ἐπιδωσόμεθα, 1 pl. fut. mid. ἐπιδίδωμι.

ἔπιε, 3 sing. aor. πίνω.

ἐπιείκελος [ἐπι- (19) + εἴκελος]. Like, resembling. With dat.: ἀθανάτοισιν Α 265, Δ 394, Λ 60. Cf. Ι 485, 494, Χ 279, Ψ 80, Ω 486 : ο 414, φ 14, 37, ω 36.

ἐπιεικής [ἐπι- (19) + (F)εἰκω[1]]. (1) Befitting, fitting, meet, suitable: τύμβον Ψ 246.—Adequate in amount or value: ἀμοιβήν μ 382.—(2) Absol. in neut. ἐπιεικές, what is fitting, meet, right : ἃς ἐ. ὀπυιέμεν ἐστίν β 207.—With copula to be supplied: ὡς ἐ. Θ 431, Τ 147, Ψ 537 : θ 389.—So with infin. : ὅν κ' ἐ. ἀκουέμεν Α 547. Cf. Τ 21, Ψ 50.

ἐπιεικτός, -όν [app. ἐπι- (4) + (F)εἰκω[2]. For the form cf. νεμεσητός (2)]. Always with neg., giving senses (1) Unyielding, indomitable : μένος οὐκ ἐπιεικτόν τ 493.—(2) Ungovernable, not to be restrained : μένος Ε 892.—(3) Irresistible : σθένος Θ 32.—(4) Irrepressible : πένθος Π 549.—(5) Intolerable, unendurable : ἔργα θ 307.

ἐπιείσομαι, fut. mid. ἐφίημι[2].

ἐπιέλπω [ἐπι- (19)]. In mid., to hope. With fut. infin. : ἐμοὺς μύθους εἰδήσειν Α 545.—With acc. and fut. infin. : ἐπιελπόμενος τό γε θυμῷ νευρήν ἐντανύειν φ 126.

†ἐπιέννυμι [ἐπι- (12)]. 1 pl. aor. ἐπιέσσαμεν ν 143. Pf. pple. mid. ἐπιειμένος, -ον Α 149, Η 164, Θ 262, Ι 372, Σ 157 : ι 214, 514. (1) In act., to put upon a person as a (bed-)covering : χλαῖναν ν 143.—(2) In pf. mid. in sense sim. to those of ἕννυμι (II) (2). Fig. : ἀναιδείην ἐπιειμένε (clothed with . . . as with a garment) Α 149, ἐπιειμένοι ἀλκήν (clad upon with . . .) Η 164= Θ 262, Σ 157. Cf. Ι 372 : ι 214, 514.

ἐπιέσσαμεν, 1 pl. aor. ἐπιέννυμι.

ἐπιζάφελος [app. ἐπι- (19) + *ζάφελος in sim. sense, poss. fr. ζα- + φελ-, to swell. Cf. ὀφέλλω[2]]. Thus, of wrath, swelling, bursting forth, furious : χόλος Ι 525.

ἐπιζαφελῶς [adv. corresponding to prec. From *ἐπιζαφελής]. Furiously Ι 516 : ζ 330.

ἐπιῆλε, 3 sing. aor. ἐπιάλλω.

ἐπιήρανος [ἐπι- (19) + (F)ήρ. Cf. ἐρίηρος]. Pleasing, grateful : ποδάνιπτρα τ 343.

ἐπιθαρσύνω [ἐπι- (5)]. To cheer, encourage Δ 183.

ἐπιθεῖναι, aor. infin. ἐπιτίθημι.

ἐπίθημα, -ατος, τό [ἐπι- (1) + θη-, τίθημι]. A lid or cover : φωριαμῶν Ω 228.

ἐπιθήσω, fut. ἐπιτίθημι.

ἐπίθοντο, 3 pl. aor. mid. πείθω.

ἐπιθρέξαντος, genit. sing. neut. aor. pple. ἐπιτρέχω.

ἐπιθρῴσκω [ἐπι- (12) (14)]. (1) To leap upon. With dat. : τύμβῳ Μενελάου (in way of insult or derision) Δ 177.—To leap on board of (a ship). With genit. : νηός Θ 515.—(2) To leap or bound over (a space). With acc. : τόσσον ἐπιθρῴσκουσιν ἵπποι Ε 772.

ἐπιθύω [ἐπι-, ἐπι- (11)]. (1) To rush to or at something π 297.—(2) With infin., to be eager, strive : [νέκυν] ἐρύσσασθαι Σ 175.

ἐπιίστωρ, -ορος, ὁ [ἐπι- (5) + (F)ισ-, οἶδα. See εἴδω (C). 'One who has knowledge in a particular line']. Thus app., one with knowledge or experience of something specified : μεγάλων ἔργων (deeds of prowess) φ 26.

ἐπικάρ, also written ἐπὶ κάρ. App., either headlong (as fr. ἐπὶ κάρη (ἐπί (II) (2) (d)) or (with obscure derivation) sideways : χαράδραι ῥέουσαι ἐ. Π 392.

ἐπικάρσιος, -η, -ον [ἐπικάρ]. Of ships, app., plunging their bows in the sea, or drifting sideways, making leeway ι 70.

ἐπίκειμαι [ἐπι- (12) (18)]. 3 sing. fut. ἐπικείσεται Ζ 458. (1) To be laid or imposed upon a person : ἐπικείσετ' ἀνάγκη Ζ 458.—(2) Of a door, to be shut : θύραι ἐπέκειντο ζ 19.

†ἐπικείρω [ἐπι- (5)]. 3 sing. aor. ἐπέκερσε. App., to cut the line of retreat of, cut off the retreat of Π 394.

ἐπικείσεται, fut. ἐπίκειμαι.

ἐπικεκλιμένας, acc. pl. fem. pf. pple. pass. ἐπικλίνω.

†ἐπικέλλω [ἐπι- (12)]. 3 sing. aor. ἐπέκελσε ν 114. Infin. ἐπικέλσαι ι 148. Acc. pl. masc. pple. ἐπικέλσαντας ι 138. (1) To put one's ship on shore, bring her to shore ι 138.—(2) Of a ship, to come to shore ι 148.—To come to shore on. With dat. : ἠπείρῳ ν 114.

†ἐπικέλομαι [ἐπι- (5)]. 3 sing. aor. ἐπεκέκλετο. To call upon, summon, invoke : Ἐρινῦς (i.e. to further his prayers) Ι 454.

ἐπικεράννυμι [ἐπι- (5)]. Aor. infin. ἐπικρῆσαι. To mix (wine) with water η 164.

ἐπικερτομέω [ἐπι- (5)]. To make fun of, mock, jeer at Π 744 : χ 194.—In Ω 649 ἐπικερτομέων is app. to be taken as absol., and as referring to Achilles' tone in what follows as to Agamemnon.

ἐπικεύθω [ἐπι- (5)]. Fut. ἐπικεύσω Ε 816, Κ 115 : δ 350, 744, ε 143, ξ 467, ρ 141, 154, τ 269, ψ 265. 2 sing. aor. subj. ἐπικεύσῃς ο 263. (1) To withhold (speech) Ε 816 : δ 350=ρ 141, δ 744, π 168, σ 171.—(2) Absol., to conceal one's thoughts or knowledge, withhold speech Κ 115 : ε 143, ξ 467, ο 263, ρ 154, τ 269, ψ 265.

ἐπικίδνημι [ἐπι- (15)]. In pass., of the water of a river, to be spread over, to flow upon. With acc. : αἶαν Β 850.—So of the dawn, to be spread or shed over (a space) Η 451, 458.

ἐπικλείω [ἐπι- (5)]. To praise, extol, applaud : ἀοιδήν α 351.

ἐπίκλησις, ἡ [ἐπι- (6) + κλη-, καλέω]. (1) In acc.
with a vb. of naming, as a second or derived
name : ὅν τε κύν' Ὠρίωνος ἐπίκλησιν καλέουσιν
Χ 29, 'Αστυάναξ, ὅν Τρῶες ἐπίκλησιν καλέουσιν
(i.e. name thus) 506 (cf. Z 402). Cf. H 138 (as
a nickname), Σ 487 : = ε 273.—(2) Adverbially in
acc., in name, nominally (cf. πρόφασις, χάρις
(2) (b)) : ἐπίκλησιν Βώρῳ [τέκεν] Π 177.

†ἐπικλίνω [ἐπι- (18)]. Acc. pl. fem. pf. pple.
pass. ἐπικεκλιμένας. To put into position for
closing a gate, put to : ἐπικεκλιμένας σανίδας καὶ
ὀχῆα Μ 121.

ἐπίκλοπος, ὁ [ἐπι- (5) + κλοπ-, κλέπτω]. (1)
Cunning, wily ν 291.—(2) With genit., using
deceit in the matter of, cunning or wily in :
μύθων Χ 281.—Cunning or skilful in the matter
of : τόξων φ 397.—(3) As sb., a cozener or
cheat λ 364.

ἐπίκλυον, aor. [ἐπι- (5)]. (1) To listen to,
give ear to : ἐπεὶ αἴνον ἐπέκλυεν Ψ 652.—(2) To
hear, learn. With genit. : Ζηνὸς ἀγγελιάων ε 150.

†ἐπικλώθω [ἐπι- (5) + κλώθω, to spin. Cf.
Κλῶθες. 'To spin the thread of one's destiny '].
(Cf. ἐπινέω.) 3 sing. aor. ἐπέκλωσε π 64. 3 pl.
-αν γ 208, λ 139. 3 sing. subj. ἐπικλώσῃ δ 208.
3 pl. aor. mid. ἐπεκλώσαντο Ω 525 : α 17, θ 579.
3 pl. subj. ἐπικλώσωνται ν 196. To assign as one's
lot or portion : ὄλβον γ 208, δ 208, τά λ 139,
π 64.—In mid. θ 579, ν 196.—With infin. In
mid. : οἰκόνδε νέεσθαι α 17.—Absol. In mid. Ω 525.

†ἐπικόπτω [ἐπι- (5)]. Fut. pple. ἐπικόψων.
To bring one's blow to bear upon, strike :
βοῦν γ 443.

ἐπικουρέω [ἐπίκουρος]. To give one's services
in aid, fight in another's cause Ε 614.

ἐπίκουρος, -ου, ὁ [no doubt a compound of
ἐπι-]. (1) One who gives his services in aid,
one who fights in support of another or in
another's cause Γ 188, Ε 478, Φ 431.—(2) In pl.,
auxiliaries Δ 379.—Esp. of the allies supporting
the Trojan cause Β 130, 803, 815, Γ 451, 456,
Ε 473, etc.

ἐπικόψων, fut. pple. ἐπικόπτω.

ἐπικραίνω, ἐπικραιαίνω [ἐπι- (5)]. 3 sing. aor.
opt. ἐπικρήειε Ο 599. Imp. ἐπικρήηνον Α 455,
Θ 242, Π 238. To grant accomplishment or
fulfilment of (a wish or prayer) Α 455 = Π 238,
Θ 242.—Absol. Β 419, Γ 302.

ἐπικρατέω [ἐπι- (5)]. (1) To hold rule : ὅτ'
ἐπικρατέωσιν ἄνακτες οἱ νέοι ξ 60 (as ἄνακτες
(masters), i.e. when the young are masters).—
To give directions, keep one's rule in evidence
ρ 320.—(2) With dat., to hold sway among or
in : νήεσσιν Κ 214 : νήσοισιν α 245 = π 122 = τ 130.
—(3) To have the upper hand in battle, be
victorious Ξ 98.

ἐπικρατέως [adv. fr. ἐπικρατής conn. with
ἐπικρατέω]. In overwhelming force, with over-
powering might Π 67, 81.—Putting forth one's
strength : ἰὸν ἧκεν ἐ. Ψ 863.

ἐπικρήηνον, aor. imp. ἐπικραίνω.
ἐπικρήειε, 3 sing. aor. opt. ἐπικραίνω.

ἐπικρῆσαι, aor. infin. ἐπικεράννυμι.

ἐπίκριον, τό [ἐπ-, ἐπι- (1) + ἴκρια]. A top or
look-out place fitted to the mast at some distance
above its base in the ἴκρια ε 254, 318.

†ἐπιλάμπω [ἐπι- (4)]. 3 sing. aor. ἐπέλαμψε.
To shine or give its light on the occurrence of
something specified : ἥλιος ἐπέλαμψεν (there-
upon) Ρ 650.

ἐπιλείβω [ἐπι- (12)]. To make a libation upon
something specified : ἀνιστάμενοι ἐπέλειβον γ 341.

ἐπιλεύσσω [ἐπι- (14)]. To see, have vision, over
(a space). With acc. : τόσσον ἐπιλεύσσει Γ 12.

ἐπίληθος [ἐπιλήθω]. Bringing forgetfulness.
With genit. : φάρμακον κακῶν ἐπίληθον δ 221.

ἐπιλήθω [ἐπι- (19)]. 3 sing. aor. ἐπέλησε ν 85.
Fut. mid. ἐπιλήσομαι Χ 387. 3 sing. -εται α 57.
3 pl. -ονται Η 452. (1) In act., to cause to forget.
With genit. : ἀπάντων ν 85.—(2) In mid., with
genit. (a) To forget, cease to think of : τείχεος
τὸ πολίσσαμεν Η 452. Cf. Χ 387 : α 57.—(b) To
forget, fail to bethink or avail oneself of : τέχνης
δ 455, σχεδίης ε 324.

ἐπιληκέω [ἐπι- (8) + ληκ-, λάσκω. 'To make a
sound in accompaniment']. Hence, app., to
beat time with the feet θ 379.

ἐπιλήσομαι, fut. mid. ἐπιλήθω.

ἐπιλίγδην [ἐπι- (19) + λίγδην]. In a grazing
manner, so as to be wounded superficially Ρ 599.

ἐπιλλίζω [ἐπ-, ἐπι- (5) + ἰλλίζω, conn. with ἰλλός,
squinting]. To make a sidelong glance at in
order to incite to something. With dat. : ἐπ-
ιλλίζουσί μοι ἐλκέμεναι δὲ κέλονται σ 11.

ἐπιλωβεύω [ἐπι- (5)]. To mock at a person β 323.

†ἐπιμαίνομαι [ἐπι- (5)]. 3 sing. aor. ἐπεμήνατο.
To be mad after. With dat. : Βελλεροφόντῃ Ζ 160.

ἐπιμαίομαι [ἐπι- (5) (11)]. 3 sing. fut. ἐπιμάσ-
σεται Δ 190. 3 sing. aor. ἐπιμάσσατο ν 429, π 172.
Pple. ἐπιμασσάμενος ι 302, 446, τ 480. Fem. -η
τ 468. (1) With genit., to aim at, seek to get :
μεγάλων δώρων Κ 401.—To strive after, struggle
for : νόστου ε 344.—To steer for, head for :
σκοπέλου μ 220.—(2) To strike : μάστιγι ἵππους
Ε 748 = Θ 392. Cf. Ρ 430 : ν 429, π 172.—(3) To
seize, grasp τ 480.—(4) To handle, touch, feel :
ὀΐων νῶτα ι 441. Cf. ι 446.—Absol. ι 302 (feeling
for the mortal spot), τ 468.—To keep feeling,
finger : ξίφεος κώπην λ 531.—To put the hand
upon, examine (a wound) Δ 190.

ἐπιμάρτυρος, ὁ [ἐπι- (5) + μάρτυρος]. (Written
also as two words.) A witness invoked in
sanction of something : Ζεὺς ἄμμ' ἐ. ἔστω Η 76.
Cf. α 273.

ἐπιμάσσεται, 3 sing. fut. ἐπιμαίομαι.

ἐπίμαστος [ἐπιμασ-, ἐπιμαίομαι]. App., sought
out, that has been brought (i.e. by Eumaeus),
and has not come unasked : ἀλήτην ν 377.

ἐπιμειδάω [ἐπι- (5)]. To smile at a person, look
towards him with a smile of propitiation or
encouragement Δ 356, Θ 38 : χ 371.—With a
smile of amusement or derision Κ 400.

ἐπιμεῖναι, aor. infin. ἐπιμένω.

ἐπιμέμφομαι [ἐπι- (5) + μέμφομαι in sim. sense]

To find fault, show displeasure : εὐχωλῆς (in the
1act.r of . . .) A 65, 93, τέο ἐπιμέμφεαι; B 225.
—To fi id fault with, blame. With dat. : κασι-
γνήτοις π 97, 115.

†ἐπιμένω [ἐπι- (6) (19)]. Aor. imp. ἐπίμεινον
Ζ 340, T 142 : α 309, δ 587, ρ 277. Infin. ἐπιμεῖναι
λ 351. (1) To wait or tarry (a little) longer :
νῦν ἐπίμεινον Ζ 340. Cf. T 142 : α 309, δ 587, λ 351.
—(2) To remain where one is, stay behind ρ 277.
ἐπιμήδομαι [ἐπι- (5)]. To contrive (something)
against. With dat. : δόλον ἐπεμήδετο πατρί δ 437.
ἐπιμηνίω [ἐπι- (5)]. To cherish resentment
against. With dat. : Πριάμῳ N 460.
ἐπιμιμνήσκω [ἐπι- (5)]. 1 pl. aor. opt. mid.
ἐπιμνησαίμεθα P 103 : δ 191. Aor. pple. pass.
ἐπιμνησθείς α 31, δ 189. With genit. (1) In mid.
and pass., to remember, think of : Αἰγίσθοιο α 31.
Cf. δ 189.—To remember, bethink oneself of :
χάρμης P 103.—(2) In mid., to speak about :
σεῖο δ 191.
ἐπιμίμνω [ἐπι- (2)]. To remain or abide at.
With dat. : ἔργον ᾧ ἐπιμίμνω ξ 66, ο 372.
ἐπιμίξ [ἐπι- (19) + μιξ-, μίσγω]. Mingled to-
gether, in a confused mass : πλῆτο ἑ. ἵππων τε καὶ
ἀνδρῶν Φ 16. Cf. Ψ 242.—In confusion, with all
order lost : ὀρίνονται Λ 525. Cf. Ξ 60.—Indis-
criminately, with random rage : μαίνεται λ 537.
ἐπιμίσγω [ἐπι- (5)]. In pass., with dat., to
mingle with, have dealings or intercourse with :
ἄμμι ζ 205. Cf. ζ 241.—In hostile sense : ἃψ ἐπι-
μισγομένων (as they joined battle (app. genit.
absolute and referring to the whole of the com-
batants)) E 505, αἰεὶ Τρώεσσ’ ἐπιμίσγομαι (am
always in touch with . . .) K 548.
ἐπιμνησαίμεθα, 1 pl. aor. opt. mid. ἐπιμιμνήσκω.
ἐπιμνησθείς, aor. pple. pass. ἐπιμιμνήσκω.
†ἐπιμύζω [ἐπι- (4) + μύζω, to murmur]. 3 pl. aor.
ἐπέμυξαν. To murmur or mutter at something :
ἐπέμυξαν Ἀθηναίη τε καὶ Ἥρη (thereat) Δ 20 =
Θ 457.
†ἐπινέμω [ἐπι- (14)]. 3 sing. aor. ἐπένειμε. To
distribute or give out among a company : σῖτον
I 216, Ω 625 : υ 254.
ἐπινεύω [ἐπι- (5)]. To nod : κόρυθι δ’ ἐπένευεν
(with his . . ., i.e. it nodded) X 314.—To nod
in sanction of a promise O 75.
ἐπινεφρίδιος [ἐπι- (1) + νεφρός, the kidneys].
On, forming part of the substance of, the kidneys :
δημὸν Φ 204.
ἐπινέω [ἐπι- (5) + νέω²]. (Cf. ἐπικλώθω.) To
assign as one's lot or portion Υ 128.—Absol. with
complementary infin. : τῷ ὣς Μοῖρ’ ἐπένησε . . .
κύνας ἄσαι Ω 210.
ἐπινηνέω [ἐπι- (12) + νηνέω, app. = νηέω]. To
pile or heap up upon. With genit. : νεκροὺς
πυρκαϊῆς H 428 = 431.
ἐπίξυνος, -ον [ἐπι- (19) + ξυνός]. Common :
ἀρούρη M 422.
ἔπιον, aor. πίνω.
ἐπιόντα, acc. sing. masc. pple. ἔπειμι².
ἐπιορκέω [ἐπίορκος]. To swear falsely) perjure
oneself : οὐδ’ ἐπιορκήσω T 188.

ἐπίορκος [app. ἐπι- (5) + ὅρκος. ‘ In violation of
one's oath ’]. (1) Falsely sworn T 264.—(2) In
neut. ἐπίορκον as adv., of swearing, falsely, so
as to perjure oneself : ὅτις κ’ ἑ. ὀμόσσῃ Γ 279,
T 260, ἑ. ἐπώμοσεν K 332 (here of unintentional
falsity, the fulfilment of the oath turning out
to be impossible).
ἐπιόσσομαι [ἐπι- (5)]. To have one's eye
upon ; hence, to exercise vigilance, use one's
efforts, to prevent : ἐπιοσσομένη θάνατον ἑταίρων
P 381.
ἐπίουρος [ἐπι- (10) + οὖρος². Cf. ἐπιβουκόλος].
(1) A guardian, protector, warder N 450.—(2) A
herdsman ν 405 = ο 39.
ἐπιόψομαι, fut. See ἐφοράω.
ἐπιπείθω [ἐπι- (4)]. Fut. mid. ἐπιπείσομαι
Ψ 609. 2 sing. -εαι Ο 178. 3 -εται Ο 162, P 154,
Σ 296. In mid., to yield to inducement, per-
suasion or command, to do another's bidding,
be ruled, obey : οὔ τις ἐπιπείσεται Σ 296. Cf.
I 660 : β 103 = κ 466 = μ 28 = ω 138, κ 406, 475,
550 = μ 324 = τ 148.—With dat. : σοὶ ἐπιπείθονται
E 878. Cf. A 218, 345 = I 205 = Λ 616, A 565,
Δ 412, Ο 162, 178, T 305, Ψ 609 : τ 14 = χ 108
= 393.—With infin. P 154 (see under εἶμι (1) (a)).
†ἐπιπέλομαι [ἐπι- (11)]. Neut. aor. pple. ἐπι-
πλόμενον. Of time, to come on or round : ἐπι-
πλόμενον ἔτος (the pple. adjectivally, ‘ revolving ’)
η 261 = ξ 287.
†ἐπιπέτομαι [ἐπι- (11)]. 3 sing. aor. ἐπέπτατο
N 821 : ο 160, 525. Aor. infin. ἐπιπτέσθαι Δ 126.
To fly towards. With dat. : εἰπόντι οἱ ἐπέπτατο
ὄρνις N 821 : = ο 160 = 525.—Of an arrow, to fly
or speed to its mark Δ 126.
ἐπιπίλναμαι [ἐπι- (11)]. To approach or come
near to a specified place : οὐ χιὼν ἐπιπίλναται ζ 44.
†ἐπιπλάζω [ἐπι- (14)]. Aor. pple. pass. ἐπι-
πλαγχθείς. In pass., to wander or rove over or
upon. With acc. : πόντον ἐπιπλαγχθεὶς θ 14.
ἐπιπλέω [ἐπι- (14)]. Also ἐπιπλώω ε 284. Aor.
pple. ἐπιπλώσας Γ 47. 2 sing. aor. ἐπέπλως γ 15.
Pple. ἐπιπλώς Z 291. To sail over or upon, tra-
verse. With acc. : πόντον ἐπιπλώσας Γ 47. Cf.
A 312, Z 291 : γ 15, δ 842, ε 284, ι 227, 470, ο 474.
ἐπιπλήσσω [ἐπι- (5)]. Fut. infin. ἐπιπλήξειν
Ψ 580. (1) To strike K 500.—(2) To attack
with words, to find fault with, chide. With
dat. : μοι M 211, Ψ 580.
ἐπιπλόμενον, neut. aor. pple. ἐπιπέλομαι.
ἐπιπλώς, aor. pple. ἐπιπλέω.
ἐπιπλώω. See ἐπιπλέω.
ἐπιπνείω [ἐπι- (5)]. In pres. only in forms fr.
ἐπιπνείω. 3 pl. aor. subj. ἐπιπνεύσωσι ι 139. Of
wind (1) To blow upon a person E 698.—To
blow upon. With dat. : νηΐ δ 357.—(2) To blow
in a particular (i.e. the desired) direction ι 139.
ἐπιποιμήν, -ένος [ἐπι- (10) + ποιμήν. Cf. ἐπι-
βουκόλος]. A herdsman μ 131.
ἐπιπρέπω [ἐπι- (19)]. To have a specified
appearance : οὐδέ τοι δούλειον ἐπιπρέπει εἶδος
(shows like a slave's) ω 252.
ἐπιπροέηκα, aor. ἐπιπροΐημι.

ἐπιπροέμεν, aor. infin. ἐπιπροίημι.

†ἐπιπροϊάλλω [ἐπι- (11) + προ- (1)]. 3 sing. aor. ἐπιπροίηλε. To push forward towards (and for) a person : τράπεζάν σφωϊν Λ 628.

†ἐπιπροίημι [ἐπι- (11) + προ- (1) + ἵημι¹]. Aor. ἐπιπροέηκα Ρ 708, Σ 58, 439. 3 sing. ἐπιπροέηκε Ι 520 : ο 299. Aor. infin. ἐπιπροέμεν Δ 94. (1) To send forth or let fly (an arrow) at. With dat. : Μενελάῳ ἰόν Δ 94.—(2) To send forth (a person) on a specified or indicated mission : ἄνδρας Ι 520, Ἀχιλλῆα νηυσίν Σ 58 = 439 (the dat. appears to be sociative, 'with the . . .').—(3) To send forth (a person) towards or to. With dat. : κεῖνον νηυσίν Ρ 708.—(4) To steer for, make for. With dat. : νήσοισιν ο 299.

†ἐπιπταίρω [ἐπι- (4)]. 3 sing. aor. ἐπέπταρε. To sneeze at, i.e. as giving a favourable omen to accompany. With dat. : πᾶσι ἔπεσσιν ρ 545.

ἐπιπτέσθαι, aor. infin. ἐπιπέτομαι.

ἐπιπωλέομαι [ἐπι- (14)]. (1) To go round or among, inspect, review. With acc. : στίχας ἀνδρῶν Γ 196, Δ 231, 250.—(2) To range round or among with hostile intent. With acc. : στίχας ἀνδρῶν Λ 264 = 540.

†ἐπιρρέζω [ἐπι- (5)]. 3 pl. pa. iterative ἐπιρρέζεσκον. To do sacrifice to an indicated divinity ρ 211.

ἐπιρρέπω [ἐπι- (5)]. To descend in the scales of fate upon, come upon. With dat. : ὄφρ' ἡμῖν ὄλεθρος ἐπιρρέπῃ Ξ 99.

ἐπιρρέω [ἐπι- (12)]. (1) To flow over or on the surface of. With acc. : Πηνειῷ Β 754.—(2) Fig., of bodies of men, to stream on and on Λ 724.

†ἐπιρρήσσω [ἐπι- (18)]. 3 sing. pa. iterative ἐπιρρήσσεσκε Ω 456. 3 pl. -ον Ω 454. To thrust or drive home (the fastening of a gate) : ἐπιβλῆτα Ω 454, 456.

†ἐπιρρίπτω [ἐπι- (11)] 3 pl. aor. ἐπέρριψαν. To throw or hurl at. With dat. : δουρά μοι ε 310.

ἐπίρροθος [ἐπιρροθέω, to shout to (in encouragement), fr. ἐπι- (5) + ῥοθέω, to make a sound. Cf. ῥόθιος]. A supporter, aider, helper Δ 390, Ψ 770.

ἐπιρρώομαι [ἐπι- (2) (4)]. 3 pl. aor. ἐπερρώσαντο Α 529. (1) Of hair, to ripple or flow forward on the occurrence of something : νεῦσε . . . χαῖται δ' ἐπερρώσαντο (with the nod) Α 529.—(2) To ply one's task at. With dat. : μύλαισιν υ 107.

ἐπίσκοπος, -ου, ὁ [ἐπι- (5) + σκοπ-, σκέπτομαι]. (1) One who watches over something, a guardian or protector Χ 255, Ω 729. — One who looks (sharply) after something, a (keen) trafficker in or snatcher of something : ὁδαίων θ 163.—(2) One who spies upon (something), a spy. With dat. : Τρώεσσιν Κ 38, νήεσσιν 342.

ἐπισκύζομαι [ἐπι- (4)]. 3 sing. aor. opt. ἐπισκύσσαιτο η 306. To be angry or offended at something Ι 370 : η 306 (should take offence).

ἐπισκύνιον [no doubt a compound of ἐπι-]. The fold of skin above the eyes. Of a lion Ρ 136.

ἐπισκύσσαιτο, 3 sing. aor. opt. ἐπισκύζομαι.

ἐπισμυγερῶς [adv. fr. ἐπισμυγερός, fr. ἐπι- (19)

+ σμυγερός app. = μογερός, adj. fr. μόγος]. In sad or grievous fashion, to one's cost γ 195, δ 672.

ἐπίσπαστος [ἐπισπασ-, ἐπισπάω, fr. ἐπι- (5) + σπάω]. Brought upon oneself, such as one has oneself to thank for : κακόν σ 73, ω 462.

ἐπισπεῖν, aor. infin. ἐφέπω¹.

ἐπισπέρχω [ἐπι- (5)]. (1) To urge a person or a horse on to exertion Ψ 430 : χ 451.— (2) Intrans. for reflexive, of wind, to rush, blow furiously ε 304.

ἐπισπέσθαι, aor. infin. mid. ἐφέπω².

ἐπισσείω [ἐπι- (5)]. (1) To shake something (threateningly) at a person : τῇ (sc. αἰγίδι) ἐπισσείων φοβέειν Ἀχαιούς Ο 230 (τῇ with φοβέειν).—(2) To shake (thus) at. With dat. : αἰγίδα πᾶσιν Δ 167.

ἐπισσεύω [ἐπι- (5) (11)]. 3 sing. aor. ἐπέσσευε σ 256, τ 129, υ 87. 3 sing. subj. ἐπισσεύῃ ε 421. Pple. ἐπισσεύας ξ 399. 3 sing. aor. mid. ἐπέσσυτο Ε 438, 459, Ι 398, Φ 227, etc. : δ 841, ζ 20. 1 pl. ἐπεσσύμεθα δ 454. 3 sing. pf. ἐπέσσυται Α 173, Ζ 361, Ι 42. Pple. ἐπεσσύμενος, -ου Μ 143, 388, Ξ 147, Ο 395, Π 411, 511, Ρ 737, Τ 288, Χ 26 : ε 314, 428, 431, χ 307, 310. (I) (1) To set on or incite against a person ξ 399.—(2) With dat., to set in motion or send against : κῆτός μοι ε 421. —To send or cause to operate against : κακά μοι σ 256 = τ 129. Cf. υ 87. — (II) In mid. (1) To hasten or speed towards a specified or indicated point : ἀγορήνδ' ἐπεσσεύοντο Β 208, ἐπεσσύμενον πεδίοιο (over the . . .) Χ 26. Cf. Β 86, Ν 757, Σ 575 : ν 19.—(2) To speed to. With dat. : οἱ δ 841.—With acc. : δέμνια κούρης ζ 20.—(3) In hostile sense, to rush, dart, dash, spring at or against someone or something : ἐπέσσυτο δαίμονι ἶσος Ε 438 = Π 705 = 786 = Τ 447. Cf. Π 411, Τ 288, Φ 234, 601 : δ 454.—Of a wave ε 314, 431.— (4) To do this against. With dat. : νηυσίν Ο 347, 593. Cf. Ε 459 = 884, Φ 227.—With acc. : μνηστῆρας χ 307. Cf. Μ 143, Ο 395. — Of fire Ρ 737.—With genit. : τείχεος Μ 388, Π 511.— (5) Without indication of direction, to speed, rush : ἐπεσσύμενος πεδίοιο Ξ 147.—(6) In pf. pple., putting forth an effort, making a spring : ἐπεσσύμενος λάβε πέτρης ε 428.—Speeding, running up : λάβε γούνων χ 310.—(7) To be set, bent, disposed, inclined in an indicated direction : εἴ τοι θυμὸς ἐπέσσυται Α 173.—With complementary infin. : κτήμασι τέρπεσθαι Ι 398.—With ὥς τε and infin. : ὥς τε νέεσθαι Ι 42.—With ὄφρα Ζ 361.

ἐπίσσωτρον [ἐπι- (1) + σῶτρον, felloe]. The tire of a wheel Ε 725, Λ 537, Τ 394, 502, Ψ 505, 519.

ἐπισταδόν [ἐπι- (14) + στα-, ἵστημι]. Going round and standing or stopping by each in turn : νείκεον μ 392. Cf. ν 54 = σ 425.—Attending to each detail in succession : ὀτρύνων ἐπίστρωπα π 453.

ἐπίσταμαι. 3 sing. subj. ἐπίστηται Π 243. 3 sing. opt. ἐπίσταιτο Ξ 92 : θ 240. 1 pl. -αίμεσθα Ν 238. 3 pl. fut. ἐπιστήσονται Φ 320. (1) With infin. (a) To know how to do, have skill, be skilled, in doing : δαίδαλα τεύχειν Ε 60, ἢ ἐπίστηται πολεμίζειν (will prove to be a fighter) Π 243. Cf. Β 611, Ε 222 = Θ 106, Ν 223, 238 : ι 49.—(b) To be able to do (something difficult or puzzling): ὄστε' ἀλλέξαι Φ 320.—With neg., to be at a loss *as to doing*: οὔ πῃ θέσθαι ἐπίσταμαι ν 207.—To have the strength *to do*: πῆλαι ἔγχος Π 142=Τ 389.—(c) To know how *to do*, have the wit, knowledge, character, turn of mind, needed *for doing*: ἄρτια βάζειν Ξ 92 : =θ 240. Cf. P 671, Δ 404.—(2) To know so as to have skill in: ἔργα Ψ 705: β 117 = η 111.— (3) Adjectively in pres. pple. (a) Skilled, skilful, expert, clever, astute: ἐπιστάμενος ἄκοντι (comitative dat., with the . . .) Ο 282. Cf. Τ 80: ἰητρὸς ἐπιστάμενος δ 231. Cf. ν 313, ψ 185. —So ἐπισταμένοισι πόδεσσιν Σ 599.—(b) Skilled in or in the use of. With genit.: φόρμιγγος καὶ ἀοιδῆς φ 406.—(c) In moral sense, knowing the right, of good character or disposition ξ 359. —(4) Absol., to know, have knowledge: ἐπιστάμεναι σάφα θυμῷ δ 730.

ἐπισταμένως [adv. fr. pres. pple. of ἐπίσταμαι]. Skilfully, deftly, dexterously: μίστυλλον Η 317 =Ω 623, ὀδόντες ἔχον ἔνθα καὶ ἔνθα ἐ. (skilfully arranged or disposed) Κ 265. Cf. ε 25, 245, λ 368, μ 307, ρ 341=φ 44, τ 422, 457, υ 159, 161, ψ 197.

ἐπιστάτης, ὁ [ἐπι- (2)+στα-, ἵστημι. 'One who stands by or beside']. A suppliant or almsman ; or perh., a follower or dependant ρ 455.

ἐπιστενάχω [ἐπι- (9)]. To groan in answer. In mid.: ἐπεστενάχοντο δ' ἑταῖροι Δ 154.

ἐπιστεφής [ἐπιστέφω]. Filled to the brim : κρητῆρας ἐπιστεφέας οἴνοιο (for the genit. cf. next) Θ 232: β 431.

†ἐπιστέφω [ἐπι- (5)+στέφω in sense 'to pack close']. 3 pl. aor. mid. ἐπεστέψαντο. To fill to the brim : κρητῆρας ἐπεστέψαντο ποτοῖο (genit. of material, with . . .) Α 470, Ι 175 : = α 148= γ 339 = φ 271.

ἐπιστήμων [ἐπίσταμαι]. Skilful, clever, adroit : ἐ. βουλῇ τε νόῳ τε π 374.

ἐπιστήσονται, 3 pl. fut. ἐπίσταμαι.

ἐπίστιον, τό. A slip on which to haul up a ship ζ 265.

ἐπιστοναχέω [ἐπι- (4)]. To make a sound under stress of something. Of the sea Ω 79.

†ἐπιστρέφω [ἐπι- (11)]. Aor. pple. ἐπιστρέψας. *Intrans. for reflexive*, to turn oneself towards something: ἕλκεν ἐπιστρέψας Γ 370 (*i.e.* in pulling he turned partly round towards his friends).

ἐπιστροφάδην [as next]. Turning from one to another, taking one after another: κτείνειν Κ 483. Cf. Φ 20 : χ 308, ω 184.

ἐπίστροφος [ἐπι- (14)+στροφ-, στρέφω]. Going about or among : ἐ. ἦν ἀνθρώπων (had intercourse or dealings with (many) men) α 177.

ἐπιστρωφάω [ἐπι- (14)]. To go about *among*, visit. With acc. : ἐπιστρωφῶσι πόληας ρ 486.

ἐπισφύριον, τό [ἐπι- (1) + σφυρόν]. Perh. a guard of metal fixed on the leg between the knee and the ankle and partly covering the κνημίς so as to supplement this in protecting against the chafing of the shield: κνημῖδας ἀργυρέοισιν ἐπισφυρίοις ἀραρυίας Γ 331=Λ 18=Π 132= Τ 370. Cf. Σ 459.

ἐπισχερώ [ἐπι- (7)+σχε-=(σ)εχ-, ἔχω]. In a row, one after or beside another: εἰς ὅ κε κτεινώμεθ' ἐ. Λ 668, ἀκτὴν εἰσανέβαινον ἐ. Σ 68. Cf. Ψ 125.

ἐπισχεσίη, -ης, ἡ [ἐπι- (11)+σχε-. See prec. Cf. ἐπέχω (3)]. An offering or putting forward : μύθου φ 71.

ἐπίσχεσις, ἡ [ἐπι- (5)+σχε- as prec. Cf. ἐπέχω (6)].—Holding back, reluctance, hesitation ρ 451.

ἐπισχοίης, 2 sing. aor. opt. ἐπέχω.

ἐπίσχω [ἐπ-, ἐπι- (5) (11)]. (1) To aim or direct a missile in an indicated direction. In mid. : ἐπισχόμενος βάλεν ἰῷ χ 15.—(2) To restrain, control, manage : ἵππους Ρ 465.—To withhold or restrain from. With genit. : θυμὸν ἐνιπῆς υ 266.

ἐπισχών, aor. pple. ἐπέχω.

ἐπιτάρροθος [an unexplained word. App. conn. with ἐπίρροθος]. In sense=ἐπίρροθος Ε 808, 828, Λ 366=Υ 453, Μ 180, Ρ 339, Φ 289: ω 182.

ἐπιτέλλω [ἐπι- (5)]. 2 sing. aor. ἐπέτειλας Ε 818. Subj. ἐπιτείλω Κ 63, Ν 753. Imp. ἐπίτειλον Ω 112. Pple. ἐπιτείλας Κ 72, Ν 213. Infin. ἐπιτεῖλαι Δ 64, Κ 56. 3 sing. aor. mid. ἐπετείλατο α 327. Dat. sing. masc. pple. ἐπιτειλαμένῳ ρ 21. (1) To lay, impose, inflict upon a person. In mid. : νόστον λυγρόν, ὃν ἐπετείλατο α 327.—With dat. : χαλεπούς μοι ἐπετέλλετ' ἀέθλους λ 622.— (2) (a) To lay an injunction or charge upon, give an order or orders to, a person : ὡς ἐπέτελλεν Ι 259= Λ 790. Cf. Β 10, Ι 369, Κ 56, 72, Λ 768, 782, Ρ 360, Φ 445 : ρ 186.—In mid. Ρ 382 : ρ 21.—(b) With dat. : υἱέϊ σῷ Ω 112, ὧδέ μ' ἐπέτελλε, μή . . . ((with the assurance) that he would not . . .) 780. Cf. Ε 198, Κ 63, Λ 765, Ν 213, 753 : ρ 9.— In mid. Β 802, Δ 301, Κ 61: μ 217.—(c) With dat. and the injunction directly reported Λ 785, Ρ 668.—In mid. Ι 252, Π 838.—(d) With acc. of what is enjoined or ordered : συνθεσιάων ἃς ἐπέτελλε (which he bade him remember) Ε 818.—(e) With dat. and acc.: ἕκαστά μ' ἐπέτελλεν Ψ 107. Cf. ψ 361.—In mid. : κούροισι ταῦτ' ἐπιτέλλομαι σ' ἐ. καθ. Α 295, Τ 192, Ψ 95 : θ 40.—(f) With dat. and infin. : 'Αθηναίη ἐπιτεῖλαι ἐλθεῖν Δ 64. Cf. Δ 229, Ζ 207, Ι 179, Λ 47=Μ 84, Λ 273=399, Λ 783, Φ 230 : γ 267, μ 268=273. In mid. φ 240.—(g) With infin. to be supplied : ὄφρα μῦθον ἐνίσπω, ὃν Νέστωρ ἐπέτελλεν [ἐνισπεῖν] Λ 840.

ἐπιτέρπω [ἐπι- (4)]. In mid., to take delight *in*. With dat. : ἔργοις ξ 228.

ἐπιτηδές. In sufficient number : ἐν ἐρέτας ἐ. ἀγείρομεν Α 142 : μνηστήρων σ' ἐ. ἀριστῆες λοχόωσιν (in force ; or perh. here rather to be taken in sense 'with set purpose') ο 28.

†ἐπιτίθημι [ἐπι- (5) (6) (12) (18)]. Fut. ἐπιθήσω Ψ 796. 2 sing. -εις Τ 107. 3 -ει Δ 190, Υ 369. 1 pl. -ομεν β 192. Aor. ἐπέθηκα τ 256, ψ 194. 3 -ε Δ 111, Ξ 169, Ω 589: ι 240, 243, 314, 340, κ 545, ν 370, φ 45. 3 sing. aor. opt. ἐπιθείη ι 314. 2 pl. ἐπιθεῖτε Ω 264 : χ 62. Imp. ἐπίθες χ 157. Nom. dual masc. pple. ἐπιθέντε χ 201. Fem. pple. ἐπιθεῖσα α 140, δ 56, η 176, κ 372, ο 139, ρ 95.

Infin. ἐπιθεῖναι Ε 751, Η 364, 391, Θ 395 : λ 525. (1) To put.or place upon something : οὐκ ἂν ταῦτ' ἐπιθεῖτε; (sc. on the waggon) Ω 264.—To put (food) on the table : εἴδατ' ἐπιθεῖσα α 140 = δ 56 = η 176 = κ 372 = ο 139 = ρ 95.—To put or fit on something by way of completing or finishing or for ornament : ἐπέθηκε κορώνην Δ 111. Cf. τ 256, φ 45, ψ 194.— To apply (a remedy) : φάρμακα Δ 190.—(2) To put or place upon. With genit. : Ἕκτορα λεχέων Ω 589.—With dat. : κεφαλῇ καλύπτρην κ 545.— (3) With dat., to impose (a penalty) upon : σοὶ θωήν β 192.—To give (fulfilment) to : οὐδὲ τέλος μύθῳ ἐπιθήσεις Τ 107. Cf. Τ 369.—(4) To put to, shut (a door) Ξ 169 : χ 157, 201.—(5) To put in position (something covering or closing) : νέφος Ε 751 = Θ 395 : θυρεὸν ι 240 = 340, 314.—App., to bring into action : λόχον λ 525 (see ἀνακλίνω (1)).— (6) To apply (something covering or closing) to. With dat. : φαρέτρῃ πῶμα ι 314. Cf. ι 243, ν 370. —(7) To give in addition, add : οἴκοθεν ἄλλα Η 364, 391. Cf. Ψ 796 : χ 62.

ἐπιτιμήτωρ, ὁ [ἐπι- (5) + τιμη-, τιμάω. 'One who honours ']. A patron or protector ι 270.

†*ἐπιτλάω [ἐπι- (5) + τλάω]. 3 sing. aor. imp. ἐπιτλήτω. (1) To be patient, to acquiesce in something proposed Ψ 591.—(2) To lend a patient ear to, let oneself be ruled by. With dat. : ἐπιτλήτω τοι κραδίη μύθοισιν ἐμοῖσιν Τ 220.

ἐπιτολμάω [ἐπι- (5)]. (1) To steel oneself to endure something ρ 238.—(2) To steel or resign oneself to do. With infin. : ἐπιτολμάτω κραδίη ἀκούειν α 353.

ἐπίτονος, ὁ [ἐπι- (7) + τον-, τείνω]. The back-stay of a mast (cf. πρότονοι) μ 423.

ἐπιτοξάζομαι [ἐπι- (11)]. To shoot at, use the bow against. With dat. : Ἕκτορι Γ 79.

ἐπιτραπέω [ἐπι- (11) + τραπ-, τρέπω]. To commit or leave a duty to. With dat. and infin. : Τρωσὶ φυλάσσειν Κ 421.

ἐπιτρέπω [ἐπι- (11). 2 sing. aor. ἐπέτρεψας Φ 473. 3 -ε Κ 116. 2 sing. opt. ἐπιτρέψειας ο 24. 3 -ειε η 149. Imp. ἐπίτρεψον τ 502. Infin. ἐπιτρέψαι φ 279, χ 289. 1 pl. aor. ἐπιτράπομεν Κ 59. Imp. pl. ἐπιτρέπετε Ρ 509. 3 sing. aor. mid. ἐπετράπετο ι 12. 3 sing. pf. pass. ἐπιτέτραπται Ε 750, Θ 394. 3 pl. ἐπιτετράφαται Β 25, 62. (1) In mid., of the mind, etc., to be turned or in-clined in a specified direction, to be bent or set on doing. With infin. : σοὶ θυμὸς ἐπετράπετο εἰρεσθαι (is set on . . .) ι 12.—(2) With dat. (a) To turn over, commit, entrust, leave to : ᾧ λαοὶ ἐπιτετράφαται Β 25 = 62 : Μέντορι οἶκον β 226. Cf. Ε 750 = Θ 394, Ρ 509 : ο 24, χ 289.—(b) To leave or bequeath to : παισὶ κτήματα η 149.—(c) To commit or leave an indicated duty to : τοῖσι μάλιστα Κ 59.—(d) To leave it to (a person) to do : σοὶ οἴῳ πονέεσθαι Κ 116.—(e) To leave a matter to, leave oneself in the hands of : θεοῖσιν τ 502, φ 279.— (3) With dat., to yield or give up to : Ποσει-δάωνι νίκην Φ 473.—To yield or give in to : γήραϊ Κ 79.

ἐπιτρέχω [ἐπι- (11) (14)]. Genit. sing. neut.

aor. pple. ἐπιθρέξαντος Ν 409. 3 sing. aor. ἐπ-έδραμε Δ 524, Ε 617. 3 dual ἐπεδραμέτην, ἐπι-δραμέτην Κ 354, Ψ 418, 433, 447. 3 pl. ἐπέδραμον Ξ 421, Σ 527 : ξ 30. 3 sing. pf. ἐπιδέδρομε ζ 45, ν 357. (1) To run towards in its course, tend to approach. With dat. : ἅρμαθ' ἵπποις ἐπέτρεχον Ψ 504.—(2) To run towards or up to a person, etc., with hostile intent : ἐπέδραμεν ὅς ῥ' ἔβαλεν Δ 524. Cf. Ε 617, Κ 354, Ξ 421, Σ 527.—Of dogs ξ 30.—(3) To run after or in pursuit of a com-petitor in a race. Of horses Ψ 418, 447.—(4) To run over (a space). Of horses : τόσσον ἐπιδραμέτην Ψ 433.—Of a spear, to pass over (and graze) something : ἀσπὶς ἐπιθρέξαντος ἄϋσεν ἔγχεος (genit. absolute) Ν 409.—(5) In pf., of light, to play or be shed upon something : λευκὴ ἐπιδέδρομεν αἴγλη ζ 45. —Of a mist, to be spread over something ν 357.

ἐπιτρέψαι, aor. infin. ἐπιτρέπω.

ἐπιτροχάδην [ἐπιτροχ-, ἐπιτρέχω]. (1) Trip-pingly on the tongue, without stumbling : ἀγό-ρευεν Γ 213.—(2) Fluently, too fluently, with a torrent of words σ 26.

†ἐπιφέρω [ἐπι- (5)]. 3 sing. fut. ἐποίσει Α 89 : π 438. Aor. ἐπένεικα Τ 261. To lay (a hand or one's hands) upon. With dat. : σοὶ χεῖρας Α 89. Cf. Τ 261 : π 438.

ἐπιφθονέω [ἐπι- (5)]. To grudge something to, be disinclined to grant something to : ᾧ κ' ἐπι-φθονέοις, ὁ δ' εἰσιν ὀπίσσω λ 149.

ἐπιφλέγω [ἐπι- (14) (19)]. (1) To burn up, con-sume : νεκρὸν πῦρ Ψ 52.—(2) To blaze or rage over or through. With acc. : ὕλην Β 455.

†ἐπιφράζω [ἐπι- (5)]. 2 sing. aor. mid. ἐπεφράσω Φ 410. 3 ἐπεφράσατο Ε 665 : θ 94, 533. 3 sing. subj. ἐπιφράσσεται ο 444. 1 pl. opt. ἐπιφρασ-σαίμεθα Ν 741. 3 ἐπιφρασσαίατο Β 282 : σ 94. 2 sing. aor. pass. ἐπεφράσθης ε 183. In mid. and pass. (1) To think of, have the wit to do : τὸ οὔ τις ἐπεφράσατο, μηροῦ ἐξερύσαι δόρυ (it did not occur to them) Ε 665.—(2) To take (counsel) : ἐπιφρασσαίμεθ' ἂν βουλήν Ν 741.—(3) To think of, have the wit to, devise : τὸν μῦθον ἀγορεῦσαι ε 183 (the infin. complementary).—(4) To devise, contrive : ὑμῖν ὄλεθρον ο 444.—(4) To mark, note something regarding : Ἀλκίνοός μιν οἶος ἐπεφράσατ' ὁ θ 94 = 533, ἵνα μή μιν ἐπιφρασσαίατ' Ἀχαιοί (lest he should betray himself) σ 94.—To mark, get into one's head. With dependent clause : οὐκ ἐπεφράσω ὅσσον ἀρείων εὔχομ' ἔμεναι Φ 410.—To get cognizance of, learn, hear : βουλήν Β 282.

ἐπιφρονέω [ἐπίφρων]. To mark or discern what should be marked or discerned : ὡς σὺ ἐπιφρονέουσ' ἀγορεύεις (showing good discernment) τ 385.

ἐπιφροσύνη, -ης, ἡ [ἐπίφρων]. (1) Sagacity or adroitness in an emergency ε 437.—(2) In pl., sense or prudence leading one to do something specified : αἴ γὰρ ἐπιφροσύνας ἀνέλοιο οἴκου κήδεσθαι τ 22.

ἐπίφρων, -ονος [app. ἐπι- (5) + φρήν. 'Applying the mind to something ']. (1) Having good sense, well-balanced in mind, shrewd, sagacious ψ 12.—

(2) Of counsel, wise, shrewd, sagacious γ 128, π 242, τ 326.

ἐπιχειρέω [ἐπι- (5) + χείρ]. To lay hands *upon*, apply oneself *to*. With dat. : δείπνῳ ω 386. Cf. ω 395.

†ἐπιχέω [ἐπι- (12) (15)]. 3 sing. aor. ἐπέχευε a 136, δ 52, η 172, κ 368, ο 135, ρ 91. Infin. ἐπιχεῦαι Ω 303. 3 sing. aor. mid. ἐπεχεύατο ε 257, 487. 3 pl. aor. pass. ἐπέχυντο Ο 654, Π 295. (1) To pour over a person's hands : χέρνιβα a 136 = δ 52 = η 172 = κ 368 = ο 135 = ρ 91.—(2) To pour *over* (the hands). With dat. : χερσὶν ὕδωρ Ω 303. —(3) In mid., to pile up on oneself, cover oneself with : χύσιν ἐπεχεύατο φύλλων ε 487.—To pile up or dispose against something : πολλὴν ἐπεχεύατο ὕλην ε 257 (*i.e.*, app., set it outside the wickerwork as additional protection).—(4) In pass., of persons, to stream or be spread over an indicated or specified space: τοὶ δ' ἐπέχυντο Ο 654. Cf. Π 295.

ἐπιχθόνιος [ἐπι- (1) + χθον-, χθών]. Dwelling on earth. Epithet of men A 266, 272, B 553, Δ 45, I 558, Ω 505 : a 167, θ 479, σ 136, χ 414 = ψ 65.—Absol. in pl., the dwellers on earth : ἄλλος ἐπιχθονίων Ω 220. Cf. ρ 115, ω 197.

†ἐπιχράω [ἐπι- (5) + χράω²]. 3 pl. aor. ἐπέχραον. With dat., to attack, assail, lay hands *upon* : λύκοι ἄρνεσσιν Π 352, Δαναοὶ Τρώεσσιν 356. —To assail with importunities, beset : μητέρι β 50.

ἐπιχρίω [ἐπι- (5)]. Aor. pple. ἐπιχρίσασα σ 172. (1) To apply unguent to, anoint (one's person or a part thereof): παρειάς σ 172.—In mid.: χρῶτ' ἐπιχρίεσθαι σ 179.—(2) To besmear: [τόξον] ἀλοιφῇ φ 179.

ἐπιψαύω [ἐπι- (5)]. To exercise the power of touch in an indicated direction. Fig. : ὅς τ' ὀλίγον περ ἐπιψαύῃ πραπίδεσσιν (has even a little range with his wits) θ 547.

ἐπιωγή [ἐπι- (5) + ἰωγή]. A place where ships may lie under the lee of the land, a roadstead ε 404.

ἐπιών, pple. ἔπειμι².

ἔπλεξε, 3 sing. aor. πλέκω.

ἔπλετο, 3 sing. aor. mid. πέλω.

ἔπληντο, 3 pl. aor. pass. πελάζω.

ἐπλήσθη, 3 sing. aor. pass. πίμπλημι.

ἔπνευσε, 3 sing. aor. πνέω.

ἐποίσει, 3 sing. fut. ἐπιφέρω.

ἐποίχομαι [ἐπ-, ἐπι- (11) (14)]. (1) With acc., to go *towards*, to go to join : μνηστῆρας ἐπῴχετο a 324. — In hostile sense, to assail, attack. Of Apollo : οὐρῆας A 50.—So absol. : ἐποιχόμενος κατέπεφνεν Ω 759 : γ 280 = ο 411.—Of Artemis. Absol. ε 124 = λ 173 = 199.—Of a hero under the inspiration of a divinity. Of Diomedes E 330, K 487.—Of Hector Ο 279.—(2) To range, go about, go hither and thither : πάντοσε E 508, Μυρμιδόνας ἐποιχόμενος θώρηξεν Π 155. Cf. Z 81, K 167, 171, Π 496 = 533, P 215 : ζ 282.—Of missiles A 383.—(3) To range or go hither and thither *over*. With acc. : νηῶν ἴκρια Ο 676.—Of sound : [αὐτὴ] πάσας [πύλας] ἐπῴχετο M 340 (*v.l.* πᾶσαι ἐπῴχατο).—(4) To go round a company : ἐπῴχετο οἰνοχοεύων a 143. Cf. ρ 346 = 351.—(5) With acc.,

to range or go hither and thither *round* or *among*: πάντας ἐπῴχετο κελεύων P 356.—To go *round* or *among*, inspect, review : πάσας [φώκας] δ 451.— (6) To walk *along* (the web) following the shuttle, to work at (the web). With acc. : ἱστὸν ἐποιχομένην A 31. Cf. ε 62, κ 222, 226, 254.—(7) Hence, in gen., to ply (one's task): ἔργον ἐποίχεσθαι Z 492: a 358, ρ 227, σ 363, φ 352.—To go to see about, busy oneself about : δόρπον ν 34.—Absol., to go about a task: ἐποιχομένη ἔντυεν ἵππους E 720 = Θ 382.

ἐπόμνῦμι [ἐπ-, ἐπι- (4) + ὄμνυμι]. 3 sing. aor. ἐπώμοσε K 332. To take an oath at one's bidding : ἐπόμνυον ὡς ἐκέλευεν ο 437 = σ 58. Cf. K 332.

ἐπομφάλιος [ἐπ-, ἐπι- (1) + ὀμφαλός]. In neut. ἐπομφάλιον as adv., on the boss (of a shield) : βάλε σάκος ἐπομφάλιον H 267.

ἐποπίζομαι [ἐπ-, ἐπι- (5)]. To have regard for, respect, shrink from incurring : Διὸς μῆνιν ε 146.

ἐποπτάω [ἐπ-, ἐπι- (1)]. To roast upon something indicated : ἐπώπτων ἔγκατα μ 363.

ἐποπτεύω [ἐπ-, ἐπι- (14) + ὀπτεύω, fr. ὀπ-. See ὁράω]. (διοπτεύω.) 3 sing. pa. iterative ἐποπτεύεσκε. To go over, visit, inspect : ἔργα π 140.

ἔπορε, 3 sing. aor. πόρω.

†ἐπορέγω [ἐπ-, ἐπι- (11)]. Aor. pple. mid. ἐπορεξάμενος. In mid., to reach towards a person in order to strike him : ἐπορεξάμενος οὔτασε χεῖρα E 335.

†ἐπόρνῦμι [ἐπ-, ἐπι- (5)]. Also **ἐπορνύω** Ο 613. 3 sing. aor. ἐπῶρσε P 72, Ύ 93, X 204 : ε 109, η 271, ι 67, χ 429. 3 pl. opt. ἐπόρσειαν H 42. Imp. ἔπορσον E 765. 3 sing. aor. mid. ἐπῶρτο Φ 324. (1) To rouse to action, stir up : μένος Ύ 93, X 204. —To incite *to do*. With infin. : πολεμίζειν H 42.— (2) With dat. (a) To rouse or incite to action *against*, set *on* : Ἀθηναίην οἱ E 765. Cf. P 72.— To rouse or set in motion (a natural force) *against* : νηυσὶν ἄνεμον ι 67. Cf. ε 109.—(b) To bring (something evil) *upon* : ὀϊζύν μοι η 271. Cf. Ο 613.—(c) To cause (sleep) to come *to* : τῇ ὕπνον χ 429.—(3) In mid., to rouse or bestir oneself to action *against*, rush *upon*. With dat. : ἐπῶρτ' Ἀχιλῆϊ Φ 324.

ἐπορούω [ἐπ-, ἐπι- (11)]. (1) To rush at a foe, make an attack or assault : τρὶς ἐπόρουσεν E 436, Π 784, Ύ 445. Cf. Γ 379, N 541, Π 330, Ύ 284, 442, Φ 33, X 138.—To rush up in order to strip a fallen foe : ἐπόρουσε καὶ αἴνυτο τεύχεα Λ 580. Cf. N 550, Ο 579.—(2) With dat. (a) To rush *at*, attack, assail : Αἰνείᾳ E 432. Cf. Δ 472, Λ 256, Ο 520, 525, Π 320, Φ 144, 392.—(b) To rush or speed *to* or *towards* as a helper : Τυδεΐδῃ E 793.—(c) Of sleep, to come irresistibly, fall, *upon*: Ὀδυσσῆϊ ψ 343.—(3) To rush *to* (and mount) (a chariot). With acc. : ἅρμ' ἐπορούσας P 481.

ἔπορσον, aor. imp. ἐπόρνυμι.

ἔπος, τό (Ϝέπος). [Cf. (Ϝ)εῖπον.] Dat. sing. ἔπεϊ E 879. ἔπει A 395, 504, Ο 106. Dat. pl. ἐπέεσσι A 223, Γ 38, M 267, Ο 162, etc. : β 189, η 17, κ 173, π 279, etc. ἔπεσσι I 113, K 542, etc. : δ 484, ε 96, ι 258, ρ 545, etc. ἔπεσι A 77, 150,

211, Β73, Ψ682 : θ170, ρ374, ω161. (1) Something said, an utterance or speech, a word : ἐ. ἔφατο Α361, ἄλιον ἐ. ἔκβαλον Σ324. Cf. Β807, Γ204, Δ350, Ε170, etc. : γ226, 374, δ503, θ241, etc.—What one has to say, discourse, words : ἵν' ἐ. ἀκούσῃς ἡμέτερον λ561.—An element of speech, a word : τά μοι ἔειπε, τῶν οὐδέν τοι κρύψω ἐ. δ350=ρ141.—(2) In pl., speech, discourse, words : ἔπεα πτερόεντα προσηύδα Α201, ὄτρυνεν ἐπέεσσιν Γ249, ἐπέεσσι καθάπτετο Ο127. Cf. Α223, 304, 519, Β73, 75, etc. : β189, 323, γ264, δ286, λ99, etc.—(3) In pl., words, speech, as distinguished from action : ἔπεσιν ὀνείδισον Α211, ἐπέεσσί κ' ἀθανάτοισι μαχοίμην Υ367. Cf. Π628, Υ200, 211, 256, 431 : ζ143, 146.—Contrasted in terms with χεῖρες Α77, Π630.—In sing. with ἔργον Α395, 504, Ε879, Ο234 : β272, 304, γ99=δ329, δ163, λ346, ο375.—In pl. : ἐπέων ἠδὲ καὶ ἔργων Λ703.—With βίη : ἢ ἔπει ἠὲ βίῃ Ο106.—(4) The sense of the word coloured by the context Α108 (a prediction), 150 (your orders), 216 (your injunction), 419 (your prayer), 543 (your intention), Β361 (the counsel), Τ83 (a proposal), Η375 (proposal), 394 (proposal), Θ8 (my announced purpose, my will), Ι100 (say what is in your mind and hearken to what another has to say), Λ652 (tidings), 788 (counsel), Ξ44 (the threat), 212 (your request), 234 (my request), Ο156 (the commands), 162 (my commands), 178 (his commands), 566 (his exhortation), Π236 (my prayer), 686 (the injunction), Ρ701 (tidings), Σ273 (counsel), Τ121 (a piece of news), Χ454 (the thing which I say (the thing being identified with the words)), Ψ544 (what you propose), Ω75 (a suggestion), 92 and 224 (his injunction), 744 (counsel) : γ243 (a question), δ137, 420 and 461 (questions), ζ289 (counsel, directions), θ91 (his lays), 141 (this proposal of yours), 358 (your request), κ178 (exhortation), 428 (orders), λ146 (directions), 348 (this suggestion), μ222 (exhortation), 266 (injunction), ξ131 (a story), ο536=ρ163=τ309 (prediction), π469 (the news), ρ519 (lays), 584 (cf. Ι100 above), σ166 (a warning), τ98 (cf. Ι100 above), 565 (idle promises), υ115 (wish, prayer), 236 (prediction), φ278 (counsel).

ἐποτρύνω [ἐπ-, ἐπι- (5)]. 2 sing. aor. ἐπότρῡνας θ185. 3 -ε Ο456. Subj. ἐποτρύνω Π525 : α89. 2 sing. -ης β189. 3 -ῃσι Π690 : θ45. -η Κ130, Ο148: ι139. 2 dual -ητον Ζ83. 3 pl. -ωσι ω355. 3 sing. opt. ἐποτρύνειε ξ461, 498. Imp. ἐπότρῡνον Ο258 : ζ36. Pple. ἐποτρύνᾱς β422, ι488, κ128, λ44, etc. Infin. ἐποτρῦναι κ531. 1 pl. aor. subj. mid. ἐποτρῡνώμεθα θ31. (1) (a) To rouse or stir to action, incite, urge, press, exhort : φάλαγγας Ζ83, Ὀδυσῆα Θ92. Cf. Κ130, Ο43 : α89, ε139, θ185, ξ461, ρ395.—(b) With complementary infin. : τάφρον διαβαινέμεν Μ50. Cf. Ν767 = Ρ117=683, Ο456, Π525, 690, Ρ178 : θ45.—(c) With dat. and infin. : ἱππεύσιν ἐλαυνέμεν ἵππους Ο258. Cf. κ531.—(d) With acc. and infin. : ἑὲ αὐτὸν μαχέσασθαι Υ171. Cf. β189,

ζ36, ξ498, ο73.—(e) With acc. of what one is urged to do : ὅττι κ' ἐποτρύνῃ Ο148.—(f) Absol. : εἰς ὅ κε θυμὸς ἐποτρύνῃ ι139. Cf. Ζ439, Μ442, Ν94=480=Ρ219, Ο725, Ρ553, Υ364, 373, Ω297 : β422=ο217=287, η262, ι488, 561, κ128, λ44, ξ79, ο208, ω175.—(2) To hasten on with, press on. In mid. : ἐποτρυνώμεθα πομπήν θ31.—(3) To stir up (strife) against. With dat. : νῶϊν ἐποτρύνει πόλεμον χ152.—(4) To dispatch (a message) : ἀγγελίας ω355.

ἐπουράνιος [ἐπ-, ἐπι- (2)+οὐρανός]. Dwelling in the heavens. Epithet of the gods Ζ129, 131, 527.—Of a god ρ484.

†**ἐποχέω** [ἐπ-, ἐπι- (1)+ὀχέω]. 3 sing. fut. pass. ἐποχήσεται. To carry or bear upon. With dat. : μὴ τοῖς ἵπποισιν ἀνὴρ ἐποχήσεται ἄλλος Κ330. Cf. Ρ449.

ἐπόψεαι, 2 sing. fut. See ἐφοράω.

ἔπραθον, aor. πέρθω.

ἔπρηξας, 2 sing. aor. πρήσσω.

ἔπρησε, 3 sing. aor. πρήθω.

ἑπτά, indeclinable. Seven Β719, Ζ421, Ι85, 122=264, Ι128, 149, 270, 291, Τ243, 246, Φ407 : ι202, μ129, ω274.—Absol. : ἐ. παρίσχομεν Ι638.—With another numeral : ἐ. καὶ δέκα κ278, η267, ω63.

ἑπταβόειος [ἑπτά+βόειος]. Of seven layers of ox-hide : σάκος Η220, 222, 245, 266, Λ545.

ἑπτάετες [ἑπτά+ἔτος]. For seven years : ἤνασσεν γ304, μένον η259, ξ285.

ἑπτάποδης [ἑπτά+ποδ-, πούς, foot, as a measure of length]. Seven-foot : θρῆνυν (app. raised seven feet) Ο729.

ἑπτάπυλος, -ον [ἑπτά+πύλη]. The seven-gated. Epithet of the Boeotian Thebes Δ406 : λ263.

ἔπταρε, 3 sing. aor. πταίρω.

ἔπτατο, 3 sing. aor. πέτομαι.

ἔπταχα [ἑπτά]. Into seven parts ξ434.

ἔπτηξαν, 3 pl. aor. πτήσσω.

ἐπτοίηθεν, 3 pl. aor. pass. πτοιέω.

ἐπύθοντο, 3 pl. aor. πεύθομαι.

ἔπω¹ [σεπ-]. (ἀμφι-, δι-, ἐφ-, μεθ-.) (1) To handle, take into one's hands, turn over : τεύχεα Ζ321.—(2) With advbs. (a) With ἀμφί. (α) To beset : ἀ. Ὀδυσῆα Τρῶες ἕπον Λ483.—(β) To busy oneself about : ἀ. βοὸς ἕπετον κρέα Λ776. Cf. Η316=τ421, θ61.—(b) With ἐπί, to attend to : ἐ. ἔργον ἕποιεν ξ195.—(c) With μετά, to direct, look after : μ. Τυδέος υἱὸν ἔπουσαν Κ516.—(d) With περί, to pull about, handle : περὶ τεύχε' ἕπουσιν Ο555.

ἔπω² [σεφ-, σεπ-. Cf. L. sequor]. Only in mid. Imp. ἕπευ Ν465, Ο556 : ο281, ψ52, 78. Fut. ἕψομαι Κ108 : β287, ζ32. 2 sing. -εαι Ω733. 3 -εται Δ415, Ω182 : γ359. 1 pl. -ὀμεθα Ν785 : ψ127. 3 -ονται Δ63. Infin. ἕψεσθαι φ104. 2 sing. aor. ἔσπεο (σέσπεο) Κ285. 3 -ετο Γ376, Δ476, Λ472, Μ398, Ν300, 492, Ο559, Π632 : α125, δ276, ζ164, θ109, ρ53. 3 dual -έσθην Γ239. 1 pl. -όμεθα Α158. 3 pl. subj. ἕσπωνται μ349. Opt. ἐσποίμην τ579, φ77. Pple. ἑσπόμενος -ου Κ246, Μ395, Ν570. Without reduplication, imp. σπεῖο K 285 (app. for σπέο, the lengthening being due to the first arsis). 3 sing. σπέσθω M 350, 363. Infin. σπέσθαι E 423: δ 38, χ 324. (ἐφ-, μεθ-.) (1) (a) To follow in company with, go or come with, accompany, a person or persons or something: ἀλλ' ἕπεο K 146. Cf. K 246, N 381, 465, O 556, Σ 387, 572: ἥ δ' ἕσπετ' Ἀθήνη a 125. Cf. ε 91, κ 313, 448, ξ 45, 482, o 162, 281, 470, ψ 52, 78, ω 5.—(b) With dat. : υἱέϊ σῷ Γ 174. Cf. I 428, K 108, M 91, N 300, X 450, etc. : γ 376, δ 276, ζ 276, ξ 298, o 81, τ 245.—(c) With ἅμα : θεοὶ ἅμα πάντες ἕποντο A 424. Cf. Γ 447, I 170, K 194, Λ 472 = O 559 = Π 632, Λ 781, Ω 327 : β 287, 413 = θ 46 = 104, ζ 319, θ 109, κ 231 = 257.—With ἅμα and dat.: τοκεῦσιν ἅμ' ἕσπετο Δ 476. Cf. Γ 143, E 423, I 512, K 222, M 350, etc.: β 11, γ 359, δ 38, ζ 32, κ 425, etc.—(d) With μετά : μετὰ νέφος εἵπετο πεζῶν Ψ 133.—With μετά and dat. : μετὰ σφιν εἵπετο Σ 234.—(e) With σύν : σὺν δ' εἵπετ' Ὀδυσσεύς κ 436.—With σύν and dat.: σὺν ἀμφιπόλοισιν ἕπεσθαι η 304.—(2) Of herdsmen accompanying their herd. With ἅμα : δύω ἅμ' ἕποντο νομῆες Σ 525 : ρ 214 = υ 175.—With ἅμα and dat. : ἅμ' ὕεσσιν ἐπέσθω o 397.—Of their dogs following with them. With dat. : ἐννέα σφι κύνες ἕποντο Σ 578.—Of sheep. With μετά and acc. : ὡς εἴ τε μετὰ κτίλον ἕσπετο μῆλα N 492.—(3) To go with as one's wife. With dat. : σοὶ ἄλοχον σπέσθαι χ 324.—With ἅμα and dat. : ἦ ἅμ' ἕπηται (ἕπωμαι) Ἀχαιῶν [κείνῳ] ὅς τις ἄριστος π 76, τ 528, τῷ κεν ἅμ' ἑσποίμην τ 579 = φ 77. Cf. φ 104.—(4) To go with, fall to the lot of. With dat. : τῷ κε νικήσαντι γυνὴ ἕποιτο Γ 255.—(5) (a) To follow a person as one's chief or leader: λαοὶ ἕποντο N 492. Cf. Δ 430: γ 363.—To form part of an expedition, follow with the rest Γ 239, 240, Ω 400 : λ 493.— (b) With dat. : ταῦρός οἱ εἵπετο λαὸς B 675. Cf. B 619, Δ 91, I 44, Λ 228, M 78, etc. : γ 165, ϑ 536, ζ 164, ι 159, λ 168, etc.—(c) With ἅμα: ἅμα νέφος εἵπετο πεζῶν Δ 274. Cf. E 591, Λ 796, M 124, N 690, 717, etc. : ψ 127, ω 117.—With ἅμα and dat. : σοὶ ἅμ' ἑσπόμεθα A 158. Cf. B 524, 534, 542, 762, M 87, etc. : λ 372, o 541, τ 196.— (6) (a) To follow up, hang upon, the foe : αἰὲν ἀποκτείνων ἕπετο Λ 154. Cf. Λ 165, 168, 565, 754, O 277, Π 372, P 730. — Of flowing water Φ 256.—(b) With ἅμα : Τρῶες ἅμ' ἕποντο P 753.— (c) App., with ἀμφί, to beset: ἀμφ' Ὀδυσῆα Τρῶες ἕποντο Λ 474 (prob. ἕπον should be read. See 483 under ἕπω¹ (2) (a) (α)).—(7) To be in a person's service : ἐξ δρηστῆρες ἕπονται π 248.—To be at the service of, fulfil the behests of. With dat. : πρεσβυτέροισιν Ἐρινύες αἰὲν ἕπονται O 204.—(8) To keep up with, play one's part with. With dat.: ἕπεθ' ἵπποις ἀθανάτοισιν Π 154.—Sim. of the limbs, to keep up with one's spirit or strength, play their part: εἶθ' ὥς . . . ὥς τοι γούναθ' ἕποιτο Δ 314. Cf. υ 237 = φ 202.—(9) To follow the motion of, fall forward following. With dat. : ἑσπόμενος πέσε δουρί (i.e. as it was drawn back) M 395, ἑσπόμενος περὶ δουρί (transfixed by it and

giving way before the blow ; περί advbl.) N 570. —(10) Of an inanimate object, to follow the motion of, come away with, something : ἔπαλξις ἕσπετο πᾶσα (came away, gave way) M 398.— With dat. : προτὶ φρένες δουρὶ ἕποντο (came away with it ; προτί advbl.) Π 504.—With ἅμα and dat. : τρυφάλεια ἅμ' ἕσπετο χειρί Γ 376.—(11) To fall in with something proposed, agree, concur : ἐπὶ δ' ἕψονται θεοὶ ἄλλοι Δ 63. Cf. μ 349.—(12) Of a dowry, to go with, accompany. With ἐπί and genit. : ἔεδνα ὅσσα ἔοικε φίλης ἐπὶ παιδὸς ἕπεσθαι α 278 = β 197.—(13) Of honour, to accompany, attend, come to. With dat.: Διὸς κούρῃσιν ἕπεσθαι τιμήν I 513.—With ἅμα and dat. : τούτῳ κῦδος ἅμ' ἕψεται Δ 415.—(14) Of a quality, to go with, be shown in (a person). With dat. : ὅ τοι οὐκ ἕπετ' ἀλκή Θ 140.

ἐπώμοσε, 3 sing. aor. ἐπόμνυμι.

ἐπώνυμος [ἐπ-, ἐπι- (4)) + ὄνυμα, Aeolic form of ὄνομα]. Of a name, given on account of some particular circumstance : Ἀλκυόνην καλέεσκον ἐπώνυμον, οὕνεκα . . . I 562 : Ἀρήτη ὄνομ' ἐστὶν ἐπώνυμον η 54 (app. because she had been prayed for, fr. ἀρή¹), Ὀδυσεὺς ὄνομ' ἔστω ἐπώνυμον τ 409 (the reason for the name being given in the preceding lines).

ἐπώρσε, 3 sing. aor. ἐπόρνυμι.

ἐπῶρτο, 3 sing. aor. mid. ἐπόρνυμι.

ἐπώχατο, 3 pl. plupf. pass. ἐπέχω.

ἐπώχετο, 3 sing. impf. ἐποίχομαι.

ἐράασθε, 2 pl. impf. ἔραμαι.

ἔραζε. To the earth, to the ground, on the ground : πῖπτον M 156, Σ 552. Cf. Π 459, P 619, 633 : o 527, χ 20, 85, 280.

ἔραμαι. 2 pl. impf. ἐράασθε Π 208. Αορ. ἠρασάμην Ξ 317. 3 sing. ἠράσατο Π 182. ἠράσσατο Υ 223 : λ 238. With genit. (1) To love, be in love with : σεο Υ 446 = Ξ 328.—In aor., to fall in love with : ὁπότ' ἠρασάμην Ἰξιονίης ἀλόχοιο Ξ 317. Cf. Π 182, Υ 223 : λ 238.—(2) To be fond of (something), long for, lust after (it) : πολέμου I 64, φυλόπιδος Π 208.

ἐραννός, -ή, -όν [ἔραμαι. 'Lovely']. Fair, pleasant. Epithet of places I 531, 577 : η 18.

ἔρανος, -ου, ὁ. A feast to which the partakers contributed in shares (cf. εἰλαπίνη) a 226, λ 415.

ἐρατεινός, -ή, -όν [ἔραμαι. 'Lovely']. (1) An epithet of general commendation, pleasing, charming, delightful, fair, or the like : ὁμηλικίην Γ 175. Cf. Z 156, T 347, 353, Φ 218 : δαῖτα θ 61, υ 117, ἑτάροισιν ἐ. (a pleasing sight) ι 230. Cf. δ 13, ψ 300.—(2) As epithet of places, fair, pleasant B 532, 571, 583, 591, 607, Γ 239, 401, 443, E 210, Ξ 226, Σ 291 : η 79.

ἐρατίζω [ἔραμαι]. To be greedy after. With genit. : κρειῶν ἐρατίζων Λ 551 = P 660.

ἐρατός [as ἐρατεινός]. = ἐρατεινός (1) Γ 64.

ἐργάζομαι [(F)έργον]. (1) To do work, work, labour : σφίσιν ἐργάζεσθαι ἀνάγκη ξ 272 = ρ 441.— Of a piece of apparatus, to do its work, operate Σ 469.—(2) To do, perform : ἔργα ἀεικέα Ω 733. Cf. ρ 321, υ 72 (complementary infin.), χ 422 (do.), ω 210.—(3) To work upon, work up : χρυσόν γ 435.

ἔργαθε, 3 sing. aor. ἔργω¹.

†ἔργνῡμι [=(F)έργω¹]. 3 sing. impf. ἐέργνῡ. To shut up, confine : συφεοῖσιν (in the . . .) κ 238.

ἔργον, -ου, τό (Fέργον) [cf. (F)έρδω]. (1) Something done or performed or to be done or performed, a deed : ἃ Ζεὺς μήδετο ἔργα Β 38, ὑπέσχετο μέγα ἑ.Ν 366. Cf.Γ 130, Ε 757, Ι 595, Π 120, Σ 77, etc. : α 338, β 63, γ 275, κ 199, σ 221, etc. —For ἑ. contrasted in terms with ἔπος see ἔπος (3).—(2) One's work, the work in hand or before one : μὴ ἀμβαλλώμεθα ἑ. Β 436, ἀτελευτήτῳ ἐπὶ ἔργῳ Δ 175, ὄφρ' ἐπὶ ἔργα τράπωνται Ψ 53. Cf. Β 137, Η 465, Σ 473, Τ 150, 242 : β 252, ε 243, ι 250 = 310 = 343, ξ 195, ρ 227, σ 363, χ 479.— (3) Toilsome work, toil, labour : ἑ. ἀεικὲς ἔχοντα Τ 133.—A task : ἔργα κ' ἀεικέα ἐργάζοιο Ω 733.— (4) A kind of work or activity, a sphere of action : ἐν πάντεσσ' ἔργοισι δαήμονα Ψ 671. Cf. Δ 258 : ἔργα κάκ' ἔμμαθεν ρ 226. Cf. θ 245, ξ 228, ο 320, σ 362, υ 378.—(5) The process or condition of working, work, action : ἀνηνύστῳ ἐπὶ ἔργῳ (with no end to the business) π 111.—Carrying into effect, action : πλεόνων ἑ. ἄμεινον Μ 412. Cf. Ι 374. —(6) (a) Work of war, warfare, strife. (a) With qualifying words : ἑ. Ἄρηος Λ 734. Cf. Π 208.—So πολεμήϊα ἔργα Β 338, Ε 428, Η 236, Λ 719, Ν 727, 730 : μ 116. Cf. Θ 453.—(β) Without such words : ἐπ' αὐτῷ ἑ. ἐτύχθη Δ 470. Cf. Δ 539, Μ 271, 416 : χ 149.—περὶ ἔργα τέτυκτο (in . . .) Ρ 279 : λ 550.—(b) One's work in war, one's prowess : παρ' ἐμ' ἵστασο καὶ ἴδε ἑ. Ρ 179 : χ 233. Cf. Ζ 522.—In pl., deeds of prowess : ἐπίστορα ἔργων ω 26.—(7) Work on the land, tillage : ἔρις ἔργοιο σ 366. Cf. ξ 222, σ 369.—In pl. : ἔργων ἀνέπαυσεν Ρ 549.—(8) A piece of work in the arts, a piece of craftsmanship : χαρίεντα ἔργα τελείει ζ 234 = ψ 161.—(9) A work, occupation, affair : θαλάσσια ἔργα Β 614 : ε 67.—(10) (a) The work, a piece of work, an occupation, proper to women : ἀμφίπολοι ἐπὶ ἔργα τράποντο Γ 422, ἀμφιπόλοισι κέλευε ἑ. ἐποίχεσθαι Ζ 492. Cf. Ζ 324, 490 :=α 356 = φ 350, α 358, δ 683, τ 514, φ 352. —(b) In pl., their various crafts or occupations : ἀμύμονα ἔργα ἰδυίας Ι 128. Cf. Ι 270, Σ 420, Τ 245, Ψ 263, 705 : ἔργ' ἐπίστασθαι β 117=η 111. Cf. ν 289 = π 158, ο 418, υ 72, χ 422, ω 278.—(c) In pl., skill in such crafts, craftsmanship : οὐ χερείων ἔργα (in . . .) Α 115. Cf. Ι 390, Ν 432.—(d) The materials of their work : ἀκὴν ἔμεναι παρὰ ἔργῳ (by their (your) work) φ 239, 385. — (11) A matter, affair, business, thing : εἰ σοὶ πᾶν ἑ. ὑπείξομαι (in everything) Α 294, λοίγια ἔργα 518, τάδε ἔργα (these troubles) Γ 321. Cf. Β 252, Ε 429, Ζ 348, Θ 9, Ι 228, etc. : ἐν πᾶσι ἔργοισιν η 52, μὴ ἀμφαδὰ ἔργα γένοιτο τ 391. Cf. β 280, γ 56, π 373, ρ 78, 274, τ 323.—App. in vague sense ' thing' : χερμάδιον, μέγα ἑ. Ε 303, Τ 286.— A state of affairs : εἰσιδεν ἑ. ἀεικὲς Ξ 13.—(12) The result of work. (a) Something made, the work of . . . : πέπλοι ἔργα γυναικῶν Ζ 289. Cf. Η 444,

Τ 22 : δ 617 = ο 117, η 97, κ 223, ω 75.—Something due to action, the work of . . . : τόδε ἑ. [ἐστὶν] 'Αθηναίης π 207.—(b) A device or representation : τελαμών, ἵνα θέσκελα ἔργα τέτυκτο λ 610. —(c) A piece of tilled land, a farm or estate : ἀνδρῶν πίονα ἔργα Μ 283, ἵκετο ἔργ' ἀνθρώπων (app. meaning ' the world of men ') Τ 131. Cf. Β 751, Ε 92, Π 392 : πατρώϊα ἔργα β 22, οὔτε βοῶν οὔτ' ἀνδρῶν φαίνετο ἔργα (tilled with oxen or by the hand of man) κ 98, [ᾧ] θεὸς ἑ. ἀέξῃ ξ 65. Cf. β 127 = σ 288, δ 318, ζ 259, η 26, κ 147, ξ 66, 344, ο 372, 505, π 140, 144, 314, ω 388. ἔργω¹, and, with prothetic ἐ, ἐέργω, contr. to εἴργω Ψ 72 (Fέργω, ἐFέργω). 3 pl. aor. ἔρξαν ξ 411. 3 sing. aor. ἐέργαθε Ε 147. Acc. sing. masc. aor. pple. pass. ἐρχθέντα Φ 282. 3 pl. pf. ἔρχαται Π 481 : κ 283. Nom. pl. fem. pple. ἐεργμέναι Ε 89. 3 pl. plupf. ἐέρχατο κ 241. ἔρχατο Ρ 354 : ι 221, ξ 73. (ἀνέεργω, ἀπο-, διεέργω, προεέργω, συν-.) (1) To ward or keep off : [βέλος] ἀπὸ χροὸς Δ 130.—To ward or keep off from. With genit. : παιδὸς μυῖαν Δ 131. Cf. Ρ 571.—(2) To keep at a distance, prevent the approach of : τῆλέ με εἰργουσι ψυχαὶ Ψ 72.—To debar : ἀπὸ τιμῆς λ 503.—To debar from participation in. With genit. : πολέμοιο Ν 525.—(3) To keep apart : βόε ζυγὸν οἶον ἀμφὶς ἐέργει Ν 706 (i.e. they are as close together as the yoke admits).—To keep off or from contact with something : ἀπὸ χθονὸς ἔεργε Ξ 349.—To keep (a ship) away, head (her) off : καπνοῦ ἐκτὸς ἔεργε νῆα μ 219.—(4) To separate, sever : ἀπ' αὐχένος ὦμον Ε 147. Cf. Λ 437.— (5) To shut up, confine : κλαίοντες ἐέρχατο κ 241. Cf. ι 221, κ 283, ξ 73, 411.—To coop up : ἐρχθέντ' ἐν ποταμῷ Φ 282.—(6) To debar from freedom of movement, constrain to movement in a specified direction : ἂψ ἐπὶ νῆας ἔεργεν Π 395.—(7) To pack together : σάκεσσιν ἔρχατο πάντῃ (were formed into, formed, a barrier with their shields) Ρ 354. —In reference to a dike or embankment, to draw it tight so as to form a continuous barrier in order to confine a river : γέφυραι ἐεργμέναι Ε 89. —To form into a fence or containing substance : ἔνθα φρένες ἔρχαται ἀμφὶ κῆρ (contains, surrounds, the heart) Π 481.—(8) To bound : ὅσον ἐκ νηῶν ἀπὸ πύργου τάφρος ἔεργεν Θ 213 (app., the space which, measuring along a line drawn (outwards at any point) from the ships, the trench bounded at a distance from the wall, i.e. the space between the wall and the trench).—To skirt, pass along : ἐπ' ἀριστερὰ λαὸν ἐέργων Μ 201 = 219 (see ἀριστερός (2) (b)).—For ἐντὸς ἐέργειν see ἐντός (1).

*ἔργω². See next.

ἔρδω, ἔρδω (Fέρδω) [Fεργ-, Fέργjω. Cf. (F)έργον, (F)ρέξω]. 2 sing. pa. iterative ἔρδεσκες ν 350. 3 -ε Ι 540. From *ἔργω (*Fέργω) (the fut. and aor. forms written also ἐ-) Fut. ἔρξω ι 360, λ 80. Infin. ἐρξέμεν η 294. 3 sing. aor. ἔρξε κ 435, ψ 312. 3 pl. -αν θ 490. 2 sing. subj. ἔρξῃς Β 364 : α 293. Opt. ἔρξαιμι ν 147. Acc. sing. masc. pple. ἔρξαντα Ε 650 : ψ 277. Fem. ἔρξᾱσα π 177, σ 197. Imp.

ἔρξον Δ 37, Χ 185 : ν 145, π 67, ω 481. Infin. ἔρξαι
ε 342. 2 sing. pf. ἔοργας (ϜέϜοργας) Γ 57, Φ 399,
Χ 347. 3 -ε Β 272, Γ 351, Ε 175, Θ 356, Π 424.
Pple. ἐοργώς I 320 : χ 318. 3 sing. plupf. ἐώργει
(ϜέϜόργει) δ 693, ξ 289. (1) To do, act : ἔρξον
ὅπως ἐθέλεις Δ 37. Cf. Β 364, Δ 29 = Π 443 = Χ 181,
Χ 185 : ὧδ' ἔρξω ε 360. Cf. ε 342, ζ 258, η 294,
κ 435, ν 145, 147, π 67, 177, σ 197, ω 481.—With
acc. of person affected by the action : εὖ μιν
ἔρξαντα Ε 650.—(2) To do, perform, accomplish :
μυρί' ἐσθλά Β 272. Cf. Γ 57, Θ 356, I 320, Κ 503,
Ξ 261, Ο 148, Φ 399, Χ 347 : ἔργα βίαια β 236, οἷα
μενοινᾷς ἔρδειν χ 218. Cf. α 293, θ 490, λ 80, ξ 289,
ο 360, τ 92, χ 318, ψ 312.—With double acc. of
what is done and of the person or thing affected :
ὅ με πρότερος κάκ' ἔοργε Γ 351. Cf. Ε 175 = Π 424,
I 540 : δ 693.—(3) To do or offer (sacrifice) :
ἑκατόμβας Α 315, Β 306. Cf. Λ 707 : η 202, λ 132
= ψ 279, ν 350, ψ 277.

ἐρεβεννός, -ή, -όν ["Ερεβος. Cf. ἐρεμνός]. Dark,
murky : νύξ Ε 659 = Ν 580, Θ 488, I 474, Χ 466.
Cf. Ε 864, Ν 425, Χ 309.

ἐρέβινθος, ὁ. The chick-pea Ν 589.

ἐρεείνω. (ἐξ-.) (1) To ask, inquire, make inquiry :
δεύτερον ἐρέεινεν Γ 191. Cf. Γ 225 : τ 42, ω 262.—
In mid. : ἐρεείνετο μύθῳ ρ 305.—(2) To ask or
inquire about : ἵπποι οὓς ἐρεείνεις Κ 558. Cf.
Ζ 145, Φ 153 : ω 281.—(3) To question (a person) :
μιν Ζ 176. Cf. ε 85, η 31, λ 234, υ 190, ψ 365.—
(4) With double acc. of person questioned and of
what is inquired about : πόσιν ἕκαστα δ 137. Cf.
α 220.

ἐρέεσθαι, infin. mid. See εἴρομαι.

ἐρεθίζω [ἐρέθω]. (1) To irritate, provoke to
anger : μή μ' ἐρέθιζε Α 32, Ω 560. Cf. ι 494.—
(2) In milder sense, to tease, provoke, worry :
"Ηρην Δ 5. Cf. Ε 419 : υ 374.—Absol. ρ 394.—
(3) To provoke to fight, try to bring to close
quarters P 658.—(4) To provoke or rouse into
making disclosures τ 45.

ἐρέθω. (1) = ἐρεθίζω (1) Γ 414.—(2) = ἐρεθίζω (2)
Α 519.—(3) To keep from peace or rest, trouble :
ὀδύναι μ' ἐρέθουσιν δ 813. Cf. τ 517.

ἐρείδω. 3 sing. aor. ἔρεισε Λ 235, P 48. Pple.
ἐρείσας Χ 97, 112 : θ 66, 473. Infin. ἐρεῖσαι λ 426.
3 sing. aor. mid. ἐρείσατο Ε 309, Λ 355. Pple.
ἐρεισάμενος Β 109, Θ 496, Μ 457, Π 736. 3 sing.
aor. pass. ἐρείσθη Η 145, Λ 144, Μ 192. Pple.
ἐρεισθείς Χ 225 : ι 383. 3 pl. pf. ἐρηρέδαται Ψ 284,
329. 3 sing. plupf. ἠρήρειστο Γ 358, Δ 136, Η 252,
Λ 436. 3 pl. ἐρηρέδατο η 95. (ἐν-, ἐπ-.) (1) To
press closely, be in close contact with, so that
mutual support is afforded : ἀσπὶς ἀσπίδ' ἔρειδεν
Ν 131 = Π 215.—(2) To press, strive, carry on
a contest. In mid. : μηκέτ' ἐρείδεσθον Ψ 735.—
(3) With σύν, in reference to the dead, to bring
together (the lips), compose (the mouth) : σὺν
στόμ' ἐρείσαι λ 426.—(4) To put one's weight or
strength into a blow, thrust, etc. : ἐπὶ δ' ἔρεισεν
Λ 235 = P 48.—In mid. Μ 457, Π 736.—In pass.
ἐρεισθεὶς δίνεος ι 383.—With instrumental dat. :
ἐρείδοντες βελέεσσιν Π 108.—(5) In pass., of a

missile, to force its way, pass : διὰ θώρηκος ἠρήρειστο
Γ 358 = Δ 136 = Η 252 = Λ 436.—(6) To cause to
lean or stand, lean, prop (against something) :
πύργῳ ἔπ' ἀσπίδ' ἐρείσας Χ 97. Cf. Χ 112 : θ 66 =
473, χ 450.—(7) In mid. and pass. (a) To lean
or support oneself (upon or with something) : τῷ
ἐρεισάμενος Β 109, Θ 496, ἐρείσατο χειρὶ γαίης (on
the ground with his hand) Ε 309, Λ 355. Cf.
Ξ 38, Τ 49, Χ 225 : κ 170.—(b) To lean or be set
against something so as to afford support : λᾶε
ξύλου ἑκάτερθεν ἐρηρέδαται Ψ 329.—(c) To hang
down (on to something), rest (upon it) : οὔδεϊ
χαῖται ἐρηρέδαται Ψ 284.—(d) To lie or be stretched
out (upon something) : ὕπτιος οὔδει ἐρείσθη Η 145,
Λ 144, Μ 192.—(e) To stand (against something),
be ranged (round about along it) : θρόνοι περὶ
τοῖχον ἐρηρέδατο η 95.

ἐρείκω. 3 sing. aor. ἤρικε P 295. (1) To rend
Ν 441.—(2) In aor., to be rent : ἤρικε κόρυς
P 295.

ἔρειο, imp. mid. εἴρομαι.

ἐρείομεν, 1 pl. subj. See εἴρομαι.

ἐρείπω. 3 sing. aor. ἤριπε Δ 462, Ε 47, Θ 122,
Π 319, P 619, Χ 330, etc. : χ 296. ἔριπε Ε 68,
Τ 417. 3 sing. subj. ἐρίπῃσι P 522. Pple. ἐριπών
Ε 309, Θ 329, Λ 355. Fem. ἐριποῦσα Ε 357, Φ 243,
246. 3 sing. plupf. pass. ἐρέριπτο Ξ 15. (ἐξ-, κατ-,
ὑπ-.) (1) To pull or throw down : ἐπάλξεις
Μ 258. Cf. Ξ 15, Ο 356, 361.—(2) In aor., to fall :
ἤριπεν ὡς ὅτε πύργος Δ 462. Cf. Δ 493, Ε 47, 58,
68, 75, Ν 389, P 522, Φ 243, Χ 467, etc. : χ 296.

ἔρεισε, 3 sing. aor. ἐρείδω.

ἐρείσθη, 3 sing. aor. pass. ἐρείδω.

ἐρεμνός, -ή, -όν ["Ερεβος. Cf. ἐρεβεννός]. Dark,
murky : νυκτί λ 606.—Referring to the gloom of
the underworld ω 106.—Dark, threatening : αἰγίδα
Δ 167, λαίλαπι Μ 375, Τ 51.

ἔρεξα, aor. ῥέζω.

ἐρέοιμι, opt. See εἴρομαι.

ἐρέοντο, 3 pl. impf. mid. See εἴρομαι.

ἐρέπτομαι. (ὑπερέπτω.) To take as food, eat,
munch. Of men or horses : λωτὸν Β 776, κρῖ
Ε 196, Θ 564 : λωτόν ι 97.—Of fishes, to gnaw
away : δημόν Φ 204.—Of birds, to peck up : πυρόν
τ 553.

ἐρέριπτο, 3 sing. plupf. pass. ἐρείπω.

ἐρέσθαι, aor. infin. See εἴρομαι.

ἐρέσσω. (δι-, προ-.) To ply the oar, row I 361 :
ι 490, λ 78, μ 194.

ἐρέτης [ἔρε-, ἐρέσσω]. A rower : ἐρέτας ἀγείρομεν
Α 142. Cf. Α 309, Β 719 : α 280, β 307, 319, ν 115,
π 349.

ἐρετμόν, -οῦ, τό [ἔρε-τ-μόν, ἐρέσσω]. An oar :
προέρεσσαν ἐρετμοῖς Α 435 : εὐήρες ἐ. λ 121. Cf.
δ 580, ζ 269, θ 37, λ 77, μ 171, ν 22, π 353, etc.

ἐρεύγομαι. 3 sing. aor. ἤρυγε Τ 403, 404. Acc.
sing. masc. pple. ἐρυγόντα Τ 406. (προσ-.) (1) To
roar : ἤρυγεν ὡς ὅτε ταῦρος ἤρυγεν Τ 403. Cf.
Τ 406.—Of the sea P 265 : ε 403, 438. (Or the
passages relating to the sea may be taken in a
sense sim. to (2), 'to send forth its spray, break
in foam.')—(2) To belch : ἐρεύγετο οἰνοβαρείων

ι 374.—To belch or spew forth : φόνον αἵματος Π 162.

ἐρεύθω [ἐρυθρός]. Aor. infin. ἐρεῦσαι Σ 329. To redden : αἵματι γαῖαν Λ 394. Cf. Σ 329.

ἐρευνάω. (1) To make search, hunt, quest Σ 321.—(2) Of dogs, to follow (the scent) : ἴχνι' ἐρευνῶντες τ 436.—(3) To search for : τεύχεα χ 180. ἐρεῦσαι, aor. infin. ἐρεύθω.

†ἐρέφω. Aor. ἔρεψα Α 39 : ψ 193. 3 pl. ἔρεψαν Ω 450. To furnish with a roof, roof : νηόν Α 39 (app. referring to a temporary structure of branches), [κλισίην] Ω 450 : [θάλαμον] ψ 193.

ἐρέχθω. To shatter, shiver, rend Ψ 317.—Fig. : ἄλγεσι θυμὸν ἐρέχθων ε 83 = 157.

ἔρεψα, aor. ἐρέφω.

ἐρέω¹, fut. εἴρω².

ἐρέω². See εἴρομαι.

ἐρῆμος, -η, -ον. (1) Uninhabited, desolate : νῆσον γ 270. Cf. μ 351.—Abandoned, empty, vacant : χῶρον Κ 520.—(2) Abandoned, forsaken, left to one's own devices : τὰ δ' ἐρῆμα φοβεῖται Ε 140.

ἐρηρέδαται, 3 pl. pf. pass. ἐρείδω.

ἐρητύω. 3 sing. pa. iterative ἐρητύσασκε Β 189, Λ 567. 3 sing. aor. opt. ἐρητύσειε Α 192. 3 pl. aor. pass. ἐρήτυθεν Β 99, 211. (κατ-.) (1) To hold back, hold in check, check, restrain, curb : φῶτα ἕκαστον Β 164, 180. Cf. Α 192, Β 75, 189, I 462, 635, Λ 567, Ν 280, Σ 503 : ι 493 = κ 442, π 43.—In mid. : ἐρητύοντο λαόν Ο 723.—(2) To get under control, bring back to discipline : κήρυκές σφεας Β 97, ἐρήτυθεν καθ' ἕδρας (settled themselves) 99, 211.—(3) In mid. (a) To check oneself, come to a stand, stop : παρὰ νηυσὶν ἐρητύοντο Θ 345, Ο 367. Cf. Ο 3.—(b) To hold back from going, remain in a specified place : ἐρητύοντο αὖθι γ 155.

ἐριαύχην, -ενος [ἐρι- + αὐχήν]. With high-arched or with powerful neck. Epithet of horses Κ 305, Λ 159, Ρ 496, Σ 280, Ψ 171.

ἐριβρεμέτης [ἐρι- + βρέμω]. Loud-thundering. Epithet of Zeus : Ζηνὸς ἐριβρεμέτεω Ν 624.

ἐριβῶλαξ, -ακος, ὁ, ἡ [ἐρι- + βῶλος]. Having rich clods, fertile, having fertile lands : Φθίη Α 155. Cf. Β 841, Γ 74, Ε 44, Ν 793, Ρ 172, etc. : ν 235.

ἐρίβωλος, -ον [as prec.]. = prec. I 329, 363, Σ 67, Φ 154, 232, Ψ 215 : ε 34.

ἐρίγδουπος, also **ἐρίδουπος,** -ον Υ 50, Ω 323 : γ 399, 493, η 345, κ 515, ο 146, 191, υ 176, 189. [ἐρι- + (γ)δοῦπος.] (1) Loud-thundering. Epithet of Zeus Ε 672, Η 411, Κ 329, Μ 235, Ν 154, Ο 293, Π 88 : θ 465 = ο 180, ο 112.—(2) With thundering hooves : πόδες ἵπποιων Λ 152.—Of seashores, on which the sea roars, sounding Υ 50. —Of rivers, roaring, rushing κ 515.—Echoing, resounding : αἰθούσης Ω 323 : γ 493 = ο 146 = 191. Cf. γ 399 = η 345, υ 176, 189.

ἐριδαίνω [ἔρις]. Aor. infin. mid. ἐριδήσασθαι Ψ 792. (1) To quarrel, wrangle, dispute, contend Α 574, Β 342 : σ 403.—To contend, maintain one's position : οὐ δυνήσεαι ἐριδαινέμεν οἷος α 79. —(2) Of winds, to contend. With dat. : Εὖρός

τε Νότος τ' ἀλλήλοιιν Π 765.—(3) To compete or contend with a person. In mid. : ἀργαλέον ποσσὶν ἐριδήσασθαι Ἀχαιοῖς (for the Achaeans to contend (sc. with Odysseus) in the race) Ψ 792.—To be rivals, vie with one another β 206.—To engage in rivalry or competition φ 310.

ἐριδμαίνω [ἔρις]. To irritate, enrage Π 260.

ἐρίδουπος. See ἐρίγδουπος.

ἐρίζω [ἔρις]. 3 pl. pa. iterative ἐρίζεσκον θ 225. 3 pl. aor. subj. ἐρίσωσι σ 277. 3 sing. opt. ἐρίσειε ψ 126. ἐρίσειε Γ 223 : ο 321, τ 286. 3 pl. ἐρίσσειαν Ο 284. Nom. dual masc. pple. ἐρίσαντε Α 6. Pl. ἐρίσαντες Ν 109. 3 sing. aor. subj. mid. ἐρίσσεται δ 80. , (1) To be at variance, quarrel, wrangle, dispute : διαστήτην ἐρίσαντε (having conceived offence) Α 6, περὶ ἴσης Μ 423. —With dat. : βασιλεῦσιν Β 214, 247, κείνῳ ἐρίσαντες Ν 109.—(2) To challenge. With dat. and infin. : ἀλλήλοιϊν μαχέσσασθαι σ 38.—(3) To engage in rivalry or competition : περὶ μύθων Ο 284.—To rival, compete with, vie with, a person : Νέστωρ οἷος ἔριζεν Β 555. Cf. τ 286.— With dat. : βασιλῆϊ Α 277. Cf. Γ 223, Ζ 131, Ψ 404 : δ 78, θ 223, 225, 371, σ 277, ψ 126.—To match oneself with, stand up to in fight. With dat. : Κρονίωνος παισίν Φ 185.—With dat. of that in which one vies with a person : ποσὶν Ν 325.— With double dat. : δρηστοσύνῃ οὐκ ἄν μοι ἐρίσσειεν ἄλλος ο 321.—So in mid. Ε 172 : δ 80.—With dat. and acc. : εἰ Ἀφροδίτῃ κάλλος ἐρίζοι (in . . .) Ι 389. Cf. ε 213.

ἐρίηρος [ἐρι- + (F)ήρ. Cf. ἐπίηρανος]. Pl. ἐρίηρες. Epithet of ἑταῖρος, ἑταῖροι (and in α 346, θ 62, 471 of ἀοιδός), worthy, faithful, trusty or the like Γ 47, 378, Δ 266, Θ 332 = Ν 421, Π 363, Ψ 6 : α 346, θ 62 = 471, ι 100, 172, 193, 555, κ 387, 405, 408, 471, μ 199, 397 (here merely conventional) = ξ 249, ξ 259 = ρ 428, τ 273.

ἐριθηλής, -ές [ἐρι- + θηλ-, θάλλω]. Showing good growth, flourishing : ἀλωάων ἐριθηλέων Ε 90, μυρίκης ὄζους Κ 467, ἔρνος ἐλαίης Ρ 53.

ἔριθος, ὁ. A labourer Σ 550, 560.

ἐρικυδής, -ές [ἐρι- + κῦδος]. An epithet of general commendation, glorious, radiant, splendid, illustrious, sumptuous, or the like : θεῶν δῶρα Γ 65, Υ 265, ἥβης Λ 225, Λητοῦς Ξ 327, δαῖτα Ω 802 : γ 66 = υ 280, κ 182, ν 26, Γαίης υἱόν λ 576, θεῶν τέκνα 631.

ἐρίμυκος [ἐρι- + μυκ-, μυκάομαι]. Loud-bellowing. Epithet of oxen Υ 497, Ψ 775 : ο 235.

ἐρινεός, -οῦ, ὁ. The wild fig-tree : ἐρινεὸν τάμνε νέους ὄρπηκας (double acc.) of whole and part) Φ 37. Cf. μ 103, 432.—A particular tree referred to as a landmark : λαὸν στῆσον παρ' ἐρινεόν Ζ 433. Cf. Λ 167, Χ 145.

Ἐρινύς, -ύος, ἡ. Acc. pl. Ἐρινῦς Ι 454 : β 135. An avenging divinity. (1) Upholding the moral order (a) As executor (in pl. as executors) of a parental curse Ι 454, 571 : β 135, λ 280.—(b) As protecting the rights of an elder brother : πρεσβυτέροισιν Ἐρινύες αἰὲν ἕπονται Ο 204.—(c) As protecting beggars : πτωχῶν Ἐρινύες ρ 475.—

(d) As sending ἄτη: ἄτης, τήν οἱ ἐπὶ φρεσὶ θῆκ' Ἐρινύς ο 234. Cf. Τ 87.—(e) Invoked as guarding the sanctity of an oath Τ 259.—(f) App. regarded mainly or merely as maleficent: [Πανδαρέου] κούρας ἔδοσαν Ἐρινύσιν ἀμφιπολεύειν υ 78.—(2) Upholding the laws ordering the physical universe: Ἐρινύες ἔσχεθον αὐδὴν [ἵππου] Τ 418.—(3) App., with the idea of personality lost, meaning merely 'curses': οὕτω κεν τῆς μητρὸς ἐρινύας ἐξαποτίνοις Φ 412.

ἔριον=εἴριον.

ἐριούνης [explained as fr. ἐρι-+ὀνα-, ὀνίνημι]. Thus, the helper. Epithet of Hermes Υ 34 : θ 322.

ἐριούνιος. =prec. Epithet or a name of Hermes Υ 72, Ω 360, 440, 457, 679.

ἔριπε, 3 sing. aor. ἐρείπω.

ἔρις, -ιδος, ἡ. Acc. ἔριδα Γ 7, Ε 861, Π 662, Υ 55, etc.: ζ 92, θ 210. ἔριν γ 136, 161, π 292, τ 11. (1) Strife, contention, wrangling : ἔριδι ξυνέηκε μάχεσθαι (in . . .) Α 8, λῆγ' ἔριδος 210, εἴνεκ' ἐμῆς ἔριδος (in my quarrel) Γ 100. Cf. Α 177 = Ε 891, Α 319, Ι 257, Σ 107, Τ 58, 64, Υ 253, Ψ 490 : γ 136, 161, π 292=τ 11, σ 13, ν 267.— In pl., instances of this, quarrels, wranglings : ἔριδας καὶ νείκεα Β 376. Cf. Υ 251.—(2) The strife of battle : ἔριδος καὶ ἀϋτῆς Ε 732. Cf. Ε 861, Η 210, Λ 529, Ν 358, Ξ 389, etc.—Of the hostile action of Hephaestus against Xanthus Φ 359.—Of the hostile action of Xanthus against Achilles : τί μοι ἔριδος; (quasi-partitive genit. ; 'what have I to do with . . ?') Φ 360.—Of the fighting of the cranes and the Pygmies Γ 7.— (3) Rivalry, competition : ἐξ ἔριδος μάχεσθαι (in pure rivalry or combativeness, making a match of it) Η 111. Cf. Η 301 : ἔριδα προφέρουσαι ζ 92, ἔρις ἔργοιο (a match) σ 366. Cf. δ 343=ρ 134, θ 210.—(4) Personified Δ 440, Ε 518, 740, Λ 3, 73, Σ 535, Υ 48.

ἐρίσ(σ)ειε, 3 sing. aor. opt. ἐρίζω.

ἐρισθενής [ἐρι-+σθένος]. Mighty. Epithet of Zeus Ν 54, Τ 355, Φ 184 : θ 289.

ἔρισμα, τό [ἐρισ-, ἐρίζω]. An occasion of quarrel or strife Δ 38.

ἐρισταφύλος [ἐρι-+σταφυλή]. Of wine, the product of rich grapes, full-bodied ι 111=358.

ἐρίτιμος, -ον [ἐρι-+τιμή]. Epithet of the aegis, awe-inspiring Β 447, Ο 361.—Of gold, precious, highly prized Ι 126=268.

ἔριφος, -ου. A kid Π 352, Ω 262 : ι 220, 226, ρ 224, 242, τ 398.

ἐρκεῖος [ἕρκος]. Having his altar in the ἕρκος (see ἕρκος (2)). Of Zeus χ 335.

ἐρκίον, τό [ἕρκος]. =ἕρκος (1) (a): ἐ. αὐλῆς Ι 476 : σ 102.

ἕρκος, τό. (1) (a) A fence or enclosing wall : ἕρκεα ἀλωάων Ε 90. Cf. Σ 564 : ἕρκεος αὐλῆς χ 442= 459. Cf. η 113, ω 224.—ἕρκος ὀδόντων, the (double) row formed by the teeth (as we should say, ' the lips ' or ' the mouth '): ἐπεί κε [ψυχὴ] ἀμείψεται ἐ. ὀδόντων Ι 409, ποῖόν σε ἔπος φύγεν ἐ. ὀδόντων ; Δ 350 = Ξ 83 : α 64 = ε 22 = τ 492 = ψ 70, γ 230, φ 168. Cf. κ 328.—(b) Fig., of a person or

persons : ἐ. πολέμοιο (against . . .) Α 284, ἐ. Ἀχαιῶν (their defence) Γ 229, Ζ 5, Η 211, ἐ. ἔμεν πολέμοιο (to stem the tide of war) Δ 299.—Sim. of a piece of armour, etc. : ἐ. ἀκόντων Δ 137, Ο 646. Cf. Ε 316.—So also : φράξαντο νῆας ἕρκεϊ χαλκείῳ (' with a ring of steel ') Ο 567.—(2) The enclosed space in which a house stands = (or at any rate including) the αὐλή. In reference to the κλισίη of Achilles Π 231 = (in reference to Priam's palace) Ω 306.—To the house of Odysseus ψ 190. —So in pl. in reference to this house (perh. with a vague notion of separate parts making up the space) : αἴθουσαί τε καὶ ἕρκεα καὶ δόμοι θ 57. Cf. π 341=ρ 604, υ 164, φ 238=384 (here app. referring to the premises generally).—(3) A snare or springe χ 469.

ἕρμα[1], -ατος, τό. (1) A shore or prop put under a ship drawn up on shore in order to keep her upright : ὑφ' ἕρματα τάνυσσαν Α 486. Cf. Β 154. —Fig., of persons : ἕρμα πόληος Π 549 : ψ 121 (a or the buttress or stay).—(2) App. with transference of notion from upholding to causing : ἕρμ' ὀδυνάων Δ 117.

ἕρμα[2], -ατος, τό [σερ-. See εἴρω[1].] An earring Ξ 182 : σ 297.

ἑρμίς, -ῖνος [app. conn. with ἕρμα[1].] A bedpost θ 278, ψ 198.

ἔρνος, τό. A young tree, a sapling Ρ 53, Σ 56 =437 : ζ 163, ξ 175.

ἔρξαν[1], 3 pl. aor. ἔργω[1].

ἔρξαν[2], 3 pl. aor. See ἔρδω.

ἔρξε, 3 sing. aor. See ἔρδω.

ἔρξω, fut. See ἔρδω.

ἔροιτο, 3 sing. aor. opt. See εἴρομαι.

ἔρος, -ου, ὁ. In Γ 442, Ξ 294 ἔρως. [ἔραμαι.] (1) Love, desire : ἔρως με φρένας ἀμφεκάλυψεν Γ 442. Cf. Ξ 294, 315 : σ 212.—(2) Desire, inclination, or appetite (for something) : μολπῆς καὶ ὀρχηθμοῖο Ν 638, γόου Ω 227.—See also under ἵημι[1] (9).

ἑρπετός [ἕρπω]. Having the power of movement : ὅσσ' ἐπὶ γαῖαν ἑρπετὰ γίγνονται δ 418.

ἑρπύζω [ἕρπω]. Of a man broken by grief or suffering, to move slowly and heavily : ἑρπύζων παρὰ πυρκαϊήν Ψ 225. Cf. α 193, ν 220.

ἕρπω [σερπ-. Cf. L. serpo]. To exercise the power of movement proper to a living being, to move : ὅσσα τε γαῖαν ἔπι πνείει τε καὶ ἕρπει Ρ 447 : =σ 131. Cf. Δ 395, ρ 158.

ἑρράδαται, 3 pl. pf. pass. ῥαίνω.

ἑρραίσθη, 3 sing. aor. pass. ῥαίω.

ἔρρεε, ἔρρει, 3 sing. impf. ῥέω.

ἔρρεξε, 3 sing. aor. ῥέζω.

ἔρρηξε, 3 sing. aor. ῥήγνυμι.

ἔρρῑγα, pf. ῥιγέω.

ἐρρίγησι, 3 sing. aor. ῥιγέω.

ἐρρίζωσε, 3 sing. aor. ῥιζόω.

ἔρριψε, 3 sing. aor. ῥίπτω.

ἐρρύσατο, 3 sing. aor. mid. ἐρύω[2].

ἔρρω (ϝέρρω). (1) To go, come, move (connoting mischance, difficulty or the like): ἐνθάδε ἔρρων (on this ill-omened journey, this fool's ἐρρώσαντο 159 ἐρύω¹

quest) Θ 239, I 364 : οἴῳ ἔρροντι (wandering about in desperation) δ 367.—Of the movement of the halting Hephaestus Σ 421.—(2) In imp., be off, let him be off, take yourself off, let him take himself off (more or less in way of imprecation) Θ 164, I 377 (let him go his own way to bane), Υ 349 (let him go for what I care), Χ 498, Ψ 440 (go your own mad way), Ω 239 : ε 139 (let him go if he chooses), κ 72, 75.

ἐρρώσαντο, 3 pl. aor. ῥώομαι.

ἔρση, -ης, ἡ (Fέρση). Except in ι 222 with prothetic ἐ, ἐέρση. (1) Dew Ψ 598 : ε 467, ν 245.—(2) In pl., drops of water from a cloud, rain-drops : ὑψόθεν ἧκεν ἐέρσας Λ 53. Cf. Ξ 351. —(3) A young lamb or kid newly yeaned ι 222.

ἐρσήεις, -εντος [ἔρση]. With prothetic ἐ, ἐερσήεις Ω 419. (1) Dew-besprent, dewy Ξ 348.— (2) Of a corpse, fresh, with the look of health Ω 419, 757.

ἐρύγμηλος [app., with -ηλος (cf. ὑψηλός) fr. ἐρυγμός, sb. fr. ἐρυγ-, ἐρεύγομαι]. Bellowing Σ 580.

ἐρυγόντα, acc. sing. masc. aor. pple. ἐρεύγομαι.

ἐρυθαίνω [ἐρυθ-, ἐρυθρός]. To make red, redden : ἐρυθαίνετο γαῖα Κ 484. Cf. Φ 21.

ἐρυθρός. Red : χαλκόν Ι 365, νέκταρ Τ 38 : ε 93, οἶνον 165, ι 208, μ 19, 327, ν 69, π 444, οἶνος ι 163.

†ἐρυκανάω [frequentative fr. ἐρύκω]. 3 pl. ἐρυκανόωσι. To hold in restraint, detain α 199.

ἐρυκάνω. =next. (κατ-.) To restrain, keep from going : ἐρύκανεν ἑταίρους κ 429.

ἐρύκω. Fut. ἐρύξω ο 68. 3 sing. -ει Θ 178, Φ 62, Ω 156, 185 : η 315, θ 317. Aor. ἔρυξα ρ 515. 3 sing. -ε Κ 527. 3 pl. -αν Γ 113. 1 pl. subj. ἐρύξομεν Ο 297. Pple. ἐρύξας Ξ 217 : π 82. Imp. ἔρυξον τ 16. 3 sing. aor. ἠρύκακε Ε 321, Υ 458, Φ 594. ἐρύκακε Λ 352, Μ 465, Ο 450, Ρ 292, Υ 268, Φ 165, 384 : φ 227. 3 sing. opt. ἐρύκάκοι Η 342. Imp. ἐρύκακε Ν 751. Pl. ἐρύκάκετε Ζ 80. Infin. ἐρύκακέειν Ε 262 : γ 144, λ 105, υ 313. (ἀπ-, κατ-.) (1) To restrain from doing or continuing to do something, to curb, keep in hold back, check : μηδέ μ' ἔρυκε μάχης (from . . .) Σ 126. Cf. Θ 206, Φ 384, Ω 156=185 : ἕτερός με θυμὸς ἔρυκεν ι 302. Cf. λ 105, ξ 283, υ 313, φ 227.—To restrain from action, keep inactive : λαόν Ω 658.—(2) To confine, shut up, keep from egress or escape, detain : πόντος, ὃ πολέας ἐρύκει Φ 59. Cf. Π 369, Φ 62, 63 : ἔρυξον ἐνὶ μεγάροισι γυναῖκας τ 16. Cf. α 14, δ 466, θ 317, ι 29.—In mid. : ἐν νήσῳ ἐρύκεαι (let yourself be . . .) δ 373.—(3) To detain or keep with one in hospitality or in a friendly way : ξείνισ' ἐείκοσιν ἤματ' ἐρύξας Ζ 217. Cf. δ 594, 599, η 315, ο 68, π 82, ρ 515.—Sim., in pass., to be kept or looked after in an indicated place : οὐδ' αὐτὸς ἐρύκεσθαι μενεαίνω ρ 17.—(4) To separate or lie between two bodies of men : ὀλίγος χῶρος ἐρύκει Κ 161.—(5) In reference to troops, to rally, get together : λαὸν ἐρυκάκετε Ζ 80. Cf. Ν 751.— (6) To keep assembled or in an indicated place : λαόν Ψ 258 : γ 144.—(7) In reference to horses, etc., to pull up, rein in Γ 113, Κ 527.—To hold

in, keep in hand Λ 48 = Μ 85, Μ 76.—To tether Ε 262, 321.—To hold, stand by the heads of Ω 470.—(8) To stop a person in his career or course : δουρὶ βαλὼν ἠρύκακεν Υ 458.—In mid., to check oneself in one's course : μὴ ἐρύκεσθον Ψ 443.—(9) To prevent the passage or progress of, check, stop : τάφρον, ἥ χ' ἵππον ἐρυκάκοι Η 342. Cf. Θ 178, Μ 465, Ο 297, Φ 7 : χ 138.—In mid. Μ285.—(10) To debar from approach, keep aloof : τρεῖς κέ μιν μῆνας οἶκος ἐρύκοι ρ 408.—(11) To ward off, keep off, guard from : [χαλκὸν] ἐρύκακε τρυφάλεια Λ 352. Cf. Υ 268=Φ 165, Φ 594.—With dat. : κακόν, τό οἱ οὔ τις ἐρύκακεν Ο 450=Ρ 292. Cf. ε 166.

ἔρυμα, τό [ἐρύω²]. A means of protection, a defence or guard : χροός Δ 137.

ἐρύξω, fut. ἔρυξα, aor. ἐρύκω.

ἐρύσαντο, 3 pl. aor. mid. ἐρύω¹.

ἐρυσάρματες [ἐρυσ-, ἐρύω¹ + ἁρματ-, ἅρμα]. Chariot-drawing. Epithet of horses Ο 354, Π 370.

ἐρύσατο, 3 sing. aor. mid. ἐρύω¹.

ἔρυσε, 3 sing. aor. ἐρύω¹.

ἐρύσθαι, non-thematic pres. infin. mid. ἐρύω².

ἐρυσίπτολις. V.l. for ῥυσίπτολις.

ἔρῦσο, 2 sing. non-thematic impf. mid. ἐρύω².

ἔρυσσαν, 3 pl. aor. ἐρύω¹.

ἐρύσσεται, 2 sing. aor. subj. mid. ἐρύω².

ἐρύσσεται, 3 sing. aor. fut. mid. ἐρύω².

ἔρῦτο, 3 sing. non-thematic impf. mid. ἐρύω².

†ἐρύω¹ (Fερύω). Pres. pple. ἐρύων, -οντος Δ 467, 492, Ο 464, Χ 493. 3 pl. impf. ἔρυον Μ 258, Σ 540. 3 pl. fut. ἐρύουσι Λ 454, Ο 351, Χ 67. Infin. ἐρύειν Ρ 235, 287, 396. 3 sing = aor. εἴρυσε (ἐϜέρυσε) Π 863 : β 389. ἔρυσσε Γ 373, Σ 165 : θ 85. ἔρυσε Ν 598, Ρ 581. 1 pl. ἐρύσσαμεν δ 577, λ 2. 3 εἴρυσαν Θ 226, Λ 9, Ξ 32. ἔρυσαν Ε 573, Ξ 35 : χ 187, 193. ἔρυσσαν Α 485, Π 781 : δ 780, θ 51, π 325, 359. 2 sing. subj. ἐρύσσῃ Ε 110. 3 ἐρύσῃ Ρ 230. 1 pl. ἐρύσσομεν Α 141, Ξ 76, Ρ 635, Τ 13 : θ 34, κ 423, π 348. 3 ἐρύσσωσι ρ 479. Opt. ἐρύσαιμι Θ 24. 2 pl. ἐρύσαιτε Θ 21. Imp. pl. ἐρύσσατε κ 403. Pple. ἐρύσας Ψ 21, Ω 16 : κ 303. ἐρύσσας ι 99. Pl. ἐρύσαντες Σ 232 : ι 77, μ 14, 402. Acc. ἐρύσαντας θ 508. Fem. ἐρύσᾱσα Ε 836. Infin. ἐρύσαι Ρ 419 : ξ 134, χ 176. ἐρύσσαι Θ 23, Φ 175. Mid. 3 pl. impf. ἐρύοντο Ρ 277. Fut. infin. ἐρύεσθαι Ξ 422. Aor. εἰρυσάμην κ 165. 3 sing. εἰρύσσατο Χ 306 : χ 79. ἐρύσατο Δ 530, Φ 200, Χ 367 : τ 481. 3 pl. ἐρύσαντο Α 466, Β 429, Δ 506, Η 318, Ρ 317, Σ 152, Ω 624 : γ 65, 470, θ 504, ξ 431, υ 279. 2 sing. opt. ἐρύσαιο Ε 456. 1 pl. ἐρυσαίμεθα Ξ 79, Ρ 104, 159, 161. 3 pl. ἐρυσαίατο Ε 298. Pple. ἐρυσσάμενος Α 190, Γ 271, 361, Μ 190, Ν 610, Ξ 496, Ρ 127, Τ 252, Τ 284, Φ 116, 173 : δ 666, ι 300, κ 126, 294, 321, 535, λ 24, 48. Infin. ἐρύσσασθαι Χ 351. ἐρύσασθαι Σ 174, Φ 176 : φ 125. 3 sing. aor. εἴρυτο χ 90. Pass. 3 pl. pf. εἰρύαται (FεϜερυ-) Ξ 75. εἰρύαται Δ 248 : ζ 265. 3 pl. plupf. εἴρυντο Σ 30, Ο 654. εἴρυντο Σ 69. Nom. pl. fem. pple. εἰρυμέναι Ν 682. (αὐερύω, εἰσ-, ἐξ-, ἐπ-, κατ-, προ-.) (1) To drag, haul, pull : κοῖλον δόρυ ἐρύσαντας ἐπ' ἄκρης θ 508. Cf. Γ 373, Ω 16 : ι 99, μ 14, ρ 479, χ 187.—In mid.

θ 504.—Of dragging the body of a foe from the fight : νεκρὸν ἐρύοντα ἰδών Δ 467. Cf. Δ 492, Π 781, Ρ 230, 235, 287, 396, 419, Σ 165, 540, Ψ 21.—In mid. Δ 506=Ρ 317, Ε 298, Ξ 422, Ρ 127, 159, 161, 277, Σ 174.—Of so dragging the body of a friend Ε 573, Ρ 581, 635=713, Σ 232.—In mid. Ρ 104, Σ 152.—(2) To draw or pull in a specified direction : ἐξ ὤμοιο ὀϊστόν Ε 110. Cf. Θ 21, 23, 24, Ν 598, Π 863, Φ 175 : κ 303.—In mid. Φ 176, 200, Χ 367 : κ 165, τ 481.—To draw (a person) away, cause (him) to quit something. In mid. : οὐκ ἂν τόνδ᾽ ἄνδρα μάχης ἐρύσαιο ; (from the . . .) Ε 456.—To draw or pull (a person) from a specified position : ἀφ᾽ ἵππων ὦσε χειρὶ ἐρύσασα Ε 836.—(3) To draw (a part of one's clothing) into a specified position : φᾶρος κὰκ κεφαλῆς εἴρυσσεν θ 85.—To pluck (a person by part of his clothing) : ἄλλον χλαίνης ἐρύων Χ 493.—(4) To pull or tear at with a view to demolishing : κρόσσας πύργων Μ 258.—To pull about, tear (a corpse) Λ 454, Ο 351, Χ 67.—To tear (the skin from the bones) : ῥινὸν ἀπ᾽ ὀστεόφιν ξ 134.—(5) In mid., to draw (cooked food) off the spits : ἐρύσαντο πάντα Α 466=Β 429=Η 318=Ω 624 := ξ 431. Cf. γ 65 = 470 = υ 279.—(6) To draw (a ship) up out of the water : νῆ᾽ ἐπ᾽ ἠπείροιο ἔρυσσαν Α 485, ἔνθα Μυρμιδόνων εἴρυντο νέες Σ 69. Cf. Δ 248, Θ 226 = Λ 9, Ν 682, Ξ 30, 32, 35, 75, Ο 654 : νῆες ὁδὸν εἰρύαται ζ 265 (app., along, i.e. on each side of, the way ; cf. ἀγρούς 259). Cf. κ 403, 423, π 325, 359.—(7) To draw down (a ship) in order to launch her : νῆα ἐρύσσομεν εἰς ἅλα Α 141. Cf. Ξ 76 : β 389, δ 577, 780, θ 34, 51, λ 2, π 348.—In mid. Ξ 79 : δ 666.—(8) To draw a bow : ἐπὶ τῷ ἐρύοντι Ο 464.—To bend (a bow) in order to string it. In mid. : ἐρύσσασθαι [τόξον] μενεαίνων φ 125. —(9) In mid., to draw (a sword) : φάσγανον ἐρυσσάμενος Α 190. Cf. Γ 361 = Ν 610, Δ 530, Μ 190, Ξ 496, Υ 284, Φ 116, 173, Χ 306 := γ 79, ι 300, κ 126, 294, 321, 535 = λ 48, λ 24, χ 90.—To draw up, take into one's hand (a knife worn by one) Γ 271 = Τ 252.—(10) To pull up so as to suspend : κίον᾽ ἀν᾽ ὑψηλὴν ἐρύσαι (ἔρυσαν) χ 176, 193.—With ἀνά, to hoist (sails) : ἀν᾽ ἱστία ἐρύσαντες ι 77, μ 402. —(11) To weigh. In mid. : εἴ κέν σ᾽ αὐτὸν χρυσῷ ἐρύσασθαι ἀνώγοι (to weigh your body with or against gold, i.e. pay your weight in gold) Χ 351.

†ἐρύω² (σερF). Cf. L. servo). [(σ)ερῦ-, (σ)ρῦ-, fr. which the forms come with varying quantity due to the mutual influence of the stems]. Only in mid. Pres. ῥύομαι Ο 257. ῥύομαι ξ 107. 3 sing. ῥῦεται Κ 259, 417 : ο 35. 1 pl. εἰρύμεσθα Φ 588 (app. due to the analogy of the pf.). 3 ῥύονται Ι 396. 3 sing. impf. ῥύετο Ζ 403. ῥῦετο Π 799. 3 sing. opt. ῥύοιτο Μ 8. 2 pl. ῥύοισθε Ρ 224. 2 sing. non-thematic impf. ἔρῦσο Χ 507. 3 sing. ἔρῦτο Δ 138, Ε 23, 538, Ν 555, Ρ 518, Ψ 819 : ω 524. 3 pl. ῥύατο Σ 515 : ρ 201. Infin. ἐρυσθαι ε 484, ι 194, κ 444, ξ 260, ρ 429. ῥῦσθαι Ο 141. 2 sing. pa. iterative ῥύσκευ Ω 730. 3 sing. fut. ἐρύσσεται Κ 44. 3 pl. εἰρύσσονται Σ 276 (app. due to the analogy of the pf.). Infin. ἐρύεσθαι Ι 248, Υ 195.

Aor. ῥῦσάμην Ο 29. 2 sing. εἰρύσαο (ἐσερυ-) Φ 230. 3 εἰρύσατο Δ 186, Ο 274, Υ 93. ἐρύσατο Β 859, Ε 344, Λ 363, Υ 450 : ξ 279, χ 372. ἐρρύσατο Ο 290, Υ 194 : α 6. ῥύσατο ψ 244. 3 dual ῥῦσάσθην Ξ 406. 2 sing. subj. ἐρύσσεαι Υ 311. 3 sing. opt. ἐρύσαιτο Ω 584. ῥύσαιτο ζ 129, μ 107. εἰρύσσαιτο Θ 143 : π 459 (app. due to the analogy of the pf.). 2 pl. εἰρύσσαισθε Ρ 327. Imp. ῥύσαι Ρ 645, Ω 430. Infin. εἰρύσσασθαι Α 216. 3 pl. pf. εἰρύαται (σεσρυ-) Α 239. εἰρύαται π 463. 3 sing. plupf. εἴρῦτο Π 542, Ω 499 : ψ 229. 3 pl. εἰρύατο Χ 303. εἴρυντο Μ 454. Infin. εἴρυσθαι γ 268, ψ 82, 151. (1) To keep from harm, keep safe, guard, protect : ὄφρα νῆας ῥύοιτο Μ 8, σανίδων, αἳ πύλας εἴρυντο (gave it its strength) 454. Cf. Κ 44, 259, Ν 555, Ξ 406, Ο 257, Π 799, Ρ 224, 327, Σ 276, Φ 588, Χ 303, Ψ 819, Ω 430 : γ 268, ο 35.—With dat. : μίτρης, ἥ οἱ πλεῖστον ἔρυτο Δ 138.—(2) To tend (a herd) ξ 107.—To keep, tend, see to (a house) ψ 151.— (3) To protect from inclemency of weather ε 484.— To cover (one's nakedness) : μήδεα ζ 129.—(4) To keep back, detain : Ἠῶ ἐπ᾽ Ὠκεανῷ ψ 244.— (5) In sinister sense, of foes, to lie in wait for : οἴκαδέ μ᾽ ἰόντα π 463.—(6) To keep watch and ward over, guard : τεῖχος Σ 515. Cf. Κ 417 : ι 194 = κ 444, ξ 260, ρ 201, 429, ψ 229.—(7) To be the guardian, defender or protector of (a city, etc.) : οἵ τε πτολίεθρα ῥύονται Ι 396. Cf. Ζ 403, Π 542, Χ 507, Ω 499, 730.—(8) To bring out of danger or trouble, save, rescue : ἐρύσατό σ᾽ Ἀπόλλων Λ 363 = Υ 450. Cf. Ε 23, 344, Ι 248, Ο 274, 290, Ρ 645, Υ 93, 194, 195, 311 : α 6, μ 107, ξ 279, χ 372.—To rescue from troubles : Ἡρακλῆα Ο 29.— (9) In reference to immaterial things (a) To have in one's keeping, be the depositary of : θέμιστας Α 239.—(b) In reference to wrath, to keep (it within the breast), not to allow (it) to break out : μὴ κραδίη χόλον οὐκ ἐρύσαιτο Ω 584.—In reference to something known, to keep it (in the mind), refrain from uttering it : μηδὲ φρεσὶν εἰρύσσαιτο π 459.—(c) To be in possession of, comprehend : θεῶν δήνεα ψ 82.—(d) To observe, not to run counter to, obey : σφωίτερον ἔπος Α 216.—To carry out (another's will, something resolved upon) : βουλὰς Κρονίωνος Φ 230.—(e) App., to pay constant attention to, keep always in mind : πάντων ἀνθρώπων γενεήν Ο 141.—(10) To ward off : κῆρα Β 859, ἔγχος Ε 538 = Ρ 518 : = ω 524.—To arrest (a missile weapon) in its course : βέλος εἰρύσατο ζωστήρ Δ 186.—App., sim., in reference to something immaterial : ἀνήρ κεν οὔ τι Διὸς νόον εἰρύσσαιτο Θ 143.

ἔρχαται, 3 pl. pf. pass. ἔργω¹.

†ἐρχατάω [ἔρχ-, ἔργω¹]. 3 pl. impf. pass. ἐρχατόωντο. To shut up, confine ξ 15.

ἔρχατο, 3 pl. plupf. pass. ἔργω¹.

ἐρχθέντα, acc. sing. masc. aor. pple. pass. ἔργω¹.

ἔρχομαι. Imp. ἔρχευ Ζ 280, Ψ 893 : ζ 69, λ 251, ρ 22, 282, ψ 20, etc. From *ἐλεύθω fut. ἐλεύσομαι Ζ 365, Μ 369, Ν 753 : δ 381, 470. 2 sing -εαι δ 390, 424, κ 267, 540. 3 -εται Α 425, Θ 12, Φ 62 : κ 538, λ 135, ξ 167, π 8, υ 232, etc. 1 pl. -όμεθα Μ 225.

3 -ονται Ψ 497 : κ 530. Infin. ἐλεύσεσθαι Ο 180,
Τ 129 : α 168, β 176, ι 514, ν 132, ψ 72, etc. Aor.
ἦλθον Α 207, Ζ 519, Η 35, Ο 175, Ω 401 : α 194,
δ 82, λ 166, ο 270, etc. 2 sing. -ες Η 25, Ν 250 :
δ 274, λ 57, π 23, ρ 41, etc. 3 -ε Α 12, Ε 658,
Ζ 54, Ν 91, Σ 2, Τ 51, etc.: α 16, γ 194, ε 40, ν 221,
σ 1, φ 17, etc. 1 pl. ἤλθομεν δ 439, ι 262, ξ 496,
ψ 249, etc. 2 -ετε Ω 240 : δ 146. 3 ἦλθον Β 249,
Γ 189, Η 275, Ρ 532, Ψ 116, etc. : α 144, γ 34,
η 325, μ 438, τ 60, χ 446, etc. 1 sing. ἤλυθον
Α 152 : δ 317, ξ 278, π 206, ω 322, etc. 2 -ες
Γ 428, Ν 252, Ω 104 : β 262, δ 810, λ 94. 3 -ε
Γ 205, Ε 803, Π 478, Ψ 532, etc. : γ 306, η 284,
ν 161, π 453, etc. 3 pl. -ον Δ 221, Ε 607. Ν 174,
Υ 47, etc. : λ 226, ο 415. Subj. ἔλθω Φ 567, Χ 113 :
ν 412, ο 543, π 138, ρ 56. 2 sing. -ης Κ 62, 510 :
γ 316, δ 478, ο 13. 3 -η Λ 194, Ο 57, Υ 130, Φ 231,
etc. : η 33, μ 288, ρ 230, τ 84, etc. -ησι Ε 132, 821,
Τ 191 : α 77, γ 422, ξ 398, etc. 2 dual -ητον Κ 444.
1 pl. -ωμεν Ν 744 : ζ 296, χ 77. 2 -ητε Ο 147.
3 -ωσι Ι 166, Φ 532 : τ 564, 566. Opt. ἔλθοιμι
λ 501. 2 sing. -οις Ω 556. 3 -οι Ε 301, Η 415,
Χ 43, etc. : α 403, β 54, ο 423, ψ 102, etc. Imp.
ἐλθέ Δ 70, Ν 810, Ψ 770, Ω 112 : α 284. Pl. ἔλθετε
ω 214. Pple. ἐλθών, -όντος Α 269, Ε 220, Ζ 435,
Λ 140, Ξ 504, Τ 70, Φ 46, 444, etc. : α 115, γ 390,
δ 171, θ 6, ο 156, σ 8, ψ 7, ω 267, etc. Fem.
ἐλθοῦσα, -ης Α 394, 401, Β 387, Γ 162, Ο 33, Σ 135,
190 : ε 317, κ 411, ψ 22. Infin. ἐλθέμεναι Α 151,
Ο 55, Ρ 67, 69, Υ 175 : γ 233, ε 220, θ 466. ἐλθέμεν
Δ 247, Κ 18, Ο 146, Ω 203, etc. : γ 188, ε 99, σ 183,
ω 307, etc. ἐλθεῖν Β 413, Ε 118, Μ 301, Φ 150,
etc.: α 422, δ 786, κ 152, σ 402, etc. Pf. εἰλήλουθα
Ε 204, Φ 81, 156, Ω 460 : ν 257, π 131, τ 549.
2 sing. -ας Α 202, Ζ 128, 254, Ψ 94 : ε 87, ι 273,
ν 237, ο 42, χ 45, ω 300. 3 -ε Ο 131 : γ 318, η 199,
etc. 1 pl. εἰλήλουθμεν Ι 49 : γ 81. Pple. εἰλη-
λουθώς τ 28, υ 360. ἐληλουθώς Ο 81. 3 sing. plupf.
εἰληλούθει Δ 520, Ε 44, Λ 230, Ν 364, Ρ 350, Υ 485.
(ἀμφ-, ἀν-, ἀπ-, δι-, εἰσ-, ἐξ-, ἐπ-, κατ-, μετ-, παρ-,
παρεξ-, ὑπ-.) (1) To go, go or take one's way,
proceed : ἐς στρατὸν ἐλθέ Δ 70. Cf. Α 168, Γ 394,
Ζ 280, Λ 839, Ο 81, etc. : εἰς σπέος ἤλυθεν ε 77.
Cf. γ 318, η 40, κ 154, 320, ξ 373, etc.—Absol.
Ι 649, Μ 343, Υ 167, etc. : δ 826, ζ 40, κ 152, etc.—
With cognate acc.: ὁδὸν ἐλθέμεναι Α 151 : πολλὴν
ὁδὸν ἦλθεν φ 20. Cf. γ 316 = ο 13, π 138.—In aor.
pple. with finite vb., to go and . . . (cf. ἄγω (I) (9)):
ἐλθοῦσ᾽ ὑπελύσαο Α 401, ἐλθὼν εἴσομαι Ξ 8 (referring
εἴσομαι to ἴημι²). Cf. Θ 11, Π 521, etc. : ο 24.—
(2) To have movement, move, walk : χαμαὶ ἐρχο-
μένων ἀνθρώπων Ε 442.—(3) To set out, depart,
go : ἐρχομένῳ μοι ἐπέτελλεν Ε 198. Cf. Ε 150, Ι 43.
—(4) To come : ἦλθεν ἐπὶ νῆας Α 12. Cf. Α 194,
Γ 205, Δ 247, Η 219, Ο 131, etc. : νέον ἄλλοθεν
εἰλήλουθα γ 318. Cf. β 262, γ 426, ζ 296, ι 273,
ξ 496, etc.—Absol. Α 202, Ι 49, Κ 62, etc. : α 144,
ε 87, ο 543, etc.—With acc. of space : ἄλλην ὁδὸν
ἤλθομεν ι 262.—In aor. pple. as under (1), to come
and . . . : ἐλθὼν ἐκάκωσεν Λ 690. Cf. Ζ 257,
Τ 140, etc. : α 255, ε 24, ο 410, σ 8, etc.—(5) To
approach, draw near, come up : εἰ μὴ κήρυκες

ἦλθον Η 275. Cf. Κ 540, etc. : γ 34, etc.—With
ἐπί : ἦλθε δ᾽ ἐπὶ ψυχή Ψ 65 : λ 84, 90. Cf. σ 1,
etc.—Of hostile approach : ἐρχομένων ἄμυδις
Ν 343. Cf. Ζ 435, Θ 89, etc.—Sim.: τῶν ὁμόσ᾽
ἦλθε μάχη Ν 337.—With ἐπί : ἐπὶ Τρώων στίχες
ἤλυθον Δ 221, Ρ 107. Cf. Ε 220, etc. — With
(ἐν)αντίος, -ον : Ἕκτορος ἀντίον ἐλθεῖν Η 160, ἀντίος
οἱ ἦλθεν Ο 584. Cf. Λ 219, Ο 454, etc. : ξ 278,
etc.—With ἄντα Π 622.—With ἀγχίμολον Δ 529,
etc. : ξ 410, etc.—With ἐναντίβιον Τ 130.—With
κατεναντίον Φ 567.—(6) To present oneself : ὅς κε
μόρσιμος ἔλθοι π 392 = φ 162. Cf. β 54.—(7) To
return, to come back or home : ἐλθόντ᾽ ἐκ πολέμοιο
Ε 409. Cf. Θ 12, Κ 337, 444, 510, Ξ 504, Φ 57,
etc.: περιφραζώμεθα νόστον, ὅπως ἔλθῃσιν α 77.
Cf. α 168, γ 188, δ 82, ε 40, χ 45, etc.—With acc.
of space : ἐλευσόμεθ᾽ αὖτα κέλευθα Μ 225.—With
αὖτις : ἐλεύσομαι αὖτις Μ 369, Ν 753. Cf. Α 425,
Τ 129 : δ 478.—With ἄψ : ἄψ κ᾽ εἰς ἡμέας ἔλθοι
Κ 211. Cf. Ν 175 = Ο 550 : κ 244, τ 544, etc.—
With πάλιν : πάλιν ἐλθεῖν Ι 408 : τ 533.—(8) To
go or come for a purpose expressed by the fut.
pple. : ἦλθον παύσουσα τὸ σὸν μένος Α 207. Cf.
Ν 256, Ξ 301, Ο 180, etc. : α 281, β 265, etc.—
(9) Of the coming on of a period of time : κνέφας
ἦλθεν Θ 500. Cf. Β 387, Ξ 77, Φ 231 : ἐπὴν ἔλθῃσι
θέρος λ 192. Cf. α 16, ζ 48, τ 515, etc.—With
ἐπί : ἐπὶ τ᾽ ἤλυθε νύξ δ 429. Cf. Α 475, Β 413,
Λ 194 = 209 = 545, etc. : α 422, 423, γ 329,
η 284, etc.—(10) (a) Of the motion of birds : ὥς
τε ψαρῶν νέφος ἔρχεται Ρ 755. Cf. Θ 251, Μ 218 :
υ 242.—(b) Of bees : μελισσάων ἐρχομενάων Β 88.
—(c) Of wind : ἣν ἐρχθῇ ἀνέμοιο θύελλα μ 288.
Cf. Β 147, 395, Ι 6, Ρ 57 : ε 317, μ 407, 427.—
(d) Of a cloud Δ 276, Π 364.—(e) Of a river Ε 91.
—(f) Of blood : αὐλὸς ἀνὰ ῥῖνας ἦλθεν αἵματος
χ 18. Cf. σ 97.—(g) Of sound : περὶ φρένας ἤλυθ᾽
ἰωή Κ 139. Cf. π 6, ρ 261, τ 444.—(h) Of fire :
ὅσσον ἐπὶ φλὸξ ἦλθεν Ψ 251.—(i) Of a heavenly
body ν 94.—(j) Of a spear or arrow : δι᾽ ἀσπίδος
ἦλθ᾽ ἔγχος Γ 357. Cf. Δ 482, Ε 16, Η 247, Λ 97,
etc. : διὰ δ᾽ ἀμπερὲς ἦλθεν ἰός φ 422. Cf. Χ 16.—
(k) Of a leaden weight Ω 82.—(11) (a) Of death
or old age coming upon one : εἰς ὅ κε γῆρας ἔλθῃ
καὶ θάνατος ν 60. Cf. Λ 135, ψ 282.—(b) Of the in-
toxicating influence of wine : περὶ φρένας ἤλυθεν
οἶνος ι 362.—(c) Of bane, etc. : ἄγχι τοι ἦλθε κακόν
Λ 363 = Υ 450. Cf. Λ 439, Ο 450 = Ρ 292 : υ 368.—
(d) Of tidings coming : ὅτ᾽ ἀγγελίη ποθὲν ἔλθῃ
ξ 374. Cf. α 414.—(e) Of pain shooting : ὀδύνη
διὰ χροὸς ἦλθεν Λ 398.—Of pain departing Χ 43,
Ω 514.—(f) Of something spoken of as passing,
coming, appearing : γέρας μοι ἔρχεται ἄλλῃ Α 120,
ὄφρα κε δῶρα ἔλθῃσιν Τ 191: ἦλθον [ἱστὸς καὶ τρόπις]
μ 438.—(12) To take place : πρὶν γάμον ἐλθεῖν
ζ 288.—(13) To come (under one's hand) : χρυσόν,
ὅτις χ᾽ ὑποχείριος ἔλθῃ ο 448.—(14) Of coming to
be in a specified condition : αἴ κέν τι νέκυς ᾐσχυμ-
μένος ἔλθῃ Σ 180.—(15) Of a place taken in esti-
mation : μὴ δεύτερος ἔλθοι (should come second)
Χ 207. Cf. Κ 368.—Sim. Ψ 547, 779.

ἐρωδιός, ὁ. Perh. the night heron Κ 274.

ἐρωέω¹ [ἐρωή¹]. (ἀπ-.) (1) To hold or draw back, refrain : μηδ' ἔτ' ἐρώει Β 179, Χ 185.—To hold or draw back from. With genit. : ἐρωῆσαι πολέμοιο Ν 776. Cf. Ξ 101, Ρ 422, Τ 170.—(2) To slacken speed, give ground to a competitor Ψ 433. —(3) Of a cloud, to retire, pass away μ 75.— (4) To drive or force back : ἐρωήσαιτέ κέ [μιν] ἀπὸ νηῶν Ν 57.

ἐρωέω² [ἐρωή²]. (ἐξ-, ὑπ-.) Of blood, to spirt out : αἷμ' ἐρωήσει περὶ δουρί Α 303 : π 441.

ἐρωή¹, -ῆς, ἡ. Pause, cessation : πολέμου Π 302, Ρ 761.

ἐρωή², -ῆς, ἡ. (1) Swing, effort, impetus : λικμητῆρος ἐρωῇ Ν 590. Cf. Γ 62.—(2) A rush or attack : οὐχ ὑπέμεινεν ἐρωὴν Πηνελέωο Ξ 488.— (3) The rush or flight (of missiles) Δ 542, Ρ 562. —(4) The throw or flight (of a spear) : μετὰ δούρατος ᾤχετ' ἐρωήν (followed it up to recover it) Λ 357, λείπετο δουρὸς ἐρωήν (by a spear's throw) Ψ 529. Cf. Ο 358, Φ 251.

ἐρώμεθα, 1 pl. aor. subj. See εἴρομαι.

ἔρως. See ἔρος.

ἔς. See εἰς.

ἐσαγείρω [ἐσ-, εἰσ-(1)]. In mid. (1) To gather or come together to an indicated place : ἐσαγείρετο λαὸς ξ 248.—(2) To recover (consciousness) : ἐσαγείρετο θυμόν (was coming to himself) Ο 240, Φ 417.

ἐσάγω. See εἰσάγω.

ἐσαθρέω [ἐσ-, εἰσ- (4)]. To catch sight of : εἰ ἐσαθρήσειεν Ἀλέξανδρον Γ 450.

ἐσακούω [ἐσ-, εἰσ- (4)]. To hearken, give ear : οὐδ' ἐσάκουσεν Ὀδυσσεύς Θ 97.

†ἐσάλλομαι [ἐσ-, εἰσ-(1)]. 3 sing. aor. ἐσήλατο Μ 438, Π 558. ἐσᾶλτο Μ 466, Ν 679. To leap or spring at. With acc. : τεῖχος Μ 438, Π 558. Cf. Μ 466, Ν 679.

ἔσαν, 3 pl. impf. εἰμί.

ἔσαν, 3 pl. aor. See ἕζομαι.

ἐσάντα. See εἰσάντα.

ἔσασθαι, aor. infin. mid. ἕννυμι.

ἔσατο, 3 sing. aor. mid. ἕννυμι.

ἐσάωσα, aor. σαόω.

ἐσβαίη, 3 sing. aor. opt. ἐσβάντες, nom. pl. masc. aor. pple. ἐσβαίνω. See εἰσβαίνω.

ἔσβεσε, ἔσβη, 3 sing. aorists σβέννυμι.

†ἐσδέρκομαι [ἐσ-, εἰσ- (4)]. Αοr. ἐσέδρακον Ω 223. 3 sing. -ε ι 146, τ 476. (1) To have sight of, see : τὴν νῆσον ι 146. Cf. Ω 223.—(2) To direct the sight to, look towards. With acc. : Πηνελόπειαν τ 476.

†ἐσδύω [ἐσ-, εἰσ- (2)]. 2 sing. fut. mid. ἐσδύσεαι. To engage in, take part in. In mid. Ψ 622.

ἐσέδρακον, aor. ἐσδέρκομαι.

ἐσελεύσομαι, fut. ἐσέρχομαι. See εἰσέρχομαι.

ἔσελθε, aor. imp. ἐσέρχομαι. See εἰσέρχομαι.

ἐσεμάσσατο 3 sing. aor. ἐσμαίομαι.

ἐσέρχομαι. See εἰσέρχομαι.

ἐσέχυντο, 3 pl. aor. pass. ἐσχέω.

ἐσήλατο, 3 sing. aor. ἐσάλλομαι.

ἐσημήναντο, 3 pl. aor. mid. σημαίνω.

ἔσην, 3 sing. aor. σαίνω.

ἔσθην, 3 dual plupf. mid. ἕννυμι.

ἐσθής, -ῆτος, ἡ [Fέσ-νυμι, ἕννυμι]. (1) Clothing, raiment α 165, β 339, ε 38 = ψ 341, ζ 192, θ 440, ν 136 = π 231, ξ 510, ο 207, ω 67.—Of bed-clothing ψ 290.—(2) Articles of clothing, clothes : ἐσθῆτα ἐσφερον η 6. Cf. ζ 74, 83.

ἐσθίω [ἐσθω]. (κατ-.) (1) To eat (food) : βρώμην κ 460 = μ 23, μ 302. Cf. α 9, ξ 80, 109, ν 348.— Absol., to take food, eat β 305, ξ 443, ρ 358, 478. —(2) Of the cannibal Cyclops, to devour ι 292, ν 19, ψ 313.—Of the action of consuming fire Ψ 182.—(3) To eat up, devour, consume : τόδε δῶμα φ 69. Cf. δ 318.

ἐσθλός, -ή, -όν. (1) Well-born, noble ζ 284.— (2) Warlike, soldierly, stout, skilful in fight Β 366, Δ 458, Ζ 444, Ω 167, etc. : θ 582, 585, χ 204. —Absol. : ἐσθλὰ [τεύχεα] ἑ. ἔδυνεν Ξ 382. Cf. Ε 176 = Π 425, Ι 319, Χ 158.—(3) Passing into (4) : πατέρ' ἐσθλόν α 115. Cf. β 46, 71, γ 98 = δ 328, γ 379, δ 236, 724 = 814, δ 726 = 816, π 214, τ 395, ψ 360.—(4) Good, worthy, serviceable, skilled : ἀγορηταί Γ 151. Cf. Ε 51, Η 126, Τ 396, Ψ 112, 546, 636 : ἑταῖροι β 391. Cf. β 33, γ 471, ε 110 = 133 = η 251, θ 110, λ 7 = μ 149, ξ 104, ο 310, 557, π 263, ρ 381, τ 334, ψ 331, ω 427.—Of horses Ψ 348.—Absol. : ἐσθλοῖς ἠδὲ κακοῖσιν ζ 189. Cf. θ 553, χ 415 = ψ 66.—(5) In moral sense, good, of right feeling. Absol. : φρένες ἐσθλῶν Ν 115, Ο 203. Cf. Ι 514.—Of the mind, showing discretion, good judgment or discernment, well-balanced : νόον Ν 733. Cf. Ρ 470 : β 117 = η 111, η 73, λ 367. —(6) Of things or abstractions, good of their kind, good, excellent, fine, helpful, in place, or the like : ἔπος (promising good fortune) Α 108, φάρμακα Λ 831. Cf. Α 576, Ε 3, Κ 213, Ξ 382, Σ 313, etc. : κτήματα β 312, ὁμοφροσύνην ζ 182. Cf. ζ 30, ι 242, μ 347, τ 547 (boding well), etc.— Morally good or fitting. Absol. : ἐσθλά τε καὶ τὰ χέρεια σ 229 = ν 310.—(7) Absol. in neut. ἐσθλόν (a) A good thing. With infin. : ἑ. [ἐστι] Διὶ χείρας ἀνασχέμεν Ω 301.—(b) What is good, good : ἄλλοτε κακῷ κύρεται ἄλλοτ' ἐσθλῷ Ω 530. Cf. ο 488.—(8) (a) Absol. in neut. pl. ἐσθλά in sense (7) (b) : μυρί' ἐσθλὰ ἔοργε (has done much good service) Β 272, ἐσθλὰ φραζομένῳ Μ 212. Cf. Κ 448 : ἐσθλ' ἀγορεύοντες (fair words) ρ 66. Cf. ν 86.—(b) Good or valuable material things : πολλὰ καὶ ἐσθλά δ 96. Cf. κ 523 = λ 31.

ἔσθορε, 3 sing. aor. ἐσθρώσκω.

ἔσθος, τό [Fέσ-νυμι, ἕννυμι]. A garment Ω 94.

†ἐσθρώσκω [ἐσ-, εἰσ- (1) (2)]. 3 sing. aor. ἔσθορε. (1) To leap or spring at something Μ 462.— (2) To leap or spring into something Φ 18.

ἔσθω [ἔδθω, ἔδω]. (1) To eat (food). Of men and beasts : κρέα Θ 231 : βάλανον ν 409.—Absol., to take food, eat Ω 476 : ε 94, 197, ζ 249 = η 177, η 220, κ 272, 373, π 141, υ 337.—(2) Of the cannibal Cyclops, to devour : ξείνους ι 479.—Of a woman fiercely desiring vengeance Ω 213.—Of worms, to eat, gnaw Ω 415.—(3) To eat up, devour, consume : κειμήλιά τε πρόβασίν τε β 75.

ἔσιδε, 3 sing. aor. ἐσείδω. See εἰσείδω.

ἐσιδέσθην, 3 dual aor. mid. ἐσείδω. See εἰσείδω.

ἐσίδεσκε, 3 sing. pa. iterative ἐσείδω. See εἰσείδω.

ἐσίζω [ἐσ-, εἰσ- (2)]. In mid., to take one's place in or among. With acc.: ἐπειδὰν ἐσίζηται λόχον N 285.

ἐσίημι [ἐσ-, εἰσ- (1) + ἵημι²]. In mid., to speed to or towards. With acc.: αὖλιν ἐσιέμεναι χ 470.

ἐσκαταβαίνω [ἐσ-, εἰσ- (1) + κατα- (1)]. To go or proceed down to. With acc.: ὄρχατον ἐσκαταβαίνων ω 222.

ἐσκέδασε, 3 sing. aor. σκεδάννυμι.

ἔσκον, pa. iterative εἰμί.

†**ἐσμαίομαι** [ἐσ-, εἰσ- (1)]. 3 sing. aor. ἐσεμάσσατο. To touch, affect: θυμόν P 564, Υ 425.

ἔσομαι, fut. εἰμί.

ἐσοράω. See εἰσοράω.

ἐσόψομαι, fut. ἐσοράω. See εἰσοράω.

ἔσπασε, 3 sing. aor. σπάω.

ἔσπεισαν, 3 pl. aor. σπένδω.

ἔσπεο, 2 sing. aor. mid. ἕπω².

ἔσπερα, metaplastic neut. pl. ἕσπερος.

ἐσπέριος [(F)έσπερος]. (1) At even, with the evening (constructed with a sb. or pronoun, but in sense qualifying the verb): ἐ. ἂν προτὶ Ἴλιον ἀπονεοίμην Φ 560: ἑσπερίους ἀγέρεσθαι ἀνώγει β 385. Cf. β 357, ι 336, 452, ξ 344, ο 505, π 452.—(2) Of the west, dwelling in the west, western: ἀνθρώπων θ 29.

ἕσπερος, ὁ (Fέσπερος. Cf. L. vesper). (1) Evening α 422 = σ 305, α 423 = σ 306, δ 786.—ἀστὴρ ἕσπερος, the evening-star X 318.—(2) Metaplastic neut. pl. ἕσπερα with collective sense, evening-time: ποτὶ ἕσπερα ῥίγιον ἔσται ρ 191.

ἔσπετε, imp. pl. ἐννέπω.

ἔσπετο, 3 sing. aor. mid. ἕπω².

ἔσσα, aor. ἕννυμι.

ἔσσαι¹, aor. infin. ἕννυμι.

ἔσσαι², 2 sing. pf. mid. ἕννυμι.

ἔσσατο, 3 sing. aor. mid. ἕννυμι.

ἐσσείοντο, 3 pl. impf. pass. σείω.

ἐσσεῖται, 3 sing. fut. εἰμί.

ἔσσευα, aor. σεύω.

ἐσσί, 2 sing. pres. indic. εἰμί.

ἔσσο, 2 sing. plupf. mid. ἕννυμι.

ἔσσο, imp. εἰμί.

ἔσσομαι, fut. εἰμί.

ἔσσυμαι, pf. mid. σεύω.

ἐσσύμενος, pf. pple. mid. σεύω.

ἐσσυμένως [adv. fr. ἐσσύμενος. See σεύω (II) (2)]. With speed, eagerness, alacrity, zeal, vehemence Γ 85, Ο 698, Φ 610, Ψ 55, 172, 364, 511, Ω 124 : ι 73, ξ 347, ο 288, π 51.

ἔσσυο, 2 sing. aor. mid. σεύω.

ἔσσυνται, 3 sing. pf. mid. σεύω.

ἔσσυτο, 3 sing. aor. mid. σεύω.

ἔσσω, fut. ἕννυμι.

ἐστάθη, 3 sing. aor. pass. ἵστημι (B).

ἔσταθι, pf. imp. ἵστημι (C).

ἔσται, 3 sing. fut. εἰμί.

ἔσταμεν, 1 pl. plupf. ἵστημι (C).

ἐστάμεν, **ἐστάμεναι**, pf. infin. ἵστημι (C).

ἔσταν, 3 pl. aor. ἵστημι (B).

ἐσταότ-, pf. pple. ἵστημι (C).

ἔστασαν, 3 pl. aor. ἵστημι (A).

ἔστασαν, 3 pl. plupf. ἵστημι (C).

ἐστᾶσι, 3 pl. pf. ἵστημι (C).

ἔστε, 2 pl. imp. εἰμί.

ἐστέ, 2 pl. pres. indic. εἰμί.

ἔστηκε, 3 sing. pf. ἵστημι (C).

ἑστήκει(ν), 3 sing. plupf. ἵστημι (C).

ἔστην, aor. ἵστημι (B).

ἐστήρικτο, 3 sing. plupf. pass. στηρίζω.

ἐστήριξε, 3 sing. aor. στηρίζω.

ἔστησαν¹, 3 pl. aor. ἵστημι (A).

ἔστησαν², 3 pl. aor. ἵστημι (B).

ἔστησε, 3 sing. aor. ἵστημι (A).

ἔστι, **ἐστί**, 3 sing. pres. indic. εἰμί.

ἔστιχον, 3 pl. aor. στείχω.

ἐστιχόωντο, 3 pl. impf. στιχάομαι.

ἔστο, 3 sing. plupf. mid. ἕννυμι.

ἐστόρεσε, 3 sing. aor. στορέννυμι.

ἐστορώωντο, 3 pl. impf. στορέννυμι.

ἔστρωτο, 3 sing. plupf. pass. στορέννυμι.

ἔστυγον, 3 pl. aor. στυγέω.

ἐστυφέλιξε, 3 sing. aor. στυφελίζω.

ἔστω, 3 sing. and pl. imp. εἰμί.

ἕστωρ, -ορος. A peg fitting into a hole in the pole of a chariot Ω 272.

ἐσφαγμένα, nom. pl. neut. pf. pple. pass. σφάζω.

ἔσφαξαν, 3 pl. aor. σφάζω.

ἐσφέρω [ἐσ-, εἰσ- (2)]. (1) To carry into a specified place: ἐσθῆτα εἴσω η 6.—(2) In mid., of a river, to draw into its current and carry along with it : πολλὰς πεύκας Λ 495.

ἐσφήκωντο, 3 pl. plupf. pass. σφηκόω.

ἐσφορέω [ἐσ-, εἰσ- (2)]. (1) To carry into an indicated place τ 32.—(2) To carry into. With acc. : εἵματα μέλαν ὕδωρ ζ 91.

ἐσχάρη, -ης, ἡ. Ablative ἐσχαρόφιν η 169. Locative ἐσχαρόφιν ε 59, τ 389. (1) The fire-place or hearth of the μέγαρον, app. in or about the middle and surrounded by columns (σταθμοί, κίονες): ἧσται ἐπ' ἐσχάρῃ κίονι κεκλιμένη ζ 305, ἷζεν ἐπ' ἐσχαρόφιν τ 389 (v.l. ἀπ' ἐσχαρόφιν, at a distance from the . . ., taking ἐσχαρόφιν as ablative). Cf. ζ 52, η 153, 160, 169, υ 123, ψ 71.—Of the fire-place in Calypso's cave ε 59.—Of that in Eumaeus's hut ξ 420.—(2) In pl., πυρὸς ἐσχάραι, app., hearths, families : ὅσσαι Τρώων πυρὸς ἐσχάραι Κ 418 (cf. Τρῶας ἐφέστιοι ὅσσοι ἔασιν Β 125).

†**ἐσχατάω** [ἔσχατος]. Acc. sing. masc. pres. pple. ἐσχατόωντα Κ 206. Nom. fem. ἐσχατόωσα, -ης Β 508, 616. (1) To be situated on the verge or border of an indicated region. In pres. pple. in adjectival use : Ἀνθηδόνα ἐσχατόωσαν Β 508. Cf. Β 616.—(2) To stray on the border of an indicated region : δηίων τινὰ ἐσχατόωντα Κ 206.

ἐσχατιή, -ῆς, ἡ [ἔσχατος]. The extremity, the furthest or most remote part, the edge or border : Φθίης Ι 484, πολέμοιο (the skirts) Λ 524, Υ 328, [πυρῆς] Ψ 242 : λιμένος (the mouth) β 391, Γόρτυνος γ 294, ἀγροῦ δ 517, ε 489, σ 358, ω 150, νήσου ε 238, ἔσχατος   164   ἕτερος

ἐπ' ἐσχατιῇ σπέος εἴδομεν (i.e. in the first part of the land they came to) ι 182, ἢ ἐπ' ἐσχατιῆς ἢ σχεδόν (in a remote part) ι 280, ἐπ' ἐσχατιῇ (at the mouth of the harbour) κ 96, αἰπόλια ἐσχατιῇ βόσκονται (in the most remote part of the island) ξ 104.

ἔσχατος, -ον. (1) The extreme, furthest, most remote : ἔσχατοι ἀνδρῶν (dwelling in the uttermost parts of the earth) α 23, οἰκέομεν ἀπάνευθε, ἔσχατοι (the last or outermost of civilized communities) ζ 205, θάλαμόνδε ἔσχατον (to the innermost θ.) φ 9.—With genit. : ἔσχατοι ἄλλων Κ 434 (the most remote from the centre as compared with all others, holding the most advanced post).—(2) In neut. pl. ἔσχατα as adv. : ἔσχατα νῆας εἴρυσαν (at the extremities of the line) Θ 225 = Λ 8.

ἔσχε, 3 sing. aor. ἔχω.
ἔσχεθε, 3 sing. aor. ἔχω.
†ἐσχέω [ἐσ-, εἰσ- (2)]. 3 pl. aor. pass. ἐσέχυντο. In pass., of persons, to pour or stream into an indicated or specified place : κατὰ πύλας Μ 470, ἐς πόλιν Φ 610.
ἔσχισε, 3 sing. aor. σχίζω.
ἔσω. See εἴσω.
ἑταιρίζω. See ἑταρίζω.
ἑταῖρος. See ἔταρος.
ἑτάλασσας, 2 sing. aor. τλάω.
ἑτάνυσσα, aor. τανύω.
ἑτάραξε, 3 sing. aor. ταράσσω.
†ἑταρίζω, ἑταιρίζω [ἔταρος, ἑταῖρος]. Aor. infin. ἑταιρίσσαι Ω 335. 3 sing. aor. opt. mid. ἑταιρίσσαιτο Ν 456. (1) To be companion to, associate with : ἀνδρί Ω 335.—(2) In mid., to take with one as a companion Ν 456.

ἔταρος, ἑταῖρος, -ου, ὁ. (The forms about equally common.) Fem. ἑτάρη Δ 441. ἑταίρη Ι 2. Acc. ἑταίρην ρ 271. A companion, comrade, associate, fellow, in various uses. (1) A comrade in arms, implying various degrees of connexion from a close comradeship between or among equals or a relationship resembling that of knight and squire to mere common participation in warfare : ἑτάρων εἰς ἔθνος ἐχάζετο Γ 32, Πάτροκλον, ὃν ἑταῖρον Ι 220. Cf. Α 179, 345, Ε 514, Ζ 6, Κ 151, Μ 379, Ν 767, Π 195, Ρ 150, Ω 123, etc. : α 237, θ 217, 584, 586, λ 371, 382, 520, ν 266, ξ 480, ψ 324, ω 79.—One taking part with another in a particular enterprise : λοχησάμενος σὺν ἑταίρῳ ν 268. Cf. Κ 235, 242 : δ 408, 433.—(2) A comrade in a sea voyage or expedition : ξὺν νηΐ ἠδ' ἑτάροισιν α 182. Cf. Ι 47, Π 170 : α 304, β 212, γ 167, δ 367, λ 331, etc.—Esp. of the comrades of Odysseus in his wanderings α 5, β 174, ε 110, κ 33, λ 51, μ 33, τ 276, etc.—(3) A follower of or attendant on a king or chief : ἐκέλευσεν ἑταίρους ἵππους ζευγνύμεναι Γ 259. Cf. γ 32, δ 536, λ 412.
—(4) (a) A companion, comrade, associate, friend, in gen. : πόλλ' ἑταίροι [ἐλλίσσοντο] Ι 585. Cf. Σ 251, Χ 492, Ω 63 : β 225, ι 367, ξ 462, π 354, σ 350, etc.—Fem. : Ἔρις, Ἄρεος ἑτάρη Δ 441.—(b) Of relationship with a protecting divinity : πάντων

φίλταθ' ἑταίρων ω 517 (said by Athene).—(c) A boon-companion : ἑταῖρος εἰλαπιναστής Ρ 577.—(d) Of fellow-servants : οἷς ἑτάροισιν ἐκέκλετο ὑφορβός ξ 413. Cf. ξ 407, 460, ο 309, 336, π 8, 84.—(5) Fig. : οὖρον, ἐσθλὸν ἑταῖρον λ 7 = μ 149.—Fem. : φύζα, φόβου ἑταίρη Ι 2 : φόρμιγξ, ἥν δαιτὶ θεοὶ ποίησαν ἑταίρην ρ 271.
ἑταρπήτην, 3 dual aor. pass. τέρπω.
ἐτέθαπτο, 3 sing. plupf. pass. θάπτω.
ἐτεθήπεα, plupf. τέθηπα.
ἔτεινε, 3 sing. aor. τείνω.
ἔτεισε, 3 sing. aor. τίω.
ἐτειχίσσαντο, 3 pl. aor. τειχίζομαι.
ἔτεκε, 3 sing. aor. τίκτω.
ἐτελέσθη, 3 sing. aor. pass. τελέω.
ἐτέλεσσα, aor. τελέω.
ἐτεός [cf. ἔτυμος, ἐτήτυμος]. (1) In accordance with truth, true : εἰ ἐτεόν περ (whether (what I say) is true) Ξ 125.—Absol. : πόλλ' ἐτεά τε καὶ οὐκὶ (true things, truth) Υ 255.—(2) In neut. ἐτεόν as adv., truly, really, in fact. Always with εἰ : εἰ ἐ. παρὰ ναῦφιν ἀνέστη Σ 305. Cf. Ε 104, Η 359 = Μ 233, Θ 423, Μ 217, Ν 153, 375 : εἰ ἐ. ἐμός ἐσσι π 300. Cf. γ 122, ι 529, ν 328, π 320, τ 216, ψ 36, 107, ω 259, 352.—Truly expressing one's feelings : εἰ ἐ. ἀγορεύεις Ο 53.—With true insight into the future : εἰ ἐ. Κάλχας μαντεύεται Β 300.
ἑτεραλκής [ἕτερος + ἀλκή]. Of νίκη (connecting with ἕτερος (2)), bringing success to the other (and previously unsuccessful) side, turning the tide of war ; or perh. (connecting with ἕτερος (5)), won by another's might, i.e. by divine interposition Η 26, Θ 171, Π 362, Ρ 627 : χ 236.—Sim. : ἑτεραλκέα δῆμον Ο 738 (a reserve available for turning the tide of war, or simply as a reinforcement).
ἑτερήμεροι [ἕτερος + ἡμέρη]. Being in a specified condition on alternate days : ἄλλοτε μὲν ζώουσ' ἑτερήμεροι, ἄλλοτε δ' αὖτε τεθνᾶσιν λ 303 (the adj. app. qualifying both members of the expression, the sense being that they were in life and in death (presumably both together) on alternate days).
ἕτερος, -η, -ον. Instrumental fem. ἑτέρηφι Π 734, Σ 477, Χ 80. (1) One of two : χωλὸς ἕτερον πόδα Β 217, χειρὶ λαβὼν ἑτέρῃ (i.e. the left) Μ 452. Cf. κ 171.—Absol. (in pl. of one of two bodies or pairs) : εἰ ἕτεροι φύγῃσιν Ε 258, ἑτέροισι κῦδος ἔδωκαν Ν 303, ἕτερόν γε πέδησε (one or the other of the parties to a quarrel) Τ 94. Cf. Ε 288, Η 292 = 378 = 397, Υ 210, Χ 266.—With neg., neither of two bodies : οὐδ' ἕτεροι μνώοντ' ὀλοοῖο φόβοιο Λ 71 = Π 771.—(2) The other of two : (a) ἑτέροιο διὰ κροτάφοιο πέρησεν αἰχμή Δ 502. Cf. Υ 473.—(b) With the article : τοίχου τοῦ ἑτέροιο (by the opposite . . .) Ι 219, Ω 598, τὴν ἑτέρην πόλιν Σ 509. Cf. μ 101, ψ 90.—(3) Repeated : (a) ἑ. (ἕτεροι) . . ., ἑ. (ἕτεροι) . . ., one (some) . . . the other(s) . . . : ἕτερον μὲν δῶκε, ἕτερον δ' ἀνένευσεν Π 250. Cf. Γ 103 : ἕτεροι μὲν . . . ἑτέρας δὲ . . . η 123.— Sim. : ἐξ ἑτέρων ἕτερ' ἐστὶν ρ 266 (see ἐκ (ΙΙ) (4)).— With ellipse in the first member : νέκυάς τ' ἀγέμεν,

164

ἕτεροι δὲ μεθ' ὕλην H 418, 420. Cf. Ω 528 : η 126.
—In the second : ἐ. ῥίπτασκε . . . ὁ δὲ . . .
θ 374. Cf. υ 132.—(b) With the article : χειρὶ τῇ
ἑτέρῃ . . . τῇ δ' ἑτέρῃ . . . Ξ 272. Cf. χ 183.—
With ellipse in the first member : τὸν μὲν . . .
τὸν δ' ἕτερον . . . E 146. Cf. X 151 : ι 430, ν 68.
—With the article in one member only : ἑτέρῳ
μὲν . . . τῷ δ' ἑτέρῳ . . . Φ 164. Cf. ε 266.—
(c) With ἄλλος as correlative : ὅς χ' ἕτερον μὲν
κεύθῃ, ἄλλο δὲ εἴπῃ I 313. Cf. I 472, N 731 :
η 123, ν 68.—(4) In correlative clauses, the second.
With the article : οἱ μὲν . . . τῶν δ' ἑτέρων . . .
τῶν δὲ τρίτων . . . M 93. Cf. Π 179 : κ 354.—
(5) Another : ὅς χ' ἕτερ' ἅρμαθ' ἵκηται Δ 306 : ἑ.
με θυμὸς ἔρυκεν ι 302 (see θυμός (I) (8)).—With the
article : τοὺς ἑτέρους Κρηθῆϊ τέκεν (these besides)
λ 258.—Absol., another, others : ἀρξάντων ἑτέρων
Φ 437 : ἔς κε δεκάτην γενεὴν ἕτερόν γ' ἔτι βόσκοι
(another (and so on), i.e. one after another) ξ 325
=τ 294.—(6) In dat. or instrumental fem. ἑτέρῃ,
ἑτέρηφι (sc. χειρί), with or without the article,
with the other hand : σκαιῇ ἔγχος ἔχων· ἑτέρηφι
δὲ λάζετο πέτρον Π 734 : χειρὶ λάβε δεξιτερῆφι, τῇ
δ' ἑτέρῃ . . . τ 481. Cf. Σ 477.—Repeated : τῇ
ἑτέρῃ μὲν . . . τῇ δ' ἑτέρῃ . . . (with one hand
. . . with the other . . .) Φ 71.—With ellipse
in the first member X 80 : γ 441.

ἐτέρφθησαν, 3 pl. aor. pass. τέρπω.
ἑτέρωθεν [ἕτερος + -θεν (1) (2)]. (1) From the
other side or quarter : αὖεν Ἄρης Τ 51, Πηλεΐδης
ὦρτο (to meet him) 164 : ἡ δὲ [κρήνη] ὑπ' αὐλῆς
οὐδὸν ἵησιν (sheds its waters in this direction
from its situation over against the other) η 130.
—(2) On the other side, in the opposite quarter :
Ἰδομενεὺς ἔστηκεν Γ 230, Τρῶες [κόσμηθεν] (facing
them) Λ 56 = Υ 3. Cf. Z 247, I 666, Λ 215 = M 415,
Π 743, P 138 : εἴδωλον ἀγόρευεν (i.e. beyond the
range of the sword) λ 83.—(3) The local sense
obscured, on the other hand, on his or their side
or part : Ἀτρεΐδης ἐμήνιεν Α 247, Τρῶες ὁπλίζοντο
Θ 55, Πάτροκλος ἀναίνετο Λ 647. Cf. E 668,
H 311, 419, 430, N 489, 835, Ξ 388, O 501,
Π 427, 733, 755, Σ 32, 243, X 79 : π 43, φ 368,
χ 211.
ἑτέρωθι [ἕτερος + -θι]. (1) On the other side,
opposite μ 235 (see ἔνθεν (2)).—In another quarter,
elsewhere : ὃν ἂν ἐγὼν ἐ. νοήσω (shirking the
fight) O 348 : εἶσε λόχον, ἐ. δ' ἀνώγει δαῖτα πένεσθαι
(in another part of the palace) δ 531.—(2) Any-
where : εἰ χ' ἐ. πύθηαι E 351.
ἑτέρως [adv. fr. ἕτερος]. To the opposite effect,
otherwise : ἐ. ἐβόλοντο θεοὶ α 234.
ἑτέρωσε [ἕτερος + -σε]. (1) To or towards the
other or opposite side or quarter : νέκυν ἐ. ἐρύοντα
(off, away) Δ 492 : ἐ. φόβηθεν π 163.—To one side :
κάρη βάλεν Θ 306. Cf. Θ 308, N 543, Ψ 697 :
ἐκλίθη [λέβης] (turned-over) τ 470. Cf. χ 17.—
Aside : λιασθείς Ψ 231.—Sim. : βάλ' ὄμματα π 179.
—Opposed to πρό, aside : οὐ προκυλίνδεται [πέλαγος]
οὐδ' ἐ. Ξ 18 (v. l. οὐδετέρωσε).—(2) In the opposite
quarter : καθῖζον Τ 151.
ἐτέταλτο, 3 sing. plupf. pass. τέλλω.

ἐτετεύχατο, 3 pl. plupf. pass. τεύχω.
ἔτετμε, 3 sing. aor. τέμω.
ἐτέτυκτο, 3 sing. plupf. pass. τεύχω.
ἔτευξα, aor. τεύχω.
ἔτης, ὁ. App. expressing some such relation-
ship as that of fellow-townsman : σοὺς ἔτας καὶ
ἑταίρους H 295. Cf. Z 239, 262, I 464, Π 456 =
674 : δ 3, 16, ο 273.
ἐτήτυμος [cf. ἐτεός, ἔτυμος]. (1) True : ὅδε
μῦθος ψ 62.—Bringing the truth, sure : ἄγγελος
X 438.—Real, actual : κείνῳ οὐκέτι νόστος ἐ. (one
cannot believe in it) γ 241.—(2) In neut. ἐτήτυμον
as adv., truly : τοῦτ' ἀγόρευσον ἐ. α 174, etc.—
Truly, really, in fact : εἰ ἐ. αἴτιός ἐστιν N 111.
Cf. δ 157.—Of a truth, verily : ταῦτ' ἐ. οὐ κακόν
ἐστιν Σ 128.—Of promising, faithfully Λ 558.
ἔτι. (1) (a) In reference to the present or
past, now (then) as formerly, still, yet ; with
neg., no more, no longer : οὐ γὰρ ἔτ' ἀμφὶς
φράζονται Β 13, ἔτ' ἐκολώα 212, ἔτι μοι μένος
ἔμπεδόν ἐστιν E 254. Cf. B 641, I 675, Λ 172,
M 199, etc. : α 233, 404, β 210, δ 833, etc.—(b) With
neg. in sense corresponding to οὐκέτι (2) : λοίγια
ἔργα τάδ' ἔσσεται οὐδ' ἔτ' ἀνεκτά (will come to the
point of being . . .) A 573. Cf. β 63 (twice).—
(2) In reference to the future, yet, further, still ;
with neg., no more, no longer, no further : ἠδ'
ἔτι δώσει A 96, οὐδ' ἔτι φασὶ σχήσεσθαι I 234.
Cf. B 141, 260, E 465, H 447, etc. : α 315, β 230,
ζ 33, η 270, etc.—Further, as the next step :
ὄφρα κ' ἔτι γνώμεν . . . X 382.—(3) In the future,
hereafter : οὐ γὰρ ἔτ' ἄλλη ἔσται θαλπωρή Z 411.
Cf. X 86 : σ 22.—At or before some future time,
yet : ἔτι που Τρώων ἡγήτορες κονίσουσιν πεδίον
Ξ 144. Cf. ε 290.—Preceding πρίν : οὐδέ κεν ὣς
ἔτι πείσειε, πρίν . . . I 386. Cf. χ 63.—After all,
in spite of all, yet : ἔτι κε καὶ ὣς ἵκοισθε λ 104.
Cf. κ 269, etc.—(4) Again, once more : δός μοι
ἔτι ι 355. Cf. A 455, B 258, Τ 70, etc. : μ 428,
etc.—(5) At the time in question in contrast
with the future, still, yet : ᾀήθεσσον ἔτ' αὐτῶν
K 493. Cf. Z 222, H 433, etc. : β 313, γ 401,
etc.—(6) Too, also, further, besides, still : ἠμὲν
πάλαι ἠδ' ἔτι καὶ νῦν I 105. Cf. E 621, Υ 269, etc. :
γ 60, λ 623, π 305, etc.—(7) Strengthening ἐξ in
temporal sense (cf. ἐξέτι) : ἐξ ἔτι τοῦ ὅτε . . . (ever
since the time when . . .) I 106.—Strengthening
νῦν I 111, Λ 790, etc.—πρίν ν 336.—With οὐδέ,
nor yet O 709.—(8) With adjectives and adverbs,
yet, still : οὐδ' ἄρ' ἔτι ἦν Z 139, ἔτι ζωῶν
500, etc. Cf. α 197, β 296, etc.—Sim. : ἔτι τοσ-
αῦτα (as much again) ν 258.—(9) Strengthen-
ing comparatives, yet, still, even : ἔτι πλέονας
E 679, ἔτι μᾶλλον I 678. Cf. O 121, etc. : α 322,
ε 417, θ 203, etc.—Sim. : ἢ κ' ἔτι πολλοὶ γαῖαν
ὀδὰξ ἑλὸν (more) X 16.
ἐτίναξε, 3 sing. aor. τινάσσω.
ἔτισε, 3 sing. aor. τίω.
ἔτλην, aor. τλάω.
†ἑτοιμάζω [ἑτοῖμος]. 3 sing. aor. imp. ἑτοιμασάτω
Τ 197. 2 pl. ἑτοιμάσατε A 118. 3 pl. aor. mid.
ἑτοιμάσσαντο ν 184. 3 pl. opt. ἑτοιμασσαίατο K 571.

To get ready, prepare, provide: ἐμοὶ γέρας Α 118. Cf. Τ 197.—In mid. Κ 571 : ν 184.

ἕτοιμος, -η, -ον. (1) Ready, prepared : ὀνείατα Ι 91 = 221 = Ω 627 : = α 149 = δ 67 = 218 = ε 200 = θ 71 = 484 = ξ 453 = ο 142 = π 54 = ρ 98 = υ 256.— (2) Awaiting one : αὐτίκα τοι μεθ' Ἕκτορα πότμος ἑ. Σ 96.—(3) Brought to fulfilment or reality : ταῦτά γ' ἑτοῖμα τετεύχαται Ξ 53. Cf. θ 384.— Sim. : οὔ σφισιν ἥδε γε [μῆτις] ἑτοίμη (successful, realized) Ι 425.

ἕτορε, 3 sing. aor. τορέω.

ἕτος, τό (Fέτος. Cf. L. vetus). A year (1) Considered as a space of time : τοσσαῦτ' ἔτεα πτολεμίξομεν Β 328, τῶν προτέρων ἐτέων (in former years) Λ 691.—(2) Considered as a point or unit of time or as one of a series : ἐεικοστόν Ω 765 : ὅτε δὴ ἔ. ἦλθε τῷ . . . α 16. Cf. β 89, 107, δ 82, η 261, λ 295, π 206, ω 288, etc.

ἕτραπε, 3 sing. aor. τρέπω.

ἕτραφε, 3 sing. aor. τρέφω.

ἕτραφεν, 3 pl. aor. pass. τρέφω.

ἕτρεσε, 3 sing. aor. τρέω.

ἕτρεψε, 3 sing. aor. τρέπω.

ἕτυμος [cf. ἐτεός, ἐτήτυμος]. (1) True. Absol. : ψεύδεα ἐτύμοισιν ὁμοῖα (truths) τ 203, οἱ (sc. ὄνειροι) ἔτυμα κραίνουσιν (come true) 567.—(2) In neut. ἔτυμον as adv., rightly, correctly : οὔ σ' ἐ. φάμεν πεπνῦσθαι (i.e. we were wrong in thinking . . .) Ψ 440, ἐ. ἐρέω ; Κ 534 : = δ 140.—Truly, really, in fact : ἐ. ἦλθεν ψ 26.

ἕτυπη, 3 sing. aor. pass. τύπτω.

ἕτυχες, 2 sing. aor. τυγχάνω.

ἕτύχησε, 3 sing. aor. τυγχάνω.

ἕτύχθη, 3 sing. aor. pass. τεύχω.

ἕτώσιος. Vain, fruitless. (1) Of missile weapons, launched in vain : ἔγχος ἠΐχθη ἐτώσιον Γ 368. Cf. Ε 854, Ξ 407 = Χ 292, Ρ 633 : χ 256, 273.— (2) Of gifts, given in vain ω 283.—(3) Useless, idle : ἐτώσιον ἄχθος ἀρούρης Σ 104.

ἕ, εὖ [neut. of ἐύς]. (1) Well, with skill, address or knowledge, deftly : εὖ τις δόρυ θηξάσθω Β 382. Cf. Β 777, Δ 111, Ε 466, Μ 458, Ψ 761, etc. : εὖ κρίνασθαι ἑταίρους δ 408, φρίξας εὖ λοφιήν (so that it stood well up) τ 446. Cf. ε 236, ζ 318, θ 37, τ 460, ψ 193, etc.—(2) In reference to knowledge, well, fully, thoroughly : ὄφρ' εὖ εἰδῆς Α 185. Cf. Α 385, Β 301, Ψ 240, etc. : α 174, β 170, δ 494, λ 442, τ 501, etc.—(3) (a) Duly, rightly, well, in accordance with usage, rule, one's duties, obligations or instructions : εὖ δάσσαντο Α 368. Cf. Γ 72, Κ 63, Λ 779, Π 223, etc. : εὖ κατάλεξον γ 97. Cf. γ 357, δ 589, ξ 108, etc.—Strengthening an expression of sim. force : εὖ κατὰ κόσμον Κ 472, Λ 48, etc.—(b) In reference to hospitality, well : εὖ ἐξείνισσα τ 194. Cf. ξ 128, etc.—(c) To benefiting or favouring : εὖ μιν ἔρξαντα (when he had done well by him) Ε 650 : οἷσιν εὖ φρονέησιν η 74. Cf. σ 168.—For εὖ φρονέων see ἐύφρονέων.—(d) To speaking well of a person : ἵνα τίς σ' εὖ εἴπη α 302 = γ 200.—(4) (a) In good case, in safety, in good condition : εὖ ἐλθέμεν γ 188. Cf. Α 19, etc. : θ 427, σ 260, etc.—(b) With good results for

oneself : τάχ' οὐκ εὖ πᾶσι πιθήσεις (you will not do well to . . .) φ 369.—(c) In reference to living, well, at ease ρ 423 = τ 79.—To feasting, well, sumptuously Ω 802 : κ 452, σ 408.—Sim. : εὖ πᾶσι παρέξω θ 39, εὖ εἰμένοι ο 331, εὖ θαλπιόων τ 319.—(d) For εὖ ναιόμενον πτολίεθρον and the like see ναίω¹ (4), ναιετάω (2).

εὔ. See ἐέ.

εὐαγγέλιον, τό [εὐ- (5) + ἀγγελίη]. A reward for bringing good tidings ξ 152, 166.

εὔαδε, 3 sing. aor. ἀνδάνω.

εὐανθής [εὐ- (5) + ἄνθος]. Of hair, showing fine growth, sprouting luxuriantly λ 320.

εὔβοτος, -ον [εὐ- (5) + βοτά]. Having goodly cattle : νήσος ο 406.

εὔγμα, -ατος, τό [εὐγ-, εὔχομαι]. A boast or vaunt : κενὰ εὔγματα εἰπών χ 249.

εὔγναμπτος, -ον [εὔ- (1) + γνάμπτω]. 'Well bent or curved']. Fashioned with art : κλησῖν σ 294.

εὐδείελος, -ον [app. for εὐδέελος, εὔδηλος, fr. εὐ- (4) + δῆλος]. Thus, bright, shining. Epithet of islands : Ἰθάκην β 167. Cf. ι 21, ν 212, 234, 325, ξ 344, τ 132.

εὐδικίη, -ης, ἡ [εὐ- (5) + δίκη]. Good laws, even justice. In pl. : ὅς τ' εὐδικίας ἀνέχησιν τ 111.

εὔδμητος, εὔδμητος, -ον [εὐ-, εὔ- (1) + δμη-, δέμνω]. Well-constructed, well-built. Epithet of walls, etc. Α 448, Μ 36, 137, 154, Π 700, Φ 516, Χ 195 : η 100, υ 302, χ 24, 126.

εὔδω, 3 sing. pa. iterative εὔδεσκε Χ 503. [ἐν-, καθ-.) (1) To be asleep, sleep, slumber : τὸν κίχανεν εὔδοντα Β 19. Cf. Β 2, 23, 24, Κ 83, Ξ 334, 352, 358, etc. : εὖδον παννύχιος η 288. Cf. δ 804, θ 317, ι 428, κ 12, ν 74, ο 5, etc.—With ὕπνον as cognate acc. θ 445.—Of animals : ὅθι σύες εὖδον ξ 533.—(2) To lay oneself down to sleep, go to bed, go to sleep : οὐδὲ Τρῶας εἴασεν εὔδειν Κ 300. Cf. Ι 663 = Ω 675, Χ 503 : εὐδειν ὄρνυντο β 397. Cf. γ 359, δ 794 = σ 189, λ 331, 374, ο 396, σ 328.—Of animals, to lie down and sleep δ 405.—(3) Of the sleep of death Ξ 482.— (4) Of the winds, to be hushed or stilled Ε 524.

εὐειδής [εὐ- (5) + εἶδος]. Fair to see, beauteous : γυναῖκ' εὐειδέα Γ 48.

εὐεργεσίη, -ης, ἡ [sb. corresponding to two next]. (1) Well-doing, the doing of what is right χ 374.—(2) A service done, a benefit conferred χ 235.

εὐεργής, -ές [εὐ- (1) (3) + ἔργω²]. (1) Well or skilfully made, constituted or fashioned with art. Epithet of chariots, ships, etc. : δίφρου Ε 585, Ν 399, Π 743, νηῦς Ω 396 : μ 166, π 322, νῆα θ 567, ι 279, λ 70, 106, 159, μ 305, ο 33, ψ 234, λώπην ν 224.—Of gold, app., fine ι 202, ω 274.— (2) Done by way of service or benefit. Absol. in neut. pl., services, benefits : χάρις εὐεργέων (for . . .) δ 695, χ 319.

εὐεργός, -όν [εὐ- (2) + ἔργω²]. Doing what is right, of good walk and conversation λ 434 = ο 422 = ω 202.

εὐερκής [εὐ- (5) + ἔρκος]. Well fenced or walled. Epithet of αὐλή Ι 472 : φ 389, χ 449.—Of doors or gates, securely barring passage, stout : θύραι ρ 267.

εὔζυγος, -ον [εὔ- (5) + ζυγόν]. With goodly ζυγά (see ζυγόν (2)). Epithet of ships ν 116, ρ 288.

εὔζωνος, -ον [εὔ- (5) + ζώνη]. Well girdled. Epithet of women Α 429, Ζ 467, Ι 366 = Ψ 261, Ι 590, 667, Ψ 760.

εὐηγενής [app. εὐ- (1) + γεν-, γίγνομαι. But the -η- cannot be explained. See εὐηφενής]. Well-born, of noble race Λ 427, Ψ 81.

εὐηγεσίη, -ης, ἡ [εὐ- (5) + ἡγεσ-, ἡγέομαι]. Good leadership τ 114.

εὐήκης [εὐ- (5) + *ἀκή, point]. Well-pointed, sharp : αἰχμῆς εὐήκεος Χ 319.

εὐήνωρ, -ορος [εὐ- (3) + ἀνήρ]. That is of service or benefit to men. Epithet of οἶνος ('that maketh glad the heart of man') δ 622.—Of χαλκός ν 19.

εὐήρης, -ηρες [εὐ- (1) + ἀρ-, ἀραρίσκω]. Well fitted or balanced. Epithet of oars λ 121, 125 = ψ 272, λ 129, μ 15, ψ 268.

εὐηφενής [εὐ- (5) + ἄφενος]. Wealthy, rich. Prob. to be read for εὐηγενής (q.v.).

εὔθριξ, εὔτριχος [εὔ- (5) + θρίξ]. With flowing mane. Epithet of horses Ψ 13, 301, 351.

εὔθρονος, -ον [εὔ- (5) + θρόνος]. With beautiful seat, fair-seated. Epithet of Ἠώς Θ 565 : ζ 48, ο 495, ρ 497, σ 318, τ 342.

εὔθυμος [εὐ- (5) + θυμός]. Well-disposed, bountiful : ἄναξ ξ 63.

εὐκαμπής, -ές [εὐ- (1) + κάμπτω]. Curved into due form, fashioned with art or skill σ 368, φ 6.

εὐκέατος, -ον [εὐ- (1) + κεάζω]. Readily cleft or split, or perh., deftly split (into billets for burning) : κέδρου ε 60.

εὔκηλος [app. ἐϜέκηλος, ἔϜκηλος. Cf. (Ϝ)έκηλος]. = ἔκηλος (1) : εὐ. τὰ φράζεαι ἄσσα θέλησθα (without interference on my part) Α 554, πολέμιζον Ρ 371. Cf. γ 263, ξ 479.

εὐκλεής, -ές [εὐ- (5) + κλέος]. Acc. pl. εὐκλεῖας (for εὐκλεέας) Κ 281 : φ 331. (1) Honoured, distinguished Κ 281.—In good odour or repute : κατὰ δῆμον φ 331.—(2) Absol. in neut. εὐκλεές with infin. : οὐχ ἧμιν εὐκλεὲς ἀπονέεσθαι (it will do us little credit, will be to our disgrace, to . . .) Ρ 415.

εὐκλείη, -ης, ἡ [εὐκλεής]. Honour, good repute Θ 285 : ξ 402.

εὐκλειῶς [adv. fr. εὐκλεής. Doubtless for εὐκλεεῶς]. Gloriously : ὀλέσθαι Χ 110.

εὐκνήμις, -ῖδος [εὐ- (5) + κνημίς]. Equipped with good κνημῖδες. Epithet of the Achaeans Α 17, Β 331, Γ 86, Δ 414, etc. : β 72, γ 149, λ 509, σ 259, υ 146.—Applied also to ἐταῖροι (of this race) β 402, ι 60, 550, κ 203, ψ 319.

εὐκόσμως [adv. fr. εὔκοσμος, fr. εὐ- (5) + κόσμος]. In due wise, according to accepted convention φ 123.

εὐκτίμενος, -η, -ον [εὔ- (1) + κτίμενος, pf. pple. pass. fr. κτι-, κτίζω]. (1) Epithet (a) Of cities, etc. Well-built, or furnished with fair buildings Β 570, 712, Δ 33, Ε 543, Ζ 13, Ρ 611, Φ 40, 433,

etc. : γ 4, δ 342 = ρ 133, θ 283, χ 52, ω 377.—Applied to streets Ζ 391.—(b) Of buildings, well-built, fair δ 476 = ζ 315 = κ 474 = ο 129 = ψ 259, ι 533, ω 214.—(c) Of a threshing-floor, well constructed Υ 496.—(d) Of gardens, orchards or vineyards, well laid out Φ 77 : ω 226, 336.—(2) App., put into profitable condition, 'developed' : νῆσον ι 130 (see κάμνω (2)).

εὐκτίτος [εὔ- (1) + κτι- as in prec.]. = prec. (1) (a) Β 592.

εὐκτός [vbl. adj. fr. εὔχομαι]. In neut. pl. εὐκτά, matter for boasting Ξ 98.

εὔκυκλος, -ον [εὐ- (5) + κύκλος]. Epithet (1) Of a waggon, well-wheeled ζ 58, 70.—(2) Of shields, made of plates skilfully rounded Ε 453 = Μ 426, Ε 797, Ν 715, Ξ 428.

εὐλείμων [εὐ- (5) + λειμών]. Having fair meadows δ 607.

εὐλή, -ῆς, ἡ. A worm or maggot preying on dead bodies Τ 26, Χ 509, Ω 414.

εὔληρα, τά. Reins Ψ 481.

εὐμενέτης [εὐ- (5) + μένος]. A well-wisher : χάρμ̓ ατ̓ εὐμενέτῃσιν ζ 185.

εὔμηλος, -ον [εὐ- (5) + μῆλον¹]. Having goodly sheep or goats : νῆσος ο 406.

ἐΰμμελίης [εὐ- (5) + μελίη]. Genit. ἐϋμμελίω Δ 47, 165, Ζ 449. Of the good ashen spear, wielder of the stout spear. Epithet of Priam Δ 47 = 165 = Ζ 449.—Of the sons of Panthus Ρ 9, 23, 59.—Of Peisistratus γ 400.

εὐνάζω [εὐνή]. Fut. εὐνάσω δ 408. (κατ-, παρ-.) (1) In pass., to be laid or retire to rest, go to bed, lie down to sleep : ἐν προδόμῳ εὐνάζετο υ 1. Cf. ψ 299.—Of seals δ 449.—Of birds ε 65.—Connoting sexual intercourse : παρ ἀνδράσιν εὐνάζεσθαι ε 119. —(2) To cause to couch in a manner suitable for something contemplated : εὐνάσω ἐξείης δ 408.

εὐνάω [εὐνή]. (κατ-.) (1) To still (lamentation) δ 758.—(2) In pass. as prec. (1). Of winds being hushed or stilled ε 384.—Connoting sexual intercourse : θεὰ βροτῷ εὐνηθεῖσα (with . . .) Β 821. Cf. Γ 441, Ξ 314, 331, 360, Π 176 : δ 334 = ρ 521, θ 292, κ 296.—(3) = prec. (2): ἐξείης εὐνησεν δ 440.

εὐνή, -ῆς, ἡ [εὐδνή, εὔδω]. Ablative εὐνῆφι(ν) Ο 580 : β 2, γ 405, δ 307. (1) Properly, bedding as distinguished from the bedstead (δέμνια, λέκτρον, λέχος) : ἐκθεῖσα λέχος ἐμβάλετ̓ εὐνήν ψ 179. Cf. γ 403, η 347, θ 269.—But app. including bed and bedding : κάτθετ̓ εὐνήν, δέμνια καὶ χλαίνας τ 317.—So in pl. λ 188.—(2) A bed, bed, one's bed : δρνυτ̓ ἐξ εὐνῆφιν β 2, γ 405, δ 307. Cf. Ι 618, Κ 75, Χ 504 (but perh. the last passage should come under (1); cf. λέκτροισιν 503): α 427, δ 294, η 342, θ 2, 249, ξ 519, ο 58, 96, ρ 102 = τ 595, υ 130, χ 196. — (3) Couching, going to bed : ἐπεί τοι εὔαδεν εὐνή Ξ 340. Cf. ψ 257.— (4) (a) The marriage-bed : ἀλλήλων ἀπεχόνται εὐνῆς καὶ φιλότητος Ξ 207 = 306. Cf. Ξ 209, 336, Σ 85 : γ 403, δ 333 = ρ 124, η 347, θ 269, π 34, 75 = τ 527, ψ 226, 289, 349, 354.—Fig., wedlock : ἔτλην ἀνέρος εὐνήν Σ 433.—(b) With reference to intercourse outside of wedlock : τῆς εὐνῆς ἐπιβήμεναι (the bed of her, her bed) I 133=275= T 176. Cf. Ξ 296 : Κίρκης ἐπέβην εὐνῆς κ 347. Cf. κ 334, 340, 342, 480.—(c) Fig., sexual intercourse : ἐμίγην φιλότητι καὶ εὐνῇ Γ 445. Cf. Z 25, O 32, T 262, Ω 130 : α 433, ε 126, κ 297, 335, ο 421, ψ 219, 346.—Sim. in pl. : εὐναὶ ἀθανάτων (the embraces) λ 249.—(5) A place for rest or sleep in gen., a lair : εὐνὴν ἐπαμήσατο ε 482.—In pl. λ 194.—(6) In pl., a dwelling or abode : Τυφωέος εὐνάς (where he lies couched beneath the earth) B 783. Cf. Ω 615.—(7) A bivouac : Τρώων εὐναί K 408. Cf. K 464.—(8) A lurking-place, a place of ambush δ 438.—(9) The lair of a deer Λ 115, O 580, X 190.—Of a lion δ 338=ρ 129.—A place in which to keep swine ξ 14.—(10) In pl., stones with hawsers attached thrown out to anchor the bows of a ship : ἐξ εὐνὰς ἔβαλον A 436, ἐπ' εὐνάων (at anchor) Ξ 77. Cf. ι 137, ο 498.

εὐνῆθεν [εὐνή + -θεν (1)]. From one's bed υ 124.

εὖνις. Reft or bereaved of. With genit. : υἱῶν X 44 : ψυχῆς τε καὶ αἰῶνος ι 524.

ἔϋννητος [ἐϋ- (1) + νη-, νέω²]. Of fine spun work : χιτῶνας Σ 596. Cf. Ω 580 : η 97.

εὐνομίη, -ης, ἡ [ἐϋ- (5) + νόμος, usage, custom]. Good order or governance ρ 487.

εὔξατο, 3 sing. aor. εὔχομαι.

εὔξεστος, ἔϋξεστος, -η, -ον, also -ος, -ον [εὐ-, ἐϋ- (1) + ξεσ-, ξέω]. Epithet of the products of the art of the carpenter or other craftsman, fashioned with skill or curious art : ἀσαμίνθους K 576, δίφρῳ Π 402. Cf. H 5, N 613, Σ 276, Ω 271, 275, 280, 578 (v.l. here εὐσσώτρου), 590 : ἀπήνῃ ζ 75, χηλῷ ν 10. Cf. δ 48, ξ 225, ο 333, ρ 87, 602= ω 408, τ 101, φ 137=164.

ἔϋξοος, -ον [ἐϋ- (1) + ξέω]. = prec. B 390, Δ 105, Λ 629, N 594, 706 : α 128, δ 590, ε 237, θ 215, τ 586, φ 92, 281, 286, 326, 336, χ 71.

ἔϋξος [as prec.]. = prec. : δουρὸς K 373.

εὔορμος [εὐ- (5) + ὅρμος²]. Affording good holding-ground, moorings, or shelter. Epithet of harbours Φ 23 : δ 358, ι 136.

εὐπατέρεια, -ης [εὐ- (5) + πατήρ]. Daughter of divine or noble sire. Epithet of Helen Z 292 : χ 227.—Of Tyro λ 235.

εὔπεπλος, ἔϋπεπλος, -ον [εὐ-, ἐϋ- (5) + πέπλος]. Wearer of the fair robe. Epithet of women E 424, Z 372, 378, 383, Ω 769 : ζ 49, φ 160.

εὐπηγής [εὐ- (1) + πηγ-, πήγνυμι]. Compact of bodily frame, well-knit φ 334.

εὔπηκτος, ἔϋπηκτος, -ον [εὐ-, ἐϋ- (1) + πηκ-, πήγνυμι]. Well built or constructed. Epithet of buildings or chambers B 661, I 144, 286, 663 =Ω 675 : ψ 41.

ἔϋπλειος, -ον [ἐϋ- (4) + πλεῖος]. Well-filled ρ 467.

ἔϋπλεκής [ἐϋ- (1) + πλέκω]. (1) Braided or twisted with curious art : θύσανοι B 449.— (2) Epithet of chariots, app., having a cunningly plaited platform (cf. E 727) Ψ 436.

εὔπλεκτος, ἔϋπλεκτος, -ον [as prec.]. (1) Skilfully twisted Ψ 115.—(2) = prec. (2) Ψ 335.

εὐπλοίη, -ης, ἡ [εὐ- (5) + πλέω]. A good or successful voyage I 362.

ἐϋπλόκαμος, -ον [ἐϋ- (5) + πλόκαμος]. As fem. pl. ἐϋπλοκαμῖδες β 119, τ 542. Having goodly locks, fair-tressed. Epithet of women and goddesses Z 380=385, Λ 624, Ξ 6, Σ 48, X 442, 449 : α 86, β 119, ε 125, ζ 135, η 41, κ 136, etc.

ἐϋπλυνής, -ές [ἐϋ- (1) + πλύνω]. Well or freshly washed, fair : φᾶρος θ 392, 425, ν 67, π 173.

εὐποίητος, -η, -ον, also -ος, -ον [εὐ- (1) + ποιέω]. (Cf. ποιητός (2).) Epithet of various products of art, well made, constructed, woven : φάλαρα Π 106, βοῶν 636 : πυράγρην γ 434, εἵματα ν 369, θρόνοις υ 150.

εὔπρηστος, -ον [ἐϋ- (1) + πρησ-, πρήθω]. Of wind from bellows, puffed out duly so as to suit the work in hand Σ 471.

εὔπρυμνος, -ον [εὐ- (5) + πρύμνη]. With goodly stern. Epithet of ships Δ 248.

εὔπυργος, -ον [εὐ- (5) + πύργος]. Well fortified. Epithet of Troy H 71.

εὔπωλος, -ον [εὐ- (5) + πῶλος]. Abounding in fine foals. Epithet of Troy E 551, Π 576 := ξ 71, β 18, λ 169.

εὐράξ [εὖρος. For the termination cf. μουνάξ. Perh. orig. a naval term, 'on the broadside']. On one side : στῇ Λ 251, O 541.

εὑρίσκω. Aor. εὗρον κ 408, ψ 45. 3 sing. -ε A 498, Δ 89, E 794, Σ 372, Ω 83, etc. : α 106, β 299, ξ 5, ο 4, ψ 55, etc. 1 pl. -ομεν Λ 771 : ι 217, κ 252. 3 -ον A 329, E 753, M 127, Ω 98, etc.: β 408, δ 3, κ 113, ω 15, etc. 3 sing. subj. εὕρῃ X 192, ω 462. -ησι M 302. 1 pl. -ωμεν I 49 : μ 300. 2 -ητε λ 108. 3 -ωσι H 31. Opt. εὕροιμι ν 43. 3 sing. -οι ι 535. Pple. εὑρών Γ 24. Infin. εὑρέμεναι B 343 : δ 374, 467, μ 393. εὑρεῖν I 250. 3 sing. aor. mid. εὕρετο Π 472 : φ 304. Opt. εὑροίμην ι 422. Imp. εὕρεο τ 403. (ἐξ-, ἐφ-.) (1) To find, to light or come upon : ἔλαφον Γ 24. Cf. E 169, Θ 127, Λ 473, Ω 98 ; μνηστῆρας α 106. Cf. δ 450, ζ 277, 282, κ 113, 210, 252, μ 300, ω 15, 222.—Of immaterial things : ἐν πήματα οἴκῳ ι 535.—Absol. : ὄφρα κεν εὕρῃ X 192.—(2) To find or come upon in a specified place or condition or doing something specified : παρὰ κλισίῃ ἥμενον A 329. Cf. B 169, Γ 125, Z 321, H 382, I 186, M 121, etc. : ἐν μεγάροισιν β 299. Cf. β 408, δ 3, ε 151, η 136, κ 408, λ 108, etc.—(3) To find out, discover, hit upon, devise, contrive : μῆχός τι B 343, ἄκος I 250. Cf. δ 374, 467, μ 393, τ 158.— In mid. : τοῖο εὕρετο τέκμωρ (for this state of things, this confusion) Π 472. Cf. ι 422.—To find out or discover by experience : τέκμωρ Ἰλίου H 31, I 49 (see τέκμωρ (1)).—To think of or hit upon as fitting or suitable. In mid. : ὄνομ' εὕρεο ὅττι κε θῆαι τ 403.—(4) To bring upon oneself, incur : μή τις κακὸν εὕρῃ ω 462.—In mid. φ 304.

Εὖρος, ὁ. The east wind B 145 (app. here, from the sing. vb., the wind of east and south), Π 765 : ε 295, 332, μ 326, τ 206.

εὖρος, τό [εὐρύς]. Width, breadth λ 312.

ἐΰρραφής [ἐΰ- (1) + ῥαφ-, ῥάπτω]. Well or strongly stitched : ἐϋρραφέεσσι δοροῖσιν β 354, 380.

ἐϋρρεής [ἐϋ- (1) + ῥέω]. Genit. ἐϋρρεῖος (for ἐϋρρεέος) in passages cited. Flowing with fair streams. Epithet of rivers Z 508 = O 265, Ξ 433 = Φ 1 = Ω 692.

ἐϋρρείτης [as prec.]. = prec. Z 34 : ξ 257.

ἐϋρροος [as ἐϋρρεής]. = ἐϋρρεής H 329, Φ 130.

εὐρυάγυια [εὐρύς + ἄγυια]. With wide streets. Epithet of cities. Of Troy B 12, 29 = 66, 141 = I 28, B 329, Ξ 88 : δ 246, χ 230.—Of Mycene Δ 52.—Of Athens η 80.—In gen. : πτόλις ο 384.

εὐρυκρείων. See εὐρύς (2) (b).

εὐρυμέτωπος, -ον [εὐρύς + μέτωπον]. Broad-fronted. Epithet of oxen Υ 495, K 292 : = γ 382, λ 289, μ 262, 355, ν 212.

†εὐρύνω [εὐρύς]. 3 pl. aor. εὔρῦναν. To make wide or broad : εὔρυναν ἀγῶνα (marked off an ample space) θ 260.

εὐρυόδεια [εὐρύς + ὁδός]. With wide ways, wide-stretching. Epithet of the earth or the surface thereof : χθονός Π 635 : γ 453, κ 149, λ 52.

εὐρύοπᾰ [εὐρύς + either (F)όψ or ὀπ- (for which see ὁράω)]. Voc. εὐρύοπᾰ Π 241. Acc. εὐρύοπᾰ A 498, Θ 206, Ξ 265, O 152, Ω 98, 331. Prob. orig. a voc. and turned into nom. and acc. Either far-sounding, far-thundering, or far-seeing. Epithet of Zeus A 498, E 265, Θ 206, 442, I 419 = 686, N 732, Ξ 203, 265, O 152, 724, Π 241, P 545, Ω 98, 296, 331 : β 146, γ 288, δ 173, λ 436, ξ 235, ρ 322, ω 544.

εὐρύπορος, -ον [εὐρύς + πόρος]. With wide ways, on which one may roam far and wide : θαλάσσης O 381 : δ 432, μ 2.

εὐρυπυλής, -ές [εὐρύς + πύλη]. Wide-gated. Epithet of the house or realm of Hades : εὐρυπυλὲς Ἄϊδος δῶ Ψ 74 : λ 571.

εὐρυρέεθρος [εὐρύς + ῥέεθρον]. Flowing with wide streams, broad-channelled. Epithet of a river : Ἀξιός Φ 141.

εὐρύς, -εῖα, -ύ. Acc. sing. masc. εὐρέα Z 291, I 72, Σ 140, Ψ 125 : δ 435, ω 118. εὐρύν A 229, Γ 364, H 178, T 196, etc. : α 67, δ 378, ζ 150, π 183, etc. (1) (a) Wide, broad, spacious : στρατὸν Ἀχαιῶν A 229, ὤμους Γ 210, τάφρον H 441, τεῖχος (thick) M 5, αἰγιαλός Ξ 33, ἀγῶνα (numerous) Ψ 258. Cf. K 29, Λ 527, Ξ 145, O 358, Σ 542, etc. : θάλαμον β 338, σπέος ε 77. Cf. δ 603, 605, ε 163, 483, ν 243, σ 385, etc.—Comp. εὐρύτερος, -η Γ 194, Ψ 427.—(b) Of places : Ἑλίκην εὐρεῖαν B 575. Cf. Z 173, N 433, 453, Σ 591, etc. : α 62, λ 460, ν 256, etc.—(c) As epithet of the sea Z 291, I 72 : α 197, β 295, δ 498, etc.—Sim. : εὐρέα νῶτα θαλάσσης B 159, Θ 511, Υ 228 : γ 142, δ 313, 560, etc.—θαλάσσης κόλπον Σ 140 : δ 435.—ἁλὸς κόλπον Φ 125.—(d) Of the earth : χθών Δ 182, Θ 150, Λ 741, Ψ 387.—(e) Of the heavens Γ 364, E 867, Θ 74, O 36, etc. : α 67, δ 378, ε 169, ζ 150, etc.—(2) In neut. sing. εὐρύ as adv. (a) εὐρὺ ῥέων = εὐρυρέεθρος B 849, Π 288, Φ 157, 186, 304.—Sim. : Ἀλφειοῦ, ὅς τ' εὐρὺ ῥέει E 545.—(b) εὐρὺ κρείων (written also εὐρυκρείων), whose rule stretches far and wide, lord of wide lands. Epithet of Agamemnon A 102, 355, Γ 178, H 107, etc. :

γ 248.—Of Poseidon Λ 751.— (3) Wide-spread, far-spreading : κλέος α 344, γ 83, 204, δ 726 = 816, τ 333, ψ 137.

εὐρυσθενής [εὐρύς + σθένος]. Whose might reaches far and wide. Epithet of Poseidon Θ 201, H 455 : = ν 140.

εὐρυφυής, -ές [εὐρύς + φύω]. Broad-eared : κρῖ δ 604 (the grains of barley not being set so close round the central stem of the ear as in wheat).

εὐρύχορος, -ον [εὐρύς + χορός]. With spacious dancing-places. Epithet of cities. Applied also to countries, app. merely in sense ' spacious ' (perh. by confusion of the second element with χῶρος) : Μυκαλησσόν B 498, Ἑλλάδος I 478. Cf. Ψ 299 : δ 635, ζ 4, λ 256, 265, ν 414, ο 1, ω 468.

εὐρώεις, -εντος [εὐρώς, mould]. Dank : οἰκία [Ἄϊδος] Υ 65. Cf. κ 512, ψ 322, ω 10.

εὐρών, aor. pple. εὑρίσκω.

ἐΰς, ἐΰ. Acc. masc. ἐὺν Θ 303 : σ 127. Also ἠΰς, ἠΰ. Acc. masc. ἠΰν E 628, Z 8, 191, Υ 457. From ἐεύς, genit. masc. ἐῆος A 393, O 138, T 342, Ω 422, 550 : ξ 505, ο 450. (1) Epithet of persons, good, goodly, serviceable or the like A 393, B 653, Z 191, N 246, 691, T 342, etc. : ι 508, ξ 505, ο 450, σ 127.—(2) Such as may serve some end or confer benefit, good, excellent : μένος ἠΰ P 456, Υ 80, Ψ 524, Ω 6, 442 : β 271.

ἐῦσε, 3 sing. aor. εὕω.

ἐΰσκαρθμος [ἐΰ- (1) + σκαίρω]. Bounding with nimble feet, swift. Epithet of horses N 31.

ἐΰσκοπος, -ον [ἐΰ- (1) + σκοπ-, σκέπτομαι]. Sharp-sighted. Epithet of Hermes Ω 24, 109 : α 38, η 137.—Aiming well. Epithet of Artemis λ 198.

ἐΰσσελμος, -ον [ἐΰ- (5) + σέλματα, rowing-benches]. Having goodly rowing-benches. Epithet of ships B 170, H 84, I 231, Λ 193, Ξ 97, etc. : β 390, δ 409, ι 127, μ 358, ν 101, etc.

ἐΰσσωτρος, -ον [ἐΰ-(5) + σῶτρον, felloe]. Having goodly felloes. Epithet of a waggon : ἀπήνης Ω 578 (v.l. ἐϋξέστου).

ἐΰσταθής, -ές [ἐΰ- (1) + σταθ-, ἵστημι]. Well-based, well-built. Epithet of chambers Σ 374 : ν 258, χ 120, 127, 257 = 274, 441, 458, ψ 178.

ἐΰστέφανος, -ον [ἐΰ- (5) + στέφανος]. (1) With fair crown. Epithet of Artemis Φ 511.—Of Aphrodite θ 267, 288, σ 193.—Of Mycene (the heroine) β 120.—(2) Well crowned with walls. Epithet of Thebes T 99.

ἐΰστρεπτος [ἐΰ- (1) + στρεπ-, στρέφω]. = next : βοείοιν β 426 = ο 291.

ἐΰστρεφής, -ές [ἐΰ- (1) + στρέφω]. Twisted or plaited with art or skill : ἐΰστρεφεῖ οἰὸς ἀώτῳ N 599, 716, νευρήν O 463 (v.l. in N ἐϋστρόφῳ). Cf. ι 427, κ 167, ξ 346, φ 408.

ἐΰστροφος [ἐΰ- (1) + στροφ-, στρέφω]. V.l. for and = ἐΰστρεφής in N 599, 716.

εὖτε [another form of ἠΰτε]. (1) When, at the time when. (a) With indic. : εὖτε πύλας ἵκανεν Z 392. Cf. O 367, Λ 735, etc. : γ 9, ν 93, ν 56, etc.—Introducing a simile Γ 10.—Correlative with τῆμος. See τῆμος (2).—(b) With subj. in conditional relative sentences. For the examples and constructions see Table at end, (III) (B) (a) (1) (3), (D) (34) (35).—(2) Like, as : εὖτε πτερὰ γίγνετο Τ 386.

εὐτείχεος, -ον [εὐ- (5) + τεῖχος]. Well-walled. Epithet of Troy Α 129, Β 113 = 288 = Ε 716 = Ι 20, Θ 241.—Acc. εὐτείχεα Π 57.

εὔτμητος [εὔ- (1) + τμη-, τάμνω]. Cut or made with art or skill. Epithet of articles of leather : τελαμῶνι Η 304 = Ψ 825. Cf. Κ 567, Φ 30, Ψ 684.

εὐτρεφής [εὔ- (1) + τρέφω]. Well-fed, plump : δίες ι 425, αἰγός ξ 530.

εὔτρητος [εὔ- (1) + τρη-, τετραίνω]. Skilfully pierced : λοβοῖσιν Ξ 182.

εὔτριχας, acc. pl. ἐύθριξ.

εὔτροχος, -ον [εὔ- (5) + τροχός]. Having good wheels. Epithet of chariots and waggons Θ 438, Μ 58, Ω 150 = 179, 189, 266, 711 : ʒ72.

εὔτυκτος, -ον [εὐ- (1) + τυκ-, τεύχω]. Well made or constructed. Epithet of various products of art or skill : ἱμάσθλην Ψ 44 = Ν 26, κλισίην Κ 566, Ν 240. Cf. Γ 336 = Ο 480 = Π 137 : = χ 123, δ 123, ξ 276.

εὐφημέω [εὐ- (1) + φημί]. (ἐπ-.) Either, to speak words of good omen, or, to keep (ritual) silence : εὐφημῆσαι κέλεσθε Ι 171.

εὐφραδέως [adv. fr. εὐφραδής, fr. εὐ- (1) + φραδ-, φράζω]. In clear or well-chosen terms : εὐ. πεπνυμένα πάντ' ἀγορεύεις τ 352.

εὐφραίνω, **ἐύφραίνω** [εὔφρων]. Fut. ἐυφρανέω Η 297. Infin. εὐφρανέειν Ε 688. 3 sing. aor. εὔφρηνε Ω 102. 2 sing. subj. ἐύφρήνῃς Η 294. Infin. εὐφρῆναι Ρ 28. (1) To gladden, rejoice, cheer, comfort Ε 688, Η 294, 297, Ρ 28, Ω 102 (gave her kindly welcome) : ν 44, υ 82.—(2) In pass., to have pleasure, make merry, enjoy oneself : εὐφραίνεσθαι ἔκηλον β 311.

ἐύφρονέων [pres. pple. fr. *ἐύφρονέω, fr. ἐΰ- (1) or (3) + φρονέω]. Also written ἐὺ φρονέων. Either, with good intent, or, with good sense : ἀγορήσατο Α 73, etc. : β 160, etc.

εὐφροσύνη, **ἐύφροσύνη**, -ης, ἡ [εὔφρων]. Gladness, happiness, joy, mirth, merriment ι 6, κ 465, ν 8, ψ 52.—In pl. in sim. sense : θυμός σφισιν ἐύφροσύνῃσιν ἰαίνεται ʒ156.

εὔφρων, **ἐύφρων**, -ονος [εὐ-, ἐΰ- (1) + φρήν]. (1) Mirthful, merry, taking one's pleasure : δαίνυται εὔφρων Ο 99. Cf. ρ 531.—(2) Giving joy, bringing mirth. Epithet of οἶνος Γ 246.

εὐφυής [εὐ- (1) + φύω. ' Well-grown ']. Well-shaped, goodly : μηροί Δ 147.—Of a tree, showing good growth, well-developed : πτελέην Φ 243.

εὔχαλκος, -ον [εὐ- (5) + χαλκός]. Finely wrought of bronze Η 12, Ν 612 : ο 84.—With sharp point of bronze : μελίην Τ 322.

†εὐχετάομαι [in form frequentative fr. εὔχομαι]. 3 pl. εὐχετόωνται δ 139, μ 98. 3 pl. impf. εὐ-χετόωντο Θ 347, Λ 761, Ο 369, Χ 394 : α 172, μ 356, ξ 189, π 58, 223. Opt. εὐχετοῴμην θ 467, ο 181. 3 sing. εὐχετόωτο Μ 391. Infin. εὐχετάασθαι Ζ 268, Ρ 19, Τ 348 : χ 412. (1) To avouch or declare oneself to be, etc. With infin. : τίνες ἔμμεναι εὐ-χετόωντο ; α 172 = ξ 189 = π 58 = 223. Cf. δ 139.—

(2) To boast vaunt Ρ 19, Τ 348.—With complementary infin. : ἀκήριοι παρφυγέειν μ 98.— (3) To exult, triumph Μ 391.—With ἐπί and dat., to exult or triumph over (a fallen foe) : κταμένοισιν ἐπ' ἀνδράσιν χ 412.—(4) To pray. With dat. : Κρονίωνι Ζ 268. Cf. Θ 347 = Ο 369 : μ 356.—(5) To give glory, make thanksgiving. With dat. : Ἕκτορι θεῷ ὣς Χ 394. Cf. Λ 761 : θ 467 = ο 181.

εὐχή, -ῆς, ἡ [εὔχομαι]. A prayer κ 526.

εὔχομαι. 3 sing. aor. εὔξατο Θ 254 : ε 444, ρ 239, ν 97. 3 pl. εὔξαντο Α 458, Β 421 : γ 447, μ 359. 2 sing. subj. εὔξεαι γ 45. Opt. εὐξαίμην μ 334. Pple. εὐξάμενος, -η Α 381, 453, Ν 417, Π 236, Τ 257, etc. : ʒ 280, ν 51, ξ 463, φ 211, ω 518, 521. (ἐπ-.) (1) With infin., to avouch or declare oneself, claim, to be, etc. (sometimes tending to pass into sense (2)) : ἄριστος Ἀχαιῶν εἶναι Α 91, Β 82, ταύτης γενεῆς εἶναι Ζ 211. Cf. Δ 264, Ε 173, 246, Ζ 231, Θ 190, Ι 60, Ξ 113, etc. : Μέντης εἶναι α 180, ἱκέτης τοι εἶναι ε 450. Cf. α 187, γ 362, ε 211, ι 263, ξ 199, ο 425, χ 321, etc.—To claim to do as a matter of right : πάντ' ἀποδοῦναι Σ 499. —(2) To boast, vaunt : εὐχόμενος μετέφη Τ 100. Cf. Α 397, Β 597, Θ 198, Ξ 366, Τ 424 : εὐξάμενός τι ἔπος ἐρέω (will 'show off' a little) ξ 463.— With complementary infin. : ἄντα Ποσειδάωνος πολεμίζειν Φ 476. Cf. Γ 430, Θ 254, 526, Φ 501.— (3) To exult, triumph : μεγάλ' εὔχεο Π 844. Cf. Ε 106, Λ 379, 388, Ν 417 = Ξ 458 = 486, Ν 447, 619 = Ρ 537 = Φ 183, Ξ 500, Τ 393.—(4) To pray. With dat. : Ἀπόλλωνι Α 87. Cf. Γ 296, Ζ 312, Η 194, Ψ 547, Ω 290, etc. : β 261, γ 43, μ 334, ν 51, 231, ω 518, etc.—With complementary infin. : θάνατον φυγεῖν Β 401. Cf. Ξ 484, Ο 374, Σ 75, Ω 287 : φ 211.—With dat. and infin. : Διὶ θυμὸν φθίσθαι ο 353. Cf. Ι 183.—Absol. : ὣς ἔφατ' εὐ-χόμενος Α 43, εὐξάμενο ἤκουσεν 381. Cf. Α 458, Ζ 304, Ι 509, Ο 371, etc. : β 267, γ 45, ε 444, ʒ 280, ο 222, ρ 239, etc.—(5) To give glory, make thanks-giving : αἴ τέ μοι εὐχόμεναι θεῶν δύσονται ἀγῶνα Η 298 (like εὐχετάομαι (5) ; or perh. μοι should be taken as ethic dat., ' on my account ').—(6) To vow. With complementary infin. : Ἀπόλλωνι ῥέξειν ἑκατόμβην Δ 101, 119. Cf. ρ 50, 59.

εὖχος, τό [εὔχομαι]. Subject of exultation or triumph, triumph, glory : ἐμοὶ μέγ' εὖχος ἔδωκας Ε 285. Cf. Ε 654 = Λ 445, Η 81, 154, 203, Λ 288, 290, Μ 328, Ν 327, Ο 462, Π 625, 725, Φ 297, 473, Χ 130 : ι 317, φ 338, χ 7.

εὔχροής, -ές [εὔ- (5) + χρο-, χρώς]. Of fresh colour, fresh, in good condition : δέρμα ξ 24.

εὐχωλή, -ῆς, ἡ [εὔχομαι]. (1) A boast or vaunt : πῇ ἔβαν εὐχωλαί ; Θ 229.—(2) Shouting in exulta-tion or triumph : οἰμωγή τε καὶ εὐχωλή Δ 450 = Θ 64.—A subject of exultation or triumph : κατά κεν εὐχωλὴν Πριάμῳ λίποιεν Ἑλένην Β 160. Cf. Β 176, Δ 173, Χ 433.—(3) A prayer : θεοὺς εὐ-χωλῆς παραρρωπῶσ' ἄνθρωποι Ι 499 : εὐχωλῇσι λιτῇσί τε ἐλλισάμην (the two words hardly to be distinguished) λ 34.—(4) A thanksgiving. In pl. : εὐχωλῆς χαίρετε ν 357.—(5) A vow : εὐχωλῆς ἐπιμέμφεται (i.e. a vow unperformed) Α 65, 93.

εὕω. 3 sing. aor. εὖσε ι 389, ξ 75. 3 pl. εὗσαν ξ 426. (1) To singe ι 389.—(2) To singe off the bristles of (swine) in the process of cooking them: σιάλους εὕοντας β 300. Cf. Ι 468 = Ψ 33: ξ 75, 426.

εὐώδης, εὐῶδες [εὐ- (5) + ὀδ-, ὄζω]. Sweet-smelling, fragrant: θαλάμῳ Γ 382. Cf. β 339, ε 64.

εὐῶπις, -ιδος [εὐ- (5) + ὦπα]. Fair, comely: κούρην ξ 113, 142.

ἔφαγον, aor. See φάγον.

†ἐφάλλομαι [ἐφ-, ἐπι- (11) (12)]. 3 sing. aor. ἐπᾶλτο Ν 643, Φ 140. Pple. ἐπιάλμενος ω 320. ἐπάλμενος Η 260, Λ 421, 489, Μ 404, Ν 529, 531: ξ 220. Acc. masc. ἐπιάλμενον Η 15. Pl. masc. ἐπάλμενοι χ 305. (1) To leap or spring to or towards a person: κύσσε μιν ἐπιάλμενος ω 320.— (2) In hostile sense, to leap or spring at or upon a foe: οὔτασεν ἐπάλμενος Λ 421. Cf. Η 260, Μ 404, Ν 529, 531: ξ 220.—Of birds of prey χ 305.— (3) To leap or spring at or upon (a foe). With dat.: Μενελάῳ Ν 643. Cf. Λ 489, Φ 140.—(4) To leap or spring on to, mount. With genit.: ἵππων ἐπιάλμενον (just as he had . . .) Η 15.

ἔφαλος, -ον [ἐφ-, ἐπι- (2) + ἅλς¹]. On the sea-shore. Epithet of cities Β 538, 584.

ἐφάμην, impf. mid. φημί.

ἔφαν, 3 pl. impf. φημί.

ἐφάνη, 3 sing. aor. pass. φαίνω.

†ἐφάπτω [ἐφ-, ἐπι- (3) (5)]. 2 sing. aor. subj. mid. ἐφάψεαι ε 348. 3 sing. pf. pass. ἐφῆπται Β 15, 32, 69, Η 402, Μ 79, Φ 513: χ 41. 3 sing. plupf. ἐφῆπτο Ζ 241: χ 33. (1) To fasten upon; hence, fig., in pass., with dat., to be the lot or portion of: ἀθανάτοισιν ἔρις ἐφῆπται Φ 513.—To impend inevitably over, be fated to: Τρώεσσι κήδε' ἐφῆπται Β 15 = 32 = 69. Cf. Ζ 241, Η 402, Μ 79: χ 33, 41.—(2) To lay hold of, touch. In mid., with genit.: ἐπὴν ἐφάψεαι ἠπείροιο ε 348.

†ἐφαρμόζω [ἐφ-, ἐπι- (19)]. 3 sing. aor. opt. ἐφαρμόσσειε. To fit well, be well adapted to. With dat.: εἰ οἱ ἐφαρμόσσειεν [ἔντεα] Τ 385.

ἔφασαν, 3 pl. impf. φημί.

ἐφάψεαι, 2 sing. aor. subj. mid. ἐφάπτω.

ἐφέζομαι, ἐφ-, ἐπι- (12)]. Aor. infin. act. ἐφέσσαι ν 274. Fut. infin. mid. ἐφέσσεσθαι Ι 455. Aor. imp. ἔφεσσαι ο 277. Pple. ἐφεσσάμενος π 443. (1) In pres. and impf. (or non-sigmatic aor. ἐ ζομαι). (a) To seat oneself in a specified position: ἔνθα δ' ἐφέζετο ρ 334.—(b) To seat or set oneself on. With dat.: Περγάμῳ Ε 460. Cf. Φ 506: δ 509, 717.—Of cicadas Γ 152.—Of a bird Ψ 878.—(2) In aor. act. fut. and sigmatic aor. mid. (a) To set, seat, place on. With dat.: γούνασιν οἷσιν ἐφέσσεσθαι υἱόν Ι 455. Cf. π 443.—(b) To put on board a ship: Πύλονδέ με καταστῆσαι καὶ ἐφέσσαι (to put on board for Pylos and land there (with a prothysteron)) ν 274. —(c) To put on board (a ship). With genit.: νηὸς μ' ἐφέσσαι ο 277.

ἐφέηκα, aor. ἐφίημι¹.

ἐφείω, aor. subj. ἐφείην, aor. opt. ἐφίημι¹.

ἐφέλκω [ἐφ-, ἐπι- (5) (8)]. (1) To draw on or induce to an indicated course of action. In mid.: αὐτὸς ἐφέλκεται ἄνδρα σίδηρος π 294 = τ 13.—(2) In pass., to be dragged, to drag or trail along: τὸ δ' ἐφέλκετ' ἔγχος (along with the wounded man) Ν 597. Cf. Ψ 696.

ἐφέπω¹ [ἐφ-, ἐπι- (5) (11) + ἕπω¹]. 3 pl. pa. iterative ἐφέπεσκον μ 330. 2 sing. fut. ἐφέψεις Φ 588. Infin. ἐφέψειν ω 471. Aor. ἐπέσπον λ 197. 3 sing. -ε γ 16, δ 714. 3 pl. -ον Τ 294: γ 134, λ 372, 389, χ 317, 416, ω 22. 2 sing. subj. ἐπίσπῃς Ζ 412, Χ 39. 3 -ῃ Β 359, Ο 495, Τ 337: δ 196. 3 sing. opt. ἐπίσποι β 250. Infin. ἐπισπεῖν Η 52, Φ 100: δ 562, ε 308, μ 342, ξ 274, ω 183. (1) To direct or drive (horses): ἵππους ἐφέπων κέλευεν Ω 326.—(2) To direct or drive (horses) against (a foe). With dat.: Πατρόκλῳ ἔφεπε ἵππους Π 724. Cf. Π 732.—(3) To deal with, take in hand (foes): τοσσούσδ' ἀνθρώπους Τ 357. Cf. Τ 359.—Absol., to drive off, keep back, the foe Ο 742.—(4) To drive before one in flight: Τρῶας Λ 177, πεδίον 496 (app. meaning the men and horses flying over it (cf. πεδίον μετεκίαθον 714 cited under μετεκίαθον)). Cf. Τ 494, Χ 188.— Absol.: σφεδανὸν ἔφεπεν Φ 542.—(5) To go in quest of or pursue (game): ἄγρην μ 330.—To 'drive' (a place, i.e. the game found there): κορυφὰς ὀρέων ι 121.—(6) With notion of reaching a point, to meet or encounter (one's fate or the like): ἐπεὶ ἂν σύ γε πότμον ἐπίσπῃς Ζ 412, ἐπισπεῖν αἴσιμον ἦμαρ Φ 100. Cf. Β 359, Η 52, Ο 495, Τ 294, Τ 337, Φ 588, Χ 39: β 250, γ 16, 134, δ 196, 562, 714, ε 308, λ 197, 372, 389 = ω 22, μ 342, ξ 274, χ 317 = 416, ω 31, 471.

†ἐφέπω² [ἐφ-, ἐπι- (8) + ἕπω²]. Only in mid. Aor. pple. ἐπισπόμενος, -ον Ν 495: γ 215, ξ 262, π 96, 426, ρ 431, ω 183, 338. Infin. ἐπισπέσθαι Ξ 521. (1) To follow in company with, go with, accompany, a person ω 338.—With dat.: ἑοῖ αὐτῷ Ν 495. Cf. π 426.—(2) To follow up, hang upon, a flying foe: οὔ οἱ τις ὁμοίως ἐπισπέσθαι ἦεν ἀνδρῶν τρεσσάντων (genit. absol.) Ξ 521.— (3) With dat., to follow the guidance of, be influenced by (something immaterial): θεοῦ ὀμφῇ γ 215 = π 96.—To give oneself up, yield to (passion): μένεῖ σφῷ ξ 262 = ρ 431, ω 183.

ἐφέσσαι, aor. infin. See ἐφέζομαι.

ἔφεσσαι, aor. imp. See ἐφέζομαι.

ἐφέσσεσθαι, fut. infin. mid. See ἐφέζομαι.

ἐφεστᾶσι, 3 pl. pf. ἐφίστημι.

ἐφεστήκει, 3 sing. plupf. ἐφίστημι.

ἐφέστιος [ἐφ-, ἐπι- (2) + ἑστίη = ἱστίη]. 'At the hearth']. At home, in one's home: ἀπολέσθαι ἐ. γ 234, ἦλθεν ἐ. (has come home) ψ 55.—In the home of another: ἔμ' ἐφέστιον ἤγαγε δαίμων (brought me to be her guest) η 248.—Τρῶας ἐφέστιοι ὅσσοι ἔασιν (who have homes, are house-holders (in the city)) Β 125.

ἐφετμή, -ῆς, ἡ [ἐφ-, ἐπι- (5) + ἐ-, ἵημι¹]. (1) An injunction, charge, behest: οὐ λήθετ' ἐφετμέων Α 495, τεὴ ἐπίνυσσεν ἐ. (i.e. the consequences of carrying it out) Ξ 249. Cf. Ε 508, 818, Ο 593, Σ 216, Φ 299: δ 353.—(2) In pl. in generalized sense, the laws (of Ζεὺς ἰκετήσιος) Ω 570, 586.

†ἐφευρίσκω [ἐφ-, ἐπι- (19)]. 1 pl. aor. ἐφεύρομεν β 109, κ 452, ω 145. Subj. ἐφεύρω ε 417. 3 sing. opt. ἐφεύροι Β 198, Δ 88, Ε 168, Ν 760 : ε 439. (1) To find, to light or come upon Δ 88, Ε 168, Ν 760 : ε 417, 439.—(2) To come upon and find doing something specified : βοόωντα Β 198. Cf. β 109 = ω 145, κ 452.

ἐφέψειν, fut. infin. ἐφέπω[1].

†ἐφεψιάομαι [ἐφ-, ἐπι- (5)]. 3 pl. ἐφεψιόωνται τ 331. 3 pl. impf. ἐφεψιόωντο τ 370. To jeer at, make fun of, mock. With dat. : τεθνεῶτι τ 331, κείνῳ 370.

ἐφῆκα, aor. ἐφίημι[1].

ἔφημαι [ἐφ-, ἐπι- (1) (2)]. To be seated, sit, on or by. With dat. : θρόνῳ ζ 309, κληΐδεσσιν μ 215.

ἐφημέριος [ἐφ-, ἐπι- (16) + ἡμέρη]. During the day, for that day : οὔ κεν ἐ. βάλοι δάκρυ δ 223.— Absol. in neut. pl.: ἐφημέρια φρονέοντες (thinking only of things of the day, limited in outlook) φ 85.

ἐφημοσύνη, -ης, ἡ [ἐφίημι[1]]. (1) = ἐφετμή (1) Ρ 697 : μ 226.—(2) A message given in charge to deliver : ἐπεὶ πᾶσαν ἐφημοσύνην ἀπέειπεν π 340.

ἔφην, impf. φημί.

ἐφήνδανε, 3 sing. impf. ἐπιανδάνω.

ἔφηνε, 3 sing. aor. φαίνω.

ἐφῆπται, 3 sing. pf. pass. ἐφάπτω.

ἐφήσω, fut. ἐφίημι[1].

ἔφθη, 3 sing. aor. φθάνω.

ἔφθίατο, 3 pl. plupf. pass. φθίω.

ἔφθιθεν, 3 pl. aor. pass. φθίω.

ἔφθιται, 3 sing. pf. pass. φθίω.

ἐφιζάνω [ἐφ-, ἐπι- (1) (11)]. (1) To sit in a specified position. Fig. of sleep Κ 26.—(2) To sit down to (a meal). With dat. : δείπνῳ ἐφιζανέτην Κ 578.

ἐφίζω [ἐφ-, ἐπι- (1)]. 3 sing. pa. iterative ἐφίζεσκε ρ 331. To sit upon something indicated : δίφρον, ἔνθα δαιτρὸς ἐφίζεσκεν ρ 331. Cf. γ 411, τ 55.

†ἐφίημι[1] [ἐφ-, ἐπι- (5) (11) + ἵημι[1]]. Imp. pl. ἐφίετε χ 251. Pple. ἐφιείς Α 51. Fut. ἐφήσω Ω 117 : τ 550, 576, ν 39. 2 sing. ἐφήσεις Α 518 : ν 376. 3 -ει δ 340, ρ 131, ν 29, 386. Aor. ἐφέηκα Τ 346. ἐφῆκα Ε 188, 206. 3 sing. ἐφῆκε Σ 108 : ι 38, ξ 464. ἐφῆκε Α 445, Δ 396, Π 812, Φ 170, 524 : δ 339, ρ 130, ψ 37. Aor. subj. ἐφείω Α 567. Opt. ἐφείην Σ 124. 3 sing. ἐφείη α 254. Imp. ἔφες Ε 174. From ἐφιέω 3 sing. impf. ἐφίει Ο 444. ἐφίει ω 180. Pres. pple. mid. ἐφιέμενος ν 7. Dat. sing. fem. ἐφιεμένῃ Ω 300. Fut. ἐφήσομαι Ψ 82. (1) To send, launch, discharge (a spear) at the foe : μὴ ἅμα πάντες ἐφίετε δούρατα χ 251.— (2) To shoot, let fly, launch an arrow or spear at. With dat. : φῶτα, τῷ ἐφέηκα Τ 346. Cf. Ε 206.— To shoot, let fly, launch (an arrow or spear) at. With dat. : ἐφ' ᾧδ' ἔφες ἀνδρὶ βέλος Ε 174. Cf. Α 51, Ε 188, Ο 444, Π 812, Φ 170 : ω 180.—(3) To send or dispatch as a messenger to. With dat. Ω 117. —(4) To send (evil, bane, ill fortune, etc.) upon. With dat.: 'Αργείοισι κήδε' ἐφῆκεν Α 445. Cf.

Δ 396, Φ 524 : δ 339 = ρ 130, δ 340 = ρ 131, ι 38, τ 550.—(5) To lay (hostile hands) upon. With dat. : ὅτε κέν τοι χεῖρας ἐφείω Α 567. Cf. α 254, ν 376, υ 29, 39, 386, ψ 37.—(6) To bring into the position of doing something, set on or incite to do something. With infin.: ὅς τ' ἐφέηκε πολύφρονά περ χαλεπῆναι Σ 108. Cf. Α 518, Σ 124 : ξ 464. —(7) To lay or enjoin upon. With dat. : μνηστήρεσσιν ἄεθλον τ 576.—(8) In mid., to lay an injunction or charge upon. With dat. : ἀνδρὶ ἑκάστῳ ἐφιέμενος ν 7.—With acc. of what is enjoined : τόδε Ω 300.—With dat. and acc. : ἄλλο τοι ἐφήσομαι Ψ 82.

†ἐφίημι[2] [ἐφ-, ἐπι- (11) + ἵημι[2]]. Only in mid. Fut. ἐπιείσομαι (ἐπιΓίσομαι) Λ 367, Τ 454 : ο 504. Aor. pple. fem. ἐπιεισαμένη Φ 424. (1) To hurry up to an indicated spot Φ 424.—(2) To hasten or speed to. With acc. : ἀγρούς ο 504. —To go against, attack (a foe). With acc.: τοὺς ἄλλους Λ 367 = Τ 454.

†ἐφικνέομαι [ἐφ-, ἐπι- (5)]. 3 pl. aor. ἐφίκοντο. To reach, bring one's blow to bear upon. With genit., of what is reached (cf. τυγχάνω (2)): ἀλλήλων Ν 613.

ἐφίλατο, 3 sing. aor. mid. φιλέω.

ἐφίστημι [ἐφ-, ἐπι- (2) (5) (11)]. 3 sing. aor. ἐπέστη Κ 124, 496, Ψ 201. 3 pl. ἐφέστασι Μ 326. 3 sing. plupf. ἐφεστήκει Ζ 373, Ψ 106. 3 pl. ἐφέστασαν Ε 624, Ν 133, Ο 703, Π 217, Σ 554: χ 203. Genit. sing. masc. pple. ἐφεστᾶότος Ρ 609. Nom. pl. ἐφεστᾶότες Μ 52, 199, Σ 515. Infin. ἐφεστάμεναι ω 380. ἐφεστάμεν α 120. (1) In aor. and mid. (a) To come up and take one's stand in a specified position : θύρῃσιν ἐφίστατο (in the . . .) Λ 644, ἐπέστη βηλῷ ἔπι Ψ 201.—(b) To come up to, come to. With dat. : ἐπέστη μοι Κ 124.—With locative Κ 496.—(2) In pf. and plupf. (a) To have one's stand, stand, in a specified or indicated position : τείχος ῥύατ' ἐφεστᾶότες Σ 515. Cf. Μ 52, 199 : α 120.—(b) With dat., to stand upon : πύργῳ ἐφεστήκει Ζ 373. Cf. Ρ 609.—To stand by or beside : ψυχή μοι ἐφεστήκει Ψ 106. Cf. Ν 133 = Π 217.—(c) To stand facing the foe Ε 624 : χ 203, ω 380.—(d) To stand facing (the foe). With dat. : ἐφέστασαν ἀλλήλοισιν Ο 703.—(e) Of bane figured as ready to pounce upon one : κῆρες ἐφεστᾶσιν Μ 326.—(f) To stand ready for or at one's work : ἀμαλλοδετῆρες ἐφέστασαν Σ 554.

ἐφόλκαιον, τό [ἐφ-, ἐπι- (12) + ὀλκ-, ἕλκω]. Prob., a ship's lading-plank : ἐφόλκαιον καταβάς ξ 350.

ἐφομαρτέω [ἐφ-, ἐπι- (5)]. To come along with a person, come on, in an indicated direction : ἐφομαρτεῖτον καὶ σπεύδετον Θ 191, Ψ 414. Cf. Μ 412.

ἐφοπλίζω [ἐφ-, ἐπι- (5)]. 3 pl. fut. ἐφοπλίσσουσι ζ 69. 1 pl. aor. subj. ἐφοπλισόμεσθα Θ 503, Ι 66. 3 ἐφοπλίσσωσι ω 360. 2 sing. opt. ἐφοπλίσσειας ζ 57. 2 pl. ἐφοπλίσσαιτε Ω 263. Pl. pple. ἐφοπλίσσαντες Ψ 55 : β 295. Infin. ἐφοπλίσαι ζ 37. ἐφοπλίσσαι τ 419. (1) To get ready for use, prepare, equip : ἄμαξαν Ω 263. Cf. ζ 37, 57, 69.

—Absol., to fit out a ship for a voyage β 295.—
(2) To make ready, prepare (a meal) Δ 344,
Θ 503, I 66, Ψ 55 : τ 419, ω 360.

ἐφοράω [ἐφ-, ἐπι- (5) (14)]. From ὀπ- fut. in
mid. form ἐπιόψομαι I 167 : β 294. 2 sing. ἐπόψεαι
Ξ 145 : ν 233. Pple. ἐποψόμενος, -ου η 324, τ 260,
597, ψ 19. (1) To look upon, behold, survey.
Of the sun : ὃς πάντ' ἐφορᾷς Γ 277. Cf. λ 109 =
μ 323.—(2) To regard with attention, watch,
observe ν 214, ρ 487.—(3) To have sight of, see,
behold : φεύγοντας Ξ 145. Cf. ν 233.—(4) To visit,
go to see, see η 324, τ 260 = 597 = ψ 19.—(5) To
select or choose after inspection or holding in
review : τοὺς ἂν ἐγὼ ἐπιόψομαι, οἱ δὲ πιθέσθων
(whomsoever I select, let them . . .) I 167.
Cf. β 294.

ἐφορμάω [ἐφ-, ἐπι- (5) (11)]. (1) To stir to
action, put in action, stir up, against. With
dat. : οἵ μοι ἐφώρμησαν πόλεμον Γ 165. Cf. η 272.
—(2) In mid. and pass. (a) To be stirred, stir
oneself, to hostile action, to rush with hostile
intent, make attack, in a specified or indicated
direction : πάντες ἐφορμηθέντες Z 410. Cf. Π 313,
P 465, 489, Σ 282, Υ 461, Ω 800 : μ 122.—Of the
gadfly χ 300.—(b) To pounce upon, attack. With
acc. : ὥς τ' ὀρνίθων αἰετὸς ἔθνος ἐφορμᾶται Ο 691.
—(c) To rush in an indicated direction for an
indicated purpose : τρὶς ἐφορμήθην λ 206.—
(d) With infin., to be disposed, have in mind,
intend, to do : ποιησέμεν φ 399.—Of the mind or
spirit, to be stirred or inclined to do : πολεμίζειν
Ν 74. Cf. a 275, δ 713.

ἐφορμή, ἡ [ἐφορμάω]. A way of attack χ 130.

ἐφράσ(σ)ατο, 3 sing. aor. mid. φράζω.

ἐφράσθης, 2 sing. aor. pass. φράζω.

ἔφριξε, 3 sing. aor. φρίσσω.

ἔφῦ, 3 sing. aor. φύω.

ἐφυβρίζω [ἐφ-, ἐπι- (5)]. To treat a person
with insult or outrage : ἐφυβρίζων ἔλετο I 368.

ἔφυγες, 2 sing. aor. φεύγω.

ἔφυδρος [ἐφ-, ἐπι- (8) + ὕδωρ]. Coming with,
bringing, rain : Ζέφυρος ξ 458.

ἐφύπερθε(ν) [ἐφ-, ἐπι- (1) + ὕπερθε]. (1) On or
upon something, thereon : στορέσαι ἐ. τάπητας
Ω 645 : = δ 298 = η 337. Cf. I 213 : ι 383, ρ 210.
—(2) Above : κρηδέμνῳ ἐ. καλύψατο Ξ 184. Cf.
δ 150, ε 232.

ἔχαδε, 3 sing. aor, χανδάνω.

ἐχάρη, 3 sing. aor. pass. χαίρω.

ἔχεαν, 3 pl. aor. χέω.

ἐχέθυμος, -ον [ἔχω + θυμός. See θυμός (I) (4) (b)].
Controlling one's passions, continent θ 320.

ἐχεπευκής, -ές [ἔχω + πευκ- as in πευκεδανός.
'Having sharpness']. Sharp, piercing : βέλος
Α 51, Δ 129.

ἔχεσκον, pa. iterative ἔχω.

ἔχευε, 3 sing. aor. χέω.

ἐχέφρων, -ονος [ἔχω + φρήν]. Having good
sense, sensible, discreet I 341 : ν 332.—Epithet of
Penelope δ 111, ν 406, π 130, 458, ρ 390, ω 198, 294.

ἐχθαίρω [ἔχθος]. 3 sing. aor. ἤχθηρε Υ 306.
Also (as v.l. for ἔχθαιρε (impf.)) λ 437, 560, τ 364.

3 sing. opt. ἐχθήρειε I 452. (ἀπ-.) To regard
with disfavour, dislike or enmity, dislike, hate :
οὐδὲ Μενοιτιάδην ἤχθαιρε πάρος γε Ρ 270, Πριάμου
γενεὴν ἤχθηρε (has taken into disfavour) Υ 306.
Cf. I 452 : γ 215 = π 96, δ 692, λ 437, 560, τ 364.
—Absol. ο 71.

†ἐχθάνομαι [ἔχθος]. 3 sing. aor. ἤχθετο ξ 366,
τ 338. Pple. ἐχθόμενος δ 502. Infin. ἐχθέσθαι
δ 756. (ἀπ-.) (1) To incur the disfavour or
enmity of. With dat. : ἤχθετο θεοῖσιν ξ 366.
Cf. δ 502, 756.—(2) Sim. of things, to become
distasteful to τ 338.

ἔχθιστος [superl. fr. ἐχθ-, ἐχθρός]. (The)
most disliked or hated, (the) most hateful or
detestable : ἐ. μοί ἐσσι Α 176, Ε 890. Cf. Β 220,
I 159.

ἐχθοδοπέω [ἐχθοδοπός, hateful, app. related to
ἔχθος as ἀλλοδαπός to ἄλλος]. To incur the
enmity of, get into a quarrel with. With dat. :
ἐχθοδοπῆσαι Ἥρῃ Α 518.

ἔχθος, τό. (1) Disfavour, enmity : Διὸς ἐ.
ἀλευάμενος ι 277.—(2) A taking of offence, a fall-
ing into enmity : μὴ μέσσῳ ἀμφοτέρων μητίσομαι
ἔχθεα λυγρά Γ 416.

ἐχθρός, -ή, -όν [ἔχθος]. (1) Hated, hateful,
detested, detestable I 312, II 77 : ξ 156, ρ 499.
—(2) Of things and abstractions, distasteful,
disliked, loathed : δῶρά μοι I 378. Cf. φ 147.—
(3) In neut. with infin. in impers. construction,
to be distasteful of displeasing to do : ἐχθρόν μοί
ἐστιν αὐτῆς εἰρημένα μυθολογεύειν μ 452.

ἔχμα, -ατος [ἔχω]. (1) A buttress or support :
πύργων Μ 260.—Something holding a thing in
place : πέτρης (i.e. the support afforded to the
stone by the πέτρη) Ν 139.—App., a prop for a
ship : ἔρμα[1]) Ξ 410.—(2) An obstruction or
impediment Φ 259.

ἔχραε, 3 sing. aor. χράω[2].

ἔχυντο, 3 sing. aor. pass. χέω.

ἔχω [σ(ε)χ-]. Impf. εἶχον (ἔσεχον), -ες Γ 123,
Η 217, Μ 456, Ρ 354, Χ 474, etc. : γ 444, φ 285,
λ 584, μ 362, 433, etc. Without augment ἔχον,
-ες Α 463, Β 2, I 209, Σ 378, Φ 441, etc. : a 104,
γ 182, δ 459, ζ 179, χ 128, etc. Pa. iterative
ἔχεσκον, -ες Γ 219, Ε 126, 472, I 333, Ν 257, Χ 458 :
η 99. Fut. ἕξω, -εις I 609, Ν 51, Ρ 232, Σ 274,
Υ 27, Ψ 833 : ζ 281, σ 73, τ 494. Infin. ἑξέμεν
Ε 473. ἕξειν ο 522. Fut. σχήσω, -εις Λ 820,
Ν 151, Ξ 100, Ρ 182, Ω 670 : λ 70, χ 70, 171, 248.
Infin. σχήσειν Μ 4, 166. 2 sing. aor. ἔσχες ι 279.
3 ἔσχε Β 275, Ε 300, Λ 848, Ν 520, Π 740, Φ 58,
etc. : ε 451, ρ 291. 3 pl. ἔσχον γ 454, δ 352,
λ 24. 1 pl. subj. σχῶμεν Φ 309. Pple. σχών
a 157, δ 70, φ 592. Infin. σχέμεν Θ 254. σχεῖν
Π 520, Φ 341, Ψ 50. Aor. σχέθον κ 95. 3 sing.
ἐσχέθε Μ 184, Ν 608, Π 340, Υ 398 : δ 284, π 430,
φ 129, χ 409, ω 530. σχέθε Α 219, Λ 96, Ν 163,
Υ 119 : δ 758, ξ 490, 494, ψ 243. 3 dual ἐσχεθέτην
Μ 461. 3 pl. ἔσχεθον Ο 653, Υ 418 : τ 458.
σχέθον Λ 113, Η 277, Ξ 428, Π 506. 3 sing. imp.
σχεθέτω θ 537, 542. Infin. σχεθέειν Ψ 466. **Mid.**
3 sing. fut. ἕξεται I 102. 2 pl. fut. σχήσεσθε Ν 630.

έχω   174   έχω

Infin. σχήσεσθαι I 235, 655, M 107, 126, N 747, P 503, 639. 3 sing. aor. έσχετο M 294, N 368, P 696, Υ 262, 272, Φ 581, Ψ 397 : δ 525, 705, μ 204, ρ 238, τ 472. σχέτο H 248, Φ 345. 3 pl. έσχοντο Γ 84 : λ 334, ν 2, ω 57. 3 pl. subj. σχῶνται ν 151. 3 pl. opt. σχοίατο B 98. Imp. σχέο H 110, Φ 379. Pl. σχέσθε X 416 : β 70. Pple. σχόμενος, -η M 298 : α 334, ζ 141, λ 279, π 416, σ 210, φ 65. Infin. σχέσθαι δ 422. (ἀμπέχω, ἀν-, ἀπ-, δι-, ἐπ-, κατ-, παρ-, περι-, προ-, συν-, ὑπερ-, ὑπ-.) (I) Trans. (1) To hold in the hand or hands, the arms, the claws, etc. : στέμματ' ἔχων ἐν χερσίν A 14, νεβρὸν ἔχοντ' ὀνύχεσσιν Θ 248, ἔχεν ἀγκὰς ἀκοιτιν Ξ 353. Cf. A 603, E 230, 593, Z 400, N 600, Ω 284, etc. : α 104, δ 300, ε 49, ν 67, ο 527, φ 59, ψ 232, etc.— Absol. I 209.—In mid. M 294, P 355, Υ 262, etc. : α 334 = π 416 = σ 210 = φ 65.—(2) To have or keep hold of, hold : χειρὸς ἔχων Μενέλαον (by the hand) Δ 154, ἔχεν ἔγχος Φ 72, αἴ ἐ μετὰ σφίσιν εἶχον (supported her) X 474. Cf. Λ 488, O 717, Π 763, Σ 33, 536, 580, Ψ 136, etc.—(3) (a) To hold, maintain, keep, cause to be, in a specified position or condition : ὑψοῦ κάρη ἔχει Ζ 509 = O 266, πεπταμένας πύλας ἔχετε Φ 531. Cf. Λ 72, M 122, N 200, etc. : ἄγχι σχὼν κεφαλήν α 157 = δ 70 = ρ 592, κενεὰς σὺν χεῖρας ἔχοντες (holding the palms together with nothing between them, empty-handed) κ 42. Cf. ζ 107, ξ 494, χ 471.—(b) To hold ready for action in a specified or indicated direction : χεῖράς τε καὶ ἔγχεα ἀντίον ἀλλήλων E 569. Cf. Ψ 871.—(4) To hold up, support : κίονας α 53, σεῖον ζυγὸν ἀμφὶς ἔχοντες (supporting it at either end) γ 486 = ο 184, ὅθι φρένες ἧπαρ ἔχουσιν ι 301 (or perh., enfolds, surrounds (see (10)).—Absol. γ 454.—(5) To hold apart : ᾗ κληῖδες ἀπ' ὤμων αὐχέν' ἔχουσιν X 324.—Sim. : κίονας, αἳ γαῖάν τε καὶ οὐρανὸν ἀμφὶς ἔχουσιν α 54.— (6) To hold, occupy, inhabit (cities, houses, etc.) : 'Ολύμπια δώματ' ἔχοντες A 18, οἵ τ' 'Ελεῶν' εἶχον B 500. Cf. B 504, E 404, 710, Π 68, 261, etc. : α 67, β 336, δ 756, ζ 123, 177, κ 283, ω 282, etc.—To hold, keep : lie upon : νέκυες οὐδας ἔχοντες ψ 46.—(7) (a) To hold in possession, have or keep possession of, keep, retain, have : πολλὰ δ' ἐχεσκεν I 333, ἔχουσι τεύχεα κεῖνοι Σ 188. Cf. A 113, E 271, T 148, Ω 115, etc.—In pass. : ἔντεα μετὰ Τρώεσσιν ἔχονται Σ 130. Cf. Σ 197.—Sim. : νίκης πεῖρατ' ἔχονται ἐν θεοῖσιν H 102.—(b) To withhold from the rightful owner : ἐλὼν ἔχει γέρας A 356 = 507 = B 240. Cf. I 111, 336 : ο 231, φ 30.—(8) To detain or keep with one in hospitality : τρεῖς μιν νύκτας ἔχον ρ 515.—To keep as an inmate of one's house υ 377.—(9) To compel to a course of action : χαλεπῆ ἔχε κελεύων φῆμις ξ 239 —(10) To enfold, surround : τεῖχος νῆας ἐντὸς ἔχον M 8. Cf. O 653.—To contain : ποτὸν β 341.—(11) To cover, reign over, envelop : οὐδέ ποτ' αἴθρη κείνου ἔχει κορυφήν μ 76. Cf. ν 245.—(12) To guard, keep safe : πόλιν E 473, Διὸς αἴσῃ, ἤ μ' ἔξει I 609 (app. with admixture of sense 'to abide with'; cf. (42) and αἴσα (6)). Cf. X 322, Ω 730.—To have in charge : πύλας E 749 = Θ 393.—(13) To

hold fast, secure (a gate, etc.) : θύρην ἔχεν ἐπιβλής Ω 453. Cf. M 456.—To secure (a passage) χ 128. —To hold together : οὐ σάρκας ἶνες ἔχουσιν λ 219.— (14) App., to husband or keep in reserve : εἰν ἀγορῇ σθένος ἔξομεν (husband our strength (by keeping together) in the . . .) Σ 274.—(15) To retain (something in the mind) : ἔχετ' ἐν φρεσὶ μῦθον ο 445.—To retain (something) in the mind : ἔχε σιγῇ μῦθον τ 502.—To retain something (in the mind) : σῇσιν ἔχε φρεσίν B 33, 70.—(16) To cherish or harbour (resentment) A 82, N 517.— (17) To take hold of (in one's mind), contrive : νόον σχέθε τόνδ' ἐνὶ θυμῷ ξ 490.—(18) In sailing, to keep (a place or celestial object) in a specified quarter : νῆσον ἐπ' ἀριστέρ' ἔχοντες γ 171. Cf. ε 277.—(19) To hold back, hold in check, resist : "Εκτορα Λ 820, N 687. Cf. M 166, N 51, 151, Υ 27, Φ 309 : χ 171.—(20) To debar from freedom, confine, keep, hold fast : οὐδέ μιν ἔσχε πόντος Φ 58 : εἰ δέσματ' ἔχησιν α 204. Cf. α 198, δ 289, 352, 360, 416, 419, 459, θ 340, κ 339, λ 24.—(21) To stay, stop : 'Ερινύες ἔσχεθον αὐδήν T 418. Cf. A 219, Λ 96, 848, Φ 341 : ε 451, τ 458.—To suspend (hostilities) : πόλεμον Ω 670.—To cease from playing, hush (a musical instrument) : σχεθέτω φόρμιγγα θ 537.—Absol. θ 542. —(22) To keep back from action, stay, restrain : παρὰ νηυσὶν ἑταίρους Π 204. Cf. T 119 : δ 284, π 430, φ 129, χ 70, 248, 409.—To restrain, keep quiet : γέροντα X 412.—(23) To restrain or stop from. With genit. : ἀγοράων B 275. Cf. δ 758.—With infin. : ἀμυνέμεναι P 182.—(24) To keep, delay : νύκτα ψ 243.—(25) To manage, keep in hand : ἵππων ἐχέμεν δμῆσίν τε μένος τε P 476 (as regards δμῆσιν with an admixture of sense (28)).—(26) To hold (horses) in hand : ἵππους ἔχε φυσιόωντας Δ 227. Cf. Δ 302, Λ 341, N 386, Π 506, 712.—(27) To moor (a ship) : σχέθον ἔξω νήα κ 95. Cf. ι 279. —(28) To have, possess : γέρας A 163, βασιλῆας ἀνὰ στόμ' ἔχων (making them the subject of dis-course) B 250, ὑπερδέα δῆμον P 330, ἔγχος X 293. Cf. A 168, Λ 271, N 714, Ξ 11, P 232, Ψ 51, Ω 212, etc. : α 311, δ 97, ζ 179, ι 196 (took with me), κ 427, ο 281, π 388, σ 142 (accept), υ 293, etc.—To have in a specified place or condition : ὑπὸ κρασὶν ἔχον ἀσπίδας K 152. Cf. δ 186.—(29) Of animals or inanimate objects, to be furnished, supplied, infested with : ἵπποι ἡνίοχον ἔχοντες N 537 = Ξ 431. Cf. P 436 : ἡλακάτη εἶρος ἔχουσα δ 135, εὐνὴ ἀράχνι' ἔχουσα π 35. Cf. θ 558, ι 426. — Sim. : πήληξ καναχὴν ἔχεν (kept up, gave forth) Π 105, τρίποδες τόσσον ἔχον τέλος (were so far finished) Σ 378. Cf. Π 794, Σ 495.—Of a state of things, to have in it, bring with it, involve : τὸ ἀνέκτον ἔχει κακόν ν 83.—(30) To wear, bear, carry, on one's person or about one : τόξ' ὤμοισιν ἔχων A 45. Cf. B 872, Γ 17, Η 137, 150, Λ 527, Ξ 376, P 473, Σ 132, 538, 595, 597, 598 : εἴματα ζ 61, πολλὴν ἠέρα η 140. Cf. α 256, ζ 64, ν 224, 225, υ 206, ω 231, etc.—(31) To have to wife : τὴν 'Αντηνορίδης εἶχεν Γ 123. Cf. Γ 53, Λ 740, N 173, 697 = O 336, Φ 88 : δ 569 η 313, λ 270, 603.—In pass., to be the wife of.

With dat. : τοῦ θυγάτηρ ἔχεθ' Ἕκτορι Ζ 398.—To have one as a husband : ἕξει μιν ἤματα πάντα ζ281.—(32) In reference to mental or bodily faculties, characteristics or conditions, to have or be characterized by : κυνὸς ὄμματα Α 225, [γῆρας] Δ 316, τλήμονα θυμόν Ε 670. Cf. Δ 430, Ε 245, Ι 497, Ν 484, Π 752, Ω 282, etc. : α 368, γ 128, δ 14, κ 239, υ 171, ψ 15, etc.—(33) To have, suffer, be afflicted or affected by (something evil or painful): ἄχεα Γ 412, πόνον Ε 667, πένθος Ω 105. Cf. Ε 895, Ζ 362, Ι 305, Ο 109 (accept, endure), Τ 133, etc. : α 34, δ 650, η 218, θ 529, λ 167, ν 423, σ 73, etc.—Sim. : ἕλκος ἔχοντα (suffering from it) Λ 834. Cf. Π 517, Τ 49, 52. —(34) To hold, manage : οἰήϊα Τ 43. Cf. γ 281.—(35) To set in array : λαόν Ι 708.—(36) To carry on, wage (war) Ξ 57, 100.—Sim. in reference to strife : δῆριν ἔχουσιν ω 515.—(37) To manage, carry on, attend to, keep : πατρώϊα ἔργα β 22. Cf. δ 737, ζ 183, η 68.—(38) To keep (watch or guard) : φυλακὰς ἔχον Ι 1, 471. Cf. Κ 515, Ν 10, Ξ 135 : θ 285, 302. —(39) To drive (horses) : πεδίονδ' ἔχον ἵππους Γ 263. Cf. Ε 230, 240, 752 = Θ 396, Ε 829, 841, Θ 139, 254, Λ 127, 513, 760, Μ 124, Ο 354, Τ 424, Ψ 398, 423, 516.—Absol., to drive : ἔχει ἀσφαλέως Ψ 325. Cf. Ν 326, 679, Ο 448, Π 378, Ψ 401, 422, 466.—(40) To steer (a ship) κ 91, λ 70.—Absol., to steer or hold for a specified point : Πύλονδ' ἔχον γ 182.—(41) With infin., to have the power, ability, means, wherewithal to do : οὐδὲ πόδεσσιν εἶχε στηρίξασθαι Φ 242. Cf. Η 217, Π 110 : λ 584, μ 433, σ 364.—Absol.: οὔ πως εἶχεν (could effect nothing) Ρ 354.—(42) Of feelings, mental or bodily states or characteristics, or the like, to hold, affect, come to or upon, take hold of, possess, oppress : Δία οὐκ ἔχεν ὕπνος Β 2, Μενέλαον ἔχε τρόμος Κ 25, οὓς ἔχε γῆρας Σ 515, ἄγη μ' ἔχει Φ 221. Cf. Γ 342, Ι 2, 675, Λ 269, Φ 543, Χ 458, etc. : γ 123, θ 344, ι 295, κ 160, ξ 215, π 310, ω 244, etc.—Sim. : αὗτως σε κλέος ἔχει (attends upon you) Ρ 143. Cf. α 95 = γ 78.—Of the operation of wine : οἶνος σ' ἔχει φρένας σ 331 = 391.—In pass. construction : ἔχετ' ἄσθματι Ο 10, Π 109. Cf. Χ 409 : θ 182, ρ 318, σ 123 = υ 200, τ 168.—(II) Intrans. (1) To hold on, hold out, hold fast, hold or stand firm, persist : οὐκ ἐδύναντο φόβον ποιῆσαι Ἀχαιῶν, ἀλλ' ἔχον Μ 433. Cf. Μ 4, 184, 461, Ν 608, Π 340, 740, Υ 398, Ψ 720, Ω 11.—Sim. : ἔκτοσθε ὀδόντες ἔχον (were fastened) Κ 264 : σανίδες ἔχον (were in place, i.e. barred the way) ψ 42.—With dat. : σοὶ χρὴ ἀρχοὺς λισσομένῳ ἐχέμεν Ε 492.—(2) To bear up, remain firm, retain outward composure : πάρος ἔχε νωλεμὲς αἰεί π 191. Cf. τ 494.—(3) To hold its way : δι' ὤμου ἔγχος ἔσχεν Ν 520 = Ξ 452. —(4) To make an attack : ἐπ' αὐτῷ ἔχωμεν χ 75 (cf. ἐπέχω (4)).—(5) To hold, reign : ὅτ' εὐφροσύνη ἔχῃ κατὰ δῆμον ι 6.—(6) To stretch, extend : ῥίξαι ἑκὰς εἶχον μ 435, κίονες ὑψόσ' ἔχοντες (lofty) τ 38. —(7) To remain in a specified condition : οὐδέ οἱ ἔγχος ἐχ' ἀτρέμας Ν 557. Cf. ξ 416.—As copula : εὖ τοι κομιδὴ ἔχει ω 245.—(III) Middle (see also (I)(1)). (1) To cling or stick : ἔχετ' ἐμπεφυνῖα Α 513. Cf.

ε 329, 433, μ 433, 437, ω 8.—To cling to. With genit. : πέτρης ἔχετο ε 429. Cf. ι 435. — (2) To hinge or depend : τοῦ δ' ἐκ Φαιήκων ἔχεται κάρτος ζ 197. Cf. λ 346.—To hinge or depend upon. With genit. : σέο δ' ἕξεται ὅττι κεν ἄρχῃ (you will have the credit of it) Ι 102.—(3) (a) To be stopped or stayed : ἔσχετό οἱ φωνή Ρ 696 = Ψ 397 : = δ 705 = τ 472.—To come to a stand, halt, stop : στῆ ἄντα σχομένη ζ 141.—Of a ship μ 204.—(b) To be stopped in one's or its course, to be held back or in check : σχέτο [ἔγχος] Η 248, οὐδ' ἔτι φασὶ (ἔφαντο) σχήσεσθαι Ι 235, Μ 107 (but in these two passages the word may refer to the Greeks in sense (6)): οὐδ' ἔτι φασὶν Ἕκτορος μένος σχήσεσθαι Ρ 639. Cf. Τ 272, Φ 345.—(4) To put constraint on oneself, refrain, forbear, cease, let be : σχέο Φ 379. Cf. Χ 416 : β 70, ν 151, ρ 238.—To restrain oneself from, refrain, forbear, cease from. With genit. : εἴ ποτ' ἐπίσχοι σχολατο Β 98. Cf. Γ 84, Ι 655, Ν 630, 747, Ξ 129, Ρ 503 : δ 422, ω 57.—To restrain (one's hands from evil) : κακῶν ἄπο χεῖρας ἔχεσθαι χ 316.—(5) To be held or absorbed (cf. the pass. use under (I) (42)): κηληθμῷ ἔσχοντο λ 334 = ν 2. Cf. λ 279.—(6) To hold out, hold one's ground : ἔφαντ' οὐκέτ' Ἀχαιοὺς σχήσεσθαι Μ 126. Cf. Π 501 = Ρ 559.—See also (3) (b).—(IV) With adverbs. (1) With ἀνά. (a) To lift up, raise : ἂν κεφαλὴν ἔσχεν ρ 291 (cf. ἀνέχω (I) (1)).—(b) In mid., to restrain oneself, refrain from action : ἀνὰ δὲ σχέο Η 110 (cf. ἀνέχω (II) (8)).—(2) With κατά. (a) To cover, enfold : ἔχεν κάτα γαῖα Β 699 (cf. κατέχω (6)).— (b) To contain, enfold, bound : κατὰ κόλπον ἐχούσας Β 560.—(c) To restrain : κατὰ δ' ἔσχεθεν λαόν ω 530 (cf. κατέχω (2)). — (d) To hold down, oppress, afflict : κατά μιν γῆρας ἔχει λ 497.—(3) With παρά, to provide : παρά τε σχεῖν ὅσσα . . . Ψ 50 (cf. παρέχω (1)).—(4) With ὑπό, in mid., to promise : ὑπό τ' ἔσχετο καὶ κατένευσεν Ν 368 (cf. ὑπίσχομαι (1)). Cf. δ 525 (cf. ὑπίσχομαι (2)).

ἐχώσατο, 3 sing. aor. χώομαι.

†ἐψιάομαι [from a sb. *ἔψις conn. with L. jocus]. 3 pl. imp. ἐψιάασθων ρ 530. Infin. ἐψιάασθαι φ 429. (ἐφ-, καθ-.) To sport, play : καθήμενοι ἐψιαάσθων ρ 530, ὥρη ἐψιάασθαι φ 429.

ἔψομαι, fut. mid. ἔπω².

ἐῶ. = ἐάω.

ἐῶ, subj. εἰμί.

ἐῷ, 3 sing. opt. ἐάω.

ἐώθε, 3 sing. pf. ἔθω.

ἐώκει, 3 sing. plupf. εἴκω¹.

ἐώλπει, 3 sing. plupf. ἔλπω.

ἔωμεν, 1 pl. subj. See ἄω.

ἐῶμι, opt. ἐάω.

ἐών, pple. εἰμί.

ἐῳνοχόει, 3 sing. impf. οἰνοχοέω.

ἐώργει, 3 sing. plupf. ἔρδω.

ἕως. See ἧος.

ἔωσε, 3 sing. aor. ὠθέω.

ἔωσι, 3 pl. subj. εἰμί.

ἑωσφόρος, ὁ [ἔως = ἠώς + -φορος, φέρω. 'Bringing the dawn ']. The morning-star Ψ 226.

ζαής [ζα- + ἠ-, ἄημι]. Acc. ζαῆν μ 313. Blowing strongly, furious, blustering M 157 : ε 368, μ 313.

ζάθεος, -η [ζα- + θεῖος]. Holy, sacred. Like ἠγάθεος, epithet of places A 38 = 452, B 508, 520, I 151 = 293, O 432.

ζάκοτος [ζα- + κότος]. Surly, cross-grained. Absol. Γ 220.

ζατρεφής [ζα- + τρέφω]. Well-nourished, goodly δ 451, ξ 19, 106.—Of, prepared from, such an animal : σάκος ταύρων ζατρεφέων H 223.

ζαφλεγής [ζα- + φλέγω]. Full of fire or life. Of men Φ 465.

ζαχρηής, ζαχρειής [ζα- + (perh.) χράω². 'Fierce in attack']. (1) Furious or formidable in fight M 347 = 360, N 684.—(2) Of winds, furious, blustering E 525.

ζειαί, αἱ. Some kind of grain δ 41.—The growing plant δ 604.

ζείδωρος, -ον [ζειαί + δωρέομαι]. Grain-giving. Epithet of the earth B 548, Θ 486, Τ 226 : γ 3 = μ 386, δ 229, ε 463, η 332, ι 357, λ 309, ν 354, τ 593.

ζέσσε, 3 sing. aor. ζέω.

ζεύγλη, -ης, ἡ [ζευγ-, ζεύγνυμι]. A cushion fastened under the yoke to prevent chafing, a yoke-cushion P 440, T 406.

†ζεύγνῡμι [ζυγόν]. Infin. ζευγνύμεναι Γ 260. ζεύγνῡμεν O 120. ζεύγνῡμεν Π 145. 3 pl. impf. ζεύγνυον Τ 393. ζεύγνυσαν Ω 783. 3 sing. aor. ζεῦξε Ω 690 : ζ 253. 3 pl. ἔζευξαν γ 478. ζεῦξαν Ω 277 : ζ 73. 3 sing. subj. ζεύξῃ Τ 495. 3 sing. opt. ζεύξειε Ω 14. Imp. ζεύξον ο 47. Pl. ζεύξατε γ 476. Fem. pple. ζεύξᾱσα ζ 111. Infin. ζεῦξαι Ψ 130. Pres. infin. mid. ζεύγνυσθαι ψ 245. 3 dual impf. ζευγνύσθην Ω 281. 3 pl. (ἐ)ζεύγνυντο γ 492, ο 145, 190. Nom. pl. fem. pf. pple. pass. ἐζευγμέναι Σ 276. (ὑπο-.) (1) To yoke (horses, mules, or oxen) Γ 260, O 120, Π 145, Τ 393, Τ 495, Ψ 130, Ω 14, 277, 690, 783 : γ 476, 478, ζ 73, 111, 253, ο 47.—In mid., to have one's beasts yoked : τὼ ζευγνύσθην Ω 281.—To have (one's beasts) yoked: ἵππους ἐξεύγνυντο γ 492 = ο 145 = 190. Cf. ψ 245. —(2) To join together, secure together in position : σανίδες ἐζυγμέναι Σ 276.

ζεῦγος, τό [ζεύγνυμι]. A team of draught-animals : ζεύγεα ἐλάστρεον Σ 543.

Ζεφυρίη, ἡ [fem. of adj. fr. next]. = next η 119.

Ζέφυρος, -ου, ὁ. The west wind B 147, Δ 276, 423, H 63, I 5, Λ 305, Τ 415, Φ 334, Ψ 195, 200, 208 : β 421, δ 402, 567, ε 295, 332, κ 25, μ 289, 408, 426, ξ 458, τ 206.—Joined with ἄνεμος Π 150.

ζέω. 3 sing. aor. ζέσσε Σ 349 : κ 360. Of water, to boil up, boil : ἐπεὶ ζέσσεν ὕδωρ (had come to the boil) Σ 349 : = κ 360.—Of the containing caldron : ὡς λέβης ζεῖ ἔνδον Φ 362.—Of the waters of a river exposed to fire Φ 365.

ζηλήμων, -ονος [ζῆλος, jealousy]. Jealous, envious : σχέτλιοί ἐστε, θεοί, ζηλήμονες ε 118.

ζητέω [cf. δίζημαι, δίζω]. To seek, seek for : ἔμ' ἔξοιτα πάντων ζήτει Ξ 258.

ζόφος, -ου, ὁ. Darkness, gloom. (1) The gloom of the nether world : ἀναστήσονται ὑπὸ ζόφου Φ 56. Cf. Ψ 51 : λ 57, 155, υ 356.—The nether world :

Ἀΐδης ἔλαχε ζόφον Ο 191.—(2) The gloom into which the sun appears to set γ 335.—The region of darkness, the quarter of the setting sun, the west : σπέος πρὸς ζόφον εἰς Ἔρεβος τετραμμένον (i.e., app., facing west with an internal downward direction) μ 81.—Contrasted with ἠώς κ 190. —With ἠώς τ' ἠέλιός τε M 240 : ι 26, ν 241.

ζυγόδεσμον, τό [ζυγόν + δεσμός]. A yoke-fastening, the rope or thong by which the yoke was secured to the pole Ω 270.

ζυγόν, -οῦ, τό [cf. L. jugum, Eng. yoke]. Ablative ζυγόφι(ν) Τ 404, Ω 576. (1) A yoke for draught-animals E 730, 731, Θ 543, Π 470, Ω 268, etc. : γ 383, 486 = ο 184, δ 39.—(2) In pl., oars-men's benches extending from side to side of a ship : ὑπὸ ζυγὰ δῆσα [ἑτάρους] ι 99. Cf. ν 21.— (3) The cross-bar which joined the horns of a lyre and to which the strings were fastened I 187.

ζωάγρια, τά [ζωγρέω¹. App. orig. the price paid for sparing a prisoner's life]. The price of one's life, a reward for preserving one's life by care or help Σ 407 : θ 462.

ζωγρέω¹ [ζωός + ἀγρέω]. To take alive, spare a prisoner's life Z 46 = Λ 131, K 378.

ζωγρέω² [ζωή + ἀγείρω or ἐγείρω]. To re-assemble or rouse the vital forces of, revive E 698.

ζωή, -ῆς, ἡ [ζώω]. Life ; hence, the means of living, means, substance ξ 96, 208, π 429.

ζῶμα, τό [ζώννυμι. 'That which is girded about one']. (1) A waist-cloth or apron, prob. of leather, worn in warfare Δ 187, 216 : ξ 482.— (2) Something of the same kind, but doubtless of lighter material, worn in an athletic contest Ψ 683.

ζώνη, -ης, ἡ [ζώννυμι]. (1) A girdle worn by a goddess or a woman : ζώσατο ζώνη Ξ 181. Cf. ε 231 = κ 544.—Fig. : λῦσε παρθενίην ζώνην (her maiden girdle) λ 245.—(2) The waist or loins of a man B 479, Λ 234.

ζώννῡμι. Nom. pl. masc. aor. pple. ζώσαντες σ 76. App. as 3 pl. pres. subj. mid. ζώννυνται ω 89. 3 sing. pa. iterative ζώννύσκετο E 857. 3 sing. aor. ζώσατο Ξ 181 : σ 67. Imp. ζῶσαι σ 30. Nom. dual masc. pple. ζωσαμένω Ψ 685, 710. (1) To gird up (a person) for action σ 76.—(2) In mid. (a) To gird oneself : ζώσατο ζώνη Ξ 181 (v.l. ζώνην, put on her . . .).—(b) To gird oneself up for action : ζώννυσθαι ἄνωγεν Λ 15. Cf. E 857, K 78, Ψ 685, 710 : σ 30, 67, ω 89.—With acc. of what is girded on : κέλευσε χαλκὸν ζώννυσθαι Ψ 130 (cf. v.l. under (a) and μίτρην, v.l. for μίτρη E 857).

ζῶντος, contr. genit. sing. masc. pres. pple. ζώω.

ζωός, -ή [ζώω]. (1) Alive, living : ζωόν τε καὶ ἀρτεμέα E 515, ζωὸν ἕλεν (took prisoner) Z 38. Cf. B 699, Z 50, M 10, Σ 418, Ψ 77, etc. : α 197, γ 256, λ 78, 86, ξ 272, τ 272, ψ 55, etc.—(2) Absol. in pl. (a) The living, those not slain : ζωοὺς σάω Φ 238.—(b) Those yet in life : χαλεπὸν τάδε ζωοῖσιν ὁρᾶσθαι λ 156.—(c) The living, men : ὄφρ' ἂν ζωοῖσιν μετέω X 388. Cf. Ψ 47 : κ 52, ξ 487.

ζωρός. Of wine, strong, unmixed. In comp. : κρητῆρα ζωρότερον κέραιε Ι 203.

ζώς. Acc. ζών. = ζωός (1) Ε 887, Π 445.

ζώσατο, 3 sing. aor. mid. ζώννυμι.

ζωστήρ, -ῆρος, ὁ [ζωσ-, ζώννυμι]. (1) A warrior's belt Δ 132, 134, 135, 186, 213, 215, Ε 539, 615, Ζ 219, Η 305, Κ 77, Λ 236, Μ 189, Ρ 519, 578, Τ 414. —(2) A belt or girdle worn in ordinary life ξ 72.

ζῶστρον, τό [as prec.]. = prec. (2) ζ 38.

ζώω. Contr. genit. sing. masc. pres. pple. ζῶντος Α 88. (1) To be alive, live : ζώειν φασὶ Μενοίτιον Π 14. Cf. Α 88, Ε 157, Σ 10, Τ 327, Χ 49, etc. : β 132, γ 354, λ 303, μ 21, ρ 391, χ 38, etc.—(2) Absol. in pres. pple. pl., the living, men : ἀγαυότατον ζωόντων ο 229. Cf. κ 72.—(3) To pass a life or existence of a specified kind : θεοὶ ῥεῖα ζώοντες Ζ 138. Cf. Ω 526 : θεοὶ ὄλβια δοῖεν ζωέμεναι (prosperity that they may pass their lives therein) η 149. Cf. δ 805, ε 122, ρ 423 = τ 79.—With cognate acc. : ζώεις ἀγαθὸν βίον ο 491.

ἦ[1], 3 sing. impf. ἠμί.

ἦ[2]. (1) Affirmative or emphasizing particle (a) ἦ μέγα πένθος Ἀχαιΐδα γαῖαν ἱκάνει Α 254. Cf. Α 78, 232, 240, 255, 293, 342, etc. : ἦ μάλα δή σε διδάσκουσιν θεοὶ αὐτοὶ α 384. Cf. β 60, δ 81, 663, 770, ζ 278, κ 465, etc.—With an ironical tone Α 229 : β 325.—With concessive force, it is true that, yet, although : ἦ καὶ γένει ὕστερος ἦεν Γ 215. —(b) Combined with other particles (a) ἦ μάν Β 370, Ν 354, etc.—(β) ἦ μέν Γ 430, Ε 197, Ι 57 (yet to be sure you are young (heightening the preceding qualified praise)), etc. : κ 65, λ 447, ν 425, etc.—This combination introducing an oath Α 77, Ξ 275, Τ 109, etc. : ξ 160 = τ 305.—ἦ μήν : ἦ μήν Τρῶές γε κέλονται (I assure you, virtually = although) Η 393. Cf. Β 291.—(γ) ἦ τε Γ 56, 366, Ε 201, Κ 450, etc. : α 288, β 62, μ 138, etc.— (δ) ἦ τοι (ἤτοι) Α 68, 140, 211, Β 813, etc. : α 155, 267, 307, 394, etc.—(2) Interrogative particle (a) Introducing a direct question (α) ἦ ἐθέλεις . . . ; Α 133. Cf. Α 203, Β 229, Ε 349, Θ 140, Ο 18, Τ 343, Τ 17, etc. : ἦ καί μοι νεμεσήσεαι ; α 158. Cf. α 391, γ 251, δ 682, θ 336, ι 405, κ 284, λ 160, etc.—(β) In the first clause in questions in disjunctive form (cf. ἠέ (2)) : ἦ πού τις νήσων ἦε . . . ; ν 234, etc.—(γ) Introducing a question with disjunctive force : ἦ ἀνθρώπων εἰμὶ σχεδόν ; ζ 125, etc.—(b) Introducing an indirect question : τόδε εἰπέ, ἦ . . . π 138.

ἦ[3]. See ἠέ (2).

ἤ. See ἠέ.

ἦα, impf. εἰμί.

ἦα. See ἤϊα.

ἦαται, 3 pl. pres. ἦατο, 3 pl. impf. ἦμαι.

ἠβαιός, -ή, -όν. (1) Little, inconsiderable, of small worth, few in number : οὐ οἱ ἔνι τρίχες οὐδ' ἠβαιαί σ 355. Cf. Ξ 141 : φ 288.—(2) Absol. in neut. sing. ἠβαιόν (a) A little space, a short distance : ἐλθόντες ἠ. ἀπὸ σπείους ι 462. Cf. Ν 702. —(b) For a short space of time, for a little : οὐκ

ἀνάβλησις ἔσσεται οὐδ' ἠ. Β 380. Cf. Β 386, Ν 106. —(c) A little, to a small or trifling extent : οὔ σε χρὴ αἰδοῦς οὐδ' ἠ. γ 14. Cf. Τ 361.

ἡβάω [ἥβη]. Acc. sing. masc. pres. pple. ἡβώοντα Ι 446. Nom. pl. ἡβώοντες Ω 604 : κ 6. Nom. fem. ἡβώωσα ε 69. Opt. ἡβώοιμι Η 157, Λ 670, Ψ 629 : ξ 468, 503. Contr. ἡβῷμι Η 133. 3 sing. aor. subj. ἡβήσῃ α 41. Pple. ἡβήσας τ 410. Dual masc. ἡβήσαντε Ε 550. (1) To be in one's youthful prime, in the vigour of early manhood : ἀνὴρ μάλ' ἡβῶν Μ 382. Cf. Η 133, 157 = Λ 670, Ι 446, Ψ 629, Ω 565, 604 := κ 6, ξ 468, 503, ψ 187. —Of a flourishing vine ε 69.—(2) In aor., to have attained this stage of growth : ἡβήσαντε ἄμ' Ἀργείοισιν ἐπέσθην Ε 550. Cf. α 41, τ 410.

ἥβη, -ης, ἡ. (1) Youthful prime, early manhood : ἥβης μέτρον Λ 225, τοῦ περ χαριεστάτη ἥ. (in whom youthful manhood shows most . . .) Ω 348. Cf. Ν 484, Π 857 = Χ 363, Ρ 25 : δ 668, κ 279, λ 317, σ 217, τ 532, ψ 212.—(2) The vigour or strength proper to this stage of growth : ὄφρ' ἥβη πεποίθεα θ 181. Cf. Ψ 432.—In reference to an elderly man, bodily vigour, suppleness of frame : οὐδέ τι ἥβης δεύεται θ 136, δέμας ὤφελλε καὶ ἥβην π 174 (in both cases of Odysseus).— (3) Manhood viewed as a stage attained or to be attained : ἥβην ἵξεσθαι Ω 728. Cf. ο 366.

ἡβώοιμι, opt. ἡβάω.

ἡγάσσθε, 2 pl. impf. ἄγαμαι.

ἤγαγον, aor. ἄγω.

ἠγάθεος, -η, -ον [app. ἡγα- = ἀγα- + θεῖος]. Holy, sacred. Like ζάθεος, epithet of places Α 252, Β 722, Ζ 133, Φ 58, 79 : β 308, δ 599, 702 = ε 20, θ 80, ξ 180.

ἠγάσσατο, 3 sing. aor. ἄγαμαι.

ἤγγειλε, 3 sing. aor. ἀγγέλλω.

ἤγειρα[1], aor. ἀγείρω.

ἤγειρα[2], aor. ἐγείρω.

ἡγεμονεύω [ἡγεμών]. (1) To act as guide or pilot, show the way : θεός τις ἡγεμόνευεν ι 142, κ 141. Cf. ρ 194.—With dat., to guide (a person), show (him) the way : δεῦρό οἱ ἡγεμόνευεν ρ 372. Cf. κ 445.—With cognate acc., to show (the way) : ὁδὸν ἡγεμονεύσω ζ 261, η 30. Cf. κ 501.— (2) To lead the way, act as leader, take the lead : Τηλέμαχος πρόσθ' ἡγεμόνευεν χ 400.—With dat. : τοῖσιν ἡγεμόνευεν ν 386, θ 4 = 421, ψ 293.— With dat. and cognate acc. : τοῖσιν ὁδὸν ἡγεμόνευεν ω 225.—Sim. : ὅτ' ἀνὴρ ὀχετηγὸς ὕδατι ῥόον ἡγεμονεύῃ (guides the flow) Φ 258.—(3) To lead the way, give a lead in, a course of action : τῇ ἴμεν ᾗ κε σὺ ἡγεμονεύῃς Ο 46.—(4) To precede a person by an interval of time : Ὀδυσσεὺς ὕστερος, αὐτὰρ Τηλέμαχος πρόσθ' ἡγεμόνευεν ω 155.—(5) To be the leader, commander or chief of. (a) With genit. : Λοκρῶν Β 527, τῆς ἑτέρης [στιχός] Π 179. Cf. Β 540, 552, 645, 657, etc.—(b) With dat. : Τρωσὶν Β 816.—(6) Absol., to act as chief or leader, lead one's men Ν 53, Π 92.

ἡγεμών, -όνος, ὁ [ἡγέομαι]. (1) A guide or pilot, one who shows the way : ἄμ' ἡγεμόν' ἐσθλὸν ὄπασσον ο 310. Cf. κ 505.—(2) A leader,

commander or chief: κέλευεν οἷσιν ἕκαστος ἡγεμόνων Δ 429. Cf. Β 365, Γ 1, Ε 38, Ι 85, Μ 87, etc.
ἡγέομαι. Fut. ἡγήσομαι Ξ 374. 3 sing. aor. ἡγήσατο Α 71, Β 867, Μ 251, Υ 144, etc. : β 405, ε 192, ξ 48, ω 469, etc. 3 dual -άσθην Β 620, 678, 864, 870. Subj. ἡγήσομαι ο 82. 2 sing. opt. ἡγήσαιο η 22. 3 -αιτο Β 687 : ζ 114, 300. 3 sing. imp. ἡγησάσθω Ι 168. Infin. ἡγήσασθαι Χ 101 : κ 263, ξ 238. (ἐξ-.) (1) To act as guide or pilot, show the way : καὶ ἂν πάϊς ἡγήσαιτο ζ 300. Cf. ν 65, ο 82.—With dat., to guide (a person), show (him) the way : ἥ οἱ πόλιν ἡγήσαιτο (to the city) ζ 114. Cf. Α 71 : η 22.—With cognate acc., to show (the way): τὸν ἠνώγεα αὐτὴν ὁδὸν ἡγήσασθαι (to take me by the way by which he had come) κ 263.—(2) To lead the way, act as leader, take the lead : ὣς φωνήσας ἡγήσατο Υ 144. Cf. Ι 168, 192, Μ 28, Ω 96 : α 125, β 405 = γ 29 = η 37, β 413 = θ 46 = 104, ε 192, ξ 48.—(3) To lead the way, give a lead, in a course of action. With dat. : τοῖσιν Εὐπείθης ἡγήσατο νηπιέῃσιν (in their . . .) ω 469.—To give a lead, cause a start to be made. With dat. and genit. of that in which a start is made : ἀοιδὸς ἡμῖν ἡγείσθω ὀρχηθμοῖο ψ 134.—(4) To be the leader, commander or chief of. (a) With genit. : ἐπικούρων Μ 101. Cf. Β 567, 620, 638, 678, 731, 851, 867, 870.—(b) With dat. : Μήοσιν Β 864, νῆες, ἧσιν Ἀχιλλεὺς ἐς Τροίην ἡγεῖτο (brought to Troy under his command) Π 169. Cf. Β 687, Ε 211 : ξ 238.—(5) Absol., to act as chief or leader, lead one's men Μ 251 = Ν 833, Ν 802, Ξ 374 : ξ 470.—To lead a person on, induce him to follow: κερδοσύνῃ ἡγήσατο Χ 247.—(6) To lead or lead on (one's men). With genit. : ἡγήσατο λαῶν Ο 311.—With dat. : Τρωσὶ ποτὶ πτόλιν ἡγήσασθαι Χ 101.—(7) To take the lead, be the leading person, among. With dat. : ἡγεῖτο μνηστήρεσσιν π 397.
ἡγερέθομαι [ἀγείρομαι. Cf. ἠερέθομαι beside ἀείρομαι]. (1) To come or gather together, assemble : ἀμφ' Ἀτρείωνα ἠγερέθοντο Ψ 233. Cf. Β 304, Κ 127, Τ 303, Ω 783 : περὶ ἑταῖροι ἠγερέθοντο β 392. Cf. γ 412, λ 228, ρ 34, 65, σ 41, τ 542, ω 468.—(2) To be or remain gathered together or in a body : ἀμφί μιν Κρητῶν ἀγοὶ ἠγερέθονται Γ 231. Cf. Μ 82.
ἤγερθεν, 3 pl. aor. pass. ἀγείρω.
ἡγηλάζω [*ἡγηλός, apt to lead, fr. ἡγέομαι]. (1) To play the leader or fugleman to : κακὸς κακὸν ἡγηλάζει ρ 217.—(2) To lead (a specified kind of existence), endure (a specified fate) : κακὸν μόρον ἡγηλάζεις λ 618.
ἡγήσομαι, fut. ἡγέομαι.
ἡγήτωρ, -ορος, ὁ [ἡγέομαι]. A leader, commander or chief : δύω ἡγήτορες ἦσαν Δ 393. Cf. Β 79, Γ 153, Κ 181, Ο 330, Υ 383, etc. : Ταφίων α 105. Cf. η 98, 136, 186 = θ 26 = 97 = 387 = 536, θ 11, λ 526, ν 186, 210.—With ἀνήρ : Πυλίων ἡγήτορες ἄνδρες Λ 687. Cf. Π 495, 532.
ἤγνοίησε, 3 sing. aor. ἀγνοιέω.
ἠγοράασθε, 2 pl. impf. ἀγοράομαι.
ἠγορόωντο, 3 pl. impf. ἀγοράομαι.

ἠδέ [ἦ² δέ]. And : ταύρων ἠδ' αἰγῶν Α 41. Cf. Α 96, 251, Β 27, 79, 118, etc. : α 13, 95, 135, 170, 182, 231, etc.—So ἠδὲ καί : Διὸς ἄγγελοι ἠδὲ καὶ ἀνδρῶν Α 334, etc. Cf. β 209, etc.—Correlative with ἠμέν. See ἠμέν.
ᾔδεα, plupf. εἴδω (C).
ᾔδεε, ᾔδη, 3 sing. plupf. εἴδω (C).
ἤδη [ἦ² δή]. (1) Previously to some specified or indicated time, by or before this (or that) time, by now, now, already, ere this : ἤδη οἱ ἐφῆκα βέλος Ε 188. Cf. Α 250, 260, 590, Β 699, Τ 56, 184, etc. : ἤδη Ἀϊδόσδε βεβήκει γ 410. Cf. β 164, 211, 402, 410, γ 241, 335, etc.—Reinforcing νῦν Ο 110, etc. : ξ 213, etc.—(2) In reference to the future, now : ἤ ἤδη με δαμόωσιν Ζ 368. Cf. Λ 821, Ι 438, Ψ 20, Ω 635, etc. : ἤδη σχεθέτω φόρμιγγα θ 537. Cf. α 303, δ 294, ν 151, τ 300, χ 101, ω 506, etc.—Reinforcing νῦν Α 456, etc. : κ 472, etc.
ᾔδησθα, 2 sing. plupf. εἴδω (C).
†ἤδομαι [ἡδύς]. 3 sing. aor. ἤσατο ι 353. Aor. pple. ἀσμενος, -ον Ξ 108, Υ 350 : ι 63, 566, κ 134. (1) In aor., to conceive delight or pleasure. With pple., expressing the occasion : ἤσατο πίνων ι 353.—(2) In aor. pple., having conceived or conceiving pleasure, well-pleased, glad : ἐμοί κεν ἀσμένῳ εἴη (I should be glad . . .) Ξ 108, ὄργεν ἄσμενος ἐκ θανάτοιο (was glad to flee . . .) Υ 350 : προτέρω πλέωμεν ἄσμενοι ἐκ θανάτοιο (glad to have escaped . . .) ι 63 = 566 = κ 134.
ἤδος, τό [cf. ἡδύς]. Pleasure, profit, satisfaction : μίνυνθα ἡμέων ἔσσεται ἤ. (we shall profit our friends little) Λ 318, τί μοι τῶν ἤ. ; (what satisfaction have I in that?) Σ 80. Cf. Α 576 : = σ 404, ω 95.
ἠδυεπής [ἡδύς + ἔπος]. Sweet-speaking, silvertongued. Of Nestor Α 248.
ἡδύποτος [ἡδύς + πο-, πίνω]. Sweet to drink. Of wine β 340, γ 391, ο 507.
ἡδύς, ἡδεῖα, ἡδύ. Also fem. ἡδύς μ 369 [σΓαδας in ἀνδάνω]. (1) Sweet or pleasant. (a) To the taste. Of wine β 350, γ 51, δ 746, η 265, ι 162, etc.—Of a meal : δεῖπνόν ν 391.—(b) To the sense of smell : ὀδμή ι 210. Cf. μ 369.—(c) To the ear : ἀοιδήν θ 64.—(2) Of sleep or rest, sweet, grateful, balmy, refreshing Δ 131 : α 364 = π 451 = τ 604 = φ 358, ο 44, τ 510, ψ 17.—Superl. ἤδιστος : ὕπνος ν 80.—(3) Pleasing, agreeable, such as commends itself to one : εἴ πως τόδε πᾶσι φίλον καὶ ἡδὺ γένοιτο Δ 17. Cf. Η 387 : ω 435.—(4) In neut. ἡδύ as adv. (a) So as to gratify the sense of smell, sweetly : ἀμβροσίην ἡδὺ πνείουσαν δ 446.—(b) Of sleeping, sweetly : ἡδὺ κνώσσουσα δ 809.—(c) Of laughing, merrily, heartily : ἡδὺ γελάσσας Λ 378. Cf. Β 270, Φ 508, Ψ 784 : = υ 358 = φ 376, π 354, σ 35, 111.
ἠέ. See ἠέ (2).
ἠέ (ἠΓέ), ἤ. (1) Disjunctive particle. (a) Or : ἐγὼ ἤ ἄλλος Ἀχαιῶν Β 231. Cf. Α 40, 515, Β 800, Γ 394, Δ 83, 142, etc. : εἰλαπίνη ἠὲ γάμος ; α 226. Cf. α 162, 282, β 375, γ 94, δ 45, 396, etc.—So ἤ

τε (ἤτε) T 148.—(b) ἠὲ (ἦ) . . . ἠὲ (ἦ) . . ., either
. . . or . . .: ἦ νῦν δηθύνοντ' ἦ ὕστερον αὖτις ἰόντα
A 27. Cf. A 138, 395, E 484, I 78, 537, K 370,
etc. : ἠὲ δόλῳ ἦ ἀμφαδόν α 296. Cf. γ 99, 217,
δ 546, ε 484, ζ 103, κ 228, etc.—Thrice or four
times A 145, H 179, K 6, etc. : κ 433, ο 84, etc.—
So ἤ τε (ἤτε) . . . ἤ τε (ἤτε) . . . I 276 = T 177,
Λ 410, P 42.—ἤ . . . τε B 289.—(2) In questions
in disjunctive form (the second particle written
ἠε, ἤ). (a) Direct: ἠέ τι βέβληαι, ἠε . . .; N 251.
Cf. O 735, etc.: γ 72, ω 109, etc.—Thrice N 308, etc.
—Without the particle in the first clause O 203,.
etc. : υ 130, φ 194, etc.—(b) Indirect, whether
. . . or . . .: μερμήριξεν, ἤ . . . ἠε . . . A 190.
Cf. B 238, Δ 15, E 86, Θ 377, N 327, Σ 308 (and
see whether . . .), etc. : ὄφρ' εὖ εἰδῶ, ἠὲ . . . ἤ
. . . α 175. Cf. α 268, γ 170, δ 28, ζ 142, λ 175,
π 260, τ 525, etc.—Without the particle in the
first clause K 546, etc. : δ 837, etc.—With εἰ or
αἴ in the first clause B 368, Z 368, Θ 533, X 246 :
ω 218.—With change of construction ρ 275.—
(3) After comparatives, than : ἀρείοσιν ἠέ περ
ὑμῖν A 260. Cf. E 531, Θ 790, Π 688, etc. : νεώτεροι
ἤ πάρος ἦσαν κ 395. Cf. α 322, φ 154, etc.—So
ἤ τε (ἤτε) π 216.—After ἄλλος K 404, etc.—After
ἀλλοῖος π 181, τ 267.—After verbs implying com-
parison : βούλομαι . . . ἤ . . . A 117, etc. : ἔφθης
. . . ἤ . . . Λ 58, etc.

ἠε, ἤει, 3 sing. impf. εἶμι.

ἤείδη, 3 sing. plupf. εἴδω (C).

ἤειρε, 3 sing. aor. ἀείρω.

ἠέλιος, -ου, ὁ. Also "Ἠλιος Θ 271. Ἠέλιος as
voc. Γ 277. (1) The sun. (a) ἅμ' ἠελίῳ καταδύντι
(at sunset) A 592, ἠ. ἐπέλαμψεν P 650. Cf. A 475,
Δ 44, E 267, Θ 485, 538, K 547, Ξ 185, etc.: β 181,
δ 45, ζ 98, η 124, κ 160, ο 404, υ 356, etc.—(b) ὑπ'
αὐγὰς ἠελίοιο, in the upper world, among the
living λ 498, 619, ο 349.—Of living: δηρὸν ἔτ'
ὄψεσθαι φάος ἠελίοιο E 120.
Cf. Σ 61 = 442, Ω 558 : δ 540 = κ 498, δ 833, ξ 44 =
υ 207.—Sim. of being born : ἠελίου ἴδεν αὐγάς
Π 188.—Of leaving the sun, i.e. of dying : λείψειν
(λιπὼν) φάος ἠελίοιο Σ 11 : λ 93.—(2) The quarter
of the rising sun, the east : πρὸς ἠῶ τ' ἠέλιόν τε
M 239 : ι 26, υ 240.—(3) The sun-god : 'Η. ὃς
πάντ' ἐφορᾷ Γ 277. Cf. Γ 104, Θ 480, Ξ 344,
T 197, etc.: βοῦς 'Υπερίονος 'Ηελίοιο α 8. Cf. γ 1,
θ 271, κ 138, λ 16, 109, μ 133, τ 276, ω 12, etc.

ἤεν, 3 sing. impf. εἰμί.

ἠερέθομαι [ἀείρομαι. Cf. ἠγερέθομαι beside ἀγεί-
ρομαι]. (1) To take wing: ὡς ἀκρίδες ἠερέθονται
Φ 12.—(2) To wave about, flutter : θύσανοι
ἠερέθονται B 448.—Fig., of the mind, to be blown
about by passion or caprice, to be unsteady or
untrustworthy Γ 108.

ἠέριος, -η (ἠFέριος) [ἀFερ-. Cf. ἠώς, ἄριστον,
αὔριον, ἠρι, L. aurora]. With the early morning :
ἠερίη ἀνέβη οὐρανόν A 497. Cf. A 557, Γ 7 : ι 52.

ἠεροειδής, -ές [ἠερ-, ἀήρ + εἶδος]. (1) Epithet of
the sea, misty, melting into the haze of distance
Ψ 744 : β 263, γ 105, 294, δ 482, ε 164, 281,
θ 568 = ν 150 = 176, μ 285.—In neut. ἠεροειδές as

adv., through the haze, in the haze of distance :
ὅσσον ἠ. ἀνὴρ ἴδεν E 770.—(2) Of a rock, shrouded
in mist μ 233 (cf. 74).—(3) Epithet of caves, dim,
dusky, shadowy μ 80, ν 103 = 347, 366.

ἠερόεις, -εντος [ἠερ-, ἀήρ]. (1) Hazy, gloomy,
dark : Τάρταρον Θ 13, ζόφον M 240, O 191, Φ 56,
Ψ 51 : λ 57, 155, ν 241.—(2) Hazy, misty : κατ'
ἠερόεντα κέλευθα (through the paths of the
clouds) υ 64.

ἠέρος, genit. ἀήρ.

ἠεροφοῖτις [ἠερ-, ἀήρ + φοιτάω]. Walking in
darkness. Epithet of Erinys I 571, T 87.

ἠερόφωνος [perh. fr. ἀείρω + φωνή. Cf. ἠερέ-
θομαι, μετ-ήορος. ' Lifting up the voice ']. Thus,
loud-voiced. Epithet of heralds Σ 505.

ἤην, 3 sing. impf. εἰμί.

ἠθεῖος, -η. In voc. ἠθεῖε as a form of address
to an elder or a master Z 518 (Paris to Hector),
K 37 (Menelaus to Agamemnon), X 229, 239 (the
supposed Deïphobus to Hector).—Sim. in the
periphrasis ἠθείη κεφαλή Ψ 94 (Achilles to the
shade of Patroclus). Patroclus was the senior
Λ 787).—In ξ 147 (ἠθεῖόν μιν καλέω) Eumaeus
means that he mentally addresses his absent
master as ἠθεῖε.

ἤθελον, impf. ἐθέλω.

ἦθος, τό [conn. with ἔθω and orig. σFῆθος].
In pl., the accustomed haunts of animals : ἤθεα
ἵππων Z 511 = O 268.—The sties of swine ξ 411.

ἤϊα¹, τά. Contr. ἦα ε 266, ι 212. (1) Provi-
sions for a voyage : ὅπλισσον ἦϊα β 289, ἠΐα
φερώμεθα 410, ἠΐά κε πάντα κατέφθιτο δ 363, ἐν καὶ
ἦα κωρύκῳ ε 266, ι 212, νηὸς ἐξέφθιτο ἤϊα πάντα
μ 329.—(2) Prey: θώων ἤϊα πέλονται N 103.—
(3) Chaff (in this sense perh. a different word) :
ὡς ἄνεμος ζαῆς ἠΐων (disyllable) θημῶνα τινάξῃ ε 368.

ἤϊα², impf. εἰμί.

ἤϊθεος, -ου, ὁ. An unmarried youth Δ 474,
Λ 60, Σ 567, 593, X 127, 128 : γ 401, ζ 63, λ 38.

ἤϊκτο, 3 sing. plupf. mid. εἴκω¹.

ἤϊξε, 3 sing. aor. ἀΐσσω.

ἠϊόεις, -εντος. Epithet of a river, of unknown
meaning : ἐπ' ἠϊόεντι Σκαμάνδρῳ E 36.

ἤϊον, 3 pl. impf. εἰμί.

ἤϊος. Epithet of Apollo, of unknown mean-
ing : ἤϊε Φοῖβε O 365, Υ 152.

ἤϊσαν, 3 pl. impf. εἰμί.

ἤϊσκε, 3 sing. impf. ἐΐσκω.

ἤϊσσον, 3 pl. impf. ἀΐσσω.

ἤϊχθη, 3 sing. aor. pass. ἀΐσσω.

ἠϊών, -όνος, ἡ. Dat. pl. ἠϊόνεσσι ε 156. (1) A
beach or shore of the sea : ἠϊόνος προπάροιθε
βαθείης B 92. Cf. H 462, M 31, Ξ 36, Υ 148,
Ψ 61.—(2) In pl. Portions of the shore,
beaches, shores : ἀμφ' ἄκραι ἠϊόνες βοόωσιν (to
their furthest points) P 265 (v.l. ἄκραι ἠϊόνος,
taking ἄκραι as sb. (see ἄκρη (3)) and ἠϊόνος in
sense (1).), ' the headlands of the shore '), ἠὼς
φαινομένη ὑπεὶρ ἅλα τ' ἠϊόνας τε Ω 13. Cf. ε 156.
—(b) Beaches or spits projecting into the sea :
ἠϊόνας παραπλῆγας ε 418 = 440. Cf. ζ 138.

ἦκα. (1) Of action, gently, without effort :

ψύξασα Υ 440. Cf. Ψ 336 : σ 92, 94, ν 301.—
Gently, without violence : ἀπώσατο γέροντα Ω 508.
—(2) Of journeying, softly, at a foot-pace ρ 254.—
(3) Of speaking, softly, in an undertone Γ 155.—
(4) Of the soft play of light on a glossy surface :
χιτῶνας ἦκα στίλβοντας ἐλαίῳ Σ 596.

ἦκα, aor. ἵημι[1].

ἦκαχε, 3 sing. aor. ἀχέω.

ἠκέσατο, 3 sing. aor. ἀκέομαι.

ἦκεστος, -η [doubtfully explained as fr. ἠ- =
ἀ-[1] + -κεστος. See κεστός]. Thus, untouched by
the goad : βοῦς ἠκέστας Z 94 = 275, 309.

ἦκιστος [superl. fr. ἦκα. Cf. ἥσσων]. The slowest
or weakest : ἠ. ἐλαυνέμεν (in driving) Ψ 531.

ἠκόντισαν, 3 pl. aor. ἀκοντίζω.

ἦκω. To have come E 478 : ν 325.

ἠλάκατα, τά [ἠλακάτη]. The yarn spun off
from the distaff ζ 53, 306, η 105, ρ 97, σ 315.

ἠλακάτη, -ης, ἠ. A distaff Z 491 : = a 357 =
φ 351, δ 131, 135.

ἤλασα, aor. ἐλαύνω.

ἠλασκάζω [cf. next]. (1) To wander aimlessly
about Σ 281.—(2) To go about or skulk in order
to avoid (danger): ὅππῃ ἐμὸν μένος ἠλασκάζει ι 457.

ἠλάσκω [ἄλη]. To rove or flit about : ἔλαφοι
καθ' ὕλην αὔτως ἠλάσκουσαι Ν 104. Cf. Β 470.

ἠλᾶτο, 3 sing. impf. ἀλάομαι.

ἤλδανε, 3 sing. aor. ἀλδαίνω.

ἠλέ. See ἠλεός.

ἤλειψε, 3 sing. aor. ἀλείφω.

ἤλεκτρον, τό. (1) Amber δ 73.—(2) In pl.,
beads of amber : ὅρμον ἠλέκτροισιν ἐερμένον σ 296.
Cf. o 460.

ἠλέκτωρ. The sun Z 513, Τ 398.

ἠλεός [app. conn. with ἀλάομαι, ἠλάσκω]. Voc.
ἠλέ Ο 128. (1) Crazed, distraught : φρένας ἠλέ
(in your . . .) Ο 128. Cf. β 243.—(2) That takes
away one's wits or discretion : οἶνος ξ 464.

ἠλεύατο, 3 sing. aor. ἀλέομαι.

ἠλήλατο, 3 sing. plupf. pass. ἐλαύνω.

ἦλθον, aor. ἔρχομαι.

ἠλίβατος, -ον. Of unknown meaning. Epithet
of πέτρη Ο 273, 619, Π 35 : ι 243, κ 88, ν 196.

ἤλιθα [poss. conn. with ἄλις]. Strengthening
πολλός : ἤλιθα πολλήν Λ 677. Cf. ε 483, ι 330,
ξ 215, τ 443.

ἡλικίη, -ης, ἡ [ἦλιξ]. (1) Time of life : ἤν πως
ἡλικίην αἰδέσσεται (may respect my age) X 419.
—(2) Those of the same age as oneself, one's
fellows in years, one's contemporaries : ἡλικίην
ἐκέκαστο Π 808.

ἦλιξ, -ικος. Of the same age : βόες σ 373.

Ἥλιος. See ἠέλιος.

ἤλιτε, 3 sing. aor. ἀλιταίνω.

ἠλιτόμηνος [ἀλιτ-, ἀλιταίνω + μήν. 'Failing
in (the due number of) months']. Untimely
born Τ 118.

ἦλος, -ου, ὁ [Fῆλος. Cf. L. vallus]. A nail or
stud used for ornament A 246, Λ 29, 633.

ἤλυθον, aor. ἔρχομαι.

ἤλυξα, aor. ἀλύσκω.

Ἠλύσιος [said to be for ἠλύθ-τιος, fr. ἠλυθ-

(see ἔρχομαι). 'To which . . . go']. Ἠλύσιον
πεδίον, an abode of everlasting bliss assigned to
mortals favoured by the gods δ 563.

ἤλφον, aor. ἀλφάνω.

ἤλω, 3 sing. aor. ἀλίσκομαι.

ἠλώμην, impf. ἀλάομαι.

ἦμα, -ατος, τό [ἠ-, ἵημι[1]]. A throwing or
hurling. In pl. : ὅσσον ἥμασιν ἔπλευ ἄριστος (in
throwing the spear) Ψ 891.

ἠμαθόεις, -εντος [ἄμαθος]. Abounding in sand,
sandy, by the sandy shore. Epithet of Pylus
B 77, I 153 = 295, Λ 712 : a 93, β 214 = 359, β 326,
δ 633, λ 257, 459, ω 152.

†ἦμαι [ἠσ-]. 1 sing. pres. ἦμαι Σ 104, Ω 542 :
θ 157, ξ 41. 2 ἦσαι Β 255, O 245. 3 ἦσται Τ 345 :
ζ 305, λ 142, π 145, σ 240, etc. 1 pl. ἥμεθα Ο 740.
2 ἧσθε β 240. 3 pl. ἥαται (ἦσ-αται), also written
εἵαται Β 137, Κ 100, 161, 422 : β 403, ζ 307. ἕαται
Γ 134, Ι 628. 1 sing. impf. ἥμην Z 336 : κ 374,
λ 49. 3 ἧστο A 512, Z 324, N 11, O 393, Ψ 451,
etc. : a 114, γ 32, ζ 52, ρ 68, ψ 91, etc. 3 dual
ἥσθην Δ 21, Θ 445, 458 : η 232. 1 pl. ἥμεθα γ 263,
ι 78, 162, λ 10, 82, ψ 42, etc. 3 ἥατο (ἧσ-ατο),
also written εἵατο Γ 149, Η 61, Θ 554, O 10, Σ 504,
Ω 99, etc. : a 326, β 398, γ 8, ι 545, ν 106, etc.
ἕατο Η 414. ἧντο Γ 153. Imp. ἧσο Β 200, Γ 406,
Δ 412 : π 44, σ 105, ν 262. Pple. ἥμενος, -η A 330,
358, E 771, Η 100, O 153, Φ 389, etc.: a 108, δ 596,
η 106, ι 8, κ 375, ρ 506, φ 100, etc. Infin. ἧσθαι
A 134, 416, N 253, 280 : η 160, κ 507, 536, τ 120,
ψ 365. (ἀφ-, ἐν-, ἐφ-, καθ-, μεθ-, παρ-.) (1) To
sit, be seated : παρὰ κλισίῃ ἥμενον A 330, ἕαται
σιγῇ Γ 134. Cf. Β 200, Δ 21, Z 324, Θ 445, I 190,
N 11, etc. : ἥμενοι ἐν ῥινοῖσιν a 108. Cf. a 114,
β 36, γ 8, 32, ζ 52, θ 157, κ 374, etc.—(2) To sit idle,
doing nothing : ἥμενοι αὖθι ἕκαστοι ἀκήριοι Η 100.
Cf. A 134, N 253 : οἷον ἦσθ' ἄνεψ β 240. Cf. κ 375,
π 145.—Requiring to do nothing : ἱστία ἐρύσαντες
ἥμεθα ι 78 = ξ 256. Cf. κ 507, λ 10 = μ 152.—
(3) To sit, abide, be, remain, doing something
specified or in a specified condition or place :
ἀδάκρυτος ἧσθαι A 416, ἧαται ποτιδέγμεναι Β 137,
τηλόθι πάτρης ἦμαι ἐνὶ Τροίῃ Ω 542. Cf. Β 255,
Δ 412, Θ 480, I 628, Κ 100, 161, 422, Ω 740,
Σ 104 : γ 263, ν 337, 424, ξ 41, τ 120, φ 425.—
(4) Of an army, to be set down or encamped :
τὴν πόλιν ἀμφὶ δύω στρατοὶ ἥατο Σ 509.—Of a
sentinel or scout, to be at his post Κ 182.—To
be posted : δύω σκοποὶ ἥατο Σ 523. Cf. Ω 799.—
(5) Of a thing, to be set, fixed, placed : ἔνθα
μύλαι ἥατο υ 106.

ἦμαρ, -ατος, τό [cf. ἡμέρη]. (1) Day, the day,
the period of daylight : μέσον ἠ. Φ 111, ὄφρ' δέξετο
ἠ. Θ 66 = Λ 84 := ι 56. Cf. η 288, κ 86, 470, ρ 191,
σ 367 = χ 301.—For δείελον ἠ. see δείελος (2).—
(2) A day considered as a space of time. (a) As
a period of daylight : πᾶν ἠ. A 592, νύκτας τε καὶ
ἠ. E 490. Cf. A 601, I 326, Σ 340, 453, Τ 162,
X 432, Ψ 186, Ω 73, 713, 745 : β 345, ε 156, 388,
ι 74, 161 = 556 = κ 183 = 476 = μ 29 = τ 424, κ 11,
28, 80 = o 476, κ 142, λ 183 = ν 338 = π 39, π 365,
ρ 515, τ 513, υ 84, ω 41, 63.—(b) As embracing

both daylight and dark : ἐείκοσιν ἤματα Z 217, ἤματα πάντα Θ 539 (for ever), M 133 (ever), N 826, Ξ 235 (all my days), 269, 276, Π 499, Ψ 594, Ω 491 : β 205, δ 209, 592, ε 136 = η 257 = ψ 336, ε 210, 219, ʒ 46, 281, η 94, θ 431, ι 123, κ 467, ο 54, φ 156, ψ 6, ω 25. Cf. Φ 45 : δ 360, ε 278, η 267, τ 199.—(3) A day considered as a point or unit of time or as one of a series : ἤματι κείνῳ (on that day, that day) B 37, 482, Δ 543, Σ 324, Φ 517, τρίτῳ ἤματι Λ 707, ἤματα πάντα (during or on each day, every day) T 226. Cf. B 351, 743, Γ 189, Δ 164 = Z 448, Ε 210, Z 345, 422, Θ 475, I 253 = 439 = Λ 766, I 363, Λ 444, M 279, N 98, 335, Ξ 250, O 76, 252, 719, Π 385, P 401, Σ 85, T 60, 89, 98, Φ 5, 77, 584, X 359, 471, Ψ 87 : β 55 = ρ 534, γ 180, ε 34, 262, 309, 390 = ι 76 = κ 144, ʒ 170, η 326, θ 468, μ 399 = ο 477, σ 137, τ 153 = ω 143, υ 19, 116, ψ 252.—ἐπ' ἤματι K 48 (in a single day), T 229 (for the day (and no longer)) : β 284 (in one day), μ 105 (in the day, a day), ξ 105 (each day, day by day). Cf. N 234, T 110.—(4) With an adj., expressing periphrastically the substantial notion implicit in the adj. (a) αἴσιμον ἦ. (the fatal day, the fate, one's fate) Θ 72, Φ 100, X 212 : π 280.—(b) ἦ. ἀναγκαῖον (the day that brings compulsion, slavery) Π 836.—(c) δούλιον ἦ. (the day that brings slavery, slavery) Z 463 : ξ 340, ρ 323.—(d) ἐλεύθερον ἦ. (the day or time of freedom, freedom) Z 455, Π 831, Τ 193.—(e) κακὸν ἦ. (the day that brings bane, bane) I 251, 597, Τ 315 = Φ 374 : κ 269, 288, ο 524.—(f) μόρσιμον ἦ. (the fatal day, one's fate) O 613 : κ 175.—(g) νηλεὲς ἦ. (the day of pitiless fate, fate, bane) Λ 484, 588, N 514, O 375, P 511, 615, Φ 57 : θ 525, ι 17.—(h) νόστιμον ἦ. (the day that brings one's home-coming, one's home-coming) α 9, 168, 354, γ 233 = ε 220 = θ 466, ʒ 311, π 149, ρ 253, 571, τ 369.—(i) ὀλέθριον ἦ. (the day that brings bane, bane) T 294, 409.—(j) ἦ. ὀρφανικόν (the day that brings orphanhood, orphanhood) X 490.

ἦμας, acc. ἡμεῖς.

ἡμάτιος, -η [ἤματ-, ἦμαρ]. (1) By day, in the day-time : ἡματίη ὑφαίνεσκεν β 104 = ω 139. Cf. τ 149.—(2) Day by day, daily I 72.

ἤμβροτον, aor. ἁμαρτάνω.

ἡμεῖς. Nom. ἡμεῖς B 126, 305, 320, etc. : α 37, 76, γ 81, etc. Genit. ἡμείων Ε 258, Τ 120 : ω 159, 170. ἡμέων Γ 101, Λ 318, Φ 458 : α 33, ι 498, ξ 271, etc. Dat. ἡμῖν Α 67, 147, 214, etc. : α 10, 166, β 31, etc. ἧμιν (ἧμιν) B 339, P 415, 417 : θ 569, κ 563, λ 344, ν 177, ρ 376, υ 272. Acc. ἡμέας Θ 211, 529, K 211, etc. : β 86, 244, 330, etc. ἧμας π 372. Pron. of the 1st person pl., we A 583, B 328, 324, Λ 695, N 114, etc. : β 95, γ 276, δ 294, η 202, π 185, etc.—App. sing. π 44.

ἡμείψατο, 3 sing. aor. mid. ἀμείβω.

ἡμείων, genit. ἡμεῖς.

ἧμεν, 1 pl. impf. εἰμί.

ἠμέν [ἦ² μέν]. Correlative with ἠδέ. ἠμὲν . . . ἠδὲ . . ., both . . . and . . . : ἠμὲν νέοι ἠδὲ γέροντες B 789. Cf. Ε 751, I 36, Λ 7, M 159, O 226, etc.:

ἠμὲν ἀπείλησας . . . ἠδὲ . . . (you boasted that . . . and lo . . .) θ 383. Cf. α 97, β 68, γ 105, κ 22, ξ 193, etc.—So ἠμὲν . . . ἠδὲ . . . ἠδὲ . . . Δ 258, etc.—ἠμὲν . . . δὲ . . . M 428.—ἠμὲν . . . τε . . . θ 575. — Retaining something of the original emphasis (surely . . . and even so . . .) A 453, etc.

ἡμέρη, -ης, ἡ [cf. ἦμαρ]. = ἦμαρ (3) : ἡ. ἥδε Θ 541 = N 828. Cf. λ 294 = ξ 293, ξ 93, ω 514.

ἡμερίς, ἡ [ἥμερος. Cf. κραταιός, κραταιΐς]. The cultivated vine, the vine ε 69.

ἥμερος, -ον. Tame, domestic : χῆνα ο 162.

ἡμετέρονδε [acc. of ἡμέτερος + -δε (1)]. To our (my) house : ἡ. ἐλθόντες θ 39. Cf. ο 513, ω 267.

ἡμέτερος, -η, -ον [ἡμεῖς]. (1) Our Β 374, Γ 233, Z 58, K 342, Λ 720, etc. : α 45, β 26, ʒ 191, λ 33, ν 181, etc.—With the article : αἱ ἡμέτεραι ἄλοχοι B 136.—Absol. : εἰς ἡμέτερον (sc. δῶμα) β 55 = ρ 534.—ἐφ' ἡμέτερα (sc. δώματα) (to our homes, home) I 619.—(2) My A 30, Z 151 = Τ 214, H 363, I 108, O 224, Π 244, Τ 73, Φ 60, Ω 567 : α 397, γ 186, δ 101, θ 255, κ 334, λ 562, π 45, 117, 300, 442, τ 344, φ 375, χ 464, ω 216.—Absol. : ἐς ἡμέτερον (sc. δῶμα) η 301.—ἐφ' ἡμέτερα (sc. δώματα) (home) ο 88. (Sometimes, esp. in uses with οἶκος and the like, it is difficult to say which sense should be preferred.)

ἡμέων, genit. ἡμεῖς.

†ἡμί. Only in 3 sing. impf. ἦ. To utter speech, speak, say : ἦ καὶ . . . A 219. Cf. A 528, Γ 292, 310, 355, etc.: β 321, γ 337, ʒ 198, ι 371, etc.

ἡμιδαής [ἡμι- + δα(F)-, δαίω¹]. Half - burnt Π 294.

ἡμίθεος [ἡμι- + θεός]. Half-divine, of divine parentage on one side : ἀνδρῶν M 23.

ἡμῖν, ἧμιν, ἧμιν, dat. ἡμεῖς.

ἡμιόνειος, -η, -ον [ἡμίονος]. (1) Drawn by mules Ω 189, 266 : ʒ 72.—(2) For, worn by, mules Ω 268.

ἡμίονος, -ου, ὁ, ἡ [ἡμι- + ὄνος. 'A half-ass ']. (1) A mule (doubtless including the hinny) H 333, K 352, P 742, Ψ 121, Ω 150, etc. : δ 636, ʒ 37, η 2, θ 124, ο 85, ρ 298, etc.—In B 852 (ἡμιόνων ἀγροτεράων) app. not strictly mules but some species intermediate between the horse and the ass.— (2) Like ἵππος (3) : ἐφ' ἡμιόνων κείμενον (i.e. on the waggon) Ω 702.

ἡμιπέλεκκον, -ου, τό [ἡμι- + πέλεκκον in sense 'axe ']. A half-axe, an axe with a single cutting edge Ψ 851, 858, 883.

ἥμισυς, -υ [ἡμι-]. (1) Half, half of : ἡμίσεες λαοί γ 155.—(2) Absol., half of what is specified or indicated. (a) ἡμίσεες εἰλεῦντο Φ 7. Cf. γ 157, ω 464.—(b) In neut. ἥμισυ : τιμῆς ἡ. Z 193. Cf. I 580 (following τὸ ἡ. 579 (see below)), P 231 (twice) : ι 246 (twice), ν 114, ρ 322.—With the article : τὸ δ' ἡ. κεῖτ' ἐπὶ γαίης N 565. Cf. I 579 —(3) In neut. as adv., to the extent of a half : ἡ. μείρεο τιμῆς I 616.

ἡμιτάλαντον, τό [ἡμι- + τάλαντον]. A half-talent : χρυσοῦ Ψ 751, 796.

ἡμιτελής [ἡμι- + τελέω]. Half-finished, half-built : δόμος B 701.

181

ἦμος. When, at the time when. (1) With indic. : ἦμος δ' ἠέλιος κατέδυ A 475. Cf. A 477, Π 779, etc. : β 1, ι 58, 168, etc.—Introducing a simile μ 439. — Correlative with τῆμος. See τῆμος (2).—(2) With subj. in a conditional relative sentence. See Table at end (III) (B) (a) (1).

ἤμῦνε, 3 sing. aor. ἀμύνω.

ἤμύω. (ὑπεμνήμυκε.) (1) To cause to bend, bow, droop : κάρη Θ 308.—(2) To bend, bow, droop : λήϊον ἠμύει ἀσταχύεσσιν (with its ears) B 148, ἤμυσε καρήατι T 405.—Of a city nodding or tottering to its fall B 373 = Δ 290.

ἤμων, -ονος, ὁ [ἠ-, ἵημι¹]. One skilled in throwing (the spear) : ἤμονες ἄνδρες Ψ 886.

ἤμων, 3 pl. impf. ἀμάω¹.

ἦν, 3 sing. impf. εἰμί.

ἤν [εἰ ἄν]. With subj. (1) Introducing in protasis one of two opposed clauses, even if, even though, though, granted that = εἰ (4). For the examples see (II) of Table at end.— (2) Introducing the protasis of conditional sentences, if, on condition that, supposing that = εἰ (5). For the examples see (III) of Table.— (3) In final clauses, if haply, in the hope that= εἰ (9) (b): ἐμὲ πρόες, ἤν πού τι φόως Δαναοῖσι γένωμαι Π 39. Cf. H 39, Ξ 78, P 245, Υ 172, X 419 : ἤν που ἀκούσῃ (ἀκούσω) α 94, β 360, γ 83. Cf. α 282, β 216, ε 417.—(4) In an object clause, whether= εἰ (10) (b): ὄφρα ἴδῃ ἤν τοι χραίσμῃ φιλότης O 32.

ἤναίνετο, 3 sing. impf. ἀναίνομαι.

ἤνασσε, 3 sing. impf. ἀνάσσω.

ἤνδανε, 3 sing. impf. ἀνδάνω.

ἤνεικε, 3 sing. aor. φέρω.

ἤνεμόεις, -εσσα [ἄνεμος]. Blown upon or vexed by the winds: ἄκριας ι 400, π 365. Cf. X 145 : τ 432.—Epithet of places. Of Troy Γ 305, Θ 499 = M 115, N 724, Σ 174, Ψ 64, 297.—Of Enispe B 606.—Of Mimas γ 172.

ἤνησε, 3 sing. aor. αἰνέω.

ἤνία, τά. The reins used in driving a chariot Γ 261, E 226, 262, 365, Θ 121, Π 404, P 619, Ψ 337, etc. : γ 483, ζ 81.

ἤνίκα. When : ἠ. ἀγινεῖς αἶγας χ 198.

ἤνιοχεύς, ὁ. (1) = ἡνίοχος (1) E 505, Θ 312, Π 78.—(2) Used loosely of the παραιβάτης (cf. ἡνίοχος (2)) T 401.

ἤνιοχεύω [ἡνίοχος]. (1) To act as ἡνίοχος of a war-chariot, drive it Λ 103, Ψ 641, 642.—(2) To drive a waggon ζ 319.

ἤνίοχος, -ου, ὁ [ἡνία + ὀχ-, ἔχω. 'He that holds the reins']. (1) The driver of a war-chariot as distinguished from the παραιβάτης or fighting man : παραιβάται ἡνίοχοί τε Ψ 132. Cf. E 231, 580, Θ 119, 124 = 316, Θ 126, Λ 47 = M 84, Λ 161, 273 = 399, Λ 280, M 111, N 386, 394, 537 = Ξ 431, P 427, 439, 610, Σ 225, Ψ 280.—(2) Used loosely of the παραιβάτης (cf. ἡνιοχεύς (2)): θρασὺν ἡνίοχον φορέοντες Ἕκτορα Θ 89 (Eniopeus was driving, see 119, where he also is called ἠ.).—In pl. including both the ἠ. proper and the παραιβάτης : σὺν ἡνιόχοισι κακοῖσιν P 487.—(3) One who drives his

chariot in a race : μήτι ἠ. περιγίγνεται ἡνιόχοιο Ψ 318. Cf. Ψ 460, 465, 502.

ἤνίπαπε, 3 sing. aor. ἐνίπτω.

ἤνις [doubtfully explained as fr. ἔνος, cited in sense 'year']. Thus, one year old, that is a yearling : δυοκαίδεκα βοῦς ἤνις Z 94 = 275, 309, βοῦν ἤνιν K 292 := γ 382.

ἤνον, 3 pl. impf. ἄνω¹.

ἤνορέη, -ης, ἡ [ἀνήρ]. Instrumental ἠνορέηφι Δ 303. Manliness, valour, mettle, prowess : ἠνορέηφι πεποιθώς Δ 303. Cf. Z 156, Θ 226 = Λ 9, P 329 : ω 509.

ἤνοψ, -οπος. Of unknown meaning. Perh. glittering, gleaming, or the like : ἤνοπι χαλκῷ Π 408, Σ 349 := κ 360.

ἤντεον, 3 pl. impf. See ἀντάω.

ἤντετο, 3 sing. aor. ἄντομαι.

ἤντο, 3 pl. impf. ἧμαι.

ἤνυσε, 3 sing. aor. ἀνύω.

ἤνώγεα, plupf. ἀνώγω.

ἤνώγεον, 3 pl. impf. See ἀνώγω.

ἤνωγον, 3 pl. impf. ἀνώγω.

ἦξε, 3 sing. aor. ἄγνυμι.

ἤοῖος, -η, -ον [ἠώς]. (1) Of the east, dwelling in the east, eastern θ 29.—(2) In fem. as sb., the morning : πᾶσαν ἠοίην μένομεν δ 447.

ἤομεν, 1 pl. impf. εἶμι.

ἤος. Also ἕως β 78. This form scanned as a monosyllable P 727. (1) While, so long as : ἦος ζώει ρ 390. Cf. τ 530.—Correlative with τόφρα (3).—(2) While, during the time that : ἦος ὁ ταῦθ' ὥρμαινεν A 193 := δ 120 = ε 365, ἧος μοι πάρ' ὄϊστοί (while I still have them) χ 106. Cf. ν 315 = ο 153, ρ 358.—Correlative with τόφρα (3).—With τῆος. See τῆος (2).—(3) For a time, up to a certain point of time : ἕως μὲν θέουσιν P 727. Cf. M 141, N 143, O 277, P 730 : β 148, γ 126 (all that time).—(4) Until. (a) With indic. : ἦος ὤλεσε θυμόν Λ 342 = Υ 412. Cf. Λ 488 : ε 429, η 280, ι 233, ν 321, ο 109.—(b) With subj. (α) Pure : ἦος ἵκηται ἰσόπεδον N 141.—(β) With κεν : ἦός κε τέλος κιχείω Γ 291. Cf. P 622, Ω 154, 183.— (c) With opt. (α) Pure : ἦος θερμαίνοιτο (to remain there till it should . . .) ι 376. Cf. ψ 151.—(β) With κεν : ἕως κ' ἀπὸ πάντα δοθείη β 78.—Correlative with τόφρα. See τόφρα (3).— (5) In order that. With opt. : ἦος χυτλώσαιτο ζ 80. Cf. δ 800, ε 386.—After a vb. of praying, that. With opt. : ἀρώμενος ἦος ἵκοιο γῆρας τ 367.

ἤπαρ, -ατος, τό. The liver Λ 579 = N 412 = P 349, Υ 469, 470, Ω 212 : ι 301, Λ 578, χ 83.

ἤπαφε, 3 sing. aor. ἀπαφίσκω.

ἤπεδανός [prob. for ἀ-πεδ-ανός fr. ἀ-¹ + πεδ-, ποδ-, πούς. 'Not firm on the feet.' Cf. ἔμπεδος]. Thus, weakly, feeble Θ 104 : θ 311.

ἤπειρόνδε [acc. of next +-δε (1)]. (1) To or on to the land as opposed to the sea : ἐκ πόντου βὰς ἠ. ε 56. Cf. ε 438, ι 73, 485, κ 403, 423, ν 116, ψ 236. —(2) To the mainland as opposed to an island : πέμψω σ' ἠ. σ 84, ἀνάξομέν μιν ἠ. 115 (in both cases said in Ithaca).

ἤπειρος, -ου, ἡ. (1) The land as opposed to

the sea : νῆ᾽ ἐπ᾽ ἠπείροιο ἔρυσσαν A 485 : εἴτ᾽ ἐπ᾽ ἠπείρου . . . εἴτ᾽ ἐν πελάγει γ 90. Cf. a 162, ε 348, 350, 399, 402, ι 85=κ 56, ι 496, ν 114, ξ 136, π 325, 359, 367.—(2) Inland parts as opposed to the coast ι 49.—(3) The mainland, as opposed to an island or islands : οἱ ἤπειρον ἔχον B 635 (the coast of the mainland opposite the islands): οὔτ᾽ ἠπείροιο οὔτ᾽ αὐτῆς Ἰθάκης ξ 97. Cf. ν 235, ξ 100, φ 109, ω 378.

ἠπεροπεύς, ὁ [ἠπεροπεύω]. A cheat, deceiver, cozener, beguiler : ἠπεροπῆά τε καὶ ἐπίκλοπον λ 364.

ἠπεροπευτά, voc. [ἠπεροπεύω]. Beguiler (of women) Γ 39 = N 769.

ἠπεροπεύω. (1) To deceive, cozen : ἵν᾽ ἐμὰς φρένας ἠπεροπεύσῃς ν 327.—Absol. ξ 400.— To trick, take unfair advantage of Ψ 605.—(2) To beguile the heart of, lead astray (a woman) E 349 : ο 419.—So τά τε φρένας ἠπεροπεύει γυναιξίν ο 421.—With direct and cognate acc. : τί με ταῦτα λιλαίεαι ἠπεροπεύειν ; (to beguile me thus) Γ 399.

ἠπιόδωρος, -ον [ἤπιος + δῶρον]. App., generous in giving, bountiful in supplying her children's needs, grudging them nothing : μήτηρ Z 251.

ἤπιος, -η, -ον. (1) Well or kindly disposed, kindly, gentle, mild, not harsh or rigorous : ἤπια δήνεα οἶδεν (is well disposed towards me) Δ 361 (see εἴδω (III) (12)), ἐθέλω τοι ἤ. εἶναι Θ 40 = X 184. Cf. Ω 770, 775 : β 47, 230 = ε 8, β 234 = ε 12, κ 337, λ 441, ν 314, ξ 139, ο 152, 490.—Absol. in neut. pl. : εἴ μοι ἤπια εἰδείη (were well disposed towards me) Π 73 : ὁμῶς τοι ἤπια οἶδεν (is at one with you in loyalty of heart) ν 405 = ο 39, ἀνάκτεσιν ἤπια εἰδώς (loyal to them) ο 557. See in reference to these εἴδω (III) (12).—(2) Giving kindly tendance, solicitous for the well-being of what is committed to one Ψ 281.—(3) Of speech, tending to effect reconcilement or bring peace ν 327.—(4) Of medicinal applications, soothing, allaying pain Δ 218, Λ 515, 830.

ἠπύτα [ἠπύω. Prob. orig. a voc. turned into a nom.]. Loud-voiced : κῆρυξ H 384.

ἠπύω. (ἐπ-.) (1) To call to (a person) : Κύκλωπας ι 399. Cf. κ 83.—(2) Of the wind, to roar Ξ 399.—Of the lyre, to sound ρ 271.

ἦρ (Fῆρ) [referred to var, to choose, wish]. What is pleasing or agreeable. Only in acc. sing. ἦρα in phrase ἦρα φέρειν, to do acceptable service, make oneself agreeable, show oneself well disposed : μητρὶ φίλῃ ἐπὶ ἦρα φέρων A 572. Cf. A 578 : γ 164, π 375, σ 56.—Sim. : θυμῷ ἦρα φέροντες (yielding to it, giving in to it) Ξ 132.

ἤραρε, 3 sing. aor. ἀραρίσκω.
ἠράσ(σ)ατο, 3 sing. aor. ἔραμαι.
ἤρατο, 3 sing. contr. aor. mid. ἀείρω.
ἠρᾶτο, 3 sing. impf. ἀράομαι.
ἤρεε, ἤρει, 3 sing. impf. αἱρέω.
ἤρηρει, 3 sing. plupf. ἀραρίσκω.
ἠρήρειστο, 3 sing. plupf. pass. ἐρείδω.
ἦρι [ἀFερ-. See ἠέριος]. Early in the morning I 360 : τ 320, υ 156.
ἠριγένεια, -ης [ἦρι + γεν-, γίγνομαι]. Early-born.

Epithet of Ἠώς Θ 508, A 477 = Ω 788 := β 1 = γ 404 = 491 = δ 306 = 431 = 576 = ε 228 = θ 1 = ι 152 = 170 = 307 = 437 = 560 = κ 187 = μ 8 = 316 = ν 18 = ο 189 = ρ 1 = τ 428, δ 195, μ 3, ν 94.—Without Ἠώς, the dawn : οὐδὲ σέ γ᾽ ἡ. λήσει χ 197. Cf. ψ 347.

ἤρικε, 3 sing. aor. ἐρείκω.
ἠρίον, τό. A grave-mound, a barrow Ψ 126.
ἤριπε, 3 sing. aor. ἐρείπω.
ἤρκεσε, 3 sing. aor. ἀρκέω.
ἤρμοσε, 3 sing. aor. ἁρμόζω.
ἤρπασε, ἥρπαξε, 3 sing. aor. ἁρπάζω.
ἠρτύναντο, 3 pl. aor. mid. ἀρτύνω.
ἤρυγε, 3 sing. aor. ἐρεύγομαι.
ἠρύκακε, 3 sing. aor. ἐρύκω.
ἠρῶ, 2 sing. impf. ἀράομαι.
ἥρως, -ωος. Genit. ἥρως ζ 303. Dat. ἥρωϊ I 613, N 582, P 137, Ψ 151, etc. : β 99, τ 144, ω 134. ἥρῳ H 453 : θ 483. (1) A warrior : στίχας ἡρώων Υ 326. Cf. A 4, B 483, 579, Π 144 = T 391, Σ 56 = 437, Ψ 645 : λ 329, φ 299.—With ἄνδρες : στίχας ἀνδρῶν ἡρώων E 747 = Θ 391. Cf. I 525, N 346 : a 101, δ 268, λ 629, ω 25, 88.—(2) Prefixed to an ethnic name, of a body of the same race in arms together : ὦ φίλοι ἥρωες Δαναοί B 110 = Z 67 = O 733 = T 78. Cf. B 256, M 165, N 629, O 219, 230, 261, 702, T 34, 41 : ω 68.—(3) Prefixed or added as a sort of title to the name or patronymic of a warrior : ἡ. Ἀτρείδης A 102 = H 322 = N 112, Λήϊτος ἡ. Z 35. Cf. B 708, 844, Δ 200, Z 63, H 453, I 613, Λ 339, 771, M 95, N 92, 384, 428, 439, 575, 582, Π 751, 781, P 137, 706, Σ 325, Φ 163, X 298, Ψ 151, 747, 893, Ω 474, 574 : λ 520.—(4) In voc. as a form of address to a warrior K 416, Υ 104.—With a proper name : Εὐρύπυλ᾽ ἥρως Λ 819, 838.—(5) Applied to warriors, but signifying little more than 'the man,' 'the wight' : ἔτρεψεν ἀδελφειοῦ φρένας ἡ. Z 61. Cf. Γ 377, H 120 = N 788, K 179, Ψ 824.—In apposition : ὁ γ᾽ ἡ. ἔστη E 308. Cf. E 327, Θ 268, K 154, Λ 483, N 164, Ψ 896.—(6) As an honourable appellation of others than warriors : ἐπὶ φάρος βάλετ᾽ ὤμοις ἡ. ο 62. Cf. η 44, θ 242.—With ἄνδρες ξ 97.—With an ethnic name : ἥρωας Ἀχαιούς a 272.—(7) Prefixed or added as a sort of title to the name or patronymic of another than a warrior : Λαέρτην ἥρωα a 189. Cf. β 15, 99 = τ 144 = ω 134, β 157 = ω 451, γ 415, δ 21 = 303, 617 = ο 117, ζ 303, η 155, θ 483, λ 342, ξ 317, ο 52, 121, 131, σ 423, χ 185.—(8) In voc. as a form of address to another than a warrior δ 423, η 303, κ 516.—With a proper name : Τηλέμαχ᾽ ἥρως δ 312.

ἦσαν, 3 pl. impf. εἰμί.
ἥσατο, 3 sing. aor. ἥδομαι.
ἥσει, 3 sing. fut. ἵημι[1].
ἦσθα, 2 sing. impf. εἰμί.
ἧσι, 3 sing. aor. subj. ἵημι[1].
ἧσι, 3 sing. subj. εἰμί.
ἥσκειν, 3 sing. impf. ἀσκέω.
ἧσο, imp. ἧμαι.
ἥσσων, -ονος [for ἡκjων. Comp. fr. ἦκα. Cf.

ἥκιστος]. (1) Of less worth or merit, inferior Π 722, Ψ 322, 858.—(2) In neut. ἧσσον as adv., less : ὀλίγον τί μ' ἡ. ἐτίμα ο 365.

ἧσται, 3 sing. ἧμαι.

ἥστην, 3 dual impf. εἰμί.

ἡσυχίη, ἡ [ἡσύχιος]. Peace, freedom from disturbance : ἡ. ἂν ἐμοὶ καὶ μᾶλλον ἔτ' εἴη σ 22.

ἡσύχιος. At peace, undisturbed Φ 598.

ἡσχυμμένος, pf. pple. pass. αἰσχύνω.

ἥσχῦνε, 3 sing. aor. αἰσχύνω.

ἥσω, fut. ἵημι¹.

ἧτε, 2 pl. impf. εἰμί.

ἦτε. See ἠέ.

ἠτιάασθε, 2 pl. impf. αἰτιάομαι.

ἠτίμασε, 3 sing. aor. ἀτιμάζω.

ἠτιόωντο, 3 pl. impf. αἰτιάομαι.

ἦτοι. See ἦ².

ἦτορ, τό. Only in nom. and acc. sing. (1) The heart : πάλλεται ἡ. ἀνὰ στόμα Χ 452. Cf. Κ 93. —(2) The 'heart,' breast,' soul, mind. As the seat or a seat (a) (α) Of life, vitality, the vital powers, strength (cf. θυμός (I) (1) (a)) : εἰ χάλκεόν μοι ἡ. ἐνείη Β 490 : τετιημένος ἡ. η 287. Cf. δ 703 =ψ 205, τ 136, ω 345.—Hence (β) The animating principle, the vital spirit, the soul, the life, life, one's life (cf. θυμός (I) (1) (b)) : μὴ ἡ. ὀλέσσῃς Ε 250. Cf. Λ 115 (of fawns), Ο 252, Π 660, Ρ 535, Φ 201, Ω 50 : ἀπορραῖσαι ἡ. π 428.—(b) Of spirit, courage, stoutness, resolution, endurance : ἄλκιμον ἡ. Ε 529. Cf. Γ 31, Π 209, 242, 264 (of wasps), Ρ 111 (of a lion), Τ 169, Υ 169 (of a lion), Φ 114, 425, 571, Ω 205, 521 : μινύθει τοι ἡ. ἑταίρων δ 374. Cf. δ 467, 481=κ 496, ε 297=406=χ 147, ι 256, κ 198=566=μ 277, χ 68.—(c) Of anger, wrath, passion : κεχολωμένος ἡ. (in his heart) Ξ 367. Cf. Κ 107, Ω 585.—(d) Of desire or appetite : σίτοιο ἄσασθαι ἡ. Τ 307.—(e) Of volition : τί σφῶϊν μαίνεται ἡ. ; Θ 413. Cf. Ο 166, 182 : δώρον ὅττι κέ μοι δοῦναι ἡ. ἀνώγῃ α 316.—(f) Of feelings, emotions, moods : τετιημέναι ἡ. Θ 437, χαίρει μοι ἡ. Ψ 647. Cf. Ε 364, 670, Ι 9, 705, Κ 575 (their tired hearts), Λ 556, Ν 84, Ο 554, Π 450, 509, Τ 366, Φ 389, Χ 169 : ἡ. οἱ ἰάνθη δ 840, τάφος οἱ ἡ. ἵκανεν ψ 93. Cf. α 48, 60, 114, β 298, δ 538, 804, η 269, θ 303, ι 62=105=565=κ 77=133, κ 313, ν 286, 320, ο 481, π 92, ρ 46, 514, σ 153, υ 22, 84, ψ 53.—(g) Of the faculty of deliberating or considering : ἡ. οἱ μερμήριξεν Α 188.—Of recollection : ὥς μοι ἰνδάλλεται ἡ. τ 224.—(h) Of one's character or disposition : ἀμείλιχον ἡ. ἔχουσα Ι 572. Cf. Ι 497 : ψ 172.

ἠϋγένειος [ἠϋ-, εὐ- (5) + γενειάς]. Well-bearded. Epithet of lions Ο 275, Ρ 109, Σ 318 : δ 456.

ἠὐδα, 3 sing. impf. αὐδάω.

ἠΰκομος, -ον [ἠϋ-, εὐ- (5) + κόμη]. With beautiful hair, fair-tressed. Epithet of goddesses and women. Of Leto Α 36, Τ 413 : λ 318.—Of Thetis Δ 512, Π 860.—Of Athene Ζ 92, 273, 303.—Of Here Κ 5.—Of Calypso θ 452, μ 389.—Of Briseïs Β 689.— Of Helen Γ 329 = Η 355 = Θ 82, Ι 339, Λ 369, 505, Ν 766.—Of Niobe Ω 602.—μητέρος Ω 466.

ἦΰς. See ἐΰς.

ἤϋσε, 3 sing. aor. αὔω².

ἠΰτε [cf. εὖτε]. (1) As when, introducing similes. With indic. Β 87, 455, 480, Γ 3, Π 487, Φ 573, Χ 139.—With subj. Ρ 547.—Without expressed vb. Β 469, Ο 618, Ρ 737 : φ 48.—(2) Like, as : ἠΰτ' ὀμίχλη Α 359. Cf. Β 754, Δ 243, Η 219, Τ 374, etc. : θ 280, 518, λ 222, ρ 463, etc.— (3) After a comp., than : μελάντερον ἠΰτε πίσσα Δ 277.

Ἥφαιστος [use of the proper name]. A fire : σπλάγχν' ὑπείρεχον Ἡφαίστοιο Β 426.

ἦφι, instrumental fem. See ἑός.

ἤφυσε, 3 sing. aor. ἀφύσσω.

ἠχή, -ῆς, ἡ (Fηχή) [cf. (F)ι(F)άχω, (F)ι(F)αχή]. Sound, noise : ἠχῇ θεσπεσίῃ Θ 159 = Ο 590, Μ 252, Ν 834, Ο 355, Π 769, Ψ 213 : γ 150, λ 633. Cf. Β 209, Ν 837.

ἠχήεις, -εσσα (Fηχήεις) [(F)ηχή]. Sounding. Epithet of the sea Α 157.—Of a house, echoing δ 72.

ἤχθετο¹, 3 sing. impf. ἄχθομαι.

ἤχθετο², 3 sing. aor. ἐχθάνομαι.

ἤχθηρε, 3 sing. aor. ἐχθαίρω.

ἧχι [ῇ (see ὅς² (II) (6)) + advbl. suff. -χι]. Where : ἡ. ἑκάστῳ δῶμα Ἥφαιστος ποίησεν Α 607. Cf. Γ 326, Ε 774, Θ 14, Λ 76 : γ 292, ἔ 94, τ 553.— In an object clause : ἄλλους πευθόμεθ', ἡ. ἕκαστος ἀπώλετο γ 87.

ἤχλῦσε, 3 sing. aor. ἀχλύω.

ἤψατο, 3 sing. aor. mid. ἅπτω.

ἠῶθεν [ἠώς + -θεν (1)]. From the dawn ; hence, at dawn, in the morning. Referring to the next morning : ἡ. ἴτω ἐπὶ νῆας Η 372. Cf. Η 381, Λ 555 = Ρ 664, Σ 136, Ψ 49, Ω 401 : ἡ. ἀγορήνδε καθεζώμεσθα κιόντες α 372. Cf. γ 153, 366, δ 214, η 189, μ 293, ξ 512, ο 308, 506, ρ 600, σ 248, τ 320, φ 265, 280, ω 412.

ἠώς, -οῦς, ἡ (ἠFώς) [ἄFοσ-. Cf. ἠέριος]. Dat. ἠοῖ (ἠόϊ) Η 331, Λ 685, Ν 794, Ω 600, etc. : δ 407, μ 24, ξ 266, π 2, etc. Acc. ἠῶ (ἠόα) Ε 267, Θ 565, Ι 240, Σ 255, etc. : β 434, η 288, π 368, ψ 243, etc. Locative ἠῶθι Λ 50 : ε 469, ζ 36. (1) Dawn, the dawn, the daybreak : ἅμ' ἠοῖ Η 331, Ι 618, 682, Λ 685, Ω 600, ὅσον τ' ἐπικίδναται ἡ. Η 451, 458, ἠῶθι πρό (in front of the dawn, with the dawn) Λ 50 : ε 469, ζ 36. Cf. Ε 267, Η 433, Θ 1, 508, Κ 251, Ψ 227, Ω 12, 695 : δ 194, 407, ἔ 31, η 222, μ 24, ξ 266=ρ 435, ο 50, 396, π 2, 270.—(2) A dawning or morning considered as a space of time : ὄφρ' ἡ. ἦν Θ 66=Λ 84, ἠοῦς ὄψεαι (in the morning) Θ 470, τὸν ἐπὶ [μῦθον] ἠοῦς (the morrow's) 525. Cf. Φ 111 : νηῦς ἠῶ πεῖρε κέλευθον (through the morning) β 434. Cf. η 288, ι 56.—(3) A morning considered as a point or unit of time or as one of a series : δυωδεκάτη Α 493=Ω 31, Φ 80, Ω 413. Cf. Ν 794, Φ 156, Ω 781, 785 : τ 192, 571.— (4) The quarter of the dawn, the east : πρὸς ἠῶ τ' ἠέλιόν τε Μ 239 : ι 26, ν 240. Cf. κ 190.—(5) The dawn personified : ῥοδοδάκτυλος Ἠ. Α 477=Ω 788, Ζ 175, Ι 707, Ψ 109, Ἠ. ἐκ λεχέων ὄρνυτο Λ 1. Cf. Β 48, Θ 565, Ι 240, 662, Λ 723, Σ 255, Τ 1,

Ω417 : 'Ηοῦς υἱός δ188. Cf. β1, ε I, 121, 390, ζ48, ι151, κ541, μ3, ψ243, etc.

θαάσσω [cf. θόωκος, θῶκος]. To sit, be seated : ἕδος ἔνθα θάασσεν I 194. Cf. O 124 : δηθὰ θεῶν ἐν δαιτὶ θαασσέμεν γ 336.

θαιρός, ό. App. vertical (presumably metal) pegs at the top and bottom of a side of a gate working in stone sockets and governing the opening and shutting M 459.

θαλάμη, -ης, ἡ [cf. θάλαμος]. A den or hole ε 432.

θαλαμηπόλος, ἡ [θάλαμος + -πολος, conn. with πολεύω]. A female servant in charge of the sleeping-rooms, a chamber-maid η 8, ψ 293.

θάλαμόνδε [acc. of next + -δε (1)]. To the θάλαμος (in sense (4)) β 348, φ 8, χ 109, 161.

θάλαμος, -ου, ό. A room or chamber. (1) (a) A sleeping-chamber, a bed-room : πρόσθεν θαλάμοιο θυράων I 473 (app. a room built in the αὐλή and opening into the αἴθουσα near the πρόδομος ; or perh. a portion of the αἴθουσα next the πρόδομος walled off). Cf. I 475 : ὅθι οἱ θ. αὐλῆς δέδμητο α 425 (αὐλῆς app. local genit., 'in the . . .' ; cf. I 473 above), ἐς θάλαμον ᾧ ἔνι κούρη κοιμᾶτο ζ15. Cf. α 436, 441, β 5 = δ 310, γ 413, η 7, κ 340, τ 48.— (b) A bridal chamber : γήμας ἐκ θαλάμοιο μετὰ κλέος ἵκετ' 'Αχαιῶν (leaving his just wedded wife) Λ 227.—(c) The sleeping-chamber occupied by a married pair : θάλαμον λιποῦσα (i.e. the bed of Menelaus) Γ 174. Cf. Γ 382, 391, 423, Ζ 244, 248, I 582, 588, P 36 : νοσφισσαμένην θάλαμόν τε πόσιν τε δ 263. Cf. ψ178, 192, 229, 295.—Of such a room in the palace of Zeus Ξ 166, 188, 338.—In the palace of Hephaestus θ 277.—(2) A chamber appropriated to the lady of a house and her maidens : ὥρματ' ἐκ θαλάμοιο Γ 142 (the same as the μέγαρον of 125). Cf. Ζ 316, 321, 336 : ἐξ 'Ελένη θαλάμοιο ἤλυθεν δ 121. Cf. δ 718, 802, ρ 36 = τ 53, ρ 506.—In pl. of the women's apartments generally : νύμφας ἐκ θαλάμων ἡγίνεον Σ 492 (cf. χ 143 cited under (4) ; or this may be the pl. of indefiniteness like νύμφας in this line and γάμοι and εἰλαπίναι in the prec. line) (v.l. ἐς θαλάμους, which would go under (1) (b)) : μυχῷ θαλάμων ἥμεθα ψ 41.—(3) A work-room Δ 143.— (4) A room for storage or safe custody, a store-room, a treasure-chamber : θύρη θαλάμοιο ἀνέρος ἀφνειοῖο Ω 317 : χηλὸν ἐξέφερεν θαλάμοιο θ 439, ἀνέβαινε ἐς θαλάμους χ 143 (app. meaning a single room ; cf. Σ 492 cited under (3)). Cf. Ζ 288, Χ 63, Ω 191, 275 : β 337, γ 441, ζ 74, ο 99, π 285, τ 17, 256, φ 42, χ 140, 155, 157, 166, 174, 179, 180, ω 166.

θάλασσα, -ης, ἡ. (1) The sea : πολυφλοίσβοιο θαλάσσης A 34. Cf. A 157, 437, 496, B 159, 294, Δ 248, etc. : πεφευγότες θάλασσαν α 12. Cf. α 50, 52, β 260, 407, γ 142, δ 435, 501, 504, ε 401, 413, 418, ζ 95, 272, etc.—(2) Distinguished in terms from the land : γαίης νέρθε καὶ θαλάσσης Ξ 204. Cf. Θ 24.—From the land and the heavens Σ 483 : μ 404 = ξ 302.—From other waters Φ 196.

—(3) Personified : γλαυκή σε τίκτε θ. Π 34.— (4) Sea-water : θ. κήκιε πολλή ε 455. Cf. Κ 572.

θαλάσσιος [θάλασσα]. Of or pertaining to the sea : ἔργα Β 614 : ε 67.

θαλέθω [θάλλω]. In pres. pple., flourishing, luxuriant : θάμνος ἐλαίης ψ 191.—Of youths, lusty, in prime of vigour ζ 63.—Of swine : θαλέθοντες ἀλοιφῇ (swelling with fat) I 467, Ψ 32.

θαλερός, -ή, -όν [θάλλω]. (1) Lusty, in prime of vigour : αἴζηοι Γ 26. Cf. Δ 474, Ζ 430, Θ 156, 190, Κ 259, Ξ 4, etc.—(2) Of a woman, blooming, in pride of beauty : παράκοιτιν Γ 53.—(3) Of marriage, app. giving the notion of the union of a pair in prime of youth ζ 66, ν 74.—(4) Of parts of the body, well-developed, stout : μηρώ O 113. —Of a horse's mane, long, flowing P 439.— (5) Of the voice, full, rich P 696 = Ψ 397 := δ 705 = τ 472.—(6) Of tears, big Β 266, Ζ 496, Ω 9, 794 : δ 556, κ 201, 409, 570, λ 5, 391, 466, μ 12, π 16, χ 447.—(7) Of lamentation, loud, vehement κ 457. —(8) Of fat, thick, abundant θ 476.

θαλίη, -ης, ἡ [θάλλω]. Abundance, plenty I 143, 285.—In pl. : τέρπεται ἐν θαλίῃς λ 603.

θαλλός, ὁ [θάλλω]. Green stuff, fodder : θαλλὸν ἐρίφοισι φορῆναι ρ 224.

†θάλλω. Pf. pple. τεθηλώς μ 103. Fem. τεθαλυΐα, -ης I 208 : ζ 293, λ 192, 415, ν 245, 410. 3 sing. plupf. τεθήλει ε 69. (1) Of vegetation, to grow profusely, flourish, be luxuriant : ἡμερὶς τεθήλει σταφυλῇσιν (flourished with its . . .) ε 69.—(2) In pf. pple. (a) Growing profusely, flourishing, luxuriant : ἐρινεὸς φύλλοισι τεθηλώς μ 103.—Sim. of a garden, etc. : τέμενος τεθαλυΐά τ' ἀλωῇ ζ 293. —Of autumn (the season of 'mellow fruitfulness') λ 192.—(b) Of the fat or lard of swine, rich ν 410.—Sim. : συὸς ῥάχιν τεθαλυΐαν ἀλοιφῇ (rich with . . .) I 208.—(c) Of dew, copious ν 245.—(d) Of a feast, sumptuous, affording good cheer λ 415.

θάλος, τό [θάλλω]. A young shoot or branch. Fig. of a youthful person X 87 ; ζ 157.

†θαλπιάω [θάλπω]. Pres. pple. θαλπιόων. To be warm : εὖ θαλπιόων τ 319.

θάλπω. To warm, to make flexible by the application of heat φ 179, 184, 246.

θαλπωρή, ἡ [θάλπω]. Warmth ; hence (1) Comfort, consolation, cheering : οὐκ ἄλλη ἔσται θ. Ζ 412. Cf. α 167.—(2) Heartening, confidence : μᾶλλον θ. ἔσται Κ 223.

θάλυς, -εια, -υ [θάλλω]. (1) Of a feast, sumptuous, affording good cheer H 475 : γ 420, θ 76, 99.—(2) Absol. in neut. pl., good cheer : θαλέων ἐμπλησάμενος κῆρ X 504.

θαλύσια, τά [θάλλω]. A sacrifice of first fruits : χωσαμένη ὅ οἱ οὔ τι θ. ῥέξεν I 534.

θαμά [adv. answering to θαμέες]. Often : ταῦτά με θ. ἐβάζετε Π 207. Cf. Ο 470 : α 143, 209, δ 178, 686, ο 516, π 27, τ 521.

θαμβέω [θάμβος]. (1) To wonder, be struck with wonder or astonishment : θάμβησεν 'Αχιλεύς A 199. Cf. Γ 398, Θ 77, Ψ 728 = 881, Ω 483, 484 : θαμβήσασα βεβήκει α 360 = φ 354. Cf. α 323, δ 638, κ 63, ω 101.—(2) To wonder or marvel at : ὄρνιθας β 155. Cf. π 178, ρ 367.

θάμβος, τό. Genit. θάμβευς ω 394. Wonder, astonishment, amazement : θ. ἔχεν εἰσορόωντας Γ 342. Cf. Δ 79, Ψ 815, Ω 482 : γ 372, ω 394.

θαμέες. Nom. pl. fem. θαμειαί. Acc. θαμειάς. (1) Set or standing closely together : ἔνθα θαμειαί εἴρυντο νέες Σ 68. Cf. K 264, M 296, T 383 = X 316 : ἀραρὼν θαμέσι σταμίνεσσιν ε 252. Cf. μ 92, ξ 12. —(2) Coming, flying, falling, thick and fast : θαμέες ἄκοντες ἀΐσσουσιν Λ 552 = P 661, ὥς τε νιφάδες πίπτωσι θαμειαί M 278. Cf. M 44, 287, Ξ 422.—(3) Occurring at short intervals over a space, numerous : πυραὶ καίοντο θαμειαί Λ 52.

θαμίζω [θαμά]. (1) To come often to, frequent, an indicated place : πάρος γε μὲν οὔ τι θαμίζεις Σ 386 = 425 : ε 88.—(2) To go about, ply one's vocation : ἅμα νηῒ θαμίζων θ 161.—(3) With pass. pple., to be accustomed to treatment of an indicated kind : οὔ τι κομιζόμενος θάμιζεν (was not wont to be (so) cared for) θ 451.

θάμνος, ὁ [cf. θαμέες]. (1) A bush, shrub, small tree : θάμνῳ ὑπ' ἀμφικόμῳ P 677. Cf. Λ 156, X 191 : δοιοὺς ὑπήλυθε θάμνους ε 476, θάμνος ἐλαίης (consisting of . . .) ψ 190. Cf. χ 469 —(2) In pl., a thicket : θάμνων ὑπεδύσετο ζ 127. Cf. ε 471, η 285.

θανατόνδε [acc. of θάνατος + -δε (1)]. To one's death : ὡς εἰ θ. κιόντα Ω 328. Cf. Π 693, X 297.

θάνατος, -ου, ὁ [θαν-, θνήσκω]. (1) Death A 60, B 302, Γ 101, E 68, I 571, etc. : β 100, γ 236, δ 180, ι 467, λ 488, etc.—(2) Personified : Ὕπνῳ κασιγνήτῳ Θανάτοιο Ξ 231. Cf. Π 454, 672 = 682. —(3) A kind or mode of death : λευγαλέῳ θανάτῳ ἀλῶναι Φ 281 := ε 312, πάντες στυγεροὶ θάνατοι [εἰσιν] μ 341. Cf. λ 412, ο 359, σ 202, χ 462, ω 34.

θανέεσθαι, fut. infin. θνήσκω.

θάνον, aor. θνήσκω.

†**θάομαι**[1] [θαϜ-. Cf. θαῦμα, θηέομαι]. 3 pl. aor. opt. θησαίατο. To admire, look at with admiration σ 191.

†**θάομαι**[2] [θη- as in τι-θή-νη]. Non-thematic pres. infin. θῆσθαι δ 89. 3 sing. aor. θήσατο Ω 58. (1) To suck (the breast) : γυναῖκα θήσατο μαζόν (double acc. of whole and part, ' a woman's breast ') Ω 58.—(2) To suck (milk) : παρέχουσι γάλα θῆσθαι (for their young to suck) δ 89.

θάπτω. 3 pl. aor. θάψαν Ω 612. 1 sing. plupf. pass. ἐτέθαπτο λ 52. (κατα-.) To pay funeral rites to (a corpse) : ὁπότ' Ἀμαρυγκέα θάπτον Ἐπειοί Ψ 630. Cf. Φ 323, Ψ 71, Ω 612, 665 : οὔ πω ἐτέθαπτο λ 52. Cf. γ 285, μ 12, ω 417.

θαρσαλέος, -η, -ον [θάρσος]. (1) Bold, stout, courageous, spirited, confident : πολεμιστὴν θ. = Π 493 = X 269. Cf. T 169, Φ 430, 589 : η 51. —Neut. comp. θαρσαλεώτερον in impers. construction : θ. ἔσται (one would feel more confidence, have better heart) K 223.—(2) Over-bold, audacious, presuming : θαρσαλέος τις προΐκτης ρ 449. Cf. τ 91.

θαρσαλέως [adv. fr. prec.]. (1) Boldly, confidently : ἀγόρευεν α 382 = σ 411 = ν 269. Cf. α 385.

—(2) Too boldly or confidently : ἀγορεύεις σ 330 = 390.

θαρσέω [θάρσος]. 3 pl. pf. τεθαρσήκᾱσι I 420, 687. (1) To be of good heart or courage, of good cheer : θαρσῶν μάχεσθαι E 124, τεθαρσήκασι λαοί (are (now) of good heart) I 420 = 687.—In imp. θάρσει Δ 184, Θ 39 = X 183, K 383, O 254, Σ 463, Ω 171 : β 372, δ 825, θ 197 (τόνδε γ' ἄεθλον, as touching this . . .), ν 362 = π 436 = ω 357, τ 546, χ 372.—(2) In aor., to take heart, pluck up courage : θαρσήσας εἰπέ Α 85. Cf. Α 92, Υ 338 : γ 76, 252.

θάρσος, τό [= θράσος]. Genit. θάρσευς P 573. (1) Boldness, courage, spirit, confidence : σῷ θάρσεϊ Z 126. Cf. E 2, H 153, P 570, 573, Φ 547 : α 321, γ 76, ζ 140, ι 381, ξ 216.—(2) Excessive boldness or confidence : θ. ἄητον ἔχουσα Φ 395.

θάρσυνος, -ον [θάρσος]. Having plucked up courage : Τρώων πόλις ἐπὶ πᾶσα βέβηκεν θ. Π 70.—Taking courage : θ. οἰωνῷ (from the . . .) N 823.

θαρσύνω [θάρσος]. 3 sing. pa. iterative θαρσύνεσκε Δ 233. 2 sing. aor. θάρσῡνας ν 323. 3 -ε K 190. Subj. θαρσύνω γ 361. Imp. θάρσῡνον Π 242. (ἐπι-.) To encourage, hearten, cheer, put spirit into : τοὺς θάρσυνε μύθῳ K 190. Cf. Δ 233, N 767 = P 117 = 683, Π 242, Σ 325, Ψ 682 : γ 361, ι 377, ν 323, π 448, ω 448.

θάσσων, -ονος [for θακίων. Comp. of ταχύς with transference of aspirate]. (1) Swifter : ποσὶν θ. (with the feet, in running) O 570. Cf. N 819.—(2) In neut. θᾶσσον as adv. (a) The quicker, the speedier, the sooner : ὄφρα κε θ. ἐγείρομεν Ἄρηα B 440. Cf. Z 143 = Υ 429, M 26, Ψ 53 : β 307, κ 33.—(b) Quickly rather than slowly, quickly, with speed : θ. Ἀθηναίη ἐπιτείλαι Δ 64. Cf. N 115, Π 129, P 654, T 68, Υ 257 : ἔρρ' ἐκ νήσου θ. κ 72. Cf. η 152, κ 44, 192, 228, 268, ο 201, π 130, υ 154, ω 495.

θαῦμα, τό [θαϜ- as in θάομαι[1]]. (1) Wonder, amazement : θ. μ' ἔχει κ 326.—(2) A wonder or marvel : θ. ἰδέσθαι (to behold) E 725, K 439, Σ 83, 377, μέγα θ. τόδ' ὁρῶμαι (this is a great wonder that I see) N 99 = O 286 = Υ 344 = Φ 54. Cf. Σ 549 : ζ 306, η 45, θ 366, ι 190, λ 287, ν 108, ρ 306, τ 36.

θαυμάζω [θαῦμα]. 3 pl. pa. iterative θαυμάζεσκον τ 229. 3 sing. fut. in mid. form θαυμάσσεται Ω 467. (ἀπο-.) (1) To wonder, marvel, to feel or be struck with wonder, astonishment or admiration : γυναῖκες ἱστάμεναι θαύμαζον Σ 496. Ω 394 : θαύμαζεν ὁ γεραιὸς γ 373. Cf. δ 44, η 145, θ 265, ν 157, π 203.—With dependent clause : θαυμάζομεν οἷον ἐτύχθη B 320.—(2) To wonder or marvel at, look upon with wonder and eager curiosity : πτόλεμόν τε μάχην τε N 11. Cf. K 12, Ω 467 : λιμένας καὶ νῆας η 43. Cf. α 382 = σ 411 = υ 269, δ 655, ι 153, τ 229, ω 370.—With infin. : οἷον θαυμάζομεν (impf.) Ἕκτορα αἰχμητὴν ἔμεναι (thinking that he was . . .) E 601.—To look upon or behold (a person) with respectful wonder and admiration : Πρίαμος θαύμαζ' Ἀχιλῆα Ω 629. Cf. Ω 631 : θ 459.

†**θαυμαίνω** [as prec.]. Nom. pl. masc. fut. pple.

θαυμανέοντες. To witness or watch with eager interest : ἀέθλια θαυμανέοντες θ 108.

θάψαν, 3 pl. aor. θάπτω.

θεά, -âς, ἡ [fem. of θεός]. Dat. pl. θεῆσι Θ 305. Λ 638, T 286 : η 291. θεῆς Γ 158. θεαῖς ε 119. (1) A female divine (or semi-divine) being, a goddess : εἰ θεά σε γείνατο μήτηρ A 280 (Thetis). Cf. A 1, B 182, Γ 396, Θ 305, Σ 429, etc.: Καλυψώ, δῖα θεάων a 14, θεά οἱ ἔκλυεν ἀρῆς δ 767 (Athene). Cf. β 392, ε 215, κ 222, μ 131, ν 393, etc.—(2) A goddess as distinguished in terms from a god : εἰρωτᾶς με θεὰ θεόν ε 97. Cf. K 50.—From a woman : θεᾶς οὐδὲ γυναικός Ξ 315.—(3) With the name of a particular goddess. With Ἥρη A 55, E 711, Θ 350, etc.—With Ἀθήνη A 206, B 166, E 405, etc.: a 44, β 382, γ 13, etc.—With Ἡώς B 48.—With Θέτις I 410, Ο 76, Σ 127, etc.—With Θέμις Ο 93.—With Ἶρις Ο 206, Σ 182.—With Ἐρινύς ο 234.

θέαινα, ἡ [fem. as prec. Cf. λέαινα, lioness]. A goddess as distinguished from a god : πάντες τε θεοὶ πᾶσαί τε θέαιναι Θ 5 = T 101, Θ 20. Cf. θ 341.

θέειον, -ου, τό. Also θήϊον χ 493. Sulphur. (1) In reference to the sulphurous smell associated with a thunderbolt : δεινὴ θεείου γίγνεται ὀδμή Ξ 415. Cf. Θ 135 : μ 417, ξ 307.—(2) Used for cleansing by fumigation : ἐκάθηρε θεείῳ Π 228. Cf. χ 481, 493.

θεειόω [θέειον] (διαθειόω.) To cleanse with the fumes of sulphur χ 482.—In mid. ψ 50.

θείην, aor. opt. τίθημι.

θειλόπεδον, τό [app. θείλη = εἴλη, the sun's warmth + πέδον, the ground]. A warm spot in a vineyard in which the grapes were left to be dried by the sun, a 'sun-trap' η 123.

θεῖναι, aor. infin. τίθημι.

θείνω. 3 sing. aor. ἔθεινε Φ 491. θεῖνε Π 339. 3 sing. subj. θείνῃ σ 63. Pple. θείνας Τ 481. To strike, smite : μή σε ἴδωμαι θεινομένην A 588. Cf. Ζ 135, Κ 484, Π 339, Ρ 430, Τ 481, Φ 21, 491 : ὅς κέ σε θείνῃ σ 63. Cf. ι 459, χ 443.

θείομεν, 1 pl. aor. subj. τίθημι.

θεῖος, -η, -ον [θεός]. (1) Partaking of the nature of the gods, divine, immortal : θείοιο γέροντος (Proteus) δ 395.—(2) Consisting of gods : ἀγῶνα (see ἀγών (1) (a)) H 298, Σ 376.—(3) Connected with the gods, sacred : ἁλός I 214 (perh. as used for purifying sacrifices) : χορὸν θ 264 (app. from the dance being regarded as a matter of ritual).— (4) Of divine origin, from a divine source, divine : Ὄνειρος B 22, 56, ὀμφή B 41, γένος Ζ 180, πύργον Φ 526 (app. as god-built ; see 446 and cf. H 452, Θ 519) : ὄνειρος ξ 495.—Applied to persons of divine descent : Ἴλου K 415 (he was descended from Zeus ; see Υ 215-232), Ἡρακλῆος Ο 25, Υ 145, ἀνδρὸς θείοιο Ἀχιλλῆος Π 798, Πηλεΐδαο Ρ 199, Ἀχιλλῆος Τ 279, 297 : Ἐνιπῆος λ 238 (since all rivers spring from Zeus).—(5) Applied to kings as holding their office from Zeus δ 621, 691, π 335.— To heralds as under his special protection Δ 192, K 315.—To bards as singing by divine inspiration Σ 604 : = δ 17, a 336, θ 43, 47, 87, 539, ν 27, π 252,

ρ 359, ψ 133, 143, ω 439.—(6) Applied as a mere epithet of honour to Odysseus B 335, I 218, K 243, Λ 806 : a 65, β 233, 259, γ 398, δ 682, etc.—To Oïleus N 694 = Ο 333.—To Thoas Ξ 230.—To Munes T 296.—(7) Denoting a superlative degree of excellence or beauty : ποτόν β 341, ι 205, δόμον δ 43.

θεῖσα, aor. pple. fem. τίθημι.

θείω¹. See θέω.

θείω², aor. subj. τίθημι.

θέλγω. 3 sing. pa. iterative θέλγεσκε γ 264. 3 fut. θέλξει π 298. 3 sing. aor. ἔθελξε Ο 322 : κ 318. Pple. θέλξας N 435. Infin. θέλξαι κ 291. 2 sing. aor. pass. ἐθέλχθης κ 326. 3 pl. ἔθελχθεν σ 212. (κατα-.) (1) To work upon by spells or enchantment, bewitch, charm Ω 343 : = ε 47, κ 291, 318, 326, ω 3.—Sim. of the operation of passion : ἔρῳ θυμὸν ἔθελχθεν σ 212.—(2) Of divine interference, to lay a spell upon, bind up from activity : Ἀχαιῶν νόον M 255. Cf. N 435, Ο 322, 594 : π 298.—(3) To work upon by wiles, cajole, lead on to one's hurt, prejudice, or dishonour : Ἀγαμεμνονέην ἄλοχον γ 264. Cf. a 57, μ 40, 44, σ 282.—(4) To beguile, deceive, cheat : δόλῳ [μιν] ἔθελγεν Φ 604. Cf. Φ 276 : ξ 387, π 195.— (5) To charm, delight, ravish ρ 521.—In mid. : οἷα μυθεῖται, θέλγοιτό κέ τοι ἦτορ ρ 514.

θελκτήριον, τό [θέλγω]. (1) A means of enchantment, a spell Ξ 215.—(2) A means of propitiating or placating : θεῶν θελκτήριον θ 509.—(3) Something that charms or delights a 337.

θέλξαι, aor. infin. θέλγω.

θέλω. See ἐθέλω.

θέμεθλα, τά [θε-, τίθημι]. (1) The root or bed (of the eye) Ξ 493.—(2) The lower part (of the throat) Ρ 47.

θεμείλια, τά [as prec.]. Supports, consisting of stakes or stones, set to contain the face of an earthwork or mound (cf. στήλη (1)) M 28, Ψ 255.

θέμεναι, θέμεν, aor. infin. τίθημι.

θέμις, -ιστος, ἡ [θε-, τίθημι] (1) In pl., a body of traditional rules or precedents : βασιλεύς, ᾧ δῶκε Κρόνου πάϊς θέμιστας B 206. Cf. A 238, I 99 : ι 112, 215 (see δίκη (2)).—In sing. : ὃς οὔ τινα οἶδε θέμιστα E 761 (has no regard for any usage of decency ; see εἴδω (III) (12)).—(2) What is established or sanctioned by custom or usage : ἦ θ. ἐστίν B 73 (as is my right), I 33 (do.), Ψ 581 (as usage requires), Ω 652 (as the custom is), ἦ θ. ἀνθρώπων πέλει (as it is the way) . . .) I 134, ἦ θ. ἐστίν ἤ τ' ἀνδρῶν ἤ τε γυναικῶν (as is the way of . . .) 276 = T 177, ξείνια παρέθηκεν, ἅ τε ξείνοις θ. ἐστίν (which by the customs of hospitality one . . .) Λ 779, ἄορ ἔχων· τῷ δ' οὔ θ. ἐστὶ μιγῆναι (mortal must not encounter it) Ξ 386, πάρος γ' οὐ θ. ἦεν . . . (it was not permitted . . .) Π 796, οὔ θ. ἐστὶ . . . (it must not be that . . .) Ψ 44 : ἦ θ. ἀνθρώπων ψ 45 (as the custom is), 187 (as is your due), λ 451 (as it is his privilege to do), ἥ τε ξείνων θ. ἐστίν (as . . . use to do) ι 268, οὔ μοι θ. ἐστὶ . . . (I may not . . .) κ 73, ξ 56, ἦ θ. ἐστὶ γυναικός (as a woman's way ever is) 130, ἐπεί μοι

. . . θ. ἐστίν (since it is my right to . . .) π 91, ἡ γὰρ θ. ὅς τις . . . (for that is due to him who . . .) ω 286.—(3) A judgment or doom Π 387.— (4) An ordinance or decree I 156, 298.—(5) An oracular reply (in answer to an inquiry as to what is right to be done) π 403.—(6) A place of judgment Λ 807.—(7) As proper name, a goddess with such functions as may be gathered from the name and the context O 87, 93, Τ 4 : β 68.

θεμιστεύω [θέμις]. To pronounce judgments, act as judge λ 569.—(2) With genit. (like ἀνάσσω (3) (a)), to rule over, be master of : παίδων ι 114.

θεμόω [θε-, τίθημι]. To drive or carry in a specified direction : νῆα χέρσον ἱκέσθαι ι 486, 542.

θέναρ, -αρος, τό. App., the palm of the hand E 339.

θέντες, nom. pl. masc. aor. pple. τίθημι.

θέντων, 3 pl. aor. imp. τίθημι.

θέο, aor. imp. mid. τίθημι.

θεόδμητος [θεός + δμη-, δέμω]. God - built : πύργων Θ 519 (cf. Φ 526 cited under θεῖος (4)).

θεοειδής (θεοϜειδής) [θεός + (ϝ)εἶδος]. Divine of form, godlike. Epithet of persons B 623, 862, Γ 16, M 94, P 494, 534, Τ 327, Ω 217, etc. : α 113, δ 628, ζ 7, η 231, κ 255, ο 271, φ 277, etc.

θεοείκελος (θεοϜείκελος) [θεός + (ϝ)είκελος]. Like the gods, godlike. Epithet of persons Λ 131 = Τ 155 : γ 416, δ 276, θ 256.

θεόθεν [θεός + -θεν (1)]. From, at the hands of, the gods : θ. οὐκ ἔστ' ἀλέασθαι [θάνατον] π 447.

θεοπροπέω [θεοπρόπος]. To reveal the divine will A 109, B 322 : β 184.

θεοπροπίη, -ης, ἡ [θεοπρόπος]. A disclosure of the divine will, the divine will as disclosed to a seer : οὐ θεοπροπίης ἐμπάζομαι Π 50. Cf. Λ 794, Π 36 : α 415, β 201.—In pl. A 87, 385.

θεοπρόπιον, -ου, τό [as prec.]. = prec. : εἶπε θεοπρόπιον ὅ τι οἶσθα A 85.—In pl. Z 438.

θεοπρόπος [app., 'one who prays to a god,' fr. θεός + προπ-, perh. conn. with L. precor]. One who reveals the divine will, a seer M 228 : α 416.—Joined with οἰωνιστής N 70.

θεός, -οῦ, ὁ, ἡ. Instrumental θεόφιν. With a word expressing likeness H 366, Ξ 318, P 477 : γ 110, 409. This form as ablative P 101, Ψ 347. (1) A divine being, a god A 28, B 318, Γ 230, E 177, Θ 200, Ξ 168, Π 531, Τ 3, X 10, Ω 460, etc. : α 323, β 5, δ 236, θ 177, μ 88, ρ 475, τ 396, φ 258, ω 445, etc.—(2) A god as distinguished in terms from a goddess : εἰρωτᾷς με θεὰ θεόν ε 97. Cf. K 50.—From a mortal : ἠμὲν θεὸν ἠδὲ καὶ ἄνδρα E 128. Cf. Τ 417, X 9, Ω 259, etc. : δ 397, 654, etc. —(3) Without reference to any particular god, the divine power, heaven : θεός που σοί τό γ' ἔδωκεν A 178. Cf. B 436, Z 228, H 4, I 49, P 327, Φ 47, etc. : οὐκ ἄνευ θεοῦ β 372. Cf. γ 131, θ 170, ι 158, λ 292, ρ 399, σ 265, etc.—(4) A goddess A 516, Γ 381, Δ 58, E 331, 339, 839, Z 380 = 385, Θ 7, Σ 394, Ω 223 : α 420, β 297, 406 = γ 30 = ε 193 = η 38, δ 831 (twice), ε 194, 459, ζ 149, 150, η 41, 71, 246, 255, θ 467 = ο 181, κ 136 = λ 8 = μ 150, κ 297, μ 449,

ν 189, υ 47.—(5) A goddess as distinguished in terms from a woman : ἢ θεὸς ἠὲ γυνή κ 228, 255.— (6) In pl., the gods : τίς θεῶν ; A 8, θεοί μοι αἴτιοί εἰσιν Γ 164. Cf. A 18, B 321, Δ 1, Z 138, H 360, I 485, M 8, etc. : α 17, β 66, δ 379, ε 335, η 132, λ 276, μ 394, etc.—(7) In pl., the gods as distinguished in terms from the goddesses : πάντες τε θεοὶ πᾶσαί τε θέαιναι Θ 5 = Τ 101, Θ 20. Cf. θ 341. —From mortals : πρός τε θεῶν πρός τ' ἀνθρώπων A 339. Cf. A 403, I 239, Ξ 233, Φ 264, etc. : α 338, β 211, π 265, ω 64, etc.

θεουδής (θεοϜδής) [for θεοϜδεής fr. θεός + δϜ-, δείδοικα]. Acc. sing. θεουδέα (for θεουδεέα) τ 364. God-fearing, reverencing the gods ζ 121 = ι 176 = ν 202, θ 576, τ 109, 364.

θεραπεύω [θεράπων]. To do service to, serve. With dat. : ᾧ πατρί ν 265.

θεράπων, -οντος, ὁ. (1) A follower, retainer or henchman : θεράποντες ἀπ' ὤμων τεύχε' ἕλοντο H 122. Cf. A 321, E 48, Z 53, Λ 843, N 600, O 401, Π 272 = P 165, Τ 143, 281, Ω 396, 406, 573 : ἴσθμιον ἤνεικεν θ. σ 300. Cf. α 109, δ 23 = 217, δ 38, 784, π 253, 326 = 360, σ 297, 424.—Fig. of warriors : θεράποντες Ἄρηος B 110 = Z 67 = O 733 = T 78. Cf. H 382, Θ 79, K 228, Τ 47.—Of kings· θεράποντε Διός λ 255.—(2) A warrior in honourable personal attendance on another, the relation of the two resembling generally that of squire and knight : ἠΰς θ. Ἀχιλλῆος (Patroclus) Π 653. Cf. H 149, Λ 322, 620, N 246, 331, O 431, Π 165 = P 388, Π 244, 279, 464, 865, P 164, 271, Σ 152, Ψ 90, 113 = 124, 528, 860 = 888.—(3) Applied to a warrior's ἡνίοχος : ἵππους θ. ἀπάνευθ' ἔχεν Δ 227, ἡνίοχον θεράποντα E 580. Cf. Z 18, Θ 104, 109, 113, 119, Λ 341, 488, M 76, 111, N 386, Τ 487.

θερμαίνω [θερμός]. 3 sing. aor. subj. θερμήνῃ Ξ 7. (ὑπο-.) To heat Ξ 7 : ι 376.

θερμός, τό [θέρμω]. Warm, hot : λοετρά Ξ 6, X 444. Cf. H 426, Λ 266, Π 3, P 438, Σ 17, 235 : δ 523, θ 249, 451, ι 388, ξ 77, τ 362, 388, ω 46.

†θέρμω [θέρω]. 2 pl. aor. imp. θέρμετε θ 426. 3 sing. aor. mid. θέρμετο Σ 348, Ψ 437 : δ 437. (1) To warm, heat : ὕδωρ θ 426.—(2) In mid., to become warm or hot : θέρμετο δ' ὕδωρ Σ 348 : = θ 437. Cf. Ψ 381.

θέρος, τό [θέρω. 'The hot season ']. Genit. θέρευς η 118. Summer : θέρεϊ (in summer) X 151 : χείματος οὐδὲ θέρευς (in winter or summer) η 118. —As distinguished from ὀπώρη, early summer λ 192, μ 76, ξ 384.

θέρω. Fut. pple. mid. θερσόμενος τ 507. Aor. subj. pass. θερέω ρ 23. (1) In mid., to warm oneself : φόως ἔμεν ἠδὲ θέρεσθαι τ 64. Cf. τ 507. —(2) In pass., to be warmed : ἐπεί κε πυρὸς θερέω (genit. of material) ρ 23.—To be burnt : μὴ ἄστυ πυρὸς θέρηται Z 331. Cf. Λ 667.

θές, aor. imp. τίθημι.

θέσαν, 3 pl. aor. τίθημι.

θέσθαι, aor. infin. mid. τίθημι.

θέσκελος [the first element seems to be the same as in θέσ-φατος]. (1) App., marvellous, wondrous, or the like : ἔργα Γ 130 : λ 374, 610.—

θεσμός 189 θηρητήρ

(2) So in neut. θέσκελον as adv., marvellously, in wondrous wise: ἔικτο θέσκελον αὐτῷ Ψ 107.

θεσμός, ὁ [θεσ-, τίθημι]. Place, site ψ 296.

θεσπέσιος, -η, -ον [θε-, θεός + σ(ε)π-. See ἐννέπω].
(1) Absol. in fem., sentence pronounced by a god, the will of heaven: εἰ καὶ θεσπεσίῃ πόλιν οὐκ ἀλαπάξεις B 367.—**(2)** Of song, befitting a god, divinely sweet B 600.—Of singers, heavenly sweet of voice: Σειρήνων μ 158.— **(3) (a)** Of shouting or lamentation, such as might come from a god's throat, immense, deafening: ἠχῇ Θ 159 = Ο 590, M 252, N 834, O 355. Cf. Π 295, Σ 149: βοή ω 49. Cf. γ 150, λ 43, 633.—**(b)** Of inarticulate sounds. Of the sound of branches of trees smiting each other Π 769.—Of that of rushing winds N 797, Ψ 213.—**(4)** The force of the second element lost **(a)** Of or pertaining to the gods, divine: βηλοῦ Α 591.—**(b)** Indicating a high degree of some quality such as abundance, greatness, greatness of extent, completeness, swiftness, beauty, sweetness or the like: πλοῦτον B 670. Cf. B 457, I 2, O 669, P 118, Τ 342: ὀδμή ι 211. Cf. β 12 = ρ 63, η 42, θ 19, ι 68 = μ 314, ι 434, ν 363, υ 289, ω 6.

θεσπεσίως [adv. fr. prec.]. In sense corresponding to prec. (4)(b): θ. ἐφόβηθεν (in panic rout) Ο 637.

θεσπιδαής, -ές (θεσπιδαϜής) [θε-σπ- as in θεσπέσιος (with the force of the second element lost) + δα(Ϝ)-, δαίω¹]. Epithet of fire, defying human efforts, devouring, consuming M 177, 441, O 597, Τ 490, Φ 342, 381, Ψ 216: δ 418.

θέσπις [θε-σπ- as in θεσπέσιος]. = θεσπέσιος (2). Of song α 328, θ 498.—Of a singer ρ 385.

θέσφατος, -ον [the second element φα-, φημί. The first explained as θεσ-, θεός]. **(1)** Pronounced or ordained by a god or by the divine will. Neut. in impers. construction: ὡς γὰρ θέσφατόν ἐστιν Θ 477.—With infin.: θανέειν δ 561. Cf. κ 473.—**(2)** Absol. in neut. pl. θέσφατα, divine ordinances or decrees: οὔ τι θεῶν ἐκ θ. ἤδη E 64. Cf. ι 507 = ν 172, λ 151, 297, μ 155.—**(3)** = θεσπέσιος (4) (b): ἀήρ η 143.

θέτο, 3 sing. aor. mid. τίθημι.
θεύσεαι, 2 sing. fut. θέω.
θέω [θεϜ-]. Also θείω [prob. for θή(Ϝ)ω, fr. θηϜ-, long form of θεϜ-]. 3 pl. pa. iterative θέεσκον Τ 229. 2 sing. fut. in mid. form θεύσεαι Ψ 623. Infin. θεύσεσθαι Λ 701. (ἀμφι-, προ-, συν-, ὑπεκπρο-.) **(1)** Of men, horses, etc., to run, speed: θέεις ἀκίχητα διώκων P 75, ἵπποι βάρδιστοι θέειεν Ψ 310. Cf. B 183, Δ 244, Z 54, O 442, T 415, Ψ 387, etc.: γ 112, 370, δ 202, θ 123, 247, ξ 501, ρ 308, χ 99, 106.—To run a race, contend in a race Λ 701, Ψ 623.—**(2)** Of the motion of a ship: νηὸς ἔθεεν κατὰ κῦμα Α 483: = β 429. Cf. γ 281, μ 407, ν 86, 88, ξ 299, ο 294.—Of a person in a ship: ὅτε κεῖνος ἐν νηυσὶ Μαλειάων ὄρος ἷξε θέων γ 288.—Of a rolling stone N 141.—Of a δίσκος θ 193.—Of a potter's wheel Σ 601.—**(3)** Of things, to run or extend: ἄντυξ ἥ πυμάτη θέεν ἀσπίδος Z 118. Cf. Z 320 = Θ 495, N 547, Τ 275: περὶ κλίσιον θέε πάντῃ ω 208.

θέωμεν, 1 pl. aor. subj. τίθημι.
θεώτερος, -η [comp. fr. θεός] Holy as distinguished from common: [θύραι] ν 111.
θῆαι, 2 sing. aor. subj. mid. τίθημι.
θήγω. 3 sing. aor. imp. mid. θηξάσθω B 382. **(1)** To sharpen, whet. In mid.: δόρυ B 382.— **(2)** Of a boar whetting his tusks Λ 416, N 475.
†θηέομαι [θαϜ-. Cf. θάομαι¹]. 2 sing. opt. θηοῖο Ω 418. 3 sing. impf. θηεῖτο ε 75, ζ 237, η 133, θ 265. 1 pl. ἐθηεύμεσθα ι 218. 3 θηεῦντο H 444, K 524, Ψ 728, 881: β 13, ρ 64. 2 sing. aor. θηήσαο ω 90. 3 θηήσατο ε 76, η 134, ο 132. 3 pl. ἐθηήσαντο τ 235. θηήσαντο Ο 682, Χ 370: θ 17, κ 180. 2 sing. opt. θηήσαιο ρ 315. 3 -αιτο ε 74. **(1)** To look or gaze upon, view, behold, with interest, curiosity, wonder, admiration: πολέες ἑ θηήσαντο Ο 682. Cf. H 444, K 524, Χ 370: μαρμαρυγὰς ποδῶν θ 265. Cf. β 13 = ρ 64, ε 76 = η 134, ι 218, κ 180, ο 132, τ 235.—**(2)** To look about one with wonder or admiration: στὰς θηεῖτο ε 75, η 133.—To look upon something with wonder, to wonder, marvel, be astonished: λαοὶ θηεῦντο Ψ 728 = 881: θηεῖτο κούρῃ ζ 237. Cf. ε 74, θ 17, ρ 315, ω 90.—With dependent clause: θηοῖό κεν οἷον . . . Ω 418.
θῆῃ, 3 sing. aor. subj. τίθημι.
θηητήρ [θηέομαι]. An admirer, fancier φ 397.
θήιον = θέειον.
θῆκε, 3 sing. aor. τίθημι.
θηλέω [θη-, θάλλω]. (ἀνα-.) To teem with, abound in. With genit.: ἴου ε 73.
θῆλυς [θη-, θάομαι²]. Also in regular fem. form θήλεια B 767, Θ 7, Λ 681, Τ 222: δ 636, ι 439, ξ 16, φ 23. **(1)** Female: θήλεια θεός Θ 7, δῖν θῆλυν K 216. Cf. B 767, Θ 269, Λ 681, T 97, Τ 222, Ψ 409: δ 636 = φ 23, ι 439, κ 527, 572, ξ 16.—Comp. θηλυτέρη, female as opposed to male: θεαί θ 324, γυναικῶν λ 386. Cf. Θ 520: λ 434 = ο 422 = ω 202, ψ 166.—**(2)** Characteristic of women, feminine: θῆλυς ἀϋτή ζ 122.—**(3)** Of dew, copious: θῆλυς ἐέρση ε 467.
θημών, -ῶνος, ὁ [θη-, τίθημι]. A heap ε 368.
θην. Enclitic affirmative particle: οὔ θην δηρὸν βέῃ Π 852. Cf. I 394, Λ 365 = Τ 452, Ο 288, P 29, Φ 568: γ 352, π 91.—With mocking or ironical force: οὔ θήν μιν ἀνήσει θυμὸς νεικείειν B 276. Cf. Θ 448, K 104, N 620, 813, Ξ 480: οὐ μέν θην κείνης γε χερείω εὔχομαι εἶναι ε 211.
θηήσατθαι, 3 sing. aor. imp. mid. θήγω.
θήρ, θηρός, ὁ. Dat. pl. θήρεσσι ε 473, ξ 21. θηροί ω 292. A wild beast, wild creature Γ 449, Θ 47, K 184, Λ 119, 546, Ξ 283, O 151, 324, 586, 633, Φ 470, 485: ε 473, λ 573, ξ 21, ω 292.
θηρευτής, ὁ [θηρεύω]. A hunter M 41.—With κύων, a hunting dog: ἐν κυσὶ θηρευτῇσιν Λ 325.
θηρεύω [θήρ]. To hunt, engage in hunting: ὥς μιν θηρεύοντ' ἔλασεν σῦς τ 465.
θήρη, -ης, ἡ [θήρ]. **(1)** Hunting, the chase: αἵμονα θήρης E 49. Cf. K 360: τ 429.—**(2)** The quarry: ἔδωκε θεὸς μενοεικέα θήρην ι 158.
θηρητήρ, -ῆρος, ὁ [θηράω = θηρεύω]. A hunter E 51, Λ 292, O 581, P 726, Φ 574.—Of a bird of

prey : αἰετοῦ, τοῦ θηρητῆρος Φ 252. Cf. Ω 316.—Of despoilers of a wasps' nest M 170.

θηρήτωρ, -ορος, ὁ. = prec. I 544.

θηρίον, τό [prob. θήρ+suffix distinguishing an individual from a class]. A wild beast : μάλα μέγα θηρίον ἦεν κ 171, 180.

θής, θητός, ὁ. A labourer for hire δ 644.

θησαίατο, 3· pl. aor. opt. θάομαι¹.

θήσατο, 3 sing. aor. θάομαι².

θήσθαι, non-thematic pres. infin. θάομαι².

θήσω, fut. τίθημι.

θητεύω [θητ-, θής]. To serve as a hired labourer: θητεύσαμεν μισθῷ ἔπι ρητῷ Φ 444. Cf. λ 489, σ 357.

θίς, θῖνός, ὁ. (1) The beach or shore of the sea : ἐπὶ θινὶ β 408. Cf. η 290, ι 46, 551.—The beach or shore (of the sea) : παρὰ θῖνα θαλάσσης Α 34. Cf. A 316, 327, 350, Δ 248, I 182, Λ 622, Ν 682, Ξ 31, T 40, Ψ 59, Ω 12 : β 260, γ 5, δ 432, 779, ζ 94, 236, θ 49, κ 154, 179, 402, 407 = μ 367, κ 569, λ 75, ν 65, 220, ξ 347, ο 205, π 358.—App., a piece of the shore covered by shallow water : ὡς ὅτ' ἀναπάλλεται ἰχθὺς θίν' ἐν φυκιόεντι Ψ 693.—(2) A heap : ὀστεόφιν θίς μ 45.

†θλάω. 3 sing. aor. ἔθλασε σ 97. θλάσσε E 307, M 384. To smash, crush : κοτύλην E 307, κυνέην M 384, ὀστέα σ 97.

†θλίβω. 3 sing. fut. mid. θλίψεται. To press or rub : πολλῆς φλιῆσι θλίψεται ὤμους ρ 221.

θνήσκω. Fut. infin. in mid. form θανέεσθαι Δ 12, O 728 : υ 21. Aor. θάνον Λ 412. 2 sing. θάνες X 486 : ω 37. 3 ἔθανε Φ 610 : γ 248, θ 226. θάνε B 642 : α 396, β 96, ο 253, τ 141, ω 131. 3 pl. θάνον M 13 : ι 66, λ 389, ω 22. Subj. θάνω Λ 455, Σ 121. 2 sing. θάνῃς Δ 170, X 55. 3 θάνῃσι T 228 : δ 196, λ 218. 1 pl. θάνωμεν μ 156. 3 θάνωσι H 410. 3 sing. opt. θάνοι ο 359. 3 pl. θάνοιεν χ 472. Imp. θάνε Φ 106. Pple. θανών, -όντος H 80, Θ 476, Λ 453, O 350, Π 457, 675, Φ 120, 182, 379, 538, 564, Σ 195, Φ 28, X 73, 343, 389, Ψ 9, 70, 223, Ω 16, 575 : α 236, γ 258, δ 553, ε 310, λ 486, 554, ρ 115, 312, ω 77, 79, 93, 190, 296, 436. Infin. θανέειν O 289, X 426 : α 59, δ 562, ε 308, μ 342, ξ 274. θανεῖν H 52. 3 sing. pf. τέθνηκε Σ 12 : α 196, β 132, δ 110, 199, 834, 837, λ 461, 464, υ 208, ω 264. 3 pl. τέθνᾶσι H 328, X 52 : λ 304, ο 350. Opt. τεθναίην Σ 98. 2 sing. τεθναίης Z 164. 3 τεθναίη Γ 102. Imp. τέθναθι X 365. 3 sing. τεθνάτω O 496. Pple. τεθνηώς P 161. Genit. τεθνηῶτος I 633, Ν 659, Σ 173, T 210, Ψ 192, Ω 244 : α 289, β 220. τεθνηότος P 435 : ο 23, ω 56. Dat. τεθνηῶτι κ 494. τεθνεῶτι τ 331. Acc. τεθνηῶτα Z 464, Π 858, P 229, 341, Σ 537, T 289, 403, X 364 : μ 10. τεθνηότα P 402, T 300, Ω 20. Genit. pl. τεθνηώτων Π 16. Acc. τεθνηῶτας Z 71. τεθνηότας ψ 84. Acc. sing. fem. τεθνηυῖαν δ 734. Infin. τεθνάμεναι Ω 225. τεθνάμεν O 497, P 405, T 335 : π 107, υ 317, φ 155. (ἀπο-, ἐκ-, κατα-.) (1) To die : θνῄσκων ἔλιπε Θυέστῃ B 106. Cf. A 56, 383, Δ 12, 170, H 52, 410, Λ 455, O 728, Σ 121, T 228, Φ 106, X 55, Ω 743 : θανέειν ἱμείρεται α 59. Cf. δ 196, 562, ε 308, θ 526, λ 218, μ 22, 156, 342,

ξ 274, ο 359, υ 21, χ 472.—(2) In a quasi-passive sense of being slain in battle : χερσὶν ὑπ' Αἴαντος θανέειν O 289. Cf. A 243, X 426.—(3) In aor. indic. (a) In strict aor. sense : αἴψ' ἔθανεν Εὔρυτος θ 226. Cf. γ 248, ι 66, λ 389 = ω 22, λ 412, ω 37.—In pple. : ἀνδρὸς τῆλε θανόντος (that met his death . . .) ρ 312, θανὼν φθιμένοισι μετείην (may I die and . . .) ω 436.—(b) To have died, be dead : θάνε Μελέαγρος B 642. Cf. M 13, Φ 610, X 486 : ἐπεὶ θάν' Ὀδυσσεύς α 396, β 96 = τ 141 = ω 131. Cf. ο 253.—In pple. : ὄφρα πυρός με λελάχωσι θανόντα (in death) H 80 = X 343, περὶ Πατρόκλοιο θανόντος (the dead . . .) Θ 476, P 120, 182, Σ 195, Μενοιτιάδαο θανόντος ἄχεος (for the death of . . .) P 538, οὔ μεν ζώοντος . . ., ἀλλὰ θανόντος (now that I am dead) Ψ 70. Cf. Λ 453, O 350, P 379, 564, Φ 28, X 73, Ψ 223, Ω 16, 575 : οὔ κε θανόντι περ ὧδ' ἀκαχοίμην (if he were dead) α 236, ζωὸς ἠὲ θανών (alive or dead) δ 553, μή τι θανὼν ἀκαχίζευ (let not thy death grieve thee) λ 486. Cf. γ 258, ε 310, λ 554, ρ 115, ω 77, 79, 93.—Absol. in pl. pple., the dead : γέρας θανόντων Π 457 = 675, Ψ 9 : ω 190, 296. Cf. X 389.—(b) In pf. (a) To be dead : τεθναίη (let him lie dead) Γ 102, πολλοὶ τεθνᾶσιν H 328, οὔ ποτε ἔλπετο τεθνάμεν (that he was dead) P 405. Cf. Z 164, O 496, 497, Σ 12, 98, T 335, X 52, 365, Ω 225 : ζώει δ γ' ἠ τέθνηκεν β 132, δ 110, 837 = λ 464. Cf. δ 199, 834 = ω 264, λ 304, ο 350, π 107, υ 208, 317, φ 155.—In pple., dead : νεκροὺς τεθνηῶτας (the dead bodies) Z 71. Cf. I 633, Ν 659, Π 16, 858, P 161, 229, 341, 402, 435, Σ 173, 537, T 210, 289, 300, 403, X 364, Ψ 192, Ω 20, 244 : εἴ κε τεθνηῶτος ἀκούσῃς (hear of his death) α 289. Cf. β 220, δ 734, κ 494, μ 10, ο 23, τ 331, ψ 84, ω 56.—(b) In strict pf. sense : οὔ πω τέθνηκεν Ὀδυσσεύς ('Ορέστης) α 196, λ 461.

θνητός, -ή [θνη-, θνήσκω]. (1) Mortal, liable to death A 339, K 403, Ν 322, Π 622, Φ 569, etc. : α 219, γ 3, λ 244, μ 118, ν 46, etc.—(2) Absol., a mortal man, a man : ἕνεκα θνητῶν A 574, τί δόμεν Πηλῆϊ θνητῷ ; (to Peleus, to a mortal) P 444. Cf. M 242, P 547, Υ 64 : τ 593.—Fem. : θνητὰς ἀθανάτῃσιν ἐρίζειν ε 213.

θοινάω [θοίνη, a meal]. To entertain at table : ἐς αὐτοὺς προτέρω ἄγε θοινηθῆναι δ 36.

θόλος, -ου. A building, app. of no great size, within the αὐλή, of unknown nature and use χ 442 = 459, 466.

θοός, -ή, -όν [θεϜ-, θέω]. (1) Quick in movement, nimble, swift, fleet : θοός περ ἐὼν πολεμιστής E 571. Cf. E 536, M 306, O 585, Π 422, 494.—(2) (a) Epithet of Ares E 430, Θ 215, Ν 295 = 328, 528, Π 784, P 72, 536.—Of warriors B 542, 758, 842.—(b) Of ships A 12, 300, 308, B 619, I 332, M 112, etc. : α 260, 303, γ 61, δ 173, 255, 779, etc.—(c) Of night (app. thought of as a body of darkness passing swiftly over the earth) K 394, 468, M 463, Ξ 261, Ω 366 = 653 : μ 284.—(d) Of a chariot Λ 533 = P 458.—(e) Of a whip, quickly making itself felt P 430.—(f) Of a meal, perh., deftly served θ 38.—(g) Of a missile χ 83.—(3) νήσοισιν ἐπιπροέηκε θοῇσιν ο 299. Doubtfully explained (cf. θοόω) as the 'sharp' or 'pointed islands,' supposed to form part of the group called the Echinades.

θοόω [poss. conn. with prec. and meaning orig. 'to make quick or active,' acquiring the sense of sharpening when applied to weapons, etc.]. To sharpen, put a point upon : ἐθόωσα [ῥόπαλον] ι 327.

θόρε, 3 sing. aor. θρῴσκω.

θοῦρος, and in fem. form **θοῦρις**, -ιδος, with acc. -ιν [θορ-, θρῴσκω]. Rushing, impetuous, eager for the fray. Epithet (1) Of Ares E 30, 35, 355, 454, 507, 830, 904, O 127, 142, Φ 406, Ω 498.— (2) Of ἀλκή Δ 234, Z 112, H 164, Λ 313, Σ 157, etc.: δ 527.—(3) Of a shield, app. by transference of epithet from the bearer to the shield : ἀσπίδα θοῦριν Λ 32, Τ 162.—Sim. of the aegis O 308.

θόωκος. See θῶκος.

θοῶς [adv. fr. θοός]. Quickly, speedily Γ 325, 422, E 533, 722, 748 = Θ 392, Θ 219, Π 145 : ε 243, ζ 92, θ 443, 447, ι 469, ξ 72, 248, ο 216, 447, π 350, φ 46, 241, χ 19, ψ 372, ω 220.

θράσος, τό [=θάρσος]. Boldness, courage : οὐκ ἔχει θράσος ὅς κεν ἴδηται Ξ 416.

θρασυκάρδιος [θρασύς + καρδίη]. Stout of heart K 41, N 343.

θρασυμέμνων, -ονος [θρασύς + μεμ-, μάω]. Of bold spirit, stout of heart E 639 : λ 267.

θρασύς, -εῖα [cf. θράσος]. (1) Bold, stout : ἡνίοχον Θ 89, 126, ἡνιοχῆα 312.—Epithet of Hector M 60 = 210, N 725, X 455, Ω 72, 786.—Of other heroes Θ 128, Π 604 : κ 436.—(2) Of hands, stout, strong Λ 553 = P 662, Λ 571, N 134, O 314, Ψ 714 : ε 434.—(3) Epithet of war, carried on with spirit, strenuous Z 254, K 28 : δ 146.

θρέξασκον, 3 pl. pa. iterative τρέχω.

θρέπτρα, τά [θρεπ-, τρέφω]. Recompense for rearing due by a child to his parents : οὐδὲ τοκεῦσι θ. ἀπέδωκεν Δ 478 = P 302.

θρέψα, aor τρέφω.

θρηνέω [θρῆνος]. To sing a dirge, wail Ω 722 : ω 61.

θρῆνος, ὁ [cf. θρόος]. A funeral-song, a dirge : θρήνων ἐξάρχους Ω 721.

θρῆνυς, ὁ. (1) A foot-stool Ξ 240, Σ 390 : = κ 315 = 367, α 131, δ 136, ρ 409, 462, 504, τ 57.— (2) Prob. a plank or gangway connecting the forward and after ἴκρια of a ship : ἀνεχάζετο θρῆνυν ἐφ' ἑπταπόδην, λίπε δ' ἴκρια O 729.

θριγκός, ὁ. (1) An uppermost course in a wall, a coping ρ 267.—(2) A frieze running along the upper part of the inner walls of a house η 87.

θριγκόω [θριγκός]. To finish off the upper part of the wall of (an enclosure) with something intended to give protection or to prevent exit : ἐθρίγκωσεν [αὐλὴν] ἀχέρδῳ ξ 10.

θρίξ, τριχός, ἡ. Always in pl. (1) The hair of the head : πολιὰς τρίχας X 77. Cf. Ψ 135 (locks of hair) : ν 399, 431, σ 355.—The hair on the limbs : ὀρθαὶ τρίχες ἔσταν ἐνὶ μέλεσσιν Ω 359. —(2) The hairs of the mane of a horse Θ 83.—

The hairs of a horse's tail Ψ 519.—The hair on the head of an ox γ 446.—Of the wool of sheep Γ 273.—Of the bristles of swine T 254 : κ 239, 393, ξ 422.

θρόνα, τά. Figures or designs in woven work : ἐν θρόνα ἔπασσεν (i.e. in the web) X 441.

θρόνος, -ου, ὁ. A seat or chair : καθέζετ' ἐπὶ θρόνου A 536. Cf. Θ 199, 442, Λ 645, Ξ 238, O 124, 142, 150, Σ 389, 422, Τ 62, Ω 515, 522, 553 : κατὰ κλισμούς τε θρόνους τε (the two words hardly to be distinguished) α 145. Cf. α 130, δ 51, ε 86, ζ 308, θ 65, ρ 32, ν 96, χ 23, etc.

θρόος, ὁ. Sound, noise ; hence, speech Δ 437.

†θρυλίσσω. 3 sing. aor. pass. θρυλίχθη. To crush, bruise : θρυλίχθη μέτωπον Ψ 396.

θρύον, τό. Collectively, rushes Φ 351.

θρῴσκω. 3 sing. aor. ἔθορε Δ 79, H 182, O 573 : κ 207. θόρε Θ 320, O 582, Τ 381, Ψ 353, 509. 3 pl. θόρον Θ 252, Ξ 441, O 380. 3 pl. subj. θόρωσι χ 303. Pple. θορών, -όντος E 161, K 528, Λ 70, O 580, Π 770, 773. Fem. θοροῦσα ψ 32. (ἀνα-, ἀπο-, ἐκ-, ἐν-, ἐπι-, ἐσ-, προ-, ὑπερ-.) To leap, spring, bound, dart : κὰδ δ' ἔθορ' ἐς μέσσον Δ 79. Cf. E 161, H 252 = Ξ 441, Θ 320 = Ψ 509, K 528, Λ 70 = Π 770, O 380, 573, 580, 582, 684, Τ 381, Φ 126 : ἀπὸ λέκτροιο θοροῦσα ψ 32. Cf. χ 303.—Of inanimate objects : ἐκ δ' ἔθορε κλῆρος κυνέης H 182. Cf. N 589, O 314, 470, Π 773, Ψ 353 : κ 207.

θρωσμός [θρῴσκω]. Only in phrase ἐπὶ θρωσμῷ πεδίοιο, a piece of ground rising from, and somewhat above the general level of, the plain K 160, Λ 56 = Τ 3.

θυγάτηρ, ἡ [cognate with Eng. daughter, German tochter]. Genit. θυγατέρος Φ 504 : τ 400. θυγατρός δ 4, η 290, λ 421. Dat. θυγατέρι κ 106, ο 364. θυγατρὶ I 148, 290. Acc. θύγατέρα E 371, Z 192, Λ 626, Φ 88, etc. θύγατρα A 13, 95, 372, Λ 740 : β 53, λ 260, 269, σ 276. Voc. θύγατερ E 348, H 24, Ξ 194, etc. : α 10, θ 464, ν 61, etc. Nom. pl. θύγατέρες B 492, Λ 271, Ω 166, 604 : γ 451, κ 6. θύγατρες Z 238, I 144, 286, X 155 : λ 227. Genit. θυγατρῶν B 715, Z 252, N 365, Φ 142, etc. : γ 452. Dat. θυγατέρεσσι O 197. Acc. θύγατέρας κ 7. θύγατρας X 62 : λ 329, χ 222. A daughter, one's daughter A 13, 538, B 548, 715, Z 238, 398, etc. : α 52, β 53, γ 452, 465, δ 4, η 290, etc.

θύελλα, -ης, ἡ [θύω²]. (1) A rushing or violent wind or storm : φλογὶ ἶσοι ἠὲ θυέλλῃ N 39. Cf. Z 346, M 253, O 26, Φ 335 : ἀναρπάξασά μιν θ. φέρεν δ 515, ψ 316. Cf. δ 727, ε 317, 419, ζ 171, η 275, κ 48, 54, μ 288, 409, ν 63, 66.—(2) Of a dust-storm : κονίη ἵσταθ' ὥς τε νέφος ἠὲ θ. Ψ 366.—App. of volcanic fire : πυρὸς ὀλοοῖο θύελλαι μ 68.

θυήεις [θύος. Cf. θυόεις]. Fragrant with the savour of sacrifice : βωμὸς Θ 48, Ψ 148 : θ 363.

θυηλαί, αἱ [θύω²]. App., firstlings of meat given to the gods : ἐν πυρὶ βάλλε θυηλάς I 220.

θυμαλγής [θυμός + ἄλγος]. Paining or burdening the heart, painful, distressing, grievous Δ 513, I 260, 387, 565 : θ 272, π 69, σ 347 = ν 285, υ 118, χ 189, ψ 64, 183, ω 326.

θῡμᾱρής, -ές [θυμός + ἀρ-, ἀραρίσκω. 'Fitted to the heart']. Neut. in form θῡμῆρες κ 362. (1) Such as to inspire affection, lovely, beauteous: ἄλοχον I 336 : ψ 232.—(2) Suited to one's taste, grateful to the senses: [ὕδωρ] θυμῆρες κεράσασα (till it became . . .) κ 362.—(3) Suited to one's needs, serviceable : σκῆπτρον ρ 199.

θῡμηγερέων [θυμός + ἀγερ-, ἀγείρω]. Endeavouring to rally one's spirit, making a fight for life : ἐκ δ' ἔπεσον θυμηγερέων η 283.

θῡμηδής, -ές [θυμός + ἡδύς]. Pleasing to the heart, desirable, choice : χρήματα π 389.

θῡμῆρες. See θυμαρής.

θῡμοβόρος, -ον [θυμός + βορ-, βι-βρώσκω]. Eating the heart, that will not leave the heart in peace. Epithet of ἔρις H 210, 301, Π 476, Τ 58, Υ 253.

θῡμοδακής [θυμός + δακ-, δάκνω]. Biting the heart, stinging to action : μῦθος θ 185. (Cf. δάκε φρένας μῦθος E 493.)

θῡμολέων, -οντος [θυμός + λέων]. Lion-hearted : πόσιν δ 724 = 814.—Epithet of Heracles E 639 : λ 267.—Of Achilles H 228.

θῡμοραϊστής [θυμός + ῥαίω]. Life-destroying : θάνατος Ν 544, Π 414 = 580. Cf. Π 591, Σ 220.

θῡμός, -οῦ, ὁ. The 'heart,' 'breast,' soul, mind (cf. ἦτορ, καρδίη, κραδίη, κῆρ, φρήν). (I) As the seat or a seat (when coupled with φρήν, φρένες, κραδίη hardly to be distinguished therefrom) (1) Of life ; hence (a) Vitality, the vital powers, strength (cf. ἦτορ (2) (a) (α), κῆρ (2) (a)): ὀλίγος ἔτι θ. ἐνῆεν A 593. Cf. Γ 294 (of sacrificial victims), Δ 152, Ξ 439, O 240, Π 540, Υ 472, Φ 417, X 475 : εἰς ὅ κεν αὖτις θυμὸν λάβητε κ 461. Cf. ε 458, κ 78, τ 263, ω 349.—(b) The animating principle, the vital spirit, the soul, the life, life, one's life (cf. αἰών (3), ἦτορ (2) (a) (β), μένος (7), ψυχή (1)): τάχ' ἂν θυμὸν ὀλέσσῃ A 205. Cf. Δ 524, 531, E 155, 317, 673, 698, Λ 334, M 150 (of wild boars), P 17, Φ 296, etc. : κεκαφηότα θυμὸν ε 468. Cf. λ 201, 203, μ 350, ν 270, ξ 405, ο 354, ρ 236, υ 62, φ 154, 171, χ 388 (of fishes), 462.—(c) The spirit or soul thought of as distinct from the body and as leaving it at death (cf. ψυχή (4)): θ. ᾤχετ' ἀπὸ μελέων Ν 671 = Π 606. Cf. Δ 470, H 131, M 386, Π 469 (of a horse), 743, Υ 406, Ψ 880 (of a bird) : λίπ' ὀστέα θ. γ 455 (of a sacrificial victim), μ 414. Cf. κ 163 (of a deer) = τ 454 (of a wild boar), λ 221.—(2) Of spirit, courage, stoutness, resolution, endurance : ὅν τινα θ. ἐμοὶ μαχέσασθαι ἀνώγει H 74. Cf. A 228, B 276, Γ 9, Δ 289, E 470, Z 439, K 205, N 73, 487, O 321, P 68, X 252, etc. : ἀέξεταί μοι θ. β 315. Cf. α 320, 353, δ 447, 459, 713, ε 222, ι 435, λ 181 = π 37, π 99, ρ 284, σ 61, 135, ψ 100 = 168, ω 163, 511.—In reference to animals or insects M 300 (a lion), N 704 (oxen). Cf. Π 162, 266, etc.—(3) (a) Of anger, wrath, indignation : θυμὸν χολώθη (in his heart) Δ 494, Ν 660, ἀπειλήσω τό γε θυμῷ (from my heart, in earnest) O 212. Cf. A 192, 217, 243, 429, B 196, 223, Z 326, I 109, 255, 436, 496, 587, 629, 635, 675, Ξ 50, 207 = 306, O 155, Π 206, 616, Σ 113 = Τ 266, Τ 271, Υ 29 : μὴ χόλον ἔνθεο θυμῷ

ω 248. Cf. η 306, λ 562, ν 266.—Hence, anger, wrath : σοὶ ἄλληκτον θυμὸν ἐνὶ στήθεσσι θεοὶ θέσαν I 637. Cf. ν 148.—Evil passions : ὑμέτερος θ. καὶ δεικέα ἔργα φαίνεται δ 694.—(b) Of madness, rage, fury, wild excitement : ἀλύσσοντες περὶ θυμῷ X 70 (of dogs) (see Φ 65, etc., under (4) (a)). Cf. Ψ 468 : φ 302.—(4) (a) Of desire, longing, appetite : ἵμερον ἔμβαλε θυμῷ Γ 139, περὶ δ' ἤθελε θυμῷ . . . Φ 65, Ω 236 (περὶ advbl., ' exceedingly in his heart' ; cf. X 70 under (3) (b) and ξ 146 under (6)), αἴ γάρ με μένος καὶ θ. ἀνείη . . . (desire for vengeance) X 346. Cf. A 468 = 602 = B 431 = H 320 = Ψ 56, B 589, Δ 263, Θ 301 = 310, 322, I 177, K 401, N 386, Π 255, Σ 176, Υ 77, Φ 177, Ω 198, 288 : ἐπεὶ ἔπιον ὅσον ἤθελε θ. γ 342 = 395 = η 184 = 228 = σ 427, φ 273. Cf. β 248, ε 95 = ξ 111, θ 70, 98, 450, λ 105, 206, 566, ν 40, ξ 28, 46, ο 66, π 141, 479 = τ 425, ρ 603, σ 164, τ 198, 343, ψ 257.—In reference to animals Θ 189 (of horses), X 142 (of a hawk).—One's wishes or liking : ἄρσαντες κατὰ θυμόν A 136. Cf. I 645.—(b) Of the sexual impulse : τῇ θυμὸν ὄρινεν (sought to excite . .) Γ 395. Cf. Ξ 316 : ᾧ θυμῷ εἴξασα μίγη . . . ε 126. Cf. σ 212.—(5) Of volition : οὐκ Ἀτρεΐδῃ ἥνδανε θυμῷ A 24 = 378, εἴ τοι θ. ἐπέσσυται A 173, ἐκὼν ἀέκοντί γε θυμῷ Δ 43. Cf. E 676, H 68, Θ 39, I 398, K 534, M 174, Σ 90, Υ 32, Φ 386, X 78, etc. : ἐπεπείθετο θ. β 103, τελέσαι με θ. ἄνωγεν ε 89. Cf. δ 140, η 187, 258, θ 45, ν 145, ξ 445, σ 409, φ 194, etc.—In reference to animals : οὐδὲ λύκοι τε καὶ ἄρνες ὁμόφρονα θυμὸν ἔχουσιν X 263. Cf. K 531 = Λ 520 (horses).—Inclination : ' a mind ' : ἐπεί τοι θ. [ἐστιν] αἰτιάασθαι N 775. Cf. Υ 349.—(6) Of feelings, emotions, moods, such as joy, grief, affection, dislike, pity, hope, fear, resentment, reverence, regard, solicitude, wonder, etc. : θυμῷ φιλέουσα A 196 = 209, κεχαρολατό κε θυμῷ 256, ἄχος κραδίην καὶ θυμὸν ἵκανεν B 171, σεβάσσατο τό γε θυμῷ Z 167, 417. Cf. B 142, Γ 438, Δ 208, H 189, Θ 138, I 8, 343 (from the bottom of my heart), 639, K 69, 355, N 82, 163, Ξ 104, O 561, P 254, 625, Τ 229, Φ 456, Ψ 62, etc. : θάμβησεν κατὰ θυμὸν α 323, ὃ οὔ ποτε ἔλπετο θυμῷ γ 275, κότον ἔνθετο θυμῷ λ 102, δείσασ' ἐνὶ θυμῷ π 331. Cf. α 4, β 79, 138, δ 71, ε 83, θ 15 (their curiosity), κ 63, 248, λ 39, ξ 146 (see Φ 65, etc., under (4) (a)), σ 161, 330, τ 71, υ 59, φ 87, 218, ω 90, etc.—In reference to animals K 492 (horses), Λ 555 = P 664 (a lion) : κ 217 (dogs).—One's good will or favour (cf. ἀποθύμιος): ἀπὸ θυμοῦ μᾶλλον ἐμοὶ ἔσεαι A 562, σοὶ ἐκ θυμοῦ πεσέειν Ψ 595.—(7) Of the faculty of perception or knowledge : ᾔδεε κατὰ θυμὸν ὥς . . . B 409. Cf. Δ 163 = Z 447, H 44, M 228, Π 119, Σ 224 (of horses), Υ 264 : οὐδὲ θυμῷ ὠΐσθη δόλον εἶναι δ 452. Cf. β 112, δ 730, κ 374, ν 339, ο 211, σ 154, 228, τ 485 = ψ 260, χ 373, ω 391.—(8) Of the faculty of thinking, deliberating, judging, considering, devising, conjecturing : ταῦθ' ὥρμαινε κατὰ φρένα καὶ κατὰ θυμόν A 193 = Λ 411 = P 106 = Σ 15, ᾔδε οἱ κατὰ θυμὸν ἀρίστη φαίνετο βουλή B 5 = K 17 = Ξ 161, κακὰ μήσατο θυμῷ Z 157, οὔ ποτε ἔλπετο θυμῷ . . . P 404.

Cf. B 36, Δ 309, E 671, Θ 169, 430, I 101, 459, 537, K 447,491, Λ 340, 403 = P 90 = Σ 5 = Τ 343 = Φ 53 = 552 = X 98, Λ 407 = P 97 = Φ 562 = X 122 = 385, N 8, Ξ 253, O 163, 566, Π 646, P 200, 442, 603, Σ 4, Τ 195, Φ 137, Ψ 313, Ω 680 : μῦθον ἔνθετο θυμῷ (laid it to heart) a 361 = φ 355, ἕτερός με θ. ἔρυκεν (as if a second inward voice admonished him) ι 302, νόον σχέθε τόνδ' ἐνὶ θυμῷ ξ 490. Cf. a 200, 294, β 116, 156, γ 128, δ 117 = ω 235, δ 120 = ε 365 = 424, ε 285 = 376, ε 298 = 355 = 407 = 464, ζ 118, ι 213, 295, 299, 318 = 424 = λ 230, κ 50, 151, 317, 415, μ 58, 217, ν 154, ξ 150, 219, 391, ο 27, 172, 202, π 73, 237, ρ 595, τ 283, 312, 390, 524, υ 5, 10, 38, 93, 217, 304 (app., you did well in not hitting . . .), χ 11, ψ 72, 223, 345.—(9) Of memory or recollection : μνήσατο κατὰ θυμὸν Αἰγίσθοιο (Ἀντιλόχοιο) a 29, δ 187, ἔπος μοι ἔμπεσε θυμῷ (came into my mind) μ 266.—(10) Of one's character or disposition : ὥς τοι θ. ἤπια δήνεα οἶδεν Δ 360, οἷος κείνου θ. ὑπερφίαλος O 94. Cf. Σ 262, etc. : ἐμὸν θυμὸν γνώσεαι (what manner of man I am) π 309. Cf. ε 191, ι 272 = 368, ι 287, ο 20, 212, τ 364, ψ 91, etc.—(II) Vaguely as the seat of κῆρ (2) (g) : ἐμὸν κῆρ ἄχνυται ἐν θυμῷ Z 524.— (III) One's inward self as a region in which something takes place without outward manifestation : εὔχεθ' ὃν κατὰ θυμόν (in to himself) Ψ 769 : θυμῷ ἐλέαιρε γυναῖκα (without letting any outward sign appear) τ 210. Cf. ε 444, υ 301, χ 411.—(IV) In a more or less physical sense : δν θυμὸν κατέδων Z 202. Cf. H 216, N 280, O 280, Ψ 370 : οὐκέτι κεύθετε θυμῷ βρωτύν σ 406. Cf. ι 75 = κ 143, κ 379.

θυμοφθόρος [θυμός + φθορ-, φθείρω]. Life-destroying : φάρμακα (poisons) β 329, ἄχος (heart-breaking, crushing) δ 716, κάματον (that crushes the spirit) κ 363, ὅς κε τοῦτον ἀνλαζῃ θ. (molesting or annoying beyond endurance) τ 323.—Absol. : γράψας ἐν πίνακι θυμοφθόρα πολλά (much matter that was to be his death-warrant) Z 169.

θύνω [θύω¹]. To run, run about, rush B 446, E 87, 96, 250, K 524, Λ 73, 188 = 203, 342 = Τ 412, Δ 570, Τ 493 : ω 449.

θυόεις, -εν [θύος. Cf. θυήεις]. Sweet-smelling, fragrant : θυόεν νέφος O 153.

θύον, τό. A tree not identified, the wood of which emits (sweet) odour when burnt ε 60.

θύος, τό [θύω²]. Dat. pl. θυέεσσι Z 270, I 499. (1) A making of sacrifice, a sacrifice or offering I 499.—In pl. of a single offering : λίσσομ' ὑπὲρ θυέων ο 261.—(2) What is sacrificed or offered : πρὸς νηὸν ἔρχεο σὺν θυέεσσι Z 270.

θυοσκόος, -ου, ὁ [θυ-, θύος + σκο- as in σκοπός]. App. a religious adviser skilled in divination from sacrifices, perh. from observation of the smoke thereof φ 145, χ 318, 321.—Joined with μάντις Ω 221.

†**θυόω** [θύος. Cf. θυήεις, θυόεις]. Neut. pf. pple. pass. τεθυωμένον. To impart fragrance to : ἐλαίῳ, τό ῥά οἱ τεθυωμένον ἦεν (which she had by her in (full) fragrance) Ξ 172.

θύραζε [θύρη]. (1) Out through a door, out of a room or house : βῆ θ. (from his smithy) Σ 416.

Cf. Ω 572 : ἢν ἕλκωσι θ. π 276. Cf. ζ 53, ο 62, 451, τ 69, φ 238 = 384.—Of leaving a cave ι 418, 444, 461.—Of passing the gates of dreams τ 566.— With ἐκ : ἐκ θ. ἔδραμον (out of doors) Σ 29 : δόμων ἐξῆγε θ. ο 465. Cf. σ 386, τ 68, υ 179, 361, 367, φ 89, 299, 388.—In pregnant sense : ἐξελθόντες μεγάρων ἔζεσθε θ. (out of doors) χ 375. Cf. υ 97, χ 456.—(2) Forth from a specified or indicated space or region : [ἰχθὺν] ἔρριψε θ. (out of the sea) μ 254, διὰ δ' ἀμπερὲς ἦλθε θ. ἰός (through and out from the axe-heads) φ 422.—With ἐκ : οὐδὲ θ. εἴων ἐξιέναι (from the line of the ships) Σ 447. Cf. E 694, Π 408, Φ 29, 237 : ε 410.

θυραωρός [θύρη + ὁρ-, δρομαι]. Watching the door, watch(-dogs) : κύνας θυραωρούς X 69.

θυρεός, -οῦ, ὁ [θύρη]. Something (in the passages cited a huge stone) placed to block up a door ι 240 = 340, ι 313.

θύρετρα, τά [θύρη]. A door (cf. θύρη (1) (b)) B 415 : αὐλῆς θ. (app., a door leading to the αὐλή from the λαύρη) χ 137. Cf. σ 385, φ 49.

θύρη, -ης, ἡ. Locative θύρηφι(ν) ι 238, χ 220. (1) The door of a room : θαλάμοιο Ω 317. Cf. a 441, χ 155, 157, 201, 258 = 275, 394.—(b) In pl. (properly of a double or folding door ; cf. ρ 267), the door of a house or room : ἐπὶ Πριάμοιο θύρῃσιν B 788. Cf. Z 89, 298, H 346, I 473, 475, Λ 644, Ξ 167 = 339, 169, X 66 : προπάροιθε θυράων (i.e. the main door of the μέγαρον a 107, θύρας ὤιξεν (i.e. of the house) κ 230. Cf. a 255, 436 (the same as the θύρην of 441), ζ 19, η 88, ρ 530 (outside), χ 76, etc.—Of the entrance to the cave of the Cyclops ι 243, 304, 416, 417.—To the cave of Scylla μ 256.—Of the entrances to the cave of the Naiads ν 109, 370.—Of the door of a pigsty κ 389.—(2) (a) The gate of the αὐλή : αὐλὴν ποίησαν· θύρην δ' ἔχε μοῦνος ἐπιβλής Ω 453.— (b) In pl. : κληΐδα θυράων Ω 455. Cf. Ω 567 (the same as the θύρην of 453): ἐκτοσθεν αὐλῆς ὄρχατος ἄγχι θυράων η 112, αἰθούσης θύρας (see αἴθουσα (2)) σ 102, ἐπ' αὐλείῃσι θύρῃσιν (see αὔλειος) 239, ψ 49. Cf. a 120, π 344, ρ 267, φ 191, 240, 389, 391, ψ 370. —(3) In locative 'at the door.' Hence, outside ι 238.—Out of doors, abroad : κτήματα, τά τ' ἔνδοθι καὶ τὰ θύρηφιν (i.e. cattle, sheep, etc.) χ 220.

θύρηθι [θύρη + -θι]. Like θύραζε (2) : ὦκα θύρηθ' ἔα (out of the water) ε 352.

θύσανος, -ου, ὁ. A tassel or pendant. Attached to the aegis : παγχρύσεοι εὔπλεκέες B 448 (app. of twisted wire).—To Here's girdle Ξ 181.

θύσθλα, τά. App., mystic implements borne in the rites of Dionysus : θ. χαμαὶ κατέχευαν Z 134.

θυσσανόεις, -εσσα [θύσανος]. Furnished with tassels or pendants. Epithet of the aegis E 738, O 229, P 593, Σ 204, Φ 400.

θύω¹ [cf. θύνω]. (1) To run, rush : ἔγχεϊ (spear in hand) Λ 180, Π 699, X 272.—Of a river Φ 234, 324.—Of the sea Ψ 230 : ν 85.—Of the wind μ 400, 408, 426.—Fig. : ὀλοιῆσι φρεσὶ θύει Α 342.— (2) To run or flow (with a liquid) : δάπεδον ἄπαν αἵματι θῦον λ 420, χ 309 = ω 185.

θύω². (1) To offer in sacrifice portions of a

meal before partaking : θεοῖσι θῦσαι ἀνώγει Ι 219.
Cf. ι 231, ο 222, 260.—(2) To offer (such portions
to the gods): ἀργματα θῦσε θεοῖς ξ 446.

θυώδης [θύος (cf. θυήεις)+ὀδ-, ὄζω]. Sweet-
smelling, fragrant δ 121, ε 264, φ 52.

θωή, -ῆς, ἡ. (1) A fine or penalty : σοὶ θωὴν
ἐπιθήσομεν β 192.—(2) Specifically, a fine in place
of personal service in war: ἀργαλέην θωὴν ἀλέεινεν
Ἀχαιῶν Ν 669 (cf. Ψ 296).

θῶκόνδε [acc. of next + -δε (2)]. For or with a
view to a sitting or assembly : θ. καθίζανον ε 3.

θῶκος, -ου, ὁ. Also **θόωκος** β 26, μ 318 [θο-, θα-,
θαάσσω]. (1) A seat β 14, μ 318.—(2) A sitting,
session, assembly : οὔθ' ἡμετέρη ἀγορὴ γένετ' οὔτε
θόωκος β 26 (the two words hardly to be dis-
tinguished). Cf. ο 468.—Sim. in pl.: θεῶν ἐξίκετο
θώκους (the assembled gods) Θ 439.

θωρηκτής [θωρήσσω]. Wearing the breastplate.
Epithet of the Lycians Μ 317.—Of the Trojans
Ο 689, 739, Φ 277.—Of the Greeks Φ 429.

θώρηξ, -ηκος, ὁ. A breastplate or corslet, con-
sisting of two γύαλα (see γύαλον) Β 544, Γ 332,
Δ 133, Ε 99, Λ 234, Ν 265, Ο 529, Τ 361, etc.

θωρήσσω [θώρηξ]. 3 sing. aor. θώρηξε Π 155.
1 pl. subj. θωρήξομεν Β 72, 83. Infin. θωρῆξαι Β 11,
28, 65. Fut. mid. θωρήξομαι Η 101, Τ 23. Aor.
subj. θωρήξομαι Θ 376. 3 pl. aor. pass. θωρήχθησαν
Γ 340, Ψ 813. Nom. pl. masc. pple. θωρηχθέντες
Θ 530, Λ 49, 725, Μ 77, Ν 699, Π 257, Σ 277, 303.
Infin. θωρηχθῆναι Α 226, Π 40 : χ 139. (ὑπο-.)
(1) In act., to cause to arm for the fray, get under
arms : Ἀχαιούς Β 11, 28 = 65. Cf. Β 72 = 83,
Π 155.—(2) In mid. and pass. (a) To arm oneself
for the fray, get under arms, don one's harness :
τῷδε θωρήξομαι (to meet him) Η 101, δός μοι τὰ
σὰ τεύχεα θωρηχθῆναι (to arm myself withal) Π 40.
Cf. Α 226, Γ 340, Θ 54, Λ 715, Σ 189, etc. : μ 227,
χ 139, ψ 369.—(b) App. meaning little more than
to have one's station, post oneself, stand, be : ἐπ'
ἀριστερὰ θωρήσσοντο Β 526, πρὸ Φθίων θωρηχθέντες
(acting as their leaders) Ν 699, ἅμα Πατρόκλῳ
θωρηχθέντες (following him) Π 257. Cf. Β 587,
818, Δ 252, Λ 709, Π 218.

θώς. Genit. pl. θώων Ν 103. A beast of prey,
perh. the jackal Λ 474, 479, 481, Ν 103.

ἴᾰ, -ῆς. See εἷς.

ἰά. See ἰός.

ἰαίνω. 3 sing. aor. subj. ἰήνῃ Ω 119, 147, 176,
196. Impl. pl. ἰήνατε θ 426. 2 sing. aor. pass.
ἰάνθης ψ 47. 3 ἰάνθη Ο 103, Ψ 598. ἰάνθη Ψ 600,
Ω 321 : δ 549, 840, ο 165. 3 sing. subj. ἰανθῇς Τ 174.
3 ἰανθῇ (beginning a line) χ 59. (1) To warm,
heat : χαλκὸν ἰήνατε θ 426. Cf. κ 359, μ 175.—
(2) To gladden, rejoice, cheer, comfort, placate :
ἵνα φρεσὶ σῇσιν ἰανθῇς Τ 174, τοῖο θυμὸς ἰάνθη ὡς
εἴ τε περὶ σταχύεσσιν ἐέρση ληΐου Ψ 598 (app., was
gladdened as the dew upon the ears is warmed
(sense (1)). V. l. ἐέρσῃ, 'as (the heart) of the corn
is gladdened with the dew upon the ears '). Cf.
Ψ 600, Ω 119 = 147 = 176 = 196, 321 : εἰς ὅ κε σὸν

κῆρ ἰανθῇ χ 59. Cf. δ 549, 840, ζ 156, ο 165, 379,
τ 537, ψ 47.—To unbend (the brow) : οὐδὲ μέτωπον
ἰάνθη Ο 103.

ἰάλλω. Aor. ἴηλα Ο 19. 3 sing. ἴηλε θ 447.
Subj. ἰήλω β 316. Imp. ἴηλον θ 443. Infin.
ἰῆλαι φ 241. (ἐπ-, ἐπιπρο-, προ-.) (1) To shoot,
discharge, let fly (a missile) : ὀϊστόν Θ 300, 309.—
(2) Hence, to send, let loose (bane) : ὥς κ' ὔμμι
ἐπὶ κῆρας ἰήλω β 316.—To send (a wind) ο 475.—
To throw on, put on (a bond or manacle) : περὶ
χερσὶ δεσμὸν ἴηλα Ο 19.—Sim. of a means of fasten-
ing a gate φ 241.—To apply or tie (a knot) : ἐπὶ
δεσμὸν ἴηλον θ 443. Cf. θ 447.—To put forth (the
hands) Ι 91 = 221 = Ω 627 : = α 149 = δ 67 = 218 =
ε 200 = θ 71 = 484 = ξ 453 = ο 142 = π 54 = ρ 98 =
υ 256, κ 376.—In hostile sense ι 288.—(3) To
fling at, assail : ἀτιμίῃσιν (with . . .) ν 142.

ἰάνθη, 3 sing. aor. pass. ἰαίνω.

ἰάομαι. To heal, cure, make whole, tend :
Παιήονά [μιν] ἀνώγειν ἰήσασθαι Ε 899. Cf. Ε 904,
Μ 2 : ι 520, τ 460.—With the injured part as
object : ὀφθαλμόν ι 525.

ἰάπτω [app. distinct fr. (F)ι(F)άπτω. See ἐάφθη,
προϊάπτω]. To hurt, mar β 376, δ 749.

ἴᾱσι, 3 pl. εἶμι.

ἰαύω [ἰάFω] [redup. fr. ἀF-, ἀ(F)ημι]. 3 sing.
pa. iterative ἰαύεσκε ε 154. 3 pl. -ον ι 184. Aor.
infin. ἰαῦσαι λ 261. Aor. ἄεσα (ἄFεσα) τ 342. 1 pl.
ἀέσαμεν γ 151. Contr. ἄσαμεν π 367. 3 ἄεσαν
γ 490, ο 188. Infin. ἀέσαι ο 40. (ἐν-, παρ-.)
(1) To lie, rest, pass the night (not necessarily
implying sleeping) : Ζηνὸς ἐν ἀγκοίνῃσιν ἰαύεις
Ξ 213. Cf. λ 261, χ 464, ω 209.—Of sheep, goats
or swine ι 184, ξ 16.—(2) To pass (the night) :
αὔπνους νύκτας ἴαυον Ι 325. Cf. Ι 470 : γ 151, 490,
ε 154, ο 40, 188, π 367, τ 340, 342.—(3) To
bivouac Σ 259, Τ 71.—To keep night-watch.
Of dogs ξ 21.

ἰαχή, -ῆς, ἡ (FιFαχή) [ἰάχω]. A shouting Δ 456,
Μ 144 = Ο 396, Ξ 1, Ο 275, 384, Π 366, 373, Ρ 266 :
λ 43.

ἰάχω (FιFάχω). [For the impf. forms, 3 sing.
ἴαχε and 3 pl. ἴαχον (with ἴαχον Ψ 766), should
prob. be read Fάχε, ἔFαχε, εὔαχε (cf. εὔαδε) and
Fάκον, ἔFακον, εὔαχον, as aorists. But ἴαχον in
Δ 506 = Ρ 317 seems to be for FιFαχον, impf.]
(ἀμφ-, ἐπ-.) (1) To shout, cry, call. In battle or
for the fight Δ 506 = Ρ 317, Ε 302 = Θ 321 = Τ 285,
Λ 463, Ν 834, Ξ 421, Π 785, Ρ 213, 723, Σ 160,
228, Τ 41, 424, Τ 382, 443 : χ 81.—In rushing
from an ambush δ 454.—In assent or approval :
Ἀργεῖοι μέγ' ἴαχον Β 333, 394.—In encourage-
ment Ψ 766.—On seeing an encouraging omen
Ν 822.—In pain or grief Ε 343, Σ 29.—In terror
or affright Τ 62 : κ 323.—In giving a signal Φ 341.
—Of the cry of a frightened infant Ζ 468.—
(2) Of inanimate objects. Of water, to plash :
κῦμα μεγάλ' ἴαχεν Α 482 : = β 428.—Of fire, to
roar Ψ 216.—Of a bow-string, to twang Δ 125.—
Of a trumpet, to sound Σ 219.—Of heated metal
plunged in water, to hiss ι 392.—Of something re-
echoing sound : περὶ δ' ἴαχε πέτρη ι 395. Cf. Φ 10.

ἰγνύη

195

ἱερός

ἰγνύη, -ης, ἡ. The hollow of the knee, the ham : κατ' ἰγνύην βεβλημένος Ν 212.

ἴδε¹, 3 sing. aor. εἴδω (A).

ἴδε², aor. imp. εἴδω (A).

ἰδέ. And : ὤμοισιν ἰδὲ στέρνοισιν Γ 194, κνῆμαί τε ἰδὲ σφυρά Δ 147. Cf. B 511, 697, Δ 382, E 3, 171, etc. : δ 604, ι 186, λ 337, 431, 626, etc.

ἴδεσκε, 3 sing. pa. iterative εἴδω (A).

ἴδετο, 3 sing. aor. mid. εἴδω (A).

ἰδέω, pf. subj. εἴδω (C).

Ἴδηθεν (ῑ) [-θεν (1)]. From Ida Δ 475, Θ 397, 438.—App. as genit. : Ἴδηθεν μεδέων Γ 276=320 =Η 202=Ω 308.

ἴδιος, -η, -ον [conn. with (F)ε, έ. See ἑέ]. Private, personal : πρῆξις ἥδ' ἰδίη, οὐ δήμιος γ 82.—Absol. : δήμιον ἢ ἴδιον δ 314.

ἰδίω [σϜιδ-. Cf. Eng. sweat]. To sweat υ 204.

ἴδμεν, 1 pl. pf. εἴδω (C).

ἴδμεναι, pf. infin. εἴδω (C).

ἰδνόομαι. 3 sing. aor. ἰδνώθη B 266, Ν 618. Pple. ἰδνωθείς Μ 205 : θ 375, χ 85. (1) To bend or double up one's body, curl oneself up : ὁ δ' ἰδνωθη (in pain) Β 266, ἰδνώθη πεσών (in the death-struggle) Ν 618. Cf. χ 85.—(2) To bend the body for an upward throw : ἰδνωθείς ὀπίσω θ 375.— Sim., of an eagle bending back his head in order to use his beak Μ 205.

ἰδόμην, aor. mid. εἴδω (A).

ἴδον, aor. εἴδω (A).

ἰδρείη, -ης, ἡ (Ϝιδρείη) [ἴδρις]. Skill : ἰδρείη πολέμοιο (in . . .) Π 276.—Cf. Η 198.

ἴδρις (Ϝίδρις) [(Ϝ)ιδ-, οἶδα. See εἴδω (C)]. Skilled, skilful ζ 233=ψ 160.—With infin. : ἴδριες νῆα ἐλαυνέμεν (in propelling . . .) η 108.

ἰδρώω [ἰδρώς]. Acc. sing. pres. pple. ἰδρώοντα Σ 372. Acc. pl. ἰδρώοντας Θ 543 : δ 39. Fem. ἰδρώουσα Λ 119. Contr. pl. ἰδρῶσαι Λ 598. 3 sing. fut. ἰδρώσει Β 388, 390. Aor. ἰδρωσα Δ 27. (1) To sweat B 390, Λ 119, 598, Σ 372, Θ 543 := δ 39.— With cognate acc. : ἱδρῶ ὃν ἵδρωσα Δ 27.—(2) To be covered with sweat : ἰδρώσει τευ τελαμών B 388

ἱδρύω [(σ)ιδ-, σδ-, ἵζω]. 3 pl. aor. pass. ἱδρύν-θησαν Γ 78, Η 56. (καθ-.) (1) To cause to be seated : ἵδρυε λαούς Β 191. Cf. Ο 142 : γ 37, ε 86. —(2) In pass., to be seated. In aor., to sit down : τοὶ δ' ἱδρύνθησαν ἅπαντες Γ 78=Η 56.

ἱδρώς, ὁ [ἰδίω]. Dat. ἱδρῷ P 385, 745. Acc. ἰδρῶ Δ 27, Κ 572, 574, Λ 621, Φ 561, Χ 2. Sweat Δ 27, Ε 796, Κ 572, 574, Λ 621, 811, Ν 705, 711, Ο 241, Π 109, P 385, 745, Φ 51, 561, Χ 2, Ψ 507, 688, 715 : λ 599.

ἰδυῖα, fem. pf. pple. εἴδω (C).

ἰδών, aor. pple. εἴδω (A).

ἴε, 3 sing. impf. εἶμι.

ἴει (ῑ), 3 sing. impf. See ἵημι¹.

ἰείη, 3 sing. opt. εἶμι.

ἰεῖσι, 3 pl. ἵημι¹.

ἱέμεναι, infin. ἵημι¹.

ἵεν, 3 pl. impf. ἵημι¹.

ἰέναι, infin. εἶμι.

ἱέρεια, ἡ [fem. of next]. A priestess attached

to the service of a particular goddess : Ἀθηναίης ἱέρειαν Ζ 300.

ἱερεύς, ὁ. Also ἱρεύς Ε 10, Π 604 : ι 198. [ἱρός.] A priest attached to the service of a particular god : ἱρεὺς Ἀπόλλωνος Α 370. Cf. Α 23=377, Α 62, Ε 10, Ι 575, Π 604, Ω 221 : ι 198.

ἱερεύω. Also ἱρεύω ξ 94, ρ 181, τ 198, υ 3, 251. [ἱρός.] 3 pl. pa. iterative ἱρεύεσκον υ 3. ἱέρευτο Ω 125 is prob. to be taken as impf. pass. assimilated to forms like στεῦτο. (1) To sacrifice (an animal to a god): Ἀθηναίη βοῦς Ζ 94=275, 309. Cf. Φ 131, Ψ 147 : ν 182. — To the spirit of a deceased man: Τειρεσίῃ ὄιν κ 524=λ 32.—(2) To kill (an animal) for a meal, parts being offered as firstlings to a god or the gods: τοῖσι βοῦν ἱέρευσε Κρονίωνι Η 314. Cf. B 402, Ζ 174, Σ 559, Ω 125 : δεῖπνον συῶν ἱερεύσατε ὅς τις ἄριστος (for the meal) ω 215. Cf. β 56=ρ 535, θ 59, ν 24, ξ 28, 74, 94, 414, π 454, ρ 180=ν 250, ρ 181=ν 251, υ 3, 391.—In mid. : δῶκα βοῦς ἱερεύσασθαι τ 198.

ἱερήιον, τό [ἱρεύω]. (1) An animal for sacrifice λ 23.—(2) An animal to be killed as under prec. (2) : ἑταῖροι δαίνυντ' · αὐτὰρ ἐγὼν ἱερήια πολλὰ παρεῖχον ξ 250. Cf. ρ 600.—So doubtless οὐχ ι. ἀρνύσθην Χ 159 (i.e. as a prize).—As object to prec. (2) : οὔ ποθ' ἓν ἱρεύουσ' ι. ξ 94.

ἱρός, -ή, -όν. Also ἱρός, -ή, -όν Β 420, Δ 46, Ζ 96, P 193, Φ 128, etc. : α 66, γ 278, ι 553, ρ 293, etc. Sacred, holy, set apart. (1) Of sacrifices Α 99, 431, 443, 447, Ψ 146 : γ 144, δ 478, λ 132=ψ 279, ν 276.—Of altars Β 305 : γ 273.—Of a temple: θύρας ἱεροῖο δόμοιο Ζ 89.—Of the site of a sacred grove: Ὀγχηστὸν ἱερόν, Ποσιδήιον ἄλσος Β 506.— (2) Epithet of places : Ἴλιος ἱρή Δ 46. Cf. Α 366, Β 535, 625, Δ 103, Ε 446, etc.—Of Πύλου ἱερῆς φ 108. Cf. α 2, γ 278, ι 165, λ 86, 323, ρ 293.—Sim. : ἱερὰ τείχεα Θήβης Δ 378. Cf. Π 100.—Of rivers (as sprung from Zeus): ἱερὸν ῥόον Ἀλφειοῖο Λ 726. Cf. κ 351.—(3) Epithet of natural periods of time half-personified as divine controlling powers: κνέφας Λ 194=209=P 455, ἦμαρ Θ 66=Λ 84:= ι 56.—(4) Of things regarded as divine by connexion or relation: ἀλωάς (as being consecrated to Demeter) Ε 499, ἀλφίτου (as being the gift of Demeter) Λ 631, κύκλῳ (justice, the care of Zeus, being there dispensed) Σ 504. Cf. Ο 39, Π 658: βήσσας (as being about the dwelling of Circe) κ 275, ἐλαίης (as being near the nymph-haunted cave) ν 372. Cf. κ 426, 445, 554.—Sim. : ἰχθύν (perh. referring to a religious scruple against eating fish) Π 407, δίφρῳ (app. as drawn by divine steeds) P 464.—(5) Of persons regarded as divine by connexion or relation. Epithet of King Alcinous (as holding office from Zeus) η 167, θ 2, 4=421, θ 385, ν 20, 24.—Applied also to Antinous σ 34.—Of Telemachus (as being under the special protection of Athene) β 409=σ 405=φ 101, π 476, σ 60=φ 130, χ 354.—Applied to persons dignified by being charged with a special function : πυλαωρούς Ω 681.—Sim. applied to the post occupied by such persons : φυλάκων τέλος Κ 56.—Extended to a whole host (perh. as being engaged in a pious work): Ἀργείων στρατός ω 81.—(6) Absol. in neut. (a) A sacred place or haunt: ἄλσος, ἱρὸν Ἀθηναίης ζ 322, ἄντρον, ἱρὸν νυμφάων ν 104= 348.—(b) App., a sacrifice=(c): ὄφρ' ἱρὸν ἑτοιμασσαίατ' Ἀθήνη (a sacrifice at which the arms were to be dedicated) K 571.—(c) In pl., offerings, a sacrifice, sacrifices: ὑπίσχετο ἱερά Ψ 195. Cf. A 147, B 420, E 178, I 357, K 46, Δ 707, 727, Ψ 207, 209: ἱερὰ ῥέζον γ 5. Cf. α 61, 66, γ 159, 436, δ 473, ε 102, η 191, ι 553, λ 130, π 184, ψ 277. —The actual burnt-offering: σπένδων οἶνον ἐπ' αἰθομένοις ἱεροῖσιν Λ 775. Cf. μ 362.

ἱζάνω [σι-σδ-άνω. Cf. next]. (ἀμφ-, ἐν-, ἐφ-, καθ-.) (1) To cause to be seated: ἀγῶνα Ψ 258.— (2) To sit: ἐν τῷ ἵζανον ω 209 (i.e. used it as a sitting-room).—Fig. of sleep: οὔ μοι ἐπ' ὄμμασιν ὕπνος ἱζάνει K 92.

ἵζω [σι-σδ-, redup. fr. σ(ε)δ-, the rough breathing representing the first σ. Cf. ἕζομαι, ἱδρύω]. 3 sing. pa. iterative ἵζεσκε Ω 472: γ 409. Imp. mid. ἵζευ Γ 162, Η 115. (ἐσ-, ἐφ-, καθ-, μετα-, παρ-, προκαθ-.) (1) To cause to seat oneself, bid be seated: μή μ' ἐς θρόνον ἵζε Ω 553.—To cause (an assembly) to sit for business: βουλήν B 53.— (2) To seat oneself, sit down: ἀντίον ἵζεν Ὀδυσσῆος I 218. Cf. B 96, I 13, 87, N 281, Σ 422, Υ 15, Φ 520, Ψ 28: ἐπ' οὐδοῦ ἵζεν δ 718, ρ 339, ἵζ' ἐπὶ δεῖπνον (sit down to . . .) ω 394. Cf. ε 198, 338, θ 469, ξ 79, π 53, ρ 96, τ 389.—In mid.: πάροιθ' ἵζευ ἐμεῖο Γ 162. Cf. Γ 326, Η 115, Σ 522, Τ 50: χ 335.—(3) To have one's seat, be seated, sit: ὅς οἱ πλησίον ἵζεν η 171. Cf. Ω 472: γ 409, λ 449, φ 146.—Of a scout, to be posted: σκοποὶ ἵζον ἐπ' ἄκριας π 365. Cf. B 792.

ἵη, 3 sing. subj. εἰμι.

ἵηλα, aor. ἰάλλω.

†ἵημι¹ (σί-σημι) [redup. fr. ση-]. 3 sing. ἵησι Γ 12, Φ 158: η 130, ι 499, λ 239. 3 pl. ἱεῖσι Γ 151. Pl. pple. ἱέντες Β 774: δ 626, ρ 168. Fem. ἱεῖσαι μ 192. Infin. ἱέμεναι Χ 206. 3 pl. impf. ἵεν Μ 33. Fut. ἥσω (σήσω) Ρ 515. 3 sing. ἥσει Ξ 240. Infin. ἡσειν θ 203. Aor. ἧκα Ε 125, Ο 19: μ 442. 3 sing. ἔηκε (ἔηκε) Α 48. ἧκε Α 195, Δ 75, Ε 513, etc.: ζ 231, ι 481, π 191, etc. 3 sing. aor. subj. ἧσι Ο 359. Opt. εἵην Ω 227. 3 sing. εἵη Γ 221. Infin. εἶναι Ν 638. From ἱέω. 3 sing. impf. ἵει Π 152. ἵει Α 479, Δ 397, Κ 71, Μ 25, Ν 650, Τ 383, Χ 316: β 420, λ 7, μ 149, ο 292. Imp. ἵει Φ 338. **Mid.** 3 pl. aor. ἔντο Α 469, Η 323, I 92, Ψ 57, etc.: α 150, δ 68, ξ 454, ρ 99, etc. **Pass.** 3 pl. pres. ἵενται Δ 77. (ἀν-, ἀποπρο-, ἀφ-, ἐν-, ἐξ-, ἐξαν-, ἐπιπρο-, ἐφ-, καθ-, μεθ-, παρ-, προ-, συν-, ὑπερ-, ὑφ-.) (1) To send forth, throw, hurl, launch, let fly (a missile): ὀϊστόν Ν 650, ὀδρν Π 608. Cf. Α 48, 382, B 774, Γ 12, Δ 498=Ο 575, Η 269, Θ 134, Π 736, Χ 206, Ψ 840, 863: δίσκον θ 189. Cf. δ 626=ρ 168, θ 203, ι 481, 538, φ 420.—Absol., to throw, make a throw, make one's throw: ἥσω καὶ ἐγώ Ρ 515. Cf. Ο 359: ι 499.—To shoot one's arrow: διὰ δ' ἧκε σιδήρου φ 328, ω 177.— (2) In gen., to throw, send, cause to fall: ἔερσας ἐξ αἰθέρος Λ 53. Cf. Ν 204, Φ 120.—(3) To send

from oneself, let fall from one's grasp: φάσγανον ἧκε χαμᾶζε χ 84. Cf. Μ 205, Ρ 299.—To let (oneself) fall: ἧκα καθύπερθε πόδας καὶ χεῖρε μ 442.—(4) To shed (tears) π 191, ψ 33.—(5) To send forth (the voice): λεῖσαι ὄπα κάλλιμον μ 192. Cf. Γ 152, 221, Ξ 151.—(6) To cause (waters) to flow: ἐς τεῖχος ἵει ῥόον Μ 25.—Of a river, to send or roll (its waters): ᾗ πρόσθεν ἵεν [ποταμοὶ] ὕδωρ Μ 33. Cf. Φ 158.—Absol.: Ἐνιπῆος, ὃς κάλλιστος ποταμῶν ἐπὶ γαῖαν ἵησιν λ 239.—So of a fountain: δύω κρῆναι ἡ μὲν . . . ἡ δ ὑπ' αὐλῆς οὐδὸν ἵησιν η 130.—(7) To send or dispatch as a messenger, on a specified or indicated mission, for some purpose, to a specified destination: πρὸ γὰρ ἧκέ μιν Ἥρη Σ 168. Cf. Α 195, 208, Δ 397, Σ 182, Ω 375: ἄγγελον ἧκαν ο 458. Cf. κ 159, φ 21.—To cause (a person) to come forth, bring (him) forth: Αἰνείαν ἐξ ἀδύτοιο Ε 513.—To send (a wind): ἵκμενον οὖρον ἵει Α 479: β 420=ο 292, λ 7=μ 149. —To send (evil): κακότητα Κ 71.—(8) In gen., to send forth, cause to appear: δράκοντα φόωσδε B 309, τοῦ πολλοὶ ἀπὸ σπινθῆρες ἵενται Δ 77. Cf. Δ 75, Θ 76, 247=Ω 315, Κ 274: φ 415.—(9) To expel by satiety, put thus away (desire, inclination or appetite, thought of as something physical): ἐπὴν γόου ἐξ ἔρον εἵην Ω 227.—Cf. Ν 638.—In mid.: ἐπεὶ πόσιος καὶ ἐδητύος ἐξ ἔρον ἔντο Α 469= Β 432=Η 323=I 92=222=Ψ 57= Ω 628:=α 150=γ 67=473=δ 68=θ 72=485= μ 308=ξ 454=ο 143=303=501=π 55=480=ρ 99, ἐπεὶ σίτοιο ἐξ ἔρον ἔντο ω 489.—(10) To cause to be in a specified place or position, set, place, put, hang, throw: ἐν ἕρματα ἧκε λοβοῖσιν Ξ 182, ὑπὸ θρῆνυν ἧσε 240, ἐκ ποδοῖιν ἄκμονας ἧκα Ο 19, ἐν αὐτὸν ἵει πυρί (set him on fire) Φ 338. Cf. Σ 612, Τ 383=Χ 316: κατὰ κάρητος οὖλας ἧκε κόμας ζ 231 =ψ 158, ὑπ' ἔμβρυον ἧκεν ἑκάστῃ ι 245=309=342. Cf. κ 317, τ 57, φ 47.—Of harnessing a horse: ἐν παρηορίῃσι Πήδασον ἵει Π 152.—Of applying fire: ἐν πυρὸς μένος ἧκεν Ψ 177.—(11) To inspire or infuse (spirit, panic): ἔν τοι στήθεσσι μένος ἧκα Ε 125, ἐν κυδοιμὸν ἧκεν Λ 539. Cf. Ο 327, Π 291, 730, Ψ 400.

ἵημι² (Fίημι). Only in mid. Fut. εἵσομαι (Fίσομαι) Ξ 8, Φ 335, Ω 462: χ 7. 3 sing. εἵσεται ο 213. 3 sing. aor. εἵσατο (ἐFίσατο) Ο 415: χ 89. εἵσατο Δ 138, Ε 538, Μ 118, Ν 191, Ρ 518: ω 524. 3 dual ἐεισάσθην Ο 544. (ἐσ-, ἐφ-, καθ-, μεθ-.) (1) To aim at, take one's aim at. With genit.: Ὀδυσσῆος ἐείσατο χ 89.—With acc.: σκοπὸν ἄλλον εἵσομαι χ 7 (or the word may be referred to εἶδω (III) (10)).—(2) To desire, be eager or anxious, long, to do something specified or indicated, be set on doing it: τό οἱ οὔ τις ἐρύκακεν ἱεμένων περ Ο 450=Ρ 292. Cf. Π 396, Ρ 276: ἵεται αἰνῶς β 327. Cf. α 6, δ 284, κ 246, π 430, φ 129, χ 256, 273, 409, ψ 353.—With complementary infin.: ἵετ' Αἰνείαν κτεῖναι Ε 434, ἱέμενος Τροίην ἐξαλαπάξαι in my eagerness to . . .) Θ 241. Cf. B 589, Θ 301 =310, Λ 537, Μ 68, Ν 386, 424, 501=Π 761, Ν 585, Π 359, 383=866, Π 507, Σ 501, 547, Υ 469, 502: ἱέσθην ἐπὶ νῆα νέεσθαι γ 344, ἐμὲ ἱέμενοι γῆμαι φ72. Cf. α58, δ823=ν426=ο30, ξ142, 282, ο201.—To be eager to go or make one's way in a specified direction: οἴκαδε ἱεμένων Β154. Cf. γ160, ι261, ρ5, τ187.—Of a missile weapon checked in its eager course: ἐγχείη ἐνὶ γαίῃ ἔστη ἱεμένη Υ280.—So with complementary infin.: ἐγχείη ἐνὶ γαίῃ ἔστη ἱεμένη χροὸς ἀμεναι Φ70.— (3) To be eager for, strive for, be set upon. With genit.: νίκης ἱεμένων Ψ371. Cf. Ψ718, 767: ἱέμενον νόστοιο ο69.—(4) To hasten, speed, rush, press, make one's way: πρόσω ἵεσθε Μ274, τάχα εἴσομαι Ξ8 (or the word may be referred to εἴδω (III) (1)), πάλιν εἴσομαι Ω462. Cf. Θ313, Μ118, Ν291, 707, Ο415, Π382: ἱεμένων Ἐρεβόσδε ν356. Cf. χ304.—With genit. of the point aimed at: ἱέμενοι πόλιος Λ168: ἱέμενος ποταμοῖο ῥοάων (moving towards the river) κ529.—With fut. pple. indicating purpose: Ζεφύροιο εἴσομαι ὀρσουσα θύελλαν Φ335. Cf. ο213.—So with fut. infin.: ἐεισάσθην τεύχεα συλήσειν Ο544.—With aor. infin.: ἄλλος κ' ἀνὴρ ἵετο ἰδέειν παῖδας ν334.—Of a weapon, to take its way: διαπρὸ εἴσατο χαλκός Ε538=Ρ518:=ω524. Cf. Δ138, Ο543, Τ399.— (5) App., to reach. With genit.: οὔ πη χροὸς εἴσατο Ν191 (for the sense with v.l. χρώς see εἴδω (II) (1)).

ἰήνη, 3 sing. aor. subj. ἰαίνω.
ἵησι, 3 sing. subj. εἶμι.
ἵησι, 3 sing. pres. ἵημι[1].
ἰητήρ, -ῆρος [ἰάομαι]. A healer, a surgeon and physician: ἕλκος ἰ. ἐπιμάσσεται Δ190. Cf. Β732, Δ194, Δ518, 835: ρ384.
ἰητρός, -οῦ [as prec.]. = prec. Λ514, 833, Ν213, Π28: δ231.
ἰθαγενής, ἰθαιγενής [ἰθύς[1]+γεν-, γίγνομαι]. Born in wedlock, legitimate. Absol.: ἰσόν μ' ἰθαγενέεσσιν ἐτίμα ξ203.
ἴθι, imp. εἶμι.
ἴθμα, -ατος [ἰθ-, εἶμι]. Gait: πελειάσιν ἴθμαθ' ὁμοῖαι (app., with short, quick steps) Ε778.
ἰθύ(ς) [ἰθύς[1]]. (1) Straight, straight on, without turning aside: μένος χειρῶν ἰθὺς φέρον Ε506, ἰθὺς πρὸς τεῖχος ἔκιον Μ137. Cf. Θ118, Λ95, Μ124, 330, Ν135, Ρ168, 492, Τ79, 99, 108, 172, 386, Χ143, 243, 284: γ10, ρ33, ψ207, ω101, 397.—(2) Of position, straight, direct: τέτραπτο πρὸς ἰθύ οἱ Ξ403 (straight towards him, i.e. he had him right in the line of his throw): ἰθὺς τετραμμένος (facing the foe) Ρ227. —(3) Straight towards, to, at. With genit.: ἰθὺς Μενελάου ἥιεν Ν601. Cf. Ε849, Λ289, Μ254, 453, Π584, Φ540, etc.: βῆ δ' ἰθὺς προθύροιο α119. Cf. β301, γ17, ο511, ρ325, ω241.
ἰθύντατα. See ἰθύς[1].
ἰθύνω [ἰθύς[1]]. Aor. ἴθυνα ψ197. 3 sing. ἴθυνε Δ132, Ε290, Ψ871: ε245, ρ341, φ44, 121. 1 pl. subj. ἰθύνομεν Θ110, Λ528. 2 ἰθύνετε μ82. 3 dual aor. pass. ἰθυνθήτην Π475. (ἐξ-.) (1) To make straight or even: ἐπὶ στάθμην ἴθυνε [δοῦρα] ε245. Cf. ρ341=φ44, φ121, ψ197. —(2) To aim, let fly (a missile). In mid.: ἐπ' Ἀντινόῳ ἰθύνετ' ὀϊστόν χ8.—(3) To direct the

course of (a missile): βέλος ἴθυνε ῥῖνα παρ' ὀφθαλμόν, λευκοὺς δ' ἐπέρησεν ὀδόντας Ε290 (to the . . ., the head app. being bent forward to avoid the blow). Cf. Δ132, Ρ632.—App., to direct (an arrow) towards the mark (preparatory to putting it on the bow): ὀϊστὸν ἔχεν πάλαι, ὡς ἴθυνεν Ψ871 (had long been holding it ready as he had directed it. App. he slips the bow under the arrow thus held).—(4) To direct the course of (a horse, mule, chariot, waggon), drive (it): κεῖσ' ἵππους τε καὶ ἅρμ' ἰθύνομεν, ἔνθα . . . Λ528. Cf. Θ110, Ω149, 178, 362.—To bring (a horse) back to its proper direction, turn its head the right way: τὼ ἰθυνθήτην Π475.—(5) To keep (a ship) on her course, steer (her): μήτι κυβερνήτης νῆα θοὴν ἰθύνει Ψ317. Cf. ι78=ξ256, λ10=μ152, μ82.—Absol., to steer one's course: πηδάλιον ποιήσατο, ὄφρ' ἰθύνοι ε255.—So in mid. ε270.— (6) In mid., of combatants, to direct their course against, charge. With genit.: ἀλλήλων ἰθυνομένων Ζ3.
ἰθυπτίων, -ωνος [ἰθύς[1]+π(ε)τ-, πέτομαι]. Flying straight to the mark. Epithet of a spear Φ169.
ἰθύς[1], -εῖα [ἰθ-, εἶμι]. Straight. Hence just, fair, right: ἰθεῖα ἔσται [δίκη] Ψ580.—In superl. in neut. pl. ἰθύντατα as adv., most justly or fairly: ὃς δίκην ἰθύντατα εἴποι Σ508.
ἰθύς[2], ἡ [as prec.]. (1) A straight course: ἐπεὶ σφαίρῃ ἀν' ἰθὺν πειρήσαντο (in throwing straight upwards) θ377.—(2) One's course: ἀΐσσοντος ἀν' ἰθύν ((steadily) pursuing his course) Φ303.—The course which one may be expected to take: γυναικῶν γνώομεν ἰθύν (how they are inclined, their disposition) π304.—(3) An enterprise, undertaking: πᾶσαν ἐπ' ἰθύν Ζ79. Cf. δ434.
ἰθύς[3]. See ἰθύ(ς).
ἰθύω [ἰθύς[1]]. (ἐπ-.) (1) To reach or stretch towards. With genit.: τῶν ὁπότ' ἰθύσειεν λ591. —(2) In fighting, to direct one's course, advance, charge: ἴθυσαν πολὺ προτέρω Δ507. Cf. Μ443, Π582, Ρ281, 353, 725.—Sim.: ἔνθα καὶ ἔνθ' ἴθυσε μάχη πεδίοιο (swayed along the plain) Ζ2.—Of a beast of prey Λ552=Ρ661, Μ48.—With genit. of the objective: ἴθυσε νεός Ο693.—(3) To set oneself, begin, offer, to do. With infin.: ἴθυσεν ὀλολύξαι χ408.
ἱκάνω [ἱκ- as in ἱκνέομαι, ἵκω]. (ἀφ-, εἰσαφ-.) (1) To present oneself to: ἢ ἄλλον πέμπωμεν ἱκανέμεν δ29.—(2) To approach as a suppliant: ἱκάνω σε Ω449, ε449, η147, ν231.—In mid. Σ457:=γ92=δ322.—(3) To extend to, reach: σκόπελος οὐρανὸν ἱκάνει μ73. Cf. Ν547, Ξ288, Τ406.—Sim.: σέλας αἰθέρ' ἵκανεν Σ214, Τ379. Cf. Ο686: κλέος σευ οὐρανὸν ἱκάνει τ108. Cf. δ74. —(4) (a) To be in the condition of having come to, arrived at, reached, to find oneself at, be at, a specified place (in impf. in sense 'arrived at,' 'reached,' 'found himself at'): ἱκανον ὅθι . . . Γ145, Δ210, Ε780, Κ526, Σ520: ο101. Cf. Ν449: ζ206, η24, λ160, ν278, ο492, π31, ω328.—Absol., to have come, present oneself:

φίλοι ἄνδρες ἱκάνετον I 197. Cf. φ 209.—With advbl. acc. defining the action of the vb.: πῇ μεμαυῖα τόδ' ἱκάνεις; (hast come thus) Ξ 298. Cf. Ξ 309, Ω 172: α 409, κ 75, τ 407.—(b) With preps. (α) ἐπί: ἐπὶ νῆας B 17 = 168.—(β) ἔς: ἔς Χρύσην ἵκανεν A 431 (here prob. in proper impf. sense, 'was approaching'), ὅσον ἐς Σκαιὰς πύλας ἵκανεν I 354 (in iterative sense, 'used to come so far'). Cf. T 3: τέων βροτῶν ἐς γαῖαν ἱκάνω; ζ 119 = ν 200. Cf. θ 362, λ 13, ν 328, τ 435.—(γ) ποτί: Διὸς ποτὶ δῶ Φ 505.—(c) With acc. of the place reached: ἵκανε θεῶν ἕδος E 868. Cf. Z 237, 242, 297, 370 = 497, 392, Θ 47, N 240, O 151, Σ 369, 385 = 424, Φ 505, X 147, Ψ 138, 214, Ω 346, 501: ἐπεὶ ἡμετέρην πόλιν ἱκάνεις ζ 191. Cf. δ 139, η 3, θ 362, ο 216, ρ 28, 255, τ 432, χ 231, ω 281.—In mid.: οἶκον ἱκάνεται ψ 7, 27, 36, 108.—Of a person using a weapon: οὐδὲ χρό' ἵκανεν Ψ 819. —Of coming up to a person: Πηλείωνα X 214.— Of coming to or reaching a person in the course of making a round H 186.—Sim. of an inanimate object: ὅτε χεῖρας ἵκανεν 'Οδυσσῆος τόξον ω 172.— Of attaining a period of life: ἥβης μέτρον σ 217, τ 532.—(5) Of feelings or mental or bodily states, to have come upon or seized, affect (in impf. in sense 'had come upon'): ἄχος μιν κραδίην ἵκανεν B 171, ἐμὲ κῆδος ἱκάνει Π 516. Cf. A 254 = H 124, Γ 97, Θ 147 = O 208 = Π 52, Λ 117, N 464, O 245, Τ 307: γῆρας ἱκάνει λ 196, τάφος οἱ ἦτορ ἵκανεν ψ 93. Cf. β 41, ε 289, 457, ζ 169, σ 81, 274.—Sim. of need: χρειὼ ἵκανεν ζ 136.—So in mid.: χρειὼ ἱκάνεται K 118, Λ 610.—Of sleep Δ 610, K 96: ι 333, τ 49.—Of fate Σ 465: ι 507 = ν 172.

ἴκελος, -η, -ον (Ϝίκελος) [ἰκ-, εἴκω¹]. = εἴκελος (1): ὄμματα ἴκελος Διί (in . . .) B 478. Cf. Δ 86, E 450, Λ 467, Π 11, Σ 591, Τ 282, Ω 80, 699, 758: δ 249, ε 54, μ 418 = ζ 308, ν 157, ρ 37 = τ 54.

ἱκέσθαι, aor. infin. ἱκνέομαι.

ἱκέτης [ἱκέτης]. (1) To come as a suppliant: ἐς Πηλῆ' ἱκέτευσε Π 574 (of a fugitive homicide).— (2) To approach and entreat as a suppliant η 292, 301, ο 277 (of a homicide), ρ 573.—(3) To entreat, beg. With complementary infin.: πολλά μ' ἱκέτευεν ἱππόθεν ἐξέμεναι λ 530.

ἱκέτης, ὁ [ἵκω]. A suppliant (and as such bearing a sacred character): ἀντί τοί εἰμ' ἱκέταο αἰδοίοιο Φ 75. Cf. Ω 570: οὐδ' ἱκέτας ἐμπάζεαι π 422 (app., the order or class of suppliants, the relation of suppliant and protector and the obligations arising therefrom, referring to the story she proceeds to tell). Cf. ε 450, ζ 193 = ξ 511, η 165 = 181, θ 546, ι 269, 270, π 67, τ 134.— With ἀνήρ: ἱκέτεω πεφιδήσεται ἀνδρὸς Ω 158 = 187.

ἱκετήσιος [ἱκέτης]. Epithet of Zeus as protector of suppliants ν 213.

ἵκετο (ἴ), 3 sing. aor. ἱκνέομαι.

ἰκμάς, ἡ. The natural moisture (of a hide): ἄφαρ ἰ. ἔβη P 392 (see βαίνω (I) (1)).

ἴκμενος. Epithet of οὖρος. App., favourable or the like A 479: β 420 = ο 292, λ 7 = μ 149.

†ἱκνέομαι [ἱκ- as in ἱκάνω, ἵκω]. Nom. pl. fem. pres. pple. ἱκνεύμεναι ι 128. 1 pl. impf. ἱκνεύμεσθα

ω 339. Fut. ἵξομαι Z 367. 3 sing. ἵξεται A 240, Ψ 47: θ 198, τ 20. Infin. ἵξεσθαι Z 502, Λ 182, O 252, 505, Ω 728: δ 515, κ 276. Aor. ἱκόμην Ξ 260: δ 84, ζ 176, π 233, ρ 121, etc. 2 sing. ἵκεο I 56, K 448: θ 573. ἵκευ ν 4. 3 ἵκετο (ῐ) A 362, Θ 149, Λ 88, 225, 352, N 837, Σ 64, Ω 708, etc.: γ 368, η 80, μ 2, π 57, τ 451, ψ 224, etc. 2 dual ἵκεσθον Θ 456. 3 ἱκέσθην (ῐ) A 328, I 185, Ξ 283, Ψ 215: β 150, κ 117. 1 pl. ἱκόμεθα δ 34, ι 107, μ 262, ψ 354, etc. ἱκόμεσθα B 138, Λ 726, 769: γ 61, κ 13, ξ 257, 290, etc. 3 ἵκοντο (ῐ) A 432, Γ 264, Δ 383, Λ 170, Σ 67, Ψ 2, etc.: γ 388, ζ 85, η 46, ο 109, ρ 85, ω 13, etc. Subj. ἵκωμαι A 139, E 360, I 393, Φ 558, etc.: ξ 140, ο 509. 2 sing. ἵκηαι Z 143, Θ 478, P 622, Υ 429: β 307, ε 168, η 319, ρ 448, etc. 3 ἵκηται A 166, E 129, N 141, Σ 207, etc.: γ 355, ζ 202, κ 39, μ 66, τ 319, etc. 1 pl. ἱκώμεθα ζ 296. 2 ἵκησθε Υ 24. 3 ἵκωνται O 233, Π 455, Σ 213: ν 101. Opt. ἱκοίμην Δ 171, I 363, Ξ 247, Ω 437: ν 333, λ 480. 2 sing. ἵκοιο γ 117, δ 474, κ 65, ο 518, τ 367. 3 ἵκοιτο Γ 233, N 711, Π 247, T 354: ε 34, ι 351, ρ 497, ψ 151, etc. 1 pl. ἱκοίμεθα I 141, 283: κ 33. 2 ἵκοισθε λ 104, 111, μ 138. 3 ἱκοίατο Σ 544: κ 416. 3 imp. ἱκέσθω Σ 178: ο 447. Infin. ἱκέσθαι A 19, B 115, M 221, X 417, Ω 287, etc.: α 21, δ 475, ε 41, ο 66, π 59, ω 430, etc. (ἀφ-, δι-, εἰσαφ-, ἐξ-, ἐφ-, καθ-.) (1) (a) To go, proceed, take one's way: Ζηνὸς ἆσσον (approach) Ξ 247: οἰκαδε ο 66, ἐμὲ χρεὼ ἱκέσθαι (to be off) 201.—(b) With preps. (a) ἐπί: ἐπὶ νῆας Θ 9, X 417. Cf. ι 128.—(β) ἔς: 'Ολυμπον E 360. Cf. κ 490.—(γ) μετά: μετὰ κλέος 'Αχαιῶν Λ 227.—(δ) πρός: τὰ ἃ πρὸς δώματα O 58. —(c) With acc.: φοβεύμενος ἵκετο νῆας (fled to the . . .) θ 149. Cf. O 252, Σ 150: ο 509.—(d) With the prepositional and accusatival constructions combined: ἄλλων ἵκετο δῆμον, "Αργος ἔς (fled to . . .) ο 238. Cf. υ 219.—(2) To walk about, stroll: διὰ δενδρέων ἱκνεύμεσθα ω 339.—(3) (a) To come to a specified or indicated place: δεῦρο B 138. Cf. Γ 233, E 129, Z 367, 502, Σ 213: πόθεν ἵκετο; π 57. Cf. γ 61, η 239, ι 267 (have come in supplication), μ 66, ν 303, π 233, 424, τ 379.—Of something inanimate: λοετρά Ψ 44.—Of sound: ἀμφί μ' 'Οδυσσῆος ἵκετ' ἀϋτή Λ 466.—Of a message ο 447.—With advbl. acc. defining the action of the vb.: δεῦρο τόδ' ἵκετο (has come as he has done) ρ 524.—(b) With preps. (a) ἔς: 'Ιθάκης ἐς δῆμον ξ 126. — (β) ποτί: ἐμὸν ποτὶ δῶ ν 4.— (γ) προτί: προτὶ ἄστυ ν 180, ω 154.—(c) With acc. of the place: "Αργος ἱκέσθαι B 115 = I 22. Cf. Δ 171, Z 225, Ω 29: γ 368, δ 170, θ 13, 28, ι 351 (will visit thee), κ 435, etc.—Of something inanimate: δόρυ δ' ἀψ ἵκεθ' "Εκτορα Υ 440.—(4) To present oneself to: ἄλλον φῶτα θν χρειὼ ἱκέσθαι Cf. ρ 516, ψ 314, 333.—With ἔς: ἵκετ' ἐς Πείραιον ν 372.—In unfriendly sense: κεχολώσεται ὅν κεν ἵκωμαι Λ 139.—To come or fall into (one's hands): ὅ τι χεῖρας ἵκοιτο μ 331.—With ἔς K 448.—(5) To approach as a suppliant: Νύκθ' ἱκόμην φεύγων Ξ 260. Cf. X 123.— With ἔς ζ 176.—Absol.: αἰδοῖός ἐστιν ὅς τις ἵκηται ε 448.—(6) Of an event, to come on, take place: ἤν ποτε δασμὸς ἵκηται Α 166.—(7) (a) With the notion of attainment prominent, to come to, arrive at, reach, find oneself at, be at, a specified or indicated place: οἴκαδε Α 19 (reach home), λιμένος ἐντός 432. Cf. Ι 393, Σ 532, Ω 287, 338: ἦος ἵκοιτο (till he should return) ψ 151. Cf. α 173 = ξ 190 = π 224, δ 34, 520, ι 530, λ 104 (reach home), ο 210, π 59, 324, φ 211, χ 35.—Of fire π 290 = τ 9, τ 20.—(b) With preps. (a) ἐπί: ἐπὶ κλισίας Α 328 = Ι 185. Cf. Ι 652, Π 247, Ρ 622: ι 466, κ 117.—(β) εἰς, ἐς: ἐς Ὄλυμπον Θ 456. Cf. Δ 446 = Θ 60: β 307, γ 488, δ 474, ι 79, 107, etc.—Of sound: ἐς πόλιν ἵκετ' ἀϋτή ξ 265 = ρ 434.— Of smoke Φ 522. — Of perfume Ξ 174.—(γ) κατά: κατὰ στρατόν Α 484. Cf. ω 13. —(δ) μετά Γ 264, Υ 24. — (ε) ποτί γ 488 = ο 186, ξ 472.—(ζ) πρός τ 458.—(η) ὑπό Λ 182.—(c) With acc.: δόμον Γ 421, Ἀσωπόν Δ 383. Cf. Ε 367, Θ 478, Λ 170, Μ 221, Π 455, Τ 131, Φ 44, etc.: α 21, δ 515, 558, ζ 85, 304 (the place where she sits), η 83, κ 13, ο 109, ψ 296, 333, etc.—Of sound Ν 837.—Of smoke Σ 207.—Of inanimate objects: ὡς ἂν πλήμνη δοάσσεται ἄκρον ἱκέσθαι Ψ 339. Cf. Ν 141.—(d) With the prepositional and accusatival constructions combined: ἱκέσθαι οἶκον καὶ σὴν ἐς πατρίδα γαῖαν δ 475. Cf. ε 34, ζ 314 = η 76, ι 532, κ 473. — (8) In various applications in senses and constructions similar to those of (7) (a) Of getting within reach of, in hostile sense: ὅς κ' ἀνὴρ ἕτερ' ἅρμαθ' ἵκηται Δ 306.— (b) Of reaching (a mark, etc.) with a missile θ 198. Cf. (c) λ 483 = 540.—(c) Of a weapon: οὐδ' ἵκετο χρόα Λ 352.—Of a boar's tusk τ 451.—(d) Of attaining a period of life: ἥβης μέτρον Λ 225. Cf. Ω 728: δ 668, λ 317, ο 246, 366, τ 367, ψ 212.— With ἐπί: ἐπὶ γῆρας θ 227.—Of attaining a period of time: Ἠῶ ρ 497, τ 319.—(e) Of encountering fate: ὀλέθρου πείρατα Ζ 143 = Υ 429.—(f) In discourse, to proceed to, reach: οὐ τέλος ἵκεο μύθων Ι 56.—(9) Of feelings or mental or bodily states, to come upon, seize, affect: ποθὴ ἵξεται υἷας Ἀχαιῶν Α 240, ὁππότε μιν κάματος γούναθ' ἵκοιτο Ν 711. Cf. Α 362 = Σ 73, Λ 88, Σ 64, 178, Τ 348, 354, Ψ 47, Ω 708: ο 345, ψ 224.

ἱκόμην, aor. ἱκνέομαι.

ἴκρια, τά. Locative ἰκριόφιν γ 353, ν 74, ο 283. This form as ablative μ 414, ο 552. Each of two platforms, one in the forward, and the other in the after part of a ship, the first prob. having the mast passing through it, and the second being the post of the steersman. (1) The forward one: εἰς ἴκρια νηὸς ἔβαινον πρῴρης μ 229.—(2) The after: λῖπε δ' ἴκρια νηός Ο 729 (the ships were drawn up stern first): κυβερνήτης κάππεσ' ἀπ' ἰκριόφιν μ 414.—In this sense in reference to several ships: νηῶν ἴκρι' ἐπῴχετο Ο 676. Cf. Ο 685.—Doubtless the reference is also to the after platform in the following passages γ 353, ν 74, ο 283, 552.—(3) Of a similar contrivance on the σχεδίη of Odysseus ε 163, 252.

ἴκω [cf. ἱκάνω, ἱκνέομαι]. Subj. ἵκωμι Ι 414 (v.l. ἴωμι). 3 dual impf. ἱκέτην β 152 (v.l. ἰδέτην).

3 sing. aor. ἷξε Β 667, Ζ 172, Λ 807, Υ 320, 328, Χ 462, Ω 122, 160: γ 288, ε 442. 3 pl. ἷξον Ε 773, Κ 470, Ξ 433, Φ 1, Ψ 38, Ω 692: γ 5, 31, 495, δ 1, ε 194. (1) To go, proceed, take one's way: εἴ κεν οἴκαδ' ἵκωμι Ι 414.—With ἐς, of birds, app., to fly (or seem to fly) for: ἐς δ' ἱκέτην πάντων κεφαλάς β 152.—(2) (a) To be in the condition of having come to, arrived at, reached, to find oneself at, be at, a specified place (in aor., in sense 'arrived at,' 'reached,' 'found himself at'): ἷξεν ὅθι . . . Υ 320.—With advbl. acc. defining the action of the vb.: δεῦρο τόδ' ἵκω (have come as you see) ρ 444.—(b) With preps. (a) ἐπί: ἐπὶ Θρῃκῶν τέλος Κ 470. Cf. Υ 328.—(β) ἐς: ἐς Ῥόδον Β 667. Cf. Ω 122, 160: γ 31, 495, σ 353.—(γ) κατά Λ 807: ε 442.—(c) With acc. of the place: ἡμέτερον δόμον Σ 406. Cf. Ε 773, Ζ 172, Ξ 433 = Φ 1 = Ω 692, Χ 462, Ψ 38: γ 5, 288, δ 1, ε 194.— Sim. of merchandise: πολλὰ Φρυγίην κτήματα περνάμεν' ἵκει Σ 292.—(3) To extend to, reach. (a) With εἰς, ἐς: ὥς κε σέλας εἰς οὐρανὸν ἵκῃ Θ 509. Cf. ν 248.—(b) With acc.: κνίση οὐρανὸν ἷκεν Α 317. Cf. Β 153, 458, Θ 192, Μ 338, Ξ 60, Ρ 425, Τ 362: ι 20, ο 329 = ρ 565.—(4) Of a mental state, to have come upon or seized, affect: ὅτε κέν τινα χόλος ἵκοι Ι 525. Cf. Ρ 399.—Sim. of need: τίνα χρειὼ τόσον ἵκει; β 28. Cf. Κ 142: ε 189.—Of a mental quality, to have come to, show itself in: πινυτή τοι φρένας ἵκει υ 228.

ἰλαδόν [ἴλη, εἴλη, a crowd, conn. with εἴλω]. In crowds or throngs: ἐστιχόωντο εἰς ἀγορήν Β 93.

ἰλάομαι = ἰλάσκομαι: ἐρεχθῆα Β 550.

ἴλαος. In Α 583 ἵλαος. Propitious, gracious, benign Α 583, Ι 639, Τ 178.

ἱλάσκομαι [ἵλαος]. Aor. subj. ἱλάσσομαι γ 419. 2 sing. ἱλάσσεαι Α 147. 1 pl. ἱλασόμεσθα Α 444. Nom. pl. aor. pple. ἱλασσάμενοι Α 100. To propitiate, seek to win favour or grace from (a divinity): ἄνακτα (i.e. Apollo) Α 444. Cf. Α 100, 147, 386, 472, Ζ 380 = 385: γ 419.

ἱλήκω [as prec.]. To be propitious, lend a gracious ear: εἴ κεν ἡμῖν ἱλήκῃσι φ 365.

ἵλημι. = prec. Imp. ἵληθι γ 380, π 184.

Ἰλιόθεν (ῐ) (Ϝιλιόθεν) [-θεν (1)]. From Ilios Ξ 251: ι 39.

Ἰλιόθι (ῐ) (Ϝιλιόθι) [-θι]. As locative of Ἴλιος: Ἰλιόθι πρό (to the front in, i.e. before, in front of, Ilios) Θ 561, Κ 12, Ν 349: θ 581.

Ἰλιόφι (ῐ). As genit. of Ἴλιος Φ 295.

ἱλλάς [εἴλω]. A twisted rope of thongs or withies: ἱλλάσι εἴλω.

ἰλύς. Mud, slime: ὑπ' ἰλύος κεκαλυμμένα Φ 318.

ἱμάς, -άντος, ὁ. Dat. pl. ἱμᾶσι Ε 727, Κ 262, 475, 499, 567, Φ 30, Ψ 324, 363. ἱμάντεσσι Θ 544. (1) A thong or strap: δῆσε χεῖρας ἱμᾶσιν Φ 30 (doubtless the belts with which the χιτῶνες of 31 were girt), βοέους Χ 397. Cf. ψ 201.—(2) In special applications. (a) In pl., straps for guiding or securing a horse, reins, haltering straps: ἵππους δῆσαν ἱμάντεσσιν Θ 544, ὅπως τανύσῃ ἱμάσιν Ψ 324. Cf. Κ 475, 499, 567.—(b) In pl., straps, interplaited and strained tight, forming the platform of a chariot: δίφρος ἱμᾶσιν ἐντέταται Ε727.—(c) In pl., a series of straps so treated inserted in a helmet to strengthen it: [κυνέη] ἱμᾶσιν ἐντέτατο Κ262.—App., the straps forming the τελαμών of a shield: ῥαφαὶ ἐλέλυντο ἱμάντων χ186.—(d) The lash of a whip: μάστιγας ἄειραν, πέπληγόν θ' ἱμᾶσιν Ψ363.—(e) The chin-strap of a helmet Γ371, 375.—(f) A thong wound round the knuckles of a boxer Ψ684.—(g) The κεστὸς ἱμάς, the love-charm, consisting of a pierced (i.e. embroidered) strap, carried by Aphrodite Ξ214, 219.—(h) A strap passing through a slit in a door by which the bar or bolt (κληΐς, ὀχεύς) could be drawn from without so as to secure the door: ἐπὶ κληῗδ' ἐτάνυσσεν ἱμάντι α442, παρὰ κληῗδος ἱμάντα (i.e. through the slit) δ802. Cf. φ46.— (i) The strap round the shaft of a τρύπανον ι385.

ἱμάσθλη, -ης, ἡ [ἱμάς]. A whip (but see μάστιξ) Θ43=Ν25, Ψ582: ζ320, ν82.

†ἱμάσσω [ἱμάς]. 3 sing. aor. ἵμασε Ε589, Λ280, 531, Ρ624: ε380, ζ316. Subj. ἱμάσσω Ο17. 3 sing. ἱμάσσῃ Β782. To lash, scourge: εἴ σε πληγῇσιν ἱμάσσω Ο17.—To whip up (horses or mules) Ε589, Λ280, 531, Ρ624: ε380, ζ316.— Fig., of Zeus, to lash or afflict (the earth): ὅτε γαῖαν ἱμάσσῃ Β782.

ἱμείρω [ἵμερος]. Also as deponent ἱμείρομαι. 2 sing. ἱμείρεαι Ξ269. 3 sing. aor. subj. ἱμείρεται α41. 3 sing. opt. ἱμείραιτο Ξ163. (1) To wish, desire. With infin.: παραδραθέειν φιλότητι Ξ163. Cf. α59, ε269.—(2) With genit., to long for, sigh after: Πασιθέης Ξ269.—To bethink oneself of, turn one's mind to: ἧς αἴης α41.—To let one's mind dwell upon, set one's thoughts upon: κακῶν τούτων κ431.—To be in quest of: ψύχεος ἱμείρων κ555.

ἴμεν¹, 1 pl. εἶμι.

ἴμεν², ἴμεναι, infin. εἶμι.

ἱμερόεις, -εσσα, -εν [ἵμερος]. (1) Answering to the desires, lovely, delightsome, charming, ravishing Γ397, Ε429, Ξ170, Σ603: α421=σ304, ρ519, σ194.—(2) To which one feels a tendency or inclination: πᾶσιν ἱμερόεις ὑπέδυ γόος (a yearning for weeping came upon them) κ398.—(3) In neut. ἱμερόεν as adv., ravishingly: κιθάριζεν Σ570.

ἵμερος, -ου, ὁ. (1) Desire, longing, yearning. With genit., of what is desired: ἀνδρὸς προτέρου Γ139. Cf. Λ89: ψ144.—Sexual desire: ἱ. μ' αἱρεῖ Γ446=Ξ328. Cf. Ξ198, 216.—(2) Impulse, tendency, inclination. With genit.: γόου Ψ14. Cf. Ψ108, 153, Ω514, 507:=δ113, 183, π215, τ249, χ500, ψ231.

ἱμερτός, -όν [vbl. adj. fr. ἱμείρω]. Delightful, charming: Τιταρησσόν Β751.

ἴμμεναι, infin. εἶμι.

ἵνα. (1) Where, in which place, in the place where: ἵν' Ἀθηναίων ἵσταντο φάλαγγες Β558. Cf. Β604, Ε360, Κ127 (see γάρ (4)), Λ807, Ω382, etc.: ἵν' ἄρ' ἔζετο ζ322. Cf. δ85, 272, ι136, λ610 (in which), τ20, etc.—After a vb. of seeing: ὄψεσθ', ἵνα τώ γε καθεύδετον (see where . . .) θ313.—(2) In reference to occasion rather

than to place: σοὶ γάμος σχεδόν ἐστιν, ἵνα χρὴ . . . ζ27. Cf. ω507.—So app. ἵνα μὴ ῥέξομεν ὧδε Η353 (in the case where . . ., i.e. unless . . .).—(3) To which place, whither, where: ἵνα μιν κάλεον ζ55. Cf. δ821.—So prob. ἵνα οἱ σὺν φόρτον ἄγοιμι ξ296.—(4) In final clauses, in order that, so that. (a) With subj. (α) Pure: ἵνα ὕβριν ἴδῃ Α203. Cf. Α302, 363, 410, Β232, etc.: ἵν' εἰδῇς β111. Cf. α95, 302, 373, β307, etc. —(β) With κεν μ156.—(b) With opt. (α) Pure: ἵν' ἔκδηλος γένοιτο Ε2. Cf. Ε564, Ι452, Κ367, Λ2, etc.: ἵνα μιν ἔροιτο α135. Cf. γ2, 438, δ70, 584, etc.—(β) With κεν μ156.

ἰνδάλλομαι. (1) To appear, show oneself, make one's appearance, come into view: ἰνδάλλετό σφισι πᾶσιν Ρ213. Cf. Ψ460.—(2) To appear, seem: ὥς τέ μοι ἀθάνατος ἰνδάλλεται γ246.— (3) App., to think (cf. the double sense 'seem' and 'think' in δοκέω): ὥς μοι ἰνδάλλεται ἦτορ τ224 (as my mind pictures to itself).

ἰνίον (Ϝινίον) [ἰν-, ἴς]. The double tendon running up the back of the neck (the τένοντε (τένοντας) of Κ456, Ξ466, Π587): βεβλήκει κατὰ ἰνίον Ε73. Cf. Ξ495.

ἴξαλος. Epithet of the wild goat. App., bounding, nimble, or the like: ἰξάλου αἰγὸς ἀγρίου Δ105.

ἴξε, 3 sing. aor. ἵκω.

ἴξομαι, fut. ἱκνέομαι.

ἰξύς, ἡ. Dat. ἰξυῖ. The waist: περὶ ζώνην βάλεν' ἰξυῖ ε231=κ544.

ἰοδνεφής, -ές (Ϝιοδνεφής) [ἰον+δνεφ-, δνοφ-, δνόφος. See δνοφερός]. Violet-dark; of wool, app., merely dark in colour. Prepared from the fleeces of 'black' sheep δ135.—Growing on such a sheep ι426.

ἰοδόκος, -ον [ἰός+δοκ-, δέχομαι]. Serving to hold arrows. Epithet of quivers Ο444: φ12, 60.

ἰοειδής [ἰον+εἶδος]. Violet-like. Epithet of the sea. Blue, or perh. merely, dark Λ298: ε56, λ107.

ἰόεις, -εντος (Ϝιόεις) [ἰον]. =prec. Epithet of iron. App., dark: σίδηρον Ψ850.

ἴοι, 3 sing. opt. εἶμι.

ἴομεν (ῑ), 1 pl. subj. εἶμι.

ἰόμωρος [app. ἰο-, ἰός. Cf. ἐγχεσίμωρος, ὑλακόμωρος]. App., eager or active with arrows Δ242, Ξ479.

ἴον, -ου, τό (Ϝίον. Cf. L. vio-la). The blue violet. Collectively: ἴον ἠδὲ σελίνου θήλεον ε72.

ἰονθάς, -άδος. Epithet of the wild goat of unknown meaning ξ50.

ἰόντες, nom. pl. masc. pple. εἶμι.

ἰός, -οῦ, ὁ. Acc. pl. ἰά Υ68. An arrow Α48, Γ80, Δ94, Θ514, Π773, Τ59, Ψ862, etc.: α262, υ92, φ423, χ3, 15, 75, 82, 116, 119, 246. —In pl. ἰά denoting rather vague quantity than plurality: ἔχων ἰά (a quiverful) Υ68.

ἰότης, -ητος, ἡ. (1) Will, ordinance, determination, working to an end: μὴ δι' ἐμὴν ἰότητα . . . (it is not my doing that . . .) Ο41. Cf. Ε874, Σ396, Τ9: η214=ξ198, λ341, 384, μ190=

ρ 119, π 232.—(2) App., will, wish, desire : οὐ μῶλος ἐτύχθη μνηστήρων ἰότητι (did not turn out as they wished) σ 234 (though they are represented as impartial).

ἴουλοι, οἱ. Hair on the cheeks, whiskers λ 319.

ἰοχέαιρα (ἰοχέFαιρα) [ἰός + χεF-, χέω]. Shedder of arrows (cf. χέω (6) (a)). Epithet or a name of Artemis E 53, 447, Z 428, I 538, Τ 39, 71, Φ 480, Ω 606 : ζ 102, λ 172, 198, ο 478.

ἱππάζομαι [ἵππος]. To drive one's chariot : ἀφραδέως ἱππάζεαι Ψ 426.

ἵππειος, -η, -ον [ἵππος]. Of, pertaining to, intended for, a horse or horses : ζυγοῦ (the horses' . . .) E 799, φάτνῃ K 568. Cf. Λ 536 = Τ 501, Ο 537 (of horse-hair) Ψ 392 : δ 40.

ἱππεύς, ὁ [ἵππος]. (1) A warrior who fights with the aid of a chariot : πεζοί θ' ἱππῆές τε Β 810 = Θ 59 : = ω 70. Cf. Δ 297, 301, 322, Λ 151, 529, 720, 724, 746, M 66, O 258, 270, Ψ 133.— In voc. as epithet of Patroclus : ἱππεῦ Π 20, 744, 812, 843.—(2) App. = ἡνίοχος : φθὰν ἱππήων Λ 51 (i.e. app., having left their chariots they advanced on foot in front of them), ἱππῆες μετεκίαθον 52.—(3) One who drives his chariot in a race Ψ 262, 273, 287.—(4) A charioteer in gen. : πολέες παρήϊον ἠρήσαντο ἱππῆες φορέειν Δ 144.

ἱππηλάσιος, -η [ἵππος + ἐλα-, ἐλαύνω]. Fit to be traversed by chariots : ὁδός H 340 = 439.

ἱππηλάτă [as prec. Prob. orig. a voc. turned into a nom.]. Driver of the chariot. Epithet of heroes. Of Tydeus Δ 387.—Of Peleus H 125, I 438, Λ 772, Σ 331.—Of Phoenix I 432, Π 196, Τ 311.—Of Oeneus I 581.—Of Nestor γ 436, 444.

ἱππήλατος, -ον [as prec.]. Affording good ground for driving δ 607, ν 242.

ἱππιοχαίτης [ἵππος + χαίτη]. Of horse - hair : λόφον Z 469.

ἱππιοχάρμης [ἵππος + χάρμη]. = ἱππεύς (1). Epithet of Troïlus Ω 257.—Of Amythaon λ 259.

ἱππόβοτος, -ον [ἵππος + βοτ-, βόσκω]. Grazed, suitable for being grazed, by horses. Of Ithaca δ 606.—Of Argos B 287, Γ 75 = 258, Z 152, I 246, O 30, Τ 329 : γ 263, δ 99, 562, ο 239, 274.—Of Tricè Δ 202.—Of Elis φ 347.

ἱππόδαμος [ἵππος + δαμ-, δαμάζω]. Tamer or breaker-in of horses. Epithet of heroes. Of Atreus B 23 = 60.—Of Castor Γ 237 : = λ 300.— Of Tydeus Δ 370, Ψ 472.—Of Diomedes E 415, 781, 849, H 404 = I 51 = 711, Θ 194 : γ 181.—Of Antenor Z 299, Ξ 473.—Of Hector H 38, Π 717, Χ 161, 211, Ω 804.—Of Hippasus Λ 450.—Of Thrasymedes Ξ 10.—Of Hyperenor P 24.—Of Nestor γ 17.—In pl. as epithet of the Trojans Β 230, Γ 127, Δ 333, Z 461, Θ 110, M 440, P 230, Τ 180, etc.

ἱππόδασυς, -εια [ἵππος + δασύς]. With bushy horse-hair crest. Epithet of helmets Γ 369, Δ 459 = Z 9, N 614, 714, O 535, P 295 : χ 111, 145.

ἱππόδρομος, ὁ [ἵππος + δρομ-, δραμ-. See τρέχω]. Ground that can be traversed by chariots Ψ 330.

ἱππόθεν [ἵππος + -θεν (1)]. From or out of the (Trojan) horse : ἐκχύμενοι θ 515. Cf. λ 531.

ἱπποκέλευθος [ἵππος + κέλευθος. 'One who fares with horses']. = ἱππεύς (1). In voc. as epithet of Patroclus Π 126, 584, 839.

ἱππόκομος, -ον [ἵππος + κόμη]. With horse-hair crest. Epithet of helmets M 339, N 132 = Π 216, Π 338, 797.

ἱπποκορυστής [ἵππος + κορυστής. Cf. χαλκοκορυστής]. Marshaller of chariots. In pl., epithet of heroes and peoples B 1 = Ω 677, K 431, Π 287, Φ 205.

ἱππόμαχος [ἵππος + μάχομαι]. = ἱππεύς (1). In pl., epithet of the Phrygians K 431.

ἱπποπόλος [ἵππος + -πολος, conn. with πολεύω]. Busied with horses. In pl., epithet of the Thracians N 4, Ξ 227.

ἵππος, -ου, ὁ, ἡ. (1) A horse or mare : εὖ τις ἵπποισιν δεῖπνον δότω B 383, παρήϊον ἔμμεναι ἵππων (for a horse) Δ 142, παρ' ἵππων ὠκειάων 500 (app. from a stud-farm where brood mares were kept). Cf. Α 154, Β 763, Ε 195, Z 506, etc. : γ 324, δ 8, 635, ε 371, ν 81, etc.—Of the Trojan horse δ 272, θ 492, 503, 512, λ 523.—Fig. : νηῶν, αἵ θ' ἁλὸς ἵπποι ἀνδράσι γίγνονται δ 708.—(2) In dual and pl., the horses and their chariot forming one conception, 'horses and chariot' : κοσμῆσαι ἵππους B 554, ἥρι ἔγχος ἐκέκλιτο καὶ ἵππω E 356. Cf. Γ 113, H 240, 342 (v.l. ἵππον see (4)), I 708, Λ 339, M 111, Σ 153, Τ 157,etc. : ξ 267 = ρ 436, ξ 278.—(3) Hence, in dual and pl., the horses neglected, passes into the sense 'chariot' simply : ἐξ ἵππων ἀποβάντες Γ 265, ἑσταότ' ἔν θ' ἵπποισι καὶ ἅρμασιν (hendiadys) Δ 366 = Λ 198, ἐφ' ἵπποιιν ἀνόρουσεν Τ 396. Cf. E 13, 19, 46, 111, 163, 227, 249, 255, 328, Z 232, H 16, Λ 94, 192, M 82, Ξ 435, Π 749, etc. : ι 49. —In this sense even with adjectives properly applicable only to the horses : ἵππων ὠκυπόδων ἐπέβησαν Θ 128, ἐπὶ καλλίτριχε βήμεναι ἵππω P 504. Cf. H 15, Σ 531 : σ 263.—(4) Chariots and horses collectively, the horse force of an army : τάφρον, ἥ χ' ἵππον ἐρυκάκοι H 342 (v.l. ἵππους ; see (2)).

ἱπποσύνη, -ης, ἡ [ἵππος]. Horsemanship, skill in driving or using the chariot : ἱπποσύνῃ ἐκέκαστο Ψ 289. Cf. Δ 303, Λ 503, Π 809.—In pl. in sim. sense Π 776, Ψ 307 : ω 40.

ἱππότă [ἵππος. Prob. orig. a voc. turned into a nom.]. = ἱππεύς (1). Epithet of heroes. Of Nestor B 336, Δ 317, H 170, Θ 112, I 52, K 102, etc. : γ 68, 102 = 210 = 253, 386, 397, 405, 417 = 474, δ 161.—Of Phyleus B 628.—Of Tydeus E 126.—Of Oeneus Ξ 117.—Of Peleus Π 33, Ψ 89.

ἵππουρις [ἵππος + οὐρή]. Bearing a horse's tail as a crest. Of helmets Z 495, Τ 382, Γ 337 = Λ 42 = 081 = Π 138 : = χ 124.

†ἵπτομαι. 3 sing. fut. ἵψεται B 193. 2 sing. aor. ἵψαο A 454, Π 237. To bear hard upon, smite : λαὸν 'Αχαιῶν A 454 = Π 237, υἷας 'Αχαιῶν B 193.

ἱρεύς. See ἱερεύς.

ἱρεύω. See ἱερεύω.

ἴρηξ, -ηκος, ὁ. A bird of the falcon kind, a falcon or hawk : ὥς τ' ἴ. ὦρτο πέτεσθαι N 62. Cf.

N 819, O 237, Π 582, Σ 616, Φ 494: ε 66.—ἴρηξ κίρκος ν 86 (κίρκος being app. the more specific word).

ἶρις, ἡ. Dat. pl. ἴρισσι Λ 27. The rainbow: ἴρισσιν ἐοικότες Λ 27. Cf. P 547.

ἱρός. See ἱερός.

ἴς, ἰνός, ἡ (Ƒίς) [ἴς, ἴφι, ἴφιος show resemblances, but it is difficult to say whether, or to what extent, they are connected with each other]. Dat. pl. ἴνεσι Ψ 191. (1) A tendon or sinew: χρόα ἴνεσιν (the flesh on the . . .) Ψ 191. Cf. λ 219. —(2) Specifically, the double tendon at the back of an ox's neck P 522 (cf. ἰνίον).—(3) Bodily strength or vigour: ἵν' ἀπέλεθρον ἔχοντας E 245, οὐ γὰρ ἐμὴ ἴς ἐσθ' οἵη πάρος ἔσκεν Λ 668. Cf. M 320, Ψ 720: οὐδ' ἴς οὐδὲ βίη (the two hardly to be distinguished) σ 3. Cf. λ 393, μ 175, φ 283.— Of the wind, strength, force O 383, P 739: ι 71, ν 276, τ 186.—(4) Force exerted, strength put into an effort: ἐπέρεισεν ἴν' ἀπέλεθρον H 269: = ι 538.— (5) ἴς τινος, periphrasis for a person (cf. βίη (5)): ἱερὴ ἴς Τηλεμάχοιο β 409 = σ 405 = φ 101, π 476, σ 60 = φ 130, χ 354.—Sim.: καίετο ἴς ποταμοῖο (the mighty river) Φ 356.

ἰσάζω (Ƒισάζω) [ἴσος]. 3 sing. pa. iterative mid. ἰσάσκετο Ω 607. (1) To make equal: σταθμὸν ἔχουσα καὶ εἴριον ἀμφὶς ἀνέλκει ἰσάζουσα (i.e. putting on wool till it balances the weight) M 435.—(2) In mid., to liken oneself to, compare oneself with. With dat.: οὕνεκα Λητοῖ ἰσάσκετο Ω 607.

ἴσαν[1], 3 pl. plupf. εἴδω (C).

ἴσαν[2], 3 pl. impf. εἶμι.

ἴσᾱσι (ῐ), 3 pl. pf. εἴδω (C).

ἴσθι, imp. εἴδω (C).

ἰσθμιον, τό [ἰσθμός, neck]. A necklace σ 300.

ἴσκω (Ƒίσκω) [app. for Ƒίκσκω, fr. Ƒικ-, εἴκω[1]. Cf. ἐίσκω]. (1) To make like. With dat.: πάντων Ἀργείων φωνὴν ἴσκουσ' ἀλόχοισιν (i.e. ἀλόχων φωναῖσιν) δ 279 (imitating their voices).—(2) To liken to, deem like, take for. With dat.: τῷ σε (ἐμὲ σοί) ἴσκοντες Λ 799, Π 41 (v.l. εἴσκοντες).— (3) To speak feigningly: ἴσκε, ψεύδεα πολλὰ λέγων τ 203.—(4) To conjecture, guess: ἴσκεν ἕκαστος ἀνήρ χ 31 (i.e. so spoke from conjecture, under misapprehension).

ἰσόθεος (Ƒισόθεος) [ἴσος + θεός]. Godlike, like the gods: φώς Γ 310, Δ 212, Λ 472 = O 559 = Π 632, Ψ 569: α 324.—With φώς in apposition to the name of a hero B 565, H 136, I 211, Λ 428, 644, Ψ 677: υ 124.

ἰσόμορος [ἴσος + μόρος]. Equally favoured by destiny. Absol. O 209.

ἰσόπεδον, τό [ἴσος + πέδον, the ground]. A piece of level ground: ἧος ἵκηται ἰ. N 142.

ἴσος, -η, -ον (Ƒῖσος). Also (always in fem. and only in senses (1) (a) and (5)) with prothetic ἐ ἔῖσος -η, -ον (ἐƑῖσος). (1) (a) Equal in height: [ἵππους] ἐῖσας B 765.—(b) Even, in line: ἴσας ὑσμίνη κεφαλὰς ἔχεν Λ 72.—(c) The same in amount or value, equal: ἴσην βίην καὶ κῦδος H 205. Cf. I 318, Ψ 736, 823.—With dat.: οὐ σοί ποτε ἴσον ἔχω γέρας (i.e. σῷ γέρᾳ) A 163.—

(2) (a) Fair, one's fair . . . : μοῖραν ν 282, 294.— Such as to afford favour to neither side, even, fair: πολέμου τέλος (see τέλος (3)) Υ 101.—(b) Absol. in fem., one's fair share: ἀτεμβόμενος ἴσης Λ 705: ι 42 = 549.—One's allotted portion, one's allotment: ὥ τ' ἐρίζητον περὶ ἴσης M 423.—(c) Absol. in neut. pl., fair dealing, the right (cf. πιστός (2) (b), φυκτός): οὐδέ ποτ' ἴσα ἔσσεται, ὄφρα . . . β 203.— (3) The same in quality, producing the same effects, the like: θυμόν N 704, P 720: κακόν ο 72. —(4) Like, resembling, comparable with. With dat.: δαίμονι ἴσος E 438. Cf. Λ 297, 747, M 130, N 39, Σ 56, X 132, 460, etc. : ἴσος ἀναύδῳ κ 378. Cf. γ 290, θ 115, λ 243, ξ 175, σ 27.—(5) In the ἐῖσ- forms epithet (a) Of ships, well balanced, swinging evenly on the keel, trim A 306, B 671, E 62, Θ 217, O 729, etc. : γ 10, δ 358, η 43, λ 508, etc.—(b) Of shields, well balanced: ἀσπίδα πάντοσ' ἐΐσην (so balanced as to answer freely to every movement of the arm) Γ 347, E 300, Λ 61, N 405, etc.—(c) Of the intelligence or one's wits, well balanced, sound, sane: φρένας λ 337 = σ 249, ξ 178.—(d) Of a meal, in which each gets his due share of the good things: δαιτός A 468, I 225, etc. Cf. λ 185, π 479, etc.—Sim. of the gods' share of a sacrifice: οὔ μοί ποτε βωμὸς ἐδεύετο δαιτὸς ἐΐσης (app. implying that the proper parts of the victim are offered, so that the god and the mortals share fairly) Δ 48 = Ω 69.—(6) (a) In neut. sing. ἴσον as adv., even as, in like manner or measure with. With dat.: ἴσον ἐμοὶ φάσθαι A 187, ἴσόν σφιν ἀπήχθετο κηρί Γ 454. Cf. E 467, I 142, 284, 603, 616, O 50, 167, 183, Σ 82: λ 557, ξ 203.—(b) So in neut. pl. ἴσα: ἔτρεφε ἴσα τέκεσσι E 71. Cf. E 441, N 176 = O 551, O 439, Φ 315: α 432, λ 304, 484, ο 520.—κατὰ ἴσα, on equal terms, without advantage to either side: κατὰ ἴσα μάχην ἐτάνυσσεν Λ 336.—So ἐπὶ ἴσα M 436 = O 413.

ἰσοφαρίζω [ἴσος + φέρω]. To rival, contend with, cope with, vie with. With dat.: μένος οἱ (in . . .) Z 101. Cf. I 390, Φ 194, 411.

ἰσοφόρος [as prec.]. Of oxen, drawing the plough with equal strength (and so cutting an even furrow): βόες σ 373.

ἰσόω [ἴσος]. In mid., to liken oneself to. With dat.: τοίσίν κεν ἐν ἀλγεσιν ἰσωσαίμην η 212.

ἴστε, 2 pl. pf. εἴδω (C).

†ἵστημι [στα-. Cf. L. sto, Eng. stand]. (A) 3 pl. pres. ἱστᾶσιν N 336. 3 pl. impf. ἵστασαν (v.l. ἔστασαν (see below)) B 525, M 56, Σ 346 : γ 182, θ 435, σ 307. Imp. ἵστη Φ 313. 3 sing. pa. iterative ἵστασκε τ 574. Fut. infin. στήσειν λ 314. Aor. στῆσα δ 582, ξ 258, ρ 427. 3 sing. ἔστησε E 368, 523, 775, Θ 49, N 34, O 126, Ψ 852: α 127, ι 248, μ 405, ξ 303, ρ 29. στῆσε B 558, Δ 298, Π 199 : β 391, η 4, π 188,' φ 120, 123. 1 pl. στήσαμεν μ 305. 3 ἔστησαν A 448: ξ 420. στῆσαν Ψ 745, Ω 350: β 425, ο 290. ἔστασαν (traditionally explained as for ἔστησαν. V.l. ἴστασαν (see above)). 3 pl. subj. στήσωσι X 350. Imp. στῆσον Z 433. Pple. στήσας T 247, Ω 232: ε 252, κ 506. Pl.

στήσαντες π 292, τ 11. Fem. στήσᾶσα E 755, Υ 114: ν 111. Infin. στῆσαι Σ 344, X 443, Ψ 40 : θ 434. **Mid.** 3 pl. aor. στήσαντο Α 480 : β 431. Pl. pple. στησάμενοι Σ 533 : ι 54, 77, μ 402. Fem. sing. στησαμένη β 94, τ 139, ω 129. Infin. στήσασθαι Ζ 528.—**(B)** Aor. ἔστην κ 97, 148, 310. στῆν Λ 744. 2 sing. ἔστης Υ 179. 3 ἔστη Β 101, E 108, Z 43, K 354, etc.: θ 304, ξ 270, π 12, ρ 439, χ 332. στῆ Α 197, Β 20, H 46, M 353, etc. : α 103, β 37, η 21, ο 150, etc. 3 dual στήτην Α 332, Γ 344, Ο 155, Φ 285 : ρ 261. 1 pl. στῆμεν Λ 777. 2 ἔστητε Δ 243, 246. 3 ἔστησαν Λ 593, N 488 : κ 391, ω 58. στῆσαν δ 22. ἔσταν Α 535, Β 467, X 473, Ω 359, etc. : ζ 211, θ 118, χ 115, ω 392, etc. στάν Ι 193, Λ 216, Π 601, Ψ 358, 757. 2 sing. subj. στήῃς P 30. στήῃ E 598. 1 pl. στήομεν O 297. στέωμεν Λ 348, X 231. 3 sing. opt. σταίη α 256. 3 pl. σταίησαν P 733. Imp. στῆθι X 222, Ψ 97 : ν 387, ρ 447. Pl. στῆτε Ζ 80, Λ 588 : ζ 199, 218. Pple. στάς, -άντος Γ 210, E 112, Λ 622, Π 231, P 490, Ψ 141, etc. : α 120, ε 75, η 133, τ 575, ω 234, etc. Fem. στᾶσα Δ 129, E 784, Λ 10, Ξ 154, Υ 49 : δ 370, ζ 56, κ 400, 455, μ 20. Infin. στήμεναι P 167, X 253 : ε 414. στῆναι Φ 266 : ρ 439, σ 241. 3 sing. pa. iterative στάσκε Γ 217, Σ 160. **Mid.** 1 sing. pres. ἵσταμαι Δ 54, E 809, N 271. 3 ἵσταται K 173, Ο 293, X 318. 3 pl. ἵστανται M 44. 3 sing. impf. ἵστατο Β 151, H 136, I 14, N 333, 702, Π 166, T 250, Υ 68, Φ 240, 327, Ψ 366 : α 129, ν 56, ξ 433, ο 257, ω 422. 3 pl. ἵσταντο Β 473, 558, Λ 171, 574, N 126, Ο 317, Ψ 839 : η 5, θ 110, 263, ι 381. 2 sing. imp. ἵστα(σ)ο Λ 314, N 448, P 31, 179, T 197, X 85 : χ 233. Pl. ἵστασθε Λ 591. Pple. ἱστάμενος, -η Β 172, Δ 203, M 341, N 768, Σ 496, etc. : δ 25, ε 159, η 83, ι 402, ξ 162, etc. Infin. ἵστασθαι τ 201. Fut. στήσομαι Σ 90. 1 pl. στησόμεθα Σ 278. Infin. στήσεσθαι Θ 234, Λ 609, Φ 482. **Pass.** 3 sing. aor. ἐστάθη ρ 463.—**(C)** 2 sing. pf. ἕστηκας E 485. 3 ἕστηκε Γ 231, Δ 263, E 186, Σ 172, Ψ 327 : α 185, ω 299, 308. 3 dual ἕστατον Ψ 284. 3 pl. ἑστήκᾱσι Δ 434. ἑστᾶσι Δ 245, E 196, I 44, M 64, Ξ 308. 3 sing. plupf. ἑστήκει(ν) Δ 329, E 587, M 446, Σ 557, T 117, Ψ 691, etc.: θ 505, σ 344, φ 434, ω 446. 1 pl. ἕσταμεν λ 466. 3 ἕστασαν Β 777, Δ 331, K 520, M 55, P 267, Ψ 370, etc. : β 341, δ 426, η 89, τ 211, φ 52, etc. 3 sing. subj. ἑστήκῃ P 435 : χ 469. Imp. ἕσταθι χ 489. 2 dual ἕστατον Ψ 443. 2 pl. ἕστατε Τ 354. Pple. ἑστᾱότ- Β 170, 320, Δ 90, M 336, N 438, Σ 246, T 79, Ψ 283, etc. : θ 380, ι 442, λ 571, 583, ν 187, χ 130, ψ 46, ω 204. Infin. ἑστάμεναι K 480, Λ 410, N 266, O 675 : Σ 374 : χ 111. ἑστάμεν Δ 342, M 316, O 675 : φ 261. (ἀμφ-, ἀνθ-, ἀν-, ἀφ-, δι-, ἐξυπαν-, ἐπαν-, ἐφ-, καθ-, μεθ-, παρ-, προ-, συν-, ὑφ-.) **(I)** In pres. and impf. act. and the other forms (A). **(1)** To set, place, put, cause to be, in a specified or indicated place or position : ἑκατόμβην ἔστησαν περὶ βωμόν Α 448, σκολόπεσσιν, τοὺς ἵστασαν (had set) M 56. Cf. Β 558, E 523, Ο 126 (cf. α 127 below), Σ 344, 346, Φ 313, X 443, Ψ 40, 852 : ἔγχος ἔστησε δουροδόκης ἐντοσθεν α 127, ἴκρια στήσας (setting it up) ε 252, ἥμισυ ἑστησεν ἐν ἄγγεσιν ι 248. Cf. θ 434, 435, μ 405 = ξ 303, ξ 420,

ρ 29, σ 307, τ 574, φ 120, 123.—In mid. : κρητῆρα στήσασθαι Ζ 528. Cf. β 431.—**(2)** To set up (a mast) β 425 = ο 290, κ 506.—In mid. Α 480 : ι 77, μ 402.—To set up (the warp of a web). In mid. β 94 = ω 129, τ 139.—**(3)** To bring (together), assemble : ἄμυδις στήσασα θεούς Υ 114.—Sim. of a natural agency : ἀνέμων, οἵ τ' ἄμυδις κονίης ἱστᾶσιν ὁμίχλην N 336.—**(4)** To station, post: πεζούς Δ 298. Cf. Ζ 433.—**(5)** To draw up, set in array (troops) : Φωκήων στίχας Β525. Cf. Π 199.—To set (a battle) in array. In mid.: στησάμενοι ἐμάχοντο μάχην Σ 533 : ι 54.—**(6)** To bring about, cause, set going : φυλόπιδα λ 314. Cf. π 292 = τ 11.—**(7)** To bring to a stand, stop, halt (horses, etc.) E 755, Ω 350.—Absol., to halt one's beasts : στῆσεν ἐν προθύροισιν η 4.—To tether (horses) E 368, 775, Θ 49, N 34.—**(8)** To moor (a ship) β 391.—To bring (a ship) to land : στήσαμεν ἐν λιμένι νῆα μ 305. Cf. γ 182, δ 582, ξ 258 = ρ 427.—Absol., to bring one's ship to land : στῆσεν ἐν ᾿Αμνισῷ τ 188. Cf. Ψ 745.—**(9)** To stop the motion of, stop : μύλην ν 111.—**(10)** To weigh out : χρυσοῦ δέκα τάλαντα Τ 247, Ω 232. Cf. X 350.—**(II)** In pres. and impf. mid. and the other forms (B). **(1)** To take up a specified or indicated position, to take one's stand, come and stand, in a specified or indicated place or position : στῆ ὄπιθεν (came up behind him) Α 197, ἀγχοῦ ἱσταμένη Β 172, ἵν' ᾿Αθηναίων ἵστανто φάλαγγες (were taking up their position) 558. Cf. Β 20, E 108, Z 43, H 136 (stood forth), Θ 234, Λ 314, Ξ 154, etc. : στῆ ἐπὶ προθύροις α 103, ἀμφὶ κούρω ἵσταντο θ 263. Cf. α 333, γ 449, ζ 218, η 5, ι 402, μ 20, ν 387, ρ 447, ν 128, etc.—Of inanimate objects : κονίη ἵστατ' ἀειρομένη Β 151. Cf. Φ 240, 327, Ψ 366.—**(2)** Of a period of time, to set in, begin : ἔαρος νέον ἱσταμένοιο τ 519. Cf. ξ 162 = τ 307.—Of a star, to appear in its place X 318.—**(3)** To be brought about, be set on foot : ἵστατο νεῖκος N 333.—**(4)** To be, stand, in a specified position : τάων οὐ πρόσθ' ἵσταμαι (protect) Δ 54, ἑκὰς ἱστάμενος N 263. Cf. E 809, N 271.—Impers. Fig. : ἐπὶ ξυροῦ ἵσταται ἀκμῆς ἤ . . . ἠὲ . . . K 173.—Of inanimate objects, to stand, be : ἔνθ' ἄλλα ἔγχεα ἵστατο α 129.—Of abstractions : περὶ κακὰ πάντοθεν ἔστη ξ 270, ρ 439.—**(5)** To remain standing, keep one's legs : ἐστάθη ἔμπεδον ρ 463. —**(6)** To make a stand, stand firm : στήομεν Ο 297. Cf. Λ 348 = X 231.—To stand firmly (on one's feet) : οὔ πως ἔστι πόδεσσι στήμεναι ε 414.—**(7)** To come to a stand, stand still, stop, halt : ταρβήσαντε στήτην Α 332, ἔστην δουρὸν ἀκούσας K 354. Cf. E 598, K 374, Λ 545, Π 806, Σ 160, Φ 551, X 222, 225, 293, Ω 360 : στῆτέ μοι, ἀμφίπολοι ζ 199, κῆρ οἱ ὁρμαιν' ἱσταμένῳ (halting ever and anon) η 83. Cf. ζ 211, ω 392.—Of inanimate objects : πολλὰ [δοῦρα] ἐν γαίῃ ἵσταντο (stopped short of their aim) Λ 574 = Ο 317, ἐγχείη ἐνὶ γαίῃ ἔστη Υ 280, Φ 70.—Hence, app., in aor., to (lose heart for action and) check oneself : τίφθ' οὕτως ἔστητε τεθηπότες ; Δ 243, ὣς ἔστητε τεθηπότες 246 (in both passages implying continuance of the result ; hence virtually 'stand idle').—**(8)** To come to a stand in face of a pressing foe, make a stand : ἐναντίοι ἔσταν Ἀχαιῶν Ε 497 = Ζ 106 = Λ 214 = Ρ 343, θῦνεν ἱστάμενος(making a stand at intervals) Λ 571. Cf. Ζ 80, Λ 171, 588, 591, 595 = Ο 591 = Ρ 114, Ρ 733.—(9) To come to a standing posture, stand up : ἀντίοι ἔσταν ἅπαντες Α 535. Cf. Γ 210, Ο 6, Τ 282, Ψ 271 = 456 = 657 = 706 = 752 = 801 = 830 : στῆ μέσῃ ἀγορῇ β 37. Cf. ν 197.—So with ἀνά : ἀν' Ἀγαμέμνων ἔστη Β 101. Cf. Β 279, Ι 14, Τ 250 : ἂν δ' ἵσταντο νέοι (i.e. for the contest) θ 110. Cf. θ 118, ν 56, ξ 433, ω 422.—Of hair, to stand on end : ὀρθαὶ τρίχες ἔσταν ἐνὶ μέλεσσιν Ω 359.—(10) To stand, remain standing : στάσκεν, ὑπαὶ δὲ ἴδεσκεν Γ 217 : οὐδ' [ἄνεμος] εἴα ἵστασθαι τ 201.—To stand up (on one's feet) : οὐδ' ὀρθὸς στῆναι δύναται ποσίν σ 241.—(III) In forms (C). (1) To have one's stand, stand, be, in a specified or indicated place or position : ἑσταότες θαυμάζομεν (stood and . . .) Β 320, ἵπποι παρ' ἅρμασιν ἔστασαν 777, εὗρε Λυκάονος υἱὸν ἑσταότα (in his place) Δ 90, ἑσταότ' νύξεν (as he stood facing him) Ε 579, ὅθι πλεῖστοι ἔστασαν (were gathered together) 781. Cf. Γ 231, Ε 186, Λ 600, Ο 434, Ρ 133, Σ 557, Φ 526, etc. : ἑσταότ' ἐν λίμνῃ λ 583, πὰρ λαμπτῆρσιν ἑστήκειν σ 344. Cf. γ 149, θ 380, ν 187, φ 434, χ 489, ω 446, etc.—Of inanimate objects : σὸν πλεῖον δέπας αἰεὶ ἕστηκεν Δ 263. Cf. Ι 44, Μ 55, 64, 446 (was lying), Ν 261, Ρ 435, Σ 374, 563 (was set up with . . .), Ψ 327 : ἐν πίθοι ἔστασαν β 341. Cf. α 185 = ω 308, δ 426, η 89, 101, θ 505, φ 52, 261, χ 121, 469, ω 299.—(2) To remain in an indicated position : δηθὰ μάλ' ἑστήκειν Ε 587.—(3) Of a period of time, to have begun, be running : ἕβδομος ἑστήκει μείς Τ 117.—(4) To have been brought about, be on foot : φύλοπις Σ 172.—(5) To stand firm, show a bold front : σφῶϊν ἐπέοικε (χρὴ) ἑστάμεν Δ 342 = Μ 316. Cf. Λ 410, Μ 132, Ν 56, 708, Ο 666, Ρ 267.—To stand (without motion) : ἀτρέμας ἑσταότα Ν 438.—Sim. of a part of the body : ὀφθαλμοὶ ὡς εἰ κέρα ἕστασαν ἀτρέμας τ 211.—(6) To stand idle, doing nothing, helpless : εὗρεν Ὀδυσῆα ἑσταότα Β 170, αἵ τ' ἐπεὶ ἔκαμον ἑστᾶσιν Δ 245. Cf. Δ 328, 329, 331, 334, 366, 367, Ε 485, Κ 480, Ν 293, Τ 245, etc.—(7) To be in a standing posture, stand : ὀρθῶν ἑσταότων ἀγορὴ γένετο Σ 246, ἑσταότος ἀκούειν (him who is on his legs, one speaking) Τ 79 (rejecting 77 ; if it be retained the sense must be 'to listen to one standing,' i.e. 'one ought to stand up to speak '). Cf. ι 442, λ 571.—To remain standing, keep one's legs : οὐδ' ἔτι δὴν ἑστήκειν Ψ 691.

ἱστίη, -ης, ἡ. A hearth : ἴστω Ζεὺς ἱ. τ' Ὀδυσῆος ξ 159 = ρ 156 = τ 304 = υ 231.

ἱστίον, -ου, τό [ἱστός]. A sail Α 481, Ο 627 : β 427, δ 57, ι 70, 77, 149.—In pl. of the sail of a single vessel : ἱστία στείλαντο Α 433. Cf. Α 480: ἀν' ἱστία ἐρύσαντες μ 402. Cf. β 426 = ο 291, γ 10, δ 781, 783, ε 259, 269, θ 52, 54, κ 506, λ 3, 11, μ 170, ο 496, π 353.

ἱστοδόκη, -ης, ἡ [ἱστός + δοκ-, δέχομαι]. A crutch in the after part of a ship to receive the mast when lowered Α 434.

ἱστοπέδη, -ης, ἡ [app. ἱστός + πεδ-, ποδ-, πούς]. A mast-step (prob. = μεσόδμη) μ 51 = 162, 179.

ἱστός, -οῦ, ὁ [ἵστημι]. (1) A ship's mast Α 434, 480, Ψ 852, 878 : β 424, δ 578, ε 254, ι 77, λ 3, μ 409, ο 496, etc.—(2) A loom for weaving Ζ 491 : = α 357 = φ 351, ν 107 (of natural formations in a cave).—(3) The warp of a web : στησαμένη μέγαν ἱστὸν β 94 = ω 129, τ 139.—(4) The web : ἱστὸν ἐποιχομένην Α 31. Cf. Γ 125, Ζ 456, Χ 440 : β 104 = ω 139, β 109 = ω 145, ε 62, η 105, κ 222, 226, 254, ο 517, τ 149, ω 147.—(5) In pl., the art of weaving : ἱστῶν τεχνῆσσαι η 110.

ἵστω, 3 sing. imp. εἴδω (C).

ἵστωρ, -ορος, ὁ (Fίστωρ) [ἱστ-, οἶδα. See εἴδω (C) 'One who knows']. A referee or umpire Σ 501, Ψ 486.

ἰσχαλέος. Dried, desiccated : κρομύοιο τ 233.

†ἰσχανάω[1] [σιςχανάω, (σ)ίσχω]. 2 sing. ἰσχανάᾳς ο 346. 3 pl. ἰσχανόωσι Ε 89. 3 pl. pa. iterative ἰσχανάασκον Ο 723. 3 pl. pres. mid. ἰσχανόωνται η 161. 3 sing. imp. ἰσχαναάσθω Τ 234. 3 pl. impf. pass. ἰσχανόωντο Μ 38. (1) To keep back from action, restrain : αὐτόν [μ'] ἰσχανάασκον Ο 723.—To debar from freedom of action, hold : Ἀργεῖοι ἐελμένοι ἰσχανόωντο Μ 38.—(2) To detain or keep with one in hospitality ο 346.—(3) To hold back, withstand, sustain the pressure of : ποταμὸν οὐ γέφυραι ἰσχανόωσιν Ε 89.—(4) In mid., to put constraint on oneself, to hold back or refrain from action : μηδέ τις ἰσχανάάσθω Τ 234. Cf. η 161.

†ἰσχανάω[2] [better ἰχανάω]. 3 sing. ἰσχανάᾳ Ρ 572. Pple. ἰσχανόων θ 288. Acc. sing. fem. ἰσχανόωσαν Ψ 300. To be eager for, yearn for. With genit. : φιλότητος θ 288. Cf. Ψ 300.—To be eager to do. With infin. : δακέειν Ρ 572.

ἰσχάνω [σιςχάνω, (σ)ίσχω]. (1) = ἰσχανάω[1] (1): δέος ἰσχάνει ἄνδρας Ξ 387.—Sim. : κατὰ σὸν νόον ἴσχανε (check it ; κατά advbl.) τ 42.—(2) = ἰσχανάω[1] (3): ὅπισθεν ἰσχανέτην, ὥς τε πρὼν ἰσχάνει ὕδωρ Ρ 747.

ἰσχίον, -ου, τό. The socket of the hip-joint, the hip-joint : βάλε κατ' ἰσχίον Ε 305. Cf. Ε 306, Λ 339 : ρ 234.—Of beasts Θ 340, Τ 159.

ἴσχω [σίσχω. Redup. fr. σ(ε)χ-, ἔχω]. (ἀν-, ἀντ-, ἀπ-, ἐξ-, ἐπ-, κατα-, παρ-, ὑπίσχομαι.) (I) (1) To hold in a specified position : ἐφ' αἵματι φάσγανον ἴσχων λ 82. Cf. Ε 798, Ψ 762.—(2) To debar from freedom, keep within limits : ἥ μιν ἀνάγκη ἴσχει δ 558 = ε 15 = ρ 144. Cf. κ 413.—To lay restraint upon : θυμὸν Ι 256.—To hold back, hold in check Ι 352.—(3) To keep back from action, stay, restrain : οὐδέ μιν ἴσχε ποταμὸς Φ 303. Cf. Ο 657, Τ 139 : υ 330.—To keep back, stay, restrain from. With genit. : πολέμου Ω 404. —(4) To hold (horses) in hand Ο 456, Ρ 501.— (5) To hold back, withstand, sustain the pressure of : ποταμῶν ῥέεθρα Ρ 750. Cf. Ε 90.—(6) Of a feeling, to hold, affect, possess : δέος σ' ἴσχει Ε 812. Cf. Ε 817, Ν 224.—(7) To hold out, stand firm : ἴσχον πυργηδὸν ἀρηρότες Ο 618.—(II) In mid. (1) To put constraint on oneself, refrain,

forbear, cease, let be : σὺ δ' ἴσχεο A 214. Cf.
B 247, Γ 82 : λ 251, χ 356, 367, 411, ω 54, 543.—
To restrain oneself from, refrain, forbear, cease
from. With genit. : λώβης σ 347 = υ 285. Cf.
ω 323, 531.—(2) To stop or stay oneself in one's
course : οὐδ' ἔθελε προρέειν, ἀλλ' ἴσχετο Φ 366.
ἴτε, imp. pl. εἰμι.
ἰτέη, -ης, ἡ (Ϝιτέη. Cf. L. vitex, Eng. withy).
The willow Φ 350 : κ 510.
ἴτην, 3 dual impf. εἰμι.
ἴτυς, ἡ (Ϝίτυς) [conn. with ἰτέη]. The felloe of
a wheel (app. orig. one of willow) Δ 486, E 724.
ἴτω, 3 sing. imp. εἰμι.
ἰυγμός, -οῦ, ὁ [ἰύζω]. Shouting, shout : μολπῇ
τ' ἰυγμῷ τε Σ 572.
ἰύζω. To shout P 66 : ο 162.
ἴφθῑμος, -ον, and (in sense (2)) -η, -ον [prob.
not conn. with (Ϝ)ίς, (Ϝ)ῖφι, (Ϝ)ίφιος]. (1) Epithet
of warriors, etc., and their adjuncts, noble, goodly,
valiant, sturdy, or the like : ψυχάς A 3, Μενέλαον
P 554. Cf. Γ 336, Δ 534, Θ 114, Λ 55, M 376,
Π 620, etc. : ἑτάρους υ 20. Cf. κ 119, π 89, 244,
τ 110, χ 123, ψ 313, ω 26.—Applied to divinities :
Πρωτέος δ 365. Cf. κ 534 = λ 47.—To rivers P 749.
—In reference to animals : βοῶν ἴφθιμα κάρηνα
Ψ 260.—(2) Of women, goodly, comely, or the
like E 415, T 116 : κ 106, λ 287, μ 452, ο 364,
π 332, ψ 92.
ἶφι (Ϝῖφι) [see ἴς]. With or by might, power,
force : ἶφι ἀνάσσεις A 38 = 452, βοὸς ἶφι κταμένοιο
(as opposed to death by disease) Γ 375. Cf.
A 151, B 720, Δ 287, E 606, Z 478, M 367, Σ 14,
T 417, Φ 208, 486 : λ 284, ρ 443, σ 57, 156.
ἴφιος (Ϝίφιος) [see ἴς]. Epithet of sheep, well-
grown, fat, goodly, or the like : ἴφια μῆλα E 556,
Θ 505, 545, I 406, 466 = Ψ 166 : λ 108, μ 128, 263,
322, σ 278, υ 51, ψ 304.
ἰχανάω. See ἰσχανάω².
†ἰχθυάω [ἰχθύς]. 3 sing. ἰχθυάᾳ μ 95. 3 pl. pa.
iterative ἰχθυάασκον δ 368. To fish, angle δ 368.
—To fish for : δελφῖνάς τε κύνας τε μ 95.
ἰχθυόεις, -εντος [ἰχθύς]. Breeding, peopled by,
fish : πόντον I 4, T 378, Ἑλλήσποντον I 360,"Υλλον
Υ 392. Cf. Π 746 : γ 177, δ 381 = 470, δ 390 = 424
= κ 540, δ 516 = ψ 317, ε 420, ι 83, κ 458.
ἰχθύς, ὁ. Acc. pl. ἰχθῦς ε 53, κ 124, μ 331, τ 113.
A fish Π 407, T 268, Φ 22, 122, 127, 203, 353,
Ψ 692, Ω 82 : ε 53, κ 124, μ 252, 331, ξ 135, ο 480,
τ 113, χ 384, ω 291.
ἴχνιον, -ου, τό [cf. next]. (1) A footprint :
μετ' ἴχνια βαῖνε θεοῖο β 406 = γ 30 = ε 193 = η 38.
Cf. Ψ 764.—In reference to a lion or dogs tracking
by scent Σ 321 : τ 436.—(2) App., in pl., outlines,
fashion : ἴχνια ποδῶν ἠδὲ κνημάων N 71.
ἴχνος, τό [cf. prec.]. A scent-track : ἴχνεσι
περιήδη (in tracking by scent) ρ 317.
ἰχώρ, ὁ. Acc. ἰχῶ E 416. The blood of the
gods : αἷμα θεοῖο, ἰχώρ E 340. Cf. E 416.
ἴψ. Some kind of worm : μὴ κέρα ἶπες ἔδοιεν
φ 395.
ἴψεται, 3 sing. fut. ἴψαο, 2 sing. aor. ἴπτομαι.
ἴω, subj. εἰμι.

ἰῷ. See εἰς.
ἰωγή, -ῆς, ἡ. Shelter : Βορέω ὑπ' ἰωγῇ (from
the . . .) ξ 533.
ἰωή, -ῆς, ἡ. Rush, sweep. Of wind : ὑπὸ
Ζεφύροιο ἰωῆς Δ 276. Cf. Λ 308.—Of fire Π 127.
—Of sound : ἰωὴ φόρμιγγος ρ 261. Cf. K 139.
ἰωκή, -ῆς, ἡ. Acc. ἰῶκα Λ 601. Pursuit and
flight : Τρώων ἰωκάς (their rushes) E 521, εἰσορόων
ἰῶκα δακρυόεσσαν Λ 601.—Personified E 740.
ἴωμι, subj. εἰμι.
ἰών, pple. εἰμι.
ἰωχμός, -οῦ, ὁ. = ἰωκή. In concrete sense,
the chasing and fleeing throng : ἀν' ἰωχμόν
Θ 89, 158.

κάββαλε, 3 sing. contr. aor. καταβάλλω.
κάγ. See κατά.
κάγκανος. Dry : ξύλα Φ 364 : σ 308.
†καγχαλάω. 3 pl. καγχαλόωσι Γ 43. Pple.
καγχαλόων Σ 514, K 565. Fem. καγχαλόωσα ψ 1,
59. To laugh. In exultation K 565 : ψ 1, 59.
—In self-satisfaction Z 514.—In derision Γ 43.
κάδ. See κατά.
καδδραθέτην, 3 dual contr. aor. καταδαρθάνω.
καδδῦσαι, nom. pl. fem. contr. aor. pple.
καταδύω.
κάη, 3 sing. aor. pass. καίω.
†καθαιρέω [καθ-, κατα- (1) (5)]. 3 pl. fut.
καθαιρήσουσι Λ 453. 1 pl. aor. καθείλομεν ι 149.
3 sing. subj. καθέλῃσι β 100, γ 238, τ 145, ω 135.
Fem. pple. καθελοῦσα ω 296. (1) To lower (a sail)
ι 149.—(2) To close (the eyes of the dead) Λ 453 :
ω 296.—(3) To seize, take. Of fate β 100 = γ 238
= τ 145 = ω 135.
καθαίρω [καθαρός]. 3 sing. aor. ἐκάθηρε Π 228.
κάθηρε Ξ 171 : σ 192. 3 pl. κάθηραν ζ 93. Imp.
κάθηρον Π 667. Pl. καθήρατε υ 152. Nom. pl.
masc. pple. καθήραντες ω 44. Infin. καθῆραι ζ 87.
(ἐκ-.) (1) To clean, cleanse : κρητῆρας υ 152.
Cf. ζ 87, χ 439, 453, ω 44.—To purify by fumiga-
tion : δέπας ἐκάθηρε θεείῳ Π 228.—Of the
application of a cosmetic : κάλλεΐ οἱ προσώπατα
κάθηρεν σ 192.—(2) To cleanse away, remove
(impurities) Ξ 171 : ζ 93.—(3) The constructions
of (1) and (2) combined. With double acc. :
αἷμα κάθηρον Σαρπηδόνα Π 667.
καθάλλομαι [καθ-, κατα- (1)]. To rush down
Of a stormy wind Λ 298.
καθάπαξ [καθ-, κατα- (5) + ἅπαξ]. Once for all,
outright, for good : δόμεναι φ 349.
καθάπτω [καθ-, κατα- (5)]. In mid., to address,
accost : γέροντα καθαπτόμενος προσέειπεν β 39.
Cf. A 582, O 127, Π 421 : β 240, γ 345, κ 70, σ 415
= υ 323, υ 22, ω 393.
καθαρός. (1) Clean, spotless : εἵματα δ 750 =
ρ 48, δ 759 = ρ 58, ζ 61.—(2) Of a mode of death,
clean, such as befits the innocent or chaste
χ 462.—(3) Absol., a clear or vacant space : ἐν
καθαρῷ Θ 491 = K 199, Ψ 61.
καθέζομαι [καθ-, κατα- (1)]. 3 sing. aor. act.
καθεῖσε E 36, Ξ 204, Σ 389 : δ 524. (I) In pres.

and in impf. (or aor.; see ἕξομαι). (1) To sit down, seat oneself, take one's seat: πάροιθ' αὐτοῖο καθέζετο A 360. Cf. A 405, I 570, Λ 81, O 100, Υ 136, etc.: ἔνθα καθεζόμενος ζ 295. Cf. ε 195, ι 417, ν 372, ο 285, τ 98, etc.—Of a bird perching τ 520.—(2) To come to a sitting from a recumbent posture, sit up: ἐν λέκτροισι καθεζομένη υ 58.— (II) In aor. act. (1) To cause to seat oneself, bid be seated: ἐπὶ θρόνου Σ 389. Cf. E 36.—(2) To cause to be somewhere, set, place: γαίης νέρθεν Ξ 204.—To post, station: σκοπὸς ὃν καθεῖσεν δ 524.

καθέηκα, aor. καθίημι[1].

καθείατο, 3 pl. impf. κάθημαι.

καθείλομεν, 1 pl. aor. καθαιρέω.

καθεῖσε, 3 sing. aor. act. καθέζομαι.

καθέλησι, 3 sing. aor. subj. καθαιρέω.

κάθεμεν, 1 pl. aor. καθίημι[1].

καθέξει, 3 sing. fut. κατέχω.

καθεύδω [καθ-, κατα- (5)]. (1) To be asleep, sleep, slumber θ 313.—(2) To lay oneself down to sleep, go to bed, go to sleep: ἔνθα καθεῦδ' ἀναβάς A 611. Cf. γ 402, δ 304, ζ 1 = η 344, υ 141.

†καθεψιάομαι[καθ-, κατα-(2)]. 3 pl. καθεψιόωνται. To jeer at, mock. With genit.: σέθεν τ 372.

καθήατο, 3 pl. impf. κάθημαι.

κάθημαι[καθ-, κατα-(1)]. 3 sing. impf. καθῆστο A 569 : δ 628. 3 pl. καθήατο, καθείατο Λ 76, Υ 153, Ω 473. Imp. κάθησο A 565, B 191. (1) To sit, be seated: ἀκέουσα κάθησο A 565. Cf. Δ 1, Λ 76, Ξ 5, Υ 153, Ω 161, etc.: ἐν ψαμάθοισι καθήμενος δ 539. Cf. γ 186, κ 497, ρ 478, φ 89, 420, etc.— (2) To sit idle, doing nothing: ἀσχαλόωσι καθήμενοι Ω 403. Cf. β 255, δ 628, π 264.—(3) To abide, be: βουσὶν ἐπ' ἀλλοτρίῃσι καθήμενον υ 221. Cf. β 369.

κάθηρε, 3 sing. aor. καθαίρω.

καθῆστο, 3 sing. impf. κάθημαι.

καθιδρύω [καθ-, κατα- (1)]. To cause to sit down: Ὀδυσῆα καθίδρυε ἐντὸς μεγάροιο υ 257.

καθιζάνω [καθ-, κατα-(1)]. To sit down, take one's seat: θεοὶ θῶκόνδε καθίζανον ε 3.

καθίζω [καθ-, κατα- (1)]. 3 sing. aor. κάθισαν Τ 280 : δ 659. Imp. κάθισον Γ 68, H 49. Pple. καθίσσας I 488. Fem. καθίσασα ρ 572. (1) To cause to seat oneself, bid be seated: μή με κάθιζε Z 360. Cf. Γ 68 = H 49 : δ 659, ρ 572.—To cause (an assembly) to sit for business, bring (it) together β 69.—(2) To set, place: ἐπ' ἐμοῖσι γούνεσσι καθίσσας I 488.—To seat or settle in an appointed place: κάθισαν γυναῖκας (brought them to their new home) Τ 280.—(3) To seat oneself, sit down: ἔνθα καθῖζ' Ἑλένη Γ 426. Cf. Θ 436, Λ 623, Υ 151 : ἐπὶ κληῖσι καθῖζον β 419 = δ 579, ι 103 = 179 = 471 = 563 = λ 638 = μ 146 = ο 549, ν 76, ο 221. Cf. ε 326, θ 6, 422, π 408, ρ 90, 256.— (4) To have one's seat, be seated, sit: ἂμ πέτρῃσι καθίζει ε 156. Cf. Γ 394, Ο 50.

†καθίημι[1] [καθ-, κατα- (1) + ἵημι[1]]. 2 pl. pres. καθίετε Φ 132. Aor. καθέηκα Ω 642. 1 pl. aor. κάθεμεν ι 72. (1) To let down, lower: ἐν δίνῃσι ἵππους Φ 132.—To lower (sails) ι 72.—(2) To allow

to pass *down*. With genit.: οἶνον λαυκανίης Ω 642.

†καθίημι[2] [καθ-, κατα- (1) + ἵημι[2]]. 3 sing. aor. mid. καταείσατο. Of a missile weapon, to take its eager course, speed, *down upon*. With genit.: ὅθι οἱ καταείσατο [δόρυ] γαίης Λ 358.

†καθικνέομαι [καθ-, κατα- (5)]. 2 sing. aor. καθίκεο Ξ 104. 3 καθίκετο α 342. (1) Of a speaker, to touch, affect, bring something home to (a hearer): μάλα πώς με καθίκεο θυμὸν ἐνιπῇ Ξ 104.— (2) Of a feeling, to come upon, seize, affect: μάλιστά με καθίκετο πένθος α 342.

κάθισαν, 3 pl. aor. καθίζω.

†καθίστημι [καθ-, κατα- (1)]. Αor. imp. κατάστησον μ 185. Infin. καταστῆσαι ν 274. From καθιστάω imp. καθίστα I 202. (1) To set down, place: μείζονα κρητῆρα I 202.—(2) To set on shore, land: Πύλονδέ με ν 274 (see under ἐφέζομαι (2) (b)).—(3) To bring (a ship) to land μ 185.

καθοράω [καθ-, κατα- (1)]. To look down, direct one's look downward: ἐξ Ἴδης Λ 337.—In mid.: ἐπὶ Θρῃκῶν καθορώμενος αἶαν N 4.

καθύπερθε(ν) [καθ-, κατα- (1) (5) + ὕπερθε]. (1) Down from above, from above: εἴ πώς οἱ κ. ἀλάλκοιεν (from the walls) X 196. Cf. Φ 269 : ἧκα κ. πόδας μ 442. Cf. θ 279.—(2) Above, on top: Πηνειὸς κ. ἐπιρρέει (on the surface) B 754, λαοῖσιν κ. πεποιθότες (their comrades on the wall) M 153. Cf. Γ 337 = Λ 42 = O 481 = Π 138 : = χ 124, κ 353.— In reference to covering: ἄλλα πάντα εἴλυται κ. M 286. Cf. Σ 353, Φ 321, Ω 450, 646 : = δ 299 = η 338, ψ 193.—(3) In geographical and navigational contexts **(a)** App, from a higher or dominating position: [ὅσσον] Φρυγίη κ. [ἐντὸς ἐέργει] (as forming part of the tableland of Central Asia Minor) Ω 545 (or perh., (approximately) to the north. Cf. (c)).—(b) To seaward of. With genit.: κ. Χίοιο (leaving the shelter it afforded) γ 170.—(c) App., to the north of. With genit.: νῆσος Συρίη Ὀρτυγίης κ. ο 404 (cf. ὑπέρ (2) (a)).

καί. (1) Connecting particle, and A 15, 28, 31, 33, 50, 73, etc.: a 3, 19, 56, 89, 109, 110, etc.—καί ... , both ... and ...: καὶ ἓν καὶ εἴκοσι (not only one but twenty) N 260, καὶ σίτου πασάμην καὶ οἶνον λαυκανίης καθέηκα Ω 641. Cf. N 636 : ψ 55.—(2) Expressing sequence or consequence, and so, so, and then, then, accordingly, therefore, consequently: τὸν καὶ ὑπέδεισαν θεοὶ A 406, καί μιν προσηύδα B 7. Cf. A 92, 411, 478, Γ 166, Z 353, H 214, K 224, Λ 382, etc.: τάχ' ἄν ποτε καὶ τίσις εἴη β 76, καὶ τότ' Ὀδυσσῆος λύτο γούνατα ε 297. Cf. β 60, 104, δ 415, ι 131, κ 17, λ 99, μ 330, ν 79, etc.—(3) Introducing an explanation, reason, amplification, or analysis of something previously said (often with γάρ; cf. γάρ (2)): τοῦ καὶ ἀπὸ γλώσσης μέλιτος γλυκίων ῥέεν αὐδή A 249, καὶ γάρ τε Λιταί εἰσιν I 502. Cf. B 377, Δ 43, I 524, Λ 111, Ξ 173, Ο 251, etc.: πὰρ δ' ἄρ' ἔην καὶ ἀοιδὸς γ 267. Cf. α 434, ζ 190, κ 5, λ 429, etc.—(4) As a strengthening or emphasizing particle. **(a)** Even, just, surely, or the like: πρίν μιν καὶ γῆρας ἔπεισιν A 29, καὶ ὣς

116, ταῦτα μεταφρασόμεσθα καὶ αὖτις (will e'en
. . .) 140, καὶ ἅπαντες H 281. Cf. A 63, 113, 174,
213, 260, B 119, Δ 406 (we *did* take it), Θ 23 (in
my turn), P 647, etc. : καὶ αὐτοί a 33, ἦ καί μοι
νεμεσήσεαι; (will you at least not be angry ?) 158,
ἀνδράσι καὶ πλεόνεσσιν (who in fact outnumber
us) β 245. Cf. a 58, 302, 318, β 48, 255, γ 27
(the god himself), 44, λ 441 (on your part),
etc.—(b) Also, too : πίθεσθε καὶ ὕμμες Α 274.
Cf. A 63, 455, Γ 97, 143, Δ 138, etc. : a 10, 47,
260, 301, γ 46, δ 519, o 488 (καὶ with ἐσθλόν), etc.
—(5) With εἰ in various constructions. (a) εἰ
καί in sense of εἰ (4), even if, or the like : εἰ καὶ
καρτερός ἐστιν E 410. Cf. N 58, Π 748, etc. : εἰ
καὶ χαλεπαίνοι ε 485. Cf. ζ312, η 52, ν 6, etc.—
Strengthened by περ O 117 : a 389, η 321, ι 35.
—(b) καὶ εἰ (a) In sim. sense : καὶ εἰ καρτερός ἐστιν
N 316, καὶ εἰ πυρὶ χεῖρας ἔοικεν Τ 371. Cf. O 51 :
ν 292, π 98, φ 260, etc.—Strengthened by περ
Λ 391.—(b) If even, even supposing or granting
that : καὶ εἴ χ᾽ ἑτέρωθι πύθηαι E 351. Cf. Δ 347.—
(6) καὶ . . . περ. (a) Though, even though :
καὶ μάλα περ κεχολωμένον A 217, καὶ αὐτῇ περ
νοεούσῃ (though she hardly needs my counsel) 577.
Cf. B 270, I 247, Λ 721, N 57, P 104, etc. : καὶ
ἀθάνατός περ (even though it should be a god)
ε 73. Cf. δ 502, 549, 733, κ 441, υ 271, etc.—So
καὶ περ : καὶ περ πολλὰ παθόντα η 224.—(b) In-
tensifying without sense of opposition : καὶ πρίν
περ μεμαώς E 135. Cf. H 204, K 70, etc.—(7) Co-
ordinating words and to be translated ' or ' : ἕνα
καὶ δύο B 346 : αἰνότερον καὶ κύντερον λ 427. Cf.
γ 115.—In two co-ordinate sentences : εἴ περ γάρ
τε χόλον γε καὶ αὐτῆμαρ καταπέψῃ, ἀλλά τε καὶ . . .
A 81. Cf. Δ 160 : θ 581.—(8) Marking an alter-
native or distinction : ἢ ἔπει ἠὲ καὶ ἔργῳ A 395.
Cf. B 238, Λ 573, O 137, Π 591, etc. : ἢ . . .
ἦε καὶ οὐκί a 268. Cf. γ 91, δ 712, ι 267, etc.

καίνυμαι. 2 sing. pf. (in pres. sense) κέκασσαι
τ 82. 3 κέκασται Τ 35. 1 pl. κεκάσμεθα ω 509.
Acc. sing. masc. pple. κεκασμένον δ 725, 815.
Voc. κεκασμένε Δ 339. Infin. κεκάσθαι Ω 546.
3 sing. plupf. (in impf. sense) ἐκέκαστο B 530,
E 54, N 431, Π 808, Ψ 289, Ω 535 : β 158, ι 509,
τ 395. κέκαστο Ξ 124 : η 157. (ἀπο-.) (1) To
excel, surpass, be superior to (another or others).
With dat. of that in which one excels : ἐγχείῃ
ἐκέκαστο Πανέλληνας B 530. Cf. N 431, Ξ 124,
Π 808 : τ 395.—Sim. with infin. : ὁμηλικίην ἐκέ-
καστο ὄρνιθας γνῶναι β 158. Cf. γ 282.—(2) To
excel, be pre-eminent : ἐκηβολίαι, ἦσιν
τὸ πρίν γ᾽ ἐκέκαστο E 54, ὃς ἐπὶ φρεσὶ κέκασται (ἐπὶ
advbl.) Τ 35. Cf. Δ 339, Ψ 289, Ω 535 : παντοίης
ἀρετῇσι κεκασμένοι ἐν Δαναοῖσιν δ 725=815. Cf.
η 157, ι 509, τ 82, ω 509.—With genit. of those
whom one excels and dat. : τῶν σε πλούτῳ
κεκάσθαι Ω 546.

καίριος [perh. properly κήριος, fr. κήρ. Cf.
ἀκήριος[1]]. Deadly, fatal. In impers. construc-
tion : μάλιστα καίριόν ἐστιν Θ 84, 326.—Absol.,
a fatal spot : οὐκ ἐν καιρίῳ πάγη βέλος Δ 185.

καιρουσσέων, καιροσ(σ)έων, genit. fem. pl.

[contr. fr. καιροεσσέων, genit. pl. of καιρόεσσα, fr.
καῖρος, the loop supporting each vertical thread
of the warp]. Close-woven : ὀθονέων η 107.

καίω (καΓ-, κηΓ-, καυ-). Aor. ἔκηα (ἔκηFα) A 40,
Θ 240. 3 sing. ἔκηε X 170, Ω 34. κῆε Φ 349 :
γ 273, δ 764, ρ 241, τ 366. 3 pl. ἔκηαν χ 336.
1 pl. subj. κήομεν H 377, 396. 3 sing. opt. κήαι
Φ 336. 3 pl. κήαιεν Ω 38. Imp. κῆον φ 176. Nom.
pl. masc. pple. κήαντες ι 231, ν 26. Infin. κῆαι
o 97. 3 pl. aor. mid. κήαντο I 88. Pple. κηάμενος,
-ου I 234 : π 2, ψ 51. 3 sing. aor. pass. (ἐ)κάη
A 464, B 427, I 212 : γ 461, μ 13, 364. Infin.
καήμεναι Ψ 198, 210. (ἀνα-, κατα-.) (1) To set
on fire, kindle ; in pass., to burn, blaze : ὁπότ᾽
ἂν Τροίη πυρὶ δάηται καιομένη, καίωσι δὲ υἷες
Ἀχαιῶν Τ 317 = Φ 376. Cf. Θ 135, I 602, Λ 554 =
P 663, O 600, Τ 491, Φ 350, 351 : ι 390.—(2) To
light (a fire) ; in pass., of a fire, to burn, blaze :
πυραὶ νεκύων καίοντο A 52. Cf. Θ 509, 521, 554,
561, 562, I 77, K 12, T 376 : πῦρ κήαντες ι 231.
Cf. ε 59, o 97, φ 176.—In mid. : πῦρ κήαντο I 88.
Cf. I 234 : πῦρ κηάμενος (having caused it to be
lighted) ψ 51. Cf. π 2.—In pass., of a fire, to
light, begin to burn : οὐδὲ πυρὴ ἐκαίετο Ψ 192.
Cf. Ψ 198, 210.—With κατά, in pass., of a fire,
to burn itself out : ἐπεὶ κατὰ πῦρ ἐκάη I 212.—
(3) To burn, consume with fire : νεκρούς H 377 =
396, Φ 343, 349. Cf. Ξ 397, Φ 336, 338, Ψ 222,
224, 242, Ω 38 : μ 13, ω 67, 69.—Fig. : καίετο ἲς
ποταμοῖο (was mastered by the fire) Φ 356.—Sim. :
φῆ πυρὶ καιόμενος Φ 361.—(4) To burn (a sacrifice),
offer (it) by burning : μηρία A 40, Θ 240, Λ 773,
O 373, X 170, Ω 34, καῖεν ἐπὶ σχίζῃς A 462. Cf.
A 464 = B 427 : γ 9, 273, 461 = μ 364, γ 459, δ 764,
ι 553, ν 26, ρ 241, τ 366, 397, χ 336.

κάκ. See κατά.

κακίζομαι [κακός]. To play the coward : οὔ ε
κακιζόμενόν γε κατέκτα Ω 214.

κακίων, comp. κακός.

κακκείοντες, contr. pl. pple. κατακείω.

κακκῆαι, contr. aor. infin. κατακαίω.

κακοείμων, -ονος [κακός + εἷμα]. Wearing foul
or ragged raiment : πτωχούς σ 41.

κακοεργίη, -ης, ἡ [κακοεργός]. Evil-doing, the
doing of what is wrong χ 374.

κακοεργός, -όν [κακός + ἔργω²]. Evil-doing,
bringing one into evil : γαστήρ σ 54.

κακομήχανος, -ον [κακός + μηχανή = μῆχος].
That plans or contrives evil Z 344 : π 418.—As
epithet of ἔρις I 257.

κακόξεινος [κακός + ξεῖνος]. Unlucky in one's
guests. Comp. κακοξεινώτερος υ 376.

κακορραφίη, -ης, ἡ [κακός + ῥαφ-, ῥάπτω]. Plan-
ning or contriving of evil : ἵνα μή τι κακορραφίη
ἀλγήσετε (app. referring to her subsequent warn-
ing as to the oxen of the sun) μ 26. Cf. O 16.—
In pl. β 236.

κακός, -ή, -όν. Comp. κακώτερος Τ 321, X 106 :
ζ 275, θ 138, o 343, φ 324. κακίων ξ 56. Neut.
κάκιον I 601 : σ 174, τ 120. Nom. pl. masc. κακούς
β 277. Superl. κάκιστος Π 570 : a 391, δ 199,
ρ 415. (1) Of mean birth or extraction : οὐ

207

κακότεχνος 208 καλάμη

κακὸς εἴδεται Ξ 472. Cf. Ξ 126.—Absol. : οὔ τι
κακῷ ἐῴκει a 411. Cf. Ξ 472 : δ 64.—(2) Spiritless,
cowardly, craven, unmanly : ὃς κακὸς ἠδ' ὅς κ'
ἐσθλὸς ἔησιν Β 365. Cf. Ε 643, Ζ 489, Θ 153,
Π 570, Ρ 180 : β 270, 278, γ 375.—Deficient in or
deprived of strength, powerless, feeble : κακὸν
καὶ ἀνήνορα κ 301, 341. Cf. φ 131.—Absol., a
coward or poltroon : κακὸν ὥς Β 190, Ο 196. Cf.
Δ 299, Ζ 443, Θ 94, Ι 319, Λ 408, Ν 279, Ρ 632.—
(3) In reference to the bodily frame, ill-shapen,
of mean appearance : εἶδος ἔην κακός Κ 316. Cf.
θ 134.—(4) Not serviceable, worthless, sorry, of
no account, good for nothing : κακὰ τέκνα Ω 253.
Cf. Β 235, Ε 787 = Θ 228, Θ 164, Ν 623, Χ 106 :
ὁ κάκιστος Ἀχαιῶν ρ 415. Cf. β 277, δ 199, ζ 187,
275, ι 453, κ 68, ξ 56, ρ 246, 578, υ 227, φ 324.—
Absol. : κακὸς κακὸν ἡγηλάζει ρ 217. Cf. Ω 63 :
ζ 189, θ 553, χ 415 = ψ 66.—Sim. : ἔργα κακά (suited
to a vagabond) ρ 226, σ 362.—(5) Unskilled,
inexperienced : ἡνιόχοισιν Ρ 487. Cf. θ 214.—
(6) Ill to deal with, driving a hard bargain:
ἐεδνωται Ν 382.—(7) Baleful, maleficent : δαίμων
κ 64, ω 149. Cf. μ 87.—Doing or contriving evil :
γυναικός λ 384.—Sim. : νόῳ ν 229.—(8) Bad of its
kind : νῆσος (unproductive, barren) ι 131.—Of
raiment, foul, ragged δ 245, λ 191, ν 434, ξ 342,
506, ρ 24, τ 72, ψ 95, 115, ω 156.—Absol. : κακὰ
εἱμένος τ 327.—Of discourse : κακόν τι (unseemly)
Δ 362, μύθῳ (outrageous) Ε 650, ἔπος (grievous,
woeful) Ρ 701, ἐπέεσσιν (ἔπος) (unseemly, un-
mannerly) Ψ 493, Ω 767 : ἔπεσιν (insulting, abu-
sive) ω 161.—In regard to weather, bad, foul,
trying : νύξ ξ 457, 475.—Epithet of night as
restricting activity or observation Κ 188.—
(9) (a) Bringing or entailing evil, bane, harm or
misfortune, evil, ill, baneful, disastrous, harmful:
νοῦσον Α 10, ἕλκει Β 723. Cf. Α 284, Β 114, Ζ 346,
Ν 812, Ρ 401, Σ 8, Ψ 176, Ω 219 (boding ill), 532,
etc. : μόρον α 166, ἤδεα 244, ἄνερον ε 109. Cf.
γ 161, ε 467, κ 46, μ 300, ξ 269, υ 87, 357, ψ 217,
etc.—For κακὸν ἦμαρ see ἦμαρ (4) (e).—Of sound,
of evil import, betokening calamity : κόναβος
κ 122.—(b) Producing evil effects, defiling, de-
stroying : φάρμακα Χ 94 (maddening) : κ 213
(working enchantment). Cf. ν 435, π 35.—
(10) Of deeds, in ethical sense, evil, wrongful,
violent: ἔργα β 67, θ 329, ι 477, ξ 284, π 380, ρ 158,
υ 16, ψ 64, ω 199, 326.—(11) Absol. in neut. sing.
κακόν. (a) Evil, bane, harm, misfortune, mis-
chance, destruction, trouble, an instance of these:
μή τι ῥέξῃ α. υἷας Ἀχαιῶν Β 195. Cf. Ε 63, 374,
Θ 541, Ι 250, Λ 363, Ξ 80, Ο 586, Τ 290, Χ 453,
etc. : κ. μοι ἔμπεσεν οἴκῳ β 45, πῆμα κακοῖο (woe
of evil, evil and woe) γ 152. Cf. β 166, δ 237,
ζ 173, ι 423, ν 46, ο 178, ρ 567, υ 83, φ 304, etc.—
In reference to persons : τυκτὸν κ. Ε 831. Cf. Φ 39 :
γ 306, δ 667, μ 118, π 103.—In milder sense ο 72.
—(b) A hard thing, something putting a strain
on one's resources : κ. με πόλλ' ἀποτίνειν β 132.—
(c) In reference to action, a bad thing, something
unworthy, undesirable or unprofitable : ταῦτ' οὐ
κ. ἐστιν Σ 128 : οὔ τι κ. βασιλευέμεν α 392. Cf.

δ 837 = λ 464, υ 218. — In comp. : κάκιόν κεν
εἴη . . . Ι 601.—Also in comp., not a good
thing, a bad thing : κάκιον πενθήμεναι αἰεί σ 174,
τ 120.—In superl.: ἦ φὴς τοῦτο κάκιστον τετύχθαι ;
α 391.—(12) Absol. in neut. pl. κακά. (a) In
senses similar to those of (11) (a): μάντι κακῶν
Α 106, κ. Πριάμῳ φέρουσαι Β 304, πολλὰ κάκ'
ἄνσχεο Ω 518. Cf. Α 107, Β 234, Γ 57, 99, Δ 21,
Ι 540, Ρ 105, Φ 442, etc. : ἐξ ἡμέων φασὶ κάκ' ἔμμεναι
α 33, κάκ' ἔρεξεν β 72. Cf. β 134, γ 113, δ 221,
ζ 175, ι 460, κ 286, μ 208, ρ 287, σ 123, ψ 287, etc.
—(b) Violent efforts or strivings : μηδὲ τρίβεσθε
κακοῖσιν Ψ 735.—(c) Evil devices : κακῶν ἔμπαιος
φ 400.—(d) Plans ill-contrived, ill-judged courses :
κακὰ μητιόωντι Σ 312. — (e) Diseases, maladies,
injuries : ἰητῆρα κακῶν ρ 384.—(f) Things ill-done,
excesses, wrongs : ἐπὶ προτέροισι κακοῖσιν χ 264.
Cf. γ 213, φ 298, χ 316, etc.—(g) Things that defile,
defilement, pollution : θέειον κακῶν ἄκος χ 481.

κακότεχνος [κακός + τέχνη]. Planned or con-
trived with evil intent : δόλος Ο 14.

κακότης, -ητος, ἡ [κακός]. (1) Cowardice, want
of spirit or enterprise : ἡγεμόνος κακότητι Ν 108.
Cf. Β 368, Ο 721 : ω 455.—(2) Evil, bane, harm,
destruction, ill fortune, trouble, suffering, misery,
danger: κακότητα φέροντες Μ 332. Cf. Κ 71, Λ 382:
ὄφρ' ὑπὲκ κακότητα φύγοιμεν γ 175. Cf. δ 167,
ε 290, θ 182, τ 360, υ 203, ψ 238, etc.—(3) Wrong
done to one: τείσασθαι Ἀλέξανδρον κακότητος
Γ 366.

κακοφραδής [κακός + φραδ-, φράζομαι]. Dull of
perception Ψ 483.

κακόω [κακός]. (1) To subject to violence or
outrage: ὡς ἡμεῖς κεκακωμένοι ἦμεν · ἐλθὼν γὰρ
ἐκάκωσε βίη Ἡρακληείη Λ 689.—(2) To bring into
trouble or suffering : ἐπεὶ μ' ἐκακώσατε λίην υ 99.
—To trouble, vex, distress : μηδὲ γέροντα κάκου
κεκακωμένον (i.e. he has troubles enough as it is)
δ 754.—(3) To make unsightly, disfigure : ἥμεν
κυδῆναι βροτὸν ἠδὲ κακῶσαι π 212.—To disfigure,
befoul : κεκακωμένος ἅλμῃ ζ 137.

κάκτανε, contr. aor. imp. κατακτείνω.

κακῶς [adv. fr. κακός]. (1) In evil case or
plight, miserably, with suffering : νοστήσομεν
Β 253. Cf. Ε 698, Φ 460 : ι 534, λ 114 = μ 141.
—Intensifying a vb. indicating suffering : κ.
πάσχοντος Ω 128.—Sim. : αἰχμεῖς κ. ω 250.—In
impers. construction of being in evil case, of
things going badly with one : Κουρήτεσσι κ. ἦν
Ι 551. Cf. Ι 324.—(2) So as to bring suffering
or sore trouble upon one : ἐξ ἵππων βῆσε κ. Ε 164.
Cf. σ 75 (sorely).—(3) With evil intent, with
malice in one's heart : κ. φρονέουσιν σ 168.—With
disregard of right, with violence, abuse, insult :
κ. ἀφίει Α 25 = 379. Cf. β 203, 266, δ 766, ρ 394.—
κ. ῥέξειν τινά, to treat one with despite, do him
wrong : κ. οἵ πέρ μιν ἔρεξον μνηστῆρες ψ 56.—(4) So
as to bring trouble on oneself, in an evil hour :
κ. τοξάζεαι χ 27.

καλάμη, -ης, ἡ. (1) The straw of corn Τ 222.—
(2) A straw left standing after reaping. Applied
to a worn-out man ξ 214.

208

καλαῦροψ, -οπος, ἡ [perh. fr. κάλος in sense 'string' (referring to a loop used as an aid in casting) + (F)ρέπω]. A herdsman's staff thrown to bring back errant members to the herd Ψ 845.

καλέω. Nom. pl. masc. pres. pple. καλεῦντες κ 229, 255, μ 249. Non-thematic pres. infin. καλήμεναι Κ 125. 3 sing. pa. iterative καλέεσκε Ζ 402. 3 pl. καλέεσκον Ι 562. Fut. pple. καλέων δ 532, ο 213. Fem. καλέουσα Γ 383 : ν 413. Aor. κάλεσσα Ω 106. 2 sing. (ἐ)κάλεσσας Τ 16 : ρ 379. 3 pl. κάλεσσαν Π 693, Χ 297. Subj. καλέσσω Ζ 280 : ρ 52. 3 sing. opt. καλέσειε Κ 111, 171, Ω 74 : δ 735. Imp. κάλεσον χ 391. κάλεσσον Δ 193, Κ 53, Μ 343, Ο 54 : ρ 529, 544. Pple. καλέσας, -αντος Ο 303, Τ 34 : α 90, 272, η 189, ρ 330, 342. καλέσσας β 348, λ 410, ο 529. Fem. καλέσᾱσα Α 402 : α 416, ρ 507. Infin. καλέσσαι Γ 117, Τ 4 : ψ 44, 51. Mid. 3 sing. aor. (ἐ)καλέσσατο Α 54, Γ 161, Ο 143, Ρ 507, Ω 193. 3 pl. καλέσαντο Α 270. Imp. pl. καλέσασθε θ 43. Pple. καλεσσάμενος, -ου Ε 427 : γ 137, τ 15, φ 380, χ 436. Fem. καλεσσαμένη Ξ 188. Pass. 3 pl. impf. καλεῦντο Β 684. 3 sing. pa. iterative καλέσκετο Ο 338. 2 sing. fut. pf. κεκλήσῃ Γ 138. Pf. κέκλημαι Δ 61, Σ 366. 3 sing. κέκληται Κ 259, Λ 758. 3 pl. plupf. κεκλήατο Κ 195. Pple. κεκλημένος Β 260 : ζ 244. Infin. κεκλῆσθαι Ξ 268. (ἐκ-, ἐκπρο-, προ-, προκαλίζομαι, συγ-.) (1) To call, call to, summon, to bid, invite or request to come or appear : Μαχάονα δεῦρο κάλεσσον Δ 193, ὅσοι κεκλήατο βουλήν (to the . . .) Κ 195. Cf. Α 402, Γ 117, Κ 53, Ν 740, Τ 4, Ψ 203, Ω 74, etc. : τὴν θάλαμόνδε καλέσσας β 348. Cf. α 90, δ 735, ζ 55, κ 114, ο 529, χ 391, etc.—With infin. denoting the purport of the summons : ἐς πεδίον καταβῆναι Γ 250. Cf. Γ 390, Κ 197, Ο 54.—In mid. καλεσσαμένη Ἀφροδίτην Ξ 188, ἐς ἄλοχον ἐκαλέσσατο (to his presence) Ω 193. Cf. Α 54, 270, Γ 161, Ε 427, Ο 143, Ρ 507 : γ 137, θ 43, τ 15 = φ 380, χ 436.—To call to for aid in extremity : ἐμὲ φθέγγοντο καλεῦντες μ 249.—(2) To bid or invite to a feast or meal or to one's house: πάντες [μιν] καλέουσιν λ 187. Cf. δ 532, λ 410, ο 213.—(3) To call by such and such a name, to name, call, speak of as, so and so : ὃν Βριάρεων καλέουσι θεοί Α 403, Ἀλησίου ἔνθα κολώνη κέκληται (where is the hill called A.) Λ 758. Cf. Α 293, Ε 306, Ζ 402, Κ 259, Ξ 210, Σ 487, Ω 316, etc. : ὄνομ' ὅττι σε κεῖθι κάλεον θ 550. Cf. ε 273, κ 305, μ 61, ν 104 = 348, ξ 247.—(4) In pass., to bear the name of so and so, be known as, have the reputation of being, be, so and so : σὴ παράκοιτις κέκλημαι Δ 61 = Σ 366. Cf. Β 260, Γ 138, Ξ 268 : ἀφνειοὶ καλέονται ο 433, ρ 423 = τ 79. Cf. ζ 244, η 313.

καλήτωρ, -ορος, ὁ [καλέω]. One who summons, a crier : κήρυκα καλήτορα Ω 577.

καλλείπειν, contr. infin. καταλείπω.

καλλιγύναιξ, -αικος [καλλι-, καλός + γυναικ-, γυνή]. Abounding in fair women. Epithet of Ἑλλάς Β 683, Ι 447.—Of Ἀχαιΐς Γ 75 = 258.—Of Σπάρτη ν 412.

καλλίζωνος, -ον [καλλι-, καλός + ζώνη]. With

fair girdles. Epithet of women Η 139, Ω 698 : ψ 147.

καλλίθριξ, -τριχος [καλλι-, καλός + θρίξ]. (1) Epithet of horses, with fair or flowing mane Ε 323, Θ 348, Λ 280, Ν 819, Σ 223, Ψ 525, etc. : γ 475, ε 380, ο 215.—Applied to ἵππω in sense 'chariot' (see ἵππος (3)) Ρ 504.—(2) Epithet of sheep, with fair or thick wool : μῆλα ι 336, 469.

καλλίκομος, -ον [καλλι-, καλός + κόμη]. Bright-haired. Epithet of women Ι 449 : ο 58.

καλλικρήδεμνος, -ον [καλλι-, καλός + κρήδεμνον]. With fair head-covering. Epithet of women δ 623.

κάλλιμος, -ον [καλός]. (1) Fair, beauteous : χρόα λ 529.—(2) Splendid, magnificent : δῶρα δ 130, θ 439, ο 206.—(3) Of the voice, sweet, ravishing μ 192.—Of a wind, blowing sweetly λ 640.

κάλλιον, neut. comp. καλός.

καλλιπάρῃος, -ον [καλλι-, καλός + παρήϊον]. Fair-cheeked. Epithet of goddesses and women Α 143, 184, Ζ 298, Ι 665, Ο 87, Ω 607, etc.': ο 123, σ 321.

καλλιπλόκαμος, -ον [καλλι-, καλός + πλόκαμος]. Bright-tressed. Epithet of goddesses and women Ξ 326, Σ 407, 592, Τ 207 : κ 220, 310.

κάλλιπον, contr. aor. καταλείπω.

καλλιρέεθρος, -ον [καλλι-, καλός + ῥέεθρον]. Sweetly flowing : κρήνην κ 107.—With fair streams : Χαλκίδα ο 295.

καλλίρ(ρ)οος, -ον [καλλι-, καλός + ῥέω]. Sweetly flowing Β 752, Μ 33, Χ 147 : ε 441, ρ 206.

κάλλιστος, superl. καλός.

καλλίσφυρος, -ον [καλλι-, καλός + σφυρόν]. With beautiful ankles. Epithet of goddesses and women Ι 557, 560, Ξ 319 : ε 333, λ 603.

καλλίτριχος, genit. καλλίθριξ.

καλλίχορος [καλλι-, καλός + χορός]. With fair dancing-places. Epithet of a city λ 581.

καλλίων, comp. καλός.

κάλλος, -εος, τό [καλός]. (1) Beauty. (a) Of men Γ 392, Ζ 156, Τ 235 : = ο 251, ζ 237, σ 219, ψ 156.—(b) Of women Ι 130, 272, 389, Ν 432 : ζ 18, θ 457, λ 282.—(c) Of a thing : κάλλει ἐνίκα [κρητῆρα] Ψ 742.—(2) App., some kind of cosmetic : κάλλεΐ οἱ προσώπατα κάθηρεν σ 192.

καλός, -ή, -όν. Formed fr. κάλλος nom. neut. comp. κάλλιον Ω 52 : γ 69, ζ 39, ρ 583, σ 255, etc. Nom. pl. masc. masc. καλοί κ 396. Superl. κάλλιστος, -η, -ον Β 673, Ζ 294, Ι 140, Φ 158, etc. : δ 614, ι 11, λ 239, ο 107, etc. (Often used merely as a more or less conventional epithet.) (1) In reference to personal beauty (a) Of a god or a man, well-favoured, shapely, goodly : κάλλιστος ἀνήρ Β 673. Cf. Γ 169, Τ 233, Φ 108 : καλός τε καὶ ἀρτίπος θ 310. Cf. α 301 = γ 199, ζ 276, ι 513, κ 396, λ 310, 522.—Sim. : καλὸν εἶδος Γ 44.—Of parts or appanages of the body, shapely, goodly, beauteous : σφυρά Δ 147, χρόα Ε 858, ὄμματα Ψ 66. Cf. Λ 352, Φ 398, Χ 321, Ψ 805 : α 208, θ 85, ν 398, 430, ο 332, τ 15 = ρ 39, σ 68, τ 417, ω 44.—(b) Of a goddess or a woman, fair, lovely, beauteous, comely : χορῷ καλὴ Πολυμήλη (in the dance) Π 180. Cf. Θ 305, Ι 140 = 282, 556, Π 175, Σ 383, Χ 155 : ἀλοσύδνης δ 404. Cf. γ 464, ζ 108, θ 320, λ 271,

321, ν 289=π 158, ο 418.—Of parts or appanages of the body, fair, lovely, beauteous : χρόα Ε 354, πλοκάμους Ξ 177, πρόσωπα Τ 285. Cf. Ξ 175 : β 376, δ 749, σ 192, τ 208, 263.—(c) Of a god and goddess : Ἄρης καὶ Παλλὰς Ἀθήνη . . . καλὼ καὶ μεγάλω Σ 518.—(d) Of the Dawn, bright Ι 707.—(2) Of animals, goodly, shapely, well-formed, well-grown : καλλίστους ἵππους Κ 436 : βόες μ 262, 355. Cf. ι 426, ρ 307.—Sim. : πώεα καλὰ οἰῶν Σ 528 : λ 402, μ 129, ω 112.—(3) Of places, fair, delightful, pleasant to dwell in Ι 152=294, Σ 491 : τ 173.—(4) Of things of use, buildings, constructions, etc., well-made, well-constructed, fair, goodly, fine, beauteous, or the like : χιτῶνα Β 43, τεύχεα Γ 89, δίφροι Ε 194, τεῖχος Φ 447. Cf. Γ 331, 388, Ζ 294, Λ 629, Ξ 185, Χ 3, Ψ 268, etc. : πέδιλα α 96, δώματα γ 387, εἵματα ζ 111. Cf. α 131, γ 63, 351, ε 232, θ 69, ξ 7, τ 18, φ 7, ω 3, etc.—Sim. absol. : καλὰ ἔννυσθαι ζ 27.—(5) In various applications as an epithet of general commendation, fair, goodly, fine, beauteous, calculated to win acceptance or give satisfaction, or the like: πλατανίστῳ Β 307, ἱερά Λ 727, ἄλσεα Τ 8. Cf. Ε 92, Ζ 195, 218, Ξ 351, Ρ 55, etc. : δῶρον α 312, κειμήλια κ 40, ἀγρὸν ω 206. Cf. δ 473, ο 76, ρ 600, etc.—Of a star, fair, bright Ζ 401, Χ 318.—Of waters, fair, bright, gleaming Β 850, Π 229, Φ 158, 238, 244, etc. : ζ 87, λ 239, 240.—Of the voice, sweet, ravishing Α 604 : ε 61, κ 221, ω 60.—Of a wind, fair ξ 253, 299.—Becoming, gracing: πάντα καλὰ θανόντι περ Χ 73.—Pleasing, delightsome: τό γε καλὸν ἀκούεμεν ἐστὶν ἀοιδοῦ α 370. Cf. ι 3, 11.—Conferring distinction, bringing honour or fame: ἀέθλια φ 117. Cf. λ 184, σ 255=τ 128.—(6) Absol. in neut. καλόν, a fitting or seemly thing, fitting, seemly, well, proper. With infin.: οὐ γὰρ ἔμοιγε κ. [ἄρχειν] Φ 440. Cf. Ι 615, Ρ 19, Τ 79 : οὐ κ. ἀτέμβειν . . . ν 294, φ 312. Cf. σ 287.—(7) Absol. in neut. comp. κάλλιον, a more fitting or seemly thing, more fitting, seemly or proper, better : ἐπεὶ πολὺ κ. οὕτως γ 358, θ 543. Cf. γ 69, ζ 39, ρ 583.—Fitting, seemly, well (rather than the reverse): οὐ οἱ τό γε κ. Ω 52. Cf. η 159, θ 549.—(8) In neut. καλόν as adv. (a) Well, in seemly wise : οὐ κ. ἔειπες θ 166.—(b) Sweetly, ravishingly : κ. ἀοιδιάει κ 227. Cf. Α 473, Σ 570 : α 155, θ 266, τ 519, φ 411.—(9) In neut. pl. καλά as adv. (a) Well, in becoming, seemly or fitting wise : οὐ κ. χόλον τόνδ' ἔνθεο θυμῷ (you do not well in this) Ζ 326. Cf. Ν 116 : οὐ κ. ἔβαλες ἀλήτην (it was ill in you to . . .) ρ 483. Cf. ρ 381, 397.—(b) Well, with good consequences, in favouring circumstances: οὐ κ. συνοισόμεθα πτόλεμόνδε (it will be ill for some of us) Θ 400 : οὐκέτι κ. ἀναχωρήσειν ρ 460 (i.e. the impunity you have enjoyed is now to cease).—(c) With prudence or good judgment: οὐκέτι κ. δόμων ἄπο τῆλ' ἀλάλησαι ο 10 (i.e. it is time to make for home). —(d) Sweetly, with sympathy : ὥς μοι κ. τὸν οἶτον παιδὸς ἔνισπες Ω 388.

κάλος, ὁ. In pl., tackle for raising a sail, halyards ε 260.

κάλπις, ἡ. A pitcher η 20.

κάλυμμα, τό [καλυμ-, καλύπτω]. =καλύπτρη Ω 93.

κάλυξ, -υκος, ἡ. Some kind of ornament or fastening Σ 401.

καλύπτρη, -ης, ἡ [καλύπτω]. A woman's or goddess's head-covering Χ 406 : ε 232, κ 545.

καλύπτω. Fut. καλύψω Φ 321. Aor. κάλυψα Ξ 359. 3 sing. (ἐ)κάλυψε Γ 381, Δ 503, Ε 310, Λ 250, Μ 31, Ν 580, Ρ 591, Χ 466, etc. : ε 293, θ 85, ι 68, σ 201, τ 507, ω 315, etc. 3 pl. (ἐ)κάλυψαν Α 460, Β 423, Σ 352, Ψ 254 : γ 457, μ 360. 3 sing. subj. καλύψῃ Μ 281. Pple. καλύψας Ε 23, Λ 752, Ρ 132 : ρ 241. Pl. καλύψαντες Ω 796. Infin. καλύψαι Η 462, Ν 425. Mid. 3 sing. aor. καλύψατο Ξ 184 : ε 491. Pple. καλυψάμενος, -η Γ 141 : θ 92, κ 53, 179. Pass. Aor. pple. καλύφθεὶς δ 402. Pf. pple. κεκαλυμμένος, -η, -ον Π 360, 790, Φ 318, Ω 163 : α 443, θ 503, 562, λ 15. 3 sing. plupf. κεκάλυπτο Ν 192, Φ 549. (ἀμφι-.) To cover up or envelop for protection, preservation or concealment : ἠέρι πολλῇ Γ 381=Υ 444. Cf. Ε 23, Κ 29, Ν 192, Σ 352, Ω 20, 163 (hiding his face in his garment), etc. : κεκαλυμμένος οἰὸς ἀώτῳ α 443. Cf. δ 402, θ 85, 503, 562, τ 507.—In mid. θ 92.—(2) In gen., to cover, envelop, enclose, enfold, overlay, shroud : μηροὺς κατὰ κνίσῃ ἐκάλυ-ψαν Α 460, χυτὴ με κατὰ γαῖα καλύπτοι Ζ 464. Cf. Η 462, Μ 281, Π 735, Ρ 136, Φ 318, Ψ 168, 189, etc. : σὺν δὲ νεφέεσσι κάλυψε γαῖαν ε 293. Cf. γ 457, ε 353, 435, λ 15, ρ 241, etc.—Of night Κ 201.—Of grief : τὸν ἄχεος νεφέλη ἐκάλυψεν Ρ 591=Σ 22 : =ω 315. Cf. Λ 250.—Of sleep σ 201. —Of death or the darkness of death or swoon : τὸν σκότος ὄσσε κάλυψεν Δ 461, τῷ τέλος θανάτοιο κάλυψεν Ε 553. Cf. Ε 310, 659, Ν 425, Ξ 439, Π 325, etc.—(3) In mid. without expressed object, to cover oneself up for protection : φύλλοισι καλύψατο ε 491.—To cover or veil oneself : καλυ-ψαμένη ὀθόνῃσιν Γ 141. Cf. Ξ 184 : καλυψάμενος κείμην (hiding my face) κ 53.—With ἐκ, to un-cover oneself (cf. ἐκ (Ι) (2)): ἐκ δὲ καλυψάμενοι θηήσαντο (showing their faces) κ 179.—(4) To put or place (something) so as to afford protection, for or in way of protection : ἀμφὶ Μενοιτιάδῃ σάκος καλύψας Ρ 132. Cf. Ε 315, Χ 313.—Of covering or overlaying: τόσσην οἱ ἄσιν καλύψω Φ 321.—Of enveloping or shrouding : ἀμφὶ νύκτ' ἐκάλυψεν Ε 507.—To shed (sleep): αὐτῷ ἐγὼ περὶ κῶμα κάλυψα Ξ 359.

καλῶς [adv. fr. καλός]. In becoming and seemly wise β 63.

κάμ. See κατά.

κάμαξ, -ακος, ἡ. A vine-pole Σ 563.

κάματος, -ου, ὁ [καμ-, κάμνω]. (1) Toil, labour : καμάτῳ καὶ ἱδρῷ (the sweat of toil) Ρ 385. Cf. η 325.—(2) The result of one's labour or toil, the work of one's hands : ἄλλοι ἡμέτερον κάματον ἔδουσιν ξ 417. Cf. Ο 365.—(3) Weariness, exhaustion, distress, fatigue : κ. γυῖα δέδυκεν Ε 811. Cf. Δ 230, Η 6, Κ 98, 312=399, 471, Ν 85, 711, Ρ 745, Φ 52 : α 192, ε 457, 472, 493, ζ 2, ι 75= κ 143, κ 363, μ 281, ξ 318, υ 118.

κάμε, 3 sing. aor. κάμνω.

καμῑνώ, ἡ [κάμινος, furnace]. A furnace-woman : γρηὶ καμινοῖ ἶσος σ 27.

καμμονίη, -ης, ἡ [καμ-, κατα- (5) + μονή, sb. fr. μένω]. Power of endurance or outlasting, i.e. victory : αἴ κεν ἐμοὶ Ζεὺς δώῃ καμμονίην Χ 257. Cf. Ψ 661.

κάμμορος [καμ-, κατα- (2)) + μόρος]. Fate-ridden, ill-fated, wretched : κεῖνον τὸν κάμμορον β 351. —In voc. ε 160, 339, λ 216, υ 33.

κάμνω. 3 sing. fut. in mid. form καμεῖται Β 389. Αοr. ἔκαμον φ 426. κάμον ψ 189. 3 sing. κάμε Β 101, Ε 735, Σ 614, Φ 26, Ω 613, etc. : λ 523, ο 105, φ 150. 2 dual κάμετον Θ 448. 3 καμέτην Δ 27. 3 pl. ἔκαμον Δ 244 : μ 232. κάμον Δ 187, 216, Ε 338. Subj. κάμω Α 168. 3 sing. κάμῃσι Ρ 658 : ξ 65. 3 pl. κάμωσι Η 5. 2 pl. opt. κάμοιτε Θ 22. 3 κάμοιεν ι 126. Pple. καμών, -όντος Γ 278, Ψ 72, 444 : λ 476, ω 14. 2 sing. pf. κέκμηκας Ζ 262. Pple. κεκμηώς Ψ 232. Dat. sing. κεκμηῶτι Ζ 261. Acc. κεκμηῶτα κ 31, ν 282. Acc. pl. κεκμηότας Λ 802, Π 44. 1 pl. aor. mid. καμόμεσθα Σ 341. 3 ἐκάμοντο ι 130. (1) To toil, strive, exert oneself : οὐδ' εἰ μάλα πολλὰ κάμοιτε Θ 22. Cf. ξ 65.—(2) To produce by work, make, fabricate, construct : σκῆπτρον, τὸ μὲν Ἥφαιστος κάμεν Β 101. Cf. Δ 187, 216, Ε 338, 735 = Θ 386, Η 220, Θ 195, Σ 614, Τ 368 : πέπλοι, οὓς κάμεν ο 105. Cf. ι 126, λ 523, ψ 189.—So in mid. : νηῶν τέκτονες, οἵ κέ σφιν (sc. Κυκλώπεσσιν) καὶ νῆσον ἐϋκτιμένην ἐκάμοντο (would have made them a fine place of it) ι 130. —In mid., to win or acquire by toil or exertion : Τρωΐαί, τὰς καμόμεσθα (i.e. as captives) Σ 341.— (3) To grow weary, become exhausted or fatigued ; in pf. to be weary, exhausted or fatigued : περὶ ἔγχεϊ χεῖρα καμεῖται (in his . . .) Β 389. Cf. Ε 797, Ζ 261, Λ 802 = Π 44, Τ 170, Ψ 232, 444 : ἐμὲ ὕπνος ἐπήλυθε κεκμηῶτα κ 31 = ν 282. Cf. μ 280.—In aor. pple. pl., that have succumbed to the toils of life, i.e. have died : καμόντας ἀνθρώπους (the dead) Γ 278. Cf. λ 476.—Absol. : εἴδωλα καμόντων Ψ 72 : ω 14.—(4) To wear oneself out, incur weariness, exhaustion or fatigue, become wearied, exhausted or fatigued, in doing something. With pple. : πολεμίζων Α 168. Cf. Δ 244, Ζ 262, Η 5, Θ 448, Π 106, Ρ 658, Φ 26, Ψ 63, Ω 613 : φ 150, 426.—Sim. : καμέτην μοι ἵπποι λαὸν ἀγειρούσῃ Δ 27. Cf. μ 232.

†κάμπτω. Fut. infin. κάμψειν Η 118, Τ 72. 3 sing. aor. ἔκαμψε ε 453. 3 pl. ἔκαμψαν Ω 274. 3 sing. subj. κάμψῃ Δ 486. (1) To bend so as to put in a desired position : ὑπὸ γλωχῖνα δ' ἔκαμψαν (tucked it in (see γλωχίς)) Ω 274.—(2) To form or make by bending : ἴτυν Δ 486.—(3) To bend (the knee), i.e. to take rest : ἀσπασίως γόνυ κάμψειν Η 118, Τ 72.—To bend (the knees) in exhaustion : ἀμφὼ γούνατ' ἔκαμψε χεῖράς τε ε 453 (i.e. they gave way under him. The idea of bending is not strictly applicable to the arms, which would drop by his side).

καμπύλος [κάμπτω]. Bent, curved. Epithet (1) Of bows Γ 17, Ε 97, Κ 333, Μ 372 : ι 156,

φ 359, 362.—Applied to the whole archery equipment Φ 502 (see τόξον (4)).—(2) Of wheels : κύκλα Ε 722.—(3) Of a chariot (referring doubtless to the curved ἄντυξ) Ε 231.

καναχέω [καναχή]. To give forth a sound, ring : κανάχησε χαλκός τ 469.

καναχή, -ῆς, ἡ. A sound. The ring of metal Π 105, 794.—The gnashing of teeth Τ 365.—The tramp of mules or the clatter of their trappings ζ 82.

καναχίζω [καναχή]. To give forth a sound, resound : κανάχιζε δούρατα πύργων Μ 36.

κάνεον, -ου, τό. Also **κάνειον** κ 355. (1) A bread-basket, app. of wicker-work Ι 217 = Ω 626 : α 147, θ 69, π 51, ρ 335, 343 (the meat presumably from another basket ; see (2)), σ 120, υ 255.— (2) A similar basket for meat υ 300.—(3) A similar basket for sacrificial meal γ 442, δ 761.—(4) A bread-basket of metal : χάλκειον κάνεον Λ 630. Cf. κ 355.

καννεύσας, contr. aor. pple. κατανεύω.

κανών, -όνος, ὁ. Dat. pl. κανόνεσσι Ν 407. (1) App., each of two pieces set inside a shield to keep it in shape, one running from top to bottom and the other placed horizontally, the middle portion of the latter forming a handle : [ἀσπίδα] δύω κανόνεσσ' ἀραρυῖαν Ν 407. Cf. Θ 193. —(2) In weaving, app., each of two horizontal rods to which the lower ends of the threads of the warp (μίτος) were attached, the even threads to one and the odd to the other Ψ 761.

κάπ. See κατά.

κάπετος, -ου, ἡ [app. (σ)κάπετος, fr. σκάπτω, to dig]. (1) A ditch surrounding a vineyard Σ 564. —(2) A ditch in fortification Ο 356.—(3) A grave Ω 797.

κάπη, -ης, ἡ. A horse's crib or manger : ἵππους κατέδησαν ἐπὶ κάπῃσιν Θ 434 : δ 40.

καπνίζω [καπνός]. To raise a smoke, i.e. to make fire : κάπνισσαν καὶ δεῖπνον ἕλοντο Β 399.

καπνός, -οῦ, ὁ. (1) Smoke : κ. ἰὼν ἐξ ἄστεος Σ 207. Cf. Α 317, Θ 183, Ι 243, Σ 110, Φ 522, Ψ 100 : καπνὸν ἀπὸ χθονὸς ἀΐσσοντα κ 99. Cf. α 58, ι 167, κ 149, 152, 196, μ 202, 219, ν 435, π 288 = τ 7, τ 18.—(2) Steam : ἀμφὶ κ. γίγνεται ἐκ πηγῆς Χ 149.

κάππεσον, contr. aor. καταπίπτω.

κάπριος, -ου, ὁ [= next]. A wild boar Λ 414, Μ 42.—Joined with σῦς Λ 293, Ρ 282.

κάπρος, -ου, ὁ [= prec.]. (1) A wild boar : κάπρω μέγα φρονέοντε Λ 324. Ρ 725 : ζ 104.—Joined with σῦς : συσὶ κάπροισιν Ε 783 = Η 257. Cf. Ρ 21. —(2) A boar as a sacrificial victim Τ 197, 251, 254, 266 : λ 131 = ψ 278.

καπύω [cf. καπνός]. 3 sing. aor. ἐκάπυσσε Χ 467. From the same stem (καπ- = καφ-) acc. sing. masc. pf. pple. κεκαφηότα Ε 698 : ε 468. To breathe or pant forth : ἀπὸ ψυχὴν ἐκάπυσσεν Χ 467, κεκαφηότα θυμόν (panting it forth) Ε 698 : ε 468.

κάρ¹, καρός [perh. conn. with κείρω]. Thus, a chip or shaving. As the type of something worthless : τίω μιν ἐν καρὸς αἴσῃ Ι 378.

κάρ². See ἐπικάρ.

κάρ³. See κατά.

καρδίη, -ης, ἡ [cf. κραδίη, κῆρ]. =κραδίη (3)(b): ἐν σθένος ὦρσεν (σθένος ἔμβαλ') ἑκάστῳ καρδίῃ Β 452=Λ 12=Ξ 152.

κάρη, τό. (a) Genit. καρήατος Ψ 44. κάρητος ζ 230, ψ 157. Dat. καρήατι Τ 405, Χ 205. κάρητι Ο 75. Nom. pl. καρήατα Λ 309. Acc. καρήατα Ρ 437. (b) Genit. κράατος Ξ 177. Dat. κράατι χ 218. Acc. pl. κράατα Τ 93. (c) Genit. κρᾱτός Α 530, Ζ 472, Ν 189, Ρ 205, Χ 468, etc. : ε 323, κ 288, λ 600, ν 102, ξ 276, etc. Dat. κρᾱτί Γ 336, Ε 743, Κ 335, Τ 381, etc.: ι 490, μ 99, χ 123. Acc. κρᾶτα θ 92. Genit. pl. κρᾱ́των χ 309, ω 185. Dat. κρᾱσί Κ 152. (d) An anomalous locative form κράτεσφι Κ 156. (1) The head : ἀπ' ἐμεῖο κ. τάμοι ἀλλότριος φώς Ε 214. Cf. Α 530, Β 259, Γ 336, Ζ 472, Κ 152, etc.: κὰδ δὲ κάρητος οὔλας ἧκε κόμας ζ 230. Cf. ε 285, ζ 107, θ 92, ι 490, λ 600, etc.—For κάρη κομόωντες see κομάω.—Of horses : ὑψοῦ κ. ἔχει Ζ 509=Ο 266. Cf. Ρ 437, Τ 405.—(2) (a) The top of a mountain : κρατὸς ἀπ' Οὐλύμποιο Υ 5.—(b) The head of a harbour : ἐπὶ κρατὸς λιμένος ι 140, ν 102, 346.

κάρηνον, -ου, τό [κάρη]. Only in pl. (1) =κάρη(1) (but never in the strict literal sense): ὡς πῖπτε κάρηνα Τρώων Λ 158. Cf. Λ 500.—Periphrastically: ἵππων ξανθὰ κάρηνα Ι 407. Cf. Ψ 260: νεκύων ἀμενηνὰ κάρηνα κ 521, 536, λ 29, 49.— (2) =κάρη (2) (a) Α 44, Β 869, Η 19, Τ 58, Β 167 =Δ 74=Χ 187=Ω 121 : =a 102=ω 488, ζ 123, ι 113.—(3) In reference to cities, the topmost part, the citadel (cf. κρήδεμνον (2)): πολλάων πολίων κάρηνα Β 117=Ι 24. Cf. Β 735.

κάρητος, genit. κάρη.

καρκαίρω [imitative]. To quake, tremble : κάρκαιρε γαῖα πόδεσσιν (with, under, the feet) Υ 157.

καρπάλιμος [καρπ- = κραπ- as in κραιπνός]. Swift. Epithet of the feet Π 342, 809, Χ 166.

καρπαλίμως [adv. fr. prec.]. (1) Swiftly, at speed, nimbly : κ. ἤϊξε διὰ δρυμά Λ 118. Cf. Τ 190, Χ 159, Ψ 408, Ω 327 : μεθ' ἡμιόνους κ. ἔρχεσθαι ζ 261. Cf. θ 122, κ 146.—(2) Swiftly, speedily, quickly, soon, at once, without loss of time, smartly : κ. ἀνέδυ πολιῆς ἁλὸς Α 359. Cf. Α 435, Β 17, Γ 117, Ε 868, Θ 506, etc.: κ. ἔζευξαν ἵππους γ 478. Cf. β 406, γ 418, ζ 312, θ 16, ι 216, etc.

καρπός¹, -οῦ, ὁ. (1) Fruit in general : τάων οὔ ποτε κ. ἀπόλλυται η 117, δένδρεα κατὰ κρῆθεν χέε καρπόν (their fruit) λ 588. Cf. τ 112.—(2) Specifically of the fruit of the vine, grapes Σ 568.—Of the fruit of the lotus ι 94.—Of that of the cornel κ 242.—Of that of the poppy Θ 307.—Of the ears or grains of growing corn : ἀνθερίκων καρπόν Τ 227.—Grain as distinguished from chaff : ὅτε Δημήτηρ κρίνῃ καρπόν τε καὶ ἄχνας Ε 501.—Grain to be ground : ἀλετρεύουσι μύλης ἐπι μήλοπα καρπόν η 104.—(3) Collectively, the fruits of the earth, the produce of one's land : οὔ ποτ' ἐν Φθίῃ καρπὸν ἐδηλήσαντο Α 156.—(4) ἀρούρης καρπός, of corn or grain Ζ 142, Φ 465.—Of wine Γ 246.

καρπός², -οῦ, ὁ. The wrist : οὔτασε χεῖρ' ἐπὶ καρπῷ Ε 458. Cf. Ε 883, Θ 328, Ρ 601, Σ 594, Φ 489, Ω 671 : ἐπὶ καρπῷ ἑλὼν ἐμὲ χεῖρα (taking me by the hand at the wrist) σ 258. Cf. χ 277, ω 398.

καρρέζουσα, contr. fem. pres. pple. καταρρέζω.

καρτερόθυμος [καρτερός + θυμός]. Stout-hearted Ν 350, Ξ 512 : φ 25.—Absol. in voc. Ε 277.

καρτερός, -ή, -όν [κάρτος. Cf. κρατερός]. (1) Strong, mighty, powerful, stout, staunch : πολέμῳ ἔνι κ. ἔσσι Ι 53. Cf. Α 178, 280, Ε 410, 592, 645, 806, Ν 124, 127, 316 : κ. ἀνὴρ δ 242, 271, υ 393. Cf. θ 139, χ 13.—With infin. indicating that in which stoutness is displayed : κ. μάχῃ ἔνι φῶτας ἐναίρειν Ν 483.—(2) Powerful, influential : ὑμεῖς καρτεροὶ αἰεί ο 534. Cf. ξ 116.—(3) Violent, of violence : ἔργα Ε 757, 872.—(4) Of a wound, deep-struck Π 517, 523.—(5) Of an oath, mighty, potent Τ 108, 127 : δ 253, κ 381, μ 298, σ 55.

κάρτιστος, -η, -ον [superl. (with metathesis) of κρατύς]. (1) In superl. sense of καρτερός (1) : κάρτιστον Ἀχαιῶν Ζ 98. Cf. Α 266, 267, Η 155, Θ 17, Ι 558.—Of an eagle Φ 253.—Absol. Α 267. —In superl. sense of καρτερός (2) Τ 243.—(2) Of a battle, the most hotly contested, the most desperate Ζ 185.—(3) Absol. in neut. κάρτιστον, the best course to take, the best thing to do : φυγέειν κ. [ἐστιν] μ 120.

κάρτος, τό [cf. κράτος]. (1) Physical strength, might, stoutness, prowess : εἰ γὰρ δοίη κ. ἐμοὶ Ρ 562, ὅ τ' οὐκέτι κ. Ἀχαιῶν (that there is no fight left in them) 623. Cf. Θ 226=Λ 9, Ι 254, Ο 108, Ρ 322, 329 : γ 370, δ 415, ν 143, σ 139.— (2) National strength or power : Φαιήκων κ. τε βίη τε (the two words hardly to be distinguished) ζ 197.

†καρτύνω [κάρτος]. 3 pl. aor. mid. ἐκαρτύναντο. To strengthen. In mid.: ἐκαρτύναντο φάλαγγας (pulled their ranks together) Λ 215 = Μ 415, Π 563.

καρφαλέος [κάρφω]. (1) Dried up, parched : ἠίων ε 369.—(2) In neut. καρφαλέον as adv., with a dry, i.e. a harsh or grating sound (cf. αὖος (2)): κ. οἱ ἀσπὶς ἄϋσεν Ν 409.

†κάρφω. Fut. κάρψω ν 398. 3 sing. aor. κάρψε ν 430. To dry up, make withered or shrivelled : χρόα ν 398, 430.

καρχαλέος [app. conn. with κάρχαρος. See next]. Thus, rough (in the throat): δίψῃ καρχαλέοι Φ 541.

καρχαρόδους, -όδοντος [κάρχαρος, sharp-pointed +ὀδούς]. With sharp or jagged teeth. Epithet of dogs Κ 360, Ν 198.

κασιγνήτη, -ης, ἡ [fem. of κασίγνητος]. A sister Ι 584, Κ 317, Π 432, Σ 52, 139, 356, Τ 71, Φ 470 : δ 810.—Of Eris and Ares : Ἄρεος κ. ἑτάρη τε Δ 441.

κασίγνητος, -ου, ὁ [κάσις, brother +γνη-=(with metathesis) γεν-, γίγνομαι]. (1) (a) A brother, whether of the full or of the half blood : οἵο (sc. Ἀλεξάνδροιο) κασιγνήτοιο Λυκάονος Γ 333 (sons of Priam, A. by Hecabe, while L.'s mother was Laothoë (Χ 46)), ἡ (sc. Ἀφροδίτη) κασιγνήτοιο

(sc. Ἄρηος) ἦτεεν ἵππους E 357 (they were children
of Zeus, Ares by Here (E 892), Aphrodite by
Dione (E 370)), σὺν γαμβροῖσι κασιγνήτοισί τε
σοῖσιν 474 (sons of Priam by various mothers),
Ἕκτωρ οὔ τι κασιγνήτῳ (sc. Ἑλένῳ) ἀπίθησεν Z 102
(both sons of Priam and Hecabe), οὔτ' αὐτῆς
Ἑκάβης . . . οὔτε κασιγνήτων 452, κασίγνητός τοί
εἰμι H 48 (Helenus to Hector), Αἴας οὐκ ἀμέλησε
κασιγνήτοιο (sc. Τεύκροιο) πεσόντος Θ 330 (they
appear to have been full brothers (O 439); but
see Θ 284 and also M 371 cited under (b), which
imply no more than their having the same
father), πένθος ἐξ ὀφθαλμοὺς ἐκάλυψε κασιγνήτοιο
(sc. Ἰφιδάμαντος) πεσόντος Λ 250 (brother of Coon ;
see 257 cited under (b). Both were sons of
Antenor), Ἀκάμας ἀμφὶ κασιγνήτῳ (sc. Ἀρχελόχῳ)
βεβαὼς Ξ 477 (both were sons of Antenor (B 823,
M 100)), Ἕκτωρ δ' ὡς ἐνόησε κασίγνητον Πολύδωρον
T 419 (P.'s mother was Laothoë (X 46)). Cf. Δ 155,
E 359, Z 239, 421, 430, I 567, 632, Ξ 473, 483,
O 436, 466, Π 320, 326, 456 = 674, T 293, Ω 793 :
γ 39, ζ 155, η 4, θ 546, 585, ο 16, 237, 273, π 97,
115, σ 140, φ 216, ω 434, 484.—Of Sleep and Death
Ξ 231.—Of two rivers Φ 308.—(b) With words
defining the nature of the tie : Ἰφιδάμαντα
κασίγνητον καὶ ὄπατρον Λ 257 (either, son of the
same mother and father, or, taking ὄπατρον
epexegetically, his brother, the son of his father),
Τεῦκρός οἱ (sc. Αἴαντι) ἅμ' ἦε κ. καὶ ὄπατρος M 371
(see Θ 330 cited under (a)), ἠὲ κασίγνητον ὁμογάσ-
τριον ἠὲ καὶ υἱόν Ω 47.—(2) App. in a wide sense,
including cousins : Ἕκτωρ κασιγνήτοισι κέλευσε,
πρῶτον δ' Ἱκεταονίδην ἐνένιπε, Μελάνιππον O 545
(Hicetaon was brother to Priam (T 237)).

κασσίτερος, -ου, ὁ. Tin : χαλκὸν κασσίτερόν τε
Σ 474. Cf. Λ 25, 34, Σ 565, 574, 613, T 271, Φ 592,
Ψ 503, 561.

καστορνῦσα, contr. fem. pres. pple. See
καταστορέννυμι.

κατά. (Commonly with anastrophe when im-
mediately following the vb. or case-form). Also
in assimilated forms κάγ, κάδ, κάκ, κάμ, κάπ,
κάρ. (I) Adv. (1) Down, downwards : κατ' ἄρ'
ἔξετο Α 68, ὅς τε Τροίην κατὰ πᾶσαν ὁρᾶται (sees it
from on high) Ω 291. Cf. A 413, B 549, Λ 676,
N 653, P 619, Ψ 700, etc. : κατὰ φρόνιν ἤγαγεν
(from the city) δ 258, κὰδ δ' ἔβαλεν 344. Cf. θ 67,
κ 567, λ 426, 599, ο 496, τ 599, ω 540, etc.—In
reference to getting into or putting on armour :
αὖτις κατὰ τεύχε' ἔδυν Δ 222.—(2) Down upon or
over something : κὰδ δέ οἱ ὕδωρ χεύαν Ξ 435. Cf.
Θ 50, T 282 : κεφαλῇ κατὰ ῥάκος ἀμφικαλύψας ξ 349.
Cf. η 286, λ 433, etc.—(3) Against or affecting a
person : πείσεται ἄσσα οἱ αἶσα κατὰ Κλῶθές τε
γεινομένῳ νήσαντο λίνῳ η 197.—(4) In intensive
senses (a) In reference to fastening down, bind-
ing or securing : κατὰ πρυμνήσι' ἔδησαν Α 436.
Cf. T 94, etc. : θεοῦ κατὰ μοῖρα πέδησεν λ 292. Cf.
β 425, ο 498, τ 42, etc.—Sim. in reference to
drawing reins tight : κατὰ δ' ἡνία τεῖνεν (τεῖναν)
Γ 261, 311, T 394.—Also κατὰ συφεοῖσιν ἐέργνυ

κ 238.—(b) In reference to covering or spreading
over something : κατὰ κνίσῃ ἐκάλυψαν (as we say,
' up ') A 460. Cf. B 699, Z 464, Θ 441, Π 325, etc. :
κατὰ κρᾶτα καλυψάμενος θ 92. Cf. γ 457, τ 507,
etc.—So in a geographical expression in reference
to containing or enfolding, about, round : βαθὺν
κατὰ κόλπον ἐχούσας B 560.—(c) To destruction or
extinction : μὴ κατὰ χρόα σαπήῃ T 27, κατὰ δ' ᾕρεε
Πηλείωνα (was bent on his utter destruction)Φ327.
Cf. A 40, B 317, Δ 157, Z 416, Θ 403, T 334, Ψ 237,
etc. : οἱ κατὰ βοῦς ἤσθιον a 8. Cf. β 376, γ 307,
315, μ 364, τ 539, etc.—(d) With λείπω : τὸν κατ'
αὐτόθι λεῖπεν Φ 201. Cf. B 160, K 273, P 91, 535,
etc. : κατὰ δ' ἅμμε λίπον ὄπισθεν κ 209. Cf.
σ 257, φ 90, etc.—(e) In general intensive sense :
τὸν κατ' ὄσσε ἔλλαβε θάνατος E 82. Cf. Ψ 623,
etc. : κατὰ δ' ἔσχεθε λαόν ω 530. Cf. a 192,
ι 372, 459, κ 113, λ 151, 497, ρ 323, υ 109, etc.—
(II) Prep. (1) With genit. (a) Down from : κατ'
Οὐλύμποιο A 44. Cf. E 111, Z 128, I 15, Λ 811,
N 772, etc.: κατὰ παρειῶν δ 223. Cf. a 102, δ 680,
ε 313, θ 508, σ 355, etc.—With ablative Δ 452, etc.
—In reference to a point from which action takes
place : κατ' ἀκροτάτης πόλιος κελεύων T 52.—
(b) Down upon : πνείοντε κατ' ὤμων N 385. Cf.
Γ 217, E 659, Σ 24, Ψ 765, etc. : κατὰ κρατὸς κ 362.
Cf. θ 85, etc.—Down into : κατὰ χθονὸς ᾤχετο Ψ 100.
Cf. Φ 172.—Down through : ἀμβροσίην στάξε
κατὰ ῥινῶν T 39.—(c) In reference to extent down
or in from an opening : μέσσῃ κατὰ σπείους δέδυκεν
μ 93. Cf. ι 330.—(2) With acc. (a) Down through
or along : αἷμα κατὰ ῥῖνας πρῆσεν Π 349. Cf. M 33,
etc. : ὁδὸν κάτα (down the track) ρ 204. Cf. ε 461,
ς 97.—So in reference to a wound : ἔρρει αἷμα κατ'
ὠτειλήν P 86.—Sim. : ψυχὴ κατ' ὠτειλὴν ἔσσυτο
Ξ 518.—In reference to motion downwards and
inwards : μυίαι καδδῦσαι κατ' ὠτειλάς T 25. Cf.
T 209.—Without notion of actual downward move-
ment, through, along : λαοφόρον καθ' ὁδὸν O 682.
Cf. M 469, etc. : κατ' ἠερόεντα κέλευθα υ 64. Cf.
ξ 254, etc.—καθ' ὁδόν (by the way) θ 444.—(b) Down
into : ἀλὸς κατὰ κῦμα Z 136. Cf. Θ 510.—So of going
into a place : κατὰ σταθμὸν δύεται E 140. Cf.
Φ 559.—Sim. : καθ' ὅμιλον ἔδυν Γ 36.—(c) Through,
throughout, among, over, in, on : κατὰ στρατὸν
Ἀχαιῶν A 229, ἔβη κατὰ νῆας B 47. Cf. B 345, 470,
Γ 151, E 162, Z 201, etc. : Ἰθάκην κάτα a 247. Cf.
a 116, β 383, γ 302, ε 52, ι 6, κ 122, τ 233, etc.—In
reference to the sight : πτήξε κατὰ στίχας P 84.
Cf. Π 646 : χ 381.—To piercing, through : κατὰ
κύστιν ἦλθ' ἀκωκή E 67. Cf. N 652.—To position in
or within (a space) : κατ' ἀντίθυρον π 159.—(d) In
reference to motion over something : κατ' ἀγρὸν
κῦμα A 483. Cf. Δ 276, N 737, T 93, Ψ 230, etc. : οἴη
Ἄρτεμις εἶσι κατ' οὔρεα ζ 102. Cf. β 429, ε 377, etc.
—(e) In the region of, about, by : κατὰ βωμοὺς
B 305. Cf. A 409, M 340.—Sim. : [ξυστὰ] κατὰ στόμα
εἱμένα χαλκῷ (at the point) O 389.—Also : [ἑανὸν]
κατὰ στῆθος περονᾶτο (on her . . .) Ξ 180.—In
reference to arriving at a spot : ὅτε κατὰ νῆας ἵξεν
Λ 806. Cf. N 329 : ω 13.—Over against, opposite :
ὅτε κατ' αὐτοὺς σταίησαν P 732.—Sim. : κατ' ἐνῶπα

ἰδὼν Δαναῶν (in the face of the . . .) Ο 320. Cf.
Ρ 167.—In nautical sense, abreast of, off : ἐπεί
ῥ' ἵκοντο κατὰ στρατόν Α 484. Cf. ε 441. — In
reference to wounding or striking, in the region
of, in : κατὰ δεξιὸν ὦμον Ε 46. Cf. Ε 66, 73, 305,
579, Ζ 64, Θ 83, etc.: πρυμνότατον κατὰ νῶτον
ρ 463. Cf. κ 161, τ 452, χ 15, etc. — Sim. in
reference to a shield, etc., struck, on : κατ' ἀσπίδα
νύξεν Ψ 818. Cf. Γ 347, Ε 537, Λ 351, Π 106, etc.
—(f) Of position, on, upon : κατὰ βοὸς κέρας
ἐμβεβαυῖα Ω 81. Cf. Χ 133 : ἔζοντο κατὰ κλισμούς
a 145. Cf. κ 233, ρ 86, etc.—(g) In reference to
the mind, etc., in : χωόμενον κατὰ θυμόν Α 429.
Cf. Α 193, 555, Β 3, Ε 406, etc. : θάμβησεν κατὰ
θυμόν a 323. Cf. a 4, 29, 294, etc.—(h) According
to, in accordance or consonance with : ἄρσαντες
κατὰ θυμόν Α 136. Cf. Α 286, Β 214, Γ 59, Ι 108,
Λ 336, etc. : κατὰ μοῖραν β 251. Cf. γ 138, etc.—
Sim. : κατ' ἄντηστιν υ 387.—(i) In the matter of,
with a view to, for, with, on : κατὰ δαῖτα Α 424.
Cf. Ο 447 : κατὰ πρῆξιν γ 72. Cf. γ 106, λ 479,
etc.—(j) Distributively, by : κατὰ φῦλα, κατὰ
φρήτρας Β 362 : κατ' οἴκους a 375 = β 140. —So
ἐρήτυθεν καθ' ἕδρας (in their several seats) Β 99,
211.—(k) In reference to being in a specified
formation : ἵζοντο κατὰ στίχας Γ 326.—(l) With
personal pronouns, by (oneself) : μαχόμην κατ' ἔμ'
αὐτόν Α 271. Cf. Β 366.

κᾰτᾰβαίνω [κατα- (1)]. Aor. κατέβην ψ 252.
3 pl. κατέβησαν Κ 541. κατέβαν Ω 329 : ω 205.
1 pl. subj. καταβήομεν Κ 97. Imp. κατάβηθι ψ 20.
Pple. καταβάς Λ 184 : ζ 281, ξ 350. Fem. καταβᾶσα
Ρ 545 : υ 31. Infin. καταβήμεναι Μ 65, Ξ 19 :
κ 432. καταβῆναι Γ 252 : κ 558, λ 63. 3 sing.
aor. mid. κατεβήσετο Σ 288, Ν 17, Ω 191 : a 330,
β 337, κ 107, ο 99. 3 sing. subj. καταβήσεται
Ο 382. Imp. καταβήσεο Ε 109. (1) To go or
come down, descend : ἐς πεδίον Γ 252. Cf. Λ 184,
Μ 65, Ν 17, Ρ 545 : οὐρανόθεν ζ 281, υ 31. Cf.
κ 107, 558 = λ 63, ψ 20 (go downstairs), 252,
ω 350.—App. on the analogy of going down
from a city : ἐς τοὺς φύλακας καταβήομεν (sc. from
the ships) Κ 97.—Of something inanimate : ὥς
τε κῦμα νηὸς ὑπὲρ τοίχων καταβήσεται Ο 382.—
Of a wind, to come upon something, come on
to blow : πρίν τινα κεκριμένον καταβήμεναι οὖρον
Ξ 19.—(2) To come down or descend from. With
genit. : πόλιος Ω 329.—To quit by descending,
come down from : ὑπερώϊα σ 206, ψ 85. — To
descend or come down (a means of descent):
κλίμακα a 330, ἐφόλκαιον ξ 350.—(3) To descend
from horseback, alight Κ 541.—To dismount
from (a chariot). With genit. : καταβήσεο δίφρου
Ε 109.—(4) In reference to entering a room (cf.
κατά (II) (2) (b)): ἐς θάλαμον Ζ 288, Ω 191 : ο 99.
Cf. κ 432.—Sim. : ὅτ' εἰς ἵππον κατεβαίνομεν (the
Trojan horse) λ 523.—To enter (a room) : θάλαμον
καταβήσετο β 337.

κᾰτᾰβάλλω [κατα- (1)]. 3 sing. contr. aor.
κάββαλε (καβ- = κατα-) Ε 343, Θ 249, Ι 206, Μ 206 :
ζ 172, ρ 302. (1) To throw down, let fall : κάβ-
βαλεν [αἰετὸς] νεβρόν Θ 249. Cf. Μ 206.—To set

down, place : κρεῖον Ι 206.—To thrust from one-
self, let go one's hold of : ἀπὸ ἕο κάββαλεν υἱόν
Ε 343.—Of a dog throwing back his ears ρ 302.—
(2) To throw down in way of destruction : ὄχθας
καπέτοιο Ο 357.—(3) To cast ashore : ἐνθάδε [με]
κάββαλε δαίμων ζ 172.

κᾰτᾰβάς, aor. pple. καταβαίνω.

κᾰτᾰβήμεναι, καταβῆναι, aor. infin. καταβαίνω.

κᾰτᾰβήσεται, 3 sing. aor. subj. mid. καταβαίνω.

κᾰτᾰβλώσκω [κατα- (1) (3)]. To go down
through. With acc. : ἄστυ καταβλώσκοντα π 466.

†κᾰτᾰβρόχω [κατα- (5) + βρόχω, to swallow].
3 sing. aor. opt. καταβρόξειε. (ἀνα-.) To swallow
down, swallow : ὃς φάρμακον καταβρόξειεν . . .
δ 222.

κᾰτᾰγηράσκω [κατα- (5)]. From καταγηράω
3 sing. impf. κατεγήρα ι 510. (1) To pass one's
days and reach old age : μαντευόμενος κατεγήρα
Κυκλώπεσσιν (among the . . .) ι 510.—(2) To
show signs of age, age : αἶψ' ἐν κακότητι βροτοὶ
καταγηράσκουσιν τ 360.

κᾰτᾰγῑνέω [κατ-, κατα- (1)]. To fetch, bring,
carry, down : ἀπ' ὀρέων ὕλην κ 104.

†κᾰτάγνῡμι [κατ-, κατα- (5)]. 3 sing. aor.
κατέαξε ι 283. 1 pl. κατεάξαμεν Ν 257. To break
in pieces, shiver : ἔγχος Ν 257.—To wreck (a
ship) : νέα ι 283.

κᾰτάγω [κατ-, κατα- (1)]. Aor. infin. καταξέμεν
Ζ 53. 3 sing. aor. κατήγαγε λ 164, τ 186. 1 pl.
aor. mid. κατηγαγόμεσθα κ 140. (1) To lead or
conduct down : ψυχὰς μνηστήρων ω 100.—Of a
compelling cause : χρειώ με κατήγαγεν εἰς Ἀΐδαο
λ 164.—(2) To lead or take from inland towards
the shore : ἐπὶ νῆας Ε 26, Ζ 53, Φ 32 : τρεῖς σιάλους
κατάγων (i.e. from the pasture to the city) υ 163.—
(3) To bring from the sea to land : τὸν Κρήτηνδε
κατήγαγεν ἴς ἀνέμοιο τ 186.—Intrans., to bring
one's ship to land, make one's landfall : οἱ δ' ἰθὺς
κάταγον γ 10 (v.l. κατάγοντο as below).—So in
mid. : ἐπ' ἀκτῆς νηΐ κατηγαγόμεσθα (instrumental
dat., 'with the ship') κ 140.—(4) In mid., of
ships, to come to land : Ἰθάκηνδε κατήγετο νηῦς
π 322. Cf. γ 178.

κᾰτᾰδάπτω [κατα- (5)]. 3 pl. aor. κατέδαψαν
γ 259. Infin. καταδάψαι Χ 339. To devour. Of
dogs Χ 339.—Of dogs and birds of prey γ 259.—
Fig., in pass., to be torn or distressed : κατα-
δάπτεταί μευ ἦτορ π 92.

†κᾰτᾰδαρθάνω [κατα- (5)]. Aor. κατέδραθον
π 285, ψ 18. 3 pl. κατέδραθον θ 296. Contr.
3 dual καδδραθέτην ο 494. Subj. καταδράθω ε 471.
(1) To go to sleep, compose oneself to sleep : εἰ'
κε θάλπιος ἐν καταδράθω ε 471. Cf. η 285, θ 296.—
(2) To sleep : καδδραθέτην οὐ πολλὸν ἐπὶ χρόνον
ο 494. Cf. ψ 18.

κᾰτᾰδέρκομαι [κατα- (1)]. To look down upon:
οὐδέ ποτ' αὐτοὺς Ἠέλιος καταδέρκεται (never shines
upon them) λ 16.

κᾰτᾰδεύω [κατα- (5) + δεύω[1]]. To wet through :
πολλάκι μοι κατέδευσας χιτῶνα Ι 490.

κᾰτᾰδέω [κατα- (5)]. (1) To tie up or secure :
[ἀσκὸν] μέρμιθι κ 23.—(2) To tie or secure (a rope)

Ω 274.—(3) To bind or secure (a person), put (him) in bonds ξ 345, ο 443.—Sim. : τῶν ἄλλων ἀνέμων κελεύθους ε 383. Cf. κ 20.—Fig. : κατέδησέ [με] κελεύθου (hindered me from . . .) η 272.— (4) To halter or secure (a horse) Θ 434, Κ 567 : δ 40.—In reference to a mule Ψ 654.—To sheep κ 572.—To goats ν 176.—To a cow and goats ν 189.

καταδημοβορέω [κατα- (5) + δημοβορ-, δημοβόρος]. To consume as part of the common stock : λαοῖσι δότω καταδημοβορῆσαι Σ 301.

καταδράθω, aor. subj. καταδαρθάνω.

†καταδύω [κατα- (1)]. 3 sing. aor. κατέδῦ Α 475, 605, Ζ 504 : δ 246, 249, ι 168, 558, κ 185, 478, μ 31, ν 33, τ 426. Pple. καταδύς, -δύντος Α 592, 601, Κ 545, Σ 210, Τ 162, 207, Ω 713 : γ 138, ι 161, 556, κ 183, 476, μ 29, 228, π 366, ρ 570, 582, τ 424. Fem. καταδῦσα Θ 375. Contr. pl. καδδῦσαι Τ 25. Infin. καταδύμεναι Γ 241. καταδῦναι Κ 231, 433, Ν 307, Ο 299 : ο 328. 1 pl. fut. mid. καταδυσό-μεθα κ 174. 3 sing. aor. κατεδύσετο Δ 86, Η 103, Κ 517. Imp. καταδύσεο Σ 134. (1) In mid., to go down, descend : εἰς 'Αΐδαο δόμους κ 174.— (2) In act., to enter, go into, make one's way into : καταδῦσα Διὸς δόμον Θ 375. Cf. δ 246, 249. —Of flies making their way into a dead body Τ 25.—(3) In act. and mid., to enter, mingle with (a throng, etc.) : Τρώων κατεδύσεθ' ὅμιλον Δ 86. Cf. Γ 241, Κ 231, 433, 517, 545, Ν 307, Ο 299, Σ 134 : μνηστήρων καταδῦναι ὅμιλον ο 328.— (4) In act. and mid., to get into, put on (armour): ἐπεὶ κατέδῦ τεύχεα Ζ 504, κατεδύσετο τεύχεα Η 103. Cf. μ 228.—(5) In act., of the sun, to enter Ocean, set : ἧμος ἠέλιος κατέδυ Α 475. Cf. Α 592, 601, 605, Σ 210, Τ 162, 207, Ω 713 : ἄμ' ἠελίῳ καταδύντι π 366. Cf. γ 138, ι 168, ν 33, etc.

καταείσατο, 3 sing. aor. mid. καθίημι².

†καταείνυον [κατα- (5)]. 3 pl. impf. καταείνυσαν (-Fεσνυ-) (v.l. καταείνυον) Ψ 135. Neut. of. pple. pass. καταειμένον ν 351. Acc. sing. καταειμένον τ 431. To cover as with clothing: θριξὶ πάντα νέκυν καταείνυσαν Ψ 135.—In pass., to be so covered : ὄρος καταειμένον ὕλῃ ν 351, τ 431.

†καταζαίνω [κατ-, κατα- (5) + ἀζαίνω = ἄζω]. 3 sing. pa. iterative καταζήνασκε. To dry up: [γαῖαν] λ 587.

καταθάπτω [κατα- (5)]. Contr. aor. infin. καθθάψαι Ω 611. To pay funeral rites to (a corpse): τὸν καταθάπτειν ὅς κε θάνῃσιν Τ 228. Cf. Ω 611.

καταθεῖναι, aor. infin. κατατίθημι.

καταθείομεν, 1 pl. aor. subj. κατατίθημι.

καταθείς, aor. pple. κατατίθημι.

†καταθέλγω [κατα- (5)]. 3 sing. aor. κατέθελξε. To work upon by spells or enchantment, to bewitch, charm κ 213.

καταθήμι, fut. κατατίθημι.

καταθνήσκω [κατα- (5)]. Contr. 3 aor. κάτθανε Ι 320, Φ 107. 3 pl. pf. κατατεθνήκασι Ο 664. 3 sing. opt. κατατεθναίη δ 224. Pple. κατατεθνηώς, -ῶτος Η 89, 409, Κ 343, 387, Π 526, 565, Ρ 369, Σ 540, Χ 164, Ψ 331 : κ 530, λ 37, 147, 541, 564,

567, χ 448. Genit. sing. fem. κατατεθνηυίης λ 84, 141, 205. (1) To die : κάτθανε καὶ Πάτροκλος Φ 107. Cf. Ι 320, Χ 355.—(2) In pf., to be dead : ἦμὲν ὅτεῳ ζώουσι καὶ ᾧ κατατεθνήκασιν Ο 664 : εἰ οἱ κατατεθναίη μήτηρ (should lie dead) δ 224.— In pple., dead : ἀνδρὸς σῆμα κατατεθνηῶτος Η 89. Cf. Η 409 (the dead bodies), Κ 343, 387, Π 526, 565, Ρ 369 (the dead . . .), Σ 540, Χ 164, Ψ 331 : ψυχὴ μητρὸς κατατεθνηυίης λ 84. Cf. κ 530, λ 37, 141, 147, 205, 541, 564, χ 448.—Absol., the dead, the departed : τῶν ἄλλων ψυχὰς κατατεθνηώτων λ 567.

καταθνητός [κατα- (5) + θνητός]. Mortal, liable to death : οὔ τι καταθνητὸς τέτυκτο Ε 402 = 901. Cf. Ζ 123, Κ 440 : γ 114, ι 502, ρ 587, τ 285, υ 76, ψ 126.

καταθύμιος [κατα- (1) + θυμός]. Weighing on the heart, troubling : οὔ τί τοι θάνατος κατα-θύμιός ἐστιν (thou thinkest not of it) Ρ 201. Cf. Κ 383 : ἔπος τό μοι καταθύμιόν ἐστιν (that craves utterance) χ 392.

καταιβατός, -ή, -όν [καται-, κατα- (1) + βα-, βαίνω]. Affording access for descent, leading to a down-ward passage: θύραι ν 110.

†καταικίζω [contr. fr. καταεικίζω. κατα- (5)]. 3 sing. pf. pass. κατήκισται. To mar, spoil, befoul : [τεύχεα] κατήκισται π 290 = τ 9.

καταισχύνω [κατ-, κατα- (5)]. 2 pl. aor. subj. καταισχύνητε π 293, τ 12. To bring shame upon, act unworthily of: πατέρων γένος ω 508. Cf. ω 512.—To act unworthily in the matter of, mar the seemliness of: δαῖτα καὶ μνηστύν π 293 = τ 12.

καταίσχω, κατίσχω [κατα- (1) (5) + (σ)ίσχω]. 2 sing. subj. mid. κατίσχεαι Β 233. (1) To keep under control : [ἵππους] Ψ 321.—(2) To retain, keep. In mid. : ἣν ἀπονόσφι κατίσχεαι Β 233.— (3) To occupy : οὔτε ποίμνῃσι καταΐσχεται [νῆσος] οὔτ' ἀρότοισιν (no flocks browse there nor does corn sprout) ι 122.—(4) To bring a (ship) to land : ἐς πατρίδα γαῖαν νῆα κατισχέμεναι λ 456.

καταῖτυξ. A kind of helmet described in Κ 258.

κατακαίριος [κατα- (5) + καίριος]. Deadly, fatal Λ 439.

κατακαίω [κατα- (5)]. 3 sing. aor. κατέκηε Ζ 418. 1 pl. subj. κατακήομεν Η 333. Infin. κατακῆαι κ 533, λ 46. Contr. κακκῆαι λ 74. (1) To burn, consume with fire Ζ 418, Η 333, 408 : λ 74. —(2) To burn (a sacrifice), offer (it) by burning Β 425 : κ 533 = λ 46.

κατάκειμαι [κατα- (1)]. 3 pl. κατακείαται Ω 527. (1) To lie, lie outstretched Ω 10.—(2) To lie, be, in a specified condition : μῆλα, τὰ δὴ κατάκειτ' (κατέκειτ') ἐσφαγμένα κ 532, λ 45.—(3) To lie hidden, lie close, lurk : ἐν λόχμῃ κατέκειτο σῦς τ 439. Cf. Ρ 677.—(4) Fig., of grief, to be hushed or stilled: ἄλγε' ἐνὶ θυμῷ κατακεῖσθαι ἐάσομεν Ω 523.—(5) Of things, to be laid or set down, be, in a specified place : δοιοὶ πίθοι κατα-κείαται ἐν Διὸς οὔδει Ω 527.

κατακείρω [κατα- (5)]. 3 pl. aor. κατέκειραν ψ 356. To ravage, pillage: οἶκον χ 36.—To seize upon, make away with, consume: βίοτον πολλόν δ 686, μῆλα ψ 356.

κατακείω, fut. [κατα- (1)]. Contr. pl. pple. κακκείοντες Α 606, Ψ 58: α 424, γ 396, η 229, ν 17. To go to rest: κακκείοντες ἔβαν οἰκόνδε ἕκαστος Α 606 : =γ 396=η 229=ν 17. Cf. Ψ 58: α 424, η 188 (fut. as imp.), σ 408, 419.

κατακῆαι, aor. infin. κατακαίω.

†**κατακλάω** [κατα- (5)]. 3 pl. impf. κατέκλων Τ 227. 3 sing. aor. pass. κατεκλάσθη Ν 608: δ 481, 538, ι 256, κ 198, 496, 566, μ 277. To break, snap short off: κατεκλάσθη ἐνὶ καυλῷ ἔγχος Ν 608.—To break off, snap off: ἄκρον ἐπ' ἀνθερίκων καρπὸν θέον οὐδὲ κατέκλων Τ 227.—In pass., fig., of the heart or spirit, to be broken: κατεκλάσθη φίλον ἦτορ δ 481=538 = κ 496, ι 256, κ 198 =566=μ 277.

†**κατακλίνω** [κατα- (1)]. Aor. pple. κατακλίνας. To lay down: δόρυ κατακλίνας ἐπὶ γαίη κ 165.

κατακοιμάω [κατα- (5)]. In pass., to lay oneself down to sleep, go to sleep: παρ' ἄμμι μένων κατακοιμηθήτω Ι 427. Cf. Β 355, Λ 731.

κατακοσμέω [κατα- (5)]. (1) To set in due order, order duly. In mid.: ἐπὴν πάντα δόμον κατακοσμήσησθε χ 440.—(2) To fit (an arrow to the string): ἐπὶ νευρῇ κατεκόσμει ὀϊστόν Δ 118.

κατακρήθεν. See under κρῆθεν.

κατακρύπτω [κατα- (5)]. Fut. infin. κατακρύψειν Χ 120. Aor. pple. κατακρύψας ι 329. Fem. κατακρύψασα ο 469, ψ 372. (1) To hide, hide away, conceal: τρί' ἄλεισα ὑπὸ κόλπῳ ο 469. Cf. Χ 120 : ι 329.—(2) To cover up or shroud for concealment: νυκτὶ ψ 372.—(3) Intrans. for reflexive, to conceal oneself, shroud oneself from sight: οὔ τι κατακρύπτουσι [θεοί] η 205.—To dissemble one's person, disguise oneself: ἄλλῳ δ' αὐτὸν φωτὶ κατακρύπτων ἤϊσκεν δ 247.

κατακτείνω [κατα- (5)]. 3 sing. fut. κατακτενεῖ Ψ 412. 3 pl. fut. κατακτενέουσι (for which prob. κατακτενέουσι should be read) Ζ 409. 3 sing. aor. subj. κατακτείνῃ Τ 302 : χ 73. 3 pl. κατακτείνωσι ο 278. 3 sing. opt. κατακτείνειε Τ 465, Ω 226, 586 : χ 53. Pple. κατακτείνας Λ 432, Χ 245, Ω 481 : ψ 118. Acc. sing. κατακτείναντα Ρ 505, Χ 109. Infin. κατακτεῖναι Λ 141 : χ 32. Aor. κατέκτανον Ψ 87 : ν 259, 271. 2 sing. κατέκτανς χ 29. 3 κατέκτανε Ε 608, Ζ 204, Η 90 : δ 535, λ 411, φ 27. 1 pl. κατεκτάνομεν ω 66. 3 sing. subj. κατακτάνῃ Χ 86. Imp. κατάκτανε δ 743. Contr. κατέκτα Ζ 164. Aor. κατάκταν Δ 319. 3 sing. κατέκτα Β 662, Μ 378, Ν 170, Ξ 514, Ο 432, Σ 309, Ω 214. Pple. κατακτάς Ν 696, Ο 335, Ρ 187, Χ 323 : ο 224, 272. Infin. κατακτάμεναι Γ 379, Ε 436, Τ 346, 442, Φ 140, 170. κατακτάμεν Ι 458, Μ 172, Ο 557, Τ 59, Φ 484 : δ 700. Aor. pple. mid. (in sense of pf. pass.) κατακτάμενος π 106. 2 pl. fut. pass. κατακτενέεσθε Ξ 481. 3 pl. aor. κατέκταθεν Ε 558, Ν 780 : γ 108. To kill, slay: πατρὸς ἑοῖο μήτρωα Β 662. Cf. Γ 379, Ε 558, Μ 172, Ν 780, Ρ 187, Ψ 87, etc.: α 75, γ 108, δ 535, ν 259, π 106, χ 29, etc.

†**κατακύπτω** [κατα- (1)]. 3 sing. aor. κατέκυψε.

To bend down, stoop: πρόσσω κατέκυψεν Π 611 =Ρ 527.

†**καταλέγω¹** [κατα- (1)+λέγω¹]. 3 sing. fut. mid. καταλέξεται γ 353. 3 sing. aor. κατελέξατο Ι 690 : κ 555. Imp. κατάλεξαι τ 44. 3 sing. aor. κατέλεκτο Ι 662 : ν 75, ξ 520. Pple. καταλέγμενος λ 62, χ 196. Infin. καταλέχθαι ο 394. In mid. and pass., to lay oneself down, lie down to rest, go to rest: ἔνθ' ὁ γέρων κατέλεκτο Ι 662. Cf. Ι 690 : Κίρκης ἐν μεγάρῳ καταλέγμενος λ 62. Cf. γ 353, κ 555, ν 75, ξ 520, ο 394, τ 44, χ 196.

†**καταλέγω²** [κατα- (5)+λέγω²]. Fut. καταλέξω Ι 262 (or aor. subj.), Κ 413, 427 : γ 80 (or aor. subj.), ι 14, ξ 99 (or aor. subj.), π 226, τ 497, ω 123, etc. 1 pl. -ομεν ο 156. Aor. κατέλεξα η 297, κ 16, μ 35, ρ 122. 2 sing. -as Ι 115, Τ 186: γ 331, λ 368, ξ 508, ψ 225. 3 -ε Ι 591 : δ 256, κ 250, τ 464, ψ 321. 2 sing. subj. καταλέξῃς θ 496. 3 -η δ 738. Imp. κατάλεξον Κ 384, 405, Ω 380, 407, 656 : α 169, γ 97, δ 832, κ 421, π 235, χ 417, etc. Infin. καταλέξαι ψ 309. **(1)** To enumerate, tell of in order: μνηστῆρας π 235. Cf. τ 497, χ 417.—Absol. ξ 99.—(2) To tell over, recount, relate, touch upon in order, go through, deal with, make communication of, put before one: ἐμὰς ἄτας Ι 115. Cf. Ι 591, Τ 186: πάντα νόον Ἀχαιῶν δ 256, τῶν ἄλλων ἑτάρων ὄλεθρον κ 250, 421, ἀληθείην π 226=χ 420, ρ 108, ψ 212. Cf. γ 331, δ 239, 738, η 297, θ 496, ι 14, κ 16, λ 368, μ 35, ξ 508, ο 156, ν 334, ψ 225, 309; 321, ω 123, 303.—(3) To tell, tell of or about, give information about, explain : ταῦτα Κ 413, 427. Cf. Κ 384 = 405 : = α 169 = 224 = λ 170 = ω 256 = 287, λ 140.—With dependent clause δ 832.—Absol. γ 80.—(4) With dependent clause, to say, tell : ὅσσα . . . Ι 262 : ὅπως . . . γ 97=δ 327, ρ 44. Cf τ 464, ψ 321.—With acc. and clause: οἶδε καταλέξον, ποσσῆμαρ . . . Ω 656. Cf. Ω 380, 407 : α 206, δ 486, θ 572, λ 370, 457, ο 383, π 137.

καταλείβω [κατα- (1)]. In pass., to drop down: μέλιτος καταλειβομένοιο Σ 109.

καταλείπω [κατα- (5)]. Contr. infin. καλλείπειν Κ 238. Fut. καλλείψω π 296. Infin. καλλείψειν Ξ 89. Aor. κάλλιπον Ι 364 : χ 156. 2 sing. -ες Ρ 151, Φ 414. 3 -ε Χ 223, Κ 338, Μ 92 : α 243, γ 271, λ 279, φ 33. Imp. κάλλιπε ε 344. Infin. καλλιπέειν π 296. **(1)** To leave behind one on going from a place: ἐν δώμασ' ἐμοῖσιν Ζ 221. Cf. Ζ 223, Ι 364, Μ 92: οὖρον ἐπὶ κτεάτεσσιν ἐμοῖσιν ο 89. Cf. Χ 174, ν 208.—(2) To leave as a heritage: παιδὶ [τόξον] φ 33. Cf. α 243, λ 279.—(3) To leave in a specified condition: σῶμα ἐν Κίρκης μεγάρῳ ἄκλαυτον λ 53. Cf. λ 72, 86, 447, ο 348, π 289=τ 8, ρ 314, χ 156.—(4) To leave, not to take away: δύο φάσγανα π 296.—To leave, not to take or choose : τὸν ἀρεῖω Κ 238.—**(5)** To leave, abandon, forsake: Ἀχαιούς Φ 414.—Of retreating and abandoning slain or wounded comrades Μ 226. —With complementary infin.: Ἀργείοισιν ἕλωρ γενέσθαι Ρ 151. Cf. γ 271, ε 344.—**(6)** To leave, depart from, abandon (a place), quit: Τρώων πόλιν Ξ 89. Cf. Κ 338, Χ 383, Ω 383.

καταλέχθαι, aor. infin. mid. *καταλέγω*[1].

καταλήθω [*κατα*- (5)]. In mid., with genit., to forget, cease to think of : *θανόντων* X 389.

καταλοφάδεια [an acc. pl. neut., used adverbially, formed fr. *κατα*- (3) + *λόφος*]. On one's neck : *φέρων* [*ἔλαφον*] κ 169.

καταλύω [*κατα*- (5)]. (1) To loose, unyoke (horses) δ 28.—(2) To bring to ruin, destroy : *πολίων κάρηνα* B 117 = I 24.

καταμάρπτω [*κατα*- (5)]. To make up upon (a person), catch (him) up Z 364.—To make up upon, catch (a fleeing foe) E 65, Π 598.

καταμάω [*κατ*-, *κατα*- (5) + *ἀμάω*[2]]. To gather or scrape up. In mid.: *κόπρον καταμήσατο* Ω 165.

†**καταμύσσω** [*κατ*-, *κατα*- (5)]. 3 sing. aor. mid. *καταμύξατο*. To tear, scratch. In mid. : *καταμύξατο χεῖρα* E 425.

κατανεύω [*κατα*- (1)]. Fut. in mid. form *κατανεύσομαι* A 524. Contr. aor. pple. *καννεύσας* ο 464. (1) To depress the chin, nod, in token or sanction of assent, come under an undertaking or promise, give a promise (cf. *ἀνανεύω*) : *φημὶ κατανεῦσαι Κρονίωνα* (that he promised his favour) B 350, *ὡς τὸ πρῶτον κατένευσα* Δ 267. Cf. A 514, 524, Ο 374: *ν* 133.—(2) With infin. of what one promises to do : *δωσέμεναι* K 393, N 368: δ 6.—Of what one promises to grant or bring about : *κατένευσεν* Ἴλιόν [*μ'*] *ἐκπέρσαντ' ἀπονέεσθαι* B 112, I 19.—With dependent clause : *ὡς* . . . A 558.—(3) To undertake to give or grant, promise : *νίκην* Θ 175. Cf. A 527 : *ω* 335.—To promise to perform or bring about : *βουλέων, ἅς τέ μοι κατένευσεν* (*i.e.* promised to carry his will into effect) M 236.—(4) To convey an order or give a sign by making the motion : *κρατὶ κατανεύσων* ι 490. Cf. ο 463, 464.

κάταντα [app. formed fr. *κατά* as *ἄναντα* fr. *ἀνά*]. Downhill Ψ 116.

κατατικρύ [*κατ*-, *κατα*- (1)]. Right *down from*. With genit. : *τέγεος πέσεν* κ 559. Cf. λ 64.

κατάνω [*κατ*-, *κατα*- (5)]. To waste, consume : *τὰ πολλὰ κατάνεται* β 58 = ρ 537.

καταξέμεν, aor. infin. *κατάγω*.

κατάπαυμα, τό [*καταπαύω*]. A means of stopping or stilling : *γόου* P 38.

καταπαύω [*κατα*- (5)]. (1) To put a stop to, bring to an end : *πόλεμον καταπαυσόμεν* H 36.—To lay aside (wrath) Π 62.—To appease (wrath) δ 583.—(2) To put a stop to the activities of, lay restraint upon (a person): *Ζῆνα* Ο 105. Cf. β 168, 241 (*v.l.* καρρύκετε), 244.—Contextually, to kill, slay : *ἔγχος κέ σ' ἐμὸν κατέπαυσεν* Π 618.—(3) To stop or restrain from. With genit. : *ἀγηνορίης μιν* X 457. Cf. ω 457.

†**καταπέσσω** [*κατα*- (1)]. 3 sing. aor. subj. †**καταπέψῃ**. To digest so as to keep down (wrath) : *εἴ περ χόλον καὶ αὐτῆμαρ καταπέψῃ* (swallows it down) A 81.

καταπέφνῃ, 3 sing. aor. subj. *καταφένω*.

†**καταπήγνῡμι** [*κατα*- (5)]. 3 sing. aor. *κατέπηξε* Z 213, I 350. 3 pl. -αν H 441. 3 sing. aor. pass. *κατέπηκτο* Λ 378. To fix, stick, plant : *ἔγχος ἐπὶ χθονὶ* Z 213. Cf. H 441, I 350.—In pass. of an arrow entering the earth : *ἰὸς ἐν γαίῃ κατέπηκτο* Λ 378.

†**καταπίπτω** [*κατα*- (1)]. Contr. aor. *κάππεσον* A 593. 3 sing. -ε Δ 523, M 386, N 549, Ο 280, 538, Π 290, 311, 414, 580, 743, Ψ 251, 728, 881 : ε 374, μ 414, χ 85. 3 dual -έτην E 560. 3 pl. -ον M 23, Π 662, Ψ 731. (1) To fall or drop from a high or relatively high position : *ἀφ' ὑψηλοῦ πύργου* M 386, *ἀπὸ δίφρου* Π 743. Cf. A 593 : μ 414.—Of a dead bird Ψ 881. — (2) To let oneself fall : *πρηνὴς ἀλὶ κάππεσεν* (plunged into the sea) ε 374. —(3) To fall from one's own height, come to the ground : *ἐπὶ στήθεσσιν* Ψ 728, *ἐπὶ χθονὶ* 731.—Of slain or wounded men Δ 523 = N 549, E 560, M 23, Π 290, 311, 414 = 580, 662 : χ 85.—Sim. of the equipment of slain warriors M 23.—(4) In gen., of inanimate objects, to fall: *βαθεῖα κάππεσε τέφρη* Ψ 251. Cf. Ο 538.—Fig. : *πᾶσι παραὶ ποσὶ κάππεσε θυμός* Ο 280.

καταπλέω [*κατα*- (1)]. To sail to land, put in : *ἔνθα κατεπλέομεν* ι 142.

†**καταπλήσσω** [*κατα*- (5)]. 3 sing. aor. pass. *κατεπλήγη*. In pass., to be struck with dismay : *κατεπλήγη φίλον ἦτορ* Γ 31.

καταπρηνής [*κατα*- (1) + *πρηνής*]. Of the hand, down-turned, so turned that the flat of it is brought to bear upon something : *χερσὶ καταπρηνέσσιν* (with the flat of his hands) Ο 114 = 398 : = γ 199. Cf. Π 792 : ν 164, τ 467.

†**καταπτήσσω** [*κατα*- (1)]. Aor. pple. *καταπτήξας* X 191. 3 dual aor. *καταπτήτην* Θ 136. To crouch down or cower in fear. Of horses : *ὑπ' ὄχεσφιν* Θ 136.—Of a fawn : *ὑπὸ θάμνῳ* X 191.

καταπτώσσω [*κατα*- (1)]. = prec. : *τίπτε καταπτώσσοντες ἀφέστατε ;* Δ 340. Cf. Δ 224, E 254, ι 476.

καταπύθω [*κατα*- (5)]. In pass., to rot, decay : *οὐ καταπύθεται ὄμβρῳ* Ψ 328.

κατάραομαι [*κατα*- (1)]. (1) To call down (evil upon one) : *τῷ καταρῶνται ἄλγεα* τ 330.—(2) To pray for a curse upon a person. With fut. infin. indicating the nature of the curse : *μή ποτε γούνασιν οἷσιν ἐφέσσεσθαι φίλον υἱὸν ἐξ ἐμέθεν γεγαῶτα* I 454.

κατάρῑγηλός [*κατα*- (5)] + (*F*)*ριγηλός* in sim. sense, fr. (*F*)*ριγέω*]. Causing shuddering, regarded with aversion, dreaded, feared ξ 226.

†**καταρρέζω** [app., *κατα*- (1) + (*F*)*ρέζω*, though it is difficult to trace the sense-development]. Contr. aor. pres. pple. *καταρρέζουσα* A 424. 3 sing. aor. *κατέρεξε* A 361, E 372, Z 485, Ω 127 : δ 610, ε 181, ν 288. To stroke, caress : *Ἀχαιιάδων τινά* E 424, *χειρὶ μιν* A 361 = E 372 = Z 485 = Ω 127 := δ 610 = ε 181, ν 288.

καταρρέω [*κατα*- (1) + (σ)*ρέ*(*F*)*ω*]. To flow down : *αἷμα καταρρέον ἐξ ὠτειλῆς* Δ 149, E 870.

κατάρχω [*κατ*-, *κατα*- (5)]. In mid., as a word of ritual, to take up and hold in readiness (sacrificial materials) (cf. *ἄρχω* (1) (b)) : *χέρνιβά τ' οὐλοχύτας τε κατάρχετο* γ 445.

†**κατασβέννῡμι** [*κατα*- (5)]. 3 sing. aor. *κατέσβεσε*. To extinguish, quench (fire) Φ 381.

†**κατασεύω** [κατα- (1)]. 3 sing. aor. mid. κατέσσυτο. In mid., to flow *down in the course or direction of*. With acc. : ἄψορρον κῦμα κατέσσυτο ῥέεθρα Φ 382.

κατασκιάω [κατα- (5)]. To cast a shadow over, overshadow : ὅοι κατεσκίαον Χάρυβδιν μ 436.

καταστῆσαι, aor. infin. καθίστημι.

†**καταστορέννῦμι** [κατα- (5)]. Contr. fem. pple. καστορνῦσα (fr. καστόρνυμι) ρ 32. 3 pl. aor. κατεστόρεσαν Ω 798. (1) To spread : κώεα θρόνοις ἔνι ρ 32.—(2) To cover up : λάεσσιν Ω 798.

†**καταστυγέω** [κατα- (5)]. 3 sing. aor. κατέστυγε. To be struck with horror, sicken : κατέστυγε μῦθον ἀκούσας Ρ 694.

κατάσχῃ, 3 sing. aor. subj. κατέχω.

κατατεθναίη, 3 sing. pf. opt. καταθνήσκω.

κατατεθνήκᾱσι, 3 pl. pf. καταθνήσκω.

κατατεθνηῶτος, genit. sing. masc. pf. pple. καταθνήσκω.

κατατήκω [κατα- (5)]. 3 sing. aor. κατέτηξε τ 206. (1) To cause to melt, melt, dissolve : χιόνα τ 206.—In pass., to be melted, melt, dissolve : ὡς χιὼν κατατήκεται τ 205.—(2) In pass., to waste or pine away : φίλον κατατήκομαι ἦτορ τ 136.

†**κατατίθημι** [κατα- (1)]. Fut. καταθήσω τ 572. 3 sing. -ει π 45. Aor. κατέθηκα ι 329, π 288, τ 7. 3 sing. -ε Γ 293, 425, Δ 112, Ζ 473, Ψ 267 : ζ 75, ι 247, ν 20, 370, ρ 333, 356, τ 100, υ 96, φ 82, χ 340, ω 91, 166. 3 pl. -αν Ω 271. 1 pl. contr. aor. κάτθεμεν ω 44. 3 κάτθεσαν Π 683, Σ 233, Ψ 139 : β 415, ν 135, 284, π 230, τ 55. 1 pl. subj. καταθείομεν φ 264. Contr. imp. pl. κάτθετε τ 317, φ 260. Pple. καταθείς υ 259. Nom. dual masc. καταθέντε Ψ 381. Infin. καταθεῖναι π 285. Contr. κατθέμεν τ 4. **Mid.** 3 dual contr. aor. κατθέσθην χ 141. 1 pl. κατθέμεθα σ 45. 3 pl. κατέθεντο Γ 114 : ν 72, ρ 86, 179, ν 249. Subj. καταθείομαι Χ 111 : τ 17. Contr. nom. pl. masc. pple. κατθέμενοι ω 190. Infin. καταθέσθαι τ 20. (1) To put down, set, lay, put, deposit, in a specified or indicated place or position : ἄρνας ἐπὶ χθονός Γ 293, τῇ δίφρια κατέθηκεν 425. Cf. Δ 112, Ζ 473, Π 683, Σ 233, Ψ 139, 381, Ω 271 : πάντ' ἐπὶ νηΐ β 415. Cf. ζ 75, ι 247, 329, ν 20, 135, 284, π 45, 230, ρ 333, 356, τ 55, 100, 317, υ 96, 259, φ 82, χ 340, ω 44.—In mid. Γ 114 : ν 72.—In mid., to lay out (a corpse) for funeral rites : οἵ κε κατθέμενοι γοάοιεν ω 190.—(2) To set down or propose as a prize Ψ 267 : ω 91.—(3) To set down (the material for a contest) : ἄεθλον τ 572.—(3) To put down, lay aside : κάτθετε [τόξα] φ 260. Cf. φ 264.—In mid. Χ 111 : ρ 86 = 179 = υ 249.—(4) To set aside for some purpose. In mid. : γαστέρες αἰγῶν, τὰς ἐπὶ δόρπῳ κατθέμεθα σ 45.—(5) To put or stow away : τεύχεα ἐς μυχὸν θαλάμου π 285. Cf. ν 370, π 288 = τ 7, τ 4, ω 166.—In mid. τ 17, 20, χ 141.

κατατρύχω [κατα- (5)]. To wear out, reduce to straits, put too great a strain on the resources of : λαούς Ρ 225. Cf. ο 309, π 84.

†**καταφένω** [κατα- (5)]. Aor. κατέπεφνον ω 325.

3 sing. -ε Ζ 183, 186, 190, 423, Ω 759 : γ 252, 280, δ 534, ε 124, 128, λ 173, 199, 574, ο 411. 3 pl. -ον ψ 329. 3 sing. subj. καταπέφνῃ Γ 281. Pple. καταπεφνών Ρ 539. To kill, slay : Μενέλαον Γ 281. Cf. Ζ 183, 186, 190, 423, Ρ 539, Ω 759 : γ 252, 280 = ο 411, δ 534, ε 124 = λ 173 = 199, ε 128, λ 574, ψ 329, ω 325.

†**καταφέρω** [κατα- (1)]. 3 sing. fut. mid. κατοίσεται (κατ-, κατα-). To bring down (to death) : οὔ μ' ἄχος κατοίσεται ῎Αϊδος εἴσω Χ 425.

†**καταφθίω** [κατα- (5)]. 3 sing. fut. καταφθίσει ε 341. 3 sing. aor. pass. κατέφθιτο δ 363. Pple. καταφθίμενος, -ου Χ 288 : γ 196, λ 491. Infin. καταφθίσθαι β 183. (1) In act., to cause to perish, destroy : οὔ σε καταφθίσει ε 341.—(2) In pass., to perish, die : σεῖο καταφθιμένοιο Χ 288 : ὡς καὶ σὺ καταφθίσθαι ὤφελες β 183. Cf. γ 196, λ 491.—Of inanimate objects, to perish, fail : ἤϊά κε πάντα κατέφθιτο δ 363.

†**καταφλέγω** [κατα- (5)]. Fut. καταφλέξω. To burn, consume : τάδε πάντα πυρί Χ 512.

καταφῦλαδόν [κατα- (4) + φῦλον]. By races or tribes : τριχθὰ ᾤκηθεν κ. Β 668.

†**καταχέω** [κατα- (1)]. 2 sing. aor. κατέχευας ξ 38. 3 -ε Β 670, Γ 10, Ε 734, Θ 385, Μ 158, Π 459, Ψ 282 : β 12, ζ 235, η 42, θ 19, ρ 63. 3 pl. -αν Ζ 134. 3 sing. subj. καταχεύῃ Ψ 408 : τ 206. Infin. καταχεῦαι Η 461. 3 sing. aor. pass. κατέχυντο μ 411. (1) To pour (a liquid) *upon*. With genit. : ἔλαιον χαιτάων Ψ 282.—(2) In gen., to shed, let fall : νιφάδας Μ 158. Cf. Π 459 : τ 206. —To shed or spread (mist) Γ 10 : η 42.—(3) To let fall all together or in a mass : θύσθλα Ζ 134.— In pass., to fall all together or in a mass : ὅπλα πάντα εἰς ἄντλον κατέχυντο μ 411.—To let (a robe) fall from one's person Ε 734 = Θ 385.—(4) To sweep away in destruction : τεῖχος εἰς ἅλα Η 461. —(5) Fig., to shed, pour, cause to come, bring : πλοῦτον Β 670. Cf. Ψ 408 : β 12 = ρ 63, ζ 235, θ 19, ξ 38.

καταχθόνιος [κατα- (1) + χθον-, χθών]. Of the world below. Epithet of Zeus regarded (in this passage only) as ruler of the underworld Ι 457.

κατέαξε, 3 sing. aor. κατάγνυμι.

κατέβην, aor. καταβαίνω.

κατεβήσετο, 3 sing. aor. mid. καταβαίνω.

κατέδαψαν, 3 pl. aor. καταδάπτω.

κατέδραθον, aor. καταδαρθάνω.

κατέδῦ, 3 sing. aor. καταδύω.

κατεδύσετο, 3 sing. aor. mid. καταδύω.

†**κατέδω** [κατ-, κατα- (5)]. 3 pl. subj. mid. (in fut. sense) κατέδονται Χ 89 : φ 363. (1) To eat (one's heart) : ὃν θυμὸν κατέδων Ζ 202.—(2) Of beasts, to devour Χ 89 : φ 363.—Of worms, to eat, gnaw Ω 415.—Sim. of flies Τ 31.—(3) To eat up, devour, consume, make away with : οἶκον 'Οδυσσῆος β 237. Cf. λ 116, ν 396 = 428 = ο 32, ρ 378, τ 159, 534.

κατέθελξε, 3 sing. aor. καταθέλγω.

κατέθεντο, 3 pl. aor. mid. κατατίθημι.

κατέθηκα, aor. κατατίθημι.

κατείβω [κατ-, κατα- (1)]. (1) To shed (a tear)

φ 86.—(2) In pass., of tears, to fall *from*. With genit. : κατείβετο δάκρυ παρειῶν Ω 794.—Of water, to flow : ὕδωρ κατειβόμενον κελαρύζει Φ 261. Cf. Ο 37 : = ε 185.—Of time, to pass away : κατείβετο αἰών ε 152.

†**κάτειμι** [κατ-, κατα- (1) + εἰμι]. 1 sing. κάτειμι ο 505. 3 κάτεισι Λ 492, Τ 294. Acc. sing. masc. pple. κατιόντα ν 267. Nom. fem. κατιοῦσα, -ης Δ 475 : π 472. Infin. κατίμεν Ξ 457. 3 sing. impf. κατήϊε κ 159. **(1)** To come down, descend : Ἰδηθεν Δ 475 : ποταμόνδε κ 159.—Of coming from the field to the town : ἀγρόθεν ν 267.—Of a river, to flow down Λ 492.—**(2)** To come from the sea to land, come in. Of a ship : νῆα κατιοῦσαν π 472.—**(3)** In pres. with fut. sense, to go or come down, descend : κατίμεν δόμον "Ἀϊδος εἴσω Ξ 457. Cf. Τ 294 : ο 505.

κατείρυσε, 3 sing. aor. κατερύω.
κατείρυσται, 3 sing. pf. pass. κατερύω.
κατέκειραν, 3 pl. aor. κατακείρω.
κατέκηε, 3 sing. aor. κατακαίω.
κατεκλάσθη, 3 sing. aor. pass. κατακλάω.
κατέκτα, 3 sing. aor. κατακτείνω.
κατέκταθεν, 3 pl. aor. pass. κατακτείνω.
κατέκτανον, aor. κατακτείνω.
κατέκυψε, 3 sing. aor. κατακύπτω.
κατέλεκτο, 3 sing. aor. mid. καταλέγω[1].
κατέλεξα, 3 sing. aor. καταλέγω[2].
κατελέξατο, 3 sing. aor. mid. καταλέγω[1].
κατελεύσομαι, fut. κατέρχομαι.
κατελθέμεν, aor. infin. κατέρχομαι.
†**κατεναίρω** [κατ-, κατα- (5)]. 3 sing. aor. mid. κατενήρατο. To kill in fight. In mid. λ 519.

κατεναντίος [κατ-, κατα- (5) + ἐναντίος]. In neut. sing. κατεναντίον as adv., facing, opposing, against. With dat. : οἱ Φ 567.
κατενήρατο, 3 sing. aor. mid. κατεναίρω.
κατεπάλμενος, aor. pple. κατεφάλλομαι.
κατεπᾶλτο, 3 sing. aor. κατεφάλλομαι.
κατέπεφνον, aor. καταφένω.
κατέπηκτο, 3 sing. aor. pass. καταπήγνυμι.
κατέπηξε, 3 sing. aor. καταπήγνυμι.
κατεπλήγη, 3 sing. aor. pass. καταπλήσσω.
†**κατερείπω** [κατ-, κατα- (5)]. 3 sing. aor. κατήριπε Ε 92. 3 sing. pf. κατερήριπε Ξ 55. To fall, be destroyed : τεῖχος κατερήριπεν Ξ 55.—To suffer destruction, be ruined : ἔργα κατήριπεν αἰζηῶν Ε 92.
κατέρεξε, 3 sing. aor. καταρρέζω.
κατερήριπε, 3 sing. pf. κατερείπω.
κατερητύω [κατ-, κατα- (5)]. **(1)** To check, restrain τ 545 (checked her tears).—**(2)** To hold, keep, detain : ἐν μεγάροισιν Ι 465 : ι 31.
κατερύκάνω [κατ-, κατα- (5)]. = next (1) : μή μ' ἐθέλοντ' ἰέναι κατερύκανε Ω 218.
κατερύκω [κατ-, κατα- (5)]. **(1)** To restrain from doing something, keep or hold back, stop, check : καί τ' ἐσσυμένην κατερύκει Π 9, εἰ μὴ 'Αχιλλεὺς κατέρυκεν Ψ 734. Cf. Θ 412, Ω 771 : β 241 (*v.l.* καταπαύετε), γ 345, δ 284, π 430, χ 409, ω 51.—To delay, keep waiting : ἤ σ' ἐσσύμενον κατερύκω; Ζ 518.—**(2)** To confine, shut up, keep from egress or escape, detain : οὔ τι ἑκὼν κατ-

ερύκομαι (mid., let myself be . . .) δ 377, ἤ μιν κατέρυκεν ψ 334. Cf. α 55, 197, δ 498, 552.—**(3)** To detain or keep with one in hospitality or in a friendly way : αὐτοῦ μιν κατέρυκεν Ζ 192 = Λ 226. Cf. α 315, ο 73.

†**κατερύω** [κατ-, κατα- (1) + ἐρύω[1]]. 3 sing. aor. κατείρυσε ε 261. 3 sing. pf. pass. κατείρυσται θ 151. Infin. κατειρύσθαι ξ 332, τ 289. To draw (a ship) down to the water : νηῦς κατείρυσται θ 151, νῆα κατειρύσθαι ξ 332 = τ 289.—Of launching Odysseus's σχεδίη ε 261.

κατέρχομαι [κατ-, κατα- (1)]. Fut. κατελεύσομαι α 303. 3 sing. aor. κατῆλθε κ 560, λ 65. 1 pl. -ομεν Τ 125 : δ 573, λ 1. 3 -ον Η 330. 1 sing. κατήλυθον α 182, δ 428, μ 391, ω 115. 3 pl. κατήλυθον β 407, θ 50, ν 70. Acc. sing. masc. pple. κατελθόντα Ζ 284. Infin. κατελθέμεν Ζ 109 : λ 475. **(1)** To go or come down, descend : ἐξ οὐρανοῦ Ζ 109. Cf. Ζ 284, Η 330 : κ 560 = λ 65, λ 475.—Of an inanimate object : κατερχομένης ὑπὸ πέτρης ι 484 = 541.—**(2)** To come down or descend *from*. With genit. : Οὐλύμποιο Τ 125.—**(3)** To go or come from inland towards the shore : ἐπὶ νῆα α 303, β 407 = θ 50 = ν 70, δ 428 = μ 391, δ 573 = λ 1, πόλινδε λ 188.—**(4)** To come from the sea to land, put in : ξὺν νηΐ κατήλυθον α 182.—Sim. of a journey to Ithaca : ὅτε κεῖσε κατήλυθον ὑμέτερον δῶ (to . . .) ω 115.

κατέσβεσε, 3 sing. aor. κατασβέννυμι.
κατεσθίω [κατ-, κατα- (5)]. Of a beast of prey, to devour Γ 25.—Sim. of a dolphin Φ 24.—Of a serpent Β 314.—Of Scylla μ 256.
κατέσσυτο, 3 sing. aor. mid. κατασεύω.
κατεστόρεσαν, 3 pl. aor. καταστορέννυμι.
κατέστυγε, 3 sing. aor. καταστυγέω.
κατέσχε, 3 sing. aor. κατέχω.
κατέτηξε, 3 sing. aor. κατατήκω.
†**κατευνάζω** [κατ-, κατα- (5)]. 3 pl. aor. pass. κατεύνασθεν. In pass- to be laid or retire to rest Γ 448.
κατευνάω [κατ-, κατα- (5)]. **(1)** To lay to rest, cause to sleep : ἄλλον κε θεῶν κατευνήσαιμι Ξ 245. Cf. Ξ 248.—In pass., to be laid, lie down, to rest : τὸν ἐπὴν κατευνηθέντα ἴδησθε δ 414. Cf. δ 421.
†**κατεφάλλομαι** [κατ-, κατα- (1) + ἐφ-, ἐπι- (5) (11)]. 3 sing. aor. κατεπᾶλτο Τ 351. Pple. κατεπάλμενος Λ 94. To spring down in order to meet a foe : ἐξ ἵππων Λ 94.—To spring down for an indicated purpose : οὐρανοῦ ἐκ κατεπᾶλτο Τ 351 (*v.l.* οὐρανόθεν ἐκκατεπᾶλτο).
κατεφθιτο, 3 sing. aor. pass. καταφθίω.
κατέχευε, 3 sing. aor. καταχέω.
κατέχυντο, 3 pl. aor. pass. καταχέω.
κατέχω [κατ-, κατα- (1) (5)]. 3 sing. fut. καθέξει Ο 186, Π 629, Σ 332 : ν 427, ο 31. 3 sing. aor. κατέσχε λ 549. 3 sing. subj. κατάσχῃ ο 200. 3 sing. contr. aor. κάσχεθε Λ 702. 3 sing. mid. κατέσχετο γ 284, τ 361. Fem. pple. κατασχομένη Γ 419. **(1)** To hold down, keep in a lowered position : κεφαλήν ω 242.—**(2)** To lay restraint upon : εἴ με καθέξει Ο 186.—In mid., to pause in one's course, make a stop : ἔνθα

κατέσχετο γ 284.—(3) To detain in hospitality o 200.—(4) To seize, detain, withhold from the rightful owner: ἵππους Λ 702.—(5) To fill (with sound): ἀλαλητῷ πᾶν πεδίον κατέχουσιν Π 79.— (6) To cover, shroud, veil: νὺξ κάτεχ' οὐρανόν ν 269.—Cf. P 368, 644 : ι 145.—In mid., to cover up (a part of oneself): κατέσχετο χερσὶ πρόσωπα τ 361.—In mid. without expressed object, to cover or veil oneself: κατασχομένη ἑανῷ Γ 419.— To cover up, enfold, hold: τοὺς κάτεχεν αἶα Γ 243. Cf. Π 629, Σ 332: λ 301, 549, ν 427 = o 31.

κατήγαγε, 3 sing. aor. κατάγω.
κατήϊε, 3 sing. impf. κάτειμι.
κατήκισται, 3 sing. pf. pass. καταικίζω.
κατῆλθε, 3 sing. aor. κατέρχομαι.
κατήλυθον, aor. κατέρχομαι.
†κατηπιάω [κατ-, κατα- (5) + ἠπιάω in sim. sense, fr. ἤπιος]. 3 pl. impf. pass. κατηπιόωντο. To assuage, allay : ὀδύναι κατηπιόωντο Ε 417.
κατηρεφής, -ές [κατ-, κατα- (5) + ἐρέφω]. (1) Roofed : κλισίας Σ 589.—With (lofty) roof : σπέος ν 349.—Embowered : σπέος δάφνῃσι κατηρεφές (in . . .) ι 183.—(2) Of a wave, overhanging, curled ε 367.
κατήριπε, 3 sing. aor. κατερείπω.
κατηφείη, -ης, ἡ [κατηφής]. A cause of shame or disgrace, a disgrace Γ 51, Π 498, P 556.
κατηφέω [κατηφής]. To have one's spirits dashed, become downcast : στῆ κατηφήσας Χ 293. Cf. π 342.
κατηφής. Subject to shame, disgraced : κατηφέες ἐσσόμεθ' αἰεί ω 432.
κατηφών, -όνος, ὁ [κατηφής]. A shame or disgrace. Of persons : σπεύσατέ μοι, κατηφόνες Ω 253.
κάτθανε, 3 sing. contr. aor. καταθνήσκω.
κατθάψαι, contr. aor. infin. καταθάπτω.
κάτθεμεν, 1 pl. contr. aor. κατατίθημι.
κατθέμεν, contr. aor. infin. κατατίθημι.
κάτθεσαν, 3 sing. contr. aor. κατατίθημι.
κατίμεν, infin. κάτειμι.
κατιόντα, acc. sing. masc. pple. κάτειμι.
κατίσχω. See κατάϊσχω.
κατοίσεται, 3 sing. fut. mid. καταφέρω.
κατόπισθε(ν) [κατ-, κατα- (5) + ὄπισθε(ν)] (1) Behind, in the track of something : οὐδὲ πολλὴ γίγνετ' ἁρματροχιὴ κ. Ψ 505.—(2) Behind, in the back : βαλὼν χ 92.—Behind, by the back parts : ὡς ὅτε κύων συὸς ἅπτηται κ. Θ 339.— (3) (Left) behind, remaining where one is : ὅτ' ἐγὼ κ. λιποίμην φ 116.—(4) With genit., behind, following : νεός λ 6 = μ 148.—(5) In time to come : νέμεσιν κ. ἔσεσθαι χ 40.—Thereafter : ὅρκια κ. ἔθηκεν ω 546.
κάτω [κατά]. Downwards, down : ἕλκεται P 136 : ὁρόων ψ 91.
κατωμάδιος [κατ-, κατα- (1) + ὦμος. 'Down from the shoulder ']. Swung from the shoulder : δίσκου Ψ 431.
κατωμαδόν [as prec.]. With the full swing of the arm : μάστιγι κ. ἤλασεν ἵππους Ο 352. Cf. Ψ 500.
κατωρυχής [κατ-, κατα- (1) + ὀρυχ-, ὀρύσσω].

Embedded, partly sunk, in the ground : λάεσσιν ζ 267, λίθοισιν ι 185.
καυλός, -οῦ, ὁ. (1) In a spear, either (a) A tongue of metal continuing the head and let into the wooden shaft (cf. πόρκης), or (b) The end of the shaft let into a hollow in the head (αὐλός ; see αὐλός (3)) : ἐν καυλῷ ἐάγη δόρυ (at the . . .) Ν 162, P 607. Cf. Ν 608, Π 115.—(2) In a sword, a tongue of metal continuing the blade and secured between the wooden pieces forming the handle : ἀμφὶ καυλὸν φάσγανον ἐρραίσθη Π 338.
καῦμα, -ατος, τό [καϝ-, καυ-, καίω]. Heat, hot weather : καύματος ἔξ (after . . .) Ε 865.
καύστειρα, -ης [fem. of *καυστήρ, fr. καϝ-, καυ-, καίω]. Blazing, that scorches the participants. Epithet of battle : μάχης Δ 342 = Μ 316.
καυτός, crasis of καὶ αὐτός.
κε(ν), enclitic. Conditional or limiting particle. (Cf. ἄν¹.) For the uses in protasis and apodosis see (6). (1) With subj. : σύ κεν κακὸν οἶτον ὄληαι Γ 417. Cf. Α 184, Θ 405, Ι 619, Κ 282, Λ 433, Μ 226, etc. : τῶν κέν τις τόδ' ἔχῃσιν α 396. Cf. β 213, δ 80, ι 356, κ 539, ξ 183, σ 265, etc.—In other examples (e.g. ὑποείξω Ο 211, καταλέξω Ι 262 : γ 80) the form may be taken as aor. subj. or fut. indic.—(2) With fut. indic. : οἵ κέ με τιμήσουσιν Α 175. Cf. Δ 176, Θ 404, Ξ 267, P 515, Χ 70, etc. : τούς κε θέλξει π 297. Cf. ε 36, κ 432, o 524, π 260, ρ 540, σ 265, etc.—(3) With opt. in potential or fut. sense : νῦν γάρ κεν ἕλοι πόλιν Β 12. Cf. Α 64, 100, Β 160, 373, Γ 53, etc. : ἐμοί κε κέρδιον εἴη β 74. Cf. α 266, 380, β 86, γ 117, 365, δ 560, etc.—(4) In potential sense in suppositions contrary to fact. (a) In reference to the past (α) With impf., aor. or plupf. indic. : καί κεν πολὺ κέρδιον ἦεν Γ 41, ἦ τέ κεν ἤδη λάϊνον ἔσσο χιτῶνα 56. Cf. Δ 421, Ε 22, 885, Θ 454, Ι 545, Λ 382, etc. : τῷ κέν οἱ τύμβον ἐποίησαν α 239, ἦ κεν 'Ορέστης κτείνεν (will have slain him) δ 546. Cf. γ 258, δ 174, 178, ε 311, η 278, ι 79, etc.— (β) With pres. or aor. opt. : φαίης κε ζάκοτόν τιν' ἔμμεναι Γ 220. Cf. Γ 41, Δ 429, Μ 58, 381, 447, Ν 127, Ο 697, P 366, Τ 90 : οὔ κε κακοὶ τοιούσδε τέκοιεν δ 64. Cf. ε 73, θ 280, ν 86.—(b) In reference to the present with pres. opt. : οὔ κε Τηλέμαχον ὧδ' ἀνιείης (would not be setting him on) β 185.—(5) Repeated δ 733.—Joined with ἄν¹ in various constructions Λ 187, 202, Ν 127, Ω 437 : ε 361, ζ 259, ι 334.—(6) For uses in protasis with εἰ (a¹) and in the corresponding relative sentences see Table at end (II) (B) (a) (2) (subj.), (D) (4) (5) (6) (11) (subj.), (18) (19) (20) (21) (22) (opt.), (III) (B) (a) (2) (subj.), (b) (2) (opt.), (C) (a) (2) (aor. indic.), (D) (8) (9) (10) (fut.), (20) (21) (22) (23) (24) (25) (26) (27) (28) (29) (30) (31) (32) (33) (43) (44) (subj.), (47) (48) (60) (61) (62) (63) (64) (opt.).—For uses in apodosis see (II) (C) (a) (1) (aor. indic.), (3) (opt.), (D) (12) (16) (21) (opt.), (III) (C) (a) (1) (aor. or impf. indic.), (2) (aor. indic.), (4) (5) (opt.), (b) (opt.), (c) (1) (opt.), (D) (5) (16) (opt.), (22) (fut.), (25) (subj.), (29) (41) (opt.), (46) (48) (fut.), (51) (subj.), (56) (62)

(opt.).—For αἴ κεν (not in protasis) see αἰ (3) (4).—For εἴ κεν (not in prot.) see εἰ (9) (10).—For ἦός κεν see ἦος (4).—For ἵνα κεν see ἵνα (4).—For ὅ κεν (not in prot.) see ὅ (4) (c).—For ὅς κεν (not in prot.) see ὅς² (II) (3) (a), (5), (9) (a).—For ὅπως κεν (not in prot.) see ὅπως (2) (b) (c).—For ὅς τίς κεν (not in prot.) see ὅς τις (2)—For ὅτε κεν (not in prot.) see ὅτε (4).—For ὄφρα κεν (not in prot.) see ὄφρα (1) (b), (5)(a)(b).—For ὥς κεν (not in prot.) see ὥς (6) (b), (7) (a), (8) (a) (β), (b) (β), (13).—(7) With infin. X 110.

†κεάζω. 3 sing. aor. ἐκέασσε ε 132, η 250. κέασε ξ 418. κέασσε Il 347. 3 pl. κέασαν ν 161. Aor. κεάσαιμι μ 388. Infin. κεάσσαι ο 322. 3 sing. aor. pass. κεάσθη Il 412, 578, Τ 387. Acc. pl. neut. pf. pple. κεκεασμένα σ 309. (1) To split, cleave: κεφαλὴ ἄνδιχα κεάσθη Il 412 = Τ 387, 578.—(2) To splinter, shiver, break in pieces: ὀστέα Il 347 : νῆα ε 132 = η 250, μ 388.—(3) To produce (firewood) by splitting or chopping: ξύλα ξ 418, ο 322, υ 161, ξύλα κεκεασμένα σ 309.

κέαται, 3 pl. κεῖμαι.

κέατο, 3 pl. impf. κεῖμαι.

†κεδάννυμι [(σ)κεδ-. =σκεδάννυμι]. 3 sing. aor. ἐκέδασσε Ε 88, Ρ 283, 285 : γ 131, ν 317, ξ 242. 3 pl. aor. pass. κέδασθεν Ο 657. Nom. pl. masc. pple. κεδασθέντες Β 398, Ν 739. Genit. sing. fem. κεδασθείσης Ο 328, Il 306. (1) To scatter, disperse: κύνας αἰζηούς τε Ρ 283 : Ἀχαιοὺς γ 131 = ν 317, ξ 242.—To break (ranks): Τρώων φάλαγγας Ρ 285.—Cf. Ο 328 = Il 306.—(2) To scatter, carry away in destruction: γεφύρας Ε 88.—(3) In pass., to separate, scatter, take each his own way : οὐδὲ κέδασθεν ἀνὰ στρατόν Ο 657. Cf. Β 398, Ν 739.

κεδνός, -ή, -όν. (1) Affectionately solicitous, giving loving tendance, loving, devoted : τοκῆας Ρ 28. Cf. Ω 730 : ἀμφίπολος α 335 = σ 211 = φ 66. Cf. α 432, κ 8, χ 223 —In superl. : ἑταῖροι, οἵ οἱ κεδνότατοι ἦσαν (the most attached or devoted) Ι 586. Cf. κ 225.—(2) Considerate, thoughtful for the welfare of others: ἄνακτος ξ 170.—(3) Absol. in neut. pl.: κεδνὰ ἰδυῖα (ἰδυῖαν), having her heart bent to loving care, full of affectionate solicitude, devoted (see εἴδω (III) (12)) α 428, τ 346, υ 57, ψ 182, 232.

κέδρινος [κέδρος]. Fragrant with the wood of the κέδρος: θάλαμον Ω 192.

κέδρος, -ου, ἡ. Prob. a variety of juniper: ὀδμὴ κέδρου τε θύου τε δαιομένων ε 60.

κείατο, 3 pl. impf. κεῖμαι.

κεῖθεν [-θεν (1)]. Cf. κεῖνος]. (1) From that place, thence : ἐξ οὗ κ. ἔβην Ω 766. Cf. Φ 42, 62 : κ. σφεας ἀπώσατο ἲς ἀνέμοιο ν 276. Cf. α 285, δ 519, ν 278, ρ 53, τ 223 = ω 310.—(2) From a specified point in a sequence of events: κ. δ᾽ αὐτὸς ἐγὼ φράσομαι ἔργον τε ἔπος τε Ο 234.

κεῖθι [-θι. Cf. κεῖνος, ἐκεῖθι]. In that place, there: καὶ κ. μεμνήσομαι ἑταίρου Χ 390. Cf. Γ 402, Μ 348, 358 : ὅσα κ. πάθον κακὰ γ 116. Cf. γ 262, θ 467 = ο 181, θ 519, 550, μ 106, ξ 297, ο 281, τ 216.

κεῖμαι [cf. κείω, κοιμάω]. 3 pl. κέαται Λ 659, 826, Π 24, Τ 203 : σ 44. κέονται Χ 510 : λ 341,

π 232. 3 sing. subj. κεῖται (κέεται for κείεται) (also written κῆται) Τ 32, Ω 554 : β 102, ε 395, τ 147, ω 137. 3 pl. impf. κείατο Λ 162 : φ 418, ψ 47. κέατο Ν 763, Ω 168, 610. Imp. κεῖσο Σ 178, Φ 122, 184. 3 sing. pa. iterative κέσκετο φ 41. Fut. κείσομαι, -εαι Θ 537, Σ 121, 338, Φ 318, Χ 71 : χ 319. (ἐγ-, ἐπι-, κατα-, παρα-, περι-, προ-, προσ-.) (1) To be in a prostrate or recumbent position, lie: ἥμενον, οὐδ᾽ ἔτι κεῖτο Ο 240, πυρήν, ᾗ ἔνι κεῖται Πάτροκλος Ψ 210. Cf. etc. : ὑπερωΐῳ κεῖτ᾽ ἄσιτος δ 788. Cf. ι 372, κ 54, λ 577, ν 284, ξ 354, ρ 291, υ 6, etc.—(2) To lie low, lie dead : οὐκ ἄτιτος κεῖτ᾽ Ἄσιος Ν 414. Cf. Δ 175, Ε 467, Il 541, Ρ 92, etc. : ἐοικότι κεῖται ὀλέθρῳ α 46. Cf. β 102, γ 109, χ 48, 319, etc.—(3) To lie down to rest: ἀποβάντες ἐκείμεθα νηὸς ἅπαντες ν 281. Cf. ι 298.—(4) To lie, be, remain, in a specified condition : ἐν νήσῳ κεῖτ᾽ ἄλγεα πάσχων Β 721. Cf. Β 724, Λ 659, Σ 435, Τ 203, Χ 386, etc. : κείμεθα θυμὸν ἔδοντες ι 75 = κ 143. Cf. ε 13, 395, 457, λ 195, ρ 296, etc.—Fig. : κεῖται ἐν ἄλγεσι θυμὸς φ 88.—(5) To be idle: ἄνα, μηδ᾽ ἔτι κεῖσο Σ 178. Cf. Β 688, 694, 772, Η 230.—(6) Of things, to be laid, set, placed, to lie, stand, be, in a specified or indicated place or position : τεύχεα κεῖται ἐπὶ χθονί Γ 195, [πέπλος] ἔκειτο νείατος ἄλλων Ζ 295. Cf. Η 265, Κ 75, Μ 381, Ο 388, Φ 364, etc. : φόρμιγγα, ἥ που κεῖται ἐν ἡμετέροισι δόμοισιν θ 255. Cf. α 162, θ 277, ι 319, ι 536, σ 44, etc.—Of a part of a dead man : κάρη ἐν κονίησι κεῖτο Χ 403. Cf. Ρ 300.—Of a dead or dying serpent Μ 209.—Fig. : ταῦτα θεῶν ἐν γούνασι κεῖται Ρ 514 = Τ 435 = α 267 = π 129, α 400, παιδὸς οἱ ἐνὶ φρεσὶ πένθος ἔκειτο ω 423.—(7) To be set down or proposed as a reward : κεῖτ᾽ ἐν μέσσοισι δύω χρυσοῖο τάλαντα Σ 507.—Of a prize, to be set down or proposed : τάδ᾽ ἄεθλα κεῖτ᾽ ἐν ἀγῶνι Ψ 273. Cf. Χ 163.—(8) Of places, to lie, be situated : Ὠγυγίη ἀπόπροθεν εἰν ἁλὶ κεῖται η 244. Cf. ι 25, ν 235.—Sim. : οἶκον, ὃς ὀρχάτου ἐγγύθι κεῖται ω 358.—To lie, be : νῆσος χθαμαλὴ κεῖται κ 196.—Of things, to lie, be, remain, in a specified condition : αἴγειρος ἀξομένη κεῖται Δ 487. Cf. Ι 335 : εἵματά τοι κεῖται ἀκηδέα ζ 26. Cf. ζ 59, π 35, ω 187.—(10) To lie unused : βιὸν ἔα κεῖσθαι (let it be) Ο 473. Cf. χ 186.—(11) To be laid away, laid up, stored, bestowed : πόλλ᾽ ἐν ἀφνειοῦ πατρὸς κειμήλια κεῖται Ζ 47. Cf. Α 124, Β 777, Δ 143, 144, Ι 382, Λ 132, Χ 510 : ἰδὼν ἐν κείμενα δῶρα θ 427. Cf. β 338, δ 613, κ 9, ν 11, ο 128, π 232, ρ 532, χ 109, etc.

κειμήλιον, -ου, τό [κεῖμαι]. (1) Something to be treasured up, valuable : μή τί μοι ἐκ μεγάρων κ.ἐσθλὸν ὄληται ο 91.—A keepsake: σοὶ τοῦτο κ. ἔστω Ψ 618 : δῶρον, ὅ τοι κ. ἔσται ἐξ ἐμεῦ α 312. Cf. δ 600.—(2) In pl., treasures, valuables, goods of price : πόλλ᾽ ἐν ἀφνειοῦ πατρὸς κειμήλια κεῖται Ζ 47. Cf. Ι 330, Λ 132, Σ 290, Ω 381 : ὅσσ᾽ εἰν ἐμῷ οἴκῳ κειμήλια κεῖται δ 613 = ο 113. Cf. β 75, κ 40, ξ 326, ο 101, 159, ρ 527, τ 272, 295, φ 9.

κεῖνος, -η, -ο [cf. ἐκεῖνος, κεῖθι, κεῖθεν, κεῖθι, κεῖσε].

(1) That person or thing, the person or thing referred to, he, she, it (with backward reference): κάρτιστοι δὴ κεῖνοι ἐπιχθονίων τράφεν ἀνδρῶν Α 266. Cf. Α 271, Β 330, Γ 440, Ε 894, Ζ 200, Θ 430, Ι 678, etc.: ἐκ τοῦ δ' οὔτ' Ὀδυσῆα ἐγὼν ἴδον οὔτ' ἐμὲ κεῖνος α 212, περὶ κεῖνα (about those parts) δ 90. Cf. α 46, β 124, γ 88, δ 182, ε 24, ζ 166, η 69, κ 18, etc.—(2) As antecedent to a relative: κεῖνος ὅς κε . . . Ι 312. Cf. ζ 158, ξ 156, ο 21, ω 90.—(3) In deictic sense: κεῖνος ὅ γ' ἐν θαλάμῳ (yonder he is in the . . .) Γ 391, νῦν οἱ πάρα κεῖνος Ἄρης (there is Ares . . .) Ε 604, κεῖνος ὅ γ' ἧσται (there he sits) Τ 344, ἔτι κεῖνος κεῖται (there he lies) Ω 412: ὡς νῦν Ἶρος κεῖνος ἧσται (is sitting there) σ 239.—(4) In contrast with a clause with ἐνθάδε: σύας καὶ κεῖνα (matters with the herd) φυλάξων· σοὶ δ' ἐνθάδε πάντα (matters here) μελόντων ρ 593.—(5) With sb., that: ἤματι κείνῳ Β 37, 482, Δ 543, Σ 324, Φ 517. Cf. Ξ 250, Ω 90: α 233, δ 145, λ 614, ρ 243 = φ 201.—(6) With sb. forming the antecedent to a relative: κείνων ἀνδρῶν οἵ . . . Ε 636. Cf. Ν 232: θ 209.—(7) With sb. in deictic sense: κεῖνος αὖτ' ἀνὴρ ἔρχεται ἐς θάλαμον (there he goes) χ 165.—(8) In dat. fem. κείνῃ, by that way: κείνῃ παρέπλω Ἀργώ μ 69. Cf. ν 111.

κεινός, -ή, -όν [κενϜός] Γ 376, Δ 181, Λ 160, Ο 453. Also κενεός Β 298 : κ 42, ο 214, and κενός χ 249. (1) Empty, containing nothing: σὺν κεινῇσιν νηυσίν Δ 181. Cf. κ 42.—Empty, lacking the usual contents: κεινὴ τρυφάλεια ἅμ' ἕσπετο χειρί (i.e. separated from the head) Γ 376, κεῖν' ὄχεα (masterless) Λ 160, Ο 453.—(2) Empty, idle, vain: εὔγματα χ 249.—(3) In neut. sing. κενεόν as adv., empty-handed, without success, having effected nothing: κ. νέεσθαι Β 298: ἂψ ἰέναι κ. ο 214.

κείρω. Fut. infin. κερέειν Ψ 146. 3 sing. aor. ἔκερσε Ν 546, 548. κέρσε Κ 456, Ξ 466. Nom. pl. masc. pple. κέρσαντες Ψ 35. 3 pl. aor. mid. κείραντο ω 46. Infin. κείρασθαι Ψ 46 : δ 198. (ἀπο-, δια-, ἐπι-, κατα-.) (1) To cut through, sever : ἀπὸ δ' ἄμφω κέρσε τένοντε Κ 456, Ξ 466. Cf. Ν 546, 548.—To cut (the hair): σοὶ κόμην κερέειν Ψ 146.—In mid. : κείραντο χαίτας ω 46. Cf. Ψ 46, 136 : δ 198.—(2) To cut into shape : δοῦρ' ἐλάτης Ω 450.—(3) To tear, rend, devour : γῦπέ μιν ἧπαρ ἔκειρον λ 578.—To bite at, nibble Φ 204.—(4) To ravage, lay waste: λήϊον Λ 560.—(5) To consume, devour, make away with: [βίοτον] α 378 = β 143, κτήματα β 312, σ 144, χ 369, ω 450.—(6) Fig., to thwart, defeat: μάχης ἤδεα Ο 467, Π 120.

κεῖσε [-σε. Cf. κεῖνος]. (1) Thither: κ. οὐκ εἰμι Γ 410. Cf. Κ 289, Λ 528, Μ 356, 368 = Ν 752, Ξ 313, Ψ 145, Ω 199 : οἴχετο κ. α 260. Cf. δ 262, 274, 619 = ο 119, ζ 164, κ 266, μ 221, ν 423, ο 311, π 85, σ 339, ω 115.—(2) Up to a specified point: αἱ κεῖσέ γε φέρτεραι ἦσαν (referring to αὐτοῦ in the prec. line) Ψ 461.

κεῖσο, imp. κεῖμαι.

κείσομαι, fut. κεῖμαι.

κείω, fut. [cf. κεῖμαι]. Also κέω η 342. (κατα-.) (1) To go to rest: ἔνθ' ἴομεν κείοντες Ξ 340 : ὄρσο

κέων η 342, σχίζῃ δρυός, ἣν λίπε κείων (when he went to bed) ξ 425, κείω δ' ὡς τὸ πάρος περ ἀΰπνους νύκτας ἴαυον τ 340. Cf. ξ 532, σ 428, τ 48, ψ 292.—(2) To take rest, lie: οὐ μέν σφεας ἔτ' ἔολπα μινυνθά γε κείεμεν οὕτω θ 315.

κεκαδήσει, 3 sing. fut. χάζω.

κεκαδησόμεθα, 1 pl. fut. mid. κήδω.

κεκαδών, aor. pple. χάζω.

κεκάλυπτο, 3 sing. plupf. pass. καλύπτω.

κέκασται, 3 sing. pf. καίνυμαι.

κεκαφηότα, acc. sing. masc. pf. pple. See καπύω.

κεκεασμένα, acc. pl. neut. pf. pple. pass. κεάζω.

κέκευθε, 3 sing. pf. κεύθω.

κέκλετο, 3 sing. aor. κέλομαι.

κεκλήγοντες, nom. pl. masc. thematic pf. pple. κλάζω.

κεκληγώς, pf. pple. κλάζω.

κέκλημαι, pf. pass. καλέω.

κεκλήσῃ, 2 sing. fut. pf. pass. καλέω.

κέκλιται, 3 pl. pf. pass. κλίνω.

κέκλιτο, 3 sing. plupf. pass. κλίνω.

κέκλοντο, 3 pl. aor. κέλομαι.

κέκλυθι, κέκλυτε, pf. imp. sing. and pl. κλύον.

κέκμηκας, 2 sing. pf. κάμνω.

κεκμηώς, pf. pple. κάμνω.

κεκονῖτο, 3 sing. plupf. pass. κονίω.

κεκοπώς, pf. pple. κόπτω.

κεκορήμεθα, 1 pl. pf. pass. κορέννυμι.

κεκορηότε, nom. dual masc. pf. pple. κορέννυμι.

κεκορυθμένα, pf. pple. pass. κορύσσω.

κεκοτηότι, dat. sing. masc. pf. pple. κοτέω.

κεκράανται, 3 pf. pass. κραίνω.

κεκριμένος, pf. pple. mid. and pass. κρίνω.

κεκρυμμένον, acc. sing. neut. pf. pple. pass. κρύπτω.

κεκρύφαλος, ὁ. App. some kind of hood or cap Χ 469.

κεκύθωσι, 3 pl. redup. aor. subj. κεύθω.

κελαδεινός, -ή [κέλαδος]. (1) Epithet of a wind, blustering: Ζέφυρον Ψ 208.—(2) (She) in whose train din follows. Epithet or a name of the huntress Artemis Π 183, Υ 70, Φ 511.

κελαδέω [κέλαδος]. To shout in approval or applause : ἐπὶ Τρῶες κελάδησαν Θ 542 = Σ 310. Cf. Ψ 869.

κέλαδος, -ου, ὁ. Noise, din, disturbance : κέλαδον καὶ ἀϋτήν Ι 547. Cf. Σ 530 : σ 402.

κελάδω [κέλαδος]. Of water, to flow with a rushing sound, murmur : πὰρ ποταμὸν κελάδοντα Σ 576. Cf. Φ 16.—Of a wind, to bluster, roar β 421.

κελαινεφής, -ές [app. for κελαινονεφής fr. κελαινός + νέφος]. (1) (The) god of the black cloud. Epithet or a name of Zeus Α 397, Β 412, Ζ 267, Λ 78, Ο 46, Φ 520, Χ 178, Ω 290 : ι 552 = ν 25, ν 147.—(2) With the force of the second element lost, dark in hue, black (= κελαινός) : αἷμα Δ 140, Ε 798, Ξ 437, Π 667, Φ 167 : λ 36, 153.

κελαινός, -ή, -όν. Dark in due, black or nearly black : αἷμα Α 303, Η 329, Λ 829, 845, δέρμα Ζ 117, κῦμα Ι 6, χθών (darkened by the clouds)

Π 384 : αἷμα λ 98, 228, 232, 390, π 441, τ 457.—
Bringing darkness in its train : λαῖλαπι Λ 747.
—In fig. use, of night, dark, enveloping in its
shades, hiding from the light : ἀμφὶ δὲ ὄσσε
κελαινὴ νὺξ ἐκάλυψεν Ε 310 = Λ 356.

κελαρύζω. To trickle, trickle along, flow or
fall fitfully or in drops : ἀφ' ἕλκεος αἷμα κελάρυζεν
Λ 813. Cf. Φ 261 : ἄλμην, ἥ οἱ ἀπὸ κρατὸς κελάρυζεν
ε 323.

κέλευθος, -ου, ἡ. Acc. pl. (besides the regular
form) κέλευθα Α 312, Μ 225, Ξ 17, Ο 620 : γ 71,
177, δ 842, ι 252, 261, κ 20, ο 474, ν 64, ω 10. (1) Α
way, road, path : πολλαὶ ἀνὰ στρατόν εἰσι κέλευθοι
Κ 66. Cf. Ν 335, Ο 357 : ἄλσος ἄγχι κελεύθου ζ 291.
—In reference to natural phenomena : ἐγγὺς νυκτός
τε καὶ ἤματός εἰσι κέλευθοι (the outgoings) κ 86.—
(2) Collectively, the paths, haunts or resorts
(of . . .) (cf. πάτος (2)) : θεῶν ἀπόεικε κελεύθου Γ 406
(v.l. ἀπόειπε κελεύθους).—(3) A means of passage, a
passage, access, opening : πολέεσσι θῆκε κέλευθον
Μ 399. Cf. Μ 411, 418, Ο 260.—Sim. : χάζεσθαι
κελεύθου, to get out of the way, i.e. to yield
passage to the foe : οὐδ' ἄν πω χάζοντο κελεύθου
Ἀχαιοί Λ 504. Cf. Μ 262.—(4) A going, journey,
voyage, course : διαπρήσσουσα κέλευθον Α 483.
Cf. Ξ 282, Ψ 501 : τὸν θεοὶ βλάπτουσι κελεύθου
α 195. Cf. β 213, 429, 434, δ 380 = 469, δ 389 =
κ 539, η 272, ν 83.—Sim. : τῶν ἄλλων ἀνέμων
κατέδησε κελεύθους (restrained each from its
accustomed blowing) ε 383.—(5) In pl. in form
κέλευθα denoting rather vague number or a group
than plurality : οὐ κόσμῳ παρὰ ναῦφιν ἐλευσόμεθ'
αὐτὰ κέλευθα (following the same general lines)
Μ 225 : ἄλλην ὁδόν, ἄλλα κέλευθα ἤλθομεν ι 261.
—ὑγρὰ κέλευθα (the watery ways) Α 312 : γ 71 =
ι 252, δ 842, ο 474.—So ἰχθυόεντα κέλευθα γ 177,
ἠερόεντα κέλευθα ν 64, εὐρώεντα κέλευθα ω 10.—
Sim. in sense corresponding to (4) : ἀνέμων λαιψηρὰ
κέλευθα (the rush) Ξ 17, Ο 620 : βυκτάων ἀνέμων
κατέδησε κέλευθα (put restraint on the whole
group) κ 20.

†**κελευτιάω** [frequentative from κελεύω]. Pple.
κελευτιόων Ν 125. Nom. dual masc. κελευτιόωντε
Μ 265. To play the leader : Αἴαντε κελευτιόωντ'
ἐπὶ πύργων πάντοσε φοιτήτην Μ 265. Cf. Ν 125.

κελεύω [cf. κέλομαι]. Aor. infin. κελευσέμεναι
δ 274. (1) Of persons, to command, order, bid,
enjoin, give orders or injuctions. (a) With acc.
and infin. : ἑτάροις ἵππους ζευγνύμεναι Γ 259.
Cf. Β 11, Ε 823, Θ 318, Σ 469, Υ 4, etc. : αὐτὸν
αἰτίζειν ρ 345. Cf. ε 384, η 48, ι 177, μ 193, etc.
—(b) With acc. alone Δ 286, 359 : ο 209, ρ 22,
φ 175 ω 175.—(c) With dat. and infin. : κηρύκεσσι
κηρύσσειν Β 50. Cf. Ε 485, Ι 658, Π 727, Ψ 39,
etc. : ἑτάροισιν ὅπλων ἅπτεσθαι β 422. Cf. δ 296,
η 163, ι 488, λ 44, ο 93, etc.—(d) With this dat.
and acc. of what is enjoined : ἀμφιπόλοισι
ἔργα κέλευεν Ζ 324. Cf. π 136 = ρ 193 = 281.—
(e) With dat. alone : πῶς μοι κελεύεις ; Κ 61.
Cf. Δ 428, Λ 154, Ο 545, 717, Π 684, etc. : ζ 198,
ο 217.—(f) With infin. alone : ἄρνε οἰσέμεναι
Γ 119. Cf. Ζ 179, Υ 6 : δ 233, ι 326, 469, μ 53,

163.—(g) Absol. : ἐν πυμάτοισι κελεύων Λ 65,
Ζεὺς ἥμενος ὕψι κέλευεν (was supreme over them)
Υ 155. Cf. Δ 322, Ε 528, Ζ 519, Ν 91, Ξ 248, etc. :
β 415, κ 251, 443, μ 303, χ 255, etc.—(2) Passing
into milder sense, to bid, exhort, charge, desire,
urge, recommend, counsel, invite. (a) With
acc. and infin. : σίτου μ' ἄσασθαι ἦτορ Τ 306. Cf.
Ε 199, Η 284, Λ 781, Σ 13, Χ 101, etc. : οἴκαδέ μ'
ἀποστείχειν ψ 276. Cf. β 263, η 262, 304, ν 274,
ο 305, ψ 264.—With neg., to counsel against a
course : πόλεμον οὐκ ἄμμε κελεύω δύμεναι Ξ 62.—
(b) With this acc. and acc. of what one bids to
be done : τί με ταῦτα κελεύετε ; θ 153. Cf. Υ 87 :
θ 350.—(c) With acc. alone Ω 220 : δ 274, η 28,
κ 516, λ 507.—(d) With dat. and infin. : ἀλόχῳ
δεῖπνον τετυκεῖν ο 93. Cf. Β 151.—(e) With this
dat. and acc. as under (b) : σοὶ τόδε κελεύω Τ 192.—
(f) With dat. alone : φωτὶ ἑκάστῳ Ν 230, σπεύδοντι
κέλευον (cheered him on) Ψ 767. Cf. Ε 463 : ζ 211.
—(g) With infin. alone : φεύγειν σὺν νηυσίν Β 74.
Cf. Λ 641, Μ 237, Υ 95, Ψ 404 : η 226 = ν 47, κ 17,
339, 373, 386, ν 341.—(h) Absol. Δ 380, Ξ 278,
Φ 223, Ψ 96, 539, Ω 599, 669 : δ 485, 673 = θ 398,
δ 745, θ 347, 402, ι 339, κ 345, ο 437, σ 58.—
(3) In sim. constructions with senses as under
(2) of mental faculties and impersonal agencies :
ὅππη σε κραδίη θυμός τε κελεύει Ν 784, τά με
θυμὸς κελεύει Η 68 = 349 = 369 = Θ 6: = η 187 = θ 27
= ρ 469 = σ 352 = φ 276, εἰ μὴ θυμός με κελεύοι
ι 378, Ω 204, ξ 517 = ο 339, π 81 = φ 342,
φ 198.—χόλος καὶ τὰ κελεύει Υ 255.—γαστέρι, ἥ τ'
ἐκέλευσεν ἕο μνήσασθαι η 217.—(4) Of driving
horses : τοὺς ἐφέπων μάστιγι κέλευεν Ω 326.—
Absol. : μάστιγι κέλευεν Ψ 642.

κέλης, -ητος, ὁ [κελ- as in κέλλω]. With ἵππος,
a riding-horse : κέληθ' ὡς ἵππον ἐλαύνων ε 371.

κελήσεται, 3 sing. fut. κέλομαι. To ride : ἵπποισι κεληπίζειν
ἐῢ εἰδὼς (on . . .) Ο 679.

†**κέλλω.** 1 pl. aor. ἐκέλσαμεν ι 546, λ 20, μ 5.
Dat. pl. fem. pple. κελσάσῃσι ι 149. Infin.
κέλσαι κ 511. (ἐπι-.) (1) To bring (a ship) to
shore : νῆ' ἐκέλσαμεν λ 20. Cf. ι 546 = μ 5, κ 511.
—(2) Of a ship, to come to shore : κελσάσῃσι
νηυσὶ καθείλομεν ἱστία ι 149.

κέλομαι [cf. κέλευω]. 3 sing. fut. κελήσεται
κ 296. 3 sing. redup. aor. (ἐ)κέκλετο Δ 508, Ζ 66,
287, Θ 184, Λ 285, Ν 489, Π 268, Σ 343, Χ 442,
Ψ 402, etc. : δ 37, ζ 71, η 335, ξ 413, τ 418, υ 147.
3 pl. κέκλοντο Ψ 371. Pple. κεκλόμενος, -ου Θ 346,
Λ 91, 460, Ν 332, Ο 353, 368, Π 525. (ἐπι-.) (1) Of
persons, to command, order, bid, enjoin, give
orders or injunctions. (a) With acc. and infin. :
μυθήσασθαι Α 74. Cf. Ο 146, Η 657, Ω 582 :
θεράποντας ἅμα σπέσθαι δ 37. Cf. γ 425, ι 100,
193, ξ 259 = ρ 428, υ 213, φ 265, 381.—(b) With
dat. and infin. : Τρώεσσι τείχος ὑπερβήναι Μ 467.
Cf. η 335.—(c) With dat. alone : ἀμφιπόλοισι κέκλετο
Ζ 287. Cf. Δ 508, Ζ 66, Ο 353, Π 525, Ρ 183,
Ψ 371, etc. : ζ 71, ξ 413, υ 147.—(d) With infin.
alone : ἵππους ζευγνύμεν Ο 119. Cf. Ι 171 : β 114,

ο 16, σ 12.—(2) Of a compelling physical force or natural agency. Absol. : ἐπεὶ κέλετο μεγάλη ἲς Ἡελίου τ' αὐγή μ 175.—(3) Passing into milder sense, to bid, exhort, charge, desire, urge, recommend, counsel, invite. (a) With acc. and infin. : Τρῶας τεύχε' ἀποθέσθαι Γ 88. Cf. Α 134, Γ 434, Ε 810, Ι 517, Ν 69, Ο 138, Σ 286, Ω 297, 434 : θεούς με δειδίμεν ι 274. Cf. δ 812, ε 174, κ 296, 299, 337, λ 71, ο 513, π 433.—(b) With dat. and infin. : φυλασσέμεναι κέλονται ἀλλήλοις Κ 419. —(c) With dat. alone : ἀλλήλοισιν Θ 346 = Ο 368. Cf. Λ 91, 312, Μ 274, Φ 307.—(d) With infin. alone : ἐς χορὸν ἐλθέμεν Ο 508. Cf. Α 386, Μ 235, Ξ 96, Σ 254 : γ 317. — (e) Absol. : Τρῶές γε κέλονται Η 393, κεκλόμενοι καθ' ὅμιλον (cheering each other on) Λ 460 = Ν 332. Cf. Ψ 894 : ε 98, ρ 400.—(4) In sim. constructions with senses as under (3) of appetites or mental faculties : κέλεται ἑ θυμός (γαστήρ) ἐς δόμον ἐλθεῖν ϛ 133. Cf. ρ 555.—κέλεταί με θυμός Τ 187, Κ 534 : = δ 140. —γαστὴρ ἐσθέμεναι κέλεται η 220.—ἐφ' Ἕκτορι κέκλετο θυμός Π 382.—(5) To call, call to, summon (= καλέω (1)) : Ἥφαιστον Σ 391.

κέλσαι, aor. infin. κέλλω.

κεμάς, -άδος, ἡ. A young deer Κ 361.

κεν. See κε(ν).

κενευχής [κενεός + αὐχέω, to boast]. Idly boasting : κενεαυχέες ἠγοράασθε Θ 230.

κενεός. See κεινός.

κενεών, -ῶνος, ὁ [κενός]. The hollow under the ribs on each side, the flank Ε 284, 857, Λ 381, Π 821 : χ 295.

κενός. See κεινός.

†κεντέω. Aor. infin. κένσαι. To whip or goad on : ἵππον Ψ 337.

κεντρηνεκής [κέντρον + ἐνεκ -. See φέρω]. App., carried along, kept at speed, by the κέντρον : κεντρηνεκέας ἔχον ἵππους Ε 752 = Θ 396.

κέντρον, -ου, τό [κεντέω]. Prob. a pliant rod with a metal point serving both as whip and goad (see μάστιξ) Ψ 387, 430.

κέντωρ, -ορος, ὁ [κεντέω]. One who applies the κέντρον, a (skilful) driver Δ 391, Ε 102.

κέονται, 3 pl. κεῖμαι.

κεράασθε, imp. pl. mid. κεράω.

κεραΐζω [cf. κείρω]. Fut. infin. κεραϊξέμεν Π 830. (1) To cut down, slay Β 861.—Absol. : ὑμεῖς μὲν φεύγοντες, ἐγὼ δ' ὄπιθεν κεραΐζων Φ 129.— (2) To ravage, lay waste Ε 557, Π 752, Χ 63.— To sack (a city) Π 830, Ω 245 : θ 516.

κεραίω [κεραπjω. Cf. κερασ-, κεράννυμι]. To mix (a bowl) : [κρητῆρα] ζωρότερον κέραιε Ι 203.

κεραμεύς, ὁ [κέραμος]. A potter Σ 601.

κέραμος, -ου, ὁ. An earthenware vessel, a wine-jar Ι 469.—A vessel large enough to confine a person in : χαλκέῳ ἐν κεράμῳ δέδετο Ε 387.

†κεράννυμι. 3 sing. aor. κέρασσε γ 390, ε 93. Nom. sing. fem. pple. κεράσασα κ 362. 3 sing. aor. mid. κεράσσατο γ 393, σ 423. Pple. κερασσάμενος η 179, ν 50. From κέραμαι 3 pl. subj. mid. κέρωνται Δ 260. (ἐγ-, ἐπι-.) (1) To mix, temper : θυμῆρες κεράσασα [ὕδωρ] κ 362.—To mix (wine)

with water. In mid. : ὅτε οἶνον ἐνὶ κρητῆρι κέρωνται Δ 260. — Sim. in reference to nectar ε 93.— (2) To mix (a bowl) : ἀνὰ κρητῆρα κέρασσεν οἴνου γ 390 (ἀνά advbl.).—In mid. γ 393, η 179 = ν 50, σ 423.

κεραοξόος [κερα(σ)-, κέρας + ξο-, ξέω]. Working in horn : τέκτων Δ 110.

κεραός [κέρας]. Horned δ 85.—Epithet of deer : ἔλαφον Γ 24, Λ 475, Ο 271, Π 158.

κέρας, τό. Dat. κέρᾳ Λ 385. Nom. pl. κέρα (for κέραα) Δ 109 : τ 211, φ 395. Genit. κεράων Ρ 521 : γ 439, τ 566. Dat. κεράεσσι Ν 705 : τ 563. κέρασι Κ 294 : γ 384, 426, 437. (1) A horn of an animal. Of a wild goat Δ 109.—Of oxen Ν 705, Ρ 521, Ψ 780, Κ 294 : = γ 384, 426, 437, 439.—In a simile : ὀφθαλμοὶ ὡς εἰ κέρα ἕστασαν τ 211.—(2) In pl., horn as a material : αἱ μὲν [πύλαι] κεράεσσι τετεύχαται τ 563. Cf. τ 566.—(3) Each of two horns or pieces of horn forming a bow and joined by the πῆχυς φ 395.—(4) App., one's hair brought into a peak or topknot : κέρᾳ ἀγλαέ Λ 385 (adorned with, pluming yourself upon . . .).— (5) In an angling context : βοὸς κέρας Ω 81 : μ 253. The sense is much disputed, and cannot be ascertained. Perh. after all it is simply a hook of horn that is meant.

κέρασσε, 3 sing. aor. κεράννυμι.

κεραυνός, -οῦ, ὁ. A thunderbolt Θ 133, 405, 419, 455, Ξ 417, Ο 117, Φ 198, 401 : ε 128, 131, η 249, μ 387, 415 = ξ 305, μ 416 = ξ 306, ψ 330, ω 539.

κεράω [cf κεράννυμι]. Imp. pl. mid. κεράασθε γ 332. 3 pl. impf. κερόωντο θ 470, υ 253. κερῶντο ο 500. To mix (wine) with water ω 364.—In mid. γ 332, θ 470, ο 500, υ 253.

κερδαλέος, -η, -ον [κέρδος]. (1) Of a person, cunning, clever, wily : κερδαλέος κ' εἴη ὅς σε παρέλθοι ν 291.—Of a child, sharp, quick-witted, clever ο 451.—(2) Of counsel, shrewd, sage : βουλῆς Κ 44.—Of thoughts or designs, cunning, wily, guileful : νοήμασιν θ 548.—Of speech, cunning, wilily composed ζ 148.

κερδαλεόφρων [κερδαλέος + φρήν]. Cunning of heart, wily. In voc. : κερδαλεόφρον Α 149 (or here perh. rather, greedy, self-seeking), Δ 339.

κέρδιστος [superl. fr. κέρδος]. The craftiest, the most wily : κ. ἀνδρῶν Ζ 153.

κερδίων [comp. fr. κέρδος. Only in neut. κέρδιον. (1) More or most profitable or advantageous, better, best : τό κεν πολύ κ. εἴη Η 28. Cf. Ο 226, Ρ 417 : υ 304, 331, 381.—Absol. : πολύ κε κ. ἦεν Γ 41. Cf. Ε 201 = Χ 103 : = ι 228, β 320.—With infin., the better or best course to take, the better or best thing to be done or that can happen : ἐμοί κε κ. εἴη χθόνα δύμεναι Ζ 410 : τό γε κ. εἴσατο, χρήματ' ἀγυρτάζειν τ 283. Cf. Χ 108, Ν 458 = Ξ 23 : = σ 93 = χ 338 = ω 239, β 74, ζ 145, κ 153, λ 358 = υ 316.—Sim. with ὄφρα Π 652.—With a statement of the course taken ε 474, ο 204.— (2) Profitable rather than the reverse, profitable, good : ἔπος, τό κε κ. εἴη σ 166. Cf. Τ 63.—Absol. : τῶ οὔ νύ τι κ. ἡμῖν ἔλπομαι ἐκτελέεσθαι (no good)

H 352.—With infin. : οὔ σφιν ἐφαίνετο κ. εἶναι μαίεσθαι προτέρω (it seemed useless to do it) ξ 355.

κέρδος, τό. (1) In pl., gains, profits : ἐπίσκοπος κερδέων ἁρπαλέων θ 164.—(2) Good, advantage, profit, service : ὅππως κ. ἔῃ Κ 225. Cf. π 311.— (3) A device or plan : κακὰ κέρδεα βουλεύουσιν ψ 217. Cf. ψ 140.—(4) In pl., cunning arts, cunning, craft, guile : κέρδεσιν, οὔ τι τάχει γε Ψ 515. Cf. β 88.—(5) In pl., shrewd or sage counsel or devices, sagacity, astuteness, intelligence : φρένας ἐσθλὰς κέρδεά τε β 118, κέρδεα νωμῶν (and so having the wit to play up to his father) ν 257. Cf. ν 297, 299, σ 216, τ 285.—(6) In pl., skill : ὅς κε κέρδεα εἰδῇ Ψ 322. Cf. Ψ 709.

κερδοσύνη, -ης, ἡ [κέρδος]. Cunning, craft : κερδοσύνῃ ἡγήσατο Χ 247. Cf. δ 251, ξ 31.

κερέειν, fut. infin. κείρω.

κερκίς, -ίδος, ἡ. In weaving, app., the shuttle, a rod carrying the πηνίον Χ 448 : ε 62.

κερόωντο, 3 pl. impf. mid. κεράω.

κέρσε, 3 sing. aor. κείρω.

κερτομέω [κέρτομος = κερτόμιος]. (ἐπι-.) (1) To make fun of, make game of, subject to ridicule, mock, jeer at : μή τίς [μιν] κερτομέοι ἐπέεσσιν (should use uncivil speech to him) η 17, κερτομέων Ὀδυσῆα σ 350. Cf. π 87.—Absol. : σὺ δὲ κερτομέων ἀγορεύεις Β 256. Cf. β 323, θ 153, ν 326.—(2) App., to enrage, irritate by action : [σφῆκας] Π 261.

κερτομίαι, αἱ [cf. next]. Mocking or abusive speech, jeers, taunts, abuse : κερτομίας μυθήσασθαι Υ 202 = 433 : κερτομίας τοι ἀφέξω ν 263.

κερτόμιος [perh. fr. κερ-, κείρω]. Mocking, teasing, making fun or game of a person : ἐπέεσσιν Δ 6, Ε 419 : ω 240.—Absol. in neut. pl., mocking, taunting or abusive speech : Κύκλωπα προσηύδων κερτομίοισι ι 474. Cf. υ 177.—Reproachful speech Α 539.

κέρωνται, 3 pl. subj. mid. See κεράννυμι.

κερῶντο, 3 pl. impf. mid. κεράω.

κέσκετο, 3 sing. pa. iterative κεῖμαι.

κεστός [app. for κενστός, κενττός, fr. κεντέω]. Pierced : κεστὸν ἱμάντα Ξ 214 (see ἱμάς (2) (g)).

κευθάνω [κεύθω]. To hide, keep out of sight : οὐκ ἐκεύθανον, εἴ τις ἴδοιτο (made no attempt to hide him if or when they saw him) Γ 453.

κευθμός, -οῦ, ὁ [κεύθω]. A hiding-place, a hole : ἄταλλε κήτεα πάντοθεν ἐκ κευθμῶν Ν 28.

κευθμών, -ῶνος, ὁ [κεύθω]. A remote or innermost part, a recess : μαιομένη κευθμῶνας ἀνὰ σπέος ν 367.—Applied to pigsties κ 283.

κεῦθος, τό [κεύθω]. A lower part : ὑπὸ κεύθεσι γαίης (below earth's depths, in the deepest depths of the earth) Χ 482 : ω 204.

κεύθω. Fut. κεύσω γ 187, ψ 273. 3 sing. aor. κύθε γ 16. 3 pl. redup. aor. subj. κεκύθωσι ζ 303. 3 sing. pf. κέκευθε Χ 118 : γ 18. 3 sing. plupf. ἐκεκεύθει ι 348. (ἐπι-.) (1) To cover up, envelop, enclose, enfold : εἰς ὅ κεν αὐτὸς ἐγὼν Ἄϊδι κεύθωμαι (in . . . the only instance of the local use of Ἀΐδης) Ψ 244. Cf. γ 16.—Sim. in reference to one entering a building : ὁπότ' ἄν σε δόμοι κεκύθωσι καὶ αὐλή ζ 303.—(2) To hold, contain, have in it:

ὅσα τε πτόλις ἥδε κέκευθεν (all there is therein) Χ 118 : οἷόν τι ποτὸν τόδε νηῦς ἐκεκεύθει (what manner of . . . was this that it bore) ι 348.—Of something immaterial : τί νύ τοι νόος ἔνδοθι κεύθει ; (how art thou minded?) ω 474.—So, to have within one : ἥν τινα μῆτιν ἐνὶ στήθεσσι κέκευθεν γ 18.— (3) To keep from sight, hide, conceal : δάκρυα τ 212.—In a quasi-immaterial sense: οὐκέτι κεύθετε θυμῷ βρωτὺν οὐδὲ ποτῆτα (thought of as reappearing in violence and insolence) σ 406.—In reference to thoughts, speech, etc., to hide, conceal, withhold : ὅς χ' ἕτερον μὲν κεύθῃ ἐνὶ φρεσίν, ἄλλο δὲ εἴπῃ Ι 313. Cf. θ 548, φ 194, ψ 30.—Absol., to conceal one's thoughts, withhold speech: ἐξαύδα, μὴ κεῦθε Σ 74. Cf. Α 363 = Π 19.—(4) To make concealment from (a person), keep (him) in the dark : οὐδέ σε κεύσω γ 187, ψ 273.

κεφαλή, -ῆς, ἡ. Locative κεφαλῆφι Κ 30, 257, 261, 496 : υ 94. This form as ablatival genit. Κ 458. As true genit. Λ 350, Π 762. (1) The head : κεφαλῇ κατανεύσομαι Α 524, κεφαλὴν ἴκελος Διΐ (in face) Β 478. Cf. Β 20, Ε 73, Κ 15, Λ 72, Μ 385, Ν 202, etc. : ἄγχι σχῶν κεφαλήν α 157. Cf. α 208, ε 232, ζ 226, θ 68, ι 498, ν 29, etc.—In reference to the Gorgon Ε 741 : λ 634.—To Ate Τ 126.—(2) In reference to one's height : κεφαλῇ μείζονες ἄλλοι ἔασιν (in stature) Γ 168. Cf. Γ 193, 227 (by his . . .).—(3) The head as typifying the life : ἀπέτεισαν σὺν σφῇσιν κεφαλῇσιν Δ 162. Cf. Ρ 242 : β 237, τ 92.—(4) In an oath or adjuration : λίσσομ' ὑπὲρ σῆς αὐτοῦ κεφαλῆς ο 262. Cf. Ο 39.— (5) As periphrasis for a person : Τεῦκρε, φίλη κεφαλή Θ 281, πολλὰς ἰφθίμους κεφαλὰς Ἄϊδι προϊάψειν Λ 55. Cf. Σ 82, 114, φ 336, Χ 348, ψ 94, Ω 276, 579 : τοίην κεφαλὴν γαῖα κατέσχεν, Αἴαντα λ 549. Cf. α 343, λ 557.—Sim. : αἱ ἐμῇ κεφαλῇ κατ' ὀνείδεα χεύαν χ 463.—(6) Of animals. Of sheep Γ 273.—Of a wild goat Δ 109.—Of a wild boar Ι 548.—Of swine κ 239, ξ 422.—Of a serpent (represented in art) Λ 39.—Of horses Ψ 381.—Of an ox γ 446.—Of a dog ρ 291.

κεχάνδει, 3 sing. plupf. χανδάνω.

κεχαρηότα, acc. sing. masc. pf. pple. χαίρω.

κεχαρησέμεν, fut. infin. χαίρω.

κεχαρισμένος, pf. pple. χαρίζομαι.

κεχάροντο, 3 pl. aor. mid. χαίρω.

κεχηνότα, acc. sing. masc. pf. pple. χαίνω.

κεχολώσομαι, fut. mid. χολόω.

κεχρημένος, pf. pple. mid. χράω¹.

κέχρητο, 3 sing. plupf. mid. χράω¹.

κέχυται, 3 sing. pf. pass. χέω.

κέω. See κείω.

κῆαι, aor. infin. καίω.

κήδειος [κῆδος]. To whom one is bound by family ties, dear, beloved : κασιγνήτους Τ 294.

κηδεμών, -όνος [κῆδω]. In pl., mourners bound to the dead man by family ties, kindred mourners Ψ 163, 674.

κῆδος [κῆδος]. That is matter of family grief : οἷσι κῆδός ἐστι νέκυς Ψ 160.

κήδιστος [superl. fr. κῆδος]. Dearest as being, or as if being, bound by family ties : κήδιστοι μεθ' αἱμά τε καὶ γένος αὐτῶν θ 583. Cf. I 642 : κ 225.

κῆδος, τό [cf. next]. (1) Trouble, pain : ἢ πού τί σε κ. ἱκάνει ; Ο 245. Cf. Π 516.—Matter for trouble or care : τῶν ἄλλων οὔ κ. (we need not mind about them) χ 254.—Trouble or grief occasioned by a family loss : χρή σε γαμβρῷ ἀμυνέμεναι εἴ πέρ τί σε κ. ἱκάνει Ν 464.—(2) In pl., troubles, woes, sorrows, sufferings, cares : 'Αργείοισι κήδε' ἐφῆκεν Α 445. Cf. Β 15, Δ 270, I 592, Κ 106, Τ 302, Ω 617, etc. : κήδεα πόλλ' 'Οδυσῆος ε 5, εἴροντο κήδε' ἑκάστη (app., those who were dear to them in the world above) λ 542, ὁππόσα κήδε' ἀνέτλης ξ 47. Cf. α 244, δ 108, η 242, θ 149, ν 307, ο 399, etc.— Trouble or grief occasioned by a family loss : πατέρι γόον καὶ κήδεα λεῖπεν Ε 156. Cf. Ζ 241.

κήδω [cf. prec.]. 3 pl. pa. iterative κήδεσκον ψ 9. Nom. pl. masc. fut. pple. κηδήσοντες Ω 240. 3 sing. pa. iterative mid. κηδέσκετο χ 358. 1 pl. fut. κεκαδησόμεθα Θ 353. (περι-.) (1) To cause trouble or pain to, trouble, pain, distress, vex, lay a heavy hand upon : ἀνάσχεο κηδομένη περ Α 586, τὸν κήδειν ὅς κ' ἐμὲ κήδῃ I 615. Cf. Ε 400, Η 110, Π 516, Ρ 550, Ω 542, etc. : εἴροντο ὅττι ἑ κήδοι ι 402. Cf. γ 240, η 215, τ 511.—Sim. : οἵ θ' ἐὸν οἶκον κήδεσκον ψ 9.—(2) In mid., to trouble oneself about, be solicitous for the welfare of, care for, take thought for. With genit. : σεῦ κήδεται Β 27. Cf. Α 56, Ζ 55, Θ 353, Ω 422, etc. : ἢ μευ πατὴρ ὡς κήδεαι υἱος ρ 397. Cf. ξ 461, χ 358.—Sim. : οἴκου κήδεσθαι τ 23, 161. Cf. ξ 4.— The genit. not expressed : ἄλοχον φιλέει καὶ κήδεται [αὐτῆς] I 342. Cf. Α 196 = 209 : γ 223, ξ 146.— So μὴ ταῦτα παραύδα, κηδομένη περ (though it is in care for me that thou dost it) σ 178.

κῆε, 3 sing. aor. καίω.

κηκίω. (ἀνα-.) To ooze or trickle ε 455.

κήλεος [prob. for κανάλεος or κηάλεος fr. καϜ-, καίω]. Burning, blazing. Epithet of fire : πυρί Ο 744.

κήλεος. = prec. : πυρί Θ 217, 235, Σ 346, Χ 374, 512 : θ 435, ι 328.

κηληθμός, -οῦ, ὁ [κηλέω, to bewitch. Cf. ἀκήλητος]. Charm, spell, glamour λ 334 = ν 2.

κῆλον, -ου, τό. A missile. Of the arrows of Apollo Α 53, 383.—Of snow : Ζεὺς πιφαυσκόμενος τὰ ἃ κῆλα Μ 280.

κήξ, ἡ. Some kind of sea-bird : εἰναλίη κήξ ο 479.

κῆπος, -ου, ὁ. A piece of prepared ground, a garden or orchard : κρήνη ἀνὰ κῆπον ἅπαντα σκίδναται η 129. Cf. Θ 306, Φ 258 : δ 737, ω 247, 338.

κήρ, κηρός, ἡ. (1) Bane, death : τό τοι κὴρ εἴδεται εἶναι Α 228, κῆρ' ἀλεείνων Γ 32. Cf. Β 352, 859, Γ 360, 454, Ε 22, Ν 665, Π 47, Σ 115, Ω 82, etc. : κηρὶ δαμείς γ 410. Cf. β 165, 283, δ 502, ρ 500, σ 155, χ 330, etc.—So κὴρ θανάτοιο (consisting in . . .) Π 687.—(2) One's destined fate : ἐμὲ κὴρ ἀμφέχανε, ἥ περ λάχε γιγνόμενόν περ Ψ 78.— (3) Figured as a weight put in the balance and typifying death or one's fate : ἐν δὲ τίθει δύο κῆρε

θανάτοιο Θ 70 = Χ 210. Cf. Θ 73.—(4) More or less distinctly personified as agent of death : τίς νύ σε κὴρ ἐδάμασσε θανάτοιο ; λ 171 = 398.—In pl. : οὓς κῆρες φορέουσιν Θ 528. Cf. Δ 11, Μ 113, 402, Ν 283, Ο 287, Φ 565 : β 316, 352 = ε 387, δ 512, ρ 547 = τ 558, χ 66, ψ 332.—So κῆρες θανάτοιο Β 302, 834 = Λ 332, I 411, Μ 326, Φ 548, Χ 202 : ξ 207.— (5) Fully personified : ἐν δ' Ἔρις ἐν δὲ Κυδοιμὸς ὡμίλεον, ἐν δ' ὀλοὴ Κήρ Σ 535.

κῆρ, τό [app. for κηρ-δ, καρδίη, κραδίη]. Only in nom. and acc. sing. and in dat. sing. κῆρι. (Cf. ἦτορ, θυμός, καρδίη, κραδίη, φρήν.) (1) The heart : ἔνθα φρένες ἔρχαται ἀμφὶ κ. Π 481.— (2) The 'heart,' 'breast,' soul, mind, as the seat or a seat (a) Of life ; hence vitality, the vital powers, strength (cf. θυμός (I) (1) (a)) : φθινύθεσκε κ. Α 491, κ. ἀπινύσσων (in his heart) Ο 10. Cf. ε 454, κ 485.—(b) Of the intelligence, of the faculty of thinking, deliberating, considering : πολλά οἱ κ. ὥρμαινεν η 82, ψ 85. Cf. σ 344.—(c) Of spirit, courage, stoutness, endurance : σὸν κ. τετλάτω ἐν στήθεσσιν π 274. Cf. Ν 713.—Periphrastically with genit. of proper name to denote a warrior : Πυλαιμένεος λάσιον κ. Β 851. Cf. Π 554 : δ 270.—(d) Of anger, wrath, passion : χωόμενος (χωόμενον) κ. (in his heart) Α 44, I 555, Ψ 37, ὑμῖν νεμεσσῶμαι περὶ κῆρι Ν 119 (περὶ doubtless to be taken as adv. and κῆρι as locative : lit. 'exceedingly in my heart' ; cf. under (g)). Cf. Ν 206, Π 585 : η 309, μ 376.—Of rage or fury : λύσσα οἱ κ. ἔχεν Φ 542.—(e) Of desire, longing, appetite : θαλέων ἐμπλησάμενος κ. Χ 504. Cf. Τ 319 : ἐμὸν κ. ἤθελ' ἀκουέμεναι μ 192.—(f) Of volition : ἐπιγνάμψασα κ. Α 569. Cf. Ξ 208, Ο 52 : οὐδέ νύ μοι κ. ἤθελ' ἔτι ζώειν δ 539, κ 497.—(g) Of feelings, emotions, moods, such as joy, grief, affection, dislike, fear, reverence, regard, solicitude, etc. : τάων μοι περὶ κῆρι τιέσκετο Ἴλιος Δ 46 (περὶ doubtless to be taken with τάων and κῆρι as locative : lit. 'beyond these in my heart'), ὅτ' ἄν τοι ἀπέχθωνται περὶ κῆρι 53 (see above under (d)), γηθόσυνος κ. (in his heart) 272 = 326, Σ 557, κ. ἀχέων Ε 399, ἐμὸν κ. ἄχνυται ἐν θυμῷ (my heart within me) Ζ 523. Cf. Η 428, I 117, Κ 16, Λ 274, Ν 430, Ξ 139, Ρ 539, Ω 61, 435, etc. : τεταρπόμενος κ. α 310, ἀοιδῇ, ἥ τέ μοι ἐνὶ στήθεσσι κ. τείρει 341. Cf. δ 259, ε 36, ζ 158, η 69, ι 413, 459, κ 247, ρ 216, τ 516, χ 58, etc.—In reference to animals Μ 45, Ψ 284, 443.—(h) Of one's character or disposition : κ. ἀτέραμνον ἔθηκαν ψ 167.

κηρεσσιφόρητος [κήρεσσι, dat. pl. of κήρ + φορέω]. Borne on (to doom) by the κῆρες Θ 527.

κηρόθι [κῆρ + -θι]. In the heart, heartily. Always in phrase κηρόθι μᾶλλον, right heartily, from the bottom of one's heart (see μᾶλλον (3)) : (ἐ)χολώσατο Φ 136 : ι 480, ρ 458, σ 387, χ 224, φίλει με ο 370. Cf. I 300 : ε 284, λ 208.

κηρός, -οῦ, ὁ. Bees-wax μ 48, 173, 175, 199.

κῆρυξ, -υκος, ὁ. One of a class of attendants on kings or chiefs found sometimes discharging the general duties of a θεράπων (1) (Β 184, Δ 198, I 174, Μ 342, 351, Σ 558, Ψ 39, 897, Ω 149, 178,

282, 352, 674, 689 ; and *passim* in the Odyssey (in A 321 : σ 424 κῆρυξ and θεράπων conjoined)), or executing a special commission (A 391), and sometimes discharging public functions (τ 135) (in this capacity regarded as being under the special protection of Zeus (Δ 192, K 315), and thus as affording a measure of protection by their presence (ι 90, κ 59, 102)), *i.e.* delivering formal messages (A 334, H 274, 384), making proclamations or announcements (Θ 517, Λ 685, Ψ 39, Ω 577, 701), conducting ceremonials (Γ 116, 245, 248, 268, 274 : ν 276), accompanying formal missions (I 170, 689), superintending the drawing of lots (H 183), regulating combats (H 274, 278), summoning to the field (B 437, 442), summoning to the assembly (B 50, I 10 : β 6, θ 8) or regulating the proceedings at the assembly (B 97, 280, Σ 503, 505, Ψ 567 : β 38) A 321, 334, 391, B 50, 97, 184, 280, 437, 442, Γ 116, 245, 248, 268, 274, Δ 192, 198＝M 351, H 183, 274, 278, 384, Θ 517, I 10, 170, 174, 689, K 315, Λ 685, M 342, P 324 (see κηρύσσω (1)), Σ 503, 505, 558, Ψ 39, 567, 897, Ω 149, 178, 282＝674, 352, 577, 689, 701 : α 109, 143, 146＝γ 338＝φ 270, α 153, β 6, 38, δ 301, 677＝π 412, δ 681, 707, η 163, 178＝ν 49, θ 8, 47, 62＝471, θ 69, 107, 256, 261, 399＝σ 291, θ 418, 474, 477, 482, ι 90＝κ 102, κ 59, ν 64, π 252, 328, 333, 336, 469, ρ 173, 334, σ 424, τ 135, 244, υ 276, χ 357.

κηρύσσω [κῆρυξ]. (1) To discharge the various duties of a κῆρυξ : ὃς κηρύσσων γήρασκεν P 325. —(2) To summon to the assembly : ἀγορήνδε Ἀχαιούς B 51 :＝β 7.—Absol. B 52 :＝β 8.—(3) To summon to the field : πόλεμόνδ' Ἀχαιούς B 443. Cf. B 438.—Absol. B 444.

κῆται, 3 sing. subj. κεῖμαι.

κῆτος, τό [καϜ-. Cf. L. *cavus* and κοῖλος. Orig. sense 'gulf']. A sea-monster : ὄφρα τὸ κῆτος ὑπεκπροφυγὼν ἀλέαιτο Υ 147. Cf. N 27 : ε 421, μ 97.—Applied to seals δ 443, 446, 452.

κητώεις, -εσσα [κῆτος]. Lying among rifted hills. Epithet of Lacedaemon B 581 : δ 1.

κηώδης [*κῆϜος, incense, fr. κηϜ-, καίω＋ὀδ-, ὄζω]. Fragrant, sweet-smelling Z 483.

κηώεις, -εντος [*κῆϜος. See prec.]. ＝prec. Γ 382, Z 288, Ω 191 :＝ο 99.

κίδνημι [(σ)κιδ-, (σ)κεδ-. ＝κεδάννυμι]. (ἐπι-.) In pass., of the dawn, to be spread or shed : ἠὼς ἐκίδνατο πᾶσαν ἐπ' αἶαν Θ 1, Ω 695. Cf. Ψ 227.

κιθαρίζω [κίθαρις]. To play or accompany oneself on the κίθαρις Σ 570.

κίθαρις, ἡ. (1) A lyre (hardly to be distinguished from the φόρμιγξ ; cf. Σ 569 with 570 and α 153 with 155) α 153.—(2) The music of the κίθαρις : κ. τε χοροί τε θ 248. Cf. α 159.—(3) The art of playing the κίθαρις (＝κιθαριστύς) : κ. τά τε δῶρ' Ἀφροδίτης Γ 54. Cf. N 731.

κιθαριστύς, ἡ [κιθαρίζω]. The art of playing the κίθαρις : ἐκλέλαθον κιθαριστύν B 600.

κικλήσκω [with reduplication fr. κλη-, καλέω]. (1) To summon (＝καλέω (1)) : γέροντας B 404. Cf. I 11, Λ 6ː6, P 532, Ψ 221 : χ 397.—In mid.

K 300.—With infin. denoting the purport of the summons : παιδὶ δόμεν θάνατον I 569.—(2) To call by such and such a name, name *so and so* (＝καλέω (3)) : τὸν κορυνήτην ἄνδρες κίκλησκον H 139. Cf. B 813, Ξ 291 : Οὗτίν με κικλήσκουσιν ι 366, νῆσός τις Συρίη κικλήσκεται (there lies an island called . . .) ο 403. Cf. δ 355, σ 6.

κῖκυς, ἡ. Power, vigour λ 393.

κῑνέω [cf. next]. (ἀπο-.) (1) To move, put into motion, impart movement to Π 298 : θ 298. —To shake (the head) : κινήσας κάρη P 200, 442 :＝ε 285＝376. Cf. ρ 465＝491＝ν 184.—To stir up (persons) to motion, cause (them) to move onwards : ῥάβδῳ ἄγε κινήσας ω 5.—In pass., to move, address oneself to motion : αὐτοῦ κινηθέντος A 47.—(2) To disturb, rouse to action, irritate : σφῆκας Π 264.—To disturb the surface of, ruffle : βαθὺ λήϊον B 147.—To raise (waves) : [κῦμα] B 395, Δ 423.—To rouse from rest, stir up : λὰξ ποδὶ κινήσας K 158 : ο 45.—To shake (a door) in order to attract attention χ 394.— In pass., to be moved or troubled, be put into commotion : κινήθη ἀγορή B 144, 149. Cf. Π 280. —(3) To move from one position to another : [Αἴαντα] τυτθὸν ἀπὸ χθονὸς Ψ 730.

κῑνῡμι [cf. prec.]. (1) In pass., to move, address oneself to motion, get into movement, make a start : ἐς πόλεμον κίνυντο φάλαγγες Δ 281. Cf. Δ 332, 427, K 280 : κινυμένων ἑτάρων κ 556.— (2) To stir, shake up : ἐλαίου κινυμένοιο Ξ 173.

κινυρός, -ή. Uttering a plaintive cry. Of a cow P 5.

κίον, with augment ἔκιον, aor. [κι- as in κινέω, κίνυμι]. (μετεκίαθον.) (1) To go or come, take or make one's way, proceed, be on foot : ἀπάνευθε κιὼν A 35. Cf. A 348, Γ 423, Δ 251, Z 399, I 504, N 658, etc. : ἰθὺς κίε Τηλεμάχοιο β 301. Cf. α 311, γ 168, δ 427, ξ 84, κ 574, κ 125, etc.—Pleonastically : βήτην κιόντε χ 378.—Of mules Ψ 115.— Of ships B 509 : ι 64.—(2) In pple. with a finite vb., to go and . . . (cf. ἄγω (I) (9)) : στῆ παρ' Αἰάντεσσι κιών M 353. Cf. I 511, T 50 : ἀπαγγέλλεσκε κιών (went with messages) σ 7. Cf. θ 254, ρ 508.—(3) To be brought into a specified condition : μή τίς οἱ (μοι) ἀτεμβόμενος κίοι ἴσης (should go without his due) Λ 705 : ι 42＝549.

κίρκος, -ου, ὁ. A bird of the falcon kind ; a falcon or hawk P 757, X 139 : ο 526.—ἴρηξ κ. See ἴρηξ.

κιρνάω [cf. κεράννυμι]. To mix (wine) with water : οἶνον ἐκίρνα η 182＝ν 53, κ 356.

κίρνημι. ＝prec. ξ 78＝π 52, π 14.

κισσύβιον, -ου, τό [κισσός, ivy. App. orig. a vessel of ivy-wood]. (1) A mixing-bowl : ἐν κισσυβίῳ κίρνη οἶνον ξ 78＝π 52.—(2) A drinking-cup ι 346.

κίστη, -ης, ἡ. A box or chest ζ 76.

κιχάνω. Non-thematic pres. subj. κιχείω A 26, Γ 291, Z 228, Λ 367, Σ 114, Υ 454. 1 pl. κιχείομεν Φ 128. 3 sing. opt. κιχείη B 188, I 416 : ρ 476. Pple. κιχείς Π 342. Infin. κιχήμεναι O 274. κιχῆναι π 357. 3 dual impf. κιχήτην K 376. 1 pl.

ἐκίχημεν π 379. 2 sing. thematic impf. (fr. κιχέω) ἐκίχεις ω 284. 3 sing. aor. ἔκιχε γ 169. κίχε Ω 160. 3 pl. κίχον Σ 153. 3 sing. subj. κίχησι μ 122. Pple. κιχών ο 157. **Mid.** Nom. sing. neut. non-thematic pres. pple. κιχήμενον Λ 451. Acc. κιχήμενον E 187. Fut. κιχήσομαι B 258, K 370 : ξ 139. 2 sing. κιχήσεαι δ 546, η 53. 3 κιχήσεται Σ 268. 1 pl. κιχησόμεθα K 126. Infin. κιχήσεσθαι Z 341, Φ 605 : ι 477. 3 sing. aor. κιχήσατο Δ 385, Z 498, K 494, Φ 263, X 226 : ζ 51, τ 400. (1) To come to, reach, find oneself at, a specified place : εἰς ὅ κεν ἄστυ κιχείομεν Φ 128.—(2) To come up to, present oneself to (a person). In mid. : κιχήσαθ' ᾽Έκτορα X 226.—(3) To come up to, reach, get within reach of (a person, etc.) : ὅν κε κιχείω Z 228, Λ 367 = Τ 454. Cf. K 376, O 274, Π 342, Σ 114, 153.—To reach (a person with a weapon). In mid. : δουρὶ σε κιχήσομαι K 370.—To reach, stretch as far as to (a person) : μή σε κίχησι τόσσησιν κεφαλῆσιν μ 122.—To come to or reach (a person) in the course of making a round or of going over a number : ὅν τινα βασιλῆα κιχείη B 188.—In mid. K 494.—(4) To make up upon, overtake, catch up : θέων ἐκίχανεν ἑταίρους P 189. Cf. Ψ 407, 524 : γ 169, π 357.—In mid. Z 341, Φ 263, 605.—Absol., to succeed in one's design : φόνον οἱ ἐράπτομεν οὐδ' ἐκίχημεν π 379.—(5) To come or light upon, fall in with, find (a person) : ἔνθα σφέας ἐκίχανε Μελανθεύς ρ 212.—In mid. : οὐκ ἔτ' ἄλλον ἥπιον ὧδε ἄνακτα κιχήσομαι ξ 139. Cf. η 53.—To come upon or find (a person) in a specified place or condition : μή σε παρὰ νηυσὶ κιχείω A 26, εὔδοντα B 18. Cf. Γ 383, K 150 : εἴ μιν ζωὸν ἐκίχεις (had found him . . .) ω 284. Cf. κ 60, ο 157, 257.—In mid. B 258, Δ 385, Z 498, K 126, Σ 268 : δ 546, ζ 51.—(6) To come upon, find (a state of things) : κίχεν ἐνοπήν τε γόον τε Ω 160.— In mid. τ 400.—(7) To attain (an end) : ἠὸς κε τέλος πολέμοιο κιχείω Γ 291.—(8) Of a missile, to reach its mark : ὅς τούτου (from him) βέλος κιχήμενον ἔτραπεν ἄλλη (on the point of striking) E 187.—(9) Of something immaterial, to come upon, seize : οὐδέ κέ μ' ὦκα τέλος θανάτοιο κιχείη I 416. Cf. ρ 476.—In mid. : ἔμελλέ σε κιχήσεσθαι κακὰ ἔργα (i.e. retribution for them) ι 477. Cf. Λ 451.—(10) To be in the condition of having reached (something), find oneself in a specified position. In mid.: κιχανόμενοι τὰ σὰ γοῦνα (i.e. in supplication) ι 266.—(11) To be in the condition of having overtaken (a person) : ὅτ' ἐκίχανε [Κύπριν] πολὺν καθ' ὅμιλον ὀπάζων (had made up on her) E 334. Cf. θ 329.—(12) To be in the condition of having come upon or fallen in with (a person) : ἐπεί σε πρῶτα κιχάνω τῷδ' ἐνὶ χώρῳ ν 228.—(13) To be in the condition of having come upon or found (a person) in a specified condition : ἐπεί σε θύοντα κιχάνω ο 260.—In mid. Τ 289.—(14) Of bodily states, to have come upon, affect : κιχάνει [μιν] δίψα τε καὶ λιμὸς Τ 165.—Of death, fate, bane P 478 = 672 = X 436, X 303.— In mid. Λ 441.

κίχλη, ἡ. A bird of the thrush kind χ 468.

κίχον, 3 pl. aor. κιχάνω.

κίων, -ονος, ὁ, ἡ. A supporting beam, a pillar or column : ἔγχος ἔστησε πρὸς κίονα α 127 = ρ 29, κίονι κεκλιμένη ζ 307. Cf. θ 66 = 473, τ 38, χ 176, 193, 466, ψ 90, 191.—κίονες μακραί, the pillars supporting the heavens α 53.

κλαγγή, -ῆς, ἡ [κλαγ-, κλάζω]. A sharp piercing sound. The cry of birds : γεράνων Γ 3, 5.—The cry of the shades of the dead likened to that of birds : κλαγγὴ νεκύων ἦν οἰωνῶν ὥς λ 605.—The squealing of swine ξ 412.—The cry or shouting of men : κλαγγῇ ἴσαν Γ 2. Cf. B 100, K 523.— The twang of a bow Δ 49.

κλαγγηδόν [κλαγγή]. Uttering their cry. Of birds : κλαγγηδὸν προκαθιζόντων B 463.

†κλάζω. Nom. dual pres. pple. κλάζοντε Π 429. 3 pl. aor. ἔκλαγξαν Α 46. Pple. κλάγξας, -αντος K 276, M 207. Pf. pple. κεκληγώς Λ 168, P 88 : μ 408. Thematic pf. pple. (in pres. sense) κεκλήγων (v.l. κεκληγώς) B 222, E 591, Λ 344, N 755. Nom. pl. κεκλήγοντες (v.l. κεκληγῶτες) M 125, Π 430, P 756, 759 : ξ 30. Acc. κεκλήγοντας (v.l. κεκληγῶτας) μ 256. To utter or emit a sharp piercing sound. (1) Of the cry of birds : αἰετὸς κλάγξας πέτετο M 207. Cf. K 276, Π 429, P 756.—(2) Of the barking of dogs ξ 30.—(3) Of the cry or shouting of men : ὥς οἱ κεκλήγοντες ὄρουσαν Π 430. Cf. B 222, E 591 = Λ 344, Λ 168, M 125, N 755, P 88, 759 : κατῆσθιε κεκλήγοντας μ 256.—(4) Of the singing of a high wind : ἦλθε κεκληγὼς Ζέφυρος μ 408.—(5) Of the rattling of arrows striking against each other Α 46.

κλαίω [κλαϜ-]. Dat. pl. masc. pple. κλαιόντεσσι μ 311. 3 sing. pa. iterative κλαίεσκε Θ 364. 3 sing. aor. κλαῦσε γ 261, ω 293. Pple. κλαύσας Ω 48. Fut. in mid. form κλαύσομαι X 87. 3 pl. -ονται Σ 340, Τ 210. (μετα-.) (1) To weep, wail, make lament : τί κλαίεις ; Α 362, κλαίοντά [σ'] ἀφήσω (in pitiable plight) B 263. Cf. Γ 176, H 427, Λ 136, P 427, Τ 5, X 427, Ψ 252, etc. : μηκέτι κλαῖε δ 544. Cf. β 376, δ 184, 541, θ 523, ι 98, κ 241, τ 541, etc. —To lift up one's voice in distress : κλαίεσκε πρὸς οὐρανὸν Θ 364.—(2) To lament, bewail : σφῶν αὐτῶν κήδεα Τ 301. Cf. Ω 85 : ψ 352.—To bewail (oneself) : κλαίω ἔμ' ἄμμορον Ω 773.—(3) To mourn the loss of, weep for, lament (a person) : ἁμπόν σε κλαίω τεθηγόρα Τ 300, ἑὸν πατέρα (fearing or anticipating the loss of him) Ω 511. Cf. Τ 301, Τ 210, Ω 773 : 'Οδυσῆα, φίλον πόσιν α 363 = π 450 = τ 603 = φ 357. Cf. δ 196, μ 309, τ 209.—(4) To pay dues of mourning or lament to : παῖδά κε κλαίοισθα Ω 619. Cf. X 87, Ψ 9 : οὐδέ κέ τίς μιν κλαῦσεν 'Αχαιϊάδων γ 261. Cf. ω 64, 293.

κλάσε, 3 sing. aor. κλάω.

κλαυθμός, -οῦ, ὁ [κλαϜ-, κλαυ-, κλαίω]. Weeping, wailing, lamentation : ἔπειτα ἄσεσθε κλαυθμοῖο Ω 717. Cf. δ 212, 801, ρ 8, φ 228, χ 501, ω 323.

†κλάω. 3 sing. aor. κλάσε ζ 128. 3 sing. aor. pass. ἐκλάσθη Λ 584. (δια-, ἐνι-, κατα-.) (1) To break, break off short : ἐκλάσθη δόναξ Λ 584.— (2) To break off : ἐξ ὕλης πτόρθον κλάσεν ζ 128.

κληηδών, -όνος, ἡ [κλέω]. Also **κληηδών** δ 317.

(1) News, tidings : εἴ τινά μοι κληηδόνα πατρὸς ἐνίσποις δ 317.—(2) An omen or presage, something said which bears a significance of which the speaker is unconscious, a speech that serves as an omen (=φήμη) : χαῖρε κλεηδόνι σ 117, υ 120.

κλειτός, -ή, -όν [κλείω]. (1) Famous, renowned. Epithet of the Ithacan chiefs : μετὰ κλειτοὺς βασιλῆας ζ 54.—Of the Trojan allies : Τρώων κλειτῶν τ' ἐπικούρων Γ 451, P 14. Cf. Z 227, Λ 220, P 212, Σ 229.—Of auxiliaries in gen. Δ 379. —Of a place : Πανοπῆϊ P 307.—(2) Of sacrifices, goodly, befitting the occasion Δ 102 = 120 = Ψ 864 = 873, H 450 = M 6.

κλείω [κλεϜέω, fr. κλέ(Ϝ)ος]. Also κλέω. Fut. κλείω ρ 418. 2 sing. impf. pass. ἔκλεο (for ἐκλέεο) Ω 202. (ἐπι-.) To tell of, sing of, celebrate : ἔργα, τὰ κλείουσιν ἀοιδοί a 338. Cf. ρ 418.—In pass., to be famed or celebrated : ἧς ἔκλε' ἐπ' ἀνθρώπους (for which) Ω 202. Cf. ν 299.

κλέος, τό (κλέϜος). Acc. pl. κλέα (for κλέεα) I 189, 524 : θ 73. (1) A report or rumour : πεύθετο μέγα κ., οὔνεκα . . . Λ 21, μετὰ κ. ἵκετ' Ἀχαιῶν (following up the rumour of the expedition) 227. Cf. N 364 : ψ 137.—With an admixture of sense (2) : σεῖο μέγα κ. αἰὲν ἄκουον, χεῖρας αἰχμητὴν ἔμεναι π 241. Cf. Θ 192 : σ 126. — Report, rumour, tidings : τί κ. ἔστ' ἀνὰ ἄστυ; π 461. Cf. a 283 = β 217, γ 83, ν 415.—As opposed to knowledge or certainty : κ. οἷον ἀκούομεν οὐδέ τι ἴδμεν Β 486.— (2) Good report or repute, fame, glory, honour (sometimes with ἐσθλόν) : ἵνα κ. ἐσθλὸν ἄροιτο Σ 23, τὸ δ' ἐμὸν κ. οὔ ποτ' ὀλεῖται H 91. Cf. Z 446, I 413, K 212, P 16, Σ 121, etc.: παιδὶ κε μέγα κ. ἤραο α 240. Cf. α 95, β 125, γ 204, η 333, ι 20, σ 255, ω 94, etc.—High reputation for skill in something : ποῦ τοι τόξον καὶ κ. ; E 172.—In pl., famous deeds, high achievements, notable conduct : κλέα ἀνδρῶν I 189, 524 : θ 73.—(3) In reference to things, fame, celebrity : τεῖχος, τοῦ κ. ἔσται ὅσον τ' ἐπικίδναται ἠώς H 451. Cf. B 325 : θ 74. — (4) Something that brings fame or honour or confers distinction : τῷ μὲν κ. ἄμμι δὲ πένθος Δ 197 = 207, τοῖον κ. ἀπώλεσαν ἡνίοχοι (glory of, consisting in, a . . .) Ψ 280. Cf. P 131, 232, X 514 : δ 584.

κλέπτης, ὁ [κλέπτω]. A thief Γ 11.

κλεπτοσύνη, -ης, ἡ [κλέπτω]. Unscrupulous dealing, sharp practice τ 396.

κλέπτω. 3 sing. aor, ἔκλεψε E 268, Ξ 217. Infin. κλέψαι Ω 24, 71, 109. (ἐκ-, ὑποκλοπέομαι.) (1) To take away by stealth, filch, purloin : τῆς γενεῆς ἔκλεψεν Ἀγχίσης (filched (a strain) from that . .ʽ.) E 268, κλέψαι [Ἕκτορα (i.e. his corpse)] ὀτρύνεσκον Ἀργειφόντην Ω 24. Cf. Ω 71, 109.— (2) To cozen, beguile, lead astray : μὴ κλέπτε νόῳ A 132. Cf. Ξ 217.

κλέω. See κλείω.

κλήδην [κλη-, καλέω]. By name : κλήδην εἰς ἀγορὴν κικλήσκειν ἄνδρα ἕκαστον I 11.

κληηδών. See κλεηδών.

κλήθρη, ἡ. The alder ε 64, 239.

κληΐς, -ῖδος, ἡ[κληΐω]. Dat. pl. κληΐδεσσι(ῑ) μ 215. κληῗσι Π 170, Ω 318: β 419, ι 103, ο 221, etc.

(1) A bar or bolt securing a gate or door within : θύρας σταθμοῖσιν ἐπῆρσε κληῗδι κρυπτῇ Ξ 168. Cf. Ω 318, 455 (here app. identical with the ἐπιβλής of 453) : ἐπὶ κληῗδ' ἐτάνυσσεν ἱμάντι a 442, σταθμοῖο παρὰ κληῗδα λιάσθη (i.e. through the slit for the ἱμάς) δ 838. Cf. δ 802, φ 241.—App., a pin securing the ὀχῆες of a gate at their point of intersection M 456 (see ἐπημοιβός (2)).—(2) An instrument for pushing back from without the bar or bolt of a door : οἴξασα κληῗδι θύρας Z 89 : ἐν κληῗδ' ἧκεν (i.e. into an aperture made for the purpose) φ 47. Cf. φ 6, 50.—(3) In pl., rowlocks or thole-pins (to which the oars were secured by the τροποί) ; also explained as oarsmen's benches (as passing from side to side of, and stiffening, the framework of a ship=ζυγά. See ζυγόν (2)) ; but θ 37 cited below seems to be decisive against this : πεντήκοντ' ἔσαν ἄνδρες ἐπὶ κληΐσιν ἑταῖροι Π 170 : δησάμενοι δ' εὖ πάντες ἐπὶ κληῗσιν ἐρετμὰ ἔκβητε θ 37. Cf. β 419 = δ 579, ι 103 = 179 = 471 = 563 = λ 638 = μ 146 = ο 549, μ 215, ν 76, ο 221.—(4) The collar-bone (as joining the breast and neck) : τὸν ἕτερον κληῗδα παρ' ὦμον πλῆξεν E 146. Cf. E 579, Θ 325, P 309, Φ 117, X 324 (in pl.).—(5) A tube or sheath to receive a pin of a περόνη : περόναι κληῗσιν ἀραρυῖαι σ 294 (= the αὐλοῖσιν of τ 227 : see αὐλός (4)).

κληϊστός, -ή, -όν [κληΐω]. That can be secured, fitted with a bar or bolt : σανίδες β 344.

†κληΐω. 3 sing. aor. ἐκλήϊσε ω 166. κλήϊσε τ 30, φ 387, 389. Infin. κληῗσαι φ 236, 241, 382. (1) To secure (a gate or door) τ 30=φ 387, φ 236 = 382, φ 241, 389.—(2) To put to or secure (a bar or bolt) : ἐκλήϊσεν ὀχῆας ω 166.

κλῆρος, -ου, ὁ. (1) An object used in an appeal to the divine agency supposed to be concerned in the results of chance, a lot : κλήρους ἐν κυνέῃ πάλλον Γ 316. Cf. Γ 325, H 175, 182, 189, 191, Ψ 352, 353, 861 : ἐπὶ κλήρους ἐβάλλοντο ξ 209. Cf. κ 206, 207.—(2) Such an object viewed abstractedly, the lot : κλήρῳ πεπάλασθε H 171. Cf. ι 331.— Decision by lots, the lot : πρῶτος κλήρῳ λάχεν Ψ 862. Cf. Ω 400.—(3) A piece of land that has fallen to one's lot, a piece of land allotted to one : οἰκόν τε κλῆρόν τε ξ 64. Cf. O 498.

κλητός [κλη-, καλέω]. (1) Invited, made welcome ρ 386.—(2) Absol. in pl., men called or chosen for a mission : κλητοὺς ὀτρύνομεν, οἵ κε . . . I 165.

κλιθῆναι, aor. infin. pass. κλίνω.

κλῖμαξ, -ακος, ἡ [κλίνω]. A ladder or staircase : κλίμακα κατεβήσετο οἷο δόμοιο a 330. Cf. κ 558 =λ 63, φ 5.

κλίνθη, 3 sing. aor. pass. κλίνω.

κλιντήρ, -ῆρος, ὁ [κλίνω]. App. = κλισμός : λύθεν οἱ ἅψεα πάντα αὐτοῦ ἐνὶ κλιντῆρι (as she sat) σ 190.

κλίνω. 3 sing. aor. ἔκλῑνε Ξ 510 : χ 121. κλῖνε Ψ 510. 3 pl. ἔκλῑναν E 37, Θ 435 : δ 42. κλῖναν ι 59. 3 sing. subj. κλίνῃσι τ 556. Pple. κλίνας φ 137, 164. Pl. κλίναντες Λ 593, N 488, X 4. Fem. sing. κλίνᾱσα Γ 427. Aor. pple. mid. κλῑνάμενος ρ 340. 3 sing. aor. pass. ἐκλίνθη Γ 360, Z 468, H 254, N 543 : χ 17. κλίνθη Ψ 232.

ἐκλίθη τ 470. 3 dual κλινθήτην Κ 350. Infin. κλινθῆναι Ψ 335. κλιθῆναι α 366, σ 213. 3 pl. pf. κεκλίαται Π 68 : δ 608. Pple. κεκλιμένος, -η Γ 135, Ε 709, Λ 371, Ο 740, Φ 18, 549, Χ 3 : ζ 307, λ 194, ν 235, ρ 97. 3 sing. plupf. ἐκέκλιτο Ε 356. κέκλιτο Κ 472. (ἀνα-, ἀπο-, ἐγ-, ἐπι-, κατα-, μετα-, παρα-, προσ-, ὑπο-.) (1) To turn (the eyes): ὅσσε πάλιν κλίνασα Γ 427.—(2) To cause (a foe) to give way, put (him) to flight : Τρῶας ἔκλιναν Δαναοί Ε 37. Cf. ι 59.—(3) To turn the fortune of (a battle): ἐπεί ῥ' ἔκλινε μάχην ἐννοσίγαιος Ξ 510.—To cause (the balance) to incline or turn. Fig. of deciding a battle : ἐπὴν κλίνῃσι τάλαντα Ζεύς Τ 223.—(4) To cause to lean, set, support (against something): σάκε' ὤμοισι κλίναντες (i.e. so holding the shields that the lower edges touched or nearly touched the ground and the upper rested against the shoulders) Λ 593 = Ν 488, Χ 4, κλῖνε μάστιγα ποτὶ ζυγόν Ψ 510. Cf. Ψ 171, Θ 435 := δ 42, φ 137 = 164, χ 121.—In mid., to lean or support oneself (against something): κλινάμενος σταθμῷ ρ 340.—(5) In pass., to incline oneself or lean in a specified direction : κλινθῆναι ἐπ' ἀριστερά Ψ 335.—To incline oneself aside, bend or turn aside or away : ἐκλίνθη καὶ ἀλεύατο κῆρα Γ 360 = Η 254. Cf. Ζ 468.—Sim. to a part of the body : ἐκλίνθη ἑτέρωσε κάρη Ν 543.—To move or go aside : παρὲξ ὁδοῦ κλινθήτην Κ 350.—(6) In pass., to lay oneself down, sink down : κλίνθη κεκμηώς Ψ 232.—To lay oneself down, couch : παραὶ λεχέεσσι κλιθῆναι (παραί advbl.) α 366 = σ 213.—To lie back, recline : κλισμῷ κεκλιμένη ρ 97.—To fall from an upright position, come down : ἐκλίνθη ἑτέρωσε χ 17.—(7) In pass., to lean or support oneself (upon or against something): ἀσπίσι κεκλιμένοι Γ 135. Cf. Λ 371, Φ 549, Χ 3 : κίονι κεκλιμένη (i.e. her seat resting against it) ζ 307.—Of things, to lean or be supported (against something): ἤέρι δ' ἔγχος ἐκέκλιτο (was leaning) Ε 356. Cf. Φ 18.—To lie, be placed, be : ἐντεά σφι χθονὶ κέκλιτο Κ 472.—To lie, be shed or strewn : φύλλων κεκλιμένων λ 194.—To be turned over or upset : ἐκλίθη [λέβης] τ 470.—(8) In pass., of places, to slope (towards the sea), lie (on the shore of the sea): νήσων, αἵ θ' ἁλὶ κεκλίαται δ 608. Cf. Π 235.—Sim. of a person dwelling or being on the shore of a lake or of the sea : λίμνῃ κεκλιμένος Κηφισίδι Ε 709, ἐν Τρώων πεδίῳ πόντῳ κεκλιμένοι (i.e. having no other support or base) Ο 740. Cf. Π 68.

κλισίη, -ης, ἡ [κλίνω. 'A place for lying down'] Locative κλισίηφι Ν 168. A hut or cabin. (1) Of the huts erected by the Greeks on the Trojan shore beside the drawn-up ships : κατὰ κλισίας τε νέας τε Α 487. Cf. Α 322, Β 9, Θ 220, Λ 618, Μ 155, Ν 144, Ξ 392, Ο 409, Ψ 112, Ω 122, etc. : δ 255, θ 501.—In pl. of a group of huts appropriated to a particular chief: πλεῖαί τοι χαλκοῦ κλισίαι [εἰσίν] Β 226. Cf. Α 306, Θ 224 = Λ 7, Ι 71, Τ 263, etc.—And even, app., of a single such hut Η 313 = Ι 669, Ι 263, Λ 834, Μ 1, Ν 253, 256, Ο 478, Τ 141, 179, Ψ 254, 810.—(2) Of a herdsman's

hut : σταθμούς τε κλισίας τε Σ 589.—Of the hut of Eumaeus ξ 194, 404, 408, ο 301 = π 1, ο 398, π 159, 178, ρ 516.—(3) App. = κλισμός : τῇ κλισίην ἔθηκεν δ 123. Cf. τ 55.

κλισίηθεν [κλισίη + -θεν (1)]. From one's hut : τὴν κλισίηθεν ἔβαν ἄγοντες Α 391, 'Αχιλῆος κλισίηθεν ἀπούρας (from his hut) Ι 107. Cf. Μ 336, Ν 296, Τ 288, Ψ 564.—In reference to hearing : κλισίηθεν ἀκούσας Λ 603.

κλισίηνδε [acc. of κλισίη + -δε (1)]. To one's hut : ἔβαν κλισίηνδε ἔκαστος Ι 712. Cf. Α 185, Κ 148, Ν 294, Ψ 58, 275, 662 : ξ 45, 48.

κλίσιον, τό [as κλισίη]. App., outbuildings about a house : ἔνθα οἱ οἶκος ἔην, περὶ δὲ κλίσιον θέε πάντῃ ω 208.

κλισμός, -οῦ, ὁ [κλίνω]. A seat on which one can recline, an easy chair : εἷσεν ἐν κλισμοῖσιν Ι 200. Cf. Θ 436, Λ 623, Ω 597 : ἕζοντο κατὰ κλισμούς τε θρόνους τε (the two words hardly to be distinguished) α 145 = γ 389 = ω 385. Cf. α 132, δ 136, κ 233, ο 134, ρ 86 = 179 = υ 249, ρ 90, 97.

κλιτύς, ἡ [κλίνω]. Acc. pl. κλιτῦς Π 390. A slope, a hill-side : πολλὰς κλιτῦς ἀποτμήγουσι χαράδραι Π 390 : ἐς κλιτὺν ἀναβάς (to higher ground) ε 470.

κλονέω [κλόνος]. (συγ-, ὑπο-.) (1) To drive (foes) in confusion, strike (them) with panic, throw (them) into disorder or disorderly flight : φάλαγγας Ε 96. Cf. Λ 496, 526, Ξ 14 = Ο 7, Φ 533.—Of beasts of prey attacking a herd or flock Ο 324.—Of wind driving flame : πάντῃ κλονέων ἄνεμος φλόγα εἰλυφάζει Υ 492.—Of winds driving clouds Ψ 213.—To strike (a person) with panic, put (him) to headlong flight : Έκτορα κλονέων ἔφεπεν Χ 188.—(2) In pass., to be driven in confusion, be in confusion, be panic-stricken, be in disorder or disorderly flight : ὅθι πλεῖστοι κλονέοντο Ε 8, Π 285. Cf. Ε 93, Λ 148, Ξ 59, Ο 448, Σ 7, Φ 528, 554.—To get oneself entangled or impeded : μηδὲ κλονέεσθαι ὁμίλῳ Δ 302.

κλόνος, -ου, ὁ. (1) Confusion, panic, disorder : ἐν κλόνῳ ᾿Αργείοισιν ἧκεν Π 729.—(2) A confused or agitated throng, the press of battle : ἰόντα κατὰ κλόνον Π 789. Cf. Ε 167, Π 331, 713, Υ 319, Φ 422.

κλόπιος [κλοπ-, κλέπτω]. Artful, guileful : μύθων ν 295.

κλοτοπεύω. App., to talk idly, chatter, or the like : οὐ χρὴ κλοτοπεύειν Τ 149.

κλύδων, ὁ [κλυδ-, κλύζω]. The surge of the sea : ὄφρ' ἀπὸ τοίχων λῦσε κ. τρόπιος μ 421.

†**κλύζω.** 3 pl. pa. iterative κλύζεσκον Ψ 61. 3 sing. aor. pass. ἐκλύσθη Ξ 392 : ι 484, 541. (1) Of waves, to wash up, break Ψ 61.—(2) In pass., of the sea, to wash up, rise or surge up : ἐκλύσθη θάλασσα ποτὶ κλισίας τε νέας τε Ξ 392. Cf. ι 484 = 541.

κλύον, with augment ἔκλυον, aor. Imp. κλῦθι Α 37, 451, Ε 115, Κ 278, Π 514, Ψ 770 : β 262, γ 55, δ 762, ε 445, ζ 324, ι 528. Pl. κλῦτε Β 56, Σ 52 : δ 722, ζ 239, ξ 495, ο 172. Pf. imp. κέκλυθι Κ 284 : ξ 462, ο 307. Pl. κέκλυτε Γ 86, 97, 304,

456, Η 67, 348, 368, Θ 5, 497, Ρ 220, Τ 101 : β 25, η 186, κ 189, ρ 370, σ 43, φ 68, ω 443, etc. (ἐπι-.) (1) To hear. With acc. of what is heard: Εκτορος αὐδήν Ν 757. Cf. Δ 455, Ο 270 : β 297.— With genit. : ἐκυρῆς ὀπός Χ 451. Cf. Π 76 : δ 831, κ 311.—With genit. of person heard : τοῦ μεγάλ᾽ ἔκλυεν αὐδήσαντος δ 505.—(2) To learn by hearing, hear : ἀγγελίην τινά Π 13 : β 30, 42. Cf. ξ 89, τ 93.—Without expressed object : μάλιστα δέ τ᾽ ἔκλυον αὐτοί (app., their happiness comes home to themselves most of all) ζ 185 (cf. Ν 734).— With genit. of person from whom a thing is heard and infin.: οὐδ᾽ ἔκλυον αὐδήσαντος ἀνδρ᾽ ἕνα τοσσάδε μητίσασθαι Κ 47.—(3) To listen, hearken, give ear: κλῦτε, φίλοι (hearken to me) Β 56. Cf. Ρ 220, Σ 52 : δ 722, η 186 = θ 26 = 97 = 387 = 536, ξ 462 = ο 307, ξ 495.—With genit. of person : κέκλυτέ μευ Γ 86, 456, Θ 5, etc. Cf. Γ 97 : κλῦτέ μευ ζ 239, ο 172. Cf. β 25, σ 43, φ 68, ω 443, etc.—With genit. of what is listened to : κέκλυτέ μευ μύθων (my words) κ 189 = μ 271 = 340. Cf. κ 481.— (4) To listen to in sense of yielding or obeying. With genit. of person : τοῦ μάλα κλύον ἠδ᾽ ἐπίθοντο Η 379. Cf. Ι 79, etc. : ἔκλυον αὐδησάσης γ 337, Cf. γ 477, etc.—With a request in acc. : ἐμὸν ἔπος ἔκλυες Ξ 234.—(5) Of a divine power, to lend a favourable ear to one's prayer: κλῦθι, ἄναξ Π 514. Cf. Ψ 770 : γ 55, ε 445, ι 528.—With genit. of the person praying : κλῦθί μευ, ἀργυρότοξε Α 37. Cf. Α 43, 218, 453, Ε 115, Ι 509, Κ 284, Ν 303, etc. : τοῦ ἔκλυεν 'Αθήνη γ 385 = ζ 328. Cf. δ 762 = ζ 324, ι 536, υ 102.— With dat. : κλῦθί μοι β 262. Cf. Ω 335.—With the prayer in acc. : ἐμὸν ἔπος ἔκλυες εὐξαμένοιο Π 236.—In genit. : θεά οἱ ἔκλυεν ἀρῆς δ 767.

κλυτοεργός [κλυτός + ἔργω²]. Famed for his handiwork. Epithet of Hephaestus θ 345.

κλυτόπωλος [κλυτός + πῶλος]. With splendid foals. Epithet of Hades Ε 654 = Λ 445, Π 625.

κλυτός, -όν [κλύον. 'Heard of']. (1) Famed, famous, renowned. Epithet of persons : πατέρα α 300 = γ 198 = 308, ζ 36.—With proper names : Ἱπποδάμεια Β 742, 'Αχιλλεύς Τ 320. Cf. Ω 789 : ε 422, κ 114, λ 310, ω 409.—With the name of a place : "Αργος Ω 437.—Epithet of Poseidon Θ 440, Ι 362, Ξ 135, 510, Ο 173, 184 : ε 423, ζ 326, ι 518. —Of Hephaestus Σ 614.—In the most general and undefined sense : κλυτὰ φῦλ᾽ ἀνθρώπων Ξ 361 : κλυτὰ ἔθνεα νεκρῶν κ 526.—(2) Famed for his skill, skilful : τέκτων Ψ 712.—With dat. indicating that in which one excels : Πηλεγόνα κλυτὸν ἔγχεϊ Φ 159.—(3) Epithet of things, goodly, fine, excellent, splendid, noble, or the like : δώματα Β 854, τεύχεα Ε 435, τείχεα Φ 295, δῶρα Ω 458, etc. : δώματα ε 381, εἵματα ζ 58, ἄλσος 321, δῶρα θ 417, λιμένα κ 87, τεύχεα μ 228, ἔργα υ 72, etc.— Applied to animals: μῆλα ι 308.—To one's 'lordly name' : ὄνομα ι 364, τ 183.

κλυτοτέχνης [κλυτός + τέχνη]. Famed for his art. Epithet of Hephaestus Α 571, Σ 143 ; 391 : θ 286.

κλυτότοξος [κλυτός + τόξον]. Famed for the

bow. Epithet of Apollo Δ 101, 119, Ο 55 : ρ 494, φ 267.

Κλῶθες, αἱ [κλώθω, to spin]. (ἐπικλώθω.) The Spinners, figured as agents of αἶσα and as spinning the thread of men's destinies : πείσεται ἄσσα οἱ αἶσα κατὰ Κλῶθές τε γεινομένῳ νήσαντο λίνῳ (κατά advbl., 'against him,' 'for him') η 197.

κλωμακόεις, -εσσα. Explained as rugged, hilly. Epithet of a place : 'Ιθώμην Β 729.

†κνάω. 3 sing. non-thematic impf. κνῆ. To reduce to small particles, grate : τυρόν Λ 639.

κνέφας, -αος, τό. The evening dusk, the shades of night : ἐπὶ κ. ἦλθεν Α 475. Cf. Β 413, Θ 500, Λ 194 = 209 = Ρ 455, Ω 351 : γ 329 = ε 225, ι 168 = 558 = κ 185 = 478 = μ 31 = τ 426, σ 370.

κνῆ, 3 sing. non-thematic impf. κνάω.

κνήμη, -ης, ἡ. The lower leg : κνημῖδας περὶ κνήμῃσιν ἔθηκεν Γ 330 = Λ 17 = Π 131 = Τ 369. Cf. Δ 147, 519, Κ 573, Ν 71, Ξ 468, Ρ 386, Σ 411 = Τ 37, Φ 591 : μηρούς τε κνήμας τε θ 135. Cf. τ 469, ω 228.

κνημίς, -ῖδος, ἡ [κνήμη]. (1) A gaiter or legging, doubtless of leather or stuff (in Σ 613, Φ 592 tin being used as the most pliable metal) worn by warriors on the lower leg as a protection against chafing by the edge of the shield : κνημῖδας περὶ κνήμῃσιν ἔθηκεν Γ 330 = Λ 17 = Π 131 = Τ 369. Cf. Σ 459, 613, Φ 592.—(2) A gaiter or legging worn in agricultural work : περὶ κνήμῃσι βοείας κνημῖδας δέδετο ω 229.

κνημός, -οῦ, ὁ [app. conn. with κνήμη]. A spur or projecting lower part of a mountain : "Ιδης ἐν κνημοῖσιν Β 821, Λ 105, Φ 449. Cf. Φ 559, Ψ 117 : δ 337 = ρ 128.

κνηστις, ἡ [κνη-, κνάω]. Dat. κνήστῑ (no doubt for κνήστϊ). An instrument for grating, a grater : κνῆ τυρὸν κνήστι χαλκείῃ Λ 640.

κνίση, -ης, ἡ. (1) Fat : κνίσην μελδόμενος σιάλοιο Φ 363. Cf. σ 45, 119, υ 26.—(2) The fat of burnt sacrifice : μηρούς κατὰ κνίσῃ ἐκάλυψαν Α 460 = Β 423 : = μ 360, γ 457.—(3) The savour of burning or roasting flesh : κνίση οὐρανὸν ἷκεν Α 317. Cf. Α 66, Δ 49 = Ω 70, Θ 549, Ι 500 : α 369, ρ 270.

κνισήεις [κνίση]. Neut. κνισῆεν. Full of the savour of roasting meat : δῶμα κ 10.

κνυζηθμός, -οῦ, ὁ [κνυζάομαι, to whine]. A whining or whimpering : κνυζηθμῷ (κύνες) φόβηθεν π 163.

κνυζόω. To disfigure, mar ν 401, 433.

κνώδαλον, τό. A wild beast ρ 317.

κνώσσω. To sleep, slumber δ 809.

κοῖλος, -η, -ον (κόϜιλος. Cf. L. cavus and κῆτος). (1) Having a cavity inside, hollow : δόμον (a nest of wasps or bees) Μ 169 : λόχον (i.e. the Trojan horse) δ 277, θ 515, δόρυ (the same) θ 507, φαρέτρης φ 417.—Of caves μ 84, 93, 317.—(2) Showing a cavity or cleft, fissured : πέτρην Φ 494.—Formed with a cavity into which something is to fit: μεσόδμης β 424 = ο 289.—(3) Fashioned in concave form, hollow. Epithet of ships Α 26, Ε 791, Η 78, Θ 98, Κ 525, etc.: α 211, β 18, γ 344, δ 817, κ 447, ο 420, etc.—Joined with ἐΐση λ 508.—With κοιμάω   232   κομιδή

μέλαινα γ 365, δ 731, κ 272.—(4) Depressed below the surrounding surface, forming a depression, sunken: χαράδρης Δ 454, ὁδοῦ Ψ 419.—Of a grave: κάπετον Ω 797.—Epithet of a place, lying in a hollow, low-lying: Λακεδαίμονα Β 581: δ 1.— (5) Concave as viewed in section from the opening, forming an indentation or bay: λιμένος κ 92, αἰγιαλόν χ 385.

κοιμάω [cf. κεῖμαι]. (κατα-.) (1) To cause to sleep, lull to sleep: εἴς μ' ἄτην κοιμήσατε ὕπνῳ μ 372. —To furnish with the means of sleeping, entertain for the night: τὸν αὐτοῦ κοίμησεν γ 397.—Of a beast, to lay (its young) to rest δ 336 = ρ 127.— To cause (the eyes) to close in sleep: κοίμησόν μοι Ζηνὸς ὄσσε Ξ 236.—To hush or still (winds or waves) Μ 281: μ 169.—To still or allay (pangs): κοίμησον ὀδύνας Π 524.—(2) In mid. and pass., to take one's rest, be laid or retire to rest, lie down to sleep: κοιμήσαντο παρὰ πρυμνήσια νηός Α 476. Cf. Α 610, Ζ 246, 250, Η 482, Ι 705, 713, Ω 636, 673: ἀσπαστὸν ἐείσατο κοιμηθῆναι η 343. Cf. δ 295, ζ 16, κ 479, μ 32, ξ 523, τ 49, υ 4, etc.—Of animals: σύας ἔρξαν κοιμηθῆναι ξ 411.—To go to sleep (when one ought to be awake): μὴ φύλακες κοιμήσωνται Κ 99.—Of the sleep of death: κοιμήσατο χάλκεον ὕπνον Λ 241.—Not implying resting: τίς κ' εἰναλίῳ παρὰ κήτεϊ κοιμηθείη; (i.e. lie in ambush) δ 443. —Connoting sexual intercourse: τῇ ἀσπαστὸν ἐείσατο κοιμηθῆναι θ 295.

κοιρανέω [κοίρανος]. (1) To act as leader or chief, play the leader or chief: κοιρανέων δίεπε στρατόν Β 207. Cf. Δ 230, 250, Ε 332, 824.— (2) To be chief, rule, bear rule, hold sway: Λυκίην κάτα Μ 318: Ἰθάκην κάτα α 247 = π 124, ο 510, φ 346.—To lord it, play the master: μνηστῆρας, οἳ ἐνθάδε κοιρανέουσιν υ 234. Cf. ν 377.

κοίρανος, -ου, ὁ. A leader or chief: εἷς κοίρανος ἔστω Β 204. Cf. Β 487, 760, Η 234 = Ι 644 = Λ 465, Θ 281.—In sarcasm of Irus: ξεῖνον καὶ πτωχῶν κοίρανος σ 106.

κοίτη, -ης, ἡ [= next]. A resting-place, a bed or couch: ἀεικελίῳ ἐνὶ κοίτῃ ἄεσα τ 341.

κοῖτος, -ου, ὁ [cf. κεῖμαι, κοιμάω]. (1) A resting-place. In reference to birds χ 470.—(2) Taking of rest, rest, sleep: ὄφρα κοίτοιο μεδώμεθα γ 334. Cf. β 358, η 138, ξ 455, 525, π 481, τ 510, υ 138. (3) Desire for rest, sleepiness: ἐπεὶ ἕλησι κ. ἅπαντας τ 515.

κολεόν. See κουλεόν.

κολλήεις, -εντος [κόλλα, glue. Cf. next]. Made of pieces joined side by side and so arranged as to overlap each other lengthwise and thus give strength: ξυστά Ο 389.

κολλητός, -ή, -όν [κολλάω, to glue. Cf. prec.]. Having the pieces composing it (closely or skilfully) held or joined together: ξυστὸν κολλητὸν βλήτροισιν Ο 678 (i.e., app., made as explained under prec. and held together by the βλῆτρα).— Epithet of chariots Δ 366 = Λ 198, Τ 395, Ψ 286: ρ 117.—Of doors Ι 583: φ 137 = 164, ψ 194.

κόλλοψ, -οπος, ὁ. A peg holding stretched a string of a lyre φ 407.

κολοιός, -οῦ, ὁ. A jackdaw Π 583, Ρ 755.

κόλος [cf. κολούω]. Having a part lopped off, reduced to a stump: πῆλε κόλον δόρυ Π 117.

κολοσυρτός, -οῦ, ὁ. A troop, band, rout: ἀνδρῶν ἠδὲ κυνῶν Μ 147, ἀνδρῶν Ν 472.

κολούω [cf. κόλος]. To cut short (1) Fig., to cause to fail, disappoint, bring to nothing: τὸ μὲν τελέει, τὸ δὲ κολούει Υ 370. Cf. θ 211.—(2) To give in scanty measure, stint: δῶρα λ 340.

κόλπος, -ου, ὁ. (1) A fold formed by the upper part of a woman's πέπλος falling loosely down over the girdle, the bosom of the robe: παῖδ' ἐπὶ κόλπῳ ἔχουσα Ζ 400. Cf. Ζ 136, 467, 483, Ξ 219, 223, Σ 398, Χ 80: κατακρύψασ' ὑπὸ κόλπῳ ο 469.—In pl. in reference to a single person: δεύοντο δάκρυσι κόλποι Ι 570.—The loose breast of a man's χιτών: αἷμα κόλπον ἐνέπλησεν Υ 471.—(2) A gulf or bay Β 560.—(3) The 'bosom' (of the sea): δῦτε θαλάσσης κόλπον Σ 140. Cf. Φ 125: δ 435.—In pl., the hollows or troughs (of the sea): κόλπους ἁλός ε 52.

κολῳάω [κολῳός]. To make an unseemly noise, scold, rail: ἔτι μοῦνος ἐκολῴα Β 212.

κολώνη, -ης, ἡ. A hill or mound: αἰπεῖα Β 811, Λ 711, Ἀλησίου κολώνη 757.

κολῳός, -οῦ, ὁ [cf. κολῳάω]. Unseemly noise, din, disturbance: εἰ ἐν θεοῖσι κολῳὸν ἐλαύνετον Α 575.

†κομάω [κόμη]. Only in pres. pple. in acc. dual and nom. and acc. pl. κομόωντε, -ωντες, -ωντας. (1) To have abundant hair: κάρη κομόωντες, covered as to the head with hair, i.e. wearing a full head of hair. Epithet of the Achaeans Β 11, Γ 43, Δ 261, Η 85, Θ 53, Ι 45, Ν 310, Σ 6, Τ 69, etc.: α 90, β 7, ν 277.—Sim.: κάρη κομόωντας ἑταίρους β 408.—In reference to horses: ἐθείρῃσιν (instrumental dat.) κομόωντε (having flowing manes) Θ 42 = Ν 24.—(2) ὄπιθεν κομόωντες, wearing the hair long behind, i.e. having it cut short or shaved off in front. Epithet of the Abantes Β 542.

κομέω. 3 sing. pa. iterative κομέεσκε ω 212, 390. To tend, minister to, relieve the wants of: τὸν χρὴ κομέειν ζ 207.—To look after, care for, provide for, see to the welfare of, keep supplied the wants of: τέκνα λ 250, με μ 450, γέροντα ω 212, 390.—To look after, attend to (horses) Θ 109, 113.—To look after, bestow care upon, tend (dogs) ρ 310, 319.

κόμη, -ης, ἡ. (1) The hair, one's hair: κόμης ἕλε Πηλείωνα (by the hair) Α 197. Cf. Γ 55, Σ 27, Χ 406, Ψ 46: δ 198.—In pl. κόμαι Χαρίτεσσιν ὁμοῖαι (like that of the . . .) Ρ 51. Cf. ζ 231 = ψ 158.—(2) A lock dedicated to a divinity: σοὶ κόμην κερέειν Ψ 146 (κόμην = χαίτην 141). Cf. Ψ 151, 152.—(3) Leaves, foliage (app. including the boughs): ἐλαίης ψ 195.

κομιδή, -ῆς, ἡ [κομίζω]. (1) Tendance, ministrations: κ. οἱ θεῷ ὡς ἔμπεδος ἦεν θ 453.—Being looked after or cared for: αὐτόν γ' οὐ κ. ἔχει ω 249. —Entertainment, relief of wants: κομιδῆς κεχρημένοι ξ 124.—Tendance or care bestowed on

horses Θ 186, Ψ 411.—On plants ω 245, 247.—
(2) Supply of necessaries or comforts, supplies:
οὐ κ. κατὰ νῆα ἦεν ἐπηετανός θ 232.

κομίζω [κομέω]. Fut. κομιῶ ο 546. Aor. κόμισσα
Λ 738. 3 sing. κόμισε Ξ 456, 463. (ἐ)κόμισσε
Β 183, 875, Ν 579 : σ 322, υ 68. 3 pl. κόμισαν
Γ 378, Ν 196, Ψ 699. 3 sing. subj. κομίσσῃ κ 298.
Imp. κόμισσον π 82. 3 sing. aor. mid. (ἐ)κομίσσατο
Θ 284 : ζ 278, ξ 316. 3 pl. κομίσαντο Α 594.
2 sing. opt. κομίσαιο Χ 286. Imp. κόμισαι Ε 359.
(1) To tend, care for, minister to : οὐ κομιζόμενος
θάμιζεν θ 451.—(2) To look after, care for, provide
for, see to the welfare of, keep supplied the wants
of : τὸν γηράσκοντα Ω 541. Cf. σ 322, υ 68, ω 251.—
In mid. : κομίσσατό σ’ ᾧ ἐνὶ οἴκῳ Θ 284.—(3) To
entertain hospitably ο 546, π 82, ρ 113.—(4) To
come to the aid of, supply the needs of : οὔ μοι
θέμις ἐστὶ κομιζέμεν ἄνδρα τὸν ὅς κε . . . κ 73.
Cf. κ 298.—In mid. Ε 359.—To pick up, rescue,
come to the relief of, relieve the wants of. In
mid. : Σίντιές μ’ ἄνδρες κομίσαντο Α 594. Cf. ζ 278,
ξ 316.—(5) To attend to, ply (one’s work) : τὰ σ’
αὐτῆς ἔργα κόμιζε Ζ 490 : = α 356 = φ 350.—(6) To
pick up, take up from the ground : τρυφάλειαν
Γ 378. Cf. Β 183, Ν 579.—To carry off as prize,
seize upon : χρυσόν Β 875, ἵππους Λ 738.—To
carry off, take rightful possession of : δέπας (i.e.
as a prize) Ψ 699.—To carry off (corpses) from
the enemy Ν 196.—To carry, take with one,
convey : χηλόν ν 68.—(7) To receive (a missile
in one’s flesh) : κόμισε χροΐ [ἄκοντα] Ξ 456.—In
mid. Χ 286.—Sim. : κόμισεν [ἄκοντα] ’Αρχέλοχος
Ξ 463.—(8) To guard, see to, look after, watch
over : δῶμα π 74, υ 337, κτήματα ψ 355.

κομόωντες, nom. pl. masc. pres. pple. κομάω.

κομπέω [κόμπος]. To emit a sharp sound, to
ring, clash : κόμπει χαλκός Μ 151.

κόμπος, ὁ. A noise or din. The sound
produced by the whetting of a boar’s tusks
Λ 417, Μ 149.—By feet beating the ground
θ 380.

κοναβέω [κόναβος]. To emit a sharp sound.
(1) To ring, clash : ἀμφὶ πήληξ κονάβησεν Ο 648,
ἀμφὶ κνημὶς κασσιτέροιο κονάβησεν Φ 593 (a strange
expression in reference to so soft a material).—
(2) To resound, re-echo : ἀμφὶ νῆες κονάβησαν
Β 334 = Π 277. Cf. ρ 542.

κοναβίζω [κόναβος]. = prec. (1) To ring, clash :
χαλκὸς κονάβιζεν Ν 498, Φ 255.—Of the din pro-
duced by feet beating the ground Β 466.—(2) To
resound, re-echo : ἀμφὶ δῶμα κονάβιζεν χ 399.

κόναβος, ὁ. A noise or din : κόναβος κατὰ νῆας
ὀρώρει κ 122.

κονίη, -ης, ἡ (ἲ) [κόνις]. (1) Dust : ἀπὸ χαιτάων
κονίην βαλόντε Ρ 457. Cf. Λ 282, Ψ 502, 732, 739.
—So in pl. : κεῖσθαι μεθ’ αἵματι καὶ κονίῃσιν Ο 118.
Cf. Π 639, 796, 797 : χ 383.—(2) Dust as com-
monly lying on the ground or on a floor, the
dust : ἤριπ’ ἐν κονίῃ Ε 75. Cf. Ψ 506.—So in pl. :
ἐν κονίῃσιν ὀδὰξ λαζοίατο γαῖαν Β 418. Cf. Γ 55,
Δ 536, Ε 588, Ζ 453, Κ 457, Π 471, Σ 26, Ψ 26,
etc. : κὰδ δ’ ἔπεσ’ ἐν κονίῃσιν κ 163 = τ 454, σ 98,

398, χ 329.—(3) Earth, soil : κονίην ὑπέρεπτε
ποδοῖιν Φ 271.—(4) Dust stirred up or blown
about, a cloud of dust : ὑπὸ σφισιν ὦρτο κονίη
Λ 151. Cf. Β 150, Λ 163, Μ 254, Ψ 365 : κονίη ἐκ
κρατὸς ὀρώρει λ 600.—So κονίης ὀμίχλην Ν 336, ἐν
(μετὰ) στροφάλιγγι κονίης Π 775, Φ 503 : ω 39.—
(5) In pl., ashes : ἔζετ’ (ἦσθαι) ἐπ’ ἐσχάρῃ ἐν κονίῃσιν
η 153, 160.

κόνις, ἡ. Dat. κόνι Ω 18 : λ 191. (1) = κονίη (2) :
κόνιος δεδραγμένος Ν 393 = Π 486. Cf. Ψ 764, Ω 18.
—The particles considered separately with refer-
ence to their number : ὅσα ψάμαθός τε κ. τε Ι 385.
—(2) = κονίη (4) : ὅτε πλείστη κ. ἀμφὶ κελεύθους
Ν 335.—(3) = (in sing.) κονίη (5) : κόνιν αἰθαλόεσσαν
χεύατο κὰκ κεφαλῆς Σ 23 : = ω 316 (in Σ doubtless
from an altar in front of the hut ; but in ω hard
to say whence), ἐν κόνι ἄγχι πυρός λ 191.

κονίσαλος, -ου, ὁ [κόνις]. Raised dust, a cloud
of dust : ὑπὸ ποσσὶ κ. ὄρνυτο Γ 13. Cf. Ε 503,
Χ 401.

κονίω [κόνις]. 3 pl. fut. κονίσουσι Ξ 145. 3 sing.
aor. ἐκόνισε Φ 407. Nom. pl. masc. pf. pple. pass.
κεκονιμένοι Φ 541. 3 sing. plupf. κεκόνιτο Χ 405.
(1) To cover or befoul with dust : χαίτας Φ 407.
Cf. Φ 541, Χ 405.—(2) To raise dust, leave a
cloud of dust behind in one’s motion : κονίοντες
πεδίοιο (in traversing the plain) Ν 820, Ψ 372,
449 : θ 122.—To raise a cloud of dust over, fill
with dust : πεδίον Ξ 145.

κοντός, -οῦ, ὁ. A pole ι 487.

κοπρέω [κόπρος]. To manure : τέμενος κοπρή-
σοντες ρ 299.

κόπρος, ἡ. (1) Dung : κυλινδόμενος κατὰ κόπρον
Χ 414, Ω 640. Cf. Ω 164 : ι 329, ρ 297, 306.—
(2) A farm-yard : βοῦς ἐλθούσας ἐς κόπρον κ 411.
Cf. Σ 575.

κόπτω. Aor. ἔκοψα κ 127. 3 sing. κόψε Κ 513,
Μ 204, Ν 203, Ψ 690, 726 : ξ 425. Pple. κόψας
Λ 146, Ρ 521. Pf. pple. κεκοπώς σ 335 (app.
formed direct fr. κόπος, a striking. Cf. ἀρη-
μένος, δεδουπότος, πεφυζότες). Thematic pf. pple.
κεκόπων Ν 60 (v.l. κεκοπώς). 3 sing. aor. mid.
κεκόπτο Χ 33. (ἀνα-, ἀπο-, ἐπι-.) (1) To strike,
smite : [ἵππους] τόξῳ Κ 513, σκηπανίῳ ἀμφοτέρω
κεκόπων (striking them) Ν 60, κόψ’ ὄπιθεν κώληπα
(kicked) Ψ 726. Cf. Ρ 521, Ψ 690 : σ 528, ξ 425,
σ 28, 335.—Of a snake Μ 204.—In mid., to smite
(one’s head) in grief Χ 33.—(2) To strike or dash
(against the ground) : ποτὶ γαίῃ κόπτεν ι 290.—
(3) With αὐτό, to strike off from (something) :
κεφαλὴν ἀπὸ δειρῆς κόψεν Ν 203.—So χεῖράς τ’ ἠδὲ
πόδας κόπτον χ 477 (app. with continuation of
the force of ἀπό in 475).—To cut through, sever :
ἀπ’ αὐχένα κόψας Λ 146. Cf. κ 127.—(4) To
hammer, form, fashion : δεσμοὺς Σ 379 : θ 274.

†**κορέννυμι**. 2 sing. fut. κορέεις Ν 831. 3 κορέει
Θ 379, Ρ 241. 3 sing. aor. opt. κορέσειε Π 747.
Nom. dual masc. pple. κορέσαντε υ 59.
Mid. 3 sing. aor. (ἐ)κορέσσατο Λ 87, 562 : υ 59.
1 pl. κορεσσάμεθα Χ 427. 3 pl. subj. κορέσωνται
Χ 509 : κ 411. 3 pl. opt. κορεσαίατο ξ 28. Pple.
κορεσσάμενος Τ 167 : ξ 46. Infin. κορέσασθαι Ν 635.

Pass. Aor. (ἐ)κορέσθην δ 541, κ 499. 1 pl. pf. κεκορήμεθα θ 98, ψ 350. 2 κεκόρησθε Σ 287. Nom. pl. masc. pple. κεκορημένοι ξ 456. **(1)** To sate, satiate, satisfy: Τρώων κύνας Θ 379, N 831, P 241. Cf. Π 747.—**(2)** In pf. act. and in mid. and pass., to take, in pf. to have, one's fill of something material or immaterial: ἐπεί κε κύνες κορέσωνται X 509.—With genit.: φυλόπιδος κορέσασθαι N 635. Cf. Λ 562, T 167 : δαιτὸς κεκορήμεθα φόρμιγγός τε (have had our fill of . . .) θ 98. Cf. κ 411, ξ 28, 46, 456, σ 372.—In reference to misfortune, etc. : πολέων κεκορήμεθ' ἀέθλων (have had troubles enough, app. implying that they had now come to an end) ψ 350.—With pple. : ἦ οὔ πω κεκόρησθε ἐελμένοι ἔνδοθι πύργων; (had enough of being . . .) Σ 287. Cf. X 427 : ἐπεὶ κλαίουσα κορέσσατο υ 59. Cf. δ 541=κ 499.—**(3)** In mid., to become wearied or worn out. With pple. : ἐπεί τ' ἐκορέσσατο χεῖρας τάμνων δένδρεα (as to his hands, when his hands have grown weary) Λ 87.

κορέω. To cleanse by sweeping, sweep, sweep out : δῶμα κορήσατε υ 149.

κορθύω [κορθ-, κορυθ-, κόρυς]. In mid., of the sea, to rise into crests : κῦμα κορθύεται Ι 7.

κορμός, -οῦ, ὁ [κορ-, κείρω]. The (bare) trunk of a tree : κορμὸν ἐκ ῥίζης προταμών ψ 196.

κόρος, -ου, ὁ [κορέννυμι]. Satiety, one's fill : πάντων κόρος ἐστίν N 636. Cf. T 221 : δ 103.

κόρση, -ης, ἡ. One of the temples of the head (=κρόταφος (1)): τὸν βάλε δουρὶ κόρσην Δ 502, ξίφει ἤλασε κόρσην E 584, N 576.

κορυθάϊξ, -ῖκος [κορυθ-, κόρυς+ἀϊκ-, ἀΐσσω]. = next. Epithet of Enyalius X 132.

κορυθαίολος [κορυθ-, κόρυς+αἰόλος]. With glancing helm. Epithet of Hector B 816, Γ 83, E 680, Z 263, H 158, Λ 315, M 230, O 246, P 96, Σ 21, T 134, Τ 430, X 249, etc.—Of Ares Τ 38.

κόρυμβον, τό [κορ- as in κορυφή]. App. = ἄφλαστον : νηῶν κόρυμβα Ι 241.

κορύνη, -ης, ἡ. A club used as one's weapon H 141, 143.

κορυνήτης, ὁ [κορύνη]. The club-bearer, he who fights with the club. Of Areïthous H 9, 138.

κόρυς, -υθος, ἡ [cf. κορυφή]. Acc. κόρυν N 131, Π 215. κόρυθα Z 472, Λ 351, N 188, O 125, Σ 611, etc. Dat. pl. κορύθεσσι H 62, Ξ 372, P 269. A helmet, helm Γ 362, E 4, Z 470, H 62, Λ 351, M 160, etc.: τ 32, ω 523.

κορύσσω [κορύθ-σω. κορυθ-, κόρυς]. Aor. pple. mid. κορυσσάμενος T 397. Pf. pple. pass. κεκορυθμένος, -ου Γ 18, Δ 495, Λ 43, N 305, Π 802, P 3, Τ 117, etc.: φ 434, χ 125. **(1)** To arm, equip. In pf. pple. pass., armed, equipped : αἴθοπι χαλκῷ Δ 495, N 305, Τ 117, etc.: φ 434.—Of spears, armed, headed (with . . .): δοῦρε κεκορυθμένα χαλκῷ Γ 18, Λ 43 :=χ 125.—So the pple. alone : ἔγχος κεκορυθμένον Π 802.—**(2)** In mid., to arm or equip oneself : κορύσσετ' Ἀχιλλεύς T 364. Cf. H 206, K 37, Π 130, P 199, T 397 : μ 121.—Implying getting oneself into motion for the fight: τὼ κορυσσέσθην, ἅμα δὲ νέφος εἴπετο πεζῶν Δ 274.—**(3)** To marshal, set in array :

πόλεμον B 273.—**(4)** In mid., to rear the head. Of Eris : ὀλίγη πρῶτα κορύσσεται Δ 442.—**(5)** To cause (water) to rise into crests : κόρυσσε κῦμα ῥόοιο Φ 306.—In mid., to rise into crests : πόντῳ κορύσσεται [κῦμα] Δ 424.

κορυστής, ὁ [κορύσσω]. A marshaller of men, a commander or chief : ἄνδρα κορυστήν Δ457. Cf. Θ 256, N 201, Π 603, Σ 163.

κορυφή, -ῆς, ἡ [cf. κόρυς]. **(1)** The head. Of a horse Θ 83.—**(2)** The top of a mountain or rock (but the pl., when used of a single mountain, gen. hardly to be distinguished from the sing.): ἀκροτάτῃ κορυφῇ Οὐλύμποιο Α 499= E 754=Θ 3, ἐν κορυφῇσι καθέζετο Θ 51. Cf. B 456, Γ 10, Λ 183, M 282, Ξ 157, 228, Π 144, Τ 60, etc. : β 147, ι 121, 481, κ 113, μ 74, 76.—The highest point of a mountainous island : ἐπ' ἀκροτάτης κορυφῆς Σάμου Θρηΐκης N 12.

κορυφόω [κορυφή]. In mid., of waves, to come to a head, break : κορυφοῦται [κῦμα] Δ 426.

κορώνη, -ης, ἡ [for the sense-development cf. Eng. crow in sense 'crow-bar' and in the (now obsolete) sense 'door-knocker.'] **(1)** Some kind of sea-bird, commonly translated 'sea-crow' : κορῶναι εἰνάλιαι ε 66. Cf. μ 418=ξ 308.—**(2)** A tip at one end of a bow with a notch to receive the loop of the string : χρυσέην ἐπέθηκε [τόξῳ] κορώνην Δ 111.—**(3)** A curved projection on a door serving as a handle and as a means of securing the end of the bolt-strap : θύρην ἐπέρυσσε κορώνῃ α 441, ἱμάντ' ἀπέλυσε κορώνης φ 46. Cf. η 90, φ 138=165.

κορωνίς [κορώνη]. Curved. Epithet of ships (referring to the upward curve at bow and stern): νηυσὶ (νήεσσι) κορωνίσιν Α 170, B 297, 392, 771= H 229, I 609, Λ 228, O 597, Σ 58=439, Σ 338, Τ 1, X 508, Ω 115, 136 : τ 182, 193.

κοσμέω [κόσμος]. (ἀπο-, κατα-.) **(1)** To set in order, draw up, marshal, array, be in charge of : κοσμῆσαι ἵππους τε καὶ ἀνέρας ἀσπιδιώτας B 554. Cf. B 704, 727, Γ 1, Λ 51, M 87, Ξ 379, 388.— In mid. : κοσμησάμενος πολιήτας B 806.—**(2)** To divide into communities or bodies : Ῥόδιοι διὰ τρίχα κοσμηθέντες B 655. Cf. ι 157.—**(3)** To prepare, make ready : δόρπον η 13.

κοσμητός, -ή, -όν [κοσμέω]. (Well-)ordered, trim : πρασιαί η 127.

κοσμήτωρ, -ορος, ὁ [κοσμέω]. A marshaller of men, a commander or chief : κοσμήτορε λαῶν A 16=375, Γ 236 : κοσμήτορι λαῶν σ 152.

κόσμος, -ου, ὁ. **(1)** An ornament or adornment : κ. ἵππῳ Δ 145.—Array, dress : ἐπεὶ πάντα περὶ χροῒ θήκατο κόσμον Ξ 187.—**(2)** Preparation, contrivance : ἵππου κόσμον ἄεισον (i.e. tell of the stratagem) θ 492.—**(3)** Order, due order : κατὰ κόσμον, in order, duly, as one would have a thing done, aright K 472, Λ 48=M 85, Ω 622 : θ 489, ξ 363.—So κόσμῳ (in due order) ν 77.—With negative, unduly, in unseemly wise, not in accordance with decency, right feeling or regard for established usage : οὐ κατὰ κόσμον B 214. Cf. E 759, Θ 12 (with πληγείς, 'with no measured stroke'), P 205 : γ 138, θ 179, υ 181.—So οὐ κόσμῳ (in rout) M 225.

κοτέω [κότος]. Dat. sing. masc. pf. pple. κεκοτηότι Φ 456 : ι 501, τ 71, χ 477. 3 sing. aor. mid. κοτέσσατο Ψ 383. 3 sing. subj. κοτέσσεται E 747, Θ 391 : a 101. Pple. κοτεσσάμενος E 177, Π 386 : ε 147. Fem. κοτεσσαμένη Ξ 191, Σ 367 : τ 83. To bear resentment, cherish wrath, be in wrath (in aor., to conceive resentment, grow wroth) : οὐδ' ὅθομαι κοτέοντος A 181, μετ' 'Αδμήτου υἱὸν κοτέουσα βεβήκει Ψ 391, κεκοτηότι θυμῷ (with resentment, rancour, rage, in their hearts) Φ 456 : ι 501, τ 71, χ 477.—With dat.: ἀλλήλοισιν κοτέοντε Γ 345. Cf. K 517, Ξ 143.—In mid., with dat. : τῳ 'Αχαιοὶ κοτέοντο B 223, κοτεσσάμενος Τρώεσσιν E 177. Cf. E 747, Π 386, Σ 367, Ψ 383, Θ 391 : = a 101, ε 147, τ 83.—With genit. of the cause: τῆσδ' ἀπάτης κοτέων Δ 168. — With the cause expressed by an acc. In mid. : κοτεσσαμένη τό γε, οὔνεκα . . . Ξ 191.

κοτήεις [prob. for κοτέσϜεις fr. κοτεσ-, κοτέω]. Bearing resentment or a grudge, in wrath : θεός νύ τίς ἐστι κοτήεις E 191.

κότος, -ου, ὁ. Resentment, a grudge, rancour, jealousy, wrath (cf. χόλος (2)) : μετόπισθεν ἔχει κότον A 82, αἴ κε μὴ κότῳ ἀγάσησθε (look on him with grudging jealousy) Ξ 111. Cf. Θ 449, N 517, Π 449 : λ 102, ν 342.

κοτύλη, -ης, ἡ. (1) A cup X 494 : o 312, ρ 12. —(2) The socket of the hip-joint (resembling a shallow cup) (=ἰσχίον) E 306, 307.

κοτυληδών, -όνος [κοτύλη]. Locative pl. κοτυληδονόφιν. In pl., the suckers of the cuttle-fish (so called from their cup-like shape): πρὸς κοτυληδονόφιν [πουλύποδος] λάϊγγες ἔχονται ε 433.

κοτυλήρυτος [app. κοτύλη + ῥυ-, ῥέω]. Thus, (caught in cups and) poured out from them on the ground : ἀμφὶ νέκυν κοτυλήρυτον ἔρρεεν αἷμα Ψ 34.

κουλεόν, -οῦ, τό. Also **κολεόν**. The sheath or scabbard of a sword : ἕλκετ' ἐκ κολεοῖο ξίφος A 194. Cf. A 220, Γ 272 = T 253, H 304 = Ψ 825, Λ 30, M 191 : θ 404, κ 333, λ 98.

κούρη, -ης, ἡ [fem. of κοῦρος]. (1) A girl or young woman (commonly translatable 'maid,' 'maiden,' but not in itself implying maidenhood) A 98, 111, 336, B 872, I 637, Π 56, T 272, Ω 26, etc.: ζ 15, 20, 47, 74, η 2, θ 468, κ 105, σ 279, υ 74, ω 518, etc.—(2) A daughter, one's daughter : κούρην Βρισῆος A 392. Cf. B 598, E 875, I 388, N 173, Ξ 321, Φ 506, etc. : κ. Διὸς β 296. Cf. α 329, β 433, δ 10, ζ 22, λ 283, ν 356, ο 233, τ 518, ω 58, etc.

κούρητες, οἱ [κοῦρος]. = κοῦρος (1) : δῶρα φέρον κούρητες 'Αχαιῶν T 248. Cf. T 193.

κουρίδιος, -η, -ον [perh. fr. κείρω, referring to a custom of cutting a bride's hair before marriage]. (1) Of a wife, wedded, lawful : ἀλόχου A 114. Cf. H 392, Λ 243, N 626, T 298 : ν 45, ξ 245, ο 356.—Applied to a husband : πόσιν E 414. Cf. λ 430, τ 266, ψ 150, ω 196, 200.—Absol. in masc., a husband : κουριδίοιο τεθνηότος ο 22.—

(2) Belonging to a wedded pair, nuptial : λέχος O 40, δῶμα τ 580 = φ 78.

κουρίζω [κοῦρος]. To be a κοῦρος : σάκος, ὃ κουρίζων φορέεσκεν (in his youth) χ 185.

κουρίξ [κουρή, a cutting of the hair, fr. κείρω]. By the hair : ἐρυσάν μιν κ. χ 188.

κοῦρος, -ου, ὁ [perh. fr. κείρω, referring to a cutting of a lock from a boy's head at the age of puberty]. (1) A young man, a youth A 470, Δ 321, I 175, O 284, Τ 405, Φ 27 : a 148, β 96, δ 643, η 100, θ 35, ο 151, π 248, χ 30, etc.—With a qualifying sb. (cf. ἀνήρ (1) (d)): κούρων θηρητήρων (hunters) P 726, κούρῳ αἰσυμνητῆρι (a youth that is a . . ., a youthful . . .) Ω 347. Cf. Σ 494.— With an adj. reinforcing the idea of youthful-ness : πρωθῆβαι θ 262. Cf. Ω 347.—So in voc. : κοῦροι νέοι (boys that you are) N 95.—(2) One in youthful vigour, one fit to bear arms, a warrior : κούρους Καδμείων προκαλίζετο E 807, κούροισι ταῦτ' ἐπιτέλλομαι I 68 (the general body of the host as opposed to the γέρουσιν of 70). Cf. Δ 393, I 86, M 196.—(3) A male as opposed to a female : ὅν τινα γαστέρι μήτηρ κοῦρον ἐόντα φέροι Z 59.—(4) A son : κοῦρον Ζήθοιο τ 523.—κούροι 'Αχαιῶν (like υἶες 'Αχαιῶν), the Achaeans, Achaeans A 473, B 562, Γ 82, 183, Ξ 505, P 758, X 391 : ω 54. Cf. ἐείκοσι κούροι 'Αχαιῶν (here app. implying youth) π 250.— Sim. : κοῦροι Βοιωτῶν B 510, κούροι 'Αθηναίων B 551.

κουρότερος [comp. fr. prec.]. (1) Younger, more youthful : μηδ' ἐρίδαινε μετ' ἀνδράσι κουρότεροισιν φ 310.—(2) Youthful rather than old. Absol. : σὺ δὲ κουροτέροισι μετεῖναι (the class of youths, the young) Δ 316.

κουροτρόφος, -ον [κοῦρος + τροφ-, τρέφω]. Rear-ing youths, nursing-mother. Of Ithaca ι 27.

κοῦφος. Light. (1) In neut. pl. κοῦφα as adv., nimbly : ποσὶ προβιβάς N 158.—(2) In neut. sing. comp. κουφότερον as adv., with lighter heart : μετεφώνεε Φαιήκεσσιν θ 201.

κόψε, 3 sing. aor. κόπτω.

κράατα, acc. pl. κάρη.

κράατος, genit. sing. κάρη.

κραδαίνω [κραδάω]. In pass., to quiver, shake : αἰχμὴ κραδαινομένη κατὰ γαίης ᾤχετο N 504 = Π 614 (app. referring to vibration after the spear's entering the ground). Cf. P 524.

κραδάω. To shake, brandish : ἔγχος H 213. Cf. N 583, Τ 423 : τ 438.

κραδίη, -ης, ἡ [cf. καρδίη, κῆρ]. (Cf. ἦτορ, θυμός, καρδίη, κῆρ, φρήν.) (1) The heart : κ. μοι ἔξω στήθεων ἐκθρώσκει K 94. Cf. N 282, 442, X 461, Ω 129.— (2) Vaguely as the seat of ἦτορ (2) (b) : ἐν οἱ κραδίη στένει ἦτορ Τ 169.—(3) The 'heart,' 'breast,' soul, mind. As the seat or a seat (when coupled with θυμός hardly to be distinguished therefrom) (a) Of the intelligence : ὡς ἄνοον κραδίην ἔχες Φ 441.—(b) Of spirit, courage, stoutness, endur-ance : ἔμ' ὀτρύνει κ. καὶ θυμὸς ἀγήνωρ K 220, ἐν οἱ κραδίη θάρσος βάλεν Φ 547. Cf. A 225, K 244, 319, M 247, N 784 : σοὶ ἐπιτολμάτω κ. καὶ θυμὸς ἀκούειν α 353. Cf. δ 293, σ 61, υ 17, 18, 23.—Of insects Π 266.—(c) Of anger, wrath, passion :

οἰδάνεταί μοι κ. χόλῳ Ι 646. Cf. 1 635, Ω 584.—
(d) Of volition: διχθά μοι κ. μέμονε φρεσίν ΙΙ 435.
Cf. Τ 220, Ψ 591: δ 260, θ 204, ξ 517 = ο 339,
ο 395, π 81 = φ 342, υ 327, φ 198.—(e) Of feelings,
emotions, moods, such as joy, grief, fear, appre-
hension, regard for others, etc.: ἄχος μιν κραδίην
καὶ θυμὸν ἵκανεν Β 171. Cf. Α 395, Θ 147 = Ο 208 =
Π 52, Κ 10, Φ 551, Ψ 47: πολλά οἱ κ. προτιόσσετ'
ὄλεθρον ε 389. Cf. δ 427 = 572 = κ 309, δ 548,
ρ 489, σ 274, 348 = υ 286, υ 13.—(f) Of one's char-
acter or disposition: αἰεί τοι κ. ἐστὶν ἀτειρής Γ 60.
Cf. ψ 103.

κραίνω, also κραιαίνω (app. properly κρᾱαίνω,
κραίνω and κρααίνω being related as κρᾱτ- and
κρᾱατ-, for which see κάρη). Aor. imp. κρήηνον
υ 115. κρήηνον Α 41, 504. Pl. κρηήνατε γ 418,
ρ 242. Infin. κρῆναι ε 170. κρηῆναι Ι 101. Pass.
Fut. infin. κρανέεσθαι Ι 626. 3 pf. pass. (app.
sing.) κεκράανται δ 616, ο 116. 3 plupf. (app.
sing.) κεκράαντο δ 132. (ἐπι-.) (1) To accomplish,
fulfil, carry out, bring to pass: ἐφετμάς Ε 508.
Cf. Ι 626: τ 567.—Absol.: κρηῆναι καὶ ἄλλῳ (act
on his advice) Ι 101. Cf. ε 170.—(2) To grant
accomplishment or fulfilment of (a wish or
prayer): τόδ' ἐέλδωρ Α 41, 504: γ 418, ρ 242,
ἔπος υ 115.—(3) To finish off or complete the
fashioning of (with something): χρυσῷ ἐπὶ
χείλεα κεκράαντο (κεκράανται) (the rim thereon,
thereof, was (is) finished off with gold) δ 132,
616 = ο 116.—(4) To hold sway, rule θ 391.

κραιπνός, -ή, -όν [cf. καρπάλιμος]. (1) Moving
with speed, swift Π 671, 681.—Of winds, rushing,
blustering ε 385, ζ 171.—Of the feet, swift, nimble
Ζ 505, Ρ 190, Φ 247, Χ 138, Ψ 749: ξ 33.—Of the
mind, hasty, rash. In comp.: κραιπνότερος νόος
[ἐστίν] (hasty rather than the opposite) Ψ 590.—
(2) In neut. pl. κραιπνά as adv., with speed, swiftly:
κ. προβιβάς Ν 18: ρ 27. Cf. Ε 223 = Θ 107.

κραιπνῶς [adv. fr. prec.]. (1) With speed,
swiftly: διέπτατο Ο 83, 172. Cf. Ξ 292: θ 247.—
(2) Quickly, speedily, soon: ἐξ ὕπνοιο ἀνόρουσεν
Κ 162.

κραναός, -ή, -όν. Rugged, rocky. Epithet of
Ithaca Γ 201: α 247 = π 124, ο 510, φ 346.

κρανέεσθαι, fut. infin. pass. κραίνω.

κράνεια, -ης, ἡ. The cornel-tree Π 767: κ 242.

κρᾱνίον, -ου, τό [app. fr. κρᾱ-. See κάρη]. The
head. Of horses Θ 84.

κρᾱσί, dat. pl. κάρη.

κρᾶτα, acc. sing. κάρη.

κραταιγύαλος [κραταιός + γύαλον]. With solid
plates: θώρηκες Τ 361.

κραταιΐς, ἡ [κραταιός. Cf. ἥμερος, ἡμερίς]. An
inherent power or force: τότ' ἀποστρέψασκε [λᾶαν]
κραταιΐς (i.e. the tendency of the stone to move
towards a lower level) λ 597. Cf. Κράταιϊς
(also accented Κραταιΐς), the mother of Scylla
μ 124 (a personification of the wild forces of
nature).

κραταιός, -ή, -όν [κράτος]. Strong, mighty,
powerful: Κρόνου υἷε Ν 345. Cf. ο 242, σ 382.
—Of a wild beast Λ 119.—Epithet of μοῖρα,

compelling, resistless Ε 83 = Π 334 = Υ 477, Ε 629,
Π 853 = Ω 132, Τ 410, Φ 110, Ω 209.

κραταίπεδος [κραταιός + πέδον, the ground].
Solid, firm: οὖδας ψ 46.

κρατερός, -ή, -όν [κράτος. Cf. καρτερός]. In-
strumental fem. κρατερῆφι Φ 501: ι 476, μ 210.
(1) Strong, mighty, powerful, stout, staunch:
αἰχμητής Γ 179. Cf. Γ 429, Δ 87, Ε 244, Ζ 97,
Ν 90, Ο 164, Π 716, Ρ 204, Φ 566, etc.: ἐμὸς υἱός,
ἅμα κρατερὸς καὶ ἀμύμων γ 111. Cf. λ 255, 265.—
Absol.: γῇ, ἥ τε κατὰ κρατερόν περ ἐρύκει Φ 63.—
Of a lion δ 335 = ρ 126.—Of parts of the body:
ὀδοῦσιν (of a lion) Λ 114, 175 = Ρ 63: χερσίν δ 288.
—Sim.: πρόφερε κρατερὸν μένος Κ 479, κρατερῆφι
βίηφιν Φ 501, κρατερὴ ἲς Ὀδυσῆος Ψ 720. Cf. Ν 60,
Ρ 742.—In bad sense, that abuses his power,
violent: κύνας ἆσαι, ἀνδρὶ πάρα κρατερῷ Ω 212.—
(2) Epithet of heroes, etc. Β 622, Δ 89, 401, Ε 385,
392, Ζ 130, Η 38, Μ 129, 366, 387, Π 189, Φ 546,
553, Ψ 837, etc.: δ 11, ι 407, 446, ο 122.—Of Ares
Β 515.—Of Φόβος Ν 299.—Of Hades Ν 415: λ 277.
—Of Ἔρις Υ 48.—(3) Of things, capable of resist-
ing force, stout: ἀσπίδι Γ 349, Ρ 45.—Capable of
producing an intended effect, stout: βέλος Ε 104.
Cf. Θ 279, Σ 477: ω 170.—Of fire, against which
nothing can stand, devouring λ 220.—Of bonds,
restraining tightly, strict Ε 386: θ 336, 360.—
(4) Of feelings, mental or bodily states, or the
like, taking strong hold of one, overpowering,
overmastering: ἄλγεα Β 721, τρόμος Ζ 137, λύσσα
Ι 239. Cf. Λ 249, Φ 543: δέος ξ 88. Cf. ε 13, 395,
κ 376, λ 593, ο 232, ρ 142.—Of necessity, com-
pelling, resistless: ἀνάγκη Ζ 458: κ 273.—Of
rebuke, that bears heavily upon one, oppresses
the heart: ἐνιπήν Ε 492.—Of an injunction,
stern, harsh: μῦθον Α 25 = 379.—Strict, requiring
implicit obedience: μῦθον Α 326, Π 199. — Of
speech, bold, defiant: μῦθον Ο 202.—Of fighting,
hotly contested, fierce. Epithet of ὑσμίνη: διὰ
κρατερὰς ὑσμίνας Β 40. Cf. Δ 462, Ε 84, Ξ 448,
Π 447, 567, etc.: λ 417.—Of ἔρις Ν 358, Π 662.
—Of φύλοπις Σ 242: π 268.—Of defence, stout,
determined: ἀμφίβασιν Ε 623.—Strengthening
βίηφι (βίη (6) (b)) ι 476, μ 210.

κρατερόφρων, -ονος [κρατερός + φρήν]. Stout-
hearted Ξ 324: δ 333 = ρ 124, λ 299.—Of a beast
Κ 184.

κρατερῶνυξ, -υχος [κρατερός + ὄνυξ]. With solid
hooves, strong-hoofed. Epithet of horses and
mules Ε 329, Π 724, 732, Ω 277: ζ 253, φ 30.
—Epithet of wolves, with powerful claws, strong-
clawed κ 218.

κρατερῶς [adv. fr. κρατερός]. With or by the
exercise of strength or force, violently, with
violence: ἐμάχοντο Μ 152: κὰδ δ' ἔβαλε κ. δ 344
= ρ 135.—In reference to speech, with vehemence,
right out, without weighing one's words: ἀγόρευ-
σεν Θ 29 = Ι 694. Cf. Ι 431.—To defence or resist-
ance, stoutly, staunchly Λ 410, Ν 56, Ο 666, Π 501
= Ρ 559.—To indignation, highly, intensely: κ.
ἐνεμέσσα Ν 16 = 353.

κράτεσφι, locative κάρη.

κρατευταί, al. Supports on each side of a fire-place on which to rest the ends of spits, 'dogs': ὀβελοὺς κρατευτάων ἐπαείρας I 214.

κρατέω [κράτος]. (ἐπι-.) (1) To hold sway, rule, have power: μέγα κρατέων ἤνασσεν Π 172. Cf. ν 275, ο 298, ω 431.—To rule the fight, have the upper hand, hold the issues of war in one's hands, show matchless prowess: ὅς τις ὅδε κρατέει E 175 = Π 424. Cf. Φ 214, 315.—(2) To be ruler over, hold sway or exercise power among, be lord of. With genit.: 'Αργείων A 79. Cf. A 288 : ο 274.—With dat. : νεκύεσσιν λ 485. Cf. π 265.

κράτος, τό [cf. κάρτος]. (1) Physical strength, might, stoutness, prowess: δόλῳ, οὔ τι κράτεΐ γε H 142. Cf. N 484, Π 524, Τ 121 : α 70, φ 280.—(2) Might, power, authority, influence: σὸν κ. αἰὲν ἀέξειν M 214. Cf. B 118 = I 25, I 39, Π 54 : ε 4.—The power of rule, the leading voice, 'the say': τοῦ κ. ἔστ' ἐνὶ οἴκῳ (δήμῳ) α 359 = φ 353, λ 353.—(3) Of a bird of omen, app., efficacy in boding, significance Ω 293 = 311.—(4) That which gives a thing its peculiar excellence: τὸ (i.e. the process described) σιδήρου κ. ἐστίν ι 393.—(5) Mastery, victory, the upper hand: ἐπὶ Τρώεσσι τίθει κ. A 509. Cf. Z 387, Λ 192, 207, 319, 753, N 486, 743, O 216, P 206, Σ 308.—A signal success or achievement, a triumph: Τρωσὶ κε μέγα κ. ἐγγυάλιξεν P 613.

κρατός, genit. κάρη.

κρατύς [κράτος]. = κρατερός (2). Epithet of Hermes Π 181, Ω 345 : = ε 49, 148.

κράτων, genit. pl. κάρη.

κρέας, τό. Pl. κρέα (for κρέαα) μ 395, χ 21. Genit. κρειῶν (prob. for κρεάων) Λ 551, M 300, P 660 : α 141, δ 88, ι 9, ξ 28, π 49, ρ 258, etc. κρεῶν ο 98. Dat. κρέασι Θ 162, M 311. Acc. κρέα Δ 345, Θ 231, I 217, Λ 776, X 347, Ω 626 : α 112, γ 33, ι 162, μ 19, ν 240, ρ 331, ω 364, etc. (1) Flesh : κ. ὀπτόν π 443. Cf. ρ 344.—A piece of flesh : τοῦτο πόρε κ. θ 477.—(2) In pl. in collective sense, flesh : ὀπταλέα κρέα ἔδμεναι Δ 345. Cf. Θ 162 = M 311, Θ 231, I 217 = Ω 626, Λ 551 = P 660, Λ 776, M 300, X 347 : κρειῶν πίνακας α 141. Cf. α 112, γ 33, δ 88, ι 9, μ 19, ο 98, ρ 258, υ 348, ω 364, etc.

κρεῖον¹, τό [κρέας]. A block on which to chop or cut flesh I 206.

κρεῖον², voc. κρείων.

κρείσσων, -ονος [for κρετίων, comp. fr. κρατ-ύς]. Neut. κρεῖσσον ζ 182. (1) Physically stronger or mightier: κ. εἰς ἐμέθεν ἔγχει (with the . . .) Τ 217. Cf. Τ 334, Φ 190, 191 : χ 353.—Absol. Φ 486.—(2) Proving the stronger, victorious, having the upper hand : ὁππότερός κε κ. γένηται Γ 71 = 92 := σ 46. Cf. σ 83, χ 167.—(3) Mightier, more powerful or potent, having more authority : κ. βασιλεύς [ἐστιν] A 80. Cf. Π 688, P 176, Ψ 578 : φ 345.—(4) Absol. in neut., anything better or more excellent : οὐ τοῦ γε κ. [ἐστιν] ζ 182.

κρείων, -οντος, ὁ [cf. κραίνω]. Voc. κρεῖον θ 382. ι 2, λ 355, etc. Fem. κρείουσα X 48. (1) A ruler or lord: ὕπατε κρειόντων Θ 31 := α 45 = 81 = ω 473.

—(2) Epithet of Agamemnon, lordly, august A 130, B 100, Γ 118, Δ 153, E 537, Z 63, I 62, Λ 126, Ξ 41, Π 58, Ψ 110, etc.—Applied to Alcinous θ 382 = 401 = ι 2 = λ 355 = 378 = ν 38.— To Agapenor B 609.—To Helicaon Γ 123.—To Haemon Δ 296. —To Elephenor Δ 463. —To Eumelus Ψ 354.—To Amarynceus Ψ 630.—Even to Eteoneus, Menelaus's θεράπων δ 22.—Epithet also of Poseidon Θ 208, N 10, 215, Ξ 150, Φ 435 : ε 282, 375.—And of a river : 'Αχελώϊος Φ 194.— (For εὐρὺ κρείων, εὐρυκρείων, see εὐρύς (2) (b).)— Applied to offspring : παίδων κρειόντων (app., who might have grown up to be chiefs among the people) Ω 539.—(3) In fem. : Λαοθόη, κρείουσα γυναικῶν X 48 (pre-eminent among women (partitive genit.), pearl of women).

κρειῶν, genit. pl. κρέας.

†κρεμάννυμι. Fut. κρεμόω (for κρεμάω) H 83. 3 sing. aor. κρέμασε θ 67, 105. Nom. pl. masc. pple. κρεμάσαντες Θ 19. 2 sing. impf. pass. (fr. κρέμαμαι) ἐκρέμω (for ἐκρέμαο) O 18, 21. (ἀγ-, ἀπο-, παρα-.) (1) To hang, suspend : σειρὴν ἐξ οὐρανόθεν Θ 19.—In pass., to hang, be suspended : ὅτε τ' ἐκρέμω ὑψόθεν O 21.—(2) To hang up, suspend : ἐκ πασσαλόφι φόρμιγγα θ 67 = 105. Cf. H 83.

κρεῶν, genit. pl. κρέας.

κρήγυος. Good. Absol. : τὸ κρήγυον, that which is good or to be desired A 106.

κρήδεμνον, -ου, τό [κρη-, κάρη + δέω]. (1) A woman's or goddess's head-covering (app. = κάλυμμα, καλύπτρη): κρηδέμνῳ καλύψατο Ξ 184. Cf. X 470 : ἀπὸ κρήδεμνα βαλοῦσαι ζ 100. Cf. ε 346, 351, 373, 459.—In pl. in the same sense : ἄντα παρειάων σχομένη κρήδεμνα α 334 = π 416 = σ 210 = φ 65.—(2) Like κάρηνον (3) in reference to cities, 'the diadem of towers' : Τροίης ἱερὰ κρήδεμνα Π 100. Cf. ν 388.—(3) App., the string securing the cover of a wine-jar γ 392.

κρήναι, aor. infin. κραίνω.

κρῆθεν [κρη-, κάρη + -θεν (1)]. Only in phrase κατὰ κρῆθεν (also written κατακρῆθεν). (1) Down from the head, from head to foot. Fig. : Τρῶας κατὰ κρῆθεν λάβε πένθος (κατά advbl.) Π 548.— (2) App. on the analogy of κατά with genit. (κατά (II) (1) (b)), down on the head, on to the head : δένδρεα κατὰ κρῆθεν χέε καρπόν λ 588.

κρημνός, -οῦ, ὁ [κρημ-, κρεμάννυμι]. A steep bank of a river (overhanging or having the appearance of overhanging): πτῶσσον ὑπὸ κρημνούς Φ 26. Cf. Φ 175, 200, 234, 244.—A similar face of a ditch M 54.

κρῆναι, aor. infin. κραίνω.

κρηναῖος, -η, -ον [κρήνη]. Of or pertaining to a spring or fountain : νύμφαι ρ 240.

κρήνη, -ης, ἡ. (1) A spring of water B 305, 734, I 14, Π 3, 160, Φ 197, 257 : ζ 292, ι 141, κ 350, ν 408.—(2) Such a spring built about and furnished with a basin in which the water collects and can overflow, a fountain : ὅτ' ἐπὶ κρήνην ἀφίκοντο τυκτήν ρ 205. Cf. ε 70, η 129, κ 107, ο 442, υ 158, 162.

κρήνηνδε [acc. of prec. + -δε (1)]. To the fountain : μεθ' ὕδωρ ἔρχεσθε κρήνηνδε υ 154.

κρητήρ, -ῆρος, ὁ [κρη-, κεράννυμι]. (1) A large bowl in which wine was mixed with water for drinking (the drinking being commonly preceded by libation), a mixing-bowl : κρητῆρας ἐπεστέψαντο ποτοῖο Α 470, Ι 175. Cf. Δ 260, Ζ 528, Ι 202, Ψ 741, 778 : οἶνον ἔμισγον ἐνὶ κρητῆρσι καὶ ὕδωρ α 110. Cf. α 148, β 330, δ 222, ι 9, κ 356, λ 419, ν 105 (of natural formations in a cave), υ 152, φ 145, etc.—Libation specially referred to : ἀπὸ κρητῆρος Ἀθήνῃ ἀφυσσόμενοι λεῖβον οἶνον Κ 578. Cf. Γ 247, 269, 295, Ψ 219.—A bowl in which nectar was mixed (cf. ε 93) : νέκταρ ἀπὸ κρητῆρος ἀφύσσων Α 598.—(2) Referring rather to the contents than to the bowl : πίνοντες κρητῆρας οἴνοιο Θ 232, ζωρότερον κέραιε [κρητῆρα] Ι 203 : ἀνὰ κρητῆρα κέρασσεν οἴνου γ 390. Cf. γ 393, η 179 = ν 50, σ 423.

κρῖ, τό [= κριθαί]. Barley Ε 196, Θ 564, Υ 496 : δ 41, μ 358.—The growing plant δ 604.

†κρίζω. 3 sing. aor. κρίκε. To creak : κρίκε ζυγόν (i.e. with the strain) Π 470.

κρῖθαί, αἱ [for κρσ-θαι. Cf. L. hordeum]. Barley. The growing plant. In pl. : ἀρουραν πυρῶν ἢ κριθῶν Λ 69. Cf. ι 110, τ 112.

κρίκε, 3 sing. aor. κρίζω.

κρίκος, -ου, ὁ. A ring attached to the boss (ὀμφαλός) on the yoke of a chariot and passed over the ἔστωρ on the pole Ω 272.

κρίνω [cf. L. cerno]. 3 sing. aor. ἔκρῖνε Α 309. 3 pl. ἔκρῖναν σ 264. Pple. κρίνας Ζ 188, Π 199 : δ 666, ι 90, 195, κ 102, ξ 108. 3 sing. aor. mid. ἐκρίνατο Ε 150 : δ 778. 3 pl. imp. κρῖνάσθων θ 36. Pple. κρῖνάμενος Ι 521, Λ 697, Τ 193 : δ 530, ω 108. Infin. κρίνασθαι δ 408. Nom. dual masc. aor. pple. pass. κρινθέντε θ 48. Nom. pl. κρινθέντες Ν 129. Pf. pple. mid. and pass. κεκριμένος, -η Κ 417, Ξ 19 : ν 182, π 248, ω 107. (ἀπο-, δια-, ὑποκρίνομαι.) (1) To sift, separate : καρπόν τε καὶ ἄχνας Ε 501.—(2) To pick out, select, choose : συὼν τὸν ἄριστον ξ 108.—In mid. Λ 697.—Absol. in mid. ω 108.—In pf. pple. pass., the best, choicest, noblest : κοῦροι κεκριμένοι π 248. Cf. ν 182, ω 107.—(3) To pick out, select, detail, for some service or mission : ἐρέτας κρίνασσιν Α 309, οὔ τις κεκριμένη [φυλακὴ] ῥύεται στρατόν (having the special duty assigned to them) Κ 417. Cf. Ζ 188 : ἀνὰ δῆμον ἀρίστους δ 666, κούρω κρινθέντε δύω καὶ πεντήκοντα βήτην (forming the body detailed for the service) θ 48. Cf. ι 90 = κ 102, ι 195, ξ 217.—Sim. in reference to a wind : πρίν τινα κεκριμένον καταβήμεναι ἐκ Διὸς οὖρον (blowing steadily in one direction, decided, as if dispatched by Zeus on a mission) Ξ 19.—In mid. Ι 521, Τ 193 : δ 408, 530, 778.—In mid., to present oneself, get oneself ready for some service : κούρω δύω καὶ πεντήκοντα κρῖνάσθων θ 36.—(4) To divide, class, arrange : κρῖν' ἄνδρας κατὰ φῦλα (by . . .) Β 362.—(5) To marshal or arrange (troops) : ἐπεὶ πάντας στῆσεν ἐῢ κρίνας Π 199, οἳ ἄριστοι κρινθέντες Τρῶας ἔμιμνον (having got themselves together) Ν 129.—Absol., to marshal one's troops Β 446.—(6) In mid. (from the notion of two parties standing in opposition), to measure oneself, pit oneself, against the foe : ὥς κε πανημέριοι κρινώμεθ' Ἄρηϊ (in . . .) Β 385. Cf. Σ 209 : ω 507. —(7) To decide (a combat), bring (it) to an issue : οἵ κ' ἔκριναν μέγα νεῖκος πολέμοιο σ 264 (would have decided it (in a case which has not happened), app. implying that they would therefore always do so).—Sim. : ὁπότε μνηστῆρσι καὶ ἡμῖν μένος κρίνηται Ἄρηος (is brought to an issue) π 269.— To settle (a dispute) : κρίνων νείκεα πολλά μ 440.— To give (a judgment or doom) : οἳ σκολιὰς κρίνωσι θέμιστας Π 387.—(8) In mid., to interpret, expound (cf. ὑποκρίνομαι (1)) : τοῖς οὐχ ὁ γέρων ἐκρίνατ' ὀνείρους Ε 150.

κριός, -οῦ, ὁ. A ram ι 447, 461.

κριτός [κρίνω]. Picked out, detailed, or appointed, for some purpose : λαός Η 434 : αἰσυμνῆται θ 258.

κροαίνω. Of a horse, to beat the ground with the hoofs, clatter Ζ 507 = Ο 264.

κροκόπεπλος, -ον [κρόκος + πέπλος]. In saffron robe. Epithet of Ἠώς Θ 1, Τ 1, Ψ 227, Ω 695.

κρόκος. The crocus (from a variety of which saffron is obtained ; see prec.). Collectively Ξ 348.

κρόμυον, τό. An onion Λ 630 : τ 233.

κρόσσαι, αἱ. Applied to some part of the Greek wall protecting the ships (but there is nothing to show what part is meant) : κρόσσας πύργων ἔρυον Μ 258, κροσσάων ἐπέβαινον 444.

κροταλίζω [κρόταλον, a rattle, conn. with κροτέω]. To cause to rattle, rattle along : ἵπποι κεῖν' ὄχεα κροτάλιζον Λ 160.

κρόταφος, -ου, ὁ. (1) One of the temples of the head (= κόρση) : τὸν βάλε δουρὶ κόρσην· ἡ δ' ἑτέροιο διὰ κροτάφοιο πέρησεν αἰχμή Δ 502. Cf. Υ 397.—(2) In pl., the temples : κόρυθα κροτάφοις ἀραρυῖαν Ν 188, Σ 611. Cf. Ν 805, Ο 609, 648, Π 104 : ὑπὸ κροτάφοισιν ἰούλους ἀνθῆσαι λ 319. Cf. σ 378, χ 102.

κροτέω. To cause to rattle, rattle along : ἵπποι κεῖν' ὄχεα κροτέοντες Ο 453.

κρουνός, -οῦ, ὁ. A spring of water : κρουνῶν ἐκ μεγάλων Δ 454. Cf. Χ 147, 208.

κρύβδα [κρύπτω]. Without the knowledge of. With genit. : κρύβδα Διός Σ 168.

κρύβδην [as prec.]. Avoiding, so as to avoid, notice, secretly : κρύβδην, μηδ' ἀναφανδά, νῆα κατισχέμεναι λ 455. Cf. π 153.

κρυερός [κρύος, cold, chill]. Chilling, freezing, numbing. Fig. as epithet of φόβος Ν 48.—Of γόος Ω 524 : δ 103, λ 212.

κρυόεις, -εσσα. Fem. -εσσα. [As prec.] Fig. as epithet of Ἰωκή Ε 740.—Of φόβος Ι 2.

κρυπτάδιος, -η, -ον [κρύπτω]. (1) Secret, clandestine : φιλότητι Ζ 161.—(2) Absol. in neut. pl. κρυπτάδια, secret or veiled designs or purposes : κ. φρονέοντα Α 542.

κρυπτός, -ή, -όν [κρύπτω]. Secret, private, such as cannot be used without special knowledge : κληῖδι Ξ 168.

κρύπτω. 3 sing. pa. iterative κρύπτασκε Θ 272. Fut. κρύψω δ 350, ρ 141. 3 sing. aor. κρύψε λ 244. 3 pl. ἔκρυψαν ξ 357. Subj. κρύψω ν 304. Nom. pl. masc. pple. κρύψαντες Ξ 373. Infin. κρύψαι Σ 397. 3 sing. aor. pass. κρύφθη Ν 405. Acc. sing. neut. pf. pple. κεκρυμμένον λ 443. Acc. pl. κεκρυμμένα ψ 110. (ἀπο-, ἐγ-, κατα-, ὑπο-.) (1) To hide, hide away, conceal, put away or keep from view or knowledge : ἤ μ' ἐθέλησε κρύψαι χωλὸν ἐόντα Σ 397. Cf. Φ 239 : λ 244, ν 304, ξ 357.— (2) To keep private or secret, keep to oneself : σήματα κεκρυμμέν' ἀπ' ἄλλων ψ 110.—(3) To withhold (speech or a communication) : ἔπος δ 350 = ρ 141. Cf. λ 443.—(4) To cover up for protection, shield or shelter from harm : σάκεΐ μιν κρύπτασκεν Θ 272. Cf. Ν 405, Ξ 373.

κρύσταλλος, -ου, ὁ [cf. κρυερός, κρυόεις]. Ice : σακέεσσι περιτρέφετο κρύσταλλος ξ 477. Cf. Χ 152.

κρυφηδόν [κρύπτω]. Avoiding notice, secretly : ἤ ἀμφαδὸν ἦε κ. ξ 330 = τ 299.

κρύφθη, 3 sing. aor. pass. κρύπτω.

κρύψω, fut. κρύπτω.

κτάμεναι, aor. infin. κτείνω.

κτανέοντα. See κτείνω.

κτάνον, aor. κτείνω.

κτάομαι [cf. κτίζω]. (1) To become the owner of, get, gain, acquire : κτήμασι, τὰ γέρων ἐκτήσατο Πηλεύς Ι 400.—In reference to slaves : οἰκήων, οὓς κτήσατ' Ὀδυσσεὺς ξ 4. Cf. ξ 450.—To found and stock (a house) : ἐμοὶ ἐκτήσατο κεῖνος [οἶκον τόνδε] ν 265.—To win (a bride) ω 193.—(2) In pf., to possess, hold, have : ὅσα φασὶν Ἴλιον ἐκτῆσθαι Ι 402.

κτάσθαι, aor. infin. mid. κτείνω.

κτέαρ, τό [κτάομαι]. Only in dat. pl. κτεάτεσσι. In pl. (1) Possessions, goods, effects, property : υἱὸν ἐπὶ κτεάτεσσι λιπέσθαι Ε 154. Cf. Ζ 426 (spoils), Ι 482, Σ 300, Ψ 829 : τοῖσδε κτεάτεσσιν ἀνάσσω δ 93. Cf. α 218, ο 89, ρ 471, υ 289.— (2) Possessions viewed as applied to some end, means, resources : τὴν πρίατο κτεάτεσσιν ἑοῖσιν α 430. Cf. ξ 115, 452, ο 483.

†**κτεατίζω** [κτεατ-, κτέαρ]. Aor. κτεάτισσα Π 57. 3 sing. κτεάτισσε ω 207. Pple. κτεατίσσας β 102, τ 147, ω 137. To become the owner of, get, gain, acquire, win : δουρὶ [μιν] ἐμῷ κτεάτισσα Π 57. Cf. β 102, τ 147 = ω 137.—To make (a farm), bring (land) into cultivation : ἀγρόν, ὃν Λαέρτης κτεάτισσεν ω 207.

κτείνω. App. acc. sing. masc. secondary pres. pple. in desiderative sense κτανέοντα Σ 309. 3 sing. pa. iterative κτείνεσκε Ω 393. Fut. κτενέω π 404. 2 sing. κτενέεις Χ 13. 3 κτενέει Χ 124, Ω 156, 185. κτενεΐ Ο 65, 68. Infin. κτενέειν Ν 42, Ο 702, Ρ 496. 3 sing. aor. κτεῖνας Ω 500. 3 ἔκτεινε Π 594, Τ 296 : δ 188, ψ 8, ω 429. κτεῖνε Ο 651 : δ 547, λ 422, τ 523, ψ 63. 3 pl. ἔκτειναν μ 379. Subj. κτείνω Θ 182. 2 sing. κτείνῃς Υ 186 : α 296, λ 120. 3 κτείνῃ Γ 284, Ε 236. Opt. κτείναιμι ξ 405, υ 42. Pple. κτείνας Ζ 481, Λ 759, Ο 587, Π 292 : γ 305, 309, δ 257, ξ 380. Pl. κτείναντες ρ 80. Fem. κτείνᾱσα ω 200. Infin.

κτεῖναι Ε 261, 435, Ζ 167, Ν 629, Ξ 47, Φ 279 : δ 823, ν 426, ξ 282, ο 30, υ 50, 315, ψ 79. Aor. ἔκτανον ψ 363. κτάνον Η 155, Λ 672. 2 sing. ἔκτανες Χ 272. 3 ἔκτανε Β 701, Ζ 416, Κ 560, Π 849, Ρ 589, Σ 456, Τ 414, Ω 151, 180, 736 : α 30, 36, 299, β 19, γ 307, θ 228, τ 539, 543. κτάνε Ε 679, Ρ 60, Φ 211, 236, 344 : γ 250. 3 pl. ἔκτανον α 108. κτάνον Ω 479. 3 sing. aor. ἔκτα Ζ 205, Μ 46 : α 300, γ 198, 308, λ 324, 410. 1 pl. ἔκταμεν μ 375. 3 pl. ἔκταν Κ 526 : τ 276. 1 pl. subj. κτέωμεν χ 216. Infin. κτάμεναι Ε 301, Ρ 8 : κ 295, 322. Aor. infin. mid. κτάσθαι Ο 558. Aor. pple. mid. (in sense of pf. pass.) κτάμενος, -η Γ 375, Ε 21, 28, Ν 262, Ο 554, Π 757, Σ 337, Χ 75, Ψ 23 : χ 401, 412, ψ 45. 3 pl. aor. pass. ἔκταθεν Λ 691 : δ 537. (ἀπο-, κατα-.) To kill, slay : τὸν ἔκτανε Δάρδανος ἀνήρ Β 701. Cf. Α 410, Γ 375, Ε 301, Λ 691, Ν 110 (mid., 'let themselves be slain '), Π 292, etc.: ἔκταθεν ἐν μεγάροισιν δ 537. Cf. α 30, β 19, γ 250, κ 295, μ 375, τ 523, etc. —In mid. Ο 558.—With the corpse as object : νεκρόν, τὸν ἔκταν' Ἀχιλλεύς Ω 151, etc.—Sim. : μετὰ κταμένοισι νέκυσσιν χ 401, ψ 45.—Absol. Κ 483, Λ 193, Ν 145, Ρ 454, Φ 220, etc.

κτέρας, τό [κτάομαι]. (1) Something possessed, a possession, chattel, thing : δέπας, μέγα κ. Ω 235. Cf. Κ 216.—(2) In pl. κτέρεα, a man's favourite possessions burnt on his pyre or placed in his grave ; hence κτέρεα κτερίζειν, κτερεΐζειν, to burn or place thus, and so, to perform funeral rites : ἐπί κτέρεα κτερίσαιεν Ω 38 : ἐπὶ κτέρεα κτερεΐξαι α 291. Cf. β 222, γ 285.—(3) So κτέρεα, funeral rites : ἔλαχόν κε κτερέων ε 311.

κτερεΐζω [κτέρας]. Aor. subj. κτερεΐξω β 222. Infin. κτερεΐξαι α 291. (1) κτέρεα κτερεΐζειν, see κτέρας (2).—(2) To pay funeral rites to, honour with funeral rites, perform the obsequies of : σὸν ἑταῖρον ἀέθλοισι κτερεΐξ̔ Ψ 646. Cf. Ω 657.

†**κτερίζω** [as prec.]. Fut. κτεριῶ Σ 334. 3 pl. κτεριοῦσι Λ 455, Χ 336. 3 sing. aor. opt. κτερίσειε γ 285. 3 pl. κτερίσαιεν Ω 38. (1) κτέρεα κτερίζειν, see κτέρας (2).—(2) = prec. (2) Λ 455, Σ 334, Χ 336.

κτεύμεν, 1 pl. aor. subj. κτείνω.

κτῆμα, -ατος [κτάομαι]. (1) Something possessed, a piece of property, a chattel or thing : μή τι δόμων ἐκ κ. φέρηται ο 19.—(2) In pl. possessions, goods, effects, property, wealth, chattels, things : ὅθι πλεῖστα δόμοις ἐν κτήματα κεῖται Ι 382. Cf. Γ 70, Ε 481, Η 350, Ν 626, Σ 292, etc. : πολλὰ κτήματ' ἀγων γ 312. Cf. α 375, β 123, γ 314, δ 175, κ 404, ξ 92, ρ 532, φ 214, etc.

κτῆσις, ἡ [κτάομαι]. Possessions, goods, effects, property, wealth, chattels, things : χηρωσταὶ διὰ κτῆσιν δατέοντο Ε 158. Cf. Ξ 491, Ο 663, Σ 512, Χ 121, Τ 333 :=η 225=τ 526, δ 687, ξ 62, τ 534.

κτητός [κτάομαι]. That may be acquired or won : κτητοὶ τρίποδές [εἰσιν] Ι 407.

κτίδεος, -η [ἴ(ι)κτιδ-, (ἴ)κτις, the polecat or martin]. Of the skin of the ἴκτις : κυνέην Κ 335, 458.

†**κτίζω.** 3 sing. aor. κτίσσε Υ 216. 3 pl. ἔκτισαν λ 263. To people (a tract of country) : Δαρδανίην Υ 216.—To found (a city) : Θήβης ἔδος λ 263.

κτίλος, -ου, ὁ. A ram Γ 196, N 492.
κτίσσε, 3 sing. aor. κτίζω.
κτυπέω [κτύπος]. 3 sing. aor. ἔκτυπε Θ 75,
Ο 377, P 595 : φ 413. κτύπε Θ 170. To give forth
a sound. Of crushed or falling trees, to crash
N 140, Ψ 119.—Of Zeus, to thunder Η 479, Θ 75,
170, Ο 377, P 595 : φ 413.
κτύπος, -ου, ὁ. A sound or noise : κτύπον ἄϊεν
Κ 532, Διὸς κτύπον (the thunder) Ο 379. Cf.
Κ 535, P 175, Τ 363 : π 6, τ 444, φ 237=383.—
Sound, noise : τόσσος κ. ὦρτο Υ 66. Cf. Μ 338.
κύαμος, -ου, ὁ. A bean N 589.
κυάνεος, -η, -ον [κύανος]. (1) Represented in
κύανος : δράκοντες Λ 26. Cf. Λ 39, Σ 564.—
(2) Dark in hue, dark : φάλαγγες Δ 282 (app. not
so much an epithet of φάλαγγες as a reflection in
the poet's mind from the preceding storm simile),
Τρώων νέφος Π 66 (likening the encircling foes to
a threatening storm-cloud), νεφέλη (the darkness
of death) Υ 418. Cf. Ε 345, Χ 402, Ψ 188, Ω 94 :
νεφέλη μ 75, γαῖα ψάμμῳ κυανέη (dark with sand,
showing dark sand) 243. Cf. μ 405=ξ 303, π 176.
—Of divine eyebrows : κυανέῃσιν ἐπ' ὀφρύσι νεῦσε
Κρονίων Α 528 = Ρ 209. Cf. Ο 102.
κυανόπεζα [κύανος + πέζα]. Having the feet
ornamented with designs in κύανος : τράπεζαν
Λ 629.
κυανοπρώρειος, -ον. [As next.] = next γ 299.
κυανόπρωρος, -ον [κύανος + πρῴρη]. Having the
prow ornamented with designs in κύανος. Epithet
of ships Ο 693, Ψ 852, 878 : ι 482, 539, κ 127,
λ 6 = μ 148, μ 100, 354, ξ 311, χ 465.
κύανος, -ου, ὁ. Glass paste or enamel coloured
with a pigment doubtless to be identified with
the pigment of brilliant cobalt hue largely used
in the palace at Cnossus (see Sir Arthur Evans's
The Palace of Minos, 1921, vol. i. p. 534): θριγκὸς
κυάνοιο η 87. Cf. Λ 24, 35.
κυανοχαίτης [κύανος + χαίτη]. Voc. κυανοχαῖτα
Ο 174, 201 : ι 528. Nom. κυανοχαῖτα (prob. orig.
the voc. turned into a nom.) N 563, Ξ 390.
Dark-haired. Epithet or a name of Poseidon
N 563, Ξ 390, Ο 174, 201, Υ 144 : γ 6, ι 528, 536.
—As epithet of a horse, dark-maned Υ 224.
κυανῶπις, -ιδος [κύανος + ὦπα]. Dark-eyed.
Epithet of Amphitrite μ 60.
κυβερνάω. To steer (a ship), keep (her) on her
course : νῆα κυβερνῆσαι γ 283.
κυβερνητήρ, -ῆρος, ὁ. [As next.] = next : οὐ
Φαιήκεσσι κυβερνητῆρες ἔασιν θ 557.
κυβερνήτης, ὁ [κυβερνάω]. The steersman of a
ship : νῆας ἄνεμός τε κυβερνῆταί τ' ἴθυνον ι 78
= ξ 256. Cf. Τ 43, Ψ 316 : γ 279, λ 10 = μ 152,
μ 217, 412.
κυβιστάω. To tumble, throw a somersault :
ὡς ῥεῖα κυβιστᾷ Π 745, 749.—Of fishes jumping
out of the water Φ 354.
κυβιστητήρ, -ῆρος, ὁ [κυβιστάω]. A tumbler,
acrobat, posturer Π 750, Σ 605 : = δ 18.
κυδαίνω [κῦδος]. 3 sing. aor. κύδηνε Ψ 793.
Infin. κυδῆναι π 212. (1) In reference to one's
appearance, to confer splendour or beauty :

Αἰνείαν ἀκέοντό τε κύδαινόν τε Ε 448. Cf. π 212.
—(2) To do honour to, bring into honour or
triumph, exalt N 348, 350, Ο 612.—(3) To treat
with marks of respect or distinction, address
in complimentary terms Κ 69.—To gratify by
marks of distinction ξ 438.—To flatter Ψ 793.
κυδάλιμος [κῦδος]. Glorious, renowned, famous.
(1) As a vague epithet of commendation : ἀνέρε
Ρ 378 : υἱάσιν ξ 206. Cf. ο 358, ρ 113, τ 418.—
(2) Epithet of Menelaus Δ 100, Η 392, N 591,
Ρ 69, etc. : δ 2, 16, 23=217, δ 46, ο 5, 141.—Of
Capaneus Δ 403.—Of Aias Ο 415.—Of Nestor
Τ 238.—Of Achilles Υ 439.—Of Odysseus γ 219,
χ 89.—Of Telemachus χ 238.—Of the Solymi
Ζ 184, 204.—Of a man's heart Κ 16, Σ 33 : φ 247.
—Of a lion's or a boar's Μ 45.
κυδάνω [κῦδος]. (1) To do honour to, bring
into honour or triumph, exalt Ξ 73.—(2) To be
triumphant, exult : Ἀχαιοὶ μέγα κύδανον Υ 42.
κύδηνε, 3 sing. aor. κυδαίνω.
κυδιάνειρα, -ης [κῦδος + ἀνήρ]. That brings men
honour. Epithet of μάχη Δ 225, Ζ 124, Η 113,
Θ 448, Μ 325, N 270, Ξ 155, Ω 391.—Of ἀγορή
Α 490.
†κυδιάω [frequentative fr. κῦδος]. Pres. pple.
κυδιόων Β 579, Ζ 509, Ο 266. Pl. κυδιόωντες Φ 519.
To bear oneself proudly or triumphantly : ἐδύσετο
χαλκὸν κυδιόων Β 579. Cf. Φ 519.—Of a horse
Ζ 509 = Ο 266.
κύδιστος, -η [superl. fr. κῦδος]. Most glorious
or renowned. Epithet of Athene Δ 515 : γ 378.
—In voc. as epithet of Zeus Β 412, Γ 276, 298,
etc.—Of Agamemnon Α 122, Β 434, Θ 293, etc. :
λ 397 = ω 121.
κυδοιμέω [κυδοιμός]. To drive in confusion or
uproar, make havoc of : ἡμέας εἶσι κυδοιμήσων
Ο 136.—Absol. : ἀν' ὅμιλον ἰόντε κυδοίμεον Λ 324.
κυδοιμός, -οῦ, ὁ. Confusion, uproar, panic :
ἐν κυδοιμὸν ὦρσε Κρονίδης Λ 52. Cf. Κ 523, Λ 538,
Σ 218.—In concrete sense, the hurrying throng
of battle : ἐκ κυδοιμοῦ Λ 164.—Personified Σ 535.—
Figured as a symbol ε Ἐνυὼ ἔχουσα Κυδοιμόν
Ε 593.
κῦδος, τό. (1) The outward splendour of a
divinity : κύδεϊ γαίων Α 405, Ε 906, Θ 51, Λ 81.—
(2) Honour, glory, renown, distinction : ᾧ τε
Ζεὺς κ. ἔδωκεν Α 279, οἴσεσθαι μέγα κ. Ἀχαιοῖσι
προτὶ νῆας (bring the Achaeans glory, or perh.,
win glory in the eyes of the Achaeans) Χ 217.
Cf. Γ 373, Δ 95, Θ 176, Ι 303, Π 84, Ρ 251, Ω 110,
etc. : γ 57, ο 320, τ 161.—(3) The glory of victory,
victory, triumph, the upper hand : ὁππ024τέροισι
Ζεὺς κ. ὀρέξῃ Ε 33, [ἴσον] κ. ὄπασσον (i.e. make
the fight a drawn one) Η 205. Cf. Ε 225, Θ 141,
Μ 407, Ο 595, Ρ 321, Ψ 400, etc. : δ 275, χ 253.—
So κ. ὑπέρτερον Μ 437, Ο 491, 644.—(4) A source
of honour, something which confers honour or
distinction : κόσμος θ' ἵππῳ ἐλατῆρί τε κ. Δ 145.
Cf. ο 78 (see ἀγλαΐη (2)).—Of a person : μέγα σφι
κ. ἔῃσθα Χ 435.—So μέγα κ. Ἀχαιῶν. Of Odysseus
Ι 673 = Κ 544 : μ 184.—Of Nestor Κ 87 = 555 =
Λ 511 = Ξ 42 : = γ 79 = 202.

κυδρός, -ή [κῦδος]. =κυδάλιμος (1): Διὸς κυδρὴ παράκοιτις Σ 184. Cf. λ 580, ο 26.

κυέω [cf. κῦμα]. (ὑποκύομαι.) To bear in the womb, be pregnant with: ἐκύει υἱόν Τ 117.—Of a mare: βρέφος ἡμίονον κυέουσαν Ψ 266.

κύθε, 3 sing. aor. κεύθω.

κυκάω. Dat. sing. masc. pres. pple. κυκόωντι Ε 903. (1) To stir, mix: [γάλα] Ε 903.—(2) To stir and mix (ingredients with wine) so as to make a κυκεών: τυρόν σφι καὶ ἄλφιτα καὶ μέλι οἴνῳ ἐκύκα κ 235.—Without expressed object: κύκησέ σφι οἴνῳ Λ 638.—(3) To stir or trouble (waters): [Σκάμανδρος] ὅρινε ῥέεθρα κυκώμενος Φ 235. Cf. Φ 240, 324.—Of Charybdis μ 238, 241.—(4) To throw into disorder or confusion, strike with panic: κυκήθησαν Τρῶες Σ 229. Cf. Λ 129, Υ 489.

κυκεών, ὁ [κυκάω]. Acc. κυκεῶ κ 290, 316. κυκειῶ Λ 624, 641. A semi-liquid mess compounded of wine and other ingredients (called σῖτος κ 235, 290, but app. intended to be drunk Λ 641: κ 237, 316, 318) (cf. κυκάω (2)): τεύξει τοι κυκεῶ κ 290. Cf. Λ 624, 641: κ 316.

†**κυκλέω** [κύκλος]. 1 pl. aor. subj. κυκλήσομεν. To convey by means of wheels, carry in waggons: νεκρούς Η 332.

κύκλος, -ου, ὁ. Acc. pl. (besides the regular form) κύκλα Ε 722, Σ 375. A ring or circle. (1) Each of a number of concentric circular pieces of metal forming a shield: ἔντοσθεν βοείας ῥάψε θαμειὰς χρυσείης ῥάβδοισι διηνεκέσιν περὶ κύκλον (corresponding with each circle, but no doubt covering the joints) Μ 297 (the pieces of leather being sewed together with the wire), ἀσπίδα, ἣν πέρι κύκλοι δέκα χάλκεοι ἦσαν Λ 33.—Sim. of both an outer circle of metal and the corresponding inner circle of leather: διὰ δ' ἀμφοτέρους ἔλεν [ἐγχείη] κύκλους ἀσπίδος (tore apart the metal facing and the leather backing) Υ 280.—(2) A chariot-wheel Ψ 340.—In pl. κύκλα denoting rather vague quantity than plurality, a set of chariot-wheels: ἀμφ' ὀχέεσσι βάλε κύκλα Ε 722.—So of wheels under a tripod Σ 375.—(3) A semi-circular range of seats for judges: ἧατ' ἐπὶ ξεστοῖσι λίθοις ἱερῷ ἐνὶ κύκλῳ Σ 504.—(4) A cordon of men drawn round a hunted beast δ 792.—(5) In dat. κύκλῳ, in a circle, round about: χέε δέσματα κύκλῳ ἁπάντῃ θ 278.

κυκλόσε [κυκλο-, κύκλος + -σε]. Coming into a circle, in a circle: ἀγηγέρατο Δ 212, διαστάντες Ρ 392.

κυκλοτερής, -ές [app. κύκλος + τερ-, τείρω. 'Rubbed or worn into a circle,' but with the force of the second element obscured]. Round, circular: ἄλσος ρ 209.—Sim.: ἐπεὶ κυκλοτερὲς τόξον ἔτεινεν (predicatively, 'into a (semi-) circle') Δ 124.

κύκνος, -ου. A swan Β 460 = Ο 692.

κυκόωντι, dat. sing. masc. pres. pple. κυκάω.

κυλίνδω. 3 sing. aor. pass. κυλίσθη Ρ 99. (ἐκ-, προ-, προπρο-.) (1) To put into rolling motion, roll along. Of the sea: γαίῃ Θεσπρωτῶν πέλασεν μέγα κῦμα κυλίνδων ξ 315. Cf. α 162.—Of a wind, to roll (billows) before it: Βορέης

μέγα κῦμα κυλίνδων ε 296.—So in pass.: πολλὸν τρόφι κῦμα κυλίνδεται Λ 307.—Fig.: γιγνώσκειν ὅτι πῆμα θεὸς Δαναοῖσι κυλίνδει Ρ 688.—So in pass.: νῶϊν τόδε πῆμα κυλίνδεται (is coming on us) Λ 347. Cf. Ρ 99: β 163, θ 81.—(2) In mid. or pass., to be rolled down, roll down: πέδονδε κυλίνδετο λᾶας λ 598.—To roll along, roll about: ὅλμον δ' ὣς ἔσσευε κυλίνδεσθαι δι' ὁμίλου Λ 147. Cf. Ν 142, 579, Ξ 411, Π 794.—Of breaking waves ι 147.—To roll oneself about, wallow: κυλινδόμενος κατὰ κόπρον Χ 414, Ω 640. Cf. Ω 165: δ 541 = κ 499.—Of a horse, to roll himself about, writhe, in the death-struggle Θ 86.

κυλλοποδίων [app. a pet-form fr. κυλλοποδ-, fr. κυλλός, crooked + ποδ-, πούς]. Voc. κυλλοπόδιον Φ 331. Little crook-foot. A name of Hephaestus Σ 371, Υ 270, Φ 331.

κῦμα, -ατος, τό [κυ-, to swell, as in κυέω]. (1) A wave of the sea: ὥς τε μέγα κ. θαλάσσης νηὸς ὑπὲρ τοίχων καταβήσεται Ο 381. Cf. Β 144, Μ 28 (comitative dat., 'to be carried by the . . .'), Ν 27, Ο 621, Ψ 61, etc.: κύματα τροφόεντα, ἶσα ὄρεσσιν γ 290. Cf. γ 91, 299, ε 54, 109, 224, 313, 320, 366, η 278, θ 232, ι 147, 485 (the wash of the thrown rock), κ 93, μ 419, ν 88, etc.—A wave of a river λ 243.—(2) Collectively, the wave or waves of the sea, the swell or surge of the sea, the swelling or heaving surface of the sea: ἀμφὶ κ. στείρῃ ἴαχεν Α 481. Cf. Α 483, Δ 422, Ι 6, Μ 285, Ξ 16, Ρ 264, etc.: κύματι πηγῷ πλάζετο (on the . . .) ε 388. Cf. α 162, γ 295, ε 402, ζ 171, η 273, μ 202 (breakers), ν 99, etc.—(3) In reference to the flowing surface of a river: θρῴσκων τις κατὰ κ. ἰχθύς Φ 126. Cf. Φ 240, 263, 268, 306, 313, 326, 382: ἔσχε κ. (stayed his flow) ε 451. Cf. ε 461.—So in reference to Ocean λ 639.

κυμαίνω [κῦμα]. Of the sea, to swell or surge: πόντον κυμαίνοντα Ξ 229: δ 425, 510, 570 = λ 253, ε 352.

κύμβαχος. (1) Headlong: ἔκπεσε δίφρου κ. Ε 586.—(2) As sb., app., the crown (of a helmet): κόρυθος κύμβαχον νύξεν Ο 536.

κύμινδις. The name given by mortals to a bird not identified (cf. χαλκίς) Ξ 291.

κυνάμυια, κυνόμυια [κυν-, κύων + μυῖα. 'Dog-fly']. As a term of abuse, one who unites in her person the shamelessness of the dog and the boldness of the fly Φ 394, 421.

κυνέη, -ης, ἡ [commonly taken as fem. of κύνεος (sc. δορά, hide) in sense 'a helmet,' originally of dogskin]. A helmet Γ 316, Ε 743, 845 (the cap of darkness, the name Ἀΐδης (ΑϜίδης) here preserving its orig. sense 'the Invisible,' fr. α-1 + (Ϝ)ιδ-, εἴδω), Κ 261, Μ 384, Π 793, etc.: κ 206, ξ 276, χ 111, 123, 145.—With adjectives of material: ταυρείην Κ 257, κτιδέην 335, 458: πάγχαλκος σ 378, πάγχαλκον χ 102.—A cap worn in ordinary life: αἰγείην ω 231.

κύνεος [κυν-, κύων]. Having the characteristics of the dog, shameless: κύνεός περ ἐὼν Ι 373.

κυνέω. Aor. κύσα ξ 279. 3 sing. ἔκυσε ψ 208. κύσε Ζ 474, Ω 478: ε 463, ν 354, π 21, 190, ω 398.

ἔκυσσε Θ 371 : φ 225. κύσσε π 15, ρ 39, τ 417,
ω 320. 3 sing. opt. κύσειε ψ 87. Infin. κύσσαι
ω 236. To kiss Ζ 474, Θ 371, Ω 478 : δ 522, ε 463,
ν 354, ξ 279, π 15 = ρ 39, π 21, 190, ρ 35 = χ 499,
τ 417, φ 224, 225, ψ 87, 208, ω 236, 320, 398.

κυνηγέτης, ὁ [κυν-, κύων + ἄγω. 'One who leads
dogs']. A hunter ι 120.

κυνόμυια. See κυνάμυια.

κυνοραιστής [κυν-, κύων + ῥαίω]. A dog-tick :
κεῖτ' "Αργος, ἐνίπλειος κυνοραιστέων ρ 300.

κύντατος [superl. fr. κυν-, κύων. 'Most like
what a dog might do']. Most outrageous or
offensive : μερμήριζε ὅ τι κύντατον ἔρδοι Κ 503.

κύντερος [comp. fr. κυν-, κύων. 'More like
a dog']. More lost to all sense of shame or
decency, more reckless or outrageous : οὐ σέο
κύντερον ἄλλο Θ 483. Cf. λ 427.—Applied to
the belly η 216.—Of a deed, more outrageous or
offensive υ 18.

κυνῶπις [κυν-, κύων + ὦπα. 'Dog-eyed']. Lost
to all sense of shame or decency, shameless, reck-
less, outrageous. In voc. κυνῶπα Α 159.

κυνῶπις, -ιδος [as prec.]. = prec. : κυνώπιδος
εἵνεκα κούρης θ 319. Cf. Σ 396 : λ 424.—In self-
depreciation : δαὴρ ἐμὸς ἔσκε κυνώπιδος Γ 180.
Cf. δ 145.

κυπαρίσσινος [κυπάρισσος]. Of cypress-wood :
σταθμῷ ρ 340.

κυπάρισσος, ἡ. The cypress ε 64.

κύπειρον, τό. A plant difficult to identify,
perh. galingale. Collectively Φ 351 : δ 603.

κύπελλον, -ον, τό. A drinking-cup : παιδὸς
ἐδέξατο κ. Α 596. Cf. Γ 248, Δ 345, Ι 670, Ω 305 :
α 142 = δ 58, κ 357, β 396, υ 253.

†**κύπτω.** 3 sing. aor. opt. κύψειε λ 585. Pple.
κύψας Ρ 621, Φ 69. Dat. sing. masc. κύψαντι
Δ 468. (κατα-.) To stoop, stoop or bend down :
ὁσσάκι κύψει' ὁ γέρων λ 585. Cf. Δ 468, Ρ 621,
Φ 69.

κύρμα, τό [κύρω. 'That which one lights
upon']. An object of prey, prey : δῃῶν κυσὶ
κύρμα γενέσθαι Ρ 272. Cf. Ε 488, Ρ 151 : γ 271,
ε 473, ο 480.

κύρσας, aor. pple. κύρω.

κυρτός. Curved. Of waves, arched, curling
Δ 426, Ν 799.—Of the shoulders, round, humped
Β 218.

†**κυρτόω** [κυρτός]. Nom. sing. neut. aor. pple.
pass. κυρτωθέν. To cause to take a curved form :
κῦμα κυρτωθέν (arching over the pair) λ 244.

κύρω. Aor. pple. κύρσας Γ 23, Ψ 428. (ἐγ-,
συγ-.) (1) To come upon, light upon. With
ἐπί and dat. : ἐπὶ σώματι κύρσας Γ 23.—Sim., app. :
αἰὲν ἐπ' αὐχένι κῦρε δουρὸς ἀκωκή (kept constantly
grazing it) Ψ 821.—(2) To come against, come
into (violent) contact with. With dat. : ἅρματι
κύρσας (i.e. Menelaus's chariot) Ψ 428.—(3) To
meet with, experience. In mid. With dat. :
κακῷ κύρεται Ω 530.

κύσ(σ)ε, 3 sing. aor. κυνέω.

κύστις, ἡ. The bladder Ε 67, Ν 652.

κῡφός [κυφ-, κύπτω]. Bent, stooping β 16.

κύψας, aor. pple. κύπτω.

κύων, κυνός, ὁ, ἡ. Voc. κύον Θ 423, Λ 362,
Τ 449, Φ 481, Χ 345 : σ 338, τ 91. Dat. pl. κυσί
Λ 325, Μ 303, Ρ 127, Σ 179, Ψ 21, etc. : σ 87,
χ 476. κύνεσσι Α 4, Μ 41, Ρ 725, Ψ 183. (1) A
dog Α 4, Β 393, Θ 379, Ν 233, Χ 42, Ψ 21, etc. :
β 11, γ 259, η 91, κ 216, ρ 291, σ 105, υ 14, etc.—
(2) Specifically (a) A hunting-dog : ταχέες τε
κύνες θαλεροί τ' αἰζηοί Γ 26. Cf. Ε 476, Θ 338,
Ι 545, Λ 325, Χ 189, etc. : τ 228, 429, 436, 438,
444.—(b) A sheep-dog or a dog guarding cattle,
goats or swine Κ 183, Μ 303, Ν 198, Ο 587, Ρ 65,
110, 658, Σ 578, 581, etc. : ξ 21, 29, 35, 37, π 4,
6, 9, 162, ρ 200, φ 363.—(c) The dog of Hades :
ἄξοντα κύν' 'Αΐδαο Θ 368. Cf. λ 623.—The dog of
Orion, Sirius : κύν' 'Ωρίωνος Χ 29.—(3) As a type
of shamelessness : κυνὸς ὄμματ' ἔχων (cf. κυνώπης)
Α 225.—(4) As a term of abuse or depreciation :
δμῳάς, κύνας οὐκ ἀλεγούσας τ 154. Cf. Θ 299, 527 :
ρ 248, τ 372.—In voc. : κύον ἀδεές Θ 423, Φ 481,
κύον Λ 362 = Τ 449, Χ 345, κακαὶ κύνες Ν 623 (the
fem. app. conveying a special taunt). Cf. σ 338,
τ 91, χ 35.—As a term of self-depreciation : δάερ
ἐμεῖο κυνὸς κακομηχάνου Ζ 344. Cf. Ζ 356.—
(5) Some kind of marine animal, a sea-dog μ 96.

κῶας, τό. Dat. pl. κώεσι γ 38, υ 142. A pre-
pared fleece used (1) As bedding : χλαῖναν καὶ
κώεα, τοῖσιν ἔνευδεν υ 95. Cf. Ι 661 : υ 3, 142,
ψ 180.—(2) For sitting upon : ἵδρυσε κώεσιν ἐν
μαλακοῖσιν γ 38. Cf. π 47, ρ 32, τ 58, 97, 101,
φ 177, 182.

κώδεια, ἡ. A poppy-head Ξ 499.

κωκῠτός, -οῦ, ὁ [κωκύω]. A crying out in grief
or distress : κωκυτῷ εἴχοντο Χ 409. Cf. Χ 447.

κωκύω. (1) To cry out in grief or distress :
κώκυσέν τ' ἄρ' ἔπειτα Σ 37. Cf. Σ 71, Τ 284, Χ 407,
Ω 200, 703 : β 361, δ 259, θ 527, τ 541.—(2) To
make lament for : ἑὸν πόσιν ω 295.

κώληψ, -ηπος. App., the hollow behind the
knee : κόψ' ὄπιθεν κώληπα Ψ 726.

κῶμα, τό [κω-, κοιμάω]. Sleep, slumber : αὐτῷ
περὶ κῶμα κάλυψα Ξ 359. Cf. σ 201.

κώπη, -ης, ἡ. A handle. (1) The handle of
a sword : ἄορ, ᾧ ἔπι κώπη ἀργυρέη θ 403. Cf.
Α 219 : λ 531.—(2) The handle of a κληΐς in
sense (2) φ 7.—(3) The handle of an oar, and
hence, an oar : ἐμβαλέειν κώπῃς ι 489 = κ 129.
Cf. μ 214.

κωπήεις, -εντος [κώπη]. Fitted with a handle,
handled. Epithet of swords Ο 713, Π 332, Τ 475.

κώρυκος, -ον, ὁ. A bag or wallet : ἐν δὲ καὶ ᾖα
[θῆκε] κωρύκῳ ε 267. Cf. ι 213.

κωφός, -ή, -όν. (1) Blunt : βέλος Λ 390.—
(2) Without sensibility, senseless : γαῖαν Ω 54.—
(3) Of the wave of the sea in a ground-swell,
making no plash, heaving without breaking :
ὅτε πορφύρῃ πέλαγος κύματι κωφῷ Ξ 16.

λᾱας, ὁ Δ 521 : λ 598. Genit. λᾶος Μ 462 :
θ 192. Dat. λᾶϊ Η 739. Acc. λᾶαν Β 319, Γ 12,
Η 268, Μ 445, 453 : ι 537, λ 594, 596, ν 163.

Nom. dual λᾶε Ψ 329. **Genit.** pl. λάων Μ 29, Φ 314. **Dat.** λάεσσι Γ 80 Ω 798 : ζ 267, κ 211, 253, ξ 10. (1) A stone : ὅσον τ' ἐπὶ λᾶαν ἵησιν Γ 12. Cf. Γ 80, Δ 521, Η 268, Μ 445, 453, 462, Π 739, Φ 314, Ψ 329 : λᾶος ὑπὸ ῥιπῆς θ 192. Cf. ι 537, λ 594, 596, 598.—(2) In pl., stones used in construction : θεμείλια φιτρῶν καὶ λάων Μ 29. Cf. Ω 798 : ῥυτοῖσιν λάεσσιν ἀραρυῖα ζ 267. Cf. κ 211 = 253, ξ 10.—(3) Something of stone : λᾶάν μιν ἔθηκεν (turned it to stone) Β 319 : ν 163.

λάβε, 3 sing. aor. λαμβάνω.

λαβραγόρης, ὁ [λάβρος + ἀγορεύω]. A rash talker : οὐδέ τί σε χρὴ λαβραγόρην ἔμεναι Ψ 479.

λαβρεύομαι [λάβρος]. To pour out words without consideration, talk rashly Ψ 474, 478.

λάβρος. Of wind, rushing, blustering : Ζέφυρος λάβρος ἐπαιγίζων Β 148. Cf. ο 293.—Of water, rushing, overwhelming : ποταμὸς λάβρος ὕπαιθα ῥέων Φ 271. Cf. Ο 625.—Of rain, pouring, torrential. In superl. : ὅτε λαβρότατον χέει ὕδωρ Ζεύς Π 385.

λαγχάνω. Aor. ἔλαχον Ι 367, Ο 190 : ε 311. λάχον Ω 400. 3 sing. ἔλαχε Ο 191, 192. λάχε Ψ 79, 354, 356, 357, 862. 1 pl. λάχομεν Δ 49, Ω 70. 3 ἔλαχον Κ 430 : ι 334. 3 sing. subj. λάχῃσι Η 171. λάχῃ Ω 76. Pple. λαχών ε 40, ν 138. Acc. sing. masc. λαχόντα Σ 327. Infin. λαχεῖν Η 179. 2 pl. subj. redup. aor. λελάχητε Ψ 76. 3 pl. λελάχωσι Η 80, Ο 350, Χ 343. 3 pl. pf. λελόγχᾶσι λ 304. (1) To get, receive, have assigned to one, as one's lot or portion : ἄσσ' ἔλαχόν γε Ι 367. Cf. Δ 49 = Ω 70, Σ 327 : λαχὼν ἀπὸ ληΐδος αἶσαν ε 40 = ν 138, τιμὴν λελόγχασιν ἴσα θεοῖσιν (enjoy) λ 304. Cf. ξ 233.—With genit. : κτερέων ε 311.—Absol. : ὡς αὐτοί περ ἐλάγχανον ν 282.—Of one's fate, to have power over (one) given to it, be destined to (one) : κήρ, ἥ πέρ [με] λάχε γιγνόμενόν περ Ψ 79.—To have a specified post or position assigned to one : πρὸς Θύμβρης ἔλαχον Λύκιοι Κ 430.—(2) To agree to receive, receive, accept. With genit. : δώρων Ω 76.—(3) To get or have assigned to one by lot : ἔλαχον ἄλα ναιέμεν (wherein to dwell) παλλομένων Ο 190. Cf. Ο 191, 192.—To have it fall on or be assigned to one by lot to do. With infin. : τῷ δ' ἐπὶ Μηριόνης λάχ' ἐλαυνέμεν Ψ 356. Cf. Ψ 357, Ω 400.—Absol., to have the lot fall upon one : μετὰ τὸν λάχ' Εὔμηλος Ψ 354. Cf. Η 171, 179, Ψ 862 : ι 334.—(4) To fall to one's lot : ἐς ἑκάστην [νῆα] ἐννέα λάγχανον αἶγες ι 160.—(5) In redup. aor., to give (one) his due of. With genit. : ὄφρα πυρός με λελάχωσιν Η 80 = Χ 343. Cf. Ο 350, Ψ 76.

λαγωός, ὁ. A hare Κ 361 : ρ 295.—Joined with πτώξ : πτώξα λαγωόν Χ 310.

λᾶε nom. dual, **λάεσσι** dat. pl. λᾶας.

λάζομαι. To grasp, seize, take hold of : ὀδὰξ λαζοίατο γαῖαν (bite the dust) Β 418, ἡνία χερσίν Ε 365, Ρ 482 = Ω 441. Cf. Ε 371, 745 = Θ 389, Ε 840, Π 734 : γ 483.—In reference to speech : πάλιν ὅ γε λάζετο μῦθον Δ 357 (took back his words) : ν 254 (restrained himself in speech, left the truth unsaid).

λαθικηδής [λαθ-, λανθάνω + κῆδος]. Soothing, pacifying : μαζόν Χ 83.

λάθον, aor. λανθάνω.

λάθρη [λαθ-, λανθάνω]. (1) By stealth, clandestinely, secretly, so as to escape notice : παρελέξατο Β 515, Π 184, βαλέειν (taking you at unawares) Η 243. Cf. Ν 352, 357 : δ 92, θ 269, ο 430, ρ 43, 80 (by secret contrivance), χ 445.—Imperceptibly, so as to affect one by slow degrees : γυῖα βαρύνεται Τ 165.—(2) With genit., without the knowledge of, so as to escape the notice of : Λαομέδοντος Ε 269. Cf. Ω 72.

λᾶϊ, dat. λᾶας.

λάϊγξ, -ιγγος, ἡ [λᾶας]. A pebble : ἦχι λάϊγγας ἀποπλύνεσκε θάλασσα ζ 95. Cf. ε 433.

λαῖλαψ, -απος, ἡ. (1) A furious wind, a storm of wind, a tempest : βαθείῃ λαίλαπι τύπτων Λ 306. Cf. Λ 747, Μ 375, Π 384, Τ 51 : ω 42.—(2) Furious wind, storm, tempest : ἄγει λαίλαπα πολλήν Δ 278. Cf. Ρ 57 : ἄνεμος (Ζέφυρος) λαίλαπι θύων (in storm) μ 400, 426. Cf. ι 68 = μ 314, μ 408.—(3) App., an accompaniment of a storm, a storm-cloud : ὅτε τε Ζεὺς λαίλαπα τείνῃ Π 365.

λαιμός, -οῦ, ὁ. The throat : 'Αφαρῆα λαιμὸν τύψεν Ν 542. Cf. Ν 388, Σ 34 : χ 15.—More specifically, the gullet Τ 209.

λάϊνος [λᾶας]. Of stone : πλυνοί Χ 154.

λάϊνεος [λᾶας]. Of stone : τεῖχος Μ 178. Cf. ν 106 (of natural formations in a cave) —λάϊνος οὐδός Ι 404 : θ 80 (in both cases app. referring to the threshold of a temple built of stone), π 41 (in the hut of Eumaeus), ρ 30, υ 258, ψ 88 (in these three cases at the entrance to the μέγαρον of Odysseus, app. a massive and broad stone threshold on which the μέλινος οὐδός rested (see μέλινος (2)).—Fig. : λάϊνόν χ' ἕσσο χιτῶνα Γ 57 (would have been stoned).

λαισήϊον, -ου, τό [app. conn. with λάσιος]. Thus, a light shield of skin with the hair left on Ε 453 = Μ 426.

λαῖτμα, τό [cf. λαιμός]. The gulf of the sea : τόδε λαῖτμα διατμήξας ε 409. Cf. η 35, 276, ι 323. —With ἁλός : ἁλὸς ἐς μέγα λαῖτμα Τ 267. Cf. θ 561.—With θαλάσσης : ὑπὲρ μέγα λαῖτμα θαλάσσης ι 260. Cf. δ 504, ε 174.

λαῖφος, τό. A ragged garment, rags ν 399.— So in pl. : τοιάδε λαῖφε' ἔχοντα υ 206.

λαιψηρός [= αἰψηρός; or perh. conn. with λαῖλαψ]. Swift, rushing : ἀνέμων λαιψηρὰ κέλευθα Ξ 17, Ο 620.—Of the arrows of Apollo, quickly reaching the mark, swift Φ 278.—Of a person, swift, nimble Φ 264.—Epithet of the knees Κ 358, Ο 269, Τ 93, Χ 24, 144, 204.

λάκε, 3 sing. aor. λάσκω.

λακτίζω [λάξ]. To apply the foot to, kick : λακτίζων ποσὶ γαῖαν σ 99. Cf. χ 88.

†λαμβάνω. 3 sing. aor. ἔλαβε Δ 463, Ε 328, Ρ 620, Ψ 100 : ζ 81, ρ 326. ἔλλαβε Γ 34, Θ 371, Ξ 475, Π 599, Ω 170, etc. : α 298, σ 88, 394, χ 71, ω 49. λάβε Α 500, Ε 159, Ζ 166, Λ 126, Ν 470, Ρ 695, Τ 418, Ω 478, etc. : δ 704, ε 428, θ 186, ο 102, φ 148, χ 310, etc. 2 dual λάβετον

Κ 545. 3 λαβέτην Ζ 233, Ψ 711. 3 pl. λάβον ο 387. 3 sing. subj. λάβῃ Δ 230, Ω 480. λάβῃσι Ι 324, Φ 24, Ω 43 : α 192. 1 pl. λάβωμεν Θ 191. 2 λάβητε κ 461. Opt. λάβοιμι Ο 22. 3 sing. λάβοι Π 30 : ι 418. 1 pl. λάβοιμεν Ε 273, Θ 196. Imp. λαβέ Α 407, Ο 229, Ω 465. 3 λαβέτω φ 152. Pple. λαβών, -όντος Β 261, Ζ 45, Λ 106, Μ 452, Ν 235, Ρ 678, Φ 286, Ψ 275, etc. : ζ 142, 147, ι 41, λ 4, ο 269, ω 398, etc. Fem. λαβοῦσα Γ 385, Ε 853, Φ 504 : η 255, τ 390, 467, ψ 87. Mid. 3 sing. aor. ἐλλάβετο ε 325. Redup. aor. infin. λελαβέσθαι δ 388. **(1)** To grasp, seize, lay or take hold of, lay hands upon : σε Β 261, χερμάδιον Ε 302. Cf. Ζ 233, Κ 328, Λ 842, Ο 22, Ρ 620 (picked up), Υ 418 (pressed them back towards their place), Φ 24, Ψ 100 (it eluded him), Ω 465, etc. : ζ 81, θ 186, ι 418, σ 394, τ 390, etc.—In mid. δ 388.—With genit.: λάβε πέτρης ε 428. Cf. Ψ 711 : χ 310.—In mid. : ἐλλάβετο σχεδίης ε 325.—With genit. of part grasped : τὸν ποδῶν ἔλαβεν (by the feet) Δ 463. Cf. Α 407, Β 316, Γ 369, Θ 371, Σ 155, etc. : ζ 142, σ 101, τ 480, χ 342, etc.—So with a form in -φιν : κεφαλῆφιν ἐπεὶ λάβε [νέκυν] Π 762.—Sim. : πρύμνηθεν ἐπεὶ λάβε [νῆα] Ο 716.— **(2)** To take, capture, seize, make spoil of : ἀσπίδα Νεστορέην Θ 191, εἴ πώς εὐ πεφίδοιτο λαβών (making him his prisoner) Υ 464. Cf. Ε 273, Κ 545, Λ 106, Φ 36 : ι 41, ο 387.—To catch (a fish) μ 254.— **(3)** To kill, slay : υἷας Πριάμοιο δύω Ε 159. Cf. Θ 196, Λ 126.—**(4)** To get hold of, get : [μάστακα] Ι 324.—To take for use, take a present of it : λαβὼν ἐρετμόν λ 121. Cf. Ν 235 : ν 300, φ 148, 152, χ 71. —Sim. : ἑτάρους τε λαβὼν καὶ νῆα ο 269.—**(5)** In various uses. **(a)** To take as one's due : τὰ πρῶτα Ψ 275.—**(b)** To take, exact : ἄποινα Ζ 427.— **(c)** To win (fame) : κλέος α 298.—**(d)** To take (out of a receptacle) : δέπας ἐκ χηλοῖο Π 228.— Sim. : δέπας λάβεν (to make a present of it) ο 102. —**(e)** To make (a meal) : δαῖτα Ω 43.—**(f)** To take under one's care η 255.—**(g)** To recover (one's strength) : εἰς ὅ κεν αὖτις θυμὸν λάβητε κ 461.— **(6)** Of feelings, bodily or mental states, or the like, to come to or upon, seize, affect, take hold of : Ἀτρεΐωνα χόλος λάβεν Α 387, ὑπὸ τρόμος ἔλλαβε γυῖα Γ 34. Cf. Δ 230, Ε 394, Λ 402, Ξ 475, Ρ 695, Ψ 468, Ω 480, etc. : ὑπ' ἂν μιν κάματος κατὰ γυῖα λάβῃσιν α 192. Cf. δ 704, σ 88, ω 49.—Of death, etc. : τὸν ἔλλαβε θάνατος καὶ μοῖρα Ε 83 = Π 334 = Υ 477. Cf. ρ 326.—**(7)** In aor. pple. with a finite vb., to take and . . . (cf. ἄγω (I) (9)): ἔλκε γλυφίδας λαβὼν Δ 122. Cf. ι 328, λ 4, 35, φ 359, ψ 87, ω 398.

†**λαμπετάω** [frequentative fr. λάμπω]. Dat. sing. neut. pres. pple. λαμπετόωντι. To gleam, flash : πυρὶ λαμπετόωντι Α 104 := δ 662.

λαμπρός, -ή, -όν [λάμπω]. **(1)** Bright, radiant, refulgent, flashing, glittering, glistening : φάος ἠελίοιο Α 605, κορύθεσσιν Ρ 269. Cf. Δ 77, Ε 120, Θ 485, Ν 132 = Π 216 : τ 234.—In superl. : λαμπρότατος ὅ γ' ἐστίν (i.e. Sirius) Χ 30.—**(2)** In neut. sing. λαμπρόν as adv., brightly, with radiance, glitteringly : ἀστέρ', ὅς τε μάλιστα λαμπρὸν παμφαίνῃσιν Ε 6. Cf. Ν 265, Τ 359.

λαμπτήρ, -ῆρος, ὁ [λάμπω]. A brazier for giving light and heat σ 307, 343, τ 63.

λάμπω. (ἀπο-, ἐπι-.) To shed beams of bright light, to shine, flash, glitter, glisten : τεύχεα ποικίλ' ἔλαμπεν Δ 432. Cf. Κ 154, Λ 45, 66, Μ 463, Ν 245 = Χ 32, Ν 474.—In mid. : λάμπετο δουρὸς αἰχμή Ζ 319 = Θ 494. Cf. Ν 341, Ο 608, 623, Π 71, Ρ 214, Σ 492, 510, Τ 366, Υ 46, 156, Χ 134 : δαΐδων ὕπο λαμπομενάων τ 48, ψ 290.

λανθάνω, λήθω. 3 sing. pa. iterative λήθεσκε Ω 13. 2 sing. fut. λήσεις ν 393. 3 λήσει Ψ 326, 416 : λ 126, χ 198. Infin. λήσειν λ 102. Aor. λάθον ν 270. 3 ἔλαθε Ξ 1, Ρ 1, 626, 676, Υ 112, Ω 477. λάθε Γ 420, Ο 583, Π 232, Ρ 89, Χ 277, Ψ 388 : ι 281, μ 182. 3 dual λαθέτην χ 179. 3 pl. λάθον Ω 331. 3 sing. subj. λάθῃσι Χ 191 : μ 220. 3 sing. opt. λάθοι Κ 468, Ω 566 : δ 527. Pple. λαθών Ι 477, Λ 251, Μ 390, Ο 541, Ω 681 : ρ 305. 3 sing. subj. redup. aor. λελάθῃ Ο 60. Mid. Fut. λήσομαι α 308. Infin. λήσεσθαι λ 554. 3 sing. aor. λάθετο Ι 537. 3 pl. λάθοντο Ν 835, Ο 322, Π 357. Subj. λάθωμαι Ζ 265, Χ 282. 3 sing. λάθηται ι 102. 3 pl. λάθωνται Κ 99. Opt. λαθοίμην Κ 243 : α 65. 3 pl. λαθοίατο κ 236. Infin. λαθέσθαι Μ 235 : ι 97. 3 pl. redup. aor. λελάθοντο Δ 127. 3 sing. imp. λελαθέσθω Π 200. Infin. λελαθέσθαι Τ 136. 3 sing. pf. λέλασται Ε 834. 1 pl. λελάσμεθα Δ 313. Pple. λελασμένος Π 538, 776, Ψ 69 : ν 92, ω 40. Acc. sing. masc. λελασμένον Ν 269. (ἀπεκ-, ἐκ-, ἐπιλήθω, καταλήθω.) **(1)** To escape, elude, avoid, to manage or fail to attract the observation, notice or attention of : οὐδέ σε λήθω (nothing that I do escapes thee) Α 561, πάσας Τρωὰς λάθεν Γ 420, λαθὼν φύλακας Ι 477, οὐδέ σε λήθω τιμῆς ἧς . . . (app., thou art mindful of me in the matter of . .) Ψ 648, οὐδέ με λήθεις (I know it right well) Ω 563. Cf. Κ 468, Λ 251, Ξ 296, Ο 461, 583, Π 232, Ρ 676, Χ 191, 193, 277, Ψ 326, Ω 566, 681 : ἔμ' οὐ λάθεν (I saw what he was driving at) ι 281, παρέσσομαι, οὐδέ με λήσεις (thou wilt not look in vain for aid) ν 393. Cf. λ 102, 126, ρ 305, χ 179.—Without expressed object : ἀπὸ τείχεος ᾆλτο λαθών Μ 390. Cf. Ο 541 : β 106 = ω 141, τ 151.—With pple. expressing the action which is unnoticed : οὐδέ σε λήθω κινύμενος (my setting forth is not hidden from thee) Κ 279, ἄλλον τινὰ μᾶλλον λήθω μαρναμένος (others may not mark my prowess) Ν 273, βάλλοντες ἐλάνθανον (shot from a concealed position) 721, οὐδ' ἔλαθ' Ἥρην λάθεν Τ 112. Cf. Ν 560, Ρ 89, Ψ 388, Ω 331, 477 : μή ἑ λάθοι παριὼν δ 527, μή σε λάθῃσι [νηῦς] κεῖσ' ἐξορμήσασα (sheer off before thou art aware of it) μ 220, λάθον ἑ θυμὸν ἀπούρας (took him at unawares and slew him) ν 270. Cf. θ 93 = 532, μ 17, 182, π 156, τ 88, 91.—With a clause with sim. force: οὐδ' ἔλαθ' Αἴαντα Ζεύς, ὅτε . . . Ρ 626.— With a pple. expressing a circumstance : οὐδ' ἔλαθ' Ἀτρέος υἱὸν Πάτροκλος δαμείς Π 13.—Of a natural phenomenon : οὐδέ μιν ἠὼς λήθεσκεν Ω 13. Cf. χ 198.—Of sound Ξ 1.—Impers.: οὐδέ με λήσει (I shall know well how to do it) Ψ 416.—With clause : οὐδέ ἑ λήθει ὅππως . . . (he knows well how to . . .) Ψ 323.—(2) To cause to forget or lose consciousness of. With genit.: ὄφρ' ["Εκτορα] λελάθῃ ὀδυνάων Ο 60.—(3) In mid., with genit., to forget, with various shades of meaning. (a) To lose the recollection of, cease to remember: οὐδ' ὡς τοῦ λήθετο β 23. Cf. κ 236.—(b) To lose the recollection of, cease to be afflicted or affected by : λελασμένος [τῶν] ὅσσ' ἐπεπόνθει ν 92.—(c) To lose the power of displaying or putting in practice : ἀλκῆς Ζ 265.—In reference to a dead man, for whom all thought of something is over : λελασμένος ἱπποσυνάων Π 776 : ω 40.—(d) To let slip from the memory : οὔ ποτε λήσομαι αὐτῶν (what has been said) α 308.—(e) To put out of one's mind, cease to be influenced by : χόλου λ 554.—(f) To put out of one's mind, remove oneself from the operation of : "Ατης Τ 136.— (g) To fail to do due honour to : θεῶν Ω 427. Cf. ξ 421.—(h) To neglect, take no thought for the welfare or well-being of, care nothing for : οὐδὲ σέθεν θεοὶ λελάθοντο Δ 127, τῶν (sc. 'Αχαιῶν) λέλασται (has no care for them) Ε 834. Cf. Π 538, Ψ 69 : πῶς ἂν 'Οδυσῆος λαθοίμην; α 65.—(i) To pass over : πῶς ἂν 'Οδυσῆος λαθοίμην; Κ 243.— (j) To let slip from one's mind, care no longer about, cease to strive for, depart from : νόστου ι 97, 102, ἀπειλάων ν 126.—(k) To neglect, put from one's thoughts, omit, fail or neglect to carry out, exercise, display or put in practice : οὐ λήθετ' ἐφετμέων παιδὸς ἑοῦ Α 495, μὴ φυλακῆς λάθωνται Κ 99, τί παθόντε λελάσμεθ' ἀλκῆς; (do we forget our . . . ?) Λ 313. Cf. Ε 319, Μ 203, 393, Ν 269, 835, Ο 322, Π 200, 357, Ρ 759, Χ 282, Ψ 725 : μ 227.—Without expressed object : ἢ λάθετ' ἢ οὐκ ἐνόησεν Ι 537. Cf. Ι 259 = Λ 790. (l) To forget, not to consider or put confidence in : Ζηνὸς βουλέων Μ 235.

λάξ. With the foot : προσβάς (setting his foot upon the corpse) Ε 620, ἐν στήθεσι βάς Ζ 65. Cf. Ν 618, Π 503, 863 : ἔνθορεν ἰσχίῳ (kicked it) ρ 233.—Joined with ποδί : λὰξ ποδὶ κινήσας Κ 158 : ο 45.

λαός, -οῦ, ὁ (λαϜός). (1) The folk or people of a king or chief : Πριάμοιο Δ 47 = 165 = Ζ 449. Cf. Θ 246, Ω 28 : η 60.—In pl. : ἄτερ λαῶν πόλιν ἐξέμεν ἠδ' ἐπικούρων (without either your own folk or strangers) Ε 473, πολλῶν λαῶν ἔσσι ἄναξ Ι 98. Cf. Ξ 93, Ρ 145, Φ 458, Ω 37 : β 234 = ε 12, δ 176, η 323, ν 62, χ 54.—In pl., subjects, folk : λαοὶ 'Αγαμέμνονος εὐχόμεθ' εἶναι ι 263.—(2) A band or following, followers, folk : πολὺν λαὸν ἀγείρας Β 664. Cf. Β 675, Ι 483, Σ 452 : ζ 164, ξ 248.—Sim.: ἄλλος λ. Μυρμιδόνων Λ 796.—In pl.: ἅμα τῷ γε πολὺ πλεῖστοι καὶ ἄριστοι λαοὶ ἕποντο Β 578. Cf. Β 580, 708, 773, 818, Γ 186, Δ 91, 202, Ε 643, Κ 170, Ν 710, Π 551, Τ 383.—In pl., one's men or people, one's servants : ὡς ὅτ' ἀνὴρ βοὸς βοείην λαοῖσιν δώῃ τανύειν Ρ 390.—(3) The general body of a community, the people in general : κήρυκες λαὸν ἐρήτυον Σ 503. Cf. Ω 665, 789 : β 41, 81, γ 305, ω 530.—In pl. : κατατρύχω λαούς Ρ 226. Cf. Σ 301, 497, 502, Χ 408, Ω 611,

715, 740, 777 : τὸν πάντες λαοὶ θηεῦντο β 13 = ρ 64. Cf. β 252, γ 214, ζ 194, η 71, λ 136, ν 156, π 375, χ 133, etc.—(4) In gen., folk, people : ἐπεὶ πολὺν ὤλεσα λαόν Β 115 = Ι 22. Cf. Ε 758 : λ 500, 518. —In pl. : λαοὶ περίτρεσαν ἀγροιῶται Λ 676. Cf. ι 265, ω 428.—(5) In pl., the bystanders, the crowd : λαοὶ γέροντα μόγις ἔχον Χ 412. Cf. θ 125. —(6) In the most gen. sense, men. In pl.: πάντων ἀριδείκετε λαῶν θ 382 = 401 = ι 2 = λ 355 = 378 = ν 38. Cf. Ι 117.—(7) The general body of a host, the host in general : ἅμα λαῷ θωρηχθῆναι Α 226. Cf. Α 54, Β 99, Δ 287, Ε 465, Ν 349, Ψ 258, etc. : γ 140, 144.—In pl. : ὀλέκοντο λαοὶ Α 10. Cf. Α 16, 263, Γ 318, Ι 420, Μ 229, Σ 523, Ψ 53, etc. : γ 156, δ 156, σ 152, etc.—Distinguished in terms from the leaders : ἡγήσατο . . . ἐπὶ δ' ἴαχε λαὸς ὄπισθεν Ν 834. Cf. Ο 695, 723, Ω 658.—In pl. : ὅς θ' ἡγεμόνων κακὸς ὅς τε λαῶν Β 365. Cf. Ν 108, 492, Ο 15, Σ 519.—Including the leaders : ἐπιπροέηκεν ἀρίστους κρινάμενος κατὰ λαὸν 'Αχαϊκόν Ι 521. —(8) In gen., a host or army : ὅτ' ἐν Θήβῃσιν ἀπώλετο λαὸς 'Αχαιῶν Ζ 223. Cf. Β 120, 799, Δ 28, 377, 407, 430, Ι 338, Λ 716, 770.—Of a part or section of a host : ᾗ πλεῖστον ὀρινόμενον ἴδε λαόν (where he perceived the greatest confusion) Π 377.—(9) In pl., fighters, fighting men, warriors : στρατῷ εὐρέι λαῶν Δ 76, λαοῖσιν καθύπερθε πεποιθότες Μ 153. Cf. Σ 509.—Foot-soldiers as distinguished from fighters using chariots : ἵππον καὶ λαὸν Η 342. Cf. Ι 708, Σ 153.—A body detailed for some purpose : κριτὸς λαὸς 'Αχαιῶν Η 434.

λᾶος, genit. λᾶας.

λαοσσόος, -ον [λαός + σο-, συ-, σεύω]. Urger of hosts. Epithet of Athene Ν 128 : χ 210.—Of Ares Ρ 398.—Of Eris Υ 48.—Of Apollo Υ 79.—Of Amphiaraüs ο 244.

λαοφόρος, -ον [λαός + φορ-, φέρω. 'Carrying people ']. Of a road, that is a highway, full of traffic : λαοφόρον καθ' ὁδόν Ο 682.

λαπάρη, -ης, ἡ. The hollow under the ribs on each side, the flank : οὖτα κατὰ λαπάρην Ζ 64. Cf. Γ 359 = Η 253, Ξ 447, 517, Π 318, Χ 307.

†**λάπτω** [cf. L. lambo, Eng. lap]. Nom. pl. masc. fut. pple. λάψοντες. To lap up with the tongue : ἀπὸ κρήνης λάψοντες ὕδωρ Π 161.

λάρναξ, -ακος, ἡ. (1) A chest or coffer : ὅπλα λάρνακ' ἐς συλλέξατο Σ 413.—(2) A cinerary urn (= σορός) Ω 795.

λάρος. Some kind of sea-bird ε 51.

λαρός (prob. λα(σ)ερός, fr. λασ-, desire. Cf. λιλαίομαι). Pleasant to the taste Ρ 572.—Epithet of δεῖπνον Τ 316.—Of δόρπον μ 283, ξ 408.—Superl. λαρώτατος β 350.

λάσιος, -η, -ον. Hairy, shaggy (as indicating strength) : στήθεσσιν Α 189.—Applied to κῆρ used periphrastically (see κῆρ (2) (c)) Β 851, Π 554.— In reference to a sheep or a part thereof, covered with thick wool, woolly Ω 125 : ι 433.

†**λάσκω.** 3 sing. aor. λάκε Ν 616, Ξ 25, Τ 277. Pf. pple. λεληκώς Χ 141. Fem. λεληκυῖα μ 85. (ἐπιλήκεω.) To emit a sharp or piercing sound. Of bones breaking with a crack Ν 616.—Of the

ring of struck metal : λάκε χαλκός Ξ 25. Cf. Υ 277.—Of the cry of a bird of prey in pursuit of its quarry : κίρκος ὀξὺ λεληκώς (with shrill cry) Χ 141.—Of the yell of Scylla μ 85.

λαυκανίη, -ης, ἡ (cf. ἀσφάραγος, φάρυξ). The throat : ᾗ κληῖδες ἀπ' ὤμων αὐχέν' ἔχουσι, λαυκανίην (in 'whole-and-part' apposition with αὐχένα) Χ 325.—More specifically, the gullet : οἶνον λαυκανίης καθέηκα Ω 642.

λαύρη, -ης, ἡ. A passage leading from front to back on the outside of one of the side walls of the μέγαρον χ 128, 137.

λαφύσσω [λαπ- as in λάπτω]. 3 sing. dual impf. λαφύσσετον Σ 583. To gulp down, swallow greedily. Of lions Λ 176=Ρ 64, Σ 583.

λάχε, 3 sing. aor. λαγχάνω.

λάχεια, fem. adj. [perh. fr. λαχ- as in λάχνη]. Thus, overgrown with brushwood, rough : νῆσος ι 116, ἀκτή κ 509 (v. l. in both cases ἐλάχεια, fem. of ἐλαχύς, small).

λάχνη, -ης, ἡ. (1) Hair, down : πυκάσαι γένυς λάχνῃ λ 320. Cf. Β 219.—(2) The nap or pile of cloth : οὔλη ἐπενήνοθε (sc. χλαίνῃ) λάχνη Κ 134.

λαχνήεις, -εντος [λάχνη]. Covered with hair, hairy, shaggy : Φῆρας Β 743, στήθεα Σ 415.—Bristly : συὸς δέρματι Ι 548.—Of a vegetable product, covered with down, downy : ὄροφον Ω 451.

λάχνος, -ου, ὁ [=λάχνη]. Wool ι 445.

λάχον, aor. λαγχάνω.

λάψοντες, nom. pl. masc. fut. pple. λάπτω.

λάω. Of a dog, app., to grip or pin : ἀσπαίροντα [ἔλλὸν] λάων τ 229. Cf. τ 230.

λᾶων, genit. pl. λᾶας.

λέβης, -ητος, ὁ. (1) A vessel of metal in which to boil water (app. distinguished from the τρίπος only by the shape) Ι 123=265=Τ 244, Φ 362, Ψ 259, 267 ; 485, 613, 885, Ω 233 : μ 237, ν 13, 217, ο 84, ρ 222.—(2) Such a vessel to contain water for washing and in which the water was caught again after being poured over a part of the body : χέρνιβ' ἐπέχευεν ὑπὲρ ἀργυρέοιο λέβητος α 137=δ 53=η 173=κ 369=ο 136=ρ 92, λέβητα, τοῦ (with water from which) πόδας ἐξαπένιζεν τ 386. Cf. γ 440, τ 469.

†λέγω¹ [λεχ-]. Aor. ἔλεξα Ξ 252. Imp. λέξον Ω 635. Fut. mid. λέξομαι ρ 102, τ 595. 2 sing. λέξεαι η 319. 3 λέξεται δ 413. 3 sing. aor. ἐλέξατο Ι 666 : δ 305. 3 dual λεξάσθην Ξ 350. Subj. λέξομαι ψ 172. 3 sing. λέξεται Δ 131. Opt. λεξαίμην γ 365, τ 598. 3 pl. imp. λεξάσθων Ι 67. Infin. λέξασθαι Θ 519. 3 sing. aor. ἔλεκτο Ω 50. λέκτο δ 453, ε 487, η 346. Imp. λέξο Ω 650 : κ 320. λέξεο Ι 617 : τ 598. (κατα-, παρα-, παρακατα-, προσ-.) To lay. (1) To cause to lie down or take rest : λέξον με τάχιστα Ω 635.—Hence, to lull, soothe to rest : ἔλεξα Διὸς νόον Ξ 252.—(2) In mid., to lay oneself down, lie down, take rest : αὐτόθι λέξεο μίμνων Ι 617. Cf. Ι 666, Ξ 350, Ω 650 : παρ' Ἑλένη ἐλέξατο δ 305, λέξομαι εἰς εὐνήν (will go to my bed and lay me down) ρ 102= τ 595. Cf. γ 365, δ 413, 453, ε 487, η 346, κ 320, τ 50, 598, ψ 172.—To bivouac, take up one's

station : φυλακτῆρες λεξάσθων παρὰ τάφρον Ι 67. Cf. Θ 519.—(3) In mid., to lie, be at rest : ὅτε λέξεται ὕπνῳ (in sleep) Δ 131. Cf. η 319.

λέγω² [λεγ-]. Nom. pl. masc. fut. pple. λέξοντες ω 224. 3 sing. aor. ἔλεξε λ 151. 3 sing. aor. mid. λέξατο Φ 27. 3 sing. opt. λέξαιτο ω 108. Infin. λέξασθαι Β 125. Aor. ἐλέγμην ι 335. 3 sing. λέκτο δ 451. Aor. pass. ἐλέχθην Γ 188. (ἀλ-, διαλέγομαι, κατα-, προ-, συλ-.) (1) To gather up, pick up : ἀν' ἔντεα λέγοντες Λ 755.—To collect, gather, get together : αἱμασιὰς λέγων (λέξοντες) σ 359, ω 224.—To collect, get together a stock of. In mid. : ξύλα πολλὰ λέγεσθε (λέγοντο) Θ 507, 547. —To pick out, collect, bring together, out of a mass : ὀστέα Πατρόκλοιο λέγωμεν Ψ 239 : λέγομέν τοι ὀστέα οἴνῳ ἐν ἀκρήτῳ (collected them and put them in . .) ω 72.—In mid. : ὀστέα λέγοντο Ω 793.—(2) In mid., to pick out, choose, select : δυώδεκα λέξατο κούρους Φ 27. Cf. ω 108.—(3) To number, count : ἐν ἡμέας πρώτους λέγε κητεσσιν δ 452.—To reckon up, count (a number). In mid. : λέκτο δ' ἀριθμόν δ 451.—In mid., to number themselves, tell themselves off singly : εἰ κ' ἐθέλοισιν 'Αχαιοί τε Τρῶές τε . . . Τρῶας μὲν λέξασθαι . . . Β 125.—(4) In mid., to number or reckon oneself (among others), add oneself (to their number) : πέμπτος μετὰ τοῖσιν ἐλέγμην ι 335.—Sim. in pass. : μετὰ τοῖσιν ἐλέχθην (was numbered among them) Γ 188.—(5) To tell off or detail for some duty : ἐς λόχον Ν 276.—(6) To tell over, recount, relate, touch upon in order, go through, deal with, make communication of, put before one, explain : κήδεα πόλλ' 'Οδυσῆος ε 5, ἐπεὶ κατὰ θέσφατ' ἔλεξεν λ 151. Cf. λ 374, μ 165, ξ 197, 362, ο 487, τ 203, ψ 308.—(7) To utter a string of : λέγ' ὀνείδεα Β 222.—In mid. : τί σε χρὴ ταῦτα λέγεσθαι ; (why string together words about that ?) Ν 275.—(8) In mid., with reciprocal force, to talk together : μηκέτι νῦν δήθ' αὖθι λεγώμεθα (let us lose no more time in talk) Β 435. —Sim. with acc. of what is said : μηκέτι ταῦτα λεγώμεθα Ν 292=Υ 244 : γ 240, ν 296.

†λειαίνω [λεῖος]. Fut. λειανέω Ο 261. 3 pl. aor. λείηναν θ 260. Pple. λειήνας Δ 111. To make smooth, polish Δ 111.—To make smooth, remove all obstacles or irregularities of surface from : κέλευθον πᾶσαν Ο 261. Cf. θ 260.

λείβω [cf. εἴβω]. Nom. dual masc. aor. pple. λείψαντε Ω 285 : ο 149. Nom. pl. masc. λείψαντες σ 426. Infin. λεῖψαι Η 481 : μ 362. (ἀπο-, ἐπι-, κατα-.) (1) To shed (tears) : δάκρυα Ν 88, 658, Σ 32 : ε 84=158, θ 86, 93=532, π 214.—(2) To pour forth (wine) in way of libation : Διὶ λείβειν οἶνον Ζ 266. Cf. Κ 579, Π 231=Ω 306, Α 463 := γ 460.—Absol., to make libation : πρὶν λεῖψαι Κρονίωνι Η 481, ὄφρα λείψαντε κιοίτην (might make libation before going) Ω 285 : οὐδ' εἶχον μέθυ λεῖψαι (to make libation therewith) μ 362. Cf. β 432, ο 149, σ 426.

λείηναν, 3 pl. aor. λειαίνω.

λειμών, -ῶνος, ὁ [λείβω]. A tract of low well-watered ground, a meadow : 'Ασίῳ ἐν λειμῶνι,

Καϋστρίου ἀμφὶ ῥέεθρα B 461. Cf. B 463, 467, Π 151 : δ 605, ε 72, ζ 292, ι 132, λ 539, 573, μ 45, 159, φ 49, ω 13.

λειμωνόθεν [λειμών + -θεν (1)]. From the meadows : ὄροφον λ. ἀμήσαντες Ω 451 (*i.e.* cutting them in the meadows and bringing them away).

λεῖος, -η, -ον (λεῖϝος. Cf. L. *lēvis*). Smooth, free from obstacles or irregularities of surface, with unbroken surface : ἱππόδρομος Ψ 330. Cf. Ψ 359 : ι 134, κ 103.—Not obstructed by, free from. With genit. : λεῖος πετράων ε 443 = η 282. —App., in neut. pl. λεῖα in *quasi*-substantival use, a smooth state of things, a stretch of ground with smooth or unbroken surface : λεῖα δ᾽ ἐποίησεν παρ᾽ Ἑλλήσποντον M 30.—Of a poplar, having the branches of the stem cut close, trimmed Δ 484.

λείπω. Fut. λείψω δ 602. 3 sing. λείψει Ο 136. 1 pl. λείψετε N 620. Infin. λείψειν Σ 11. Aor. ἔλιπον E 480. λίπον E 204, I 447, Λ 759. 2 sing. λίπες K 406. 3 ἔλιπε B 35, 106 : ξ 426. λίπε A 428, Δ 292, E 696, K 287, Λ 99, Ξ 225, Σ 65, Ω 470, etc. : γ 455, η 79, μ 1, π 341, ρ 254, etc. 3 dual λιπέτην K 273, Ξ 284 : γ 485. 1 pl. λίπομεν δ 488. 3 ἔλιπον Ω 580. λίπον B 722, Π 371, 507, P 535 : ζ 317, κ 209, χ 119. Subj. λίπω P 91. 3 sing. λίπῃ Π 453 : λ 221. 3 sing. opt. λίποι E 685 : η 224, σ 91. 1 pl. λίποιμεν Δ 173. 2 λίποιτε B 176. 3 λίποιεν B 160, P 667. Imp. λίπε κ 266, ο 199. 3 sing. λιπέτω γ 424. 2 pl. λίπετε K 443, T 403. Pple. λιπών, -όντος Δ 181, E 20, Z 254, N 250, Ξ 281, P 612, etc. : γ 1, η 65, λ 93, σ 257, φ 90, etc. Fem. λιποῦσα Γ 174, Η 857, X 363, Ω 144 : σ 270. Acc. λιποῦσαν τ 531. Infin. λιπεῖν Μ 111. 3 sing. pf. λέλοιπε A 235 : ξ 134, 213. **Mid.** Aor. λιπόμην Λ 693 : ι 316, ν 286, ο 481. 3 sing. λίπετο Π 294, Ω 707 : δ 536. 3 pl. (ἐ)λίποντο M 14 : δ 495, θ 125, υ 67. 3 sing. subj. λίπηται T 235 : δ 710. 2 dual λίπησθον Ψ 407. 2 pl. λίπησθε Ψ 248. 3 λίπωνται T 230 : γ 354 Opt. λιποίμην I 437 : φ 116. 3 sing. λίποιτο Γ 160. Infin. λιπέσθαι E 154, Ξ 485 : γ 196, ρ 187. **Pass.** 3 sing. fut. pf. λελείψεται Ω 742. 3 sing. pf. λέλειπται K 253, N 256, Ω 260. Plupf. λελείμμην X 334. 3 sing. ἐλέλειπτο B 700 : θ 475. λέλειπτο K 256, N 168, Ψ 523 : κ 447, χ 200. Pple. λελειμμένος ι 448. Nom. pl. masc. λελειμμένοι Ω 687. Infin. λελεῖφθαι Ω 256, 494. (ἀπο-, ἐκπρο-, κατα-, προ-, ὑπο-.) **(1)** To leave behind, not to take or bring with one : ὡς λίπον [ἵππους] E 204, τὸ δ᾽ ἑὸν [φάσγανον] παρὰ νηῒ λέλειπτο K 256. Cf. K 443, M 111, N 168, T 339 (had left), Φ 17, 496 : δ 602, ι 238, 338, ξ 425, 480, φ 90, χ 95.—(**2**) To leave behind while taking other things or the rest : κὰδ δ᾽ ἔλιπον δύο φάρεα Ω 580 : ἐπὶ πλεῖον ἐλέλειπτο (was left) θ 475. Cf. ν 258.—(**3**) To leave remaining ; in pass., to remain, be left : τριτάτη ἔτι μοῖρα λέλειπται (is all that is left us for our work (not implying that the whole of it remained)) K 253. Cf. N 256, Ψ 640.—(**4**) To leave (a person) behind while one departs, to leave, quit, withdraw from (often with specification of the place or state in which the person is left) : τὸν δὲ λίπ᾽

αὐτοῦ χωόμενον A 428, ὅθι μιν λίπον υἷες Ἀχαιῶν B 722. Cf. B 35, Δ 181 (his corpse), I 445, K 273, Σ 468, T 288, X 213, etc.: ὃν λεῖπε νέον γεγαῶτ᾽ ἐνὶ οἴκῳ δ 112, οὐδὲ παρὰ νηῒ λέλειπτο (stayed behind) κ 447. Cf. γ 424, κ 209, λ 68, ν 403, χ 200, etc.—Sim. : κατά κεν εὐχωλὴν Πριάμῳ λίποιεν Ἑλένην B 160. Cf. B 176, Δ 173.—(**5**) To leave, forsake, abandon, leave to one's own devices or to one's (or its) fate : ἔνθ᾽ ἄλοχον ἔλιπον καὶ νήπιον υἱόν E 480, λίπε λαὸν Ἀχαιϊκόν O 218. Cf. Γ 174, Π 368, P 13, 535, T 403, etc.—(**6**) To leave (a disposed-of foe) without taking further action, let (him) lie : ἄνδρα κτείνας πύματον λίπον Λ 759. Cf. Λ 99, Φ 201.—(**7**) Of the life leaving the body : τὸν λίπε θυμός Δ 470. Cf. E 685, 696, M 386, Π 857, etc.: γ 455, η 224, λ 221, μ 414, ξ 426, σ 91.—Absol. : ψυχὴ λέλοιπεν ξ 134.— (**8**) To leave, quit, withdraw from (a place): Ἑλλάδα I 447. Cf. Ξ 225, Σ 65, X 137, etc. : ποταμοῖο ῥέεθρα ζ 317. Cf. γ 1, η 79, θ 452, κ 462, ξ 301, τ 531, etc.—Sim.: λιπὼν δίφρον E 20, λίπε νῆας Λ 229, λιπέτην ἄλα Ξ 284. Cf. I 194, O 124, 729, etc.: λιπὼν φάος ἠελίοιο λ 93.— Of a severed tree : ἐπεὶ πρῶτα τομὴν λελοίπει A 235.—(**9**) To leave, cease to take part in (the fight) : λιπὼν πόλεμον (quitting the field) Z 254, Ξ 43. Cf. N 250.—(**10**) To let be, leave in peace, cease to vex : σκόπελον οὔ ποτε κύματα λείπει B 396. Cf. O 136.—(**11**) To leave behind one as heir, successor, avenger : ἀοσσητὴρ μετόπισθε λελείμμην X 334 : μίαν οἴην παῖδα λιπόντα η 65.— (**12**) To leave alive ; in pass., to be left living, survive (cf. (18) (d)) : τῶν οὔ τινά φημι λελεῖφθαι Ω 256 = 494. Cf. Ω 260.—(**13**) To leave as an inheritance or bequest : Ἀτρεὺς θνῄσκων ἔλιπε [σκῆπτρον] Θυέστῃ B 106. Cf. B 107.—(**14**) To leave behind one at one's death in a specified state or condition : κατά με χήρην λείπεις Ω 726. Cf. B 700, X 483.—(**15**) To cause (a future of woe) to be another's lot : πατέρι (*i.e.* the father of his victims) γόον καὶ κήδεα λείπεν E 157, ἐμοὶ λελείψεται ἄλγεα (will be my lot) Ω 742.—(**16**) To leave behind, outdistance ; in pass., to come behind, be outdistanced by. With genit. : λείπετο Μενελάου δουρὸς ἐρωὴν Ψ 529. Cf. Ψ 523 (where the word occurs again without construction) : λελειμμένος οἰῶν ι 448.—In mid., to let oneself be left behind or outdistanced (see also (18) (e)) : τίη λείπεσθε ; Ψ 409.—(**17**) To fail, cease to be available to : ἐπεὶ λίπον ἰοὶ ἄνακτα χ 119.— *Intrans.*, to fail, come to nothing : νῦν ἤδη πάντα λέλοιπεν ξ 134.—(**18**) In aor. mid. (**a**) To be left behind while another departs, be left : ὅς κε λίπηται νηυσὶν ἐπ᾽ Ἀργείων (shall tarry) T 235, οὐδέ τις αὐτόθι λίπετ᾽ ἀνήρ Ω 707. Cf. I 437 : λιπόμην ἀκαχήμενος ἦτορ ν 286, αὐτοῦ λιπέσθαι (to stay here) ρ 187. Cf. ι 316, φ 116.—Sim. : μηδ᾽ ἡμῖν πῆμα λίποιτο Γ 160.—(**b**) To be left after the occurrence of something in a specified state or condition : ἡμιδαὴς νηῦς λίπετο Π 294 : λιπόμην ἀκαχήμενος ἦτορ ο 481. Cf. ν 67.—(**c**) To be left as heir, successor, protector, avenger : υἱὸν οὔ τέκετ' ἄλλον ἐπὶ κτεάτεσσι λιπέσθαι Ε 154, γνωτὸν ἀρῆς ἀλκτῆρα λιπέσθαι Ξ 485. Cf. γ 196, 354.— (d) To be left living, survive: οἱ μὲν δάμεν, οἱ δὲ λίποντο Μ 14. Cf. Λ 693, Τ 230, Ψ 248: οὐδέ τις ἑτάρων λίπετο δ 536. Cf. δ 495.—Sim.: ἵνα μηδ' ὄνομ' αὐτοῦ λίπηται δ 710.—(e) To be left behind or outdistanced: οἱ δ' ἐλίποντο θ 125.—To let oneself be left behind or outdistanced (see also (16)): ἵππους 'Ατρεΐδαο κιχάνετε, μηδὲ λίπησθον Ψ 407.

λειριόεις, -εντος. Fem. -εσσα [λείριον, lily]. (1) Lily-white: χρόα λειριόεντα Ν 830.—(2) Epithet of the thin voice of the cicada, to which the 'chirruping' of old men is likened Γ 152 (the tenuity of the sound app. suggesting the tenuity of the flower's form).

λεῦστός, by-form of ληϊστός.

λεῦψαι, aor. infin. λείβω.

λείψω, fut. λείπω.

λέκτο¹, 3 sing. aor. mid. λέγω¹.

λέκτο², 3 sing. aor. mid. λέγω².

λέκτρον, -ου, τό [λεκ-, λεχ-, λέγω¹]. A bedstead, a bed: ἕζετ' ἐν λέκτρῳ α 437. Cf. τ 516, ψ 32, 296. —In pl. in the same sense: εὕδεσκ' ἐν λέκτροισιν Χ 503. Cf. θ 337, υ 58, 141.

λέκτρονδε [prec. + -δε (1)]. To bed: λέκτρονδε εὐνηθέντες (going to bed) θ 292. Cf. ψ 254.

λελαβέσθαι, redup. aor. infin. mid. λαμβάνω.

λελάθῃ, 3 sing. subj. redup. aor. λανθάνω.

λελάθοντο, 3 pl. redup. aor. mid. λανθάνω.

λελακυῖα, fem. pf. pple. λάσκω.

λελασμένος, pf. pple. mid. λανθάνω.

λελάχωσι, 3 pl. subj. redup. aor. λαγχάνω.

λελειμμένος, pf. pple. pass. λείπω.

λέλειπται, 3 sing. pf. pass. λείπω.

λελεῖφθαι, pf. infin. pass. λείπω.

λελείψεται, 3 sing. fut. pf. pass. λείπω.

λεληκώς, pf. pple. λάσκω.

λελίημαι, pf. Only in pple. Showing eager haste, using eager speed: βὰν ἰθὺς Δαναῶν λελιημένοι Μ 106, Π 552.—With ὄφρα (instead of infin.): λελιημένος ὄφρα τάχιστα τεύχεα συλήσειεν (eager to . . .) Δ 465. Cf. Ε 690.

λελόγχασι, 3 pl. pf. λαγχάνω.

λέλοιπε, 3 sing. pf. λείπω.

λελουμένος, pf. pple. mid. λούω.

λέλυνται, 3 sing. pf. pass. λύω.

λελῦτο, 3 sing. pf. opt. pass. λύω.

λέξασθαι¹, aor. infin. mid. λέγω¹.

λέξασθαι², aor. infin. mid. λέγω².

λέξεο, λέξο, aor. imp. mid. λέγω¹.

λέξομαι¹, fut. mid. λέγω¹.

λέξομαι², aor. subj. mid. λέγω¹.

λέξον, aor. imp. λέγω¹.

λέξοντες, nom. pl. masc. fut. pple. λέγω².

λέπαδνον, τό. The breast-strap against which a chariot-horse pulled. Only in pl. (perh. so used to include the girth): ἐν λέπαδνα κάλ' ἔβαλεν Ε 730. Cf. Τ 393.

λεπταλέος, -η [λεπτός]. Of a boy's singing-voice, small, soft Σ 571.

λεπτός, -ή, -όν [λέπω]. (1) Shelled out from the husk, peeled. Absol. in neut. pl.: ῥίμφα λέπτ'

ἐγένοντο (it, i.e. the barley, becomes peeled grain (the vb. assimilated in number to the predicate)) Υ 497.—(2) Of small thickness, thin. In superl. λεπτότατος, -η: ᾗ λεπτότατος θέε χαλκός Υ 275. Cf. Υ 276.— Small in section, slender, thin: μηρίνθῳ Ψ 854.—Small in width, narrow: εἰσίθμη ζ 264.—In or consisting of fine threads or fibres: ἀράχνια θ 280. Cf. β 95 = ω 130, ρ 97, τ 140.—Of fine texture, delicately woven: λίνοιο λεπτὸν ἄωτον Ι 661, ὀθόνας Σ 595. Cf. Χ 511: ε 231 = κ 544, η 97, κ 223 (in reference to the web).—In a state of fine division, powdery: κονίη Ψ 506.— (3) Of a mental faculty, narrow in range, of small reach: μῆτις Κ 226, Ψ 590.

†λέπω, 3 sing. aor. ἔλεψε. (ἀπο-.) To strip or peel off: περὶ ἐ χαλκὸς ἔλεψε φύλλα τε καὶ φλοιόν (double acc. of whole and part) Α 236.

λέσχη, -ης, ἡ. App., some place of public resort: εὕδειν ἐς λέσχην [ἐλθών] σ 329.

λευγαλέος, -η, -ον [cf. λυγρός]. (1) Suffering wretchedness, wretched, in sorry case: πτωχῷ π 273 = ρ 202 = ω 157, ρ 337.—(2) As a term of contempt, sorry, pitiful, wretched, weak: φρεσίν Ι 119. Cf. β 61.—App., inferring contempt, contemptuous, abusive: ἐπέεσσιν Υ 109.—(3) Bringing or inferring wretchedness or woe, wretched, woeful, miserable, baleful: θανάτῳ Ψ 281 := ε 312, ο 359. Cf. ο 399, ν 203.— As epithet of war: πολέμοιο Ν 97, δαΐ Ξ 387.

λευγαλέως [adv. fr. prec.]. In sorry case, in pitiful plight: λ. κε Τρῶες ἐχώρησαν Ν 723.

λευκαίνω [λευκός]. (ὑπο-.) To make white, whiten: λεύκαινον ὕδωρ ἐλάτῃσιν μ 172.

λεύκασπις, -ιδος [λευκός + ἀσπίς]. With bright shield. Epithet of Deïphobus Χ 294.

λευκός, -ή, -όν [λυκ- as in λύχνος. Cf. L. luceo]. (1) Bright, resplendent, shining: ὀμφαλοὶ Λ 35. Cf. Ξ 185, Ψ 268: ζ 45, κ 94.—(2) Bright or light in colour, often to be translated 'white,' but of very indefinite application (often a mere epithet): ἱστία Α 480, πόλιν 'Ολοοσσόνα Β 739, γάλα Δ 434, Ε 902, κρῖ Ε 196, Θ 564, Υ 496, ὀδόντας Ε 291, πήχεε 314. Cf. Β 735, Γ 103, Ε 503, 583, Κ 263, Λ 416, 573 = Ο 316, Λ 640, Π 347, Ρ 56, Σ 353, 560, Ψ 252, 282, 329, 455, Ω 231, 793: ὀστέα α 161, λ 221, ω 72, 76, ἱστία β 426 = ο 291, δ 783 = θ 54, ι 77, κ 506, μ 402, [λίθοι] γ 408, κρῖ δ 41, 604, μ 358, ὕδατι ε 70, γάλακτος ι 246, ἄλφιτα κ 520, λ 28, ξ 77, ὀδόντι τ 393 = ψ 74, τ 465, φ 219, πήχεε ψ 240.—Comp. λευκότερος, -η Κ 437: σ 196.

λευκώλενος, -ον [λευκός + ὠλένη, the lower arm]. White-armed. Epithet of Here and of women. Of Here Α 55, 195, 208, 572, 595, Ε 711, Θ 350, Ο 92, Φ 377, Ω 55, etc.—Of Helen Γ 121: χ 227.— Of Andromache Ζ 371, 377, Ω 723.—Of Nausicaa ζ 101, 186, 251, η 12.—Of Arete η 233, 335, λ 335. —ἀμφίπολοι ζ 239, σ 198.—δμῳαί τ 60.

λευρός [λεF-ρος. Cf. λεῖος]. With even surface, level: χώρῳ η 123.

λεύσσω. (ἐπι-.) (1) To discern with the eye, have sight of, see, perceive, behold: πυρὸς ἰωήν

Π 127. Cf. Π 70, Τ 346 : πυρπολέοντας κ 30. Cf. ζ 157, θ 200.—(2) To look at, inspect,˙examine : δαίδαλα Τ 19.—(3) To direct one's sight, look, gaze : ἐπὶ πόντον Ε 771. Cf. θ 171, ι 166.—(4) To see mentally, see, perceive : λεύσσετε τό γε, δ . . . Α 120.—(5) To direct one's mind to an end, take thought, consider : λεύσσει ὅπως . . . Γ 110.—To take thought for, consider : ταῦτά γε λεῦσσε ψ 124.

λεχεποίη [λεχ-, λέγω¹ + ποίη]. With beds of grass, with fair meadows, grassy. Epithet of a city : Πτελεόν Β 697.

λεχεποίης [= prec.]. With grassy banks. Epithet of a river : Ἀσωπόν Δ 383.

λέχος, τό [λεχ-, λέγω¹]. Dat. λεχέεσσι Γ 448, Σ 233, Χ 87, Ψ 25, Ω 600, etc. : α 366, γ 399, κ 497, ω 44, etc. λέχεσσι Γ 391 : α 440, κ 12. (1) Properly, a bedstead as distinguished from the bedding (εὐνή) : ἐκθεῖσαι λέχος ἐμβάλετ' εὐνήν ψ 179. Cf. ψ 184, 189, 199, 203. (Cf. λ. καὶ εὐνήν γ 403, η 347, θ 269 cited under (3) (a).)— In pl. of a single bed : ἐν δινωτοῖσι λέχεσσιν Γ 391. Cf. Γ 448 : α 440, γ 399 = η 345, κ 12.— (2) A bed, one's bed : πρὸς ὃν λέχος ἥϊεν Α 609. Cf. Ι 621, 659, 660, Ω 648 : η 340 = ψ 291, ψ 171, 177.—In pl. of a single bed : οὔ μοι θνῄσκων λεχέων ἐκ χείρας ὀρέξας Ω 743 : ἐκ λεχέων μ' ἀνεγεῖραι (my bed) δ 730. Cf. κ 497.—(3) (a) The marriage-bed : νωίτερον λέχος αὐτῶν Ο 39. Cf. Γ 411 : ἄλοχος λέχος πόρσυνε καὶ εὐνήν γ 403. Cf. η 347, θ 269.—In pl. : παρὰ λεχέεσσι κλιθῆναι (παραὶ advbl.) α 366 = σ 213. Cf. Λ 1 := ε 1.—(b) With reference to intercourse outside of wedlock : ἤ κέν τοι ὁμὸν λ. εἰσαναβαίνοι Θ 291. Cf. Α 31.— (4) A litter used for carrying a dead body from the field. In pl. : Πάτροκλον κάτθεσαν ἐν λεχέεσσι Σ 233.—A stand on which a dead body was placed to await the funeral rites or on which it could be carried, a bier. In pl. : οὔ σε κλαύσομαι ἐν λεχέεσσιν Χ 87, τὸν λεχέων ἐπέθηκαν Ω 589. Cf. Σ 352, Φ 124, Χ 353, Ψ 25, 171, Ω 600, 702, 720 : ω 44, 295.

λέχοσδε [prec. + -δε (1)]. To bed Γ 447 : ψ 294.

λέων, -οντος, ὁ. (Referring to the female Ζ 181, Ρ 133, Φ 483 (though in Ρ 133 in masc. construction).) Dat. pl. λέουσι Χ 262. λείουσι Ε 782, Η 256, Ο 592. A lion Γ 23, Ε 161, Ζ 181, Μ 299, Ρ 133, Σ 579, Χ 262, etc. : δ 335 = ρ 126, δ 456, 791, ζ 130, ι 292, κ 212, 218, 433, λ 611, χ 402 = ψ 48.

λήγω. Fut. λήξω Ι 97, Τ 423, Φ 224. Infin. λήξειν ν 294. 3 pl. aor. λῆξαν Ζ 107. Opt. λήξαιμι χ 63. 3 sing. λήξειε Ι 191 : θ 87. (ἀπο-, μεταλλήγω.) (1) To cease, give over, desist, stop : οὐδ' ἔλληγε θεός Φ 248. Cf. Ι 97, Τ 423.— (2) To cease or desist from : With genit. : ἔριδος Α 210, 319, Ι 257, Φ 359, χοροῖο νέον λήγοντα (pple. of the impf., 'having just . . .') Γ 394. Cf. Α 224, Ζ 107, Κ 164 : ν 294.—With complementary pple. : ὁπότε λήξειεν ἀείδων Ι 191. Cf. Φ 224 : θ 87.—(3) To cause to cease from something, put restraint upon : οὐ λῆγε μένος μέγα Ν 424. Cf. Φ 305.—With genit. indicating that from which one restrains : φόνοιο χ 63.

ληθάνω [λήθω]. To cause to forget. With genit. : ἔκ με πάντων ληθάνει η 221.

λήθη, ἡ [λήθω]. Forgetfulness Β 33.

λήθω. See λανθάνω.

ληϊάς, -άδος [ληΐς]. Captured, taken Τ 193.

ληϊβότειρα, -ης [ληΐον + βοτ-, βόσκω]. Crop-consuming. Epithet of the wild boar σ 29.

†ληΐζομαι [ληΐς]. Fut. ληΐσσομαι ψ 357. 3 sing. aor. ληΐσσατο Σ 28 : α 398. To get by rapine, carry off as captives or spoil : δμῳαὶ ἃς ληΐσσατο Σ 28 : πολλὰ ληΐσσομαι ψ 357. Cf. α 398.

ληΐον, -ου, τό. Standing corn : βαθὺ λ. Β 147, Λ 560. Cf. Ψ 599 : ι 134.

ληΐς, -ίδος, ἡ. Spoil, booty : ὅτε κεν δατεώμεθα ληΐδα Ι 138 = 280. Cf. Λ 677, Μ 7, Σ 327 : μενοεικέα σφι ληΐδα δῶκα (booty which he had in hand) ν 273. Cf. γ 106, ε 40 = ν 138, κ 41, ν 262, ξ 86.

ληϊστήρ, -ῆρος, ὁ [ληΐζομαι]. One who sails the sea in quest of spoil, a rover : οἷά τε ληϊστῆρες [ἀλόωνται] ὑπεὶρ ἅλα γ 73 = ι 254. Cf. π 426, ρ 425.

ληϊστός, -ή, -όν [ληΐζομαι]. Also **λεϊστός**. That may be carried off as spoil or booty : ληϊστοὶ βόες [εἰσί] καὶ μῆλα Ι 406. Cf. Ι 408.

ληϊστωρ, -ορος, ὁ [as ληϊστήρ]. = ληϊστήρ : Τάφιοι ληϊστορες ἄνδρες ο 427.

ληϊτις, -ιδος [ληΐς]. That dispenses the spoil. Epithet of Athene Κ 460.

λήκυθος, -ου, ὁ. An oil-flask ζ 79, 215.

λήξω, fut. λήγω.

λήσει, 3 sing. fut. λήθω. See λανθάνω.

λιάζομαι. 2 sing. aor. λιάσθης Χ 12. 3 (ἐ)λιάσθη Ο 520, 543 : δ 838. 3 pl. λίασθεν Ψ 879. Pple. λιασθείς Α 349, Λ 80, Τ 418, Φ 255, Ψ 231 : ε 462. (1) To bend and slip away from danger : ὁ δ' ὑπαίθα λιάσθη Ο 520. Cf. Φ 255.—(2) To sink down, droop, fall : πρηνὴς ἐλιάσθη Ο 543. Cf. Τ 418, 420.—Of the drooping of a dying bird's wings Ψ 879.—(3) To slip or glide away Χ 12.—(4) To go aside or apart, retire : ἑτάρων νόσφι λιασθείς Α 349. Cf. Λ 80, Ψ 231 : ε 462.—To turn aside from one's proper course : σὺ δεῦρο λιάσθης Χ 12.—(5) To part, open so as to afford passage : λιάζετό σφι κῦμα θαλάσσης Ω 96.

λιαρός. Warm : ὕδατι Λ 830, 846, Χ 149. Cf. Λ 477 : ω 45.—Of a warm soft wind : οὖρον ε 268 = η 266.—Of balmy sleep Ξ 164.

λιάσθη, 3 sing. aor. λιάζομαι.

λίγα [λιγυρός. Cf. λίπα]. In clear or loud tones, loudly, with full voice : λίγ' ἐκώκυεν Τ 284. Cf. δ 259, θ 527, κ 254.

λιγαίνω [λιγύς]. To use the full voice, make proclamation. With infin. indicating the purport : κήρυκες λίγαινον τοὺς ἴμεν οἶσι . . . Λ 685.

†λίγγω. 3 sing. aor. λίγξε. To twang Δ 125.

†λίγδην. With a glancing blow, grazing the flesh : Τηλέμαχον βάλε χεῖρα λ. χ 278.

λιγέως [adv. fr. λιγύς]. In clear tones, with a clear flow of words : [ἀγόρευεν] Γ 214.—In loud tones, loudly : κλαίοντα Τ 5. Cf. κ 201, λ 391, π 216, φ 56.—Of blowing winds, whistling : φυσῶντες λ. Ψ 218.

λιγυρός 250 λιπαρός

λιγυρός, -ή, -όν [λιγύς]. Clear-sounding : ἀοιδῇ
μ 44. Cf. μ 183.—Of winds or the blowing
thereof, whistling E 526, N 590, Ψ 215.—So of a
whip whistling in the air Λ 532.—Of a bird, that
utters a shrill cry Ξ 290.

λιγύς, λίγεια, λιγύ. Emitting a clear or shrill
sound. (1) Speaking in clear tones, whose
words flow clearly forth : λ. ἀγορητής Α 248.
Cf. Β 246, Δ 293, Τ 82 : ν 274.—Epithet of Μοῦσα
ω 62.—Of winds, whistling Ν 334, Ξ 17, Ο 620 :
γ 176, 289, δ 357.—(2) In neut. λιγύ as adv.,
with whistling sound δ 567.—(3) Emitting a
clear note, resonant. Epithet of the 'sounding
lyre' Ι 186, Σ 569 : θ 67=105, 254, 261, 537,
χ 332, ψ 133.

λιγύφθογγος [λιγύς + φθογγή]. Clear-voiced.
Epithet of heralds Β 50, 442, Ι 10, Ψ 39 : β 6.

λιγύφωνος, -ον [λιγύς + φωνή]. Of a bird, that
utters a shrill cry : ἄρπῃ Τ 350.

λίην (ῐ). (1) Exceedingly, very, very much :
λ. φύλλοισιν ἐοικότες Β 800 : νήπιός εἰς λ. τόσον ;
(so very . . . as this would seem to show thee
to be) δ 371. Cf. θ 231, 489, κ 552, ν 238, 243,
ο 405 (not so very . . .).—With notion of excess :
λ. πολλοί (too many for that) Τ 226. Cf. Ι 229,
Φ 566 : λ. πινυτή (too much so for any fear of
that) λ 445, λ. ἑκὰς ἤλθομεν ξ 496. Cf. γ 227,
ν 421, π 243.—(2) With verbs, exceedingly,
greatly : κεχολώατο λ. ξ 282, π 425. Cf. ξ 461,
ν 99.—With notion of excess : λ. ἄχθομαι ἕλκος
(I can bear it no longer) Ε 361, λ. μαίνεται his
rage passes all bounds) Ζ 100. Cf. Ζ 486, Ν 284,
Ξ 368 (we can make shift to do without him),
Φ 288 : μηδὲ δείδιθι λ. δ 825. Cf. θ 205 (I can
contain myself no longer), π 86 (too much to let
me think of that), σ 20 (do not provoke me too
far), ψ 175 (unduly).—(3) καὶ λίην, truly, verily,
of a surety : καὶ λίην κεῖνός γε ἐοικότι κεῖται ὀλέθρῳ
α 46. Cf. Α 553, Τ 408 : γ 203, ι 477, λ 181=π 37,
ν 393, ο 155, ρ 312.—Strengthening a wish : καὶ
λ. οὗτός γε μένος ὀλέσειεν Θ 358.

λίθαξ, -ακος [λίθος]. Of a rock, app., studded
with projecting stones, rough ε 415.

λιθάς, -άδος, ἡ [λίθος]. In dat. pl. λιθάδεσσι.
(1) A stone : σεῦεν κύνας πυκνῇσιν λιθάδεσσιν ξ 36.
—(2) In pl., stones used in construction ψ 193.

λίθεος [λίθος]. Of stone ψ 202 : ν 107.

λίθος, -ον, ὁ. Fem. Μ 287 : τ 494. (1) A
stone Ε 308, Η 264, Θ 327, Μ 287, 459, Π 740,
Φ 403, Ψ 340 : θ 190, ι 305, 416, ν 370, τ 494.—A
large stone used as or shaped into a seat : ἧατ'
ἐπὶ ξεστοῖσι λίθοις Σ 504. Cf. θ 6.—In pl. app. of
several stones forming or shaped into a seat
γ 406.—A large stone embedded in the ground,
or perh. a rock projecting above the ground,
pierced for the securing of a cable ν 77.—(2) In
pl., stones used in construction : ὡς ὅτε τοῖχον
ἀνὴρ ἀράρῃ πυκινοῖσι λίθοισιν Π 212. Cf. ι 185.
— (3) Stone as a material : θάλαμοι ξεστοῖο
λίθοιο Ζ 244, 248. Cf. Δ 510 : ψ 103.—(4) Some-
thing of stone : λαοὺς λίθους ποίησεν (turned
them to stone) Ω 611, λίθος περ ἐοῦσα (stone

though she be) 617. Cf. ν 156.—(5) A rock or
reef γ 296.

λικμάω. To winnow grain, etc., by throwing
it against the wind Ε 500.

λικμητήρ, -ῆρος, ὁ [λικμάω]. A winnower Ν 590.

λικριφίς. Obliquely, sideways : λ. ἀίξας Ξ 463 :
τ 451.

λιλαίομαι [λι-λάσομαι, fr. λασ-, desire. Cf. λαρός].
(1) To desire or be anxious to do something or
for something to happen, be bent or set on doing
something. With infin. : εἰ ἐν φιλότητι λιλαίεαι
εὐνηθῆναι Ξ 331. Cf. Γ 399, Ν 253, Π 89, Τ 76 :
εἰ ἀκουνέμεναι λιλαίεαι λ 380. Cf. α 15=ι 30, ι 32,
451, ο 308, 327, υ 27, χ 349 (find it not in thy
heart to . . .), ψ 334.—Of inanimate objects
Λ 574=Ο 317, Φ 168.—(2) To desire, be eager for.
With genit. : πολέμοιο Γ 133 : βιότοιο (tendering,
in fear for, their lives) μ 328, ω 536. Cf. α 315,
ν 31.—φόωσδε λιλαίεο (make thy way with all
speed to . . .) λ 223.

λιμήν, -ένος, ὁ. Dat. pl. λιμένεσσι Ψ 745.
λιμέσι Μ 284 : τ 189. A harbour or haven Α 432,
Μ 284, Φ 23 : α 186, β 391, ε 404, ν 96, ξ 1, π 324,
etc.—In pl. in the same sense : στῆσαν ἐν λιμέ-
νεσσιν Ψ 745. Cf. τ 189.

λίμνη, -ης, ἡ. A piece or sheet of water.
(1) A pool : Τάνταλον ἑσταότ' ἐν λίμνῃ λ 583.—
(2) A lake Β 711, 865, Ε 709, Τ 390.—Of the
water spread by a river overflowing its banks
Φ 317.—(3) The sea Ν 21, 32, Ω 79: γ 1 (the
Ocean stream), ε 337.

λῑμός, -οῦ, ὁ. Hunger (in Τ 348, 354 : ε 166,
κ 177 app. used to include thirst) Τ 166, 348,
354 : δ 369=μ 332, ε 166, κ 177, μ 342.

λῖν, acc. λῖς[1].

λινοθώρηξ [λίνον + θώρηξ]. Wearing a stout
tunic of linen by way of corslet Β 529, 830.

λίνον, -ου, τό. Flax ; things made thereof.
(1) A cord, a fishing-line Ε 487.—(2) The thread of
destiny : τὰ πείσεται ἄσσα οἱ Αἶσα γιγνομένῳ ἐπ-
ένησε λίνῳ Τ 128. Cf. Ω 210 : η 198.—(2) Some-
thing made of cords, a net Ε 487.—(3) Linen ;
app. a sheet of linen wherewith to cover oneself
in bed (cf. ῥῆγος) : 'Οδυσσῆι στόρεσαν ῥῆγός τε λίνον
τε ν 73. Cf. ν 118.—λίνοιο ἄωτος. See ἄωτος (2) (a).

λίνος, -ου, ὁ. A song sung at the vintage (see
Frazer, Golden Bough, 3rd ed. pt. v. vol. i. pp.
216, 257) Σ 570.

λίπα [prob. related to λιπαρός as λίγα to
λιγυρός]. In reference to anointing, richly,
plenteously : ἐπεὶ ἔχρισεν λίπ' ἐλαίῳ 466=κ 364.
Cf. Κ 577, Ξ 171, Σ 350 : ζ 96, 227, κ 450, τ 505.

λιπαροκρήδεμνος, -ον [λιπαρός]. With bright
head-dress. Epithet of Χάρις Σ 382.

λιπαροπλόκαμος, -ον [λιπαρός]. With tresses
glossy with oil : κεφαλῆς Τ 126.

λιπαρός, -ή, -όν. (1) Anointed with oil : αἰεὶ
λιπαροὶ κεφαλὰς καὶ πρόσωπα ο 332.—(2) Bright
as with oil, bright, glossy (or perh. shining
with actual oil ; cf. χιτῶνας ἧκα στίλβοντας ἐλαίῳ
Σ 596) : καλύπτρην Χ 406 : κρήδεμνα α 334=π 416
=σ 210=φ 65.—Of a 'diadem of towers,' bright,

glittering : Τροίης λιπαρά κρήδεμνα ν 388.—Of the feet, smooth, fair, goodly Ξ 241, Β 44 = Κ 22 = 132 = Ξ 186 : = β 4 = δ 309 = υ 126, ν 225, ρ 410.—
(3) Gentle in incidence or operation, pleasant : θέμιστας Ι 156, 298 : γήρᾳ λ 136 = ψ 283, τ 368.
λιπαρῶς [adv. fr. prec.]. Of a gentle decline into the vale of years, gently, imperceptibly : γηρασκέμεν δ 210.
λίπον, aor. λείπω.
λίς[1], ὁ [not conn. with λέων]. (Referring to the female Σ 318 (though in masc. construction).) Acc. λῖν Λ 480. A lion Λ 239, 480, Ο 275, Ρ 109, Σ 318.
λίς[2]. Only in dat. λῖτί Σ 352, Ψ 254. Acc. λῖτα Θ 441 : α 130. This form app. as acc. pl. neut. κ 353. A cloth or covering Θ 441.—Used for covering a corpse laid out to await funeral rites Σ 352.—For covering a cinerary urn Ψ 254.—A cloth whereon to sit : ὑπὸ λῖτα πετάσσας α 130, κ 353.
λίς[3] = λισσός : πέτρη μ 64, 79.
λίσσομαι [λιτ-σομαι]. 3 sing. impf. ἐλ(λ)ίσσετο Ζ 45, Μ 49 (v.l. εἱλίσσετο, see ἑλίσσω (6)), Φ 71 : κ 264. 3 pl. ἐλλίσσοντο Ι 585. 3 sing. pa. iterative λισσέσκετο Ι 451. Aor. ἐλλισάμην λ 35, ν 273. 2 sing. subj. λίσῃ κ 526. Imp. λίσαι Α 394. Aor. opt. λιτοίμην ξ 406. Infin. λιτέσθαι Π 47. **(1)** To make entreaty or petition to, entreat, supplicate : πάντας Ἀχαιούς Α 15, Δία λίσαι 394. Cf. Β 15, Ζ 45, Ι 465, Μ 49, Ο 660, Φ 71, Χ 35, etc. : β 68, ζ 142, θ 157, μ 53, ο 261, χ 311, etc.—With complementary infin. : λίσσεται ἔμπεδον εἶναι [πομπήν] θ 30.—**(2)** To beg, entreat, pray to do. With infin. : μένειν σε Α 174. Cf. Α 283, Δ 379, Θ 372 = Ο 77, Ι 451, 574, Τ 304, Χ 240 : Εὐρύμαχον παῦσαι τόξον φ 278.—Sim. : ἔμ' ἕταροι λίσσοντο τυρῶν αἰνυμένους ἰέναι πάλιν (to let the party . . .) ι 224.—With dependent clause : λίσσεθ' Ἥφαιστον ὅπως λύσειεν Ἄρηα θ 344. Cf. γ 19.—With acc. of the subject of entreaty : οἵ αὐτῷ θάνατον λιτέσθαι Π 47.—With double acc. of the person entreated and of the subject : ταῦθ' ἅ με λίσσεαι δ 347 = ρ 138. Cf. β 210.—**(3)** To pray to (a divinity) : θεοὺς παρατρωπῶσ' ἄνθρωποι λισσόμενοι Ι 501 : πρόφρων κε Δία λιτοίμην (make my peace with him (i.e. with Ζεὺς ξείνιος)) ξ 406.—With infin. : τῷ Ἄτην ἅμ' ἔπεσθαι Ι 511.—Of addressing the shades of the dead κ 526, λ 35.
λισσός, -ή, -όν. With unbroken surface, smooth : πέτρη γ 293, ε 412, κ 4.
λιστρεύω [λίστρον]. To dig round about : φυτόν ω 227.
λίστρον, -ου, τό. A spade or shovel χ 455.
λῖτα, acc. λίς[2].
λιτανεύω [λιτ-, λίσσομαι]. Aor. ἐλλιτάνευσα κ 481. 1 pl. subj. λιτανεύσομεν Ω 357. **(1)** To make entreaty or petition to, entreat, supplicate : μιν Ι 581. Cf. Χ 414, Ω 357 : η 145, κ 481.—**(2)** To pray to (a divine power). With infin. : πολλὰ λιτάνευεν [ἀνέμους] ἐλθέμεν Ψ 196.
λιτέσθαι, aor. infin. λίσσομαι.
λιτή, -ῆς, ἡ [λιτ-, λίσσομαι]. A prayer : εὐχω-

λῆσι λιτῆσί τε ἐλλισάμην (the two words hardly to be distinguished) λ 34.—Personified : Λιταί εἰσι (there are such beings as . . .) Διὸς κοῦραι Ι 502 (i.e. prayers of repentance, for forgiveness, addressed by an offender to the person injured).
λιτί, dat. λίς[2].
λιτοίμην, aor. opt. λίσσομαι.
λοβός, -οῦ, ὁ. The lobe of the ear Ξ 182.
λόγος, ὁ [λέγω[2]]. In pl., talk, discourse : τὸν ἔτερπε λόγοις Ο 393. Cf. α 56.
λόεον, impf. See λούω.
λοέσσατο, 3 sing. aor. mid. See λούω.
λοετρόν, τό (λοϜετρόν) [λοϜ-, λούω]. In pl., water for washing or bathing Ξ 6, Χ 444, 445, Ψ 44 : θ 249, 451.—Fig. : λοετρῶν Ὠκεανοῖο (the baths of ocean) Σ 489 : = ε 275.
λοετροχόος, ὁ [λοετρόν + χο-, χέω]. An attendant who poured out water for the bath υ 297.—λ. τρίπος, a caldron in which to heat water for the bath Σ 346 : θ 435.
λοιβή, -ῆς, ἡ [λείβω]. Libation : λοιβῆς τε κνίσης τε Δ 49 = Ω 70. Cf. Ι 500.—Applied ironically to the wine brought for the Cyclops ι 349.
λοίγιος [λοιγός]. Baneful : λοίγια ἔργα, sad work, a bad business Α 518, 573.—Absol. in neut. pl. λοίγια in same sense : οἴω λοίγι' ἔσεσθαι Φ 533, Ψ 310.
λοιγός, -οῦ, ὁ. Bane, evil, death, destruction : λοιγὸν ἀμῦναι Α 67. Cf. Α 456, Ε 662, Θ 130, Ν 426, Π 32, Φ 134, etc.
λοιμός, ὁ. Plague, pestilence Α 61.
λοισθήϊος [λοῖσθος]. Of a prize, for the last, the last Ψ 785.—Absol. in neut. pl. λοισθήϊα, the last prize Ψ 751.
λοῖσθος. The last, coming last Ψ 536.
λοπός, -οῦ, ὁ [λέπω]. A husk or skin : σιγαλόεντα, οἷόν τε κρομύοιο λοπὸν κάτα ἰσχαλέοιο τ 233 (glistening as (there is glistening) over the skin of . . ., i.e. glistening like the skin of . . .).
†**λούω** (λόϜω) [λοϜ-. Cf. L. lavo]. 3 sing. aor. λοῦσε Ε 905, Π 679 : γ 464, 466, η 296, κ 364, 450, ψ 154, ω 366. 3 pl. λοῦσαν Σ 350, Ω 587 : δ 49, θ 364, ρ 88. 3 sing. subj. λούσῃ Ζ 7. 3 pl. opt. λούσειαν Σ 345. Imp. λοῦσον Π 669. Pl. λούσατε ζ 210. Nom. sing. fem. pple. λούσασα ε 264. Infin. λοῦσαι Ω 582. 3 sing. aor. λόε (λόϜε) κ 361. Infin. mid. λούεσθαι Ζ 508, Ο 265. λούσεσθαι ζ 216. 3 pl. aor. λούσαντο Κ 576 : δ 48, ρ 87, ψ 142. 3 sing. opt. λούσαιτο ω 254. Imp. pl. λούσασθε ψ 131. Infin. λούσασθαι Κ 13, Μ 449. Pf. pple. λελουμένος Ε 6. From λοέω (λοϜέω) impf. λόεον δ 252. Aor. pple. λοέσσας Ψ 282. Infin. λοέσσαι τ 320. Fut. mid. (or aor. subj.) λοέσσομαι ζ 221. 3 sing. aor. subj. λοέσσεται ζ 227. Pple. λοεσσάμενος, -η Κ 577, Φ 560 : α 310, ζ 96, θ 427. (ἀπο-.) **(1)** To wash the body of, cause to bathe : Τηλέμαχον λοῦσε Πολυκάστη γ 464. Cf. Ε 905 : δ 49, ε 264, ζ 210, θ 364, τ 320, ψ 154, etc.—In reference to cleansing a corpse Π 669, 679, Σ 350, Ω 582, 587.—In reference to horses : λοέσσαα [ἵππους] ὕδατι Ψ 282.—**(2)** With ἀπό, to wash away or off : εἰς ὅ κε λούσῃ ἀπὸ βρότον Ξ 7.—With double acc.

λοφιή 252 λύω

of what is cleansed and of what is washed away : ὄφρα Πάτροκλον λούσειαν ἄπο βρότον Σ 345.— (3) In mid., to wash one's body, bathe oneself: ἐς ἀσαμίνθους βάντες λούσαντο Κ 576, λοεσσάμενος ποταμοῖο (genit. of space or material, 'in the . . .') Φ 560. Cf. Κ 577 : α 310, δ 48, ζ 96, θ 427, ψ 131, ω 254, etc.—Of a horse : εἰωθὼς λούεσθαι ποταμοῖο Ζ 508=Ο 265.—Fig. of a star : λελουμένος Ὠκεανοῖο Ε 6.—(4) In mid., with ἀπό, to wash away or off from one's body : λούσασθαι ἄπο βρότον Ψ 41.

λοφιή, -ῆς, ἡ [λόφος]. The bristly back of a wild boar : φρίξας εὖ λοφιήν τ 446.

λόφος, -ου, ὁ. (1) The neck Κ 573.—Of horses Ψ 508.—(2) A crest or plume on a helmet : δεινὸν λόφος καθύπερθεν ἔνευεν Γ 337 =Λ 42=Ο 481 =Π 138, κόρυθος φάλον ἤλασεν ὑπὸ λόφον αὐτόν (just at the base of it) Ν 615. Cf. Ζ 469, Ο 537, Σ 612, Τ 383=Χ 316 : χ 124.—(3) The crest or summit of a hill λ 596.—An eminence or ridge : ὅθι῾Ερμαιος λ. ἐστίν π 471.

λοχάω [λόχος]. 3 pl. λοχόωσι ν 425, ο 28. λοχῶσι ξ 181. Nom. pl. masc. pple. λοχόωντες δ 847, π 369. To lie in wait for, lie in ambush for : λοχόωσί μιν νέοι ν 425. Cf. δ 847, ξ 181, ο 28, π 369, χ 53.—In mid. δ 388, 463, 670, ν 268.— Absol. : ὅθι σφίσιν εἷκε λοχῆσαι Σ 520.

λόχμη, -ης, ἡ [λοχ- as in λόχος]. The lair of a wild beast : ἐν λόχμῃ κατέκειτο σῦς τ 439.

λόχονδε [acc. of λόχος +-δε (2)]. For, to take part in, with a view to, an ambush : λόχονδ᾽ ἰέναι Α 227. Cf. ξ 217.

λόχος, -ου, ὁ [λεχ-, λέγω¹]. (1) A body of men lying in wait or in ambush or detailed for such a purpose : εἷσε λόχον Ζ 189, μὴ λόχος εἰσέλθῃσι πόλιν (a body detailed to effect a surprise) Θ 522. Cf. Δ 392, Ν 285 : δ 531, ξ 469.—(2) A lying in wait, an ambush : λόχῳ ὑπεθωρήσσοντο (for . . .) Σ 513, μὴ δείσητ᾽ Ἀργείων λόχον (any attempt at surprise on their part) Ω 779. Cf. Ν 277 : δ 395, 441, λ 525, π 463.—(3) A place of concealment with a view to hostile action, a lurking-place : ἐκ λόχου ἀμπήδησεν Λ 379.—Applied to the Trojan horse δ 277, θ 515.—(4) App. a band or troop : εἴ περ πεντήκοντα λόχοι ἀνθρώπων νῶϊ περισταῖεν υ 49.

λοχόωσι, 3 pl. pres. λοχάω.

λύγος, -ου, ἡ [cf. L. *ligo*]. A pliant twig, a withy Λ 105 : ι 427, κ 166.

λυγρός, -ή, -όν [cf. λευγαλέος, L. *lugeo*]. (1) As a term of contempt, sorry, pitiful, good for nothing, of no account : ὅς τις πολέμοιο μεθείη λ. ἐών Ν 119. Cf. Ν 237 : ι 454, σ 107.—(2) Bringing or inferring wretchedness or woe, wretched, woeful, miserable, painful, distressing, baleful, disastrous : ὄλεθρον Β 873, γήραϊ Ε 153, ἀγγελίης Ρ 642. Cf. Ζ 16, Ν 346, Χ 242, etc. : νόστον α 327, πένθεϊ β 70, κήδεα λ 369. Cf. α 341, γ 87, ψ 224, ω 250, etc.—As epithet of war : δαΐ Ν 286, Ω 739. —Of the belly ρ473.—Bringing evil consequences, ill-wrought : ἀνδροκτασίης Ψ 86.—Carrying bale, deadly, fatal : σήματα Ζ 168.—Of drugs, working evil effects, bringing to ill δ 230, κ 236.—Of a

wound, deep-struck, sore Ο 393, Τ 49.—Of garments, foul, sorry, evil π 457, ρ 203=ω 158, ρ 338, 573.—(3) Absol. in neut. pl., things of ill, evils : πόλεμοι καὶ ἄκ ντες καὶ ὄϊστοί, λυγρά ξ 226.—Evil fortune, ill : ᾧ κε τῶν λυγρῶν δώῃ Ω 531. Cf. σ 134.—Bane, evil : ταῦτ᾽ ἐμήσατο λυγρά γ 303.— In ethical sense, evil, mischief : λυγρὰ ἰδυῖα (cherishing evil in her heart) λ 432 (see εἴδω (III) (12)).

λυγρῶς [adv. fr. prec.]. So as to inflict pain, sorely : πεπληγυῖα Ε 763.

λύθρον, -ου, τό. Gore : λύθρῳ παλάσσετο χεῖρας Λ 169. Cf. Ζ 268, Υ 503 : χ 402=ψ 48.

λυκάβας, -αντος, ὁ [λυκ-, light, as in λύχνος + βα-, βαίνω. 'The going of light']. Thus, prob., the period of time in which daylight goes and comes again : τοῦδ᾽ αὐτοῦ λυκάβαντος (within a day's space, ere the sun shall set again) τ 306. (This interpretation involves bracketing ξ 161- 162 (=τ 306-307); but is obviously superior to the interpretation 'a year.')

λυκέη [fem. adj. fr. λύκος (*sc.* δορά)]. A wolf-skin Κ 459.

Λυκηγενής [prob. λύκος +γεν-, γίγνομαι]. Thus, wolf-born. Epithet of Apollo Δ 101, 119.

λύκος, -ου, ὁ. A wolf Δ 471, Κ 334, Λ 72, Ν 103, Π 156, 352, Χ 263 : κ 212, 218, 433.

λῦμα, -ατος, τό [λυ-, λούω]. In pl., defilement, impurities : ἀπὸ χροὸς λύματα πάντα κάθηρεν Ξ 171. Cf. Α 314.

λύμην, -αο. aor. pass. λύω.

λυπρός, -ή, -όν [λυπ- as in λύπη, distress]. Poor, sorry, worthless : γαῖα ν 243.

λῦσιμελής [λυσ-, λύω + μέλος]. That relaxes the limbs. Epithet of sleep υ 57, ψ 343.

λῦσις, -ῃ [λυσ-, λύω]. A releasing or ransoming : ἀνάβλησις λύσιος Ω 655.—A means of release from the toils of something, a means of escape : θανάτου λύσιν ι 421.

λύσσα, ἡ. Rage, fury, lust of battle : λύσσαν ἔχων ὀλοήν Ι 305. Cf. Ι 239, Φ 542.

λυσσητήρ, -ῆρος [λυσσάω, vb. fr. prec.] One who is raging mad : τοῦτον κύνα λυσσητῆρα (that mad dog) Θ 299.

λυσσώδης [app. for λυσσοϜείδης, fr. λύσσα + (Ϝ)εῖδος]. Raging, consumed with lust of battle. Absol. : ὁ λυσσώδης,῾Εκτωρ Ν 53.

λύτο, 3 sing. aor. pass. λύω.

λύχνος, -ου, ὁ [λυκ-, light. Cf. L. *luceo*]. A lamp : χρύσεον τ 34.

λύω. 3 sing. aor. pass. λύθη Ε 296, Θ 123, 315, Ρ 298. 3 pl. λύθεν Η 805, Σ 31 : δ 794, θ 360, σ 189, 341. Aor. λύμην Φ 80. 3 sing. λύτο Φ 114, 425 : δ 703, ε 297, 406, σ 212, χ 68, 147, ψ 205, ω 345. 3 sing. Ω 1. 3 pl. λύντο Η 12, 16, Ο 435. 3 sing. pf. λέλυται Θ 103, Ω 599. 3 pl. λέλυνται Β 135, Η 6 : θ 233, σ 242. 3 sing. opt. λελῦτο σ 238. 3 pl. plupf. λέλυντο χ 186. λελύνται Ν 85. (ἀνα-, ἀπο-, ἐκ-, ἐξανα-, ἔξανα-, ὑπεκπρο-, ὑπο-.) (1) To loosen, undo, unfasten, untie : ζωστῆρα Δ 215. Cf. Π 804 : πρυμνήσια β 418. Cf. γ 392, ε 459, ν 77, etc.—In mid. : λύοντο τεύχε᾽ ἀπ᾽

2

ὤμων P 318.—In proper mid. sense of unfastening something from oneself: ἀπὸ στήθεσφιν ἐλύσαθ' ἱμάντα Ξ 214.—Of loosening the maiden girdle λ 245.—To undo the fastening of: ἀσκόν κ 47.—To strike (sail): λύον ἱστία ο 496.—(2) To set free from bonds or confinement, to release, relax one's hold upon: λῦσαι γέροντα δ 422, ἐπεὶ ἐκ δεσμοῖο λύθεν θ 360. Cf. θ 345, 347, κ 298, 387, λ 296, μ 53, 163, 193.—In mid., to set oneself free ι 463.—To rescue from bonds, effect the release of Ο 22.—In mid.: ἤ τοὺς λυσόμενος δεῦρ' ἔρχεαι; κ 284. Cf. κ 385.—To release (from trouble or sickness): θεοὶ κακότητος ἔλυσαν ε 397. Cf. ν 321.— To save (from imminent danger) π 364.—(3) To set free (a captive) for ransom: παῖδ' ἐμοὶ λύσαιτε Α 20. Cf. Α 29, Φ 80.—With genit. of price: ἔλυσεν ἀποίνων Λ 106.—Of restoring a corpse Ω 76, 116, 137, 555, 561, 593, 599.—Of restoring the armour of a slain foe P 163.—In mid., to effect the ransoming of: ξεῖνός μιν ἐλύσατο Φ 42. Cf. Α 13 = 372, Κ 378.—So of effecting the restoration of a corpse Ω 118 = 146 = 195, 175, 237, 502, 685.—(4) To unyoke (horses, etc.): λῦσαν ἵππους Θ 433. Cf. Ε 369, Λ 620, Σ 244, Ψ 27, Ω 576, etc.: δ 35, 39, η 6.—In mid. Ψ 7, 11.—To untether (horses) Κ 480, 498.—(5) To settle or compose (a dispute, quarrel or difference): καὶ ἀνδράσι νείκεα λύει η 74. Cf. Ξ 205 = 304.—(6) To dissolve or dismiss (an assembly), allow or cause (it) to disperse: λῦσαν ἀγορήν Α 305. Cf. Β 808, Τ 276, Ω 1: β 69, 257.—(7) To disperse (cares): λύων μελεδήματα θυμοῦ Ψ 62 :=υ 56, ψ 343.— (8) With notion of destruction, to resolve into the component parts, disintegrate, cause to part: σπάρτα λέλυνται (lie in decay) Β 135: ὄφρ' ἀπὸ τοίχους λύσε κλύδων τρόπιος μ 421.—To cause (stitches) to give way or come undone: ῥαφαὶ ἐλέλυντο ἱμάντων χ 186.—To bring to ruin, destroy: ὄφρα Τροίης κρήδεμνα λύωμεν Π 100. Cf. Β 118 = Ι 25 : ν 388.—(9) To break up or dissipate (the vital forces), to break up, dissipate or suspend the vital forces or the strength in (the limbs, the heart, etc.), to cause (the limbs, etc.) to give way or collapse. (a) By the application of force to fatal or nearly fatal effect: οὔτησε ξυστῷ, λῦσε δὲ γυῖα Δ 469, τοῦ λύθη ψυχή τε μένος τε Ε 296. Cf. Ε 176, Η 12, Ν 360, Π 332, P 29, etc.: ξ 69, 236, σ 238, 242, ω 381.—In reference to an animal: λῦσεν βοὸς μένος γ 450.—(b) By strong emotion, fear, stupor: τὸν ἄτη φρένας εἷλε, λύθεν δ' ὑπὸ γυῖα Π 805. Cf. Σ 31, Φ 114, 425 : Ὀδυσσῆος λύτο γούνατα καὶ ἦτορ ε 297 = 406 = χ 147. Cf. δ 703, σ 212, 341, χ 68, ψ 205, ω 345.—(c) By weariness, exhaustion, hardship: καμάτῳ ὑπὸ γυῖα λέλυνται Η 6. Cf. Ν 85 : θ 233, ν 118.— Sim. of the effects of old age Θ 103.—Of relaxation of the limbs in sleep δ 794 = σ 189.

λωβάομαι [λώβη]. To treat without regard to right or decency, commit outrage upon. With direct and cognate acc.: λώβης, ἣν ἐμὲ λωβήσασθε Ν 623.—Absol. Α 232 = Β 242.

λωβεύω [λώβη]. (ἐπι-.) To play a trick upon, mock, make game of: τίπτε με λωβεύεις; ψ 15. Cf. ψ 26.

λώβη, -ης, ἡ. (1) Treatment without regard to right or decency, despiteful usage, outrage: πρίν γ' ἀπὸ πᾶσαν ἐμοὶ δόμεναι λώβην Ι 387. Cf. Λ 142, Ν 622, Τ 208 : σ 347 =υ 285, τ 373, υ 169, ω 326.—(2) A cause or occasion of reproach or opprobrium: λώβη τάδε γ' ἔσσεται, εἰ . . . Η 97. Cf. Σ 180 : σ 225, ω 433.—(3) A mark for mockery, an object of ridicule Γ 42.

λωβητήρ, -ῆρος, ὁ [λωβάομαι]. One who utters despiteful or scurrilous words, an insulter, a foul-mouthed fellow Β 275, Λ 385.—A good-for-nothing person, a worthless fellow Ω 239.

λωβητός [λωβάομαι]. App., despitefully used by fortune, wretched, miserable Ω 531.

λωΐτερος [cf. next]. Better, more profitable or advisable: τόδε λωΐτερον ἔμμεναι α 376 = β 141.

λωΐων, λώϊον [cf. prec.]. Always in neut. Better. Absol.: χρή σε δόμεναι καὶ λωΐον ἠέ περ ἄλλοι σίτου (a larger portion) ρ 417.—Better, more profitable or advisable: τόδε σφιν λ. ἐστιν β 169.—Absol. with infin.: λ. ἐστι δῶρ' ἀποαιρεῖσθαι Α 229.—So with ὧδε: δοκέει μοι ὧδε λ. ἔσσεσθαι Ζ 339.—As adv., better, more fully: γνωσόμεθ' ἀλλήλων καὶ λ. ψ 109.

λώπη, -ης, ἡ [λέπω]. A garment ν 224.

λωτόεις, -εντος [λωτός (1)]. Contr. acc. pl. neut. λωτοῦντα. Overgrown with λωτός: πεδία λωτοῦντα Μ 283. (V.l. λωτεῦντα (λωτέοντα) fr. λωτέω, to teem with λωτός.)

λωτός, -οῦ, ὁ. (1) A plant, perh. some kind of trefoil or clover. Collectively: ἵπποι λωτὸν ἐρεπτόμενοι Β 776. Cf. Ξ 348, Φ 351 : δ 603.— (2) A fruit of some kind, described as having an irresistibly seductive taste ι 93, 97, 102.— The tree producing the fruit ι 94.

Λωτοφάγοι, οἱ [λωτός (2) + φάγον]. The lotus-eaters ι 84, 91, 92, 96, ψ 311.

λωφάω. To have pause, cease, give over: ὅδε τάχα λωφήσει Φ 292.—To find respite or relief from. With genit.: κακῶν ι 460.

μά. A particle used in affirmations or strong protestations, followed by acc. of a deity or thing invoked. Affirmatively with ναί: ναὶ μὰ τόδε σκῆπτρον (by this . . .) Α 234.—With οὐ in negation: οὐ μὰ Ζῆνα Ψ 43. Cf. Α 86 : υ 339.

μαζός, -οῦ, ὁ. One of the breasts. (1) In women: γυναῖκα θήσατο μαζόν Ω 58. Cf. Ε 393, Χ 80, 83 : πάϊς οἱ ἦν ἐπὶ μαζῷ λ 448. Cf. τ 483. —(2) In men, the mammilla: βάλε στῆθος παρὰ μαζὸν δεξιόν Δ 480. Cf. Δ 123, 528, Ε 145, Θ 121, 313, Λ 108, 321, Ο 577, P 606 : χ 82.

μάθον, aor. μανθάνω.

μαῖα, ἡ [perh. fr. μα-, μήτηρ]. A word of address to a woman older than the speaker, good mother, dame, gossip β 349, 372, ρ 499, τ 16, 482, 500, υ 129, ψ 11, 35, 59, 81, 171.

μαιμάω [redup. fr. μα-, μάω]. 3 pl. μαιμώωσι Ν 75. μαιμῶσι Ν 78. Pple. μαιμώων Ο 742.

Fem. μαιμώωσα E 661, O 542. (ἀνα-, περι-.) To be eager or quiver for action, show eager alacrity in action : μαίμησέ οἱ ἦτορ E 670, μαιμώων ἔφεπ' ἔγχεϊ O 742. Cf. N 75, 78.—Of the eager course of a weapon E 661, O 542.

μαινάς, -άδος, ἡ [μαίνομαι]. A madwoman : μεγάροιο διέσσυτο μαινάδι ἴση X 460.

μαίνομαι. (ἐπι-.) (1) To rage, act like a madman, be in unreasoning rage or fury : σὺ δὲ μαίνεαι οὐκέτ' ἀνεκτῶς ι 350. Cf. Θ 360 : σ 406, φ 293.—Of the Bacchic frenzy Z 132.—Of the raging of fire : ὡς ὅτε πῦρ οὔρεσι μαίνηται O 606. —(2) Of martial frenzy : εἰ οὕτω μαίνεσθαι ἐάσομεν Ἄρηα E 717. Cf. Z 101, Θ 355, I 238, O 605, Π 245, Φ 5 : λ 537.—With cognate acc. : οὐχ ὅ γ' ἄνευθε θεοῦ τάδε μαίνεται (makes this wild work) E 185.—In pple., a madman : τοῦτον μαινόμενον E 831.—Of a weapon : εἰ καὶ ἐμὸν δόρυ μαίνεται Θ 111. Cf. Π 75.—(3) To be distracted or out of one's wits. In pple., a madman : μαινόμενε, φρένας ἠλέ O 128.—In fem., a madwoman : μαινομένῃ εἴκυῖα Z 389.—Of the wits, etc. : τί σφῶϊν μαίνεται ἦτορ ; Θ 413. Cf. Ω 114 = 135.

μαίομαι, 3 sing. fut. μάσσεται I 394. Aor. infin. μάσασθαι λ 591. (ἀμφι-, ἐπι-, ἐσ-.) (1) To make search, search, seek : μαίεσθαι προτέρω ξ 356.—To search through, examine : κευθμῶνας ν 367.—(2) To seek out, get : Πηλεύς μοι γυναῖκά γε μάσσεται αὐτός I 394 (v.l. γαμέσσεται (γαμέω)). —(3) To seize, grasp λ 591.

μάκαρ, -αρος [μακ-, μακρός]. (1) Having great resources, great, powerful, influential, wealthy : ἀνδρὸς μάκαρος κατ' ἀρουραν Λ 68. Cf. α 217.— (2) Happy, fortunate : ὦ μάκαρ Ἀτρεΐδη Γ 182. Cf. Ω 377.—Superl. μακάρτατος : σεῖο μακάρτατος (beyond thee, in reference to thee) λ 483. Cf. ζ 158.—(3) As epithet of the gods, happy, blessed, living at ease, dwelling serene A 339, 406, 599, etc. : α 82, ε 7, θ 281, etc.—Absol. in pl., the blessed gods, the gods κ 299.

μακαρίζω [μάκαρ]. To pronounce blessed, esteem fortunate o 538 = ρ 165 = τ 311.

μακεδνός, -ή, -όν [μακ-, μακρός]. Tall, high : αἰγείροιο η 106.

μάκελλα, ἡ. A mattock Φ 259.

μακρός, -ή, -όν. (1) Long (as applied to weapons commonly a mere epithet) : ἔγχεα Γ 135. Cf. Γ 137, E 297, N 497, etc. : οὐρῆσιν κ 215. Cf. μ 229, φ 121, χ 149, 251, 279, 293.—In superl. : τὰ μακρότατ' ἔγχεα Ξ 373.—(2) High, tall, lofty (sometimes, doubtless, with connotation of sense (3)) : τείχεα Δ 34, X 507, δένδρεα ἱ 541, Λ 88, οὔρεα N 18 : κίονας α 54, δένδρεα ε 238, τείχεα η 44, πίτυσσιν ι 186, κλίμακα κ 558, ἐρινεὸν μ 432, ὅζοι 436, etc.—Epithet of Olympus A 402, B 48, E 398, Θ 199, O 21, Σ 142, Ω 468, etc. : κ 307, o 43, υ 73, ω 351.—In superl. : ἐλάτην, ἡ μακροτάτη πεφυνῖα αἰθέρ' ἵκανεν Ξ 288.—Tall in person. In comp. : μακρότερόν μιν θῆκεν θ 20. Cf. σ 195.— (3) Great, thick, stout : ἕρματα A 486, ὀχῆα M 121, 291, N 124, σανίδες Σ 276 : δούρατα ε 162, 370, ἐπηγκενίδεσσιν ε 253.—Of waves, great, big,

swollen B 144 : ε 109, ι 147, ω 110.—(4) Wide, broad, spacious : ἠϊόνος στόμα Ξ 36. Cf. O 358.— (5) Of great content, great, capacious : φρείατα Φ 197.—(6) In reference to periods of time, long : ἤματα κ 470, σ 367 = χ 301. Cf. λ 373.—(7) Of a desire, great, of one's heart : τόδε μακρὸν ἐέλδωρ ψ 54.—(8) In neut. sing. μακρόν as adv. In reference to the utterance of sound, loudly, with full voice, at the top of one's voice : μ. ἄϋσεν Γ 81. Cf. E 101, Z 66, Λ 285, Τ 50, etc. : ζ 117.— (9) So in neut. pl. μακρά : βοῶν B 224.—Of a bull : μ. μεμυκώς Σ 580.—In reference to one's gait or movement, with long strides or steps, striding along or about, strutting along : μ. βιβάντα Γ 22. Cf. Η 213, N 809, O 307, 676, 686, Π 534 : λ 539. —Of a ram ι 450.

μακών, aor. pple. μηκάομαι.

μάλα. (1) Intensively with adjectives and adverbs, very, exceedingly, quite, just, altogether, or the like : μ. ὦκα B 52, μ. νήπιος H 401. Cf. A 156, Γ 204, E 710, I 360, M 382, N 152, Σ 254, etc. : μ. ἀτρεκέως α 179, μ. καλόν 301. Cf. β 200, γ 20, δ 169, 439, ε 26, 161, 342, κ 111, σ 370, etc. —Strengthening πᾶς B 10, N 741, O 546, etc. : β 306, ε 216, etc.—Strengthening ἀμφότερος Θ 67, etc.—With comp., by far : πρότερος μ. K 124.— (2) Intensively with verbs and participles, much, greatly, in large measure, deeply, heartily, with good will, earnestly, eagerly, strongly, or the like : θαρσήσας μ. A 85, φεῦγε μ. (by all means) 173, μ. ἔκλυον 218. Cf. A 217, Γ 25 (greedily), Δ 225, 379, E 471 (bitterly), H 286, I 75 (they sorely need . . .), 318, 419, K 229, 251 (quickly), Λ 710 (well), M 51 (loudly), N 146 (to close quarters), 463 (the need is dire), 708 (keeping closely together), Ξ 58 (closely), P 502 (from close at hand), 571 (carefully), Ψ 63, Ω 663, etc. : μ. ἀσχαλόωσιν α 304, μ. χατέουσα β 249. Cf. δ 472 (clearly), ε 341, ζ 44, 319 (skilfully), η 32 (willingly), θ 316, 413 (with all my heart), μ 108 (very close), ξ 361, σ 381, ω 400, etc.—(3) Emphasizing an expression generally rather than attaching itself to particular words, of a surety, surely, verily : ἦ μ. δή σε κιχάνεται ὄλεθρος Λ 441. Cf. B 241, E 278, Z 255, I 40, P 34, Σ 12, etc. : ἀλλά μ. οὔ πως ἔστι Διὸς νόον παρεξελθεῖν ε 103. Cf. α 384, β 325, ε 286, ζ 391, π 8, τ 40, etc.

μαλακός, -ή, -όν. (1) Yielding to the touch, soft, into or upon which one sinks or settles down comfortably : εὐνῇ I 618, K 75, X 504. Cf. Ξ 349 : κώεσιν γ 38. Cf. δ 124, υ 58, χ 196 (in sarcasm), ψ 290, 349.—Soft or yielding in texture, readily adapting itself to one's form or to what it covers : χιτῶνα B 42, πέπλοισιν Ω 796. Cf. α 437, τ 234.—Of meadows, yielding to the tread, covered with rich grass, grassy : λειμῶνες ε 72, ι 133.—Of cultivated land, yielding readily to the plough, easily cultivable : νειόν Σ 541.— (2) Of speech, gentle, winning, conciliatory : ἐπέεσσιν A 582, Z 337. Cf. α 56, κ 70, 422, π 286 = τ 5.—Of sleep, stealing gently upon one, sweet K 2 = Ω 678, Ξ 359 : o 6, σ 201.—So of a gentle or painless death : θάνατον σ 202.—Easy to deal with. In comp. : μαλακώτερος ἀμφαφάασθαι Χ 373.

μαλακῶς [adv. fr. prec.]. In reference to sleeping, softly, at ease : ἐνεύδειν γ 350. Cf. ω 255.

μαλερός. Epithet of fire. App., consuming, devouring I 242, Τ 316 = Φ 375.

μαλθακός. Faint-hearted, remiss P 588.

μάλιστα [superl. of μάλα]. (1) With adjectives and adverbs, in the highest degree, most : μ. λαμπρόν Ε 5, ἄγχι Ξ 460. Cf. Ζ 433, Θ 84, 326, Ν 568, 683, Ξ 399, Χ 410.—With a vb., in a very high degree, greatly, much : ὅπως πετάσειε μ. θυμόν σ 160.—(2) In general intensive use, most, especially, principally, chiefly : 'Ατρεΐδα μ. [λίσσετο] Α 16, τὸν μ. τίεν Β 21. Cf. Β 589, Γ 97, Δ 96, Θ 500, etc. : ὅσσαν, ἥ τε μάλιστα φέρει κλέος α 283. Cf. α 342, 359, δ 434, θ 582, etc.—In reference to something on the point of happening, nearly : μέμβλωκε μ. ἦμαρ ρ 190.

μᾶλλον [comp. of μάλα]. (1) With adjectives, in a higher degree, more : τιμήεσσα σ 162.—More, rather : μ. ἐπήρατος ἱπποβότοιο (rather . . . than . . .) δ 606.—Strengthening a comp. : ῥηΐτεροι Ω 243.—(2) In general intensive use (a) More, yet more, rather : 'Εκτορέοις ἄρα μ. ἐπὶ φρένα θῆχ' ἱεροῖσιν Κ 46, μή μοι μ. θυμὸν ὀρίνῃς Ω 568. Cf. Θ 470, Ν 272, 638, 776, Τ 200 : μ. ἔτ' ἤ τὸ πάροιθεν α 322. Cf. α 89, 351, δ 819, θ 154, ο 198, σ 216, υ 166.—Better, in better wise : μ. ἄρμα οἴσετον Ε 231.—Better, preferably, for choice : ἀμφοτέρω μ. Μ 344 = 357.—(b) The more, all the more, the better, all the better : ἀπὸ θυμοῦ μ. ἐμοὶ ἔσεαι Α 563, ὄφρ' ἔτι μ. μαχώμεθα Τ 231. Cf. Β 81, Ε 208, Ι 257, 700, Τ 16, Φ 305, etc. : μ. πιέζειν δ 419. Cf. β 202, ι 13, σ 22, τ 117, 249, etc.—(3) Much (rather than little). See κηρόθι.

μάν [cf. μέν, μήν²]. Affirmative particle : οὐ μὰν οὐδ' 'Αχιλεὺς μάρναται Δ 512, ἄγρει μάν (nay come !) Ε 765, ἔσται μὰν ὅτ' ἄν . . . (the time will yet come when . . .) Θ 373. Cf. Θ 512, Ν 414, etc. : οὐ μὰν ἡμῖν ἀπὸ σκοποῦ μυθεῖται λ 344. Cf. ρ 470.—With ἤ. See ἤ² (1) (b) (a).

†μανθάνω. Aor. μάθον Ζ 444. 2 sing. ἔμμαθες σ 362. 3 ἔμμαθε ρ 226. To learn. In aor., to have learned, know : ἔργα κακά ρ 226, σ 362.— With infin., to have been brought up or trained to be : ἐπεὶ μάθον ἔμμεναι ἐσθλός Ζ 444.

μαντεύομαι [μάντις]. (1) To utter prophecy or divination, prophesy, divine : ἤ ἐτεὸν μαντεύεται Β 300 : νῦν τοι ἐγὼ μαντεύσομαι α 200. Cf. β 170, 178, ο 172, ρ 154, υ 380, ψ 251.—To be seer, act as seer : μαντευόμενος κατεγήρα Κυκλώπεσσιν ι 510. Cf. ο 255.—(2) To prophesy in regard to : ταῦτα μαντεύεσθαι β 180.—To foretell, prophesy, presage : ὄλεθρον Π 859. Cf. Α 107, Τ 420.

μαντήιον, τό [μαντεύομαι]. A prophetic warning : μαντήια Τειρεσίαο Κίρκης τε μ 272.

μάντις, ό. Genit. μάντηος (v.l. μάντιος) κ 493, μ 267. A seer or diviner Α 62, 92, 106, 384, Ν 69, 663, Ω 221 : α 202, ι 508, κ 493, 538, λ 99, 291, μ 267, ο 225, 252, ρ 384.

μαντοσύνη, -ης, ἡ [μάντις]. The art of divination : ὅς μαντοσύνῃ ἐκέκαστο ι 509. Cf. Α 72.—In pl., app. referring to the various means of divination : ὅς περὶ πάντων ᾔδεε μαντοσύνας Β 832 = Λ 330.

μαραίνω. 3 sing. aor. pass. ἐμαράνθη Ι 212. To quench (fire) : ἐπεὶ φλὸξ ἐμαράνθη (had died down) Ι 212, πυρκαϊὴ ἐμαραίνετο Ψ 228.

μαργαίνω [μάργος]. To behave like a madman, rage : μαργαίνειν ἐπὶ θεοῖσιν Ε 882.

μάργος, -η. Out of one's wits, beside oneself ψ 11.—Absol. in voc., 'madman !' π 421.— Applied to the belly, raging, unappeasable σ 2.

μαρμαίρω [μαρ- as three next]. To be bright, to glitter, flash, gleam, sparkle : ἔντεα μαρμαίροντα Μ 195. Cf. Ν 22, 801, Π 279, 664, Σ 131, 617, Ψ 27.—Of the eyes : ὄμματα μαρμαίροντα Γ 397.

μαρμάρεος, -η, -ον [μαρ- as prec. and two next]. Bright, glittering, gleaming Ξ 273, P 594, Σ 480.

μάρμαρος, -ον, ό [μαρ- as two prec. and next]. A stone of some such substance as quartz Μ 380 : ι 499.—With πέτρος Π 735.

μαρμαρυγή, -ῆς, ἡ [μαρ- as three prec.]. A twinkling or flickering : μαρμαρυγὰς ποδῶν θ 265.

μάρναμαι. 2 sing. impf. ἐμάρναο χ 228. Imp. μάρναο Ο 475, Π 497. (1) To fight, do battle, take part in the fight : οὐδ' 'Αχιλεὺς μάρναται Δ 513. Cf. Ε 33, Η 301, Λ 74, Π 195, Σ 453, etc. : πρόπαν ἦμαρ ἐμαρνάμεθα ω 41. Cf. γ 85, λ 513, π 98 = 116, ω 39, 507.—With cognate acc. : ὅσα μαρνάμεσθα γ 108.—To fight, do battle, with. With dat. : μαρνάμενον Μενελάῳ Γ 307, μάρναντο Τρωσὶν τε καὶ "Εκτορι Ν 720. Cf. Ζ 204, Ι 327, Λ 190 = 205, Ο 475, 557 : ι 50, χ 228.—With ἐπί : μάρνασθαι δηΐοισιν ἐπ' ἀνδράσιν Ι 317 = Ρ 148.—(2) Of fighting otherwise than with arms, to box σ 31.— (3) To fight with words, quarrel, wrangle, dispute : εἰ σφῶϊν πυθοίατο μαρναμένοιϊν Α 257.

μάρπτω. 3 sing. fut. μάρψει Ο 137. 3 sing. aor. ἔμαρψε ω 390. 3 sing. subj. μάρψῃ Φ 564. Pple. μάρψας ι 289, 311, 344, κ 116. Infin. μάρψαι Χ 201. (κατα-, συμ-.) (1) To lay hold of, seize, clasp Ξ 346, Ο 137, Φ 489 : ι 289, 311, 344, κ 116.— With cognate acc. ἔλκεα, ἅ κεν μάρπτῃσι κεραυνός (which the thunderbolt shall make by fastening upon . . .) Θ 405 = 419.—(2) To catch up, overtake Φ 564, Χ 201.—(3) To bring oneself in contact with, touch : οὐδὲ χθόνα μάρπτε ποδοῖϊν Ξ 228.—(4) Of sleep, to come upon : οὐχ Ἑρμείαν ὕπνος ἔμαρπτεν Ω 62 : υ 56.—So of old age : ἐπεὶ κατὰ γῆρας ἔμαρψεν ω 390.

μαρτυρίη, -ης, ἡ [μάρτυρος]. A giving of information, a denouncing. In pl. λ 325.

μάρτυρος, -ου, ό. (1) One who is to bear or can bear testimony, a witness : τὼ αὐτὼ μάρτυροι ἔστων Α 338. Cf. Β 302.—(2) A witness invoked in sanction of something (cf. ἐπιμάρτυρος): ὑμεῖς μάρτυροι ἔστε Γ 280. Cf. Η 76, Ξ 274, Χ 255 : μάρτυροι ἀμφοτέροισι θεοὶ [ἔστων] ξ 394. Cf. α 273. —(3) An ever-present witness, a protector or guardian : ἱκέτας, οἶσι Ζεὺς μ. [ἐστιν] π 423.

μάρψει, 3 sing. fut. μάρπτω.

μάσασθαι, aor. infin. μαίομαι.
μάσσεται, 3 sing. fut. μαίομαι.
μάσσων, μᾶσσον [comp. fr. μακρός]. In neut.
μᾶσσον as adv., further : ἥσειν θ 203.
μάσταξ, -ακος, ἡ. (1) The mouth : μάστακα
χερσὶ πίεξεν δ 287. Cf. ψ 76.—(2) A mouthful,
a morsel I 324.
†μαστίζω [μάστιξ]. 3 sing. aor. μάστιξε. To
apply the μάστιξ to, touch up (horses or mules) :
μάστιξεν ἵππους E 768 = K 530 = Λ 519. Cf. Θ 117,
E 366 = Θ 45 = X 400 : = γ 484 = 494 = o 192, ʒ 82.
μάστιξ, -ῖγος, ἡ. A whip (following the indica-
tions of Λ 532, O 352, Ψ 362 : ʒ 316 ; see also
Ψ 500 under μάστις and Υ 171 under μαστίω) ; but
μάστιξ in Ψ 384 and κέντρον in 387 are evidently
represented as identical, and seem to be the
same as the ἱμάσθλη of 582, and there are grounds
for explaining all as a pliant rod with a metal
point serving both as whip and goad (which
involves taking ἱμάντες in Ψ 363 in sense ' reins ') :
μάστιγι θοῶς ἐπεμαίεθ' ἵππους E 748 = Θ 392. Cf.
(besides as above) E 226, 840, K 500, P 430, 479,
482 = Ω 441, Τ 395, Ψ 390, 510, 642, Ω 326 : ʒ 81,
316.—Fig. of the ' lash ' of Zeus : Διὸς μάστιγι
δαμέντες (ἐδάμημεν) M 37, N 812.
μάστις, ἡ. Dat. μάστῖ Ψ 500. = prec. : μάστι
ἔλαυνε κατωμαδόν Ψ 500. Cf. o 182.
μαστίω [μάστις]. To apply the μάστιξ to, touch
up, one's horses : μάστιε νῦν P 622.—In mid. of
a lion lashing himself with his tail Υ 171.
ματάω. To do ineffective work, show oneself
clumsy or unskilful : ἀπέκοψε παρήορον οὐδὲ
μάτησεν Π 474. — To idle, lose time Ψ 510.—
Of horses, to shirk their work, grow restive
E 233.
ματεύω [app. conn. with prec.]. To be at a loss
or at fault : οὐ δηθὰ ματεύσομεν Ξ 110.
ματίη, -ης, ἡ [ματάω]. Ill directed or ill judged
action, folly κ 79.
μάχαιρα, -ης, ἡ. A knife Γ 271 = Τ 252, Λ 844.
—App. a dagger : μαχαίρας χρυσείας ἐξ ἀργυρέων
τελαμώνων Σ 597.
μαχειόμενος, pple. See μάχομαι.
μαχεῖται, 3 sing. fut. μάχομαι.
μαχέοιτο, 3 sing. opt. μάχομαι.
μαχέονται, 3 pl. fut. μάχομαι.
μαχεούμενον, acc. sing. masc. pple. See μάχομαι.
μαχεσ(σ)αίμην, aor. opt. μάχομαι.
μαχέσ(σ)ασθαι, aor. infin. μάχομαι.
μάχη, -ης, ἡ [μαχ- as in μάχομαι]. (1) War,
battle, armed conflict, fighting : μάχη Τρώεσσιν
ἀρήγειν A 521, ἔσχοντο μάχης Γ 84. Cf. Δ 225,
E 157, H 290, Λ 409, N 483, O 15, P 142, X 218,
Ω 385, etc.: δ 497.—(2) A battle, armed conflict,
fight : μάχην ἐμάχοντο M 175, ἀντιβωντες τῆσδε
μάχης Υ 126. Cf. A 177, E 456, 763, Δ 336,
M 436, N 789, P 261, Υ 18, etc.: ι 54, λ 612.—
μάχη τινός, a fighting with a person : Αἴαντος
ἀλέεινε μάχην (did not care to engage him)
Λ 542.—(3) In concrete sense, a force engaged
in fighting, an embattled host, a battle array, a
fighting throng : ἀρτύνθη μάχη (the lines were

re-formed) Λ 216, μάχη ἐπὶ πᾶσα φαάνθη P 650.
Cf. E 167, 824, N 337, Ξ 155, Ω 402, etc.—(4) In
local sense, a field of battle : μάχης ἐπ' ἀριστερά
E 355. Cf. P 368, etc. — (5) The art of war,
war, fighting : μάχης εὖ εἰδότε πάσης B 823 =
M 100, E 11, 549. Cf. E 634, N 811.
μαχήμων [μάχομαι]. Warlike M 247.
μαχήσασθαι, aor. infin. μάχομαι.
μαχήσομαι, fut. μάχομαι.
μαχητής, ὁ [μάχομαι]. A warrior : νέοι σε
τείρουσι μαχηταί Θ 102.—With implied notion of
stoutness or skill : μικρὸς δέμας, ἀλλά μ. E 801.
Cf. Π 186 : γ 112, δ 202, σ 261.
μαχητός [μάχομαι] With whom one may
fight, to be fought with μ 119.
μαχλοσύνη, -ης, ἡ. Lust ; app., satisfaction
or scope for the satisfaction thereof : ἥ οἱ πόρε
μαχλοσύνην ἀλεγεινήν Ω 30.
μάχομαι. 3 sing. opt. μαχέοιτο Α 272.   3 pl.
μαχέοιντο Α 344. 2 dual imp. μάχεσθον H 279.
Pple. μαχειόμενος (lengthened fr. μαχεόμενος) ρ 471.
Acc. sing. masc. μαχεούμενον λ 403. Nom. pl.
masc. μαχεούμενοι ω 113. 3 sing. pa. iterative
μαχέσκετο H 140. 3 sing. fut. μαχεῖταί Υ 26. 3 pl.
μαχέονται B 366. Fut. μαχήσομαι Α 298, Τ 290,
I 32, Φ 498. 2 sing. μαχήσεαι Ψ 621. 3 μαχήσεται
I 702, Σ 265 : σ 63. 1 pl. μαχησόμεθα Ζ 84,
H 291, 377, 396, I 48, P 719. 3 pl. μαχήσονται
Γ 137, 254, H 30. Pple. μαχησόμενος, -ου Α 153,
B 801, M 216, P 146, Σ 59, 440, Τ 157. Infin.
μαχήσεσθαι E 833, P 604. 3 sing. aor. μαχέσ-
σατο Σ 184. 1 pl. μαχεσσάμεθα B 377. Opt.
μαχεσσαίμην Ν 118. 2 sing. μαχέσαιο Ζ 329.
3 μαχέσαιτο Ω 439. Acc. sing. masc. pple.
μαχεσσάμενον Γ 393. Nom. dual masc. μαχεσ-
σαμένω Α 304. Infin. μαχέσασθαι Γ 20, E 496,
H 74, Θ 168, Υ 171, X 223, etc. μαχέσσασθαι
Ο 633 : σ 39. μαχήσασθαι E 483 : β 245. (ἀμφι-,
προ-.) (1) To fight, do battle, take part in the
fight, engage in fight : μαχόμην κατ' ἔμ' αὐτόν
Α 271, μετὰ πρώτοισι μάχεσθαι E 536. Cf. A 153,
Γ 290, H 140, M 2, O 698, Υ 408, X 243, etc. :
οἳ ἄστυ πέρι Πριάμοιο μαχεούμενον ε 106. Cf. λ 403,
ξ 491, π 171, ρ 471, χ 65, 245, ω 113.—Of single
combat : Ἀλέξανδρος καὶ Μενέλαος μαχήσονται
περὶ σεῖο Γ 137. Cf. Γ 20, H 40, Υ 88, Φ 160, etc.
—To box : ὁ ξεῖνος καὶ Ἶρος ἐρίζετον ἀλλήλοιιν
χερσὶ μαχέσσασθαι σ 39. Cf. Ψ 621.—(2) To fight,
engage in fight, do battle, with. With dat. :
Τρωσὶν Δ 156. Cf. A 151, E 130, N 238, Π 520,
Φ 429, Ω 439 (will attack thee), etc. : β 245,
251, λ 169, ν 390, ξ 71, π 244, σ 63, χ 214.—
With ἐπί : ἐπὶ Τρώεσσιν E 124, Λ 442, Υ 26.
Cf. E 244.—With πρός : πρὸς Τρῶας P 471.—Of
single combat. With dat. : μενοινώω καὶ οἴως
Ἕκτορι μάχεσθαι N 80. Cf. A 298, Γ 435, H 74,
Υ 179, etc.—Of boxing Ψ 554 : σ 81,52.—(3) With
cognate acc. : μάχην ἐμάχοντο M 175. Cf. B 121,
Γ 435, Σ 533, etc. : ι 54.—(4) To contend with
in manly sports. With dat. : τίς ἂν φιλέοντι
μάχοιτο ; θ 208.—(5) Of fighting with a beast :
θηρὶ μαχέσσασθαι Ο 633.—Of a beast attacking

or fighting with men : ὡς κύων ὑλάει μέμονέν τε μάχεσθαι ν 15. Cf. Υ 171.—Of beasts or birds fighting : ὥς τ' αἰγυπιοὶ μεγάλα κλάζοντε μάχωνται Π 429. Cf. Π 758, 824.—(6) To fight with words, quarrel, wrangle, dispute, contend : ἀντιβίοισι μαχεσσαμένω ἐπέεσσιν A 304. Cf. A 8, B 377.— (7) To oppose, set oneself against, thwart. With dat. : οὐκ ἐθέλησα Ποσειδάωνι μάχεσθαι ν 341.— (8) To be up in arms against (a person), assume an attitude of protest in regard to (him), find fault with or upbraid (him). With dat. : σοὶ πάντες μαχόμεσθα· σὺ γὰρ . . . E 875. Cf. Z 329, I 32, N 118.

μάψ. (1) In vain, to no purpose, fruitlessly : μ. ἀπρηκτον πόλεμον πολεμίζειν B 120.—For no good reason, without aim or object so far as one is concerned : μ. ἔνεκ' ἀλλοτρίων ἀχέων Υ 298.— (2) In unseemly wise, without regard for right, decency or established usage : μ., ἀτὰρ οὐ κατὰ κόσμον B 214, E 759. Cf. N 627 : γ 138.— (3) Without justification or good reason, idly, thoughtlessly, frivolously, lightly : μ. αὔτως εὐχετάασθαι Υ 348. Cf. O 40 : π 111.

μαψιδίως [adv. fr. μαψίδιος, adj. fr. μάψ]. (1) =μάψ (3) : τίς νύ σε τοιάδ' ἔρεξε, μ. ; E 374= Φ 510. Cf. β 58=ρ 537, η 310, ξ 365, ρ 451.— (2) Without determined course, idly : ἦ μ. ἀλάλησθε ; γ 72=ι 253.

†*μάω. 2 dual pf. μέματον Θ 413, K 433. 1 pl. μέμαμεν I 641, O 105. 2 μέματε H 160. 3 μεμάασι K 208, 236, 409, Υ 165, X 384 : δ 700, 740, ε 18, ρ 520, υ 215, χ 263. 3 imp. μεμάτω Δ 304, Υ 355. Pple. μεμαώς Δ 40, E 135, Λ 239, N 137, Σ 156, Φ 65, X 36, etc. : ε 375, τ 231, 449. μεμαώς Π 754. Genit. μεμάῶτος Θ 118. Dat. μεμαῶτι N 80, 317, X 284. Acc. μεμαῶτα A 590, H 261, Θ 327, Λ 95, Ξ 375, P 181, Υ 256, Ω 298, etc. : δ 351, 416, λ 210. Nom. dual μεμαῶτε E 569, Z 120, Υ 159, X 243, Ψ 814. μεμάότε N 197. Acc. μεμαῶτε E 244, N 46, Π 555, P 531. Nom. pl. μεμαῶτες B 473, Γ 9, N 40, P 727, etc. : ο 183, υ 50, ω 395. μεμάότες B 818. Dat. μεμάῶσι M 200, 218. Acc. μεμαῶτας I 361, O 276 : χ 172. Fem. μεμαυΐα Δ 440, E 518, Ξ 298, O 83, etc. : ν 389, π 171. Acc. μεμαυΐαν Δ 73, Τ 349, X 186 : ρ 286, ω 487. Nom. pl. μεμαυΐαι E 779, Λ 615. 3 pl. plupf. μέμασαν B 863, H 3, Θ 56, M 89, 197, N 135, 337 : λ 315. Pf. μέμονα E 482. 2 sing. μέμονας H 36, I 247, N 307, Ξ 88, Φ 481, Ω 657. 3 μέμονε M 304, Π 435, Σ 176, Φ 315 : ο 521, υ 15. (For the forms cf. γέγαα, γέγονα under γίγνομαι (A).) (ἐμ-.) (1) To be eager, anxious or ready : ἐπεὶ μεμάασί γε πολλοί (are ready to volunteer) K 236, μέμονεν τοι θεοῖσιν (his heart swells like that of a god) Φ 315.—(2) To be eager, anxious or ready, show eagerness, anxiety or readiness. strive or struggle, *to do something*, to be bent or set on *doing something*. With pres. or aor. infin. : μέμασαν μάχεσθαι B 863, διαπραθέειν μεμαῶτες I 532. Cf. A 590, Δ 40, 304 (be carried away by his eagerness), E 852, N 182, Σ 156, X 413, etc. : δ 351, ε 18, λ 210, ρ 520, υ 15, etc.—With fut.

infin. : μέμασαν τεῖχος ῥήξειν M 197. Cf. B 543, M 200, 218 : ο 521, ω 395.—(3) To be eager for. With genit. : μεμαῶτα μάχης I 655, μεμαότε ἀλκῆς (eager to display . . .) N 197. Cf. E 732, P 181, Υ 256.—(4) In pple. without construction (a) Eager to be doing, keen for action, in eager course, pressing on, bent or set on doing something : μεμαότες ἐγχείησιν (with their spears, *i.e.* eager to use them) B 818, Ἔρις ἅμοτον μεμανΐα Δ 440, στυφέλιξέ μιν μεμαῶτα (checked his fury) H 261. Cf. Δ 73, Θ 327, N 46, O 604, Ω 298, etc. : δ 416 (struggling), ν 389, χ 172, ω 487.—Applied to the insistent hungry belly ρ 286.—(b) Eagerly, with eager haste, speed, alacrity or zeal : βῆ ῥ' ἂν' ὁδὸν μεμαώς K 339. Cf. E 143, Λ 239, 256, N 40, O 83, Π 754, Φ 174, etc. : ἤϊξαν πεδίονδε μεμαῶτες ο 183.—(5) To hasten, speed : πῇ μέματον ; (whither away so fast ?) Θ 413. Cf. Λ 615, Ξ 298.—(6) To be minded or inclined, to purpose, design : διχθά μοι κραδίη μέμονεν (I am in two minds) Π 435.—With pres. or aor. infin. : πῇ μέμονας καταδῦναι ὅμιλον ; N 307, ἦε μένειν μεμάασιν X 384. Cf. H 160, K 208=409, K 433, M 304, Ω 657 : λ 315.—With fut. infin. : πῶς μέμονας πόλεμον καταπαυσέμεν ; H 36. Cf. I 247, Ξ 88, O 105, Φ 481 (presume to . . .).

με. See ἐμέ.

μεγάθυμος, -ον [μέγας + θυμός]. Great-hearted. Epithet of heroes, etc. B 518, 706, Δ 479, E 25, 565, Z 145, Ξ 454, O 440, Π 818, P 214, Ψ 694, etc. : γ 189, 364, 423, η 62, ο 2, 229, 243, τ 180, φ 296.—Of Athene θ 520, ν 121.—Of the royal councillors : βουλὴν μεγαθύμων γερόντων B 53.— Of peoples A 123, B 541, E 27, I 549, N 699, etc. : γ 366, η 16, ω 57.—Applied to a bull Π 488.

μεγαίρω [μέγας. 'To think too great']. 3 sing. aor. μέγηρε Ψ 865. 2 sing. subj. μεγήρῃς γ 55. Pple. μεγήρας N 563, O 473. To be unwilling to give or allow, to grudge. With acc. and dat. : μέγηρέ οἱ τό γ' Ἀπόλλων Ψ 865.—With dat. alone : Δαναοῖσι μεγήρας O 473.—With genit. indicating that in respect of which grudging takes place and dat. : τάων οὔ τοι ἐγὼ πρόσθ' ἵσταμαι οὐδὲ μεγαίρω Δ 54.—With this genit. alone : βιότοιο μεγήρας (grudging him the taking of his foe's life) N 563. —With dat. and infin. indicating what is grudged : μηδὲ μεγήρῃς ἡμῖν τελευτῆσαι τάδε ἔργα γ 55.—With prepositional clause and infin. : ἀμφὶ νεκροῖσι κατακαιέμεν οὔ τι μεγαίρω H 408.— With infin. and acc. of person concerned as subject of it : μνηστῆρας οὔ τι μεγαίρω ἔρδειν ἔργα βίαια (I say nothing against their doing so) β 235.—Without construction θ 206.

μεγακήτης [μέγας + κῆτος]. Epithet of the sea, with mighty deeps γ 158.—Epithet of ships, with mighty hollow, capacious Θ 222=Λ 5, Λ 600. —Epithet of the dolphin, with mighty maw Φ 22.

μεγαλήτωρ, -ορος [μεγαλ-, μέγας + ἦτορ]. Great-hearted. Epithet of heroes, etc. B 547, E 468, Z 283, N 189, Π 257, Υ 175, etc. : γ 432, δ 143, ζ 17, η 58, λ 85, etc.—Of peoples Θ 523, N 302, 656, Τ 278, Φ 55 : τ 176.—Applied to θυμός (my, thy, his, great heart) I 109, Λ 403, etc. : ε 298, ι 299, etc.

μεγαλίζομαι [μεγαλ-, μέγας]. To bear oneself proudly, be haughty ψ 174.—To be too proud to do something Κ 69.

μεγάλως [μεγαλ-, μέγας]. Greatly, in a high degree, to a great extent : ἐμὲ μ. ἀκαχίζεις π 432. Cf. Ρ 723.

μεγαλωστί [as prec.] =prec. Strengthening μέγας by reduplication (cf. αἰνόθεν αἰνῶς, οἰόθεν οἶος) Π 776, Σ 26 : ω 40.

μέγαρον, -ου, τό. (1) The chief room of a house, the general living-room, the hall : ἐνὶ μεγάροισιν ἑκάστη πῦρ καιόντων Θ 520 : μέθυ νεῖμον πᾶσιν ἀνὰ μ. η 180. Cf. δ 37, 300, η 230, λ 420, π 343, φ 229, etc.—In pl. in the same sense : ὁμάδησαν ἀνὰ μέγαρα α 365. Cf. δ 238, θ 242, λ 334, ο 77, σ 183, χ 172, etc.—Such a room in the abode of a god Σ 374.—In the hut of Achilles Ω 647.—Of the chief room in the hut of Eumaeus π 165.—So in pl. : παρήμενος ἐν μεγάροισιν ρ 521. —In pl. of such a room in the modest dwelling of Laertes ω 392, 396, 412.—(2) The house itself, one's house or home : τρεῖς μοί (οἵ) εἰσι θύγατρες ἐνὶ μεγάρῳ Ι 144, 286. Cf. Β 661, Ζ 91, 272, 377, Ν 431, Ω 209 (at home): ἴτω ἐς μ. πατρός α 276. Cf. α 270, δ 744, η 65, ν 377, π 341, χ 370, etc.— In pl. in the same sense : πατρὸς ἐν μεγάροισιν Ζ 428. Cf. Α 418, Β 137, Ζ 421, Ν 667, Ο 439, Ω 219, etc. : τρέφε Ναυσικάαν ἐν μεγάροισιν η 12. Cf. α 269, γ 213, ζ 62, λ 68, ο 231, φ 30, etc.—In pl. app. including the αὐλή : χῆνες ἐκέχυντο ἀθρόοι ἐν μεγάροις τ 540. Cf. τ 552.—In pl. of the abodes of the gods Λ 76, Φ 475 : α 27.— (3) A chamber or a set of chambers appropriated to the lady of a house and her maidens, the women's quarters (cf. ὑπερῷϊον (2)) : τὴν εὗρ' ἐν μεγάρῳ Γ 125 (the same as the θάλαμος of 142), μεγάροιο διέσσυτο Χ 460 (the same as the μυχὸς δόμου of 440): ἐς μ. καλέσασα α 416, ἦλθον ἀμφίπολοι ἐκ μεγάροιο (i.e. from the part of it from which they had been summoned) σ 198. Cf. σ 185, 316, τ 60, υ 6, φ 236=382, χ 497, ψ 43. —In pl. in the same sense Πηνελόπειαν ἐνὶ μεγάροισιν ἄνωχθι μεῖναι ρ 569. Cf. Ζ 286 : β 94 =ω 129, τ 16, 30=φ 387, τ 139, χ 399.

μεγαρόνδε [prec. + -δε (1)]. To the μέγαρον (in sense (1)): βῆ δ' ἰέναι μ. π 413. Cf. φ 58, ψ 20.

μέγας, μεγάλη, μέγα. Comp. μείζων, -ονος. Neut. μεῖζον. Superl. μέγιστος, -η, -ον. (1) Of great longitudinal extent, long (as applied to weapons commonly a mere epithet): ξίφος Α 194, τάφρον Η 441, Ι 350. Cf. Γ 272, Δ 124, Ο 677, Χ 307, etc. : ἔγχος α 100. Cf. κ 262, φ 74, ω 172, etc.—(2) Of great upward extent, high, tall, lofty : πύργον Ζ 386. Cf. Ο 619, Π 297, Φ 243 : ἐρινεὸς μ 103. Cf. δ 501, θ 569, μ 71, χ 466, etc. —Epithet of Olympus Α 530, Θ 443.—(3) Of persons, tall, of large build, goodly : ἠΰς τε μέγας τε Β 653. Cf. Δ 534, Ε 628, Σ 518, Φ 108, etc. : καλόν τε μέγαν τε α 301. Cf. ι 508, ν 289, σ 4, 382, φ 334, etc.—In comp. : κεφαλῇ μείζονες

ἄλλοι ἔασιν Γ 168. Cf. ζ 230=ψ 157, κ 396, ω 369. —Of parts of the body, well developed, stout, strong : μηρούς σ 68. Cf. Ο 695 : ρ 225.—Of the voice, great, full : ὄπα Γ 221.—Of horses or oxen, stout, goodly Β 839=Μ 97, Ψ 750. Cf. σ 372. —In superl. Κ 436.—Grown-up, come to man's estate β 314, σ 217, τ 532.—(4) Wide, broad, spacious, extensive : τέμενος Μ 313. Cf. Β 210, 332, Δ 483, Ε 448, Η 462, Ν 588, Σ 588, Φ 239, Ω 452, etc. : ὄρχατος η 112. Cf. γ 107, ε 461, ξ 7, ρ 299, τ 178, etc. — Of flocks : οἰῶν μέγα πῶϋ Γ 198, Λ 696, Ο 323 : μ 299.—Of garments, wide, flowing : φᾶρος Β 43, Θ 221 : ε 230, θ 84. Cf. ξ 521, σ 292, etc.—In superl. Ζ 90, 271, 294 := ο 107.—Covering a wide space : ὀμίχλην Ν 336.— Sim. : κεῖτο μέγας μεγαλωστί Π 776. Cf. Σ 26 : ω 40.—Epithet of οὐρανός Α 497, Ε 750=Θ 394, Φ 388.—Of the sea (no doubt sometimes with notion of depth also) Ξ 16, Τ 267 : γ 179, δ 504, etc.—(5) Of great size, great, large : λίθον Η 265. Cf. Γ 23, Ε 213, Λ 265, Π 158, Σ 344, 476, etc. : ἀσκόν ε 266. Cf. β 94, ε 234, ι 240, μ 173, ξ 530, σ 118, φ 177, ω 80, etc.—Sim. : Δυκίων μέγα ἔθνος Μ 330.—In comp. : μείζονα κρητῆρα Ι 202. Cf. Η 268 : θ 187, ι 537, μ 96.—Of waves, big, swollen Ο 381, Ρ 264, Φ 268, 313 : γ 295, ε 320, κ 94, μ 60, etc.—Of springs, great, welling forth in abundance : κρουνῶν Δ 454.—Of a meal, abundant, sumptuous : δόρπον Τ 208.—(6) Of sound, mighty, loud, resounding, far-sounding : ἀλαλητῷ Μ 138, Ξ 393. Cf. Ο 384, Φ 9, 256, 387 : ω 463.—In comp. Ξ 4.—In reference to a report or rumour or to fame, wide-spread, known far and wide : κλέος Ζ 446, κῦδος Θ 176, etc. Cf. γ 79, etc.—In comp. : μεῖζον κλέος θ 147. Cf. σ 255=τ 128.—In superl. ι 264.—(7) Great, thick, stout, strong : σάκος ('his ponderous shield') Γ 335, κληῖδα Ω 455. Cf. Μ 57, 134, 257, etc. : τειχίον π 165. Cf. μ 436, etc.—In comp. Ξ 377.—In superl. Ξ 371.—Of fire, etc., with powerful blaze, blazing strongly or fiercely : πῦρ Θ 521, Ι 211, σέλαϊ Ρ 739. Cf. ε 59, ψ 51.—Of wind, blustering μ 408, ξ 458, τ 200.—(8) Of the heart, great, distended with pride, full of spirit or daring, swollen, swelling : δάμασον θυμὸν μέγαν Ι 496. Cf. Β 196, Η 25, Ι 184, Φ 395.—In superl. Ρ 21.—(9) Of great power or influence, of might, of power, mighty, powerful : θεός (θεόν) Ε 434, Θ 200, Π 531, Τ 410, Ω 90.— Sim. of the Scamander Υ 73, Φ 192, 248, 282, 329.—Epithet of gods and heroes, mighty, the mighty Β 134, 816, Δ 295, Ε 39, 610, 721, Η 427, Λ 501, Μ 136, etc. : δ 27, θ 226, etc.—Distinguishing the Salaminian from the lesser Aias : Αἴας ὁ μέγας Π 358.—In superl. Β 412, Γ 276= 320=Η 202=Ο 308, Γ 298.—(10) (a) Of occurrences, emotions, qualities, etc., of great weight, efficacy, effect, significance, importance or value, great, mighty, weighty, heavy, potent, important, serious, significant of much : ὅρκον Α 233, πένθος 254, σθένος Λ 11, etc. Cf. Δ 38, Ε 285, Ι 9, Κ 282, Ν 122, Π 208, Τ 270, etc. : πῆμα β 163, ἔργων φ 26, ἀρετῇ ω 193. Cf. γ 275, ε 289, θ 136, λ 195, χ 149, ψ 188, etc.—In comp. I 498, N 120, O 121 : β 48, λ 474, π 291, etc.—In superl. A 525, B 118, O 37, X 288, etc. : a 70, ε 4, 185.—Of great value, price or amount, valuable, costly, precious : δῶρον I 576, χρεῖος Λ 698. Cf. K 304, 401, X 163, etc. : ἄγαλμα θ 509.—In comp. A 167, Ψ 551, 593.—In superl. Ψ 640.—Absol. : σὺν μεγάλῳ ἀπέτεισαν (with a heavy penalty, at a grievous rate) Δ 161 : λίην μέγα εἶπες (too great a thing to be looked for) γ 227, etc.—(b) In bad sense, violent, outrageous, audacious, evil : ἔργον γ 261, λ 272, μ 373, τ 92, ω 426, 458.—(11) In neut. sing. μέγα as adv. (a) Greatly, much, in a high degree, to a great extent, far : μ. κεν κεχαροίατο Α 256. Cf. A 103, B 27, Z 261, I 509, Σ 162, Ψ 682, etc. : μ. δυναμένοιο a 276. Cf. δ 30, 503, ο 376, π 139, φ 247, etc.—With power or might : μ. πάντων Ἀργείων ἤνασσεν K 32, μ. ἔξιδεν (with all his might) Τ 342. Cf. A 78, Π 172 : λ 485, ο 274.—μ. φρονέων, with great things in the mind, at a high pitch of resolve or endeavour Θ 553, Λ 296, 325, N 156, Π 258, 758, 824, X 21.—μ. εἰπεῖν, to talk big χ 288.—(b) Strengthening an adj. or adv., in a high degree, exceedingly, very : μ. νήπιος Π 46, ἄνευθε μ. νῶϊν X 88. Cf. A 158, etc. : ι 44, etc.—Strengthening a comp. or superl., by much, by far, much : μ. ἄριστος B 82, μ. ἀμείνονες Δ 405. Cf. B 239, Τ 216, X 158, etc. : λ 478, χ 374, ψ 121, etc.—Sim. : μ. ἔξοχος B 480. Cf. ο 227, φ 266.—(c) In reference to sound, loudly, with a loud voice or sound : μ. ἰαχον B 333. Cf. B 784, Ξ 147, 399, P 334, Τ 260, X 407, etc. : μ. ἔπταρεν ρ 541. Cf. ι 395, κ 323, ρ 239, etc.— (12) In neut. pl. μεγάλα as adv. (a) Strengthening other words : μ. ἤλιθα πολλή ι 330.—(b) In reference to sound, loudly, with a loud voice or sound : μεγάλ᾽ εὔχετο Α 450. Cf. A 482, Θ 75, 347, Π 391, 429, Ψ 119, etc. : μεγάλ᾽ αὐδήσαντος (app. connoting boastfulness) δ 505. Cf. β 428, ι 392, 399, ξ 354, υ 113, φ 413.—Sim. in reference to the loud beating of the heart in agitation : κραδίη μ. πατάσσει N 282.

μέγεθος, τό [μέγας]. Tall stature, goodly build (cf. μέγας (3)) : εἶδός τε μ. τε φυήν τε B 58. Cf. H 288, Ψ 66 : ε 217, ζ 152, λ 337 = σ 249, σ 219, ω 253, 374.

μέγηρε, 3 sing. aor. μεγαίρω.

μέγιστος, superl. μέγας.

μέδεων, ό [μεδ- as in μέδομαι. Cf. μέδων]. A ruler or lord Γ 276 = 320 = H 202 = Ω 308, Π 234.

μέδομαι [cf. μήδομαι]. Fut. μεδήσομαι I 650. (1) To devise, plan, contrive, meditate : κακά Δ 21 = Θ 458.—(2) To bethink oneself of, think of, take thought for, remember, make arrangements for. With genit. : πολέμοιο B 384, ἀλκῆς Δ 418 = E 718. Cf. I 622, 650, Σ 245, Ω 2, 618 : δείπνοιο τ 321. Cf. β 358, γ 334, λ 110 = μ 137.

μέδων, -οντος, ό [μεδ- as in μέδομαι. Cf. μέδεων]. (1) A ruler or lord : ἀλὸς μέδοντος a 72.—(2) A leader, commander or chief B 79, K 301, Λ 816, M 376, Π 164, etc. : η 136, 186 = θ 26 = 97 = 387 = 536, θ 11, λ 526, ν 186, 210.

---

†μεθαιρέω [μεθ-, μετα- (7)]. 3 sing. pa. iterative (formed fr. the stem ἑλ- of the aor. (see αἱρέω)) μεθέλεσκε. To catch in one's turn : [σφαῖραν] θ 376.

†μεθάλλομαι [μεθ-, μετα- (1)]. Aor. pple. μετάλμενος. To spring or rush in pursuit of a foe or of a competitor, to spring or rush upon him : οὕτασε μετάλμενος E 336. Cf. Λ 538, M 305, N 362, Ξ 443, Ψ 345.

μεθέηκα, aor. μεθίημι¹.

μεθείω, aor. subj. μεθίημι¹.

μεθέλεσκε, 3 sing. pa. iterative μεθαιρέω.

μεθέμεν, aor. infin. μεθίημι¹.

μεθέπω¹ [μεθ-, μετα- (1) + ἕπω¹]. Aor. pple. μετασπών P 190 : ξ 33. To direct or drive (one's horses in quest of or to join a person). With acc. of the person : Τυδεΐδην μέθεπεν ἵππους E 329. —So without the direct object : ἡνίοχον μέθεπεν (drove in quest or search of . . .) Θ 126.—To direct one's course towards, make for, an indicated object : [ἑταίρους] P 190. Cf. ξ 33.—To come to pay a visit : ἠὲ νέον μεθέπεις, ἦ . . . a 175.

†μεθέπω² [μεθ-, μετα- (1) + ἕπω²]. Only in mid. Aor. pple. μετασπόμενος. To follow up a foe : ἀπιόντα μετασπόμενος βάλεν N 567.

μεθήη, 3 sing. aor. subj. μεθίημι¹.

μεθήκε, 3 sing. aor. μεθίημι¹.

μέθημαι [μεθ-, μετα- (3)]. To sit among. With dat. : μνηστῆρσι μεθήμενος a 118.

μεθημοσύνη, -ης, ἡ [as next]. Slackness in action, remissness N 121.—In pl. N 108.

μεθήμων, -ονος [μεθίημι¹]. Slow to take action, remiss, careless B 241 : ζ 25.

μεθήσω, fut. μεθίημι¹.

†μεθίημι¹ [μεθ-, μετα- (1) (the senses app. developed through the notion of sending forth from oneself) + ἵημι¹]. 1 pl. μεθίεμεν Ξ 364. 2 μεθίετε M 409, N 116. 3 sing. subj. μεθίησι N 234. 2 pl. imp. μεθίετε Δ 234. Acc. sing. masc. pple. μεθιέντα Δ 516, Z 330, M 268, N 229. Acc. pl. μεθιέντας Δ 240. Infin. μεθιέμεναι N 114. μεθιέμεν Δ 351. 3 pl. impf. μέθιεν φ 377. Fut. μεθήσω Λ 841. 3 sing. -ει a 77, ο 212. 1 pl. -ομεν O 553, P 418. 2 -ετε N 97. Infin. μεθησέμεναι π 377. -έμεν Τ 361. Aor. μεθέηκα P 539. 3 sing. μεθῆκε Ψ 434, Ω 48. μεθῆκε Φ 177 : ε 460, φ 126. Aor. subj. μεθείω Γ 414. 3 sing. μεθήη ε 471 (v.l. μεθείη, see below). 1 pl. μεθέωμεν K 449. 3 sing. opt. μεθείη N 118 : ε 471 (v.l. here μεθήη, see above). Infin. μεθέμεν A 283, O 138. From μεθιέω 2 sing. pres. μεθιεῖς Z 523 : δ 372. 3 μεθιεῖ K 121. 3 sing. impf. μεθίει O 716, Π 762, Φ 71. (1) To relax one's hold of something, let it go : ἐπεὶ λάβεν οὐχὶ μεθίει O 716, Π 762. Cf. Φ 72 : ἐς ποταμὸν μεθῆκεν (let it fall into the . . .) ε 460.—(2) To let go or release (a captive) K 449. —Sim. in reference to a guest : οὔ σε μεθήσει (will not hear of thy going) ο 212.—(3) App., to relax, relieve, free (from a burden) : κῆρ ἄχεος μεθέηκα (have lightened it of my grief) P 539.—Of a state or condition, to relieve (a person) of its

presence, quit (him): εἴ με μεθήῃ ῥῖγος ε 471.
—(4) To let go or dismiss from one's mind:
'Αχιλλῆϊ μεθέμεν χόλον A 283. Cf. O 138 : α 77.
—So, to let go, depart from. With genit.: χόλοιο
φ 377.—To dismiss from one's thoughts, cease
to care for, no longer interest oneself in: μὴ
χωσαμένη σε μεθείω Γ 414.—(5) To yield, give:
νίκην Ξ 364.—With infin., to yield the doing of
something, to suffer, allow, permit: εἰ τοῦτον
Τρώεσσι μεθήσομεν ἄστυ πότι ἐρύσαι P 418.—(6) To
relax one's efforts, lose resolution, grow slack
or faint-hearted, in the matter of, relax, cease,
refrain, hold back, from. With genit.: ἀλκῆς
Δ 234, M 409, N 116, πολέμοιο Δ 240, 351, Z 330,
N 97, 114, 118, μάχης M 268, βίης (relaxed from
his effort) Φ 177: φ 126.
—Sim. with infin.: μάχεσθαι N 234. Cf. Ψ 434.
—So κλαύσας καὶ ὀδυράμενος μεθέηκε [κλαίειν καὶ
ὀδύρεσθαι] (ceases to weep) Ω 48.—To refrain from
rendering friendly offices to, neglect. With
genit.: σεῖο τειρομένοιο (in thy trouble) Λ 841.
—(7) Absol., to relax one's efforts, become slack,
cease to exert oneself, lose heart: ὅθι μεθιέντα
ἴδοιτο Δ 516. Cf. Z 523, K 121, N 229, O 553,
Τ 361: δ 372, π 377 (will not be idle).

†μεθίημι² [μεθ-, μετα- (1) + ἵημι²]. Only in mid.
Aor. pple. μετεισάμενος (μετα(ϝ)ισάμενος). To
speed or make in an indicated direction for some
purpose: μετεισάμενος ὄτρυνε φάλαγγας N 90.
Cf. P 285.

μεθίστημι [μεθ-, μετα- (3) (6)]. Fut. μεταστήσω
δ 612. (1) In act., to set in a different manner,
to change: ταῦτα μεταστήσω (will give another
gift instead) δ 612.—(2) In mid., to take one's
stand, come and stand, among. With dat.:
ἐτάροισι μεθίστατο E 514.

μεθομίλέω [μεθ-, μετα- (3)]. To consort with.
With dat.: τοῖσιν μεθομίλεον A 269.

μεθορμάω [μεθ-, μετα- (1)]. In pass., to set
out with an indicated object, start on an ex-
pedition: Λυρνησσὸν πέρσα μεθορμηθείς Τ 192.
—To make a dart or effort towards an indicated
object: μεθορμηθεὶς ἐλλάβετο σχεδίης ε 325.

μέθυ, τό. Wine H 471, I 469 : δ 746, η 179, ι 9,
μ 362, ξ 194, ρ 533, etc.

μεθύω [μέθυ]. To be drunken: μεθύοντι ἐοικώς
σ 240. To be soaked: βοείην μεθύουσαν
ἀλοιφῇ (with . . .) P 390.

μεθῶμεν, 1 pl. aor. subj. μεθίημι¹.

μειδάω. (ἐπι-.) To smile A 595 = Φ 434, A 596,
E 426 = O 47, Z 404, Ξ 222, 223, Ψ 555 : δ 609,
ε 180, ν 287, π 476, υ 301, ψ 111.

†μειδιάω = prec. Only in pres. pple. μειδιόων,
-ωσα: μειδιόων βλοσυροῖσι προσώπασιν (a grim smile
of anticipated triumph) H 212. Cf. Φ 491, Ψ 786.

μείζων, comp. μέγας.

μείλανι, dat. sing. masc. See μέλας.

μείλια, τά [cf. μειλίσσω]. Presents given with
a bride by her father I 147, 289.

μείλιγμα, -ατος, τό [μειλίσσω]. A sweet morsel,
a titbit: μειλίγματα θυμοῦ (such as delight their
hearts) κ 217.

μείλινος. See μέλινος.

μειλίσσω. To soften, to soothe: πυρὸς μειλισ-
σέμεν [νέκυας] (as to giving them the consolation
of fire (genit. of material)) H 410.—In mid., to
speak comfortably, mince one's words: μή μ'
αἰδόμενος μειλίσσεο γ 96 = δ 326.

μειλιχίη, -ης, ἡ [μειλίσσω]. Slackness or back-
wardness in action O 741.

μειλίχιος, -η, -ον [μειλίσσω]. (1) Winning,
pleasing: αἰδοῖ θ 172.—(2) Of speech, winning,
pleasing, mild, gentle, kindly, conciliatory:
μύθοισιν Z 343. Cf. I 113, K 288, 542, Λ 137,
M 267, Φ 339 : ζ 143, 148, κ 173, λ 552, σ 283,
etc.—Absol. in pl., such speech: προσηύδα
μειλιχίοισιν Δ 256, Z 214, P 431 : υ 165.

μείλιχος [= prec.]. (1) Of persons, winning,
mild, gentle, kindly P 671, T 300, Ω 739.—
(2) = prec. (2) o 374.

μεῖνα, aor. μένω.

μεῖξαι, aor. infin. μείξεσθαι, fut. infin. pass.
μίσγω.

μείρομαι. 3 sing. pf. ἔμμορε A 278, O 189 :
ε 335, λ 338. 3 sing. plupf. pass. εἵμαρτο Φ 281 :
ε 312, ω 34. (1) To receive a share of, take one's
part of. With genit.: ἥμισυ μείρεο τιμῆς I 616.—
(2) In pf., to have one's share of, to have, hold,
be entitled to. With genit.: τιμῆς A 278, O 189 :
ε 335, λ 338.—(3) In pass. in impers. construc-
tion, to be allotted as one's portion, be fated:
λευγαλέῳ με θανάτῳ εἵμαρτο ἁλῶναι (it was the
fate assigned me) Φ 281 : = ε 312. Cf. ω 34.

μείς, ὁ [μήνς, μένς]. = μήν¹ T 117.

μείων, comp. μικρός.

μελαγχροιής [μέλας + χροιή]. Of dark or
swarthy complexion, tanned π 175.

μέλαθρον, -ου, τό. Ablative μελαθρόφιν θ 279.
(1) A roof-beam or rafter θ 279, λ 278, χ 239.—
App., a free end of such a beam projecting out-
side θ 279.—(2) Such a beam as typifying the house, one's
'roof': κατὰ πρηνὲς βαλέειν Πριάμοιο μέλαθρον
B 414. Cf. I 204, 640 (the obligations of hospi-
tality): σ 150.

μελαίνω [μέλας]. To make dark ; in pass., to
grow dark: μελαίνετο χρόα καλόν (her flesh grew
livid) E 354, νειὸς μελαίνετ' ὄπισθεν (was repre-
sented as darkened in hue by some process of
shading) Σ 548.

μελάνδετος [μέλας + δέω]. 'Bound in black'].
App., having the hilts bound round with dark
bands. Epithet of swords O 713.

μελανόχροος [μέλας + χρώς]. = μελαγχροιής
τ 246.

μελανόχρως [as prec]. Dark-hued N 589.

μελάντερος, comp. μέλας.

μελάνυδρος, -ον [μέλας + ὕδωρ]. In which the
water wells up from dark depths. Epithet of
springs I 14, Π 3, 160, Φ 257 : υ 158.

μελάνω [μέλας]. To grow dark H 64.

μέλᾱς, μέλαινα, μέλᾰν. Dat. sing. masc. μείλανι
Ω 79. Comp. μελάντερος. (1) Dark in hue, dark
(not necessarily implying the absence of colour,

but sometimes to be translated ' black ') : [ἄρνα] μέλαιναν Γ 103, κυάνοιο Λ 24, 35, τέφρη Σ 25, αἰετοῦ Φ 252. Cf. Η 265 = Φ 404, Κ 215, Σ 562: οἴνοιο ε 265, ι 196, 346, δῖν κ 527, 572. Cf. ε 488, κ 304.— In comp. : μελάντερον ἠΰτε πίσσα Δ 277. Cf. Ω 94. —Applied to the φρένες thought of as darkened by deep emotion : μένεος φρένες ἀμφὶ μέλαιναι πίμπλαντο Α 103 : = δ 661 (i.e. the double organ (see ἀμφί (Ι) (1) (b)) was filled with fury (so as to be) black in both parts). Cf. P 83, 499, 573. (In all these cases also written, with sim. sense, ἀμφιμέλαιναι.)—Absol. : τὸ μέλαν δρυός (the dark heart) ξ 12.—(2) Epithet (a) Of ships Α 141, 300, Β 524, Ε 550, etc. : β 430, γ 61, δ 781, ζ 268, etc. —(b) Of the earth : γαῖα μέλαινα Β 699, Ο 715, P 416, Υ 494 : λ 365, 587, τ 111.—So ἤπειροιο μελαίνης ξ 97, φ 109.—(c) Of blood Δ 149, Η 262, Ν 655, etc. : γ 455, ω 189.—(d) Of water (app. referring to the dark hue of water as seen by transmitted light with little or no reflection from the surface) : μέλαν ὕδωρ Β 825, Π 161, Φ 202 : δ 359, ζ 91, μ 104, ν 409.—So of the sea : μείλανι πόντῳ Ω 79.—And of waves Ψ 693 : ε 353.—Of the surface of the sea rippled by a breeze : μέλαιναν φρῖκα Φ 126. Cf. δ 402.—(e) Of night Θ 486, 502, Ξ 439, etc. : η 253 = ξ 314, μ 291.—Of evening : μέλας ἕσπερος α 423 = σ 306.—Sim. : θανάτου μέλαν νέφος Π 350. Cf. P 591 = Σ 22 := ω 315, δ 180.—(f) Of κῆρ Β 859, Γ 360, 454, etc. : β 283, γ 242, ρ 500, ω 127, etc.—Of death Β 834 = Λ 332, Π 687 : μ 92, ρ 326.—(g) Applied also to pain : μελαινέων ὀδυνάων Δ 117. Cf. Δ 191, Ο 394.

μέλδομαι. To cause to melt, melt Φ 363.

μελέδημα, -ατος, τό [μέλω]. In pl., cares, anxieties, grief : μελεδήματα θυμοῦ Ψ 62 := υ 56, ψ 343, μελεδήματα πατρός (for his . .) ο 8. Cf. δ 650.

μελεδώνη, -ης, ἡ, or μελεδών, -ῶνος [as prec.]. = prec. In pl. : ὀξεῖαι μελεδῶναι (μελεδῶνες) τ 517.

μελεϊστί [μέλος]. Limb-meal, limb by limb : ταμών Ω 409 : ι 291. Cf. σ 339.

μέλεος, -η, -ον. (1) Vain, useless, idle, empty : εὖχος (because got without fighting) Φ 473, οὔ τοι μέλεος εἰρήσεται αἶνος (in vain) Ψ 795. Cf. ε 416.— (2) In neut. sing. μέλεον as adv., in vain, idly : ἑστάμεναι μ. σὺν τεύχεσιν (doing nothing) Κ 480, μ. ἠκόντισαν (without result, each making a miss) Π 336.

μελήσει, 3 sing. fut. μέλω.

μέλι, -ιτος, τό [cf. L. mel]. Honey Α 249, Λ 631, Σ 109, Ψ 170 : κ 234, υ 69, ω 68.

μελίγηρυς [μέλι + γῆρυς]. Honey-toned, honey-flowing : μελίγηρυν ὄπα μ 187.

μελίη, -ης, ἡ. (1) The ash : φηγόν τε μελίην τε Π 767. Cf. Ν 178.—(2) A spear with shaft of ash, a spear in gen. Β 543, Π 143 = Τ 390, Υ 277, 322, Φ 162, 169, 174, Χ 133, 225, 328 : ξ 281, χ 259 = 276.

μελιηδής [μέλι + ἡδύς]. Honey-sweet. Epithet of wine Δ 346, Ζ 258, Κ 579, Μ 320, Σ 545 : γ 46, ι 208, ξ 78 = π 52, σ 151, 426, φ 293.—Of wheat Κ 569.—Of fruit Σ 568 : ι 94.—Of clover or grass

ζ 90.—Of bees-wax μ 48.—Applied to one's life or soul : θυμόν Κ 495, P 17 : λ 203.—To sleep τ 551. —To one's home-coming : νόστον λ 100.

μελίκρητον, τό [μέλι + κρη-, κεράννυμι]. A mixture of honey and (prob.) milk κ 519 = λ 27.

μέλινος, also μείλινος [μελίη]. Of ash. (1) Epithet of spears, with shaft of ash Ε 655, 666, Ν 715, etc.—(2) μέλινος οὐδός, app., a threshold of wood set upon the λάϊνος οὐδός at the entrance to the μέγαρον ρ 339 (see λάϊνος).

μέλισσα, ἡ [cf. μέλι]. A bee : σφῆκες ἠὲ μέλισσαι Μ 167. Cf. Β 87 : ν 106.

μελίφρων, -ονος [μέλι + φρήν]. Honey-hearted. Epithet of wine Ζ 264, Θ 506, 546, Ω 284 : η 182 = ν 53, κ 356, ο 148.—Of wheat Ε 655, ο 148.— Of σῖτος ω 489.—Applied to sleep Β 34.

μέλλω. (1) To be about, be going, to do something, to be on the point of doing it (sometimes tending to pass into (2)). With fut. infin. : θήσειν ἔτ' ἔμελλεν ἄλγεα Β 39, ἔμελλέ μιν δώσειν Ζ 52. Cf. Ζ 393, Λ 22, Ο 601, Τ 98, Ψ 544, etc. : ὅτ' ἔμελλε πάλιν οἰκόνδε νέεσθαι ζ 110, 'Αγαμέμνονος φθίσεσθαι κακὸν οἶτον ἔμελλον (I have just escaped his fate) ν 384. Cf. δ 514, η 18, ι 378, λ 596, ρ 364, υ 393, χ 9, etc.—With pres. infin. : ἔμελλε λίσσεσθαι Κ 454. Cf. τ 94.—With aor. infin. : ὅτ' ἔμελλον ἐπαΐξασθαι ἀεθλον Ψ 773.—(2) To be destined or fated to be or to do. With fut. infin. : ἅ ῥ' οὐ τελέεσθαι ἔμελλον Β 36, ὡς ἄρ' ἔμελλετ' ἄσειν κύνας (fate destined you to . . .) Λ 817. Cf. Β 694, Ε 205, Κ 336, Μ 3, Ο 612, Τ 466, Φ 47, Ω 85, etc. : μέλλον ἔτι ξυνέσεσθαι ὀϊζυῖ η 270, οὐκ ἄρ' ἔμελλες λήξειν ἀπατάων (it could not be that you should . . .) ν 293. Cf. β 156, ζ 165, ι 230, 477, λ 553, φ 98, ψ 221, ω 28, etc.—Impers. : τῇ τελευτήσεσθαι ἔμελλεν (it was fated) θ 510.—With pres. infin. : οὐκ ἄρ' ἔμελλες ἀνάλκιδος ἀνδρὸς ἑταίρους ἔδμεναι ι 475.—With aor. infin. : ἔμελλεν οἷ αὐτῷ θάνατον λιτέσθαι (he was fated to find that his prayer had been to his own death) Π 46. Cf. Σ 98.— (3) To be likely to be or to be doing or to do, to be presumably so and so or doing so and so. With pres. infin. : ὅθι που μέλλουσι βουλὰς βουλεύειν (where it is likely there are conferring) Κ 326, ᾧ μέλλεις εὔχεσθαι (to whom you must pray) Λ 364 = Υ 451, τὰ μέλλετ' ἀκουέμεν (no doubt you know) Ξ 125 : μέλλε ποτε οἶκος ὅδ' ἀφνειὸς ἔμμεναι (all know how flourishing it was) α 232, ὄλβον θεοὶ μέλλουσιν ὀπάζειν (surely you know that it is the gods who . . .) σ 19, καὶ ἐγὼ ποτ' ἔμελλον ὄλβιος εἶναι (I too in my day was . . .) ο 138, πολλάκι που μέλλεις ἀρήμεναι (no doubt you prayed) χ 322. Cf. δ 94, 200.—Impers. : ἐμοὶ μέλλει φίλον εἶναι (you may be sure that it is) Α 564. Cf. Β 116 = Ι 23 = Ξ 69, Ν 226.—With aor. infin. of something likely to have taken place or that presumably has taken place : ἄλλοτε δή ποτε μᾶλλον ἐρωῆσαι πολέμοιο μέλλω (may have done so (but cannot be accused of doing so now)) Ν 777, μέλλει τις τελέσσαι (is likely to have done so, i.e. may be expected to do so) Σ 362. Cf. Ψ 83, Ω 46 : δ 274, 377, ξ 133.—With fut. infin. : τά που μέλλεν ἀγάσσεσθαι θεὸς αὐτός (app., it must have been that he was to do so) δ 181.

μέλος, τό. Dat. pl. μελέεσσι ν 432. μέλεσσι Λ 669, Ψ 191, Ω 359 : λ 394, ν 398, 430, σ 77, φ 283. A limb. In pl., one's limbs, one's bodily frame : θυμὸν ἀπὸ μελέων δῦνα. δόμον Ἀΐδος Η 131, γναμπτοῖσι μελέεσσιν Λ 669, Ω 359. Cf. Ν 672 = Π 607, Π 110, Ρ 211, Ψ 191, 689 : θ 298, κ 393, λ 201, 394, 600, ν 398, 430, 432, ο 354, σ 70 =ω 368, σ 77, φ 283.—In reference to a bird Ψ 880.—To a sacrifice : πάντων ἀρχόμενος μελέων ξ 428.

μελπηθρον, -ου, τό [μέλπω]. That which affords sport. In pl. : κυνῶν μελπηθρα γένοιτο (a sport for . . .) Ν 233. Cf. Ρ 255=Σ 179.

μέλπω. To sport or play. (1) With special reference to dancing. In mid. : ἰδὼν μετὰ μελπομένησιν ἐν χορῷ Ἀρτέμιδος Π 182.—App., to dance the war-dance. Fig. : οἶδα δ' ἐνὶ σταδίη δηΐῳ μέλπεσθαι Ἄρηϊ (in honour of Ares) Η 241. —(2) With special reference to singing. In mid. : μετὰ σφιν ἐμέλπετ' ἀοιδός Σ 604 : =δ 17=ν 27. —To honour or celebrate in song : μέλποντες ἑκάεργον Α 474.

μέλω. 3 sing. fut. μελήσει Ε 430, Ζ 492, Ρ 515, Τ 137, Ψ 724 : α 358, λ 332, 352, ρ 601, φ 352. 3 pl. μελήσουσι Ε 228, Κ 481. Infin. μελησέμεν Κ 51. 3 sing. aor. subj. μελήσῃ Κ 282. 3 sing. pf. (in pres. sense) μέμηλε Β 25, 62, Ε 876, Ι 228, Τ 213 : ε 67, ϛ 65, μ 116. 3 sing. subj. μεμήλῃ Δ 353, Ι 353. Pple. μεμηλώς Ε 708, Ν 297, 469. 3 sing. plupf. (in impf. sense) μεμήλει Β 614 : α 151. **Mid.** 3 sing. fut. μελήσεται Α 523. 3 sing. thematic pf. (in pres. sense) μέμβλεται Τ 343. 3 sing. plupf. (in impf. sense) μέμβλετο Φ 516 : χ 12. (1) In act. and mid., to be an object of care, concern, solicitude, anxiety or interest, to, to concern, be the concern of, to make anxious, interest, trouble: ἐμοὶ κε ταῦτα μελήσεται (I will make it my care) Α 523, ᾧ τόσσα μέμβλεν (who has so many responsibilities) Β 25=62, οὔ σφι θαλάσσια ἔργα μεμήλει 614, τά κεν Διὶ μελήσει (the issue is in his hands) Ρ 515. Cf. Δ 353, Ε 228, 490, 876, Ζ 441, 492, Ι 228, Κ 51, Ο 231, Τ 213, Φ 516, Ω 152, etc. : τοῖσιν ἄλλα μεμήλει (they turned to . . .) α 151, μέλε οἱ ἐὼν ἐν δώμασι νύμφης ε 6, μή τί τοι ἡγεμόνος γε ποθὴ μελέσθω κ 505, Ἀργὼ πᾶσι μέλουσα (at whose name all hearts stir, the storied . . .) μ 70 (v.l. πασιμέλουσα). Cf. α 358, β 304, δ 415 (bethink you of your . . .), ϛ 65, 270, η 208, ι 20, ν 362, ρ 594, σ 421, χ 12, etc.—Impers. : οὐκ ἔμελέν μοι ταῦτα μεταλλῆσαι (I cared not to . . .) π 465. Cf. α 305.—(2) To be concerned with, busied about. With genit.: πλούτοιο μεμηλώς Ε 708, πτολέμοιο μεμηλώς (his mind set on it) Ν 297=469.

μεμάασι, 3 pl. pf. μάω.

μεμακυῖαι, fem. pl. pf. pple. μηκάομαι.

μέμασαν, 3 pl. plupf. μάω.

μεμαώς, pf. pple. μάω.

μέμβλεται, 3 sing. thematic pf. μέλω.

μέμβλωκε, 3 sing. pf. βλώσκω.

μεμηκώς, pf. pple. μηκάομαι.

μέμηλε, 3 sing. pf. μέλω.

μεμιγμένος, pf. pple. pass. μίσγω.

μέμνημαι, pf. mid. μιμνήσκω.

μεμνήσομαι, fut. pf. mid. μιμνήσκω.

μέμονα, pf. μάω.

μεμορυγμένα, acc. pl. neut. pf. pple. pass. μορύσσω.

μέμυκε, 3 sing. pf. μύω.

μεμύκει, 3 sing. plupf. μυκάομαι.

μεμυκώς, pf. pple. μυκάομαι.

μέν [cf. μάν, μήν²]. (1) Affirmative particle : οὐ μὲν σοί ποτε ἴσον ἔχω γέρας Α 163. Cf. Α 211, 216, 234, 269, 273, 514, Β 145, 203, etc. : οὐ μὲν γάρ τι κακὸν βασιλευέμεν α 392. Cf. α 78, 173, 208, 222, 411, β 318, γ 14, 236, etc.—In less emphatic use, serving to bring out a new point Β 101, Σ 84, Ψ 328, etc. : ι 159, 320, etc.—μέν τοι Δ 318, etc. : δ 157, etc.—μέν τε Ν 47, etc.: ε 447, etc.—With ἤ. See ἤ² (1) (b) (β).—(2) In adversative use : οὐδέ τι θυμὸς ἐδεύετο δαιτὸς εἴσης, οὐ μὲν φόρμιγγος (nor yet) Α 603, πόθεόν γε μὲν ἀρχόν (but they . . .) Β 703. Cf. Ι 57 (under ἤ² (1) (b) (β)), Λ 813, etc. : οὐ μέν σ' οὐδὲ ἐῶσι θεοὶ κλαίειν δ 805. Cf. κ 65 (under ἤ² (1) (b) (β)), etc.—(3) Marking an alternative : οὐ . . . οὐδὲ μέν . . . Α 154, οὐδὲ . . . οὐδὲ μέν . . . Ι 374, etc. Cf. θ 553, χ 415, etc.—(4) Anticipating and answered by δέ Α 18, 53, 135, 140, 183, etc.: α 11, 22, 24, 66, 110, etc.—ἀλλὰ Α 22, Γ 213, Δ 7, etc. : α 262, 307, γ 265, etc.—αὐτάρ, ἀτάρ Α 50, 127, 165, etc.: α 215, β 125, δ 31, etc.—αὖτε Β 816, Ν 195, Φ 190.

μενεαίνω [μένος]. 1 pl. aor. μενεήναμεν Τ 58 : δ 282. (1) To be eager, show eagerness or ardour, strive : μάλα περ μενεαίνων Ο 617. Cf. Χ 10 : ε 341.—Of mental struggling : κτεινόμενος μενέαινεν (faced his fate) Π 491.—(2) To desire, be eager or anxious, long, strive, be minded, to do something, be set on doing it. With infin. : κατακτάμεναι Γ 379, μηδὲ θεοῖς μενεαινέμεν ἶφι μάχεσθαι (let not your spirit carry you away so as to . . .) Ε 606. Cf. Δ 32, Ν 628, Ο 507, Φ 33, 543, etc. : δ 282, κ 295, 322, λ 392, 585, ν 30, ρ 17, 185, υ 315, φ 125.—In reference to the eager course of a missile : ἀλτ' ὀϊστός, καθ' ὅμιλον ἐπιπτέσθαι μενεαίνων Δ 126.—(3) To be enraged, to show or be filled with rage or bitterness, to rage : νήπιοι, οἳ Ζηνὶ μενεαίνων (against Zeus) Ο 104, Ἕκτορ' ἀείκιζεν μενεαίνων (in his rage) Ω 22. Cf. Τ 58, 68, Ω 54 : α 20, ϛ 330.—Of martial rage : Τρωσὶν μενεαίνων Τ 367.

μενεδήϊος, -ον [μένω + δήϊος²]. 'Withstanding the foe ']. Stout, staunch Μ 247, Ν 228.

μενεήναμεν, 1 pl. aor. μενεαίνω.

μενεπτόλεμος [μένω + πτόλεμος]. Stout in the fight, staunch. Epithet of heroes, etc. Β 740, 749, Δ 395, Ζ 29, Κ 255, Ν 693, Τ 48, Ψ 836, 844 : γ 442.

μενεχάρμης [μένω + χάρμη]. =prec. Ι 529, Λ 122, 303, Ν 396, Ο 582, Ψ 419.

μενέχαρμος [as prec.]. =prec. Ξ 376.

μενέω, fut. μένω.

μενοεικής, -ές [μένος + είκω¹]. 'Fitted to, satisfying, the spirit']. Abundant, plentiful, satisfying, contenting, in abundance or plenty : δαῖτα I 90. Cf. Ψ 29, 139, 650 : ληΐδα ν 273. Cf. ε 166, 267, ζ 76, ι 158, ν 409, π 429, υ 391.—Absol. : πάρα μενοεικέα πολλὰ δαίνυσθαι (abundance, to feast thereon to our heart's desire) I 227. Cf. T 144 : ξ 232.

μενοινάω. 1 sing. pres. μενοινώω N 79. 3 sing. subj. μενοινάᾳ T 164. μενοινήῃσι O 82. From μενοινέω 3 pl. impf. μενοίνεον M 59. (1) To wish, desire, be bent upon : ὅ τι φρεσὶ σῇσι μενοινᾷς Ξ 221, ὡς δ' ὅτ' ἀν ἀίξῃ νόος ἀνέρος . . . μενοινήῃσί τε πολλά (forms many wishes, i.e. wishes himself in this place or that) O 82. Cf. β 34, 275, 285, δ 480, ζ 180, ο 111, ρ 355.—To turn over in one's mind, to design, purpose : νόος οἱ ἄλλα μενοινᾷ β 92 = ν 381. Cf. λ 532, σ 283.—To turn over (in one's mind) with anxiety : τίη δὲ σὺ ταῦτα μετὰ φρεσὶ σῇσι μενοινᾷς; (why let that trouble thee ?) Ξ 264.—To show eagerness or ardour. With dependent clause : μενοίνεον εἰ τελέουσιν M 59.— Absol. : ὧδε μενοινῶν O 293.—(2) To desire, be eager or anxious, long, be minded, to do something. With infin. : μάχεσθαι K 101. Cf. N 79, 214, T 164 : β 36, 248, φ 157, χ 217.

μένος, τό. (1) Passion, vehement or commanding feeling or emotion in general : μ. ἄσχετε (whose passion defies restraint) β 85 = ρ 406, β 303, ὄτρυνε μ. ἕκαστον (desire to see the marvel) θ 15. Cf. ξ 262 = ρ 431.—In pl. : ἐμῶν μενέων ἀπερωεύς (of my desires, of what I have set my heart upon) Θ 361.—In a more or less concrete sense : ἀνὰ ῥῖνας δριμὺ μ. προύτυψεν ω 319.—(2) One's spirit, the spirit within one : αὐτόν με μ. ἄνωγε κεῖσ' ἰέναι Ω 198. Cf. E 892, N 634.—(3) Specifically, fury, rage : μένεος φρένες πίμπλαντο A 103, μ. Ἄρηος (the fury of battle) Σ 264. Cf. A 207, 282, H 210, I 679, Τ 202, Φ 305, X 346 : δ 661, ι 457, λ 562, ω 183.—In a more or less concrete sense : εἰ μὴ νὺξ διακρίνειε μ. ἀνδρῶν (the eager fighters) B 387 : μ. Ἄρηος (the combat) π 269.—Distraction, frenzy. In reference to horses Ψ 468.—(4) Spirit, courage, stoutness : ἐν τοι στήθεσσι μ. πατρωΐον ἧκα E 125. Cf. E 2, 470, Θ 335, N 424, O 594, Π 529, T 159, X 96, 459, Ω 6, etc. : ὄφρα οἱ μ. ἐν φρεσὶ θείω α 89. Cf. α 321, β 271, γ 104, λ 270, 515, μ 279, ν 387, τ 493.— In reference to beasts P 20, Υ 172.—(5) Might, vigour, power, strength : ἔτι μοι μ. ἐμπεδόν ἐστιν E 254. Cf. Z 101, Η 457, I 706, O 60, Π 621, Φ 482, etc. : μ. καὶ χεῖρας λ 502. Cf. υ 19, φ 426, χ 226, ω 520.—In reference to horses, etc. : σφῶϊν ἐν γούνεσσι βαλῶ μ. ἠδ' ἐνὶ θυμῷ P 451 (the word as connected with θυμῷ coming under (4)). Cf. P 456, 742, Ψ 390, 400, 524, Ω 442.—In reference to inanimate objects : πυρὸς μ. P 565. Cf. N 444 = Π 613 = P 529, Υ 372.—In a more or less concrete sense : μ. χειρῶν ἰθὺς φέρον E 506. Cf. Z 127, 502, Θ 178, M 166, O 510, Υ 374, etc. : μ. πνείοντες χ 203.—In pl. : μένεα πνείοντες (πνείοντας)

B 536, Γ 8, Λ 508, Ω 364. Cf. Δ 447 = Θ 61.— Might or strength in exercise : μένεος σχήσεσθαι P 503. Cf. P 638, Φ 340.—In reference to horses P 476.—(6) μ. τινός, periphrasis for a person (cf. βίη (5)) : Λεοντῆος μ. Ψ 837. Cf. H 38, Λ 268, 272, Ξ 418, Π 189, Φ 383 : μ. Ἀλκινόοιο η 167, 178 = ν 49, θ 2, 4 = 421, θ 385, 423, ν 20, 24, 64. Cf. θ 359, σ 34.—With sim. periphrasis : κούρην φέρεν μ. ἡμιόνοιϊν η 2.—Also μένος Βορέαο E 524, ἀναπνείουσα πυρὸς μένος (breathing fire) Z 182. Cf. M 18, Ψ 177, 190, 238 = Ω 792 : ε 478, κ 160, λ 220, τ 440.—(7) The animating principle, the vital spirit, the soul, the life, life, one's life (cf. θυμός (I) (1) (b)) : τοῦ λύθη ψυχή·τε μ. τε E 296 = Θ 123 = 315. Cf. Γ 294, Z 27, Θ 358, Π 332, P 29, 298 : ἤϊά κε κατέφθιτο καὶ μένε' ἀνδρῶν δ 363.—In reference to an animal γ 450.

μένω. 3 pl. pa. iterative μένεσκον T 42. Fut. μενέω Λ 177, Π 239, T 308, Υ 22, Ψ 279 : ε 362, π 132. 2 sing. μενέεις κ 285. 3 pl. μενέουσι I 45, M 79, Φ 310. Infin. μενέειν Ξ 375. Αor. ἔμεινα κ 53, ξ 244. μεῖνα ξ 292. 2 sing. ἔμεινας Z 126. 3 ἔμεινε Ξ 286. μεῖνε E 571, N 564, Ξ 119, O 585 : δ 508, 733. 1 pl. ἐμείναμεν ι 151, 306, 436, μ 7. μείναμεν Λ 723. 3 pl. ἔμειναν O 656. 3 sing. subj. μείνῃ Θ 536. 2 sing. opt. μείνειας Γ 52. Imp. pl. μείνατε B 299. Infin. μεῖναι A 535, N 830, O 165, Π 147, Φ 609, X 5, 252 : ζ 295, ι 138, ν 204, ξ 270, ο 305, 346, ρ 570, 582. (ἀνα-, ἐπι-, παρα-, ὑπο-.) (1) To remain where one is, to remain, stay, tarry, abide, continue in a specified or indicated place : οὐδέ σε λίσσομαι μένειν A 174, ἴση μοῖρα μένοντι (for him who stays behind) I 318, ἔνθ' ἔμεινε (stayed his course, stopped) Ξ 286, ὄφρα μένω (remain quiescent, take no action) Ω 658. Cf. A 492, B 298, Z 258, K 370, Π 239, P 721 (sticking together), Σ 64, T 42, Υ 22, X 5, etc. : αὐτ' αὖθι β 369. Cf. γ 427, δ 447, ζ 295, η 259, ι 97, ι 373 (the comrades whom I left behind me), ξ 244, ο 51, ρ 20, τ 199, υ 330, etc.— Of something inanimate : [ἔγχος] αὐτοῦ μεῖνεν N 564. Cf. I 610 = K 90 : δ 508.—To remain as one is, refrain, wait : δύντα δ' ἐς ἠέλιον μενέω T 308. Cf. ρ 582.—(2) To remain, continue, be, in a specified condition : ἕνα μῆνα μένων ἀπὸ ἧς ἀλόχοιο B 292. Cf. T 263 : υ 23.—To stand firm, stand without motion, stand still : ὥς τε στήλη μένει ἔμπεδον P 434. Cf. P 436 : ρ 235.—Sim. of ships lying without motion ν 100.—(3) To await the coming, approach or return of (a person) : ὄφρα μένοιεν νοστήσαντα ἄνακτα N 37. Cf. Υ 480, Φ 609 : α 304, δ 439, 847, ι 232, ο 346, χ 181.— To await in an indicated posture the approach of : οὐδέ τις ἔτλη μεῖναι ἐπερχόμενον (to remain seated on his approach) A 535.—To await (an occurrence) or the coming or coming on of (a period of time) : 'Ηῶ Λ 723. Cf. O 599 : ι 151 = μ 7, ι 306 = 436.— Absol. : ἔνθ' ἔμεινεν (bided his time) ν 161.—With infin. : Τρῶας σχεδὸν ἐλθέμεν Δ 247. Cf. α 422 = σ 305, δ 786, ζ 98.—With dependent clause : ὁππότε πύργος Ἀχαιῶν ἄλλος Τρώων ὁρμήσειεν (waiting till . . .) Δ 333. Cf. Λ 666.—(4) To await the attack of, stand up to : Μενέλαον Γ 52, Τρῶας Ε 527 = Ο 622. Cf. Ν 476, 836, Ο 165, 406, Φ 571, Χ 252 : ι 57.—Sim. : Τρώων μένει "Αρηα Λ 836.—Also ἐμὸν ἔγχος Ζ 126. Cf. Θ 536, Ν 830, Ο 709, Π 147.—Of a beast : σῦς, ὅς τε μένει κολοσυρτὸν ἀνδρῶν Ν 472. Cf. Χ 93.—Of something inanimate : πέτρη, ἥ τε μένει ἀνέμων κέλευθα Ο 620. —Of facing the attack of a beast : μένουσι [κάπριον] Λ 418.—Absol., to await the foe, stand firm, stand one's ground : μενέμεν καὶ ἀμυνέμεναι ὤρεσσιν Ε 486, Αἰνείας οὐ μεῖνεν 571. Cf. Ε 522, Λ 317, Μ 79, Ξ 375, Ο 539, Π 659, Φ 310, etc. : οἵη 'Αλκινόου θυγάτηρ μένεν ζ 139. Cf. ξ 270.—Of wasps Μ 169.

μέρμερος [μερ- as in next]. Such as to cause anxiety, baneful, evil : ἔργα Θ 453, Κ 289, 524. —Absol. in neut. pl., baneful deeds : μέρμερα ῥέζων (ῥέζεν) Λ 502, Φ 217. Cf. Κ 48.

μερμηρίζω [μερ- as in prec.]. Aor. μερμήριξα κ 50, 151, 438. 3 sing. -ε Α 189, Ε 671, Ξ 159, etc. : β 93, δ 791, ρ 235, etc. Subj. μερμηρίξω π 261. Pple. μερμηρίξας λ 204, π 237. Infin. μερμηρίξαι π 256. (1) To turn (a thing) anxiously over in one's mind, to ponder or consider (it), meditate (it), have (it) in view : πολλά α 427, φόνον ἡμῖν β 325. Cf. Τ 17 : δ 533, τ 2 = 52, υ 38, 41.—Of a lion δ 791.—To think out or contrive : δόλον τόνδε β 93, ω 128.—To think of, find : ἀμύντορά τινα π 256, 261.—(2) Absol., to ponder, consider, deliberate, meditate : τρὶς μερμήριξεν Θ 169, ἔτι μερμήριζον (were hesitating) Μ 199. Cf. ε 354, λ 204, π 237, υ 93.—With dependent clause. (a) With relative : ὅ τι κύντατον ἔρδοι Κ 503.—(b) With clause introduced by ὡς (how) Β 3.—(c) By ὅπως Ξ 159 : ι 554, ο 169, υ 28, 38.— (d) With alternatives introduced by ἤ . . . ἤ . . . Α 189, Ε 671, Ν 455, Π 647 : δ 117, ζ 141, κ 50, π 73, ρ 235, σ 90, υ 10, χ 333.—With the first alternative expressed by an infin. and the second introduced by ἤ : μερμήριξε κύσσαι . . . ἤ . . . ω 235.—With infin. expressing only one of the alternatives : διάνδιχα μερμήριξεν ἵππους στρέψαι (had half a mind to . . .) Θ 167. Cf. κ 151, 438.

μέρμις, -ῖθος, ἡ [cf. μηρύομαι]. A cord or string : κατέδει μέρμιθι κ 23.

μέροπες. Epithet of ἄνθρωποι and βροτοί of unknown meaning : μερόπων ἀνθρώπων Α 250, μερόπεσσι βροτοῖσιν Β 285. Cf. Γ 402, Ι 340, Λ 28, Σ 288, 342, 490, Τ 217 : υ 49, 132.

μεσαιπόλιος [μέσος + πολιός]. Half - grey, grizzled : μ. περ ἐών Ν 361.

μεσηγύ, μεσσηγύ, μεσσηγύς [μέσ(σ)ος]. (1) Adv., in the space separating two objects, between, midway : πολλὰ [δοῦρα] μεσσηγὺ ἐν γαίῃ ἵσταντο (in mid career) Λ 573 = Ο 316. Cf. Ψ 521 : μηδέ τι μεσσηγύς γε κακὸν πάθῃσιν (by the way) η 195. —In such a space in reference to abstractions : τὸ μὲν τελέει, τὸ δὲ καὶ μεσσηγὺ κολούει (short of fulfilment) Τ 370.—(2) Prep. with genit. (a) In local sense, between : ὤμων μεσσηγύς Ε 41, μεσηγὺ νηῶν καὶ ποταμοῦ καὶ τείχεος (in the space separat-

ing the ships and the river from the (city) wall) Π 396. Cf. Ε 769, Ζ 4, Ν 33, Ω 78, etc. : δ 845, ο 528, χ 93, 341, 442 = 459.—(b) Of reciprocal relation or action, between : κέλαδον καὶ ἀϋτὴν Κουρήτων τε μεσηγὺ καὶ Αἰτωλῶν Ι 549.

μεσήεις [μέσος]. Holding an intermediate position in a scale of excellence, neither good nor bad Μ 269.

μεσόδμη, -ης, ἡ [μέσος + δμ-, δέμω]. (1) In a ship, a sort of box in which the mast was set (prob. = ἱστοπέδη) : ἱστὸν κοίλης ἔντοσθε μεσόδμης στῆσαν β 424 = ο 289.—(2) In a house, prob., a base or pedestal supporting a column τ 37, υ 354.

μέσος, -η, -ον. Also μέσσος, -η, -ον. (1) The middle or midmost part of the . . ., the middle or midst of the . . . : μέσον ἱστίον Α 481, "Αργεϊ μέσσῳ (in the heart of . . .) Ζ 224. Cf. Γ 78, Ε 582, Η 258, 267, Θ 68, Λ 167, Π 231, Τ 254, Ψ 241, etc. : πέλαγος μέσον γ 174. Cf. α 344, β 37, δ 400, μ 80 (halfway up), 93 (waist-deep), etc.—In reference to a period of time : μέσον ἦμαρ (noon) Φ 111 : η 288.—In pl., the midst of the . . . : μέσησιν μετὰ δμῳῇσιν π 336. Cf. Ν 312, Σ 569.—(2) Absol. : δουρὶ μέσον περόνησεν (in his middle) Η 145, Ν 397, μέσσῃ δ' ἐνὶ πῖλος ἀρήρει (app. so as to form a lining to protect the head from chafing) Κ 265, σφῆκες μέσον αἰόλοι (about the middle) Μ 167. Cf. Ν 534, Π 623, Τ 413, 486, Ψ 875 : ἐν μέσσῃ καθίζεν ε 326. Cf. ε 487, κ 196, υ 306.—In pl. : στὰς ἐν μέσσοισιν Η 384, ἔλκε μέσσα λαβών (grasping the middle of it) Θ 72, Χ 212, ἐνὶ μέσσῃς κλαίεν Ω 84. Cf. Δ 212, Λ 35, 413, Μ 457, Ν 308, Ο 635, Σ 606, Τ 77, Ψ 134, etc. : δ 19, 281, 413, ω 441.—(3) (a) μέσσῳ, in the midst : μέσσῳ ποταμοί [εἰσιν] ι 157.—(b) μέσσῳ = μεσηγύ (2) (a) : μέσσῳ ἀμφοτέρων σκῆπτρα σχέθον Η 277 : μέσσῳ δαιτυμόνων (among the . . .) θ 66 = 473.—(c) μέσσῳ = μεσηγύ (2) (b) : μέσσῳ ἀμφοτέρων μητίσομαι ἔχθεα Γ 416.—(4) (a) ἐν μέσσῳ, in the middle space, in the midst : ἔμ' ἐν μέσσῳ καὶ Μενέλαον συμβάλετε μάχεσθαι Γ 69. Cf. Γ 90, Κ 474, Ρ 375, Σ 264 : ἐν μέσσῳ στᾶσα μ 20. Cf. ι 429.—Sim. after a compound of ἐν : ἔνθορε μέσσῳ Φ 233. Cf. Δ 444 : μ 443.—(b) ἐς μέσ(σ)ον, into the middle space, in the midst : ἐς μέσσον ἰών Γ 77 = Η 55. Cf. Δ 79, 299, Ο 357, Ψ 704, 814 : θ 144, 262, ρ 447, σ 89.—With genit. : ἐς μέσον ἀμφοτέρων Ζ 120 = Τ 159. Cf. Γ 266 = 341.—ἐς μέσον ἀμφοτέροισι δικάσσατε (impartially) Ψ 574. —(c) κατὰ μέσσον, through the midst : ἀντικρὺ κατὰ μέσσον Π 285. Cf. Δ 541, Ε 8.—(5) In neut. sing. : μέσ(σ)ον as adv., in the middle : νηῦς ἔθεεν μέσσον ὑπὲρ Κρήτης (app., taking the mid-sea course) ξ 300.— μεσηγύ (2) (a) : κὰδ δὲ μέσον τάφρου καὶ τείχεος ἴξον Ι 87.

μέσσατος [superl. fr. μέσος]. Like μέσος (4) (a) : ἐν μεσσάτῳ ἔσκεν (just in the middle) Θ 223 = Λ 6.

μέσσαυλος, ὁ [μέσ(σ)ος + αὐλή]. Etymologically, the middle part of the αὐλή, but used simply as = αὐλή. (1) In sense (1) (a) : ἀέκων ἔβη [λὶς] ἀπὸ μεσσαύλοιο Ρ 112. Cf. Λ 548, Ρ 657 : ὅτε οἱ μέσσαυλον ἵκοντο ἡμέτεροι ἔταροι κ 435 (app. = the αὐλή of ι 184, etc.).—(2) In sense (2) Ω 29.

μεσσηγύ(s). See μεσηγύς.

μεσσοπαγής, -ές [μέσ(σ)ος + παγ-, πήγνυμι]. Planted or driven in up to the middle : ἔγχος Φ 172.

μέσσος. See μέσος.

μέσφα. Until. With genit.: μέσφ᾽ ἠοῦς Θ 508.

μετά. (I) Adv. (1) Towards, in the direction of, something : μετὰ δ᾽ ἰὸν ἔηκεν Α 48.—Sim. indicating that action is directed in a particular way : μετὰ Τυδέος υἱὸν ἔπουσαν (directing, looking after, him) Κ 516.—(2) Among, in company with, others : μετὰ δ᾽ ἀνέρες οὓς ἔχε γῆρας Σ 515. Cf. Β 446, 477.—Among others, in a company : μετὰ μῦθον ἔειπεν Γ 303, etc. Cf. μ 319, σ 2.—With, in addition to, others : μετὰ δ᾽ ἔσσεται κούρη Βρισῆος Ι 131, 273. Cf. Ο 67.—(3) Coming after, following : μετὰ νέφος εἵπετο πεζῶν Ψ 133.—(4) After in time, afterwards, in succession : πρῶτος ἐγώ, μετὰ δ᾽ ὔμμες φ 231.—Afterwards, in after days : μετὰ γάρ τε καὶ ἄλγεσι τέρπεται ἀνήρ ο 400.— (5) So as to face the rear or reverse one's position, round : μετὰ δ᾽ ἐτράπετο Α 199. Cf. Θ 94.— (6) In reference to change of position in a course or path : μετὰ δ᾽ ἄστρα βεβήκει (had crossed the meridian) μ 312, ξ 483.—(7) At intervals : μετὰ δ᾽ [ὅρμος] ἠλέκτροισιν ἔερτο ο 460.—(II) Prep. (commonly with anastrophe when immediately following the case-form). (1) With dat. (a) Between (a) In reference to the hands, arms or feet : μετὰ χερσίν (in . . .) Ε 344, μετὰ ποσσίν Τ 110. Cf. Λ 4, Ο 717, etc. : γ 281, δ 300, ε 49, φ 245, etc.—To the jaws : μετὰ γένυσσιν Λ 416. Cf. Ν 200.—Sim. in reference to the φρένες regarded as having a double character : μετὰ φρεσίν (in . . .) Δ 245, Ι 434, Σ 419, etc. : δ 825, κ 438, π 436, etc.—(β) Of position or relations between two persons or groups : ἢ φιλότητα καὶ τ᾽ ἀμφοτέροισι βάλωμεν Δ 16. Cf. Γ 110, Δ 38, Η 66, etc.: γ 136, ω 476, etc.—(b) Among, amid, in the midst of, with : μετὰ σφισιν Β 93. Cf. Α 252, Γ 85, Δ 2, Θ 525, Σ 234, Φ 122, etc. : α 19, β 310, δ 254, ι 335, 418, κ 204, etc.—In reference to things : μετ᾽ ἀστράσιν Χ 28, 317, μετὰ πνοιῇς ἀνέμοιο (on the . . .) Ψ 367. Cf. Ν 579, 668, Ο 118 : β 148, γ 91, δ 499, ε 224 = ρ 285.—With sing. sb. in collective sense : μεθ᾽ αἵματι Ο 118, μετὰ στροφάλιγγι κονίης (in . . .) Φ 503. Cf. Τ 50, Χ 49 : θ 156, λ 449.—Of division or distribution : δάσσαντο μετὰ σφίσιν Α 368.—(2) With acc. (a) Between (with notion of motion): ἔφερον ἅρμα μετὰ Τρῶας καὶ Ἀχαιούς (between the fighting lines) Λ 533 = Ρ 458.—(b) So as to be among or with, to, towards, to join : βεβήκει μετὰ δαίμονας ἄλλους Α 222. Cf. Α 423, Γ 264, Ε 264, Ρ 149, etc. : ἄνδρας μέτα οἰνοποτῆρας ᾔεν θ 456. Cf. γ 168, ζ 115, λ 563, ψ 83, etc.—In hostile sense Ε 152, Ζ 21, Ν 301 (or perh. here simply 'to join '), Ρ 460, etc. : ζ 133.—In reference to things : μετὰ νῆας Ε 165, Μ 123. Cf. Β 376, Ζ 511, etc. : μετὰ δαῖτας (to share in them) χ 352.—With sing.

sb. in collective sense : ἀνάγοντο μετὰ στρατὸν Ἀχαιῶν Α 478. Cf. Ε 573, Η 115, Ξ 21, Τ 33, etc.—(c) Without notion of motion, among : θυμὸν ὄρινε πᾶσι μετὰ πληθύν Β 143. Cf. Ι 54 : οἳ ἀριστεύουσι μεθ᾽ ἡμέας δ 652 (or this might come under (f)). Cf. π 419.—(d) Going after or behind, following, following up : μετὰ κλέος ἵκετ᾽ Ἀχαιῶν (following up the rumour of the expedition) Λ 227. Cf. Λ 357, Ν 364, 492, 513, Σ 321 : μεθ᾽ ἡμιόνους ἔρχεσθαι ζ 260. Cf. β 406, etc.— (e) Following, after, in succession to : τὸν δὲ μετ᾽ Ἀτρεΐδαι [ἦλθον] Θ 261. Cf. Θ 289, Σ 96, Ψ 227, 354, etc. : λ 260, ο 147, etc.—(f) In comparisons, after, next to : κάλλιστος μετὰ Πηλεΐωνα Β 674. Cf. Η 228, Ι 140, Μ 104, Π 146, etc. : β 350, θ 117, 583, λ 310, etc.—(g) Following, taking the line of, in consonance with : μετὰ σὸν καὶ ἐμὸν κῆρ Ο 52. Cf. Σ 552.—(h) After, for, iu order to find or get, in quest or search of : βῆ ῥ᾽ ἰέναι μετὰ Νέστορα Κ 73. Cf. Η 418, Λ 700, Ν 247, 252, Π 536, etc. : πλέων μετὰ χαλκόν α 184. Cf. β 206, ν 415, π 151, υ 153, φ 17 (to recover it), etc.—Sim. : πόλεμον μέτα (for . . .) Τ 329. Cf. Η 147, Ν 291.—In reference to looking : σκεψάμενος μεθ᾽ ἑταίρους (for . . .) μ 247.—(3) With genit., among, along with, with : μετὰ Βοιωτῶν ἐμάχοντο Ν 700, τῶν μέτα παλλόμενος Ω 400. Cf. Φ 458 : κ 320, π 140.

μέτα [for μέτ-εστι]. There is among specified persons : οὐ γάρ τις μέτα τοῖος ἀνὴρ ἐν τοῖσδεσιν φ 93.

μεταβαίνω [μετα- (6)]. Aor. imp. μετάβηθι. Fig., to choose a fresh theme θ 492.

μεταβουλεύω [μετα- (6)]. To adopt changed or different counsels : μετεβούλευσαν ἄλλως ε 286.

μετάγγελος, ὁ, ἡ [μετ-, μετα-(1)]. Pleonastically, 'a messenger who goes in quest.' Cf. ἐπιβουκόλος]. A messenger : θεοῖσι μ. Ο 144. Cf. Ψ 199.

μεταδαίνυμαι [μετα- (3)]. 3 sing. fut. μεταδαίσεται σ 48. Aor. subj. μεταδαίσομαι Ψ 207. To take a meal, take one's meals, with. With dat. : αἰεί ἡμῖν μεταδαίσεται σ 48. Cf. Χ 498.—To partake of with others : ἵνα δὴ καὶ ἐγὼ μεταδαίσομαι ἱρῶν (partitive genit.) Ψ 207.

μεταδήμιος [μετα- (3) + δῆμος]. Among the (i.e. one's own) people, at home : οὐ γὰρ ἔθ᾽ Ἥφαιστος μ. θ 293.—Among, afflicting, the people : κακὸν μεταδήμιον ν 46.

μεταδόρπιος [app. μετα- (3) + δόρπον (the apparatus of the meal, rather than the meal, being thought) of]. Thus, in the middle of, at, δόρπον : οὐ μὰν ἐγώ γε τέρπομ᾽ ὀδυρόμενος μ. (in the midst of good cheer) δ 194.

μεταδρομάδην [μετα- (1) + δρομ-, δραμ-. See τρέχω]. Running in pursuit Ε 80.

μεταΐζω [μετα- (3) + ἵζω]. To take one's seat among a company π 362.

μεταΐσσω [μετ-, μετα- (1)]. Aor. pple. μεταΐξας Φ 564 : ρ 236, υ 11. To rush at or upon a person : κτεῖνε μεταΐσσων Π 398. Cf. Φ 564 : ρ 236, υ 11.

†μετακλαίω [μετα- (5)]. Fut. infin. μετακλαύσεσθαι. To make lament afterwards (i.e. when the opportunity for action has gone) Λ 764.

μετακλίνω   266   μετάφρενον

†μετακλίνω [μετα- (6)]. Genit. sing. masc. aor. pple. pass. μετακλινθέντος. To turn the fortune of (war) : πολέμοιο μετακλινθέντος (if the tide of battle should turn and set against them) Λ 509.

μεταλλάω. (1) To ask, inquire, make inquiry, ask questions : μετάλλησάν γε μὲν οὔ τι Ε 516 : παίδων οὐκέτι μέμνηται οὐδὲ μεταλλᾷ (asks anything about them) o 23. Cf. ξ 378, o 362, ψ 99. —(2) To ask or inquire about: οὓς σὺ μεταλλᾷς Κ 125, Ν 780. Cf. Α 550 : ξ 128, π 465, ρ 554, τ 190 (inquired him out), ω 321.—(3) To question (a person) : σε Α 553 : π 287 = τ 6.—With indirect question : ξείνους οἵ τινές εἰσιν γ 69.—With cognate acc. : ἔπος ἄλλο μεταλλῆσαι Νέστορα γ 243.— (4) With double acc. of person questioned and of what is asked about : ὅ με μεταλλᾷς Γ 177 : = η 243 = o 402, τ 171. Cf. α 231 = o 390, τ 115, ω 478.

†μεταλλήγω [μετα- (6)]. Dat. sing. masc. aor. pple. μελαλλήξαντι. To cease, desist, from. With genit. : χόλοιο Ι 157, 261, 299.

μετάλμενος, aor. pple. μεθάλλομαι.

μεταμάζιος [μετα- (2) + μαζός]. In neut. sing. μεταμάζιον as adv., between the breasts Ε 19.

μεταμίσγω [μετα- (3)]. 1 pl. fut. μεταμίξομεν χ 221. To throw into one mass or sum with, lump with. With dat. : κτήματα τοῖσιν 'Οδυσσῆος χ 221.—To set or place among other objects : δαίδας μετέμισγον σ 310.

μεταμώνιος. App., of none effect, coming to nothing, vain, idle, or the like : τὰ πάντα θεοὶ μεταμώνια θεῖεν Δ 363. Cf. β 98 = τ 143 = ω 133.— Absol. : μεταμώνια βάζεις σ 332 = 392.

μετανάστης, ὁ [μετα- (6) + νασ-, ναίω¹]. One who has changed his home, an exile, an outcast : ὡς εἴ τινα μετανάστην Ι 648 = Π 59.

μετανίσ(σ)ομαι [μετα- (6) + νίσσομαι]. Of a heavenly body in its path, to change its position, pass : ἦμος δ' ἠέλιος μετενίσ(σ)ετο βουλυτόνδε Π 779 : = ι 58.

μεταξύ [μετά]. Between (= μεσηγύ (1)) : μάλα πολλὰ μεταξύ [ἐστιν] Α 156.

μεταπαύομαι [μετα- (7)]. To give oneself intervals of rest : μεταπαυόμενοι μάχοντο Ρ 373.

μεταπαυσωλή, ἡ [μεταπαύομαι]. A turn of rest, an interval (cf. παυσωλή) Τ 201.

μεταπρεπής [μεταπρέπω]. Conspicuous or eminent among. With dat. : δόμον μεταπρεπέ' ἀθανάτοισιν (admired even where gods gather together) Σ 370.

μεταπρέπω [μετα- (3)]. To be conspicuous, eminent, distinguished, distinguish oneself, be the best or finest, among. With dat. : ἱππεῦσι μετέπρεπον ἡμετέροισιν Λ 720. Cf. Β 481, 579, Ν 175 = Ο 550, Π 596, 835, Ψ 645 : ζ 109, κ 525, λ 33, ρ 213 = υ 174.—With infin. expressing that in which one is distinguished : πᾶσι μετέπρεπε ἔγχεΐ μάρνασθαι Π 194.

μετασπόμενος, aor. pple. mid. μεθέπω².

μετασσαι, aor. pple. μεθέπω¹.

μέτασσαι, αἱ [μετά. 'The later born']. The later (lambs) ι 221 (i.e. those born after the πρόγονοι and before the ἔρσαι).

μετασσεύομαι [μετα- (1)]. 3 sing. aor. μετέσσυτο Φ 423, Ψ 389. To set off, take one's way, after or in the train of another Ζ 296.—To start off in pursuit of, make for, a person Φ 423.—To make for, make up to (a person) : ποιμένα λαῶν Ψ 389.

μεταστένω [μετα- (5)]. To lament afterwards, look back upon with grief : ἄτην δ 261.

μεταστήσω, fut. μεθίστημι.

μεταστοιχί [μετα- (1) + στοῖχος, row, line, fr. στείχω (app. with the notion of following the line with the eye). Cf. τριστοιχί]. In line, side by side : στὰν μ. Ψ 358 = 757.

†μεταστρέφω [μετα- (6)]. 2 sing. fut. μεταστρέψεις Ο 203. 3 sing. aor. subj. μεταστρέψῃ Κ 107. 3 pl. μεταστρέψωσι β 67. 3 sing. opt. μεταστρέψειε Ο 52. Aor. pple. μεταστρεφθείς, -έντος Θ 258, Λ 447, 595, Ν 545, Ο 591, Ρ 114, 732. (1) In pass., to turn oneself about, wheel round, for flight : Θόωνα μεταστρεφθέντα οὔτασεν Ν 545. Cf. Θ 258 = Λ 447.—So as to face the foe : στῇ μεταστρεφθείς Λ 595 = Ο 591 = Ρ 114. Cf. Ρ 732.—(2) To change (one's temper or mood): εἴ κε μεταστρέψῃ ἦτορ Κ 107. Cf. Ο 52.—Absol., to change one's mind Ο 203.—(3) To work a change : μή τι μεταστρέψωσι [θεοί] (bring some evil to pass) β 67.

†μετατίθημι [μετα- (3)]. 3 sing. aor. μετέθηκε. To set or cause among a company : οὔ κέ τι τόσον κέλαδον μετέθηκεν (among us) σ 402.

μετατρέπομαι [μετα- (1)]. 'To turn oneself so as to follow with one's view']. To have regard for, care for, trouble oneself about. With genit. : τῶν οὔ τι μετατρέπῃ Α 160. Cf. Ι 630, Μ 238.

μετατροπαλίζομαι [μετα- (7) + τροπ-, τρέπω]. (ἐντροπαλίζομαι.) To keep turning round : τότ' οὔ τι μετατροπαλίζεο φεύγων (turned to face me in thy flight) Τ 190.

μεταυδάω [μετα- (3)]. (1) To speak among, address. With dat. : πᾶσι μετηύδα Ο 103. Cf. Σ 139, Τ 269, Χ 449, Ψ 5, Ω 32, 715 : δ 721, ζ 217, θ 96, μ 153, 376, υ 291, etc.—Absol. : ἐν μέσσῳ στᾶσα μετηύδα μ 20.—To speak among a company in address to one of them : μετηύδα· "'Αντίλοχε . . . " Ψ 569.—(2) To say, speak, utter (words) among, address in words. With dat. : ἔπε' 'Αργείοισι μετηύδα Β 109. Cf. Θ 496, Ι 16 : α 31.

†μεταφημι [μετα- (3)]. 3 sing. impf. μετέφη. To speak among, address. With dat. : τοῖσιν Α 58 = Τ 55. Cf. Τ 100 : τοῖσιν δ 660. Cf. θ 132, σ 51, 312, etc.—To speak among a company in address to one of them. With dat. : τοῖς μετέφη . . . "φίλε κασίγνητε . . ." Δ 153.—To speak among, be spokesman of (in prayer to a god). With dat. : τοῖσιν εὐχόμενος μετέφη Β 411.

μεταφράζω [μετα- (5)]. To consider afterwards : ταῦτα μεταφρασόμεσθα καὶ αὖτις (will go into this later) Α 140.

μετάφρενον, -ου, τό [μετα- (4) + φρήν]. 'The part behind the midriff ']. The back Β 265, Ε 40, Θ 95, Κ 29, Π 791, Ρ 502, Τ 488, Ψ 380, etc. : θ 528.—So in pl. : ὅτεῳ στρεφθέντι μετάφρενα γυμνωθείη Μ 428.

μεταφωνέω [μετα- (3)]. To speak *among*, address. With dat. : Μυρμιδόνεσσιν Σ 323. Cf. H 384 : θ 201, π 354, σ 35, χ 69.—Absol. κ 67.— To speak *among* a company in address to one of them. With dat. : τοῖσι μετεφώνεεν . . . "Τυδεΐδη . . . " Ι 52.

μετέασι, 3 pl. μέτειμι¹.

μετέειπον, aor. [μετα- (3)]. To speak *among*, address. With dat. : 'Αργείοισιν Η 123. Cf. B 336, Γ 96, H 170, K 241, Ξ 109, etc. : β 95, 157, δ 773, λ 342, ο 439, φ 130, etc.—Absol. : ἀνίστατο καὶ μετέειπεν Η 94. Cf. H 399, etc. : β 24, υ 321, etc.—To speak *among* a company in address to one of them. With dat. : τοῖσι μετέειπε . . . "Νέστορ . . ." K 219. Cf. Ψ 889, etc. : γ 330, ρ 151, etc.—To speak among a company in address to one of them : ὀψὲ μετέειπε Διομήδης· "'Ατρεΐδη . . ." Ι 31. Cf. Θ 30, etc. : η 155.

μετέησι, 3 sing. subj. μέτειμι¹.

μετέθηκε, 3 sing. aor. μετατίθημι.

μετείην, opt. μέτειμι¹.

†μέτειμι¹ [μετ-, μετα- (3) (7) + εἰμί]. 3 pl. μετέασι H 227. 1 sing. subj. μετέω Χ 388. μετείω Ψ 47. 3 μετέησι Γ 109. 1 sing. opt. μετείην κ 52, ω 436. 3 μετείη Ε 85, Υ 235 : ο 251. Infin. μετέμμεναι Σ 91. μετεῖναι Δ 316. Fut. μετέσσομαι Δ 322 : ξ 487. 3 sing. μετέσσεται B 386. To be *among* or *with*, to have one's being or station, abide, dwell, *among* or *with*, consort *with*. With dat. : οἷς ὁ γέρων μετέησιν Γ 109. Cf. Δ 316, 322, Ε 85, Η 227, Σ 91, Υ 235, Χ 388, Ψ 47 : ἢ ἔτι ζωοῖσι μετείην κ 52. Cf. ξ 487, ο 251, ω 436.—Of something coming in in an interval : οὐ πανσωλὴ μετέσσεται B 386.

†μέτειμι² [μετ-, μετα- (1) + εἶμι]. 1 sing. μέτειμι Ζ 341. 3 μέτεισι N 298. (1) To go, take one's way, on an indicated errand : πόλεμόνδε N 298.— (2) With fut. sense, to follow after a person : ἴθ', ἐγὼ δὲ μέτειμι Ζ 341.

μετεῖναι, infin. μέτειμι¹.

μετεισάμενος, aor. pple. mid. μεθίημι².

μετείω, 3 sing. subj. μέτειμι¹.

μετείω, subj. μέτειμι¹.

μετεκίαθον, aor. [μετα- (1) + κι-, κίον]. To go in quest or pursuit of, make for : Τρῶας καὶ Λυκίους Η 685. Cf. Σ 581.—So app. : ὅτε πᾶν πεδίον μετεκίαθον Λ 714 (had chased or swept the plain (cf. ἔφεπε πεδίον Λ 496 cited under ἐφέπω¹ (4))).— Without expressed object : ἐφ' ἵππων βάντες μετεκίαθον (went off to see what the matter was) Σ 532.—To follow after : ἱππῆες ὀλίγον μετεκίαθον (app., came up close) Λ 52.—To go to visit : Αἰθίοπας α 22.

μετελεύσομαι, fut. μετέρχομαι.

μετελθών, aor. pple. μετέρχομαι.

μετέμμεναι, infin. μέτειμι¹.

μετέπειτα [μετ-, μετα- (5) + ἔπειτα]. (1) Afterwards, in after time : ἅμα τ' αὐτίκα καὶ μ. ξ 403. Cf. Ξ 310.—(2) Then, next : πρῶτα . . . μ. . . . κ 519 = λ 27, λ 640.

μετέρχομαι [μετ-, μετα- (1) (3)]. Fut. μετελεύσομαι Ζ 280. 3 sing. opt. μετέλθοι α 229. Imp.

μετελθέ Φ 422. Pple. μετελθών Δ 539, Ε 456, 461, N 127, 351, Ξ 334, Π 487 : α 134, ζ 222. (1) To go in quest of : Πάριν Ζ 280.—To seek for (tidings) γ 83.—To go to see, visit : ἔργα π 314. —To go and attend to (one's affairs) : μετέρχεο ἔργα γάμοιο Ε 429.—(2) To go, take one's way, on a specified or indicated errand or for a specified or indicated purpose : οὐκ ἂν τόνδ' ἄνδρ' ἐρύσαιο μετελθών; (go and . . .) Ε 456. Cf. Ε 461, Ζ 86, N 351, Φ 422 (go after her).—(3) To go or come, make one's way, present oneself, find oneself, *among*. With dat. or locative : θεοῖσι πᾶσι μετελθών Ξ 334, λέων ἀγέληφι μετελθών Π 487. Cf. α 134, ζ 132, 222.—Without construction, to come upon the scene, present oneself : ὅς τις πινυτός γε μετέλθοι α 229. Cf. Δ 539, N 127.

μετέσσομαι, fut. μέτειμι¹.

μετέσσυτο, 3 sing. aor. μετασσεύομαι.

μετέσσυτο, 3 sing. impf. μετάφημι.

μετέω, subj. μέτειμι¹.

μετήορος [μετ-, μετα- (2) + ἀείρω]. In mid-air, in air, into the air, off the ground : τά κε μετήορα πάντα γένοιτο Θ 26. Cf. Ψ 369.

μετοίχομαι [μετ-, μετα- (1)]. (1) To go in quest or pursuit of : ἀοιδὸν θ 47. Cf. Ε 148.— (2) = μετέρχομαι (2) : ἀνὰ ἄστυ μετῴχετο θ 7. Cf. Κ 111 (go and summon) : τ 24.

μετοκλάζω [μετ-, μετα- (7) + ὀκλάζω, to squat]. To squat now on one ham now on the other N 281.

μετόπισθε(ν) [μετ-, μετα- (4) (5)]. (1) In or from a position behind or in the rear : ὅσοι μ. ἀφέστασαν Ο 672, μ. μιν ποδῶν λάβεν Σ 155. Cf. K 490, P 261, Ψ 346.—In a geographical sense : ὅσσοι μ. [ναίουσιν] (in the quarter in which the day ends) ν 241.—With genit., behind : μ. νεός ι 539. Cf. Ι 504.—With a vb. of remaining or leaving, behind : μή τις μ. μιμνέτω Ζ 68. Cf. Χ 334, Ω 687.—(2) In the back or rearward part of something, behind : ἴχνια μ. ποδῶν N 71. Cf. Χ 396.—(3) Changing one's position to a position facing rearwards : στρεφθεὶς μ. (turning his back) Ο 645.—(4) Afterwards, in after time, later : μ. τοι ἄχος ἔσσεται Ι 249. Cf. Α 82, Υ 308, Ω 111, 436 : δ 695, ε 147, θ 414, λ 224, 382, χ 319, 345, ω 84.—(5) Then, next Χ 119.

†μετοχλίζω [μετ-, μετα- (6)]. 3 sing. aor. opt. μετοχλίσσειε. To remove, change the position of : [λέχος] ψ 188.—To thrust back (the fastening of a gate) : ὀχῆα Ω 567.

μετρέω [μέτρον]. (ἀνα-, δια-.) To measure, traverse : πέλαγος μέγα μετρήσαντες γ 179.

μέτρον, -ου, τό. (1) Something wherewith to measure, a graduated rule or cord M 422. —(2) A unit of capacity determined by context or usage : a quantity of anything indicated by such a unit : δῶκε μέθυ, χίλια μέτρα Η 471, τέσσαρα μέτρα κεχανδότα Ψ 268. Cf. Ψ 741 : β 355, ι 209.— (3) A stage of development or growth : ἥβης μ. Λ 225 : δ 668, λ 317, σ 217, τ 532.—A point at the end of and measuring a course to be traversed : ὅρμου μ. (the anchorage) ν 101.—(4) The measurement or length of anything. In pl. : μέτρα κελεύθου δ 389=κ 539.

μετώπιος [μέτωπον]. In neut. sing. μετώπιον as adv., on the forehead : βάλε μ. Π 739. Cf. Λ 95.

μέτωπον, -ου, τό [μετ-, μετα- (2)+ὦπα. 'The part between the eyes']. The forehead or brow Δ 460=Ζ 10, Ν 615, Ο 102, Π 798, Ψ 396 : χ 86, 94, 296.—In pl. : πασάων δ' ὑπὲρ κάρη ἔχει ἠδὲ μέτωπα ζ 107.—Of a horse : ἐν μετώπῳ λευκὸν σῆμα τέτυκτο Ψ 454.—The front (of a helmet) Π 70.

μευ. See ἐμέ.

μέχρι(s). With genit. (1) As far as, to: μέχρι θαλάσσης Ν 143.—(2) Until : τέο μέχρις ; (how long ?) Ω 128.

μή. Negative particle, commonly used with the moods expressive of command or wish, i.e. the imperative, the subjunctive and the optative (cf. οὐ). (1) In prohibitions or dehortations. (a) With imp. (α) Pres. or pf. : μή μ' ἐρέθιζε Α 32, μή τις ὀπίσσω τετράφθω Μ 272. Cf. Α 295, Β 354, Γ 82, etc. : α 315, β 230, 303, γ 313, etc. —(β) Aor. : μή τις ἀκουσάτω π 301. Cf. Δ 410, Π 200, Σ 134 : ω 248.—(b) With infin. as imp. : μή τι διατρίβειν τὸν ἐμὸν χόλον Δ 42. Cf. Ψ 83, etc. : λ 441, χ 287, etc.—(c) With subj. (a) Aor. : μή με ἕλωρ Δαναοῖσιν ἐάσῃς κεῖσθαι Ε 684. Cf. Δ 37, Ι 33, Ο 115, etc. : μ 300, etc.—(β) Pres. in 1st pers. : μὴ ἴομεν Μ 216. Cf. Α 26, etc. : β 404, π 389, etc.—(2) In wishes. With opt. : μὴ ἐμέ γ' οὖν οὗτος λάβοι χόλος Π 30. Cf. Ν 232, etc. : α 386, δ 699, η 316, μ 106, ν 46, etc.—(3) In deprecations and expressions of apprehension. With subj. (a) Aor. : μή τι ῥέξῃ κακόν (may it not be that . . .) Β 195, μὴ νεμεσσηθέωμέν οἱ (let him beware lest we . . .) Ω 53. Cf. Ε 487, Π 128, Φ 563, etc. : ε 415, ο 12, π 255, σ 334, φ 370, etc.—(b) Pres. : μή μιν κερτομέωσιν π 87. Cf. ε 356, ο 19.—(4) After vbs. of fearing, lest. (a) With aor. subj. (α) Referring to the future : δείδοικα μή οἱ ἀπειλὰς ἐκτελέσωσιν Ι 244. Cf. Κ 39, Ν 52, 745, etc. : δ 820, θ 230, μ 122, etc.—(β) To the past : δείδοικα μή τι πάθωσιν Κ 538. Cf. Α 555, Χ 455, etc.— (b) With pres. subj. Referring to the future : μή με φέρῃ ε 419. Cf. ρ 188.—(c) With opt. Referring to the future : δείσας μή πώς οἱ ἐρυσαίατο νεκρὸν Ε 298. Cf. Λ 509, etc. : λ 634, π 179, etc.— (d) With indic. Referring to the past : δείδω μὴ νημερτέα εἴπεν ε 300.—(5) In subordinate clauses expressing apprehension not preceded by such a vb., lest. (a) With aor. subj. (α) Referring to the future : ἀπόστιχε, μή τι νοήσῃ Α 522, οὐδέ τι ἴδμεν μή πως μενοινήσωσι . . . (whether they will not . . .) Κ 101. Cf. Α 28, 587, Γ 414, Ε 250, etc. : β 98, γ 315, δ 396, θ 444, κ 301, etc.—(β) To the past : ἐς φύλακας καταβήομεν μὴ κοιμήωνται Κ 98.— (b) With pres. subj. Referring to the future : φραζέσθω, μή τίς οἱ ἀμείνων μάχηται Ε 411, etc. Cf. β 179, etc.—(β) To the present : ἴδοι τίς μή . . . ὦσιν ω 491. Cf. ν 216.—(c) With opt. Referring to the future : σάκεα σχέθον, μὴ πρὶν ἀναίξειαν Δ 114. Cf. Ε 202, Λ 705, etc. : α 133, δ 527, φ 395, etc.—

(d) With fut.: ἀγάγωμεν, μή πως κεχολώσεται Τ 301. Cf. ω 544.—(6) In protasis with εἰ (αἰ), ἤν. (a) With subj. : εἰ δέ κε μὴ δώωσιν Α 137. Cf. Ξ 111, etc. : ἤν μή τις ἔχῃ νῆα λ 159. Cf. ξ 398, etc.—(b) With opt.: εἰ μὴ Μοῦσαι μνησαίατο Β 491. Cf. Ε 215, Ι 515 : ε 178, ι 278, κ 343, π 103.—(c) With indic., when the protasis follows the apodosis : ἔνθα χ' ὑπέρμορα νόστος ἐτύχθη, εἰ μὴ ἔειπεν Β 156. Cf. Β 261, Γ 374, Ι 231, etc. : β 71, δ 364, ε 427, ν 385, τ 346, χ 359, etc.—With no expressed apodosis : εἰ μή τις θεὸς ἐστιν Ε 177.—For the converse construction see οὐ (3) (a). — (7) In final clauses. (a) With subj. : ὡς μὴ πάντες ὄλωνται Θ 37. Cf. Α 118, Ι 614, etc. : β 376, ε 490, etc.—(b) With opt. : ἵνα μή τις ἀθρήσειεν Μ 390. Cf. Ε 24, etc. : α 157, ι 42, etc. — (8) In conditional relative sentences (cf. οὐ (4)). (a) With subj. : ᾧ μὴ ἀοσσητῆρες ἔωσιν δ 165, ψ 119, ᾧ μὴ πάρα (i.e. παρέωσι) γείτονες ε 489.—(b) With opt. : ὅτε μὴ κελεύοι Ξ 248. Cf. Ν 319 : λ 289, 490, π 197, ψ 185. —(c) With indic. : οὓς μὴ κῆρες ἔβαν φέρουσαι Β 302. —(9) With indic. (a) In oaths (cf. (11) (b)) : ἴστω νῦν τόδε Γαῖα . . . μὴ δι' ἐμὴν ἰότητα πημαίνει Ο 41. Cf. Κ 330, Τ 261.—(b) In questions expecting a neg. answer : ἦ μή πού τινα δυσμενέων φάσθ' ἔμμεναι ἀνδρῶν ; ζ 200, etc.—(10) With pple. : μὴ μνηστεύσαντες μηδ' ἄλλοθ' ὁμιλήσαντες ὕστατα νῦν δειπνήσειαν δ 684 (μή with ὁμιλήσαντες and μνηστεύσαντες parenthetical, 'may they after their wooing and having no meeting elsewhere eat now for the last time.' See μηδέ (5), and for the parenthetical pple. and re-echoing neg. cf. μὴ τεχνησάμενος μηδ' ἄλλο τι τεχνήσαιτο λ 613).—(11) With infin. (see also (1) (b)). (a) After a vb. of saying, promising, knowing, etc. : εἴσεαι μή τι καταισχύνειν γένος ω 508. Cf. Ι 455, Ξ 46, Σ 255, etc. : ι 530, etc.—(b) In oaths : ὅρκον ὁμοῦμαι μή ποτε τῆς εὐνῆς ἐπιβήμεναι Ι 133. Cf. Τ 315, etc. : β 373, δ 254, ε 187, etc.—(c) In a prayer Β 413.— (d) With ὀφέλλω. See ὀφέλλω¹ (2) (3) (5).

μηδέ [μή δέ]. Negative particle, in general use corresponding to μή as οὐδέ to οὐ. (1) Adversatively, but not (cf. δέ (1)) : τὰ μὲν ἄλλα μετάλλα, μηδ' ἐμὸν ἐξερέεινε γένος τ 116.—(2) In continuation, and not, nor (cf. δέ (2)) : λῆγ' ἔριδος, μηδὲ ξίφος ἕλκεο Α 210. Cf. Γ 407, 434, Ξ 85, etc. : α 289, 369, γ 96, δ 754, etc.—(3) Preceded by a negative, nor (sometimes rather to be translated ' or') : μή τι σὺ ταῦτα διείρεο μηδὲ μετάλλα Α 550, μηκέτι λεγώμεθα, μηδ' ἔτι δηρὸν ἀμβαλλώμεθα ἔργον Β 435. Cf. Ι 523, etc. : β 231, ε 160, etc.—(4) Not even : μηδ' ὅν τινα γαστέρι μήτηρ φέροι Ζ 58. Cf. Κ 239, etc.: δ 710, etc.—To be translated ' neither' : μηδὲ σὺ κεῦθε ὅττι κέ σ' εἴρωμαι θ 548.—(5) Reechoing a negative for emphasis. See under μή (10) and cf. οὐδέ (5).—(6) Introducing a prohibition : μηδέ τις οἷος μεμάτω μάχεσθαι Δ 303.

μήδεα¹, τά. Counsels, arts, plans, devices, schemes : εἰδὼς μ. πυκνά Γ 202, ὅτε μ. ὕφαινον Γ 212. Cf. Β 340, Γ 208, Η 278, Ο 467, Π 120, Ρ 325 (see φίλος (5) (c)), Σ 363, Ω 88, 282=674 : β 38, ζ 12, λ 202, 445, ν 89, τ 353, υ 46.

μήδεα², τά. The genitals, the testicles, the private parts ζ 129, σ 67, 87, χ 476.

μηδείς. Neut. μηδέν [μηδέ + είς]. Absol. in neut., nothing: άναίνετο μηδέν έλέσθαι (double neg., 'refused to accept anything') Σ 500 (the μή implying that the will was concerned).

μήδομαι [μήδεα¹. Cf. μέδομαι]. 2 sing. fut. μήσεαι λ 474. 2 sing. aor. μήσαο Ξ 253. 3 (ἐ)μήσατο Ζ 157, Κ 52, 289 : γ 194, 249, 261, 303, κ 115, λ 429, χ 169, ω 96, 199, 426, 444. (ἐπι-.) (1) To take counsel, devise measures Β 360.—(2) To devise, plan, contrive, meditate, intend, have in view: ἔργα Β 38. Cf. Ζ 157, Η 478, Κ 289, Ξ 253, Φ 19, 413, Ψ 176 : Ζεὺς οὔ πω μήδετο νόστον γ 160, ἄλλο τι τόδε μήδεαι οὐδέ τι πομπήν (it is not of a safe journey for me that you are here thinking but of something else) ε 173. Cf. γ 132, 166, 194, ε 189, λ 429, χ 169, ω 199, etc.—With double acc. of what is devised, etc., and of the person aimed at : Έκτορα ἀεικέα μήδετο ἔργα Χ 395 = Ψ 24. Cf. Κ 52 : ω 426.

†μηκάομαι. Aor. pple. μακών Π 469 : κ 163, σ 98, τ 454. Pf. pple. μεμηκώς Κ 362. Fem. pl. μεμακυῖαι Δ 435. 3 pl. thematic plupf. (in impf. sense) ἐμέμηκον ι 439. Of sheep or goats, to bleat : ὄιες ἀζηχὲς μεμακυῖαι (bleating) Δ 435. Cf. ι 439.—In reference to the cry of a hunted creature Κ 362.—Of a wounded and dying horse or other animal : κὰδ δὲ πέσε μακών (with a cry) Π 469 : = κ 163 = τ 454.—Of Irus when knocked down by Odysseus σ 98.

μηκάς, -άδος [μηκάομαι]. Bleating. Epithet of goats Λ 383, Ψ 31 : ι 124, 244 = 341.

μηκέτι [μή ἔτι, app. on the analogy of οὐκέτι]. In general use corresponding to μή as οὐκέτι to οὐ. (1) In reference to the present, no more, no longer. In a conditional relative sentence : εὖτ' ἂν μ. ἐπικρατέωσιν ἄνακτες ρ 320.—(2) In reference to the future, no more, no longer, no further : μ. δηθὰ λεγώμεθα Β 435. Cf. Β 259, Η 279, Ν 292 = Υ 244, Σ 295, Υ 354, 376, Ψ 492, 735, Ω 560 : μ. κλαῖε δ 543. Cf. γ 240, κ 297, 457, 489, 548, ν 296, σ 203, τ 263, 584, υ 314.

μήκιστος [superl. fr. next]. The tallest : τὸν μήκιστον κτάνον ἄνδρα Η 155 : οὓς μηκίστους θρέψεν λ 309.—In neut. pl. μήκιστα as adv., at long last, in the issue : τί νύ μοι μ. γένηται ; ε 299, 465.

μῆκος, τό. (1) Length ι 324.—(2) In reference to stature, height λ 312.—Tallness of stature as an element of womanly beauty : μ. ἔπορ' Ἄρτεμις υ 71.

μήκων, ή. A poppy Θ 306.

μηλέη, -ης, ή [μῆλον²]. An apple-tree : ὄγχναι καὶ ῥοιαὶ καὶ μηλέαι η 115 = λ 589. Cf. ω 340.

μηλοβοτήρ, -ῆρος, ὁ [μῆλον¹ + βοτ-, βόσκω]. A shepherd : κτεῖνον μηλοβοτῆρας Σ 529.

μῆλον¹, -ου, τό. (1) In pl., small cattle, sheep or goats Β 696, Δ 476, Ε 556, Κ 485, Μ 301, etc. : α 92, δ 622, θ 59, ι 298, ν 222, etc.—(2) Referring specifically (a) To sheep: ὡς εἴ τε μετὰ κτίλον ἔσπετο μῆλα Ν 492. Cf. δ 86, 413, κ 85, 525, 532, λ 4, 20, 33, 35, 45, 108 (see μ 129), μ 128, 136, 263, 322.—In sing., a sheep : ἤ βοῦν ἠέ τι μ. μ 301.—

(b) To goats : ὑπὸ σπέος [αἰπόλος] ἤλασε μῆλα Δ 279. Cf. ρ 246.—In sing., a goat : μ. αἰγῶν ὅς τις φαίνηται ἄριστος ξ 105.

μῆλον², -ου, τό. (1) A fruit: ἄνθεσι μήλων (fruit-blossom) Ι 542.—(2) Specifically, an apple η 120.

μῆλοψ, -οπος [μῆλον² + ὀπ-. See ὁράω]. Apple-hued, yellow. Epithet of grain η 104.

μήν¹, μηνός, ὁ [cf. μήνη]. A (lunar) month. (1) Considered as a space of time : ἕνα μῆνα μένων Β 292 : κ 14, μ 325, ξ 244, ρ 408, ω 118.—(2) Considered as a point or unit of time or as one of a series : ὅτε μῆνες ἐξετελεῦντο λ 294 = ξ 293, τοῦ φθίνοντος μηνός ξ 162 = τ 307. Cf. κ 470, τ 153 = ω 143.

μήν², cf. μάν, μέν]. Affirmative particle : εἰ δ' ἄγε μὴν πείρησαι (do but . . .) Α 302, καὶ μὴν οἱ τότε . . . (even they) Τ 45. Cf. Ω 52, Ψ 410 : = π 440 = τ 487, καὶ μὴν . . . εἰσεῖδον (and . . . too I saw) λ 582, 593.—With ἦ. See ἦ² (1) (b) (β).

μήνη, -ης, ή [cf. μήν¹]. The moon : τοῦ σέλας γένετ' ἠΰτε μήνης Τ 374. Cf. Ψ 455.

μηνιθμός, -οῦ, ὁ [μηνίω]. Wrath, ire : μηνιθμὸν καταπαυσέμεν Π 62. Cf. Π 202, 282.

μήνιμα, τό [μηνίω]. A cause or occasion of wrath : μή μ. γένωμαι Χ 358 : λ 73.

μῆνις, ή. (1) Wrath, ire : μῆνιν ἄειδε Ἀχιλῆος Α 1. Cf. Α 75, Ε 178, Ι 517, Ο 122, Τ 35, 75, Φ 523 : γ 135.—(2) The operation or effect of wrath : Διὸς ἀλεώμεθα μῆνιν Ε 34. Cf. Ε 444 = Π 711, Ν 624 : β 66, ε 146, ξ 283.

μηνίω (μηνίω Β 769). [μῆνις.] (ἀπο-, ἐπι-.) (1) To be wrathful or angry, feel or harbour wrath or anger : μήνι' Ἀχαιοῖσιν (against the . . .) Α 422, ἱρῶν μηνίσας (having conceived wrath in the matter of . . .) Ε 178. Cf. Α 488, Β 769, Μ 10, Σ 257 : ρ 14.—(2) To show wrath or anger outwardly, rage : Ἀτρεΐδης ἐτέρωθεν ἐμήνιεν Α 247.

μηρά, τά. Also in dual μῆρε. = next Α 464 = Β 427 : = γ 461 = μ 364, γ 179, ν 26.

μηρία, τά [μηρός]. As a word of ritual, the thigh bones of a victim with the flesh adhering Α 40, Θ 240, Λ 773, Ο 373, Χ 170, Ω 34 : γ 9, 273, 456, δ 764, ι 553, ρ 241, τ 366, 397, φ 267, χ 336.

μήρινθος, -ου, ή [cf. μηρύομαι]. A cord or string Ψ 854, 857, 866, 867, 869.

μηρός, -οῦ, ὁ. (1) The thigh : φάσγανον ἐρυσσάμενος παρὰ μηροῦ Α 190. Cf. Δ 146, Ε 305, Κ 573, Λ 583, Μ 162, etc. : θ 135, ι 300, κ 439, ν 198, σ 67, etc.—(2) In pl. = μηρία Α 460 = Β 423 := μ 360.

μηρύομαι [cf. μέρμις, μήρινθος]. To lower (a sail) : ἱστία μηρύσαντο μ 170.

μήσατο, 3 sing. aor. μήδομαι.

μήστωρ, -ωρος, ὁ [μησ-, μήδομαι]. (1) A counsellor or adviser, one versed in counsel or devices Η 366, Ξ 318, Ρ 477 : γ 110, 409.—Of Zeus Θ 22, Ρ 339.—(2) One who devises or brings about something. In reference to warriors : μήστωρες (μήστωρας) ἀϋτῆς (raisers of the battle-shout) Δ 328, Ν 93 = 479, Π 759. Cf. Ζ 97 = 278, Μ 39, Ψ 16.—Of horses Ε 272, Θ 108.

μήτε. In general use corresponding to μή as οὔτε to οὐ : μήτε ... μήτε ..., neither ... nor ... (after a negative, either ... or ...) A 275, E 827, H 400, Θ 7, K 249, Ξ 342, Π 98, Φ 288, Ω 337 : α 39, ν 308, ξ 387, π 302, ρ 401, σ 79, 416 = ν 324.—μήτε ... τε ... N 230.

μήτηρ, -έρος, ἡ [cognate with L. *mater*, Eng. *mother*, German *mutter*]. Genit. μητρός E 371, I 566, P 408, Σ 216, Φ 412, etc. : α 368, γ 310, ζ 287, λ 84, ο 347, ω 334, etc. Dat. μητρί A 351, E 555, I 555, Ξ 502, Π 8, etc. : β 373, ζ 51, ο 127, ν 334, etc. Voc. μῆτερ A 352, 586, Z 264, Σ 79, Τ 21 : α 346, λ 164, ρ 46, σ 227, φ 344, etc. **(1)** A mother, one's mother A 280, 357, Γ 238, Δ 130, E 248, etc. : α 215, β 135, γ 95, δ 224, θ 550, etc. —In reference to birds or animals B 313=327, B 315, E 555, P 4 : κ 414.—**(2)** Applied to districts, etc., in reference to what they produce : Ἴτωνα μητέρα μήλων B 696. Cf. Θ 47, I 479, Λ 222, Ξ 283, O 151 : ο 226.

†μητιάω [μῆτις]. 3 pl. μητιόωσι K 208, 409. Dat. sing. masc. pple. μητιόωντι Σ 312. Nom. pl. μητιόωντες Τ 153 : α 234. Dat. μητιόωσι H 45. Nom. sing. fem. μητιόωσα O 27 : ζ 14, θ 9. 3 pl. impf. μητιόωντο M 17. Imp. pl. mid. μητιάασθε X 174. (συμ-.) **(1)** To deliberate, take counsel, concert measures H 45.—To take (counsel) : μητιόωντες βουλάς Τ 153.—With dependent clause. In mid. : μητιάασθε ἠὲ ... ἦε ... (consider whether ...) X 175.—**(2)** To meditate, purpose, propose to oneself, have in mind : ἄσσα τε μητιόωσι μετὰ σφίσιν K 208=409. Cf. Σ 312. To devise, plan, contrive, scheme to bring about : κακά O 27. Cf. α 234, ζ 14 = θ 9.—With infin. expressing what is planned or contrived : τεῖχος ἀμαλδῦναι M 17.

μητίετα [μῆτις]. As voc. A 508. Elsewhere as nom. (prob. orig. the voc. turned into a nom.) The counsellor or deviser. Epithet of Zeus A 175, B 197, Z 198, H 478, Θ 170, etc. : ξ 243, π 298, υ 102.

μητιόεις, -εντος [μῆτις]. Skilful in attaining one's ends. Applied to drugs : φάρμακα μητιόεντα (helpful, bringing relief) δ 227.

†μητίομαι [μῆτις]. Fut. μητίσομαι Γ 416, O 349. 3 pl. aor. ἐμητίσαντο μ 373. 1 sing. opt. μητίσαίμην σ 27. Infin. μητίσασθαι K 48, Ψ 312 : ι 262. **(1)** To exhibit skill or address : οὐδὲ πλείονα ἴσασι μητίσασθαι (know better how to . . ., are more skilful) Ψ 312.—**(2)** To devise, plan, contrive, scheme to bring about Γ 416, K 48, O 349 : μ 373.—With double acc. of what is devised, etc., and of the person aimed at : ὃν ἂν κακὰ μητισαίμην σ 27.—Absol. ι 262.

μητιόωσι, 3 pl. μητιάω.

μῆτις, ἡ. Dat. μήτῑ Ψ 315, 316, 318 : ν 299. **(1)** Skill, address Ψ 313, 315, 316, 318.—**(2)** Skill in counsel or device, astuteness, shrewdness : ὄφρα σε μ. ἐξάγαγ' ἐξ ἄντροιο υ 20. Cf. B 169, 407, 636, H 47 = Λ 200, K 137 : β 279, γ 120, ν 299, ψ 125. —**(3)** Contrivance, scheming : διὰ μῆτιν Ἀθήνης K 497.—**(4)** Counsel, concerting of measures :

ὑφαίνειν μῆτιν H 324 = I 93. Cf. δ 678, ι 422, ν 303, 386, τ 326.—**(5)** A course of action, scheme, plan : ὄφρ' ἄλλην φράζωνται μῆτιν ἀμείνω I 423. Cf. K 19, Ξ 107, O 509, P 634, 712 : δ 739, ι 414, κ 193, τ 158.—**(6)** What one proposes to effect, one's intention or purpose, what one has in one's mind : ἥν τινα μῆτιν κέκευθεν γ 18. Cf. H 447.— **(7)** The faculty of deliberation or weighing in the mind : λεπτὴ μῆτίς [ἐστιν] K 226, Ψ 590.

μητίσομαι, fut. μητίομαι.

μητροπάτωρ, ὁ [μητρ-, μήτηρ + πατήρ]. The father of one's mother, one's maternal grandfather Λ 224.

μητρυιή, -ῆς, ἡ. A stepmother E 389 (*i.e.*, app., of the sons of Aloeus), N 697 = O 336.

μητρώϊος [μητρ-, μήτηρ]. Of one's mother : μητρώϊον ἐς δῶμα (*i.e.* her old home) τ 410.

μήτρως, ὁ. A maternal uncle B 662, Π 717.

†μηχανάομαι [μηχανή = μῆχος]. 2 pl. μηχανάασθε υ 370. 3 μηχανόωνται γ 207, δ 822, π 134, φ 375, etc. 3 sing. opt. μηχανόῳτο π 196. Acc. pl. masc. pple. μηχανόωντας σ 143. Infin. μηχανάασθαι γ 213, π 93. 3 pl. impf. μηχανόωντο Θ 177, Λ 695 : υ 394, χ 432. (περι-.) **(1)** To construct, put together Θ 177.—**(2)** To devise, contrive, put in practice : ἀτάσθαλα Λ 695 : γ 207, π 93, ρ 588, σ 143, υ 370. Cf. γ 213, π 134, 196, ρ 499, υ 394, φ 375, χ 432.—Absol. to lay plans, form devices, plot : πολλοὶ ἐπ' αὐτῷ μηχανόωνται δ 822.

μῆχος, τό. A means, device or expedient for carrying out one's wishes or remedying a state of matters : οὐδέ τι μ. εὑρέμεναι δυνάμεσθα B 342. Cf. μ 392.—With infin. : ἄκος εὑρεῖν I 249. Cf. ξ 238.

μιἄ, -ῆς. See εἷς.

μιαίνω. 3 sing. aor. subj. μιήνῃ Δ 141. 3 pl. aor. pass. μιάνθησαν Π 795, Ψ 732. A form μιάνθην Δ 146 explained as 3 pl. aor. pass. or as a 3 dual (for μιάν-σθην). **(1)** To stain, colour : ἐλέφαντα φοίνικι Δ 141.—**(2)** To stain, defile, sully, soil Δ 146, Π 795, 797, P 439, Ψ 732.

μιαιφόνος [μιαίνω + φόνος]. Blood-stained. Epithet of Ares E 31 = 455, 844, Φ 402.

μιαίνω. See μιαίνω.

μιάνθησαν, 3 pl. aor. pass. μιαίνω.

μιαρός [μιαίνω]. Stained, sullied Ω 420.

μιγάζομαι [μιγ-, μίσγω]. To have sexual intercourse : μιγαζομένους φιλότητι θ 271.

μίγδα [μιγ-, μίσγω]. Mingled, in one mass, with something ω 77.—With dat., among : μ. ἄλλοισι θεοῖσιν Θ 437.

μίγη, 3 sing. aor. pass. μίσγω.

μιγήσεσθαι, fut. infin. pass. μίσγω.

μιγήῃ, 3 sing. aor. subj. μιαίνω.

μικρός. **(1)** Of small size : λίθος γ 296.—**(2)** In reference to stature, short : μικρὸς δέμας (in . . .) E 801.—Comp. μείων B 528, 529, Γ 193.

μίκτο, 3 sing. aor. pass. μίσγω.

μιλτοπάρῃος, -ον [μίλτος, cinnabar + παρήϊον. Cf. φοινικοπάρῃος]. Red-prowed. Epithet of ships B 637 : ι 125.

μιμνάζω [μίμνω]. To tarry, loiter : παρὰ νηυσίν B 392, K 549.

μιμνήσκω [redup. fr. μνη-, μνάομαι]. Fut. μνήσω Ο 31. 3 sing. -ει μ 38. 2 sing. aor. ἔμνησας γ 103. 3 sing. subj. μνήσῃ ξ 170. Fem. pple. μνήσᾱσα Α 407. Mid. 3 sing. pa. iterative μνησάσκετο Λ 566. 1 pl. fut. μνησόμεθα η 192. 3 -ονται Δ 172. Infin. -εσθαι Β 724, Τ 64 : μ 212. 3 sing. aor. (έ)μνήσατο Ω 602, 613 : α 29, δ 187. 3 pl. μνήσαντο Δ 222, Θ 252, Ξ 441, Ο 380, Π 357 : π 481. Subj. μνήσομαι Ι 647. 2 sing. μνήσῃ θ 462. 1 pl. μνησόμεθα κ 177. μνησώμεθα Ο 477, Τ 148, Ω 601 : δ 213, ν 246, χ 73. 3 sing. opt. μνήσαιτο δ 527. 3 pl. μνησαίατο Β 492 : η 138. Imp. μνῆσαι Κ 509, Ο 375, Χ 84, Ω 486 : γ 101, δ 331, 765, χ 208. 3 sing. μνησάσθω Ρ 671. 2 pl. μνήσασθε Ζ 112, Η 371, Ο 662, etc. Pple. μνησά-μενος, -η Ν 48, Τ 314, 339, Ω 504, 509 : ε 6, κ 199, μ 309, τ 118, υ 205. Infin. μνήσασθαι η 217, λ 71. Pf. μέμνημαι Ε 818, Ζ 222, Ι 527 : ω 122. 2 sing. μέμνηαι Φ 442. μέμνῃ Ο 18, Τ 188, Φ 396 : ω 115.   μέμνησαι Ψ 648. 3 μέμνηται Θ 362 : β 233, ε 11, ο 23. 1 pl. subj. μεμνώμεθα ξ 168. Opt. μεμνῄμην Ω 745. 3 sing. μεμνέῳτο (app., with metathesis of quantity, for μεμνῇοιτο) Ψ 361. Pple. μεμνημένος, -η Ε 263, Τ 153, Ω 4, 129, 216 : α 343, δ 151, 592, θ 244, 431, κ 464. Infin. μεμνῆσθαι Τ 231 : δ 353, σ 267. 3 sing. plupf. μέμνητο ω 195. 3 pl. μέμνηντο Ρ 364. Fut. pf. μεμνήσομαι Χ 390. Infin. μεμνήσεσθαι τ 581, φ 79. **Pass.** Aor. infin. μνησθῆναι δ 118. (ἀνα-, ἀπο-, ἐπι-, ὑπο-.) **(1)** To remind (a person): μνήσει σε καὶ θεὸς αὐτός μ 38.—To remind (a person) of (something). With genit. : τῶν νῦν μιν μνήσᾱσα Α 407. Cf. Ο 31 : γ 103, ξ 169, 170. —**(2)** In mid. and (in (c)) in pass. (the pf. in pres. and the plupf. in impf. sense). **(a)** With genit., to recall to or bear in mind, remember, recollect, bethink oneself of: μνήσονται πατρίδος αἴης Δ 172, οὐδέ τι τῶν μέμνηται, δ . . . Θ 362. Cf. Β 724, Ι 647, Ο 662, Τ 64, Χ 390, Ω 486, etc. : μνήσατ' Αἰγίσθοιο α 29, ὡς εὖ μέμνητο 'Οδυσῆος ω 195. Cf. β 233, δ 187, κ 199, μ 212 (survive to look back upon them), ο 23 (thinks no more of them), χ 208, etc.—With acc. : Τυδέα δ' οὐ μέμνημαι Ζ 222. Cf. Ι 527 : ω 122. — With dependent clause : ἦ οὐ μέμνῃ ὅτε . . . ; (the time when . . ., how . . .) Ο 18, Τ 188, Φ 396 : ω 115.— With infin. : ἀλλήλοις ἀλεξέμεναι φόνον Ρ 364.— Absol. : ἐπαΐξαι μεμνημένος ἵππων (make a rush for them—do not forget) Ε 263. Cf. Τ 153, 314 : μεμνημένος μυθεόμην (as my memory prompted me) δ 151. Cf. α 343, ε 6, μ 309, τ 118.—**(b)** With genit., to remember or bear in mind so as to put in practice or use or bring about, not to neglect, to bethink oneself of, turn one's mind to : μνήσασθε ἀλκῆς Ζ 112, σέων μέμνημαι ἐφετμέων Ε 818. Cf. Δ 222, Η 371, Π 357, Τ 231, Χ 268, Ω 129, etc. : νόστου ·μιμνήσκεσθαι γ 142, ἀν τε μνησαίατο κοίτου η 138. Cf. δ 213, 353, 527, κ 177, π 481, υ 138, 246, χ 73.—To bear in mind the interests of, watch over, attend to : πατρὸς σ 267.—With acc., to note and bear in mind, observe, watch : δρόμους Ψ 361 (v.l. δρόμου).—To

take thought (for something), consider : περὶ πομπῆς μνησόμεθα η 192.—(c) With genit., to tell or speak about : πατρὸς μνησθῆναι δ 118. Cf. θ 244.—So with acc. : ἀλλὰ μεμνώμεθα (change our discourse) ξ 168.—With dependent clause : εἰ μὴ Μοῦσαι μνησαίαθ' ὅσοι . . . Β 492.

μίμνω [redup. fr. μν-, μεν-, μένω]. Dat. pl. masc. pple. μιμνόντεσσι Β 296. (ἀνα-, ἐπι-, παρα-.) **(1)** To remain where one is, to remain, stay, tarry, abide, continue to be in a specified or indicated place : μή τις μετόπισθε μιμνέτω Ζ 69. Cf. Β 296, 331, Ζ 431, Ι 552, 617, Ν 747, Ο 689, Σ 263, Τ 189, 190, Χ 439, Ω 470 : αὐτόθι μίμνει ἀγρῷ (has his abode at the farm) λ 187. Cf. ζ 245, ι 172, κ 489, λ 356, μ 161, ο 545, ψ 38, ω 396, 464.—**(2)** To remain or be in a specified condition : ἵνα περ τάδε τοι σόα μίμνῃ Ω 382 : ν 364. —**(3)** To await the coming or approach of (a person): ἄλλους Δ 340 : τί μ' οὐ μίμνεις ἐλέειν μεμαῶτα; (stay for my embrace) λ 210.—To await the coming or coming on of (a period of time) : Ἠῶ Θ 565, Ι 662, Σ 255 : π 368, σ 318, τ 50.—To await an occurrence. With dependent clause : μίμνετ' εἰς ὅ κε . . . (wait till . . .) β 97 = τ 142 = ω 132.—**(4)** To await the attack of, stand up to: οὐδέ μιν μίμνον Ε 94. Cf. Ι 355, Μ 136, Ν 129, Χ 38, 92.—Sim. : μίμνομεν Ἄρηα Ρ 721. Cf. Ν 106. —Of something inanimate : δρύες, αἵ τ' ἄνεμον μίμνουσιν Μ 133.—Absol., to await the foe, stand firm, stand one's ground : οὐκ Ἰδομενεὺς τλῆ μίμνειν ο 78, Νέστωρ οἷος ἔμιμνεν (here hardly more than sense (1)) Θ 80. Cf. Ν 713, Ο 727 = Π 102.

μιν, enclitic. Acc. pron. of the 3rd person. **(1)** Him Α 100, 290, 332, 361, 407, etc. : α 71, 95, 135, 192, 194, etc.—**(2)** Her Α 29, 201, 585, Γ 386, 388, etc. : α 97, 432, β 113, δ 375, 704, etc, —**(3)** Referring to things, it Α 237, Δ 143, etc., ι 120, κ 305, etc.—The antecedent a neut. pl. : κ 212, ρ 268.—**(4)** With αὐτός in reflexive sense : αὐτόν μιν πληγῇσι δαμάσσας δ 244.

μινύθω [cf. L. minuo]. 3 pl. pa. iterative μινύθεσκον ξ 17. **(1)** To diminish, make smaller, take from. In reference to abstractions : Ἀργείων μένος Ο 493. Cf. Τ 242.—To deprive (a person) of power or spirit, take the heart out of (him) : ὅτινας μινύθῃ [Ζεύς] Ο 492.—**(2)** To diminish in number, make fewer : ἄρσενας σύας μινύθεσκον ἔδοντες ξ 17.—**(3)** To waste or decay away : περὶ ῥινοὶ μινύθουσιν μ 46.—To suffer destruction, be destroyed or ruined Π 392, Ρ 738.—Of the heart or spirit, to waste or pine away : μινύθει ἦτορ ἑταίροισι δ 374. Cf. δ 467.

μίνυνθα [cf. prec.]. For a short time, for a little while : ἐπεί τοι αἶσα μ. περ Α 416. Cf. Δ 466, Λ 317, 539, Μ 356, Ν 573, Ξ 358, Ρ 277, Τ 27, Ψ 97 : θ 315, λ 501, ο 494, χ 473.

μινυνθάδιος [μίνυνθα]. Lasting but a short time, short: αἰών Δ 478 = Ρ 302.—In comp. : μινυνθαδιώτερον ἄλγος ἔσσεται Χ 54.—Of persons, short-lived Α 352, Ο 612, Φ 84 : λ 307, τ 328.

μινυρίζω. To make lament in a low tone,

weep softly δ 719.—To whimper, make whimper-
ing complaint, whine E 889.

μῖξαι, aor. infin. μίσγω.

μίξεσθαι, fut. infin. pass. μίσγω.

μισγάγκεια, ἡ [μίσγω+ἄγκος]. A place where
two glens join their streams Δ 453.

μίσγω. 3 pl. aor. ἔμιξαν, ἔμειξαν, δ 41. Infin.
μῖξαι, μεῖξαι Ο 510. Pass. 2 sing. subj. μίσγεαι
Β 232. 3 sing. pa. iterative μισγέσκετο σ 325.
3 pl. ἐμισγέσκοντο υ 7. Fut. infin. μιγήσεσθαι
Κ 365. μίξεσθαι, μείξεσθαι ζ 136, ω 314. 3 sing.
aor. (ἐ)μίχθη Ε 134, Θ 99, Κ 457, Ν 642, Ο 457,
Υ 374 : χ 329. 3 pl. ἔμιχθεν Γ 209, Κ 180, Ψ 687.
Pple. μιχθείς Γ 48. Infin. μιχθήμεναι Λ 438. Aor.
ἐμίγην Γ 445. 2 sing. ἐμίγης Ο 33. 3 (ἐ)μίγη Ε 143,
Ζ 25, Φ 143 : ε 126, η 61, ο 420, ψ 219. 3 pl. μίγεν
ι 91. μίγησαν θ 268. 2 sing. subj. μιγήῃς ε 378.
3 pl. μιγέωσι Β 475. Opt. μιγείην ο 315. 2 sing.
μιγείης Γ 55. 3 μιγείη δ 222, ε 386. Acc. sing.
masc. pple. μιγέντα Δ 354 : σ 379. Nom. dual
μιγέντε κ 334. Nom. sing. fem. μιγεῖσα α 73,
λ 268, τ 266. Infin. μιγήμεναι Ζ 161, 165, Ν 286,
Ο 409, Φ 469. μιγῆναι Ι 133, 275, Ξ 386, Τ 176 :
λ 306, υ 12. 3 sing. aor. ἔμικτο α 433. μίκτο Λ 354,
Π 813. Pf. pple. μεμιγμένος, -η, -ον Κ 424 : δ 230,
θ 196, λ 123, τ 175, ψ 270. 3 sing. plupf. ἐμέμικτο
Δ 438. (ἀνα-, ἐπι-, μετα-, προ-, συμ-.) (1) To
mix together: οἶνον καὶ ὕδωρ α 110.—(2) To mix
with something: ἀνὰ κρῖ ἔμιξαν δ 41. Cf. δ 222.
—To mix (wine) with water Γ 270.—With that
with which a thing is mixed in dat.: ἄλεσσι
μεμιγμένον εἶδαρ λ 123 = ψ 270. — Sim. : Τρώεσσι
μεμιγμένοι (sharing quarters with them) Κ 424.—
Also θ 196, υ 203 (to bring into trouble).—(3) To
mix together in confusion or without distinction :
ἐπεί κε νομῷ μιγέωσιν [αἶγες] Β 475. Cf. δ 230.—
Sim. : γλῶσσ᾽ ἐμέμικτο Δ 438. Cf. τ 175.—(4) To
bring together (in fight): αὐτοσχεδίῃ μεῖξαι χεῖρας
Ο 510.—In pass., to come together in fight:
μιγήμεναι ἐν δαΐ Ν 286. Cf. Δ 456, Υ 374, Φ 469.
—So χεῖρες ἔμιχθεν Ψ 687.—Sim. : μισγομένων
ἀνέμων θύελλα ε 317.—(5) In pass., to mingle
with, to set oneself, take one's place or stand, find
or get oneself, among, visit, join, reach. With
dat.: προμάχοισιν ἐμίχθη Ε 134, Θ 99, Ν 642, Ο 457.
Cf. Γ 48, Δ 354, Ε 143, Κ 365, Λ 354, Π 813,
Ω 91 : κούρῃσιν ἔμελλε μίξεσθαι ζ 136. Cf. ε 378,
386, ι 91, ο 315.—Sim.: μιχθήμεναι [ἔγχος] ἔγκασιν
(to penetrate) Λ 438, ἀλὶ μίσγεται [δέλλη] (comes
upon and ruffles) Ν 797. Cf. Ξ 386 (to encounter),
Ο 409 (to get among), Κ 457 := χ 329 (rolled in
the dust).—With ἐν or ἐνί: ἐνὶ προμάχοισι μιγέντα
σ 379. Cf. Γ 209, Κ 180.—Sim. Γ 55.—With ἐς
Σ 216.—Sim.: οὐ μίσγεσθαι ἐῶσιν Ψ 73. Cf. σ 49.
—(6) In pass., to associate or be intimate with.
With dat.: ἐμισγόμεθ᾽ ἀλλήλοισιν α 209. Cf. ζ 288,
η 247.—Absol. δ 178, ω 314.—(7) In pass., to have
sexual intercourse : τῇς εὐνῆς ἐπιβήμεναι ἠδὲ
μιγῆναι Ι 133 = 275 = Τ 176. Cf. Β 232, Γ 445,
Ζ 25, 161, Ξ 295 : α 433, θ 268, κ 334, λ 268, ο 430,
τ 266, χ 445, ψ 219.—With dat. of person : γυναικί
περ ἐν φιλότητι μίσγεσθαι Ω 131. Cf. Ζ 165, Φ 143 :

α 73, ε 126, η 61, λ 306, ο 420, σ 325, υ 7, 12.—With
cognate acc. : φιλότης τε καὶ εὐνή, ἣν ἐμίγης Ο 33.

μισέω. With infin., to dislike or shrink from
the idea of something happening : μίσησέ μιν
δηΐων κυσὶ κύρμα γενέσθαι Ρ 272.

μισθός, -οῦ, ὁ. (1) An inducement held out
to one, a reward : μισθός οἱ ἄρκιος ἔσται Κ 304.
Cf. δ 525.—(2) A return for one's work or labour,
hire, wages Μ 435, Φ 445, 450, 451, 457 : κ 84
(double wages), σ 358.

μιστύλλω. To cut up (flesh) for cooking
Η 317 = Ω 623, Ι 210, Α 465 = Β 428 := γ 462 =
μ 365 = ξ 430, ξ 75, τ 422.

μίτος, ὁ. The warp in weaving Ψ 762.

μίτρη, -ης, ἡ. App. some kind of metal guard
worn round the waist under the ζωστήρ, ζῶμα
and θώρηξ Δ 137, 187, 216, Ε 857.

μίχθη, 3 sing. aor. pass. μίσγω.

μνάομαι [cf. μιμνήσκω]. 2 sing. μνάᾳ π 431.
Dat. sing. masc. pple. μνωομένῳ δ 106. Nom. dual
μνωομένω ο 400. Infin. μνάασθαι α 39. μνᾶσθαι
ξ 91. 3 pl. impf. ἐμνώοντο Β 686. μνώοντο Λ 71,
Π 697, 771 ; ξ 288. 3 sing. pa. iterative μνάσκετο
υ 290. (ὑπο-.) (1) = μιμνήσκω (2) (a). Absol. :
κήδεσιν ἀλλήλων τερπώμεθα μνωομένω ο 400. Cf.
δ 106. (2) = μιμνήσκω (2) (b): οὐ πολέμοιο ἐμνώοντο
Β 686. Cf. Λ 71 = Π 771.—Sim. : φύγαδε μνώοντο
(turned their minds to flight, turned to flight)
Π 697.—(3) To seek or woo for one's bride,
court : ἤδη σε μνῶνται ἀριστῆες ζ 34. Cf. α 248 =
π 125, ζ 284, λ 117 = ν 378, λ 288, π 431, τ 133,
υ 290, φ 161, 326, ω 125.—Absol., to do one's
wooing, make court ξ 91, π 77, 391, τ 529.—To
make illicit suit to, seek to debauch (the wife of
another) α 39.

μνῆμα, τό [μνη-, μνάομαι]. Something serving
to remind, a memento or remembrancer : τάφου
μ. Ψ 619. Cf. ο 126, φ 40.

μνημοσύνη, ἡ [as prec.]. A bearing in mind
(in the sense of μιμνήσκω (2) (b)), thought or care
for something : πυρός Θ 181.

μνήμων [as prec.]. Having a good memory,
clear in recollection φ 95.—Mindful or heedful
of something, keeping a careful eye on some-
thing : φόρτου θ 163.

μνήσαντο, 3 pl. aor. mid. μιμνήσκω.

μνησάσκετο, 3 sing. pa. iterative mid. μιμνήσκω.

μνηστεύω [μνη-, μνάομαι]. To seek or woo for
one's bride, court : ἀγαθὴν γυναῖκα σ 277.—Absol.,
to do one's wooing, make court δ 684.

μνηστή, -ῆς [as prec.]. Wooed (and won),
wedded. Epithet of ἄλοχος Ζ 246, Ι 399, 556,
Λ 242 : α 36, λ 177.

μνηστήρ, -ῆρος, ὁ [as prec.]. Dat. pl. μνηστή-
ρεσσι α 91, β 395, ο 315, τ 2, φ 3, etc. μνηστῆρσι
α 114, β 21, δ 790, υ 5, χ 4, etc. A wooer or
suitor : μνηστήρων δίκη σ 275. Cf. σ 247.—Of the
suitors for Penelope in the absence of Odysseus :
α 91, β 21, γ 206, δ 625, ε 27, λ 119, ν 193, etc.

μνῆστις, ἡ [as prec.]. A bearing in mind (in
the sense of μιμνήσκω (2) (b)), thought or care for
something : δόρπου ν 280.

μνηστύς, -ύος, ἡ [as prec.]. A wooing or court-ing : παύσεσθαι μνηστύος β 199. Cf. π 294 = τ 13.

μνήσω, fut. μιμνήσκω.

μνώοντο, 3 pl. impf. μνάομαι.

μογέω [μόγος]. To suffer toil, hardship, dis-tress, to toil, labour : πολλὰ μόγησα Α 162, ἄλλος μογέων ἀποκινήσασκε [δέπας] (with trouble or difficulty, could just . . .) Λ 636. Cf. Β 690, I 492, Μ 29, Ψ 607 : ἄλγεα πολλὰ μογήσας (after sore toil and distress) β 343, μογέοντες (tired, weary) ω 388. Cf. δ 106, ε 223, ζ 175, η 214, μ 190, π 19, ψ 307, etc.

μόγις [μόγος]. With difficulty, hardly, just, only just I 355, Φ 417, Χ 412 : γ 119 (only after long years), τ 189.

μόγος, -ου, ὁ. Toil, labour Δ 27.

μογοστόκος, -ον [μογοσ- (to be taken as a relic of the acc. pl. of μόγος ; cf. δικασπόλος) + τοκ-, τίκτω. Hence 'pangs-generating,' 'that brings on the woman's pains.' Or perh. μογο-, μόγος + στακ-, to stay. Hence 'pangs-staying,' 'that brings the woman relief from her pains ']. Epithet of Εἰλείθυια or the Εἰλείθυιαι Λ 270 (which seems to point to the first explanation), Π 187, Τ 103.

μόθος, -ου, ὁ. The press of battle, battle Η 117, 240, Σ 159, 537, Φ 310.

μοι. See ἐμέ.

μοῖρα, -ης, ἡ. (1) (Due) measure. κατὰ μοῖραν, duly, fitly, properly, in the proper way, in seemly wise : ἔειπες Α 286. Cf. Ι 59, Ο 206, Ι 367, Τ 256, etc. : πάντα κατὰ μοῖραν γ 457. Cf. β 251, γ 331, θ 496, ο 170, ρ 580, etc.—So ἐν μοίρῃ : πέφαται (has met his deserts) χ 54. Cf. Τ 186.— παρὰ μοῖραν, unduly, in unseemly wise ξ 509.— (2) A part, portion, division : παρολχωκεν πλέων νὺξ τῶν δύο μοιράων (more of it than two (of the three) watches), τριτάτη δ' ἔτι μοῖρα λέλειπται (see under λείπω (3)) Κ 253. Cf. δ 97.—(3) A share or portion allotted or available : ἴσην μοῖρα μένοντι (the same share of the spoil) Ι 318. Cf. Ο 195, Π 68 : σπλάγχνων μοίρας γ 40, υ 260. Cf. γ 66 = υ 280, θ 470, λ 534, ξ 448, ο 140, ρ 258, 335, τ 423, υ 281, 293.—(4) One's portion or lot in life, one's fate or destiny, what is allotted by fate : οὔ πώ τοι μ. [ἐστι] θανεῖν Η 52. Cf. Ο 117, Π 434, Ρ 421, Σ 120, Ψ 80 : ε 41, 114, 345, ι 532.—Sim. : ἐφ' ἑκάστῳ μοῖραν ἔθηκαν ἀθάνατοι (its place or use) τ 592, οὐδ' αἰδοῦς μοῖραν ἔχουσιν (have no room in their hearts for it) υ 171.— (5) Good fortune : μοῖράν τ' ἀμμορίην τε υ 76.— (6) Fate that comes upon or overtakes one, evil fate, death, doom : μ. μιν ἀμφεκάλυψεν Μ 116. Cf. Δ 517, Ε 83, Ζ 488, Ν 602, Π 849, Ρ 478, Φ 83, Χ 303, etc. : μ. θανάτοιο (fate consisting in death, i.e. death) β 100. Cf. λ 292, φ 24, χ 413, ω 29, etc.—(7) Fate or destiny as decreed by the gods : μ. θεῶν γ 269.—So μ. alone, the decrees of fate (cf. αἶσα (6), μόρος (3)) : ὑπὲρ μοῖραν Υ 336. —(8) Fate personified Τ 87, 410, Ω 209.—In pl., the Fates Ω 49.

μοιρηγενής [μοῖρα + γεν-, γίγνομαι]. Child of (good) fortune Γ 182.

μοιχάγρια, τά [μοιχός, adulterer + ἄγρη. 'Spoils exacted from an adulterer']. Compensation levied for adultery : μοιχάγρι' ὀφέλλει θ 332.

μόλιβος, ὁ. Lead Λ 237.

μολοβρός, ὁ. A term of abuse or depreciation of unknown meaning. Of a beggar ρ 219, σ 26.

μολπή, -ῆς, ἡ [μέλπω]. Sport, play. (1) With special reference to dancing : μολπῆς ἐξάρχοντες ἐδίνευον Σ 606 := δ 19. Cf. Σ 572 : ζ 101, φ 430. —(2) To singing : μολπῇ θεὸν ἱλάσκοντο καλὸν ἀείδοντες παιήονα Α 472. Cf. Ν 637 := ψ 145, α 152.

μολύβδαινα, -ης, ἡ [μόλυβδος = μόλιβος]. A leaden weight Ω 80.

μολών, aor. pple. βλώσκω.

μονόω [= μουνόω]. To leave alone or without aid : ἐνὶ Τρώεσσι μουνωθεὶς Λ 470.

μόριμος [μόρος]. Decreed by fate. Absol. in neut. sing. in impers. construction : μόριμόν οἵ ἐστ' ἀλέασθαι Τ 302.

μορμύρω. (ἀνα-.) Of water, to flow with noise, rush, roar Ε 599, Σ 403, Φ 325.

μορόεις, -εντος [perh. fr. μόρον, mulberry]. Thus, as if consisting of berries, berry-like, clustering : ἕρματα μορόεντα Ξ 183 := σ 298.

μόρος, -ου, ὁ. (1) One's portion or lot in life, one's fate or destiny, what is allotted by fate : μόρος μοι [ἐστιν] ἐνθάδ' ὀλέσθαι Τ 421. Cf. Ζ 357, Χ 280 (i.e. that I was doomed), Ω 85 : λ 618.— (2) Fate that comes upon or overtakes one, evil fate, death, doom : ἀλλὰ καὶ ὣς ὀλέεσθε κακὸν μόρον Φ 133. Cf. Σ 465 : α 166, ι 61, λ 409, π 421, υ 241.—(3) The decrees of fate (cf. μοῖρα (7)) : ὑπὲρ μόρον (also written ὑπέρμορον), beyond, contrary to, in defiance of, fate : μή καὶ τεῖχος ὑπέρμορον ἐξαλαπάξῃ Τ 30. Cf. Φ 517 : α 34, 35, ε 436.

μόρσιμος [= μόριμος]. Of or pertaining to fate : μόρσιμον ἦμαρ. See ἦμαρ (4) (f).—Destined to endure a specified fate : οὔ με κτενέεις, ἐπεὶ οὔ τοι μ. εἰμι Χ 13.—Destined or marked out by fate to achieve something : ἥ κε γήμαιθ' ὅς κε μόρσιμος ἔλθοι π 392 = φ 162.—Absol. in neut. sing. in impers. construction, decreed by fate : σοὶ αὐτῷ μόρσιμόν ἐστι δαμῆναι Τ 417. Cf. Ε 674.

†μορύσσω. Acc. pl. neut. pf. pple. pass. μεμορυγ-μένα. To sully, make foul : μεμορυγμένα καπνῷ ν 435.

μορφή, -ῆς, ἡ. Beauty, grace : μ. ἐπέων (honied speech) λ 367. Cf. θ 170.

μόρφνος, ὁ. Of uncertain meaning : αἰετόν, μόρφνον θηρητῆρα Ω 316 (perh. (comparing αἰετοῦ μέλανος, τοῦ θηρητῆρος Φ 252) the dark one, the hunter).

μόσχος, -ον. App., young, slender, pliant : ὄζῃ μόσχοισιν λύγοισιν Λ 105.

μουνάξ [μοῦνος. For the termination cf. εὐράξ]. Alone, by oneself, singly θ 371, λ 417.

μοῦνος, -η, -ον. (1) Alone, by oneself, without others near, without aider or helper : μοῦνος ἐὼν μετὰ Καδμείοισιν Δ 388. Cf. Κ 225, Λ 406, 467, Μ 411, Ο 611, Ρ 94, 472, Υ 188, Χ 456 : γ 217, η 204, κ 157, μ 297, π 105, 239, υ 30, 40, χ 13, 107, ψ 38.—(2) Alone, only, the only one in the same predicament: Θερσίτης μοῦνος ἐκολῴα Β 212. Cf. I 335, 340, 482, Κ 317 (*i.e.* the only son), Ξ 492, Φ 443: β 365 (an only child), δ 496, λ 68, π 19, 118, 119, 120.—Strengthening εἶς: ἀμφίπολος μία μούνη ψ 227.—A single: ἐπιβλής Ω 453.

μουνόω [μοῦνος]. (1) To isolate, leave alone or without aid: μουνωθέντα σε λάβον ο 386.—(2) To make single: ὧδε ἡμετέρην γενεὴν μούνωσε Κρονίων (*i.e.* allowed but one son in a generation) π 117.

Μοῦσαι, αἱ. The Muses, the goddesses of song and poetry Α 604, Β 484 = Λ 218 = Ξ 508 = Π 112, Β 491, 594, 598: ω 60.—In sing., the Muse Β 761: α 1, θ 63, 73, 481, 488, ω 62.

μοχθέω [μόχθος, toil]. To be afflicted, be troubled or vexed Κ 106.

μοχθίζω [as prec.]. = prec. Β 723.

μοχλέω [μοχλός]. To displace by means of bars or levers: στήλας ἐμόχλεον Μ 259.

μοχλός, -οῦ, ὁ. A bar or lever for moving weights ε 261.—Of the bar of wood applied to the eye of the Cyclops ι 332, 375, 378, 382, 387, 394, 396.

μῦδαλέος, -η, -ον. Wet, dripping Λ 54.

μυελόεις, -εντος [μυελός]. Full of marrow, marrowy. Epithet of bones: ὀστέα ι 293.

μυελός, -οῦ, ὁ. Marrow Υ 482, Χ 501.—Fig.: ἄλφιτα, μυελὸν ἀνδρῶν β 290. Cf. ν 108.

μυθέομαι [μῦθος]. 2 sing. μυθεῖαι (μυθέεαι) θ 180. μυθέαι β 202. 3 pl. pa. iterative μυθέσκοντο Σ 289. (ἀπο-, παρα-, προτι-.) (1) To utter speech, speak, declare, say: ὥς οἱ ἐμυθεόμην β 172. Cf. Η 76, Θ 40 = Χ 184, Ρ 200, Ψ 305, Ρ 442 := ε 285 = 376, θ 79, 180, λ 345, τ 287, ψ 265.—(2) In indirect discourse. With acc. and infin. Φ 462. —With ὡς Φ 497, ξ 151, τ 269.—With indirect question: μυθήσεαι ὅττεό σε χρή α 124. Cf. δ 152.—(3) To give utterance to, utter, speak, say, tell, declare: νημερτέα μυθήσασθε Ζ 376. Cf. Α 291, Σ 382, Η 284, Ι 645, Λ 201, Υ 202 = 433, Υ 246: β 202, γ 125, 140, δ 829, λ 507, ξ 125, π 339, ρ 15, 514, 580, σ 342, φ 193.—(4) To tell, declare, reveal, make known: οὔνομά κε μυθησαίμην Γ 235. Cf. β 373, ι 16, μ 155, ν 191. —To tell of, declare the meaning or significance of, expound: μῆνιν Ἀπόλλωνος Α 74. Cf. β 159. —(5) To speak of, mention μ 223.—To speak of, tell of, describe: πληθὺν οὐκ ἂν ἐγὼ μυθήσομαι Β 488. Cf. γ 114, δ 240, η 213, λ 328, 376, 517, μ 451, τ 245, 500.—To speak of or describe as being so and so: πόλιν ἐν πολυχρύσου πολύχρυσον Σ 289.

μυθολογεύω [μῦθος + λέγω²]. To speak of, tell of, describe: τάδε μ 450. Cf. μ 453.

μῦθος, -ου, ὁ. (1) Something said, an utterance or speech: μῦθον ἀκούσας Γ 76. Cf. Β 335, Δ 357, Η 404, Θ 492, etc.: θ 185, 272, ν 254, υ 271, etc.—(2) What one has to say, speech, discourse, words: ἄλλων μῦθον ἄκουε Β 200. Cf. Β 199, 282, Κ 61, 190, Λ 781, Π 631, etc.: τὸν μῦθον ἀκούσης ἡμέτερον λ 561. Cf. α 273, β 77, γ 94, ξ 379, ρ 57, etc.—Contrasted in terms with ἔργον Τ 242: α 358.—(3) In pl., speech, discourse, words: μύθων ἦρχεν Β 433. Cf. Β 796, Γ 171,

212, Ζ 343, Λ 643, Ο 284, Σ 252, Χ 281, etc.: μύθοις τέρπεσθε δ 239. Cf. α 28, β 83, γ 23, 124, δ 214, 774, η 157, κ 189, ο 53, φ 291, etc.—Contrasted in terms with ἔργα Ι 443.—(4) The sense of the word coloured by the context Α 25 = 379, Α 33 = Ω 571, Α 221, 326, Π 199 (a charge or injunction), Α 273 (counsel), 388 (a threat), 545 (counsels, intentions), 565 (my charge), Β 16 (the charge or commission), Γ 87 (the proposal), Δ 323 (counsel), 412 (my injunction), Ε 715 (our promise), Η 358 = Μ 232 (counsel), Η 374 = 388 (what he is prepared to agree to), Η 406 (their answer), Θ 412 (his message), 524 (the order), Ι 62 (my counsel), 309 (my mind), 522 (their mission), 625 (our charge), 627 (the answer), Κ 288 (a message or communication), 337 (word, information), Λ 186 (this injunction), 839 (the exhortation), Μ 80 = Ν 748 (his recommendation), Ξ 127 (my counsel), Ο 202 (this reply), Π 83 (of my charge), Τ 85 (this reproach), 107 (thy boast), 220 (my counsel), Υ 295 (his counsel), 369 (his vaunts), Ψ 157 (thy counsel): α 271, 305 (my counsel), 361 = φ 355 (his injunction), α 373 (an order or command), β 137 (injunction), 412 (my purpose), δ 676 (the plots), 744 (the matter), 777 (the purpose), ε 98 (the matter), η 161 (the word from thee), θ 302 (the matter), λ 368 (thy story), 442 (give her all thy confidence), 492 (his story, how it is with him), ν 16, π 406 = υ 247, σ 50 = 290 = φ 143 = 269 (the proposal or suggestion), ν 298, π 420 (counsel), ο 196 (my request), 445 (the matter), π 387 (what I propose), ρ 177 (the proposal or suggestion), 399 = υ 344 (a command or order), τ 502 (what I say), φ 71 (of a plea or defence), χ 289 (the thing that you would say, the matter), ψ 62 (this story of yours), 349 (a charge), ω 465 (the counsel or recommendation).

μυῖα, -ης, ἡ. A fly: ὡς ὅτε μήτηρ παιδὸς ἐέργῃ μυῖαν Δ 131. Cf. Β 469, Ι 641, Ρ 570, Τ 25, 31.

μυκάομαι. 3 sing. aor. μύκε Υ 260. 3 pl. μύκον Ε 749, Θ 393, Μ 460. Pf. pple. (in pres. sense) μεμυκώς Σ 580, Φ 237. 3 sing. plupf. (in impf. sense) μεμύκει μ 395. (ἀμφι-.) Of cattle, to low or bellow Σ 580: κ 413, μ 395.—So μεμυκὼς ἠΰτε ταῦρος Φ 237.—Of gates, to grate or groan in opening Ε 749 = Θ 393. — Sim. of a gate being burst open Μ 460.—Of a struck shield, to sound or ring Υ 260.

μύκηθμός, -οῦ, ὁ [μυκάομαι]. A lowing or bellowing: μυκηθμοῦ βοῶν μ 265. Cf. Σ 575.

μύκον, 3 pl. aor. μυκάομαι.

μύλαξ, -ακος, ὁ [μύλη]. Dat. pl. μυλάκεσσι. A stone like the stone of a quern, a large stone Μ 161.

μύλη, -ης, ἡ. A handmill or quern: ἀλετρεύουσι μύλης ἐπὶ καρπόν η 104. Cf. υ 106, 111.

μυλήφατος [μύλη + φα-, φένω]. Mill-crushed: ἀλφίτου β 355.

μυλοειδής [μύλη + εἶδος]. Like the stone of a quern, of large size: μυλοειδέϊ πέτρῳ Η 270.

μύνη, -ης, ἡ [perh. conn. with ἀ-μύνω, 'a defence, a means of parrying or evading']. Thus, an excuse or pretext: μὴ μύνῃσι παρέλκετε φ 111.

μυρίκη, -ης, ἡ (ῑ). The tamarisk Κ 466, 467, Φ 18, 350.

μυρίκινος [μυρίκη]. Of the tamarisk Ζ 39.

μυρίος, -η, -ον. (1) Numberless, countless, endless, measureless Α 2, Β 272, Δ 434, Ο 632, etc.: θ 110, κ 9, λ 282, μ 97, etc.—Absol. in neut. pl. : μυρία ἤδη β 16, μυρί' ἕλοντο (sc. ἔδνα) ο 367. Cf. ω 283.—(2) With sing., measureless, infinite, immense : πένθος Σ 88. Cf. Τ 282 : ο 452.—With a collective sb., in measureless quantity, an immensity of . . . : χέραδος Φ 320.

μύρομαι. To shed tears, weep Ζ 373, Ρ 438, 441, Σ 234, Τ 6, 213, 340, Χ 427, Ψ 14, 106, 109, Ω 794 : κ 202=568, τ 119.

μύσαν, 3 pl. aor. μύω.

μυχμός, -οῦ, ὁ. Groaning, moaning ω 416.

μυχοίτατος [superl. fr. *μύχοι, locative adv. fr. μυχός] Innermost, furthest from the door : ἷζεν φ 146.

μυχόνδε [acc. of μυχός + -δε (1)]. To the innermost part : μεγάροιο μ. χ 270.

μυχός, -οῦ, ὁ. The innermost or most removed part : μυχῷ Ἄργεος (in a nook of . .) Ζ 152, μυχῷ θαλάμοιο Ρ 36, μυχοὺς λιμένος (the creeks or recesses) Φ 23, μυχῷ δόμου Χ 440 (the same as the μέγαρον of 460 ; see μέγαρον (3)). Cf. Ι 663 = Ω 675 : μυχῷ δόμου (app. = θάλαμος (1) (c)) γ 402, δ 304, η 346. Cf. γ 263, ε 226, η 87, 96, ι 236, ν 363, π 285, χ 180, ψ 41, ω 6.

†μύω. 3 pl. aor. μύσαν Ω 637. 3 sing. pf. μέμῡκε Ω 420. Of the eyes, to close Ω 637.—Sim. of wounds Ω 420.

μυών, -ῶνος, ὁ. A muscle Π 315, 324.

μῶλος, -ου, ὁ. Struggle, contest, fight : μ. ὀρώρει Ρ 397. Cf. Β 401, Η 147, Π 245, Σ 134, 188 : σ 233.

μῶλυ, τό. A magic plant described in κ 304.

μωμάομαι [μῶμος]. To blame, censure, reproach : Τρῳαί με μωμήσονται Γ 412.

μωμεύω [as prec.]. =prec. ζ 274.

μῶμος, -ου, ὁ. Blame, blameworthiness β 86.

μώνυχες [(σ)μώνυχες, fr. σμ=σεμ-, εἷς + ὄνυξ in sense 'hoof']. With single, i.e. not cloven, hoofs. Epithet of horses Ε 236, Θ 139, Κ 392, Λ 708, etc. : ο 46.

ναί. Emphasizing affirmative particle, truly, of a surety. Followed by δή Α 286 = Θ 146 = Ω 379, Κ 169, Σ 128, Ψ 626 : δ 266, σ 170, υ 37, χ 486.—In an affirmation, followed by μά Α 234.

ναιετάω [in form reduplicative fr. ναίω[1]]. Fem. pple. ναιετάουσα, -ης, ναιετόωσα, -ης Β 648, Γ 387, Ζ 415 : α 404, θ 574. 3 sing. pa. iterative ναιετάασκε Λ 673, Ρ 308 : ο 385. 3 pl. ναιετάασκον Β 539, 841. (περι-) (1) To live, dwell, abide, have one's home : Λακεδαίμονι ναιετοώσῃ (in . . .) Γ 387. Cf. Η 9, Λ 673 : ζ 153, 245, ο 255, 360, 385, ρ 523.—(2) Of cities, by a sort of personification, to stand, have their place : Ἰθάκης ἔτι

ναιεταούσης (while . . . stands) α 404. Cf. Δ 45.—So of islands, to lie ι 23.—Sim. with εὖ, of cities, houses, etc., to have a fair exposure or aspect, be pleasant to dwell in : πόλεις εὖ ναιετοώσας Β 648, δόμους εὖ ναιετάοντας Ζ 370 = 497, Λ 769. Cf. Ζ 415 : β 400, δ 96, θ 574, ρ 28, 85 = 178, 275, 324 = φ 242, τ 30 = φ 387, υ 371, χ 399, ω 362. — (3) To live in, dwell in, have one's home in, inhabit, hold, have : Ἰθάκην ι 21. Cf. Β 539, 841, Ρ 172, 308.

ναίω[1] [νασ-]. 3 sing. pa. iterative ναίεσκε Ε 708, Π 719. 3 pl. -ον Β 758. Aor. νάσσα δ 174. 3 sing. aor. pass. νάσθη Ξ 119. (ἀπο-.) (1) To live, dwell, abide, have one's home : ἔναιεν ἐνὶ Φηρῇ Ε 543. Cf. Β 130, Ζ 13, Ι 154, Ν 176, Π 233, etc. : γ 292, δ 98, ε 58, ν 240, ο 96, etc.—(2) Of a house, by a sort of personification, to stand, be situated : δόμον δείξω, ἐπεί μοι πατρὸς ἐγγύθι ναίει η 29.—So of islands, to lie : νήσων, αἳ ναίουσι πέρην ἁλός Β 626.—(3) To live in, dwell in, have one's home in, inhabit, hold, have : Ἀσπληδόνα Β 511. Cf. Β 593, Γ 74, Ζ 15, Ι 484, Ο 190, etc. : α 51, δ 555, ι 36, 49, 113, etc.—(4) In pres. pple. pass. with εὖ, of places, well inhabited, holding a goodly people : εὖ ναιόμενον πτολίεθρον Α 164, Β 133, Ι 402, Ν 380. Cf. Γ 400, Ε 489, Ι 149, 291, Ν 815, Ξ 255 = Ο 28, Π 572 : ν 285.—(5) In aor., to establish or settle (a city) : Ἀργεῖ κέ οἱ νάσσα πόλιν δ 174.—(6) In aor. pass. in mid. sense, to establish oneself, settle, take up one's abode : Ἀργεῖ νάσθη Ξ 119.

ναίω[2] [= νάω]. To flow, be filled to overflowing : ναῖον ὀρῷ ἄγγεα ι 222.

νάκη, -ης, ἡ. A covering of skin : νάκην αἰγός (of goatskin) ξ 530.

νάπη, -ης, ἡ. A valley or glen : ἔκ τ' ἔφανεν νάπαι Θ 558 = Π 300.

ναρκάω. To become numbed or deadened : νάρκησε χεῖρ Θ 328.

νάσθη, 3 sing. aor. pass. ναίω[1].

νάσσα, aor. ναίω[1].

†νάσσω. 3 sing. aor. ἔναξε. To press or stamp down, tread hard : γαῖαν φ 122.

ναύλοχος [ναυ-, νηῦς + λοχ-, λεχ-, λέγω[1]]. Of harbours, in which ships may lie safely, safe, well sheltered δ 846, κ 141.

ναύμαχος [ναυ-, νηῦς + μάχομαι]. Intended to be used in sea-fighting Ο 389, 677.

ναυσικλειτός [ναυσί, as dat. of νηῦς + κλειτός]. Famed for his ships : Δύμαντος ζ 22.

ναυσικλυτός, ναυσίκλυτος [as prec. + κλυτός]. Famed for ships. Epithet of the Phaeacians η 39, θ 191 = 369 = ν 166, π 227.—Of the Phoenicians ο 415.

ναύτης, ὁ [ναυ-, νηῦς]. A seaman or sailor Δ 76, Η 4, Ο 627, Τ 375 : α 171 = ξ 188, θ 162, ι 138, μ 98, ο 435, π 57, 222.

ναυτιλίη, -ης, ἡ [ναύτης]. Seamanship θ 253.

†ναυτίλλομαι [ναύτης]. 3 sing. aor. subj. ναυτίλλεται (ναυτίλεται) δ 672. To sail, go a voyage : Αἰγυπτόνδε ναυτίλλεσθαι ξ 246. Cf. δ 672.

ναῦφι, locative and ablative νηῦς.

νάω (σνάϜω). To flow Φ 197 : ζ 292.

νέα, acc. νηῦς.

νεαρός [νέος]. Young : παῖδες B 289.

νέατος, νείατος, -η [superl. Cf. νείαιρα, νειόθεν, νειόθι. App. not conn. with νέ(Ϝ)ος]. (1) Lowest, the lowest : ἔκειτο νείατος ἄλλων Z 295 : =ο 108. Cf. B 824, Θ 478.—The lowest part of : παρὰ νείατον ἀνθερεῶνα E 293. Cf. E 857, Λ 381, Ο 341, Π 821, P 310.—(2) Extreme, outermost, the extreme or outermost : [πόλεις] νέαται Πύλου I 153 =295. Cf. Λ 712 : παρὰ νείατον ὄρχον η 127.— Forming the extremity of a row, the extreme or last : τὸν ἔβαλεν νείατον ἀστράγαλον Ξ 466 (here, contextually, the highest).

νεβρός, ὁ, ἡ. The young of the deer, a fawn Δ 243, Θ 248, 249, Ο 579, Φ 29, X 1, 189 : δ 336= ρ 127, τ 230.

νέες, nom. pl. νηῦς.

νεηγενής [νέος + γεν-, γίγνομαι]. New-born : νεβρούς δ 336 =ρ 127.

νεήκης [νέος + *ἀκή = ἀκωκή]. Newly sharpened : πελέκεσσι νεήκεσιν N 391 =Π 484.

νεῆλυς, -υδος [νέος + ἐλυ(θ)-, ἔρχομαι]. Newly come, a new-comer K 434, 558.

νεηνίης, ὁ [νέος]. A youth. With ἀνήρ : νεηνίῃ ἀνδρὶ ἐοικώς κ 278. Cf. ξ 524.

νεῆνις, -ιδος, ἡ [νέος]. A young woman, a maiden : παρθενικῇ ἐϊκυῖα νεήνιδι η 20. Cf. Σ 418.

νεῖαι, contr. 2 sing. pres. νέομαι.

νείαιρα, -ης [comp. Cf. νέατος, νείατος]. The lower part of : νειαίρῃ ἐν γαστρὶ E 539 =P 519, E 616. Cf. Π 465.

νείατος. See νέατος.

νεικέω [νεῖκος]. Also νεικείω (νεικεσίω, fr. νεικεσ-, νεῖκος). 3 pl. νεικεῦσι Τ 254. 3 sing. pa. iterative νεικελέεσκε B 221, Δ 241. 3 pl. -ον Τ 86. Fut. νεικέσω K 115. 2 sing. aor. ἐνείκεσα Γ 59, Z 333. 3 νείκεσε E 471, K 158, Φ 470, 480 : θ 158, 239, ρ 239. νείκεσσε Γ 38, Δ 336, 368, Ζ 325, H 161, Ω 29 : ρ 215, 374, χ 225. (1) To quarrel, contend, dispute : εἵνεκα ποινῆς Σ 498.—To set quarrel abroach, create a disturbance : ὄφρα μὴ νεικείῃσι πατήρ Α 579.—(2) To use words of reproach, speak in blame : ὡς νείκεσσ' ὁ γέρων H 161.—(3) With dat., to throw reviling words at, throw blame upon, revile, abuse, reproach : μή μοι ὀπίσσω νεικείῃ ρ 189. Cf. Τ 252, 254.—(4) To revile, abuse, reproach, use despiteful language to, blame : μήτε μ' αἴνεε μήτε νείκει K 249. Cf. A 521, B 221, Γ 59, M 268, Φ 470, Ω 29 (flouted, humiliated), etc. : η 303, θ 158, μ 392, σ 9, τ 108, etc.

νεῖκος, τό. (1) A quarrel, contention, dispute : τοῦ εἵνεκα ν. ὄρωρεν Γ 87 = H 374 =388. Cf. B 376, Δ 37, Ξ 205 =304, Σ 497, X 116, Ω 107 : η 74, θ 75, μ 440.—Contention, strife : ν. ἄριστε (in . . .) Ψ 483. Cf. υ 267, φ 303.—(2) The strife of war, lust of battle : ν. σφ' ὁμοίϊον ἔμβαλε μέσσῳ Δ 444.—A fight or battle : ὡς ἄγε ν. Ἀθήνη Λ 721. Cf. Λ 671, 737, N 122, 271, 333, Ο 400, P 544 : π 98 =16, σ 264. — Fighting, battle : πόνος καὶ ν. M 348, ἔριδος μέγα ν. (battle-strife) P 384. Cf. M 361, Τ 140, Φ 513 : ω 543.—The tide of battle, the

battle : ν. ἀπωσαμένους M 276.—(3) A reproach, a reviling or abusing : φεύγων νείκεα πατρός I 448. Cf. Τ 251. — Reproach : νείκει ὀνειδίζων (in . . .) H 95.

νείμε, 3 sing. aor. νέμω.

νειόθεν [-θεν (1). Cf. νέατος, νείατος]. From the bottom : ν. ἐκ κραδίης (from the bottom of his heart) K 10.

νειόθι [-θι. Cf. νέατος, νείατος]. At the bottom of. With genit. : ν. λίμνης Φ 317.

νειός, -οῦ, ἡ [νέος]. A fallow field (in process of being ploughed up) : ἐλκέμεναι νειοῖο ἄροτρον (genit. of space) K 353. Cf. N 703, Σ 541, 547 : ε 127, θ 124, ν 32.

νεκάς, ἡ [cf. νέκυς]. Dat. pl. νεκάδεσσι. A heap of slain : ἐν αἰνῇσιν νεκάδεσσιν E 886.

νεκρός, -οῦ, ὁ [cf. νέκυς]. (1) A dead body, a corpse Δ 467, E 620, H 332, N 194, P 13, Φ 235, etc. : μ 10, 13.—(2) The spirit of a dead man conceived of as departing from the body : ὅσσ' ἐπιεικὲς νεκρὸν ἔχοντα νέεσθαι ὑπὸ ζόφον Ψ 51.— In pl., the shades of the departed, the dead : ἔθνεα νεκρῶν κ 526, λ 34, 632. Cf. λ 475.

νέκταρ, -αρος, τό. The drink of the gods A 598, Δ 3 : ε 93, 199, ι 359.—Introduced by divine agency into the corpse of Patroclus Τ 38.—Into Achilles Τ 347, 353.

νεκτάρεος [νέκταρ]. App., fragrant. Epithet of garments Γ 385, Σ 25.

νέκυς, -υος, ὁ [cf. νεκρός]. Dat. pl. (besides νεκύεσσι) νέκυσσι λ 569, χ 401, ψ 45. Acc. pl. (besides νέκυας) νέκυς H 420 : ω 417. (1) A dead body, a corpse A 52, Δ 492, E 397 (cf. 886 cited under νεκάς, and Ο 118), H 84, Λ 534, Π 526, Σ 152, Ψ 168, etc. : χ 271, 401, 407, 437, 448, ψ 45, ω 417. —(2) In pl., the shades of the departed, the dead : νέκυας καὶ δῶμ' Ἀΐδαο ἴξεσθαι Ο 251. Cf. κ 518, 521, 530, 536, λ 26, 29, 37, 49, 94, 147, 485, 491, 541, 564, 569, 605, μ 383.

νεμέθω [νέμω]. In mid., of birds, to take their food, peck : πελειάδες νεμέθοντο Λ 635.

νεμεσάω, νεμεσσάω [νέμεσις]. (1) To be righteously indignant or vexed, to conceive, feel or express blame or censure, utter reproach Δ 507, Θ 198, K 145 = Π 22, N 293 : ρ 481 =φ 285.—With dat. : ἄλλῃ νεμεσῶ ζ 286. Cf. N 16=353, Ψ 494 : β 101 =τ 146=ω 136, φ 147.—With dat. and with the cause expressed by a pple. : οὐ νεμεσῶ Ἀγαμέμνονι ὀτρύνοντι μάχεσθαι Δ 413.—By an acc. : μή μοι τόδε νεμέσσα, οὕνεκα . . . ψ 213.—By an infin. : μή μοι νεμεσήσετε τείσασθαι . . . Ο 115.—(2) So in mid. and in aor. pass. in mid. sense : πᾶσι νεμεσσηθεῖσα μετηύδα (her feelings getting the better of her) Ο 103, νεμεσσηθείς χ' ὑποείξω (though indignant, repressing my indignation) 211. Cf. Ο 227 : νεμεσσώμαι δέ τ' ἀκούων φ 169. Cf. α 228, τ 264.—The cause expressed by an acc. : ὃς νεμεσσᾶται κακὰ ἔργα ξ 284.—By acc. and infin. : νεμεσσήθη ξείνον διηθὰ θύρῃσιν ἐφεστάμεν α 119. Cf. σ 227.—By infin. alone : νεμεσσώμαί γ' οὐδὲν κλαίειν . . . (I say nothing against it) δ 195.— With dat. : τῷ νεμέσσηθεν B 223. Cf. K 115, 129,

N 119, P 93, 100, Ω 53 : a 158, o 69, τ 121.—
(3) In sim. forms, to be dissatisfied or displeased
with oneself : νεμεσσήθητε θυμῷ (think shame (to
stand idle)) Π 544. Cf. β 64.—With infin. δ 158.
νεμεσητός, νεμεσσητός [νεμεσ(σ)άω]. (1) Absol.
in neut. sing. νεμεσσητόν, something worthy of
indignation or blame, a shame or disgrace : ν.
κεν εἴη Γ 410, Ξ 336 : χ 489.—With infin. : κεχολῶ-
σθαι I 523. Cf. Τ 182, Ω 463 : χ 59.—(2) App.,
capable of or inclined to anger, easily roused to
wrath (for the form cf. ἐπιεικτός) : νεμεσητός [ἐστιν]
ὅ με προέηκεν Λ 649.
νεμεσίζομαι [νέμεσις]. (1) = νεμεσάω (1) E 872.
—With the cause expressed by acc. and infin. :
οὐ νεμεσίζομ' Ἀχαιοὺς ἀσχαλάαν (I cannot blame
them) B 296.—With dat. : Ἥρῃ Θ 407, 421. Cf.
β 239.—With dat. and the cause expressed by
an acc. : οὐ νεμεσίζομ' Ἄρῃ τάδε ἔργα ; E 757.—
(2) = νεμεσάω (3) : ὑμέτερος εἰ θυμὸς νεμεσίζεται αὐτῶν
(if you can see your conduct in its true light)
β 138.—Sim. with infin.: νεμεσιζέσθω Πάτροκλον
κυσὶν μέλπηθρα γενέσθαι (let the thought sting
him) P 254.—(3) To fear the wrath of, stand in
awe of, reverence : θεούς a 263.
νέμεσις, ἡ. Dat. νεμέσσι Z 335. (1) Righteous
indignation or vexation, blame, censure, reproach :
ἐν φρεσὶ θέσθε νέμεσιν (i.e. the fear of it) N 122.
Cf. Z 335, 351 : ν. μοι ἐξ ἀνθρώπων ἔσσεται β 136.
Cf. χ 40.—(2) Something worthy of righteous
indignation or of blame, censure or reproach.
With infin. (cf. χάρις (4) (b)) : οὐ ν. Τρῶας καὶ
Ἀχαιοὺς ἄλγεα πάσχειν (small blame to them if
they . . .) Γ 156. Cf. Ξ 80 : a 350, υ 330.
νεμεσσάω. See νεμεσάω.
νεμεσσητός. See νεμεσητός.
νέμος, τό. A glade or dell Λ 480.
νέμω. 3 sing. aor. ἔνειμε ξ 449. νεῖμε I 217,
Ω 626 : ξ 436, υ 253. 3 pl. ἔνειμαν ξ 210. νεῖμαν
Γ 274. Imp. νεῖμον η 179, ν 50. (ἀμφι-, ἐπι-.)
(1) To give as one's lot or portion, assign : οἰκία
ξ 210.—In reference to one's fortune : Ζεὺς αὐτὸς
νέμει ὄλβον ζ 188.—To distribute or give out
among a company : κρέα I 217 = Ω 626. Cf. η 179
= ν 50, θ 470, κ 357, ξ 436, 449, ο 140, υ 253.—
Without expressed object : κήρυκες νεῖμαν ἀρίστοις
Γ 274.—(2) In mid., to get as one's lot or portion,
to hold, occupy, possess, enjoy (places, lands,
etc.) : τέμενος νεμόμεσθα M 313. Cf. B 496, 504,
531, Z 195, Υ 8, etc. : οἱ νεμόμεσθ' Ἰθάκην β 167.
Cf. η 26, λ 185, ο 136.—To have one's abode, dwell,
be settled : ἀμφ' Ἄρμ' ἐνέμοντο B 499.—(3) To
drive one's flock : ἐπῆλθε νέμων ι 233.—(4) In
mid., of domestic animals, to feed, crop the
herbage, graze : σύες νέμονται πὰρ Κόρακος πέτρῃ
ν 407. Cf. O 631 : υ 164.—To feed on, crop,
graze : νέμεαι ἄνθεα ποίης ι 449. Cf. E 777.—
Of fire : πυρὸς μένος ἧκε, ὄφρα νέμοιτο (might con-
sume the corpses) Ψ 177.—In pass. of something
consumed by fire : ὡς εἴ τε πυρὶ χθὼν νέμοιτο B 780.
νένιπται, 3 sing. pf. pass. νίζω.
νεοαρδής [νέος + ἄρδω, to water. Cf. ἀρδμός].
Newly watered : ἀλωήν Φ 346.

νεογιλός, -η [νέος + an uncertain second element].
App., newly born : σκύλακος μ 86.
νεόδαρτος [νέος + δαρτός fr. δέρω]. Newly
stripped off : δέρμα χ 363. Cf. δ 437.
νεοθηλής [νέος + θηλ-, θάλλω]. Freshly sprout-
ing : ποίην Ξ 347.
νεοίη, ἡ [obscurely formed fr. νέος]. App., the
fire or impulsiveness of youth Ψ 604.
νέομαι [conn. with νόστος]. Contr. νεῦμαι Σ 136.
2 sing. νεῖαι (νέεαι) λ 114, μ 141. (ἀν-, ἀπο-.)
(1) To go or come back or home, return : σαώτερος
ὥς κε νέηαι Α 32, ἐς πατρίδα γαῖαν B 453. Cf.
B 236, Γ 74, E 907, I 42, Σ 377, etc. : a 17, 87,
γ 60, δ 351, ι 95, μ 334, o 3, ψ 23, etc.—(2) To
take one's way, proceed upon one's way, proceed,
go, come, depart : βουλῆς ἐξ B 84. Cf. Σ 240,
Υ 6, Φ 48, 598, Ψ 51, 662 : ταῦτα τελευτήσας νεόμην
δ 585, ρ 148. Cf. β 52, γ 170, δ 8, μ 188, ν 30,
206, ξ 261 = ρ 430, ξ 498, o 72, σ 186 = χ 434 = 496,
φ 374, χ 484.—Of rivers, to take their way, run,
flow M 32.—(3) In pres. with fut. sense, to go
or come back or home, return : ἐπεὶ οὐ νέομαί γ'
φίλην ἐς πατρίδα γαῖαν Σ 101 = Ψ 150. Cf. Γ 257,
Ξ 221, P 497, Σ 136, T 330 : β 238, δ 633, ζ 110,
λ 114 = μ 141, λ 176, ξ 152, υ 156, ω 460.—To take
one's way, go, depart : αὐτὰρ ἐγὼ νέομαι ν 61.
νεοπενθής [νέος + πένθος]. Having its sorrow
still fresh : θυμὸν λ 39.
νεόπλυτος [νέος + πλύνω]. Newly washed ζ 64.
νεόπριστος [νέος + πρίω, to saw]. Newly sawn,
preserving its freshness : ἐλέφαντος θ 404.
νέος, -η, -ον (νέϝος). (1) (a) Young, youthful
Θ 102, I 57, Λ 684, N 95, Ψ 306, 589, Ω 368, 725 :
a 395, β 29, γ 24, 376, δ 665, 720, θ 58, ν 222,
ξ 61, π 71, 99, 210, ρ 294.—(b) In comp. : νεωτέρω
ἐμεῖο A 259. Cf. K 165, 176, Φ 439, Ψ 587, Ω 433 :
β 188, κ 395, σ 31, 52.—Young rather than old,
of the younger generation γ 49, 125, 363, φ 132.—
More full of youthful vigour : οὔ τις σεῖο νεώτερος
O 569.—In superl. : νεώτατος ἔσκον ἁπάντων H 153.
Cf. Ξ 112, Υ 409, Ψ 476 : κ 552.—(2) Absol., a
young man, a youth : νέον ἠὲ γέροντα π 198. Cf.
I 446, Ξ 108, X 71.—In pl. A 463, B 789, I 36,
258, Λ 503, Ψ 756 : β 324, 331, γ 460, θ 110, ν 425,
o 331, σ 6, ω 89, etc.—In comp., a young man
as opposed to an older, one of the younger
generation η 293.—In pl. Δ 324, Ψ 643 : η 294.—
(3) New, newly made, constructed, composed :
θαλάμοιο P 36. Cf. β 293, φ 407.—In superl. :
ἀοιδήν, ἥ τις νεωτάτη ἀμφιπέληται a 352.—
(4) Fresh, young, newly grown or sprouted :
φοίνικος ἔρνος ζ 163. Cf. Φ 38.—(5) Of recent date :
χρεῖος, οὔ τι νέον γε γ 367. Cf. I 527.—Having
but lately attained a specified condition : νύμφην
(a young wife) λ 447.—(6) A fresh . . ., another :
γυναῖκα B 232. Cf. Z 462.—(7) In neut. sing.
νέον as adv., newly, lately, recently, just now,
but now, just : χοροῖο ν. λήγοντα (pple. of the
impf., 'just come from the dance') Γ 394, ὅς ν.
εἰληλούθει N 364. Cf. A 391, Δ 332, H 64, 421,
Λ 663, M 336, N 211, O 240, Ω 444, 475 : a 175,
γ 318, δ 112, 144, θ 13, 289, π 26, 181, 199, ρ 112,

σ 309, τ 400, 433, 519, υ 191, 360, χ 426.—Freshly, recently : ν. φοίνικι φαεινός (its fresh colour not yet dimmed) Ο 538.—Freshly, anew : αἰεὶ ν. ἐρχομενάων (ever in fresh swarms) Β 88.

νεός, genit. νηῦς.

νεόσμηκτος [νέος + σμήχω]. Newly burnished or polished : θωρήκων Ν 342.

νεοσσός, -οῦ, ὁ [νέος]. A young bird, a nestling : στρουθοῖο νεοσσοί Β 311. Cf. Ι 323.

νεόστροφος, -ον [νέος + στροφ-, στρέφω]. Newly twisted : νευρήν Ο 469.

νεότευκτος [νέος + τευκ-, τεύχω]. Newly wrought: κασσιτέροιο Φ 592.

νεοτευχής [νέος + τεύχω]. Newly made or constructed, new : δίφροι Ε 194.

νεότης, -ητος, ἡ [νέος]. (1) Youth Ξ 86.— (2) Youthful vigour : ἀτέμβονται νεότητος Ψ 445.

νεούτατος, -ον [νέος + οὐτάω]. Newly wounded, just wounded : χειρός Ν 539. Cf. Σ 536.

νέποδες. App., offspring, brood δ 404.

νέρθε(ν). See ἔνερθε(ν).

νεῦμαι, contr. form of νέομαι.

νευρή, -ῆς, ἡ [cf. next]. Locative νευρῆφι λ 607. This form as ablative Θ 300, 309, Ν 585, Ο 313, Π 773, Φ 113.—A bowstring Δ 118, 123, 125, Θ 300, 309, 324, 328, Λ 476, 664, Ν 585, Ο 313, 463, 469, Π 773, Φ 113 : λ 607, τ 587, φ 97 = 127, 410, 419, ω 171.

νεῦρον, -ον, τό [cf. prec.]. (1) A tendon : νεῦρα διεσχίσθη Π 316.—(2) In pl. with collective sense = prec. : ἕλκε νεῦρα βόεια Δ 122.—(3) A string whipping the head of an arrow to the shaft : ν. τε καὶ ὄγκους Δ 151.

νευστάζω [frequentative fr. νεύω]. (1) To make a quick inclination (with the head), nod σ 154.— Of one sitting in a state of helplessness : νευστάζων κεφαλῇ (letting his head drop forwards) σ 240.— Sim. of the accommodation of a helmet to the wearer's motion : νευστάζων κόρυθι Υ 162.— (2) To convey an order by a motion of the head : ὀφρύσι νευστάζων (with my brows, bending the head forward) μ 194.

νεύω. (ἀνα-, ἐπι-, κατα-.) (1) To make a quick inclination of the head, bend the head : ψαῦον κόρυθες νευόντων (genit. with κόρυθες, ' as the men bent their heads ') Ν 133 = Π 217.—Of the nodding of the crest of a helmet Ζ 470, Γ 337 = Λ 42 = Ο 481 = Π 138 := χ 124.—To bend (the head). Of persons on whom destruction has come : νεύοιεν κεφαλὰς δεδμημένοι σ 237.— (2) To nod in token or sanction of a promise, promise, undertake, vouchsafe : ἐπ' ὀφρύσι νεῦσεν (with his brows, bending the head forward) Α 528 = Π 209.—With infin. : νεῦσέ οἱ λαὸν σόον ἔμμεναι Θ 246.—(3) To convey an order or make a sign by a motion of the head : νεῦσ' Αἴας Φοίνικι Ι 223 : ἐπ' ὀφρύσι νεῦσεν π 164. Cf. π 283, ρ 330, φ 431. —With infin. : στορέσαι λέχος Ι 620.—With ἀνά, to make a sign in prohibition (cf. ἀνανεύω (3)) : ἀνὰ δ' ὀφρύσι νεῦον ι 468.

νεφέλη, -ης, ἡ [cf. νέφος]. A cloud : ἐν αἰθέρι καὶ νεφέλῃσιν Ο 20, 192. Cf. Β 146, Ε 522, Π 298 :

ε 291, μ 74, 405 = ξ 303.—A cloud or body of mist, mist : νεφέλῃ εἰλυμένος ὤμους Ε 186. Cf. Ε 345, Ξ 350, Ο 308, Ρ 551, Υ 150 : θ 562, λ 15.—Fig. : ν. μιν ἀμφεκάλυψεν (the mist of death) Υ 417. Cf. Ρ 591 = Σ 22 := ω 315.

νεφεληγερέτα [νεφέλη + ἀγείρω]. (Prob. orig. a voc. turned into a nom., from which the genit. νεφεληγερέταο (Ε 631, 736, Θ 387, Ο 154, Υ 10, Φ 499) is formed.) The cloud-gatherer. Epithet of Zeus Α 511, 560, Ε 631, Η 280, Λ 318, Ο 154, etc. : α 63 = ε 21 = ω 477, ι 67, μ 313, 384 = ν 139 = 153.

νέφος, τό [cf. νεφέλη]. Dat. pl. νεφέεσσι Ε 867, Ρ 594 : ε 293, 303, ι 68, π 264, etc. νέφεσσι Ν 523. A cloud : ν. ἐρχόμενον κατὰ πόντον Δ 275, νέφεα σκιόεντα Ε 525. Cf. Ε 751, Λ 28, 62, Ο 170, Ρ 372, Ψ 213, etc. : ε 293, 303, θ 374, ι 68 = μ 314, ι 145, λ 592, π 264, υ 104, 114, χ 304.—A cloud or body of mist : τοῖόν τοι ν. ἀμφικαλύψω Ξ 343. Cf. Ο 153, 668, Σ 205, Ψ 188.—Fig. : θανάτου ν. Π 350. Cf. Ρ 243 : δ 180.—Also ν. εἵπετο πεζῶν Δ 274, Ψ 133. Cf. Π 66, Ρ 755.

νέω¹ [συν-]. 3 pl. impf. ἔννεον (ἔσνεϝον) Φ 11. To swim : χείρεσσι νέων ε 344. Cf. Φ 11 : ε 442.

νέω². (ἐπι-.) To spin. In mid. η 198.

νεῶν, genit. pl. νηῦς.

νηάδε [acc. of νηῦς + -δε (1)]. To or towards the ship : ν. ἐπεσσεύοντο ν 19.

νηγάτεος. Of unknown origin and meaning : χιτῶνα Β 43, κρηδέμνῳ Ξ 185.

νήγρετος [νη- + ἐγείρω]. ' From which one is not (readily) roused ']. Of sleep, deep, sound ν 80.—In neut. sing. νήγρετον as adv., of sleeping, soundly, fast : ἵνα ν. εὕδοι ν 74.

νήδυια, τά [νηδύς]. The bowels Ρ 524.

νήδυμος [no doubt (ϝ)ήδυμος = ἡδύς (cf. καλός, κάλλιμος) with adhesion of final ν transferred from preceding words. Cf. Eng. newt (for ewt, with n- fr. an), and nickname (for eke-name, with sim. n-)]. Epithet of sleep, sweet, grateful, refreshing (= ἡδύς (2)) Β 2, Κ 91, 187, Ξ 242, 253, 354, Π 454, Ψ 63 : δ 793, μ 311, 366, ν 79.

νηδύς, -ύος, ἡ. The belly Ν 290, Υ 486 : ι 296. —The womb Ω 496.

νηέω. (ἐπινηέω, παρανηνέω.) To heap or pile up : ὕλην Ψ 139, 163. Cf. Ψ 169, Ω 276 : ξύλα πολλά τ 64.—To heap up (a fire), make a good (fire) : πῦρ εὖ νηῆσαι ο 322.—To heap (a ship) full, give (her) a full cargo Ι 358.—In mid. Ι 137, 279.

νηιάς, -άδος. = νηΐς. Defining νύμφη ν 104 = 348, 356.

νήϊος [νηῦς]. Of or for a ship : δόρυ Ο 410, Ρ 744 : ι 384. Cf. ι 498.—Absol. in neut. νήϊον, a piece of ship-timber Γ 62, Ν 391 = Π 484.

νηΐς [νάω]. A Naiad, a nymph of a spring or river. Defining νύμφη Ζ 22, Ξ 444, Υ 384.

νηΐς, -ιδος [νη- + (ϝ)ιδ-, εἴδω]. Lacking knowledge, unskilled Η 198.—Lacking knowledge of, unskilled in. With genit. : ἀέθλων θ 179.

νηκερδής, -ές [νη- + κέρδος]. That brings no gain or profit, profitless : βουλήν Ρ 469 : ἔπος ξ 509.

νηκουστέω [νη- + ἀκούω]. To neglect the behest or summons of. With genit. : θεᾶς Τ 14.

νηλεής, -ές [νη- + ἔλεος]. With hyphaeresis νηλήs I 632. Dat. νηλέϊ Γ 292, Ε 330, Ν 501, Π 345, Τ 266, etc. : δ 743, θ 507, ι 272, μ 372, χ 475, etc. Acc. νηλέα Τ 229. Pitiless, ruthless, relentless, showing no feeling for others, hard : ἦτορ I 497. Cf. I 632 : ι 272 = 368, ι 287.—Absol. in voc. : νηλεές Π 33, 204.—So νηλέα θυμὸν ἔχοντας (steeling our hearts) Τ 229.—Applied to δεσμός Κ 443.—To ὕπνος (as bringing mischief upon one) μ 372.—For νηλεὲς ἦμαρ see ἦμαρ (4) (g).—Epithet of χαλκός Γ 292, Δ 348, Ε 330, Μ 427, Ν 501 = Π 761, Ν 553, Π 345, 561, Ρ 376, Τ 266 : δ 743, θ 507, κ 532, λ 45, ξ 418, σ 86, φ 300, χ 475.

νηλῖτις, νηλεῖτις, -ιδος [νη- + ἀλιτ-, ἀλιταίνω]. Guiltless : αἵ νηλίτιδές εἰσιν π 317 = τ 498, χ 418.

νῆμα, -ατος, τό [νέω²]. Yarn for spinning δ 134.—In pl., a weaver's work, woven work : μή μοι νήματ' ὅληται β 98 = τ 143 = ω 133.

νημερτέως [adv. fr. next]. Truly ε 98, τ 269.

νημερτής, -ές [νη- + ἁμαρτ-, ἁμαρτάνω]. (1) Unerring, having or speaking with perfect knowledge δ 349 = ρ 140, δ 384, 401, 542.—Infallibly purposed, that shall not fail : βουλήν α 86, ε 30.—(2) Consonant with reality, true : μὴ πάντα νημερτέα εἶπεν (that it was all true that she said) ε 300. Cf. Γ 204 : λ 137, ρ 549, 556, 561.—(3) Absol. in neut. pl. νημερτέα, the truth : νημερτέα μυθήσασθε Ζ 376. Cf. γ 19, λ 96, ο 263.—(4) In neut. sing. νημερτές as adv. (a) Clearly, plainly, so that no mistake may be made: ἐνίσπες χ 166.—(b) Truly : ὑπόσχεο Α 514. Cf. Ξ 470 : γ 101 = δ 331, γ 327, δ 314, 642, λ 148, μ 112, ψ 35.—(5) In neut. pl. νημερτέα as adv., with certainty, clearly : ἐπεὶ τῶν νόον νημερτέ' ἀνέγνω φ 205.

νηνεμίη, -ης [νήνεμος]. A stillness of the air, a calm : νηνεμίη (in a time of calm) Ε 523.

νηνέμιος, -η, -ον [νήνεμος]. With no wind stirring, breathless: γαλήνη ε 392, μ 169.

νήνεμος, -ον [νη- + ἄνεμος]. Windless: ὅτε τ' ἔπλετο νήνεμος αἰθήρ Θ 556.

νήξομαι, fut. mid. νήχω.

νηός, -οῦ, ὁ. A temple : εἴ ποτέ τοι νηὸν ἔρεψα (app. here a temporary structure of branches) Α 39, νηὸν 'Αθηναίης Ζ 88. Cf. Β 549, Ε 446, Ζ 93 = 274, Ζ 269 = 279, Ζ 297, 308, Η 83 : ζ 10, μ 346.

νηπενθής, -ές [νη- + πένθος]. Banishing grief and pain : φάρμακον δ 221.

νηπιάη, -ης, ἡ [νήπιος]. Childish thoughts or ways. In pl. : νηπιάας ὀχέειν α 297.

νηπιαχεύω [νηπίαχος]. Of a child, to sport or play : ὅτε παύσαιτο νηπιαχεύων Χ 502.

νηπίαχος [νήπιος]. Young, of tender years: παισὶν Β 338. Cf. Ζ 408, Π 262

νηπιέη, -ης, ἡ [νήπιος]. (1) Childishness, childish ways: ἐν νηπιέῃ I 491.—In pl.: ἐπεὶ ποιήσῃ ἀθύρματα νηπιέῃσιν Ο 363.—(2) Folly, thoughtlessness. In pl.: νηπιέῃσι ποδῶν ἀρετὴν ἀναφαίνων Τ 411.—Foolish or thoughtless action. In pl.: τοῖσιν Εὐπείθης ἡγήσατο νηπιέῃσιν ω 469.

νήπιος, -η, -ον. (1) Young, of tender years :

τέκνα Β 136. Cf. Δ 238, Ε 480, Ζ 400, I 440, Π 8, etc.: β 313, δ 818, ζ 301, λ 449, τ 530, etc.—In reference to the young of a bird or animal Β 311, Λ 113.—Absol. in neut. pl. νήπια, the young of an animal: λέων, ᾧ νήπι' ἄγοντι . . . Ρ 134.—(2) Such as a child's is, feeble: βίη νηπίη [ἐστίν] Λ 561.—(3) Childish, foolish, thoughtless, senseless, credulous: φῆ αἱρήσειν πόλιν, ν. Β 38. Cf. Β 873, Ε 406, Η 401, Π 46, Σ 311, Χ 445 (fond heart), etc.: α 8, γ 146, δ 31, ι 44, φ 85, etc.—In voc. νήπιε Π 833, Σ 295, Φ 99, Χ 333.—Absol. in masc., a fool: ῥεχθὲν ν. ἔγνω Ρ 32 = Τ 198.—In neut. pl., foolish things, folly: νήπια βάζεις δ 32.

νήποινος [νη- + ποινή]. (1) With no compensation or penalty exacted in respect of one, unavenged: νήποινοί κ' ὄλοισθε α 380 = β 145.—(2) In neut. sing. νήποινον as adv., without making compensation or recompense, without compensation or recompense made: βίοτον ν. ἔδουσιν α 160. Cf. α 377 = β 142, ξ 377, 417, σ 280.

νηπύτιος [νη- + ἠπύω. Cf. L. *infans*]. Childish, foolish, senseless. In voc. νηπύτιε Φ 410, 441, 474, 585.—In reference to speech: ἐπέεσσι νηπυτίοισιν Τ 211.—Absol., a fool: νηπύτιοι ὥς Ν 292 = Τ 244. Cf. Τ 200, 431.

Νηρηΐς, -ίδος [fem. patronymic fr. Νηρεύς]. A daughter of Nereus, a Nereïd or sea-nymph Σ 38, 49, 52.

νῆσος, -ου, ἡ. An island: 'Εχινάων ἱεράων νήσων Β 626. Cf. Β 108, 677, 721, Γ 445, Σ 208, Φ 454, Χ 45: εἶδον νῆσον (that it was an island on which I was) κ 195. Cf. α 50, γ 171, δ 368, ε 13, ι 130, κ 3, μ 143, ν 95, etc.

νῆστις [νη-εδ-τις, νη-+ἐδ-, ἔδω]. Without eating, fasting Τ 156, 207 : σ 370.

νητός [νέω]. Heaped or piled up β 338.

νηῦς, ἡ [cf. L. *navis*]. Genit. νηός (νηFός) Α 439, Θ 515, Π 1, Ψ 852, etc.: α 171, ι 60, ν 74, τ 243, etc. νεός Ο 423, 693, 704: η 252, ι 482, μ 100, φ 390, etc. Dat. νηΐ. Acc. νῆα Α 141, I 137, Ο 417, Τ 277, etc.: α 280, β 212, ν 65, ψ 330, etc. νέα ι 283. Nom. pl. νῆες Β 303, Δ 247, Ν 14, Τ 60, etc.: β 292, ζ 264, ι 64, ρ 288, etc. Β 509, 516, Ν 174, Σ 69, etc.: γ 312, η 9, 36, ι 125. Genit. νηῶν Β 152, Ε 550, Ν 57, Ω 141, etc. : δ 361, ζ 268, κ 123, φ 39, etc. νεῶν Α 48, Θ 490, Ξ 146, Τ 33, etc.: ζ 271, μ 67, etc. Dat. νηυσί Α 26, I 47, Ν 1, Χ 89, etc.: α 61, β 18, ο 387, σ 181, etc. νήεσσι Π 1, Δ 239, Μ 112, Ψ 248, etc.: γ 131, λ 399, ξ 260, ω 109, etc. νέεσσι Γ 46, Ν 333, Ο 409, Τ 135, etc.: ξ 230. Acc. νῆας Α 12, Β 8, Μ 7, Σ 14, etc.: γ 180, η 43, ξ 247, ω 43, etc. νέας Α 487, Ν 96, Ξ 392, Ρ 612, etc.: γ 153, κ 15, λ 124, ξ 258, etc. Locative ναῦφι Θ 474, Π 281, Σ 305. This form as ablative Β 794, Μ 225, Ν 700, Π 246 : ξ 498. A ship Α 71, 141, 170, 308, 439, 476, etc.: α 171, 211, 260, 288, β 307, 390, etc.—In pl. of the Greek ships drawn up on the Trojan shore and with the κλισίαι forming the camp Α 12, 48, 487, Β 398, 794, Ζ 69, etc.: α 61, δ 248, 255, λ 545, ξ 496, 498, 501, ω 43.—In pl. of the ships of a particular chief Α 306, I 185, etc.

νήχω [νέω[1]]. Fut. mid. νήξομαι ε 364. (παρα-.)
To swim ε 375, 399, 439, η 280.—In mid. : ἐπήν
μοι σχεδίην διὰ κῦμα τινάξῃ, νήξομαι ε 364. Cf.
η 276, ξ 352, ψ 233, 237.

νίζω. Fut. νίψω τ 376. 3 sing. νίψει τ 356.
3 sing. aor. ἔνιψε Π 229. νίψε Κ 575 : τ 505.
Aor. νίψον τ 358. 3 sing. aor. mid. νίψατο Π 230.
Pple. νιψάμενος Ω 305 : β 261, μ 336. Pl. νιψά-
μενοι κ 182. Infin. νίψασθαι α 138, δ 54, η 174,
κ 370, ο 137, ρ 93. 3 sing. pf. pass. νένιπται
Ω 419. (ἀπο-, ἐξαπο-.) (1) To wash, cleanse :
σπόγγοισι τραπέζας νίζον α 112. Cf. Π 229.—
(2) To wash the feet of : νίψον σοῖο ἄνακτος
ὁμήλικα τ 358. Cf. τ 374, 392, 505.—With double
acc. of person and part : ἥ σε πόδας νίψει τ 356.
Cf. τ 376.—(3) To wash away or off : ἐπεὶ σφιν
κῦμα θαλάσσης ἱδρῶ νίψεν ἀπὸ χρωτός Κ 575. Cf.
Λ 830, 846, Ω 419.—With ἀπό, off : ὕδατι νίζοντες
ἄπο βρότον Η 425.—(4) In mid., to wash (one's
hands) : νίψατο αὐτὸς χεῖρας Π 230 : χεῖρας νιψά-
μενος ἁλός (genit. of material, 'in the . . .')
β 261. Cf. κ 182, μ 336.—To wash (one's body).
With second acc. of what is washed away or off :
χρόα νίζετο ἅλμην ζ 224.—To wash one's hands :
νιψάμενος κύπελλον ἐδέξατο Ω 305. Cf. α 138 =
δ 54 = η 174 = κ 370 = ο 137 = ρ 93.

νῑκάω [νίκη]. 1 pl. pa. iterative νῑκάσκομεν
λ 512. (1) To overcome, vanquish, get the
better of, in fight or in a contest : δοκέω νικησέμεν
Ἕκτορα Η 192, ἀνδρὶ νικηθέντι γυναῖκ' ἔθηκεν (as
a prize for the loser) Ψ 704. Cf. Γ 404, Ν 318,
Π 79, Υ 410, Φ 501, Ψ 634, 680, 756 : ν 261, σ 83,
333 = 393.—(2) Absol., to be the conqueror, prove
the winner, in fight or in a contest Γ 439, Δ 389,
Ε 807, Υ 102, Ψ 669, Ψ 71 = 92 : = σ 46, θ 520,
λ 548.—In aor. pple., the winner : τῷ κε νικήσαντι
κεκλήσῃ ἄκοιτις Γ 138. Cf. Γ 255, Ψ 702.—In aor.
pple. pass., the loser : τῷ νικηθέντι τίθει δέπας
Ψ 656. Cf. Ψ 663.—(3) In gen., to overcome,
get the better of : νόον νίκησε νεοίη (overcame
your better judgment) Ψ 604. Cf. σ 319.—With
cognate acc. : νίκης, τήν μιν ἐγὼ νίκησα (i.e. I won
the cause) λ 545.—(4) To excel, be first or pre-
eminent among, bear away the palm from :
ἀγορῇ ἐ παῦροι νίκων Ο 284. Cf. Ι 130, 272 : λ 512.
—(5) Absol., to be first or pre-eminent, bear
the palm Β 370, 597, Σ 252 : γ 121.—Of an in-
animate object : κάλλει ἐνίκα [κρητήρ] (in . . .)
Ψ 742.—Of abstractions, to prevail, rule, carry
it away : βουλὴ κακὴ νίκησεν κ 46. Cf. Α 576 :
= σ 404.

νίκη, -ης, ἡ. (1) Victory, the upper hand, in
fight or in a contest Γ 457, Δ 13, Ζ 339, Θ 176,
Ν 166 (the victory which had eluded his grasp),
Ξ 364, Π 689, etc. : χ 236.—(2) In gen., victory,
getting the better of someone λ 544.

νίσσομαι, νίσομαι [for νι-νσ-ομαι, redup. fr.
νσ-, νεσ-, conn. with νέομαι]. (μετα-, ποτι-.)
(1) To go or come back, return : ἐκ πεδίου νίσοντο
Μ 119. Cf. δ 701 = ε 19.—(2) To take one's way,
go, come : πόλεμόνδε Ν 186, Ο 577. Cf. Σ 566.—
(3) In pres. with fut. sense, to go or come back,

return : οὐ γὰρ ἔτ' αὖτις νίσομαι ἐξ Ἀίδαο Ψ 76.
Cf. κ 42.

νιφάς, -άδος, ἡ [νίφω]. Dat. pl. νιφάδεσσι
Γ 222. (1) A snowflake Γ 222, Μ 156, Τ 357.
—So νιφάδες χιόνος Μ 278.—(2) Snow : ν. ἠὲ
χάλαζα Ο 170.

νιφετός, ὁ [νίφω]. Snow Κ 7 : δ 566.

νιφόεις, -εντος [νίφω]. Snowclad, snowcapt :
ὄρεϊ Ν 754. Cf. Ξ 227, Σ 616, Υ 385 : τ 338.

νίφω [cf. L. niv-, nix, Eng. snow]. To snow
Μ 280.

νίψω, fut. νίζω.

νοέω [νόος]. (εἰσ-, προ-.) (1) To perceive with
the eye, see, discern, mark, observe (often with
complementary pple. or adj.) : τὸν ὡς ἐνόησεν
ἐρχόμενον Γ 21, τῶν οὔ τιν' ἰδέειν δύναμ' οὐδὲ νοῆσαι
Ε 475. Cf. Β 391, Γ 30, 396, Δ 200, Ε 95, Ζ 470,
Μ 143, Ο 348, Φ 49, etc. : α 58, δ 116, 653, ζ 163,
θ 271, μ 248, π 5, τ 232, etc.—Absol. Γ 374, Ε 669,
Θ 91, Μ 393, Ρ 483, etc. : δ 148, π 160, τ 478,
χ 162, etc.—(2) To perceive with the mind, see,
mark, understand : οὔ τι δολοφροσύνην ἐνόησεν
Τ 112. Cf. Α 522 : ζ 67, σ 228, υ 309, 367.—With
dependent clause : τὸ νήπιος οὐκ ἐνόησεν, ὡς . . .
ι 442. Cf. χ 32.—Absol. Κ 225 : α 322, φ 257.—
—With dependent clause : νοῆσαι ὅππως . . .
Α 343. Cf. Κ 224, Υ 264, Χ 445.—In pres. pple.,
not lacking perception, recognizing quickly the
calls of expediency or propriety, intelligent, of
good sense : καὶ αὐτῇ περ νοεούσῃ Α 577. Cf.
Ψ 305 : π 136 = ρ 193 = 281.—(3) To think of,
propose to oneself, purpose : μή μοι ταῦτα νόει
φρεσίν Ι 600. Cf. Ψ 140 = 193 : β 382 = 393 = δ 795
= ζ 112 = σ 187, δ 219, ε 188, 382, ζ 251, π 409, ρ 576
(taken this into his head), ψ 242, 344.—(4) To
turn over in one's mind, think out, plan, con-
trive, devise : τοῦτό γ' ἐναίσιμον οὐκ ἐνόησεν β 122,
η 299. Cf. Α 543, 549, Η 358 = Μ 232, Ι 104, 105,
Ψ 415.—Absol. : περίοιδε νοῆσαι Κ 247. Cf. ε 170.
—(5) To think of, have the wit to say or do : ἀλλ'
αὐτὸς νοέησις γ 26. Cf. σ 230.—With comple-
mentary infin. : τὸ οὔ τις ἐνόησε, μηροῦ ἐξερύσαι
δόρυ Ε 665.—Followed directly by infin. : οὐκ
ἐνόησα καταβῆναι ἰὼν ἐς κλίμακα λ 62.—In mid. :
οὐ μάστιγα νοήσαθ' ἐλέσθαι Κ 501.—Absol. : ὅππως
οἱ κατὰ μοῖραν ὑποκρίναιτο νοήσας (should hit upon
the right interpretation) ο 170.—(6) To think
of a thing, have it occur to one : ἢ λάθετ' ἢ οὐκ
ἐνόησεν Ι 537.—(7) To think, with the thought
directly reported Ο 81.—(8) To be minded or
disposed, have one's mind made up. With
infin. : νοέω καὶ αὐτὸς Ἕκτορα λῦσαι Ω 560. Cf.
Χ 235.—(9) To consider the case of, make up
one's mind as to : νόησον Αἰνείαν, ἢ . . . ἢ . . .
Υ 310.

νόημα, -ατος, τό [νοέω]. (1) A thought, idea,
notion : τίπτε τοι ἐνὶ φρεσὶ τοῦτο ν. ἔπλετο ; β 363.
Cf. Η 456, Σ 295 : η 36, ο 326, ρ 403.—(2) The
mind : οὐκέτι τοι φρένες ἔμπεδοι [εἰσιν] οὐδὲ ν.
σ 215. Cf. σ 220, υ 82, 346.—(3) Mental power or
reach, intelligence : σεῖο κε νοήματι προβαλοίμην
(in . . .) Τ 218.—(4) One's mind, nature, dis-

position : αἰεί τοι τοιοῦτον ἐνὶ στήθεσσι ν. ν 330. Cf. Ω 40 : ζ183.—(5) What one has in one's mind, a purpose, design, intention : οὐχ Ἕκτορι πάντα νοήματ' ἐκτελέει Κ 104. Cf. Σ 328 : θ 559, ψ 30.—In collective sense : Διὸς νόημα (his purposes) Ρ 409.—(6) A device or contrivance : νοήμασι κερδαλέοισιν θ 548. Cf. β 121.—(7) What comes into one's mind or occurs to one : οὔ τι νοήματος ἤμβροτεν ἐσθλοῦ (the right thing to do) η 292. Cf. ξ 273.

νοήμων, -ονος [νοέω]. Right-thinking : οὔ (τι) νοήμονες οὐδὲ δίκαιοι β 282, γ 133, ν 209.

νόθος, -η. Not born in wedlock, bastard, illegitimate Β 727, Δ 499, Ε 70, Θ 284, Λ 102, 490, Ν 173, 694 = Ο 333, Π 738.—Absol., a bastard : ὁ νόθος ἡνιόχευεν Λ 103.

νομεύς, ὁ [νομ-, νεμ-, νέμω]. A herdsman or shepherd Λ 697, Ο 632, Σ 525, 577, 583 : δ 413, π 3, 27, ρ 214=ν 175, ρ 246, φ 19.—Joined with ἄνδρες Ρ 65.

νομεύω [νομεύς]. To tend or drive (one's flock) : ἐνόμευε μῆλα ι 217. Cf. ι 336, κ 85.

νομόνδε [acc. of next + -δε (1)]. To the pasture : ν. ἐξέσσυτο μῆλα ι 438. Cf. Σ 575.

νομός, -οῦ, ὁ [νομ-, νεμ-, νέμω]. A pasture or grazing-ground Β 475, Ζ 511 = Ο 268, Σ 587 : ι 217, κ 159.—ἐπέων πολὺς ν. ἔνθα καὶ ἔνθα Υ 249, app., much room to roam hither and thither, wide scope.

νόος, -ου, ὁ. Contr. νοῦς κ 240. (1) The mind : μὴ κεῦθε νόῳ Α 363, ν. ἔμπεδος ἦεν Λ 813. Cf. Α 132, Ι 514, Κ 122, Μ 255, Ο 52, etc. : α 347, β 92, η 263, ν 255, υ 366, etc.—(2) Mental power or reach, intelligence : περὶ νόον ἐστὶ βροτῶν (in . . .) α 66. Cf. Κ 226, Ν 732, Ο 643, Σ 419 : κ 494.—(3) Sense, good sense, judgment, discretion : ν. ἀπόλωλε καὶ αἰδώς Ο 129. Cf. Κ 391, Τ 133 : ζ 320, η 73.—(4) One's mind, spirit, nature, disposition : σοὶ ἀτάρβητος ν. ἐστὶν Γ 63. Cf. Π 35, Ψ 484 : α 3, ε 190, ζ 121 = ι 176 = ν 202, θ 576, σ 136, 332 = 392, σ 381.—(5) One's mind, will, liking : ὅπῃ τοι ν. ἔπλετο Χ 185. Cf. Ι 108 (not by my good will), Υ 25.—(6) What one has in his mind, his mind, purpose, design, intent, what he has in view : ὄφρα κ' ἔτι γνῶμεν Τρώων νόον Χ 382. Cf. Β 192, Η 447, Θ 143 : β 124, 281, δ 256, ε 103, 137, λ 177, ν 229, φ 205, χ 215. —(7) A plan, design, device, a scheme, system or method of action : τόνδε νόον ἔχοντες Δ 309. Cf. Ι 104, Ο 509, Ω 367 : νόον σχέθε τόνδ' ἐνὶ θυμῷ ξ 490. Cf. ε 23 = ω 479.—(8) Counsel, concerting of measures, contriving, planning, scheming : νόῳ καὶ ἐπίφρονι βουλῇ γ 128. Cf. Ξ 62 : δ 267, μ 211, ν 305, π 197, 374, τ 326.—(9) What one has in his mind, his expectation, hope, desire : τοῖσιν ὅδ' ἦν ν. Ο 699. Cf. Ψ 149.—(10) What one has in his mind, what he knows or can tell : δαήναί τις νόος δ 493.

νοστέω [νόστος]. (ἀπο-.) (1) To come to or reach a specified place, arrive : κεῖσέ με νοστήσαντα δ 619 = ο 119.—(2) To return, come back : ὄφρα μένοιεν νοστήσαντα ἄνακτα Ν 38.—Implying a safe

return Ε 157, Κ 247, Ν 232, Ρ 207, 239, 636, Σ 238, Χ 444, Ω 705 : κ 285, 419.—(3) To return home, reach one's home : ἢ εὖ ἦε κακῶς νοστήσομεν Β 253.—Implying more or less a happy or safe return Ε 212, Ο 374, Σ 330, Ψ 145 : α 36, 163, 268, ν 43, τ 463, ω 400, etc.—With οἴκαδε Δ 103 = 121, Σ 60 = 441, Σ 90 : β 343, θ 102, μ 43, etc. —With οἴκόνδε Ε 687.—With ὄνδε δόμονδε α 83, υ 329, etc.

νόστιμος [νόστος]. (1) Of or pertaining to one's home-coming : νόστιμον ἦμαρ. See ἦμαρ (4) (h).—(2) Destined, that may be expected, to return safe home : οὐκέτι ν. ἐστιν τ 85, υ 333. Cf. δ 806.

νόστος, -ου, ὁ [cf. νέομαι]. (1) A coming to or reaching a specified place, a getting to it : νέων ἐπιμαίεο νόστου γαίης Φαιήκων (to the land of the . . .) ε 344.—(2) A returning or going back : νῆας ἔπι Κ 509. Cf. Ι 622.—(3) A going home, one's return home or home-coming, one's journey home α 326, γ 132, 142, δ 497, ε 108, ι 37, 97, 102, κ 15, λ 110 = μ 137, λ 384, ο 3, σ 242, ψ 351, etc.—Implying more or less a happy or safe return Β 155, 251, Ι 413, 434, Π 82 : α 5, 13, 77, 94 (to seek for tidings of his homeward bound father), 287 (learn that he has so far safely accomplished the homeward journey), γ 160, δ 519, ζ 14, μ 419, ξ 61, χ 323, etc.

νόσφι(ν). (I) Adv. (1) Away, far away : ν. ἐόντες γ 193.—At a distance, away, absent : ὅτε σὺ ν. γένηαι κ 486. Cf. Χ 332 : ξ 147, 527.— (2) Apart, aloof, by himself or themselves : ν. καθήμεναι Δ 9. Cf. Ε 322, Κ 416, Ο 244, Ρ 382, 408 : λ 544.—(3) Away, off, to a distance, apart, aloof : ν. κιόντα Λ 284, Ξ 440. Cf. Λ 80, Ω 583 : δ 289, θ 286, ν 164.—In reference to direction, away, aloof : ν. ἰδών ρ 304. Cf. Ν 4.—(II) Prep. with genit. (1) Far from : ν. φίλων πάντων Ξ 256. Cf. Τ 422, Χ 508.—In the absence of : οὓς ἐπέφνετε ν. ἐμεῖο Φ 135.—(2) Apart or aloof from, at a distance from : ν. πόληος α 185 = ω 308, π 383, ω 212. Cf. Ζ 443, Σ 465 : δ 367.—Apart from, having separated oneself from or left : ὅτε τ' ἤλυθε ν. Ἀχαιῶν Ε 803.—Without reference to place : τοί κεν Ἀχαιῶν ν. βουλεύωσιν Β 347.— (3) Away from, to a distance from : ἑτάρων ν. λιασθείς Α 349. Cf. Θ 490, Ψ 365.—(4) Apart from, without the help or countenance of : πολλὰ πονήσατο νόσφιν ἐμεῖο Ι 348. Cf. ξ 9 = 451.—(5) Apart from, except : ν. θεῶν Μ 466. Cf. Τ 7 : α 20.

νοσφίζομαι [νόσφι]. Αοr. νοσφισάμην τ 339. 3 sing. νοσφίσατο λ 425. Nom. sing. fem. pple. νοσφισσαμένη τ 579, φ 77, 104. Acc. νοσφισσαμένην δ 263. Aor. pple. in pass. form νοσφισθείς λ 73. (1) To turn away in incredulousness, disdain or aversion : ψεῦδός κεν φαῖμεν καὶ νοσφιζοίμεθα μᾶλλον Β 81 = Ω 222. Cf. λ 425.—With genit. : πατρὸς ψ 98.—(2) To turn one's back, depart : μή μ' ἄκλαυτον καταλείπειν, νοσφισθείς λ 73.—(3) To turn one's back upon, leave, quit : τόδε δῶμα τ 579 = φ 77, φ 104. Cf. δ 263, τ 339.

νοτίη, -ης, ἡ [Νότος]. A shower Θ 307.

νότιος [Νότος]. (1) Flowing, running : ἱδρώς Λ 811, Ψ 715.—(2) Absol. as sb., the part towards the south : ὑψοῦ ἐν νοτίῳ νῆ' ὅρμισαν δ 785, θ 55 (*i.e.* just outside the haven (which is thought of as facing south) to await the evening landbreeze).

Νότος, -ου, ὁ. (1) The south wind Β 145 (see under Εὖρος), Β 395, Γ 10, Λ 306, Π 765, Φ 334 : γ 295, ε 295, 331, μ 289, 325, 326, 427. — (2) The south : πρὸς Νότου ν 111.

νοῦς. See νόος.

νοῦσος, -ου, ἡ. A disease, illness, ailment Α 10, Ν 667, 670 : ε 395, ι 411, λ 172, 200, ο 408.

νυ, enclitic [shortened form of νῦν]. (1) In temporal sense like νῦν (1) (2) (3): ἤ νύ σέ που δέος ἴσχει Ε 812. Cf. Α 28, Β 258, Ξ 340, Ο 440, etc. : τόθι γάρ νύ οἱ αἴσιμον ἦεν ναιέμεναι ο 239. Cf. α 244, β 327, ζ 275, κ 562, etc.—In past suppositions contrary to fact : καί νύ κεν εἴρυσσεν Γ 373. Cf. Ε 311, etc. : δ 363, ι 79, etc.— Strengthening δή Τ 95, etc.—(2) Like νῦν (5): ἤ ῥά νύ μοί τι πίθοιο Δ 93, etc.—(3) As affirmative particle : θεοί νύ μοι αἴτιοί εἰσιν (it is the gods that . . .) Γ 164, θεὸς νύ τίς ἐστι κοτήεις (it must be . . .) Ε 191. Cf. Γ 183, Θ 32, Ο 128, Π 622, Τ 169, etc. : α 32, 347, μ 280, τ 501, υ 114, etc. —(4) In questions : τί νύ σ' ἔτρεφον ; Α 414. Cf. Δ 242, Φ 474, etc. : δ 462, ζ 25, 149, υ 193, etc. —In indirect questions : γνώση ὅς θ' ἡγεμόνων κακὸς ὅς τέ νυ λαῶν Β 365. Cf. α 407.

νυκτερίς, -ίδος, ἡ [νυκτ-, νύξ]. A bat : τῷ ἐχόμην ὡς νυκτερίς μ 433. Cf. ω 6.

νύμφη, -ης, ἡ. Voc. νύμφα Γ 130 : δ 743. (1) A young woman, a maiden Ι 560.—(2) A nymph, one of a class of semi-divine female beings imagined as inhabiting the sea, fountains, islands, caves, etc.: νυμφάων, αἵ τ' ἄλσεα νέμονται καὶ πηγὰς ποταμῶν καὶ πίσεα Υ 8. Cf. Ω 616 : α 71, ζ 105, 123, ι 154, μ 132, 318, ν 107, 350, 355, ζ 435, ρ 211, 240.—Of Calypso α 14, 86, δ 557 = ε 14 = ρ 143, ε 6, 30, 57, 149, 153, 196, 230 = κ 543, ψ 333.—Defined by νηΐς Ζ 21, Ξ 444, Υ 384.—By ὀρεστιάς Ζ 420.—By νηϊάς ν 104 = 348, 356.—(3) A bride, a woman about to be married Σ 492.—(4) A bride, a woman not long married λ 38, 447.—Applied to matrons. To Helen Γ 130. —To Penelope δ 743.

νυμφίος [νύμφη]. Not long married : παιδὸς νυμφίου Ψ 223. Cf. η 65.

νῦν. (1) At the present time, now : οἷοι νῦν βροτοί εἰσιν Ε 304. Cf. Α 109, Β 254, Η 129, Μ 271, etc. : α 82, γ 69, ρ 245, σ 239, etc. — At the present time, on the present occasion, now, as opposed in terms to the past or future : ἤ νῦν δηθύνοντ' ἤ ὕστερον αὖτις ἰόντα Α 27. Cf. Α 455, Γ 439, Δ 321, etc. : τὸ πρίν · ἀτὰρ μὲν νῦν γε . . . δ 32. Cf. α 369, γ 366, ζ 243, etc.—(2) In the time following more or less directly the present, now : ἤ νῦν δ' εἰμι Φθίηνδε Α 169. Cf. Α 59, 421, Β 12, Η 226, etc. : α 200, β 314, γ 359, δ 685, etc.—(3) Looking back to an occurrence in the past, now : ὅς νῦν 'Αργείοισι κήδε' ἐφῆκεν

A 445. Cf. Α 506, Β 274, Δ 12, Ν 772, etc. : α 35, 43, β 28, ζ 172, etc.—So in a past supposition contrary to fact : νῦν ἄν ὕστατα λωβήσαιο Α 232 = Β 242.—(4) νῦν δέ, but as it is : τιμήν μοι ὄφελλεν ἐγγυαλίξαι · νῦν δ' οὐδέ με τυτθὸν ἔτεισεν Α 354. Cf. Α 417, Β 82, Ι 519, Μ 326, etc. : α 166, β 79, ξ 371, σ 403, etc.—(5) In sentences expressing a command, request, exhortation or wish, with the temporal sense weakened or effaced, now : νῦν ἐμέθεν ξύνες ὦκα Β 26. Cf. Α 407, Ε 129, Ξ 219, Φ 428, etc. : νῦν μήτ' εἴης μήτε γένοιο σ 79. Cf. α 271, β 281, δ 395, θ 202, κ 320, λ 441, etc.— (6) Continuing an enumeration, now, and now : νῦν αὖ τοὺς ὅσσοι . . . τῶν αὖ ἦν ἀρχὸς 'Αχιλλεύς Β 681.—(7) In a question, well now : πῶς γὰρ νῦν . . . ; Κ 424. Cf. σ 223.

νυν, enclitic. (1) = νῦν (1) Κ 105.—(2) = νῦν (5) Ψ 485.

νύξ, νυκτός, ἡ [cf. L. nox, Eng. night]. (1) Night, the night, the period of darkness : ἐπήλυθε ν. Θ 488. Cf. Α 47, Β 57, Γ 11, Η 282, Ξ 78, Ω 366, etc. : νύκτα διὰ δνοφερήν ο 50. Cf. δ 429, ε 294, ι 143, κ 86, τ 66, ψ 243, etc.—(2) A night considered as a space of time : πολλὰς ἀΰπνους νύκτας ἴαυον Ι 325. Cf. Ε 490, Θ 529, Ι 470, Κ 188, 251, 252, 312=399, Σ 274, 340, Χ 432, Ψ 186, Ω 73, 745 : β 105, 345, γ 151, ε 466, μ 312, ρ 515, τ 340, υ 85, χ 195, etc.—(3) A night considered as a point or unit of time or as one of a series : δεκάτη ν. Ι 474. Cf. Ι 78, Κ 497, Σ 251, Χ 102 : τῇδε νυκτί υ 88. Cf. η 253=ξ 314, μ 447, ξ 93, σ 272.— (4) Night personified Ξ 259, 261.—(5) Darkness, a pall or cloud of darkness : Ζεὺς ἐπὶ νύκτα τάνυσεν ὑσμίνῃ Π 567. Cf. Ε 23, 506: λ 19, υ 351, 362, ψ 372.—The darkness of death or of stupor : ὅσσε ν. ἐκάλυψεν Ε 310 = Λ 356. Cf. Ε 659 = Ν 580, Ν 425, Ξ 439, Χ 466.

νύξε, 3 sing. aor. νύσσω.

νυός, -οῦ, ἡ. A daughter-in-law : νυὸν ἀνδρῶν αἰχμητάων (Helen being regarded as having contracted affinity with her husband's nation) Γ 49, θυγατέρες ἰδὲ νυοί Ω 166. Cf. Χ 65 : γ 451.

νύσσα, -ης, ἡ [νύσσω]. (1) The starting-line in a race : τοῖσιν ἀπὸ νύσσης τέτατο δρόμος Ψ 758 : θ 121.—(2) The turning-post : ἐν νύσσῃ τοι ἵππος ἀριστερὸς ἐγχριμφθήτω Ψ 338. Cf. Ψ 332, 344.

νύσσω. 3 sing. aor. νύξε Ε 46, Λ 96, Μ 395, Ο 536, Π 404, Ψ 819, etc. Pple. νύξας ξ 485. (1) To wound, pierce or strike by a thrust with a pointed weapon, make a thrust at with such a weapon : τὸν ἔγχεϊ νύξε κατὰ δεξιὸν ὦμον Ε 46. Cf. Λ 96, Ο 536, Π 346, Υ 397, etc.—Without expressed object Λ 235 = Ρ 48, Ν 147 = Ο 278 = Ρ 731, Ψ 819.—Sim. in mid. of reciprocal action Ξ 26= Π 637.—(2) App. implying no more than striking with the hand : χείρεσσ' ἀσπίδα νύσσων Π 704.—(3) To give one a nudge (with the elbow) : ἀγκῶνι νύξας ξ 485.

νώ. See νῶϊ.

νωθής. Obstinately lazy, refractory Λ 559.

νῶϊ. Genit. and dat. νῶϊν. This form as

nom. Π 99. Acc. νῶϊ. Also νώ E 219 : ο 475.
Pron. of the 1st person dual, we : καὶ νῶϊ μεδώμεθ᾽
ἀλκῆς Δ 418, νῶϊν ἐπέντυε μώνυχας ἵππους Θ 374.
Cf. Θ 428, X 88, etc. : δ 160, 172, ο 475, etc.

νωΐτερος, -η, -ον [νῶϊ]. Our (of two persons) :
λέχος O 39 : ὅπα μ 185.

νωλεμές (cf. next). Without cease, cessation,
pause, relaxation of effort, blenching : μάχην
ἔχουσιν Ξ 58. Cf. P 413.—Strengthened by αἰεί
I 317 = P 148, P 385, T 232 : π 191, χ 228.

νωλεμέως [cf. prec.] = prec. : κίνυντο φάλαγγες
Δ 428. Cf. E 492, N 3, 780 : πίεζεν δ 288. Cf.
ι 435, λ 413, μ 437, υ 24.

νωμάω [νέμω]. (1) To distribute or give out
among a company : σπλάγχνα υ 252.—Without
expressed object A 471 = I 176 : = γ 340 = φ 272,
η 183, ν 54 = σ 425.—(2) To handle, wield, move,
control : σκῆπτρον Γ 218. Cf. E 594, H 238, O 677 :
κ 32, μ 218, φ 245, 393, 400, χ 10.—To put in
motion, ply (the limbs, etc.) : γούνατ᾽ ἐνώμα K 358,
X 144. Cf. O 269, X 24.—In reference to the
mind, to apply it (skilfully) to the matter in
hand, have it in (constant) practice or readiness :
νόον πολυκερδέα νωμῶν ν 255.—Sim. in reference
to the contents of the mind : κέρδε᾽ ἐνώμας σ 216.
Cf. υ 257.

νώνυμνος, -ον [= next]. (1) = next (1) M 70 =
N 227 = Ξ 70. — (2) Undistinguished, obscure,
inglorious : γενεήν α 222.

νώνυμος, -ον [νη- + ὄνυμα, Aeolic form of ὄνομα].
(1) Nameless, the very name lost : ὅπως ἀπὸ
φῦλον ὄληται νώνυμον ξ 182.—(2) Unknown, little
known, obscure : οὐδέ τι λίην οὕτω νώνυμός ἐστιν
[ἤδε γαῖα] ν 239.

νῶροψ, -οπος. App., gleaming, glancing, or
the like. Epithet of χαλκός B 578, H 206, Λ 16,
N 406, Π 130, Ξ 383 : = ω 467 = 500.

νῶτον, -ου, τό. (1) The back : οὐκ ἂν ἐν αὐχένι
πέσοι βέλος οὐδ᾽ ἐνὶ νώτῳ N 289. Cf. E 147, Υ 279,
Φ 69, Ψ 714 : ρ 463.—Of horses B 765.—Of sheep
ι 441.—Of a wild boar N 473.—The back of
an animal cut off for use as food, the chine
I 207 : θ 475.—In pl., app., slices cut from the
back : νώτοισι γέραιρεν H 321 : ξ 437. Cf. δ 65.—
(2) In pl. in sing. sense : μετὰ νῶτα βαλών Θ 94.
Cf. N 547, Υ 414 : ʒ 225.—Of a ram ι 433.—Of a
deer κ 161.—Of a serpent B 308.—Of the surface
of the sea : ἐπ᾽ εὐρέα νῶτα θαλάσσης B 159, Θ 511,
Υ 228 : γ 142, δ 313, 362, 560 = ε 17 = 142 = ρ 146.

νωχελίη, -ης, ἡ. Remissness, supineness,
tardiness in action : βραδυτῆτί τε νωχελίη τε T 411.

ξαίνω. To comb or card (wool) χ 423.

ξανθός, -ή, -όν. Yellow. Of horses, bay or
chestnut I 407, Λ 680.—Of hair, yellow, fair
A 197, Ψ 141 : ν 399, 431.—As a personal epithet,
of the fair hair, fair-haired. Of Meleager B 642.—
Of Menelaus Γ 284, 434, Δ 183, 210, etc. : α 285,
γ 168, 257, 326, etc.—So κάρη ξανθὸς Μενέλαος
ο 133.—Of Demeter E 500.—Of Agamede Λ 740.—
Of Rhadamanthus δ 564, η 323.

ξεινήϊος [ξεῖνος]. (1) Such as may fitly be
given by a host to a guest : δῶρα ω 273.—
(2) Absol. in neut., a present given by a host to
a guest, or given one to the other by persons
between whom the ξεῖνος relationship exists (see
ξεῖνος (2)) : ἀλλήλοισι πόρον ξεινήϊα Z 218. Cf. K 269,
Λ 20 : θ 389, ι 267.—Sarcastically : τοῦτό (i.e. the
stroke with the spear) τοι ἀντὶ ποδὸς ξεινήϊον
[ἔσται] χ 290. Cf. ι 370.—(3) Absol. in neut.
pl., fare or good things put before a guest :
παράθες οἱ ξεινήϊα Σ 408. Cf. γ 490, δ 33.

ξεινίζω [ξεῖνος]. 1 pl. fut. ξεινίσσομεν η 190.
Aor. ἐξείνισσα Γ 207 : τ 194, ω 266, 271. 2 sing.
ξείνισας τ 217. ξείνισσας ω 288. 3 ξείνισε Z 217.
ξείνισσε Γ 232, Z 174. Infin. ξεινίσαι ξ 322. To
receive or entertain hospitably, treat as an
honoured guest Γ 207, 232, Z 174, 217 : γ 355,
η 190, ξ 322, τ 194 = ω 271, τ 217, ω 266, 288.

ξείνιος [ξεῖνος]. (1) That guards the obliga-
tions arising from the relationship of guest and
host and the claim of strangers to protection.
Epithet of Zeus N 625 : ι 271, ξ 284.—(2) Absol.
in neut., a present given by a host to a guest
ι 229, 365, τ 185.—Sarcastically ι 356, υ 296.
—(3) Absol. in neut. pl., fare or good things put
before a guest Λ 779, Σ 387 : = ε 91, ξ 404, ο 188.
—Sarcastically ι 517.

ξεινοδόκος, -ου, ὁ [ξεῖνος + δοκ-, δέχομαι]. A
host, one's host Γ 354 : θ 210, 543, ο 55, 70, σ 64.

ξεῖνος, -ου, ὁ. (1) A foreigner or stranger.
(a) A foreigner, one belonging to another land :
ἐπ᾽ ἀνθρώπους ξείνους ἠδ᾽ οἷσιν ἀνάσσεις Ω 202.—
One not of one's own immediate folk : ξεῖνοί
τε καὶ αὐτοῦ βώτορες ξ 102. Cf. ρ 382.—(b) A
stranger, one who comes into, or finds himself
in, a land not his own : εἰσῆλθε Μυκήνας ξ. Δ 377.
Cf. Δ 387 : η 24, σ 106 (wanderers or vagabonds),
τ 333 (travellers), φ 292.—Such a person regarded
as being under the guardianship of Zeus, as
entitled to protection and aid : πρὸς Διός εἰσι
ξεῖνοί τε πτωχοί τε ξ 208 = ξ 58. Cf. θ 546, ι 270,
478, ξ 57, π 108, σ 222, etc.—(c) A stranger, a
person whom one has not seen before, an un-
known person who presents himself before one :
πόθεν τοι ξ. ὅδ᾽ ἵκετο; π 57. Cf. α 120, δ 26,
ʒ 209, θ 28, ξ 414, ρ 10, σ 401, υ 129, etc.—
Vocatively α 123, γ 71, δ 371, ʒ 187, etc.—
Vocatively by a ξ. to one of those among whom
he has come θ 166, ξ 53.—(2) One of two persons
(in pl. the persons) dwelling at a distance from
each other between whom there exists a special
tie of friendship and mutual hospitality : ξ. μοι
πατρώϊός ἐσσι Z 215. Cf. Z 224, 231, N 661,
O 532, P 150, 584, Φ 42 : ξ. ἐμὸς ἐσσίν λ 338. Cf.
α 105, 176, 187, 313, ι 18, ο 196, τ 191, ω 104,
etc.—(3) A host, one's host : ξείνια παρέθηκεν, ἅ
τε ξείνοις θέμις ἐστίν Λ 779. Cf. θ 208, ι 268,
τ 371.—(4) A guest, one's guest : ξεινοδόκοι καὶ ξ.
θ 543. Cf. γ 350, ο 54, 73, 74, υ 295 = φ 313, φ 27.

ξεινοσύνη, -ης, ἡ [ξεῖνος]. The ξεῖνος relation-
ship (see ξεῖνος (2)) φ 35.

ξενίη, -ης, ἡ [ξεν-, ξεῖνος]. Hospitable bounty :

μίξεσθαι ξενίη (in mutual hospitality) ω 314. Cf.
ω 286.

ξένιος, -η, -ον [=ξείνιος]. (1) That serves as a
symbol of the obligations of a guest in reference
to his host or of the claims of a stranger to pro-
tection : ἴστω ξενίη τράπεζα ξ 158=ρ 155=ν 230.
—(2)=ξείνιος (1) ξ 389.—(3) Absol. in neut. pl.
=ξείνιος (3) ο 514, 546.

ξερός. Dry. Absol. in neut., the dry land,
the shore : ποτὶ ξερὸν ἠπείροιο ε 402.

ξεστός, -ή, -όν [ξεσ-, ξέω]. Smoothed, smooth,
wrought, polished : αἰθούσῃσιν (of wrought stone)
Z 243, Υ 11, λίθοιο 244, 248. Cf. Σ 504 : α 138=
δ 54=η 174=κ 370=ο 137=ρ 93, γ 406, θ 6, κ 211
=253, μ 172, ξ 350, π 408, σ 33, τ 566, χ 72.—Of
the Trojan horse : ἵππῳ ἐνὶ ξεστῷ δ 272.

ξέω. 3 sing. aor. ἔξεσε Ε 81. ξέσσε ε 245,
ρ 341, φ 44. (ἀμφι-.) (1) To remove roughness or
irregularities from the surface of, smooth, work
up ε 245, ρ 341=φ 44, ψ 199.—(2) With ἀπό, to
slice off : ἀπὸ δ' ἔξεσε χεῖρα Ε 81.

†ξηραίνω [ξηρός=ξερός]. 3 sing. aor. pass. ἐξη-
ράνθη. (ἀγ-.) To dry up Φ 345, 348.

ξίφος, -εος, τό. Dat. pl. ξιφέεσσι Η 273, Π 337,
Ρ 530. ξίφεσι Ν 147, Ξ 26, Ο 712, Π 637, etc. :
χ 443, ω 527. A sword Α 194, 210, 220, Β 45,
Γ 18, etc. : β 3, θ 406, λ 531, π 80, χ 326, etc.

ξύλον, -ου, τό. (1) A piece of wood, a post
Ψ 327.—(2) In pl., wood for burning, firewood :
ξύλα πολλὰ λέγεσθε Θ 507. Cf. Θ 547, Σ 347,
Φ 364, Ω 778 : γ 429, θ 436, ξ 418, ο 322, etc.

ξύλοχος, -ου, ἡ [ξύλον]. A wood, coppice,
thicket Ε 162, Λ 415, Φ 573 : δ 335=ρ 126, τ 445.

ξύμβλητο, 3 sing. aor. mid. See συμβάλλω.

ξύν. See σύν. ξυμ-, ξυν-. See συμ-, συν-.

ξυνέαξε, 3 sing. aor. See συνάγνυμι.

ξυνέηκε, 3 sing. aor. See συνίημι.

ξυνελάσσαι, aor. infin. See συνελαύνω.

ξύνες, aor. imp. See συνίημι.

ξυνέσεσθαι, fut. infin. See σύνειμι¹.

ξύνεσις. See σύνεσις.

ξύνετο, 3 sing. aor. mid. See συνίημι.

ξυνήϊα ταῦτα φερέσθων Ψ 809.—Absol. in neut.
pl. ξυνήϊα, a common store : οὔ τί που ἴδμεν ξυνήϊα
κείμενα πολλά (laid up in abundance) Α 124.

ξυνίει, imp. See συνίημι.

ξύνιεν, 3 pl. impf. See συνίημι.

ξύνισαν, 3 pl. impf. See σύνειμι².

ξυνιών, pres. pple. See σύνειμι².

ξυνός, -ή, -όν. Common : γαῖ' ἔτι ξυνή [ἐστιν]
Ο 193. Cf. Π 262.—Inpartial Σ 309.

ξυνοχή. See συνοχή.

ξυρόν, -οῦ, τό. A razor. Fig. : ἐπὶ ξυροῦ ἵσταται
ἀκμῆς ἦ . . . ἠὲ . . . Κ 173.

ξυστόν, -οῦ, τό [neut. of ξυστός, vbl. adj. from
next. 'That which is worked smooth']. (1) A
spear Δ 469=Λ 260, Λ 565, Ν 497. — (2) Some
kind of long pole used in sea-fighting Ο 388, 677.

ξύω. (ἀπο-.) To remove irregularities from the
surface of, scrape smooth : λίστροισιν δάπεδον ξῦον
χ 456.—To treat so as to produce a smooth

surface upon : ἑανόν, ὅν οἱ 'Αθήνη ἔξυσ' ἀσκήσασα
Ξ 179.

ὁ, ἡ, τό. Genit. τοῦ, τῆς, τοῦ. Genit. masc.
and neut. τοῖο Α 380, 493, etc. : γ 334, 388, etc.
Genit. dual τοῖϊν Λ 110, etc. : σ 34. Nom. pl.
τοί Α 447, Β 52, etc. : α 112, 250, etc. Fem. ταί
Γ 5, etc.: ζ 90, etc. Genit. pl. fem. τάων Δ 46,
Ε 320, etc. : β 119, η 117, etc. Dat. τῇσι Ζ 298,
etc. : ζ 101, etc. τῆς Ε 750, etc. : δ 721, etc.
(1) The substantival article. (a) As anaphoric
pronoun of the 3rd person, he, she, it : ὁ γὰρ
νοῦσον ἀνὰ στρατὸν ὦρσεν Α 9. Cf. Α 12, 29, 43,
58, 221, etc. : α 9, 13, 31, 113, 249, 277, etc.—ὁ
(οἱ) μὲν . . . ὁ (οἱ) δὲ . . ., one (some) . . . the
other ((the) others) . . . : οἱ μὲν δάμεν, οἱ δὲ λίποντο
Μ 14. Cf. Β 90, Σ 499, etc. : α 24, ε 477, η 104,
κ 85, etc.—With γε Α 65, 261, 548, etc. : α 4,
195, etc.—So in resumption in a second clause :
νῆας ἔπηξε, πολὺν δ' ὅ γε λαὸν ἀγείρας βῆ Β 664.
Cf. Γ 409, etc. : β 327, etc.—Of the 1st person :
ὁ δ' ἀλλοδαπῷ ἐνὶ δήμῳ πολεμίζω Τ 324.—(b) Some-
times to be translated ' this,' ' that,' in pl. ' these
(those) things, matters, etc.': τό τοι κῆρ εἴδεται εἶναι
Α 228, τῶν οὐκ ἄν τι φέροις 301. Cf. Α 318, Ρ 228,
etc. : α 10, 74 (from that time), ι 393, ξ 444, ω 255,
etc.—With γε : εἰ τό γ' ἄμεινον Α 116, etc. : μὴ
μητέρ' ἄξευ τό γε (to that point) ρ 401, etc.—(c) In
dat. sing. fem. τῇ, in that place or spot, there :
τῇ τόν γε μένον θ 847. Cf. Θ 327, Λ 520, etc. :
μ 62, etc.—Thither : τῇ γ' ἐλθόντες Ζ 435. Cf.
Ο 360, etc. : θ 556.—So Ο 46.—(2) The attributive
article. With sb. or proper name in apposition :
ἡ δ' ἅμα τοῖσι γυνὴ κίεν Α 348, τοὺς δὲ κατὰ πρύμνας
ἔλσαι 'Αχαιούς 409. Cf. Δ 20, 391, 502, Ε 449, etc.:
α 439, β 365, γ 450, δ 353, ε 94, etc.—(3) Passing
into the definite article. (a) The article of con-
trast : παῖδα δ' ἐμοὶ λύσαιτε, τὰ δ' ἄποινα δέχεσθαι
(and on the other side accept the ransom) Α 20,
ἡ τῶν πλεόνων Λυκίων ἀπὸ θυμὸν ἕλοιτο (more
Lycians instead) Ε 673. Cf. Α 340, Β 217, 278,
Δ 399, etc. Also in Od. passim.—With adjectives,
numerals, genitives, etc. : τῇ δεκάτῃ Α 54, τὸν
ἐμὸν χόλον Δ 42, τοὺς τέσσαρας Ε 271, τὴν αὐτοῦ
Ι 342. Cf. Α 6, 165, 198, Ζ 201, 435, Θ 525, Ι 320,
Λ 613, Π 358, Ψ 265, etc. Also in Od. passim.—
(b) The defining article : ὁ γέρων Α 33, τὸν ὄνειρον
Β 80. Cf. Α 35, 552, Β 275 (conveying a hostile
or contemptuous tone), 351, Ε 265, 308, 320,
Η 412, Κ 97, Λ 142, Ξ 280, Υ 147, Ψ 75, etc.
Also in Od. passim.—With an infin. : τὸ φυλάσσειν
ν 52. — (4) As relative (accented throughout ;
except in Α 125, Ι 167 : δ 349=ρ 140 following
the antecedent, and most commonly referring to
a definite antecedent). (a) μῆνιν, ἣ μυρί' 'Αχαιοῖς
ἄλγε' ἔθηκεν Α 2. Cf. Α 36, 72, 234, 319, 321,
336, etc. : ἔτος, τῷ οἱ ἐπεκλώσαντο νέεσθαι α 17.
Cf. α 23, 97, 344, 430, etc.—(b) With τε : ουσί,
τῶν τε σθένος οὐκ ἀλαπαδνόν Ε 783. Cf. Β 262,
etc. : α 338, γ 73, etc.—(c) With final force.
With subj. and κεν : δῶρα φερέμεν, τά κε θυμὸν

ἰήνῃ Ω 119.—(d) (a) With fut., subj. or opt. in conditional relative sentences. For the examples and constructions see Table at end (III) (B) (a) (1), (b) (1), (D) (11) (20) (26) (32). — (β) With subj. in a simile : ἐκ νήσου, τὴν δήϊοι ἀμφιμάχωνται Σ 208.—(e) (a) In dat. sing. fem. τῇ, in or at the place or spot in which, in or at which place or spot, where : τῇ ἔμελλε διεξίμεναι Z 393. Cf. Λ 499, Ψ 775, etc. : δ 565, ε 442, etc.—In which way or manner, as : τῇ περ δὴ καὶ ἔπειτα τελευτήσεσθαι ἔμελλεν θ 510.—To the place or spot in which, to where : εἴ κε φεύγω τῇ περ κλονέονται Φ 554.— (β) In acc. sing. neut. τό, wherefore : τὸ καὶ κλαίουσα τέτηκα Γ 176, τό μοι ἐστι ταλαύρινον πολεμίζειν H 239. Cf. M 9, P 404, etc. : θ 332.

ὄαρ, -αρος, ἡ. Contr. dat. pl. ὤρεσσι E 486. A wife E 486, I 327.

ὀαρίζω. To hold converse with. With dat. : ᾗ γυναικί Z 516. Cf. X 127 (of lovers' converse and dalliance), 128.

ὀαριστής, ὁ [ὀαρίζω]. One who holds familiar converse, is admitted to intimacy, with another : Μίνως Διὸς ὀαριστής τ 179.

ὀαριστύς, ἡ [ὀαρίζω]. Familiar converse, lovers' dalliance Ξ 216.—Of the commerce of foemen P 228.—Of grappling with the foe N 291.

ὀβελός, -οῦ, ὁ. A spit : ἀμφ' ὀβελοῖσιν ἔπειραν (ἔπειρεν) (ἀμφὶ advbl.) A 465 = B 428, I 210. Cf. H 317 = Ω 623, I 213 : γ 462 = μ 365 = ξ 430, γ 463, μ 395, ξ 75, 77, τ 422.

ὀβριμοεργός [ὄβριμος + ἔργω²]. That does deeds of violence, violent : ἀνέρα X 418. Cf. E 403.

ὀβριμοπάτρη [ὄβριμος + πατρ-, πατήρ]. Daughter of a mighty sire. Epithet or a name of Athene E 747 = Θ 391 := α 101, γ 135, ω 540.

ὄβριμος [app. βρι- as in βρίθω, βριαρός]. (1) Heavy : ἄχθος ι 233. Cf. ι 241, 305.— (2) Mighty, powerful. Of water Δ 453.—Epithet of Ares E 845, N 444 = Π 613 = P 529, N 521, O 112.—Of Hector Θ 473, K 200, Λ 347, Ξ 44.— Of Achilles T 408.—Epithet of spears Γ 357, Δ 529, E 790, Λ 456, etc.

ὀγδόατος, -η, -ον [ὄγδοος + superl. suff.]. The eighth T 246 : γ 306, δ 82.

ὄγδοος [ὀκτώ]. As a disyllable η 261, ξ 287. = prec. H 223, 246 : η 261 = ξ 287.

ὀγδώκοντα [ὀκτώ]. Eighty B 568 = 652.

ὄγκιον, -ου [? poss. fr. ἐνεκ-. See φέρω]. Thus, a box or tray for carrying things φ 61.

ὄγκος, -ου, ὁ. A barb of an arrow Δ 151, 214.

ὄγμος, -ου, ὁ [ἄγω]. (1) In ploughing, a furrow Σ 546.—(2) In reaping, the line taken by a reaper advancing through the field : δράγματα μετ' ὄγμον πίπτον (following the line of the reaper, in line on his left) Σ 552, βασιλεὺς ἑστήκει ἐπ' ὄγμου 557 (i.e. watching the reapers from the line of the nearest). Cf. Λ 68.

ὄγχνη, -ης, ἡ. (1) A pear-tree η 115 = λ 589, ω 234, 247, 340.—(2) A pear η 120.

ὀδαῖα, τά [ὀδός]. Cargo taken in for the return voyage, a home-cargo (opposed to φόρτος) : ἐπείγετ' ὦνον ὀδαίων ο 445. Cf. θ 163.

ὀδάξ [δακ-, δάκνω]. With the teeth : ὀ. ἔλον οὖδας (bit the dust) Λ 749, T 61, Ω 738. Cf. B 418, X 17 : α 381 = σ 410 = ν 268, χ 269.

ὅδε, ἥδε, τόδε [-δε (3)]. Genit. τοῦδε, τῆσδε, τοῦδε. Dat. pl. masc. and neut. τοίσδεσσι K 462 : β 47, 165, ν 258. Masc τοίσδεσι κ 268, φ 93. (1) This person or thing (in reported speech generally (and properly) referring to what belongs to or concerns the speaker ; cf. οὗτος) : τοῦδ' ἔνεκα Λ 110, τήνδε θεῷ πρόες 127. Cf. A 257, 275, 302, B 5, 236, etc. : α 169, 371, 396, β 162, 191, etc.— (2) With sb., etc., this : τόδ' ἐέλδωρ A 41. Cf. A 214, 234, 287, B 252, etc. : α 232, β 93, 280, 317, etc.—(3) In deictic or predicative sense = here : Ἕκτορος ἥδε γυνή (this is . . .) Z 460. Cf. E 175, I 688, O 286, T 140, etc. : ξείνω δή τινε τῷδε (here are . . .) δ 26. Cf. α 185, ζ 206, λ 141, π 205, etc.—(4) In dat. sing. fem. τῇδε, here : τῇδε τετεύξεται ὄλεθρος M 345. Cf. P 512, Ω 139 : ε 113, ζ 173, μ 186.

ὀδεύω [ὀδός]. To go, find passage, make one's way : ἐπὶ νῆας Λ 569.

ὀδίτης, ὁ [ὀδός + ι-, εἶμι]. A journeyer, wayfarer, passenger, passer-by Π 263 : η 204, λ 127, ν 123, ρ 211, ψ 274.

ὀδμή, -ῆς, ἡ [ὀδ-, ὄζω]. A smell or scent Ξ 415 : δ 406, 442, 446, ε 59, ι 210.

ὀδοιπόριον, τό [ὀδοιπόρος]. A reward for bearing one company ο 506.

ὀδοιπόρος, -ου, ὁ [app. a locative fr. ὀδός + πορ- as in πόρος]. A journeyer or wayfarer Ω 375.

ὀδός, -οῦ, ὁ [σεδ-. See ὅξος (2)]. The first syllable lengthened metrically οὐδός ρ 196. (1) A way, path, track, passage, road : ἐπεὶ πρὸ ὁδοῦ ἐγένοντο (local genit., 'forward on their way') Δ 382, παρὲξ ὁδοῦ κλινθήτην K 349, ἀμφὶς ὁδοῦ δραμέτην (local genit., 'apart on their way') Ψ 393. Cf. Z 15, 391, H 143, Π 374, etc. : ε 237, ζ 264, θ 107, ι 261, κ 103, etc.—(2) A going, journey, voyage, course : τὴν ὁδὸν ἣν Ἑλένην ἀνήγαγεν (on that voyage on which . . .) Z 292. Cf. A 151, I 626 : ἐπειγόμενός περ ὁδοῖο α 309. Cf. α 444, β 285, γ 316, δ 393 (in your absence on a long journey), ζ 165, θ 444, π 138, φ 20, etc.— (3) Means of journeying or passage, facilities for a journey : πάρ τοι ὁδός (your way lies open) I 43 : ὁδὸν ἥτεον κ 17. Cf. μ 334.

ὀδούς, -όντος, ὁ. Dat. pl. ὀδοῦσι E 75, Λ 114, etc. In pl., the teeth Δ 350, E 74, K 375, Π 348, P 617, etc. : α 64, μ 91, σ 28, 98, etc.—Of lions Λ 114, 175 = P 63, Υ 168.—A boar's tusk ; in pl., his tusks K 263, Λ 416, 417, M 149, N 474 : τ 393 = ψ 74, τ 450, 465, φ 219, ω 332.

ὀδύνη, -ης, ἡ. (1) In reference to bodily pain, a pain or pang : ὀδύνη διὰ χροὸς ἦλθεν Α 398.— In pl., pains, pangs : ἀχθομένῃ ὀδύνῃσιν E 354. Cf. Δ 117, E 399, M 206, O 60, etc. : ι 415, 440, ρ 567.—(2) In reference to mental pain, grief, sorrow, distress : ἀζηχὴς ὀ. Ἡρακλῆος (for . .) O 25.—In pl., griefs, sorrows, distresses : ἐμοὶ ὀδύνας κάλλιπεν α 242. Cf. β 79, δ 812, τ 117.

ὀδυνήφατος, -ον [ὀδύνη + φα-, φένω]. 'That kills

pain ']. Stilling or allaying pain, soothing: φάρμακα E 401=900, ῥίζαν Λ 847.

ὀδύρομαι. 3 sing. aor. subj. ὀδύρεται Ψ 222: δ 740. Pple. ὀδῦράμενος Ω 48. (1) To make lament, weep, wail, mourn, sorrow, grieve: ὀδύρετο δάκρυα λείβων Σ 32. Cf. I 591, 612, X 79, Ψ 154, 222, 224, Ω 48, 128, 166, 549 : α 55, δ 194, ε 160, θ 33, ξ 129, σ 203, ψ 241, etc.—With genit. of person mourned for : τῶν πάντων οὐ τόσσον ὀδύρομαι ὡς ἑνός X 424:=δ 104. Cf. δ 819, ξ 40, 142, 174, ο 355.—With genit. of something not attained mourned for : γάμου φ 250.—(2) To make lament or complaint, set forth one's wrongs: εἴ που κεῖνος ἐξελθὼν λαοῖσιν ὀδύρεται δ 740.—(3) To lament, weep for, mourn : ἕτερον T 345. Cf. Ω 714, 740: α 243, δ 100, 110.—Of a bird : [στρουθὸς] ὀδυρομένη τέκνα B 315.—(4) To long for in sorrow, be sick for to the point of tears: πατρίδα γαῖαν ν 219. Cf. ε 153, ν 379.— With infin., to express by lamentation one's longing to do something : οἰκόνδε νέεσθαι B 290.

†ὀδύσσομαι. 2 sing. aor. ὠδύσαο α 62. 3 ὠδύσατο Σ 292: ε 340. 3 pl. ὀδύσαντο Z 138 : τ 275. Pple. ὀδυσσάμενος τ 407. Genit. sing. masc. ὀδυσσαμένοιο Θ 37, 468. 3 sing. pf. ὀδώδυσται ε 423. To be angry, wroth, incensed, to rage: ὀδυσσαμένοιο τεοῖο (in thy wrath) Θ 37=468, ἐπεὶ ὠδύσατο Ζεύς (has conceived wrath against us) Σ 292.—With dat. of person : τί νύ οἱ τόσον ὠδύσαο; α 62. Cf. Z 138 : ε 340, 423 (cherishes wrath), τ 275, 407.

ὀδώδει, 3 sing. plupf. ὄζω.

ὄεσσι, dat. pl. ὄϊς.

ὄζος, -ου, ὁ. (1) A branch or shoot: φύλλα καὶ ὄζους A 234. Cf. B 312, Δ 484, Z 39, K 467, Ξ 289, Π 768, Φ 245 : μ 435.—(2) A scion or child (but in this sense perh. another word ὄ-=ἁ-²+ζ-= σδ-, σεδ-, root of ὁδός, ʼa companion or followerʼ): ὄζος Ἄρηος B 540, 704, 745, 842, M 188, Ψ 841, Ω 474. Cf. B 663, Γ 147=Υ 238.

†ὄζω. 3 sing. plupf. (in impf. sense) ὀδώδει ε 60, ι 210. To have a certain scent, smell ; of a scent, to spread, come, reach the sense : τηλόθ' ὀδμὴ κέδρου τε θύου τ' ὀδώδει ε 60. Cf. ι 210.

ὅθεν [ὅ-, ὅς²+-θεν (1)]. (1) From which place or spot, whence: ὅθεν ῥέεν ὕδωρ B 307. Cf. K 200, Λ 758 : γ 319, 321, δ 358 (see ἀπό (II) (1) (a)), χ 460.—Sim. : ἐς Σικελούς, ὅθεν κέ τοι ἄξιον ἄλφοι υ 383.—In reference to a starting-point : τοῦ χώρου ὅθεν τέ περ οἰνοχοεύει (the spot from which the round is begun) φ 142.—(2) In reference to source, origin or birth, whence : γένος μοι ἔνθεν ὅθεν σοί Δ 58. Cf. B 852, 857.—To a source from which one draws : ὅθεν ἱδρεύοντο η 131, ρ 206.—To a source of (imagined) light λ 366 (see εἴδω (I) (1)).

ὅθι [as prec. + -θι]. (1) In or at the place or spot in which, in or at which place or spot, where : Λήμνῳ ἐν, ὅθι μιν λίπον B 722. Cf. B 572, Γ 145, Δ 41, 217, E 8, Θ 83, etc. : ἐν δαπέδῳ, ὅθι περ πάρος δ 627. Cf. α 50, β 338, γ 326, δ 127, 426, ε 280, ι 50, etc.—With subj. or opt. in conditional relative sentences. For the examples and constructions see Table at end (III) (B) (a) (1), (b) (1).

—(2) To the place or spot in which, to where : ἴθυνεν ὅθι ζωστῆρος ὀχῆες σύνεχον Δ 132, etc. Cf. α 425, etc.

ὅθομαι. (1) With neg., not to care for, trouble oneself about, have regard for. With genit. : οὐδ' ὅθομαι κοτέοντος (I care not for your wrath) A 181.—Absol. O 107.—(2) With infin., to hesitate to do something, shrink from doing it : οὐκ ὅθεται ἦτορ ἴσον ἐμοὶ (ἴσόν οἱ) φάσθαι O 166, 182.—Sim. with pple. : οὐκ ὅθετ' αἴσυλα ῥέζων E 403.

ὀθόνη, -ης, ἡ. A cloth (prob. of linen) η 107.— In pl., clothes or wrappings (prob. of linen) : ἀργεννῇσι καλυψαμένη ὀθόνῃσιν Γ 141. Cf. Σ 595.

ὄθριξ, ὄτριχος [ὄ-=ἁ-²+θρίξ]. Of horses, having hair of the same colour, one in coats B 765.

οἱ, οἵ. See ἑέ.

†οἴγνυμι. 3 sing. aor. ὤϊξε Σ 298, Ω 446 : α 436, γ 392, κ 230, 256, 312, χ 399. ᾤξε Ω 457. 3 pl. ὤϊξαν ψ 370, ω 501. Aor. pple. fem. οἴξᾶσα Z 89. 3 pl. impf. pass. ὠΐγνυντο B 809, Θ 58. (ἀναοίγω.) (1) To open, set open (a gate or door) : ὤϊξε πύλας Ω 446. Cf. B 809=Θ 58, Z 89, 298: α 436, κ 230= 256=312, χ 399, ψ 370, ω 501.—To draw back (a bar in order to open a door) : [κληΐδα] Ω 457.— (2) To broach or draw (wine) : οἴνου, τὸν ᾤξεν ταμίη γ 392.

οἶδα, pf. εἴδω (C).

οἰδάνω [οἰδέω]. To cause to swell. Fig. : χόλος, ὅς τε καὶ ἄλλων οἰδάνει νόον I 554.—Sim. in pass. : οἰδάνεται μοι κραδίη χόλῳ (swells with . . .) I 646.

οἰδέω. To swell: ᾤδεε χρόα πάντα (acc. of part affected, his flesh became swollen) ε 455.

οἶδμα, -ατος, τό [οἰδέω]. A swelling. Of water: ποταμὸς οἴδματι θύων (in flood) Φ 234. Cf. Ψ 230 (with swelling surface).

οἰέτης [ὁ-=ἁ-²+-ι- (app. representing lengthening before F) + (F)έτος]. Of horses, of the same age, one in years B 765.

ὀϊζῦρός, -ή, -όν [ὀϊζύς]. (1) Wretched, miserable, unhappy, ill-starred : ὀ. περὶ πάντων ἔπλεο A 417. Cf. N 569 : γ 95=δ 325, δ 197, 832.—Absol. : ὀ. τις υ 140.—Comp. ὀϊζυρώτερος. Absol. P 446.— Superl. ὀϊζυρώτατος ε 105.—(2) Causing, bringing in its train, pain or grief, sorrowful, woful : πολέμοιο Γ 112. Cf. θ 540, λ 182=π 38, ν 337.

ὀϊζύς, -ύος, ἡ. (1) Sorrow, grief, woe, distress, hardship : πόνον τ' ἐχέμεν καὶ ὀϊζύν N 2. Cf. Z 285, Ξ 480 : γ 103, δ 35, ε 211, 270, etc. —(2) The result of pains or painful toil O 365.

ὀϊζύω [ὀϊζύς]. To suffer grief, distress, anxiety, hardship Γ 408 : δ 152, ψ 307. —With cognate acc., to suffer : ἧς εἵνεκ' ὀϊζύομεν κακὰ πολλά Ξ 89.

οἰήϊον, -ου, τό. The steering-oar of a ship T 43 : ι 483=540.—In pl. app. of a single oar : ἐπεὶ ὀϊηῒα νηὸς οἰήϊα νωμậς μ 218.

οἴηκες [app. conn. with prec.]. Perh., guides on the yoke for the reins Ω 269.

οἴκαδε [cf. οἰκόνδε]. To one's house or home, home, homewards : ol. ἴμεν A 170, ol. δόμεναι πάλιν (hand over to be borne to my home) H 79= X 342. Cf. A 19, B 154, Γ 72, Δ 103, H 335, etc.: β 176, δ 520, ε 108, θ 102, κ 35, etc.

οἰκεύς, ὁ [οἶκος]. A house servant, a servant in gen.: ὅ οἱ βιότοιο μάλιστα κήδετο οἰκήων ξ 4. Cf. E 413, Z 366 : δ 245, ξ 63, π 303, ρ 533.

οἰκέω [οἶκος]. (1) To live, dwell, abide, have one's home : οἴκεον ἐν Πλευρῶνι Ξ 116. Cf. ζ 204, ι 200, 400.—(2) To live in, dwell in, inhabit : ὑπωρείας ᾤκεον Ἴδης Υ 218.—In pass., of a city, to be a habitation, continue in being, stand : οἰκέοιτο πόλις Πριάμοιο Δ 18.—(3) In aor. pass. in mid. sense, of a people, to settle, organize or dispose themselves : τριχθὰ ᾤκηθεν καταφυλαδόν Β 668.

οἰκίον, τό [οἶκος]. (1) A house or abode : οἵ περὶ Δωδώνην οἰκί' ἔθεντο Β750. Cf. β154, φ 215.— (2) In pl. in the same sense : οἰκία ναίων (dwelling) Z 15, H 221, N 664, Π 595, P 584. Cf. P 308 : β 335, δ 555, 798, ι 505 = 531, ξ 210, π 385, υ 288, ω 104.—Of the house or realm of Hades Υ 64.— Of the home of the Dawn μ 4.—Of a wasps' nest M 168, Π 261.—Of an eagle's nest M 221.

οἴκοθεν [οἶκος + -θεν (1)]. (1) From one's house or home : δέπας, ὅ οἱ. ἦγεν Λ 632.—(2) From one's store, from one's own resources (cf. οἶκος (3)) : καὶ οἴκοθεν ἀλλ' ἐπιθεῖναι H 364, 391. Cf. Ψ 558, 592.

οἴκοθι [οἶκος + -θι]. At one's house or home, at home : τοιαῦτα καὶ αὐτῷ οἱ. κεῖται φ 398. Cf. Θ 513 : γ 303, τ 237.

οἴκοι [locative of οἶκος]. At one's house or home, at home : οἱ. ἔσαν α 12. Cf. A 113, Ω 240 : θ 324, ν 42, ο 15, 178.

οἴκόνδε [acc. of οἶκος + -δε (1)]. (1) To one's house or home, home, homewards : ἔβαν οἰκόνδε ἕκαστος A 606. Cf. B 158, 290, Δ 180, Z 189, Ψ 856, etc. : α 17, 317, ε 204, ζ 159, λ 410 (here, app., simply 'to the palace'), ν 125, ψ 221, etc. —(2) To the part of a house allotted to one, to one's own quarters (cf. οἶκος (2)): ἡ θαμβήσασα πάλιν οἰκόνδε βεβήκει α 360 = φ 354. Cf. γ 396, ψ 292.

οἶκος, -ου, ὁ (Ϝοῖκος. Cf. L. vicus). (1) A house or abode (sometimes, as in Eng. 'house,' thought of along with the inhabitants or contents): ἡμετέρῳ ἐνὶ οἴκῳ A 30. Cf. Γ 233, Z 56, 490, 500, H 127, Θ 284, I 147, 289, Ο 498, P 738, Ω 471, 572 : μέλλε ποτὲ οἶκος ὅδ' ἀφνειὸς ἔμμεναι α 232. Cf. α 248, 251, 258, β 45, δ 4, ζ 9, η 314, ι 35, λ 389, etc.—App. including the curtilage of the house : χῆν' ἀτιταλλομένην ἐνὶ οἴκῳ ο 174. Cf. τ 536.—In pl. in the same sense as the sing. : ἐκ νέκυς οἴκων φόρεον ω 417.—(2) Applied to a particular part of a house (cf. τ 598 and οἰκόνδε(2)). (a) To Penelope's quarters : εἰς οἶκον λοῦσα α 356 = φ 350. Cf. δ 717.—(b) App. to a detached building appropriated to mill-workers : φήμην ἐξ οἴκοιο γυνὴ προέηκεν ἀλετρὶς υ 105.—(3) One's store (cf. οἰκοθεν (2)): οὐ σύ γ' ἂν ἐξ οἴκου οὐδ' ἅλα δοίης ρ 455.

οἰκτίρω, οἰκτείρω [οἶκτος]. 3 sing. aor. ᾤκτειρε Λ 814, Π 5, Ψ 534. To pity, take pity on, feel pity for, feel sorry for : τὸν ἰδὼν ᾤκτειρεν Λ 814, Π 5 = Ψ 534. Cf. Ψ 548, Ω 516.

οἴκτιστος [superl. fr. οἶκτος]. (1) The most pitiable, miserable or wretched : θανάτῳ Λ 412,

ω 34. Cf. ψ 79.—Absol. : τοῦτ' οἴκτιστον πέλεται δειλοῖσι βροτοῖσιν X 76. Cf. μ 258, 342.—(2) In neut. pl. οἴκτιστα as adv., in the most miserable or wretched wise : ὅπως οἴκτιστα θάνοιεν χ 472.

οἶκτος, ὁ. Pity, compassion, sympathy with one in trouble or distress β 81, ω 438.

οἰκτρός [οἶκτος]. (1) Pitiable : κοιμήσατο χάλκεον ὕπνον οἰκτρός Λ 242.—Comp. οἰκτρότερος : οἰκτρότερ' ἀλλ' ἀγορεῦσαι (more moving) λ 381.— Superl. οἰκτρότατος λ 421.—(2) In neut. pl. οἰκτρά as adv., pitiably, so as to move compassion, expressing great grief : ὀλοφυρομένη δ 719. Cf. κ 409, τ 543, ω 59.

οἰκωφελίη, ἡ [οἶκος + ὀφέλλω²]. Care or thought for one's house or worldly estate ξ 223.

οἶμα, -ατος, τό. Rush, spring, swoop Π 752.— Sim. in pl. : ἀετοῦ οἴματ' ἔχων Φ 252.

οἰμάω [οἶμα]. To spring, swoop, pounce : οἴμησεν ὥς τ' αἰετός X 308 := ω 538. Cf. X 140, 311.

οἴμη, -ης, ἡ. A lay or poem : θεός μοι ἐν φρεσὶν οἴμας παντοίας ἐνέφυσεν χ 347. Cf. θ 74, 481.

οἶμος, -ου, ὁ. A stripe : οἶμοι κυάνοιο Λ 24.

οἰμωγή, -ῆς, ἡ [οἰμώζω]. A crying out in distress or pain, weeping, wailing Δ 450 = Θ 64, X 409, 447, Ω 696 : υ 353.

†οἰμώζω. 3 sing. aor. ᾤμωξε Γ 364, M 162, Σ 35, X 33, Ψ 178, etc. : ι 395, ν 198. 3 pl. ᾤμωξαν Ψ 12. 3 sing. opt. οἰμώξειε H 125. Pple. οἰμώξας Ε 68, Π 290, Υ 417, Φ 529, X 34 : ι 506, λ 59, μ 370, φ 398. To cry out in or express grief, distress, pain or disappointment : γνὺξ ἔριπ' οἰμώξας (with a cry of pain) Ε 68. Cf. Γ 364, H 125, M 162, Π 290, X 33, etc. : ι 395, 506 = λ 59, μ 370, ν 198, φ 398.

οἰνίζομαι [οἶνος]. To get (wine) for oneself, to supply oneself with wine H 472, Θ 506, 546.

οἰνοβαρείων [a ppl. form fr. οἶνος + βαρύς]. Heavy with wine, drunken, in one's drunkenness : ἐρεύγετο οἰνοβαρείων ι 374. Cf. κ 555, φ 304.

οἰνοβαρής [οἶνος + βαρύς]. Heavy with wine, drunken. Absol. in voc. A 225.

οἰνόπεδος, -ον [οἶνος + πέδον, the ground]. With soil fit for producing wine, vine-bearing : ἀλωῆς α 193, λ 193.—In neut. as sb., vineyard land I 579.

οἰνοπληθής [οἶνος + πλῆθος]. Full of wine, bearing wine in abundance : νῆσος ο 406.

οἰνοποτάζω [οἶνος + πο-, πίνω]. To drink one's wine: ἥν ὑπίσχεο οἰνοποτάζων (sitting over your wine) Υ 84. Cf. ζ 309, υ 262.

οἰνοποτήρ, -ῆρος, ὁ [as prec.]. A drinker of wine: ἄνδρας μέτα οἰνοποτῆρας ἤιεν (to join the company at their wine) θ 456.

οἶνος, -ου, ὁ (Ϝοῖνος. Cf. L. vinum, Eng. wine). Wine A 462, Γ 246, Z 261, H 467, I 224, etc. : α 110, β 340, γ 40, ι 347, λ 61, etc.

οἰνοχοέω [as next]. = next (1) Β 127, Υ 234 : α 143, φ 142.

οἰνοχοέω [οἶνος + χοή]. Nom. pl. masc. pres. pple. οἰνοχοεῦντες γ 472. 3 sing. impf. ἐοινοχόει, ἐῳνοχόει (ἐϜοινοχόει) Δ 3 : υ 255. οἰνοχόει A 598 :

o 141. (1) To pour out wine for drinking, act as cup-bearer: ἐοινοχόει Μελανθεύς ν 255. Cf. δ 233, o 141, 323.—(2) To pour out (wine) for drinking: οἶνον οἰνοχοεῦντες γ 472.—Of nectar A 598, Δ 3.

οἰνοχόος, -ου, ὁ [οἶνος+χέω]. One who pours out wine for drinking, a cup-bearer: οἰνοχόος ἐπαρξάσθω δεπάεσσιν σ 418, φ 263. Cf. B 128: ι 10, σ 396.

οἶνοψ, -οπος [οἶνος+ὀπ-. See ὁράω]. Dark in hue like wine. (1) Epithet of πόντος, wine-dark, purple B 613, E 771, H 88, Ψ 143, 316: a 183, β 421, γ 286, δ 474, ε 132, etc.—(2) Epithet of oxen, app., of the characteristic dark hue of most of the species, i.e. dark brown N 703: ν 32.

οἰνόω [οἶνος]. To make drunk; in pass., to become drunk: μή πως οἰνωθέντες ἀλλήλους τρώσητε (in an access of drunkenness) π 292 = τ 11.

οἴξασα, aor. pple. fem. οἴγνυμι.

οἰόθεν. Strengthening οἶος by reduplication (cf. αἰνόθεν αἰνῶς, μέγας μεγαλωστί). App., man to man: οἰόθεν οἶος μαχέσασθαι H 39. Cf. H 226.

ὀῐομαι, οἴομαι. 3 sing. impf. ὠῖετο (ῐ) κ 248, ν 394. 3 sing. aor. ὀῖσατο (ῐ) α 323, ι 213, τ 390. Pple. ὀῑσάμενος ι 339, κ 232, 258, ο 443. Aor. in pass. form ὠῖσθην π 475. 3 sing. ὠῖσθη δ 453. Pple. ὀῑσθείς I 453. Also 1st pres. in act. form ὀῑω (ῐ) A 558, E 894, K 551, N 153, Φ 399, etc.: β 255, ν 427, ο 31. ὀῖω (ῑ) A 59, E 284, Z 341, Θ 536, P 503, Φ 92, Ω 355, etc.: α 201, γ 27, ν 5, σ 259, τ 215, φ 91, ψ 261, etc. οἴω E 252, K 105, O 298, P 709, Ψ 310, etc. (1) To think, deem, fancy, imagine, suspect, expect: αἰεὶ ὀῖεαι (are always suspecting something) A 561. Cf. I 453: τῷ ἐπόμην ὀϊόμενός περ (though boding that no good would come of it) ξ 298. Cf. ι 339, ο 443, ρ 586, ω 401 (beyond our hopes).—To bethink oneself of something to be avoided: ὀῖσατο μή . . . τ 390.—ὀῖω parenthetically, 'I ween' Θ 536, N 153: β 255, π 309, ψ 261.—So ὀῖομαι χ 140.—Prob. also in ξ 363.—Impers., to appear, seem: ὧδέ μοι ὀῖεται, ὡς ἔσεταί περ τ 312.—(2) With acc. (a) To think of, have occur to one: ἅ πέρ κ' οἴοιτο καὶ ἄλλος ρ 580.—(b) To bode, dwell on the thought of: κῆρας N 283.—(c) To be full of the thought of, be impelled to: γόον κ 248 = ν 349.—(d) To imagine, figure to oneself. With dependent clause: τόδε καὐτὸς ὀῖεαι, ὥς κεν ἐτύχθη (can imagine for yourself how . . .) γ 255.—(e) To suspect the existence of: δόλον κ 380.—(f) To expect, look for the coming of: κεῖνον β 351. Cf. ν 224.—(g) To intend, purpose, have in view: τά γ' οὐκ ὀῖω (I will see that that does not happen) ν 427 = ο 31.—(3) With infin. (a) With pres., pf. or aor. infin., to think, suppose, surmise, deem, suspect: κατανεῦσαί σε A 558, τὸν ἐνὶ κλισίῃσι κεῖσθαι Λ 834, Πηλῆα τεθνάμεν T 334. Cf. E 894, K 551, N 262, 273, Ξ 454, P 641, 687, Ψ 467: α 173, γ 27, δ 453, 754, κ 193, ξ 214, τ 568, etc.—(b) With fut. infin., to think, expect, deem, ween: ἄμμε παλιμπλαγχθέντας ἀψ ἀπονοστήσειν A 59. Cf. A 78, Δ 12, E 252, Z 341, I 315, Λ 609, M 66, etc.: α 201, β 198, γ 226, ζ 173, θ 203, ι 213, λ 101, etc.—To intend, propose,

have a mind, be minded: οὐδέ σ(οι) ὀῖω ἄφενος ἀφύξειν (I have no notion of doing anything of the sort) A 170. Cf. A 296: νῦν σευ ὀῖω πειρήσεσθαι (am going to . . .) τ 215.

οἰόπολος [οἶος. Cf. ἀκρόπολος]. Lonely, solitary, remote N 473, P 54, T 377, Ω 614: λ 574.

οἷος, -η, -ον (scanned ⌣⌣ N 275, Σ 105: η 312, ν 89). (1) (a) Of such nature, kind or sort as, such as: οἷος πάρος εὔχεαι εἶναι Δ 264. Cf. E 126, 304, H 208, I 105, 447, etc.: ἀνὴρ οἷος Ὀδυσσεὺς ἔσκεν β 59. Cf. β 118, γ 480, ε 422, ο 379, τ 255, etc.—Correlative with τοῖος. See τοῖος (1) (a). See also τοιόσδε (1) (a), τοιοῦτος.—(b) With infin., such as to . . . : οἷός τε πατρὸς ἀέθλια ἀνελέσθαι φ 117. Cf. τ 160, φ 173.—Introducing similes Δ 75, E 554, H 63, Λ 62, etc.: ζ 102.—(2) With subj. in conditional relative sentences. For the examples and constructions see Table at end (III) (B) (a) (1), (D) (20) (31).—(3) In causal sense (=ὅτι τοῖος): τὸν χόλος λάβεν οἷον ἄκουσε (because of what he had heard) Z 166, οἵ' ἀγορεύεις (since you say such things) Σ 95. Cf. B 320, E 758, Ξ 95, Ω 630, etc.: οἵ' ἀγορεύεις (to judge by what you say) δ 611, οἷος κεῖνος ἔην βουλευέμεν (for such a man he was to . . .) ξ 491. Cf. ε 183, 303, ρ 479, σ 143, 338, χ 217, etc.—Giving a reason in anticipation: οἷος κείνου θυμὸς ὑπέρβιος, οὔ σε μεθήσει ο 212. Cf. Θ 450, Σ 262: ρ 514.—(4) Exclamatory in advbl. and other constructions: οἷον δὴ θαυμάζομεν Ἕκτορα (to think how we . . . !) E 601, οἷόν τινά φασι βίην' Ἡρακληείην εἶναι (what a man they say he was!) 638, οἷον ἔειπες (what a thing is this that you have said!) H 455. Cf. N 633 (even as now . . .), O 287, P 471, 587 (if now you . . .), Φ 57, etc.: α 32 (to think how . . . !), 410, δ 242, λ 429, 519, ρ 248, etc.—(5) In object clauses, of what nature, kind or sort, what kind of a . . . , what: γνοίης χ' οἷον φωτὸς ἔχεις παράκοιτιν Γ 53. Cf. B 192, 194 (what he said), E 222, Λ 653, O 94, 97, etc.: οὐκ ἀΐεις οἷον κλέος ἔλλαβεν; α 298. Cf. δ 689, θ 244, ι 348, ο 20, τ 219, etc.—(6) In neut. οἷον as adv. (see also (4)). (a) Even as, as: οἷον ὅτε πρῶτόν περ ἐμισγέσθην φιλότητι Ξ 295. Cf. τ 233.—(b) In what manner, how: οὐχ ὁράᾳς οἷον . . . ; O 555.—With an adj., how: οἷον ἐερσήεις κεῖται Ω 419. Cf. τ 494.—(c) Seeing that: οἷον ἔθ' εὕδεις Ω 683. Cf. β 239, ξ 392.—(7) In neut. pl. οἷα as adv. (a) Even as, as: οἷα θεάων λεπτὰ ἔργα πέλονται κ 222. Cf. θ 365.—With τε θ 160, ι 128, λ 364, 536, ο 324.—(b) Even as, like. With τε: οἷά τε φύλλα η 106. Cf. γ 73 = ι 254.

οἷος, -η, -ον. (1) With no one near, unaccompanied, alone, by oneself: καθήμενος οἷος Θ 207. Cf. B 822, Γ 143, Θ 444, I 438, M 349, etc.: α 331, β 11, 70, δ 367, ι 188, κ 281, etc.—(2) Without countenance, support or aid, from one's own resources, alone, by oneself: οἷον μάχεσθαι Δ 156. Cf. Δ 304, E 304, H 42, N 481 (in my need), Π 100, 243, etc.: ὃν αὐτὸς κτήσατο οἷος ξ 450. Cf. α 79, ι 410.—For οἰόθεν οἷος see οἰόθεν.—(3) With no one or nothing in the same predicament or case or doing the same thing, with no one having the same ability, alone, only, nothing but : ὄφρα μὴ οἶος ἀγέραστος ἔω Α 118, κλέος οἷον ἀκούομεν Β 486, ὅς μοι οἶος ἔην (i.e. the others count for nothing) Ω 499. Cf. Α 198, 398, Β 247, Ε 641, Ζ 403, Ι 190, 638, Λ 74, etc. : α 13, 354, β 84, γ 424, ζ 139, θ 230, κ 95, ξ 244, 482, π 133, χ 130, etc.—(4) In neut. οἶον as adv., only, solely, exclusively : οὐδ' ἔτι κεῖνον στεναχίζω οἷον, ἐπεί . . . (I have not only to mourn my loss, for . . .) α 244. Cf. Ι 355.

οιοχίτων, -ωνος [οἶος + χιτών]. Clad only in a χιτών ξ 489.

οἰόω [οἶος]. To leave alone, leave by himself or to itself : Τρώων οἰώθη καὶ Ἀχαιῶν φύλοπις (i.e. by the departure of the gods) Ζ 1. Cf. Λ 401.

ὄϊς, ὁ, ἡ (ὄϝις. Cf. L. ovis). Genit. ὄϊος Ι 207 : δ 764. οἰός Μ 451, Ν 599, 716, Ο 373 : α 443, φ 408. Acc. ὄϊν Κ 215, Ω 621 : κ 524, 527, 572, λ 32. Nom. pl. ὄϊες Δ 433, Ψ 31 : ι 184, 425, 431. Genit. ὀΐων ι 167, 441, 443, ξ 519, υ 3. οἰῶν Γ 198, Λ 678, 696, Ο 323, Σ 529, 588, Χ 501 : ι 448, λ 402, μ 129, 266, 299, ξ 100, υ 142, ω 112. Dat. ὀΐεσσι Ε 137, Ζ 424, Κ 486 : ζ 132, ρ 472. οἴεσι ο 386. ὄεσσι Ζ 25, Λ 106 : ι 418. Acc. ὄϊς Λ 245 : β 56, ι 244, 341, ρ 180, 535, υ 250. A sheep Γ 198, Δ 433, Ζ 25, Λ 245, Ο 373, etc. : α 443, δ 764, ζ 132, ι 167, κ 524, etc.

ὄϊσατο, 3 sing. aor. ὀΐομαι.

οἶσε, aor. imp. φέρω.

οἰσέμεν[1], fut. infin. φέρω.

οἰσέμεν[2], aor. infin. φέρω.

οἰσέμεναι, aor. infin. φέρω.

οἴσετε, aor. imp. pl. φέρω.

οἰσέτω, 3 sing. aor. imp. φέρω.

οἶσθα, 2 sing. pf. εἴδω (C).

ὀϊσθείς, aor. pple. ὀΐομαι.

ὀϊστεύω [ὀϊστός]. (δι-.) To shoot an arrow or arrows Δ 196 = 206, Θ 269 : θ 216, μ 84, χ 119.— With genit. of person aimed at : ὀΐστευσον Μενελάου Δ 100.

ὀϊστός, -οῦ, ὁ. An arrow Α 46, Δ 118, Ε 110, Θ 300, Λ 478, Ν 650, etc. : θ 229, λ 607, ξ 225, σ 262, τ 575, φ 12, 60, 98, 173, 416, 420, χ 3, 8, 106, ω 178.

οἶστρος, ὁ. The gad-fly or breeze χ 300.

οἰσύϊνος, -η, -ον [οἰσύα, osier]. Of osier, wattled: ῥίπεσσιν οἰσυΐνησιν ε 256.

οἴσω, fut. φέρω.

οἶτος, ὁ. One's fate, fate that comes upon one : κακὸν οἶτον ἀναπλήσαντες Θ 34 = 354 = 465. Cf. Γ 417, Ι 563, Ω 388 : α 350, γ 134, θ 489, 578, ν 384.

†οἰχνέω [οἴχομαι]. 3 pl. οἰχνεῦσι γ 322. 3 sing. pa. iterative οἴχνεσκε Ο 640. 3 pl. οἴχνεσκον Ε 790. (εἰσ-, ἐξ-.) To go or come, take or make one's way Ε 790, Ο 640 : γ 322.

οἴχομαι. (ἀπ-, ἐξ-, ἐπ-, μετ-, παρ-.) (1) To go or come, take or make one's way, proceed : ᾠχόμεθ' ἐς Θήβην Α 366. Cf. Α 380, Ε 495, Λ 357, Χ 223 (will go and . . .), Ψ 564, etc.: πότ' ᾤχετο ; δ 642. Cf. α 260, β 383, ι 47, ν 415, ω 333 (when I journeyed thither), etc.—Of inanimate objects : ἀνὰ στρατὸν ᾤχετο κῆλα θεοῖο Α 53. Cf. Ν 505 = Π 615.—So of a wind : ὥς μ' ὄφελ' οἴχεσθαι προφέρουσα κακὴ ἀνέμοιο θύελλα Ζ 346. Cf. υ 64. —Cf something inimaterial : Ὅσσα κατὰ πτόλιν οἴχετο πάντη ω 413.—(2) With the notion of leaving a place prominent, to go away or off, depart, take one's departure, leave : ὅτ' ἂν (εἴ κεν) Ἀχαιοὶ οἴχωνται ἐς πατρίδα γαῖαν Η 460 = Ο 499. Cf. Β 71, Ν 627, Ξ 311, 361, Τ 356 : εἴ κεν Ἄρης οἴχοιτο θ 353. Cf. θ 356, ν 286, π 24 = ρ 42, π 142, ρ 104, 294, τ 183, 260 = 597 = ψ 19.— Of immaterial things : θυμὸς ᾤχετ' ἀπὸ μελέων Ν 672 = Π 607. Cf. Χ 213, Ψ 101.—(3) To have gone, be gone : ἐπεὶ ᾤχοντο (had gone) Δ 382, γαιήοχος οἴχεται εἰς ἅλα δῖαν Ο 223. Cf. Ε 511, Λ 288, Ν 782, Ρ 588, Τ 346, Ψ 577 : α 242, 410, δ 166, 634, 639, 665, 707, 821, θ 294, ν 216, ξ 25, τ 193 (since he had left for . . .), ω 112.—Of a heavenly body : φάος οἴχετ[αι] ὑπὸ ζόφον γ 335. —Of immaterial things : πῇ τοι μένος οἴχεται ; Ε 472. Cf. Ν 220, Ω 201.—In pple., absent, away : πατρὸς δὴν οἰχομένοιο α 281, β 215, 264, ο 270. Cf. δ 164, 393, ξ 144, 376, ο 355, σ 313, υ 216, 290, ω 125.

ὄΐω, **οἴω**. See ὀΐομαι.

οἰωνιστής, ὁ [οἰωνίζομαι fr. οἰωνός]. One skilled in drawing omens from the behaviour of birds, an augur Β 858, Ρ 218.—Joined with θεοπρόπος Ν 70.

οἰωνοπόλος, -ον, ὁ [οἰωνός + -πολος, conn. with πολέω]. = prec. Α 69, Ζ 76.

οἰωνός, -οῦ, ὁ. (1) A bird : πέλαγος, ὅθεν τέ περ οὐδ' οἰωνοὶ αὐτόετες οἰχνεῦσιν γ 321. Cf. λ 605, π 216.—(2) Distinguished as (a) A bird of prey : ἑλώρια κύνεσσιν οἰωνοῖσί τε πᾶσιν Α 5. Cf. Β 393, Θ 379, Λ 395, 453, Ν 831, Ρ 241, Χ 335, 354, Ω 411 : γ 259, 271, ζ 133, ω 292.—(b) A bird of omen : οἰωνοῖσι πείθεσθαι Μ 237. Cf. Ω 292, 293 = 311, Ω 310 : ο 532, ρ 160.—Applied to an omen drawn from such a bird : οὐκ οἰωνοῖσιν ἐρύσατο κῆρα Β 859. Cf. Μ 243, Ν 823 : α 202.

ὀκνέω. Also **ὀκνείω** (ὀκνείω) [ὄκνος]. To shrink from doing something, hesitate to do it. With infin. : ἀρχέμεναι πολέμοιο ὄκνεον Τ 155. Cf. Ε 255.

ὄκνος, -ου, ὁ. Shrinking from action, hesitation : ὄκνῳ εἴκων Κ 122, Ν 224. Cf. Ε 817.

†ὀκριάομαι [ὀκριόεις]. 3 pl. impf. ὀκριόωντο. App. 'to deal in sharps'; hence, to squabble, quarrel : πανθυμαδὸν ὀκριόωντο σ 33.

ὀκριόεις, -εντος [ὄκρις, a jagged point]. Jagged, rough : χερμαδίῳ Δ 518. Cf. Θ 327, Μ 380, Π 735 : ι 499.

ὀκρυόεις, -εντος. Fem. -εσσα [no doubt for κρυόεις-, the form suggested by prec.]. Causing shuddering. Fig. : δᾶερ ἐμεῖο κυνὸς κακομηχάνου ὀκρυοέσσης (κακομηχάνου κρυοέσσης) Ζ 344, πολέμου ἐπιδημίου ὀκρυόεντος (ἐπιδημίοιο κρυόεντος) Ι 64.

ὀκτάκνημος [ὀκτ-, ὀκτώ + -α- (on analogy of numerals in -α) + κνήμη]. Eight-spoked : κύκλα Ε 723.

ὀκτώ, *indeclinable.* Eight B 313＝327, Θ 297 : θ 60, χ 110.

ὀκτωκαιδέκατος, -η, -ον [ὀκτώ+καί+δέκατος]. The eighteenth : ὀκτωκαιδεκάτῃ (sc. ἡμέρῃ), on the eighteenth day ε 279＝η 268, ω 65.

ὀλβιοδαίμων [ὄλβιος+δαίμων]. Happy in the protection and aid of a δαίμων, happy, fortunate. In voc. ὀλβιόδαιμον Γ 182.

ὄλβιος [ὄλβος]. (1) Happy, fortunate, prosperous : ἀμφὶ λαοὶ ὄλβιοι ἔσσονται λ 137. Cf. λ 450, ρ 354, σ 218, ψ 284, ω 36, 192.—Bringing good luck : δῶρα, τά μοι θεοὶ ὄλβια ποιήσειαν ν 42. —In neut. pl. ὄλβια, happiness, good fortune, prosperity : θεοὶ ὄλβια δοῖεν η 148, θ 413, ω 402.— (2) With special reference to material prosperity, wealthy, rich, of great power or influence : σὲ τὸ πρὶν μὲν ἀκούομεν ὄλβιον εἶναι Ω 543. Cf. ρ 420＝ τ 76, σ 138.

ὄλβος, -ου, ὁ. (1) Happiness, good fortune, prosperity : οὔ μοι τοιοῦτον ἐπέκλωσαν θεοὶ ὄλβον γ 208. Cf. δ 208, ζ 188, σ 19, 123＝ν 200, σ 273. —(2) With special reference to material prosperity, wealth, riches, much substance, great power or influence : ὄλβῳ τε πλούτῳ τε μετέπρεπε Μυρμιδόνεσσιν Π 596. Cf. Ω 536 : ξ 206.

ὀλέθριος [ὄλεθρος]. Fatal, baneful, deadly : ὀλέθριον ἦμαρ. See ἦμαρ (4) (i).

ὄλεθρος, -ου, ὁ [ὄλλυμι]. Destruction, bane, death, evil fate : οὐδέ τί οἱ τό γ' ἐπήρκεσεν ὄλεθρον Β 873. Cf. Ζ 16, Λ 120, Ν 773, Σ 129, etc. : α 11. Cf. β 152, θ 579, κ 250, ξ 300, π 411 (the fate intended for him), etc.—A kind or mode of death Κ 174, Χ 325, Ω 735 : γ 93, κ 115, ο 268, etc.

ὀλεῖται, 3 sing. fut. mid. ὄλλυμι.

ὀλέκω [ὀλε-, ὀλλυμι]. 3 sing. pa. iterative ὀλέκεσκε Τ 135. To destroy, kill, slay Ε 712＝Η 18, Θ 279, Λ 150, 326, 530, Ο 249, Σ 172, Τ 135, 152, Φ 521 : κ 125, χ 305.—In pass., to perish, die : ὀλέκοντο λαοί Α 10. Cf. Λ 117.

ὄλεσ(σ)ε, 3 sing. aor. ὄλλυμι.

ὀλέσω, fut. ὄλλυμι.

ὀλετήρ, -ῆρος, ὁ [ὀλε-, ὀλλυμι]. A destroyer or slayer : φίλης κεφαλῆς ὀλετῆρα Σ 114.

ὀλιγηπελέων, -ουσα [a ppl. form fr. ὀλιγη-, ὀλίγος + πέλω. App. 'little moving ']. Thus, hardly able to stir, with little life in one's limbs, weak, feeble : ἄπνευστος καὶ ἄναυδος κεῖτ' ὀλιγηπελέων ε 457. Cf. Ο 24, 245 : τ 356.

ὀλιγηπελίη, -ης, ἡ [cf. prec.]. Weakness, feebleness : μή μα οὕτω ἐξ ὀλιγηπελίης δαμάσῃ ε 468.

ὀλιγοδρανέων [a ppl. form fr. ὀλίγος + δράω. 'Able to do little ']. Showing weakness or feebleness, with feeble utterance : τὸν ὀλιγοδρανέων προσέφη Ο 246＝Χ 337. Cf. Π 843.

ὀλίγος, -η, -ον. (1) Not much, little : ὀλίγος ἔτι θυμὸς ἐνῆεν Α 593.—Absol. Λ 801＝Π 43＝Σ 201 (see ἀνάπνευσις).—Superl. : ἄμητος ὀλίγιστός [ἐστιν] Τ 223.—(2) Of small extent : ὀλίγη ἦν ἀμφὶς ἄρουρα Γ 115. Cf. Κ 161, Μ 423, Π 68, Ρ 394.— (3) Of no great size, small : σάκος Ξ 376. Cf. Π 825 : μ 252, υ 259.—Of a wave, not rising high, inconsiderable κ 94.—Of utterance, carrying no

great volume of sound, small : ὀπί ξ 492.—Of persons, of small stature, short, of small build : ὀλίγος τε καὶ οὐτιδανὸς καὶ ἄκικυς ι 515. Cf. Β 529. —Sim. of Eris : ἥ τ' ὀλίγη πρῶτα κορύσσεται (rears her head but a little way) Δ 442.—(4) In reference to time, of no great duration, short : ἐπιδραμέτην ὀλίγον χρόνον Ψ 418. Cf. Τ 157.— (5) Of small value : δόσις ὀλίγη τε φίλη τε ζ 208, ξ 58 (see δόσις).—Absol. : ὀλίγον τε φίλον τ' ἔχων Α 167.—Of small amount : χρεῖος γ 368.—(6) In neut. sing. ὀλίγον as adv., not much, little : ὁ. τί μ' ἧσσον ἐτίμα ο 365. Cf. Ε 800, Μ 452.—A little, slightly : καὶ εἴ κ' ὁ. περ ἐπαύρῃ [βέλος] Λ 391. Cf. Ρ 538, Τ 217, Ψ 424, 789 : στιβαρώτερον οὐκ ὀλίγον περ θ 187. Cf. θ 547, κ 24, τ 244.—App., leaving a small interval : ἱππῆες ὁ. μετεκίαθον (came up close) Λ 52.—Slowly, taking one's time, without haste : ὁ. γόνυ γουνὸς ἀμείβων Λ 547.—(7) In genit. ὀλίγου, all but, nearly, almost : ὀλίγου σε κύνες διεδηλήσαντο ξ 37.

†ὀλισθάνω. 3 sing. aor. ὄλισθε. To miss one's footing, slip : ὄλισθε θέων Ψ 774.—To slip out of position : ἐκ οἱ ἧπαρ ὄλισθεν (i.e., app., the edge projected through the wound) Υ 470.

ὄλλῡμι. (A) Fut. ὀλέσω ν 399. 2 sing. ὀλέσσεις Μ 250. 3 ὀλέσσει β 49. Aor. ὤλεσα Β 115, Ι 22, Χ 104 : ι 40. 2 sing. ὤλεσας ω 93. 3 ὤλεσε Λ 342, Π 753, Ρ 616, Υ 412, Χ 107, Ω 638 : η 60, τ 274, φ 88, ψ 68, ω 428. ὤλεσε λ 318, ν 431. ὄλεσσε Θ 90, 270 : δ 446, φ 284. 3 pl. ὤλεσαν Η 360, Μ 234 : σ 181, 252, τ 125. ὄλεσσαν ψ 319, ω 528. ὄλεσσαν Ω 609. 2 sing. subj. ὀλέσῃς Α 559. ὀλέσσῃς Ε 250, Κ 452, Λ 433 : τ 81. 3 ὀλέσῃ Β 4. ὀλέσσῃ Α 205, Σ 92 : β 330. 3 pl. ὀλέσωσι Χ 360. 3 sing. opt. ὀλέσειε Θ 358 : δ 668. Imp. ὄλεσσον Ρ 647. Pple. ὀλέσας, -αντος Θ 498, Ν 763, Ο 66, Ω 168 : β 174, ι 63, 534, 566, κ 134, λ 114, μ 141, ν 340. ὀλέσσας Ι 188, Τ 60. Fem. ὀλέσασα τ 265. Infin. ὀλέσαι Ω 242 : μ 349, τ 482. ὀλέσσαι Ι 861, Φ 216, Ω 46 : μ 350.—(B) 2 sing. pf. ὄλωλας Ω 729. 3 ὄλωλε Κ 186, Ο 111, Π 521, Ω 384 : γ 89, δ 318. 3 sing. subj. ὀλώλῃ Δ 164, Ζ 448. 3 sing. plupf. ὀλώλει Κ 187. Mid. 3 sing. fut. ὀλεῖται Β 325, Η 91 : ω 196. 2 pl. ὀλέσσθε Φ 133. Infin. ὀλέσεσθαι Ο 700, Φ 278. Aor. ὀλόμην λ 197. 2 sing. ὤλεο Ω 725. 3 ὤλετο Ι 413, 415, Ν 772, Π 489, Ρ 411, 642, 655, Σ 80 : α 168, β 183, 365, γ 235, δ 489, ε 436, η 60, ρ 319, ψ 68. ὄλετο ξ 68, ο 247. 3 pl. ὤλοντο ι 61. ὄλοντο Δ 409, Λ 693, Π 546, 848, Σ 230, Ω 603 : α 7, 355, δ 98, ε 306, κ 132, 437, λ 382, 629, τ 277, φ 22. Subj. ὄλωμαι ο 90. 2 sing. ὄληαι Γ 417. 3 ὄληται Λ 764, Υ 303 : β 98, ξ 130, 181, ο 91, τ 143, ω 133. 3 pl. ὄλωνται Θ 34, 37, 354, 465, 468. 2 pl. opt. ὄλοισθε α 380, β 145. Infin. ὀλέσθαι Γ 428, Ν 349, Τ 421, Χ 110, Ω 764 : α 377, β 142, 284, ε 113, ι 496, ξ 68, ο 327, σ 401. (ἀπ-, δι-, ἐξ-, ἐξαπ-.) (I) In pres. and aor. act. (1) (a) To destroy, cause the destruction of, kill, slay, cause the death of, make away with : πολέας Ἀχαιῶν Α 559, Β 4, εὐχωλὴ ἀνδρῶν ὀλλύντων Δ 451＝Θ 65. Cf. Θ 449, 472, 498, Κ 201, Λ 83, Ο 66, Ρ 647, Φ 216, Χ 360, Ω 609 : β 330, ι 40, λ 318, ψ 319, ω 528.—To bring down destruction or ruin on the head of, be the death of: μαῖα, τίη μ᾽ ἐθέλεις ὀλέσαι; τ 482.—Sim.: ἐή τέ μιν ὤλεσεν ἀλκή Π 753.—(b) In reference to inanimate objects, to destroy, bring to nothing: νῆας Θ 498. Cf. μ 349, ν 399, 431, ψ 319.—(c) To destroy, lay waste (a city) I 188, T 60.—(d) To consume, bring to nothing (goods or substance): βίοτον ἀπὸ πάμπαν ὀλέσσει β 49.—(e) In reference to faculties or qualities, to cause to perish, destroy, deprive one of: ἔκ τοι θεοὶ φρένας ὤλεσαν H 360 = M 234. Cf. δ 668, σ 181, 252 = τ 125, φ 284.—(f) To counter-act, be a remedy against: ὄλεσσε κήτεος ὀδμήν δ 446.—(2) To lose, incur the loss of, be deprived of: θυμόν A 205. Cf. E 250, Θ 358, N 763, Ω 46, 242, etc.: ἑταίρους β 174. Cf. μ 350, τ 81, 265, 274, φ 88, ψ 68, ω 93, etc.—To incur the loss of under one's leadership, lose, throw away: πολὺν λαόν B 115 = I 22. Cf. X 104, 107 : η 60, ω 428.—(II) In pf. and plupf. act. and in mid. and pass. (1) (a) To be destroyed, perish, die: κεῖνοι σφετέρῃσιν ἀτασθαλίῃσιν ὄλοντο Δ 409, ὀλλυμένων Δαναῶν Θ 202, ἀνὴρ ὥριστος ὄλωλεν Π 521. Cf. Γ 428, Δ 451, Θ 34, Λ 83, N 349, etc.: α 7, 380, γ 89, κ 123, ξ 68, ο 90, ρ 319, τ 277, etc.—With cognate acc.: σύ κεν κακὸν οἶτον ὄληαι Γ 417. Cf. Φ 133.—(b) In reference to inanimate objects, to be destroyed, perish, come to nothing, dis-appear : μή μοι νήματ᾽ ὄληται β 98 = τ 143 = ω 133. Cf. κ 132, ο 91.—(c) Of a city, to be destroyed or laid waste : ὅτ᾽ ἄν ποτ᾽ ὀλώλῃ Ἴλιος Δ 164 = Z 448. Cf. N 772.—(d) Of goods, substance or the like, to be consumed, destroyed, brought to nothing : ἀνδρὸς ἐνὸς βίοτον νήποινον ὀλέσθαι α 377 = β 142, ὄλωλε πίονα ἔργα δ 318.—(e) Of abstractions, to perish, be lost, vanish : ὅου κλέος οὔ ποτ᾽ ὀλεῖται B 325, ὤλετό μοι νόστος I 413, ὕπνος ὄλωλεν (ὀλώλει) K 186, 187. Cf. H 91, I 415 : α 168, ω 196.—(2) To be lost, go astray : ἵππους, αἵ οἱ ὄλοντο φ 22.

ὅλμος, -ου, ὁ (Fόλμος) [Fελ-, (F)είλω]. App., a cylindrical piece of wood for use as a roller : ὅλμον ὣς ἔσσευεν (sc. the mutilated body) Λ 147.

ὀλοιός. See ὀλοός.

ὀλολυγή, -ῆς, ἡ [ὀλολύζω]. An ecstatic religious shout of women Z 301.

ὀλολύζω. 3 sing. aor. ὀλόλυξε δ 767. 3 pl. ὀλόλυξαν γ 450. Infin. ὀλολύξαι χ 408. To shout in exultation or triumph (always of women) χ 408, 411.—Sim. of an ecstatic shout of women at a religious ceremony γ 450, δ 767.

ὀλόμην, aor. mid. ὄλλυμι.

ὀλοοίτροχος, ὁ [app. for FoλoF-οί-τροχος, fr. Fελυ-, FελF-, (F)είλω+τρέχω. The -οι- not ex-plained]. A rolling stone N 137.

ὀλοός, -ή, -όν [ὄλλυμι]. Also ὀλοιός A 342, X 5. Destructive, baneful, deadly, painful, mis-chievous, bringing mischief Γ 133, I 305, Λ 71, N 629, 665, Ξ 139, Π 567, 849, X 65, Ψ 10, Ω 487, etc. : β 100, γ 135, ι 82, λ 276, μ 68, 113, χ 200, etc.—Comp. ὀλοώτερος Γ 365, Ψ 439 : υ 201.—Superl. ὀλοώτατος X 15 : δ 442 (here of two

terminations).—Absol. in neut. pl. ὀλοά, mischief : τῷ ὀλοὰ φρονέων Π 701.

ὀλοόφρων, -ονος [ὀλοός + φρήν]. Having mischief in his mind, malign α 52, κ 137, λ 322.—Applied to animals B 723, O 630, P 21.

ὀλοφυδνός [cf. next]. Lamentable, piteous, tearful : ἔπος E 683 (or here perh. rather, beseeching (cf. next (6)), Ψ 102 : τ 362.

ὀλοφύρομαι. 2 sing. aor. ὀλοφύραο λ 418. 3 ὀλοφύρατο Θ 245, P 648 : δ 364, κ 157. (1) To make lament, sorrow, weep, mourn, grieve : ὀλοφυρόμενος (ὀλοφυρομένη) ἔπεα προσηύδα E 871 = Λ 815, Σ 72. Cf. O 114 = 398, Φ 106 : β 362, δ 719, κ 418, λ 418, ν 199, χ 447, etc.—(2) To lament, weep for, mourn : παῖδα τ 522. Cf. Ω 328.—(3) To feel pity or compassion. With genit. of person pitied : Δαναῶν Θ 33 = 464. Cf. Θ 202, Π 17, X 169.—(4) To feel for, pity, take pity upon, compassionate, be touched by the plight of : τὸν πατὴρ ὀλοφύρατο δάκρυ χέοντα Θ 245 = P 648. Cf. Λ 656, Π 450 : δ 364, κ 157.—(5) With infin., app., to bewail the necessity of doing some-thing : πῶς ἄντα μνηστήρων ὀλοφύρεαι ἄλκιμος εἶναι ; (why not pluck up heart to face them ?) χ 232.—(6) App., to beseech. Parenthetically : καί μοι δὸς τὴν χεῖρ᾽, ὀλοφύρομαι Ψ 75.

ὀλοφώϊος. (1) Crafty, cunning, malign : δήνεα Κίρκης κ 289.—(2) Absol. in neut. pl. ὀλοφώϊα, wiles, craft, cunning : ὀλοφώϊα τοῖο γέροντος δ 410, ὀλοφώϊα εἰδώς (with craft or cunning in his heart) δ 460 (see εἴδω (III) (12)). — Connoting malignity ρ 248.

ὄλυραι, αἱ. Some kind of grain (perh. the same as ζειαί) E 196, Θ 564.

ὄλωλε, 3 sing. pf. ὄλλυμι.

ὄλωμαι, aor. subj. mid. ὄλλυμι.

ὀμαδέω [ὄμαδος]. To make a common din or murmur of voices, burst into uproar : μνηστῆρες ὀμάδησαν α 365 = δ 768 = σ 399, ρ 360, χ 21.

ὄμαδος, -ου, ὁ [ὁμός]. (1) A throng, concourse, company : ἐς Τρώων ὄμαδον κίεν H 307, ἐνὶ πρώτῳ ὁμάδῳ μάχεσθαι (in the forefront of the battle) P 380. Cf. O 689.—(2) A roar or murmur of voices, uproar : ὅμαδος ἦν B 96. Cf. I 573, K 13, M 471 = Π 296, Π 295, T 81, Ψ 234 : κ 556.—Of the roaring of wind N 797.

ὁμαλός [ὁμός]. Smooth ι 327.

ὁμαρτέω [ὁμοῦ + ἀρ-, ἀραρίσκω]. (ἐφ-.) (1) To do something together or at the same moment, coincide in action : ἐξ οἴκου βῆσαν ὁμαρτήσαντε ἄμ᾽ ἄμφω φ 188. Cf. M 400.—(2) To act as a companion or attendant Ω 438. — To keep up with something, vie with it in speed : οὐδέ κεν ἴρηξ κίρκος ὁμαρτήσειεν ν 87.

ὁμαρτήδην [ὁμαρτέω]. Doing something to-gether or at the same moment, acting coincidently N 584.

ὄμβρος, -ου, ὁ. Rain Γ 4, E 91, K 6, Λ 493, N 139 (with its rain-swollen stream), Ψ 328 : α 161, δ 566, ε 480, ζ 43, ι 111 = 358, ν 245, τ 442.—Of snow M 286.

ὀμεῖται, 3 sing. fut. ὄμνυμι.

ὀμηγερής [ὁμοῦ + ἀγείρω]. Gathered together, assembled : ἐπεὶ ὁμηγερέες ἐγένοντο Α 57, Ω 790. Cf. Β 789, Η 415, Ο 84, Ω 84, 99 : β 9 = θ 24 = ω 421.

ὁμηγυρίζομαι [ὁμήγυρις]. To call together, assemble : ὁμηγυρίσασθαι Ἀχαιοὺς εἰς ἀγορήν π 376.

ὁμήγυρις, ἡ [ὁμοῦ + ἀγυρις]. An assembled company : θεῶν μεθ' ὁμήγυριν ἄλλων Υ 142.

ὁμηλικίη, -ης [ὁμῆλιξ]. (1) One of the same age as another, his fellow in years : ὁμηλικίη μοι ἔσσι χ 209. Cf. Υ 465 : γ 49, ζ 23.—(2) In reference to two persons, of like age or years : εἰ ὁμηλικίη γε γενοίμεθα Ν 485.—(3) In collective sense, those of the same age as another, his fellows in years or contemporaries : πᾶσαν ὁμηλικίην ἐκέκαστο Ν 431. Cf. Γ 175, Ε 326 : β 158, γ 364.

ὁμῆλιξ, -ικος [ὁμός + ἦλιξ]. Of the same age, of like years : ὁμήλικές εἰμεν ο 197. Cf. ω 107.— Absol., one of the same age as another, his fellow in years : νἱψον σοῖο ἄνακτος ὁμήλικα τ 358. —In pl., those of the same age as another, his fellows in years or contemporaries : μετὰ πάντας ὁμήλικας ἔπλευ ἄριστος Ι 54. Cf. π 419.

ὁμηρέω. To meet with, encounter. With dat. : ὠμήρησέ μοι παρ' ἑτάρων ἄγγελος π 468.

ὁμιλαδόν [ὅμιλος]. In a body : ἕποντο Ο 277, Ρ 730. — Keeping close together, maintaining close contact : ἐμάχοντο Μ 3.

ὁμιλέω [ὅμιλος]. 3 pl. impf. ὡμίλευν Σ 539. (μεθ-.) (1) To come together, gather together, assemble, meet δ 684, φ 156.—To be gathered together, form a band or company : περὶ κεῖνον ω 19.—(2) To associate, consort, keep company with. With dat. : μνηστῆρσιν β 21, 288, 381, π 271, σ 167. Cf. Α 261. — With παρά : οὕνεκα πὰρ παύροισιν ὁμιλεῖς σ 383.—(3) To keep (with others), countenance or support them : μετὰ Τρώεσσιν ὁμιλεῖ Ε 834.—(4) To company (with the foe), engage in fight, carry on the fight, take part in the battle, join battle : ἐνὶ πρώτοισιν ὁμιλεῖ Σ 194. Cf. Λ 502, Π 641, 644, Σ 535, 539, Τ 158.—With dat. : Δαναοῖσιν Λ 523, Ν 779. Cf. α 265 = δ 345 = ρ 136.—(5) Senses (4) and (3) united : Τυδεΐδην οὐκ ἂν γνοίης ποτέροισι μετείη, ἠὲ μετὰ Τρώεσσιν ὁμιλέοι ἦ μετ' Ἀχαιοῖς Ε 86.

ὅμιλος, -ου, ὁ. (1) An assembly, concourse, company : πολλὸς χορὸν περιιστάθ' ὁ. Σ 603. Cf. Η 183, 186, Χ 462, Ψ 651, 804, 813, Ω 712 : α 225, θ 109, ο 328, π 29, ρ 67, 564, 590, ψ 303.—In dat. ὁμίλῳ, in a body : ἦλθον ὁμίλῳ προτὶ ἄστυ Φ 606. Cf. Ν 50, 87.—In reference to inanimate objects : οὔ τι μεμιγμένον ἐστὶν ὁμίλῳ [σημάτων] (the mass of . . .) θ 196.—(2) A throng gathered for or engaged in battle, the battle-throng : ἐρχόμενον προπάροιθεν ὁμίλου Γ 22. Cf. Δ 86, Ε 334, Λ 546 (in the direction of his friends), Μ 191, Ρ 149 (to his friends), 471, Τ 402, Υ 178 (so far forth from the . . .), etc.: θ 216, λ 514. —Sim. : μνηστήρων ἐς ὅμιλον ἀκοντίσαι (ἀκόντισαν) χ 263, 282.—So of a host in bivouac Κ 231, 338, 433, 499, 517, 545.—Of a body of men gathered

to attack or attacking a beast : λέων ἀνδρῶν ἐν ὁμίλῳ δ 791. Cf. Ο 588, Υ 173.

ὀμίχλη, -ης, ἡ. A mist Α 359, Γ 10, Ρ 649.— Of a cloud of dust : κονίης ὀμίχλην Ν 336.

ὄμμα, -ατος, τό [ὀπ-. See ὁράω]. The eye. Always in pl. : ὄμματα καὶ κεφαλὴν ἴκελος Διί Β 478. Cf. Α 225, Γ 397, Θ 349, Κ 91, Ψ 66, Ω 343 :=ε 47, α 208, ε 492, π 179, ω 3.—The face or countenance : οὐκ ἴδον ὄμματα φωτός Λ 614. Cf. Γ 217 (keeping his face turned to the earth).

ὄμνυμι, ὀμνύω. Fut. in mid. form ὀμοῦμαι Α 233, Ι 132, Φ 373 : υ 229. 3 sing. ὀμεῖται Ι 274. Aor. ὤμοσα δ 253. 3 sing. ὤμοσε Τ 127 : ξ 331. ὄμοσε Ξ 280, Τ 113 : β 378, κ 346. ὄμοσσε Κ 328, Ψ 42. 1 pl. ὠμόσσαμεν Υ 313. 3 ὄμοσαν μ 304, ο 438, σ 59. 3 sing. subj. ὀμόσσῃ Γ 279, Τ 260. Opt. ὀμόσαιμι Ο 40. Imp. ὄμοσον β 373. ὄμοσσον Α 76, Κ 321, Ξ 271, Τ 108. 2 pl. ὀμόσσατε μ 298, σ 55. Pple. ὀμόσας ξ 392. ὀμόσσας Τ 265. Infin. ὀμόσαι Τ 187. ὀμόσσαι ε 178, κ 299, 343. (ἀπ-, ἐπ-.) (1) To make an affirmation, give an undertaking, indicate a resolve, under the sanction of an oath, to swear : σκῆπτρον λάβε καί οἱ ὄμοσσεν Κ 328. Cf. Γ 279, Ξ 278, 280, Τ 260, 265 : β 378 = κ 346, μ 304 = ο 438 = σ 59, ξ 392.—With cognate acc. : μέγαν ὅρκον Α 233. Cf. Ι 132, Τ 108, Υ 313, etc. : δ 253, ε 178, κ 299, υ 229, etc.—To swear to the truth of (something) : ταῦτ' ἐγὼν ἐθέλω ὀμόσαι Τ 187.—To swear to (an undertaking) : τόδ' ὀμοῦμαι Φ 373.—(3) With pres., aor. or pf. infin. indicating what is affirmed : μὴ ποτε τῆς εὐῆς ἐπιβήμεναι Ι 132, 274, Υ 175 : νῆα κατειρύσθαι καὶ ἐπαρτέας ἔμμεν ἑταίρους ξ 331, τ 288.—With μὴ μέν Ψ 585.—(4) With ἦ μέν and fut. infin. indicating what is undertaken or resolved : ἦ μέν μοι πρόφρων ἀρήξειν Α 76. Cf. Κ 321, etc.—Without ἦ μέν : μὴ ποτ' ἐς Οὔλυμπον αὖτις ἐλεύσεσθαι Ἄτην Τ 127. Cf. Υ 313, Φ 373 : ε 178 = κ 343, κ 299.—With μὴ μέν and aor. infin. : μὴ μὲν πρὶν Ὀδυσῆ' ἀναφῆναι, πρίν γε . . . δ 253.—Without μέν : μὴ μητρὶ τάδε μυθήσασθαι, πρίν γε . . . β 373.—With clause : μή τις ἐμὲ χειρὶ βαρείῃ πλήξῃ σ 55. Cf. μ 298.— (5) To invoke in sanction of an oath, swear by : Στυγὸς ὕδωρ Ξ 271. Cf. Ο 40.

ὁμογάστριος [ὁμός + γαστήρ]. Born of the same mother : κασίγνητον ὁμογάστριον Ω 47. Cf. Φ 95.

ὁμόθεν [ὁμός + -θεν(1)]. From the same point. With ἐξ : δοιοὺς θάμνους ἐξ ὁμόθεν πεφυῶτας (from the same root or stem) ε 477.

ὁμοίϊος. Of unknown origin and meaning. Epithet of γῆρας Δ 315.—Of νεῖκος Δ 444.—Of πόλεμος : ὁμοίϊου π(τ)ολέμοιο (ὁμοιίοο πτολέμοιο) Ι 440, Ν 358, 635, Ο 670, Σ 242, Φ 294 : σ 264, ω 543.—Of θάνατος γ 236.

ὅμοιος, -η, -ον. (1) Like, the like, resembling : οὔ ποθ' ὅμοιίς ἔμμορε τιμῆς (i.e. very different (from that of common men)) Α 278, οὔ πω πάντες ὁμοῖοι ἀθέρες ἀνδρῶν Μ 270. Cf. Δ 410, Ε 441: χρώς τοι οὐκέθ' ὁμοῖος (like what it was) π 182, παῦροι Ἀχαιῶν ἦσαν ὁμοῖοι (like him) τ 240.— Absol. : ὁππότε τὸν ὁμοῖον ἀνὴρ ἐθέλῃσιν ἀμέρσαι (one as good as himself) Π 53 : ὡς αἰεὶ τὸν ὁμοῖον ἄγει θεὸς ὡς τὸν ὁμοῖον (as heaven brings one like, so it brings his like) (ὡς seems to be better read than ὡς) ρ 218.—With dat.: τρήρωσι πελειάσιν Ε 778, κόμαι Χαρίτεσσιν ὁμοῖαι (like the Graces' . . .) Ρ 51. Cf. Β 553, Ι 305, Κ 216, 437, Ξ 521, Ρ 475, Ψ 632: β 121, 276, γ 468, ζ 16, 231 = ψ 158, θ 14, τ 203, ψ 163.—With complementary infin.: τῷ οὔ πώ τις ὁμοῖος γένετ' ἀνὴρ κοσμῆσαι ἵππους Β 553. Cf. Κ 437, Ξ 521, Ρ 475.—(2) The same, one and the same: εἴ μοι ὁμοίη μοῖρα τέτυκται Σ 120. Cf. Σ 329.

ὁμοιόω [ὁμοῖος]. In pass., to be made like, to liken oneself to, vie with. With dat.: ἶσον ἐμοὶ φάσθαι καὶ ὁμοιωθήμεναι ἄντην Α 187. Cf. γ 120.

ὁμοκλέω, ὁμοκλάω [ὁμοῦ + καλέω]. 3 sing. pa. iterative ὁμοκλήσασκε Β 199. (1) To shout together in encouragement, urge comrades to action with shouts: ὁμόκλεον ἀλλήλοισιν Ο 658.—To shout together in rebuke, reproach or menace: πάντες ὁμοκλήσαντες ἔχον ἵππους (raising a shout to daunt the foe) Ο 354: μνηστῆρες πάντες ὁμόκλεον φ 360. Cf. τ 155, φ 367, χ 211, ω 173.—(2) Of a single person, to shout an order. With acc. and infin.: ἢ λαοὺς ἐς τεῖχος ὁμοκλήσειεν ἀλῆναι Π 714.—To shout in encouragement or with a view to urging on to action: μέγα Τρώεσσιν ὁμόκλα Σ 156. Cf. Τ 365, Ψ 337, 363.—In rebuke or reproach: δεῖν' ὁμοκλήσας προσέφη 'Απόλλων Ε 439. Cf. Β 199, Ζ 54, Π 706, Ω 248, 252.— In menace: τῇ ῥ' ἔχ' ὁμοκλήσας (raising a shout to daunt the foe) Π 378. Cf. Τ 448: ξ 35.

ὁμοκλή, -ῆς, ἡ [cf. ὁμοκλέω]. (1) A rebuke or reproach: ἄνακτος (πατρὸς) ὑποδείσαντες ὁμοκλήν Μ 413 = Ψ 417 = 446, Ω 265. Cf. ρ 189.—(2) A menacing or threatening shout: ἔχε τρόμος ἀνδρὸς ὁμοκλῇ Ζ 137, μάχη ἔνι μεῖναι ὁμοκλήν (to stand up to the shouting foe) Π 147.

ὁμοκλητήρ, -ῆρος, ὁ [ὁμοκλέω]. A shouter. In encouragement: τοῖο ἄνευθεν ἐόντος ὁμοκλητῆρος ἀκούσας (i.e. he heard his voice as he urged on his horses) Ψ 452.—In menace: μή τις ὀπίσσω τετράφθω ὁμοκλητῆρος ἀκούσας (before the shouts of the foe) Μ 273.

ὁμόργνῡμι. *Aor. pple. mid. ὀμορξάμενος, -η Σ 124: θ 88, λ 530. (ἀπ-.) To wipe off or away: ἀπ' ἰχῶ χειρὸς ὀμόργνυ Ε 416.—In mid., to wipe away from one's face: δάκρυ ὀμορξάμενος θ 88. Cf. Σ 124: λ 527, 530.

ὁμός, -ή, -όν. The same, one and the same: οὐ πάντων· ἦεν ὁμὸς θρόος Δ 437. Cf. Ν 354, Ο 209, Ψ 91, 505: κ 41, ρ 563.—The same. With dat.: ἤ κέν τοι ὁμὸν λέχος εἰσαναβαίνοι Θ 291.— Common, in which all take part: τῶν ὁμὸν ἵστατο νεῖκος Ν 333.

ὁμόσε [ὁμός + -σε]. To the same spot: τῶν ὁμόσ' ἦλθε μάχη (they joined battle) Ν 337. Cf. Μ 24.

ὁμοσ(σ)α, 3 sing. aor. ὄμνυμι.

ὁμοστιχάω [ὁμοῦ + στιχ-, στείχω]. To go with, accompany. With dat.: βόεσσιν Ο 635.

ὁμότῑμος [ὁμός + τιμή]. Entitled to be held in the same estimation, equally to be honoured: εἴ μ' ὁμότιμον ἐόντα καθέξει Ο 186.

ὁμοῦ [ὁμός]. (1) In the same place, together Ψ 84.—Into the same place, together: θῆρας ὁμοῦ εἰλεῦντα λ 573.—(2) At the same time, together, both at once: εἰ ὁμοῦ πόλεμός τε δῑμᾷ καὶ λοιμὸς 'Αχαιούς Α 61. Cf. Δ 122, Λ 127, 245, Ρ 362, 745, Τ 499: ε 294 = ι 69 = μ 315, ι 75 = κ 143, μ 67, 178, 424.—(3) With dat., along with, with, among: νεφέεσσιν Ε 867. Cf. Ο 118: δ 723, ο 365.

ὁμοῦμαι, fut. ὄμνυμι.

ὁμοφρονέω [ὁμόφρων]. To be of like mind with another ζ 183.—To feel with another, sympathize with him ι 456.

ὁμοφροσύνη, -ης, ἡ [ὁμόφρων]. Oneness or likeness of mind, concord: ὁμοφροσύνην ὀπάσειαν ζ 181.—So in pl.: ἤδ' ὁδὸς καὶ μᾶλλον ὁμοφροσύνῃσιν ἐνήσει ο 198.

ὁμόφρων, -ονος [ὁμός + φρήν]. In reference to the mind, like that of another, having the same inclinations. Of animals: οὐδὲ λύκοι τε καὶ ἄρνες ὁμόφρονα θυμὸν ἔχουσιν Χ 263.

ὁμόω [ὁμός]. To unite Ξ 209.

ὀμφαλόεις, -όεσσα, -όεν [ὀμφαλός]. (1) Furnished with a boss. Epithet of shield (cf. ὀμφαλός (2)) Δ 448, Ζ 118, Μ 161, Χ 111, etc.: τ 32.—(2) Of the yoke of a chariot, furnished with a boss (cf. ὀμφαλός (3)) Ω 269.

ὀμφαλός, -οῦ, ὁ. (1) The navel: οὔτα παρ' ὀμφαλόν Δ 525. Cf. Ν 568, Τ 416, Φ 180.—Fig., the centre: νήσῳ ἐν ἀμφιρύτῃ, ὅθι τ' ὀ. ἐστι θαλάσσης α 50.—(2) A boss on a shield Λ 34, Ν 192. —(3) A boss on the yoke of a chariot Ω 273.

ὄμφαξ, -ακος, ἡ. An unripe grape η 125.

ὀμφή, -ῆς, ἡ. A voice. Always of a divine voice or inspiration: ἐπισπόμενοι θεοῦ ὀμφῇ γ 215 = π 96. Cf. Β 41, Τ 129.

ὁμώνυμος [ὁμός + ὄνυμα, Aeolic form of ὄνομα]. Bearing the same name Ρ 720.

ὅμως [ὁμός]. All the same, nevertheless: ὅμως δ' οὐ λήθετο χάρμης Μ 393. Cf. λ 565.

ὁμῶς [ὁμός]. (1) Alike, equally, likewise: ἄμφω ὁμῶς φιλέουσα Α 196. Cf. Ο 98, Ρ 422: νυκτὶ ὁμῶς πλείειν (i.e. as well as by day) ο 34, ὁμῶς ἐφοίτων (with one consent) ω 415. Cf. δ 775, θ 542, ψ 332.—(2) Preceding clauses joined by . . . τε, . . . τε καί, alike: πλῆθεν ὁμῶς ἵππων τε καὶ ἀνδρῶν Θ 214, κάτθαν' ὁμῶς ὅ τ' ἀεργὸς ἀνὴρ ὅ τε . . . Ι 320. Cf. Λ 708, Ο 257, Ρ 644, Φ 521, Ω 73: κ 28, 80 = ο 476, ω 63. — (3) In the same manner, to the same degree: ὁμῶς κίκεθ' ὁμῶς τιμῆς ἔσεαι Ι 605. Cf. Φ 62.—(4) With dat., equally with, like as: ὁμῶς τοι ἤπια οἶδεν ν 405 = ο 39. Cf. Ε 535, Ξ 72, Ι 312 := ξ 156.

ὄναρ, τό [cf. ὄνειρος]. A vision seen in sleep, a dream: οὐκ ὄ., ἀλλ' ὕπαρ ἐσθλόν τ 547. Cf. Κ 496: υ 90.—In generalized sense, dreams: καὶ γάρ τ' ὄ. ἐκ Διός ἐστιν Α 63.

ὄνδε [acc. sing. masc. of ὅς[1] + -δε (1)]. To his . . . (with the -δε doubled): ὄνδε δόμονδε Π 445: α 83 = ξ 424 = υ 239 = φ 204, γ 272, ρ 527, υ 329.

ὄνειαρ, -ατος, τό [ὀνίνημι]. (1) Something that

benefits, a means of aid, an aid, benefit, help: ἐφράσατο μέγ' ὄνειαρ δ 444. Cf. o 78.—Of a person: πᾶσιν ὄνειαρ X 433. Cf. X 486.—(2) In pl., good things, good cheer: παρά σφιν ὀνείατα μυρία κεῖται κ 9. Cf. o 316.—See also under ἑτοῖμος (1).— (3) In pl., goods, substance: τοσσάδ' ὀνείατ' ἄγοντα Ω 367.

ὀνείδειος [ὄνειδος]. Conveying blame or censure, reproachful, reviling, abusive: μῦθον Φ 393, 471. Cf. A 519, B 277, Π 628, Φ 480 : σ 326.— Absol. in neut. pl., reviling, abuse: ὀνειδείοισιν ἐνίσσων X 497.

ὀνειδίζω [ὄνειδος]. 2 sing. aor. ὀνείδισας I 34. Imp. ὀνείδισον A 211. (1) To use words of blame or censure, speak in abuse or reviling: μετέειπε νείκει ὀνειδίζων H 95.—(2) To make matter of blame or reproach, cast in one's teeth: ἀλκήν μοι ὀνείδισας (i.e. the want of it) I 34 : τὴν γαστέρ' ὀνειδίζων σ 380.—With dependent clause: ὀνείδισον ὥς ἔσεταί περ (speak out to him and tell him how it will be) A 211, ἦσαι ὀνειδίζων ὅτι . . . (casting in his teeth that . . .) B 255.

ὄνειδος, τό. (1) In pl., words of blame, censure, reproach, abuse, reviling: λέγ' ὀνείδεα B 222. Cf. A 291, B 251, Γ 242, 438, I 460, Υ 246 : ρ 461. —(2) In pl., shame, disgrace: αἰ ἐμῇ κεφαλῇ κατ' ὀνείδεα χεύαν χ 463.—(3) A cause or source of reproach or blame: ἐμοί κ' ὀνείδεα ταῦτα γένοιτο ζ 285. Cf. Π 498, P 556.

ὀνείρειος, -η, -ον [ὄνειρος]. Of dreams: πύλῃσιν δ 809.

ὀνειροπόλος, -ου, ὁ [ὄνειρος + -πολος, conn. with πολεύω]. One busied with dreams, one skilled in the interpretation of dreams A 63, E 149.

ὄνειρος, ὁ. Also ὄνειρον, τό δ 841. Acc. pl. (besides ὀνείρους) ὀνείρατα ν 87. (1) A vision seen in sleep, a dream: θεῖός μοι ἐνύπνιον ἦλθεν ὄ. ξ 495. Cf. B 80, E 150 : δ 841, ζ 49, λ 207, 222, τ 535, 555, 560, 562, 568, ν 87, ω 12. — Personified B 6, 8, 16, 22, 56.—(2) The state of one who is dreaming, a dream, the land of dreams: ἐν περ ὀνείρῳ τ 541, 581 = φ 79. Cf. X 199.

ὀνήμενος, aor. pple. mid. ὀνίνημι.

ὀνήσει, 3 sing. fut. ὀνίνημι.

ὄνησις, ἡ [ὀνίνημι]. Good, profit φ 402.

ὄνθος, -ου, ὁ. Dung Ψ 775, 777, 781.

ὀνίνημι. 3 sing. fut. ὀνήσει H 172, Θ 36, 467 : ψ 24. Infin. ὀνήσειν E 205. Aor. ὄνησα A 503. 2 sing ὤνησας A 395. 3 ὤνησε ξ 67. 3 pl. ὤνησαν I 509. Mid. 2 sing. fut. ὀνήσεαι Z 260. 3 ὀνήσεται H 173, Η 31. 1 pl. ὀνησόμεθα ξ 415. Aor. imp. ὄνησο τ 68. Pple. ὀνήμενος β 33. (ἀπ-.) (1) To be of service to, confer benefit upon, benefit, profit, help: Ἀχαιούς H 172. Cf. A 395, 503, E 205, I 509, Ω 45 : σὲ τοῦτό γε γῆρας ὀνήσει (will benefit you so far, you may thank your years for that) ψ 24. Cf. ξ 67.—Without expressed object: βουλήν, ἥ τις ὀνήσει Θ 36 = 467.—(2) In mid., to get good, benefit, profit, help or enjoyment from something, be the better for it: καὐτὸς ὀνήσεαι Z 260. Cf. H 173 : πρὸς δ' αὐτοὶ ὀνησόμεθα (will get some enjoyment for ourselves) ξ 415.—

With genit. of that from which good is derived : τί σευ ἄλλος ὀνήσεται ; Π 31 : δαιτὸς ὄνησο (make the best of it, be thankful for what you have got) τ 68.—In aor. pple., blessed (cf. οὐλόμενος) : ἐσθλός μοι δοκεῖ εἶναι, ὀνήμενος β 33.

ὄνομα, -ατος, τό. Also οὔνομα Γ 235, P 260 : ζ 194, ι 355. A name, one's name Γ 235, P 260 : δ 710, ζ 194, θ 550, ι 16, o 256, etc.—The name or fame of a person or of something: Ἰθάκης γε καὶ ἐς Τροίην ὁ. ἵκει ν 248. Cf. ω 93.

ὀνομάζω [ὄνομα]. 2 sing. aor. ὠνόμασας ω 339. (1) To address by name: πατρόθεν ἐκ γενεῆς ὀνομάζων ἄνδρα ἕκαστον K 68. Cf. X 415 : δ 278. —In the recurring formula ἔπος τ' ἔφατ' ἔκ τ' ὀνόμαζεν app. meaning no more than 'to address' (the name is often not given in the reported speech, and in ζ 254 and κ 319 is not known to the speaker. In θ 194 the name cannot have been used, as it was not then known to the Phaeacians. In ρ 215 Melantheus cannot have known any name by which to address the disguised Odysseus. In ξ 52 the disguised Odysseus knew Eumaeus's name, but cannot be supposed to have used it) A 361, Γ 398, Z 253, H 108, etc. : β 302, γ 374, δ 311, η 330, etc.—(2) To speak of or mention by name, utter the name of: τὸν καὶ οὐ παρεόντ' ὀνομάζεται αἰδόμεναι ξ 145.—(3) To name, tell the name of δ 551.—(4) To name, specify, detail, enumerate: δῶρα Σ 449. Cf. I 515, ω 339.

†ὄνομαι. 2 sing. ὄνοσαι ρ 378. 3 pl. ὄνονται φ 427. 3 sing. opt. ὄνοιτο N 287 : θ 239. 3 sing. fut. ὀνόσσεται I 55. Infin. ὀνόσσεσθαι ε 379. Aor. ὠνοσάμην Ξ 95, P 173. 3 sing. ὤνατο P 25. 2 pl. ὀνόσασθε Ω 241. 3 sing. opt. ὀνόσαιτο Δ 539, N 127, P 399. Pple. ὀνοσσάμενος Ω 439. Here app. should come as 2 pl. pres. οὔνεσθε, v.l. in Ω 241 (see above). To think little of, make light of, look upon or treat with contempt or scorn, disparage: ἔργον Δ 539. Cf. I 55, N 127, 287, Ξ 95 = P 173, P 25, 399, Ω 439 : θ 239, φ 427. —With genit.: κακότητος ε 379.—With dependent clause: ἦ ὀνόσασθ' ὅτι . . . ; (seems it so light a thing that . . . ?) Ω 241 : ἦ ὄνοσαι ὅτι . . . ; (is it not enough that . . . ?) ρ 378.

†ὀνομαίνω [ὄνομα]. 2 sing. aor. ὀνόμηνας ω 341. 3 ὀνόμηνε K 522, Ξ 278, Π 491, Ψ 90, 178, Ω 591. Subj. ὀνομήνω B 488, I 121 : δ 240, λ 328, 517. 2 sing. ὀνομήνῃς λ 251. (ἐξ-.) (1) To address or call to by name, call upon by name: ἑταῖρον K 522, Π 491, Ψ 178, Ω 591.—To call upon by name in adjuration: θεούς Ξ 278.—(2) To name, tell the name or names of, enumerate by name: πληθύν B 488. Cf. λ 328, 517.—(3) To disclose a person's name λ 251.—(4) To name, appoint: σόν με θεράποντ' ὀνόμηνεν Ψ 90.—(5) To name, specify, detail, enumerate: δῶρα I 121. Cf. δ 240.—With a promise implied. With fut. infin.: ὄρχους μοι ὀνόμηνε πεντήκοντα ω 341.

ὀνομακλήδην [ὄνομα + κλη-, καλέω (cf. ἐξονομακλήδην)]. By name X 415 : δ 278.

ὀνομάκλυτος [ὄνομα + κλυτός]. Of famous name : Ἄλτης X 51.

ὀνομαστός, -ή, -όν [ὀνομάζω]. To be named :
Κακοίλιον οὐκ ὀνομαστήν τ 260=597=ψ 19.
ὀνόμηνε, 3 sing. aor. ὀνομαίνω.
ὄνος, ὁ. An ass Λ 558.
ὄνοσαι, 2 sing. pres. ὄνομαι.
ὀνόσαιτο, 3 sing. aor. opt. ὄνομαι.
ὀνόσσεται, 3 sing. fut. ὄνομαι.
ὄνοστος [ὄνοσ-, ὄνομαι]. To be made light of
or treated with indifference : δῶρα Ι 164.
ὄντας, acc. pl. masc. pple. εἰμί.
ὄνυξ, ὁ. Dat. pl. ὀνύχεσσι in passages cited.
In pl., an eagle's talons : νεβρὸν ἔχοντ' ὀνύχεσσιν
Θ 248. Cf. M 202=220 : β 153, ο 161.
ὀξυβελής [ὀξύς + βέλος. The force of the second
element app. obscured]. Sharp, pointed. Epithet
of an arrow : ὀϊστός Δ 126.
ὀξυόεις, -εντος [ὀξύς]. Sharp, pointed. Epithet
of spears E 50, 568, H 11, Ξ 443, etc. : τ 33, ν 306.
ὀξύς, -εῖα, -ύ. (1) Sharp, keen, with sharp
point or edge : δοῦρε δύω ὀξέα Λ 44. Cf. Κ 135,
Λ 392, M 56 (pointed), 447 (coming to a point),
O 711, etc. : α 99, γ 443, ε 411 (jagged), μ 74
(rising to a point), etc.—Epithet of weapons or
parts thereof A 190, Λ 185, 214, 490, 530, etc. :
β 3, δ 700, κ 145, ξ 271, χ 265, etc.—Sim. of
cutting instruments : ἐρινεὸν ὀξέϊ χαλκῷ τάμνεν
Φ 37. Cf. Ψ 412 : μ 173.—(2) Fig. of the beams
of the sun, piercing, penetrating P 372.—In
reference to perception with the eye, quick. In
superl., with infin. : ὀξύτατον εἰσοράασθαι Ξ 345.
Cf. P 675.—Of sound, shrill, piercing : ἀϋτή O 313.
—Of pain or grief, sharp, piercing : ὀδύναι Λ 268,
272. Cf. Λ 269, Π 518, Τ 125, Χ 425 : λ 208,
τ 517.—As epithet of Ares, eager, impetuous
H 330.—As epithet of battle, keen, fierce : ὀξὺν
Ἄρηα Β 440, Δ 352=Τ 237, Θ 531=Σ 304, Λ 836,
P 721.—(3) In neut. sing. ὀξύ as adv. (a) Of
perceiving with the eye, with keen glance,
quickly : νόησεν Γ 374=Ε 312, Ε 680, Θ 91, 132,
Λ 343, O 649, Τ 291. Cf. ε 393.—Sim. of per-
ceiving with the ear, quickly (the exercise of the
power of hearing being thought of as keen like
a glance) : ἄκουσεν P 256.—(b) In reference to
sound, shrilly, piercingly : βοήσας P 89. Cf.
Σ 71, Τ 52, Χ 141.—(4) In neut. pl. ὀξέα as
adv., in reference to sound, shrilly, piercingly :
κεκλήγων Β 222. Cf. M 125, P 88.—(5) In neut.
sing. superl. ὀξύτατον as adv., of perceiving with
the eye, with keenest glance, most quickly :
οὔτ' ὀξύτατον δέρκεται ὄσσε Ψ 477.
ὀπάζω. Fut. ὀπάσσω θ 430, φ 214. 3 sing.
ὀπάσσει ω 201. 1 pl. ὀπάσσομεν Ω 153. Aor.
ὤπασα Ν 416. ὄπασσα κ 204. 3 sing. ὤπασε
Ι 483, Χ 51 : θ 498. ὄπασσε Ξ 491, P 196, Σ 452,
Ω 461 : δ 131, ν 68, ξ 62. 3 pl. ὤπασαν Ζ 157 :
ν 121, 305. Opt. ὀπάσαιμι Ψ 151. 3 pl. ὀπάσειαν
ζ 181, ν 45. Imp. ὄπασσον H 205, Π 38 : ο 310.
Pple. ὀπάσσας ι 90, κ 102. Infin. ὀπάσσαι δ 619,
ο 119. 3 sing. aor. mid. ὀπάσσατο Τ 238. 2 sing.
subj. ὀπάσσεαι Κ 238. Pple. ὀπασσάμενος κ 59.
(1) To cause to go with, accompany or attend, a
person, send with him : ὤπασά οἱ πομπὸν Ν 416.

Cf. Π 38, Σ 452, Ω 153, 461 : ι 90=κ 102, κ 204,
ν 68, ο 310, υ 364.—To cause to follow a person
as chief, give a person rule over : πολύν μοι ὤπασε
λαόν Ι 483.—In mid., to attach to oneself, take
with one, as companion : κήρυκα καὶ ἑταῖρον κ 59.
Cf. Κ 238, Τ 238.—(2) To make over, give as a
present, give, present : Πατρόκλῳ κόμην ὀπάσαιμι
φέρεσθαι (I am ready to . . ., I can do no better
than . . .) Ψ 151. Cf. P 196 : χρυσέην ἠλακάτην
δ 131. Cf. δ 619=ο 119, θ 430, ν 121, 305, ω 283.
—(3) With less definite object, to cause to attend
upon a person, attach to him, give, grant,
bestow : κάλλος Ζ 157. Cf. H 205, Θ 141, M 255,
Ξ 358, 491, O 327, Π 730, P 566, Φ 570, Χ 51 (i.e.
as a dowry) : ὁμοφροσύνην ζ 181. Cf. γ 57, θ 498,
ν 45, ξ 62, ο 320, σ 19, τ 161, φ 214, ψ 210, ω 201.
—(4) To press hard upon, chase, pursue : Ἀχαιούς
Θ 341. Cf. Ε 334, P 462.—In pass. : [ποταμὸς
ὀπαζόμενος Διὸς ὄμβρῳ (driven onwards) Λ 493.—
Of an abstraction, to bear hard upon, oppress :
γῆράς μ' (σ') ὀπάζει Δ 321, Θ 103.
ὄπατρος [ὁ- = ἁ-² + πατρ-, πατήρ]. Having the
same father Λ 257, M 371. (See κασίγνητος (1) (b).)
ὀπάων, -ονος, ὁ [cf. ὀπάζω]. (1) = θεράπων (1)
Ψ 360.—(2) = θεράπων (2) H 165=Θ 263, Κ 58,
P 258.—(3) Like θεράπων (3) P 610.
ὄπη, ὄππη. (1) In whichever direction,
whithersoever : ἀρχ', ὄππη σε κραδίη κελεύει
Ν 784. Cf. Υ 25 and Χ 185 (as . . .) : α 347, ξ 517=
ο 339, π 81=φ 342, σ 242.—With subj. or opt. in
conditional relative sentences. For the examples
and constructions see Table at end (III) (B) (a)
(1), (b) (1), (D) (15) (17).—(2) In what direction,
whither : πάπτηνεν ἕκαστος ὄπη φύγοι ὄλεθρον (to
see where he could turn to escape . . .) Ξ 507=
Π 283, εἰσορόων χρόα, ὄπη εἴξειεν (to see where
he might find an opening) Χ 321. Cf. θ 573,
χ 43.—(3) In what spot, where : εἴφ' ὄπη ἔσχες νῆα
ι 279. Cf. ι 457.—In what direction or quarter :
οὐ γὰρ ἴδμεν ὄπη ζόφος οὐδ' ὄπη ἠώς, οὐδ' ὄπη . . .
οὐδ' ὄπη . . . κ 190.
ὀπηδέω [cf. ὀπάζω]. (1) To be in attendance on
a person, attend him as a follower, retainer or
henchman Β 184, Ω 368.—Of an inanimate object,
to be carried or borne by a person, accompany
him : ἀνεμώλιά μοι ὀπηδεῖ [τόξα] Ε 216.—Of a
divinity, to cause his protecting or favouring
power to go with or attend on a person, act as
his protector or guardian : Διί, ὅς θ' ἱκέτησιν ἅμ'
αἰδοίοισιν ὀπηδεῖ η 165=181. Cf. ι 271, τ 398.—
(2) Of abstractions, to attend upon a person, be
attached to him, be given, granted, bestowed on
him : ἀρετὴν σήν, ἥ τοι ὀπηδεῖ θ 237. Cf. P 251.
ὀπίζομαι [ὄπις]. (ἐπ-.) To regard with awe
or reverence, stand in awe of, observe : μητρὸς
ὠπίζετ' ἐφετμήν Σ 216. Cf. ν 148, ξ 283.—To pay
regard or heed to, direct one's thoughts to,
think of : ἐμ' οὐδὲν ὀπίζεο Χ 332.
ὀπιθε(ν). See ὄπισθε(ν).
ὀπιπεύω [ὀπ-. See ὁράω]. To eye : τί ὀπιπεύεις
πολέμοιο γεφύρας ; (instead of advancing to the
fight) Δ 371, οὔ σ' ἐθέλω βαλέειν ὀπιπεύσας (hold-

ing you in talk and looking out for a weak spot) H 243 : ὀπιπεύσεις γυναῖκας (will be ogling the maids) τ 67.

ὄπις, -ιδος, ἡ [ὀπ-. See ὁράω]. Acc. ὄπιδα ξ 82, υ 215. ὄπιν Π 388 : φ 28. The watch (kept by the gods) on the deeds of men, their regard for righteousness and reprobation of evil-doing : θεῶν ὄπιν οὐκ ἀλέγοντες Π 388. Cf. υ 215, φ 28.—So without θεῶν : οὐκ ὄπιδα φρονέοντες ξ 82. Cf. ξ 88.

ὄπισθε(ν), ὄπιθε(ν) [-θε(ν) (2). Cf. ὀπίσσω]. (I) (1) Of place. (a) Behind, in rear, in the hinder part : στῆ ὄπιθεν Α 197, πρόσθε λέων, ὄπιθεν δὲ δράκων Ζ 181. Cf. Β 542, Λ 397, Ν 289, Ρ 718 (covering the rear), Τ 397 (following him), etc. : σανίδας ἐκδῆσαι ὄπισθεν χ 174 (i.e. his feet and hands were to be bound together behind him and were to be made fast to the boards). Cf. δ 357, ε 167, ζ 307, θ 527, ν 84, ο 34, τ 436.—τὰ ὄπισθεν, the hinder parts Λ 613.—(b) Behind, remaining behind, while another departs or others depart : ὄπισθε μένων Ι 332. Cf. κ 209, λ 72, ο 88, ρ 201.— τοὺς ὄπιθεν Ἀχαιούς Ν 83 (the laggards).—Absent : τῶν ὄπιθεν λ 66 (those left at home).—(c) Towards the rear : ὄπιθεν σάκος βάλεν (behind his back) Λ 545.—(2) Of time, afterwards, hereafter, thereafter, in the future, in time to come, later : ταῦτ' (τὰ) ὄπισθεν ἀρεσσόμεθα Δ 362, Ζ 526. Cf. Ι 515 and 519 (for the future), Μ 34 : κακῶς ὄπιθεν φρονέουσιν (i.e. they are awaiting their opportunity) σ 168. Cf. β 270, 278, ξ 393, χ 55, ψ 249, 261.—(II) With genit., of place, behind, in rear of : ὄπισθε μάχης Ν 536 = Ξ 430. Cf. Ε 595, Ρ 468, Ω 15.

ὀπίσσω, ὀπίσω [cf. ὄπισθε]. (1) Of direction, backwards, back : ἀνεχάζετο τυτθὸν ὀπίσσω Ε 443. Cf. Γ 218, 261, Μ 205, Υ 119, etc. : θ 375, λ 149, μ 410.—In reference to the exercise of a mental faculty : πρόσσω καὶ ὀπίσσω (see πρόσσω (1)).— Back to the same place, back again : ὀπίσω κίε π 150. Cf. η 326.—Sim. : ὄφρ' ἐξεμέσειεν ὀπίσσω ἱστὸν αὖτις μ 437.—(2) Of place, behind, in rear : ἐξακέονται ὀπίσσω (follow and . . .) Ι 507, αὐτὰρ ὀπίσσω ἡ πληθὺς ἐπὶ νῆας ἀπονέοντο (behind the screen covering their retreat) Ο 304. Cf. Ο 735, Ρ 752, Φ 30, Χ 137.—Sim. : τῷ ἄλγεα κάλλιπ' ὀπίσσω (left behind her) λ 279. Cf. Γ 160 : ψ 119. —(3) Of time, afterwards, hereafter, thereafter, in the future, in time to come, later : Τρῳαί μ' ὀπίσσω μωμήσονται Γ 411. Cf. Δ 37, Ζ 352, 450, Ο 497, etc. : α 222 (for the time to come), β 179, ζ 273, λ 433, ξ 137, σ 132, etc.—As quasi-sb. : ἐς ὀπίσσω σ 122 = υ 199.

ὀπίστατος [superl. fr. ὄπισθε]. The hindmost, the last. Absol. Θ 342 = Λ 178.

ὀπίσω. See ὀπίσσω.

ὀπλέω [ὅπλον]. Here prob. should come pres. infin. mid. ὅπλεσθαι Τ 172, Ψ 159 (for ὁπλεῖσθαι). To get ready, make ready, prepare : ἄμαξαν ζ 73.—In mid., to make ready (a meal) for oneself, prepare oneself (a meal) : δεῖπνον ὅπλεσθαι Τ 172, Ψ 159.

ὁπλή, -ῆς, ἡ. A hoof Λ 536 = Υ 501.

ὁπλίζω [ὅπλον]. 3 sing. aor. ὥπλισσε Λ 641. Imp. ὅπλισσον β 289. Infin. ὁπλίσαι Ω 190. 3 sing. aor. mid. ὡπλίσατο (ὁ-) Ψ 301, 351. ὡπλίσσατο Λ 86. ὁπλίσσατο β 20, ι 291, 311, 344, κ 116. 1 pl. ὁπλισάμεσθα δ 429, 574. 1 pl. subj. ὁπλισόμεσθα μ 292. 3 pl. aor. pass. ὅπλισθεν ψ 143. (ἀφ-οπλίζομαι, ἐφ-.) (1) To deck, array : ὅπλισθεν γυναῖκες (came in their finery) ψ 143.—(2) To get ready, make ready, prepare : κυκειῶ Λ 641 : νῆες ὁπλίζονται πόντον ἔπι (are set their courses over . . .) ρ 288. Cf. Ω 190 : β 289.—(3) In mid. (a) To get or make oneself ready, make one's preparations : ἔξω ἰὼν ὁπλίζετο ξ 526.—With infin. : ὁπλίζοντο νέκυας ἀγέμεν Η 417.—(b) To get ready, harness (one's horses) Ψ 301, 351.— (c) To make ready (a meal) for oneself, prepare oneself (a meal) : δεῖπνον Λ 86 : ι 311, κ 116, δόρπον β 20, δ 429 = 574, ι 291, 344, μ 292, π 453. —(d) To don one's harness, make ready or prepare for the fray : Τρῶες ἀνὰ πτόλιν ὁπλίζοντο Θ 55. Cf. ω 495.

ὅπλον, -ου, τό. (1) An implement, appliance, tool : ὅπλ' ἐν χερσὶν ἔχων γ 433. Cf. Σ 409, 412. —Specifically, a rope or cable : ἐμὲ κατέδησαν ὅπλῳ ξ 346. Cf. φ 390.—(2) In pl., the tackle of a ship landed from her when not in use and taken on board before putting to sea : πάντ' ἐν νηῒ ὅπλ' ἐτίθει β 390. Cf. ζ 268, κ 404, 424, μ 410.— Specifically, the running tackle : ὅπλων ἅπτεσθαι β 423, δησάμενοι ὅπλα 430. Cf. λ 9, μ 151, ο 288. —(3) In pl., warlike array, harness, armour : ὅπλοισιν ἔνι δεινοῖσιν ἐδύτην Κ 254, 272. Cf. Σ 614, Τ 21.

ὁπλότερος, -η, comp. Younger : ὁπλότερος γενεῇ Β 707. Cf. Δ 325 : τ 184, φ 370.—Youthful rather than old : αἰεὶ ὁπλοτέρων ἀνδρῶν φρένες ἠερέθονται (the younger generation, the class of youths) Γ 108, Χαρίτων μίαν ὁπλοτεράων (one of the youthful . . .) Ξ 267, 275.—Superl. **ὁπλότατος, -η.** Youngest, the youngest : Νέστορος ὁπλοτάτη θυγάτηρ γ 465. Cf. Ι 58 : η 58, λ 283, ο 364.

ὁποῖος, ὁπποῖος, -η, -ον. (1) As relative, of whatever sort or kind. With subj. or opt. in conditional relative sentences (with τοῖος as correlative). For the examples and constructions see Table at end (II) (B) (b), (III) (D) (29).—(2) In object clauses, of what sort or kind : ὁπποίης ἐπὶ νηὸς ἀφίκεο α 171 = ξ 188.—With the indefinite ἅσσα : εἰπέ μοι ὁπποῖ' ἄσσα εἵματα ἔστο τ 218.

ὀπός, ὁ. Fig-juice used to curdle milk for cheese Ε 902.

ὁπόσ(σ)ος, ὁππόσος. (1) As relative, as many as : κτήμαθ' ὁπόσσα τοι ἐστιν (all your possessions) χ 220.—As much as. Absol. : ὁπόσσον ἐπέσχε πυρὸς μένος (the space that the fire covered) Ψ 238 = Ω 792.—(2) In object clauses, how many or great, what : ὄφρ' εἴηης ὁππόσα κήδε' ἀνέτλης ξ 47.—Absol. : ποθέων ὁπόσα τολύπευσεν Ω 7.

ὁπότε, ὁππότε. (1) When, at the time when. (a) With indic. : ὁππότε μιν ξυνθῆσαι ἤθελον Α 399. Cf. Θ 230, Λ 671, Ξ 317, etc. : δ 731, ε 125, σ 409, ψ 345.—Introducing a simile Λ 492.—(b) (a) With subj. or opt. in relative sentences corresponding to sentences with εἰ (4). For the examples and constructions see Table at end (II) (B) (a) (1), (b), (D) (7).—(β) In conditional relative sentences. See Table (III) (B) (a) (1) (2) (3) (5), (b) (1), (D) (12) (16) (20) (26) (31) (34) (35) (37) (54) (59).—(γ) With subj. introducing similes : ὡς ὁπότε . . . Λ 305 : δ 335 = ρ 126.—(2) Against the time when : δέγμενος ὁππότ' ἀφορμηθεῖεν (watching for the time when . . .) B 794. Cf. Δ 229, K 189, etc. : ν 386.—(3) At which time, when : ἔσσεται ἠώς, ὁππότε τις καὶ ἐμεῖο "Αρῃ ἐκ θυμὸν ἕληται Φ 112. Cf. N 817.—(4) In an object clause : ἴδμεν ὁππότε νεῖτ' ἐκ Πύλου; δ 633.

ὅπου. In object clauses, in what place, where : δμώων κέ τεο πειρηθεῖμεν, ὅπου τις νῶϊ τίει π 306 (i.e. at the various ἔργα of 314). Cf. γ 16.

ὅππη. See ὅπη.

ὁππόθεν. In indirect questions and object clauses, whence : ἐρέσθαι, ὁ. οὗτος ἀνήρ (where he comes from) α 406. Cf. γ 80, ξ 47.—In reference to origin : εἰπὲ τεὸν γένος, ὁ. ἐσσί τ 162.

ὁππόθι. (1) As relative, where : ὁππόθι πιότατον πεδίον Καλυδῶνος I 577.—(2) In an object clause : σάφα εἰπέμεν ὁππόθ' ὅλωλεν γ 89.

ὁπποῖος. See ὁποῖος.

ὁππόσε. Whithersoever. With subj. in a relative sentence corresponding to sentences with εἰ (4) : ὁππόσ' ἐπέλθω ξ 139 (see Table at end (II) (D) (3)).

ὁππόσος. See ὁπόσος.

ὁππότε. See ὁπότε.

ὁππότερος, -η, -ον. (1) As relative, whichever of the two. (a) With indic. : ἡμέων ὁπποτέρῳ θάνατος τέτυκται Γ 101. Cf. Γ 321.—(b) With subj. in conditional relative sentences. For the examples and constructions see Table at end (III) (D) (20) (26).—(c) In pl. in reference to two bodies of men. With opt. in a conditional relative sentence. See Table (III) (D) (54).—(2) In object clauses, which of the two : Ζεὺς τό γε οἶδεν, ὁπποτέρῳ θανάτοιο τέλος πεπρωμένον ἐστίν Γ 309. Cf. Γ 317, X 130 : μ 57.—In pl. in reference to two bodies of men E 33.—So in reference to two pairs of horses Ψ 487.

ὁπποτέρωθεν [-θεν (1)]. In an object clause, from which quarter : οὐδ' ἂν ἔτι γνοίης ὁπποτέρωθεν 'Αχαιοὶ κλονέονται Ξ 59.

ὅππως. See ὅπως.

ὁπταλέος [ὀπτός]. Roasted, roast : κρέα Δ 345 : μ 396, κρειῶν π 50.

ὀπτάω [ὀπτός]. (ἐπ-.) To roast : κρέ' ὤπτων γ 33. Cf. γ 65=470=ν 279, ξ 76, o 98, υ 27, 252. —Without expressed object I 215, Λ 466=B 429 = H 318=Ω 624 : =ξ 431, γ 463, o 323, τ 423.

ὀπτήρ, -ῆρος, ὁ [ὀπ-. See ὁράω]. A scout : ὀπτῆρας ὄτρυνα νέεσθαι ξ 261=ρ 430.

ὀπτός. Roasted, roast δ 66, π 443, χ 21.

ὀπυίω. To take or have to wife, marry : ὅς [μιν] ἀναφανδὸν ὀπυίει Π 178, τὴν ὤπυιε ἀμφιγυήεις Σ 383. Cf. N 379, 429, Ξ 268 : β 207, 336, δ 798, ο 21, π 386.—Absol. in pres. pple., a married

man : οἱ δύ' ὀπυίοντες ζ 63.—In pass., of the woman, to be taken to wife, be married : ἐξ Αἰσύμηθεν ὀπυιομένη Θ 304.

ὄπωπα, pf. ὁράω.

ὀπωπή, -ῆς, ἡ [ὄπωπα. See ὁράω]. (1) The presentation of something to the sight, sight of something : ὅπως ἤντησας ὀπωπῆς γ 97 = δ 327, ρ 44.—(2) The faculty of sight, vision : ἀμαρτήσεσθαι ὀπωπῆς ι 512.

ὀπώρη, -ης, ἡ. Late summer, harvest-time : ἀστέρ', ὅς τ' ὀπώρης εἶσιν (in . . .) X 27.—Distinguished from θέρος λ 192, μ 76, ξ 384.

ὀπωρινός [ὀπώρη]. Of, that comes in, late summer or harvest-time : ἀστέρι E 5. Cf. Π 385, Φ 346 : ε 328.

ὅπως, ὅππως. (1) In such way or manner as, as. (a) With indic. : ἔρξον ὅπως ἐθέλεις Δ 37 : ν 145. Cf. ξ 172, o 111, etc.—(b) With subj. or opt. in conditional relative sentences. For the examples and constructions see Table at end (III) (B) (a) (1) (2), (b) (1).—(2) In object clauses, in what way or manner, how. (a) With indic. : κατάλεξον ὅπως ἤντησας ὀπωπῆς γ 97. Cf. K 545, etc. : δ 109 (thinking how . . .), etc.—With fut. : οὐδ' ἴδμεν ὅπως ἔσται τάδε ἔργα B 252. Cf. Δ 14, etc. : ν 376, 386, τ 557, etc.—After a past tense : ἑλίσσετο μερμηρίζων ὅππως χεῖρας ἐφήσει υ 29.—(b) With subj., pure or with κεν : οὐδέ ἑ λήθει ὅππως ταννύσῃ Ψ 324. Cf. Γ 110, K 225, P 144, etc. : φράζεσθαι ὅππως κε μνηστῆρας ἀπώσεαι α 270. Cf. α 77, etc. —(c) With opt. : μερμήριξεν ὅππως ἐξαπάφοιτο Ξ 160. Cf. Α 344, etc. : γ 129, ι 554, etc.—With κεν I 681.—(3) In final clauses, so that, in order that. (a) With fut. : ὅπως ἀντάξιον ἔσται Α 136. Cf. α 57.—(b) With subj. : λοχήσιν ὅπως ἀπὸ φύλον ὄληται ξ 181. Cf. γ 19.—(c) With opt. : ὅπως κῆρας ἀλάλκοι Φ 548. Cf. ζ 319, ν 319, etc.— (4) When : ὅπως ἴδον αἷμα Λ 459. Cf. M 208 : γ 373, χ 23.

ὁράω. 1 sing. pres. ὁρόω E 244, Λ 651, Ω 355 : α 301, γ 199, λ 141, σ 143. 2 ὁράᾳς H 448, O 555, Φ 108 : ρ 545. 2 pl. opt. ὁρόῳτε Δ 347. Pple. ὁρόων Α 350, Γ 325, Υ 23, etc. : α 229, θ 314, ψ 91. Pl. ὁρόωντες P 637, Ω 633 : η 145, ι 295, υ 373. Fem. ὁρόωσα τ 514. Pres. infin. mid. ὁράασθαι π 107, σ 4, υ 317. From ὅρημαι (cf. δίζημαι) 2 sing. pres. mid. ὅρηαι ξ 343. From ὀπ- 2 sing. fut. in mid. form ὄψεαι Δ 353, Θ 471, I 359, Ω 601 : ω 511. ὄψει μ 101. ὄψῃ Ψ 620. 3 ὄψεται λ 450, o 516, ρ 7. Pple. ὀψόμενος ψ 360. Fem. ὀψομένη Ξ 200, 205, 301, 304. Pl. ὀψόμεναι Σ 141. Infin. ὄψεσθαι E 120, Ξ 343, Ω 492 : ν 357, π 24, ρ 42. Aor. imp. ὄψεσθε Ω 704 : θ 313. Pf. ὄπωπα B 799, Z 124, Ω 392 : ρ 371, φ 94. 2 sing. ὄπωπας γ 93, δ 333. 3 sing. plupf. ὀπώπει φ 123, ψ 226. (εἰσ-, ἐφ-, καθ-.) (1) In act. and mid., to look, gaze : θαύμαζον ὁρόωντες η 145. Cf. Υ 23 : δ 47=κ 181. —To direct one's sight, look, gaze, in a specified direction : θεοὶ εἰς πάντες ὁρῶντο X 166. Cf. Α 350, Γ 325, Π 646, P 637, Ω 633 : ε 439, σ 344, υ 373, ψ 91.—(2) To look at or upon, gaze upon. In act. and mid. : αἰεὶ τέρμ' ὁρόων (keeping his eyes

upon it) Ψ 323 : τὸν ὁρῶντο ο 462. Cf. θ 459.—
(3) To look to something, consider it, judge by
it. In act. and mid. : ἐς γενεὴν ὁρόων Κ 239 : ἐς
μέγεθος ὁρώμενος σ 219.—(4) To look to, attend
to, something : ἐς ἐμὰ ἔργ' ὁρόωσα τ 514.—(5) In
act. and mid., to have sight of, see, behold : τῶν
ἄλλων οὔ τις ὁρᾶτο [αὐτήν] Α 198, οὔ πω τοιόνδε
λαὸν ὄπωπα Β 799. Cf. Γ 234, Ε 120, Λ 651, Ν 99,
Ξ 343, etc. : α 229, γ 93, λ 156, 450, ν 357, ξ 343,
etc.—With indefinite object : ὁρόων ἀκάχημαι
θ 314. Cf. δ 226, φ 123.—With complementary
pple. or adj. : ὅτι θνήσκοντας ὁρᾶτο Α 56. Cf.
Γ 306, Ε 244, Θ 471, Ι 359, etc. : μάλα σ' ὁρόω
καλόν τε μέγαν τε α 301 = γ 199. Cf. σ 143, ω 511.
—With complementary clause : οὐχ ὁράᾳς ὅτι
. . . ; Η 448. Cf. Δ 347, Ο 555, Φ 108 : θ 313,
ρ 545.—The infin. used epexegetically : εἶδος
μάλα μέγας ἦν ὁράασθαι σ 4.—(6) To visit, go to
see, see. In mid. : ὀψόμεναί τε γέρονθ' ἄλιον καὶ
δώματα πατρός Σ 141. Cf. Ξ 200, 205 = 304, 301 :
ψ 360.—(7) To admit to one's presence, see : οὐδέ
σε μήτηρ ὄψεται ο 516.—(8) Of mental vision :
ὁρόων θάνατον Υ 481, οἷος ὅρα πρόσσω καὶ ὀπίσσω
Σ 250 : ω 452.

ὄργυια, ἡ [ὀργ-, ὀρέγω]. The length of the
outstretched arms, a fathom Ψ 327 : ι 325, κ 167.

ὀρέγω. Pres. pple. (fr. ὀρέγνυμι) ὀρεγνύς Α 351,
Χ 37. Fut. ὀρέξω Ρ 453. 1 pl. ὀρέξομεν Μ 328,
Ν 327. Infin. ὀρέξειν Ο 602. 2 sing. aor. ὄρεξας
Ω 743. 3 ὤρεξε Ψ 406, Ω 102. 2 sing. subj. ὀρέξῃς
Χ 57. 3 ὀρέξῃ Ε 33, 225, 260, Χ 130 : ο 312. 3 pl.
opt. ὀρέξειαν ρ 407. Infin. ὀρέξαι Λ 79, Μ 174,
Ο 596 : δ 275. Mid. 3 sing. aor. ὠρέξατο Ε 851,
Ψ 99. ὀρέξατο Ζ 466, Ν 20, 190. 3 sing. imp.
ὀρεξάσθω Δ 307. Pple. ὀρεξάμενος Π 314, 322,
Ψ 805. Fem. ὀρεξαμένη φ 53. Infin. ὀρέξασθαι
λ 392. 3 pl. pf. ὀρωρέχαται Π 834. 3 pl. plupf.
ὀρωρέχατο Λ 26. (ἐπ-.) (1) To hold or stretch
out (a hand or the hands) : χεῖρας ὀρεγνύς Α 351,
Χ 37. Cf. Ο 371, Ω 743 : ι 527, μ 257, ρ 366.—So
in mid. : ἀνδρὸς παιδοφόνοιο ποτὶ στόμα χεῖρ'
ὀρέγεσθαι Ω 506 (but χεῖρ' (i.e. χειρὶ) may be
read, bringing the passage under (3) (a). Cf.
Ψ 99 there cited).—(2) To hold out, offer for
acceptance, bestow, give : Θέτις ὤρεξε [δέπας]
πιοῦσα (i.e. held it out to return it) Ω 102 : αἴ κέν
τις κοτύλην καὶ πύρνον ὀρέξῃ ο 312. Cf. ρ 407.—
With immaterial object, to yield, grant, bestow,
give : κῦδος Ε 33, εὖχος Μ 328, τάχος Ψ 406, etc. :
κῦδος δ 275.—(3) In mid. (a) To stretch out one's
limbs, make a stretch, stretch, reach : τρὶς ὀρέξατ'
ἰών (made three strides) Ν 20 : ὀρέξασθαι μενεαίνων
(to reach out a hand to me) λ 392. Cf. φ 53.—
So κυάνεοι δράκοντες ὀρωρέχατο (were astretch, i.e.
were represented with heads outstretched) Λ 26.
—With genit. of that towards which one reaches
out : οὗ παιδὸς ὀρέξατο Ζ 466.—With dat. of the
part employed : ὠρέξατο χερσίν Ψ 99.—So ἵπποι
ποσσὶν ὀρωρέχαται (are astretch, are in their full
stride) Π 834.—(b) To make a lunge or thrust.
With d.t. of the weapon : ὠρέξατ' ἔγχεϊ Ε 851.
Cf. Δ 307.—With this dat. and genit. of the

person attacked : ὀρέξατο δουρὶ Ἕκτορος Ν 190.—
With acc. of part reached : ἔφθη ὀρεξάμενος σκέλος
(ὦμον) (app. a construction ad sensum, ' got his
blow in first and struck . . .') Π 314, 322. Cf.
Ψ 805.

ὀρεῖται, 3 sing. fut. mid. ὄρνυμι.

ὀρεκτός, -ή, -όν [ὀρεκ-, ὀρέγω]. Of spears, held
out or presented for action : μελίῃσιν Β 543.

ὀρέξω, fut. ὀρέγω.

ὀρέοντο, 3 pl. aor. mid. ὄρνυμι.

ὀρεσίτροφος [ὄρεσι, dat. pl. of ὄρος + τροφ-,
τρέφω]. Bred in the mountains, mountain-bred.
Of lions Μ 299, Ρ 61 : ζ 130, ι 292.

ὀρεσκῷος [ὄρεσ-, ὄρος + (poss.) a second element
conn. with κοῖτος, κεῖμαι]. Thus, couching in the
mountains : Φηρσίν Α 268 : αἶγας ι 155.

ὀρέστερος [comp. fr. ὄρεσ-, ὄρος. ' Of the
mountains' (as opposed to the valleys)]. Mountain-
bred : δράκων Χ 93 : λύκοι ἠδὲ λέοντες κ 212.

ὀρεστιάς, -άδος [ὄρεσ-, ὄρος]. A mountain-
nymph. Defining νύμφη Ζ 420.

ὄρεσφι, locative, ablative and genit. ὄρος.

ὀρεχθέω [perh. conn. with ὀρέγω]. Thus, of
oxen, to stretch themselves out, plunge Ψ 30.

ὄρηαι, 2 sing. pres. mid. See ὁράω.

ὄρηται, 3 sing. aor. subj. mid. ὄρνυμι.

ὄρθαι, aor. infin. mid. ὄρνυμι.

ὄρθιος [ὀρθός]. In neut. pl. ὄρθια as adv., in
shrill tones : ἤϋσεν Λ 11.

ὀρθόκραιρος, -η [ὀρθός + κραῖρα = κέρας]. (1) Epi-
thet of oxen, with upright horns Θ 231, Σ 573 :
μ 348.—(2) Epithet of ships, with sterns running
up into a tall ornamental projection (ἄφλαστον,
κόρυμβον), with tall sterns Σ 3, Τ 344.

ὀρθός, -ή, -όν. Upright, erect : ἔγχεά σφιν ὀρθ'
ἐπὶ σαυρωτῆρος Κ 153. Cf. Ω 359.—In or to an upright
posture, upright, erect : ὀρθῶν ἑσταότων Σ 246.
Cf. Ψ 271 = 456 = 657 = 706 = 752 = 801 = 830, Ω 11:
μ 51 = 162, 179, σ 241, φ 119.—Of sheep ι 442.

ὀρθόω [ὀρθός]. To set upright, set on one's
legs again Η 272, Ψ 695.—In pass., to stand up,
rise up : ὀρθωθεὶς ἔνδυνε χιτῶνα Κ 21.—To assume
from a recumbent a partially upright posture,
raise oneself : ἕζετο ὀρθωθεὶς Β 42, Ψ 235. Cf. Κ 80.

ὀρίνω [ὀρ- as in ὄρνυμι]. Aor. ὄρινα δ 366. 2 sing.
ὤρινας θ 178. ὄρινας ξ 361, ο 486. 3 ὤρῑνε Τ 272 :
η 273. ὄρινε Β 142, Δ 208, Φ 235, Ω 760, etc. :
ρ 150, 216. Subj. ὀρίνω Ο 403. 2 sing. ὀρίνῃς
Ω 467, 568. 2 sing. opt. ὀρίναις Λ 792. Pass.
3 sing. aor. ὠρίνθη Π 509. ὀρίνθη Ε 29, Π 280,
Σ 223. 3 sing. opt. ὀρινθείη Ω 585. Nom. pl.
masc. pple. ὀρινθέντες χ 23. (συν-.) (1) To put
into a state of commotion, stir, agitate, trouble :
ὀρινομένη θάλασσα (raised in billows) Β 294. Cf.
Ι 4, Λ 298 : η 273.—To put into violent motion :
ῥέεθρα (brought them down in spate) Φ 235.—
With personal object, to throw into confusion or
disorder, strike with panic : μνηστῆρας ω 448.—
In pass., of men, to be thrown into confusion or
disorder, be put to disorderly rout, be struck
with panic : ὀρινομένους ὑπὸ καπνοῦ Ι 243. Cf.
Λ 521, 525, Ξ 14 = Ο 7, Ξ 59, Π 377 : ὀρινθέντες

κατὰ δῶμα (rushing in confusion) X 23.—Sim. of
a single person : σοὶ ὀρινομένῳ κατὰ δῶμα (rushing
in your rage) χ 360.—(2) With immaterial object,
to stir up, bring about, cause : ὀρυμαγδόν Φ 313.
Cf. Ω 760.—In reference to the heart or mind, to
stir, rouse, agitate, trouble, touch : θυμόν B 142.
Cf. E 29, I 595, Π 509, Ω 585, etc. : δ 366, ρ 47,
216, σ 75, etc.

ὅρκιον, -ου, τό [app. neut. of ὅρκιος, adj. fr.
ὅρκος]. (1) In pl., sacrificial victims or other
offerings in sanction of an oath, oath-offerings :
κήρυκες ἀνὰ ἄστυ θεῶν φέρον ὅρκια (the gods being
to be invoked as witnesses) Γ 245. Cf. Γ 269.—
(2) In sing., an oath-sacrifice : οὐχ ἅλιον πέλει
ὅρκιον (our . . .) Δ 158.—(3) ὅρκια τάμνειν, to make
a compact with the sanction of an oath, enter
into a solemn treaty or agreement B 124, Γ 73 =
256, Γ 94, 105, 252, Δ 155, T 191 : ω 483.—
(4) Hence, in pl., a compact, treaty, agreement :
συνθεσίαι τε καὶ ὅρκια B 339. Cf. Γ 107, 280, 299,
323, Δ 67 = 72, 157, 236, 269, 271, H 69, 351, 411,
X 262, 266 : ω 546.—(5) In pl., an oath : ὅρκια
τοι δώσω τ 302.

ὅρκος, -ου, ὁ. (1) Something invoked in
sanction of an oath, something by which one
swears : ὅ τοι μέγας ἔσσεται ὁ. A 239. Cf. B 755,
O 38 : = ε 186.—(2) An oath : μέγαν ὅρκον ὀμοῦμαι
(ὀμεῖται) A 233, I 132, 274. Cf. Ξ 280, T 108, 113,
127, 175, Υ 313 (oaths by many different objects),
X 119, Ψ 42, 441 : β 377, 378 = κ 346, δ 253, 746,
ε 178 = κ 343, κ 299, 381, μ 298, 304 = ο 438 = σ 59,
ξ 151, 171, ο 436, σ 55, ν 229.—(3) The taking of
an oath, swearing : ἀνθρώπους ἑκέκαστο κλεπτοσύνῃ
θ' ὅρκῳ τε (i.e. false swearing) τ 396.

ὁρμαθός, -οῦ, ὁ [ὅρμος¹]. A chain or string of
objects ω 8.

ὁρμαίνω [ὁρμάω]. 3 sing. aor. ὅρμηνε Φ 137.
3 pl. ὅρμηναν β 156. (1) To stir up, bring about :
πόλεμον K 28 : δ 146.—(2) To turn over, revolve,
ponder, consider, debate, have in contemplation,
meditate : ταῦτα A 193 = Λ 411 = P 106 = Σ 15,
K 507. Cf. K 4 : δολιχὸν πλόον γ 169. Cf. γ 151,
δ 120 = ε 365 = 424, δ 732, 793, 843, η 83, σ 345,
ψ 86.—Absol. : ὡς ὁ γέρων ὥρμαινεν Ξ 20. Cf.
Π 435, Φ 64, X 131 : ζ 118.—With dependent
clause. With ἤ . . . ἤ . . . γ 169, δ 789, ο 300,
ψ 86.—With ὅπως Φ 137, Ω 680.—With relative :
ὅρμηναν ἅ περ . . . β 156.

ὁρμάω [ὁρμή]. (ἀφ-, ἐξ-, ἐφ-, μεθ-.) (I) (1) To
incite, urge, spur on : ὅρμησέ μ' ἐς πόλεμον Ζ 338.
—(2) To stir up, bring about : πόλεμον σ 376.—
(3) Intrans. for reflexive. (a) To make onslaught,
attack. With genit. of what is attacked : ὁππότε
πύργος Ἀχαιῶν Τρώων ὁρμήσειεν Δ 335.—(b) To
put oneself in act or motion to do something.
With infin. : ὁσσάκι ὁρμήσειε στῆναι ἐναντίβιον
Φ 265. Cf. N 64, X 194.—(II) In mid. and pass.
(1) To address oneself to motion, take one's way,
proceed, speed, start, start up to do something :
ὁρμᾶτ' ἐκ θαλάμοιο Γ 142. Cf. I 178, N 754,
Ξ 313 : οὐδ' ὁρμηθέντος ἄκουσα (that he had gone)
δ 728. Cf. δ 282, ν 82.—Sim. : ὁρμηθεὶς θεοῦ

(starting from (the inspiration of) the god, stirred
by the god) θ 499.—(2) In hostile sense, to rush,
make a rush, make onslaught, attack : ἐναντίω
οἱ ὁρμηθήτην E 12, δεύτερος ὥρμᾶτ' ἐγχεϊ 855. Cf.
N 496, 512, 526, 559, 562, O 529, Π 402, 467,
P 530, 605, Σ 269, T 236, X 312, Ψ 817 : μ 126.—
Of animals κ 214.—With genit. of the person
attacked : ὁρμήθη 'Ακάμαντος Ξ 488. Cf. Φ 595.
—To make a rush in order to strip a fallen foe :
ὡρμήθη μεμαὼς ἀπὸ τεύχεα δῦσαι N 182, ὁρμηθέντος
ἀκόντισεν N 183. Cf. N 188, 190.—(3) To put one-
self in act to do something. With
infin. : διώκειν ὁρμήθησαν K 359. Cf. Θ 511.—To
be eager to do something. With infin. : ἦτόρ οἱ
ὁρμᾶτο πτολεμίζειν Φ 572.

ὁρμενος, aor. pple. mid. ὄρνυμι.

ὁρμή, -ῆς, ἡ. (1) An inciting, urging, start-
ing : ἐμὴν ποτιδέγμενος ὁρμήν (waiting on the
word from me) K 123, θηρὸς ὑφ' ὁρμῆς (in terror
of the beast) Λ 119. Cf. β 403.—(2) A rush,
onset, starting : πυρὸς ὁρμῇ (the rage of the . . .)
Λ 157 : ὑπὸ κύματος ὁρμῆς (the shock of the . . .)
ε 320, μελέη μοι ἔσσεται ὁρμή (my endeavour) 416.
—Sim. : ἐς ὁρμὴν ἔγχεος ἐλθεῖν (that I may come
within spear-cast of him) E 118.—In hostile sense,
a rush or attack : μόγις μευ ἔκφυγεν ὁρμήν I 355.
—A rush to strip a fallen foe Δ 466.

ὅρμημα, -ατος, τό [ὁρμάω]. In pl., struggles of
war, fighting, battling : Ἑλένης ὁρμήματα (about
. . ., for the sake of . . .) B 356, 590.

ὅρμηνε, 3 sing. aor. ὁρμαίνω.

†ὁρμίζω [ὅρμος²]. 1 pl. aor. ὁρμίσαμεν μ 317.
3 ὅρμισαν γ 11, δ 785, θ 55. 1 pl. subj. ὁρμίσ-
σομεν Ξ 77. To bring (a ship) to anchor, moor
(her) Ξ 77 : γ 11, δ 785, θ 55.—To draw up (a
ship) on shore μ 317.

ὅρμος¹, -ου, ὁ [εἴρω¹]. A chain worn round the
neck Σ 401 : ο 460, σ 295.

ὅρμος², -ου, ὁ. An anchorage, moorings, a
landing-place A 435 : = ο 497, ν 101.

ὅρνεον, τό [cf. next]. A bird N 64.

ὄρνῑς, -ῑθος, ὁ, ἡ. ὄρνῑς Ω 219. Dat. pl. ὀρνί-
θεσσι P 757 : χ 303. ὄρνῑσι H 59. (1) A bird
B 459, 764, Γ 2, I 323, etc. : α 320, β 181, ε 65,
μ 331, χ 303.—With a specific name added :
ὄρνισιν αἰγυπιοῖσιν H 59. Cf. ε 51, τ 548.—
(2) Distinguished as a bird of omen : δ τ' ἐκ Διὸς
ἤλυθεν ὁ. Θ 251, ὁ. σφιν ἐπῆλθεν M 200. Cf. K 277,
M 218, N 821 : = ο 160 = 525, β 155, 159, ο 531, ν 242,
ω 311.—Applied to a person : μή μοι αὐτὴ ὁ. κακὸς
πέλευ ὁ 219.

ὄρνυμι. Also ὀρνύω M 142 : φ 100. Imp.
ὄρνυθι Ζ 363, O 475, T 139 : ρ 46. Infin. ὀρνύμεναι
P 546. ὀρνύμεν I 353 : κ 22. 3 sing. pa. iterative
ὄρσασκε P 423. Fem. fut. pple. ὀρσουσα Φ 335.
3 sing. aor. ὦρσε A 10, B 451, E 8, Λ 53, N 83,
T 41, Ψ 14, etc. : γ 161, η 169, π 154, τ 249, ψ 144,
etc. 3 pl. ὦρσαν Λ 152 : ι 154. 3 sing. subj.
ὄρσῃ I 703, Ξ 522. 1 pl. ὄρσομεν Δ 16. Imp.
ὄρσον H 38. 2 ὄρσητε Ψ 210. Pple. ὄρσας X 190 : λ 400,
407, ω 110. Fem. ὄρσασα Ξ 254. 3 sing. redup.
aor. ὦρορε B 146, N 78 : δ 712, θ 539, τ 201, ψ 222.

3 sing. pf. ὄρωρε B 797, Γ 87, H 374, M 348, O 400, Ω 107, etc. 3 sing. subj. ὀρώρῃ I 610, K 90, Λ 477, X 388 : σ 133. 3 sing. plupf. ὀρώρει B 810, Δ 436, Λ 500, M 177, N 169, P 384, Ω 512, etc.: ε 294, θ 380, κ 122, λ 600, ω 70, etc. ὠρώρει Σ 498. **Mid.** 3 sing. fut. ὀρεῖται Υ 140. 3 sing. aor. ὤρετο M 279, Ξ 397, X 102. ὦρτο E 590, H 162, Λ 129, N 62, Τ 48, Φ 248, Ω 515, etc. : γ 176, θ 3, ξ 412, π 215, ψ 348, etc. 3 pl. ὀρέοντο B 398, Ψ 212. 3 sing. subj. ὄρηται π 98, 116, ν 267. 3 sing. opt. ὄροιτο ξ 522. Imp. ὄρσο Δ 204, E 109, Ω 88 : η 342, χ 395. ὄρσεο Γ 250, Π 126, Σ 170, Φ 331 : ζ 255. ὄρσευ Δ 264, T 139. Pple. ὀρμενος, -ου Λ 326, 572, P 738, Φ 14. Infin. ὄρθαι Θ 474. 3 sing. thematic pf. ὀρώρεται τ 377, 524. 3 sing. subj. ὀρώρηται N 271. (ἀπ-, ἐν-, ἐπ-, ὑπ-.) **(I)** **(1)** To set in motion, stir up, raise, send : κύματα B 146, κονίην Λ 152. Cf. M 253, Ξ 254, Φ 335 : ε 366, 385, κ 22, λ 400 = 407, μ 313, τ 201, ω 110.—To rouse, startle, cause to flee: [νεβρὸν] ἐξ εὐνῆς X 190.—To start (game) ι 154.—To raise, cause to rise or stand up: 'Οδυσῆα ἀπ' ἐσχαρόφιν η 169.—**(2)** To rouse, cause to bestir oneself, incite to action, spur on, urge on, set on, send : Σαρπηδόνα ἐπ' 'Αργείοισιν M 293. Cf. Δ 439, E 8, H 38, I 539, K 518, etc.: γ 167, δ 712, π 154, φ 100, ψ 348, 367.—To rouse, incite, set on, to do something. With infin. : μάχεσθαι N 794. Cf. M 142, P 273 : ψ 222.—With inanimate object : πυρὴν καήμεναι Ψ 210.—**(3)** In general, to stir up, bring about, set going, raise, send, inspire : νοῦσον ἀνὰ στρατόν A 10, ἐν σθένος ὦρσεν ἑκάστῳ B 451. Cf. Δ 16, Θ 335, I 353, Ι 353, Λ 53, 544, N 362, Ξ 522, O 718, P 423, Σ 218, Ψ 14, 108, 153, Ω 507 : γ 161, δ 113, 183, κ 457, ρ 46, τ 249, υ 346, ψ 144, 231.—**(II)** In mid., in pf. and plupf. act., and also (N 78 : θ 539) in redup. aor. act. **(1)** To be set in motion, stirred up, raised, to rise, spring up : ὡς ὅτε κῦμα θαλάσσης ὀρνυται Δ 423. Cf. Γ 13, E 865, H 64, Λ 151, Ξ 395, Ψ 214 : κονίη ἐκ κρατὸς ὀρώρει (rose) λ 600.—**(2)** To rouse or bestir oneself, address oneself to motion, set to work, speed, rush, be moved, move : ὦρτο δὲ δῖαι προθύρου O 124, ὅτε τ' ὦρετ' 'Αχιλλεύς (shook off his inactivity) X 102. Cf. B 398, Δ 421, Θ 474, T 2, Ψ 759, etc.: ἐξ οὗ ὤρορ' ἀοιδὸς (was moved to song) θ 539. Cf. α 347, ξ 499, τ 377 (is torn), 524, χ 364, ω 496.—Of the limbs : ὥς ὅ κε γούνατ' ὀρώρῃ (play their part) I 610 = K 90. Cf. Λ 477, X 388 : σ 133.—Sim. : μένος μοι ὥορεν (is roused) N 78. Cf. Λ 827.—Of weapons Λ 572.—Of a ship μ 183.—Of night ε 294 = ι 69 = μ 315.—With infin. indicating a purpose : ὦρτο πόλινδ' ἴμεν η 14. Cf. M 279, N 62, Ψ 488 : β 397.—So of inanimate objects : ὦρτο δ' ἐπὶ λιγὺς οὖρος ἀήμεναι γ 176. Cf. Ξ 397.—With fut. pple. : ὦρτ' ἀγγελέουσα Θ 409 = Ω 77 = 159. Cf. θ 256.—In imp., rouse, bestir yourself (yourselves)! speed! up! come! come forward! Γ 250, Δ 204, 509, E 109, etc. : φ 141, χ 395.—With infin. ζ 255.—With fut. pple. η 342.—**(3)** To stand up or forth : ὤρνυτ' 'Αγαμέμνων Γ 267. Cf. H 162, 163, Ψ 288, etc. :

θ 111.—**(4)** To rise or start up from a recumbent or sitting position : ἀπὸ θρόνου ὦρτο Λ 645. Cf. Λ 2, Ω 515 : ὄρνυτ' ἐξ εὐνῆφιν β 2. Cf. γ 405, δ 307, ε 2, θ 2, 3, ψ 348.—**(5)** In hostile sense, to rush, make a rush, spring, make onslaught, attack : δεύτερον ὄρνυτο χαλκῷ Γ 349. Cf. E 13, 17 = Π 479, E 590, Λ 129, 343, P 45, Υ 158, 164, Φ 248, Ψ 689.—**(6)** In general, to be stirred up, brought about, set going, raised, to be on foot, come into being, spring up, rise, be manifested, seen, heard : πόλεμος ἀλίαστος ὄρωρεν (is on foot) B 797, πολὺς ὀρυμαγδὸς ὀρώρει 810 = Θ 59 := ω 70. Cf. Γ 87, Δ 436, E 532, Θ 135, I 573, M 177 (raged), P 397, T 363, etc. : θ 343, 380, κ 122, ξ 412, 522, π 98 = 116, 215, υ 267, χ 308, ω 48, 184.

ὀροθύνω [ὀρ- as in ὄρνυμι]. 3 sing. aor. ὀρόθυνε K 332, N 351, O 572, 595 : ε 292. Imp. ὀρόθυνον Φ 312. **(1)** To set in motion, stir up, raise, send : ὀρόθυνον ἐναύλους (bring them down in flood) Φ 312 : ἀέλλας ε 292.—**(2)** To rouse, incite to action, spur on, urge on K 332, N 351, O 572, 595 : σ 407.

ὄροιτο, 3 sing. aor. opt. mid. ὄρνυμι.

ὄρομαι [ὀρ-, ὀράω. Cf. οὖρος[2], ἐπίουρος, θυραωρός, πυλαωρός]. 3 sing. plupf. ὀρώρει Ψ 112. To keep an eye on something, watch : ἐπὶ δ' ἀνὴρ ἐσθλὸς ὀρώρει (superintended the work) Ψ 112 : ἐπὶ δ' ἀνέρες ἐσθλοὶ ὄροντο (did watchful service) γ 471, ἐπὶ δ' ἀνέρες ἐσθλοὶ ὄρονται (tend the flocks) ξ 104.

ὄρος, οὖρος, τό. Dat. pl. ὄρεσσι Α 235, E 523, Π 353, P 282, etc. : γ 290, λ 574, τ 205. οὔρεσι Δ 455, E 52, M 132, N 390, O 606, Ω 614, etc. Locative ὄρεσφι Λ 474, Τ 376, X 139, 189. This form as ablative Δ 452, Λ 493. As genit. K 185. A mountain or hill : οὔρεα σκιόεντα A 157, ἀπ' 'Ιδαίων ὀρέων Θ 170. Cf. B 456, Γ 34, Δ 452, M 146, N 17, etc. : β 147, γ 287, ε 283, ζ 102, θ 569, λ 243, etc.

ὀρός, -οῦ, ὁ. Whey ι 222, ρ 225.

ὀρούω [ἀν-, ἀπ-, ἐν-, ἐπ-.] **(1)** To rush, speed, spring, dart : ἐς δίφρον ὀρούσας Λ 359, 743. Cf. B 310, M 83, Υ 327, Φ 182, Ω 80.—Of an inanimate object : ἐκ κλήρος ὄρουσεν (jumped out) Γ 325.—Of the flight or course of a weapon N 505 = Π 615, Φ 593.—Of sleep : ἐφ' ὕπνος ὄρουσεν Ψ 232.—Of the winds κ 47.—**(2)** In hostile sense, to rush, spring, make onslaught, attack : ἐν πρῶτος ὀρούσας A 92, 217. Cf. Ξ 401, O 726, Π 258, 430.—Of a beast of prey O 635.

ὀροφή, -ῆς, ἡ [ἐρέφω]. A roof χ 298.

ὄροφος, -ου, ὁ [as prec.]. Reeds used for thatch-ing, thatch : ὄροφον ἀμήσαντες Ω 451.

ὀρόω. See ὁράω.

ὄρπηξ, -ηκος, ὁ. A branch: ἐρινεὸν τάμνεν ὄρπηκας (double acc. of whole and part) Φ 38.

ὄρσας, aor. pple. ὄρνυμι.

ὄρσεο, ὄρσευ, ὄρσο, aor. imp. mid. ὄρνυμι.

ὀρσοθύρη, -ης, ἡ [*ὄρσος = ὄρρος, rump + θύρη]. A back or subsidiary door (in the passages cited app. giving access from the μέγαρον to the λαύρη) χ 126, 132, 333.

ὄρσουσα, fut. pple. fem. ὄρνυμι.

ὀρυκτός, -ή, -όν [ὀρυκ-, ὀρύσσω]. Formed by digging : τάφρον Θ 179, Ι 67, Κ 198, Τ 49. Cf. Μ 72, Ο 344, ΙΙ 369.

ὀρυμαγδός, -οῦ, ὁ. (1) A sound or noise : δρυτόμων ἀνδρῶν ΙΙ 633.—A noise or din caused by clashing or striking : ὀρυμαγδὸν φιτρῶν καὶ λάων Φ 313. Cf. ι 235.—In reference to a river, a roaring or rushing Φ 256.—(2) Din, noise, shouting, tumult : πολύς Β 810 = Θ 59, Δ 449 = Θ 63, Κ 185 : ω 70.—A din, noise, shouting, tumult : ἀνιηθεὶς ὀρυμαγδῷ α 133. Cf. Ρ 424, 741. —(3) The tumult of battle. With the notion of noise obscured : ἐρύεσθαι ὑπὸ Τρώων ὀρυμαγδοῦ (from the hands of the . . .) Ι 248. Cf. Κ 539, Ρ 461.

ὀρύσσω. Aor. ὄρυξα λ 25. 3 pl. ὄρυξαν Η 440. 1 pl. subj. ὀρύξομεν Η 341. Pple. ὀρύξας φ 120. Infin. ὀρύξαι κ 517. (1) To form by digging, dig : τάφρον Η 341, 440 : φ 120, βόθρον κ 517, λ 25.—(2) To dig up, get out of the ground κ 305.

ὀρφανικός [ὀρφανός]. Orphan, fatherless Ζ 432, Λ 394.—ἦμαρ ὀρφανικόν. See ἦμαρ (4) (j).

ὀρφανός, -ή. Orphan, deprived of one's parents : ἐλίποντο ὀρφαναὶ ἐν μεγάροισιν ν 68.

ὀρφναῖος, -η, -ον [ὀρφνη, darkness]. Dark, murky : νύκτα Κ 83 = 386, 276 : ι 143.

ὄρχαμος, -ου, ὁ. A leader or chief. Applied to heroes Β 837, Ζ 99, Ξ 102, Ρ 12, etc. : γ 400, δ 156, κ 538, ο 167, etc.—To Eumaeus ξ 22, 121, ο 351 = 389 = π 36, ρ 184.—To Philoetius υ 185, 254.

ὄρχατος, -ου, ὁ [ὄρχος]. (1) A row : φυτῶν ὄρχατοι Ξ 123.—(2) An orchard η 112, ω 222, 245, 257, 358.

ὀρχέομαι [ὄρχος]. 3 pl. impf. ὠρχεῦντο Σ 594. To dance Σ 594 : θ 371, 378, ξ 465.

ὀρχηθμός, -οῦ, ὁ [ὀρχέομαι]. Dancing, the dance Ν 637 := ψ 145, θ 263, ψ 134, 298.

ὀρχηστήρ, -ῆρος, ὁ [ὀρχέομαι]. A dancer : κοῦροι ὀρχηστῆρες Σ 494.

ὀρχηστής, ὁ [as prec.]. = prec. : ὀρχηστήν περ ἐόντα (tauntingly in reference to the agility of Meriones) ΙΙ 617. Cf. Ω 261.

ὀρχηστύς, ἡ [ὀρχέομαι]. (1) Dancing, the dance α 152, 421 = σ 304, ρ 605—(2) Dancing, skill in the dance : ὅσσον περιγιγνόμεθ' ἄλλων ὀρχηστυῖ θ 253. Cf. Ν 731.

ὄρχος, -ου, ὁ. A row (of vines) η 127, ω 341.

ὄρωρε, 3 sing. pf. ὄρνυμι.

ὀρώρει[1], 3 sing. plupf. ὄρνυμι.

ὀρώρει[2], 3 sing. plupf. ὄρομαι.

ὀρώρεται, 3 sing. thematic pf. mid. ὄρνυμι.

ὀρώρηαται, 3 pl. pf. mid. ὀρέγω.

ὅς[1], ἡ.

ὅς[2], ἥ, ὅ. Genit. masc. ὅου α 70. Fem. ἕης ΙΙ 208. Neut. ὅου Β 325. Dat. pl. fem. ἧς Β 341, etc. ᾗσι Ε 54, etc. : ζ 272, etc. (I) Demonstrative pronoun, he, etc. : οὐδ' οἱ ἀναγκαῖον ἔσαν Β 703. Cf. Ζ 59, Φ 198, etc. : δ 389, 653.—Of the second person Η 160.—(II) As relative. (1) (a) ὃς Χρύσην ἀμφιβέβηκας Α 37, ᾧ ἔπι πολλὰ μόγησα 162, ἄντυγες αἳ περὶ δίφρον [ἦσαν] Λ 535. Cf. Α 94,

289, 603, 604, Β 73, etc. : α 1, 54, 69, 108, 161, 191, etc.—(b) With τε : οἵ τε θέμιστας εἰρύαται Α 238. Cf. Α 86, Β 470, etc. : α 52, δ 826, ε 4, etc.—For ὃς γάρ see γάρ (4).—(2) In causal sense : τόδε μέγ' ἄριστον ἔρεξεν, ὃς τὸν λωβητῆρ' ἔσχ' ἀγοράων (seeing that he has . . ., for he has . . .) Β 275. Cf. Ε 403, Θ 34, Μ 235, ΙΙ 204, Χ 236, etc. : α 8, δ 724, ι 274, κ 338, μ 281, σ 114, etc.— (3) With final force. (a) With subj., pure or with κεν : τιμὴν ἀποτινέμεν, ἥ τε καὶ ἐσσομένοισι μετ' ἀνθρώποισι πέληται Γ 287, κλητοὺς ὀτρύνομεν, οἵ κ' ἔλθωσι Ι 165. Cf. Φ 127, etc. : δ 29, ν 400, etc.—(b) With opt. ο 458.—(4) (a) With subj. or opt. in relative sentences corresponding to sentences with εἰ (4). For the examples and constructions see Table at end (II) (B) (a) (2), (D) (4) (16).—In conditional relative sentences. See Table (III) (B) (a) (1) (2) (3), (b) (1) (3), (C) (a) (5), (D) (13) (19) (20) (21) (22) (24) (26) (29) (30) (31) (32) (34) (45) (47) (54) (56) (57) (58) (62) (64). —(b) With subj. in similes : ἀστέρ', ὅς τε μάλιστα λαμπρὸν παμφαίνῃσιν Ε 5. Cf. Κ 184, ΙΙ 387, etc. : ν 31, etc.—(5) In object clauses : γνώῃ ὃς θ' ἡγεμόνων κακὸς ὅς τέ νυ λαῶν, ἠδ' ὅς κ' ἐσθλὸς ἔῃσιν Β 365. Cf. Η 171, Τ 21, Φ 609, Ψ 498, etc. : οὐδέ τι οἶδα οἵ τ' ἐσάωθεν οἵ τ' ἀπόλοντο γ 185. Cf. β 156, θ 576, κ 110, etc.—(6) In dat. sing. fem. ᾗ. (a) In or at the place or spot in which, in or at which place or spot, where : ᾗ ῥ' ἴδε γυμνωθέντα βραχίονα Μ 389. Cf. Μ 33, Ν 53, 679, Ο 448, 616, ΙΙ 377, Τ 275, Χ 324, Ψ 420 : χ῁ωρον, ᾗ οἱ πέφραδ' ὑφορβόν ξ 2.—(b) Whither : ὄφρ' ἀφίκοντο, ᾗ μιν ἀνώγει Ν 329. Cf. Ζ 41, Φ 4 : μ 81.—With subj. in a conditional relative sentence. See Table (III) (D) (26).—(c) In such way or manner as, as : ᾗ τελέει περ Θ 415. Cf. Ι 310.—With subj. in conditional relative sentences. See Table (III) (D) (31) (34).—(7) In neut. ὅ. (a) Because, since, seeing that, in that : χωσαμένη ὅ . . . Ι 534. Cf. Ι 564, Ν 166, Τ 283, Φ 150, etc. : α 382, β 45, δ 206, etc.—So ὅ τε Α 244, Δ 32, Ζ 126, Ο 468, etc. : ε 357, θ 78, ξ 90, etc.—(b) That, how : λεύσσετε τό γε πάντες ὃ μοι γέρας ἔρχεται ἄλλῃ Α 120. Cf. Ε 433, Θ 32, 362, Ι 493, etc. : γ 146, δ 771, μ 295, ν 340, etc.—So ὅ τε Α 412, Ε 331, Ο 251, ΙΙ 433, etc. : θ 299, ξ 366, etc.—(8) In neut. pl. ἅ with τε, in such manner as, as : ἅ τε παρθένος ἠίθεός τ' ὀαρίζετον Χ 127.— (9) In neut. ὅ with prepositions in temporal expressions. (a) εἰς ὅ κε with subj. (a) Till, until (cf. εἰς (II) (1) (i) (a)) : εἰς ὅ κεν ἄστυ ἕλωμεν Β 332. Cf. Γ 409, Ε 466, Η 30, Ι 46, etc. : β 97, ζ 295, θ 318, ι 138, λ 122, etc.—With opt. : τεύχοιμι διαμπερές, εἰς ὅ κ' Ἴλιον ἕλοιεν Ο 70.—(β) As long as, while. With subj. in conditional relative sentences. See Table at end (III) (B) (a) (2), (D) (20).—(b) ἐξ οὗ. (a) From the time when, since (cf. ἐκ (II) (12) (a)) : ἐξ οὗ διαστήτην (taking up the tale from the point when . . .) Α 6. Cf. Θ 295, Ν 778, Ω 638, 766 : ἐξ οὗ ἔβη β 27. Cf. β 90, λ 168, π 142, σ 181, etc.—(β) Since which time : ἐξ οὗ Κενταύροισι καὶ ἀνδράσι νεῖκος ἐτύχθη φ 303.

ὁσίη, ἡ. That which is right or permitted. With infin. : οὐδ' ὁσίη κακὰ ῥάπτειν ἀλλήλοισιν π 423. Cf. χ 412.

ὅσος, ὅσσος, -η, -ον. (1) Such in number, quantity or volume as, as many or much as, such as : ὅσοι θεοί εἰσ' ἐν 'Ολύμπῳ (all the gods in . . .) Α 566 (θεοί attracted into the relative clause), ὅσοι οὐ βουλῆς ἐπάκουσαν Β 143, ἀγηγέραθ' ὅσσοι ἄριστοι [ἦσαν] (as many as were . . ., the whole number of the . . .) Δ 211. Cf. Β 125, 249 (of all who . . .), 468, 681, Γ 57, Ε 267, Ι 55 (of all the . . .), 401, etc.: α 11, 278, β 209, γ 108, 186, 312, η 68 (of all the women who . . .), θ 36, 214 (in all contests that are practised), λ 329, μ 86, etc.—Introducing a simile δ 791.—Correlative with τόσος. See τόσος (4).—With τοσόσδε. See τοσόσδε (1).—(2) With subj. or opt. in conditional relative sentences. For the examples and constructions see Table at end (III) (B) (a) (1) (2) (3), (D) (12) (13) (14) (56).—(3) In reference to magnitude or extent, of such magnitude, size, extent or importance as : ὅσον τ' ἐπὶ λᾶαν ἵησιν (as far as . . .) Γ 12, ὅση δύναμίς γε πάρεστιν (as far as my strength goes) Θ 294. Cf. Β 616, Η 451, Θ 213, Κ 351, Ρ 368, Ψ 190, etc.: τοῦ ὅσον τ' ὄργυιαν ἀπέκοψα (i.e. τόσον ὅση ὄργυια γίγνεται) ι 325, ὅσον τ' ἐπὶ ἥμισυ (i.e. ἐφ' ὅσον τὸ ἥμισυ γίγνεται) ν 114. Cf.: ι 322, κ 113, 517, etc.—In reference to stature Β 528.—Introducing similes Π 589, Ψ 431, 845, Ω 317.—With subj.: ὅσσον τίς τ' ἔδαφος νηὸς τορνώσεται ε 249.—Correlative with τόσος. See τόσος (4).—(4) With infin. in this sense ε 484 (such a thing as might . . .).—(5) In causal sense (=ὅτι τόσος) : κεχολωμένοι ὅσσοι ὄλοντο (because so many . . .) Π 546. Cf. Ω 550 : δ 75, χ 46.—(6) In object clauses, how many, who, what, how much, how great: οὐδέ τι οἶδε πένθεος, ὅσσον ὄρωρεν Λ 658. Cf. Β 492, etc.: μυθεόμην ὅσ' ἐμόγησεν δ 152. Cf. γ 105, δ 241, κ 45, etc.—(7) In neut. ὅσ(σ)ον as adv. (a) To such an extent as, as greatly as, as much as, as far as : ὅσσον γιγνώσκω Ν 222. Cf. Ε 860 (as loudly as . . .), Ι 177, Ψ 327, etc.: γ 395, η 108, etc.—(b) In reference to distance, as far as : ὅσσον ἀνὴρ ἴδεν Ε 770. Cf. Ι 354 (and no further), Ψ 517, etc.: ε 400, θ 229, π 290, etc.—Introducing a simile Ψ 517.—(c) In object clauses, to how great an extent, how much, how greatly: ὅσσον φέρτερός εἰμι Α 186. Cf. Α 516, etc.: η 327, θ 102, etc.—(d) Correlative with τόσον. See τόσος (5) (d).—With τοσόνδε. See τοσόσδε (3).

ὅσσα, ἡ. (1) A rumour or report α 282, β 216.—(2) Rumour personified Β 93 : ω 413.

ὁσσάκι [ὅσ(σ)ος]. As often as, each time. With opt. in conditional relative sentences (with τοσσάκι as correlative). See Table at end (III) (B) (b) (1).

ὁσσάτιος=ὅσ(σ)ος. How much. In causal sense: ὁσσάτιον ἀπώλεσε λαὸν 'Αχαιῶν (seeing that he has smitten so much . . .) Ε 758.

ὅσσε, neut. dual. The eyes, one's eyes: ὅσσε οἱ πυρὶ ἐΐκτην Α 104. Cf. Α 200, Γ 427, Δ 461,

Λ 453, Ν 3, etc. : δ 186, 704, ε 151, μ 232, ν 401, etc.—In reference to lions: ὅσσε καλύπτων Ρ 136 : ἔν οἱ ὅσσε δαίεται ζ 131.

ὄσσομαι [ὅσσε]. (ἐπι-, προτι-.) (1) To look, glance. With quasi-cognate acc. : κάκ' ὀσσόμενος (looking bale, with baleful look) Α 105.—(2) To look at, look for: ὀσσόμενος πατέρ' ἐνὶ φρεσίν (keeping his father's image before his mind's eye) α 115.—So 'Οδυσῆα ὀσσομένη ν 81.—Of something inanimate : πέλαγος, ὀσσόμενον ἀνέμων κέλευθα (watching for, biding) Ξ 17.—(3) To bode, portend, betoken : κακὸν ὀσσομένη Ω 172. Cf. β 152.—(4) To bode, forbode, have a presentiment of, apprehend : κάκ' ὄσσετο θυμός κ 374. Cf. σ 154.—Of horses Σ 224.

ὄσσος. See ὅσος.

ὀστέον, -ου, τό. Locative ὀστεόφι π 145. This form as ablative ξ 134. As genit. (or perh. as instrumental of material; see below) μ 45. A bone : πέρησεν ὁ. αἰχμή Δ 460. Cf. Δ 174, Ε 67, Η 334, Δ 97, Μ 185, etc. : πολὺς ἀμφ' ὀστεόφιν θίς (there is a great heap of bones ; or perh., taking ὀστεόφιν as instrumental of material, ' a heap (is made) of bones ') μ 45. Cf. α 161, ε 426, ι 293, λ 219, σ 96, etc.—In pl., the osseous bodily framework as typifying the body : λίπ' ὀστέα θυμός Μ 386, Π 743, Υ 406 : μ 414. Cf. λ 221.—In reference to an animal γ 455.

ὅς τις, ἥ τις, ὅ τι. Nom. sing. masc. ὅτις Γ 279, Τ 260, etc. : α 47, β 350, ε 445, etc. The two elements separated by an enclitic ὅ κέν τις π 257. Neut. ὅττι Χ 73 : κ 44. Genit. sing. neut. ὅτευ ρ 421, τ 77. ὅττεο α 124, χ 377. ὅττευ ρ 121. Dat. sing. masc. ὅτεῳ Μ 428, Ο 664 : β 114. Acc. sing. masc. ὅτινα θ 204, ο 395. Neut. ὅττι Α 294, 543, Β 361, etc. : α 158, 316, β 161, etc. Nom. pl. neut. ὅτινα Χ 450 (elsewhere ἄσσα q.v.). Genit. pl. masc. ὅτεων κ 39. Dat. pl. masc. ὀτέοισι Ο 491. Acc. pl. neut. ὅτινας Ο 492. (1) Who, which, with an indefinite force, ' whoever (whatever) he (it) may be ': θεοπρόπιον ὅ τι οἶσθα Α 85, τίπτ' ἀλᾶσθε, ὅ τι δὴ χρειὼ τόσον ἵκει; (on what account do you wander thus, in respect of which . . . ?) Κ 142. Cf. Γ 286, Ε 175, Φ 103, Ψ 43, etc. : ἥ τις σύ πέρ ἐσσι θεάων δ 376. Cf. β 114, ε 445, η 150, θ 550, ρ 53, etc.—With τε Ψ 43 : β 114 cited above.—(2) With final force : ὄνομ' εὕρεο ὅττι κε θῆαι τ 403. Cf. Ρ 640 : π 257.—(3) (a) With subj. in relative sentences corresponding to sentences with εἰ (A). For the examples and constructions see Table at end (II) (B) (a) (1), (D) (6).—(b) With subj. or opt. in conditional relative sentences. See Table (II) (B) (b), (III) (B) (a) (1) (2) (5), (b) (1), (C) (a) (5), (D) (12) (13) (14) (15) (17) (19) (20) (26) (28) (29) (45) (54) (55) (56) (57) (58) (61).—(4) In object clauses, who, what : ὅς κ' εἴποι ὅ τι τόσσον ἐχώσατο (why) Α 64, ἔσπετε οἵ τινες ἡγεμόνες θαν Β 487. Cf. Γ 192, Κ 503, Λ 612, Ξ 195, Π 424, etc. : α 124, 401, γ 16, δ 61, η 17, θ 28, χ 450, etc.

ὅτε. (1) When, at the time when. (a) With

indic. (a) ὅτε Τρώεσσιν ἐν ἀγρομένοισιν ἔμιχθεν
Γ 209. Cf. A 397, B 303, 471, etc.: a 16, β 314 (now
that I am ...), γ 180, δ 145, etc.—(β) So ἤδεα μὲν
ὅτε ... οἶδα δὲ νῦν ὅτε ... (I knew what it meant
when...) Ξ 71: ἦ οὐκ οἶσθ' ὅτε...; (what happened
when ...) π 424.—(γ) Introducing similes: ὡς
ὅτε ... B 209, Γ 33, Δ 275, etc. : ε 432, μ 251,
ν 31, etc.—ὡς ὅτ' ἄν ... M 41: κ 410.—(δ) With
πρίν. See πρίν (6)(a).—(b)(a) ὅτ' ἄν with subj.
like (1)(a)(β): ὄφρα ἴδῃ (ἴδῃς) ὅτ' ἄν ᾧ (σῷ) πατρὶ
μάχηται (μάχηαι) (i.e. what it is to fight with ...)
Θ 406, 420.—(β) With subj. in a relative sentence
corresponding to sentences with εἰ (4). See
Table at end (II)(B)(a)(1).—(γ) With fut., subj.
or opt. in conditional relative sentences. For the
examples and constructions see Table (III)(B)(a)
(1)(2)(3), (b)(1)(2)(3), (C)(a)(6), (D)(9)(12)
(17)(20)(26)(32)(34)(35)(37)(45)(51)(52)(54)
(55)(56)(57)(58).—(δ) With subj. introducing
similes: ὡς ὅτε B 147, Δ 130, 141, E 597, Z 506,
etc.: ε 328, ζ 232 = ψ 159, ι 391, τ 518, υ 25.—
With ἄν: ὡς ὅτ' ἄν K 5, Λ 269, Ο 80, 170, P 520,
T 375, Ω 480: ε 394, κ 216, χ 468, ψ 233.—With
opt.: ὡς ὅτε ι 384.—(ε) With πρίν with subj. and
ἄν or opt. See πρίν (6)(b)(c).—(2) Introduc-
ing similes without expressed vb.: ὡς ὅτε B 394,
Δ 462, M 132, N 471, 571, Ο 362, 679, Π 406, Σ 219,
Ψ 712: ε 281, λ 368, τ 494.—(3) Against the time
when: ποτιδέγμενον ἀγγελίην, ὅτ' ἀποφθιμένοιο
πύθηται (waiting for the tidings which shall tell
him that ...) T 337.—(4) At which time,
when: ἔσσεται ἦμαρ ὅτ' ἄν ποτ' ὀλώλῃ Ἴλιος Δ 164.
Cf. B 351, Θ 373 (the day will come when . . .),
475, etc.: σ 272.—So ἦ οὐ μέμνῃ ὅτε . . . (the
time when . . . how . . .) Ο 18, T 188, Φ 396:
ω 115.—εἰς ὅτε κε . . . (against the time when
. . .) β 99 = τ 144 = ω 134.—(5) When, after that,
as soon as: ὅτε δὴ σχεδὸν ἦσαν Γ 15. Cf. Α 432,
493, Z 191, etc.: a 332, γ 269, 286, etc.—(6) Since,
from the time when: ἐμοὶ χλαῖναι καὶ ῥήγεα
ἤχθεθ', ὅτε Κρήτης ὄρεα νοσφισάμην τ 338. Cf.
Φ 81, 156: ω 288.—(7) While: ὅτε δή ῥ' ἐπὶ νῆ'
ᾖομεν, τόφρα ... κ 569.—(8) When, whereas:
ὅτε τ' ἄλλοι ἅπαξ θνήσκουσιν μ 22.—(9) Since,
seeing that: ὅτ' ὀνείδεα βάζεις ρ 461. Cf. ν 129.—
(10) ὅτε μή without expressed vb., unless,
except: ὅτε μή Διὶ πατρὶ Π 227.—(11) Written
oxytone, ὁτέ. With ἄλλοτε. See ἄλλοτε (2).—
ὁτέ alone, at another time, again Π 690, P 178.

ὅτι, ὅττι [neut. of ὅς τις]. (1) Because, since,
seeing that, in that: ὅτι ῥα θνήσκοντας ὁρᾶτο
A 56. Cf. B 255, E 326, Ξ 407, Π 35, Φ 411, etc.:
ὅττι μιν ὡς ὑπέδεκτο ξ 52. Cf. ε 340, θ 238, ο 342,
χ 36, ψ 115, etc.—(2) That: οὐδέ μιν ἠγνοίησεν
ὅτι ... A 537. Cf. E 349, Z 231, H 448, etc.:
οὐκ ἀΐεις ὅτι ...; σ 11. Cf. ν 314, π 131, etc.—
(3) Strengthening a superl. See τάχιστα (2).

ὀτραλέως [cf. next]. Quickly, featly, deftly:
δεῖπνον ἔθηκας T 317. Cf. Γ 260: τ 100.

ὀτρηρός, -ή [cf. prec.]. Deft, rendering ready
service A 321, Z 381: a 109, δ 23 = 217, δ 38.

ὀτρηρῶς [adv. fr. prec.]. Quickly δ 735.

ὄτριχας, acc. pl. ὄθριξ.

ὀτρυντύς, ἡ [ὀτρύνω]. A summons: ἄλλην
ὀτρυντὺν ποτιδέγμενος T 234. Cf. T 235.

ὀτρύνω. 3 pl. pa. iterative ὀτρύνεσκον Ω 24.
Fut. ὀτρυνέω K 55. 2 sing. ὀτρυνέεις K 38. 3
ὀτρυνέει β 253. Pple. ὀτρυνέων N 209: ω 116.
Fem. ὀτρυνέουσα ο 3, σ 186, χ 434, 496. Aor.
ὄτρυνα ξ 261, ρ 430. 3 sing. ὤτρυνε (ὄτρῡνε) Γ 249,
Δ 73, E 461, Θ 398, Λ 185, N 44, Ο 560, Ψ 111,
Ω 143, etc.: β 392, ζ 254, θ 15, λ 214, 226, ρ 362,
χ 241, ω 487. Subj. ὀτρύνω Ο 402: ι 518. 3 sing.
ὀτρύνῃσι Ο 59: ξ 374. 1 pl. ὀτρύνομεν I 165:
a 85, π 355. 3 sing. opt. ὀτρύνειε ο 306. 3 pl.
ὀτρύνειαν θ 90. Imp. ὄτρυνον Π 495, P 654,
T 69: ρ 75, χ 484. Genit. sing. masc. pple.
ὀτρύναντος K 356, Ο 744. Infin. ὀτρῦναι Θ 219:
ο 37, 40. (ἐπ-.) (1) To rouse to action, urge on,
stir up, set on, encourage, urge, press, incite,
exhort, summon, call upon, dispatch, send, to
do something or to proceed somewhither for
some purpose: ὀτρύνων πόλεμόνδε B 589, πυμάτας
ὤτρυνε φάλαγγας Δ 254. Cf. Γ 249, Δ 73, K 38
(to play the ...), 356, Ο 59, T 349, Ω 143, etc.:
a 85, β 74, ζ 254, λ 226, ο 37, ρ 75, χ 241, ω 405,
etc.—To rouse or stir (a person's spirit): ὄτρυνε
μένος ἑκάστου E 470. Cf. E 563, M 266, etc.: θ 15.
—With infin.: ἰέναι B 94, μάχεσθαι Δ 294, ἀνδρῶν
δυσμενέων δῦναι στρατόν K 220. Cf. E 496, Π 495,
P 654, Ψ 49, Ω 24, etc.: β 244, θ 90, ι 518, ξ 261,
σ 61, etc.—With fut. pple.: ἀγγελέουσαν Θ 398 =
Λ 185. Cf. T 156: ο 40.—(2) To hasten on, speed,
bring about: πομπήν η 151, λ 357. Cf. β 253.—
To send, cause to appear: εἴδωλον λ 214.—To
dispatch or send (a message) π 355.—(3) To
press for, urge one's claim to, importune for:
πομπήν θ 30.—(4) In mid., to rouse oneself to
action, take action, to put oneself in motion,
bestir oneself, set oneself, get ready, to do some-
thing: ὑμεῖς ὀτρύνεσθαι ἅμ' ἠοῖ η 222.—With
infin.: ὀτρύνοντο νέκυς ἀγέμεν H 420. Cf. Ξ 369:
κ 425, ρ 183.

ὅττι. See ὅτι.

οὐ. Before a vowel οὐκ (οὐχ). Also οὐκί
B 238, Ο 137, etc.: a 268, λ 493, etc. οὐχί
Ο 716, Π 762. Negative particle, commonly
denying a predication (cf. μή). (1) In gen.
negation: τὴν οὐ λύσω A 29. Cf. A 24, 152, B 2,
238, etc.: οὐκ οἶδα a 216. Cf. a 42, 236, γ 14,
ω 29, etc.—Repeated A 114, Ψ 43, etc.: γ 27, etc.
—With participles A 224, H 185, etc.: β 50,
λ 66, etc.—With adjectives, adverbs or adverbial
expressions B 214, E 366, Θ 360, etc.: β 251,
δ 846, ρ 153, etc.—(2) Not merely negativing a
verb but expressing the opposite meaning. See
ἐάω (4), ἐθέλω (3), φημί (6).—(3) In protasis with
εἰ. (a) With indic. when the protasis precedes
the apodosis (the only exception to the rule being
ι 410): εἰ δέ τοι οὐ δώσουσιν ἐὸν γόνον, ... Ω 296.
Cf. Δ 160, Ο 162, Υ 129: β 274, μ 382, ν 144.—
For the converse construction see μή (6)(c).—
(b) With subj.: εἰ δ' ἄν ἐμοὶ τιμὴν τίνειν οὐκ ἐθέλω-
σιν, ... Γ 289. Cf. Υ 139.—(4) In conditional

relative sentences (cf. μή (8)). (a) With subj. :
ὅπως οὐκ ἐθέλησιν . . . O 492.—(b) With indic. :
ὅσοι οὐ βουλῆς ἐπάκουσαν B 143. Cf. H 236, Σ 363,
etc. : γ 349.—(5) After μή (cf. οὐδέ (6), οὐκέτι (3)) :
μὴ χόλον οὐκ ἐρύσαιτο Ω 584. Cf. A 28, 566, K 39.
—(6) With infin. after vbs. of saying, thinking,
etc. : ἅ τιν' οὐ πείσεσθαι ὀΐω A 289. Cf. P 174,
etc. : γ 28, ε 342, etc.—(7) (a) In questions ex-
pecting an affirmative answer: οὐ νεμεσίζῃ; E 872.
Cf. B 194, H 448, etc. : α 60, β 312, ε 23, etc.—
(b) With opt. and ἄν in questions constituting a
form of polite or affectionate imperative : οὐκ ἂν
δή μοι ἐφοπλίσσειας ἀπήνην; ζ 57. Cf. Γ 52, E 32,
K 204, etc. : η 22.—(8) With other particles.
(a) οὔ ποτε, οὐ . . . ποτε, at no time, never
A 163, 234, B 325, 396, E 441, K 164, N 556, etc. :
α 308, 433, β 256, γ 275, δ 693, η 258, λ 528, etc.
—(b) οὔ πω, οὐ . . . πω. (a) In no wise, not at
all, by no means A 224, Γ 306, M 270, Ξ 143, etc. :
θ 540, μ 208, π 143, etc.—(β) Not yet, never yet
A 106, 262, B 122, 553, Γ 169, Δ 331, I 148,
K 293, etc. : α 196, β 118, γ 160, δ 269, ι 455,
κ 502, λ 52, μ 66, etc.—In reference to the future
ε 358, κ 174.—(c) οὔ πώ ποτε, οὐ . . . πώ ποτε,
never yet A 106, 154, Γ 442, Ξ 315 : μ 98, φ 123,
ψ 328.—(d) οὔ πως, οὐ . . . πως, in no wise, not
at all, by no means Δ 158, H 217, M 65, N 114,
Ξ 63, etc. : β 130, ε 103, λ 158, ο 49, π 196, etc.
—(e) (a) οὔ τις, οὔ τι, οὐ . . . τις, οὐ . . . τι, no
one, nothing : οὔ τις σοὶ χεῖρας ἐποίσει A 88, τῶν
οὐκ ἄν τι φέροις 301. Cf. A 271, 511, 547, 562,
Γ 365, E 475, H 197, etc. : β 121, 191, 199, 411,
γ 192, δ 106, ε 11, ζ 176, etc.—With sb., no : οὔ
τις ἀνήρ N 222. Cf. E 761, Σ 192, etc. : κ 202,
ν 423, etc.—(β) οὔ τι, οὐ . . . τι as adv., in no
wise, not at all : οὔ τί μοι αἴτιοί εἰσιν A 153, οὐ
μὲν γάρ τι καταθνητός γε τέτυκτο E 402. Cf.
A 588, B 338, Γ 11, Δ 286, Z 102, etc. : α 75, 78,
173, β 235, 240, 282, γ 367, δ 199, etc.

οὖας, -ατος, τό. Also οὖς Λ 109, Υ 473. Dat.
pl. οὔασι M 442. ὡσί μ 200. (1) The ear K 535,
Λ 109, M 442, N 177, O 129, etc. : μ 47, 177, 200,
σ 86, 96, ν 365, φ 300, χ 475.—Of a dog ρ 291,
302.—(2) An ear or handle of a drinking vessel
(cf. ὠτώεις) Λ 633.—Of a tripod Σ 378.

οὖδας, τό. (1) The surface of the earth, the
earth, the ground : ὕπτιος οὔδει ἐρείσθη H 145.
Cf. Λ 749, M 448, Ξ 468, Π 612, Ψ 283, etc. :
θ 376, ι 135, 242, 459, ν 395, χ 269, 467.—(2) A
floor or pavement : πέπλων κατέχευεν πατρὸς ἐπ'
οὔδει E 734 = Θ 385. Cf. Ω 527 : ψ 46.

οὐδάσδε [prec. + -δε (1)]. To the ground : οὐ.
πελάσσαι κ 440. Cf. P 457.

οὐδέ [οὐ δέ]. Negative particle, in general use
corresponding to οὐ as μηδέ to μή. (1) Adversa-
tively, but not, yet not (cf. δέ (1)) : βάλεν,
οὐδ' ἔρρηξεν χαλκός Γ 348. Cf. B 419, 753, Γ 302,
Δ 127, 477, E 621, etc. : γ 143, δ 675, ε 81,
θ 344, ι 230, etc.—(2) In continuation, and not,
nor (cf. δέ (2)) : ὃν ἡτίμησ' Ἀγαμέμνων, οὐδ' ἀπέλυσε
θύγατρα A 95. Cf. A 97, 170, 173, 220, 330, 406,
etc. : α 166, 296, 410, β 36, 82, 203, 296, etc.—

(3) Preceded by a negative, nor (sometimes
rather to be translated 'or') : οὐ δέμας οὐδὲ φυήν
A 115. Cf. A 132, 154, 155, 160, 181, 262, etc. :
οὔ τι νοήμονες οὐδὲ δίκαιοι β 282. Cf. β 44, 63, 185,
210, 270, δ 201, 240, ζ 201, etc.—(4) Not even :
οὐδέ με τυτθὸν ἔτεισεν A 354, οὐδ' οἱ τόσοι ἦσαν
Γ 190, ὅ γ' ἄρ' οὐδὲ θεὸν μέγαν ἅζετο E 434. Cf.
Δ 387, I 351, etc. : α 6, 18, γ 115, μ 62, etc.—
Preceded by a negative : οὐδέ ἦν . . .
A 90, οὐκέτ' ἔπειτα . . . οὐδ' ἡβαιὸν B 380. Cf.
B 489, Γ 443, etc. : α 204, β 118, γ 14, etc.—To
be translated 'neither' : οὐδὲ γὰρ αὐτῷ ὕπνος ἐπὶ
βλεφάροισιν ἐφίζανεν K 25. Cf. Π 852, etc. : οὐδ'
ὄπιθεν κακὸς ἔσσεαι β 270. Cf. ρ 273, etc.—(5) Re-
echoing a negative for emphasis (cf. μηδέ (5)) : οὐ
μὰν οὐδ' Ἀχιλεὺς μάρναται Δ 512, etc. : οὐ μέν σ'
οὐδὲ ἑῶσι κλαίειν δ 805. Cf. ε 212, θ 159, etc.—
(6) After μή: μὴ ματήσετον, οὐδ' ἐθέλητον . . . E 233.
Cf. O 164, Ω 569.—(7) With infin. : ἐπεὶ οὐδέ σε
πείσέμεν οἴω E 252, etc. Cf. ν 335, etc.—(8) Giving
a reason or explanation, for not (cf. δέ (3)) : οὐδέ
τί που ἴδμεν ξυνηῖα κείμενα πολλά A 124, οὐδέ τί
πω σάφα ἴδμεν B 252. Cf. Z 360, I 613, M 113,
Π 60, etc. : β 369, γ 23, ι 143, λ 463, ν 238, etc.—
Sim. with γάρ : οὐδὲ γὰρ ἡμετέρῃ βραδυτῆτι Τρῶες
. . . T 411.—With ἐπεί: ἐπεὶ οὐδὲ ἔοικεν (for it is not
fitting) A 119. Cf. E 252, P 270, etc.—(9) Intro-
ducing a negative principal clause after a temporal
protasis (cf. δέ (4)) : ὅτε δή . . . οὐδὲ μὲν εὕδοντας
εὗρον K 181. Cf. κ 18.—(10) Repeated, the first
connecting in one of the foregoing constructions
with what precedes and the second attaching
itself to a particular word : οὐδὲ μὲν οὐδ' οἱ ἄναρχοι
ἔσαν B 703, 726, οὐδὲ μὲν οὐδὲ Τρῶας εἴασεν εὕδειν
(did not let them sleep either) K 299. Cf. P 24,
etc. : οὐδέ κεν ἄλλως οὐδὲ θεὸς τεύξειεν θ 176,
οὐδὲ μὲν οὐδ' ἔνθεν περ ἀπήμονας ἦγον ἑταίρους
(not even thence) κ 551.—Repeated for emphasis :
οὐδὲ γὰρ οὐδὲ κεν αὐτὸς ὑπέκφυγε κῆρα (not even
he) E 22, ἐπεὶ οὐδὲ μὲν οὐδὲ ἔοικε . . . (for of a
surety it is not seemly) M 212, οὐδὲ γὰρ οὐδ' ἐμὲ
φημὶ λελασμένον ἔμμεναι ἀλκῆς (neither do I . . .)
N 269. Cf. Z 130, Σ 117 : οὐδὲ γὰρ οὐδέ τις ἄλλος
. . . (for never yet did . . .) θ 32, κ 327. Cf.
φ 319.

οὐδείς, -ενός. Neut. οὐδέν. [οὐδέ + εἷς.] (1) Not
any, no : κτέρας K 216. Cf. X 513 : δ 350 = ρ 141.
—Absol. in masc., no one : οὐδενὶ εἴκων X 459 :
= λ 515.—In neut., nothing : οὐδὲν ἑοργώς χ 318.
Cf. ι 34, σ 130.—(2) In neut. as adv., not at all,
in no wise, by no means : οὐ. ἔτεισαν A 244. Cf.
A 412 = Π 274, X 332, Ω 370 : δ 195, 248, ι 287,
λ 563, τ 264, υ 366, χ 370.

οὐδενόσωρος [οὐδενός, genit. of prec. + ὤρη,
care]. Not worth caring for, not worth a
thought Θ 178.

οὐδετέρωσε [οὐδέτερος, neither of two (fr. οὐδέ +
ἕτερος) + -σε]. Opposed to οὐ πρό, nor aside Ξ 18
(v.l. οὐδ' ἑτέρωσε. See ἑτέρωσε).

οὐδός¹, -οῦ, ὁ. (1) A threshold, a block or row of
blocks standing more or less above the surround-
ing level and forming the lower part of a door-

way or gateway, in the case of the μέγαρον raised considerably and of considerable width, and so affording room for sitting or standing (see αὔλειος, λάϊνος, μέλινος (2), χάλκεος): ἔστη ἐπ' οὐδὸν ἰών Z 375. Cf. I 404, 582: τὸν κατ' οὐδοῦ βάντα προσηύδα Πηνελόπεια δ 680 (no doubt the threshold of the μέγαρον. App. he has followed the suitors into the μ., and as he is coming out again P. sees him from her quarters, addresses him, and comes down (cf. 760) to speak to him), ἐπ' οὐδοῦ ἷζε θαλάμοιο 718 (app., a block of wood or stone at the foot of the stairs leading to the θ. (P. is below ; cf. 760)), ἐς μυχὸν ἐξ οὐδοῦ η 87, ὑπ' αὐλῆς οὐδόν 130 (= οὐδὸν αὔλειον). Cf. η 135, κ 62, ρ 575 (sc. θαλάμοιο ; see 506), σ 17, φ 43, χ 2, etc.—A verge or edge ascribed to the gulf of Tartarus Θ 15.—(2) Fig. : γήραος οὐ., app. not so much the threshold as the stage of old age, old age itself (the threshold being thought of as within the room as in ρ 339) X 60, Ω 487 : ο 246, 348, ψ 212.

οὐδός². See ὀδός.

οὖθαρ, -ατος, τό [cf. L. uber, Eng. udder]. The udder of an animal ι 440.—Fig , in reference to richness of soil : "Αργος, οὖθαρ ἀρούρης I 141 = 283.

οὐκ, οὐκί. See οὐ.

οὐκέτι [οὐκ ἔτι]. In general use corresponding to οὐ as μηκέτι to μή. (1) In reference to the present or past, no more, no longer : ἔνθ' ἐμοὶ οὐκέτ' ἐρητύετο θυμός I 462, οὐκέτι δῶρ' ἐτέλεσσαν (i.e. they changed their minds) 598, οὐκέτι δύναμαι παρμενέμεν O 399. Cf. N 515, 701, 761, O 727 = Π 102, P 238, 603, 623, T 343, Φ 391, X 384 : α 189, 297, γ 241, δ 12, ε 153, λ 456, μ 205, 223 (i.e. he gave up the idea), ο 23, σ 215, υ 137, χ 226, etc.—(2) Indicating the reaching of a limit, point, pitch: 'Αχαιΐδες, οὐκέτ' 'Αχαιοί (whom I can now no longer call . . .) B 235, H 96, μαίνεται οὐκέτ' ἀνεκτῶς (he has come to the point of being unbearable) Θ 355. Cf. Δ 539, H 357, Θ 427, I 164, K 118, Λ 610, M 73, 231 = Σ 285, N 116 : οὐκέτι καλὰ διὲκ μεγάροιό γ' δίω ἂψ ἀναχωρήσειν (your insolence is such that . . .) ρ 460. Cf. ι 350, ο 10, υ 223.—(3) In reference to the future, no more, no longer, no further: οὐκέτ' ἀνάβλησις ἔσσεται B 379. Cf. Θ 352, I 418 = 685, I 605, Λ 823, M 125, N 747, Φ 565 : β 238, 285, θ 150, λ 176, μ 56, ν 128, σ 145, τ 166, υ 180, χ 27, ω 460.—After μή : μὴ οὐκέτι φυκτὰ πέλωνται Π 128. —Never more, never in the future : οὐκέτι πῆμά ποτ' ἔσσεαι K 453.

οὐλαί, αἱ. Barley grains sprinkled at a sacrifice : ἑτέρῃ ἔχεν οὐλὰς ἐν κανέῳ γ 441.

οὐλαμός, -οῦ, ὁ (Fουλαμός)[Fελ-, εἴλω]. A throng (of warriors) Δ 251, 273, Υ 113, 379.

οὐλή, -ῆς, ἡ. A wound scarred over, a scar τ 391, 393 = ψ 74, τ 464, 507, φ 219, 221, ω 331.

οὔλιος [οὖλος²]. Deadly, baleful : ἀστήρ Λ 62 (app. Sirius as in X 27).

οὐλοκάρηνος [οὖλος³ + κάρηνον]. Curly-headed, with crisp or curly hair τ 246.

οὐλόμενος, -η, -ον [metrical variant of ὀλόμενος,

aor. pple. mid. of ὄλλυμι. For the sense cf. ὀνήμενος under ὀνίνημι (2)]. Accursed, unblest : μῆνιν A 2. Cf. E 876, T 92 : φάρμακον κ 394. Cf. δ 92, λ 410, 555, ο 344, ρ 287, 474, σ 273, ω 97. —In voc. masc. Ξ 84 : ρ 484.

οὖλος¹ [ὀλ-Fος = the later ὅλος]. Whole, entire: ἄρτον ρ 343, μηνί ω 118.

οὖλος² [app. conn. with ὀλοός]. Baneful, destructive B 6, 8, E 461, 717, Φ 536.—In neut. sing. οὖλον as adv. : οὖλον κεκλήγοντες P 756, 759 (app., shrieking a cry of destruction, uttering a death-shriek ; or perh. the word should be referred to next, in sense 'close in texture,' and thus 'in full, unbroken, cry ').

οὖλος³, -η [for Fολ-νος. Cf. L. vellus, Eng. wool]. Woolly : λάχνη K 134.—Woolly, close or thick in texture, thick: ταπήτων Π 224. Cf. Ω 646 : δ 50 = ρ 89, δ 299 = η 338, κ 451, τ 225.—Of hair, crisp, curly ζ 231 = ψ 158.

οὐλοχύται, αἱ [οὐλαί + χυ-, χέω]. = οὐλαί A 449, B 410, A 458 = B 421 : = γ 447, γ 445, δ 761.

οὐλω. To be sound or well. In voc. οὖλε as a salutation ω 402 (health be to thee).

οὐμός = ὁ ἐμός Θ 360.

οὖν. (1) Affirmative particle : φημὶ γὰρ οὖν κατανεῦσαι Κρονίωνα (for I do declare that . . .) B 350 : τλήτω ἔμπης οὖν ἐπιμεῖναί ἐς αὔριον (for all his impatience to be gone) λ 351.—For γ' οὖν see γε.—(2) In the first of correlative clauses : μήτ' οὖν . . . μήτε . . . Θ 7, οὔτ' οὖν . . . οὔτε . . . οὔτε . . . P 20. Cf. Υ 7, etc.: α 414, π 302, etc.— In the second : οὔ τις . . . οὐδ' οὖν . . . ι 147, οὔτε . . . οὔτ' οὖν . . . λ 200.—(3) Particle of transition, so, then, now: οἱ δ' ἐπεὶ οὖν ἤγερθεν A 57. Cf. Γ 21, I 550, O 232, X 475, etc. : πρῶτ' οὖν λούσαντο ψ 142. Cf. β 123, γ 34, δ 49, 780, π 478, ρ 226, φ 57, etc.

οὕνεκα [οὗ ἕνεκα]. (1) In the sense of οὗ ἕνεκα : πρήξαντα [τοῦτο] οὕνεκα δεῦρ' ἱκόμεσθα γ 61.— (2) Wherefore, so that : ἡ δ' "Ατη σθεναρή, οὕνεκα πάσας ὑπεκπροθέει I 505.—(3) Because, since, seeing that, in that : οὕνεκα τὸν Χρύσην ἠτίμασεν A 11. Cf. A 111, B 580, Z 386, H 140, Ξ 192, etc. : γ 53, δ 482, η 10, 300, θ 200, ν 332, etc.— Correlative to τούνεκα. See τούνεκα.—(4) That, to the effect that: ἀγγελίην ἐρέοντα οὕνεκά οἱ σῶς ἐσσι ο 42. Cf. A 21 : ε 216, ν 309, etc.

οὔνεσθε. See ὄνομαι.

οὔνομα, -ατος. See ὄνομα.

οὐραῖος, -η [οὐρή]. Of the tail Ψ 520.

Οὐρανίωνες, οἱ [οὐρανός. App. a patronymic in form. Cf. 'Υπερίων]. The heavenly gods E 373 = Φ 509, E 898 (here app. the sons of Uranus, i.e. the Titans ; cf. O 225), Φ 275, Ω 547.—θεοὶ Οὐρανίωνες A 570, P 195, Ω 612 : γ 147 = ι 15, ν 41.

οὐρανόθεν [οὐρανός + -θεν (1)]. From heaven or the heavens: ἦλθεν οὐ. A 195, οὐ. ὑπερράγη αἰθήρ Θ 558 = Π 300 (the action thought of as wrought from the firmament; the phenomena of the clouds being ascribed to Zeus). Cf. A 208, Λ 184, P 545, Ψ 189 : ε 294 = ι 69 = μ 315, ζ 281, ι 145, υ 31.—

With preps. With ἀπό Θ 365, Φ 199 : λ 18, μ 381. —With ἐξ Θ 19, 21, P 548.

οὐρανόθι, locative οὐρανός.

οὐρανομήκης [οὐρανός + μῆκος]. Reaching the heavens, very tall : ἐλάτη ε 239.

οὐρανός, -οῦ, ὁ. Locative οὐρανόθι Γ 3. (1) The firmament, heaven, the heavens : κνίση οὐρανὸν ἷκεν Α 317, οὐρανόθι πρό (in the front of heaven) Γ 3. Cf. B 153, Δ 44, Η 423, Θ 16, Ξ 174, etc. : α 54, δ 400, ι 20, μ 404, ν 269, etc.—Personified Ο 36 := ε 184.—(2) The heavens as the abode of the gods : [Θέτις] ἀνέβη οὐρανὸν Οὔλυμπόν τε Α 497. Cf. Ε 749, 750, Ζ 108, Τ 128, 130, 351, etc. : ἀθανάτοισι τοὶ οὐρανὸν εὐρὺν ἔχουσιν α 67. Cf. η 199, λ 316, etc.

οὐρεύς, ὁ. A mule Α 50, Κ 84, Ψ 111, 115, Ω 716.

οὐρή, -ῆς, ἡ. The tail of an animal : οὐρῇσι περισσαίνοντες κ 215. Cf. Υ 170 : ρ 302.

οὐρίαχος, -ου, ὁ. The butt-end : ἔγχεος Ν 443, Π 612 = P 528.

οὖρον, -ου, τό. (1) A limit or boundary, a boundary-stone: οὖρον ἀρούρης Φ 405.—Cf. Μ 421. —(2) (The distance between) the side limits of an area ploughed by such and such an animal in a given time, the length of the furrow being regarded as constant : ὅσσον ἐν νειῷ οὖρον πέλει ἡμιόνοιϊν (this ploughing-range of mules being taken as a rough standard of distance) θ 124.— So in pl. Κ 351.—(3) The regular range of the δίσκος taken as a sim. standard. In pl. : ὅσσα δίσκου οὖρα πέλονται Ψ 431. (Cf. δίσκουρα.)

οὐρός, -οῦ, ὁ. A trench by which ships drawn up on land could be dragged down to the sea, a launching-way : οὐροὺς ἐξεκάθαιρον B 153.

οὖρος¹, -ου, ὁ. A fair wind, a favouring breeze: τοῖσιν ἴκμενον οὖρον ἵει Ἀπόλλων Α 479. Cf. Η 5 : ὅτ' ἂψ θεοὶ οὖρον στρέψαν (i.e. caused the wind to veer to a favourable direction) δ 520. Cf. β 420, γ 176, δ 357, ε 167, λ 7, etc.—A wind, without implication of a particular direction : πρίν τινα κεκριμένον καταβήμεναι οὖρον Ξ 19.

οὖρος², -ου, ὁ [cf. ὁρομαι]. A guardian, protector, warder, watcher : οὖρος Ἀχαιῶν Θ 80, Λ 840, Ο 370 = 659 : γ 411. Cf. ο 89.

οὖρος³, τό. See ὅρος.

οὖς. See οὖας.

οὔσης, genit. sing. fem. pple. εἰμί.

οὐτάζω [cf. next]. 3 sing. aor. οὔτασε Ε 56, Η 258, Λ 338, Ν 438, Ο 523, Π 467, Ρ 344, etc. 3 sing. subj. οὐτάσῃ Φ 576. Infin. οὐτάσαι Ξ 424, Π 322. 3 sing. pf. pass. οὔτασται Λ 661, Π 26. Pple. οὐτασμένος λ 536. (1) To strike or wound by a thrust or lunge : οὔτασε χεῖρα δουρί Ε 336. Cf. Ε 56, Λ 338, Μ 427, Ξ 424, etc. : λ 536.—With cognate acc. : ἕλκος, ὅ με βροτὸς οὔτασεν ἀνήρ Ε 361.—In mid. of reciprocal action : καὶ νύ κε δὴ ξιφέεσσ' αὐτοσχεδὸν οὐτάζοντο Η 273.—(2) To wound by the cast of a weapon Η 467.—(3) To thrust a weapon into, pierce (a shield): μέσον σάκος οὔτασε δουρί Η 258. Cf. Ν 552, 607, 646, Ο 528.

οὐτάω [cf. prec.]. 3 sing. pa. iterative οὐτήσασκε Χ 375 οὔτασκε Ο 745. 3 sing. aor. οὖτα Δ 525, Ε 376, Ζ 64, Λ 490, Ξ 447, Π 311, Τ 53, Υ 455, etc. : χ 293, 294. Nom. pl. masc. pple. of this aor. in pass. sense οὐτάμενοι Λ 659, Ν 764, Ξ 128, 379, etc. : λ 40. Acc. sing. fem. in sim. sense οὐταμένην Ξ 518, Ρ 86. Infin. οὐτάμεναι Φ 68, 397 : ι 301, τ 449. οὐτάμεν Ε 132, 821. (1) To strike or wound by a thrust or lunge : πλευρὰ οὔτησε ξυστῷ Δ 469. Cf. Ε 132, Ζ 64, Λ 659, Ξ 128, etc. : ι 301, λ 40, τ 449, 452, χ 293, 294, 356.— In pass. construction with cognate acc. : ψυχὴ κατ' οὐταμένην ὠτειλὴν ἔσσυτο (the wound thus inflicted) Ξ 518. Cf. Ρ 86.—(2) To thrust a weapon into, pierce (a shield) : ἀσπίδος ὀμφαλὸν οὖτα Ν 561. Cf. Ν 561.—To thrust (at a shield), deliver a blow (upon it): οὔτησε κατ' ἀσπίδα Λ 434 = Ρ 43. Cf. Φ 400.

οὔτε. In general use corresponding to οὐ as μήτε to μή. (1) οὔτε . . . οὔτε . . ., neither . . . nor . . . (after a negative, either . . . or . . .) Α 93, 108, 115, 299, 490, 548, 553, B 202, Γ 218, Δ 359, etc. : α 202, 212, 249, 414, β 26, 42, 127, 200, γ 127, δ 142, etc.—(2) οὔτε . . . οὐδὲ . . . ν 207.—(3) οὔτε . . . δὲ . . . Η 433, Ω 368.— (4) οὔτε . . . τε . . . Ω 156 = 185.—(5) οὐ . . . οὔτε . . . λ 483.—(6) With infin. : οὔτ' ἐς δαῖτ' ἰέναι Ι 487, etc. Cf. π 203, etc.

οὐτιδανός [οὖ τις]. Of no account, worthless, sorry, good for nothing : δειλός τε καὶ οὐτιδανός Α 293. Cf. Λ 390 : θ 209 (useless, blind to his own interests), ι 460, 515.—Absol. : ἐπεὶ οὐτιδανοῖσιν ἀνάσσεις (men of nought) Α 231. Cf. σ 383 (v.l. οὐκ ἀγαθοῖσιν).

οὗτος, αὕτη, τοῦτο. Genit. τούτου, ταύτης, τούτου. (1) This person or thing (in reported speech generally and properly) referring to what belongs to or concerns the person spoken to ; cf. ὅδε): λαοὺς οὐκ ἐπέοικε παλλλογα ταῦτ' ἐπαγείρειν Α 126, ἐθέλοιμ' ἂν τοῦτο γενέσθαι Μ 69 (here referring to the speaker's own wish). Cf. Α 140, 286, 525, 564, B 326, 760, Γ 177, 178, Δ 415, Ε 187, 257, Ι 617, etc. : α 82, 159, 174, 179, 350, 390, β 74, 253, γ 46, 47, 359, δ 551, etc.—(2) With sb., etc., this : τοῦτο ἔπος Α 419. Cf. Ε 761, Η 456, Ξ 471, Π 30, etc. : α 340, β 124, μ 219, π 263 (these champions of yours), etc.—In much the sense of the definite article : οὐκ ἔσθ' οὗτος ἀνήρ, ὅς κε . . . (the man who . . .) ζ 201. —(3) In deictic or predicative sense=here : τίς δ' οὗτος ἔρχεαι οἶος ; Κ 82. Cf. Κ 477, Λ 650, etc. : η 48, ν 377, etc.

οὕτως, οὕτω [adv. of οὗτος]. (1) In this or that way or manner, thus, so (often and properly) referring to what concerns the person spoken to ; cf. ὧδε) : οὕτω Διὶ μέλλει φίλον εἶναι B 116. Cf. Α 131, 564, Δ 189, Ε 218, Ν 309 (app., so much as on the left), 825 (as surely), etc. : γ 223, 358, δ 485, ε 146, θ 465, ι 262, etc.—Correlative with ὡς Δ 178, etc. : δ 148, etc.—(2) In that case, in consequence. thus, then : οὕτως οὔ τίς οἱ νεμεσήσεται Κ 129. Cf. Λ 382, Φ 412 : β 334, σ 255 = τ 128, etc.—

(3) Introductory, so, so then : οὕτω δὴ μεθήσομεν ;
Ο 553. Cf. Β 158, etc. : ε 204.—Sim. : ταῦτα μὲν
οὕτω πάντα πεπείρανται μ 37.—Thus we see that
. . ., so true it is that . . . : οὕτως οὐ πάντεσσι
θεοὶ χαρίεντα διδοῦσιν θ 167.—(4) With imp., as
you are, as I tell you, without more ado, straight-
way, at once : στῆθ' οὕτως ἐς μέσσον ρ 447. Cf.
Χ 498.—In milder sense, app. little more than
'prithee' : ἀμφίπολοι, στῆθ' οὕτω ἀπόπροθεν ζ218.
—(5) Qualifying an adj., pple. or adv. (a) Thus,
so : καλὸν οὕτω Γ 169. Cf. Η 198 (so . . . as that
would imply), Ι 40, etc.: οὕτω χρηΐζοντι λ 340. Cf.
γ 315, δ 543, ν 239 (not so very . . . as to justify
that), etc.—(b) Quite, wholly : μὰψ οὕτω Β 120.

οὐχί. See οὐ.

ὀφέλλω¹, ὀφείλω. Aor. ὄφελον Λ 380, Σ 367 :
α 217, δ 97, ε 308, λ 548, ν 204, ξ 274. 2 sing.
ὤφελες Γ 428 : β 184. ὄφελες Α 415, Γ 40, Ι 698,
Σ 86: ω 30. 3 ὤφελε Ψ 546. ὄφελε Γ 173, Δ 315,
Ζ 345, Κ 117, Τ 59, Φ 279, Χ 426. 2 pl. ὠφέλετε
Ω 254. (1) To owe, be liable for or indebted in :
χρεῖος Λ 688. Cf. θ 332, 462, φ 17.—In pass., to
be owing or due : οἷσι χρεῖος ὀφείλετο Λ 686. Cf.
Λ 698 : γ 367.—(2) In impf. or aor. with infin.
of what one ought to do or be doing : νῦν ὄφελεν
κατὰ πάντας ἀριστῆας πονέεσθαι Κ 117. Cf. Σ 367
(why should Ι not . . . ?), Τ 200 : δ 472 (what
you should do is to . . .).—Of what one ought
to have done : τιμήν πέρ μοι ὄφελλεν ἐγγυαλίξαι
Α 353, μὴ ὄφελες λίσσεσθαι Ι 698 (ὄφελες μὴ . . .).
Cf. Ψ 546.—(3) In impf. or aor. with infin. express-
ing a vain wish that something were the case :
ἀνδρὸς ὤφελλον ἀμείνονος εἶναι ἄκοιτις (would that I
were . . .) Ζ 350. Cf. δ 97.—Expressing a wish
that something had been the case : ἀγγελίης, ἢ μὴ
ὤφελλε γενέσθαι Σ 19. Cf. Ρ 686, Τ 59 : β 184, θ 312.
—(4) So with αἴθε in the same tenses expressing
a wish in reference to the present : αἴθ' ὄφελες
παρὰ νηυσὶν ἀδάκρυτος ἧσθαι (would that you were
sitting . . .) Α 415. Cf. Γ 40, Ξ 84, Σ 86.—In
reference to the past : αἴθ' ὤφελλ' ὁ ξεῖνος ἄλλοθ'
ὀλέσθαι (would that he had . . .) σ 401. Cf.
Γ 40, Σ 86, Ω 254 : ν 204.—(5) So with ὡς in
reference to the present : ὡς ὄφελέν τις ἀνδρῶν
ἄλλος ἔχειν (would that it were another's lot)
Δ 315. Cf. α 217.—To the past: ὡς ὤφελες αὐτόθ'
ὀλέσθαι (would that you had . . .) Γ 428. Cf.
Γ 173, Ζ 345, Η 390, Λ 380, Φ 279, Χ 426, 481,
Ω 764 : ε 308, λ 548, ξ 68, 274, ω 30.

ὀφέλλω². 3 sing. aor. opt. ὀφέλλειε Π 651 :
β 334. (ἐξ-.) To increase and to, cause to wax,
intensify : πόνον Β 420, Π 651, οὔ τι χρὴ μῦθον
ὀφέλλειν (to make long speeches) Π 631. Cf.
Γ 62, Δ 445, Τ 242 : β 334, π 174.—In pass., to
become greater, wax great : ὀφέλλετο μένος
Ψ 524.—To cause (waves) to swell : μάλιστα
κύματ' ὀφέλλει ο 383.—To make (a house) rich,
store (it) with substance ο 21.—In pass., of a
house, to wax rich, grow great : αἶψα οἶκος
ὀφέλλετο ξ 233.—With personal object, to exalt,
magnify : ὄφρ' ἂν 'Αχαιοὶ ὀφέλλωσί ἑ τιμῇ Α 510
(or perh. 'make rich'; see under τιμή (6)).

ὄφελος, τό [ὀφέλλω²]. Good, use, help: αἴκ'
ὅ. τι γενώμεθα Ν 236. Cf. Ρ 152, Χ 513.

ὀφθαλμός, -οῦ, ὁ [ὀπ-. See ὁράω]. The eye
Α 587, Γ 28, Ε 127, Ι 503, Λ 250, etc. : α 69,
β 155, δ 115, θ 64 (sight), λ 426, etc.—Of wild
boars Ν 474 : τ 446.

ὄφις, ὁ. A serpent or snake Μ 208 (the
lengthening of the first syllable unexplained).

ὄφρα. (1) Till, until. (a) With indic. : ὄφρ'
ἀφίκοντο Ν 329. Cf. Ε 588, Κ 488, Ξ 429, etc. :
α 363, η 276, λ 152, μ 420, ξ 290, etc.—(b) With
subj., pure or with κεν or ἄν : ὄφρα τελέσσῃ Α 82,
ὄφρα κε οἶνον ἐνείκω Ζ 258, ὄφρ' ἂν ἵκηται Ο 23.
Cf. Μ 281, Π 10, Χ 192, Ω 431, etc. : δ 588,
ζ 304, etc.—(c) With opt. : ὄφρ' ἐξεμέσειεν μ 437.
Cf. Κ 571.—With ἄν : ὄφρ' ἂν ἄγοιεν ρ 298.—
(2) While, so long as. (a) With indic. : ὄφρα μήνιεν
Β 769. Cf. Ε 788, Λ 266, etc. : α 233, θ 181, υ 136,
etc.—(b) With subj. in conditional relative
sentences. For the examples and constructions see
Table at end (III) (B) (a) (1) (2), (D) (12) (13)
(20) (34) (43) (44).—(3) While, during the time
that. (a) With indic. : ὄφρ' ἀμφεπένοντο Δ 220.
Cf. Λ 357, Ξ 358, etc. : κ 125.—(b) With subj.
in conditional relative sentences. See Table
(III) (B) (a) (1), (D) (26) (35).—(4) For a time :
ὄφρα μὲν βοῦς βόσκεν, αὐτὰρ ἐπεὶ . . . Ο 547.—
(5) In final clauses, in order that, so that.
(a) With subj. : ὄφρα μὴ οἶος ἀγέραστος ἔω Α 118.
Cf. Α 133, 147, 158, 185, 524, etc. : α 85, 88, 174,
310, β 329, γ 15, etc.—With κεν : ὄφρα κε γνώμεν
Χ 382. Cf. Β 440 : γ 359, κ 298, π 234, τ 45, etc.
—With ἄν : ὄφρ' ἂν ἐκεῖθι δαῖτα πτωχεύῃ ρ 10. Cf.
σ 364, χ 377.—(b) With opt. : ἔφρα πολεμίζοι Δ 300.
Cf. Ε 666, Ζ 170, 195, Η 340, etc. : α 261, γ 175,
285, δ 463, 473, etc.—With κεν : ὄφρα χ' ἀλίπλοα
τείχεα θείη Μ 26.—With ἄν : ὄφρ' ἂν ἴκοιο κ 65. Cf.
ω 334.—(c) With fut. : ὄφρα εἴσεται Θ 110, Π 242.
Cf. δ 163, ρ 6, σ 419.—(6) A clause with ὄφρα
instead of infin. : λελιημένος ὄφρα τάχιστα τεύχεα
συλήσειεν Δ 465. Cf. Ε 690, Ζ 361, Π 653.—
(7) Correlative with τόφρα. See τόφρα (3).

ὀφρυόεις, -εσσα [ὀφρύς]. Set on the brow of a
hill, mountain-built. Epithet of Ilius Χ 411.

ὀφρύς, ἡ. Acc. pl. ὀφρῦς Π 740. (1) One of
the eyebrows ; in pl., the eyebrows : ἐπ' ὀφρύσι
νεῦσεν Α 528, τὸν ὑπ' ὀφρύος οὖτα Ξ 493. Cf.
Ν 88, Ξ 236, Ο 102, Ψ 396, etc. : δ 153, θ 86,
μ 194, π 164, etc.—(2) In pl., the brow or edge
of a hill : καθῖζον ἐπ' ὀφρύσι Καλλικολώνης Υ 151.

ὄχα [connexion with ἔξοχος uncertain]. In-
tensive, strengthening ἄριστος, by far, the very
Α 69, Β 761, Γ 110, etc. : γ 129, θ 123, ι 440, etc.

ὄχεα, τά [Fεχ-. Cf. L. veho]. Instrumental
(in 'comitative' use) ὄχεσφι Δ 297, Ε 219,
Θ 290, Ι 384, Λ 699, Μ 114, 119, Π 811, Σ 237,
Χ 22, Ψ 518 : δ 533. The same form as locative
Ε 28, 794, Θ 41, 136, 565, Μ 91, Ν 23, Ο 3, Ψ 130.
As ablative Ψ 7. As genit. Ε 107. (1) In sing.
sense, a chariot (viewed as including all the
parts thereof): ἐξ ὀχέων ἆλτο Γ 29. Cf. Δ 306,
Ε 28, 107, 219, 369, etc.—(2) In pl. sense,

chariots : κείν' ὄχεα κροτάλιζον Λ 160. Cf. Δ 297, Θ 504, 565, Ι 384, Μ 119, Ο 3, Π 379, Σ 224, 231, Ψ 7, 130 : δ 533.

ὀχετηγός, ὁ [ὀχετός, conduit (Fεχ- as in prec.) +ἄγω]. One who conducts water in a conduit or ditch Φ 257.

ὀχεύς, ὁ [ὀχ-, ἔχω]. Something that holds. (1) A means of securing a helmet on the head Γ 372.—(2) In pl., the fastenings of a belt : ζωστῆρος ὀχῆες Δ 132, Υ 414.—(3) A bar or bolt for securing a gate or door within : οὐδ' ἐρρήξαντ' ἂν πύλας καὶ μακρὸν ὀχῆα Μ 291 (here and in Ν 124 app. the same as the ὀχῆες of Μ 455). Cf. Μ 121, 455, 460, Ν 124, Φ 537, Ω 446, 566 (in Ω app. identical with the ἐπιβλής of 453) : φ 47, ω 166.

ὀχέω [Fεχ- as in ὄχεα]. Pa. iterative ὀχέεσκον λ 619. (ἐπ-.) (1) In pass., to be carried or borne : ἵπποι ἀλεγεινοὶ ὀχέεσθαι (for being carried, i.e. they are hard to drive) Κ 403 = Ρ 77, νηυσὶν ὀχήσονται (will be carried off in . . .) Ω 731.—Sim. in mid. : πολέεσσιν ὀχήσατο κύμασιν (rode) ε 54.— (2) To carry (an affliction) with one, be unable to flee from (it) : ἣν ἄτην φ 302.—To have laid upon one, endure : ὀϊζύν η 211. Cf. λ 619.—To indulge in, practise : νηπιάας α 297.

ὀχθέω [Fεχ- as in prec. Cf. L. vehe-mens]. To be moved in mind or spirit, be troubled or agitated, express or manifest emotion, trouble or agitation : τὴν μέγ' ὀχθήσας προσέφη Α 517, ὄχθησαν θεοὶ 570. Cf. Λ 403, Ψ 143, etc. : δ 30, φ 248, ψ 182, etc.

ὄχθη, -ης, ἡ. A river-bank Φ 17, 171, 172.— In pl., the banks of a river : παρ' ὄχθας Σαγγαρίοιο Γ 187. Cf. Δ 475, 487, Ζ 34, Λ 499, Μ 313, Ξ 445, Σ 533, Φ 10, 337 : ζ 97.—The shore of the sea ι 132.—The sides of a ditch Ο 356.

†ὀχλέω [Fεχ- as in ὄχεα]. 3 pl. pres. pass. ὀχλεῦνται. To move, disturb Φ 261.

†ὀχλίζω. 3 pl. aor. opt. ὀχλίσσειαν. (μετ-.) To raise, lift : ἐπ' ἀμάξαν ἀπ' οὔδεος Μ 448. Cf. ι 242.

ὀχός, -οῦ, ὄχος, -ου, ὁ [ὀχ-, ἔχω]. Something that affords safety or security : λιμένες νηῶν ὀχοί ε 404.

ὄψ, ὀπός, ἡ (Fόψ). A voice : ἄειδον ἀμειβόμεναι ὀπὶ καλῇ Α 604. Cf. Γ 221, Σ 150, Π 76, Σ 222, Χ 451 : ἤκουσα ὄπα Πριάμοιο θυγατρός λ 421. Cf. ε 61, κ 221, μ 52, 160, 185, 187, 192, ξ 492, υ 92, ω 60.—Of lambs Δ 435.—Of the cicada Γ 152.— With special reference to what is uttered : ξυνέηκε θεᾶς ὄπα Β 182 = Κ 512. Cf. Η 53, Λ 137, Υ 380, Φ 98 : ω 535.

ὀψέ. (1) Not early, late : ὀψὲ δύοντα Βοώτην ε 272. Cf. Φ 232.—(2) Long after, after a long interval : ὀψὲ μετὰ νῶϊ κίεν γ 168.—(3) After the lapse of a long time, late : ὀψέ περ ἐλθών ψ 7. Cf. ι 534, λ 114 = μ 141.—At length, at last : ὀψὲ τελεῖ Δ 161. Cf. Η 94, 399 = Ι 31 = 696, Θ 30, Ι 432, Ρ 466 : δ 706, ε 322, η 155, μ 439, υ 321.— (4) At a late stage, late in the day : καὶ ὀψέ περ υἷας Ἀχαιῶν ἐρύεσθαι Ι 247.

ὄψεαι, ὄψει, ὄψῃ, 2 sing. fut. mid. See ὁράω.

ὀψείω [ὀπ-σείω. Desiderative fr. ὀπ-. See ὁράω]. To desire to see, go to view. With genit. : ἀϋτῆς καὶ πολέμοιο Ξ 37.

ὄψεται, 3 sing. fut. mid. See ὁράω.

ὀψίγονος [ὀψέ + γον- = γεν-, γίγνομαι]. Of a generation later than one's own, late-born : τί σευ ἄλλος ὀνήσεται ὀ. περ ; Π 31.—Absol. in pl., the men of the generations to come, posterity α 302 = γ 200.—So with ἄνθρωποι Γ 353, Η 87.

ὄψιμος [ὀψέ]. Having reference to a date in the far future, pointing far forward : τέρας Β 325.

ὄψις, ἡ [ὀπ-. See ὁράω]. (1) Exercise of the power of vision : ὄψει οὔ πω σὺ ἐμοὺς ἴδες (with your eyes) Υ 205. Cf. ψ 94.—(2) The fact of seeing something, the sight of . . . : πατρὸς ὄψιν ἀτυχθείς Ζ 468.—(3) Appearance, outward seeming : ἀγαθήν Ω 632.

ὀψιτέλεστος [ὀψέ + τελεσ-, τελέω]. To be fulfilled in the far future : τέρας Β 325.

ὄψον, -ου, τό [ὀπ- as in ὀπτός]. (1) A piece of cooked meat Ι 489.—In pl., such meat : σῖτον καὶ οἶνον ὄψα τε γ 480. Cf. ε 267, ζ 77.—(2) A relish : κρόμυον ποτῷ ὄψον Λ 630.

πάγη, 3 sing. aor. pass. πήγνυμι.

πάγος, -ου, ὁ [παγ-, πήγνυμι]. App., a reef in the sea ε 405, 411.

παγχάλκεος [παν-, πᾶς + χάλκεος]. All of bronze : ἄορ θ 403. Cf. Υ 102 : λ 575.

πάγχαλκος, -ον [παν- as in prec. + χαλκός]. = prec. : κυνέη σ 378. Cf. χ 102.

παγχρύσεος [παν-, πᾶς + χρύσεος]. All of gold : θύσανοι Β 448.

πάγχυ [παν-, πᾶς]. Wholly, altogether, entirely, quite, to the full (in negative statements and injunctions commonly rather strengthening the negation than attaching itself closely to the verb, etc., and to be translated 'at all,' 'by any means,' 'in any wise,' or the like ; cf. πάμπαν) : π. ἀκαχήμενος (bereft of all comfort) Ε 24, σοὶ π. θεοὶ κοτέουσιν Ξ 143. Cf. Κ 99, Μ 67, Ν 747, Ξ 95, Ο 196, Π 538, etc. : οἶκον π. διαρραίσει β 49, μηδὲ π. δείδιθι δ 825. Cf. β 279, δ 755, κ 236, ν 133, ο 327, χ 236, etc.—Of a surety, verily : π. νύκτα φυλάξεις χ 195. Cf. ρ 217.

πάθον, aor. πάσχω.

παιδνός, ὁ [παιδ-, παῖς]. A boy : παιδνὸς ἐών φ 21, ω 338.

παιδοφόνος [παιδ-, παῖς + φον-, φένω]. Slayer of one's sons Ω 506.

παίζω [παιδ-, παῖς]. Aor. imp. παίσατε θ 251. To play, sport ζ 100, 106, η 291, θ 251 (show us your skill in sport), ψ 147 (dancing).

παιήων, -ονος, ὁ. (1) A song of propitiation addressed to Apollo in his character of healer (cf. Π 514-529), and app. as thus identified with Παιήων, the Healer, who, however, appears to be represented as a separate person (cf. Ε 401, 899, 900 : δ 232) : καλὸν ἀείδοντες παιήονα Α 473.— (2) A song of rejoicing Χ 391.

παιπαλόεις, -εντος. Fem. -εσσα, -ης. Rugged,

rocky N 17 : κ 97=148, 194.—Of islands : Ἴμβρου Ν 33, Ω 78 : Χίοιο γ 170, Σάμοιο δ 671=ο 29, δ 845, Ἰθάκην λ 480.—Of roads, rough, stony M 168, Ρ 743 : ρ 204.

πάϊς, also παῖς, παιδός, ὁ, ἡ. Voc. πάϊ ω 192. παῖ λ 553. Genit. pl. παίδων Θ 57, Ο 663, Τ 304, Ω 539, etc. : γ 401, η 70, ο 22, ω 434, etc. Dat. παίδεσσι γ 381, ε 394, λ 431. παισί Β 337, Ζ 283, Μ 435, Φ 185, etc. : η 149, ν 62, 258. A child. (1) In reference to age, a boy : μή τί μεν ἤΰτε παιδὸς πειρήτιζε Η 235. Cf. Β 289, Ζ 467, Θ 271, Λ 558, 710, Π 260, etc. : δ 32, 665, 688, ζ 300, σ 216, φ 95, χ 358.—(2) In reference to relationship. (a) A son : Πριάμοιο παῖδες Α 255. Cf. Α 393, Β 205, Ε 386, Ζ 26, Κ 170, Λ 783, etc. : παῦροι παῖδες ὁμοῖοι πατρὶ πέλονται β 276. Cf. α 207, γ 196, δ 164, η 149, ι 519, λ 299, etc.—(b) A daughter : παῖδ' ἐμοὶ λύσαιτε φίλην Α 20. Cf. Α 443, 447, Γ 175, Ε 880, Χ 51 : ὅσσα ἔοικε φίλης ἐπὶ παιδὸς ἕπεσθαι α 278=β 197. Cf. δ 13, 263, η 65, 300, 313, θ 488, κ 139, λ 604, σ 323.— (c) Without distinction of gender : ἵνα παισὶν ἀεικέα μισθὸν ἄρηται Μ 435. Cf. Δ 131, Ε 408, Η 334, Θ 57, Κ 422, Ο 497, etc. : γ 381, ε 394, η 70, ι 115, κ 5, λ 431, ν 62, etc.—(d) Used by elders in addressing younger persons : μηκέτι, παῖδε φίλω, πολεμίζετε Η 279.

παιφάσσω. (ἐκ-.) To make oneself conspicuous : παιφάσσουσα διέσσυτο λαόν (dazzling) Β 450.

πάλαι. (1) Long ago, long ere this : π. κ' ἦσθα ἐνέρτερος Οὐρανιώνων Ε 898. Cf. Φ 432 : τ 282, υ 222, ψ 29.—(2) Long, of old (referring to time long past or comparatively recent) : π. πολέμων ἐΰ εἰδὼς Δ 310, ὅϊσόν ἔχεν π. Ψ 871. Cf. Η 89, Π 441=Χ 179, Χ 301, Ψ 331 : ε 240, ρ 366, σ 309.—With pres. : μοῖραν ἔχει π. (has long had it) υ 293.—(3) In the past, formerly : ἠμὲν π. ἠδ' ἔτι καὶ νῦν Ι 105.—(4) With sb. in adjectival use, of olden days : τόδε ἔργον π., οὔ τι νέον γε Ι 527.

παλαιγενής [πάλαι+γεν-, γίγνομαι]. Old in years, aged, old Γ 386, Ρ 561 : χ 395.

παλαιός, -ή, -όν [cf. πάλαι]. (1) Old in years, aged, old Ξ 136 : α 395, δ 720, θ 58, ν 432, τ 346.— Absol., an old man : ἢ νέος ἠὲ π. Ξ 108.—In comp., old rather than young, of the older generation : ὡς ἀθάνατοι τιμῶσι παλαιοτέρους ἀνθρώπους Ψ 788.—(2) Of the days of old, that lived long ago, old : Ἴλου Λ 166. Cf. Δ 372.—Of long standing, old : ξεῖνος Ζ 215.—The old, the accustomed : λέκτροιο ψ 296.—Absol. in pl., those of old : οὐδὲ παλαιῶν, τάων αἳ . . . (the women of old days) β 118.—Absol. in neut. pl., things of old, the wisdom of ancient days : παλαιά τε πολλά τε εἰδώς β 188, η 157, ω 51.—(3) Constructed long ago, long in use, old : νῆες β 293.—That has been long stored up, old : οἴνοιο β 340.

παλαισμοσύνη, -ης, ἡ [παλαίω]. Wrestling Ψ 701 : θ 103, 126.

παλαιστής, ὁ [παλαίω]. A wrestler θ 246.

παλαίφατος, -ον [πάλαι + φα-, φαν-, φαίνω]. Put

forth long ago, old : θέσφατα ι 507=ν 172.—Of old renown, old-world : δρυός τ 163.

παλαίω [πάλη]. To wrestle : Φιλομηλεΐδη ἐπάλαισεν (with . . .) δ 343=ρ 134. Cf. Ψ 621, 733.

παλάμη, -ης, ἡ [cf. L. palma]. Locative παλάμηφι Γ 338, Π 139 : ρ 4. This form as ablative Γ 368. The hand (thought of in reference to its grasp) : ἐν παλάμης φορέουσιν Α 238. Cf. Γ 128, 338, Ε 558, Θ 111, Ο 677, etc. : α 104, β 10, ε 234, ρ 4, 231, τ 577=φ 75.

παλάσσω. Fut. infin. παλαξέμεν ν 395. Pf. pple. pass. πεπαλαγμένος, -ου Ζ 268 : χ 184, 402, ψ 48. 3 sing. plupf. πεπάλακτο Λ 98, 535, Μ 186, Τ 400, 500 : χ 406. (1) To spatter, sprinkle : ἐγκέφαλος ἔνδον ἅπας πεπάλακτο Λ 98=Μ 186= Τ 400.—(2) To bespatter, besprinkle, wet, befoul : παλάσσεθ' αἵματι θώρηξ Ε 100. Cf. Ζ 268, Λ 169, 535=Τ 500, Ρ 387, Τ 504 : ν 395, χ 184, 402= ψ 48, χ 406.

πάλη, -ης, ἡ. Wrestling Ψ 635 : θ 206.

παλίλλογος [πάλιν + λογ-, λέγω²]. Brought together again Α 126 (till they be . . .).

παλιμπετής [πάλιν + πετ-, πίπτω]. 'Falling back']. In neut. παλιμπετές as adv., to where one came from, back : ὥς κε π. ἀπονέωνται ε 27.— In the direction contrary to that desired, back : ἂψ ἐπὶ νῆας ἔεργε π. Π 395.

†παλιμπλάζω [πάλιν + πλάζω]. Aor. pple. pass. παλιμπλαγχθείς, -έντος. To drive back from one's goal, foil, baffle Α 59 : ν 5.

πάλιν. (1) To where one came from, back again, back : π. ᾤχετο Α 380, π. κίε θυγατέρος ἧς (app. genit. of point attained, returned to . . .) Φ 504. Cf. Ζ 189, Θ 399, Ι 408, Π 87, Ω 462, etc. : α 360, ζ 110, η 280, ι 95, π 467, τ 533 (i.e. to her father's), etc.—Sim. : ἐξελκομένοιο π. (drawn back the way it had entered) Δ 214.—Strengthened by αὖτις Ε 257, Ρ 533, Ψ 229 : ξ 356, ο 431.—By ἄψ Σ 280.—(2) Away from an object, away, aside : ὄσσε π. κλίνασα Γ 427. Cf. Ν 3, Φ 415, 468.— With genit. : π. τράπεθ' υἷος (from . . .) Σ 138. Cf. Τ 439.—(3) In a backward direction, backwards : χειρὶ π. ἐρύσασα Ε 836.—(4) With notion of contradiction, against a person : οὔ τις π. ἐρέει (will gainsay you) Ι 56.—(5) With notion of repetition, again. Strengthened by αὖτις : οὔ μιν π. αὖτις ἀνήσει θυμὸς νεικείειν . . . Β 276.— (6) With notion of restoration, back : δόμεναι π. Α 116, Η 79=Χ 342. Cf. Χ 259.—Sim. : π. ὅ γε λάζετο μῦθον Δ 357 : ν 254 (see λάζομαι).—So in reference to restoration to a state : π. ποίησε γέροντα π 456.—With genit. : αὐτοῖο π. χύτ' ἀήρ (left him so that he again became visible) η 143.

παλινάγρετος [πάλιν + ἀγρέω]. To be taken back, revocable : οὐκ ἐμὸν παλινάγρετον Α 526.

παλινόρσος [πάλιν + (perh.) ἐρσ-, L. erro. Cf. ἄψορρος]. Turning away Γ 33.

παλίντιτος [πάλιν + τίω]. Consisting in paying back or requital : παλίντιτα ἔργα (works of vengeance, revenge) α 379=β 144.

παλίντονος [πάλιν + τον-, τείνω]. Of bows, curvπαλιρρόθιος   310   πάντῃ

ing back, *i.e.* bent back in the centre to form
a handle ; or perh. a general epithet, springing
back, elastic Θ 266, Κ 459, Ο 443 : φ 11, 59.

παλιρρόθιος [πάλιν + ῥόθιος]. Flowing back,
with backward flow : παλιρρόθιόν μιν πλῆξε
[κῦμα] ε 430. Cf. ι 485.

παλίωξις, ἡ [for παλι-ίωξις, fr. παλι-, πάλιν +
ἰωκ-, ἰωκή]. A pursuit back, a retreat : εἴ κε π.
γένηται Μ 71. Cf. Ο 69, 601.

παλλακίς, -ίδος, ἡ. A concubine : ἔμ' ὠνητὴ
τέκε μήτηρ, π. ξ 203. Cf. Ι 449, 452.

πάλλω, 3 sing. aor. πῆλε Ζ 474, Π 117. Infin.
πῆλαι Π 142, Τ 389. 3 sing. aor. pass. πάλτο
Ο 645. App. imp. pl. aor. mid. πεπάλασθε
Η 171. Infin. πεπαλάσθαι ι 331. (For these two
forms prob. πεπάλεσθε, πεπαλέσθαι should be
read.) (ἀνα-, ἐκ-.) (1) To shake, poise, sway,
brandish, wield (a spear or missile): δοῦρε δύω
πάλλων Γ 19. Cf. Ε 304, Π 117, 142, Χ 320, etc.
—To dandle (a child) Ζ 474.—(2) In pass., to
throb, vibrate, beat : πάλλεται ἦτορ Χ 452. Cf.
Χ 461.—App., to be tripped up, trip : ἐν ἀσπίδος
ἄντυγι πάλτο Ο 645.—(3) To shake (lots) together:
κλήρους ἐν κυνέῃ πάλλον (πάλλομεν) Γ 316 = Ψ 861 :
κ 206.—Absol., to shake the lots Γ 324, Η 181,
Ψ 353.—(4) In mid., to cast lots : κλήρῳ
πεπάλασθε Η 171, ἐγὼν ἔλαχον ἅλα παλλομένων
(partitive genit., ' of us when we cast lots ')
Ο 191, τῶν μέτα (with them) παλλόμενος κλήρῳ
λάχον . . . Ω 400. Cf. ι 331.

παλύνω. 3 sing. aor. ἐπάλυνε Κ 7. Pple.
παλύνας ξ 429. (1) To sprinkle, scatter, strew :
ἐπ' ἄλφιτα πάλυνεν Λ 640, ἄλφιτα πάλυνον (app.
in water to make porridge) Σ 560. Cf. κ 520,
λ 28, ξ 77.—(2) To sprinkle, besprinkle, powder,
cover lightly : ὅτε χιὼν ἐπάλυνεν ἀρούρας Κ 7.
Cf. ξ 429.

παμμέλας, -ανος [παμ-, παν-, πᾶς + μέλας]. All
black, black all over γ 6, κ 525, λ 33.

πάμπαν [παν-, πᾶς reduplicated with assimila-
tion of the ν]. Wholly, altogether, entirely,
quite (in negative statements and injunctions
commonly rather strengthening the negation
than attaching itself closely to the verb, etc., and
to be translated ' at all,' ' by any means,' ' in any
wise,' or the like ; cf. πάγχυ) : πολέμου ἀποπαύεο
π. Α 422, οὐδ' ὅ γε π. χάζετο Μ 406. Cf. Ι 435,
Ν 111, 761, Ξ 91, Ρ 406, Υ 376, etc. : βίοτον ἀπὸ
π. ὀλέσεσι β 49, οὐδ' 'Αγαμέμνονι π. ἐήνδανεν γ 143.
Cf. δ 693, θ 552, λ 528, π 375, υ 140, etc.

παμποίκιλος [παμ-, παν-, πᾶς + ποικίλος]. All-
variegated, many-coloured Ζ 289 : ο 105.

πάμπρωτος [παμ-, παν-, πᾶς + πρῶτος]. The
first of all, taking the lead : π. ὑφαίνειν ἤρχετο
μῆτιν Η 324 = Ι 93.—In neut. sing. πάμπρωτον as
adv., first of all, as the first thing, to start with :
νῆας π. ἐρύσσαμεν δ 577. Cf. δ 780, κ 403, 423,
λ 2.—Sim. in neut. pl. πάμπρωτα, first of all,
before all others : τοῦ κε π. παρὰ δῶρα φέροιο
Δ 97. Cf. Ρ 568.

παμφαίνω [reduplicated fr. φαίνω]. To shine,
gleam, glitter : ἀστέρα, ὅς τε μάλιστα λαμπρὸν

παμφαίνῃσιν Ε 6, στήθεσι παμφαίνοντας (app.,
their (naked) breasts glistening (instead of their
armour)) Λ 100. Cf. Ζ 513, Λ 30, 63, Ξ 11, Τ 398,
Χ 26.

†παμφανάω [reduplicated fr. φαν-, φαίνω].
Pres. pple. παμφανόων, -ωντος. Fem. παμ-
φανόωσα. To shine, gleam, glitter : τεύχεα παμ-
φανόωντα Ε 295. Cf. Β 458, Ε 619, Ζ 473, Σ 206
Ψ 613, etc. : δ 42, ν 29, τ 386, χ 121.

πάναγρος [παν-, πᾶς + ἄγρη]. That catches
all : λίνοιο Ε 487.

πάναιθος, -η [παν-, πᾶς + αἴθω]. Gleaming all
over : κορύθεσσιν Ξ 372.

παναίολος [παν-, πᾶς + αἰόλος]. Glancing or
gleaming all over : ζωστήρ Δ 186, Κ 77. Cf.
Δ 215, Λ 236, 374, Ν 552.

πανάπαλος [παν-, πᾶς + ἀπαλός]. Quite
tenderly reared, delicately nurtured ν 223.

πανάποτμος [παν-, πᾶς + ἄποτμος]. That has
ill fortune to the full, dogged by evil fate
Ω 255, 493.

πανάργυρος [παν-, πᾶς + ἄργυρος]. All of silver :
κρητῆρα ι 203, ω 275.

παναφῆλιξ, -ικος [παν-, πᾶς + ἀφ-, ἀπο- (1) +
ἧλιξ]. App., cut off from his equals in years
Χ 490.

πανάωριος [παν-, πᾶς + ἀ-[1] + ὥρη]. Destined to
be cut off untimely, shortlived Ω 540.

πανδαμάτωρ [παν-, πᾶς + δαμάζω]. All-sub-
duing (cf. δμήτειρα). Epithet of sleep Ω 5 : ι 373.

πανδήμιος [παν-, πᾶς + δῆμος, in sense ' town.'
Cf. ἐπιδημεύω]. Roving through all the town,
vagabond : πτωχὸς σ 1.

πανῆμαρ [παν-, πᾶς + ἦμαρ]. All the day long :
ᾧ τε π. ἔλκητον βόε πηκτὸν ἄροτρον ν 31.

πανημέριος, -η [παν-, πᾶς + ἡμέρη]. All the
day long : πανημέριοι θεὸν ἱλάσκοντο (*i.e.* all the
rest of the day) Α 472, ὥς κε πανημέριοι κρινώμεθ'
"Αρηϊ Β 385. Cf. Λ 279, Ρ 180, 384, Σ 209, Τ 168:
γ 486 = ο 184, δ 356 (in a day's sail), λ 11, μ 24.

πανθυμαδόν [παν-, πᾶς + θυμός]. With all
spirit, *i.e.* fiercely, bitterly : ὀκριόωντο σ 33.

παννύχιος, -η [παν-, πᾶς + νυχ-, νύξ]. All the
night long : εὗδον παννύχιοι Β 2. Cf. Β 24 = 61,
Η 476, 478, Θ 508, 554, Κ 2 = Ω 678, Σ 315, 354,
Ψ 105, 217 : α 443, β 434 (*i.e.* all the rest of the
night), η 288, μ 429.

πάννυχος [as prec.]. = prec. Λ 551 = Ρ 660,
Ψ 218 : ξ 458, υ 53.—In neut. sing. πάννυχον as
adv. : τί π. ἀωτεῖς ; Κ 159.

πανόμφαιος [παν-, πᾶς + ὀμφή]. From whom
proceed all omens by voices or sounds : Ζηνὶ
Θ 250.

πάνορμος [παν-, πᾶς + ὅρμος[2]]. Ever affording
anchorage : λιμένες ν 195.

πανόψιος [παν-, πᾶς + ὀπ-]. See ὁράω. Cf.
ὑπόψιος]. Seen by all, conspicuous : πανόψιον
ἔγχος ἐλοῦσα Φ 397.

πανσυδίῃ [παν-, πᾶς + συ-, σεύω. Cf. ἐπασ-
σύτερος]. Coming all together, in a body, in
full force Β 12, 29 = 66, Λ 709, 725.

πάντῃ [παντ-, πᾶς]. (1) In all directions,

every way : κατὰ στρατὸν ᾤχετο π. E 495. Cf.
A 384, Z 81, Λ 156, Ξ 413, Ψ 463, etc. : β 383,
μ 233, φ 394, 405, ω 355, 413.—(2) On every side,
all about, all round : π. ὀρώρει πῦρ M 177. Cf.
E 739, M 430, N 736, Π 111, P 354, Ψ 34, 127,
Ω 799 : π. οἱ βεβλήαται εὐναί (i.e. now in one
place, now in another) λ 193. Cf. ω 208.

πάντοθεν [παντο-, πᾶς + -θεν (1) (2)]. (1) From
all quarters, directions, parts, from every side : π.
ἐκ κευθμῶν N 28. Cf. Π 110, Φ 364, Ψ 112, 689 :
ρ 171.—(2)=πάντῃ (2) : λαμπόμενος πυρὶ π. (all
about him) O 623. Cf. ξ 270, ρ 439.

παντοῖος, -η, -ον [παντ-, πᾶς]. Of all sorts or
kinds : ἀνέμων (blowing from all quarters, all
the winds) B 397, P 56, δόλους Γ 202, δρόμου (in
all directions and at all speeds) Σ 281, ἀϋτμήν (of
every desired degree of force) 471. Cf. O 642,
Υ 249, X 268, Ψ 308, 314 : α 142, γ 119, δ 725,
ζ 77, 234, ο 246, ρ 486 (taking all forms), etc.

πάντοσε [παντο-, πᾶς + -σε]. In all directions,
every way : π. ἐποιχόμενος E 508, π. ἀκούειν Π 515
(the power of hearing being thought of as pro-
jected towards the source of the sound ; cf.
Δ 455 cited under τηλόσε). Cf. M 266, N 649,
P 674, 680, Σ 479 : λ 606, ρ 209, 366, χ 24, 380.—
For ἀσπὶς π. εἴση see ἴσος (5) (b).

πάντως [παντ-, πᾶς]. By all means. Strength-
ening a negative : π. οὐκ ἄν με τρέψειαν (the
whole band of them shall not . . .) Θ 450 : π.
οὔ τί με λήθεις (of a surety you do not . . .) τ 91.
Cf. ν 180.

πανυπέρτατος, -η [παν-, πᾶς + ὑπέρτατος]. Fur-
thest out to sea ι 25.

πανύστατος [παν-, πᾶς + ὕστατος]. The last of
all : π. ἤλυθεν ἄλλων Ψ 532. Cf. Ψ 547 : ι 452.

πάππα, voc. [a child's word for 'father']. Used
by a daughter in affectionate address ζ 57.

παππάζω [πάππα]. To call one '(dear) father' :
οὐδέ τί μιν παῖδες παππάζουσιν E 408.

παπταίνω. 3 sing. aor. πάπτηνε M 333, Ξ 507,
Π 283, P 84 : χ 43, 381. Pple. παπτήνας, -αντος
Δ 497, Θ 269, Δ 546, O 574, P 603, Ψ 690 : ρ 330.
Fem. παπτήνᾱσα X 463 : τ 552. (ἀπο-.) (1) To
look narrowly about one, peer, throw one's glance
round, glance : ἀμφὶ ἓ παπτήνας Δ 497 = O 574.
Cf. Θ 269, Δ 546, N 551, P 84, 603, 674, X 463,
Ψ 464, 690 : λ 608, μ 233, ρ 330, τ 552, χ 24,
380, ω 179.—With dependent clause : πάπτηνεν
ἕκαστος ὅπῃ φύγοι ὄλεθρον Ξ 507 = Π 283 :=χ 43.
Cf. M 333, N 649 : χ 381.—(2) To look about for,
throw one's glance round in quest of : Μαχάονα
Δ 200. Cf. P 115.

πάρ. See παρά, πάρα.

παρά. (Commonly with anastrophe when im-
mediately following the vb. or case-form (and see
Γ 440)). Also in forms πάρ, παραί (which does not
suffer anastrophe). (I) Adv. (1) Beside, by, near,
someone or something : παρὰ νύκτας ἴαυον I 470.
Cf. A 611, Γ 135, Δ 330, E 112, Λ 512, etc. : παραὶ
λεχέεσσι κλιθῆναι α 366. Cf. α 132, γ 267, δ 305,
ε 196, ζ 18, etc.—At hand, ready to aid, at com-
mand : πάρα θεοί εἰσι καὶ ἡμῖν Γ 440.—Sim.: παρά

τε σχεῖν ὅσσα . . . Ψ 50.—For παρ' αὐτόθι see
αὐτόθι (1).—(2) Past, passing by, something :
παρά τις κιών Π 263. Cf. μ 82.—(3) Aside, away :
παραὶ οἱ ἐτράπετ' ἔγχος Λ 233 = N 605.—Denoting
turning or bending of a person's mind : παρά μ'
ἤπαφε δαίμων ξ 488.—(II) Prep. (1) With dat.
(a) Beside, by, near, in the company of : παρὰ
νηυσίν A 26. Cf. A 329, 358, B 355, H 135, Υ 53,
etc. : παρ' Ἀτρείδῃ γ 156. Cf. δ 443, 595, ε 119,
η 203, λ 178, ο 386, etc.—With locative : παρὰ
ναῦφιν Θ 474. Cf. M 302, etc.—Among : ἠείδε
παρὰ μνηστῆρσιν α 154.—In pregnant sense : πὰρ
δέ οἱ ἔστη Φ 547. Cf. A 405, Γ 262, N 617, etc. :
α 142, γ 37, ν 122, ρ 572, etc.—(b) In the house,
establishment or land of, in the hands or power
of : ἐπεὶ φιλέεσθε παρ' αὐτῇ N 627. Cf. Δ 1, P 324,
Τ 148, Ψ 411, Ω 212, etc. : παρὰ μητρὶ κεῖσθαι
ο 127. Cf. α 123, θ 420, λ 175, 460, 490, ν 204,
etc.—(c) Set alongside in contemplation, beside,
along with : παρὰ καὶ κακῷ ἐσθλὸν ἔθηκεν ο 488.
—(2) With acc. (a) In reference to motion
ending beside or near a person or thing,
beside, by, near : ἐς δίφρον ἔβαινε παραὶ Διομήδεα
E 837. Cf. Γ 406, H 190, Λ 314, etc. : στῆ παρὰ
σταθμόν α 333. Cf. θ 469, ρ 96, χ 333, etc.—Sim.
in reference to striking with a weapon, missile,
etc. : παρὰ οὖς ἔλασε ξίφει Λ 109. Cf. Δ 480, 518,
E 146, M 204, Φ 491, etc. : χ 82.—So in reference
to a weapon struck Π 115.—In reference to visit-
ing a person, to : πὰρ Μενέλαον οἴχετο ν 414. Cf.
Σ 143 : α 285.—(b) In reference to motion along-
side of a thing, along, by : βῆ παρὰ θῖνα θαλάσσης
A 34. Cf. A 347, K 54, Λ 558, P 297, Σ 576, Ψ 225,
etc. : παρὰ Μίμαντα γ 172. Cf. δ 432, ο 295, ω 11,
etc.—(c) Without notion of motion in reference
to action or existence in a region alongside of a
person or thing, along, by : ἔρδον ἑκατόμβας παρὰ
θῖν' ἁλὸς A 316. Cf. A 463, B 522, 604, Γ 272,
Δ 487, M 313, P 290, etc. : πρασιαὶ παρὰ νείατον
ὄρχον πεφύασιν η 127. Cf. ζ 89, μ 32, ξ 347, τ 553,
χ 127, etc.—(d) In reference to motion past some-
thing, past, passing : παρ' Ἴλου σῆμ' ἐσσεύοντο
Λ 166, οὖτα παρ' ἀσπίδα (getting within the guard
of the shield) Π 312. Cf. E 293, Z 42, etc. : δ 802,
etc.—(e) Beyond, in excess of : πὰρ δύναμιν
N 787. Cf. ξ 509.—(3) With genit. (a) From
beside, or simply, from : φάσγανον ἐρυσσάμενος
παρὰ μηροῦ A 190, πλευρά, τά οἱ παρ' ἀσπίδος
ἐξεφαάνθη (beyond it, outside its shelter) Δ 468.
Cf. B 596, 787, Θ 533, Λ 1, N 211, etc. : ἀνιόντα
παρ' Ἴλου α 259. Cf. γ 347, 431, θ 289, μ 70,
ο 58, etc.—With ablative : παρὰ ναῦφιν M 225 :
ξ 498.—(b) With vbs. of taking, receiving, bring-
ing or the like, from, at the hands of : ὅττι ῥά οἱ
γαμβροῖο πάρα φέροιτο Z 177. Cf. Δ 97, Λ 795,
Σ 137, Ω 429, 502, etc. : ὄφρα πομπῆς τύχῃς παρὰ
πατρὸς ἐμοῖο ζ 290. Cf. ξ 452, ο 158, etc.—(c) In
reference to source or origin : ἄλλος κε πάρα Διὸς
χόλος ἐτύχθη O 122.—To a point from which
action takes place : φθεγξάμενος παρὰ νηός Λ 603.

πάρα [for πάρ-εστι, πάρ-εισι]. Also in form
πάρ. (1) There is (are) by or present : πάρα γὲρ

καὶ ἀμείνονες ἄλλοι Ψ 479.—(2) There is (are) available or at one's command or disposal, there is (are) here or there for or aiding one. With or without dat. : πάρ' ἔμοιγε καὶ ἄλλοι Α 174. Cf. Ε 603, 604, Ι 43, 227, Τ 98, Φ 192 : πάρα τοι δίφρος τε καὶ ἵπποι, πὰρ δέ τοι υἷες ἐμοί γ 324. Cf. γ 351, δ 559 = ε 16 = ρ 145, ε 141, 489 (here for παρέωσιν), ι 125, π 45, ρ 452, χ 106.—(3) It is possible : ἐπεὶ οὐ μέν τι πάρα προνοῆσαι ἄμεινον ε 364.

†παραβαίνω [παρα- (2)]. Pf. pple. παρβεβαώς (παρ-, παρα-) Λ 522. Nom. dual παρβεβαῶτε Ν 708. To take one's way beside. With dat. : παρβεβαῶτ' ἔστασαν ἀλλήλοιιν (fronted the foe holding united course) Ν 708.—Sim. of accompanying another in a chariot : Ἕκτορι παρβεβαώς (standing beside him (as charioteer)) Λ 522.

παραβάλλω [παρα- (2)]. In mid., to set down (a stake) beside others or by the side of an umpire ; hence, to set at hazard, risk (cf. παρατίθημι (2)): αἰὲν ἐμὴν ψυχὴν παραβαλλόμενος Ι 322.

παραβάσκω [παρα- (2)]. To act as παραιβάτης : Ἄντιφος παρέβασκεν Λ 104.

παραβλήδην [παραβάλλω]. App., 'risking the experiment' : ἐπειρᾶτ' ἐρεθιζέμεν Ἥρην, παραβλήδην ἀγορεύων ('drawing her fire,' provoking a retort, provokingly) Δ 6.

†παραβλώσκω [παρα- (2)]. 3 sing. pf. παρμέμβλωκε (παρ-, παρα-) Δ 11, Ω 73. To go beside. With dat. : τῷ Ἀφροδίτη αἰεὶ παρμέμβλωκεν (attends, protects) Δ 11. Cf. Ω 73.

παραβλώψ, -ῶπος [παρα- (4) + βλέπω, to look]. With sidelong or furtive glance Ι 503 (of the Λιταί (see λιτή) as figuring an offender, who cannot look the injured person in the face).

παραγίγνομαι [παρα- (2)]. To be beside, be in attendance upon. With dat. : παρεγίγνετό σφι δαιτί (attended upon them at the . . .) ρ 173.

†παραδραθάνω [παρα-(2)]. 3 sing.aor. παρέδραθε υ 88. Infin. παραδραθέειν Ξ 163. To sleep, go to sleep, take one's rest, beside. With dat. : παρέδραθέ μοι υ 88. Cf. Ξ 163.

†παραδέχομαι [παρα- (1)]. 3 sing. aor. παρεδέξατο. To receive from another : σῆμα Ζ 178.

παραδραθέειν, aor. infin. παραδραθάνω.

παραδραμέτην, 3 dual aor. παρατρέχω.

†παραδράω [παρα- (2)]. 3 pl. παραδρώωσι. To do work in attendance upon, serve. With dat. : οἷά τε τοῖς ἀγαθοῖσι παραδρώωσι χέρηες ο 324.

†παραδύω [παρα- (3)]. Aor. infin. παραδύμεναι. To slip past Φ 416.

παραείδω [παρ-, παρα- (2)]. To sing beside or to. With dat. : ἐοικά τοι παραείδειν χ 348.

†παραείρω [παρ-, παρα- (2)]. 3 sing. aor. pass. παρηέρθη. In pass., to hang down by the side, on one side : παρηέρθη κάρη Π 341.

παραθείμην, aor. opt. mid. παρατίθημι.

παράθες, aor. imp. παρατίθημι.

παραθήσομεν, 1 pl. fut. παρατίθημι.

παραί. See παρά.

παραιβάτης, ὁ [παραι- (2) + βα-, βαίνω. 'He that goes beside']. The fighting man in a war-

chariot as distinguished from the ἡνίοχος or driver : παραιβάται ἡνίοχοί τε Ψ 132.

παραιπεπίθησι, 3 sing. aor. subj. παραπείθω.

παραίσιος [παρ-, παρα- (5) + αἴσιος]. Boding ill : σήματα Δ 381.

παρᾶΐσσω [παρ-, παρα- (3)]. 3 sing. aor. παρήϊξε Ε 690, Θ 98. 3 pl. παρήϊξαν Λ 615. To dart past Ε 690, Θ 98, Τ 414.—To dart past. With acc. : ἵπποι με παρήϊξαν Λ 615.

παραιφάμενος, pres. pple. nid. παράφημι.

παραίφασις, πάρφασις, ἡ [παραι- (4) + φα-, φημί]. Persuasion : δαριστὺς πάρφασις Ξ 217 (winning dalliance). Cf. Λ 793 = Ο 404.

†παρακαταβάλλω [παρα- (2) + κατα- (1)]. 3 sing. aor. παρακάββαλεν (καβ-, κατα-) Ψ 683. 3 pl. παρακάββαλον Ψ 127. To throw down in readiness : ὕλην Ψ 127.—In Ψ 683 (ζῶμά οἱ παρακάββαλεν) the sense required seems to be 'put about him.'

†παρακαταλέγω [παρα- (2) + κατα- (1) + λέγω¹]. 3 sing. aor. mid. παρκατέλεκτο (παρ-, παρα-). In mid., to lie down beside, lie with. With dat. : τῇ παρκατέλεκτο Ι 565. Cf. Ι 664.

παράκειμαι [παρα- (2)]. 3 sing. pa. iterative παρεκέσκετο ξ 521. To be beside one, at one's hand or laid up, in readiness for use, be there : ὀϊστόν, ὅ οἱ παρέκειτο τραπέζῃ φ 416. Cf Ω 476 : ξ 521.—Fig., to lie before one as a matter of choice. Impers. : νῦν ὑμῖν παράκειται ἐναντίον ἠὲ μάχεσθαι ἢ φεύγειν χ 65.

†παρακλιδόν [παρα- (4) + κλι-, κλίνω. 'Bending aside']. Shirking the question δ 348 = ρ 139.

†παρακλίνω [παρα- (4)]. Aor. pple. παρακλίνας. (1) To bend or turn (something) aside : κεφαλήν ν 301.—(2) To turn aside, deviate from the course, swerve Ψ 424.

παρακοίτης, ὁ [παρ-, παρα- (2) + ἀκοίτης]. A husband Ζ 430, Θ 156.

παράκοιτις, ἡ [παρ-, παρα- (2) + ἄκοιτις]. Dat. sing. παρακοίτι γ 381. A wife Γ 53, Δ 60 = Σ 365, Ι 590, Ξ 346, Σ 184, Φ 479, Ω 60 : γ 381, 451, δ 228, λ 298, 305, 580, ο 26, φ 158, ψ 92.

†παρακρεμάννυμι [παρα- (2)]. Aor. pple. παρακρεμάσας. To let hang by one's side Ν 597.

†παραλέγω [παρα- (2) + λέγω¹]. 3 sing. aor. mid. παρελέξατο Β 515, Ζ 198, Π 184, Τ 224, Ω 676 : λ 242. Subj. παραλέξομαι Ξ 237. In mid., to lie with. With dat. : Λαοδαμείη Ζ 198. Cf. Β 515, Π 184 : λ 242.—In reference to Here and Zeus Ξ 237.—To Briseïs and Achilles Ω 676.—To Boreas and the mares of Erichthonius Τ 224.

†παραμείβω [παρ-, παρα- (3)]. Aor. pple. mid. παραμειψάμενος. In mid., to go past, pass by : τόν ζ 310.

παραμένω, παρμένω [παρα- (2)]. 3 sing. aor. παρέμεινε Λ 402. To remain with (a person), keep (him) company. With dat. : οὐκέτι τοι δύναμαι παρμενέμεν Ο 400.—So to stand by in the fight : οὐδέ τις αὐτῷ Ἀργείων παρέμεινεν Λ 402. Cf. Ν 151.

παραμίμνω [παρα- (2)]. To remain or abide with a person γ 115.—To stay, tarry, delay β 297.

παραμῦθέομαι [παρα- (4)]. To urge, advise, counsel. With dat. and infin.: τοῖς ἄλλοισιν οἴκαδ᾽ ἀποπλείειν Ι 417, 684. Cf. Ο 45.

παρανηνέω [παρα- (2) + νηνέω, app. = νηέω]. To heap or pile up in readiness for use: σῖτον παρενήνεον ἐν κανέοισιν α 147. Cf. π 51.

†**παρανήχω** [παρα- (3)]. Aor. subj. mid. παρανήξομαι. To swim, make one's way by swimming, along the shore. In mid. ε 417.

πάραντα [app. formed fr. παρά as ἄναντα fr. ἀνά]. Along-hill Ψ 116.

†**παραπαφίσκω** [παρ-, παρα- (4)]. 3 sing. aor. παρήπαφε. To beguile, trick Ξ 360.

†**παραπείθω** [παρα- (4)]. 3 sing. aor. παρέπεισε Η 120, Ν 788, Ψ 606. 3 sing. aor. subj. παραιπεπίθησι (παραι-, παρα-) χ 213. Pple. παρπεπιθών (παρ-, παρα-) ξ 290. Nom. pl. παρπεπιθόντες Ψ 37: ω 119. Nom. sing. fem. παραιπεπιθοῦσα Ξ 208. To induce to an act or a course of action, persuade, prevail upon, win over Η 120 = Ν 788, Ξ 208, Ψ 37, 606 : ξ 290, χ 213, ω 119.

†**παραπέμπω** [παρα- (3)]. 3 sing. aor. παρέπεμψε. To conduct or pilot (safely) past a danger μ 72.

†**παραπλάζω** [παρα- (4)]. 3 sing. aor. παρέπλαγξε ι 81, υ 346. Fem. pple. παραπλάγξᾶσα τ 187. 3 sing. aor. pass. παρεπλάγχθη Ο 464. (1) To cause to deviate from the proper course : παρεπλάγχθη οἱ ἄλλη ἰός (went wide) Ο 464.—To drive from one's course and away from. With genit. : Κυθήρων ι 81. Cf. τ 187.—(2) To disturb or derange (the mind) υ 346.

παραπλήξ, -ῆγος [παρα- (4) + πλήσσω]. Of spits projecting from the shore, on which the seas break aslant : ἠιόνας ε 418 = 440.

†**παραπλώω** [παρα- (3)]. 3 sing. aor. παρέπλω. To sail past a place μ 69.

†**παραπνέω** [παρα- (3)]. 3 sing. aor. opt. παραπνεύσειε. Of wind, to blow past something : ἵνα μή τι παραπνεύσει᾽ ὀλίγον περ κ 24 (i.e. so that none of the winds might slip past the fastening of the bag).

παραρρητός [παρα- (4) + ῥη-, εἴρω²]. Open to persuasion Ι 526.—Absol. in pl., words of persuasion : παραρρητοῖσι πιθέσθαι Ν 726.

παρασταδόν [παρα- (2) + στα-, ἵστημι]. Standing by Ο 22 : κ 173 = 547 = μ 207.

παραστήσῃ, 2 sing. aor. opt. παρίστημι.

παραστάς, aor. pple. παρίστημι.

παραστήσεσθαι, fut. infin. mid. παρίστημι.

†**παρασφάλλω** [παρα- (4)]. 3 sing. aor. παρέσφηλε. To balk or thwart a person : παρέσφηλεν γὰρ Ἀπόλλων (caused him to miss his aim) Θ 311.

παρασχέμεν, **παρασχεῖν**, aor. infin. παρέχω.

†**παρατεκταίνομαι** [παρα- (5)]. 2 sing. aor. opt. παρατεκτήναιο ξ 131. 3 παρατεκτήναιτο Ξ 54. To make or order differently : οὐδέ κεν ἄλλως Ζεὺς αὐτὸς παρατεκτήναιτο (could help us) Ξ 54 : ἔπος κε παρατεκτήναιο (tell a story differing from the truth, a cozening tale) ξ 131.

†**παρατίθημι** [παρα- (2)]. 1 pl. fut. παραθήσομεν Ψ 810. Aor. παρέθηκα ι 326. 3 sing.

παρέθηκε Λ 779 : α 139, 141, δ 133, ξ 76, σ 120, φ 29, etc. 3 pl. aor. πάρθεσαν (παρ-, παρα-) δ 66. Imp. παράθες Σ 408. Aor. opt. mid. παραθείμην ο 506, τ 150. 3 sing. παραθεῖτο β 105, ω 140. Nom. pl. masc. pple. παρθέμενοι β 237, γ 74, ι 255. From παρτιθέω 3 sing. pres. παρτιθεῖ α 192. (1) To set or place beside a person : ἐπεὶ δαῖδας παραθεῖτο (παραθείμην) (had had them set) β 105 = ω 140, τ 150. Cf. ε 92.—To set or place beside. With dat. : τράπεζαν, τὴν ἥν οἱ παρέθηκεν φ 29. Cf. δ 133, ι 326.—To set (food or drink) before a person : ξείνιά τ᾽ εὖ παρέθηκεν Λ 779. Cf. α 139, 141, σ 120, etc.—To set (food or drink) before. With dat. : ἀμφιπόλῳ, ἥ οἱ βρῶσίν τε πόσιν τε παρτιθεῖ α 192. Cf. Σ 408, Ψ 810 : δ 66, ξ 76, π 49.—In mid. ο 506.—(2) In mid., to set at hazard, risk (cf. παραβάλλω) : σφὰς παρθέμενοι κεφαλάς β 237. Cf. γ 74 = ι 255.

†**παρατρέπω** [παρα- (4)]. Aor. pple. παρατρέψας. To turn aside : ἵππους Ψ 398, 423.

†**παρατρέχω** [παρα- (3)]. Aor. παρέδραμον Ψ 636. 3 sing. παρέδραμε Κ 350. 3 dual παραδραμέτην Χ 157. (1) To run past a point, pass a point at a run Κ 350, Χ 157.—(2) To run past, outstrip in a race. With acc. : Ἴφικλον παρέδραμον Ψ 636.

†**παρατρέω** [παρα- (4)]. 3 pl. aor. παρέτρεσσαν. To rush aside in affright : παρέτρεσσάν οἱ ἵπποι Ε 295.

παρατροπέω [παρα- (4)]. To turn away from the point, put off : παρατροπέων με δ 465.

παρατρωπάω [παρα- (4)]. To bend the mind of, win over : θεοὺς θυέεσσι παρατρωπῶσιν Ι 500.

παρατυγχάνω [παρα- (2)]. To be present with. With dat. : παρετύγχανε μαρναμένοισιν Λ 74.

παραυδάω [παρ-, παρα- (4)]. (1) To use persuasion to, endeavour to induce to an act or a course of action, urge π 279, σ 178 (talk me not into this).—(2) To speak in comfortable terms to : μέν᾽ εἰς ὅ κε μύθοις ἀγανοῖσι παραυδήσας ἀποπέμψῃ (cheer you on your way) ο 53.—To speak comfortably of, minister false comfort in regard to : θάνατον λ 488.

†**παραφεύγω** [παρα- (3)]. Aor. infin. παρφυγέειν (παρ-, παρα-). To pass a point in safety μ 99.

παράφημι [παρα- (4)]. Pres. pple. mid. παραιφάμενος (παραι-, παρα-) Ω 771. παρφάμενος (παρ-, παρα-) Μ 249 : β 189. Infin. παρφάσθαι π 287, τ 6. (1) To give counsel or advice. With dat. and infin. : μητρὶ παράφημι πατρὶ ἐπὶ ἦρα φέρειν Α 577.—(2) To induce to a course of action, persuade, prevail upon, win over. In mid. : παρφάμενος ἐπέεσσιν Μ 249. Cf. Ω 771 : β 189.—(3) To use evasive speech to, put off. In mid. : μνηστῆρας μαλακοῖσι ἐπέεσσι παρφάσθαι π 287 = τ 6.

†**παραφθάνω** [παρα- (3)]. 3 sing. aor. opt. παραφθαίησι (app. formed on the analogy of subjunctives in -ησι) Κ 346. Pple. παραφθάς Χ 197. Aor. pple. mid. παραφθάμενος Ψ 515. Το outstrip, get ahead of : ἄμμε Κ 346. Cf. Χ 197.—In mid. Ψ 515.

παρβεβαώς, pf. pple. παραβαίνω.

παρδαλέη, -ης, ἡ [fem. adj. fr. next (sc. δορά)]. The skin of a panther Γ 17, Κ 29.

πάρδαλις, ἡ. A panther Ν 103, Ρ 20, Φ 573 : δ 457.

παρέᾱσι, 3 pl. πάρειμι¹.

παρεδέξατο, 3 sing. aor. παραδέχομαι.

παρέδραθε, 3 sing. aor. παραδαρθάνω.

παρέδραμον, aor. παρατρέχω.

παρέζομαι [παρ-, παρα- (2)]. In pres. and in impf. (or non-sigmatic aor. ; see ἕζομαι). (1) To seat oneself, sit down, take one's seat, beside a person : παρέζεο καὶ λαβὲ γούνων Α 407.—(2) To seat oneself, sit down, take one's seat, *beside*. With dat. : σοὶ παρέζετο Α 557. Cf. Ε 889 : δ 738, υ 334.

παρέθηκα, aor. παρατίθημι.

παρειαί, αἱ [cf. παρήϊον]. The cheeks : ὠχρός μιν εἷλε παρειάς Γ 35. Cf. Λ 393, Σ 123, Χ 491, Ω 794 : α 334, δ 198, θ 522, λ 529, σ 172, etc.— In reference to eagles : δρυψαμένω ὀνύχεσσι παρειάς β 153.

παρείη, 3 sing. opt. πάρειμι¹.

παρείθη, 3 sing. aor. pass. παρίημι.

†**πάρειμι¹** [παρ-, παρα- (2) + εἰμί]. 3 sing. πάρεστι Θ 294, Ν 786 : ξ 80, 444, ρ 457, ψ 128. 2 pl. πάρεστε Β 485. 3 παρέᾱσι Ε 192, Ξ 299 : ν 247. 3 sing. opt. παρείη Χ 20 : β 62, σ 370. Pple. παρεών, -όντος Ο 325, 665, Ω 475 : α 140, θ 491, λ 66, ξ 145, ο 74, 335, etc. Infin. παρέμμεναι Σ 472 : δ 640. παρεῖναι Χ 298 : ε 105, 129, ρ 347. 2 sing. impf. παρῆσθα δ 497. 3 παρῆεν θ 417. 3 pl. πάρεσαν Λ 75. Fut. παρέσσομαι ν 393. 3 sing. παρέσσεται Α 213, Ι 135, 277, Σ 466. παρέσται Κ 217. (1) To be by or present, be in a specified or indicated place, be present at something, be with one, be here or there : πάρεστέ τε, ἴστε τε πάντα (are present (at all that happens)) Β 485, ἐν δαίτῃσι παρέσται Κ 217. Cf. Ο 325, 665, Χ 298, Ω 475 (in attendance) : θ 491, λ 66, ξ 145, ο 74, 335.—With dat., to be present or in company *with*, be *with* : ἀγαθέ μοι ἄνδρα παρεῖναι ε 129, ἐγώ γέ τοι παρέσσομαι (shall be found at your side) ν 393. Cf. Λ 75 : δ 640, ε 105.—To be present *at* : μάχῃ δ 497.—(2) To be available or at one's command or disposal, be here or there for one : ἵπποι οὐ παρέασιν Ε 192, Ξ 299. Cf. Θ 294, Ι 135 = 277, Ν 786 : ν 247, ξ 444, ρ 457, σ 370, ψ 128.—In neut. pple. pl., one's resources, one's store : χαριζομένη παρεόντων (genit. of material, ' from her store') α 140 = δ 56 = η 176 = κ 372 = ο 139 = ρ 95.—With dat., to be available *to*, be there or at command *for* : εἴ μοι δύναμίς γε παρείη Χ 20. Cf. Α 213, Σ 466, 472 : β 62, θ 417, ξ 80.—Of a quality, to be present *in*, be found *in* : αἰδὼς οὐκ ἀγαθὴ κεχρημένῳ ἀνδρὶ παρεῖναι ρ 347.

†**πάρειμι²** [παρ-, παρα- (3) + εἶμι]. Pple. παριών. To pass a point, go past or by : μή ἑ λάθοι παριών δ 527. Cf. ρ 233.

πάρειπον, aor. [παρ-, παρα- (4) + (ϝ)εῖπον]. (1) To use persuasion, endeavour to induce a person to a course of action, urge (something)

upon him : αἴσιμα παρειπών Ζ 62, Η 121. Cf. Λ 793 = Ο 404.—(2) To persuade, win over, talk over : μή σε παρείπῃ Α 555. Cf. Ζ 337.

παρέκ, **παρέξ** [παρά + ἐκ, ἐξ]. (I) Adv. (1) Out along : νῆχε π. (along the shore) ε 439. — (2) Passing a point, past : π. ἐλάαν μ 47, 109.— (3) Aside from the straight line, diverging : π. ἀγορευέμεν (app., to wrong purpose) Μ 213 : οὐκ ἂν ἄλλα π. εἴποιμι (away from the point) δ 348 = ρ 139, ἄλλα π. μεμνώμεθα (passing from him) ξ 168, ταῦτα π. ἐρέουσα (to bring me this false news) ψ 16.—(4) Out beside something : στῆ π. (forth beside him) Λ 486.—(5) Out, off : ὦσα [νῆα] π. ι 488 (perh. implying a sidelong movement).— (II) Prep. (1) With genit. (a) Along and outside of : νῆσος π. λιμένος τετάνυσται (i.e. across the mouth) ι 116.—(b) Aside from : π. ὁδοῦ Κ 349.— (2) With acc. (a) Along, alongside of : π. ἄλα Ι 7. —(b) Past, leaving on one side or behind, passing, beyond : σῆμα π. Ἴλοιο Ω 349. Cf. Ψ 762 : μ 55, 276, 443 (on the further side of), ο 199.—Sim. : π. νόον (in defiance of . . .) Κ 391, Υ 133, δῶρα π. Ἀχιλῆα δέχεσθαι (behind his back) Ω 434.— (c) Out beyond : π. τειχίον αὐλῆς π 165, 343.

παρεκέσκετο, 3 sing. pa. iterative παράκειμαι.

†**παρεκπροφεύγω** [παρ-, παρα- (3) + ἐκ- (1) + προ- (1)]. 3 sing. aor. subj. παρεκπροφύγῃσι. To slip past, elude (a person) : μή σε π. ἄεθλα Ψ 314.

†**παρελαύνω** [παρ-, παρα- (3)]. 3 sing. aor. παρήλασε μ 186. παρέλασσε Ψ 382, 527. 3 pl. παρήλασαν Ψ 638 : μ 197. Infin. παρελάσσαι Ψ 427. (1) (a) To drive one's chariot past another, outstrip him in the race : ἤ κε παρέλασσ' ἤ ἀμφήριστον ἔθηκεν Ψ 382. Cf. Ψ 427.—(b) To sail past a specified point : οὔ πώ τις τῇδε παρήλασεν μ 186.—(2) With acc. (a) To drive *past*, outstrip, in the chariot-race : παρέλασσέ κέ μιν Ψ 527. Cf. Ψ 638.—(b) To sail *past* : Σειρήνας μ 197.

παρελέξατο, 3 sing. aor. mid. παραλέγω.

παρελεύσεαι, 2 sing. fut. παρέρχομαι.

παρέλθῃ, 3 sing. aor. subj. παρέρχομαι.

παρέλκω [παρ-, παρα- (4)]. To use shifts, evade the issue φ 111.—In mid., to draw off to oneself, gain by trickery : δῶρα σ 282.

παρέμεινε, 3 sing. aor. παραμένω.

παρέμμεναι, infin. πάρειμι¹.

παρέξ. See παρέκ.

†**παρεξελαύνω** [παρ-, παρα- (3) + ἐξ- (1)]. 2 sing. aor. subj. παρεξελάσῃσθα. = παρελαύνω (1) (a) Ψ 344.

†**παρεξέρχομαι** [παρ-, παρα- (3) + ἐξ- (1)]. Aor. pple. fem. παρεξελθοῦσα κ 573. Infin. παρεξελθεῖν Κ 344 : ε 104, 138. To pass by, slip past, make good one's passage : παρεξελθεῖν πεδίοιο (local genit.) Κ 344 : ῥεῖα παρεξελθοῦσα κ 573.—To get oneself *past*, defeat, frustrate. With acc. : Διὸς νόον ε 104 = 138.

παρέξω, fut. παρέχω.

παρέπεισε, 3 sing. aor. mid. παραπείθω.

παρέπεμψε, 3 sing. aor. παραπέμπω.

παρέπλαγξε, 3 sing. aor. παραπλάζω.

παρέπλω, 3 sing. aor. παραπλώω.

παρέρχομαι [παρ-, παρα- (3)]. 2 sing. fut. παρελεύσεαι Α 132. 3 sing. aor. παρῆλθε ε 429. 3 sing. subj. παρέλθῃ Ψ 345 : θ 230. 3 sing. opt. παρέλθοι ν 291. Infin. παρελθέμεν Θ 239. (1) To pass, make good one's passage μ 62, π 357.—In reference to the passage of a wave ε 429.—(2) With acc., to go *past*, pass, leave on one side or behind: τεὸν βωμόν Θ 239.—To outstrip Ψ 345 : θ 230.—To overreach, get the better of, outwit Α 132 : ν 291.

πάρεσαν, 3 pl. impf. πάρειμι¹.

παρέσσομαι, fut. πάρειμι¹.

παρέσται, 3 sing. fut. πάρειμι¹.

παρεστάμεναι, pf. infin. παρίστημι.

παρέστασαν, 3 pl. plupf. παρίστημι.

παρέστη, 3 sing. aor. παρίστημι.

παρέστηκε, 3 sing. pf. παρίστημι.

πάρεστι, 3 sing. pres. πάρειμι¹.

παρέσφηλε, 3 sing. aor. παρασφάλλω.

παρέτρεσσαν, 3 pl. aor. παρατρέω.

παρευνάζω [παρ-, παρα- (2)]. In pass., to lie *with*. With dat. : δμῳῆσι γυναιξίν χ 37.

παρέχω [παρ-, παρα- (2)]. 3 sing. subj. πᾰρέχῃ (παρσέχῃ) τ 113. Fut. παρέξω θ 39, σ 317. 3 sing. παρέξει Ψ 835. 3 sing. aor. subj. παράσχῃ Γ 354 : ο 55. Infin. παρασχέμεν Τ 140, 147. παρασχεῖν ζ 28. (1) To furnish, provide, supply, present, give, grant: δῶρα Τ 140, 147. Cf. Σ 556, Ψ 835 : ἀρετήν σ 133. Cf. δ 89, ζ 28, θ 39, ξ 250, ο 490, σ 317, 360, τ 113, υ 8.—(2) To afford, show, manifest: φιλότητα Γ 354 : ο 55.

παρεών, pple. πάρειμι¹.

παρῆεν, 3 sing. impf. πάρειμι¹.

παρηέρθη, 3 sing. aor. pass. παραείρω.

παρήιξε, 3 sing. aor. παραΐσσω.

παρήιον, τό [cf. παρειαί]. (1) The cheek Ψ 690 : τ 208.—In reference to wolves Π 159.—To a lion χ 404.—(2) A cheek ornament for a horse: παρήιον ἔμμεναι ἵππων (general pl., 'for some horse') Δ 142.

παρήλασε, 3 sing. aor. παρελαύνω.

παρῆλθε, 3 sing. aor. παρέρχομαι.

πάρημαι [παρ-, παρα- (2)]. (1) To sit by or beside a person : ὡς μή μοι τρύζητε παρήμενοι Ι 311. Cf. Ω 652 : α 339, ν 411, ξ 375, ρ 521, σ 231, τ 209. —In reference to birds λ 578.—With dat., to sit *by* or *beside* : παρήμενός μοι τέρπειν τ 589.—To sit *at*, *by*, *in the enjoyment of* : δαιτὶ παρήμενος α 26. Cf. ρ 456.—To abide, be, *by* or *with* : σύεσσιν ν 407.—(2) To sit idle, doing nothing, *by* or *beside*. With dat. : νηυσὶ παρήμενος Α 421, 488.

παρηορίαι, αἱ [παρήορος]. The traces attaching the παρήορος (see next (2)) Θ 87, Π 152.

παρήορος [παρ-, παρα- (2) + ἠορ-, ἀείρω. 'Hung on at the side,' 'dangling loosely.' Cf. συνήορος, τετράοροι]. (1) Sprawling Η 156.—Loose or uncontrolled in mind, flighty Ψ 603.—(2) As sb., an extra trace-horse attached to a chariot Π 471, 474.

παρήπαφε, 3 sing. aor. παραπαφίσκω.

παρῆσθα, 2 sing. impf. πάρειμι¹.

παρθέμενοι, nom. pl. masc. aor. pple. mid. παρατίθημι.

παρθενική, -ῆς, ἡ = παρθένος Σ 567 : η 20, λ 39.

παρθένιος, -η [παρθένος]. (1) Of a maiden : ζώνην λ 245.—(2) Born out of wedlock Π 180.

παρθενοπῖπης [παρθένος + ὀπιπεύω]. One who ogles girls. Voc. παρθενοπῖπα Λ 385.

παρθένος, -ου, ἡ. A young unmarried woman, a maid, a maiden, a girl Β 514, Σ 593, Χ 127, 128 : ζ 33, 109, 228.

πάρθεσαν, 3 pl. aor. παρατίθημι.

παριαύω [παρ-, παρα- (2)]. To lie *with*. With dat. : τῇ παριαύων Ι 336.

παρίζω [παρ-, παρα- (2)]. To sit down *beside*. With dat. : Τηλεμάχῳ παρίζεν δ 311.

†παρίημι [παρ-, παρα- (2) + ἵημι¹]. 3 sing. aor. pass. παρείθη (for παρ-ε-σέ-θη). In pass., to hang down by the side of something, to hang down loosely : παρείθη μήρινθος Ψ 868.

παρίστημι [παρ-, παρα- (2)]. 2 sing. aor. παρέστης. Γ 405, Ε 116, Κ 290. 3 παρέστη Ο 442, 483, 649, Χ 371, Ω 303 : α 335, ι 52, ρ 73, σ 211, φ 66. 3 dual subj. παρστήετον σ 183. 2 sing. opt. παρασταίης ν 389. 3 παρσταίη Υ 121. 3 pl. Pple. παραστάς Β 189, Ζ 75, Λ 261, Π 114, Υ 375, Ψ 155, etc. : θ 238, ι 325, π 338, ρ 221, φ 379, etc. παραστάς Κ 157. Fem. παραστᾶσα ψ 87. 3 sing. pf. παρέστηκε Π 853, Ω 132. 3 pl. plupf. παρέστασαν Η 467. Infin. παρεστάμεναι Ο 255, Ρ 563, Φ 231 : δ 827, ν 94. Mid. Imp. παρίσταο Κ 291. Fut. infin. παραστήσεσθαι ω 28. (I) In aor. and mid. (1) To take up a position, take one's stand, come and stand, by or beside a person or thing, come up to or approach a person : τὸν ἐρητύσασκε παραστάς Β 189. Cf. Γ 405 (have come here), Δ 212, Η 188, Μ 60, Ρ 119, Ω 303 (presented herself), etc. : ἐλέκυν ἔχων παρίστατο γ 443. Cf. η 341, θ 230, κ 109, ο 123, ρ 73 (went up to him), ψ 87, etc.—To take up a position, take one's stand, come and stand, *by* or *beside*, come up to, approach. With dat. : τῷ παρίστατο 'Οδυσσεύς (came up to him) Β 244. Cf. Ζ 75, Ο 442, Π 2, Ρ 338, Ψ 155, etc. : ἀμφίπολὸς οἱ ἑκάτερθε παρέστη α 335. Cf. β 384, μ 43, ο 104, ρ 221, σ 183, etc.—(2) To come and stand by a person as a helper, to come to his aid or support : ἀλλά, φίλοι, πάρστητε Π 544.—To come and stand *by* as a helper, to come to the aid or support of, aid, succour, support, protect. With dat. : ἡμείων τις 'Αχιλῆϊ παρσταίη Υ 121. Cf. Ε 116, 570, Κ 279, Ο 442, Ψ 783, etc. : γ 222, ν 301, 389.—(3) Of fate, to come *upon*. With dat. : Διὸς αἶσα παρέστη ἡμῖν ι 52. Cf. π 280, ω 28.—(II) In pf. and plupf. (1) To have one's stand, stand, be, by or beside. With dat. : δόκησέ οἱ παρεστάμεναι κεφαλῆφιν ν 94.—(2) To stand by a person as a helper, to aid, succour, support, protect him Φ 231.—To stand *by* as a helper, to aid, succour, support. With dat. : παρεστάμεναι καὶ ἀμύνειν Πατρόκλῳ Ρ 563. Cf. Ο 255, Φ 231.—(3) Of fate, to be at hand, impend *over*. With dat. : ἄγχι τοι παρέστηκεν θάνατος καὶ μοῖρα Π 853 = Ω 132.—(4) To be in an indicated place, be present, be there : νῆες ἐκ Λήμνοιο παρέστασαν Η 467.

παρίσχω [παρ-, παρα- (2)]. (1) To hold in readiness, keep at hand : [ἵππους] Δ 229.—(2) To hold at one's disposal, offer : ἑπτὰ [κούρας] I 638.

παριών, pple. πάρειμι².

παρκατέλεκτο, 3 sing. aor. mid. παρακατα-λέγω.

παρμέμβλωκε, 3 sing. pf. παραβλώσκω.

παρμένω. See παραμένω.

πάροιθε(ν) [*πάροι, locative adv. (cf. πάρος)+ -θε(ν) (2)]. (1) In front, before : π. λάμπετο δουρὸς αἰχμή (before him as he went) Z 319=Θ 494. Cf. Υ 437 (at the point), Ψ 213 (before them): η 125 (in the foreground), τ 33 (going before them), 227 (app., on the face of the περόνη).— Leading in a race Ψ 498.—With genit., in front of, before : π. αὐτοῖο καθέζετο Α 360, 500. Cf. Γ 162, Ξ 427, Ο 154 (into his presence), Π 255 : δ 625 = ρ 167, π 166. —(2) In temporal sense. (a) Before the happening of something : π. εἰρύσατο ζωστήρ (before the arrow got so far) Δ 185. Cf. Ο 227 (before it came to that) : ζ 174 (ere that).—(b) In time past, formerly : ἀλλοῖος ἠὲ π. π 181. Cf. Ψ 20 = 180 : ρ 294.—So τὸ π. : μᾶλλον ἔτ' ἢ τὸ π. α 322. Cf. β 312, σ 275.

παροίτερος, -η [comp. fr. *πάροι. See prec.]. More forward, in front, leading : ἄλλοι μοι δοκέουσι παροίτεροι ἔμμεναι ἵπποι Ψ 459. Cf. Ψ 480.

παροίχομαι [παρ-, παρα- (3)]. 3 sing. pf. παρ-ῴχωκε, παροίχωκε Κ 252 (v. l. παρῴχηκε, as if fr. *παροιχέω). (1) To pass on, go on one's way : παρῴχετο γηθόσυνος κῆρ Δ 272 = 326.—(2) Of time, to pass, go by Κ 252.

πάρος. (1) Before, heretofore, theretofore, in time past, formerly, on a former occasion : ἐμεῦ π. ἔκλυες Α 453, ἔνθα π. κοιμᾶτο 610. Cf. Λ 111, 825, Π 557, Χ 403, etc. : β 119, δ 627, ζ 325, κ 395, λ 394, σ 36, etc.—So τὸ π. Ν 228, Χ 233 : ω 486.—With pres. of a state of things continuing up to the time of speaking : τί π. λαβρεύεαι ; (why have you ever been a rash talker ?) Ψ 474. Cf. Δ 264 : ὅσοι π. εἰσὶν ἄριστοι θ 36. Cf. ν 401, 433.—Cf. also under (2) and (3).—(2) (τὸ) π. γε, before (not now (then)) (whatever may be (have been) the case now (then)) : π. γέ σ' οὐκ εἴρομαι Α 553. Cf. Ν 465, Π 796, Ρ 270, 587, Σ 386, Χ 302, etc. : τὸ π. γε θεοὶ φαίνονται ἐναργεῖς η 201. Cf. δ 810, ι 448, σ 164, etc.—(3) (τὸ) π. (a) Before (not merely now (then)) (even as now (then)) : ὅς σε π. περ ῥύομαι Ο 256. Cf. Ε 806, Η 370, Μ 346, Ξ 131, Χ 250, etc. : νοῦς ἦν ἔμπεδος ὡς τὸ π. περ κ 240. Cf. β 305, ε 82, ν 358, ω 508, etc.—(b) In the sense of π. γε (see (2)) : οἵ τὸ π. περ ἐλάφοισιν ἐοίκεσαν Ν 101. Cf. Ω 201.— (4) Before the arrival of a specified time, past or future, earlier, sooner : π. οὐκ ἔσσεται ἄλλως, πρὶν γε . . . Ε 218. Cf. Θ 166 (before that), etc. : πάρος μιν ἔκτα λ 324. Cf. β 127, ρ 293, etc.— Already, as it was : π. μεμαυῖαν Δ 73 = Τ 349 = Χ 186 : = ω 487.—(5) With aor. infin. before . . . ing . . . : π. Διὸς ὄσσε ἰδέσθαι Ξ 286. Cf. Ζ 348, Λ 573, Μ 221, etc. : μενέαινεν 'Οδυσῆϊ π. ἣν γαῖαν ἱκέσθαι (in the period before his reaching

it, i.e. until he reached it) α 21. Cf. θ 376, π 218, etc.—With pres. infin. : π. δόρποιο μέδεσθαι Σ 245. —(6) In local sense, before, in front of. With genit. : Τυδεΐδαο π. σχέμεν ἵππους Θ 254.

παρπεπιθών, aor. pple. παραπείθω.

παρστάς, aor. pple. παρίστημι.

παρτιθεῖ. See παρατίθημι.

παρφάσθαι, infin. mid. παράφημι.

πάρφασις. See παραίφασις.

παρφυγέειν, aor. infin. παραφεύγω.

παρῴχωκε, παρῴχηκε, 3 sing. pf. παροίχομαι.

πᾶς, πᾶσα, πᾶν. Genit. παντός, πάσης, παντός. Genit. pl. fem. πασάων ζ 107. πασέων I 330, Σ 431 : δ 608, ν 70, etc. Dat. pl. masc. and neut. (besides πᾶσι) πάντεσσι Α 288, Κ 173, Σ 521, etc. : β 166, θ 21, ν 292, etc. (1) In sing. (a) All the, the whole, the whole of the : ἦμαρ Α 592. Cf. Β 149, 780, 823, Γ 50, Λ 714, etc. : θαλάσσης α 53. Cf. δ 447, ε 455 (all his . . .), ν 193, ξ 267, etc.—So with a collective pl. : πάντες λαοί β 13. Cf. δ 176, θ 382, etc.—Predicatively : πᾶς κεκάλυπτο Ν 191. Cf. Ο 537, etc. : μ 238, ν 169, etc.—(b) All, the whole of : Τηλέμαχον πάντα κύσεν π 21. Cf. Β 108, 575, etc. : τ 475, etc.—A whole : μῆνα κ 14, etc.—Of all sorts : βουλήν Ν 741, etc. : ἐδωδήν ε 196, etc.—(c) Each, every : πᾶν ἔργον Α 294. Cf. Ζ 79 : δ 434.—Absol., every one : πρόσσω πᾶς πέτεται Π 265. Cf. ν 313.—(d) Absol., the whole of a specified thing : πᾶν εὖ λειήνας Δ 111. Cf. π 351.—(2) In pl. (a) All the : ἀρίστους Γ 19. Cf. Α 5, 15, 22, 78, 424, Β 579, 809, etc. : ἀγυιαί β 388, πελεκέων οὐκ ἤμβροτε πάντων στειλειῆς (did not miss the στειλειή of any of them) φ 421. Cf. α 71, 78, β 174 (all his . . .), γ 254, etc.—(b) All : πάντων ἐκπαγλότατ' ἀνδρῶν Α 146. Cf. Α 257, 286, 545, 597, Β 285, Γ 95, Ε 60 (all kinds of . . .), etc. : ἤματα πάντα (every day) β 55. Cf. α 76 (all of us), β 176, γ 430, etc.—(c) With numerals, in all : ἐννέα πάντες Η 161. Cf. Σ 373, Τ 247, etc. : ε 244, θ 258, etc.—(d) Absol., the whole number of specified or indicated persons or things : λεύσσετε τό γε πάντες Α 120. Cf. Α 122, 288, 367, 471, Β 480, 485, etc. : ἕως κ' ἀπὸ πᾶσα δοθείη β 78, ἐπεὶ πάντα λοέσσατο (his whole body) ζ 227. Cf. α 43, 273, β 91, 152, 175, 284, etc.—(3) In neut. pl. πάντα as adv., altogether, wholly, quite : π. νίκα (in all the contests) Δ 389, Τυδεΐδη μιν ἔγωγε π. ἐΐσκω Ε 181. Cf. Λ 613, Φ 600, Χ 491, etc. : δ 654, ν 209, etc.— With neg.: μὴ π. μνηστήρσιν ὁμιλεῖν (not in any wise to . . .) σ 167 (cf. πάγχυ, πάμπαν).

πασάμην, aor. πατέομαι.

πασιμέλουσα [πᾶσι, dat. pl. masc. of πᾶς + μέλουσα, pres. pple. fem. μέλω]. (Written also πᾶσι μέλουσα.) At whose name all hearts stir, the storied : 'Αργὼ πασιμέλουσα μ 70.

πάσσαλος, -ου, ὁ. Ablative πασσαλόφι Ω 268 : θ 67, 105. A peg on which to hang something Ε 209, Ω 268 : α 440, θ 67 = 105, φ 53.

πάσσασθαι, aor. infin. πατέομαι.

πάσσω. (ἐμ-.) (1) To let fall in shreds or small particles, sprinkle : φάρμακα Δ 219, Ε 401,

900, Λ515, 830, O 394, ἀλός (partitive genit.)
I 214.—(2) In weaving, to insert in a web X 441.
πάσσων, comp. παχύς.
πάσχω [for πάθ-σκω]. Fut. in mid. form
πείσομαι β134. 3 sing. -εται Υ127 : η 197. Infin.
-εσθαι σ 132. Aor. ἔπαθον I 492 : η 221. πάθον
I 321, Π 55, Σ 397 : δ 95, ε 223, θ 155, ν 263.
2 sing. ἔπαθες Ψ 607. πάθες ξ 362, ο 487. 3 πάθε
Ω 7 : α 4, ν 90, ξ 32. 1 pl. πάθομεν Φ 442 : γ 113.
2 πάθετε κ 458. 3 ἔπαθον : θ 490, ψ 67. πάθον
Ξ 67, γ 116. Subj. πάθω Λ 404 : ε 465, ζ173.
2 sing. -ῃς ρ 596. -ῃσθα Ω 551. 3 -ῃ ο 401. -ῃσι
Λ 470, P 242, Υ 126, X 505 : δ 820, η 195. 1 pl.
-ωμεν N 52 : μ 321. 3 -ωσι K 538. Opt. πάθοιμι
Τ 321, Φ274. 3 sing. -οι E 567, N 670, X 220 :
σ 224, τ 464. 1 pl. -οιμεν ι 53. 3 -οιεν K 26.
Pple. παθών, -όντος Λ 313, Φ82 : β 174, δ 81,
ε 377, η 224, θ 184, μ 27, ν 131, ο 176, π 205,
ω 106. Fem. παθοῦσα X 431. Infin. παθέειν P 32,
Σ 77, Υ 198 : ε 347. Pf. πέπονθα ρ 284. 2 sing.
πέπονθας ν 6. 2 pl. πέποσθε ψ 53. πέπασθε (for
πέπαθ-τε : cf. πεπαθυίη below) Γ 99 : κ 465. Dat.
sing. fem. pple. πεπαθυίη ρ 555. 3 sing. plupf.
ἐπεπόνθει ν 92. (1) To suffer, endure, undergo,
to have laid upon one, to be called upon to bear :
ἄλγεα B 667. Cf. Γ 99, 128, E 886, I 492, P 32,
Υ 127, etc. : κακόν τι β 179. Cf. α 4, 49, β 174,
δ 81, 95, η 221, θ 490, ν 90, ξ 416, etc.—Absol. :
κακῶς πάσχοντος ἐμεῖο (sore though my plight
be) π 275.—(2) To have (something) come upon,
happen to, or befall one : τί παθόντε λελάσμεθ'
ἀλκῆς; (why do we thus . . ?) Λ 313, τί πάθω ;
(what is to become of me ?) 404 : ἐξερέεινον
ἅπαντα, οὐλὴν ὅττι πάθοι (about the wound, what
befell him, i.e. how he got the wound) τ 464.
Cf. ε 465, υ 351, ω 106 (what has brought you
here ?).—(3) With indefinite object, to have
(something evil) come upon one, encounter (mis-
chance), meet (one's death) : μή τι πάθῃσι
Cf. K 26, 538, Λ 470, N 52, P 242, Υ 126, Φ274 :
οὐδέ τί τοι παθέειν δέος ε 347. Cf. δ 820, μ 321,
ρ 596, σ 224.
πάταγος, -ου, ὁ. A sound or noise. A chatter-
ing (of the teeth) N 283.—Of the cracking of
breaking branches Π 769.—Of the splash with
which persons fall into a river Φ 9.—Of noise or
din in battle Φ 387.
πατάσσω. (ἐκ-.) Of the heart, to beat, knock
at the ribs H 216, N 282, Ψ 370.
†**πατέομαι**. Aor. πασάμην Φ76, Ω 641. 1 pl.
ἐπασσάμεθα ι 87, κ 58. 3 πάσαντο A 464, B 427 :
γ 9, 461, μ 364. Pple. πασσάμενος, -ου α 124, δ 61.
Infin. πάσασθαι I 487, T 160 : ι 93. πάσσασθαι
κ 384. Plupf. πεπάσμην Ω 642. To partake of,
taste : σπλάγχνα A 464 = B 427 := γ 461 = μ 464,
γ 9. Cf. Φ 76.—With partitive genit. : σίτου καί
οἴνοιο T 160. Cf. Ω 641, 642 : α 124, δ 61, ι 87 =
κ 58, ι 93 (gave them of it to eat (thereof), κ 384.
—Absol., to partake of food or drink, eat or
drink : ἐν μεγάροισι πάσασθαι I 487.
πατέω [πάτος]. To trample under foot. Fig. :
καθ' ὅρκια πάτησαν Δ 157.

πατήρ, -έρος, ὁ [cf. L. pater, Eng. father,
German vater]. Genit. πατρός A 396, B 146,
Z 47, Ξ 11, Φ 36, Ω 265, etc. : α 94, β 14, ε 395,
ν 173, ρ 43, ψ 30, etc. Dat. πατρί A 98, Γ 50,
Θ 283, N 454, Π 143, Ω 100, etc. : β 276, ζ51,
ν 51, τ 14, ω 518, etc. Voc. πάτερ A 503, B 371,
Θ 31, M 164, X 178, Ω 362, etc. : α 45, δ 341, η 28,
π 222, τ 36, ω 511, etc. Genit. pl. πατρῶν δ 687,
θ 245. (1) A father, one's father A 98, 358,
B 260, Γ 50, Δ 219, etc. : α 94, 135, β 14, γ 16,
δ 94, etc.—(2) Of Zeus as the father of gods and
men : π. ἀνδρῶν τε θεῶν τε A 544. Cf. A 503,
B 146, 371, Γ 350, Δ 235, etc. : α 28, δ 341, η 316,
μ 65, ν 51, etc.—(3) In voc. as a form of respect-
ful address to an elder Ω 362 : η 28, θ 408, etc.
—(4) In pl., one's fathers or forefathers : γένος
πατέρων Z 209. Cf. θ 245, ω 508.
πάτος, -ου, ὁ. (1) A beaten way ; hence, the
beaten track, the space through which men
usually pass : κίοντες ἐκ πάτου ἐς σκοπιήν Υ 137.
—(2) The haunts (of men) (cf. κέλευθος (2)) : πάτον
ἀνθρώπων ἀλεείνων Z 202.—Frequenting, coming
and going (of men) : οὐ π. ἀνθρώπων ἀπερύκει ι 119.
πάτρη, -ης, ἡ [πατρ-, πατήρ]. (1) One's father-
land, birthplace, home : τηλόθι πάτρης A 30.
Cf. M 243, Ω 480, 766, etc. : β 365, η 223, ρ 318,
τ 168, etc.—(2) One's parentage : ἀμφοτέροισιν
ὁμὸν γένος ἠδ' ἴα π. N 354.
πατρίς, -ίδος [πατρ-, πατήρ]. Of one's fathers.
(1) With αἶα, γαῖα, ἄρουρα, one's fatherland, birth-
place, home (= prec. (1)) : ἐς πατρίδα γαῖαν B 140,
ἀπὸ πατρίδος 162. Cf. Γ 244, Δ 172, H 335,
Λ 817, etc. : π. ἄρουρα α 407. Cf. α 75, 290,
δ 521, κ 29, etc.—(2) Absol. in the same sense :
ἐς πατρίδα I 428, 691, M 16. Cf. E 213 : δ 474,
522, η 151, ι 34, etc.
πατρόθεν [πατρ-, πατήρ + -θεν (1)]. By the
name of one's father K 68 (see γενεή (1)).
πατροκασίγνητος, -ου, ὁ [πατρ-, πατήρ + κασίγνη-
τος]. A father's brother, an uncle on the father's
side, one's uncle Φ 469 : ζ 330, ν 342.
πατροφονεύς, ὁ [πατρ-, πατήρ + φον-, φένω]. The
slayer of another's father α 299, γ 197, 307.
πατροφόνος, ὁ [as prec.]. The slayer of one's
own father, a parricide : ὡς μὴ π. καλεοίμην I 461.
πατρώιος, -η, -ον [πατρ-, πατήρ]. Of, pertain-
ing to, inherited or derived from, one's fathers
or one's father, hereditary : σκῆπτρον B 46, 186.
Cf. E 125, Z 215, 231, T 387, Υ 391, Φ 44 : ξεῖνος
α 175, 417, ρ 522. Cf. α 187, 387, β 22 (the family
. . .), 254, 286, μ 136, ν 188 and 251 (his father-
land), ρ69.—Absol. in neut. pl., one's inheritance :
ἔχειν πατρώια πάντα π 388. Cf. ρ 80, ν 336, χ 61.
παῦρος, -ον. (1) Small in number, consisting
of few : λαὸς B 675.—Comp. παυρότερος : λαὸν
Δ 407.—(2) In pl., few in number, few : βροτοῖσιν
I 545. Cf. Λ 689 : β 241 (few as they are), 276,
277.—In comp. : παυροτέρους περ ἐόντας O 407.
Cf. B 122, E 641, Θ 56, N 739 : ξ 17.—(3) Absol.
in masc. pl., few : παῦροι Ἀχαιῶν O 283. Cf.
σ 383, τ 240, ψ236.—In comp. : παυρότεροι φθίνυθον
P 364.—In neut. pl., few things, not much,

little : διὰ παῦρα δασάσκετο I 333. Cf. Γ 214 : ξ 210.

παυσωλή, ἡ [παυσ-, παύω]. A period of rest, an interval (cf. μεταπαυσωλή) B 386.

παύω. Pa. iterative παύεσκον χ 315. 1 pl. aor. subj. παύσωμεν H 29. 3 sing. pa. iterative mid. παυέσκετο Ω 17. 1 pl. aor. subj. παυσώμεσθα H 290. (ἀνα-, ἀπο-, κατα-, μεταπαύομαι.) (I) (1) To cause to cease from action, stop the activities of, give pause to, lay restraint upon, stop : παῦσεν ἀριστεύοντα (stopped him in his career as he was . . .) Λ 506. Cf. Φ 314 : χ 315. —Contextually, to kill, slay υ 274.—With inanimate object : [ποταμὸς] παῦσεν ἐὸν ῥόον ε 451. Cf. κ 22.—Sim. : παῦσαι τόξον (no longer let it go round, lay it aside) φ 279.—With genit. of that from which one is stopped or restrained : ἀοιδῆς B 595. Cf. Γ 150, E 909, M 389, O 15, Φ 294, etc. : δ 659, 801, ψ 298, ω 42.—With infin. : ἔμ' ἔπαυσας μάχεσθαι Λ 442.—(2) To cause to cease, bring to an end, stop, restrain, curb : χόλον A 192, πόλεμος πέπαυται Γ 134. Cf. A 207, 282, H 29, 331, I 459, O 72, Π 528, T 67 : ω 543.— (3) To give relief or deliverance (from something). With genit. : αἴ κέ ποθι Ζεὺς παύσῃ ὀϊζύος δ 35. Cf. Δ 191 : ε 492, o 342.—(II) In mid. (1) To cease from action, give up or abandon a course of action, make pause, desist, give over : παύσεο χωόμενός περ Ξ 260. Cf. Θ 295, I 260, Φ 373, 384, Ψ 823 : εὖτ' ἐπαύετ' ἀοιδός ρ 359. Cf. β 169, δ 103, ζ 174, π 405, 433, υ 110.—Of conditions or inanimate things, to cease, abate : παύσαθ' αἷμα (ceased to flow) Λ 267, 848, ασθμα καὶ ἱδρὼς παύετο O 242. Cf. Ψ 228 : ε 384, 391, μ 168.—To refrain from action, pause : παύεσθαί σε κέλομαι (to think twice about it) Γ 434.—With genit. of that from which one desists : ἐπεὶ παύσαντο πόνου A 467. Cf. B 100, H 290, Σ 125, Υ 43, etc. : παύσεσθαι μνηστύος β 198, παυομένῳ δόρποιο (rising from table) τ 402. Cf. δ 683, 812, θ 540, ν 180, π 278, etc.—With pple. : ὅτε παύσαιτο νηπιαχεύων X 502. Cf. μ 400, 426.—(2) To rest : ἐνὶ κλισίῃ παυέσκετο Ω 17.— To find relief or deliverance, get rest (from something). With genit. : ἐλπόμενοι παύσασθαι πολέμοιο Γ 112. Cf. Φ 432.

παφλάζω. Of waves, to splash or dash : κύματα παφλάζοντα N 798.

πάχετος [app. a by-form of παχύς. Cf. περιμήκετος]. Thick, stout : δίσκον θ 187. Cf. ψ 191.

πάχιστος, superl. παχύς.

πάχνη, ἡ [παγ-, πήγνυμι]. Hoar-frost, rime : ὕπερθε χιὼν γένετ' ἠΰτε πάχνη ξ 476.

παχνόω [as prec.]. To freeze, chill. Fig. : ἦτορ παχνοῦται (loses its courage) P 112.

πάχος, τό [as prec.]. Thickness ι 324.

παχύς, -εῖα, -ύ [as prec.]. Comp. πάσσων, -ονος (for παχ-ίων). Superl. πάχιστος. (1) Clotted : αἷμα Ψ 697.—(2) Thick, stout : σκῆπτρον Σ 416. Cf. M 446.—Sim. : αὐλὸς αἵματος χ 18.—(3) In reference to the person, of large build, of goodly presence : μείζονα καὶ πάσσονα ζ 230 = ψ 157, ω 369. Cf. θ 20, σ 195.—(4) In reference to parts

of the body, well developed, stout, strong : χειρὶ παχείῃ Γ 376. Cf. Π 314, 473, etc. : ζ 128, ι 372, etc.

πέδαι, αἱ [πεδ-, ποδ-, πούς]. Shackles : ἀμφὶ ποσσὶν [ἵππων] πέδας ἔβαλεν N 36.

πεδάω [πέδαι]. 3 sing. πεδάᾳ δ 380, 469. 3 pl. pa. iterative πεδάασκον ψ 353. To put in bonds : θεοῦ κατὰ μοῖρα πέδησε, δεσμοί τε βουκόλοι τε λ 292. —Hence, to hold, shackle, trammel, to hold back, keep back, detain, stop : Διώρεα μοῖρα πέδησε (i.e. prevented his escape) Δ 517, πέδησε γυῖα (took from him the power of movement) N 435, καθ' ἕτερόν γ' ["Ἄτη] πέδησεν (gets in her grip) T 94, μὴ ἑκὼν τὸ ἐμὸν δόλῳ ἅρμα πεδῆσαι (got in the way of it) Ψ 585. Cf. δ 380 = 469, λ 292, ν 168, ψ 17, 353.—To constrain to do something. With infin. : Ἕκτορ' αὐτοῦ μεῖναι μοῖρα πέδησεν X 5.—Of one fate-bound to death or ruin : ὅτε μιν μοῖρ' ἐπέδησεν δαμῆναι γ 269. Cf. σ 155.

πέδιλα, τά [πεδ-, ποδ , πούς]. Sandals : ποσσὶ δ' ὑπὸ λιπαροῖσιν ἐδήσατο καλὰ πέδιλα B 44 = K 22 =132 = Ξ 186 := β 4 = δ 309 = υ 126. Cf. Ω 340 : α 96, ν 225, ξ 23, π 80, etc.

πεδίον, -ου, τό. (1) The ground : λίθον κείμενον ἐν πεδίῳ H 265 = Φ 404. Cf. E 82, O 9, Π 749, P 621 : γ 260.—(2) (a) A stretch or tract of lowlying and more or less level ground, a plain : πολέος πεδίοιο θέουσαι (local genit., ' along . . .,' ' over . . .') Δ 244, τέμενος πεδίοιο ταμέσθαι (on the . . .) I 580, πεδία λωτοῦντα M 283. Cf. Z 507, Λ 677, 714, P 748, etc. : γ 431, 485, δ 602, ε 329, θ 122, ξ 267, etc.—(b) A particular plain. With defining words : π. τὸ Ἀλήϊον Z 201. Cf. I 577, Φ 558 : δ 563.—Referring especially to the Trojan plain B 473, Γ 133, 252, Z 2, H 66, Λ 496, etc.— Defined by accompanying words : Σκαμάνδριον B 465, Τρωϊκόν Ψ 464. Cf. K 11, O 739 : λ 513.

πεδίονδε [prec. + -δε (1)]. (1) To the earth : ἐξ οὐρανόθεν π. θ 21. Cf. Ψ 189.—(2) To or towards the plain : ἔχον ἵππους Γ 263. Cf. Z 393, K 188, Λ 492, Ξ 31, P 750, Υ 148, Φ 3, 563, X 309, 456, Ω 401 : γ 421, o 183.

πεδόθεν [πέδον, the ground + -θεν (1). ' From the ground (upwards)']. Wholly ; hence, constantly, ever : μύθων κλοπίων, οἵ τοι π. φίλοι εἰσίν ν 295.

πέδονδε [πέδον, the ground + -δε (1)]. To the (lower) ground : ἀνέμων ἀέλλῃ, ἥ τ' εἰσι πέδονδε (i.e. from the mountain-tops down upon the sea) N 796. Cf. λ 598.

πέζα, -ης, ἡ [for πέδja, fr. πεδ-, ποδ-, πούς]. The extremity of the pole of a chariot, app. curved to receive the yoke Ω 272.

πεζός, -ή, -όν [fr. πεδ-, fr. πεδ-, ποδ-, πούς]. (1) On foot : ὄρνυτο π. E 13. Cf. Δ 231, E 204, I 329 (in forays by land), Λ 230 (as a foot-soldier), 341, 721, N 385, P 612, Ω 438 : α 173 = ξ 190 = π 224, γ 324 (by land), ζ 319, ι 50, λ 58, 159, π 59.— (2) Absol. in pl., fighters on foot, footmen : πεζοὶ θ' ἱππῆές τε B 810 = Θ 59 :=ω 70. Cf. Δ 274, 298, Λ 150, 529, 724, M 59, Ψ 133 : ξ 267 = ρ 436.

πείθω. 2 sing. fut. πείσεις A 132, Z 360, Λ 648,

Σ 126, Ω 219, 433 : ξ 363. 3 πείσει Ι 345. Infin. πεισέμεν Ε 252, Ι 315. πείσειν Χ 357. 2 sing. fut. πιθήσεις φ 369. Fut. πεπιθήσω Χ 223. 3 sing. aor. opt. πείσειε Ι 386 : ξ 123. 1 pl. aor. subj. πεπίθωμεν Ι 112. 1 pl. opt. πεπίθοιμεν Α 100. 3 πεπίθοιεν Ι 181, Ψ 40. Fem. pple. πεπιθοῦσα Ο 26. Infin. πεπιθεῖν Ι 184. Aor. pple. πιθήσας Δ 398, Ζ 183, Ι 119, Λ 235, Ν 369, Ρ 48, Χ 107 : φ 315. Pf. πέποιθα Ν 96 : π 71, φ 132. 3 sing. πέποιθε Ψ 286 : π 98, 116. 3 pl. πεποίθāσι Δ 325. Subj. πεποίθω ω 329. 2 sing. πεποίθης Α 524 : ν 344. 1 pl. πεποίθομεν κ 335. Pple. πεποιθώς, -ότος Β 588, Δ 303, Ζ 505, Μ 135, Π 624, Ρ 329, Σ 158, Ψ 319, etc.: ζ 130, η 34, ι 107, ν 289. Plupf. πεποίθεα δ 434, θ 181. 3 sing. ἐπεποίθει Π 171. 1 pl. ἐπέπιθμεν Β 341, Δ 159, Ξ 55. Mid. Imp. πείθευ Ξ 235. Fut. πείσομαι Η 286, Ψ 96 : ε 358. 2 sing. πείσεαι Ι 74. 3 πείσεται Λ 789. 3 pl. πείσονται Θ 154, Ψ 157 : π 280. Infin. πείσεσθαι Α 289, 296, 427, Τ 466 : γ 146. Aor. πιθόμην Ε 201, Ι 453, Χ 103 : ι 228. 3 dual πιθέσθην Ο 156. 3 pl. (ἐ)πίθοντο Γ 260, Η 379, Ι 79, Μ 109, 468, Ξ 133, 378, Ο 300, Ψ 54, 249, 738 : γ 477, ζ 71, 247, ι 44, κ 178, 428, μ 222, ο 220, 288, υ 157, χ 178, ψ 141. 2 sing. subj. πίθηαι Α 207, Φ 293, Ψ 82 : α 279. 3 πίθηται Α 420, Λ 791. 1 pl. πιθώμεθα Σ 273. 2 sing. opt. πίθοιο Δ 93, Η 28, 48, Ξ 190 : θ 193, υ 381. 3 pl. πιθοίατο Κ 57. Imp. pl. πίθεσθε Α 259, 274, Σ 266 : λ 345, ω 461. 3 πιθέσθων Ι 167. Infin. πιθέσθαι Η 282, 293, Ν 726 : ρ 21. 3 sing. aor. opt. πεπίθοιτο Κ 204. (ἐπι-, παρα-.) (1) To induce or win over to an act or a course of action, to persuade, win over, prevail upon, urge successfully, to do or refrain from doing something : οὐδέ με πείσεις Α 132. Cf. Δ 104, Ε 252, Ζ 51, Ο 26, Χ 78, etc. : ἔπειθεν (ἔπειθον) Ἀχαιούς β 106 = ω 141, τ 151. Cf. α 43, η 258 = ι 33, ι 500, ψ 337.—With complementary infin.: τόνδε πεπιθήσω μαχέσασθαι Χ 223. Cf. Ψ 40.—(2) To induce to regard one with favour, win or bring over, prevail with : τότε κέν μιν ἱλασσάμενοι πεπίθοιμεν Α 100. Cf. Ι 112, 181, 184, 315, 345, 386, Μ 173.—(3) To induce to believe in the truth of something, win to a belief or assurance, convince : πείθεις μευ θυμόν ψ 230. Cf. ξ 123, 363, 392.—(4) In mid. and in fut. πιθήσω. (a) To yield to inducement, persuasion or command, yield, submit oneself, be ruled, obey, hearken to another, follow his lead, be guided by him, do his bidding : ἀλλὰ πίθεσθε Α 259. Cf. Α 207, 274, 427, Β 139, Γ 260, Ε 201, Η 121, 379, etc. : δμώεσσιν ἐκέκλετο, τοὶ δ' ἐπίθοντο ζ 71. Cf. α 279, γ 146, 477, ε 358, ι 44, μ 213, ο 288, etc. —With dat. of the person to whom or that to which one yields or submits oneself: ἐπείθετο μύθῳ Α 33, πείθονταί οἱ Ἀχαιοί α 79. Cf. Α 150, 214, 273, Β 85, Δ 93, Ι 74, Μ 109, etc.: οὐκ εὖ πᾶσι πιθήσεις φ 369. Cf. β 227 (to humour him), γ 358, δ 193, κ 178, ο 541, ρ 21, etc.—With dat. and infin.: ἐῷ θυμῷ ἐλθεῖν Κ 204. Cf. ω 456.—Sim., to yield or resign oneself to something coming upon one in the course of nature. With dat.:

ἀγαθὸν καὶ νυκτὶ πιθέσθαι Η 282 = 293. Cf. Ψ 48, 645, Θ 502 = Ι 65 : = μ 291.—(b) To bring oneself to believe in the truth of something, be convinced. With infin. : οὔ πω ἐπείθετο ὃν πατέρ' εἶναι π 192. Cf. Θ 154.—To believe in, be convinced by. With dat. : ἀγγελίῃ α 414.—(5) In pf. and plupf. and in the aor. pple. πιθήσας (these forms occurring only in this sense), and also (twice Δ 408 : ν 45) in mid. (a) To feel assurance or confidence, be satisfied : κεφαλῇ τοι κατανεύσομαι, ὄφρα πεποίθῃς Α 524. Cf. ν 344, ω 329.—(b) To put one's trust in, trust to, rely upon, commit oneself to, have trust or confidence in, be emboldened by. With dat. or instrumental : δεξιαί, ἧς ἐπέπιθμεν Β 341, ἱπποσύνῃ τε καὶ ἠνορέῃφι πεποιθώς Δ 303, θεῶν τεράεσσι πιθήσας 398, ἡγεμόνας τοῖς ἐπεποίθει Π 171. Cf. Ζ 505 (committing his going to his . . .), 510 (letting himself be carried away by it, exulting in it), Ι 119 (committing myself to the guidance of . . .), Λ 235 (giving it its way, following it up), Μ 135, Ν 96 (I look to you to . . .), 369, Ξ 55, Ρ 329, etc.: δ 434, ζ 130, η 34, θ 181, ι 107, κ 335, π 71 (feel confident of . . .), 98 = 116, ν 45, 289, φ 132, 315.

πείκω [app. a metrical lengthening of πέκω]. To comb or card (wool) : εἴρια πείκετε σ 316.

†πεινάω [πείνη]. Pres. pple. πεινάων, -οντος Γ 25, Π 758, Σ 162. Non-thematic infin. πεινή-μεναι υ 137. To be hungry, suffer the pangs of hunger Γ 25, Π 758, Σ 162.—With genit., to hunger after : σίτου υ 137.

πείνη, ή. Famine, scarcity ο 407.

πειράζω [cf. πειράω]. To make proof or trial of (a person). With genit. : ἀνδρῶν π 319, ἐμέθεν ψ 114.—To make trial of a person's sagacity, try to elicit information from him, pump him : ὣς φάτο πειράζων ι 281.

†πειραίνω [πεῖραρ]. Dual masc. aor. pple. πειρήναντε χ 175, 192. 3 sing. pf. pass. πεπείρανται μ 37. (1) To attach (a cord) : σειρήν χ 175 = 192.—(2) To bring to an end, accomplish : ταῦτα πάντα πεπείρανται μ 37.

πεῖραρ, -ατος, τό. (1) A rope or cord : ἐξ αὐτοῦ πείρατ' ἀνήφθω (ἀνῆπτον) μ 51 = 162, 179.—Fig. of the rope of strife (see ἐπαλλάσσω) Ν 359.—(2) In derived senses (app. coming through the notion of a measuring-rope, but the original sense in the end quite lost sight of). (a) An end, limit, boundary : πείρατα γαίης Ξ 200, 301. Cf. Θ 478 : δ 563, ι 284, λ 13.—(b) The end or termination of something. In pl. : οὔ πω ἐπὶ πείρατ' ἀέθλων ἤλθομεν ψ 248.—(c) The coming to pass, the crisis or supreme moment, of something (cf. τέλος (5)). In pl. : ὥς κεν θᾶσσον ὀλέθρου πείραθ' ἵκηαι Ζ 143 = Τ 429. Cf. Η 402, Μ 79 : χ 33, 41. —(d) An extreme stage or crisis of something : μέγα π. ὀϊζύος ε 289.—(e) A decision or determination : ἐπὶ ἴστορι π. ἑλέσθαι Σ 501.—(f) The issue or event in respect of something. In pl. : νίκης πείρατα Η 102.—(g) In pl., the final or essential points, the sum or substance, of something (cf.

τέλος (7)): ἐπεὶ ᾧ παιδὶ ἑκάστου πείρατ' ἔειπεν Ψ 350.—So, app. : ὅπλα, πείρατα τέχνης (in which the exercise of art lies) γ 433.
πειράω. Also in mid. and pass. as deponent. (1) To make a trial or test : αἰγανέης, ἣν ἀνὴρ ἀφέῃ πειρώμενος (for practice) Π 590.—To make trial of, try, test. With genit. : πειρήθη ἕο αὐτοῦ Τ 384. Cf. Ο 359, Ψ 432 : φ 282, 410.—With acc. : τροχόν Σ 601.—(2) In hostile sense, to make an attempt upon a person or place, try one's fortune, try conclusions: πρίν γε νῶ σὺν ἔντεσι πειρηθῆναι Ε 220, τρὶς τῇ γ' ἐλθόντες ἐπειρήσαντο (delivered an assault) Ζ 435. Cf. Ε 129, 279, Λ 386, Ν 457, 806, Χ 381 (make a demonstration), Ψ 553. —With dependent clause. With ἤ . . . ἤ . . . Φ 225.—Of trying one's fortune in a contest θ 205, 213.—With genit., to make an attempt upon, try conclusions with : μήλων Μ 301, Ἀχιλῆος Φ 580. Cf. Τ 70, Τ 349, 352, Ψ 804 : ζ 134.—(3) To make trial of a person, tempt him, lead him on Β 73, 193.—With genit. : πειρᾷ ἐμεῖο Ω 390, 433. Cf. Ι 345.—(4) To try, test, put to the proof, in regard to veracity, knowledge, fidelity, ability, or the like. With genit. : ἀέθλους, τοὺς (cognate acc., ' in which ') Φαίηκες ἐπειρήσαντ' Ὀδυσῆος θ 23, νῦν σευ ὀίω πειρήσεσθαι τ 215. Cf. Κ 444 : ν 336, π 305, ψ 181, ω 216.—Absol. δ 119 = ω 238, ω 240.—(5) To try to find out about something, go in quest of information : πειρήσομαι ἠδὲ ἴδωμαι ζ 126.—With genit. : τῶνδ' ἀνδρῶν πειρήσομαι, οἵ τινές εἰσιν ι 174.—So, to examine : τόξον ἐνώμα, πειρώμενος [αὐτοῦ] φ 394.—(6) To find out about to one's cost, experience. With genit. : τῶν ἔμελλον Ἀχαιοὶ πειρήσεσθαι φ 418.—(7) To make trial, try what one can do, make an attempt, try one's skill : εἰ δ' ἄγε μὴν πειρήσαι (try it) Α 302. Cf. Θ 18 : ἐπειρήσαντο πόδεσσιν θ 120. Cf. γ 23 (am not practised in . . .), δ 417 (will try to escape), θ 149, 377, φ 184.—To attempt, try one's hand at or on, set one's hand to. With genit. : ἵνα πειρησαίμεθα ἔργου σ 369. Cf. Ψ 707, 753 = 831: θ 100,126,145,184, φ 113, 135, 159, 180 = 268. —(8) To endeavour, do one's endeavours, try, attempt, set oneself, to do something. With infin. : τῷ πειρήσω ἀλαλκεῖν ἄγρια φῦλα Τ 30. Cf. Δ 5, Θ 8, Μ 341.—With dependent clause. With ὡς : πειρᾶν ὡς πεπίθοιεν Πηλεΐωνα Ι 181. Cf. Δ 66 = 71, Φ 459 : β 316.—With ὅπως δ 545.
πεῖρε, 3 sing. aor. πείρω.
πειρήναντε, dual masc. aor. pple. πειραίνω.
πειρητίζω [πειράω]. (1) To make trial of, try, test, put to the proof. With genit. : σθένεός τε καὶ ἀλκῆς χ 237.—To make trial of, make an experiment with. With genit. : τόξου πειρήτιζεν (i e. tried to string it) φ 124 = 149.—(2) In hostile sense, to make an attempt upon a person, make an assault or attack : ἔθελεν ῥῆξαι στίχας ἀνδρῶν πειρητίζων Ο 615.—To make an attempt upon, assault, attack : στίχας ἀνδρῶν πειρητίζων Μ 47.— (3) To try, test, put to the proof in regard to courage, good will, fidelity, or the like. With genit. : μή μευ ἤὔτε παιδὸς πειρήτιζε (i.e. try to

frighten me) Η 235 : συβώτεω ξ 459 = ο 304. Cf. π 313.—(4) To pursue a quest, make investigation or search : ἆσσον ἵεν ἀλωῆς πειρητίζων ω 221. —(5) To endeavour, try, attempt, to do something. With infin. : ῥήγνυσθαι τεῖχος Μ 257.
πεῖρινς, -ινθος, ἡ. A receptacle of some kind fixed upon a waggon Ω 190, 267 : ο 131.
πείρω. 3 sing. aor. ἔπειρε Ι 210, Τ 479 : ξ 75. πεῖρε Π 405 : β 434. 3 pl. ἔπειραν Α 465, Β 428 : γ 462, μ 365, ξ 430. πεῖραν Η 317, Ω 623 : τ 422. Pass. Pf. pple. πεπαρμένος -η, -ον Α 246, Ε 399, Λ 633, Φ 577. (ἀμ-.) To drive something pointed through, pierce, transfix : ἤλοισι πεπαρμένον (studded with . .) Α 246, Λ 633, τὸν διὰ χειρὸς ἔπειρεν αἰχμῇ Τ 479. Cf. Φ 577 : ἰχθῦς ὣς πείροντες (spearing) κ 124.—Fig. : ὀδύνῃσι πεπαρμένος Ε 399. —To drive (something through something) : διὰ δ' αὐτοῦ πεῖρεν [ἔγχος] ὀδόντων Π 405.—To spit (meat) Α 465 = Β 428, Η 317 = Ω 623, Ι 210 : γ 33, 462 = μ 365 = ξ 430, ξ 75, τ 422.—To cleave (waves): ἀνδρῶν τε πτολέμους κύματά τε πείρων (app. with a zeugma) Ω 8 : = θ 183 = ν 91 = 264.—With cognate acc. : νηῦς πεῖρε κέλευθον (cleft her way) β 434.
πεῖσα, -ης, ἡ [prob. as πεῖσμα]. Obedience, subjection : ἐν πείσῃ κραδίη μένεν υ 23.
πείσεσθαι¹, fut. infin. mid. πείθω.
πείσεσθαι², fut. infin. mid. πάσχω.
πεῖσμα, -ατος, τό [πενθ-, to bind. Cf. πενθερός]. A ship's cable ζ 269, ι 136, κ 96, 127, ν 77, χ 465. —A rope or fastening in general κ 167.
πείσομαι¹, fut. mid. πείθω.
πείσομαι², fut. mid. πάσχω.
†πέκω [cf. πείκω]. Aor. pple. fem. mid. πεξαμένη. To comb : χαίτας Ξ 176.
πέλαγος, τό. The deep sea, the high sea Ξ 16 : γ 91, 174, 179, 321, ε 330.—Joined with ἅλς : ἁλὸς ἐν πελάγεσσιν (app., in the depths of the sea) ε 335.
πελάζω [πέλας]. Aor. ἐπέλασσα ξ 350. 3 sing. πέλασε Δ 123, Θ 277, Μ 112, 194, Π 418 : ξ 315. ἐπέλασσε Ο 418, Φ 93 : γ 291, 300, δ 500, η 277, ο 482. πέλασσε Β 744, Ν 1 : ε 111, 134, ι 39. 3 pl. πέλασαν Α 434, Ξ 435 : η 254, μ 448, χ 193. ἐπέλασσαν ξ 358. 2 sing. subj. πελάσῃς λ 106. 3 πελάσῃ μ 41. πελάσσῃ Ν 180, Ω 154, 183. 1 pl. πελάσσομεν κ 424. Infin. πελάσαι χ 176. πελάσσαι Ψ 719 : κ 440. Imp. pl. πελάσσατε κ 404. Dual aor. imp. πελάσσετον Κ 442. Mid. 3 pl. aor. opt. πελασαίατο Ρ 341. Pass. 3 sing. aor. ἐπελάσθη Ε 282. 3 pl. ἐπλάσθεν Μ 420. 3 sing. aor. πλῆτο Ξ 438. 3 pl. ἐπλῆντο Δ 449, Θ 63. πλῆντο Ξ 468. Pf. pple. ἐπλημένος μ 108. (προσ-.) (1) To bring into contact with, cause to touch. With dat. : ἱστὸν ἱστοδόκῃ (lowered it to the . . .) Α 434, νευρὴν μαζῷ Δ 123, πάντας χθονί (brought them to the ground) Θ 277 = Μ 194 = Π 418. Cf. Ν 180, Ξ 435 (laid him on the ground), Ψ 719 (to throw him) : ξ 350 (entered the water on my breast), χ 176, 193.—With οὐδάσδε κ 440.—Fig.: ὀδύνῃσί ἑ πελάζειν (to bring . . . upon him) Ε 766.—(2) In more general sense, to bring, carry, conduct, to a specified or indicated place,

to bring or take into a specified or indicated position or neighbourhood : ἐπεί ῥ᾽ ἐπέλασσέ γε δαίμων O 418, Φ 93. Cf. ε 111 = 134, η 254 = μ 448, κ 404, 424.—With dat. : Τρῶας νηυσίν N 1. Cf. B 744, K 442, Ω 154 and 183 (bring into his presence) : γ 291, 300, δ 500, η 277, ι 39, λ 106, ξ 315, 358, o 482.—In mid. P 341.—(3) *Intrans. for reflexive*, to draw near, approach : ὅς τις ἀϊδρείη πελάσῃ μ 41.—To draw near to, approach. With dat. : πέλασεν νήεσσιν M 112.—(4) In pass. (a) To come near to or in contact with, to touch. With dat. : ἀσπίδες ἔπληντ᾽ ἀλλήλῃσιν Δ 449 = Θ 63, ἐξοπίσω πλῆτο χθονί (fell back on the ground) Ξ 438. Cf. E 282, Ξ 468 : μ 108 (skirting it).—(b) To come into an indicated position or neighbourhood : ἐπεί τὰ πρῶτα πέλασθεν (when once they had made good their approach) M 420.

πέλας. Near, close : χριμφθείς κ 516.—Close to, near, beside. With genit. : Τηλεμάχου o 257.

πέλασ(σ)ε, 3 sing. aor. πελάζω.

πέλεθρον, -ου, τό. A measure (app. considerable) of length or area : ἐπ᾽ ἐννέα κεῖτο πέλεθρα λ 577. Cf. Φ 407.

πέλεια, ἡ. A wild dove or pigeon Φ 493 : o 527, χ 468.—Joined with τρήρων X 140, Ψ 853, 855, 874 : μ 62, υ 243.

πελειάς, -άδος, ἡ. = prec. Λ 634.—Joined with τρήρων E 778.

πελεκκάω [πέλεκυς]. To shape with the axe : πελέκκησε [δοῦρα] χαλκῷ ε 244.

πέλεκκον, -ου, τό [cf. πέλεκυς]. An axe-handle : ἀξίνην, ἐλαΐνῳ ἀμφὶ πελέκκῳ N 612.

πέλεκυς, ὁ. Dat. pl. πελέκεσσι N 391, O 711, Π 484. An axe (referred to both as in peaceful and in warlike use (cf. ἀξίνη) ; distinguished from ἡμιπέλεκκον Ψ 851) : πίτυς, τὴν τέκτονες ἄνδρες ἐξέταμον πελέκεσσιν N 391 = Π 484, πελέκεσσι καὶ ἀξίνῃσι μάχοντο (the two words hardly to be distinguished) O 711. Cf. Γ 60, P 520, Ψ 114, 851, 856, 882 : γ 442, 449, ε 234, ι 391, τ 573, 578 = φ 76, φ 120, 260, 421.

πελεμίζω. 3 sing. aor. πελέμιξε Φ 176 : φ 125. Infin. πελεμίξαι Π 108. 3 sing. aor. pass. πελεμίχθη Δ 535, E 626, N 148, Π 612, P 528. (1) To cause to quiver or vibrate, shake : ὕλην Π 766. Cf. N 443.—To shake or force out of position : [σάκος] Π 108.—To shake in impatience of effort, apply violent force to : τρὶς πελέμιξε μελίην (τόξον) ἐρύσσασθαι μενεαίνων Φ 176 : φ 125.—(2) In pass., to quiver, vibrate, shake : πελεμίζετ᾽ Ὄλυμπος Θ 443. Cf. Π 612 = P 528.—To reel, lose one's footing, stagger Δ 535 = E 626 = N 148.

πελέσκεο, 2 sing. pa. iterative mid. πέλω.

πέλλα, ἡ. A milk-pail Π 642.

πέλω, and in mid. form **πέλομαι** (without distinction of sense) [orig. sense 'to turn']. 3 sing. aor. ἔπλε M 11. Mid. Imp. πέλευ Ω 219. 2 sing. pa. iterative πελέσκεο X 433. 2 sing. aor. ἔπλεο A 418, X 281. ἔπλευ I 54, Π 29, Ψ 69, 891. 3 ἔπλετο A 506, B 480, Δ 479, M 271, N 677, T 57, X 116, Ω 94, etc. : α 225, β 364, ε 392, κ 273, ν 145, ρ 57, σ 113, χ 48, etc. (ἀμφι-, ἐπιπέλομαι,

περιπέλομαι.) (1) To turn out to be, come to be, become, come into being, and simply, to be : ὃς ἕρκος Ἀχαιοῖσιν πέλεται (is) A 284, ἠΰτε κλαγγὴ γεράνων πέλει (is to be heard, goes up) Γ 3, μινυνθάδιός οἱ αἰὼν ἔπλετο Δ 479. Cf. Γ 287, Δ 158, E 729 (stood out), I 592 (come upon them), K 351, 531, Λ 392, N 237, 632 (are your doing), Ξ 158, Π 128, T 221, 365, X 443 (might be ready), Ω 524 (comes of . . .), etc. : δῶ οἱ ἀφνειὸν πέλεται α 393, γαλήνη ἔπλετο ε 392, ἐν γυνὴ πέλεν ω 211. Cf. β 276, δ 45, ε 79, ζ 108, θ 169, λ 125, ν 60 (come upon them), ξ 20 (numbered), ρ 57, σ 367 (come round), τ 192, χ 48, etc.—(2) In aor. also, to have turned out to be, have come to be ; hence, to be : ὠκύμορος περὶ πάντων ἔπλεο (art) A 418, ἔνθα μάλιστ᾽ ἐπίδρομον ἔπλετο τεῖχος (is) Z 434. Cf. A 506, H 31, I 54, M 271, Ξ 337, O 227, Π 29, T 57, Ψ 69, Ω 94, etc. : τίς ὅμιλος ὅδ᾽ ἔπλετο ; (is) α 225, κρατερή μοι ἔπλετ᾽ ἀνάγκη (has come upon me) κ 273. Cf. β 364 (has come), η 217, θ 571, ν 145, σ 113, υ 304, φ 397, etc.

πέλωρ, τό. A being of uncommon size or strength or of peculiarly daunting or portentous aspect (cf. πέλωρον). Of Hephaestus Σ 410.—Of the Cyclops ι 428.—Of Scylla μ 87.

πελώριος [πέλωρ]. Of uncommon size or strength, great, huge, prodigious, wondrous : ἄνδρα (Agamemnon) Γ 166, Αἴας (Αἴαντα) 229, H 211, P 174, 360, Ἀΐδης E 395, ἔγχος 594, Θ 424, Περίφαντα E 842, 847, Ἄρης H 208, τεύχεα K 439, Σ 83, Ἕκτορα Λ 820, Ἀχιλῆα Φ 527, X 92 : κύματα γ 290, ἀνήρ (the Cyclops) ι 187, θαῦμα 190, Ὠρίωνα λ 572, λᾶαν 594.

πέλωρον, τό. = πέλωρ. Of the portents that appeared at Aulis B 321.—Of the Gorgon E 741 : λ 634.—Of the Cyclops ι 257.—Of the deer taken by Odysseus in Circe's island κ 168.—Of the creatures transformed by Circe κ 219.

πέλωρος, -ον [πέλωρ]. = πελώριος : δράκοντα M 202 = 220 : χῆνα ο 161.

†πεμπάζομαι [πέμπε, Aeolic form of πέντε]. 3 sing. aor. subj. πεμπάσσεται. To count, reckon up : ἐπὴν πάσας πεμπάσσεται δ 412.

πεμπταῖος [as prec.]. On the fifth day : πεμπταῖοι Αἴγυπτον ἱκόμεσθα ξ 257.

πέμπτος, -η, -ον [as prec.]. The fifth Π 197, Ψ 351 (was the fifth who . . .), 615 : ε 263, ι 335 (made the fifth), ω 309.—Coming fifth in a contest. Absol. : πέμπτῳ φιάλην ἔθηκεν Ψ 270.

πέμπω. Fut. πέμψω A 184 : α 93, δ 589, ε 140, 167, π 81, 83, σ 84, φ 342. 3 sing. -ει ξ 517, ο 34, 339. 1 pl. -ομεν φ 309. 3 -ουσι δ 564, ε 37, ξ 333, τ 290. Infin. πέμψειν Φ 48. πεμψέμεναι κ 484. 2 sing. aor. πέμψας O 27. 3 ἔπεμψε A 442 : λ 623, 626. πέμψε Σ 240, Φ 43. 3 pl. ἔπεμψαν δ 586, ρ 149. πέμψαν ψ 340. Subj. πέμψω β 133, ζ 255. 2 sing. -ης Π 445. 1 pl. -ωμεν ν 383. Opt. πέμψαιμι φ 374. 2 sing. -ειας ι 350. 3 -ειε Λ 635. Imp. πέμψον K 464, Ω 310, 430 : γ 369, ε 25. Pple. pl. πέμψαντες α 38. Infin. πέμψαι B 6 : ι 524, ξ 336, 396. (ἀπο-, ἐκ-, παρα-, προ-.) (1) To

send, send forth, cause to go, dispatch : αἴ κε
ζῶν πέμψῃς Σαρπηδόνα ὅνδε δόμονδε Π 445. Cf.
Ο 27, Π 447, 671, 681, Σ 240, Φ 48, Ψ 137 : δόμον
Ἄϊδος εἴσω ι 524. Cf. δ 8, 29, 564, ι 461, λ 635,
σ 84, υ 383, φ 309, 374, ω 419.—To send away or
back : αἴ κ' ἀπὸ μητέρα πέμψω β 133. Cf. Α 184,
Φ 43.—(2) To send or dispatch on an errand or
mission or for some specified or indicated purpose
(the purpose sometimes expressed by an infin.
or fut. pple.) : πρό μ' ἔπεμψεν Ἀγαμέμνων παῖδα
σοὶ ἀγέμεν Α 442, πέμψαι ἐπ' Ἀγαμέμνονι Ὄνειρον
Β 6. Cf. Γ 116, Ζ 168, 207, Ι 253 = 439 = Λ 766,
Ι 438, 575, Π 240, 454 (to bear him), 575, Σ 237,
452, Ω 310 : Ἑρμείαν πέμψαντες α 38, ἐνθάδε μ'
ἔπεμψε κύν' ἄξοντα λ 623. Cf. δ 5 (i.e. as his
bride), 799, ν 66.—(3) In reference to inanimate
objects, to send, cause to go : ἐκ θεμείλια κύμασι
πέμπεν Μ 28 : οὖρον ε 167. Cf. ο 34.—To send or
dispatch by an intermediary : εἵματ' ἐνθάδε καὶ
σῖτον π 83. Cf. δ 623.—To send (evil upon a
person) Ο 109.—(4) To dispatch on one's way,
speed, arrange for or preside over the departure
of : σὺ δὲ τοῦτον πέμψον σὺν δίφρῳ καὶ υἱέϊ γ 369.
Cf. Ω 780 : δ 589, ε 140, 263, η 227 = ν 48, η 264,
ι 350, κ 18, 484, ν 39, 52, 206, ξ 396, 517 = ο 339,
ο 15, 74, π 81 = φ 342, τ 461, ψ 315.—(5) To con-
duct, convoy, convey, take with one, bring, escort,
see safe : Χρυσηΐδα ἐς Χρύσην Α 390. Cf. Κ 464,
Ω 430 : ὄφρα σε πέμψω πατρὸς ἐμοῦ πρὸς δῶμα ζ 255.
Cf. α 93, δ 560 = ε 17 = 142 = ρ 146, δ 586 = ρ 149,
ε 25, 37, θ 556, λ 626, ξ 333 = τ 290, ξ 336, π 228
= υ 188, τ 281, ψ 340.

πεμπώβολον, -ου, τό [πέμπε as in πεμπάζομαι +
ὀβελός]. A five-pronged sacrificial fork Α 463 :
= γ 460.

πέμψω, fut. πέμπω.

πενθερός, -οῦ, ὁ [πενθ-, to bind]. A father-in-
law, one's father-in-law Ζ 170 : θ 582.

πενθέω [πένθος]. Also πενθείω (πενθεσίω, fr.
πενθεσ-, πένθος). Non-thematic pres. infin.
πενθήμεναι σ 174, τ 120. 3 dual impf. πενθείετον
Ψ 283. To mourn, sorrow, grieve σ 174, τ 120.
—To mourn for Ψ 283.—To pay mourning rites
to : νέκυν Τ 225.

πένθος, τό. (1) Pain of the mind, sorrow, grief,
woe, trouble, distress : τί σε φρένας ἵκετο πένθος ;
Α 362. Cf. Α 254, Ι 3, Λ 249, Ρ 37, Ω 105, etc. :
α 342, β 70, ζ 169, η 218, σ 324 (feeling for her),
ω 231, etc.—(2) A cause of sorrow or grief : τῷ
μὲν κλέος ἄμμι δὲ π. Δ 197 = 207.

πενίη, -ης, ἡ [πένομαι]. Poverty, want, need :
πενίῃ εἴκων ξ 157.

πενιχρός [πένομαι]. Poor, destitute of the
comforts and conveniences of life. Absol. γ 348.

πένομαι [cf. πόνος]. (ἀμφι-.) (1) To work at
something, be busy, busy oneself : περὶ δεῖπνον
δ 624 = ω 412. Cf. Ω 124 : κ 348.—(2) To direct
one's energies to, attend to, be busied, busy
oneself, about, trouble oneself about : ὣς οἱ τὰ
πένοντο Α 318. Cf. Σ 558, Τ 200 : β 322, γ 428,
δ 531, 683, ν 394, ξ 251, π 319, χ 199, ω 407.

πεντάετες [πεντ-, πέντε + -α- (on the analogy of

numerals in -α) + ἔτος]. For five years : παρα-
μίμνων γ 115.

πενταέτηρος [as prec.]. Five years old : βοῦν
Β 403, Η 315 : τ 420, ὗν ξ 419.

πένταχα [πέντε]. In five divisions Μ 87.

πέντε, indeclinable [cf. L. quinque, Eng. five].
Five Κ 317, Π 171, Σ 481, Υ 270, Ψ 833 : γ 299,
ζ 62.

πεντήκοντα, indeclinable [πέντε]. Fifty Β 509,
556, 685, 719, Δ 393, Ε 786, Ζ 244, Λ 678, 748,
Π 168, 170, Ψ 147, Ω 495 : η 103, μ 130, ξ 15, υ 49,
χ 421, ω 342.—Absol. : παρ' ἑκάστῳ ἥατο π. Θ 563.
—With another numeral : ἑκατὸν καὶ π. Λ 680 :
δύω καὶ π. θ 35, 48, π 247.

πεντηκοντόγυος [πεντήκοντα + γύης, a measure of
land. Cf. τετράγυος]. Containing fifty measures
Ι 579.

πεντηκόσιοι [πέντε + ἑκατόν]. Five hundred.
Absol. : πεντηκόσιοι ἐν ἑκάστῃ ἥατο γ 7.

πεξαμένη, aor. pple. fem. mid. πέκω.

πεπαθυίη, dat. sing. fem. pf. pple. πάσχω.

πεπαλαγμένος, pf. pple. pass. παλάσσω.

πεπάλακτο, 3 sing. plupf. pass. παλάσσω.

πεπαλάσθαι, aor. infin. mid. πάλλω.

πεπάλασθε, imp. pl. aor. mid. πάλλω.

πεπαρμένος, pf. pple. pass. πείρω.

πέπασθε, 2 pl. pf. πάσχω.

πεπάσμην, plupf. πατέομαι.

πεπείρανται, 3 sing. pf. pass. πειραίνω.

πεπερημένος, pf. pple. pass. περάω².

πέπηγε, 3 sing. pf. πήγνυμι.

πεπιθεῖν, aor. infin. πείθω.

πεπιθήσω, fut. πείθω.

πέπληγον, 3 pl. thematic plupf. πλήσσω.

πεπληγώς, pf. pple. πλήσσω.

πεπλημένος, pf. pple. pass. πελάζω.

πέπλος, -ου, ὁ. (1) A cloth or cover : ἀμφὶ
[δίφροις] πέπλοι πέπτανται Ε 194. Cf. Ω 796.—
A cloth put on a seat for ease in sitting η 96.—
(2) A woman's (or goddess's) robe Ε 315, 338, 734
= Θ 385, Ζ 90, 271, 289, 302, Ω 229 : ζ 38, ο 105,
124, σ 292.

πέπνυμαι, pf. [prob. fr. πνῦ-, to be vigorous,
and conn. with ἐμπνύνθη, πινύσσω, πινυτός,
ποιπνύω]. (1) To be in full mental vigour, have
one's mental powers unimpaired : τῷ νόον πόρε
Περσεφόνεια οἴῳ πεπνῦσθαι κ 495.—To be of sound
understanding, have good sense : οὔ σ' ἔτυμόν γε
φάμεν πεπνῦσθαι Ψ 440. Cf. Ω 377 : ψ 210.—(2) In
pple. πεπνυμένος, wise, of sound understanding,
of good sense, astute, shrewd, sagacious : Οὐκα-
λέγων τε καὶ Ἀντήνωρ, πεπνυμένω ἄμφω Γ 148.
Cf. Η 276, Ι 689, Ψ 570 : γ 20 = 328, γ 52, δ 190,
204, θ 388, σ 65, 125, τ 350.—Epithet of Antenor
Γ 203, Η 347.—Of Meriones Ν 254 = 266.—Of
Poulydamas Σ 249.—Of Antilochus Ψ 586.—Of
Telemachus α 213, 367, 388, χ 461, etc.—Of
Laertes ω 375.—Applied to discourse or counsel :
μήδεα Η 278. Cf. α 361 = φ 355, β 38, σ 230, τ 352.
—Absol. : πεπνυμένα βάζεις Ι 58 : δ 206, πεπνυμένα
εἰδώς 696, 711, χ 361, ω 442, ὅς κεν πεπνυμένα εἰδῇ
θ 586.

πέποιθα, pf. πείθω.
πεπόλιστο, 3 sing. plupf. pass. πολίζω.
πέπονθα, pf. πάσχω.
πέποσθε, 2 pl. pf. πάσχω.
πεπότηται, 3 sing. pf. ποτάομαι.
πέπρωται, 3 sing. pf. pass. πόρω.
πέπταται, 3 sing. pf. pass. πετάννυμι.
πεπτεῶτας, acc. pl. masc. pf. pple. πίπτω.
πεπτηώς, pf. pple. πτήσσω.
πεπύθοιτο, 3 sing. aor. opt. πεύθομαι.
πεπυκασμένος, pf. pple. pass. πυκάζω.
πέπυσμαι, pf. πεύθομαι.
πέπων [πεπ-, πέσσω. 'Ripened, softened '].
Only in voc. sing. and pl. πέπον, πέπονες.
(1) Used in courteous or affectionate address :
πέπον Καπανηϊάδη (good . . .) E 109. Cf. O 437,
Π 492.—Applied by the Cyclops to his ram :
κριὲ πέπον (my pet) ι 447.—Absol. in courteous
or affectionate address or remonstrance : ὦ πέπον,
ὦ Μενέλαε (good brother of mine) Z 55, (ὦ) πέπον
(gentle sir, good friend or brother or brother in
arms) I 252, Λ 314, 765, M 322, O 472, Π 628,
P 120, 179, 238 : ν 154, χ 233.—(2) Used in
reproach. Absol. : ὦ πέπονες (weaklings) B 235,
N 120.

περ, enclitic [shorter form of περί]. (1) Inten-
sive particle, very, even, indeed, just, or the
like : ἀγαθός περ ἐών (you the great warrior, i.e.
implying that he should be content with that)
A 131, ὡς ἔσεται περ 211, τιμήν πέρ μοι ὀφελλεν
ἐγγυαλίξαι (honour, surely, he ought to have . . .)
353, οἴκαδέ περ νεώμεθα (let us not stop short of
home) B 236, ἀλλά περ οἶός ἴτω (even if he come
alone) M 349. Cf. Λ 260, 416, Γ 201, Δ 263,
Λ 391, 789, N 72, Ξ 295, O 604, etc. : σοί περ
(thee whom it might be expected to touch) α 59,
οὔ κε θανόντι περ ὧδ' ἀκαχοίμην (if I had just his
death to mourn) 236, κηδόμενοί περ (in our sore
trouble) γ 240. Cf. α 315, β 305, γ 236, δ 819, θ 360,
547, ν 294, etc.—With εἰ, ἥν A 81, 580, B 123,
T 32, X 487, etc. : α 167, 188, 204, β 246, θ 355,
etc.—With relatives : ὅς περ, ὅ περ B 318, I 367,
N 638, etc. : β 156, η55, λ 630, etc.—οἶός περ E 340,
etc. : λ 394, etc.—ὅθι περ B 861, etc. : δ 627, etc.
—ὅθεν περ γ 321, φ 142.—ἔνθα περ Z 379, etc. :
α 128, etc.—ἔνθεν περ φ 243=392.—(2) With a
sense of opposition, though, even though (gen.
in ppl. construction) : ἀχνύμενός περ (however
much . . .) A 241, μινυνθάδιόν περ ἐόντα (short-
lived though I be) 352, σύ πέρ μιν τεῖσον (since
Agamemnon will not) 508, ἀνάσχεο κηδομένη περ
586. Cf. A 546, B 246, Γ 159, E 94, I 301 (if not
him), Ξ 375, Φ 185, etc. : ἱέμενός περ α 6. Cf.
α 288, 309, β 249, ε 209, ζ 136, ι 57, λ 111, etc.—
For καί . . . περ, καί περ see καί (6).—With ἔμπης.
See ἔμπης (4).

περάαν¹, pres. infin. περάω¹.
περάᾱν², pres. infin. περάω².
περαιόω [cf. περάω¹]. To convey across ; in
pass., to pass over, cross, the sea : μὴ φθέωσι
περαιωθέντες ω 437.

πέρασαν, 3 pl. aor. περάω².

περάτη, -ης, ἡ [app. fr. περάω¹]. Thus, the
passage of night, the space which darkness
traverses in the course of a night ψ 243.

περάω¹ [cf. πόρος]. 3 pl. pres. περόωσι δ 709,
ε 176, ζ 272, ι 129. Infin. περάᾱν B 613, M 63 :
ε 174. 3 sing. pa. iterative περάασκε ε 480, τ 442.
Fut. infin. περήσειν E 646. περησέμεναι M 200,
218. 3 sing. aor. ἐπέρησε E 291, Φ 594. πέρησε
Δ 460, 502, Z 10. 1 pl. περήσαμεν ω 118. Subj.
περήσω Ψ 71. 2 sing. περήσῃς κ 508. Infin.
περῆσαι M 53 : λ 158. (ἐκ-.) (1) To pass, make
one's or its way : ἐπὶ πόντον B 613, διὰ κροτάφοιο
πέρησεν αἰχμή Δ 502. Cf. Π 367 : δ 709, ε 176,
κ 508.—(2) To cross, get to the other side of (an
obstacle) : τάφρος, οὐ περῆσαι ῥηϊδίη M 53. Cf.
M 63, 200, 218, Φ 283 : λ 158.—To traverse, make
one's way over the surface of or across : λαῖτμα
θαλάσσης ε 174. Cf. ζ 272, ι 129, ω 118.—(3) To
pass into or through, penetrate : πέρησεν ὀστέον
εἴσω αἰχμή Δ 460 = Z 10. Cf. E 291 : ε 480, τ 442.
—Absol. Φ 594.—To pass through (an opening) :
πύλας Ἀΐδαο E 646, Ψ 71.

†περάω² [cf. πέρνημι]. Pres. infin. περάᾱν
Φ 454. Aor. πέρασσα Φ 102. 2 sing. πέρασσας
Φ 78. 3 ἐπέρασσε Φ 40. 3 pl. ἐπέρασσαν ο 387.
πέρασαν ο 428. 2 pl. subj. περάσητε ο 453. 3 sing.
opt. περάσειε ξ 297. Pass. Pf. pple. πεπερημένος
Φ 58. To sell into slavery : Λῆμνόν μιν ἐπέρασσεν
(to one dwelling in Lemnos) Φ 40. Cf. Φ 58, 78,
102, 454 : ξ 297, ο 387, 428, 453.

πέρην [cf. περάω¹]. Beyond, on or to the
other side of. With genit. : οἱ ναίουσι πέρην
Εὐβοίης B 535 (i.e. to one looking from Asia ; by
others taken as ' over against '). Cf. B 626, Ω 752.

πέρησε, 3 sing. aor. περάω¹.

πέρθω [cf. πορθέω]. Fut. infin. πέρσειν Φ 584.
Aor. πέρσα Υ 192. 3 sing. ἔπερσε α 2. πέρσε
Z 415, Λ 625, T 296, Υ 92. 3 pl. opt. πέρσειαν
Φ 517. Pple. πέρσας B 660, Π 57. Pl. πέρσαντες
ε 107, ξ 241. Aor. ἔπραθον ι 40. 3 pl. ἔπραθον
Σ 454. Pass. 3 sing. fut. πέρσεται Ω 729. Non-
thematic aor. infin. πέρθαι (for πέρθ-σ-σθαι)
Π 708. (δια-, ἐκ-.) To sack or ravage (a town) :
πέρσας ἄστεα πολλά B 660. Cf. B 374, Z 415,
M 15, Π 57, Σ 342, T 296, etc. : α 2, ε 107, ι 40,
ξ 241.

περί. (Commonly with anastrophe when
immediately following the vb. or case-form or
beginning a sentence. Also often written πέρι
in sense (I) (3).) (I) Adv. (1) Round, about,
round about, someone or something : περὶ ἐ
χαλκὸς ἔλεψεν Α 236, πολλοὶ περὶ κτείνοντο Δ 538.
Cf. B 19, 43, E 776, Z 320, Λ 395, N 570, P 243,
Σ 402, etc. : β 391, δ 719, η 87, ι 141, 395, ν 189,
ρ 439, σ 201, etc.—In reference to seasons coming
round : περὶ δ' ἔτραπον ὧραι κ 469. Cf. κ 470,
τ 153 = ω 143.—With notion of protection : περὶ
Ποσειδάων Νέστορος υἱὸν ἔρυτο N 554.—Joined
with ἀμφί Φ 10, Ψ 191.—(2) In reference to spin-
ning or twirling motion, round and round : περὶ
σχεδίην ἐλέλιξεν ε 314. Cf. Ξ 413.—(3) Beyond
measure, exceedingly, very much : περὶ κῆρι Δ 53,

N 119, πέρι πολέμῳ ἔνι καρτερός ἐσσι I 53. Cf. H 289, Θ 161, I 100 (more than others), N 727, P 22, etc.: ἅ οἱ πέρι δῶκεν β 116. Cf. α 66, β 88, γ 95, θ 44, μ 279, ξ 146, χ 96, etc.—Especially, in particular: πέρι δ' αὖ Πριάμοιό γε παίδων Φ 105.— (4) In reference to survivance, beyond something: πόλεμον περὶ τόνδε φυγόντε M 322. Cf. T 230.—(5) In the matter of, in regard to, something: περὶ τεύχε' ἕπουσιν O 555.—(II) Prep. (1) With dat. (a) Round, about, round about: περὶ Σκαιῇσι πύλῃσιν Σ 453. Cf. A 303, B 389, Γ 330, Λ 559, M 148, Ψ 561, etc.: περὶ ζώνην βάλετ' ἰξυῖ ε 231. Cf. β 3, ι 144, 394, ο 60, φ 407, etc.—In reference to a transfixing or piercing weapon: κυλινδόμενος περὶ χαλκῷ Θ 86. Cf. N 441, Π 315, Φ 577, etc.: λ 424.—Joined with ἀμφί λ 609.—(b) With notion of protection: ἑσταότες περὶ Πατρόκλῳ P 355, etc. Cf. ρ 471, etc.—For βαίνειν περί τινι see βαίνω (I) (6) (a) and cf. περιβαίνω.—(c) In reference to contention over something: ὄφρα περὶ παιδὶ πόνος εἴη Π 568. Cf. ε 310. —(d) In reference to motion about the inside of something: κνίση ἑλισσομένη περὶ καπνῷ A 317. Cf. X 95.—(e) About, concerning, for: περὶ γὰρ δίε ποιμένι λαῶν E 566. Cf. I 433, K 240, etc.: β 245.—(2) With acc. (a) Round, about, round about: μαρνάμενοι περὶ ἄστυ Z 256. Cf. A 448, B 750, Δ 211, Λ 535, M 177, Ψ 309, etc.: ἣν πέρι πύργος ζ 262. Cf. γ 107, δ 792, θ 282, ι 402, λ 42, ρ 261, etc.—In reference to the φρένες: τὸν περὶ φρένας ἤλυθ' ἰωή K 139, etc. Cf. ι 362.—Round or about and upon: ἣν περὶ Φόβος ἐστεφάνωται E 739, etc.—Joined with ἀμφί B 305, P 760.— (b) Round about the inside of: ἑλισσόμενοι περὶ δίνας Φ 11.—Round about on the inside of: ἑσταμεναι περὶ τοῖχον μεγάροιο Σ 374. Cf. M 297 (see κύκλος (1)): η 95.—So κρημνοὶ περὶ πᾶσαν [τάφρον] ἕστασαν ἀμφοτέρωθεν M 54.—So also of concentric circles of metal forming a whole Λ 33 (see κύκλος (1)).—(c) About, over: περὶ κεῖνα ἠλώμην δ 90. Cf. δ 368.—(d) About, concerning, for, in the matter of: περὶ δόρπα πονέοντο Ω 444. Cf. Γ 408: δ 624 = ω 412.—(3) With genit. (a) Round, about, round about: ἡ τετάνυστο περὶ σπείους ἡμερὶς ε 68. Cf. ε 130 (see βαίνω (I) (3) (a)). (b) Beyond, excelling, superior to: ὃς περὶ πάντων ἤδεε μαντοσύνας B 831. Cf. A 258, 287, Δ 46, 375, E 325, Θ 27, N 374, etc.: ὃς περὶ νόον ἐπὶ βροτῶν α 66. Cf. α 235, δ 201, 608, λ 216, etc.—(c) About, concerning, for, touching, in the matter of: μαχήσονται περὶ σεῖο Γ 137. Cf. H 301, Λ 700, M 216, 423, O 284, Σ 265, etc.: ἵνα μιν περὶ πατρὸς ἔροιτο α 135. Cf. η 191, θ 225, ι 423, λ 403, π 234, ρ 563, 571, etc.—With notion of protection: ἀμύνονται περὶ τέκνων M 170. Cf. Θ 476, M 142, 243, Π 497, P 147, etc.: ω 39.

περιάγνυμι [περι- (1)]. In pass., of sound, to break about one, echo round: Ἕκτορος [ὀψ] περιάγνυται Π 78.

†περιβαίνω [περι- (1)]. 3 sing. aor. περίβη Θ 331, N 420. 3 pl. περίβησαν Ξ 424. Pple. περιβάς P 80. Acc. sing. masc. περιβάντα P 313.

Infin. περιβῆναι E 21. To bestride and protect a fallen friend (cf. βαίνω (I) (6) (a)): θέων περίβη Θ 331 = N 420. Cf. Ξ 424.—With genit.: ἀδελφειοῦ E 21.—With dat.: Πατρόκλῳ P 80. Cf. P 313.

περιβάλλω [περι- (1) (3)]. (1) To throw round. With genit.: πεῖσμα περίβαλλε θόλοιο χ 466.— In mid., to put about oneself, put on: περιβαλλομένους τεύχεα χ 148.—(2) To excel, be preeminent, be first: ὅσσον ἐμοὶ ἀρετῇ περιβάλλετον ἵπποι Ψ 276.—To excel, outrival, surpass: περιβάλλει ἅπαντας μνηστῆρας δώροισιν ο 17.

περιβῆ, 3 sing. aor. περιβαίνω.

περιγίγνομαι [περι- (3)]. To excel, outrival, surpass. With genit.: ὅσσον περιγιγνόμεθ' ἄλλων θ 102 = 252.—To prove superior to, get the better of, beat. With genit.: μήτι ἡνίοχος περιγίγνεται ἡνιόχοιο Ψ 318.

περιγλαγής [περι- (4) + γλάγος]. Overflowing with milk: πέλλας Π 642.

περιγνάμπτω [περι- (2)]. To round (a promontory): περιγνάμπτοντα Μάλειαν ι 80.

†περιδείδια, pf. with pres. sense K 93, N 52, P 240, 242 [περι- (5) (6) + δείδια. See δείδοικα]. 3 pl. aor. περτδεισαν (περιδδεισαν) Λ 508. Nom. pl. masc. pple. περιδείσαντες Ψ 822. Nom. sing. fem. περιδείσασα O 123, Φ 328. (1) To be greatly afraid N 52.—(2) To feel fear on account of, fear for. With genit.: Δαναῶν K 93. Cf. P 240.— With dat.: ἐμῇ κεφαλῇ P 242. Cf. Λ 508, O 123, Φ 328, Ψ 822.

περιδέξιος [περι- (1) + δεξιός. App., 'right-handed on both sides']. Thus, ambidextrous Φ 163.

†περιδίδωμι [περι- (with what force is not clear) + δίδωμι]. Fut. mid. περιδώσομαι ψ 78. 1 dual aor. subj. περιδώμεθον Ψ 485. To stake, wager, hazard. With genit. of what is staked or hazarded: ἐμέθεν περιδώσομαι αὐτῆς ψ 78. Cf. Ψ 485.

περίδραμον, 3 pl. aor. περιτρέχω.

περίδρομος, -ον [περι- (1) (2) + δρομ-, δραμ-. See τρέχω]. (1) Running round, set round, surrounding: ἄντυγες E 728.—(2) Running round, rotating: πλῆμναι E 726.—(3) Such as one can run round, standing apart: κολώνη B 812: αὐλή (i.e. with a cleared space round it) ξ 7.

†περιδρύπτω [περι- (1)]. 3 sing. aor. pass. περιδρύφθη. To tear all round, lacerate: ἀγκῶνας περιδρύφθη (had his elbows all torn) Ψ 395.

†περιδύω [περι- (1)]. 3 sing. aor. περιδῦσε. App., to strip off from round one: χιτῶνας Λ 100.

περιδώμεθον, 1 dual aor. subj. mid. περιδίδωμι.

περιδώσομαι, fut. mid. περιδίδωμι.

περίειμι [περι- (3) + εἰμί]. 2 sing. περίεσσι σ 248. To be superior to, excel, surpass. With genit.: εἴ τι γυναικῶν ἀλλάων περίειμι νόον τ 326. Cf. σ 248.

†περιέχω [περι- (1)]. 1 pl. aor. mid. περισχόμεθα ι 199. Imp. περίσχεο A 393. In mid., to throw one's arms round; hence, to protect, come to the aid of. With genit.: παιδὸς ἑῆος A 393.—With acc.: μιν ι 199.

περιήδη, 3 sing. plupf. περίοιδα.

περιηχέω [περι- (1) + ἠχέω, fr. ἠχή]. To ring all round : περιήχησε χαλκός Η 267.

περιθείεν, 3 pl. aor. opt. περιτίθημι.

περιίδμεναι, infin. περίοιδα.

†περιΐστημι [περι- (1)]. 3 pl. aor. περίστησαν Δ 532. 3 pl. subj. περιστήωσι Ρ 95. 3 pl. opt. περισταῖεν υ 50. 3 sing. impf. mid. περίστατο Σ 603. 3 pl. aor. περιστήσαντο Β 410 : μ 356. 3 sing. aor. pass. περιστάθη λ 243. To take one's stand round about : περίστησαν ἑταῖροι Δ 532.— In pass., of an arching wave, to remain stationary round something, enfold it, cover it from view : κῦμα περιστάθη κυρτωθέν λ 243.—In mid. and non-sigmatic aor., to stand round, surround. With acc. : μή με περιστήωσιν Ρ 95, πολλὸς χορὸν περίσταθ' ὅμιλος Σ 603 : εἴ περ πεντήκοντα λόχοι νῶϊ περισταῖεν υ 50.—So in mid. in sigmatic aor. : βοῦν περιστήσαντο Β 410. Cf. μ 356.

περικαλλής, -ές [περι- (6) + κάλλος]. (Like καλός often used merely as a more or less conventional epithet.) (1) In reference to personal beauty. (a) Of a woman, fair, lovely, beauteous, comely Ε 389, Π 85 : λ 281.—(b) Of parts of the body, fair, lovely, beauteous, goodly : δειρήν Γ 396 : ὄσσε ν 401, 433.—(2) Of things of use, buildings, constructions, etc., well-made, well-constructed, fair, goodly, fine, beauteous, or the like : φόρμιγγος Α 603, δίφρον Γ 262, δόμον Γ 421. Cf. Ζ 321, Θ 238, Λ 632, Ψ 897, Ω 229, etc. : αὐλῆς α 425, στειλειόν ε 236, χηλόν θ 438. Cf. α 153, γ 481, κ 347, ν 149, ρ 343, χ 438, etc.—(3) In various applications as an epithet of general commendation, fair, goodly, fine, or the like : φηγῷ Ε 693, τέμενος Ι 578 : ἔργα β 117 = η 111, λίμνην γ 1, ποταμοῖο ῥόον ζ 85, ἀγρούς ξ 263 = ρ 432.—Of light, fair, bright : φάος τ 34.

περίκειμαι [περι- (1) (3)]. (1) To be set about, enclose, cover. With dat. : γωρυτῷ, ὃς τόξῳ περίκειτο φ 54.—So, to lie upon and embrace : Πατρόκλῳ Τ 4.—(2) To be laid up for one in excess of others, i.e. to remain as profit : οὐδέ τί μοι περίκειται (it profits me nothing) Ι 321.

περικήδω [περι- (5)]. In mid., to be solicitous for the welfare or good of, care for, take thought for. With genit. : 'Οδυσσῆος γ 219, βιότου ξ 527.

περίκηλος [περι- (6) + an uncertain second element]. Very dry : δένδρεα ε 240, ξύλα σ 309.

περικλυτός [περι- (6) + κλυτός]. (1) Famed, famous, renowned. Epithet of persons : υἱόν Σ 326 : ἀοιδὸς α 325, θ 83 = 367 = 521.—With a proper name : Ἄντιφος Λ 104.—Of towns : Μυρμιδόνων ἄστυ δ 9, ἄστυ π 170, ω 154.—Of Hephaestus Α 607, Σ 383, 393 = 462, 587, 590 : θ 287, 300, 349, 357, ω 75.—(2) Epithet of things, fine, splendid, noble : ἔργα Ζ 324, δῶρα Η 299, Ι 121, Σ 449.

περικτίονες [περι- (1) + κτι-, κτίζω]. Dat. pl. περικτιόνεσσι Σ 212, Τ 104, 109. Dwelling round about : ἀνθρώπους β 65. Cf. Ρ 220.—Absol., the dwellers round about : πάντεσσι περικτιόνεσσιν ἀνάξει (ἀνάξειν) Τ 104, 109. Cf. Σ 212.

περικτίται, οἱ [as prec.]. = prec. Absol. : τὴν πάντες μνώοντο περικτίται λ 288.

†περιμαιμάω [περι- (1)]. Fem. pres. pple. περιμαιμώωσα. To quest round. With acc. : σκόπελον μ 95.

περίμετρος [περι- (6) + μέτρον]. Very long : ἱστόν (consisting of long threads) β 95 = ω 130, τ 140.

περιμήκετος, -ον [as next]. Of great height, lofty : ἐλάτην Ξ 287 : Τηΰγετον ζ 103.

περιμήκης, -ες [περι- (6) + μῆκος]. (1) Of great length, long : κοντόν ι 487. Cf. κ 293, μ 90, 251, 443.—(2) Of great height, lofty : πέτρης Ν 63. Cf. ν 183.—Of great upward size, standing high : ἱστοὶ λίθεοι ν 107.

†περιμηχανάομαι [περι- (5)]. 3 pl. pres. περιμηχανόωνται η 200. 3 pl. impf. περιμηχανόωντο ξ 340. To contrive (something) in regard to someone or to someone's prejudice : ἄλλο τόδε θεοὶ περιμηχανόωνται η 200.—To contrive (something) in regard to or to the prejudice of. With dat. : δούλιον ἦμαρ ἐμοὶ περιμηχανόωντο ξ 340.

περιναιέται, οἱ [περι- (1) + ναίω¹]. The dwellers round about : κεῖνον π. τείρουσιν Ω 488.

περιναιετάω [περι- (1)]. To dwell round about : οἵ κατὰ ἄστυ [εἰσί] καὶ οἳ περιναιετάουσιν θ 551. Cf. β 66, ψ 136.—Of cities, by a sort of personification, to have their place or lie round about : μίαν πόλιν, [τάων] αἳ περιναιετάουσιν δ 177.

περιξεστός, -ή [περι- (6) + ξεστός]. Highly polished, very smooth μ 79.

περίοιδα, pf. with pres. sense [περι- (3) (6) + οἶδα. See εἴδω (C)]. Infin. περιίδμεναι Ν 728. 3 sing. plupf. περιήδη ρ 317. (1) To have great skill, be highly skilled : ἴχνεσι περιήδη ρ 317.— With infin. : νοῆσαι Κ 247.—(2) To have greater skill than, excel, surpass. With genit. : καὶ βουλῇ περιίδμεναι ἄλλων Ν 728.

†περιπέλομαι [περι- (1) (2)]. Aor. pple. περιπλόμενος, -ου. (1) To be round about, encircle, compass about. With acc. : ἄστυ Σ 220.—(2) In aor. pple. of the revolving year (cf. περιτέλλομαι) : πέντε περιπλομένους ἐνιαυτούς Ψ 833. Cf. α 16, λ 248.

περιπευκής, -ές [περι- (6) + πευκ- as in πευκεδανός]. Exceeding sharp, piercing Λ 845.

†περιπλέκω [περι- (1)]. 3 sing. aor. pass. περιπλέχθη ψ 33. Pple. περιπλεχθείς ξ 313. In pass. with dat., to put one's arms round, grasp in one's arms : ἱστῷ περιπλεχθείς ξ 313.—To embrace : πόσεϊ περιπλέχθη ψ 33.

περιπληθής [περι- (6) + πλῆθος]. Having many inhabitants, populous : νῆσος ο 405.

περιπλόμενος, aor. pple. περιπέλομαι.

περιπρό [περι- (1) + πρό]. Ever forward, with constant rush : ἔγχεϊ θῦεν Λ 180, Π 699.

†περιπροχέω [περι- (1) + προ- (1)]. Aor. pple. pass. περιπροχυθείς. In pass., fig., of passion, to come upon one, invade the mind : ἔρος περιπροχυθείς Ξ 316.

περιρρέω [περι- (2)]. To flow about. With acc. : μοχλὸν αἷμα περιρρεεν ι 388.

περιρρηδής [περι- (1) + (perh.) ῥηδ-, ῥαδ- as in

ραδινόs]. Thus, doubled *round*, sprawling *ovcr*. With dat. : τραπέζῃ χ 84.

περίρρυτος, -ον [περι- (1) + ρυ-, ρέω]. Flowed round (by the sea), sea-girt : Κρήτῃ τ 173.

περισθενέω [περι- (6) + *σθενέω, fr. σθένος]. To be exceeding strong : μή με περισθενέων δηλήσεται (in his might) χ 368.

περίσκεπτος [περι- (1) + σκεπ-, σκέπτομαι]. Exposed to view from every side, open, clear (cf. περιφαίνομαι (2)) : χώρῳ α 426, κ 211 = 253, ξ 6.

περισσαίνω [περι- (1)]. Of animals, to move about a person and fawn upon him κ 215, π 10. —To move *about* and fawn upon. With acc. : Τηλέμαχον περίσσαινον κύνες π 4.

περισσείω [περι- (1)]. In pass., to wave or float about something : περισσείοντ' ἔθειραι Τ 382, Χ 315.

περισταδόν [περι- (1) + στα-, ἵστημι]. Standing round : Τρῶες π. οὐταζον σάκος Ν 551.

περιστάθη, 3 sing. aor. pass. περίστημι.

περισταῖεν, 3 pl. aor. opt. περιΐστημι.

περιστείλασα, aor. pple. fem. περιστέλλω.

†**περιστείχω** [περι- (2)]. 2 sing. aor. περίστειξας. To walk or pace *round*. With acc. : κοῖλον λόχον δ 277.

†**περιστέλλω** [περι- (1)]. Aor. pple. fem. περιστείλασα. To dress or lay out (a corpse) : οὐδέ ἑ μήτηρ κλαῦσε περιστείλασα ω 293.

περιστεναχίζομαι [περι- (1)]. To resound or re-echo *about*. With dat. : δῶμα περιστεναχίζεται αὐλῇ κ 10. Cf. ψ 146.

περιστένω [περι- (6) + στένω = στείνω]. In pass., to be glutted : περιστένεται γαστήρ Π 163.

περιστέφω [περι- (1)]. To enwreathe, cover up : νεφάεσσι περιστέφει οὐρανὸν Ζεύς ε 303.

περιστήσαν, 3 pl. aor. περίστημι.

περιστήσαντο, 3 pl. aor. mid. περίστημι.

περιστήωσι, 3 pl. aor. subj. περιΐστημι.

†**περιστρέφω** [περι- (2)]. Aor. pple. περιστρέψας. To whirl round (before a throw) Τ 131 : θ 189.

περισχόμεθα, 1 pl. aor. mid. περιέχω.

περιτάμνω [περι- (1)]. To surround and cut off (cattle) in order to make booty of them (cf. τάμνω (9)). In mid. λ 402, ω 112.

περιτέλλομαι [περι- (2)]. In pple. of the revolving year (cf. περιπέλομαι (2), περιτροπέω (2)) : περιτελλομένων ἐνιαυτῶν Β 551. Cf. Θ 404 = 418 : λ 295 = ξ 294.

†**περιτίθημι** [περι- (1)]. 3 pl. aor. opt. περιθεῖεν. To put *about*. Fig., to endow (one) with. With dat. : αἱ γὰρ ἐμοὶ θεοὶ δύναμιν περιθεῖεν γ 205.

περιτρέσαν, 3 pl. aor. περιτρέω.

περιτρέφω [περι- (1)]. In pass., to become curdled, curdle : ὦκα [γάλα] περιτρέφεται Ε 903. —Of ice, to be deposited, grow thick, *about*. With dat. : σακέεσσι περιτρέφετο κρύσταλλος ξ 477.

†**περιτρέχω** [περι- (1)]. 3 pl. aor. περίδραμον. To run up and stand round Χ 369.

†**περιτρέω** [περι- (1)]. 3 pl. aor. περίτρεσαν. To flee on all sides : λαοὶ περίτρεσαν Λ 676.

περιτρομέω [περι- (1)]. To tremble or quiver

round or *about*. With dat., in mid. : σάρκες περιτρομέοντο μέλεσσιν σ 77.

περιτροπέω [περι- (1) (2)]. (1) To surround and drive (into a compact flock) : μῆλα ι 465.—(2) In pple. of the revolving year (cf. περιτέλλομαι) : εἴνατος περιτροπέων ἐνιαυτός Β 295.

περίτροχος [περιτρέχω]. Round, circular : σῆμα Ψ 455.

περιφαίνομαι [περι- (1)]. In pple. (1) Seen from all round, conspicuous : ὄρεος περιφαινομένοιο Ν 179.—(2) = περίσκεπτος. Absol. : ἐν περιφαινομένῳ (in, bordering upon, a clearing) ε 476.

περιφραδέως [adv. fr. περιφραδής, fr. περι- (6) + φραδής]. With great care, carefully : ὤπτησαν Α 466 = Β 429 = Η 318 = Ω 624 : = ξ 431, τ 423.

περιφράζομαι [περι- (5)]. To take counsel concerning (something), devise, contrive : περιφραζώμεθα νόστον α 76.

περίφρων, -ονος [περι- (6) + φρήν]. Voc. περίφρον π 435, σ 245, 285, φ 321. Of great good sense, wise, sage, prudent. Epithet of women. Of Aegialeia Ε 412.—Of Penelope α 329, δ 787, ε 216, ξ 373, etc.—Of Arete λ 345.—Of Eurycleia τ 357, 491 = υ 134, φ 381.

†**περιφύω** [περι- (1)]. Aor. pple. περιφύς π 21, ω 320. Fem. περιφῦσα τ 416. Infin. περιφῦναι ω 236. To grow round ; hence, to throw one's arms round a person, embrace him : Τηλέμαχον κύσεν περιφύς π 21. Cf. ω 320.—To throw one's arms *round*, embrace. With dat. : περιφῦσ' 'Οδυσῆϊ τ 416.—With acc. : κύσσαι καὶ περιφῦναι ἑὸν πατέρα ω 236.

†**περιχέω** [περι- (1)]. 3 sing. aor. περίχευε γ 437, η 140, ψ 162. 3 sing. subj. περιχεύῃ γ 426. Pple. περιχεύας Κ 294, Φ 319 : γ 384. 3 sing. aor. subj. mid. περιχεύεται ζ 232, ψ 159. (1) To shed or spread something round or over another thing : χέραδος περιχεύας Φ 319.—To shed *round*. With dat. : ἠέρ', ἥν οἱ περίχευεν 'Αθήνη η 140.—So of something immaterial : τῷ περίχευε χάριν ψ 162. —(2) To spread *round*, put round as a covering or adornment. With dat. : χρυσὸν κέρασιν περιχεύας Κ 294 := γ 384. Cf. γ 426, 437.—So of spreading one metal on the ground of another in, app., some process of enamel : ὡς ὅτε τις χρυσὸν περιχεύεται ἀργύρῳ ζ 232 = ψ 159.

†**περιχώομαι** [περι- (5)]. 3 sing. aor. περιχώσατο. To be angered or wroth, conceive anger or wrath, *about* or *on account of*. With genit. : παλλακίδος μοι περιχώσατο Ι 449. Cf. Ξ 266.

περιωπή, -ῆς, ἡ [περι- (1) + ὀπ-. See ὁράω]. A spot commanding a view on all sides, a look-out place : ἀνήϊον ἐς περιωπήν κ 146. Cf. Ξ 8, Ψ 451.

περιώσιος [περι- + an uncertain second element]. In neut. sing. περιώσιον as adv., beyond measure : θαυμάζειν π 203. Cf. Δ 359.

περκνός [ὑποπερκάζω]. App., dappled, spotted with dark : αἰετόν, ὃν καὶ περκνὸν καλέουσιν Ω 316.

πέρνημι [cf. περάω²]. 3 sing. pa. iterative πέρνασκε Ω 752. To export for sale, sell to foreign buyers : πολλὰ Φρυγίην κτήματα περνάμεν' ἵκει Σ 292.—To sell into slavery : περνὰς νήσων ἔπι τηλεδαπάων Χ 45. Cf. Ω 752.

περονάω [περόνη]. (1) To pierce, transfix Η 145, Ν 397.—(2) In mid., to fasten (a garment) about one with a περόνη (or ἐνετή) : ἐνετῇσι κατὰ στῆθος περονᾶτο [ἑανόν] Ξ 180. Cf. Κ 133.

περόνη, -ης, ἡ [πείρω]. Something for piercing ; a clasp, buckle, or brooch for fastening a garment about one. In connexion with a woman's dress Ε 425 : σ 293.—With a man's τ 226, 256.

περόωσι, 3 pl. pres. περάω[1].

πέρσα, aor. πέρθω.

περῶντα, acc. sing. masc. pres. pple. περάω[1].

πέσε, 3 sing. aor. πίπτω.

πεσέονται, 3 pl. fut. πίπτω.

πεσσός, -οῦ, ὁ. A pebble or 'man' used in playing a game the rules of which are unknown : πεσσοῖσι θυμὸν ἔτερπον α 107.

πέσσω [πεπ-. Later πέπτω. Cf. πέπων]. (κατα-.) (1) To ripen, bring to maturity η 119.—(2) To digest. Fig. : γέρα πεσσέμεν (to brood over them, enjoy them) Β 237, χόλον πέσσει (πέσσων) (nurses (nursing) it, keeps (keeping) it warm) Δ 513, Ι 565, ὥς τις βέλος πέσσῃ (may hug his wound) Θ 513, κήδεα πέσσει (πέσσων) (broods (brood) upon them, dwells (dwell) upon them) Ω 617, 639.

πεσών, aor. pple. πίπτω.

πέταλον, -ου, τό. A leaf Β 312 : τ 520.

†πετάννῡμι. 3 sing. aor. πέτασε ε 269. 3 pl. πέτασαν ζ 94. πέτασσαν Α 480 : δ 783, θ 54. 3 sing. opt. πετάσειε σ 160. Pple. πετάσσας Δ 523, Θ 441, Ν 549, Ξ 495, Φ 115 : α 130, ε 374, ι 417, κ 506, ω 397. Pass. 3 pl. aor. πετάσθησαν φ 50. Nom. pl. fem. pple. πετασθεῖσαι Φ 538. 3 sing. pf. πέπταται ζ 45. 3 pl. πέπτανται Ε 195. Acc. pl. fem. pple. πεπταμένας Φ 531. 3 sing. plupf. πέπτατο Ρ 371. (ἀνα-.) (1) To spread, spread out, spread wide : ἀν' ἱστία πέτασσαν Α 480. Cf. Δ 523 = Ν 549, Ε 195, Θ 441, Ξ 495, Φ 115 : ὑπὸ λῖτα πετάσσας α 130. Cf. δ 783, ε 269, 374, ζ 94, θ 54, ι 417, κ 506, ω 397.—Fig., app., to flutter or set agog : θυμὸν μνηστήρων σ 160.—(2) Of a gate or door, to open, throw open, open wide : πεπταμένας πύλας ἔχετε Φ 531. Cf. Φ 538 : φ 50.—(3) In pass., of clear sky, to be outspread over something : αἴθρη πέπταται ζ 45.—Of light, to be shed, play : πέπτατ' αὐγὴ ἠελίου Ρ 371.

πετεηνός, -όν [πετ-εσ-ηνός, fr. πέτομαι]. (1) Able to fly, fledged π 218.—Winged. Epithet of birds Β 459, Ο 690.—(2) Absol., in neut. pl., winged creatures, birds : αἰετόν, τελειότατον πετεηνῶν Θ 247 = Ω 315. Cf. Ο 238, Ρ 675, Φ 253, Χ 139 : ν 87.

πέτομαι [cf. πίπτω]. 3 sing. aor. ἔπτατο Ε 99, Ν 587, 592, Π 469 : κ 163, λ 208, μ 203, ο 531, τ 454, ω 534. πτάτο Ψ 880. 3 sing. subj. πτῆται (app. for πτήεται) Ο 170. Pple. fem. πταμένη Ε 282, Π 856, Χ 362. (ἀπο-, δια-, εἰσ-, ἐπι-, ὑπερ-.) To fly. (1) Of winged creatures : βοτρυδὸν [μέλισσαι] πέτονται Β 89, κλαγγῇ γεράνοι πέτονται Γ 5. Cf.

Μ 207 (flew off), Ν 62, Π 265 : β 147, 148, ο 531.—(2) Of the flight through the air of divine horses Ε 366 = Θ 45, Ε 768.—Of gods Ο 150.—Of the flight of Poseidon's horses on the water Ν 29.—Of rapid motion of mortal horses Κ 530, Ο 684, Π 149, Ψ 381, etc. : γ 484 = 494 = ο 192.—(3) Of the flight of the soul of men, etc., from the body : ψυχὴ ἐκ ῥεθέων πταμένη Π 856 = Χ 362. Cf. Ψ 880, Π 469 := κ 163 = τ 454.—(4) Of rapid motion of men : ἐμμεμαὼς ἰθὺς πέτετο Χ 143. Cf. Ν 755, Φ 247, Χ 198, Ω 345 := ε 49, θ 122.—Sim. : τρίς μοι ἐκ χειρῶν ἔπτατο [μητρὸς ψυχή] λ 208.—(5) Of an arrow or a thrown spear : διὰ δ' ἔπτατ' ὀϊστός Ε 99, τῆς διαπρὸ αἰχμὴ πταμένη 282. Cf. Ν 587, 592, Τ 99.—Sim. of a καλαῦροψ Ψ 846.—(6) Of other inanimate things : [ὀλοοίτροχος] πέτεται Ν 140. Cf. Ο 170 : μ 203, ω 534.

πετραῖος, -η [πέτρη]. That dwells in a rock : Σκύλλην μ 231.

πέτρη, -ης, ἡ [cf. πέτρος]. (1) A rock or cliff on land or in or bordering upon the sea : πέτρης ἐκ γλαφυρῆς Β 88. Cf. Β 617, Δ 107, Ι 15, Ν 137, Ω 614, etc. : πέτρης ἐκ πείσματα δήσας κ 96. Cf. γ 293, δ 501, ε 443, θ 508, μ 59, 241, ν 408, ψ 327, etc.—(2) The rock forming the walls of a cave : περὶ δ' ἴαχε πέτρη ι 395, ὁρμαθοῦ ἐκ πέτρης (attached at each end to the walls) ω 8.—(3) A large detached mass of stone, a rock : κατερχομένης ὑπὸ πέτρης ι 484 = 541. Cf. ι 243.—(4) For οὐκ ἀπὸ δρυὸς οὐδ' ἀπὸ πέτρης see δρῦς (3).

πετρήεις, -εσσα [πέτρη]. Rocky, rugged : νῆσος δ 844 —Epithet of places Β 496, 519, 640, Ι 405.

πέτρος, -ου, ὁ [cf. πέτρη]. A stone : βάλε πέτρῳ Π 411. Cf. Η 270, Π 734, Τ 288.

πεύθομαι. Also πυνθάνομαι β 315, ν 256. Fut. πεύσομαι ν 262. 2 sing. -εαι Σ 19. 3 -εται Τ 129 : β 256. Pple. πευσόμενος, -ου α 94, 281, β 215, 264, 360, ν 415, ο 270. Aor. πυθόμην δ 732, ξ 321, ψ 40. 3 dual πυθέσθην Ρ 427. 3 pl. ἐπύθοντο Ε 702, Ο 224, 379, Σ 530. 2 sing. subj. πύθηαι Ε 351, Ρ 685, Ω 592 : γ 15, δ 494. 3 -ηται Τ 337 : δ 713, τ 486. 2 pl. -ησθε θ 12. 3 -ωνται Η 195. Opt. πυθοίμην Ρ 102, Τ 322 : β 43, κ 147. 3 -οιτο Κ 207, 211 : β 31. 3 pl. -οιατο Α 257. Infin. πυθέσθαι Β 119, Ζ 465, Κ 308, 320, 395, Λ 649, Χ 305 : κ 152, 155, 537, λ 50, 76, 89, ν 335, ο 377, φ 255, ω 433. 3 sing. aor. opt. πυθοίτο Ζ 50, Κ 381, Λ 135. Pf. πέπυσμαι λ 505. 2 sing. πέπυσσαι λ 494. 3 πέπυσται β 411, ρ 510. Infin. πεπύσθαι Ρ 641. 3 sing. plupf. ἐπέπυστο Ν 674. πέπυστο Ν 521, Χ 437. 3 dual πεπύσθην Ρ 377. (1) To hear. Absol. or with object : σιγῇ, ἵνα μὴ Τρῶές γε πύθωνται Η 195, Διὸς κτύπον Ο 379. Cf. Κ 207, Σ 530 : α 157 = δ 70 = ρ 592, κ 147, τ 486, ψ 40.—In reference to a report or rumour : πεύθετο Κύπρονδε μέγα κλέος Λ 21 (i.e. the report came as far as to Cyprus).—To overhear : πυθλάς δ 677 = π 412.—With genit., to hear : σῆς βοῆς Ζ 465. Cf. Ο 224.—So in reference to tidings : λυγρῆς ἀγγελίης Ρ 641, 685, Σ 19. Cf. β 256.—(2) To hear of, learn of, come to know of or about, something. Absol. or with object (some-

times with complementary adj. or pple.) : καὶ
ἐσσομένοισι πυθέσθαι Β 119, Χ 305, εἴ κεν ἐμὲ ζωὸν
πεπύθοιτο Ζ 50 = Κ 381, κλέα ἀνδρῶν Ι 524. Cf
Ε 702, Λ 135, Ν 674, Τ 322 (the object in 326),
Υ 129 : νῦν δὲ πυνθάνομαι (learn the story, am
getting to realize what is going on) β 315, ὅσσα
πεύθομαι (what I hear from time to time) γ 187,
εἰ πυθόμην ταύτην ὁδὸν ὁρμαίνοντα δ 732. Cf. β 31,
43, 411 (knows nothing of the matter), δ 494, λ 76,
π 134, ρ 158, φ 255, ψ 262, ω 433.—With genit.
of the person about whom something is heard :
οὔ πω πεπύσθην Πατρόκλοιο θανόντος Ρ 377. Cf.
Α 257, Ν 521, Ρ 102, 427, Τ 322, 337, Χ 437 : θ 12,
λ 494, 505, ξ 321, ρ 510.—With genit. of the
person from whom something is heard : τό γε
μητρὸς ἐπεύθετο Ρ 408.—With genit. of a thing
heard about : Ἰθάκης ν 256.—With clause : ὅτι
. . . Ω 592.—(3) To have heard, have learned,
know (cf. ἀκούω (5)) : οὐδέ πω Ἕκτωρ πεύθετο
Λ 498.—With acc. of the person or thing known
about : πεύθετο οὗ παιδὸς ὄλεθρον π 411.—With
acc. and clause : ἄλλους πάντας πευθόμεθα, ἧχι
. . . γ 87.—(4) To find out about something,
seek or get information about it. Absol. or
with object : ταῦτα πάντα Κ 211, νηῶν σχεδὸν
ἐλθέμεν ἔκ τε πυθέσθαι (to get what information
I can) Κ 320. Cf. α 94, β 215, 264, 360, δ 713,
κ 152 (spy out the land), 155, ν 335, 415, ο 377.
—With genit. of the person about whom some-
thing is to be found out : πατρὸς δὴν οἰχομένοιο
α 281. Cf. γ 15, ο 270.—With genit. of the person
from whom something is to be found out : πρὶν
Τειρεσίαο πυθέσθαι (before getting directions
from . . .) κ 537 = λ 50 = 89.—With clause : ἠὲ
. . . ἦ . . . Κ 308, 395. Cf. Λ 649 : δ 713, ι 88 =
κ 100.

πευκάλιμος, -η. Wise, shrewd, astute : φρεσίν
Θ 366, Ξ 165, Ο 81, Υ 35.

πευκεδανός [πευκ-, sharp, prob. conn. with
L. pug-, pungo. Cf. ἐχεπευκής, περιπευκής, πικρός].
Sharp, piercing. Epithet of war Κ 8.

πεύκη, -ης, ἡ. A pine-tree Λ 494.—A felled
pine or a piece thereof : ξύλον πεύκης Ψ 328.

πεύσομαι, fut. πεύθομαι.

πέφανται¹, 3 sing. pf. pass. φαίνω.

πέφανται², 3 pl. pf. pass. φένω.

πεφάσθαι, pf. infin. pass. φένω.

πεφασμένον, acc. sing. masc. pf. pple. pass.
φαίνω.

πέφαται, 3 sing. pf. pass. φένω.

πεφεύγοι, 3 sing. pf. opt. φεύγω.

πεφήσεαι, 2 sing. fut. pass. φένω.

πεφήσεται¹, 3 sing. fut. pass. φαίνω.

πεφήσεται², 3 sing. fut. pass. φένω.

πεφιδέσθαι, aor. infin. φείδομαι.

πεφιδήσεται, 3 sing. fut. φείδομαι.

πέφνον, aor. φένω.

πεφοβήατο, 3 pl. plupf. pass. φοβέω.

πέφραδε, 3 sing. redup. aor. φράζω.

πεφρίκᾶσι, 3 pl. pf. φρίσσω.

πεφύᾶσι, 3 pl. pf. φύω.

πεφυγμένος, pf. pple. mid. φεύγω.

πεφυζότες, nom. pl. masc. pf. pple. φεύγω.

πεφύκασι, 3 pl. pf. φύω.

πεφυλαγμένος, pf. pple. mid. φυλάσσω.

πεφυρμένος, pf. pple. pass. φύρω.

πεφυῶτας, acc. pl. masc. pf. pple. φύω.

πῇ. (1) Whither ? where ? πῇ ἔβη Ἀνδρομάχη ;
Ζ 377. Cf. Β 339, Ε 472, Θ 94, 229, 413, Κ 385,
Ξ 298, Ω 201, 362 : κ 281, ν 203, ο 509, ρ 219, υ 43,
φ 362.—(2) At what point ? where ? πῇ μέμονας
καταδῦναι ὅμιλον ; Ν 307.—(3) In what way ? how ?
πῇ κέν τις ὑπεκφύγοι ὄλεθρον ; μ 287. Cf. β 364.

πῃ, enclitic. (1) Somewhither : ἤέ πῃ ἐκπέμπεις
κειμήλια Ω 381. Cf. Γ 400, Ζ 378.—With neg.,
nowhither, not anywhither : πέμψω μίν οὔ πῃ
ε 140. Cf. Ζ 383 : β 127 = σ 288.—(2) In some
region, somewhere : ἀλλά πῃ ἄλλῃ πλάζετο γ 251.
—With neg., nowhere, not anywhere : ἔκβασις
οὔ πῃ φαίνεται ε 410. Cf. Ν 191, Ρ 643, Ψ 463 :
μ 232, ν 207, χ 140.—(3) In some wise, somehow :
οὕτω πῃ τάδε γ᾽ ἐστίν Ω 373.—With neg., in no
wise, not in any wise : οὐδέ πῃ ἔστι . . . Ζ 267.
Cf. Π 110, Φ 219, Ω 71 : μ 433.

πηγή, -ῆς, ἡ. (1) The head waters of a river, a
spring : ἔνθα πηγαὶ δοιαὶ ἀναΐσσουσι Σκαμάνδρου
Χ 147. Cf. Φ 312, Υ 9 : = ϝ124.—(2) In pl., the
waters of a river, its streams : πηγῇς ἔπι Κηφισοῖο
Β 523. Cf. Ψ 148.

πηγεσίμαλλος [πηγεσι-, πήγνυμι + μαλλός, a
lock of wool]. Thick-fleeced Γ 197.

πήγνῡμι. 2 sing. fut. πήξεις Χ 283. 3 sing.
aor. πῆξε Β 664, Ν 570. πῆξε Δ 460, Ε 40, Ζ 10,
Θ 258, Λ 447, Ν 372, 398, Ο 650 : χ 83. 1 pl.
πήξαμεν μ 15. 3 sing. subj. πήξῃ Θ 95. Pple.
πήξας, -αντος Γ 217 : λ 129, ψ 276. Infin. πῆξαι
Σ 177 : ε 163, λ 77. 3 sing. pf. πέπηγε Γ 135.
3 sing. plupf. (ἐ)πεπήγει Ν 442, Π 772. Pass.
3 sing. aor. ἐπάγη Κ 374, Χ 276. πάγη Δ 185, 528,
Ε 616, Υ 283, 486, Ψ 877. 3 pl. πάγεν Λ 572.
3 pl. aor. πῆχθεν Θ 298. (ἐγκατα-, κατα-, συμ-.)
(1) To set firmly, fix, stick : κεφαλὴν ἀνὰ σκολό-
πεσσιν Σ 177. Cf. λ 77, 129, μ 15, ψ 276.—To
stick (a spear) in the earth when not in use. In
pf. in pass. sense : παρ᾽ ἔγχεα πέπηγεν Γ 135.—
(2) To set or direct (the countenance) : κατὰ χθόνος
ὄμματα πήξας Γ 217.—(3) To stick, plunge, plant
(a spear) into a foe or his shield, send (an arrow)
into him (in pass. sense in plupf.) : μεταφρένῳ ἐν
δόρυ πῆξεν Ε 40, δόρυ ἐν κραδίῃ ἐπεπήγει Ν 442.
Cf. Δ 185, 460, 528, Ε 616, Θ 298, Ν 372, etc. :
χ 83.—In pass. and plupf., of a spent spear or
arrow, to be stuck (in the earth), enter (it) and
remain standing : ἐν γαίῃ ἐπάγη Κ 374, Χ 276.
Cf. Ψ 877.—So without mention of the earth :
πολλὰ Κεβριόνην ἀμφὶ δοῦρα πεπήγει Π 772,
ταρβήσας ὅ οἱ ἄγχι πάγη βέλος Υ 283.—(4) In
pass., of the limbs, to be deprived of the power
of movement, become stiffened : νέρθε γοῦνα
πήγνυνται Χ 453.—(5) To put together, construct,
build : νῆας Β 664 : ἴκρια ε 163.

πηγός [πηγ-, πήγνυμι]. Of horses, of compact
bodily frame, stout Ι 124 = 266.—Of the wave of
the sea, big, mighty ε 388, ψ 235.

πηγυλίς [πηγ-, πήγνυμι]. Icy-cold ξ 476.

πηδάλιον, -ου, τό [πηδόν]. A steering-oar : π. μετὰ χερσὶ νηὸς ἔχοντα γ 281. Cf. ε 255, 270, 315, θ 558.

πηδάω. (ἀμ-.) To spring, bound, leap : ὑψόσε ποσσὶν ἐπήδα Φ 269. Cf. Φ 302.—Of a dart Ξ 455.

πηδόν, -οῦ, τό, or πηδός, -οῦ, ὁ. An oar : ἀναρρίπτειν ἅλα πηδῷ η 328, ν 78.

πηκτός [πηκ-, πήγνυμι]. Put together, the work of man's hands. Epithet of a work of mechanical skill : ἄροτρον Κ 353, Ν 703 : ν 32.

πῆλε, 3 sing. aor. πάλλω.

πήληξ, -ηκος, ἡ. A helmet Θ 308, Ν 527, 805, Ξ 498, Ο 608, 647, Π 105, 797, Τ 482 : α 256.

πῆμα, -ατος, τό. (1) Bane, mischief, destruction, evil, woe, misery : κατένευσε Κρονίων Δαναοῖσι π. Θ 176. Cf. Λ 347, 413, Ο 110, Ρ 688 : ὅπως ἔτι π. φύγοιμι ξ 312. Cf. γ 152, η 195, θ 81, μ 27, 231, ξ 275, 338, ο 345.—(2) An instance of this ; with pl. : πήματά κ' ἔπασχον Ε 886, λίην μέγα π. εἰσορόωντες Ι 229. Cf. Ο 721, Ρ 99, Ω 547 : α 49, β 163, γ 100, ε 33, 179, ι 535, φ 305, etc.— (3) A cause of bane, mischief, destruction, evil, woe or misery. Of persons : πατρὶ σῷ μέγα π. Γ 50. Cf. Γ 160, Ζ 282, Κ 453, Χ 288, 421 : μ 125, ρ 446, 597.—Of inanimate things λ 555.

πημαίνω [πῆμα]. Fut. infin. πημανέειν Ω 781. 3 pl. aor. opt. πημήνειαν Γ 299. 3 sing. aor. pass. πημάνθη ξ 255. Infin. πημανθῆναι θ 563. To bring bane or mischief upon : Τρῶας Ο 42.— Absol., to take hostile action, take the offensive, attack : ὁππότεροι πρότεροι πημήνειαν Γ 299. Cf. Ω 781.—In pass., to suffer harm or damage : οὔ τι πημανθῆναι ἔπι δέος θ 563. Cf. ξ 255.

πηνίον, τό. In weaving, the spool on which the woof was wound (cf. κερκίς) Ψ 762.

πῆξε, 3 sing. aor. πήγνυμι.

πηός, -οῦ, ὁ. A kinsman by marriage Γ 163 : θ 581, κ 441, ψ 120.

πήρη, -ης, ἡ. A wallet or scrip : πλῆσαν πήρην ρ 411. Cf. ν 437, ρ 197 = σ 108, ρ 357, 466.

πηρός. Explained as 'maimed' or 'helpless' : πηρὸν θέσαν [Θάμυριν] Β 599.

πῆχθεν, 3 pl. aor. pass. πήγνυμι.

πῆχυς, ὁ. (1) (a) The elbow : πῆχυν βάλε χειρὸς δεξιτερῆς Φ 166.—(b) The arm : ἀμφ' ἑὸν υἱὸν ἐχεύατο πήχεε Ε 314. Cf. ρ 38, ψ 240, ω 347. —(2) The middle piece or handle of a bow : τόξου πῆχυν ἄνελκεν Λ 375, Ν 583. Cf. φ 419.

πῖαρ, -ατος, τό. Fatness. Hence, rich, fertile soil : μάλα πῖαρ ὑπ' οὐδάς [ἐστιν] ι 135.— The cream or flower of something : βοῶν ἐκ πῖαρ ἑλέσθαι Λ 550 = Ρ 659.

πίδαξ, -ακος, ἡ. A spring Π 825.

πιδήεις, -εσσα [cf. prec.]. With many springs, many-fountained. Epithet of Mount Ida Λ 183.

πίε, 3 sing. aor. πίνω.

πιέειν, aor. infin. πίνω.

πιέζω. Aor. pple. pass. πιεσθείς θ 336. (1) To press, squeeze, compress : βραχίονα Π 510. Cf. δ 287, μ 174.—(2) To grip, grasp : ἀστεμφέως

ἐχέμεν μᾶλλόν τε πιέζειν δ 419.—(3) To load (with bonds), secure tightly : ἐν δεσμοῖς πιεσθείς θ 336. Cf. μ 164, 196.

πιεῖν, πιέμεν, aor. infin. πίνω.

πίειρα, fem. πίων.

πιεσθείς, aor. pple. pass. πιέζω.

πίῃ, 3 sing. aor. subj. πίνω.

πιθήσας, aor. pple. πείθω.

πιθόμην, aor. mid. πείθω.

πίθος, -ου, ὁ. A large jar : πίθοι οἴνοιο β 340. Cf. Ω 527 : ψ 305.

πικρόγαμος [πικρός + γάμος]. Finding a bitter marriage (i.e. not marriage but death), ruing one's wooing α 266 = δ 346 = ρ 137.

πικρός, -ή, -όν (in δ 406 of two terminations) [prob. πικ-, πευκ-. Cf. πευκεδανός]. (1) Sharppointed, sharp, keen, piercing : ὀϊστόν Δ 118. Cf. Δ 134, Χ 206, etc. : χ 8.—(2) Of pain, acute, piercing, darting : ὠδῖνας Λ 271.—(3) Pungent or bitter to the taste : ῥίζαν Λ 846. Cf. ε 323.— Pungent to the smell : ὀδμήν δ 406.—(4) Fig. : μὴ πικρὴν Αἴγυπτον ἵκηαι ρ 448 (you prate of Egypt. You will find yourself in a sorry sort of Egypt, i.e. in trouble).

πίλναμαι [cf. πελάζω]. (ἐπι-, προσ-.) To be brought into contact with, touch. With dat. : ἅρματα χθονὶ πίλνατο Ψ 368.—With prep. : οὐκ ἐπ' οὐδει πίλναται (makes contact (so as to be) upon the . . ., touches it) Τ 93.

πῖλος, ὁ. Felt Κ 265.

πιμπλάνω [cf. next]. To fill Ι 679.

πίμπλημι [redup. (with euphonic μ) fr. πλα-, πλη-]. 3 sing. aor. πλῆσε Ν 60, Ρ 573. 3 pl. πλῆσαν Ξ 35, Π 374, Σ 351 : ρ 411. 3 pl. opt. πλήσειαν Π 72. Aor. pple. fem. πλήσασα Π 223 : ε 93. Mid. 3 pl. aor. opt. πλησαίατο τ 198. Pple. πλησάμενος, -ου Ι 224 : ξ 87, 112, ρ 603. Pass. 3 sing. aor. ἐπλήσθη Τ 156. 3 pl. πλῆσθεν Ρ 211, 696, Ψ 397 : δ 705, τ 472. 3 sing. aor. πλῆτο Ρ 499, Σ 50, Φ 16, 300, Ψ 777 : μ 417, ξ 267, 307, ρ 436. 3 pl. πλῆντο θ 57. (ἀνα-, ἐμπίπλημι.) To fill. (1) (a) To fill (a receptacle or the like) by pouring or putting something into it. With genit. of material : πλῆσαν πήρην σίτου ρ 411. Cf. Π 223, Σ 351.—In mid. : πλησάμενος δῶκε σκύφος ξ 112. Cf. ξ 87.—With genit. : πλησάμενος οἴνοιο δέπας Ι 224.—Of satisfying the appetite. In mid. : ἵνα πλησαίατο θυμόν τ 198.— With genit. : πλησάμενος θυμὸν ἐδητύος ρ 603.— In pass., to be filled, be full. With genit. or instrumental : ὄνθου πλῆτο στόμα (had his mouth filled with . . .) Ψ 777, ὄσσε οἱ δακρυόφι πλῆσθεν Ρ 696 = Ψ 397 : = δ 705 = τ 472. Cf. κ 248 = υ 349. —(b) In immaterial sense. With genit. : ἀμφοτέρω πλῆσεν μένεος Ν 60. Cf. Ρ 573.—In pass., to be filled, be full. With genit. : πλῆσθέν οἱ μέλε' ἀλκῆς Ρ 211. Cf. Ρ 499, Α 104 : = δ 662.—(2) (a) To fill or occupy (space) to the whole extent or capacity of : πλῆσαν ἠϊόνος στόμα Ξ 35. Cf. Π 374, Φ 23.—With genit. : ἐναύλους κε πλήσειαν νεκύων Π 72. Cf. ε 93 (loading it).—In pass., to be filled, be full. With genit. : τῶν πλῆτο σπέος Σ 50. Cf. Τ 156,

Φ16, 300: θ57, ξ267 =ρ436.—(b) In immaterial sense: ἐν δὲ θεείου πλῆτο μ417, ξ307.

πίναξ, -ακος, ὁ. (1) A plank or board μ67.— (2) A platter: κρειῶν πίνακας α141 = δ57, π49. —(3) A writing-tablet Z169.

πινύσσω [prob. fr. πνῦ-. See πέπνυμαι]. To make wise; hence, to teach one a lesson, teach one better: ἤδη μ' ἄλλο τεὴ ἐπίνυσσεν ἐφετμή Ξ249.

πινυτή, -ῆς, ἡ [cf. next]. Wisdom, sound understanding, good sense H289 : v71, 228.

πινυτός, -ή [prob. fr. πνῦ-. See πέπνυμαι]. Wise, of sound understanding, of good sense: ὅς τις π. γε μετέλθοι α229. Cf. δ211, λ445, v131, φ103, ψ361.

πίνω. 3 sing. pa. iterative πίνεσκε Π226. Aor. ἔπιον ο373. 3 sing. ἔπιε σ151. πίε δ511, λ98, 153, 390. 3 pl. ἔπιον I177 : γ342, 395, η184, 228, σ427, φ273. πίον X2 : σ426. Subj. πίω λ96. 2 sing. πίῃσθα Z260. 3 πίῃ κ328. Opt. πίοιμι κ316. 3 sing. πίοι χ11. 3 pl. πίοιεν Ω350. Imp. πίε ι347. Pple. πιών κ326. Pl. πιόντες X70. Fem. πιοῦσα Ω102. Infin. πιέμεν ο378. πιέμεν Π825 : π143, σ3. πιέειν Δ263, H481 : λ232, 584, 585. πιεῖν Θ189 : θ70, κ386. Mid. Fut. pple. πιόμενος κ160. Nom. pl. neut. πιόμενα N493. (ἐκ-.) To drink. (1) To drink (liquid): οἶνον E341. Cf. B825, Δ262, Θ189, I177, Ξ5, Π226, X70 : α340, θ70, ι249, 297, κ316, λ98, ρ225, etc.—Of a drowning man drinking the brine: ἐπεὶ πίεν ἁλμυρὸν ὕδωρ δ511.—With partitive genit.: αἵματος λ96. Cf. ο373, χ11.—Absol. Δ263, Z260, H481, Λ641, 642, N493, Ξ1, Π825, P250, X2, Ω102, 350, 476 : α258, β305, ε197, η99, κ160, λ584, etc.—(2) To drink the contents of (a vessel): κύπελλα οἴνου Δ346. Cf. Θ232.— (3) In pass., to be drunk up, consumed : πολλὸν μέθυ πίνετο I469 : τόδε δῶμα φ69. Cf. ι45, v312.

πίον, 3 pl. aor. πίνω.

πίπτω [redup. fr. π(ε)τ-. Cf. πέτομαι]. 3 pl. fut. in mid. form πεσέονται Λ824. Infin. πεσέεσθαι I235, M107, 126, P639. Aor. ἔπεσον η283. πέσον χ64. 3 sing. ἔπεσε Δ134, Θ485, Λ297, 676, N178, etc. : κ163, σ98, τ454, ω540. πέσε Δ482, E82, H16, M395, N181, etc. : ε315, ι371, κ559, μ410, σ398, etc. 3 dual πεσέτην Ψ216. 3 pl. ἔπεσον H256, Φ9, 387, Ψ687 : ε295, ω526. πέσον E583, Λ311, N617, O714, Π276, 741, P760 : μ417, ξ307, π13. 3 sing. subj. πέσῃ T110. -ῃσι O624 : θ524, χ254. 3 dual -ητον Λ325. 1 pl. -ωμεν N742. 3 -ωσι O63. 3 sing. opt. πέσοι N289. 3 pl. -οιεν Z453, Ψ437. Pple. πεσών, -όντος A594, B175, Γ289, Δ504, Θ270, Δ241, etc. : κ51, ξ475, σ91, χ22, 94, ω525. Fem. πεσοῦσα N530, Π118 : ο479, σ397. Infin. πεσέειν Z82, 307, Ψ595. Acc. pl. masc. pf. pple. πεπτεῶτας χ384. Acc. pl. neut. πεπτεῶτα Φ503. (ἀμφι-, ἀπο-, ἐκ-, ἐμ-, κατα-, προ-.) To fall. (1) To fall or drop from a high or relatively high position: πέσε δὲ λίθος εἴσω M459. Cf. Λ594, E82, M156, O435, P760, Φ9, etc. : τέγεος πέσεν (from the . . .) κ559.

Cf. λ64, μ239, ξ129, ο479, π13, σ397, τ469, ω535, 540.—(2) To be hurled or thrown from such a position: φῶτες ἔπιπτον πρηνέες ἐξ ὀχέων Π378. Cf. H16, Ψ437 : ε315, μ417, ξ307.— (3) To let oneself fall, throw oneself: ἐν γούνασι πῖπτε Διώνης E370. Cf. κ51.—(4) Of a missile, to light, find its mark : ἐν δ' ἔπεσε ζωστῆρι ὀϊστός Δ134. Cf. N289.—Of a missile that misses its mark, to fall, light, in a specified way : ἡμῖν ἐτώσια [βέλεα] πίπτει ἔραζε P633. Cf. χ259=276, 280.—(5) In immaterial senses. Of sleep : ἐπεί σφισιν ὕπνος ἐπὶ βλεφάροισιν ἔπιπτεν β398. Cf. ε271, v79, ψ309.—Of fear : τοῖς δέος ἐν φρεσὶ πίπτει ξ88.—Of falling out of favour: σοὶ ἐκ θυμοῦ πεσέειν Ψ595.—Of strife : ἐν ἄλλοισι θεοῖσιν ἔρις πέσεν Φ385.—(6) Uses with adverbs and prepositions. (a) With ἐν. (a) To rush into, in among, upon, something : ἐν νήεσσι πεσόντες B175. Cf. Λ297, O624, Ψ216.—Sim. of a breaking wave O624.—Of a rushing stream Φ241.—(β) To fall upon a foe, rush upon a specified objective, make assault upon it : οὐδ' ἔτι φασὶ [Τρῶες] σχήσεσθ', ἀλλ' ἐν νηυσὶ πεσέεσθαι I235, βὰν ρ' ἰθὺς Δαναῶν, οὐδ' ἔτ' ἔφαντο σχήσεσθ', ἀλλ' ἐν νηυσὶ πεσέεσθαι M107 (but in these two passages it is possible to take σχήσεσθαι as referring to the Greeks in sense (III) (6) of ἔχω, and πεσέεσθαι in sense (γ) below). Cf. Λ325, N742, Π276, P639 : ἐν δ' ἔπεσον προμάχοις ω526. —(γ) To fall back in rout upon something, rush or flee in disorder to a specified objective: ἐν χερσὶ γυναικῶν φεύγοντας πεσέειν (take refuge in our wives' arms) Z82, ἔφαντ' οὐκέτ' Ἀχαιοὺς σχήσεσθ', ἀλλ' ἐν νηυσὶ πεσέεσθαι M126. Cf. Λ311, 824, O63.—(b) With σύν. (a) To rush together for some purpose, make united effort : σὺν Εὖρός τε Νότος τ' ἔπεσον ε295.—(β) To rush together with hostile intent, engage in fight with each other : σύν ρ' ἔπεσον λείουσιν ἐοικότες H256. Cf Φ387, Ψ687.—(7) To fall from one's or its own height. (a) To lose the erect position, come to the ground : θάμνοι πρόρριζοι πίπτουσιν Λ157, πέσεν ὕπτιος O647. Cf. Ξ418, O648, Φ407, Ψ120 : η283 (app., coming out of the water I sank down), ι371, μ410, σ91, 98, 398.— Of corn that is being cut Λ69, Σ552.—(b) To drop down wounded, be wounded : οὐκ ἀμέλησε κασιγνήτοιο πεσόντος Θ330.—(c) To fall in battle or fight, drop down dead, be slain : τὸν πεσόντα ποδῶν ἔλαβεν Δ463. Cf. A243, Γ289, Δ482, 504, E561, Θ67, K200 (app. pple. of the impf., 'that had fallen'), M395, etc. : θ524, χ22, 94, 118, 254, 384, ω181, 449, 525.—Of slain animals Π469 : κ163=τ454.—(d) To come to a lower from a higher level, sink. Of the setting sun Θ485.—Of wind, to fall, abate ξ475, τ202.

πῖσος, τό. A water-meadow : πίσεα ποιήεντα Υ9 := ζ124.

πίσσα, ἡ. Pitch Δ277.

πιστά, -όν [πιθ-τός, fr. πιθ-, πείθω]. (1) Of persons: trusty, faithful, true O331, 437, P500, 575, 589, Σ235, 460 : ο539.—In superl. πιστότατος

II 147.—(2) (a) In which one may feel confidence, such as to beget trust, sure, faithful : ὅρκια B 124, Γ 73 = 256, Γ 94, 245, 252, 269, 280, 323, Δ 157, H 351, T 191, X 262 : ω 483.—(b) Absol. in neut. pl., trustworthiness, faith (cf. ἴσος (2) (c), φυκτός) : ἐπεὶ οὐκέτι πιστὰ γυναιξίν (in . . .) λ 456.

πιστόω [πιστός]. To make trustworthy. (1) In pass., to give assurance, bind oneself surely. With infin. : ὅρκῳ πιστωθῆναι ἀπήμονά μ' οἴκαδ' ἀπάξειν ο 436.—In mid., to give assurance to a person, give him confidence ; ἐπιστώσαντ' ἐπέεσσιν Φ 286.—(2) In pass., to feel assurance, be convinced : ὄφρα πιστωθῆτον φ 218.—(3) In mid., to give mutual pledges, exchange troth : χεῖράς τ' ἀλλήλων λαβέτην καὶ πιστώσαντο Z 233.

πίσυνος [πιθ-, πείθω]. Trusting in, relying upon, emboldened by, something. With dat. : τόξοισιν E 205. Cf. Θ 226 = Λ 9, I 238, Ω 295, 313 : σ 140.

πίσυρες [Aeolic form of τέσσαρες]. Four O 680, Ψ 171, Ω 233 : ε 70, χ 111.—With another numeral : π. καὶ εἴκοσι π 249.

πίτνημι [cf. πετάννυμι]. From πιτνάω 3 sing. impf. πίτνα Φ 7. To spread, spread out : χεῖρας λ 392.—To cause (mist) to be outspread over something, spread or shed (it) Φ 7.—In pass., to be outspread, flutter : ἀμφὶ χαῖται πίτναντο X 402.

πίτυς, ἡ. Dat. pl. πίτυσσι ι 186. A pine-tree N 390 = II 483.—A felled pine or a piece thereof : δέδμητο πίτυσσιν ἰδὲ δρυσίν ι 186.

πιφαύσκω [with reduplication fr. φα-, φαίνω]. (1) To make manifest to the sight, display, show. In mid. : πιφαυσκόμενος τὰ ἃ κῆλα M 280. Cf. O 97, Φ 333.—(2) To tell of, indicate, point out : ἵπποι, οὓς πιφαύσκε Δόλων κ 478.—In mid. ο 518.—(3) To give a signal : ῥοίζησε πιφαύσκων Διομήδεϊ K 502.—(4) To bring forward, propose, tender. In mid. : μή μοι ἄποινα πιφαύσκεο Φ 99.—(5) To set forth, communicate, disclose, make known, declare : μῦθον ἅπαντα λ 442.—In mid. : ἠέ τι Μυρμιδόνεσσι πιφαύσκεαι ; (have you anything to . . . ?) II 12. Cf. β 32, 44, φ 305 (prophesy), ψ 202. —(6) To set forth or utter (words or discourse) : ἔπεα K 202. Cf. χ 131 = 247.—(7) To make declaration, state one's case, one's wishes, what one sees or knows : δήμῳ πιφαύσκων Σ 500. Cf. μ 165.— In mid. β 162, ν 37.

πιών, aor. pple. πίνω.

πίων, -ονος. Fem. πίειρα. Superl. πίοτατος I 577. (1) Of beasts, fat, plump B 403, I 207, M 319, Ψ 750 : β 56 = ρ 535, ι 217, 232, 312, 315, 337, 464, ξ 419, ρ 180 = υ 250, υ 186, ω 66.—Rich with fat : μηρία A 40, Λ 773, O 373. Cf. δ 65, 761, τ 366.—Of fat, rich, thick : καλύψας πίονι δημῷ ρ 241. Cf. X 501 : ξ428.—(2) Of land or a country, rich, fertile E 710, I 577, M 283, II 437, Σ 541, etc. : β 328, δ 318, ν 322, ξ 329, τ 173, etc.—Of cities or a house, full of substance, rich : πίειρας πόλεις Σ 342 : οἶκον ι 35.—Of a temple or a part thereof, rich with offerings : νηῷ B 549, ἀδύτοιο E 512 : νηόν μ 346.—Of a meal, plentiful, sumptuous : δαιτὶ πιείρῃ T 180.

πλαγκτός [πλαγκ-, πλάζω. 'Sent adrift ']. Unsettled, crazy. Absol. in voc. φ 363.

πλαγκτοσύνη, -ης, ἡ [as prec.]. Wandering, a roving life : πλαγκτοσύνης κακώτερον ο 343.

πλάζω [πλαγ-. Cf. πληγή, πλήσσω]. 3 sing. aor. πλάγξε ω 307. Fut. mid. πλάγξομαι ο 312. 3 sing. aor. pass. πλάγχθη Λ 351 : α 2. Pple. πλαγχθείς, -έντος Ξ 120 : ζ 278, ν 278. (ἀπο-, ἐπι-, παρα-, προσ-.) (1) To beat upon : κῦμα πλάξ' ὤμους Φ 269 : δύω νύκτας κύματι πλάζετο (was beaten upon, tossed, by the waves) ε 389.—(2) To drive or turn from one's or its course, cause to take another or an undesired course : δαίμων με πλάγξ' ἀπὸ Σικανίης δεῦρ' ἐλθέμεν ω 307. Cf. P 751 : α 2 (was tossed about), 75, ν 278.—To drive back from one's goal, foil, baffle : ἐπίκουροι, οἵ με μέγα πλάζουσιν B 132.—To drive, force to flee, from a place : Ἄργεϊ νάσθη πλαγχθείς Ξ 120.—To daze : πλάξε [μνηστῆρας] πίνοντας β 396.—(3) In mid. and pass., to wander, rove, roam : εἰ ἄλλου μῦθον ἄκουσας πλαζομένου ['Οδυσσῆος] (have heard from some one else the story of his wanderings) γ 95 = δ 325, πλαξόμενοι κατὰ ληῗδα γ 106. Cf. K 91 : γ 252, ν 204, ξ 43, ο 312, π 64, 151.—To stray, lose one's way : πλαγχθέντα ἧς ἀπὸ νηὸς ζ 278.—Of a missile, to glance off : πλάγχθη ἀπὸ χαλκόφι χαλκός Λ 351.

†πλανάομαι. 3 pl. πλανόωνται. To deviate from the straight course, go deviously : ἵπποι πλανόωνται ἀνὰ δρόμον (run all over the course) Ψ 321.

πλατάνιστος, -ου, ἡ. A plane-tree : καλῇ ὑπὸ πλατανίστῳ B 307, πρὸς πλατάνιστον ὀρουσεν 310.

πλατύς, -ύ. Wide, broad : τελαμῶνσι E 796. Cf. H 86, N 588, P 432 : ω 82.—Of flocks, broad, extensive : αἰπόλια B 474, Λ 679 : = ξ 101, 103.

πλέες, nom. pl. See πλείων.

πλεῖος, -η, -ον [πλη-, πίμπλημι]. Also πλέος υ 355. Comp. πλειότερος λ 359. (1) Filled to the utmost capacity, full : δεπάεσσιν Θ 162 = M 311. Cf. K 579, Δ 637 : λ 359. — With contents undiminished, still full : σὸν πλείον δέπας αἰεὶ ἕστηκεν Δ 262.—(2) With genit., full of, filled with : πλεῖαί τοι χαλκοῦ κλισίαι B 226. Cf. I 71 : δ 319 (crowded with . . .), μ 92, ο 446, ρ 605, υ 355.

πλεῖστος, -η, -ον, superl. [πλε-ῖστος. Cf. πλείων]. (1) The most numerous, in greatest number : πλεῖστοι καὶ ἄριστοι λαοὶ B 577, 817. Cf. B 580, Γ 185, I 382, Λ 148, M 89 = 197, O 448 : ὅθι πλεῖστα κτήματα κεῖται δ 127. Cf. δ 229, ε 309.—With nouns of multitude : ὅμιλον O 616, λαόν II 377.— Absol.: ὅθι πλεῖστοι κλονέοντο E 8. Cf. E 780, Z 69, Ξ 520, II 285 : π 77, 392 = φ 162, ν 335.—(2) The most, the most in quantity or abundance : κόνις N 335, καλάμην T 222.—(3) The greatest, the most serious : κακόν δ 697.—(4) In neut. sing. πλεῖστον as adv., the most, to the greatest extent, in the highest degree : ἦ οἱ πλεῖστον ἔρυτο Δ 138. Cf. T 287.

πλείω. See πλέω.

πλείων, -ον, comp. Neut. πλεῖον [πλε-ίων. Cf. πλεῖστος]. Also πλέων, -ονος. Nom. pl. masc. πλείους ω 464. πλέες Λ 395. Dat. pl. πλείοσι K 106 : μ 196, τ 168. πλεόνεσσι A 281, 325, N 739, O 611,

Π 651 : β 245, 251, μ 54, 164, π 88, σ 63, χ 13. Acc. πλέας Β 129. (1) More, more numerous, in greater number: πλέας ἔμμεναι υἷας 'Αχαιῶν Τρώων Β 129. Cf. Ε 673, Κ 106, 506, Λ 395, Ο 611, etc. : ἀνήϊξαν ἡμίσεων πλείους ω 464. Cf. β 245, η 189, ι 48, μ 54, τ 168, etc.—Absol. : ἐπεὶ πλεόνεσσιν ἀνάσσει Α 281, οὐδὲ πλείονα ἴσασι μητίσασθαι (have more knowledge so as to . . ., know better how to . . .) Ψ 312. Cf. Α 325, Ε 531, Ν 355, Π 651, etc.: β 251, μ 188, ξ 498, π 88, σ 63, χ 13. —(2) Many rather than few. Absol. : πλεόνων ἔργον ἄμεινον Μ 412.—(3) Greater in quantity or amount : πλέων νύξ (more of the night) Κ 252.— Absol. : ἐπὶ πλεῖον ἐλέλειπτο θ 475. Cf. Α 165.

πλεκτός, -ή, -όν [πλεκ-, πλέκω]. Formed by plaiting or twisting, plaited, twisted : ταλάροισιν (i.e. of wicker-work) Σ 568. Cf. Χ 469 : ι 247, χ 175 = 192.

†πλέκω. 3 sing. aor. ἔπλεξε Ξ 176. Aor. pple. mid. πλεξάμενος κ 168. (περι-.) (1) To plait, twist, braid : πλοκάμους Ξ 176.—(2) To form by plaiting or twisting, plait, twist : πεῖσμα κ 168.

πλέος. See πλεῖος.

πλευρά, τά [cf. next]. In collective sense, the side of the body : πλευρὰ οὔτησε ξυστῷ (in the side) Δ 468. Cf. Λ 437.

πλευραί, αἱ [cf. prec.]. The ribs, the sides of the body : σμώδιγγες ἀνὰ πλευρὰς ἀνέδραμον Ψ 716. Cf. Υ 170, Ω 10 : ρ 232.

πλέω. Also πλείω ο 34, π 368. πλώω Φ 302 : ε 240. 2 pl. fut. in mid. form πλεύσεσθε μ 25. (ἀναπλέω, ἀποπλείω, ἐπιπλέω, καταπλέω, παραπλώω.) (1) To go or make one's way by sea, sail the seas, sail : πλέων ἐπὶ πόντον Η 88. Cf. α 183, γ 276, ε 278, ι 62, κ 28, etc.—Of ships: 'Ελλήσποντον ἐπ' ἰχθυόεντα πλεούσας νῆας ἐμάς Ι 360. Cf. γ 158, μ 70.—To set sail, sail : ἅμ' ἠοῖ πλεύσεσθε μ 25. Cf. Γ 444, Ξ 251 : ξ 253.— (2) To sail over or upon, traverse : πόθεν πλεῖθ' ὑγρὰ κέλευθα; γ 71 = ι 252.—(3) In gen., to be borne on the surface of water, float : πολλὰ τεύχεα πλῶον καὶ νέκυες Φ 302. Cf. ε 240.

πλέων, -ονος. See πλείων.

πληγή, -ῆς, ἡ [πληγ- as in πλήσσω]. A blow or stroke: ὑπὸ πληγῆς πατρὸς Διός (i.e. his lightning) Ξ 414. Cf. Β 264, Λ 532, Ο 17, Π 816 : ὑπὸ πληγῇσιν ἱμάσθλης ν 82. Cf. δ 244, ρ 283, σ 54.

πλήγη, 3 sing. aor. pass. πλήσσω.

πλῆθος, τό [πλη-, πίμπλημι]. Numerical strength or superiority, numbers : πεποιθότας πλήθεϊ σφετέρῳ Ρ 330.—So, app., πλήθεϊ πρόσθε βαλόντες (by being two to one) Ψ 639.

πληθύς, -ύος, ἡ [πλη-, πίμπλημι]. (1) The whole number, the body, the multitude : πληθύος ἐκ Δαναῶν Ι 641.—(2) The general or common body, the host : ἡγεμόνας ἕλεν, αὐτὰρ ἔπειτα πληθύν Λ 305. Cf. Β 143, 278, 488, Ο 295, 305.—(3) A throng gathered for or engaged in battle : κατὰ πληθὺν Λυκίων Ε 676. Cf. Λ 360, Ρ 31 = Υ 197, Υ 377, Χ 458 : λ 514.—(4) Numerical strength, numbers: οὐ πληθὺν διζήμενος (not wishing merely to swell the array) Ρ 221.—Numerical superiority,

numbers, a being outnumbered, an outnumbering : πληθὺν ταρβήσας Λ 405. Cf. π 105.

πλήθω [πλη-, πίμπλημι]. (1) To be filled or occupied to the whole extent or capacity: τραπέζας πληθούσας (loaded) λ 419.—With genit. : πλήθει μοι νεκύων ῥέεθρα Φ 218. Cf. Θ 214 : ι 8.—(2) Of a river, to be brimming, be in flood : ποταμοὶ πλήθουσιν Π 389. Cf. Ε 87, Λ 492 : τ 207.—Of the moon, to be at the full, be full : σελήνην πλήθουσαν Σ 484.

πληκτίζομαι [πληκτ-, πλήσσω]. To bandy blows with. With dat. : πληκτίζεσθ' ἀλόχοισι Διός Φ 499.

πλήμνη, -ης, ἡ. The nave of a wheel : πλῆμναι ἀργύρου Ε 726. Cf. Ψ 339.

πλημυρίς. A swell or heave (of the sea): πλημυρὶς ἐκ πόντοιο ι 486.

πλήν. Excepting, except, save. With genit.: πλήν γ' αὐτοῦ Λαοδάμαντος θ 207.

πλῆντο[1], 3 pl. aor. pass. πελάζω.

πλῆντο[2], 3 pl. aor. pass. πίμπλημι.

πλῆξα, aor. πλήσσω.

πλήξιππος [πληξ-, πλήσσω + ἵππος]. Smiter of horses. Epithet of Pelops Β 104.—Of Menestheus Δ 327.—Of Orestes Ε 705.—Of Oileus Λ 93.

πλῆσε, 3 sing. aor. πίμπλημι.

πλῆσθεν, 3 pl. aor. pass. πίμπλημι.

πλησίος, -η, -ον [πέλας]. (1) Near, close : πλησίαι αἵ γ' ἥσθην (close to each other) Δ 21 = Θ 458. Cf. Λ 593 = Ν 488, Β 271 (his neighbour) = Δ 81 = Χ 372 : = θ 328 = κ 37 = ν 167 = σ 72 = 400 = φ 396, κ 93.—Near to, close to. With genit. : ἀλλήλοισιν ε 71.—With dat. : ἀλλήλοισιν Ψ 732 : β 149.— (2) In neut. sing. πλησίον as adv., near, close, close by : ἑστήκει Δ 329. Cf. Σ 422 : θ 7 (in a body), υ 106 (from near at hand).—Near to, close to. With genit. : ἀλλήλων Γ 115, Ζ 245, 249. Cf. μ 102, ξ 14.—With dat. : οἱ η 171.

πλησίστιος [πλησι-, πίμπλημι + ἱστίον]. Swelling the sail : οὖρον λ 7 = μ 149.

πλήσσω. Aor. πλῆξα κ 162. 3 sing. πλῆξε Β 266, Γ 362, Ε 147, Λ 240, Μ 192, Π 115, 791, Ρ 294 : ε 431, μ 412. 3 sing. subj. πλήξῃ σ 57. 3 sing. opt. πλήξειε Κ 489. Pple. πλήξας, -αντος Ε 588, Π 332 : υ 17, χ 20. Pf. pple. πεπληγώς Χ 497. Fem. πεπληγυῖα Ε 763 : κ 238, 319, π 456. Thematic pf. pple. πεπλήγων (v.l. πεπλήγως) Β 264. Infin. πεπληγέμεν Π 728, Ψ 660. 3 pl. thematic plupf. (in impf. sense) ἐπέπληγον Ε 504. πέπληγον Ψ 363 : θ 264. Mid. Aor. pple. πληξάμενος Π 125. 3 sing. thematic plupf. (in impf. sense) πεπλήγετο Μ 162, Ο 113, 397 : ν 198. 3 pl. πεπλήγοντο Σ 31, 51. Pass. 3 sing. aor. πλήγη Ν 394, Π 403. Pple. πληγείς, -έντος Θ 12, 455, Ο 17, Ψ 694 : φ 50. Fem. πληγεῖσα Ρ 296 : μ 416, ξ 306. (δια-, ἐκ-, ἐνι-, ἐπι-, κατα-.) (1) To administer a blow to, strike, hit, smite, beat : σκήπτρῳ Β 266, πὺξ πεπληγέμεν (so to fall to with their fists) Ψ 660. Cf. Π 791, Χ 497, Ψ 363, 694 : θ 264, κ 238, 319, π 456, σ 57, υ 17, φ 50, χ 20.—In mid. : ὢ πεπλήγετο μηρώ Μ 162. Cf. Ο 113, Π 125, Σ 31, 51, Ο 397 : = ν 198.—To drive away with blows :

ἀγορῆθεν Β 264.—To whip up (horses) Π 728.—Of horses, to kick Ε 588.—Of inanimate objects : ἱστὸς πλῆξε κυβερνήτεω κεφαλήν μ 412. Cf. ε 431. —(2) With ἐκ, to drive out of one's wits or one's mind (cf. ἐκπλήσσω): ἔκ οἱ ἡνίοχος πλήγη φρένας (lost his wits) Ν 394. Cf. Π 403 : σ 231.—(3) To strike, hit, smite, with a weapon Γ 362, Ε 147, 763, Κ 489, Λ 240, Μ 192, Π 115, 332, Ρ 294, 296 : κ 162.—Of Zeus and his lightning : πληγέντε κεραυνῷ Θ 455. Cf. Θ 12, Ο 117 : μ 416 = ξ 306.— (4) To set in motion by striking or beating : κονισάλῳ, ὃν οὐρανὸν ἐς πολύχαλκον ἐπέπληγον πόδες ἵππων Ε 504.

πλῆτο¹, 3 sing. aor. pass πελάζω.

πλῆτο², 3 sing. aor. pass. πίμπλημι.

πλίσσομαι. Of mules, app., to prance along : εὖ πλίσσοντο πόδεσσιν ζ 318.

πλόκαμος, -ου, ὁ [πλέκω]. A lock or tress of hair : πλοκάμους ἔπλεξεν Ξ 176.

πλόος, ὁ [πλέω]. A voyage or course : δολιχὸν πλόον ὁρμαίνοντας γ 169.

τ.λοῦτος, -ου, ὁ. Wealth, riches, abundance of substance Α 171, Β 670, Ε 708, Π 596, Ω 536, 546 : ξ 206, ω 486.

πλοχμός, -οῦ, ὁ [πλέκω]. A lock of hair : πλοχμοί, οἳ χρυσῷ τε καὶ ἀργύρῳ ἐσφήκωντο Ρ 52.

πλυνός, -οῦ, ὁ [πλύνω]. A place for washing clothes, a washing-trough : λαΐνεοι Χ 153. Cf. ζ 40, 86.

πλύνω. 3 pl. pa. iterative πλύνεσκον Χ 155. Fut. pple. fem. πλῦνέουσα ζ 59. Pl. πλῦνέουσαι ζ 31. 3 pl. aor. πλῦναν ζ 93. Pple. fem. πλύνασα ω 148. (ἀπο-.) To wash clothes : ἴομεν πλυνέουσαι ζ 31. Cf. ο 420.—To wash (clothes) : ὅθι εἵματα πλύνεσκον Χ 155. Cf. ζ 59, 93, ω 148.

πλωτός, -ή [πλώω]. Floating κ 3.

πλώω. See πλέω.

πνείω. See πνέω.

πνεύμων, -ονος, ὁ [πνευ-, πνεϜ-, πνέω]. One of the lungs : πάγη ἐν πνεύμονι χαλκός Δ 528.

πνέω (πνέϜω). Also πνείω. 3 sing. aor. ἔπνευσε Ω 442. 3 sing. subj. πνεύσῃ Τ 159. (ἀναπνέω, ἀποπνείω, ἐμπνέω, παραπνέω.) (1) To breathe Ν 385.—(2) To draw the breath of life, live, exist : ὅσσα τε γαῖαν ἔπι πνείει Ρ 447 : = σ 131. —(3) To breathe forth. Fig. : μένεα πνείοντες (πνείοντας) Β 536, Γ 8, Λ 508, Ω 364. Cf. χ 203. —(4) To breathe or inspire into a person, etc. : ἐν δ᾽ ἔπνευσ᾽ ἵπποισι μένος Ω 442. Cf. Τ 159.— (5) Of wind or a breeze, to breathe, blow δ 361, 567, ε 469, η 119.—(6) To emit an odour, smell : ἀμβροσίην ἡδὺ πνείουσαν δ 446.

πνοιή, -ῆς, ἡ [πνέω]. (1) A breathing, the breath : πνοιῇ [ἵππων] μετάφρενον θέρμετο Ψ 380. —A breath : δόρυ πνοιῇ ἔτραπεν Υ 439.—(2) Of the breath or blast of fire Φ 355.—(3) In reference to wind, a breathing, blowing, breeze, blast Ε 526, 697, Λ 622, Μ 207, Ν 590, Ξ 395, Π 149, Ρ 55, Τ 415, Ψ 215, 367, Ω 342 : = α 98 = ε 46, β 148, δ 402, 839, ζ 20, κ 25, 507.

ποδάνιπτρα, τά [πόδα, acc. of πούς + νιπ-, νίζω]. Water for washing the feet τ 343, 504.

ποδάρκης [ποδ-, πούς + an uncertain second element]. Swift-footed. Epithet of Achilles Α 121, Β 688, Ζ 423, Λ 599, Π 5, Σ 181, etc.

ποδηνεκής, -ές [ποδ-, πούς + ἐνεκ-. See φέρω]. Reaching to the feet : δέρμα λέοντος Κ 24 = 178, ἀσπίδα (i.e. such as to cover the whole of the bearer when the rim rested on the ground) Ο 646.

ποδήνεμος, -ον [ποδ-, πούς + ἄνεμος. ‘Like the wind in feet’]. Windswift. Epithet of Iris Β 786, Ε 353, 368, Λ 195 = Ο 168, Ο 200, Σ 166, 183 = 196, Ω 95.

ποδώκεια, -ης, ἡ [ποδώκης]. Swiftness of foot. In pl. : ποδωκείῃσι πεποιθώς Β 792.

ποδώκης, -εος [ποδ-, πούς + ὠκύς]. Swift-footed : ἵππους Β 764, Ρ 614. Cf. Κ 316, Ψ 262 (app. with transference of epithet from horses to drivers), 376.—Epithet of Achilles Β 860, Θ 474, Ν 113, Π 134, Ρ 486, Σ 234, etc. : λ 471, 538.

πόθεν [-θεν (1)]. Whence ? (1) In local sense : τίς π. εἰς ἀνδρῶν ; Φ 150 : α 170 = κ 325 = ξ 187 = ο 264 = τ 105 = ω 298, η 238 (or poss. these passages may be referred to (2)). Cf. γ 71 = ι 252, π 57.— In indirect construction : εἰρώτα (εἴροντο) τίς εἴη καὶ π. ἔλθοι α 423, ρ 368.—(2) In reference to race or origin. In indirect construction : οὐκ οἶδα π. γένος εὔχεται εἶναι (whence in the matter of race, i.e. of what stock he claims to be) ρ 373.

ποθέν, enclitic [cf. prec.]. (1) From some or any place or quarter : ἐλθών ποθεν α 115, ν 224. Cf. α 414, β 351, η 52, ξ 374, σ 376, φ 195, ω 149.—In reference to finding, somewhere : εἴ ποθεν ἐξεύροι Σ 322.—(2) From any source : εἴ ποθεν ἄλλα γένοιτο Ι 380. Cf. ε 490, χ 62.

ποθέω [ποθή]. Non-thematic pres. infin. ποθήμεναι μ 110. 3 sing. pa. iterative ποθέεσκε Α 492. 3 pl. aor. πόθεσαν Ο 219. Infin. ποθέσαι β 375, δ 748. (1) To feel the want of, long for, yearn for, mourn for, a person or thing absent or lost : αὐτήν τε πτόλεμόν τε Α 492. Cf. Ε 414, Ψ 16, Ω 6 : τοίην κεφαλήν α 343. Cf. ι 453, λ 196 (sick with hope of it deferred), μ 110, σ 204, τ 136.—(2) To miss, to feel the want of, be at a loss on account of or distressed by the absence or want of : ἀρχόν Β 703 = 726, 778. Cf. Β 709, Ε 234, Λ 161, Ο 219 : χ 387.—(3) To miss, remark the absence or loss of : πρὶν [μ᾽] αὐτὴν ποθέσαι β 375. Cf. δ 748, ν 219, π 287 = τ 6.

ποθή, -ῆς, ἡ (cf. πόθος). (1) A longing, yearning or mourning for a person or thing absent or lost : σῇ ποθῇ (through mourning for you) Τ 321. —(2) A missing a person or thing, a feeling at a loss or in distress on account of his or its absence or loss : Ἀχιλλῆος Α 240. Cf. Ζ 362, Λ 471, Ξ 368, Ρ 690, 704 : β 126, θ 414, κ 505.— (3) Lack, want, scarcity : ξενίων ο 514, 546.

πόθι. In what place ? where ? π. τοι πόλις ; α 170 = κ 325 = ξ 187 = ο 264 = τ 105 = ω 298.

ποθί, enclitic [cf. prec.]. (1) Somewhere : ἠέ ποθι πτολέμοιο μέγα στόμα [τεύχων] Κ 8.—(2) In negative or conditional contexts, anywhere : οὐδέ ποθι νέφος ἐστίν ν 114. Cf. Ν 309 : ρ 195.—In any part : οὐδέ ποθι μιαρός Ω 420.—(3) Somehow, haply :

αἴ κέ ποθι Ζεὺς δῷσι ... Α 128. Cf. Z526: α379 =
β 144, δ 34, μ 96, 215, ξ 118, ρ 51 = 60, χ 252.—
(4) Qualifying an expression, haply, I ween, no
doubt, as it would seem : ἀλλά ποθι Ζεὺς αἴτιος
α 348. Cf. N 630, T 273, Ω 209.

πόθος, -ου, ὁ [cf. ποθή]. = ποθή (1) P439 : δ596,
λ 202 (mourning for you), ξ 144.

ποιέω. Impf. mid. ποιεύμην Ι 495. (ἐμ-.) (1) To
make, construct, form, fabricate, fashion, prepare:
δῶμα Α 608, σάκος Η 222. Cf. Z 316, Η 339, 435,
O 363, Υ 12, etc. : α 239, δ 796, ε 253, ζ 10, θ 373,
ρ 207, etc.—In mid. E735 = Θ 386, M 5, 168, Σ 371:
ε 251, 255, 259.—To make or prepare (a bed) :
πεποίηταί τοι εὐνή η 342.—(2) To make, bring
about, cause, cause to come into existence or
take place : φόβον Μ 432, αἴθρην P 646. Cf. M 30,
N 120 : α 250 = π 127, ε 452, τ 34.—In mid. Θ 2,
489 : β 126.—To make (a bargain). In mid. :
ῥήτρην ποιησόμεθα ξ 393.—(3) To put (into a
person's mind), suggest: ἐνὶ φρεσὶν ὧδε νόημα
ποίησεν ξ 274.—With infin. : ἑστάμεναι N 55.—
(4) To appoint, nominate : ταμίην κ 21.—In mid. :
πέντε ἡγεμόνας ποιήσατο Π 171.—(5) To make,
cause to be (so and so). With complementary
adj. : ἄφρονα ποιῆσαι καὶ ἐπίφρον' ἐόντα ψ 12. Cf.
Α 461 = B 424 : = γ 458 = μ 361, α 235, ι 327, 524,
ν 42.—With sim. sb. : μή σέ γε βασιλῆα ποιήσειεν
α 387. Cf. Ω 537, 611 : π 456, ρ 271.—In mid.
Γ 409, I 397, 495 : ε 120, η 66, κ 433.—To cause
to do something. With infin. : ἐπεί σε θεοὶ ποίησαν
ἱκέσθαι οἶκον ψ 258.—(6) To do, effect, perform :
ἢ σοὶ ἄριστα πεποίηται ; Z 56.—In mid. : οὐδέ
τιν' ἄλλην μῦθον ποιήσασθαι ἐπισχεσίην ἐδύνασθε
(could put forward no other plea) φ 71.

ποίη, -ης, ἡ. Grass Ξ 347: ι 449, σ 368, 370, 372.

ποίηεις, -εντος. Fem. -εσσα [ποίη]. Grassy,
grass-clad : ἄγκεα δ 337 = ρ 128. Cf. Υ 9 : = ζ 124.
—Of places, grassy, with grassy meadows B 503,
I 150 = 292 : π 396.

ποιητός, -ή, -όν [ποιέω]. (1) Made, constructed,
fabricated: σάκεος πύκα ποιητοῖο Σ 608. Cf. E466:
α 333 = θ 458 = π 415 = σ 209 = φ 64, α 436, χ 455.
—(2) Epithet of various products of art, well
made, constructed or fabricated (= εὐποίητος) :
δόμοις E 198, τρίποδος Ψ 718. Cf. K 262, M 470,
Ψ 340 : ν 306.

ποικίλλω [ποικίλος]. To make, form, fashion,
with curious art Σ 590.

ποίκιλμα, τό. In pl., broidery, ornamental
variegated work in wool : κάλλιστος ποικίλμασιν
Z 294 : = ο 107.

ποικιλομήτης [ποικίλος + μῆτις]. Of many and
various devices or wiles. Epithet of Odysseus
Λ 482: γ 163, η 168, χ 115, 202, 281.—Absl. In
voc. addressed to Odysseus : ποικιλομῆτα ν 293.

ποικίλος, -η, -ον. (1) Parti-coloured, marked
with patches of a different colour or shade, dappled:
παρδαλέη K 30 : ἐλλόν τ 228.—(2) Wrought or
ornamented with curious art, elaborately wrought
or ornamented. With reference to broidery or
ornamental variegated work in wool, etc. : πέπλον
E 735 = Θ 386. Cf. Ξ 215, 220, X 441 : σ 293.—

Of various products of art: ἅρματα ποικίλα
χαλκῷ (with . . ., i.e. having the metal parts
curiously wrought) Δ 226, K 322, 393, θώρηκα
Π 134. Cf. Γ 327, Δ 432, E 239, Z 504, K 75,
149, 501, 504, M 396, N 181, 537 = Ξ 431,
Ξ 420 : κλισμόν α 132. Cf. γ 492 = ο 145 = 190.—
(3) Elaborately contrived, intricate, complicated:
δεσμόν θ 448.

ποιμαίνω [ποιμήν]. 3 sing. pa. iterative
ποιμαίνεσκε ι 188. To tend (a flock): μῆλα ι 188.
—Absol., to tend one's flock, act as shepherd :
ποιμαίνων (ποιμαίνοντ') ἐπ' ὄεσσιν Z 25, Λ 106.—
In pass., of flocks, to roam the pastures : αἶγας
καὶ ὄϊς, τά οἱ ἄσπετα ποιμαίνοντο Λ 245.

ποιμήν, -ένος, ὁ. (1) A shepherd (in κ 82 app.
including 'herdsman'; and this sense is possible
in all the passages except E 137, M 451, N 493
and Π 354, where the sense 'shepherd' (in Π 354
including 'goatherd') is required) Γ 11, Δ 455,
E 137, Θ 559, M 451, N 493, Π 354, Σ 162, Ψ 835:
δ 87 κ 82.—(2) Of kings and chiefs, π. λαῶν,
shepherd of the host. Applied to Agamemnon
B 243, 254, 772 = H 230, Δ 413, K 3, Λ 187, 202,
Ξ 22, T 35, 251, Ω 654: γ 156, δ 532, ξ 497.—To
Menelaus E 566, 570: δ 24.—To Nestor B 85,
K 73, Ψ 411 : γ 469, ο 151, ρ 109.—To Atreus
B 105.—To Aeneas E 513, Υ 110.—To Glaucus
Z 214.—To Hector K 406, Ξ 423, O 262, X 277.—
To Diomedes Λ 370, Ψ 389.—To Machaon Λ 506,
598, 651.—To Achilles Π 2, T 386.—To Aegisthus
δ 528.—To Odysseus σ 70, ν 106.—To Laertes
ω 368.—To Mentor ω 456.—To various minor
heroes Α 263, Δ 296, E 144, H 469, I 81, Λ 92,
578, 842, N 411, 600, Ξ 516, P 348.

ποίμνη, -ης, ἡ [ποιμαίνω]. A flock ι 122.

ποιμνήϊος [ποίμνη]. Of or pertaining to a flock:
σταθμὸν ποιμνήϊον (a sheep-farm) B 470.

ποινή, -ῆς, ἡ. (1) A blood-price, a sum paid as
compensation and satisfaction by a homicide to
the family of the slain man : εἵνεκα ποινῆς ἀνδρὸς
ἀποφθιμένου Σ 498. Cf. I 633, 636.—In reference
to requital or vengeance for men slain in battle
N 659, Ξ 483, Π 398, Φ 28 (to pay the price of
his blood in their persons).—So of the vengeance
taken on the Cyclops ψ 312.—(2) Something given
in recompense for loss or deprivation, amends:
ποινὴν Γανυμήδεος (for the loss of . . .) E 266.
Cf. P 207.—A sum to be paid by an enemy as
compensation for loss or damage, an indemnity :
μαχήσομαι εἵνεκα ποινῆς Γ 290 (= τιμήν 286, 288).

ποῖος, -η, -ον. (1) Of what nature, kind, or
sort ? ποῖοί κ' εἶτ' 'Οδυσῆϊ ἀμυνέμεν ; (what sort of
helpers would he find you ?) φ 195.—(2) Without
special reference to nature, etc., what ? ποίη νηΐ
σ' ἤγαγον ; π 222.—Carrying on an indirect
question: ἐρέσθαι ὁππόθεν οὗτος ἀνήρ, ποίης δ' ἐξ
εὔχεται εἶναι γαίης α 406.—(3) Rather exclamatory
than interrogative, expressing surprise or anger:
ποῖον τὸν μῦθον ἔειπες (what a word is this that
you have said !) Α 552. Cf. Δ 350, Θ 209, etc. :
α 64, γ 230, φ 168, etc.—Absol. : ποῖον ἔειπες
N 824. Cf. Ψ 570 : β 85 = ρ 406, β 243.

ποιπνύω [prob. fr. πνῦ-. See πέπνυμαι]. To show activity, exert oneself, be busy : διὰ δώματα ποιπνύοντα (bustling about) A 600. Cf. Θ 219 (to bestir himself and . . .), Ξ 155 (showing himself everywhere), Σ 421 (nimbly played their part), Ω 475 (were doing busy service) : γ 430 (busied themselves), υ 149 (bestir yourselves and . . .).

πόκος, -ου, ὁ [πέκω]. A fleece M 451.

πολέες, nom. pl. πολύς.

πολεῖς, nom. pl. πολύς.

πόλεις, acc. pl. πόλις.

πολεμήϊος [πόλεμος]. Of or for war, warlike : ἔργα B 338, E 428, H 236, Λ 719, N 727, 730, τεύχεα H 193 : ἔργα μ 116.

πολεμίζω, πτολεμίζω [πόλεμος]. Fut. πτολεμίξω Φ 463. 1 pl. πολεμίξομεν Ω 667. πτολεμίξομεν B 328. Pple. πολεμίξων K 451, O 179. πτολεμίξων N 644. Infin. πολεμίξειν Υ 85. (1) To fight, do battle, take part in the fight, engage in fight : ἐπεί κε κάμω πολεμίζων A 168, πολεμίζειν οὐκ εἴασκον E 802. Cf. B 328, Δ 300, E 520, Θ 428, I 318, etc. : ν 315 = ο 153, ξ 240.—Of horses Π 834. —Of single combat Γ 67, H 152, O 179, Υ 85, etc. —(2) To fight, engage in fight, do battle, with. With dat.: πολεμιξέμεναι Τρώεσσιν I 337. Cf. B 121, Λ 279, Π 89, T 168, 325 : γ 86.—With the dat. suppressed : ῥητέροι πολεμίζειν (to fight with) Σ 258.—Of single combat. With dat. : εἰ σοί πολεμίξω Φ 463. Cf. Γ 435, H 42, 169, I 356, O 539.—With cognate acc.: πόλεμον πολεμίζειν B 121, Γ 435.

πολεμιστής, ὁ. πτολεμιστής X 132. [πολεμίζω.] A fighter, warrior E 289 = Υ 78 = X 267, E 571, 602 = Π 493 = X 269, K 549, N 300, O 585, P 26, Φ 589, X 132 : ω 499.—With implied notion of stoutness : πολεμιστὰ μετ' ἀνδράσιν Π 492.

πολεμόνδε, πτολεμόνδε Θ 400. [Acc. of πόλεμος + -δε (1).] (1) To the fight : κηρύσσειν B 443, ὀτρύνων 589. Cf. B 872, Δ 264, H 209, N 186, Σ 452, etc. : φ 39.—(2) To the war λ 448.

πόλεμος, -ου, πτόλεμος, -ου, ὁ. (1) War, battle, armed conflict, fighting : πόλεμος καὶ λοιμός A 61, αὐτήν τε πτόλεμόν τε 492. Cf. A 422, B 384, E 388, Z 328, 492, Θ 35, etc. : α 12, δ 146, ε 224, κ 553, λ 537, ξ 222, etc.—(2) A war : πόλεμον περὶ τόνδε φυγόντε M 322. Cf. A 177 = E 891, B 121, Γ 291, N 364, Ξ 87, Ω 8 : = θ 183 = ν 91 = 264, α 238 = δ 490 = ξ 368, λ 493, ξ 225, ω 95.—(3) A battle, armed conflict, fight (in some of the passages more or less of a local sense ('field of battle') may be discerned) : ἐς πόλεμον θωρηχθῆναι (for the fray) A 226, ὁππότ' ἄρξειαν πολέμοιο Δ 335, ἐκφερέμεν πολέμοιο E 234, λιπὼν πόλεμον Σ 254. Cf. A 491, Γ 435, E 132, Z 480, Λ 524, M 436, N 11, P 735, Φ 610, etc. : θ 519, ω 43.—(4) In concrete sense, a fighting force or throng, an army or host : πόλεμον κορύσσων (setting the battle in array) B 273. Cf. I 604, N 536, etc.—(5) The art of war, war, fighting : ἰδρείῃ πολέμοιο Π 359. Cf. I 440, Π 811.—In pl. : πολέμων ἐῢ εἰδώς Δ 310.

πόλεος, genit. sing. πολύς.

πόλεος, genit. sing. πόλις.

πολέσ(σ)ι, dat. pl. πολύς.

πολεύω [cf. πωλέομαι]. To go about, go to and fro : κατὰ ἄστυ χ 223.

πόληος, genit. sing. πόλις.

πόλιες, nom. pl. πόλις.

†πολίζω [πόλις]. 1 pl. aor. πολίσσαμεν H 453. 3 sing. plupf. pass. πεπόλιστο Υ 217. (1) To found (a city) : οὔ πω Ἴλιος ἐν πεδίῳ πεπόλιστο Υ 217.—(2) To build (a wall) : τεῖχος H 453.

πολιήτης, ὁ. =πολίτης : κοσμησάμενος πολιήτας (the men of his own city) B 806.

πόλινδε [acc. of πόλις + -δε (1)]. To or towards the city E 224, Z 86, K 209 = 410, N 820 : α 189, ζ 255, η 14, λ 188, ξ 26, 372, ο 306, π 155, ρ 182, 185, 375.

πολιοκρόταφος [πολιός + κρόταφος]. Grey-headed : γέροντας Θ 518.

πολιός, -ή, -όν, also -ός, -όν. (1) Of an indeterminate lightish hue (app. without reference to colour), grey, greyish. Epithet of iron I 366 = Ψ 261 : φ3 = 81 = ω 168.—Of a wolf : λύκοιο K 334. —Of the sea (app. referring orig. to the light hue of shallow water) A 350, Δ 248, O 190, Υ 229, etc. : β 261, δ 580, ε 410, ζ 272, λ 75, etc.—(2) In reference to hair, of the hue assumed in old age, grey or white X 77.—In reference to the head or chin, covered with grey or white hair : κάρη, γένειον X 74, Ω 516 : κεφαλῆς ω 317.—In reference to men, grey- or white-headed ω 499.

πόλις, πτόλις, ἡ. Genit. πόλιος B 811, E 791, Λ 168, etc. : ζ 262, θ 524, ι 41, etc. πτόλιος Δ 514, P 147, Σ 265, etc. : ζ 294, λ 403, ν 156, etc. πόλεος Φ 567. πόληος Π 395, 549, Φ 516, X 110, 417 : α 185, ζ 40, π 383, ψ 121, ω 212, etc. Dat. πόλει E 686, Z 88, H 345, etc. : ζ 9, θ 569, ν 152, etc. πτόλεϊ P 152, Ω 707. πόληϊ Υ 50. Nom. pl. πόλεις ο 412. πόληες Δ 45, 51 : τ 174. Genit. πολίων Α 125, B 117, Γ 400, etc. : ω 418. Dat. πολίεσσι φ 252, ω 355. Acc. πόλιας θ 560, 574. πόλεας Δ 308. πόληας B 648, I 328, Σ 342, 490. πόληας ρ 486. (1) A town or city (cf. ἄστυ A 19, B 12, Δ 4, E 473, etc. : α 170 (your native city), β 154, γ 85, ε 101, etc.—With the name of a particular town in apposition : πόλιν Τροίην A 129. Cf. B 739, Z 152, I 530, Λ 711 : λ 510.—In genit. : Ἰλίου πόλιν E 642. Cf. H 345 : κ 416.—(2) πόλις ἄκρη (ἀκροτάτη), the highest part of a city, the citadel : ἐν πόλει ἄκρῃ Z 88, 297, 317, H 345, ἐν πόλει ἀκροτάτῃ X 172. Cf. Z 257, Υ 52, X 383.—So without ἄκρη : ὡς φάτ' ἀπὸ πτόλιος θεός Δ 514. Cf. P 144 (see ἄστυ).—(3) With special reference to the inhabitants or community : Τρώων πόλις ἐπὶ πᾶσα βέβηκεν (the whole cityful of them) Π 69, ὄφελος πτόλεϊ τε καὶ αὐτῷ P 152. Cf. Γ 50, Ω 706.

πολίτης, ὁ [πόλις]. In pl., the dwellers in a town or city, the citizens : ὅθεν ἰδρεύοντο πολῖται η 131, ρ 206. Cf. O 558, X 429.

πολλάκι(ς) [πολλός]. Often, many a time A 396, Γ 232, Θ 362, I 490, K 121, N 666, P 408, Τ 85, Ψ 281 : δ 101, π 443, ρ 420 = τ 76, χ 322.

πολλός, -ή, -όν, πολύς, -ύ, πουλύς (the last fem.
E 776, Θ 50, K 27 : δ 709). From πολύς genit.
πολέος Δ 244, E 597, Ψ 475, 521, 562 : β 126,
θ 405, ν 25. Nom. pl. πολέες B 417, Δ 143, Z 452,
etc.: γ 134, ζ 284, χ 204. πολεῖς Λ 708. Genit.
πολέων E 691, O 680, Π 398, etc.: δ 267, ι 352,
λ 379, etc. Dat. πολέεσσι E 546, I 73, M 399, etc.:
ε 54, θ 137, σ 123, ν 200. πολέσι Δ 388, K 262,
Λ 688, etc. : β 166, λ 495, ν 30. πολέσσι N 452,
P 236, 308. Acc. πολέας A 559, B 4, E 804, etc. :
γ 262, δ 170, ω 427. (1) In pl., of great number,
many : πολλὰς ψυχάς (many a . . .) A 3, πολέες
περ ἐόντες E 94. Cf. B 91, Γ 99, Δ 143, E 383
(many a one of us), Z 296, etc. : πολλῶν ἀνθρώπων
α 3, τὰ πολλὰ κατάνεται (these things, many as
they are, are wasted, our great substance
dwindles away) β 58 = ρ 537.. Cf. α 4, β 166, γ 262,
δ 3, θ 217, ι 352 (of the multitudes of men), etc.—
(2) In sing. with nouns of multitude, consisting
of many individuals, numerous, great, vast: πολὺν
ὅμιλον E 334. Cf. Θ 472, N 472, etc.: θ 109, ρ 67,
etc.—(3) (a) Absol. in masc. and fem. pl. πολλοί
(πολλαί), πολέες, many men or women, many a
man or woman, many: ὡς ὀλέσῃς πολέας A 559,
ἐκπρεπέ' ἐν πολλοῖσιν (in the multitude) B 483,
πολλῇσι κήδε' ἐφῆπτο Z 241. Cf. A 242, B 161,
Δ 230, E 176, I 73, etc. : δ 257, θ 17, ν 239, υ 30,
φ 367, etc.—(b) οἱ πολλοί, the greater part of an
indicated number, most of them (cf. (4)(b)):
τῶν πολλῶν Ἄρης ὑπὸ γούνατ' ἔλυσεν Ω 498.—
(4) (a) Absol. in neut. pl. πολλά, many things,
much: ὅτι οἱ π. διδοῦσιν B 255. Cf. A 156, I 320,
K 4, Λ 684, Ξ 67, etc.: α 427, β 102, δ 81, ζ 174,
λ 83, etc.—(b) τὰ πολλά in sense sim. to that of
(3)(b): τὰ π. ἐτώσια θῆκεν χ 273.—(5) In sing., of
great amount, quantity, abundance or volume,
much: πολὺν λαόν B 115, πολὺς δρυμαγδός 810,
πολλὸν φῦκος I 7. Cf. Γ 381, Z 525, I 469, K 6,
N 804, etc. : β 126, δ 258, ε 323, ζ 86, ξ 136, etc.—
Absol.: πολέος ἄξιος (ἄξιον) Ψ 562 : θ 405.—So in
pl. with sb. in collective sense : κρέα πολλά Θ 231.
Cf. Θ 507, I 97 (much folk), I 16 (many men),
Σ 560, Ω 556, etc.: ἕεδνα πολλά (a great dowry)
α 278, ὄψα πολλά ε 267. Cf. α 112, ι 266, λ 379,
τ 64, etc.—(6) In sing. (a) In reference to ex-
tension in space, wide, broad, far-stretching:
πολέος πεδίοιο Δ 244, πολλός τις ἔκειτο (like some
monster 'extended long and large') H 156. Cf.
K 27, Υ 249, etc. : β 364, etc.—Absol. : ἐπὶ πολλὸν
ἐλίσσεται (wheels wide) Ψ 320.—(b) Of great size,
large: τύμβον οὐ πολλόν Ψ 245. Cf. μ 45.—(c) Of
great length, long: πολλὴν ὁδόν φ 20.—So of
time, long: πολὺν χρόνον A 512, Γ 157, M 9:
β 115, δ 543, 594, etc. Cf. μ 407, etc.—(7) In
neut. sing. πολλόν, πολύ, as adv. (a) Greatly,
much, in a high degree, to a great extent, far:
πολὺ πρίν I 250. Cf. T 113, etc. : β 167.—(b) In
reference to position or motion, far: πολὺ πρὸ
ἐτάρων Δ 373, πολλὸν ἀποπλαγχθείς N 592. Cf.
Z 125, Ξ 30, P 342, X 459, etc.: πολλὸν διήφυσε
σαρκός (partitive genit., making an extensive
wound) τ 450. Cf. δ 811, ε 350, ζ 40, λ 515, ξ 339,

etc.—(c) With a vb. of preference, much, far:
πολὺ βούλομαι A 112. Cf. P 331; ρ 404.—(d) With
vbs. of excelling, rivalling or falling short, much,
far, by much, by far: πολλὸν κείνων ἐπιδεύεαι
ἀνδρῶν E 636, πολλὸν ἐνίκα Σ 252. Cf. I 506,
N 815, P 142, T 219, etc. : α 253, γ 121, φ 185,
etc.—(e) With comparatives and superlatives,
much, far, by much, by far: πολλὸν ἄριστος A 91,
πολὺ μεῖζον 167. Cf. A 169, Γ 41, Δ 51, Z 479,
Λ 162, etc.: α 113, γ 250, η 321, θ 129, λ 239, etc.
—(f) Often, oft, time and again: πολλόν μοι
ἐπέσσυτο θυμός I 398.—(8) In neut. pl. πολλά as
adv. (a) Greatly, much, in a high degree,
intensely, to a great extent: π. μόγησα A 162,
π. ἀεκαζομένη Z 458, π. μετακλαύσεσθαι (bitterly)
Λ 764. Cf. Θ 22, I 348, Λ 557, Π 826, P 66 (loudly),
Ψ 116 (with much play of the heels), Ω 328, etc.:
π. μοι κραδίη πόρφυρεν δ 427. Cf. α 1, ν 221, 277,
ξ 65, 67, ρ 393 (in many words), etc.—In great
numbers: ἄθλων οἷά τε π. πέλονται θ 160.—
(b) With vbs. of entreating, enjoining or persuad-
ing, repeatedly, with anxious iteration, with
insistence or assiduity, earnestly, pressingly,
strongly: π. ἠρᾶτο A 35, π. ἐπέτελλεν Δ 229, π.
ἀπεμυθεόμην I 109. Cf. E 358, 528, I 183, Λ 782,
P 431, etc. : γ 54, 264, 267, δ 433, κ 521, etc.—
Sim.: π. κεν ἀθανάτοισιν ἀνὰ χεῖρας ἀείραι H 130.—
(c) Often, oft, time and again: π. πρὸς ἠέλιον
κεφαλὴν τρέπεν ν 29. Cf. B 798, I 568, P 430,
Ω 391, 755: ε 389, ι 128, λ 536.—(d) Far and
wide: π. ἴθυσε μάχη Z 2.

πολύαινος [πολυ-, πολύς + αἶνος]. App., much
praised, illustrious. Epithet of Odysseus I 673 =
K 544, Λ 430 : μ 184.

πολυάϊξ, -ῖκος [πολυ-, πολύς + ἀϊκ-, ἀΐσσω]. Much
rushing, impetuous, violent. Epithet of war
or battle : πολέμοιο A 165, Υ 328 : λ 314.—So
κάματος πολυάϊξ, the weariness of many assaults
E 811.

πολυανθής [πολυ-, πολύς + ἄνθος]. Much blossom-
ing, flowery: ὕλης ξ 353.

πολυάρητος [πολυ-, πολύς + ἀράομαι]. The object
of many prayers, called upon in many prayers :
θεός ζ 280.—The subject of many prayers, longed
for in many prayers : [πάϊς] τ 404.

πολύαρνι, dat. [πολυ-, πολύς + ἄρνα. Cf. πολύρ-
ρην]. Rich in sheep: Θυέστῃ B 106.

πολυβενθής, -έος [πολυ-, πολύς + βένθος]. With
many deeps or recesses : λιμένος A 432 : = π 324,
κ 125, π 352, ἁλός δ 406.

πολύβουλος, -ον [πολυ-, πολύς + βουλή]. Of many
devices. Epithet of Athene E 260 : π 282.

πολυβούτης [πολυ-, πολύς + βοῦς]. Rich in
oxen : ἄνδρες πολυβοῦται I 154 = 296.

πολυγηθής [πολυ-, πολύς + γηθέω]. Bringing the
glad changes of the year. Epithet of ὧραι Φ 450.

πολυδαίδαλος, -ον [πολυ-, πολύς + δαίδαλον].
(1) Displaying much curious workmanship,
elaborately or richly wrought or adorned :
θώρηκος Γ 358, ἀσπίδα Λ 32, κλισμῷ Ω 597, etc. :
θάλαμον ζ 15, χρυσόν ν 11, ὅρμον σ 295.—(2) Skilled
in curious arts : Σιδόνες Ψ 743.

πολυδάκρυος, -ον [πολυ-, πολύς + δάκρυον]. = next : μάχης P 192.

πολύδακρυς [πολυ-, πολύς + δάκρυ]. Bringing many tears, woeful, baleful. Epithet of war or battle : Ἄρηα Γ 132, Θ 516 = T 318, πόλεμον Γ 165, X 487, ὑσμίνη P 544.

πολυδάκρῦτος [πολυ-, πολύς + δακρύω]. The subject of many tears, much to be wept for Ω 620.—Accompanied by many tears, tearful : γόοιο τ 213 = 251 = φ 57.

πολυδειράς, -άδος [πολυ-, πολύς + δειράς, rock]. Rocky. Epithet of Olympus A 499 = E 754 = Θ 3.

πολυδένδρεος [πολυ-, πολύς + δένδρεον]. Abounding in trees, treey δ 737, ψ 139, 359.

πολύδεσμος, -ον [πολυ-, πολύς + δεσμός]. Having many bands or cords, held together by much cordage : σχεδίης ε 33, η 264.

πολυδίψιος [πολυ-, πολύς + δίψα]. Dry, waterless. Epithet of Argos Δ 171.

πολύδωρος, -ον [πολυ-, πολύς + δῶρον]. Bringing (her parents) a great bride-price (cf. ἀλφεσίβοιος) ; or perh., bountiful (cf. ἠπιόδωρος) : ἄλοχος Z 394, X 88 : ω 294.

πολύζυγος, -ον [πολυ-, πολύς + ζυγόν]. Having many benches : νηΐ B 293.

πολυηγερής [πολυ-, πολύς + ἀγείρω]. Gathered together from many quarters : ἐπίκουροι Λ 564.

πολυήρατος, -ον [πολυ-, πολύς + ἔραμαι]. Much desired or to be desired, lovely, charming, sweet : ἥβην ο 366. Cf. ο 126, ψ 354.—Epithet of a place : Θήβην λ 275.

πολυηχής [πολυ-, πολύς + ἠχή]. Much resounding, roaring : αἰγιαλῷ Δ 422.—Much trilling : φωνήν τ 521.

πολυθαρσής, -ές [πολυ-, πολύς + θάρσος]. Bold, dauntless : μένος P 156, T 37 : ν 387.

πολυϊδρείη, -ης [πολύϊδρις]. Great prudence or shrewdness. In pl. : νόου πολυϊδρείῃσιν β 346.

πολύϊδρις [πολυ-, πολύς + (F)ιδ-, οἶδα. See εἴδω (C)]. Very shrewd or astute ο 459, ψ 82.

πολύϊππος [πολυ-, πολύς + ἵππος]. Rich in horses : Μέντορος N 171.

πολυκαγκής [πολυ-, πολύς + καγκ- as in κάγκανος]. Parching : δίψαν Λ 642.

πολύκαρπος, -ον [πολυ-, πολύς + καρπός[1]]. Bearing much fruit, fruitful : ἀλωή η 122. Cf. ω 221.

πολυκερδείη, -ης [πολυκερδής]. Great shrewdness, astuteness or cunning. In pl. : πολυκερδείῃσι νόοιο ψ 77. Cf. ω 167.

πολυκερδής [πολυ-, πολύς + κέρδος]. Very shrewd, astute or cunning : νόον ν 255.

πολύκεστος [πολυ-, πολύς + κεστός]. Much embroidered : ἱμάς Γ 371.

πολυκηδής [πολυ-, πολύς + κῆδος]. Troublous, grievous : νόστον ι 37, ψ 351.

πολυκλήϊς, -ῖδος. Written also **πολυκληΐς,** -ῖδος [πολυ-, πολύς + κληΐς]. App., having many rowlocks (cf. κληΐς (3)). Epithet of ships B 74, 175, H 88, Θ 239, N 742, O 63, Ψ 248 : θ 161, ν 382, φ 19, ψ 324.

πολύκληρος [πολυ-, πολύς + κλῆρος (3)]. Owning much land, wealthy ξ 211.

πολύκλητος [πολυ-, πολύς + κλη-, καλέω]. Called together from many quarters Δ 438, K 420.

πολύκλυστος [πολυ-, πολύς + κλύζω]. Much surging or dashing. Epithet of the sea : πόντῳ δ 354, ς 204, τ 277.

πολύκμητος [πολυ-, πολύς + κμη-, κάμνω]. Much or elaborately wrought Z 48 = K 379 = Λ 133 := φ 10, ξ 324. — Elaborately or richly adorned : θαλάμοιο δ 718.

πολύκνημος [πολυ-, πολύς + κνημός]. With many mountain-spurs, hilly : Ἐτεωνόν B 497.

πολυκοιρανίη, ἡ [πολυ-, πολύς + κοίρανος]. The rule of many B 204.

πολυκτήμων [πολυ-, πολύς + κτῆμα]. Having many possessions, wealthy E 613.

πολυλήϊος [πολυ-, πολύς + λήϊον]. Having much corn-land E 613.

πολύλλιστος [πολυ-, πολύς + λίσσομαι]. Greatly longed for ε 445.

πολύμηλος [πολυ-, πολύς + μῆλον[1]]. Rich in sheep or goats B 705, Ξ 490.—Of a place B 605.

πολύμητις [πολυ-, πολύς + μῆτις]. Of many counsels or devices. Epithet of Odysseus A 311, Γ 200, Δ 329, etc. : β 173, δ 763, ε 214, etc.—Of Hephaestus Φ 355.

πολυμηχανίη, -ης, ἡ [πολυμήχανος]. Skill or cunning in contrivance ψ 321.

πολυμήχανος [πολυ-, πολύς + μηχανή = μῆχος]. Of many devices, resourceful, never at a loss : ἐπεὶ π. ἐστιν α 205.—Epithet of Odysseus (always in voc.) B 173, etc. : ε 203, ω 192, etc.

πολυμνήστη, fem. adj. [πολυ-, πολύς + μνάομαι]. Wooed by many δ 770, ξ 64, ψ 149.

πολύμυθος [πολυ-, πολύς + μῦθος]. Of many words, having a flow of language Γ 214 : β 200.

πολυπαίπαλος [πολυ-, πολύς + παιπάλη, fine flour, fig. of subtlety or wiliness]. Full of wiles, crafty : Φοίνικες ο 419.

πολυπάμων, -ονος [πολυ-, πολύς + πάομαι, acquire]. Of many possessions, wealthy Δ 433.

πολυπενθής, -έος [πολυ-, πολύς + πένθος]. Full of sorrows, sorrowful, woeful I 563 : ξ 386, ψ 15.

πολυπῖδαξ, -ακος [πολυ-, πολύς + πῖδαξ]. With many springs, many-fountained. Epithet of Mount Ida Θ 47, Ξ 157, O 151, etc.

πολύπικρος [πολυ-, πολύς + πικρός]. In neut. pl. as adv., in right bitter fashion π 255.

πολύπλαγκτος [πολυ-, πολύς + πλαγκτός]. Tossed about or roving from shore to shore ρ 425, υ 195. —Absol. ρ 511.—Of the wandering wind Λ 308.

πολύπτυχος, -ον [πολυ-, πολύς + πτυχ-, πτύξ]. With many clefts or glens. Epithet of Olympus Θ 411, Υ 5.—Of Mount Ida Φ 449, X 171.

πολύπυρος, -ον [πολυ-, πολύς + πυρός]. Rich in wheat : νῆσος ο 406.—Of places Λ 756, O 372 : ξ 335 = τ 292, π 396.

πολύρρην (πολύΓρην) [πολυ-, πολύς + *Ϝρήν. See ἄρνα. Cf. πολύαρνι]. Rich in sheep I 154 = 296.

πολύρρηνος := prec. λ 257.

πολύς. See πολλός.

πολύσκαρθμος, -ον [πολυ-, πολύς + σκαίρω]. Far-bounding : Μυρίνης B 814.

πολυσπερής [πολυ-, πολύς + σπείρω]. Widely dispersed, spread over the face of the earth : ἀνθρώπων B 804. Cf. λ 365.

πολυστάφυλος, -ον [πολυ-, πολύς + σταφυλή]. Rich in grapes B 507, 537.

πολύστονος, -ον [πολυ-, πολύς + στόνος]. Much sighing, full of sorrows τ 118.—Causing many sighs, grievous, baneful A 445, Λ 73, O 451.

πολύτλας [πολυ-, πολύς + τλάω]. Much enduring, stout, unflinching. Epithet of Odysseus Θ 97, I 676 = K 248, Ψ 729, 778 : ε 171, ζ 1, η 1, θ 446, etc.

πολυτλήμων [as prec.]. = prec. : θυμός H 152 : πολυτλήμων εἰμί σ 319.

πολύτλητος [as prec.]. That has suffered much, torn by suffering : γέροντες λ 38.

πολυτρήρων, -ωνος [πολυ-, πολύς + τρήρων]. Haunted by pigeons B 502, 582.

πολύτρητος [πολυ-, πολύς + τρη-, τετραίνω]. Full of holes : σπόγγοισιν α 111, χ 439, 453.

πολύτροπος [πολυ-, πολύς + τροπή]. Of many devices, resourceful. Epithet of Odysseus α 1, κ 330.

πολυφάρμακος, -ον [πολυ-, πολύς + φάρμακον]. (1) Conversant with drugs or medicaments Π 28. —(2) Knowing many charms or spells κ 276.

πολύφημος, -ον [πολυ-, πολύς + φήμη]. (1) Where many voices are heard, voiceful : ἀγορήν β 150. —(2) Knowing many tales or songs : ἀοιδός χ 376.

πολύφλοισβος, -ον [πολυ-, πολύς + φλοῖσβος]. Loud sounding, voiceful. Epithet of the sea A 34, B 209, Z 347, I 182, N 798, Ψ 59 : ν 85, 220.

πολύφορβος, -ον, and -η, -ον [πολυ-, πολύς + φορβή]. That feeds many. Epithet of the earth : γαῖαν πολυφόρβην I 568, πολυφόρβου γαίης Ξ 200, 301.

πολύφρων, -ονος [πολυ-, πολύς + φρήν]. Of great intelligence or sense, sensible, discreet. Absol. : ἐφέηκε πολύφρονά περ χαλεπῆναι Σ 108. Cf. ξ 464. —As epithet of Hephaestus, of high intellectual capacity, ingenious, skilful Φ 367 : θ 297, 327.— In sim. sense as epithet of Odysseus α 83 = ξ 424 = υ 239 = φ 204, υ 329.

πολύχαλκος, -ον [πολυ-, πολύς + χαλκός]. (1) Rich in bronze K 315.—Of places Σ 289 : ο 425.—(2) Fig. of the heavens (cf. χάλκεον οὐρανόν P 425) E 504 : γ 2.

πολύχρῦσος, -ον [πολυ-, πολύς + χρυσός]. Rich in gold K 315.—Of places H 180, Λ 46, Σ 289 : γ 304.

πολυωπός [πολυ-, πολύς + ὀπ-, ὄπωπα. See ὁράω]. With many openings or meshes. Epithet of a net : δικτύω χ 386.

πομπεύς, ὁ [πομπή]. One who conducts, escorts, sees safe, a guide, escort, protector : οἵ τοι πομπῆες ἔσονται γ 325. Cf. γ 376, δ 362, ν 71, υ 364.

πομπεύω [πομπεύς]. To conduct, escort, see safe : αὐτή μιν πόμπευον ν 422.

πομπή, -ῆς, ἡ [πέμπω]. (1) (a) Conduct, escort, guidance, seeing safe : θεῶν ὑπὸ πομπῇ Z 171. Cf. ε 32, η 193, ν 151, 180.—(b) A conducting, escort-

ing, seeing safe : ἐκ πομπῆς ἀνιοῦσαν θ 568 = ν 150 = 176.—(2) A dispatching or speeding on one's way, an arranging for or presiding over one's departure : ὄφρα πομπῆς τύχῃς ζ 290, οὐκέτι φαίνετο π. (i.e. they had lost their favouring wind) κ 79. Cf. ε 173, 233, η 151, 191, 317, θ 30, 31, 33, 545, ι 518, κ 18, λ 332, 352, 357, ν 41, τ 313.

πομπός, -οῦ, ὁ, ἡ [πέμπω]. One who conducts, conveys, escorts, sees safe, a guide, escort, protector : τῷ ἅμα πομπὸν ἕπεσθαι δ 162. Cf. N 416, Π 671, 681, Ω 153, 182, 437, 439, 461 : δ 826, θ 566 = ν 174.

πονέομαι [πόνος]. Pres. pple. πονεύμενος, -ου Δ 374, N 288. (ἀμφι-.) (1) To labour or work with one's hands, work, toil : ὅπλα, τοῖς ἐπονεῖτο Σ 413. Cf. H 442 : π 13, υ 159 (did their work). —(2) To work at : ὄφρα ταῦτα πονεῖτο Σ 380.—To produce by work, make, construct : τύμβον Ψ 245. —(3) To be busy, be much occupied, busy oneself, have or engage in toil or labour, exert oneself : ἥδεε ἀδελφεὸν ὡς ἐπονεῖτο B 409. Cf. I 12, 348, K 70, 116, 117, 121 : ι 250 = 310 = 343, ρ 258 and υ 281 (the attendants).—(4) To be busied or engaged, busy oneself (with or about something) : πεπόνητο καθ' ἵππους (i.e. they were taking up all his attention) O 447. Cf. Ω 444.—(5) To busy oneself about, be engaged or engage oneself in, see to : τάδ' ἀμφὶ πονησόμεθα Ψ 159. Cf. ο 222, χ 377.— To attend to, look to, set in order : ὅπλα λ 9, μ 151.—(6) To be engaged in the toil and moil of war, take part in the fight, fight : οἵ μιν ἴδοντο πονεύμενον (at work with his spear) Δ 374, πονέοντο καθ' ὑσμίνην E 84 = 627. Cf. N 288, Υ 359.

πόνος, -ου, ὁ [cf. πένομαι]. (1) Labour, toil, work, trouble : ἐπεὶ παύσαντο πόνου A 467 = B 430 = H 319. Cf. Δ 26, 57, E 567 (all they had gone through), 667 (they were too busy), Z 77 (the chief burden), K 164 : β 334, θ 529, λ 54 (they had so many other things to attend to), π 478 = ω 384, ψ 249.—In pl., toils, troubles, difficulties : τὸν Ζεὺς ἐνέηκε πόνοισιν K 89. Cf. K 245, 279 : δ 818, ν 301, υ 48.—(2) Hardship, suffering, distress : ἄνευθε πόνου καὶ ἀνίης η 192. Cf. X 488 : ν 423.—So, app., πότε κέν τις ἀναπνεύσειε πόνοιο ; T 227 (referring to the hardship of fasting).— (3) Referring specially to the toil and moil of war, war, fighting : καὶ πόνος ἐστὶν ἀνιηθέντα νέεσθαι (we have e'en had fighting enough to disgust a man and send him home) B 291, ἰαχή τε π. τε Δ 456. Cf. B 420, E 517, Z 525 (have to bear this heavy burden of war), Λ 430, M 348, N 2, Ξ 480, O 416 (fought their fight), Φ 137, X 11 (app., the slaughtering of them), etc. : μ 117.—(4) In concrete sense, a fighting throng : ἔβη ἂμ πόνον ἀνδρῶν N 239 = Π 726 = P 82.—The field of battle : φέρον ἐκ πόνου Ξ 429. Cf. P 718. —(5) The result of toil, weariness Z 355.

ποντόθεν [πόντος + -θεν (1)]. From the open sea : κῦμα ποντόθεν ὀρνύμενον Ξ 395.

πόντονδε [acc. of πόντος + -δε (1)]. Towards the open sea, seawards : φέρεν π. θύελλα κ 48.— Into the sea : π. βαλὼν βέλος ι 495.

ποντοπορεύω [ποντοπόρος]. To traverse the sea, sail the sea ε 277, 278, η 267.

ποντοπορέω. = prec. Of a ship λ 11.

ποντοπόρος, -ον [πόντος + -πορος, πείρω]. Cleaving the seas. Epithet of ships A 439, B 771, Γ 46, etc. : μ 69, ξ 339, ο 284, etc.

πόντος, -ου, ὁ. Ablative ποντόφιν ω 83. The sea, the deep sea, the high sea, the open sea A 350, B 145, 665, Γ 47, Δ 276, etc. : α 4, β 263, γ 15, δ 359, η 109, etc.—With ἅλς : π. ἁλός (the deep of the sea) Φ 59.—Distinguished in terms from the land : πείρατα γαίης καὶ πόντοιο Θ 479. Cf. δ 821, ε 294, π 367, etc.—From the heavens : ἐξ αἰθέρος ἔμπεσε πόντῳ ε 50. Cf. Ξ 258.

πόποι. Always with ὦ (ὤ), expressing contextually surprise, a being struck by something, grief, anger, remonstrance, rebuke, disappointment, a being balked of something, a drawing of special attention to something, or the like A 254, B 272 (look you now !), Θ 427 (ah well !), N 99, O 467 (ah me !), Π 745 (see now !), P 171, X 373 (why, look you !), etc. : α 32 (to see now how . . .!), δ 169, 333, ε 286, ι 507, κ 38, etc.

πόρε, 3 sing. aor. πόρω.

πορθέω [cf. πέρθω]. (δια-.) To sack or ravage (a town or land) Δ 308 : ξ 264 = ρ 433.

πορθμεύς, ὁ [πορθμός]. A ferryman υ 187.

πορθμός, -οῦ, ὁ [πόρος]. A narrow strip of water, a channel : ἐν πορθμῷ Ἰθάκης τε Σάμοιό τε (between . . . and . . .) δ 671 = ο 29.

πόρις, ἡ = πόρτις κ 410.

πόρκης, ὁ. In a spear, a metal ferrule, or perh. a lashing of wire, securing the tongue of the head (see κανλός (1) (a)) in the shaft Z 320 = Θ 495.

πόρον, aor. πόρω.

πόρος, -ου, ὁ [πορ-, περάω¹]. A place where a river may be passed, a ford B 592, Ξ 433 = Φ 1 = Ω 692.—πόροι ἁλός, the paths of the sea μ 259.

πόρπη, -ης, ἡ [πορ-, πείρω]. App. = περόνη Σ 401.

πορσαίνω [πόρω]. Nom. sing. fem. fut. pple. πορσανέουσα Γ 411. Also **πορσύνω.** Of a wife, to prepare (and share) (her husband's bed) : κείνου πορσανέουσα λέχος Γ 411 : τῷ ἄλοχος λέχος πόρσυνεν γ 403. Cf. η 347.

πόρταξ, -ακος. = next P 4.

πόρτις, ἡ [cf. πόρις]. A calf E 162.

πορφύρεος, -η, -ον [cf. next]. (1) Of disturbed water, gleaming, glancing : πορφύρεον κῦμα ποταμοῖο Φ 326, ἀμφὶ κῦμα στείρῃ πορφύρεον μεγάλ' ἴαχεν (flashing as it fell off on each side of the cutwater) A 482 : = β 428. Cf. Π 391 : λ 243, ν 85 (the white wake).—So in reference to the light reflected from (the irregular surface of) a cloud : πορφυρέη νεφέλη πυκάσασα ἓ αὐτήν P 551. —Applied to the sinister gleam figured to play on (the cloud or mist of) death : πορφύρεος θάνατος E 83 = Π 334 = Τ 477.—To the lurid gleam of the rainbow set against a storm-cloud : πορφυρέην ἶριν P 547.—To the warm hue of blood : αἵματι πορφυρέῳ P 361.—(2) Of bright hue, bright, brilliant, gay : δίπλακα Γ 126, X 441, φᾶρος

Θ 221, τάπησιν I 200, ῥήγεα Ω 645, πέπλοισιν 796 : χλαῖναν δ 115 = 154, τ 225, ῥήγεα δ 298 = η 337, κ 353, φᾶρος θ 84, σφαῖραν 373, δίπλακα τ 242, τάπητας υ 151.

πορφύρω [redup. fr. φύρω). Of the disturbed sea, to heave Ξ 16.—Fig., of the heart, to be troubled, moved, stirred : πολλά οἱ κραδίη πόρφυρεν Φ 551. Cf. δ 427 = 572 = κ 309.

*†πόρω. Aor. πόρον Ω 60 : δ 745, ι 360, τ 255, ω 273. 3 sing. ἔπορε (πόρε) A 72, Δ 219, Z 168, Λ 353, O 441, T 21, Ψ 92, 277, Ω 30, etc. : δ 130, ε 321, ζ 228, ι 201, κ 7, λ 282, μ 302, τ 512, υ 71, etc. 3 pl. ἔπορον P 196 : π 230. πόρον Z 218, Ω 234. 3 sing. subj. πόρῃ Z 228 : χ 7. πόρῃσι β 186, π 77, υ 335. 1 pl. πόρωμεν Ψ 893. 3 πόρωσι Π 86. 2 sing. opt. πόροις ι 267. 3 πόροι ξ 460, π 392, σ 202, τ 413, φ 162. Imp. πόρε I 513 : θ 477. Pple. πορών Π 178, Φ 80 : τ 529. Pl. πορόντες τ 460. **Pass.** 3 sing. pf. πέπρωται Σ 329. Pple. πεπρωμένος, -ου Γ 309, O 209, Π 441, X 179. (1) To give, put into another's hands, hand to him : σήματα λυγρά Z 168.—(2) To give, make another the owner of, present, make a present of : ξεινήϊα Z 218, τεύχεα H 146. Cf. K 546, Λ 353, O 441, Π 86, 143 = T 390, P 196, T 21, Ψ 92, 277, 540, 893, Ω 234 : β 186, δ 130, 617, ι 267, π 77, etc.—To cause (a woman) to conceive (a child) : πόρεν οἱ ἀγλαὸν υἱόν Π 185.—(3) To pay (a bride-price or ransom) : ἀπερείσια ἔδνα Π 178, λύσομεν τρὶς τόσσα πορών Φ 80. Cf. Π 190, X 472 : λ 282, τ 529.—(4) To give in marriage : ἀνδρὶ πόρον παράκοιτιν Ω 60. Cf. κ 7.—Sim. in reference to a concubine I 667.—(5) To give, furnish, supply, to another for his use or to meet his needs : φάρμακα Δ 219 : δ 228, σῖτον καὶ μέθυ 745. Cf. ε 321, 372, ζ 228, θ 477, ι 360, κ 302, μ 302, ξ 460, τ 255.—To administer (a drug) : φάρμακον κ 394.—(6) Of immaterial things, to give, grant, allow, bestow, confer : μαντοσύνην A 72. Cf. Ω 30 : κ 494, υ 71, χ 7.—To inflict or send (evil) : κακά ι 460, πένθος τ 512.—To send (death) σ 202.—(7) With infin., to grant, allow : πόρε Διὸς κούρῃσιν ἕπεσθαι τιμήν (let them have their meed of honour) I 513.—With the infin. suppressed : κτείνειν ὅν κε θεὸς γε πόρῃ Z 228.— (8) In pf. pass., to be decreed by fate, to be fated or destined : ὁπποτέρῳ θανάτοιο τέλος πεπρωμένον ἐστίν Γ 309.—Impers. with acc. and infin. : ἄμφω πέπρωται ὁμοίην γαῖαν ἐρεύσαι Σ 329.—Of a person, to be fated, to have his lot or portion fixed, in a specified way (see αἶσα (4)) : ὀμῇ πεπρωμένον αἴσῃ O 209. Cf. Π 441 = X 179.

πόσε [-σε]. Whither ? πόσε φεύγετε ; Π 422 : ζ 199, πόσ' ἴμεν ; κ 431.

ποσί, dat. pl. πούς.

Ποσιδήϊος. Of Poseidon : ἄλσος B 506.—In neut., a temple of Poseidon ζ 266.

πόσις¹, ὁ [cf. δέσποινα]. A husband Γ 163, E 71, Z 240, H 411, Θ 190, N 766, etc. : α 15, δ 137, ζ 277, κ 115, λ 430, ξ 130, etc.

πόσις², ἡ [πο- as in ποτόν]. Drink : οὐ π. οὐδὲ βρῶσις Τ 210. Cf. Τ 231, 320 : α 191, ζ 209 = 246,

248, κ 176, μ 320, ν 72, ο 490.—See also under ἵημι¹ (9).

ποσσήμαρ [πόσ(σ)ος, how many ?+ἦμαρ]. For how many days ? In indirect question Ω 657.

ποσσί, dat. pl. πούς.

πόστος [πόσος, how many?]. Which in a series of numbers ? πόστον ἔτος ἐστίν, ὅτε . . .; (how many years is it since . . . ?) ω 288.

ποταμόνδε [acc. of ποταμός + -δε (1)]. To, towards or into the or a river Φ 13, 120 : κ 159.

ποταμός, -οῦ, ὁ. (1) A river B 861, E 87, Z 508, M 18, O 691, etc.: δ 477, ε 441, ζ 59, η 281, κ 351, etc.—With the name of a particular river added, the river . . . : ποταμὸν Κηφισόν B 522. Cf. B 659, E 544, Λ 499, etc.: ξ 258 = ρ 427.—Of ocean : ποταμοῖο ῥέεθρα Ὠκεανοῦ Ξ 245. Cf. Σ 607, Υ 7 : λ 639, μ 1.—(2) Personified, a river-god: ποταμοὶ καὶ γαῖα, ὑμεῖς μάρτυροι ἔστε Γ 278. Cf. E 544, Υ 7, Φ 136, etc. : λ 238.

ποτάομαι, ποτέομαι [πέτομαι]. 3 sing. pf. πεπότηται λ 222. 3 pl. πεποτήαται B 90. (ἀμφιποτάομαι, ἐκποτέομαι.) To fly about, fly hither and thither : αἱ μὲν τ' ἔνθα ἅλις πεποτήαται, αἱ δέ τε ἔνθα (are on the wing) B 90, ἔνθα καὶ ἔνθα ποτῶνται 462 : ψυχὴ ἀποπταμένη πεπότηται (hovers about) λ 222, ὡς ὅτε νυκτερίδες ποτέονται ω 7.

πότε. When ? πότ' ᾤχετο ; δ 642. Cf. T 227.

ποτέ, enclitic. (1) (a) In time past, in days of old, formerly, once, once upon a time : ὥς ποτ' ἐπ' εἰρήνης B 797. Cf. A 39, 260, 453, B 547, Γ 180, 205, Δ 106, etc. : τήν ποτε πρίατο α 430. Cf. γ 84, δ 342, ζ 162, η 9, 59, θ 76, etc.—(b) In reference to the future, at some time, some day, in days to come, yet : ἦ ποτ' Ἀχιλλῆος ποθὴ ἵξεται υἷας Ἀχαιῶν Α 240. Cf. A 205, 213, Δ 164, 182, etc. : τάχ' ἄν ποτε καὶ τίσις εἴη β 76. Cf. β 342, γ 216, θ 461, 567, etc.—(2) In negative or conditional contexts, at any time, ever : εἴ ποτε δὴ αὖτε χρειὼ ἐμεῖο γένηται Α 340. Cf. A 155, 166, 490, B 202, Δ 410, E 700, K 453, etc. : οὐδέ ποτ' ἔσβη οὖρος γ 182. Cf. β 26, 203, γ 127, δ 360, 566, ε 39, 151, θ 562, etc.—With οὐ. See οὐ (8) (a) and (c).

πότερος. In pl. in an indirect question, which of two groups : οὐκ ἂν γνοίης ποτέροισι μετείη E 85.

ποτή, ἡ [πέτομαι]. App., flight : ποτῇ ἀνεδύσετο λίμνης (flew up from . . .) ε 337.

ποτής, -ῆτος, ἡ [πο- as in ποτόν]. Drink : ἐδητύος ἠδὲ ποτῆτος Λ 780. Cf. T 306 : δ 788, ε 201, ι 87 = κ 58, κ 379, 384, ρ 603, σ 407.

ποτητός [ποτάομαι]. Winged. Absol. in neut. pl., birds : τῇ οὐδὲ ποτητὰ παρέρχεται μ 62.

ποτί [cf. προτί, πρός]. (I) Adv. Besides, in addition, too : ποτὶ δ' ἄσπετα δῶρα δίδωμι υ 342. Cf. K 108, Π 86.—(II) Prep. (With anastrophe when immediately following the case-form.) (1) With dat. (a) On, upon, against : οὐδέ μιν παῖδες ποτὶ γούνασι παππάζουσι E 408 : νῆάς γε ποτὶ σπιλάδεσσιν ἔαξαν κύματα γ 298. Cf. ε 401, θ 378.—In pregnant sense : ποτὶ σκῆπτρον βάλε γαίῃ Α 245. Cf. Δ 112, Υ 420 : μή με βάλῃ ποτὶ πέτρῃ ε 415. Cf. β 80, ζ 310, θ 190, ι 289, λ 423,

—(b) In the direction of, towards : τὸν ποτὶ οἶ εἷλεν ω 347.—(2) With acc. (a) To, towards, in the direction of : εἶμι Διὸς ποτὶ δῶ A 426. Cf. Z 286, M 240, 273, O 295, T 395, X 101, Ω 506, etc. : γ 295, ζ 95, θ 321, 374, μ 432, ρ 75, τ 389, etc.—Indicating arrival at a point : ἄστυ πότι P 419 : ἐπεὶ ἵκευ ἐμὸν ποτὶ δῶ ν 4. Cf. Φ 505 : γ 488, ζ 297, etc.—Sim. : ἐξ ἰστὸν ἄραξε ποτὶ τρόπιν (right (down) to the keel, at the keel) μ 422.—In reference to sitting on something : ἣ ποτὶ βωμῷ ἵζοιτο χ 334. Cf. χ 379.—(b) In reference to speech : ποτὶ Πρίαμον φάτο Ω 353. Cf. Ω 598.—In reference to the sight : παπταίνοντες ποτὶ τοίχους χ 24.—(c) In reference to the direction in which action takes place, towards, against : ἐκλύσθη θάλασσα ποτὶ κλισίας Ξ 392. Cf. Ξ 394, 396 (app. with an object to be supplied), P 264 : ε 402, μ 71.—(d) In reference to placing or leaning against something : ποτὶ ἀρηρότες β 342. Cf. Ψ 510 : σ 102.—To placing beside something : ποτὶ τύμβον δείμομεν πύργους (τεῖχος ἔδειμαν) H 337, 436 (i.e., app., including the mound in the fortification, the wall starting from each side of it). Cf. M 64 (i.e. the wall comes next).—(e) In reference to position, in the direction of, towards : ὅσσοι [ναίουσι] ποτὶ ζόφον ν 241. Cf. Λ 622, Ψ 869.—(f) In reference to time, at the approach of, towards : ποτὶ ἕσπερα ρ 191.—(3) With genit. In reference to position maintained by one moving person in relation to another, towards, on the side of (something) : αὐτὸς δὲ ποτὶ πτόλιος πέτετ' αἰεί (kept on the city side of him) X 198.

ποτιδέρκομαι. See προσδέρκομαι.

†**ποτιδέχομαι** [ποτι-, προσ- (3)]. Aor. pple. ποτιδέγμενος, -ον H 415, I 628, K 123, T 234, 336 : β 186, 205, 403, η 161, ι 545, φ 156, χ 380, ψ 91, ω 396. Nom. pl. fem. -αι B 137.—(1) To wait for (a coming or expected event or person), await, look out for : ἐμὴν ὁρμήν K 123. Cf. T 234 : ἡμέας ι 545. Cf. β 403, η 161, ω 396.—With clause : ποτιδέγμενοι ὁππότ' ἄρ' ἔλθοι H 415. Cf. ψ 91.—Absol. : ποτιδέγμενοι ἤματα πάντα (waiting on here indefinitely) β 205, φ 156. Cf. B 137 and I 628 (looking for our coming).—To await or anticipate with apprehension : ἀγγελίην T 336. Cf. χ 380.—(2) To expect, look for, the receipt of (something) : δῶρον β 186.

ποτιδόρπιος [ποτι-, προσ- (3) + δόρπον]. Available for, ready to be taken at or to be used in connexion with, one's evening meal ι 234, 249.

ποτικέκλιται, 3 sing. pf. pass. See προσκλίνω.

ποτινίσ(σ)ομαι [ποτι-, προσ- (2)]. To come, be brought, to a specified place : ἐς Ὀρχομενόν I 381.

†**ποτιπτήσσω** [ποτι-, προσ- (1)]. Nom. pl. fem. pf. pple. ποτιπεπτηυῖαι. To crouch down towards. With genit.: ἀκταὶ λιμένος ποτιπεπτηυῖαι (sinking down in front of it and so closing it in) ν 98.

ποτιπτύσσω. See προσπτύσσω.

ποτιτέρπω [ποτι-, προσ- (3)]. To engage agreeably the attention of, entertain O 401.

ποτιφωνήεις [ποτι-, προσ- (3) + φωνήεις in sim.

sense fr. φωνή]. Endowed with speech : εἰ
ποτιφωνήεις γένοιο ι 456.

πότμος, -ου, ὁ. (1) What befalls one, one's lot
or fate : ὃν πότμον γοόωσα Π 857 = Χ 363. Cf.
κ 245.—(2) Evil fate or destiny, bane, death :
θάνατον καὶ πότμον Β 359, Ο 495, Τ 337, εἰ πότμον
ἀναπλήσῃς βιότοιο (a fate that ends thy life) Δ 170.
Cf. Δ 396, Ζ 412, Η 52, Λ 263, Σ 96, Φ 588, Χ 39 :
β 250, γ 16 (the manner of his death), δ 196, 339,
562, λ 197, τ 550, ω 471, etc.

πότνα. = next. πότνα θεά, mighty goddess
ε 215, ν 391, υ 61.

πότνια [ποτ- as in δεσπότης, master. Cf.
δέσποινα]. (1) Mistress, queen : πότνια θηρῶν,
Ἄρτεμις Φ470.—(2) As a title of honour. (a) Given
to goddesses. To Here Α 551, 568, Θ 198, Ν 826,
Ξ 159, Ο 34, Σ 239, etc. : δ 513.—To Hebe Δ 2.—
To Enyo Ε 592.—To Athene Ζ 305.—To Calypso
α 14, ε 149.—To Circe θ 448, κ 394, 549, μ 36.
—(b) Joined with μήτηρ, lady mother Α 357,
Ζ 264, Ι 561, Ν 430, Σ 35, Τ 291, etc. : ζ 30, λ 180,
μ 134, ο 385, σ 5, τ 462, etc.

ποτόν, -οῦ, τό [πο-, πίνω. See ἐκπέποται under
ἐκπίνω]. Something drunk or to be drunk, drink,
liquor Α 470, Λ 630, Ι 175 : = α 148 = γ 339 = φ271,
β 341, ι 205, 348, 354.

ποῦ. (1) In what place ? where ? ποῦ τοι
τόξον ; Ε 171. Cf. Κ 406, 407 (twice), Ν 770, 772,
Ο 440, Τ 83 : γ 249, ζ 277, υ 193, ω 299.—Carrying
on an indirect question : ἐρέσθαι ὁππόθεν οὗτος
ἀνήρ . . . ποῦ δέ νύ οἱ γενεή α 407.—(2) Whither ?
where ? ποῦ τοι ἀπειλαὶ οἴχονται ; Ν 219.

που, enclitic. (1) Somewhere : εἴ που ἐφεύροι
Δ 88. Cf. Ε 168, Κ 206, Π 514, etc. : α 94, 197,
δ 639, ε 417, ζ 278, ν 340, etc.—(2) In negative or
conditional contexts, anywhere : οὐδέ τί που ἴδμεν
ξυνήϊα Α 124. Cf. Ζ 330, Τ 327, etc. : εἴ που ὄπωπας
γ 93. Cf. η 320, λ 458, ξ 44, etc.—(3) Somehow,
haply : ἤν πού τι φόως γένωμαι Π 39. Cf. Η 39,
Ο 571, etc. : δ 512, ν 418, etc.—(4) In negative
or conditional contexts, in any way, haply : εἴ
τί που ἔστιν δ 193, μή πού τις ἐπαγγείλῃσιν 775.
Cf. Ι 371, Κ 511, Λ 366, Ν 293, etc. : β 71, κ 486,
μ 300, ο 403, etc.—(5) Qualifying an expression,
haply, I ween, no doubt, as it would seem : θεός
που σοί τό γ᾽ ἔδωκεν Α 178, οὕτω που Διὶ μέλλει
φίλον εἶναι Β 116. Cf. Γ 43, Ζ 438, Ι 628, Κ 326,
etc. : οἵ πού μ᾽ ἀσχαλόωσι μένοντες α 304, Ζηνός
που τοιήδε γ᾽ αὐλή δ 74. Cf. β 164, δ 756, ζ 155,
θ 255, λ 139, etc.—Sim. in questions, direct and
indirect, can it be that ? haply, it may be that :
οὕτω που ἔλπεαι υἷας Ἀχαιῶν ἀπολέμους ἔμεναι ;
Ι 40, ἦ ῥ᾽ ἔτι που σχήσουσιν Ἕκτορα Λ 820. Cf.
Ν 456, etc. : ζ 125, 200, θ 584, ν 234, etc.

πουλυβότειρα, -ης [πουλυ-, πουλύς + βοτ-, βόσκω].
That feeds many. Epithet of the earth Γ 89,
265, Ζ 213, Θ 73, 277, Μ 158, etc. : θ 378, μ 191,
τ 408.—Of Achaeïs Λ 770.

πουλύπους, -ποδος [πουλυ-, πουλύς + πούς]. The
sea-polypus, the octopus or cuttle-fish ε 432.

πουλύς. See πολλός.

πούς, ποδός, ὁ [πό(δ)ς. Cf. L. ped-, pes]. Genit.
and dat. dual ποδοῖιν (-οῖιν) Ξ 228, 477, Ο 18,
Σ 537, Φ 271, Ψ 770 : π 6, τ 444. Dat. pl. πόδεσσι
Γ 407, Κ 346, Π 809, Ρ 27, etc. : ε 413, ζ 39, θ 103,
ν 261, etc. ποσί Ε 745, Ζ 505, Θ 339, Ν 18, etc.:
α 131, δ 136, θ 206, λ 595, etc. ποσσί Β 44, Γ 13,
Η 212, Ν 19, Ο 356, etc. : α 96, β 4, ε 44, θ 148, etc.
(1) One of the feet, one's foot ; in dual and pl.,
the feet, one's feet : χωλὸς ἕτερον πόδα Β 217, ὑπὸ
ποσσὶν Θ 443, οὐδὲ χθόνα μάρπτε ποδοῖιν Ξ 228. Cf.
Α 591, Β 44, Ι 523 (i.e. their coming hither), Ν 205,
Τ 92, etc. : α 96, δ 149, ζ 39 (on foot), ο 45, υ 365,
χ 20, etc.—Of animals. Of horses Β 466, Ε 504,
Ι 124, Ν 36, Π 794, etc.—Of mules Ψ 121 : ζ 318.
—Of dogs τ 228 (in his paws). Cf. Θ 339 : τ 444.
—Of oxen Υ 497 : υ 299, χ 290.—Of deer Λ 476 :
κ 168, τ 231.—Of birds Ψ 854, 866 : ο 526 (in its
claws).—(2) With special reference to speed in
running or in the race : ποσὶν οὔ πως ἔστιν ἐρίζειν
(in swiftness of foot) Ν 325. Cf. Ο 642, Τ 410,
Χ 160, Ψ 444, 792, etc. : θ 103, 206 (in the race),
230, etc.—(3) πόδας ὠκύς, swift-footed. Epithet
of Achilles Α 58, 84, 148, 215, 364, 489, Ι 196,
Λ 112, etc.—Of Orsilochus ν 260.—Sim. : πόδας
ταχύς.—Of Achilles Ν 348, Ρ 709, Σ 354, 358.—
Of Meriones Ν 249.—Of Aeneas Ν 482.—Of Anti-
lochus Σ 2.—πόδας ὠκέα as epithet of Iris Β 790,
795, Θ 425, etc.—Epithets of animals. Of the
hare : πόδας ταχὺς πτώξ Ρ 676.—Of the dog : κύνες
πόδας ἀργοί Σ 578 : β 11.—Of the horse : πόδας
αἰόλος ἵππος Τ 404.—(4) A projecting spur of a
hill : ὑπαὶ πόδα νείατον Ἴδης Β 824. Cf. Υ 59.—
(5) A sheet of a sail, a rope or strap attached to
one of the lower corners of it and used to extend
it or alter its direction ε 260, κ 32.

πραπίδες, αἱ. (1) The midriff : βάλ᾽ (ἔβαλ᾽)
ἧπαρ ὑπὸ πραπίδων Λ 579 = Ν 412 = Ρ 349.—(2) The
' heart,' ' breast,' soul, mind, as the seat or a seat
(a) Of the faculty of perception or knowledge,
of the wits : ὅς τ᾽ ὀλίγον περ ἐπιψαύῃ πραπίδεσσιν
θ 547.—Of the faculty of contriving, devis-
ing, designing, of ingenuity : ποίησεν ἰδυίῃσι
πραπίδεσσιν Α 608. Cf. Σ 380, 482, Τ 12 : η 92.—
(c) Of the emotions, of grief or sorrow : ἦ κέ μοι
αἰνὸν ἀπὸ πραπίδων ἄχος ἔλθοι Χ 43. Cf. Ω 514.

πρασιή, -ῆς, ἡ [πράσον, leek. ' Leek-bed ']. A
bed of herbs η 127, ω 247.

πρέπω. (ἐπι-, μετα-.) To be pre-eminent, con-
spicuous, distinguished, noted : ἔπρεπε καὶ διὰ
πάντων Μ 104. Cf. θ 172, σ 2 (was noted for
his . . .).

πρέσβα, ἡ [fem. of πρέσβυς]. (1) The eldest :
π. Διὸς θυγάτηρ Ἄτη Τ 91. Cf. γ 452.—(2) That
is senior in dignity. Of Here : π. θεά, queen of
heaven Ε 721 = Θ 383, Ξ 194 = 243.

πρεσβήϊον, τό [πρέσβυς]. A meed of honour :
πρώτῳ τοι μετ᾽ ἐμὲ ἐν χερὶ θήσω Θ 289.

πρεσβυγενής [πρέσβυς + γεν-, γίγνομαι]. The
first-born : π. Ἀντηνορίδης (the first-born son of
. . .) Λ 249.

πρέσβυς. Only in comp. and superl. (1) Comp.
πρεσβύτερος, the elder : πρεσβύτερος σύ ἐσσι Λ 787.
—Absol. in pl., the elders, the seniors : πρεσβυ-

τέροισιν Ἐρινύες αἰὲν ἕπονται Ο 204.—(2) Superl. πρεσβύτατος, the first-born, the eldest : πρεσβυτάτην με τέκετο Κρόνος (app. with an admixture of the sense 'senior in dignity ') Δ 59, πρεσβύτατος γενεῇ Ζ 24. Cf. Λ 740. — Absol. : πρεσβυτάτην ὤπυιε θυγατρῶν Ν 429. Cf. Φ 143 : ν 142 (he must mean, after himself. He is represented as the elder in Ο 204 cited under (1)).

†**πρήθω.** 3 sing. aor. ἔπρησε β 427. πρῆσε Α 481, Π 350. Nom. pl. masc. pple. πρήσαντες Η 429, 432. Infin. πρῆσαι Β 415. (ἀνα-, ἐμ-.) (1) Of wind, to blow into, swell by blowing : ἔπρησεν ἄνεμος ἱστίον β 427. Cf. Α 481.—(2) To eject by blowing, spirt out : αἶμ' ἀνὰ στόμα Π 350.—(3) To burn, consume (with or in fire) : πυρὸς θύρετρα (genit. of material) Β 415. Cf. Η 429, 432.

πρηκτήρ, -ῆρος, ὁ [πρηκ-, πρήσσω]. (1) A doer : ἔργων Ι 443.—(2) A trader or trafficker θ 162.

πρηνής, -ές [προ- (1) + ἠν-, face. Cf. ἀπηνής, ὑπηνήτης. 'With the face forward ']. On the face or belly, prone (opposed to ὕπτιος) : ἤριπε πρηνής Ε 58. Cf. Β 418, Δ 544, Ζ 43, 307, Λ 179, Μ 396, Ο 543, Π 310, 379, 413, 579, Ρ 300, Φ 118, Ψ 25, Ω 11 : ε 374, χ 296.—Of inanimate objects, to utter ruin or destruction : πρηνὲς βαλέειν Πριάμοιο μέλαθρον Β 414.

πρῆξις, ἡ [πρήσσω]. (1) Accomplishment, result, issue : οὔ τις πρῆξις πέλεται γόοιο (no profit comes of it) Ω 524 : οὔ τις πρῆξις ἐγίγνετο μυρομένοισιν (their weeping profited them nothing) κ 202 = 568.—(2) An affair or business γ 72 = ι 253, γ 82.

πρῆσε, 3 sing. aor. πρήθω.

πρήσσω. 3 pl. pa. iterative πρήσσεσκον θ 259. 2 sing. fut. πρήξεις Ω 550. 3 πρήξει τ 324. 2 sing. aor. ἔπρηξας Σ 357. Acc. sing. masc. pple. πρήξαντα γ 60. Infin. πρῆξαι Α 562 : β 191, π 88. (δια-.) (1) To pass over, traverse : ἅλα ι 491.—To traverse a space, pass, advance, make ône's way : ἵνα πρήσσωμεν (ἵνα πρήσσησιν) (ὄφρα πρήσσωμεν) ὁδοῖο (local genit., may get upon our (his) way) Ω 264 : γ 476, ο 47, 219.—To accomplish (a journey or course) : κέλευθον Ξ 282, Ψ 501 : ν 83.—(2) To accomplish, do, carry out, effect, perform : πρήξαι οὔ τι δυνήσεαι Α 562, οὔ τι πρήξεις ἀκαχήμενος υἶος (it will profit you nothing to mourn for him) Ω 550. Cf. Λ 552 = Ρ 661 : ἐδ πρήσσεσκον ἕκαστα (were charged with the due arrangements) ε 259. Cf. β 191, γ 60, π 88, τ 324.—Absol. : ἔπρηξας καὶ ἔπειτα (you have got your way after all) Σ 357.

†**πρίαμαι.** 3 sing. aor. πρίατο. To buy, acquire by purchase α 430, ξ 115, 452, ο 483.

πρίν. (1) Before, heretofore, theretofore, in time past, formerly : ὡς πρίν Β 344, καὶ πρίν περ μεμαώς Ε 135, μένος ὃ πρὶν ἔχεσκες 472. Cf. Γ 132, 430, Ε 127, Ι 523, etc. : γ 408, δ 212, 724, ε 334, ζ 4, κ 393, λ 484, etc.—So τὸ πρίν Ε 54, Ζ 125, Ι 403, Ν 105, etc. : δ 32, 518.—(2) Before the arrival of a specified or indicated time past or future, earlier, sooner : πρίν μιν καὶ γῆρας ἔπεισιν (ere that) Α 29, πρὶν ὑποφθὰς δουρὶ περόνησεν (before he could use his club) Η 144, πρὶν κνέφας ἦλθεν Θ 500. Cf. Η 390, Ι 250, Ξ 424, Σ 283,

Ψ 190 (before the due time), Ω 551, etc. : β 198, γ 117, λ 632, ν 427, ξ 334, φ 36, etc.—So τὸ πρίν Ο 72.—(3) With or without τό, up to a point of time, so long : τὸ πρὶν μὲν ἀναίνετο γ 265, πρὶν οὔ τι νεμεσσητὸν κεχολῶσθαι χ 59.—(4) With aor. infin., before . . . ing . . . : πρὶν γνώμεναι Β 348, πρὶν ἐλθεῖν υἶας Ἀχαιῶν (before their coming) Ι 403. Cf. Α 98, Δ 115, Ζ 81, Θ 453, Μ 172, Ο 588, etc. : α 210, β 128, δ 255, ζ 288, κ 385, ν 124, ο 210, etc.—So with ἤ : πρὶν γ' ἢ ἕτερόν γ' αἵματος ἆσαι Ἄρηα Ε 288, Χ 266.—With pres. infin. : πρὶν . . . ἄγειν θ' ἑκατόμβην Α 98. Cf. τ 475.—(5) With subj. : πρὶν γ' ἔμ' ἴδηαι Σ 135. Cf. Σ 190, Ω 781 : κ 175, ν 336, ρ 9.—Cf. πρὶν ὥρη [ἔῃ] ο 394.—With opt. : πρὶν πειρήσαιτ' Ἀχιλῆος Φ 580.—(6) With ὅτε. (a) With indic. : πρὶν γ' ὅτε δὴ θάλαμος ἐβάλλετο Ι 588. Cf. Μ 437 : δ 180, ν 322, ψ 43.— (b) With ἄν and subj. : πρὶν γ' ὅτ' ἂν ἐνδεκάτη γένηται β 374. Cf. δ 477.—(c) With opt. : πρὶν γ' ὅτε σ' ἄψου ἄσαιμι Ι 488.—(7) In two co-ordinate clauses, anticipatory in the first and resuming in the second : οὐδ' ὅ γε πρὶν λοιγὸν ἀπώσει, πρὶν γ' ἀπὸ πατρὶ δόμεναι κούρην Α 97. Cf. Β 348, Η 481, Σ 189, Ω 781, etc. : δ 254, 475, τ 475, etc.

πριστός [πρίω, to saw]. Sawn, cut or fashioned with the saw : ἐλέφαντος σ 196, τ 564.

πρό. (I) Adv. (1) Forward, forwards, forth : πρὸ γὰρ ἧκεν Ἥρη Α 195. Cf. Α 208, 442, Δ 382 (see ὁδός (1)), Ο 360, Π 188, etc. : φ 21.—(2) In front, before : πρὸ δούρατ' ἔχοντο Ρ 355. Cf. Ν 799, 800 : ε 385.—(3) In temporal sense, before : πρὸ ἐόντα (the past) Α 70.—Beforehand : ἐπεὶ πρό οἱ εἴπομεν α 37.—(II) Prep. with genit. (1) In front of, before : πρὸ ἄστεος Ο 351. Cf. Ε 96, 789, Ι 708, Τ 292, etc. : κ 105, ω 468.—With locative : ἠῶθι πρό (see ἠώς (1)). Ἰλιόθι πρό (see Ἰλιόθι). οὐρανόθι πρό (see οὐρανός (1)).—In reference to chieftainship : πρὸ Φθίων Ν 693. Cf. Ν 699.— Before the face of, in subjection to : ἀθλεύειν πρὸ ἄνακτος ἀμειλίχου Ω 734.—Under compulsion of : πρὸ φόβοιο Ρ 667.—(2) In front of, in advance of : πρὸ ἑτάρων μάχεσθαι Δ 373.—In advance of, preceding : πρὸ δ' ἄρ' αὐτῶν κύνες ἤϊσαν τ 435. Cf. Κ 286, Ρ 726, Ψ 115.—(3) In defence of, defending, protecting : πρὸ Τρώων ἑστάοτα Ω 215. Cf. Θ 57, Χ 110.—In reference to a champion, on behalf of Δ 156.—(4) In temporal sense, before, sooner than : καί τε πρὸ ὃ τοῦ ἐνόησεν Κ 224. Cf. ο 524, ρ 476.

προαλής [app. a compound of προ-]. Sloping, forming a declivity : χώρῳ Φ 262.

†**προβαίνω** [προ- (1) (2)]. 2 sing. pf. προβέβηκας Ζ 125, Ψ 890. 3 προβέβηκε Κ 252. 3 sing. subj. προβεβήκῃ Π 54. (1) To go forward : ἄστρα προβέβηκεν (have got far forward in their course) Κ 252.—(2) To go before, advance in front of. With genit. : πολὺ προβέβηκας ἀπάντων Ζ 125.— In pf. of the state or condition of going before ; hence, to be pre-eminent, to excel, surpass : ὅ τε κράτεϊ προβεβήκῃ (in . . .) Π 54.—With genit. : ὅσον προβέβηκας ἁπάντων Ψ 890.

†**προβάλλω** [προ- (1) (2)]. 3 sing. pa. iterative

πρόβαλεσκε ε 331. Nom. pl. masc. aor. pple. προ-
βαλόντες Λ 529. 3 pl. aor. mid. προβάλοντο Α 458,
Β 421, Ψ 255 : γ 447. Opt. προβαλοίμην Τ 218.
(1) To throw forward or forth : Νότος Βορέῃ προ-
βάλεσκε [σχεδίην] (surrendered it) ε 331.—In
mid. : ἐπεὶ οὐλοχύτας προβάλοντο (had sprinkled
them) Α 458=Β 421 : =γ 447.—Fig. : ἔριδα προ-
βαλόντες (app., throwing it forward, dashing
forward in combat) Λ 529 (cf. Γ 7 cited under
προφέρω (2)).—(2) To throw before or in front.
In mid. : θεμείλια προβάλοντο (set them in the
face of the mound) Ψ 255.—Hence, in mid., to
excel, surpass. With genit. : σεῖό κε νοήματι
προβαλοίμην (in . . .) Τ 218.

πρόβασις, ἡ [as next]. = next β 75.

πρόβατα, τά [προ- (1)+βα-, βαίνω]. Cattle,
flocks and herds Ξ 124, Ψ 550.

προβέβηκε, 3 sing. pf. προβαίνω.

προβέβουλα, pf. προβούλομαι.

προβιβάω [προ- (1)]. To advance : ὑπασπίδια
προβιβῶντι (προβιβῶντος) Ν 807, Π 609. (With
προβιβάντι, προβιβάντος from next as vv. ll.)

προβίβημι [προ- (1)]. To stride along forwards,
make one's way or advance with a stride :
κραιπνὰ ποσὶ προβιβάς Ν 18. Cf. Ν 158 : ο 555,
ρ 27. (And see prec.)

προβλής, -ῆτος [προ- (1)+βλη-, βάλλω]. Pro-
jecting, jutting out : σκοπέλῳ Β 396, στήλας
Μ 259, πέτρη Π 407 : ἀκταί ε 405, κ 89, ν 97.

προβλώσκω [προ- (1)]. 3 pl. aor. πρόμολον
ο 468. Imp. πρόμολε Σ 392. Pple. προμολών
Φ 37 : δ 22. Fem. προμολοῦσα Σ 382 : ω 388. To
go or come forward or forth : τὴν ἴδε προμολοῦσα
Χάρις Σ 382. Cf. Σ 392, Φ 37 (making a descent
upon it) : δ 22, ο 468, τ 25 (to leave their quarters),
φ 239=385, ω 388.

προβοάω [προ- (2)]. To shout in front : προ-
βοῶντε μάχην ὤτρυνον 'Αχαιῶν (cheering their
followers on) Μ 277.

πρόβολος, -ου, ὁ [προ- (1)+βολ-, βάλλω]. A
projecting rock : ἐπὶ προβόλῳ μ 251.

†προβούλομαι [προ- (2)]. Pf. προβέβουλα. To
rank before, prefer. With genit. : προβέβουλα
[μιν] προβέβουλα (prefer her to . . .) Α 113.

προγενέστερος [comp. of προγενής, fr. προ- (3)
+γεν-, γίγνομαι. 'Born before']. (1) Older :
ὁ γὰρ προγενέστερος ἦεν Β 555, Ψ 789 :
β 29, δ 205, τ 244.—(2) Old rather than young :
ὃς Φαιήκων προγενέστερος ἦεν (was an elder among
the . . .) η 156=λ 343, οὐδ' οἱ προγενέστεροι ἦσαν
(the elders among us) ω 160.

†προγίγνομαι [προ- (1)]. 3 pl. aor. προγένοντο.
To come forward, appear, come in sight Σ 525.

πρόγονοι [προ- (3) + γον-, γεν-, γίγνομαι.
'Those born before']. The firstlings (of the
lambs) ι 221.

†προδάω [προ- (3)]. Aor. pple. προδαείς. To
know something beforehand : μή πώς με προδαεὶς
ἀλέηται (forming a suspicion) δ 396.

προδοκή, -ῆς, ἡ [προ- (1) + δοκ-, δέχομαι]. A
place where one may lie in wait, a lurking-place.
In pl. : δεδεγμένος ἐν προδοκῇσιν Δ 107.

πρόδομος, -ου, ὁ [προ- (2) + δόμος]. A space in
front of the door of the μέγαρον, app. the part
of the line of the αἴθουσα into which the door
opened : εὗρεν ἐνὶ προδόμῳ δέπα ο 466. Cf. Ι 473
(see θάλαμος (1) (a)).—Used as a sleeping-place
for visitors Ω 673 (Priam and the herald in
Achilles's dwelling): = δ 302 (Telemachus and Pisi-
stratus in Menelaus's house) (cf. Ω 644 : = δ 297).
Cf. ο 5, υ 1 (the disguised Odysseus in his own
house), 143 (the same in the same).—A space in
front of the door of the dwelling of Eumaeus ξ 5.

προέργω [προ- (2)]. To stand in front of some-
one and debar (him from doing something).
With infin. : πάντας προέεργε ἐπὶ νῆας ὁδεύειν
Λ 569.

προέηκα, aor. προΐημι.

†προείδω [προ- (1) (3)]. 3 pl. aor. subj. προΐδωσι
Ρ 756. Pple. προϊδών Χ 275 : δ 396, ε 393. Pl.
προϊδόντες Σ 527. 3 pl. aor. subj. mid. προΐδωνται
ν 155. (1) To direct one's glance forward, look
forward or before one : ὀξὺ μάλα προϊδών ε 393.
Cf. Χ 275.—(2) To catch sight of, descry, see :
τὰ προϊδόντες Σ 527. Cf. Ρ 756.—In mid. ν 155.—
(3) To catch sight of beforehand : μή πώς με
προΐδωσι ἀλέηται (catching sight of me before the
time) δ 396.

προέμεν, aor. infin. προΐημι.

†προερέσσω [προ- (1)]. 1 pl. aor. προερέσσαμεν
ι 73, ν 279. 3 pl. προέρεσσαν Α 435 : ο 497. To row
one's ship forward, row it to a specified place
ν 279.—To row (one's ship) forward, row (it) to
a specified place : νῆ' εἰς ὅρμον προέρεσσαν Α 435 :
= ο 497. Cf. ι 73.

†προερύω [προ- (1) + ἐρύω[1]]. 3 sing. aor. προ-
έρυσσε Α 308. Subj. προερύσσω Ι 358. To draw
down (a ship) in order to launch her Α 308, Ι 358.

πρόες, aor. imp. προΐημι.

προέσαν, 3 pl. aor. προΐημι.

προέχω [προ- (1) (2)]. Also προΰχω. (1) To
project, jut out : πύργῳ ἐπὶ προΰχοντι (a project-
ing angle of the wall) Χ 97. Cf. ζ 138, κ 90, μ 11,
τ 544, ω 82.—(2) In mid., to have in front of
one : προΰχοντ' ἐννέα ταύρους (i.e. they faced the
sea with the bulls in front of them) γ 8.—(3) To
be in front in a race : τὸν προΰχοντα δοκεύει Ψ 325,
φράσσαθ' ἵππον προΰχοντα 453.

προήκης, aor. 3 sing. aor. προΐημι.

προήκης [προ- (2) +*ἀκή, point, edge]. With
sharp, i.e. thin, blades. Epithet of oars μ 205.

προθέλυμνος, -ον [προ- (1) + θέλυμνα, founda-
tions. Cf. τετραθέλυμνος.] (1) App., from the
foundations onwards, i.e. by the roots (cf. πρόρριζος):
προθέλυμνα χαμαὶ βάλε δένδρεα Ι 541. Cf. Κ 15.
—(2) App., with base advanced : σάκεῖ Ν 130.

προθέω [προ- (1) (2)]. 3 sing. pa. iterative
προθέεσκε Χ 459 : λ 515. (1) To flee before a
pursuer Κ 362.—To rush to the fray in front
of others : πολὺ προθέεσκεν Χ 459 : = λ 515.—
(2) Fig., of speech, to dash forward (for utterance)
Α 291.

†προθρῴσκω [προ- (1)]. Aor. pple. προθορών.
To leap or spring forward Ξ 363, Ρ 522, 523.

προθυμίη, -ης, ἡ [προ- (1) + θυμός]. Zeal, alacrity. In pl.: ἧσι προθυμίῃσι πεποιθώς (his heart full of ardour for the fray) B 588.

πρόθυρον, -ου, τό [προ- (2) + θύρη]. (1) The gateway of the αὐλή Ω 323 : α 119, γ 493 = ο 146 = 191.—So in pl. (cf. θύρη (2)(b)): στῆμεν ἐνὶ προθύροισιν Λ 777. Cf. Σ 496, Χ 71 : α 103, δ 20, η 4.—Of the gate of the steading of Eumaeus ξ 34. —In pl. π 12.—(2) The doorway of the μέγαρον : κεῖται ἀνὰ πρόθυρον τετραμμένος (i.e. the doorway of the chief room of the hut) T 212 : εἷκε προθύρου σ 10. Cf. σ 101, 386, υ 355, φ 299, χ 474.—Of such a doorway in the palace of Zeus Ο 124.—In the palace of Hephaestus. In pl. θ 304, 325.— In the dwelling of Circe. In pl. κ 220.

προϊάλλω [προ- (1)]. To send forth or dispatch on a mission or errand or to take up an occupation : ἐμὲ Ζεὺς τῷ ἐπαλεξήσουσαν προΐαλλεν Θ 365. Cf. Λ 3 : ο 370.—To send away or dispatch for use : σιάλων τὸν ἄριστον ξ 18.

†**προϊάπτω** [προ- (1) + (Ϝ)ι-(Ϝ)άπτω, to throw. Cf. ἀπτοεπής, ἐάφθη]. 3 sing. fut. προϊάψει Ζ 487. Infin. προϊάψειν Ε 190, Λ 55. 3 sing. aor. προΐαψε Α 3. To send, dispatch : πολλὰς ψυχὰς Ἄϊδι Α 3. Cf. Ε 190, Ζ 487, Λ 55.

προϊδών, aor. pple. προειδῶ.

†**προΐημι** [προ- (1) + ἵημι¹]. 3 sing. προΐησι μ 253. 3 pl. προϊεῖσι Λ 270. Fem. pple. προϊεῖσα β 92, ν 381. Aor. προέηκα Θ 297, Κ 125. 3 sing. προέηκε Δ 398, Ε 290, Η 468, Λ 201, etc. : β 147, γ 183, ε 268, ξ 466, etc. προῆκε Ρ 545. 3 pl. aor. πρόεσαν δ 681, θ 399, π 328, σ 291. Imp. πρόες Α 127, Π 38, 241. 3 sing. προέτω Λ 796. Infin. προέμεν κ 155. From προΐεω. 3 sing. pres. προΐει Β 752. Impf. προΐειν ι 88, κ 100, μ 9. 2 sing. προΐεις ω 333. 3 προΐει Α 326, Γ 118, Ε 15, Η 249, etc. : ν 64, ω 519, 522. (1) To send forth, throw, hurl, launch, let fly (a missile) : ἔγχος Γ 346. Cf. Γ 355, Θ 297, Ν 662, Υ 438, etc. : ω 519 = 522. —Absol., to throw, make a throw, make one's throw : ὡς φάμενος προέηκεν Ε 290.—To throw or let fall (fishing tackle) μ 253.—(2) To send from oneself, let fall from one's grasp : πόδα τ 468. Cf. ε 316.—(3) To let fall (a word), send forth or utter (speech) ξ 466, υ 105.—(4) Of a river, to send or roll (its waters) : Τιταρησσόν, ὅς ῥ' ἐς Πηνειὸν προΐει ὕδωρ Β 752.—(5) To send forth or dispatch on a specified or indicated mission or to a specified destination : Βρισηΐδος εἵνεκα κούρης Α 336, Ταλθύβιον νῆας ἔπι ἰέναι Γ 118. Cf. Α 326, Η 468, Ι 442, Κ 125, Λ 201, Μ 342, etc. : β 147, δ 161, θ 399, μ 9, π 328, etc.—To let go, surrender : τήνδε θεῷ πρόες Α 127.—(6) To send (a wind) γ 183, ε 268 = η 266, κ 25.—(7) Of something immaterial, to send : ἀγγελίας β 92 = ν 381. Cf. Λ 270, Π 241.

προικός [genit. of προίξ, gift. 'Of one's bounty,' 'as a free gift' (genit. of material)]. Without repayment or reimbursement : χαρίσασθαι ν 15. —App., without paying for it, with impunity : γεύσεσθαι Ἀχαιῶν ρ 413.

προΐκτης, ὁ. A beggar ρ 352, 449.

†**προΐστημι** [προ- (2)]. Aor. pple. προστήσας. To set in front, put forward Δ 156.

προκαθίζω [προ- (1) + καθ-, κατα- (1)]. Of birds, to keep settling (ever) forwards Β 463.

†**προκαλέω** [προ- (1)]. 3 sing. aor. mid. προκαλέσσατο Η 218, 285, Ν 809. 3 sing. subj. προκαλέσσεται Η 39. Imp. προκάλεσσαι Γ 432, Η 50 : θ 142. In mid., to summon or invite to the fight or to a contest, challenge, defy, dare : μαχέσασθαι ἐναντίον Γ 432. Cf. Η 39, 50, 218, 285, Ν 809 : θ 142.

προκαλίζομαι [προ- (1) + καλέω]. = prec. Γ 19, Δ 389, Ε 807, Η 150 : θ 228, σ 20 (to fisticuffs).

πρόκειμαι [προ- (2)]. To be set before one, be set to one's hand : ὀνείαθ' ἑτοῖμα προκείμενα. See Ι 91, etc., cited under ἑτοῖμος (1).

πρόκλυτος [προ- (1) or (3) + κλυτός]. Of report or fame, heard of old ; or perh., heard forwards, handed on by tradition Υ 204.

†**πρόκροσσοι**, -αι [προ- + (app.) the obscure κρόσσαι]. App., row after row, in rows or ranks : [νῆας] προκρόσσας ἔρυσαν Ξ 35.

†**προκυλίνδω** [προ- (1)]. In mid., of the sea, to roll forward Ξ 18.

†**προλέγω** [προ- (2) + λέγω²]. Absol. in pf. pass. pple. pl., the picked men, the flower : Ἀθηναίων προλελεγμένοι Ν 689.

†**προλείπω** [προ- (1)]. Aor. pple. προλιπών ν 314, ο 11, ψ 120. Pl. προλιπόντες Ρ 275. Infin. προλιπεῖν ν 331. 3 sing. pf. προλέλοιπε β 279. (1) To leave, forsake, abandon, leave to one's own devices or to one's (or its) fate : κτήματα γ 314 = ο 11 (with ἄνδρας in the same lines simply 'leaving behind you '). Cf. Ρ 275 : ν 331.—Of a quality, to forsake (one), fail (him): οὐδέ σε μῆτις Ὀδυσσῆος προλέλοιπεν β 279.—(2) To leave, quit, withdraw from : πηοὺς καὶ πατρίδα γαῖαν ψ 120.

προμαχίζω [πρόμαχος]. To act or pose as champion Γ 16.—To fight with in front of the others. With dat. : μηκέτ' Ἀχιλλῆϊ προμάχιζε Υ 376.

προμάχομαι [προ- (2)]. To fight in front of the others Ρ 358.—To fight in front of. With genit. : ἀπάντων (to advance beyond them) Λ 217.

πρόμαχος [προ- (2) + μάχομαι. 'He who fights in front ']. In pl., the front rank, the fighting line, the forefront of the battle : ἐν προμάχοισι φανέντα Γ 31. Cf. Δ 253, 495, Ε 134, 250, Λ 188, 358, etc. : σ 379, ω 526.

†**προμίγνυμι** [προ- (3)]. Aor. infin. pass. προμιγῆναι. In pass., to have sexual intercourse with in anticipation of another. With dat. : παλλακίδι προμιγῆναι Ι 452 (app., to take an opportunity of anticipating his father and so making felt the contrast between the two).

προμνηστῖνοι, -αι [perh. formed fr. *πρόμνηστις, abstract noun fr. προ- (1) + μένω. Cf. ἀγχιστῖνοι]. Each waiting his turn before going forward, one after another : ἐπήϊσαν λ 233, ἐσέλθετε φ 230.

πρόμολον, 3 pl. aor. προβλώσκω.

πρόμος [a superl. of πρό]. Leading, chief: ἄνδρα Ε 533.—Absol., a leading fighter, a champion :

ἐκ πάντων πρόμος ἔμμεναι "Εκτορι (against Hector) Η 75. Cf. Γ 44, Η 116, 136, Ο 293, Χ 85 : λ 493.

προνοέω [προ- (3)]. (1) To perceive or detect beforehand, have an inkling of : δόλον Σ 526.— (2) To think of, devise ε 364.

πρόξ, προκόs. Some kind of deer ρ 295.

προπάροιθε(ν) [προ- (4) + πάροιθε(ν)]. (1) In front, before : π. κιών Ο 260. Cf. Ο 355 (going before them), Π 319 (at his feet): δ 225 (before his eyes).— With genit. in geographical sense : νῆσος Αἰγύπτου π. (lying off . . .) δ 355.—In front of, before : π. πυλάων Μ 131, στῆ αὐτῆς π. Ξ 297. Cf. Β 92, 811, Δ 348, Ζ 307, Ν 205, Ο 66, Σ 615 (at her feet), etc. : α 107, ι 482, κ 354, ο 122, ρ 357, ω 416, etc.—(2) In temporal sense (a) Before, sooner than, someone else : π. ἰδών Κ 476.—Before another, preceding him in time : εἶμι π. (will go first) ρ 277. Cf. ρ 282.—(b) Before the happening of something : π. σφι φάνη μέγα ἔργον "Αρηος (ere that) Λ 734. Cf. Χ 197.—(c) In time past, formerly : οὔ τις ἀνὴρ π. μακάρτατος οὔτ' ἄρ' ὀπίσσω λ 483.

πρόπᾱς, -ᾱσα, -αν [προ- (4) + πᾶς]. Strengthened form of, but hardly to be distinguished from, πᾶς. (1) In sing., all the, the whole : πρόπαν ἦμαρ (all the day long) Τ 162, Ω 713, Α 601 : = ι 161 = 556 = κ 183 = 476 = μ 29 = τ 424, ω 41.— (2) In pl., all the : νῆας προπάσας Β 493.

†προπέμπω [προ- (1) (2)]. Αορ. προΰπεμψα ρ 54, ω 360. 3 sing. -ε Θ 367 : ρ 117. (1) To send or dispatch on an errand. With complementary fut. pple. : ἄξοντα κύνα Θ 367.—(2) To dispatch on one's way, arrange for the departure of : ἐς Μενέλαον ρ 117.—(3) To send on ahead of oneself : τὸν προΰπεμψα σὺν ἑτάροισιν ρ 54. Cf. ω 360.

προπέφανται, 3 sing. pf. pass. προφαίνω.

†προπίπτω [προ- (1)]. Nom. pl. masc. aor. pple. προπεσόντες. To bend the body forward (so as to swing to the oar) : προπεσόντες ἔρεσσον ι 490, μ 194.

προποδίζω [προ- (1) + ποδίζω, fr. ποδ-, πούς]. To set the foot forward, to advance, march along Ν 158, 806.

προπρηνήs, -ές [προ- (4) + πρηνήs]. (1) On the face, prone Ω 18.—(2) Stooping forwards χ 98.— (3) In neut. sing. προπρηνές as adv., forwards : σκῆπτρον οὔτ' ὀπίσω οὔτε π. ἐνώμα Γ 218.

προπροκυλίνδω [προ- (1) (doubled) (2) (4) + κυλίνδω]. (1) In pass., of a wanderer, to be rolled on and on, be tossed ever onwards : δεῦρ' ἵκετο προπροκυλινδόμενος ρ 525.—(2) In mid., to grovel before the face of. With genit. : πατρὸς Διός Χ 221 (the genit. app. depending on one προ- (προ- (2)), the other προ- strengthening the vb. (προ- (4))).

προρέω [προ- (1)]. Of rivers, streams, etc., to flow forward or forth, flow, send their waters : ἅλαδε Ε 598, Μ 19. Cf. Φ 260, 366, Χ 151 : ε 444, κ 351.

πρόρριζοs, -ον [προ- (1) + ῥίζα]. From the roots onwards, by the roots, roots and all (cf. προθέλυμνος) : ὡς ὅτ' ἐξερίπῃ δρῦς π. Ξ 415. Cf. Λ 157.

πρόs [cf. προτί, ποτί]. (I) Adv. (1) For, to

equip, something : πρὸς δ' ἄρα πηδάλιον ποιήσατο ε 255.—(2) Besides, in addition, too : πρὸς δ' ἄμφω ῥῆξε τένοντε Ε 307. Cf. Μ 102, Ν 678, Χ 59 : ξ 415, π 291, τ 10, ν 41.—(II) Prep. (1) With dat. (a) Making contact with, upon, against : πρὸς περόνῃ καταμύξατο χεῖρα Ε 425 : πρὸς ἀλλήλῃσιν ἔχονται ε 329. Cf. ε 434.—With locative : ὡς ὅτε πρὸς κοτυληδονόφιν λάϊγγες ἔχονται ε 433. —In pregnant sense : πέτρῃς πρὸς μεγάλῃσι βαλόν η 279. Cf. ι 284, 459.—(b) In reference to position, in the direction of, towards : τέτραπτο πρὸς ἰθύ οἱ Ξ 403.—(c) Besides, in addition to : πρὸς τοῖσί τε ὕπνος κ 68.—(2) With acc. (a) To, towards, in the direction of : εἶμ' αὐτὴ πρὸς "Ολυμπον Α 420. Cf. Α 609, Β 310, Ε 398, Ζ 41, Θ 74, Ο 58, etc. : β 258, 298, η 131, ι 315, κ 278, etc.—In hostile sense, against : ἐστρατόωντο πρὸς τείχεα Θήβης Δ 378. Cf. Μ 332, Ρ 471.—Sim. : πρὸς ῥόον ἀΐσσοντα Φ 303.—Indicating arrival at a point : πρὸς τεῖχος ἀφίκανε Ζ 388. Cf. τ 458, etc.—In opposition to, against the will of : πρὸς δαίμονα φωτὶ μάχεσθαι Ρ 98. Cf. Ρ 104.— (b) In reference to speech or directing the voice, to : καί με πρὸς μῦθον ἔειπεν Β 59. Cf. Β 156, Γ 155, Ε 274, Θ 364, etc. : δ 803, ε 298, κ 34, etc. —Sim. in reference to swearing : ὤμοσε πρὸς ἔμ' αὐτὸν ξ 331, τ 288.—In reference to conversation, with : πρὸς ἀλλήλους ἐνέποντες Λ 643. Cf. ψ 301.—In reference to the sight, to, towards : παπταίνοντι πρὸς πέτρην μ 233. Cf. ν 29, etc.— (c) In reference to the direction in which action takes place, towards, against : πρὸς κῦμα χανών μ 350. Cf. ρ 237.—(d) In reference to wounding or striking a part of the body, in : βεβλήκει πρὸς στῆθος Δ 108. Cf. Λ 144, Φ 424, etc. : ι 301, etc. —(e) In reference to placing or leaning against something : ἅρματ' ἔκλιναν πρὸς ἐνώπια Θ 435 := δ 42. Cf. Χ 112, Ψ 171, etc. : α 127, χ 120, etc.— Sim. : 'Αμφινόμου πρὸς γοῦνα καθέζετο (sat down leaning against . . .) σ 395. Cf. ψ 90.—(f) In reference to position, in the direction of, towards : πρὸς Τρῶας τετραμμένοι Ε 605. Cf. ι 26, ν 240, etc.—(g) In reference to exchanging things with a person : ὃς πρὸς Διομήδεα τεύχε' ἄμειβεν Ζ 235.— (3) With genit. (a) In reference to position or to the taking place of some phenomenon, in the direction of, towards : πρὸς ἀλὸς Κάρες . . . πρὸς Θύμβρης δ' ἔλαχον Λύκιοι Κ 428, φόως γένετ' ἠμὲν πρὸς νηῶν καὶ πολέμοιο Ο 670. Cf. ν 110, 111, φ 347. —(b) In reference to coming from a specified quarter : ἀλώμενος ἵκετ' ἐμὸν δῶ, ἠὲ πρὸς ἠοίων ἢ ἑσπερίων ἀνθρώπων θ 29.—Sim. : πρὸς Διός εἰσι ξεῖνοί ζ 207, ξ 57.—(c) At the hands of, from, by : τιμὴν ἀρνύμενοι πρὸς Τρώων Α 160, ἦ σοι ἄριστα πεποίηται πρὸς Τρώων; Ζ 57. Cf. Ζ 525, Π 85, etc. : λ 302, σ 162.—By the commission of : οἵ τε θέμιστας πρὸς Διὸς εἰρύαται Α 239.—(d) Before the face of : οὐδ' ἐπιορκήσω πρὸς δαίμονος Τ 188. Cf. Α 339, 340.—In entreaty, in the name of, by : νῦν σε πρὸς πατρὸς γουνάζομαι ν 324. Cf. λ 67.— At the bidding of : πρός κ' ἄλλης ἱστὸν ὑφαίνοις Ζ 456.

†**προσάγω** [προσ- (2)]. 3 sing. aor. προσήγαγε. To bring to an indicated place : τίς δαίμων τόδε πῆμα προσήγαγεν; (has brought hither) ρ 446.

†**προσαΐσσω** [προσ- (2)]. Aor. pple. προσαΐξας. To rush in an indicated direction : ἤ λίσσοιτο προσαΐξας 'Οδυσῆα (run up to him and . . .) χ 337. Cf. χ 342, 365.

προσαλείφω [προσ- (1)]. To rub (something) upon, apply (it) to. With dat. : προσάλειφεν ἑκάστῳ φάρμακον ἄλλο κ 392.

προσαμύνω [προσ- (3)]. Aor. infin. προσαμῦναι Π 509. (1) To bring help or succour to, help, aid. With dat. : ἤ τί οἱ χήμεῖς προσαμύνομεν Β 238. —(2) Absol, to bring succour, make defence, show fight for someone or something E139, Π509.

†**προσαραρίσκω** [προσ- (1)]. Nom. pl. neut. pf. pple. προσαρηρότα. In pf., to be fitted to something : ἐπίσσωτρα προσαρηρότα E 725.

προσαυδάω [προσ- (3)]. 3 dual non-thematic impf. προσαυδήτην Λ 136, Χ 90. (1) To speak to, address, accost : κερτομίοισι Διὰ προσηύδα Α 539. Cf. Δ 192, 256, E 30, Ζ 144, Λ 136, etc. : α 252, γ 41, ι 345, λ 99, ξ 484, etc.—Without expressed object, to make address, speak Δ 24, Η 225, Μ 353, etc. : κ 400, ξ 79, ο 62, etc.—(2) To say in way of address, speak, utter : ἔπεα πτερόεντα Δ 92, 203, E 871, Π 706, etc. : β 362, δ 25, κ 377, π 22, etc.—(3) With double construction of (1) and (2), to address words to : ἔπεά μιν πτερόεντα προσηύδα Α 201. Cf. Δ 69, E 242, Μ 365, Ν 94, etc. : α 122, δ 77, κ 265, π 7, etc.

†**προσβαίνω** [προσ- (1) (2)]. 3 sing. aor. προσέβη ξ 1. 3 pl. προσέβαν Ψ 117 : τ 431. Pple. προσβάς E 620, Π 863. 3 sing. aor. mid. προσεβήσετο Β 48, Ξ 292 : φ 5, 43. (1) To go one's way, proceed, in a specified direction: προσέβη τρηχείαν ἀταρπόν (advbl. acc., ' by a . . .') ξ 1.—(2) To go to or towards, approach. With acc. : κνημοὺς Ἴδης Ψ 117. Cf. τ 431.—In mid. : Ὄλυμπον Β 48. Cf. Ξ 292.—(3) To step upon, set foot upon. With acc. In mid. : κλίμακα φ 5, οὐδόν 43.—Without expressed object : λὰξ προσβάς (setting his foot upon the corpse) E 620, Π 863.

προσβάλλω, προτιβάλλω [προσ- (3)]. (1) To smite. Of the rays of the sun : 'Ηέλιος νέον προσέβαλλεν ἀρούρας Η 421 :=τ 433.—(2) In mid., to give heed to, direct one's attention to : ταύτην οὐ προτιβάλλεαι E 879.

προσδέρκομαι, ποτιδέρκομαι [προσ- (2)]. To direct the sight to, look towards. With acc. : πατέρα προσεδέρκετο υ 385. Cf. Π 10 : ρ 518.

προσέειπον, προτιεῖπον (Χ 329), aor. [προσ- (3)]. To speak to, address, accost : Κάλχαντα Α 105. Cf. Α 206, Θ 138, Λ 602, Π 432, Ρ 11, etc.: α 178, β 39, δ 461, ζ 56, θ 144, etc.—Without expressed object, to make address, speak Ω 361 : δ 234, ω 350, 393. — With double acc. of the person addressed and of what is said : ὄφρα τί μιν προτιείποι Χ 329.

προσέθηκε, 3 sing. aor. προστίθημι.

†**πρόσειμι** [προσ- (2) + εἰμί]. Pres. pple. προσιών,

-όντος. To approach, draw near, draw up : ζωὸν προσιόντα E 515 = Η 308. Cf. E 682, Κ 339, Λ 742, Ν 615 : π 5.

προσέλεκτο, 3 sing. aor. mid. προσλέγω.

προσερεύγομαι [προσ- (2)]. Of the sea, to roar, or, perh., to break in foam, against. With acc. : κύματα, τά τε προσερεύγεται αὐτήν Ο 621.

προσέστιχε, 3 sing. aor. προσστείχω.

προσέφην, impf. πρόσφημι.

προσήγαγε, 3 sing. aor. προσάγω.

πρόσθε(ν). (1) Of place (a) In front of, before, preceding, someone or something (often with the notion of defence) : π. σάκεα σχέθον Δ113, π. στᾶσα 129. Cf. E300, 315, Ζ 17, Ν 440, etc. : π. δέ οἱ ποίησε γαλήνην ε 452. Cf. χ 400, ω 155.—With genit. : τάων οὔ τοι ἐγὼ π. ἵσταμαι Δ 54. Cf. E 56, 107, Η 224, Ι 473, etc. : στῆ π. αὐτοῦ η 21. Cf. θ 524, ο 164, χ 4, ω 540.—(b) Before, in the front part: π. λέων Ζ 181.—(c) In front or in advance of others: ὁππότεροι π. ἵπποι Ψ 487. Cf. Ψ 572, etc.—With genit.: οἷος π. ἄλλων Δ 304.—(2) Of time (a) Before, in time past, in days of old : οὔ καὶ π. ἀρίστη φαίνετο βουλή Η 325. Cf. Α 251, Μ 33, Υ 28, Ψ 570, etc. : π. μοι ἀεικέλιος δέατ' εἶναι ζ 242. Cf. ρ 371, χ 432, ω 52.—So τὸ π. : ὡς τὸ π. Μ 40. Cf. Ψ 583 : δ 688, λ 629.—In adjectival use : τῶν π. ἀνδρῶν Ι 524.—(b) Before another or others, first : ἔγνω π. Ν 66, Ω 698. Cf. Γ 317, 346, E 851 : ι 370.—With genit., before, sooner than : ὄφρα π. ἄλλων θάνατον ἐπίσπῃ (that he may be the foremost to perish) Β 359.—(c) Before the arrival of a specified or indicated time past or future, earlier, sooner : π. μιν μοῖρ' ἀμφεκάλυψεν (ere that) Μ 116 : μὴ π. κλέος γένηται, πρὶν . . . ψ 137. Cf. ρ 7, ψ 223.

προσιών, pres. pple. πρόσειμι.

πρόσκειμαι [προσ- (1)]. To be put upon something, be put in position : οὔατ' οὔ πω προσέκειτο Σ 379.

προσκηδής [προσ- (3) + κῆδος]. Involving a close tie, that binds closely together φ 35.

†**προσκλίνω, ποτικλίνω** [προσ- (1)]. 3 sing. aor. προσέκλινε ♪138, 165. 3 sing. pf. pass. ποτικέκλιται ζ 308. To cause to lean, set, support, against. With dat.: βέλος προσέκλινε κορώνῃ φ 138=165.—In pass., to lean or be supported (so as to be) close to. With dat. : πατρὸς ἐμοῖο θρόνος ποτικέκλιται αὐτῇ (is set close to the queen's) ζ 308.

†**προσλέγω** [προσ- (1)+λέγω[1]]. 3 sing. aor. mid. προσέλεκτο. In mid., to lay oneself down, recline, beside or at the feet of another : εἰσέ τέ [με] καὶ προσέλεκτο μ 34.

†**προσπελάζω** [προσ- (3)]. Aor. pple. προσπελάσας. To bring into contact with, cause to touch. With dat. : ἄκρη προσπελάσας [νῆα] (dashing it against a . . .) ι 285.

προσπίλναμαι [προσ- (3)]. To be brought into contact with, touch. With dat. : νήσῳ προσεπίλνατο νηῦς (made the island) υ 95.

προσπλάζω [προσ- (2)]. Of water, to beat up against something : κῦμα χιόνα προσπλάζον ἐρύκεται Μ 285.—To dash up against. With dat. : λίμνη προσέπλαζε γενείῳ λ 583.

προσπτύσσω, ποτιπτύσσω [προσ- (1)]. 3 sing. fut. mid. προσπτύξεται λ 451. 3 sing. aor. προσπτύξατο δ 647. Subj. προσπτύξομαι γ 22, θ 478, ρ 509. In mid. (1) To fold to one's bosom, embrace λ 451.—(2) To greet, convey good wishes to θ 478.—(3) To speak to, address γ 22.—Without expressed object β 77, δ 647.—With double acc. of the person addressed and of what is said : ὄφρα τί μιν προσπτύξομαι ρ 509.

πρόσσοθεν [-θεν (2). Cf. πρόσσω]. Before one : ἐλαύνων πρόσσοθεν ἵππους Ψ 533.

†προσστείχω [προσ- (2)]. 3 sing. aor. προσέστιχε. To make one's way to, proceed to. With acc. : προσέστιχεν Ὄλυμπον ν 73.

πρόσσω, πρόσω. (1) Of the direction of motion, forwards, onwards, on : δοῦρ' ὁρμενα πρόσσω Λ 572. Cf. Λ 615, Μ 274, Ν 291, Ο 543, Π 265 (straight for his object), 382, Ρ 734, Σ 388 : νῆα πρόσω φέρε κῦμα ι 542. Cf. φ 369.—In reference to the exercise of a mental faculty : νοῆσαι ἅμα πρόσσω καὶ ὀπίσσω (to look before and after, be capable of reasoning from the past to the future) Α 343. Cf. Γ 109, Σ 250 : ω 452.—(2) Of change of position, forwards : πρόσσω κατέκυψεν Π 611 = Ρ 527.—Of position, forwards, facing one's front: πρόσω τετραμμένος Ρ 598.

προστήσας, aor. pple. προΐστημι.

†προστίθημι [προσ-(1)]. 3 sing. aor. προσέθηκε To set or place in an indicated position : λίθον, ὃν προσέθηκεν ι 305.

προσφάσθαι, pres. infin. mid. πρόσφημι.

πρόσφατος [προσ-, app. with sense 'before one's very eyes,' 'in one's view'+φα-, φαν-, φαίνω. '(As if) newly revealed ']. Fresh, unsullied : πρόσφατος κείσαι Ω 757.

†πρόσφημι [προσ- (2)]. Impf. προσέφην ι 282, 501, κ 422. 2 sing. -ης Π 20, 744, 843 : ξ 55, ο 325, ρ 512, χ 194, etc. 3 -η Α 84, Β 172, Δ 183, Ζ 520, etc. : α 63, β 348, δ 30, ε 214, etc. Pres. infin. mid. προσφάσθαι ψ 106. (1) To speak to, address, accost. With acc. : Σθένελον Ε 108. Cf. Α 84, Β 795, Η 405, Ι 196, etc.: α 63, β 399, δ 59, ζ 24, etc.—Without expressed object, to make address, speak Β 172, Ε 439, Κ 369, etc.: κ 422, λ 565, ο 9.—(2) To say in way of address, speak, utter. In mid. : ἔπος ψ 106.—(3) With double construction of (1) and (2) : τὴν οὔ τι προσέφη Α 511. Cf. Δ 401, Ε 689 = Ζ 342, Θ 484, Φ 478 : υ 183.

προσφυής [προσφύω]. Attached to, forming part of, something: θρῆνυν προσφυέ' ἐκ κλισίης τ 58.

†προσφύω [προσ- (1)]. Aor. pple. προσφύς μ 433. Fem. προσφῦσα Ω 213. To grow to ; hence, to attach oneself to something : τοῦ μέσον ἧπαρ ἔχοιμι ἐσθέμεναι προσφῦσα (burying my teeth in it) Ω 213.—To attach oneself to, seize, grasp. With dat. : ἐρινεῷ προσφύς μ 433.

προσφωνέω [προσ- (2)]. To speak to, address, accost. With acc. : Ὀδυσσῆα Λ 346. Cf. Β 22, Γ 389, Λ 464, etc. : δ 69, θ 381, ξ 401, ο 539, etc.

—Without expressed object, to make address, speak ε 159, κ 109.—With double acc. of the person addressed and of what is said : οὐδέ τί μιν προσεφώνεον Α 332, Θ 445.

πρόσω. See πρόσσω.

πρόσωπον, τό [προσ- (1)+ὦπα. ' The part beside the eyes,' ' the region of the eyes']. Dat. pl. προσώπασι Η 212. Acc. προσώπατα σ 192. The face, visage, countenance : χαρίεν Σ 24. Cf. ο 332, ν 352.—In pl. in the same sense : πρόσωπα καὶ χεῖρ' ἀπομόργνυ Σ 414. Cf. Η 212, Τ 285 : θ 85, σ 173 (ἀμφί advbl., πρόσωπα acc. of part affected), 192, τ 361.

†προτάμνω [προ- (1) (2) (3)]. Aor. pple. προταμών Ι 489 : ψ 196. Aor. opt. mid. προταμοίμην σ 375. (1) To carry a cutting process forward in a specified direction : κορμὸν ἐκ ῥίζης προταμών (cutting it into shape) ψ 196.—(2) In reference to priority in time, to cut off something before : πρίν γ' ὅτε σ' ὄψου ἄσαιμι προταμών (cutting thee off the first morsel) Ι 489.—(3) In mid., to cut (a furrow) before or in front of one σ 375.

πρότερος, -η, -ον [comp. fr. πρό]. (1) That is in front : ἐν προτέροισι πόδεσσιν (his fore-paws) τ 228.—(2) Sooner, earlier : οὔ τις π. τὸν γ' εἴσεται (before you) Α 548, π. γεγόνει (had been born before him, was the elder) Ν 355. Cf. Ρ 14, Τ 219, Φ 440 : β 31, 43.—With genit., sooner than, before : ἐμέο π. ἐπέγρετο Κ 124.—With πρίν : οὐκ εἴων προτέρην αἵματος ἆσσον ἵμεν, πρὶν . . . (to do so before . . ., until I should . . .) λ 88.—(3) In neut. sing. πρότερον as adv., sooner Ξ 467.—(4) (a) Doing, succeeding in doing, something before another, anticipating him, taking the lead or initiative, assuming the aggressive, commencing, first (cf. πρῶτος (5) (a)): ὁππότεροι πρότεροι πημήνειαν Γ 299, πρότερος προΐει ἔγχος Ε 15. Cf. Γ 351, Δ 67, Ε 276, Θ 253 (cutting in), Ρ 509, Τ 183, etc.: γ 13, π 460, υ 394, ω 23, etc.—(b) Sim. in oblique cases of one to whom action is directed before another, first (cf. πρῶτος (5) (b)): ὑμῖν γὰρ προτέροισι πυρὸν ἔθηκεν Θ 188. Cf. Ο 157 : γ 50, 53.—(5) Belonging to time past : ἐπὶ προτέρων ἀνθρώπων (in the days of the men of old) Ε 637, Ψ 332. Cf. Λ 691, Φ 405 : θ 223, λ 630.—Absol. in pl., the men of old : οἱ πρότεροι Δ 308.—(6) Born sooner, older : π. καὶ ἀρείων Β 707, Ψ 588 : τ 184. Cf. Ο 166, 182.—(7) Belonging to the past as opposed to the present, the former . . ., one's former . . . : ἀνδρὸς Γ 140. Cf. Γ 163, 429 : ο 22, τ 504, χ 264 (to add to the former wrongs).—The preceding . . . : ἠοῖ τῇ προτέρῃ Ν 794. Cf. Φ 5, Ψ 790 (of the last generation and the men who lived then).—Absol. : τῇ προτέρῃ (sc. ἡμέρῃ), the day before π 50.

προτέρω [πρότερος]. (1) Further, further on, to a greater distance : ἢ πή με π. πολίων ἄξεις ; (local genit., 'among the cities') Γ 400. Cf. Ε 672 : ε 417.—(2) Forwards, towards one's front, onwards, on : ἴθυσαν Δ 507.—(3) Forward, on (contextually, in reference to persons entering or advancing into a house, 'in ') : βάτην (entered)

I 192, ἄγε (brought them in) 199, βάτην (pursued their way) K 469, ἔπεο (come in) Σ 387 : = ε 91, ἐς δ' αὐτοὺς προτέρω ἄγε δ 36, πλέομεν (pursued our course) ι 62 = 105 = κ 77 = 133, νῆες κίον (set sail) ι 64, βὰν ἰέναι ο 109.—(4) In reference to prolongation or continuance of action or a state of things, further, yet further, longer : προτέρω κ' ἔτ' ἔρις γένετο (would have gone yet further) Ψ 490, εἴ κ' ἔτι προτέρω γένετο δρόμος (had continued) 526. Cf. δ 667 (see ἄρχω (1) (a)), ξ 356, ω 475.

†**προτεύχω**[προ-(1)]. Pf. infin. pass. προτετύχθαι. To cause to go forth, let go forth : τὰ προτετύχθαι ἐάσομεν (regard these things as gone on their way, put them out of our minds, let bygones be bygones) Π 60, Σ 112 = Τ 65.

προτί [cf. πρός, ποτί]. (I) Adv. Besides, in addition, too : ἐκ χροὸς ἕλκε δόρυ, προτὶ δὲ φρένες αὐτῷ ἔποντο (i.e. the spear drew out the midriff with it) Π 504. Cf. ρ 379.—(II) Prep. (1) With dat. (a) On, upon, in pregnant sense : βαλλόμενα προτὶ γαίῃ X 64.—(b) In the direction of, towards : τὴν προτὶ οἷ εἷλεν Φ 507. Cf. Υ 418.— (2) With acc. (a) To, towards, in the direction of : ἔρχονται προτὶ ἄστυ Β 801. Cf. Γ 116, Η 310, K 336, Λ 26, etc. : δ 9, η 2, θ 517, ι 147, etc.— Indicating arrival at a point : ἵκοντο προτὶ ἄστυ ω 154. Cf. ν 181.—In reference to attaching or suspending : κρεμόω [τεύχεα] προτὶ νηόν (i.e. will carry them there and hang them up) Η 83.— (b) In reference to speech, to : προτὶ ὃν μυθήσατο θυμόν Ρ 200, 442 : = ε 285 = 376.—(c) In reference to the direction in which action takes place, towards, against : προτὶ πέτρας κῦμα ῥοχθεῖ μ 59.—(3) With genit. In reference to that from which one derives something : τά σε προτί φασιν Ἀχιλλῆος δεδιδάχθαι Λ 831.

προτιάπτω [προτι-, προσ- (1)]. To attach to. With dat. Of something immaterial : τόδε κῦδος Ἀχιλλῆϊ προτιάπτω (grant it to him) Ω 110.

προτιβάλλω. See προσβάλλω.

προτιειλέω [προτι-, προσ- (3)]. To force to take, drive into, a specified course : ἐπὶ νῆας ἀπὸ στρατόφι K 347.

προτιείπον. See προσέειπον.

†**προτίθημι** [προ- (2)]. 3 pl. impf. πρότιθεν α 112. 3 sing. aor. προύθηκε Ω 409. To set or place before one : ἠέ μιν ᾖσι κυσὶ προύθηκεν Ω 409 : τραπέζας (set ready for the feast) α 112.

προτιμυθέομαι[προτι-, προσ- (2)]. To speak to, address. With acc. : ἐὸν υἱὸν προτιμυθήσασθαι λ 143.

προτιόσσομαι [προτι-, προσ- (2)]. (1) To direct the eyes towards, look at η 31, ψ 365.— (2) To bode, forebode, have a presentiment of, apprehend : ὄλεθρον ε 389, θάνατον ξ 219.—Absol., to see one's fate before one, forebode it X 356.

πρότμησις, ἡ [προ- (2) + τμη-, τάμνω]. App., the cut place in front, i.e. the navel Λ 424.

πρότονοι, οἱ [προ- (2) + τον-, τείνω]. The fore-stays of a mast (cf. ἐπίτονος) A 434 : β 425 = ο 290, μ 409.

προτρέπω [προ- (1)]. 3 sing. aor. subj. mid. προτράπηται λ 18. Opt. προτραποίμην μ 381. Infin. προτραπέσθαι Ζ 336. In mid. (1) To go forward or take one's way in a specified direction. Of the sun : ὅτ' ἂν ἂψ ἐπὶ γαῖαν ἀπ' οὐρανόθεν προτράπηται λ 18. Cf. μ 381.—(2) To turn and flee in a specified direction : ἐπὶ νηῶν Ε 700.— (3) Fig., to betake oneself to something, yield oneself up to it : ἄχεϊ προτραπέσθαι Ζ 336.

προτροπάδην [προ-(1) + τροπ-, τρέπω]. Turning right away in an indicated direction, in down-right flight, headlong (cf. prec. (2)) : φοβέοντο Π 304.

†**προτύπτω** [προ- (1)]. 3 sing. aor. προύτυψε ω 319. 3 pl. προύτυψαν Ν 136, Ο 306, Ρ 262. To dash or press forwards : Τρῶες προύτυψαν ἀολλέες Ν 136 = Ο 306 = Ρ 262.—Of passion : ἀνὰ ῥῖνας δριμὺ μένος προύτυψεν (burst forth) ω 319.

προύθηκε, 3 sing. aor. προτίθημι.

προύπεμψα, aor. προπέμπω.

προύτυψε, 3 sing. aor. προτύπτω.

προύφαινον, impf. προφαίνω.

προύχω. See προέχω.

προφαίνω [προ- (1)]. Impf. act. and pass. προύφαινον, προύφαινόμην. Acc. sing. masc. aor. pple. pass. προφανέντα ω 160. Nom. dual προφανέντε Ω 332. Acc. προφανέντε Θ 378, Ρ 487. 3 sing. pf. προπέφανται Ξ 332. (1) To show forth, show, display : τέραα μ 394.—(2) Intrans., to give forth light, be visible : οὐδὲ σελήνη προύφαινεν ι 145.— (3) In pass., to come into view, appear, make one's appearance, present oneself : προφανέντε ἀνὰ πτολέμοιο γεφύρας Θ 378, τὰ προπέφανται ἅπαντα (lie open to view) Ξ 332. Cf. Ρ 487, Ω 332 : ν 169, ω 160.—Impers. : οὐδὲ προύφαινεν' ἰδέσθαι (there was not light enough to see) ι 143.

πρόφασις, ἡ [προ- (1) + φα-, φημί]. A profession or declaration. Adverbially in acc., as the cause that moves one, as the occasion (cf. πίκλησις (2), χάρις (2) (b)) : κλαίουσα, ἐπὶ δὲ στενάχοντο γυναῖκες, Πάτροκλον πρόφασιν, σφῶν δ' αὐτῶν κήδε' ἑκάστη Τ 302 (i.e. his death was the immediate occasion, and each had her own griefs as well).— With genit. : εὐνῆς πρόφασιν (for the sake of . . .) Τ 262.

προφερής [προφέρω (with προ- (2)). 'Borne in front']. Comp. προφερέστερος, -η, better, more skilled or serviceable : ἐμέο προφερέστεροι φ 134. Cf. K 352 : θ 221.—Superl. προφερέστατος, the best, the most skilled : ἄλματι πάντων προφερέστατος ἦεν (at . . ., in . . .) θ 128.

προφέρω [προ- (1)]. (1) To bear or carry in a specified or indicated direction or to a specified or indicated destination : ὡς ὄρνις νεοσσοῖσι προφέρῃσι μάστακα Ι 323. Cf. Ζ 346, Ρ 121 : ν 64.—(2) To put forth, display : κρατερὸν μένος K 479.—To bring forth, utter (abuse) : ὀνείδεα Β 251.—To cast in one's teeth : δῶρ' Ἀφροδίτης Γ 64.—To offer (battle) (cf. Λ 529 cited under προβάλλω (1)). In mid. : ἔριδα προφέρονται Γ 7.— To display, engage in (rivalry) : ἔριδα προφέρουσαι ζ 92.—So in mid. θ 210.

†**προφεύγω** [προ- (1)]. 3 sing. aor. subj. προφύγῃ Ξ 81. 2 sing. opt. προφύγοισθα χ 325. Pple. προφυγών, -όντος Z 502, H 309 : λ 107. Infin. προφυγεῖν Λ 340. (1) To flee Λ 340.— (2) To flee from, escape from, escape, elude : μένος καὶ χεῖρας Ἀχαιῶν Z 502. Cf. H 309, Ξ 81 : λ 107, χ 325.

προφρονέως [adv. fr. next]. Zealously, earnestly, seriously E 810, 816, Z 173, H 160, P 224.

πρόφρων, -ονος [προ- (1) + φρήν. 'With forward mind ']. Fem. (besides πρόφρων) πρόφρασσα. Displaying zeal, eagerness, earnestness : ὅμοσσον ἦ μέν μοι π. ἀρήξειν (zealously) A 77, πῶς τίς τοι π. ἔπεσιν πείθηται; (with alacrity) 150. Cf. A 543 (readily gratifying me), Θ 23 (with a will), 175 (really meaning it), I 480 (with hearty hospitality), K 290 (with zealous solicitude), Ξ 71, 357 (with all your energies), P 353 (with good spirit), Φ 500 (boldly), X 303, Ψ 647 (gladly) : β 230 = ε 8 (with honest zeal), β 387 (willingly), ε 143 (with sincere thought for his good), 161 (without grudging), θ 498 (in full measure), ι 355 (give me more and plenty), κ 386 (in good earnest), ν 359 (take thought for me and . . .), 391, ξ 54 (with hearty hospitality), 406 (should be fain to . . .), τ 398 (solicitously), υ 372, ψ 314.—Of the heart, zealous, eager, earnest : θυμῷ πρόφρονι (in earnest, really meaning it) Θ 40 = X 184, Ω 140. Cf. K 244 : π 257.

προφυγών, aor. pple. προφεύγω.

προχέω [προ- (1)]. To pour forth Φ 219.—In pass., of bodies of men, to pour or stream in a specified direction : τῇ προχέοντο πεφυζότες Φ 6. Cf. B 465, O 360.

πρόχνυ. App., utterly : ὀλέσθαι ξ 69. Cf. Φ 460.—App., of sitting, full on the ground, with limbs extended on the ground : καθεζομένη I 570.

προχοαί, αἱ [προχέω]. The place where a river flows into the sea, its mouth : ἐπὶ προχοῇσι ποταμοῖο P 263. Cf. ε 453, λ 242.—In reference to Ocean, app., its stream : ἐν προχοῇς Ὠκεανοῖο υ 65.

πρόχοος, -ου, ἡ [προχέω]. (1) A vessel for holding water to be poured on the hands Ω 304 : α 136 = δ 52 = η 172 = κ 368 = ο 135 = ρ 91.—(2) A vessel from which to pour wine into the cups σ 397.

πρυλής. (1) On foot : πρυλέες ῥώοντο ("Εκτορι ἐπώμεθα) Λ 49 = M 77.—(2) Absol. in pl., fighters on foot, footmen : ἡγεμόνα πρυλέων O 517.—With the notion ' on foot' not prominent, fighters in gen. : τὸν πρώτοισι μετὰ πρυλέεσσι δάμασσας Φ 90. Cf. E 744.

πρύμνη, ἡ [πρυμνός]. (1) The stern (of a ship) : τῆς (sc. νηὸς) πρύμνη ἀείρετο ν 84.—Without νηός, a ship's stern : ἐν πρύμνῃ καθέζετο ο 285. Cf. A 409, Θ 475, Ξ 32, O 385, Π 124, Σ 76, 447.— (2) In apposition with νηῦς : νηΐ πάρα πρύμνῃ Ἀγαμέμνονος (by the stern of . . .'s ship) H 383. Cf. K 35, 570, Λ 600, M 403, N 333, 762, Ξ 51, 65, O 248, 704, 722, Π 286, T 135 : β 417, μ 411, ν 75 (at the stern), ο 206, 223.

πρύμνηθεν [πρύμνη + -θεν (1)]. From, in the direction from, beginning with, the stern : πρύμνηθεν ἐπεὶ λάβε [νῆα] (by the stern) O 716.

πρυμνήσια, τά [πρύμνη]. Cables for mooring a ship's stern to the shore : κατὰ πρυμνήσι' ἔδησαν A 436. Cf. A 476 : β 418, ι 137, 178 = 562 = λ 637 = μ 145 = ο 548, μ 32, ο 286, 498, 552.

πρυμνός, -ή, -όν. (1) The hindmost or endmost part of the . . ., the base or root of the . . . (in the case of a part of the body denoting the end next the body) : γλῶσσαν πρυμνήν E 292, ἄγνυτον ὕλην πρυμνὴν ἐκτάμνοντες (at the bases of the boles) M 149, ἐξέρυσε πρυμνοῖο βραχίονος ἔγχος N 532. Cf. N 705, Π 314, 323 : ρ 504.—Superl. πρυμνότατος : πρυμνότατον κατὰ νῶτον (i.e. where the back and shoulder join) ρ 463.—At the base : λᾶας πρυμνὸς παχύς M 446.—(2) App. in neut. as sb., the root (of the . . .) : πρυμνὸν ὕπερ θέναρος E 339.—(3) App. in neut. as adv., by the root : ἐξ ὀδόντας ὦσε ὄδρυ πρυμνόν P 618.

πρυμνωρείη, -ης, ἡ [πρυμνός + ὄρος]. The base or foot of a mountain : ἐν πρυμνωρείῃ "Ιδης Ξ 307.

πρῴην [πρωϊός]. Lately, recently, the other day : τὸν σὺ π. κτείνας Ω 500. Cf. E 832.

πρωθήβης [πρῶτος + ἥβη]. In the first bloom of youth : κοῦροι πρωθῆβαι θ 263. Cf. Θ 518.

πρωθήβος, -η [as prec.]. = prec. α 431.

πρωΐ. Early : π. ὑπηοῖοι Θ 530 = Σ 277 = 303.— Too early, untimely : σοὶ π. παραστήσεσθαι ἔμελλε μοῖρα ω 28.

πρωϊζός [πρωΐ]. In neut. pl. πρωϊζά as adv., just before : χθιζά τε καὶ π. B 303 (see χθιζός (3)).

πρωϊος [πρωΐ]. In neut. sing. πρωϊον as adv., early this morning : νευρήν, ἢν ἐνέδησα π. O 470.

πρών, πρώονος, ὁ. A rock, cliff, bluff Θ 557 = Π 299, M 282, P 747.

πρώρη, -ης, ἡ [πρό]. A ship's bow or prow. In apposition with νηῦς : ἴκρια νηὸς πρώρης μ 230.

πρώτιστος [an anomalous superl. form fr. πρῶτος]. Strengthened form of, but gen. hardly to be distinguished from, πρῶτος. (1) (a) Like πρῶτος (5) (a) : νηὸς ἀποθρῴσκοντα πολὺ πρώτιστον Ἀχαιῶν B 702. Cf. Ξ 442 : ξ 220, τ 447.—(b) Like πρῶτος (5) (b) : ὥς τοι πρωτίστῳ δίδομεν B 228. Cf. Π 656.—(2) In neut. sing. πρώτιστον as adv. (a) Like πρῶτος (6) (b). First, in the first place, first of all : πῦρ μοι π. γενέσθω χ 491.—(b) Like πρῶτος (6) (c) (β) : Ἀρτέμιδι π. ἐπεύξατο υ 60.— (c) Like πρῶτος (6) (j) : οἷον ὅτε π. ἐλείπετε πατρίδα γαῖαν (when first you . . .) κ 462.— (3) In neut. pl. πρώτιστα as adv. (a) Like πρῶτος (6) (b) : π. λέων γένετο δ 456.—(b) Like πρῶτος (6) (c) (a) : π. δύσετο χαλκόν χ 113. Cf. I 168.— (c) Like πρῶτος (6) (c) (β) : Κάλχαντα π. ἐπέτελλεν (addressed him first) A 105. Cf. B 405, Σ 478 : γ 57, 419, ν 404 = ο 38 (go to him first of all).— (d) Like πρῶτος (6) (i) : ἐμέ π. ἕταροι λίσσοντο ι 224.—(e) Like πρῶτος (6) (l) : ἐξ οὗ τὰ π. ἐπόμην Ἀγαμέμνονι (ever since . . .) λ 168.

πρωτόγονος [πρῶτος + γον-, γεν-, γίγνομαι]. First-born (of the year) : ἀρνῶν (the firstlings) Δ 102 = 120 = Ψ 864 = 873.

πρωτοπαγής [πρῶτος + παγ-, πήγνυμι]. Nom. pl. masc. πρωτοπαγεῖς E 194. App., put together for the first time, newly made : δίφροι E 194, ἄμαξαν Ω 267.

πρωτόπλοος, -ον [πρῶτος + πλέω]. Of a ship, app., making her first voyage θ 35.

πρῶτος, -η, -ον [πρόατος, superl. fr. πρό]. (1) In reference to position, the most advanced in a specified or indicated direction, the first or foremost : οἱ πρῶτοί τε καὶ ὕστατοι Β 281. Cf. Δ 480 (in the forefront of the fray), Z 445, Θ 83, M 260 (against the face of the works), 315, 321, Ξ 31 (next the plain), 75 (next the sea), Ο 634, 654 (next the plain), 656, Π 394, Σ 579, Φ 90 : θ 197, ο 36 (the first in your course), σ 379.—(2) The foremost or front part of the . . ., the front of the . . . : ἐν πρώτῳ ῥυμῷ Z 40, Π 371. Cf. Θ 411 (just in front of the gate, at the entrance to it), Ο 340 (in the front of the fight), P 380, 471, T 50, Υ 173, 275 (the edge), 395, Χ 66 (before the house-door), Ω 272 : a 255 (just within the door), φ 422 (the top of the . . .), χ 250.—(3) Absol., the winner in a contest : ἄεθλα τῷ πρώτῳ Ψ 265. — In neut. pl. τὰ πρῶτα, the first prize Ψ 275, 538.— (4) Absol. in pl. (a) Those who stand or advance in or to the front of the fray, the front rank : ἐνὶ πρώτοισι μάχεσθαι I 709. Cf. Δ 341, E 536, Θ 337, Λ 61, etc.—(b) The most prominent in some sphere of activity : μετὰ πρώτοισι πονεῖτο (with the best) I 12.—(c) The first in social rank, the leading men ζ 60.—(d) Gen., the most distinguished, the first : ἐν πρώτοισιν οἷω ἔμμεναι θ 180. Cf. Ο 643.—(5) (a) Being the first to do something, first, giving a lead, showing the way, taking the initiative, doing something before another, anticipating him (cf. πρότερος (4) (a)) : πρῶτος κελόμην A 386, οὐδὲ σέθεν θεοὶ λελάθοντο, πρώτη δὲ Διὸς θυγάτηρ (i.e. she was the first to bethink her of you) Δ 128, πρώτῳ στρεφθέντι (i.e. he was the first to flee) E 40. Cf. Δ 343, 459, 457, E 38, Z 5, K 532, N 809, Π 812, Υ 161 (leaving his fellows the first), etc.: α 113, γ 36, θ 216, λ 51, χ 212, etc.—(b) Sim. in oblique cases of that to which action is first directed or which is first affected in some way, first (cf. πρότερος (4) (b)) : τίνα πρῶτον ἐξενάριξαν; E 703, πὰρ σοὶ πρώτῳ πασάμην ἀκτήν (i.e. formed thus a tie with you first of the Greeks) Φ 76. Cf. E 829, K 18, N 46, P 553, etc.: β 39, δ 452, ζ 176, η 237 (I will begin by asking you), θ 462, ι 14, λ 235, φ 304, etc.— (6) In neut. sing. (τὸ) πρῶτον and pl. (τὰ) πρῶτα as adv. (a) In front. (i) πρῶτον ἀντιάσαντες (forming a screen to cover the retreat) Ο 297.— (ii) ἱππῆας πρῶτα στῆσεν Δ 297, πρῶτα περὶ τέρμα βαλούσας (leading) Ψ 462.—(b) First, in the first place, first of all, to begin with (as opposed to subsequent action). (i) βουλὴν πρῶτον ἷζεν Β 53, πρῶτον Μίνωα τέκεν (this was the beginning of the race) N 450. Cf. Γ 315, Z 179, Λ 628, Ξ 170, Ψ 237, etc.: β 190, δ 411, θ 120, μ 39, ν 117, π 173, ω 240, etc.—(ii) αὐέρυσαν πρῶτα A 459. Cf. B 73, Γ 330, E 458, I 32, Λ 244, Φ 343, etc. : Γυρῆσίν μιν

πρῶτ' ἐπέλασσε δ 500 (taken up by 502 ; this was the first stage of his fate), Ναυσίθοον πρῶτα Ποσειδάων γείνατο (this was the beginning of the race) η 56. Cf. κ 154, 519, λ 158, σ 192, ψ 131, etc. —(c) In advbl. use corresponding (a) To the adjectival use (5) (a), first. (i) οἱ ἐξ πρῶτον ἀκοντίσατε χ 252.—(ii) ἴστω Ζεὺς πρῶτα Τ 258 : = τ 303, ξ 158 = ρ 155 = υ 230, ἢ πρῶτ' ἐξερέοιτο (anticipate him, begin the conversation) δ 119.—(β) To the adjectival use (5) (b), first. (i) οὐρῆας πρῶτον ἐπῴχετο (they were the first to be attacked) A 50.—(ii) Ὀρσίλοχον πρῶθ' ἕλεν (he was the first man slain) Θ 274. Cf. Λ 301, Π 694, Ψ 262 : πρῶτ' ἐς Πύλον ἐλθέ (let Pylus be your first goal) α 284, δέσποιναν πρῶτα κιχήσεαι η 53, αὐτόν σε πρῶτα σάω (let your own safety be your first care) ρ 595. Cf. ν 228, ρ 573.— Sim. : ἔνθεν μιν ἐδέγμην πρῶτα φανεῖσθαι μ 230 (i.e. he thought he should catch sight of her from that position sooner than from elsewhere).— (d) In reference to the first doing or occurrence of something, for the first time, first. (i) ὅθι πρῶτον λιπέτην ἅλα Ξ 284 (they did not leave it till they reached that point), πρῶτον ὑπηνήτῃ (newly) Ω 348 : κ 279. Cf. Ξ 295, Π 113.—(ii) ἐλθὼν τὸ πρῶτον δ 159.—(iii) ὅθι πρῶτ' ἐμβασίλευεν (had his first period of kingship) B 572, οὐ νῦν πρῶτ' ἄντ' Ἀχιλῆος στήσομαι Υ 89. Cf. Π 811 : ο 420.— (iv) τοῖος οἷόν μιν τὰ πρῶτ' ἐνόησα α 257. Cf. θ 268. —(e) With a temporal conjunction, when first, as soon as : ἐπὴν δὴ πρῶτα κατευνηθέντα ἴδησθε δ 414.—(f) At first, to begin with (implying a subsequent change). (i) πρῶτον ἀτίζων ἔρχεται Υ 166.—(ii) πόντῳ πρῶτα κορύσσεται [κῦμα] Δ 424. Cf Δ 442 : λ 640.—(iii) πεζὸς τὰ πρῶτ' ἤλυθεν P 612. Cf. Ψ 523.—(g) Before doing something, as a preliminary, first. (i) ἀλλην χρὴ πρῶτον ὁδὸν τελέσαι κ 490.—(ii) πρῶτα θεῶν εἰρώμεθα βουλάς π 402. Cf. K 344.—(h) In reference to preference or choice, first, before anything else : πρῶτον τοῦ πατρὸς ἐλοίμεθα νόστιμον ἦμαρ π 149.—(i) At once, straightway : οὕνεκά σ' οὐ τὸ πρῶτον, ἐπεὶ ἴδον, ὧδ' ἀγάπησα ψ 214.—(j) Marking the time of an action or occurrence as a point of departure, a beginning, an opening of a new era. (i) ὅτε σε πρῶτον ἔπλεον ἁρπάξας (since first I . . .) Γ 443, ὅθι πρῶτον ἐξαίνυτο θυμόν (where he began by slaying him) E 848, ὅτε με πρῶτον τέκε μήτηρ (and so brought me into all this woe) Z 345, ἀλκήν μοι πρῶτον ὀνείδισας (you began it by reflecting on my valour) I 34, ὅτε πρῶτον λίπον Ἑλλάδα (when first I . . .) 447 : ὁππότε κε πρῶτον πελάσῃς νῆα Θρινακίῃ (then will come the time for prudence) λ 106, ὅθι πρῶτον γενόμην (where I had my first being) ξ 141, ὅτε μιν πρῶτον τέκε μήτηρ τ 355.— (ii) τὸ πρῶτον ἀάσθη (and so brought his fate upon him) δ 509.—(iii) ἐξ ἧς πρῶτα καὶ ἡμέας ἵκετο πένθος (first came upon us) ψ 224.—(iv) μῆνιν ἄειδε . . . ἐξ οὗ τὰ πρῶτα διαστήτην (take up the tale from the point when first . . ., i.e. from the beginning of the quarrel) A 6, ἧ τὰ πρῶτα πύλας ἔσαλτο (began the attack) N 679.—(k) Denoting fixity of determination, purpose or condition, or that something is done or brought about finally or completely, once for all. (i) ὥς οἱ ὑπέστην πρῶτον Ο 75, ὥς σφιν πρῶτον ἀπήχθετο Ἴλιος Ω 27, ἐπεί με πρῶτον ἔασας 557. Cf. Α 319, Τ 136 : δ 6, ν 127, 133.—(ii) ὡς τὸ πρῶτον ὑπέστην Δ 267, ὅππως τὸ πρῶτον τανύσῃ [ἵππους] (from the start) Ψ 324.—(iii) ὥς οἱ πρῶτα δόσαν γέρας Α 276, ἐπεὶ δὴ πρῶτα δαμάσθη (let us accept that and make the best of it) Τ 9.—(l) Denoting inevitability of consequence or of the continuance of a state or condition on the doing or occurrence of something, (when) once . . ., (since) once . . ., (who) once . . . (i) εὖτ' ἂν πρῶτον ὁμιλήσωσι φάλαγγες Τ 158. Cf. Ν 285 : ὅτε πρῶτον Κρήτης ὄρεα νοσφισάμην (ever since . .) τ 338. Cf. γ 320, κ 328.—(ii) ἐπεὶ δὴ τὸ πρῶτον ἐγείνατο παῖδα δ 13, ἐπεὶ τὸ πρῶτον ἀνέκραγον (and so committed myself) ξ 467.—(iii) ἐπεὶ δὴ πρῶτα τομὴν λέλοιπεν Α 235. Cf. Ρ 427 : ἐπεί κε πρῶτα λίπῃ ὀστέα θυμός λ 221. Cf. γ 183.—(iv) ἐπὴν τὰ πρῶτα γένηται Ζ 489. Cf. Μ 420 : θ 553.

πρωτότοκος, -ον [πρῶτος + τοκ-, τίκτω]. Having borne offspring for the first time. Of a cow Ρ 5.

†**πταίρω**. 3 sing. aor. ἔπταρε. (ἐπι-.) To sneeze : Τηλέμαχος μέγ' ἔπταρεν ρ 541.

πταμένη, aor. pple. fem. πέτομαι.

πτάτο, 3 sing. aor. πέτομαι.

πτελέη, -ης, ἡ. An elm Ζ 419, Φ 242, 350.

πτέρνη, -ης, ἡ. The heel Χ 397.

πτερόεις, -εντος [πτερόν]. Feathered, winged. Epithet of arrows Δ 117, Ε 171, Π 773, Υ 68.—Of λαισήϊα, fluttering Ε 453 = Μ 426.—Of words, fig., winged : ἔπεα πτερόεντα Α 201, Γ 155, Δ 69, Ε 242, etc. : α 122, β 269, δ 25, ι 409, etc.

πτερόν, τό [π(έ)τομαι]. (1) A feather Λ 454 : β 151, ε 53, ο 527.—(2) In pl., a bird's wings : σὺν πτερὰ πυκνὰ λίασθεν Ψ 879. Cf. Τ 386, Ω 319.—App. in sing. in the same sense : ὠκεῖαι ὡς εἰ πτερὸν ἠὲ νόημα η 36.—Fig. of oars λ 125 = ψ 272.

πτέρυξ, -υγος, ἡ [πτερόν]. A bird's wing : ὑπὸ πτέρυγος βάλεν Ψ 875. Cf. Β 316, 462 : β 149.

†**πτήσσω** [πτηκ-. Cf. πτώσσω]. 3 sing. aor. πτῆξε Ξ 40. 3 pl. ἔπτηξαν θ 190. Pf. pple. πεπτηώς ξ 354, χ 362. Pl. πεπτηῶτες ξ 474. (κατα-, ποτι-, ὑπο-.) (1) To crouch, cower : κείμην πεπτηώς (cowering for concealment) ξ 354. Cf. ξ 474, χ 362.—To cower, stoop, bend low, in apprehension θ 190.—(2) To strike with dismay : πτῆξε θυμὸν Ἀχαιῶν Ξ 40.

πτήται, 3 sing. aor. subj. πέτομαι.

†**πτοιέω**, 3 pl. aor. pass. ἐπτοίηθεν. (δια-.) To terrify, scare, dismay χ 298.

πτολεμίζω, πτολεμιστής, πτόλεμος. See πολεμίζω, πολεμιστής, πόλεμος.

πτολίεθρον, τό. = πτόλις, πόλις (1) Α 164, Β 228, 501, Ι 149, etc. : γ 4, θ 283, ι 165, κ 81, ω 377.—With the name of a particular town in genit. : Ἰλίου εὖ ναιόμενον π. Β 133. Cf. Β 538, Δ 33 = Θ 288, Ν 380, Φ 433 : α 2, γ 485, ο 193.

πτολιπόρθιος. = next. Epithet of Odysseus ι 504.

πτολίπορθος, -ον [πτόλις + πορθέω]. Sacker of cities. Epithet of Odysseus Β 278, Κ 363 : θ 3, ι 530, ξ 447, π 442, σ 356, χ 283, ω 119.—Of Oïleus Β 728.—Of Enyo Ε 333.—Of Achilles Θ 372 = Ο 77, Φ 550, Ω 108.—Of Ares Υ 152.—Of Otrynteus Υ 384.

πτόλις. See πόλις.

πτόρθος, -ου, ὁ. A branch of a tree or shrub : ἐξ ὕλης πτόρθον κλάσε φύλλων ζ 128.

πτύγμα, τό [πτύσσω]. The parts brought together in folding, a fold : πρόσθε οἱ πέπλοιο πτύγμ' ἐκάλυψεν (folded the loose part of her robe about him) Ε 315.

πτυκτός [πτύσσω]. Of a writing-tablet, folding, i.e. double, made of two hinged pieces which could be closed on each other and (no doubt) in some way secured : πίνακι Ζ 169.

πτύξ, πτυχός, ἡ [πτυχ-, πτύσσω]. (1) A 'fold' or cleft in the furrowed side or top of a hill : κατὰ πτύχας Οὐλύμποιο Λ 77. Cf. Υ 22 (in a cleft) : τ 432.—(2) One of the layers of hide or metal forming a shield Η 247, Σ 481, Υ 269, 270.

πτύξασα, aor. pple. fem. πτύσσω.

πτύον, τό. Ablative πτυόφιν. A shovel by which grain, etc., to be winnowed was thrown against the wind (= ἀθηρηλοιγός) Ν 588.

πτύσσω [πτυχ-]. Aor. pple. fem. πτύξασα α 439, ζ 111, 252, τ 256. (προσ-.) To fold (clothes) α 439, ζ 111, 252, τ 256.—In pass. : ἔγχεα πτυόσσοντο θρασειάων ἀπὸ χειρῶν σειόμενα Ν 134, doubtfully explained as 'bent to the strain' as they were brandished, or 'formed a serried mass' (presenting the appearance of folds or layers).

πτύω. (ἀπο-, ἐκ-.) To spit out : αἷμα Ψ 697.

πτώξ, πτωκός, ὁ [πτωκ-, πτώσσω. 'The cowering or timid animal']. A hare Ρ 676.—Joined with λαγωός : πτῶκα λαγωόν Χ 310.

πτωσκάζω [πτώσσω]. = next (1) Δ 372.

πτώσσω [πτωκ-. Cf. πτήσσω]. (κατα-.) (1) To cower or crouch in fear or from cowardice, shrink from the fray Δ 371, Ε 634, Η 129, Φ 26.—Of locusts Φ 14.—With acc. of the person from whom one shrinks : οὐδ' ἂν ἔτι δὴν ἀλλήλους πτώσσοιμεν Υ 427.—Sim. of birds : νέφεα πτώσσουσαι (shrinking from the region of the clouds, flying low) χ 304.—(2) To cringe in humility ; hence, to go about begging : πτώσσων (πτώσσειν) κατὰ δῆμον ρ 227, σ 363.

πτωχεύω [πτωχός]. 3 sing. pa. iterative πτωχεύεσκε σ 2. To go about begging, beg one's bread : προτὶ ἄστυ ἀπονέεσθαι πτωχεύσων ο 309. Cf. σ 2, τ 73.—To beg (one's bread) : ὄφρ' ἂν ἐκεῖθι δαῖτα πτωχεύῃ ρ 11. Cf. ρ 19.

πτωχός, -οῦ, ὁ [πτώσσω (2)]. A beggar ζ 208, ξ 400, π 209, σ 1, etc.—With ἀνήρ : ἄλλος τις π. ἀνήρ φ 327.

πυγμαχίη, -ης, ἡ [πυγμάχος]. Fighting with the fists, boxing : πυγμαχίης ἄεθλα (for . . .) Ψ 653. Cf. Ψ 665.

πυγμάχος [πυγ-, πύξ + μάχομαι]. One who fights with the fists, a boxer θ 246.

πυγμή, -ῆς, ἡ [πυγ-, πύξ]. =πυγμαχίη Ψ 669.

πυγούσιος [πυγών, a measure of length derived from the forearm, a cubit]. Of a cubit's length κ 517, λ 25.

πύελος, -ου. A trough or box holding grain for feeding poultry τ 553.

πυθέσθαι, aor. infin. πεύθομαι.

πυθμήν, -ένος, ὁ. (1) A base or support: δύω ὑπὸ [δέπαϊ] πυθμένες ἦσαν Λ 635 (app. the base of the hollow part ran out again after contraction to form a foot).—A leg of a tripod: χρύσεά σφ' ὑπὸ κύκλα ἑκάστῳ πυθμένι θῆκεν (fitted a wheel under each leg) Σ 375.—(2) The base of a tree, the part of the trunk next the ground ν 122, 372, ψ 204.

πυθόμην, aor. πεύθομαι.

πύθω, 3 sing. fut. πύσει Δ 174. (κατα-.) (1) To affect with decomposition, make rotten, rot: ὀστέα Δ 174.—(2) In pass., to suffer decomposition, decompose, rot, decay: οὗ ὀστέα πύθεται ὄμβρῳ α 161. Cf. Λ 395: μ 46.

πύκα. (1) In reference to construction, closely, without breaks or interstices, so as to give good shelter or protection: πύλας π. στιβαρῶς ἀραρυίας (both closely fitted and strong) Μ 454, σάκεος π. ποιητοῖο Σ 608. Cf. α 333 = θ 458 = π 415 = σ 209 = φ 64, α 436, χ 455.—In reference to complete protection afforded by armour: Λυκίων (Τρώων) π. θωρηκτάων (wearing the goodly breastplate) Μ 317, Ο 689, 739.—(2) In reference to things coming thick and fast: πρίν γ' ὅτε δὴ θάλαμος π. ἐβάλλετο (was struck by many a dart) Ι 588.—(3) In reference to the exercise of mental faculties, with close devotion to the subject in hand, shrewdly, astutely: νόον π. περ φρονεόντων Ι 554, Ξ 217.—(4) In reference to attention or care, with close attention, with anxious care: π. [μιν] ἔτρεφεν Ε 70.

πυκάζω [πύκα]. 3 sing. aor. πύκασε Θ 124, 316, Κ 271, Ρ 83. Pple. πυκάσας Ω 581. Fem. πυκάσᾱσα Ρ 551. Infin. πυκάσαι λ 320. Pf. pple. pass. πεπυκασμένος Ξ 289: χ 488. Nom. pl. neut. πεπυκασμένα Β 777, Ψ 503. (1) To put something round or about (something), cover, cover up, for protection, concealment or decency: νέκυν πυκάσας Ω 581. Cf. Β 777, Ξ 289, Ρ 551: ῥάκεσιν πεπυκασμένος χ 488.—To protect, shield: πύκασεν κάρη [κυνέη] Κ 271.—To shelter or conceal (oneself): μή πως ἐντὸς πυκάζοιεν σφέας αὐτούς μ 225.—To cover the surface of by way of ornamentation: ἅρματα χρυσῷ πεπυκασμένα Ψ 503.—In reference to something growing upon and covering a surface: πρίν σφῶϊν ἰούλους πυκάσαι γένυς λάχνη λ 320.—(2) Of grief overwhelming (a person): Ἕκτορ' ἄχος πύκασε φρένας Θ 124 = 316, Ρ 83.

πυκιμηδής [πύκα + μήδεα [1]]. Shrewd in counsel, clever: γραίης α 438.

πυκινός, -ή, -όν, **πυκνός**, -ή, -όν [πύκα]. (1) Close in texture, dense, thick: πυκινὸν νέφος Ε 751 = Θ 395, νεφέλην Π 298.—(2) Of things placed close together or at short intervals, close-set, thick:

πυκινοῖσι λίθοισιν Π 212. Cf. Μ 57, Ν 133 = Π 217, Φ 245, Ω 453, 798: ὀδόντες πυκνοί μ 92. Cf. ε 329, 433, 480, ξ 12, τ 520, ψ 193.—Of things appearing together in a limited space, numerous, many: πυκναὶ σμώδιγγες ἀνέδραμον Ψ 716.—(3) In reference to construction, closely constructed or made, well fitted together, without breaks or interstices, affording good shelter, protection or security: πυκινὸν δόμον Κ 267, Μ 301, ἀσπίδα ῥινοῖσιν πυκινήν (made of closely fitted . . .) Ν 804. Cf. Ξ 167 = 339, Ο 529, Τ 355 : ζ 134, η 81, 88, ν 68, ξ 521, 529, ψ 229.—Sim. of something natural, thick, affording close covert: ἐν λόχμῃ πυκινῇ τ 439. Cf. τ 442.—Sim. of a bed, such as to afford good protection, warm, cosy: πυκινὸν λέχος Ι 621, 659 : η 340 = ψ 291, ψ 177, 179.—Letting nothing escape from within, holding its contents, tight, well-fenced: δέρμασιν ἐν πυκινοῖσιν β 291, πυκινοὺς κευθμῶνας κ 283.—(4) Of grief, overwhelming: πυκινὸν ἄχος Π 599. Cf. τ 516.—Sim. of ἄτη, overpowering Ω 480.—(5) Consisting of many individual persons or things, dense, close, thick: πυκιναὶ φάλαγγες Δ 281, Ε 93. Cf. Η 61, Λ 118, Ν 145, 199, 680, Ξ 349, Σ 320, Ψ 122, 879 : ἐκ πυκινῆς ὕλης ζ 128. Cf. ε 53, 471, κ 150, 197, ξ 473.—(6) Doing something at short intervals, thick-coming, coming thick and fast: πυκινοῖσι βελέεσσιν Λ 576. Cf. ξ 36.—Falling quickly one after the other, falling fast or in a shower: ὡς πυκνὰ καρήατα δάμνατο λαῶν Λ 309. Cf. Λ 454 : τιναξάσθην πτερὰ πυκνὰ β 151. Cf. δ 153.—(7) Of the mind, or mental faculties, shrewd, astute, sagacious, wise: Διὸς πυκινὸν νόον Ο 461. Cf. Ξ 294 (though . . .).—(8) Displaying shrewdness, astuteness, sagacity, or wisdom, shrewd, astute, sagacious, wise, shrewdly or cunningly devised or contrived: πυκινὴν βουλήν Β 55 = Κ 302, Ι 76, πυκινὸν λόχον Δ 392, Ω 779 : λ 525. Cf. Γ 202, 208, Ζ 187, Η 375, Λ 788, Σ 216, Ω 75, 282 = 674, 744 : γ 23, τ 453.—Absol. in neut. pl. πυκινά, shrewdness, astuteness: πυκινὰ φρονέοντι ι 445.—(9) In neut. sing. πυκινόν as adv., in reference to grief which overwhelms one, heavily, sorely: πυκινόν περ ἀχεύων λ 88.—(10) In neut. pl. πυκινά, πυκνά, as adv. (a) With short intervals between: πήρην, πυκνὰ ῥωγαλέην (full of rents) ν 438 = ρ 198 = σ 109.—(b) At short intervals, often, much: ὡς πυκίν' ἀναστενάχιζεν Κ 9. Cf. Σ 318, Φ 417.

πυκινῶς [adv. fr. πυκινός]. (1) In reference to construction, closely, without breaks or interstices, so as to give good shelter or protection: θύρας π. ἀραρυίας Ι 475. Cf. Φ 535 : β 344, φ 236 = 382, χ 155, 258 = 275, ψ 194.—(2) In reference to grief which overwhelms one, heavily, sorely: π. ἀκαχήμενον Τ 312. Cf. τ 95, υ 84, ψ 360.—(3) Shrewdly, wisely: π. τοι ὑποθησόμεθα (for your good) Φ 293. Cf. α 279.

πυκνός. See πυκινός.

πυλάρτης [πύλη + ἀρ-, ἀραρίσκω]. The gate-fastener, the gate-keeper. Epithet of Hades Θ 367, Ν 415 : λ 277.

πυλαωρός, ὁ [πύλη + ὀρ-, ὅρομαι]. He that watches the gate, a gate-keeper Φ 530, Ω 681.

πύλη, -ης, ἡ. (1) (a) A gate of a city or other place B 809, Δ 34, E 466, Z 80, I 573, M 175, etc. —(b) In pl. of a single gate (as consisting of two wings) : πυλέων ἐξέσσυτο H 1. Cf. Γ 145, E 646, 749, Θ 15, M 120, N 124, X 99, Ω 709, etc. : ξ 156.—(2) Of the gates of dreams : ἐν ὀνειρείῃσι πύλῃσιν δ 809. Cf. τ 562.—Of the gates of the sun ω 12.

Πυλοιγενής [locative of Πύλος + γεν-, γίγνομαι]. Born at Pylus, sprung from Pylus : βασιλῆος B 54, ἵπποι Ψ 303.

πύματος, -η, -ον. (1) Of position, the last, the hindmost : φάλαγγας Δ 254.—Absol. in pl., those in the rear, the rear rank : ἐν πυμάτοισι κελεύων Λ 65.—(2) That is at the extremity of something : ἄντυξ ἦ πυμάτη θέεν ἀσπίδος (at its edge) Z 118.—The extreme part of the . . ., the extremity of the . . .: ἐξ ἐπιδιφριάδος πυμάτης (its edge) K 475, ῥινὸς ὕπερ πυμάτης (the top of it) N 616, ἄντυγα πὰρ πυμάτην σάκεος (the edge of the rim) Σ 608.—(3) The last in sequence or time : δρόμον Ψ 373, 768. Cf. β 20.—In oblique cases of that to which action is last directed or which is last affected in some way, last : οὗτιν πύματον ἔδομαι ι 369. Cf. Λ 759, X 66 : η 138.—(4) (a) In neut. sing. πύματον as adv., for the last time. With ὕστατον in the same sense : π. τε καὶ ὕστατον X 203 : υ 116.—(b) So in neut. pl. πύματα. With ὕστατα in the same sense : ὕστατα καὶ π. δ 685, υ 13.

πυνθάνομαι. See πεύθομαι.

πύξ. With the fist : πὺξ ἀγαθόν (the great boxer) Γ 237, οὐ πύξ γε μαχήσεαι (will never box again) Ψ 621. Cf. Ψ 634 (at boxing), 660 (to box) : θ 103, 130, 206, λ 300.

πύξινος [πύξος, the box-tree]. Of box-wood : ζυγόν Ω 269.

πῦρ, πυρός, τό [cf. Eng. *fire*, Germ. *feuer*]. (1) Fire : ὅσσε οἱ πυρὶ λαμπετόωντι ἐΐκτην A 104. Cf. B 340 (to the flames with . . .), 415 (genit. of material, ' with fire '), E 4, 215 (commit to the flames), Σ 182, M 177, Ξ 396, etc. : δ 418, ε 490, ι 390, μ 68, π 290, ρ 23, τ 39, etc.—Funeral-fire, the flames of the pyre : ὄφρα πυρός με λελάχωσιν H 79. Cf. O 350, Ψ 76, etc.: ω 65.—(2) The result of the application of fire to prepared combustible material, fire ; when a particular mass of fire is referred to, a fire : ἐν πυρὸς αὐγῇ I 206, ἐν νηυσὶ πῦρ βαλέειν N 629. Cf. Θ 521, 563, I 211, O 420, Π 122, Σ 344, T 376, etc. : γ 341, ε 59, ζ 305, θ 426, 501, ξ 518, ρ 572, χ 481, etc.—Of watch-fires : ἔνθα πῦρ κήαντο I 88 (i.e. each band lighted its fire).—A funeral-pyre Ψ 45.

πυρά, τά [cf. prec.]. Watch-fires Θ 509, 554, 561, 562, I 77, 234, K 12.

πυράγρη, -ης, ἡ [πῦρ + ἄγρη]. A smith's tongs : γέντο πυράγρην M 477. Cf. γ 434.

πυρακτέω [app. fr. *πυράζω, vb. fr. πῦρ]. To bring the influence of fire to bear upon, harden by fire : [ῥόπαλον] ι 328.

πυργηδόν [πύργος]. In line : π. σφέας αὐτοὺς

ἀρτύναντες M·43 (in line of battle). Cf. N 152, O 618.

πύργος, -ου, ὁ. (1) A fortified wall securing a city or strong place ; in pl., walls, ramparts : ἦντ' ἐπὶ πύργῳ Γ 153, δείμομεν πύργους H 338. Cf. Z 373, H 437 (hardly to be distinguished from τεῖχος), Θ 165, I 574, M 36, 332 (the part of the wall under his charge), O 737, Π 700, Σ 274, X 97 (a projecting angle of the wall), Ω 443, etc. : ζ 262.—Fig. of a person : τοῖός σφιν π. ἀπώλεο (so mighty a wall of defence was lost in thee) λ 556.—(2) A tower erected for defence on such a wall : φέρων σάκος ἠΰτε πύργον H 219 = Λ 485 = P 128. Cf. Δ 462.—(3) A body of troops formed in line : δέκα πύργοι 'Αχαιῶν Δ 347, πάπτηνεν ἀνὰ πύργον 'Αχαιῶν (the line of defenders) M 333. Cf. Δ 334.

πυργόω [πύργος]. To surround with a wall, fortify : Θήβης ἕδος πύργωσαν λ 264.

πυρετός, -οῦ, ὁ [πῦρ]. Fever X 31.

πυρή, -ῆς, ἡ [πῦρ]. (1) A funeral-pyre : πυραὶ νεκύων καίοντο θαμειαὶ A 52. Cf. Δ 99, H 336, 434, I 546, Σ 336, Ψ 22, 141, 164, 165, 167, 172, 174, 192, 194, 210, 216, 217, 241, 256, Ω 787, 879 : ω 69.—(2) The fire of a sacrifice : πυρὴν ἐμπλησέμεν ἐσθλῶν κ 523 = λ 31.

πῦρηφόρος [πυρός + -φορος, φέρω. Cf. πυροφόρος]. Wheat-bearing : πεδίον γ 495.

πυρίηκης [πυρί; dat. of πῦρ + *ἀκή, point]. Sharpened by fire : μοχλόν ι 387.

πυρίκαυστος [πυρί, dat. of πῦρ + καυ-, καίω]. Charred (at the end to prevent rotting) N 564.

πυρκαϊή, -ῆς, ἡ [πῦρ + καίω. ' A place where fire is kindled ']. A funeral-pyre : νεκροὺς πυρκαϊῆς ἐπενήνεον H 428 = 431. Cf. Ψ 158, 225, 228, 231, 237, 250 = Ω 791.

πύρνον, -ου, τό [πύρινος, adj. fr. πυρός]. A wheaten cake or loaf ο 312, ρ 12, 362.

πυρός, -οῦ, ὁ. Wheat Θ 188, K 569 : τ 536, 553, υ 109.—The growing plant. In pl. : πυροί τε ζειαί τε δ 604. Cf. Δ 69 : ι 110, τ 112.

πυροφόρος, -ον [πυρός + -φορος, φέρω. Cf. πυρηφόρος]. Wheat-bearing : ἀρούρης M 314. Cf. Ξ 123, Φ 602.

πυρπολέω [πῦρ + -πολος, conn. with πολεύω]. To attend to, keep up, a fire. Absol. in pres. pple. pl. : πυρπολέοντας ἐλεύσσομεν (could see men tending their fire) κ 30.

πυρσός, -οῦ, ὁ [πῦρ]. A beacon-fire or signal-fire : πυρσοὶ φλεγέθουσιν Σ 211.

πύσει, 3 sing. fut. πύθω.

πω, enclitic. (1) With negative, in no wise, not at all : μὴ δὴ πω χάζεσθε O 426. Cf. Δ 184, 234, P 422, X 279 : ψ 59.—With οὐ. See οὐ (8) (b) (a).—(2) With negative, not yet, never yet : ἐσθλὸν δ' οὔτε τί πω εἶπας ἔπος οὔτ' ἐτέλεσσας A 108. Cf. A 542, B 419, H 433, Λ 497, Π 76, X 9, Ψ 73, etc. : οὐδέ πω ὥρη εὕδειν λ 373. Cf. γ 23, λ 161, ψ 315, etc.—In reference to the future : μὴ δή πω λυώμεθ' ἵππους Ψ 7. Cf. Σ 134, Ω 553 : χ 431.—With οὐ. See οὐ (8) (b) (β), 8 (c).

πωλέομαι [cf. πολεύω]. 2 sing. pres. πωλέαι

δ 811. Nom. pl. masc. pres. pple. πωλεύμενοι β 55, ρ 534. Impf. πωλεύμην χ 352. 3 sing. pa. iterative πωλέσκετο Α 490, Ε 788 : λ 240. (ἐπι-.) To go or come habitually or regularly, use or be wont to go or come : εἰς ἀγορήν Α 490. Cf. Ε 350, 788 : δεῦρο (frequents this spot) δ 384, οὔ τι πάρος γε πωλέαι (it has not been your wont to come hither) 811, ἐπ' Ἐνιπῆος ῥέεθρα (haunted them) λ 240. Cf. β 55 = ρ 534, ι 189, χ 352.

πῶλος, -ου, ὁ, ἡ [cf. Eng. *foal*, Germ. *fohlen*]. A foal Λ 681, Υ 222, 225 : ψ 246.

πῶμα, -ατος, τό. A means of protecting or securing the contents of something : ἴδε π. (the lid) θ 443. Cf. Δ 116 (the top), Π 221 (the lid) : β 353 (with stoppers), θ 447, ι 314.

πῶς. (1) How ? in what way or manner ? by what means ? πῶς τοι δώσουσι γέρας; Α 123, πῶς κε κῆρας ὑπεξέφυγεν; Χ 202. Cf. Η 36, Κ 61 (in what sense ?), 243, Λ 838, Ρ 327, Σ 188, Τ 81, Ω 519 : α 171, γ 22, θ 352, κ 64, ο 195, σ 31, υ 129, etc.—(2) How ? why ? for what cause, inducement or reason ? on what ground or pretext ? πῶς τίς τοι πείθηται ; Α 150, πῶς ἐθέλεις ἄλιον θεῖναι πόνον ; Δ 26. Cf. Δ 351, Ι 437 (how could I bring myself to stay ?), Ρ 149 (how can we look to you to . . . ?), Σ 364, Φ 481, Ω 203 (what can induce you to . . . ?) : α 65, ι 351 (what will bring anyone here ?), κ 337, χ 231.—(3) How ? in what state or condition ? πῶς αἱ φυλακαί ; Κ 408. Cf. Ξ 333 (how would it be ?) : σ 223.— πῶς γὰρ νῦν; how then ? Κ 424.—How ? of what nature or kind ? πῶς ὕμμιν ἀνὴρ ὅδε φαίνεται εἶναι ; λ 336.

πως, enclitic. (1) Somehow, haply : αἴ κέν πως θωρήξομεν υἶας Ἀχαιῶν Β 72. Cf. Α 66, 408, Ν 807, Χ 346, etc. : ι 317, κ 147, μ 113, χ 91, etc. —(2) In negative or conditional contexts, in any way, haply : εἴ πως τόδε πᾶσι φίλον γένοιτο Δ 17. Cf. Γ 436, Ε 250, Π 60, etc. : δ 388, μ 224, 288, π 148, etc.—With οὐ. See ού (8) (d).— (3) Qualifying an expression, I ween, it would seem : ἀεί πώς μοι ἐπιπλήσσεσθε Μ 211. Cf. Ξ 104.

πωτάομαι [πέτομαι. Cf. ποτάομαι]. To fly. Of missiles : λίθοι πωτῶντο θαμειαί Μ 287.

πῶϋ, τό. A flock (of sheep) : πώεα οἰῶν Λ 678. Cf. Γ 198, Λ 696, Ο 323, Σ 528 : νομεὺς ὥς πώεσι μήλων δ 413. Cf. λ 402, μ 129, 299, ξ 100, ω 112.

ῥα. See ἄρα.

ῥάβδος, -ου, ἡ (an initial consonant app. lost). (1) A rod or wand. (a) A fishing-rod μ 251.— (b) A magic wand. Of that of Hermes Ω 343 := ε 47, ω 2.—Of that of Circe κ 238, 293, 319, 389. —Such a wand used by Athene in effecting transformations of Odysseus ν 429, π 172, 456.— (2) App. to be taken as = ῥαφή : βοείας ῥάψε χρυσείῃς ῥάβδοισιν (i.e. with wire) Μ 297.

ῥαδινός, -ή, -όν (an initial consonant app. lost). Pliant : ἱμάσθλην χερσίν ἔχε ῥαδινήν Ψ 583.

ῥαθάμιγγες, αἱ [app. fr. ῥαίνω]. Sprinklings or drops (of blood) Λ 536 = Υ 501.—Sprinklings (of dust) Ψ 502.

ῥαίνω. Aor. imp. pl. ῥάσσατε ν 150. 3 pl. pf. pass. ἐρράδαται ν 354. 3 pl. plupf. ἐρράδατο Μ 431. To sprinkle, besprinkle : ῥαίνοντο κονίῃ Λ 282, αἵματ' ἐρράδατο Μ 431. Cf. ν 150 (i.e. with water), 354.

ῥαιστήρ, -ῆρος, ἡ [ῥαίω]. A smith's hammer : γέντο ῥαιστῆρα κρατερήν Σ 477.

ῥαίω. 3 sing. impf. ἔρραιε ζ 326. Fut. infin. ῥαισέμεναι ν 177. 3 sing. aor. subj. ῥαίσῃ ψ 235. Infin. ῥαῖσαι ν 151. Fut. infin. mid. ῥαίσεσθαι θ 569. 3 sing. aor. pass. ἐρραίσθη Π 339. (ἀπορραίω, διαρραίω.) (1) To smite, break in pieces, shiver : φάσγανον ἐρραίσθη Π 339.—To disintegrate, scatter: ἐγκέφαλός κε ῥαίοιτο πρὸς οὐδεϊ ι 459.—(2) To smite, afflict, shipwreck (a person) ε 221, ζ 326.—To smite, wreck (a ship) ν 151, 177, ψ 235.—In mid. θ 569.

ῥάκος, τό (ϝράκος). (1) An old or worn piece of cloth ζ 178.—(2) An old or tattered garment ν 434, ξ 342, 349.—In pl., tattered garments, rags : ῥώσατο ῥάκεσιν σ 67. Cf. ξ 512, σ 74, τ 507, φ 221, χ 1, 488.

ῥαπτός, -ή, -όν [ῥάπτω]. Mended with patches, patched : χιτῶνα ω 228, κνημῖδας 229.

ῥάπτω. 3 sing. aor. ῥάψε Μ 296. Infin. ῥάψαι Σ 367. (1) To sew or stitch together, stitch : βοείας Μ 296.—(2) To devise, contrive, plan, plot : κακά Σ 367 : γ 118, π 423. Cf. π 379, 422.

ῥάσσατε, aor. imp. pl. ῥαίνω.

ῥαφή, -ῆς, ἡ [ῥάπτω]. A stitch or seam : ῥαφαὶ ἐλέλυντο ἱμάντων χ 186.

ῥάχις, ἡ. The backbone and immediately adjoining flesh, the chine : συὸς ῥάχιν Ι 208.

ῥάψε, 3 sing. aor. ῥάπτω.

ῥέα, ῥεῖα (ϝρέα, ϝρεῖα) (ῥέα in *Iliad* only. A monosyllable in Μ 381, Ν 144, Ρ 461, Υ 101, 263). (1) Easily, with ease, without effort or difficulty, readily : ῥέα πάλλεν Ε 304, ὅπως ἵπποι ῥεῖα διέλθοιεν (without giving the driver trouble, without shying) Κ 492. Cf. Β 475, Γ 381, Θ 179, Λ 802, Μ 381, Ν 90 (with effortless stride), 144 (without check), Π 745 (nimbly), Ρ 461, Σ 600 (smoothly), Υ 263 (without check, straight), Ω 567, etc. : β 322 (without more ado), γ 231, δ 207, ζ 108, 300, κ 573, ρ 265, 273 (you saw it at once), 305, ψ 188.—(2) At ease, at one's ease : θεοὶ ῥεῖα ζώοντες Ζ 138 : δ 805, ε 122.—(3) Without thinking of the consequences, lightly, readily : ἄλλον κεν θεῶν ῥεῖα κατευνήσαιμι Ξ 245.—Sim. : τούτοισι ταῦτα μέλει ῥεῖα (they enjoy themselves with no thought for the morrow) α 160.

ῥέεθρον, τό [ῥέω]. (1) A stream : ποταμοὶ καὶ ῥέεθρα λ 157.—(2) In pl., the streams or waters (of a river) : Καϋστρίου ἀμφὶ ῥέεθρα Β 461. Cf. Η 135, Θ 369, Ξ 245, Ρ 749, Φ 9, Ψ 205, etc. : γ 292, ζ 317, λ 240.—(3) In pl., the flow or course of a river : ἄψορρον κῦμα κατέσσυτο ῥέεθρα (i.e. in the proper channel) Φ 382.

ῥέζω (ϝρέζω) [ϝρεγ-, ϝρέγ̇ω. Cf. (ϝ)έρδω]. Pa. iterative ῥέζεσκον χ 209. 3 pl. ῥέζεσκον Θ 250 :

χ 46. Fut. ῥέξω Κ 292, 294, Ω 370 : γ 382, 384. 3 sing. ῥέξει Ξ 62. 1 pl. ῥέξομεν Η 353 : η 191. Infin. ῥέξειν Δ 102, 120, Τ 186, Ψ 146, 864, 873 : κ 523, λ 31, ρ 51, 60. Αor. ἔρεξα Ι 453 : δ 352, 582, σ 139. 2 sing. ἔρεξας Ψ 570 : ι 352. 3 ἔρρεξε Ι 536, Κ 49, Χ 380. ἔρεξε Β 274, Ε 373, Ι 647, Κ 51, Φ 509 : β 72, δ 242, 271, λ 272, φ 298. ῥέξε Ι 535. 1 pl. ἐρέξαμεν γ 159. 3 ἔρεξαν ω 458. 2 sing. subj. ῥέξῃς δ 478. 3 ῥέξῃ Β 195 : θ 148. 1 pl. ῥέξομεν Λ 838 : μ 344. 3 pl. ῥέξωσι π 381. Opt. ῥέξαιμι Τ 90. 3 sing. ῥέξειε δ 205, 649. Pple. ῥέξας, -αντος Α 147, Ι 357, Κ 282, 525, Λ 727, Ο 586, Σ 455, Χ 305 : δ 473, 690, ι 553, λ 130, ρ 567. Infin. ῥέξαι Α 444, Β 802, Γ 354 : γ 144, χ 314, ψ 222. Αor. pple. neut. pass. ῥεχθέν, -έντος Ι 250, Ρ 32, Τ 198. (ἐπιρρέζω, καταρρέζω.) **(1)** To do, act : ὧδε ῥέξαι Β 802. Cf. Η 353, Ι 453 (did as she bade me), Χ 259, Ω 661 : ι 352.—With acc. of person affected by the action : κακῶς οἵ πέρ μιν ἔρεζον ψ 56.—**(2)** To do, perform, accomplish : τόδε μέγ' ἄριστον Β 274, ῥεχθέντος κακοῦ Ι 250. Cf. Ε 374, Κ 51, Λ 502, Ξ 62, Ο 586, Τ 90, Χ 305, Ψ 494, etc. : α 47, β 232, δ 205, θ 148 (wins), λ 272, π 381, υ 314, χ 46, ψ 222, etc.—Absol. in aor. pple. neut. pass. : ῥεχθὲν δέ τε νήπιος ἔγνω (i.e. is wise after the event) Ρ 32 = Τ 198. — With double acc. of what is done and of the person affected : ξεινοδόκον κακὰ ῥέξαι Γ 354. Cf. Β 195, Δ 32, Ε 373 = Φ 509, Ι 647, Κ 49, Ω 370 : β 72, 73, δ 690, σ 15, χ 209, 314.—**(3)** To do or offer (sacrifice), sacrifice (a victim) : ἱερὰ ῥέξας Α 147. Cf. Α 444, Δ 102 = 120 = Ψ 864 = 873, Ι 357, 535, Κ 292, 294, Λ 727, Ψ 146, 206 : α 61, γ 159, 144, 382, ι 553, κ 523, etc.—Without expressed object, to do or offer sacrifice : ἄλλος ἄλλῳ ἔρεζε θεῶν Β 400. Cf. Θ 250, Ι 536 : μ 344, ξ 251.

ῥέθεα, τά. Explained as, the limbs : ψυχὴ ἐκ ῥεθέων πταμένη Π 856 = Χ 362. Cf. Χ 68.

ῥεῖα. See ῥέα.

ῥέξω, fut. ῥέζω.

ῥέπω (Ϝρέπω). (ἐπιρρέπω.) To incline or sink downwards : ῥέπεν αἴσιμον ἦμαρ Ἀχαιῶν Θ 72. Cf. Χ 212.

ῥερυπωμένα, nom. pl. neut. pf. pple. pass. ῥυπάω.

ῥεχθέν, aor. pple. neut. pass. ῥέζω.

ῥέω (σρέϜω). 3 sing. impf. ἔρρεε Δ 140, Ν 539, Π 110, Ψ 34, 688 : λ 600. ἔρρει Ρ 86. 3 pl. ἔρρεον κ 393. 3 sing. aor. begins. ῥύη γ 455. (ἐπιρρέω, καταρρέω, περιρρέω, προ-, ὑπεκπρο-.) **(1)** Of a river or stream, to flow, run : ποταμοὶ κατ' ὄρεσφι ῥέοντες Δ 452. Cf. Ε 88, 773, Ζ 172, Π 389, 391, Ρ 751, Σ 403, Φ 256, 271 : κ 513, ρ 207.—For εὐρὺ ῥέω, εὐρὺ ῥέων see εὐρύς (2) (a).—Of streaming blood : ἀμφὶ νέκυν ἔρρεεν αἷμα Ψ 34.—Of streaming sweat : κατὰ νότιος ῥέεν ἱδρώς (streamed down) Λ 811, Ψ 715. Cf. Π 110, Ψ 688 : λ 600. —Of the rain of thick-coming missiles : τῶν ἐκ χειρῶν βέλεα ῥέον Μ 159.—Of bristles dropping off all together : τῶν ἐκ μελέων τρίχες ἔρρεον κ 393.—With dat. of that which flows : ῥέεν αἵματι γαῖα (ran with blood) Δ 451 = Θ 65, Ο 715,

Τ 494.—**(2)** To flow, run, flow or run forth, gush forth : ὅθεν ῥέεν ὕδωρ Β 307. Cf. Γ 300, Δ 140, Ε 339, 340 (i.e. when a god is wounded), Ν 539, 655 = Φ 119, Ρ 86, 438 : ι 140, 290, λ 36, ρ 209, τ 204.—So in aor. pass. : ἐπεὶ ἐκ μέλαν αἷμα ῥύη γ 455.—Of speech : ἀπὸ γλώσσης ῥέεν αὐδή Α 249. —With dat. of that which flows : ἡ μὲν [πηγὴ] ὕδατι λιαρῷ ῥέει (runs with . . .) Χ 149. Cf. ε 70.

ῥηγμίς, -ῖνος, ἡ [ῥήγνυμι]. **(1)** The broken water or surf beside the beach : ἐπὶ ῥηγμῖνι θαλάσσης (at the edge of the breakers) Α 437, Θ 501. Cf. Β 773, Π 67 : δ 430 = 575 = ι 169 = 559 = κ 186, δ 449, ι 150 = 547 = μ 6, ο 499.—**(2)** The surf or broken surface (of the sea) : ἄκρον ἐπὶ ῥηγμῖνος ἁλός Τ 229 (see ἄκρος (3)). Cf. μ 214.

ῥήγνυμι (Ϝρήγνυμι). 3 pl. ῥήγνῦσι Ρ 751. 3 sing. pa. iterative ῥήγνυσκε Η 141. Fut. ῥήξω Ψ 673. Infin. ῥήξειν Β 544, Μ 198, 262. 3 sing. aor. ἔρρηξε Γ 348, Ν 259, Ν 124, Ρ 44 : μ 409. ῥῆξε Γ 375, Ε 307, Ζ 6, Θ 328, Ο 464, Π 310, Τ 399, etc. Pple. ῥήξας Ι 476, Ν 139. Nom. pl. masc. ῥήξαντες Μ 341. Infin. ῥῆξαι Λ 538, Ο 615, 617. **Mid.** 3 pl. aor. ἐρρήξαντο Μ 291. ῥήξαντο Λ 90. 1 pl. subj. ῥηξόμεθα Μ 224. Pple. ῥηξάμενος, -ου Μ 90, 411, 418, Ν 680, Ο 409. Infin. ῥήξασθαι Μ 308. (ἀναρρήγνυμι, ἀπορρήγνυμι, ἐκ-, συρρήγνυμι, ὑπορρήγνυμι.) **(1)** To smash, crush : ὀστέον Μ 185, Π 310, Τ 399.—To rend, tear : χρόα Ψ 673.— **(2)** In pass., of the sea, to break, become surf : περὶ σφισι κῦμα ῥήγνυντο Σ 67. Cf. Δ 425.—**(3)** To rend, rive, penetrate, perforate : θώρηκας Β 544. Cf. Γ 348 = Η 259 = Ρ 44, Ν 439, 507 = Ρ 314, Τ 268 = Φ 165.—**(4)** To break asunder or in two, sever, cause to part, snap or give way : ἱμάντα Γ 375, ἔχματα πέτρης Ν 139. Cf. Ε 307, Θ 328, Μ 459, Ο 464, Π 587 : ἱστοῦ προτόνους μ 409.— With ἀπό, to break off, cause to part from a fastening : ῥῆξεν ἀπὸ λόφου Ο 537.—**(5)** To break (opposed ranks) : φάλαγγα Ζ 6. Cf. Η 141, Λ 538, Ο 615, 617.—In mid. : ῥηξάμενος Δαναῶν στίχας Ν 680 : Cf. Δ 90, Ν 718, Ο 409.—**(6)** To lay open by breaking, break or make a way through (a barrier) : θαλάμοιο θύρας Ι 476. Cf. Μ 198, 262, 341, Ν 124, Ρ 751.—In mid. : τεῖχος ῥηξάμενοι Μ 90. Cf. Μ 224, 257, 291, 308, 418, 440.—Absol., to break a way through a barrier. In mid. : ἀργαλέον μοί ἐστι μούνῳ ῥηξαμένῳ θέσθαι κέλευθον Μ 411.— **(7)** To cause (strife) to break out. In mid. : ἐν αὐτοῖς ἔριδα ῥήξαντο Τ 55.

ῥῆγος, τό. (1) App., a cloth, prob. of wool, laid on the rough bedding for the comfort of the sleeper (cf. λίνον (3)) : κῶεά τε ῥῆγός τε λίνοιό τε λεπτὸν ἄωτον Ι 661. Cf. Ω 644 : = δ 297 = ῥ 89, γ 349, 351, ζ 38, λ 189, ν 73 (here app. simply laid on the deck of the ship), 118, τ 318, 337, υ 141, ψ 180.—**(2)** App., a similar cloth thrown over the back of a chair : ἔβαλλε θρόνοις ἔνι ῥήγεα καθύπερθ', ὑπένερθε δὲ λῖθ' ὑπέβαλλεν κ 352.

ῥηθέντι, dat. sing. neut. aor. pple. pass. εἴρω[2].
ῥηΐδιος, -η, -ον [ῥεῖα]. Easy. With complementary infin. : τάφρος οὐχ ὑπερθορέειν ῥηΐδιη (easy to . . .) Μ 54. Cf. Τ 265.—So in impers. use :

ῥηΐδιόν [ἐστι] θεοῖσι κυδῆναι βροτόν π 211.—Easy to understand or follow : ἔπος λ 146.

ῥηϊδίως [adv. fr. prec.]. (1) Easily, with ease, without effort or difficulty : ἐνίκα ῥ. Δ 390. Cf. I 184, Λ 114, M 448, Π 690 (i.e. by his divine power), P 283, X 140 (with smooth flight), etc. : ῥ. ἀφελὼν θυρεόν ι 313. Cf. θ 376, ξ 196 (could go on relating . . .), π 198, φ 92, 407, etc.—(2) Without thinking of the consequences, lightly : τοὺς σάωσας ῥ., ἐπεὶ οὔ τι τίσιν γ' ἔδεισας ὀπίσσω X 19.

ῥήϊστος, -η, -ον [superl. fr. ῥεῖα]. The easiest or happiest, the most free from care : βιοτή δ 565.

ῥηΐτατος [superl. fr. ῥεῖα]. In neut. pl. ῥήϊτατα as adv., with the greatest ease, with the least effort : ὅς κε ῥ. ἐντανύσῃ βιόν τ 577 = φ 75.

ῥηΐτερος [comp. fr. ῥεῖα]. Easier. With complementary infin. : ῥηΐτεροι πολεμίζειν (to fight with) Σ 258. Cf. Ω 243.

ῥηκτός [ῥηκ-, ῥήγνυμι]. That may be rent or torn : ἀνδρί, ὃς χαλκῷ ῥηκτὸς [εἴη] N 323.

ῥῆξε, 3 sing. aor. ῥήγνυμι.

ῥηξηνορίη, -ης, ἡ [ῥηξήνωρ]. Might to break the ranks of the foe ξ 217.

ῥηξήνωρ, -ορος [ῥηξ-, ῥήγνυμι + ἀνήρ]. That breaks the ranks of the foe (cf. ῥήγνυμι (5)). Epithet of Achilles H 228, N 324, Π 146, 575 : δ 5.

ῥήξω, fut. ῥήγνυμι.

ῥῆσις, ἡ [ῥη-, εἴρω²]. Discourse, talk : ἀκούεις μύθων ἡμετέρων καὶ ῥήσιος φ 291.

ῥήσσω [ἀ-ράσσω]. (ἐπιρρήσσω.) To beat time : ῥήσσοντες ἁμαρτῇ ἔποντο Σ 571.

ῥητήρ, -ῆρος, ὁ [ῥη-, εἴρω²]. A speaker : μύθων ῥητῆρα I 443.

ῥητός [ῥη-, εἴρω²]. Stated, specified, agreed upon : μισθῷ ἔπι ῥητῷ Φ 445.

ῥήτρη, -ης, ἡ [ῥη-, εἴρω²]. A (verbal) agreement, a bargain or covenant ξ 393.

ῥῑγεδανός, -ή [ῥῖγος]. Horrible, a thing to shudder at : Ἑλένης T 325.

ῥῑγέω [Ϝριγέω] [ῥῖγος]. 3 sing. aor. ἐρρίγησε O 466. ῥίγησε Γ 259, Δ 148, Λ 254, O 34, 436, Π 119, etc. : ε 116, 171. 3 pl. ἐρρίγησαν M 208. Pf. ἔρρῑγα P 175. 3 sing. ἔρρῑγε H 114. 3 sing. subj. ἐρρίγῃσι Γ 353. 3 sing. plupf. ἐρρίγει ψ 216. (ἀπορρίγέω.) (1) To be physically affected by fear as if by cold, shudder with fear, dread or apprehension : ῥίγησεν 'Αγαμέμνων Δ 148. Cf. Δ 150, 279, E 596 = Λ 345, Λ 254, M 208, 331, O 34, 436, 466, Π 119.—Sim. : αἰεί μοι θυμὸς ἐρρίγει μὴ . . . (was in constant terror lest . . .) ψ 216.—(2) To shudder at, dread, shrink from : πόλεμον E 351, οὐκ ἔρριγα μάχην (it is not my wont to shrink from the fight) P 295.—(3) To shrink from doing something. With infin. : ὄφρα τις ἐρρίγῃσι ξεινοδόκον κακὰ ῥέξαι Γ 353, τούτῳ ἔρρίγ' ἀντιβολῆσαι (does not care to meet him) H 114.—(4) To be physically affected by a sudden summons or announcement, be fluttered or thrown into agitation : ὣς φάτο, ῥίγησεν δ' ὁ γέρων Γ 259. Cf. ε 116, 171.

ῥίγιον [neut. comp. fr. ῥῖγος]. (1) Colder : ποτὶ ἕσπερα ῥ. ἔσται ρ 191.—(2) More to be feared

or dreaded, worse : τό οἱ (τοι) καὶ ῥίγιον ἔσται (it will be the worse for him (you)) A 325, 563. Cf. A 405 : υ 220.

ῥίγιστος [superl. fr. ῥῖγος]. The most to be feared or dreaded. Absol. in neut. pl. : ῥίγιστα τετληότες εἰμέν (the worst extremities) E 873.

ῥῖγος, τό [Ϝρῖγος]. Cold : εἴ με μεθήῃ ῥῖγος ε 472.

ῥιγόω [ῥῖγος]. Cold : To be cold, feel cold : οὐκ ἐφάμην ῥιγωσέμεν ξ 481.

ῥίζα, -ης, ἡ [Ϝρίζα]. (1) The root of a tree or plant : δρύες ῥίζῃσιν μεγάλῃσιν ἀραρυῖαι M 134. Cf. I 542, Φ 243 : κ 304, μ 435, ψ 196.—(2) The prepared root of a plant used medicinally : ἐπὶ δὲ ῥίζαν βάλε πικρήν Λ 846.—(3) In pl., the 'roots' of the eye, the attachments of the eye within the orbit : σφαραγεῦντο [γλήνης] πυρὶ ῥίζαι ι 390.

†ῥιζόω [ῥίζα]. 3 sing. aor. ἐρρίζωσε ν 163. 3 sing. pf. pass. ἐρρίζωται η 122. To furnish with roots : ἔνθα οἱ ἁλωὴ ἐρρίζωται (there grows his vineyard with its trees) η 122.—Fig. : νῆ' ἐρρίζωσεν ἔνερθεν (fixed immovably) ν 163.

ῥίμφα [ῥίπτω]. (1) With speed or velocity, swiftly, fast : θέων K 54, Ψ 766. Cf. Z 511 = O 268, Λ 533 = P 458, N 30, 515, Ξ 282, X 163, Ψ 501, Ω 691 : θ 193, μ 182, ν 83, 88, 162.—(2) Speedily, quickly, with haste : δεῖπνον ἕλοντο Θ 54. Cf. Ω 799.—(3) In short space, soon : λέπτ' ἐγένοντο Υ 497.

ῥῑνός, -οῦ, ἡ, also ῥῖνόν, τό K 155 : ε 281 (Ϝρινός, Ϝρινόν). (1) The stripped-off skin of a beast, a hide : ἕρπον ῥινοί μ 395. Cf. H 474.—(2) A prepared hide. Used for sleeping or sitting upon : ὑπὸ δ' ἔστρωτο ῥινὸν βοός K 155 : ἥμενοι ἐν ῥινοῖσι βοῶν α 108.—For wearing : ἕσσατο ῥινὸν λύκοιο K 334.—(3) A layer of leather forming part of a shield H 248, N 406, 804.—(4) Leather : κυνέην ῥινοῦ K 262, δοῦπος . . . ῥινοῦ τε βοῶν τε (of leather and the shields thereof, i.e. of the leather shields) Π 636. Cf. Υ 276 : μ 423.—(5) A shield : σύν ῥ' ἔβαλον ῥινούς Δ 447 = Θ 61, ῥινοῖσι βοῶν φράξαντες (with a shield) Μ 263. Cf. E 308 : ε 281.—(6) The skin of a man : περὶ ῥινοὶ μινύθουσιν (their skins) μ 46. Cf. ξ 134, χ 278.—So in pl. : ἔνθα κ' ἀπὸ ῥινοὺς δρύφθη (would have had his skin stripped off) ε 426. Cf. ε 435.

ῥῑνοτόρος [ῥινός + τορέω]. Piercer of shields. Epithet of Ares Φ 392.

ῥίον, -ου, τό (an initial consonant app. lost). (1) A peak or pinnacle of a mountain Θ 25, Ξ 154, 225 = Τ 114 : ι 191.—(2) A rock or reef projecting into the sea γ 295.

ῥιπή, -ῆς, ἡ [ῥίπτω]. (1) The rush or rapid or impetuous flight of a missile : λᾶος ὑπὸ ῥιπῆς M 462 : θ 192.—The range or 'carry' of a missile : ὅσση αἰγανέης ῥ. τέτυκται Π 589.—(2) The rush of wind O 171, T 358.—Of fire Φ 12.—(3) The rush or furious onset of a warrior : οἵ κ' ὄλωνται ἀνδρὸς ἑνὸς ῥιπῇ Θ 355.

ῥιπτάζω [frequentative fr. ῥίπτω]. To throw to and fro, toss : ῥιπτάζων κατὰ δῶμα θεούς Ξ 257.

†**ῥίπτω** (*Ῥίπτω*). Pa. iterative ῥίπτασκον O 23. 3 sing. ῥίπτασκε Ψ 827 : θ 374, λ 592. Fut. ῥίψω Θ 13. 3 sing. ῥίψει Ω 735. 3 sing. aor. ἔρριψε Τ 130, Χ 406, Ψ 842, 845 : ζ 115, ι 398, μ 254, ν 299. ῥῖψε Α 591, Γ 378, Τ 268. (*ἀναρρίπτω, ἀπορρίπτω, διαρρίπτω, ἐπιρρίπτω.*) (1) To throw, cast, hurl : τρυφάλειαν ῥῖψ' ἐπιδινήσας Γ 378. Cf. Α 591, Θ 13, Ο 23, Τ 130, 268, Χ 406, Ψ 827, 845, Ω 735 : ζ115, θ 374, ι 398, ν 299.— Absol., to make one's throw : τὸ τρίτον ἔρριψεν Αἴας Ψ 842.—Of the operation of wind : τὰς ἄνεμος ῥίπτασκε ποτὶ νέφεα λ 592.—(2) To jerk or pull in a specified direction : [ἰχθὺν] θύραξε μ 254.

ῥίς, ῥινός, ἡ (an initial consonant app. lost). (1) The nose : ἀμβροσίην ὑπὸ ῥῖνα θῆκεν δ 445. Cf. Ε 291, Ν 616 : σ 86.—(2) So in pl., the nose (as containing the two nostrils) : ἀπ' οὔατα ῥινάς τ' ἀμήσαντες φ 301. Cf. Ξ 467, Π 503, Ψ 395 : χ 475.—With special reference to the nostrils : αἷμ' ἀνὰ στόμα καὶ κατὰ ῥῖνας πρῆσεν Π 349. Cf. Τ 39, Ψ 777 : ε 456, χ 18, ω 318.

ῥίψ, ῥιπός, ἡ. In pl., wicker-work : φράξε σχεδίην ῥίπεσσι οἰσυΐνῃσιν ε 256.

ῥίψω, fut. ῥίπτω.

ῥοδανός (an initial consonant app. lost) [app. = ῥαδινός]. Thus, waving : δονακῆα Σ 576.

ῥοδοδάκτυλος, -ον [ῥόδον, rose + δάκτυλος, finger]. Epithet of the dawn, rosy-fingered, spreading rosy rays : Ἠώς Ζ 175, Ι 707, Ψ 109, Α 477=Ω 788 : =β 1=γ 404 = 491 = δ 306 = 431 = 576=ε 228= θ 1 = ι 152=170=307=437=560 = κ 187 = μ 8= 316=ν 18=ο 189=ρ 1=τ 428, ε 121, ψ 241.

ῥοδόεις, -εντος [ῥόδον, rose]. Rose-scented : ἐλαίῳ Ψ 186.

ῥοή, -ῆς, ἡ [ῥέω]. In pl., the streams or waters (of a river) : Μαιάνδρου ῥοάς Β 869. Cf. Γ 5, Δ 91, Ε 774, Ζ 4, Θ 369, Λ 732, Π 669, 679, 719, Σ 240, Τ 1 : ζ 216, ι 450, κ 529, χ 197, ω 11.—Of a stream of water poured over something : ἔνιψ' ὕδατος ῥοῇσιν Π 229.

ῥόθιος [ῥόθος, a rushing noise]. Of waves, rushing, breaking in uproar : κῦμα ε 412.

ῥοιβδέω. (*ἀναρροιβδέω.*) To swallow down μ 106.

ῥοιζέω [ῥοῖζος]. To whistle Κ 502.

ῥοῖζος, -ου, ἡ. Whistling : πολλῇ ῥοίζῳ πρὸς ὄρος τρέπε μῆλα ι 315.—The whizzing of missiles in flight : διστῶν ῥοῖζον Π 361.

ῥοιή, -ῆς, ἡ. A pomegranate-tree : ὄγχναι καὶ ῥοιαὶ καὶ μηλέαι η 115=λ 589.

ῥόος, -ου, ὁ [ῥέω]. (1) The stream or waters (of a river) : ἱκόμεσθα ῥόον Ἀλφειοῖο Λ 726. Cf. Μ 25, Π 151, Σ 402, Φ 16, 147, 219, 241, 263, 306, 369 : ε 449, ζ 85, λ 21, μ 1.—(2) The moving waters of a river, its current : βέβρυχεν μέγα κῦμα ποτὶ ῥόον (as it meets the current) Ρ 264, πρὸς ῥόον ἀΐσσοντος (against the current) Φ 303 : νῆα κατ' Ὠκεανὸν ποταμὸν φέρε κῦμα ῥόοιο (the moving stream of its current) λ 639. Cf. ε 451. —(3) The flow or wash of the sea : βόμβησαν ἐρετμὰ κατὰ ῥόον μ 204. Cf. ε 327.—A current or set of the sea : κῦμά με ῥόος τ' ἀπέωσεν ι 80.

Cf. ξ 254.—(4) The flow or course of a river : ποταμοὺς ἔτρεψε νέεσθαι κὰρ ῥόον (*i.e.* in their proper channels) Μ 33, πᾶσι [ποταμοῖσι] ῥόον πεδίονδε τίθησιν (turns their course to the . . .) Ρ 750 : ἂψ ἔφερε [κρήδεμνον] κῦμα κατὰ ῥόον (down its stream) ε 461.—Sim. in reference to water used in irrigation : ὡς ὅτ' ἀνὴρ ὀχετηγὸς ὕδατι ῥόον ἡγεμονεύῃ (guides its flow) Φ 258.

ῥόπαλον, -ου, τό (*Ῥόπαλον*) [(Ῥ)ρέπω]. A club or cudgel. Used for beating an ass Λ 559, 561.— In the hunt λ 575.—A stick or staff for support in walking : δός μοι, εἴ ποθί τοι ῥ. τετμημένον ἐστί, σκηρίπτεσθαι ρ 195.—Such a stick used as a weapon of offence : ἠὲ μεταΐξας ῥοπάλῳ ἐκ θυμὸν ἕλοιτο ρ 236.—Of the stick carried by the Cyclops ι 319.

ῥοχθέω. Of the sea, to roar, dash in uproar : ῥόχθει μέγα κῦμα ε 402. Cf. μ 60.

ῥύατο, 3 pl. non-thematic impf. mid. ἐρύω[2].

ῥυδόν [ῥυ-, ῥέω]. In a stream : ῥ. ἀφνειοῖο (on whom riches flowed) ο 426.

ῥύη, 3 sing. aor. pass. ῥέω.

ῥυμός, -οῦ, ὁ [ἐ-ρύω[1]]. The pole of a chariot Ε 729, Ζ 40, Κ 505, Π 371, Ψ 393, Ω 271.

ῥύομαι. See ἐρύω[2].

ῥύπα, τά. Impurities, dirt ζ 93.

†**ῥυπόω** [ῥύπα]. Acc. sing. masc. pres. pple. ῥυπόωντα ω 227. Acc. pl. neut. ῥυπόωντα ζ 87, ν 435. Nom. pl. neut. pf. pple. pass. ῥερυπωμένα ζ 59. To be dirty or squalid : ῥυπόωντα ἔστο χιτῶνα ω 227. Cf. ζ 87, ν 435.—So in pf. pass. : εἵματα, τά μοι ῥερυπωμένα κεῖται ζ 59.

ῥυπόω = prec. : ὅτι ῥυπόω τ 72, ψ 115.

ῥυσάμην, aor. mid. ἐρύω[2].

ῥύσατο, 3 sing. aor. mid. ἐρύω[2].

ῥύσθαι, non-thematic pres. infin. mid. ἐρύω[2].

ῥύσια, τά [ἐ-ρύω[1]]. Cattle, etc., driven off by way of reprisal : ῥύσι' ἐλαυνόμενος Λ 674.

ῥυσίπτολις [ῥυσι-, ἐρύω[2] + πτόλις]. That guards the city : Ἀθηναίη ῥυσίπτολι Ζ 305 (*v.l.* ἐρυσί-πτολι).

ῥύσκευ, 2 sing. pa. iterative mid. ἐρύω[2].

ῥυσός, -ή [ἐ-ρύω[1]]. Drawn, wrinkled Ι 503 (of the Λιταί (see λιτή) as figuring an offender with his face wrinkled by the mental struggle caused by his reluctance to ask pardon).

ῥυστάζω [frequentative fr. ἐ-ρύω[1]]. 3 sing. pa. iterative ῥυστάζεσκε Ω 755. To drag, haul Ω 755.—To haul or pull about, maltreat : δμωάς π 109=υ 319.

ῥυστακτύς, -ύος, ἡ [ῥυστάζω]. A hauling or pulling about, maltreatment σ 224.

ῥυτήρ[1], -ῆρος, ὁ [ἐ-ρύω[1]]. (1) A (skilful) drawer (of the bow or of arrows) : ῥυτῆρα βιοῦ καὶ διστῶν φ 173. Cf. σ 262.—(2) In pl., the reins of a chariot : [ἵπποι] ἐν ῥυτῆρσι τάνυσθεν (pulled in the governance of, pulled at, the reins) Π 475.

ῥυτήρ[2], -ῆρος, ὁ [ῥύομαι, ἐρύω[2]]. A keeper or guard : σταθμῶν ῥυτῆρα ρ 187, 223.

ῥυτός [ἐ-ρύω[1]]. Prob., drawn out of the earth, dug, quarried : λάεσσιν ζ 267, ξ 10.

ῥωγαλέος, -η, -ον [ῥήγνυμι]. Full of rents or

holes, rent, torn : 'Εκτόρεον χιτῶνα δαΐξαι ῥωγαλέον (so as to pierce it with many a hole) B 417. Cf. ν 435, 438 = ρ 198 = σ 109, ξ 343.

ῥώξ, ῥωγός [perh. fr. ῥήγνυμι. ' Clefts ']. In pl., app., passages forming continuations or branches of the λαύρη : ἀνὰ ῥῶγας μεγάροιο χ 143.

ῥώομαι. 3 pl. impf. ἐρρώοντο Ψ 367. 3 pl. aor. ἐρρώσαντο Ω 616 : ψ 3, ω 69. (ἐπιρρώομαι.) To move nimbly, speed along : ὑπ' ἀμφίπολοι ῥώοντο ἄνακτι Σ 417.—Of nimble motion of the limbs : ὑπὸ κνῆμαι ῥώοντο Σ 411 = Τ 37. Cf. ψ 3. —Of movement in the dance Ω 616.—Of rhythmical movement as part of a ceremony ω 69.— To rush to the fray : αὐτοὶ πρυλέες ῥώοντο Λ 50. Cf. Π 166.—Of a horse's mane, to stream (with the wind) Ψ 367.

ῥῶπες, αἱ. Growing twigs κ 166.—Cut brushwood used for sitting upon : ῥῶπας ὑπέχευε δασείας ξ 49. Cf. π 47.

ῥωπήϊα, τά [ῥῶπες]. Small growing trees and shrubs, brushwood N 199, Φ 559, Ψ 122 : ξ 473.

ῥωχμός, ὁ [ῥήγνυμι]. A break or sudden dip (in the ground) : ῥωχμὸς ἔην γαίης Ψ 420.

σαίνω. 3 sing. aor. ἔσηνε ρ 302. (περισσαίνω.) Of dogs, etc., to show delight or fondness, fawn : νόησε σαίνοντας κύνας π 6. Cf. κ 217, 219, ρ 302 (wagged his tail).

σακέσπαλος [σακεσ-, σάκος + πάλλω]. Wielder of the shield. Epithet of Tydeus E 126.

σάκος, -εος, τό. Dat. pl. σακέεσσι ξ 479. σάκεσσι Ρ 354 : π 474. σάκεσι Δ 282, Ρ 268 : ξ 479. A shield Γ 335, Η 219, Λ 545, Μ 339, Ν 130, etc. : ξ 277, 477, 479, 482, π 474, σ 377, χ 101, 110, 122, 144, 184, 279.

σάλπιγξ, ἡ. A trumpet Σ 219.

†σαλπίζω [σάλπιγξ]. 3 sing. aor. σάλπιγξε. To sound the trumpet. Fig.: ἀμφὶ σάλπιγξεν οὐρανός (re-echoed as with the trumpet's sound) Φ 388.

σανίς, -ίδος, ἡ. (1) A board or plank : σανίδας ἐκδῆσαι ὄπισθεν χ 174.—One of the boards fixed on the framework and forming the face of a gate: πύλαι σανίδες τ' ἐπὶ τῆς ἀραρυῖαι Σ 275. Cf. Μ 453, 461.—(2) In pl., the two wings of a gate or door, a gate or door: σείων κολλητὰς σανίδας Ι 583. Cf. Μ 121, Φ 535 : β 344, φ 137 = 164 (against the . . .), χ 128, ψ 42.—(3) Boarding : in the passage cited, app. a wooden stage or platform raised above the earthen floor of a room : ἐφ' ὑψηλῆς σανίδος βῆ· ἔνθα δὲ χηλοὶ ἕστασαν φ 51.

σάος, σόος, -η, -ον, σῶς (the first only in comp. σαώτερος A 32). (1) Free from harm, safe, unharmed, unhurt, safe and sound, in good case : σαώτερος ὥς κε νέηαι (the safer) A 32, λαὸν σῶν ἔμμεναι 117. Cf. E 531 = O 563 (find safety), Η 310, Θ 246, O 497, Π 252 : δ 98, ο 42, π 131, τ 300. —Of things, safe, unharmed, whole, intact : οὔτ' ἠέλιον σῶν ἔμμεναι οὔτε σελήνην Ρ 367.—(2) Free from danger, in safety, safe, not liable to be harmed : ὅππως σόοι μαχέοιντο (i.e. with the least risk possible) A 344. Cf. X 332.—So of things :

ἵνα περ τάδε τοι σόα μίμνῃ Ω 382 : ν 364.—(3) Sure to come or happen, inevitable : σῶς τοι (μοι) ὄλεθρος N 773 : ε 305, χ 28.

σαοφροσύνη, -ης, ἡ [σαόφρων]. Soundness of sense, good sense, discretion, prudence ψ 13.—So in pl. : σαοφροσύνῃσι νοήματα πατρὸς ἔκευθεν ψ 30.

σαόφρων, -ονος [σάος + φρήν]. Of sound or good sense, discreet Φ 462 : δ 158.

†σαόω [σάος]. 3 pl. subj. σαῶσι Ι 393. 2 sing. opt. σαῷς (σαόοις) Ι 681. 3 σαῷ (σαόοι) Ι 424. Non-thematic imp. σάω ν 230, ρ 595. Nom. pl. masc. pple. σώοντες (σαόοντες) ι 430. 3 sing. non-thematic impf. σάω Π 363, Φ 238. Pa. iterative σώεσκον (σαόεσκον) Θ 363. Fut. σαώσω κ 286. 2 sing. -εις A 83. 3 -ει Ι 78, Κ 44. 3 dual -ετον E 224. 1 pl. -ομεν Τ 408. Aor. ἐσάωσα ε 130. 2 sing. σάωσας X 18. 3 ἐσάωσε Θ 500, Λ 752, N 734, Ξ 259, O 290, Σ 395 : δ 444, ε 452, χ 372. σάωσε E 23 : δ 288, 513. 3 pl. ἐσάωσαν Σ 405. 2 sing. subj. σαώσῃς Ρ 144, X 56. 3 σαώσῃ Ρ 692. 2 dual σαώσετον Ρ 452. 1 pl. σαώσομεν E 469, X 175 : χ 357. 2 sing. opt. σαώσειας Ρ 149. 3 σαώσαι Φ 611 : γ 231, δ 753. 3 pl. σαώσειαν Μ 123. Imp. σάωσον Λ 828 : δ 765. Pl. σαώσατε O 427. Infin. σαῶσαι Φ 274, Ω 35. Aor. imp. pl. σαώσετε N 47. Infin. σαωσέμεναι N 96. σαωσέμεν Ι 230, Τ 401. 2 sing. fut. mid. σαώσεαι φ 309. 3 pl. aor. pass. ἐσάωθεν γ 185. 3 sing. imp. σαωθήτω Ρ 228. Infin. σαωθῆναι O 503 : κ 473. (ἐκ-, ὑπεκ-.) (1) To save from imminent or present danger, bring off safely, rescue from or bring safe through peril or trouble : τὼ νῶϊ πόλινδε σαώσετον (bring us off in safety to the city) E 224, ἐκ πολέμου Λ 752. Cf. E 23, Θ 363, Ι 78, Μ 123 (give him way to the ships and safety), O 503, Τ 401, Φ 238, etc. : γ 185, 231 (bring him safe home), δ 288, 444, 513, 753, 765, ε 130, 452, ι 430, κ 286, 473, χ 357, 372.—In reference to things : νῆας Ι 230, πόλιν καὶ ἄστυ Ρ 144. Cf. Ι 424, 681, Κ 44, N 96.—In mid., to bring oneself off safely, get off unharmed : ἔνθεν οὔ τι σαώσεαι φ 309.—(2) To rescue from the foe, bring or carry off from hostile hands : τὸν νέκυν περ ἐόντα σαῶσαι Ω 35. Cf. E 469, O 427, Ρ 149, 692.—(3) To preserve from danger, keep from harm, see safe, stand by : φράσαι εἴ με σαώσεις A 83. Cf. X 56 : αὐτόν σε σάω (look after yourself) ρ 595. Cf. ν 230.—In reference to things : ταῦτα ν 230.

σαπήῃ, 3 sing. aor. subj. pass. σήπω.

σαρδάνιος, -όνιος. In neut. sing. σαρδάνιον as adv., of smiling, app. scornfully, bitterly υ 302.

σάρξ, σαρκός, ἡ. The flesh of the body : διήφυσε σαρκός (partitive genit.) τ 450.—In pl. : σάρκες περιτρομέοντο μέλεσσιν σ 77. Cf. Θ 380 = N 832 : ι 293, λ 219.

σαυρωτήρ, -ῆρος, ὁ. The butt-end (of a spear) (app. = οὐρίαχος) Κ 153.

σάφα. (1) In reference to knowledge, with full understanding, clearly, with certainty, well : οὔ πω σ. οἶσθ' οἷος νόος Ἀτρεΐωνος B 192. Cf. B 252, E 183, Η 226, Μ 228, O 632, Υ 201 = 432 : α 202, β 108 = ω 144, δ 730, ρ 153, 307, 373, ω 404.

—(2) In reference to speech, with clearness of exposition, plainly, fully, without concealment : ἀγγελίην, ἥν χ' ἡμῖν σ. εἴποι β 31. Cf. β 43, ρ 106. —With certainty or clear knowledge : σ. εἰπέμεν ὄππόθ' ὅλωλεν γ 89.—App., truly, correctly : μὴ ψεύδε' ἐπιστάμενος σ. εἰπεῖν Δ 404.

σάω¹, non-thematic imp. σαόω.

σάω², 3 sing. non-thematic impf. σαόω.

σαῷς, σαῷ, 2 and 3 sing. opt. σαόω.

σαώσω, fut. σαόω.

σαώτερος, comp. σάος.

†**σβέννῡμι.** 3 sing. aor. ἔσβεσε Π 293. 3 pl. σβέσαν Ψ 250, Ω 791. Imp. pl. σβέσατε Ψ 237. Infin. σβέσσαι I 678, Π 621. 3 sing. aor. ἔσβη I 471 : γ 182. (κατα-.) (1) To put out, quench (fire) Π 293, Ψ 237, 250=Ω 791. —To quell, destroy, crush : πάντων ἀνθρώπων μένος Π 621. —To put away (wrath) I 678.—(2) Intrans. in non-sigmatic aor., of a fire, to go out : οὐδέ ποτ' ἔσβη πῦρ I 471.—Of wind, to cease to blow, fall : οὐδέ ποτ' ἔσβη οὖρος γ 182.

†**σεβάζομαι** [σέβας]. 3 sing. aor. σεβάσσατο. To be restrained from doing (something) by sensitiveness to the opinion of others, shrink from doing (it), think shame to do (it) (cf. αἰδέομαι (2)) : σεβάσσατο τό γε θυμῷ Z 167, 417.

σέβας, τό [σέβομαι]. (1) Sensitiveness to the opinion of others, fear of what others may think or say, shame (= αἰδώς (2)) : σέβας σε θυμὸν ἱκέσθω Σ 178.—(2) Wonder : σέβας μ' ἔχει εἰσορόωντα (εἰσορόωσαν) γ 123, δ 75, 142, ζ 161, θ 384.

σέβομαι. To be moved by respect for the opinion of others, fear what others may think or say, think shame (cf. αἰδέομαι (4)) : οὔ νυ σέβεσθε ; Δ 242.

σειρή, -ῆς, ἡ [(σ)είρω, εἴρω¹]. A cord or rope Θ 19, 25, Ψ 115 : χ 175=192.

σείω (prob. σFείω). 3 pl. impf. pass. ἐσσείοντο Τ 59. (ἐπισσείω, περισσείω, ὑποσσείω.) (1) To shake, cause to quiver or vibrate : σανίδας I 583. Cf. O 321 : γ 486=ο 184.—To shake or brandish (a spear) : σείων ἐγχείην Ε 563. Cf. Γ 345, N 135, 558, X 133.—In pass., to shake or quiver : ἀμφὶ οἱ κροτάφοισι σείετο πήληξ N 805. Cf. Ξ 285, Τ 59. —(2) In mid., to change one's position suddenly, start : σείσατ' ἐνὶ θρόνῳ Θ 199.

σέλας, τό. Dat. σέλαϊ P 739. σέλα Θ 563 : φ 246. Blaze, glow, brightness : ἧατο σέλα πυρός Θ 563. Cf. Θ 509, O 600, P 739, Σ 214, T 17 (i.e. of fire), 366, 374, 375, 379 : δαῖον σ. σ 354. Cf. φ 246.—A thunderbolt : δαιόμενον ἧκε σ. Θ 76.

σελήνη, -ης, ἡ [σέλας]. The moon Θ 555, P 367, Σ 484 : δ 45=η 84, ι 144, ω 148.

σέλῑνον, -ου, τό. Prob. water-parsley (wild celery), smallage. Collectively B 776 : ε 72.

σέσηπε, 3 sing. pf. σήπω.

†**σεύω** (prob. σFεύω). Aor. σεύα E 208. σεύα Τ 189. 3 sing. ἔσσευα Λ 147, Ξ 413, Τ 325. σεῦε Z 133, Λ 294 : ξ 35. 3 pl. σεῦαν ζ 89. 3 sing. subj. σεύῃ Λ 293. Pple. σεύας O 681. **Mid.** 3 pl. impf. ἐσσεύοντο B 150, 808, I 80, Λ 167, 419, X 146 : ξ 456, ω 466. 3 sing. aor. σεύατο Z 505,

H 208, Ξ 227 : ε 51. 3 pl. ἐσσεύαντο Λ 549, O 272. 3 pl. subj. σεύωνται Γ 26, Λ 415. 3 sing. opt. σεύαιτο P 463, Τ 148, Ψ 198. Pple. σευάμενος X 22. 2 sing. aor. ἔσσυο Π 585 : ι 447. 3 ἔσσυτο B 809, Θ 58, Ξ 519, P 678 : ξ 34, τ 448. σύτο Φ 167. Pf. ἔσσυμαι N 79. 3 sing. ἔσσυται κ 484. Pple. ἐσσύμενος, -ον Z 518, Λ 554, 717, N 57, 142, 315, 630, 787, P 663, Ω 416, 733, ο 73. Acc. sing fem. ἐσσυμένην Π 9. (ἀνα-, ἀπο-, δια-, ἐκ-, ἐπισσεύω, κατα-, μετασσεύομαι.) (I) To set in motion : ἐξ ἀμφοτέροιιν αἷμ' ἔσσευα (caused it to spirt forth) E 208, Διωνύσοιο τιθήνας σεῦε κατὰ Νυσήϊον (chased them) Z 133, ὅλμον ὥς [Γ'] ἔσσευεν (hurled the body) Λ 147. Cf. Λ 293 (sets on), 294, Ξ 413 (sent him spinning), O 681 (urging them on), Τ 189 (chased you), 325 (caused him to shoot up) : ζ 89 (drove them), ξ 35 (scattered them).—In mid. : εἴ περ ἂν αὐτὸν σεύωνται κύνες (seek to drive him off) Γ 26. Cf. Λ 549 (drive off) = O 272 (chase), Τ 148 (should chase him).—(II) In mid. (1) To set oneself in motion, to hasten, speed, rush : νῆας ἔπ' ἐσσεύοντο B 150, σεύατ' ἔπειτα (made eager way) H 208. Cf. B 808, 809 = Θ 58, Z 505, I 80, Λ 167 (were in flight), 415 (are afoot, bestir themselves), 419, Ξ 227, 519, Π 585, P 678, Φ 167 (spirted forth), X 22 (at full speed), 146 : ε 51 (made his way), ι 447 (bring up the rear), ξ 34, 456, τ 448, ω 466.—To set oneself to do something. With infin. : ὅτε σεύαιτο διώκειν P 463.—Of something inanimate, to begin to do something. With infin.: ὄφρ' ὕλη σεύαιτο καήμεναι Ψ 198.—(2) In pf., to be in a state of eagerness or excitement : ποσσὶν ἔσσυμαι ἀμφοτέροισιν (with both my feet, I cannot keep my feet still) N 79 : θυμός μοι ἔσσυται ἤδη (is eager to be off) κ 484.—In pple., in a state of eagerness, eager, set or bent upon something : ἦ σε καὶ ἐσσύμενον κατερύκω ; (delay you in your haste) Z 518. Cf. Λ 554 = P 663, N 57, 142, 315, 630, 787, Π 9, Ω 404 : ο 73.—With complementary genit. : καὶ ἐσσύμενός περ ὁδοῖο δ 733.—With complementary infin. : ἐσσυμένους πολεμίζειν Λ 717. Cf. δ 416.

σηκάζω [σηκός]. To coop up in or as in a pen : σηκασθέν κε κατὰ Ἴλιον Θ 131.

σηκοκόρος, -ου, ὁ [σηκός+κορέω]. One who sweeps out pens ρ 224.

σηκός, -οῦ, ὁ. A pen or fold for sheep, goats or cattle Σ 589 : ι 219, 227, 319, 439, κ 412.

σῆμα, -ατος, τό. (1) A distinguishing mark : γνῶ κλήρου σ. ἰδών H 189.—(2) A spot or patch of white hair on the forehead of a horse, a star Ψ 455.—(3) A peg or something similar stuck in the ground to mark the distance of a throw (cf. τέρμα (2)) : ὑπέρβαλε σήματα πάντων Ψ 843. Cf. θ 192, 195.—(4) A guiding mark K 466.— (5) A sign or token. (a) Something indicating that a stage or point has been reached λ 126, ψ 273.—(b) Something indicated to a person for guidance of his action Ψ 326.—(c) A signal for action φ 231.—(d) Something adduced as proof, an evidence : σ. ἀριφραδὲς ἄλλο τι δείξω φ 217. Cf. τ 250 = ψ 206, ψ 73, 110, 188, 202, 225, ω 329, 346.—(e) A guest-token, the credentials brought by a guest to satisfy his host as to his identity : ἦτεε σ. ἰδέσθαι Z 176. Cf. Z 178.—So in pl.: πόρε σήματα λυγρά Z 168.—(6) A sign from heaven, a portent or omen: ἔνθ᾽ ἐφάνη μέγα σ. B 308. Cf. B 353, Δ 381, Θ 171, I 236, N 244, X 30 : φ 413.—An omen or presage of human origin υ 111.—(7) A mound of earth or stones erected over and marking a grave, a grave-mound or barrow (=τύμβος): παρὰ σήματι ᾽Ιλου K 415. Cf. B 814, Z 419, H 86, 89, Λ 166, Φ 322, Ψ 45, 255, 257, Ω 16, 51, 349, 416, 755, 799, 801 : α 291, β 222, λ 75.—A wooden post erected on and marking a grave: ξύλον . . . σῆμά τευ βροτοῖο πάλαι κατατεθνηῶτος Ψ 331.

σημαίνω [σῆμα]. Fut. σημανέω μ 26. 3 sing. aor. σήμηνε Ψ 358, 757. 3 pl. aor. mid. ἐσημήναντο H 175. (1) To put a distinguishing mark upon, mark. In mid.: κλῆρον ἐσημήναντο ἕκαστος H 175. —(2) To point out, show, indicate: τέρματα Ψ 358=757.—To indicate, tell about: ἕκαστα μ 26.—(3) To give one's orders to. With dat. : πᾶσι Α 289. Cf. Α 296, B 805.—(4) To take command, act as leader : πένθ᾽ ἡγεμόνας ποιήσατο σημαίνειν Π 172.—To act as master : ἐπὶ δμῳῇσι γυναιξίν χ 427.—To be in command of, command, be in charge of. With genit. : στρατοῦ ἄλλου Ξ 85.—With dat. : φυλάκεσσιν K 58. Cf. P 250.— (5) To superintend work, act as superintendent or overseer: σήμαινεν ᾽Οδυσσεύς χ 450. Cf. Φ 445. —(6) To guide or direct the actions of, act as counsellor to. With dat. : οἱ Λ 789.

σημάντωρ, -ορος, ὁ [σημαίνω]. (1) A commander or captain Δ 431.—(2) A master ρ 21, τ 314.— (3) He who guides the horses, a charioteer (=ἡνίοχος (1)) Θ 127.—He who drives the cattle or sheep, a herdsman or shepherd O 325.

σήμερον. To-day, this day : τούτῳ Ζεὺς κῦδος ὀπάζει σ. Θ 142. Cf. Λ 431, T 103, Υ 127, 211 : ρ 186, 252, σ 377.—For to-day : παύσωμεν πόλεμον H 30. Cf. H 291.

σήμηνε, 3 sing. aor. σημαίνω.

σήπω. 3 sing. pf. σέσηπε B 135. 3 sing. aor. subj. pass. σαπήῃ T 27. In pf. and pass., to undergo natural decomposition or decay, rot : οὐδέ τί οἱ χρὼς σήπεται Ω 414. Cf. B 135 (lie rotted away), T 27.

σθεναρός, -ή [σθένος]. Strong, of might I 505.

σθένος, -εος, τό. (1) Physical strength, power, might, vigour : ἐν σ. ὤρσεν ἑκάστῳ B 451. Cf. Θ 32, I 351, Λ 827, M 224, Π 542, Σ 274 (see ἔχω (I) (14)), Υ 361, etc. : θ 136, φ 282, χ 237.—Of animals : λέοντος σ. E 139. Cf. E 783, M 42, P 22, etc. : σ 373.—Of inanimate objects : οὐδέ τι πρώονα σθενέϊ [ποταμοῦ] ῥηγνῦσι ῥέοντες P751.— (2) σ. τινός, like βίη (5), periphrasis for a person : σ. ᾽Ιδομενῆος N 248. Cf. Ψ 827.—Sim.: σ. ᾽Ωρίωνος (the constellation) Σ 486, σ. ᾽Ωκεανοῖο 607, Φ 195. —(3) The strength of life, vital force : αὐδὴ καὶ σ. Σ 420.

σίαλος, -ου, ὁ. A (fattened and full-grown) domestic swine or pig Φ 363 : β 300, κ 390, ξ 19,

υ 163.—Joined with σῦς I 208 : ξ 41, 81, ρ 181 = υ 251.

σιγαλόεις, -εντος. Bright, shining, glittering, glistening, glossy. Epithet of various things : ἡνία E 226, 328, Θ 116, 137, Λ 128, P 479, εἵματα X 154, δέσματα 468 : θρόνῳ ε 86, εἵματα ζ 26, ῥήγεα 38, λ 189, τ 318, 337, ψ 180, ἡνία ζ 81, ῥήγεΐ ν 118, χιτῶνα ο 60, τ 232, ὑπερώϊα π 449, σ 206, τ 600, χ 428.

σιγάω [σιγή]. To be silent. In imp. σίγα, be silent ! hush ! Ξ 90 : ξ 493, ρ 393, τ 42, 486.

σιγῇ, -ῆς, ἡ. Silence. In dat. σιγῇ, in silence, keeping silence, without speech, restraining the lips : ἴσαν Γ 8. Cf. Γ 134, 420, Δ 431, H 195, T 255 : δ 776, η 30, ν 76, ο 391, σ 142, τ 502, φ 388.—Without construction : σιγῇ νῦν (let no more be said) ο 440.

σιδήρεος, -η, -ον, σιδήρειος, -η, -ον (H 141, 144, Θ 15, P 424, Ω 205, 521). [σίδηρος.] (1) Of iron : ἄξονι E 723. Cf. H 141, 144, Θ 15 : α 204.— Epithet of the heavens regarded as a vault of burnished metal, the iron . . . ο 329=ρ 565.— (2) As if of iron : ὀρυμαγδός (unwearying, ceaseless, incessant) P 424, θυμός (hard as iron, inflexible) X 357, πυρὸς μένος (relentless) Ψ 177, ἦτορ (not to be turned from its course, daring all) Ω 205, 521 : κραδίη (stout as iron) δ 293, θυμός (not open to compassion or sympathy) ε 191, σοὶ σιδήρεα πάντα τέτυκται (you are all of iron) μ 280, ἦτορ (unfeeling) ψ 172.

σίδηρος, -ου, ὁ. (1) Iron Δ 510, H 473, I 366, Υ 372, Ψ 834 : α 184, ι 393.—(2) Various things made of iron. The point of an arrow : τόξῳ [πέλασε] σίδηρον Δ 123.—An axe Δ 485.—A knife or sword Σ 34.—A knife Ψ 30.—A bar of iron or something of the sort : ὀφθαλμοὶ ὡς εἰ κέρα ἕστασαν ἠὲ σίδηρος τ 211. Cf. τ 494.—(3) Collectively, implements or weapons of iron : πολιὸν σίδηρον (i.e. the articles for iron proposed as prizes) Ψ 261, τίθει ἰόεντα σίδηρον 850 (defined in the next line): διοϊστεῦσαι (διοϊστεύσειν) (εἴ κε διοϊστεύσω) σιδήρου (i.e. the axe-heads set up to be shot through by the suitors) τ 587, φ 97=127, φ 114. Cf. Ζ 48= K 379=Λ 133 : =φ 10, ξ 324, π 294=τ 13, φ 3= 81=ω 168, φ 61, 328, ω 177.

σίζω. To hiss ι 394.

σίνομαι. 3 pl. pa. iterative σίνέσκοντο ζ 6. (1) To hurt, harm, do mischief to : εἴ κε σίνηαι [βόας] λ 112=μ 139. Cf. Ω 45.—(2) To harry, despoil : οἱ σφεας σινέσκοντο ζ 6.—To lay violent hands upon, carry off to destruction : ἑταίρους μ 114.

σίντης [σίνομαι]. Ravening : λῖν σίντην Λ 481, λύκοι σίνται Π 353. Cf. Υ 165.

†σῑτέομαι [σῖτος]. 3 pl. pa. iterative σῑτέσκοντο. To take one's meals, eat : ἐν τῷ σιτέσκοντο ω 209.

σῖτος, -ου, ὁ. (1) Food other than flesh-meat (definitely in this sense or distinguished in terms from meat) : σῖτον ἐπένειμε, ἀτὰρ κρέα νεῖμεν ᾽Αχιλλεύς I 216, Ω 625 : σῖτον ὄψα τε γ 479, ἀνέμισγε σίτῳ φάρμακα λυγρά κ 235. Cf. α 139=δ 55 = η 175=κ 371=ο 138=ρ 94=259, α 147, δ 623, ι 9, κ 290, 375, μ 19, ξ 449, 456, ο 334, π 51, ρ 335, 412, υ 254, χ 21.—(2) Food distinguished in terms from drink : οὐ σῖτον ἔδουσ', οὐ πίνουσι οἶνον Ε 341. Cf. Θ 507, 547, Ι 706 = Τ 161, Τ 306, Ω 641 : α 139 = δ 55 = η 175 = ο 138 = ρ 94, α 147, γ 479, δ 623, 746, ε 165, η 265, 295, ι 9, 87 = κ 58, μ 19, 327, ν 69, 244, ξ 46, ο 334, π 51, 110, ρ 533, τ 61, υ 137, 254, 313, 378.—(3) Food in general without these distinctions : σίτου ἵμερος Λ 89. Cf. Τ 44, 163, Ω 129, 602, 613, 619 : ἐπὶ χθονὶ σῖτον ἔδοντες θ 222, ι 89 = κ 101. Cf. δ 60, ζ 99, ξ 455 (the leavings of the meal), π 83, ρ 418, 457, 558, σ 360, υ 130, ω 395, 489.

σῖτοφάγος [σῖτος + φάγον]. Food-eating ι 191.

σιφλόω. App., to injure or harm in some way : θεός ἑ σιφλώσειεν Ξ 142.

σιωπάω [σιωπή]. To be silent, cease from talking : σιωπᾶν λαὸν ἀνώγει Β 280. Cf. Ψ 568 : εἰ γὰρ σιωπήσειαν Ἀχαιοί (cease their clamour) ρ 513.

σιωπή, -ῆς, ἡ. Silence. In dat. σιωπῇ. (1) In silence, keeping silence, without speech, restraining the lips : ἰδὼν ἐς παῖδα σ. Ζ 404. Cf. Δ 412, Η 427, Ι 190, 620, Ξ 310 (without telling of my intention), Σ 556 : α 325, 339, κ 140, ν 309, ο 463. —(2) Silent. With ἀκήν : ἀκὴν ἐγένοντο σ. See ἀκήν (2).

σκάζω. To limp, halt, walk lame : σκάζων ἐκ πολέμου Λ 811. Cf. Τ 47.

σκαιός, -ή, -όν. (1) That is on the left side, the left . . . In fem. σκαιή (sc. χείρ), the left hand : σκαιῇ ἔγχος ἔχων Π 734. Cf. Α 501, Φ 490. —(2) That lies to the left of a spectator : ῥίον γ 295.

σκαίρω. To frisk, gambol, skip along : ποσὶ σκαίροντες Σ 572. Cf. κ 412.

σκαφίς, -ίδος, ἡ. Some kind of vessel for milk ι 223.

†σκεδάννυμι [cf. κεδάννυμι, σκίδναμαι]. 3 sing. aor. ἐσκέδασε Η 330. σκέδασε Ρ 649, Υ 341, Ψ 162 : ν 352. Imp. σκέδασον Τ 171, Ψ 158 : θ 149. (ἀπο-, δια-.) (1) To shed in drops : αἷμα Η 330.—(2) To cause (a body of men) to disperse, dismiss (it) : λαόν Τ 171. Cf. Ψ 158, 162.—(3) To disperse or scatter (mist) Ρ 649, Υ 341 : ν 352.—To scatter, dismiss (cares) : σκέδασον ἀπὸ κήδεα θυμοῦ θ 149.

σκέδασις [σκεδάννυμι]. A (disorderly) scattering, a rout : μνηστήρων σκέδασιν α 116, υ 225.

†σκέλλω. 3 sing. aor. opt. σκήλειε. To dry up, shrivel up, parch : χρόα Ψ 191.

σκέλος, τό. The leg : πρυμνὸν σ. Π 314.

σκέπαρνον, τό. An adze ε 237, ι 391.

σκέπας, τό. Shelter, protection, cover : ἀνέμοιο (from the . . .) ε 443 = η 282, ζ 210, μ 336.—A place affording shelter, protection or cover : εἷσαν ἐπὶ σ. ζ 212.

†σκεπάω [σκέπας]. 3 pl. σκεπόωσι. To afford shelter from, ward off : κῦμα ν 99.

σκέπτομαι. Aor. pple. σκεψάμενος μ 247. (1) To look, look about : σκέπτεο νῦν, αἴ κεν ἴδηαι . . . Ρ 652.—(2) To look, turn one's eyes, in a specified direction : ἐς νῆα μ 247.—(3) To look out for, watch : ὀϊστῶν ῥοῖζον Π 361.

σκήλειε, 3 sing. aor. opt. σκέλλω.

σκηπάνιον, -ου, τό [σκήπτομαι]. A staff : σκηπανίῳ ἀμφοτέρω κεκόπων Ν 59. Cf. Ω 247.

σκήπτομαι. (ἐνισκίμπτω.) To lean or support oneself in walking (upon something) : ἄκοντι σκηπτόμενον Ξ 457.—To lean upon a staff for support in walking, walk with a staff : ἐδύσετο δώματα σκηπτόμενος ρ 338. Cf. ρ 203 = ω 158.

σκηπτοῦχος [σκηπτ-, σκῆπτρον + ἔχω]. Bearing a staff of office. Epithet of βασιλῆες Α 279, Β 86 : β 231 = ε 9, δ 64, θ 41.—Absol. in the sense of βασιλεύς : τοὶ ἄμ' ἕποντο σκηπτοῦχοι θ 47. Cf. Ξ 93.

σκῆπτρον, -ου, τό [σκήπτομαι]. (1) A stick or staff for support in walking : ἕλε σ. παχύ, βῆ δὲ θύραζε Σ 416. Cf. ν 437, ξ 31, ρ 199, σ 103 (i.e. to be used in defence).—(2) A staff of office. Borne (a) By a priest : σ. καὶ στέμμα θεοῖο Α 28. Cf. Α 15 = 374.—(b) By a king or chief : Ζεύς οἱ ὑπὸ σκήπτρῳ ἐδάμασσεν [Ἀργείους] Ζ 159. Cf. Β 46, 101, 186, 199, 206, 265, 268, Η 412, Ι 38, 99, 156, 298, Σ 557 : γ 412, λ 569.—(c) By heralds Η 277.—(d) By a seer λ 91.—(3) A staff in the custody of a herald and handed by him to one wishing to speak in an assembly in token of his right to a hearing : ἐν κήρυξ χειρὶ σ. ἔθηκεν Ψ 568. Cf. Α 234, 245, Β 279, Γ 218, Κ 321 (the speaker offering the staff which he holds), 328, Σ 505 (app. a single staff held by the speakers in succession is meant) : β 37, 80.

σκηρίπτομαι. (1) To lean, apply oneself, apply one's weight : σκηριπτόμενος χεροίν τε ποσίν τε (pushing with his hands and scrambling with his feet) λ 595.—(2) To support oneself in walking ρ 196.

σκιάζω [σκιή]. To throw shadow over, bring into darkness, darken : ἄρουραν Φ 232.

†σκιάω [as prec.]. 3 pl. impf. pass. σκιόωντο. (κατα-.) = prec. : σκιόωντο πᾶσαι ἀγυιαί β 388 = γ 487 = 497 = λ 12 = ο 185 = 296 = 471.

σκίδναμαι [cf. σκεδάννυμι]. (διασκίδνημι.) (1) To be scattered or dispersed : ὑψόσ' ἄχνη σκίδναται Λ 308. Cf. Π 375.—(2) Of men, to disperse, go each his own way : κατὰ κλισίας τε νέας τε Α 487. Cf. Τ 277 = Ψ 3, Ω 2 : α 274, β 252, 258.—(3) Of water, to run dispersed : κρήναι, ἡ μὲν κα κῆπον σκίδναται η 130.

σκιερός [σκιή]. Shadowy, shady : νέμεϊ Λ 480 : ἄλσος υ 278.

σκιή, -ῆς, ἡ. A shadow : σκιῇ εἴκελον ἢ καὶ ὀνείρῳ λ 207. Cf. κ 495 (like shadows).

σκιόεις, -εντος [σκιή]. (1) On which shadows fall or play, having the surface diversified with patches of dark or shadow, shadowy : οὔρεα Α 157, νέφεα Ε 525, Λ 63, Μ 157 : θ 374, λ 592. Cf. ε 279 = η 268.—(2) Faintly lighted, shadowy, dim : μέγαρα α 365 = δ 768 = σ 399, κ 479, λ 334 = ν 2, ψ 299.

σκιόωντο, 3 pl. impf. pass. σκιάω.

σκιρτάω [σκαίρω]. To frisk or gambol Υ 226, 228.

σκολιός, -ή, -όν. Crooked. Fig., unjust, inequitable : θέμιστας Π 387.

σκόλοψ 362 σπεῖρον

σ**κόλοψ**, -οπος, ό [cf. σκῶλος]. In pl., palisades, pales or stakes fixed in the ground in a close row, vertical or inclined, as a defence : ὕπερθε σκολόπεσσιν ἠρήρει [τάφρος] M 55. Cf. H 441, Θ 343=Ο 1, I 350, M 63, O 344, Σ 177 (app. those on the wall of the city ; cf. the next passage): η 45.

σ**κόπελος**, -ου, ό. A natural prominence, a rock or crag B 396 : μ 73, 80, 95, 101, 108, 220, 239, 430.

σ**κοπιάζω** [σκοπιή]. (διασκοπιάομαι.) To direct one's look to something, observe it : μάλα περ σκοπιάζων Ξ 58.—To look out for something, watch : δηρὸν καθήμενος ἐσκοπίαζον κ 260.—To spy upon : ἄνδρας δυσμενέας K 40.

σ**κοπιή**, -ῆς, ἡ [σκοπός]. (1) A spot from which one can command a view, a look-out place : ἥμενος ἐν σκοπιῇ Ε 771. Cf. Δ 275, Τ 137, Χ 145 : δ 524, κ 97=148, 194, ξ 261=ρ 430.—A mountain peak : σκοπιαὶ καὶ πρώονες Θ 557=Π 299.—(2) A looking out, a look-out or watch : σκοπιὴν ἔχεν θ 302.

σ**κοπός**, -οῦ, ό, ἡ [σκοπ-, σκέπτομαι]. (1) One stationed to look out or watch, a look-out : τὸν ἀπὸ σκοπιῆς εἶδε σ. δ 524. Cf. B 792, Σ 523, Ω 799 : π 365, χ 156.—One stationed to keep an eye on the competitors in a race Ψ 359.—(2) One set to watch the actions of others, an overseer : δμῳάων σ. ἔσσι χ 396.—(3) One who goes to observe the movements or dispositions of an enemy, a spy K 324, 526, 561.—(4) A mark or aim : οὐδέ τι τοῦ σκοποῦ ἤμβροτον φ 425. Cf. χ 6.—ἀπὸ σκοποῦ, wide of the mark : οὐκ ἀπὸ σκοποῦ μυθεῖται λ 344.

σ**κότιος** [σκότος]. Not born in open wedlock, conceived in stealth : σκότιόν ἑ γείνατο μήτηρ Z 24.

σ**κοτομήνιος**, -ον [σκότος + μήν]. In the dark (part of the) month, i.e. moonless : νύξ ξ 457.

σ**κότος**, -ου, ό. Darkness : ποτὶ σκότον ἐτράπετο (away from the light) τ 389.—The darkness of death : τὸν σ. ὄσσε κάλυψεν Δ 461=503=Z 11, Δ 526=Φ 181, N 575, Ξ 519, Ο 578, Π 316, Τ 393, 471. Cf. E 47, N 672=Π 607, Π 325.

σ**κυδμαίνω** [σκύζομαι]. (ἀπο-.) To be angry or wroth with, feel resentment against. With dat.: μή μοι σκυδμαινέμεν Ω 592.

σ**κύζομαι**. (ἐπι-.) To be angry or wroth, bear resentment Θ 483, I 198.—To be angry or wroth with, feel resentment against. With dat. : Διὶ πατρί Δ 23=Θ 460. Cf. Ω 113, 134 : ψ 209.

σ**κύλαξ**, -ακος (fem. when the gender is indicated). A puppy : κύων ἀμαλῇσι περὶ σκυλάκεσσι βεβῶσα υ 14. Cf. ι 289, μ 86.

σ**κύμνος**, -ου. A (lion's) cub Σ 319.

σ**κῦτος**, τό. A piece of leather ξ 34.

σ**κυτοτόμος**, -ου, ό [σκῦτος + τομ-, τάμνω]. A worker in leather : σκυτοτόμων ὄχ᾽ ἄριστος H 221.

σ**κύφος**, τό. A cup ξ 112.

σ**κώληξ**, ό. A worm N 654.

σ**κῶλος**, ό [cf. σκόλοψ]. A stake N 564.

σ**κώψ**, σκωπός. Some kind of owl ε 66.

σ**μαραγέω**. To give forth a loud sound : σμαραγεῖ πόντος (roars) B 210. Cf. B 463 (re-echoes with the cries of the birds), Φ 199 (crashes).

σ**μερδαλέος**, -η, -ον [cf. next and L. mordeo, to bite]. (1) Terror-striking, awe-inspiring, dread, terrible, daunting : δράκων B 309. Cf. M 464, N 192, Σ 579, Τ 65, 260, Φ 401 : σ. αὐτῇσι φάνη ζ 137. Cf. λ 609, μ 91.—(2) In neut. sing. σμερδαλέον as adv. (a) Terribly, dauntingly : δέδορκεν Χ 95 : ἐβόησεν ω 537. Cf. ι 395.— Violently : ἀμφὶ πήληξ σ. κροτάφοισι τινάσσετο Ο 609. —(b) Loudly, piercingly, vehemently, with ringing or re-echo : νῆες κονάβησαν B 334= Π 277. Cf. B 466, Θ 92, N 498, Ο 648, Σ 35, Τ 399, Φ 255, 593 : ἐβόησεν θ 305. Cf. κ 399, ρ 542.— (3) In neut. pl. σμερδαλέα as adv. (a)=(2) (a): ἰάχων Ε 302=Θ 321=Τ 285, Π 785, Τ 382, 443 : χ 81. Cf. H 479.—(b)=(2) (b): ἰάχων Τ 41.

σ**μερδνός**, -ή, -όν [cf. prec.]. (1) =prec. (1): Γοργείη κεφαλή E 742.—(2) In neut. sing. σμερδνόν as adv. =prec. (2) (b): βοόων Ο 687, 732.

σ**μήχω**. To wipe off : ἁλὸς χνόον ζ 226.

σ**μικρός**, -ή, -όν [=μικρός]. Small P 757.

σ**μύχω**. Aor. infin. σμῦξαι I 653. To consume (with fire), burn : πυρὶ νῆας I 653.—In pass., to be consumed (with fire), blaze : ὡς εἰ ἄπασα Ἴλιος πυρὶ σμύχοιτο Χ 411.

σ**μῶδιξ**, -ιγγος, ἡ. A weal B 267, Ψ 716.

σ**όλος**, -ου, ό. A mass or lump of iron. Used for distance-throwing as a trial of strength or skill Ψ 826, 839, 844.

σ**όος**. See σάος.

σ**ορός**, ἡ. A cinerary urn (=λάρναξ (2)): ὡς ὀστέα νῶϊν ὁμὴ σ. ἀμφικαλύπτοι Ψ 91.

σ**ός**, σή, σόν [σοῦ, a genit. of σύ]. Genit. pl. fem. σέων (scanned as one syllable) E 818. Thy, your (cf. τεός) A 42, 179, 297, Γ 50, 174, Δ 60, 262, etc. : α 195, 402, β 112, 178, γ 117, etc.—With the article : τὸ σὸν γέρας A 185. Cf. Π 40, etc. : β 403, ξ 512, etc.—Absol. : ἐπὶ σοῖσι καθήμενος (where your heritage is) β 369. Cf. Ψ 83.—With the article Ψ 572.—As predicative adj., thine : εἰ σός εἰμι ι 529.

σ**οφίη**, -ης, ἡ. Skill Ο 412.

σ**πάρτα**, τά [app. fr. σπάρτος, broom (i.e. the common, hardly the Spanish, broom)]. Ropes or cables (properly of broom) B 135.

†σ**πάω**. 3 sing. aor. ἔσπασε M 395, N 178. σπάσε E 859. Aor. mid. σπασάμην κ 166. 3 sing. (ἐ)σπάσατο Δ 530, E 621, N 510, Τ 387 : β 321. Aor. mid. σπασσάμην Α 240. Imp. pl. σπάσσασθε χ 74. Pple. σπασσάμενος Π 473 : κ 439, λ 231. Genit. sing. neut. aor. pple. pass. σπασθέντος Λ 458. (ἀνα-, ἐκ-.) (1) To draw, pull, pluck, in a specified direction : ἐκ δόρυ σπάσεν αὖτις E 859. Cf. Λ 458, M 395, N 178.—In mid. Δ 530, E 621 =N 510, Λ 240 : β 321.—(2) In mid., to draw (one's sword) : σπασσάμενος ἄορ παρὰ μηροῦ Π 473 = κ 439 = λ 231. Cf. χ 74.—Sim. of drawing a spear from its σῦριγξ : ἐκ σύριγγος ἐσπάσατ᾽ ἔγχος Τ 387.—(3) To pull off or pluck (something). In mid. : σπασάμην ῥῶπάς τε λύγους τε κ 166.

σ**πεῖο**. Aor. imp. mid. ἕπω².

σ**πεῖος**. See σπέος.

σ**πεῖρον**, -ου, τό. (1) In pl., clothes, clothing,

articles of attire : σπεῖρα κάκ' ἀμφ' ὤμοισι βαλών δ 245. Cf. ζ 179.—(2) A covering wherewith to honour a dead body β 102, τ 147 = ω 137.—(3) The sail of a ship ε 318, ζ 269.

σπένδω. 2 sing. subj. σπένδῃσθα δ 591. 3 sing. pa. iterative σπένδεσκε Π 227. 3 pl. σπένδεσκον η 138. 3 sing. pa. iterative σπείσασκε θ 89. 3 pl. aor. ἔσπεισαν ν 55. σπεῖσαν I 177 : γ 342, 395, η 184, 228, σ 427, φ 273. 2 sing. subj. σπείσῃς Ζ 259 : γ 45. 1 pl. σπείσομεν η 165, 181. Imp. σπεῖσον Ω 287. Pple. σπείσας Π 253 : ξ 447, σ 151. Pl. σπείσαντες I 657, 712 : γ 334, ν 39, σ 419, φ 264. Infin. σπεῖσαι γ 47. (ἀπο-.) To pour out wine as a drink-offering, make libation : Διὶ πατρί Ζ 259, Ω 287. Cf. I 177, 657, 712, Π 227, 253, Ψ 196 : σπείσας ἔπιεν οἶνον σ 151. Cf. γ 45, 342, δ 591, η 137, μ 363, ν 39, φ 264, etc.—To pour out (wine) in way of libation : σπείσας οἶνον ξ 447. Cf. Λ 775.

σπέος, σπεῖος (ε 194), τό. Genit. σπείους ε 68, 226, ι 141, 330, 462, μ 93. Dat. σπῆϊ Σ 402, Ω 83 : β 20, ι 476, μ 210. Dat. pl. σπέσσι α 15, 73, δ 403, ε 155, ι 30, 114, ψ 335. σπήεσσι ι 400, κ 404, 424, π 232. A cave, cavern, grotto : ὑπὸ σπέος ἤλασε μῆλα Δ 279. Cf. Ν 32, Σ 50, 65, 402, Ω 83 : β 20, ε 57, 63, ι 141, 400, κ 404, μ 80, ν 366, τ 188, etc.—In pl. of a single cave α 15 = ι 30, α 73, δ 403, ε 155, π 232, ψ 335.

σπέρμα, τό [σπείρω, to sow]. Seed. Fig. : σπέρμα πυρὸς σώζων ε 490.

σπέρχω (ἐπι-.) To set in rapid motion. **(1)** In mid., to put oneself in eager motion, be in act, to do something. With infin. : ὁπότε σπερχοίατ' Ἀχαιοὶ φέρειν Ἄρηα Τ 317. — **(2)** In mid., to put forth one's efforts, exert oneself : σπερχομένοιο γέροντος (giving his impetuosity way) Ω 248 : ὁπότε σπερχοίατ' ἐρετμοῖς (should ply their oars) ν 22.—**(3)** In mid. pple., with speed, in haste, hastily, without loss of time : σπερχόμενος ἐσύλα τεύχεα Λ 110. Cf. Ψ 870, Ω 322 : ι 101, ο 60.—Sim. of the eager motion of a ship : νηῦς ἠπείρῳ ἐπέκελσε σπερχομένη ν 115.—**(4)** Intrans. for reflexive, to rush, to rush, blow furiously : ὁπότε σπέρχοιεν ἄελλαι γ 283. Cf. Ν 334.

σπέσθαι, aor. infin. mid. ἕπω².

σπέσσι, dat. pl. σπέος.

σπεύδω. Dat. pl. masc. pres. pple. σπευδόντεσσιν Ρ 745. 3 sing. aor. σπεῦσε ι 250, 310, 343. 1 pl. subj. σπεύσομεν Ρ 121. Imp. pl. σπεύσατε Ω 253. Fut. mid. σπεύσομαι Ο 402. **(1)** To hasten on with (something), lose no time in getting (it) done, accomplish (it) with speed : ταῦτα χρὴ σπεύδειν Ν 236 : ἐπεὶ σπεῦσε τὰ ἃ ἔργα ι 250, 310, 343.—To press, urge, the accomplishment of (something) : γάμον σπεύδουσιν τ 137.—(2ʳ In mid., to speed, hasten, hurry : σπεύσομαι εἰς Ἀχιλῆα Ο 402.—So intrans. for reflexive : ἤϊξε σπεύδουσα Λ 119.—**(3)** Intrans. for reflexive, to put oneself in eager motion for some end, show eagerness, zeal, or alacrity : σπεύδοντα μάχην ἐς κυδιάνειραν Δ 225, οὓς σπεύδοντας ἴδοι (eager for the fray) 232. Cf. Θ 293.—**(4)** Intrans. for re-

flexive, to put forth one's efforts, exert oneself : τὸ οὔ τις ἐπεφράσατο σπευδόντων (such was their haste) Ε 667, ἐφομαρτεῖτον καὶ σπεύδετον (show your speed) Θ 191, Ψ 414, περὶ Πατρόκλοιο θανόντος σπεύσομεν Ρ 121, τὸν εὗρε σπεύδοντα (hard at work) Σ 373, τὼ σπεύδοντε πετέσθην (at the top of their speed) Ψ 506, σπεύσατέ μοι (get to work) Ω 253. Cf. Ρ 745, Σ 472, Ψ 767 : ω 324.

σπήεσσι, dat. pl. σπέος.

σπῆϊ, dat. sing. σπέος.

σπιδής. Of unknown meaning. Commonly explained as 'wide' : διὰ σπιδέος πεδίοιο Λ 754.

σπιλάς, -άδος, ἡ. A rock or reef in or projecting into the sea : νῆας ποτὶ σπιλάδεσσιν ἔαξαν κύματα γ 298, σπιλάδες τε πάγοι τε ε 405 (the two words difficult to distinguish). Cf. ε 401.

σπινθήρ, -ῆρος, ὁ. A spark Δ 77.

σπλάγχνα, τά. The entrails (such as the heart, liver and spleen) of an animal killed as under ἱερεύω (1) or (2) : ἐπεὶ σπλάγχνα πάσαντο Α 464 = Β 427 : = γ 461 = μ 364. Cf. Β 426 : γ 9, 40, υ 252, 260.

σπόγγος, -ου, ὁ. A sponge : σπόγγῳ ἀμφὶ πρόσωπ' ἀπομόργνυ Σ 414. Cf. α 111, υ 151, χ 439, 453.

σποδιή, -ῆς, ἡ [σποδός]. Smouldering ashes, embers : ὡς ὅτε τις δαλὸν σποδιῇ ἐνέκρυψεν ε 488.

σποδός, -οῦ, ἡ. Smouldering ashes, embers : μοχλὸν ὑπὸ σποδοῦ ἤλασα πολλῆς ι 375.

σπονδή, -ῆς, ἡ [σπένδω]. In pl., an agreement ratified by libations : σπονδαί τ' ἄκρητοι καὶ δεξιαί Β 341 = Δ 159.

σπουδή, -ῆς, ἡ [σπεύδω]. **(1)** Exertion, effort : ἄτερ σπουδῆς τάνυσε τόξον φ 4(9.—In earnest, seriously : εἰ τοῦτον [μῦθον] ἀπὸ σπουδῆς ἀγορεύεις Η 359 = Μ 233.—**(2)** In dat. σπουδῇ **(a)** With haste or speed, without loss of time : ἀνάβαισε ο 209. — **(b)** With much ado, with difficulty : ἐξήλασσαν [ὄνον] Λ 562. Cf. Β 99 (i.e. they could hardly be got to do so), Ε 893, Ν 687, Ψ 37 : ἤλιξαν ὄλεθρον γ 297. Cf. ν 279, ω 119.

στάδιος, -η, -ον [στα-, ἵστημι]. (αὐτοστάδιος.) **(1)** Of fighting, stand-up, close (as opposed to the use of missiles) : ἄριστος τοξοσύνῃ, ἀγαθὸς δὲ καὶ ἐν σταδίῃ ὑσμίνῃ Ν 314. Cf. Ν 713.—**(2)** Absol. in fem. (sc. ὑσμίνη), stand-up fighting : ἐνὶ σταδίῃ μέλπεσθαι Ἄρηϊ Η 241. Cf. Ν 514.—Such fighting as opposed to the use of missiles : ἐπιστάμενος μὲν ἄκοντι, ἐσθλὸς δ' ἐν σταδίῃ Ο 283.

†στάζω. 3 sing. aor. στάξε Τ 39, 354. Imp. στάξον Τ 348. (ἐν-.) To introduce into something in drops : Πατρόκλῳ ἀμβροσίην καὶ νέκταρ στάξε κατὰ ῥινῶν Τ 39 (the word applying strictly to νέκταρ only). Cf. Τ 348, 354.

στάθμη, -ης, ἡ [στα-, ἵστημι]. A device employed by carpenters, etc., a line rubbed with chalk or the like and drawn tight along a surface so as to leave on its removal a straight line marked thereon for the workman's guidance : ὥς τε σ. δόρυ νήϊον ἐξιθύνει Ο 410 : ἐπὶ στάθμην ἴθυνε [δοῦρα] (to the line) ε 245. Cf. ρ 341 = φ 44, φ 121, ψ 197.

σταθμόνδε [acc. of next + -δε (1)]. To the steading : σ. ἀπονέεσθαι ι 451.

σταθμός, -οῦ, ὁ [στα-, ἵστημι]. (1) The establishment of a shepherd or herdsman, a farm-house with its outbuildings : λίς, ὅν κύνες ἀπὸ σταθμοῖο δίωνται P 110. Cf. B 470, M 304, Π 642, Τ 377 : ξ 32, 358, ο 306, π 45, 66, 156, 163, 318, ρ 26, 200. —Sim. in pl. : κατὰ σταθμοὺς δύεται E 140. Cf. E 557, Π 752, Σ 589 : ξ 504, π 82, ρ 20, 187, 223.— (2) A door-post : θύρας σταθμοῖσιν ἐπῆρσεν Ξ 167 = 339. Cf. δ 838, ζ 19, η 89, κ 62, ρ 340, φ 45, χ 120, 181, 257 = 274.—(3) In the μέγαρον, one of a group of columns surrounding the hearth and supporting the roof : στῆ παρὰ σταθμὸν τέγεος α 333 = θ 458 = π 415 = σ 209 = φ 64. Cf. ρ 96.—(4) A weight : σταθμὸν ἔχουσα καὶ εἴριον M 434.

σταίη, 3 sing. aor. opt. ἵστημι (B).

σταμίνες [στα-, ἵστημι]. Dat. σταμίνεσσι. The uprights of the ἴκρια of the σχεδίη of Odysseus ε 252.

στάν, 3 pl. aor. ἵστημι (B).

στάξε, 3 sing. aor. στάζω.

στάς, aor. pple. ἵστημι (B).

στάσκε, 3 sing. pa. iterative ἵστημι (B).

στατός [στα-, ἵστημι]. Of a horse, that has been confined in a stall, stalled Z 506 = O 263.

σταυρός, -οῦ, ὁ [στα-, ἵστημι]. A stake or pale : σταυροὺς ἐκτὸς ἔλασσεν ξ 11. Cf. Ω 453.

σταφύλη, -ης, ἡ. A level, a plummet used for determining levels : [ἵππους] σταφύλῃ ἐπὶ νῶτον ἔΐσας (i.e. of equal height as measured by a level across their backs) B 765.

σταφυλή, -ῆς, ἡ. A bunch or cluster of grapes Σ 561 : ε 69, η 121, ω 343.

στάχυς [cf. ἄσταχυς]. An ear of corn Ψ 598.

στέαρ, στέατος, τό. Stiff fat, tallow or suet : ἐκ δὲ στέατος ἕνεικε μέγαν τροχὸν φ 178 = 183 (scanned as a disyllable, or the vowel before στ- allowed to be short).

στείβω. To trample under foot : νέκυας Λ 534. Cf. Τ 499.—To tread or tramp (clothes) in washing ζ 92.

στεῖλα, aor. στέλλω.

στειλειή, -ῆς, ἡ. The handle of an axe φ 422.

στειλειόν, τό. = prec. ε 236.

στεῖνος, τό [στείνω]. (1) A narrow or confined space in which a body of persons is cooped up : εἴλεον [δημῶς] ἐν στείνει χ 460.—A narrow or confined space within which free movement is impossible : στεῖνος γάρ, ὅθι τρώσεσθαι ὀΐω M 66.— A narrow part (of a track) Ψ 419.—(2) A position or state of difficulty, a strait or pass : μὴ πω χάζεσθε μάχης ἐν στείνεϊ τῷδε O 426. Cf. Θ 476.

στείνω and (in sense (4)) στένω. (μετα-, περι-.) (1) To confine within a narrow space, coop up : στείνοντο λαοὶ Ξ 34.—To make narrow : θύρετρά κέ τοι φεύγοντι στείνοιτο (would seem all too narrow) σ 386.—(2) To impede the freedom of movement of, cumber : ἀρνειὸς λάχνῳ στεινόμενος ι 445.—(3) To fill to the point of overcrowding or

oppression. With genit. : στείνοντο σηκοὶ ἀρνῶν ι 219. — With dat. : οὐ δύναμαι προχέειν ῥόον στεινόμενος νεκύεσσιν Φ 220.—(4) Intrans., to be oppressed by a feeling of fulness : μέγ᾽ ἔστενε κῆρ (he was oppressed as to the heart, his heart was full to bursting) K 16. Cf. Σ 33 : φ 247.—With ἦτορ as subject : ἔν οἱ κραδίη στένει ἦτορ Τ 169.— Hence, to give audible vent to the feeling, to groan or moan : ἐπὶ δ᾽ ἔστενε δῆμος Ω 776.—Of the moaning of the swelling sea Ψ 230.

στεινωπός, -όν [στεῖνος + ὤπα. 'Narrow-looking']. Narrow, strait : ὁδῷ H 143, Ψ 416 (in the latter passage 'a narrow part of the track'). Cf. Ψ 427. — Absol., a narrow passage, a strait : στεινωπὸν ἀνεπλέομεν μ 234.

στεῖρα¹, -ης, ἡ. The stem or cutwater of a ship : ἀμφὶ κῦμα στείρῃ ἴαχεν A 482 : = β 428.

στεῖρα². Of a cow, that has not calved : βοῦν κ 522 = λ 30, υ 186.

στείχω. 3 pl. aor. ἔστιχον Π 258. (ἀπο-, περι-, προσ-.) To go, take or make one's way, proceed : ἐνθάδε στείχοντες B 287. Cf. B 833 = Λ 331, I 86, Π 258 : η 72, ι 418, 444, λ 17, ρ 204, ψ 136.

στέλλω. Fut. στελέω β 287. Aor. στεῖλα ξ 248. 3 pl. στεῖλαν Δ 384 : γ 11. Acc. sing. masc. aor. pple. στείλαντα ξ 247. 3 pl. aor. mid. στείλαντο A 433. (περι-.) (1) To get ready, equip, fit out : νῆα β 287. Cf. ξ 247, 248.—In mid., to get oneself ready, array oneself : ἄλλοι στέλλεσθε Ψ 285. —To set in array : οὓς ἑτάρους στέλλοντα Δ 294.— (2) To furl (a sail) : ἱστία στεῖλαν ἀείραντες γ 11. —To lower (a sail) : ἱστία στέλλοντας π 353.—So in mid. A 433.—(3) To dispatch, send : ἀγγελίην ἐπὶ Τυδῆ στεῖλαν Δ 384 (see ἀγγελίη).—To urge, incite : μάχην ἐς κυδιάνειραν M 325.

στέμμα, -ατος, τό [στέφω]. A fillet or chaplet of wool borne by a priest : σκῆπτρον καὶ στέμμα θεοῖο A 28.—In pl. in the same sense : στέμματ᾽ ἔχων ἐν χερσὶν Ἀπόλλωνος χρυσέῳ ἀνὰ σκήπτρῳ (to denote his being a suppliant) A 14 = 373.

στεναχίζω [στενάχω]. (ἀνα-, περιστεναχίζομαι, ὑπο-.) (1) To be oppressed by a feeling of fulness. In mid. : μέγα στεναχίζετο θυμῷ (his heart was full to bursting) H 95.—To groan or moan : ἠρνεῖτο στεναχίζων Τ 304. Cf. Ψ 172, 225 : α 243, ι 13, λ 214, π 188, 195, ω 317.—(2) To give forth a heavy sound under repeated pressure, rumble. In mid. : ὑπὸ δὲ στεναχίζετο γαῖα λαῶν ἰζόντων B 95. Cf. B 784.—To resound, re-echo. In mid. : περὶ δὲ στεναχίζετο δῶμα κ 454.

στενάχω [στένω, στείνω]. 3 sing. pa. iterative στενάχεσκε Τ 132. (ἀνα-, ἐπι-.) (1) To groan or moan : βαρὺ στενάχων A 364. Cf. Θ 334, Σ 70, 318, Θ 417, Ω 123, 639, etc. : δ 516, ε 429, η 274, ι 306, 415, ξ 354, etc.—In mid. Τ 301 = Χ 515 = Ω 746, Τ 338, Χ 429, Ψ 1, Ω 722 : κ 55.—Of the roaring of a beast Π 489.—Of the roaring of rushing water Π 391.—Of the rushing sound of horses in rapid motion. In mid. : ὡς ἵπποι μεγάλα στενάχοντο θέουσαι Π 393.—(2) To mourn for, lament, bewail. In mid. : τοὺς στενάχοντο γοῶντες ι 467.—To recall with grief the doings of (a person), bewail the consequences of his actions: Ἄτην αἰεὶ στενάχεσκεν Τ 132.

στένω. See στείνω.

στερεός, -ή, -όν. (1) Resisting force, rigid, stout: βοέης P 493.—Fig., of the heart, hard, unyielding. In comp.: σοὶ αἰεὶ κραδίη στερεωτέρη ἐστὶ λίθοιο ψ 103.—(2) Firmly fixed, not to be displaced: ὡς ὅτε τις στερεὴ λίθος τ 494.—(3) Of speech, stern, harsh M 267.

†στερέω. Aor. infin. στερέσαι. To deprive of. With genit.: στερέσαι με τῆς ληΐδος ν 262.

στερεῶς [adv. fr. στερεός]. (1) So as to give rigidity or power of resistance: [κυνέη] ἱμᾶσιν ἐντέτατο σ. Κ 263.—(2) So as to prevent movement, tight, fast: ἐμὲ κατέδησαν σ. ξ 346.—Without relaxation of pressure, with constant strain: νῶτα ἑλκόμενα σ. Ψ 715.—(3) Resisting persuasion, inflexibly, sternly: ἠρνεῖτο σ. Ψ 42. Cf. I 510.

στέρνον, -ου, τό. (1) The breast or chest: τὸν βάλε σ. ὑπὲρ μαζοῖο Δ 528. Cf. B 479, Δ 530, Η 224, Λ 842, Ο 542, Π 312=400, Τ 163, X 313: ε 346, 373.—Of animals Δ 106, Ψ 365, 508: ι 443. —(2) In pl. in the same sense: εὐρύτερος στέρνοισιν (in the . . .) Γ 194. Cf. N 282, 290.

στεροπή, -ῆς, ἡ [cf. ἀστεροπή]. (1) Lightning, the lightning flash Κ 154, Λ 66.—(2) Flash, gleam: χαλκοῦ Λ 83, T 363: δ 72, ξ 268=ρ 437.

στεροπηγερέτα [στεροπή+ἀγείρω]. (Prob. orig. a voc. turned into a nom.) Gatherer of lightnings. Epithet of Zeus Π 298.

στεῦμαι. (1) To press forward, essay eagerly: στεῦτο διψάων (in his thirst) λ 584.—(2) To put oneself forward to do something, make as though one would do it. With infin.: στεῦταί τι ἔπος ἐρέειν Γ 83.—(3) To hold oneself out as willing or able to do something, promise to do it. With infin.: στεῦτο Τρωσὶ μαχήσεσθαι Ε 832. Cf. Σ 191.—(4) To declare boastingly, boast, vaunt. With infin.: στεῦτο νικησέμεν Β 597. Cf. I 241. —(5) To declare threateningly, threaten. With infin.: στεῦτ' ἀπολεψέμεν οὔατα Φ 455.—(6) To declare positively, assert with confidence, insist. With infin.: στεῦται Ὀδυσῆος ἀκοῦσαι ρ 525.

στεφάνη, -ης, ἡ [στέφω]. (1) A circlet for the head, a coronal Σ 597.—(2) A helmet H 12, K 30, Λ 96.—(3) The brow of a hill N 138.

στέφανος, ὁ [as prec.]. An encircling ring: πολέμοιο N 736.

στεφανόω [στέφανος]. (1) To set or dispose round or about something: τείρεα, τά τ' οὐρανὸς ἐστεφάνωται (is set round with them, has them set around it as a crown) Σ 485: νῆσον, τὴν πέρι πόντος ἐστεφάνωται κ 195. Cf. E 739.—(2) To set upon something as a central figure: ἀσπίδι δ' ἐπὶ Γοργὼ ἐστεφάνωτο Λ 36.—(3) To set round something so as to envelop it: ἀμφί μιν νέφος ἐστεφάνωτο Ο 153.

στέφω. (ἀμφιπερι-, ἐπι-, περι-.) To set round something so as to envelop it: ἀμφὶ οἱ κεφαλῇ νέφος ἔστεφεν Σ 205.—In reference to something

immaterial, to put round as a crown or so as to adorn: μορφὴν ἔπεσι στέφει θ 170.

στέωμεν, 1 pl. aor. subj. ἵστημι (B).

στῆ, 3 sing. aor. ἵστημι (B).

στῆθι, aor. imp. ἵστημι (B).

στῆθος, τό. Dat. pl. στήθεσι Δ 430, Z 65, Λ 100, N 618, Π 163, 503, Τ 20, X 452. στήθεσσι Α 83, Γ 63, Δ 152, Z 51, Λ 19, N 73, P 22, Φ 182, etc.: α 341, β 90, γ 18, η 258, λ 566, ο 20, υ 9, φ 87, etc. Locative στήθεσφι Β 388. This form as ablative Λ 374, Ξ 150, 214. As genit. E 41, 57, Θ 259, Λ 448, X 284: χ 93. (1) The breast or chest Β 218, Γ 221, Δ 430, 480, E 19, Λ 374, etc.: ι 301, ξ 351, σ 21, υ 17, χ 82, 93, 286.—Of animals Δ 108, Δ 282, M 204, Π 753: χ 404. —(2) In pl. in reference to a single person: χιτῶνα περὶ στήθεσσι δαΐξαι Β 416. Cf. Γ 332, Δ 420, E 317, Z 65, I 490, K 9, etc.: λ 609, π 174, σ 69, υ 62.—(3) The breast as a seat (a) Of spirit, courage, boldness. In pl. as above: ἐν στήθεσσι μένος βάλεν E 513. Cf. E 125, P 570.—(b) Of wrath or resentment: Ἥρῃ οὐκ ἔχαδε σ. χόλον Δ 24=Θ 461. Cf. Σ 110.—In pl. as above: εἰ χόλον αὐτῆμαρ καταπέψῃ, ἀλλ' ἔχει κότον ἐν στήθεσσιν ἐοῖσιν Α 83.—Sim. of rage: ὁππότε μένος οὐ τόσον ᾖσιν ἐνὶ στήθεσσιν ἐμοῖσιν Τ202.—(c) Of grief. In pl. as above: πένθος ἐνὶ στήθεσσιν ἀέξων P139. —(d) Of care or anxiety. In pl. as above: μή τί τοι ἄλλο ἐν στήθεσσι κακὸν μελέτω ἔργον β 304.— (e) Of hope. In pl. as above: οὐ τοῦτο ἐνὶ στήθεσσιν ἔολπεν φ 317.—(f) In pl. as above of βουλή: ἔγνως ἐμὴν ἐν στήθεσι βουλήν Τ 20. Cf. P 470.—Of μῆτις: ἤν τινα μῆτιν ἐνὶ στήθεσσι κέκευθεν γ 18.—Of a purpose, etc.: τοῦτον νόον, ὅν τινά οἱ νῦν ἐν στήθεσσι τιθεῖσι θεοὶ β 125. Cf. Δ 309.—Of an idea or notion: οὔ τοι τοιοῦτον ἐνὶ στήθεσσι νόημα ρ 403.—(4) The breast as the seat (a) Of ἦτορ. In pl. in reference to a single person: ἐν ἐμοὶ αὐτῇ στήθεσι πάλλεται ἦ. X 452. Cf. Α 189: ρ 47, υ 22.—(b) Of κῆρ. In pl. as above: Ἀχιλλῆος κ. γηθεῖ ἐνὶ στήθεσσιν Ξ 140. Cf. α 341, η 309, π 275.—(c) Of κραδίη. In pl. as above: ἐμοὶ κ. ἐνὶ στήθεσσι λάνθη δ 549.— (d) Of θυμός: δαΐζετο θ. ἐνὶ στήθεσσιν Ἀχαιῶν I 8 =Ο 629. Cf. Β 142, Δ 289, N 808, Ο 322, etc.: β 90, κ 461, υ 328.—Of wolves Π 163.—In pl. as above: ἀψορρόν οἱ θ. ἐνὶ στήθεσσιν ἀγέρθη Δ 152. Cf. Γ 395, Δ 313, 360, Z 51, Η 68, I 256, 629, N 73, etc.: δ 549, ε 191, 222, η 187, 258, θ 178, λ 566, ξ 169, etc.—Of a wild boar P 22.—(e) Of νόος: ὅς τε καὶ ἄλλων οἰδάνει ἐν στήθεσσι νόον I 554.—In pl. as above: σοὶ ἐνὶ στήθεσσιν ἀτάρβητος ν. Cf. N 732: κ 329, ν 255, υ 366.—(f) Of νόημα. In pl. as above: αἰεί τοι τοιοῦτον ἐνὶ στήθεσσι ν. ν 330. Cf. Ω 41.

στήλη, -ης, ἡ. (1) A block of wood or a stake set in the ground to contain the face of an earthwork (cf. ἡ θεμέλια): στήλας προβλῆτας ἐμόχλεον Μ 259.—(2) A post or a block or pillar of stone set upon a sepulchral mound: στήλη κεκλιμένος ἐπὶ τύμβῳ Ἴλου Λ 371. Cf. N 437, Π 457=675, P 434: μ 14.

στήμεναι, στῆναι, aor. infin. ἵστημι (B).
στήομεν, 1 pl. aor. subj. ἵστημι (B).
†στηρίζω [στερεός]. 3 sing. aor. ἐστήριξε Δ 443.
στήριξε Λ 28. Infin. στηρίξαι μ 434. Aor. infin.
mid. στηρίξασθαι Φ 242. 3 sing. plupf. pass.
ἐστήρικτο Π 111. (ἐν-.) (1) To set, fix: οὐρανῷ
ἐστήριξε κάρη Δ 443. Cf. Λ 28.—In pass., to be
propped against something, lean upon it. Fig.:
πάντῃ κακὸν κακῷ ἐστήρικτο (one trouble followed
closely on another) Π 111.—(2) In mid., to plant
oneself firmly, find firm footing: οὐδὲ πόδεσσιν
εἶχε στηρίξασθαι Φ 242.—So intrans. for reflexive:
οὐδέ πῃ εἶχον στηρίξαι ποσίν μ 434.
στῆσα, aor. ἵστημι (A).
στῆσαν¹, 3 pl. aor. ἵστημι (A).
στῆσαν², 3 pl. aor. ἵστημι (B).
στῆτε, aor. imp. pl. ἵστημι (B).
στήτην, 3 dual aor. ἵστημι (B).
στιβαρός, -ή, -όν [στείβω]. (1) Thick, stout.
In comp.: δίσκον στιβαρώτερον ἢ οἵῳ Φαίηκες
ἐδίσκεον θ 187.—(2) Of parts of the body, well-
knit, stout, strong, powerful: ὤμῳ Ε 400, χερσίν
Μ 397, Ψ 686, 711. Cf. Ν 505 = Π 615, Ξ 455,
Ο 126, Σ 415, Ψ 843: χερσίν δ 506. Cf. ε 454,
θ 84, 136, 189, μ 174, ξ 528, ο 61, σ 69, 335.—Of
weapons, strongly made, stout: ἔγχος Π 141 =
Τ 388, Π 802, Ε 746 = Θ 390 : = α 100. Cf. Χ 307.
—(3) Strong, stout, capable of resisting great
force : σάκος Γ 335 = Π 136 = Τ 373, Σ 478, 609.
στιβαρῶς [adv. fr. prec.]. Strongly, stoutly,
so as to be capable of resisting great force: πύλας
πύκα στιβαρῶς ἀραρυίας Μ 454.
στίβη, ἡ. Frost ε 467, ρ 25.
στίλβω. (ἀπο-.) To be bright or resplendent,
shine : κάλλεϊ τε στίλβων καὶ εἵμασιν Γ 392,
χιτῶνας ἧκα στίλβοντας ἐλαίῳ (glossy) Σ 596.
Cf. ζ 237.
στιλπνός, -ή, -όν [στίλβω]. Shining, bright,
glistening : ἐέρσαι Ξ 351.
*στίξ, ἡ [στιχ-, στείχω]. Genit. στιχός Π 173,
Τ 362. Elsewhere only in nom. pl. στίχες and
acc. στίχας. (1) A line or rank of foot-soldiers
or charioteers : Φωκήων στίχας ἵστασαν Β 525,
ἵππους ἔρυξαν ἐπὶ στίχας Γ 113. Cf. Γ 196, Δ 90,
Η 61, Λ 91, Ο 279, Ρ 84, Τ 362 (i.e. the enemy's
line of battle), etc. : α 100.—Of hunters drawn
up in line Μ 47, 48.—Sim. of dancers Σ 602.—
(2) A regiment or detachment of troops : τῆς ἴῃς
στιχὸς ἦρχε Μενέσθιος Π 173.
†στιχάομαι [στιχ-, στείχω]. 3 pl. impf. ἐστι-
χόωντο. To go, take or make one's way, proceed,
march : εἰς ἀγορήν Β 92. Cf. Γ 266 = 341, Δ 432,
Σ 577.—Of a ship, to make her way, sail Β 516
= 680 = 733, Β 602.
στόμα, -ατος, τό. (1) The mouth : βασιλῆας
ἀνὰ σ. ἔχων Β 250, εἴ μοι δέκα στόματ' εἶεν 489.
Cf. Ζ 43, Κ 375, Ξ 91, 467, Ο 607, Π 345, 349,
410, Χ 452, Ψ 395, 777, Ω 506 : ε 322, 456, λ 426,
μ 187, σ 97.—(2) In transferred senses. (a) The
mouth of a harbour, the entrance to it κ 90.—
(b) The mouth of a passage, the opening by
which one enters or leaves it : σ. λαύρης χ 137.—

(c) The mouth or outfall of a river : ὅτε δὴ
ποταμοῖο κατὰ σ. ἷξεν ε 441. Cf. Μ 24.—(d) The
front, i.e. the point, of a weapon : ξυστὰ κατὰ σ.
εἰμένα χαλκῷ Ο 389.—(e) ἠϊόνος στόμα Ξ 36 (the
two containing capes being app. likened to jaws,
and the curving shore to the hollow of the
mouth).—(f) πτολέμοιο σ. Κ 8 (war being app.
likened to the jaws of a devouring monster).
Cf. Τ 313, Υ 359.
στόμαχος, -ου, ὁ [στόμα]. The throat : κατὰ
στομάχοιο θέμεθλα Ρ 47.—Of animals Γ 292, Τ 266.
στοναχέω [στοναχή]. (ἐπι-.) To groan or
moan : ἀδινὸν στοναχῆσαι Σ 124.
στοναχή, -ῆς, ἡ [στενάχω]. A groaning or
moaning : τῶν σ. ὀρώρει Ω 512. Cf. Β 39, 356,
590, Ω 696 : ε 83 = 157, ξ 39, π 144, φ 237 = 383,
χ 501, ω 416.
στονόεις, -εσσα, -εν [στόνος]. (1) Causing
groanings, woeful, pitiable : κήδεα ι 12.—Carrying
woe, bringing bale. Epithet of missile weapons :
βέλεα Θ 159 = Ο 590, Ρ 374 : ω 180. Cf. φ 12, 60.
—Sim. of battle : Τρώων ἀϋτήν λ 383.—(2) Marked
by or associated with groanings : ἀοιδήν (dolorous)
Ω 721 : εὐνήν, ἥ μοι στονόεσσα τέτυκται (whereon
I lie and make lament) ρ 102 = τ 595.
στόνος, -ου, ὁ [στένω, στείνω]. A groaning or
moaning : τῶν σ. ὄρνυτο Κ 483, Φ 20 : χ 308,
ω 184. Cf. ψ 40.—The agony of strife or conflict :
ὀφέλλουσα στόνον ἀνδρῶν Δ 445. Cf. Τ 214.
†στορέννυμι. 3 sing. aor. (ἐ)στόρεσε γ 158, ξ 50,
υ 2. 3 pl. στόρεσαν Ι 660, Ω 648 : δ 301, η 340,
ν 73, ψ 291. Imp. στόρεσον ψ 171, 177. Pple.
στορέσας Ι 213 : τ 599. Infin. στορέσαι Ι 621,
659, Ω 645 : δ 298, η 337. 3 sing. plupf. pass.
ἔστρωτο Κ 155. (κατα-, ὑπο-.) (1) To give a
smooth or level surface to, dispose evenly : ἀν-
θρακιήν Ι 213.—To lay (the sea) γ 158.—(2) To
spread (bedding) : εὐδ', ὑπὸ δ' ἔστρωτο ῥινὸν βοός
Κ 155. Cf. Ω 645 : δ 298 = η 337, ν 73, υ 2.—
Sim. of spreading something to sit upon : δέρμα
αἰγός ξ 50.—(3) To prepare (a bed) by spreading
the bed-clothes, make (it) up : λέχος Ι 621, 659,
660. Cf. Ω 648 : δ 301, η 340 = ψ 291, ψ 177.
—Absol., to make one's bed : χαμάδις στορέσας
τ 599.
†στρατόομαι [στρατός]. 3 pl. impf. ἐστρατόωντο.
(ἀμφι-.) To be on a campaign, be in the field :
παρ' ὄχθας Σαγγαρίοιο Γ 187. Cf. Δ 378.
στρατός, -οῦ, ὁ. Ablative στρατόφι Κ 347. An
army or host, encamped, on the move, or in the
field : νοῦσον ἀνὰ στρατὸν ὦρσεν Α 10, ἄλιον στρατὸν
ἤγαγεν ἐνθάδ' Ἀχαιῶν Δ 179, ἐπὶ δεξιόφιν παντὸς
στρατοῦ Ν 308. Cf. Α 53, Β 207, Ε 495, Ι 78,
Λ 730, Ν 38, Π 73, Τ 352, Ω 112, etc. : β 30, 42,
λ 559, υ 89 = ω 81.—Including the hosts on both
sides of a conflict : ἐς στρατὸν ἐλθὲ μετὰ Τρῶας καὶ
Ἀχαιούς Δ 70.—A number or host (of men) :
ὀλλύντ' Ἀργείων πουλὺν στρατόν Θ 472.
στρεπτός, -ή, -όν [στρεπ-, στρέφω]. (1) Turn-
ing easily : στρεπτὴ γλῶσσ' ἐστὶ βροτῶν (capable of
uttering all kinds of speech, voluble, glib) Υ 248.
—(2) Yielding to movement, pliant. Epithet of

the χιτών E 113, Φ 31.—(3) Yielding to influence, open to entreaty or reason : στρεπταί φρένες ἐσθλῶν O 203. Cf. I 497.

στρεύγομαι. To be subjected to continual pressure or adverse influence, be pressed or squeezed to exhaustion : δηθὰ 'στρεύγεσθαι ἐν δηϊοτῆτι O 512.—Of a slow death by starvation μ 351.

στρεφεδινέω [στρέφω + δινέω]. To cause to whirl round ; in pass., of the eyes, to go wheeling round (in dizziness): στρεφεδίνηθεν ὄσσε Π 792.

στρέφω. 3 pl. pa. iterative στρέψασκον Σ 546. 3 sing. aor. στρέψε o 205. 3 pl. στρέψαν δ 520. Pple. στρέψας, -αντος Σ 544, Υ 488 : κ 528. Infin. στρέψαι Θ 168, N 396. Fut. infin. mid. στρέψεσθαι Σ 516. Aor. pple. pass. στρεφθείς, -έντος E 40, 575, M 428, O 645, Π 308, 598 : ι 435, π 352. Fem. στρεφθεῖσα Σ 139. (ἀνα-, ἀπο-, ἐκ-, ἐν-, ἐπι-, μετα-, περι-, ὑπο-.) (1) To turn, bend, deflect : εἰς Ἔρεβος στρέψας [ὄϊας] (i.e. bending their necks downwards) κ 528.—(2) To turn or guide (one's horses) in a specified direction : ἵππους ἐπὶ νῆα o 205.—(3) To wheel (one's horses) round : ἵππους ϲτρέψαι (so as to face the foe) Θ 168. Cf. N 396 and Υ 488 (in flight).—Absol., to wheel one's team round : ὁπότε στρέψαντες ἱκοίατο τέλσον ἀρούρης Σ 544. Cf. Σ 546.—Absol., to guide one's horses round something : αἰεὶ τέρμ' ὁρόων στρέφει ἐγγύθεν Ψ 323.—To wheel or turn (one's horses) so as to keep them in a desired relative position : ὅς οἱ σχεδὸν ἔστρεφε ἵππους P 699.—Absol. : ὑπὸ δ' ἔστρεφον ἡνιοχῆες E 505.—(4) To cause (a wind) to veer : ὅτ' ἂψ θεοὶ οὖρον στρέψαν δ 520.—(5) In mid. and pass. (a) To turn oneself about, turn round : πρώτῳ στρεφθέντι μεταφρένῳ ἐν δόρυ πῆξεν (i.e. turning his horses to flight) E 40, εὖτ' ἔμελλε στρέψεσθ' ἐκ χώρης ὅθι . . . Z 516. Cf. E 575, M 428, O 645, Π 308, 598, Σ 139 : π 352.—To turn one's body so that it lies face upwards : ἀώτου στρεφθεὶς ἐχόμην ι 435.—(b) To turn oneself hither and thither : ὡς ὅτ' ἂν κάπριος στρέφεται M 42. Cf. M 47.—To turn one's recumbent body (this way and that), lie tossing : ἐστρέφετ' ἔνθα καὶ ἔνθα Ω 5.—(c) Of a heavenly body, to revolve : Αρκτον, ἥ τ' αὐτοῦ στρέφεται Σ 488 : = ε 274.

στρόμβος, -ου, ὁ. Explained as a whipping-top' : στρόμβον ὡς ἔσσευε βαλών Ξ 413.

στρουθός, -οῦ, ὁ, ἡ. A sparrow B 311, 317, 326.

στροφάλιγξ, -ιγγος, ἡ [στρέφω]. A whirl or whirling cloud (of dust): ἐν (μετὰ) στροφάλιγγι κονίης Π 775, Φ 503 : ω 39.

στροφαλίζω [στρέφω]. To twist (yarn) into threads, spin (it) : ἠλάκατα σ 315.

στρόφος, ὁ [στρέφω]. A rope or cord : ἐν στρόφος ἦεν ἀορτήρ (serving as a shoulder-strap) ν 438 = ρ 198 = σ 109.

στρωφάω [στρέφω]. (ἀμφιπερι-, ἀνα-, ἐπι-.) (1) To twist (yarn) into threads, spin (it) : ἠλάκατα στρωφῶσα ζ 53, 306, ρ 97. Cf. η 105.— (2) In mid., to turn oneself hither and thither, go about, move about : πατρὸς κατὰ μέγαρα στρωφᾶσθαι I 463. Cf. N 557, Υ 422.

στυγερός, -ή, -όν [στυγέω]. (1) To be shuddered at, causing dread, loathing, aversion or distaste, dreadful, loathsome, hateful, distasteful : ἐμέ Γ 404, στυγερός οἱ ἔπλετο (she sickened at the sight of him) Ξ 158. Cf. Ψ 48 : γάμον α 249 = π 126, πάντες στυγεροὶ θάνατοι βροτοῖσι [γίγνονται] μ 341. Cf. γ 288, 310, λ 81 = 465, λ 326, μ 278, ξ 235, σ 272, χ 470, ω 126, 200, 414.—(2) As a general (and more or less conventional) epithet of discommendation, hated, dreaded, dread, direful, baleful, chilling or the like : Ἄρηϊ B 385, Σ 209, νοῦσον N 670. Cf. Δ 240, E 47, Z 330, Θ 368, I 454, N 672 = Π 607, T 230, 336, X 483, Ψ 79 : ἐρινῦς β 135, γαστέρι η 216, κλαυθμοῦ ρ 8. Cf. ε 396, λ 201, o 408, υ 78, 81.

στυγερῶς [adv. fr. prec.]. In dire wise, so as to entail bitter consequences, so as to make a person rue his presumption or his falling short in something : σ. κε πολέμου ἀπερωήσειας Π 723 : σ. κέ τινα πέμψαιμι νέεσθαι φ 374. Cf. ψ 23.

στυγέω. Aor. opt. στύξαιμι λ 502. 3 pl. aor. ἔστυγον κ 113. (κατα-.) (1) To regard with dread and loathing, shrink from the sight of : οἰκία ['Αϊδωνῆος], τά τε στυγέουσι θεοί περ Υ 65.—To be aghast at, sicken at the sight of : κατὰ δ' ἔστυγον αὐτήν κ 113.—To regard with aversion, shrink from contact with : λαῖφος, ὃ κε στυγέησιν ἰδὼν ἄνθρωπος ἔχοντα ν 400.—To regard with disfavour, treat slightingly : ἐμέ Θ 370.—(2) To fear, dread, go in fear of : τόν τε στυγέουσι καὶ ἄλλοι H 112, O 167, 183.—(3) To shrink from doing something, hesitate to do it. With infin.: ἶσον ἐμοὶ φάσθαι A 186. Cf. Θ 515.—(4) In sigmatic aor., to make bitter or heavy : στύξαιμί κέ τεῳ μένος λ 502.

στυφελίζω. 3 sing. aor. (ἐ)στυφέλιξε E 437, H 261, M 405, Φ 512, X 496 : ρ 234. 3 pl. ἐστυφέλιξαν Π 774. 3 sing. subj. στυφελίξη Λ 305. Infin. στυφελίξαι A 581. (ἀπο-.) (1) To strike, smite : ἀσπίδα οἱ E 437. Cf. Λ 305, Π 774, Φ 512.—Absol., to bandy blows with another, measure one's strength against him : οὐκ ἔοικε θεὸν βροτῶν ἕνεκα στυφελίζειν Φ 380.—(2) To strike or smite so as to check the course of : στυφελίξέ μιν μεμαῶτα H 261 = M 405.— (3) To drive away or from a specified position with blows, etc.: ἐξ ἑδέων A 581. Cf. X 496 : ρ 234.—(4) To strike wantonly, treat roughly, misuse, maltreat : ξείνους στυφελιζομένους π 108 = υ 318. Cf. σ 416 = υ 324.

σύ. Nom. σύ A 76, 83, 86, 127, etc. : α 220, 301, β 183, 201, etc. Genit. σεῖο Γ 137, 365, E 411, I 60, etc. : δ 191, ε 216, ζ 156, λ 482, etc. σέο (encl.) A 396, Γ 446. σεῦ B 27, Γ 206, Z 409, etc. : ι 278, o 19, etc. σευ (encl.) E 811, Θ 482, Ξ 95, etc. : ι 405, ν 231, τ 108, etc. σέθεν A 180, Δ 169, Z 524, H 231, etc. : γ 213, δ 160, ε 177, ξ 56, etc. Dat. σοί A 89, 158, 163, 178, etc. : α 59, 279, 305, 318, β 87, etc. σοι (encl.) A 170 (with elision) : γ 359, λ 381. Acc. σέ K 43, Λ 772, Υ 187, Ω 288, etc. : α 223, 269, 386, β 275, etc. σε (encl.) A 26, 173, 280, 362, etc. : α 124, 171, 173, 225, etc. Pron. of the 2nd person sing., thou, you A 26, 89, 180,

Η 111, 114, I 437, etc. : α 59, 124, β 251, ζ 27, λ 556, π 31, etc.—Strengthened by γε: σύ γε Ε 350, 812, etc. : θ 180, κ 486, etc.—σοί γε Α 557, Ι 252, etc. : β 126, ζ 154, etc.—σέ γε Κ 96, Υ 187, etc. : α 223, β 275, etc.

συβόσιον, -ου, τό [σῦς + βόσκω]. A herd of swine : τόσσα συῶν συβόσια Λ 679 : = ξ 101.

συβώτης, ὁ [σῦς + βόσκω]. A swineherd. Of Eumaeus δ 640, ν 404, ξ 7, ο 351, π 12, ρ 5, etc.

†**συγκαλέω** [συγ-, συν- (3)]. Aor. pple. συγκαλέσας. To call together, convoke : τοὺς συγκαλέσας Β 55 = Κ 302.

συγκλονέω [συγ-, συν- (4)]. To throw into confusion or disorder : συνεκλόνεον ὀϊστοί Ν 722.

†**συγκύρω** [συγ-, συν- (2)]. 3 pl. aor. opt. συγκύρσειαν. To come together, collide : μὴ συγκύρσειαν ἵπποι Ψ 435.

συγχέω [συγ-, συν- (3). 'To pour together,' 'to confound' (cf. χέω (9))]. 2 sing. aor. σύγχεας Ο 366. 3 συνέχευε Ο 364, 473. Infin. συγχεῦαι θ 139. 3 sing. aor. pass. σύγχυτο Π 471. (1) To bring into a state of entanglement, put into a tangle : ἠνία σφι σύγχυτο Π 471.—(2) To destroy, bring to nothing : [ἀθύρματα] Ο 364. Cf. Ο 366. —To make of no effect : βιὸν καὶ ἰούς Ο 473.— (3) To shatter the physical powers of, unstring : ἄνδρα θ 139.—(4) To work upon, confound, trouble, upset (the feelings or spirit) : μή μοι σύγχει θυμόν Ι 612. Cf. Ν 808.

σῦκέη, -ης, ἡ [σῦκον]. A fig-tree : συκέαι καὶ ἐλαῖαι η 116 = λ 590. Cf. ω 246, 341.

σῦκον, -ου, τό. A fig η 121.

σῦλάω. 3 dual non-thematic impf. σῦλήτην Ν 202. (1) To take off, remove : πῶμα φαρέτρης Δ 116.—(2) To strip off (the armour and trappings of a fallen foe) : τεύχεα Δ 466, Ε 164, 618, Ζ 28, Η 78, 82, Λ 110, Ν 202, Ο 524, 545, 583, Χ 368, ἔντεα Ν 641.—(3) To lay bare, take out of its cover : τόξον Δ 105.—(4) To strip or despoil (a fallen foe) : νεκύων τινά Κ 343 = 387.—(5) With double acc. of the armour, etc., and the person despoiled.: ἔναρα νεκροὺς συλήσετε Ζ 71. Cf. Ο 428 = Π 500, Ρ 60, Χ 258.

σῦλεύω [cf. prec.]. (1) = prec. (4) Ε 48.— (2) To rob (a person) of his due, wrong (him) : τὸν αἰδέομαι συλεύων Ω 436.

†**συλλέγω** [συλ-, συν- (3) + λέγω²]. Aor. pple. συλλέξας Σ 301. Fut. mid. συλλέξομαι β 292. 3 sing. aor. συλλέξατο Σ 413. To collect, get together, put away (in a receptacle). In mid. : ὅπλα λάρνακ' ἐς Σ 413.—To collect, bring or gather together from various quarters : [κτήματα] Σ 301. —To collect, cause to assemble, bring together into a body. In mid.: ἑταίρους β 292.

συμβάλλω, **ξυμβάλλω** [συμ-, συν- (2)]. 3 pl. aor. σύμβαλον Π 565, Υ 55. Imp. pl. συμβάλετε Γ 70. **Mid.** 2 sing. fut. συμβλήσεαι Υ 335. 3 sing. aor. ξύμβλητο Ξ 39, 231 : ζ 54. 3 dual ξυμβλήτην φ 15. 3 pl. ξύμβληντο Ξ 27, Ω 709 : κ 105. 3 sing. subj. ξύμβληται η 204. Pple. ξυμβλήμενος λ 127, ο 441, ψ 274, ω 260. Infin. ξυμβλήμεναι Φ 578. (1) Of waters, to unite (their streams) : ὡς ὅτε

χείμαρροι ποταμοὶ συμβάλλετον ὕδωρ Δ 453. Cf. Ε 774.—(2) To set together (in fight), match or pit one against another : ἐμὲ καὶ Μενέλαον συμβάλετε μάχεσθαι Γ 70. Cf. Υ 55.—*Intrans. for reflexive*, to join (in fight), join battle : σύμβαλον ἀμφὶ νέκυι μάχεσθαι Π 565.—(3) In mid. **(a)** To meet or encounter another : πρίν γ' ἠὲ ξυμβλήμεναι ἠὲ δαμῆναι (get to close quarters with his foes) Φ 578. Cf. Ξ 39 : εἴ τις ξύμβληται ὁδίτης η 204. Cf. ο 441.—**(b)** To fall in *with*, meet, encounter. With dat. : Νέστορι ξύμβληντο βασιλῆες Ξ 27. Cf. Ξ 231, Υ 335, Ω 709 : ζ 54, κ 105, λ 127, φ 15, ψ 274, ω 260.

†**συμμάρπτω** [συμ-, συν- (3)]. Aor. pple. συμμάρψας. To grasp and bring together or make a bundle of : δόνακας μυρίκης τ' ὄζους Κ 467.

†**συμμητιάω** [συμ-, συν- (1)]. Pres. infin. mid. συμμητιάασθαι. To join in taking counsel or concerting measures. In mid. : κάλεον συμμητιάασθαι Κ 197.

συμμίσγω [συμ-, συν- (2)]. In pass., to be mingled *with*, mingle *with*. With dat. : οὐδὲ Τιταρησὸς Πηνειῷ συμμίσγεται Β 753.

σύμπᾱς, **ξύμπᾱς**, -αντος [συμ-, συν- (4) + πᾶς]. Strengthened form of, but hardly to be distinguished from, πᾶς. In pl. **(a)** All the : συμπάντων Δαναῶν Α 90. Cf. Α 241, Χ 380 : ὅσσα ξύμπαντα μόγησα (from first to last) η 214 = ξ 198. Cf. γ 59, 217.—**(b)** Absol., the whole number of indicated persons : συμπάντων ἡγεῖτο Διομήδης Β 567.

†**συμπήγνῡμι** [συμ-, συν- (3)]. 3 sing. aor. συνέπηξε. To curdle (milk) : γάλα Ε 902.

συμπλαταγέω [συμ-, συν- (2) + πλαταγέω, to make a sharp sound]. To make a sharp sound (with the palms of the hands) : χερσὶ συμπλατάγησεν (clapped his hands) Ψ 102.

συμφερτός, -ή, -όν [συμφέρω]. Brought together, united : συμφερτὴ ἀρετὴ πέλει Ν 237 (see under ἀρετή (1)).

συμφέρω [συμ-, συν- (2)]. 1 pl. fut. mid. συνοισόμεθα Θ 400. In mid., to come together (in fight) : συμφερόμεσθα μάχῃ (joined battle) Λ 736. —Sim. : οὐ καλὰ συνοισόμεθα πτόλεμόνδε Θ 400.

συμφράδμων, -ονος ὁ [συμφράζω]. A counsellor : τοιοῦτοι δέκα μοι συμφράδμονες εἶεν Β 372.

†**συμφράζω** [συμ-, συν- (1)]. Fut. mid. συμφράσσομαι Ι 374. 3 sing. aor. συμφράσσατο Α 537, 540 : δ 462, ο 202. In mid. (1) To join *with* in counsel or in concerting measures, devise, concert or contrive *in common with*. With dat. : ὅτι οἱ συμφράσσατο βουλὰς Θέτις (cognate acc., that they had been taking counsel together) Α 537. Cf. Α 540, Ι 374 : δ 462.—(2) To take counsel with oneself, consider, ponder : ὅππως ... ο 202.

σύν. Also ξύν Ζ 372, Ο 26, Π 248, 864 : α 182, γ 105, 302, κ 268, ο 410. (I) Adv. (1) With another or others, in company : σὺν δ' ὁ θρασὺς εἵπετ' Ὀδυσσεύς κ 436. Cf. Κ 224 : ω 387.—With another, lending aid : σὺν δ' ἕταροι ἤειραν Ω 590. —(2) Together, denoting joining, union, contact, proximity : σύν ῥ' ἔβαλον ῥινούς, σὺν δ' ἔγχεα Δ 447 = Θ 61, σὺν δ' ἤειρεν [ἵππους] Κ 499. Cf.

Η 256, Μ 181, 377, Φ 387, 453, Ψ 687, 879, Ω 420 : κενεὰς σὺν χεῖρας ἔχοντες κ 42, σὺν πόδας χεῖράς τε δέον χ 189. Cf. ε 295, λ 426, σ 98.—(3) Together, in a body or mass, in confusion : ἐπεὶ σύν γ' ὅρκι' ἔχευαν Δ 269, σὺν δὲ γέροντι νόος χύτο Ω 358 : σὺν δύω μάρψας ι 289, 311, 344.—(4) Altogether, utterly, completely : ὄφρα μὴ σὺν δαῖτα ταράξῃ Α 579. Cf. Θ 86, Μ 384, Ψ 467, 673, Ω 467 : σὺν δ' ὀστέ' ἄραξεν μ 412. Cf. ε 426, ι 498.—(II) Prep. with dat. (1) With, along with, together with, in company with, accompanied by : ἀριστήεσσιν Α 227, κολεῷ Η 304. Cf. Α 307, 325, Ζ 418, Ι 346, 615, Κ 19, Ρ 57, etc. : γρηΐ σὺν ἀμφιπόλῳ α 191. Cf. α 362, β 183, γ 32, η 304, ι 199, ν 118, ο 410, etc.—In reference to something added or adjected : σὺν ὅρκῳ ξ 151.—(2) With, having, taking or bringing with one : νηυσίν Α 170, σκήπτρῳ Β 47, ἀγγελίῃ 787. Cf. Α 183, Β 450, Γ 29, Ε 220, 297, Ζ 270, Ι 194, Λ 251, Ο 744, etc. : δίφρῳ γ 369, πλειοτέρῃ σὺν χειρί λ 359. Cf. α 182, γ 105, δ 175, μ 408, ν 258, ω 193, etc.—With instrumental in 'comitative' use: σὺν ὀχεσφιν Δ 297, Ε 219, Μ 119, Π 811, Χ 22, Ψ 518, etc.—(3) With, by means of: σὺν μεγάλῳ ἀπέτεισαν, σὺν σφῇσιν κεφαλῇσιν Δ 161. Cf. Θ 530, Π 156, etc. : σὺν δὲ νεφέεσσι κάλυψε γαῖαν ε 293, ι 68 = μ 314.—(4) With the aid of, by the help of : Ἀθήνῃ Γ 439. Cf. Ε 474, Ζ 314, Λ 792, Ο 26, etc. : θ 493, ι 454, λ 410, ν 391, etc. —Under the auspices of: σὺν θεῷ εἰληλούθμεν Ι 49.

συναγείρω, ξυναγείρω [συν- (3)]. Aor. ξυνάγειρα Υ 21. 3 sing. aor. mid. ξυναγείρατο ξ 323, τ 293. Nom. pl. masc. aor. pple. συναγρόμενοι Λ 687. (1) To gather together, cause to assemble, summon : ὧν ἕνεκα ξυνάγειρα [ὑμέας] Υ 21.—(2) In mid., to come or gather together, assemble : συναγρόμενοι δαίτρευον Λ 687. Cf. Ω 802.—(3) In reference to things, to get together, collect : πολὺν βίοτον δ 90. — In mid. : κτήμαθ' ὅσα ξυναγείρατο ξ 323 = τ 293.

†συνάγνυμι, ξυνάγνῡμι [συν- (4)]. 3 sing. aor. συνέαξε Λ 114. ξυνέαξε Ν 166. 3 pl. ξυνέαξεν ξ 383. To break in pieces, shiver : χώσατ' ἔγχεος δ ξυνέαξεν Ν 166.—To damage severely or shatter (a ship) ξ 383.—To tear in pieces, rend : ὡς λέων ἐλάφοιο τέκνα συνέαξεν Λ 114.

συνάγω, ξυνάγω [συν- (3)]. (1) To drive or lead (beasts) in a body Γ 269.—(2) To gather or bring together, cause to assemble : γεραιὰς Ζ 87. —In reference to inanimate objects : νεφέλας ε 291.—(3) To join or join in (battle or strife) : ἵνα ξυνάγωμεν Ἄρηα Β 381 = Τ 275. Cf. Ε 861 = Ξ 149, Ξ 448 = Π 764.

†συναείρω [συν- (2). See ἀείρω (Ι) (5)]. 3 sing. aor. subj. mid. συναείρεται. To harness (horses) together. In mid. : ὅς τ' ἐπεὶ πίσυρας συναείρεται ἵππους Ο 680.

συναίνυμαι [συν- (3)]. To gather up, collect, pick up : τόξα Φ 502.

†συναιρέω [συν- (3)]. 3 sing. aor. σύνελε Π 740. Pple. συνελών υ 95. (1) To put together, make into a bundle : χλαῖναν καὶ κῶεα υ 95.—(2) To

take together, crush into one ; hence, to crush, smash : ὀφρῦς Π 740.

†συναντάω [συν- (2)]. 3 dual non-thematic impf. συναντήτην π 333. 3 pl. aor. subj. mid. συναντήσωνται Ρ 134. (1) To meet together, meet, encounter : τὼ συναντήτην π 333.—(2) To meet with, fall in with, encounter. With dat. In mid. : ᾧ νήπι' ἄγοντι συναντήσωνται ἄνδρες ἐπακτῆρες Ρ 134.

†συνάντομαι [συν- (2)]. 3 sing. aor. συνήντετο Φ 34 : δ 367, φ 31. 3 dual συναντέσθην Η 22. Pple. συναντόμενος ο 538, ρ 165, τ 311. (1) To meet or fall in with another, encounter him : ὥς ἄν τίς σε συναντόμενος μακαρίζοι ο 538 = ρ 165 = τ 311.—(2) To meet with, fall in with, encounter. With dat. : υἷι Πριάμοιο συνήντετο Φ 34. Cf. Η 22 : δ 367, φ 31.

συνδέω, ξυνδέω [συν- (2)]. (1) To tie or secure together : συνέδησα πόδας πελώρου κ 168.—To tie up, bandage : χεῖρα ξυνέδησεν Ν 599.—(3) To bind or secure (a person), put (him) in bonds : ὁππότε μιν ξυνδῆσαι ἤθελον Α 399.

συνέαξε, 3 sing. aor. συνάγνυμι.

συνέδραμον, 3 pl. aor. συντρέχω.

συνείκοσι, indeclinable [συν- (3)]. In form ξυνείκοσι. Twenty together, twenty ξ 98.

†σύνειμι¹ [συν- (1) + εἰμί]. In form ξύνειμι. Fut. infin. ξυνέεσθαι. To be or dwell with, to be linked or joined with. With dat. : ὀϊζυῖ η 270.

†σύνειμι², ξύνειμι [συν- (2) + εἶμι]. Pple. ξυνιών, -όντος Δ 446, Θ 60, Υ 66, Φ 390. 3 dual impf. συνίτην Ζ 120, Π 476, Υ 159, Ψ 814. 3 pl. ξύνισαν Ξ 393. In dual and pl., to come together as foes, advance upon one another : ἐς μέσον συνίτην μεμαῶτε μάχεσθαι Ζ 120 = Υ 159, Ψ 814. Cf. Δ 446 = Θ 60, Ξ 393, Π 476, Υ 66, Φ 390.

†συνελαύνω, ξυνελαύνω [συν- (2) (3)]. 2 sing. pres. ξυνελαύνεις Φ 394. Infin. ξυνελαυνέμεν Χ 129. 1 pl. aor. συνελάσσαμεν Λ 677. 1 pl. subj. ξυνελάσσομεν σ 39. Infin. ξυνελάσσαι Υ 134. (1) To drive together, drive in : ληΐδα ἐκ πεδίοιο Λ 677.—(2) To set together (in fight), match or pit one against another : θεοὺς ἔριδι ξυνελάσσαι Υ 134. Cf. Φ 394 : σ 39.—Intrans. for reflexive, to join (in fight), join battle : ἔριδι ξυνελαυνέμεν Χ 129.

σύνελε, 3 sing. aor. συναιρέω.

συνεοχμός, -οῦ, ὁ [app. fr. συνέχω]. A joining or joint : κεφαλῆς τε καὶ αὐχένος ἐν συνεοχμῷ Ξ 465.

συνέπηξε, 3 sing. aor. συμπήγνυμι.

συνέργω [συν- (2) + ἔργω¹]. 3 pl. aor. συνέεργαθον Ξ 36. (1) To secure or bind together : δίας ι 427, τρόπιν ἠδὲ καὶ ἱστόν μ 424.—(2) To gird up (a garment) : ζωστῆρι συνέεργε χιτῶνα ξ 72.—(3) To enclose, shut in, bound : ὅσον συνεέργαθον ἄκραι Ξ 36.

συνέριθος, ἡ [συν- (1) + ἔριθος]. A fellow-labourer, a companion in work ζ 32.

συνέρρηκται, 3 sing. pf. pass. συρρήγνυμι.

σύνεσις, ἡ [συνίημι]. In form ξύνεσις. A

confluence or joining (of waters) (cf. ιημι¹ (6)) κ 515.

συνεσταότος, genit. sing. masc. pf. pple. συνίστημι.

συνέχευε, 3 sing. aor. συγχέω.

σύνεχής [συν(σ)έχω]. In neut. sing. σύνεχές as adv., continuously, without remission or break : ὗε Ζεὺς συνεχές Μ 26. Cf. ι 74.

συνέχω, ξυνέχω [συν- (2)]. Nom. dual masc. pf. pple. συνοχωκότε Β 218. Intrans., to hold or join together, join, meet : τώ οἱ ὤμω ἐπὶ στῆθος συνοχωκότε (stooping together) Β 218, ὅθι ζωστῆρος ὀχῆες σύνεχον Δ 133 = Υ 415. Cf. Υ 478.

συνημοσύνη, -ης, ἡ [συνίημι]. A covenant, agreement or compact Χ 261.

συνήορος, ὁ [συναείρω. Cf. παρήορος, τετράοροι]. Something linked or associated with something else, an accompaniment : φόρμιγγος, ἣ δαιτὶ συνήορός ἐστιν θ 99.

σύνθεο, aor. imp. mid. συντίθημι.

συνθεσίη, -ης, ἡ [συντίθημι]. A covenant, agreement or compact Β 339, Ε 319.

σύνθετο, 3 sing. aor. mid. συντίθημι.

†**συνθέω** [συν- (3)]. 3 sing. fut. in mid. form συνθεύσεται. To run keeping together or all in a piece ; hence, to go smoothly, succeed : οὐχ ἡμῖν συνθεύσεται ἤδε γε βουλή υ 245.

†**συνίημι, ξυνίημι** [συν- (2) + ἵημι¹]. 3 pl. impf. ξύνιεν Α 273. 3 sing. aor. ξυνέηκε Α 8, Β 182, Η 210, Κ 512, Ο 442 : σ 34. Aor. imp. ξύνες Β 26, 63, Ω 133. From ξυνιέω imp. ξυνίει α 271, ζ 289, θ 241, ο 391, τ 378. Mid. 3 sing. aor. ξύνετο δ 76. 1 pl. subj. συνώμεθα Ν 381. **(1)** To set together (in fight), match or pit one against another : τίς σφωε θεῶν ἔριδι ξυνέηκε μάχεσθαι ; Α 8. Cf. Η 210.—**(2)** In mid., to come together in agreement, come to terms : ὄφρα συνώμεθα ἀμφὶ γάμῳ Ν 381.—**(3)** To catch, mark, hear (a sound) : θεᾶς ὄπα Β 182 = Κ 512.—To hear the voice of, hear (a person). With genit. : τοῦιν ξυνέηκεν σ 34.—So in mid. : τοῦ ἀγορεύοντος ξύνετο δ 76.—**(4)** To hearken to, give ear to, mark, heed : ἐμέθεν ξυνίει ἔπος ζ 289, θ 241. Cf. τ 378. —With genit. : βουλέων μευ ξύνιεν Α 273.—To hearken to (a person), attend to (him), mark his words. With genit. : ἐμέθεν ξύνες ὦκα Β 26 = 63, Ω 133.—Absol. : ξυνέηκε, θέων δέ οἱ ἄγχι παρέστη Ο 442. Cf. α 271, ο 391.

†**συνίστημι** [συν- (2)]. Genit. sing. masc. pf. pple. συνεσταότος. In pf., to be in the state of having been brought together ; hence, of battle, to be joined : πολέμοιο συνεσταότος Ξ 96.

συνίτην, 3 dual impf. σύνειμι².

συνοισόμεθα, 1 pl. fut. mid. συμφέρω.

συνορίνω [συν- (3)]. To put into common motion, launch in a body : συνορινόμενοι κίνυντο φάλαγγες Δ 332.

συνοχή, -ῆς, ἡ [συνέχω]. In form ξυνοχή. A joining. In pl. : ἐν ξυνοχῆσιν ὁδοῦ Ψ 330 (app., at the point where the outward and home tracks of the race-course met at the turn).

συνοχωκότε, nom. dual masc. pf. pple. συνέχω.

†**συντίθημι** [συν- (3)]. 3 sing. aor. mid. σύνθετο Η 44 : α 328, υ 92. Imp. σύνθεο Α 76, Ζ 334 : ο 27, 318, π 259, ρ 153, σ 129, τ 268, ω 265. Pl. σύνθεσθε Τ 84. In mid., to put together in one's mind ; hence **(1)** To mark, hear : τῆς ὄπα σύνθετο υ 92. Cf. Η 44 : α 328.—**(2)** To hearken to, give ear to, mark, heed : ἐμεῖο σύνθεο μῦθον ρ 153, τ 268.—To hearken to a person, attend to him, mark his words : σὺ δὲ σύνθεο Α 76, Ζ 334 : ο 27, 318 = ω 265, π 259, σ 129. Cf. Τ 84.

σύντρεις [συν- (3)]. Three together, three at a time : σύντρεις αἰνύμενος [δίας] ι 429.

†**συντρέχω** [συν- (2)]. 3 pl. aor. συνέδραμον. To rush together in order to encounter each other Π 335, 337.

συνώμεθα, 1 pl. aor. subj. mid. συνίημι.

σῦριγξ, -ιγγος, ἡ. **(1)** A pipe, a musical wind-instrument consisting of a tube of reed or other material : τερπόμενοι σύριγξιν Σ 526. Cf. Κ 13 (see αὐλός (1)).—**(2)** App., a socket in which to set a spear : ἐκ σύριγγος ἐσπάσατ' ἔγχος Τ 387.

†**συρρήγνυμι** [συρ-, συν- (4)]. 3 sing. pf. pass. συνέρρηκται. To shatter the strength of : κακοῖσι συνέρρηκται (is broken down by . . .) θ 137.

σῦς, συός, ὁ, ἡ [cf. L. sus, Eng. sow, swine]. Also ὗς, ὑός. Acc. σῦν Ι 539, Π 823 : ξ 27, π 454. ὗν ξ 419. Dat. pl. σύεσσι Μ 146 : υ 407, ξ 25, π 3. ὕεσσι ν 410, ξ 8, 372, ο 397, φ 363. συσί Ε 783, Η 257 : ξ 14. Acc. pl. σύας ξ 41, 81, ρ 181, 593, σ 105, υ 251. ὕας θ 60, π 341, ρ 604. σῦς κ 338, 433, ξ 107. **(1)** A wild boar Δ 253, Ι 548, Κ 264, Ν 471, Π 823 : δ 457, σ 29, τ 393 = ψ 74, τ 439, 449, 465, φ 219, ω 332.—Qualified by ἄγριος : συὸς ἀγρίου Θ 338. Cf. Ι 539.—By ἀγρότερος : ἀγρότεροισι σύεσσιν ἐοικότε Μ 146. Cf. Λ 293 : λ 611.—Joined with κάπρος : συσὶ κάπροισιν Ε 783 = Η 257. Cf. Ρ 21.—With κάπριος : συῒ καπρίῳ Λ 293, Ρ 281.—**(2)** The domestic swine or pig Ι 467, Λ 679, ψ 32 : θ 60, κ 239, λ 413, υ 407, ξ 8, ο 397, etc.—Joined with σίαλος : συὸς σιάλοιο ῥάχιν Ι 208. Cf. ξ 41, 81, ρ 181 = υ 251.

σῦτο, 3 sing. aor. mid. σεύω.

συφειός, -οῦ, ὁ [συ φεός. Cf. συφεός]. A pigsty : θύρας ἀνέῳξε συφειοῦ Κ 389.

συφεόνδε [acc. of next + -δε (1)]. To the sty : ἔρχεο νῦν συφεόνδε κ 320.

συφεός, -οῦ, ὁ [σῦς. Cf. συφειός]. = συφειός κ 238, ξ 13, 73.

συφορβός, -οῦ, ὁ [σῦς + φέρβω, to feed]. Also **ὑφορβός**. A swineherd : ὡς παῖδα συφορβῷ Φ 282. Cf. ξ 410, 504.—Of Eumaeus. In form συφορβός π 154, ρ 348, φ 189, etc.—In form ὑφορβός ξ 3, ο 301, π 20, etc.

σφάζω. 3 sing. aor. σφάξε Ω 622 : γ 454. 3 pl. ἐσφαξαν Α 459, Β 422 : μ 359. Aor. σφάξαι ξ 426. Nom. pl. neut. pf. pple. pass. ἐσφαγμένα κ 532, λ 45. To cut the throat of (a beast), slaughter (it) by cutting the throat Ι 467, Ψ 31, Ω 622 : α 92 = δ 320, γ 454, ι 46, κ 532, λ 45, ξ 426, υ 312, ψ 305.—Absol. Α 459 = Β 422 : μ 359.

σφαῖρα, -ης, ἡ. A ball : σφαίρῃ παῖζον ζ 100. Cf. ζ 115, θ 372, 377.

σφαιρηδόν [σφαῖρα]. Like a ball N 204.

†σφάλλω. 3 sing. aor. σφῆλε ρ 464. Infin. σφῆλαι Ψ 719. (ἀπο-, παρα-.) To cause to reel or fall : σφῆλαι οὔδει τε πελάσσαι Ψ 719. Cf. ρ 464.

†σφαραγέομαι. 3 pl. impf. σφαραγεῦντο. (1) To crackle (under the action of heat) : σφαραγεῦντο πυρὶ ῥίζαι [γλήνης] ι 390.—(2) To be ready to burst, be full to bursting : οὔθατα σφαραγεῦντο ι 440.

σφέας. Acc. σφέας B 366, M 43, etc. : η 40, θ 480, etc. σφεάς (encl.) B 96, Δ 284, E 151, Λ 128, etc. : δ 77, ζ 6, θ 315, ν 213, etc. σφας (encl.) E 567. σφε (encl.) Λ 111, T 265 : θ 271, φ 192, etc. Genit. σφείων Δ 535, N 148, etc. σφέων ν 348, ω 381. σφεών (encl.) Σ 311 : γ 134. σφῶν M 155, T 302. Dat. σφίσι A 368, I 99, K 208, Λ 413, M 148, etc. : δ 683, κ 415, ξ 272, etc. σφισί (encl.) B 93, Δ 2, Θ 204, I 425, K 186, etc. : β 398, γ 150, ζ 155, η 35, θ 371, etc. σφι (encl.) A 73, 110, B 251, 614, 670, etc. : α 142, 339, β 169, 173, 284, etc. (1) In the encl. (and sometimes in the accented) forms anaphoric pron. of the 3rd person pl. masc. and fem., them : ἐννέα δέ σφεας κήρυκες ἐρήτυον B 96, ἵνα σφίσι βουλεύησθα I 99. Cf. A 73, 110, B 93, 704, Δ 2, 331, E 567, Λ 111, M 416, O 594, etc. : α 142, 339, β 398, γ 118, 150, ζ 6, θ 271, 480, ν 276, ξ 300, π 475, ρ 212, etc.—(2) In the accented forms commonly reflexive : τὰ δάσσαντο μετὰ σφίσιν A 368, ὦσαν ἀπὸ σφείων Δ 535. Cf. B 366, K 208, Λ 413, M 148, N 688, etc. : κ 415, ξ 272, π 228, etc.—So with αὐτός : σφέας αὐτοὺς ἀρτύναντες M 43, 86, N 152. Cf. M 155, T 302 : δ 683, μ 225.—An encl. form thus : κέλονταί μ' ἀγινέμεναι σφίσιν αὐτοῖς ἔδμεναι ν 213.

σφεδανός. In neut. σφεδανόν as adv., vehemently, eagerly, impetuously : κελεύων Λ 165, Π 372. Cf. Φ 542.

σφέλας, τό. Acc. pl. σφέλα (for σφέλαα) ρ 231. A foot-stool : σ. ἔλλαβεν σ 394. Cf. ρ 231.

σφενδόνη, -ης, ἡ. A sling N 600.

σφέτερος, -η, -ον [σφέας]. Their Δ 409, I 327, P 287, 322, 330, 419, Σ 210 : α 7.—Absol. : ἐπὶ σφέτερα (sc. δώματα) (to their own homes) α 274, ξ 91.

†σφηκόω [σφήξ]. 3 pl. plupf. pass. ἐσφήκωντο. To make slender like a wasp's waist : πλοχμοί, οἳ χρυσῷ τε καὶ ἀργύρῳ ἐσφήκωντο P 52 (i.e. were pinched in with spirals of gold and silver).

σφῆλε, 3 sing. aor. σφάλλω.

σφήξ, σφηκός, ὁ. A wasp M 167, Π 259.

σφοδρῶς. Putting forth one's powers, with vigour : σ. ἔλάαν μ 124.

σφονδύλιος, -ου, ὁ. One of the vertebrae of the neck : μυελὸς σφονδυλίων ἔκπαλτο Τ 483.

σφός, -ή, -όν [σφέας]. Their Α 534, Δ 162, 302, Λ 76, 90, Ξ 202 = 303, Π 18, Σ 231 : α 34, β 237, ξ 262 = ρ 431, ω 183, 411.

σφῦρα, ἡ. A hammer γ 434.

σφυρόν, τό. The ankle Δ 147, 518, Ζ 117, P 290, X 397.

σφωέ, enclitic. Acc. σφωέ A 8, K 546, Λ 751, etc. : θ 317. Dat. σφωῖν A 338, Θ 402, Λ 628, etc. : δ 28, λ 319, etc. Pron. of the 3rd person dual, they : τίς τ' ἄρ σφωε θεῶν ἔριδι ξυνέηκε μάχεσθαι; A 8. Cf. A 338, O 155, P 531, etc. : δ 28, θ 317, λ 319, etc.

σφῶϊ. Nom. σφῶϊ Λ 776, M 366, etc. : χ 173. σφώ A 574, Λ 782, etc. Genit. σφῶϊν A 257 : π 171. Dat. σφῶϊν Δ 341, Θ 413, N 55, etc. : φ 209, 212. This form as nom. ψ 52. Dat. σφῶν δ 62. Acc. σφῶϊ A 336, Δ 286, E 287, etc. σφώ O 146. Pron. of the 2nd person dual, you : εἰ δὴ σφὼ ἐριδαίνετον ὧδε A 574. Cf. A 257, 336, Δ 341, etc. : δ 62, π 171, ψ 52, etc.

σφωΐτερος [σφῶϊ]. Of you two, your A 216.

σχεδίη, -ης, ἡ. A raft. Of the raft which Odysseus constructed on Calypso's island and on which he passed to Phaeacia ε 33, 163, 174, 177, 251, 314, 315, 324, 338, 343, 357, 363, η 264, 274.

σχέδιος [σχεδόν]. Hand to hand. Adv. of acc. fem. form σχεδίην, from close at hand, at close quarters : τύψον σχεδίην E 830.

σχεδόθεν [σχεδόν + -θεν (1) (2)]. (1) From close at hand, at close quarters : βάλεν Π 807.—(2) At close quarters, hand to hand : μάχεσθαι P 359.—Near, near to, close to. With genit. : στῆ ῥ' αὐτῶν σ. τ 447.—With dat. : σ. οἱ ἦλθεν 'Αθήνη β 267, ν 221, υ 30. Cf. Π 800 : ο 223.

σχεδόν [σχε-, ἔχω]. (1) To, within, or at a short distance, near, close by, nigh : ὅτε σ. ἦσαν Γ 15, σ. ἤλασεν ἵππους Λ 488. Cf. Δ 247, K 100, Λ 116, N 268, O 456, Ψ 334 (close to the point indicated), etc. : σ. εἴσιδε γαῖαν ε 392, ι 280, ν 161, π 157, σ 146, ω 491, 493.—(2) To, within, or at a short distance from, near, near to, close to. With genit. : σ. ἤλυθον αὐτῶν E 607. Cf. K 308 = 320, 395, N 402, Τ 363 : δ 439, ε 288, 475, ζ 125, ι 117, κ 156 = 368, λ 142, 166 = 481, ν 162.—With dat. : ἐπεὶ ἄν τοι σ. ἔλθοι I 304. Cf. P 699, Φ 64, X 131 : ι 23.—(3) From close at hand, at close quarters : σ. οὔτασεν E 458, 883, P 601. Cf. N 559, 576, Π 828, Τ 290, 378, 462, Φ 179, Ψ 817.—(4) App., right over, at a bound : ὑπερθορέειν M 53.—(5) Of an occurrence, impending or coming upon, coming or drawing near to. With dat. : θάνατος, ὅς τοι σ. εἶσιν P 202. Cf. β 284, ζ 27.—Sim. in impers. construction : σ. φημι ἔμμεναι, ὁππότε . . . (the time is near at hand when . . .) N 817.—(6) In reference to affinity, closely connected, near : καὶ πηῷ περ ἐόντι μάλα σ. κ 441.

σχέθον, aor. ἔχω.

σχεῖν, σχέμεν, aor. infin. ἔχω.

σχέσθαι, aor. infin. mid. ἔχω.

σχέτλιος, -η, -ον (σχε-, ἔχω). (1) Holding out, tough, unwearying : σ. εἰς, 'Οδυσσεῦ μ 279. Cf. K 164.—(2) Hard to move, hard-hearted, cruel, pitiless, merciless : Ζεὺς μ' ἄτη σχέθησε, σ. B 112, I 19. Cf. E 403, Θ 361, I 630, Π 203, P 150, Ω 33 : γ 161, δ 729, ε 118, ι 351, 478, φ 28, ψ 150.—Obstinate, stubborn, self-willed Γ 414.—(3) In a tone of affectionate or friendly remonstrance, rash, foolhardy, irrepressible : σχέτλιε, τίπτ' ἐθέλεις ἐρεθιζέμεν ἄγριον ἄνδρα ι 494. Cf. Σ 13, X 41, 86 : λ 474, μ 21, 116.—Hard to turn from

one's ways, ever bent on something ν 293.—
Hard to convince, of little faith : σχέτλιε, καί τίς
τε χερείονι πείθεθ' εταίρῳ ν 45.—(4) Of things,
cruel, bringing hardship, evil : έργα ι 295, ξ 83,
χ 413, ύπνος κ 69.

σχέτο, 3 sing. aor. mid. έχω.

σχήσω, fut. έχω.

σχίζα, -ης, ή. A piece of cleft wood, a billet :
κόψε σχίζῃ δρυός ξ 425.—In pl., wood cleft for
fuel : καῖεν έπι σχίζῃς A 462 : = γ 459. Cf. B 425.

†**σχίζω** [σχίζα]. 3 sing. aor. έσχισε. (δια-.)
To cleave or split : άπὸ δ' έσχισε πέτρην δ 507.

σχοίατο, 3 pl. aor. opt. mid. έχω.

σχοῖνος, -ου, ό. A place where rushes grow,
a bed of rushes : σχοίνῳ ύπεκλίνθη ε 463.

σώεσκον, pa. iterative σαόω.

σώζω [cf. σαόω]. To preserve, keep, guard :
σπέρμα πυρὸς σώζων ε 490.

σώκος. Perh., the strong, the mighty : σῶκος
έριούνιος Ἑρμῆς Υ 72.

σῶμα, -ατος, τό. A dead body, a corpse Η 79
= Χ 342 : λ 53, μ 67, ω 187.—The carcase of an
animal Γ 23, Σ 161, Ψ 169.

σώοντες, nom. pl. masc. pres. pple. σαόω.

σῶς. See σάος.

τάθη, 3 sing. aor. pass. τείνω.

ταλαεργός [ταλα-, τλάω + (F)έργον]. Enduring
labour, patient in toil. Epithet of mules Ψ 654,
662, 666 : δ 636 = φ 23.

τάλαντον, τό. (1) In pl., a pair of scales, a
balance : ώς τε τάλαντα γυνὴ χερνῆτις [έχει]
M 433.—The scales of Zeus : χρύσεια πατὴρ
έτίταινε τάλαντα Θ 69 = Χ 209. Cf. Π 658 (figura-
tively), Τ 223.—(2) A definite weight (of gold)
of uncertain amount, a talent (of gold) : δέκα
χρυσοῖο τάλαντα Ι 122 = 264. Cf. Σ 507, Τ 247,
Ψ 269, 614, Ω 232 : δ 129, 526, θ 393, ι 202, ω 274.

ταλαπείριος [ταλα-, τλάω + πεῖρα, a trial. Cf.
πειράω]. Sorely tried, much-suffering : ίκέτην
ζ 193 = ξ 511. Cf. η 24, ρ 84, τ 379.

ταλαπενθής [ταλα-, τλάω + πένθος]. Bearing
up against trouble : θυμόν ε 222.

τάλαρος, -ου, ό. A basket : πλεκτοῖς έν ταλάροισι
φέρον καρπόν Σ 568. Cf. δ 125, 131, ι 247 (here
app. the same as the ταρσοί of 219).

τάλας [ταλα-, τλάω]. Voc. τάλαν in passages
cited. Wretched, miserable. In abuse : ξεῖνε
τάλαν σ 327.—Absol. : έξελθε, τάλαν (wretch !) τ 68.

ταλασίφρων, -ονος [ταλασι-, τλάω + φρήν].
Stout-hearted, steadfast in mind. Epithet of
Odysseus Λ 466 : α 87 = ε 31, δ 241, ρ 34, σ 311,
etc.—Absol. Δ 421.

ταλάσσῃ, 3 sing. aor. subj. τλάω.

ταλαύρινος [ταλα-, τλάω + (F)ρινός]. Shield-
enduring, steady under the shield. Epithet of
Ares Ε 289 = Υ 78 = Χ 267.—In neut. ταλαύρινον
as adv. : τό μοι έστι τ. πολεμίζειν (wherefore it is
that I can wield the shield stoutly) Η 239.

ταλάφρων, -ονος [ταλα-, τλάω + φρήν]. = ταλασί-
φρων : πολεμιστὴν Ν 300.

τἄλλα, crasis of τὰ άλλα.

ταμεσίχρως, -οος [ταμεσι-, τάμνω + χρώς]. Cut-
ting the flesh, piercing : χαλκόν Δ 511, Ψ 803.
Cf. Ν 340.

ταμίη, -ης, ή [τάμνω]. A female servant in
general charge of the house, a housekeeper
Ζ 381 : α 139 = δ 55 = η 175 = κ 371 = ο 138 = ρ 94 =
259, γ 392, η 166, θ 449, ι 207, ρ 495 = σ 169, τ 96,
ψ 154.—Joined with γυνή Ζ 390 : β 345, γ 479.
—With άμφίπολος Ω 302 : π 152.

ταμίης, ό [τάμνω]. One of those to whom the
charge of the food supplies of an army is com-
mitted, a controller or dispenser of supplies :
ταμίαι, σίτοιο δοτῆρες Τ 44.—In gen., a controller,
manager, or dispenser : ταμίην άνέμων κ 21. Cf.
Δ 84 = Τ 224.

τάμνω. Also **τέμνω** γ 175. 3 sing. aor. τάμε
Γ 292, Ε 74, 292, Ρ 618, Τ 266, Χ 328, Ψ 867.
3 pl. τάμον Ζ 194, Υ 184. 3 sing. subj. τάμῃ Ρ 522.
τάμῃσι σ 86, 339. 1 pl. τάμωμεν Γ 94, Τ 191.
2 τάμητε Γ 252. 3 sing. opt. τάμοι Ε 214, Ρ 126 :
π 102. Pple. ταμών, -όντος Β 124, Γ 73, 256,
Σ 177, Ω 409 : ε 162, ι 291, μ 11, ψ 204, ω 483.
Infin. ταμέειν Ν 501, Π 761, Τ 197. Aor. infin.
mid. ταμέσθαι Ι 580. Nom. sing. neut. pf. pple.
pass. τετμημένον ρ 195. (άποπρο-, έκ-, περι-, προ-.)
(1) To cut, cut into, gash. Of wounding or
piercing with the point of a spear : ύπὸ γλώσσαν
τάμε χαλκός Ε 74. Cf. Ε 292, Ν 501 = Π 761,
Ρ 618.—(2) To slay (a sacrificial victim): [κάπρον]
ταμέειν Διί Τ 197.—For όρκια τάμνειν see όρκιον (3).
—(3) To cut off, sever : άρνῶν έκ κεφαλέων τάμε
τρίχας Γ 273. Cf. Ρ 126, Σ 177, Ε 214 : = π 102,
σ 86, χ 476.—To cut or lop off for use : φιτρούς
μ 11, ρόπαλον τετμημένον ρ 195.—(4) To cut out,
remove (with the knife) : έκ μηροῦ τάμνε μαχαίρῃ
βέλος Λ 844.—To cut out, remove by severing a
joint : έκ μηρία τάμνον γ 456.—(5) To cut, cut in
two, sever, divide : άπὸ στόμαχον κάπρου τάμεν
Τ 266. Cf. Γ 292, Ρ 522, Χ 328, Ψ 867 : ταμὼν
ύπο πυθμέν' έλαίης ψ 204.—To cleave (the sea) :
πέλαγος μέσον τέμνειν γ 175. Cf. ν 88.—(6) To
cut (in pieces) : μελεϊστί ταμών Ω 409. Cf. ι 291,
σ 339.—To cut up, cut in pieces, for sacrifice :
γλώσσας γ 332.—To cut up or carve (meat). In
mid. : ταμνομένους κρέα πολλά ω 364.—Absol. Ι 209.
—(7) To fell (trees) : δένδρεα Λ 88. Cf. Ν 180,
Ψ 119.—(8) To cut into shape, form by cutting
or hacking : δούρατα ε 162. Cf. Φ 38 : ξ 24.—In
mid. : τάμνετο δοῦρα ε 243.—(9) With άμφί, to
surround and cut off (cattle, etc.) in order to
make booty of them. In mid. : περιτάμνω. In mid. :
τάμνοντ' άμφὶ βοῶν άγέλας καὶ πώεα οἰῶν Σ 528.—
(10) To mark off, designate : τέμενος Ζ 194, Υ 184.

ταναήκης [τανα(F)ός + *άκή, point, edge. Cf.
τανύηκης]. With slender or tapering point.
Epithet of spears Η 77, Ω 754.—Having a fine
edge, sharp. Epithet of an axe Ψ 118.—In
one of these senses as epithet of a piercing
or cutting weapon not clearly defined : χαλκῷ
δ 257.

ταναός, -όν (τανα Fός) [τείνω]. Long. Epithet of a hunting-spear : αἰγανέης Π 589.

ταναύπους, -ποδος [τανα(F)ός + πούς]. Long-striding, stepping boldly out : μῆλα ι 464.

τανηλεγής [ταναός + ἀλεγ- as in ἀλεγεινός]. Bringing long woe. Epithet of death Θ 70 = X 210 : β 100 = γ 238 = τ 145 = ω 135, λ 171 = 398.

τανύγλωσσος, -ον [τανύω + γλῶσσα]. With long or outstretched tongue, loud crying : κορώναι ε 66.

τανυγλώχις, -ῖνος [τανύω + γλωχίς, in sense 'barb.' Cf. χαλκογλώχις]. With long barbs : ὀϊστούς Θ 297.

τανυήκης [τανύω + *ἀκή, point, edge. Cf. ταναήκης]. Neut. τανύηκες. (1) Having a fine edge, sharp. Epithet of swords Ξ 385, Π 473 : = κ 439 = λ 231, χ 443.—(2) With slender points : ὄζους Π 768.

τάνῡμι [= τανύω]. To stretch : τάνυται [βοείη] πᾶσα διαπρό P 393.

τανύπεπλος, -ον [τανύω + πέπλος]. With long robe. Epithet of Helen Γ 228 : δ 305, ο 171.— Of Thetis Σ 385 = 424. — Of Lampetië μ 375.— Of Ctimene ο 363.

τανυπτέρυξ, -ῠγος [τανύω + πτέρυξ]. Long-winged : οἰωνοῖσι τανυπτερύγεσσιν Μ 237. Cf. Υ 350.

τανυσίπτερος, -ον [τανυσι-, τανύω + πτερόν]. = prec. : ὄρνιθες ε 65, κίχλαι χ 468.

τανυστύς, -ύος [τανύω]. A stringing (of a bow) : τόξου φ 112 (i.e. the attempt to string it).

τανύφλοιος, -ον [τανύω + φλοιός]. With smooth bark : κράνειαν Π 767.

τανύφυλλος, -ον [τανύω + φύλλον]. Long-leaved : ἐλαίη ν 102, 346. Cf. ψ 190, 195.

τανύω [cf. τείνω]. Fut. τανύω φ 152. 3 pl. τανύουσι φ 174. Aor. ἐτάνυσσα ψ 201. 3 sing. (ἐ)τάνυσσε Ι 213, Λ 336, Π 662, P 401 : α 138, 442, δ 54, ε 373, η 174, κ 370, ο 137, ρ 93, φ 128, 328, 407, ω 177. τάνυσε Π 567 : ο 283, φ 409. 3 pl. τάνυσσαν Α 486, Ν 359, Ξ 389. 3 sing. subj. τανύσῃ Ψ 324. τανύσσῃ P 547, Ψ 761. 3 sing. opt. τανύσσειε σ 92. Pple. τανύσσας Ψ 25. Infin. τανύσσαι φ 171, 254. Mid. Aor. imp. τάνυσσαι ε 346. Pple. τανυσσάμενος Δ 112 : ι 298. Pass. 3 pl. aor. τάνυσθεν Π 475 : π 175. Pple. τανυσθείς ε 346. 3 sing. plupf. τετάνυστο Κ 156 : δ 135, ε 68. (ἐκ-, ἐν-, ἐπεν-.) (1) To stretch, draw out, expand, by the application of force : ὡς ὅτ' ἀνὴρ βοείην λαοῖσιν δώῃ τανύειν P 390, τανύουσι [βοείην] 391.—(2) To bend a (bow) into the position required for stringing it, to string (it) (cf. ἐντανύω (1), τιταίνω (1)): τόξον φ 254, 409, 426, βιόν φ 328, ω 177. Cf. φ 128, 152, 171, 174.— In mid. Δ 112.—(3) To stretch and fit (a string of a lyre): περὶ κόλλοπι χορδήν φ 407.—(4) To draw or pull in a desired direction : κανόνα Ψ 761.—(5) To shoot (the bolt of a door) : κληῖδα α 442.—(6) In reference to a natural feature, to cause to assume full proportions, fill out : γναθμοὶ τάνυσθεν π 175.—(7) To stretch, strain, draw tight, fix under tension : ἱμάντα ψ 201.—Fig.,

in reference to the rope of strife (cf. ἐπαλλάσσω, τείνω (2)): πεῖραρ ἐπ' ἀμφοτέροισι τάνυσσαν Ν 359. —Sim. : κατὰ ἶσα μάχην ἐτάνυσσε Λ 336. Cf. Ξ 389, Π 662, P 401.—(8) To stretch (a horse), put (him) to his pace and cause (him) to pull in the desired direction : ὅππως τὸ πρῶτον τανύσῃ [ἵππους] ἱμᾶσιν (how to . . .) Ψ 324.—In mid., of horses or mules, to stretch themselves in the energy of motion, run at full stride : ἡμίονοι ἄμοτον τανύοντο ζ 83. Cf. Π 375.—In pass., of horses, to pull in the desired direction : [ἵπποι] ἐν ῥυτῆρσι τάνυσθεν Π 475.—(9) To stretch, lay, dispose, arrange, put, set, place : ἔρματα Α 486, ὑπὸ κράτεσφι τάπης τετάνυστο Κ 156 (app., rolled up to form a pillow). Cf. Ι 213, Ψ 25 : τράπεζαν (drew it up) α 138 = δ 54 = η 174 = κ 370 = ο 137 = ρ 93. Cf. δ 135, ε 373, ο 283.—In mid. ε 346.—Of something immaterial : νύκτα Π 567, Ἶριν P 547.—(10) To stretch (a person on the ground), lay (him) low : ἠέ μιν τανύσσειεν ἐπὶ γαίῃ σ 92.—In mid. and pass., to stretch oneself out, lie stretched out, be outstretched : κεῖτο τανυσθείς Ν 392 = Π 485, Σ 26, Υ 483 : κεῖτο τανυσσάμενος ι 298. Cf. Ι 468 = Ψ 33.—Sim., of a plant, to stretch or spread itself, stretch, spread : τετάνυστο περὶ σπείους ἡμερὶς ε 68.—(11) In geographical sense, in pass., to stretch, lie : νῆσος παρὲκ λιμένος τετάνυσται ι 116.

τάπης, -ητος, ὁ. A rug or blanket used as bedding or for covering a seat : εἷσεν ἐν κλισμοῖσι τάπησί τε Ι 200. Cf. Κ 156, Π 224, Ω 230, 645 := δ 298 = η 337, εὔδουσ' ἐν τάπησιν κ 12. Cf. δ 124, υ 150, ω 276.

ταρ, enclitic. See ἄρα (8).

†ταράσσω. 3 sing. aor. ἐτάραξε Θ 86 : ε 291, 304. 3 sing. subj. ταράξῃ Λ 579. Pf. pple. fem. τετρηχυῖα Η 346. 3 sing. plupf. τετρήχει Β 95. (1) To stir up, trouble : πόντον ε 291, 304.— (2) To throw into disorder, strike with panic : σὺν ἵππους ἐτάραξεν Θ 86.—To throw into disorder, mar the seemliness of : δαῖτα Λ 579.—(3) In pf. and plupf., to be in disorder or confusion : τετρήχει ἀγορή Β 95. Cf. Η 346.

ταρβέω. (ὑπο-.) (1) To be in fear or terror, be frightened, terrified, alarmed : ταρβήσαντε στήτην (struck with terror) Α 331, οὐ τάρβει Δ 388. Cf. Β 268, Ε 286 = Λ 384, Κ 374, Μ 46, Ν 285, Ο 280, Υ 262, 283, 380, 430, Φ 288, 575, Ω 171 : η 51, π 179, σ 331 = 391.—(2) To fear, dread, feel terror or alarm at : χαλκόν Ζ 469. Cf. Λ 405, P 586.

τάρβος, τό. Fear, alarm Ω 152, 181.

ταρβοσύνη, -ης, ἡ [τάρβος]. = prec. σ 342.

τάρπησαν, 3 pl. aor. pass. τέρπω.

ταρπώμεθα, 1 pl. aor. subj. mid. τέρπω.

ταρσός, -οῦ, ὁ. (1) App., some kind of basket or stand of wickerwork : ταρσοὶ τυρῶν βρῖθον ι 219 (app. the same as the τάλαροι of 247).—(2) App., the flat upper surface (of the foot) : βάλε ταρσὸν δεξιτεροῖο ποδός Λ 377. Cf. Λ 388.

ταρφέες, -έα [τάρφος]. Nom. fem. ταρφειαί Υ 357, 359. Acc. ταρφειάς Μ 158. Coming, fly-

ing, falling, appearing, thick and fast or at short
intervals : τὰ δράγματα Λ 69, ἰοί 387, νιφάδες
Τ 357. Cf. Μ 158, Ο 472, Τ 359 : χ 246.—In neut.
pl. ταρφέα as adv., at short intervals, without
remission, continually, constantly : στρέφεται
Μ 47. Cf. Ν 718, Χ 142 : θ 379.

τάρφθη, 3 sing. aor. pass. τέρπω.

τάρφος, τό. A thicket Ε 555, Ο 606.

ταρχύω. To pay funeral rites to (a corpse),
honour (it) by funeral rites : ὄφρα ἑ ταρχύσωσιν
Η 85. Cf. Π 456 = 674.

ταύρειος, -η, -ον [ταῦρος]. Of bull's-hide : κυνέην
Κ 258, ἀσπίδα Ν 161, 163. Cf. Π 360.

ταῦρος, -ου, ὁ. (1) A bull Α 41, 316, Β 550,
Λ 728, Π 487, Ρ 542, Σ 580, Τ 403, Φ 131, 237 :
α 25, γ 6, 8, 178, λ 131 = ψ 278, ν 181, 184, φ 48.
—Joined with βοῦς : βοῦς τ. Β 481. Cf. Ρ 389.
—(2) A bull's hide : σάκος ταύρων ζατρεφέων
Η 223.

ταφήϊος [τάφος¹]. Of or pertaining to a funeral :
ταφήϊον (sc. φᾶρος), a robe wherewith to honour
a dead body : Λαέρτῃ ἥρωϊ ταφήϊον β 99 = τ 144 =
ω 134.

τάφος¹, -ου, ὁ [θάπτω]. Funeral rites, a funeral,
a funeral feast, funeral games : τάφον δαίνυ Ψ 29,
Πατρόκλοιο τάφου μνῆμα 619. Cf. Ψ 680, Ω 660,
804 : τάφου κ' ἀντιβολήσαις δ 547. Cf. γ 309,
ν 307, ω 87.

τάφος², τό [ταφ-, τέθηπα]. (1) Wonder, amaze-
ment, astonishment : τ. ἕλε πάντας φ 122. Cf.
ω 441.—(2) Stupefaction : τ. οἱ ἦτορ ἵκανεν ψ 93.

τάφρος, -ου, ἡ. (1) A narrow excavation in
the ground, a trench : πελέκεας στῆσε, διὰ τάφρον
ὀρύξας φ 120.—(2) A ditch or fosse protecting a
fortified place. Of the ditch dug about the Greek
camp Η 341, Θ 179, Ι 67, Λ 48, Μ 4, etc.

ταφών, aor. pple. See τέθηπα.

τάχα [ταχύς]. (1) Swiftly, quickly, fast, at
speed : ἐγγύθεν ἦλθον Ε 275 : εἶσι τέταρτον [ἔτος]
β 89.—(2) In short space, soon, before long,
quickly, speedily, shortly : τάχ' ἄν ποτε θυμὸν
ὀλέσσῃ Α 205. Cf. Β 193, Γ 436, Ζ 52 (was just
on the point of doing so), Ι 573, Λ 654 (i.e. is
as likely as not to do so), Ξ 8 (referring εἴσομαι to
εἴδω (III) (1)), Π 71, Τ 131, Ψ 606 (easily), etc. :
α 251, β 40, δ 514 (was just on the point of doing
so), θ 202, ξ 265, τ 69, ν 393, φ 369 (you will
soon find that it is ill to . . .), χ 78 (will soon
find that this is the last of his shooting), etc.
—(3) Without delay or loss of time, with all
speed, at once, forthwith, straightway : τάχα δ'
ἄμμε διαρραίσεσθαι ὀΐω Ω 355. Cf. Ξ 8 (referring
εἴσομαι to ἴημι² (4)): τάχα Τηλεμάχοιο ἐρέω σ 338.
Cf. Δ 387, σ 115, 389, φ 374, ψ 23.

ταχέως [adv. fr. ταχύς]. With speed, swiftly :
διέπρησσον πεδίοιο τ. Ψ 365.

τάχιστα [neut. pl. of τάχιστος, superl. of ταχύς,
as adv.]. (1) At full speed, with great speed,
swiftly : ἐς νῆας ἔχε ἵππους Λ 513. Cf. θ 561,
ο 293.—(2) With the least delay or loss of time,
as speedily as may be, at once, forthwith, straight-
way : ὄφρα τ. μαχώμεθα Δ 269. Cf. Γ 102, Θ 9,

Ι 165, Ν 286, Ο 453, Ρ 640, Φ 311, Ω 263, etc. :
α 85, γ 175, δ 473, ζ 32, ξ 407, π 349, σ 263, ω 360,
etc.—ὅττι τάχιστα, losing not a moment, with
all speed : Μαχάονα δεῦρο κάλεσσον Δ 193. Cf.
Ι 659, Ο 146, Χ 129, Ψ 71, 403, 414 : ε 112, θ 434,
π 152.

τάχος, τό [ταχύς]. Swiftness, speed, fleetness :
ἵπποισιν, οἷσιν ὤρεξε τάχος Ψ 406. Cf. Ψ 515.

ταχύπωλος [ταχύς + πῶλος]. Having fleet
horses. Epithet of the Δαναοί Δ 232, 257, Ε 316,
345, Θ 161, Ν 620, Ξ 21, Ο 320, Ω 295, 313.—Of
the Μυρμιδόνες Ψ 6.

ταχύς, -εῖα, -ύ. (For comp. and superl. see
θάσσων, τάχιστα.) Acc. sing. masc. ταχύν. Voc.
ταχύ. Nom. dual ταχέε. Nom. pl. ταχέες. Dat.
ταχέεσσι. Acc. ταχέας. Quick in movement,
nimble, swift, fleet (often a merely conventional
epithet) : κύνες Γ 26, ἰόν Δ 94. Cf. Ε 356, 885,
Θ 248, 339, Π 186, etc. : γ 112, ν 261, ζ 133, ο 526,
χ 3, etc.—Epithet of the Telamonian Ajax Κ 110,
175.—Of the Lesser Ajax Β 527, Ν 66, 701, Ξ 442,
520, Ρ 256, Ψ 473, 488 = 754.—Of Achilles Σ 69.—
Of Iris Θ 399, Λ 186, Ο 158, Ω 144.—For πόδας
ταχύς see πούς (3).

ταχυτής, -ῆτος, ἡ [ταχύς]. Swiftness, speed :
ταχυτῆτος ἄεθλα (for swiftness in the race) Ψ 740.
Cf. ρ 315.

τε, enclitic. (1) Repeated in and connecting
correlative clauses : εἴ περ γάρ τε χόλον γε καὶ
αὐτῆμαρ καταπέψῃ, ἀλλά τε καὶ μετόπισθεν ἔχει
κότον Α 81, σύν τε δύ' ἐρχομένω, καί τε πρὸ ὁ τοῦ
ἐνόησεν Κ 224, etc. : ὄρνιθες δέ τε πολλοὶ φοιτῶσ',
οὐδέ τε πάντες ἐναίσιμοι β 181, etc.—(2) Connect-
ing particle, and Α 5, 38, 45, 57, 66, 128, etc. :
α 171, 321, β 65, 118, 153, 300, etc.—(3) . . . τε
. . . τε : λυσόμενός τε θύγατρα φέρων τ' ἀπερείσι'
ἄποινα Α 13, ἑκατόν τε διηκοσίων τε (not only one
hundred but two) Θ 233. Cf. Α 157, 167, 196,
263, 339, etc. : ἀνδρῶν τε θεῶν τε α 28, ἐνδεκάτη τε
δυωδεκάτη τε (the eleventh or twelfth) β 374. Cf.
α 145, 152, 165, 191, 242, etc.— . . . τε . . . τε
. . . τε Α 70, 177, Β 58, etc. : β 120, ε 260, ζ 152,
etc.—(4) . . . τε καὶ . . ., . . . καὶ . . . :
'Ατρείδης τε ἄναξ ἀνδρῶν καὶ δῖος 'Αχιλλεύς Α 7,
χθιζά τε καὶ πρωϊζά (yesterday or the day before)
Β 303, τριχθά τε καὶ τετραχθά (in three or four
pieces) Γ 363, δεκάκις τε καὶ εἰκοσάκις (not ten
times but twenty) Ι 379. Cf. Α 17, 23, 61, 179,
237, etc. : α 5, 25, 54, 291, 293, etc.— . . . τε
. . . τε καὶ . . . Α 264, etc. : α 246, etc.—
(5) . . . τ' ἠδὲ (ἰδὲ) . . ., . . . τε . . . ἠδὲ (ἰδὲ)
. . . Α 400, Β 500, Δ 147, etc. : α 12, δ 604, etc.—
(6) . . . τε . . . δὲ . . . Ε 359, Ι 519, etc. :
ο 546, π 432, etc.— . . . τε, μηδὲ . . . φ 310.—
(7) Marking an assertion as general or in-
definite, in frequentative meaning of habitual
action, characteristic attribute, fixed condition,
permanent significance : ὃν Βριάρεων καλέουσι θεοί,
ἄνδρες δέ τε πάντες Αἰγαίωνα Α 403, ἐν δαίθ', ὅτε
πέρ τε οἶνον κέρωνται Δ 259, σφῶϊν μέν τ' ἐπέοικεν
ἑστάμεν 341, τρεῖς γάρ τ' ἐκ Κρόνου εἰμὲν ἀδελφεοί
Ο 187, καί τέ με νεικείεσκον Τ 86. Cf. Α 521, Β 754,

E 306, 340, I 410, N 279, etc. : ἔχει δέ τε κίονας
α 53, ἄλλοτε μέν τε γόῳ τέρπομαι δ 102, Ἰθάκη δέ
τε καὶ περὶ πασέων 608, κνισῆεν δέ τε δῶμα περι-
στεναχίζεται κ 10, ἔκαθεν δέ τε ἄστυ φάτ' εἶναι ρ 25.
Cf. α 215, δ 387, 497, ε 29, ι 26, λ 123, μ 64, etc.—
(8) Thus in gnomic utterances and maxims : καὶ
γάρ ῥ' ὄναρ ἐκ Διός ἐστιν Α 63, μάλα τ' ἔκλυον
αὐτοῦ 218, ληϊστοὶ μὲν γάρ τε βόες Ι 406, στρεπτοὶ
δέ τε καὶ θεοὶ αὐτοί 497, ῥεχθὲν δέ τε νήπιος ἔγνω
Ρ 32, etc. : τὰ γάρ τ' ἀναθήματα δαιτός α 152,
οὐ γάρ τ' αἶψα θεῶν τρέπεται νόος γ 147, θεοὶ δέ τε
πάντα ἴσασιν δ 379, μάλιστα δέ τ' ἔκλυον αὐτοί ζ 185,
etc.—And in similes Β 210, 456, Γ 11, 25, Δ 77,
277, Ε 137, Θ 338, Κ 362, etc. : δ 535, etc.—
(9) With relatives : ἄσσα τε Κ 208 = 409.—ἔνθα
τε Δ 247, Ξ 215, etc. : θ 363, λ 475, etc.—ἐπεί τε
Λ 87, 562, Μ 393.—ἵνα τε Ι 441, Χ 325, etc. : δ 85,
κ 417, etc.—ὅθεν τε γ 321, δ 358, etc.—ὅθι τε Θ 83,
etc. : α 50, ε 280, etc.—οἷός τε Η 208, Ρ 157 : ε 422,
ο 379, etc.—ὅσ(σ)ος τε Β468, Γ 12, etc. : ε 484,
κ 113, etc.—ὅτε τε Β 471, Ξ 522, etc. : σ 257, χ 301,
etc.—For ὅ τε, ὅς τε, ὅς τίς τε see ὁ (4) (b), ὅς²
(II) (1) (b), ὅς τις (1).—For ὥς τε see ὡς (1) (2)
(3) (10).—For ὡς εἴ τε see εἰ (6) (7).—(10) With
τις Β 292, Ξ 90, Ρ 542, etc. : ε 120, τ 486, etc.—
(11) For τ' ἄρα, τ' ἄρ see ἄρα (8).—For ἦ τε
see ἦ² (1) (b) (γ).—For ἤ τε (ἤτε) see ἠέ (1) (3).
—(12) With εἴ περ Δ 261, etc. : α 188, etc.—
(13) In definite statements, etc., app. by intru-
sion or corruption : δὸς δέ τέ μ' ἄνδρα ἐλεῖν, ὅς . . .
Ε 118, δέελον δ' ἐπὶ σῆμά τ' ἔθηκεν Κ 466, τοὺς
μέν τ' ἰητροὶ ἀμφιπένονται Π 28, σὲ δέ τ' ἐνθάδε
γῦπες ἔδονται 836, οὐδέ τ' ἔληγεν Φ 248, οὐ μήν
οἱ τό γε κάλλιον οὐδέ τ' ἄμεινον Ω 52, etc. : ἐν
δέ τε φάρμακον ἧκεν κ 317, οὐδέ τ' ἀοιδήν μ 198,
πέρασαν δέ τε δεῦρ' ἀγαγόντες ο 428, νεμεσσῶμαι
δέ τ' ἀκούων φ 169, etc.

τέγεος [τέγος]. App., furnished with a roof (to
sleep upon) : θάλαμον Ζ 248.

τέγος, τό. A roof : τέγεος πέσεν (πέσον) (from
the . . .) κ 559, λ 64.—See also σταθμός (3).

τεθαλυῖα, pf. pple. fem. θάλλω.

τεθαρσήκασι, 3 pl. pf. θαρσέω.

τεθηλώς, pf. pple. θάλλω.

τέθηπα. Plupf. (in impf. sense) ἐτεθήπεα
ζ 166. Aor. pple. ταφών Ι 193, Λ 545, 777, Π 806,
Ψ 101, Ω 360 : π 12. (1) To be lost in wonder or
amazement, marvel : ὡς κεῖνο ἰδὼν ἐτεθήπεα θυμῷ
ζ 166, ἔσταν τεθηπότες (in amazement) ω 392.
Cf. ζ 168, ψ 105 (here passing into sense (2)).
—In aor. pple., struck with amazement, in an
access of wonder : ταφὼν ἀνόρουσεν Ι 193, Λ 777,
Ψ 101 : π 12.—(2) To be deprived of one's power
of mind, be bewildered, stunned, stupefied : τίπτ'
(ὡς) ἔστητε τεθηπότες (helpless) Δ 243, 246, ἐξῆγε
θύραζε τεθηπότας Φ 29. Cf. Φ 64.—In aor. pple.,
struck with stupor or bewilderment, one's wits
or vigour gone : στῆ ταφών Δ 545, Π 806, Ω 360.

τεθνάμεν, τεθνάμεναι, pf. infin. θνῄσκω.

τεθνεῶτι, dat. sing. masc. pf. pple. θνῄσκω.

τέθνηκε, 3 sing. pf. θνῄσκω.

τεθνηώς, pf. pple. θνῄσκω.

τεθνωμένον, neut. pf. pple. pass. θυόω.

τείν. See τοί¹.

†τείνω. 3 sing. aor. ἔτεινε Δ 124. τεῖνε Γ 261,
311. 3 pl. τεῖναν Τ 394. 3 sing. subj. τείνῃ
Π 365. 3 sing. opt. τείνειε Τ 101. Pple. τείνας
Ε 262, 322. 3 sing. aor. pass. τάθη Ψ 375. Pple.
ταθείς Ν 655, Φ 119 : χ 200. 3 sing. pf. τέταται
λ 19. 3 sing. plupf. τέτατο Γ 372, Μ 436, Ο 413,
Ρ 543, 736, Χ 307, Ψ 758 : θ 121, λ 11. 3 dual
τετάσθην Δ 536, Ξ 404. 3 pl. τέταντο Δ 544.
(ἐν-.) (1) To stretch, put strain upon : τέταθ'
ἱστία λ 11.—(2) To draw or pull tight : ἡνία Γ 261,
311, Τ 394.—Fig., with a reference to the rope
of strife (cf. τανύω (7)) : τῶν ἐπὶ ἶσα μάχη τέτατο
Μ 436 = Ο 413. Cf. Ρ 543, 736, Τ 101.—Sim. :
ἵπποισι τάθη δρόμος (the pace was forced) Ψ 375.
Cf. Ψ 758 : θ 121.—To pull upon the string of
(a bow), draw the string of (it) towards one,
bend (it) (cf. τιταίνω (2)) : ἐπεὶ τόξον ἔτεινεν
Δ 124.—(3) To draw tight and secure, fasten in
a state of tension : ἐξ ἄντυγος ἡνία τείνας Ε 262,
322.—(4) To stretch out (a person), secure (him)
outstretched : ταθεὶς ὁλοῷ ἐνὶ δεσμῷ χ 200.—
(5) To stretch, dispose, arrange, put, set, place :
φάσγανον, τό οἱ ὑπὸ λαπάρην τέτατο Χ 307. Cf.
Γ 372, Ξ 404.—Sim. : ὅτε τε Ζεὺς λαίλαπα τείνῃ
Π 365. Cf. λ 19.—(6) To stretch (a person) on
the ground, lay (him) low. In pass., to lie
stretched out, be outstretched : τὼ ἐν κονίῃσι
τετάσθην Δ 536. Cf. Δ 544, Ν 655 = Φ 119.

τείρεα, τά. App., stars or constellations Σ 485.

τείρω. To wear out, distress, afflict, exhaust,
bear hard upon, put to sore straits, reduce to
extremity : γήράς σε τείρει Δ 315, ἤδη τειρόμενον
(in extremity) Ε 391, τείρουσί [σ'] υἷες Ἀχαιῶν
Ζ 255.—Cf. Ε 153, 352 (was in sorry plight), Ζ 387,
Θ 81 (was at the last gasp), 102 (are too much
for you), 363 (in his extremity), Ι 248, Λ 801
(find respite from their distress), 841 (in your
trouble), Ν 251, Π 510, Φ 353, Ω 489, etc. : α 342,
β 71 (to pine), δ 369 = μ 332, δ 441, ε 324 (in his
extremity), η 218, ι 441, κ 78, ω 233.

τείσω, fut. τίω.

τειχεσιπλήτης [τείχεσι, dat. pl. of τεῖχος + πλη-,
πελάζω. 'That comes near to walls' (in hostile
sense). Cf. δασπλῆτις). Sacker of walled cities.
Epithet of Ares. In voc. τειχεσιπλῆτα Ε 31 = 455.

†τειχίζομαι [τεῖχος]. 3 pl. aor. ἐτειχίσσαντο.
To build (a wall) : ὅτι τεῖχος ἐτειχίσσαντο Η 449.

τειχιόεις, -εσσα [τεῖχος]. Walled, high-walled :
Τίρυνθα Β 559, Γόρτυνα 646.

τειχίον, τό [τεῖχος]. A wall. Of the wall of
an αὐλή : παρὲκ μέγα τ. αὐλῆς π 165, 343.

τεῖχος, τό. Dat. pl. τείχεσσι Η 135. (1) A
wall for protection or defence : πᾶσαν νῆσον πέρι
τ. [ἐστιν] κ 3. Cf. Ο 736, Τ 145.—In sing. and
pl., a city-wall, the walls of a city : τείχεα Θήβης
Β 691, Δ 378, λαὸν ἀγαρύνθ' ὑπὸ τείχεσιν ἄρειον
Δ 407. Cf. Δ 308, Η 135, Ι 552, Σ 514 : ζ 9, η 44.
—(2) Applied in sing. and pl. (a) To the walls
of Troy : περὶ πτόλιν αἰπύ τε τεῖχος Ζ 327, κατὰ
Ἰλιόφι τείχεα λαὸν ἐέλσαι Φ 295. Cf. Δ 34, Ζ 388,

N 764, Π 397, Σ 256, X 4, 99, etc. : ξ 472.—
(b) To the wall built to protect the Greek camp :
ποτὶ τύμβον τεῖχος ἔδειμαν Η 436, οἵ τάδε·τείχεα
μηχανόωντο Θ 177. Cf. I 67, M 4, 26, N 50, Ξ 15,
O 345, Σ 215, etc.

τεκμαίρομαι [τέκμαρ = τέκμωρ]. 3 sing. aor.
τεκμήρατο κ 563. 3 pl. τεκμήραντο Z 349. (1) To or-
dain, appoint, decree : τάδε κακά Z 349, [Κρονίδης]
τεκμαίρεται ἀμφοτέροισιν, εἰς ὅ κεν ἤ . . . ἤ . . .
(app., settles an appointed time against which
either . . . or . . .) H 70. Cf. η 317, κ 563.—
(2) To foretell : ὄλεθρον λ 112 = μ 139.

τέκμωρ, τό. (1) An end or limit : εἰς ὅ κε τ.
Ἰλίου εὕρωσιν (εὕρωμεν) (till they (we) find out
the limit set for it by fate, i.e. witness its end)
H 30, I 48.—So ἐπεὶ οὐκέτι δήετε τ. Ἰλίου (it is not
your lot to witness its end) I 418 = 685.—(2) A
bringing to a conclusion or end, a conclusion or
end : τοῖο εὕρετο τέκμωρ (i.e. found a remedy for
this state of things, this confusion) Π 472 : οὐδέ
τι τέκμωρ εὑρέμεναι δύνασαι (δύναμαι) (any end to
the business) δ 373, 466.—(3) One's goal : ἵκετο
τ., Αἰγάς N 20.—(4) A sign or token : κεφαλῇ
κατανεύσομαι· τοῦτο γὰρ ἐξ ἐμέθεν γε μέγιστον τ.
[γίγνεται] A 526.

τέκνον, τό [τεκ-, τίκτω]. (1) In pl., offspring,
children : νήπια τέκνα B 136, σὰ τέκνα Ω 542.
Cf. B 871, Z 196, I 594, Σ 337, etc. : λ 249, μ 42,
ν 45, ξ 223, τ 266, etc.—Of the offspring or young
of a bird, animal or insect : στρουθοῖο τέκνα
B 311. Cf. Λ 113, M 170, T 400, etc. : π 217.—
(2) In voc. sing. and pl. (a) In address by a
parent to his or her child or children : φίλε
τέκνον X 84, κακὰ τέκνα Ω 253. Cf. A 362, 414,
Φ 379, etc. : α 64, γ 418, π 226, etc.—(b) In
affectionate address by an elder not a parent
K 192 : β 363, γ 254, δ 78, τ 492, ψ 26, etc·

τέκον, aor. τίκτω.

τέκος, τό [τεκ-, τίκτω]. Dat. pl. τεκέεσσι Γ 160,
Δ 162, M 222 : θ 525, ξ 244. τέκεσσι E 71, 535,
N 176, etc. : β 178, θ 243, κ 61. (1) Offspring, a
child : Διὸς τέκος A 202, ἡμῖν τεκέεσσί τε πῆμα
Γ 160. Cf. T 301, Δ 162, E 71, Σ 63, Ω 36, etc. :
β 178, δ 175, 762 = ζ 324, θ 243, 525, κ 61, ξ 244.
—Of the offspring or young of a bird, animal
or insect : τ. ἐλάφοιο Θ 248. Cf. M 222, Π 265,
P 133.—(2) In voc. (a) In address by a parent to
his or her child : φίλον τέκος E 373. Cf. Θ 39,
Σ 95, Φ 331, etc.: ζ 68.—By a father-in-law to his
daughter-in-law Γ 162, 192.—(b) In affectionate
address by an elder not a parent I 437, Ξ 190,
Ψ 626, Ω 425, etc. : δ 611, η 22, σ 170, etc.

†τεκταίνομαι [τέκτων]. 3 sing. aor. τεκτήνατο
E 62. 3 sing. opt. τεκτήναιτο K 19. (παρα-.)
(1) To construct, build : νῆας E 62.—(2) To
devise, contrive, think out : μῆτιν K 19.

τεκτοσύνη, -ης, ἡ [τέκτων]. The art of the
carpenter or shipwright. In pl. : εὖ εἰδὼς
τεκτοσυνάων ε 250.

τέκτων, -ονος, ὁ. (1) A skilled worker in
wood, a joiner, carpenter or shipwright E 59,
Z 315, N 390 = Π 483, O 411, Ψ 712 : ι 126, ρ 340,

τ 56, φ 43.—So τέκτονα δούρων ρ 384.—(2) With
a qualifying word indicating another material in
which a man works : κεραοξόος τέκτων Δ 110.

τελαμών, -ῶνος, ὁ. A baldrick supporting
(a) A sword or dagger : δῶκε ξίφος (φάσγανον),
σὺν κολεῷ τε φέρων καὶ τελαμῶνι H 304 = Ψ 825,
μαχαίρας ἐξ ἀργυρέων τελαμώνων Σ 598. Cf. λ 610
(see ἀορτήρ (1)), 614.—(b) A shield : ἀσπὶς σὺν
τελαμῶνι Π 803. Cf. B 388, E 796, 798, Λ 38,
M 401, Σ 480.—The two baldricks mentioned
together : δύω τελαμῶνε, ὁ μὲν σάκεος, ὁ δὲ
φασγάνου Ξ 404.—Doubtful which is meant :
δησάμενος τελαμῶνι P 290.

τελέθω. (1) Of a period of time, to revolve,
come round : νὺξ ἤδη τελέθει (is coming upon us)
H 282 = 293.—(2) To turn out to be, prove to be
so and so : θαρσαλέος ἀνὴρ ἐν πᾶσιν ἀμείνων
ἔργοισιν τελέθει η 52.—(3) To become so and so :
ἀγορέων, ἵνα τ᾽ ἄνδρες ἀριπρεπέες τελέθουσιν (win
honour) I 441, ἵνα τ᾽ ἄρνες ἄφαρ κεραοὶ τελέθουσιν
(i.e. their horns begin to sprout immediately
after birth) δ 85, παντοῖοι τελέθοντες (taking all
forms) ρ 486.—(4) To come into being, be brought
about, arise : οἶσθ᾽ οἷαι νέου ἀνδρὸς ὑπερβασίαι
τελέθουσιν (from, in the case of, a young man,
i.e. what offences he will be led to commit)
Ψ 589.—(5) To be : οἳ τὸ πάρος περ ζαχρηεῖς
τελέθουσι καθ᾽ ὑσμίνας (showed themselves . . .)
M 347 = 360. Cf. Φ 465 : ἄνθρωποι μινυνθάδιοι
τελέθουσιν τ 328. Cf. θ 583.

τέλειος [τέλος]. (1) Sure, certain. In superl. :
αἰετόν, τελειότατον πετεηνῶν (bringing the surest
presage of fulfilment) Θ 247 = Ω 315.—(2) Perfect,
without spot or blemish : αἰγῶν τελείων A 66,
Ω 34.

τελείω. See τελέω.

τέλεσε, 3 sing. aor. τελέω.

τελεσφόρος [τελε-, τέλος + -φορος, φέρω]. That
brings completion, that completes the cycle of
the seasons and of the stages of vegetation.
Epithet of ἐνιαυτός T 32 : δ 86, κ 467, ξ 292, ο 230.

τελευτάω [τελευτή]. (1) To bring to comple-
tion, carry through, carry out, bring about,
accomplish, perform : τάδε ἔργα Θ 9. Cf. N 375,
T 90 : α 293, β 275, 280, γ 62, η 331, ω 126, etc.—
(2) In pass., to be accomplished or fulfilled, be
brought to pass, come to pass : θαῦμα, ὃ οὔ ποτ᾽
ἔγωγε τελευτήσεσθαι ἔφασκον (never thought to
see) N 100 : τῇ τελευτήσεσθαι ἔμελλεν (as it was
fated to be) θ 510. Cf. β 171, ι 511.—(3) To
accomplish, fulfil, carry out, bring to fruition
or consummation (a wish or purpose) : πρίν γε
τὸ Πηλεΐδαο τελευτηθῆναι ἐέλδωρ O 74, νοήματα
Σ 328. Cf. φ 200.—(4) To bring about, bring
upon a person : κακὸν ἦμαρ ο 524.—(5) To take
(an oath) in full and binding form : τὸν ὅρκον
Ξ 280 : = β 378 = κ 346, μ 304 = ο 438 = σ 59.—
(6) To complete one's work, finish off (with some-
thing) : μακρῇσιν ἐπηγκενίδεσσι τελεύτα ε 253.

τελευτή, -ῆς, ἡ [τελέω]. (1) An end or con-
clusion : βιότοιο H 104, Π 787 : τελευτὴν ποιῆσαι
(bring matters to a conclusion, i.e. get rid of the

</>
τελέω   377   τέλσον

suitors) α 249 = π 126.—(2) An accomplishment or fulfilment : μύθοιο I 625.

†τελέω [τέλος]. Also τελείω (τελεσίω, fr. τελεσ-, τέλος). 3 sing. pres. τελέει Τ 370. τελεῖ Δ 161. τελείει ζ 234, ψ 161. 1 pl. subj. τελέωμεν δ 776. 3 pl. opt. τελέοιεν ι 127. Nom. pl. masc. pple. τελέοντες γ 262. 3 pl. impf. (έ)τέλειον I 456, O 593. τέλεον Ψ 373, 768. Fut. τελέω Ψ 20, 180 : δ 485, σ 389. τελέσσω Ψ 559. 3 sing. τελέει Θ 415 : β 256, τ 557. 3 pl. τελέουσι I 156, 298, M 59 : ζ 174, ψ 286. Aor. ἐτέλεσσα ε 409, ψ 192, 199. 2 sing. ἐτέλεσσας A 108, Ψ 149. 3 (ἐ)τέλεσσε Δ 160, H 69, M 222, Φ 457 : γ 119, λ 246, χ 51. τέλεσε ε 390, ι 76, κ 144. 3 pl. ἐτέλεσσαν I 598 : ν 212. τέλεσσαν η 325. Subj. τελέσω λ 352. τελέσσω A 523. 2 sing. τελέσσῃς Ψ 543. 3 τελέσῃ Ξ 44. τελέσσῃ A 82 : ρ 51, 60. 3 pl. τελέσωσι Σ 8 : σ 134. Opt. τελέσαιμι I 157. 2 sing. τελέσειας o 195. 3 τελέσειε Δ 178, I 299, K 303 : β 34, δ 699, θ 570, o 112, 203, ρ 399, υ 236, 344. 1 pl. τελέσαιμεν N 377. Imp. τέλεσον κ 483. Infin. τελέσαι Ξ 195, 196, Σ 116, 426, 427, X 366, Ω 660 : β 272, ε 89, 90, κ 490, λ 77. τελέσσαι Ξ 262, Σ 362, Τ 22 : δ 644, ψ 250. Pass. 3 sing. pres. τελεῖται B 330, Ξ 48 : β 176, ε 302, ν 178, σ 271. τελείεται ξ 160, τ 305, 561. 3 sing. impf. ἐτελείετο A 5 : λ 297. Fut. infin. τελέεσθαι A 204, B 36 : α 201, β 156, γ 226, δ 664, o 173, π 347, χ 215. τελείσθαι ψ 284. 3 sing. aor. ἐτελέσθη δ 663, τ 153, ω 143. τελέσθη O 228 : κ 470. 3 sing. pf. τετέλεσται Σ 74 : ν 40, π 346. Pple. τετελεσμένος, -ον A 212, 388, B 257, Θ 286, 401, 454, I 310, Ξ 196, Σ 4, 427, Ψ 410, 612 : β 187, ε 90, o 536, π 440, ρ 163, 229, σ 82, τ 309, 487, 547, φ 337. 3 sing. plupf. τετέλεστο H 465, Τ 242 : ε 262, χ 479. (ἐκ-.) (1) To bring to completion, carry through, carry out, bring about, accomplish, perform : τετέλεστο ἔργον H 465, τελέσαι με θυμὸς ἄνωγεν Ξ 195. Cf. A 523, K 303, Ξ 262, Σ 8, Τ 22, Ψ 373, Ω 660, etc. : Ζεὺς ἀγαθὸν τελέσειεν, ὅ τι μενοινᾷ β 34, ὅδόν 256. Cf. β 272, γ 262, δ 663, λ 246, ν 40, ρ 51, χ 51, ψ 286, etc.—Absol. : μενοίνεον εἰ τελέουσιν (make good their passage) M 59. Cf. Δ 160, 161, Θ 415, O 228, Σ 352 (to work his will) : μόγις ἐτέλεσσε Κρονίων (granted us our ends) γ 119. Cf. ε 409 (have accomplished my journey), η 325, ν 212, o 203 (might do his bidding), τ 557 (what his purpose is), ψ 192, 199.—(2) In pass. (sometimes in impers. use), to be accomplished or fulfilled, be brought to pass, come to pass, be : τὸ καὶ τελέεσθαι ὀίω A 204, ὡς καὶ τετελεσμένον ἔσται Θ 286. Cf. A 212, B 36, 330 (are coming true), I 310, Ψ 410, etc. : α 201, β 156, 176, γ 226, ξ 160, π 440, ψ 284, etc.—(3) In pf. pple. pass., capable of accomplishment : εἰ τετελεσμένον ἐστίν Ξ 196 = Σ 427 : = ε 90.—(4) To succeed in doing something. With infin. : δύμεναι τε κέεσσιν M 222. —(5) To make full or perfect : εἰς ὅ κε πᾶσαν δωτίνην τελέσω (make up the full tale) λ 352.— (6) To accomplish, fulfil, carry out, bring to fruition or consummation (a purpose, design, prediction, ordinance, wish, imprecation, charge,

etc.) : Διὸς ἐτελείετο βουλή A 5, ἐπαράς I 456, Διὸς ἐφετμάς O 593. Cf. A 82, 108, Δ 178, H 69, I 156, 298, Ξ 44, Ψ 149, etc.: ὑπόσχεσιν κ 483. Cf. β 272, δ 776, λ 297, o 195, τ 547, υ 236, etc.—(7) In reference to a period of time, to bring round in its course, bring on : περὶ ἤματα μακρὰ τελέσθη (came round) κ 470, περὶ ἤματα πόλλ’ ἐτελέσθη (had come round, had passed) τ 153 = ω 143. Cf. ε 390 = ι 76 = κ 144.—(8) To pay : μισθόν Φ 457.—Sim.: οὐκέτι δῶρ’ ἐτέλεσσαν (withheld the promised gifts) I 598.

τελήεις, -εντος. Fem. -εσσα [τέλος]. Of sacrifices, such as win accomplishment, acceptable : ἑκατόμβας A 315, B 306 : δ 352, 582, ν 350, ρ 50, 59.

τέλλω. 3 sing. plupf. pass. ἐτέταλτο B 643 : λ 524. (ἀνα-, ἐπι-, περιτέλλομαι.) To cause to take a particular direction. With ἐπί, to lay (an injunction or charge upon a person), give (an order to him) : κρατερὸν ἐπὶ μῦθον ἔτελλεν A 25 = 379, A 326, Π 199, τῷ δ’ ἐπὶ πάντ’ ἐτέταλτο ἀνασσέμεν Αἰτωλοῖσιν (i.e. he bore the whole burden of the leadership) B 643 : ἐμοὶ δ’ ἐπὶ πάντ’ ἐτέταλτο (i.e. I had sole responsibility) λ 524. Cf. ψ 349.

τέλος, τό. (1) An end or conclusion : γνῶ ὅ οἱ οὔ τι τ. κατακαίριον ἦλθεν (that it was not a fatal end that had come to him) Λ 439.—(2) The completion or finishing of something : [τρίποδες] τόσσον ἔχον τ. Σ 378.—(3) The accomplishment of something, the bringing it to a conclusion or final decision, the issue of it : τ. οὔ πώ τι πέφανται B 122, ἐν χερσὶ τ. πολέμοιο Π 630, εἰ θεός περ ἴσον τείνειεν πολέμου τ. (i.e. should pull fairly or evenly at, stretch fairly, the rope of strife) (cf. πεῖραρ (1)) Τ 101. Cf. Γ 291. — (4) The accomplishment, carrying out, fulfilment, of something : οὐδὲ τ. μύθῳ ἐπιθήσεις Τ 107. Cf. Τ 369: εἰ γὰρ ἐπ’ ἀρήσιν τ. ἡμετέρῃσι γένοιτο ρ 496.—(5) The coming to pass, the crisis or supreme moment, of something (cf. πεῖρας (2)(c)) : τ. θανάτοιο Γ 309, E 553, I 416, Λ 451, Π 502 = 855 = X 361, μισθοῖο τ. (the moment for the payment of the wage) Φ 450 : τ. γάμοιο (the longed-for day of marriage) υ 74, νόστοιο τέλος (the day when I should set foot on my native shore) χ 323. Cf. ε 326, ρ 476, ω 124.— (6) The final stage or consummation of something : οὔ τ. ἵκεο μύθων (have not said the last word, all that is to be said) I 56.—Sim.: οὔ τί φημι τ. χαριέστερον εἶναι ἤ ὅτε . . . (I say that there can be no higher perfection of happiness) ι 5.— (7) The essential points, the sum or substance, of something (cf. πεῖραρ (2)(g)) : μύθου τ. Π 83.— (8) A post or position occupied by soldiers : δόρπον εἵλοντο (ἐλόμεσθα) (ἔλεσθε) κατὰ στρατὸν ἐν τελέεσσιν (in their (our) (your) respective quarters) H 380, Λ 730, Σ 298, ἐς φυλάκων τ. K 56. Cf. K 470.

τέλοσδε [τέλος + -δε (1)]. In phrase θανάτοιο τέλοσδε (see prec. (5)), to the . . . I 411, N 602.

τέλσον, τό. In ploughing, the headland (of a field), the strip at each end of the furrows at the edge of which the plough is turned : τ. ἀρούρης N 707, Σ 544. Cf. Σ 547.

τέμενος, τό [τέμνω]. (1) A piece of land marked off from common land and held in severalty, *i.e.* as private enclosed property: τ. τάμον Z 194, Υ 184, τ. βασιλήϊον Σ 550. Cf. I 578, M 313, Υ 391: ζ 293, λ 185, ρ 299.—(2) A piece of land similarly marked off and dedicated to the service of a god or goddess: Πύρασον, Δήμητρος τ. (*i.e.* Pyrasus with its . . .) B 696. Cf. Θ 48, Ψ 148 : θ 363.

τέμνω. See τάμνω.

τέμω. 3 sing. aor. ἔτετμε Δ 293, Z 515 : a 218, γ 256, ε 81. τέτμε Z 374 : ε 58. 2 sing. subj. τέτμῃς ο 15. (1) To reach, touch: τέμει [ἄροτρον] τέλσον ἀρούρης N 707.—(2) To light or come upon, find : Ἕκτορα Z 515.—To find or come upon in a specified place or condition, or doing something specified : οὓς ἑτάρους στέλλοντα Δ 293, ἔνδον Z 374 : ε 81. Cf. γ 256, ε 58, ο 15.—Of a stage of life, to come upon (one): ὃν γῆρας ἔτετμεν α 218.

τένων, -οντος, ὁ [τείνω]. Always in dual or pl. A tendon (in K 456, Ξ 466, Π 587 = ἰνίον): χερμαδίῳ βλῆτο παρὰ σφυρόν· ἀμφοτέρω δὲ τένοντε λᾶας ἀπηλοίησεν Δ 521. Cf. E 307, K 456, Ξ 466, Π 587, P 290, Υ 478, X 396.—Of an ox γ 449.

τέξεις, 2 sing. fut. τίκτω.

τεοῖο. See τοί[^1].

τεός, -ή, -όν. Thy, your (cf. σός) A 138, 282, E 230, 234, Θ 238, etc.: α 295, β 123, γ 94, 122, η 290, etc.

τέρας, τό. Genit. pl. τεράων M 229. Dat. τεράεσσι Δ 398, 408, Z 183, M 256. Acc. τέραα μ 394. (1) A significant sign or token, an omen or portent: τόδ᾽ ἔφηνε τ. Ζεύς B 324. Cf. Δ 76, 398, 408, Z 183, Λ 28 (for men), M 209, 229, 256, P 548 : ἠτέομεν θεὸν φῆναι τ. γ 173. Cf. μ 394, ο 168, π 320, υ 101, 114, φ 415.—(2) Something borne as a symbol: Ἔριδα, πολέμοιο τ. μετὰ χερσὶν ἔχουσαν Λ 4 (the nature of the object seems to be beyond conjecture).—(3) Something endowed with malign mystic power: Γοργείη κεφαλή, Διὸς τ. E 742.

τέρετρον, -ου, τό [cf. τετραίνω]. A borer or gimlet: ἔνεικε τέρετρα· τέτρηνεν δ᾽ ἄρα πάντα ε 246. Cf. ψ 198.

τέρην, -ενος. Neut. τέρεν, -ενος. [Cf. L. *teres*.] (1) Of spheroidal form, round. Epithet of tears: Γ 142, Π 11, Τ 323 : π 332.—(2) Of flesh, showing firm rounded contours Δ 237, N 553, Ξ 406.— (3) Of vegetation, swelling with sap, full of fresh life: φύλλα N 180 : μ 357, ἄνθεα ποίης ι 449.

τέρμα, -ατος, τό. (1) The outward goal or turning-point in a race over a double course: αἰεὶ τέρμ᾽ ὁρόων Ψ 323. Cf. Ψ 462, 466.—In pl. in the same sense: ὡς ὅτε περὶ τέρμαθ᾽ ἵπποι τρωχῶσιν X 162. Cf. Ψ 309, 333, 358 = 757.— (2) In pl. = σῆμα (3): ἔθηκε τέρματα θ 193.

τερμιόεις, -εντος. Fem. -εσσα [app. ᾽ with a τέρμις,᾽ explained as ᾽ fringe ᾽]. Thus, fringed : ἀσπίς Π 803 : χιτῶνα τ 242.

τερπικέραυνος [τερπ-, metathesis of τρεπ-, τρέπω + κεραυνός]. Hurler of the thunderbolt. Epithet of Zeus A 419, B 478, 781, Θ 2, Λ 773,

M 252, Π 232, Ω 529 : η 164, 180, ξ 268 = ρ 437, τ 365, υ 75, ω 24.

τέρπω. Fut. **Mid.** τέρψομαι Υ 23. Aor. subj. τέρψομαι π 26. Pple. τερψάμενος μ 188. 1 pl. aor. subj. ταρπώμεθα Ω 636 : δ 295, ψ 255. 3 sing. redup. aor. τετάρπετο Τ 19, Ω 513. 1 pl. subj. τεταρπώμεσθα Ψ 10, 98 : λ 212. Pple. τεταρπόμενος α 310, ξ 244. Pl. τεταρπόμενοι Ι 705. **Pass.** 2 pl. aor. ἐτέρφθητε ρ 174. 3 ἐτέρφθησαν θ 131. 3 sing. opt. τερφθείη ε 74. 3 sing. aor. τάρφθη τ 213, 251, φ 57. 3 pl. τάρφθεν ζ 99. 3 dual aor. ἐταρπήτην ψ 300. 1 pl. τάρπημεν Λ 780. 3 pl. τάρπησαν Ω 633 : γ 70, δ 47, ε 201, κ 181. 1 pl. subj. τραπείομεν (metathesis of ταρπείομεν) Γ 441, Ξ 314 : θ 292. Infin. ταρπήμεναι Ω 3 : ψ 346. ταρπῆναι ψ 212. (ἐπι-, ποτι-.) **(I)** (1) To cheer, solace, refresh. In mid. : τεταρπόμενος κῆρ α 310.—To cheer in sorrow, comfort : τέρποντες πυκινῶς ἀκαχήμενον Τ 312.—(2) To engage agreeably the thoughts or attention of, entertain, amuse : τὸν ἔτερπε λόγοις Ο 393. Cf. Ι 189 : α 107, σ 315, τ 590.—In mid. : φρένα τερπόμενον φόρμιγγι Ι 186. Cf. Υ 23.—Absol. : ἀοιδόν, ὅ κεν τέρπῃσιν ἀείδων ρ 385. Cf. α 347, θ 45.—In mid. with reciprocal force : τερπέσθην μύθοισιν ψ 301. Cf. Λ 643 : δ 179, 239.—(3) To satisfy. With genit. In mid. : τεταρπόμενοι ἦτορ σίτου καὶ οἴνοιο Ι 705.—**(II)** In mid. and pass. (1) To have joy or delight, give oneself up to pleasure or enjoyment, take one's pleasure or ease, enjoy oneself : φρένα τέρπετ᾽ ἀκούων (in his heart) A 474, φιλότητι τραπείομεν εὐνηθέντε Γ 441. Cf. H 61, I 337, 400, Ξ 314, Σ 604, T 18, Φ 45 (with his . . .), Ψ 298 (live at ease): α 26, δ 17, ε 74, ζ 46, θ 91, ξ 244, ο 391, φ 105, etc.—With genit. : ὄφρα τέρπηται ἀοιδῆς (have joy in it) θ 429. Cf. ψ 212.—In reference to solacing oneself with lamentation or with the recalling of past sorrow : γόῳ φρένα τέρπομαι δ 102, κήδεσιν ἀλλήλων τερπώμεθα, μνωομένω ο 399. Cf. ο 400, τ 513.—(2) To be filled with satisfaction or exultation, exult : οἱ ἔκηλοι τέρπονται E 760. Cf. Δ 10.—(3) To be cheered or gladdened : οὔτ᾽ αὐγῆς Ἠελίοιο τέρπονт᾽ οὔτ᾽ ἀνέμοισιν Θ 481. Cf. T 313.—(4) To entertain or amuse oneself: δίσκοισιν τέρποντο B 774. Cf. Σ 526 : α 422 = σ 305, α 423 = σ 306, δ 626 = ρ 168, ρ 606.—(5) To satisfy one's desire (for something), take one's fill (of it). With genit. : ἐπεὶ σίτου τάρφθεν ζ 99. Cf. Λ 780 : γ 70, ε 201, ψ 300, 346.—With instrumental dat.: ἐπεὶ ἐτέρφθησαν φρέν᾽ ἀέθλοις θ 131. Cf. ρ 174.— With complementary pple.: ἐπεὶ τετάρπετο δαίδαλα λεύσσων Τ 19. Cf. Ω 633 : δ 47 = κ 181.—Without construction: δόρποιο μέδοντο ὕπνου τε ταρπήμεναι (to have their fill thereof) Ω 3. Cf. Ω 636 := δ 295 = ψ 255.—In reference to lamentation, to take one's fill (of it), indulge oneself (in it) to the full. With genit. : ἐπεί κε τεταρπώμεσθα γόοιο Ψ 10. Cf. Ψ 98, Ω 513 : λ 212, τ 213 = 251 = φ 57.

τερπωλή, -ῆς, ἡ [τέρπω]. A joy or delight : οἵην τερπωλὴν θεὸς ἤγαγεν ἐς τόδε δῶμα σ 37.

†**τερσαίνω** [cf. next]. 3 sing. aor. τέρσηνε Π 529.

Non-thematic pres. infin. pass. τερσήμεναι ζ 98. τερσῆναι II 519. To cause to become dry, dry : εἵματ' ἠελίοιο μένον τερσήμεναι αὐγῇ ζ 98.—To check the flow of (blood): ἀφ' ἕλκεος αἷμα τέρσηνεν Π 529. Cf. Π 519.

τέρσομαι [cf. prec.]. To become dry : οὐδέ ποτ' ὄσσε δακρυόφιν τέρσοντο ε 152. Cf. η 124 (bakes in the sun).—Of a wound, to dry up, have the flow of blood checked Λ 267, 848.

τερψίμβροτος [τερψ-, τέρπω + (μ)βροτός]. That brings delight to men. Epithet of 'Ηέλιος μ 269 = 274.

τέρψομαι, fut. and aor. subj. mid. τέρπω.

τεσσαράβοιος, -ον [τεσσαρ-, τέσσαρες + -α- (on analogy of numerals in -α) + βοῦς]. Of the value of four oxen : τίον ἑ τεσσαράβοιον (as being of the value of . . ., at the value of . . .) Ψ 705.

τεσσαράκοντα, indeclinable [τέσσαρες]. Forty B 524 = 747, B 534 = 545 = 630 = 644 = 710 = 737 = 759 : ω 341.

τέσσαρες, -α. Four : τέσσαρες ἀρχοί B 618, οὔατα τέσσαρα Λ 634. Cf. E 271, Λ 699, Σ 578, Ψ 268 : δ 436, ι 335, κ 349, ξ 22, χ 110, 204, ω 279, 497.

τέταγτο, aor. [redup. fr. ταγ-. Cf. L. ta(n)go]. To grasp, seize : ῥῖψε ποδὸς τεταγών (by the . . .) A 591. Cf. O 23.

τέταντο, 3 pl. plupf. pass. τείνω.

τετάνυσται, 3 sing. pf. pass. τανύω.

τετάρπετο, 3 sing. redup. aor. mid. τέρπω.

τέταρτος. See τέτρατος.

τέταται, 3 sing. pf. pass. τείνω.

τετέλεσται, 3 sing. pf. pass. τελέω.

τετεύξεται, 3 sing. fut. pass. τεύχω.

τετεύχαται, 3 pl. pf. pass. τεύχω.

τετεύχημαι, pf. pass. [app. formed fr. τεύχεα, though the stem is τευχεσ-]. To have one's harness on : τετευχῆσθαι γὰρ ἄμεινον χ 104.

τετευχώς, pf. pple. τεύχω.

τέτηκα, pf. τήκω.

τετίημαι, pf. Pple. in act. form τετιηώς, -ότος I 13, 30, 695, Λ 555, P 664, Ω 283. To be sorrowful, grieved, sore, troubled, heavy : τετιημέναι ἦτορ (dashed in spirits) Θ 437, ἵζον εἰν ἀγορῇ τετιηότες I 13. Cf. Θ 447, I 30 = 695, Λ 555 = P 664, Λ 556, Ω 283 : α 114, β 298, δ 804, θ 303, σ 153.—In a more physical sense : τετιημένος ἦτορ (his spirit crushed, with little life in him) η 287.

τετιμένος, pf. pple. pass. τίω.

τέτλαθι, pf. imp. τλάω.

τετλαίη, 3 sing. pf. opt. τλάω.

τέτληκε, 3 sing. pf. τλάω.

τετληότες, nom. pl. masc. pf. pple. τλάω.

τετληυῖα, pf. pple. fem. τλάω.

τέτμε, 3 sing. aor. τέμω.

τετμημένον, nom. sing. neut. pf. pple. pass. τάμνω.

τετράγυος [τετρα-, τέσσαρες + γύης, a measure of land. Cf. πεντηκοντόγυος]. Consisting of four measures : ὄρχατος η 113.—In neut. without sb., a space of four measures : τετράγυον εἴη (let us have four measures to cover) σ 374.

τετραθέλυμνος [τετρα-, τέσσαρες + θέλυμνα, foundations. Cf. προθέλυμνος]. With four layers of hide : σάκος O 479 : χ 122.

†τετραίνω [cf. τείρω]. Aor. τέτρηνα ψ 198. 3 sing. τέτρηνε X 396 : ε 247. To perforate, pierce : τένοντε X 396.—To treat with the gimlet, make the needful perforations in : πάντα ε 247, ψ 198.

τετράκις [τετρα-, τέσσαρες]. Four times : τρισμάκαρες καὶ τετράκις ε 306.

τετράκυκλος, -ον [τετρα-, τέσσαρες + κύκλος]. Four-wheeled : ἕλκον τετράκυκλον ἀπήνην Ω 324 : ἄμαξαι ἐσθλαὶ ἐϋτράκυκλοι ι 242.

τετραμμένος, pf. pple. pass. τρέπω.

τετράοροι [contr. fr. τετραήορος, fr. τετρα-, τέσσαρες + ἠορ-, ἀείρω. Cf. παρήορος, συνήορος]. Yoked four together : ἵπποι ν 81.

τετραπλῇ [contr. dat. sing. fem. of τετραπλόος, fr. τετρα-, τέσσαρες. For the second element cf. διπλόος]. Fourfold : ἀποτείσομεν A 128.

τέτραπτο, 3 sing. plupf. pass. τρέπω.

τέτρατος, -η, -ον. Also τέταρτος [τετρα-, τέσσαρες]. (1) The fourth : τ. ὁπλίσαθ' ἵππους (was the fourth to . . .) Ψ 301, ἀνάειρε δύο χρυσοῖο τάλαντα τ. (taking the fourth prize) 615. Cf. β 107 = Τ 152 = ω 142, γ 180, ε 262.—With ellipse of sb. : τῶν τετάρτων ἦρχε . . . (the fourth body) B 623, M 98, τῆς τετάρτης [στιχὸς] ἦρχε . . . Π196, τῷ τετάρτῳ θῆκε δύω χρυσοῖο τάλαντα (for the man running fourth) Ψ 269. Cf. β 89, κ 358, ξ 26.—(2) τὸ τέταρτον (τέτρατον), for the fourth time : ὅτε τὸ τέταρτον ἐπέσσυτο E 438 = Π 705 = 786 = Τ 447. Cf. X 208 : φ 128.—On the fourth occasion : τὸ τέτρατον ἵκετο τέκμωρ (at the fourth stride) N 20. Cf. Φ 177.

τετραφάληρος, -ον [τετρα-, τέσσαρες + φάλαρον]. With four φάλαρα : κυνέην E 743 = Λ 41.

τετράφαλος, -ον [τετρα-, τέσσαρες + φάλος]. With four φάλοι : κυνέην M 384, κόρυθι X 315.

τετράφατο, 3 pl. plupf. pass. τρέπω.

τετράφθω, pf. imp. pass. τρέπω.

τετραχθά [τετρα-, τέσσαρες]. In four pieces Γ 363 : ι 71.

τετραίνω, aor. τετραίνω.

τετρήχει, 3 sing. plupf. ταράσσω.

τετρίγει, 3 sing. plupf. τρίζω.

τέτροφε, 3 sing. pf. τρέφω.

τέττα. App. a form of courteous address : τέττα, σιωπῇ ἦσο Δ 412.

τέττιξ, -ῑγος, ὁ. The cicada Γ 151.

τετυγμένος, pf. pple. pass. τεύχω.

τετύγμην, plupf. pass. τεύχω.

τετυκεῖν, aor. infin. τεύχω.

τετύκοντο, 3 pl. aor. mid. τεύχω.

τέτυκται, 3 sing. pf. pass. τεύχω.

τετυμμένον, nom. dual masc. pf. pple. pass. τύπτω.

τετύχηκε, 3 sing. pf. τυγχάνω.

τεῦξε, 3 sing. aor. τεύχω.

τεύξεσθαι[1], fut. infin. mid. and pass. τεύχω.

τεύξεσθαι[2], fut. infin. mid. τυγχάνω.

τεύξῃ, 2 sing. fut. mid. τυγχάνω.

τεύξω, fut. τεύχω.

τεύχεα, τά. Dat. τεύχεσι Γ 29, Δ 419, Ε 450, Λ 49, Π 156, Τ 46, Χ 381, etc. : λ 74, 546, ξ 474, ω 69. τεύχεσσι Ψ 131: ω 496. Armour, harness, warlike trappings or array (app. sometimes, as in δ 784, ο 218, π 284 (cf. τ 33), π 326, 360, τ 4 (cf. 33), ω 534, etc., including arms) (cf. ἔντεα): τεύχε' ἀποθέσθαι Γ 89, ἀμφ' ὤμοῖσιν ἐδύσετο τεύχεα 328. Cf. Β 808, Δ 222, 466, 504, Ε 435, Ζ 230, Η 146, etc. : λ 41, μ 13, ξ 474, ο 218 (doubtless referring to some light pieces which he had taken with him rather as a matter of ceremony than for use), χ 109, 114, 139, etc.

τεύχω. [This and τυγχάνω believed to be different forms of the same word.] 3 sing. dual impf. ἐτεύχετον Ν 346. Fut. τεύξω ν 397. 2 sing. τεύξεις ω 476. 3 τεύξει κ 290. 1 pl. τεύξομεν μ 347. 3 pl. τεύξουσι α 277, β 196, ω 197. Infin. τεύξειν χ 14. Aor. ἔτευξα δ 174. 3 sing. ἔτευξε Ζ 314, Ξ 166, 338, Σ 483. τεῦξε Ε 449, Σ 609, 610, 611, 613 : η 92, 235, θ 276. 3 pl. ἔτευξαν α 244. τεῦξαν Φ 538 : θ 579. 3 sing. opt. τεύξειε Ξ 240 : θ 177, ν 191, υ 11. Pple. τεύξας λ 409. Fem. τεύξάσα λ 430. Redup. aor. infin. τετυκεῖν ο 77, 94. Pf. pple. τετευχώς μ 423. Mid. Fut. infin. τεύξεσθαι Τ 208. 3 pl. redup. aor. τετύκοντο Α 467, Β 430, Η 319 : θ 61, μ 307, π 478, υ 390, ω 384. 1 pl. opt. τετυκοίμεθα μ 283, ξ 408. Infin. τετυκέσθαι φ 428. Pass. Fut. infin. τεύξεσθαι Ε 653. 3 sing. fut. τετεύξεται Μ 345, 358, Φ 322, 585. 3 sing. aor. ἐτύχθη Β 155, 320, Δ 470, Λ 671, Μ 471, Ο 122, 696, Π 296, Ρ 410, 704 : γ 255, δ 212, σ 36, 221, 233, φ 303, ω 124. 2 sing. pf. τέτυξαι Π 622. 3 τέτυκται Γ 101, Δ 84, Ξ 246, Ο 207, Π 589, Ρ 690, Σ 120, Τ 224, Φ 191, Χ 30, 420, 450, Ψ 240, Ω 317, 354 : δ 392, 771, ζ 301, θ 544, 546, μ 280, ν 243, ρ 102, τ 595, ψ 188. 3 pl. τετεύχαται Ν 22, Ξ 53, 220 : β 63, ξ 138, τ 563. 3 sing. imp. τετύχθω β 356, φ 231. Pple. τετυγμένος, -ου Λ 243, Ξ 9, 66, Π 225, Χ 511, Ψ 741 : δ 615, ι 223, κ 210, π 185, υ 366, χ 335, etc. Infin. τετύχθαι Ο 110 : α 391. Plupf. τετύγμην ξ 234. 2 sing. ἐτέτυξο Μ 164. τέτυξο Θ 163. 3 (ἐ)τέτυκτο Ε 78, 402, 446, 901, Ζ 7, Λ 77, Μ 8, Ξ 215, Ο 337, 643, Π 605, Ρ 279, Σ 549, Ψ 332, 455 : δ 772, θ 5, 281, 384, ι 190, λ 550, 610, ν 170, ρ 210, σ 275, τ 226, υ 110, ψ 152. 3 pl. ἐτετύχατο Λ 808. τετεύχατο Σ 574. (προ-.) (1) To make, construct, build, form, fabricate, fashion, prepare : εἴδωλον Ε 449, δώματα, τά ῥ' αὐτὸς ἔτευξεν Ζ 314, θεῶν ἀέκητι [τεῖχος] τέτυκτο Μ 8. Cf. Β 101, Ε 61, Ξ 166, Σ 373, 483 (wrought, represented), 609, Φ 322, Χ 511 (woven), etc.: εἶδος θ 177, νηόν μ 347. Cf. δ 174, η 92, 235, θ 276, φ 215.—With genit. of material : βόες χρυσοῖο τετεύχατο (were wrought or represented in . . .) Σ 574: περόνη χρυσοῖο τέτυκτο τ 226.— With dat. : δόμον αἰθούσῃσι τετυγμένον (built with . . .) Ζ 243. Cf. τ 563.—In pf. pple. in pass. sense, made : ἐπίτονος, βοὸς ῥινοῖο τετευχώς μ 423.—(2) To make, cause to be so and so: αὐτοὺς ἐλώρια τεῦχε κύνεσσιν Α 4 : ὄφρα μιν αὐτὸν ἄγνωστον τεύξειεν ν 191. Cf. ν 397.—(3) In pf.

pple. pass., that is a work of craftsmanship, wrought, (well or curiously) made, fashioned or constructed (cf. τυκτός): σάκος τετυγμένον Ξ 9. Cf. Ξ 66, Π 225, Ψ 741 : δέπα τετυγμένα υ 153, ἀγρὸν τετυγμένον (brought into a high state of cultivation) ω 206. Cf. δ 615 = ο 115, ι 223, κ 210, 252, π 185, χ 335.—Sim. of the mind, steady, well balanced υ 366.—(4) To make ready, prepare (a meal or the like) : τεύξει τοι κυκεῶ κ 290, δεῖπνον τετυκεῖν ο 77 = 94. Cf. Λ 624 : κ 316. — In mid. Α 467 = Β 430 = Η 319, Τ 208 : θ 61, κ 182, μ 283, 307, ξ 408, π 478 = ω 384, υ 390, φ 428.—Sim. : ἄλφιτα τεύχουσαι (τευχούσῃ) (grinding it) υ 108, 119.—(5) To make, bring about, arrange, cause, cause to come into existence or take place: ἄλγεα Α 110, ὄμβρον Κ 6. Cf. Ν 209, 346, Ο 70, Φ 538 : γάμον α 277 = β 196, τάδε τέτυκται θ 544, βοήν κ 118. Cf. α 244, θ 579, κ 18, σ 350, υ 11, χ 14, ω 197, 476.—(6) In pass., to be brought about or to pass, to take place, be done, occur, happen, be : νόστος κ' ἐτύχθη Β 155, θαυμάζομεν οἷον ἐτύχθη 320, ὅμαδος ἐτύχθη (rose up) Μ 471 = Π 296. Cf. Δ 470, Ε 653, Λ 671, Μ 345, 358, Ο 110, 122, 696, Ρ 410, 690, 704, Φ 585, Χ 450, Ω 354 (app., matters have happened which call for, this is a matter which calls for, a wary mind): ὅττι τοι κακὸν τ' ἀγαθόν τε τέτυκται δ 392. Cf. β 63, γ 255, δ 212, ξ 138, σ 36, 221, 233 (turned out), φ 303, ω 124.— In reference to the workings of fate, to be fated or decreed : ὁππ0τέρῳ θάνατος τέτυκται Γ 101. Cf. Σ 120.—(7) To plan, contrive, plot : τεύξας θάνατον λ 409. Cf. δ 771, λ 430.—(8) In pf. and plupf. pass. (a) Signifying merely being or existence : ὅθι οἱ νηὸς γε τέτυκτο (stood) Ε 446, τό γε νύσσα σήματος (served as . . .) Ψ 332, ἐν μεσώπῳ λευκὸν σῆμα τετυκτο 455. Cf. Λ 77, 808, Ν 22, Ξ 215, 220 : οὐχ ἥδε δίκη τὸ πάροιθε τέτυκτο (this was not the custom) σ 275, τόδε σῆμα τετύχθω (let this be the signal) φ 231. Cf. θ 5, λ 610, ρ 210, ψ 188.—(b) As the copula (sometimes with the notion of becoming): Ζεύς, ὅς τ' ἀνθρώπων ταμίης πολέμοιο τέτυκται Δ 84 = Τ 224, οὔ τι καταθνητός γε τέτυκτο Ε 402 = 901, γυναικὸς ἄρ' ἀντὶ τέτυξο (you were not what we thought you were, you are after all no better than a woman) Θ 163, ἦ ῥά νυ καὶ σὺ φιλοψευδὴς ἐτέτυξο (so then thou art . . .) Μ 164. Cf. Ε 78, Ζ 7, Ξ 53, 246, Ο 207, 337, 643, Π 589, 605, 622, Ρ 279, Σ 549, Φ 191, Χ 30, 420, Ψ 240, Ω 317 : τὰ δ' οὐ ἴσαν ὡς ἐτέτυκτο (how matters really were) δ 772 = ν 170 = ψ 152, εὐνήν, ἥ μοι στονόεσσα τετύκται ρ 102 = τ 595. Cf. α 391, β 356, ζ 301, θ 281, 384, 546, ι 190, λ 550, μ 280, ν 243, ξ 234 (found myself), υ 110.

τέφρη, ἡ. Ashes Σ 25, Ψ 251.

τεχνάομαι [τέχνη]. (1) To make, fashion : εὖ τεχνήσατο καὶ ἰστία ε 259, μὴ τεχνησάμενος μηδ' ἄλλο τι τεχνήσαιτο (app., would that he had never made it, and (having made it) may he never make another of the same (i.e. so terrible) (see under μή (10)) λ 613.—(2) To contrive, devise : ταῦτ' αὐτὸς τεχνήσομαι Ψ 415.

τέχνη, -ης, ἡ. (1) Skill, art, craftsmanship,

cunning of hand : ἀνέρος, ὅς ῥά τε τέχνῃ νήϊον ἐκτάμνῃσιν Γ 61. Cf. γ 433, ζ 234 = ψ 161, λ 614. —Cunning, craft, wiles : οὐδ' ὁ γέρων δολίης ἐπελήθετο τέχνης δ 455.—(2) A plot, a dark design: δολίην ἐφράσσατο τέχνην δ 529.—(3) In concrete sense, something cunningly contrived, a contrivance : τέχνας εἰσορόωσιν Ἡφαίστοιο θ 327. Cf. θ 332.

τεχνήεις, -εντος [τέχνη]. Nom. pl. fem. τεχνῆσσαι (contr. fr. τεχνήεσσαι) η 110. (1) Skilled, skilful : ἱστῶν τεχνῆσσαι (in . . .) η 110.—(2) Skilfully or cunningly contrived or fashioned : δεσμοὶ θ 297.

τεχνηέντως [adv. fr. prec.]. With skill, skilfully : πηδαλίῳ ἰθύνετο τ. ε 270.

τεχνήσσαι. See τεχνήεις.

τέως. See τῆος.

τῆ. There ! come ! With imp. : τῆ νῦν, τοῦτον ἱμάντα τεῷ ἐγκάτθεο κόλπῳ Ξ 219. Cf. Ψ 618, Ω 287 : ε 346, θ 477, ι 347, κ 287.

τῆθος, τό. App., some kind of shell-fish : τήθεα διφῶν Π 747.

τηκεδών, -όνος, ἡ [τήκω]. A wasting or pining away : τηκεδόνι ἐξείλετο θυμόν λ 201.

τήκω. Pf. τέτηκα Γ 176. (κατα-.) (1) To cause to melt, melt, dissolve. In pass., to be melted, melt, dissolve : τηκομένης χιόνος τ 207.— (2) To cause to waste or pine away : μηδέ τι θυμὸν τῆκε τ 264.—In pass., to waste or pine away : ὃς ἐν νούσῳ κεῖται τηκόμενος ε 396.—So in pf. act. : κλαίουσα τέτηκα (I pine away) Γ 176.—To melt into tears : Ὀδυσσεὺς τήκετο θ 522.—To be bedewed with tears : ῥέε δάκρυα, τήκετο δὲ χρώς τ 204. Cf. τ 208.

τῆλε [cf. τηλοῦ]. (1) Far, far away, at a distance : τῆλ' ἀπὸ Λαρίσης Ρ 301. Cf. Π 117, Ρ 190, Σ 395, Ψ 72, 880 : ὤλετο τῆλε β 183. Cf. γ 313, ε 315, ο 10, ρ 312.—With genit., far away from, far from : τῆλε φίλων Λ 817, Π 539. Cf. Χ 445 : β 333, μ 354, τ 301, ν 340, ω 290.—(2) From far away, from afar : ἦγε τῆλ' ἐξ Ἀσκανίης Β 863.— (3) To far away, to a distance, afar, far : ῥίψω ἐς Τάρταρον, τῆλε μάλα Θ 14. Cf. Κ 153, Λ 44, 358, Υ 482, Χ 291, 468.—With genit., to far away from, far from : ἄξω τῆλ' Ἰθάκης ρ 250.

τηλεδαπός, -ή, -όν [τῆλε]. (1) Lying far off, remote : νήσων Φ 454, Χ 45.—Dwelling far off : ξείνων τ 371.—(2) From a far country : ἀνδρῶν ζ 279. Cf. ξ 415, ο 224, τ 351 = ω 268.

τηλεθάω [in form frequentative fr. θαλέθω]. Fem. pres. pple. τηλεθόωσα Z 148 : ε 63. Acc. τηλεθόωσαν Ψ 142. Nom. pl. τηλεθόωσαι η 116, λ 590. Nom. pl. neut. τηλεθόωντα η 114. In pres. pple., of vegetation, growing profusely, flourishing, luxuriant : ὕλη τηλεθόωσα Z 148. Cf. Ρ 55 : ε 63, η 114, 116 = λ 590, ν 196.—Of a lock of hair, luxuriant : χαίτην τηλεθόωσαν Ψ 142.—Of persons, in the bloom of youth : παῖδας τηλεθάοντας Χ 423.

τηλεκλειτός [τῆλε + κλειτός]. Far renowned, famous. Epithet of the Trojan allies Ε 491, Ζ 111 = Ι 233, Μ 108.—Of the father of Europa Ξ 321.—Of Ephialtes λ 308.—Of Icarius τ 546.

τηλεκλυτός [τῆλε + κλυτός]. = prec. Epithet of Orestes α 30.—Of horses Τ 400.

τηλεφανής [τῆλε + φαν-, φαίνω]. Far-seen, conspicuous : τύμβος ω 83.

τηλίκος. Of an age indicated by the context, of such an age : πατρὸς σοῖο, τηλίκου ὥς περ ἐγών (of my own years) Ω 487 : οὐδέ τί σε χρὴ νηπιάας ὀχέειν, ἐπεὶ οὐκέτι τ. ἐσσί (you are too old for that) α 297, οὐκ ἐπὶ σταθμοῖσι μένειν ἔτι τ. εἰμί (it does not befit my years) ρ 20, ἤδη μὲν γάρ τοι παῖς τ. (the thought that he is grown up should keep you from that) σ 175, ἐπεὶ οὐκέτι τ. ἐστὶν (he is old enough to know what goes on) τ 88.

τηλόθεν [τηλοῦ + -θεν (1)(2)]. (1) From far away, from afar : τ. ἐξ ἀπίης γαίης Α 270. Cf. Β 849, 857, 867, Ε 478, 651, Σ 208 : γ 231, ε 283, ζ 312, η 25, 194, ι 273 = ν 237, τ 28.—(2) Far, far away, at a distance : τ. ἐν λείῳ πεδίῳ Ψ 359.

τηλόθι [τηλοῦ + -θι]. (1) Far, far away, at a distance : τ. ναίων Π 233. Cf. Θ 285, Φ 154, Ω 662: α 22, ε 55, λ 439, μ 135.—With genit., far away from, far from : τ. πάτρης Α 30, Π 461, Σ 99, Ω 86, 541 : β 365.—(2) To far away, afar : τ. ὀδμὴ ἀνὰ νῆσον ὀδώδει ε 59.

τηλόσε [τηλοῦ + -σε]. To far away, to a distance, afar : τηλόσε δοῦπον ἔκλυεν Δ 455 (the power of hearing being thought of as projected towards the source of the sound ; cf. Π 515 cited under πάντοσε). Cf. Χ 407.

τηλοτάτω [superl. fr. τηλοῦ]. The farthest off, the most remote : Εὐβοίης, τήν περ τηλοτάτω φάσ' ἔμμεναι η 322.

τηλοῦ [cf. τῆλε]. Far, far away, at a distance : τ. ἐπ' Ἀλφειῷ Λ 712. Cf. Ε 479, Ψ 853 : ε 318, 431, ν 257, ρ 253, χ 323, ψ 68.—With genit., far away from, far from : τ. Ἀχαιΐδος αἴης ν 249.

τηλύγετος, -η [perh. fr. *τῆλυς, great (cf. τῆλε, τηλοῦ). 'Grown big ']. Thus, that is entering, or has just entered, on manhood or womanhood, grown, 'great,' 'big' : λιποῦσα παῖδα τηλυγέτην Γ 175 (i.e. just at the age when she most needed a mother's care), βῆ μετὰ Φαίνοπος υἷε, ἄμφω τηλυγέτω· ὁ δὲ τείρετο γήραϊ Ε 153 (of course the older the boys the less their father could hope for other heirs ; cf. Ι 482 : π 19 below), Ὀρέστῃ, ὅς μοι (οἱ) τηλύγετος τρέφεται θαλίῃ ἐνὶ πολλῇ (a big boy by now) Ι 143, 285, ὡς εἴ τε πατὴρ ὃν παῖδα φιλήσῃ μοῦνον τηλύγετον πολλοῖσιν ἐπὶ κτεάτεσσιν 482 (cf. Ε 153 above): ὅς οἱ τηλύγετος γένετο (was now a grown youth ; see under γίγνομαι (I) (9)) δ 11, ὡς πατὴρ ὃν παῖδ' ἀγαπάζῃ μοῦνον τηλύγετον π 19 (cf. Ε 153 above).—Absol., a stripling : οὐκ Ἰδομενῆα φόβος λάβε τηλύγετον ὥς Ν 470.

τῆμος. (1) Then, at that time : τῆμος λέξεαι η 318.—(2) Correlative with ἦμος Η 434, Λ 90, Ψ 228, Ω 789 : δ 401, μ 441.—With εὖτε ν 95.

τῆος. Also written τέως and scanned as ∪– Ω 658: σ 190. (1) Meanwhile, the while : μίμνετ' αὐτόθι τῆος Τ 189, ὄφρα τέως μένω Ω 658. Cf. κ 348, ο 127, 231, π 370, σ 190.—(2) Correlative with ἦος Υ 42 : δ 91.—(3) For a time, up to a certain

point of time : τῆος μὲν ἔργ' ἐποπτεύεσκεν π 139.
Cf. ω 162.

τηΰσιος, -η, -ον. App., idle, serving no good
purpose : μὴ τηΰσίην ὁδὸν ἔλθῃς (lest your journey
prove to have been a mistake) γ 316 = ο 13.

τίη [τί + ῆ²]. Strengthened form of τί (see
τίς (3) (b)). For what reason? why? τίη τοι
ταῦτ' ἀγορεύω; Α 365. Cf. Ζ 55, Κ 432, Ν 810, etc. :
ο 326, π 421, ρ 375, τ 482, 500.

τιθαιβώσσω. App., of bees, to deposit their
honey : ἔνθα τιθαιβώσσουσι μέλισσαι ν 106.

†τίθημι [redup. fr. θη-]. 2 sing. pres. τίθησθα
ι 404, ω 476. 3 τίθησι Δ 83, Λ 392, Ρ 750, Χ 490 :
θ 245. 3 pl. τιθεῖσι Π 262 : β 125. Pple. τιθείς
Θ 171. Pl. τιθέντες Ε 384, Λ 413 : ω 419. Infin.
τιθήμεναι Ψ 83, 247. 3 pl. impf. τίθεσαν χ 449,
456. From τιθέω 3 sing. pres. τιθεῖ Ν 732.
3 sing. impf. (ἐ)τίθει Α 441, Θ 70, 441, Σ 541,
Χ 210, Ψ 170, etc. : α 142, β 390, γ 51, ζ 76, θ 69,
ρ 335, etc. Imp. τίθει Α 509 : φ 177. Fut. θήσω
Θ 289, Τ 121 : λ 146, φ 74. 2 sing. θήσεις Π 90.
3 θήσει Τ 182 : λ 101. 2 pl. θήσετε Ω 57. 3 θήσουσι
Π 673. Infin. θησέμεναι Μ 35, Ο 602 : υ 394.
θήσειν Β 39, 1446, Τ 298 : ε 136, η 257, ψ 336.
Aor. ἔθηκα Ι 485 : ν 302, ξ 276. 2 sing. ἔθηκας
Ρ 37, Τ 316, Ω 741 : κ 338. 3 ἔθηκε Α 2, Β 319,
Γ 321, Ε 122, Ι 207, Μ 450, Ρ 470, Τ 12, Φ 524,
Χ 368, etc. : γ 136, ε 265, θ 193, ι 235, λ 560, ξ 312,
ο 488, σ 152, χ 123, etc. θῆκε Α 55, Ε 445, Ζ 357,
Θ 324, Κ 46, Μ 399, Σ 375, Φ 145, Ψ 263, Ω 538,
etc. : α 153, γ 77, ε 427, θ 20, μ 399, ρ 467, σ 195,
υ 97, φ 102, etc. 3 pl. ἔθηκαν Ζ 300 : ε 199, ζ 214,
τ 592, ψ 167, ω 528. θῆκαν Ω 795 : α 223, ν 122,
σ 308. 1 pl. aor. ἔθεμεν γ 179. 3 ἔθεσαν (θέσαν)
Α 290, 433, Ι 637, Μ 29, Ο 721, Τ 249, Φ 405,
Ψ 631, Ω 49, etc. : ζ 248, θ 420, λ 274, 555,
ν 119, ρ 258, υ 281, ψ 11. Subj. θείω Π 83, 437,
Σ 387 : α 89, ε 91, ι 517, ο 75. 2 sing. θήῃς Ζ 432,
Π 96 : κ 341. 3 θήῃ κ 301, ο 51. θῆσι π 282.
1 pl. θείομεν Α 143, Ψ 244, 486 : ν 364. θέωμεν
ω 485. Opt. θείην Ε 215. 2 sing. θείης Ω 661.
3 θείη Μ 26 : α 116, θ 465, ο 180, π 198, υ 225,
ψ 186. 1 pl. θεῖμεν μ 347. 3 θεῖεν Δ 363. Imp.
θές Ζ 273 : θ 425. 3 pl. θέντων τ 599. Nom. pl.
masc. pple. θέντες Σ 352, Ψ 254 : φ 267. Nom.
sing. fem. θεῖσα φ 55. Infin. θέμεναι Β 285, Δ 57,
Ψ 45, Ω 644 : δ 297, η 336, φ 235. θέμεν λ 315,
φ 3, 81, ω 168. θεῖναι Δ 26, Ζ 92 : ν 156. Mid.
2 pl. pres. τίθεσθε φ 333. 3 τίθενται θ 554, ρ 269.
Imp. pl. τίθεσθε τ 406. Acc. sing. masc. pple.
τιθήμενον Κ 34. 1 pl. impf. τιθέμεσθα δ 578, λ 3.
3 ἐτίθεντο θ 52. τίθεντο Η 475, Ι 88 : δ 781. 3 pl.
fut. θήσονται Ω 402. Infin. θήσεσθαι φ 316. 3 sing.
aor. θήκατο Κ 31, Ξ 187. 3 sing. aor. ἔθετο δ 761,
θ 274. θέτο Γ 310, Ε 743, Ι 629, Κ 149, Λ 41,
Ο 479, Τ 381 : α 132, β 3, δ 308, θ 416, ξ 500, ο 241,
σ 5, υ 125, φ 118, 119, χ 122. 2 pl. ἔθεσθε Θ 449.
θέσθε δ 729. 3 ἔθεντο Β 750, Ι 232, Ρ 158. 2 sing.
subj. θῆαι τ 403. 3 sing. opt. θεῖτο ρ 225. Imp.
θέο κ 333. 3 sing. θέσθω Β 382. 2 pl. θέσθε
Ν 121, Ο 561, 661. Pple. θέμενος Σ 317, Ψ 18 :
ι 171, κ 188, μ 319. Fem. θεμένη υ 387. Infin.

θέσθαι Μ 411, 418 : ν 207, φ 72. (ἀμφι-, ἀνα-, ἀπο-,
ἔγκατα-, ἐκ-, ἐν-, ἐπανα-, ἐπι-, κατα-, μετα-, παρα-,
περι-, προ-, προσ-, συν-, ὑπο-.) (1) (a) To put, set,
place : ἐς ἑκατόμβην θέιομεν (embark it) Α 143, ἐν
χερσὶ τίθει 441. Cf. Α 433, Ε 215, Ι 207, Μ 29,
Π 223, Ρ 750 (turns their course to the . . .),
Σ 541, Φ 82 (has thrown me into . . .), Ω 644,
etc. : οἳ μὲν ἐπὶ ἔτίθει β 390, πόλλ' ἐπὶ μῆρ' ἔθεμεν
γ 179 (i.e. on the altar). Cf. α 142, γ 51, δ 445,
ζ 76, θ 65, λ 315, ν 119, ξ 436 (set it aside), ο 357
(brought him to it), υ 97, φ 366 (set it down),
ψ 186, etc.—In mid. : οἳ περὶ Δωδώνην οἰκί' ἔθεντο
(had established themselves) Β 750, ἐς δίφρον
ἄρνας θέτο Γ 310, αὖλιν ἔθεντο (have established
their . . .) Ι 232. Cf. Σ 317 = Ψ 18 : θέτο δῶμα
(i.e. built it) ο 241, μεγάλην κ' ἐπιγουνίδα θεῖτο
(would get him a . . .) ρ 225. Cf. α 132, δ 578,
θ 274, κ 333, etc.—To set (a host) in array. In
mid. : θήσονται περὶ ἄστυ μάχην Ω 402.—(b) In
sim. senses in reference to immaterial things :
σοὶ ἄλληκτον θυμὸν ἐνὶ στήθεσσι θεοὶ θέσαν (wrath)
Ι 637, ἐν στήθεσσι τιθεῖ νόον Ν 732. Cf. Π 83,
Ρ 470, Τ 121, Ω 57, etc. : α 89, 321, β 125, γ 77,
ζ 140, ο 234.—In mid. : ἐν φρεσὶ θέσθε ἕκαστος
αἰδῶ Ν 121. Cf. Ο 561 = 661.—To give (a name
to a child). In mid. : ὄνομ' εὕρεο ὅττι κε θῆαι
παιδὸς παιδί τ 403. Cf. σ 5, τ 406.—Absol. : ἐπὶ
πᾶσι τίθενται τοκῆσθ 554.—To apply (the mind) :
Ἑκτορέοις μᾶλλον ἐπὶ φρένα θῆχ' ἱερσίσι (paid
attention to them, received them) Κ 46.—(2) To
set down (a prize), propose as a prize : ἀγλά'
ἄεθλα Ψ 263, ἵππον 265. Cf. Ψ 269, 270, 631,
653, 656, etc. : ἄεθλα ω 86.—As a subject of contest
[τεύχε' Ἀχιλλῆος] λ 546.—As the material of a
contest : θήσω τόξον φ 74. Cf. φ 3 = 81 = ω 168.
—(3) To put on or about a person, endue him
with : ἀμφί οἱ κυνέην κεφαλῆφιν ἔθηκεν Κ 257, 261.
Cf. π 174.—To put on or about one's own person,
endue oneself with : κνημῖδας περὶ κνήμῃσιν ἔθηκεν
Γ 330 = Λ 17 = Π 131 = Τ 369. Cf. Γ 336 = Ο 480
= Π 137 : = χ 123.—So in mid. : κρατὶ δ' ἐπὶ κυνέην
θέτο Ε 743 = Λ 41. Cf. Κ 31, 34, 149, Ξ 187, Ο 479,
Τ 381 : β 3 = δ 308 = υ 125, θ 416, χ 122.—Of taking
something (off one's person) : ἀπὸ κρατὸς κυνέην
ἔθηκα ξ 276.—In mid. : ἀπὸ χλαῖναν θέτο ξ 500.
Cf. φ 118, 119.—(4) To set out (a meal), put
(it before a person) : παρά σφι τίθει δαῖτα Ι 90.
Cf. Σ 387, Τ 316 : δόρπον θησέμεναι υ 394. Cf. ε 91,
196, ζ 248, ι 517, etc.—In mid. : δαῖτα τίθενται
ρ 269. Cf. Η 475, Ι 88.—In reference to horses,
to put food and drink before them : ἵπποισι
πυρὸν ἔθηκεν οἶνον τε Θ 188.—(5) To put (into a
person's mind or heart), suggest, communicate
(cf. ὑποτίθημι) : τῷ ἐπὶ φρεσὶ θῆκεν Α 55. Cf. Θ 218,
Ι 460 : ῥηΐδιόν τι ἔπος ἐνὶ φρεσὶ θήσω λ 146. Cf.
ε 427, ξ 227, π 282, 291, σ 158 = φ 1.—In mid., to
take into one's mind : τοῖσιν κότον ἔθεσθε Θ 449 :
οὐδ' ὑμεῖς περ ἐνὶ φρεσὶ θέσθε μ' ἀνεγεῖραι (never
thought of it) δ 729.—(6) (a) To lay, impose,
inflict, bring (evil upon a person) : Ἀχαιοῖς
ἄλγε' ἔθηκεν Α 2. Cf. Β 39, Ε 384, Ζ 357, Ο 721,
Π 262, Ρ 37 = Ω 741, Φ 524, 525, Χ 422, Ω 538 :

λ560, ψ306.—In mid. P158.—(b) To bestow (upon a person, etc.), give, grant: ἐπὶ Τρώεσσι τίθει κράτος Α509. Cf. Ψ400, 406: οἶα ἡμῖν Ζεὺς ἐπὶ ἔργα τίθησι (i.e. what excellence therein) θ245. Cf. ο488, τ592.—(7) To bring about, make, cause, cause to come into being or to take place: φιλότητα Δ83, φόως ἑτάροισιν Ζ6, σῆμα τιθείς (showing) Θ171. Cf. Γ321, Ι547, Μ399, Ο602, Π96, Τ95, Ω661 (will do . . .): μνηστήρων σκέδασιν α116, υ225, ὅτε δὴ ἕβδομον ἦμαρ ἐπὶ Ζεὺς θῆκεν (in addition to the six, i.e. added it to the tale of the six) μ399=ο477. Cf. γ136, ι235, λ274, ω476, 485, 546.—In mid.: θέσθαι κέλευθον Μ411, 418: ἀγορὴν θέμενος (having called it) ι171=κ188=μ319.— Absl.: ὡς ἔμελλον θησέμεναι (all this they were to do) Μ35: οὕτω νῦν Ζεὺς θείη, οἴκαδ' ἐλθέμεναι (may Zeus so order it that I may . . .) θ465= ο180.—(8) To make, cause to be so and so. (a) With complementary adj.: πηρὸν θέσαν Β599. Cf. Β285, Δ26, Ε122, Λ392, Μ26, Π90, Φ172 (drove it up to the middle), Ψ382 (would have made it a dead heat), Ω531, etc.: νόστον ἀργαλέον θήσει θεός λ101. Cf. α223, γ88, ε136, ζ229, ι404, ν302, σ195, φ102, χ256, ψ11, etc.—In mid.: ἄγριον θέτο θυμόν Ι629.— Sim. in mid.: εὖ ἀσπίδα θέσθω (let him see well to it) Β383.—(b) With sim. sb.: εἴ μιν αἰχμητὴν ἔθεσαν Α290. Cf. Β319, Ι446, Τ298, Φ484, Ψ333: ἥ μοι σῦς ἔθηκας ἑταίρους κ338, δέρμα παλαιοῦ θῆκε γέροντος (that of a . . .) ν432. Cf. λ555, ν156, 163, ο253, π198.—In mid.: ἐμὲ θέσθαι γυναῖκα φ72, τί ἐλέγχεα ταῦτα τίθεσθε; (make this into a reproach) 333. Cf. φ316.— To appoint, nominate, make: τὴν ἔθηκαν Ἀθηναίης ἱέρειαν Ζ300. Cf. Ψ486.

τιθήνη, -ης, ἡ [redup. fr. θη-, θάομαι²]. A female servant in charge of a child, a nurse: φέρει ἅμα παῖδα τιθήνη Ζ389. Cf. Χ503, Χ467.—Applied to the attendants of Dionysus (as typifying the nymphs who nursed him at his birth) Ζ132.

τίκτω [for τι-τκ-ω, redup. fr. τ(ε)κ-]. 2 sing. fut. τέξεις λ249. Aor. τέκον Α418, Σ55, Χ87, Ω210, 255, 493. 2 sing. ἔτεκες Α352. τέκες Ε875. 3 ἔτεκε Β728, Ζ196, 199, Η469, Π150, Ω562: β131, η63, λ262, 307. τέκε Α36, Β313, Ε313, Ζ22, Θ304, Κ404, Ν450, Ξ492, Π175, Τ413, Τ240, Φ159, Ω540, etc.: α71, γ95, η198, κ139, μ125, ξ174, ο364, π119, τ355, etc. 1 pl. τέκομεν Χ485, Ω727. 3 ἔτεκον Τ225. τέκον η55. 3 sing. subj. τέκῃ τ266. 3 pl. τέκωσι θ554. 3 sing. opt. τέκοι Ν826. 3 pl. τέκοιεν δ64. Pple. τεκών π120. Fem. τεκοῦσα Α414: μ134. Infin. τεκέειν Ω608. Mid. Fut. infin. τέξεσθαι Τ99. 3 sing. aor. τέκετο Β741, Δ59, Ε154, Ζ154, Ν451, Ξ434, Τ215, Χ48, etc.: ο249. 1 pl. τεκόμεσθα Χ53: ψ61, ω293. Infin. τεκέσθαι Χ481: δ387, χ324. To give existence to (living beings). (1) Of the father, to beget: ὃν τίκτε Φυλεύς Β628. Cf. Ε547, Ζ155, Λ224, Ν450, etc.: δ64, η63, ξ174, ο243, etc.—In mid.: πρεσβυτάτην με τέκετο Κρόνος Δ59. Cf.

Β741, Ε154, Ζ154, etc.: δ387, ο249.—Of Zeus as the father of rivers. In mid.: Ξάνθου, ὃν τέκετο Ζεύς Ξ434=Φ2=Ω693. — Of a river: Ἀξιοῦ, ὃς τέκε Πηλεγόνα Φ159. Cf. γ489=ο187. —In mid.: Ἀλφειοῦ, ὃς τέκετ' Ὀρτίλοχον Ε546. —Of Ocean: τὴν Ὠκεανὸς τέκεν κ139.—(2) Of the mother (a) To conceive: ἥ μιν ὑπ' Ἀγχίσῃ τέκεν Ε313. Cf. Β513, 714, 728, 820, Η469, Ξ444, etc.: α71, τ266.—In mid. Β742.—Of Ποδάργη Π150.—(b) To bear: τὸν τέκε Λητώ Α36. Cf. Α352, Β658, Ζ196, Κ404, Ν826 (be called my mother), Ξ318, etc.: β131, γ95, η198, λ249, ξ202, ο364, etc.—Absol.: τί νύ σ' ἔτρεφον αἰνὰ τεκοῦσα Α414.—In mid. Ο187, Τ99, Χ48: χ324.—Of a bird: μήτηρ [νεοσσῶν] ἐνάτη ἦν, ἥ τέκε τέκνα Β313=327.—Of mares Τ225.—Of sheep δ86, τ113.—Of the earth Β548.—Of the sea Π34.—Of a lake Β865.—(3) Of both parents, to engender, give life to: ὃν τέκομεν σύ τ' ἐγώ τε Χ485. Cf. Χ234, Ω727: η55, θ554.—In mid. Χ53: ψ61, ω293.

τίλλω. (1) To pluck out or tear (one's hair): πολιὰς τρίχας τίλλων ἐκ κεφαλῆς Χ78. Cf. Χ406. —In mid. κ567.—(2) To tear one's hair in sorrow for. In mid.: τὸν τιλλέσθην Ω711.— (3) To pluck or tear the feathers from: τίλλε πέλειαν ο527.

τιμάω [τιμή]. (1) To hold in or treat with honour, regard or esteem, show or pay honour to, honour: ἀλλοι, οἵ κέ με τιμήσουσιν Α175, τιμῆς ἧς τέ μ' ἔοικε τετιμῆσθαι Ψ649 (ἧς app. genit. of price, 'the degree of honour in the measure of which I should be esteemed,' 'the honour which is my due'). Cf. Α454, Ι38, Μ310, Π460, Ψ788, etc.: οἵ κέν μιν θεὸν ὣς τιμήσουσιν ε36, ὡς κείνη τετίμηταί τε καὶ ἔστιν (i.e., app., τετίμηταί τε καί ἐστι [τιμήεσσα, worthy of honour]) η69. Cf. γ379, ξ203, ο365.—In mid. Χ235: τ280= ψ339, ν129.—(2) To bring into honour, exalt, glorify: τίμησόν μοι υἱόν Α505. Cf. Α559, Β4, Θ372=Ο77, Ο612, Π271, Ρ99.

τιμή, -ῆς, ἡ [τίω]. (1) Recompense, compensation, indemnity; a recompense, compensation, indemnity: τιμὴν ἀρνύμενοι Α159, τιμὴν ἀποτινέμεν Γ286, ὃς κεῖται ἐμῆς ἕνεκα τιμῆς (has lost in life in striving to win me . . .) Ρ92: Ἀγαμέμνονος εἵνεκα τιμῆς (to win . . . for . . .) ξ70, (in striving to win . . . for . . .) 117. Cf. Γ288, 459, Ε552: χ57.—(2) The value or estimation in which a person is held, position in a scale of honour, estimation, regard: μή μοι πατέρας ὁμοίῃ ἔνθεο τιμῇ Δ410. Cf. Ι319, Ψ649 (see λανθάνω (1)), Ω57, 66.—(3) Due estimation or regard, respect, honour: πόρε καὶ σὺ Διὸς κούρῃσιν ἔπεσθαι τιμήν Ι514.—(4) Dignity, honour, worship: θεοί, τῶν περ καὶ μείζων τιμή Ι498. Cf. Α278, Ρ251: ε335, σ480, λ302, 304.—(5) The dignity, honour or prerogative attaching to an office or position: τιμῆς βασιληίδος ἥμισυ Ζ193. Cf. Β197, Ι616, Ο189 (his share of dignity or prerogative), Τ181: α117, λ495, 503, ω30.— (6) Honour, distinction, esteem, renown: τιμήν μοι ἐγγυαλίξαι A 353, ὄφρ' ἂν 'Αχαιοί υἱὸν ἐμὸν τείσωσιν ὀφέλλωσίν τέ ἑ τιμῇ 510 (or perh. this should come under (1), 'make him rich with recompense'). Cf. I 608, Π 84.—Honour or distinction conferred by some particular circumstance : ξεῖνος ἐμός ἐστιν, ἕκαστος δ' ἔμμορε τιμῆς (shares the honour of entertaining him) λ 338.

τῑμήεις, -εντος. Fem. τῑμήεσσα. Neut. τῖμῆεν [τιμή]. Contr. nom. sing. masc. τῑμῆς I 605. Acc. τῑμῆντα Σ 475. (1) Held in or treated with honour, regard or esteem, honoured : οὐκέθ' ὁμῶς τιμῆς ἔσεαι I 605. Cf. ν 129, σ 161.—In comp. : αἶψα τιμήεστερος πέλεται a 393.—(2) Precious, prized, of price : χρυσόν Σ 475. Cf. a 312, θ 393, λ 327.—In superl. : δώρων ὃ τιμήεστατόν ἐστιν δ 614 = o 114.

τῑμιος [as prec.]. = prec. (1) κ 38.

τινάσσω. 3 sing. aor. ἐτίναξε Γ 385, N 243, P 595, Υ 57. 3 sing. subj. τινάξῃ ε 363, 368. 3 dual aor. mid. τιναξάσθην β 151. 3 pl. aor. pass. τίναχθεν Π 348. (1) To cause to vibrate, shake or quiver, shake : ἐκ δὲ τίναχθεν ὀδόντες (i.e. were forced out of their sockets) Π 348, αἰγίδα P 595. Cf. Γ 385, Υ 57 : ὡς ἄνεμος ἤϊων θημῶνα τινάξῃ (i.e. blows it hither and thither) ε 368, οὐκ ἀνέμοισι τινάσσεται ζ 43. Cf. χ 88.— In mid. in reciprocal sense : τιναξάσθην πτερά πυκνά (shook out of each other) β 151.—With διά, to shake in pieces, break up : ἐπήν μοι σχεδίην διὰ κῦμα τινάξῃ ε 363.—In pass., to vibrate, shake, quiver : ἀμφὶ πήληξ κροτάφοισι τινάσσετο (i.e. with the violence of the conflict) O 609.—(2) To brandish or flourish (a weapon) : δύο δοῦρε M 298. Cf. Υ 163, X 311 : χ 149.—In reference to lightning : ἀστεροπῇ ἐναλίγκιος, ἥν τε Κρονίων ἐτίναξεν N 243.

τίνυμαι [τίνω]. (ἀπο-.) (1) To chastise, punish : ὃς τίνυται ὅς τις ἀμάρτῃ ν 214. Cf. Γ 279, Τ 260.—(2) To take vengeance for, punish (a transgression) : λώβην τινύμενος ω 326.

τίνω. See τίω.

τίπτε [τί ποτε]. Before an aspirate τίπθ'. (1) What? : τίπτε με κεῖνος ἄνωγεν ; Ω 90 : τίπτε σε χρεώ ; a 225. Cf. X 85 : δ 312 (for what purpose ?).—With a sb. : τίπτ' ἔτι μεῖζον μήσεαι ἔργον ; λ 474.—(2) Why? how? A 202, B 323, Δ 243, Z 254, H 24, Θ 447, etc. : β 363, δ 681, ε 87, ι 403, κ 378, λ 93, etc.

τίς, τί. Genit. τίνος. Genit. τέο B 225, Ω 128 : δ 463. τεῦ Σ 192 : o 509, ω 257. Genit. pl. τέων Ω 387 : ζ 119, ν 200, υ 192. (1) Who? which? in neut., what? : τίς θεῶν ξυνέηκε μάχεσθαι ; A 8 : τέο ἐπιμέμφεαι ; B 225, τί μοι ζώεις ; (what part have I in . . . ? what have I to do with . . . ?) Φ 360. Cf. Γ 226, E 465, 703, Λ 313, Σ 192 (see εἴδω (III) (8)), etc. : τίνες ἔμμεναι εὐχετόωντο ; a 172, τί κεν ῥέξειε καὶ ἄλλος ; δ 649. Cf. β 28, 332, δ 443, ε 299, ζ 276, κ 573, etc.—Joined with another interrogative : τίς πόθεν. See πόθεν (1).—In indirect construction : τίς τῶν ἄριστος ἔην, σύ μοι ἔννεπε B 761 : εἰρώτα (εἴροντο) τίς εἴη ο 423, ρ 368.—(2) With sb., etc., what? :

τίς τοι ἀνάγκη πτώσσειν ; E 633 : τίς τοι ἄλλος ὁμοῖος ; P 475. Cf. P 586, Ω 367, 387 : τίνα δ' αὐτῷ μήσατ' ὄλεθρον ; γ 249, τί κακὸν τόδε πάσχετε ; (what . . . is this that you . . . ?) ν 351. Cf. a 225, δ 642, κ 64, λ 171, ν 233, etc.—(3) Adverbially in neut. τί. (a) In respect of what? in what? how? why? : τί δέ σε φρένας ἵκετο πένθος ; Λ 362. Cf. Δ 31, Λ 606, N 275, Π 31, Σ 80, etc. : τί σε χρὴ ψεύδεσθαι ; ξ 364. Cf. φ 110, ω 95, etc.—(b) For what reason? why? : τί κλαίεις ; Α 362. Cf. Α 414, Γ 399, Δ 371, Θ 293, I 337, etc. : τί νύ οἱ τόσον ὠδύσαο ; a 62. Cf. δ 465, θ 153, ι 447, κ 431, μ 450, etc.

τις, τι, enclitic. Genit. τινός. Genit. τεο π 305. τευ B 388, E 897, N 252, etc. : a 217, δ 264, ι 497, etc. Dat. τεῳ Π 227 : λ 502, υ 114. τῳ A 299, etc. : κ 32, etc. (1) Someone, one, a man, something : ὅν κέ τις οἴσει Τρώων B 229, ὡς δ' ὅτε τις . . . Γ 33. Cf. Δ 196, E 185, Θ 95, 269, K 84, etc. : ἤν τίς τοι εἴπησι βροτῶν a 282, καί τι φέρεσθαι o 378. Cf. a 396, β 67, 101, δ 637, 735, ξ 373 (for some reason), etc.—(2) With sb., etc., some, a : μάντιν τινά Α 62, κακόν τι B 195. Cf. Γ 83, E 191, Z 506, K 207, etc. : μάκαρός τευ ἀνέρος a 217, δήμιόν τι ἄλλο β 32. Cf. a 408, β 326, γ 348, δ 26, ε 421, λ 479, etc.—(3) (a) Some sort or kind of, some : μνημοσύνη τις γενέσθω Θ 181. Cf. Θ 521, Ψ 103.— (b) With an adj., etc., giving a notion of indefiniteness : πολλός τις (like some monster) H 156, μάλα τις θρασυκάρδιος (a stout-hearted kind of fellow) K 41. Cf. E 638, etc. : ὅσσος τις χρυσὸς ἔνεστιν (how much there may be in it) κ 45. Cf. ι 348, κ 329, ξ 391, ρ 449, σ 327, etc.—(4) A certain person or thing : ἄ τιν' οὐ πείσεσθαι ὀΐω (meaning himself) A 289, ᾗ ῥά νύ μοι τι πίθοιο Δ 93, etc. : εἰ μή τίς με θεῶν ὀλοφύρατο, Εἰδοθέη δ 364, πλινούσῃ τις μίγη o 420, etc.—(5) With sb., a certain, a : αἰπεῖά τις κολώνη B 811. Cf. Λ 711, 722, O 174, etc. : νῆσός τις δ 354. Cf. γ 293, δ 384, ι 508, ν 96, ξ 463, etc.—With a proper name : Δάρης τις E 9. Cf. K 314, etc. : κ 552.—(6) The general body, each man, every one, men, 'they' : ὧδέ τις εἴπεσκεν B 271, ὄφρα τις ἐρρίγῃσιν Γ 353, ἀλλά τις αὐτὸς ἴτω P 254. Cf. B 355, 382, Δ 176, 300, Z 459, 479, H 91, M 317, Π 209, P 227, 420, Σ 466, T 153, etc. : ἵνα τις σ' εὖ εἴπῃ a 302, πρίν τινα τῶν ἑτάρων αὖσαι ι 65. Cf. o 538, π 305, ψ 135, etc.—With ἄλλος: ἵνα τις στυγέῃσιν ἄλλος Θ 515.—With ἀνήρ Ξ 484.— (7) Many a one, many a man : ἱδρώσει τευ τελαμῶν B 388, πάρος τινὰ γαῖα καθέξει Π 629. Cf. Θ 379, 513, Σ 122, etc. : τῷ κέν τις ἐκλελάθοιτο γάμοιο γ 224, ἀλλά τιν' οὐ φεύξεσθαι ὀΐομαι ὄλεθρον (i.e. not a man of you shall escape) χ 67. Cf. λ 502, ν 394, 427, φ 157, etc.—(8) Anyone, one, a man, anything : πῶς τίς τοι πείθηται ; A 150, οὐδέ τί μιν προσεφώνεον 332. Cf. A 534, B 354, 486, Δ 303, 362, etc. : a 167, β 230, γ 184, 260, δ 489, 690, ε 80, 120, etc.—For οὔ τις see οὐ (8) (e) (a).— (9) With sb., etc., any, a : ἔτος τι A 108, ἄλλῳ τῳ 299. Cf. B 342, Γ 45, E 817, Σ 362, etc. : a 166, β 303, δ 373, 544, ε 101, ζ 68, etc.—For οὔ τις . . . see οὐ (8) (e) (a).—(10) Adverbially in neut. τι. (a) In any wise, at all: οὐδέ τί που ἴδμεν . . . A 124. Cf. A 115, 394, 468, 550, 575, B 238, E 762, I 238, 435, etc.: εἴ τί που ἔστιν δ 193. Cf. a 202, 296, β 71, 283, γ 72, δ 632, etc.—For οὔ τι see οὔ(8)(e)(β).—(b) In some wise, in some way, somehow, in a way, so to speak: πάντα τί μοι κατὰ θυμὸν ἐείσαο μυθήσασθαι I 645. Cf. I 197, Φ 101, etc.: τοῦτό τί μοι κάλλιστον εἴδεται εἶναι ι 11. Cf. o 365, etc.

τίσις, ἡ [τίω]. (1) Repayment, indemnity β 76.—(2) Retribution, vengeance, chastisement: ἐπεὶ οὔ τι τίσιν γ' ἔδεισας X 19. Cf. α 40, ν 144.

τίσω, fut. τίω.

τιταίνω [τείνω]. Aor. pple. τιτήνας N 534. (1) To bend (a bow) into the position required for stringing it, to string (it) (cf. τανύω (2)): τόξα Θ 266.—In mid. φ 259.—(2) To pull upon the string of (a bow), draw the string of (it) towards one, bend (it) (cf. τείνω (2)). In mid. : ἐπὶ Τυδεΐδη ἐτιταίνετο τόξα E 97. Cf. Λ 370.—(3) In mid., to stretch oneself in the energy of motion, put forth all one's strength : ἂψ ὥσασκε τιταινόμενος λ 599.—Sim., of horses, to run at full stride, draw at full strength : ἵππος, ὅς ῥά τε ῥεῖα θέησι τιταινόμενος X 23. Cf. Ψ 518. — Of the rapid flight of birds : τιταινομένω πτερύγεσσιν (straining forward on the wing) β 149.—So, app., intrans. for reflexive, of horses : τιταίνετον ὅττι τάχιστα (get into your stride) Ψ 403.—(4) To pull, draw : ἵππος ἅρμα τιταίνων B 390, M 58, ἄροτρον N 704.—(5) To stretch, dispose, arrange, put, set, place : ἐτίταινε τάλαντα (i.e. held them out clear of his person) Θ 69 = X 209, περὶ μέσσῳ χεῖρε τιτήνας N 534 : προπάροιθε θρόνων ἐτίταινε τραπέζας (drew them up) κ 354.

τιτός [τίω]. Consisting in paying back or requital : τότ' ἂν τιτὰ ἔργα γένοιτο Ω 213 (for v.l. see ἄντιτος).

τιτύσκομαι [τι-τύκ-σκομαι or τι-τύχ-σκομαι, τυκ-, τυχ-, τυγχάνω]. (1) To make ready, prepare : πῦρ Φ 342.—In reference to getting horses ready, to yoke Θ 41, N 23.—(2) To take aim, direct one's weapon, shoot, throw : ἰοῖσιν τιτυσκόμενοι Γ 80, τιτυσκόμενος καθ' ὅμιλον N 560. Cf. φ 421, χ 118, 266, ω 181.—With genit. of what is aimed at : αὐτοῖο τιτύσκετο δουρί N 159, 370. Cf. Λ 350, N 498, Φ 582.—(3) To direct the course of something, thrust it in a specified direction : ἐν κληῖδ' ἧκεν, ἄντα τιτυσκομένη φ 48.—(4) In reference to the operation of the mind, to be set on doing something, be eager to do it. With infin. : τιτύσκετο φρεσὶν ᾗσιν ἤ τευ ἀκοντίσσαι, ἠὲ . . . N 558.—In reference to the mind attributed to the Phaeacian ships : τιτυσκόμεναι φρεσὶ (finding their way) θ 556.

τίφθ. See τίπτε.

†τίω, τίνω. (The pres. τίω, τίομαι, and the impf. and pa. iterative therefrom only in senses (1) and (2). τίνω only in pple. τίνων β 193 and infin. τίνειν Γ 289, Σ 407 in sense (4)). (The fut. and aor. written both τῑ- (τῖ-) and τει- (τεῖ-).) 1 sing. pres. τίω Δ 257, I 378. 3 τίει I 238. τῖει ν 144, π 306, υ 132. 3 pl.

τίουσι ξ 84. τῖουσι ν 129. Infin. τῑέμεν o 543, ρ 56. 1 sing. impf. τῖον Σ 81. 2 τῖες ω 78. 3 τῖε B 21, E 326, Z 173, Π 146, Ω 575. τῖε N 176, O 551, P 576 : a 432, τ 247. 1 pl. ἐτίομεν E 467, I 631, O 439 : λ 484. 3 pl. ἔτῖον χ 370. τῖον E 536, Ψ 703. τῖον Θ 161, Ψ 705. 3 pl. subj. τίωσι I 258. Nom. pl. fem. pple. τίουσαι χ 425. 3 sing. pa. iterative τῖεσκε N 461. 3 pl. τῖεσκον χ 414, ψ 65. Fut. τίσω I 142 : θ 356, ξ 166. 2 sing. τίσεις P 34 : χ 218. 3 τίσει I 284. 2 pl. τίσετε Λ 142. 3 τίσουσι I 303, 603 : μ 382. Infin. τίσειν θ 348. 2 sing. aor. ἔτῑσας A 244. 3 ἔτῑσε A 354, 412, I 118, Π 274 : η 67. 3 pl. ἔτῑσαν I 110 : ω 352. 2 pl. subj. τίσετε Φ 134. 3 τίσωσι A 510. 3 pl. opt. τίσειαν A 42. Imp. τῖσον A 508. Mid. 3 sing. fut. τίσεται ξ 163, o 177. 1 pl. τισόμεθα ν 15, ω 435. Infin. τίσεσθαι Γ 28 : ω 470. 3 sing. aor. ἐτίσατο B 743 : γ 197, 203, o 236, ψ 57, ω 482. τίσατο ι 479. Opt. τισαίμην X 20 : ι 317. 3 sing. τίσαιτο ν 213, ψ 31. 1 pl. τῑσαίμεθα Τ 208. 3 τίσαιατο υ 169. Imp. τῖσαι μ 378. Infin. τίσασθαι B 356, 590, Γ 351, 366, O 116 : γ 206, ν 121. 3 sing. pres. pple. τίεται Θ 540, N 827 : η 67. Opt. τίοίμην Θ 540, N 827. 3 sing. impf. τῖετο E 78, K 33, Λ 58, N 218, Π 605 : ξ 205. 3 sing. pa. iterative τίέσκετο Δ 46. Pf. pple. τετῑμένος Ω 533 : ν 28. Acc. sing. masc. τετῑμένον Τ 426 : θ 472. (ἀποτίνω, ἐξαποτίνω.) (1) To value, estimate : τίω μιν ἐν καρὸς αἴσῃ I 378, τρίποδα δυωδεκάβοιον τῖον (at . . .) Ψ 703. Cf. Ψ 705.—(2) To hold in or treat with honour, regard, esteem or respect, show or pay honour to, honour, esteem, respect : δ τ' ἄριστον Ἀχαιῶν οὐδὲν ἔτεισας A 244. Cf. A 354, B 21, Δ 46, E 78, Θ 161, etc.: ἰσά μιν ἀλόχῳ τίεν α 432. Cf. η 67, θ 472, λ 484, ν 129, π 306, etc.—With immaterial object : δίκην τίουσιν ξ 84.—In pf. pple. pass. in adjectival sense : ἑταῖρον τετῑμένον Τ 426.—(3) To bring into honour, exalt, glorify : τεῖσόν μιν, Ζεῦ A 508. Cf. I 118.—(4) To pay : ζωάγρια τίνειν Σ 407. Cf. Γ 289 : τίσεις αἴσιμα πάντα θ 348. Cf. β 193, θ 356, μ 382, ξ 166.—(5) To pay for, pay the penalty for, make recompense for : τείσειαν Δαναοὶ ἐμὰ δάκρυα A 42, τείσεις γνωτὸν ἐμόν (i.e. pay for the slaying of him, pay me his blood-price (in kind)) P 34. Cf. Λ 142, Φ 134 : ω 352.—Absol. : σῷ αὐτοῦ κράατι τίσεις (pay the penalty) χ 218.—(6) In mid. (a) To repay or indemnify oneself : ἀγειρόμενοι κατὰ δῆμον τισόμεθα ν 15.—(b) To exact a penalty or recompense for, take vengeance for : τείσασθαι φόνον υἷος O 116. Cf. B 356, 590, T 208 : υ 169, ψ 31, ω 470.—(c) To exact a penalty, retribution, requital or vengeance from, to chastise, punish : φάτο τείσεσθαι ἀλείτην Γ 28. Cf. B 743, Γ 351, X 20 : ἐτίσατο πατροφονῆα γ 197. Cf. ι 479, μ 378, ν 213, ξ 163, υ 121, ψ 57, ω 435, 482.—Absol. : καὶ λίην ἐτίσατο (took his vengeance) γ 203, εἴ πως τισαίμην ι 317. Cf. o 177.—(d) To take vengeance upon, chastise, punish (for a wrong). With genit. : τίσασθαι μνηστῆρας ὑπερβασίης γ 206. Cf. Γ 366.—(e) With double acc. : ἐτίσατο ἔργον ἀεικὲς Νηλῆα ο 236.

τλάω 386 τοῖος

†*τλάω. Fut. in mid. form τλήσομαι Γ 306, Λ 317, Τ 308 : ε 222, 362. 2 sing. aor. ἐτάλασσας Ρ 166. 2 sing. subj. ταλάσσῃς Ν 829. 3 ταλάσσῃ Ο 164. Aor. ἔτλην Σ 433, Χ 251, Ω 505 : θ 182, κ 53. 2 sing. ἔτλης Ρ 153, Φ 150, Χ 236, Ω 519 : λ 475, ρ 104, 456, υ 18. 3 ἔτλη Α 534, Ε 21, Η 151, 480, Ρ 733, Σ 246, Τ 14, Υ 421, Χ 136 : β 82, δ 242, 271, 716, λ 143, 425, ξ 269, ρ 438, ψ 150. τλῆ Ε 385, 392, 395, Θ 78. 1 pl. τλῆμεν Ε 383. 2 ἔτλητε Ω 35. 3 ἔτλαν Φ 608. Opt. τλαίην β 219, κ 52. 2 sing. τλαίης Δ 94 : α 288, ε 178, κ 343, λ 376. 3 τλαίη Κ 307, Ω 565 : κ 384. 3 pl. τλαῖεν Ρ 490. 3 sing. imp. τλήτω λ 350. 2 pl. τλῆτε Β 299. 2 sing. pf. τέτληκας Α 228, 543. 3 τέτληκε τ 347. 1 pl. τέτλαμεν υ 311. 3 sing. opt. τετλαίη Ι 373. Imp. τέτλαθι Α 586, Ε 382 : υ 18. 3 sing. imp. τετλάτω π 275. Dat. sing. masc. pple. τετληότι δ 447, 459, ι 435, λ 181, π 37, σ 135, ψ 100, 168, ω 163. Nom. pl. masc. τετληότες Ε 873. Nom. sing. fem. τετληυῖα υ 23. Infin. τετλάμεναι ν 307. τετλάμεν γ 209, ζ 190. (ἀνα-, ἐπι-.) (1) To undergo evil, have evil laid upon one, suffer : πολλοὶ τλῆμεν ἐξ ἀνδρῶν Ε 383. Cf. Ε 385, 392.—(2) To undergo (evil), have (it) laid upon one, suffer (it) : τλῆ Ἀΐδης ὀϊστόν Ε 395, ῥίγιστα τετληότες εἰμέν (we go on suffering . . .) 873. Cf. Σ 433 : θ 182, τ 347, υ 18.—(3) To endure evil with fortitude, resolution or patience, to bear up, hold out, submit : τέτλαθι καὶ ἀνάσχεο Α 586, Ε 382, τλῆτε, φίλοι (have patience) Β 299. Cf. Τ 308 : χρὴ τετλάμεν ἔμπης γ 209, ζ 190. Cf. α 288, β 219, ε 222, 362, κ 52, 53, ν 307, π 275, υ 18, 311.—(4) In pf. pple. in adjectival sense, enduring, steadfast, patient : τετληότι θυμῷ δ 447, 459, ι 435, λ 181 = π 37, σ 135, ω 163, κραδίη τετληυῖα υ 23.—In bad sense, not to be moved or touched, hard : τετληότι θυμῷ ψ 100 = 168.—(5) To exhibit resolution or fortitude, show a firm front, stand firm : μενέω καὶ τλήσομαι Λ 317.—(6) To take (a deed) upon oneself, dare (it), brace or nerve oneself to (it) : ἔτλην οἱ’ οὔ πώ τις βροτὸς ἄλλος Ω 505. Cf. δ 242, 271.—App., to stand up to, face (the foe) : οὐκ ἂν ἐφορμηθέντε γε νῶϊ τλαῖεν μαχέσασθαι (to endure our onset so as to fight with us, to stand up to us and fight with us) Ρ 490.—(7) With infin. (a) To have the spirit, courage or resolution to do something, venture or dare to do it : τλαίης κεν Μενελάῳ ἐπιπροέμεν ἰόν (would pluck up spirit and . . .) Δ 94, οὐδ’ ἔτλη περιβῆναι ἀδελφειοῦ Ε 21. Cf. Α 228, Η 480, Ι 373, Ν 829, Ο 164, etc. : λ 475, ξ 269, ρ 438.—Absol. : οὐδέ τις ἔτλη Η 151.—(b) To have the hardihood or boldness to do something : οὐδέ τις ἔτλη μεῖναι ἐπερχόμενον (i.e. awe made them rise) Α 534.— (c) With neg., not to have the heart to do something, not to endure to do it : οὔ πω τλήσομ’ ὁρόωσθαι μαρνάμενον φίλον υἱόν Γ 306. Cf. Τ 421 : β 82.—Sim. in interrogative form : τίς κεν ἀνὴρ πρὶν τλαίη πάσσασθαι ἐδητύος πρὶν λύσασθ’ ἑτάρους; κ 384.—(d) To make up one's mind to do something, bring, induce, steel or prevail upon oneself to do it : οὐδέ τί πώ μοι πρόφρων τέτληκας

εἰπεῖν ἔπος Α 543, τὸν οὐκ ἔτλητε σαῶσαι (could not find it in your hearts to . . .) Ω 35 : οὐδ’ ἔτ’ ἔτλη δίφρῳ ἐφέξεσθαι (had not the heart to . . .) δ 716. Cf. ε 178 = κ 343, λ 143, 350, 376, 425, ρ 104, 456, ψ 150.

τλήμων, -ονος [τλη-, τλάω]. Enduring, stout, unflinching : θυμόν Ε 670. Cf. Φ 430.—Epithet of Odysseus Κ 231, 498.

τλήσομαι, fut. τλάω.

τλητός [τλη-, τλάω]. = τλήμων Ω 49.

†τμήγω [τ(ε)μ-, τέμνω]. Aor. pple. τμήξας Λ 146. 3 pl. aor. pass. τμάγεν Π 374. (ἀπο-, δια-.) To cut, sever : χεῖρας ἀπὸ ξίφεϊ τμήξας Λ 146.—To cut up (a body of the foe), scatter (it) : ἐπεὶ ἂρ τμάγεν Π 374.

τμήδην [τμη-, τμήγω]. So as to cut or wound : τ. αὐχέν’ ἐπῆλθεν [ἐγχείη] Η 262.

τμήξας, aor. pple. τμήγω.

τόθι [correlative to ὅθι]. There, in that place : τόθι οἱ αἴσιμον ἦεν ναιέμεναι ο 239.

τοι,[1] enclitic. Also τεῖν Λ 201 : δ 619, 829, λ 560, ο 119. Genit. τεοῖο Θ 37, 468. = σοι (see σύ) Α 28, 39, 40, 107, 123, 173, etc. : α 170, 179, 200, 214, 222, 282, etc.

τοι,[2] enclitic. Affirmative particle : αἰσχρόν τοι δηρόν μένειν Β 298, μητρὸς τοι μένος ἐστὶν ἀάσχετον (i.e. I admit it) Ε 892. Cf. Β 361, Δ 29, 405, Ε 801, 873, Ζ 211, etc. : α 203, β 88, 372, δ 93, ζ 33, ι 27, etc.—In maxims : οὔ τοι ἀπόβλητ’ ἐστὶ θεῶν δῶρα Γ 65. Cf. Ι 158, etc. : β 276, θ 329, etc.—For ἦ τοι, ἤτοι see ἦ[2] (1) (b) (δ).—For μέν τοι see μέν (1).

τοιγάρ [τοι[2] + γάρ]. So then, accordingly, therefore : τοιγὰρ ἐγών ἐρέω Α 76. Cf. Κ 413, 427 : α 179, δ 612, η 28, θ 402, etc.

τοῖος, -η, -ον. (1) (a) Of such nature, kind or sort, such : τοῖον Ἀτρείδην θῆκε Ζεύς Β 482, τοῖοι ἦντ’ ἐπὶ πύργῳ (such were they who sat . . .) Γ 153, τοῖοί τοι μιάνθην μηροί (in such fashion) Δ 146. Cf. Δ 289, 399, 488 (so he lay slain), Ε 7, Η 211, etc. : ἐπεὶ σέ γε τοῖον ἐγείνατο Πηνελόπεια α 223, ἀνέγνων μιν τοῖον ἐόντα (recognized him for what he was) δ 250. Cf. α 343, δ 206, 227, ν 115, π 307, etc. — Correlative with οἷος. (a) τοῖος . . . οἷος . . ., such . . . as . . . Α 262, Ε 483, etc. : α 257, σ 136, etc.—(β) οἷος . . . τοῖος . . ., such as, as . . . so . . . Ε 864, Ζ 146, etc. : ω 377.—With ὁποῖος Τ 250 : ρ 421, τ 77.—With ὅς[2] : Η 231, Ρ 164 : β 286, δ 826.— (b) With infin. : ἡμεῖς δ’ οὔ νύ τι τοῖοι ἀμυνέμεν β 60.—(2) In causal sense : τοίη οἱ ἐπίρροθος ἦεν Δ 390. Cf. Ε 828, Ξ 343, Ο 254, etc.—(3) With an adj., denoting that the adj. is to be taken in its full or exact sense, quite, just (cf. (4) (b)) : οὐ μάλα πολλόν, ἀλλ’ ἐπιεικέα τοῖον (just befitting) Ψ 246 : θάνατος ἀβληχρὸς μάλα τοῖος (full gentle) λ 135, ψ 282, παῖδα κεραλέον δὴ τοῖον (quite sharp) ο 451.—(4) In neut. τοῖον as adv. (a) To such an extent, so much, so greatly, so : τοῖον ὑποτρομέουσιν Χ 241. Cf. γ 496, ω 62.—Qualifying an adj. with ὅθεν as correlative : πέλαγος μέγα τοῖον, ὅθεν . . . (so wide that thence . . .)

γ 321.—(b) With force corresponding to sense (3): θαμὰ τοῖον (quite often) α 209, σιγῇ τοῖον (without a word more) δ 776, η 30, σαρδάνιον μάλα τοῖον (surely quite . . .) ν 302.

τοιόσδε, -ήδε, -όνδε [-δε (3)]. Strengthened form of prec. (1) (a) Of such nature, kind or sort, such: τοιῇδ᾽ ἀμφὶ γυναικὶ Γ 157. Cf. Β 120, 799, Γ 46, Λ 432, Τ 324, Χ 420 : δ 74, 149, ϛ 157, λ 501, 548, ο 330, π 205 (such as you see me), τ 359, υ 206.—Absol. : τίς νύ σε τοιάδ᾽ ἔρεξεν; Ε 373 = Φ 509. Cf. δ 64, ϛ 244.—Correlative with οἷος Ω 375 : α 371 = ι 4, ρ 313. —(b) With infin. : χήτεΐ τοιοῦδ᾽ ἀνδρὸς ἀμύνειν . . . Ζ 463.—(2) In neut. τοιόνδε as adv., to such an extent, so : οὔ πω τοιόνδε κατέδραθον (so soundly) ψ 18.

τοιοῦτος, -αύτη, -οῦτον. Strengthened form of τοῖος. Of such nature, kind or sort, such : τοιοῦτοι συμφράδμονες Β 372. Cf. Η 242, Ψ 644, etc. : γ 208, δ 650, ν 330, ξ 118, τ 74, etc.— Absol. : τοιαῦτα πρὸς ἀλλήλους ἀγόρευον Α 274, τοιοῦτοι ἐείκοσιν Π 847. Cf. Ε 274, Ρ 643, Ψ 494, etc. : α 47, δ 620, ϛ 160, etc.—Correlative with οἷος ·δ 269, σ 36.—Followed by infin. : οὔ μοι τοιοῦτον κῆρ μαψιδίως κεχολῶσθαι η 309. Cf. ω 254.

τοῖχος, -ου, ὁ. (1) The wall of a house, room or courtyard : τοίχων δώματος Π 212. Cf. Ι 219, Σ 374, Ω 598 : θρόνοι περὶ τοῖχον ἐρηρέδατο η 95, ἐπήσκηταί οἱ αὐλὴ τοίχῳ καὶ θριγκοῖσιν ρ 267. Cf. β 342, η 86, τ 37, υ 302, 354, χ 24, 126, 259 = 276, ψ 90.—(2) In pl., the sides (of a ship) : νηὸς ὑπὲρ τοίχων Ο 382. Cf. μ 420.

τοκάς, -άδος [τοκ-, τίκτω]. Kept for breeding : σύες τοκάδες ξ 16.

τοκεύς, [τοκ-, τίκτω]. Genit. pl. τοκήων Γ 140, Ο 663, Χ 338, etc. : δ 62, 596, η 54, etc. τοκέων Ο 660, Φ 587. In dual and pl., one's parents : ἐπεὶ τοκεῦσιν ἅμ᾽ ἕσπετο Δ 476. Cf. Γ 140, Ξ 296, Ο 439, Υ 203, Χ 338, etc. : α 170, δ 62, ϛ 50, θ 312, ι 34, ο 382, τ 158, etc.—Applied to grandparents: Ἀρήτη ἐκ τοκήων τῶν αὐτῶν [ἐστὶν] οἵ περ τέκον Ἀλκίνοον η 54 (her husband's parents were her grandparents).

τόκος, -ου, ὁ [τοκ-, τίκτω]. (1) Childbearing Τ 119.—Of the bearing of offspring by an animal Ρ 5.—(2) Hardly to be distinguished from γενεή (1) and coupled with it in a hendiadys : πάντων Ἀργείων (ἀνθρώπων) γενεήν τε τόκον τε Η 128, Ο 141.—Sim. coupled with γενεή (6): ὅθι οἱ γενεή τε τόκος τε ο 175.

τολμάω [τλάω]. (ἐπι-.) (1) To endure evil with fortitude, resolution or patience, to bear up, hold out, submit (=τλάω (3)): ἐτόλμα βαλλόμενος ω 162. Cf. ν 20.—(2) To take (something) upon oneself, dare or boldly undertake (it) (=τλάω (6)): αἰνότατον πόλεμον τολμήσαντα θ 519.—(3) To have the spirit, courage or resolution to do something, venture or dare to do it. With infin. (=τλάω (7)(a)): οὐδ᾽ ὃ γ᾽ ἐτόλμησεν ἂψ ἵππους στρέψαι Ν 395 (i.e. his terror prevented him from taking the risk involved in wheeling). Cf. Ρ 68 : ὅς τις τολμήσειε μοχλὸν τρῖψαι (should undertake to . . .) ι 332.—Absol. : αἰεί οἱ θυμὸς ἐτόλμα (was ready

for adventure) Κ 232, οὐδέ οἱ ἵπποι τόλμων (they were daunted) Μ 51.—(4) To have the hardihood or effrontery to do something. With infin. (=τλάω (7)(b)): εἰ τολμήσεις Διὸς ἄντ᾽ ἔγχος ἀεῖραι Θ 424.—(5) To make up one's mind to do something, bring, induce or prevail upon oneself to do it. With infin. (=τλάω (7)(d)): οὐ τόλμησεν ἕκαστα εἰπεῖν ω 261.

τολμήεις, -εντος [τολμάω]. (1) Enduring, steadfast, patient ρ 284.—(2) Bold, daring, adventurous Κ 205.

τολυπεύω. To carry out, carry through: πολέμους Ξ 86. Cf. Ω 7 : α 238 = δ 490 = ξ 368, τ 137, ω 95.

τομή, -ῆς, ἡ [τέμνω]. The stump left after cutting a branch or sapling Α 235.

τοξάζομαι [τόξον]. (ἐπι-.) To shoot with the bow : οὐδοῦ ἄπο τοξάσσεται χ 72. Cf. θ 220, 228, χ 78 = 134.—With genit. of what is shot at: φωτῶν θ 218, ἀνδρῶν χ 27.

τοξευτής, ὁ [τοξεύω]. A bowman, archer : τοξευτῇσι τίθει σίδηρον Ψ 850.

τοξεύω [τόξον]. To shoot at with the bow. With genit. : πελείης Ψ 855.

τόξον, -ου, τό. (1) A bow Β 718 (the bow), Δ 105, Ε 171, Ι 559, Λ 375, Ν 594, etc. : θ 215, 225 (in contests of archery), λ 607, μ 84, φ 3, χ 71, etc.— (2) App., skill in archery : Πάνδαρος, ᾧ καὶ τ. Ἀπόλλων αὐτὸς ἔδωκεν Β 827 (cf. Δ 105 sqq., where the making of his bow is described). Cf. Ο 441.— (3) In pl. of a single bow : τόξ᾽ ὤμοισιν ἔχων Α 45, τόξοισιν πίσυνος (in my bow) Ε 205. Cf. Γ 17, Ε 97, Ζ 322, Θ 266, 370, etc. : κ 262, φ 90, 259, 264, 349, etc.—(4) Applied in pl. to arrows : τόξων ἀϊκάς Ο 709.—To the whole archery equipment, bow, quiver and arrows : ἀπ᾽ ὤμων αἴνυτο τόξα, σ᾽ . . . ᾧ δ᾽ ὥστοὶ Φ 490, συναίνυτο τόξα πεπτεῶτ᾽ ἄλλυδις ἄλλα 502. Cf. Φ 496, 504.

τοξοσύνη, -ης, ἡ [τόξον]. Skill with the bow, archery : ἄριστος Ἀχαιῶν τοξοσύνη Ν 314.

τοξότης, ὁ [τόξον]. A bowman, archer. In voc. τοξότὰ Λ 385.

τοξοφόρος, -ου [τόξον + -φορος, φέρω]. One who bears a bow, an archer Φ 483.

†**τορέω**. 3 sing. aor. ἔτορε. (ἀντι-.) To pierce: οὐδ᾽ ἔτορε ζωστῆρα Λ 236.

†**τορνόομαι** [τόρνος, a carpenter's tool, a string used for striking circles]. 3 pl. aor. τορνώσαντο Ψ 255. 3 sing. subj. τορνώσεται ε 249. To mark off the circumference of, mark out the space which something is intended to cover : τορνώσαντο σῆμα Ψ 255. Cf. ε 249.

τόσσος, τόσος, -η, -ον. (1) Such in number, quantity or volume, as many or much : τρὶς τόσσα δῶρα Α 213, τόσσον λαὸν Δ 430. Cf. Β 472, Ε 136, Θ 560, Λ 678, Μ 338, Χ 423, Ω 670, etc. : α 248, β 184, θ 340, μ 123, ξ 96, 326, σ 402, τ 365, etc.— (2) In reference to magnitude or extent, of such magnitude, size, extent or importance : τόσσον ἐπιλεύσσεται Γ 12, κακὸν τόσον Ρ 410. Cf. Β 25, Δ 32, Ω 319, etc. : τόσσον ἔπι σχεδίην ποιήσατο ε 251, τόσσην πέτρην ι 243. Cf. ι 265, 324, ρ 407, etc.—

τοσόσδε   388   τρέπω

In reference to stature: τόσος πάϊς α 207. Cf.
B 528.—(3) In causal sense: τόσσην ἄσιν καλύψω
Φ 321. Cf. I 546.—(4) Correlative with ὅσος.
(a) τόσος ... ὅσος ... such, etc. ... as ... B 528,
Γ 190, I 125, 385, Λ 741, P 410, etc.: δ 106, ζ180,
τ 169, 347, etc.—(b) ὅσος ... τόσος ... such as,
as, etc. ... so, etc. ... Ω 319, etc.: α 248, ι 324,
etc.—(5) In neut. τόσ(σ)ον as adv. (a) To so great
an extent, so much, so greatly, by so much: ὅ τι
τόσσον ἐχώσατο Α 64, οὐ τόσσον χόλῳ ἥμην (it was
not so much in anger that ...) Z 335. Cf. Θ 27,
407, Ξ 394 (so loudly), etc.: α 62, β 28, δ 104,
ι 403, χ 50, etc.—So in pl.: τόσ' ἔβραχεν φ 49.—
With an adj. or adv.: τόσσον πλέας B 129. Cf.
Τ 178, Φ 275, 370: φ 372.—For λίην τόσον see
λίην (1).—In causal sense: τόσον ἔβραχεν (so
loudly) E 863.—(b) In reference to distance, as or
so far: τόσσον ἔνερθεν Θ 16, τόσσον ἐχώρησαν Π 592.
Cf. Ψ 522, etc.: τόσσον ἄνευθεν δ 356. Cf. ε 400,
ι 491, 499, etc.—(c) To a certain extent, so far:
τόσον μὲν ἔεργεν ἀπὸ χροὸς Δ 130, τόσσον μὲν ἔχον
τέλος Σ 378. Cf. X 322, Ψ 454,—(d) Correlative with
ὅσον. (a) τόσον ... ὅσον ... E 786, Z 450, P 240,
etc.: δ 356, ε 400, etc.—(β) ὅσον ... τόσον ...
Π 722, Ψ522, 847: θ 125.—With ὡς X 424:=δ 104.
τοσόσδε, τοσσόσδε, -ήδε, -ονδε [-δε (3)].
Strengthened form of prec. (1) Such in number
or quantity, as many or much: τοσσούσδ' ἀν-
θρώπους Τ 357. Cf. B 120, 799, Ω 367: τοσσῶνδ'
ἀέκητι δ 665.—With infin.: τοσσήνδε δύναμιν τί-
σασθαι μνηστῆρας γ 205.—Correlative with ὅσος:
λαοὶ τοσσοῖδ' ὅσσοισιν ἀνάσσεις Ξ 94. Cf. K 48,
Σ 430.—(2) Of such magnitude or extent:
τοσσῆσδ' ὑσμίνης Τ 359. Cf. ε 100.—(3) In neut.
τοσσόνδε as adv., to so great an extent, so
much, so greatly: τοσσόνδε βίης ἐπιδευέες φ 253.
—Correlative with ὅσον X 41.
τοσοῦτος, τοσσοῦτος, -οῦτον. Strengthened
form of τόσος. (1) Such in number or quantity,
as many or much: τοσσαῦτ' ἔτεα B 328: ἄφενος
τοσσοῦτον ξ 99. Cf. ν 258.—(2) Such in importance
or weight, so great: τοσοῦτόν σ' ἔθηκα (i.e. as
great as you now are) I 485.—(3) In neut. τοσοῦτον
as adv. (a) To so great an extent, so much, so
greatly: νεώτατος τοσοῦτον Ψ 476: οὔ τι τόσσον
τοσσοῦτον ὀδύρομαι, ἀλλ' εἰ ... (I do not so much
... but to think how it will be if ...) φ 250.
Cf. φ 402.—(b) As far: ἤσειν ἢ τοσσοῦτον ἢ ἔτι
μᾶσσον Ψ 431.
τοσσάκι [τόσ(σ)ος]. So often, each time.
Correlative with ὁσσάκι. See ὁσσάκι.
τόσσος. See τόσος.
τοσσόσδε. See τοσόσδε.
τοσσοῦτος. See τοσοῦτος.
τότε. (1) Then, at that time: καὶ τόθ' ἅμαρτεν
Θ 311, τῶν τότε (of the men of that time) I 559.
Cf. B 221, 699, Γ 187, Δ 321, 427, etc.: γ 219,
411, δ 98, ζ 12, θ 74, 81, etc.—(2) Then, after
that, thereupon: καὶ τότε δὴ θάρσησεν A 92. Cf.
A 476, Z 176, H 405, I 561, K 318, etc.: β 348,
γ 132, δ 69, 480, ε 391, etc.—(3) Then, in that
case or event, in those circumstances: τότε κέν

μιν πεπίθοιμεν A 100. Cf. Δ 36, 182, N 344, X 108,
etc.: λ 112, μ 54, etc.—(4) Written oxytone, τοτέ,
afterwards, again, at another time: τοτὲ δ' αὖτις
ἔδυ νέφεα Λ 63. Cf. Ω 11.—τοτὲ μὲν ..., τοτὲ δὲ
..., at one time ..., at another ... ω 447.
τοὔνεκα [demonstrative corresponding to
οὕνεκα]. For that reason, therefore A 96, Δ 477,
E 342, I 159, Λ 23, etc.: γ 50, 92, η 303, ν 194,
ξ 388, etc.—Correlative with οὕνεκα Γ 405, N 728.
—Taking up ἐπεί Z 334.—Taking up ὅττι ψ 116.—
Taken up by ὄφρα γ 15.
τόφρα. (1) Up to an indicated point of time,
during an indicated space of time: τ. τί μοι
πεφιδέσθαι φίλτερον ἦεν Φ 101: τ. δέ μ' αἰεὶ κῦμ'
ἐφόρει ζ 171. Cf. θ 453.—(2) While something
is going on, in the meanwhile, meanwhile: τ.
τοὺς ὦρσεν N 83. Cf. K 498, O 525, P 79, Σ 338,
T 24, Φ 139: τ. ταῦτ' Αἴγισθος ἐμήσατο λυγρά γ 303.
Cf. δ 435, ε 246, θ 438, μ 166, ν 77, ψ 289, etc.—
(3) Correlative with ὄφρα. (a) τόφρα ... ὄφρα
... (a) So long ... until ... A 509, K 325,
Λ 754, O 232: δ 289.—(β) So long ... while ...
β 123.—(b) ὄφρα ... τόφρα ... (a) While ...
so long ... Θ 67=Λ 85, I 551, Λ 189, 204, M 12,
O 319, Π 778, Σ 258: ε 362, ζ 260, ι 57, ο 362,
ν 330, χ 117.—(β) While ... meanwhile ...
Δ 221, H 194, Θ 88, Λ 359, M 196, O 343, Σ 381:
κ 126.—With ἦος. (a) τόφρα ... ἦος ... so long
... until ... β 77, ε 123.—(b) ἦος ... τόφρα
... (a) While ... so long ... O 392: μ 328.—
(β) While ... meanwhile ... K 507, Λ 412,
O 540, P 107, Σ 16, Φ 606: ε 425.—With ὅτε,
while ... meanwhile ... κ 571.
τράγος, -ου, ὁ. A he-goat: ἀρνειοὺς τε τράγους
τε ι 239.
τράπε, 3 sing. aor. τρέπω.
τράπεζα, -ης, ἡ [τετρα- (with loss of the first
syllable), τέσσαρες + πέζα. 'A thing with four
feet or legs']. A table I 216, Λ 628, 636, Ω 476,
625: α 111, 138, ε 92, θ 69, ι 8, etc.
τραπεζεύς [τράπεζα]. Of or pertaining to a
table, of dogs, attending their master at table
X 69, Ψ 173: ρ 309.
τραπείομεν, 1 pl. aor. subj. pass. τέρπω.
τραπέομεν [cf. ἀτραπιτός]. To tread (grapes):
ἄλλας [σταφυλὰς] τραπέουσιν η 125.
τράφε, 3 sing. aor. τρέφω.
τράφεν, 3 pl. aor. pass. τρέφω.
τραφερός, -ή, -όν [τραφ-, τρέφω]. Absol. in
fem., the solid land, the dry land: ἐπὶ τραφερήν
τε καὶ ὑγρήν Ξ 308: υ 98.
τράφῃ, 3 sing. aor. pass. τρέφω.
τραφθῆναι, aor. infin. pass. τρέπω.
τρεῖς, τρία [cf. L. tres, Eng. three]. Three
B 671, Δ 51, Z 196, I 144, Λ 27, etc.: β 21, δ 409,
ε 484, ι 431, ο 469, etc.—Absol.: τρεῖς ἑνὸς ἀντὶ
πεφάσθαι N 447. Cf. Τ 269: ζ 63, ξ 26.
τρέμω. To tremble, shake, quiver: ὑπὸ δ'
ἔτρεμε γυῖα K 390. Cf. N 18, Φ 507: λ 527.
τρέπω. Fut. τρέψω O 261. 3 sing. aor. ἔτρεψε
Δ 381, Z 61, M 32, Σ 469. τρέψε Π 645, Φ 349.
3 sing. opt. τρέψειε I 601. 3 pl τρέψειαν Θ 451.

τρέσε　389　τρέω

Pple. τρέψας Φ603, X16. 3 sing aor. ἔτραπε (τράπε) E187, 676, Θ157, 257, M24, Π657, Υ439: τ479. 3 pl. ἔτραπον κ469. Imp. pl. τράπετε δ294. **Mid.** Nom. pl. aor. pple. τρεψάμενοι a422, σ305. 3 sing. aor. ἐτράπετο A199, K45, Λ233, 237, N605, Π594, P546, Φ468: η263, τ389, φ413. τράπετο P733, Σ138: ρ73. 3 pl. τράποντο Γ422. 3 pl. subj. τράπωνται Ψ53. Infin. τραπέσθαι ε350, κ528. **Pass.** Aor. infin. τραφθῆναι ο80. 3 sing. pf. imp. τετράφθω M273. Pple. τετραμμένος, -η E605, N542, P227, 598, T212: ε71, μ81. 3 sing. plupf. τέτραπτο Ξ403: δ260. 3 pl. τετράφατο K189. (ἀνα-, ἀπο-, ἐν-, ἐπι-, ἐπιτραπέω, μετατρέπομαι, παρα-, προ-.) **(1)** In reference to position, to turn or direct in a specified direction: πάλιν τρέπεν ὅσσε N3. Cf. M24, N7, Π645, Σ469, Φ349, 415: ν29.—In pass.: ἀνὰ πρόθυρον τετραμμένος T212 (see ἀνά (II)(2)(b)). Cf. ε71, μ81.—**(2)** To turn or direct the course of in a specified direction: φύγαδε τράπεν ἵππους Θ157, 257. Cf. Π657, Φ603: εἰς εὐνὴν τράπεθ' ἡμέας (send us off to bed) δ294. Cf. ι315. — To put to flight: τρέψω Ἀχαιούς O261.—**(3)** To turn or direct to an indicated course of action: μηδέ σε δαίμων ἐνταῦθα τρέψειεν I601.—**(4)** To turn or divert the course of: βέλος ἔτραπεν ἄλλῃ E187, πάλιν τρέπεν ἵππους Θ432. Cf. Θ399, M32, Υ439, X16.—In reference to the mind: κατὰ πληθὺν Λυκίων τράπε θυμόν E676. Cf. Z61: τῇ νόον ἔτραπεν (diverted her attention) τ479.—**(5)** To turn or divert from an indicated course of action: Ζεὺς ἔτρεψε παραίσια σήματα φαίνων Δ381. Cf. Θ451.—**(6)** In mid. and pass. **(a)** To turn oneself round, turn round or about: Γλαῦκος πρῶτος ἐτράπετο Π594.—**(b)** To turn oneself, turn, be turned, in a specified direction: μετὰ δ' ἐτράπετο A199, πεδίονδ' αἰεὶ τετράφατο K189. Cf. E605, N542, Ξ403, P227, 598, Σ138, Φ468: ε350, κ528, ρ73, τ389.—**(c)** To turn or direct one's course in a specified direction: μή τις ὀπίσσω τετράφθω M273.—To take a turning or winding course, go on a roaming journey: τραφθῆναι ἀν' Ἑλλάδα ο80.—**(d)** To betake oneself to a specified course of action: ἐπὶ ἔργα τράποντο Γ422. Cf. Ψ53: α422=σ305. —**(e)** To be turned or diverted from a course: παραί οἱ ἐτράπετ' ἔγχος Λ233=N605. Cf. Λ237.— Of changing one's mind or liking: ἐπεὶ Διὸς ἐτράπετο φρήν (his mind has changed) K45. Cf. P546: κραδίη μοι τέτραπτο νέεσθαι δ260. Cf.γ147, η263.—**(f)** Of the flesh, to change colour: τοῦ κακοῦ τρέπεται χρὼς N279. Cf. N284, P733: φ413.—**(7)** Intrans. for reflexive=(6)(c): περὶ δ' ἔτραπον ὧραι (had returned on their course) κ469.

τρέσ(σ)ε, 3 sing. aor. τρέω.

τρέφω. Aor. θρέψα Ω60. 3 sing. ἔθρεψε (θρέψε) B548, 766, Λ223, N466, Π329: β131, λ309, ξ22, ο363, ρ293. 3 pl. θρέψαν ξ175. Pple. θρέψας ι246. Fem. θρέψασα Σ57, 438: μ134. 3 sing. aor. ἔτραφε Φ279, Ψ90. τράφε B661. 3 dual ἐτραφέτην E555. 1 pl. τράφομεν Ψ84. Infin. τραφέμεν H199, Σ436: γ28. (This aor.

always intrans. (see (6)(b), (7)), except in Ψ90 (see (2)). 3 sing. pf. τέτροφε ψ237. **Mid.** 2 sing. aor. opt. θρέψαιο τ368. **Pass.** 3 sing. aor. τράφη Γ201, Λ222. 3 pl. ἔτραφεν Ψ348: κ417. τράφεν Α251, 266: δ723, ξ201. (περι-.) **(1)** To solidify, curdle, coagulate: ἥμισυ θρέψας γάλακτος ι246.—In pf., to become solidified: πολλὴ περὶ χροῒ τέτροφεν ἅλμη (encrusts their flesh) ψ237.— **(2)** To bestow a parent's or a nurse's care upon, bring up, rear, nurture: τί νύ σ' ἔτρεφον; Α414, Πηλεύς μ' ἔτραφεν ἐνδυκέως Ψ90. Cf. B548, E70, Θ283, Λ223, N466, Ξ202=303, Π191, 203, Σ57=438, X421, 480, Ω60: σύ μ' ἔτρεφες φ364.—(c) Of the fat of swine: τά θ' ὕεσσι τρέφει ἀλοιφήν ν410.—(d) Of sea-monsters supposed to be reared by Amphitrite ε422.—(e) Of the Chimaera Π329.—**(5)** Of growing a lock of hair: χαίτην, τὴν Σπερχειῷ τρέφεν Ψ142.—In reference to plant life, to bestow care upon, watch, tend: οἷον τρέφει ἔρνος ἀνὴρ ἐλαίης P53.—**(6)(a)** In pass., to be brought up, grow up: οἵ οἱ ἅμα τράφεν Α251. Cf. Α266, Γ201, I143, 285, Λ222, T326: δ723, κ417, ξ201, ο365.—**(b)** In non-sigmatic aor. act. in the same sense: ὃς ἐνθάδε γ' ἔτραφ' ἄριστος Φ279. Cf. B661, H199, Σ436, Ψ84: γενέσθαι τε τραφέμεν τε γ29. **(7)** Of animals, to rear or nurture their young. In non-sigmatic aor. act. in intrans. sense (cf. (6)(b)): οἵω λέοντε δύω ἐτραφέτην ὑπὸ μητρὶ E555.—**(8)** Of the earth, to nourish on her breast, produce, bring forth, yield: τόσα φάρμακα ἤδη ὅσα τρέφει χθὼν Λ741: οὓς μηκίστους θρέψεν ἄρουρα λ309. Cf. σ130.—Sim. of a forest: ἄγρια, τά τε τρέφει οὔρεσιν ὕλη E52.—**(9)** Of something immaterial: οἰκωφελίη, ἥ τε τρέφει ἀγλαὰ τέκνα (is the mother of . . .) ξ223.

τρέχω. 3 pl. pa. iterative θρέξασκον (fr. aor. θρέξα, for which see ἐπιθρέξαντος under ἐπιτρέχω) Σ599, 602. 3 sing. aor. ἔδραμε E599, Ξ413. δράμε ψ207. 3 dual τραφέτην Ψ393. 3 pl. ἔδραμον Σ30. (ἀνα-, δια-, ἐν-, ἐπι-, παρα-, περι-, συν-, ὑπο-.) **(1)** Of men or horses, to run: ἐκ θυράξε ἔδραμον Σ30, αἵ οἱ ἵπποι ἀμφὶς ὁδοῦ δραμέτην Ψ393. Cf. E599, Ψ520: ψ207.—Of swift motion in the dance: θρέξασκον ἐπισταμένοισι πόδεσσιν (i.e. wheeled in concentric circles) Σ599. Cf. Σ602.—**(2)** Of the motion of a drill ι386.—**(3)** Of a spinning motion imparted to a man struck with a stone Ξ413.

τρέψω, fut. τρέπω.

τρέω. 3 sing. aor. ἔτρεσε O586. τρέσε O589,

Χ 143. τρέσσε Λ 546, Ρ 603. 3 pl. ἔτρεσαν Λ 745, Ρ 729, Τ 15. τρέσσαν ζ 138. Genit. pl. masc. pple. τρεσσάντων Ξ 522. Infin. τρέσσαι Ν 515. (δια-, παρα-, περι-, ὑπο-.) **(1)** To be struck by fear and withdraw from that which is feared, to flee, retreat, retire : τρέσσεν ἐφ᾽ ὁμίλου Λ 546. Cf. Λ 745, Ν 515, Ξ 522 (genit. absol.), Ο 586, 589, Ρ 332, 603, 729, Τ 15, Χ 143 : ζ 138.—**(2)** To shrink from or shirk the fight : τρεῖν μ᾽ οὐκ ἐᾷ Ἀθήνη Ε 256. Cf. Φ 288.—**(3)** To shrink from, be unable to face : δεταί, τάς τε τρεῖ Λ 554 = Ρ 663.

τρήρων, -ωνος, ἡ [τρέω. 'The timid bird ']. A wild dove or pigeon. Joined with πέλεια Χ 140, Ψ 853, 855, 874 : μ 63, ν 243.—With πελειάς Ε 778.

τρητός [τρη-, τε-τραίνω]. Perforated, having a hole in it : λίθοιο ν 77.—Of bedsteads, prob., pierced with holes, either for fixing on ornamentation (cf. δινωτοῖσι λέχεσσιν Γ 391) or to receive straps passed through to support the bedding Γ 448, Ω 720 : α 440, γ 399 = η 345, κ 12.

τρηχύς, -εῖα. Having a rough surface. Of stones, rough, jagged Ε 308, Η 265 = Φ 404.—So of a projection into the sea : τρηχεῖαν ἐπ᾽ ἀκτήν ε 425.—Of a path, rough, uneven : τρηχεῖαν ἀταρπόν ξ 1.—Of Ithaca, rough, rugged ι 27, κ 417, 463, ν 242.—So of Aegilips Β 633.—Of Olizon Β 717.

τρία, neut. τρεῖς.

τρίαινα, ἡ [τρι-, τρεῖς]. The trident of Poseidon Μ 27 : δ 506, ε 292.

τρίβω. Aor. infin. τρῖψαι ι 333. (ἀπο-, δια-.) To rub. Of oxen, to thresh (corn) by trampling it on a threshing-floor, tread (it) : τριβέμεναι κρῖ λευκόν Υ 496.—To press (an instrument into something) and work (it) round : μοχλὸν τρῖψαι ἐν ὀφθαλμῷ ι 333.—In mid., to wear oneself out : μηδὲ τρίβεσθε κακοῖσιν Ψ 735.

τρίγληνος [τρι-, τρεῖς + γλήνη]. Having three beads or drops : ἕρματα Ξ 183 := σ 298.

τριγλώχις, -ῖνος [τρι-, τρεῖς + γλωχίς in sense 'barb ']. With three barbs : ὀϊστῷ Ε 393, ἰῷ Λ 507.

τρίετες [τρι-, τρεῖς + ἔτος]. For three years : τ. ἔληθεν β 106 = ω 141. Cf. ν 377, τ 151.

τρίζω. Acc. pl. masc. pf. pple. τετρίγῶτας Β 314. Nom. sing. fem. τετρίγυῖα Ψ 101. Pl. τετρίγυῖαι ω 9. 3 sing. plupf. τετρίγει Ψ 714. To utter or emit a thin or a sharp piercing sound. Of the cry of birds Β 314.—Of the cry of bats ω 7.—Of the thin cry of the shades of the dead : ψυχὴ ᾤχετο τετρίγυῖα Ψ 101. Cf. ω 5, 9.—Of a part of the body : τετρίγει νῶτα θρασειάων ἀπὸ χειρῶν (creaked as the hands slipped over the skin) Ψ 714.

τριήκοντα, indeclinable [τρι-, τρεῖς]. Thirty Β 516 = 680 = 733.

τριηκόσιοι (τρῖηκόσια Λ 697) [τρι-, τρεῖς]. Three hundred ν 390, φ 19.—Absol. : κρινάμενος τριηκόσια Λ 697.—With another numeral : τριηκόσιοί τε καὶ ἐξήκοντα ξ 20.

τρίλλιστος, -ον [τρι-, τρίς + λίσσομαι]. Thrice, i.e. greatly, longed for : νύξ Θ 488.

τρίπλαξ, -ακος [τρι-, τρίς. For the second

element cf. δίπλαξ]. Triple : ἄντυγα Σ 480 (perh., formed of three metal bands).

τριπλῆ [τρι-, τρίς. Cf. τετραπλῆ]. Threefold : ἀποτείσομεν Α 128.

τρίπολος, -ον [τρι-, τρίς + πολέω, πολεύω, in sense 'to plough ']. Thrice ploughed, i.e., app., ploughed thrice before being sown : νειὸν Σ 542. Cf. ε 127.

τρίπος, -ποδος, ὁ [τρι-, τρεῖς + πούς]. A tripod, a pot or cauldron resting on three legs ; a similar ornamented vessel, often presented as a prize, reward or gift : πρεσβήϊον, ἢ τρίποδ᾽ ἠὲ δύω ἵππους Θ 290, ἀμφὶ πυρὶ στῆσαι τρίποδα Σ 344. Cf. Ι 122, Λ 700, Τ 243, Χ 164, Ψ 485, etc. : δ 129, θ 434, 435, 437, κ 359, 361, ν 13, 217, ο 84.

τρίπτυχος, -ον [τρι-, τρίς + πτυχ-, πτύξ]. Triple, made with three layers : τρυφάλεια Λ 353.

τρίς [τρεῖς]. **(1)** Thrice, three times in succession : τ. ἐπόρουσεν Ε 436. Cf. Ζ 435, Θ 169, Π 702, Σ 155, Ψ 13, etc. : τ. μὲν ἔδωκα, τ. δ᾽ ἔκπιεν ι 361. Cf. γ 245 (see ἀνάσσω (2)), δ 86, λ 206, μ 105, φ 125, etc.—**(2)** Thrice or three times (as many or as much) : τρὶς τόσσα Α 213, Φ 80. Cf. Ε 136, Ω 686 : θ 340.

τρισκαίδεκα, indeclinable [τρὶς, τρεῖς + καὶ + δέκα]. Thirteen : μῆνας Ε 387 : ὄγχνας ω 340.

τρισκαιδέκατος, -η [τρισκαίδεκα]. **(1)** The thirteenth : τὸν τρισκαιδέκατον θυμὸν ἀπηύρα Κ 495. Cf. Κ 561 : θ 391.—**(2)** ἡ τρισκαιδεκάτη (sc. ἡμέρη), the thirteenth day : τῇ τρισκαιδεκάτῃ (on the thirteenth day) τ 202.

τρίσμακαρ, -αρος [τρὶς + μάκαρ]. Thrice-blest ε 306, ζ 154, 155.

τριστοιχί [τρίστοιχος. Cf. μεταστοιχί]. In three rows or lines : ἔντεα χθονὶ κέκλιτο τ. Κ 473.

τρίστοιχος [τρι-, τρεῖς + στοῖχος, row, line, fr. στείχω]. Set in three rows or lines : ὀδόντες μ 91.

τρισχίλιοι, -αι, -α [τρὶς + χίλιοι]. Three thousand : τρισχίλιαι ἵπποι Υ 221.

τρίτατος, -η, -ον [τρί-ατος, τρι-, τρεῖς + ordinal suff. (cf. τρίτος) + superl. suff.]. **(1)** The third, the last of three : τοῖσιν ἅμα τ. κίεν Β 565. Cf. Ι 363, Κ 253, Ξ 117, Ο 188, 195, Ω 761 : ι 90 = κ 102 (as a third).—Absol. in pl. : κατὰ τριτάτοισιν ἄνασσεν (i.e. the third generation) Α 252.—Coming third in a contest. With ellipse of sb. : τῷ τριτάτῳ κατέθηκε λέβητα Ψ 267.—**(2)** The third, one in every three : ὧν τριτάτην ἔχων μοῖραν (a third part) δ 97.

Τρῑτογένεια [traditionally (but doubtfully) explained in ref. a river Triton in Boeotia or Thessaly, or fr. the lake Tritonis in Libya]. Trito-born. Name or an epithet of Athene Δ 515, Θ 39 = Χ 183 : γ 378.

τρίτος, -η, -ον [τρί-το-s, τρι-, τρεῖς + ordinal suff.]. **(1)** The third, the last of three : τρίτῳ ἤματι Λ 707, τρίτα ἄεθλα (the third set of prizes) Ψ 700. Cf. Μ 91, 95, Π 193, 850 : β 89, δ 551, ε 390 = ι 76 = κ 144, ξ 471, ν 185.—Absol. : ἡ τρίτη κ 356.—In pl. : τῶν τρίτων [ἦρχ'] Ἕλενος (the third body) Μ 94.—**(2)** τὸ τρίτον (a) In the third place. Strengthened by αὖ or αὖτε : τὸ τρίτον αὖ κατέπεφνεν 'Αμαζόνας Ζ 186. Cf. Ψ 842: κ 520, λ 28.—(b) For the third time. Strengthened by αὖτε or αὖτις: τὸ τρίτον αὖτ' Αἴαντα ἰδὼν ἐρέεινεν Γ 225, τό κε τρίτον αὖτις πάλαιον Ψ 733.

τρίχα [τρι-, τρεῖς]. (1) Into three bodies: διὰ τ. κοσμηθέντες Β 655: ι 157.—(2) In three ways: τ. σφίσιν ἥνδανε βουλή (three courses were before them) θ 506.—(3) At the third stage: ἦμος (ὅτε) τ. νυκτὸς ἔην (when it had come to the third part in respect of the night, when it was in the third watch of the night) μ 312, ξ 483.

τριχάϊξ, -ἴκος [τριχ-, θρίξ + ἀϊκ-, ἀΐσσω]. With streaming hair. Epithet of the Dorians τ 177.

τρίχες, nom. pl. θρίξ.

τριχθά [as τρίχα]. (1) In three pieces: τ. τε καὶ τετραχθὰ διατρυφέν (διέσχισεν) Γ 363: ι 71.— (2) Into three portions or lots: τ. πάντα δέδασται Ο 189.—(3) In three bodies or communities: τ. ᾤκηθεν Β 668.

τρῖψαι, aor. infin. τρίβω.

Τροίηθεν [-θεν (1)]. From Troy γ 257, 276, δ 488, ι 259, λ 160.—With ἀπό Ω 492: ι 38.

τρομέω [τρόμος]. (ἀμφι-, περι-, ὑπο-.) (1) To tremble, be affected by fear, show fear: ἐτρόμεον καὶ ἐδείδισαν Η 151. Cf. Κ 95, Ο 627.—In mid. Κ 10, 492.—(2) To tremble before, be in fear of, dread: τὸν τρομέουσι καὶ ἄλλοι Ρ 203. Cf. σ 80.— To hold in fear, have before one's eyes, regard: ὅπιδα θεῶν υ 215.—To be apprehensive of, fear. In mid. : θάνατον τρομέεσθαι π 446.

τρόμος, ὁ [τρέμω]. Trembling, quaking, fear or apprehension outwardly manifested: ὑπὸ τ. ἔλλαβε γυῖα Γ 34. Cf. Ε 862, Ζ 137, Κ 25, Λ 117, etc.: σ 88, ω 49.

τροπέω [τρέπω]. (παρα-, περι-.) To turn, wheel: ἵπποι ἀψ ὄχεα τρόπεον Σ 224.

τροπή, -ῆς, ἡ [τρέπω]. A turning-point: ὅθι τροπαὶ ἠελίοιο ο 404. (What exactly is meant by these 'turning-points of the sun' can hardly be determined.)

τρόπις, ἡ. The keel of a ship ε 130, η 252, μ 421, 422, 424, 438, τ 278.

τροπός, -οῦ, ὁ. A strap securing an oar to the rowlock (cf. κληΐς (3)) δ 782 = θ 53.

τρόφις, -ι [τρέφω]. Big, swollen: τρόφι κῦμα Λ 307.

τροφόεις, -εντος. = prec. Ο 621: γ 290.

τροφός, -οῦ, ἡ [τρέφω]. A nurse. Of Eurycleia, who nursed Odysseus β 361, δ 742, ρ 31, τ 15, χ 391, ψ 69, etc.

τροχάω [τρέχω. Cf. τρωχάω]. Acc. sing. masc. pres. pple. τροχόωντα. To run ο 451.

τροχός, -οῦ, ὁ [τρέχω]. (1) A wheel. (a) A chariot-wheel Ζ 42 = Ψ 394, Ψ 517.—(b) A potter's wheel Σ 600.—(2) A round piece or cake of something: κηροῖο (στέατος) μέγαν τροχόν μ 173, φ 178 = 183.

†τρυγάω [τρύγη, crop]. 3 pl. pres. τρυγόωσι η 124. 3 pl. opt. τρυγόῳεν Σ 566. (1) To vintage (a vineyard), strip (it) of grapes at the vintage: ὅτε τρυγόῳεν ἀλωήν Σ 566.—(2) To gather (grapes) at the vintage: ἑτέρας [σταφυλὰς] τρυγόωσιν η 124.

τρύζω. To make a low murmuring sound, coo:

ὡς μή μοι τρύζητε (i.e. may not try to coax me) Ι 311.

τρύξοντα, acc. sing. masc. fut. pple. τρύχω.

τρύπανον, -ου, τό [cf. next]. An instrument for boring, a drill ι 385.

†τρῡπάω [cf. prec.]. 3 sing. pres. opt. τρῡπῷ (app. contr. fr. τρυπάοι). To perforate with a drill, bore, drill ι 384.

τρυφάλεια, -ης, ἡ [τρυ-, a stem of τέσσαρες + φάλος. Properly an adj. (sc. κόρυς). Thus '(a helmet') with four φάλοι']. A helmet Γ 372, Ε 182, Κ 76, Λ 352, Ν 530, Σ 458, etc.: χ 183.

τρύφος, τό [θρύπτω, to break]. A part broken off: τὸ τρύφος ἔμπεσε πόντῳ δ 508.

τρύχω. Acc. sing. masc. fut. pple. τρύξοντα ρ 387. (κατα-.) To lay an intolerable burden on the resources of, consume the substance of or in, beggar, ruin: οἶκον α 248 = π 125, τ 133, πτωχὸν οὐκ ἄν τις καλέοι τρύξοντα ἐ αὑτόν (to eat him out of house and home) ρ 387.—In pass., to see one's substance wasted or consumed, be subjected to impoverishment: ἦ τ' ἂν τρυχόμενός περ ἔτι τλαίης (τλαίην) ἐνιαυτόν α 288, β 219.—In mid., to let oneself be worn out: μηδὲ τρυχώμεθα λιμῷ κ 177.

τρώγω. To nibble, crop ζ 90.

τρώκτης, ὁ [τρώγω. 'Gnawer']. A keen trafficker. Applied to Phoenicians ξ 289, ο 416.

τρωπάω [τρέπω]. 3 sing. pa. iterative mid. τρωπάσκετο Λ 568. (ἀπο-, παρα-.) (1) Of a bird, to modulate its notes, vary their cadence τ 521.—(2) In mid., to turn or betake oneself in a specified direction: τρωπάσκετο φεύγειν (to flight) Λ 568. Cf. Ο 666, Π 95: ω 536.

τρώῃς, 2 sing. aor. subj. τρώω.

τρωτός [τρώω]. Capable of being wounded, vulnerable: τούτῳ τ. χρώς [ἐστιν] Φ 568.

τρωχάω [τρέχω. Cf. τροχάω]. To run Χ 163: ζ 318.

†τρώω. 3 sing. τρώει φ 293. 2 sing. aor. subj. τρώῃς Ψ 341. 2 pl. τρώητε π 293, τ 12. Fut. infin. pass. τρώσεσθαι Μ 66. (1) To wound π 293 = τ 12.—(2) To bring to grief: τρώσῃς Ψ 341.— In pass., to come to grief: ὅθι τρώσεσθαι ὀΐω Μ 66. —Of wine, to overcome, overpower, drive out of one's right mind φ 293.

†τυγχάνω [cf. τεύχω]. 3 sing. impf. τύγχανε ξ 231. 2 sing. aor. ἔτυχες Ε 287. 3 τύχε Ε 587, Λ 684. Subj. τύχωμι Ε 279, Η 243: χ 7. 2 sing. τύχῃς ζ 290. 3 τύχῃ Θ 430, Ψ 857. τύχῃσι Λ 116. 2 sing. opt. τύχοις μ 106. Pple. τυχών Ε 98, 582, 858, Ν 371, 397, Π 623, Ψ 726: ο 158, τ 452. 3 sing. aor. ἐτύχησε Ο 581, Ψ 466. τύχησε ξ 334, τ 391. Pple. τυχήσας Δ 106, Ε 579, Μ 189, 394: φ 13. 3 sing. pf. τετύχηκε κ 88. Pple. τετυχηκώς Ρ 748. 2 sing. fut. mid. τεύξῃ τ 314. Infin. τεύξεσθαι Π 609. (παρα-.) (1) To light or fall upon, come into contact with. With genit.: ἀμάθοιο Ε 587.—To fall in with or encounter a person: δῶρα τά οἱ δῶκε τυχήσας φ 13.—(2) To reach, hit, strike. With genit.: μηρίνθοιο Ψ 857.— So in mid.: ἔλπετο τεύξεσθαι προβιβῶντος Π 609.

(3) Absol., to hit one's mark, make good one's aim, get one's blow or thrust home: ἤμβροτες οὐδ' ἔτυχες E 287. Cf. E 279, H 243, O 581: χ 7. —In aor. pple., making good one's aim, with unerring aim, getting one's blow home, with a home thrust: ὃν ὑπὸ στέρνοιο τυχήσας βεβλήκει (getting his shot home under the . . .) Δ 106, βάλ' ἐπαΐσσοντα τυχών E 98. Cf. E 579, 582, 858, M 189, 394, N 371, 397, Π 623, Ψ 726: τ 452.— (4) To have success in doing something, do it successfully. With pple.: οὐκ ἐτύχησεν ἑλίξας (in turning) Ψ 466. —(5) To get, obtain, have granted to or bestowed upon one. With genit.: ὄφρα τάχιστα πομπῆς τύχῃς ζ 290. Cf. o 158.—In mid. τ 314.—(6) To fall to one's lot: οὔνεκά μοι τύχε πολλά Λ 684. Cf. ξ 231.—(7) To chance or happen to be somewhere or to be doing something. With complementary words: εἰ τύχῃσι μάλα σχεδόν Λ 116: τύχησεν ἐρχομένη νηῦς (chanced to be sailing) ξ 334=τ 291. Cf. μ 106.—Without such word: ὅς κε τύχῃ (as his hap may be) Θ 430. —In pf., to be, lie, be set, in a specified position: ὃν περὶ πέτρη τετύχηκεν κ 88. Cf. P 748.

τυκτός, -ή, -όν [τυκ-, τεύχω]. =τετυγμένος (τεύχω (3)): τυκτῇσι βόεσσιν M 105: ἐπὶ κρήνην τυκτήν (i.e. with a basin of wrought stone) ρ 206. Cf. δ 627= ρ 169.—Thorough, perfect, 'regular': τυκτὸν κακόν E 831.

τύμβος, -ου, ὁ. A mound of earth or stones erected over and marking a grave, a grave-mound or barrow (cf. ἠρίον, σῆμα (7)) B 604, 793, Δ 177, H 336, 435, Λ 371, Π 457=675, P 434, Ψ 245, Ω 666: a 239=ξ 369, δ 584, λ 77, μ 14, 15, ω 32, 80.

τυμβοχόη, -ης, ἡ [τύμβος+χέω]. The throwing up of a grave-mound: οὐδέ τί μιν χρεὼ ἔσται τυμβοχόης Φ 323.

τύνη. A more or less emphatic form =σύ E 485, Z 262, M 237, Π 64, T 10, Ω 465.

τυπείς, aor. pple. pass. τύπτω.

τυπή, -ῆς, ἡ [τύπτω]. A blow or stroke: χαλκοῖο τυπῇσιν E 887.

τύπτω. 3 sing. aor. τύψε Δ 531, N 529, 542, P 313, T 125, Υ 446, Φ 117, 180. 3 sing. subj. τύψῃ Υ 378. Imp. τύψον E 830. Pple. τύψας Υ 462, X 58: χ 98. 3 sing. aor. pass. ἐτύπη Ω 421. 2 sing. opt. τυπείης N 288. Pple. τυπείς Λ 191, 206, 433, M 250, N 573, O 495, Π 861, Σ 92. Nom. dual masc. pf. pple. τετυμμένω N 782. (προ-.) (1) To strike or beat (with a cudgel) Λ 561.—(2) To strike or wound (app. implying that the weapon is held in the hand; but τυπείς in N 573 below resumes βάλεν in 567): δουρὶ τυπείς Λ 191, Φόρκυνα μέσην κατὰ γαστέρα τύψεν P 313. Cf. E 830, N 288, 573, O 495, Υ 378, Φ 20, etc.: χ 98, 308, 309=ω 185, ω 527.—With the part of the body struck as object: γαστέρα μέσην Δ 531. Cf. N 529.—With double acc. of the person and of the part of the body struck: γαστέρα μιν τύψεν Φ 180. Cf. N 542.—In a pass. construction representing a construction with cognate acc.: ἕλκεα ὅσσ' ἐτύπη Ω 421.—(3) In

geu., to strike or beat: ἴχνια τύπτε πόδεσσιν Ψ 764. Cf. χ 86.—To beat (the sea with oars) (cf. ἐλαύνω (8)): ἅλα τύπτον ἐρετμοῖς δ 580=ι 104 =180=472=564=μ 147, μ 180. Cf. μ 215.— (4) Of the striking or beating of inanimate objects: Ζέφυρος λαίλαπι τύπτων Λ 306.—With double acc. as under (2): ἀμφὶ μιν σφυρὰ τύπτε δέρμα Z 117.—(5) Of grief smiting a person: τὸν ἄχος τύψεν T 125.

τῡρός, -οῦ, ὁ. Cheese Λ 639: δ 88, κ 234, υ 69. —In pl., cheeses: τυρῶν αἰνυμένους (αἰνύμενοι) (partitive genit.) ι 225, 232. Cf. ι 219.

τυτθός, -όν. Little. (1) In reference to a person in childhood or boyhood, little, of tender years, a child: ὅ σ' ἔτρεφε τυτθὸν ἐόντα Θ 283. Cf. Z 222, Λ 223, N 466, X 480, Ψ 85 (a mere boy): a 435, λ 67, o 381, υ 210 (while yet a boy), ψ 325.—(2) In neut. sing. τυτθόν as adv. (a) Little: τ. ἔτι ζώοντα (his thread of life worn thin) T 335.—(b) A little: οὐδέ με τ. ἔτερσεν Λ 354: τό σ' ἔτι τ. εἰρήσομαι (I have one more thing to ask you about) τ 509. — (c) For a little, for an instant: τυτθὸν ἀνέπνευσαν (found a short respite) Π 302. Cf. X 494.—(d) To a short distance, a little: ἀνεχάζετο τ. ὀπίσσω E 443. Cf. K 345, M 406, O 728, Ψ 730.—(e) At a short distance, a little: τ. ἀποπρὸ νεῶν H 334, τ. ὑπεκπροθέοντα (keeping always a little ahead) Φ 604. Cf. ι 483=540.—(f) By a little, only just: ἠλεύατ' ἔγχος τ. N 185, P 306. Cf. O 628, P 609.—(g) In reference to the voice, in a low soft tone: τ. φθεγξαμένη (in still small accents) Ω 170.—(3) In acc. pl. neut. in quasi-advbl. sense: κηροῖο τροχὸν τυτθὰ διατμήξας (into small pieces) μ 174, νῆά κε τυτθὰ κεάσαιμι (into fragments) 388.

τυφλός. Blind Z 139.

τύχε, 3 sing. aor. τυγχάνω.

τύχησε, 3 sing. aor. τυγχάνω.

τύχῃς, 3 sing. aor. τύπτω.

τῶ, τώ, τῷ [το-, ὁ]. (1) Therefore, accordingly, so: τῶ οὐ νεμεσίζομαι B 296. Cf. A 418, B 250, Δ 410, E 129, Z 224, etc.: τὼ μνηστήρων ἔα βουλήν β 281, τῷ σε Ζεὺς τίσατο ι 479. Cf. γ 134, η 25, θ 226, λ 339, ν 5, etc.—(2) In that case or event, in those circumstances, then: τῶ κε τάχ' ἡμύσειε πόλις B 373. Cf. H 158, N 57, Φ 280, X 427, Ψ 527, etc.: τῷ κέν οἱ τύμβον ἐποίησαν a 239. Cf. γ 224, δ 733, θ 467, ο 537, υ 273 (if he had done so), etc.

τώς. (1) Thus, in this manner: κεῖνος τὼς ἀγόρευε B 330=Ξ 48: =σ 271.—(2) So, in such a degree: τὼς ἔην μαλακός τ 234.—Correlative with ὡς: μὴ τώς σ' ἀπεχθήρω ὡς νῦν φίλησα Γ 415.

ὑακίνθινος [ὑάκινθος]. Of the ὑάκινθος: κόμας ὑακινθίνῳ ἄνθει ὁμοίας ζ 231=ψ 158 (the point of resemblance app. being in the clustering flowers with their curling petals).

ὑάκινθος. Prob. the blue-bell, the wild hyacinth. Collectively Ξ 348.

ὑββάλλω. See ὑποβάλλω.

ὑβρίζω [ὕβρις]. (ἐφ-.) (1) To show ὕβρις, act without regard to right or decency, exhibit an overbearing spirit or demeanour, bear oneself with wantonness: ὑβρίζοντεςἀτάσθαλαμηχανόωνται γ 207. Cf. a 227, ρ 245, 588, σ 381.—With cognate acc.: λώβην, ἣν οἴδ' ὑβρίζοντες . . . ν 170.—(2) To treat with wanton despite, maltreat Λ 695: ν 370.

ὕβρις, ἡ. Wanton disregard of decency or of the rights or feelings of others, an overbearing or domineering spirit or demeanour, a spirit of wanton aggression or violence, wantonness, violence: τῶν ὕβρις οὐρανὸν ἵκει o 329 = ρ 565. Cf. a 368 = δ 321, δ 627 = ρ 169, ξ 262 = ρ 431, π 86, 410, 418, ρ 487, 581, ψ 64, ω 352.—A manifestation of such a spirit: ὕβριος εἵνεκα τῆσδε (this insult) Α 214. Cf. Α 203.

ὑβριστής [ὑβρίζω]. Having no regard for right or decency, wanton, violent Ν 633 : ζ 120 = ι 175 = ν 201, ω 282.

ὑγιής. Sound, profitable : μῦθος Θ 524.

ὑγρός, -ή, -όν. (1) Fluid, liquid Ε 903.—Sim. : ὑγρὰ κέλευθα (the watery ways) Α 312 := o 474, γ 71 = ι 252, δ 842.—Epithet of oil and water : ἔλαιον Ψ 281 : ζ 79, 215, η 107, ὕδωρ δ 458.— (2) In neut. sing. ὑγρόν as adv. : ἀνέμων ὑ. ἀέντων (with rain, bringing rain) ε 478, τ 440.—(3) Absol. in fem., (the) waters, (the) sea : ἐπὶ τραφερήν τε καὶ ὑγρήν Ξ 308. Cf. Κ 27, Ω 341 := a 97 = ε 45, δ 709, ν 98.

ὑδατοτρεφής [ὑδατ-, ὕδωρ + τρέφω]. Nourished by water, loving water : αἰγείρων ρ 208.

†ὑδραίνω [ὕδωρ]. Nom. sing. fem. aor. pple. mid. ὑδρηναμένη. In mid., to apply water to one's person, wash oneself, bathe : ὑδρηναμένη εὐχε' Ἀθηναίῃ (εὔχεο πᾶσι θεοῖσιν) δ 750 = ρ 48. Cf. δ 759 = ρ 58.

ὑδρεύω [ὕδωρ]. To draw water κ 105.—In mid. : ὅθεν ὑδρεύοντο πολῖται η 131, ρ 206.

ὑδρηλός [ὕδωρ]. Well watered ι 133.

ὑδρηναμένη, nom. sing. fem. aor. pple. mid. ὑδραίνω.

ὕδρος, -ου, ὁ [ὕδωρ]. A water-snake Β 723.

ὕδωρ, -ατος, τό [cf. L. unda, Eng. water]. (The υ freq. lengthened metrically.) (1) Water Β 307, Γ 270, Ζ 457, Η 99, Ι 15, etc. : a 110, γ 429, δ 213, ε 70, ζ 86, ι 209, etc.—Of a flood of water : ἀλὲν ὑ. ἐξέρρηξεν ὁδοῖο Ψ 420.—(2) In various specific applications. (a) A river : σχεδὸν ὕδατος ε 475. Cf. Φ 14.—The waters of a river : Τιταρησσόν, ὅς ῥ' ἐς Πηνειὸν προΐει ὑ. Β 752. Cf. Β 755, 850, Θ 369, Φ 21, etc. : δ 478, ε 185, κ 514.—Of the waters of two or more rivers : ὡς ὅτε ποταμοὶ συμβάλλετον ὑ. (their waters) Δ 453, ὥς τε πρῶν ἰσχάνει ὑ. Ρ 747 (= ποταμῶν ῥέεθρα 749). Cf. Μ 33.—(b) A spring of water : ὕδατ' ἀενάοντα ν 109. Cf. μ 306.—(c) A pond : χῆνες πυρὸν ἔδουσιν ἐξ ὕδατος (coming from their . . .) τ 537.— (d) Rain : ὅτε λαβρότατον χέει ὑ. Ζεύς Π 385.— (e) The sea, the wave of the sea : Αἰγύπτῳ ἐπέλασσεν ἀνεμός τε καὶ ὑ. γ 300. Cf. η 277, o 482.— The water of the sea : ἁλμυρὸν ὑ. δ 511. Cf. μ 104, 172, 236, etc.

ὑετός, -οῦ, ὁ [ὕω]. Rain Μ 133.

υἱός, -οῦ, ὁ. (The first syllable shortened Α 489,

Δ 473, Ε 612, Ζ 130, Η 47, Ι 84, Ι 21, etc. : λ 270, 478.) Also, fr. stem υἱυ-, genit. υἱέος Ω 122 : γ 489, δ 4, λ 174, o 187, σ 162. Dat. υἱέϊ Γ 174, Ο 455, Τ 81, Φ 141, Ω 112 : γ 369, δ 5, 10, π 438, 452, ψ 61, ω 213. υἱεῖ Σ 144, 458 : ξ 435. Acc. υἱέα Ν 350. Nom. pl. υἱέες Β 641, 666, Ε 10, Λ 138, 692, Π 449, Ω 604 : κ 6, ξ 201, τ 414, 430, 437, 459. υἱεῖς o 248, ω 387, 497. Acc. υἱέας Β 693, Ε 149, Λ 123, Ψ 175, 181, Ω 205, 521 : δ 211. Voc. pl. υἱεῖς Ε 464. And fr. this stem by hyphaeresis genit. υἷος Β 230, Ε 266, Ν 522, Ξ 9, Ο 116, 138, Σ 138, Τ 324, Ψ 746, Ω 422, 550 : λ 452, ρ 397, υ 218. Dat. υἷι Β 20, 791, Ν 216, Π 177, Φ 34, Χ 302, Ψ 383 : δ 143, 771, λ 273. Acc. υἷα Μ 129, Ν 185, 792, Ο 419, 427 : δ 765, ν 259, υ 35. Nom. dual υἷε Β 679, 822, 831, 843, 865, Μ 95, 99, Ν 345. Acc. υἷε Ε 27, 152, 542, Λ 102, 329, Τ 460 : o 242. Nom. pl. υἷες Α 162, Β 253, Δ 114, Ζ 255, Η 403, Κ 165, Ν 146, Ο 675, Π 56, Ρ 23, Σ 444, Φ 376, Ω 399, etc. : β 51, γ 104, δ 285, ζ 62, θ 514, ν 315, ψ 220, ω 38, etc. Dat. υἱάσι, Ε 463, Ο 197, Ω 248, 546 : γ 32, 57, 387, κ 7, ξ 206, ρ 113, τ 466, φ 220. Acc. υἷας Α 240, Β 72, Ε 159, Ι 40, Κ 49, Μ 128, Ξ 106, Σ 76, Τ 156, Χ 62, Ω 189, etc. : β 115, 198, ξ 229, τ 394, χ 221. A son, one's son Α 9, Β 20, Γ 174, Δ 89, Ε 10, Ζ 154, etc. : a 88, β 2, γ 57, δ 4, ε 28, ζ 62, etc.—Of warriors : υἷες Ἄρηος Β 512, Ι 82.—υἷες Ἀχαιῶν, the sons of the Achaeans, the Achaeans Α 162, Β 72, Δ 114, Ζ 255, etc. : β 115, γ 104, δ 285, θ 514, etc.—Sim. : Τρώων καὶ Ἀχαιῶν υἷες ω 38.

υἰωνός, -οῦ, ὁ [υἱός]. A grandson, one's grandson Β 666, Ε 631, Ν 207 : ω 515.

ὑλαγμός, -οῦ, ὁ [ὑλακ- as in ὑλακτέω]. A barking or baying Φ 575.

ὑλακόμωρος [ὑλακ- as in prec. Cf. ἐγχεσίμωρος, ἰόμωρος]. App., delighting in barking or baying. Epithet of dogs ξ 29, π 4.

ὑλακτέω [ὑλάω]. Of dogs, to bark or bay Σ 586.—Fig. of the oppressed heart seeking relief : κραδίη οἱ ἔνδον ὑλάκτει υ 13. Cf. υ 16.

ὑλάω. (1) Of dogs, to bark or bay π 9, υ 15.—In mid. π 162.—(2) To bark or bay at : οὐδ' ὕλαον προσιόντα π 5.

ὕλη, -ης, ἡ. (1) A wood or forest Γ 151, Ζ 147, Μ 148, Ο 273, Σ 320, etc. : ε 63, 470, 475, ζ 128, κ 159, ξ 353.—(2) Woodlands, woods : ἄγρια, τά τε τρέφει οὔρεσιν ὑ. Ε 52. Cf. Ε 555, Λ 118, Ν 18, 102, etc. : ὄρος καταειμένον ὕλῃ (with wood) ν 351, τ 431. Cf. ε 398, ι 120, κ 150, 197, ν 246, ρ 316.— (3) Lop, the smaller branches of felled timber : πολλὴν ἐπεχεύατο ὕλην ε 257.—Such branches used as fuel, firewood, faggot-wood : ἕτεροι μεθ' ὕλην Η 418, 420. Cf. Ψ 50, 111, 127, 139, 163, 198, Ω 662, 784 : ι 234, κ 104.

ὑλήεις, -εντος. Fem. -εσσα [ὕλη]. Covered with woods, woody, (well) wooded : ὑπὸ Πλάκῳ ὑληέσσῃ Ζ 396, 425, Χ 479. Cf. Κ 362, Ν 12, Ρ 748, Φ 449 : a 186, 246 = π 123 = τ 131, 258, 191, κ 308, ξ 2.

ὑλοτόμος [ὕλη + τομ-, τάμνω]. (1) Fitted for cutting or felling wood : πελέκεας Ψ 114.—(2) As sb., a wood-cutter Ψ 123.

ὑμεῖς. Nom. ὑμεῖς B 75, 485, Γ 280, etc.: β 76, γ 347, δ 419, etc. Genit. ὑμείων Δ 348, H 195, T 153: φ 318. ὑμέων H 159, O 494: ν 7, ν 351, χ 219. Dat. ὑμῖν A 18, 260, H 73, etc.: a 373, 376, β 43, etc. Acc. ὑμέας β 75, 210, μ 163, φ 198, ω 396. Pron. of the 2nd person pl., you, ye A 18, B 75, Δ 246, H 195, I 421, etc.: a 373, β 75, δ 415, η 211, ι 16, etc.

ὑμέναιος, ὁ. A wedding or bridal song: πολὺς ὑμέναιος ὀρώρει Σ 493.

ὑμέτερόνδε [acc. of ὑμέτερος + -δε (1)]. To your house: ἤγαγέ με ὑ. Ψ 86.

ὑμέτερος, -η, -ον [ὑμεῖς]. Your E 686, Θ 455, P 222, 226, T 116, Ψ 84: β 138, δ 688, η 269, θ 156, κ 525, o 441, etc.

ὕμμες. You (=ὑμεῖς) A 274, 335, Ξ 481, Ψ 469, Ω 242: φ 231. Dat. ὔμμι Δ 249, Z 77, H 387, etc.: β 316, λ 336, o 506, etc. Acc. ὔμμε Λ 781, Ψ 412: ν 357, σ 407, ω 109.

ὕμνος, -ου, ὁ. A lay: ὕμνον ἀκούων θ 429.

ὑμός, -ή, -όν [ὑμεῖς]. Your E 489, N 815: ι 284. —Your own: κτήματα a 375=β 140.

ὑπάγω [ὑπ-, ὑπο- (3) (8)]. (1) To lead away from the range or reach of something: ἐκ βελέων ὕπαγεν Λ 163.—(2) To lead (horses, etc.) under the yoke: ἡμιόνους ὕπαγον ζεῦξάν τε ζ 73.—To lead (them) under (the yoke) and yoke them. With acc.: ὕπαγε (ὕπαγον) ζυγὸν ἵππους Π 148, Ψ 291, Ω 279.

ὑπαί. See ὑπό.

ὕπαιθα [ὑπαί]. (1) Away from under; hence, out of reach, eluding a foe: ὑ. λιάσθη O 520. Cf. Φ 493, X 141.—(2) Under: ὑ. ῥέων (i.e. carrying him off his legs) Φ 271.—(3) With genit. (a) Away from under, out of reach of, eluding: ὕπαιθα τοῖο λιασθείς Φ 255.—(b) Under: ἄνακτος (i.e. supporting him) Σ 421.

†ὑπαΐσσω [ὑπ-, ὑπο- (1) (9)]. 3 sing. fut. ὑπᾱΐξει Φ 126. Aor. pple. ὑπαΐξας B 310. (1) To dart from under. With genit.: βωμοῦ B 310.— (2) To dart along beneath. With acc.: φρίκα Φ126.

ὑπακούω [ὑπ-, ὑπο- (12)]. 3 sing. aor. ὑπάκουσε ξ 485. Infin. ὑπακοῦσαι δ 283. (1) To listen, give ear ξ 485.—(2) To listen and make response, to answer, reply: ἔνδοθεν ὑπακοῦσαι δ 283. Cf. κ 83.

†ὑπαλέομαι [ὑπ-, ὑπο- (3)]. Aor. pple. ὑπαλευάμενος. To escape from the power of, get beyond the reach of. With genit.: τῶν ὑπαλευάμενος ο 275.

ὑπάλυξις, ἡ [ὑπαλύσκω]. A possibility or the means of escape: κακῶν ὑπάλυξιν (from . . .) ψ 287. Cf. X 270.

†ὑπαλύσκω [ὑπ-, ὑπο-(3)]. 2 sing. aor. ὑπάλυξας Λ 451. 3 ὑπάλυξε δ 512, ε 430, τ 189. Pple. ὑπαλύξας θ 355. Infin. ὑπαλύξαι M 327. (1) To keep away from, escape from, avoid, shun (impending danger): κῆρας δ 512. Cf. M 327.—(2) To get away, effect one's escape or release, from (danger or an obligation in which one is involved): κῦμα ε 430, χρεῖος θ 355. Cf. τ 189.—(3) Absol., to effect one's escape, escape, save oneself: φθῆ σε τέλος θανάτοιο κιχήμενον, οὐδ' ὑπάλυξας Λ 451.

†ὑπαντιάω [ὑπ-, ὑπο-(12)]. Aor. pple. ὑπαντιάσας.

To meet an attacking foe: οὔ τις ἥρκεσεν ὄλεθρον πρόσθεν ὑπαντιάσας (taking his stand before him and meeting the foe) Z 17.

ὕπαρ, τό. A waking reality, the actual sight of something: οὐκ ὄναρ, ἀλλ' ὕπαρ τ 547. Cf. ν 90.

†ὑπάρχω [ὑπ-, ὑπο- (12)]. 3 sing. aor. subj. ὑπάρξῃ. To make a beginning, give a lead, set an example: ἡ γὰρ θέμις, ὅς τις ὑπάρξῃ (for that is due to him who has first hospitably entreated another) ω 286.

ὑπασπίδιος [ὑπ-, ὑπο- (4)+ἀσπίδ-, ἀσπίς]. In neut. pl. ὑπασπίδια as adv., under the shield, under guard of the shield: ὑ. προποδίζων N 158. Cf. N 807, Π 609.

ὕπατος, -η, -ον [in form superl. fr. ὑπό]. (1) The topmost part of the . . ., the top of the . . .: ἐν πυρῇ ὑπάτῃ Ψ 165, Ω 787.—(2) Of Zeus, (the) highest, (the) supreme: Ζῆν' ὕπατον Κρονίδην E 756, Κρονίδη, ὕπατε κρειόντων (supreme among . . .) Θ 31:=a 45=81=ω 473. Cf. Θ 22, P 339, Ψ 43, T 258 :=τ 303.

ὑπέᾱσι, 3 pl. pres. ὕπειμι.

ὑπεδείδισαν, 3 pl. plupf. ὑποδείδια.
ὑπέδεισαν, 3 pl. aor. ὑποδείδια.
ὑπέδεκτο, 3 sing. aor. ὑποδέχομαι.
ὑπεδέξατο, 3 sing. aor. ὑποδέχομαι.
ὑπέδραμε, 3 sing aor. ὑποτρέχω.
ὑπέδῡ, 3 sing. aor. ὑποδύω.
ὑπεδύσετο, 3 sing. aor. mid. ὑποδύω.
ὑπεθερμάνθη, 3 sing. aor. pass. ὑποθερμαίνω.

†ὕπειμι [ὑπ-, ὑπο- (4)+εἰμί]. 3 pl. pres. ὑπέᾱσι I 204. 3 pl. impf. ὑπῆσαν Λ 681. To be under. With dat.: ἐμῷ μελάθρῳ I 204, πολλῇσιν [ἵπποισι] πῶλοι ὑπῆσαν (many had sucking foals) Λ 681.

ὑπείξομαι, fut. ὑποείκω.
ὑπείρ. See ὑπέρ.
ὑπειρέβαλον, aor. See ὑπερβάλλω.
ὑπειρέχω. See ὑπερέχω.

ὑπείροχος [ὑπειρ-, ὑπερ- (5)+ὀχ-, ἔχω]. Pre-eminent, prominent: ὑπείροχον ἔμμεναι ἄλλων (among . . .) Z 208=Λ 784.

ὑπέκ, before a vowel ὑπέξ [ὑπό+ἐκ, ἐξ]. (1) Adv. Out of the power, range or reach of something: ὄφρ' [ἵν'] ὑπὲκ κακότητα φύγοιμεν γ 175, ι 489= κ 129.—(2) Prep. with genit. (a) From under or beneath, away from under or beneath: ἵππους λύσαθ' ὑπὲκ ὀχέων Θ 504, τείχεος αἰὲν ὑπὲκ κατ' ἀμαξιτὸν ἐσσεύοντο (app. to get the better going afforded by the road) X 146.—Up from out of: ἀγέροντο ψυχαὶ ὑπὲξ Ἐρέβευς λ 37.—App., up away from: ἔγχος ὦσεν ὑπὲκ διφθόρο E 854.— (b) In reference to saving or escaping, from out of, out of the reach or range of, away from, from: ὑπὲκ βελέων Δ 465, Σ 232. Cf. N 89, O 628, 700, P 461, 581, 589, Τ 300: μ 107.—Sim. in reference to carrying off from a protector: [ἄρνας] ὑπὲκ μήλων αἰρεύμενοι Π 353.

ὑπεκλίνθη, 3 sing. aor. pass. ὑποκλίνω.

†ὑπεκπροθέω [ὑπ-, ὑπο- (3) + ἐκ- (1) + προ- (1)]. To run forward out from among, outstrip: Ἄτη πάσας πολλὸν ὑπεκπροθέει I 506. — Absol.: τὸν διώκετο τυτθὸν ὑπεκπροθέοντα (keeping ever a

little in front) Φ 604 : τόσσον ὑπεκπροθέων λαοὺς ἵκετο (running forward out of the ruck) θ 125.

ὑπεκπρολύω [ὑπ-, ὑπο- (1)+ἐκ- (1)+προ- (1)]. To loose *from under* and *from* something (and send) forth. With genit. : ἡμιόνους ὑπεκπροέλυσαν ἀπήνης (loosed them from under the yoke, detached them from the waggon, and turned them off to graze) ζ 88.

ὑπεκπρορέω [ὑπ-, ὑπο- (1)+ἐκ- (1)+προ- (1)]. To flow from beneath something on and out : ὕδωρ ὑπεκπρορέει (wells up from the communication of the troughs with the river, passes on, and flows out of the troughs) ζ 87.

†**ὑπεκπροφεύγω** [ὑπ-, ὑπο- (3)+ἐκ-(1)+προ-(1)]. Aor. opt. ὑπεκπροφύγοιμι μ 113, ν 43. Pple. ὑπεκπροφυγών Υ 147, Φ 44. To get away from the power or reach of, and make good one's escape : εἴ πως ὑπεκπροφύγοιμι Χάρυβδιν μ 113.—Absol., to get away from the power or reach of something or from restraint and make good one's escape : ὄφρα τὸ κῆτος ὑπεκπροφυγὼν ἀλέαιτο Υ 147. Cf. Φ 44 : πῇ κεν ὑπεκπροφύγοιμι; (*i.e.* from the relatives of the slain men) ν 43.

ὑπεκρύφθη, 3 sing. aor. pass. ὑποκρύπτω.

†**ὑπεκσαόω** [ὑπ-, ὑπο- (3)+ἐκ- (1)]. 3 sing. aor. ὑπεξεσάωσε. To remove from the reach of danger, rescue : αὐτὸν ὑπεξεσάωσεν Ἀπόλλων Ψ 292.

ὑπεκφέρω [ὑπ-, ὑπο- (3) (4)+ἐκ- (1)]. (1) To remove *from the range or area of*. With genit.: υἱὸν πολέμοιο Ε 318, 377.—(2) To move (a shield) outwards by elevating the base Θ 268.—(3) Intrans. *for reflexive*, of horses, to carry themselves forward, speed onwards (cf. ἐκφέρω (6)) γ 496.

†**ὑπεκφεύγω** [ὑπ-, ὑπο- (3)+ἐκ- (1)]. Aor. ὑπέκφυγον ι 286, μ 446. 2 sing. ὑπέκφυγες Υ 191. 3 ὑπέξέφυγε Θ 369, Χ 202. ὑπέκφυγε Ε 22, Π 687 : ψ 320. 3 pl. ὑπεξέφυγον λ 383. 3 sing. opt. ὑπεκφύγοι Ζ 57 : μ 287, π 372, υ 368. Infin. ὑπεκφυγέειν Θ 243 : μ 216. (1) To keep away from the power or reach of, escape, avoid, shun (impending danger) : κῆρα Ε 22, Π 687. Cf. Ζ 57, Χ 202 : ι 286, μ 216, 287, 446, π 372, υ 368.—(2) To get away, effect one's escape, from (danger in which one is involved): Τρώων αὐτήν λ 383. Cf. Θ 369. —(3) Absol., to effect one's escape, escape, save oneself: ἐς Λυρνησσόν Υ 191. Cf. Θ 243 : ψ 320.

ὑπέλθω, 3 sing. aor. subj. ὑπέρχομαι.

ὑπέλυντο, 3 pl. aor. pass. ὑπολύω.,

ὑπέμεινα, aor. ὑπομένω.

ὑπεμνάασθε, 2 pl. impf. ὑπομνάομαι.

ὑπεμνήμυκε, ὑπομνήμυκε. App. for ὑπεμήμυκε, 3 sing. pf. ὑπημύω, fr. ὑπ-, ὑπο- (4)+ἡμύω. Thus, to be bowed down, hang one's head : πάντ' ὑ. (finds humiliation everywhere) Χ 491.

ὑπέμνησε, 3 sing. aor. ὑπομιμνήσκω.

ὑπένερθε(ν) [ὑπ-, ὑπο- (4)+ἔνερθε(ν)]. (1) Beneath, below : οἴ ὑ. καμόντας ἀνθρώπους τίνυσθον (in the underworld) Γ 278. Cf. Δ 147, Ν 30, Ρ 386, Υ 61 : ὑπένερθε λῖθ' ὑπέβαλλεν κ 353. Cf. μ 242.— (2) With reference to position in relation to something surrounding, below, underneath, within : εἰρύσατο ζωστὴρ ἠδ' ὑ. ζῶμα Δ 186. Cf.

Δ 215.—(3) With genit. (a) Beneath, below, under : ποδῶν ὑ. Β 150.—(b) In a geographical context, under shelter of, under the lee of : ὑ. Χίοιο γ 172.

†**ὑπεξάγω** [ὑπ-, ὑπο- (3)+ἐξ- (1)]. 3 sing. aor. opt. ὑπεξαγάγοι. To remove out of danger, take in safety away σ 147.

†**ὑπεξαλέομαι** [ὑπ-, ὑπο-(3)+ἐξ-(1)]. Aor. infin. ὑπεξαλέασθαι. To keep away from the reach of, avoid : χεῖρας Ο 180.

†**ὑπεξαναδύω** [ὑπ-, ὑπο- (1)+ἐξ- (1)+ἀνα- (1)]. Aor. pple. ὑπεξαναδύς. To rise up or emerge *from out of*. With genit. : ἁλός Ν 352.

ὑπεξεσάωσε, 3 sing. aor. ὑπεκσαόω.

ὑπεξέφυγε, 3 sing. aor. ὑπεκφεύγω.

ὑπέρ [in form comp. fr. ὑπό]. Also (in phrase ὑπεὶρ ἅλα) **ὑπεὶρ** Ψ 227, Ω 13 : γ 73, δ 172, ι 254. (ὑπέρ commonly with anastrophe when immediately following the case-form.) Prep. with (1) Acc. (a) In reference to motion or extent *over* a space : τὸ δὲ τεῖχος ὕπερ πᾶν δοῦπος ὀρώρει Μ 289. Cf. Ψ 227, Ω 13 : ἢ μαψιδίως ἀλάλησθε ὑπεὶρ ἅλα; γ 73=ι 254. Cf. δ 172, ι 260. —(b) In reference to passing *over* an object : ὑπὲρ ὦμον ἦλυθ' ἀκωκή Ε 16, δόρυ χροὸς ἀντετόρησε πρυμνὸν ὑπὲρ θέναρος 339 (app. the κόλπος of the robe is held up in defence by the hand with the palm outwards). Cf. Ε 851, Κ 373, etc. : η 135, χ 279, etc.—(c) In excess of, beyond, in violation, transgression or defiance of : αἶσαν Γ 59=Ζ 333, Ζ 487, Π 780, ὅρκια Γ 299, Δ 67 = 72, 236, 271, Διὸς αἶσαν Ρ 321, μόρον Υ 30, Φ 517 (see ὑπέρμορον, μόρος (3)), μοῖραν Υ 336 : μόρον α 34, 35, ε 436 (see ὑπέρμορον, μόρος (3)).—In reference to a person, in spite of, with . . . against one : ὑπὲρ θεόν Ρ 327.—(2) Genit. (a) In reference to position or height *over* or *above* something : ὑπὲρ κεφαλῆς Β 20, ὅσον τ' ὀργυίʼ ὑπὲρ αἴης Ψ 327. Cf. Ν 200, etc. : δ 803, ζ 107, μ 406, π 471, etc.—So in reference to the position of a wound : βάλε στέρνον ὑπὲρ μαζοῖο Δ 528. Cf. Ε 145, Ν 616, Ο 433, etc. : τ 450.—To pouring water on hands held *over* a basin : χέρνιβα [χερσὶν] ἐπέχευεν ὑπὲρ ἀργυρέοιο λέβητος α 137, etc.—In a navigational context, to the north of : ὑπὲρ Κρήτης ξ 300 (cf. καθύπερθε (3) (c)).—In reference to position far away *over* a space : τηλοῦ ὑπὲρ πόντου ν 257.—(b) In reference to motion *passing over* an object : ὥς τε κῦμα νηὸς ὑπὲρ τοίχων καταβήσεται Ο 382. Cf. Μ 424, Ξ 412, Π 406, Υ 279, Ψ 73, 820, etc. : ρ 575.—To the motion of sound : ὑπὲρ τάφρου ἴαχεν Σ 228.— (c) In defence of, for the protection of : τείχος ἐτειχίσσαντο νεῶν ὕπερ Η 449, etc.—(d) On behalf of : ἑκατόμβην ῥέξαι ὑπὲρ Δαναῶν Α 444.—(e) On account of, concerning : δδʼ ὑπὲρ σέθεν αἴσχεʼ ἀκούω Ζ 524.—(f) In adjurations, by : ὑπὲρ τοκέων γουνούμενος Ο 660. Cf. Ο 665, Χ 338, Ω 466 : ο 261.

ὑπεράης [ὑπερ- (1)+ἄημι]. (Cf. ἀκραής.) Of wind, blowing on high Λ 297.

ὑπέραι, al. In pl., ropes or straps attached to and used for trimming a sail ε 260.

†ὑπεράλλομαι [ὑπερ-(3)]. 3 sing. aor. ὑπεράλτο
Υ 327. Acc. sing. masc. pple. ὑπεράλμενον Ε 138.
To leap or spring over. With genit.: αὐλῆς Ε 138.
—With acc.: πολλὰς στίχας Υ 327.

ὑπερβαίνω [ὑπερ-(3)]. 3 sing. aor. ὑπέρβη θ 80,
π 41, ρ 30, ψ 88. 3 pl. ὑπέρβασαν Μ 469. 3 sing.
subj. ὑπερβήῃ Ι 501. (1) To pass or step over,
pass, cross. With acc.: τεῖχος Μ 468, 469:
λάϊνον οὐδόν θ 80, π 41, ρ 30, ψ 88.—(2) To trans-
gress, trespass, sin: ὅτε κέν τις ὑπερβήῃ Ι 501.

†ὑπερβάλλω, ὑπειρβάλλω [ὑπερ-(3)]. Aor.
ὑπειρέβαλον Ψ 637. 3 sing. ὑπέρβαλε Ψ 843, 847.
Infin. ὑπερβαλέειν λ 597. (1) To topple or push
over. With acc.: [λᾶαν] ἄκρον ὑπερβαλέειν λ 597.—
(2) To throw or cast a missile, make a throw or
cast, further than (another), outthrow (him).
With genit.: τόσσον παντὸς ἀγῶνος ὑπέρβαλεν
Ψ 847.—With acc.: δουρὶ ὑπειρέβαλον Φυλῆα Ψ 637.
—To make a throw or cast further than or beyond
(a specified distance). With acc.: ὑπέρβαλε σήματα
πάντων Ψ 843.

ὑπερβασίη, -ης, ἡ [ὑπερβαίνω]. (1) A trespass,
wrong, offence: ἵν' ὑπερβασίας ἀποτίσῃ χ 168.
Cf. Ψ 589.—(2) Transgression, wrongdoing, evil
conduct: τίσασθαι μνηστῆρας ὑπερβασίης γ 206.
Cf. Γ 107, Π 18: ν 193=χ 64.

ὑπέρβη, 3 sing. aor. ὑπερβαίνω.

ὑπέρβιος, -ον [ὑπερ-(6)+βίη]. (1) Headlong,
headstrong, not to be restrained or turned
aside Σ 262: ο 212.—(2) Overweening, arrogant,
wanton: ὕβριν α 368=δ 321, π 410. — In neut.
ὑπέρβιον as adv., in overweening wise, wantonly,
recklessly: βοῦς μεν ἔκτειναν ὑ. μ 379. Cf. Ρ 19:
ξ 92, 95, π 315.

ὑπερδεής (ὑπερδεεϜής) [ὑπερ-(5)+δε(Ϝ)-, δεύω²].
Acc. sing. ὑπερδέα (for ὑπερδεέα). Very scanty,
very small in number: ὑπερδέα δῆμον ἔχοντας Ρ 330.

†ὑπερείπω [ὑπ-, ὑπο-(4)]. 3 sing. aor. ὑπήριπε.
To give way beneath one, collapse: ὑπήριπε γυῖα
Ψ 691.

ὑπερέπτω [ὑπ-, ὑπο-(1)]. To eat away from
under. With genit.: [ποταμὸς] κονίην ὑπέρεπτε
ποδοῖιν Φ 271.

ὑπερέχω, ὑπειρέχω [ὑπερ-(1)]. 3 sing. aor.
ὑπερέσχε Ι 420, 687: ν 93. 3 sing. subj. ὑπέρσχῃ
Δ 249: ξ 184. 3 sing. aor. ὑπερέσχεθε Λ 735,
Ω 374. (1) To hold, keep in position, over. With
genit.: σπλάγχν' ὑπείρεχον Ἡφαίστοιο Β 426.—
(2) To hold or stretch (one's hand or hands) over
a person in way of protection: αἴ κ' ὔμμιν ὑπέρσχῃ
χεῖρα Κρονίων Δ 249. Cf. Ε 433: ξ 184.—To hold
or stretch thus (one's hand) over. With genit.:
ἐμεῖό τις θεῶν ὑπερέσχεθε χεῖρα Ω 374. Cf. Ι 420=
687.—(3) Intrans. (a) To rise above, exceed in
height, overtop. With genit.: στάντων Μενέλαος
ὑπείρεχεν ὤμους Γ 210 (στάντων app. referring to
the whole assembly; ὤμους acc. of part concerned,
'with his . . .').—(b) Of a heavenly body, to
rise ν 93.—To rise or appear above (the earth).
With genit.: εὖτ' ἠέλιος ὑπερέσχεθε γαίης Λ 735.

ὑπερηνορέω [ὑπερ-(6)+ἀνήρ]. To act in over-
weening wise, display arrogance or wantonness:

μνηστῆρας ἀτάλαλκε κακῶς ὑπερηνορέοντας δ 766.
Cf. β 266. — In pres. pple. ὑπερηνορέων, -οντος,
in adjectival use, overweening, overbearing,
arrogant: Τρώων ὑπερηνορεόντων Δ 176. Cf.
Ν 258: νέων β 324. Cf. β 331, ζ 5, etc.

ὑπερήσει, 3 sing. fut. ὑπερίημι.

ὑπερηφανέω [ὑπερ-(6)+an uncertain second
element]. App., to conceive arrogance, be led
on to arrogance or wantonness: ταῦθ' ὑπερ-
ηφανέοντες (ταῦτα advbl., 'by these things')
Λ 694.

ὑπέρθε(ν) [ὑπέρ+-θεν (1) (2)]. (1) From above:
Δηϊοπίτην οὔτασεν ὦμον ὑ. (with a downward blow)
Λ 421. Cf. ω 344. —(2) Above: ὑ. φοξὸς ἔην
κεφαλήν Β 218. Cf. Ε 122, 503, Η 101 (in heaven
above), Μ 4, Ο 36, etc.: ε 184, π 47, υ 2,
ω 230, etc.—(3) With reference to position in
relation to a centre, outside, surrounding: ὑ.
ἐπίσσωτρα προσαρηρότα Ε 724. Cf. Ν 682: ὑ. χιών
γένετο (i.e. on the surface of objects) ξ 476.—
(4) In reference to position in relation to a base,
at the end or point: πρυμνὸς παχύς, αὐτὰρ ὑ. ὀξὺς
ἔην Μ 446.

†ὑπερθρώσκω [ὑπερ-(3)]. 3 pl. fut. in mid.
form ὑπερθορέονται Θ 179. Aor. ὑπέρθορον Ι 476.
3 pl. ὑπέρθορον Π 380. Infin. ὑπερθορέειν Μ 53.
To leap or spring over. With acc.: τάφρον Θ 179,
Π 380. Cf. Ι 476.—Absol. Μ 53.

ὑπέρθυμος [ὑπερ-(5) (6)+θυμός]. (1) 'Great-
hearted, high-minded, bold, noble Β 746, Δ 365,
Ε 77, Ζ 111, Μ 128, etc.: γ 448, λ 269, ο 252.—
(2) Overweening, arrogant, wanton Ε 376:
δ 784, η 59, ξ 209, π 326 = 360.

ὑπερθύριον, τό [ὑπερ-(1)+θύρη]. The lintel of
a door π 90.

†ὑπερίημι [ὑπερ-(3)+ἵημι¹]. 3 sing. fut. ὑπερ-
ήσει. To throw beyond. With acc.: τόδε [σῆμα]
θ 198.

ὑπερικταίνομαι [app. ὑπ-, ὑπο-(4)+an unknown
ἐρικταίνομαι]. Of the feet, perh., to hobble along
beneath one: πόδες ὑπερικταίνοντο ψ 3.

Ὑπερίονίδης [app. a double patronymic in form.
See next]. =next: Ἠελίου Ὑπερίονίδαο μ 176.

Ὑπερίων, -ονος [ὑπέρ. App. a patronymic in
form. Cf. Οὐρανίωνες]. He that is on high, that
bestrides the heavens. A name of the sun α 24.—
Joined with Ἠέλιος Θ 480: α 8, μ 133, 263, 346,
374.—With ἠλέκτωρ Τ 398.

†ὑπερκαταβαίνω [ὑπερ-(3)+κατα-(1)]. 3 pl.
aor. ὑπερκατέβησαν. To pass over and descend
from, pass, cross. With acc.: τεῖχος Ν 50, 87.

ὑπερκύδας, -αντος [ὑπερ-(5)+κῦδος]. Far re-
nowned, far famed. Epithet of the Achaeans
Δ 66=71.

ὑπερμενέων, -οντος [ὑπερμενής in bad sense].
Overweening, overbearing, arrogant: ἄνδρες τ 62.

ὑπερμενής [ὑπερ-(5)+μένος]. Of exceeding
might or power, mighty, powerful. Epithet of
Zeus Β 116=Ι 23=Ξ 69, Β 350, 403, Η 315, 481,
Θ 470, Λ 727, Ν 226.—Of kings Θ 236: ν 205,
υ 222.—Of the Trojan allies Ρ 362.

ὑπέρμορον [use as adv. of neut. sing. of ὑπέρμορος

fr. ὑπερ- (4)+μόρος. Also written ὑπὲρ μόρον]. See μόρος (3).—Neut. pl. ὑπέρμορα in the same sense: Ἀργείοισί χ' ὑ. νόστος ἐτύχθη Β 155.

†ὑπεροπλίζομαι [ὑπέροπλος]. 3 sing. aor. opt. ὑπεροπλίσσαιτο. To scorn, despise, look down upon ρ 268.

ὑπεροπλίη, -ης [ὑπέροπλος]. Insolence, arrogance. In pl.: ἧς ὑπεροπλίῃσι τάχ' ἄν ποτε θυμὸν ὀλέσσῃ Α 205.

ὑπέροπλος [ὑπερ- (6) + an unknown second element]. Insolent, arrogant. In neut. sing. ὑπέροπλον as adv., insolently, arrogantly: ἔειπεν Ο 185. Cf. Ρ 170.

†ὑπερπέτομαι [ὑπερ- (2)(3)]. 3 sing. aor. ὑπέρπτατο. To fly over something. Of a missile: ὑπέρπτατο ἔγχος Ν 408, Χ 275: χ 280.—To fly over or beyond. With acc.: δίσκος ὑπέρπτατο σήματα πάντων θ 192.

ὑπερράγη, 3 sing. aor. pass. ὑπορρήγνυμι.

ὑπέρσχῃ, 3 sing. aor. subj. ὑπερέχω.

ὑπέρτατος [superl. fr. ὑπέρ]. In the highest position: μαρμάρῳ, ὃ κεῖτο ὑ. (on the top of a heap) Μ 381, ἧστο ὑ. (raised above the others) Ψ 451.

ὑπερτερίη, -ης, ἡ [ὑπέρτερος]. App. = πείρινς: ἀπήνην ὑπερτερίῃ ἀραρυῖαν ζ 70.

ὑπέρτερος [comp. fr. ὑπέρ]. (1) Relating to the upper hand or victory: εὖχος (the glory of victory) Λ 290.—So κῦδος Μ 437, Ο 491, 644.— (2) Of higher rank, one's superior: γενεῇ ὑ. Λ 786.—(3) In reference to position in relation to a centre, on the outside, the outside . . . : κρέα (the fleshy muscular parts as opposed to the entrails) γ 65 = 470 = υ 279.

ὑπερφίαλος [ὑπερ- (6) + an unknown second element]. Heedless of the rights or feelings of others, careless of the consequences of one's actions, reckless, regardless: ἐπεὶ οἱ παῖδες ὑπερφίαλοι [εἰσιν] Γ 106. Cf. Ε 881, Ν 621, Ο 94, Φ 224, 414, 459, Ψ 611 : β 310, γ 315 = ο 12, δ 790, ζ 274, ι 106, λ 116, ν 373, ξ 27, ο 315, 376, π 271, σ 167, υ 12, 291, φ 289, ψ 356.—Absol.: ὑπερφιάλοισι μετελθών α 134.—Of speech, rash, idle: ἔπος δ 503, ἀπόλωσι θώυους 774.

ὑπερφιάλως [adv. fr. prec.]. (1) In reckless or regardless wise: ὑβρίζοντες α 227.—(2) In a high-handed or striking fashion : ἦ μέγα ἔργον ὑ. ἐτελέσθη (τετέλεσται) δ 663, π 346.—(3) Excessively, greatly: μή τις ὑ. νεμεσήσῃ Ν 293. Cf. Σ 300 : ρ 481 = φ 285, σ 71.

†ὑπέρχομαι [ὑπ-, ὑπο- (8) (11)]. 3 sing. aor. ὑπήλυθε Η 215, Τ 44 : ε 476. 2 pl. ὑπήλθετε μ 21. 3 sing. subj. ὑπέλθῃ σ 150. To go or make one's way under or beneath, enter. With acc.: δοιοὺς θάμνους (slipped under them) ε 476, μέλαθρον σ 150. Cf. μ 21.—Fig.: Τρῶας τρόμος ὑπήλυθε γυῖα (γυῖα acc. of part affected, 'seized their limbs') Η 215 = Τ 44.

ὑπερωέω [ὑπ-, ὑπο- (12) + ἐρωέω²]. To start back under stress of something: ὑπερώησάν οἱ ἵπποι (thereat, in terror) Θ 122 = 314 = Ο 452.

ὑπερῴη, -ης, ἡ [ὑπέρ]. The upper part of the mouth, the palate Χ 495.

ὑπερωϊόθεν [ὑπερώϊον + -θεν (1)]. From the women's quarters : ὑ. σύνθετ' ἀοιδήν α 328.

ὑπερώϊον, ὑπερῷον, τό [ὑπέρ]. (1) An upper chamber : ὑ. εἰσαναβᾶσα Β 514.—So in pl. : εἰς ὑπερῷ' ἀναβᾶς Π 184.—(2) In pl., a raised set of chambers appropriated to the lady of a house and her maidens, the women's quarters (cf. μέγαρον (3)) : εἰς ὑπερῷ' ἀναβᾶσα α 362 = τ 602 = φ 356, δ 751 = ρ 49 = ψ 364, εἰς ὑπερῷ' ἀνέβαινε δ 760 (app. the same as the θάλαμος of 718). Cf. β 358, π 449, σ 206, 302, τ 600, χ 428, ψ 1, 85.—So in sing. : ὑπερωΐῳ κεῖτο δ 787. Cf. ο 517, ρ 101, τ 594.

ὑπέστη, 3 sing. aor. ὑφίστημι.

ὑπέσχεθε, 3 sing. aor. ὑπέχω.

ὑπέσχετο, 3 sing. aor. ὑπίσχομαι.

ὑπέτρεσαν, 3 pl. aor. ὑποτρέω.

ὑπέφηνε, 3 sing. aor. ὑποφαίνω.

ὑπέχευε, 3 sing. aor. ὑποχέω.

†ὑπέχω [ὑπ-, ὑπο- (4) (6)]. Aor. pple. ὑποσχών Ε 269. 3 sing. aor. ὑπέσχεθε Η 188. (1) To hold under something: χεῖρα Η 188.—(2) To submit (a female) to the male : ὑποσχὼν θήλεας ἵππους Ε 269.

ὑπήλθετε, 2 pl. aor. ὑπέρχομαι.

ὑπήλυθε, 3 sing. aor. ὑπέρχομαι.

ὑπήνεικαν, 3 pl. aor. ὑποφέρω.

ὑπήνη [ὑπήνη, hair on the lower part of the face, fr. ὑπ-, ὑπο- (4) + ἥν-, face. Cf. ἀπήνής, πρηνής]. Having hair sprouting on the lower part of the face, getting a beard : πρῶτον ὑπηνήτῃ Ω 348 : κ 279.

ὑπηοῖος, -η, -ον [ὑπ-, ὑπο- (12) + ἠώς]. (1) Of the dawn, the morning . . . : στίβη ρ 25.— (2) With the dawn, at break of day : πρῶϊ ὑπηοῖοι ἐγείρομεν Ἄρηα (στησόμεθ' ἂμ πύργους) Θ 530 = Σ 277 = 303.—In neut. ὑπηοῖον as adv. in the same sense : χλιζὸν ὑ. δ 656.

ὑπήριπε, 3 sing. aor. ὑπερείπω.

ὑπῆσαν, 3 pl. impf. ὕπειμι.

ὑπίσχομαι [ὑπ-, ὑπο- (7) + ἴσχομαι, ἴσχω]. 2 sing. aor. ὑπέσχεο Ο 374 : ν 133. 3 ὑπέσχετο Β 112, Ι 19, 263, Μ 236, Ν 366, 376, Τ 141 : δ 6, λ 291, ω 335. Subj. ὑπόσχωμαι Χ 114. 3 sing. ὑπόσχηται Κ 39. 3 pl. ὑπόσχωνται Χ 350. Imp. ὑπόσχεο Α 514. Pple. ὑποσχόμενος Κ 303 : ο 195, 203. Pl. ὑποσχόμενοι Ι 576, Ν 377. Infin. ὑποσχέσθαι Ζ 93, 115, 274. (Cf. ἔχω (IV) (4).) —(1) To come under an undertaking, give a promise, promise: ὑπόσχεό μοι Α 514. Cf. Ο 374 : ὑπίσχεαι δαρ ἑκάστῳ (makes promises) β 91 = ν 380. Cf. ν 133, ο 195, 203.—With fut. infin. of what one undertakes or promises to do: δυοκαίδεκα βοῦς ἱερευσέμεν Ζ 93 = 274. Cf. Χ 114 : δ 6, λ 291.—Of what one promises to grant or bring about: "Ιλιον [μ'] ἐκπέρσαντ' ἀπονέεσθαι Β 112, Ι 19. Cf. θ 347.—(2) To undertake to give, promise: ἑκατόμβας Ζ 115. Cf. Ι 263, 576, Ν 376, Τ 141, Χ 350, Ψ 195, 209 : ὦνον ὑπόσχεσθαι (tendering it, chaffering) ο 463. Cf. ω 335.—(3) To promise to perform or bring about, undertake : τόδε ἔργον Κ 39, 303, βουλέων, ὥς τέ μοι ὑπέσχετο (i.e. promised to carry his will into effect) Μ 236, ἀπειλαί, ἃς ὑπίσχεο (undertook to make good) Τ 84. Cf. N 366, 377.

ὕπνος, -ου, ὁ. (1) Sleep Α 610, Β 2, Ε 413, Ν 636, Χ 502, etc. : α 363, β 398, δ 105, η 318, ι 372, etc.—Personified Ξ 231, 233, 242, 264, 270, 286, 354, Π 454, 672 = 682.—(2) Oppression caused by lack of sleep, heaviness, drowsiness : καμάτῳ ἀδηκότες ἠδὲ καὶ ὕπνῳ Κ 98. Cf. ζ 2, μ 281.

ὑπνώω. To sleep, slumber : καὶ ὑπνώοντας ἐγείρει Ω 344 := ε 48 = ω 4.

ὑπό. Also ὑπαί Β 824, Γ 217, Κ 376, Λ 417, etc. (ὑπό commonly with anastrophe when immediately following the vb. or case-form.) (I) Adv. (1) From under or beneath something : ὑπαὶ δὲ ἴδεσκεν (looked up from under his brow) Γ 217 (cf. ὑπόδρα), ἔλυεν ὑφ' ἵππους Ψ 513. Cf. Σ 319.—(2) From the power, range or reach of something : ἦλθε φυγὼν ὕπο νηλεὲς ἦμαρ Φ 57. Cf. Μ 113, Ν 395 : ι 17, ψ 332.—(3) Under or beneath something, underneath, below : ὑφ' ἕρματα τάνυσσαν Α 486, ὑπὸ τρόμος ἔλλαβε γυῖα Γ 34, Ξ 506, ὑπὸ γλῶσσαν τάμεν (at the root) Ε 74. Cf. Η 6, Κ 155, Λ 579, 635, Ξ 240, etc. : α 130, δ 636 (at the teat), θ 436, λ 527, τ 47, ψ 204, etc.—(4) Indicating coming under an obligation or undertaking. See ἔχω (IV) (4).—(5) Indicating occasion, cause, accompaniment, thereat, therewith, thereto : ὑπό κεν ταλασίφρονά περ δέος εἷλεν Δ 421, χώρησαν δ' ὑπὸ πρόμαχοι Δ 505, ὑπὸ δ' ἔστρεφον ἡνιοχῆες (following the movement of the lines) Ε 505. Cf. Δ 497, Θ 4, Λ 417, Σ 570 (to the lyre), Ψ 108, etc. : δ 113, θ 380, π 215, φ 411, etc.—(II) Prep. (1) With genit. (a) From under or beneath : ὑπὸ δ' ἤρεον ἕρματα νηῶν Β 154. Cf. Θ 543, Ν 611, Τ 17, etc. : κρήην [ῥέει] ὑπὸ σπείους ι 141. Cf. δ 39, η 5, ι 463, χ 364, etc.— So with ablative : ζυγόφιν Τ 404, Ω 576, ὀχεσφιν Ψ 7.—(b) In reference to saving or escaping, away from, from, from out of : ἐρύεσθαι ὑπὸ Τρώων ὀρυμαγδοῦ Ι 248. Cf. Θ 363, Μ 74, Ρ 224, 645, Τ 73 : ἀνσχεθέειν ὑπὸ κύματος ὁρμῆς ε 320.— Sim. in reference to carrying off from a protector : νεκρὸν ὑπ' Αἴαντος ἐρύειν Ρ 235. Cf. Ν 198.— (c) In reference to position, under, beneath, underneath : ἱμάς, ὅς οἱ ὑπ' ἀνθερεῶνος τέτατο Γ 372. Cf. Ε 796, Θ 14, Φ 318, Ψ 874 : οὔ πω ἐτέθαπτο ὑπὸ χθονὸς εὐρυοδείης λ 52.—Sim. in reference to taking hold or grasping : ὑπ' ἀνθερεῶνος ἑλοῦσα Α 501. Cf. Λ 842.—(d) Passing into the next sense : ὑπὸ δὲ στεναχίζετο γαῖα λαῶν ἱζόντων Β 95, σμῶδιξ ἐξυπανέστη σκήπτρου ὑπὸ 268. Cf. Ν 27, Ξ 285, etc. : ι 484, μ 406, π 10, etc.— (e) Under the influence of, under compulsion or stress of, by the power, force, agency or means of, caused by, under, because of, by reason of, by, from, before, at : εὖτ' ἂν ὑφ' Ἕκτορος πίπτωσιν Α 242, μὴ ὑπ' αὐτοῦ δουρὶ δαμήῃς Γ 436, ὑπὸ Ζεφύροιο ἰωῆς Δ 276. Cf. Β 334, Γ 61, 128, Ε 92, Ζ 73, Η 64, Θ 149, 183, Κ 376, Λ 119, 391, Μ 462, Ν 140, Ξ 414, Ο 171, 275 (at the sound of it), Π 519, Φ 12, Ψ 86, etc. : ὑπ' ἀνάγκης β 110, ὑπὸ κύματος ἀρθείς ε 393. Cf. η 263, θ 192, ι 66, κ 78,

τ 114, etc.—(f) In reference to accompaniment : δαΐδων ὕπο (to the light of . . .) Σ 492 : τ 48, ψ 290.—(g) In reference to motion to a point under something : ὡς ὅτε κῦμ' ἐν νηῒ πέσῃσι λάβρον ὑπαὶ νεφέων (seeming to reach them) Ο 625. Cf. Π 375 : τὸν μοχλὸν ὑπὸ σποδοῦ ἤλασα ι 375. Cf. ε 346, 373.—With verbs of striking, etc. : ὑπὸ στέρνοιο τυχήσας Δ 106. Cf. Ν 177, 671, Ξ 493, Ψ 875, etc.—(h) In reference to passing under something : βάλ' αὐχέν' ὑπὸ στεφάνης Η 12. Cf. Λ 259, 424, 579 = Ν 412 = Ρ 349, Π 339, 347, Φ 591 : σ 96.—(2) With dat. (a) In reference to position, under, beneath, underneath : ὑπὸ πλατανίστῳ Β 307, ἐπεὶ ζεύξειεν ὑφ' ἅρμασιν ἵππους Ω 14. Cf. Δ 44, Ζ 396, Ι 472, Κ 152, Ν 88, Π 378, Σ 244, etc. : α 186, γ 478, δ 153, θ 522, ι 443, κ 359, ξ 533, ο 469, etc.—So with locative : ὄχεσφιν Θ 41, κράτεσφιν Κ 156, etc.—Sim. : Βορέω ὑπ' ἰωγῇ ξ 533.—In pregnant sense : ποσσὶ δ' ὑπ' ἐδήσατο πέδιλα Β 44. Cf. Ε 693, Θ 267, Σ 375, Ω 644, etc. : α 96, δ 297, ι 245, χ 449, etc.—(b) Passing into the next sense : ὑπὸ ποσσὶ στεναχίζετο γαῖα Β 784. Cf. Γ 13, Λ 151, Ν 19, Τ 363, Τ 497, etc. : εἴκοι ὑπὸ βῶλος ἀρότρῳ σ 374.—(c) = (1) (e) : χερσὶν ὑφ' ἡμετέρῃσιν ἁλοῦσα Β 374, θεῶν ὑπὸ πομπῇ (under their conduct) Ζ 171, ὕπνῳ ὕπο Ω 636. Cf. Γ 352, Ε 93, Ζ 453, Η 129, Λ 433, Ν 590, etc. : ὦλεθ' ὑπ' Αἰγίσθοιο δόλῳ γ 235, γήρᾳ ὕπο λιπαρῷ ἀρημένον λ 136. Cf. δ 295, 402, 790, η 193, ν 82, σ 156, τ 488, etc.—So with locative : ἐπόρνυέ οἱ μόρσιμον ἦμαρ ὑπὸ Πηλεΐδαο βίηφιν Ο 614.—(d) In subjection to, under the charge or guidance of, under : ὑφ' ἡνιόχῳ εἰωθότι Ε 231. Cf. Ζ 159, Ι 156, 298 : δέδμητο λαὸς ὑπ' αὐτῷ γ 305. Cf. η 68.—(e) Indicating the subjection of the female to the male in conception and in reference to the bearing of offspring, by : ἥ μιν ὑπ' Ἀγχίσῃ τέκεν Ε 313. Cf. Β 714, Η 469, Ξ 492, etc. : ἥ ῥ' ὑπὸ Τυνδαρέῳ γείνατο παῖδε λ 299.—Sim. : Ἀφροδίτης, τὴν ἄρ' ὑπὸ μνηστῆρσιν ἔχον χ 445.—(3) With acc. (a) In reference to motion to a point under something : ὑπὸ Ἴλιον ἦλθεν (to the walls of . . .) Β 216, ὑπὸ σπέος ἤλασε μῆλα Δ 279. Cf. Δ 407, Ε 731, Θ 271, Λ 181, Μ 264, Σ 145, Χ 195, Ψ 51, etc. : γ 335, δ 146, 425, 445, ε 481, ι 99, κ 191, ξ 469, υ 81, ω 234, etc.—With verbs of striking, etc. : βάλε λαιμὸν ὑπ' ἀνθερεῶνα Ν 388. Cf. Ν 615, Ρ 309, Τ 275.—(b) In reference to motion passing under something : τρέσε τεῖχος ὕπο Τρώων Χ 144. Cf. Ε 67, Ν 652, Σ 281 : κρήνη ὑπ' αὐλῆς οὐδὸν ἵησιν η 130. Cf. β 181.—(c) In reference to position, stretching, extending, lying or being under, under, beneath, underneath : οἳ δ' ἔχον Ἀρκαδίην ὑπὸ Κυλλήνης ὄρος Β 603. Cf. Β 824, Γ 371, Ε 267, Τ 259, Χ 307 : μάλα πῖαρ ὑπ' οὐδάς [ἐστιν] ι 135. Cf. ι 433, λ 498, 619, ο 349, χ 362.—(d) In reference to time, during, throughout the time of : πάνθ' ὑπὸ μηνιθμὸν Π 202.—In the course of : νύχθ' ὑπὸ τήνδε Χ 102.

ὑποβάλλω, ὑββάλλω [ὑπο- (8)]. (1) To put underneath : ὑπένερθε λῖθ' ὑπέβαλλεν κ 353.— (2) To throw in one's word, interrupt a speaker :

ἐσταότος μὲν καλὸν ἀκουέμεν, οὐδὲ ἔοικεν ὑββάλλειν Τ 80 (rejecting 77 ; if it be retained the sense must be 'to prompt another, put him up as one's mouthpiece').

ὑποβλήδην [ὑποβάλλω (2)]. Throwing in a word, interrupting : ὑ. ἠμείβετο Α 292.

ὑπόβρυξ, -υχος [ὑπο- (4)+βρέχω, to wet. Cf. ἀναβρέχω and also δίπτυξ under δίπτυχος]. Under water : τὸν ὑπόβρυχα θῆκεν ε 319.

ὑποδάμνημι [ὑπο- (5)]. To subdue under another, overcome, oppress. In mid.: ἠὲ ἑκὼν ὑποδάμνασαι(let yourself be oppressed)γ 214=π 95.

ὑποδέγμενος, pf. pple. ὑποδέχομαι.

†**ὑποδείδια,** pf. with pres. sense ρ 564. [ὑπο-(12)+δείδια. See δείδοικα.] 3 pl. plupf. (with impf. sense) ὑπεδείδισαν Ε 521. 3 pl. aor. ὑπέδεισαν (ὑπέδϜεισαν) Α 406. Imp. pl. ὑποδείσατε (with the Ϝ neglected)β 66. Pple. ὑποδείσας (ὑποδϜείσας) Χ 282 : ι 377, π 425. Nom. pl. masc. ὑποδείσαντες Μ 413, Σ 199, Ψ 417, 446, Ω 265. Fem. ὑποδείσασα κ 296. **(1)** To tremble before something, be afraid, feel fear : μή τίς μοι ὑποδείσας ἀναδύη (struck with fear) ι 377.—**(2)** To tremble before, be afraid of, fear, dread, stand in awe of : τὸν Α 406. Cf. Ε 521, Μ 413=Ψ 417=446, Σ 199, Χ 282, Ω 265 : θεῶν μῆνιν β 66. Cf. κ 296, π 425, ρ 564.

ὑποδεξίη, ἡ [ὑποδέχομαι]. Hospitable entertainment, hospitality : πᾶσά τοι ἐσθ' ὑποδεξίη (it is for thee to offer all hospitality) Ι 73.

†**ὑποδέχομαι** [ὑπο- (4)(5)(7)(12)]. Fut. ὑποδέξομαι Σ 59, 440 : π 70, τ 257. 2 sing. ὑποδέξεαι Σ 89. 3 sing. aor. ὑπεδέξατο Ζ 136, Σ 398 : χ 470. 2 sing. aor. ὑπέδεξο ξ 54. 3 ὑπέδεκτο Ι 480 : β 387, ξ 52, υ 372, ψ 314. Infin. ὑποδέχθαι Η 93. Pf. pple. ὑποδέγμενος ν 310, π 189. 3 sing. plupf. ὑπέδεκτο ξ 275. **(1)** To receive, catch : Θέτις ὑπεδέξατο κόλπῳ δειδιότα Ζ 136. Cf. Σ 398.—To receive, take in : στυγερὸς ὑπεδέξατο κοῖτος χ 470.—**(2)** To receive, welcome : τὸν οὐχ ὑποδέξομαι (ὑποδέξεαι) αὖτις οἴκαδε νοστήσαντα Σ 59=440, Σ 89 : τ 257.— To receive hospitably, take under one's care or protection : ὑπέδεκτο μ' ὑπέδεκτο Ι 480. Cf. ξ 52, 54, π 70, υ 372, ψ 314.—**(3)** To accept or take up a challenge : δεῖσαν ὑποδέχθαι Η 93.—**(4)** To undertake to grant a request, promise something : ὅ οἱ πρόφρων ὑπέδεκτο β 387.—**(5)** In plupf. and pf. pple. **(a)** To submit to, put up with, endure : βίας ὑποδέγμενος ἀνδρῶν ν 310, π 189.— **(b)** To await, be laid up for or destined to : ἔτι με πῆμ' ὑπέδεκτο ξ 275.

ὑποδήματα, τά [ὑπο- (4)+δέω]. Sandals : ποσὶν ὑποδήματα δοῦσα ο 369. Cf. σ 361.

ὑποδμώς, ὁ [ὑπο- (5)+δμώς. 'A servant under a master']. A servant or minister δ 386.

ὑπόδρα [ὑπο- (2)+an uncertain second element]. (Looking) from beneath (the eye-brows), with a scowl : ὑπόδρα ἰδών Α 148=Χ 260=344=Ω 559, Β 245, Δ 349=Ξ 82, Δ 411=Ε 251=Κ 446, Ε 888, Μ 230=Ρ 169=Σ 284, Ο 13, Ρ 141, Τ 428 : θ 165= σ 14=χ 60=320, ρ 459=σ 388, σ 337=τ 70, χ 34.

†**ὑποδράω** [ὑπο- (5)]. 3 pl. ὑποδρώωσι. To serve

under a master, be servant or minister : οἵ σφιν ὑποδρώωσιν ο 333.

ὑποδρηστήρ, -ῆρος, ὁ [ὑπο- (5) + δρηστήρ. 'A servant under a master']. A servant or attendant ο 330.

†**ὑποδύω** [ὑπο- (1)(3)(4)(8)(11)]. 3 sing. aor. ὑπέδῡ κ 398. Nom. dual masc. pple. ὑποδύντε Θ 332, Ν 421, Ρ 717. Nom. sing. fem. ὑποδῦσα δ 435. 2 sing. fut. mid. ὑποδύσεαι υ 53. 3 sing. aor. ὑπεδύσετο ζ 127. **(1)** In middle, with genit., to come out from under, emerge from : θάμνων ὑπεδύσετο ζ 127.—To get away from the influence of, get clear of : κακῶν ὑποδύσεαι ἤδη υ 53.— **(2)** With acc., to plunge beneath : ὑποδῦσα θαλάσσης κόλπον δ 435.—To get or put oneself under something so as to exert upward force : τὸν ὑποδύντε φερέτην Θ 332=Ν 421. Cf. Ρ 717.—**(3)** Of a feeling, to come upon one : πᾶσιν ὑπέδυ γόος κ 398.

ὑποείκω [ὑπο- (12)+εἴκω²]. Fut. (or aor. subj.) ὑποείξω Ο 211. Fut. in mid. form ὑποείξομαι Ψ 602. ὑπείξομαι (ὑπ-, ὑπο-) Α 294. 2 sing. ὑπείξεαι μ 117. 3 sing. aor. ὑπόειξε Ο 227 : π 42. 1 pl. subj. ὑποείξομεν δ 62. **(1)** With genit., to retire or withdraw before the foe from : νεῶν ὑπόεικον Π 305.—To keep oneself withdrawn from, keep away from : ὑπόεικε μάχης Λ 204.—To withdraw from so as to make room for another : τῷ ἔδρης ἐπιόντι πατρὸς ὑπόειξεν π 42.—**(2)** To yield, give way, submit : εἰ σοὶ ὑπείξομαι Α 294. Cf. Δ 62, Ο 211 : μ 117.—Of an inanimate object, to yield to a blow, give way : οὐ ῥηίδι' ἐστὶ θεῶν δῶρ' ὑποείκειν Τ 266.—**(3)** To retire from, avoid : χείρας ἐμάς Ο 227.—**(4)** To cease from something, give over. With complementary pple. : ὑποείξομαί τοι χωόμενος Ψ 602.

†**ὑποζεύγνυμι** [ὑπο- (4)]. Aor. subj. ὑποζεύξω. To yoke (horses) : ἵππους ο 81.

†**ὑποθερμαίνω** [ὑπο- (12)]. 3 sing. aor. pass. ὑπεθερμάνθη. In pass., to become heated on the occurrence of something : ὑπεθερμάνθη ξίφος αἵματι (thereupon) Π 333=Τ 476.

ὑποθέσθαι, aor. infin. mid. ὑποτίθημι.

ὑποθημοσύνη, -ης, ἡ [ὑποτίθημι]. Suggestion, instance. In pl. : ὑποθημοσύνησιν Ἀθήνης π 233.— Inspiration. In pl. : ὑποθημοσύνησιν Ἀθήνης Ο 412.

ὑποθήσομαι, fut. mid. ὑποτίθημι.

ὑποθωρήσσω [ὑπο- (12)]. To get under arms for some purpose : λόχῳ ὑπεθωρήσσοντο (for an ambush) Σ 513 (the prefix app. merely indicating vaguely the purpose already defined by λόχῳ).

†**ὑποκλίνω** [ὑπο- (4)]. 3 sing. aor. pass. ὑπεκλίνθη. In pass., to lay oneself down under. With dat. : σχοίνῳ ὑπεκλίνθη ε 463.

†**ὑποκλονέω** [ὑπο- (12)]. In pass., to be driven in confusion before a foe. With dat. : εἰ ἂν τούτους ὑποκλονέεσθαι ἐάσω Ἀχιλῆϊ Φ 556.

ὑποκλοπέομαι [ὑπόκλοπος fr. ὑποκλέπτω fr. ὑπο- (4)+κλέπτω]. To conceal oneself in some hiding-place, keep out of sight : εἴ τις ζωὸς ὑποκλοπέοιτο χ 382.

ὑποκρίνομαι [ὑπο- (12)]. 3 sing. aor. opt. ὑποκρίναιτο Μ 228 : ο 170. Imp. ὑπόκριναι τ 535.

Infin. ὑποκρίνασθαι τ 555. **(1)** To give an interpretative response in regard to, to interpret, expound (cf. κρίνω (8)) : ὄνειρον τ 535, 555.— Absol. : ὧδέ χ' ὑποκρίναιτο θεοπρόπος Μ 228. Cf. ο 170 (read the sign).—**(2)** To respond by a declaration of one's will or purpose : μῦθον ἀκούεις, ὥς τοι ὑποκρίνονται Η 407. Cf. β 111.

†**ὑποκρύπτω** [ὑπο- (4)]. 3 sing. aor. pass. ὑπεκρύφθη. To hide or cover up *under* or *beneath*. With dat. : νηῦς ἄχνη ὑπεκρύφθη Ο 626.

ὑπόκυκλος [ὑπο- (4) + κύκλος]. Fitted with wheels or castors beneath : τάλαρον δ 131.

†**ὑποκύομαι** [ὑπο- (6) + κύω = κυέω]. Aor. pple. fem. ὑποκῦσαμένη Ζ 26 : λ 254. Pl. ὑποκῦσάμεναι Τ 225. To conceive under the act of the male, to conceive, become pregnant : ὑποκυσαμένη διδυμάονε γείνατο παῖδε Ζ 26. Cf. λ 254.—Of mares Τ 225.

ὑπολείπω [ὑπο- (12) (the prefix app. pointing vaguely the contrast with what does not remain)]. Fut. pass. ὑπολείψομαι ρ 276, 282, τ 44. **(1)** To leave remaining or unconsumed ; in pass., to remain, be left : πέμπτον ὑπελείπετ' ἄεθλον Ψ 615 : ἃ τῇ προτέρῃ ὑπέλειπον ἔδοντες π 50.—**(2)** In pass., to be left behind, remain, while another departs : ἐν μεγάρῳ ὑπελείπετ' Ὀδυσσεύς η 230 = τ 1 = 51. Cf. ρ 276, 282, τ 44.

ὑπολευκαίνω [ὑπο- (12)]. In pass., to become white in consequence of something : αἱ ὑπολευκαίνονται ἀχυρμιαί (thereupon, thereat) Ε 502.

ὑπολίζων, -ονος [ὑπολιγίων, fr. ὑπο- (4) + ὀλιγίων, comp. fr. ὀλίγος]. Smaller than and under something else : λαοὶ ὑπολίζονες ἦσαν (were overtopped by the gods) Σ 519.

ὑπολύω [ὑπο- (3) (4)]. 3 pl. aor. pass. ὑπέλυντο Π 341. **(1)** To set free or release from something : ὑπέλυσα ἑταίρους ι 463.—To set free or release *from*. With genit. In mid. : τὸν ὑπελύσαο δεσμῶν Α 401.—**(2)** To break up or dissipate (the vital forces), cause (the limbs) to give way or collapse under one, by the application of force to fatal effect (the prefix app. referring in strictness only to the limbs) : τῶν ὑπέλυσε μένος καὶ γυῖα Ζ 27. Cf. Π 341, Ψ 726.— In reference to an animal Ο 581.

†**ὑπομένω** [ὑπο- (12) (the prefix in the first sense app. pointing vaguely the contrast with those who do not remain)]. Aor. ὑπέμεινα κ 258. 3 sing. ὑπέμεινε Ξ 488, Π 814, Ρ 25 : α 410, κ 232. 3 pl. ὑπέμειναν Ε 498, Ο 312. Infin. ὑπομεῖναι Ρ 174. **(1)** To remain where one is, stay behind : Εὐρύλοχος ὑπέμεινεν κ 232. Cf. κ 258.—To remain or stay for some purpose. With infin. : οὐδ' ὑπέμεινε γνώμεναι (for one to know him) α 410.— **(2)** To await the onset of (an attacking foe), stand up to (him) : Πάτροκλον Π 814. Cf. Ρ 25, 174.—Sim. : ἐρωὴν Πηνελέωο Ξ 488.—Absol., to await the foe, stand firm, stand one's ground : Ἀργεῖοι ὑπέμειναν ἀολλέες Ε 498, Ο 312.

†**ὑπομιμνήσκω** [ὑπο- (11)]. Fut. pple. fem. ὑπομνήσουσα ο 3. 3 sing. aor. ὑπέμνησε α 321. To remind (a person) of (something), cause

(him) to think or bethink himself of (it). With genit. : ὑπέμνησέ ἑ πατρός α 321. Cf. ο 3.

†**ὑπομνάομαι** [ὑπο- (12)]. 2 pl. impf. ὑπεμνάασθε. To woo or court (the wife of a living husband) (the prefix implying that the wooers seek a right concurrent, and therefore in conflict, with the husband's rights) : αὐτοῦ ζώοντος ὑπεμνάασθε γυναῖκα χ 38.

ὑπομνήμυκε. See ὑπεμνήμυκε.

ὑπομνήσουσα, fut. pple. fem. ὑπομιμνήσκω.

Ὑπονήϊος, -ον [ὑπο- (4) + Νήϊον]. Lying under Mount Νεϊum : Ἰθάκης γ 81.

ὑποπεπτηῶτες, nom. pl. masc. pf. pple. ὑποπτήσσω.

ὑποπερκάζω [ὑπο- (12) + περκάζω in sim. sense, fr. περκ- as in περκνός]. To assume a dark hue, colour (the prefix app. indicating that this takes place under some influence, *i.e.* that of the sun) : ἕτεραι [σταφυλαὶ] ὑποπερκάζουσιν η 126.

Ὑποπλάκιος, -η, -ον [ὑπο- (4) + Πλάκος]. Lying under Mount Placus : Θήβῃ Ζ 397.

†**ὑποπτήσσω** [ὑπο- (4)]. Nom. pl. masc. pf. pple. ὑποπεπτηῶτες. To cower *under*. With dat. : νεοσσοὶ πετάλοις ὑποπεπτηῶτες Β 312.

†**ὑπόρνυμι** [ὑπ-, ὑπο- (11)]. 3 sing. redup. aor. ὑπώρορε. To stir the heart of : τοῖον ὑπώρορε [Ἀργείους] Μοῦσα ω 62.

†**ὑπορρήγνυμι** [ὑπο- (1)]. 3 sing. aor. pass. ὑπερράγη. To rend or cleave from beneath something : ὑπερράγη αἰθήρ Θ 558 = Π 300 (*i.e.* (the cloud-bank in) the upper air is rent away from beneath the sources of light).

ὑπόρρηνος, -ον [ὑπο- (4) + *Ϝρήν*]. See ἄρνα]. With a lamb at suck : ὄϊν Κ 216.

ὑποσσείω [ὑπο- (4)]. To work or keep spinning by the application of force to the lower part of : [τρύπανον] ι 385.

ὑποστάς, aor. pple. ὑφίστημι.

ὑποσταχύομαι [ὑπο- (6) + στάχυς]. To yield increase : οὐδέ κεν ἄλλως ὑποσταχύοιτο βοῶν γένος υ 212.

ὑποστεναχίζω [ὑπο- (12)]. To give forth a heavy sound, rumble, on the occurrence of something : γαῖα ὑπεστεναχίζεν (thereupon, thereat) Β 781.

ὑποστήτω, 3 sing. aor. imp. ὑφίστημι.

†**ὑποστορέννυμι** [ὑπο- (4)]. Aor. infin. ὑποστορέσαι. To spread (a bed) for the reception of a sleeper υ 139.

ὑποστρέφω [ὑπο- (10) (12)]. 3 pl. aor. subj. ὑποστρέψωσι Μ 71. 2 sing. opt. ὑποστρέψειας Γ 407. Pple. ὑποστρέψας Λ 446 : θ 301. Fut. infin. mid. ὑποστρέψεσθαι ω 23. Aor. pple. pass. ὑποστρεφθείς Λ 567. **(1)** To wheel (one's horses) round in flight from the foe Ε 581.—**(2)** In mid. and pass. (a) To turn oneself about, turn round, so as to face the foe : αὖτις ὑποστρεφθεὶς Λ 567.— (b) To return, come back : ὑποστρέψεσθαι ἐς μέγαρον Ὀδυσῆος σ 23.—**(3)** *Intrans. for reflexive* (a) = (2) (a) : εἴ χ' ὑποστρέψωσιν (turn upon us) Μ 71.—(b) To turn oneself in a specified direction : φύγαδ' αὖτις ὑποστρέψας Λ 446.—(c) To turn back, turn on one's steps : αὖτις ὑποστρέψας θ 301.—(d)=(2)(b): μηδ' ἔτ' ὑποστρέψειας Ὄλυμπον (to . . .) Γ 407.

ὑποσχέσθαι, aor. infin. ὑπίσχομαι.

ὑπόσχεσίη, -ης, ἡ [as next]. =next N 369.

ὑπόσχεσις, ἡ [ὑποσχ-, ὑπίσχομαι]. A promise, undertaking, engagement B 286, 349 : κ 483.

ὑποσχόμενος, aor. pple. ὑπίσχομαι.

ὑποσχών, aor. pple. ὑπέχω.

ὑποταρβέω [ὑπο- (12)]. To feel fear or dread before the face of : τοὺς ὑποταρβήσαντες (struck with terror at their appearance) P 533.

ὑποταρτάριος [ὑπο- (4) + Τάρταρος]. That is below in Tartarus : θεούς Ξ 279.

†ὑποτίθημι [ὑπο- (11)]. Fut. mid. ὑποθήσομαι α 279, β 194, ε 143. 2 sing. ὑποθήσεαι δ 163. 3 ὑποθήσεται γ 27. 1 pl. ὑποθησόμεθα Θ 36, 467, Φ 293. Aor. imp. ὑπόθευ ο 310. Infin. ὑποθέσθαι Λ 788. In mid., to put into a person's mind, suggest, communicate (cf. τίθημι (5)): ἀλλὰ δαίμων ὑποθήσεται γ 27. Cf. Θ 36=467, Λ 788 : δ 163.— Absol., to make a suggestion, give advice or counsel : πυκινῶς τοι ὑποθησόμεθα Φ 293. Cf. α 279, β 194, ε 143, ο 310.

†ὑποτρέχω [ὑπο- (8)]. 3 sing. aor. ὑπέδραμε. To run in under the weapon of a foe : ὑπέδραμε καὶ λάβε γούνων Φ 68 : κ 323.

ὑποτρέω [ὑπο- (12)]. 2 sing. aor. ὑπέτρεσας P 587. 3 pl. ὑπέτρεσαν Ο 636, P 275. Infin. ὑποτρέσαι Η 217. (1) To flee from the face of danger, take to flight, retreat, retire : νεκρὸν προλιπόντες ὑπέτρεσαν P 275. Cf. Η 217, Ο 636. —(2) To flee before the face of : Μενέλαον P 587.

ὑποτρομέω [ὑπο- (12)]. 3 pl. pa. iterative ὑποτρομέεσκον Υ 28. (1) To tremble on account of something, be affected by fear, show fear : τοῖον ὑποτρομέουσιν X 241.—(2) To tremble before, be in fear of, dread : μιν Υ 28.

ὑπότροπος [ὑπο- (10) + τρέπω]. Returning, coming back : ὑπότροπον ἐκ πολέμοιο Ζ 501. Cf. Ζ 367 : υ 332, φ 211, χ 35.

ὑπουράνιος [ὑπ-, ὑπο- (4) + οὐρανός]. Under heaven : πετεηνῶν P 675.—As far as heaven covers : μέγα κέν οἱ ὑπουράνιον κλέος εἴη K 212 : τοῦ μέγιστον ὑπουράνιον κλέος ἐστίν ι 264 (in these two passages in sense qualifying the vb.).

†ὑποφαίνω [ὑπο- (1)]. 3 sing. aor. ὑπέφηνε. To move from under so as to bring to the light, cause to peep from under. With genit. : θρῆνυν ὑπέφηνε τραπέζης ρ 409.

†ὑποφέρω [ὑπο- (3)]. 3 pl. aor. ὑπήνεικαν. To bear away out of danger E 885.

ὑποφεύγω [ὑπο- (12)]. To flee before (a foe) : οὐ τὸν δύναται ὑποφεύγειν X 200.

ὑποφήτης, ὁ [ὑπο- (12) + φημί]. One who gives an interpretative response in regard to or reveals the oracles of a god, a prophet Π 235.

†ὑποφθάνω [ὑπο- (12)]. Aor. pple. ὑποφθάς Η 144. Aor. pple. mid. ὑποφθάμενος δ 547. Fem. ὑποφθαμένη ο 171. In act. and mid., to anticipate : τὸν ὑποφθαμένη φάτο μῦθον (getting in her word first) ο 171.—Absol., to be beforehand in doing

something : ὑποφθὰς δουρὶ περόνησεν (getting in his blow first) Η 144. Cf. δ 547.

ὑποχείριος [ὑπο- (4) + χείρ]. Under one's hand : χρυσόν, ὅτις χ' ὑποχείριος ἔλθῃ (as much as I can lay my hands upon) ο 448.

†ὑποχέω [ὑπο- (4)]. 3 sing. aor. ὑπέχευε. To spread or strew under a person : βοείας Λ 843 : ῥῶπας ξ 49.

ὑποχωρέω [ὑπο- (12)]. To retire or recoil in the face of danger : Ἀργεῖοι ὑπεχώρησαν Ζ 107. Cf. N 476, X 96.

ὑπόψιος [ὑπ-, ὑπο- (2) + ὀπ-. See ὁράω. "Looked at from below." Cf. πανόψιος]. An object of contempt or hatred : ὑπόψιον ἄλλων (to . . .) Γ 42.

ὕπτιος [ὑπό]. On the back, supine (opposed to πρηνής) : ἄλλοθ' ὕπτιος, ἄλλοτε δὲ πρηνής Ω 11. Cf. Δ 108, 522, Η 145, 271, Λ 144, 179, Μ 192, Ν 548, Ο 434, 647, Π 289, 863, P 523 : ι 371, σ 398.

ὑπώπια, τά [ὑπ-, ὑπο- (4) + ὦπα. Cf. ἐνώπια]. App., the face : νυκτὶ θοῇ ἀτάλαντος ὑπώπια (his face like . . .) Μ 463.

ὑπώρεια, ἡ [ὑπ-, ὑπο- (4) + ὄρος]. A region skirting or fringing a mountain Υ 218.

ὑπωρόφιος [ὑπ-, ὑπο- (4) + ὀροφή]. Under one's roof : ὑπωρόφιοι τοί εἰμεν Ι 640.

ὑπώροφε, 3 sing. redup. aor. ὑπόρνυμι.

ὗς. See σῦς.

ὑσμίνη, -ης, ἡ. Dat. ὑσμῖνι (fr. *ὑσμίς) Β 863, Θ 56. (1) A fight or combat : ἐνὶ κρατερῇ ὑσμίνῃ Δ 462. Cf. Β 40, Ε 84, Λ 72, Ν 314, Π 567, Υ 245, etc. : λ 417, 612.—(2) In concrete sense, a fighting force, a battle array : ὑσμίνην ἤρτυνον Ο 303, κεδασθείσης ὑσμίνης (the ranks) 328 = Π 306. Cf. Λ 297, Ο 340, Υ 395.

ὑσμίνηδε [acc. of prec. + -δε (1)]. To the fight : ἰέναι Β 477.

ὑσμῖνι, dat. See ὑσμίνη.

ὑστάτιος, -η, -ον [ὕστατος]. (1)=ὕστατος (1) Ο 634.—(2) = ὕστατος (2) (b) : ι 14.—(3) In neut. sing. ὑστάτιον as adv. = ὕστατος (3) (a): οὐκέτι Δαναῶν κεκαδησόμεθ' ὑστάτιόν περ (i.e. it is our last chance) Θ 353.

ὕστατος [superl. Cf. ὕστερος]. (1) In reference to position, the least advanced in an indicated direction, the last : οἱ πρῶτοί τε καὶ ὕστατοι Β 281. Cf. N 459.—(2) (a) Being the last to do something, last : ὕστατος λάχ' ἐλαυνέμεν ἵππους Ψ 356 (i.e. his lot came out last, which would give him the outside place) : ὕστατος μήλων ἔστειχεν ι 444. Cf. ι 448.—(b) Sim. in oblique case of that to which action is last directed, last : τίνα ὕστατον ἐξενάριξα; Ε 703. Cf. Λ 299, Π 692.—(3) (a) In neut. sing. ὕστατον as adv., for the last time : τότε γ' ὕ. μιν 250.—With πύματον in the same sense : πύματόν τε καὶ ὕ. X 203 : υ 116.—(b) So in neut. pl. ὕστατα : νῦν ὕστατ' ἂν λωβήσαιο Α 232 = Β 242. Cf. υ 119, χ 78 = 134.—With πύματα in the same sense : ὕστατα καὶ πύματα δ 685, υ 13.

ὕστερος [comp. Cf. ὕστατος]. (1) After another, later, second, afterwards : ὕ. ὄρνυτο χαλκῷ Ε 17 = Π 479, ὕστερος ἐλθών Σ 320. Cf. ω 155. — With

genit., later than, after : σεῦ ὕστερος Σ 333.—
(2) In neut. sing. ὕστερον as adv. (a) After
another, later, afterwards : ἐμὲ προτὶ ἄστυ ὑ. ἄξει
π 272.—(b) Later, afterwards, in the future,
another time or day : ὑ. αὖτις ἰόντα Α 27. Cf.
H 30, 291, 377 = 396, Θ 142, K 450, Λ 365 = Τ 452,
Ξ 313, Υ 127 : ὑ. ἄλλον ἥσειν θ 202. Cf. ι 351.—
Sim. ἐς ὕστερον : ἐς ὑ. ὁρμηθῆναι (a second time,
again) μ 126.—(3) In neut. pl. ὕστερα as adv. in
the sense (2) (b) : ὑ. ταῦτα πένεσθαι π 319.—
(4) Born later, younger : γένει ὕστερος Γ 215.

ύφαίνω [cf. ὑφάω]. Pa. iterative ὑφαίνεσκον
τ 149. 3 sing. ὑφαίνεσκε β 104, ω 139. Aor. subj.
ὑφήνω ν 303. Imp. ὕφηνον ν 386. Pple. ὑφήνας
δ 739. Fem. ὑφήνασα ω 147. (1) To weave : ἱστόν
Γ 125, Ζ 456, Χ 440 : β 94 = ω 129, β 104 = ω 139,
ε 62, ο 517, τ 139, 149, ω 147, φάρεα ν 108.—
(2) Fig., to piece together in the mind, contrive,
devise, develop : ὅτε μύθους καὶ μήδεα πᾶσιν
ὕφαινον (developed them in the ears of the
company) Γ 212, μῆτιν Η 324 = Ι 93. Cf. Ζ 187 :
δ 678, 739, ε 356, ι 422, ν 303, 386.

ύφαντός, -ή, -όν [ὑφαίνω]. Woven : ἐσθῆτα ν 136
= π 231, εἵματα ν 218.

ύφασμα, -ατος, τό [ὑφαίνω]. Something woven :
ὑφάσματά τε χρυσόν τε (woven work) γ 274.

†**ύφάω.** 3 pl. pres. ὑφόωσι. To weave η 105.

ύφέλκω [ὑφ-, ὑπο- (3)]. To draw out of the
reach of the foe Ξ 477.

ύφέντες, nom. pl. masc. aor. pple. ὑφίημι.

ύφήνας, aor. pple. ὑφαίνω.

ύφηνίοχος, -ου, ὁ [ὑφ-, ὑπο- (5) + ἡνίοχος.
'Acting as driver under the fighting man'].
= ἡνίοχος Ζ 19.

†**ύφίημι** [ὑφ-, ὑπο- (4) + ἵημι[1]]. Nom. pl. masc.
aor. pple. ὑφέντες. To lower : ἱστόν Α 434.

†**ύφίστημι** [ὑφ-, ὑπο- (7)]. Aor. ὑπέστην Δ 267,
Ο 75, Ψ 20, 180. 2 sing. ὑπέστης Ν 375 : ι 365,
κ 483. 3 ὑπέστη Ι 519, Λ 244, Τ 243, Φ 273.
1 pl. ὑπέστημεν Ε 715, Τ 195. 3 ὑπέσταν Β 286.
3 sing. opt. ὑποσταίη Ι 445. 3 sing. imp. ὑποστήτω
Ι 160. Pple. ὑποστάς Φ 457 : γ 99, δ 329. (1) To
come under an undertaking, give a promise,
promise : ὡς τὸ πρῶτον ὑπέστην Δ 267. Cf. Ο 75 :
ι 365.—With cognate acc.: ὑπόσχεσιν ἥν περ
ὑπέσταν Β 286. Cf. Ε 715 : κ 483.—With infin. of
what one undertakes or promises to do : δῶρ',
ὅσσ' ὑπέστημεν δώσειν Τ 195. Cf. Ι 445.—(2) To
undertake to give, promise : τὰ δ' ὄπισθεν ὑπέστη
Ι 519. Cf. Λ 244, Τ 243, Φ 457.—(3) To promise
to perform, undertake : εἰ τελευτήσεις ὅσ' ὑπέστης
Ν 375. Cf. Ψ 20 = 180 : γ 99 = δ 329.—(4) To
make up one's mind to do something, bring one-
self to do it (cf. τλάω (7) (d)) : ὡς οὔ τίς με θεῶν
ὑπέστη σαῶσαι (could find it in his heart to . . .)
Φ 273.—(5) To make admission, admit : ὑποστήτω
μοι, ὅσσον βασιλεύτερός εἰμι Ι 160.

ύφορβός. See συφορβός.

ύφόωσι, 3 pl. pres. ὑφάω.

ύψαγόρης [ὕψι + ἀγορή]. Voc. ὑψαγόρη β 85,
303, ρ 406. One who talks loudly and boldly :
Τηλέμαχ' ὑψαγόρη β 85 = ρ 406, β 303. Cf. α 385.

ύψερεφής, -ές [ὕψι + ἐρέφω. Cf. ὑψηρεφής]. High-
roofed, lofty : δῶμα Ε 213, Τ 333 : = η 225 = τ 526,
δ 15, 46, η 85, ο 241. Cf. δ 757, κ 111 = ο 424,
ν 5, ο 432.

ύψηλός, -ή, -όν [ὕψι]. (1) Of great upward
extent, high, lofty, tall : ἀκτῇ Β 395, φηγῷ
Η 60. Cf. Γ 384, Ε 560, Μ 131, 282, 388, Π 429,
Φ 171, Ψ 247, etc. : α 126, 330, ζ 58, θ 422, ι 183,
π 285, φ 51, χ 176, etc.—(2) Having a lofty
position, high : ἀφ' ὑψηλῆς κορυφῆς ὄρεος Π 297 :
μελάθρου λ 278. Cf. Β 855.

ύψηρεφής [ὕψι + ἐρέφω. Cf. ὑψερεφής, ὑψόροφος].
High-roofed, lofty : θαλάμῳ Ι 582.

ύψηχής [ὕψι + (app.) ἠχ- as in ἠχή]. Thus, as
epithet of horses, loud-neighing Ε 772, Ψ 27.

ύψι [cf. ὑψοῦ]. (1) On high, aloft : ὕψι καθ-
ημένῳ π 264. Cf. Ο 387, Υ 155, Ψ 874.—(2) To a
high or relatively high position, to a great
height, high : ἀναθρῴσκων Ν 140. Cf. Π 374,
Ρ 723.—Stepping high : βιβάντα Ν 371.—(3) Afloat
(cf. ὑψοῦ(3)) : ὕψι ἐπ' εὐνάων ὁρμίσσομεν [νῆας] Ξ 77.

ύψιβρεμέτης [ὕψι + βρέμω]. High-thundering.
Epithet of Zeus Α 354, Μ 68, Ξ 54, Π 121 :
ε 4, ψ 331.

ύψίζυγος [ὕψι + ζυγόν. Cf. ζυγόν (2)]. Seated
aloft. Epithet of Zeus Δ 166, Η 69, Λ 544, Σ 185.

ύψικάρηνος, -ον [ὕψι + κάρηνον]. Rearing the
head aloft, lofty : δρύες Μ 132.

ύψίκερως [ὕψι + κέρας]. High-horned : ὑψίκερων
ἔλαφον κ 158.

ύψίκομος, -ον [ὕψι + κόμη. Cf. κόμη (3)]. Lofty
and leafy (the second element being equivalent
to a separate epithet ; cf. οἰόζωνος Soph. O. T.
846, 'alone and girt up,' 'journeying alone,'
πυκνόπτερος O.C. 17, 'many and winged.' Cf.
ὑψιπέτηλος) : δρυσίν Ξ 398. Cf. Ψ 118 : αὐλὴ δέδμητο
δρυσὶν ὑψικόμοισιν ι 186 (the second element
here obscured, the reference being only to the
length of the pieces of timber), δρυός μ 357 (here
referring especially to the wealth of foliage). Cf.
ξ 328 = τ 297.

ύψιπετήεις = ὑψιπέτης. Epithet of the eagle :
αἰετός Χ 308 : = ω 538.

ύψιπέτηλος [ὕψι + πέταλον]. Lofty and leafy
(cf. ὑψίκομος) : δένδρεον Ν 437 : δ 458. Cf. λ 588.

ύψιπέτης [ὕψι + πέτομαι]. High-flying, soaring.
Epithet of the eagle : αἰετός Μ 201 = 219, Ν 822 :
ν 243.

ύψίπυλος, -ον [ὕψι + πύλη]. With lofty gates :
Θήβην Ζ 416, Τροίην Π 698 = Φ 544.

ύψόθεν [ὑψ- as in ὕψι + -θεν (1) (2)]. (1) From
a high or relatively high position, from on high,
aloft : βρόντησεν ὑ. Υ 57. Cf. Λ 53, Μ 383 :
ὑ. ἐξ ὀροφῆς χ 298. Cf. β 147, ρ 210, υ 104.—
(2) On high, aloft : ἐκρέμω ὑ. Ο 18.

ύψόθι [ὑψ- as in ὕψι + -θι]. On high, high up,
aloft : ὑ. ἐόντι Κ 16. Cf. Ρ 676, Τ 376.

ύψόροφος [ὕψι + ὀροφή. Cf. ὑψηρεφής]. High-
roofed, lofty : θάλαμον Γ 423. Cf. Ω 192, 317 :
β 337, δ 121, ε 42 = 115, η 77.

ύψόσε [ὑψ- as in ὕψι + -σε]. To a high or
relatively high position, high, up, upwards : ἀπὸ

χθονὸς ὑ. ἔεργεν Ξ 349, ὑ. αὐγὴ γίγνεται Σ 211.
Cf. Κ 461, 465, 505, Λ 307, Μ 138, Τ 325, Φ 269,
302, 307, 324, Χ 34, Ψ 501: θ 375, ι 240=340,
μ 238, 249, 432, ν 83, τ 38, χ 467.

ὑψοῦ [cf. ὕψι]. (1) On high, high up, aloft:
ὑψοῦ κάρη ἔχει Ζ 509 = Ο 266. Cf. Ν 12, 200, 201.
—(2) To a high or relatively high position, high:
νῆα ἔρυσσαν ὑψοῦ ἐπὶ ψαμάθοις (high and dry)
Α 486.—So that something may have a consider-
able height: ἴκρια πῆξαι ὑψοῦ (make it of a good
height) ε 164.—(3) Afloat (cf. ὕψι (3)): ὑψοῦ νῆ'
ὅρμισαν δ 785, θ 55.

ὕω. To rain: ὕε Ζεύς Μ 25: ξ 457.—In pass.,
to be rained upon: ὑόμενος καὶ ἀήμενος ζ 131.

φαάνθη, 3 sing. aor. pass. φαίνω.

φαάντατος [app. superl. fr. φαεννός=φαεινός].
Very bright: ἀστήρ ν 93.

φάγον, with augment ἔφαγον, aor. (1) To
eat (food): λωτοῖο καρπόν ι 94. Cf. δ 33, ι 232.—
With partitive genit.: λωτοῖο φαγών ι 102. Cf.
ο 373.—Absol., to take food, eat: πόρε κρέας, ὄφρα
φάγῃσιν θ 477. Cf. κ 386, ο 378, π 143, ρ 404,
σ 3, ω 254.—(2) Of beasts, etc., to eat up, devour:
οὔ πω τόν γε κύνες φάγον οὐδ' οἰωνοί Ω 411. Cf.
Β 317, 326.—Of the cannibal Cyclops ι 347.—Of
Scylla μ 310.—Of fishes, to eat, nibble at, gnaw
Φ 127: ξ 135, ω 291.—(3) To eat up, devour,
consume: κατὰ ζωὴν φαγέειν π 429. Cf. β 76,
γ 315=ο 12.

φαέθων [φαΕ- as in φάον]. Bright, resplendent.
Epithet of ἠέλιος Λ 735: ε 479, λ 16, τ 441, χ 388.

φαεινός, -ή, -όν [φαΕ- as in φάον]. Having a
bright surface, of bright hue, bright, shining,
resplendent (most commonly a merely conven-
tional epithet): κρητῆρα Γ 247, δουρί Δ 496,
σελήνην Θ 555. Cf. Γ 357, 419, Ζ 219, Λ 645,
Ν 3, etc. : Ἡοῦς δ 188, περόνην τ 256. Cf. ζ 19,
κ 23, ξ 482, φ 54, ψ 201, etc.—In comp.: θώρηκα
φαεινότερον πυρὸς αὐγῆς Σ 610.

φαείνω [φαΕ- as in φάον]. To give light, shine.
Of the sun γ 2, μ 383, 385.—To illuminate a
chamber, afford light. Of braziers: λαμπτῆρας
ἵστασαν, ὄφρα φαείνοιεν σ 308.—Of a torch-bearer
σ 343.

φαεσίμβροτος, -ον [φαΕεσ-, φαΕ- as in φάον +
(μ)βροτός]. That brings or gives light to men.
Epithet of ἠώς Ω 785.—Of ἠέλιος κ 138, 191.

φαιδιμόεις, -εντος [φαίδιμος]. =φαίδιμος (2):
Ἐπειοί Ν 686.

φαίδιμος [φα-. Cf. φάον]. (1) Glistening, shin-
ing, bright. Epithet of parts of the body:
γυῖα Ζ 27, Θ 452, Κ 95, Ν 435, Π 805, Ψ 63, 691:
ὤμῳ λ 128 = ψ 275.—(2) Epithet of persons,
illustrious, famous, renowned, or the like Δ 505,
Ζ 144, Ι 434, Ρ 288, Φ 97, etc. : β 386, γ 189,
κ 251, ξ 164, π 395, ω 76, etc.

φαίην, opt. φημί.

φαίνω [φαν-, φα-. Cf. φάον]. 3 sing. pa.
iterative φάνεσκε Λ 64 : λ 587, μ 241, 242. 3 sing.
aor. ἔφηνε Β 318, 324 : ο 168. 3 pl. subj. φήνωσι
ο 26. 3 sing. opt. φήνειε μ 334. Infin. φῆναι

γ 173. **Pass.** Instrumental (in 'comitative'
use) fem. pres. pple. φαινομένηφι Ι 618, 682,
Λ 685, Ω 600 : δ 407, ζ 31, η 222, μ 24, ξ 266,
ο 396, π 270, ρ 435. 3 sing. pa. iterative φαινέ-
σκετο ν 194. Fut. infin. φανεῖσθαι μ 230. 3 sing.
fut. πεφήσεται Ρ 155. 2 sing. aor. φάνης π 181.
3 (ἐ)φάνη Α 477, Β 308, Ζ 175, Η 104, Ο 275,
Ω 785, etc. : β 1, ε 279, ζ 137, η 268, ψ 241,
etc. 3 dual φανήτην Η 7. 1 pl. φάνημεν ι 466.
3 ἔφανεν Θ 557, Π 299. φάνεν σ 68. 2 sing. subj.
φανήῃς ν 402. 3 φανήῃ Τ 375, Χ 73, Ω 417 : ε 394,
ψ 233. φανῇ Ι 707. 3 sing. opt. φανείη Τ 64 :
ψ 60. Imp. φάνηθι Σ 198. 3 sing. φανήτω υ 101.
Pple. φανείς, -έντος Γ 31 : ι 230. Fem. φανεῖσα
π 159. Infin. φανήμεναι Ι 240. φανῆναι π 410,
σ 160, 165. 3 sing. aor. φαάνθη Ρ 650. 3 pl.
φάανθεν Α 200. 3 sing. pf. πέφανται Β 122, Π 207.
Acc. sing. masc. pple. πεφασμένον Ξ 127. (ἀνα-,
δια-, ἐκ-, περιφαίνομαι, προ-, ὑπο-.) (I) (1) In
reference to material and immaterial objects, to
cause to appear or be seen, bring to light or notice,
display : [δράκοντα] Β 318. Cf. Β 324, 353, Δ 381,
Ι 236 : ἀρετὴν σήν θ 237. Cf. γ 173, ο 168, σ 67,
74, υ 114, φ 413.—To bring to action, display :
ἀεικελίας υ 309.—(2) To make known, declare, set
forth : μῦθον πεφασμένον Ξ 127. Cf. Σ 295.—
To point out, indicate : ὁδόν μ 334, παράκοιτιν
(cause to find and win her) ο 26.—To bring into
hearing : ἀοιδήν (struck up) θ 499.—(3) To bring
into being: Ἑλένῃ θεοὶ γόνον οὐκέτ' ἔφαινον (afforded
her no further hope of offspring) δ 12.—(4) To
illuminate a chamber, afford light, give one light :
φαίνοντες δαιτυμόνεσσιν η 102. Cf. τ 25.—(II) In
pass. (1) Of persons or material or immaterial
subjects, to appear, to be seen, come into view or
notice, show oneself or itself, be shown, displayed,
manifested, brought about : οἵω φαινομένη Α 198,
δεινὼ οἱ ὄσσε φάανθεν (gleamed terrible) 200, τέλος
οὔ πώ τι πέφανται (we can find no end to the
business) Β 122, φαινομένων τὸν ἄριστον (of those
who come forward) Κ 236, ἐφαίνετο πᾶσα ἰδεῖν Ν 13.
Cf. Β 308, Ε 864, Η 104 (would have come upon
thee), Θ 556, Λ 734 (was put before them), Ρ 155,
Σ 198 (show thyself), Τ 375, Χ 324 (an opening
showed), Ψ 375, etc. : οὐδέ ποτ' οὖροι φαίνοντο
δ 361, ὅτ' ἐφαίνετο νόστος (when the chance of it
came) 519, ἐφάνη ὄρεα ε 279, οὔ πω φαίνετ' ἐναντίη
ζ 329, οὐκέτι φαίνετο πομπή (we had now no hope
of it) κ 79. Cf. δ 695, ε 394, 410 (I can see no
. . .), η 201, ι 192, κ 98, μ 230, ο 517, π 410, τ 39,
(shine as if with . . .), 557, υ 101, φ 73 (awaits
you), ω 448, etc.—So in pa. iterative act. : πᾶσα
φάνεσκεν μ 241. Cf. Λ 64 : λ 587, μ 242.—(2) Of
the dawn, to break : ἦμος φάνη Ἡὼς Α 477, ἅμ' ἠοῖ
φαινομένηφιν Ι 618. Cf. Ζ 175, Ι 240, 707, Ψ 109,
etc. : β 1, δ 407, ψ 241, etc.—(3) To be seen or
prove to be so and so. With complementary
adj. : οὔ ἀρίστη φαίνετο βουλή Η 325 = Ι 94: =
ω 52.—With complementary genit. : νίκη φαίνεται
Μενελάου (is declared for him) Γ 457.—(4) To
appear or seem to be so and so, look so and so.
With complementary adj. : ἥδε οἱ ἀρίστη φαίνετο

βουλή B 5 = K 17 = Ξ 161, μέγα σφισι φαίνετο έργον (loomed grim before them) M 416. Cf. Δ 278 : σμερδαλέος αὐτῆσι φάνη ζ 137. Cf. ι 318 = 424 = λ 230, ν 194, 402, ξ 106, π 181, χ 149.—With adj. and infin. : ἥ τίς τοι ἀρίστη φαίνεται εἶναι ο 25.—Sim. : πῶς ὕμμιν ἀνὴρ ὅδε φαίνεται εἶναι; λ 336.—Impers. : οὔ σφιν ἐφαίνετο κέρδιον εἶναι ξ 355.

φαλαγγηδόν [φάλαγξ]. Keeping their ranks : προχέοντο O 360.

φάλαγξ, -αγγος, ἡ. A line or array of battle : Τρώων ρῆξε φάλαγγα Z 6.—In pl., the lines or ranks B 558, Γ 77, Δ 254, E 93, Z 83, etc.

φάλαρα, τά. Prob., bosses or knobs set round a helmet : βάλλετο [πήληξ] κὰπ φάλαρα Π 106.

†φαληριάω. Nom. pl. neut. pres. pple. φαληριόωντα. App., to be flecked with white : κύματα φαληριόωντα (i.e. flecked with foam) N 799.

φάλος, -ου, ὁ. Something on a helmet carrying the plume (app., from the hardness attributed to it, of metal ; see Γ 362-363, Π 338-339) : ψαῦον ἱππόκομοι κόρυθες φάλοισιν N 132 = Π 216. Cf. Γ 362, Δ 459 = Z 9, N 614, Π 338.

φαμέν, 1 pl. pres. φημί.

φάμεν, 1 pl. impf. φημί.

φάμενος, pres. pple. mid. φημί.

φάν, 3 pl. impf. φημί.

φάνη, 3 sing. aor. pass. φαίνω.

φάντο, 3 pl. impf. mid. φημί.

φάο, pres. imp. mid. φημί.

φάον, aor. (φάϜον). Of the dawn, to break : φάεν Ἠώς ξ 502.

φάος, τό [φαϜ- as in φάον]. Acc. pl. φάεα π 15, ρ 39, τ 417. Also **φόως.** (1) The light of day, the light of the sun : Ἠὼς προσεβήσετ' Ὄλυμπον φόως ἐρέουσα B 49, Ἥλιος, οὔ τε καὶ ὀξύτατον πέλεται φάος εἰσοράασθαι (the emission of the sun's light being thought of as an exercise of the power of sight) Ξ 345. Cf. Λ 2 = T 2, O 669, P 647, Ψ 226 : ε 2, λ 93, ν 94, φ 429, ψ 245, 348, 371.—In reference to life : λείψειν φάος ἠελίοιο Σ 11. Cf. E 120, Σ 61 = 442, Ω 558 : δ 540 = κ 498, δ 833, ξ 44 = ν 207.—(2) φάος ἠελίοιο = ἠέλιος : ἐπεὶ κατέδυ φάος ἠελίοιο Α 605. Cf. Θ 485, Ψ 154 : = π 220 = φ 226, ν 33, 35.—So without ἠελίοιο : ἔδυ φάος θ 487. Cf. γ 335.—(3) Of artificial light : τούτοισι φάος παρέξω σ 317. Cf. τ 34, 64.—A source of such light : τίς τοι φάος οἴσει; (a light) τ 24.—(4) Applied to a person : ἦλθες, Τηλέμαχε, γλυκερὸν φάος (sweet light of my eyes) π 23 = ρ 41.—(5) Help, succour, safety, salvation : φόως ἑτάροισιν ἔθηκεν (opened a way for them) Z 6, αἴ κέν τι φόως Δαναοῖσι γένηαι πατρί τε σῷ Θ 282 (with a zeugma, bring help to your friends and glory to your father), αἴ κέν τι φόως Δαναοῖσι γένηαι Λ 797. Cf. O 741, Π 39, 95 (i.e. have cleared the ships of the foe), P 615, Σ 102, Υ 95 (i.e. led him on), Φ 538.—(6) In pl., the eyes : κύσσε μιν ἄμφω φάεα π 15 = ρ 39, τ 417.

φαρέτρη, -ης, ἡ. A quiver for arrows A 45, Δ 116, Θ 323, K 260, O 443 : ζ 270, ι 314, φ 11, 59, 233, 417, χ 2, 71.

φάρμακον, -ου, τό. (1) A medicinal preparation, a remedial, soothing or sedative drug or application : ἐφ' ἕλκεϊ φάρμακ' ἔπασσεν O 394. Cf. Δ 191, 218, E 401, 900, Λ 515, 830 : ἐς οἶνον βάλε φ. δ 220. Cf. δ 227.—Referring specially to potent herbs and remedial preparations made therefrom : ἢ τόσα φάρμακα ἤδη ὅσα τρέφει εὐρεῖα χθών Λ 741. Cf. δ 230.—(2) An evil drug or application, a poison, poison : φ. ἀνδροφόνον διζήμενος α 261. Cf. β 329.—A herb producing evil effects : δράκων βεβρωκὼς κακὰ φάρμακα X 94. —(3) A magic or enchanted drug : κατέθελξεν, ἐπεὶ κακὰ φάρμακ' ἔδωκεν κ 213. Cf. κ 236, 290, 317, 326, 327, 394.—An application undoing the effects of magic or enchantment : προσάλειφεν ἑκάστῳ φ. ἄλλο κ 392.—A herb protecting from magic or enchantment : οὐκ ἐάσει φ. ἐσθλόν κ 292. Cf. κ 287, 302.

φαρμάσσω [φάρμακον]. To temper or harden (metal) : πέλεκυν φαρμάσσων ι 393.

φᾶρος, τό. (1) A mantle or cloak (always ascribed to persons of distinction) (cf. χλαῖνα) B 43, Θ 221, Σ 353, Ω 231, 580, 588 : γ 467, ε 230, ζ 214, θ 84, 392, ο 61, etc.—(2) A web : εἰς ὅ κε φ. ἐκτελέσω β 97 = τ 142 = ω 132. Cf. ν 108, τ 138, ω 147.—(3) A piece of cloth : φάρε' ἔνεικεν, ἱστία ποιήσασθαι ε 258.

φάρυξ, -υγος (cf. ἀσφάραγος, λαυκανίη). The throat : φάρυγος λάβεν (by the . . .) τ 480.—More specifically, the gullet : φάρυγος ἐξέσσυτο οἶνος ι 373.

φάς, pres. pple. φημί.

φάσαν, 3 pl. impf. φημί.

φάσγανον, -ου, τό. A sword A 190, E 81, K 256, Ξ 405, O 713, etc. : κ 145, λ 82, π 295, χ 74, etc.

φάσθαι, pres. infin. mid. φημί.

φᾶσί, 3 pl. pres. φημί.

φάσκω [φα-, φημί]. (1) To say, assert, declare. With infin. : περί σε βροτῶν πεπνυμένον εἶναι φάσκεν δ 191. Cf. θ 565, κ 331, λ 306, μ 275, ν 173, ξ 321, τ 191, ω 75, 269.—With neg., to deny that one has . . ., say that one has not . . . : Ὀδυσσῆος οὔ ποτ' ἔφασκεν ἀκοῦσαι ρ 114.—(2) To say, promise, undertake. With infin. : ἔφασκές μ' Ἀχιλλῆος ἄλοχον θήσειν T 297. Cf. ε 135, η 256, ψ 335.—(3) To think, deem, expect. With infin. : οὔ μ' ἔτ' ἐφάσκετ' οἴκαδ' ἱκέσθαι χ 35. Cf. N 100.

φασσοφόνος [φάσσα, dove + φον-, φένω]. Dove-killing : ἴρηκι O 238.

φάτις, ἡ [φα-, φημί]. Talk, report, rumour : ἐκ τούτων φ. ἀνθρώπους ἀναβαίνει ἐσθλή ζ 29, αἰσχυνόμενοι φάτιν ἀνδρῶν (scandal) φ 323. Cf. ψ 362.—In reference to public opinion : δήμου φάτιν I 460.

φάτνη, -ης, ἡ. A crib or manger : ἀτίταλλ' ἐπὶ φάτνῃ E 271, Ω 280. Cf. Z 506 = O 263, K 568 : δ 535 = λ 411.

φάτο, 3 sing. impf. mid. φημί.

φέβομαι [φεβ-, φόβος]. (1) To flee, to be in flight, take to flight : Τρῶας μένον οὐδὲ φέβοντο E 527 = O 622. Cf. E 223 = Θ 107, Θ 342 = Λ 178, Λ 121, 404, M 136, O 345 : χ 299.—(2) To flee from, escape from : Τυδέος υἱόν E 232.

φείδομαι. 3 sing. fut. πεφιδήσεται Ο 215, Ω 158, 187. 3 sing. aor. φείσατο Ω 236. Aor. opt. πεφιδοίμην ι 277. 3 sing. πεφίδοιτο Υ 464. Infin. πεφιδέσθαι Φ 101. With genit. (1) To abstain from harming, keep one's hands off, have mercy upon, spare: ἱκέτεω Ω 158=187. Cf. Ο 215, Υ 464, Φ 101: ι 277, π 185, χ 54.— (2) To save from injury or inconvenience, be solicitous for, spare: ἵππων Ε 202.—(3) Not to have the heart to part with, to withhold, keep back, spare: δέπαος Ω 236.

φειδώ, ἡ [φείδομαι]. (1) Abstinence from wasting or consuming something, sparing: κτήματα δαρδάπτουσιν, οὐδ' ἔπι φ. ξ 92. Cf. π 315. —(2) Withholding or grudging something: οὔ τις φ. νεκύων (as touching . . .) Η 409.

φειδωλή, ἡ [φείδομαι]. Abstinence from, or half-heartedness in, the use of something, sparing: δούρων Χ 244.

φείσατο, 3 sing. aor. φείδομαι.

†*φένω. Aor. ἔπεφνον Φ 55. πέφνον λ 500. 2 sing. ἔπεφνες Ρ 35, 204, Ω 756: χ 229. 3 ἔπεφνε (πέφνε) Δ 397, Ζ 12, Η 142, Ν 363, Ο 329, Ρ 80, Φ 96, Ψ 776, etc.: δ 91, λ 453, 516, 518, φ 29, 36, χ 268, 359, ψ 84. 1 pl. ἐπέφνομεν Κ 478, Π 547, Χ 393. 2 ἐπέφνετε Φ 135. 2 sing. subj. πέφνῃς χ 346. 3 πέφνῃ Υ 172: λ 135, ψ 282. Acc. sing. masc. pple. πεφνόντα Π 827. Infin. πεφνέμεν Ζ 180. From φα- 2 sing. fut. pass. πεφήσεαι Ν 829: χ 217. 3 πεφήσεται Ο 140. 3 sing. pf. πέφαται Ο 140, Ρ 164, 689, Τ 27: χ 54. 3 pl. πέφανται Ε 531, Ο 563. Infin. πεφάσθαι Ν 447, Ξ 471, Ω 254. (κατα-.) To kill, slay: Πήδαιον ἔπεφνε Ε 69. Cf. Δ 397, Ε 531, Ζ 12, Ν 447, Ο 140, etc.: ἐν μοίρῃ πέφαται χ 54. Cf. δ 91, λ 135, φ 29, χ 217, 268, ψ 84, etc.

φέριστος [superl. Cf. φέρτερος, φέρτατος]. The most distinguished, the noblest: ἄνδρα Ι 110.— In voc. as a form of address, my good friend, my friend, good sir: τίς σύ ἐσσι, φέριστε; Ζ 123, Ω 387. Cf. α 405, ι 269.—Addressed to a god: τίς σύ ἐσσι, φέριστε, θεῶν; (my gracious visitant) Ο 247.—To horses: τίη λείπεσθε, φέριστοι; (my noble steeds) Ψ 409.

φέρτατος [superl. Cf. φέριστος, φέρτερος]. (1) Of the greatest physical might, the strongest or most powerful: εἰ κ' ἐθέλῃσι στυφελίξαι· ὁ γὰρ πολὺ φ. ἐστιν Α 581. Cf. μ 246.—Very warlike, exceeding soldierly: υἱόν Ο 526.—(2) The best, the best fitted to take the lead in war or peace, pre-eminent: μέγα φέρτατ' Ἀχαιῶν Π 21=Τ 216: =λ 478. Cf. Β 769.—(3) The most skilled: ἔγχει (with the . . ., in the use of the . . .) Η 289. Cf. θ 129.—(4) The best, the most tolerable (of evils): κακῶν κε φέρτατον εἴη Ρ 105.

φέρτε, imp. pl. φέρω.

φέρτερος, -η, -ον [comp. Cf. φέριστος, φέρτατος]. (1) Of greater physical might, stronger or more powerful: Μενελάου σῇ τε βίῃ καὶ χερσὶ καὶ ἔγχεϊ φ. εἶναι (in . . ., with . . .) Γ 431. Cf. Η 105, Ο 165, 181, Π 722, 780 (had the upper hand), Ρ 168, Τ 217, Υ 135, 368, Φ 264, 488, Χ 40, Ψ 461

(had the lead): ζ 6, ι 276, π 89, σ 234, φ 371, 373.—More warlike or soldierly Β 201.—(2) More powerful, of greater resources, more able to work one's will, in greater place: ἐκ δήμου ἐλάσσεν, ἐπεί φ. ἦεν Ζ 158. Cf. Α 186, 281, Δ 56, Θ 144, 211, Κ 557: ε 170, χ 289.—(3) In neut. in impers. construction, better, preferable: φέρτερόν ἐστιν οἶκαδ' ἴμεν Α 169. Cf. Δ 307: μ 109, φ 154.

φέρτρον, -ου, τό [φέρω]. A bier Σ 236.

φέρω. Imp. pl. φέρτε Ι 171. 3 sing. pa. iterative φέρεσκε ι 429. 3 pl. φέρεσκον κ 108. From οἰ- Fut. οἴσω Η 82: ο 448, χ 101. 3 sing. οἴσει Β 229, Φ 125: τ 24. 3 dual οἴσετον Ε 232. 1 pl. οἴσομεν Γ 104. 3 οἴσουσι Ν 820, Ξ 308, Τ 144: γ 204. Pple. οἴσων θ 257, χ 162. Infin. οἰσέμεν Σ 191. From ἐνεκ- 3 sing. aor. ἤνεικε σ 300, χ 493. ἔνεικε Ο 705, Ψ 564: δ 436, ε 246, 258, ι 285, ξ 74, σ 292, 295, 301, φ 183. 1 pl. ἐνείκαμεν ω 43. 3 ἔνεικαν Ι 306, Ν 213, 453: δ 784, θ 428, ν 12, σ 297. Subj. ἐνείκω Ζ 258: χ 139, 487. 3 sing. ἐνείκῃ β 329. 3 sing. opt. ἐνείκαι Σ 147: φ 196. Imp. pl. ἐνείκατε θ 393. Pple. ἐνείκας Ρ 39. Infin. ἐνείκαι Σ 334: σ 286. Aor. imp. ἔνεικε φ 178. Infin. ἐνεικέμεν (v.l. ἐνεγκέμεν) Τ 194. From οἰ- Aor. imp. οἶσε χ 106, 481. 3 sing. οἰσέτω Τ 173: θ 255. 2 pl. οἴσετε Γ 103, Ο 718: υ 154. Infin. οἰσέμεν γ 429. οἰσέμεναι Γ 120, Ψ 564: θ 399, μ 10, σ 291. **Mid.** 2 sing. fut. οἴσῃ Ψ 441. 3 οἴσεται Ψ 663, 667, 858. Pple. οἰσόμενος Ν 168, 248, 257. Fem. οἰσομένη τ 504. Infin. οἴσεσθαι Χ 217. From ἐνεκ- 3 pl. aor. ἠνείκαντο Ι 127. (ἀνα-, ἀντι-, ἀπο-, ἐκ-, ἐπι-, ἐσ-, κατα-, προ-, συμ-, ὑπεκ-, ὑπο-.) (1) To overcome the weight of, lift and sustain: χερμάδιον, ὃ οὐ δύο γ' ἄνδρε φέροιεν Ε 303, Τ 286.— (2) (a) To carry, bear, convey, take (in reference to material and immaterial things): ἀνὰ ἄστυ ὅρκια Γ 245, μῦθον Κ 288, τὸν ἐταίροι ἔνεικαν (i.e. from the fight) Ν 213. Cf. Σ 69, Η 78, Π.671, Τ 108 (bear your point right onwards), Ω 119, etc.: οἴσουσι κλέος εὐρύ (will spread it far and wide) γ 204, χαλκόν ν 19. Cf. α 428, ι 429, ο 161, τ 24, ω 43, etc.—In mid.: δόμεναι οἰκόνδε φέρεσθαι (to take home with me) α 317, δώσει δέ τί ἔν γε φέρεσθαι (to take with you) ο 83, δόμεναι τάδε τόξα φέρεσθαι (i.e. to be his own) φ 349. Cf. Λ 798, Χ 245, Ψ 275: ο 378.—(b) Of the limbs, etc.: ῥίμφα ἑ γοῦνα φέρει Ζ 511=Ο 268. Cf. Ζ 514, Ν 515, Ο 405, Ρ 700, Σ 148, Ω 341:=α 97=ε 45, ο 555.—(c) Of fate Ι 411.—(3) Of horses or mules, to draw (a chariot or waggon or a person or something therein): ἵπποι ῥίμφ' ἔφερον ἅρμα Λ 533, ἵπποι οἵ μ' οἴσουσιν Ξ 308. Cf. Β 838, Ε 232, Ν 31, etc.: [ἡμίονοι] φέρον ἐσθῆτα καὶ αὐτήν ζ 83. Cf. η 2.— (4) In reference to gestation, to carry, bear: ὅν τινα γαστέρι μήτηρ φέροι Ζ 59.—(5) Of inanimate objects, to carry, bear, bear along: κνίσην ἄνεμοι φέρον οὐρανὸν εἴσω Θ 549. Cf. Λ 156, Μ 254, etc.: ὥς σε φέρῃσι [σχεδίη] ε 164. Cf. γ 300, δ 516, ε 111, η 277, κ 26, ν 89, etc.—(6) In pres. pple. with a finite vb., to take and . . . (cf. (10) and ἄγω (Ι) (9)): δὸς ταῦτα φέρων ρ 345. Cf. α 127= ρ 29, χ 146, etc.—(7) In pass., to be carried or

borne along : πᾶν ἦμαρ φερόμην (fell) A 592. Cf.
Τ 172, Φ 120 (to drift with the current), Ψ 151
(to go its way) : ἐπὶ σχεδίης φέρεσθαι η 274. Cf.
ε 331, η 253 (drifted), ι 70, μ 425, 442 (i.e. com-
mitted myself to chance), τ 468 (let it slip from
her hands), etc.—To be borne forward, advance :
ὅς τις ἐπὶ νηυσὶ φέροιτο Ο 743.—(8) To bring or
fetch (in reference to material and immaterial
things) : ἄποινα Α 13, οἶνον Ζ 258, εἰ μὴ δῶρα φέροι
(were not offering them) Ι 515, φόως Λ 2, τεύχεα
Σ 137. Cf. Γ 103, Ι 171, Ο 175, Σ 191, 555, etc. :
α 408, β 329, γ 429, 441, δ 436, ε 246, ζ 74, ι 349,
μ 10, etc.—In mid. : οἰσόμενος δόρυ Ν 168, 248.
Cf. Ζ 177, Ν 257, Χ 217 (see under κῦδος (2)) :
β 410, τ 504.—(9) Of inanimate objects : οὓς ἐνθάδε
νῆες ἔνεικαν Ι 306. Cf. Ν 453, etc.—(10) In pres.
pple. as under (6), to bring and . . . : δίφρον
κατέθηκε φέρουσα Γ 425. Cf. Ι 331, Μ 222, etc. :
α 136, 139, δ 133, ι 361, etc.—(11) To win, get,
gain, carry off : ἤ κε φέρῃσι μέγα κράτος Σ 308.—In
mid. : τοῦ κε παρὰ δῶρα φέροιο Δ 97, αἴ κε φερώμεθα
χεῖρον ἄεθλον Ψ 413. Cf. Ι 127, Ν 486, Σ 308, Ψ 441,
etc. : δαῖτα φέροντο κ 124.—(12) To bear with one
or it the potency of (something), to bring, bring
about, bring to bear, present, work, do : μητρὶ ἐπὶ
ἦρα φέρων Α 572, κακὰ Πριάμῳ φέρουσαι Β 304, δεῖμα
φέρων Δαναοῖσιν Ε 682. Cf. Α 578, Γ 6, Ε 211,
Θ 516, 541, Μ 332, Χ 31, etc. : γ 74, 164, δ 273,
ζ 203, μ 231, ρ 289, σ 56, τ 565, etc.—(13) To bear
as increase, produce : τῇ πλεῖστα φέρει ἄρουρα
φάρμακα δ 229, φέροι κεν ὥρια πάντα ι 131. Cf.
ι 357, τ 111.—Sim. : ἄμπελοι, αἴ τε φέρουσιν οἶνον
ἐριστάφυλον ι 110.—(14) To carry off, bear or
snatch away : τῶν οὐκ ἄν τι φέροις Α 301, ὑπὲκ
θανάτοιο φέρονται (are snatched from the jaws of
death) Ο 628. Cf. Β 302, Ε 484 (see under ἄγω
(I) (4)), Ρ 70 : θ 409, μ 99, ξ 207, ο 19.—In mid. :
ἤ κεν ἔναρα φέρωμαι Θ 534.—(15) To bear, endure :
λυγρά σ 135.

φεύγω. 3 sing. pa. iterative φεύγεσκε Ρ 461.
φύγεσκε ρ 316. Fut. in mid. form φεύξομαι Σ 307.
2 pl. φεύξεσθε Β 175. 3 φεύξονται Β 159. Infin.
φεύξεσθαι Λ 590, Ν 89, Ο 700, Φ 93 : χ 67. Aor.
φύγον ζ 170. 2 sing. ἔφυγες Λ 362, Τ 449. 3 φύγε
Δ 350, Ξ 83, Σ 117, Τ 350, Φ 493, 496 : α 64, γ 230,
ε 22, κ 131, μ 66, σ 155, τ 492, φ 168, ψ 70.
1 pl. φύγομεν ι 61, 467, μ 260. 3 φύγον Γ 4,
Θ 137, Λ 128, Ψ 465 : α 11, γ 192. 3 sing. subj.
φύγῃ Σ 271, Φ 103, Χ 487 : ξ 184. φύγῃσι Ε 258,
Η 118, 173, Τ 72, Φ 296. 1 pl. φύγωμεν Ρ 714.
Opt. φύγοιμι ξ 312. 3 sing. φύγοι Ζ 59, Ξ 507,
Π 98, 283 : δ 789, ο 300, χ 43. 1 pl. φύγοιμεν
Α 60 : γ 175, ι 489, κ 129, μ 157. Pple. φυγών,
-όντος Μ 322, Φ 57 : ι 17, ο 277, π 21, ρ 47, ψ 238.
Infin. φυγέειν Β 393, Ν 436, Ξ 80 : δ 504, μ 120.
φυγεῖν Β 401, Μ 327. 3 sing. pf. opt. πεφεύγοι
Φ 609. Nom. pl. masc. pple. πεφεύγοτες α 12.
Nom. pl. masc. pple. πεφυζότες (app. formed
direct fr. φύζα. Cf. ἀρημένος, δεδουπότος, κεκοπώς)
Φ 6, 528, 532, Χ 1. Pf. pple. mid. πεφυγμένος
α 18. Acc. πεφυγμένον Ζ 488, Χ 219 : ι 455. (ἐκ-,
παρα-, παρεκπρο-, προ-, ὑπεκ-, ὑπεκπρο-, ὑπο-.)

(1) To flee. (a) To flee under the influence of
fear, be in flight : πρόσθεν ἔθεν φεύγοντα Ε 56,
πῇ φεύγεις ; Θ 94, προχέοντο πεφυζότες (in rout)
Φ 6. Cf. Ε 532, Ζ 82, Λ 150, Μ 123, Ν 436, Ο 63,
Σ 150, Χ 1, 157, etc. : ζ 199, μ 120, π 424 (seek-
ing refuge from the angry people), σ 386, χ 66,
ω 54.—(b) To quit the seat of war and flee
homewards : φεύγειν σὺν νηυσίν Β 74. Cf. Α 173,
Β 140 = Ι 27, Β 159, 175, Θ 511, Ι 47, Κ 147 = 327.
—(c) To leave a place and hastily take an
indicated course : ξὺν τοῖσδεσι φεύγωμεν (let us
be off) κ 269. Cf. γ 166, 167, ι 43.—(d) To slip
away, make off : εἴ κεν Ἄρης οἴχηται φεύγων θ 356.
—(2) To flee from, seek to escape from, seek
safety from : νείκεα πατρός Ι 448. Cf. Ξ 80, Σ 307:
Νηλέα ο 228, θάνατον καὶ κῆρα 276. Cf. ε 446.—
(3) To escape, evade, avoid (impending danger or
trouble) : θάνατον Α 60, χειμῶνα Γ 4, φυγὼν ὕπο
νηλεὲς ἦμαρ Φ 57. Cf. Β 393, Μ 327, Σ 507, Φ 93,
Χ 487, etc. : α 11, γ 175, ι 61, κ 131, ξ 312, ψ 238,
etc.—In mid. : μοῖραν πεφυγμένον ἔμμεναι Ζ 488.
Cf. Χ 219 : ι 455.—(4) To get away from, effect
one's escape from (danger or trouble in which
one is involved) : Ἕκτορα Λ 327, πόλεμον τόνδε
Μ 322 : πόλεμόν τε πεφευγότες ἠδὲ θάλασσαν
α 12. Cf. δ 504, ζ 170.—With genit. In mid. :
οὐδ' ἔνθα πεφυγμένος ἦεν ἀέθλων α 18.—(5) Absol.,
to effect one's escape, escape, save oneself,
come safe away : εἰ ἕτερός γε φύγῃσιν Ε 258.
Cf. Ζ 59, Λ 590, Ρ 461, Τ 350, Φ 609, etc. : οἳ
φύγον ἐκ πολέμοιο γ 192. Cf. μ 66, ξ 184, ρ 316,
etc.—(6) To flee or quit one's country, go
into exile : φεύγων ἐξ Ἄργεος ἄνδρα κατακτάς
ο 224. Cf. Β 665, Ι 478 : ν 259, ο 277, υ 223,
ψ 120.—To flee (one's country) : πατρίδα φεύγων
ο 228.—(7) Of immaterial or inanimate things
(a) To make way beyond, pass : ποῖόν σε ἔπος
φύγεν ἕρκος ὀδόντων ; Δ 350 = Ξ 83 : α 64 = ε 22 =
τ 492 = ψ 70, γ 230, φ 168.—(b) To fly or slip
from the grasp of : Νέστορα δ' ἐκ χειρῶν φύγον
ἡνία Θ 137. Cf. Λ 128, Ψ 465.

φή. Like : φὴ κύματα θαλάσσης Β 144, φὴ κώδειαν
ἀνασχών Ξ 499.

φῆ, 3 sing. impf. φημί.

φήγινος [φηγός]. Of oak, oaken : ἄξων Ε 838.

φηγός, -οῦ, ἡ. The oak : φηγόν τε μελίην τε
Π 767.—Sacred to Zeus : εἴσαν ὑπὸ Διὸς φηγῷ
Ε 693. Cf. Η 60.—An oak near the Scaean gate
forming a landmark : Σκαιάς τε πύλας καὶ φηγόν
Ζ 237. Cf. Η 22, Ι 354, Λ 170.—This seems to
be referred to also in Φ 549.

φήμη, -ης, ἡ [φημί]. Something said which
bears a significance of which the speaker is
unconscious, a speech that serves as an omen
(= κληδών (2)) : φήμην τίς μοι φάσθω υ 100. Cf.
β 35, υ 105.

†φημί. (Enclitic in pres. indic. act. except
2 sing.) 1 sing. pres. φημί Β 129, Ε 652, Ζ 98, etc.:
β 171, δ 141, ε 290, etc. 2 φής Δ 351, Ξ 265,
Ρ 174 : α 391, η 239. φῇσθα ξ 149. 3 φησί Α 521,
Ξ 366, Ο 107, etc. : α 215, ε 105, ρ 352, etc. 1 pl.
φαμέν Ο 735. 2 φατέ π 93, ρ 196. 3 φᾱσί Β 783,

Δ 375, E 635, etc. : a 33, γ 84, δ 201, etc. 3 sing.
subj. φήῃ λ 128, ψ 275. φῇσι a 168. φῇ τ 122.
Opt. φαίην Z 285 : υ 326. 2 sing. φαίης Γ 220, 392,
Δ 429, O 697, P 366 : γ 124. 3 φαίη σ 218, ψ 135.
1 pl. φαῖμεν B 81, Ω 222. Pple. φάς I 35. Nom.
pl. masc. φάντες Γ 44, Ξ 126. Impf. ἔφην Π 61,
Υ 348 : δ 171, λ 430, 540, ξ 176. φῆν Σ 326 :
β 174. 2 sing. ἔφης X 280, 331. φῆς E 473 : ξ 117.
ἔφησθα A 397, Π 830 : γ 357, ψ 71. φῆσθα Φ 186.
3 ἔφη A 584, B 265, E 111, etc. : β 377, μ 390,
ρ 409, etc. φῆ B 37, Φ 361, Ω 608 : δ 504, θ 567,
λ 237, etc. 1 pl. ἔφαμεν ω 24. φάμεν Θ 229,
Ψ 440 : δ 664, ι 496, π 347. 2 φάτε ρ 25. 3 ἔφασαν
O 700 : κ 35, 46, υ 384. φάσαν B 278, Δ 374 : ι 500,
κ 67, μ 192, φ 366, χ 31. ἔφαν Γ 161, 302, H 206,
etc. : ι 413, κ 422, ρ 488, etc. φάν Z 108 : β 337,
η 343, σ 342. 3 sing. fut. φήσει Θ 148, 153. Mid.
2 pl. pres. φάσθε ζ 200, κ 562. Imp. φάο π 168,
σ 171. 3 sing. φάσθω υ 100. Pple. φάμενος E 290.
Pl. φάμενοι κ 446. Fem. φαμένη E 835, X 247,
460 : λ 150, ν 429, σ 206, ψ 85. Infin. φάσθαι
A 187, I 100, Λ 788, etc. : θ 549, ι 504, λ 443, etc.
Impf. ἐφάμην Γ 366, E 190, Θ 498, etc.: δ 382, ι 272,
κ 70, etc. 3 sing. ἔφατο A 33, B 807, Δ 326, etc. :
a 42, β 267, ε 301, etc. φάτο A 188, B 182, Γ 28,
etc. : a 420, β 296, δ 37, etc. 3 pl. ἔφαντο Z 510,
M 106, 125, P 373 : a 194, δ 638, ν 211. φάντο
ω 460. (ἀπο-, ἐκ-, μετα-, παρα-, προσ-.) In act.
and mid. (1) To utter speech, speak, say : ὣς
ἔφη A 584, ὣς φάμενος E 290. Cf. A 188, B 278,
Γ 161, Φ 361, etc. : a 42, β 35, 377, δ 382, κ 46, etc.
—(2) To utter, speak, say, tell : ἔπος ἔφατο A 361.
Cf. I 100, Σ 17, Φ 393, etc. : μῦθόν κε φαίην υ 326.
Cf. β 384, γ 357, π 168, etc.—(3) To speak out,
make disclosure θ 549, φ 194.—To say, communicate,
reveal, disclose : τὸ μὲν φάσθαι, τὸ δὲ καὶ
κεκρυμμένον εἶναι λ 443.—(4) To say, state, assert,
declare : ὡς φάσαν οἵ μιν ἴδοντο πονεύμενον Δ 374.—
With infin. : Κρονίωνι λοιγὸν ἀμῦναι A 397, ἅπερ
λαῶν πόλιν ἐξέμεν E 473. Cf. B 129, Δ 351, Z 206,
Θ 229, P 174, etc. : a 33, β 171, δ 504, η 239, θ 567,
ι 504, λ 540, etc.—With omission of the infin. :
εἴ τον κακὸν φήσει Θ 153.—(5) In 3 pl. pres. with
indefinite subject understood, they say, men say,
it is said. With infin. : περὶ ἄλλων φασὶ γενέσθαι
Δ 375, ζώειν ἔτι φασὶ Μενοίτιον Π 14. Cf. B 783,
E 635, Z 100, I 401, etc. : a 189, γ 188, δ 187, ζ 42,
ν 249, etc.—Sim. in 3 pl. impf. mid. : ἔφαντό μιν
ἐπιδήμιον εἶναι a 194.—(6) With neg., to declare
that . . . not . . . (cf. φάσκω (1)): ἡμίονον δ' οὔ
φημί τιν' ἀξέμεν ἄλλον Ψ 564. Cf. Ψ 579, etc. :
θ 138, etc.—To refuse : οὔ φησιν δώσειν H 393.—
(7) To deem, suppose, think. With infin. :
αἱρήσειν πόλιν B 37, ἀθανάτων τιν' κατελθέμεν
Z 108, Δηΐφοβον παρεῖναι X 298. Cf. Γ 44, 366,
Δ 429, E 190, Θ 498, etc. : a 391, δ 171, ζ 200, ι 496,
λ 430, ν 357, etc.—With omission of the infin. :
ψεῦδός κεν φαῖμεν B 81 = Ω 222. Cf. E 184, Ξ 126.
—Without construction : ἦ τοι ἔφης γε X 280.—
(8) To have such and such an opinion of oneself,
think so and so of oneself, be minded so and so :
ἶσον ἐμοὶ φάσθαι A 187, O 167. Cf. Ξ 366, O 183.

φῆμις, ἡ [φημί]. (1) What is said, speech,
talk : ἤ τινα φῆμιν ἐνὶ Τρώεσσι πύθοιτο K 207 :
χαλεπὴ ἔχε δήμου φ. ξ 239. Cf. ζ 273, π 75 =
τ 527.—(2) Fame, reputation ω 201.—(3) The
place of talking (=ἀγορή (3)): ἐς θῶκον πρόμολον
δήμοιό τε φῆμιν o 468.

φῆν, impf. φημί.

φῆναι, aor. infin. φαίνω.

φήνη, -ης, ἡ. A bird not identified, commonly
taken as the sea-eagle or the lammergeyer γ 372,
π 217.

Φῆρες, οἱ [said to be an Aeolic form for θῆρες.
Thus ' wild men ']. The Centaurs (as to whom
see φ 295-304) A 268, B 743.

φῆς, 2 sing. impf. φημί.

φῇς, 2 sing. pres. φημί.

φθάνω (φθάνϝω). 2 sing. aor. ἔφθης λ 58. 3 ἔφθη
Π 314, 322. φθῆ Λ 451 : χ 91. 3 pl. φθάν Λ 51.
3 sing. subj. φθήῃ Π 861. φθῇσι Ψ 805. 1 pl.
φθέωμεν π 383. 3 φθέωσι ω 437. 3 sing. opt. φθαίη
K 368, N 815. 3 pl. fut. mid. φθήσονται Ψ 444.
Aor. pple. φθάμενος E 119, N 387, Φ 576, Ψ 779 :
τ 449. (παρα-, ὑπο-.) In act. and mid. (1) To
be first or beforehand in doing something, anticipate
another in doing it : ὅς μ' ἔβαλε φθάμενος
(getting in his blow first) E 119, ὡς ἦλθε φθάμενος
Ψ 779. Cf. N 387, Φ 576 : τ 449.—With ἤ : ἔφθης
πεζὸς ἰὼν ἢ ἐγὼ σὺν νηΐ μελαίνῃ (you have got here
before me) λ 58.—With complementary pple.
expressing that in which one is beforehand or in
which one anticipates another : φθάνει βλάπτους'
ἀνθρώπους I 506, ἵνα μή τις φθαίη ἐπευξάμενος
βαλέειν (should be able to boast that he had
first . . .) K 368, φθῆ σε τέλος θανάτοιο κιχήμενον
(caught you before you could ward it off ; σε
with κιχήμενον) Λ 451, φθαίη κε πόλις ὑμὴ ἁλοῦσα
(will be taken before you destroy the ships)
N 815, ἔφθη ὀρεξάμενος σκέλος (ὦμον) Π 314, 322
(see under ὀρέγω (3)(b) and cf. Ψ 805), εἴ κε φθήῃ
τυπεὶς ἀπὸ θυμὸν ὀλέσσαι (whether before that he
may not be struck so as to . . .) 861 : φθέωμεν
ἐλόντες (take the initiative and . . .) π 383. Cf.
χ 91, ω 437.—With complementary pple. and ἤ :
φθήσονται τούτοισι πόδες καὶ γοῦνα καμόντα ἢ ὑμῖν
Ψ 444.—With genit. of the person anticipated
and complementary pple.: φθὰν ἱππήων ἐπὶ τάφρῳ
κοσμηθέντες Λ 51 (see ἱππεύς (2).)—(2) To outstrip,
outdistance : τὸν ἄγοντα Φ 262.

φθέγγομαι. 3 sing. aor. φθέγξατο Σ 218, Φ 213.
Subj. φθέγξωμαι Φ 341. Pple. φθεγξάμενος, -ου
K 139, Λ 603 : ι 497, ξ 492, φ 192. Fem. φθεγξα-
μένη Ω 170. To utter a sound, lift up one's
voice, speak, call out : φθεγξάμενος παρὰ νηὸς
Λ 603. Cf. K 67, Σ 218, Φ 213, Ω 170, etc. :
ι 497, κ 228, μ 249, ξ 492, φ 192, etc.

φθείρω. (δια-.) To destroy : μῆλα κακοὶ φθείρουσι
νομῆες (are their destruction) ρ 246.—In pass., to
perish : φθείρεσθε Φ 128.

φθέωσι, 3 pl. aor. subj. φθάνω.

φθῆ, 3 sing. aor. φθάνω.

Φθίηφι [locative of Φθίη]. At Phthia T 323.

φθίμενος, aor. pple. pass. φθίω.

φθῑνύθω [φθινυ-, φθι-, φθίω]. 3 sing. pa. iterative φθινύθεσκε A 491. (ἀπο-.) (1) To cause to perish or to waste or pine away, destroy, consume : φίλον κῆρ A 491. Cf. κ 485, σ 204.— (2) To bring to nothing, waste, consume : οἶκον ἐμόν α 250 = π 127. Cf. ξ 95.—(3) To perish, to waste or pine away : λαοὶ φθινύθουσιν Z 327. Cf. B 346, P 364, Φ 466 : θ 530, μ 131, π 145.

φθίνω. See φθίω.

φθῑσήνωρ, -ορος [φθισ-, φθίω + ἀνήρ]. Destroying men. Epithet of war : πόλεμον B 833 = Λ 331, I 604, Κ 78, Ξ 43.

φθίσθαι, aor. infin. pass. φθίνω.

φθῑσίμβροτος, -ον [φθισ-, φθίω + (μ)βροτός]. Destroying men. Epithet of μάχη Ν 339.—Of the aegis χ 297.

φθίσονται, 3 pl. fut. pass. φθίω.

φθῖτο, 3 sing. aor. opt. pass. φθίω.

†**φθίω, φθίνω.** 3 sing. impf. ἔφθῐεν Σ 446. 2 sing. subj. φθίῃς β 368. 3 sing. fut. φθίσει Ζ 407, Χ 61. Infin. φθίσειν Π 461. 3 pl. aor. φθίσαν ν 67. 1 pl. subj. φθίσωμεν π 369. Infin. φθίσαι δ 741, π 428. **Pass.** 3 pl. fut. φθίσονται Λ 821. Infin. φθίσεσθαι Τ 329, Ω 86 : ν 384. 3 pl. aor. ἐφθίθεν ψ 331. 3 sing. aor. subj. φθίεται Υ 173. 1 pl. φθῑόμεθα Ξ 87. 3 sing. opt. φθῖτο λ 330. Pple. φθίμενος, -ου Θ 359, Π 581 : λ 558, ω 436. Infin. φθίσθαι I 246, Ν 667 : ξ 117, ο 354. 3 sing. pf. ἔφθῐται Σ 100 : ν 340. 3 pl. plupf. ἐφθίατο Α 251. From φθίνω 3 pl. pres. φθίνουσι λ 183, ν 338, π 39. 3 sing. imp. φθίνέτω ε 161. Pple. φθίνων, -οντος κ 470, ξ 162, τ 153, 307, ω 143. (ἀποφθίω, ἐκφθίω, καταφθίω.) (1) In fut. and aor. act. (and once in impf. ἔφθιεν), to cause to perish, destroy : φθίσει σε τὸ σὸν μένος (will be your death) Ζ 407, φρένας ἔφθιεν Σ 446. Cf. Π 461, Χ 61 : ἵνα φθίσωμεν αὐτόν π 369. Cf. δ 741, π 428, ν 67. —(2) In pass. (and once in subj. act. φθίῃς), to perish, die : φθίσθαι ἐνὶ Τροίῃ I 246. Cf. A 251, Θ 359, Λ 821, Ν 667, Ξ 87, Π 581, Σ 100, Τ 329, Υ 173, Ω 86 : ὥς κε δόλῳ φθίῃς β 368. Cf. λ 558, ν 384, ξ 117, ο 354, υ 340, ψ 331.—Of time, to pass, pass away : πρὶν κε νὺξ φθίτο λ 330.—So in imp. act. φθινέτω, to waste or pine away : μηδέ τοι αἰὼν φθινέτω ε 161.—In aor. pple. pl. pass. in adjectival sense, absol., the dead : θανὼν φθιμένοισι μετείην ω 436.—(3) In act. forms fr. φθίνω, of time, to pass, pass away : ὄϊζυραὶ οἱ φθίνουσιν νύκτες λ 183 = ν 338 = π 39. Cf. κ 470, τ 153 = ω 143, ξ 162 = τ 307.

φθογγή, -ῆς, ἡ [φθέγγομαι]. A voice or cry Π 508 : ι 167.—The voice : εἴσατο φθογγὴν Πολίτῃ (in voice) B 791. Cf. Ν 216.

φθόγγος, -ου, ὁ [φθέγγομαι]. A voice : τεὸν φθόγγον ποθέοντι Ε 234. Cf. ι 257, μ 41, 159, 198, σ 199 (obeying the call), ψ 326.

φθονέω (ἐπι-). (1) To dislike the idea of something, be dissatisfied at the prospect of it, be reluctant to allow or do it, begrudge the doing of it : εἴ περ φθονέω . . . οὐκ ἀνύω φθονέουσα Δ 55 : οὔ τοι φθονέω (I make no objection) ρ 400.

—With complementary infin. : δόμεναί τινα σ 16. Cf. α 346, λ 381, τ 348.—(2) To be reluctant to give or grant or to see given or granted, begrudge, be grudging of. With genit. : ἡμιόνων ζ 68, ἀλλοτρίων σ 18.

φιάλη, -ης, ἡ. A jar : ἐν χρυσέῃ φιάλῃ Ψ 243. Cf. Ψ 253, 270, 616.

φιλέω [φίλος]. Acc. pl. masc. pres. pple. φιλεῦντας γ 221. Non-thematic pres. infin. φιλήμεναι Χ 265. 3 sing. pa. iterative φιλέεσκε Γ 388, Ζ 15, I 450 : α 264, 435, η 171, ρ 257, σ 325. 3 sing. aor. mid. ἐφίλατο Ε 61. φίλατο Υ 304. Imp. φίλαι Ε 117, Κ 280. 2 sing. fut. pass. φιλήσεαι α 123, ο 281. (1) To hold in affection, favour or regard, hold dear, love, regard : μάλιστά μιν φιλέεσκεν Γ 388, τὴν περὶ κῆρι φίλησε πατήρ Ν 430, οὐκ ἔστ' ἐμὲ καὶ σὲ φιλήμεναι (sc. each other) Χ 265. Cf. Σ 360, I 340, 342, 343, 481, 486, 614, Σ 126 : α 264, 435, δ 171, 692, η 171, ν 406, ξ 62, 146, ο 370, ρ 257, ω 485.—Absol. δ 179, ο 70.—(2) With special reference to sexual love : παλλακίδος, τὴν αὐτὸς φιλέεσκεν I 450. Cf. θ 309, 316, σ 325.— (3) With reference to divine regard for mortals (in which sense alone the aor. mid. occurs): ἄμφω ὁμῶς φιλέουσα Α 196 (of Here), ἐφίλατό μιν 'Αθήνη Ε 61, ἐμὲ φίλαι (φίλαί μ'), 'Αθήνη 117, Κ 280. Cf. B 197, 668, Η 204, I 117, Κ 245, Ξ 491, etc. : γ 218, 221, 223, θ 63, 481, ο 245. —(4) To treat with hospitality or kindness, entertain hospitably : τοὺς ἐν μεγάροισι φίλησα Γ 207. Cf. Ζ 15, Ν 627 : τίς ἂν φιλέοντι μάχοιτο ; (his host) θ 208. Cf. α 123, δ 29, ε 135, η 33, θ 42, μ 450, etc.—(5) To take pleasure in, view with complacency or approval, love : σχέτλια ἔργα ζ 83.

φιλήρετμος [φιλ-, φίλος + ἐρετμόν]. To whom the oar is dear. Epithet of the Phaeacians ε 386, θ 96 = 386 = 535 = ν 36, λ 349.—Of the Taphians α 181, 419.

φιλοκέρτομος [φιλ-, φίλος + κερτομίαι]. Full of jeers or jibes : ὦ Πολυθερσείδη φιλοκέρτομε χ 287.

φιλοκτέανος [φιλ-, φίλος + κτέανον = κτῆμα]. Greedy of gain. In superl. : φιλοκτεανώτατε πάντων Α 122.

φιλομμειδής [φιλ-, φίλος + μειδ-, μειδάω]. Ever smiling. Epithet of Aphrodite Γ 424, Δ 10, Ε 375, Ξ 211, Υ 40 : θ 362.

φιλόξεινος [φιλ-, φίλος + ξεῖνος]. Well disposed to strangers, hospitably given ζ 121 = ι 176 = ν 202, θ 576.

φιλοπαίγμων, -ονος [φιλ-, φίλος + παιγ-, παίζω]. Tending to or promoting play, sportive : ὀρχηθμοῖο ψ 134.

φιλοπτόλεμος [φιλ-, φίλος + πτόλεμος]. Loving war, warlike : ἑτάροισιν Ψ 5.—Epithet of the Myrmidons Π 65, Ψ 129.—Of the Trojans Π 90, 835, Ρ 194.—Of the Greeks Ρ 224, Τ 269, Υ 351. —Of the Leleges Φ 86.

φίλος, -η, -ον. The first syllable lengthened Δ 155, Ε 359, Φ 308. φίλος as voc. Δ 189, I 601, Κ 169, etc. : α 301, γ 199, θ 413, etc. Comp.

φιλίων τ 351, ω 268. φίλτερος Λ 162, Υ 334, Φ 101, Χ 301, Ω 46 : λ 360. Superl. φίλτατος, -η, -ον Δ 51, Ε 378, Ι 198, Ν 249, Ο 111, Π 433, Σ 118, Ω 334, etc. : θ 284, π 445, ω 517. (1) Held in affection or regard, dear, beloved, loved : παῖδα φίλην Α 20, ἐπεὶ μάλα οἱ φίλος ἦεν 381. Cf. Α 98, Β 110, Γ 130, Δ 238, Ε 71, etc. : a 94, β 2, γ 237, ε 88, ζ 57, etc.—For Διὶ φίλος see δίφιλος.—In comp.: γύπεσσι φίλτεροι ἢ ἀλόχοισιν Λ 162. Cf. Υ 334, Ω 46 : οὔ τις φιλίων ἐμὸν ἵκετο δῶμα τ 351 = ω 268. Cf. λ 360.—In superl. : ἐμοὶ τρεῖς φίλταταί εἰσι πόληες Δ 51, πάντων φίλτατος Ε 378. Cf. Ι 198, Ν 249, Ο 111, etc. : π 445, ω 517.—(2) As epithet of the heart and parts of the body (cf. Shakespeare's 'my dear soul,' 'my dear heart-strings,' 'my dear blood,' etc.) : κῆρ Α 491, ἦτορ Γ 31, στήθεσσιν Δ 313, θυμὸν Ε 155, χεῖρας Η 130, γούνατα 271, γυῖα Ν 85, λαιμὸν Τ 209, etc.: βλέφαρα ε 493. Cf. a 60, 310, ε 462, θ 178, 233, λ 211, μ 331, ν 40, 231, τ 401, etc.—Sim. : εἴματα Β 261.— (3) Absol., one dear to one, a friend: ταῦτά γε πάντα, φίλος, κατὰ μοῖραν ἔειπες Κ 169. Cf. Ι 601, Φ 106, Ψ 313, 343, etc. : δεῦρο, φίλη θ 292. Cf. a 301, γ 103, 375, ρ 415, etc.—In pl. : κλῦτε, φίλοι Β 56. Cf. Γ 163, Ζ 112, Ι 528, Ν 481, Ξ 256, etc. : μετὰ οἷσι φίλοισιν a 19. Cf. a 49, β 70, δ 475, ν 192, σ 145, etc.—(4) Loving, friendly, kindly : οὔ τίς μοι ἔτ' ἄλλος ἤπιος οὐδὲ φίλος Ω 775 : οἷα φίλοι ξεῖνοι ξείνοισι διδοῦσιν a 313.—(5) Of things and abstractions. (a) Dear, loved, prized, pleasing, acceptable, welcome: αἰεί τοι ἔρις φίλη [ἐστίν] Α 177, πατρίδα γαῖαν Β 140. Cf. Β 162, 796, Γ 11, Η 357, Χ 58, etc.: δόσις ὀλίγη τε φίλη τε ζ 208 (see δόσις), δέμνια θ 277, δῶρα 545. Cf. a 203, θ 248, ν 295, ξ 222, σ 113, etc.—Absol. : ὀλίγον τε φίλον τ' ἔχων Α 167.—In pl. : τοὶ οἱ φίλα ἐργάζοντο (did his will) ω 210.—In superl. : γαιάων πολὺ φιλτάτη θ 284. Cf. Ζ 91, 272.—With complementary infin. : αἰεί τοι τὰ κάκ' ἐστὶ φίλα μαντεύεσθαι Α 107. Cf. Δ 345 : ρ 15.—(b) In reference to one's will, purpose or inclination : εἰ τόδε πᾶσι φίλον γένοιτο Δ 17. Cf. a 82, η 316.—In comp. : τό γε φίλτερον ἦεν Ζηνὶ Χ 301.—In impers. construction: ἐμοὶ μέλλει φίλον εἶναι Α 564. Cf. Β 116, Η 31, Κ 531, Ξ 337, etc. : η 320 = κ 66, θ 571, ν 145, ξ 397.—With complementary infin. : ἐμοὶ οὐ φίλον ἐστὶ μεταλλῆσαι ξ 378. Cf. Α 541, Δ 372, Π 556 : ι 211, ν 335, ο 362.—In comp. Φ 101.—In superl. Ω 334.—(c) Loving, friendly, kindly. Absol. in neut. pl. : ὅς τις ἐμοί γε φίλα ἔρδοι (do me kindnesses) ο 360.—So φίλα φρεσὶ μήδεα εἰδώς (manifesting attachment in the counsels of his heart, attached, devoted) Ρ 325 (see εἴδω (III) (12)).—Absol. in neut. pl. : φίλα εἰδότες ἀλλήλοισιν (with friendliness in our hearts) γ 277 (see εἴδω (III) (12)).—So with φρονέω: φίλα φρονέων (in friendliness of heart) Δ 219. Cf. Ε 116 (with kindly intent) : a 307 (in all kindliness), ζ 313 = η 75 (be well disposed towards you), η 15 (eager to help him), 42, π 17 (with love in his heart).

φιλότης, -ητος, ἡ [φίλος]. (1) Love, affection, favour, regard : οὐ φιλότητί γ' ἐκεύθανον Γ 453.

Cf. Ι 630, Ω 111 : φιλότητι ἕπονται γ 363. Cf. κ 43, ξ 505, ο 197, 246.—(2) Sexual love or intercourse : ἵνα μίσγεαι ἐν φιλότητι Β 232, μίγη φιλότητι καὶ εὐνῇ Ζ 25. Cf. Γ 441, 445, Ζ 161, Ν 636, Ξ 163, Ο 32, Ω 130, etc. : ἀμφ' Ἄρεος φιλότητος Ἀφροδίτης τε θ 267. Cf. ε 126, θ 271, κ 335, λ 248, ο 421, ψ 219, etc.—(3) Friendship, amity : ἐν φιλότητι διέτμαγεν ἀρθμήσαντε Η 302. Cf. Γ 73 = 256, Γ 94, 323, Δ 16, 83, Π 282 : ω 476.—(4) Hospitality, kind or hospitable entertainment : ἀνδρὸς ξεινοδόκου, ὅς κεν φιλότητα παράσχῃ ο 55. Cf. Γ 354 : ο 158, 537 = ρ 164 = τ 310.

φιλοτήσιος [φιλότης]. Of or pertaining to (sexual) love : ἔργα λ 246.

φιλοφροσύνη, -ης, ἡ [φιλόφρων, fr. φιλ-, φίλος + φρήν]. Regard or consideration for others, friendliness Ι 256.

φιλοψευδής [φιλ-, φίλος + ψεῦδος]. Loving deceit Μ 164.

φίλως [adv. fr. φίλος]. Gladly, fain : φίλως χ' ὁρόῳτε εἰ . . . Δ 347.

φιτρός, -οῦ, ὁ. A log or piece of wood Μ 29, Φ 314, Ψ 123 : μ 11.

φλεγέθω [φλέγω]. (1) To burn, blaze : πῦρ ὄρμενον ἐξαίφνης φλεγέθει Ρ 738. Cf. Σ 211, Φ 358. —(2) To burn, burn up, consume : ὄφρα πυρὶ φλεγεθοίατο νεκροὶ Ψ 197.

φλέγμα, τό [φλέγω]. Flame, blaze : φλέγμα κακὸν φορέουσα Φ 337.

φλέγω. (ἐπι-, κατα-.) (1) To burn, blaze : φλέγει πῦρ Φ 13.—(2) To subject to the action of intense heat : ὡς τοῦ καλὰ ῥέεθρα πυρὶ φλέγετο (were ablaze) Φ 365.

φλέψ, φλεβός, ἡ. A vein : ἀπὸ φλέβα πᾶσαν ἔκερσεν Ν 546 (it is not clear what is meant by this 'vein' as described in the next line).

φλιή, -ῆς, ἡ. A doorpost ρ 221.

φλόγεος [φλογ-, φλόξ]. App., flashing or sparkling (with bright metal) : ὄχεα Ε 745 = Θ 389.

φλοιός, -οῦ, ὁ. The bark of a tree : φύλλα τε καὶ φλοιὸν Α 237.

φλοῖσβος, -ου, ὁ. A confused noise, the noise of battle, the surging throng of warriors : νόσφιν ἀπὸ φλοίσβου Ε 322, Κ 416 (in the latter passage app. simply 'the noise and rumour of the general body of the host'). Cf. Ε 469, Υ 377 (= οὐλαμός in 379).

φλόξ, φλογός, ἡ [φλογ-, φλεγ-, φλέγω]. Fire, a flame of fire : ἐπεὶ φλὸξ ἐμαράνθη Ι 212. Cf. Θ 135, Ι 468, Ν 39, 53, Π 123, Σ 206, Φ 333, Ψ 217, etc. : ω 71.

φλύω. To boil (up) : ἀνὰ δ' ἔφλυε ῥέεθρα Φ 361.

φοβέω [φόβος]. Pres. pple. pass. φοβεύμενος Θ 149. Fut. φοβήσομαι Χ 250. 3 pl. plupf. πεφοβήατο Φ 206. (1) To put to flight, cause to flee, drive or scatter in flight : ἐφόβησε λαούς Ο 15, φόβησέ σε Κρόνου παῖς (has chased you in terror from his presence) 91. Cf. Λ 173, 406, Ν 300, Ο 230, Π 583, Φ 267 (were seeking to put him to flight, were attacking him), etc.—(2) In pass., to take to flight, flee : ὑπέμειναν οὐδὲ φόβηθεν Ε 498, ἀτυζόμενοι φοβέοντο Ζ 41. Cf. Ε 140, Ζ 135,

K 510 (in flight), Λ 172, M 46 (is moved to flight), O 4 (in disorder), Π 290, Φ 206 (were fleeing), X 137, etc. : π 163.—To seek to escape, flee from : οὔ σ' ἔτι φοβήσομαι X 250.

φόβονδε [acc. of φόβος + -δε (2)]. For or to flight : μή τι φόβονδ' ἀγόρευε (counsel me not to flight) Ε 252, φόβονδ' ἔχε ἵππους Θ 139. Cf. O 666, P 579.

φόβος, -ου, ὁ. Fleeing, flight, rout, panic : φύζα, φόβου ἑταίρη Ι 2 (the two words difficult to distinguish ; see φύζα), οὐδὲ μνώοντο φόβοιο Λ 71, φόβος ἔλλαβε πάντας (panic seized them) 402. Cf. Β 767, Ε 272, Λ 544, M 144, Ξ 522, O 310 (for the putting to flight of warriors), P 42, 597, 667, Ω 216, etc. : ω 57. — Personified Δ 440, Ε 739, Λ 37, N 299, O 119.

φοινήεις, -εντος [φοιν-, φοινός]. Red or tawny : δράκοντα M 202=220.

φοινίκόεις, -εσσα [φοῖνιξ]. (Only in fem. with the third and fourth syllables contracted.) Red or purple : σμώδιγγες αἵματι φοινικόεσσαι Ψ 717. Cf. K 133 : ξ 500, φ 118.

φοινίκοπάρηος, -ον [φοῖνιξ + παρήϊον. Cf. μιλτοπάρηος]. Red-prowed. Epithet of ships λ 124 = ψ 271.

φοῖνιξ, -ῖκος. (1) Red or purple as a pigment or dye : ὡς δ' ὅτε τίς τ' ἐλέφαντα γυνὴ φοίνικι μιήνῃ Δ 141. Cf. Ζ 219, H 305, O 538 : ψ 201.— (2) As adj., of a horse, bay Ψ 454.—(3) A palm-tree : φοίνικος νέον ἔρνος ζ 163.

φοίνιος [as next]. Red : αἷμα σ 97.

φοινός [φον-, φένω]. Red : πᾶσι παρήϊον αἵματι φοινόν Π 159.

φοιτάω. Non-thematic 3 dual impf. φοιτήτην M 266. (1) To go or move about, to and fro, hither and thither, to roam : φοίτων ἔνθα καὶ ἔνθα B 779, ἀν' ὅμιλον ἐφοίτα Γ 449, Ε 528. Cf. I 10, M 266, N 760, O 686, Υ 6, Ω 533 : β 182, λ 42, μ 420, ξ 355.—Passing into next sense : φοίτα δ' ἄλλοτε μὲν πρόσθ' Ἕκτορος, ἄλλοτ' ὄπισθεν (took his way with constant change of place) Ε 595.— (2) To come or go, make or take one's way : ἀΐοντες ἐφοίτων (φοίτων) ἄλλοθεν ἄλλος ι 401, κ 119, ω 415, φοίτα κατὰ λειμῶνα λ 539.—(3) To betake oneself, repair or go somewhere habitually or frequently : εἰς εὐνὴν φοιτῶντε Ξ 296.

φολκός. Perh., bandy-legged B 217.

φονεύς, ὁ [φον-, φένω]. A slayer : κασιγνήτοιο φονῆος I 632. Cf. Σ 335 : ω 434.

φονή, -ῆς, ἡ [φον-, φένω]. In pl. (1) Accompaniments of slaughter, blood shed abroad, gore (cf. φόνος (5) (b)): ἀσπαίροντας ἐν φονῇσιν K 521. —(2) App., a gory carcase : μαχέσσασθαι βοὸς ἀμφὶ φονῇσιν O 633.

φόνος, -ου, ὁ [φον-, φένω]. (1) Slaying, slaughter : λῆξαν φόνοιο Z 107. Cf. T 214 : φ 4, χ 63, ω 169.—(2) An instance or occurrence of this, a slaughter : φόνον Ἀχαιῶν δερκομένῳ Ξ 140 : πολέων φόνῳ ἀνδρῶν ἀντεβόλησας λ 416. Cf. λ 612, ψ 137, ω 484.—(3) The slaying or killing of a person : ἀχέουσα κασιγνήτοιο φόνοιο I 567. Cf. O 116, Π 647, Φ 134 : ν 246, ω 470.—(4) In

more general sense, death, bane : φόνον καὶ κῆρα (the two words hardly to be distinguished) B 352, Γ 6, Ε 652=Λ 443, φόνον ἤμυνε Κρονίων N 783. Cf. Π 144=T 391, P 365, 757, Σ 133 : φόνον καὶ κῆρα β 165, δ 273=θ 513, ρ 82. Cf. β 325, δ 771, 843, λ 430, 444, π 234, 379, τ 2=52, φ 24, χ 11, 380.—(5) (a) Shed blood, gore : ἐρευγόμενοι φόνον αἵματος (a kind of genit. of material ; app. =αἱματόεντα (cf. αἱματόεις (1) (b)) Π 162. — (b) Blood shed abroad, gore (cf. φονή (1)): κέατ' ἐν φόνῳ Ω 610. Cf. K 298 : χ 376.

φοξός. Explained as ' warped in burning ' (of pottery) ; hence, distorted, deformed : φοξὸς ἔην κεφαλήν B 219.

φορβή, -ῆς, ἡ. Food, fodder, pasture : μή μοι [ἵπποι] δευοίατο φορβῆς Ε 202. Cf. Λ 562.

φορεύς, ὁ [φορ-, φέρω]. A bearer or carrier : τῇ νίσοντο φορῆες Σ 566.

φορέω [φορ-, φέρω]. Non-thematic pres. infin. φορήμεναι O 310. φορῆναι B 107, H 149, K 270 : ρ 224. 3 sing. pa. iterative φορέεσκε N 372, 398, 407, O 646 : χ 185. 3 pl. φορέεσκον B 770, Φ 31. (ἐκ-, ἐμ-, ἐσ-.) (1) To carry about with one, bear, wear : [σκῆπτρον] ἐν παλάμῃς φορέουσιν Α 238, μίτρης, ἣν ἐφόρει Δ 137. Cf. B 107, Δ 144, H 147, N 372, O 310, Π 800, Φ 31, etc. : ι 320, ο 127, ρ 245, φ 32, 41, χ 185.—Of ships, to carry as equipment : ὅπλα, τὰ νῆες φορέουσιν β 390.— (2) To carry about or hither and thither : ὅτε μέθυ οἰνοχόος φορέῃσιν ι 10.—(3) To carry, bear, convey, take (in reference to material and immaterial things) : θαλλὸν ἐρίφοισι φορῆναι ρ 224, τοῦ κλέος διὰ ξεῖνοι φορέουσι πάντας ἐπ' ἀνθρώπους τ 333. —(4) Of horses, to draw (a person) in a chariot : ἵπποι, οἳ φορέεσκον Πηλεΐωνα B 770. Cf. Θ 89, K 323. —(5) Of inanimate objects, to carry, bear, bear along : ὣς ἄνεμος ἄχνας φορέει Ε 499. Cf. Φ 337 : σχεδίην ἐφόρει κῦμα κατὰ ῥόον ε 327. Cf. δ 510, ε 328, ζ 171, μ 68.—(6) To bring or fetch : ὕδωρ Z 457 : κ 358. Cf. ν 368, ω 417. — (7) To bear with one the potency of (something), to bring, bring to bear, work : φόβον Ἄρηος B 767. —(8) To carry and to bear away, remove : νέκυας χ 437, 448, ταὶ ἐφόρεον ὀμῳαί (sc. the scrapings) 456.—To carry off, bear or snatch away : οὓς κῆρες φορέουσιν Θ 528.

φόρμιγξ, -ιγγος, ἡ. (1) A lyre (hardly to be distinguished from the κίθαρις) A 603, I 186, 194, Σ 495, 569, Ω 63 : θ 67=105, 254, 257, 261, 537, ρ 262, 270, χ 332, 340, ψ 133, 144.—(2) The music of the φόρμιγξ : κεκορήμεθα θυμὸν φόρμιγγος θ 99. Cf. φ 430.—(3) The art of playing the φόρμιγξ : φόρμιγγος ἐπιστάμενος φ 406.

φορμίζω [φόρμιγξ]. To play or accompany oneself on the φόρμιγξ Σ 605 : = δ 18, α 155, θ 266.

φορτίς, -ίδος [φορ-, φέρω]. Of a ship, adapted for carrying a heavy burden : νηὸς φορτίδος (a freight-ship) ε 250, ι 323.

φόρτος, -ου, ὁ [φορ-, φέρω]. Cargo taken on the outward voyage, an outward cargo (opposed to ὁδαῖα): ἵνα οἱ σὺν φόρτον ἄγοιμι ξ 296. Cf. θ 163.

φορύνω   411   φρήν

φορύνω [cf. next]. To soil, sully, defile : σῖτος κρέα τε φορύνετο χ 21.

†φορύσσω [cf. prec.]. Aor. pple. φορύξας. = prec. : φορύξας αἵματι σ 336.

φόως. See φάος.

φόωσδε [φόως + -δε (1)]. To the light : δράκοντ' Ὀλύμπιος ἧκε φόωσδε (manifested, displayed) B 309 : φόωσδε λιλαίεο (i.e. to the upper world) λ 223.—In reference to birth : ἐπεὶ τόν γ' Εἰλείθυια ἐξάγαγε πρὸ φόωσδε Π 188. Cf. T 103, 118.

φραδής [φραδ-, φράζω]. Wary, shrewd : φραδέος νόου Ω 354.

φράδμων [φραδ-, φράζω]. Observant, shrewd : ἀνήρ Π 638.

φράζω. 3 sing. aor. φράσε λ 22. Redup. aor. ἐπέφραδον Κ 127. 3 sing. ἐπέφραδε Λ 795, Π 37, 51 : θ 68, κ 111, 549, ο 424. πέφραδε Ξ 500, Ψ 138 : α 444, ξ 3, τ 250, 557, ψ 206, ω 346. 3 sing. opt. πεφράδοι Ξ 335. Imp. πέφραδε α 273, θ 142. Infin. πεφραδέμεν η 49. πεφραδέειν τ 477. Mid. Pres. imp. φράζευ Ι 251 : δ 395, ν 376, π 257. Fut. φράσομαι Ο 234 : τ 501. φράσσομαι ε 188, π 238. 3 sing. φράσεται ψ 114. φράσσεται α 205. 1 pl. φρασσόμεθα Ι 619 : ψ 140. 3 φράσσονται β 367. Aor. ἐφρασάμην ρ 161. φρασάμην ψ 75. 3 sing. ἐφράσατο Ψ 450 : γ 289, δ 444, ξ 236. φράσατο Κ 339. ἐφράσσατο Ω 352 : δ 529. φράσσατο Ψ 126, 453. 3 pl. ἐφράσαντο Ι 426 : φ 222. φράσσαντο Ο 671 : γ 242, κ 453, ω 391. 3 sing. subj. φράσσεται ω 217. Imp. φράσαι Α 83 : π 260, χ 158, ω 331. Pass. 2 sing. aor. ἐφράσθης τ 485, ψ 260. (ἀμφράζομαι, δια-, ἐπι-, μεταφράζομαι, περιφράζομαι, συμ-.) **(I)** In act. **(1)** To point out, indicate, show (something in sight) : δόμον η 49. Cf. Ξ 335 : κ 111=ο 424, τ 477.—In reference to something not in sight, to indicate as an object or goal, to direct (a person) to make his way to (someone) : ᾗ οἱ Ἀθήνη πέφραδ' ὑφορβόν ξ 3.— **(2)** To display, exhibit, show : [κάρη] Τρώεσσιν Ξ 500. — To show forth in discourse, exhibit knowledge of : σήματα τ 250 = ψ 206, ω 346.— **(3)** To point out, indicate, appoint (cf. (II)(5)) : χῶρον Ψ 138 (i.e. the spot where the body was to be set down). Cf. λ 22.—To appoint, enjoin α 444.—**(4)** To make known, communicate, tell of : θεοπροπίην Λ 795, Π 37. Cf. Π 51.—To make known, tell. With dependent clause : πέφραδ' ὅπως τελέει τ 557.—To set forth or utter (discourse) : μῦθον α 273, θ 142.—**(5)** To instruct, direct. With dat. and infin. : ἵνα γάρ σφιν ἐπέφραδον ἠγερέθεσθαι Κ 127.—Without infin., to give (one) his instructions : ἐπέφραδέ μοι Κίρκη κ 549.—To instruct or show how to do something. With infin. : χερσὶν ἑλέσθαι θ 68.—**(II)** In mid. and pass. **(1)** To mark, descry, catch sight of : πρῶτος ἐφράσαθ' ἵππους Ψ 450. Cf. Ο 671, Ω 352. —**(2)** To remark, note, observe : φράζεο χαλκοῦ στεροπήν ο 71. Cf. κ 453 (recognized), ρ 161, τ 501, φ 222, ψ 75, ω 217, 331, 391.—With complementary pple. : τὸν φράσατο προσιόντα Κ 339. Cf. Ψ 453.—With clause. With ἤ . . . ἤ . . . χ 158.— With ὡς Ξ 482.—Absol. : ἐπεὶ ἐφράσθης τ 485 (i.e.

since you know me). Cf. ψ 114 (will see more clearly).—**(3)** To keep an eye on, watch, guard : [ὁδόν] χ 129.—**(4)** To think of, bethink oneself of, call to mind : ἐπεὶ ἐφράσθης [ἄεθλον] ψ 260. Cf. π 257.—**(5)** To point out, indicate, appoint (cf. (I)(3)) : ἔνθα φράσσατο Πατρόκλῳ ἠρίον Ψ 126 (i.e. the spot where it was to be constructed).— **(6)** To consider, think of, reflect upon : τά σε φράζεσθαι ἄνωγα ρ 279, υ 43, ψ 122.—**(7)** To consider, think, bethink oneself, take thought, reflect, ponder : ἀμφὶ μάλα φράζεσθε Σ 254. Cf. Ε 440, Ξ 470, Π 646, Ω 354 : π 312.—With clause. With εἰ Α 83 : κ 192.—With ἤ (ἠὲ) . . . ἤ (ἦε) . . . Ι 619, Χ 174 : ο 167, π 238, 260.—With μή Ε 411, Ο 163, Π 446, Χ 358 : ρ 595.—With ὅπ(π)ως Δ 14=Ξ 61, Ξ 3, Υ 115 : α 269, ρ 274.—**(8)** To take (counsel), concert (measures) : ὅτε φραζοίμεθα βουλάς λ 510.—**(9)** To consider, plan, devise, think, arrange, how to do something. With infin. : φραζέσθω νήεσσιν ἀλεξέμεναι πῦρ Ι 347. Cf. Τ 401. —With clause. With ὅπ(π)ως Ι 251, 680, Ρ 144 : α 294, γ 129, ν 365, 376, ψ 117.—With ὡς Ι 112 : α 205, β 168.—**(10)** To plan, devise, think out, arrange : ὅφρ' ἄλλην φράζωνται μῆτιν Ι 423. Cf. Α 554, Ι 426, Μ 212, Ο 234, Ρ 634, 712, Σ 313 : κακά τοι φράσσονται β 367. Cf. γ 242, 289, δ 395, 444, 529, 699, ε 188, ν 373, ξ 236, π 371, ψ 140, ω 127. — **(11)** To be minded or inclined in a specified way : οὐ γὰρ ἔτ' ἀμφὶς ἀθάνατοι φράζονται Β 14=31=68.—**(12)** To consider, think, to be so and so. With infin. : οὐκ ἄλλον φράζετο τοῦδέ τί μοι λευκότερον εἶναι ἄεθλον λ 624.

†φράσσω 3 sing. aor. φράξε ε 256. Nom. pl. masc. pple. φράξαντες Μ 263, Ν 130. 3 pl. aor. mid. φράξαντο Ο 566. Nom. pl. masc. aor. pple. pass. φραχθέντες Ρ 268. To fence, secure, protect : ῥινοῖσιν ἐπάλξεις Μ 263, φραχθέντες σάκεσιν Ρ 268. Cf. Ν 130 : ε 256.—In mid. Ο 566.

φρεῖαρ, -ατος, τό. A well : κρῆναι καὶ φρείατα Φ 197.

φρήν, φρενός, ἡ. (In sing. and pl. (the organ being regarded as a double one) without distinction of sense. The pl. occurs more frequently than the sing. (Cf. ἦτορ, θυμός, καρδίη, κραδίη, κῆρ.) **(I)** The midriff. In pl. : ἔνθα φρένες ἔρχαται ἀμφὶ κῆρ Π 481. Cf. Π 504 : ι 301.—**(II)** Vaguely as the seat of **(1)** (a) ἦτορ (2) (b) : θάρσυνόν οἱ ἦτορ ἐνὶ φρεσίν Π 242. Cf. Ρ 111, Τ 169.—(b) ἦτορ (2)(e): τί σφῶϊν ἐνὶ φρεσὶ μαίνεται ἦτορ ; Θ 413.—(c) ἦτορ (2) (f) : φρεσὶν ᾗσιν ἔχων δεδαϊγμένον ἦτορ ν 320.— (d) ἦτορ (2) (h) ψ 172.—(2) (a) θυμός (I) (1) (a) : ἐπεὶ ἐὰ φρεσὶ θυμὸς ἀγέρθη Χ 475 : ω 349. Cf. ε458. —(b) θυμός (I) (2) : αἰεί οἱ ἐνὶ φρεσὶ θυμὸς ἐτόλμα Κ 232. Cf. Ν 487.—(c) θυμός (I) (5) : ἐμοὶ οὐκέτ' ἐρπνύετ' ἐν φρεσὶ θυμός Ι462. Cf. Φ386.—(d) θυμός (I) (6): οὐ σοὶ ὀλοφύρεται ἐν φρεσὶ θυμός Θ 202. Cf. Τ 178, Ψ 600, Ω 321 : = ο165, 486.—(e) θυμός (I) (8): δίχα θυμὸς ἐνὶ φρεσὶ μερμηρίζει π 73. Cf. υ 38.— (f) θυμός (I) (10) Χ 357.—(g) θυμός (IV) Ν 280.— (3) κῆρ (I) (b) : ἀλλά οἱ κῆρ ὅρμαινε φρεσὶν ᾗσιν σ 345.—(4) κραδίη (3) (d) : διχθά μοι κραδίη μέμονε φρεσίν Π 435.—(5) νόος (2) : τῆς ἐν νόος ἐστὶ μετὰ

411

φρεσίν Σ 419.—(III) The 'heart,' 'breast,' soul, mind, as the seat or a seat (when coupled with θυμός hardly to be distinguished therefrom) (1) Of life; hence, vitality, the vital powers, strength: ἄτη φρένας εἶλεν Π 805, τῆς ἀχέων φρένας ἔφθιεν Σ 446.—(2) Of the intelligence; specifically (a) Of the faculty of perception or knowledge: ἔγνω ῇσιν ἐνὶ φρεσίν A 333 = Θ 446, Π 530, X 296. Cf. B 301, Δ 163 = Z 447, E 406, Θ 366, T 121, Υ 264, Φ 61, Ω 197, 563: φρεσὶ σύνθετ' ἀοιδήν a 328. Cf. a 115, 322, 420, δ 632, ε 206, η 327, θ 448, ι 11, ν 327, 417, o 211, χ 347, 501.—(b) Of the faculty of thinking, deliberating, judging, considering, devising: μερμήριξε κατὰ φρένα καὶ κατὰ θυμόν E 671, Θ 169. Cf. A 55, 193, 297, 342, B 3, Γ 108, Z 352, I 119, 313, 423, 600, K 4, Λ 794, N 558, Ξ 352, O 81, Π 83, Τ 116, Φ 19, etc.: ἄλλα ἐνὶ φρεσὶ σῇσι νοήσεις γ 26. Cf. a 294, 427, 444, β 93, 363, γ 132, 151, δ 117, 676, 729 (it never occurred to you), ε 427, θ 240, 273, ι 419, λ 146, 454, 474, ξ 82, 290 (by his cunning), ο 234, 421, σ 215, 216, τ 138, υ 41, 228, φ 301, χ 333, etc.— (c) Of memory or recollection: σῇσιν ἔχε φρεσίν B 33, τῶν ἄλλων τίς κεν ῇσι φρεσὶν οὐνόματ' εἴποι; P 260 (by exerting his powers of memory). Cf. B 70: κ 557, ο 445.—Hence (a) The faculty of thought, intelligence: φρένες οὐκ ἔνι πάμπαν Ψ 104. Cf. κ 493.—(b) Mental power or reach, intelligence, understanding, judgment, discretion, sense, wit: οὐ χερείων . . . οὔτε φρένας οὔτε ἔργα A 115. Cf. N 432, 631, Ξ 141, P 171, 173, Τ 35: φρεσὶ κέχρητ' ἀγαθῇσιν γ 266, ξ 421, π 398. Cf. β 117 = η 112, δ 264, θ 168, λ 337 = σ 249, λ 367, ρ 454, φ 288, ω 194.—(c) One's wits: Γλαύκῳ φρένας ἐξέλετο Ζεύς Z 234. Cf. H 360 = M 234, I 377, N 394, O 128, 724, Π 403, P 470, Σ 311, T 137, Ω 201: β 243, ξ 178, σ 327.—In reference to distraction, rage or fury: φρεσὶ μαίνεται οὐκ ἀγαθῇσιν Θ 360. Cf. Ω 114 = 135.—To intoxication: οἶνός σ' ἔχει φρένας σ 331 = 391. Cf. ι 362, 454, τ 122, φ 297.—(3) Of spirit, courage, stoutness, resolution, endurance: οὐκ ἔστι βίη φρεσὶν οὐδέ τις ἀλκή Γ 45. Cf. N 55, P 499, 573, Τ 381, Φ 145: a 89, γ 76, ζ 140, ρ 238, τ 347, χ 294.—In reference to animals Δ 245 (of fawns), Π 157 (of wolves).—(4) Of anger, wrath, passion: μένεος φρένες πίμπλαντο A 103. Cf. B 241, Π 61, T 127: δ 661, ζ 147.—(5) (a) Of desire, longing, appetite: σίτου περὶ φρένας ἵμερος αἱρεῖ Λ 89. Cf. Ξ 221, T 213: β 34, ζ 180, ο 111, ρ 355, φ 157.—(b) Of the sexual impulse: οὐ πώ ποτέ μ' ὧδέ γ' ἔρως φρένας ἀμφεκάλυψεν Γ 442. Cf. Ξ 294.—(6) Of volition: τῷ (σοὶ) φρένας ἄφρονι πεῖθεν Δ 104, Π 842, οὐ Διὸς βέομαι φρεσίν (app., in company with . . ., i.e. at the will of Zeus) O 194. Cf. Z 61, H 120 = N 788, I 184, K 45, M 173, N 115, O 203, Φ 101, X 235: a 42, δ 777, θ 559, ξ 337, ω 435, 465.—(7) Of feelings, emotions, moods, such as joy, grief, liking, hope, fear, reverence, regard, anxiety, solicitude, etc.: τί σε φρένας ἵκετο πένθος; A 362, φρένα τέρπετο 474, δείδοικα κατὰ φρένα μή . . . 555. Cf. A 107, E 493, Z 285,

481, Θ 124, K 10, 46, 237, N 121, Ξ 264, O 61, P 83, Σ 88, 430, T 19, Υ 23, Φ 583, Ω 105, etc.: τοῖσιν ἐνὶ φρεσὶν ἄλλα μεμήλει a 151, γόῳ φρένα τέρπομαι δ 102, ὀδυνάων, αἵ μ' ἐρέθουσι κατὰ φρένα καὶ κατὰ θυμόν 813, δέος ἐν φρεσὶ πίπτει ξ 88. Cf. δ 825, ε 74, ζ 65, 106, η 218, θ 131, 154, λ 195, ν 362, ρ 174, σ 324, τ 471, φ 157, ω 233, etc.— (8) Of one's character or disposition: φρεσίν οἱ ἄρτια ᾔδη E 326, φίλα φρεσὶ μήδεα εἰδώς P 325. Cf. B 213, 241, Ω 40, etc.: περὶ φρεσὶν αἴσιμα ᾔδη ξ 433 (περί doubtless to be taken as adv. and φρεσίν as locative; lit. 'exceedingly in his heart'). Cf. β 231 = ε 9, κ 553, λ 445, ξ 227, σ 220, etc.— (9) As the seat of sleep K 139, Ξ 165.—(IV) One's inward self: μηδὲ φρεσὶν εἰρύσσαιτο (keep the knowledge to himself) π 459.

φρήτρη, -ης, ἡ [no doubt conn. with L. frater]. Dat. φρήτρηφι B 363. A brotherhood or clan (app. a subdivision of the tribe (φῦλον)): κρῖν' ἄνδρας κατὰ φῦλα, κατὰ φρήτρας B 362. Cf. B 363.

φρίξ, φρῖκός, ἡ. A ripple on water, a ruffling of the surface of water: οἵη Ζεφύροιο ἐχεύατο πόντον ἔπι φρίξ H 63. Cf. Φ 126, Ψ 692: δ 402.

φρίσσω [φρικ-, φρίξ]. 3 sing. aor. ἔφριξε N 339. Pple. φρίξας τ 446. 3 pl. pf. πεφρίκασι Λ 383, Ω 775. Nom. pl. fem. pple. πεφρικυῖαι Δ 282, H 62. (1) To be rough or uneven on the surface or edge, bristle: φάλαγγες σάκεσιν πεφρικυῖαι (bristling with . . .) Δ 282, ὅτε φρίσσουσιν ἄρουραι (show their bristling ears) Ψ 599. Cf. H 62, N 339.—(2) To cause to be bristly, bristle up. Of wild boars: φρίξας εὖ λοφιήν τ 446. Cf. N 473. —(3) To shudder at, feel horror or repulsion at the sight of: οἵ τέ σε πεφρίκασι λέονθ' ὡς αἶγες (tremble before you) Λ 383, πάντες με πεφρίκασιν (shudder at my sight, cannot bear me) Ω 775.

φρονέω [φρεν-, φρήν]. (ἐπι-.) (1) To have (good) understanding or intelligence: νόον πύκα περ φρονεόντων I 554, Ξ 217.—To exercise the understanding: ἄριστοι μάχεσθαί τε φρονέειν τε (in fighting and counsel) Z 79, φρονέων πεφυλαγμένος εἶναι (taking heed) Ψ 343.—To understand something, comprehend, see: γιγνώσκω, φρονέω π 136 = ρ 193 = 281.—(2) App., to have feeling or sensibility: ἔμ' ἔτι φρονέοντ' ἐλέησον X 59 (he seems to mean that old as he is age has not taken away sensibility to suffering).—(3) To be minded, inclined, disposed, bent, in a specified way: φρονέω διακρινθήμεναι ἤδη 'Αργείους καὶ Τρῶας (my mind or wish is that they be . . .) Γ 98, φρονέω τετιμῆσθαι Διὸς αἴσῃ (i.e. I am satisfied with such honour) I 608, ἰθὺς φρονέων (with straight onward course) M 124, ἰθὺς φρόνεον (turned not aside in their purpose) N 135. Cf. I 310, N 345, O 50, P 286, Ψ 305: οἷσιν εὖ φρονέῃσιν (whom she favours) η 74.—For εὖ φρονέων see ἐϋφρονέων.—(4) To have one's mind set upon, desire, will, purpose, meditate: τὰ φρονέων, ἵνα δαμείη E 564, κακὰ φρονέων H 70, K 486, M 67, Π 373, 783, τὰ δ φρονέων (taking his own way) Θ 430, τὰ φρονέων δώροισι κατατρύχω λαούς (for that end) P 225. Cf. A 542, H 34, Ξ 195 = Σ 426,

Ο 603, 703, Π 701, Χ 264, 320, Ω 173 : τὰ φρονέων (to carry out this) ω 241. Cf. α 43, ε 89, κ 317, ρ 596, σ 232, ν 5, χ 51.—(5) To have the mind attuned to a specified pitch, think of oneself or of what lies before one in a specified way : θεοῖσιν ἶσα φρονέειν Ε 441, ὅσσον Πάνθου υἷες φρονέουσιν Ρ 23.—For μέγα φρονέων see μέγας (11) (a).— (6) To have or conceive in one's mind or heart, be endowed with or inspired by : τὰ φρονέεις ἅ τ' ἐγὼ περ Δ 361, ἀγαθὰ φρονέοντα Ζ 162 ((for he was) of noble heart ; cf. φρεσὶ κέχρητ' ἀγαθῆσιν γ 266), ἀταλὰ φρονέοντες Σ 567 (see ἀταλός): πυκινὰ φρονέοντι ι 445 (cf. εἰδὼς μήδεα πυκνά Γ 202), ἐφημέρια φρονέοντες φ 85 (see ἐφημέριος). Cf. η 312.— For φίλα φρονέειν see φίλος (5) (c).—(7) To occupy one's mind with, consider, debate, turn over, ponder : τὰ φρονέων, ὅπως . . . Κ 491, τὰ φρονέονθ' ἃ δὴ τετελεσμένα ἦεν (i.e. he had a foreboding of the evil that had befallen him) Σ 4. Cf. Β 36, Π 715 : α 118.—(8) To consider or take counsel with oneself, debate, ponder : ὦδέ (ὡς ἄρα) οἱ (μοι) φρονέοντι δοάσσατο κέρδιον εἶναι Ν 458=Ξ 23 = Π 652 : = ο 204 = σ 93 = χ 338 = ω 239, ε 474 = ζ 145, κ 153, κακῶς φρονέουσιν (they are meditating evil) σ 168.—(9) To take into consideration or account as a reason or motive, consider, regard : τὰ φρονέων, ὅ . . . Ι 493 : τὰ φρονέουσ' ἅ οἱ πέρι δῶκεν Ἀθήνη (i.e. emboldened by the consciousness of the possession of such gifts) β 116. Cf. Ψ 545 : ξ 82.

φρόνις, ἡ [φρεν-, φρήν]. (1) What is thought : φρόνιν ἄλλων (the ideas of various men) γ 244.— (2) What is learned, information, intelligence : κατὰ φρόνιν ἤγαγε πολλήν δ 258.

φῦ, 3 sing. aor. φύω.

φύγαδε [φυγή + -δε (1)]. To or in the direction of flight, to flee : φύγαδε τράπεν ἵππους Θ 157, 257. Cf. Λ 446, Π 657, 697 (see μνάομαι (2)).

φύγε, 3 sing. aor. φεύγω.

φυγή, -ῆς, ἡ [φυγ-, φεύγω]. (1) Flight : φυγῇ ἐπὶ νῆας ἱκέσθην (in flight) κ 117.—(2) A means of flight or escape : οὐδέ τις γίγνεται φυγή χ 306.

φυγοπτόλεμος [φυγ-, φεύγω + πτόλεμος]. Shunning the fight, craven ξ 213.

φύζα, ἡ [φυγ-jα, φυγ-, φεύγω]. Flight, rout, panic : φύζα, φόβου ἑταίρη Ι 2 (the two words difficult to distinguish. Perh. in φύζα there is more of the notion of terror). Cf. Ο 62, 366, Ρ 381 : ἐν φύζαι ἐμοῖς ἑτάροισι βάλεν ξ 269 = ρ 438.— An instance or occurrence of this : φύζαν Ἀχαιῶν δερκομένῳ Ξ 140.

φυζακινός, ἡ [φύζα]. Fearful, timid : ἐλάφοισιν Ν 102.

φυή, -ῆς, ἡ [φυ-, φύω]. One's bodily growth or development, one's form or figure (commonly connoting comeliness): οὐ δέμας οὐδὲ φυήν (the two words difficult to distinguish) Α 115, εἶδός τε μέγεθός τε φυήν τε Β 58. Cf. Γ 208, Χ 370 : ε 212, ζ 16, 152, η 210, θ 134, 168.

φυκιόεις, -εντος [φυκίον = φῦκος]. Abounding in, covered with, sea-weed : θινὶ Ψ 693.

φῦκος, τό. Sea-weed Ι 7.

φυκτός [φεύγω]. That may be fled from. Absol. in neut. pl. φυκτά, means or opportunity of fleeing or escape (cf. πιστός (2) (b)) : μὴ οὐκέτι φυκτὰ πέλωνται Π 128. Cf. θ 299, ξ 489.

φυλακή, -ῆς, ἡ [φυλακ-, φύλαξ]. (1) Guarding, warding, watching : φυλακῆς μνήσασθε Η 371= Σ 299. Cf. Θ 521, Κ 99.—In sim. sense in pl. : φυλακὰς ἔχον Ι 1, 471.—(2) An outpost : Τρώων φυλακαί τε καὶ εὐναί Κ 408. Cf. Κ 416.

φυλάκους, acc. pl. See φύλαξ.

φυλακτήρ, -ῆρος, ὁ [φυλακ-, φύλαξ]. =φύλαξ (2) Ι 66, 80, Ω 444.

φύλαξ, -ακος, ὁ. Acc. pl. φυλάκους Ω 566. (1) A watcher or guard : λαθὼν φύλακας ἄνδρας Ι 477.—(2) A soldier on guard or outpost duty, a sentinel Ι 85, Κ 56, 58, 97, 127, 180, 181, 365, Ω 566.

φυλάσσω [φυλακ-, φύλαξ]. 2 sing. fut. φυλάξεις χ 195. Pple. φυλάξων ρ 593. 3 sing. aor. φύλαξε Π 686. Subj. φυλάξω δ 670. 1 pl. φυλάξομεν Θ 529. Pf. pple. mid. πεφυλαγμένος Ψ 343. (1) To guard, be on guard over, watch, protect, shield, defend, keep from harm or injury : φυλάξομεν ἡμέας αὐτούς (i.e. maintain our position) Θ 529. Cf. Κ 309=396, 417 : πάντ' ἐφύλασσεν β 346. Cf. β 350, η 93, κ 434, μ 136, ξ 107, ρ 593, τ 23.—(2) To be on guard, keep guard or watch, be on the look-out : νύκτα φυλασσέμεναι (through the night) Κ 312 = 399. Cf. Κ 192, 419, 421, Μ 303 : δ 526.—In mid. : νύκτα φυλασσομένοισιν (keeping night vigil) Κ 188.—To be on one's guard. In mid. : πεφυλαγμένος εἶναι (use your best care) Ψ 343.—(3) To watch, to be or keep awake : εἴ κε νύκτα φυλάσσω (spend the night awake) ε 466. Cf. υ 52, χ 195.—(4) To keep, tend, look after, see to : τόδε δῶμα ε 208.—(5) To be solicitous for the continuous existence of, preserve : αἰδῶ τεὴν φυλάσσων (thy regard for me) Ω 111.—To guard the sanctity of (a treaty) : ὅρκια Γ 280.—To cherish (wrath): χόλος, ὃν σὺ φυλάσσεις Π 30.—To observe (an injunction) : εἰ ἔπος Πηληϊάδαο φύλαξεν Π 686.—(6) To watch over the welfare of, see safe through perils or troubles, protect, succour, aid Γ 408, Ε 809, Κ 291, Ο 461 : ν 301, ο 35, υ 47.—(7) To keep or preserve in a specified condition : ἔμπεδα πάντα φυλάξειεν β 227. Cf. λ 178, τ 525.—(8) To be on the watch for, look out for, with hostile intent : ὄφρα μιν λοχήσομαι ἠδὲ φυλάξω δ 670.—(9) To be on the watch for, look out for a chance of : νόστον Β 251.

φυλίη, -ης, ἡ. A shrub not identified ε 477.

φύλλον, -ου, τό [cf. L. folium]. A leaf : φύλλα καὶ ὅζους Α 234. Cf. Α 237, Β 468, 800, Ζ 146, 147, Ν 180, Φ 464 : φύλλων χύσις ε 483, πτόρθον φύλλων (covered with leaves, leafy) ζ 129. Cf. ε 487, 491, η 106, 285, 287, ι 51, λ 194, μ 103 (with rich foliage), 357, τ 443.

φῦλον, -ου, τό. (1) A group of persons connected by common descent and forming a community, a tribe : κρῖν' ἄνδρας κατὰ φῦλα . . . ὡς φῦλα φύλοις [ἀρήγῃ] Β 362. Cf. Β 840.—(2) More generally, a group of persons regarded as of common origin, a race or stock : φῦλον ἀθανάτων θεῶν E 441.—(3) The race or stock descending from a person : Ἑλένης φῦλον ξ 68. Cf. ξ 181.— (4) A race or class of persons having common characteristics : φῦλον ἀοιδῶν θ 481.—(5) In pl., the groups forming a larger group of persons ; hence, such persons collectively, the race of . . .: αἱ κάλλεϊ ἐνίκων φῦλα γυναικῶν I 130, 272. Cf. Ξ 361, O 54, 161 = 177, P 220 : γ 282, η 206, 307, o 409.—In reference to flies : ἄγρια φῦλα, μυίας Τ 30.

φύλοπις, -ιδος, ἡ. Acc. φύλοπιν except in λ 314. (1) Battle, fighting, strife : πόλεμον καὶ φύλοπιν Δ 15, Τρώων οἰώθη καὶ Ἀχαιῶν φ. Z 1. Cf. E 379, Λ 278, N 635, Π 208, Σ 171, Τ 141, etc. : λ 314, π 268, ω 475.—(2) In local sense, a scene of fighting, a battle-field : ἐλθεῖν ἐς Τρώων φύλοπιν Δ 65. Cf. Π 677.

φύντες, nom. pl. masc. aor. pple. φύω.

φύξηλις [φύξις]. Fleeing the foe, cowardly (the fem. termination giving a sting) : φύξηλιν ἐόντα P 143.

φύξιμος [φύξις]. Offering escape. In neut. in impers. construction : ὅθι μοι φάτο φύξιμον εἶναι (that I should there find refuge) ε 359.

φύξις, ἡ [φυγ-, φεύγω]. (1) Flight (= φυγή (1)) : ἦ φύξιν βουλεύουσιν Κ 311 = 398.—(2) Escape : μὴ φύξιν ἐμβάλλεο θυμῷ Κ 447.

φύρω [orig. signifying agitation. Cf. πορφύρω]. Aor. subj. φύρσω σ 21. Pf. pple. pass. πεφυρμένος, -η ι 397, ρ 103, σ 173, τ 596. To affect by admixture, to moisten, to sully, mar, stain : δάκρυσιν εἵματ' ἔφυρον Ω 162 : μή σε στῆθος φύρσω αἵματος (genit. of material) σ 21. Cf. ι 397, ρ 103 = τ 596, σ 173.

φῦσαι, al. A pair of bellows, a bellows : ἑλισσόμενον περὶ φύσας Σ 372. Cf. Σ 409, 412, 468, 470.

φυσάω [φῦσαι]. Of bellows, to blow : φῦσαι ἐφύσων Σ 470.—Of winds Ψ 218.

†φυσιάω [φῦσαι]. Acc. pl. masc. pres. pple. φυσιόωντας. Of horses, to breathe hard, pant, snort : ἵππους ἔχε φυσιόωντας Δ 227. Cf. Π 506.

φυσίζοος, -ον [φυσι-, φύω + ζωή]. Life-giving. Epithet of the earth Γ 243, Φ 63 : λ 301.

φύσις, ἡ [φυ-, φύω]. The nature or qualities of a thing : φύσιν φαρμάκου ἔδειξέν κ 303.

φυταλιή, -ῆς, ἡ [φυ-, φύω]. Land laid out as an orchard or vineyard : τέμενος φυταλιῆς καὶ ἀρούρης (consisting of . . .) Z 195, M 314, Τ 185.

φυτεύω [φυτός]. (1) To cause to grow, plant : πτελέας Z 419 : δένδρεα μακρὰ φυτεύων (trees that are to grow to be great) σ 359. Cf. ι 108.—(2) To bring about, cause, prepare : κακόν Ο 134. Cf. β 165, ε 340, ξ 110, 218, o 178, ρ 27, 82, 159.

φυτόν [neut. of φυτός, vbl. adj. fr. φύω]. A tree : φυτῶν ὄρχατοι Ξ 123. Cf. Σ 57 = 438, Φ 258 : ι 108, ω 227, 242, 246.

φύω. 3 sing. fut. φύσει Α 235. 3 sing. aor. ἔφυσε κ 393. 3 sing. aor. ἔφυ ψ 190. φῦ Z 253, 406, Ξ 232, Σ 384, 423, Τ 7 : β 302, θ 291, κ 280, λ 247, o 530. 3 pl. ἔφυν ε 481, κ 397. Nom. pl.

masc. pple. φύντες α 381, σ 410, υ 268. 3 pl. pf. πεφύκᾱσι η 114. πεφῠᾱσι Δ 484 : η 128, ι 141. Acc. pl. masc. pple. πεφῠῶτας ε 477. Nom. sing. fem. πεφυυῖα Ξ 288. 3 sing. plupf. πεφύκει Δ 109, 483, Φ 352 : ε 63, 238, 241. (ἐκ-, ἐμ-, περι-, προσ-.) (I) In act. in pres., fut. and sigmatic aor. (1) Of a plant, etc., to put forth, produce, develop : τόδε σκῆπτρον, τὸ μὲν οὔ ποτε φύλλα φύσει Α 235. Cf. Z 148.—Absol., to show growth, put forth shoots. Fig. : ἀνδρῶν γενεὴ ἡ μὲν φύει ἡ δ' ἀπολήγει Z 149.—(2) Of the earth, to bring forth, send up, produce : χθὼν φύε ποίην Ξ 347. —Of a drug, to cause to grow, produce : τρίχες, ἃς ἔφυσε φάρμακον κ 393.—Of the wind, to promote the growth of, cause to grow : Ζεφυρίη τὰ μὲν φύει ἄλλα δὲ πέσσει η 119.—(II) In pres. pass. and in act. in non-sigmatic aor. and in pf. and plupf. (in pres. and impf. sense) (1) To be put or brought forth, grow : κέρα ἑκκαιδεκάδωρα πεφύκει (were growing) Δ 109. Cf. Δ 483, 484, Ξ 288, Φ 352 : ὣς πυκνοὶ [θάμνοι] ἔφυν (had grown to be, were) ε 481, ἄσπαρτα πάντα φύονται ι 109. Cf. ε 63, 238, 241, 477, η 114, 128, ι 141, ψ 190 (there grew a . . .). —(2) To grow (into something) ; hence, to attach oneself (to something), fix one's hold or fasten (upon it) : ἔν οἱ (μοι) φῦ χειρί (clasped his (or her) hand) Ξ 253 = 406 = Ξ 232 = Σ 384 = 423 = Τ 7 := β 302 = θ 291 = λ 247 = o 530, κ 280, ὀδὰξ ἐν χείλεσι φύντες (biting their lips) α 381 = σ 410 = υ 268, ἔφυν ἐν χερσὶν ἕκαστος (i.e. one clasped one hand and one another) κ 397, ἐν χείρεσσι φύοντο ω 410.

φώκη, -ης, ἡ. A seal δ 404, 411, 436, 442, 448, 450, o 480.

φωνέω [φωνή]. (μετα-, προσ-.) (1) To lift up the voice, utter speech, speak : φωνήσας μιν προσηύδα Α 201, ξυνέηκε θεᾶς ὄπα φωνησάσης Β 182. Cf. Α 428, Κ 465, Ξ 41, Τ 380, etc. : α 122, β 257, 405, 413, etc.—φώνησεν with what is said directly reported Α 333, Γ 181, E 799, Η 190, etc. : δ 370, θ 140, π 43, ρ 445, etc.— (2) To lift up (the voice), utter (speech) : θεᾶς ὄπα φωνησάσης ω 535.

φωνή, -ῆς, ἡ. (1) A sound uttered, a shout or shouting : ὅσση Τρώων ἔπλετο φωνή Ξ 400. Cf. O 686, Σ 221.—In reference to cattle : βοῶν ὣς γίγνετο φωνή (a lowing) μ 396.—To the nightingale : ἣ χέει πολυηχέα φωνήν (her song) τ 521.—The sound emitted by a musical instrument Σ 219.— (2) Utterance, speech : ἐκαλέσσατο φωνῇ Γ 161. —Shouting : ὃν δίωνται φωνῇ Ρ 111. Cf. ω 530.— (3) The faculty of utterance, the voice : ἔσχετό οἱ φωνή Ρ 696 = Ψ 397 : = δ 705 = τ 472.—(4) The voice considered in regard to its power, quality or characteristics : ἀτειρέα Ν 45, Ρ 555, Χ 227, Λυκάονι εἴσατο φωνήν (in voice) Τ 81. Cf. Β 490, Ρ 696 = Ψ 397, Σ 571, Ψ 67 : τῆς φωνῆ ὅση σκύλακος γίγνεται μ 86. Cf. δ 279, 705 = τ 472, τ 381, 545. —In reference to swine : συῶν ἔχον φωνήν (their cry) κ 239.

φωριαμός, -οῦ. A chest or coffer : φωριαμῶν ἐπιθήματ' ἀνέῳγεν Ω 228. Cf. o 104.

φώς, φωτός, ὁ. (1) A person, a man, a wight :

ἐρήτυε φῶτα ἕκαστον B 164, ἡμάρτανε φωτός (his man) K 372. Cf. B 239, 565, Γ 53, 219, E 214, etc. : α 324, 355, β 384, δ 247, ζ 187, etc.—(2) Vaguely with a proper name (cf. ἀνήρ (1) (e)): φῶτ' Ἡρακλῆα φ 26.—Sim. with words denoting a person : φῶτ' Ἀσκληπιοῦ υἱόν Δ 194. Cf. Φ 546.—(3) In genit. meaning little more than the possessive pronoun, 'his': ἐπέγραψε χρόα φωτός Δ 139. Cf. Λ 438, 462, 614 : ζ 129, τ 451.—(4) With emphasis on the sex : πόσε φεύγετε φῶτα ἰδοῦσαι; (a man) ζ 199.

χάδε, 3 sing. aor. χανδάνω.

χάζω. 3 sing. fut. κεκαδήσει φ 153, 170. Aor. pple. κεκαδών Λ 334. 3 pl. fut. mid. χάσσονται Ν 153. 3 sing. aor. χάσσατο Ν 193. Pple. χασσά-μενος Δ 535, E 626, Ν 148. Infin. χάσσασθαι M 172. 3 pl. aor. κεκάδοντο Δ 497, O 574. (ἀναχάζομαι, ἀπο-.) (1) To cause to withdraw from ; hence, to separate from, deprive of. With genit. : τοὺς θυμοῦ κεκαδών Λ 334. Cf. φ 153, 170.—(2) In mid., to withdraw oneself, retire, draw back, give way : ἂψ πάλιν εἰς ἔθνος ἐχάζετο Γ 32, χασσάμενος πελεμίχθη Δ 535. Cf. E 249, 440, M 407, Ν 153, Π 122, etc.—With genit. : πυλάων χάσσασθαι M 172. Cf. Δ 497, Λ 504, Ν 193, O 426, etc.—(3) In mid., with genit., to hold oneself from, refrain from, stand aloof from : μίνυνθα χάζετο δουρός (refrained but a little while from his spear, i.e. gave it little rest) Λ 539, οὐδὲ δὴν χάζετο φωτός (i.e. went straight at his man) Π 736.

†χαίνω. 3 sing. aor. opt. χάνοι Δ 182, Σ 282, Θ 150, P 417. Pple. χανών Π 350, Υ 168 : μ 350. Acc. sing. masc. pf. pple. κεχηνότα Π 409. (ἀμφι-.) To open the mouth wide, gape : αἷμα πρῆσε χανών Π 350, ἔλκ' ἐκ δίφροιο κεχηνότα (agape) 409. Cf. Υ 168 : πρὸς κῦμα χανών (gasping open-mouthed at . . .) μ 350.—Of the earth, to open, part, yawn : χάνοι χθών Δ 182, Θ 150. Cf. Σ 282, P 417.

χαίρω. Pa. iterative χαίρεσκον Σ 259 : μ 380. Fut. infin. χαιρήσειν Τ 363. Fut. infin. κεχαρησέμεν O 98. Acc. sing. masc. pf. pple. κεχαρηότα H 312. Mid. 3 sing. fut. κεχαρήσεται ψ 266. 3 sing. aor. χήρατο Ξ 270. 3 pl. aor. κεχάροντο Π 600 : δ 344, ρ 135. 3 sing. opt. κεχάροιτο β 249, γ 438. 3 pl. κεχαροίατο A 256. Pass. 3 sing. aor. (ἐ)χάρη Γ 23, 27, 76, E 682, H 54, Ν 609 : ψ 32, ω 513. 1 pl. ἐχάρημεν κ 419. 3 pl. (ἐ)χάρησαν Γ 111, E 514, H 307, T 74. 3 sing. opt. χαρείη Z 481. Nom. pl. masc. pple. χαρέντες K 541. (1) In fut. κεχαρη-σέμεν, to make glad, rejoice : οὐδέ τί φημι πᾶσιν ὁμῶς θυμὸν κεχαρησέμεν O 98 (the speaker is the subject ; what he has to say will not please the hearers).—(2) In the other tenses of the act. and in mid. and pass., to become or be glad, rejoice : σοὶ ἅμ' ἑσπόμεθ', ὄφρα σὺ χαίρῃς (i.e. for your advantage (and not for our own)) A 158, ἄλλοι κε Τρῶες κεχαροίατο 256, ἐχάρησαν Ἀχαιοί Γ 111. Cf. A 446, Z 481, Ξ 270, Π 600, Σ 259, Ψ 647, etc. : α 311, δ 344, ζ 30, 312 (in joy), ξ 51, τ 412, ψ 32, 266, etc.—With complementary pple. : χάρη μῦθον ἀκούσας Γ 76 = H 54, T 185. Cf. Γ 23, 27, Λ 73 :

οἱ χαίρουσιν βίοτον ἔδοντες (take their pleasure) ξ 377. Cf. γ 438.—(3) To rejoice at, take or have pleasure in. With dat. : κεχαρηότα νίκῃ (in a state of exultation at his victory) H 312, χαῖρε τῷ ὄρνιθι K 277. Cf. K 462 : ξείνιον ᾧ κε σὺ χαίρῃς ι 356. Cf. β 35, λ 248, μ 380, ν 251, 354, 358, σ 117, υ 120, χ 306, ω 312.—In reference to a person : χαίρων Ἀντιλόχῳ Ψ 556. Cf. γ 52.—With complementary pple. : χάρη οἱ προσιόντι (hailed his approach with joy) E 682. Cf. Ω 706 : τῷ χαῖρον νοστήσαντι τ 463. Cf. β 249, κ 419.—(4) In imp. (a) As a general expression of salutation or well-wishing, hail, hail to thee, good be with thee : χαῖρ', Ἀχιλεῦ I 225 (pledging him), χαῖρέ μοι, ὦ Πάτροκλε, καὶ εἰν Ἀΐδαο δόμοισιν (well be it with thee) Ψ 19=179 : χαῖρε, πάτερ ὦ ξεῖνε θ 408, σ 122. Cf. θ 413, 461.—(b) As an expression of greeting, welcome or salutation to a person arriving or on encountering a person, welcome, hail : χαίρετε, κήρυκες Α 334, χαίρετον I 197 : χαῖρε, ξεῖνε α 123, ἐπεί σε πρῶτα κιχάνω, χαῖρε (well met) ν 229. Cf. δ 60, υ 199, ω 402.—(c) As an expression of farewell to a person departing, fare thee well, good befall thee : σὺ δὲ χαῖρε καὶ ἔμπης ε 205. Cf. ο 151.—(d) As a similar expression to a person from whom one is departing, good remain with thee : χαῖρέ μοι, ὦ βασίλεια, διαμπερές ν 59. Cf. ν 39.

χαίτη, -ης, ἡ. (1) A lock of hair, a lock dedicated to a divinity : ξανθὴν ἀπεκείρατο χαίτην Ψ 141 (χαίτην=κόμην 146).—In pl., the hair of the head : χαίτας πεξαμένη Ξ 175. Cf. A 529, Φ 407, X 401 : δ 150, κ 567, ω 46.—The hairs considered separately : πολλὰς ἐκ κεφαλῆς ἕλκετο χαίτας K 15.—(2) A horse's mane : ἐμφαίνετο χαίτη P 439. Cf. T 405.—So in pl. : ἀμφὶ χαῖται ὤμοις ἀΐσσονται Z 509 = O 266. Cf. P 457, Ψ 282, 284, 367.

χάλαζα, -ης, ἡ. Hail K 6, O 170, X 151.

χαλεπαίνω [χαλεπός]. 3 sing. aor. subj. χαλεπήνῃ Π 386, T 183, Ω 369 : ε 147, π 72, φ 133, τ 83. Infin. χαλεπῆναι Σ 108. (1) To offer violence, do outrage or despite, rage : ἦρχον χαλεπαίνων B 378. Cf. I 516, Ξ 256, Σ 108, T 183, Υ 133, Ω 369 : =π 72=φ 133, β 189, σ 415=υ 323.—With dat., to be enraged against, bear hard upon: οὔ μοι δῆμος χαλεπαίνει π 114. Cf. Π 386 : ε 147, τ 83.—(2) Of wind, to bluster, rage : ἄνεμος, ὅς τε βρέμεται χαλεπαίνων Ξ 399.—Of weather, to be wild or severe : ὥρῃ χειμερίῃ, εἰ καὶ μάλα περ χαλεπαίνοι ε 485.

χαλεπός, -ή, -όν. (1) Grievous, burdensome, heavy, sore, painful : μῆνις E 178, γῆρας Θ 103, Ψ 623. Cf. E 384, 391, Ν 624 : πένθος ζ 169, φῆμιν (evil, ill) ω 201. Cf. β 193, κ 464, λ 292, 622, φ 377, etc.—In comp. : τοῦδέ μοι χαλεπώτερον εἴναι ἄεθλον λ 624.—Absol. in neut. pl., evil, mischief : χαλεπὰ ὁρμαίνοντες ἀλλήλοις ψ 151.—(2) Dangerous : χαλεποὶ θεοὶ [γίγνονται] φαίνεσθαι ἐναργεῖς (in respect of appearing, i.e. when they appear) Υ 131.—(3) Difficult, hard : λιμένιν (hard to attain or reach) τ 189.—In neut. χαλεπόν with or without copula, it is difficult or hard. With

infin. : χ. σε πάντων ἀνθρώπων σβέσσαι μένος
Π 620. Cf. Φ 184 : χ. κεν ἀνήνασθαι δῦσιν εἴη δ 651.
Cf. λ 156, ν 141, υ 313, ψ 81.—Without infin. T 80 :
ψ 184.—In personal construction. With infin. :
χαλεπή τοι ἐγὼ μένος ἀντιφέρεσθαι (hard to set
yourself against) Φ 482. Cf. κ 305. — Without
infin. : χαλεποί τοι ἔσονται [μῦθοι] (you will find
it hard to know them) A 546. — (4) Oppressing
the spirit, terrifying, daunting : κεραυνός Ξ 417.—
(5) Of persons, violent, despiteful, malignant,
hard : ἄνδρες a 198. Cf. β 232 = ε 10, θ 575, ρ 388,
564, τ 201.—(6) Of discourse, stern, harsh, severe,
hard : μύθῳ B 245, P 141, ὀνείδεσιν Γ 438, ἐπέεσσιν
Ψ 489, 492 : γ 148, μύθοισιν β 83, ρ 395, δήμου
φῆμις ξ 239, ἀνάκτων ὁμοκλαί ρ 189, μῦθον (hard
to sit down under) ν 271.—(7) Of winds, bluster-
ing, roaring, raging : θύελλαν Φ 335 : ἄνεμοι μ 286.

χαλέπτω [cf. χαλεπαίνω]. To bear hard upon,
oppress : θεῶν ὅς τίς σε χαλέπτει δ 423.

χαλεπῶς [adv. fr. χαλεπός]. With difficulty,
hardly : χ. σ᾽ ἔολπα τὸ ῥέξειν Τ 186.—With copula
in impers. construction : διαγνῶναι χ. ἦν ἄνδρα
ἕκαστον (it was hard to . . .) Η 424.

χαλῑνός, -οῦ, ὁ. A bit for a horse : ἐν χαλινοὺς
γαμφηλῇς ἔβαλον Τ 393.

χαλιφρονέω [χαλίφρων]. To be of light or
weak mind, lack sense : χαλιφρονέοντα σαοφροσύνης
ἐπέβησαν ψ 13.

χαλιφροσύνη, -ης, ἡ [χαλίφρων]. Lightness
or weakness of mind, lack of sense. In pl. : οὐ
χαλιφροσύναι γέ μ᾽ ἔχουσιν π 310.

χαλίφρων [prob. χαλάω, to loosen + φρήν].
Loose-minded, of light, weak or childish mind,
senseless : νήπιος ἠδὲ χαλίφρων δ 371, τ 530.

χάλκειος, -η, -ον [χαλκός]. (Cf. χάλκεος.) Of
bronze : κόρυς Μ 184, Τ 398, αὐγή (i.e. the gleam
from the polished bronze) Ν 341. Cf. Ζ 236
(studded or fitted with bronze), Κ 31, Λ 630,
640, Μ 295, O 567 (see ἕρκος (1) (b)), Τ 271 : φ 7.
—As epithet of weapons : ἔγχεϊ (i.e. with head
of bronze) Γ 380, αἰχμή Δ 461, etc. : ἄορ τ 241.

χαλκεοθώρηξ, -ηκος [χάλκεος + θώρηξ]. With
breastplate of bronze Δ 448 = Θ 62.

χάλκεος, -ον [χαλκός]. (Cf. χάλκειος.) Of
bronze : κεράμῳ Ε 387, κύκλα 723, χιτῶνα (i.e.,
app., his θώρηξ) Ν 440. Cf. Ε 725, Η 220, Θ 15,
Ν 30, 372, Χ 322 (studded or fitted with bronze),
etc. : πέλεκυν ε 235, οὐδός (οὐδῷ) η 83, 89 (app.
the μέλινος οὐδός (see μέλινος (2)) covered with
bronze plating). Cf. η 86, κ 4.—Fig. : ἦτορ
Β 490, ὕπνον (that binds as with bonds of bronze,
i.e. the sleep of death) Λ 241, οὐρανόν (the
heavens being regarded as a vault of burnished
metal, ᾽the brazen heavens᾽) P 425 (cf. πολύ-
χαλκος (2)), ὄπα Σ 222.—As epithet of weapons :
ἔγχος (i.e. with head of bronze) Γ 317, ξίφος
335, δόρυ Ν 247, etc. : ἔγχος α 104, δόρυ δ 162,
ξίφος 262, φάσγανον χ 80, etc.—As epithet of
Ares Ε 704, 859, 866, Η 146, Π 543.

χαλκεόφωνος [χάλκεος + φωνή]. With voice of
bronze (cf. ἀρρηκτος (4)). Of Stentor Ε 785.

χαλκεύς, ὁ [χαλκός]. A skilled worker in

copper or bronze, a smith : μίτρη, τὴν χαλκῆες
κάμον ἄνδρες Δ 187. Cf. Δ 216, Μ 295, O 309 : ι 391.
—Of a worker in gold γ 432.

χαλκεύω [χαλκός]. To work or fashion in
bronze or other metal : δαίδαλα Σ 400.

χαλκεών, -ῶνος, ὁ [χαλκός]. A smithy or
forge : βῆ ῥ᾽ ἴμεν ἐς χαλκεῶνα θ 273.

χαλκήϊος [χαλκεύς]. Of a smith : ὅπλα γ 433,
δόμον (the house of the χαλκεύς, the smithy) σ 328.

χαλκήρης, -ες [χαλκός + ἀρ-, ἀραρίσκω]. Fur-
nished, strengthened, tipped, with bronze :
κυνέῃ χαλκήρεϊ Γ 316, Ψ 861. Cf. Ν 714, O 535,
544, P 268 : κ 206, χ 111, 145.—As epithet of
weapons : χαλκήρεϊ δουρί Ε 145, χαλκῆρε᾽ ὀϊστόν
Ν 650. Cf. Δ 469, Σ 534, etc. : α 262, ε 309, ι 55,
λ 40, ν 267, χ 92.

χαλκίς, -ίδος, ἡ. The name given by the gods
to a bird not identified (cf. κύμινδις) Ξ 291.

χαλκοβαρής, -βάρεια, -βαρές [χαλκός + βαρύς].
Heavy with bronze : στεφάνη Λ 96, λός O 465.
Cf. Χ 328 : λ 532, φ 423, χ 259 = 276.

χαλκοβατής, -ές [χαλκός + βα-, βαίνω]. Based
on, with floor of, bronze. Of the palace of
Zeus : Διὸς χαλκοβατὲς δῶ Λ 426, Ξ 173, Φ 438,
505.—Of that of Hephaestus θ 321.—Of that of
Alcinous ν 4.

χαλκογλώχις, -ῑνος [χαλκός + γλωχίς in sense
᾽point.᾽ Cf. τανυγλώχις]. With point of bronze :
μελίης Χ 225.

χαλκοκνήμις, -ῑδος [χαλκός + κνημίς]. With
κνημῖδες of bronze. Epithet of the Achaeans
Η 41.

χαλκοκορυστής [χαλκός + κορυστής. Cf. ἱππο-
κορυστής]. Marshaller of spears. Epithet of
Hector Ε 699, Ζ 398, Ν 720, O 221, 458, Π 358,
536, 654.—Of Sarpedon Χ 199.

χαλκοπάρῃος, -ον [χαλκός + παρήϊον]. Of
helmets, with cheek-pieces of bronze Μ 183,
P 294, Τ 397 : ω 523.

χαλκόπους, -ποδος [χαλκός + πούς]. With feet
of bronze, untiring : ἵππω Θ 41, Ν 23.

χαλκός, -οῦ, ὁ. Ablative χαλκόφι Λ 351.
(1) Copper, but commonly, esp. in reference to
weapons, signifying copper hardened by an
admixture of tin, i.e. bronze (sometimes im-
possible to say whether the pure metal or the
alloy is meant) : πλείαί τοι χαλκοῦ κλισίαι Β 226,
δοῦρε κεκορυθμένα χαλκῷ Γ 18. Cf. Δ 226, Ζ 48,
504, Η 223, 473, Ι 137, Ν 406, Ξ 11, O 389,
Τ 275, Χ 50, Ψ 549, etc. : ὅθι νηητὸς χαλκὸς ἔκειτο
β 338. Cf. α 99, 184, δ 72, ε 38, ν 19, 136, χ 125,
etc.—(2) Applied to things made or partly made
of copper or bronze. (a) To spears or darts :
ὄρνυτο χαλκῷ Γ 349, πάγη ἐν πνεύμονι χαλκός
Δ 528. Cf. Γ 348, Ε 74, 75, 538, Η 247, Λ 351,
Ν 388, Π 345, Φ 593, etc. : χ 278, 295, ω 524.—
Specifically to the head of the spear : τῆλε
χαλκὸς λάμπεν Κ 153, Λ 44. Cf. Χ 134.—(b) To
an arrow : κυλινδόμενος περὶ χαλκῷ θ 86.—(c) To a
shield : περιήχησε χαλκός Η 267.—(d) To helmets :
ταρβήσας χαλκόν τε ἰδὲ λόφον Ζ 469. Cf. Λ 351.
—(e) To armour or armament in general : ἀπὸ

χαλκοῦ αἴγλη οὐρανὸν ἶκεν Β 457, ἐδύσετο χαλκόν 578. Cf. Δ 420, 495, Η 206, Λ 65, Μ 151, Ν 191, Π 636, Ρ 376, Σ 522, Τ 363, Ψ 130, etc. : ξ 268 = ρ 437, φ 434, χ 113, ψ 369, ω 467 = 500.—(f) To knives : στομάχους (στόμαχον) τάμε χαλκῷ Γ 292, Τ 266. Cf. Γ 294, Φ 37.—(g) To a fish-hook : λίνῳ καὶ χαλκῷ Π 408.—(h) To tripods : ἐπεὶ ζέσσεν ὕδωρ ἐνὶ χαλκῷ Σ 349 : = κ 360. Cf. θ 426. —To a λέβης : κανάχησε χαλκός τ 469.—(i) Collectively to implements in general : ὄγκιον ἔνθα κεῖτο χαλκός, ἀέθλια τοῖο ἄνακτος φ 62.—(3) In generalized sense (a) Of weapons, 'the spear,' 'the sword,' 'my, his, etc., spear or sword' : Ἑκτόρεον χιτῶνα δαΐξαι χαλκῷ Β 417, εἰ μαχόιατο χαλκῷ Δ 348, χαλκῷ δῃώσας Θ 534. Cf. Δ 511, Ε 132, Η 77, Ι 458, Μ 227, Ν 323, Π 497, Ρ 126, Σ 236, Φ 568, Ω 393, etc. : δ 226, 257, λ 120, ν 271, ξ 271, τ 522, υ 315, χ 219, etc.—(b) Of cutting implements, 'the axe,' 'the knife,' etc.: περί ἐ χαλκὸς ἔλεψε φύλλα Α 236. Cf. Ν 180, Τ 222, Φ 455, Ψ 118, 412 : δούραθ' ἁρμόζεο χαλκῷ ε 162, μῆλ' ἐσφαγμένα χαλκῷ κ 532, λ 45. Cf. ε 244, θ 507, μ 173, ξ 418, σ 86, 309, φ 300, χ 475, ψ 196.

χαλκότυπος, -ον [χαλκός + τύπτω]. Inflicted with (weapons of) bronze : ὠτειλάς Τ 25.

χαλκοχίτων, -ωνος [χαλκός + χιτών]. Bronzeclad. In pl. as epithet of the Achaeans and Argives Α 371, Β 47, Γ 127, Δ 285, etc. : α 286, δ 496.—Of the Epeans Δ 537, Λ 694.—Of the Trojans Ε 180 = Ρ 485.—Of the Boeotians Ο 330. —Of the Cretans Ν 255.

χαμάδις [χαμαί]. (1) To the ground, on to, on, the ground : ἐγκέφαλός σφι χ. ῥέοι Γ 300. Cf. Ζ 147, Η 16, 190, 480, Ο 435, 714, Π 118, Ρ 438, Ψ 220 : δάκρυ χ. βάλεν δ 114. Cf. ι 290, τ 63.— (2) Without notion of motion, on the ground : στορέσας τ 599.

χαμᾶζε [χαμαί]. To the ground, on to, on, the ground : ἆλτο Γ 29, ἀπὸ πύργου βαῖνε χαμᾶζε (i.e. to the ground level) Φ 529. Cf. Ε 835, Θ 134, Κ 528, Ο 537, Ψ 508, etc. : π 191, ψ 136, χ 84, 327, 340.

χαμαί [app. a locative form]. (1) On the ground, on the earth : χαμαὶ ἐρχομένων ἀνθρώπων Ε 442. Cf. Λ 145 : χ. ἦσθαι η 160.—(2) With notion of motion = χαμᾶδις (1), χαμᾶζε : χ. πέσεν Δ 482. Cf. Δ 526, Ε 583, 588, Ζ 134, Θ 320, Ν 530, Χ 448, etc. : ρ 490, σ 28, 397, χ 188.

χαμαιευνάς, -άδος. = next. Epithet of swine : σύες κ 243, ξ 15.

χαμαιεύνης [χαμαί + εὐνή]. Sleeping on the ground : Σελλοὶ χαμαιεῦναι Π 235.

χανδάνω. 3 sing. fut. in mid. form χείσεται σ 17. 3 sing. aor. ἔχαδε Δ 24, Θ 461. χάδε Λ 462. Infin. χείσεσθαι Ξ 34. Acc. sing. masc. pf. pple. κεχανδότα Ψ 268 : δ 96. 3 sing. plupf. κεχάνδει Ω 192. (1) To have or hold in it, contain : θάλαμον, ὃς γλήνεα πολλὰ κεχάνδει Ω 192. Cf. δ 96.—(2) To have capacity or afford room for, hold, contain : ἤυσεν ὅσον κεφαλὴ χάδε φωτός (with as much voice as his head would hold), with his full volume of voice, à pleine tête)

Λ 462, τέσσαρα μέτρα κεχανδότα (holding . . .) Ψ 268. Cf. Ξ 34, Ψ 742 : ὥς οἱ χεῖρες ἐχάνδανον (as much as they could hold) ρ 344. Cf. σ 17.— (3) To repress, keep in, contain : Ἥρῃ οὐκ ἔχαδε στῆθος χόλον (i.e. it burst out) Δ 24 = Θ 461.

χανδόν [χαν-, χαίνω]. Open-mouthed, greedily: ὃς ἂν οἶνον χ. ἕλῃ φ 294.

χανών, aor. pple. χαίνω.

χαράδρη, -ης, ἡ. (1) A mountain-stream, a torrent Π 3?0.—(2) The bed of a torrent, a ravine or gorge Δ 454.

χάρη, 3 sing. aor. pass. χαίρω.

χαρίεις, -εντος. Fem. χαρίεσσα. Neut. χαρίεν, -εντος. [χάρις.] Superl. χαριέστατος of two terminations κ 279. Pleasing, lovely, fine : νηόν Α 39, εἵματα Ε 905, Χ 511. Cf. Θ 204, Ι 599 : φᾶρος ε 231 = κ 544, ἔργα ζ 234 = ψ 161, κ 223.— In superl. : πέπλος χαριέστατος Ζ 90, 271.—Of parts of the body, lovely, fair : μέτωπον Π 798. Cf. Σ 24, Χ 403.— Of incorporeal things and abstractions, pleasing, delightful, acceptable : ἀμοιβήν γ 58, ἀοιδήν ω 198.—In comp. : τέλος χαριέστερον ι 5.—In superl. : τοῦ περ χαριεστάτη ἥβη Ω 348 : τοῦ περ χαριέστατος ἥβη κ 279.— Absl. in neut. pl., what makes for pleasingness : οὔ πάντεσσι θεοὶ χαρίεντα διδοῦσιν θ 167.

χαρίζομαι [χάρις]. 3 sing. aor. opt. χαρίσαιτο Ζ 49, Κ 380, Λ 134. Infin. χαρίσασθαι ν 15, ρ 452. Pf. pple. κεχαρισμένος, -ον Ε 243, 826, Κ 234, Λ 608, Τ 287, Τ 298, Ω 661 : β 54, δ 71, θ 584, π 184, τ 397. 3 sing. plupf. κεχάριστο ζ 23. (1) To make oneself agreeable or do something agreeable (to a person), to gratify, favour, seek favour in the eyes of. With dat. : χαριζόμενος βασιλῆι Α 23. Cf. Ε 71, Ν 633, Ο 449 = Ρ 291 : κ 43, ν 265, ξ 387.—To honour (with sacrifice) : οὔ νύ [τοι] Ὀδυσσεὺς χαρίζετο ἱερὰ ῥέζων ; α 61.— (2) (a) Of a person, to be agreeable or pleasing to, please. With dat. : οὐ πάντεσσι χαριζόμενος τάδ' ἀείδει θ 538.—In pf., to be pleasing or dear, recommend oneself : ἐμῷ κεχαρισμένε θυμῷ Ε 243 = 826 = Κ 234. Cf. Λ 608, Τ 287 : κεχαρισμένε θυμῷ ζ 23. Cf. β 54, δ 71.—(b) In pf. of things, to be pleasing or acceptable : κεχαρισμένα δῶρα Τ 298. Cf. π 184, τ 397.—Absol. in neut. pl., what is pleasing or acceptable : κεχαρισμένα κέ μοι θείης (a pleasure) Ω 661 : κεχαρισμένα εἴδῃ (with pleasingness in his heart, such as one can like or love) θ 584 (see εἴδω (III) (12)).—(3) To gratify, conciliate or satisfy a person by giving, bestow on him to his heart's content : τῶν κέν τοι χαρίσαιτο πατὴρ ἀπερείσι' ἄποινα Ζ 49 = Λ 134. Cf. Κ 380 : ω 283.—Absol. : ἀργαλέον ἕνα προικὸς χαρίσασθαι ν 15.—With genit. of material : χαριζομένη παρεόντων (setting good cheer before them (him) from her store) α 140 = δ 56 = η 176 = κ 372 = ο 139 = ρ 95, ἀλλοτρίων χαρίσασθαι (to give at another's cost) ρ 452.

χάρις, ἡ [χαρ-, χαίρω]. Dat. pl. χάρισι ζ 237. (1) Loveliness, charm, beauty, grace, comeliness : χάρις ἀπελάμπετο Ξ 183 := σ 298. Cf. β 12 = ρ 63, ζ 235, θ 19, ψ 162.—In pl. : χάρισι στίλβων ζ 237.

—In reference to something immaterial : οὔ οἱ
χάρις ἀμφιπεριστέφεται ἐπέεσσιν θ 175, ὃς ἀνθρώπων
ἔργοισι χάριν ὀπάζει (consummation, perfection)
ο 320. —(2) (a) Favour, grace, service : φέρων
χάριν "Εκτορι E 211. Cf. E 874, I 613, Φ 458 :
ε 307. —(b) Adverbially in acc. (cf. ἐπίκλησις (2),
πρόφασις) : χάριν "Εκτορος (doing him service,
yielding him compliance) O 744.—(3) Gratifica-
tion, pleasure, delight, satisfaction : τῶνδ' ἀντὶ
χάριν δοῖεν Ψ 650.—With genit. of the cause :
ἧς οὔ τι χάριν ἴδεν (had no joy of her) Λ 243.—
(4) (a) Gratitude, thanks : Τρώεσσί κε χάριν ἄροιο
(among the . . ., at the hands of the . . .) Δ 95,
ἰδέω τοι χάριν Ξ 235 (see εἴδω (III) (13)) : οὐκ ἔστι
χάρις εὐεργέων (for . . .) δ 695, χ 319.—(b) Matter
of thanks. With infin. (cf. νέμεσις (2)) : ἐπεὶ οὐκ
ἄρα τις χάρις ἦεν μάρνασθαι (it got me (us) no
thanks) I 316, P 147.—(5) In pl., the Graces
E 338, Ξ 267, 275, P 51 : ϛ 18, θ 364, σ 194.

χαρίσασθαι, aor. infin. χαρίζομαι.

χάρμα, -ατος, τό [χαρ-, χαίρω]. (1) Joy, pleasure:
τὴν ἅμα χάρμα καὶ ἄλγος ἔλε φρένα τ 471.—(2) A
source or cause of joy, gratification or comfort, a
joy or delight : δυσμενέσι χάρμα Γ 51. Cf. Z 82,
K 193, Ξ 325, P 636, Ψ 342, Ω 706 : ϛ 185.

χάρμη, -ης, ἡ. (1) Fighting, battle : προ-
καλέσσατο χάρμη H 218, 285. Cf. M 389, Π 823,
P 602.—(2) A fight in progress : μηδ' εἴκετε χάρμης
(from the fight) Δ 509. Cf. Ξ 101, P 161.—
(3) Spirit, stomach, ardour for the fight, one's
spirit of fight : μνήσαντο χάρμης Δ 222, Θ 252 =
Ξ 441, O 380. Cf. M 203, 393, N 82, 104, 721,
O 477, P 103, 759, T 148 : χ 73.—(4) The art of
war, war, fighting : εἰδότε χάρμης E 608.

χαροπός [app. a compound of ὦπα]. Epithet
of lions of uncertain meaning ; perh., with flash-
ing eyes, or the like λ 611.

χάσσατο, 3 sing. aor. mid. χάζω.

χατέω [cf. next]. (1) To be in need, be in
straits : Ἀργείοισιν ἀμυνέμεναι χατέουσί περ ἔμπης
I 518. Cf. O 399 : β 249.—(2) With genit., to
have need of, stand in need of : θεῶν γ 48.—
(3) With infin. (a) To have need of doing
something : μάλα περ χατέουσιν ἐλθέσθαι [δόρπον]
ν 280.—(b) To desire, wish: δμῶες χατέουσιν ἀντία
δεσποίνης φάσθαι ο 376.

χατίζω [cf. prec.]. With genit. (1) To have
need of, stand in need of : Θέτις νύ τι σεῖο χατίζει
(wishes to see you about something) Σ 392.—
(2) To wish for, desire, aim at, seek : τέο αὖτε
χατίζεις; B 225. Cf. θ 156, λ 350, χ 50.—The
genit. to be supplied P 221.—Absol. : οὔ τι χατίζων
πωλεύμην (seeking anything for myself) χ 351.

χειή, -ῆς, ἡ. A hole or lurking-place. In
reference to a serpent X 93, 95.

χεῖλος, τό. (1) In pl., the lips : χείλεα δίηνεν
X 495. Cf. O 102 : α 381 = σ 410 = υ 268, σ 21.—
(2) The lip or brink of something : [τάφρου]
χείλει ἐφεστήκει M 52.—The rim of a vessel. In
pl. : χρυσῷ ἐπὶ χείλεα κεκράαντο (κεκράανται)
δ 132, 616 = ο 116.

χεῖμα, -ατος, τό. (1) Bitter weather, cold : χ.

με δάμναται ξ 487.—(2) Winter : χείματος οὐδὲ
θέρευς (in winter or summer) η 118, χ. εὕδει ὅθι
. . . (during, in, winter) λ 190.

χείμαρροος, χείμαρρους [χεῖμα + ῥέω]. Flowing
with winter force, in flood : ποταμός Λ 493, N 138.

χείμαρρος. = prec. Δ 452, E 88.

χειμέριος, -η, -ον [χεῖμα]. Of, proper to, coming
in, winter : ἄελλαι B 294, ὕδωρ (a winter flood)
Ψ 420. Cf. Γ 222, M 279 : ὥρη (storm-time) ε 485.

χειμών, -ῶνος, ὁ [χεῖμα]. (1) The weather proper
to winter, bitter or inclement weather : ἐπεὶ
χειμῶνα φύγον Γ 4. Cf. δ 566.—An access of bad
weather, a storm or tempest P 549 : ξ 522.—
(2) Winter : χειμῶνι περῶντα (in winter) Φ 283.

χείρ, -ός, ἡ. Dat. sing. χειρί Θ 289, Υ 182, Ω 101.
Dat. pl. χείρεσι Υ 468. χείρεσσι Γ 271, E 559,
Θ 116, M 382, etc.: ε 344, ι 487, ξ 312, π 444, etc.
χερσί A 14, B 374, E 60, H 255, etc. : α 153, γ 35,
θ 68, ι 108, etc. (1) One of the hands, one's
hand ; in dual and pl., the hands, one's hands :
στείμμαт' ἔχων ἐν χερσίν A 14, μηδὲ ξίφος ἕλκεο
χειρί 210, ἄμφω χεῖρε πετάσσας Δ 523. Cf. A 351,
585, Γ 270, 363, Δ 249, etc. : χεῖρ' ἕλε δεξιτερήν
α 121, μὴ ἔρις καὶ χερσὶ γένηται (lest it come to
fisticuffs) σ 13. Cf. β 37, 321, γ 35, 51, δ 66, etc.
—In pl. where the reference is to one hand :
ἐρυσσάμενος χείρεσσι μάχαιραν Γ 271 = T 252. Cf.
Γ 367, M 27, Π 801, Ψ 384, etc.: δ 506, ε 292, ν 225,
etc.—(2) In reference to position : Ἄρκτον ἐπ'
ἀριστερὰ χειρὸς ἔχοντα (to the left of his hand, on the
left hand) ε 277.—(3) In pl. in reference to fight-
ing or violence or to one's might or strength : οὔ τις
σοὶ βαρείας χεῖρας ἐποίσει A 89, χερσὶν ὑφ' ἡμετέρῃσιν
ἀλοῦσα B 374, βίῃ καὶ χερσὶ καὶ ἔγχεϊ φέρτερος
Γ 431. Cf. A 166, 567, Z 502, Θ 226, 344, M 135,
etc. : α 238, 254, θ 181, ι 512, λ 502, ν 376, σ 156,
etc.—Contrasted in terms with ἔπεα : ἐν γὰρ
χερσὶ τέλος πολέμου, ἐπέων δ' ἐνὶ βουλῇ Π 630.
Cf. A 77.—(4) Extended to the arm or the arms :
Χρυσηΐδα πατρὶ ἐν χειρὶ τίθει A 441, νεκρὸς οἱ
ἔκπεσε χειρός (his arms) Δ 493, ἀπὸ δ' ἔξεσε χεῖρα
E 81, τετυμμένω ἀμφοτέρω κατὰ χεῖρα N 783 (in
the case of the first, the arm (cf. 529), in the
case of the second, the hand (cf. 593)). Cf. E 344,
Z 81, Λ 252 (the forearm), N 534, O 311 (on his
arm), Π 517 (cf. 510), Φ 166, X 426, etc. : δ 454,
ε 344, 374, 454, ϛ 310, ξ 351, φ 223, etc.

χειρίς, -ῖδος, ἡ [χείρ]. A covering for the hand,
a glove : χειρῖδας ἐπὶ χερσίν [ἔχεν] ω 230.

χειρότερος [double comp. Cf. χείρων. Cf. also
χερειότερος]. Less warlike, soldierly or skilful
in fight : χειρότερός περ ἐών Υ 436. Cf. O 513.

χείρων, χεῖρον, -ονος. Also χερείων, χέρειον,
-ονος. Dat. sing. masc. χέρηϊ A 80. Acc. χέρεια
Δ 400 : ξ 176. Nom. pl. χέρηες ο 324. Acc. pl.
neut. χέρεια Ξ 382 : σ 229, υ 310. Used as comp.
of κακός. (1) Of meaner birth, of lower rank or
station : ἀνδρὶ χέρηϊ A 80, χερείονος θεοῦ Υ 106.
Cf. λ 621.—Absol. : οἵά τε τοῖς ἀγαθοῖσι παρα-
δρώωσι χέρηες ο 324.—(2) Less warlike, soldierly
or skilful in fight : ἐγὼ σέθεν πολὺ χείρων Υ 434.
Cf. Δ 400, K 238, Ξ 377, O 641.—Absol. : χέρεια

χείσεται 419 χέω

[τεύχεα] χείρονι δόσκον Ξ 382.—(3) Inferior, of less account, less worthy, serviceable or skilful : οὐ χερείων, οὐ δέμας οὐδὲ φυήν A 114, ἄλλον Κεβριόναο χερείονα M 92. Cf. P 149, Ψ 572, 577 : οὔ τι κασιγνήτοιο χερείων θ 585. Cf. ε 211, ξ 176, υ 45, 82, 133, φ 325.—Absol. : χερείονά περ καταπεφνών P 539.—(4) Of things, inferior, less good of their kind, of less account or estimation, worse : χέρεια [τεύχεα] Ξ 382. Cf. Ψ 413.—Impers. : σοί [κ´] αὐτῷ χεῖρον [εἴη] (you would but fare the worse) ο 515.—(5) Bad rather than good. Impers.: οὔ τι χέρειον δεῖπνον ἑλέσθαι (it is no bad thing to . . .) ρ 176, αὐτίκα δ᾽ ἐστὶ δαήμεναι οὔ τι χέρειον (I may as well know it now) ψ 262.—Absol. in neut. pl., what is bad rather than good, bad, evil : ἐπεὶ τὰ χερείονα νικᾷ A 576 : = σ 404.— (6) Morally bad or unfitting. Absol. : ἐσθλά τε καὶ τὰ χέρεια σ 229 = υ 310.

χείσεται, 3 sing. fut. χανδάνω.

χελιδών, -όνος, ή. A swallow : χελιδόνι εἰκέλη αὐδήν (ἄντην) φ 411, χ 240.

χέραδος, τό. Shingle : χέραδος περιχεύας Φ 319.

χερειότερος [double comp. Cf. χερείων. Cf. also χειρότερος]. (1) Less warlike, soldierly or skilful in fight : σέο χερειότερον B 248.—(2) Having this quality rather than the reverse, of small account in the fight : ὅς τ᾽ ἔξοχος . . . ὅς τε χερειότερος M 270.

χερείων. See χείρων.

χέρηϊ, χέρηες. See χείρων.

χερμάδιον, -ου, τό. A boulder or large stone used as a missile : χερμαδίῳ βλῆτο Δ 518. Cf. E 302, 582, Λ 265, M 154, Ξ 410, Π 774, etc. : κ 121, φ 371.

χερνῆτις, ή [app. fr. χείρ]. A handworker : γυνὴ χερνῆτις M 433.

χέρνιβον, τό [χείρ + νιπ-, νίζω]. = λέβης (2) : χέρνιβον πρόχοόν τ᾽ ἔχουσα Ω 304.

†χερνίπτομαι [χέρνιψ]. 3 pl. aor. χερνίψαντο. To wash one's hands (as a matter of ritual) : χερνίψαντο καὶ οὐλοχύτας ἀνέλοντο A 449.

χέρνιψ, -ιβος, ή [χείρ + νιπ-, νίζω]. Water for washing the hands : χέρνιβ᾽ ἀμφίπολος προχόῳ ἐπέχευεν α 136 = δ 52 = η 172 = κ 368 = ο 135 = ρ 91. —Used in ritual γ 440, 445.

χέρσονδε [acc. of next + -δε (1)]. To the land : νεκροὺς ἔκβαλλε [Σκάμανδρος] χέρσονδε (on to his banks) Φ 238.

χέρσος, -ου, ή. The dry land, the land : ἐπὶ χέρσου βῆτην Ξ 284. Cf. Δ 425, Ξ 394 : κύματα κυλινδόμενα προτὶ χέρσον ι 147. Cf. ζ 95, η 278, ι 486, κ 459, ο 495, τ 278, etc.

χεῦε, 3 sing. aor. χέω.

χεῦμα, τό [χευ-, χέω]. A thin plating or coating : θώρηκα, ᾧ πέρι χεῦμα κασσιτέροιο ἀμφιδεδίνηται Ψ 561.

χέω [χεF-]. Aor. χεῦα δ 584. 3 sing. ἔχευε E 776, Θ 50, I 215, T 222, Ω 445 : β 395, γ 40, δ 216, ζ 77, λ 245, etc. χεῦε I 7, P 270, 619 : β 380, γ 289, ε 492, η 15, θ 282, etc. 1 pl. χεύαμεν ω 81. 3 ἔχευαν Γ 270, Δ 269, E 618, I 174, Ψ 256 : α 146, γ 258, 338, μ 338, φ 270. χεῦαν

Ξ 436 : χ 463. ἔχεαν Σ 347, Ω 799 : θ 436. Subj. χεύω β 222. 3 sing. χεύῃ Ξ 165. 1 pl. χεύομεν H 336. 3 χεύωσι H 86. Imp. χεῦον β 354. 3 pl. χευάντων δ 214. Nom. pl. masc. pple. χεύαντες Ψ 257, Ω 801 : μ 14. Infin. χεῦαι Ψ 45 : α 291, λ 75. Mid. 3 sing. aor. ἐχεύατο E 314, H 63, χεύατο Σ 24 : ω 317. Pass. 3 sing. aor. opt. χυθείη τ 590. 3 sing. aor. ἔχυτο χ 88. χύτο N 544, Π 414, 580, Τ 282, Ψ 385, Ω 358 : η 143. 3 pl. ἔχυντο θ 297, κ 415. χύντο Δ 526, Φ 181. Pass. fem. pple. χυμένη T 284 : θ 527. 3 sing. pf. κέχυται M 284. 3 pl. κέχυνται E 141 : χ 387. 3 sing. plupf. κέχυτο B 19, E 696, Π 123, 344, Τ 421, Ψ 775 : ι 330, ρ 298. 3 pl. ἐκέχυντο τ 539. κέχυντο χ 389. (ἀμφι-, δια-, ἐγ-, ἐκ-, ἐπι-, ἐσ-, κατα-, περι-, περιπρο-, προ-, συγ-, ὑπο-.) (1) To pour (liquid) : ὕδωρ ἐπὶ χεῖρας Γ 270, I 174, οἶνον ἐκ δεπάων H 480. Cf. I 15 = Π 4, Ξ 436, Σ 347, Ψ 220 : α 146, γ 40, δ 214, θ 436, ι 210, υ 260, etc.—In mid. : χοὴν χεῖσθαι κ 518. Cf. λ 26.—In reference to rain : ὅτε λαβρότατον χέει ὕδωρ Ζεύς Π 385.—In reference to the bowels : χύντο χολάδες (gushed forth) Δ 526 = Φ 181. — (2) To shed (tears) : δάκρυ χέων A 357, κατὰ δάκρυ χέουσα 413. Cf. Ζ 405, H 426, Θ 245, Π 3, etc. : β 24, δ 556, κ 409, λ 183, ξ 280, χ 447, etc.—In pass., of tears, to flow, well forth : χύτο δάκρυα Ψ 385. Cf. δ 523.—(3) To shed or spread (mist) (whether actual mist or in reference to blinding or the mist of death) : κατ᾽ ὀφθαλμῶν κέχυτ᾽ ἀχλύς E 696, Π 344, Τ 421, ἠέρα E 776, Θ 50, P 270. Cf. Τ 321 : η 15, ν 189, χ 88.—In reference to dispersing mist, with a word indicating reversal of action : αὐτοῖο πάλιν χύτ᾽ ἀήρ η 143.—(4) To spread (waves) on the surface of the sea : χεῦε κύματα (raised them) γ 289.—In mid., of a ripple, to spread itself : οἴη Ζεφύροιο ἐχεύατο φρὶξ H 63.— (5) In reference to granular substances. (a) To pile or heap up (earth) : ἐπὶ σῆμ᾽ ἔχεεν Z 419. Cf. H 86, 336, Ψ 45, 256, 257, Ω 799, 801 : α 291, β 258, γ 258, δ 584, λ 75, μ 14, ω 81.—(b) To shed (dust). In mid. : κόνιν χεύατο κὰκ κεφαλῆς Σ 24 : ω 317.—(6) In reference to a number of solid or semi-solid objects, or to masses of solid acted upon together, or with a collective sb. (a) To send thick and fast or in a shower, pour : δούρατα E 618.—In mid. : βέλεα χέοντο Θ 159 = O 590.— Sim. in reference to snow : χέει [χιόνα] M 281. Cf. M 284.—(b) Generally, to shed, scatter, throw, put, place : φύλλα τὰ μέν τ᾽ ἄνεμος χαμάδις χέει (scatters them) Z 147, φῦκος [κῦμ᾽] ἔχευεν (throws it up) I 7, ἐπεὶ εἰν ἐλεοῖσιν ἔχευε [κρέα] 215. Cf. T 222, Ψ 257 : ἐν μοι ἄλφιτα χεύον θεράπων β 354, χεῦε ῥῶπας καὶ κῶας π 47 (with κῶας by a slight zeugma). Cf. β 380, θ 278, 282, 297, ι 330, λ 588, ο 527, ρ 298, χ 20, 85.—Sim. of reins : καθ᾽ ἡνία χεῦεν ἔραζε (let them drop) P 619.—(7) Of persons or animals (a) In pass., to pour forth, issue forth : νεῶν ἐχέοντο (from the . . .) T 356. Cf. Π 267.—(b) In pass., to throw oneself or one's arms (round a person) : ἀμφ᾽ αὐτῷ χυμένη T 284 : θ 527, ὡς ἐμὲ κεῖνοι ἔχυντο κ 415 (the force of ἀμφί in ἀμφιθέουσι 413 being app. carried on to this vb.).—(c) In mid., to throw or place (the arms round a person) : ἀμφ' ἐὸν υἱὸν ἐχεύατο πήχεε E 314.—(d) In pass., to huddle or be huddled together : [ὄιες] ἐπ' ἀλλήλῃσι κέχυνται E 141. Cf. τ 539, χ 387, 389.—(8) In reference to immaterial or impalpable things, to shed, spread : ἀμφί οἱ θάνατος χύτο N 544, εἴ πως τῷ ὕπνον χεύῃ Ξ 165, νηὸς κάτ' ἀσβέστη κέχυτο φλόξ (enveloped it) Π 123, κατά οἱ κεφαλῆς χέ' ἀϋτμένα (i.e. his breath fell on the other's head) Ψ 765. Cf. B 19, Π 414=580, Υ 282, Ω 445 : ἀνέμων ἐπ' ἀϋτμένα χεῦεν (sent it abroad) γ 239, κὰκ κεφαλῆς χεῦε κάλλος ψ 156. Cf. β 395, ε 492, η 286, λ 245, 433, μ 338, σ 188, τ 521, 590, υ 54, χ 463.—(9) With σύν (cf. συγχέω). (a) To set at naught, violate (a treaty) : ἐπεὶ σύν γ' ὅρκι' ἔχευαν Δ 269.—(b) To confound, trouble, upset (the mind) : σὺν γέροντι νόος χύτο Ω 358.

χηλός, -οῦ, ἡ. A chest or coffer Π 221, 228, 254 : β 339, θ 424, 438, ν 10, 68, φ 51.

χήμεῖς, crasis of καὶ ἡμεῖς B 238.

χήν, χηνός, ὁ, ἡ. A goose. (1) In the wild state : χηνῶν ἢ γεράνων B 460=O 692. Cf. P 460. —(2) Domesticated : χῆνές μοι ἐείκοσι πυρὸν ἔδουσιν τ 536. Cf. ο 161, 174, τ 543, 548, 552.

χηραμός. A cleft or hollow Φ 495.

χήρατο, 3 sing. aor. mid. χαίρω.

χηρεύω [χήρη]. To lack, be without. With genit. : ἀνδρῶν ι 124.

χήρη. Bereft of one's husband, widowed : γυναῖκες B 289. Cf. Z 432, X 484, 499, Ω 725.— With genit. : ἦ τάχα χήρη σεῦ ἔσομαι Z 408.

χηρόω [χήρη]. To make a widow of, widow : γυναῖκα P 36.—To make desolate : ἀγυιάς E 642.

χηρωσταί, οἱ [χηρόω]. App., heirs who in particular circumstances came in to the exclusion of a dead man's surviving father: χηρωσταὶ διὰ κτῆσιν δατέοντο E 158.

χῆτος, τό [χατέω]. Want, lack : χήτεϊ τοιοῦδ' ἀνδρός Z 463. Cf. T 324 : π 35.

χθαμαλός, -ή, -όν. (1) On the ground : χθαμαλαὶ βεβλήαται εὐναί λ 194.—(2) Little raised above the surrounding level, low : Ἰθάκη ι 25 (but the application to Ithaca causes difficulty), νῆσος κ 196.—In comp. : τὸν ἕτερον σκόπελον χθαμαλώτερον ὄψει μ 101.—In superl. : ὕπερθε τείχος ἐδέδμητο χθαμαλώτατον N 683.

χθιζός [χθές, yesterday]. (1) Of yesterday : χρειός N 745.—(2) Constructed with a sb. or pronoun, yesterday : χ. ἔβη A 424, ὅσσα χ. ὑπέσχετ' Ὀδυσσεύς T 141 (really, as in 195 cited below, the day before yesterday). Cf. β 262, ζ 170, μ 451, ω 379.—(3) In neut. χθιζόν as adv., yesterday : ὅσσα χθιζὸν ὑπέστημεν δώσειν T 195 (cf. 141 cited above): χθιζόν ὑποῖον δ 656.—So in neut. pl.: χθιζά τε καὶ πρωΐζ' ὅτε νῆες ἠγερέθοντο B 303 (at the time when, yesterday or the day before, the ships had been gathering, i.e. just after they had assembled).

χθών, χθονός, ἡ. (1) The earth : ἐπὶ χθονὶ δερκομένοιο A 88, χθὼν κονάβιζεν B 465. Cf. B 780, Δ 182, Z 411, Λ 741, Ξ 228, T 362, Ψ 100, etc. :

οὔ πω τέθνηκεν ἐπὶ χθονί α 196. Cf. ζ 153, η 67, κ 99, μ 191, τ 408, etc.—(2) The surface of the earth, the earth, the ground : τεύχε' ἀποθέσθαι ἐπὶ χθονί Γ 89. Cf. Γ 217, 265, E 13, Z 213, Ξ 349, etc. : ἐπὶ χθονὶ πῖπτεν ω 535. Cf. γ 453, θ 375, τ 470 (i.e. the floor), χ 86, etc.

χίλιοι, -αι, -α. A thousand : χίλια μέτρα H 471. Cf. Θ 562, Λ 244.

χίμαιρα, ἡ. A she-goat Z 181.

χιτών, -ῶνος, ὁ. (1) A loosely-fitting garment, prob. of linen, worn by men next to the body, a tunic : μαλακὸν B 42, χλαῖνάν τ' ἠδὲ χιτῶνα 262. Cf. B 416, Γ 57 (see λάϊνος), E 113, 736, I 490, K 21, etc.: α 437, 439, γ 467, δ 50, ζ 214, θ 441, ν 434, etc.—(2) χ. χάλκεος, app. = θώρηξ N 439.

χιών, -όνος, ἡ. Snow : ὅτε χιὼν ἐπάλυνεν ἀρούρας K 7, νιφάδες χιόνος (snowflakes) M 278. Cf. K 437, X 152 : ζ 44, ξ 476, τ 205.

χλαῖνα, -ης, ἡ. (1) An outer garment of wool, app. of the nature of a mantle or cloak, worn by men over the χιτών (app. distinguished from the φᾶρος only by being of a simpler character): ἀπὸ χλαῖναν βάλεν B 183, χλαῖνάν τ' ἠδὲ χιτῶνα 262. Cf. K 133, Π 224, X 493, Ω 163, 230 : δ 50, 115, ε 229, ξ 460, ρ 86, τ 225, φ 118, etc.—(2) A cloth or blanket of similar material covering a sleeper: χλαίνας ἐνθέμεναι οὔλας καθύπερθεν ἔσασθαι Ω 646 : = δ 299 = η 338. Cf. γ 349, 351, λ 189, ξ 520, τ 318, 337, υ 4, 95, 143, ψ 180.

χλούνης. Of unknown meaning : χλούνην σῦν I 539.

χλωρηΐς [χλωρός]. Epithet of the nightingale. App., of the greenwood : ἀηδών τ 518.

χλωρός, -ή, -όν. An adjective of colour of somewhat indeterminate sense. (1) Applied to what we call green. Still green, freshly cut: ῥῶπας π 47. Cf. ι 320, 379.—(2) To what we call yellow : μέλι Λ 631 : κ 234.—(3) In reference to the hue of the countenance, livid, pallid : χλωρός (χλωροί) ὑπαὶ δείους K 376, O 4.—Epithet of δέος H 479, Θ 77, P 67 : λ 43, 633, μ 243, χ 42, ω 450, 533.

χνόος, -ου, ὁ. A light flaky substance, a scurf of salt left by evaporated sea-water : ἐκ κεφαλῆς ἔσμηχεν ἁλὸς χνόον ζ 226.

χόανος, -ου, ὁ [χέω]. A crucible Σ 470.

χοή, -ῆς, ἡ [χέω]. A libation : χοὴν χεῖσθαι (χεόμην) κ 518, λ 26.

χοῖνιξ, -ικος, ἡ. A dry measure : ὅς κεν ἐμῆς γε χοίνικος ἅπτηται (draws his ration) τ 28.

χοίρεος [χοῖρος]. Of or pertaining to a χοῖρος. Absol. in neut. pl. : ἔσθιε χοίρεα (sc. κρέα) ξ 81 (porker's flesh).

χοῖρος. A young fattened pig, a porker ξ 73.

χολάδες, αἱ. The bowels Δ 526=Φ 181.

χόλος, -ου, ὁ. (1) Gall : χόλῳ σ' ἔτρεφε μήτηρ Π 203.—(2) Anger, ire, wrath, rage (commonly, but not always, to be distinguished from κότος) : χόλος λάβεν A 387, χόλον κ' ἐξακέσαιο Δ 36, μή τι διατρίβειν τὸν ἐμὸν χόλον (i.e. the giving effect to it) Δ 42. Cf. A 81, B 241, Δ 23, Z 326, I 157, 525, 646, O 122, Π 30, P 399, Υ 255, Ω 584, etc. : α 78, χολόω 421 χρειώ

433, γ 145, δ 583, θ 304, λ 554, φ 377, ω 248. —In reference to a lion Σ 322.—To a snake Χ 94.

χολόω [χόλος]. Fut. mid. κεχολώσομαι Ψ 543. 2 sing. κεχολώσεαι Ε 421, 762. 3 κεχολώσεται Α 139, Τ 301 : ο 214, ω 544. (1) To provoke to anger or wrath, anger, enrage : ἐπεί μ' ἐχολώσατε θ 205. Cf. Α 78, Σ 111 : σ 20.—(2) In mid. and pass., to be provoked to anger, wrath or indignation, conceive anger, wrath or indignation, be angry, wroth, indignant, enraged : ὁ δέ κεν κεχολώσεται Α 139, θυμῷ κεχολωμένον 217, σὺ μή τι χολωθῇς Ι 33. Cf. Β 195, Γ 413, Δ 391, Ι 523, Π 61, Τ 253, Φ 136, Ω 114, εἰc. : β 185, η 310, θ 227, ι 480, λ 544, ξ 282, ο 214, σ 25, χ 59, etc. —With dat. of the person against whom one feels anger : βασιλῆϊ χολωθείς Α 9. Cf. Β 629, Ε 421, Θ 407, Ο 155, Ρ 710, etc. : ζ 147, θ 276, ο 254, ω 544.—With genit. of the cause : τοῦ ἀποκταμένοιο χολώθη Δ 494. Cf. Δ 501, Λ 703, Ν 203, Ο 68, Φ 146, etc. : ἀνδρῶν μνηστήρων κεχολωμένος (enraged by the memory of their deeds) χ 369. Cf. α 69, μ 348.

χολωτός [χολόω]. Full of, displaying, anger, angry : ἐπέεσσιν Δ 241, Ο 210 : χ 26, 225.

χορδή, -ῆς, ἡ. A string of a musicai instrument φ 407.

χοροιτυπίη, -ης, ἡ [app. a locative form from χορός + τύπτω]. Beating of the ground in the dance, the dance. In pl. : χοροιτυπίησιν ἄριστοι Ω 261.

χορόνδε [acc. of next + -δε (1)]. To the dance : ἔρχεσθαι Γ 393.

χορός, -οῦ, ὁ. (1) Dancing, the dance : χοροῖο λήγοντα Γ 394, ἐς χορὸν ἐλθέμεν Ο 508, χορῷ καλή (in the dance) Π 180. Cf. ζ 65, 157.—In pl. in sim. sense: κίθαρίς τε χοροί τε θ 248.—A particular instance : ἐν χορῷ Ἀρτέμιδος Π 183. Cf. σ 194. —A throng or company of dancers : πολλὸς χορὸν περίσταθ' ὅμιλος Σ 603.—(2) A dancing-place : λείηναν χορόν θ 260. Cf. Σ 590 : θ 264, μ 4, 318.

χόρτος, -ου, ὁ. An enclosed space : αὐλῆς ἐν χόρτῳ (χόρτοισιν) Λ 774, Ω 640.

†χραισμέω. 3 sing. fut. χραισμήσει Τ 296. Infin. χραισμησέμεν Φ 316. 3 sing. aor. χραίσμησε Π 837. Infin. χραισμῆσαι Λ 120, Σ 62, 443. 3 sing. aor. ἔχραισμε Ξ 66. χραῖσμε Ε 53, Η 144. 3 sing. subj. χραίσμῃ Α 28, Γ 54, Ο 32. χραίσμῃσι Λ 387. 3 pl. χραίσμωσι Α 566. Infin. χραισμεῖν Α 242, 589, Λ 117, Ο 652, Φ 193. (1) To ward off, keep off. With dat. of person protected : ὄλεθρόν οἱ Η 144, Τ 296. Cf. Λ 120.—With personal object : μή νύ τοι οὐ χραίσμωσιν ἄσσον [ἐμ'] ἰόντα Α 566. —(2) To defend, protect, succour, aid, come to the rescue of. With dat. : μή νύ τοι οὐ χραίσμῃ σκῆπτρον θεοῖο Α 28, οὐ οἱ χραῖσμ' Ἄρτεμις Ε 53. Cf. Γ 54, Λ 117, 387, Ο 32, Π 837, Σ 62=443.— (3) Absol., to afford succour or protection, come to the rescue: ἐπεὶ τεῖχος οὐκ ἔχραισμεν Ξ 66, οὐκ ἐδύναντο χραισμεῖν Ο 652. Cf. Α 242, 589, Φ 193, 316.

χραύσῃ, 3 sing. aor. subj. χράω².

†χράω¹. Pres. pple. χρείων θ 79. Mid. χρεώμενος Ψ 834. Fut. pple. χρησόμενος, -ου θ 81, κ 492, 565, λ 165, ψ 323. Pf. pple. κεχρημένος, -ου Τ 262 : α 13, ξ 124, 155, ρ 347, 421, τ 77, υ 378, χ 50. 3 sing. plupf. κέχρητο γ 266, ξ 421, π 398. (1) To give oracular response : ὥς οἱ χρείων μυθήσατ' Ἀπόλλων θ 79.—(2) In mid., to consult an oracle : ὄθ' ὑπέρβη λάϊνον οὐδὸν χρησόμενος θ 81.—To consult (a seer). With dat. : ψυχῇ χρησομένους Τειρεσίαο κ 492=565. Cf. λ 165, ψ 323.—(3) In mid., to make use of something, use it : ἕξει σόλον πέντ' ἐνιαυτοὺς χρεώμενος (having it in use) Ψ 834.—To enjoy the use of, be endowed with, have. With dat. : φρεσὶ κέχρητ' ἀγαθῇσιν γ 266, ξ 421, π 398.—(4) In mid., to desire, long for, wish to possess or get, have one's heart set upon, seek, aim at. With genit. : οὐκ εὐνῆς πρόφασιν κεχρημένος [αὐτῆς] Τ 262 : νόστου κεχρημένον ἠδὲ γυναικός α 13. Cf. ξ 124, υ 378, χ 50.—(5) In mid., to stand in need of, lack. With genit. : ὅτευ κεχρημένος ἔλθοι ρ 421=τ 77.—Absol., to be in need or want : καὶ μάλα περ κεχρημένος ξ 155.— The pf. pple. in adjectival use, needy : κεχρημένῳ ἀνδρί ρ 347.

†χράω² [χραϝ-]. 3 sing. aor. subj. χραύσῃ Ε 138. 3 sing. aor. Φ 369 : ε 396, κ 64. 2 pl. ἐχράετε φ 69. (ἐπι-.) To attack, assail, lay hands upon, vex : ὅν τε ποιμὴν χραύσῃ οὐδὲ δαμάσσῃ (i.e. wounds him, but not fatally) Ε 138.—With dat. : στυγερὸς οἱ ἔχραε δαίμων ε 396. Cf. κ 64.—With complementary infin. : τίπτε σὸς υἱὸς ἐμὸν ῥόον ἔχραε κήδειν ; (to vex it) Φ 369. Cf. φ 69.

χρεῖος, χρέος, τό [χράω¹]. (1) App., a consulting of a seer : ἦλθον Τειρεσίαο κατὰ χρέος (to consult him) λ 479.—(2) Necessary affairs, business : ἑὸν αὐτοῦ χρεῖος ἐελδόμενος α 409. Cf. β 45.—(3) Something that one must pay, a debt : οἷσι χρεῖος ὀφείλετο Λ 686. Cf. Λ 688, 698, Ν 746 : γ 367, θ 353, 355, φ 17.

χρειώ, χρεώ, ἡ [χράω¹]. (1) Call or demand for the presence, possession, or use of something, need. (a) With expressed vb. : εἰ χρειὼ ἐμεῖο γένηται Α 341, τίπτ' αὖ ἀλᾶσθε, ὅ τι δὴ χρειὼ τόσον ἵκει ; (because of what do you wander, in respect of which such need has come upon you ? What is this great need that you wander thus ?) Κ 142. Cf. Κ 118, 172, Λ 610 : β 28, δ 312, ε 189, ζ 136, ι 136, λ 164.—With acc. of the person affected : οὐδέ τί μιν χρειὼ ἔσται τυμβοχόης Φ 322, Ω 634.— With complementary infin. : ἵν' οὐ χρειὼ ἔστιν εὐνὰς βαλέειν ι 136.—(b) Without expressed vb. : ἦ τι μάλα χρειώ (it must be some sore need that has brought you) Ι 197.—Without expressed vb. and with acc. of the person affected : μάλα χρειὼ πάντας Ἀχαιοὺς ἐσθλῆς [βουλῆς] (they have much need of it) Ι 75 : τίπτε σε χρειώ ; (what do you want ?) Κ 85, τί σε χρειὼ ἐμεῖο; (what do you want with me ?) Λ 606 : τίπτε σε χρειώ ; (what is your part in all this ?) α 225. Cf. Ι 608, Κ 43.— Without expressed vb. and with complementary infin. : διδασκέμεν σε οὔ τι μάλα χρειώ (there is no

421

great need to . . .) Ψ 308.—Without expressed vb. and with acc. of the person affected and complementary infin. : οὐδέ τί μιν χρεὼ νηῶν ἐπιβαινέμεν (why should he . . . ?) δ 707. Cf. ο 201.—(2) Necessity, compulsion : χρειοῖ ἀναγκαίη Θ 57.—Without expressed vb. and with acc. of the person affected and complementary infin. : τὸν μάλα χρεὼ ἐστάμεναι κρατερῶς (he needs must . . .) Λ 409. Cf. Σ 406.

χρείων, pres. pple. χράω[1].

χρεμετίζω. Of horses, to neigh M 51.

χρέος. See χρεῖος.

χρεώ. See χρειώ.

χρεώμενος, pres. pple. mid. χράω[1].

χρή [χράω[1]]. (1) There is need of, there needs, one should have or display. With acc. of the person affected and genit. : οὐδέ τί σε χρὴ ταύτης ἀφροσύνης (this is no time for such folly) H 109 : ὅττεό σε χρή (what your business is) α 124, τί με χρὴ μητέρος αἴνου; (i.e. she needs no praise from me) φ 110, ὄφρ' ἂν πονήσομαι ὅττεό με χρή (do my work) χ 377. Cf. γ 14, δ 463.—(2) It is necessary or needful, one needs must. (a) With acc. and infin. : τί σε χρὴ ταῦτα λέγεσθαι; (why do so?) N 275 : ἐμὲ χρὴ γήραϊ πείθεσθαι Ψ 644. Cf. A 216, T 228, X 268 : ζ 190, κ 490, ξ 364, ψ 250, ω 407. —(b) With acc. alone : οὐδέ τί σε χρή (there is no need) τ 500.—(c) With infin. alone : νῦν δὲ χρὴ τετλάμεν ἔμπης γ 209.—(3) It befits, it is fitting or proper, it behoves, one ought. (a) With acc. and infin. : οὐ χρὴ εὕδειν βουληφόρον ἄνδρα Β 24 = 61, χρή σε φάσθαι ἔπος I 100. Cf. H 331, I 496, 613, K 479, M 315, N 463, Π 492, T 67, 149, Ψ 478 : α 296, β 369, δ 492, ζ 27, κ 380, μ 154, ο 393, ρ 417, σ 17, τ 118.—(b) With acc. alone : οὐδέ τί σε χρή Π 721, T 420, Υ 133. Cf. ι 50.— (c) With infin. alone : χρὴ ἐμὸν θέμεναι πόνον οὐκ ἀτέλεστον Δ 57. Cf. E 490, I 309, 627, N 235, Π 631 : ζ 207, ο 74, τ 4, ω 324.

χρηΐζω [χράω[1]]. (1) To be in need or want : οὕτω χρηΐζοντι λ 340.—(2) To stand in need of, need, want. With genit. : ἰητῆρος Λ 835 : ὅττευ χρηΐζων ἱκόμην Λακεδαίμονα (what had brought me there) ρ 121. Cf. ρ 558.

χρῆμα, -ατος, τό [χράω[1]]. In pl., possessions, goods, effects, property : χρήματ' ἀπαιτίζοντες β 78, πῇ χρήματα φέρω τάδε ; ν 203. Cf. β 203, ξ 286, ο 230, π 315, τ 284, etc.

χρησόμενος, fut. pple. mid. χράω[1].

†χρίμπτω. Aor. pple. pass. χριμφθείς. (ἐγ-.) In pass., to approach, draw near : χριμφθεὶς πέλας κ 516.

χρίω. (ἐπι-.) (1) To rub, anoint : χρῖεν ἐλαίῳ Ψ 186. Cf. Π 670, 680, Ω 587 : γ 466, δ 252, θ 364, τ 320, ψ 154, etc. — Of rubbing arrows with poison. In mid. : ἰοὺς χρίεσθαι α 262.— (2) In mid., to rub or anoint oneself : χρισάμεναι ἐλαίῳ ζ 96. Cf. ζ 220, σ 194.

χροΐ, χρόα, dat. and acc. χρώς.

χροιή, -ῆς, ἡ [χρώς]. One's flesh, body, person (=χρώς (2)) : παραδραθέειν φιλότητι ᾗ χροιῇ Ξ 164.

χρόμαδος, ὁ. A grinding sound Ψ 688.

χρόνιος [χρόνος]. After a long time : υἱὸν ἐλθόντα χρόνιον (long expected) ρ 112.

χρόνος, -ου, ὁ. A space of time : ἐπὶ χρόνον (for a time) Β 299, πολὺν χρόνον (for a long time, long) 343, Γ 157, M 9, τόσσον χρόνον ὅσσον . . . (for such time as . . .) Ω 670. Cf. Ξ 206 = 305, T 157, Ψ 418 : χρόνον μ' ἐνθάδ' ἐρύκεις δ 599 (=πολὺν χρόνον 594), μεῖναι χρόνον (for a time) ζ 295, ι 138, ἐπὶ χρόνον (to last us long) ξ 193. Cf. β 115, μ 407, τ 169, 221, etc.—The space of time allotted in thought to the happening of something : ἀπολέσθαι ἕνα χρόνον (i.e. once for all) O 511.

χροός, genit. χρώς.

χρυσάμπυξ, -υκος [χρυσός + ἄμπυξ]. With frontlet of gold. Of horses E 358, 363, 720 = Θ 382.

χρυσάορος [χρυσός + ἄορ]. With sword of gold. Epithet of Apollo E 509, O 256.

χρύσειος, -η, -ον [χρυσός]. (Cf. next.) (1) Of gold, golden : ἠλοῖσιν A 246, σειρήν (made of strands of gold wire) Θ 19. Cf. Γ 248, Δ 133, E 730, 744, Θ 69, M 297, etc. : α 137, 142, γ 41, ε 62, κ 355, σ 294, etc.—In reference to the hue of a cloud Ξ 351.—Epithet of Aphrodite I 389.— (2) Studded, ornamented or fitted with gold : λέπαδνα E 731, ἱμάσθλην (app., with handle of gold) Θ 44. Cf. Ω 21, etc. : α 97, ε 232, etc.

χρύσεος, -η, -ον [χρυσός]. (Cf. prec. Often with synizesis of the second and third syllables.) (1) Of gold, golden : δαπέδῳ Δ 2, δεπάεσσιν 3, περόνῃ E 425. Cf. Δ 111, E 724, Z 320, I 670, Σ 375, Ψ 92, etc. : γ 472, δ 131, ζ 79, θ 431, ο 460, etc.— In reference to the hue of clouds N 523, Ξ 344, Σ 206.—Epithet of Aphrodite Γ 64, E 427, T 282, X 470, Ω 699 : δ 14, θ 337, 342, ρ 37 = τ 54.— (2) Studded, ornamented or fitted with gold : σκήπτρῳ A 15. Cf. E 727, Z 236, Λ 31, etc. : λ 91, 610, etc.

χρυσηλάκατος, -ον [χρυσός + ἠλακάτη in sense 'bow']. With bow of gold. Epithet or a name of Artemis Π 183, Υ 70 : δ 122.

χρυσήνιος, -ον [χρυσός + ἡνία]. With reins of gold. Epithet of Artemis Z 205.—Of Ares θ 285.

χρυσόθρονος, -ον [χρυσός + θρόνος]. Golden-seated. Epithet of Here A 611, Ξ 153, O 5.—Of Artemis I 533 : ε 123.—Of the dawn κ 541, ξ 502, ο 250, τ 319, χ 198, etc.

χρυσοπέδιλος, -ον [χρυσός + πέδιλα]. With sandals of gold. Epithet of Here λ 604.

χρυσόπτερος, -ον [χρυσός + πτερόν]. With wings of gold. Epithet of Iris Θ 398 = Λ 185.

χρυσόρραπις [χρυσός + ῥαπίς = ῥάβδος]. With wand of gold. Epithet of Hermes κ 277, 331.

χρυσός, -οῦ, ὁ. (1) Gold : δέκα χρυσοῖο τάλαντα I 122, χρυσὸν περιχέυας (gold foil) K 294. Cf. B 229, Z 48, I 126, Λ 25, P 52, Σ 574, etc. : ὅθι νητὸς χρυσὸς ἔκειτο β 338. Cf. ξ 105, γ 301, δ 73, ε 38, κ 35, ν 218, etc.—(2) Applied collectively to things made of gold. (a) To golden articles or ornaments : χρυσὸν δεδεγμένος, ἀγλαὰ δῶρα Λ 124. Cf. B 872, etc. : γ 274, ο 448, etc.—(b) To golden armour : χρυσὸν ἔδυνεν Θ 43 = N 25.

χρῡσοχόος, ὁ [χρυσός + χέω. Cf. περιχέω (2)]. One who applies gold as a covering or adornment, a goldsmith γ 425.

χρώς, ὁ. Genit. χρωτός Κ 575. χροός Δ 130, Ε 337, Λ 398, Ν 440, etc. : ζ 220. Dat. χροΐ Η 207, Θ 43, Μ 464, Ν 241, etc. : δ 750, ζ 61, λ 191, ο 60, etc. Acc. χρῶτα σ 172, 179. χρόα Δ 139, Ε 354, Λ 352, Ν 553, etc. : β 376, δ 749, ε 455, ζ 224, etc. (1) The flesh of the body : ἀκρότατον ὀϊστὸς ἐπέγραψε χρόα Δ 139, οὔ σφι λίθος χρώς [ἐστιν] 510, οὔ πη χρὼς (v.l. χροὸς) εἵσατο Ν 191 (see εἴδω (ΙΙ) (1), ἵημι² (5)). Cf. Ε 337, Θ 298, Λ 437, Μ 427, Ν 574, etc. : ε 455, ν 398, 430, π 145, τ 204.—(2) One's flesh, body, person : χρυσὸν ἔδυνε περὶ χροΐ Θ 43, ἀπὸ χροὸς λύματα κάθηρεν Ξ 170. Cf. Δ 130, Κ 575, Λ 398, Ν 640, Ρ 210, etc. : ὡς ἂν μὴ χρόϊ ἱάπτῃ β 376. Cf. δ 750, ζ 129, λ 191, π 182, τ 232, etc.—(3) In reference to the outward appearance or hue of the flesh, i.e. to the complexion : μελαίνετο χρόα Ε 354. Cf. Ν 279, 284, Ρ 733 : λ 529, φ 412.

χυθείη, 3 sing. aor. opt. pass. χέω.

χυμένη, nom. fem. aor. pple. pass. χέω.

χύντο, 3 pl. aor. pass. χέω.

χύσις, ἡ [χυ-, χέω]. A collection, mass or heap of scattered objects : φύλλων χύσις (χύσιν) ε 483, 487, τ 443.

χυτλόω [χυ-, χέω]. In mid., to anoint oneself : ἧος χυτλώσαιτο ζ 80.

χύτο, 3 sing. aor. pass. χέω.

χυτός, -ή, -όν [χυ-, χέω]. Piled or heaped up (cf. χέω (5)) : γαῖα Ζ 464, Ξ 114. Cf. Ψ 256 : γ 258.

χωλεύω [χωλός]. To walk lame, halt, limp. Of Hephaestus Σ 411 = Υ 37, Σ 417.

χωλός, -ή, -όν. Lame, halt : χωλὸς ἕτερον πόδα (lame of one foot) Β 217.—Of Hephaestus Σ 397 : θ 308, 332.—Of the Λιταί Ι 503.

χώομαι. 3 sing. aor. ἐχώσατο Α 64, Π 616 : ε 284. χώσατο Θ 397, Ν 165, Ξ 406, Χ 291. 3 sing. subj. χώσεται Α 80. Pple. χωσάμενος Φ 212. Fem. χωσαμένη Γ 414, Ι 534. (περι-.) To be angry, wroth or indignant, conceive anger, wrath or indignation : χωόμενος κῆρ (with wrath in his heart) Α 44, ὅ τι τόσσον ἐχώσατο 64. Cf. Α 46, Β 782, Γ 414, Θ 397, Ξ 260, Π 616, etc. : β 80, ε 284, θ 238, λ 103 = ν 343, μ 376.—In reference to self-anger : χωόμενος ὅ τε . . . Α 244.— With dat. of the person against whom one feels anger : ἀνδρὶ χέρηϊ Α 80. Cf. Ι 555, Φ 306, 413, Ω 606 : ε 215, ψ 213.—With genit. of the cause : χωόμενος εὐζώοιο γυναικός Α 429. Cf. Β 689, Ν 165, 662, Π 553, Υ 29, Φ 457, Ψ 37.—With the cause in acc. : μή μοι τόδε χώσεο ε 215, ψ 213.

χωρέω [χῶρος]. (ἀνα-, ὑπο-.) To withdraw, retire, give way : χώρησαν δ' ὑπὸ πρόμαχοι Δ 505 = Π 588 = Ρ 316, χώρησε τυτθὸν ἐπάλξιος (from the . . .) Μ 406, οὐδ' ἂν Ἀχιλλῆϊ χωρήσειεν (give way to him, retire before him) Ν 324. Cf. Ν 724, Ο 655, Π 592, 629, Ρ 101, 533, Σ 244.

χώρη, -ης, ἡ [cf. χῶρος]. (1) A place or spot : στρέψεσθ' ἐκ χώρης ὅθι . . . Ζ 516 : θῆκ' αὐτῇ ἐνὶ

χώρῃ (in the place from which he had taken it) φ 366. Cf. ψ 186.—The place occupied by one, one's place : στρεφθεὶς ἐκ χώρης π 352. Cf. Ψ 349.—(2) A land, country, region : ἅς τινας ἵκεο χώρας ἀνθρώπων θ 573.—(3) A space or extent of ground : ὀλίγη ἐνὶ χώρῃ Ρ 394.—Space, extent of ground : χώρης ὀλίγην μοῖραν Π 68. Cf. Ψ 521.

χωρίς. (1) Separately, apart, so as to be divided or parted from others: ἔρχατο, χ. μὲν πρόγονοι, χ. δὲ μέτασσαι, χ. δ' αὖθ' ἔρσαι ι 221. Cf. ω 78.—(2) Separately, so as not to be in common or shared with others or another : χ. Ἀτρεΐδης δῶκε μέθυ Η 470. Cf. δ 130.—(3) Separately, besides : χ. [δῶκα] γυναῖκας ω 278.

χῶρος, -ου, ὁ [cf. χώρη]. (1) A place or spot : ἐς χῶρον ἕνα ξυνιόντες ἵκοντο Δ 446 = Θ 60, χῶρον, ὅθ' ἕστασαν ἵπποι Κ 520. Cf. Ν 473, Ρ 54, Φ 262, Ψ 138 : α 426, ε 442, η 123, ι 181, λ 22, φ 142, etc.—(2) A space or extent of ground : ὅθι νεκύων διεφαίνετο χῶρος Θ 491 = Κ 199. Cf. Κ 161, Μ 423. —A space, place, region : κάλυψε (βάθυνε) χῶρον ἅπαντα Ψ 189, 421.—A space set apart for some purpose : χῶρον διειέτρεον Γ 315. Cf. Γ 344.— (3) A tract of country, a region : χῶρον ἀν' ὑλήεντα Κ 362 : ξ 2.—A land, country, region : χώρου ἄϊδρις ἐών κ 282. Cf. λ 94.

χῶστο, 3 sing. aor. χώομαι.

ψάμαθος, -ου, ἡ [cf. ἄμαθος and next]. (1) Sand : ὡς ὅτε τις ψάμαθον παῖς [ἐρείπῃ (a 'sand-castle') Ο 362 : ψαμάθῳ εἰλυμένα ξ 136.—In pl. in sim. sense : αὐτόν μιν εἰλύσω ψαμάθοισιν Φ 319. Cf. Η 462, Μ 31.—(2) Sand as commonly occurring by the sea or by rivers, the sand, the sands : ἐπὶ ψαμάθῳ ἔθεσαν ν 119.—In pl. : νῆα ἔρυσσαν ἐπὶ ψαμάθοις Α 486. Cf. Φ 202, Ψ 15, 853 : γ 38, ζ 226, 438, 539, ι 546 = μ 5, ν 284, χ 387.—The particles considered separately with reference to their number : ὅσα ψάμαθός τε κόνις τε Ι 385.— In pl. : ψαμάθοισιν [ἐοικότες] Β 800.

ψάμμος, -ου, ἡ [cf. prec.]. = prec. (1) : γαῖα ψάμμῳ κυανέη μ 243.

ψάρ, ψήρ. A starling Π 583, Ρ 755.

ψαύω. (ἐπι-.) (1) To be so close together as to touch, to touch : ψαῦον κόρυθες φάλοισιν Ν 132 = Π 216.—(2) To come into contact with, bring something into contact with, touch. With genit. : ψαύουσι ἐπισσώτρου τρίχες Ψ 519, ὁππότεροι κε ψαύῃ ἐνδίνων 806.

ψεδνός, -ή, -όν. Sparse, scanty, thin : λάχνη Β 219.

ψευδάγγελος, -ον [ψεῦδος + ἄγγελος]. Falsifying one's message Ο 159.

ψευδής [ψεύδομαι]. Breaking one's troth. Absol., one guilty of doing this : οὐκ ἐπὶ ψεύδεσσι Ζεὺς ἔσσετ' ἀρωγός Δ 235 (v.l. ψεύδεσσιν ; see ψεῦδος (1)).

ψεύδομαι. Fut. ψεύσομαι Κ 534 : δ 140. Nom. pl. aor. pple. ψευσάμενοι Η 352. Nom. sing. fem. ψευσαμένη Ζ 163. (1) To speak falsely, lie, use deceit : κομιδῆς κεχρημένοι ψεύδονται ξ 125. Cf.

Z 163 : ξ 365.—(2) To break (a treaty) : ὅρκια ψευσάμενοι H 352.—(3) To make an inaccurate or incorrect statement, speak erroneously, be wrong in what one says : ψεύσομαι, ἢ ἔτυμον ἐρέω ; K 534 : = δ 140. Cf. Δ 404, E 635.

ψεῦδος, τό [ψεύδομαι]. (1) A falsehood, lie, piece of deceit : ψ. κεν φαῖμεν B 81 = Ω 222, γνώμεναι εἴ τε ψ. ὑπόσχεσις (whether he promised only to deceive) B 349. Cf. Φ 276 : γ 20 = 328, λ 366, ξ 296, 387, τ 203.—In pl., sharp practice : ψεύδεσσι βιησάμενος Ψ 576.—An oath-breaking (cf. ψεύδομαι (2)). In pl.: ψεύδεσσιν ἀρωγός (an abettor in oath-breaking) Δ 235 (v.l. ψευδέσσιν; see ψευδής).—(2) An inaccurate, incorrect or erroneous statement: οὔ τι ψ. ἐμὰς ἄτας κατέλεξας (all you have said is but the truth) I 115.

ψεύσομαι, fut. ψεύδομαι.

ψευστέω [ψεύστης]. = ψεύδομαι (3) : ψευστήσεις (the event will falsify your boast) T 107.

ψεύστης, ὁ [ψευσ-, ψεύδομαι]. A liar : ψεῦσταί τ' ὀρχησταί τε Ω 261.

†**ψηλαφάω**. Pres. pple. ψηλαφόων. To feel or grope about : χερσὶ ψηλαφόων ι 416.

ψήρ. See ψάρ.

ψηφίς, -ῖδος, ἡ. A pebble Φ 260.

ψιάς, -άδος, ἡ. A drop Π 459.

ψιλός, -ή, -όν. Bare : ἄροσιν (freed from trees or other encumbrances, cleared) I 580 : νῆα ψιλὴν φέρε κῦμα (her timbers gone) μ 421, δέρμα (stripped of the hair) ν 437.

ψολόεις, -εντος [ψόλος, smoke]. Accompanied by smoke, smoky : κεραυνῷ ψ 330. Cf. ω 539.

ψύξāσα, aor. pple. fem. ψύχω.

ψυχή, -ῆς, ἡ. (1) The animating principle, the vital spirit, the soul, the life, life, one's life (cf. θυμός (I) (1) (b)) : λύθη ψυχή τε μένος τε E 296 = Θ 123 = 315. Cf. Λ 334, Φ 569, X 257, 325, 338, 467, Ψ 104, Ω 754 : κεκαδήσει θυμοῦ καὶ ψυχῆς φ 154, 171. Cf. ι 523.—In pl. in reference to a number of persons : ψυχὰς ὀλέσαντες N 763 = Ω 168. Cf. χ 444.—(2) Animate existence viewed as a possession, one's life : ἐμὴν ψυχὴν παραβαλλόμενος I 322, ψυχῆς ἀντάξιον 401 : ψυχὰς παρθέμενοι γ 74 = ι 255. — (3) Animate existence viewed with regard to its duration, one's life or continued existence : περὶ ψυχῆς θέον "Εκτορος X 161 : ἀρνύμενος ἣν ψυχήν α 5, ὥς τε περὶ ψυχῆς ι 423.— In pl. in reference to a number of persons : ὅσσοι περὶ ψυχέων ἐμάχοντο χ 245.—(4) The spirit or soul thought of as distinct from the body and as leaving it at death (cf. θυμός (I) (1) (c)) : πολλὰς ψυχὰς Ἄϊδι προΐαψεν A 3, τὸν δὲ λίπε ψυχή E 696, ψυχὴ πάλιν ἐλθεῖν οὐ λείστή I 408. Cf. E 654 = Λ 445, H 330, Ξ 518, Π 453, 505, 625, 856 = X 362 : ψυχὴ ἀποπταμένη πεπότηται λ 222. Cf. κ 560 = λ 65, ξ 134, 426 (of a pig), σ 91.—(5) A disembodied spirit, a shade : ψυχὴ Πατροκλῆος Ψ 65, ψυχαί, εἴδωλα καμόντων 72. Cf. Ψ 100, 106, 221 : ψυχῇ (ψυχὴ) Τειρεσίαο κ 492 = 565, λ 90, 165, ψ 251, 323. Cf. κ 530, λ 37, 51, 84, 141, 150, 205, 385, 387, 467, 471, 538, 541, 543, 564, 567, ω 1, 14, 15, 20, 23, 35 = 191, 100, 105, 120.

ψῦχος, τό [ψύχω]. Coolness κ 555.

ψυχρός, -ή, -όν [ψύχω]. Cold : νιφάδες T 358. Cf. O 171, X 152 : αὔρη ε 469. Cf. ι 392, ξ 477, ρ 209, τ 388.—Of the bronze of a weapon : ψυχρὸν ἕλε χαλκὸν ὀδοῦσιν E 75.

†**ψύχω**. Aor. pple. fem. ψύξāσα. (ἀνα-, ἀπο-.) To breathe, blow : ἧκα ψύξασα Υ 440.

ψωμός, -οῦ, ὁ. A bit or gobbet ι 374.

ὦ, ὤ, int. O ! Oh ! With voc. A 74, 158, 442, B 79, 235, 796, etc. : α 45, β 40, γ 43, 79, δ 26, etc.— ὤ μοι, ay me ! A 149, Δ 370, H 96, etc. : ε 408, λ 216, ν 168, etc.—ὤ μοι 'Οδυσῆος ν 209 (ay me for . . . !).—So ὤ μοι ἐγώ Λ 404, etc. : ε 299, etc.—ὤ μοι ἐγὼ σέο τ 363. —For ὦ (ᾤ) πόποι see πόποι.

ὧδε. (1) In this way or manner, thus, so (often and properly) referring to what concerns the speaker ; cf. οὕτως) : ἀπειλήσω τοι ὧδε A 181, εἰ ἐριδαίνετον ὧδε 574, οὐ τότε γ' ὧδ' 'Οδυσῆος ἀγασσάμεθ' εἶδος (as much as before) Γ 224, ὧδε γὰρ ἔβρισαν (so heavily do they bear upon us) M 346 (or this might come under (3)). Cf. A 212, B 258, 271, 802, Δ 176, 308, etc. : ὧδ' ἔρξαι ε 342, ἥμενος ὧδε (sitting here quietly) σ 224, ὄρχους δέ μοι ὧδ' ὀνόμηνας δώσειν (in the same way, similarly) ω 341. Cf. α 236, β 28, 111, δ 159, ι 403, μ 217, etc.— (2) With imp., as you are, as I tell you, without more ado, straightway, at once : ὧδ' ἐπ' ἀριστέρ' ἔχε στρατοῦ N 326.—Sim. : οὕνεκά σ' οὐ τὸ πρῶτον, ἐπεὶ ἴδον, ὧδ' ἀγάπησα (at once) ψ 214.—(3) Hither : αἱ γὰρ ὧδ' ἄφαρ ἐλασαίαθ' ἵππους K 537, πρόμολ' ὧδε Σ 392 : ὧδε κατήλυθον α 182. Cf. ρ 544, φ 196. —(4) Qualifying an adj., pple. or adv., thus, so : ἀθρόοι ὧδ' ἴομεν (keeping together as we are) B 439, ὧδ' ἀΐδηλος E 897. Cf. Z 478, Φ 358, etc. : ὧδε ἐοικότα γ 125, ὧδ' ἐκπάγλως ε 339. Cf. γ 376, δ 141, ζ 25, ξ 139, τ 350, etc.—(5) Correlative with ὡς : ὧδε . . . ὡς ι . . . , in like manner . . . as . . . Γ 300, etc. : γ 221, etc.

ὧδεε, 3 sing. impf. οἰδέω.

†**ὠδίνω** [ὠδίς]. (1) To suffer pain, be in agony : στενάχων τε καὶ ὠδίνων ὀδύνησιν (in agony of anguish) ι 415.—(2) To suffer the pains of childbirth : ὠδίνουσαν γυναῖκα (in labour) Λ 269.

ὠδίς, -ῖνος, ἡ. In pl., pains, pangs : Εἰλείθυιαι πικρὰς ὠδῖνας ἔχουσαι Λ 271.

ὠδύσατο, 3 sing. aor. ὀδύσσομαι.

†**ὠθέω** [Ϝοθ-]. 3 sing. pa. iterative ὤθεσκε λ 596. ὤσασκε λ 599. Aor. ὦσα ι 488. 2 sing. ὦσας Φ 398. 3 ἔωσε Π 410. ὦσε A 220, B 744, E 19, Λ 143, N 193, Π 863, P 618, Υ 461, Φ 235, etc. : χ 20. 3 pl. ὦσαν λ 535, E 626, Θ 336, N 148, Π 569, P 274. 3 sing. subj. ὤσῃ N 138. 1 pl. opt. ὤσαιμεν Π 45. Infin. ὦσαι N 688. **Mid.** 3 sing. aor. ὤσατο Z 62. 1 pl. ὠσάμεθα Θ 295. 3 ὤσαντο Π 592. 3 sing. opt. ὤσαιτο E 691, Π 655. 2 pl. ὠσαίσθε Λ 467. Infin. ὤσασθαι M 420, O 418. (ἀν-, ἀπ-, δι-.) (1) To thrust, push, force, shove : ἐς κουλεὸν ξίφος A 220, ὦσε δ' ἀπὸ ῥινὸν λίθος (forced it aside) E 308, ὦσε νεκρούς (i.e. cleared his stream of them) Φ 235. Cf. N 138, Ξ 494, O 668 (dispersed it), P 618 : γ 295,

λ 596, 599, χ 20.—Of pushing an object by force applied from a position upon it: ὦσα [νῆα] παρέξ ι 488.—To thrust (a spear) Φ 398.—With personal object: ὅτε Φῆρας ἐκ Πηλίου ὦσεν Β 744, ῞Εκτορα Ζεὺς ὦσεν ὄπισθε χειρί (pushed him forwards) Ο 694. Cf. Ε 19, Π 410, 863, Λ 143, 320, Υ 461, 489.—In mid. with such an object, to thrust back, repulse (a suppliant): ἀπὸ ἕθεν ὤσατ' ῞Αδρηστον Ζ 62.—(2) To thrust or force back (a foe), cause (him) to give way or retreat: μέγαν ἑ ἐόντα [῞Εκτορ'] ὦσαν ἀπὸ σφείων Δ 535 = Ε 626 = Ν 148, ἰθὺς τάφροιο ὦσαν 'Αχαιούς Θ 336. Cf. Ν 193, 688, Π 45, 569 = Π 274, Φ 241.—In mid. : ὄφρ' ὤσαιτ' 'Αργείους Ε 691. Cf. Θ 295, Λ 803, Μ 420, Ο 418, Π 592, 655.—(3) To pull, draw : ἔκ οἱ μηροῦ δόρυ ὦσεν Ε 694. Cf. Ε 854.—With personal object: Σθένελον ἀφ' ἵππων ὦσε χείρ' ἐρύσασα Ε 835.

ὤϊγνυντο, 3 pl. impf. pass. οἴγνυμι.

ὤϊετο, 3 sing. impf. ὄϊομαι.

ὤϊξε, 3 sing. aor. οἴγνυμι.

ὠΐσθην, aor. ὄϊομαι.

ὦκα [ὠκύς]. (1) With speed, swiftly : ὦκα διέπρησσον πεδίοιο Β 785 = Γ 14. Cf. Ε 88, Ν 671 = Π 606, Φ 261, Ψ 364 : ὦκα μεγάροιο διελθέμεν ζ 304. Cf. γ 157, 176, δ 586 = ρ 149, ο 182, 472, 555, ω 413.—(2) In short space, soon, before long, quickly, speedily, shortly : οὐδέ κέ μ' ὦκα τέλος θανάτοιο κιχείη Ι 416. Cf. Ε 903, Κ 350, Ξ 418, Ρ 190, etc. : μάλα δ' ὦκα δόμους ἵκανεν ἄνακτος ρ 255. Cf. μ 427, ξ 352, υ 27, φ 50, etc.—(3) Without delay or loss of time, with all speed, at once, forthwith, straightway: ὣχ' ἑκατόγχειρον καλέσασα Α 402. Cf. Α 447, Β 26, 52, Η 337, 417, Λ 354, etc. : ὥκ' ἐνήσομεν πόντῳ β 295. Cf. β 8, ζ 289, κ 178, ξ 33, σ 39, etc.

ὠκύαλος, -ον [app. a lengthened form of ὠκύς]. Swift. Epithet of ships Ο 705 : μ 182, ο 473.

ὠκύμορος [ὠκύς + μόρος]. (1) On whom fate is coming swiftly, doomed to an early death, shortlived : ὠκύμορος καὶ ὀϊζυρός Α 417. Cf. Σ 95, 458 : α 266 = δ 346 = ρ 137.— In superl. : ὠκυμορώτατος ἄλλων Α 505.—(2) Carrying swift death. Epithet of arrows Ο 441 : χ 75.

ὠκυπέτης [ὠκύς + πέτομαι]. Swift-flying, swift-speeding : ἵππω Θ 42 = Ν 24.

ὠκύπορος, -ον [ὠκύς + -πορος, πείρω]. Swiftly cleaving (the seas), swift-sailing. Epithet of ships Α 421, Β 351, Κ 308, Μ 156, etc. : δ 708, ε 176, ξ 230.

ὠκύπους, -ποδος [ὠκύς + πούς]. Dat. pl. ὠκυπόδεσσι Β 383, Ψ 504. Swift-footed. Epithet of horses Β 383, Ε 296, 732, Κ 535, etc. : ψ 245.— Applied to ἵπποι in sense ' chariot' (see ἵππος (3)) Θ 129 : ε 263.

ὠκύπτερος [ὠκύς + πτερόν]. Swift - winged. Epithet of the falcon : ἴρηξ Ν 62.

ὠκύροος [ὠκύς + ῥέω]. Swift-flowing : ποταμῷ Ε 598. Cf. Η 133.

ὠκύς, [-εῖα], -ύ. Nom. sing. fem. always in form ὠκέα Β 786, Ε 368, Θ 425, Λ 195, etc. : μ 374. Superl. ὠκύτατος θ 331. ὤκιστος Ο 238,

Φ 253, Χ 325 : χ 77, 133. (1) Quick in movement, nimble, swift, fleet (often a merely conventional epithet) : ὀϊστόν Ε 395, ἵρηκι Ο 238. Cf. Ε 106, Λ 397, Π 583, etc. : τῶν νέες ὠκεῖαι ὡς εἰ πτερόν η 36. Cf. ζ 104, μ 374, φ 138, 416, etc. : κιχάνει βραδὺς ὠκύν θ 329.—In superl. : ὤκιστος πετεηνῶν Ο 238, Φ 253. Cf. θ 331.—Of immaterial things : ὠκὺς θυμὸς πτάτο (flew swiftly) Ψ 880. —In superl. : ὤκιστος ὄλεθρος Χ 325.—Epithet of horses Γ 263, Δ 500, Ε 257, Η 240, etc. : γ 478, 496, δ 28.—Applied to ἵπποι in sense ' chariot' (see ἵππος (3)) Η 15.—Of ships Θ 197 : η 34, ι 101.—Epithet of Achilles Τ 295, Φ 211, Χ 188, etc.—Of Iris Β 786, Ε 368, Λ 195, etc.—For πόδας ὠκύς (ὠκέα) see πούς (3).—(2) In neut. pl. superl. ὤκιστα as adv., very soon, speedily, at once : εἴ κε βοὴ ὤκιστα γένοιτο χ 77. Cf. χ 133.

ὤλεσα, aor. ὄλλυμι.

ὠλεσίκαρπος, -ον [ὠλεσ-, ὄλλυμι + καρπός[1]]. Shedding its fruit early : ἰτέαι κ 510.

ὤλετο, 3 sing. aor. ὄλλυμι.

ὦλξ [ϝελκ-, (ϝ)έλκω]. Only in acc. ὦλκα. A furrow : ἱεμένω κατὰ ὦλκα Ν 707. Cf. σ 375.

ὠμηστής [ὠμός + ἔδω]. Eating raw flesh, preying on carrion : οἰωνοὶ Λ 454, κύνες Χ 67, ἰχθύσιν Ω 82.—Applied to a human being : ὠμηστὴς ἀνὴρ ὅ γε Ω 207.

ὠμίλεον, 3 pl. impf. ὁμιλέω.

ὠμογέρων, -οντος [ὠμός in sense ' unripe '+ γέρων]. In green or lusty old age Ψ 791.

ὠμοθετέω [ὠμός + θε-, τίθημι]. In sacrificing, to lay slices of raw flesh on the fat enclosing the sacrificial joints : ἐπ' αὐτῶν (i.e. on the joints so enclosed) ὠμοθέτησαν Α 461 = Β 424 : = γ 458 = μ 361.—In mid. : ὠμοθετεῖτο συβώτης ἐς πίονα δημόν ξ 427.

ὠμός. (1) Uncooked, raw : ὠμὰ κρέα ἔδμεναι Χ 347 : κρέ' ὀπταλέα τε καὶ ὠμά μ 396.—So εἰ ὠμὸν βεβρώθοις Πριάμου δ 357.—Fig. : ἐν ὠμῷ γήραϊ θῆκεν (premature) ο 357.—(2) Raw, with the skin stripped off, excoriated, bloody : ὅς κεν μηδὲ ἐξερύσας δώῃ κυσὶν ὠμὰ δάσασθαι σ 87. Cf. χ 476.—In neut. pl. as adv. (though in sense qualifying rather the object than the vb.) : ῞Εκτορα δώσειν κυσὶν ὠμὰ δάσασθαι Ψ 21.

ὦμος, -ου, ὁ. (1) One of the shoulders, one's shoulder ; in dual and pl., the shoulders, one's shoulders : τόξ' ὤμοισιν ἔχων Α 45, τώ οἱ ὤμω κυρτώ Β 217, δι' ὤμου ἔγχος ἦλθεν Δ 481. Cf. Α 46, Γ 17, Ε 7, 46, 622, Η 16, Λ 593, etc. : β 3, δ 245, ζ 219, θ 416, ξ 170, 262, 362, etc.— Of animals. Of horses Ζ 510 = Ο 267, Π 468.— Of a wild boar τ 452.—(2) Regarded as a seat of strength : ἐν βίην ὤμοισιν ἔθηκεν Ρ 569.

ὤμοσα, aor. ὄμνυμι.

ὠμοφάγος [ὠμός + φάγον]. Eating, preying upon, raw flesh, ravening : λείουσιν Ε 782, Η 256, Ο 592, θῶες Λ 479, λύκοι Π 157.

ὤμωξε, 3 sing. aor. οἰμώζω.

ὤνατο, 3 sing. aor. ὄνομαι.

ὤνησε, 3 sing. aor. ὀνίνημι.

ὠνητός, -ή, -όν [ὠνέομαι, to buy, fr. ὦνος].

ὠνόμασας **426** ὡς

Bought : ἔμ' ὠνητὴ τέκε μήτηρ, παλλακίς (*i.e.* a slave) ξ 202.
ὠνόμασας, 2 sing. aor. ὀνομάζω.
ὦνος, -ου, ὁ. (*Ϝῶνος.* Cf. L. *venum.*) That which is given or paid as an equivalent, a price : ὦνον ἔδωκεν Φ 41, υἷος Πριάμοιο ὦνον ἔδωκε [κρητῆρα] (as the ransom for him ; referring to the same transaction) Ψ 746 : ἐπείγετ' ὦνον ὀδαίων (*i.e.* your buying, your bargaining) ο 445. Cf. ξ 297, ο 388 = 429, 452, 463.
ὠνοσάμην, aor. ὄνομαι.
ὦξε, 3 sing. aor. οἴγνυμι.
ὦπα, τό [ὀπ-. See ὁράω]. (Cf. βλοσυρῶπις, βοῶπις, γλαυκῶπις, εἰσωπός, ἑλίκωψ, ἐνῶπα, ἐνώπια, εὐῶπις, κυανῶπις, κυνώπης, κυνῶπις, μέτωπον, πρόσωπον, στεινωπός, ὑπώπια.) The eye (always with εἰς) : θεῆς εἰς ὦπα ἔοικεν (looking at her in the eye, to view) Γ 158, ἔμοιγε εἰς ὦπα ἰδέσθαι (to look me in the eye) I 373, ἐπὴν Διὸς εἰς ὦπα ἴδησθε O 147. Cf. α 411, χ 405, ψ 107.
ὦπασα, aor. ὀπάζω.
ὡπλίσ(σ)ατο, 3 sing. aor. mid. ὁπλίζω.
ὥπλισσε, 3 sing. aor. ὁπλίζω.
ὦρεξε, 3 sing. aor. ὀρέγω.
ὥρεσσι, contr. dat. pl. ὄαρ.
ὥρετο, 3 sing. aor. mid. ὄρνυμι.
ὥρη, -ης, ἡ. (1) A natural season, a period of the year : ὅσσα τε φύλλα γίγνεται ὥρῃ (in their season, *i.e.* in spring) B 468, ὥρῃ ἐν εἰαρινῇ 471 = Π 643. Cf. Z 148, Φ 450 : βαθύ κε λήϊον εἰς ὥρας ἀμφεν (in due season) ι 135. Cf. β 107 = τ 152 = ω 142, ι 51, κ 469, λ 295 = ξ 294, σ 367 = χ 301.—Personified. In pl. Ὧραι E 749 = Θ 393, Θ 433.—A season or time marked by special characteristics : ὥρῃ χειμερίῃ (in storm-time) ε 485, ὁππότε Διὸς ὧραι ἐπιβρίσειαν (the rainy seasons, rain-showers) ω 344.—(2) The season or time for something : ὥρῃ εὕδειν λ 330, 373, ὥρῃ δόρποιο ξ 407, ἐν ὥρῃ (in the due season) ρ 176. Cf. γ 334, λ 379, ο 126, 394, τ 510, φ 428.
ὥρινε, 3 sing. aor. ὀρίνω.
ὥριος [ὥρη]. Proper to a season : φέροι κεν ὥρια πάντα (all things in due season) ι 131.
ὥριστος, crasis of ὁ ἄριστος.
ὥρορε, 3 sing. redup. aor. ὄρνυμι.
ὦρσε, 3 sing. aor. ὄρνυμι.
ὦρτο, 3 sing. aor. mid. ὄρνυμι.
ὀρχεῦντο, 3 pl. impf. ὀρχέομαι.
ὠρώρει, 3 sing. plupf. ὄρνυμι.
ὡς. Written also ὥς. (1) In this way or manner, thus, so : ὡς ἔφατο A 33, ὡς τὰ πένοντο 318, αἴ γὰρ ἐγὼν ὡς εἴην ἀθάνατος . . . (as surely as . . .) Θ 538. Cf. A 68, 217, B 35, 207, Ξ 142 (by his own folly), etc. : α 42, 96, 125, 166, β 106, 320, γ 148, 228, etc.—With αὕτως. See αὕτως (2).—(2) Absol. (a) καὶ ὡς, even so, all the same, nevertheless, for all that A 116, Γ 159, Δ 322, E 482, Θ 56, etc.: δ 484, ε 219, θ 184, ι 258, etc.—(b) οὐδ' ὡς, not even so, for all that H 263, I 351, 386, Λ 255, M 432, etc.: α 6, β 23, ε 324, κ 291, etc.—(3) Qualifying an adjective or pple., thus : ὡς πυκνοὶ ἀλλήλοισιν ἔφυν ἐπαμοιβαδίς

ε 480. Cf. ν 389, σ 202, τ 442.—(4) Thus, so, therefore, accordingly : ὡς λίπον [ἵππους] E 204. Cf. A 601, I 597, etc. : ὡς οὐκ αἰνότερον ἄλλο γυναικός (thus we see that . . .) λ 427. Cf. β 137, δ 93, ι 161, etc.—(5) Correlative with ὡς : (a) ὡς . . . ὡς . . ., so . . . as . . . Δ 319, Θ 538, Λ 670, Ξ 265, etc. : γ 218, ζ 166, κ 416, ξ 468, ο 156, etc.—(b) ὡς . . . ὡς . . . (a) As . . . so . . . A 513, B 328, 464, Δ 314, 436, E 163, H 7, Θ 308, Λ 70, M 171, etc. : δ 340, ε 330, 370, θ 531, κ 218, 414, ν 84, ρ 218 (see ὁμοῖος (1)), etc.—(β) No sooner . . . than . . . Ξ 294, T 16, Υ 424.
ὡς. (1) In such or the same way or manner as, even as, as. (a) (a) ὡς ἔμ' ἀφαιρεῖται Χρυσηΐδα (as he is taking her from me, (so) will I . . .) A 182, ὡς ἐπιτέλλω ὡς ἐπιτέλλω B 10. Cf. A 276, B 258, Δ 267, 374, Z 262, 519, Θ 286, etc. : δὸς ξείνιον ὥς περ ὑπέστης ι 365, αἴ γὰρ δυναίμην . . . ὡς . . . (as surely as . . .) 525. Cf. α 35, 200, β 172, 183, 305, γ 234, δ 157, etc.—So ὡς τε : ὡς τέ τευ ἢ παρὰ πάμπαν ἀνείμονος ἠὲ πενιχροῦ (as if from . . .) γ 348, ὥς τε περὶ ψυχῆς (as was natural in a matter of life and death) ι 423. Cf. ζ 122, λ 411, etc.—(β) Introducing similes : ὡς E 499, H 4, I 4, Λ 113, etc. : τ 205, υ 14.—ὥς τε B 459, Γ 23, Δ 433, M 421, etc. : ν 81.—For ὡς ὁπότε see ὁπότε (1) (a). ὥς τε ὅτε see ὅτε (1) (a) (γ).—(γ) For ὡς γάρ see γάρ (4).—(b) With subj. (a) In conditional relative sentences. For the examples and constructions see Table at end (III) (D) (13) (35).—(β) Introducing similes : ὡς E 161, I 323, X 93, etc. : ε 368, θ 523, π 17.—ὥς τε B 474, Λ 67, M 167, N 198, etc. : χ 302.—For ὡς ὁπότε see ὁπότε (1) (b) (γ).—For ὡς ὅτε see ὅτε (1) (b) (δ).—(c) Introducing a simile with opt. : ὡς ὅτε ι 384.—(d) For ὡς εἰ, ὡς εἴ τε see εἰ (6) (7).—(2) Introducing similes without expressed vb. : ὡς P 4, Φ 282.—ὥς τε E 136, I 14, M 299, O 630, etc. : α 308, ζ 130, χ 384, etc.—For ὡς ὅτε see ὅτε (2).—(3) Introducing a clause reduced to its subject or object, after the manner of, as in the case of, in the likeness of, like. (a) ὡς : ὥς περ Ἀχιλλεύς Ξ 50, ὡς Πάτροκλον T 403, etc. : ἀνέμου ὡς πνοιῇ ζ 20. Cf. β 333, η 206, μ 433, ο 479, υ 140, etc.—(b) ὥς τε : ὥς τε θεός (as might be expected of a goddess) Γ 381, ὥς τε λέοντα E 136. Cf. B 289, I 14, Λ 239, N 564, etc. : ὥς τε κτάμεναι μενεαίνων (like one minded to . . .) κ 295, ὥς τε θεῷ χ 349. Cf. α 227, γ 246, δ 45, ε 371, etc.—(4) Following the word to which it relates and accented : κas ὡς B 190, ὄρνιθας ὥς 764. Cf. B 781, Γ 60, 196, E 78, Θ 306, etc. : ἀθάνατος ὥς ζ 309. Cf. α 320, β 47, δ 32, κ 124, etc.—(5) In what way or manner, in how high a degree. In exclamatory use, how . . . ! to think how . . . ! to think that . . . ! ὡς οὔ τίς με θεῶν ὑπέστη σαῶσαι Φ 273. Cf. Φ 441, Ω 388 : ὡς ὅδε πᾶσι φίλος ἐστίν κ 38, ὡς ἐπιτροχάδην ἀγορεύει σ 26. Cf. ο 381, π 364.—Sim. : ὡς μοι δέχεται κακὸν ἐκ κακοῦ (showing how . . .) T 290 : ὡς ἀγαθὸν καὶ παῖδα λιπέσθαι (from which we see how good a thing is) γ 196, ὡς οὐδὲν γλύκιον ἧς

426

πατρίδος (so true it is that . . .) ι 34. Cf. χ 319.
—(6) In object clauses, in what way or manner,
to what extent, in what degree, how. (a) With
indic. : ἤδεε γὰρ ἀδελφεὸν ὡς ἐπονεῖτο Β 409,
μέμνημαι τόδε ἔργον ὡς ἦν (how it chanced)
Ι 528. Cf. Δ 360, Η 407, Ι 647, Λ 768, Ξ 482,
Ο 204, Ψ 648, etc. : ἀκούσαμεν ὡς ἐβόησας δ 281,
οὐ τόλμησεν ἐπακοῦσαι ἐμὸν ἔπος, ὡς ἐρέεινον . . .
(i e. would not stay to learn the nature of my
inquiry) ω 262. Cf. γ 194, 255, δ 772, ε 423,
θ 76, ν 170, χ 374, ψ 310, etc.—With fut. : εἰπέ
μοι νόστον, ὡς ἐλεύσομαι δ 381. Cf. δ 390, etc.—
(b) With subj. (here and in (c) tending to pass into
sense (8)). (α) Pure : μερμήριξε ὡς Ἀχιλῆα τιμήσῃ
Β 3.—(β) With κεν : πειρᾶν ὥς κ' ἄρξωσιν Δ 66.
Cf. Ι 112, Ο 235, Φ 459, etc. : φράσσεται ὥς κε
νέηται α 205. Cf. α 87, β 168, 316, etc.—(c) With
opt. : πειρᾶν ὡς πεπίθοιεν Πηλεΐωνα Ι 181.—
(7) In such way or manner that, so that. (a) With
subj. pure or with κεν or ἄν : ὥς τις βέλος πέσσῃ
Θ 513, ὡς ἂν δοάσσεται Ψ 339 : ὥς κ' ἄλγεα πάσχῃ
χ 177. Cf. π 169.—(b) With opt. (a) Pure : ὥς
μιν ψυχὴ λίποι σ 91. Cf. ι 42 = 549.—(β) With
ἄν : ὡς ἄν τίς σε μακαρίζοι ο 538 = ρ 165 = τ 311.—
(8) In final clauses, so that, in order that. (a) With
subj. (α) Pure : ὥς μοι τόνδ' ἄνδρ' ἐξονομήνῃς
Γ 166. Cf. Β 363, Ζ 259, 357, Θ 37, Ι 311, etc. :
ε 164, ρ 76.—(β) With κεν : σαώτερος ὥς κε νέηαι
Α 32. Cf. Β 385, Ζ 69, Η 334, Θ 508, Τ 151, Ω 75,
etc. : ὥς κ' ἔμ' ἐμῆς ἐπιβήσετε πάτρης η 223. Cf.
β 368, ε 26, θ 101, τ 319, ω 532, etc —(γ) With
ἄν : ὡς ἄν μοι τιμήν ἄρηαι Π 84. Cf. Π 271 : ὡς
ἄν μὴ κατὰ χρόα ἰάπτῃ β 376. Cf. δ 672, 749,
ν 402, π 84, ω 360.—(b) With opt. (a) Pure : ὡς
ἀκούσειαν Β 281. Cf. Ε 24, Ι 461, Ψ 605, etc. :
ὡς χόλον ἐξακέσαιτο γ 145. Cf. ζ 113, 129, ξ 297.
—(β) With κεν : ὥς κ' αὐτὸς ἐεδνώσαιτο θύγατρα
β 53. Cf. θ 21, ψ 135, ω 83.—(γ) With ἄν : ὡς ἄν
μοι παῖδα Σκυρόθεν ἐξαγάγοις Τ 331 : ὡς ἄν ἐπι-
θύσαντες κλοίμεθα π 297. Cf. ρ 362.—(9) In
which way, i.e. wherefore, and so : ὡς ἂν ἀπὸ σεῖο
οὐκ ἐθέλοιμι λείπεσθαι Ι 444. Cf. Φ 291.—(10) ὥς τε
with infin., so as to . . . : οὐ γάρ ἔτι τηλίκος εἰμί,
ὥς τε σημάντορι πιθέσθαι ρ 21.—This construction
where the simple infin. might be expected : εἴ τοι
θυμὸς ἐπέσσυται ὥς τε νέεσθαι Ι 42.—(11) Seeing
how, in what way or manner, to what extent, in
what degree, seeing that thus (= ὅτι οὕτως) : ὡς
ἐλέλιχθεν Ζ 109, ὡς ἀγορεύεις (as to judge by your
speech you think them to be) Ι 41, ὡς πυκνοὶ

ἐφέστασαν ἀλλήλοισιν (so close together did they
stand) Ν 133. Cf. Δ 157, Ι 689, Κ 116, Λ 689,
Ο 698, Π 17, 600 (when they saw how he had
fallen), etc. : ὡς οὔ τις μέμνηται Ὀδυσσῆος β 233,
ὡς δὴ δήθ' ἐνὶ νήσῳ ἐρύκεαι (seeing that so long
. . .) δ 373, ὡς ὄνομ' ἐξαπάτησεν (to think how
. . .) ι 414, θαυμά μ' ἔχει ὡς . . . (to see how
. . .) κ 326, ὡς οἱ ἔειπεν Ἀθηναίη (reassured by
her speech) ν 251, ὡς ἐπάγοντες ἐπῆσαν (with such a
din did they . . .) τ 445. Cf. δ 841, λ 419, τ 230,
φ 123, ω 194, 512, etc.—(12) When, after that,
as soon as : ὡς ἴδον Α 600. Cf. Β 321, Γ 21, Δ 149,
Ζ 237, 374, Σ 222, etc. : φαῖνεν ἀοιδήν, ἔνθεν ἑλὼν
ὡς ἀπέλειον (from the point when they had . . .)
θ 500, ὡς ἐνόησεν κ 375. Cf. γ 34, θ 272, χ 148, etc.
—(13) With opt. expressing a wish : ὡς ἔρις
ἀπόλοιτο Σ 107. Cf. Χ 286 : ὡς ἔλθοι ρ 243 =
φ 201. Cf. α 47.—Anomalously with κεν : ὥς κέ
οἱ γαῖα χάνοι Ζ 281 (app., O that the earth could
gape for him).—For ὡς ὤφελον (ὄφελον), ὡς
ὤφελλον, see ὀφέλλω¹ (5).—(14) Introducing a
dependent substantive-clause, that, how : ἀγο-
ρεύεις ὡς . . . Α 110. Cf. Α 558, Η 402, Κ 160,
Ρ 450, Χ 10, Ψ 611, etc. : ἦ οὐχ ἅλις ὡς . . .
β 312. Cf. γ 347, δ 377, ε 24, ι 443, ξ 152, ρ 157,
τ 94, φ 209, χ 351, ψ 60, etc.—Introducing a clause
with opt. in oratio obliqua : ἕκαστα εἰπεῖν, ὡς
ἔλθοι (that he had come) ω 237.—(15) In ρ 218
(ὡς αἰεὶ τὸν ὁμοῖον ἄγει θεὸς ὡς τὸν ὁμοῖον) if ὡς be
read for ὥς it must app. be taken as = εἰς or πρός.
See ὁμοῖος (1).—(16) Correlative with οὗτος. See
οὗτος (1).—With τόσσον. See τόσος (5) (d).—
With τώς. See τώς (2).—With ὧδε. See ὧδε
(5).—With ὥς. See ὥς (5).

ὦσα, opt. ὠθέω.
ὡσί, dat. pl. See οὖας.
ὠτειλή, -ῆς, ἡ. A wound : ἔρρεεν αἷμ' ἐξ
ὠτειλῆς Δ 140. Cf. Λ 266, Ξ 518, Π 862, Ρ 297,
Σ 351, etc. : κ 164, τ 456, ω 189.
ὠτώεις, -εντος [or, ους, οὖας]. Furnished with
ears or handles (cf. οὖας (2)): τρίποδα Ψ 264, 513.
ὡυτός, crasis of ὁ αὐτός. See αὐτός (3).
ὤφελε, 3 sing. aor. ὀφέλλω².
ὤφελλε¹, 3 sing. impf. ὀφέλλω¹.
ὤφελλε², 3 sing. impf. ὀφέλλω².
ᾤχετο, 3 sing. impf. οἴχομαι.
ὠχράω [ὦχρος]. To turn pale or pallid :
ὠχρήσαντα χρόα κάλλιμον λ 529.
ὦχρος, ὁ. Paleness, pallor : ὦχρός μιν εἷλε
παρειάς Γ 35.

PREFIXES AND SUFFIXES REFERRED TO FROM THE TEXT

Prefixes

ἀ-¹. Before a vowel ἀν-. Also in assimilated form ἀμ- (only in P 695 := δ 704). Negative or privative.

ἀ-². [(σ)α- as in ἅμα.] Copulative or sociative, indicating united or continuous action ; contiguity, closeness ; equivalence.

ἀγα-. [ἄγαν, very, much.] Intensive.

ἀμφι-. Before a vowel ἀμφ-. Also ἀμπ-. (1) On both sides.—(2) Having two, double.—(3) Round, about ; all round or about.—(4) About, concerning.

ἀν-¹. See ἀ-¹.

ἀν-². See next.

ἀνα-. Before a vowel ἀν-. Also in assimilated forms ἀγ-, ἀϝ-, ἀλ-, ἀμ-. (1) Up, upwards ; also of putting to sea.—(2) On, upon.—(3) Back ; in a reverse direction.—(4) Again ; return to a state ; repetition.—(5) Through, over, among ; diffusion.—(6) Intensive, sometimes translatable by 'up,' 'on,' 'out' (in some cases not appreciably affecting the sense).

ἀντι-. Before a vowel ἀντ-. Also in assimilated form ἀνθ-. (1) Over against, opposite.—(2) Against, whether in opposition or for protection.—(3) Before one, onwards.—(4) Equal to, the equivalent of, as good as.

ἀπο-. Before a vowel ἀπ-. Also in assimilated form ἀφ-. (1) Away, off, from, away from.—(2) Far away, away, at a distance.—(3) Asunder, in two.—(4) Back, backwards ; restoration.—(5) Giving notion of requiting.—(6) With negative sense ; undoing or reversing action.—(7) Intensive (in some cases not appreciably affecting the sense).

ἀρι-. Intensive.

δα-. [δια- (10). Cf. ζα-.] Intensive.

δια-. Before a vowel δι-. (1) Through ; piercing.—(2) Traversing.—(3) Across ; crossing.—(4) In all directions.—(5) Severing, sundering ; in pieces.—(6) Separation ; putting, keeping or being apart.—(7) Distinguishing.—(8) Continuity ; doing something constantly ; continuous succession.—(9) Exhaustiveness, in full, fully.—(10) Intensive (in some cases not appreciably affecting the sense).

δισ-. [δύο.] Also in form δι-. Twice ; double.

δυσ-. (1) Giving a word an unfavourable sense, or giving a sense of ill-luck or unhappiness.—(2) Intensive of words having such senses.

εἰσ-. Also ἐσ-. (1) To, towards ; or reinforcing this notion when already implicit.—(2) Into, in.—(3) On, on to.—(4) Giving notion of a directing of the mind, sight, etc., in a particular way, or reinforcing this notion when already implicit.

ἐκ-. Before a vowel ἐξ-. (1) Out, forth, from, away.—(2) Indicating origin or source.—(3) Indicating separation ; off.—(4) Indicating suspension from or attachment to something.—(5) Indicating standing out from others or prominence, or reinforcing this idea.—(6) Indicating extension as in hammering ; out.—(7) Indicating excess ; beyond.—(8) Of speaking, etc., indicating absence of restraint ; out, right out, aloud.—(9) Intensive (often not appreciably affecting the sense).

ἐν-. Also in forms εἰν-, ἐνι-, and in assimilated forms ἐγ-, ἐμ-. (1) In (in local and immaterial senses). Also (as in ἔνορχος, ἐνῶπα) indicating the presence in something of what is indicated by the second element.—(2) Into (in local and immaterial senses).—(3) On, upon, on to ; also in hostile sense.—(4) Among.—(5) Towards.—(6) Intensive (commonly not appreciably affecting the sense).

ἐξ-. See ἐκ-.

ἐπι-. Before a vowel ἐπ-. Also in assimilated form ἐφ-. (1) Position on or upon something or on or in the surface of something.—(2) At, by, in, among.—(3) Placing, fitting or attaching in a specified or indicated position.—(4) Denoting an occasion or cause, at, in, thereat, thereupon, therein.—(5) Denoting (sometimes vaguely) that action, effort or the like takes place in a specified or indicated direction or is directed to or against something or to a specified or indicated object or end.—(6) Besides, in addition.—(7) Following, succession ; being

429

429

behind.—(8) Accompaniment.—(9) In answer or response.—(10) Being in charge of something.—(11) To, towards, at, on, upon, for. So in hostile sense.—(12) On to, on, upon, over.—(13) Over, passing over.—(14) Going over or along a space or line or over or round persons, etc.—(15) Extension or diffusion over a space.—(16) Extension over a period of time.—(17) On, onwards.—(18) Putting to, closing, shutting; thrusting or pressing home.—(19) Intensive (commonly not appreciably affecting the sense).

ἐρι-. Intensive.

ἐσ-. See εἰσ-.

εὐ-, ἐΰ-. Also ἠΰ-. (1) In adjectives and verbs, well, excellently, skilfully, duly; denoting also goodness of birth, facility in doing something, approval.—(2) In adjectives, well or rightly in a moral sense.—(3) In adjectives, denoting the conferring of services or benefit.—(4) In adjectives, showing the quality in a high degree.—(5) In adjectives and substantives, denoting the presence, in a high degree of goodness, excellence, beauty, well-being, benevolence or amount, of what is signified by the second element of the compound.

ζα-. [δα-, δια- (10).] Intensive.

ἡμι-. [Cf. L. semi-.] Half-.

ἠΰ-. See εὐ-.

κατα-. Before a vowel κατ-. Also in forms καται-, κα-, and in assimilated forms καβ-, καδ-, καθ-, κακ-, καλ-, καμ-, καν-, καπ-. (1) Down, downwards, down from, down upon, down along; reinforcing the notion when already present; also of coming in from sea.—(2) Indicating that an action or agency is directed against or prejudicially affects a person.—(3) Indicating traversing a space or extension over it.—(4) According to, by.—(5) Intensive (commonly not appreciably affecting the sense).

μετα-. Before a vowel μετ-. Also in assimilated form μεθ-. (1) Motion in quest of, after, in pursuit of, following.—(2) Position between.—(3) Among, in company with, with.—(4) Position behind.—(5) After in time, after, later.—(6) Change of position, fortune, circumstances, etc.—(7) Alternation, taking turns, occurrence of intervals.

νη-. Negative or privative.

ξυν-, ξυμ-. For words with these prefixes see the same words with συν-, συμ-.

παρα-, παραι-. Also in form παρ-. (1) From.—(2) Beside, by, near.—(3) Past, passing by.—(4) Aside, away; denoting turning or bending of a person's mind or will.—(5) Difference; denoting the converse of something.

περι-. (1) Of position, round, about, round about.—(2) Motion round or about; revolving

motion.—(3) More than others; exceeding, excelling, surpassing.—(4) Excess.—(5) On account of, touching, in regard to, for.—(6) Intensive.

ποτι-. See προσ-.

προ-. (1) Forward, forwards, forth.—(2) In front, before; denoting excelling or surpassing, preference or choice.—(3) In reference to time, before, beforehand.—(4) Reinforcing the notion denoted by the second element; intensive.

προσ-. Also προτι-, ποτι-. (1) At, by, beside, on, upon, against.—(2) To, towards, against. In reference to speech, to.—(3) Denoting (sometimes vaguely) that action, effort or the like takes place in a specified or indicated direction or is directed to or against something or to a specified or indicated object or end.

προτι-. See προσ-.

συν-, ξυν-. Also in assimilated forms συγ-, συλ-, συμ-, συρ-. (1) With, along with.—(2) Together; denoting joining, union, contact, proximity.—(3) Together; in a body or mass; in confusion.—(4) Altogether; intensive.

ὑπερ-. Also in form ὑπειρ-. (1) Position above or over.—(2) Passing over.—(3) Passing over and beyond.—(4) Beyond, contrary to, in defiance of.—(5) Intensive; excelling.—(6) Indicating excess.

ὑπο-. Before a vowel ὑπ-. Also in assimilated forms ὑβ-, ὑφ-. (1) From under something.—(2) In reference to direction, from beneath or below.—(3) From the power, reach or range of something.—(4) Under, beneath or below something.—(5) Under the power or orders of someone.—(6) In reference to conception or the bearing of offspring indicating the submission of the female to the male.—(7) Indicating coming under an obligation or undertaking.—(8) To underneath something.—(9) Motion beneath something.—(10) Returning, coming back.—(11) Indicating a coming or an instilling into the mind or heart.—(12) Indicating (sometimes vaguely) occasion, cause, purpose, correspondence, concurrence, competition, response, relationship, contrast, or the like.

Suffixes

-δε, enclitic. (1) Motion towards.—(2) Purpose.—(3) Intensive.

-θεν. Also -θε.—(1) Motion from; from in gen.—(2) Position away from; position indicated by the first element of the compound.

-θι. Place at or in which; time when.

-σε. Motion towards; place whither.

TABLE of the Uses of εἰ (αἴ), ἤν in Protasis with the accompanying Apodoses and of the corresponding Relative and Conditional Relative Sentences with Future, Subjunctive and Optative.

An asterisk (*) prefixed to a reference indicates a double protasis. In I 358 foll. and 379 foll. the mark indicates a triple, and in δ 222 it indicates a quadruple protasis.—Note that as, for the purpose of the Table, it has sometimes been necessary to invert the order of the protasis and apodosis, the rules under οὐ (3) (a) and μή (6) (c) will in the cases of such inversion apparently not hold.

(I.) CITING A FACT IN CORROBORATION OR AS THE GROUND OF AN APPEAL OR EXHORTATION (εἰ (3))

Indic.	Indic., Imp., etc.
εἴ ποτέ τοι νηὸν ἔρεψα, ἢ εἰ . . .	τόδε μοι κρήηνον ἐέλδωρ *Α 39
(Remember how I . . .,	and now . . .)
εἴ ποτ' ἔην γε	δαὴρ ἐμὸς ἔσκεν Γ 180
(As surely as ever he was	he was my . . .)
εἰ τότε κοῦρος ἔα	νῦν αὖτέ με γῆρας ὀπάζει Δ 321
(As once I was young	so now I am old)
εἰ δὴ Τρώων νέφος ἀμφιβέβηκε νηυσίν	ἄρχε Μυρμιδόνεσσιν Π 66
(Seeing how . . .	lead them on)
εἰ θοός ἐσσι	νῦν τοι ἐελδέσθω πόλεμος Π 494
(We know your fleetness,	so do thou put war into thy heart)
εἴ ποτε ζώοντι χαίρετε	ὄψεσθ' Ἕκτορα Ω 705
(You joyed in him while he lived,	now see his corpse)
εἴ ποτέ τοί τι πατὴρ ἐμὸς ἔπος ἐξετέλεσσε	τῶν νῦν μνῆσαι, καί μοι νημερτὲς ἐνίσπες γ 98, δ 328
(Remember what he did for you	and tell me truly)
εἴ μ' ἤγετ' ἐμὴν ἐς γαῖαν	φήμην τίς μοι φάσθω υ 98
(You have brought me home,	and now continue your aid and . . .)

Cf. A 394, 503, E 116, Λ 762, O 372, X 83, Ω 426 : δ 763, ο 268, ρ 240, τ 315, ω 289.

(II.) INTRODUCING ONE OF TWO OPPOSED CLAUSES (εἰ (4), ἤν (1))

(A) SIMPLE SUPPOSITIONS

Indic.	Indic., Imp., etc.
εἰ μάλα καρτερός ἐσσι	θεός που σοί τό γ' ἔδωκεν A 178
εἴ περ φθονέω	οὐκ ἀνύω Δ 55
εἴ περ αὐτίκ' οὐκ ἐτέλεσσεν	ὀψὲ τελεῖ Δ 160
εἴ τοι 'Ατρεΐδης ἀπήχθετο	σὺ δ' ἄλλους ἐλέαιρε I 300
εἰ καί μιν 'Ολύμπιος ἐγείρει	ἐρωήσαιτό κεν N 58
εἰ ὣς ἀπόλωλεν	ἀλλ' ἤδη παῖς τοῖός [ἐστιν] τ 85

Cf. A 280, 290, E 410, 645, *H 117, K 239, N 111, 316, *O 51, 99, 117, 724, P 421, *Υ 102, *371, X 389, Ψ 832 : ε 80, ι 35, 532, ν 6.

The Apodosis in external governance

| εἰ καὶ μάλα τηλόθεν ἐσσί | ἵνα νόστιμον ἦμαρ ἴδηαι ζ 312 |

Cf. η 194, 321.

(B) General Suppositions

(a) **Present**

(1) Subj.　　　　　　　　　　　　　　　Pres. or Pf. Indic.

εἴ περ χόλον καταπέψῃ　　　　ἀλλὰ μετόπισθεν ἔχει κότον Α 81
εἴ περ ἄλλοι πίνωσιν　　　　　σὸν δὲ πλεῖον δέπας ἔστηκεν Δ 261
εἴ τις ξύμβληται ὁδίτης　　　　οὔ τι κατακρύπτουσιν η 204

Cf. Κ 225, Λ 116, Τ 164, Φ 576, Χ 191 : α 167, π 98, 116.

Relative Sentences

ὅττι φανήῃ　　　　　　　πάντα κάλ' [ἐστίν] Χ 73
ὅτε καὶ λυγρὰ θεοὶ τελέσωσι　καὶ τὰ φέρει σ 134

Cf. ὅς τις ο 401.　ὁππότε ρ 471.

(2) Subj. κεν　　　　　　　　　　　　　Pres. Indic.

καὶ εἴ κ' ὀλίγον περ ἐπαύρῃ　　ὀξὺ βέλος πέλεται Λ 391
εἴ πέρ χ' εὕρῃσι βώτορας ἄνδρας　οὐ μέμονε δίεσθαι Μ 302

Relative Sentences

ἐπεί κε κάμῃσιν　　　　　ἰθύει Ρ 658

Cf. ἐπεί Φ 575.　ὅς ο 422, ω 202.

(3) Subj. ἄν　　　　　　　　　　　　　Pres. Indic.

εἴ περ ἂν αὐτὸν σεύωνται　　κατεσθίει Γ 25

Relative Sentence

ἐπὴν γείνεαι αὐτός　　　　οὐκ ἐλεαίρεις ἄνδρας υ 202

(4) Opt.　　　　　　　　　　　　　　　Pres. Indic.

εἰ καί ποθεν ἄλλοθεν ἔλθοι　θαρσαλέος ἀνὴρ ἀμείνων τελέθει η 52

Cf. θ 139, ξ 56.

(b) **Past**

Relative Sentences

Opt.　　　　　　　　　　　　　Impf. or Iterative

ὁπότε κρίνοιμι λόχονδ' ἄνδρας　οὔ ποτέ μοι θάνατον προτιόσσετο θυμός ξ 217
ὁποῖος ἔοι καὶ ὅτευ κεχρημένος ἔλθοι　δόσκον ἀλήτῃ *ρ 421, *τ 77

(C) Suppositions contrary to Fact

(a) **Past**

(1) Aor. or Impf. Indic.　　　　　　Aor. Indic. κεν

εἴ πέρ μοι ἐείκοσιν ἀντεβόλησαν　πάντες κ' ὄλοντο Π 847

The Apodosis in loose connexion with the Protasis

οὐδ' εἴ οἱ κραδίη σιδηρέη ἦεν　οὔ τι τάδ' ἤρκησ' ὄλεθρον (did not . . . (and would
　　　　　　　　　　　　　　　not have . . .) though . . .) δ 293

(2) Aor. Indic.　　　　　　　　　　Aor. Indic. ἄν

εἴ περ ἀπήμων ἦλθεν　　　ὅσ' ἂν οὐκ ἐξήρατο ε 40, ν 138

(3) Opt.　　　　　　　　　　　　　Opt. κεν

εἰ μάλα μιν χόλος ἵκοι　　οὔ κ' ὀνόσαιτο Ρ 399

(b) **Present**

Opt.　　　　　　　　　　　　　Subj. ἄν

εἴ μοι δέκα γλῶσσαι εἶεν　　πληθὺν οὐκ ἂν ἐγὼ μυθήσομαι οὐδ' ὀνομήνω *Β 489

432

(D) Future Suppositions

(1) Fut.

εἴ πέρ σε κακὸν φήσει

(2) Fut.

εἴ μ' ἀτιμήσουσι

(3) Subj.

εἰ ἕτερός γε φύγῃσιν
εἴ τις ῥαίῃσι θεῶν

Cf. K 115, M 223 : a 204.

ὁππόσ' ἐπέλθω

Subj.

εἴ πέρ τ' ἄλλοι κτεινώμεθα

(4) Subj. κεν

εἴ πέρ κεν ἀλύξῃς

Cf. Υ 181 : *ξ 140.

ἤ κ' εὐεργὸς ἔῃσιν

Subj. κεν

εἴ κεν δεκάκις ἄποινα στήσωσιν

Fut.

ἀλλ' οὐ πείσονται Θ 153

Imp.

σὸν δὲ κῆρ τετλάτω *π 274

Fut.

τούτω οὐ πάλιν ἀποίσετον ἵπποι Ε 258
τλήσομαι ε 221

Relative Sentence

οὐκ ἥπιον ὧδε ἄνακτα κιχήσομαι *ξ 139

Words implying Future

σοὶ δ' οὐ δέος ἔστ' ἀπολέσθαι Μ 245

Fut.

ὀψὲ νεῖαι λ 113, μ 140

Relative Sentence

αἶσχος ἐσσομένῃσιν λ 434

Fut. Words

οὐκ ἔσθ' ὃς κύνας ἀπαλάλκοι *Χ 349

With Apodosis suppressed

πελέκεάς γε καὶ εἴ κ' εἰῶμεν ἑστάμεν . . . . . . φ 260

(5) Subj. κεν

εἴ κε τὰ νείατα πείραθ' ἵκηαι

(6) Subj. κεν

ὅττι κε κακὸν πέμπῃσιν

(7) Subj. ἄν

μηδ' ὁππότ' ἂν Τροίη δάηται

(8) ἤν Subj.

ἤν 'Αγαμέμνονα εἴπῃς

Cf. O 504, Τ 32, Χ 487.

(9) ἤν Subj.

ἤν ἔνθ' ἀφίκηαι

(10) ἤν Subj.

ἤν περ ποδῶν ἕλκωσι
ἤν τις στοναχῆς ἀκούσῃ

(11) ἤν κε Subj.

ἤν πέρ κ' ἐθέλωσιν . . .

Subj.

σέθεν οὐκ ἀλεγίζω Θ 478

Imp.

Relative Sentence

ἔχετε Ο 109

Fut.

Relative Sentence

ὠμόσσαμεν (ὁμοῦμαι) μὴ ἀλεξήσειν Τ 316, Φ 375

Fut.

οὔ τις χεῖρας ἐποίσει Α 90

Subj.

οὔ σευ ἀλέγω Θ 482

Imp.

σὸν δὲ κῆρ τετλάτω *π 276
μὴ προβλώσκειν φ 237, 383

Fut.

οὔ τί με νικήσουσιν σ 318

433

(12) Subj.

εἴ πέρ μοι καὶ ἀγάσσεαι

(13) Opt.

εἰ 'Αφροδίτη ἐρίζοι

(14) Opt.

εἰ μάλα πόλλ' ἀγορεύοι

Opt. κεν

καί κε τοῦτ' ἐθέλοιμ' ἀρέσθαι a 389

Fut.

κούρην οὐ γαμέω I 389

Imp.

ὁμοκλέομεν τόξον μὴ δόμεναι ω 174

(15) Opt. subjoined to an Infin.

εἰ μάλα περ χαλεπαίνοι

ὅσσον τε δύω ἄνδρας ἔρυσθαι ε 485

(16) Opt.

εἰ καὶ πολλοὶ παρασταῖεν
εἰ καρτερὸς εἴη

Opt. κεν

πρῶτός κ' ἄνδρα βάλοιμι θ 217
τίς κ' οἴοιτο . . . ; χ 13

Cf. *I 379, *380, *385, *δ 224, *225, λ 356, μ 78, 88, *ν 292, υ 49, *χ 61, *62.

Relative Sentence

ᾧ μὴ βίοτος πολὺς εἴη

βουλοίμην κε θητευέμεν ἄλλῳ λ 490

With Apodosis suppressed

οὐδ' εἰ πεντάετες παραμίμνων ἐξερέοις . . . . γ 115

(17) Opt.

εἰ πολλὰ κάμοιτε

Opt. ἄν

οὐκ ἂν ἐρύσαιτε Θ 22

Cf. *II 748 : γ 228.

(18) Opt. κεν

εἴ κεν πολὺν χρόνον μίμνοις

Fut.

τόνδε κομιῶ ο 545

(19) Opt. κεν

εἴ κεν 'Αρίον' ἐλαύνοι

Fut. Words

οὐκ ἔσθ' ὅς κέ σ' ἔλῃσιν *Ψ 346

Cf. X 220, *351.

(20) Opt. κεν

εἴ κεν τοῦ πατρὸς ἀποφθιμένοιο πυθοίμην

Opt.

οὔ τι κακώτερον πάθοιμι Τ 322

(21) Opt. κεν

εἰ καί κεν ἄλλο ἐπαιτήσειας

Opt. κεν

δοῦναί κε βουλοίμην Ψ 592

(22) Opt. κεν

εἴ κέν μοι ὑποσταίη . . .

Opt. ἄν

οὐκ ἂν ἐθέλοιμι . . . I 445

(23) Opt. δ

εἴ περ ἂν Μοῦσαι ἀείδοιεν

Fut.

στεῦτο νικησέμεν Β 597

(III.) IN THE PROTASIS OF CONDITIONAL SENTENCES (εἰ (5), αἰ (2), ἤν (2))

(A) SIMPLE SUPPOSITIONS

(1) Pres. Pa. or Pf. Indic.

εἴ τοι θυμὸς ἐπέσσυται
εἰ οὕτω τοῦτ' ἐστίν
εἴ τι κακὸν εἴρηται
εἰ ἀνήρ [ἐστιν] ὅν φημι
εἰ ἀπὸ σπουδῆς ἀγορεύεις
εἰ ἐτεόν μ' ὦρσεν
εἴ με κελεύεις . . .
εἰ οὐ κείνου ἐσσὶ γόνος
εἴ τί που ἔστι

Various Forms

φεῦγε Α 173
ἐμοὶ μέλλει φίλον εἶναι Α 564
ἀρεσσόμεθα Δ 362
οὐκ ἄνευθε θεοῦ μαίνεται Ε 184
θεοί τοι φρένας ὤλεσαν Η 359, Μ 233
χάσσονται Ν 153
τό κε τελέσσω Ψ 558
οὐ σὲ ἔολπα τελευτήσειν β 274
πίθοιό μοι δ 193

434

Cf. A 116, 393, B 357, Γ 67, 402, E 104, Z 128, 142, H 204, Θ 466, I 42, 247, 434, K 96, 176, 242, 433, Λ 138, 794, M 67, 79, 217, 348, 361, N 256, 464, *Ξ 196, 337, O 53, Π 36, 450, P 488, *Σ 120, *305, *427, T 142, 264, 305, Φ 216, 372, X 49, 52, 285, *Ω 140, 224, 406, 660 : a 82, 275, 376, β 71, 138, 141, 271, γ 324, 376, δ 831, *ε 90, 139, ζ 150, 153, 179, 282, η 199, θ 146, 408, ι 529, κ 386, 443, 473, λ 380, ν 143, 238, ο 328, π 82, 256, 300, 320, 387, ρ 14, 195, 277, 475, σ 61, 80, τ 346, υ 208, 315, χ 45, 321, 359, ψ 36, 107, ω 328, 352.

Subjoined to an Infin.

εἴ που ὄπωπας   ἐνισπεῖν γ 93, δ 323

(2) Fut. (in sense 'I am going to . . .,'   Various Forms
'I am to . . .')

εἴ πάντα τελευτήσεις   αἰνίζομαί σε Ν 375
εἴ με καθέξει   ὑπέροπλον ἔειπεν O 186

Cf. *A 61, E 717, Θ 423, I 231, N 97, Ξ 62, O 162, 178 : ψ 286, ω 434.

(3) The Apodosis (in the construction of (1)) in loose connexion with the Protasis

εἴ δύναταί τι χραισμεῖν   σοὶ ποταμὸς πάρα Φ 192
εἴ που ἀκούεις   νῆσός τις Συρίη κικλήσκεται ο 403

Cf. Τ 327, Ψ 548 : γ 122, ι 410, ξ 44, ρ 106, υ 207, φ 170.

Thus with the Apodosis in external governance

εἴ τιν' ἔτι ἔλπεται ἐξαπατήσειν   ὄφρα καὶ ἄλλοι ἐπισκύζωνται I 371

(4) With the Apodosis (in the construction of (1)) suppressed

εἰ μή τις θεός ἐστιν . . . . E 177

Cf. Z 150, Ξ 331, Τ 213, Φ 487 : η 320, κ 66, ο 80, ρ 484, φ 253.

(B) General Suppositions

(a) Present

(1) Subj.   Pres., Aor. or Pf. Indic. or (in similes) Subj.

εἴ τις κινήσῃ   πρόσσω πᾶς πέτεται Π 263
εἰ μὴ ὀτρύνῃσιν   οὐκ ἔρχομαι ξ 373

Conditional Relative Sentences

ἄσσα θέλῃσθα   τὰ φράζεαι A 554
ὅτε λέξεται ὕπνῳ   ὡς ὅτε μήτηρ παιδὸς ἐέργῃ μυῖαν Δ 131
ὁππότ' ἀνὴρ ἐθέλῃ πρὸς δαίμονα μάχεσθαι   πῆμά οἱ κυλίσθη P 98
ὅπως ἐθέλησιν   δίδωσιν α 349
ὅσσα γένηται   ἴδμεν μ 191
ἐπεὶ νὺξ ἔλθῃ   κεῖμαι τ 515

Cf. ἐπεὶ Λ 478, O 680 : υ 86. εὖτε η 202. ἦμος δ 400. ὃ Θ 391, I 592, *Π 54 : a 101, τ 266. ὅθι N 229. οἷος σ 137. ὅππῃ M 48. ὁππότε A 163, Δ 344, I 646, N 271, O 359, 382, *Π 53, 245 : δ 792, ξ 170, ρ 520, τ 168, υ 196. ὅπως ζ 189. ὅς B 293, Γ 61, 109, E 407, 747, I 117, 508, Ξ 81, Π 590 : δ 165, 207, ε 489, *ζ 287, η 74, θ 161, 547, τ 109, 329, ψ 119. ὅς τις A 230, 543, I 341, *O 491, *492, P 62, 631, T 265 : a 352, 415, ε 448, θ 148, 210, κ 39, λ 428, μ 40, 41, 66, ν 214, ξ 106, ο 345, π 228, υ 188, ω 286. ὅτε A 80, B 395, 782, Δ 259, E 91, 500, Z 524, M 286, O 207, Π 365, 386, P 728, 756, T 183, Φ 199, X 74, Ω 417 : ζ 183, η 72, ι 6, κ 486, ξ 60, ο 409, π 72, φ 133. ὄφρα Δ 346, E 524, Λ 477.

Subjoined to an Infin.

ὁππότ' ἐγείρομεν Ἄρηα   πολέμοιο μεθιέμεν Δ 351

To another Protasis

ὅτ' ἀγγελίη ποθὲν ἔλθῃ   εἰ μὴ ὀτρύνῃσιν ξ 374

435

(2) Subj. κεν

Pres., Aor. or Pf. Indic. or (in similes) Subj.

Conditional Relative Sentences

ὅς κε θεοῖς ἐπιπείθηται	μάλα τ᾽ ἔκλυον αὐτοῦ Α 218
ὅτις κ᾽ ἐπίορκον ὀμόσσῃ	οἳ καμόντας τίνυσθον Γ 279
ἐπεί κε λάβῃσιν	ὡς ὄρνις προφέρῃσι μάστακα Ι 324
εἰς ὅ κ᾽ ἀϋτμὴ μένῃ	τὸν Ζεὺς ἐνέηκε πόνοισιν Κ 89
ὅτις κ᾽ ἐμὰ δώμαθ᾽ ἵκηται	οὐ μένει θ 32
ὅτε κ᾽ ἐπεντύνονται ἄεθλα	τάφῳ ἀντεβόλησας ω 88

Cf. ἐπεί Α 168, Β 475, Η 5, 410, Ι 409: θ 554, λ 221, ω 7. ὁππότε γ 237, ν 83. ὅππως Τ 243. ὅς Ε 481, Ι 313, 510, Λ 409, Ξ 416, Π 621, Τ 167, Φ 24, Ψ 322, Ω 335, 529, 531: η 33, θ 586, κ 74, 328, ξ 126, ο 21, 55, 70, τ 564, *566. ὅσσος Γ 66. ὅς τις Α 527, Θ 422, Τ 260. ὅτε Ζ 225, Ι 501, Τ 167: λ 218, *τ 567, ω 88 (if ζώννυνται be taken as subj.). ὄφρα θ 147.

Subjoined to an Infin.

ὅν κε θεὸς τιμᾷ	φωτὶ μάχεσθαι Ρ 99
ὅς τίς κ᾽ ἐμὰ δώμαθ᾽ ἵκηται	ξείνους ξεινίζειν γ 355

Cf. ὅς Ζ 228, 229, Ι 615, Τ 228 : ο 196, ν 295, 342, φ 313. ὅς τις Θ 408, 422.

(3) Subj. ἄν

Pres., Aor. or Pf. Indic.

Conditional Relative Sentences

ὅτ᾽ ἄν τινα θυμὸς ἀνώγῃ	χρή σε κρηῆναι ἄλλῳ Ι 101
ἐπειδὰν ἐφίζηται λόχον	οὐ τρέπεται χρώς Ν 285
ἐπὴν κλίνῃσι τάλαντα Ζεύς	ἧς πλείστην καλάμην χαλκὸς ἔχευεν Τ 223
ἐπὴν ἔλθῃσι θέρος	βεβλήαταί οἱ εὐναὶ λ 192
ὅς ἄν μιν χανδὸν ἕλῃ	οἶνος βλάπτει φ 294

Cf. ἐπήν Ζ 489: θ 553, κ 411, ξ 130, τ 206. εὖτε Β 228: α 192, ρ 320, 323, σ 194. ὁπ(π)ότε Ο 209: *λ 17. ὅς τ 332. ὅσσος Τ 230. ὅτε Β 397: *λ 18, ν 101.

(4) ἤν Subj.

Pres. Indic.

ἤν τις ποιήσετ᾽ ἀκοίτην	ἀγάασθε ε 120

Cf. Α 166 : λ 159.

(5) Opt.

Pres. Indic.

εἰ μάλα τις πολεμίζοι	[ἴση οἱ μοῖρα γίγνεται] Ι 318
εἴ ποθεν ἔλθοι [ἀγγελίη]	οὐ πείθομαι α 414

Conditional Relative Sentences

ἥ τις τοιαῦτά γε ῥέζοι	ἄλλῃ νεμεσῶ *ζ 286

Cf. ἐπεί ω 254. ὁππότε ω 344. ὅς τις Ψ 494.

(b) Past

(1) Opt.

Impf., Iterative, Aor. or Plupf.

εἴ τις ἴδοιτο	οὐκ ἐκεύθανον Γ 453
εἴ τίς μ᾽ ἐνίπτοι	κατέρυκες Ω 768

Conditional Relative Sentences

ὅτε μιν ὕπνος ἱκάνοι	ἔνθα κοιμᾶτο Α 610
ὅν τινα βασιλῆα κιχείη	ἐρητύσασκεν Β 188
ὁπόθ᾽ ἵκοιτο	ξείνισσέ μιν Γ 233
ἐπεί τινα βεβλήκοι	ἀπὸ θυμὸν ὄλεσσεν Θ 269
ὅτ᾽ ἐς νῆας ἴδοι	ἕλκετο χαίτας Κ 14
ὅτε πίνοιεν	ὀδμὴ ὀδώδει ι 208
ὁσσάκι κύψειε	τοσσάχ᾽ ὕδωρ ἀπολέσκετο λ 585

Cf. ἐπεί Ω 14 : β 105, τ 150, ω 140. ὅ ξ 221. ὅθι Δ 516. ὅπῃ γ 106. ὁπ(π)ότε Ν 711, Ο 284, Σ 544, Τ 317 : λ 591, μ 381. ὅππως Σ 473. ὅς Β 198, Δ 232, Ο 22. ὁσσάκι Φ 265, Χ 194. ὅς τις Δ 240, Κ 489, Μ 268, 428, Ο 731, 743, Φ 611 : ι 94, μ 331, ρ 317, χ 315, 415, ψ 66. ὅτε Γ 216, Κ 11, 78, Ρ 463, 732, Σ 566, Τ 132, Τ 226, 228, Χ 502 : δ 191, η 138, θ 87, 90, 220, λ 510, 513, 596, μ 237, 240, π 141, σ 7, τ 49, 371, ν 138.

436

Subjoined to an Infin.

ὁπότε σπέρχοιεν ἄελλαι　　　　　　　ἐκαίνυτο νῆα κυβερνῆσαι γ 283

Cf. ξ 522.

With Apodosis suppressed

ὅ τί οἱ εἴσαιτο γελοΐϊον ἔμμεναι . . . . . . B 215

(2) Opt. κεν　　　　　　　　　　　　　　Impf.

Conditional Relative Sentence

ὅτε κέν τινα χόλος ἵκοι　　　　　　οὕτως ἐπευθόμεθα κλέα ἀνδρῶν I 525

(3) Subj.　　　　　　　　　　　　　　Impf. or Plupf.

Conditional Relative Sentences

ὅτε Ζεὺς ἐν φόβον ὄρσῃ　　　　　　οὔ οἵ τις ὁμοῖος ἦεν Ξ 522
οἳ μνηστεύειν ἐθέλωσιν　　　　　　οὐχ ἥδε δίκη τέτυκτο σ 276

(C) Suppositions contrary to Fact

(a) Past

(1) Aor., Impf. or Plupf. Indic.　　　Aor. or Impf. Indic. κεν

εἰ μὴ μῦθον ἔειπεν　　　　　νόστος κ' ἐτύχθη B 156
εἴ τευ ἐξ ἄλλου γένευ　　　πάλαι κ' ἦσθα . . . E 897
εἰ μὴ ἀνίστατο καὶ φάτο μῦθον　προτέρω κ' ἔρις γένετο Ψ 491
εἰ μὴ μετηύδα　　　　　ὀδύροντό κεν Ω 715
εἰ πυθόμην　　　　　μεῖνέ κεν δ 732
εἰ αὐτόθι γήρα　　　πολλά κέ μ' ὤνησεν ξ 67
εἰ ἤδη δ . . .　　　οὔ κεν ἐμίγη ψ 220

Cf. Γ 374, E 680, Z 75, H 106, 274, Θ 91, 132, 218, Λ 312, 751, N 725, Ξ 259, O 123, 460, Π 618, 700, P 531, 614, Σ 166, 454, Τ 291, Φ 212, 545, X 203, Ψ 155, 383, 541, 734 : γ 256, δ 364, 503, ε 427, 437, ι 497, λ 317, π 221, φ 227, ψ 21, 242, ω 42, 51, 284, 529.

The Apodosis in loose connexion with the Protasis

εἰ νόστησ' 'Οδυσεύς　　　　ἐπεὶ τόδε κέρδιον ἦεν (was the better course (and would have proved so) if . . .) ν 332

Aor.　　　　　　　　　　　Impf. without κεν

εἰ μὴ ἔειπες　　　　　　　ἔμελλον . . . ν 385

(2) Aor. κεν　　　　　　　　　　Aor. κεν

εἴ κ' ἔτι προτέρω γένετο δρόμος　　παρέλασσέ κέ μιν Ψ 526

(3) Aor. or Plupf. Indic.　　　　Aor. or Impf. Indic. ἄν

εἰ τάδε ἤδεα　　　　　　　οὐκ ἂν ὑπεξέφυγεν Θ 366
εἰ μὴ παῦσεν　　　　　　οὐκ ἂν χάζοντο Λ 505

Cf. M 292, Π 686, Σ 398.

(4) Aor. Indic.　　　　　　　　Aor. or Pres. Opt. κεν

εἰ μὴ νόησεν (ἐξήγγειλεν)　　　ἀπόλοιτό κεν E 312, 389
εἰ μὴ ἀγάσσατο　　　　　ῥεῖά κε φέροι τεύχεα P 71
εἰ δάμη　　　　　　　οὔ κεν ὧδ' ἀκαχοίμην α 237

(5) Opt.　　　　　　　　　　　　Opt. κεν

Conditional Relative Sentences

ὅς τις ἄβλητος δινεύοι　　　οὐκέτι κε ἔργον ὀνόσαιτο Δ 540
ὃς τότε γηθήσειεν　　　　θρασυκάρδιός κ' εἴη N 344

(6) Opt. (in construction of (III) (B) (b) (1))　　　Opt. ἄν

Conditional Relative Sentence

ὅτε ὅπα εἴη　　　　　　οὐκ ἂν 'Οδυσῆΐ γ' ἐρίσσειεν ἄλλος Γ 221

437

(7) The Apodosis in loose connexion with the Protasis

εἰ νῶϊν νόστον ἔδωκε Ζεύς

ἔφην μιν φιλησέμεν (I thought to . . . (and should have done so) if . . .) δ 172

(b) Past in Protasis, Present in Apodosis

Aor. or Impf. Indic.

εἰ τὸν ὄνειρον ἄλλος ἔνισπεν
εἴ τις ἄλλος ἐκέλευεν

Opt. κεν

ψεῦδός κεν φαῖμεν Β 80
ψεῦδός κεν φαῖμεν Ω 220

(c) Present

(1) Opt.

εἰ νῦν Τρώεσσι μένος ἐνείη
εἰ τοιόσδ᾽ εἴη

Opt. κεν

Πάτροκλόν κ᾽ ἐρυσαίμεθα Ρ 156
θηήσαιό κεν ρ 313

Cf. Μ 322 : ε 206, π 148.

(2) Opt.

εἰ μὴ δῶρα φέροι
εἰ ἐπ᾽ ἄλλῳ ἀεθλεύοιμεν

Opt. ἄν

οὐκ ἄν σε κελοίμην . . . Ι 515
ἐγὼ ἂν τὰ πρῶτα φεροίμην Ψ 274

(D) FUTURE SUPPOSITIONS

(1) Pres. Indic.

εἰ ἐριδαίνετον ὧδε
εἴ τις θεῶν ἐπιτάρροθός ἐστιν

Fut.

λοίγια ἔργα τάδ᾽ ἔσσεται Α 574
ἐξανύω σε Λ 366, Τ 453

(2) Fut.

εἰ μαχεῖται
εἴ μοι οὐ τίσουσιν

Fut.

οὐχ ἕξουσιν Τ 26
δύσομαι εἰς Ἀΐδαο μ 382

Cf. Β 379, 387, Η 98, Μ 248, Ρ 154, Σ 268, *Τ 129, Ω 206.

(3) Fut.

εἴ μοι οὐ τίσουσιν

Subj.

ἐν νεκύεσσι φαείνω μ 382

(4) Fut.

εἰ μὴ ἀφ᾽ εἵματα δύσω

Opt. (wish)

μηκέτι κάρη ὤμοισιν ἐπείη *Β 261

(5) Fut.

εἰ ὁμὴν θήσετε τιμήν

Opt. κεν

εἴη κεν τοῦτο ἔπος Ω 57

Cf. *Α 294, Ρ 418.

(6) Fut.

εἰ οὐ δώσει ἄγγελον

Opt. ἄν

οὐκ ἄν σε κελοίμην . . . Ω 296

Cf. Φ 463.

(7) Fut. with Apodosis suppressed

εἰ ἐς πόλεμον πωλήσεαι

[you must expect wounds, nay . . .] Ε 350

Cf. Α 135 : β 115.

(8) Fut. κεν

εἴ κε κύνες ἑλκήσουσιν

Fut.

σοὶ κατηφείη ἔσσεται Ρ 557

(9) Fut. κεν

αἴ κεν Ἰλίου πεφιδήσεται

Imp.

ἴστω τοῦτο Ο 213

Conditional Relative Sentence

ὅτε κεν συμβλήσεαι αὐτῷ

ἀναχωρῆσαι Τ 335

438

(10) Fut. κεν

εἴ κ' ἔτι σε κιχήσομαι
εἴ κε νοστήσω καὶ ἐσόψομαι . . .

Opt. (wish)

μηκέτι κάρη ὤμοισιν ἐπείη *B 258
ἐμεῖο κάρη τάμοι *E 212

(11) Fut. ἄν

Conditional Relative Sentence

τοὺς ἂν ἐγὼ ἐπιόψομαι

πιθέσθων I 167

Imp.

(12) Subj.

εἴ σε κατακτάνῃ
εἴ περ ἀνάγκη [ἔῃ]

Fut.

οὔ σε κλαύσομαι X 86
πτολεμίξομεν Ω 667

Conditional Relative Sentences

ὄφρα· ζωοῖσι μετείω
ἤ τις ἀρίστη [ἔῃ]
ὁππότ' ἐθέλῃς

οὔ μ' ἴξετ' ἄχος Ψ 47
βοῦν ῥέξειν κ 522, λ 30
εὐνὴ σοὶ ἔσσεται ψ 257

Cf. ὁπότε π 268.   ὅσσος ζ 257.   ὅς τις Ξ 221, Υ 363 : β 294.   ὅτε Φ 323.   ὄφρα σ 133.

Subj.

εἰ νῇ' ἐθέλῃ ὀλέσαι

Words implying Fut.

βούλομ' ἅπαξ ἀπὸ θυμὸν ὀλέσσαι μ 348

Conditional Relative Sentences

ὁππότε μεταπαυσωλὴ γένηται

ὀφέλλετε ταῦτα πένεσθαι Τ 201

Cf. ὅς τις π 76, τ 528.

(13) Subj.

εἴ ποτε χρειὼ γένηται

Imp.

μάρτυροι ἔστων Α 340

Conditional Relative Sentences

ὥς τοι μύθου τέλος ἐν φρεσὶ θείω
ἤ τις ἀρίστη [ἔῃ]

πείθεο Π 83
νῇ' ἄρσας ἔρχεο α 280

Cf. ὅς γ 370, δ 409, φ 266.   ὅσσος θ 250.   ὅς τις Η 50 : β 350, θ 424, π 348, ω 215.   ὄφρα κ 176.

(14) Subj.

Conditional Relative Sentences

ὅς τις μεθίησιν

Opt. (wish)

μὴ νοστήσειεν Ν 234

Cf. ὅσσος ζ 180, ρ 355.   ὅς τις β 34.

(15) Subj.

Conditional Relative Sentences

ὅν τιν' ἀποσφήλωσιν ἄελλαι
ὅπῃ περάσητε

Opt.

ὅθεν οὐκ ἔλποιτο ἐλθέμεν γ 320
ὦνον ἄλφοι ο 453

(16) Subj.

Conditional Relative Sentence

ὁππότ' ἀνὴρ τοιοῦτος αἰτίζῃ

Opt. κεν

τί κεν ῥέξειε καὶ ἄλλος ; δ 650

(17) Subj. subjoined to an Infin.

Conditional Relative Sentences

ὅτε τις χαλεπήνῃ

ἀπαμύνασθαι Ω 369

Cf. ὅππῃ θ 45.   ὅς τις ν 335.

(18) Subj. with Apodosis in loose connexion with the Protasis

εἴ περ γέροντ' εἴρηαι

ξεῖνοι εὐχόμεθ' εἶναι α 188

439

(19) Subj. with Apodosis in external governance

Conditional Relative Sentences

ὥ περ ἀρίστω ⌊ἔωσιν⌋   κελεύομεν ἀλλήλων πειρηθῆναι Ψ 802
ὅς τις ἄριστος [ἔῃ]   πρὶν γήμασθαι σ 289

(20) Subj. κεν   Fut.

αἴ κε Ζεὺς δῷσι   ἀποτείσομεν Α 128
εἴ κε τὸν ἕλω   τεύχε' οἴσω Η 81
αἴ κ' ἐθέλῃσιν   ἰήσεται ι 520
εἴ κεν ἐντανύσῃ . . .   ἔσσω μιν φ 338

Cf. Β 364, Δ 170, *353, 415, Ε 351, 762, Ζ 260, 526, Η 118, 173, Θ 142, 287, 471, Ι 255, *359, 412, 414, 604, Κ 106, 449, 452, Λ 315, 404, 405, 455, Μ 71, Ν 829, Ξ 368, Ο 498, Π 32, 499, Ρ 29, Σ 180, 278, *306, Τ 138, Φ 437, 553, Χ 99, 256, Ψ 413, 543 : β 133, 188, ζ 313, η 75, θ 355, 496, λ 348, ν 359, π 403, ρ 230, 549, 556, σ 83, τ 327, *488, 496, υ 233, φ 213, 314, 348, 364, χ 345, ω 511.

Conditional Relative Sentences

ὅττι κεν εἴπω   οὐκ ἀπόβλητον ἔπος ἔσσεται Β 361
ἤν κ' ἐθέλωμι   ποιήσομ' ἄκοιτιν Ι 397
ὄφρα κε τοῦτον ἔχῃ νόον   ἔδονται β 124
ἐπεί κε θερέω   ἔμ' ἄξει ρ 23

Cf. εἰς ὅ κεν Ι 609. ἐπεί Ζ 83, Λ 191, 206, 764, *Σ 121, 280, Τ 402, Χ 125, 258, 509, Ψ 10 : δ 494, σ 150, χ 254. ὅ Τ 308. οἷος ο 281. ὁππότε Ι 702, Ξ 504, Σ 115, Χ 365 : β 357, ν 394, π 282, χ 216. ὁππότερος Ψ 805. ὅς Α 547, Β 391, Ι 74, Κ 235, 306, Λ 367, Ρ 100, 229, Σ 271, 467, Τ 72, 110, 235, Τ 454, Ψ 857 : ζ 159, ρ 11, 19, 559, σ 63, τ 27, 322, φ 280. ὅς τις *Α 294, Ε 421, Ι 102, Ω 92 : α 158, λ 147, ξ 445, ο 448, ψ 140. ὅτε Κ 130, *Τ 130. ὄφρα β 204.

Subj. κεν   Words implying Fut.

αἴ κε κακὸς ὣς ἀλυσκάζω   αἰδέομαι Τρῶας Ζ 443
εἴ κε σίνηαι   τεκμαίρομ' ὄλεθρον λ 112, μ 139

Cf. Ι 412, 414, Ξ 110, Σ 91, *Ψ 344 : π 405, ρ 79, φ 305.

Conditional Relative Sentences

ὅτε κέν τις ἄγηται   ὅσσον σεῦ [μέλει ἄλγος] Ζ 454

Cf. ὅς χ 66. Also ὅς τις α 389.

(21) Subj. κεν   Words of Fearing

εἴ κε λίπω τεύχεα   μή τίς μοι νεμεσήσεται *Ρ 91
εἴ κε παρανήξομαι   δείδω μή . . . ε 417

Cf. Ρ 94 : ε 466, 470, π 254.

Conditional Relative Sentence

ὅς κεν ἴδηται   μή τίς μοι νεμεσήσεται *Ρ 93

(22) Subj. κεν   Fut. κεν

Conditional Relative Sentences

ὅν κεν ἵκωμαι   κεχολώσεταί κεν Α 139
ὅν κεν ἀγάγω   χρυσοῦ, ὅν κέ τις οἴσει υἷος ἄποινα Β 231

(23) Subj. κεν   Fut. ἄν

Conditional Relative Sentence

ἐπεί κέ τις ἐκ θυμὸν ἕληται   αὐτὸν ἄν με κύνες ἐρύουσιν Χ 67

(24) Subj. κεν   Subj.

εἴ κεν ἀκούσω   σῆμα χεύω β 220

Cf. Ν 260 : χ 167.

440

Conditional Relative Sentences

ὅν κε θεὸς ἐν χερσὶ βάλῃσιν   οὐκ ἔσθ' ὅς τις φύγῃ Φ 103
ὅς κε γένηται   μοῖραν οὔ τις ἀλεύεται ω 29

(25) Subj. κεν   Subj. κεν

εἴ κε μὴ δώωσιν   ἔλωμαί κεν Α 137

Cf. Α 324 : δ 391.

(26) Subj. κεν   Imp.

εἴ κεν ἔμ' ἔλῃ   τεύχεα φερέτω Η 77
εἴ κε δώῃ κῦδος ἀρέσθαι   μὴ λιλαίεσθαι . . . Π 87
αἴ κ' ἐθέλῃσθα ἀκουέμεν   δησάντων μ 49

Cf. Γ 281, 284, Ε 129, 131, 260, *Ι 135, *277, Π 445, Τ 147, Ω 592 : α 289, ι 502, μ 53, 163, ξ 395, 398, ρ 82.

Conditional Relative Sentences

ὁππότερός κε νικήσῃ   γυναῖκ' ἀγέσθω Γ 71, 92
ᾗ κεν ἴῃσθα   φθέγγεο Κ 67
ὁππότε κέ σ' ἐλάσῃ   ἐπαΐξαι κ 293

Cf. ἐπεί Ι 707, Ξ 237, Τ 337, Φ 534 : ξ 153.   δ Β 346.   ὁππότε Δ 40 : λ 127, ψ 274.   ὁππότερος *σ 46.   ὅς Α 549, Δ 306, Θ 430, Ι 140, 146, 282, 288, Ξ 376, Ο 494, Φ 296, Ψ 247, 554, 660, 855 : λ 442, *σ 47, *270, 286.   ὅς τις *Ο 148 : α 316, β 25, 161, 229, θ 549, τ 378, 403, 406, υ 115, ω 454.   ὅτε Θ 180, *Ι 138, *280 : δ 420, ν 180, ο 446, π 287, τ 6.   ὄφρα Ω 553 : τ 17.

(27) Subj. κεν   Opt. (wish)

Conditional Relative Sentence

ἐπεί κε μάχην δίηται   ἀσκηθὴς ἵκοιτο Π 246

(28) Subj. κεν   Opt.

Conditional Relative Sentence

ὅττι κεν εἴπω   πίθοιό τί μοι; Ξ 190

(29) Subj. κεν   Opt. κεν

αἴ κεν ἴδῃ . . .   δῶρά κε φέροιο Δ 98
εἴ κ' ἀσινέας ἐάῃς   ἔτι κεν ἵκοισθε λ 110

Cf. Ι 362, 414, Ν 379, Ρ 39, Ω 687 : λ 105, *φ 114.

Conditional Relative Sentences

ὅς κ' ἐντανύσῃ βιόν   τῷ κεν ἅμ' ἑσποίμην τ 577, φ 75

Cf. ὅς τις Ξ 190.   ὁπποῖος Τ 250.

(30) Subj. κεν   Opt. ἄν

εἴ κεν ἀκούσῃς (ἀκούσω)   τλαίης (τλαίην) ἄν α 287, β 218
εἴ κ' ἀσινέας ἐάῃς   ἔτ' ἂν ἵκοισθε μ 137

Conditional Relative Sentence

ὅν κ' ἐὺ εἴπω   οὐκ ἂν μῦθον ἀτιμήσαιτε Ξ 127

(31) Subj. κεν subjoined to an Infin.

αἴ κέν σ' ἐξαπάφω   κτεῖναί με ψ 79

Conditional Relative Sentences

ᾗ κε σὺ ἡγεμονεύῃς   τῇ ἴμεν Ο 46
ὅν κ' ἐθέλῃσιν   παυέμεναι κ 22

Cf. ὁππότε λ 106, ν 155.   ὅς Φ 484 : φ 345.

441

To a Participle
Conditional Relative Sentence

οἷόν κε κατευνηθέντα ἴδησθε   τοῖος ἐών δ 421

(32) Subj. κεν with Apodosis in external governance

αἴ κε σιωπῇ οἴχωμαι   μή μοι χολώσεαι Ξ 310
αἴ κεν ἐμὲ κτείνῃς   ὄφρα νέμηαι Υ 186
αἴ κε θεοί γ' ἐθέλωσιν   ὥς κε πατρίδα γαῖαν ἵκηαι ε 169

Cf. E 820, Υ 301 : β 102, μ 299, τ 147, ω 137

Conditional Relative Sentences

ὅτε κεν δαινύῃ   ὄφρα εἴπῃς θ 242

Cf. ὅ Γ 354. ὅs β 128. ὅτε A 567.

(33) Subj. κεν with Apodosis suppressed

εἴ κ' ἐθέλῃσι στυφελίξαι . . . . A 580

Cf. Φ 567, X 111.

(34) Subj. ἄν   Fut.

εἰ δ' ἂν τίνειν οὐκ ἐθέλωσι   μαχήσομαι Γ 288

Cf. E 224, 232, Σ 273.

Conditional Relative Sentences

εὖτ' ἂν πολλοὶ πίπτωσιν   οὐ δυνήσεαι χραισμεῖν A 242
ὁππότ' ἂν ἡβήσῃ   τίσις ἔσσεται a 41

Cf. ἐπεί Z 412. ἐπήν Δ 239, *I 358, M 369, N 753, Ψ 76, Ω 155, 184, 717 : δ 412, ε 363, μ 55, ξ 515, ο 337, χ 219. εὖτε Τ 158. ῇ H 286. ὅs Θ 10, O 348. ὁπ(π)ότε Π 62 : τ 410, *489. ὅτε A 519. ὄφρα X 387 : γ 353.

Subj. ἄν   Words implying Future
Conditional Relative Sentence

ἐπὴν τοῖς ἐπιτείλω   θέω μετὰ σ' αὖτις ; Κ 63

(35) Subj. ἄν   Imp.
Conditional Relative Sentences

εὖτ' ἄν σ' ὕπνος ἀνήῃ   μή σε λήθη αἱρείτω B 34
ὡς ἂν ἐγὼ εἴπω   πειθώμεθα B 139
ὄφρ' ἂν τεύχεα δύω   εὔχεσθε H 193
ἐπὴν σπείσῃς   δὸς δέπας γ 45
ὁππότ' ἂν περήσῃς   νῆα κέλσαι κ 508

Cf. ἐπήν *Ο 147, Π 95, 453 : a 293, δ 414, ε 348, ζ 297, κ 526, λ 119, ο 36, *σ 269, φ 159, χ 440. ὁππότε Φ 340 : ζ 303. ὅτε Δ 53, H 459. ὄφρα Z 113, Θ 375, Σ 409 : ν 412. ὡς I 26, 704, M 75, Ξ 74, 370, O 294, Σ 297 : μ 213, ν 179.

(36) Subj. ἄν subjoined to an Infin.
Conditional Relative Sentence

ἐπὴν πόλις ἀμφικαλύψῃ ἵππον   ἀπολέσθαι θ 511

(37) Subj. ἄν with Apodosis in external governance
Conditional Relative Sentences

ὅτ' ἂν νεώμεθα   ὥς κε ὀστέ' ἕκαστος ἄγῃ H 335
ὁππότ' ἂν εὕδῃσθα   μὴ δηλήσεταί τις θ 444

(38) Subj. ἄν with Apodosis suppressed or lost

εἰ δ' ἂν τούτους ὑποκλονέεσθαι ἐάσω . . . φεύγω δὲ . . . Φ 556

Conditional Relative Sentence

ἐπὴν πόλιος ἐπιβήομεν . . . . ζ 262

442

(39) ἤν Subj.   Fut.
ἤν ἐθέλῃσθα   ὄψεαι *Δ 353
                                    Cf. I 393, X 55.
(40) ἤν Subj.   Words of Fearing
ἤν δηθύνῃσθα   δείδω μὴ . . . μ 121

(41) ἤν Subj.   Opt. κεν
ἤν ἔλθῃ θύελλα   πῇ κέν τις ὑπεκφύγοι ; μ 288

(42) ἤν Subj. with Apodosis in external governance
ἤν ἐθέλῃσιν   ὄφρα μοι (οἱ) ἔπηται I 429, 692

(43) Subj. ἄν κεν   Fut.
           Conditional Relative Sentence
ὄφρ' ἄν κε δούρατ' ἀρήρῃ   μενέω ε 361

(44) Subj. ἄν κεν   Imp.
           Conditional Relative Sentences
ὄφρ' ἄν κεν ὁρᾷ (ὁρᾷς) . . .   ἀναχωρείτω (ὑπόεικε) Λ 187, 202
ὄφρ' ἄν κ' ἀγροὺς ἴομεν   ἔρχεσθαι ζ 259

(45) Opt.   Fut.
εἴ τίς μοι ἔποιτο ἄλλος   θαλπωρὴ ἔσται Κ 222
           Conditional Relative Sentences
ὅτε μὴ Κρονίων ἐμβάλοι δαλόν   αἰπύ οἱ ἐσσεῖται . . . Ν 319
ὅν τινα ὕπνος ἕλοι   κοίτοιο ἔσσεται ὥρη τ 511

       Opt.   Words implying Future
           Conditional Relative Sentence
ὃς μὴ βόας ἐλάσειεν   οὐ τῷ ἐδίδου λ 289

(46) Opt.   Fut. κεν
εἰ ἔλθοι   βίας κεν ἀποτίσεται ρ 539

(47) Opt. κεν   Fut.
           Conditional Relative Sentence
ᾧ κ' ἐπιφθονέοις   εἰσιν ὀπίσσω λ 149

(48) Opt. κεν   Fut. κεν
εἴ κεν εἰς Ἰθάκην ἀφικοίμεθα   νηόν κε τεύξομεν μ 345

(49) Opt. ἄν   Fut.
           Conditional Relative Sentence
ἐπὴν τεισαίμεθα λώβην   τεύξεσθαι δόρπον Τ 208

(50) Opt.   Subj.
εἰ ἐθέλοις   δόρυ πόρωμεν Ψ 894

(51) Opt.   Subj. κεν
εἴ τίς σε ἴδοιτο   ἀνάβλησίς κε γένηται Ω 653
εἰ δύναιο . . .   ὅς κέν τοι εἴπῃσιν ὁδόν δ 388

           Conditional Relative Sentence
ὅτε πυθοίμην   ἤν κ' εἴπω β 43

(52) Opt.   Subj. ἄν
εἰ πειρηθείης   οὐκ ἄν τοι χραίσμῃσιν Λ 386
                                    Cf. *Β 491.
                                        443

Conditional Relative Sentence

ὅτ' ἐν κονίῃσι μιγείης   οὐκ ἄν τοι χραίσμῃ Γ 55

(53) Opt.   **Imp.**

εἰ ἄμμε παραφθαίησιν   ἐπὶ νῆας προτιειλεῖν Κ 346

(54) Opt.   **Opt. (wish)**

εἰ μὴ τόξ' ἐν πυρὶ θείην   ἐμεῖο κάρη τάμοι *Ε 215
εἰ μὴ κείνοισι κακὸν γενοίμην   ἀπ' ἐμεῖο κάρη τάμοι π 103

Conditional Relative Sentences

ὅτε μαχοίατο   τοιοῦτοι εἶεν Φ 429
ὅτις τοιαῦτα ῥέζοι   ὡς ἀπόλοιτο α 47
οἵ περ ἄριστοι [εἶεν]   εἰ βόες εἶεν σ 371

Cf. ὁππότε σ 148. ὁππότερος Γ 299. ὅς *Ω 139. ὅς τις Ζ 58 : α 403, ο 359, σ 142. ὅτε Σ 465 :
μ 106.

(55) Opt.   **Opt.**

εἰ τόδε φίλον γένοιτο   οἰκέοιτο πόλις Δ 17

Conditional Relative Sentences

ὅτε τὸν ὕπνος ἱκάνοι   ὅς τις τολμήσειεν . . . ι 333
ὅς τις ὀπυίοι   οἰκία δοῖμεν β 336, π 386

(56) Opt.   **Opt. κεν**

εἰ τάδε πυθοίατο   γηθήσαι κεν Α 257
εἴ μοί τι πίθοιο   τό κε κέρδιον εἴη Η 28
εἴ ποθεν ἔλθοι   ποῖοί κ' εἶτε ; φ 195

Cf. Δ 34, 347, Ζ 284, Η 129, Λ 135, Ν 276, 485, Ξ 208, 333, *Ο 49, Π 72, 623, Ρ 102, 160, *Τ 100 :
α 163, β 251, γ 223, λ 501, ξ 132, ο 435, π 105, ρ 407, σ 223, 246, 254, 357, 384, τ 127, υ 42, 381

Conditional Relative Sentences

ᾧ τόσσα γένοιτο   οὔ κεν ἀλήϊος εἴη Ι 125, 267
ὅτε πύθοιτο   ἤν κ' εἴποι β 31
ἄσσ' ἐθέλοιεν   δρώοιμί κεν ο 317

Cf. ἐπεί *δ 222. ὅς Μ 228, Ν 322 : *δ 222, κ 383, *ν 291, χ 138, ψ 101, 169. ὅσος λ 361. ὅς τις
Ξ 92 : α 229. ὅτε Θ 23 : λ 375, μ 114, *ν 391, *φ 116, ψ 185.

(57) Opt.   **Opt. ἄν**

εἰ ἐν πόντῳ γένοιτο   πολλοὺς ἂν κορέσειεν *Π 746
εἰ μὴ θυμὸς κελεύοι   οὐκ ἂν πεφιδοίμην ι 278

Cf. Χ 20, Ω 366, 653 : β 62, ε 178, κ 343.

Conditional Relative Sentences

ὅν τινα μεθιέντα ἴδοις   μαχέσαιο ἂν ἄλλῳ Ζ 330
ὅτε με χρειὼ ἵκοι   ἄσσ' ἂν μηδοίμην ε 189

Cf. ὅς Ν 118 : δ 205, θ 240. ὅτε Ξ 248 : π 197.

(58) Opt. subjoined to an Infin.
Conditional Relative Sentences

ὅτε θυμὸς ἀνώγοι   πιέειν (πιεῖν) Δ 263, Θ 189 : θ 70
ὅς τις ἐλαφρότατος πέλοιτο   θῆκεν ἀέθλιον, [τῷ δόμεν] Ψ 749

Cf. ὅς Σ 508. ὅς τις Ε 301, Ρ 8.

(59) Opt. with Apodosis in external governance
Conditional Relative Sentences

ὀππότε μιν σεύαιτο   ὄφρα κῆτος ἀλέαιτο Υ 148
ὁπότε σπερχοίατο   μή τινα βλάπτοι ν 22

444

(60) Opt. κεν   Fut.

εἴ κεν θάνατόν γε φύγοιμεν   ἄμμε παλιμπλαγχθέντας ὀίω ἀπονοστήσειν *Α 60

(61) Opt. κεν   Imp.
                        Conditional Relative Sentence
ὅττι κέ μοι δοίης   κειμήλιον ἔστω δ 600

(62) Opt. κεν   Opt. κεν

εἰ τούτω κε λάβοιμεν   ἀροίμεθά κε κλέος Ε 273
εἴ κε βλεῖο   στέρνων κ' ἀντιάσειε [βέλος] Ν 288
εἴ κε μένοις   οἶκόν κε δοίην η 315

Cf. Β 123, Ζ 50, Θ 196, 205, Ι 141, 283, Κ 381 : β 246, μ 345, *ν 389, ρ 223, τ 589.

                        Conditional Relative Sentence
ὅς κε πλεῖστα πόροι   ἥ κε γήμαιτο π 392, φ 162

(63) Opt. κεν   Opt. ἄν

εἴ κε φάγοιτε   τάχ' ἀν τίσις εἴη β 76
                          Cf. Ν 288 : θ 353.

(64) Opt. κεν with Apodosis in external governance
                        Conditional Relative Sentence
ᾧ κ' ἐθέλοι   ὥς κε δοίη β 54

(65) Opt. ἄν   Opt. (wish)
                        Conditional Relative Sentence
επὴν γόου ἐξ ἔρον εἴην   κατακτείνειέ με Ω 227

445

HOMERIC
PROPER AND PLACE
NAMES

A SUPPLEMENT TO
"A LEXICON OF THE HOMERIC DIALECT"

BY

RICHARD JOHN CUNLIFFE, LL.D.

PREFACE

FROM my *Lexicon of the Homeric Dialect*, published in 1924, the proper and place names were omitted, chiefly on the ground of expense. An attempt is now made to supply the omission. A work of this sort might be extended almost indefinitely, especially as regards the place names, by embodying the results of research from the earliest to the latest date; but for this I have neither the ability nor the time, and I have accordingly confined myself for the most part to bringing together and making easy of reference the information contained in the epics themselves. It has, however, occasionally seemed desirable somewhat to supplement this, especially where a name merely occurs, without any explanation.

As in the Lexicon itself, the text used is that in the Oxford Series of Classical Texts, in which the *Iliad* is edited by D. B. Monro and Mr. T. W. Allen, and the *Odyssey* by Mr. Allen; and the books of the epics are referred to by the letters of the Greek alphabet, the references to be always taken as exhaustive unless the contrary is indicated by the addition of " etc." It has been thought better not to enter upon the very uncertain field of etymology.

After the names there appear in parentheses the epithets which are applied to the persons or places. In the cases of the more important persons there will be found an analysis of his or her chief doings and sayings, with references to the passages where these are mentioned. This will to a large extent serve the purpose of an Index to the Epics.

I wish to express my particular indebtedness to the late Walter Leaf's *Troy* and *Homer and History*, especially to the former.

As in the case of the Lexicon, I have to thank my friend Mr. J. B. Douglas for valuable suggestions, and Mr. F. E. Webb, Messrs. R. & R. Clark's proof-reader, for his care in reading for the press. The references have all been checked by me in proof with the text.

R. J. C.

February 1931.

ABBREVIATIONS

acc., accusative
adj., adjective
app., apparently
dat., dative
fr., from
G, taking part in the war on the Greek
  side
genit., genitive
nom., nominative
patr., patronymic

perh., perhaps
poss., possibly
prec., the preceding word, etc.
prob., probably
s., slain by
sc., *scilicet*
T, taking part in the war on the Trojan
  side
v.l., various reading

SUFFIXES

-δε, *enclitic,* motion towards
-θε(ν), motion from, from in general
-θι, place at *or* in which

HOMERIC

PROPER AND PLACE NAMES

Ἄβαντες G (θοοί, μεγάθυμοι, μένεα πνείοντες, ὄπιθεν κομόωντες).ˋ The men of Euboea B 536, 541, 542, Δ 464.

Ἀβαρβαρέη. A Naiad. Mother by Boucolion of Aesepus[2] and Pedasus[3] (twins) Z 22.

Ἄβας T. Son of Eurydamas[1]. With his brother Polyidus[1] s. Diomedes E 148.

Ἄβιοι (δικαιότατοι ἀνθρώπων). An unknown race so described N 6.

Ἄβληρος T. S. Antilochus Z 32.

Ἄβῦδος. A city on the s.e. of the Hellespont, a little below Sestus on the other side B 836.— Ἀβῡδόθεν [-θεν], from Α. Δ 500.—Ἀβῡδόθι [-θι], at Α. Ρ 584.

Ἀγάθων (δῖος). A son of Priam (his mother not named) Ω 249.

Ἀγακλέης (μεγάθυμος). Father of Epeigeus Π 571.

Ἀγαμεμνόνεος. Adj. fr. Ἀγαμέμνων K 326, Ψ 295, 525 : γ 264.

Ἀγαμεμνονίδης. Patr. fr. next. Of Orestes[3] α 30.

Ἀγαμέμνων (ἄναξ ἀνδρῶν, βασιλεύς, δῖος, εὐρὺ κρείων, κλυτός, κοσμήτωρ λαῶν, κρείων, κύδιστος, πελώριος, ποιμὴν λαῶν). Patr. Ἀτρεΐδης, Ἀτρεΐων. King of Mycenae and great suzerain of the Greeks. Son of Atreus, brother of Menelaüs, husband of Clytaemnestra, and father by her of Orestes[3], Chrysothemis, Laodice[2] and Iphianassa. Dismisses Chryses with menaces A 26 ; in the assembly summoned by Achilles abuses Calchas A 106, addresses A. and proposes to send back Chryseïs 131, addresses him again and threatens to take Briseïs from him 173, addresses Nestor 286 ; has a ship prepared to carry back Chryseïs A 308, bids the people cleanse themselves 313, sends his heralds to bring away Briseïs 320 ; Zeus sends Oneirus to beguile him B 8, he summons the council of chiefs and relates his dream 53, the sceptre bequeathed to him by Thyestes107, addresses the assembly and counsels a return home 110, assents to the opposite counsel of Nestor 370, summons the host to the fight 441 ; enumeration of his followers B 569 ; described on the walls by Helen to Priam Γ 172 ; prays to

Zeus and performs the oath-sacrifice Γ 276 ; sends for Machaon to see the wounded Menelaüs Δ 193 ; goes round and inspects the host and the chiefs Δ 223 ; slays Adrestus[3] taken by Menelaüs Z 63 ; accepts Hector's challenge, but does not get the lot H 162 ; refuses the proposals of the Trojan herald except as to the burning of the dead H 406 ; reproaches the Greeks retreating before Hector Θ 217 ; calls an assembly I 9, addresses it and again counsels a return home 17, reproved by Diomedes 32, in a gathering in his hut agrees, on the suggestion of Nestor, to placate Achilles 115, an embassy is dispatched accordingly 178, but returns unsuccessful 669 ; A. cannot sleep K 1, goes to rouse Nestor and other chiefs 17 ; his ἀριστεία Λ 15, is wounded by Coön 248, but continues to fight 255, retires 280 ; with the other wounded chiefs encounters Nestor Ξ 27, advises the launching of the ships 65, reproved by Odysseus 83, accepts the reproof 104 ; his speech in the assembly on the renunciation by Achilles of his wrath T 78, his oath about Briseïs 258 ; receives the prize for spear-throwing without a contest Ψ 884 ; etc. : after the taking of Troy advised, opposing Menelaüs, delay in returning home in order to placate Athene γ 141, remained accordingly 155 ; his death at the hands of Aegisthus α 32, 298, γ 194, 234, 250, 303, δ 519, λ 384, 409, ν 383, ω 96 (see also Orestes[3]) ; in the Shades λ 387, ω 19 ; etc.

Ἀγαμήδη (ξανθή). Eldest daughter of Augeias and wife of Moulius[1]. Skilled in drugs Λ 740.

Ἀγαπήνωρ (κρείων). Son of Ancaeus[1] and leader of the Arcadians B 609.

Ἀγασθένης (ἄναξ). Patr. Αὐγηϊάδης. Son of Augeias and father of Polyxeinus B 624.

Ἀγάστροφος T (δουρικλυτός, ἴφθιμος). Patr. Παιονίδης. Wounded and slain by Diomedes Λ 338, 368, 373.

Ἀγαύη. A Nereïd Σ 42.

Ἀγέλαος[1] T. Patr. Φραδμονίδης. S. Diomedes Θ 257.

Ἀγέλαος[2] G. S. Hector Λ 302.

Ἀγέλαος[3], Ἀγέλεως, χ 131, 247 (διοτρεφής). Patr. Δαμαστορίδης[2]. A suitor. Counsels the

1

suitors to abstain from violence υ 321, 339 ; in the fight advises communication with the people outside χ 131, 136 ; χ 212, 241, 247 ; s. Odysseus χ 293, 327.

Ἀγήνωρ T (ἀμύμων τε κρατερός τε, ἀντίθεος, δῖος, μεγάθυμος). Patr. Ἀντηνορίδης. Son of Antenor and father of Echeclus[1]. Slays Elephenor Δ 467 ; Λ 59, M 93, N 490, 598, Ξ 425 ; slays Clonius O 340 ; Π 535, Υ 474 ; stands up to Achilles Φ 545, 579, is snatched away by Apollo 595, 600.

Ἀγκαῖος[1]. Father of Agapenor B 609.

Ἀγκαῖος[2] (Πλευρώνιος). Nestor beat him at wrestling Ψ 635.

Ἀγλαΐη. Mother of Nireus by Charopos B 672.

Ἄγριος. Son of Portheus Ξ 117.

Ἀγχίαλος[1] G (εἰδὼς χάρμης). With his brother Menesthes s. Hector E 609.

Ἀγχίαλος[2] (δαΐφρων). Father of Mentes[2] α 180, 418.

Ἀγχίαλος[3]. A Phaeacian θ 112.

Ἀγχίσης (ἀμύμων, ἄναξ ἀνδρῶν, μεγαλήτωρ). Son of Capys and father of Aeneas by Aphrodite ; father also of Hippodameia[2] B 819, 820, E 247, 268, 313, 468, M 98, N 428, P 491, Υ 112, 208, 239, 240.

Ἀγχῑσιάδης[1]. Patr. fr. prec. Of Aeneas P 754, Υ 160.

Ἀγχῑσιάδης[2]. Patr. of Echepolus[2] Ψ 296.

Ἀδάμας T. Patr. Ἀσιάδης. App. son of Asius[2] M 140 ; wounds Antilochus and is killed by Meriones N 560, 759, 771.

Ἄδμητος. Husband of Alcestis and father of Eumelus B 713, 714, Ψ 289, 391, 532.

Ἀδρήστεια. A plain at the mouth of the Grenicus B 828.

Ἀδρήστη. A handmaid of Helen at Sparta δ 123.

Ἀδρηστίνη. Patr. fr. next. Of Aegialeia E 412.

Ἄδρηστος[1]. King of Sicyon, and father of Aegialeia B 572 ; father also of the wife of Tydeus (Deïpyle) Ξ 121 ; his horse Arion Ψ 347.

Ἄδρηστος[2]. Son of Merops and with his brother Amphius[1] the leader of the men of Adresteia, etc. B 830 ; both s. Diomedes Λ 328.

Ἄδρηστος[3] T. Taken by Menelaüs Z 37, 45 ; s. Agamemnon Z 63.

Ἄδρηστος[4] T. S. Patroclus Π 694.

Ἀζείδης. Patr. of Actor[1] B 513.

Ἀθῆναι, also **Ἀθήνη**[1] η 80 (ἐϋκτίμενον πτολίεθρον, εὐρυάγυια, ἱεραί, δῆμος Ἐρεχθῆος). Athens B 546, 549 : γ 278, 307, η 80, λ 323.

Ἀθηναίη, Ἀθήνη[2], also **Παλλὰς Ἀθηναίη** A 200, K 275, Λ 438, O 614 : γ 42, δ 828, ν 190, 252, 300, 371, π 298, ω 547. And **Π. Ἀθήνη** A 400, Δ 78, E 510, Σ 217, Φ 290, etc. : α 125, γ 222, θ 7, ο 1, ω 520, etc. (Never Π. alone.) (ἀγελείη, (αἰγιόχοιο) Διὸς τέκος, Ἀλαλκομενηΐς, Ἀτρυτώνη, (θεὰ) γλαυκῶπις, δῖα θεάων, Διὸς ἐκγεγαυῖα, ἐρυσίπτολις, ἠΰκομος, θυγάτηρ Διός, κούρη Διὸς (αἰγιόχοιο), κυδίστη, λαοσσόος, ληῗτις, μεγάθυμος, πολύβουλος, πότνια, Τριτογένεια.) Daughter of Zeus (her mother not named). Sent by

Here checks the wrath of Achilles in the assembly A 194 ; sent by her to stop the flight of the Greeks B 156 ; sent by Zeus to induce the Trojans to break the truce Δ 78 ; inspires spirit into Diomedes E 1, 121, leads Ares from the fight E 35, arms herself 733, mounts the chariot of Diomedes 835, they put Ares to flight 855 ; the prayer to her of the aged Trojan women Z 297 ; again arms herself Θ 384, Here and she start for the field to aid the Greeks 392, they are stopped by Iris sent by Zeus 413 ; she checks Ares in his wrath at the death of Ascalaphus O 121 ; kindles fire from the head of Achilles Σ 203 ; introduces nectar and ambrosia into his body Τ 349 ; in the Battle of the Gods Ares attacks her Φ 391, she fells him with a stone 403, she knocks down Aphrodite 423 ; comes to the aid of Achilles against Hector X 214, in the likeness of Deïphobus beguiles H. 226 ; in the chariot-race disables Eumelus Ψ 391 ; etc. : in the likeness of Mentes appears to Telemachus α 102, urges him to go to Pylus and Sparta 284, accompanies him in the likeness of Mentor[2] β 399, her advice to him at Pylus γ 14, her prayer to Poseidon 55, she returns to the ship 357 ; meets Odysseus and conducts him to the city of the Phaeacians η 18 ; marks Odysseus's throw of the δίσκος θ 193 ; in the likeness of a youth appears to O. on his landing in Ithaca ν 221, reveals herself 296, they consult 372, she transforms him into a beggar 429 ; she departs for Sparta ν 439, where she urges Telemachus to go home and warns him of the ambush of the suitors ο 10 ; she appears to Odysseus and re-transforms him π 155 ; she transforms him back to a beggar π 454 ; she suggests to Penelope to appear before the suitors σ 158 ; she bears the light while the arms are being removed τ 33 ; she appears to Odysseus while he lies in the πρόδομος υ 30 ; she appears in the crisis of the fight with the suitors χ 205 ; is advised by Zeus to make peace between the Ithacans and Odysseus and his followers ω 472, stops the fight 531 ; etc.

Ἀθηναῖοι G (μήστωρες ἀϋτῆς). The Athenians B 551, 558, Δ 328, N 196, 689, O 337.

Ἀθήνη[1]. See Ἀθῆναι.

Ἀθήνη[2]. See Ἀθηναίη.

Ἄθως. The mountain terminating the peninsula Acte running out from Chalcidice Ξ 229.

Αἰαίη. An epithet or name of uncertain meaning (cf. Αἰήτης). Of Circe ι 32, μ 268, 273.—Of her island κ 135, λ 70, μ 3.

Αἰακίδης. Patr. fr. next. Of Peleus Π 15, Σ 433, Φ 189.—Of Achilles (grandson) B 860, I 184, K 402, Λ 805, Π 134, P 76, etc. : λ 471, 538.

Αἰακός. Son of Zeus and father of Peleus Φ 189.

Αἴας[1]. Voc. Αἶαν (ἄλκιμος, ἀντίθεος, Ἀρήϊος, βοὴν ἀγαθός, δαΐφρων, διογενής, ἔρκος Ἀχαιῶν, κοίρανος λαῶν, κυδάλιμος, μεγάθυμος, μεγαλήτωρ,

μέγας, πελώριος, ταχύς, Τελαμώνιος (υἱός), φαίδιμος).
Patr. Τελαμωνιάδης. (1) Son of Telamon and
leader of the men of Salamis B 557 ; after Achilles
the most soldierly of the Greeks B 768 ; described
by Helen to Priam Γ 225 ; he and Aias² visited
by Agamemnon in his inspection Δ 273 ; chosen
by lot to fight Hector H 181, the fight 206, they
exchange gifts 303 ; his brother the archer
Teucrus shoots from behind his shield Θ 267,
he rescues him when wounded 330 ; is one of
the embassy to Achilles I 169, makes the final
appeal 622 ; with Menelaus comes to the rescue
of Odysseus Λ 465, retires panic-stricken 544 ;
goes with Teucrus to the help of Menestheus
M 364 ; disables Hector Ξ 409 ; makes a stand
on the platforms of the ships O 674, retires to a
gangway 727, abandons the ship Π 102 ; with
Menelaus comes to the rescue of the corpse of
Patroclus P 123, his cry for light 645, the
corpse is at last rescued Σ 231 ; his drawn
wrestling-match with Odysseus Ψ 708, meets
Diomedes in the fight in armour 811, is second
in putting the weight 838 ; etc. : γ 109 ; in the
Shades λ 469, avoids Odysseus 543, 550 ; in the
second νέκυια ω 17.—(2) In dual Αἴαντε and pl.
Αἴαντες (with dat. Αἰάντεσσιν) the two ὁμώνυμοι
(P 720) spoken of or acting together (θεράποντες
Ἄρηος, θοῦριν ἐπιειμένοι ἀλκήν, μεμαότε θούριδος
ἀλκῆς, κορυστά, πολέμου ἀκορήτω) B 406, Δ 273,
H 164, M 265, N 126, Π 555, Σ 157, etc.
Αἴας². Voc. Αἴαν (δουρικλυτός, ταχύς, φαίδιμος).
Patr. Ὀϊλιάδης. Son of Oileus¹ and leader of
the Locrians. Described B 527 ; recognizes a
god in the guise of Calchas N 66 ; stands firm
with his namesake N 701 ; does much execution
Ξ 520 ; slays Cleoboulus Π 330 ; watching the
chariot-race abuses Idomeneus Ψ 473, comes in
second in the foot-race 754 ; etc. : his death at
the Gyraean Rock δ 499, 509.—See also prec. (2).
Αἰγαί. A seat of the worship of Poseidon of
disputed site Θ 203, N 21 : ε 381.
Αἰγαίων. A hundred-handed being called by
the gods Βριάρεως. Saved Zeus from bonds
A 403, 404.
Αἰγείδης. Patr. fr. Αἰγεύς, king of Athens.
Of Theseus A 265.
Αἰγιάλεια (περίφρων). Patr. Ἀδρηστίνη.
Daughter of Adrestus¹ and wife of Diomedes
E 412.
Αἰγιαλός¹. A town in Agamemnon's realm
B 575.
Αἰγιαλός². A Paphlagonian town B 855.
Αἰγίλιψ (τρηχεῖα). App. a town of Ithaca
B 633.
Αἴγινα. The Aegean island. In the realm
of Diomedes B 562.
Αἴγιον. A town in Agamemnon's realm B 574.
Αἴγισθος (ἀμύμων, ἄναλκις, δολόμητις). Patr.
Θυεστιάδης. Son of Thyestes and cousin of
Agamemnon and Menelaus. Seduced Clytaem-
nestra and with her aid killed A. (C. killing
Cassandra (λ 422)) on A.'s return, all his and A.'s

followers also being killed α 35, 42, 300, γ 194,
198, 235, 250, 256, 263, 303, δ 518, 525, 529,
537, λ 389, 409, ω 22, 97 ; slain with Clytaem-
nestra by Orestes³ α 29, 300, γ 195, 198, 306, 310.
Αἰγύπτιος¹. Father of Antiphus⁴ and Eury-
nomus β 15.
Αἰγύπτιος². (1) Adj. fr. Αἴγυπτος (1). Of
Proteus δ 385.—(2) Adj. fr. Αἴγυπτος (2), Egyptian
δ 229. Of Thebes² I 382 : δ 127.—In pl., the
Egyptians δ 83.—So Αἰγύπτιοι ἄνδρες ξ 263,
286, ρ 432.
Αἴγυπτος. (1) (διιπετὴς ποταμός, εὔρρείτης). In
masc., the river Nile γ 300, δ 477, 581, ξ 257,
258, ρ 427.—Αἰγυπτόνδε [-δε], to the N. δ 483,
ξ 246, ρ 426.—(2) In fem., the land of Egypt
δ 351, 355, ξ 275, ρ 448.
Ἀΐδης, -αο, -εω. Also genit. Ἄϊδος (ἄ) and
dat. Ἄϊδι (ἄ) (ἀδάμαστος, ἀμείλιχος, ἐνέροισιν
ἀνάσσων, ἴφθιμος, κλυτόπωλος, κρατερός, πελώριος,
πυλάρτης, στυγερός). Hades, son of Cronus and
Rhea, brother of Zeus, Poseidon, Here and
Demeter, and husband of Persephoneia. By
lot (O 187, 191) got the underworld as his
realm. Wounded by Heracles with an arrow
E 395 ; πύλαι Ἀΐδαο E 646, I 312, Ψ 71 : ξ 156 ;
Ἄϊδος κυνέη E 845 ; his dog carried off by Heracles
Θ 367, 368 ; etc. : κ 534, λ 47, etc.—In local
sense Ψ 244.—His δόμος or δόμοι, δῶ, δῶμα, see
δόμος (2), δῶ (2), δῶμα (2) in Lex.—See also εἰς
(II) (2), εἴσω (3), ἐκ (II) (1) in Lex.—Ἄϊδόσδε [-δε],
to H. H 330, Π 856, Τ 294, X 362, Ψ 137 : γ 410,
ζ 11, κ 560, λ 65, 475.
Ἀϊδωνεύς = prec. E 190, Τ 61.
Αἰήτης (ὀλοόφρων). King of Colchis, son of
Eëlius and Perse and brother of Circe κ 137 ;
the voyage of the Argo from his land μ 70.
Αἴθη (καλλίθριξ). A mare of Agamemnon's.
Driven by Menelaus in the chariot-race Ψ 295,
409, 525.
Αἴθικες. A people of Thessaly. The Centaurs
driven to their land by Peirithoüs B 744.
Αἰθίοπες, Αἰθιοπῆες A 423 (ἀμύμονες, ἔσχατοι
ἀνδρῶν). A people represented as dwelling by
Ocean on the extreme limits of the world. Zeus
and the gods go thither for a sacrifice A 423 ; so
Iris Ψ 206 : and Poseidon α 22, ε 287.—Divided
into two peoples α 22.—Visited by Menelaus
δ 84.—Returning from them Poseidon descries
Odysseus ε 282.
Αἴθρη. Daughter of Pittheus. A handmaid
of Helen at Troy Γ 144.
Αἴθων¹. One of Hector's horses Θ 185.
Αἴθων². The name assumed by Odysseus in
his tale to Penelope τ 183.
Αἱμονίδης¹. Patr. of Maeon Δ 394.
Αἱμονίδης². Patr. of Laerces¹ P 467.
Αἵμων G (κρείων) Δ 296.
Αἰνείας, Αἰνέας N 541 (ἄναξ ἀνδρῶν, ἀτάλαντος
Ἄρηϊ, βοηθόος, δαΐφρων, ἐΰς, μεγάθυμος, μεγαλήτωρ,
πόδας ταχύς, Τρώων ἀγός (βουληφόρος). Patr.
Ἀγχισιάδης. Son of Anchises and Aphrodite.
Leader of the Dardanians B 820 ; with Pandarus

attacks Diomedes E 166, is wounded by D. 305, but rescued by Aphrodite 311, his horses driven off by Capaneus 319, Θ 108, Ψ 292, D. attacks him again E 432, but retires before Apollo 443 ; A.'s resentment against Priam N 459 ; he meets Achilles in fight Υ 160, tells his parentage 199, is rescued by Poseidon 320 ; etc.

Αἴνιος T. A Paeonian. S. Achilles Φ 210.

Αἴνος. The mod. Enos, a Thracian town at the mouth of the Hebrus.—Αἰνόθεν [-θεν], from Ae. Δ 520.

Αἰολίδης. Patr. fr. Αἴολος (no doubt different from the Aeolus below ; but the Aeolus legends can hardly be disentangled). Of Sisyphus Ζ 154. —Of Cretheus λ 237.

Αἰολίη. Adj. fr. next κ 1, 55.

Αἴολος (μεγαλήτωρ, φίλος ἀθανάτοισι θεοῖσιν). Patr. Ἱπποτάδης. Dwelt with his sons and daughters on a floating island κ 2 ; made by Zeus controller of the winds κ 21 ; κ 36, 44, 60, ψ 314.

Αἴπεια (καλή). A town of Pylus Ι 152, 294.

Αἰπύ (ἐΰκτιτον). A town of Pylus Β 592.

Αἰπύτιος. Adj. fr. Αἴπυτος, son of Elatus, an Arcadian Β 604 (Αἰπύτιον παρὰ τύμβον).

Αἶρος. See Ἶρος.

Ἀΐς. See Ἀΐδης.

Αἴσηπος[1]. A river of the Troad flowing into the Propontis Β 825, Δ 91, Μ 21.

Αἴσηπος[2] T. Son of Boucolion and Abarbareë. With his twin brother Pedasus[3] s. Euryalus[1] Ζ 21.

Αἰσυήτης[1] (γέρων). His tomb Β 793.

Αἰσυήτης[2] (διοτρεφής). Father of Alcathoüs Ν 427.

Αἰσύμη. A Paeonian town, or perh. rather an unknown town of the Troad. The home of Castianeira.—ἐξ Αἰσύμηθεν [-θεν], from Ae. Θ 304.

Αἰσύμνος G. S. Hector Λ 303.

Αἴσων. Son of Cretheus and Tyro λ 259.

Αἰτώλιος = next. Of Tydeus Δ 399.—Of Trechus E 706.

Αἰτωλός. Of Aetolia, a district of Greece having the Acheloüs on the w., and bounded by the Gulf of Corinth on the s. Of Thoas[1] Δ 527.—Of Diomedes Ψ 471.—Of one who beguiled Eumaeus ξ 379.—In pl., the men of Aetolia G (μεγάθυμοι, μενεχάρμαι) Β 638, 643, E 843 ; their strife with the Couretes (see Κουρῆτες) Ι 529, 531, 549, 575, 597 ; Ν 218, Ο 282, Ψ 633.

Ἀκάμας[1] T (ἐπιείκελος ἀθανάτοισιν, ἠΐθεος). Patr. Ἀντηνορίδης. Son of Antenor. A leader of the Dardanians Β 823, Λ 60, Μ 100, Ξ 476, 478, 488 ; s. Meriones ΙΙ 342.

Ἀκάμας[2] T (ἠΰς τε μέγας τε, θοός). Son of Eüssorus. A leader of the Thracians Β 844, E 462 ; s. Aias[1] Ζ 8.

Ἄκαστος. King of Doulichium ξ 336.

Ἀκεσσαμενός. Father of Periboea[1] Φ 142.

Ἀκρισιώνη. Patr. of Danaë, daughter of Acrisius Ξ 319.

Ἀκρόνεως. A Phaeacian θ 111.

Ἀκταίη. A Nereïd Σ 41.

Ἀκτορίδης. Patr. of Echecleës ΙΙ 189.

Ἀκτορίς. A servant given by her father to Penelope on her marriage ψ 228.

Ἀκτορίων. In form a patr. ; but the occurrence against analogy of two such words together in Λ 750 (Ἀκτορίωνε Μολίονε) makes it doubtful whether it is a patr. The words have not been satisfactorily explained. Of Cteatus and Eurytus[2] Λ 750, Ψ 638.—Of Cteatus Ν 185.—Of Amphimachus and Thalpius (sons of C. and E.) Β 621.

Ἄκτωρ[1]. Patr. Ἀζεΐδης. App. father of Astyoche Β 513.

Ἄκτωρ[2]. Father of Menoetius Λ 785, ΙΙ 14.

Ἀλαλκομενηΐς. See Lexicon.

Ἀλαστορίδης. Patr. of Tros[2] Υ 463.

Ἀλάστωρ[1] G (δῖος) Δ 295 ; assists Mecisteus[2] in carrying off the wounded Teucrus Θ 333, and Hypsenor[2] Ν 422.

Ἀλάστωρ[2] T. S. Odysseus E 677.

Ἀλεγηνορίδης. Patr. of Promachus Ξ 503.

Ἀλεκτρυών (μεγάθυμος). Father of Leïtus Ρ 602.

Ἀλέκτωρ. A Spartan. Megapenthes married his daughter δ 10.

Ἀλέξανδρος. See Πάρις.

Ἀλήΐον πεδίον. A plain not localized. Ἀ. is app. formed to agree in sound with ἀλᾶτο in the same line Ζ 201. 'The plain of wandering.'

Ἀλήσιον. A hill on the confines of Bouprasion Β 617, Λ 757.

Ἀλθαίη. Wife of Oeneus and mother of Tydeus and Meleagrus Ι 555. A brother of A. slain by M. and her curses thereupon Ι 565.

Ἀλίαρτος (ποιήεις). A Boeotian town Β 503.

Ἁλίζωνες T. Perh. a people of the s. shore of the Euxine beyond the Paphlagonians Β 856, E 39.

Ἁλίη (βοῶπις). A Nereïd Σ 40.

Ἁλιθέρσης. Patr. Μαστορίδης[1]. An Ithacan elder. His speech in the assembly β 157 ; β 253, ρ 68 ; advises against attacking Odysseus ω 451.

Ἅλιος[1] T. S. Odysseus E 678.

Ἅλιος[2]. Son of Alcinoüs θ 119, 370.

Ἀλκάθοος. Son of Aesyetes[2], husband of Hippodameia[2] and son-in-law of Anchises Μ 93 ; s. Idomeneus Ν 428, 465, 496.

Ἀλκάνδρη. Wife of Polybus[3] δ 126.

Ἄλκανδρος T. S. Odysseus E 678.

Ἄλκηστις (δῖα γυναικῶν, Πελίαο θυγατρῶν εἶδος ἀρίστη). Daughter of Pelias, wife of Admetus and mother of Eumelus Β 715.

Ἀλκιμέδων (ἀμύμων). Son of Laërces[1]. A leader under Achilles ΙΙ 197 ; comes to the aid of Automedon Ρ 467, 475, 481, 500, 501.

Ἀλκιμίδης. Patr. of Mentor[2] χ 235.

Ἄλκιμος (ὄζος Ἄρηος). θεράπων of Achilles Τ 392, Ω 474, 574.

Ἀλκίνοος (ἀμύμων, βασιλεύς, δαΐφρων, θεοειδής,

θεοείκελος, θεῶν ἄπο μήδεα εἰδώς, ἱερὸν μένος, κρείων, μεγαλήτωρ, πάντων ἀριδείκετος λαῶν). King of the Phaeacians. Son of Nausithoüs, husband of Arete (the daughter of his brother Rhexenor) and father of Laodamas², Halius², Clytoneüs and Nausicaa. His parentage η 56; his house described η 84, and his orchard and garden 112; Odysseus approaches him and Arete η 141, he raises O. from the hearth 167, promises him conduct to his home 317, θ 26; entertains him with games θ 97, and with the singing of Demodocus 254; proposes the giving of gifts to him θ 389; asks for his tale θ 572; puts the gifts on board the ship ν 20, dispatches O. 64; for fear of Poseidon proposes to give up conducting strangers ν 171; etc.

Ἀλκίππη. A handmaid of Helen at Sparta δ 124.

Ἀλκμάων¹ G. Patr. Θεστορίδης². S. Sarpedon M 394.

Ἀλκμάων². Son of Amphiaraüs ο 248.

Ἀλκμήνη. Wife of Amphitryon and mother of Heracles by Zeus Ξ 323; H.'s birth delayed by contrivance of Here, whereby H. became subject to Eurystheus Τ 99, 119: A. brought into comparison with Penelope β 120; in the Shades λ 266.

Ἀλκυόνη. A name for Cleopatra. The reason given I 562.

Ἀλόπη. A town of Argos² on the n. shore of the entrance to the Malian Gulf B 682.

Ἄλος. A town of Argos² on the w. shore of the Pagasaean Gulf B 682.

Ἄλτης (ὀνομάκλυτος). King of the Leleges and father of Laothoë Φ 85, 86, Χ 51.

Ἀλύβας. Of uncertain site. Odysseus in his tale to Laërtes claims to have come thence ω 304.

Ἀλύβη. A town of the Halizonians B 857.

Ἀλφειός (ἱερός). A river of w. Peloponnesus flowing through the (app. n.) extremity of Nestor's realm B 592; father of Ortilochus³ E 545; γ 489, ο 187; Λ 712, 726, 728.

Ἀλωεύς. Husband of Iphimedeia and nominal father of Otus¹ and Ephialtes E 386; λ 305.

Ἀμαζόνες (ἀντιάνειραι). A race of warlike women. Invaded Phrygia Γ 189; Bellerophon's fight with them Ζ 186.

Ἀμάθεια (ἐϋπλόκαμος). A Nereïd Σ 48.

Ἄμαξα. See Lexicon.

Ἀμαρυγκείδης. Patr. fr. next. Of Diores¹ B 622, Δ 517.

Ἀμαρυγκεύς (κρείων). Father of Diores¹. His funeral games Ψ 630.

Ἀμισώδαρος. Father of Atymnius and Maris. Reared the Chimaera Π 328.

Ἀμνῖσός. The port of Cnosus τ 188.

Ἀμοπάων T. Patr. Πολυαιμονίδης. S. Teucrus Θ 276.

Ἀμυδών. The city of the Paeonians B 849, Π 288.

Ἀμυθάων (ἱππιοχάρμης). Son of Cretheus and Tyro λ 259. was father of Melampus.

Ἀμύκλαι. A town in the realm of Menelaüs B 584.

Ἀμύντωρ. Patr. Ὀρμενίδης. Ruler of Hellas (but in K 266 he is spoken of as living in Eleon) and father of Phoenix¹ I 448, K 266.

Ἀμφίαλος. Son of Polyneüs. A Phaeacian θ 114, 128.

Ἀμφιάραος (λαοσσόος). The seer, son of Oïcles, husband of Eriphyle and father of Alcmaon² and Amphilochus. Perished by the treachery of his wife ο 244, 253.

Ἀμφιγένεια. A town of Pylus B 593.

Ἀμφιδάμας¹. A Cytherian K 268, 269.

Ἀμφιδάμας². His son killed in a quarrel by Patroclus Ψ 87.

Ἀμφιθέη. Wife of Autolycus and mother of Anticleia τ 416.

Ἀμφιθόη. A Nereïd Σ 42.

Ἀμφικλος T. S. Meges Π 313.

Ἀμφίλοχος. Son of Amphiaraüs ο 248.

Ἀμφίμαχος¹ (μεγαλήτωρ). See Ἀκτορίων. Son of Cteatus and grandson of Poseidon, and a leader of the Epeians B 620; s. Hector N 185, 189, 195, 203; Poseidon's wrath at his slaying N 206.

Ἀμφίμαχος² (ἀγλαός). Son of Nomion and a leader of the Carians B 870, 871; s. Achilles B 874.

Ἀμφιμέδων (ἀγακλυτός). A suitor, son of Melaneus ω 103; χ 242; wounds Telemachus χ 277, who slays him 284; in the Shades ω 103, 106, 120.

Ἀμφινόμη. A Nereïd Σ 44.

Ἀμφίνομος (Δουλιχιεύς, φαίδιμος). Son of Nisus, and the leader of the suitors from Doulichium. First sees the ship returning from the ambush laid for Telemachus π 351; pleasing to Penelope π 394; wishes Odysseus well after the fight with Irus σ 119, his presentiment of evil 153, O. takes refuge with him when threatened by Eurymachus 395; s. Telemachus χ 89, 96; etc.

Ἄμφιος¹ (λινοθώρηξ). See Ἄδρηστος².

Ἄμφιος² T. Son of Selagus. S. Aias¹ E 612.

Ἀμφιτρίτη (ἀγάστονος, κλυτός, κυανῶπις). A divine marine being γ 91, ε 422, μ 60, 97.

Ἀμφιτρύων. Husband of Alcmene and putative father of Heracles E 392; λ 266, 270.

Ἀμφίων¹. A leader of the Epeians N 692.

Ἀμφίων². Son of Zeus and Antiope. With his brother Zethus represented as having founded Thebes¹ λ 262.

Ἀμφίων³. Patr. Ἰασίδης¹. King of Orchomenus¹ and father of Chloris λ 283.

Ἀμφοτερός T. S. Patroclus Π 415.

Ἀναβησίνεως. A Phaeacian θ 113.

Ἀνδραιμονίδης. Patr. fr. next. Of Thoas¹ Η 168.

Ἀνδραίμων. Father of Thoas¹ B 638, N 216, O 281; ξ 499.

Ἀνδρομάχη (λευκώλενος, πολύδωρος). Daughter of Eëtion¹, wife of Hector and mother of Astyanax. Absent when H. visited his house

Z 371, 377, her meeting and conversation with him 395, 405 ; her care of his horses Θ 187 ; P 208 ; sees his corpse being dragged to the ships X 460, her lament for him and Astyanax 477 ; her lament over his ransomed corpse Ω 723.

Ἀνεμώρεια. A town of Phocis B 521.

Ἄνθεια (βαθύλειμος). A town of Pylus I 151, 293.

Ἀνθεμίδης. Patr. fr. next. Of Simoeisius Δ 488.

Ἀνθεμίων. Father of Simoeisius Δ 473.

Ἀνθηδών (ἐσχατόωσα). A Boeotian town B 508.

Ἄντεια (δῖα). Daughter (app.) of a king of Lycia and wife of Proetus (see under Βελλεροφόντης) Z 160.

Ἀντηνορίδης. Patr. fr. next. Of Helicaon Γ 122, 123.—Of Laodocus[1] Δ 87.—Of Polybus[1] Λ 59.—Of Agenor Λ 59.—Of Acamas[1] Λ 59.— Of Iphidamas Λ 221.—Of Coön Λ 249, Υ 53.

Ἀντήνωρ (ἀγανός, ἱππόδαμος, πεπνυμένος). A Trojan elder. Husband of Theano and father of Acamas[1], Agenor, Archelochus, Coön, Demoleon, Helicaon, Iphidamas, Laodocus[1], Laodamas[1], Pedaius (bastard), and Polybus[1] B 822, Γ 148 ; had entertained Odysseus and Menelaus Γ 203 ; Γ 262, 312, Z 299 ; counsels the restoration of Helen H 347 ; H 357, Λ 262, M 99, Ξ 463, 473, O 517, Υ 396, Φ 546, 579.

Ἀντίκλεια. Daughter of Autolycus, wife of Laërtes and mother of Odysseus and Ctimene. Her death ο 356 ; O. sees her in the Shades λ 85.

Ἄντικλος G. In the Trojan horse δ 286.

Ἀντίλοχος (ἀγλαός, ἀμύμων, δαΐφρων, διοτρεφής, θείειν ταχύς, θοὸς πολεμιστής, κρατερός, κυδάλιμος, μαχητής, μενεχάρμης, μήστωρ ἀϋτῆς, Νηλήϊος, πεπνυμένος). Patr. Νεστορίδης. Son of Nestor. Slays Echepolus[1] Δ 457 ; comes to the rescue of Menelaüs E 565 ; slays Mydon[1] E 580 ; slays Ablerus Z 32 ; slays the chariot-driver of Asius[2] N 396 ; slays Thoön[3] N 545 ; slays Phalces and Mermerus Ξ 513 ; slays Melanippus[2] O 575 ; slays Atymnius Π 318 ; hears from Menelaüs of the death of Patroclus P 685, announces the death to Achilles Σ 18 ; takes part in the chariot-race Ψ 301, Nestor's advice to him 306, addresses his horses 402, gains the advantage of Menelaüs and comes in second 417, objects to Achilles' proposal to give Eumelus the second prize 541, Menelaüs accuses him of foul driving 566, A. pacifies him 586, takes part in the foot-race 756, comes in last 785 ; etc. : Nestor speaks of his death at Troy γ 112 ; was slain by Memnon δ 187, 202 ; in the Shades λ 468, ω 16 ; ω 78.

Ἀντίμαχος (δαΐφρων). Father of Hippolochus[2], Peisandrus[1] and Hippomachus. Corrupted by Paris opposed the restoration of Helen Λ 123, 132, 138 ; M 188.

Ἀντίνοος (βασιλεύς, θεοειδής, ἱερὸν μένος Ἀντινόοιο, πεπνυμένος). Son of Eupeithes.

With Eurymachus leader of the suitors. Taunts Telemachus among the suitors α 383 ; answers T. in the Ithacan assembly β 84 ; proposes to waylay T. δ 660, gets a ship ready for this 778, reports ill success π 363 ; the disguised Odysseus begs from him ρ 414, he strikes him with a stool 458 ; his gift to Penelope σ 292 ; refrains from trial of the bow φ 186 (he does not seem to make the trial at all) ; s. Odysseus χ 8, ω 179 ; etc.

Ἀντιόπη. Daughter of the Asopus and mother by Zeus of Amphion[2] and Zethus λ 260.

Ἀντιφάτης[1] T. S. Leonteus M 191.

Ἀντιφάτης[2] (κλυτός), also called Δάμος (κ 81). The king of the Laestrygonians κ 81, 106, 114, 199.

Ἀντιφάτης[3] (κραταιός). Son of Melampus and father of Oïcles ο 242, 243.

Ἀντίφονος. A son of Priam (his mother not named) Ω 251.

Ἄντιφος[1]. Son of Thessalus and with his brother Pheidippus a leader of the men of Nisurus, Cos, etc., B 678.

Ἄντιφος[2]. Son of Talaemenes and a leader of the Maeonians (Μῄονες) B 864.

Ἄντιφος[3] (αἰολοθώρηξ). Patr. Πριαμίδης. A son of Priam (his mother not named) Δ 489 ; had been taken with his brother Isus on Ida and released on ransom, now both slain by Agamemnon Λ 101, 104, 109.

Ἄντιφος[4] (αἰχμητής). Son of Aegyptius[1]. Devoured by the Cyclops β 19.

Ἄντιφος[5]. A comrade in Ithaca of Odysseus ρ 68.

Ἀντρών (ἀγχίαλος). A town in the realm of Protesilaus B 697.

Ἀξιός (εὐρὺ ῥέων, εὐρυρέεθρος). A river flowing into the Thermaic Gulf B 849, 850, Π 288 ; father of Pelegon by Periboea[1] Φ 141, 157, 158.

Ἄξυλος T. Patr. Τευθρανίδης. Dwelt by the roadside in Arisbe. With his charioteer Calesius s. Diomedes Z 12.

Ἀπαισός, Παισός E 612. A dist. of the Troad on the western extremity of the Propontis B 828, E 612.

Ἀπειραίος. Adj. fr. next. Of Eurymedousa η 8.

Ἀπείρη. A mythical land.—Ἀπείρηθεν [-θεν], from A. η 9.

Ἀπισάων[1] T (ποιμὴν λαῶν). Patr. Φαυσιάδης. S. Eurypylus[2] Λ 578, 582.

Ἀπισάων[2] T (ποιμὴν λαῶν). Patr. Ἱππασίδης[3]. S. Lycomedes P 348.

Ἀπόλλων. Voc. Ἄπολλον (ἄναξ, ἀργυρότοξος, Διῒ φίλος, ἑκάεργος, ἑκατηβελέτης, ἑκατηβόλος, ἕκατος, ἑκηβόλος, κλυτότοξος, λαοσσόος, Λυκηγενής, χρυσάορος). Called also Φοῖβος (ἀκερσεκόμης, ἤϊος) A 443, O 221, 365, Π 667, 788, Υ 39, 152, Φ 436, 448. Ἀπόλλων Φοῖβος Π 700, Υ 68, Φ 515, 545. Φοῖβος Ἀπόλλων A 43, E 344, I 560, M 24, O 59, Υ 118, Ψ 188, etc. : γ 279, θ 79, ι 201. Son of Zeus and Leto and brother of Artemis. Identified with Smintheus A 39. Besought by Chryses (A 37) sends pestilence on the Greeks A 43, is appeased 457 ; saves Aeneas from Diomedes E 440 ; with Poseidon destroys the Greek wall M 17 ; sent by Zeus heartens Hector O 236 ; cures Glaucus² Π 527 ; cares for Sarpedon's corpse Π 676 ; repels Patroclus from the walls Π 698 ; strikes and unarms P. Π 788, Σ 454 ; his death-dealing shafts (always directed against men, for those of Artemis see Ἄρτεμις) Φ 278, Ω 605, 758 (cf. γ 279, η 64, ο 410, ρ 251, 494) ; in the Battle of the Gods Poseidon challenges him Φ 436, but he declines 461 ; beguiles Achilles while the Trojans flee Φ 599 ; Achilles destined to fall before him and Paris X 359 ; in the chariot-race disables Diomedes Ψ 382 ; cares for Hector's corpse Ω 18 ; etc. : ζ 162 θ 79, ι 198, ο 245, etc.

Ἀραιθυρέη (ἐρατεινή). A town in Agamemnon's realm B 571.

Ἀργεάδης. Patr. of Polymelus Π 417.

Ἀργεῖος. (1) Of Argos¹ (app. in sense (4)), Argive. Of Helen B 161, 177, Γ 458, Δ 19, 174, Z 323, H 350, I 140, 282 : δ 184, 296, ρ 118, ψ 218.—Of Here Δ 8, E 908.—(2) In pl., the Argives (a) The people of Argos¹ (1) T 122, 124 : γ 309, ο 240.—(b) The people of Proetus (his seat being Tiryns in Argos¹ (1)) Z 159.—(c) The Greeks on their way to Troy α 211, β 173, σ 253, τ 126.—(d) The Greeks in the field at Troy (=Ἀχαιός (2) (b) (γ), Δαναοί (2)) (αἰχμηταί, θωρηκταί, ἰόμωροι, φιλοπτόλεμοι, χαλκοχίτωνες) A 79, Γ 19, E 3, H 18, Θ 36, Λ 16, M 3, O 8, T 84, Φ 429, Ω 168, etc. : α 61, γ 129, 379, δ 172, 200, 258, 273, 279, θ 513, 578, κ 15, λ 369, 485, 500, 518, 524, 555, μ 190, ρ 119, ω 54, 62, 81.— (e) The Greeks preparing for or on their return (=Ἀχαιός (2) (b) (δ)) γ 133, θ 502.

Ἀργεϊφόντης. See Lexicon.

Ἄργισσα. A town of Thessaly. Its men led by Polypoetes and Leonteus B 738.

Ἄργος¹ (ἱππόβοτον, κλυτόν, οὖθαρ ἀρούρης, πολυδίψιον, πολύπυρον). (1) The Argolic plain in the Peloponnesus stretching inwards from the Argolic gulf, and, app., adjoining lands A 30, B 108 (here app. the whole of the mainland over which Agamemnon's sway extended), 115, 559 (the realm of Diomedes (cf. Z 224, Ξ 119 : γ 180)), Δ 171, Z 224, I 224, 141, 283, N 379, Ξ 119, O 30, T 115 : γ 180, 251, 263, ϑ 224, 239, 274.—(2) The city Argos still known by the same name Δ 52 : φ 108.—(3) Of southern Greece, esp. the Peloponnesus, in contrast to northern Greece Z 152 : δ 174, 562.—App. also σ 246.—Esp. in phrase καθ' (ἀν') Ἑλλάδα καὶ μέσον Ἄργος α 344, δ 726, 816, ο 80.—(4) Of Greece in general B 287, Z 456, H 363, I 246, M 70, N 227, Ξ 70, O 372, T 329, Ω 437 : δ 99, ω 37.—App. also Γ 75, 258 (Argos and Achaeïs being app. to be regarded as the same).—Ἄργοσδε [-δε], to Greece B 348.

Ἄργος² Πελασγικόν. App. a general name

for the realm of Peleus, including Phthia and Hellas B 681.

Ἄργος³. The dog of Odysseus. The only creature to recognize O. in his disguise ρ 292, 300 ; dies 326.

Ἀργώ (πασιμέλουσα). The ship of the Argonauts μ 70.

Ἀρέθουσα. A spring in Ithaca near the dwelling of Eumaeus and the Κόρακος πέτρη ν 408.

Ἀρετάων T (δῖος). S. Teucrus Z 31.

Ἀρηΐθοος¹ (ἄναξ, δῖος). Named the club-bearer. Father by Phylomedousa of Menesthius¹ H 8, 10 ; was slain by Lycourgus² H 137, 138.

Ἀρηΐθοος². Chariot-driver to Rhigmus. S. Achilles Υ 487.

Ἀρηΐλυκος¹. Father of Prothoënor² Ξ 451.

Ἀρηΐλυκος² T. S. Patroclus Π 308.

Ἀρήνη (ā) (ἐρατεινή). A town of Pylus B 591, Λ 723.

Ἄρης (ă). Genit. Ἄρεος (ă), Ἄρηος (ă). Dat. Ἄρεϊ (ă), Ἄρει (ā), Ἄρηΐ (ă), Ἄρῃ (ă). Acc. Ἄρηα (ă). Voc. Ἄρες, Ἄρες (ἀΐδηλος, ἀλλο-πρόσαλλος, ἀνδροφόνος, ἆτος πολέμοιο, βριήπυος, βροτολοιγός, ἐγχέσπαλος, θοός, θοῦρος, κορυθαίολος, κρατερός, λαοσσόος, μιαιφόνος, ὄβριμος, ὀξύς, οὖλος, πελώριος, πτολίπορθος, ῥινοτόρος, ταλαύρινος πολεμιστής, τειχεσιπλήτης, χάλκεος, χρυσήνιος). See also Ἐνυάλιος. Son of Zeus and Here and father by Astyoche of Ascalaphus and Ialmenus. Athene leads him from the fray E 30 ; Aphrodite begs the use of his horses E 355 ; had been put in bonds by Otus¹ and Ephialtes E 385 ; Athene and Diomedes go against him E 840, D. wounds him and puts him to flight 855, his complaint to Zeus 872, he is cured 899 ; his rage on hearing of the death of Ascalaphus O 113, restrained by Athene 125 ; in the Battle of the Gods attacks Athene Φ 391, who lays him low 403, Aphrodite leads him off 416, Ath. lays them both low 423 ; etc : θ 115 ; Demodocus's tale of Ares and Aphrodite θ 266, 276, 285, 309, 330, 345, 353, 355 ; θ 518, λ 537, ξ 216, π 269, υ 50.—See also Ἄρης in Lexicon.

Ἀρήτη (ā) (λευκώλενος). Daughter of Rhexenor and niece and wife of Alcinoüs. Her parentage η 54, how she was honoured by A. and the people 67 ; Odysseus supplicates her η 142 ; she recognizes the robe given to O. by Nausicaa η 233 ; packs up O.'s gifts θ 438 ; etc.

Ἀρητιάδης. Patr. of Nisus π 395, σ 413.

Ἀρητος¹ (ă) T (θεοειδής) P 494 ; s. Automedon P 517, 535.

Ἄρητος² (ă). Son of Nestor γ 414, 440.

Ἀριάδνη (καλή, καλλιπλόκαμος). Daughter of Minos. Her dancing-floor at Cnosus Σ 592 : carried off by Theseus but slain by Artemis in Dia λ 321.

Ἄριμοι. A mythical people in whose country Typhoeus was put in bonds by Zeus B 783.

Ἀρίσβας. Father of Leiocritus¹ P 345.

Ἀρίσβη (δῖα). A town of the Troad between

Abydus and Percote B 836, Z 13, Φ 43.—Ἀρίσβηθεν [-θεν], from A. B 838, M 96.

Ἀρίων (δῖος). The swift horse of Adrestus[1] of divine origin Ψ 346.

Ἀρκάδες G (ἐγχεσίμωροι). The Arcadians, an inland people of central Peloponnesus, to whom Agamemnon furnished ships B 611 ; H 134.

Ἀρκαδίη. The country of the Arcadians B 603.

Ἀρκεισιάδης. Patr. fr. next. Of Laërtes δ 755, ω 270, 517.

Ἀρκείσιος (ἀντίθεος). Father of Laërtes ξ 182, π 118.

Ἀρκεσίλαος. A leader of the Boeotians B 495 ; s. Hector O 329.

Ἄρκτος. See ἄρκτος (2) in Lexicon.

Ἄρμα. A Boeotian town B 499.

Ἁρμονίδης. Patr. of Tecton E 60.

Ἀρναῖος. The real name of Irus σ 5.

Ἄρνη (πολυστάφυλος). A Boeotian town B 507 ; the home of Menesthius[1] H 9.

Ἁρπαλίων T. Son of Pylaemenes. S. Meriones N 644.

Ἅρπυια. See Lexicon.

Ἀρσίνοος (μεγαλήτωρ). Father of Hecamede Λ 626.

Ἀρτακίη (καλλιρέεθρος). The fountain of the Laestrygonians κ 108.

Ἄρτεμις (ἁγνή, ἀγροτέρη, εὐπλόκαμος, ἰοχέαιρα, κελαδεινή, πότνα θεά, χρυσηλάκατος, χρυσήνιος, χρυσόθρονος). Daughter of Zeus and Leto and sister of Apollo E 51, 53, 447, Z 205 ; her death-dealing shafts, always (except ε 123) directed against women (those of Apollo against men) Z 428, T 59, Ω 606 (cf. λ 172, 324, ο 410, 478, σ 202, υ 60, 61, 80) ; I 533, Π 183, Υ 39, 71 ; in the Battle of the Gods reproaches Apollo Φ 471, Here assaults her 489 : δ 122, ζ 102, 151, ρ 37, τ 54, υ 71.

Ἀρύβας (ῥυδὸν ἀφνειός). A Sidonian, father of the Phoenician woman who stole Eumaeus away ο 426.

Ἀρχέλοχος T. Son of Antenor. A leader of the Dardanians B 823, M 100 ; s. Aias[1] Ξ 464.

Ἀρχεπτόλεμος T (θρασύς). Patr. Ἰφιτίδης. Hector takes him as his chariot-driver Θ 128 ; s. Teucrus Θ 312.

Ἀσαῖος (ā) G. S. Hector Λ 301.

Ἀσιάδης (ā). Patr. fr. Ἄσιος[2]. Of Phaenops[3] P 583.—And app. of Adamas M 140, N 561, 759, 771.

Ἀσίνη. A town in the realm of Diomedes (Argos[1] (1)) B 560.

Ἄσιος[1] (ā) (αἰζηός τε κρατερός τε). Son of Dymas[1], full brother of Hecabe and uncle of Hector. Apollo takes his form Π 717.

Ἄσιος[2] (ā) (ἄναξ, μέγας, ὄρχαμος ἀνδρῶν). Patr. Ὑρτακίδης. Son of Hyrtacus and father of Phaenops[3]. Leader of the men of Percote, Abydus, etc. B 837, 838, M 95, 96 ; eagerly attacks the Greeks at the ships M 110, 136, 139, 163 ; s. Idomeneus N 384, 403, 414, 759, 771.

Ἄσιος[3], Ἀσίω (ā). Adj. fr., the second form

genit. of, Ἀσίας, said to have been a king of Lydia B 461.

Ἀσκάλαφος. Son of Ares and Astyoche. A leader of the men of Orchomenus[1], etc. B 512, I 82, N 478 ; s. Deïphobus N 518, 526, 527, O 112.

Ἀσκανίη (ἐριβῶλαξ). A lake (and its district) connected with the Propontis, on which lake lay the later town of Nicaea B 863, N 793.

Ἀσκάνιος (θεοειδής). Came from Ascania, son of Hippotion. A leader of the Phrygians B 862, N 792.

Ἀσκληπιάδης. Patr. fr. next. Of Machaon Δ 204, Λ 614, Ξ 2.

Ἀσκληπιός (ἀμύμων ἰητήρ). Father of Podaleirius and Machaon B 731, Δ 194, Λ 518.

Ἀσπληδών. A Boeotian town near Orchomenus[1] B 511.

Ἀσσάρακος. Son of Tros[1], father of Capys and grandfather of Anchises Υ 232, 239.

Ἀστέριον. A town of Thessaly. Its men led by Eurypylus[2] B 735.

Ἀστερίς (πετρήεσσα). An island represented as lying between Ithaca and Same δ 846.

Ἀστεροπαῖος (ἀρήϊος, περιδέξιος, φαίδιμος). Son of Pelegon and a leader of the Paeonians M 102, P 217, 351, 352 ; s. Achilles Φ 140, 163, 170 ; Ψ 560, 808.

Ἀστύαλος T. S. Polypoetes Z 29.

Ἀστυάναξ (ἀγαπητός, ἀλίγκιος ἀστέρι καλῷ). Infant son of Hector and Andromache (called Scamandrius by his father). The name explained Z 403 ; X 500, 506.

Ἀστύνοος[1] T. S. Diomedes E 144.

Ἀστύνοος[2] T. Son of Protiaon O 455.

Ἀστυόχεια. Captured by Heracles at Ephyre[1] and bore him Tlepolemus[1] B 658.

Ἀστυόχη. Daughter (app.) of Actor[1] and mother by Ares of Ascalaphus and Ialmenus B 513.

Ἀστύπυλος T. A Paeonian. S. Achilles Φ 209.

Ἀσφαλίων. θεράπων of Menelaus at Sparta δ 216.

Ἀσωπός (ā) (βαθύσχοινος λεχεποίης). A river of s. Boeotia Δ 383, K 287 : father of Antiope λ 260.

Ἄτη (ā). πρέσβα Διὸς θυγάτηρ T 91. See further in Lexicon.

Ἄτλας (ὀλοόφρων). Father of Calypso α 52, η 245.

Ἀτρείδης=next. Of Agamemnon A 7, B 6, Γ 193, Λ 158, Ξ 22, etc. : α 35, γ 156, δ 536, λ 387, ω 20, etc.—Of Menelaus Γ 347, E 55, N 646, Ξ 139, P 12, Ψ 407, etc. : γ 257, 277, δ 51, ν 424, ρ 116, etc.—In dual and pl. of both A 16, 17, B 249, Z 437, Θ 261, T 310, etc. : γ 317, ε 307, ρ 104, τ 183.—Of Orestes[3] (grandson) α 40.

Ἀτρείων. Patr. fr. next, = prec. Of Agamemnon A 387, B 192, 445, Ψ 233, Ω 395.

Ἀτρεύς (δαΐφρων, ἱππόδαμος, ποιμὴν λαῶν). Son of Pelops, brother of Thyestes and father of

Agamemnon and Menelaus B 23 ; the sceptre given to him by Pelops and by him to Thyestes B 105, 106 ; Γ 37, Z 46, P 1 ; etc. : δ 462, 543, λ 436.

Ἀτρυτώνη. See Lexicon.

Ἀτυμνιάδης. Patr. of Mydon[1] E 581.

Ἀτύμνιος T (ἀκοντιστής). Son of Amisodarus and brother of Maris. S. Antilochus II 317.

Αὐγειαί[1] (ἐρατειναί). A Locrian town B 532.

Αὐγειαί[2] (ἐρατειναί). A town in the realm of Menelaus B 583.

Αὐγείας (ἄναξ ἀνδρῶν). Ruler of Elis and father of Agasthenes and Agamede. Detained Neleus's race-horses Λ 701, 739.

Αὐγηϊάδης. Patr. fr. prec. Of Agasthenes B 624.

Αὐλίς, -ίδος (πετρήεσσα). A Boeotian town on the Euripus by which the Greek ships assembled B 303, 496.

Αὐτόλυκος (μεγαλήτωρ). Husband of Amphitheë and father of Anticleia λ 85 ; dwelt by Parnassus τ 394 ; gives a name to the babe Odysseus, his grandson τ 399 ; O. goes to visit him and is wounded by a boar τ 413, φ 220, ω 334.—His skill in thieving and false swearing K 267 : τ 394.

Αὐτομέδων (ἄλκιμος, δουρικλυτός). Son of Diores[2]. θεράπων of Achilles I 209, II 864 ; acts as chariot-driver to Patroclus II 145, 148, 219, 472, 684 ; after P.'s death drives alone P 429, 452, 459 ; takes up Alcimedon P 468, 469, 474 ; stands up to Hector and Aeneas P 483, 498 ; kills Aretus[1] P 516, 536 ; escapes Hector P 525 ; retires P 540 ; acts as chariot-driver to Achilles T 392, 397 ; Ψ 563, Ω 474, 574, 625.

Αὐτονόη. A handmaid of Penelope σ 182.

Αὐτόνοος[1] G. S. Hector Λ 301.

Αὐτόνοος[2] T. S. Patroclus II 694.

Αὐτόφονος. Father of Polyphontes Δ 395.

Ἀφαρεύς G. Patr. Καλητορίδης I 83, N 478 ; s. Aeneas N 541.

Ἀφείδας (ἄναξ). Patr. Πολυπημονίδης. Alleged father of the alleged Eperitus ω 305.

Ἀφροδίτη (ἄ) (δῖα, Διὸς θυγάτηρ (κούρη), ἐϋστέφανος, φιλομμειδής, χρυσέη, χρυσείη). Called also Κύπρις E 330, 422, 458, 760, 883 ; and Κυθέρεια θ 288, σ 193. Daughter of Zeus and Dione and by Anchises mother of Aeneas (B 820). In Od. (θ 266) the wife of Hephaestus. Her seat Paphos θ 363. Saves Paris from Menelaus Γ 374 ; summons Helen to Paris Γ 389 ; carries off Aeneas from Diomedes E 311, D. attacks and wounds her 330, her complaint to Dione 370 ; gives Here her κεστὸς ἱμάς Ξ 188 ; in the Battle of the Gods leads off the wounded Ares Φ 416, is smitten by Athene 423 ; etc. : δ 14, 261 ; Demodocus's tale of Ares and Aphrodite θ 266, 308, 337, 342, 362 ; ρ 37, τ 54, υ 68, 73.—See also Ἀφροδίτη in Lexicon.

Ἀχαιϊάδες (ἐϋπεπλοι). Achaean women (Ἀχαιός (2) (b) (a)) E 422, 424 : γ 261.—The women of the realm of Odysseus (Ἀχαιός (2) (b) (ε)) β 101, τ 146, φ 160, ω 136.

Ἀχαιϊκός. Achaean. (1) λαὸς Ἀχαιϊκός (Ἀχαιός (2) (b) (γ)) I 521, N 349, O 218.—(2) Applied to Argos[1] (1) I 141, 283, T 115 : γ 251.

Ἀχαιΐς. Fem. adj. (1) Achaean. Ἀχαιΐς γαῖα (αἶα) (Ἀχαιός (2) (b) (a)) A 254, H 124 : ν 249, φ 107.—Absol. (καλλιγύναιξ) Γ 75, 258 (for these cf. under Ἄργος[1] (4)): λ 166, 481, ψ 68.—App. in particular of the realm of Peleus (πουλοβότειρα) Λ 770.—(2) In pl., (the) Achaean women B 235, H 96.—App. in particular of the maidens of the realm of Peleus I 395 : of the realm of Odysseus φ 251.

Ἀχαιός. (1) In sing., of the Achaeans (see (2) (b) (γ) below) Γ 167, 226.—(2) Absol. in pl. (a) Applied with Μυρμιδόνες and Ἕλληνες to the followers of Achilles B 684.—Distinguished from Μυρμιδόνες II 564.—(b) (ἀρήϊοι, ἀρηΐφιλοι, δῖοι, ἑλίκωπες, ἐϋκνήμιδες, κάρη κομόωντες, μεγάθυμοι, μένεα πνείοντες, μένος ἄσχετοι, ὑπερκύδαντες, φιλοπτόλεμοι, χαλκοχίτωνες, χαλκοκνήμιδες). The Greeks. (α) The race in gen. (= Δαναοί (1)) Δ 384, E 803, Z 223, I 673, K 286, Λ 21, 511, N 669, Ξ 124, etc. : γ 79, 202, 203, 217, 411, δ 344, ε 311, θ 78, λ 478, 556, μ 184, ρ 135, σ 205.—In fem. (ἐϋπλοκαμῖδες) β 119.—(β) The followers of Odysseus on his way to Troy (in O.'s tale to Penelope) τ 199.—(γ) The Greeks in the field at Troy (= Ἀργεῖος (2) (d), Δαναοί (2)) A 2, B 4, Γ 8, H 35, N 14, O 11, II 21, Φ 4, Ψ 1, Ω 118, etc. : γ 100, 116, 220, δ 106, 145, 243, 248, 256, 288, 330, θ 220, 489, 490, λ 509, 513, ξ 493, σ 259, τ 240, ω 27, 49, 57, 68, 86.—Ἀχαιοί contrasted with Ἀχαιΐδες B 235, H 96.—υἷες Ἀχαιῶν A 162, Δ 114, Z 255, I 247, II 72, II 698, P 645, Ω 495, etc. : γ 104, δ 285, θ 514, ν 315, ξ 229, 240, ο 153, ψ 220, ω 38.—κοῦροι Ἀχαιῶν A 473, Γ 82, Ξ 505, P 758, X 391, etc. : ω 54.—κούρητες Ἀχαιῶν T 248.—(δ) The Greeks preparing for and on their return (= Ἀργεῖος (2) (e)) α 286, 326, γ 131, 137, 141, 149, 185, δ 487, 496, ι 59, 259, κ 15, ν 317, ξ 242.—υἷες Ἀχαιῶν γ 139.—(ε) The people of Odysseus at home or the ruling race among them α 90, 272, 394, 401, β 7, 72, 87, 112, 211, 265, π 133, 250, 376, υ 146, 182, 277, φ 324, 344, ψ 357, ω 426, 438.—In fem. (ἐϋπλοκαμῖδες) τ 542.—(δ) Applied particularly to the suitors β 90, 106, 128, 204, 306, δ 847, λ 179, π 76, ρ 413, 415, 513, 596, σ 62, 94, 191, 286, 289, 301, τ 151, 528, 534, υ 3, 166, 271, φ 418, 428, χ 46, 96, ω 141.—υἷες Ἀχαιῶν β 115, 198.—(η) The people of Neleus or Nestor at Pylus Λ 759 : γ 372.—(θ) The ruling race in Argos[1] (1) (3) ο 274, σ 246.—(ι) Said by Odysseus in his tale to Penelope to be one of the five divisions of the inhabitants of Crete τ 175.

Ἀχελώϊος[1] (κρείων). The largest Greek river flowing s. from the Pindus range to the Ionian Sea Φ 194.

Ἀχελώϊος[2]. An unknown river of Lydia Ω 616.

'Αχέρων. A river of the underworld κ 513. See Κώκυτος.

'Αχιλ(λ)εύς (ἀγανός, ἀμύμων, ἄναξ, 'Αρήϊος, δαΐφρων, δίφιλος, δῖος, θεῖος, θεοείκελος, θεοῖς ἐπιείκελος, θυμολέων, κλυτός, καρτερός, κυδάλιμος, μεγάθυμος, μέγα φέρτατος 'Αχαιῶν, ὄβριμος, ὀλοός, ὄρχαμος ἀνδρῶν, πελώριος, ποδάρκης, πόδας ταχύς (ὠκύς), ποδώκης, ποιμὴν λαῶν, πτολίπορθος, ῥηξήνωρ, ταχύς, ὑπέρθυμος, φαίδιμος, ὠκύς). Patr. Πηλείδης, Πηλεΐων, Πηληϊάδης, Αἰακίδης. Son of Peleus and Thetis and father of Neoptolemus. Leader of the Myrmidons and the great bulwark of the Greeks. Calls an assembly A 54, addresses Agamemnon 59, and Calchas 85, A. again 122, abuses A. 149, questions with himself whether to slay A. 188, Athene appears 194, and restrains him 207, he abuses A. again 225, his final speech to A. 293, retires to his ships from the fight 306 ; yields Briseïs to the heralds of Agamemnon A 337, calls to his mother 352, she promises her intercession with Zeus 414 ; he receives the embassy I 193, his speech 308, he rejects finally the proposals 644 ; Patroclus approaches him Π 2, and asks to be sent to the fight 21, Achilles accedes 49, and marshals the Myrmidons 155, his prayer to Zeus 233 ; he hears from Antilochus of the death of Patroclus Σ 18, his mother comes to him 70, and promises armour from Hephaestus 136 ; Iris urges him to come to the rescue of the corpse of Patroclus Σ 170, Athene kindles fire from his head 203, he shouts from the ditch 215, and accompanies the rescued corpse 234, his lament 316 ; his mother brings the divine armour Τ 8, he rouses the host 40, he renounces his wrath 146 ; his further lament Τ 315 ; he assumes the armour Τ 367, and addresses his horses 400 ; he and Aeneas meet in fight Υ 158, Poseidon withdraws Aeneas 325 ; Achilles and Hector meet Υ 422, Apollo withdraws H. 443, Achilles does much execution 455 ; he drives a part of the foe into the Xanthus¹ Φ 7, he encounters Lycaon² 34, and slays him 116, after doing much execution is addressed by the river 214, the river rises upon him 240, he is saved by the fire of Hephaestus 342 ; Agenor stands up to him 550, is withdrawn by Apollo 596, Apollo in his guise beguiles Achilles to a vain pursuit 599 ; he approaches the city X 21, Hector awaits him 35, but flees before him and is chased thrice round the walls 136, they fight 273, Achilles slays H. 326, and drags the corpse to the ships 395 ; the shade of Patroclus appears to him Ψ 65, he places his lock dedicated to the Spercheius in the hands of P.'s corpse 140, he summons the winds to fan the pyre 192 ; he sets the prizes for the funeral games Ψ 262 ; Thetis sent by Zeus persuades him to accept ransom for Hector's corpse from Priam Ω 128, he hearkens to P.'s appeal 483, he gives directions for releasing the corpse 572 ; etc. : γ 106, 109, 189, δ 5 ; his strife with Odysseus θ 75 ; O. encounters him in the Shades λ 467, 478, 482, 486, his lament to Odysseus 488 ; λ 546, 557 ; in the second νέκυια ω 15, 36, 72, 76, 94.

'Αψευδής. A Nereïd Σ 46.

Βαθυκλέης (μεγάθυμος). A Myrmidon, son of Chalcon. S. Glaucus² Π 594.

Βαλίος. One of the horses of Achilles, by Zephyrus out of Podarge Π 149, Τ 400.

Βατίεια (αἰπεῖα). A hill in the Trojan plain B 813. So called by mortals ; called by the gods (B 814) the grave-mound of Myrine.

Βελλεροφόντης (ἀμύμων, δαΐφρων). Son of Glaucus¹ and father of Isandrus, Hippolochus¹ and Laodameia. His beauty and valour Z 155 ; repulsed the love of Anteia, wife of Proetus Z 160, by her contrivance sent by P. to P.'s father-in-law the king of Lycia with a secret message importing his death 163, the dangerous tasks set him 178, and the ambush laid for him 187, received the king's daughter to wife and half of the kingdom 191, his children 196, his fate 200 ; had been entertained by Oeneus Z 216, 220.

Βῆσσα. A Locrian town B 532.

Βίας¹ G (ποιμὴν λαῶν). Δ 296.

Βίας² G (ἐύς). N 691.

Βίας³ T. Father of Laogonus² and Dardanus² Τ 460.

Βιήνωρ T (ποιμὴν λαῶν). With his comrade Oïleus² s. Agamemnon Λ 92.

Βοάγριος. A Locrian river B 533.

Βοηθοΐδης. Patr. of Eteoneus δ 31, ο 95, 140.

Βοίβη. A town of the realm of Eumelus lying on the Boebean Lake (see next) B 712.

Βοιβηΐς λίμνη. A lake lying w. of and under the range of Pelion and Ossa B 711.

Βοιώτιος. Boeotian Ξ 476, P 597.

Βοιωτοί G. The Boeotians. Their leaders B 494, O 330 ; B 510, 526, E 710, N 685, 700.

Βούδειον (ἐΰ ναιόμενον). A town of uncertain site. The original home of Epeigeus Π 572.

Βουκολίδης. Patr. of Sphelus O 338.

Βουκολίων (ἀμύμων). Bastard son of Laomedon and father by Abarbareë of Aesepus² and Pedasus³ (twins) ·Z 22, 23.

Βουπράσιον (πολύπυρον). A region of Elis B 615, Λ 756, 760 ; the scene of the funeral of Amarynceus Ψ 631.

Βοώπης (ὄψε δύων). See Lexicon.

Βριάρεως. See Αἰγαίων.

Βρίσης. Father of next A 392, I 132, 274.

Βρισηΐς (ἠΰκομος, ἰκέλη 'Αφροδίτῃ, καλλιπάρῃος). Patr. fr. prec. Captured by Achilles at Lyrnessus B 689 ; A 184 ; taken from A. by Agamemnon's heralds A 323, 336, 346, I 106 ; restored Τ 246, 261 ; her lament over Patroclus Τ 282 ; Ω 676.

Βρύσειαι. A town in the realm of Menelaüs B 583.

Βῶρος¹. A Maeonian (Μήων), father of Phaestus E 44.

Βῶρος². Son of Perieres, husband of Polydore and nominal father of Menesthius² Π 177.

(E 280)

Γαῖα, Γαιήϊος, Γῆ. See Lexicon.

Γαλάτεια (ἀγακλειτή). A Nereïd Σ 45.

Γανυμήδης (ἀντίθεος). Son of Tros[1]. Carried off by the gods to be their cup-bearer E 266, Υ 232.

Γάργαρον. A peak of Mt. Ida Θ 48, Ξ 292, 352, Ο 152.

Γεραιστός. The s.w. point of Euboea γ 177.

Γερήνιος. Adj. from (app.) the name of an unknown place, said to have been in Elis and to have sheltered Nestor when an exile from Pylus. Of Nestor B 336, Δ 317, H 170, Λ 516, Ξ 52, Ο 370, etc. : γ 68, 102, 210, δ 161, etc.

Γίγαντες (ἄγρια φῦλα, ὑπέρθυμοι). A gigantic and savage race, represented (η 206) as being with the Cyclopes near the gods. Destroyed under Eurymedon[3] η 59 ; κ 120.

Γλαύκη. A Nereïd Σ 39.

Γλαῦκος[1]. Son of Sisyphus, father of Bellerophon and grandfather of Hippolochus[1] Z 154, 155.

Γλαῦκος[2] (ἀμύμων, κρατερός, ποιμὴν λαῶν, φαίδιμος). Son of Hippolochus[1]. Comrade of Sarpedon and a leader of the Lycians B 876 ; fights Diomedes Z 119, they exchange arms 234 ; H 13, M 102, 309, 310, 329 ; wounded by Teucrus M 387, 392 ; Ξ 426 ; the wounded Sarpedon appeals to him Π 492, 508, he cries to Apollo 514, and is cured 527, 530 ; slays Bathycleës Π 593, 597 ; reproves Hector P 140, 170 ; P 216.

Γλαφύραι. A town of the realm of Eumelus, prob. lying by the Boebean Lake B 712.

Γλῖσᾶς. A Boeotian town B 504.

Γονόεσσα (αἰπεινή). A town in Agamemnon's realm B 573.

Γόργειος. Adj. fr. Γοργώ E 741 : λ 634.

Γοργυθίων (ἀμύμων, ἐΰς). Son of Priam by Castianeira. S. Teucrus Θ 302.

Γοργώ (βλοσυρῶπις). A frightful phantom Θ 349, Λ 36.

Γόρτυς (τειχιόεσσα). A city of Crete B 646 : part of the fleet of Menelaüs wrecked near it γ 294.

Γουνεύς G. Leader of the Enienes and Peraebians B 748.

Γραῖα. A Boeotian town B 498.

Γρήνικος. A river of the Troad west of the Aesepus[1] M 21.

Γυγαίη λίμνη. A lake to the n. of Sardis. To Talaemenes bore Mesthles and Antiphus[2] B 865, Υ 391.

Γυραί. A rock of unknown site on which Aias[2] was destroyed by Poseidon δ 500.

Γυραίη. Adj. fr. prec. δ 507.

Γυρτιάδης. Patr. of Hyrtius Ξ 512.

Γυρτώνη. A town of Thessaly. Its men led by Polypoetes and Leonteus B 738.

Δαίδαλος. Made Ariadne's dancing-place Σ 592.

Δαίτωρ T. S. Teucrus Θ 275.

Δάμασος T. S. Polypoetes M 183.

Δαμαστορίδης[1]. Patr. of Tlepolemus[2] Π 416.

Δαμαστορίδης[2]. Patr. of Agelaüs[3] υ 321, χ 212, 241, 293.

Δανάη (καλλίσφυρος). Patr. Ἀκρισιώνη. Mother of Perseus[1] by Zeus Ξ 319.

Δαναοί (αἰχμηταί, θεράποντες Ἄρηος, ἴφθιμοι, ταχύπωλοι, φιλοπτόλεμοι). (1) The Greek race in gen. (=Ἀχαιός (2) (b) (a)) δ 725, 815.—(2) The Greeks in the field at Troy (=Ἀργεῖος (2) (d), Ἀχαιός (2) (b) (γ)) A 42, B 40, Δ 232, E 37, Θ 33, I 34, M 4, N 9, O 2, Π 39, P 26, T 78, Υ 351, Φ 517, Ω 295, etc. : α 350, δ 278, ε 306, θ 82, 578, λ 470, 526, 551, 559, ω 18, 46.

Δαρδανίδης. Patr. fr. Δάρδανος[1]. Of Priam (descendant of D.) Γ 303, E 159, H 366, N 376, Φ 34, X 352, Ω 171, 354, 629, 631.—Similarly of Ilus[1] (descendant) Λ 166, 372.

Δαρδανίη. A district occupying the middle valley of the Scamander. Peopled by Dardanus[1] Υ 216.

Δαρδάνιος. Adj. fr. prec. (1) πύλαι Δαρδάνιαι, one of the gates of Troy, not identified E 789, X 194, 413.—(2) In pl. =Δάρδανοι (see Δάρδανος[3] (2)). Aeneas their leader B 819.

Δαρδανίς. Fem. adj. In pl., the Dardanian women (βαθύκολποι) Σ 122, 339.

Δαρδανίων. Patr. fr. next. In pl., Dardanians H 414, Θ 154.

Δάρδανος[1]. Son of Zeus, father of Erichthonius, grandfather of Tros[1] and great-grandfather of Ilus[1] Υ 215, 219 ; the favourite child of Zeus Υ 304.

Δάρδανος[2] T. Son of Bias[3]. S. Achilles Υ 460.

Δάρδανος[3]=Δαρδάνιος. (1) Dardanian B 701, Π 807.—(2) In pl., Δάρδανοι T (ἀγχιμαχηταί), the men of Dardania E 456, H 348, 368, Θ 173, 497, Λ 286, N 150, O 425, 486, P 184.

Δάρης (ἀφνειὸς ἀμύμων). Priest of Hephaestus, app. at Troy. Father of Phegeus and Idaeus[2] E 9, 27.

Δαυλίς. A town of Phocis B 520.

Δεισήνωρ T. P 217.

Δεξαμένη. A Nereïd Σ 44.

Δεξιάδης. Patr. of Iphinoüs H 15.

Δευκαλίδης. Patr. fr. next. Of Idomeneus M 117, N 307, P 608.

Δευκαλίων[1] (ἀμύμων, μεγάθυμος). Son of Minos and father of Idomeneus N 451, 452 : in Odysseus's tale to Penelope he says that he was D.'s son τ 180, 181.

Δευκαλίων[2] T. S. Achilles Υ 478.

Δηίκόων T. Patr. Περγασίδης. A comrade of Aeneas. S. Agamemnon E 534.

Δηιοπίτης T (ἀμύμων). S. Odysseus Λ 420.

Δηίοχος G. S. Paris O 341.

Δηίπυλος. Companion of Sthenelus[1] E 325.

Δηίπυρος G. I 83, N 92, 478 ; s. Helenus[1] N 576.

Δηίφοβος (θεοειδής, θεοείκελος). Patr. Πριαμίδης. Son of Priam and Hecabe M 94, N 156, 162, 258, 402, 413, 446, 455, 490, 517, 527, 758, 770, 781 ; Athene takes his form in approaching Hector in

2

his last fight Χ 227 ; Χ 233, 294, 298, Ω 251 : accompanied Helen when she visited the Trojan horse δ 276 ; when the city was taken Odysseus and Menelaüs proceeded to his house θ 517.

Δῆλος. The Aegean island, sacred to Apollo ζ 162.

Δημήτηρ (ἄνασσα, ἐϋπλόκαμος, καλλιπλόκαμος, ξανθή). Daughter of Cronus and Rhea, sister of Zeus, Hades, Poseidon and Here, and mother by Zeus of Persephoneia. The corn-goddess (E 500, N 322, Φ 76).—Her τέμενος at Pyrasus¹ B 696 ; the love of Zeus for her Ξ 326 : her love for Iasion ε 125.

Δημόδοκος (θεῖος (ἐρίηρος) ἀοιδός). The Phaeacian bard θ 44, 106, 254, 262 ; his tale of Ares and Aphrodite θ 266 ; θ 472, 478, 483, 486, 487, 537, ν 28.

Δημοκόων. Bastard son of Priam. S. Odysseus Δ 499.

Δημολέων Τ (ἐσθλὸς ἀλεξητὴρ μάχης). Son of Antenor. S. Achilles Υ 395.

Δημοπτόλεμος. A suitor χ 242 ; s. Odysseus χ 266.

Δημοῦχος Τ (ἠΰς τε μέγας τε). Patr. Φιλητορίδης. S. Achilles Υ 457.

Δία (ἀμφιρύτη). A small island (now Standia) off the n. coast of Crete λ 325.—Also identified with Naxos.

Διόθεν. See Ζεύς.

Διοκλῆς (μεγάθυμος). Son of Ortilochus³ and father of Crethon and Ortilochus⁴; dwelt at Phērae² E 542, 547, 548 : Telemachus and Peisistratus pass the night in his house γ 488, ο 186.

Διομήδη (καλλιπάρῃος). Daughter of Phorbas¹. Captured by Achilles at Lesbos I 665.

Διομήδης (ἀγαθός, Αἰτωλός (see Οἰνεύς), ἄλκιμος, Ἀρήϊος, ἄριστος Ἀχαιῶν, βοὴν ἀγαθός, δαΐφρων, δῖος, δουρικλειτός, δουρικλυτός, ἱππόδαμος, καρτερόθυμος, κρατερός, μεγάθυμος, μενοπτόλεμος, ποιμὴν λαῶν, ὑπέρθυμος). Patr. Τυδεΐδης. Son of Tydeus and husband of Aegialeia (who was his aunt, her sister (Deïpyle) being the wife of Tydeus. See Adrestus¹). Leader of the men owning his sway in Argos¹ (1) B 563, 567 ; visited by Agamemnon in his inspection Δ 365, reproves Sthenelus¹ 411 ; his feats under Athene's protection E 1, wounded by Pandarus 95, P. aims at him again 280, he slays P. 290, attacks and wounds Aphrodite 330, 335, attacks Aeneas 432, but retires before Apollo 443, Ares attacks him 849, he wounds Ares and drives him off 855 ; fights Glaucus² Z 119, they exchange arms 235 ; accepts Hector's challenge but does not get the lot H 163 ; speaks against accepting the offer of the Trojan herald H 399 ; comes to the rescue of Nestor Θ 91, he and N. are put to flight by a thunderbolt from Zeus 130 ; declares in the Assembly that he will fight to the end I 31 ; his speech on the announcement by Odysseus of the result of the embassy I 697 ; wakened by Agamemnon K 150, offers to penetrate the hostile lines 219, sets out with Odysseus 272, they encounter and capture and slay

Dolon 339, they do execution and slay Rhesus¹ 482, and return safely 540 ; strikes Hector Λ 349, is wounded by Paris 369 ; relates his family history Ξ 110 ; takes part in the chariot-race Ψ 290, is disabled by Apollo 383, but comes in first 499, meets Aias¹ in the fight in armour 812 ; etc. : his return from Troy γ 167, 181 ; in ambush in the Trojan horse δ 280.

Δῖον (αἰπὺ πτολίεθρον). A town of Euboea B 538.

Διόνυσος, Διώνυσος (χάρμα βροτοῖσιν). Son of Zeus and Semele (Ξ 325). He and his attendants scattered by Lycourgus¹ Z 132, 135 : his part in the death of Ariadne λ 325 ; ω 74.

Δῖος (ἀγαυός). A son of Priam (his mother not named) Ω 251.

Διός, etc. Genit., etc., of Ζεύς.

Διώνη (δῖα θεάων). Mother by Zeus of Aphrodite E 370, 381.

Διώνυσος. See Διόνυσος.

Διώρης¹ (κρατερός). Patr. Ἀμαρυγκείδης. Son of Amarynceus and a leader of the Epeians B 622 ; s. Peiroös Δ 517.

Διώρης². Father of Automedon P 429, 474.

Δμήτωρ. Patr. Ἰασίδης². Odysseus's name for an alleged king of Cyprus ρ 443.

Δολίος¹ (γέρων). A bondman of Penelope given to her by her father and in charge of the garden and orchard δ 735, ω 222 ; his six sons ω 387, 497 ; he and his sons welcome Odysseus ω 397, 409, 411 ; a son reports the approach of the Ithacans ω 492, D. arms 498.

Δολίος². Father of Melanthius¹ ρ 212, χ 159, and Melantho σ 322.

Δόλοπες. A people on the w. borders of the realm of Peleus I 484.

Δολοπίων (ὑπέρθυμος). Priest of the Scamander and father of Hypsenor¹ E 77.

Δόλοψ¹ G. Patr. Κλυτίδης¹. S. Hectoι Λ 302.

Δόλοψ² Τ (αἰχμῆς ἐΰ εἰδώς). Patr. Λαμπετίδης. S. Menelaus O 525, 540, 555.

Δόλων (πολύχρυσος πολύχαλκος). Son of Eumedes. Described K 314 ; undertakes to Hector to penetrate the Greek lines K 319, captured by Diomedes 369, gives information 412, s. D. 454 ; etc.

Δόρυκλος. Patr. Πριαμίδης. Bastard son of Priam. S. Aias¹ Λ 489.

Δουλιχιεύς. Adj. fr. next. Of Nisus σ 127.—Of Amphinomus σ 395.—Of Moulius⁴ σ 424.

Δουλίχιον (ποιῆεν, πολύπυρον). An island not identified the men from which were led by Meges B 625.—Δουλίχιόνδε [-δε], to D. B 629 : ξ 397.—In Od. associated with Same, Zacynthus and Ithaca α 246, ι 24, π 123, 247, τ 131.—Its king Acastus ξ 335.—The home of Amphinomus π 396.—In Odysseus's tale to Eumaeus ξ 335, to Penelope τ 292.

Δρακίος. A leader of the Epeians N 692.

Δρῆσος Τ. S. Euryalus¹ Z 20.

Δρύας¹ (ποιμὴν λαῶν). A warrior of Nestor's youth A 263.

Δρύας². Father of Lycourgus¹ Z 130.
Δρύοψ T. S. Achilles Υ 455.
Δύμας¹. Father of Asius¹ and Hecabe Π 718.
Δύμας² (ναυσικλειτός). Athene takes the form of his daughter in Nausicaa's dream ζ 22.
Δϋναμένη. A Nereïd Σ 43.
Δύσπαρις. See Lexicon.
Δωδωναῖος. Adj. fr. next. Of Zeus Π 233.
Δωδώνη (δυσχείμερος). In Epeirus with an oracle of Zeus (but (B 750) the Thessalian Enienes and Peraebians are said to have dwelt about it). The prayer of Achilles to Zeus of Dodona Π 234 : its oak and Odysseus's consultation ξ 327, τ 296.
Δωριέες (τριχάϊκες). In Odysseus's tale to Penelope one of the five divisions of the inhabitants of Crete τ 177.
Δώριον. A town of Pylus where the Muses took from Thamyris his power of song B 594.
Δωρίς. A Nereïd Σ 45.
Δωτώ. A Nereïd Σ 43.

Εἰδοθέη. Daughter of Proteus. Encounters Menelaüs in Pharos δ 366, her advice to him 371, how he carried it out 431.
Εἰλείθυια. See Lexicon.
Εἰλέσιον. A Boeotian town B 499.
Εἰρέτρια. A town of Euboea B 537.
'Εκάβη (ἠπιόδωρος). Daughter of Dymas¹, full sister of Asius¹ and wife of Priam (for her children see under Πρίαμος) Z 251 ; collects the aged women to pray to Athene Z 286, her gift to A. 288, 293 ; Z 451, Π 718 ; vainly beseeches Hector to take refuge from Achilles X 79 ; X 234 ; she sees H.'s corpse being dragged away X 405, her lament 430 ; summoned by Priam Ω 193, she tries to dissuade him from going to the ships 200, she speeds him on his way 283 ; her lament over Hector's ransomed corpse Ω 747.
'Εκαμήδη (ἐϋπλόκαμος). Daughter of Arsinoüs. Given to Nestor when Tenedos was sacked. Doing service in N.'s hut Λ 624, Ξ 6.
'Εκτόρεος. Adj. fr. next. "Εκτωρ. Of or pertaining to Hector B 416, K 46, Ω 276, 579.
'Εκτορίδης. Patr. fr. next. Of Astyanax Z 401.
"Εκτωρ (ἀνδροφόνος, βοὴν ἀγαθός, βροτολοιγῷ ἶσος "Αρηϊ, Διὶ μῆτιν ἀτάλαντος, δίϊφιλος, δῖος, θοῷ ἀτάλαντος "Αρηϊ, θρασύς, ἱππόδαμος, κλυτός, (μέγας) κορυθαίολος, κρατερὸς μήστωρ φόβοιο, μεγάθυμος, μέγας, ὄβριμος, πελώριος, ποιμὴν λαῶν, φαίδιμος, φλογὶ εἴκελος ἀλκήν, χαλκοκορυστής). Patr. Πριαμίδης. Son of Priam and Hecabe and father of Astyanax. The leader of the Trojans B 816 ; reproaches Paris for shrinking from Menelaüs Γ 38, proposes a duel between P. and M. 86 ; Sarpedon reproaches him for neglecting the allies E 471, he leads the fight 590, the wounded Sarpedon appeals to him in vain 684, he does much execution 703 ; Helenus¹ advises him to retire to the city and collect the aged women to pray to Athene Z 77, he goes 116, he encounters the Trojan wives 237, and his mother, whom he

charges to collect the aged women 251, he proceeds to the house of Paris and reproaches him 313, his conversation with Helen 343, he proceeds to his own house but does not find Andromache there 370, he encounters her with Astyanax on his way back 392, their conversation 405, he leaves her 494, and encounters Paris returning also to the field 514, they join in the fight H 1 ; he proposes a duel between himself and a Greek champion H 67, Aias¹ meets him 206, the fight broken off by the heralds 279, H. and Aias exchange arms 303 ; H. comes to attack Nestor Θ 87, who is rescued by Diomedes 99 ; H. urges the Trojans on Θ 173, and addresses his horses 185, he hems in the Greeks 213, disables Teucrus Θ 324, drives the Greeks to the ships 337 ; after sunset summons an assembly Θ 485, advises his people to bivouac on the field 497 ; he induces Dolon to go as a scout to the ships K 303, 314 ; in the morning leads his people to the fight Λ 56, Zeus withdraws him 163, and sends Iris to advise him to refrain while Agamemnon is in the field 186, when A. is disabled leads his people on 284, is struck by Diomedes and retires 349, but with Cebriones renews the fight 521, M 40 ; his horses refuse the ditch M 50, on the advice of Poulydamas advances on foot 80, an unfavourable omen 200 does not deter him 231, 251, he leads an attack on the wall 438, and breaks down the gate with a stone 445 ; he leads the fight within the wall N 136, Ξ 388, Aias¹ disables him with a stone Ξ 409 ; Apollo sent by Zeus restores his strength and he renews the fight O 244, 262, lays hold of the ship of Protesilaüs 704, and calls for fire 718 ; the ship set on fire Π 122 ; after he has retreated to the Scaean gate Apollo in the guise of Asius¹ urges him back to the fight Π 721, he gives the final blow to Patroclus 818, urged by Apollo in the guise of Mentes¹ he joins the fight round the corpse of P. P 75, he strips the corpse 122, 125, and assumes the armour 188, Apollo in the guise of Phaenops³ urges him on 582 ; the corpse is rescued by the Greeks Σ 231 ; he spurns the advice of Poulydamas to retire to the city Σ 285 ; on the advice of Apollo shrinks from Achilles Υ 379, but advances to meet him on seeing the wounded Polydorus¹ 419, Apollo snatches H. away 443 ; he awaits Achilles under the walls in spite of the entreaty of his father X 35, and of his mother 79, he flees before A. 136, Athene in the guise of Deïphobus beguiles him 226, Achilles wounds him fatally 326, his dying speech 356 ; A. drags his corpse to the ships X 395 ; he drags the corpse thrice daily round the grave-mound of Patroclus Ω 14 ; Priam bears the ransomed corpse to the city Ω 689, the lament of Andromache 725, of Hecabe 748, of Helen 762, the funeral 785 ; etc.
"Ελασος T. S. Patroclus Π 696.
"Ελατος¹ T. S. Agamemnon Z 33.
"Ελατος². A suitor. S. Eumaeus χ 267.
'Ελατρεύς. A Phaeacian θ 111, 129.

'Ελένη ('Αργείη, δῖα γυναικῶν, Διὸς ἐκγεγαυῖα, εὐπατέρεια, ἠΰκομος, καλλίκομος, καλλιπάρῃος, κούρη Διός, λευκώλενος, ῥιγεδανή, τανύπεπλος). Daughter of Leda by Zeus (nominally by Tyndareüs), wife of Menelaüs (but carried off by Paris) and mother by M. of Hermione[1]. Summoned by Iris to the walls to view the duel between Paris and Menelaus Γ 121, the Trojan elders see her and what they said 146, she names the Greek leaders to Priam 161, cannot see her brothers Castor[1] and Polydeuces 234 ; summoned by Aphrodite to Paris Γ 383 ; Hector finds her with P. Z 323, her conversation with H. 343 ; her lament over H. Ω 761 ; etc. : Hermione[1] her only child δ 12 ; her conversation at Sparta with Menelaüs and Peisistratus δ 121, her soothing drug 219, she tells how Odysseus came disguised to Troy 235 ; her gift to Telemachus on his departure o 100, her speech to him 123 ; Penelope on her infatuation ψ 218 ; etc.

"Ελενος[1] (ἄναξ). Patr. Πριαμίδης. Son of Priam and Hecabe. Skilled in auguries Z 76 ; H 44, M 94, N 576, 582, 758, 770, 781, Ω 249.

"Ελενος[2] G. Patr. Οἰνοπίδης. S. Hector E 707.

'Ελεφήνωρ (κρείων, ὄξος "Αρηος). Patr. Χαλκωδοντιάδης. Leader of the Abantes B 540 ; s. Agenor Δ 463.

'Ελεών. A Boeotian town B 500, K 266.

'Ελικάων T (κρείων). Patr. 'Αντηνορίδης. Son of Antenor and husband of Laodice[1] Γ 123.

'Ελίκη (εὐρεῖα). A town in Agamemnon's realm B 575 ; a seat of the worship of Poseidon Θ 203.

'Ελικώνιος. Adj. fr. prec. Υ 404.

'Ελλάς (εὐρύχορος, καλλιγύναιξ). (1) Part of the realm of Peleus, the valley of the Spercheius B 683, I 395, 447, 478, Π 595 : λ 496.—(2) Of northern in contrast to southern Greece, in phrase καθ' (ἀν') 'Ελλάδα καὶ μέσον "Αργος. See Άργος[1] (3).

"Ελληνες. The men of prec. (1). Applied with Μυρμιδόνες and 'Αχαιοί to the followers of Achilles B 684.

'Ελλήσποντος (ἀγάρροος, ἀπείρων, ἰχθυόεις, πλατύς). The Hellespont B 845, H 86, I 360, M 30, Ο 233, Π 432, Σ 150, Ψ 2, Ω 346, 545 : ω 82.

'Ελλοί. See Σελλοί.

"Ελος[1] (ἔφαλον πτολίεθρον). A town in the realm of Menelaüs B 584.

"Ελος[2]. A town of Pylus B 594.

'Ελπήνωρ. A comrade of Odysseus in his ship. Killed by mishap at Circe's house κ 552 ; his shade begs for funeral rites λ 51, 57 ; the funeral μ 10.

'Ενεταί. Prob. a Paphlagonian port B 852.

'Ενιῆνες G. A people of n. Thessaly led by Gouneus B 749.

'Ενιπεύς (θεῖος). A river of Thessaly rising in Mt. Othrys and flowing into the Peneius λ 238, 240.

'Ενίσπη (ἠνεμόεσσα). A town of Arcadia B 606.

"Εννομος[1] (οἰωνιστής). A leader of the Mysians B 858, P 218. S. Achilles B 860.

"Εννομος[2] T. S. Odysseus Λ 422.

'Ενόπη. A town of Pylus I 150, 292.

'Ενυάλιος (ἀνδρειφόντης, κορυθάϊξ πτολεμιστής). A name of Ares B 651, H 166, Θ 264, N 519, P 259, Υ 69, X 132.—An epithet of A. P 211.—War or battle personified Σ 309.

'Ενυεύς. King of Scyrus[2] I 668.

'Ενυώ (πότνια, πτολίπορθος). A female counterpart of Ares (Enyalius) E 333, 592.

'Εξάδιος. A warrior of Nestor's youth A 264.

'Επάλτης T. S. Patroclus Π 415.

'Επειγεύς (δῖος). A Myrmidon, son of Agacleës Π 571. Came as a suppliant to Peleus and Thetis Π 573 ; s. Hector Π 577.

'Επειοί G (μεγάθυμοι, φαιδιμόεντες, χαλκοχίτωνες). The people of Elis B 619, Δ 537, Λ 688, 694, 732, 737, 744, N 686, 691, Ο 519, Ψ 630, 632 : ν 275, o 298, ω 431.

'Επειός (δῖος, ἠΰς τε μέγας τε, μεγάθυμος). Son of Panopeus[2]. Wins the boxing-match Ψ 665, 689, 694 ; is last in putting the weight Ψ 838, 839 : made the Trojan horse θ 493, λ 523.

'Επήριτος. The name assumed by Odysseus in his tale to Laërtes ω 306.

'Επίδαυρος (ἀμπελόεις). A town in the realm of Diomedes (Argos[1] (1)) B 561.

'Επικάστη. The later Iocaste (καλή). Mother and wife of Oedipodes (Oedipus). Her incestuous marriage and suicide λ 271.

'Επικλῆς T (μεγάθυμος). S. Aias[1] M 379.

'Επίστροφος[1]. Son of Iphitus[1]. With his brother Schedius[1] leader of the men of Phocis B 517.

'Επίστροφος[2] (ἐγχεσίμωρος). Son of Euenus and brother of Munes B 692.

'Επίστροφος[3]. A leader of the Halizonians B 856.

'Επίστωρ T. S. Patroclus Π 695.

'Επήτοπορος. An unknown river M 20.

"Ερεβος. Genit. 'Ερέβευς Θ 368 : λ 37. Abl. 'Ερέβεσφιν I 572. The underworld, the realm of Hades Θ 368, I 572, Π 327 : κ 528, λ 37, 564, μ 81.—'Ερεβόσδε [-δε], to E. ν 356.

'Ερεμβοί. A people, otherwise unknown, visited by Menelaüs δ 84.

'Ερετμεύς. A Phaeacian θ 112.

'Ερευθαλίων (δῖος, ἰσόθεος). An Arcadian slain in the armour of Areïthoüs[1] (given to him by Lycourgus[2] (H 137, 149)) by Nestor in his youth Δ 319, H 136, 154.

'Ερεχθεύς (μεγαλήτωρ). An autochthonous hero of Athens B 547 : η 81.

'Ερινύς. See Lexicon.

"Ερις. See ἔρις (4) in Lexicon.

'Εριφύλη (στυγερή). Wife of Amphiaraüs. Bribed by a golden necklace persuaded A. to take part in the expedition of the Seven against Thebes λ 326, o 247.

'Εριχθόνιος. Son of Dardanus[1], father of

Tros[1], and grandfather of Ilus[1], Assaracus and Ganymedes Υ 219, 230.

Ἐριῶπις. Wife of Oïleus[1], mother of Aias[2] and stepmother of Medon[1] N 697, O 336.

Ἕρμαιος λόφος. An eminence above the city of Ithaca II 471.

Ἑρμείας, Ἑρμῆς Υ 72 : ε 54, θ 334, ξ 435, ω 1. Dat. Ἑρμέᾳ Ε 390 (ἀκάκητα, ἄναξ, ἀργεϊφόντης, διάκτορος (ά.), ἐΰσκοπος ά., κρατὺς ά., δώτωρ ἐάων, ἐριούνης, ἐριούνιος, Κυλλήνιος, σῶκος, χρυσόρραπις). Son of Zeus and Maia, and father of Eudorus by Polymele. The sceptre given by him to Pelops B 104 ; rescues Ares from bonds E 390 ; sent by Zeus to conduct Priam to the ships Ω 334, rouses P. and urges him to return 679 ; etc. : sent by Z. to bid Calypso let Odysseus go ε 28, his conversation with C. 85 ; meets O. on his way to Circe's house κ 277 ; conducts the souls of the suitors to the Shades ω 1 ; etc.

Ἑρμιόνη[1] (ἐρατεινή). Only child of Menelaüs and Helen δ 14. Her marriage to Neoptolemus δ 5.

Ἑρμιόνη[2]. A town in the realm of Diomedes (Argos[1] (1)) B 560.

Ἕρμος (δινήεις). A river flowing near Sardis and into the Aegean Υ 392.

Ἐρυθῖνοι (ὑψηλοί). Prob. cliffs bordering Cape Carambis in Paphlagonia B 855.

Ἐρυθραί. A Boeotian town B 499.

Ἐρύλαος Τ. S. Patroclus II 411.

Ἐρύμανθος. A mountain range in n.-w. Peloponnesus ζ 103.

Ἐρύμας[1] Τ. S. Idomeneus II 345.

Ἐρύμας[2] Τ. S. Patroclus II 415.

Ἐτεοκλῆος βίη =Ἐτεοκλῆς. King of Thebes[1], son of Oedipodes and Epicaste Δ 386.

Ἐτεόκρητες (μεγαλήτορες). Etymologically, 'the true Cretans.' In Odysseus's tale to Penelope applied to one of the five divisions of the inhabitants of Crete τ 176.

Ἐτεωνεύς (κρείων). Patr. Βοηθοΐδης. θεράπων of Menelaüs at Sparta δ 22, 31, ο 95. ;

Ἐτεωνός (πολύκνημος). A Boeotian town B 497.

Εὐαιμονίδης. Patr. fr. next. Of Eurypylus[2] E 76, Λ 810.

Εὐαίμων. Father of Eurypylus[2] B 736, E 79, H 167, Θ 265, Λ 575.

Εὐάνθης. Father of Maron ι 197.

Εὔβοια (ἱερή). The island Euboea B 535 ; the home of the Abantes B 536 : γ 174 ; η 321 (see Ῥαδάμανθυς, Τιτυός).

Εὔδωρος (ἀρήϊος, θείειν ταχὺς ἠδὲ μαχητής, παρθένιος). Son of Hermes and Polymele. A leader under Achilles II 179, 186.

Εὐηνίνη. Patr. of Marpessa I 557.

Εὐηνορίδης. Patr. of Leocritus β 242, χ 294.

Εὐηνός (ἄναξ). Patr. Σεληπιάδης. Father of Munes and Epistrophus[2] B 693.

Εὔιππος Τ. S. Patroclus II 417.

Εὔμαιος (δῖος, ὄρχαμος ἀνδρῶν). Odysseus's swineherd (συβώτης, συφορβός, ὑφορβός). Son of

Ctesius. Athene directs O. to go to his dwelling ν 404 ; the dwelling described ξ 5, receives O. 29 ; O. tells him his tale ξ 192 ; he tells O. his tale ο 403 ; receives Telemachus π 11 ; is dispatched to tell Penelope of T.'s safe arrival 130, returns 452 ; accompanies O. to the town ρ 200, they encounter Melantheus 212, they reach the city 260 ; he enters O.'s house first ρ 324 ; summons O. to Penelope ρ 551 ; leaves the house to return to his own ρ 604 ; returns to O.'s house υ 162 ; sets down the bow etc. before the suitors for the contest φ 80, O. tests him 188, he pledges himself to support O. 203, O. reveals himself 207 ; he carries the bow to O. that O. may take part in the contest φ 359 ; during the fight he and Philoetius seize Melantheus in the θάλαμος χ 178, ranges himself by O. for the final fight 201, slays Elatus[2] 267, is wounded by Ktesippus 279, slays Polybus[5] 284 ; takes part in the slaying of the unfaithful maids χ 454 ; accompanies O. to the country ψ 366 ; at Laërtes' house when O. comes to it ω 363, prepares to fight the oncoming suitors 497, but Athene stops the fight 528 ; etc.

Εὐμήδης (κῆρυξ θεῖος). Father of Dolon K 314, 412, 426.

Εὔμηλος (ἄναξ ἀνδρῶν, κρείων). Patr. Φηρητιάδης. Son of Admetus and Alcestis and husband of Iphthime. Leader of the men of Pherae, etc. B 714 ; his fine horses reared by Apollo B 764 ; takes part in the chariot-race Ψ 289, his chariot disabled by Athene 391, comes in last 532, but is awarded an extra prize 558 ; etc. : married Iphthime δ 798.

Εὔνηος. Patr. Ἰησονίδης. Son of Ieson and Hypsipyle. Sent wine to the Greeks from Lemnos H 468 ; purchased Lycaon[2] Φ 41, Ψ 747.

Εὐπείθης. Father of Antinoüs α 383 ; leads a section of the Ithacans to attack Odysseus ω 522, 465, 469, s. Laërtes 523 ; etc.

Εὐρυάδης. A suitor. S. Telemachus χ 267.

Εὐρύαλος[1] (ἰσόθεος φώς). Patr. Μηκιστηΐάδης. Son of Mecisteus[1] and companion of Diomedes B 565 ; slays Dresus, Opheltius[1], Aesepus[2] and Pedasus[3] Z 20 ; beaten in boxing by Epeius Ψ 677.

Εὐρύαλος[2] (βροτολοιγῷ ἶσος Ἄρηϊ). Patr. Ναυβολίδης[2]. A Phaeacian. The fairest after Laodamas[2] θ 115 ; θ 127, 140 ; taunts Odysseus θ 158, they are reconciled 396, 400.

Εὐρυβάτης[1] (ὀτρηρός). A herald of Agamemnon. Sent with Talthybius to bring away Briseïs A 320.

Εὐρυβάτης[2] (Ἰθακήσιος). A herald who accompanied Odysseus to Troy B 184, I 170 : τ 247.

Εὐρυδάμας[1] (ὀνειροπόλος γέρων). Father of Abas and Polyidus[1] E 149.

Εὐρυδάμας[2]. A suitor. His gift to Penelope σ 297 ; s. Odysseus χ 283.

Εὐρυδίκη. Daughter of Clymenus and wife of Nestor γ 452.

Εὐρύκλεια (περίφρων, φίλη τροφός). Odysseus's nurse, daughter of Ops. Puts Telemachus to bed a 429 ; in charge of the store-room β 347, T. bids her prepare provisions for his voyage 348 ; she encloses the maids while Odysseus and T. remove the arms τ 15 ; washes O. τ 357, recognizes his scar 392, 467 ; encloses the maids before the fight φ 380 ; enumerates the unfaithful maids χ 419 ; brings sulphur χ 480 ; tells Penelope of O.'s return and the slaughter of the suitors ψ 1 ; etc.

Εὐρύλοχος (θεοειδής, μεγαλήτωρ). A comrade of Odysseus in his ship. Leads one half of the ship's company to Circe's house κ 205, remains when the others enter 232, tells their fate 244, follows O. to the house 447 ; at the sacrifice on the borders of Ocean λ 23 ; with Perimedes² binds O. more firmly at the Sirens' island μ 195 ; insists on landing at the island of the oxen of the Sun μ 278 ; etc.

Εὐρύμαχος (θεοειδής, πεπνυμένος). Son of Polybus². With Antinoüs leader of the suitors. In the Ithacan assembly threatens Halitherses β 177 ; Penelope urged to marry him o 17 ; falsely comforts P. π 434 ; his gift to P. σ 295 ; abuses the disguised Odysseus σ 349, throws a stool at him 387 ; cannot string the bow φ 245 ; addresses O. on the slaying of Antinoüs χ 44 ; heads the suitors χ 69, s. O. 81 ; etc.

Εὐρυμέδουσα. Chamber-maid of Alcinoüs η 8.

Εὐρυμέδων¹. Son of Ptolemaeus and chariot-driver of Agamemnon Δ 228.

Εὐρυμέδων² (ἀγαπήνωρ). Chariot-driver of Nestor Θ 114, Λ 620.

Εὐρυμέδων³ (μεγαλήτωρ). King of the Gigantes and father of Periboea² η 58.

Εὐρυμίδης. Patr. of Telemus ι 509.

Εὐρυνόμη¹. Daughter of Oceanus. She and Thetis kept Hephaestus secretly when he was rejected by Here Σ 398, 399, 405.

Εὐρυνόμη² (θαλαμηπόλος, ταμίη). Odysseus's house-keeper ρ 495, σ 164, 169, 178, τ 96, 97, υ 4, ψ 154, 289, 293.

Εὔρυνομος. A suitor, son of Aegyptius¹ β 22, χ 242.

Εὐρύπυλος¹. His city, i.e. Cos B 677.

Εὐρύπυλος² (ἀγαπήνωρ, ἀγλαός, διογενής). Patr. Εὐαιμονίδης. Son of Euaemon and leader of the men of Ormenium, etc. B 736 ; slays Hypsenor¹ E 76, 79, and Melanthius² Z 36 ; accepts Hector's challenge but does not get the lot H 167 ; Θ 265 ; comes to the rescue of Aias¹ and slays Apisaon¹ Λ 576, 580 ; wounded by Paris Λ 583, 592, 662, 809, 819, 822, Π 27 ; is tended by Patroclus Λ 838, M 2, O 392, 399.

Εὐρύπυλος³. Patr. Τηλεφίδης. Son of Telephus by Astyoche, daughter of Priam. S. Neoptolemus, his mother having been bribed by Priam with a golden vine to induce him to go to Troy λ 520.

Εὐρυσθεύς. Son of Sthenelus². By contrivance of Here born before Heracles, who thus became subject to him Θ 363, O 639, T 123, 133.

Εὐρυτίδης. Patr. fr. Εὔρυτος¹. Of Iphitus² φ 14, 37.

Εὐρυτίων (ἀγακλυτός). A centaur. Punished in the house of Peirithoüs by the Lapiths φ 295.

Εὔρυτος¹ (μέγας). Father of Iphitus². The ruler of Oechalia B 596, 730 : skilled with the bow θ 224 ; challenged Apollo to a contest with the bow and was slain by him θ 226 ; left his bow to his son φ 32.

Εὔρυτος². See Ἀκτορίων, Μολίων². Son (with Cteatus) of Poseidon (Λ 751). Father of Thalpius B 621. See also Λ 709, 750, Ψ 638 under Κτέατος.

Εὔσσωρος. Father of Acamas² Z 8.

Εὔτρησις. A Boeotian town B 502.

Εὔφημος. Son of Troezenus and leader of the Cicones B 846.

Εὐφήτης (ἄναξ ἀνδρῶν). Gave Phyleus a breastplate O 532.

Εὔφορβος (ἐϋμμελίης). Patr. Πανθοΐδης. Son of Panthoüs. Wounds Patroclus Π 808, 850 ; bids Menelaüs quit P.'s body P 12 ; will avenge the slaying by M. of his brother Hyperenor P 34 ; s. M. P 45, 59, 81.

Εὐχήνωρ G. Son of Polyidus². S. Paris N 663.

Ἐφιάλτης (κρατερός, τηλεκλειτός). Son of Poseidon (nominally of Aloeus) and Iphimedeia. See Ὦτος¹.

Ἐφύρη¹. A town on the Selleïs², the home of Astyocheia B 659, O 531.

Ἐφύρη². A town of Argos¹ (3), the home of Sisyphus Z 152, 210.

Ἐφύρη³ (πίειρα ἄρουρα). A city or district, perh. in Thesprotia, the seat of Ilus² a 259, β 328.

Ἔφυροι. A people represented as warred on by Ares N 301.

Ἐχεκλῆς (κρατερός). Patr. Ἀκτορίδης. Husband of Polymele Π 189.

Ἔχεκλος¹ T. Son of Agenor. S. Achilles Τ 474.

Ἔχεκλος² T. S. Patroclus Π 694.

Ἐχέμμων. Son of Priam (his mother not named). With his brother Chromius² s. Diomedes E 160.

Ἐχένηος. A Phaeacian elder η 155, λ 342.

Ἐχέπωλος¹ T. Patr. Θαλυσιάδης. S. Antilochus Δ 458.

Ἐχέπωλος². Patr. Ἀγχισιάδης². Gave Agamemnon the mare Aethe to escape service Ψ 296.

Ἔχετος (βροτῶν δηλήμων πάντων). A mythical destructive king σ 85, 116, φ 308.

Ἐχέφρων (δῖος). Son of Nestor γ 413, 439.

Ἐχῖναι νῆσοι (ἱεραί). The Echinean Islands, represented as lying off Elis B 625.

Ἐχίος¹. Father of Mecisteus² Θ 333, N 422.

Ἐχίος² G. S. Polites¹ O 339.

Ἐχίος³ T. S. Patroclus Π 416.

Ζάκυνθος (ὑλήεις, ὑλήεσσα). The mod. Zante. An island forming part of the realm of Odysseus B 634.—In Od. associated with Doulichium, Same and Ithaca a 246, ι 24, π 123, 250, τ 131.

Ζέλεια (ἱερή). A town of the Troad on the Aesepus[1] B 824, Δ 103, 121.

Ζεύς. Genit. Ζηνός Δ 408, Λ 795, M 235, N 449, etc. : α 27, β 68, δ 74, etc. Dat. Ζηνί B 49, Δ 1, H 443, etc. : δ 78, ι 552. Acc. Ζῆνα E 756, Θ 22, Ξ 157, etc. : υ 339, ω 472. Ζῆν Θ 206, Ξ 265, Ω 331. Voc. Ζεῦ A 503, B 371, Γ 298, E 421, etc. : α 62, δ 341, ε 7, η 331, etc. Genit. Διός A 5, B 26, Γ 107, Δ 128, etc. : α 10, β 296, γ 42, δ 27, etc. Dat. Διί A 419, B 102, Γ 104, Δ 23, etc. : δ 472, η 164, θ 432, etc. Acc. Δία A 394, B 2, E 419, etc. : ξ 389, 406, υ 75. Διόθεν [-θεν], from Z. Ω 194, 561. By his power or will O 489. (ἀθάνατος, αἰγίοχος, ἄναξ, ἀργικέραυνος, ἄριστος, ἀστεροπητής, ἐριβρεμέτης, ἐρίγδουπος, ἐρισθενής, εὐρύοπα, Ἰδαῖος, ἱκετήσιος, καταχθόνιος, κελαινεφής, κρείων, κύδιστος, μέγας, μέγιστος, Ἴδηθεν (Δωδώνης) μεδέων, μητίετα, αἰθέρι (τηλόθι) ναίων, νεφεληγερέτα, ξείνιος, ξένιος, Ὀλύμπιος, πανομφαῖος, πατήρ, π. ἀνδρῶν τε θεῶν τε, στεροπηγερέτα, τελεσφόρος, τερπικέραυνος, ὕπατος, ὕ. κρειόντων, ὑπερμενής, ὑψιβρεμέτης, ὑψίζυγος, ὑψόθ' ἐών.) Patr. Κρονίδης, Κρονίων. The supreme god, son of Cronus and Rhea, brother of Poseidon, Hades, Here and Demeter, and husband (and brother) of Here. Father (1) by Here of Ares, Hebe and Hephaestus ; (2) by Leto of Apollo and Artemis ; (3) by Dione of Aphrodite ; (4) by Semele of Dionysus ; (5) by Maia of Hermes ; (6) by Demeter of Persephoneia ; (7) by Europa (daughter of Phoenix[2]) of Minos and Rhadamanthys ; (8) by Leda of Helen ; (9) by Alcmene of Heracles ; (10) by Laodameia of Sarpedon ; (11) by Danaë of Perseus[1] ; (12) by Antiope of Amphion[2] and Zethus ; (13) by Dia of Peirithoüs ; and (14) by unnamed mothers of Athene, Dardanus[1], Aeacus and Tantalus.— Father also of Ate T 91 ; of the river Xanthus[1] Ξ 434 ; of the Muses B 491, 598 : θ 488 ; of nymphs Z 420 : ζ 105, ι 154, ν 356, ρ 240 ; of Λιταί I 502. —Protector of heralds. See under κῆρυξ in Lex. And of strangers, beggars and suppliants ζ 207, ι 270, etc. — See also ξείνιος (1), ξένιος (2) in Lex.—His scales. See τάλαντον (1) in Lex. His thunderbolts Θ 133, Φ 198, etc. : ε 128, μ 415, etc.—Sender of rain M 25, etc. : ι 111, etc. Of snow K 5, M 279, T 357. Of winds M 252, N 795, etc. : ι 67, ο 297, etc. And of the rainbow Λ 27, P 547.—By lot (O 187, 192) got the heavens and the upper air as his realm (but he is called καταχθόνιος I 457).—The attempt of Here, Athene and Poseidon to put him in bonds A 399 ; Thetis goes to him on behalf of Achilles A 493, his promise to her 518 ; sends Oneirus to beguile Agamemnon B 8 ; sends Athene to induce the Trojans to break the truce Δ 70 ; with threats forbids the assembled gods to help either side Θ 1 ; sends a thunderbolt which falls before the chariot of Diomedes Θ 133 ; sends an omen to comfort Agamemnon Θ 247 ; sends Iris to turn back Here and Athene Θ 399 ; sends Eris to encourage the Greeks Λ 3 ; sends

Iris to Hector with advice Λ 185 ; beguiled and lulled to sleep by Here Ξ 292, his rage when he awakes O 4 ; summons Iris and Apollo O 54, sends her to bid Poseidon retire from the fight 158, and him to aid Hector 221 ; debates with himself as to Sarpedon's fate Π 433, resolves on his death 458, charges Apollo with his funeral rites 667 ; Here tricked him in the matter of the birth of Heracles T 95, his rage thereat 125 ; sends Athene to comfort Achilles T 342 ; summons an assembly of the gods Υ 4, allows the gods to take sides in the fight 20 ; pities Hector's plight X 168, but allows Athene to go to the assistance of Achilles 183 ; sends Thetis to Achilles to induce him to give up Hector's corpse Ω 104, and Iris to Priam to bid him go to the ships and ransom the corpse 144, sends Hermes to aid P. 334, etc. : speaks of Aegisthus to the assembled gods α 31 ; sends an eagle as a good omen to Telemachus β 146 ; sends Hermes to bid Calypso let Odysseus go ε 29, η 261 ; thunders as a good sign to O. υ 103 ; gives his voice for peace between O. and his people ω 478, and sends a thunderbolt to stop the fighting 539 ; etc.

Ζῆθος (ἄναξ). Son of Zeus and Antiope. With his brother Amphion[2] represented as having founded Thebes[1] λ 262 ; τ 523 (see also Πανδάρεος).

Ἥβη (καλλίσφυρος, πότνια). Daughter of Zeus and Here. Acts as cup-bearer to the gods Δ 2 ; helps Here to prepare a chariot E 722 ; tends Ares when cured of his wound E 905 : Heracles her husband λ 603.

Ἥλιος, Ἥλιος θ 271 (ἀκάμας, παμφανόων, τερψίμβροτος, Ὑπερίων, Ὑπεριονίδης, φαέθων, φαεσίμβροτος). The Sun, father by Perse of Aeëtes and Circe κ 138, and by Neaera of Phaëthousa and Lampetië μ 132. Brings to Hephaestus news of his dishonour by Ares θ 271 ; his oxen α 8, μ 128, they are killed by the companions of Odysseus 353.—See further in Lexicon.

Ἡρίβοια (περικαλλής). Stepmother of (app.) Otus[1] and Ephialtes. Her rescue of Ares E 389.

Ἠετίων[1] (μεγαλήτωρ). King of Thebe[2] and father of Andromache. His city taken by Achilles and himself slain A 366, Z 416, I 188, Π 153 ; Z 395, 396, Θ 187, X 472, 480, Ψ 827.

Ἠετίων[2]. A Trojan, father of Podes P 575, 590.

Ἠετίων[3]. An Imbrian. Ransomed Lycaon[2] Φ 43.

Ἠϊόνες. A town in the realm of Diomedes (Argos[1] (1)) B 561.

Ἠϊονεύς[1] G. S. Hector H 11.

Ἠϊονεύς[2]. Father of Rhesus[1] K 435.

Ἠλεῖοι. The people of Elis Λ 671.

Ἥλιος. See Ἠέλιος.

Ἧλις (δῖα, εὐρύχορος, ἱππόβοτος). A town and country in the n.w. extremity of the

Peloponnesus B 615, 626, Λ 673, 686, 698 : δ 635, ν 275, ο 298, φ 347, ω 431.

Ἠλύσιον πεδίον. See Lexicon.

Ἠλώνη. A town of Thessaly. Its men led by Polypoetes and Leonteus B 739.

Ἠμαθίη (ἐρατεινή). A district adjoining Pieria Ξ 226.

Ἠνιοπεύς. Son of Thebaeus[1]. Chariot-driver to Hector. S. Diomedes Θ 120.

Ἠνοπίδης. Patr. fr. next. Of Satnius Ξ 444.

Ἦνοψ[1]. Father of Satnius by a naiad Ξ 445 ; and father also of Thestor Π 401.

Ἦνοψ[2]. Father of Clytomedes Ψ 634.

Ἠπυτίδης. Patr. of Periphas[2] P 324.

Ἡρακλέης, Ἡρακλῆς (θεῖος, θρασυμέμνων θυμολέων, κρατερός, κρατερόφρων, μεγάλων ἐπίστωρ ἔργων, μένος αἰὲν ἀτειρής). Son of Alcmene by Zeus (nominally by Amphitryon) Ξ 324 : λ 267. Father of Tlepolemus[1] by Astyocheia B 658, 666 ; father also of Thessalus B 679 : husband of Hebe λ 603. His birth delayed by contrivance of Here, whereby he became subject to Eurystheus T 95, O 640 ; wounded Here with an arrow E 392 ; being wronged by Laomedon sacked Troy E 638, his return thence hindered by Here Ξ 249, 266, O 25 ; carried off the dog of Hades Θ 366 : λ 623 ; vexed Pylus Λ 690 ; the wall built for him against the sea monster T 145 ; his fate Σ 117 : θ 224 ; his phantom in the Shades λ 601 ; killed Iphitus[2] φ 26.

Ἡρακλείδης. Patr. fr. prec. Of Tlepolemus[1] B 653, E 628.—Of Thessalus B 679.

Ἡρακλήειος. Adj. fr. Ἡρακλέης. βίη Ἡρακληείη = Ἡρακλέης B 658, 666, E 638, Λ 690, O 640, T 98 : λ 601.—So βίη Ἡρακλῆος Σ 117.

Ἡρακλῆς. See Ἡρακλέης.

Ἥρη (Ἀργείη, βοῶπις, Διὸς κυδρὴ παράκοιτις, ἠύκομος, θεά, λευκώλενος, πότνια, πρέσβα θεά, χρυσόθρονος, χρυσοπέδιλος). Daughter of Cronus and Rhea, sister of Zeus, Hades, Poseidon and Demeter, and wife (and sister) of Zeus. For her children see under Ζεύς. Reared by Oceanus and Tethys Ξ 200, 302. She suspects the promise of Zeus to Thetis A 536 ; reproaches Zeus for favouring the Trojans Δ 20, they come to terms 31 ; she urges Athene to the fray E 711, prepares a chariot 720, consults Zeus 753, conveys A. to the field 767 ; urges A. again to the field Θ 350, they are stopped by Iris sent by Zeus 413 ; arrays herself to beguile Zeus Ξ 166, gets the aid of Aphrodite 188, and of Sleep 231, the beguilement 292, Zeus wakens O 4, and sends her to summon Iris and Apollo 54 ; how she tricked Zeus in the matter of the birth of Heracles T 95 ; summons Hephaestus to quell Xanthus[1] Φ 328 ; in the Battle of the Gods assaults Artemis Φ 489 ; etc. : δ 513, θ 465, λ 604, μ 72, ο 112, 180, υ 70.

Ἥφαιστος (ἀμφιγυήεις, ἄναξ, κλυτοεργός, κλυτοτέχνης, κυλλοποδίων, περικλυτός, πολύμητις, πολύφρων, χαλκεύς). Son of Zeus and Here.

Husband in Il. (Σ 382) of Charis, in Od. (θ 267) of Aphrodite. His lameness Σ 394, Τ 36, etc. : θ 308, etc. His craftsmanship A 607, Ξ 166, Σ 417, 468, etc. : θ 272, etc. Persuades his mother to conciliate Zeus A 571 ; his fall from Olympus A 590 ; made Agamemnon's sceptre B 101, and the breastplate of Diomedes Θ 195, and the aegis O 310 ; Thetis goes to beg him for armour for her son Σ 369, which he makes 468 ; he tells how Eurynome[1] and Thetis tended him when rejected by Here Σ 394 ; Here summons him to quell Xanthus[1] Φ 330 ; etc. : δ 617, ζ 233, η 92 ; Demodocus tells how Ares and Aphrodite deceived him and how he punished them θ 266, 270, 286, 287, 293, 297, 327, 330, 345, 355, 359 ; ο 117, ψ 160, ω 71, 75.—See also in Lex.

Ἠώς (δῖα, εὔθρονος, εὐπλόκαμος, ἠριγένεια, κροκόπεπλος, ῥοδοδάκτυλος, χρυσόθρονος). The Dawn. Wife of Tithonus and mother of Memnon. Carried off Orion ε 121, and Cleitus[2] ο 250.—See also ἠώς (5) in Lexicon.

Θάλεια. A Nereïd Σ 39.

Θάλπιος. See Ἀκτορίων. Son of Eurytus[2] and grandson of Poseidon. A leader of the Epeians B 620.

Θαλυσιάδης. Patr. of Echepolus[1] Δ 458.

Θάμυρις. A Thracian bard deprived by the Muses at Dorium of his power of song B 595.

Θάνατος. See Lexicon.

Θαυμακίη. A town of uncertain site in the realm of Philoctetes B 716.

Θεανώ (δῖα, καλλιπάρῃος). Patr. Κισσηΐς. Daughter of Cisses (Λ 224), wife of Antenor, mother of Iphidamas and priestess at Troy of Athene. Brought up Pedaeus E 70 ; opens Athene's temple for the aged women Z 298, 302.

Θέμις. See θέμις (7) in Lexicon.

Θεοκλύμενος (θεοειδής, μάντις). Son of Polypheides and great-grandson of Melampus. In flight from Argos[1] (1) encounters Telemachus embarking for home ο 223, 256, 271, is taken on board 286, asks as to his disposal 508, announces a good omen 529, is committed to the care of Peiraeus 540 ; his prediction to Penelope ρ 151 ; his vision among the suitors υ 350, he leaves the suitors 363.

Θερσίλοχος T. A Paeonian P 216 ; s. Achilles Φ 209.

Θερσίτης. A deformed Greek described B 212. Abuses Agamemnon B 225, Odysseus deals with him 244, 246.

Θέσπεια. A Boeotian town B 498.

Θεσπρωτοί. The inhabitants of Thesprotia, a part of Epeirus extending s.e. from the Thyamis ξ 315, 316, 335, π 65, 427, ρ 526, τ 271, 287, 292.

Θεσσαλός. Patr. Ἡρακλείδης. Son of Heracles and father of Pheidippus and Antiphus[1] B 679.

Θεστορίδης[1]. Patr. of Calchas A 69.

Θεστορίδης[2]. Patr. of Alcmaon[1] M 394.

Θέστωρ T. Son of Enops[1]. S. Patroclus Π 401.

Θέτις (ἀλοσύδνη, ἀργυρόπεζα, ἠΰκομος, θεά, καλλιπλόκαμος, τανύπεπλος). Daughter of the ἅλιος γέρων (Nereus) Α 556. Wife of Peleus and mother of Achilles. Comes when called upon by Achilles on his loss of Briseïs Α 357, Α. reminds her how she saved Zeus from bonds 396, she promises to induce Zeus to favour the Trojans 413, goes to him and gets his promise 495 ; received Dionysus when terrified by Lycourgus[1] Ζ 136 ; the chest given by her to Achilles Π 222 ; comes to Α. on the death of Patroclus Σ 35, promises him armour from Hephaestus 127, goes to H. 369, how Eurynome[1] and she preserved H. 398, she brings away the armour 616, and gives it to Α. Τ 3 ; summoned by Zeus Ω 74, and sent to bid Α. release Hector's corpse 104, etc. : appears and takes part in the funeral rites of Achilles ω 47, the jar given by her to receive Α.'s bones 73, the prizes given by her for his funeral games 85, 92.

Θῆβαι[1], Θήβη[1] Δ 378, 406, Ξ 323, Τ 99 : λ 263, 265, 275 (ἑπτάπυλος, εὐρύχορος, εὐστέφανος, ἱερὰ τείχεα, πολυήρατος). The Boeotian city, traditionally said to have been founded by Cadmus (represented as having been founded by Amphion[2] and Zethus λ 262) Δ 378, 406, Ε 804, Ζ 223, Κ 286, Ξ 114, 323, Τ 99 : λ 263, 265, 275, ο 247.—Θήβασδε [-δε], to Th. Ψ 679.

Θῆβαι[2] (ἑκατόμπυλοι). The city of Upper Egypt Ι 381 : δ 126.

Θηβαῖος[1] (ὑπέρθυμος). Father of Eniopeus Θ 120.

Θηβαῖος[2]. Adj. fr. Θῆβαι[1]. Of Teiresias κ 492, 565, λ 90, 165, μ 267, ψ 323.

Θήβη[1]. See Θῆβαι[1].

Θήβη[2], Θῆβαι[3] Χ 479 (ἱερή, Ὑποπλακίη, ὑψίπυλος). A town (inhabited by the Cilices), of which Eëtion[1] was king, in the plain of Thebe in which Adramyttium afterwards stood. Taken by Achilles and Eëtion slain and Chryseïs captured Α 366, Β 691, Ζ 397, 416 ; Χ 479.

Θησεύς (ἐπιείκελος ἀθανάτοισιν, ἐρικυδής). Patr. Αἰγείδης. Son of Aegeus, king of Athens, and husband of Phaedra. The great legendary hero of Athens. Named as a warrior of Nestor's youth Α 265 : carried off Ariadne from Crete λ 322 ; λ 631.

Θίσβη (πολυτρήρων). A Boeotian town Β 502.

Θόας[1] (Αἰτωλός). Patr. Ἀνδραιμονίδης. Son of Andraemon and leader of the Aetolians Β 638 ; slays Peiroös Δ 527, 529 ; accepts Hector's challenge but does not get the lot Η 168 ; Ν 92 ; Poseidon takes his guise Ν 216, 222, 228 ; Th. advises the chiefs to stand up to Hector, sending the general body back Ο 281 ; Τ 239 : in Odysseus's tale to Eumaeus and his companions ξ 499.

Θόας[2] (θεῖος). King of Lemnos Ξ 230, Ψ 745.

Θόας[3] Τ. S. Menelaus Π 311.

Θόη. A Nereïd Σ 40.

Θόων[1] Τ. Son of Phaenops[1]. With his brother Xanthus[3] s. Diomedes Ε 152.

Θόων[2] Τ. S. Odysseus Λ 422.

Θόων[3] Τ. Μ 140 ; s. Antilochus Ν 545.

Θόων[4]. A Phaeacian θ 113.

Θόωσα (νύμφη). A nymph, daughter of Phorcys[2] and by Poseidon mother of Polyphemus[1] α 71.

Θοώτης (δῖος). A Greek herald Μ 342, 343.

Θρασίος Τ. A Paeonian. S. Achilles Φ 210.

Θρασυμήδης (ἀντίθεος, δῖος, ἱππόδαμος, κυδάλιμος, μενεπτόλεμος, ποιμὴν λαῶν, ὑπέρθυμος). Patr. Νεστορίδης. Son of Nestor Ι 81, Κ 255, Ξ 10 ; slays Maris Π 321 ; Ρ 378, 705 : γ 39, 414, 442, 448.

Θρασύμηλος Τ (ἀγακλειτός). S. Patroclus Π 463.

Θρηΐκιος. Thracian Κ 559, Ν 13, 577, Ψ 230, 808.

Θρηΐξ, Θρῆξ. Thracian Β 595. — Θρήϊκες, Θρῆκες Τ (ἀκρόκομοι, ἱπποπόλοι). The Thracians Β 844, Δ 519, 533, 537, Ε 462, Ζ 7, Κ 434, 464, 470, 487, 506, 518, Ν 4, Ξ 227, Ω 234.

Θρήκη (ἐριβῶλαξ, μήτηρ μήλων). Thrace Λ 222, Ν 301, Υ 485.—Θρήκηθεν [-θεν], from Th. Ι 5, 72. —Θρήκηνδε [-δε], to Th. θ 361.

Θρινακίη. Epithet or the name of the island containing the oxen of the Sun λ 107, μ 127, 135, τ 275.

Θρόνιον. A Locrian town Β 533.

Θρύον (Ἀλφειοῖο πόρος). A town of Pylus Β 592, app. identical with Θρυόεσσα (αἰπεῖα κολώνη) Λ 711.

Θυέστης, Θυέστα Β 107 (πολύαρνι). Son of Pelops, brother of Atreus and father of Aegisthus. The sceptre left to him by Atreus and by him to Agamemnon Β 106, 107 : his dwelling δ 517.

Θυεστιάδης. Patr. fr. prec. Of Aegisthus δ 518.

Θυμβραῖος Τ. S. Diomedes Λ 320.

Θύμβρη. A town on the Scamander Κ 430.

Θυμοίτης. A Trojan elder Γ 146.

Θῶν. An Egyptian, husband of Polydamna δ 228.

Ἴαιρα. A Nereïd Σ 42.

Ἰάλμενος. Son of Ares and Astyoche. A leader of the men of Orchomenus[1], etc. Β 512, Ι 82.

Ἰαμενός (ῐ) Τ. Μ 139 ; s. Leonteus Μ 193.

Ἰάνασσα. A Nereïd Σ 47.

Ἰάνειρα. A Nereïd Σ 47.

Ἰάονες G (ἑλκεχίτωνες). The Ionians Ν 685 (app. identified with the Athenians 689).

Ἰάπετος (ῐ). A Titan. In Tartarus Θ 479.

Ἰάρδανος[1]. An unknown river, app. on the borders of Pylus and Arcadia Η 135.

Ἰάρδανος[2]. A river of n. Crete γ 292.

Ἰασίδης[1] (ῑ). Patr. of Amphion[3] λ 283.

Ἰασίδης[2] (ῑ). See Δμήτωρ.

Ἰασίων (ῑ). Demeter's love for him and his death by lightning ε 125.

Ἴασος (ῐ). Son of Sphelus and a leader of the Athenians. S. Aeneas Ο 332, 337.

"Ιασος² (ῑ). "Ιασον "Αργος, of doubtful origin, app. denoting all s. Greece (Argos¹ (3)) σ 246.

'Ιαωλκός (ἐϋκτιμένη, εὐρύχορος). A town of the realm of Eumelus at the head of the Pagasaean Gulf B 712 : was the home of Pelies λ 256.

'Ιδαῖος¹ (ῑ) (δαΐφρων, πεπνυμένος). A Trojan herald. Summons Priam to take the oath to the Greeks Γ 248 ; with Talthybius stops the fight between Aias¹ and Hector H 276, 278, 284 ; sent to carry Paris's proposal to the Greeks H 372, 381, 405, 406, 413, 416 ; accompanies Priam to the ships Ω 281, 325, 470.

'Ιδαῖος² (ῑ) (μάχης εὖ εἰδὼς πάσης). Son of Dares. With his brother Phegeus attacks Diomedes E 11, is saved by Hephaestus 20.

'Ιδαῖος³ (ῑ). Adj. fr. next. Θ 170, Λ 196, M 19, O 79, Υ 189, etc.—Of Zeus Π 605, Ω 291.

"Ιδη (ῑ) (μήτηρ θηρῶν, πιδήεσσα, πολυπίδαξ, πολύπτυχος, ὑλήεσσα, ὑψηλή). A mountain of the Troad with many branches B 821, 824, Θ 47, 75, 207, Λ 105, 112, 183, 337, N 13, Ξ 157, 162, 283, 287, 293, 307, 332, O 5, 146, 151, 255, P 594, Υ 59, 91, 218, Φ 449, 559, X 171, Ψ 117.— Ἰδηθεν [-θεν], from I. Δ 475, Θ 397, 438.—App. as genit. : 'Ι. μεδέων Γ 276 = 320 = H 202 = Ω 308.

"Ιδης (ῑ). Husband of Marpessa and father of Cleopatra I 558. Fought with Apollo for Marpessa I 559.

'Ιδομενεύς (ῑ) (ἀγαπήνωρ, ἀγανός, ἀγὸς ἀνδρῶν, ἀγακλυτός, ἄναξ, ἀρήϊος, ἀτάλαντος "Αρηϊ, δαΐφρων, δουρικλυτός, μεσαιπόλιος). Son of Deucalion¹ and leader of the Cretans B 645 ; described by Helen to Priam Γ 230 ; visited by Agamemnon in his inspection Δ 252 ; accepts Hector's challenge but does not get the lot H 165 ; Poseidon reproaches him N 219, he urges Meriones to the fight 249, slays Othryoneus 363, and Asius² 384, and Alcathoüs 424, fights Aeneas 500 ; slays Erymas¹ Π 345 ; strikes Hector P 605, retreats to the ships 624 ; while watching the chariot-race is abused by Aias² Ψ 474 ; etc. : brought his surviving comrades safe home γ 191 ; in Odysseus's tale to Athene ν 259, to Eumaeus ξ 237, in Eumaeus's comment 382, and in O.'s tale to Penelope τ 181, 190.

'Ιηλυσός. A town of Rhodes B 656.

'Ιησονίδης. Patr. fr. next. Of Euneüs H 468, 471, Ψ 747.

'Ιήσων (ποιμὴν λαῶν). The Argonaut, father by Hypsipyle of Euneüs H 469, Φ 41 : μ 72.

'Ιθαιμένης. Father of Sthenelaüs Π 586.

'Ιθάκη, mod. Itháki (ἀμφίαλος, εὐδείελος, ἐϋκτιμένη, κραναή, παιπαλόεσσα, πίων δῆμος, τρηχεῖα, ὑπονηΐος). The island home of Odysseus, containing the mountain Neritum (Νήϊον) B 632, Γ 201 : α 18, β 167, γ 81 ; its condition described δ 605 ; its position ι 22 ; λ 111, ν 97 ; its features pointed out by Athene to O. ν 344 ; ξ 98, ο 36, π 419, ρ 250, τ 399, υ 340, φ 18, χ 30, ψ 176, ω 104, etc.—'Ιθάκης πόλις (ἄστυ) κ 416, σ 2, χ 223.—πόλις alone α 185, ο 37, ω 205, etc.— ἄστυ alone β 77, ρ 25, χ 77, etc.—Associated

with Doulichium, Same and Zacynthus α 247, ι 21, π 124, 251, τ 132.—'Ιθάκηνδε [-δε], to I. α 163, λ 361, ο 157, π 322.—See also 'Αρέθουσα, Κόρακος πέτρη.

'Ιθακήσιος. Adj. fr. prec., Ithacan B 184 : β 246, χ 45.—In pl., the Ithacans β 25, 161, 229, ο 520, ω 354, 443, 454, 531.

"Ιθακος. With Neritus and Polyctor² constructed a fountain above the city of Ithaca ρ 207.

'Ιθώμη (κλωμακόεσσα). A town of Thessaly. Its men led by Podaleirius and Machaon B 729.

'Ικάριος¹ πόντος (ῑ). A part of the Aegean s. of Icaria and Samos, said to be named from Icarus, son of Daedalus, who fell into it from the air B 145.

'Ικάριος² (ῑ) (μεγαλήτωρ). Father of Penelope and Iphthime α 329, β 53, 133, δ 797, etc.

'Ικεταονίδης. Patr. fr. next. Of Melanippus² O 546.

'Ικετάων (ὄζος "Αρηος). Son of Laomedon and father of Melanippus² Γ 147, O 576, Υ 238.

'Ικμάλιος. Made Penelope's κλισίη τ 57.

'Ιλήϊος (ῑ). Adj. fr. an unknown 'Ιλεύς. The Ileïan plain cannot be identified Φ 558.

'Ιλιον. See "Ιλιος.

'Ιλιονεύς (ῑ) (ἀγαυός). Only son of l'horbas². S. Peneleos Ξ 489, 492, 501.

"Ιλιος (ῑ), "Ιλιον (ῑ) Ο 71 (αἰπεινή, αἰπύ, ἐρατεινή, ἐϋκτίμενον (εὖ ναιόμενον) πτολίεθρον, εὔπωλος, εὐτείχεος, ἠνεμόεσσα, ἱρή, ὀφρυόεσσα). Another name for Τροίη (1) A 71, B 113, Δ 33, H 20, Λ 196, Ξ 46, Σ 58, Ψ 64, etc. : β 18, θ 495, λ 86, ξ 71, ρ 104, ω 117, etc.—For 'Ιλιόθεν for 'Ιλιόθι as locative and 'Ιλιόφι as genit. see Lexicon.

'Ιλος¹ (ῑ). Patr. Δαρδανίδης. Son of Tros¹ and father of Laomedon. His tomb K 415, Λ 166, 372, Ω 349 ; Υ 232, 236.

'Ιλος². Patr. Μερμερίδης. A ruler of Ephyre³ represented as having command of poisons α 259.

'Ιμβασίδης. Patr. of Peiroös Δ 520.

"Ιμβριος¹ (αἰχμητής). Son of Mentor¹. From Pedaeum. Husband of Medesicaste. S. Teucrus N 171, 197.

"Ιμβριος². Adj. fr. next. Φ 43.

"Ιμβρος (παιπαλόεσσα). An island lower in height than Samothrace between S. and Troy and n.w. of Tenedos N 33, Ξ 281, Ω 78, 753.

'Ινώ (ῑ), called also Λευκοθέη (καλλίσφυρος). Daughter of Cadmus. Made immortal ε 334 ; comes to the aid of Odysseus when his raft is shattered ε 333, 461.

'Ιξίονος. Adj. fr. 'Ιξίων. (Wife) of Ixion. Of Dia (see Πειρίθοος) Ξ 317.

'Ιππασίδης¹. Patr. fr. "Ιππασος. Of Charops and Socus Λ 426, 431.

'Ιππασίδης². Patr. of Hypsenor² N 411.

'Ιππασίδης³. Patr. of Apisaon² P 348.

"Ιππασος (δαΐφρων ἱππόδαμος). Father of Charops and Socus Λ 450.

Ἱππημολγοί (ἀγαυοί). An unknown race described as living on (mare's) milk N 5.

Ἱπποδάμας T. S. Achilles Υ 401.

Ἱπποδάμεια[1] (κλυτός). Wife of Peirithoüs and mother of Polypoetes B 742.

Ἱπποδάμεια[2]. The eldest and the fairest and most skilful of the daughters of Anchises. Wife of Alcathoüs N 429.

Ἱπποδάμεια[3]. A handmaid of Penelope σ 182.

Ἱππόδαμος T. S. Odysseus Λ 335.

Ἱππόθοος[1] T (φαίδιμος). Son of Lethus. A leader of the Pelasgians (1) B 840, 842 ; P 217 ; tries to drag off the body of Patroclus P 289 ; s. Aias[1] P 293 ; P 313, 318.

Ἱππόθοος[2]. A son of Priam (his mother not named) Ω 251.

Ἱπποκόων (ἐσθλός). Cousin of Rhesus[1] K 518.

Ἱππόλοχος[1]. Son of Bellerophon, grandson of Glaucus[1] and father of Glaucus[2] Z 119, 144, 197, 206, H 13, M 309, 387, P 140.

Ἱππόλοχος[2] T (μενεχάρμης). Son of Antimachus. With his brother Peisandrus[1] s. Agamemnon Λ 122, 145.

Ἱππόμαχος T. Son of Antimachus. S. Leonteus M 189.

Ἱππόνοος G (μενεχάρμης). S. Hector Λ 303.

Ἱπποτάδης. Patr. of Aeolus κ 2, 36.

Ἱππότίων T. Father of Ascanius and Morys N 792 ; s. Meriones Ξ 514.

Ἱρή (ποιήεσσα). A town of Pylus I 150, 292.

Ἶρις (ἀελλόπος, θεά, (πόδας) ὠκέα, ποδήνεμος, ταχεία, χρυσόπτερος). The messenger of the gods. Comes to the Trojans from Zeus B 786 ; calls Helen to the walls Γ 121 ; leads Aphrodite from the fray E 353 ; sent by Zeus to stop Here and Athene Θ 398 ; sent by him to encourage Hector Λ 185 ; summoned by him O 55, and sent to cause Poseidon to retire 157 ; sent by Here to Achilles Σ 166 ; summons the winds to the pyre of Patroclus Ψ 198 ; summons Thetis to Zeus Ω 77 ; sent by Zeus to Priam Ω 143 ; etc.

Ἶρος. App. masc. form of prec. ; the nickname of Arnaeus. A beggar employed as a messenger by the young men in Ithaca. His fight with Odysseus σ 6, 25, 38, 56, 73 (Ἶρος Ἄϊρος, that will soon be Irus no more), 75, 96, 233, 239, 333, 334, 393.

Ἴσανδρος (ῑ). Son of Bellerophon Z 197 ; killed fighting with the Solymi Z 203.

Ἴσμαρος. The town of the Cicones ι 40, 198.

Ἶσος. Bastard son of Priam Λ 101. See Ἀντιφος[3].

Ἱστίαια (πολυστάφυλος). A town of Euboea B 537.

Ἴτυλος τ 522. See Πανδάρεος.

Ἰτυμονεύς (ῑ) (ἐσθλός). Patr. Ὑπειροχίδης. An Eleian slain by Nestor in his youth Λ 672.

Ἴτων (μήτηρ μήλων). A town in the realm of Protesilaus B 696.

Ἰφεύς (ῑ) T. S. Patroclus Π 417.

Ἰφθίμη. Daughter of Icarius[2], sister of Penelope and wife of Eumelus. Appears to P. in a dream δ 797.

Ἰφιάνασσα (ῑ). Daughter of Agamemnon I 145, 287.

Ἰφιδάμας (ῑ) T (ἠΰς τε μέγας τε). Patr. Ἀντηνορίδης. Son of Antenor and Theano ; brought up in Thrace by his maternal grandfather Cisses and married a sister of Theano Λ 221 ; s. Agamemnon Λ 234 ; Λ 257, 261.

Ἰφικλήειος (ῑ). Adj. fr. next. βίη Ἰφικληείη = next. His oxen and Melampus λ 290, 296.

Ἴφικλος[1] (ῑ) (πολύμηλος). Patr. Φυλακίδης. Son of Phylacus[2] and father of Protesilaus and Podarces B 705, N 698.— See also prec.

Ἴφικλος[2] (ῑ). Nestor beat him in a foot-race Ψ 636.

Ἰφιμέδεια (ῑ). Wife of Aloeus and by Poseidon mother of Otus[1] and Ephialtes λ 305.

Ἰφίνοος (ῑ) G. Patr. Δεξιάδης. S. Glaucus[2] H 14.

Ἴφις (ἐϋζωνος). When Achilles took Scyrus[2] given by him to Patroclus I 667.

Ἰφιτίδης (ῑ). Patr. of Archeptolemus Θ 128.

Ἰφιτίων (ι) T. Patr. Ὀτρυντείδης. Son of Otrunteus and a naiad. S. Achilles Υ 382.

Ἴφιτος[1] (ῑ) (μεγάθυμος). Patr. Ναυβολίδης[1]. Father of Schedius[1] and Epistrophus[1] B 518, P 306.

Ἴφιτος[2] (ῑ) (ἐπιείκελος ἀθανάτοισιν). Patr. Εὐρυτίδης. Son of Eurytus[1]. Inherited his father's bow φ 32 ; met Odysseus in the house of Ortilochus[3] in Messene φ 14, when he was seeking for lost horses 22 (though his and his father's home is stated to have been in Oechalia, far from Messene (see Εὔρυτος[1])) ; gave O. his father's bow φ 31 ; s. Heracles φ 24, 37.

Καβησός. The home of Othryoneus of unknown site —Καβησόθεν [-θεν], from C. N 363.

Καδμεῖοι (κέντορες ἵππων). The Thebans (see Κάδμος) Δ 388, 391, E 807, K 288 : λ 276.

Καδμείωνες = prec. Δ 385, E 804, Ψ 680.

Κάδμος. Traditional founder of Thebes[1] (but see under Θήβαι[1]). Father of Ino and Semele ε 333.

Κάειρα. A Carian woman Δ 142.

Καινείδης. Patr. fr. next. Of Coronus B 746.

Καινεύς. Father of Coronus. A warrior of Nestor's youth A 264.

Κακοΐλιος. 'Evil Ilius.' App. formed by Penelope τ 260, 597, ψ 19.

Καλήσιος. Charioteer of Axylus. S. Diomedes Z 18.

Καλητορίδης. Patr. of Aphareus N 541.

Καλήτωρ T. Son of Clytius[1]. S. Aias[1] O 419.

Καλλιάνασσα. A Nereïd Σ 46.

Καλλιάνειρα. A Nereïd Σ 44.

Καλλίαρος. A Locrian town B 531.

Καλλικολώνη. A hill or mound on the Trojan plain of uncertain site Υ 53, 151.

Καλύδναι. A group of Aegean islands, part of the Sporades B 677.

Καλυδών (αἰπεινή, ἐραννή, πετρήεσσα). A town of Aetolia B 640 ; the scene of the strife of the Couretes and the Aetolians I 530, 531, 577 ; N 217, Ξ 116.

Καλυψώ (δεινὴ θεὰ (αὐδήεσσα), δῖα (θεάων), δολόεσσα, ἠΰκομος, ἐϋπλόκαμος, νύμφη, πότνια). Daughter of Atlas ; dwelt in the Ogygian island. Odysseus reaches her island and is detained by her there μ 448 ; a 14, δ 557, ε 14, η 245, 254, θ 452, ι 29, μ 389, ρ 143, ψ 333 ; at the bidding of Hermes sent by Zeus she dispatches him to Phaeacia ε 78, 85, 116, 180, 202, 242, 246, 258, 263, 276, 321, 372, η 260.

Κάλχας (οἰωνοπόλων ὄχ᾽ ἄριστος). Patr. Θεστορίδης[1]. The chief Greek seer. Having invoked the protection of Achilles against Agamemnon A 69, 86, declares Apollo's purpose 92, Agamemnon's reply 105 ; C.'s prophecy at Aulis B 300, 322 ; N 45, 70.

Κάμειρος (ἀργινόεις). A town of Rhodes B 656.

Καπανεύς (ἀγακλειτός, κυδάλιμος). Father of Sthenelus[1] B 564, Δ 403, E 319.

Καπανηϊάδης. Patr. fr. prec. Of Sthenelus[1] E 109.

Καπανήϊος. Adj. fr. Καπανεύς. Of Sthenelus[1] Δ 367, E 108, 241.

Κάπυς. Son of Assaracus and father of Anchises Υ 239.

Καρδαμύλη. A town of Pylus I 150, 292.

Κᾶρες Τ (βαρβαρόφωνοι). The Carians, a people of s.w. Asia Minor about the Maeander B 867, K 428.

Κάρησος. An unknown river M 20.

Κάρυστος. A town of Euboea B 539.

Κάσος. An Aegean island, one of the Sporades B 676.

Κασσάνδρη (Πριάμοιο θυγατρῶν εἶδος ἀρίστη, ἰκέλη χρυσέῃ Ἀφροδίτῃ). Daughter of Priam and Hecabe. Sought in marriage by Othryoneus N 366 ; was the first to see her father approaching with Hector's corpse Ω 699 : her murder λ 422.

Κασσιάνειρα (καλή, δέμας εἰκυῖα θεῇσιν). Married from Aesyme. Mother by Priam of Gorgythion Θ 305.

Κάστωρ[1] (ἱππόδαμος, κρατερόφρων). Son of Tyndareüs and Leda, brother of Polydeuces and Clytaemnestra and half-brother of Helen. H. misses him and his brother Polydeuces from the Greek host Γ 237.—The alternate immortality of C. and P. λ 300.

Κάστωρ[2]. Patr. Ὑλακίδης. An alleged noble of Crete said by Odysseus in his tale to Eumaeus to be his father ξ 204.

Καύκωνες. An unknown people on the Trojan side K 429, Υ 329.—(μεγάθυμοι) A people said to be in debt to Mentor[2] γ 366.

Καύστριος. A river flowing by Ephesus and into the Aegean B 461.

Κεάδης. Patr. of Troezenus B 847.

Κεβριόνης (δαΐφρων). Bastard son of Priam. Acts as chariot-driver to Hector Θ 318, Λ 521,

M 91, 92, Π 727 ; N 790 ; s. Patroclus Π 738, the fight over his body 751, 754, 756, 759, 772, 781.

Κελάδων (ὠκύροος). An unknown river, app. on the borders of Pylus and Arcadia H 133.

Κένταυροι, called also **Φῆρες** A 268, B 743 (λαχνήεντες, ὀρεσκῷοι). A savage race (but see Χείρων) app. inhabiting the regions about Pelion (B 744, Π 143, Τ 390). Contrasted with ἄνδρες φ 303. Fought with by Nestor in his youth A 268 ; through the evil acts of Eurytion punished by Peirithoüs B 743 : φ 295, 303.—In sing., of Eurytion φ 295.

Κεφαλλῆνες G (μεγάθυμοι). Etymologically the people of Cephallenia (Same). The general name of the peoples over whom Odysseus ruled B 631, Δ 330 : υ 210, ω 355, 378, 429.

Κήρινθος (ἔφαλος). A town of Euboea B 538.

Κήτειοι. A Mysian people λ 521.

Κηφισὶς λίμνη = L. Copais E 709.

Κηφῖσός (δῖος). A river of Phocis B 522, 523.

Κίκονες Τ (αἰχμηταί). A Thracian people dwelling under Mt. Ismarus B 846, P 73 : their town Ismarus raided by Odysseus ι 39, 47, 59, 66, 165, ψ 310.

Κίλικες. The inhabitants of Thebe[2] Z 397, 415.

Κίλλα (ζαθέη). Prob. at the head of the Gulf of Adramyttium A 38, 452.

Κιμμέριοι. A people dwelling in darkness on the borders of Ocean. Visited by Odysseus λ 14.

Κινύρης. Of Cyprus. His gift of a breast-plate to Agamemnon Λ 20.

Κίρκη (ἀθανάτη, Αἰαίη, δεινὴ θεὸς αὐδήεσσα, ἐϋπλόκαμος, πολυφάρμακος, πότνια). Daughter of Eëlius and Perse and sister of Aeëtes. Her island reached by Odysseus and his surviving comrades κ 135, half the force led by Eurylochus to her house 203, all but E. turned by her into swine 233, O. proceeds to the house 261, Hermes meets and instructs him 275, he is not affected by C.'s enchantments 314, his transformed comrades restored 388, he brings his other comrades from the ship 406 ; after a year C. dispatches him and his comrades to the Shades 488 ; she receives them on their return μ 16, gives directions for their further voyage 37, they leave the island 144 ; etc.

Κισσηΐς. Patr. fr. next. Of Theano Z 299.

Κισσῆς, Κισσεύς. Father of Theano and maternal grandfather of Iphidamas. Brought up I. in Thrace Λ 223.

Κλεῖτος[1] (ἀγανός). Son of Peisenor[1] and comrade of Poulydamas. S. Teucrus O 445.

Κλεῖτος[2]. Son of Mantius o 249 ; carried off by Eos o 250.

Κλεόβουλος Τ. S. Aias[2] Π 330.

Κλεοπάτρη (ἐΰζωνος, καλή). Called also Alcyone. Daughter of Ides and Marpessa and wife of Meleagrus I 556, she prevails on M. to beat off the Couretes I 590.

Κλεωναί (ἐϋκτίμεναι). A town in Agamemnon's realm B 570.

Κλονίος. A leader of the Boeotians B 495 ; s. Agenor O 340.

Κλυμένη¹ (βοῶπις). A handmaid of Helen at Troy Γ 144.

Κλυμένη². A Nereïd Σ 47.

Κλυμένη³. Wife of Phylacus² and mother of Iphiclus¹ λ 326.

Κλύμενος. Father of Eurydice γ 452.

Κλυταιμνήστρη (δῖα, δολόμητις). Daughter of Tyndareüs and Leda, sister of Castor¹ and Polydeuces, half-sister of Helen, and wife of Agamemnon. A. prefers Chryseïs to her Α 113 : her treachery to A. and his murder and the murder of Cassandra γ 266, λ 409, 422, 439, ω 199.

Κλυτίδης¹. Patr. of Dolops¹ Λ 302.

Κλυτίδης². Patr. fr. Κλυτίος². Of Peiraeus ο 540.

Κλυτίος¹. Son of Laomedon and father of Caletor Γ 147, Ο 419, 427, Υ 238.

Κλυτίος². Father of Peiraeus π 327.

Κλυτομήδης. Son of Enops². Nestor beat him at boxing Ψ 634.

Κλυτόνηος (ἀμύμων, ἀντίθεος). Son of Alcinoüs θ 119, 123.

Κλῶθες. See Lexicon.

Κνωσός (εὐρεία, μεγάλη πόλις). The chief town of Crete B 646 ; Ariadne's dancing-floor there Σ 591 : the seat of Minos τ 178.

Κοίρανος¹ Τ. S. Odysseus E 677.

Κοίρανος². Chariot-driver to Meriones. Saves M.'s life but loses his own P 611, 614.

Κοπρεύς. Father of Periphetes². Carried orders to Heracles from Eurystheus Ο 639.

Κόρακος πέτρη. A rock in Ithaca near the dwelling of Eumaeus and the spring Arethousa ν 408.

Κόρινθος (ἀφνειός). Corinth. In Agamemnon's realm B 570.—Κορινθόθι [-θι], at C. N 664.

Κορώνεια. A Boeotian town B 503.

Κόρωνος (ὑπέρθυμος). Patr. Καινεΐδης. Son of Caeneus and father of Leonteus B 746.

Κουρῆτες. A people, app. neighbours of the Aetolians. They joined with them in hunting the Calydonian boar, but strife arose over the division of the spoils I 529, 532, 549, 551, 589.

Κόων Τ (ἀριδείκετος ἀνδρῶν). Patr. Ἀντηνορίδης. Son of Antenor. Avenging his brother Iphidamas wounds Agamemnon Λ 248, Τ 53 ; s. Λ 256.

Κρανάη. An island not identified Γ 445.

Κράπαθος. Later Κάρπαθος, an Aegean island, one of the Sporades B 676.

Κράταιΐς. Mother of Scylla μ 124.

Κρειοντιάδης. Patr. fr. next. Of Lycomedes Τ 240.

Κρείων¹. Father of Lycomedes I 84.

Κρείων² (ὑπέρθυμος). King of Thebes¹ (not the same as the kinsman of Oedipus) and father of Megare λ 269.

Κρηθεύς. Patr. Αἰολίδης. Husband of Tyro

and father of Aeson, Phēres and Amythaon λ 237, 258.

Κρήθων. Son of Diocles. With his brother Ortilochus⁴ s. Aeneas E 542, 549.

Κρῆτες G. The Cretans B 645, Γ 230, 231, Δ 251, 265, Ν 219, 221, 255, 259, 274, 311, Ψ 450, 482 : ξ 205, 234, 382.

Κρήτη, Κρῆται ξ 199, π 62 (ἑκατόμπολις, εὐρεία, καλή, περίρρυτος, πίειρα). Crete B 649 ; the realm of Minos Ν 450, 453 : γ 191, 291, λ 323 ; in Odysseus's tale to Athene ν 256, 260 ; in his tale to Eumaeus ξ 199, 252, 300, 301, π 62, ρ 523 ; in his tale to Penelope τ 172, 338.—Κρήτηνδε [-δε], to C. τ 186.—Κρήτηθεν [-θεν], from C. Γ 233.

Κρῖσα (ζαθέη). A town of Phocis B 520.

Κροῖσμος γ 523.

Κροκύλεια. App. a town of Ithaca B 633.

Κρονίδης = next. Of Zeus Α 498, B 111, Δ 166, E 419, Z 234, etc. : α 45, 81, ι 552, ν 25, ω 473, 539, 544.

Κρονίων. Genit. Κρονίονος Ξ 247 : λ 620. Κρονίωνος Φ 184, 230 : θ 289. Dat. Κρονίωνι Α 397, B 102, etc. Acc. Κρονίωνα Α 502, B 350, etc. : ξ 406, ω 472. Patr. of next. Of Zeus Α 528, B 419, E 753, Z 267, H 194, Θ 175, etc. : α 386, γ 88, δ 207, κ 21, etc.

Κρόνος (ἀγκυλομήτης, μέγας). A Titan, son of Uranus and Ge, and by Rhea father of Zeus, Hades, Poseidon, Here and Demeter B 205, Δ 59 ; in Tartarus Θ 479, Ξ 203, 274, Ο 225 ; his sons enumerated Ο 187; etc. : φ 415.

Κρουνοί, Χαλκίς³. Places passed by Telemachus on his return from Pylus ο 295.

Κρῶμνα. A Paphlagonian town B 855.

Κτέατος. See Ἀκτορίων, Μολίων². Son (with Eurytus²) of Poseidon (Λ 751). Father of Amphimachus¹ B 621, N 185 ; in Nestor's tale of the fighting between the Pylians and the Epeians Λ 709, 750 ; at the funeral games of Amarynceus Ψ 638.

Κτήσιος (ἐπιείκελος ἀθανάτοισιν). Patr. Ὀρμενίδης. Named as ruler of the island Syria and father of Eumaeus ο 414.

Κτήσιππος (ἀθεμίστια εἰδώς, φιλοκέρτομος). Patr. Πολυθερσείδης. A suitor. Dwelt in Same υ 288 ; throws an ox's foot at the disguised Odysseus υ 292, 303; 304 ; wounds Eumaeus χ 279, s. Philoetius 285.

Κτιμένη (ἰφθίμη, τανύπεπλος). Daughter of Laërtes and Anticleia and sister of Odysseus ο 363.

Κύδωνες. A people represented by Menelaüs as dwelling by the Iardanus² γ 292 ; in Odysseus's tale to Penelope one of the five divisions of the inhabitants of Crete τ 176.

Κυθέρεια. See Ἀφροδίτη.

Κύθηρα, τά (ζάθεα). An island off the s.e. extremity of the Peloponnesus Ο 432 : ι 81.— Κυθηρόθεν [-θεν], from C. Ο 438.

Κυθήριος. Adj. fr. prec. Κ 268, Ο 431.

Κύκλωπες (ἀθέμιστοι, ὑπερηνορέοντες, ὑπερφίαλοι). A gigantic and savage race, represented (η 206) as being with the giants near the gods. Their manners described ι 106 ; an island off their land described ι 116 ; Odysseus lands on the island ι 142 ; goes in his ship to visit the Cyclopes ι 177 ; etc.—See further under Πολύφημος¹.

Κυλλήνη (ὅρος αἰπύ). A mountain of n. Arcadia, sacred to Hermes B 603.

Κυλλήνιος¹. Adj. fr. prec. Of Hermes ω 1.

Κυλλήνιος². Adj. fr. Κυλλήνη, a town of Elis O 518.

Κῡμοδόκη, Κῡμοθόη. Nereïds Σ 39, 41.

Κῦνος. A Locrian town B 531.

Κυπαρισσήεις. A town of Pylus B 593.

Κυπάρισσος. A town of Phocis B 519.

Κύπρις. App. fr. next. See Ἀφροδίτη.

Κύπρος. Cyprus. Visited by Menelaüs δ 83 ; its town Paphos a seat of Aphrodite θ 362 ; its king Dmetor (according to Odysseus) ρ 442, 443 ; ρ 448.—Κύπρονδε [-δε], to (i.e. from as far as) C. Λ 21.

Κύτωρος. A Paphlagonian town B 853.

Κύφος. A town of the Peraebians B 748.

Κώκυτος, Πυριφλεγέθων. Rivers of the underworld flowing into the Acheron, the A. being a tributary of the Styx κ 513, 514.

Κῶπαι. A Boeotian town B 502.

Κῶς (εὖ ναιομένη). An Aegean island, one of the Sporades B 677.—Κόωνδε [-δε], to C. Ξ 255 =O 28.

Λάας. A town in the realm of Menelaüs B 585.

Λαέρκης¹. Patr. Αἱμονίδης². Father of Alcimedon Π 197, P 467.

Λαέρκης². A goldsmith at Pylus γ 425.

Λαέρτης (μεγαλήτωρ, πεπνυμένος). Only son of Arceisius, husband of Anticleia and father of Odysseus and Ctimene α 189, β 99, δ 111, θ 18, ξ 9, ο 353 ; his parentage and offspring π 118 ; χ 185 ; Odysseus tries him ω 226, he slays Eupeithes 520 ; etc.

Λαερτιάδης. Patr. fr. prec. Of Odysseus B 173, Γ 200, Δ 358, T 185, etc. : ε 203, ι 19, μ 378, π 104, σ 348, χ 339, etc.

Λαιστρῡγονίη. Fem. adj.=next κ 82, ψ 318.

Λαιστρῡγών. Of or pertaining to the Laestrygonians, a gigantic and savage race visited by Odysseus. Of their king κ 106, 199.—In pl., the Laestrygonians (ἴφθιμοι) κ 119.—All O.'s ships but his own destroyed by them κ 121.

Λακεδαίμων (δῖα, ἐρατεινή, εὐρύχορος, κητώεσσα, κοίλη). (1) The realm of Menelaüs in general B 581, Γ 239, 244, 443 : δ 1, φ 13.—(2) The chief city (Sparta) Γ 387 : γ 326, δ 313, 702, ε 20, ν 414, 440, ο 1, ρ 121.

Λάμος. See Ἀντιφάτης².

Λαμπετίδης. Patr. fr. Λάμπος¹. Of Dolops² O 526.

Λαμπετίη (νύμφη ἐϋπλόκαμος, τανύπεπλος). Daughter of Eëlius and Neaera. With Phaëthousa in charge of the oxen of the Sun μ 132, 375.

Λάμπος¹ T. Patr. Λαομεδοντιάδης. Son of Laomedon and father of Dolops² Γ 147, O 526, Υ 238.

Λάμπος² (δῖος). One of Hector's horses Θ 185.

Λάμπος³. One of the horses of the Dawn ψ 246.

Λαόγονος¹ T (θρασύς). Son of Onetor. S. Meriones Π 604.

Λαόγονος² T. Son of Bias³. S. Achilles Υ 460.

Λαοδάμας¹ (ἀγλαός). Son of Antenor. S. Aias¹ O 516.

Λαοδάμας² (ἀγαθός, ἀγαπήνωρ, ἀμύμων). Son of Alcinoüs η 170, θ 117, 119, 130, 132, 141, 153, 207, 370.

Λαοδάμεια. Daughter of Bellerophon and by Zeus mother of Sarpedon Z 197, 198 ; slain by Artemis Z 205.

Λαοδίκη¹. The fairest of the daughters of Priam and Hecabe and wife of Helicaon Γ 124, Z 252.

Λαοδίκη². Daughter of Agamemnon I 145, 287.

Λαοδόκος¹ T (κρατερὸς αἰχμητής). Patr. Ἀντηνορίδης. Son of Antenor Δ 87.

Λαόδοκος² G. P 699.

Λαοθόη (κρείουσα γυναικῶν). Daughter of Altes and mother by Priam of Lycaon² and Polydorus¹ Φ 85, X 48.

Λαομεδοντιάδης. Patr. fr. next. Of Priam Γ 250. —Of Lampus¹ O 527.

Λαομέδων (ἀγαυός, ἀγήνωρ, ἀμύμων). Son of Ilus¹ and father of Priam, Tithonus, Lampus¹, Clytius¹ and Hicetaon, also of Boucolion (bastard). His horses E 269, Ψ 348 ; wronged Heracles in a matter of horses E 640, 649 ; H 453 ; wronged Poseidon and Apollo Φ 443, 452.

Λαπίθαι (αἰχμηταί). A Thessalian race. Peirithoüs and Polypoetes of this race M 128, 181 (cf. B 743) : strife between the Lapithae and the Centaurs φ 297.

Λάρισα (ἐριβῶλαξ). Prob. a maritime town on the w. of the southern Troad B 841, P 301.

Λειώδης. See Ληώδης.

Λειώκριτος¹ G. Son of Arisbas and comrade of Lycomedes. S. Aeneas P 344.

Λειώκριτος². See Ληόκριτος.

Λεκτόν. A promontory (the s.w. termination of Mt. Ida) forming the s.w. angle of the Troad Ξ 284.

Λέλεγες T (φιλοπτόλεμοι). The inhabitants of Pedasus² K 429, Υ 96, Φ 86.

Λεοντεύς (ἀντίθεος, βροτολοιγῷ ἶσος Ἄρηϊ, κρατερός, ὄζος Ἄρηος). A Lapith. Son of Coronus and with Polypoetes leader of the men of Argissa, etc. B 745 ; his defence with P. of the wall M 130, 188 ; is third in putting the weight Ψ 837, 841.

Λεσβίς, -ίδος. Adj. fr. next. Absol., a Lesbian woman I 129, 271.

Λέσβος (ἐϋκτιμένη). The Aegean island. The island (or more prob. the town thereof) taken by

Achilles I 129, 271 ; Ω 544 : γ 169, δ 342, ρ 133.
—Λεσβόθεν [-θεν], from L. I 664.

Λευκὰς πέτρη. The White Rock by which Hermes led the shades of the suitors ω 11.

Λευκοθέη ε 334. See Ἰνώ.

Λεῦκος G. S. Antiphus³ Δ 491.

Λήδη. Wife of Tyndareüs and by him mother of Castor¹, Polydeuces and Clytaemnestra λ 298. —Also, by Zeus, mother of Helen Γ 236.

Λῆθος. Patr. Τευταμίδης. A Pelasgian, father of Hippothoüs¹ and Pylaeus B 843, P 288.

Λήϊτος. Son of Alectryon. A leader of the Boeotians B 494 ; slays Phylacus¹ Z 35 ; N 91 ; wounded by Hector P 601, 605.

Λῆμνος (ἀμιχθαλόεσσα, ἐϋκτιμένη, ἐϋκτίμενον πτολίεθρον, ἠγαθέη). The Aegean island, inhabited by the Sinties. Hephaestus's fall on to it A 593 ; Philoctetes left there B 722 ; Euneüs sends wine from it to the Greeks H 467 ; Θ 230 ; its king Thoas² Ξ 230 ; Here encounters Ὕπνος there Ξ 231, 281 ; Lycaon² sold into slavery there to Euneüs Φ 40, 46, 58, 79 ; Ω 753 : a seat of Hephaestus θ 283, 294, 301.

Λῃόκριτος, Λειώκριτος². Patr. Εὐηνορίδης. A suitor. Answers Mentor² in the assembly β 242 ; s. Telemachus χ 294.

Λητώ (Διὸς κυδρὴ παράκοιτις, ἐρικυδής, ἠΰκομος, καλλιπάρηος). Mother by Zeus of Apollo and Artemis A 9, 36, E 447, Ξ 327, Π 849, Υ 413, Υ 40, 72 ; in the Battle of the Gods Hermes declines a fight with her Φ 497, 498, 502 ; her revenge on Niobe Ω 607 : ζ 106, λ 318 ; Tityus laid violent hands on her λ 580.

Λῃώδης, Λειώδης. A suitor, son of Oenops. The suitors' seer ; abstained from evil. The first to try the bow φ 144, 168 ; appeals to Odysseus for mercy χ 310, but is slain 320.

Λιβύη. Libya, a country in the n. of Africa. Visited by Menelaüs, described δ 85 ; ξ 295.

Λικύμνιος (ὄζος Ἄρηος). Maternal uncle of Heracles, slain by Tlepolemus¹ B 663.

Λίλαια. A town of Phocis B 523.

Λιμνώρεια. A Nereïd Σ 41.

Λίνδος. A town of Rhodes B 656.

Λοκροί G. The (Epicnemidian and Opuntian) Locrians, inhabiting the coast lands facing the s. and s.w. shore of the n.w. end of Euboea B 527, 535, N 686 ; were archers N 712.

Λύκαστος (ἀργινόεις). A city of Crete B 647.

Λυκάων¹ (αἰχμητά). Father of Pandarus B 826, Δ 89, 93, E 95, 101, 169, 179, 193, 197, 229, 246, 276, 283.

Λυκάων². Patr. Πριαμίδης. Son of Priam and Laothoë and brother of Polydorus¹ Γ 333 ; Apollo takes his form in inciting Aeneas Υ 81 ; sold into slavery at Lemnos to Euneüs but ransomed by Eëtion³ Φ 40 ; Achilles comes upon him at the river and slays him Φ 35, 116, 127 ; Χ 46, Ψ 746.

Λυκηγενής. See Lexicon.

Λυκίη (ἐριβῶλαξ, εὐρεῖα, πίων). The country of the Lycians B 877, E 173, 479, 645, Z 172, 173, 188, 210, 225, M 312, 318, Π 437, 455, 514,

542, 673, 683, P 172.—Λυκίηνδε [-δε], to L. Z 168, 171.—Λυκίηθεν [-θεν], from L. E 105.

Λύκιοι T (ἀντίθεοι, ἀσπισταί, ἴφθιμοι, πύκα θωρηκταί). The Lycians, a people of s.w. Asia Minor (s.e. of the Carians) through whose territory the Xanthus² ran B 876, Δ 197, E 482 ; many slain by Odysseus E 676 ; K 430, M 315, Π 421 ; etc.

Λυκομήδης G (ἀρηΐφιλος, δῖος, κρατερός). Patr. Κρειοντιάδης. Son of Creion¹ I 84, M 366 ; slays Apisaon² P 345, 346 ; T 240.

Λυκόοργος¹, Λύκουργος (ἀνδροφόνος, κρατερός). Son of Dryas². Scattered Dionysus and his attendants Z 130, 134, his consequent fate 138.

Λυκόοργος². Slew Areïthoüs¹ H 142, 144, gave A.'s armour to Ereuthalion 148.

Λυκοφόντης T (ἀντίθεος). S. Teucrus Θ 275.

Λυκόφρων. Patr. Μαστορίδης². Son of Mastor. From Cythera, a follower of Aias¹. S. Hector O 430.

Λύκτος (ἐϋκτιμένη). A city of Crete B 647, P 611.

Λύκων T. S. Peneleos Π 335, 337.

Λυρνησσός. A town of the southern Troad perh. to be identified with the later Antandros. Taken by Achilles and its king Munes slain and Briseïs captured B 690, 691, T 60, Υ 92, 191.

Λύσανδρος T. S. Aias¹ Λ 491.

Λωτοφάγοι. The lotus-eaters. Visited by Odysseus ι 84, 91, 92, 96, ψ 311.

Μάγνητες G. The men of Magnesia described as dwelling about the Peneius and Pelion, led by Prothoüs B 756.

Μαίανδρος. A river of Asia Minor falling into the Aegean near Mycale B 869.

Μαιάς (Μαῖα). Mother by Zeus of Hermes ξ 435.

Μαιμαλίδης. Patr. of Peisandrus³ Π 194.

Μαῖρα¹. A Nereïd Σ 48.

Μαῖρα². A nymph of Artemis, slain by her for an amour with Zeus λ 326.

Μαίων (ἐπιείκελος ἀθανάτοισιν). Patr. Αἱμονίδης¹. With Polyphontes leader of the ambush at Thebes¹ against Tydeus Δ 394, the only survivor 398.

Μάκαρ. King of Lesbos Ω 544.

Μάλεια. The s.e. extremity of the Peloponnesus ι 80.—Μαλειάων γ 287, δ 514, τ 187.

Μαντινέη (ἐρατεινή). A town of Arcadia B 607.

Μάντιος (κραταιός). Son of Melampus and father of Polypheides and Cleitus² o 242, 249.

Μαραθών. A district n.e. of Athens facing Euboea η 80.

Μάρις T (ἀκοντιστής). Son of Amisodarus and brother of Atymnius. S. Thrasymedes Π 319.

Μαρπήσση (καλλίσφυρος). Patr. Εὐηνίνη. Wife of Ides and mother of Cleopatra I 557.

Μάρων. Son of Euanthes and priest of Apollo at Ismarus. His gifts to Odysseus ι 197.

Μάσης. A town in the realm of Diomedes (Argos¹ (1)) B 562.

Μαστορίδης¹. Patr. of Halitherses β 158, ω 452.

Μαστορίδης². Patr. fr. next. Of Lycophron O 438.

Μάστωρ. Father of Lycophron O 430.

Μαχάων (ἰητὴρ ἀγαθός, ποιμὴν λαῶν). Patr. Ἀσκληπιάδης. Son of Asclepius. With his brother Podaleirius chief surgeon of the Greeks and leader of the men of Tricca, etc. B 732; summoned to attend the wounded Menelaüs Δ 193, 200; wounded by Paris Λ 506, but rescued by Nestor 512, 517, 598, 613, in Nestor's hut 618, 651, Ξ 3; Λ 833.

Μεγάδης. Patr. of Perimus Π 695.

Μεγαπένθης (κρατερός). Son of Menelaüs by a δούλη. His marriage to a daughter of Alector δ 11; ο 100, 103, 122.

Μεγάρη. Daughter of Creion² and the first wife of Heracles λ 269.

Μέγης (ἀτάλαντος Ἄρηϊ, δουρικλυτός). Patr. Φυλεΐδης. Son of Phyleus and leader of the men of Doulichium and the Echinean Islands B 627; slays Pedaeus E 69; leading the Epeians N 692; O 302; slays Croesmus O 520; O 535; slays Amphiclus II 313; T 239.

Μεδεών (ἐϋκτίμενον πτολίεθρον). A Boeotian town B 501. 23 β.

Μέδων¹ G. Bastard son of Oïleus¹ by Rhene and brother of Aias². Takes the place of Philoctetes as leader of the men of Methone, etc. B 727, N 693 (his followers here called Φθίοι); dwelt in Phylace a fugitive, having slain a kinsman of his stepmother Eriopis N 695, O 334; s. Aeneas O 332.

Μέδων² T. P 216.

Μέδων³ (πεπνυμένα εἰδώς). A herald of Odysseus left by him at home. Tells Penelope of the plot against her son's life δ 677, 696, 711, π 412; consorted with the suitors π 252; their favourite herald ρ 172; spared by Odysseus χ 357, 361; his advice to the people ω 439, 442.

Μελάμπους (μάντις ἀμύμων). Son of Amythaon and father of Antiphates³ and Mantius. As the price of the hand of Pero undertook to drive off the oxen of Iphiclus¹ λ 291, but was put in bonds by I. 292, his release 294; he drove off the oxen ο 235; while in bonds had been wronged by Neleus ο 230, avenged himself and gave Pero to his brother (who was named Bias) 236, fled to Argos¹ (1) 238, where he married 241.

Μελανεύς. Father of Amphimedon ω 103.

Μελάνθιος¹, or **Μελανθεύς**, ρ 212, υ 255, φ 176, χ 152, 159. (αἰπόλος αἰγῶν.) Odysseus's goatherd, son of Dolius². Maltreats and abuses the disguised O. ρ 212, υ 173!; ρ 247, 369, υ 255, φ 175, 176, 181, 265, χ 135; brings armour and arms to the suitors χ 142, 152, 159, 161; his punishment χ 182, 195, 474.

Μελάνθιος² T. S. Eurypylus² Z 36.

Μελανθώ (καλλιπάρῃος). An unfaithful hand-maid, daughter of Dolius². Abuses the disguised Odysseus σ 321, τ 65; rebuked by Penelope τ 89.

Μελάνιππος¹ T. S. Teucrus Θ 276.

Μελάνιππος² T (ἴφθιμος, ὑπέρθυμος). Patr. Ἰκεταονίδης. Son of Hicetaon O 547, 553; s. Antilochus O 576, 582.

Μελάνιππος³ T. S. Patroclus Π 695.

Μελάνιππος⁴ G. T 240.

Μέλας. Son of Portheus Ξ 117.

Μελέαγρος (ἀρηΐφιλος, ξανθός). Son of Oeneus and Althaea and husband of Cleopatra. Died before the Trojan war B 642; killed the Calydonian boar I 543, strife having arisen with the Couretes conceived anger against his mother and would fight no more 550, 553, persuaded by his wife beats the Couretes off 590.

Μελίβοια. A town in the realm of Philoctetes n. of the Boebean Lake B 717.

Μελίτη. A Nereïd Σ 42.

Μέμνων (ἀγλαός, δῖος). Son of Tithonus and Eos. Slew Antilochus δ 188; his beauty λ 522.

Μενέλαος (ἀγαθός, ἀγακλεής, ἀμύμων, ἄναξ, ἀντίθεος, ἀρήϊος, ἀρηΐφιλος, βοὴν ἀγαθός, διοτρεφής, δουρικλειτός, ἴφθιμος, κοσμήτωρ λαῶν, κυδάλιμος, ξανθός, ὄρχαμος λαῶν). Patr. Ἀτρεΐδης. King of Lacedaemon. Son of Atreus, brother of Agamemnon, husband of Helen and father by her of Hermione; father also of Megapenthes. His followers enumerated B 581; had often entertained Idomeneus Γ 232; fights Paris Γ 340, P. withdrawn by Aphrodite 380; M. wounded by Pandarus Δ 127, tended by Machaon 210; takes and spares Adrestus³ Z 37, but Agamemnon slays him 63; ready to accept Hector's challenge H 94, but is dissuaded 104; cannot sleep and joins Agamemnon in rousing the chiefs K 25; with Aias¹ comes to the rescue of Odysseus Λ 465; wounds Helenus¹ N 581, kills Peisandrus² 601; bestrides the corpse of Patroclus P 1, kills Euphorbus 45, retires before Hector 108, returns with Aias¹ 124, Hector retires before them 129, he shouts for help 248, Athene in the guise of Phoenix¹ urges him on 556, he kills Podes 575, dispatches Antilochus to Achilles 685, the corpse is at last rescued Σ 231; takes part in the chariot-race Ψ 293, Antilochus gains the advantage of him 417, he comes in third 514, accuses A. of foul driving 566, A. pacifies him 586; etc.: after the taking of Troy advised, opposing Agamemnon, a return home at once γ 141, sailed accordingly 157; the death of his steersman off Sounium γ 278; receives Telemachus hospitably at Sparta δ 1, tells him his adventures 333; speeds him home with gifts ο 68; etc.

Μενεσθεύς (δῖος, μεγάθυμος, πλήξιππος). Son of Peteos and leader of the Athenians B 552, Δ 327; in charge of part of the wall M 331, 373; N 195, 690, O 331.

Μενέσθης G (εἰδὼς χάρμης). With his brother Anchialus¹ s. Hector E 609.

Μενέσθιος¹ G. Son of Areïthoüs¹ and Phylomedousa. Dwelt at Arne. S. Paris H 9.

Μενέσθιος[2] (αἰολοθώρηξ). Son of the Spercheius and Polydore, nominally son of Borus[2]. A leader under Achilles Π 173.

Μενοιτιάδης. Patr. fr. next. Of Patroclus Α 307, Ι 211, Π 420, Ρ 132, Σ 93, Φ 28, Ψ 25, Ω 16 etc. : ω 77.

Μενοίτιος. Son of Actor[2] and father of Patroclus Ι 202, Λ 605 ; his charge to his son Λ 765, 771, 785 ; Λ 814, 837, Μ 1, Π 14, 278, 307, 626, 665, 827, Σ 12 ; Achilles' promise to him Σ 324 ; Σ 455, Τ 24 ; brought his son from his home in Opoeis to the house of Peleus Ψ 85.

Μέντης[1]. Leader of the Cicones. In his guise Apollo urges Hector to avenge Euphorbus Ρ 73.

Μέντης[2]. Son of Anchialus[2] and king of the Taphians. In his guise Athene appears to Telemachus α 105, 180, 418.

Μέντωρ[1] (πολύϊππος). Father of Imbrius[1] Ν 171.

Μέντωρ[2]. Patr. Ἀλκιμίδης. A comrade of Odysseus in Ithaca left in charge of O.'s house and property. His speech in the Ithacan assembly β 225 ; Athene takes his guise β 267 (urging Telemachus to go to Pylus and Sparta), 416 (accompanying T.), χ 206 (in the fight with the suitors), ω 502 (in the fight with the Ithacans) ; etc.

Μένων Τ. S. Leonteus Μ 193.

Μερμερίδης. Patr. of Ilus[2] α 259.

Μέρμερος Τ. S. Antilochus Ξ 513.

Μέροψ. Of Percote. Father of Adrestus[2] and Amphius[1] Β 831, Λ 329.

Μεσαύλιος. A servant bought by Eumaeus with his own funds from the Taphians ξ 449, 455.

Μέσθλης. Son of Talaemenes and a leader of the Maeonians (Μήονες) Β 864, Ρ 216.

Μέσση (πολυτρήρων). A town in the realm of Menelaüs Β 582.

Μεσσηΐς. A fountain in Greece of unknown site Ζ 457.

Μεσσήνη. A town (no doubt maritime) app. in the later Messenia φ 15.

Μεσσήνιοι. The men of prec. φ 18.

Μηδεσικάστη. Bastard daughter of Priam. Wife of Imbrius[1] Ν 173.

Μηθώνη. A town in the realm of Philoctetes on the e. shore of the Pagasaean Gulf Β 716.

Μηκιστεύς[1] (ἄναξ). Patr. Ταλαϊονίδης. Father of Euryalus[1] Β 566 ; he overcame all in the funeral games of Oedipus Ψ 678.

Μηκιστεύς[2]. Son of Echius[1]. Assists Alastor[1] in carrying off the wounded Teucrus Θ 333, and Hypsenor[2] Ν 422 ; s. Poulydamas Ο 339.

Μηκιστηϊάδης. Patr. fr. Μηκιστεύς[1]. Of Euryalus[1] Ζ 28.

Μηονίη (ἐρατεινή). The land of the Maeonians Γ 401, Σ 291.

Μηονίς. A Maeonian woman Δ 142.

Μήων, a Maeonian, one of a people in the basin of the Hermus and the plain of Sardis

(Ε 280)

Ε 43.—**Μήονες** Τ (ἱπποκορυσταί). The Maeonians Β 864, 866, Κ 431.

Μηριόνης (ἀγὸς ἀνδρῶν, ἀτάλαντος Ἐνυαλίῳ ἀνδρειφόντῃ, δαΐφρων, δουρικλυτός, ἐΰς, θοῷ ἀτάλαντος Ἄρηϊ, μήστωρ ἀϋτῆς, πεπνυμένος). Son of Molus and traditionally nephew of Idomeneus. ὀπάων of I. and joined with him in the leadership of the Cretans Β 651, Η 165 ; kills Phereclus Ε 59 ; accepts Hector's challenge but does not get the lot Η 166 ; kills Adamas Ν 567, and Harpalion 650, and Morys and Hippotion Ξ 514, and Acamas[1] Π 342, and Laogonus[1] Π 603, Aeneas misses him 608 ; superintends the bringing of wood for the pyre of Patroclus Ψ 113 ; takes part in the chariot-race Ψ 351, comes in fourth 528, wins the archery contest 860, receives a consolation prize for spear-throwing, the contest not taking place 884 ; etc.

Μήστωρ (ἀντίθεος). A son of Priam (his mother not named) Ω 257.

Μίδεια. A Boeotian town Β 507.

Μίλητος[1]. A city of Crete Β 647.

Μίλητος[2]. The city of the Carians near the mouth of the Maeander Β 868.

Μίμας (ἠνεμόεις). A mountain range forming a promontory off which the n. of Chios lies γ 172.

Μινύειος. Of the legendary race of the Μινύαι. Of Orchomenus[1] Β 511 : λ 284.

Μινυήϊος. A river of Nestor's realm Λ 722.

Μίνως (ἀγλαός, Διὸς θαριστής, ὀλοόφρων). King of Crete. Son of Zeus and Europa (daughter of Phoenix[2]), brother of Rhadamanthys and father of Deucalion[1], Ariadne and Phaedra Ν 450, 451, Ξ 322 : λ 322 ; judging among the Shades λ 568 ; ρ 523 ; reigned in Cnosus τ 178.

Μνῆσος Τ. A Paeonian. S. Achilles Φ 210.

Μοῖρα. See Lexicon.

Μολίων[1] (ἀντίθεος). θεράπων to Thymbraeus. S. Odysseus Λ 322.

Μολίων[2]. In form a patr. ; but see under Ἀκτορίων. Of Cteatus and Eurytus[2] Λ 709, 750.

Μόλος. Father of Meriones. Traditionally a son of Deucalion[1] and brother of Idomeneus Κ 269, Ν 249.

Μόρυς Τ. Came from Ascania, son of Hippotion Ν 792 ; s. Meriones Ξ 514.

Μούλιος[1] (αἰχμητής). Son-in-law of Augeias and husband of Agamede. Nestor slew him Λ 739.

Μούλιος[2] Τ. S. Patroclus Π 696.

Μούλιος[3] Τ. S. Achilles Υ 472.

Μούλιος[4] (Δουλιχιεύς). θεράπων of Amphinomus σ 423.

Μοῦσαι. The nine Muses ω 60. See further Μοῦσαι in Lexicon.

Μυγδών (ἀντίθεος). A leader of the Phrygians Γ 186.

Μύδων[1] Τ (ἐσθλός). Patr. Ἀτυμνιάδης. Chariot-driver of Pylaemenes. S. Antilochus Ε 580.

Μύδων[2] Τ. A Paeonian. S. Achilles Φ 209.

Μυκάλη (αἰπεινή). A promontory of Asia Minor off which the Icarian Samos lies Β 869.

Μυκαλησσός (εὐρύχορος). A Boeotian town B 498.

Μυκῆναι. See Μυκήνη[1].

Μυκηναῖος. Adj. fr. next O 638.—In pl., the Mycenaeans O 643.

Μυκήνη[1], also Μυκῆναι B 569, Δ 376 (ἐϋκτίμενον πτολίεθρον, εὐρυάγυια, πολύχρυσος). Agamemnon's capital B 569, Δ 52, 376, H 180, Λ 46 : γ 304, φ 108.—Μυκήνηθεν [-θεν], from M. I 44.

Μυκήνη[2] (ἐϋστέφανος). Said to have been the eponym of prec. Brought into comparison with Penelope β 120.

Μύνης (θεῖος, ἐγχεσίμωρος). King of Lyrnessus. Son of Euenus and brother of Epistrophus[2] B 692, T 296.

Μυρίνη (πολύσκαρθμος) B 814. Said to have been an Amazon. See Βατίεια.

Μυρμιδόνες. (1) The people of Peleus A 180, H 126, Π 15, 596, T 299, Φ 188, Ω 397, 536 : δ 9, λ 495.—(2) (ἐγχεσίμωροι, μεγαλήτορες, ταχύπωλοι, φιλοπτόλεμοι.) The followers of Achilles at Troy A 328, I 185, Λ 797, Π 12, Σ 10, T 14, Ψ 4, Ω 449, etc.—Their return γ 188.—Applied with Ἕλληνες and Ἀχαιοί to A.'s followers B 684.—Distinguished from Ἀχαιοί Π 564.

Μύρσινος. A town of Elis B 616.

Μυσοί[1] T (ἀγέρωχοι, καρτερόθυμοι). The Mysians, a people e. of the Troad, prob. having the Aesepus[1] as their w. boundary B 858, K 430, Ξ 512, Ω 278.

Μυσοί[2] (ἀγχέμαχοι). A people of the far north beyond Thrace N 5.

Νάστης (ἀγλαός). Son of Nomion and a leader of the Carians B 867, 870, 871.

Ναυβολίδης[1]. Patr. of Iphitus[1] B 518.

Ναυβολίδης[2]. Patr. of Euryalus[2] θ 116.

Ναυσίθοος (θεοειδής, μεγάθυμος). King of the Phaeacians. Son of Poseidon and Periboea[2] and father of Rhexenor and Alcinoüs. Settled his people in Scheria ζ 7 ; his parentage and progeny η 56, 62, 63 ; θ 565.

Ναυσικάα (εὔπεπλος, λευκώλενος, θεῶν ἄπο κάλλος ἔχουσα). Daughter of Alcinoüs and Arete. Her dream ζ 20 ; she takes the washing to the river ζ 81, she and her maidens play 100, when Odysseus wakens she alone does not flee 139, O.'s appeal to her 149, her reply 187, she encourages her maidens 199, she bids O. prepare to accompany her and gives him counsel and information 255, she leads him to the city 316, her return home η 2 ; her farewell to O. θ 457 ; etc.

Ναυτεύς. A Phaeacian θ 112.

Νέαιρα (δῖα). Mother by Eëlius of Phaëthousa and Lampetië μ 133.

Νεοπτόλεμος (θεοειδής). The youthful son of Achilles. Brought up in Scyros[1] T 327 : brought thence by Odysseus λ 506, his exploits at Troy 510, slays Eurypylus[3] 520 ; his marriage to Hermione[1] δ 5.

Νεστόρεος. Adj. fr. Νέστωρ B 54, Θ 113, 192.

Νεστορίδης. Patr. fr. next. Of Antilochus Z 33, O 589, Ψ 353.—Of Thrasymedes I 81.—In pl. of both II 317.—Of Peisistratus γ 36, 482, δ 71, 155, ο 6, 44, 46, 48, 166, 195, 202.

Νέστωρ (ἀντίθεος, γέρων, Γερήνιος, δῖος, ἡδυεπής, ἱππηλάτα, ἱππόδαμος, ἱππότα, λιγὺς Πυλίων ἀγορητής, μεγάθυμος, μέγα κῦδος Ἀχαιῶν, μέγας, οὖρος Ἀχαιῶν, ποιμὴν λαῶν, Πυλοιγενὴς βασιλεύς, ὑπέρθυμος). Patr. Νηλεΐδης, Νηληϊάδης. King of Pylus, son of Neleus, husband of Eurydice and father of Antilochus, Peisistratus, Echephron, Stratius, Perseus[2], Aretus[2] and Thrasymedes. Had reigned already over two generations A 247 ; intervenes in the quarrel between Achilles and Agamemnon A 254 ; Oneirus appears to Ag. in his form B 21 ; he addresses the βουλή B 77 ; visited by Ag. in his inspection Δ 293 ; reproaches the Greeks, no champion coming forward against Hector, and tells the tale of the fighting between the Pylians and the Arcadians H 123 ; advises the burning of the dead and the building of the wall H 325 ; is cut off in the fight Θ 80, but is rescued by Diomedes 99 ; advises the setting of a guard I 52 ; advises the restoration of Briseïs with gifts I 94, and the sending of the embassy 162 ; is wakened by Ag. K 73, visits the guard 180 ; carries off the wounded Machaon Λ 516 ; his appeal in his hut to Patroclus and his tale of the fighting between the Pylians and the Epeians Λ 655 ; encounters the wounded chiefs Ξ 27 ; his advice to Antilochus before the chariot-race Ψ 306, is presented by Achilles with a remaining prize 615 ; etc. : hospitably receives Telemachus at Pylus γ 31, tells him the tale of his return 102, advises him to go to Menelaus 317, dispatches him 474 ; restrained the flight of the Greeks when Thetis appeared to take part in the funeral rites of Achilles ω 50 ; etc.

Νήϊον (ὑλήεν). A mountain in Ithaca α 186.— In ι 22 v. l. for Νήριτον.—See Νήριτον.

Νηλείδης. Patr. fr. next. Of Nestor Ψ 652.

Νηλεύς (ἀγαυότατος ζωόντων, ἀμύμων, ἀντίθεος, θεόφιν μήστωρ ἀτάλαντος, κρατερὸς θεράπων Διός, μεγάθυμος). Son (λ 241) of Poseidon and Tyro, husband of Chloris and (λ 285) father of Nestor, Chromius[1], Periclymenus and Pero (in Λ 692 he is said to have had twelve sons) Λ 683, 717 : γ 4, 409, λ 254, 281 ; his requirement of Pero's suitors λ 288 ; his treatment of Melampus ο 229, 233.

Νηληϊάδης. Patr. fr. prec. Of Nestor Θ 100, K 87, 555, Λ 511, 618, Ξ 42, O 378, Ψ 303 : γ 79, 202, 247, 465.

Νηλήϊος. Adj. fr. Νηλεύς Λ 597, 682 : δ 639.— Of Nestor B 20, K 18, Ψ 349.—Of Antilochus Ψ 514.

Νημερτής. A Nereïd Σ 46.

Νηρηΐς. See Lexicon. Νηρεύς = the ἅλιος γέρων of A 556 : ω 58, and the πατὴρ γέρων and γέρων ἅλιος of Σ 36, 141.

Νήρικος (ἀκτὴ ἠπείροιο, ἐϋκτίμενον πτολίεθρον). Perh. to be identified with the place of the name mentioned in Thuc. iii. 7. 4. How Laërtes took the place ω 377.

Νήριτον (εἰνοσίφυλλον, καταειμένον ὕλῃ). A mountain in Ithaca B 632 : ι 22, ν 351.—In α 186 v.l. for Νήϊον. Νήριτον and Νήϊον seem to be the same.

Νήριτος. See Ἴθακος.

Νησαίη. A Nereïd Σ 40.

Νιόβη (ἠΰκομος). Her children slain by Apollo and Artemis and she herself turned to stone on Mt. Sipylus Ω 602, 606.

Νιρεύς. Son of Charopus and Aglaïa and leader of the men of Syme. His beauty B 671-673.

Νῖσα (ζαθέη). A Boeotian town B 508.

Νῖσος (ἄναξ, ἀφνειός, Δουλιχιεύς, ἐΰς). Patr. Ἀρητιάδης. Father of Amphinomus π 395, σ 127, 413.

Νίσυρος. An Aegean island, one of the Sporades B 676.

Νοήμων¹ T. S. Odysseus E 678.

Νοήμων². A comrade of Antilochus Ψ 612.

Νοήμων³ (φαίδιμος). An Ithacan, son of Phronius. Lent Telemachus a ship β 386, δ 630, 648.

Νομίων. Father of Nastes and Amphimachus² B 871.

Νύσήϊον (sc. ὄρος) (ἠγάθεον). Adj. fr. Νύσα, the mythical mountain sacred to Dionysus Z 133.

Ξάνθος¹. The divine name of the river of the Trojan plain w. of Troy called (Υ 74) by men Σκάμανδρος.—Zeus his father Ξ 434, Φ 2, Ω 693. (1) Ξάνθος (βαθυδινήεις, βαθυδίνης, δινήεις, εὔρρεῖος) Z 4, Θ 560 ; the ford Ξ 434, Φ 2, Ω 693 ; Υ 40, Φ 15, 146, 332, 337, 383.—(2) Σκάμανδρος (βαθυδινήεις, βαθυδίνης, δινήεις, δῖος, διοτρεφής, ἐΰρροος, ἠϊόεις) E 36 ; his priest E 77 ; E 774, H 329, Λ 499, M 21, Φ 124, 223, 305, 603 ; his springs X 148.

Ξάνθος² (δινήεις, ῥέων). A river of Lycia B 877, E 479, Z 172, M 313.

Ξάνθος³ T. Son of Phaenops¹. With his brother Thoön¹ s. Diomedes E 152.

Ξάνθος⁴. One of Hector's horses Θ 185.

Ξάνθος⁵ (πόδας αἰόλος). One of the horses of Achilles by Zephyrus out of Podarge Π 149, T 400, 405, 420.

Ὀγχηστός (ἱερός). A Boeotian town with a grove of Poseidon B 506.

Ὀδίος¹ (μέγας). A leader of the Halizonians B 856 ; s. Agamemnon E 39.

Ὀδίος². A Greek herald I 170.

Ὀδυσ(σ)εύς. Genit. Ὀδυσεῦς ω 398 (ἀγακλυτός, ἀμύμων, ἄναξ, ἀντίθεος, δαΐφρων, Διὶ μῆτιν ἀτάλαντος, δίϊφιλος, διογενής, δῖος, δόλων ἆτος ἠδὲ πόνοιο, δουρικλυτός, ἐσθλός, θεῖος, θεοῖς ἐναλίγκιος, θρασύς, Ἰθακήσιος, κλυτός, κρατερός, κυδάλιμος, μεγάθυμος, μεγαλήτωρ, ποικιλομήτης, πολύαινος, πολύμητις, πολυμήχανος, πολύτλας δῖος, πολύτροπος, πολύφρων, πτολίπορθος, πτολιπόρθιος, ταλασίφρων, τλήμων, φαίδιμος). (For the significance of the

name see τ 406.) Only son of Laërtes and Anticleia, brother of Ctimene, husband of Penelope and father of Telemachus. In command of the ship conveying Chryseïs to her father A 311, 430 ; Athene urges him to stop the flight homeward of the Greeks B 169, he deals with Thersites 244, exhorts the host 278 ; his followers enumerated B 631 ; described by Helen to Priam Γ 191 ; visited by Agamemnon in his inspection Δ 329 ; accepts Hector's challenge but does not get the lot H 168 ; neglects the disabled Nestor Θ 97 ; is one of the embassy to Achilles I 169, his speech 225, announces the result 677 ; wakened by Nestor K 137, offers to go with Diomedes to penetrate the hostile lines 231 (see further under Diomedes); comes to the help of the wounded Diomedes Λ 396, is cut off 401, after doing much execution is wounded by Socus 434, kills him 447, is rescued by Menelaüs and Aias¹ 465 ; reproves Agamemnon Ξ 83 ; advises against renewing the fight fasting T 155, 216, superintends the conveyance of the gifts to Achilles 238 ; his drawn wrestling-match with Aias¹ Ψ 708, wins the foot-race 755 ; etc. : his adventures on his way home ; the Cicones ι 39, the Lotus-eaters 82, the Cyclops 105, the island of Aeolus κ 1, the Laestrygonians (all the ships lost but his) 80, Circe's island 135, Ocean, the Cimmerians, the Shades λ 13, return to Circe's island μ 1, the Sirens 146, smoke, breakers, roaring 201, Scylla and Charybdis 223, Thrinacia, the oxen of the Sun 260, the ship wrecked by violence of the wind, himself the only survivor 403, Scylla and Charybdis again 430, reaches Calypso's island 447, Hermes comes from Zeus to bid C. let him go ε 29, he builds his raft 234, sets sail 269, Poseidon raises the sea 291, the raft shattered 313, Ino comes to his aid 333, lands in the mouth of a Phaeacian river and falls asleep 451, wakened by Nausicaa's maidens ζ 117, his appeal to N. 149, she conducts him to a point near the city 316, he proceeds to the city η 14, enters the palace of Alcinoüs 134, who receives him hospitably 167, he views the games and dancing θ 109, is taunted by Euryalus² 158, answers him 165, they are reconciled 396, 400, he throws the δίσκος θ 186, hears the lay of Demodocus 266, relates his adventures ι 39, is conveyed with gifts in a Phaeacian ship to Ithaca ν 70 ; Athene comes to him ν 221, his tale to her 256, she transforms him to a beggar 429 ; he proceeds to the hut of Eumaeus ξ 1, who receives him hospitably 48, his tale to Eu. 192, his tale of the night ambush 462 ; Telemachus appears at the hut π 11 ; Athene appears and retransforms O. π 155, O. reveals himself to his son 187, is transformed back to a beggar 454 ; with Eumaeus follows Telemachus to the city ρ 200, they encounter Melantheus 212, they reach the city 260 ; his dog Argus ρ 291 ; he follows Eumaeus into the house ρ 336, goes begging round the suitors 365, his tale to Antinoüs 415, A. throws a foot-stool at him 462, he is summoned to Penelope 553, declines to go 561 ; his quarrel with Irus σ 1 ; abused by Melantho σ 321, Eurymachus thro·'s another foot-stool at him 394 ; with Telemachuₒ he removes the arms τ 4 ; Melantho abuses him again τ 66 ; his tale to Penelope τ 165, P. tests him 215, he tells of her husband and prophesies his return 262 ; Eurycleia ordered to wash him τ 357, she recognizes his scar 392, 467, how he got the scar 393, she is silenced 479 ; he interprets P.'s dream τ 535 ; lies down to sleep in the πρόδομος υ 1, Athene appears to him 30, Zeus gives him signs 102 ; Ctesippus throws the foot of an ox at him υ 287 ; he reveals himself to Philoetius and Eumaeus φ 193 ; asks to try the bow φ 275, Eu. gives it to him on the orders of Telemachus 359, he strings it 404 ; kills Antinoüs χ 8, Eurymachus vainly begs for mercy 45, the fight proceeds 79, Athene appears 205, slaughter of the suitors 297 ; he summons the unfaithful maids for death φ 431 ; Penelope comes to him but doubts ψ 85, her doubts resolved by his knowledge of the bed 174, he tells her of the trials that await him 264, the pair retire 289, he tells his adventures 310, he charges her with the care of the house and leaves the city 348 ; he goes to try his father ω 216, his tale to him 303, reveals himself 321, the fight with the Ithacans 520, stopped by Athene 531 ; etc.

'Οδυσήϊος. Adj. fr. prec. σ 353.

'Οθρυονεύς T. From Cabesus. Sought Cassandra in marriage, promising to expel the Greeks. S. Idomeneus N 363, 374, 772.

Οἰδιπόδης, the later Oedipus. King of Thebes[1]. His incestuous marriage with Epicaste λ 271.— His funeral games referred to Ψ 679.

'Οϊκλῆς, 'Οϊκλήης (μεγάθυμος). Son of Antiphates[3] and father of Amphiaraüs ο 243, 244.

'Οϊλεύς[1] (θεῖος, πτολίπορθος). Husband of Eriopis and father of Aias[2] ; by Rhene father of Medon[1] B 527, 727, 728, N 66, 694, 697, 701, Ξ 442, 520, O 333, 336, P 256, Ψ 473, 488, 754.

'Οϊλεύς[2] (πλήξιππος) T. With his comrade Bienor s. Agamemnon Λ 93.

'Οϊλιάδης. Patr. fr. 'Οϊλεύς[1]. Of Aias[2] M 365, N 203, 712, Ξ 446, Π 330, Ψ 759.

Οἰνείδης. Patr. fr. next. Of Tydeus E 813, K 497.

Οἰνεύς (δῖος, ἱππηλάτα, ἱππότα, μεγαλήτωρ). Ruler of Calydon in Aetolia, son of Portheus, husband of Althaea, father of Tydeus and Meleagrus, and grandfather of Diomedes B 641 ; entertained Bellerophon Z 216, 219 ; the Calydonian boar I 535, 540, 543, 581 ; Ξ 117.

Οἰνόμαος[1] G. S. Hector E 706.

Οἰνόμαος[2] T. M 140 ; s. Idomeneus N 506.

Οἰνοπίδης. Patr. of Helenus[2] E 707.

Οἶνοψ. Father of Leodes φ 144.

Οἴτυλος. A town in the realm of Menelaüs B 585.

Οἰχαλιεύς. Adj. fr. next, Oechalian. Of Eurytus[1] B 596, 730 ; θ 224.

Οἰχαλίη. In Thessaly, the city of Eurytus[1]. Its men led by Podaleirius and Machaon B 730. —Οἰχαλίηθεν [-θεν], from Oe. B 596.

'Ολιζών (τρηχεῖα). A town in the realm of Philoctetes at the extremity of the Magnesian Peninsula B 717.

'Ολοοσσών (λευκή). A town of Thessaly. Its men led by Polypoetes and Leonteus B 739.

'Ολυμπιάς. Fem. adj. = next B 491.

'Ολύμπιος. Adj. fr. next, Olympian A 18, E 383, Λ 218, M 275, O 131, etc. : α 27, β 68, γ 377, δ 74, 173, ζ 188, ο 523, υ 79, ψ 167.—Absol., the Olympian one, Zeus A 580, Z 282, N 58, Σ 79, X 130, Ω 140, etc. : α 60, δ 722, ψ 140.—In pl., the gods A 399, Τ 47.

"Ολυμπος, Οὔλυμπος (ἀγάννιφος, αἰγλήεις, αἰπύς, θεῶν ἕδος, μακρός, μέγας, νιφόεις, πολυδειράς, πολύπτυχος). The Thessalian Mt. Olympus, the seat of the gods A 44, Γ 407, E 360, Λ 77, N 523, Π 93, Τ 5, Ω 144, etc. : α 102, ζ 240, θ 333, λ 313, ξ 394, υ 55, etc.—Οὔλυμπόνδε [-δε], to O. A 221, Θ 12, O 133, Σ 146, Φ 438, etc. : ζ 42.

"Ονειρος (θεῖος, οὖλος). See Lexicon.

'Ονητορίδης. Patr. of Phrontis[2] γ 282.

'Ονήτωρ. Priest of the Idaean Zeus and father of Laogonus[1] Π 604.

'Οπίτης G. S. Hector Λ 301.

'Οπόεις. A Locrian town B 531, Σ 326 ; the home of Menoetius Ψ 85.

'Ορέσβιος G (αἰολομίτρης). S. Hector E 707.

'Ορέστης[1] (πλήξιππος) G. S. Hector E 705.

'Ορέστης[2] T. M 139 ; s. Leonteus M 193.

'Ορέστης[3] (δῖος, τηλεκλυτός). Patr. 'Αγαμεμνονίδης, 'Ατρείδης. Son of Agamemnon and Clytaemnestra I 142, 284 : avenged his father's murder on Aegisthus and C. α 30, 40, 298, γ 306, δ 546 ; Ag. in the Shades asks Odysseus about his fate λ 461.

'Ορθαῖος T. N 791.

"Ορθη. A town of Thessaly. Its men led by Polypoetes and Leonteus B 739.

'Ορμενίδης. Patr. of Amyntor I 448, K 266.— A sim. patr. given to Ctesius ο 414.

'Ορμένιον. A town of Thessaly, prob. lying under Pelion. Its men led by Eurypylus[2] B 734.

"Ορμενος[1] T. S. Teucrus Θ 274.

"Ορμενος[2] T. S. Polypoetes M 187.

'Ορνειαί. A town in Agamemnon's realm B 571.

'Ορσίλοχος[1] T. S. Teucrus Θ 274.

'Ορσίλοχος[2] (πόδας ὠκύς). An alleged son of Idomeneus. Odysseus in his tale to Athene says that he killed him υ 260.

'Ορτ(σ)ίλοχος[3] (δαΐφρων). Son of the Alpheius and father of Diocles E 546, 547 : γ 489, ο 187, φ 16.

'Ορτ(σ)ίλοχος[4]. Son of Diocles. With his brother Crethon s. Aeneas E 542, 549.

'Ορτυγίη. A mythical island. Orion slain

here ε 123; app. represented as to the s. of the island Syria ο 404.

Ὀρχομενός[1] (Μινύειος). A Boeotian town, the capital of the kingdom of the Minyae B 511, I 381 : λ 284, 459.

Ὀρχομενός[2] (πολύμηλος). A town of Arcadia B 605.

Ὄσσα. A mountain in Magnesia between Olympus and Pelion. See λ 315 under Πήλιον.

Ὀτρεύς. A leader of the Phrygians Γ 186.

Ὀτρυντείδης. Patr. fr. next. Of Iphition Υ 383, 389.

Ὀτρυντεύς (πτολίπορθος). A Maeonian. Father of Iphition by a naiad Υ 384.

Οὐκαλέγων (πεπνυμένος). A Trojan elder Γ 148.

Οὔλυμπος. See Ὄλυμπος.

Οὐρανίωνες. See Lexicon.

Οὐρανός (εὐρύς). See Lexicon.

Οὖτις = οὔ τις. Odysseus's name assumed for the Cyclops ι 366, 369, 408, 455, 460.

Ὀφελέστης[1] T. S. Teucrus Θ 274.

Ὀφελέστης[2] T. A Paeonian. S. Achilles Φ 210.

Ὀφέλτιος[1] T. S. Euryalus[1] Z 20.

Ὀφέλτιος[2] G. S. Hector Λ 302.

Ὀχήσιος. Father of Periphas[1] E 843.

Παιήων. The physician of the gods. Heals Hades E 401, and Ares 899, 900 : the Egyptians descended from him δ 232.

Παίονες T (ἀγκυλότοξοι, δολιχεγχέες, ἱπποκορυσταί). The Paeonians, a people whose territory lay on the Axius B 848, K 428, Π 287, 291, Φ 155, 205, 211.

Παιονίδης. Patr. of Agastrophus Λ 339, 368.

Παιονίη (ἐριβῶλαξ, ἐριβῶλος). The land of the Paeonians P 350, Φ 154.

Παισός. See Ἀπαισός.

Παλλάς. See Ἀθηναίη.

Πάλμυς T. N 792.

Πάμμων. A son of Priam (his mother not named) Ω 250.

Παναχαιοί. All the Achaeans, the Achaeans in gen. (see Ἀχαιός (2) (b)) B 404, H 73, 159, 327, 385, I 301, K 1, T 193, Ψ 236 : α 239, ξ 369, ω 32.

Πανδάρεος. Father of Aëdon (the proper name does not occur), who was the wife of Zethus and mother of Itylus. A. slew I. by mistake and was subsequently changed into a nightingale (ἀηδών) τ 518; P.'s daughters carried off by a wind (their parents being destroyed), but brought up by Aphrodite υ 66.

Πάνδαρος (ἀγλαός, ἀμύμων τε κρατερός τε, ἀντίθεος). The Trojan bowman, son of Lycaon[1]. Leader of the men of Zeleia B 827 ; wounds Menelaüs Δ 88, and Diomedes E 95, 795 ; with Aeneas attacks D. E 168, 171, 246, and strikes him with his spear 280 ; s. D. E 290.

Πανδίων G. Bears Teucrus's bow M 372.

Πάνδοκος T. S. Aias[1] Λ 490.

Πανέλληνες. All the Hellenes (with extension of Ἕλληνες to the Greeks in gen.). App. hardly to be distinguished from Ἀχαιοί in the same line (see Ἀχαιός (2) (b)) B 530.

Πανθοΐδης. Patr. fr. next. Of Poulydamas N 756, Ξ 450, 454, O 446, Π 535, Σ 250.—Of Euphorbus Π 808, P 70, 81.

Πάνθοος. Genit. Πάνθου, Dat. Πάνθῳ. An elder at Troy, app. (Π 807) a Dardanian, husband of Phrontis[1] and father of Euphorbus, Poulydamas and Hyperenor Γ 146, O 522, P 9, 23, 40.

Πανοπεύς[1] (καλλίχορος, κλειτός). A town or district of Phocis B 520, P 307 : λ 581.

Πανοπεύς[2]. Father of Epeius Ψ 665.

Πανόπη. A Nereïd Σ 45.

Παρθένιος. A Paphlagonian river B 854.

Πάρις, often called Ἀλέξανδρος (βασιλεύς, δῖος, θεοειδής). Son of Priam and Hecabe. Carried off Helen from Menelaüs and was her husband at Troy. Appears in the front of the Trojans Γ 16, but retires before Menelaüs 30, reproached by Hector 38, his duel with M. 340, he is snatched away by Aphrodite and set down in his chamber 380, Helen comes to him 421 ; Hector comes to urge him to the field Z 321, he goes 503, and joins H. 514, kills Menesthius[1] H 8 ; in the assembly refuses to give up Helen H 355 ; wounds Diomedes with an arrow Λ 369, and Machaon 505, and Eurypylus[2] 581 ; kills Euchenor N 660, and Deïochus O 341 ; Hector prophesies death to Achilles at the hands of P. and Apollo X 359 ; how he flouted the goddesses Ω 28 ; etc.

Παρνησός. A mountain of Phocis under which Delphi (Πυθώ) lay. Autolycus dwelt by it τ 432, ω 332.—Παρνησόνδε [-δε], to P. τ 394, 411, 466, φ 220.

Παρρασίη. A town of Arcadia B 608.

Πᾶσιθέη. A grace beloved by Hypnos Ξ 269, promised to him by Here 276.

Πάτροκλος, -ου. Also genit. Πατροκλῆος Π 554, Ψ 670, Ψ 65, 105, 221 : λ 468, ω 16. Acc. -ῆα Λ 602, Π 125, 818, X 331. Voc. -εες Α 337, Λ 823, Π 7, 126, etc. (ἄλκιμος, ἀμύμων, διΐφιλος, διογενής, δῖος, θεόφιν μήστωρ ἀτάλαντος, ἱππεύς, ἱπποκέλευθος, μεγαλήτωρ, Πατροκλῆος λάσιον κῆρ). Patr. Μενοιτιάδης. Son of Menoetius and comrade of Achilles. Brings out Briseïs at the bidding of Achilles Α 337, 345 ; present with A. when the embassy arrives I 190 ; summoned by A. to ascertain who was the wounded man who passed with Nestor Λ 602, reaches Nestor's hut 644, on his way back encounters and succours the wounded Eurypylus[2] 807, O 390 ; delivers Nestor's appeal to A. Π 2 ; arms at the bidding of A. Π 126, and falls on the foe 257, fights with Sarpedon 427, slays him 480 ; against A.'s advice drives the foe too far Π 684, approaches the city 703, but retires before Apollo 710 ; Apollo brings about his end Π 787, he is wounded by Euphorbus 806, mortally wounded by Hector 818, prophesies H.'s death 843, dies 855 ; the fight over his body P 1 ; Achilles hears of his death Σ 15 ; his corpse is rescued Σ 231 ; the lament of Briseïs T 282 ; his spirit appears to Achilles Ψ 65, the material for the pyre collected 110, the pyre 163, the winds summoned to make it burn 192, the funeral games 262 ; how he had been brought by Menoetius to the house of Peleus Ψ 85 ; etc. : γ 110 ; in the Shades λ 468, ω 16 ; ω 77, 79.

Παφλαγόνες T (μεγάθυμοι ἀσπισταί, μεγαλήτορες). The Paphlagonians, a people of the s. shore of the Euxine between Heracleia and Cape Carambis B 851, E 577, N 656, 661.

Πάφος. In Cyprus. A seat of Aphrodite θ 363.

Πειραΐδης. Patr. of Ptolemaeus Δ 228.

Πείραιος (δουρικλυτός). Patr. Κλυτίδης². Son of Clytius². A comrade of Telemachus to whom T. committed Theoclymenus ο 539, 540, 544, ρ 55, 71, 74, 78, υ 372.

Πειρίθοος (ἐρικυδής, θεόφιν μήστωρ ἀτάλαντος, μεγάθυμος). A Lapith. Son of Zeus and Dia (see Ἰξίονιος), husband of Hippodameia¹ and father of Polypoetes B 741 ; Eurytion's disturbance at his marriage and the expulsion of the Centaurs B 742 : φ 296, 298 ; a warrior of Nestor's youth A 263 : λ 631 ; M 129, 182, Ξ 318.

Πείροος, Πείρως. Genit. Πείρεω Υ 484, T. Patr. Ἰμβρασίδης. Father of Rhigmus. A leader of the Thracians B 844 ; slays Diores¹ Δ 520, 525, s. Thoas¹ 527 ; Υ 484.

Πείσανδρος¹ T. Son of Antimachus. With his brother Hippolochus² s. Agamemnon Λ 122, 143.

Πείσανδρος² T. S. Menelaüs N 601, 606, 611.

Πείσανδρος³ (ἀρήϊος). Patr. Μαιμαλίδης. A leader under Achilles Π 193.

Πείσανδρος⁴ (ἄναξ). Patr. Πολυκτορίδης. One of the suitors. His gift to Penelope σ 299 ; s. Philoetius χ 268.

Πεισηνορίδης. Patr. of Ops α 429, β 347, υ 148.

Πεισήνωρ¹. Father of Cleitus¹ O 445.

Πεισήνωρ². An Ithacan herald β 38.

Πεισίστρατος (εὔμμελίης, ὄρχαμος ἀνδρῶν). Patr. Νεστορίδης. Son of Nestor. Greets Telemachus at Pylus γ 36 ; γ 400, 415, 454 ; accompanies T. to Sparta γ 482 ; at S. δ 1, 155 ; eager for departure T. rouses him ο 46, 48 ; ο 131, 166 ; they depart ο 182, at Pylus takes T. direct to the ship to avoid Nestor's hospitality 202.

Πελάγων¹ G (μέγας) Δ 295.

Πελάγων² T (ἴφθιμος). Comrade of Sarpedon, tended him when he was wounded E 695.

Πελασγικός. Adj. fr. next of equally disputed meaning. (1) Of Argos² B 681.—(2) Of Zeus of Dodona Π 233.

Πελασγοί. Pelasgians, a name of much disputed meaning. (1) T (ἐγχεσίμωροι) Applied to the men of Larisa B 840, 843, P 288 (in these two cases applied in sing. to Lethus). — Also (δῖοι) to a section of the Trojan allies whose

position is indicated by Dolon along with that of the Carians and others K 429.—(2) (δῖοι) In Odysseus's tale to Penelope applied to one of the five divisions of the inhabitants of Crete τ 177.

Πελίης. Son of Poseidon and Tyro. Ruler of Iaolcus λ 254, 256.—Father of Alcestis B 715.

Πελλήνη. A town in Agamemnon's realm B 574.

Πέλοψ (πλήξιππος). Son of Tantalus and father of Atreus and Thyestes. The sceptre given to him by Hermes and by him to Atreus B 104, 105.

Περαιβοί G (μενεπτόλεμοι). A people of n. Thessaly led by Gouneus B 749.

Πέργαμος (ἱερή). The citadel of Troy containing (E 446) the temple of Apollo Δ 508, E 460, Z 512, H 21, Ω 700.

Περγασίδης. Patr. of Deïcoön E 535.

Περίβοια¹. Daughter of Acessamenus and mother of Pelegon by the Axius Φ 142.

Περίβοια² (γυναικῶν εἶδος ἀρίστη). Daughter of Eurymedon³ and mother of Nausithoüs by Poseidon η 57.

Περιήρης. Father of Borus² Π 177.

Περικλύμενος (ἀγέρωχος). Son of Neleus λ 286.

Περιμήδης¹. Father of Schedius² O 515.

Περιμήδης². A comrade of Odysseus in his ship λ 23, μ 195.

Πέριμος. T. Patr. Μεγάδης. S. Patroclus Π 695.

Περίφας¹ (ἀγλαός, πελώριος). An Aetolian, son of Ochesius. S. Ares E 842, 847.

Περίφας². Patr. Ἠπυτίδης. A Trojan herald. Apollo addresses Aeneas in his form P 323.

Περιφήτης¹ T. S. Teucrus Ξ 515.

Περιφήτης² G (Μυκηναῖος). Son of Copreus. S. Hector O 638.

Περκώσιος. Adj. fr. next B 831, Z 30, Λ 329.

Περκώτη. A town of the Troad not far from the mouth of the Practius B 835, Λ 229, O 548.

Περσεύς¹ (πάντων ἀριδείκετος ἀνδρῶν). Son of Zeus by Danaë and father of Sthenelus² Ξ 320.

Περσεύς². Son of Nestor γ 414, 444.

Περσεφόνεια (ἀγαυή, ἀγνή, Διὸς θυγάτηρ, ἐπαινή). Daughter of Zeus and Demeter (it is no doubt to be understood that it was to the union in Ξ 326 that she owed her being) and wife of Hades I 457, 569 : κ 491, 494, 509, 534, 564, λ 47, 213, 217, 226, 386, 635.

Πέρση. Daughter of Oceanus and mother by Eëlius of Aeëtes and Circe κ 139.

Περσηϊάδης. Patr. fr. Περσεύς¹. Of Sthenelus² T 116, 123.

Πετεών. A Boeotian town B 500.

Πετεώς, -εῶο (διοτρεφὴς βασιλεύς). Father of Menestheus B 552, Δ 327, 338, M 331, 355, N 690.

Πήδαιος. A town, app. of the Troad, not identified N 172.

Πήδαιος T. Bastard son of Antenor. S. Meges E 69.

Πήδασος[1] (ἀμπελόεσσα). A town of Pylus I 152, 294.

Πήδασος[2] (αἰπεινή, αἰπήεσσα). A town of the southern Troad on the Satnioeis prob. to be identified with Assus opposite the northern end of Lesbos Z 35 ; taken by Achilles Υ 92 ; Φ 87.

Πήδασος[3] T. Son of Boucolion and Abarbareë. With his twin brother Aesepus[2] s. Euryalus[1] Z 21.

Πήδασος[4] (ἀμύμων). One of the horses of Achilles, taken by him at Thebe[2] Π 152. Killed by Sarpedon Π 467.

Πηλεγών (κλυτὸς ἔγχεϊ). Son of the Axius and Periboea[1] and father of Asteropaeus Φ 141, 152, 159.

Πηλεΐδης = next. Of Achilles A 146, O 64, Π 271, P 105, Σ 170, Τ 83, etc. : θ 75.

Πηλείων. Patr. fr. next. Of Achilles A 188, B 674, Θ 474, I 181, K 323, N 113, etc. : ε 310, λ 470, 551, ω 18, 23.—Πηλεΐωνάδε [-δε], to A. Ω 338.

Πηλεύς (ἀμύμων, ἄναξ, γέρων, δαΐφρων, ἱππηλάτα, ἱππότα). Patr. Αἰακίδης. King of Argos[2]. Son of Aeacus, husband of Thetis, and father of Achilles and Polydore. His charge to his son I 252, Λ 783 ; he received the fugitive Phoenix[1] I 480 ; the visit to him of Nestor and Odysseus Λ 769 ; his (and Achilles') immortal horses Π 381, 867, P 443, Ψ 278 ; Epeigeus came as a suppliant to him and Thetis Π 574 ; his armour, given by the gods Σ 84 ; his parentage Φ 189 ; he received the fugitive Patroclus Ψ 89 ; his riches and good fortune Ω 534 ; etc. : λ 478, 494, 505, ω 36.

Πηληϊάδης. Patr. fr. prec. Of Achilles A 1, 322, I 166, Π 269, 653, 686, Ω 406, 431, 448 : λ 467, 557, ω 15.

Πηλήϊος. Adj. fr. Πηλεύς. Of or pertaining to Peleus Σ 60, 441.

Πηλιάς. Adj. fr. next. Of or from Pelion. Of the spear of Achilles given to Peleus by Cheiron Π 143, Τ 277, Υ 162, X 133.

Πήλιον (εἰνοσίφυλλον). A mountain in Magnesia, s.e. of Ossa. The Centaurs driven from it by Peirithoüs B 744 (cf. φ 295-304) ; B 757 ; the spear of Achilles came thence Π 144, Τ 391 : the threat of Otus[1] and Ephialtes to pile Ossa on Olympus and P. on Ossa λ 315.

Πηνειός (ἀργυροδίνης). A river of Thessaly reaching the sea through the Vale of Tempe B 752, 753, 757.

Πηνέλεως, -εω (ἄναξ, δαΐφρων). A leader of the Boeotians B 494 ; N 92 ; slays Ilioneus Ξ 487, 489, 496 ; slays Lucon Π 335, 340 ; wounded by Poulydamas P 597.

Πηνελόπεια (ἐχέφρων, περίφρων, πολύδωρος). Daughter of Icarius[2], sister of Iphthime, wife of Odysseus and mother of Telemachus. Bids Phemius change his song a 328 ; her stratagem in the matter of the web β 94, τ 138, ω 129 ; hears of her son's departure and of the plot against him δ 675 ; appears to the suitors and rebukes Antinoüs π 409, is put off with fair words by Eurymachus 434 ; welcomes her son home ρ 36, he tells her his story 108 ; she hears the disguised Odysseus being struck ρ 492 ; summons O. ρ 508, who declines to come at that time 560 ; she appears again in the μέγαρον beautified (σ 187) by Athene σ 158, rebukes her son 215, relates to Eurymachus O.'s parting charge 250, suggests gifts 274, which are sent for 290 ; when the suitors have gone appears again τ 53, rebukes Melantho 89, converses with O. 103, bids Eurycleia wash him 357, he interprets P.'s dream 535 ; she sets down the bow, etc., for the contest φ 1 ; is summoned by Eurycleia after the destruction of the suitors ψ 1, cannot clearly recognize O. 85, to convince her he speaks of his bed 171, she recognizes him fully 205, the pair retire 289, he relates his adventures to her 310, his charge to her before leaving the city 350 ; etc.

Πηρείη. Said to have been in Thessaly. The horses of Eumelus reared there B 766.

Πηρώ (ἰφθίμη, θαῦμα βροτοῖσιν). Daughter of Neleus. Her father's requirement of her suitors λ 287.

Πιδύτης T. S. Odysseus Z 30.

Πιερίη. A district lying to the n. of the Thessalian Mt. Olympus Ξ 226 : ε 50.

Πιτθεύς. Father of Aethre Γ 144.

Πιτύεια. Prob. to be identified with Lampsacus (the modern Lampsaki) on the Hellespont B 829.

Πλαγκταί. The wandering (πλάζω) or the dashing (πλήσσω) rocks (represented also as smoking μ 202) μ 61, ψ 327.

Πλάκος (ὑλήεσσα). A mountain dominating Thebe[2] Z 396, 425, X 479.

Πλάταια. A Boeotian town B 504.

Πλευρών. A town of Aetolia B 639, N 217, Ξ 116.

Πλευρώνιος. Adj. fr. prec. Of Ancaeus[2] Ψ 635.

Πληϊάδες. The Pleiades, a cluster of stars in the constellation Taurus Σ 486 : ε 272.

Ποδαλείριος (ἰητὴρ ἀγαθός). Son of Asclepius. With his brother Machaon chief surgeon of the Greeks and leader of the men of Tricca, etc. B 732, Λ 833.

Ποδάργη. Dam of Xanthus[5] and Balius (see Ἅρπυια in Lex.) Π 150, Τ 400.

Πόδαργος[1]. One of Hector's horses Θ 185.

Πόδαργος[2]. One of Menelaüs's horses Ψ 295.

Ποδάρκης (μενεπτόλεμος, ὄζος Ἄρηος). Son of Iphiclus[1] and younger brother german of Protesilaus. On P.'s death succeeded to his leadership B 704, N 693 (his followers here called Φθίοι).

Ποδῆς T (ἀφνειός τ' ἀγαθός τε). Son of Eëtion[2] and boon companion of Hector P 575 ; s. Menelaüs P 578 ; P 590.

Ποιάντιος. (Son) of Poeas. Of Philoctetes γ 190.

Πολίτης[1] (βοὴν ἀγαθός). Son of Priam and

Hecabe. Swift of foot B 791; N 533, O 339, Ω 250.

Πολίτης[2] (ὄρχαμος ἀνδρῶν). One of the companions of Odysseus in his ship κ 224.

Πολυαιμονίδης. Patr. of Amopaon Θ 276.

Πόλυβος[1] T. Patr. 'Αντηνορίδης. Son of Antenor Λ 59.

Πόλυβος[2] (δαΐφρων). Father of Eurymachus α 399, β 177, ο 519, σ 349, φ 320, etc.

Πόλυβος[3]. Dwelt in Thebes[2]. The presents given by him and his wife Alcandra to Menelaüs and Helen δ 126.

Πόλυβος[4] (δαΐφρων). Made the ball with which the Phaeacians played θ 373.

Πόλυβος[5] (δαΐφρων). One of the suitors χ 243; s. Eumaeus χ 284.

Πολύδαμνα. Wife of the Egyptian Thon. Her gift of drugs to Helen δ 228.

Πολυδεύκης (κρατερόφρων, πὺξ ἀγαθός). Son of Tyndareüs and Leda, brother of Castor[1] and Clytaemnestra and half-brother of Helen. See under Κάστωρ[1].

Πολυδώρη (καλή). Daughter of Peleus, wife of Borus[2], and by the Spercheius mother of Menesthius[2] Π 175.

Πολύδωρος[1] (ἀντίθεος). Patr. Πριαμίδης. Son of Priam and Laothoë and brother of Lycaon[2]. S. Achilles Υ 407, 419, Φ 91; X 46.

Πολύδωρος[2]. Nestor beat him at spear-throwing Ψ 637.

Πολυθερσείδης. Patr. of Ctesippus χ 287.

Πολύϊδος[1] T. Son of Eurydamas[1]. With his brother Abas s. Diomedes E 148.

Πολύϊδος[2] (ἀγαθός, μάντις). Father of Euchenor N 663, 666.

Πολυκάστη (καλή). Nestor's youngest daughter. Washed Telemachus γ 464.

Πολυκτορίδης. Patr. of Peisandrus[4] σ 299, χ 243.

Πολύκτωρ[1] (ἀφνειός). Given as his father's name by the disguised Hermes to Priam Ω 397.

Πολύκτωρ[2]. s. Ἴθακος.

Πολυμήλη (χορῷ καλή). Daughter of Phylas and by Hermes mother of Eudorus. Afterwards wife of Echecleës Π 180.

Πολύμηλος T. Patr. 'Αργεάδης. S. Patroclus Π 417.

Πολυνείκης (ἀντίθεος). Son of Oedipodes and Epicaste. Asks the Mycenaeans for aid in attacking his brother Eteocles Δ 377.

Πολύνηος. Patr. Τεκτονίδης. Father of Amphialus θ 114.

Πολύξεινος (θεοειδής). Son of Agasthenes and a leader of the Epeians B 624.

Πολυπημονίδης. Patr. of Apheidas ω 305.

Πολυποίτης (κρατερός, μενοπτόλεμος). Son of Peirithoüs and Hippodameia[1]. With Leonteus leader of the men of Argissa, s. B 740; Z 29; his defence with L. of the wall M 129, 182; wins the prize in putting the weight Ψ 836, 844, 848.

Πολυφείδης (ὑπέρθυμος). Son of Mantius and father of Theoclymenus ο 249, 256; succeeded

Amphiaraüs in his seership ο 252; fled to Hyperesia ο 254.

Πολύφημος[1], also called simply **Κύκλωψ** (ἄγριος, ἀθεμίστια εἰδώς, ἀνδροφάγος, ἀντίθεος, κρατερός, μεγαλήτωρ, μένος ἄσχετος, πέλωρ). One of the Cyclopes (q.v.), son of Poseidon and Thoösa (α 71). Had only one eye (ι 333, 383, 397). Odysseus visits his cave in his absence ι 216; his cave and flocks described ι 218; he returns to the cave and finds O. and his companions there ι 233; his greeting and subsequent barbarous behaviour ι 252; is blinded ι 371; O. and his surviving companions escape him ι 424; he prays to Poseidon for vengeance ι 528; etc.

Πολύφημος[2] (ἀντίθεος). A warrior of Nestor's youth A 264.

Πολυφήτης T (ἀντίθεος). N 791.

Πολυφόντης (μενοπτόλεμος). Son of Autophonus. With Maeon leader of the ambush at Thebes[1] against Tydeus Δ 395.

Ποντεύς. A Phaeacian θ 113.

Ποντόνοος. θεράπων of Alcinoüs η 179, 182, θ 65, ν 50, 53.

Πορθεύς. Father of Agrius, Melas and Oeneus, and grandfather of Tydeus and Meleagrus Ξ 115.

Ποσειδάων (ἄναξ, γαιήοχος, ἐννοσίγαιος, γαιήοχος ἐ., κλυτὸς ἐ., ἐνοσίχθων, κρείων ἐ., εὐρυσθενής, κυανοχαίτης). Son of Cronus and Rhea, and brother of Zeus, Hades, Here and Demeter. Father (1) by Iphimedeia of Otus[1] and Ephialtes; (2) by Periboea[2] of Nausithoüs; (3) by Tyro of Neleus and Pëlias; (4) by Thoösa of Polyphemus[1], and (5) of Cteatus and Eurytus[2]. By lot (O 187, 190) got the sea as his realm. With Here and Athene tried to put Zeus in bonds A 399; complains to Z. of the building of the Greek wall H 445, with Apollo subsequently destroys the wall M 17, 34; proceeds from Samothrace to the ships N 10, and encourages the Greeks 43, retires by order of Zeus O 218; in the Battle of the Gods challenges Apollo Φ 436, who declines 461; etc.: his bitterness against Odysseus on account of his son Polyphemus[1] α 20, 68; Telemachus finds the Pylians sacrificing to him γ 4; destroys Aias[2] on the Gyraean rock δ 502; raises the sea against Odysseus on his passage to Phaeacia ε 291, η 271; in the tale of Demodocus releases Ares θ 344; lay with Tyro in the Enipeus λ 241; lay with Iphimedeia λ 305; turns the Phaeacian ship to stone ν 159; etc.

Ποσιδήϊος. Adj. fr. prec. B 506.—In neut. Ποσιδήϊον, a temple of P. ζ 266.

Πουλυδάμας (ἀγαπήνωρ, ἀγαυός, ἀμώμητος, ἀμύμων, ἐγχέσπαλος, μεγάθυμος, πεπνυμένος). Patr. Πανθοΐδης. Son of Panthoüs. Comrade of, and born in the same night with, Hector; excelled in counsel (Σ 249). Advises against attempting the ditch with chariots M 60; unsuccessfully advises H. to give up the attack M 210; advises H. to retire N 725; slays Prothoënor[2] Ξ 449; slays Mecisteus[2] O 339; slays Otus[2] O 518;

eludes the spear of Meges O 521 ; wounds Peneleos P 600 ; unsuccessfully advises H. to retire to the city Σ 249 ; etc.

Πράκτιος. A river (now Bergaz Chai) flowing into the Hellespont on the Asiatic side B 835.

Πράμνειος. Applied to a wine of unknown growth Λ 639 : κ 235.

Πριαμίδης. Patr. fr. next. Of Hector B 817, E 684, H 112, Λ 295, N 40, O 597, P 449, Υ 77, etc.—Of Paris Γ 356.—Of Antiphus³ Δ 490.—Of Helenus¹ Z 76, N 586.—Of Doryclus Λ 490.— Of Deïphobus N 157.—Of Lycaon² Υ 87.—Of Polydorus¹ Υ 408.

Πρίαμος (ἀγακλεής, ἄναξ, γέρων, δαΐφρων, διοτρεφής βασιλεύς, ἐϋμμελίης, θεοειδής, θεόφιν μήστωρ ἀτάλαντος, μεγαλήτωρ, μέγας). Patr. Δαρδανίδης, Λαομεδοντιάδης. King of Troy. Son of Laomedon, grandson of Ilus¹, and great-grandson of Tros¹, who was son of Erichthonius, who was son of Dardanus¹, who was son of Zeus. Father (1) by Hecabe of Deïphobus, Hector, Helenus¹, Laodice¹, Paris and Polites¹ ; also (though Hecabe is not here named) of Cassandra ; (2) by Castianeira of Gorgythion ; (3) by Laothoë of Lycaon² and Polydorus¹ ; (4) by unnamed mothers of Agathon, Antiphonus, Antiphus³, Chromius² and his brother Echemmon, Dius, Hippothoüs², Mestor, Pammon, and Troïlus ; and (5) of Cebriones, Democoön, Doryclus, Isus and Medesicaste, all described as bastards. At the beginning of the war had fifty sons Ω 495 (cf. Z 244), eleven of whom were by one mother, presumably by Hecabe Ω 496. Twelve daughters and their husbands lived with him Z 248. Sitting on the wall he summons Helen to point out the Greek chiefs Γ 161 ; is summoned to the plain to perform the oath-sacrifice Γ 250, returns 303 ; his palace described Z 242 ; advises sending to the Greeks to propose a truce for the burning of the dead H 368 ; his charge to the gate-keepers Φ 526 ; sees Hector in danger from Achilles X 25, and vainly beseeches him to take refuge 38 ; Iris sent by Zeus bids him go to the ships to ransom Hector's corpse Ω 171, Hecabe vainly dissuades him 201, his sons prepare his chariot 265, he departs 322, he encounters Hermes 349, he reaches the hut of Achilles 448, who receives him graciously 507, he retires to rest 643, he returns to the city with the corpse 689 ; etc. : γ 107, 130, ε 106, λ 421, 533, ν 316, ξ 241, χ 230.

Προθοήνωρ¹. A leader of the Boeotians B 495.

Προθοήνωρ² G. Son of Areïlycus¹. S. Pouly-damas Ξ 450, 471.

Πρόθοος (θοός). Son of Tenthredon and leader of the Magnetes B 756, 758.

Προθόων T. S. Teucrus Ξ 515.

Προῖτος. Husband of Anteia. (See under Βελλεροφόντης) Z 157, 160, 163, 164, 177.

Πρόκρις. Daughter of Erechtheus, king of Athens (grandson of the hero of the same name),

and wife of Cephalus. She is said to have been unwittingly killed by C. with an unerring dart given to her by Artemis. Named λ 321.

Πρόμαχος. Patr. ᾿Αλεγηνορίδης. A Boeotian. S. Acamas¹ Ξ 476, 482, 503.

Πρόνοος T. S. Patroclus Π 399.

Προτιάων. Father of Astynoüs² O 455.

Πρυμνεύς. A Phaeacian θ 112.

Πρύτανις T. S. Odysseus E 678.

Πρωρεύς. A Phaeacian θ 113.

Πρωτεσίλαος (ἀρήϊος, μεγάθυμος). Son of Iphiclus¹ and elder brother german of Podarces. Leader of the men of various towns lying about the w. coast of the Pagasaean Gulf. Was slain in landing first of the Greeks and was succeeded by Podarces B 698, 706, 708 ; the position of his ships N 681 ; fighting round his ship O 705 ; the ship set on fire Π 122, the fire extinguished 286, 293.

Πρωτεύς (Αἰγύπτιος, γέρων ἅλιος νημερτής, ἴφθιμος). The Old Man of the Sea, a servant of Poseidon and father of Eidotheë δ 365, 385 ; his transformations on being seized in Pharos by Menelaüs and his comrades δ 454, his advice to M. 471, tells of the fates of Aias² and Agamemnon 491.

Πρωτώ. A Nereïd Σ 43.

Πτελεός¹. A town of Pylus B 594.

Πτελεός² (λεχεποίης). A town of the realm of Protesilaüs B 697.

Πτολεμαῖος. Patr. Πειραΐδης. Father of Eurymedon¹ Δ 228.

Πυγμαῖοι. A supposed (dwarfish) race repre-sented as warred on by cranes Γ 6.

Πυθώ (ἠγαθέη, πετρήεσσα). A town of Phocis, later called Delphi B 519, I 405 : θ 80.—Πυθώδε [-δε], to P. λ 581.

Πυλαιμένης (ἀτάλαντος ῍Αρηϊ, Πυλαιμένεος λάσιον κῆρ). Father of Harpalion and leader of the Paphlagonians B 851 ; s. Menelaüs E 576 ; N 643. (He is represented as alive in N 658.)

Πύλαιος T. (ὄζος ῍Αρηος). Son of Lethus. A leader of the Pelasgians (1) B 842.

Πυλάρτης¹ T. S. Aias¹ Λ 491.

Πυλάρτης² T. S. Patroclus Π 696.

Πυλήνη. A town of Aetolia B 639.

Πύλιοι. The men or people of Pylus A 248, Δ 293, E 545, H 134, Λ 687, 724, 737, 753, P 704, Ψ 633 : γ 31, 59, ο 216, 227.

Πυλοιγενής. See Lexicon.

Πύλος (αἰπύ (ἐϋκτίμενον) πτολίεθρον, ἠγαθέη, ἠμαθόεις, ἱερή, Νηλήϊος). Nestor's capital and kingdom, on the w. coast of the Peloponnesus, of uncertain site A 252, 269, B 77, 591, I 153, 295, Λ 682, 689, 712, 716 : α 93, 284, β 214, 308, 326, 359, γ 4, 485, δ 599, 633, 639, 702, 713, ε 20, λ 257, 285, 459, ξ 180, ο 42, 193, 226, 236, 541, π 131, ρ 109, φ 108, ω 152, 430.—Πύλονδε [-δε], to P. Λ 760 : β 317, γ 182, δ 656, ν 274, π 24, 142, ρ 42.—Πυλόθεν [-θεν], from P. π 323.—In E 397 app. a different P. is meant.

Πύλων T. S. Polypoetes M 187.

Πυραίχμης 36 Σιμόεις

Πῡραίχμης. Leader of the Paeonians B 848 ; s. Patroclus Π 287.

Πόρασος¹ (ἀνθεμόεις). A town in the realm of Protesilaüs with a τέμενος of Demeter B 695.

Πύρασος² T. S. Aias¹ Λ 491.

Πύρις T. S. Patroclus Π 416.

Πυριφλεγέθων. See Κώκυτος.

῾Ραδάμανθυς (ἀντίθεος, ξανθός). Son of Zeus and Europa (daughter of Phoenix²) and brother of Minos Ξ 322 : in the Elysian Shades δ 564 ; the Phaeacians conveyed him to visit Tityus, app. in Euboea η 323.

῾Ρεία, ῾Ρέα. By Cronus mother of Zeus, Hades, Poseidon, Here and Demeter Ξ 203, O 187.

῾Ρείθρον. A harbour of Ithaca α 186.

῾Ρήνη. Mother by Oileus¹ of Medon¹ B 728.

῾Ρηξήνωρ (ἀντίθεος). Son of Nausithoüs, brother of Alcinoüs, and father of Arete. No male heir η 63 ; η 146.

῾Ρῆσος¹. King of the Thracians ; son of Eïoneus². His horses K 435, he and his comrades s. Diomedes and Odysseus 474, 494, 519.

῾Ρῆσος². An unknown river M 20.

῾Ρίγμος T (ἀμύμων). Son of Peiroös. S. Achilles Υ 485.

῾Ρίπη. A town of Arcadia B 606.

῾Ροδίος. An unknown river M 20.

Ρόδιοι G (ἀγέρωχοι). The Rhodians B 654.

῾Ρόδος. Rhodes B 654, 655, 667.

῾Ρύτιος (εὖ ναιετόωσα). A city of Crete B 648.

Σαγγάριος. A river flowing through Phrygia and falling into the Euxine Γ 187, Π 719.

Σαλαμίς The island home of Aias¹ B 557, H 199.

Σαλμωνεύς (ἀμύμων). Father of Tyro λ 236.

Σάμη (with v.l. Σάμος α 246, ι 24, π 249), **Σάμος²** B 634 (with v.l. Σάμη) : δ 671, 845, ο 29. Mod. Cephallenia, Cephalonia (παιπαλόεσσα). An island forming part of the realm of Odysseus B 634.—In Od. associated with Doulichium, Zacynthus and Ithaca α 246, ι 24, π 123, 249, τ 131.—The home of Ctesippus υ 288.—The channel between Ithaca and S. δ 671, 845, ο 29. —Σάμηνδε [-δε], to S. ο 367.

Σάμος¹ (ὑλήεσσα). The Thracian Samos, Samothrace Ω 78, 753.—So Σ. Θρηϊκίη N 12.

Σαρπηδών (ἀντίθεος, δῖος, χαλκοκορυστής). Son of Zeus by Laodameia (Z 199) and with Glaucus² leader of the Lycians B 876 ; reproves Hector E 471, 493 ; is wounded by Tlepolemus¹ and slays him E 629, 633, 647, 655, 658, 663, Hector neglects him 683, he is rescued by his comrades 692 ; M 101, 292, 307 ; his address to Glaucus² M 310 ; M 379, 392 ; breaks the wall M 397 ; Ξ 426 ; Zeus foretells his death O 67 ; Π 327, 419, 433, 445, 464 ; wounds the horse Pedasus⁴ Π 466 ; misses Patroclus Π 477 ; is mortally wounded by P. Π 479, appeals to Glaucus² 492,

496, dies 502 ; Π 522, 533, 541 ; the fight over his body Π 553, 559, 638, 649, it is taken by the Greeks and stripped 663, Zeus charges Apollo with his funeral rites 667, 678 ; P 150, 162 ; Achilles sets down his armour as a prize Ψ 800.

Σατνιόεις (ἐΰρρείτης). A river of the southern Troad falling into the Aegean a little north of Cape Lecton Z 34, Ξ 445, Φ 87.

Σάτνιος T. Patr. ᾽Ηνοπίδης. Son of Enops¹ and a naiad. S. Aias² Ξ 443.

Σειρῆνες (ἀδιναί, θεσπέσιαι). Mythical beings (app. from the dual (μ 52, 167) two in number) with irresistibly seductive voices. Described μ 39, 42, 44, 52, 158 ; Odysseus passes their island safely μ 167, 198, ψ 326.

Σέλαγος (πολυκτήμων πολυλήϊος). Father of Amphius² ; dwelt in Paesus E 612.

Σελήπιάδης. Patr. of Euenus B 693.

Σελλήεις¹. A river of the Troad not identified B 839, M 97.

Σελλήεις². A river in the country of the next, or according to others in Elis B 659, O 531.

Σελλοί, v.l. σ᾽ ῾Ελλοί (ἀνιπτόποδες χαμαιεῦναι). The interpreters or priests of the oracle of Zeus at Dodona Π 234.

Σεμέλη. Daughter of Cadmus and by Zeus mother of Dionysus Ξ 323, 325.

Σήσαμος. A Paphlagonian town B 853.

Σηστός. A city on the n.w. of the Hellespont, a little above Abydus on the other side B 836.

Σθενέλαος T. Son of Ithaemenes. S. Patroclus Π 586.

Σθένελος¹ (ἀγλαός). Patr. Καπανηϊάδης. Son of Capaneus and companion of Diomedes B 564 ; acting as chariot-driver to D. Δ 367, 403, E 108, 111, 241, 319, 835, Θ 114 ; drives off Aeneas's horses E 319 ; replies to Agamemnon in his inspection Δ 403, is rebuked by D. 411 ; I 48, Ψ 511.

Σθένελος². Patr. Περσηϊάδης. Son of Perseus¹ and father of Eurystheus T 116, 123.

Σίδονες. See Σιδόνιοι.

Σιδονίη, Σιδών ο 425 (εὖ ναιομένη, πολύχαλκος). A maritime city of Phoenicia ν 285, ο 425.— Σιδονίηθεν [-θεν], from S. Z 291.

Σιδόνιοι, Σίδονες Ψ 743 (πολυδαίδαλοι). The inhabitants of prec., celebrated as craftsmen Z 290, Ψ 743 : visited by Menelaüs δ 84 ; δ 618, ο 118.

Σικανίη. Perh. the country in w. Sicily inhabited by the Sicani of history ω 307.

Σικελοί. Perhaps a people on the coast of Italy opposite Ithaca and the same as the Siculi of history. App. they were slave-dealers υ 383. —In sing. of the female servant who attended to Laërtes ω 211, 366, 389.

Σικυών (εὐρύχορος). In Agamemnon's realm B 572 ; the home of Echepolus² Ψ 299.

Σιμόεις. A river of the Trojan plain n. of Troy Δ 475 ; its junction with the Scamander E 774 ; E 777, Z 4, M 22, Υ 53, Φ 307.

486

Σιμοείσιος (ἠΐθεος θαλερός). Patr. 'Ανθεμίδης. Son of Anthemion. Named from prec. (Δ 477). S. Aias¹ Δ 474, 488.

Σίντιες (ἀγριόφωνοι). The inhabitants of Lemnos Α 594 : θ 294.

Σίπυλος. A mountain of Lydia, a branch of Tmolus. Niobe turned to stone here Ω 615.

Σίσυφος (κέρδιστος ἀνδρῶν). Patr. Αἰολίδης. King of Ephyre². Father of Glaucus¹ Z 153, 154 : tormented in the Shades λ 593.

Σκαιαί πύλαι. A gate of Troy, prob. on the n.w. Γ 145, 149, Z 237, 307, 393, I 354, Λ 170, Π 712, Σ 453, X 6, 360.—Σκαιαί alone Γ 263.

Σκαμάνδριος¹ T (αἴμων θήρης). Son of Strophius. A great hunter. S. Menelaus E 49.

Σκαμάνδριος². Hector's name for Astyanax Z 402.

Σκαμάνδριος³. Adj. fr. next B 465, 467.

Σκάμανδρος. See Ξάνθος¹.

Σκάνδεια. The port of Cythera K 268.

Σκάρφη. A Locrian town B 532.

Σκύλλη (πετραίη). Daughter of Crataeïs. A destructive female monster inhabiting a high rock opposite to the rock of Charybdis. The rock described μ 73 ; S. described μ 85 ; μ 108, 125, 223, 231 ; Odysseus passes between S. and Charybdis losing six comrades to S. μ 235, 245, 261, ψ 328 ; μ 310 ; O. comes again to the rock μ 430, escapes S. 445.

Σκῦρος¹. The Aegean island. Neoptolemus brought up there T 326 : Odysseus took him thence to Troy λ 509.—Σκῦρόθεν [-θεν], from S. T 332.

Σκῦρος² (αἰπεῖα). A place (prob. not the same as prec.) taken by Achilles I 668.

Σκῶλος. A Boeotian town B 497.

Σμινθεύς. The mouse-god, identified by the Greeks with Apollo. Called ἀργυρότοξος A 37, 451. Protector of Chryse, Cilla and Tenedos A 39.

Σόλυμοι (κυδάλιμοι). App. a people inhabiting part of Lycia or a neighbouring country. Bellerophon's fight with them Z 184 ; Isandrus killed fighting with them Z 204 : Poseidon descries Odysseus from their mountains ε 283.

Σούνιον (ἱρόν). The s.e. point of Attica γ 278.

Σπάρτη (εὐρεῖα, καλλιγύναιξ). The chief city of Lacedaemon B 582, Δ 52 : α 93, β 214, 359, λ 460, ν 412.—Σπάρτηνδε [-δε], to S. α 285.— Σπάρτηθεν [-θεν], from S. β 327, δ 10.—See also Λακεδαίμων (2).

Σπειώ. A Nereïa Σ 40.

Σπερχειός (ἀκάμας, διιπετὴς ποταμός). A river flowing through Hellas into the Malian Gulf. Father by Polydore of Menesthius² Π 174, 176 ; the lock of Achilles dedicated to the river Ψ 142, 144.

Στέντωρ (μεγαλήτωρ χαλκεόφωνος). A Greek of very powerful voice E 785.

Στιχίος G. N 195, 691 ; s. Hector O 329.

Στρατίη. A town of Arcadia B 606.

Στράτιος. Son of Nestor γ 413, 439.

Στρόφιος. Father of Scamandrius¹ E 49.

Στύμφηλος. A town of Arcadia B 608.

Στύξ (ἀάατον Στυγὸς ὕδωρ, κατειβόμενον Στυγὸς ὕδωρ, ὅρκος δεινός, Στυγὸς αἰπὰ ῥέεθρα). The terrestrial Styx was a river and cataract in Arcadia (but the Titaressus is called (B 755) a branch of the Styx). The name transferred to the chief river of the underworld Θ 369 : κ 514.—The Styx invoked in oaths (with app. confusion between the upper and under rivers) B 755, Ξ 271, O 37 : ε 185.

Στύρα, τά. A town of Euboea B 539.

Σύμη. An island to the n. of Rhodes.— Σύμηθεν [-θεν], from S. B 671.

Συρίη. A mythical island, the home of Eumaeus, app. represented as to the n. of Ortygia. Described ο 403.

Σφῆλος. Patr. Βουκολίδης. Father of Iasus¹ O 338.

Σχεδίος¹. Son of Iphitus¹. With his brother Epistrophus¹ leader of the men of Phocis B 517 ; s. Hector P 306.

Σχεδίος². Son of Perimedes¹. Also described as a leader of the men of Phocis. S. Hector O 515.

Σχερίη (ἐρατεινή, ἐρίβωλος). The new home of the Phaeacians to which (ζ 8) they were brought by Nausithoüs ε 34, η 79, ν 160.

Σχοῖνος. A Boeotian town B 497.

Σῶκος T (δαΐφρων, εὐηφενής, ἱππόδαμος, ἰσόθεος φώς). Patr. 'Ιππασίδης¹. Son of Hippasus. Wounds and with his brother Charops is killed by Odysseus Λ 427, 428, 440, 450, 456.

Ταλαιμένης. By the Gygaean Lake father of Mesthles and Antiphus² B 865.

Ταλαϊονίδης. Patr. οr Mecisteus¹ B 566, Ψ 678.

Ταλθύβιος (θεῷ ἐναλίγκιος αὐδήν, θεῖος, ὀτρηρός, πεπνυμένος). A herald of Agamemnon. Sent with Eurybates¹ to bring away Briseïs A 320 ; sent to bring the Greek oath-sacrifice Γ 118 ; sent for Machaon to attend to Menelaüs Δ 192, 193 ; with Idaeus¹ stops the fight between Aias¹ and Hector H 276 ; T 196, 250, 267, Ψ 897.

Τάνταλος. Son of Zeus and father of Pelops. Tormented in the Shades λ 582.

Τάρνη (ἐριβῶλαξ). App. a town of the Maeonians (Μήονες) E 44.

Τάρταρος (βαθύς, ἠερόεις). The gulf in which the Titans were confined. Described Θ 13, 481.

Τάρφη. A Locrian town B 533.

Τάφιοι (ληΐστορες, φιλήρετμοι). The inhabitants of next, a piratical and slave-dealing race. Their king Mentes² α 105, 181, 419 ; ξ 452, ο 427, π 426.

Τάφος. The largest of a group of islands lying between the island Leucas and Acarnania α 417.

Τεγέη. A town of Arcadia B 607.

Τειρεσίας (ἄναξ, μάντις ἀλαός). The blind seer of Thebes¹. He only in the Shades had his mental powers unimpaired (κ 493). Odysseus sent to the Shades by Circe to consult him κ 490, 524, 537, 565, λ 32, 50, 89, 165, 479, ψ 323 ; he appears to O. λ 90 ; his converse with O. λ 92, 139, 151 ; O. remembers his advice μ 267, 272 ; O. relates to Penelope his advice and the troubles which he foretold ψ 248.

Τεκτονίδης. Patr. of Polyneüs θ 114.

Τέκτων. Patr. Ἀρμονίδης. Father of Phereclus E 59.

Τελαμών (ἀγανός, ἀμύμων). Father of Aias[1] and Teucrus Θ 283, N 177, P 284, 293 : λ 553.

Τελαμωνιάδης. Patr. fr. prec. Of Aias[1] Θ 224, I 623, Λ 7, N 709, O 289, P 235, Σ 193, etc. : λ 543.

Τελαμώνιος. Adj. fr. Τελαμών. (Son) of T. Of Aias[1] B 528, Δ 473, E 610, Z 5, H 224, I 644, Λ 465, M 349, N 67, Ξ 409, O 471, Π 116, P 115, Ψ 708, etc.—Of Teucrus Θ 281, N 170, O 462.

Τεμέση. Perhaps in Cyprus α 184.

Τένεδος. An Aegean island in sight of Troy A 38, 452 ; sacked by Achilles Λ 625 ; the cave between T. and Imbros where Poseidon shackled his horses N 33 : Nestor puts in there on his return from Troy γ 159.

Τενθρηδών. Father of Prothoüs B 756.

Τερπιάδης. Patr. of Phemius χ 330.

Τευθρανίδης. Patr. of Axylus Z 13.

Τεῦθρας G (ἀντίθεος). S. Hector E 705.

Τεῦκρος (ἀμύμων, ἄναξ, κοίρανος λαῶν). Son of Telamon. The Grecian bowman, app. full brother of Aias[1] (see κασίγνητος (1) (a) in Lex.) Z 31; shows his archery against the Trojans Θ 266, 273, 281, 292 ; aims at Hector Θ 300, 309 ; H. wounds him Θ 322, he is rescued by Aias[1] 330 ; M 336, 350, 363, 371, 372 ; wounds Glaucus[2] M 387, Π 511, and Sarpedon M 400 ; N 91 ; slays Imbrius[1] N 170, 182 ; N 313, Ξ 515, O 302, 437 ; aims at Hector O 458, but his string breaks 462, 466, 484 ; is beaten by Meriones in the archery contest Ψ 859, 862, 883.

Τευταμίδης. Patr. of Lethus B 843.

Τηθύς (μήτηρ). Associated with Oceanus in the rearing of Here Ξ 201, 302.

Τηλέμαχος (δαΐφρων, θεοειδής, θεοείκελος, ἱερὴ ἲς Τηλεμάχοιο, κυδάλιμος, μεγάθυμος, μεγαλήτωρ, πεπνυμένος, φαίδιμος). Only child of Odysseus and Penelope. Referred to by his father at Troy B 260, Δ 354 : in his absent father's house in Ithaca receives Athene who comes in the likeness of Mentes[2] α 113, she advises him to go to Pylus and Sparta 279 ; he calls an assembly β 1 ; prepares for the journey β 337, departs accompanied by Athene in the likeness of Mentor[2] 413 ; they reach Pylus γ 1, he addresses Nestor 79, who bids him go to Sparta 323, he departs with Peisistratus 481 ; they reach Sparta δ 1, next day he tells Menelaüs his errand 316, M. detains him hospitably 587 ; Antinoüs and companions lie in wait for him at Asteris δ 774, 842 ; Athene urges him to go home o 10, he and Peisistratus depart 182, on reaching Pylus P. goes to his home leaving T. at the ship 193 ; Theoclymenus

approaches him o 223, and is taken on board 279, they sail for Ithaca 284 ; T. lands near Eumaeus's hut to avoid the suitors and dispatches the ship to the city o 495 ; he reaches the hut and finds his disguised father there π 11, his father reveals himself 187 ; he leaves him and departs for the city ρ 1, is received by the maids and Penelope 31, disposes of Theoclymenus 71, tells his mother how he has fared 108 ; his sneeze ρ 541 ; P. reproaches him for allowing ill usage of the disguised Odysseus σ 215 ; he and O. remove the arms τ 4 ; he arranges the contest for the suitors φ 118 ; he orders Eumaeus to give the bow to O. 369 ; arms for the fight and takes his stand beside his father φ 431, kills Amphinomus χ 91, brings arms 101, kills Euryades 267, is wounded by and kills Amphimedon 277, kills Leocritus 294, saves Phemius and Medon[3] 354, carries out the slaying of the unfaithful maids 461 ; he leaves the city with his father ψ 367, his father's address to him and the fight with the Ithacans ω 506 ; etc.

Τήλεμος. Patr. Εὐρυμίδης. A seer among the Cyclopes ι 509.

Τηλέπυλος (αἰπὺ πτολίεθρον). The city of the Laestrygonians κ 82, ψ 318.

Τηλεφίδης. Patr. fr. Τήλεφος, king of the Mysians[1]. Of Eurypylus[3] λ 519.

Τηρείη. The 'steep hill' of T. may poss. have been not far from Lampsacus, the modern Lampsaki B 829.

Τηΰγετος (περιμήκετος). A mountain range w. of Sparta ζ 103.

Τιθωνός (ἀγανός). Son of Laomedon. Husband of Eos and father of Memnon Λ 1, Τ 237 : ε 1.

Τίρυνς (τειχιόεσσα). A town in the realm of Diomedes (Argos[1] (1)) B 559.

Τίτανος (Τιτάνοιο λευκὰ κάρηνα). A town of Thessaly. Its men led by Eurypylus[2] B 735.

Τιταρήσσος (in the mss. Τιταρήσιος) (ἱμερτός, καλλίρροον ὕδωρ). Now the Europus, flowing into the Peneius (in B 755 called a tributary of the Styx). The waters of the two rivers do not mingle B 751.

Τιτῆνες (ὑποταρτάριοι). The sons of Uranus and Ge, confined by Zeus in Tartarus. Here's oath by them Ξ 279.—Called Οὐρανίωνες E 898 ; also ἔνερθε θεοί Ξ 274, ἐνέρτεροι θεοί O 225.

Τιτυός (Γαιήϊος υἱός, ἐρικυδής). Son of Ge. Rhadamanthys conveyed by the Phaeacians to visit him, app. in Euboea η 324 ; laid violent hands on Leto and was tormented by vultures in the Shades λ 576.

Τληπόλεμος[1] (δουρικλυτός, ἠΰς τε μέγας τε). Patr. Ἡρακλεΐδης. Son of Heracles and Astyocheia. Leader of the Rhodians B 653, 657, 661 ; fights with Sarpedon E 628, 632, 648, and is slain 656, 660, 668.

Τληπόλεμος[2] T. Patr. Δαμαστορίδης[1]. S. Patroclus Π 416.

Τμῶλος (νιφόεις). A mountain range of Lydia s. of Sardis B 866, Τ 385.

Τρηχίς. A town of Argos[2] in Hellas, near the mouth of the Spercheius B 682.

Τρῆχος G (αἰχμητής). An Aetolian. S. Hector E 706.

Τρίκκη, Τρίκη (ἱππόβοτος). A town of Thessaly. Its men led by Podaleirius and Machaon B 729, Δ 202.

Τρῖτογένεια. See Lexicon.

Τροιζήν. A town in the realm of Diomedes (Argos[1] (1)) B 561.

Τροίζηνος (διοτρεφής). Patr. Κεάδης. Father of Euphemus B 847.

Τροίη. (1) The city of Troy (otherwise called Ἴλιος) (εὔπυργος, εὐρεῖα, εὐρυάγυια, εὐτείχεος, ὑψίπυλος, Τροίης ἱερὰ κρήδεμνα (ἱερὸν πτολίεθρον) (λιπαρὰ κρήδεμνα)) A 129, B 141, H 71, Θ 241, I 28, 46, N 433, Π 100, 698, P 155, Τ 316, Φ 375, 544, X 478, Ω 256, 494, 774 : α 2, δ 146, ε 39, λ 510, ν 137, 248, 388, ξ 469.—Τροίηνδε [-δε], to T. H 390, X 116, Ω 764.—(2) The land of Troy, the district of which Troy was the capital (ἐριβῶλαξ, ἐρίβωλος, εὐρεῖα) B 162, 178, 237, Γ 74, 257, Δ 175, E 773, Z 207, 315, 529, I 246, 329, K 28, Λ 22, 818, N 7, 233, 367, 645, Ξ 505, O 706, Π 169, 461, 515, Σ 67, 330, Τ 330, Ψ 215, Ω 86, 291, 346, 542 : α 62, 210, 327, 355, δ 6, 99, ε 307, κ 40, 332, λ 499, μ 189, ν 315, ξ 229, ο 153, σ 260, 266, ω 37.—Τροίηνδε [-δε], to T. γ 268, π 289, ρ 314, τ 8, 187.—Τροίηθεν [-θεν], from T. γ 257, 276, δ 488, ι 259, λ 160.—With ἀπό Ω 492 : ι 38.

Τρῶες (ἀγαυοί, ἀγέρωχοι, ἀγήνορες, αἰχμηταί, ἀσπισταί, ἱππόδαμοι, μεγάθυμοι, μεγαλήτορες, πύκα θωρηκταί, ὑπερηνορέοντες, ὑπέρθυμοι, ὑπερφίαλοι, φιλοπτόλεμοι, χαλκοχίτωνες). (1) The people of the city or land of Troy, the Trojans B 13, 123, 816, Γ 209, Δ 4, E 9, Z 95, H 80, K 418, Π 708, P 404, X 155, etc. : α 237, γ 85, 100, 220, δ 243, 249, 330, θ 220, 503, λ 513, ν 266, χ 36, ω 27, 31.—App. a separate clan of Trojans (the men of Zeleia) B 826.—(2) The general body fighting on the Trojan side A 152, B 15, Γ 2, Δ 21, E 27, Z 1, H 7, Θ 11, I 1, K 38, Λ 56, M 3, N 1, Ξ 15, O 6, Π 42, P 2, Σ 11, T 63, Τ 3, Φ 25, X 11, Ψ 23, etc. : γ 86, δ 254, 257, 273, 275, ε 310, θ 82, 504, 513, λ 169, 383, 532, 547, μ 190, ξ 71, 367, ρ 119, σ 261, χ 228.—So Τρώων υἷες ω 38.—(3) The Trojans proper distinguished (a) From the allies B 815, Γ 451, Z 111, 227, I 233, Λ 220, 564, M 108, N 755, P 14, 362, Σ 229.—(b) From the Dardanians Θ 154.—(c) From the Dardanians and allies Γ 456, H 348, 368, Θ 497.—(d) From the Lycians Δ 197, 207, Z 78, Λ 285, O 424, 485, Π 564, 585, 685.—(e) From the Lycians and Dardanians Θ 173, Λ 286, N 150, O 425, 486, P 184.—(f) From the Leleges Τ 96.

Τρωϊάς, Τρωάς. Fem. adj. (1) Trojan, like next (2) I 139, 281, Π 831 : ν 263.—(2) Absol. in pl., (the) Trojan women (βαθύκολποι, ἑλκεσίπεπλοι) Z 442, H 297, Σ 122, X 105, 514, Ω 215, 704.

Τρωϊκός. (1) Trojan K 11, Ψ 464.—(2) In a

sense corresponding to Τρῶες (2) Π 369, Pτ724, Φ 296.

Τρωΐλος (ἱππιοχάρμης). A son of Priam (his mother not named) Ω 257.

Τρώϊος[1], Τρῳός[1]. (1) Trojan P 127, 255, 273, Σ 179.—(2) Trojan, like Τρωϊκός (2) E 461, N 262, Π 393.—(3) Absol. in fem. pl., (the) Trojan women (εὐπλόκαμοι) Γ 384, 411, 420, Z 380, 385, Σ 339, X 57, 430, 434, 476 : δ 259.

Τρώϊος[2], Τρῳός[2]. Of Tros[1] E 222, Θ 106, Ψ 291, 378.

Τρώς[1]. Son of Erichthonius and father of Ilus[1], Assaracus and Ganymedes. His horses E 265 ; Τ 230, 231.

Τρώς[2] T. Patr. Ἀλαστορίδης. S. Achilles Τ 463.

Τῡδείδης. Patr. fr. next. Of Diomedes E 1, Z 145, H 163, Θ 99, I 53, K 109, Λ 312, Ξ 29, Π 25, T 48, Φ 396, Ψ 290, etc. : γ 181, δ 280.

Τῡδεύς (ἀγανός, Αἰτώλιος, δαΐφρων, δῖος, ἱππηλάτα, ἱππόδαμος, ἱππότα, μεγάθυμος, σακέσπαλος). Patr. Οἰνεΐδης. Son of Oeneus and Althaea, married to a daughter (Deïpyle) of Adrestus[1] and father of Diomedes. His mission to the Cadmeians Δ 384, K 285 ; described E 800 ; perished at Thebes[1] Z 222, buried there Ξ 114 ; etc. : γ 167.

Τυνδάρεος. Husband of Leda and by her father of Castor[1] and Polydeuces λ 298, 299.—And of Clytaemnestra ω 199.—Also nominal father of Helen Γ 236 (daughter of Zeus).

Τυρώ (βασίλεια γυναικῶν, εὐπατέρεια). Daughter of Salmoneus and wife of Cretheus. Brought into comparison with Penelope β 120 ; by Poseidon mother of Pelies and Neleus λ 235, 254 ; by Cretheus mother of Aeson, Phëres and Amythaon λ 235, 258.

Τυφωεύς. A monster put in bonds by Zeus in the country of the Arimoi B 782, 783.

Τυχίος. Made a shield for Aias[1] H 220.

Ὑάδες. The Hyades, a group of stars near the Pleiades Σ 486.

Ὑάμπολις. A town of Phocis B 521.

Ὕδη (πίων). App. a district of Maeonia (Μῃονίη) Τ 385.

Ὑλακίδης (ῠ). Patr. of Castor[2] ξ 204.

Ὕλη (ῠ). A Boeotian town B 500, E 708, H 221.

Ὕλλος (ἰχθυόεις). A river of Maeonia (Μῃονίη) flowing into the Hermus Τ 392.

Ὑπειροχίδης. Patr. of Itymoneus Λ 673.

Ὑπείροχος T. S. Odysseus Λ 335.

Ὑπείρων T (ποιμὴν λαῶν). S. Diomedes E 144.

Ὑπέρεια[1]. A fountain believed to have been in the town of Phërae. The people living about it led by Eurypylus[2] B 734 ; Z 457.

Ὑπέρεια[2] (εὐρύχορος). The old home of the Phaeacians, near the Cyclopes ζ 4.

Ὑπερήνωρ (ἱππόδαμος, ποιμὴν λαῶν). Son of Panthoüs. S. Menelaüs Ξ 516, P 24.

Ὑπερησίη. A town in Agamemnon's realm

Β 573.—Ὑπερησίηνδε [-δε], to H. In reference to the flight of Polypheides hither o 254.

Ὑπερῑονίδης, Ὑπερίων. See Lexicon.

Ὕπνος. See Lexicon.

Ὑποθῆβαι (ἐϋκτίμενον πτολίεθρον). A Boeotian town Β 505.

Ὑπονήϊος. Lying under Mount Neïum (Neritum). Of Ithaca γ 81.

Ὑποπλάκιος. Lying under Mount Placus. Of Thebe[2] Ζ 397.

Ὑρίη. A Boeotian town on the Euripus Β 496.

Ὑρμίνη. A town of Elis Β 616.

Ὑρτακίδης. Patr. fr. next. Of Asius[2] Β 837, 838, Μ 96, 110, 163.

Ὕρτακος. Father of Asius[2] Ν 759, 771.

Ὕρτιος. Patr. Γυρτιάδης. A leader of the Mysians[1]. S. Aias[1] Ξ 511.

Ὑψήνωρ[1] Τ (δῖος). Son of Dolopion. S. Eurypylus[2] Ε 76.

Ὑψήνωρ[2] G (ποιμὴν λαῶν). Patr. Ἱππασίδης[2]. Mortally wounded by Deïphobus Ν 411.

Ὑψιπύλη. Daughter of Thoas[2]. By Ieson mother of Euneüs Η 469.

Φαέθουσα (νύμφη ἐϋπλόκαμος). Daughter of Eëlius and Neaera. With Lampetië in charge of the oxen of the Sun μ 132.

Φαέθων. One of the horses of the Dawn ψ 246.

Φαίδιμος. King of the Sidonians. The mixing-bowl given by him to Menelaüs δ 617, o 117.

Φαίδρη. Daughter of Minos and wife of Theseus. Having calumniated her innocent stepson Hippolytus and being detected made away with herself. Named λ 321.

Φαίηκες (ἀγαυοί, ἀγχίθεοι, ἀντίθεοι, δολιχήρετμοι, μεγάθυμοι, ναυσικλυτοί, φιλήρετμοι). A people, their home called Scheria, represented (ζ 204) as being the outermost of civilized communities. Their transference from Hypereia? to Scheria ζ 3 ; their city described ζ 262 ; their ships and seamanship ζ 270, η 34, 108, θ 557, ν 76 ; their intolerance of strangers η 32 ; the skill of their women η 109 ; their skill in dancing and ball-play θ 260, 370 ; conductors home of strangers and Poseidon's threat thereanent θ 564, ν 125, he turns to stone the ship that had borne Odysseus 159 ; etc.

Φαίνοψ[1]. Father of Xanthus[3] and Thoön[1] Ε 152.

Φαίνοψ[2]. Father of Phorcys[1] Ρ 312.

Φαίνοψ[3]. Patr. Ἀσιάδης. Son of Asius[2]. Favourite guest-friend (ξεῖνος) of Hector Ρ 583.

Φαιστός (ἐϋ ναιετόωσα). A city of Crete Β 648 : part of the fleet of Menelaüs wrecked near it γ 296.

Φαῖστος Τ. Son of Borus[1]. S. Idomeneus Ε 43.

Φάλκης Τ. Ν 791 ; s. Antilochus Ξ 513.

Φᾶρις. A town in the realm of Menelaüs Β 582.

Φάρος. An island off Egypt δ 355.

Φαυσιάδης. Patr. of Apisaon[1] Λ 578.

Φεαί. No doubt the mod. Katakolo o 297.

Φειά. An unknown town, app. of Pylus or Arcadia Η 135.

Φείδας G. Ν 691.

Φείδιππος. Son of Thessalus and with his brother Antiphus[1] a leader of the men of Nisurus, Cos, etc. Β 678.

Φείδων. King of the Thesprotians ξ 316, τ 287.

Φενεός. A town of Arcadia Β 605.

Φεραί. A town of the realm of Eumelus lying w. of the Boebean Lake Β 711 : δ 798.

Φέρεκλος. Son of Tecton. A skilled craftsman ; built ships for Paris. S. Meriones Ε 59.

Φέρης. Son of Cretheus and Tyro λ 259. He was father of Admetus.

Φέρουσα. A Nereïd Σ 43.

Φηγεύς (μάχης εὖ εἰδὼς πάσης). Son of Dares. With his brother Idaeus[2] attacks Diomedes Ε 11, s. Diomedes 15.

Φήμιος (θεῖος ἀοιδός). Patr. Τερπιάδης. A bard who sang among the suitors under compulsion α 154, 337, π 252, ρ 263 ; spared by Odysseus χ 331 ; ω 439.

Φηραί[1] (ζάθεαι) A town of Pylus Ι 151, 293.

Φηραί[2], Φηρή (ἐϋκτιμένη). The home of Diocles Ε 543 : represented as a half-way stage between Pylus and Sparta γ 488, o 186.

Φῆρες. See Κένταυροι.

Φηρή. See Φηραί[2].

Φηρητιάδης. Patr. fr. Φέρης. Of Eumelus (grandson) Β 763, Ψ 376.

Φθίη. Locative Φθίηφι Τ 323 (βωτιάνειρα, ἐριβῶλαξ, ἐρίβωλος, μήτηρ μήλων). The chief part of the realm of Peleus, of undefined position and extent, lying n. of Mt. Othrys and w. of the Pagasaean Gulf Α 155, Β 683, Ι 253, 363, 395, 439, 479, 484, Λ 766, Π 13, Τ 299, 323 : λ 496.— Φθίηνδε [-δε], to Ph. Α 169, Τ 330.

Φθίοι G (μεγάθυμοι). Adj. fr. prec. Applied absol. to the followers of Medon[1] and of Podarces Ν 686, 693, 699.

Φθῖρες (ὄρος ἀκριτόφυλλον). A mountain of Caria not identified Β 868.

Φιλητορίδης. Patr. of Demouchus Υ 457.

Φιλοίτιος (ὄρχαμος ἀνδρῶν, δῖος). Odysseus's herdsman. Greets the disguised O. υ 185 ; υ 254 ; ordered to close the gate of the courtyard φ 240, closes it 388 ; slays Peisandrus[4] χ 268, and Ctesippus 285 ; χ 359.

Φιλοκτήτης (ἀγλαός, ἄναξ, τόξων ἐϋ εἰδώς). Son of Poeas (see Ποιάντιος). Leader of the men of Methone, etc., but left at Lemnos suffering from the bite of a water-snake and his place taken by Medon[1] Β 718, the Greeks destined to bring him to Troy to their aid 725 : his safe return from Troy γ 190 ; his skill in archery θ 219.

Φιλομηλείδης. App. a patr. Menelaüs tells

how on an unspecified occasion in Lesbos Odysseus overcame him in wrestling δ 343, ρ 134.

Φλέγυες or **Φλεγύαι** (μεγαλήτορες). A people represented as warred on by Ares N 302.

Φοῖβος. See Ἀπόλλων.

Φοίνικες (ἀγαυοί, ναυσίκλυτοι, πολυπαίπαλοι). The Phoenicians, a maritime and trading people, the inhabitants of next Ψ 744 : ν 272 ; carried off Eumaeus ο 415, 419, 473.—See also Σιδονίη, Σιδόνιοι.—In sing., Phoenician ξ 288.—In fem., Φοίνισσα ο 417.

Φοινίκη. Phoenicia, a country on the coast of Syria between Mt. Lebanon and the sea δ 83, ξ 291.

Φοῖνιξ[1] (ἀντίθεος, ἄττα γεραιέ, γέρων ἱππηλάτα, Διὶ φίλος, διοτρεφής, παλαιγενής). Son of Amyntor and an ancient retainer of Peleus. Chosen to lead the embassy to Achilles I 168, his speech to A. 432, tells how he fled from his father to Phthia, how Peleus received him well and how he brought up Achilles 478, he remains with A. 658 ; a leader under A. II 196 ; in his form Athene exhorts Menelaüs P 555 ; in the chariot-race set to note the running Ψ 359, etc.

Φοῖνιξ[2] (τηλεκλειτός). Father of Europa, the mother by Zeus of Minos and Rhadamanthys Ξ 321.

Φοίνισσα. See under Φοίνικες.

Φόρβας[1]. App. king of Lesbos. Father of Diomede I 665.

Φόρβας[2] (πολύμηλος). Father of Ilioneus. His riches Ξ 490.

Φόρκυς[1] (δαΐφρων). Son of Phaenops[2]. A leader of the Phrygians B 862, P 218 ; s. Aias[1] P 312, 318.

Φόρκυς[2] (ἅλιος γέρων, ἁλὸς ἀτρυγέτοιο μέδων). Father of Thoösa α 72 ; his haven in Ithaca ν 96, 345.

Φραδμονίδης. Patr. of Agelaüs[1] Θ 257.

Φρόνιος. Father of Noëmon[3] β 386, δ 630, 648.

Φρόντις[1] (δῖα). Wife of Panthoüs P 40.

Φρόντις[2]. Patr. Ὀνητορίδης. Menelaüs's pilot γ 282.

Φρύγες T (αἰολόπωλοι, ἱππόμαχοι). The Phrygians, a people on the Sangarius and about Lake Ascania B 862, Γ 185, K 431.

Φρυγίη (ἀμπελόεσσα). The land of the Phrygians Γ 184, 401, II 719, Σ 291, Ω 545.

Φυλάκη. A town in the realm of Protesilaüs lying about ten miles w. of the Pagasaean Gulf B 695, 700 ; the home of Medon[1] N 696, O 335 : the home of Phylacus[2] and Iphiclus[1] λ 290, ο 236.

Φυλακίδης. Patr. fr. Φύλακος[2]. Of Iphiclus[1] B 705, N 698.

Φύλακος[1] T. S. Leïtus Z 35.

Φύλακος[2]. Husband of Clymene[3] and father of Iphiclus[1] ο 231.

Φύλας. Father of Polymele ; brought up Eudorus II 181, 191.

Φυλεΐδης. Patr. fr. next. Of Meges B 628, E 72, N 692, O 519, 528, II 313, T 239.

Φυλεύς (Διὶ φίλος, ἱππότα). Father of Meges B 628, K 110, 175, O 530, Ψ 637.

Φυλομέδουσα (βοῶπις). By Areïthoüs[1] mother of Menesthius[1] H 10.

Φυλώ. A handmaid of Helen at Sparta δ 125, 133.

Φωκῆες G. The men of Phocis, in which Delphi (Πυθώ) was situated B 517, 525, O 516, P 307.

Χαλκίς[1]. A town of Euboea B 537.

Χαλκίς[2] (ἀγχίαλος). A town of Aetolia B 648.

Χαλκίς[3] (καλλιρέεθρος). See Κρουνοί.

Χαλκωδοντιάδης. Patr. of Elephenor B 541, Δ 464.

Χάλκων. Father of Bathycleës II 595.

Χάρις (δῖα θεάων, λιπαροκρήδεμνος). In Il. the wife of Hephaestus Σ 382.

Χάριτες. See χάρις (5) in Lexicon.

Χάροπος (ἄναξ). Father of Nireus by Aglaïa B 672.

Χάροψ T. Patr. Ἱππασίδης[1]. Son of Hippasus. With his brother Socus s. Odysseus Λ 426.

Χάρυβδις (δεινή, δῖα, ὀλοή). A destructive female being inhabiting a whirlpool under a rock opposite to the rock of Scylla. The rock and whirlpool described μ 101 ; μ 113 ; Odysseus passes between Scylla and Ch. μ 235, 260, ψ 327 ; Od. comes again to Ch. and again escapes μ 428, 430, 436, 441.

Χείρων (δικαιότατος Κενταύρων). A Centaur. Gave medicaments to Asclepius Δ 219 ; taught Achilles their use Λ 832 ; furnished Peleus with a spear from Pelion II 143, T 390.

Χερσιδάμας T. S. Odysseus Λ 423.

Χίμαιρα (ἀμαιμακέτη). A monster of divine origin described Z 180. Reared by Amisodarus II 328 ; killed by Bellerophon Z 179.

Χίος (παιπαλόεσσα). The Aegean island γ 170, 172.

Χλῶρις (περικαλλής). Daughter of Amphion[3] and wife of Neleus λ 281.

Χρομίος[1]. Son of Neleus Δ 295 : λ 286.

Χρομίος[2]. Son of Priam (his mother not named). With his brother Echemmon s. Diomedes E 160.

Χρομίος[3] T. S. Odysseus E 677.

Χρομίος[4] T. S. Teucrus Θ 275.

Χρομίος[5] T (θεοειδής). P 218, 494, 534.

Χρόμις. A leader of the Mysians[1] B 858.

Χρύση. A town of the southern Troad, prob. near the mouth of the Satnioeis A 37, 100, 390, 431, 451.

Χρυσηΐς (καλλιπάρηος). Fem. patr. fr. next. Captured by Achilles at Thebe[2] and given to Agamemnon A 369 ; A 111, 143, 182 ; sent back to her father A 310, 439.

Χρύσης. The priest of Apollo at Chryse, father of prec. Comes in vain to the ships to ransom his daughter A 11, 370 ; prays to Apollo A 37 ; Calchas declares that to stay the plague his daughter must be restored A 93 ; she is restored A 442, 450.

Χρῡσόθεμις. Daughter of Agamemnon I 145, 287.

Ψυρίη. An island n.w. of Chios γ 171.

Ὠγυγίη. An epithet or the name of Calypso's island of unknown meaning α 85, ζ 172, η 244, 254, μ 448, ψ 333.

Ὠκαλέη. A Boeotian town B 501.

Ὠκεανός (ἀκαλαρρείτης, ἀψόρροος, βαθυδίνης, βαθυρρείτης, βαθύρροος, Ὠ. ποταμός). (1) The river Ocean, encircling the earth and flowing back upon itself A 423, Γ 5, E 6, H 422, Θ 485, Π 151, Σ 240, 402, 489, 607, T 1, Ψ 205 : δ 568, ε 275, κ 508, 511, λ 13, 21, 158, 639, μ 1, τ 434, υ 65, χ 197, ψ 244, 347, ω 11.—(2) Personified. A god Υ 7.—Associated with Tethys in the rearing of Here Ξ 201, 302.—Father (Σ 399) of Eurynome[1], and (κ 139) of Perse.—θεῶν γένεσις Ξ 201, 302. γ. πάντεσσιν Ξ 246.—Parent of all

waters Φ 195 (but see Ξάνθος[1]).—δῶμ' Ὠκεανοῖο Ξ 311.

Ὠκύαλος. A Phaeacian θ 111.

Ὠλενίη. A rock on the confines of Bouprasion B 617, Λ 757.

Ὤλενος. A town of Aetolia B 639.

Ὧραι. See ὥρη (1) in Lexicon.

Ὠρείθυια. A Nereïd Σ 48.

Ὠρίων (Ὠαρίων) (κλυτός, πελώριος). Carried off by Eos ε 121, slain by Artemis 123 ; his beauty λ 310 ; carries on his hunting in the Shades λ 572.—The constellation Σ 486, 488 : ε 274.—κύων Ὠρίωνος, Sirius X 29.

Ὦρος G. S. Hector Λ 303.

Ὦτος[1] (ἀντίθεος). Son of Poseidon (nominally of Aloeus) and Iphimedeia. With his brother Ephialtes imprisoned Ares in a jar E 385 : the size and beauty of the brothers λ 308, they threaten to pile Ossa on Olympus and Pelion on Ossa 315.

Ὦτος[2] G. S. Poulydamas O 518.

Ὠψ. Patr. Πεισηνορίδης. Father of Eurycleia α 429, β 347, υ 148.